FASTEST LEARNING COURSE GUARANTEED BY :

MEMORY GURU BISWAROOP ROY CHOWDHURY

GUINNESS BOOK OF WORLD RECORD HOLDER

ডায়নেমিক মে’মৰী কম্পিউটাৰ ক’ৰ্চ

- পঢ়াত সহজ
- সম্পূৰ্ণ ৰূপে আপডেটেড
- ইণ্টাৰনেট চাৰ্চ, ইমেইল, চেটিং
- এণ্টিভায়ৰাচ, এক্সেচৰিজ আৰু টাইপিং টিউটৰ

লেখক আৰু সম্পাদক

দেৱেন্দ্ৰ সিং মিন্‌হাচ

সূচীপত্ৰ

1 কম্পিউটাৰৰ সৈতে পৰিচয়

আজিকালিৰ যুগত চাৰিওফালে কম্পিউটাৰৰ-ঘৰত, কাৰ্য্যক্ষেত্ৰত, অনেক স্কুলতো। আমাৰ দৈনন্দিন ব্যৱহাৰিক জীৱনত বিভিন্ন প্ৰকাৰৰ তথ্যৰ কাৰণে আমি কম্পিউটাৰৰ ওপৰত নিৰ্ভৰশীল। পঢ়া-শুনাৰ ক্ষেত্ৰত, চাকৰিৰ সন্ধানত, উৎপাদিত সামগ্ৰীৰ বিষয়ে জানিবলৈ। আনকি যিকোনো সৰু পদক্ষেপ এটা লবলৈওঁ আমাৰ কম্পিউটাৰৰ প্ৰয়োজন হয়।

বিভিন্ন স্হানত বিভিন্ন কামৰ বাবে বেলেগ-বেলেগ প্ৰকাৰ আৰু আকাৰৰ কম্পিউটাৰৰ ব্যৱহাৰ হয়। কিছুমান কম্পিউটাৰক ডেস্কত অথবা মাটিত থৈ ব্যৱহাৰ কৰা যায় কিন্তু ইফালে-সিফালে লৈ যোৱাত সহজে চলা ম'বাইল কম্পিউটাৰ আৰু ডিভাইচৰ ব্যৱহাৰ কৰা হয়। ম'বাই ডিভাইচৰ তাৎপৰ্য এনে ম'বাইল ফোনৰ লগত থাকে যিটো প্ৰায় কম্পিউটাৰৰ দৰে ব্যৱহাৰ কৰা যায়।

ঘৰত ব্যৱহাৰ হোৱা কম্পিউটাৰৰ সাহায্যত আপুনি চেক্-বুক, পে-বিলচ্, নিজৰ ব্যক্তিগত আয়-ব্যয়, ক্ৰয়-বিক্ৰয়ৰ মাজত সমতা ৰক্ষা কৰিব পাৰে। ইয়াৰ ওপৰিও আপুনি ফাণ্ডৰ পৰিবৰ্তন কৰিব পাৰে আৰু অৰ্থনৈতিক পৰিকল্পনাৰ পথতো অগ্ৰসৰ হব পাৰে। বৰ্তমানৰ যুগত মানুহে ATM (অটোমেটেড টেলৰা মেচিন)ৰ যোগেদি অৰ্থ সঞ্চয় কৰে আৰু সময়ত টকা উলিয়াবওঁ পাৰে। আজিকালি আনকি বিভিন্ন দোকানতো আপোনাৰ ক্ৰয়মূল্যৰ হিচাপ ৰখা হয় কম্পিউটাৰৰ সাহায্যত।আধুনিক কালৰ উন্নতমানৰ গাড়িডবোৰত স্বয়ংক্ৰিয় উন্নতমানৰ দিক্-নিৰ্ণায়ক যন্ত্ৰ অন্তৰ্ভুক্ত থাকে...যিয়ে গাড়িডখনক অকস্মিক দুৰ্ঘটনাৰ পৰা বাচিবলৈ আগতিয়াকৈ সতৰ্ক কৰি দিয়ে, আৰু চোৰ হোৱা গাড়িডক বিচাৰি উলিওৱাত সহায় কৰে।

আজিকালি অফিচ্বোৰত চিঠিপত্ৰ আৰু মেমো (memos) প্ৰস্তুত কৰিবলৈ, দৰমহাৰ বিল (Bill) তৈয়াৰ কৰিবলৈ, বৰ্ণণামূলক তালিকা প্ৰস্তুত কৰিবলৈ আৰু পন্য এবং দ্ৰব্য আদিৰ চালান প্ৰস্তুত কৰিবলৈ কম্পিউটাৰৰ ভূমিকা অপৰিহাৰ্য্য হৈ পৰিছে। শিক্ষাৰ বিষয়ত আজিকালি স্কুলবোৰতো কম্পিউটাৰৰ সাহায্য লোৱা হয়। আনকি এনেকৈ ক'লেও ভুল নহব যে আজিকালী শিক্ষকসকলে কম্পিউটাৰৰ মাধ্যমেৰেই শিক্ষা পদান কৰে। লেবৰেটোৰ অথবা ঘৰত শিক্ষাৰ্থীসকলে তেওঁলোকৰ গৱেষণা অথবা শিক্ষা বিষয়ৰ কাম, আদি কম্পিউটাৰৰ সাহায্যতে সম্পূৰ্ণ কৰে।

বিনোদনৰ মাধ্যম হিচাপেও কম্পিউটাৰ ব্যবহাৰ কৰা হয়। আপুনি কম্পিউটাৰত গেম খেলিব পাৰে, গান শুনিব পাৰে, চিনেমা চাব পাৰে, কিতাপ নাইবা মেগাজিন পঢ়িব পাৰে, ভিডিও চিত্ৰ আৰু ফটো ৰচনা কৰিব পাৰে...ইয়াৰ ওপৰিও আপুনি নিজৰ অৱসৰ সময় কেনেকৈ কটাব, তাৰ পৰিকল্পনাও কৰিব পাৰে কম্পিউটাৰৰ মাধ্যমত। কম্পিউটাৰৰ সহায়ত আজিৰ সমাজে গোটাই বিশ্বৰ সৈতে সংযোগ ৰক্ষা কৰিব পাৰে। কম্পিউটাৰ ব্যৱহাৰ কৰি আপুনি আনকি স্হানীয় আৰু জাতীয় খবৰ, বতৰৰ খবৰ, খেলৰ খবৰ, বজাৰৰ দৰ, চিকিৎসাৰ বাবে প্ৰয়োজনীয় বিষয়, জমা-খৰচৰ খবৰ আদি সকলো বিষয়তে জ্ঞান অৰ্জন কৰিব পাৰে। ইয়াৰ ওপৰিও শিক্ষাৰ কাৰণে প্ৰয়োজনীয় উৎপাদনো সংগ্ৰহ কৰিব পাৰে। আপুনি বাৰ্তা-প্ৰেৰণৰ মাধ্যমে দি যোগাযোগ কৰিব পাৰে নতুন বন্ধু-বান্ধবৰ সৈতে। প্ৰেসক্ৰিপচন পূৰ্ণ কৰা, ট্যাক্সৰ ফাইল নিয়াৰীকৈ সজাই ৰখা, আৰু যিকোনো নতুন ক'ৰ্চ্ আজিকালি আৰম্ভ কৰা যায় মাথোঁ এটা আঙুলীৰ স্পৰ্শত।

যোগাযোগৰ মাধ্যম হিচাপেওঁ আজিকালি মানুহে কম্পিউটাৰ ব্যৱহাৰ কৰিছে। এই যোগাযোগ কোনো বিষয়ৰ দ্বাৰাই সীমাবদ্ধ নহয়। বৰ্তমান। প্ৰযুক্তিৰ সৈতে জৰিত চিত্ৰ, স্বৰ, ধ্বনি, ছবি-এই সকলোবোৰেই আপুনি প্ৰেৰণ কৰিব পাৰে। অন্য মানুহে কেনেকৈ আনৰ লগত যোগাযোগ ৰক্ষা কৰি চলিছে, সেয়াওঁ আপুনি কম্পিউটাৰৰ মাধ্যমত চাব পাৰে। আপুনি আপোনাৰ পৰিবাৰৰ সদস্যসকলৰ, বন্ধুসকলৰ বা মক্কেলৰ ভিডিও বা চিত্ৰ প্ৰেৰণ কৰিব পাৰে কম্পিউটাৰৰ মাধ্যমেদি।

ন্তৰ্তমান আমাৰ ওপৰত আহি পৰিছে ডিজিটেলৰ পুলকথান। প্ৰযুক্তিবিদ্যা দৈনন্দিন অগ্ৰসৰ হৈছে, আৰু কম্পিউটাৰ লাহে-লাহে হৈ পৰিছে আমাৰ জীৱনৰ অভিন্ন অংগ। ডিজিটেল জগতত সাফল্য অৰ্জন কৰিব কম্পিউটাৰ শিক্ষা এতিয়া অপৰিহাৰ্য হৈ পৰিছে। কম্পিউটাৰ সম্পৰ্কে জ্ঞান থাকিলে আৰু তাক তেনেকৈ ব্যৱহাৰ কৰে, সেইটো জানিব পাৰিলেহে শিক্ষিত (কম্পিউটাৰ সম্বন্ধীয়) মানুহ বুলি ক'ব পাৰি।

কম্প্যুটাৰ কি ?

কম্পিউটাৰ হ'ল এটি ইলেকট্ৰোনিক মেচিন আদেশক কেনেদৰে নিয়ন্ত্ৰণ কৰিব, সেইটো তাৰ মস্তিস্কতেই মেমোৰীত জমা থাকে, ই ডাটা (data / input) গ্ৰহণ কৰিব পাৰে আৰু নিৰ্দ্দিষ্ট নিয়ম অনুযায়ী এই ডাটাবোৰক নিপুণতাৰে পৰিকল্পনাও কৰি পাৰে। তাৰ পিচত আহে ফলাফলৰ (result / output) পাল আৰু এই ফলালক ভৱিষ্যতৰ কাৰণে সঞ্চয়ো কৰিব পাৰি।

কম্পিউটাৰৰ লগত সম্বন্ধীত কিছুমান গুৰুত্বপূৰ্ণ তথ্য

ডাটা ঃ অসংগঠিত আৰু অব্যৱস্থিত তথ্য আৰু সংখ্যাৰ সংগঠিত আৰু ব্যৱস্থিত ৰূপক ডাটা বুলি কোৱা হয়। এইটো সংখ্যাৰ বাদেও অংক, টেক্সট, চিত্ৰ, ধ্বনি, আদি থাকিব পাৰে। ডাটাই নিজে নিজে কেৱল কেনো সূচনা সংপ্ৰেষিত নকৰে, বৰং গুৰুত্বপূৰ্ণ সূচনাৰ প্ৰস্তুত কৰাত কামত আহে। উদাহৰণৰ ব্যৱে-প্ৰৱেশৰ সময়ত স্কুল-কলেজত ছাত্ৰ-ছাত্ৰীৰ দ্বাৰা ফৰ্ম ভৰোৱা হয়, য'ত তথ্যৰ ৰূপত ছাত্ৰ-ছাত্ৰীৰ নাম, তেওঁলোকৰ পিতা আৰু ঠিকনা আদি থাকে। এই সংখ্যাক একত্ৰিত কৰাৰ উদ্দেশ্যৰে ছাত্ৰ-ছাত্ৰীৰ ৰেকৰ্ডক মেন্টেন (সুৰক্ষিত) কৰা হয়।

ইনফৰমেচন ঃ ডাটাক ইফালে-সিফালে নিয়াৰ ৰূপেই ইনফৰমেচন হয়। এইটো ডাটাতকৈ অধিক গুৰুত্বপূৰ্ণ হয়। ইয়াৰ অনুসাৰে যিকোনো বস্তুৰ নিৰ্ধাৰণ কৰা হয় আৰু নিৰ্ণয় লোৱা হয়। উদাহৰণৰ বাবে-মাৰ্কশ্বিটত থকা সংখ্যাৰ ডাটা আৰু গোটেই মাৰ্কশ্বিট এক ইনফৰমেচন হয় যিটো ইয়াৰ শতাংশ আদিক উল্লেখ কৰে, যৰ পৰা গম পোৱা যায় যে বিদ্যাৰ্থীয়ে পাচ কৰিছেনে ফেল। অৰ্থাৎ এইটোৱে পৰিণামক কয়।

ইউজাৰ ঃ সেই ব্যক্তি যিয়ে কম্পিউটাৰৰ ব্যৱহাৰ কৰে আৰু যাৰ দ্বাৰা কম্পিউটাৰত সূচনাৰ আদান-প্ৰদান কৰা যায়, সেইটোক ইউজাৰ বুলি কোৱা হয়।

হাৰ্ডৱেয়ৰ ঃ কম্পিউটাৰক গঠন কৰাত ব্যৱহাৰ কৰা সকলো উপকৰণক হাৰ্ডৱেয়ৰ বুলি কোৱা হয়।

চফ্টৱেয়ৰ ঃ কম্পিউটাৰ প্ৰগ্ৰেমৰ সমূহ অথবা তাৰ দিয়া নিৰ্দেশ যিটো হাৰ্ডৱেয়ৰৰ কাৰ্যক্ষমতাক বঢ়াই আৰু তাৰ কোৱা হয় যে যিকোনো কাম কিদৰে কৰা যায়, তাক চফ্টৱেয়ৰ বুলি কোৱা হয়। হাৰ্ডৱেয়ৰ আৰু চফ্টৱেয়ৰ ইটো-সিটোৰ পূৰক হয়। চফৱেয়ৰৰ অবিহনে কম্পিউটাৰ হাৰ্ডৱেয়ৰৰ একো অৰ্থ নাই এইদৰে হাৰ্ডৱেয়ৰৰ অবিহনে যিকোনো চফ্টৱেয়ৰ চলিব নোৱাৰে।

কম্পিউটাৰৰ উদ্ভৱ ঃ

প্ৰথম উদ্ভৱ ঃ 1951/চনত প্ৰথম কম্পিউটাৰৰ উদ্ভৱ হয়, UNI VAC I/ৰ যোগেদি। ইয়াত ব্যৱহাৰ কৰা হৈছিল ভেকিউম টিউব (vacuum tubes) আৰু ইয়াৰ মেমোৰী তৈয়াৰ কৰা হৈছিল মাৰকিউৰী (mercury) ভৰোৱা সৰু টিউব আৰু চৌম্বকীয় ড্ৰামৰ সাহায্যত।

দ্বিতীয় উদ্ভৱ ঃ 1950-ৰ দশকৰ শেষ ভাগতে কম্পিউটাৰ দ্বিতীয় উদ্ভৱকাল হিচাপে ধৰা হয়। মেমোৰীৰ কাৰণে ব্যৱহাৰ হয় ট্ৰাঞ্জিস্টৰ-যুক্ত টিউব আৰু চৌম্বকীয় কোৰস (IBM 1401, হানিওয়েল 800)। এই কম্পিউটাৰ আগৰ তুলনাত আকাৰত সৰু আছিল আৰ, উন্নত মানৰো আছিল।

তৃতীয় উদ্ভৱ ঃ 1960 দশকৰ মধ্যৱতী সময়ত কম্পিউটাৰৰ তৃতীয় উদ্ভৱকাল আৰম্ভ হয়। পোনপ্ৰথমবাৰৰ বাবে পূৰ্ণ ৰূপে বিদ্যুৎ প্ৰবাহৰ গতিপথ ব্যৱহৃত হৈছিল (IBM 360, CDC 6400) আৰু প্ৰথমবাৰৰ বাবে চালনা কৰাৰ প্ৰক্ৰিয়াও ব্যৱহাৰ কৰ হয়। অনলাইন (online) প্ৰক্ৰিয়াও এই সময়তে বিস্তৰ ভাবে উন্নত কৰা হৈছিল। কিন্তু বেছিভাগ প্ৰক্ৰিয়াই আছিল দৰ্ল-নিৰ্ভৰ আৰু ব্যৱহাৰ হৈছিল কাৰ্যকাৰী কাৰ্ড আৰু চুম্বকীয় ফিতাৰ সহায়ত।

চতুৰ্থ উদ্ভৱ ঃ 1970 দশকৰ মধ্যভাগত কম্পিউটাৰৰ চতুৰ্থ উদ্ভৱ আৰম্ভ হয়। এই সময়তে আমাৰ কম্পিউটাৰ সম্পূৰ্ণভাবে চিপ্স (chips) ৰ দ্বাৰা নিৰ্মিত হৈছিল। ইয়াৰ পৰাই উৎপাদন কৰা হয় মাইক্ৰোপ্ৰোচেচৰ (microprocessor) আৰু ব্যক্তিগত কম্পিউটাৰ। ইয়াৰ দ্বাৰাই পৰিচয় কৰোৱা হয় বিভিন্ন প্ৰকাশ-প্ৰক্ৰিয়া আৰু স্বয়ংক্ৰিয় অফিচৰ সৈতে। কম্পিউটাৰৰ সংস্পৰ্শত থকা বহুত মানুহৰ কাৰণে এই প্ৰথমবাৰৰ বাবে কুয়েৰী লেঙ্গুয়েজ (query language), ৰিপোৰ্ট ৰাইটাৰ্চ (report writers) আৰু স্প্ৰেড চীট্চ (spread sheets) প্ৰযুক্তি আহে।

পঞ্চম উদ্ভৱ ঃ পঞ্চম উদ্ভৱকালাৰ কম্পিউটাৰ সংযুক্ত হব বিচাৰে প্ৰচণ্ড ডাঙৰ মাপৰ সম্পূৰ্ণতাৰ সৈতে, গণনাৰ ক্ষেত্ৰতো নমনীয় মনোভাৱ ৰাখিব বিচাৰে আৰু নিজৰ মাজত ৰাখিব বিচাৰে কৃত্ৰিম মেধা আৰু বাণি প্ৰক্ৰিয়াক।

কম্পিউটাৰৰ লগত জড়িত থকা মুখ্য উপলব্ধি

১৯৩৭

ড০ জন.ভি.এটনচাফ আৰু ক্লীফার্ড বেৰীয়ে মিলি প্ৰথম ইলেকট্ৰনিক ডিজিটেল কম্পিউটাৰ ডিজাইন আৰু নিৰ্মাণ কৰে। এটনচাফ-বেৰী-কম্পিউৰ বা এ.বি.চি. ৰ নামেৰে চৰ্চিত এইটো কম্পিউটাৰ ডিজিটেল কম্পিউটাৰৰ আধাৰ হৈ যায়।

১৯৪৩

দ্বিতীয় বিশ্ব যুদ্ধৰ সময়ত ব্ৰিটিছ বৈজ্ঞানিক এলান টিউৰিঙে কলোচাচ নামৰ কম্পিউটাৰ তেওঁৰ দেশৰ সেনা বাহিনীৰ বাবে ডিজাইন কৰে যাতে জামনীৰ গুপ্ত সংবাদক বুজিব পাৰে। এইটো কম্পিউটাৰৰ অস্তিত্বক ১৯৭০ দশকলৈ লুকাই কৰা গৈছিল।

১৯৪৫

ড০ নন ৱান নিউমেনে স্টোৰ্ড প্ৰগ্ৰেমৰ কনচেপ্টত কাগজ প্ৰস্তুত কৰে। মেমৰীত সংখ্যা আৰু প্ৰগ্ৰেম স্টোৰ কৰাৰ তাৰ প্ৰক্ৰিয়াই ভৱিষ্যতৰ ডিজিটেল কম্পিউটাৰৰ নিৰ্মাণৰ গুৰি ধৰে।

১৯৪৮

ডo জন ডবলিউ. মাৰ্চলী আৰু জে. প্ৰেপচৰ একৰ্ট জুনিঅৰে সাধাৰণ মানুহৰ উপযোগৰ বাবে প্ৰথমে ডাঙৰ ডিজিটেল কম্পিউটাৰৰ নিৰ্মাণৰ কাম পুৰা কৰে। ইএনআইএচি নামৰ এইটো কম্পিউটাৰৰ ওজন ত্ৰিশ টন আছিল আৰু ইয়াত ১৮০০০ ভেকুম টিউব লগোৱা হৈছিল। ত্ৰিশ ভাগ পাঁচ ফুটৰ ঠাইত ঘেৰা ধৰা এইটো কম্পিউটাৰ ১৬০ কিলোৱাট বিজুলীৰে চলিছিল। যেতিয়া প্ৰথম বাৰ এইটো কম্পিউটাৰক চলোৱা গৈছিল তেতিয়া সমগ্ৰ ফিলেডিলফিয়া অঞ্চলৰ লাইট বন্ধ হৈ গৈছিল।

১৯৫১

ৰেমিংটন ৰেডে বাণিজ্যিক প্ৰয়োগৰ প্ৰথম ডিজিটেল কম্পিউটাৰ ইউএনআইভিএইচ (ইউনিভাৰচেল অটোমেটিক কম্পিউটাৰ) বজাৰত মেলি দিয়ে।

১৯৫৩

আই.বি.এম ৰ মডেল নম্বৰ ৬৫০ সেই সময়ৰ আৰম্ভণিৰ মডেলৰ ভিতৰত এটা আছিল যাৰ প্ৰয়োগ ডাঙৰ সংখ্যাত মানুহে প্ৰয়োগ কৰে। প্ৰথমে আই.বি.এম ৰ যোজনা এইটো মডেলৰ ৫০ টা কম্পিউটাৰ নিৰ্মাণ কৰিব লাগিছিল কিন্তু ইয়াৰ সফলতা দেখা পায় ১০০০ তকৈ অধিক মডেল নিৰ্মাণ কৰে।

১৯৫৭

জন বেকচে সহজতে প্ৰয়োগ কৰা প্ৰগ্ৰেমিং ভাষা ফৰট্ৰেন (ফৰ্মূলা ট্ৰেঞ্চলেচন) ৰ আৰম্ভ কৰে।

প্ৰথম ইনট্ৰিগ্ৰেটেড চাকেট

১৯৫৮

টেক্স ইনষ্টুমেন্টৰ জেক কিলবীয়ে ইনট্ৰিগ্ৰেটেড চাকেটৰ আৱিস্কাৰ কৰে যাৰ আধাৰত অধিক ক্ষমতাৰ মেমৰী আৰু তীব্ৰ গতিৰ কম্পিউটাৰৰ গুৰি ধৰে।

১৯৬০

ড০ গ্ৰেচ হাপাৰৰ অধ্যক্ষতাত গঠন হোৱা সমিতিয়ে বিজিনেচৰ উচ্চস্তৰীয় ভাষা, কেবোলৰ বিকাশ কৰে।

১৯৬৫

ডৰ্টমাউথৰ জন কেমেলীয়ে প্ৰগ্ৰেমিং ভাষা বেচিকক বিকশিত কৰে যাৰ প্ৰয়োগ ব্যক্তিগত কম্পিউটাৰ ডাঙৰ সংখ্যাত কৰে।

ডিজিটেল ইকোপমেন্ট কৰপোৰেচনে প্ৰথম সৰু কম্পিউটাৰ, পি.ডি.পি.-৮ বজাৰলৈ নমাই যাৰ প্ৰয়োগ আজি বহুত সংখ্যাত আইম শ্বেয়াৰিং চিস্টেমত ইটাৰফেচ কৰা যায়।

১৯৬৯

মাৰ্কিট যুক্ত ৰাষ্ট্ৰৰ ৰক্ষা বিভাগৰ অন্তৰ্গত এম.আৰ.পি.এ. ৰ দ্বাৰা এ.আৰ.পি.এন.ই.টি. (এডভান্স ৰিচাৰ্চ প্ৰজেক্ট এজেঞ্চি নেটৱৰ্ক ৰ বিকাশ হয় যিটো বিশ্বৰ প্ৰথম অপাৰেচনেল পেকেট চুইচিং নিটৱৰ্ক আছিল আৰু গ্লবেল ইটাৰনেটৰ পূৰ্বজ)

১৯৭১

ইন্টেল কৰপোৰেচনৰ ড০ টেড হাফে সৰু প্ৰচেচৰ অৰ্থাৎ মাইক্ৰোপ্ৰগ্ৰেমেবল কম্পিউটাৰ চিপ, ইন্টেল ৪০০৪ ৰ বিকাশ কৰে।

১৯৭৫

জেৰক্স পি.এ.আৰ.চি. (পলো অল্টো ৰিচাৰ্চ চেন্টাৰ) ত কাৰ্যৰত ৰবাৰ্ট মেটকফে প্ৰথম স্থানীয় নেটৱৰ্ক (লেন), অৰ্থনেটৰ বিকাশ কৰে। নেলৰ সহায়েৰে বিভিন্ন কম্পিউটাৰ পৰস্পৰে সংখ্যা, চফ্টৱেয়াৰ আদি ভাগ কৰিব পাৰে।

১৯৭৬

ষ্টিভজবচ আৰু ষ্টিভভাজনায়েকে এপ্পলৰ প্ৰথম কম্পিউটাৰ নিৰ্মাণ কৰে। ইয়াৰ পিছত শীঘ্ৰে এপ্পল টু ৰ বিকাশ হয় যিটো বহুত সফল হয়।

১৯৭৯

বব প্ৰেনকস্টান আৰু ডেন ব্ৰিক্লিনৰ দ্বাৰা সংযুক্ত ৰূপেৰে নিৰ্মাণ কৰা বিচিকল্ক নামৰ এক স্প্ৰেডচিট প্ৰগ্ৰেম বজাৰলৈ মেলি দিয়ে।

বিচিকল্প প্ৰগ্ৰেম এক মুখ্য কাৰণ হয় যিটোৱে ব্যৱসায় জগতত পাৰ্চনেল কম্পিউটাৰক ব্যৱহাৰ কৰাত লোকপ্ৰিয়তা কৰায়।

VISICALC

১৯৮০

আই.বি.এম য়ে মাইক্ৰোচফ্‌ট কৰপোৰেচনৰ সংস্থাপক, বিল গেটচক বজাৰত বজাৰত সোনকালে নমোৱা তেওঁৰ পাৰ্চনেল কম্পিউটাৰৰ বাবে অপাৰেটিং চিস্টেমৰ বিকশিত কৰাৰ সুযোগ দিয়ে। এম.এচ-ডচ ৰ সফলতাৰ কাৰণে মাইক্ৰোচফ্ট বহুত বিকাশ হয়।

১৯৮১

পাৰ্চনেল কম্পিউটাৰ বজাৰত নমাই আই.বি.এম য়ে প্ৰথম পিচি প্ৰদৰ্শিত কৰে।

১৯৮২

আই.বি.এম. ৰ পাৰ্চনেল কম্পিউটাৰক বিকশিত কৰা আৰু তাৰ বৰ্ণনা কৰিবৰ বাবে কম্পেক ইংক ৰ স্হাপন কৰে।

হেয়াচ ৩০০ তীব্ৰ গতিত ছোৱা মডেম নিৰ্মাণ কৰে যিটো বহুত সফল হয়।

১৯৮৩

লটাৰ ডেভেলপমেন্ট কৰপোৰেচন স্হাপন হয়। লটাচ চফ্‌টৱেয়ৰ (এতিয়া আই.বি.এম ৰ অংশ হয়) ৰ স্প্ৰেডচিট প্ৰগ্ৰেম লটাৰ ১-২-৩, য়ে আই.বি.এম ৰ পাৰ্চনেল কম্পিউটাক প্ৰথম ডাঙৰ সফলতা দিয়াই। এইটো প্ৰগ্ৰেমৰ অশেষ সফলতাৰ পিছত আই.বি.এম য়ে কৰপোৰেট জগতত নিজৰ বাবে বিশেষ স্হান স্হাপন কৰে।

১৯৮৪

হিউলেট-পেকার্ড (এইচপি) য়ে পার্চনেল কম্পিউটাৰৰ বাবে প্ৰথম লেজাৰজেট প্ৰিন্ট অনাৰ ঘোষণা কৰে।

এপ্পলে মেকিনটোচ নামৰ কম্পিউটাৰ বজাৰত নমাই য'ত সহজতে উপযোগ কৰা গ্ৰাফিকেল ইউজাৰ ইন্টাৰফেচ আছিল।

১৯৮৭

যি কোনো পার্চনেল কম্পিউটাৰ এইটো সময়ত আহে যিটো সৰু প্ৰচেচৰ, ইন্টেল ৮০৩৮৬ ৰে যুক্ত আছিল।

১৯৮৮

ইন্টেল ৪৮৬, বিশ্বৰ এনে প্ৰথম সৰু প্ৰচেচ নিৰ্মাণ কৰে য'ত ১০,০০,০০০ ট্ৰাঞ্চিস্টাৰ লগাইছিল। ইন্টেল আই৪৮৬ (৪৮৬ বা ৮০৪৮৬ ৰ নামেৰে জানা যায়) ৩২ বিট স্কেলাৰ ইন্টেল চিআইএচচি মাইক্ৰোচফট্ আছিল যিটো ইন্টে ৪৮৬ ৰ অংশ আছিল।

১৯৯১

বিশ্বব্যাপী জালয়ানিৰ ৱৰ্ড ৱাইড ৱেব কনস্ট্ৰিয়ামে সেই মানদণ্ডীক প্ৰস্তুত কৰে, য'ত বিভিন্ন কম্পিউটাৰৰ ডকুমেন্টক একেলগ কৰিবলৈ প্ৰস্তুত কৰে।

১৯৯২

মাইক্ৰোচফটে উইণ্ডোজ চিস্টেমৰ অন্তৰ্গত উইণ্ডোজ ৩.১ ৰ শৃংখলা বজাৰত মেলি দিয়ে। ইয়াত ট্ৰু টাইপ, মাল্টিমেডিয়া, অবজেক্ট লিকিং আৰু ইম্বেডিং আদিৰ দৰে বস্তু জড়িত

১৯৯৩

মাৰ্ক এণ্ড্ৰেচনে গ্ৰাফিক্স যুক্ত মোচাইক নামৰ ৱেব ব্ৰাউজাৰৰ আৱিস্কাৰ কৰে। ইয়াৰ সফলতাৰ পৰা নেটস্কেপ কমিউনিকেচন কৰপোৰেচন সংগঠিত হয়।

১৯৯৪

জিম ক্লাৰ্ক আৰু মাৰ্ক এণ্ড্ৰেচনে নেটস্কেপৰ স্হাপন কৰে আৰু ৱৰ্ল্ড ৱাইড ৱেবক ব্ৰাউজাৰ, নেটস্কেপ নেভিগেট ১.০ লঞ্চ কৰে।

১৯৯৫

অপাৰেটিং চিস্টেমক শ্ৰেষ্ঠ কৰিবৰ বাবে মাইক্ৰোচফ্‌টে উইন্ডোজ-৯৫ নিৰ্মাণ কৰে। উইন্ডোজ ৯৫ বিশেষ ধৰণে সাধাৰণ উপভোক্তাৰ বাবে নিৰ্মাণ কৰা গ্ৰাফিক্স যুক্ত ইন্টাৰফেচৰ ওপৰত আধাৰিত অপাৰেটিং চিস্টেম হয়।

১৯৯৭

মাইক্ৰোচফ্‌টে ইন্টাৰনেট এক্সপ্লোৰাৰ ৪.০ ৰ কাৰণে ইন্টাৰ জগতত বিশেষ স্থান প্ৰাপ্ত কৰে।

ইন্টেল ৭.৫ মিলিঅন ট্ৰান্সিস্টাৰৰ লগত যুক্ত প্ৰচেচৰ পেন্টিয়াম-২ ক লৈ আহে।

১৯৯৮

মাইক্ৰোচফ্‌টে উইন্ডোজ ৯৫ ত সলনি কৰে আৰু উইন্ডোজ ৯৮ প্ৰস্তুত কৰে। উইন্ডোজ ৯৮ ৰে কম্পিউটাৰৰ প্ৰদৰ্শন ভাল হোৱাৰ লগতে এইটো ইন্টাৰনেটৰ দৃষ্টিৰেও ভাল প্ৰমাণিত হয়। ইয়াৰ বিশেষ কথা এইটো হয় যে নতুন হাৰ্ডৱেয়াৰ আৰু চফ্‌টৱেয়াৰ অনুকূল আছিল।

এপপলে নিজৰ লোকপ্ৰিয় কম্পিউটাৰ, মেকিন্টোচৰ আগন্তুক সংস্কৰণ, আই.মেক উলিয়াই।

১৯৯৯

ইন্টেলে মাল্টিমেডিয়াৰ শ্ৰেষ্ঠ ক্ষমতাৰ প্ৰচেচৰ, পেন্টিয়াম-৩ প্ৰস্তুত কৰে। মাইক্ৰোচফ্‌টে অফিচ ২০০০ বজাৰত নমাই।

২০০০

মাইক্ৰোচফ্‌টে উইন্ডোজ এম.ই. প্ৰস্তুত কৰে। অফিচ ২০০০ সুৰক্ষা আৰু নিৰ্ভৰতাৰ দৃষ্টিৰে পুৰনা সংস্কৰণতকৈ শ্ৰেষ্ঠ আছিল। উইন্ডোজ এম.ই. ৰ নামেৰে জনা উইন্ডোজ মিলেনিয়াম, ১৬-বিট-৩২ ৰ ক্ষমতাৰ গ্ৰাফিকেলযুক্ত অপাৰেটিং স্টিম হয় যিটোক মুখ্য ৰূপেৰে ঘৰুৱা উপভোক্তাৰ বাবে প্ৰস্তুত কৰা গৈছে।

ইন্টেলে পেন্টিয়াম ৪ প্ৰচেচৰৰ চিপবনায়জ যিটো ১.৪ জীগা হাৰ্টজেৰে আৰম্ভ হোৱা ক্লাৰ্ক স্পীডচেৰে যুক্ত আছিল।

২০০১

কম্পিউটাৰ পঢ়া ডিজিটেল কিতাপ অৰ্থাৎ ই-বুকচৰ জন্ম হয়। মাইক্ৰোচফটে অপাৰেটিং চিস্টেমত বহুত পৰিৱৰ্তন কৰি ডেস্কটপ আৰু চাৰ্ভচৰ বাবে উইণ্ডোজ-এক্স পি উলিয়াই।

মাইক্ৰোচফ্ট এ তাৰ পিছত অফিচ এক্স, পি. উলিয়াই যিটো নতুন সময় ৰিজাল্ট দিয়াৰ চফ্টৱেয়ৰৰ দৰে হয়।

২০০২

মাইক্ৰোচফটে ডট নেটৰ কনচেপ্টক লঞ্চ কৰে যাৰ ব্যৱহাৰ ৱেবত আধাৰিত সেৱাৰ চফ্টৱেয়ৰ এপলিকেচনক বিকশিত কৰা চলাবৰ বাবে কৰা গৈছে।

চি.ডি (চিডি-ৰ) ৰাইটাচৰ ঠাইত ডি.ভি.ডি. ৰাইটচে স্থান প্ৰাপ্ত কৰে। ডি.ভি.ডি. ত চি.ডি. ৰ তুলনাত বহুত গুনে অধিক ডাটা স্টোৰ কৰাৰ ক্ষমতা আছিল।

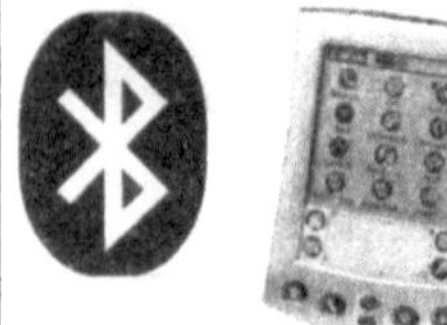

২০০৩

তাৰহিত কম্পিউটাৰ আৰু অন্য উপকৰণ যেনে কিবোৰ্ড, মাউচ, হোম নেটৱৰ্ক আৰু ইটাৰনেট আজিকালী সাধাৰণ কথা হৈ গৈছে।

বৰ্তমানৰ অপাৰেটিং চিস্টেম ডবলিউ.এফ.আই (ৱায়াৰলেচ ফিডেলিটি) আৰু ব্লুটোথ দুয়োৰে বাবে অনুকূল হয়।

কম্পিউটাৰ নিৰ্মাতাই স্মাৰ্ট ডিচপ্লে নিৰ্মাণ কৰিবলৈ আৰম্ভ কৰি দিয়ে। স্মাৰ্ট ডিচপ্লে সাধাৰণ ওজনৰ টাচ স্ক্ৰীন মনিটৰ হয় যৰ পৰা আপুনি পাৰ্চনেল কম্পিউটাৰক তাৰৰ বিনে ব্যৱহাৰ কৰি চলাব পাৰে।

২০০৪

গধূৰ চি.আৰ.টি. মনিটৰৰ সলনি উপভোক্তাই ফ্লেট-পেনেলৰ এল.চি.ডি. মনিটৰৰ ব্যৱহাৰৰ কৰিব ধৰে।

এপ্পল কম্পিউটাৰে পাতল স্ক্ৰীনৰ আই.মেক জি-৫ নামৰ কম্পিউটাৰ বজাৰত নমাই। ইয়াৰ চিস্টেম ইউনিট মনিটৰত লাগিছিল।

চাৰ্ভাৰৰ বজাৰত মাইক্ৰেচফট্ উইণ্ডোজ, চনচ চোলাৰিচ আৰু ইউনিক্স অপাৰেটিং চিস্টেমৰ বিকল্পৰ ৰূপত লিনাক্স অপাৰেটিং চিস্টেমৰ স্থাপন প্ৰাপ্ত কৰে।

২০০৫

এপ্পলে জেপত সোমোৱা আইপড অডিঅ প্লেয়াৰৰ নিৰ্মাণ কৰে।

মাইক্ৰোচফ্‌টে এক্স বক্স ৩৬০ নামৰ গেম কনচোল উলিয়াই।

ম'বাইল উপকৰণৰ ৰূপত মানুহে পি.ডি.এ. ম'বাইলৰ তুলনাত স্মাৰ্ট ফোন অধিক পছন্দ কৰে। স্মাৰ্ট ফোন, চেলুলাৰ ফোন, ই-মেইল, ৱেব, ব্ৰাউজাৰ, গান, ভিডিঅ গেম, ইনবিল্ট কেমেৰা আৰু ব্যক্তিগত সূচনা পৰিচালনা আদিৰ দৰে সুবিধাৰে যুক্ত হয়।

২০০৬

2006 চনত ইন্টেলে কোৰ –2 ডিয়ো চিৰিজৰ মাইক্ৰোপ্ৰচেচাৰ আৰম্ভ কৰে। এই প্ৰচেচৰ গতি বহুত তীব্ৰ হয়।

২০০৭

2007 ত মাইক্ৰোপ্ৰচেচৰে ইয়াৰ সকলোতকৈ অধিক ব্যৱহাৰ কৰা অপাৰেটিং চিস্টেমৰ নেতুন ভাৰ্জন **ইউডো ভিস্টা** লঞ্চ কৰে। ইয়াৰ পূৰ্বে মাইক্ৰোচফ্‌ট মাইক্ৰোচফ্‌ট প্ৰডাক্টিভিটি চুটৰ নতুন ভাৰ্জন **অফিচ 2007** ৰ লঞ্চ কৰে।

২০০৮

কিছুমান নতুন আৰু ভাল ফিচাৰ্চৰ লগতে যেনে-মাল্টিটাচ টেক'নলজিৰ লগতে টাচ স্ক্ৰীন, ম'বাইল টিভি, ফেচবুক, জিপিআৰএচ আৰু ভাল কেমেৰাৰ কাৰণে স্মাৰ্ট ফোন আৰু স্মাৰ্ট হৈ গৈছে।

গুগলে নতুন ৱেব ব্ৰাউচাৰ গুগল ক্ৰোম ৰিলীজ কৰে।

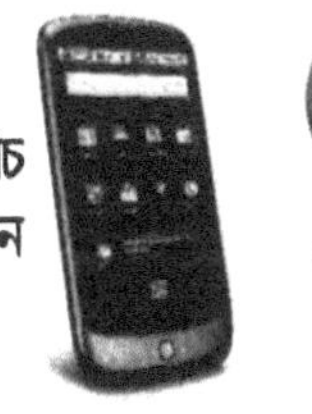

২০০৯

মাইক্ৰোচফ্‌টে ইয়াৰ বহুত ব্যৱহাৰ হোৱা অপাৰেটিং চিস্টেমৰ নতুন ভাৰ্জন **ইউডো 7** লঞ্চ কৰে।

ইন্টেলে কোৰ আই 5 আৰু কোৰ আই 7 প্ৰচেচৰ লঞ্চ কৰে।

২০১০

মইক্ৰোচফ্‌টে নিজৰ অফিচ চুটৰ লেটেস্ট (নৱীনতম) ভাৰ্জন লঞ্চ কৰে।

অফিচ 2010 ৰ কেইবাটাও এডিচনত উপলব্ধ আছে আৰু মানুহক অধিক প্ৰভাবিত ধৰণে কাম কৰাত সহায় কৰি আছে।

২০১২

মাইক্ৰোচফ্‌ট এ ইয়াৰ বহুত ব্যৱহাৰ হোৱা অপাৰেটিং চিস্টেমৰ নতুন ভাৰ্জন উইডো 8' লঞ্চ কৰিছে।

পাৰ্চনেল কম্পিউটাৰ ঃ

পাৰ্চনেল কম্পিউটাৰ

প্ৰসিদ্ধ IBM কম্পিউটাৰৰ লগত পৰিচয় কৰাৰ বাবে পাৰ্চনেল কম্পিউটাৰ বা PC-ৰ প্ৰয়োজন হয়। সমস্ত ইনপুট, প্ৰোচেচিং, আউটপুট আৰু তথ্য সংগ্ৰহ কৰিবলৈ এই PC সক্ষম। অত্যাধুনিক একটি ইনপুট ডিভাইচ, একটি আউটপুট ডিভাইচ, একটি ষ্টোৰেজ ডিভাইচ, মেমৰী আৰু একটি প্ৰোচেচাৰ এৰ মধ্যে সংযুক্ত আছিল। এই প্ৰোচেচাৰক মাইক্ৰো প্ৰোচেচাৰ নামেও জনা যায়। চেণ্ট্ৰেল প্ৰোচেচিং ইউনিট (CPU) প্ৰধানত এইটো চিপিউৰ ওপৰত ভিত্তি কৰি আছে আৰু PC-ৰ মুখ্য ভিত্তি হ'ল এইটো। গৃহে আৰু বাণিজ্যিক ক্ষেত্ৰত পাৰ্চনেল কম্পিউটাৰ অত্যন্ত প্ৰয়োজনীয়।

পাৰ্চনেল কম্পিউটাৰৰ ক্ষেত্ৰত পৰিচিত দুটি নাম হ'ল **IBM PC** আৰু **এপ্পল মেকইনটোচ** (Apple Macintash)।

এপ্পল মেকইনটোচ

আইবিএম কম্পেক্টিবল শব্দ ঃ অৰিজিনেল আইবিএম পাৰ্চনেল কম্পিউটাৰ ডিজাইনত আধাৰিত যিকোনো পাৰ্চনেল কম্পিউটাৰৰ বিষয়ে কয়। বিভিন্ন কোম্পানী যেনে ডেল, এইচপি আৰু তচিবা পিচি কম্পেক্টিবল কম্পিউটাৰৰ বিক্ৰী কৰে। পিচি আৰু পিচি কম্পেটিব্টবল কম্পিউটাৰ সামান্যতঃ ইউডো অপাৰেটিং চিস্টেমৰ ব্যৱহাৰ কৰে।

এপপল কম্পিউটাৰ সামান্যৰূপেঃ মেকেইনটোচ অপাৰেটিং চিস্টেম (মেক অএচ) ৰ ব্যৱহাৰ কৰে।

মেকেইনটোচ কম্পিউটাৰ বা মেক্স, এপ্পল কম্পিউটাৰৰ দ্বাৰা 1984 ত লঞ্চ কৰা গৈছিল। যেনে আইমেক, সামান্যৰূপতঃ **মেকেইনটোচ অপাৰেটিং চিস্টেমত** কাৰ্য কৰে।

নোটবুক কম্পিউটাৰ ঃ

নোটবুক কম্পিউটাৰ **লেপটপ** নামেৰেও পৰিচিত। **এই কম্পিউটাৰ খুবেই সৰু আৰু পাতল হয় আৰু সহজেই এঠাইৰ পৰা** আন এটা ঠাইলৈ লৈ যাব পাৰি। বেচি ভাগ লেপটপেই বেটাৰী নাইবা খুবেই সাধাৰণ বৈদ্যুতিক সহযোগত চালিত হয়। এই লেপটপো ডাঙৰ কম্পিউটাৰ দৰে সমানেই ক্ষমতাসম্পন্ন হয়, যদিও এই কম্পিউটাৰ খুবেই দামী হয়।

নোটবুক কম্পিউটাৰ

এটি টিপিকেল লেপ টপৰ ক্ষেত্ৰত চিস্টেম ইউনিট চিস্টেম ইউনিটৰ ওপৰত অৱস্থান কৰে। এটি কব্জাৰ সহায়ত মনিটৰ সংযুক্ত থাকে চিস্টেম ইউনিটৰ লগত। এই পৰিকল্পনা চিস্টেম ইউনিটৰ ভিতৰতেই নিৰ্মিত থাকে। এই কম্পিউটাৰক সহজতেই এঠাইৰ পৰা আন এঠাইলৈ লৈ যাব পাৰি। বেচিভাগ লেপটপেই বেটাৰী বা সাধাৰণ বৈদ্যুতিক শক্তিৰ দ্বাৰা চালিত হয়। গতিশীল ব্যৱহাৰকাৰী সকলৰ ক্ষেত্ৰত লেপটপ অপৰিহাৰ্য, ভ্ৰমণকাৰী ব্যৱসায়ী সকলে ইয়াৰ ব্যৱহাৰ আটাইতকৈ বেছি মাত্ৰাত কৰে। এক নোটবুক, নোটবুক কম্পিউটাৰৰ এটাই ৰূপ আছে। এইটো সৰু আৰু কম ওজনৰ হয়। সামান্যৰূপে এইটো পাৰম্পৰিক নোটবুক কম্পিউটাৰৰ অনুপাতে এইটো অধিক পাৱাৰফুল নহয়।

স্মাৰ্ট ফ'ন ঃ

স্মাৰ্টফোন

স্মাৰ্টফ'নত ইন্টাৰনেটৰ সুবিধাও আছে। ইয়াৰ বদেও ইয়াত পাৰ্চনেল ইনফৰমেচন মেনেজমেন্ট (পিআইএম) ফাংচন যেনে কেলেণ্ডাৰ, এপইনমেন্ট বুক, কেলকুলেটৰ, এনেডচ বুক আৰু নোটবুক আদিও থাকে।

বেচিক ফ'নৰ তুলনাত স্মাৰ্ট ফ'নত আপুনি ইন্টাৰনেটৰ দ্বাৰা ই-মেইলো পঢ়িব আৰু কৰিব পাৰে। কিছুমান স্মাৰ্টফ'ন কোনো তাৰৰ অবিহনে অন্য উপকৰণ আৰু কম্পিউটাৰৰ লগত জড়িত (কানেক্ট) কৰিব পাৰে। ইয়াৰ বাদেও ইয়াত সৰু মিডিয়া প্লেয়াৰ আৰু কেমেৰাও থাকে, যাৰ ব্যৱহাৰ আপুনি ফটো তুলা বা ভিডিঅ কৰি সেইটোক শীঘ্ৰে আনৰ লগত শ্বেয়াৰো কৰিব পাৰে।

চিষ্টেম ইউনিটৰ ভিতৰত

চিষ্টেম ইউনিট (System Unit) :

চিষ্টেম ইউনিট কৈ কেতিয়াবা 'চ্যাছি' (Chassis) বুলিও কোৱা হয়। এইটো বক্স আকৃতিৰ হয়...ডাটা উৎপাদনকাৰী ইলেকট্ৰোনিক উৎপাদনসমূহ এই ঘৰতে সঞ্চিত হৈ থাকে। ইলেকট্ৰোনিক উপাদানবোৰক ধ্বংস হোৱাৰ পৰা ৰক্ষা কৰে। প্ৰত্যেক কম্পিউটাৰতে চিষ্টেম ইউনিট থাকে।

পাৰ্চনেল কম্পিউটাৰত ইলেকট্ৰোনিক উপাদানবোৰ আৰু বেচি ভাগ সংৰক্ষিত কব্জাবোৰ চিষ্টেম ইউনিটতে থাকে, আন কব্জাবোৰ, যেনে কী-বোৰ্ড মাউচ মাইক্ৰফোন, মোনিটৰ, প্ৰিন্টাৰ, স্পীকাৰ্চ, স্ক্যানাৰ আৰু PC কেমেৰা সাধাৰণত চিষ্টেম ইউনিটৰ বাহিৰৰ অংশ দখল কৰে।

মাদাৰ বোৰ্ড (Mother board) :

মাদাৰ বোৰ্ড

মাদাৰ বোৰ্ডক মেইন বোৰ্ড বা **চিষ্টেম বোৰ্ড** বুলিও কোৱা হয়। এইটো প্ৰধানতঃ প্ৰিন্টেড বোৰ্ড হয়। এই প্ৰিন্টেড বোৰ্ড চোকেট লগত সংযুক্ত থাকে আৰু এডিচনেল (ঐচ্ছিক) বোৰ্ডকো গ্ৰহণ কৰিব পাৰে। মাদাৰবোৰ্ডত ধৰণৰ চিপ্ সংযুক্ত থাকে। এই চিপবোৰৰ ভিতৰত আটাইতকৈ গুৰুত্বপূৰ্ণ হ'ল প্ৰোচেচৰ, সেই কাৰণে ইয়াক চেণ্ট্ৰেল প্ৰোচেচিং ইউনিট (Central Processing Unit - CPU) বুলি কোৱা হয়।

CPU (চেণ্ট্ৰাল প্ৰোচেচিং ইউনিট)

চিপিইউ এক মাইক্ৰোপ্ৰচেৰ হয়, কেতিয়াবা-কেতিয়াবা এইটো মাইক্ৰোপ্ৰচেৰ বুলিও কোৱা হয়। এইটো এটা ফালে কম্পিউটাৰৰ মস্তিস্ক হয় যিটো সকলো গণনা কৰে আৰু সকলো প্ৰগ্ৰেমক ৰান কৰাই। এইটো কম্পিউটাৰ সকলো অপাৰেচন (কাৰ্য) ক মেনেজ কৰে আৰু ইয়াত সকলো আৱশ্যকীয় নিৰ্দেশ থাকে, যৰ পৰা কম্পিউটাৰ অপাৰেট হয়।

অধিকাংশ প্ৰচেচৰ আজি কালি সময়ত মাল্টি কোৰ প্ৰচেচৰ আহি আছে। কোৰ প্ৰচেচৰত সেই সকলো আৱশ্যকীয় চাৰ্কেট থাকে যিটো নিৰ্দেশক এগজিকিউট (পালন) কৰাই। অপাৰেটিং চিষ্টেম প্ৰত্যেক কোৰ প্ৰচেচৰক বেলেগ প্ৰচেচৰৰ ৰূপত চাই কাৰ্য কৰাই। মাল্টি প্ৰচেচৰ এক চিংগল চিপ হয় য'ত দুটা বা তাতকৈ অধিক মাল্টি কোৰ প্ৰচেচৰ থাকে। দুটা মাল্টি কোৰ প্ৰচেচৰ ডুয়েল কোৰ আৰু ক্বাহ কোৰ আজিৰ সময়ত সাধাৰণ হয়। ডুয়েল কোৰ প্ৰচেচৰত এক চিপ থাকে য'ত দুটা বেলেগ-বেলেগ কোৰ প্ৰচেচৰ থাকে। এইদৰে কোৱাইড কোৰো এক চিপ হয়, য'ত চাৰিটা কোৰ প্ৰচেচৰ থাকে।

চিপিইউ

মেম'ৰী

মেমোৰীয়ে কম্পিউটাৰৰ সকলোতকৈ গুৰুত্বপূৰ্ণ কামটো সম্পাদন কৰে। যিসকল ডাটাৰ প্ৰস্তুতিৰ প্ৰয়োজন আছে বা যি ডাটা প্ৰস্তুত হৈ গৈছে, এই সকলোখিনি ডাটাকেই মেম'ৰীয়ে ধাৰণ কৰে। আদেশ, তথ্য আৰু ডাটাক মেম'ৰীয়ে সাময়িক ভাবে জমা কৰি ৰাখে। ই প্ৰাইমেৰী ষ্টোৰেজ নামেও পৰিচিত, মাদাৰবোৰ্ডত এক বা একাধিক চিপ্ থাকে আৰু এই চিপ্‌বিলাকৰ দ্বাৰা বিভিন্ন মেমোৰী গঠিত হয়। ইয়াৰ উপৰিও কম্পিউটাৰত আন ধাৰণ চাৰ্কিটবোৰো থাকে।

ৰেম (ৰেণ্ডম এক্সেচ মেম'ৰী)

ৰেম মেম'ৰী চিপেচেৰে প্ৰস্তুত কৰা যায়। চিপিইউ আৰু অন্য উপকৰণৰ সহায়েৰে ইয়াৰ ব্যৱহাৰ কৰা যায়। যেতিয়া কোনো কম্পিউটাৰৰ মেম'ৰীৰ কথা আহে তেতিয়া সামান্যৰূপে তাৰ সম্পৰ্ক ৰেমৰ লগত থাকে। কম্পিউটাৰক স্টাৰ্ট কৰিবৰ বাবে যেতিয়া পাৱাৰ অন কৰা যায় তেতিয়া কিছুমান অপাৰেটিং চিষ্টেম ফাইল ষ্টোৰেজ ডিভাইচেৰে লোড কৰা যায় যেনে হাৰ্ড ডিস্কৰ পৰা ৰেমত। এইটো ফাইল ৰেমত সিমান সময়লৈকে থাকে যেতিয়ালৈকে কম্পিউটাৰ চলি থাকে। অতিৰিক্ত প্ৰগ্ৰেম আৰু ডাটাও ষ্টোৰেজৰ পৰা ৰেমত লোড কৰা যায়। যি প্ৰগ্ৰেমত আপুনি কাম কৰি আছে সেইটো কম্পিউটাৰ স্ক্ৰীনত ডিচপ্লে হৈ থাকে।

কম্পিউটাৰ ৰ পৰা শক্তিৰ অপসৰণ ঘটলে RAM-ও নিজৰ আধাৰক সেইটো চেভ কৰাতো অতি আৱশ্যক। সেই যে বিষয়টোক আপুনি সঞ্চিত কৰি ৰাখে। চেভিং (Saving) হৈলে এটি পদ্ধতি, যাৰ মাধ্যমে তথ্য RAM ৰ পৰা হাৰ্ড ডিস্কত সঞ্চিত ৰাখা যাব।

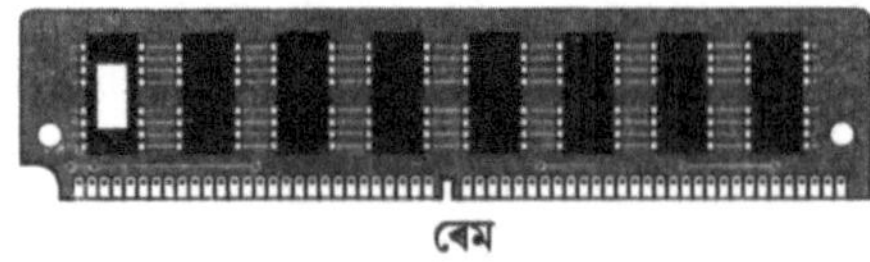

ৰেম

ROM (ৰীড অন্‌লি মেমৰী) ঃ

ROM স্ট'ৰেজ মিডিয়াৰ শ্ৰেণীত আহে যাৰ ব্যৱহাৰ কম্পিউটাৰ আৰু অন্য ইলেক্ট্ৰনিক উপকৰণত কৰা হয়। ৰ'মত উপস্থিত ডাটাত কোনো সলনি কৰিব নোৱাৰি। ই অস্থিৰ। কম্পিউটাৰ বন্ধ হৈ যোৱাৰ পিছত ইয়াৰ কন্টেনচ্ হেৰাই নাযায়।

ৰোম

ROM চিপ্‌ত স্হায়ী ডাটা নিৰ্দেশ আৰু তথ্য থাকে। উদাহৰণস্বৰূপে ইয়াত নিৰ্দেশৰ শৃংখলাৰ যুক্ত [Basic input / Output System (BIOS)]-থাকে যাৰ দ্বাৰা কম্পিউটাৰ স্টাৰ্ট হয়। অপাৰেটিং চিস্টেম আৰু অন্য ফাইল ল'ড হৈ যায়। আন বহুতো উপকৰণটো ৰ'মৰ চিপ লাগি থাক। উদাহৰণস্বৰূপে প্ৰিণ্টাৰত লাগি থকা ৰ'মক চিপত ফন্টৰ লগত সমৃগ্নিত ডাটা থাকে।

এক্সপ্ৰেচন, স্লট্‌চ্ আৰু এক্সপেচন্ কাৰ্ডচ্ ঃ

এক্সপ্ৰেচনচ স্লট এটা চাকেট হয় যাৰ সহায়েৰে চাৰ্কিট ব'ৰ্ডক মাদাৰবৰ্ডত লগুৱা হয়। এই চাৰ্কিট বৰ্ড কম্পিউটাৰত নতুন উপকৰণক জোড়া লগুৱা বা কম্পিউটাৰৰ ক্ষমতা কৰোৱাৰ কাম কৰে। উদাহৰণস্বৰূপে ইয়াৰদ্বাৰা মেমৰী বিস্তাৰিত কৰিব পাৰি, ধ্বনিৰ লগত সম্বন্ধী উপকৰণক আৰু গ্ৰাফিকচ্ তথা ম'ডেমৰ গুণাগুণ বঢ়াব পাৰি। বহু সময়ত কোনো উপকৰণক বা কোনো আয়ামক কাৰ্ডৰ ৰূপত বনোৱা হয়। অন্য কাৰ্ডৰ লগত এই এক্সপেচন্ কাৰ্ডক উপকৰণৰ দৰে স্কেনাৰদ্বাৰা এটা কেবলৰ সহায়েৰে যোগ কৰিব পাৰি।

এক্সপ্ৰেচনচ স্লট

প'ৰ্টচ্

প'ৰ্ট কম্পিউটাৰৰ পিছফালে লাগি থকা এটা কানেক্টাৰ বা চাকেট। বাহিৰৰ উপকৰণ যেনে কীবৰ্ড, মনিটৰ, প্ৰিণ্টাৰ আৰু মাউচক চিস্টেম ইউনিটত সাধাৰণতে এটা কেবলৰ সহায়েৰে জোড়ডা লগাব পাৰি যাৰ দ্বাৰা এই উপকৰণ আৰু কম্পিউটাৰৰ মাজত ডাটা আৰু তথ্যৰ স্হানান্তৰিত হয়। প'ট কেবলক উপকৰণৰ লগত জোড়ডা লগুৱাৰ কাম কৰে। কেবলৰ এটা ভাগ চিস্টেম ইউনিটত লাগি থকা প'ৰ্টৰ লগত লাগি থাকে আৰু আনটো ভাগ উপকৰণত লগত থকা কানেক্টৰত।

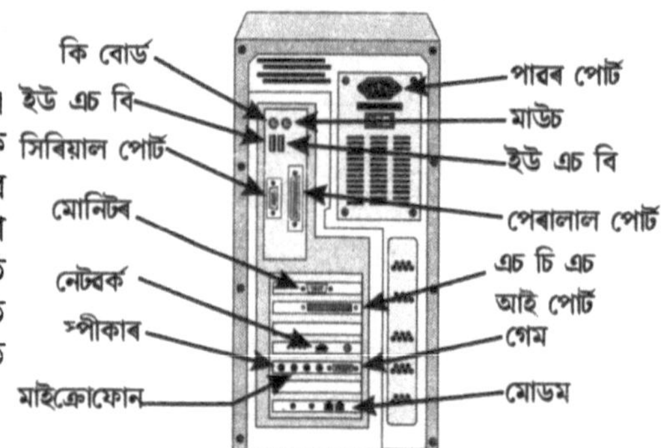

পাৱাৰ চাপ্লাই

পাৱাৰ চাপ্লাই অল্টাৰনেটিভ কাৰ্ক্টেক (AC) ডাইৰেক্ট কাৰ্ক্টলৈ (DC) সলোৱাৰ কাম কৰে আৰু ইয়াৰ দ্বাৰাই কম্পিউটাৰে কাম কৰে। পাৱাৰ চাপ্লাইৰ ক্ষমতাক ৱাট্‌চ্‌ত জোখা হয়। এটা শতাংশ কম্পিউটাৰ প্ৰায় 250 ৱাট্‌চ্‌ৰ ব্যৱহাৰ কৰে আনহাতে এটা সাৰণ বাল্বে 60 ৱাট্‌চ্ বিজুলী লয়। কম্পিউটাৰ ভিতৰৰ তাপমানক পাছাৰ চাপ্লাইৰ ভিতৰত লাগি থকা পাংখাৰ সহায়েৰে নিয়ন্ত্ৰিত কৰা হয়।

পাৱাৰ চাপ্লাই

ইনপুট ডিৱাইচ্ ঃ

ইনপুট ঃ

কোনা ডাটা বা নিৰ্দেশ যাক আপুনি কম্পিউটাৰৰ মেমৰীত ৰাখে তাক **ইনপুট** কোৱা হয়। বিভিন্ন উপায়েৰে ব্যৱহাৰকাৰী মতে ইনপুট ভৰাব পাৰে।

কী-বোৰ্ডৰ জৰিয়ে কেৰেক্টাৰচ্ টাইপ কৰিব পাৰে। মাউচক (Click) বা ৰ'ল কৰি কম্পিউটাৰত নিৰ্দেশ দিব পাৰে। মাইক্ৰফ'নৰ জৰিয়তে আপুনি ক'ব পাৰে। বিশেষ উপকৰণৰ সহায়েৰে আপুনি কম্পিউটাৰৰ স্ক্ৰীণত লিখিব পাৰি। কিছুমান ডিৱাইচ্ এনেকুৱা যাৰ সহায়েৰে আপুনি কম্পিউটাৰৰ স্ক্ৰীনত চুই নিৰ্বাচন কৰিব পাৰে। ডিজিটেল কেমেৰা, ভিডিঅ' কেমেৰা বা স্কেনাৰৰ সহায়েৰে কম্পিউটাৰত চিত্ৰ ভৰাব পাৰি।

কী-বোৰ্ড ঃ

কী বোৰ্ড এটা ইনপুট উপকৰণ য'ত **কী (Keys)** লাগি থাকে। এই কীজক হেঁচি কম্পিউটাৰত ডাটা ভৰাব পাৰি। কীবোৰ্ডৰ কীজ টাইৰাইটাৰৰ কীজৰ দ্বাৰাই হয়। এটা ডেস্কটপ্ কম্পিউটাৰত 101 থেকে 105-টি চাবি থাকে। ছোট কম্প্যুটাৰে (নোট বুক কম্প্যুটাৰ) কী-এৰ সংখ্যা কম থাকে।

কী বোৰ্ড

মাউচ ঃ

মাউচ এটা পইন্টিং উপকৰণ যিটো সহজে হাতত ফিট হৈ যায়। মাউচৰ সহায়েৰে স্ক্ৰীনত দেখা পইন্টাৰ, যাক প্ৰায়ে **মাউচ পইন্টাৰ** কোৱা হয়, কীৰ কাৰ্যকলাপক নিয়ন্ত্ৰিত কৰা হয় আৰু লগতে স্ক্ৰীণত নিৰ্বাচনো কৰিব পাৰে। মাউচৰ উপৰি ভাগত দুটা বা তিনিটা বুটাম লাগি থাকে, কোনো মাচত সৰু চকাও থাকে। মাউচৰ তলৰ অংশ সমতল হয় যি মাউচৰ গতিক জানিবলৈ প্ৰয়োজনীয় প্ৰণালীৰ সৈতে যুক্ত।

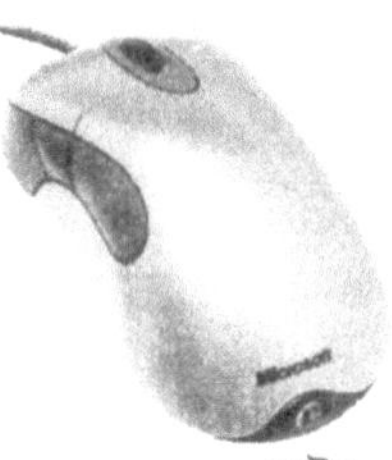

মাউচ

জয় স্টিকচ ঃ

প্ৰায়ে গেমচ্ৰ লগত যুক্ত চফ্‌ট্‌ৱেৰৰ ব্যৱহাৰ কবি লগীয়া মুভাৰ্চ পইন্টিং উপকৰণৰ ৰূপত জয়স্তিকৰ প্ৰয়োগ কৰে। জয়স্তিক এটা আধাৰত পোনহৈ থিয় হোৱা লীভাৰ। খেলুৰী লীভাৰক বিভিন্ন দিশত ঘূৰাই খেলক নিয়ন্ত্ৰিত কৰে। লীভাৰত বুটামত লাগি থাকে যি ট্ৰিগাৰ্চ হিচাপে জানা যায় যাক টিপিলে কাম কৰিব পাৰি। কিছুমান জয়স্তিকত অন্য কামীৰ কাৰণে অতিৰিক্ত বুটামত লাগি থাকে।

জয় স্টিকচ

টাচ্ স্ক্ৰীন (Touch Screen) ঃ

টাচ্ স্ক্ৰীন এটা এনেকুৱা স্ক্ৰীন য'ত আপুনি স্ক্ৰীনৰ বিভিন্ন ক্ষেত্ৰক আঙুলিৰ স্পৰ্শৰ জৰিয়তে কম্পিউটাৰৰ লগত সংবাদ কৰিব পাৰে। এই প্ৰণালীত বাহুক বাৰে বাৰে লড়ডাব পাৰে এই কাৰণে প্ৰায়ে মানুহে টচ স্ক্ৰীনত সৰহ মাত্ৰাত ডাটা নভৰায়। আনকি স্ক্ৰীনত চিহ্নিত শব্দ, চিত্ৰ, হিচা বা স্হানক নিবাচিত কৰিবলৈ ব্যৱহাৰ কৰা হয়। বহুতো এ.টি.এম. মেচিত টচ্ স্ক্ৰীন লাগি থাকে যাতে উপভোক্তাই নিজৰ একাউন্টৰ লগত সম্বন্ধী কাম সহজে কৰিব পাৰে। কিছুমান ন'টবুক কম্পিউটাৰতো টাচ স্ক্ৰীন থাকে।

টাচ্ স্ক্ৰীন

স্কেনাৰ ঃ

এটা অপ্টিকেল স্কেনাৰক সাধাৰণতে **স্কেনাৰৰ** ৰূপত জনা যায়। এই লাইট-চেচিং ইনপুট ডিভাইচ্। স্কেনাৰ প্ৰিন্টিং টেক্সত তথা গ্ৰাফিকচ্‌ক পঢ়োৱাই আৰু এনে ফৰ্মত ৰিজাণ্টচ্‌ক সলনি কৰে যাক কম্পিউটাৰৰ ব্যৱহাৰ কৰে। সৰ্বাধিক লোকপ্ৰিয় স্কেনাৰ ভিতৰত এটা **ফ্লেটবেড স্কেনাৰ** থাকে। ফ্লেটবেড স্কেনাৰ ডকমেন্টক পেপাৰত কপি কৰাৰ সলনি ইয়াক নিজৰ মেমৰীত ফাইলক কপি বনায়। ইয়াৰোপৰি ই এটা কপি মেচিন দৰেও কাম কৰায়। এবাৰ ই অব্জেক্টৰ স্কেন কৰায়। পিছত ই অব্জেক্টক স্ক্ৰীনত ডিচ্‌প্লে, ষ্ট'ৰেজ মিডিয়ামত স্ট'ৰ, প্ৰিন্ট, ফেক্স আৰু ই-মেইল মেচেজৰ দৰে এটাচ হ'ব পাৰে।

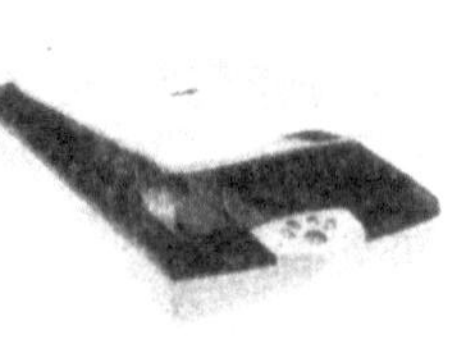

স্কেনাৰ

ভইচ্ ইনপুট ঃ

আপুনি যিটো প্ৰ'চেচৰ জৰিয়তে কম্পিউটাৰৰ চাউণ্ড কাৰ্ডৰ লগত এটাচ মাইক্ৰফ'নত হৈ ডাটাক এন্টাৰ কৰি পাৰি। ইয়াক **ভইচ ইনপুট** কোৱা হয়। ডাটা ইনপুট কৰিবলৈ কীবৰ্ড ব্যৱহাৰ কৰা সলনি বহু ব্যৱহাৰকাৰীয়ে নিজীৰ কম্পিউটাৰৰ লগত কথা পাতে। কম্পিউটাৰ **ভইচ ৰিকগনিচনীৰ** জৰিয়তে কোৱা শব্দ অন্তৰ কৰিব পৰে। ইয়াক **স্পীচ্ ৰিকগনিচন**ও কোৱা হয়। ভইচ ৰিকগনিচ্ প্ৰ'গ্ৰামে কোৱা কথা চিনি নাপায়। ভইচ ৰিকগনিচন প্ৰ'গ্ৰাম কেৱল প্ৰি-প্ৰ'গ্ৰামচ্ শব্দৰ শব্দাৱলীক চিনি পায়। ভইচ ৰিকগনিচন প্ৰ'গ্ৰামচ্‌ৰ শব্দাৱলীত দুটা শব্দৰপৰা লাখ শব্দলৈকে ৰেঞ্জ হ'ব পাৰে। আপোনাৰ কম্পিউটাৰৰ ভইচ ৰিকগনিচন প্ৰ'গ্ৰাম ২০ লাখ শব্দৰ অন্তৰ চিনি পাব পাৰি।

অডিঅ' ইন্‌পুট ঃ

অডিঅ' ইপুট কম্পিউটাৰত কোনো শব্দৰ উচ্চাৰণ যেনে কথা কোৱা, সংগীত বা ধ্বনিক এন্টাৰ কাৰ প্ৰ'চেচ হয়। আপোনাৰ ব্যক্তিগত কম্পিউটাৰত হাই কুৱালিটি চাউণ্ড ইনপুট কৰিবলৈ চাউণ্ড কাৰ্ড হ'ব লাগে। আপুনি কোনো ডিভাইচিচ্ যেনে মাইক্ৰফোন, টেপ প্লেয়াৰ, চিডি প্লেয়াৰ বা ৰেডিঅ'ৰ দ্বাৰা চাউণ্ড ইনপুট কৰিব পাৰে। ইয়াত প্ৰত্যেক উপকৰণ চাউণ্ড কাৰ্ডৰ প'ৰ্টত যোগ হয়।

ৱেব কেম ঃ

ৱেব কেম বা ৱেব কেমেৰা আধুনিক কেমৰা, যাৰ ইমেজ পৃথিৱীৰ সকলো ৱেব ইসটেন্ট মেচেংি বা পাৰ্চ'নেল কম্পিউটাৰৰ ভিডিঅ' ক'লিং এপ্লিকেচনত এক্সেচ্, হ'ব পাৰে, । ৱেব কেমেৰা সাধাৰণতে চফ্টৱেৰৰ লগত আহে। ইয়াৰ চফ্টৱেৰ চেটআপ আৰু ৱেব কেমেৰা ব্যৱহাৰ কৰাত সহায় কৰে।

ডিজিটেল কেমেৰা ঃ

ডিজিটেল (ডিজিকেম) পাৰ স্পৰিক কেমেৰাৰ দৰে ফ'ট গ্ৰাফিক ফিল্ম ব্যৱহাৰ কৰাৰ সলনি কম্পিউটাৰত ইলেক্ট্ৰনিক ধৰণে ফ'ট'গ্ৰফচ্ কেপ্চাৰ কৰিবলৈ আৰু ষ্ট'ৰ কৰাৰ ইলেক্ট্ৰনিকচ্ ইনপুট ডিভাইচ হয়। ম'ডাৰ্ন কম্পণ্ট ডিজিটেল কেমেৰা বিশিষ্টৰূপে মাল্টিফাংকচনেল। কিছুমান ডিজিটেল কেমেৰা চাউণ্ড ৰেকৰ্ড কৰাত আৰু ফ'ট'গ্ৰাফচ্‌ৰ লগত ভিডিঅ' বনোৱাত সক্ষম হয়।

ডিজিটেল কেমেৰা

ভিডিঅ' কন্‌ফাৰেঞ্চিং ঃ

ভিডিঅ' কন্‌ফাৰেঞ্চিং ভৌগোলিক হিচাপে বেলেগ বেলেগ বহা দুটা বা অতোধিক এনে লোকৰ মাজৰ মিটিং আৰু কথাবাৰ্তা, যি নেটৱৰ্ক ব অডিঅ' আৰু ভিডিঅ' ডাটা ট্ৰাঁসফাৰ কৰিবলৈ ইন্টাৰনেট ব্যৱহাৰ কৰায়। ভিডিঅ' কন্‌ফাৰেঞ্চিংত পাৰ্টিচিপেন্ট কৰিলৈ মাইক্ৰ'ফ'ন, স্পীকাৰ আৰু আপোনৰ কম্পিউটাৰৰ লগত এটাচ্ ভিডিঅ' কেমেৰাৰ সন্মুখত যিকোনো ইমেজ যেনে পাৰ্টিচিপেন্টৰ চেহেৰা আদি ডিচ্‌প্লে হয়।

ভিডিঅ' কন্‌ফাৰেঞ্চিং

আউটপুট ডিভাইচ ঃ

আউটপুট ঃ

কম্পিউটাৰত প্ৰ'চেচ আৰু অ'ৰগেনাইচ্ হ'বলৈ বহুতধৰণৰ ডাটা ফীড হয়। উপযোগী ফ'ৰ্মত প্ৰ'চেচ হোৱা ডাটাক **আউটপুট** কোৱা হয়। উপযোগী ফ'ৰ্মত প্ৰ'চেচ হোৱা ডাটাক আউট পুট কোৱা হয়। কম্পিউটাৰ ইউজাৰৰ প্ৰয়োজন আৰু ব্যৱহাৰ হৈ থকা হাৰ্ডৱেৰ আৰু চফ্টৱেৰৰ আধাৰত বিভিন্ন প্ৰকাৰৰ আউটপুট জেনেৰেট কৰায়। আপুনি কম্পিউটাৰৰ দ্বাৰা তৈয়াৰ কৰা আউটপুটক দেখিব, শুনিব আৰু প্ৰিণ্ট কৰিব পাৰে। নিজৰ ডেস্কট'পৰ মনিটৰত চাই আপুনি স্ক্ৰীনত তথ্য চাব পাৰে। কিছুমান প্ৰিণ্টাৰ্চ ক'লা বগা আখৰ তথা গ্ৰাফিকচ্ উলিয়াই আৰু কিছুমান প্ৰিণ্টাৰ্চে ৰঙীনো ছপা কৰে। সেইকাৰণে আপুনি ৰঙীন ড'কুমেন্টচ্, ফ'ট'গ্ৰাফচ্ আৰু ট্ৰান্সপেৰেন্সীচ প্ৰিণ্ট কৰিব পাৰে। কম্পিউটাৰ স্পীকাৰ্চ আৰু হেডফোনৰ জৰিয়তে আপুনি চাউণ্ড, মিউজিক আৰু ভইচ শুনিব পাৰে।

মনিটৰ ঃ

মনিটৰ আউটপুট ডিভাইচ্ যিটোত আমি চকুৰে টেক্সত, গ্ৰাফিকচ্, আৰু ভিডিঅ' ইনফ'ৰমেচন চাব পাৰে। মনিটৰত ইনফ'ৰমেচন ইলেকট্ৰনিক ধৰণৰ, যি কিছু সময়ৰ কাৰণে ডিচ্‌প্লে হয়। সেইকাৰণে মনিটৰৰ ইনিমেচন **চফ্‌ট কপি** বুলি ধৰা হয়।

মনিটৰ

ভিডিঅ' কাৰ্ড ঃ

ভিডিঅ' কাৰ্ডক **ডিচপ্লে এডাপ্টৰৰ** নামেৰেও জনা যায়। এই এক্সপেন্‌শন ৱৰ্ড, যি ডেস্কটপ কম্পিউটাৰৰ মাদাৰবোৰ্ডক জোড়ড়া লগায় আৰু কম্পিউটাৰত প্ৰি এডিক্ট ইমেজিজক মনিটৰৰ কাৰণে দৰকাৰী ইলেক্ট্ৰ'নিকচ্ চিগ্‌নেলত কনভাৰ্ট কৰায়। ই মনিটৰত পঠোৱাব লগীয়া সৰ্বাধিক ৰিজ'লোচন, ৰিফ্ৰেচ্ ৰেট আৰু ৰঙৰ সংখ্যা নিধাৰিত কৰায়।

ভিডিঅ' কাৰ্ড

প্ৰিণ্টাৰ ঃ

প্ৰিণ্টাৰ এনে এটা আউটপুট ডিভাইচ্, যি কাগজত ফিজিকেল মাধ্যমেৰে টেক্স আৰু গ্ৰাফিকচ্ ছপা তথা মুদ্ৰিত কৰায়। ফিজিকেলী এগ্‌জিস্ট কৰাববলগীয়া প্ৰিণ্টেড ইনফ'ৰমেশন **হাৰ্ড কপি** কোৱা হয়।

ড'ট-মেট্ৰিক্স প্ৰিণ্টাৰ্চ ঃ

ড'ট মেট্ৰিক্স প্ৰিণ্টাৰে ল'-কুৱালিটি ইমেজেচ্ উলিয়ায়। ই প্ৰিণ্টাৰ ড'টৰ পৰা ইমেজ বনাবলৈ হেমৰ আৰু ৰিবনৰ ব্যৱহাৰ কৰায়। প্ৰিণ্টেড ইমেজৰ হায়াৰ ৰিজ'লুচনৰ কাৰণে বেছি ড'ট হেমৰৰ প্ৰয়োগ হয়। মেনুফেক্সাৰৰ ৰাৰু প্ৰিণ্টাৰৰ ম'ডেলৰ আধাৰত ড'ট মেট্ৰিক্স প্ৰিণ্টাৰ প্ৰিণ্ট হেড মেকানিজিমত 9ৰ পৰা 24 লৈকে পিন থাকে। পিনৰ সংখ্যা বেছিহোৱাৰ অৰ্থ বেছি ড'ট প্ৰিণ্ট থাকিব, যাৰ দ্বাৰা হায়াৰ প্ৰিণ্ট কুৱালিটি পোৱা যায়।

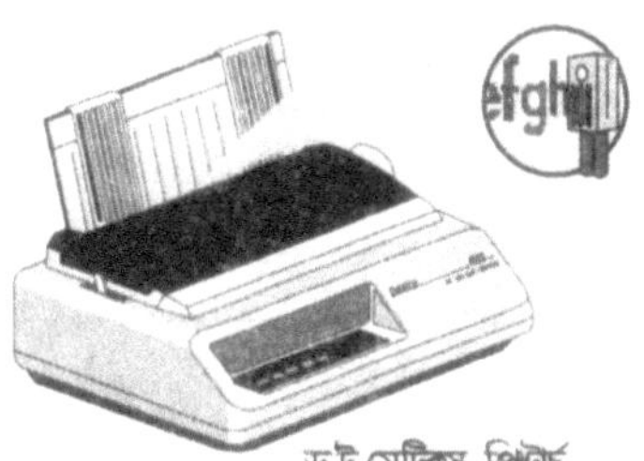

ড'ট-মেট্ৰিক্স প্ৰিণ্টাৰ্চ

ইংক-জেট প্ৰিণ্টাৰ্চ ঃ

ইংক্ জেট প্ৰিণ্টাৰ্চ কাগজত তৰল চিঁয়াহীৰ সৰু টোপালৰ চটিয়াই কেৰেক্টাৰচ্ আৰু গাফিকচ্ বনায়। ইংক জেট প্ৰিণ্টাৰৰ কুৱালিটি ৰিজ'লুচন, প্যাৰ ইঞ্চি ড'টচ্ ডিপিআইৰ [dpi] সংখ্যাৰ দ্বাৰা নিৰ্ধাৰণ কৰা হয়। বেছি ডিপিআইৰ অৰ্থ উত্তম প্ৰিণ্ট কুৱালিটি। ইংক জেট প্ৰিণ্টাৰত চিঁয়াহীৰ টোপাল ড'ট হয়।

ইংক্ জেট প্ৰিণ্টাৰ্চ

লেজাৰ প্ৰিন্টাৰ্চ ঃ

কাগজত হাই কুৱালিটি ইমেজ উলিয়াবলৈ ফ'ট কপয়িাৰ মেচিনৰ দৰে কাম কৰা হাই স্পীড প্ৰিন্টাৰক **লেজাৰ প্ৰিন্টাৰ** কোৱা হয়। লেজাৰ বিম্ লাইট চেন্চিটিভ ড্ৰামত ইমেজৰ আকৃতি বনায়। ড্ৰাম ফাইল পাউদাৰ ইংকলয় আৰু ট'নাৰ ট্ৰান্সফাৰ কৰে, যি কাগজত ইমেজ ক্ৰিয়েট কৰায়।

স্পীকাৰ্চ ঃ

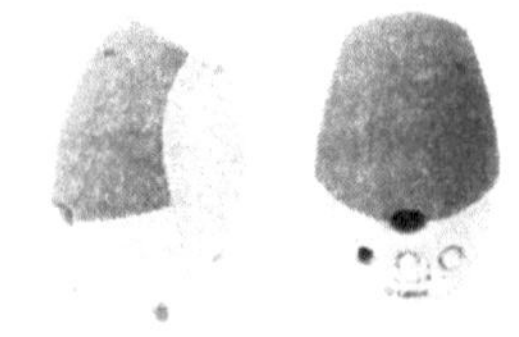

স্পীকাৰ্চ কম্পিউটাৰৰ অডিঅ' আউটপুট ডিভাইচ, যি মিউজিক, স্পীচ আৰু বীপ্সৰদৰে অন্য আৱাজ উলিয়ায়।

ষ্ট'ৰেজ ডিভাইচ ঃ

ষ্ট'ৰেজ ঃ

ষ্ট'ৰেজ ডিবাইচিচ্ **পূৰক, স্হায়ী, চেকেণ্ডী** আৰু বেছি ষ্ট'ৰেজ স্বৰূপে জনা যায়। ই ভৱিষ্যৎৰ কাৰণে ডাটা, ইন্সট্ৰাক্সন্ আৰু ইনফ'মেশন ৰাখিব পাৰে।

কল্পনা কৰক, আপুনি এটা বিশেষ ৰিপৰ্ট বনাবলৈ কম্পিউটাৰত বহু সময় লাগিল। ইয়াক পূৰা কৰিবলৈ আৰু কিছু ঘন্টাৰ প্ৰয়োজন আছে, যিটো আপুনি পিছ দিনাও কৰিব পাৰে। তেতিয়া ষ্ট'ৰেজ ডিভাইচিচ্‌ৰ অবিহনে সেই ঠাইৰ পৰা পুনৰবাৰ আৰম্ভ কৰাৰ প্ৰশ্নই নুঠে। সেইকাৰণে আপুনি নিজৰ কাম চেভ কৰি ৰাখিবলৈ চেকেণ্ডৰী ষ্ট'ৰেজ আৰু পূৰক ষ্ট'ৰেজৰ প্ৰয়োজন আছে, যাতে এই কামটো পিত আৰম্ভ কৰিব পাৰে আৰু য'ত এৰে, তাৰপৰাই কৰিব পাৰে।

ফ্লপি ডিস্ক ঃ

ফ্লপি ডিস্ক ষ্টৰেজ ডিভাইচত আহে অৰ্থাৎ ইয়াত ডাটা ষ্টোৰ কৰা যায়। সামান্যৰূপত ইয়াক **ফ্লপিজ** আৰু **ডিস্কেটিজ** বুলি কোৱা হয়। ফ্লপি স্হানান্তৰীয় হয় অৰ্থাৎ ইয়াক এটা কম্পিউটাৰৰ পৰা আন এটা কম্পিউটাৰলৈ সহজতে ব্যৱহাৰ কৰিব পৰা যায়। ফ্লপি দুটা কমন আকাৰত আহে যাৰ ব্যাস 3.5 ইঞ্চি আৰু 5.25 হয়।

3½-inch diskette

5¼-inch diskette

ফ্লপি ডিস্ক ড্ৰাইভাৰ ঃ

এক ফ্লপি ডিস্ক ড্ৰাইভ (এফডিডি) এক ডিভাইচ (উপকৰণ) হয় যিটো ফ্লপিত ৰিড আৰু ৰাইট কৰিব পাৰে অৰ্থাৎ তাৰ ওপৰত কাম কৰিব পাৰে।

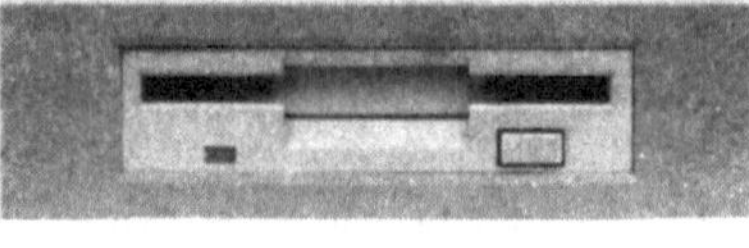

হাৰ্ড ডিস্ক ড্ৰাইভ

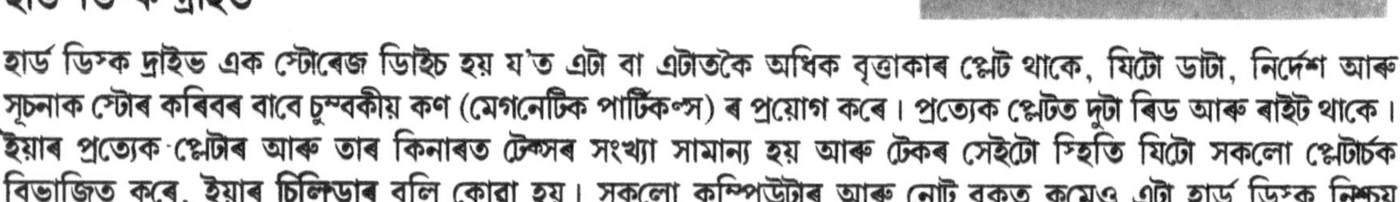

হাৰ্ড ডিস্ক ড্ৰাইভ এক ষ্টোৰেজ ডিাইচ হয় য'ত এটা বা এটাতকৈ অধিক বৃত্তাকাৰ প্লেট থাকে, যিটো ডাটা, নিৰ্দেশ আৰু সূচনাক ষ্টোৰ কৰিবৰ বাবে চুম্বকীয় কণ (মেগনেটিক পাৰ্টিকল্স) ৰ প্ৰয়োগ কৰে। প্ৰত্যেক প্লেটিত দুটা ৰিড আৰু ৰাইট থাকে। ইয়াৰ প্ৰত্যেক প্লেটাৰ আৰু তাৰ কিনাৰত টেক্সৰ সংখ্যা সামান্য হয় আৰু টেকৰ সেইটো স্হিতি যিটো সকলো প্লেটাৰ্চক বিভাজিত কৰে, ইয়াৰ **চিলিন্ডাৰ** বুলি কোৱা হয়। সকলো কম্পিউটাৰ আৰু নোট বুকত কমেও এটা হাৰ্ড ডিস্ক নিশ্চয় থাকে।

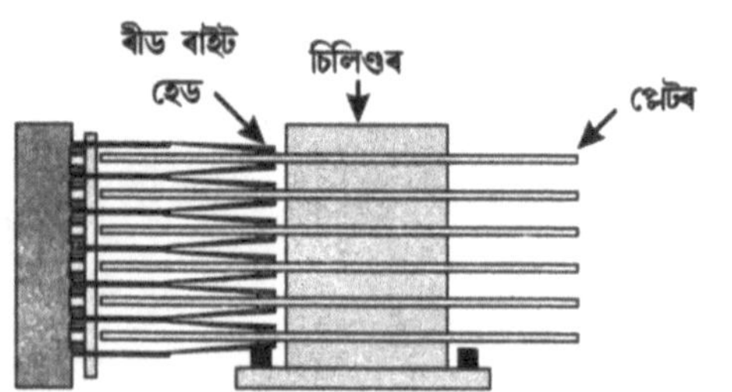

হাৰ্ড ডিস্ক

এক্সটাৰ্নেল হাৰ্ড ড্ৰাইভাৰ ঃ

এক্সটাৰ্নেল হাৰ্ড ড্ৰাইভাৰো ইণ্টাৰনেল হাৰ্ড ড্ৰাইভাৰৰ দৰে হয়, যিটো কম্পিউটাৰৰ লগত জড়িত থাকে। কোৱাৰ অৰ্থ হ'ল যে এক্সটাৰ্নেল হাৰ্ড ড্ৰাইভাৰ এক হাৰ্ড ড্ৰাইভাৰ হয় যাক কম্পিউটাৰৰ লগত ইউএচবি 2, ফায়াৰভায়াৰ 400 আৰু ইচাটাৰ দ্বাৰা সহজতে জড়িত কৰিব পাৰে। এক্সটাৰ্নেল হাৰ্ড ডিস্কৰ ষ্টোৰেজ ক্ষমতা 4 টিবি আৰু ইয়াতকৈ অধিক হ'ব পাৰে।

এক্সটাৰ্নেল হাৰ্ড ড্ৰাইভ

চিডি ৰ'ম ঃ

চিডি ৰ'ম [CD-ROM - কম্পেক্ট ডিস্ক ৰীড অন্‌লি মেমৰী] এনে কম্পেক্ট ডিস্ক হয়, য'ত কম্পিউটাৰ দ্বাৰা এক্সেচ কৰা যোগ্য ডাটা থাকে। চিডি (CD), ৰ'মচ্ গেমচ্ তথা মাল্টিমিডিয়া এপ্লিকেচন সহ কম্পিউটাৰ চফ্‌টৱেৰ বিতৰিত কৰাৰ লোকপ্ৰিয়। হ'লেও, ডিস্কৰ উচ্চতম ক্ষমতালৈকে ইয়াত যিকোনো ডাটা ষ্ট'ৰ কৰিব পাৰি। এট ষ্টেণ্ডাৰ্ড 120 mm CD-ROM 650 MB বা 700 MB ডাটা থাকে।

চিডি ৰ'ম

CD-ROM ড্ৰাইভ ঃ

কম্পেক্ট ডিস্কতত ষ্ট'ৰ CD-ROM হৈ থকা ইনফ'ৰমেচন ৰীড কৰা ডিভাইচ চিডি ৰ'ম ড্ৰাইভ হয়। বেছিভাগ চিডি ৰ'ম ড্ৰাইভ চিস্টেম ইউনিটৰ ভিতৰত স্হিত থাকে। আপুনি প্ৰায়ে চিডি ড্ৰাইভত এটা নম্বৰ যেনে –16x, 40x এবং 52X। দেখা পায়। সামান্য ধৰণে ইয়াৰ অৰ্থ ড্ৰাইভৰ স্পীডৰ লগত। বেছি নম্বৰৰ অৰ্থ বেছি ফাষ্ট ড্ৰাইভ। এক্সৰ অৰ্থ অ'ৰিজিনেল চিডি ষ্টেণ্ডাৰ্ডৰ তুলনাত ড্ৰাইভৰ ট্ৰাঁসফাৰ ৰেট কিমান গুণে বেছি।

চিডি ৰ'ম ড্ৰাইভ

CD-R (চিডি – ৰেক'ৰডেৱ'ল) ঃ

চিডি-আৰ কম্পেক্টৰ ডিস্ক ৰেক'ৰডেৱল মালিট চেশন কম্পেপ্ক্ট ডিস্ক, য'ত আপুনি নিজৰ ডাটা যেনে টেক্সট, গ্ৰাফিক্‌চ্ আৰু অডিঅ' ৰেক'ৰ্ড কৰিব পাৰে। চিডি আৰত আপুনি এটা অংশত এবাৰ ৰাইট কৰিব পাৰে আৰু পিছত দ্বিতীয় অংশত লিখিব পাৰে।আপুনি কেৱল এবাৰতে প্ৰত্যেক অংশত ৰাইট কৰিব পাৰে। কিন্তু আপুনি ডিসকৰ কণ্টেখক ইৰেজ (মোহাৰিব) নোৱাৰে। বেছিভাগ চিডি-ৰ'মচ্ ড্ৰাইভ চিডি-আৰ ৰীড কৰিব পাৰি। আপুনি চিডি-আৰ CD-R (কম্পেক্ট ডিস্ক – ৰিৰাটেবল)। CD-R-ৰেকৰ্ডচ্ বা চিডি-আৰ ড্ৰাইভ আৰু বিশেষ চফ্‌টৱেৰৰ প্ৰয়োগ কৰি ৰাইট কৰিব পাৰে।

CD-RW (CD – ৰিৰাইটেবল) ঃ

CD-RW ইৰেজবল ডিস্ক হয়, যি আপোনাৰ বহুত বাৰ লিখিবলৈ তথা মোহাৰিবলৈ দিয়ে। আৰম্ভণিতে ইয়াৰ ইৰেজেবল চিডি CD (CD-E)-ই বুলি কোৱা গৈছিল। পিছত চিডি-আৰ ডব্লিউ, যি চিডি আৰু এবাৰ লিখাৰ সলনি খুব লাভদায়ক। CD-RW লিখিবলৈ আপোনৰ ওচৰত CD-RW চফ্‌টৱেৰ আৰু CD-RW ড্ৰাইভ থাকিব লাগি। CD-RW ৰেকৰ্ডাৰ CD-RW-তত 700 MB ডাটা ৰিৰাইট কৰিব পাৰি। এই ড্ৰাইভত 52x লৈকে ৰাইট স্পীড, 32X লৈকে ৰীৰাইড স্পীড আৰু 52X লৈকে স্পীড থাকে। মেনুফেক্‌চাৰাৰে বিশিস্টৰূপ উদাহৰণস্বৰূপে এইধৰণে 52 / 32 / 52 লিখে।

DVD-ROM ড্ৰাইভ ঃ

DVD-ROM ড্ৰাইভৰ জৰিয়েতে DVD-ROM ডিস্কত ষ্ট'ৰ তথ্য ৰীড কৰিব পাৰি। ৰীড-অন্‌লিৰ অৰ্থ হৈছে ডিস্কত ষ্ট'ৰ তথ্যক সলাব নোৱৰি। DVD-ROM ডিস্ক চাইজ আৰু শ্বেপত CD-ROM ডিস্কৰ সমান, কিন্তু তাত বহুত বেছি তথ্য ষ্ট'ৰ হ'ব পাৰে।

ফ্লেশ ড্ৰাইভ

পেন ড্ৰাইভ

ফ্লেশ ড্ৰাইভ আৰু থাম্ব ডিভাইচ কম্পিউটাৰ ষ্টোৰেজৰ নৱীনতম ফৰ্ম (ৰূপ) হয়। ইউএচবি ফ্লেশ ড্ৰাইভৰ দ্বাৰা ইউজাৰ ডকিউমেন্ট, ফটো, মিউজিক আৰু ভিডিঅ' ক এটা কম্পিউটাৰৰ পৰা আন এটা কম্পিউটাৰলৈ সহজতে স্থানান্তৰিত কৰিব পাৰে। পেন ড্ৰাইভৰ সকলোতকৈ অধিক লাভ এইটো হয় যে ইয়াক সহজতে এটা স্থানৰ পৰা আন এটা স্থানলৈ লৈ যাব পাৰে, কাৰণ এইটো বহুত সৰু হয়। ইয়াৰ ক্ষমতা 16 এমবিৰ পৰা 64 জিবি লৈ হয় আৰু ডাটাক শীঘ্ৰে স্থানান্তৰ কৰিব পাৰে।

স্মাৰ্ট কাৰ্ড

স্মাৰ্ট কাৰ্ড ক্ৰেডিটৰ দৰে প্লাষ্টিকৰ কাৰ্ড থাকে আৰু ইয়াত মাইক্ৰোচিপৰ ৰূপত ডাঙৰ মাত্ৰাত ইনফৰমেচন থাকে। স্মাৰ্ট কাৰ্ড মেগনেটিক ষ্টিপ কাৰ্ডৰ পৰা দুই ধৰণে বেলেগ থাকে। প্ৰথমে ইয়াত ডাঙৰ মাত্ৰাত ইনফৰমেচনক ষ্টোৰ কৰিব পাৰি আৰু আনটো ইয়াত ডাটাক ৰিএৰেঞ্জ (পুনঃ ব্যৱস্থিত), ডিলিট আৰু এড (জড়িত) কৰাত সহজ কৰিব পাৰে।

স্মাৰ্ট কাৰ্ড

স্মাৰ্ট কাৰ্ড দুই প্ৰকাৰৰ হয়। ইয়াত প্ৰথমে এক **'ডাম্ব কাৰ্ড'** থাকে, য'ত কেৱল মেম'ৰী থাঁকে। এইটো কাৰ্ড ইনফৰমেচনক ষ্টৰ কৰাত ব্যৱহাৰ কৰা হয়।

আনটো কাৰ্ডৰ বাস্তৱত 'স্মাৰ্ট' থাকে আৰু ইয়াত মেম'ৰীৰ লগতে মাইক্ৰোপ্ৰচেচৰো অন্তৰ্ভুক্ত থাকে। এইটো কাৰ্ডত বাস্তৱত কাৰ্ডত ষ্টাৰ ডায়াৰ বিষয়ে নিৰ্ণয় লোৱা ক্ষমতা থাকে। যেতিয়া কোনো স্মাৰ্ট কাৰ্ডক কাৰ্ড ৰিডাৰেৰে কানেক্ট কৰা যায় তেতিয়া আপুনি কাৰ্ডৰ সূচনাক পঢ়িব পাৰিব আৰু সেইটোক আপডেটো কৰিব পাৰিব।

ক্লাউড ষ্টৰেজ

ক্লাউড ষ্টৰেজ এক ইণ্টাৰনেট সেৱা হয় যিটো কম্পিউটাৰ ইউজাৰক ষ্টৰেজ (সংগ্ৰৰ ক্ষমতা) ক উপলব্ধ কৰাই। কোনো চাৰ্ভিচ প্ৰভাইডাৰ (সেৱা প্ৰদাতা) থাকে যিটো মূল্যৰ পৰা বিনা মূল্যৰো বিভিন্ন প্ৰকাৰৰ পৰা ষ্টৰেজ যোগান ধৰা হয়। ইয়াৰে কিছুমান বিশিষ্ট প্ৰকাৰৰ ফাইল যেনে ফটো আৰু ই-মেইল আদিৰ বাবে ষ্টৰেজ উপলব্ধ কৰাই, কিন্তু কিছুমান যিকোনো ধৰণৰ ফাইলৰ বাবে ষ্টৰেজ উপলব্ধ কৰাই। ষ্টৰেজ উপলব্ধ কৰোৱা কিছুমান ষ্টৰেজ প্ৰভাইডাৰ ইউডো লাইভ স্কাই ড্ৰাইভ, ফিলকৰ, পিকাচা, ইউ-টিউব আৰু ফেচবুক আদি।

নেটৱৰ্ক এট্চে ষ্টৰেজ (এনএএচ চাৰ্ভাৰ)

নেটৱৰ্ক এট্চে ষ্টৰেজ (এনএএচ) ও কম্পিউটাৰ ষ্টৰেজৰ আনটো কমন ৰূপ হয়। এনএএচ সামান্যৰূপে এটা উপায় হয় যিটো বিজিনেচত এট কম্পিউটাৰৰ পৰা আন এটা কম্পিউটাৰৰ ফাইল শ্বেয়াৰ কৰাত ব্যৱহাৰ কৰা যায়। এনএএচ সামান্যৰূপে নেটৱৰ্কৰ চাৰ্ভাৰৰ লগত জড়িত কৰে যাৰ একমাত্ৰ কাম ষ্টৰেজ উপলব্ধ কৰোৱা। নেটৱৰ্কৰ লগত জড়িত যিকোনো ইউজাৰ আৰু ডিভাইচত ফাইলৰ লগতে কাম কৰিব পাৰে।

নেটৱৰ্ক এট্চে ষ্টৰেজ

2 চফ্‌ট্‌ৱেয়ৰ

চফ্‌ট্‌ৱেৰ বা প্ৰগ্ৰেম চিস্টেম হাৰ্ডৱেয়াৰৰ ফিজিকেল কম্পনেণ্টৰ বিপৰীত কম্পিউটাৰক কোনো কাম কৰাৰ যোগ্য কৰে। ইয়াত কোনো এপ্লিকেচন চফ্‌ট্‌ৱেয়ৰ থাকে। যেনে ৱৰ্ড প্ৰচেচৰ, যিটো যুজাৰক কাম কাৰ যোগ্য কৰি তুলে। ইয়াত চিস্টেম চফ্‌ট্‌ৱেৰ থাকে। যেনে অপাৰেটিং চিস্টেম, যিটো হাৰ্ডৱেৰ বা অন্য চফ্‌ৱেৰৰ লগত তালমিলকে বা যুজাৰ স্পেচিকেচনক নিয়ন্ত্ৰিত কৰিব লগীয়া কাস্টম চফ্‌ট্‌ৱেয়ৰৰ জৰিয়তে তথ অন্য চফ্‌ট্‌ৱেয়ৰক ভালদৰে চলোৱাক যোগ্য কৰে। আপুনি চফ্‌ট্‌ৱেৰৰ আখৰ লিখা, নিজৰ ফাইনেনচ মেনেজ কৰা পিকচাৰৰ ফটো টুলা, গেমচ খেলা আদি বহুত কিছুৰ বাবে প্ৰয়োগ কৰিব পাৰে।

প্ৰেকটিকেল কম্পিউটাৰ চিস্টেম তিনিটা মুখ্য বৰ্গত বিভাজিত হয় – চিস্টেম চফ্‌ট্‌ৱেয়ৰ, এপ্লিকেচন চফ্‌ট্‌ৱেয়ৰ আৰু প্ৰগ্ৰেমিং চফ্‌ট্‌ৱেৰ।

চিস্টেম চফ্‌ট্‌ৱেয়ৰ কম্পিউটাৰ হাৰ্ডৱেয়ৰ আৰু কম্পিউটাৰ চিস্টেমক চলোৱাত সহায় কৰে। ইয়াত অপাৰেটিং চিস্টেম, ডিভাইছ ড্ৰাইভছ, ডাইগনষ্টিক টুলচ, চাৰ্ভিচ, উণ্ডো চিস্টেমচ, যুটিলীটিজ আৰু বহুতো থাকে। চিস্টম চফ্‌ট্‌ৱেয়ৰ চাৰ্ভিচ যুজাৰ, এপ্লিকেচন চফ্‌ট্‌ৱেৰ আৰু কম্পিউটাৰৰ হাৰ্ডৱেয়ৰৰ এচেচৰীজ যেনে কমিউনিকেচন, প্ৰিণ্টাৰচ, ৰীৰ্ডচ, ডিচপ্লেজ, কী-বৰ্ডচ আদিৰ মাজত তালমিল কৰায়।

এপ্লিকেচন চফ্‌ট্‌ৱেয়ৰ যুজাৰ্চক এটা বা তাতকৈ বেছি নান-কম্পিউটাৰ সম্বন্ধী কামত সহায়তা কৰে। এই ৰিশিষ্ট এপ্লিকেচনত অফিচ অটমেচন, বিজিনে, চফ্‌ট্‌ৱেৰ, এজুকেচনেল চফ্‌ট্‌ৱেয়ৰ, ডাটাবেচ আৰু কম্পিউটাৰ গেমচ থাকে। বিজিনেচ হাউচ সম্ভৱতঃ এপ্লীকেচন চফ্‌ট্‌ৱেয়ৰ সকলোতকৈ ডাঙৰ যুজাৰ্চ হয়, কিন্তু মোটামুটি সকলো ক্ষেত্ৰৰ মানৱ গতিবিধিৰ এপ্লিকেচন চফ্‌ট্‌ৱেয়ৰৰ কোনো নহলে কোনো ফৰ্মৰ ব্যৱহাৰা নকৰে। এই সকলো কাৰ্য্যক স্বচালিত কৰিবৰ বাবে ইয়াক ব্যৱহাৰ কৰা যায়।

প্ৰগ্ৰামিং চফ্‌ট্‌ৱেয়ৰ সাধাৰণতে বেছি সুবিধাজনক ভাৱে বিভিন্ন প্ৰগামিং ভাষা ব্যৱহাৰ কৰি থাকোতে কম্পিউটাৰ প্ৰগ্ৰেমচ আৰু চফ্‌ট্‌ৱেয়ৰ ৰাইট কৰাত প্ৰগ্ৰেমৰ সহায়ৰ বাবে টুলচ উলপব্ধ কৰায়। এই টুলচত টেকচ এডীটৰ্চ, কম্পাইলচ, ইণ্টাৰপ্ৰেট্ৰ্চ লিংকৰ্চ, ডেবগাৰ্চ আৰু অন্য টুলচ একেলগ হয়। ইণ্টেগ্ৰেটিও ডেভলপমেণ্ট এনভায়ৰমেণ্ট আইডীআই (Integrated development environment - IDE) এই টুলচক এক চফ্‌ট্‌ৱেৰ মণ্ডলত মিলাই দিয়ে আৰু এটা প্ৰগেমক কম্পাইলিং, ইণ্টাৰগ্ৰেটাৰ, ডীৱগিং, ট্ৰেচিং আদিৰ বাবে মাল্টীপেল কমাণ্ডচ টাইপ শাৰীৰ দৰকাৰী নহয়, কাৰণ আইডীইত সাধাৰণতে এডভানচ গ্ৰাফিকেল যুজাৰ ইনটাৰফেই GUI হয়।

চিস্টেম চফ্‌ট্‌ৱেয়ৰ

ইয়াত অপাৰেটিং চিস্টেম (Operating System) আৰু (Utility progams) দুই প্ৰকাৰৰ চিস্টেম চফ্‌ট্‌ৱেয়ৰ থাকে। এই অধ্যায়ত পাৰ্চনেল কম্পিউটাৰৰ অপোৰেটিং চিস্টেমৰ লগত বিভিন্ন যুটিলিটি প্ৰগ্ৰেমচৰ চৰ্চা হয়।

অপাৰেটিং চিস্টেম

অপাৰেটিং চিস্টেম (অএচ) প্ৰগেমৰ সেইটো চেট (সমূহ) হয় য'ত যিকোনো কম্পিউটাৰ আৰু হাৰ্ডৱেয়ৰৰ মাজত-অৰ্ডিনেট (সমন্বয় স্থাপিত) কৰিবৰ বাবে সকলো আৱশ্যকীয় সংবাদ আৰু নিৰ্দেশ অন্তৰ্ভুক্ত হৈ থাকে। উদাহৰণৰ বাবে অপাৰেটিং চিস্টেম ইনপুট ডিবাইচ যেনে-কি-বোৰ্ড, মাউচ, মাইক্ৰোফোন আৰু পিচি কেমেৰাৰ পৰা ইনপুট প্ৰাপ্ত কৰে আৰু কম্পিউটাৰত ইয়াত ডিচপ্লে কৰিবৰ বাবে আউটপুটৰ লগত সমন্বয় স্থাপিত (কো-অৰ্ডিনেট) কৰে। প্ৰিণ্টাৰক নিৰ্দেশ দিয়ে যে কেতিয়া আৰু কেনেকৈ ইনফৰমেচনক প্ৰিণ্ট কৰে। ইয়াৰ বাদেও ডিস্কত স্টৰ ইনফৰমেচন আৰু মেম'ৰীৰ ডাটা আৰু নিৰ্দেশৰ মাজত সমন্বয় স্থাপিত কৰাই। কম্পিউটাৰক কাৰ্য কৰিবৰ বাবে অপাৰেটিং চিস্টেমৰ আৱশ্যক হয় আৰু এইটো উচ্চ স্তৰীয় ফাংচনৰ বাবে গ্ৰাফিকেল ইউজাৰ ইণ্টাৰফেচত উপলব্ধ কৰাই।

বিভিন্ন অপৰেটিং চিষ্টেম বিভিন্ন চাইজৰ কম্পিউটাৰত প্ৰযুক্ত হয়। উদাহৰণ বাবে এটা মেনফ্ৰেম কম্পিউটাৰত ডেস্কটপ কম্পিউটাৰৰ দৰে অপাৰেটিং চিষ্টেম ব্যৱহাৰ নহয়। ইয়ালৈকে এক প্ৰকাৰৰ কম্পিউটাৰ যেনেদৰে কেচটপ কম্পিউটাৰত সমানে অপাৰেটিং চিষ্টেম ব্যৱহাৰ নকৰে। এটা পাৰ্চনেল কম্পিউটাৰ উণ্ডোজ ব্যৱহাৰ কৰিব পাৰে, তেতিয়া বেলেগ মেক অপাৰেটিং চিষ্টেম ব্যৱহাৰ কৰাত লিখিব পাৰে। ইয়াতকৈ বেছি, এইটো বিভিন্ন অপাৰেটিং চিষ্টেম কেতিয়াবা এটা দুটাৰ মাজত অমিলো হব পাৰে। যিটো অপাৰেটিং চিষ্টেম এক পাৰ্চনেল কম্পিুউটাৰক চলায়। এনেকুৱাও হব পাৰে যে সেইটো অপাৰেটিং চিষ্টেম কম্পিউটাৰ চলাব নোৱাৰে। ইয়াৰ বাদেও, যিটো এপ্লীকেচন চফ্‌ট্‌ৱেয়ৰ এক অপাৰেটিং চিষ্টেমৰ লগত কাম কৰে,, সেইটো বেলেগৰ লগত কাম নকৰে।

অপাৰেটিং চিস্টেমৰ মুখ্য ফাংচন বা কাম

কম্পিউটাৰক স্টাৰ্ট কৰা

কম্পিউটাৰক স্টাৰ্ট আৰু ৰীষ্টাৰ্টু কৰাক **বুটিং (booting)** বুলি কোৱা হয়। যেতিয়া আপুনি কম্পিস্উটাৰ একেবাৰে বন্ধ কৰাৰ পাছত অন কৰে, তেতিয়া আপুনি **কন্ড বুট** কৰে। **ৱাৰ্ম বুট** সেইটো হয়, যত প্ৰথমৰ পৰাই কম্পিউটাৰত পাৱাৰ অন হওক আৰু স্টিৰ্ট কৰক।

প্ৰত্যেকবাৰ যেতিয়া আপুনি কম্প্উিটাৰ বুট কৰে, তেতিয়া **কৰনেল (Kernel)** অন্য ভাগত অপাৰেটিং চিষ্টেমৰ ইনস্ট্ৰাকচনচক ব্যৱহাৰ কৰা হয়। যিটো ইনস্ট্ৰাকচনচ কম্পিউটাৰৰ মেমৰীত হাৰ্ড ডিক্স স্টোৰেজৰ দ্বাৰা লড বা কপি কৰা গৈছে। কৰনেল অপাৰেটিখং চিষ্টেমৰ কোৰ (কেন্দ্ৰীয় ভাগ) হয়, যিটো মেমৰী বা ডিভাইছ (কম্পিউটাৰৰ ঘড়ী), এপ্লীকেচনত ষ্টাৰ্টক মেনেজ কৰে আৰু ডিভাইছিছ, প্ৰগ্ৰেমচ, ডাটা আৰু ইনফৰমেচন যেনে কম্পিুটাৰৰ ৰিচাৰ্চজক নিৰ্ধাৰিত কৰা হয়। কৰনেল মেমৰীৰ ৰেজিডেন্ট হয়। ইয়াৰ অৰ্থ হল যেতিয়া কম্পিউটাৰ চলে, তেতিয়া এইটো মেমৰীত থাকে। অপৰেটিং চিষ্টেমৰ অন্য পৰ্ট নান ৰেছিডেন্ট হয়। ইয়াৰ অৰ্থ হল যে সেইটোৰ ইনষ্ট্ৰাকচনচ যেতিয়ালৈকে দৰকাৰী নহয়, তেতিয়ালৈকে সেই হাৰ্ড ডিক্সত থাকে।

নিম্নলিখিত ষ্টেপচৰে কয় যে উণ্ডোজ অপাৰেটিং চিষ্টেম ব্যৱহাৰ কৰাৰ সময়ত কম্পিউটাৰ কন্ড ু ট কৰাৰ সময়ত কি কৰে ঃ

01. যেতিয়া আপুনি কম্পিস্উটাৰ অন কৰে তেতিয়া পাৱাৰ চাপ্লাই মাদৰবৰ্ড আৰু চিষ্টেম য়ুনিটত স্হিত অন্য ডিভাইছিছক ইলেকট্ৰনিক চিগনেল পঠাই।

02. ইলেকট্ৰিচিটীৰ আৱেশ স্বয়ংক ৰিচেট কৰা হয় আৰু ROM (ৰিড অনলি মেমৰী) চিপক আৰু বড়ঢাই। ৰোম চিপত বায়জ BIOS থাকে। বায়জ (basic/input/output/system) ফৰ্মৱেয়ৰ হয়, যত কম্পিউটাৰৰ স্টাৰ্টঅফ্‌ৰ ইনস্ট্ৰাকচন হয়।

03. বায়চ এইটো সুনিশ্চিত কৰাৰ বাবে টেস্টৰ সকলো চীৰীজ জাঞ্চ কৰে যে কম্পিউটাৰ ভালদৰে কানেক্টিভ হয় আৰু অপৰেট কৰি আছে বা নহয়। এইটো টেস্ট সমূখ ভাগত পোৱাৰ অন চেলফ টেস্ট (Post), কব পাৰে, যিটো বচ চিস্টেম ক্লাৰ্ক, একচপেনচন কাৰ্ড, ৰেম চিপচ, কীবৰ্ড আৰু ড্ৰাইভ আদি বিভিন্ন চিষ্টেম কম্পনেন্টক চেক কৰে। যেনেদৰ পোস্ট সক্ৰিয় হয়, তেতিয়া এলইডি LEDs ডিক্স ড্ৰাইভ আৰু কীবৰ্ড সহিত ডিভাইছিছত থাকে। কোনো বীপচ শব্দ কৰে আৰু মনীটৰৰ স্ক্ৰীনত কোনো মেচেজ ডিচপ্লে হয়।

04. পোষ্ট, মাদৰবৰ্ডত চীপোচ CMOS চিপৰ ডাটাক কম্পেয়াৰ কৰে। চীমোচ চিপত মেমৰীৰ মাত্ৰা, ডিক্স ড্ৰাইভৰ প্ৰকাৰ, কীবৰ্ড বা মনীটৰ, কাৰেন্ট ডেট বা টাইম আৰু অন্য স্টাৰ্টঅপ ইনফৰমেচন যেনে কম্পিউটাৰ সম্বন্ধী কনফিগাৰেচন ষ্টোৰ হয়। এইটো কম্পিউটাৰৰ দ্বাৰা কানেক্টিভ কোনা নতুন ডিভাইছকো ডিটেক্ট কৰে। যি কোনা সমস্যা পোৱা যায়, তেতিয়া সমস্যাৰ গম্ভীৰতাৰ আধাৰত কম্পিউটাৰ বীপ কৰিব পাৰে, এৰৰ মেচেজ ডিচপ্লে কৰিব পাৰে বা অপাৰেটিং

05. যদি POST সফলতাপূৰ্বক ভাৱে পুৰা হৈ যায়, তেতিয়া বায়চ চিস্টেম ফাইল বুলি কোৱা অপৰেটিং ফাইলচক চাৰ্চ কৰো। সাধাৰণতে, অপাৰেটিং চিস্টেম সফলতোকৈ প্ৰথমে ফ্লপ ডিস্ক ড্ৰাইভৰ স্হান ড্ৰাইভ এৰ আৰু দেখে। যদি চিস্টেম ফাইল ড্ৰাইভক নকয়, তেতিয়া BIOS সাধাৰণতে প্ৰথম হাৰ্ড ডিস্কৰ স্হান ড্ৰাইভ চী ৰফালে দেখা পায়। যদি ড্ৰাইভ এ আৰু ড্ৰাইভ চি ত চিস্টেম ফাইল নহয়, তেতিয়া কিছু কম্পিউটাৰ চীডী-ৰোম বা ডিভীডী ৰোম ড্ৰাইভৰ ফালে দেখা পায়।

06. প্ৰথমে মেমৰিত লোড চিস্টেম ফাইল লোকেট আৰু এগজীকিউটৰ হয়। ইয়াৰ আগত অপাৰেটিং চিস্টেমৰ কেৰচেল সেইটো মেমৰীত লোড কৰে আৰু মেমৰীত অপাৰেটিং চিস্টেম কম্পিউটাৰৰ নিয়ন্ত্ৰণ কৰাত লাগি যায়।

07. অপাৰেটিং চিস্টেম কনফিগেৰেচন ইনফৰমেচনক লোড কৰে। উণ্ডোজৰ ৰেজিস্ট্ৰীত কোনো ফাইল হয়, যত চিস্টেম কনফিগেৰেচন ইনফৰমেচন হয়ং ইনস্টাইলড হাৰ্ডৱেয়ৰ বা চফ্টৱেয়ৰ ডিভাইছিছ আৰু মাচ স্পীড, পাচৱৰ্ড বা অন্য যুজাৰ ইনফৰমেচনৰ ৰাকে কম্পিউটাৰ অপৰেটিংৰ সময়ত উণ্ডোজ মোটামুটিকে এটা চেছ কৰি থাকে।

আপৰেটিং চিস্টেমৰ প্ৰকাৰ

ইয়াৰ পূৰ্বে সকলো অপাৰেটিং চিস্টেম ডিভাইচৰ ওপৰত নিৰ্ভৰ কৰিছিল। ডিভাইচৰ ওপৰত নিৰ্ভৰ চফ্টৱেয়ৰ প্ৰডাক্ট যিকোনো বিশেষ প্ৰকাৰৰ কম্পিউটাৰত চলি থাকিব পাৰে। যেতিয়া নিৰ্মাতাই কম্পিউটাৰৰ নতুন মডেল লঞ্চ কৰে তেতিয়া তেওঁলোকে এক শ্ৰেষ্ঠ আৰু অন্য প্ৰকাৰৰ অপাৰেটিং চিস্টেমো প্ৰস্তুত কৰে। ডিভাইচৰ ওপৰত নিৰ্ভৰ অপাৰেটিং চিস্টেমত এইটো সমস্যা আহিব যে যেতিয়া ইউজাৰে নতুন কম্পিউটাৰ কিনিছে, তেতিয়াহ'লে এইটো অপাৰেটিং চিস্টেমে তাৰ ওপৰত কাৰ্য নকৰে, কাৰণ এইটো বিশিষ্ট কম্পিউটাৰৰ বাবে নিৰ্মাণ কৰা গৈছিল। কিছুমান অপাৰেটিং চিস্টেম এতিয়াও ডিভাইচ ডিপেণ্ডেণ্ট হয়।

এতিয়া ডিভাইচ ইণ্ডিপেণ্ডেণ্ট অপাৰেটিং চিস্টেম আহিছে, যিটো সকলো ধৰণৰ কম্পিউটাৰত কাৰ্য কৰিব পাৰে। এইদৰে অপাৰেটিং চিস্টেমৰ এইটো লাভ হয় যে আপুনি আপোনাৰ ডাটা ফাইল আৰু এপ্লিকেচনক তেতিয়াও প্ৰাপ্ত কৰিব পাৰে, যেতিয়া আপুনি অন্য বা উচ্চ কম্পিউটাৰ সলনি কৰে।

চিংগল ইউজাৰ টাস্ক অপাৰেটিং চিস্টেম ঃ যেনেদৰে ইয়াৰ নামেৰে জনাজাত, চিংগল ইউজাৰ চিংগল টাস্ক অপাৰেটিং চিস্টেমক এটা ইউজাৰৰ শ্ৰেষ্ঠ কাৰ্য কৰিবৰ বাবে কোৱা গৈছে আৰু ইয়াৰ ওপৰত এবাৰতে কেৱল এটা প্ৰগ্ৰেমৰ ওপৰত কাৰ্য কৰিব পাৰে।

চিংগল ইউজাৰ মাল্টি টাস্কিং অপাৰেটিং চিস্টেম ঃ এইটো অপাৰেটিং চিস্টেমৰ সহায়েৰে এটা ইউজাৰ এবাৰত কেইবাটাও প্ৰগ্ৰেম ৰান কৰিব পাৰি। মাইক্ৰোচফট্ ইউডোজ আৰু এপ্পলৰ মেংচিটোচ এইধৰণৰ অপাৰেটিং চিস্টেম হয় যিটো সামান্যৰূপত প্ৰয়োগ কৰা হয়।

মাল্টি ইউজাৰ মাল্টি টাস্কিং অপাৰেটিং চিস্টেম ঃ এঁই প্ৰকাৰৰ অপাৰেটিং চিস্টেমত কোনো ইউজাৰ কম্পিউটাৰত কাৰ্য কৰিব পাৰে। এই ধৰণৰ অপাৰেটিং চিস্টেম সামান্যৰূপত নেটৱৰ্ক চিস্টেমত প্ৰয়োগ কৰা হয়।

ইউনিক্স আৰু ইউডোজ এনটি এই প্ৰকাৰৰ অপাৰেটিং চিস্টেমৰ উদাহৰণ হয়।

বেচ প্ৰচেচিং অপাৰেটিং চিস্টেম (ৰিপিঅএচ) ঃ বেচ প্ৰচেচিং অপাৰেটিং চিস্টেমত ডাটা আৰু প্ৰগ্ৰেমৰ কাৰ্য কৰিবৰ বাবে বাণ্ডেলৰ ৰূপত এগজিকিউট কৰাৰ আৱশ্যক হয়। এই ধৰণৰ আপাৰেটিং চিস্টেম সেই স্হিতিত বহুত ভাল হয় যেতিয়া ডাঙৰ মাত্ৰাত ডাটাত কাম কৰিব লগীয়া থাকে। এইদৰে অপাৰেটিং চিস্টেমত প্ৰচেচিং নিজে নিজে কৰা যায়।

ৰিয়েল টামি অপাৰেটিং চিস্টেম (আৰটিঅএচ) ঃ এদিৰে অপাৰেটিং চিস্টেমত এক নিশ্চিত টাইমত কাৰ্য কৰিব লগীয়া হয়। এই ধৰণৰ আপাৰেটিং চিস্টেম তেতিয়া প্ৰয়োগ কৰা যায় যেতিয়া বহুত কম সময় থাকে আৰু সময় অধিক গুৰুত্বপূৰ্ণ হয়। এই প্ৰকাৰৰ অপাৰেটিং চিস্টেম বিশেষ ৰূপেৰে সেই সময় বহুত গুৰুত্বপূৰ্ণ হয় যেতিয়া গণনাৰ বহুত অধিক মূল্য থাকে আৰু কাৰ্যত পলম কৰা অসুবিধা হ'ব পাৰে।

অপাৰেটিং চিস্টেমৰ ভাগ

অধিকাংশ ইউজাৰে সেই অপাৰেটিং চিস্টেমক প্ৰয়োগ কৰে যাক যি কম্পিউটাৰৰ লগতে আগৰ পৰা লোড কৰা হৈছে। কিন্তু ইয়াক সলনি আৰু আপগ্ৰেড কৰটোও সম্ভৱ হয়। অপাৰেটিং চিস্টেমৰ তিনিটা সামান্য ভাগ স্টেড অলোন, চাৰ্বাৰ, এম্বডেড থাকে।

স্টেড অলোন অপাৰেটিং চিস্টেম

স্টেড অলোন অপাৰেটিং চিস্টেম এক কম্প্লীট অপাৰেটিং চিস্টেম হয় যিটো ডেস্কটপ কম্পিউটাৰ, নোটবুক আৰু ম'বাইল কম্পিউটিং ডিভাইচত কাম কৰে। কিছুমান স্টেড অলোন অপাৰেটিং চিস্টেমক ক্লাইন্ট অপাৰেটিং চিস্টেম বুলি কোৱা হয় কাৰণ এইটো চাৰ্বাৰ অপাৰেটিং চিস্টেমত কাম কৰে। ক্লাইন্ট অপাৰেটিং চিস্টেম নেটৱৰ্কৰ লগত আৰু নেটৱৰ্কৰ অবিহনে অপাৰেট কৰিব পৰা যায়। উদাহৰণৰ বাবে এই দুটি মাইক্ৰোচফ্ট ইউডোজ, মেক অএচ আৰু লাইনেক্স অপাৰেটিং চিস্টেমৰ প্ৰয়োগ কৰা যায়।

এমএচ ডচ ঃ এমএচ ডচ মাইক্ৰোচফট ডিস্ক অপাৰেটিং চিস্টেমৰ ওপৰত কাৰ্য কৰে। এমএচ ডচ টেক্সটৰ লাইনক ডেস্কটপত ডিচপ্লে কৰে। আপুনি কামাণ্ডক টাই কৰি টাস্কক কৰিব পাৰে। আজিৰ সময়ত প্ৰায় ডচ ব্যৱহাৰ অধিক নকৰে, কাৰণ এইটো গ্ৰাফিকল ইউজাৰ ইণ্টাৰফেচৰ সুবিধা নিদিয়ে। আৰু এইটো আধুনিক 32 বিট মাইক্ৰোপ্ৰচেচৰৰ পুৰা লাভ উঠাব পৰা নাই।

এমএচ ডচ

মাইক্ৰোচ্ট ইউডোজ ঃ মাইক্ৰোচফটে ইউডোজ অপাৰেটিং চিস্টেমৰ ডেভেলপ কৰিছে য'ত গ্ৰাফিকেল ইউজাৰ ইণ্টাৰফেচৰ সুবিধা থাকে। ইউডোজৰ কিছুমান লোকপ্ৰিয় অপাৰেটিং চিস্টেম হ'ল ইউডোজ 3.1, ইউডোজ এক্সপি, ইউডোজ ভিস্টা আৰু ইউডোজ 7।

ইউডোজ 7 মাইক্ৰোচফটৰ **আধুনিক** ইউডোজ অপাৰেটিং চিস্টেম হয়। **এইটো গ্ৰাফিকেল** ইউজাৰ ইণ্টাৰফেচ অপাৰেটিং চিস্টেম হয় যি শিকিবলৈ আৰু কাৰ্য কৰাত বহুত সহজ হয়। ইউডোজ 7 আপোনাৰ কম্পিউটাৰত ফাইলক মেনেজ কৰাৰ কেইবটাও উপায় উপলব্ধ হৈ আছে। আপুনি এই ফালিক ৰিনেম, অপেন, ডিলিট আৰু চাৰ্চ আদি কৰিব পাৰে।

ইউডোজ 7

মেক অএচ

মেক অএচ ঃ এইটো এপ্পলৰ দ্বাৰা মেনচিংটোশ লাইন কম্পিউটাৰৰ বাবে ডিজাইনৰ গ্ৰাফকেল ইউজাৰ ইণ্টাৰফেচৰ আধাৰিত অপাৰেটিং চিস্টেমৰ চিৰিজ হয়।

লাইনেক্স ঃ এইটো ইউনিক্সৰ আধাৰিতক অপাৰেটিং চিস্টেম হয় যিটো ৱৰ্ল্ড ৱাইড ৱেবত বিনা মূল্যত উপলব্ধ আছে। কোনো কোম্পানী যেনে ৰেড হেট, কৰেল আৰু মেড্ৰেকে ব্যৱহাৰ সহজ লাইনেক্সৰ কেইবাও ভাৰ্জন উলিয়াইছে, যিটো আপুনি কিনিব পাৰে। ৰেড হেট লাইনেক্স এক লোকপ্ৰিয় ভাৰ্জন হয় যিটো জিনোম ডেস্কটপ এনভাৰমেণ্টৰ লগত আহে। জিনোমে আপোনাৰ টাস্কক পাৰফৰ্ম কৰা সময়ত সহায়ৰ বাবে স্ক্ৰীনত পিকচাৰ্চক চিডচপ্লে কৰে। লাইনেক্স অপেন চাৰ্চ কোড অপাৰেটিং চিস্টেম হয়, ইয়াক কপি, মডিফাই আৰু কিছুমান নিৰ্দেশৰ লগত পুন ব্যৱস্থিত কৰিব পৰা যায়। ইয়াৰ এই গুণৰ বাবে এইটো ইউজাৰত বহুত লোকপ্ৰিয় হৈছে।

লাইনেক্স

চাৰ্ভাৰ অপাৰেটিং চিস্টেম

চাৰ্ভাৰ অপাৰেটিং চিস্টেম সেই অপাৰেটিং চিস্টেম হয় যাক বিশেষ ৰূপেৰে নেটৱৰ্কক চাপোৰ্ট কৰিবৰ বাবে ডিজাইন কৰা গৈছে। চাৰ্ভাৰ অপাৰেটিং চিস্টেম বিশেষ ৰূপেৰে চাৰ্ভাৰত কাৰ্য কৰে। চাৰ্ভাৰৰ লগত জড়িত থকা ক্লাইন্টৰ কম্পিউটাৰ চাৰ্ভাৰৰ পৰা ৰিচৰ্চ প্ৰাপ্ত কৰে। স্টেড অলোন অপাৰেটিং চিস্টেম ক্লাইন্টৰ দৰে হয় আৰু চাৰ্ভাৰ অপাৰেটিং চিস্টেমৰ লগত কাৰ্য কৰে। ইয়াৰ পৰা কিছুমান স্টেড অলোন অপাৰেটিং চিস্টেম নেটৱৰ্কৰ ক্ষমতাৰ অনুসাৰে কাৰ্য কৰে। চাৰ্ভাৰ অপাৰেটিং চিস্টেমক এইদৰে ডিজাইন কৰা গৈছে যে এইটো সকলো প্ৰকাৰৰ চাৰ্ভাৰ চাপৰ্ট কৰিব পাৰে। উদাহৰণৰ বাবে সকলো চাৰ্ভাৰ অপাৰেটিং চিস্টেমত ইউডো চাৰ্ভাৰ 2008, ইউনিক্স চলৰিজ আৰু নেটৱেয়ৰ আদি অন্তৰ্ভুক্ত থাকে।

ইউডোজ চাৰ্ভাৰ 2008 : এইটো ইউডোজ চাৰ্ভাৰ 2003 কৰ আধুনিক ৰূপ হয়। ইউডোজ চাৰ্ভাৰ 2008 ত অন্তৰ্ভুক্ত হোৱা ইনপ্ৰুভিং ৱেব চাৰ্ভাৰ মেনেজমেন্ট যেনে ফিচাৰ্চ ইউজাৰক ডাটাল শ্বেয়াৰ কৰা, চাৰ্ভাৰৰ সুৰক্ষাক বৃদ্ধি কৰা আৰু বিভিন্ন চফ্‌টৱেয়ৰ এটেকৰ পৰা বচোৱাৰ সুবিধা প্ৰদান কৰে।

UNIX

চোলৰিজ ঃ এইটো ইউনিক্সৰ বাৰ্জন হয় যাক কিছুমান মাইক্ৰোচিস্টেমৰ দ্বাৰা ডেভেলেপ কৰা গৈছে। এইটো চাৰ্ভাৰ অপাৰেটিং চিস্টেম হয় যাক বিশেষ ৰূপেৰে ই-কমাৰ্চ এপ্লিকেচনৰ বাবে ডেভেলপ কৰা গৈছে।

নাবেল্চ নেটৱেয়ৰ ঃ এইটো চাৰ্ভাৰ অপাৰেটিং চিস্টেম হয় যাক ক্লাইন্ট বা চাৰ্ভাৰৰ বাবে ডিজাইন কৰা গৈছে। নেটৱেয়ৰত এক চৰ্ভাৰ পৰ্চন (ভাগ) থাকে যিটো নেটৱৰ্কৰ লগত জড়িত প্ৰত্যেক ক্লাইন্টৰ কম্পিউটাৰত থাকে। নেটৱেয়ৰ অপেন চাৰ্চ চফ্‌টৱেয়ৰক চাপৰ্ট কৰে আৰু মুখ্য ঠাইতৰ লগত জড়িত সকলো পাৰ্চনেল কম্পিউটাৰৰ ওপৰত কাৰ্য কৰে।

ইউডোজ ম'বাইল ঃ এইটো ইউডো এম্বডেড চিইৰ ওপৰ আধৰিত অপাৰেটিং চিস্টেম হয়। ইয়াত বিশিষ্ট প্ৰকাৰৰ স্মাৰ্ট ফোন আৰু পিডিএ (পাৰ্চনেল ডিজিটেল এচিচটেট) ৰ বাবে প্ৰগ্ৰেম আৰু ইউজাৰ ইটাৰফেচ ডিজাইন কৰা যায়। ইউডোজ ম'বাইল কোনো ফিচাৰ্চ প্ৰভাইড (উপলব্ধ) কৰাই যিটো ইউজাৰক ই-মেইল চেক কৰা, ইটাৰনেটৰ ব্যৱহাৰ কৰা, ফটো তুলা, ভিডিঅ কৰা, ভয়েচ মেচেজক ৰোকৰ্ড কৰা, সংগীত শুনা আৰু গেম খেলাৰ সুবিধা দিয়ে।

ইউডোজ ম'বাইল

পম অএচ

পম অএচ ঃ পাৰ্চনেল ডিজিটেল এচিচটেট (পিডিএ) স্মাৰ্ট ফোনৰ বাবে 1996 ত এইটো পমৰ দ্বাৰা ডিজাইন কৰা ম'বাইল অপাৰেটিং চিস্টেম হয়। পম অপাৰেটিং চিস্টেমক বিশিষ্ট প্ৰকাৰৰ ডিভাইচৰ ৰূপত পম চাইজ ড্ৰিভাইচত ফিট কৰিবৰ বাবে ডিজাইন কৰা গৈছিল।

আইফোন অএচ ঃ এইটো এপ্পলৰ দ্বাৰা আইফোন, আইপেড, টাচ, এপ্পল স্মাৰ্ট ফোন আৰু এপ্পল টিভিৰ বাবে প্ৰস্তুত কৰা অপাৰেটিং চিস্টেম হয়।

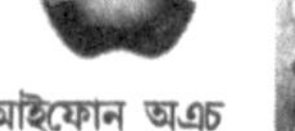

আইফোন অএচ

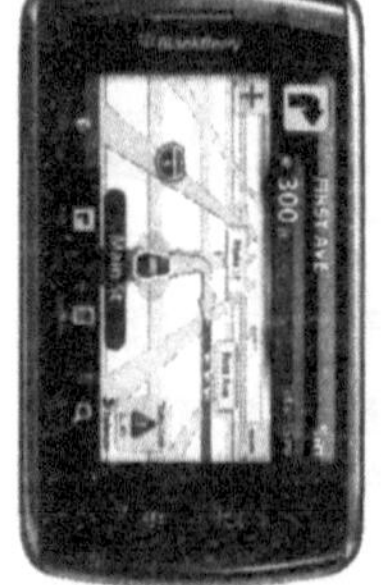

ব্লেকবেৰী অএচ

ব্লেকবেৰী অএচ ঃ এইটো ৰিম (ৰিচাৰ্চ ইন মেচন) ৰ দ্বাৰা চাপ্লাই কৰা ডিভাইচত চলা অপাৰেটিং চিস্টেম হয়। ব্লেলবেৰী ডিভাইচ ফোনৰ ক্ষমতাৰ অনুসাৰে পিম (পাৰ্চনো ইনফৰমেচন মেনেজাৰ) চিডিউল, সম্পৰ্ক আৰু এপইনটেক ব্যৱস্থিত কৰাৰ, ক্ষমতাও যোগান ধৰা হয়।

গুগল এনড্ৰয়ড ঃ এইটো গুগলৰ দ্বাৰা ম'বাইল ডিভাইচৰ বাবে ডিজাইন কৰা অপাৰেটিং চিস্টেম হয়। গুগল এনড্ৰয়ডত কেইবাটাও ফিচাৰ্চ যেনে-ই-মেইল একাউন্টক চেক কৰা, এলাৰ্ম ঘঁড়ী, ভিডিঅ কৰা আৰু সহজ বেব ব্ৰাউচিং অন্তৰ্ভুক্ত হৈ আছে।

গুগল এনড্ৰয়ড

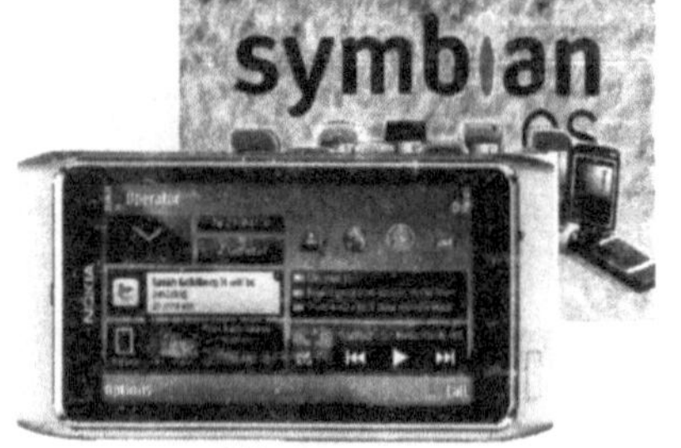

চিম্বিয়ন অএচ

চিম্বিয়ন অএচ ঃ এইটো স্মাৰ্টফোনৰ দ্বাৰা ডিজাই কৰা গৈছে আৰু নকিয়াৰ দ্বাৰা মেন্টেনেঞ্চ কৰা অপেচাৰ্চ মাল্টিটাস্কিং অপাৰেটিং চিস্টেম হয়। চিম্বিয়নত এচ 60 ফিফথ এডিচনৰ ওপৰত আধাৰিত ইউজাৰ ইটাৰফেচ কম্পনেন্ট অন্তৰ্ভুক্ত হৈ আছে। লেটেস্ট ভাৰ্জন (নৱীনতম সংস্কৰণ) চিম্বিয়ন 3, অধিকাৰিক ৰূপেৰে 2010 ত ৰিলিজ কৰা গৈছিল। আৰু নকিয়া এন 8 ত প্ৰথম বাৰ ইয়াৰ প্ৰয়োগ কৰা গৈছে।

য়ুটিলিটি প্ৰোগ্ৰামচ

বেছি ভাগ অপাৰেটিং চিস্টেমত অনেক য়ুটিলিটি প্ৰগেম থাককে। এইটো একপ্ৰক্ষৰৰ চিস্টেম চফ্‌টৱেৰ হয়, যিটো সাধাৰণতে কম্পিউটাৰ, সেইটোৰ ডিভাইচ। সেইটোৰ প্ৰগ্ৰেমচ মেনেজ কাৰ সম্বন্ধী কাম কৰে, ইয়াক **য়ুটিলিটি**ও বুলি কোছা হয়। আপুনি বেলেগকে য়ুটিলিটিজ কিনিব পাৰিব, যাৰ পৰা অপাৰেটিং চিস্টেমৰ ক্ষমতা বৃদ্ধি কোৱা হয়। আপুনি বেলেগকে য়ুটিলিটিজ কিনিব পাৰিব, যাৰ পৰা অপাৰেটিং চিস্টেম ক্ষমতা বৃদ্ধি পায়। আপুনি চালান ফীচ দিয়ে, যি আপেনাৰ ৱেবত একচেচ কৰোৰ আৰু য়ুটিলিটি প্ৰগেমৰ ব্যৱহাৰ কৰাৰ অনুমতি দয়ে। McAfee আৰু Norton ৱেব য়ুটিলিটি চাৰ্ভিচে প্ৰদান ক[illegible]।

ফাইল কম্‌প্ৰেচন

ফাইল কম্‌প্ৰেচন য়ুটিলিটিৰ প্ৰয়োগ ফাইলাৰ চাইজ শ্ৰিংত থাকেং স্টোৰেজ মিডিয়াৰ স্পেচ বচা, কাৰণ অৰিজিনেল ফাইল তকৈ কনপ্ৰেস্টড ফাইলয়ে কম স্টোৰেজ স্পেচ লয়। ইয়াৰ দ্বাা চিস্টেমৰ পাৰফৰমেনচ বঢ়াই কনপ্ৰেস্টড ডাইলত মাধাৰণতে জিপ একচন থাকে, ইয়াক **ডিপড ফাইল** বুলিও কোৱা হয়। যেতিয়া আপুনি এটা কমপ্ৰেস্টড ফাইল ৰিচিভ কৰে, তেতিয়া আপুনি এইটোক অন কমপ্ৰেচ আৱশ্য কৰিব লাগে। **অন কমপ্ৰেচ** বা **অনজিপ** কৰিবৰ বাবে আপুনি এইটো ইয়াৰ অৰিজিনেল ফৰ্মত ৰিস্টোৰ কৰে। **PKZIP** আৰু **Win Zip** দুটো লোকপ্ৰিয় স্টেণ্ড-লেনা ফাইল কমপ্ৰেচন হয়।

আ[illegible]নস্টলাৰ

এটা য়াটালিটিক অনইস্টলাৰ বুলি কোৱা হয়, যিটো এক এপ্লিকেচন আৰু অপোনৰ চিস্টেম ফাইলচত এই এপ্লিকেচনৰ লগত জৰিত ফাইলত এট্ৰীজক ৰিমুভ কৰে। যেতিয়া আপুনি এটা এপ্লিকেচন ইনস্টল কৰে, তেতিয়া অপাৰেটিং চিস্টেম ইনফৰমেচনক ৰেকৰ্ড কৰে যিটো চিস্টেম ফাইলচত চফ্‌টৱেৰক চলোৱাত প্ৰযুক্ত হয়। যদি আপুনি অনইস্টলাৰ বিনা চলায় প্ৰগ্ৰেমৰ লগত জড়িডত ফাইলচ আৰু ফীন্ডাৰ্চ ডিলীট কৰি নিজৰ কম্পিউটাৰৰ পৰা এপ্লিকেচন ৰিমুভ কৰে, তেতিয়াও চিস্টেম ফাইল এট্ৰীজ আপোনাৰ কম্পিউটাৰত থাকে বেছিভাগ অপাৰেটিং চিস্টেমত অনইস্টলাৰ থাকে।

ডিস্ক স্কেনাৰ

ডিস্ক স্কেনাৰ এনেকুৱা য়ুটিলিটি, যে যিটো হাৰ্ডডিস্ক বা ফ্লপী ডিস্কৰ প্ৰবলেমচক চাৰ্চ, ডিটেক্ট আৰু কাৰেক্ট কৰে আৰু অনাবশ্যক ফাইল আতৰাই দিয়ে, উণ্ডোজত দুটা ডিস্ক স্কেনাৰ থাকে। এটাই প্ৰলেমচ ডিটেক্ট কৰে আৰু আনটোৱে স্টেইটোৰ বাবে চাৰ্চ কৰে তথা টেম্পৰাৰী ফাইলচ যেনেদৰে অনাবশ্যক ফাইলক ৰিমুভ কৰে।

স্ক্ৰীন চেভাৰ

স্ক্ৰীন চেভাৰ এনেকুৱা য়ুটিলিটি হয়, যদি কোনো সময়লৈকে কীবৰ্ড আৰু .মাউচৰ দ্বাৰা একটিভিটী নহয়, তেতিয়া স্ক্ৰীন চেভাৰ মনিটৰৰ স্ক্ৰীনত কোন চলা-ফুৰা ইমেজ বা ব্লেক স্ক্ৰীন উৎপন্ন কৰে। যেতিয়া আপুনি কিবৰ্ডৰ কোনো কী প্ৰেচ কৰে বা মাউচক হিলায়, তেতিয়া স্ক্ৰীনত প্ৰথমে ডিচপ্লে ইমেজ লোট আহে। স্ক্ৰীন চেভাৰক কনফিগাৰ কৰিব পাৰে, তেতিয়া কোনে য়ুজাৰ স্ক্ৰীন চেভাৰচ বিজিনেচ বা এটাৰটেনমেন্টত সুৰক্ষাৰ পাপজত লোকপ্ৰিয় হয়। আপুনি কম্পিউটাৰক সুৰক্ষিত কৰিব বাবে, আপুনি আপনাৰ স্ক্ৰীন চেভাৰক কনফিগাৰ কৰিব পাৰে, তেতিয়া কোনো য়ুজাৰ ক্ৰীন চেভাৰ ৰখিবৰ বাবে আৰু আগৰ ইমেজক ৰিডিচপ্লে কৰিবৰ বাবে পাচৱৰ্ড টাইপ কৰাটো আৱশ্যক।

ডিস্ক ডিফ্ৰেগমেন্ট

এইটো য়ুটিলিটি কম্পিউটাৰৰ হাৰ্ড ডিস্কত ফাইণ্চ আৰু অনয়ুজও স্পেচক ৰিকগনাইজ কৰে, তেতিয়া অপাৰেটিং চিস্টেম বেজি দ্ৰুত গতিত ডাটা একচেচ কৰিব পাৰে। এইটোক **ডিক্স ডীফ্ৰেগমেন্ট** বুলি কোৱা হয়। যেতিয়া অপাৰেটিং চিস্টেম ডিক্সত ডাটা স্টোৰ কৰে, তেতিয়া সেইটো ডিক্সত প্ৰথম উপলব্ধ চেক্টৰত ডাটা ৰাখে। সাধাৰণতে সেইটোৰ কনটিনিউ ওচৰ-পাজৰৰ বা নিকটতম চেক্টৰত ডাটাক স্টোৰ কৰাৰ চেস্টা কৰে। কিন্তু এইটো সদায় সম্ভৱ নহয়। যেতিয়া এটা ফাইলৰ কন্টেন্ট দুটা বা বেছি কন্টিনিউচ চেক্টৰত নস্ট হৈ যায়, তেতিয়া ফাইল ফ্ৰেগমেন্টিং হয়। ফ্ৰেগমেনটেছন ডিস্কক একচেচ কৰ আৰু পুৰা কম্পিউটাৰক পাৰফৰমেনচক লাহে কৰি দিয়ে। ডিস্কৰ ড্ৰী ফ্ৰেগমেনটেচন এই সমস্যাক হল কৰে আৰু ফাইল কন্টিনিউচ চেক্টৰত স্টোৰ হৈ যায়।

এপ্লীকেচন চফ্‌টৱেয়ৰ

এপ্লীকেচন প্ৰোগ্ৰেম যিটো যুজাৰৰ বাবে বিশেষ কামক পুৰা কৰে, **এপ্লীকেচন চফ্‌টৱেয়ৰ** বা **এপ্লীকেচন** বুলি কোৱা হয়। এপ্লীকেচনৰ কাম কিছুমান এনে প্ৰকাৰৰ ঃ

- এইটো এটা প্ৰোডাক্টিবিটি বিজিনেচ টুল হয়।
- এইটো গ্ৰাফিক আৰু মাল্টিমিডিয়াৰ সহয়তা কৰে।
- এইটো পাৰিবাৰীক পার্চনেল বিজিচেৰ গতিবিধিক চাপর্ট কৰে।
- এইটো কমুনিকেচন টুলচও প্ৰদান কৰে।

এপ্লিকেচন উপৰোক্ত চাৰিটা য়ুটিলিটিজ পৰস্পৰ বিশিস্ট নহয়। উদাহৰণৰ বাবে সকলো ই-মেইল প্ৰগ্ৰামচ, কমিউনিকেচন আৰু প্ৰোডাক্টিভিটি প্ৰগ্ৰামচ হয়। চফ্‌টৱেয়ৰ চুইট প্ৰোডক্ডিভিটি টুলচ হয়, যত ৱেব পেজ অথাৰিং চফ্‌টৱেয়ৰ অন্তুভূত হয়। হোম আৰু বিজিনেচ যুজাৰ দুয়োটা বেধত চফ্‌টৱেয়ৰ ৰাখে।

এপ্লীকেচন চফ্‌টৱেয়ৰৰ ভেৰাইটি, পেকেজত চফ্‌টৱেয়ৰৰ দৰে উপলব্ধ হয়। আপুনি এই চফ্‌টৱেয়ৰক ৰিটেল স্টোৰৰ সম্বন্ধী বিক্ৰেতা বা ৱেবত কিনিব পাৰে। এটা চফ্‌টৱেয়ৰ পেকেজ মাইক্ৰোচফ্ট অফিচাৰ দৰে এটা চফ্‌টৱেয়ৰ প্ৰোডাক্ট হয়। চেয়াৰৱেয়ৰ, ফ্ৰী ৱেয়ৰ আৰু পাব্লিক ডোমেন চফ্‌টৱেৰ যেনে কোনো চফ্‌টৱেয়ৰ পেকেজেও উপলব্ধ হয়। তেতিয়া এইটো পেকেজেজ ৰিটেল চফ্‌টৱেৰ পেকেজেজ তওক অলপ ক্ষমতা ৰাখে।

প্ৰোডাক্টিভিটি চফ্‌টৱেয়ৰ

দৈনন্দিন প্ৰোডাক্টিভিটিজ কাৰ সময়ত প্ৰোডাক্টিভিটি চফয়ৱেয়ৰ বেছি এফিচিয়েনচি আৰু ইফেক্টিভনেচ পাবৰ বাবে সহায় কৰে, ইয়াত বৰ্ড প্ৰোচেচিং, স্প্ৰেডচিট, ডাটাবেচ , প্ৰেজেনেটেচন, গ্ৰাফিকচ, পার্চনেল ইফৰমেচন, মেনেজাৰ, চফ্‌টৱেয়ৰ চুট একানটিং আৰু প্ৰজেক্ট মেনেজমেন্ট যেনে এপ্লীকেচনত অৰ্ন্তভূত থাকে।

ৱৰ্ড প্ৰোচেচিং চফ্‌টৱেয়ৰ ঃ ৱৰ্ড প্ৰোচেচিং, ৱৰ্ড প্ৰোচেচৰ প্ৰয়োগ কৰোতে ডকুমেন্ট ত্ৰিয়েট কৰাৰ ক্ষমতা থাকে। ডকুমেন্ট প্ৰিপেৰেচন চিস্টেমৰ নামত জনা যোৱা ৱৰ্ড প্ৰোচেচৰ, যিকোনো প্ৰিণ্ট হব লগীয়া মেটেৰিয়েলৰ কম্পজিচন, এডীটিং, ফৰমেটিং আৰু প্ৰিন্টিং আদি প্ৰোডাকচনৰ বাবে ব্যৱহাৰা হব লগীয়া কম্পিউটাৰ এপ্লিকেচন হয়। ৱৰ্ড প্ৰোচেচৰ টাপিৰাইটৰ সমান স্টেণ্ড-এলোন কম্পিউটাৰ য়ুনিট বুলি কোৱা হয়। কিন্তু ইয়াত স্ক্ৰীন, এডভান্চ ফৰমেটিং, প্ৰিন্টিং আপচানচ আৰু কম্পিউটাৰ মেম'ৰী বা ডিস্কসত ডকুমেন্ট চেৱ কাৰ ক্ষমতা যেনে টেকনলজী এডভানচমেন্টচও হয়।

মাইক্ৰোচফ্ট ৱৰ্ড সৰ্বাধিক ব্যাংক প্ৰযুক্ত কম্পিউটাৰ ৱৰ্ড প্ৰোচেচিং চিস্টেম হয়।

ৱৰ্ড প্ৰোচেচিং অট'মেটিক জেনেৰেচ যেনে টেক্স মেনীপুলেচন ফাংচনত দেখুৱাইঃ

- ৱেচ মেলিংচ লেটাৰ টেম্পলেটৰ ফর্মৰ প্ৰয়োগকৰে যিটো মেইল মার্জিন ও বুলি কোৱা হয়;
- কেৱাৰ্ডচৰ ইণ্ডিকচ আৰু সেইটোৰ পেজ নম্বৰচ;
- চেকচন টাইনলচ লগত কন্টেন্টৰ টেবলচ আৰু সেইটোৰ পেজ নম্বৰচ;
- কেপচন টাইলচৰ লগত ফিগাৰ্চৰ টেবলচ আৰু সেইটোৰ পেজ নম্বৰচ;
- চেকচনৰ লগত ক্ৰাচ ৰেফ্ৰেচিং বা পেজ নম্বচ
- ফুটনোট নম্বৰিং

অন্য ৱৰ্ড প্ৰোচেচিং ফাংচত **"স্পেল চেকিং"** (নিৰ্ভুল বানানৰ বাবে), **"গ্ৰামাৰ চেকিং"** (নিৰ্ভুল ব্যাকৰণৰ বাবে), আৰু **"থিচাৰচ"** (কোষাগাৰ) (সমৰ্থক বিপৰীতাৰ্থক শব্দৰ বাবে) যুক্ত থাকে।

ৱৰ্ড প্ৰোচেচৰ, টেক্স এডীটৰ যেনে চফ্‌টৱেয়ৰ আৰু অন্য চফ্‌টৱেৰৰ পৰা বেলেগ হব পাৰে।

নোটপেড যেনে টেক্স এডীটৰ, ৱৰ্ড প্ৰোচেচৰৰ আগতে নাইছিল। যেতিয়া কম্পোজিং আৰু এডীটিংৰ বাবে সুবিধা অফাৰ হৈছে, তেতিয়া ডকুমেন্টৰ ফৰমেট নকৰে। প্ৰোগ্ৰামচ ৱেবচাইট ডিজাইনাৰ্চ আৰু কম্পিউটাৰ চিস্টেম এডমিনিস্ট্ৰেটৰ দ্বাৰা টেক্স এডীটৰৰ মুখ্য ৰূপত ব্যৱহাৰ কৰা যায়। যেতিয়া ষ্টাৰ্টঅপ টাইপ ফাস্ট হয়, ফাইলৰ চাইজ সৰু হয় আৰু পোৰ্টভিলীটি যদি কৰিব লাগে তেতিয়া এইটো বেছি সহায়া হয়।

স্প্ৰেড চীট চফ্‌টৱেয়ৰ ঃ স্প্ৰেড চীট চফ্‌টৱেৰ বেলেগ ব্যাপক প্ৰযুক্ত চফ্‌টৱেয়ৰ হয়, যিটো আপোনাক ৰো আৰু কলেমত ডাটা অৰ্গেনাইজ কৰা অনুমতি দিয়ে।এইটে ৰোজ আৰু কালামচ সামূহিক ৰূপত **ৱৰ্কচীট** কোৱা হয়। বহুত বছৰলৈকে মানুহে কাগজ আৰু পেঞ্চিলৰ দ্বাৰা ৰো আৰু কালমচত ডাটা অৰ্গেনাইজ কাৰ দৰে মেনুয়েল উপায় লৈছিল। ইলেক্ট্ৰনিক ৱৰ্কচীটত ডাটা সেইদৰেই অৰ্গেনাইজ কৰা যায়, যেনে এইটো মেনুৱেল ৱৰ্কচীটত কৰা যায়।

ৱৰ্ড প্ৰেচেচিং চফ্‌টৱেয়ৰৰ লগত বেছিভাগ স্প্ৰেডচীট চফ্‌টৱেয়ৰত আপোনাক বনোৱাত, এডিট আৰু ফৰমেট কৰাৰ বেচিক ফীচাৰ্চ থাকে।

ডাটাবেচ চফ্‌টৱেয়ৰ ঃ ডায়টাবেচ এইদৰে অৰ্গেনাইজড ডাটাৰ কালেকচন হয় যে সেইটো ডাটাক একচেচ, ৰীট্ৰিবল, শুধৰোৱা আৰু প্ৰয়োগ কৰাৰ অনুমতি দিয়ে। মেনুৱেল ডাটাবেচত আপুনি পেপাৰ ডাটা ৰেকৰ্ড কৰিব লাগে আৰু ফাইলিং কেবিনেটত ৰাখিব লাগিব। **ডাটাবেচ মেনেজমেণ্ট চিষ্টেম (DBMS)** কোৱা ডাটাবেচ চফ্‌টৱেয়ৰ এনেকুৱা চফ্‌টৱেয়ৰ হয়, যিটো আপোনাক ডাবেচ ক্ৰিয়েট, একচেচ আৰু মেনেজ কৰাৰ অনুমতি দিয়ে। ডাটাবেচ চফ্‌টৱেয়ৰৰ প্ৰয়োগ কৰি আপুনি ডাটাবেচতছ ডাটা এড, চেঞ্জ আৰু ডিলীট কৰিব পাৰে, চাৰ্ট আৰু ৰিস্ট্ৰীভ কৰিব পাৰে তথা ডাটাবেচ কৰিব পাৰে তথা ডায়াবেচৰ ডাটা ব্যৱহাৰ কৰোতে ফাৰ্মচ আৰু ৰিপৰ্টক বনাব পৰে।

পাৰ্চনেল কম্পিউটাৰৰ বেছিভাগ লোকপ্ৰিয় ডাটাবেচ চফ্‌টৱেয়ৰ পেকেজেজ ৰোজ আৰু কালমচত অৰ্গেনাইজ হয়। ডাটাবেচ **টেবুলৰ** সমূহত নিৰ্মিত থাকে। এটা **টেবুলৰ** এটা **ৰো** ৰেকৰ্ড হয়। যত পাৰ্চন, প্ৰোডাক্ট বা ইভেণ্টৰ বিষয়ে তথ্য থাকে। এটা টেবুলত এটা **কালম** ফীলড হয়। যত ৰেকৰ্ডৰ ভিতৰৰ তথ্য থাকে।

প্ৰেজেণ্টেচন গ্ৰাফিক্স চফ্‌টৱেয়ৰ ঃ প্ৰেজেণ্টেচন গ্ৰাফিক্স আপোনাক এনেকুৱা ডকুমেণ্ট ক্ৰিয়েট কৰাৰ অনুমতি দিয়ে, যিটো আইডিয়জ, মেচেজচ আৰু অন্য ইনফৰমেচ কোনো গ্ৰুপক কমিউনিকেট কৰাত কৰে। প্ৰেজেনেটেচনচ স্লাইডৰ দৰে দেখা পাব, যিটো কোনো ডাঙৰ মনীটৰ বা কোনো প্ৰোজেকচনৰ স্ক্ৰীনত ডিচপ্লে হয়। প্ৰেজেনটেচনৰ এটা পেজ স্লাইড বুলি কোৱা হয়। স্লাইডত বিজয় দৰ্শকক বুজাবৰ বাবে টেক্স, গ্ৰাফিক্স, মুভীজ, চাউণ্ড আদি হব পাৰে।

যেতিয়া আপুনি প্ৰেজেণ্টেচন প্ৰস্তুত কৰে, তেতিয়া আপুনি স্লাইড টাইমিং ও চেট কৰিব পাৰে। যাতে প্ৰেজেণ্টেচন বিনা কোনো দেৰীকে স্লাইডক নিজেই প্ৰদৰ্শিত কৰক। সকলো সকলোৰ মাজত অন্তৰৰ বাবে বিশেষ ইফেক্ট এপ্লাই কৰিব পাৰে। উদাহৰণৰ বাবে এটা স্লাইড লাহে-লাহে ডিজলভ হয় আৰু আগৰ স্লাইড দেখা পাব।

এবাৰ আপুনি যদি প্ৰেজেণ্টেচন ক্ৰিয়েট কৰি ললে, তেতিয়া সেইটো আপুনি স্লাইড বা বিভিন্ন অন্য ফৰমেটচ দেখা পাব আৰু প্ৰিণ্ট কৰিব পৰে। প্ৰেজেণ্টেচন গ্ৰাফিক্সত স্পেলিং চেকৰ, ফটো ফৰমেটিং কেপেবিলীটিজ, অৰ্ন্তগত স্লাইড চৰ ৱলৰ্ড ৱাইড ৱেবৰ বাবে স্টেনডাৰ্ড ডকুমেণ্ট ফৰমেটত সলনি কৰা ক্ষমতা যেনে ৱৰ্ড প্ৰোচেচিং চফ্‌টৱেয়ৰত পোৱা কিছু ফীচাৰ্চও জৰিত থাকে।

একাউণ্ট চফ্‌টৱেয়ৰ ঃ কোম্পানী বিলাক একাউণ্টিং চফ্‌টৱেয়ৰ ব্যৱহাৰ কৰিলে আপুনি ফাইনেনচিয়েচিং ট্ৰানজেকচনক ৰেকৰ্ড বা ৰিপৰ্ট কৰিব পাৰি। এই চফ্‌টৱেয়ৰৰ দ্বাৰা সৰু আৰু ডাঙৰ বিজিনেচ য়ুজাৰ্চ জেনেৰেল লেজাৰ, একাউণ্ট ৰিচীভেবল, একাউণ্ট পেয়েবল, পাৰচেচিং ইনভাইচিং, জব কোষ্টিং আৰু পেৰোল ফাংচনচ সম্বন্ধী একাউণ্টিং এক্টিভিটিজ কৰিব পৰে। আপুনিও চেকৰাইট বা প্ৰিণ্ট কৰা তথা ট্ৰেক চেকিং একাউণ্ট এক্টিভিটীৰ বাবে একাউণ্টিং চফ্‌টৱেয়ৰৰ প্ৰয়োগ কৰিব পাৰে। ডায়ৰেক্ট ডিপজিট আৰু পেৰোল চাৰ্ভিচেচ, নতুন একাউণ্টিং, চফ্‌টৱেয়ৰ পেকেজজৰ দ্বাৰা অন লাইন চাপোৰ্টিড হয়। এই চাৰ্ভিচেচৰ প্ৰয়োগত কম্পেনীৰ পৰা চেক কৰ্মচাৰীৰ চেকিং একাউণ্টত চীধা ডিপজিত হব পাৰে আৰু কৰ্মচাৰীৰ টেক্স ইলেক্ট্ৰনিকলী পেড কৰিব পৰা যায়।

CAD ঃ কম্পিউটাৰ এডিড ডিজাইন (CAD) ৰ প্ৰয়োগ প্ৰডাকটক ডিজাইন, ডেভেলপ আৰু অপ্টিমাইজ কৰিবৰ বাবে হয়, যিটো এণ্ড কনজুমাৰৰ দ্বাৰা প্ৰয়োগৰ যাব লগীয়া বস্তু হব পাৰে বা অন্য প্ৰোডাক্টচত প্ৰয়োগৰ যাব লগীয়া ইণ্টাৰমিডিয়ে বস্তু হ'ব পাৰে পূজোৰ্ৰৰ নিৰ্মাণত প্ৰযুক্ত হব লগীয়া টুলচ আৰু মচীনেৰীৰ ডিজাইন তৈয়াৰ কৰাত বিস্তৃত CAD ৰ প্ৰয়োগ কৰা গৈছে। সৰু ৰেছিডেনচিয়েল টাইপচ (হাউচেচ)তকৈ ডাঙৰ কমাচিয়েল আৰু ইণ্ডাষ্ট্ৰিয়েল ষ্ট্ৰকচৰ্চ (হস্পিতেল আৰু ফেক্টৰীজ) লৈকে সকলো প্ৰকাৰৰ ভৱনৰ ড্ৰাফিটিং আৰু ডিজাইনত CAD প্ৰয়োগ কৰা গৈছে।

পেট / ইমেজ এডিটিং চফ্‌ট্‌বেয়ৰ ঃ ইমেজ এডিটিং চফ্‌ট্‌বেয়ৰ পেইন্ট চফ্‌ট্‌বেয়ৰৰ সকলো যোগ্যত যোগান ধৰে, এইটোক **ইলেক্ট্ৰেন চফ্‌টবেয়ৰ** বুলিও কোৱা হয় যিটো স্কেন কৰা ইমেজত সলনি কৰা আৰু ধুনীয়া কৰাৰ অনুমতি দিয়ে। য়ুজাৰ্চ পেইন, ব্ৰাচ, আইড্ৰপৰে আৰু পেইন্ট বাকেটৰ নিচিনা বিভিন্ন অন-স্ক্ৰীন টুলচৰ পৰা পিকচাৰ্চ, চপচ আৰু অন্য গ্ৰাফিকেল ইমেজ ড্ৰ কৰিব পাৰে। আপুনি ফটোগ্ৰাফচক ৰীচ্‌চ, ইমেজক কালাৰচ এডজাস্ট বা এনহেঞ্চ আৰু চেদো বা গ্লৌৰ নিচিনা বিশেষ ইফেক্টচ দিব পাৰে। কিছু ফুল-ফীচাৰ্ড ইমেজ এডীৰ্ট্চ এডোব ফটোচপ, পিকচাৰ পাব্লিচাৰ আৰু ফেক্টল ডিজাইন পেইন্টাৰ থাকে।

ভিডিঅ বা অডিঅ এডিটিং চফ্‌ট্‌বেয়ৰ ঃ ভিডিঅ এডিটিং চফ্‌ট্‌বেয়ৰ পৰা আপুনি ক্লিপ বুলি কোৱা ভিডিয়ৰ এটা ভাগক মডিফাই কৰিব পাৰে। উদাহৰণৰ বাবে আপুনি ভিডিঅ ক্লিপৰ দৈৰ্ঘ্য কমাব পাৰে, ক্লিপচক ৰী অৰ্ডাৰ কৰিব পাৰি বা স্ক্ৰীনৰ আৰ-পাৰ হৰিজেন্টলী বুলি কোৱা শব্দৰ নিচিনা বিশেষ ইফেকচ দিব পাৰি অডিয় এডিটিং চফ্‌ট্‌বেয়ৰত সাধাৰণতে ফিল্টাৰ থাকে, যিটো অডিঅ কোৱালিটি বঢ়াবৰ বাবে থাকে। অডিঅ ক্লিপৰ পৰা ডিস্ট্ৰেভিং আৰু বেকগ্ৰাউণ্ডৰ চোৰক ফিল্টাৰ গুচাব পাৰে।-

ই-মেইল (E-Mail) : পাৰ্চনেল আৰু বিজিনেচ য়ুজাৰ দুয়োটা দ্বাৰা ব্যৱহাৰ কৰিব লগীয়া মুখ্যন কমিউনিকেচন টেকনলজী হয়। ই-মেইল লোকেল এৰিয়া নেটৱৰ্ক বা ৱাইড এৰিয়া নেটৱৰ্কৰ নিচিনা কম্পিউটাৰ নেটৱৰ্কৰ দ্বাৰা মেচেজৰ টানচমিচন হয়। আপুনি ই-মেইল চফ্‌ট্‌বেয়ৰক ই-মেইল ক্ৰিয়েট, চেণ্ড, ৰিচীভ, ফৰৱাৰ্ড ষ্টোৰ, প্ৰিন্ট আৰু ডিলীট কৰিবৰ বাবে ব্যৱহাৰ কৰে। E-mail সাধাৰণ টেক্স হ'ব পাৰে, বা ৱৰ্ড প্ৰচেচিং ডকুমেন্ট, গ্ৰাফিকেল ইমেজ বা অডিয় বা ভিডিয় ক্লিপৰ নিচিনা এটেচমেন্ট হব পাৰে।

ৱেব ব্ৰাউচাৰ্চ ঃ ৱেব ব্ৰাউচাৰ, ইন্টাৰনেটত ৱেব পেজক একচেচ আৰু দেখা পাবৰ বাবে ইন্টাৰফেচৰ দৰে কাম কৰে। আজি ব্ৰাউচাৰ্চত গ্ৰাফিকেল য়ুজাৰ ইন্টাৰফেচ হয় আৰু শিকিবৰ বাবে বা প্ৰয়োগ কৰাত বহুত সহজ হয়। ব্ৰাউচাৰ্চত ৱেব চাইটৰ দৰে আপোনাক নেভীগেট কৰতা সহায় কৰিবৰ বাবে বটন সহিত কোনো বিশেষ ফীচাৰ্চ থাকে।

প্ৰগ্ৰেমিং চফ্‌ট্‌বেয়ৰ ঃ

ডাটা প্ৰোচেচ কৰি সেইটো ইনফৰমেচনত সলনি কৰিবৰ বাবে দৰকাৰি কাম কৰাৰ নিৰ্দেশ দিবৰ বাবে কম্পিউটাৰ প্ৰোগ্ৰামত ইনস্ট্ৰাকচনচৰ সমূহ থাকে। এটা কম্পিউটাৰ প্ৰগ্ৰেমৰ প্ৰগ্ৰেমিং লেঙ্গুৱেজৰ প্ৰয়োগ কৰোতে এই ইনস্ট্ৰাকচনচক লিখিব পাৰে। প্ৰগ্ৰেমিং লেঙ্গুৱেজ, চিম্বল আৰু কোডচৰ সমূহ হয় যাৰ কম্পিউটাৰৰ দ্বাৰা প্ৰোচেচ আৰু একচেচ কৰা ইনস্ট্ৰাকচনচ ক্ৰিয়েট কৰাত ব্যৱহাৰ হয়। প্ৰগ্ৰেম কম্পিউটাৰ প্ৰোগ্ৰাম তৈয়াৰ কৰিবৰ বাবে যি ষ্টেপচ উঠাব লাগে, সেইটো প্ৰগ্ৰেম ডেভেলমেন্ট লাইফ চাইকল (PDLC) বুলি কোৱা হয়।

প্ৰগ্ৰেমিং লেঙ্গুৱেজ ঃ

প্ৰোগ্ৰেমিং লেঙ্গুৱেজ ৱৰ্ডচ, চিম্বল আৰু কোডচৰ সমূহ হয়, যিটো প্ৰগ্ৰেমক কম্পিউটাৰত চলুচন এলপোদিদম (গণনা প্ৰক্ৰিয়া) পোৱাত সক্ষম কৰিত তুলে। যেনেদৰে মানুহ ইংৰাজী, হিন্দী, পঞ্জাবী, ফ্ৰাচ আদি কোৱা বিভিন্ন ভাষাক বুজায়, সেইদৰে কম্পিউটাৰ বিভিন্ন প্ৰোগ্ৰামিং লেঙ্গুৱেজক বুজায়। কম্পিউটাৰ প্ৰোগ্ৰেমৰ ইনফৰমেচন চিষ্টেমৰ গুৰুত্বক চলুচন ক্ৰিয়েট কৰিবৰ বাবে বিভিন্ন প্ৰোগ্ৰামিং লেঙ্গুৱেজ বা প্ৰগ্ৰেম ডেভেলপমেন্ট টুলচৰ কোনো এটা ধৰিব পাৰি।

প্ৰোগ্ৰাম ডেভেলপমেন্ট টুলচ ঃ প্ৰোগ্ৰাম ডেভেলপমেন্ট টুলচত ইনফৰমেচন চিষ্টেম চলুচনক তৈয়াৰ কৰাত সহায় কৰিবৰ বাবে বনা য়ুজাৰ ফ্ৰেণ্ডলী চফ্‌ট্‌বেয়ৰ প্ৰোডাক্টচ থকে, এইটো প্ৰোগ্ৰাম ডেভেলপমেন্ট টুলচৰ লগত, এক ডেভেলপাৰক প্ৰোগেমিং লেঙ্গুৱেজ শিকাৰ বিশেষ ৰূপৰ দৰকাৰ নহয়।

প্ৰগ্ৰেম ডেভেলপমেণ্ট লাইফ চাইকেল (PDLC) ঃ

!প্ৰগ্ৰেম ডেভেলপমেণ্ট লনৰ বাবে প্ৰোগ্ৰেম লজিক তৈয়াৰ কৰা।

- কোডিং কৰোতে বিশেষ প্ৰগ্ৰেমিং লেঙ্গুৱেজত প্ৰগ্ৰেম লজিক লিখা।
- মেচিন লেয়ুৱেজত পৰিৱৰ্তনৰ বাকে প্ৰগ্ৰেমক এচেম্বলী আৰু কম্পাইল কৰা।
- প্ৰোগেমক টেষ্টিং বা ডীবগিং কৰা।
- গুৰুত্বপূৰ্ণ ডকুমেণ্টেচন তৈয়াৰ কৰা চাইকিল ষ্টেপচৰ এনেকুৱা চেট থাকে, প্ৰোগ্ৰেমিচ যাৰ কম্পিউটাৰ প্ৰগ্ৰেমচ প্ৰস্তুত কৰাত ব্যৱহাৰ কৰে চেকিং। প্ৰোগ্ৰেম ডেভেলপমেণ্ট লাইফ চাইকিল ইনফৰমেচন চিষ্টেমৰ ডেভেলপমেণ্টৰ দ্বাৰা ইনফৰমেচন টেকনলজী (আই.টি)ৰ প্ৰফেচনেলচক গাইড কৰে। সেই কাৰণে প্ৰগ্ৰেম ডেলেপমেণ্ট লাইফ চাইকিল, প্ৰোগ্ৰাম ডেভেলপমেণ্টৰ দ্বাৰা কম্পিউটাৰ প্ৰগেৰ্মচক গাইড কৰে।

পী.ডি.এল.চীৰ ষ্টেপচ হল ঃ

- বিশিষ্ট সমস্যাৰ নিদা

লজিক প্ৰোগ্ৰেমিং সাধাৰণতে সকলোতকৈ কঠিন ভাগ হয়। ষ্টেটমেণ্ট ৰাইটিংও পোগ্ৰেমিং লেঙ্গুৱেজৰ আধাৰত কাৰ্টৰ কাম হব পাৰে। কিন্তু এটা কথা নিশ্চিত যে বেছিভাগ প্ৰোগ্ৰেৰ্মচৰ দ্বাৰা প্ৰোগ্ৰেমৰ ডকুমেণ্টিং বহুত আকৰ্ষণীয় কাম বুলি জনা যায়।

প্ৰগ্ৰেমিং লেঙ্গুৱেজ কেটেগৰী ঃ

প্ৰগ্ৰেমিং লেঙ্গুৱেজত মেচীন লেঙ্গুৱেজ, এচেম্বলী লেঙ্গুৱেজ, আৰ্ড-জেনেৰেচন লেঙ্গুৱেজ, ফৰ্থ-জেনেৰেচন লেঙ্গুৱেজ আৰু নেচোৰল লেঙ্গুৱেজ নামৰ পাচটা লেঙ্গুৱেজ থাকে। মেচীন বা এচেম্বলী লেঙ্গুৱেজ লো-লেবেল লেঙ্গুৱেজ বুলি মনা যায়। থাৰ্ড-জেনেৰেচন লেঙ্গুৱেজ, ফৰ্থ-জেনেৰেচন লেঙ্গুৱেজ আৰু নেচেৰেল লেঙ্গুৱেজ, হাই-লেবেল লেঙ্গুৱেজ হয় লো-লেবেল লেঙ্গুৱেজ এটা বিশেষ প্ৰকাৰৰ কম্পিউটাৰক চলাবৰ বাবে ৰাইট কৰা যায়। হাই-লেবেল লেঙ্গুৱেজ কোনো বিভিন্ন প্ৰকাৰৰ কম্পিউটাৰক চলাব পাৰি।

মেচীন লেঙ্গুৱেজ ঃ ফাৰ্ষ্ট-জেনেৰেচন লেঙ্গুৱেজৰ নামত বিখ্যাত মেচিন লেঙ্গুৱেজ অকলশৰীয়া লেঙ্গুৱেজ হয়, যাৰ দ্বাৰা কম্পিউটাৰ চীধা বুজায়। মেচীন লেঙ্গুৱেজ ইনষ্ট্ৰাকচনচ বাইনেৰী ডিজিট্চ (1s এবং 0s) ৰ চীৰীজ প্ৰয়োগ কৰে। বাইনেৰী ডিজিট্চ কম্পিউটাৰৰ ইলেকট্ৰিকেল স্হিতিক অন্ (on) বা অফ্ (off) কৰে। মেচীন লেঙ্গুৱেজ প্ৰোগ্ৰামচ কেৱল সেই কম্পিউটাৰত চলে, যাৰ বাবে সেইটো বনোৱা গৈছে। সেইকাৰেণ সেইটো মেচীন ডিপেণ্ডেণ্ট হয়। মেচিন লেঙ্গুৱেজ প্ৰোগ্ৰেমচ অন্য কম্পিউটাৰৰ বাবে পোৰ্টবল নহয়। মেচীন লেঙ্গুৱেজৰ 1ম আৰু 0ম ত প্ৰোগ্ৰেমচৰ কডিং উবাও আৰু বেছি সময় লোৱা হব পাৰে।

এচেম্বলী লেঙ্গুৱেজ ঃ এচেম্বলী লেঙ্গুৱেজত প্ৰগ্ৰেমিং লেঙ্গুৱেজৰ পিছৰ জেনেৰচ হয়, যিটো সেইকাৰণে ডেভেলপ কৰা গৈছে, কাৰণ মেচীন লেঙ্গুৱেজ প্ৰগ্ৰেমচ লিখাত বহুত কঠিন আছিল। এচেম্বলী লেঙ্গুৱেজত ইনষ্ট্ৰাকচনত, এব্ৰিবিয়েচনত আৃ কোডচৰ ব্যৱহাৰ কৰোতে লিখা যায়। মেচীন লেঙ্গুৱেজৰ দৰে এচেম্বলী লেঙ্গুৱেজ প্ৰায়ঃ পঢ়াত কঠিন আৰু মেচীন ডিপেণ্ডেণ্ট হয়।

সাধাৰণতে লেঙ্গুৱেজতকৈ এচেম্বলী লেংৱেজত বেছি লাভ হয়। প্ৰোগ্ৰামৰ (1s আৰু 0s) বিট্চ চিৰীজ ব্যৱহাৰ কৰাৰ পৰিৱৰ্তে চিম্বিকি ইনষ্ট্ৰাকচনক কোডচ বা মেনোমিক্স বুলি কোৱা মিনিংফুল এব্ৰীভিয়েচনৰ প্ৰয়োগ কৰে। এচেম্বলী লেঙ্গুৱেজৰ লগত এটা প্ৰোগ্ৰামৰ, (যেনে additioin - A, Compare - C, Load -L, multiply - M ব্যৱহাৰ) লিখা থাকে। এচেম্বলী লেঙ্গুৱেজত প্ৰোগ্ৰামৰ য়ুনিট প্ৰাইচৰ একচুয়েল নিউমেৰিক ষ্টোৰেজ এড্ৰেচৰ প্ৰয়োগ কৰাৰ পৰিৱৰ্তে সেইটো চিম্বলিক নেম (PRICE) ৰ ব্যৱহাৰ কৰিব পাৰে।

এচেম্বলী লেঙ্গুৱেজ প্ৰগ্ৰেমৰ এটা সমস্যা হ'ল এইটো কম্পিউটাৰক বুজাবৰ বাবে মেচীন লেঙ্গুৱেজত ট্ৰানচলেট কৰিব লগীয়া হয়। এচেম্বলী লেঙ্গুৱেজ কডক প্ৰোগ্ৰাম চাৰ্চ প্ৰোগ্ৰাম বুলি কোৱা হয়। কম্পিউটাৰ এই চাৰ্চ প্ৰগ্ৰেমক তেতিয়ালৈকে আণ্ডৰষ্টেণ্ড বা এগজীকিউটৰ কৰিব নোৱৰে, যেতিয়ালৈকে এইটো ট্ৰানচলেটিড নহয়। এচেম্বলীৰ বুলি কোৱা এটা প্ৰগ্ৰেম এচেম্বলী লেঙ্গুৱেজ চাৰ্চ প্ৰগ্ৰেমক সেই মেচীন লেঙ্গুৱেজত পৰিৱৰ্তন কৰাই। যিটোক কম্পিউটাৰ বুলি বুজাব পাৰি।

হাই-লেভেল লেঙ্গুৱেজ ঃ হাই-লেভেল লেঙ্গুৱেজচ 1950 আৰু 1960-ৰ দশকত বিকশিত কৰা গৈছে। মেচীন বা এচেম্বলী লেঙ্গুৱেজ যেনে ল লেভেল লেঙ্গুৱেজৰ বিপৰীত। হাই-লেবেল লেঙ্গুৱেজচ্ প্ৰোগ্ৰামৰৰ বাবে প্ৰোগ্ৰেমচ ডেভেলপ বা মেণ্টেইনৰ কৰাৰ সহজ উপায়ক হয়। প্ৰগ্ৰেমৰ্চৰ বাবে পঢ়া আৰু ব্যৱহাৰ কৰাও সহজ হৈ যায়, কাৰণ হাই-লেবেল লেঙ্গুৱেজচ মচীন ইনডিপেণ্ডেণ্টে হয়। মানে সেইটো কোনো বিভিন্ন প্ৰকাৰৰ কম্পিউটাৰত চলিব পাৰে। হাই-লেবেল লেঙ্গুৱেজচৰ কেটেগৰীত আৰ্ড-জেনেৰেচন লেঙ্গুৱেজচ ফৰ্থ জেনেৰেচল লেঙ্গুৱেজচ আৰু নেচাৰেল লেঙ্গুৱেজচ থাকে।

থৰ্ড জেনেৰেচ লেঙ্গুৱেজ (3 GL) ঃ থৰ্ড জেনেৰেচন লেঙ্গুৱেজ ইংৰজী শব্দৰ দৰে চীৰিজত লিখা যায়। উদাহৰণ বাবে, প্ৰোগ্ৰামৰ এডীকচনৰ বাবে Add আৰু PRINT লিখে। কোনো থৰ্ড–জেনেৰেচন লেঙ্গুৱেজ মল্টীপ্লিকেচনৰ বাবে x আৰু এডীচনৰ বাবে A নিচিনা অৰ্থমেটিক অপৰেৰ্চি আয় বহুত কঠিন হয়। কাৰণ এটা 3GL চাৰ্চ প্ৰোগ্ৰেম ইনস্ট্ৰাকচন কোনা মেচীন লেঙ্গুৱেজ ইনস্ট্ৰাকচনত ট্ৰানচলেট হয়। **কম্পাইলাৰ** আৰু **ইন্টাৰপ্ৰেটৰ** থৰ্ড জেনেৰেল লেঙ্গুৱেজক ট্ৰানচলেট কৰিবৰ বাবে ব্যৱহাৰ হব লগীয়া প্ৰগ্ৰেমচ থাকে।

কম্পাইলৰ ঃ কম্পাইলৰৰ এবাৰ পুৰা চাৰ্চ প্ৰগ্ৰেমক মেচীন লেঙ্গুৱেজত কনভাৰ্ট কৰে। যদি কম্পাইলৰক কোনো এৰৰ পায়, তেতিয়া সেইটো প্ৰোগ্ৰেম লিস্টিং ফাইলত ৰেকৰ্ড কৰে, যিটো কোনো প্ৰোগ্ৰেমাৰৰ সকলো কম্পাইলেচনৰ কাম সমাপ্ত হোৱাৰ পাছত প্ৰিন্ট কৰিব পাৰে। মেচনী লেঙ্গুৱেজ ভাৰ্জন, 3GL ৰ পৰা কম্পাইল কৰে, এইটোক **অবজেক্ট** কোড বা **অবজেক্ট প্ৰগ্ৰেম** বুলি জনা যায়। পিছত অবজেক্ট কোডক এগজীকিউচনৰ বাবে ডিস্কত স্টোৰ কৰা যায়।

ইন্টাৰপ্ৰেটৰ ঃ যেতিয়া কম্পাইলৰ এক বাৰ পুৰা প্ৰোগ্ৰেম ট্ৰানচলেট কৰি লয়, তেতিয়া ইন্টাৰপ্ৰেটৰ কোড স্টেট ট্ৰানচলেট কৰে। ইন্টাৰপ্ৰেটৰ কোড স্টেটমেন্টক পঢ়ে, সেইটো এইটোক এক বা বেছি মেচীন লেঙ্গুৱেজ ইনস্ট্ৰাকচনত পৰিৱৰ্তন কৰাই আৰু সেইটো এইটোক এক বা বেছি মেচীন লেঙ্গুৱেজ ইনস্ট্ৰাকচনত পৰিৱৰ্তন কৰাইআৰ, সেইটো প্ৰোগ্ৰেমত পিছৰ কোড স্টেটমেন্টত প্ৰথমে মেচীন লেঙ্গুৱেজ ইনস্ট্ৰাকচনচক এগজীকিউট কৰে। যদি ইন্টাৰপ্ৰেটৰ কোডৰ লাইন পৰিবৰ্তন সময়ত কোনো এৰৰ দেখে, তেতিয়া স্ক্ৰীনত সোনকালে এৰৰ মেচেজ ডিচপ্লে হয় আৰু ইন্টাৰপ্ৰেচন ৰখি যায়। সকলোবোৰ আপুনি চাৰ্চ প্ৰোগ্ৰাম চলায় চাৰ্চ প্ৰোগ্ৰাম মেচীন লেঙ্গুৱেজত ইন্টাৰপ্ৰেট হয়, স্টেটমেন্টৰ পাছত স্টেটমেন্ট আৰু তেতিয়া এগজীকিউট হয়।

ফোৰ্থ জেনাৰেচন লেঙ্গুৱেজ ঃ 3GL-ৰ দৰে ফৰ্থ জেনেৰেচন লেঙ্গুৱেজচ (4GL) ইংৰাজীৰ দৰে স্টেটমেন্টৰ প্ৰয়োগ কৰে। তথাপিও, 4GL নান প্ৰেচীজৰেল লেঙ্গুৱেজ থাকে। ইয়াৰ অৰ্থ হল প্ৰোগ্ৰামৰ কেৱল কিৰ উল্লেখ কৰে আৰু প্ৰোগ্ৰেম কেনেকৈ বিনা নুশুধাকে সহযোগ কৰে। পৰিণামস্বৰূপে, 4GLত প্ৰোগ্ৰেম কোড কৰাত কম সময় আৰু প্ৰোগ্ৰামৰৰ কম প্ৰয়াসৰ দৰকাৰ হয়। বাস্তৱত 4GLs ব্যৱহাৰ কৰি প্ৰোগ্ৰেম ডেভেলপ কৰিব পাৰে কোনো 4GL ডাটাবেচ আৰু সেইটোৰ প্ৰোজেক্ট ডিকচনাৰীৰ লগত তালমিলত কাম কৰে। এইটো শক্তিশালী লেঙ্গুৱেজ, ডাটাবেচ এডমিনিস্ট্ৰেটৰ্চক ডাটাবেচ বা সেইটোৰ স্ট্ৰাকচাৰক ডিফাইন কৰা, পোগ্ৰেমৰ্চক ডাটাবেচত ডাটা মেন্টেন কৰা আৰু যুজাৰ্চক ডাটাবেচত প্ৰশ্ন কৰা অনুমতি দিয়ে। কিছুমান ডাটাবেচ মেনেমেন্ট চিস্টেম ৰিপৰ্ট ৰাইটৰ উপলব্ধ কৰোৱাই। ৰিপৰ্ট ৰাইটাৰ বা ৰিপৰ্ট জেনেৰেট চফ্‌ট্ৱেৰ হয়, যিটো ডেভেলপৰক স্ক্ৰীনত ৰিপৰ্ট ডিজাইন বা লেআউট কৰা, ৰিপৰ্ট লেআউট ডাটা এক্সট্ৰেক্ট কৰা আৰু তেতিয়া ৰিপৰ্ট ডিচপ্লে বা প্ৰিন্ট কৰাত সক্ষম কৰায়। পৰ্দাৰ পিছত, এইটো ৰিপৰ্ট ৰাইটৰ 4GLs ৰেৰী কৰে। যিটো আপোনাক ডাটা একচেচ কৰাত সক্ষম কৰায়। ৰিপৰ্ট ৰাইটৰ লাভ এইটোৱেই হয় যে আপুনি লেঙ্গুৱেজৰ বিনা ডাটা শুধৰাব পাৰে। ৰিপৰ্ট সাধাৰণতে মেনু ড্ৰাইভন হয় আৰু সেইটোত গ্ৰাফিকেল য়ুজাৰ ইন্টাৰফেচ হয়।

ফিফথ জেনেৰেচন লেংগোৱাজে ঃ ফিফথ জেনেৰেচন কম্পিউটাৰ কৃত্ৰিম বুজা-পৰাৰ ৰূপত ব্যৱহাৰ কৰা গৈছে। অৰ্থাৎ ইয়াৰ আশা হয় যে সেইটো কেৱল কম্পিউটাৰৰ দ্বাৰা নিৰ্ণয় কৰা যায়। ফিফথ জেনেৰেচৰ কম্পিউটাৰৰ উদ্দেশ্য এনে ডিভাইচ প্ৰস্তুত কৰা হয় যিটো সধাৰণ ভাষাৰ লগত কাম কৰা আৰু এইটো শিকাত আৰু অৰ্গেনাইজ কৰাত সক্ষম হয়। ৰবট এক ভাল উদাহৰণ হয়।

3

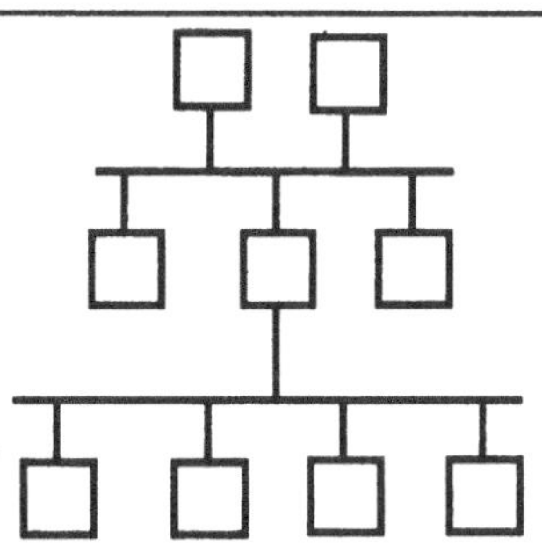

কম্পিউটাৰ যেতিয়া প্ৰথমবাৰ ওচৰলৈ আহিছিল তেতিয়া এইটো নিজে-নিজে অকলে উপকৰণ আছিলা পিছত ইয়াৰ বিস্তৃত ব্যৱহাৰে এনেকুৱা হাৰ্ডৱেয়ৰ আৰু চফ্টৱেয়ৰ তৈয়াৰ কৰাৰ ৰাস্তা খুলে তেতিয়া যাৰ জৰিয়তে কম্পিউটাৰ এটাৰ পৰা আনটো কমিউনিকেট কৰি পাৰে কম্পিউটাৰ কমুউনিকেচনৰ পৰা তাৎপৰ্য্য পোৱা প্ৰক্ৰিয়া যাৰ জৰিয়তে এটা কম্পিউটাৰত ডাটা, নিৰ্দেশ তথা সূচনা অন্য কম্পিউটাৰলৈকে পায়। আৰম্ভণিতে কেৱল ডাঙৰ কম্পিউটাৰতে কমিউনিকেচনৰ ক্ষমতা আছিল কিন্তু এতিয়াতো সৰু ৰ পৰা সৰু কম্পিউটাৰ আৰু উপকৰণ এটাৰ পৰা আনটো কমিউনিকেট কৰিব পাৰে।

নেটৱৰ্কচ ঃ

নেটৱৰ্ক কম্পিউটাৰ আৰু উপকৰণ এনেকুৱা সমূহ যিটো এক কমিউনিকেচন চেনেলৰ লগত জড়িডত থাকে। ইয়াৰ জৰিয়তে যুজাৰ ডাটা, জানকাৰী, হাৰ্ডৱেয়ৰ আৰু চফ্টৱেয়ৰক বেলেগ যুজাৰ্চৰ লগত চেয়াৰ কৰিব পাৰে। নিজা বা সংস্হানিক কম্পিউটাৰক কোনো কাৰণত এক নেটৱৰ্কত জড়িত কৰা যায়। ইয়াত ডাটা জানকাৰী, হাৰ্ডৱেয়ৰ আৰু চফ্টৱেয়ৰক ষ্টোৰ কৰ আৰু কমিউনিকেচন স্হাপিত কৰাৰ ক্ষমতা থাকে।

নেটৱকিংৰ গুৰুত্ব ঃ

হাৰ্ডৱেয়ৰ চেয়াৰ কৰিবৰ বাবে ঃ এটা নেটৱৰ্কত অৰ্ন্তভূত প্ৰত্যেক কম্পিউটাৰ হাৰ্ডৱেয়ৰক একচেচ কৰি সেইটোৰ ব্যৱহাৰ কৰিব পাৰে। উদাহৰণৰ বাবে মানি লওক যে এটা নেটৱৰ্কত কোনো কম্পিউটাৰ এ বেলেগ হয় আৰু সকলো কম্পিউটাৰৰ লেজাৰ প্ৰিণ্টাৰৰ দৰকাৰ হয়। এনেকুৱাত নেটৱৰ্কৰ লগত জড়িত এটা লেজৰ প্ৰিণ্টাৰৰ সকলো কম্পিউটাৰত ব্যৱহাৰ কৰিব পাৰে।

ডাটা আৰু জানকাৰীক চেয়াৰ কৰিবৰ বাবে ঃ এই নেটৱৰ্কত থকা কোনো কম্পিউটাৰত কাম কৰাৰ সময়ত কোনো বৈধ যুজাৰ কোনো বেলেগ কম্পিউটাৰত সংগ্ৰিহিত ডাটা আৰু সূচনালৈকে পায় সেইটোৰ ব্যৱহাৰ কৰিব পাৰে। উদাহৰণৰ বাবে কম্পিউটাৰ ইনফৰমেচনৰ ডাটাবেচ চাৰ্ভাৰৰ হাৰ্ড ডিস্কসত চেব হব পাৰে। নেটৱৰ্কত অৰ্ন্তভূত কোনো বৈধ যুজাৰ ইয়ালৈকে মানে হেণ্ডহেণ্ড কম্পিউটাৰৰ ব্যৱহাৰ কৰিব লগীয়া মোবাইল যুজাৰো এই ডাটাবেচলৈকে পাব পৰি আৰু সেইটোৰ ব্যৱহাৰ কৰিব পাৰে। স্টোৰেজ ডাটা আৰু ইনফৰমেচেন লৈকে ব্যৱহাৰ কৰাৰ কোনো সুবিধা নেটৱৰ্কৰ বহুতো মহত্বপূৰ্ণ ফীচাৰ থাকে।

চফ্টৱেয়ৰ কৰিবৰ বাবে ঃ চফটৱেয়ৰ চেয়াৰিংত বহুত বেছি ব্যৱহাৰ হব লগীয়া চফ্টৱেয়ৰ চাৰ্ভাৰৰ হাৰ্ড ডিস্কসত ষ্টোৰ থাকে তেতিয়া নেটৱৰ্কত অৰ্ন্তভূত একে লগে কোনো যুজাৰ ইয়ালৈকে পায় ইয়াৰ ব্যৱহাৰ কৰিব পাৰে। যেতিয়া আপুনি কোনো চফ্টৱেয়ৰ পেকলেৰ নেটৱৰ্ক ভাজৰ্ন কিনে চফ্টৱেয়ৰ বেণ্ডৰ আপোনাক এটা লীগেল এগ্ৰীমেণ্ট ইচু কৰে। যাক **চাইট লইচেন** বুলি কয়। এইটোৱে কোনো যুজাৰক একে লগে চফ্টৱেয়ৰ পেকেজৰ ব্যৱহাৰ কৰাৰ অনুমতি দিয়ে। চাইট লাইচেনচৰ ফীচ আধাৰতে নেটৱৰ্কত অন্তৰ্ভুক্ত কম্পিউটাৰ বা যুজাৰোৰ সংখ্যাৰ আধাৰত ঠীক কৰাৰ হয়। প্ৰত্যেক কম্পিউটাৰৰ বাবে বেলেগকে চফ্টৱেয়ৰ কিনাৰ তুলনাত নেটৱৰ্কৰ দ্বাৰা সেইটোৰ চেয়াৰিং মুটামোটি নোহোৱাৰ নিচিনা।

ফেচিলিটেটেড কমিপউনিকেচন ঃ নেটৱৰ্কৰ ব্যৱহাৰ কৰি মানুহ প্ৰভাৱশালী আৰু সহজ উপায়েৰে ই-মেইল, ইনষ্টেট, মেচেজ, চেট ৰুমচ টেলীফোনী আৰু ভীডিয়কনফ্ৰেচিংৰ দ্বাৰা কমিউনিকট কৰিব পাৰে। ই-মেইল মেচেজ, টেলীফোনী আৰু ভীডিয়কনফ্ৰেচিংৰ দ্বাৰা কমিউনিকেট কৰিব পাৰে। ই-মেইল মেচেজ সাধাৰণতে তৎক্ষণাত ডিলীভাৰ হয়। কেতিয়াবা কেতিয়াবা এইটো কমিউনিকেচন এটা বিজিনেচ নেটৱৰ্কৰ কামত আহে। নেটৱৰ্কৰ চাইজৰ এটা পুৰা ৰেঞ্জ থাকে। এটা সৰু নেটৱৰ্ক দুটা কম্পিউটাৰৰ মাজত জড়িত হয় তেতিয়া গ্লোবেল নেটৱৰ্ক যেনে ইণ্টাৰনেটত জগতৰ লাখ কম্পিউটাৰৰ মাজত জড়িডত থাকে। নেটৱৰ্ক সকলো ধৰণৰ কম্পিউটাৰৰ মাজত জড়িত থাকে সেইটো হেণ্ডহেল্ড কম্পিউটাৰেই হওক বা চুপাৰ কম্পিউটাৰেই হওক।

নেটৱৰ্কৰ প্ৰকাৰ

মুখ্য ৰূপত নেটৱৰ্ক তিনিটা প্ৰকাৰৰ হয় ঃ LAN, MAN আৰু WAN... এইটো নিজা, বিজিনেচ হাউচ আৰু সংস্থাৰ দ্বাৰা ব্যৱহাৰ কৰা হয়। কাৰণ সকলো বিজিনেচ আৰু সংস্থাৰ আপোনাৰ দৰকাৰ হয় সেই কাৰণে সকলো নেটৱৰ্ক নিজে নিজে ইউনীক হয়।

নেটৱৰ্কৰ চাইজ এইটো কথাৰ ওপৰত নিৰ্ভৰ কৰে যে বিজিনেচ অথবা সংস্থা কেনে ধৰণে নেটৱৰ্ক ব্যৱহাৰ কৰিব বিচাৰে। বেলেগ বেলেগ চাইজৰ নেটৱৰ্ক ডাটাক বেলেগ বেলেগ ধৰণে ট্ৰানিমট কৰে।

উদাহৰণৰ বাকে এক হাজাৰ ইউজাৰ সংস্থাৰ নেটৱৰ্ক বেলেগ ধৰন ব্যৱস্হিত থাকে আৰু সেইটো ঘটকৰ বিধিতাৰ দৰকাৰ হয় যিটো সেইটোৰ নেটৱৰ্কত নাথাকে য'ত কেৱল পাচ ইউজাৰ থাকে।

লোকেল এৰিয়া নেটৱৰ্ক (LAN)

এটা বিল্ডিং অথা বিল্ডিংৰ সমূহত এনেকুৱা কম্পিউটাৰ নেটৱৰ্ক যত দুটা বা তাতকৈ অধিক কম্পিউটাৰ ভৌতিকৰূপত এটাৰ পৰা আনটো জড়িডত থাকে লোকেল এৰিয়া নেটৱৰ্ক কোৱা যায়। জড়িডত থকা কম্পিউটাৰ **ৱৰ্কস্টেচন** বুলি কোৱা হয়। ইয়াত কম্পিউৰ এটাৰ পৰা আনটা সেইকাৰেণ জড়িডত থাকে যাতে দামী উপকৰণৰ দৰে লেজাৰ প্ৰিন্টাৰৰ সংযুক্ত ৰূপত ব্যৱহাৰ কৰিব পাৰে, চাৰ্ভাৰত থকা ডাটাবেচ আৰু এপ্লীকেচন সকলো ৱৰ্কুস্টেনৰ বাবে উপলব্ধ হ'ব পাৰে।

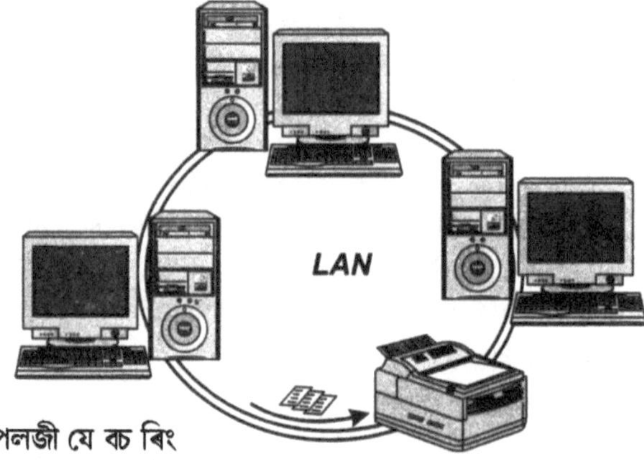

লোকেল এৰিয়া নেটৱৰ্কৰ ওচৰত নিজৰ কেৰেকটাৰিষ্টিক টপলজী যে বচ ৰিং বা স্টাৰ থাকে আৰু এইটো একেলগে অধিক নেৱৰ্কিং প্ৰয়োকল যেনে এপ্পল টাক, ইথাৰনেট অথবা TCP/IP-ব্যৱহাৰ কৰে।

মেট্ৰোপলিটেন এৰিয়া নেটৱৰ্ক (MAN)

এটো এটা হাইস্পীড নেটৱৰ্ক যিটো 200 Mbps (মেগৰিট প্ৰটি ছেকেণ্ড) লৈকে মাত, ডাটা আৰু ইমেজৰ দ্ৰুত গতিত 7.5 km ৰ দুৰ লৈকে বিল্ডিংৰ কিছুমান ব্লক অথবা পুৰা ওচৰত লৈ যাব পাৰে। ট্ৰানমিচনৰ স্পীড নেটৱৰ্কৰ আৰ্কিটেকচাৰত আধাৰিত হয় আৰু এইটো কম দুৰত্বৰ বাবে বেছি হব পাৰে। মেন যত এটা বা তাতকৈ অধিক লেন ইয়ালৈকে টেলী কমুনিউকেচন উপকৰণ যেনে মাইক্ৰোৱেব আৰু চেটেলাইট ৰিলে ষ্টেচন অন্তৰ্ভূত থাকে, ৱাইড এৰিয়াৰ তুলনতা সৰু হয় কিন্তু ইয়াৰ স্পীড সাধাৰণতে অধিক হৈ যায়।

ৱাইড এৰিয় নেটৱৰ্ক (WAN) :

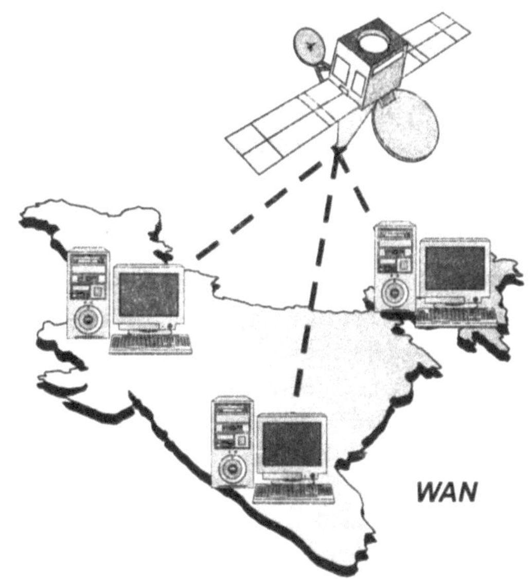

WAN এটা কম্পিউটাৰ নেটৱৰ্ক হয় যিটো নিজৰ বহু বেছি দূৰত্বলৈকে কমিউনেক্চেন কৰাৰ ক্ষমতাৰ কাৰণ লোকেল এৰিয়া নেটৱৰ্কৰ পৰা বহুত বেলেগ হয়। এই নেটৱৰ্কত পুৰা দেশ আৰু ডাঙৰ বহুৰাষ্ট্ৰীয় কোম্পানীৰ সকলো চাইট কভাৰ হ'ব পাৰে। ৱেনৰ ব্যৱহাৰ লোকেনল এৰিয়া নেটৱৰ্ক আৰু অন্য নেটৱৰ্কক এটা দুটাৰ মাজত জড়িতৰ বাবে থাকে যাতে এটা ঠাইত থকা কোনা ইউজাৰৰ লগত কমিউনিকেট কৰিব পাৰে। বেছিভাগ ৱেন কোনো সংস্থা বিশেষৰ দ্বাৰা তৈয়াৰ কৰা যায় আৰু নিজৰ হয়। অন্য ইন্টাৰনেট চার্ভিচ এভাইডাৰ দ্বাৰা বনোৱা যায় আৰু কোনো সংস্থাৰ লেনক কনেকচন দি সেইটো ইন্টাৰনেটৰ লগ জড়িডত কৰে। কমিউনিকেচন সাধাৰণতে এটা বা অধিক ৰাষ্ট্ৰীয় অথবা আন্তৰাষ্ট্ৰীয় চৰকাৰী অস্তিত্বৰ দ্বাৰা উপলব্দ্ধ কৰা যায়।

নেটৱৰ্ক হাৰ্ডৱেয়ৰ ঃ

নেটৱৰ্ক হাৰ্ডৱেয়ৰত সেইটো উপকৰণ অৰ্ন্তভূত হয় যিটো এটা নেটৱৰ্কত অন্তৰ্ভুক্ত থাকে। সকলো নেটৱৰ্কোত কাৰ্য্য কৰিবৰ বাবে নেটৱৰ্ক হাৰ্ডৱেয়ৰৰ প্ৰয়োজন হয়।

কম্পিউটাৰ

কম্পিউটাৰ ঃ নেটৱৰ্কৰ সকলোতকৈ মহত্বপূৰ্ণ কাৰ্য কম্পিউটাৰক একেলগে জড়িডত থকা। যেতিয়া কমিম্পউটাৰ জড়িডত থাকে তেতিয়া যিসকলে ইয়াক ব্যৱহাৰ কৰে এইটো বেছি প্ৰভাৱীত উপয়েৰে কাৰ্য কৰিব পাৰে। নেটৱৰ্কত জড়িডত হোৱা সকলো কম্পিউটাৰ একে ধৰণেৰে প্ৰয়োজন নহয়। উাহৰণৰ বাবে এটা নেটৱৰ্কত ডেক্সটপ কম্পিউটাৰ যেনে আই.বী.এম. কম্পেটিবল আৰু মেকিনটাচ কম্পিউটাৰ অথবা পোৰ্টেৱেল কম্পিউটাৰ যেনে নোটবুক আৰু পাৰ্চনোল ডিজিটেল এচিস্টেণ্ড (PDAs) অন্তৰ্ভুক্ত থাকিব পাৰে।

নেটৱৰ্ক ইন্টাৰফেচ কাৰ্ড (NIC) : এটা একচপেনচনচ কাৰ্ড অথবা অন্য উপকৰণ যিটো কম্পিউটাৰ আৰু অন্য উপকৰণৰ দৰে যেনে প্ৰিন্টাৰক নেটৱৰ্ক একচেচ কৰাৰ সুবিধা যোগান ধৰে। নেটৱৰ্ক ইন্টাৰফেচ কাৰ্ড, কম্পিউটাৰ আৰু ফিজিকেল মিডীয়া যেনে কেৱল যাৰ মাধ্যম ট্ৰনচমিন হয় ই কেৱল মধ্যস্তৰ ভূমিকাক নিভায়।

নেটৱৰ্ক ইন্টাৰফেচ কাৰ্ড

কানেক্টৰ ঃ কানেক্ট এনেকুৱা এটা উপকৰণ যিটো দুটা নেটৱৰ্কৰ মাজত জড়িত থাকে। সকলোতকৈ সাধাৰণতে কনেক্টৰ হ'ল হাব, ব্ৰিজ আৰু ৰাইটৰ।

কানেক্টৰ

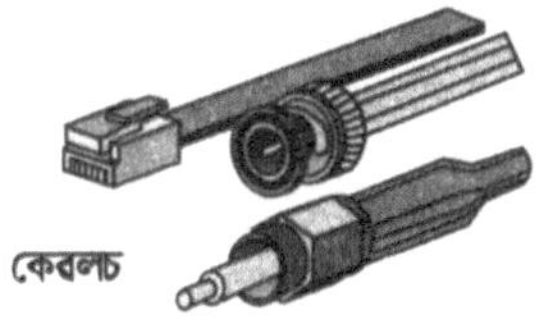
কেৱলচ

কেৱলচ ঃ তাৰৰ সমূহঅথবা গ্লাচ বায়ৰ অথবা ফ্লেকচিবল মেটেল। সকলো কেৱল ইলেকটনিকচ ব্যৱহাৰ কৰা হয় আৰু প্লাষ্টিক অথবা ৰবৰ দ্বাৰা ঘেৰিত থাকে।

ৰিচৰ্চ ঃ চিষ্টেম অথবা নেটৱৰ্কৰ কোনো পাৰ্ট যেনে ডিক্স ড্ৰাইভ, প্ৰিন্টাৰ অথবা মেমৰী যিটো কোনো প্ৰোগ্ৰেমক আবন্টিত হব পাৰে বা সেই প্ৰক্ৰিয়াক, যিটো চলি আছে।

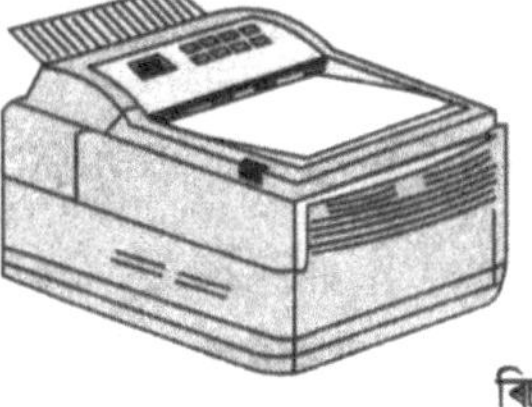

ৰিচৰ্চ

পিয়াৰ-টু-পিয়াৰ নেটৱৰ্ক ঃ

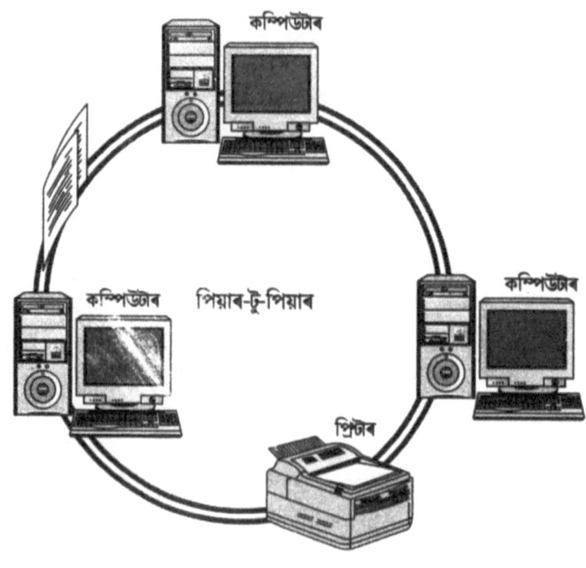

দুটা অথবা তাতকৈ অধিক এনেকুৰা কম্পিউটাৰৰ নেটৱৰ্ক যি কমিউনিকেচন আৰু ডাটা চেয়াৰ কৰিবৰ বাবে যেনে প্ৰগ্ৰেম তথা প্ৰগ্ৰেমৰ প্ৰকাৰক ব্যৱহাৰ কৰে প্ৰত্যেক কম্পিউটাৰ অথবা পিয়ৰ ৰেচ পচিবিলিটিৰ হিচাবত ইয়াত এটাৰ দৰে বুজিব পাৰি আৰু প্ৰত্যেকে স্টইদৰেই কাম কৰে যেনে নেটৱৰ্কত অন্তৰ্ভূত বেলেগ কম্পিউটাৰতা ক্লাইন্ট / চাৰ্ভাৰ আৰ্কিটেকচাৰৰ দৰে ইয়াত এটা ফাইলচাৰ্ভাৰ দৰকাৰ নহয়। সাধাৰণতে নেটৰ্ৱকে সিমনা ভালদৰে কাম কৰি নোৱাকে যেনেদৰে ক্লাইন্টচাৰ্ভাৰৰ দৰে বিশেষ গধুৰ লোডৰ সময়ত কাম কৰে।

পিয়ৰ টু পিয়ৰ নেটৱৰ্ক সৰু কাৰ্যত সকলোতকৈ ভাল কাম কৰে। নেটৱৰ্কৰ সকলো কম্পিউটাৰক ব্যক্তিগত প্ৰশাসন আৰু আৱশ্যক হয়। যদি আপোনাক দহটাতকৈ অধিক কম্পিউটা একেলগ কৰিব লগা হয় তেতিয়া পিয়ৰ টু পিয়ৰ নেটৱৰ্কৰ প্ৰয়োগ নকৰে।

ৰিৰ্চচ ঃ ৰিৰ্চচত প্ৰিন্টাৰ আৰু মাডমে অৰ্ন্তভূত থাকে। এইটো সাধাৰণতে পিয়ৰ টুপিয়ৰ নেটৱৰ্কৰ লগত জড়িত থাকে। এই কম্পিউটাৰ ইয়াৰ প্ৰয়োগক নেটৱৰ্কৰ বেলেগ কম্পিউটাৰত চেয়াৰ কৰে।

প্ৰগ্ৰেম ঃ বেছি ভাগ চফ্টৱেয়ৰ এপ্লীকেচন যেনে ৱৰ্ড প্ৰচেচৰ আৰু স্প্ৰেডচীট প্ৰগ্ৰেম যিটো পিয়ৰ টু পিয়ৰ নেটৱৰ্কত ব্যৱহাৰ হয়, প্ৰত্যেক কম্পিউটাৰত প্ৰোগ্ৰেম যিটো পিয়ৰ টু পিয়ৰ নেটৱৰ্কত ব্যৱহাৰ হয়, প্ৰত্যেক কম্পিউটাৰত ইনষ্টল হয়। য়ুজাৰ ইয়াৰ ব্যৱহাৰ নিজৰ কম্পিউটাৰত নেটৱৰ্কত বেলেগ য়ুজাৰৰ দ্বাৰা তৈয়াৰ ডকুমেন্টক চোৱা আৰু তাৰ ওপৰত কাম কৰিবৰ বাবে কৰিব পাৰি।

পাৰফৰমেন্চ ঃ যদি কম্পিউটাৰ ৰিৰ্চজৰ ব্যৱহাৰ কৰে তেতিয়া সেইটোৰ পাৰফৰমেনচ প্ৰভাৱিত হব পাৰে। উদাহৰণৰ বাবে যদি পিয়ৰ টু পিয়ৰ নেটৱৰ্কত এটা প্ৰিন্টাৰ কম্পিউয়টাৰৰ লগত জৰিত থাকে তেতিয়া কম্পিউটাৰ প্ৰত্যেক বাৰ সেই সময়ত লাহে লাহে গতিত কাৰ্য কৰিব যেতিয়া কোনো য়ুজাৰ কোনো ডকুমেন্টৰ প্ৰিন্ট উলিয়াই থাকে।

ইন্‌ষ্টলেচন ঃ পিয়াৰ-টু-পিয়াৰ নেটৱৰ্কত প্ৰত্যেক কম্পিউটাৰত নেটৱৰ্ক অপৰেটিং চিষ্টেম আৰু প্ৰত্যেক এপ্লীকেচন ইনষ্টল হব লাগিব। নেটৱৰ্কত অন্তভূত প্ৰত্যেক কম্পিউটাৰ এইদৰে চেট হব লাগে যে সেইটো নিজে নিজে সূচনা আৰু ৰিচাৰ্চজ লৈকে একচেচ কৰাৰ যোগ্য হয়। য়ুজাৰক এইটো শিকাব লাগে যে সেইটো নিজৰ কম্পিউটাৰক কেনেদৰে এডমিনিষ্ট্ৰেট কৰে। পিয়ৰ টু পিয়ৰ নেটৱৰ্কৰ বাবে সাধাৰণতে কোনো ডেডিকেটেড চিষ্টেম এডমিনিষ্টৰ নহয়।

ৰিচাৰ্চজ লৈকে একচেচ কৰা ঃ পিয়ৰ টু পিয়ৰ নেটৱৰ্কত যদি কম্পিউটাৰ ভালদৰে কাম কৰা নাই তেতিয়া অন্য কম্পিউটাৰ সেইটোৰ ফাইল আৰু ৰিচাৰ্চজ লৈকে একচেচ কৰিব নোৱাৰিব। সাধাৰণততে অন্য কম্পিউটাৰক ফাইল আৰু ৰিচাৰ্চজ ইয়াৰ প্ৰভাৱিত নহব।

সুৰক্ষা ঃ পিয়ৰ টু পিটৰ নেটৱৰ্কত য়ুজাৰ ফাইল আৰু ইনফৰমেচনক নিজৰ কম্পিউটাৰক ষ্টোৰ কৰে। যিকোনো অন্য য়ুজাৰ নিজৰ কম্পিউটাৰৰ ব্যৱহাৰ কৰি বেলেগ য়ুজাৰৰ কম্পিউটাৰৰ ফাইল আৰু ইনফৰমেচনলৈকে একচেঞ্জ কৰি পৰা যায়। সেইকাৰেণ পিয়ৰ টু পিয়ৰ নেটৱৰ্কত ইনফৰমেচন কম সুৰক্ষিত থাকে।

লাদত ঃ যেতিয়া কম কম্পিউটাৰ এটাৰ পৰা আনটোৰ মাজত পিয়ৰ টু পিয়ৰ নেটৱৰ্কৰ দ্বাৰা জড়িত থাকে তেতিয়া ইয়াত কষ্ট কম হয়, কিন্তু নেটৱৰ্ক যেতিয়া বাঢ়ি যায়, এইটো দামি হিচাপে চুক্তি হৈ যায়।

ক্লাইন্ট / চাৰ্ভাৰ নেটৱৰ্ক ঃ

এটা নেটৱৰ্ক য'ত এটা বা তাতকৈ অধিক কম্পিউটাৰ চাৰ্ভাৰৰূপত ডিজাইন কৰা গৈছে আৰু নেটৱৰ্কৰ বাকী কম্পিউটাৰ ক্লাইন্ট বুলি কয় যিটো চাৰ্ভাৰৰ দ্বাৰা সেৱাক নিবেদন কৰিব পাৰি।

চাৰ্ভাৰ ঃ

এটা কম্পিউটাৰ যি নিজে জড়িত থকা কম্পিউটাৰৰ সূচনা উপলদ্ধ কৰায় যেনে ৱেব চাৰ্ভাৰ, মেইল চাৰ্ভাৰ আৰু LAN চাৰ্ভাৰ। যেতিয় কোনো যুজাৰ চাৰ্ভাৰৰ লগত কানেক্ট হয় তেতিয়া এপ্লীকেচননত, ফাইল, প্ৰিন্টাৰ আৰু অন্য সূচন সেইটোত উপলদ্ধ হয়।

ক্লাইন্ট ঃ

ক্লাইন্ট এটা কম্পিউটাৰ চিষ্টেম হয় যিটো কোনো ধৰনৰ নেটৱৰ্কৰ জৰিয়তে অন্য কম্পিউটাৰত চাৰ্ভিচ একচেজ কৰে।

চাইজ ঃ

ক্লাইন্ট / চাৰ্ভাৰ নেটৱৰ্ক সাধাৰণতে ডাঙৰ নেটৱৰ্কৰ বাবে ঠীক থাকে আৰু কোনো চাইজৰ নেটৱৰ্কৰ লগত ব্যৱহাৰ কৰা যায়, ক্লাইন্ট / চাৰ্ভাৰ নেটৱৰ্কক চেট কৰাতো সহজ হয় আৰু ডাঙৰ কম্পেনিৰ অধিকাংশ গৰুত্বক পুৰা কৰি দিয়ে।

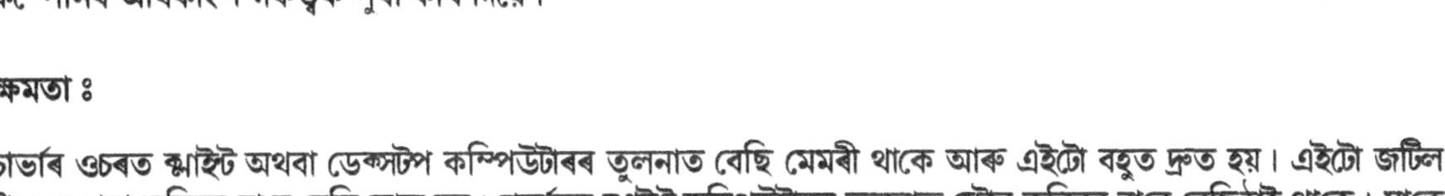

ক্ষমতা ঃ

চাৰ্ভাৰ ওচৰত ক্লাইন্ট অথবা ডেস্কটপ কম্পিউটাৰৰ তুলনাত বেছি মেমৰী থাকে আৰু এইটো বহুত দ্ৰুত হয়। এইটো জটিল ট্ৰান্সক পুৰা কৰিবৰ বাবে বেছি ভাল হয়। চাৰ্ভাৰত ক্লাইন্ট কম্পিউটাৰৰ তুলনাত স্টোৰ কৰিবৰ বাবে বেছিঠাই থাকে। যাতে চাৰ্ভাৰ প্ৰভাৱী উপায়েৰে নেটৱৰ্কৰ প্ৰত্যেক ফাইলক স্টোৰ আৰু মেনেজ কৰিব পাৰে।

চাৰ্ভিচেজ ঃ

চাৰ্ভাৰৰ সাধাৰণতে ব্যৱহাৰ নেটৱৰ্কত অৰ্ন্তভুত ক্লাইন্ট কম্পিউটাৰক কোনে বিশেষ চাৰ্ভিচ উপলদ্ধ কৰাৰ বাবে কৰা যায়। যেনে প্ৰিন্ট চাৰ্ভাৰ নেটৱৰ্কৰ প্ৰত্যেক ক্লাইন্ট কম্পিউটাৰৰ প্ৰিন্টিংক নিয়ন্ত্ৰিত কৰে। ডাটাবেচ চাৰ্ভাৰৰ দীঘল মাত্ৰাত ইনফৰমেচনক স্টোৰ আৰু ব্যৱস্হিত কৰে। বেছিভাগ ক্লাইন্ট/চাৰ্ভাৰ নেটৱৰ্ক এডমিনিষ্ট্ৰেটৰ হয়। এইটো এডমিনিষ্ট্ৰেটৰৰ কাৰ্য হয় যে সেইটো নেটৱৰ্কক মেনেজ কৰক। যেনে ডাটা বেকআপ আৰু চিকিউৰিটি মনীটৰিং নিৰ্মিত ৰূপত চলি থাকিব। ক্লাইন্ট /চাৰ্ভাৰ নেটৱৰ্কত চাৰ্ভাৰ সাধাৰণতে এটা কেন্দ্ৰীয় এৰিয়াত স্হাপিত হয় যাতে ভালদৰে এডমিনিষ্ট্ৰেচন কৰিব পাৰে।

সুৰক্ষা ঃ

বেছিভাগ কম্পেনি নেটৱৰ্ক চাৰ্ভাৰক বন্ধ ঠাইত ৰাখে। কেৱল নেটৰ্ৱ এডমিনিষ্ট্ৰেটৰ কেইটাইহে এই ঠাইত প্ৰৱেশ কৰিব পাৰে। ইয়াত অনাধিকৃত ব্যক্তিত্ব চাৰ্ভাৰত দখল দিব নোৱাৰো যদি এটা নেটৱৰ্ক চাৰ্ভাৰ ভালদৰে কাম কৰলেই তেতিয়া ইয়ত সকলো নেট ৱৰ্ক প্ৰভাৱিত হৈ যায়।

কস্ট ঃ

ক্লায়েন্ট / চাৰ্ভাৰ নেটৱৰ্কক কিছু বিশেষ আৰু সমৰ্পিত চাৰ্ভাৰৰ দৰকাৰ হয় যিটো বহুত দাম হব পাৰে। যিহেতু অধিকাংশ কাম চাৰ্ভাৰে কৰে সেইকাৰণে ক্লায়েন্ট/চাৰ্ভাৰ নেটৱৰ্কত ক্লাইন্ট কম্পিউটাৰ কম শক্তিশালী আৰু সস্তা হব পাৰে।

স্টাৰ নেটৱৰ্ক স্ট্ৰাকচাৰ ঃ

স্টাৰ নেটৱৰ্ক সকলোতেকৈ সাধাৰণ কম্পিউটাৰ নেটৱৰ্ক টপলীজৰ ভিতৰত এটা। ইয়াত কম্পিউটাৰ এটা কেন্দ্ৰীয় নেটৱৰ্ক কনেক্টৰৰ লগত জড়িডত থাকে যি সাধাৰণতে এটা হাব বা চুইচ্চ থাকে। নেটৱৰ্কত অন্তৰ্ভক্ত কোনো কম্পিউটাৰৰ দ্বাৰা বেলেগ কম্পিউটাৰক পঠাব লগীয়া সূচন হাব বা চুইচ্চ হৈ যায়।

স্টাৰ নেটৱৰ্কত প্ৰত্যেক কম্পিউটাৰক যিমান সম্ভৱ হয় চেণ্ট্ৰেল নেটৱৰ্ক কানেক্টৰৰ ওচৰত হব লাগে। কম্পিউটাৰ আৰু কানেকটৰৰ মাজত কেবলৰ দৈৰ্ঘ্য 100 মীটাৰতকৈ কম হব লাগে। হাব বা চুইচ্চ সাধাৰণতে 24 কম্পিউটাৰ লৈকে জড়িডত থাকে।

এটা ডাঙৰ বিলিডঙৰ অফিচত এইটে দেখা গৈছে যে বিল্ডিংৰ সকলে ফ্লৰত নিজৰ এটা চুইচ্চ বা হবে থাকে। হাব বা চুইচ্চ এটা ডাঙৰ লোকেল এৰিয়া নেটৱৰ্কৰ লগত জড়িডত হব পাৰে।

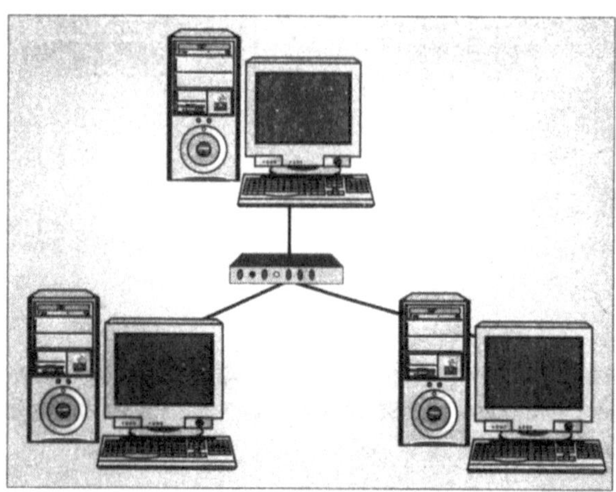

ফিজিকাল

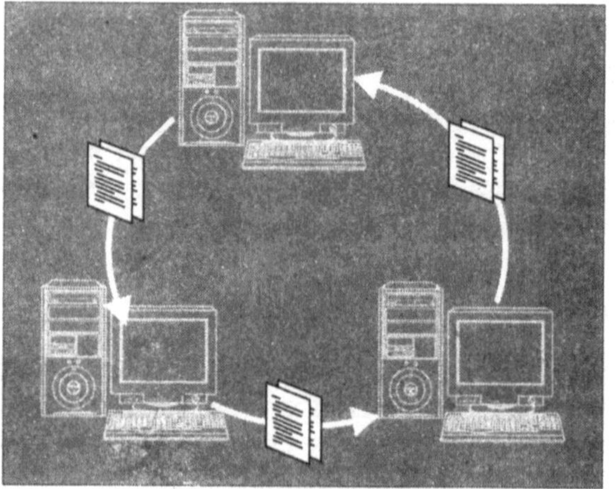

লোজিকাল

স্টাৰ নেটৱৰ্ক স্ট্ৰাকচাৰ

স্টাৰ নেটৱৰ্ক সকলোতেকৈ সাধাৰণ কম্পিউটাৰ নেটৱৰ্ক টপলীজৰ ভিতৰত এটা। ইয়াত কম্পিউটাৰ এটা কেন্দ্ৰীয় নেটৱৰ্ক কৰনেক্টৰৰ লগত জড়িডত থাকে যি সাধাৰণতে এটা হাব বা চুইচ্চ থাকে। নেটৱৰ্কত অন্তৰ্ভুক্ত কোনো কম্পিউটাৰৰ দ্বাৰা বেলেগ কম্পিউটাৰক পঠাব লগীয়া সূচন হাব বা চুইচ্চ হৈ যায়।

স্টাৰ নেটৱৰ্কত প্ৰত্যেক কম্পিউটাৰক যলৈকে সম্ভৱ হয় চেণ্ট্ৰেল নেটৱৰ্ক কানেক্টৰৰ ওচৰত হব লাগে। কম্পিউটাৰ আৰু কানেক্টৰৰ মাজত কেবুলৰ দৈৰ্ঘ্য 100 মিটাৰতকৈ কম হ'ব লাগে। হাব বা চুইচ্চ সাধাৰণতে 24 কম্পিউটাৰ লৈকে জড়িত থাকে।

এটা ডাঙৰ বিলিডঙৰ অফিচত এইটে দেখা গৈছে যে বিল্ডিংৰ সকলে ফ্লৰত নিজৰ এটা চুইচ্চ বা হবে থাকে। হাব বা চুইচ্চ এটা ডাঙৰ লোকেল এৰিয়া নেটৱৰ্কৰ লগত জড়িত হব পাৰে।

স্টাৰ নেটৱৰ্ক

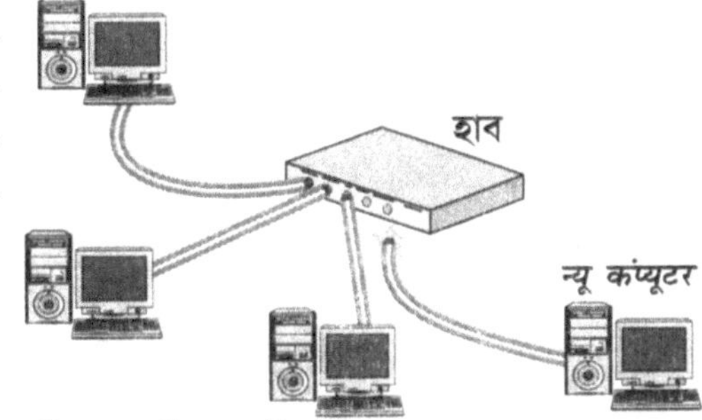

এক্সপেনচন ঃ যদি চেণ্ট্রেল নেটৱৰ্ক কানেক্টৰত খালী পোৰ্ট থাকে তেতিয়া ষ্টাৰ নেটৱৰ্কৰ পৰা কোনো অন্য নতুন কম্পিউটাৰক জড়িত কৰিবৰ বাবে কেৱল এটা কেবুলৰ দৰকাৰ হয়। ইয়াত নতুন কম্পিউটাৰক জড়িডত থকা সময়ত নেটৱৰ্কক বন্ধ কৰাৰ কোনো দৰকাৰ নহয়।

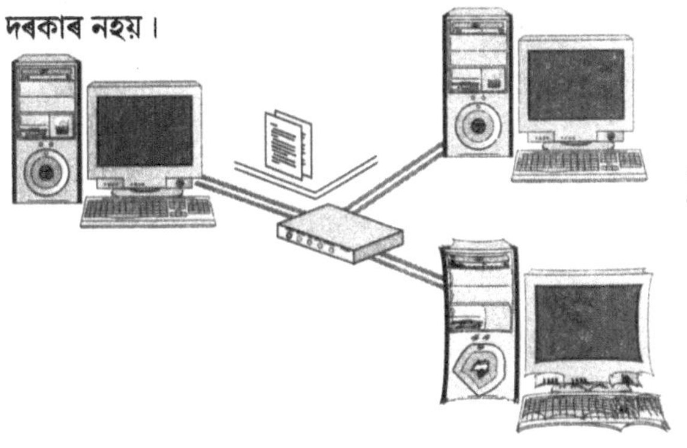

ট্ৰাবল চুটিং ঃ যেতিয়া কম্পিউটাৰ অথবা কেৱলত কোনো এৰৰ আহি যায় তেতিয়া বাকী নেটৱৰ্ক ক্ষমতা থাকে যি এৰৰ থকা এৰিয়াক চিনাকি হৈ সেইটো বাকী নেটৱৰ্কৰ লগত বেলেগ কৰি দিয়ে যাতে বাকী নেটৱৰ্ক কাম কৰি থাকে। যেতিয়া হাব বা চুইচ্চ বেয়া হৈ যায় তেতিয়া কম্পিউটাৰৰ মাজত সূচনাৰ আদান প্ৰদান ৰখি যায়।

কস্ট ঃ ষ্টাৰ নেটৰ্ৱকক প্ৰয়োগত অনাত বেছি কস্ট আহে। ষ্টাৰ নেটৱৰ্কত সকলো কম্পিউটৰক হাব বা চুউচৰ লগত জড়িডত থকাতো দৰকাৰ হয়। ইয়াত দীঘল মাত্ৰাত কেৱল লাগে কাৰণ প্ৰত্যেক কম্পিউটাৰক স্বতন্ত্ৰ ৰূপত হাব বা চুইচৰ লগত জড়িত থাকে।

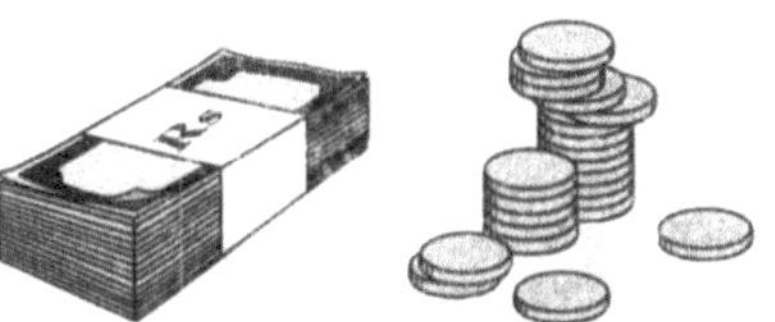

বাচ নেটৱৰ্ক স্ট্ৰাকচৰ ঃ

এটা **বাচ নেটৱক** সেইটো ষ্ট্ৰাকচাৰ হয় যত ক্লাইন্ট কম্পিউটাৰৰ পুৰা চেট এক সংযুক্ত কমিউনিকেচন লাইনৰ লগত জড়িডত থাকে।

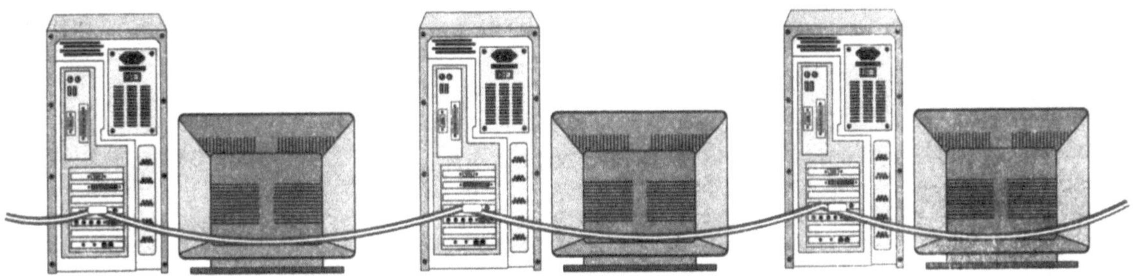

এটা সময়ত কেৱল এটা কম্পিউটাৰ সূচন পঠিয়াব পাৰি। যেতিয়া কম্পিউটাৰ ইনফৰমেচন ট্ৰান্সফৰ কৰে তেতিয়া সেই ইনফৰমেচন কেবলৰ দৈৰ্ঘ্যত ঘেৰিত থাকে। যি কম্পিউটাৰক সেই ইনফৰমেচন পঠোৱা এইটোৱে সেইটোক ৰিচিভ কৰি লয়।

টাৰ্মিনেটৰ ঃ

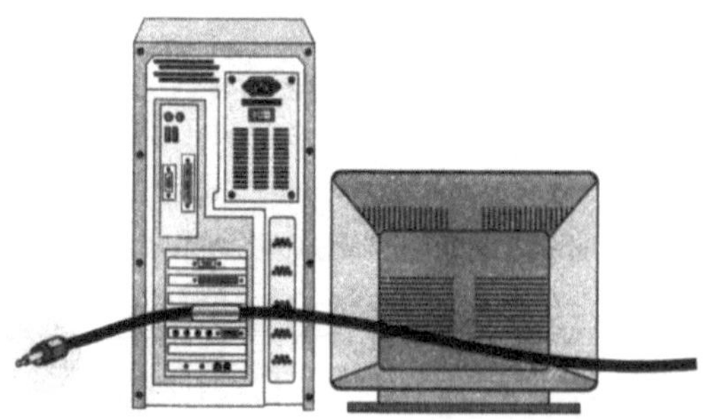

প্ৰত্যেক কেবলৰ বাবে এইটো গুৰুত্ব যে সেইটোৰ ওচৰত এটা টাৰ্মিনেটৰ থাকে। টাৰ্মিনেটৰ চিংগলচক কেবুলত বাউনচ বেক হোৱাত বচাই বাধা উৎপন্ন হোৱাত ৰখায়। কেনেধৰণৰ টাৰ্মিনেটৰ লাগে এইটো কথা নিৰ্ভৰ কৰে যে নেটৱৰ্কত কেনে ধৰণৰ কেবুল ব্যৱহাৰ হৈ আছে।

চেট্ আপ ঃ বাচ নেটৱৰ্কৰ চেটআপ বহুত সামান্য হয় কাৰণ প্ৰত্যেক কম্পিউটাৰ কেবলত দৈৰ্ঘ্যত ক্ৰমৰ লগত জৰিত থাকে। বাচ নেটৱৰ্ক সেই কম্পিউটাৰ জৰিত কৰিবৰ বাবে ব্যৱহাৰ কৰা যায় যি এটা সৰু ক্ষেত্ৰত থাকক আৰু ইয়াত চেণ্ট্ৰেল নেটৱৰ্ক কানেক্টৰৰ কোনো গুৰুত্ব নাথাকে। সাধাৰণতে বাচ নেটৱৰ্ক চেট কৰিবৰ বাবে ব্যৱহাৰ কৰা কেবুলৰ দৈৰ্ঘ্য সাধাৰণতে কমি যায়।

বিস্তাৰ ঃ বাচ নেটৱৰ্কৰ বিস্তাৰ কৰাত অলপ অসুবিধা হয়। বাচ নেটৱৰ্কত যেতিয়া কোনো নতুন কম্পিউটাৰ জৰিত থাকে তেতিয়া কেবুলক বঢ়াবৰ বাবে সেইটো চিঙিবলগীয়া হয় আৰু কম্পিউটাৰত জৰিত থাকে। যেতিয়া কেবল চিঙে তেতিয়া নেটৱৰ্কক অন্য কম্পিউটাৰ সূচনা ট্ৰানচফাৰ কৰিব নোৱাৰে।

ট্ৰাবল চুটিং ঃ যদি কম্পিউটাৰ ভালদৰে কাম কৰা নাই আৰু সূচনা ট্ৰানচফৰ কৰাত এইটো অসুবিধা হৈছে তেতিয়া পুৰা নেটৱৰ্ক এইটোত প্ৰভাবিত হৈ যায়।

কস্ট ঃ বাচ নেটৱৰ্ক বেছি দামী নহয়। বেছিভাগ বাচ নেটৱৰ্কত কাপৰৰ কেবলৰ লগত কম্পিউটাৰ মাজত জৰিত থাকে।

ৰিং নেটৱৰ্ক স্ট্ৰাকচাৰ ঃ

ৰিং নেটৱৰ্ক কম্পিউটাৰ নেটৱৰ্কৰ সেই টপলজী হয় যে যত প্ৰত্যেক নোড দুটা অন্য নোডচৰ লগত জৰিত থাকে আৰু এই দৰে এটা ৰিং গঠিত হৈ যায়। যেতিয়া কোনো নোড মেচেজ ৰিচীভ কৰে তেতিয়া এইটো সেই মেচেজৰ লগত জৰিত ঠিকনাক চালিজাৰি চায়। ৰিং এনেধৰণেও ডিজাইন হব পাৰে যত কোনো মালফাংচনিং অথবা ফেল নোডক বাইপাচ কৰা যাব পাৰে।

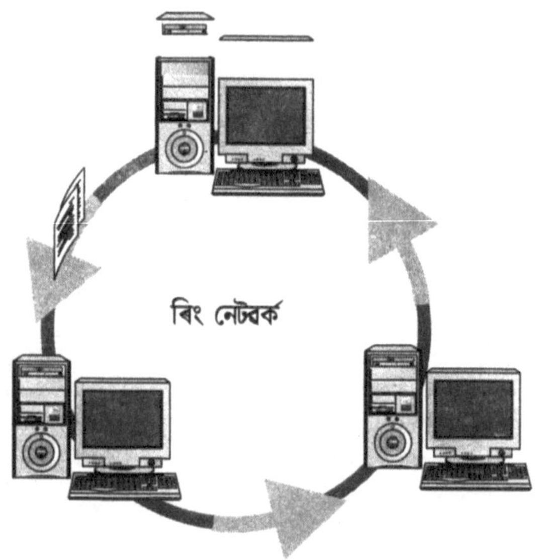

ইনফৰমেচন ইয়াত কেৱল এটা দিশত গতি কৰে। যেতিয়া কোনো কম্পিউটাৰ ইনফৰমেচন পঠায় এইটো সেই ইনফৰমেচনক পিছৰ কম্পিউটাৰক পঠায়। সেই ইনফৰমেচনৰ লগত যিটো জৰিত ঠিকনা যদি পিছৰ কম্পিউটাৰৰ নহয় তেতিয়া এইটো এই ইন[illegible]মেচনক পিছৰ কম্পিউটা[illegible] পঠায় দিয়ে। এইটো ইনফ[illegible] এটাৰ পিছত এটা কম্পিউটাৰ [illegible]নেদৰে পিছৰ কম্পিউটাৰক পঠায় থাকে যেতিয়ালৈকে সেই [illegible]ম্পিউটাৰ নাহে যাৰ ঠিকনা সেই ইনফৰমেচনৰ লগত জৰিত [illegible]ক।

চেট্ আপ ঃ ৰিং নেটৱৰ্কত সাধাৰণতে কম্পিউটাৰ এটা আৰু আনটোৰ ওচৰতে থাকে। এইটো চেটআপৰ কামত সহজ হয়, কাৰণ ইয়াত কেবলৰ এটা অকলশৰীয়া ৰিংৰ দ্বাৰা প্ৰত্যেক কম্পিউটাৰ জড়িত থাকে আৰু কোনো চেণ্ট্ৰেল কানেক্টৰ ইয়াত দৰকাৰ নহয়, উদাহৰণৰ বাবে হাব আদি। ৰিং নেটৱৰ্কৰ কোনে আৰম্ভ বা অন্ত নহয়।

বিস্তাৰ ঃ ৰিং নেটৱৰ্কৰ বিস্তাৰ সমস্যা সৃষ্টি কৰে কাৰণ যেতিয়া আপুনি ইয়াত কোনো নতুন কম্পিউটাৰ জড়িত হয় তেতিয়া কেৱলক কাটাতো প্ৰয়োজন হৈ যায়, এনে অৱস্থাত যেতিয়ালৈকে নতুন কম্পিউটাৰ জড়িত হৈ নাযায় নেটৱৰ্ক ভালদৰে কাম নকৰে।

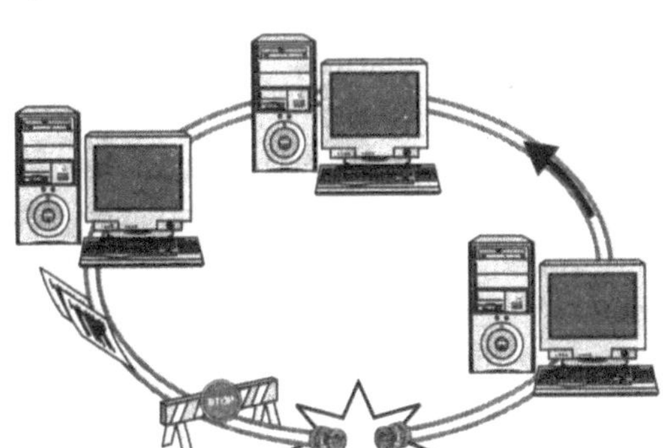

ট্ৰাবল চুটিং ঃ যেতিয়া ৰিংত কোনো বিৰতি আহি যায় তেতিয়া এই ব্ৰেকৰ আগৰ কম্পিউটাৰ কেবুলৰ জৰিয়তে ইনফৰমেচন এটাৰ পৰ আনটোলৈ পঠাব পাৰে কিন্তু ব্ৰেকৰ পাছত থকা কম্পিউটাৰৰ লগত এনেকুৱা সম্ভৱ হব নোৱাৰে। কোনো ৰিং নেটৱৰ্কত দ্বিতীয় ৰিং থাকে যাৰ জৰিয়তে ইনফৰমেচন পৰস্পৰ বিপৰীত দিশত গতি কৰে যাতে কেবলত বিৰতি আদি আহোঁতে নেটৱৰ্কৰ সেৱাত কোনো কমি নাহে।

কস্ট ঃ ৰিং নেটৱৰ্ক দামী হয়। কাৰণ ইয়াত প্ৰত্যেক কম্পিউটাৰ এটাহে কেবলৰ লগত জড়িডত থাকে সেইকাৰণে যদি কম্পিউটাৰ এটা আৰু আনটোৰ মাজত কিছু দুৰত থাকে যাতে বহুত কেবুলৰ দৰকাৰ পৰে।

হাই ব্ৰিড নেটৱৰ্ক স্ট্ৰাকচাৰ ঃ

হাই ব্ৰিড নেটৱৰ্কত বেলেগ বেলেগ টপলজী হৈছে বাচ, ৰিং স্টাৰ আদি একেলগে থাকে।

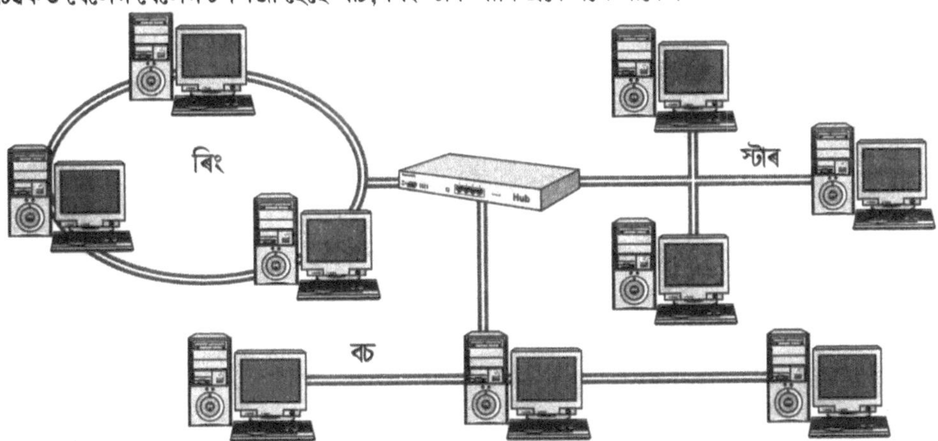

ৱাইড এৰিয়া নেটৱৰ্ক ঃ ৱাইড এৰিয়া নেটৱৰ্ক সাধাৰণতে হাইব্ৰিড নেটৱৰ্ক হয়। এটা ডাঙৰ নেটৱৰ্ক বনাবৰ বাবে এই নেটৱৰ্ক কোনো ধৰণে স্ট্ৰকচাৰৰ লগত জড়িডত থাকে। উদাহৰণ বাবে এটা কম্পেনী নিজে এটা অফিচত স্টাৰ নেটৱৰ্ক স্ট্ৰাকচাৰ নিজা কৰিব পাৰি তেতিয়াহ'লে আনটোত বাচ নেটৱৰ্ক স্ট্ৰাকচাৰ। এইটো বেলেগ বেলেগ নেটৱৰ্ক হইব্ৰিড নেটৱৰ্ক গঠনৰ বাবে মাইক্ৰোৱেব বা চেটেলাইটৰ লগত জড়িত থাকিব পাৰে।

চেট্ আপ ঃ এটা হাইব্ৰিড নেটৱৰ্ক সাধাৰণতে তাত ৰলে যেতিয়া এটা নেটৱৰ্কক বঢ়োৱা ট্ৰেফিকক ব্যৱস্থিত কৰাৰ প্ৰয়াস কৰা যায়। হাইব্ৰিড নেটৱৰ্কক বঢ়োৱা ট্ৰেকৰ ব্যৱস্থিত কৰাৰ প্ৰয়াস কৰা যায়। হাইব্ৰিড নেটৱৰ্ক বেলেগ বেলেগ নেটৱৰ্ক ষ্ট্ৰাকচাৰৰ প্ৰত্যেকৰ মাজত জড়িত কৰিবৰ বাবে বিভিন্ন উপকৰণৰ ব্যৱহাৰ কৰিব পাৰি যেনে হাব, ৰাউটাৰ আৰু ব্ৰিজ। হাইব্ৰিড নেটৱৰ্কৰ চেটআপ অলপ জটিল হৈ যায় কাৰণ যি উপকৰণ ইয়াত ব্যৱহাৰ কৰা গৈছে, সেইটো বিভিন্ন নেটৱৰ্ক ষ্ট্ৰাচাৰৰ লগত কাৰ্য্য কৰাৰ সম্মতি দিব লগীয়া হয়।

ট্ৰাবল চুটিং ঃ যেতিয়া হাইব্ৰিড নেট ৱৰ্কত কোনো এৰৰ আহি যায় তেতিয়া সেই সমস্যাৰ চৰ্চা বিচৰাটো বহুত জটিল হয়। এনেকুৱা কম্পেনী যিটো এটা ডাঙৰ হাইব্ৰিড নেটৱৰ্কৰ ব্যৱহাৰ কৰে নিজৰ নেটৱৰ্কৰ বাবে চাপোৰ্ট ডিপাৰ্টমেন্ট থাকে।

নেটৱৰ্কৰ বাবে আৱশ্যক উপকৰণ ঃ

নেটৱৰ্কিংৰ বাবে কোনো হাৰ্ডৱেয়ৰ ব্যৱহাৰ হয়।

চাৰ্ভাৰ ঃ

এনেকুৱা কম্পিউটাৰ যিটো নিজৰ লগত জড়িডত থকা কম্পিউটাৰৰ সূচনা উপলব্ধ কৰোৱাতোক চাৰ্ভাৰ বুলি কোৱা হয়। যেনে ৱেব চাৰ্ভাৰ, মেইল চাৰ্ভাৰ আৰু LAN চাৰ্ভাৰ। টিপিকেল চাৰ্ভাৰ সেই কম্পিউটাৰ চিষ্টেম হয় যিটো নেটৱৰ্কত একে লেথাৰিয়ে চলি থাকে আৰু নেটৱৰ্কৰ লগত জড়িডত অন্য কম্পিউটাৰৰ দ্বাৰা সেৱা বিচৰতা অপেক্ষা কৰে। কোনো চাৰ্ভাৰ এই ভূমিকাৰ প্ৰতি সমপিত থাকে কিন্তু কিছুমান এ নেকুৱাও হয় যাৰ ব্যৱহাৰ অন্য কামৰ বাবেও কৰিব পৰা যায়। উদাহৰণৰ বাবে এটা সৰু অফিচৰ এটাডাঙৰ ডেক্সটপ কম্পিউটাৰ এটা ব্যক্তিৰ বাবে ডেক্সটপ ৱৰ্কস্টেচনৰ দৰে আৰু বাকী কম্পিউটাৰ বাবে এট চাৰ্ভাৰৰ দৰে কাম কৰিব পাৰি।

চাৰ্ভাৰ ফিজিকেলী আজিকালি সাধাৰণ উপযোগত আহিব লগীয়া কম্পিউটাৰৰ দৰে হয়, সাধাৰণতে যদি সেইটো চাৰ্ভাৰৰ ভূমিকাৰা প্ৰতি সমৰ্পিত হয় তেতিয়া সেইটোৰ হাৰ্ডৱেয়ৰ প্ৰভাৱৰ এই ভূমিকাত পালনৰ বাবে অলপ ভিন্ন হব পাৰে। হাৰ্ডৱেয়ৰ বেছিভাগ তেনেকুৱাই হয় যি ষ্টেনৰ্ডাড কম্পিউটাৰত ব্যৱহাৰ হয় সাধাৰণতে চাৰ্ভাৰৰ চফ্টৱেয়ৰ ডেক্সটপ কম্পিউটাৰ আৰু ৱৰ্কস্টেচনত ব্যৱহাৰ হব লগীয়া চফ্টৱেয়ৰৰ অপেক্ষা বহুত বেলেগ হয়।

চাৰ্ভাৰ হাৰ্ডৱেয়ৰ ৰিচাৰ্চজৰ ওচৰত থাকে। এইটো সেই ক্লাইন্ট কম্পিউটাৰক নিয়ন্ত্ৰণ আৰু চেয়াৰ কৰিবৰ বাবে উপলদ্ধ কৰায়। যেনে প্ৰিন্টাৰ (প্ৰিন্ট চাৰ্ভাৰ) আৰু ফাইল চিষ্টেম (ফাইল চাৰ্ভাৰ)। এই চেয়াৰিং একচেচ কণ্ট্ৰোল আৰু চিকিউৰিটিৰ কামতকৈ বহুত ভাল হয় আৰু হাৰ্ডৱেয়ৰ ডুপ্লীকেচনৰ পা বচাই আৰু খৰচো বহুত কমাই দিয়ে।

মেল চাৰ্ভাৰ

ৱেব চাৰ্ভাৰ

নেটওৱৰ্ক প্ৰিন্টাৰ ঃ

প্ৰিন্টাৰৰ লগত জড়িডত থাকে যাতে প্ৰিন্টিংৰ কস্ট কম হ'ব পাৰে। যদি প্ৰিন্টৰৰ ব্যৱহাৰ নকৰে তেতিয়া সকলো য়ুজাৰক নিজৰ বেলেগ প্ৰিন্টাৰৰ দৰকাৰ হব।

বেছিভাগ নেটৱৰ্ক প্ৰিন্টাৰ এডেপ্টৰৰ ব্যৱহাৰ কৰি নেটৱৰ্কৰ লগত জড়িত থাকে। নেটৱৰ্ক কেবল প্লাগ নেটৱৰ্ক এডেপ্টৰত লাগি থাকে যিটো প্ৰিন্টাৰৰ পিছত থাকে। বেছিভাগ নেটৱৰ্ক প্ৰিন্টাৰ কোনো ধৰণৰ নেটৱৰ্কৰ লগত জড়িত থাকিব পাৰে।

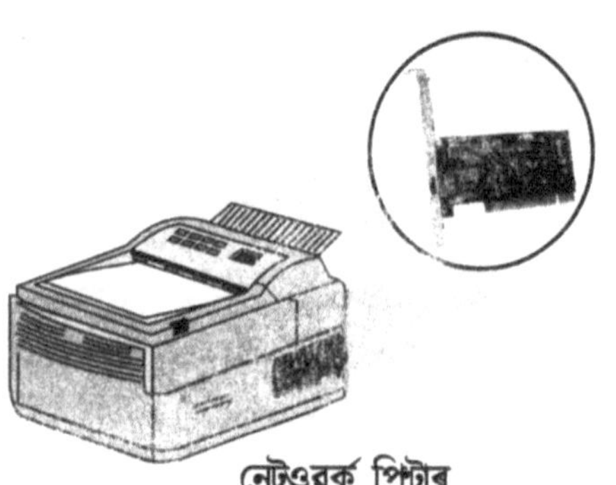

নেটওৱৰ্ক প্ৰিন্টাৰ

প্ৰিণ্টাৰ চাৰ্ভাৰ ঃ

প্ৰিণ্টাৰ চাৰ্ভাৰ হোস্ট কম্পিউটাৰ বা উপকৰণ হয় যিটো এক বা তাতকৈ অধিক কম্পিউটাৰৰ লগত জড়িত থাকে। এইটো নিজা নেটৱৰ্কত জড়িডত ক্লাইণ্ট কম্পিউটাৰৰ পৰা প্ৰিণ্টৰ বাবে জব লয় আৰু ইয়াৰ পিছত এইটোৱে সেই ডাটাক সেইটোৰ অনুসাৰে প্ৰিণ্টাৰত পঠায় সেইটোৰ প্ৰিণ্ট

প্ৰিণ্টাৰ চাৰ্ভাৰ

নেটৱৰ্ক ইণ্টাৰফেচ কাৰ্ড ঃ

এটা নেটৱৰ্ক কাৰ্ড, নেটৱৰ্ক এডেপ্টৰ অথবা NIC (নেটৱৰ্ক ইণ্টাৰফেচ কণ্ট্ৰোলাৰ) কম্পিউটাৰ হাৰ্ডৱেয়ৰৰ এটা পীচ থাকে যি এটা কম্পিউটাৰ নেটৱৰ্কত জড়িডত কম্পিউটাৰক এটাৰ পৰা আনটোলৈ কমিউনিকেট কৰাৰ সুবিধা দিয়ে।

যেতিয়া কোনো নেটৱৰ্ক ইণ্টাৰফেচ কাৰ্ড তৈয়াৰ কৰে তেতিয়া সেইটো এটা য়ুনীক হাৰ্ডৱেয়ৰ এড্ৰেচ দিয়া যায়। যেতিয়া ইনফৰমেচন পঠায় অথবা ৰিচিভ কৰা যায় তেতিয়া হাৰ্ডৱেয়ৰৰ এড্ৰেচ নেটৱৰ্ক ইনফৰমেচন কাৰ্ডক চিনি পাবলৈ সহায় কৰে।

বেলেগ বেলেগ ধৰণৰ অপাৰেটিং চিস্টেমৰ বাবে নেটৱৰ্ক ইণ্টাৰফেচ কাৰ্ড ড্ৰাইভৰেৰ লগত আছে। ড্ৰাইভাৰ এটা চফ্‌টৱেয়ৰ হয় যাৰ জৰিয়তে অপেৰেটি চিস্টেম নেটৱৰ্ক ইণ্টাৰফেচ কাৰ্ডৰ মাজৰ সূচনাক আদান-প্ৰদানকৰে। নেটৱৰ্ক ইণ্টাৰফেচ কাৰ্ড ভালদৰে কাম কৰে ইয়াৰ বাবে দৰকাৰ যে সঠিক ড্ৰাইভাৰ ইনস্টল কৰা যাওক। যদি অপেৰেটিং চিস্টেম কম্পিউটাৰে নেটৱৰ্ক ইণ্টাৰফেচ কাৰ্ড জৰিত কৰাৰ পছাত নিজে নিজে ড্ৰাইভাৰক ইনস্টল নকৰে তেতিয়া আপোনাক ড্ৰাইভাৰক মেনঅলী ইনস্টল কৰিব লাগিব।

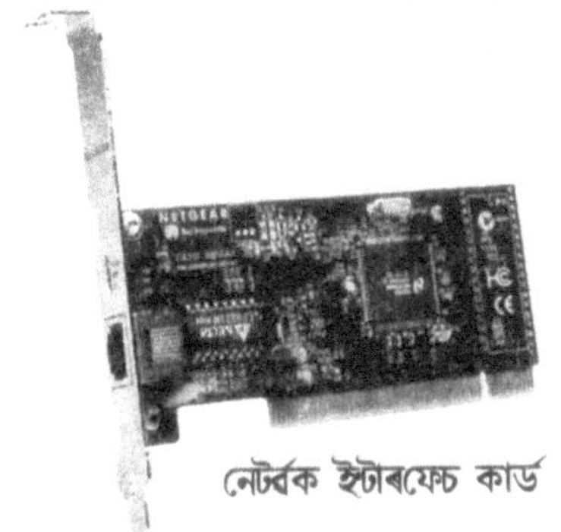
নেটৱৰ্ক ইণ্টাৰফেচ কাৰ্ড

ৱায়াৰলেচ নেটৱৰ্ক ইণ্টাৰফেচ কণ্ট্ৰোলাৰ (WNIC) এটা নেটৱৰ্ক কাৰ্ড হয় যিটো ৰেডিঅ বেচদ কম্পিউটাৰ নেটৱৰ্কৰ লগত জড়িডত থাকে। ইয়াত সাধাৰণ নেটৱৰ্ক ইণ্টাৰফেচ কাৰ্ড (WNIC) ৰ দৰে বেস্ড নেটৱৰ্কৰ লগত জড়িডত নাথাকে। WNIC ৱায়াৰলেচ ডেক্সটপ কম্পিউটাৰৰ বাবে এটা আৱশ্যক উপকৰণ হয়। ইয়াত কাৰ্ড মাইক্ৰোৱেভৰ মাধ্যমত কমিউনিকেট কৰিবৰ বাবে এটা এণ্টেনাৰ ব্যৱহাৰ কৰে।

ৱায়াৰলেচ নোট বুক
নেটৱৰ্ক কাৰ্ড

ৱায়াৰলেচ ডেক্সটপ
নেটৱৰ্ক কাৰ্ড

হাব ঃ

হাবৰ ব্যৱহাৰ মাজৰ ঠাইত হয় যত নেটৱৰ্কৰ সকলো কেবুল মিলি যায়। হাব অধিকাংশ মৰ্ডান নেটৱৰ্কত পোৱা যায়। প্ৰথমে কেুল স্টাৰ ষ্ট্ৰাকচাৰ নেটৱৰ্কত ইয়াৰ ব্যৱহাৰ সাধাৰণ হয়। কোনো ধৰণৰ নেটৱক স্ট্ৰাকচাৰ এতিয়া হাবৰ ব্যৱহাৰ কম্পিউটাৰক কানেক্ট কৰাৰ প্ৰাইমেৰী মেথডৰ ৰূপত কৰি থাকে।

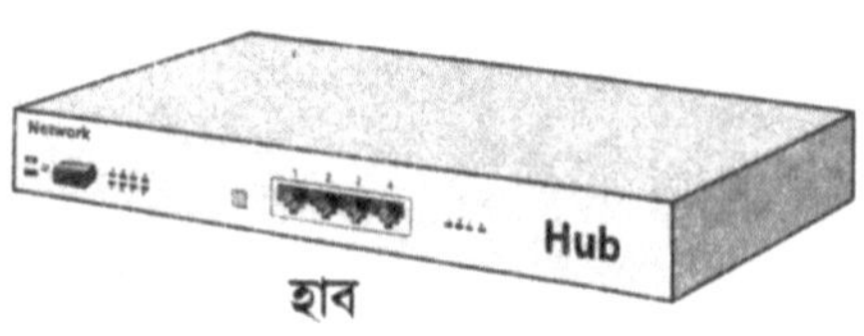

হাব

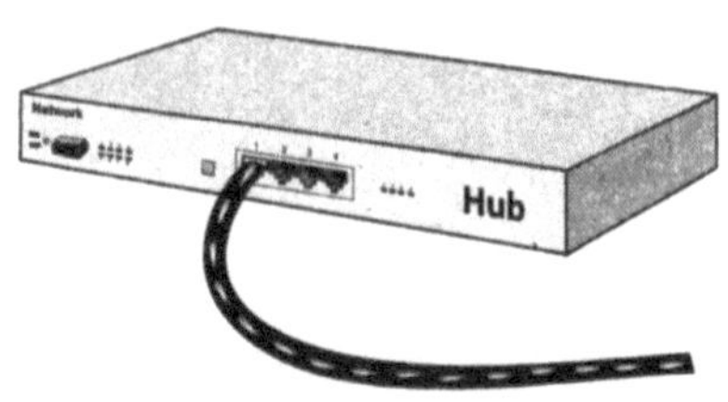

হাবত মাকেঁট অথবা পোৰ্ট থাকে যত কম্পিউটাৰ উপকৰণ পৰা আহিব লগীয়া কেবল প্লাগ থাকে। হাবত সাধাৰণতে 4,8 , 16 অথবা 24 পোৰ্টু থাকে। সাধাৰণতে সকলো গোৰ্টৰ ইন্দীকেটৰ লাহ'ত থাকে যি লাইট এমিটিং ডায়োড (LED) বুলি কেৱা হয়। যেতিয়া কম্পিউটাৰ পোৰ্টৰ লগত জড়িত থাকে আৰু অন হয় তেতিয়া লাইট জলি থাকে। কিছুমান LED সেই সময়তো সংকেত দিয়ে যেতিয়া পোৰ্টৰ মাধ্যমত সূচনা এটাৰ পৰা আন এটা ঠাইত চিফ্ট হৈ থাকে।

দুটা বা তাতকৈ অধিক হাবক জড়িডত কৰাক **ডেজী চেনিং** বুলি কোৱা যায়। এটা ডঙৰ হাব 24 কম্পিউটাৰলৈকে জড়িত থাকি পাৰে। যদি নেটৱৰ্কত 24-তকৈ বেছি কম্পিউটাৰ হয় তেতিয়া দুটা বা তাতকৈ হাবৰ ব্যৱহাৰ কৰিব লাগিব।

হাবত কম্পিউটাৰ অথবা হাবৰ চেইনক জোড়ডা গুচোৱা অথবা এটাৰ পৰা আনটোৰ স্হানত ফিট কৰা বহুত সহজ হয়। কেৱল কোনো পৰ্টৰ লগত সহজে উলিয়াই বেলেগ পৰ্টত লগাব পৰা যায়। এই প্ৰক্ৰিয়াৰ মাজত নেটৱৰ্কক বন্ধ কৰাৰো কোনা দৰকাৰ নহয়।

চুইচ ঃ

নেটৱৰ্ক চুইচ (অথবা কেৱল চুইচ) এটা নেটৱৰ্ক ডিভাইচ হয় যিটো হাৰ্ডৱেয়ৰৰ স্পীডলৈকে ট্ৰানচপাৰ্কেট ব্ৰিজিং কৰায়। সাধাৰণ হাৰ্ডৱেয়ৰত চুইচ অন্তৰ্ভূত হয় যিটো প্ৰতি চেকেণ্ড 10,100 অথবা 1000 মেগাৱেটত কানেক্ট হব পৰে। হাব ডুপ্লেকচৰ তাৎপৰ্য্য হল যে এটা সময়ত উপকৰণ ডাটা ৰিচীভ কৰিব পাৰে বা পঠাব পাৰি য'ত ফুল ডুপ্লেকচত উপকৰণ এটা সময়ত এটা পঠাবও পাৰে আৰু ৰিচিভো কৰিব পাৰে। চুইচ কৰিব পাৰে। চুইচক হাবৰ স্হান ব্যৱহাৰ কৰিব পৰা যায়।

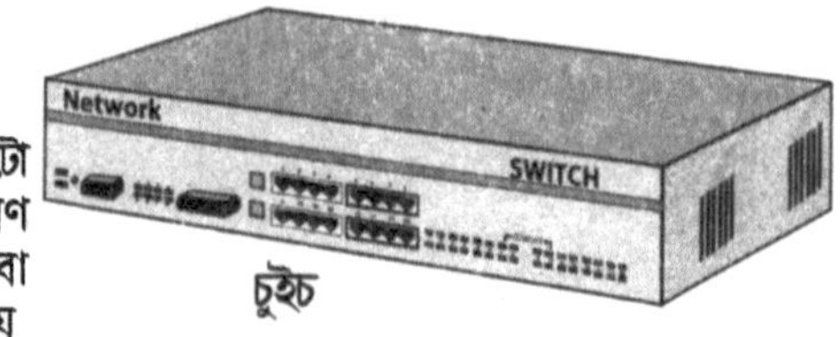

চুইচ

যেতিয়া কোনো নতুন য়ুজাৰক জড়িডত কৰিবৰ বাবে অথবা আৰু জটিল এপ্লীকেচনৰ বাবে কোনো নেটৱৰ্কক বঢ়াব লাগে তেতিয়া হব পাৰে যে নেটৱৰ্ক যিমান সূচনাক ট্ৰানচফাৰ কৰাৰ ক্ষমতা ৰাখে সেইটোত বেছি সূচনা তাত ট্ৰানচফৰ হ'বৰ বাবে তৈয়াৰ কৰা হয়। এনেকুৱা সময়য়ত স্বাভাবিক হয় যে নেটৱৰ্ক বা কামৰ গতি কমায় দিয়ে বা তাত কোনো অন্য অসুবিধা সৃষ্টি হৈ যাব। ইয়াৰ পৰা বাচিৰ বাবে আৰু নেটৱৰ্কৰ ক্ষমতাটো বঢ়াবৰ বাবে অভাৰলোড নেটৱৰ্কত হাবক চুইচৰ লগত ৰিপ্লেচ কৰি দিয়ে। সাধাৰণতে এই ৰিপ্লেচমেণ্টৰ সময়ত নেৰ্টৱকৰ অন্য অৱস্হা যেনেদৰে কেৱল চিষ্টেমৰ ৰীপ্লেচ কৰাৰ দৰকাৰ নহয়।

সুৰক্ষা ঃ চুইচে এইটো সীদ্ধান্ত কৰাত সহায় কৰে যে যিটো সূচনা নেটৱৰ্কৰ জৰিয়তে চিফ্ট হৈ আছে সেইটো সুৰক্ষিত থাকে। হাব নেটৱৰ্কত সকলো কম্পিউটাৰক সূচন ট্ৰানচফৰ কৰি দিয়ে যত নেকি চুইচত এইটো সূচনা কেৱল বঞ্চিত ৰিচিভাৰৰহে উপলব্ধ হয়।

ৰাউটিং চুইচ ঃ কিছুমান চুইচ ৰাউটিং চুইচ বুলি কোৱা হয়, ইয়াত ৰাউটাৰৰ দৰে ক্ষমতা থাকে। ৰাউটিং চুইচ নেটৱৰ্কৰ যিকোনো স্হানত পঠোৱাব লগীয়া সূচনাৰ চিনাকী কৰি সেইটো ৰাস্তা দেখুৱাই। ইয়াৰ বাদেও ৰাউটিং চুইচত এইটো ক্ষমতাও হয় যে সেইটো সূচনাকে সেইটোৰ লক্ষ্যলৈকে যোৱাৰ সকলোতকৈ সঠিক ৰাস্তা বিচাৰি সেইটো ৰাস্তাতে সূচনা পঠিয়াৱক।

ৰিপীটাৰ ঃ

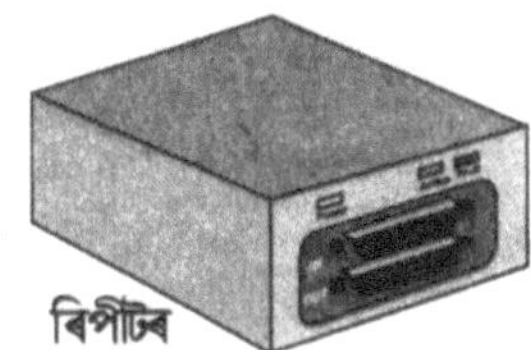
ৰিপীটৰ

ৰিপীটৰ ইলেক্ট্ৰনিক উপকৰণ হয় যিটো কমজোৰী অথবা নিম্ন স্তৰৰ চিগনেলক ৰিচীভ কৰি স্টেটো উচ্চ স্তৰ অথবা উচ্চ শক্তিক তৈয়াৰ কৰি পঠায় যাতে চিগনেলৰ দৈৰ্ঘ্যৰ দূৰত্বক বিনা বাধাক সিদ্ধান্ত কৰিব পাৰে। এইটো LANS-ত চেগমেন্টক ইনটাৰকানেক্ট কৰিবৰ বাবে ব্যৱহাৰ হয় আৰু WAN ট্ৰানমিচনক বঢ়াই।

এইটো সাধাৰণতে এ টেনয়ুয়েচন বুলি কোৱা হয়। ৰিপীটৰ সেই সমস্যাৰ পৰা বচায় যিটো চিগনেলক কমজোৰী হোৱাত সৃষ্টি হয়।

ৰিপীটৰৰ ব্যৱহাৰ নেটৱৰ্কৰ কম্পিউটাৰ উপকৰণকে এটাৰ পৰা আনটোৰ মাজত জড়িডত কৰা কেবলৰ দৈৰ্ঘ্য বঢ়াৰ বাবে কৰা যায়। ৰিপীটৰ সেই সময়ত বহুত উপযোগী প্ৰমণিত হয় যত কম্পিউটাৰক এটাৰ পৰা আনটোৰ মাজত জড়িত কৰিবৰ.বাবে বহুত দীঘল কেবুলৰ দৰকাৰ হয় যেনে এটা ডাঙৰ মালগোদামৰ নেটৱৰ্কত।

ব্ৰিজ ঃ

এনেকুৱা উপকৰণ যি দুটা নেটৱৰ্কত এটা ডাঙৰ লজিকেল নেটৱৰ্কৰ ৰূপত জড়িত কৰে যাতে সেইটোৰ মাজত সূচনাৰ আদান প্ৰদান হব পাৰে।

ব্ৰিজ

ব্ৰিজ আৰু নেটৱৰ্কক নিজৰ মাজত জড়িডত কৰিবৰ বাবে কাম আহে যাতে নেটৱৰ্ক সংযুক্ত ৰূপত এটা ডাঙৰ নেটৱৰ্কৰ ৰূপত কাম কৰিব পাৰে।

ব্ৰিজ এটা ব্যস্ত নেটৱৰ্কক সৰু সৰু ভাগত ভগাবলৈও বহুত সহায়ক হয়। ব্যস্ত নেটৱৰ্কক ভগাবলৈ তেতিয়া দৰকাৰ হয় যেতিয়া নেটৱৰ্কৰ ট্ৰেফিকক কাম কৰিব লগীয়া হয়। এটা ব্ৰিজ নেটৱৰ্কৰ এই ভাগক বাকী ভাগৰ পৰা বেলেগ কৰি ৰাখিব পাৰি।

ৰাউটাৰ ঃ

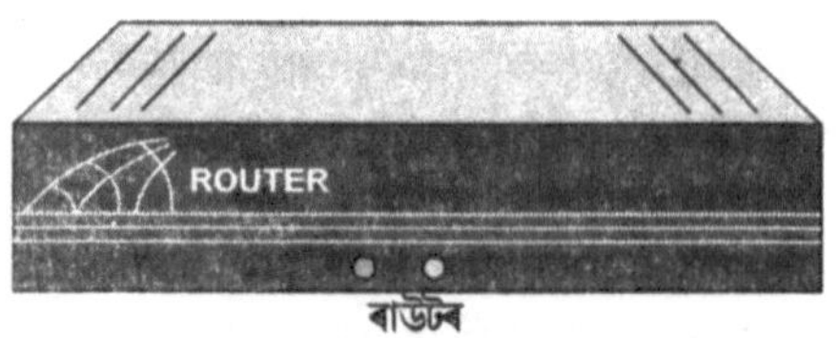

ৰাউটৰ

ৰাউটৰ সেই কম্পিউটাৰ নেটৱৰ্ক উপকৰণ যিটো নেটৱৰ্কত যিকোনো ঠাইৰ পৰা ডাটা কোনো ঠাইলৈ পঠিয়াব পাৰি। সেইটোৰ এই প্ৰক্ৰিয়াক **ৰাউটিং** বুলি কোৱা হয়।

ৰাউটৰ দুটা বা তাতকৈ অধিক নেটৱৰ্কৰ মাজত এটা জংচনৰ দৰে কাৰ্য্য কৰে যাতে সেইটোৰ মাজত ডাটাৰ পেকেট এইফালে সিফালে হব পাৰে। ৰাটৰ চুইচৰে এটা ভিন্ন ৰূপ থাকে। চুইচ উপকৰণক জড়িডত কৰে যাতে এটা লোকেল এৰিয়া নেটৱৰ্ক বনাবপাৰি। ৰাউটৰ আৰু চুইচৰ বিভিন্ন কাৰ্যক বুজাবৰ সকলোতকৈ সহজ উপায় থাকে যে চুইচক ওচৰৰ ৰাস্তা মানি লয় আৰ, ৰাউটৰক ৰাস্তাৰ চিহ্নৰ দ্বাৰা তৈয়াৰ কৰা এটা ভাগ।

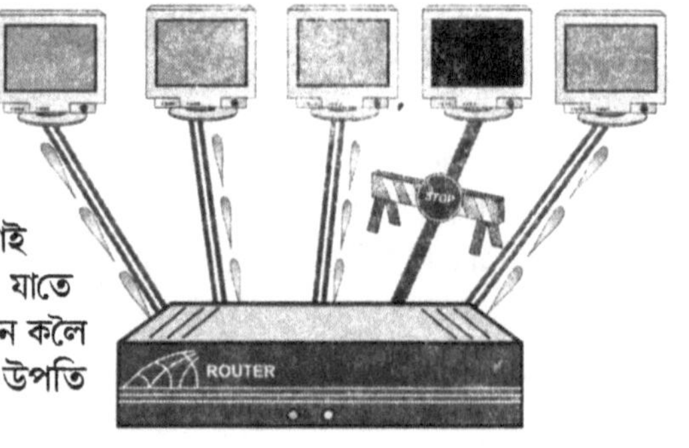

এটা ডাঙৰ নেটৱৰ্কত এটাও বেছি ৰুট হব পৰে যাৰ জৰিয়তে সূচনা নিজৰ লক্ষ্যত উপনিত হব পাৰে। যিকোনো ৰাউটৰ এনেকুৱাও হয় যিটো নিজে নিজে বিচাৰি লয় যে নেটৱৰ্কৰ কিছুমান ভাগত বেয়া হয় বা ইয়াৰ গতি কম হয়। এনে অৱস্থাত ৰউটৰে চেস্টা কৰে যে সূচনাক সময়াগ্ৰস্হ এৰিয়াত নপঠিয়াই কোনো বেলেগ ৰাস্তাৰ দ্বাৰা সেইটোৰ লক্ষ্যলৈ পঠিয়াব পাৰি যাতে নেটৱৰ্কত বেয়া হোৱাৰ অলপ হলেও প্ৰভাৱিত হয়। ৰাউটাৰৰ বুদ্ধিমান কলৈ যায় কাৰণ সেইটো ভাগ লয় যে কোনো সূচনাক সেইটোৰ লক্ষলৈ উপতি হবলৈ সকলোতকৈ ভাল ৰাস্তা কোনটো হব।

ৰাউটাৰ প্ৰকাৰ ঃ বেছিভাগ ৰাউটৰ সূচনাৰ বাবে সকলোতকৈ ভালৰাস্তাক নিজে নিজে ভাগ লোৱা হয়। পুৰনা ৰাউটাৰ যাৰ স্টেটিক ৰাউটৰ কলৈ যায় লগত কাম কৰাৰ সময় নেটৱৰ্ক এডমিনিস্ট্ৰেটৰক ৰাউটৰক মেনুঅলী কোৱা হৈছিলযে প্ৰত্যেক ৰুটৰ ইনফৰমেচন ৰাখে। য'ত নতুন ৰাউটৰ যাক ডায়নামিক **ৰাউটৰ** বুলি কোৱা হয় নিজে নিজে নেটৱৰ্কত উপলব্ধ প্ৰত্যেক ৰুটৰ টেবুল তৈয়াৰ কৰি সেইটো মেন্টেন কৰি থাকে।

ৱাইড এৰিয়া নেটৱক (WAN) : ৰাউটৰ লোকেল এৰিয়া নেটৱৰ্কক ৱাইড এৰিয়ানেটৱৰ্কৰ লগত জড়িত কৰাত বহুত সহায়ক হয়। ৰাটৰ ৱাইড এৰিয়া নেটৱৰ্কক চেগমেন্টত পোৱাত সহায়ক হয়। ইয়াৰ দ্বাৰা নেটৱৰ্কত চলি থকবা সূচনাৰ মাত্ৰা গুচোৱাত সহায় পায় আৰু WAN-ৰ দক্ষতা থাকে।

নেটৱৰ্ক কমিউনিকেশন টেকনলজী ঃ

আজিকালি নেটৱৰ্ক LAN; WAN আৰু ৱায়াৰলেচৰ জৰিয়তে টাৰ্মিনেল উপকৰণ আৰু কম্পিউটাৰ জড়িডত কৰি স্হাপিত কৰ যায়। এনেকুৱা কিছুমান কম্পিউটাৰ টেকনলজীৰ বিবিধতাৰ বিষয়ে আগত চৰ্চা কৰা গৈছে।

ইথাৰনেট ঃ

ইথাৰনেট এটা LAN টেকনলজী হয় যি কম্পিউটাৰক নেটৱৰ্কত একচেচ কৰাৰ সুবিধা দিয়ে। ইথাৰনেট এটা নেটৱৰ্কৰ জৰিয়তে সূচনা ট্ৰানচফৰ কৰাৰ সকলোতকৈ লোকপ্ৰিয় আৰু কম খৰচীয়াল উপায় হয়।এইটো চেটআপ কৰিবৰ বাবে সকলোতকৈ সহজ নেটৱৰ্ক হয়। এইটো কেৱল টপলাজত আধাতিৰ হয় কিন্তু ইথাৰনেট নেটৱৰ্ক স্টাৰ পেটাৰ্নত কৰাৰ লগতো হব পাৰে।
পঠোৱাৰ আগতে কিছু সময়লৈকে ব্যৱহাৰ কৰে। যেতিয়া দুটা কম্পিউটাৰ এটা সময়ত সূচনা পঠোৱাৰ চেস্টা কৰি আছে তেতিয়া সূচনাত বিপদৰ সৃষ্টি হয়। কিছুমান সময়ৰ পাছত কম্পিউটাৰ সূচনাক দ্বিতীয়বাৰ পঠিয়াই দিয়ে।

ইথাৰনেট

ইথাৰনেট কেবল

ইথাৰনেট সূচনাক নেটৱৰ্কৰ জৰিয়তে 10 মেগাবেট প্ৰতি চেকেণ্ড (Mbps) ৰ গতিত ট্ৰানচফাৰ কৰিব পাৰে। দ্ৰুত ইথাৰনেট সূচনাক নেটৱৰ্কৰ জৰিয়তে 1000 Mbps মেগাবেট প্ৰতি চেকেণ্ড (Mbps) গতিলৈকে ট্ৰানচফাৰ কৰিব পাৰি।

টোকেন ৰিং ঃ

টোকেন- ৰিং LAN টেকনলজীৰ এটা প্ৰকাৰ হয় যিটো সাধাৰণতে ডাঙৰ সংস্থান যেনে বেক আৰু বীমা কম্পেনীত পোৱা যায়। এটা টোকেন ৰিং নেটৱৰ্ক সূচনাক নেটৱৰ্কৰ জৰিয়তে চাৰিটাঅথবা 16 Mbps ৰ স্পীডত পঠাব পাৰি।

টোকেন ৰিংৰ ৱাৰ্কিং ঃ

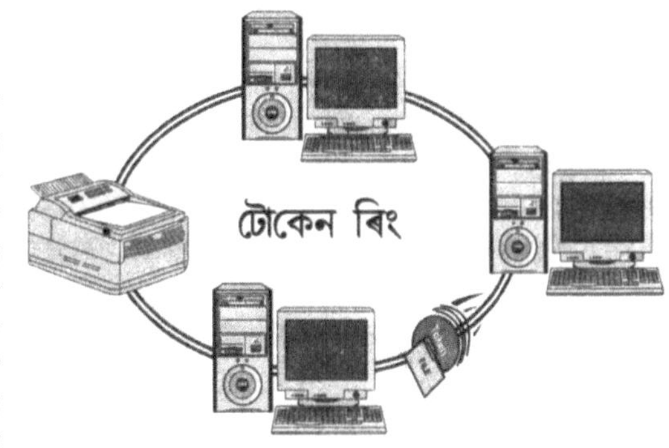

টোকেন ৰিং কম্প্টিটাৰৰ পৰা কম্পিউটাৰলৈকে চিংগল টোকেন পাচ কৰি কাম কৰে। টোকেন নেটৱৰ্কত ঘূৰি থাকোতে সূচনাক কালেক্ট কৰি সেইটো ডেলীভাৰ কৰে। যেতিয়া নেটৱৰ্কৰ কোনো কম্পিউটাৰ ডাটা পঠিয়াব বিচাৰে তেতিয়া সেই স্বতন্ত্ৰ টোকেনক নিয়ন্ত্ৰণত লৈ লয়। ইয়াৰ পাছত কম্পিউটাৰ টোকেনক এৰি নিদিয়ে যেতিয়ালৈকে বেলেগ কোনো কম্পিউটাৰ ডাটা ট্ৰানচমিট কৰিব নোৱাৰো এনে ধৰণে এটা সময়ত কেৱল এটা কম্পিউটাৰ ডাটা ট্ৰানচমিট কৰিব নোৱাৰো এনে ধৰণে এটা সময়ত কেৱল এটা কম্পিউটাৰ টোকেনৰ ব্যৱহাৰ কৰিব পাৰি যাৰ ব্যৱধানৰ সম্ভাৱনা শেষ হৈ যায়।

TCP / IP (ট্ৰানচমিচন কণ্ট্ৰোল প্ৰোটোকল / ইন্টাৰনেট প্ৰোটোকল) ঃ

TCP / IP ডাটাক সৰু পেকেটত ভাঙি দিয়ে। ইন্টাৰনেট ট্ৰানচমিচন সাধাৰণতে TCP/IP ব্যৱহাৰ কৰে। যেতিয়া কোনো কম্প্টিটাৰ ইন্টাৰনেটত ডাটা পঠিয়াই তেতিয়া ডাটা সৰু সৰু পীচ বা পেকেটত ভাঙি যায়। প্ৰত্যেক পেকেটত ডাটা থাকে যত ইয়াৰ লক্ষ্য, সেইটো ঠিকনা আৰু ক্ৰমবাৰ সূচনা অন্তৰ্ভুক্ত থাকে। এইটো পেকেট উপলব্ধ সকলোতকৈ দ্ৰুত ৰাস্তাৰ জৰিয়তে লক্ষ্যলৈকে পায়। যি উপকৰণৰ জৰিয়তে এইটোলক্ষ্যলৈকে পায়, সেইটো **ৰাউটৰ** বুলি কয়। চাৰ্বৰ পৰা মঞ্জিললৈকে উপলব্ধ সকলোতকৈ ভাল ৰাস্তাৰ পৰা পেকেজৰ ট্ৰানচমিচনৰ ট্ৰানচমিচনৰ এইটো টেকনীক **পেকেট চুইচিং** বুলি কোৱা হয়।

WAP

WAP অথবা ভায়াৰচেল এপ্লীকেচন প্ৰোটোকেল ভায়াৰলেচ কমিউনিকেচনত ব্যৱহাৰ হ'ব লগীয়া এপ্লিকেচনৰ বাবে অপেন ইন্টাৰনেচনেল ষ্টেণ্ডাৰ্ড থাকে। ইয়াৰ মুখ্য এপ্লীকেচন মবাইল ফোন অথবা PDA ৰ লগত ইন্টাৰনেট একচেচ কৰা হয়। WAP ব্ৰাউচাৰ এই ধৰনে ডিজাইন কৰা যায় যে কম্পিউটাৰ আধাৰিত ৱেব ব্ৰাউচাৰৰ সকলো বৈসিক সেৱা দিব পাৰে কিন্তু মোবইল ফোনৰ সীমাত থকা সেইটা অপৰেট কৰটো সহজ হয়। WAP এতিয়া এনেকুৱা প্ৰ্লোটোকল হয় যিটো জগতৰ অধিকাংশ ভাগত মোবাইল ইন্টাৰনেট চাইটৰ বাবে ব্যৱহাৰ হয়। এই চাইটক WAP চাইট্চ বুলি কোৱা হয়।

ইন্টাৰনেট ঃ

এটা এনেকুৱা প্ৰাইভেট নেটৱৰ্ক যিটো ইন্টাৰনেট প্ৰোটোকল যেনে TCP / IP-ৰ আধাৰিত হয় কিন্তু কোনো কোম্পানী অথবা সংস্থাৰ লগত ইনফৰমেচন মেনজমেন্টৰ বাবে ডিজাইন কৰা গৈছে। ইয়াত যিটো সেৱা অৰ্ন্তভূত হয় সেইটোত ডকুমেন্ট ডিস্ট্ৰীভিউচন চফ্টৱেয়ৰ ডিস্ট্ৰীভিউচন আৰু ডাটাবেচলৈকে একেচ্চ অৰ্ন্তভূত থাকে। এইটোক **ইনটাৰনেট** বুলি কোৱা হয়, এইটো ৱৰ্ল্ড ৱেব চাইটৰ দৰে লাগে আৰু সমনা টেকনলজীত আধাৰিত হয়। সাধাৰণতে এইটো ভাল ধৰনে সংখ্যাৰ ভিতৰৰ নেটৱৰ্ক হয় আৰু ইন্টাৰনেটৰ পৰা ভালদৰে জড়িডত নাথাকে। কিছুমান ইন্টাৰনেট একচেচৰ সুবিধাও দিয়ে। কিন্তু এনে ধৰণে কানেকচন এটা **ফাটাৰৱেলৰ** জৰিয়তে চলি যায় যিটো বাহিৰৰ ৱেবৰ লগত ভিতৰৰ নেটৱৰ্কক বেলেগকে ৰাখি সেইটো বচায়। কেতিয়াবা কেতিয়া বা কম্পেনী **একস্ট্ৰানেটৰ** প্ৰয়োগ কৰে। যিটো উপভোক্তা আৰু চাপ্লায়াৰক নিজৰ ইন্টাৰনেটলৈকে একচেচ কৰাৰ সুবিধা দিয়ে। উদাহৰণৰ বাবে কিছুমান ৱেক নিজৰ গ্ৰাহকক নিজৰ ইন্টাৰনেটলৈকে একচেচৰ সুবিধা দিয়ে যাতে সেইটো নিজৰ একাউন্ট ভেলেন্চ আৰু অন্য সেৱাৰ বিষয়ে জানিব পাৰিব আৰু সেইটোৰ প্ৰিন্ট উলিয়াব পাৰে।

ফেয়াৰৱেল ঃ

ফেয়াৰৱেল শব্দ সেই হাৰ্ডৱেয়ৰ আৰু চফ্‌টৱেয়ৰৰ বাবে প্ৰযুক্ত হয় যিটো নেটৱৰ্কৰ সূচনা আৰু ডাটা লৈকে কাকো একচেচ কৰাত ৰখাব নোৱাৰে। ইয়াৰ এটা ডাঙৰ উপযোগ হল বাহীৰৰ মানুহক নেটৱৰ্কলৈকে একচেচ কৰাত ৰখা। পাব্লিক নেটৱৰ্কত কোনো কানেকচন লৈ ইন্টাৰনেটত একচেচ কৰিব পাৰে কিন্তু নিজা ইনটাৰনেট আৰু এক্সট্ৰানেটত একচেচ কৰাৰ অনুমতি কেৱল বৈধ যুজাৰৰ নিচিনা কৰ্মচাৰী, চাপ্লাৱাৰ, বেণ্ডৰ আৰু কাস্টমাৰ আদিৰ লগতে থাকে। অবাঞ্চিত যুজাৰক একচেচৰ পৰা ৰখাবৰ বাবে কম্পোনি নিজৰ ইন্টাৰনেট আৰু এক্সট্ৰা নেটত ফায়াৰৱেলৰ ব্যৱহাৰ কৰে।

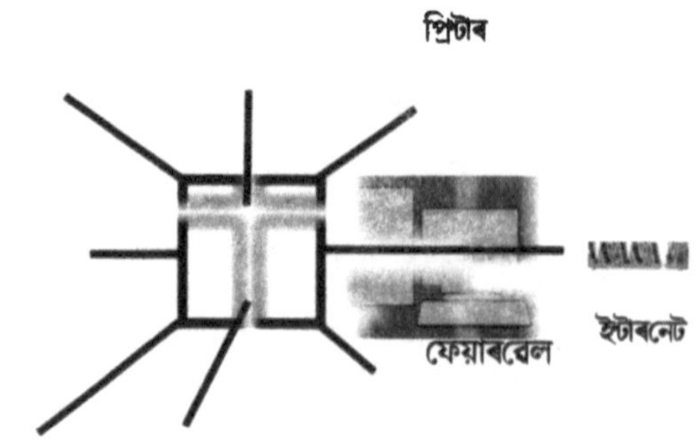

ৱায়াৰলেচ নেটৱৰ্ক ঃ

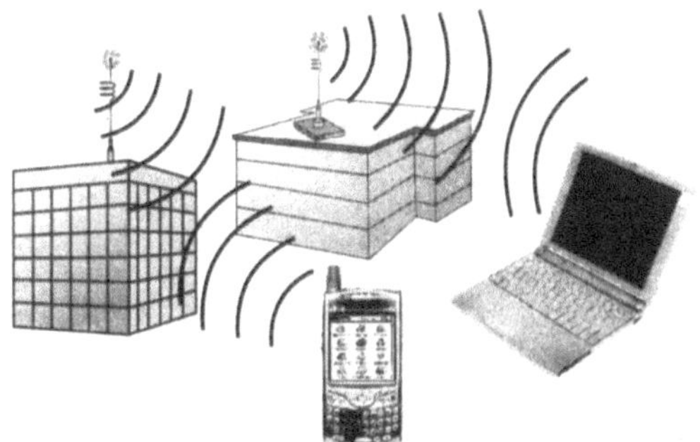

নোটবুক কম্পিউটাৰ অথবা পাৰ্চনেল ডিজিটেল এচিচ্টেট (PDAs) যেনে উপকৰণ ৱায়াৰলেচ নেটৱৰ্কৰ ব্যৱহাৰ কৰি ভৌতিক ৰূপত নেটৱৰ্কৰ লগত বিনা জড়িত সেইটোৰ ইনফৰমেচনলৈকে একচেচ কৰিব পাৰে। ৱায়াৰলেচ নেটৱৰ্ক সেই কেৱলৰ দৰকাৰ শেষ কৰি দিয় যিটো পৰম্পৰাগত নেটৱৰ্কত উপকৰণক এটাৰ পৰা আনটোৰ মাজত জড়িডত কৰে। ভায়াৰলেচ নেটৱৰ্ক এনে মোবাইল উপকৰণত সুবিধা দিয়ে যিটো এটা এৰিয়াৰ পৰা আনটো এৰিয়ালৈ যোৱাৰ পাছতো নেটৱৰ্কৰ লগত কানেক্ট হৈ থাকিব।

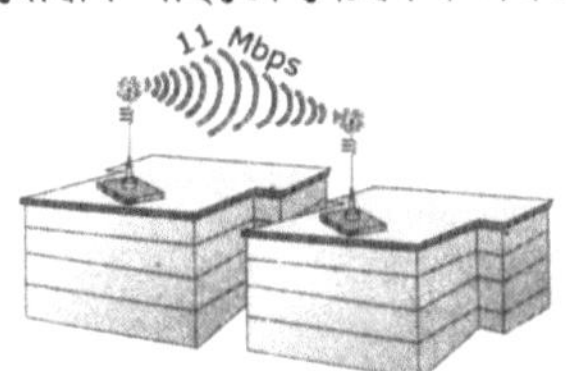

ৰেডিঅ চিগনেল ঃ বেছিভাগ ৱায়াৰলেচ নেটৱৰ্ক উপকৰণৰ মাজত সূচনাক এটা স্হানৰ পৰা বেলেগ এটা স্হনালৈকে যাবৰ বাবে ৰেডিয় চিগনেলৰ ব্যৱহাৰ কৰে। এইটো নেটৱৰ্ক সাধাৰণতে 800 মেগাহাৰ্টজ আৰু 1.9 গিাহাৰ্টজৰ মাজত ৰেডিয় চেনেলত অপাৰেট হয়। ৱায়াৰলেচ নেটৱৰ্কত সূচনা 11 Mbps লৈকে স্পীডৰ লগত ট্ৰানচফাৰ হ'ব পাৰে।

ৰেডিঅ ট্ৰানচ্চীভাৰ্চ ঃ ৰেডিঅ ট্ৰানচ্চীভাৰ্চ নেটৱৰ্কত সূচনাৰ আদান প্ৰদানৰ বাবে ব্যৱহাৰ হয়। কিছুমান ৱায়াৰলেচ উপকৰণত ট্ৰানচীভাৰ্চ থাকে যি উপকৰণোৰ বাহিৰত জড়িত থাকে য'ত অন্য ৱায়াৰলেচ উপকৰণত বিল্ট এই ট্ৰানচ্চীভাৰ্চ থাকে।

ৰেডিঅ নেটকনলজী ঃ

ৰেডিয় চিগ্ৰনেলুৰ ব্যৱহাৰ কৰি কোনো ৱায়াৰলেচ নেটৱৰ্কত সূচনাৰ ট্ৰানচফাৰ হোৱাৰ তিনিটা বেলেগ বেলেগ ৰাস্ত থাকে। সেইকেইটা হল –

GSM : গোটেই দেশতে মোবাইল ফোনৰ বাবে ৱায়াৰলেচ স্টেণ্ডাৰ্ডত ব্যৱহাৰ হব লগীয়া সকলোতকৈ লোকপ্ৰিয় ট্ৰানচমিচন টেকনলজী হল **গ্লবেল চিস্টেম ফাৰ মবাইল কমিউনিকেচন** অৰ্থাৎ GSM। এইটো চিস্টেম সূচনাক সেইটো কনফ্ৰেচ কৰাৰ পাছত ডাটা ট্ৰানচমিট কৰিবৰ বাবে উপলব্ধ চেনেলৰ এটা চিংগল ৰেডিয় চেনেলৰ ব্যৱহাৰ কৰি ট্ৰানচফাৰ কৰে।

CDMA : কোড ডিভিজন মল্টীপল একচেঞ্জ জনাশুনা টেকনলজী হয়। এইটো টেকনলজী সকলো উপলদ্ধ চেনেলৰ ডাটা ৰাটাকৰ ৱায়াৰলেচ উপকৰণৰ মাজত সূচনাক পঠিয়াই। কৰে।

TDMA : টাইম ডিভিজন মল্টীপল একেচেঞ্জ টেকনীকেল মল্টীপল ডিভাইচৰ মাজত এটা ৰেডিঅ চেনেলক বাট দিয়ে। প্ৰত্যেক উপকৰণ চেনেলৰৰ ব্যৱহাৰ কৰি টাৰ্ন লব পাৰে। এইটো টেককনীক বেছিভাগ বিজিনেচ মেনে ব্যৱহাৰ কৰে যিটো ডিজীয়েটেল চেলুলৰ কমিউনিউকেচন অফাৰ কৰে।

ৱায়াৰলেচ টেকনলজী ঃ

সাধাৰণতে ভায়াৰলেচ উপকৰণ যেনে নোটবুক PDA, স্মাৰ্ট ফোন আদিৰ ব্যৱহাৰ কৰি নেটৱৰ্ক এটা একচেচ কৰাতো নতুন তেকনীকত নিৰ্ভৰ কৰে কিন্তু কিছুমান স্টেণ্ডাৰ্ড হয় যি এইটো সিদ্ধান্ত কৰে যে ভায়াৰলেচ নেটৱৰ্ক ভালদৰে কাৰ্য্য কৰে।

ব্লু টুথ ঃ ব্লুটুথ ভায়াৰলেচ পাৰ্চনেল এৰিয়া নেটৱৰ্কৰ বাবে ইণ্ডাষ্ট্ৰিয়ল স্পেচিফিকেচন থাকে। ব্লুটুথ ফোন, লেপটপ, পাৰ্চনেল কম্পিউটাৰ, প্ৰিণ্টাৰ, ডিজাইন কেমেৰা আৰু ভিডিয় গেম যেনে উপকৰণৰ মাজত কানেকচন স্হাপিত কৰা আৰু সূচনাৰ আদান প্ৰদানৰ পথ খুলি যায়। এইটো কাম এইটো এটা সুৰক্ষিত গ্লবেল অনলাইচেন্চ চাৰ্ট ৰেঞ্জ ৰেডিয় ড্ৰিৱেঞ্চীৰ জৰিয়তে কৰ হয়। ব্লুটুথ এটা ৰেডিয় স্টেণ্ডাৰ্ড আৰু কমিউনিকেচন প্ৰোটকল হয়। যিটো আৰম্ভণিতে প্ৰত্যেক উপকৰণত লগা কম কস্টৰ ট্ৰানচ্চীভাৰ মাইক্ৰোচপচত আধাতিৰ চাৰ্ট ৰেঞ্জৰ লগত লো পাৱাৰ কনচম্পচনৰ বাবে ডিজাইন হৈছে। ব্লুটুথৰ উপকৰণ যেতিয়া ৰেঞ্জত থাকে তেতিয়া এটাৰ পৰা আনটোৰ মাজত কমি উনিকেট কৰিব পাৰে। এইএটা উপকৰণ ৰেডিয় কমিউনিকেচন চিস্টেমৰ ব্যৱহাৰ কৰে সেই কাৰণে ইয়াক এটা আৰু আনটোৰ মাজত ওচৰ পাজৰে হ'বলৈ দৰকাৰ নহয়।

ৰিকোচেট ঃ ৰিকোচেট এটা নতুন নেটৱৰ্ক আৰ্কিটেক্চাৰ হয় যিটো হাই স্পীড ৱায়াৰলেচ নেটৱৰ্কৰ বাবে ডিজাইন কৰা গৈছে। ৰিকোচেট নেটৱৰ্ক এটা এৰিয়া বিশেষত ঠাইত ঠাইত (যেনে চিটিত ৰাস্তাৰ কাষ) ৱায়াৰলেচ ৰেডিয় উপকৰণ ৰাখি তৈয়াৰ কৰা হয়। ইয়াৰ পাছত ভায়াৰলেচ উপকৰণ ৰিকোচেট মাডামৰ ব্যৱহাৰ কৰি ৰেডিয় উপকৰণলৈকে একচেচ কৰে যাতে সেইটো নেটৱৰ্কৰ লগত জড়িডত থাকিব পাৰে। ৰিকোচেট নেটৱৰ্ক আৰ্কিটেক্চাৰ ইনফৰমেনক 128 Kbps j স্পীডৰ লগত ট্ৰানফাৰ কৰিব পাৰি।

4 ইনটাৰনেট আৰু ই-মেইল

ইনটাৰনেট

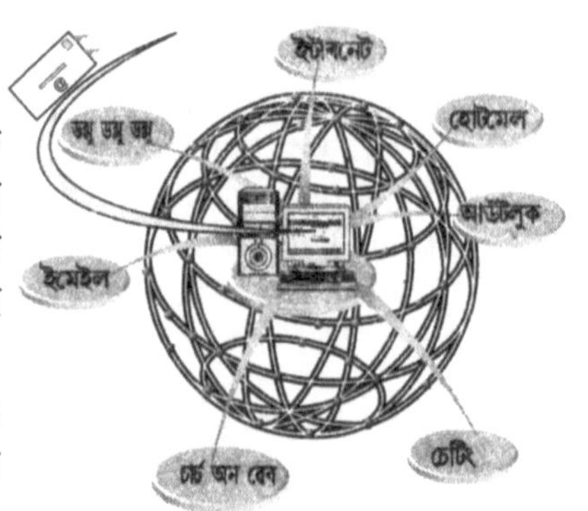

ইনটাৰনেট, যি নেট নামেকেও পৰিচিত আচলতে হল এটি ইলেক্ট্ৰনিক কম্যুনিকেচন ডিভাইচ। এইটো অন্যতম ডাঙৰ নেটৱৰ্ক, যি বিশ্বব্যাপী মিলিয়ন আৰু ট্ৰিলিয়ন কম্পিউটাৰক সংযুক্ত কৰি ৰাখিছে। মডেম ,কেবুল টেলিফোন লইন আৰু চেটেলাইটৰ মাধ্যমত কম্যুনিকেচন ডিভাইচৰ পথত আপুনি এই নেটৱৰ্কত প্ৰৱেশ কৰিব পাৰে।

ইন্টাৰনেটৰ মাধ্যমত কিমান কমিপ্উটাৰ সংযুক্ত হৈ আছে, সেইটো কোনেও নাজানে। এইটে সঁচা যে, যদি এই সংখ্যা মিলিয়ন হয়, তেন্তে খুব দ্ৰুততাৰ সৈতে এই সংখ্যা বৃদ্ধি পাই আছে।

আপোনাৰ আঙুলিৰ স্পৰ্শত ইন্টাৰনেট আপোনাক বহুত যোগাযোগৰ সুবিধা প্ৰদান কৰি আছে। আপুনি পাইছে আনক বাৰ্তা পঠোৱাৰ সুযোগ, নতুন বন্ধুত্ব গঢ়াৰ সুযোগ, বেংকিং বিনিয়োগ, দোকান, ফাইল প্ৰেচক্ৰিপ্চন, ফাইল টেক্স বা কোনো কোৰ্চ গ্ৰহণৰ সুযোগ। ইয়াৰ ওপৰিও আপুনি গেম খেলিব, গান শুনিব আৰু মুভি চাবও পাৰে। ইন্টাৰনেটৰ আটাইতকৈ ডাঙৰ সযোগ হ'ল এইটো যে আপুনি যিকোনো স্হানৰপৰা (যেনে ঘৰ, কৰ্মস্হল, স্কুল বা ৰেষ্টুৰেন্ট) এই যোগাযোগ বজায় ৰাখিব পাৰে।

ইনটাৰনেটৰ সাহায্যত, আপুনি বাৰ্তা পঠোৱাৰ লগতেই অনলাইনৰ মাধ্যমত আপোনৰ বন্ধুৰ সৈতে কথাও পাতি পাৰে, এই ক্ষেত্ৰত আপোনাৰ প্ৰয়োজন হ'ব ইন্টাৰনেট সহ এটা কম্পিউটাৰৰ।

ইন্টাৰনেট বহুতো স্হানীয়, আঞ্চলিক, দেশীয়, আৰু বৈদেশিক নেটৱৰ্ক ধাৰণ কৰে। যদিও ইনটাৰনেটৰ প্ৰত্যেক নেটৱৰ্কৰ ক্ষেত্ৰত এটা চৰকাৰী বা বেচৰকাৰী মালিক আছে, তথাপি কোনো একক সংস্হান সকলে এই ইন্টাৰনেট নিয়ন্ত্ৰিত কৰিব নোৱাৰে। ইন্টাৰনেটৰ প্ৰত্যেক সংস্হা কেবল তাৰ নেটৱৰ্ক পৰিচালনাৰ ক্ষেত্ৰতে দায়বদ্ধ।

বৰ্তমান, প্ৰায় মিলিয়য়ৰ বেছি মানুহ বিভিন্ন কাৰণত ইন্টাৰনেট ব্যৱহাৰ কৰে। যিকোনো স্হনাত আপুনি এই ইন্টাৰনেটৰ সংযোন পঠাব পাৰে, যেনে স্কুল, ঘৰ, ৰেষ্টুৰেন্ট বা অফিচত–এইটোৱেই হৈছে ইন্টাৰনেটৰ উজ্জ্বল ভৱিষ্যতৰ কাৰণ। বৰ্তমান যুগত ব্যৱসায় ক্ষেত্ৰত উন্নতিৰ বাবে ইন্টাৰনেটৰ বিষয়ে জনা খুবেই প্ৰয়োজনীয়। ইয়াৰ ওপৰিও আপুনি হেৰুৱাব পাৰে পন্য, কাৰ্য্য, তথ্য আৰু যোগাযোগৰ এটি ভাণ্ডৰ উৎস।

আজিৰ বিজিনেচ ৱৰ্ল্ডত যদি সফলতা পাব বিচাৰে তেতিয়া ইন্টাৰনেটক বুজিব লাগিব। ইয়াৰ বিনা আপুনি বস্ত্ত, সুবিধা আৰু কমিউনিকেচনৰ এক বহুত গুৰুত্বপূৰ্ণ শ্ৰোতক হেৰুৱাই দিব।

ইন্টাৰনেটৰ পৰা যি কাম কৰা যাব পাৰে-বিশ্বত যি কোনো কম্পিউনিকেচন, বেংকিং, নিৱেশ, বস্ত্ত অথবা সুবিধাক কিনা, মিউজিক ডাউনলোড কৰা আৰু, শুনা, মুভি চোৱা, কোনো কোৰ্চ কৰা, শৈক্ষণিক সামগ্ৰীৰ অনুসন্ধান, অনলাইন গেম, মেগাজিন পঢ়া, কোনো অন্য কম্পিউটাৰলৈকে এক্সেচ কৰি ফাইল, ডকুমেন্ট আদিৰ আদান-প্ৰদান কৰা, ইনফোৰমেচন, অডিঅ ক্লিপ, ফটো আদি উপলব্ধ কৰাই আদি।

ইন্টাৰনেটৰ ইতিহাস ঃ

এতিয়া আমি সময়ৰ ধাৰাত ইন্টাৰনেটৰ পদক্ষেপ সম্পৰ্কত আলোচনা কৰিম ঃ-

ই প্ৰথম আৰম্ভ হৈছিল পেন্টাগনত, ডিফেন্সৰ VS ডিপাৰ্টমেন্টত। ARPA বা এডভান্সড ৰিচাৰ্চ প্ৰোজেক্ট এজেন্সি নামৰ এটা নেটৱৰ্ক বজাৰত আহিছিল। বৈজ্ঞানিক আৰু সৈনিকসকলে নিজৰ কামৰ বাবে ইয়াক নেটৱৰ্ক হিচাপে ব্যৱহাৰ কৰিছিল, যুদ্ধৰ সময়ত ধাৰাবাহিক বৰ্ণনা পঠোৱা হৈছিল ইয়াৰ মাধ্যমত। এই নেটৱৰ্ক ARPANET নামেৰে পৰিচিত আছিল। 1969 চনৰ চেপ্টেম্বৰ মাহত এইটো কাৰ্য্যকৰী হয়। ইউনাইটেড ষ্টেটচৰ বিজ্ঞানভিত্তিক আৰু তত্ত্বমূলক গৱেষণাৰ ক্ষেত্ৰত ব্যৱহাৰ হয়। তথ্য ভাগ কৰাৰ ক্ষেত্ৰত ARPANET-ৰ ইলেক্ট্ৰনিক মেলল ব্যৱহাৰৰ মহান সুবিধা বুজিব পাৰিছিলে গৱেষকসকল আৰু আন মানুহবোৰে। ARPANET-ৰ বিস্ময়কৰ ব্যাপ্তি দেখা হৈছিল। 1984 চনত ARPANET-ৰ দ্বাৰা সংযোজিত 1000-ৰ বেচি পৃথক কম্পিউটাৰ আছিল। ARPANET-ৰ অত্যধিক বৃদ্ধিৰ বাবে 100 লাখৰো বেছি কম্পিউটাৰ ইয়াৰ সেৱাত নিহিত আছে।

লাহে-লাহে অন্যান্য ক্ষেত্ৰৰ লগত যুক্ত ব্যক্তিসকলো এই নেটৱৰ্কৰ ব্যৱহাৰ আৰম্ভ কৰে। 1986 চনত নেচনেল চায়েঞ্চ ফাউণ্ডেচন (NSF) ৰ পাঁচটা চুপাৰ কম্পিউটাৰ চেন্টাৰৰ বাবে সংযোজিত হয় ইয়াৰবিশাল নেটৱৰ্কৰ মাধ্যমত।

যি NSFnet নামেৰে পৰিচিত আছিল। এই জটিল নেটৱৰ্কৰ বাহ্যিক গঠনেই বৰ্তমান ইন্টাৰনেট হিচাপে পৰিচিল লাভ কৰিছে।

1995 চনলৈকে ইন্টাৰনেটৰ মাধ্যমত NSF net বেচি ভাগ ট্ৰেফিক আৰু যোযোগৰ ব্যৱস্হা পৰিচালনা কৰিছিল। 1995 vfd NSF net ইন্টাৰনেটৰ মাজত নেটৱৰ্ক শেষ কৰিছিল আৰু পুনৰ ঘুৰি গৈছিল তাৰ পুৰনা স্হৰত, ৰিচাৰ্চ নেটৱৰ্কত।

বিভিন্ন ধৰণৰ সংস্হা, বাণিজ্যিক ফাৰ্ম আৰু অন্যান্য কোম্পানী, যিসকল নেটৱৰ্ক যোগান দিয়ে সিহঁতেই নেটৰ ট্ৰেফিক পৰিচালনা কৰিছিলে এই নেটৱৰ্ক টেলিফোন কোম্পানী, কল আৰু চেটেলাইট কম্পোনীৰ মাধ্যমত চালিত হয় আৰু চৰকাৰ এই ইন্টাৰনেটৰ অভ্যন্তৰীন গঠনেৰবাবে কিছু দান কৰি থাকে।

কোনো চৰকাৰৰ বাবেই ইন্টাৰনেট বন্ধ নহয়, ই এটা বিশাল স্বাধীন সহযোগী সংস্হা। যদিও কোনো ব্যক্তি, কোম্পানী ইন্সটিটিউট আৰু চৰকাৰী সংস্হা এই ইন্টাৰনেট চালনা কৰিব বা কিনিব নোৱাৰে, পৰামৰ্শ দনা, মানৰ বিভিন্নতা আৰু বিভিন্ন কাৰণত বহুতো সংস্হা সাহায্য কৰি আছে। গবেষণাৰ তত্বাধানৰ বাবে মানুহৰ বিন্যাসৰ বাবে আৰু ইন্টাৰনেটৰ বিভিন্ন অঞ্চলৰ পৰিচালনাৰ বাবে যি দল গঠিত হৈছে, সেইটো **ৱৰ্ল্ড-ওয়াইড ৱেব কমজাৰটিয়ম** (WZe) নামেৰে পৰিচিত।

ইন্টাৰনেট কেনেদৰে কাম কৰে ?

সমগ্ৰ বিশ্বত চাৰ্ভাৰ আৰু ক্লায়েন্ট ডাটা ব্যৱহাৰ কৰে আৰু তথ্য সম্প্ৰসাৰৰ বাবে কম্প্উিটাৰত ইন্টাৰনেট ব্যৱহাৰ কৰে। উৎস পৰিচালনা কৰিব কম্পিউটাৰ দায়বদ্ধ, যেনে প্ৰোগ্ৰাম আৰু ডাটা, কেন্দ্ৰীয় স্হানত অবস্হিত সঞ্চয়াগাৰ, যি **চাৰ্ভাৰ** নামেৰে পৰিচিত তাৰ দ্বাৰ এটা নেটৱৰ্কৰ মাধ্যমত তথ্য যোগান দিয়ে।

চাৰ্ভাৰত থকা সঞ্চয়াগাৰ (Storage area / ষ্টোৰেজ এৰিয়া) সংযোজনৰ বাবে কম্পিউটাৰ স্কেচ আছে, যি **ক্লায়েন্ট** নামেৰে পৰিচিত। ইন্টাৰনেটৰ মাধ্যমত চাৰ্ভাৰৰ সংখ্যাৰ মাজেদি যি ক্লায়েন্ট ফাইল আৰু সাৰ্ভিচ প্ৰবেশ কৰিব পাৰে, ই **হোষ্ট কম্পিউটাৰ** নামেৰে পৰিচিত। আমাৰ কম্পিউটাৰবোৰ জল হোষ্ট কম্পিউটাৰ।

ট্ৰাঁচপোৰ্টেশন চিষ্টেমৰ দৰেই ইন্টাৰনেটৰ আভ্যন্তৰীন গঠন গড়ড লৈছে। এই ট্ৰাঁচপৰটেশন চিষ্টেমৰ বাবেই ডাঙৰ চহৰ অত্যাধিক ট্ৰেফিকক হইৱেৰ মাধ্যমত বহন কৰিব পাৰে। কেইভাবে, ইন্টাৰনেটত বহু ধৰণৰ যোগাযোগৰ লাইন থাকে, যি ট্ৰেকিৰ অত্যাধিক অহা যোৱাক চম্ভালিৰ সাহায্য কৰে। এই যোগাযোগৰ লাইনবোৰ একত্ৰিতভাৱে **ইন্টাৰনেটৰ বেকবোন** গঢ়ি তুলিছে।

ইনটাৰনেট হৈছে পেকেট অৰিয়েন্টেড নেটৱৰ্ক। ইয়াৰ অৰ্থ হল যে যি ডাটা আপুনি প্ৰেৰণ কৰে, ই পেকেটৰ মাজত বিভক্ত হৈ যায়। ইন্টাৰনেটৰ বিভিন্ন নেটৱৰ্কৰ মাধ্যমত যেতিয়া আপুনি ডাটা পঠায়, তেতিয়া কি হয়? এই নেটৱৰ্কবোৰা এটা ৰেচিয়েল কম্পিউটাৰৰ দ্বাৰা যুক্ত হয়, যি **ৰাউটাৰ** নামে পৰিচিত।

এইটো ৰাউটাৰ ক'লৈ আপোনৰ পেকেট (**ডাটা**) যায়, এইটো পৰীক্ষা কৰে আৰু কোন দিশত পঠাব, সেইটো ঠিক কৰে। প্ৰত্যেক ৰাউটাৰৰ সৈতে প্ৰত্যেক ৰাউটাৰৰ সংযোজন সম্ভৱ নহয়, সিহঁতে কেবল আপোনাৰ ডাটা কোন পথত যাব, সেইটো ঠিক কৰে। গতিকে, যদি ৰাউটাৰ জানে যে ডাটা ক'ত গৈছে, তেন্তে তাত নিশ্চয় এটা এড্ৰেস আছে, যি IP (**ইন্টাৰনেট প্ৰোটোকল**) নামেৰে পৰিচিত। পেকেটত বিভক্ত হৈ ডাটা IP-ৰ মাধ্যমত সঞ্চালিত হয়ং এইটো এটা অন্য প্ৰটোকলৰ দ্বাৰা পৰিচালিত হয়,যাৰ নাম TCP (**ট্ৰাঁচমিশন কন্ট্ৰোল প্ৰোটোকল**)।

এইটো খুব সোনকালে বুজা গৈছিল, এই IP এড্ৰেচ (যি মাখোঁ কিছুমান সংখ্যা)-বোৰ কম্প্উিটাৰৰ বাবে সহজেই পৰিচালিত হয়–কিন্তু মানুহৰ পক্ষত সেইটো সম্ভৱ নহয়। গতিকে 1984 চনত **ডোমেইন নেম চিষ্টেম** পৰিচিত হৈছিল। ডোমেইন নেম হ'ল ইন্টাৰনেটক মাজত কোনো মানুহৰ একাউন্টৰ অঞ্চল।

ইনটাৰনেট এড্ৰেচ ঃ

এটো পেষ্টেল চিষ্টেমৰ অনুৰূপ হয়। কম্পিউটাৰৰ নিৰ্দিষ্ট আৰু স্হায়ী অঞ্চলত ডাটা পঠাবলৈ ইন্টাৰনেট এড্ৰেচিং চিষ্টেম ব্যৱহাৰ কৰে। IP এড্ৰেচ (**ইন্টাৰনেট প্ৰটোকল এড্ৰেচ**) অন্যান্য কম্পিউটাৰৰ সৈতে যোগাযোগ ৰক্ষা কৰিব ব্যৱহাৰ কৰা হয়। এটি নেটৱৰ্কৰ মাধ্যমত ব্যৱহাৰ হয় ইন্টাৰনেট প্ৰটোকল ষ্টেণ্ডাৰ্ড (IP)।

IP এড্ৰেচৰ চাৰিটা দলবদ্ধ নম্বৰ আছে, আৰু ইয়াক পৃথক কৰা হৈছে ফুল-ষ্টপ (.) দ্বাৰা। এই নম্বৰৰ ক্ৰম 0 আৰু 255-ৰ মাজত। উদাহৰণস্বৰূপে সংখ্যা 155.27.34.10 হলএটা পৃথক IP এড্ৰেচ। সাধাৰণতে IP এড্ৰেচৰ প্ৰথম ভগ নেটৱৰ্ক চিনাক্ত কৰে আৰু শেষ ভাগ নিৰ্দ্দিষ্ট কম্পিউটাৰ বিচাৰি উলিয়াই।

এই সমস্ত তাত্বিক IP এড্ৰেচত ৰখা আৰু ব্যৱহাৰ কৰা খুবেই অসুবিধাজনক। সেই বাবেই ইন্টাৰনেট টেক্সট নেম ব্যৱহাৰ কৰিবই আগ্ৰহী হয়, যি এক বা একাধিক IP এড্ৰেচক প্ৰতীক ৰূপে ব্যৱহাৰ কৰে।

IP এড্ৰেচৰ টেক্সটৰ ৰূপ হৈছে ডোমেইন নেম। ডোমেইন নেমৰ উপাদানবোৰে IP এড্ৰেচৰ দৰে এটা ফুল-ষ্টপৰ দ্বাৰা পৃথক হয়। প্ৰত্যেক ডোমেইন নেম এটা **টপ লেভেল ডোমেইন** (TLD) এব্ৰিবিয়েশন ধাৰণ কৰে, যি চিনাক্ত কৰিবলৈ কোনো ধৰণৰ সংস্থাই এই ডোমেইনক সহযোগীতা কৰে। ডট্ কম কেতিয়াবা কোনা সংস্থাৰ নাম বৰ্ণনা কৰিবলৈ ব্যৱহাৰ কৰা হয়, যি প্ৰকৃতপক্ষত TLD of Com.

ডোমেইন নেম চিষ্টেম হ'ল ইন্টাৰনেটৰ সেই চিষ্টেম, যি ডোমেইন নেম আৰু তাৰ সদৃশ IP এড্ৰেচক সঞ্চিত কৰে। যেতিয়াই আপুনি কোনো নিৰ্দ্দিষ্ট ডোমেইন নেম ব্যৱহাৰ কৰিব। ইন্টাৰনেট চাৰ্ভাৰ (যি DNS চাৰ্ভাৰ নামেৰেও পৰিচিত) ডোমেইন নেমক সহযোগী IP এড্ৰেচত সলনি কৰি দিয়ে। গতিকে ডাটা সঠিক কম্পিউটাৰত প্ৰবেশ কৰিব পাৰে।

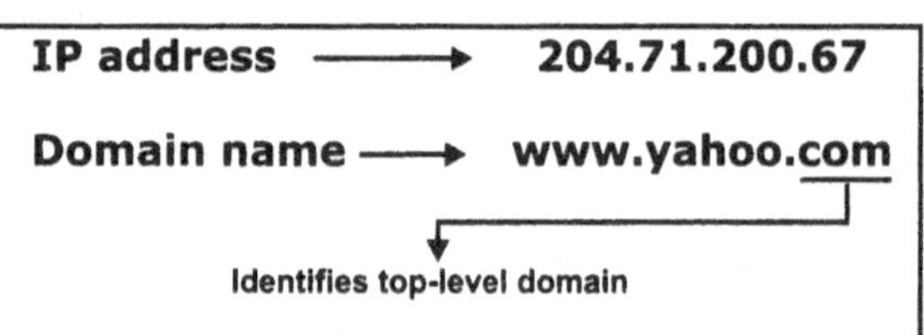

টপ লেভেল ডোমেইন (TLD)

Original TLD	Type of Domain	Newer TLD	Type of Domain
.com	কমাৰ্শিয়াল	.biz	এইটো ব্যৱসায়ৰ ক্ষেত্ৰে
.net	প্ৰবেশদ্বাৰ আৰু চালক	.store	বিক্ৰয়যোগ্য দ্ৰব্যাদি
.org	লাভবিহীন সংস্থা	.aero	বায়ুচালিত কোম্পানী
.edu	শিক্ষা আৰু ৰিসাৰ্চ	.arts	সংস্কৃতি - চিত্ৰ বিনোদন
.gov	চৰকাৰ	.rec	আমোদ-প্ৰমোদ-চিত্ৰ বিনোদন
.mil	মিলিটাৰী এজেঞ্চী	.info	তথ্য পৰিৱেশক
		.name	একাকী আৰু পাৰিবাৰিক

ইনটাৰনেটৰ সুবিধা ঃ

ইনটাৰনেট আপোনাক অনেক সুবিধা প্ৰদান কৰে।

ই-মেইল (ইলেকট্ৰনিক মেল) ঃ বিশ্বৰ সৰ্বত্ৰে থকা মানুহৰ লগত আপুনি ৱাৰ্ড প্ৰেৰণ দ্বাৰ যোগাযোগ কৰিব পাৰে ইলেক্ট্ৰনিক মেলৰ সাহায্যত। বন্ধু, পৰিবাৰৰ সদস্য, সহকৰ্মী, গ্ৰাহক আৰু আনকি যি সকল মানুহৰ লগত ইন্টাৰনেটৰ মাধ্যমত পৰিচয় হৈছে, তেওঁলোকৰ লগতো যোগাযোগ ৰাখিব পাৰে। বিস্মিত হোৱাৰ একো নাই, এইটোৱেই হল ইন্টাৰনেটৰ জনপ্ৰিয় চিত্ৰ। ই-মেইল কেবুলত দ্ৰুত আৰু সহজসাধ্য এক্সেচ নহয়....এইটো কম মূল্য আৰু বন্ধুত্বপূৰ্ণ পৰিৱেশৰ সহযোগিতা প্ৰদান কৰে। এইক্ষেত্ৰত কাগজৰ শেকানো প্ৰয়োজন হয়।

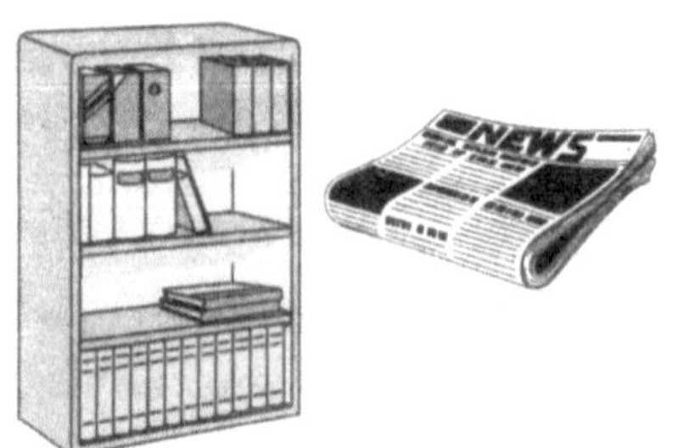

ইনফৰ্মেচন ঃ আপুনি ইন্টাৰটেৰ মাধ্যমত যি কোনো বিষয়ৰ ওপৰত তথ্য সংগ্ৰহ কৰিব পাৰে। যি কোনো বিষয়ত তথ্য গ্ৰহণ কৰিব পাৰে, যেনে–বাতৰি কাকত, ডিক্সনেৰী, প্ৰবন্ধ, প্ৰাপ্ত চাকৰিৰ তালিকা, ভ্ৰমণ, বৃত্তান্ত, ৰন্ধন প্ৰণালী আৰু মনে বিচৰা সকলো বিষয়ৰ ওপৰত আপুনি জানিব পাৰে। আপুনি আপোনাৰ ঘূৰি-ফুৰা প্ৰগ্ৰেমো কৰিব পাৰে, যাত্ৰা কৰিব পাৰে আৰু মনৰ মতে ব্যঞ্জন প্ৰস্তুতৰ বিধিও প্ৰাপ্ত কৰিব পাৰে। প্ৰায় সকলো বিষয়ৰ ওপৰত সূচনা প্ৰাপ্ত কৰিব পাৰে।

এণ্টাৰটেইনমেণ্ট - বিনোদন ঃ চিত্ৰ বিভিন্ন ধাৰা ইন্টাৰনেটত উপস্থিত, যেনে ৰেডিঅ' আৰু টি.ভি. সম্প্ৰচৰিত হয়–ইয়াৰ ওপৰিও ভিডিঅ' আৰু মিউজিকৰ সুবিধাও পাব পাৰে। যিকোনো সাম্প্ৰতিক চিনেমাৰ ট্ৰেইনাৰ দেখিব পাৰে, বিখ্যাত ব্যক্তিৰ ইন্টাৰভিউ দেখিব পাৰে–আনকি বজাৰত প্ৰচলিত হোৱাৰ আগত যিকোনো মিউজিক শুনিব পাৰে। এজনে আন এজনৰ সৈতে ইন্টাৰনেট এক্সেচৰ সাহায্যত বিশ্বৰ যিকোনো খেল খেলিব পাৰে।

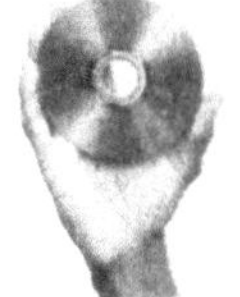

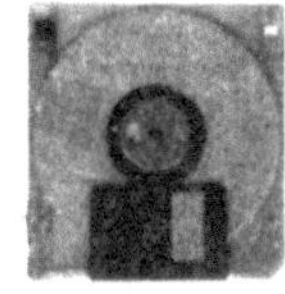

প্ৰগ্ৰেম ঃ ইন্টাৰটেৰ মাধ্যমত এজন ব্যক্তিয়ে লক্ষাধিক প্ৰগ্ৰেম বিচৰি পায়, যি এজনৰ কম্পিউটাৰতেই ব্যৱহাৰ হব পৰে, যেনে ৱৰ্ড প্ৰোচেচৰচ্, ড্ৰয়িং প্ৰগ্ৰেম, গেমচ্ আৰু একাউণ্টিং প্ৰগ্ৰেম।

ডিস্কাচন গ্ৰুপচ ঃ বিশ্বৰ যিকোনো মানুৰ লগত ইন্টাৰনেটৰ মাধ্যমত আপুনি আলোচনা কৰিব পাৰে, অৱশ্যে যদি সেই ব্যক্তিজনো আপোনাৰ প্ৰতি আগ্ৰহী হয়। আপুনি তেওঁক কোনো প্ৰশ্ন কৰিব পাৰে, আপোনাৰ কোনো সমস্যা লৈ আলোচনা কৰিব পাৰে আৰু আকৰ্ষণীয় গল্পও পঢ়িব পাৰে। ইন্টাৰনেট লক্ষাধিক দলক বিভন্ন বিষয়ত নিজৰ মাজত আলোচনাৰ সুবিধা প্ৰদান কৰে। খাদ্য, মিউজিক, ফোটোগ্ৰাফী, ৰাজনীতি , ধৰ্ম, খেল, টি.ভি. আৰু বেলেগ বিষয়ৰ ওপৰতো আপুনি আনৰ লগত আলোচনা কৰিব পাৰে।

অন্-লাইন শ্বপিং ঃ ঘৰত বহিয়েই ইনটাৰনেটৰ মাধ্যমত যি কোনো দ্ৰব্য আপুনি কিনিব বা বিক্ৰী কৰিব পাৰে। ইয়াৰ বাবে বাহিৰত যাব নালাগে। ফুল, কিতাপ, গাড়ী, কম্পিউটাৰ প্ৰগ্ৰেম, মিউজিক CD, পিজ্জা প্ৰভৃতি কিনিব পাৰে। এইবোৰ সকলো সম্ভৱ ইনটাৰনেটৰ মাধ্যমত।

চেট ঃ ইন্টাৰনেটৰ মাধ্যমত এজন ব্যক্তি আন এজন ব্যক্তিক টাইপড মেচেজ পঠাব পাৰে। এই মেচেজ লগে-লগেই আনজন ব্যক্তিৰ কম্পিউটাৰত প্ৰৱেশ কৰে। চেট এজন ব্যক্তি বা দলবদ্ধ ব্যক্তিৰ সৈতে একে সময়ত চলিব পাৰে।

ইনটাৰনেটৰ বাবে প্ৰয়োজনীয় সাজ-সজ্জা ঃ

নেট ব্যৱহাৰৰ বাবে আমাৰ বহুতো সৰঞ্জামৰ প্ৰয়োজন ঃ

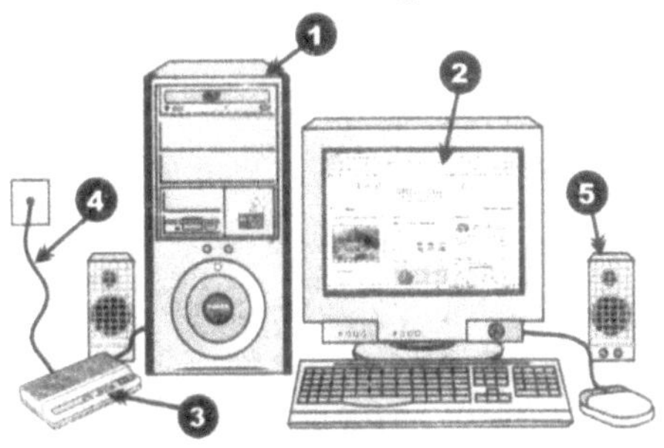

1. **কম্পিউটাৰ ঃ** যিকোনো কম্পিউটাৰত ইন্টাৰনেট সংযোজিত কৰা যায়।

2. **প্ৰগ্ৰেমচ্ ঃ** ইন্টাৰনেটত স্পেচিয়েল প্ৰগ্ৰেম ব্যৱহাৰ কৰা হয়। এই প্ৰোগ্ৰামবোৰ বিনামূল্যে অত্যন্ত প্ৰয়োজনী সেৱাৰ দ্বাৰা পৰিৱেশিত হয়।

3. **মোডেম ঃ** কম্পিউটাৰ আৰু ইন্টাৰনেটৰ মাজত তথ্য বিনিময় কৰে মোডেম পৰিষেবা।

4. **টেলিফোন লাইন ঃ** ইন্টাৰনেটৰ সমস্ত তথ্য টেলিফোন লাইন দ্বাৰা চালিত হয়।

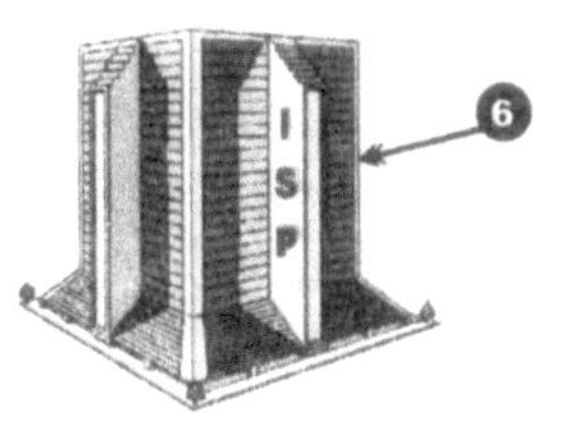

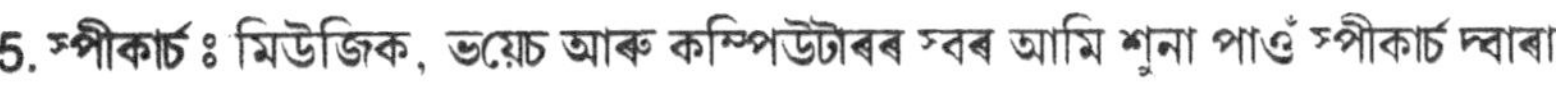

5. **স্পীকাৰ্চ ঃ** মিউজিক, ভয়েচ আৰু কম্পিউটাৰৰ স্বৰ আমি শুনা পাওঁ স্পীকাৰ্চ দ্বাৰা

6. **ISP (ইন্টাৰনেট চাৰ্ভিস প্ৰোভাইডাৰ) ঃ** ISP হল এটা কম্পানী, যি ইন্টাৰনেটত এক্সেচ প্ৰদান কৰে। উদহৰণস্বৰূপে VSNL, সত্যম, ম'দ অনলাইন ইত্যাদি।

মোডেম ঃ

মোডেম হ'ল এটি ডিভাইচ, যি টেলিফোন লইনৰ মাধ্যমত এটি কম্পিউটাৰক যোগাযোগৰ অনুমতি দিয়ে। ইন্টাৰনেটত তথ্য প্ৰবেশ ঘটাব মোডেম এটি সহজ পথৰ যোগান দিয়ে। মোডেম হল এটি যন্ত্ৰ, যি দুটা শব্দক সংযোজিত কৰে, **মডিউলেট** এলং চিংগলত পৰিণত কৰে আৰু **ডি-মডিউলেট**, এলং চিংগলক ডিজিটেল চিংগলত পৰিণত কৰে। ডাটা প্ৰেৰণ আৰু ঘটাৰ বাবে **আদান-প্ৰদান** সম্পৰ্কিত যোগাযোগ চেনেলত মোডেম আছে।

মোডেমৰ প্ৰকাৰ ঃ

মোডেম দুই ধৰণৰ হয়–ইন্টাৰনেল মোডেম আৰু এক্সটাৰনেল মোডেম। ইন্টাৰনেল মোডেম হ'ল এটি চাৰ্কিট বোৰ্ড, যি কম্পিউটাৰৰ মাজত থাকে আৰু এক্সটাৰনেল মোডেম হ'ল এটি সৰু বক্চ, যি কেবুলৰ মাধ্যমত কম্পিউটাৰৰ পিছফালে সংযোজিত থাকে। যদিও ইন্টাৰনেল মোডেমৰ বিন্যাস বেছি জটিল হয়। তথাপি এক্সটাৰনেল মোডেম বেছি মূল্যবান।

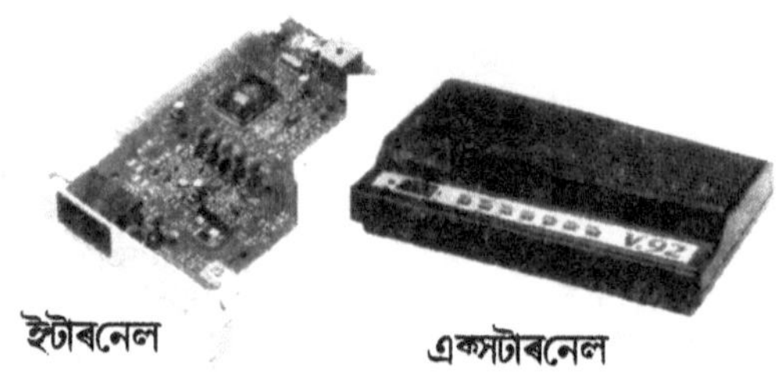

ইন্টাৰনেল এক্সটাৰনেল

স্পীড অফ্ মোডেম (মোডেমৰ গতি) ঃ কিমান দ্ৰুততাৰে টেলিফোন লাইনৰ মাধ্যমত বাৰ্তা আদান-প্ৰদান হ'ব, সেইটো ঠিক কৰে মোডেম। ফাস্টাৰ মোডেম খুব দ্ৰুতভাৱে বাৰ্তা প্ৰেৰণ কৰে। গতিকে, এইটো আপোনাৰ সময় ৰাহি কৰাৰ লগতেই আপোনাৰ অনলাইন চাৰ্ভিচ চাৰ্জ হ্ৰাস কৰাতোঁ সহায় কৰে। প্ৰত্যেক চেকেণ্ডত মোডেমৰ দ্ৰুততা হিচাপ কৰা হয় কিলো-বিটৰ সাহায্যত। এটা মোডেম 56 Kbps লৈকে গতি ব্যৱহাৰ কৰিব পাৰে।

টেলিফোন লাইন ঃ

ইন্টাৰনেটত তথ্য প্ৰেৰিত হয় টেলিফোন লাইনৰ যোগেদি। আপুনি নিজৰ ঘৰত যি টেলিফোন লাইন ব্যৱহাৰ কৰে, এইটো একেই।

যেতিয়া আপুনি ইন্টাৰনেটত প্ৰৱেশৰ বাবে মোডেম ব্যৱহা কৰিব, সেই সময়ত টেলিফোন ফলৰ বাবে আপুনি ফোন-লাইন ব্যৱহাৰ কৰিব নোৱাৰে। যদি আপোনাৰ টেলিফোন আৰু মোডেম একেই লাইন ব্যৱহাৰ কৰে, তেন্তে যেতিয়া আপুনি মোডেম ব্যৱহাৰ কৰিব, তেতিয়া আপোনাৰ কলক অপেক্ষাৰ বাবে বেলেগ লাইনত পঠাব লাগিব। এই বৈশিষ্ট্য আপোনাৰ মোডেমৰ সংযোজক নষ্ট কৰিব পাৰে।

টেলিফোন লাইন

আদাৰ কানেকশন (অন্যান্য সংযোজন) ঃ

টেলিফোন লাইন ব্যৱহাৰ কৰাৰ লগতেই, ইন্টাৰনেটৰ মাধ্যমত তথ্য পৰিবেশনৰ বাবে আপুনি আন হাই-স্পীড সংযোজনো ব্যৱহাৰ কৰিব পাৰে। এই হাই-স্পীড কানেকচনৰ গুৰুত্ব হল–যেতিয়া আপুনি ইন্টাৰনেট ব্যৱহাৰ কৰে, তেতিয়া এই সংযোগ আপোনাৰ টেলিফোন লাইনক হেং কৰি নিদিয়ে। গতিকে, ইন্টাৰনেটত সংযোজিত হৈ থকা অৱস্থাতো আপুনি ফোন-কল আৰু ফেক্স মেচিন ব্যৱহাৰ কৰিব পাৰে।

ISDN : ইনটিগ্ৰেটেড চাৰ্ভিচেচ ডিজিটাল নেটৱৰ্ক (ISDN) হল এটি উচ্চ মানৰ চেট। টেলিফোন কম্পেনীবোৰৰ দ্বাৰা অৰ্পিত টেলিফোন লাইনৰ মাধ্যমত ডিজিটেল ডাটা প্ৰেচনৰ বাবে এইটো ব্যৱহাৰ হয়। 56 Kbps ৰ পৰা 128 Kbps পযন্ত দ্ৰুততম ISDN লাইন তথ্য সঞ্চাৰিত কৰিব পাৰে।

ISDN

কেবুল মোডেম

কেবুল মোডেম ঃ যি পদ্ধতিত টেলিভিশনত কেবল সংযোজিত হয়, সেই একেই প্ৰক্ৰিয়াৰে কেবল মোডেম ইন্টাৰনেট সংযোজনৰ অনুমতি দিয়ে। 3000 Kbps পৰ্যন্ত দ্ৰুততাৰ কেল মোডেম তথ্য প্ৰেৰণ কৰি পাৰে। কোনো স্থানীয় কেবল অপাটেৰ আপোনাৰ এই প্ৰয়োজন দূৰ কৰিব পাৰে।

DSL : এটি ডিজিটেল চাবস্ক্ৰাইবাৰ লাইন (DSL) ব্যৱহাৰ কৰি চফিচটিকেটেড টেক্‌নিক, ডিজিটেল ফোন লাইন চাৰ্ভিচৰ উচ্চ মানৰ টুইস্টেড পেয়াৰ কেলৰ মাধ্যমত অধিক পৰিমাণৰ ৰাইট প্ৰেৰণৰ বাবে এইটো ব্যৱহাৰ হয়। এইটো টেলিফোন কোম্পানীৰ দ্বাৰা অৰ্পিত হৈছে ISDN-তকৈ DSL-ৰ মূল্য অলপ বেছি আৰু সেইবাবে এইটো অলপ বেছি মূল্যবান। DSL 1000 Kbps ৰ পৰা 6000 Kbps দ্ৰুততাত তথ্য প্ৰেৰণ কৰিব পাৰে।

ইনটাৰনেট চাৰ্ভিচ প্ৰোভাইডাৰ্চ ঃ

ইনটাৰনেট চাৰ্ভিচ প্ৰোভাইডাৰ্চ হাল এটি কোম্পানী, যি নিৰ্দ্দিষ্ট মাদুলৰ বিনিময়ত আপোনাক ইটাৰনেট এক্সেচ প্ৰদান কৰে। ইয়াত বিভিন্ন ধৰণৰ চাৰ্ভিচ যোগানদাতা আছে, যিয়ে বিভিন্ন মূলতে আপোনাক চাৰ্ভিচ আৰু লাভ দিয়। ভাৰতবৰ্ষণত বিভিন্ন ISPs পোৱা যায়–সেইবোৰৰ পৰা আপুনি যিকোনো এটা নিৰ্বাচন কৰি লব পাৰে। সেইবোৰহল VSNL (বিদেশ সঞ্চাৰ নিগম লিমিটেড), ম'দ অন্‌লাইন, সত্যম, হায়ৱয়ে আৰু টাটা ইণ্ডিকম।

কষ্টিং অফ্ এন ISP (ISP/ৰ মূল্য) ঃ আপুনি কিমান সময় ইটাৰনেটত অতিবাহিত কৰিছে, তাৰ ওপৰত ভিত্তি কৰি এটা মাদুল ধাৰ্য্য কৰা হয়। বহুতো চাৰ্ভিচ প্ৰতি মাহত নিৰ্দ্দিষ্ট ঘন্টাৰ বাবে নিৰ্দ্দিষ্ট মাদুল লয়। কিছুমান ISPs আকৌ ইটাৰনেটত অনিৰ্দ্দিষ্ট প্ৰৱেশৰ বাবে এটা নিৰ্দ্দিষ্ট মাছুল লয়। যেতিয়া আপুনি এটা ISP নিৰ্বাচন কৰি লব, তেতিয়া যিকোনো লুক্কায়িত দৰ আৰু নিষেধাবলী আপুনি নিচেই কাষৰ পৰা দেখা পাব। বহুত ISPs আপোনাক এটা ইটাৰনেট একউন্টৰ মাজত একাধিক ই-মেইল এড্ৰেচৰ অনুমতি দিয়ে।

ৱলৰ্ড ৱাইড ৱেব ঃ

ৱৰ্ল্ড-ৱাইড ৱেব হল স্বয়ং ইটাৰনেটৰ এটা ভাগ। কম্পিউটাৰত সঞ্চয় কৰি ৰাখে আৰু সেই ৱেব-চাইটৰ মাধ্যমত এটা স্পেচিয়েল চাইট তৈয়াৰ কৰিব পাৰে, যি ৱেব ব্ৰাউজিংক নিৰ্ভৰতা প্ৰদান কৰে।

ৱেব মাধমত, ৱেব পেজত অৱস্থিত এটা লিংক নিৰ্বাচন কৰি আপুনি এটা স্হানৰ পৰা আন স্হানত যাব পৰে। এই লিংক কিছুমান ছবিও হব পাৰে বা হাইলাইটেড টেক্সট হব পাৰে, যি স্ক্ৰীনতেই অৱস্হিত থাকে। আপুনি এই ছবি অথবা টেক্সট ক্লিক কৰিলেই আপোনাৰ ৱেব-ব্ৰাউজাৰ আপোনাক দিব কৰেচপণ্ডিং লিংক। উইণ্ডোচ ব্যৱহাৰৰ দৰেই ইটাৰনেটৰ চাৰ্ফিং খুবেই সহজ। সৰল।

ৱেব পেজ ঃ ইটাৰনেট বা ৱেব ইলেক্ট্ৰনিক ডকুমেন্টৰ এটা বিশ্বব্যাপি সংগ্ৰহক ডকুমেন্ট এটি ৱেব-পেজ নামেৰে পৰিচিত। ৱেবপেজ টেক্সট, গ্ৰাফিক্চ, চাউণ্ড আৰু ভিডিঅ' ধাৰণ কৰে, আনকি অন্যান্য তথ্যৰ বাবে সংযোজনো স্হাপন কৰে।

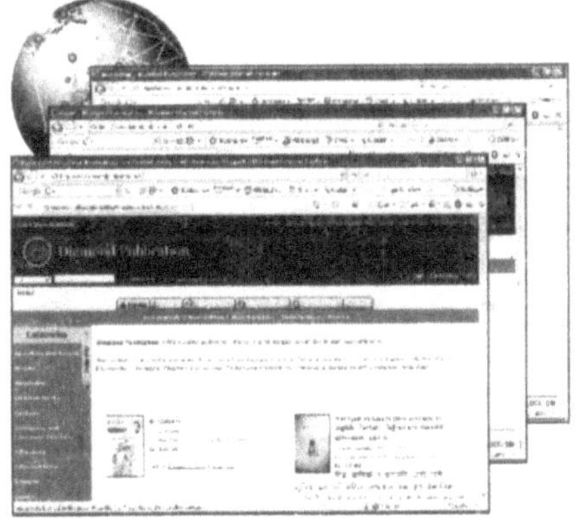

ৱেব চাইট ঃ এটা ৱেব-চাইট হল ৱেব পেজৰ সংগ্ৰহ–যি কলেজ, ইউনিভাৰ্চিটি, চৰকাৰী, এজেন্সী, কোম্পেনী, সংস্হা বা ব্যক্তিগত ভাৱে পৰিচালিত হয়। বেচি ভাগ ৱেব-পেজৰ ষ্টাৰ্টিং পয়েন্টত এটি হোম-পেজ থাকে, যি চাইটৰ বাবে অভ্যন্তৰীন টেবল হিচাপে দ্ৰুততাৰে কাম কৰে।

ৱেবচাইটৰ প্ৰকাৰ

ৱেবচাইট 13 প্ৰকাৰৰ হয়।

পোৰ্টেল এক ৱেবচাইয় হয় যিটো এক নিশ্চিত আৰু সহজ স্থানেৰে বিভিন্ন ইণ্টাৰনেট সেৱাৰ যোগান ধৰে। পৰ্টেলত কেইবাটাও লিংক থাকে যেনে বতৰৰ সূচনা, ব্ৰেকিং নিউজ, ফ্ৰি ই-মেইল চাৰ্ভিচ, স্পৰ্ট্চ স্কৰ আদি। ৰেডিফ, য়াহু, এমএচএন আদি লোকপ্ৰিয় ৱেব পোৰ্টেল হয়।

নিউজ ৱেবচাইটত নিউজৰ লগত সম্বন্ধীত কণ্টেণ্ট থাকে যেনে কাৰেণ্ট ইভেণ্ট সম্বন্ধী আৰ্টিকেল, লাইফ, মানি স্পৰ্ট্চ আৰু বতৰ আদিৰ ইয়াত সূচনা থাকে। য়াহু, নিউজ, হাংগ৲ ণ পোস্ট, গুগল নিউজ, নিউয়ৰ্ক টাইমচ লোকপ্ৰিয় নিউজ ৱেবচাই আদি।

ইনফৰচেন ৱেবচাইটত তথ্যাত্মক সূচনা থাকে। কিছুমান সংগঠন পাবলিক ট্ৰান্সপৰ্ট চিডিউল আৰু তাৰ ৰিচাৰ্চ আদি উপলব্ধ কৰাই।

প্ৰায় সকলো সংস্থানৰ **বিজিনেচ আৰু মাৰ্কেট এণ্টাৰপ্ৰাইজেজ ৱেবচাইট** থাকে, যিটো তাৰ কোম্পানীৰ সেৱা আদিৰ বিষয়ে কয়। জেনেৰেল মৰ্ট্চ কৰপোৰেচন, পেপচি, মেকডোনাল্ড আৰু বীমা কোম্পানীৰ ৱেবচাইট থাকে। কিছুমান কোম্পানীয়ে নিজৰ ৱেবচাইটৰ পৰা অনলাইন কিনাৰ সুবিধাও দিয়ে।

ব্লগ ঃ এক ৱেবচাইট হয় য'ত আপুনি সকলো সূচনাক সংগৰহিত আৰু ব্যৱস্থিত আৰু অপডেট কৰিব পাৰে। ব্লগক ৱেবব্লগৰ নামেৰে জনা যায়। ব্লগিং এক বহুত ভাল মাধ্যম হয় যৰ দ্বাৰা আপুনি আপোনাৰ বিচাৰ, পৰামৰ্শ, আৰু স্টৰিক অনলাইন পবলিচ (প্ৰকাশিত) কৰিব পাৰে। আনে কি পাবলিচ কৰিছে সেইটোও আপুনি চাব পাৰে। ব্লগাৰ আৰু টুইটাৰ বহুত লোকপ্ৰিয় ৱেবচাইট হয়।

ইউকি ঃ এক ৱেবচাইট হয় যিটো ইউজাৰক ৱেব ব্ৰাউচাৰৰ মাধ্যমেৰে ৱেবচাইটৰ কণ্টেণ্টক প্ৰস্তুত কৰে, ডিলিট কৰে আৰু মডিফাই কৰাৰ সুবিধা দিয়ে। লোকপ্ৰিয় ইউকি, ৱিকিপেডিয়া হয়।

অনলাইন চ'ছিয়েল নেটৱৰ্ক ঃ যাক চ'ছিয়েল নেটৱৰ্কিং ৱেবচাইট বুলিও কোৱা যায় য'ত আপুনি ভালপোৱাৰ মানুহৰ লগত কথা পাতিব পাৰে। অধিকাংশ চ'ছিয়েল ৱেবচাইটত ইয়াৰ সদস্য মিত্ৰ, মিত্ৰৰ মিত্ৰ আৰু তাৰো মিত্ৰৰ জড়িয়তে ইজনে-সিজনৰ সম্পৰ্কত থাকে। অৰকুট, ফেচবুক আৰু মাইস্পেচ বহুত লোকপ্ৰিয় চ'ছিয়েল নেটৱৰ্কিং ৱেবচাইট হয়।

এডুকেচনেল ৱেবচাইটৰ ঃ পৰা আপুনি পঢ়া আৰু পঢ়াৰ বিষয়ে অনলাইন তথ্য পাব পাৰে। ইয়াত আপুনি এইটোও জানিব পাৰে যে কম্পিউটাৰে কেনেদৰে কাম কৰে আৰু ভোজন কেনেদৰে ৰান্ধিব পাৰি।

এডভকেচি ৱেবচইটত ঃ কোনো নিশ্চিত গ্ৰুপ আৰু সংগঠনৰ বিচাৰ আৰু পৰামৰ্শৰ বিষয়ে কয়। জন্তুৰ লগত হৈ থকা অত্যাচাৰ বিষয়ে যুজা আৰু সাধাৰণ লোকৰ অধিকাৰৰ বিষয়ে সজাগ কৰা এনে ধৰণৰ ৱেবচাইট হয়।

ৱেব এপ্লিকেচন ঃ সেই ৱেবচাইট হয় যৰ পৰা আপুনি ইণ্টাৰনেটৰ লগত জড়িত যিকোনো কম্পিউটাৰৰ পৰা চফ্টৱেয়ৰক ৱেব ব্ৰাউচাৰ, কম্পিউটাৰ আৰু কোনো ডিভাইচৰ পৰা একচেচ কৰি তাৰ ওপৰত কাম কৰিব পাৰি। ৱেব এপলিকেচনৰ উদাহৰণ হ'ল গুগল ডক্স (ৱৰ্ড প্ৰচেচিং, স্প্ৰেডশ্বিট) আৰু ইউডো লাইন হটমেইল (ই-মেইল) হয়।

কণ্টেণ্ট এগ্ৰিগেটাৰ ঃ সেই ৱেবচাইট হয় যিটো ৱেব কণ্টেণ্ট যেনে নিউজ, মিউজিক, ভিডিঅ আৰু পিকচাৰ্চক একত্ৰিত কৰে আৰু সেইটোক মূল্যৰ পৰা লৈ বিনা মূল্যত বিতৰিত কৰে অৰ্থাৎ তাৰ প্ৰচাৰ কৰে।

যিকোনো ব্যক্তি আৰু সংস্থাৰ নিজৰ পাৰ্চনেল ৱেবচাইট থকিব পাৰে বা কেৱল এক চিংগল ৱেক পেজ থাকিব পাৰে। মানুহে ইয়াক নিজৰ বিচাৰৰ আদান-প্ৰদান কৰিবৰ বাবে আৰু কেৱল মনোৰঞ্জনৰ বাবে প্ৰস্তুত কৰে।

ৱেব চাৰ্ভাৰ ঃ এটা কম্পিউটাৰ ইন্টাৰনেটৰ মাধ্যমত যি ৱেব-পেজ সঞ্চয় কৰে, ই **ৱেব চাৰ্ভাৰ** নামেৰে পৰিচিত। ৱেব চাৰ্ভাৰত ৱেব পেজ সঞ্চয় হৈ যোৱাৰ পিছত জনগণে তাক দেখিব পাৰে।

হাইপাৰ লিংক ঃ ৱেব পেজত থকা টেক্সট আৰু ইমেজ হাইলাইট কৰে হাইপাৰ লিংক। ৱেবৰ অন্যান্য পেজৰ লগতো হাইপাৰ লিংক সংযুক্ত থাকে। হাইপাৰ লিংকৰ সহায়ত এজনে এটা পেজৰ পৰা আন টো পেজত সৰহ সংখ্যক তথ্য লৈ যাব পাৰে। আপুনি একেটা পেজতে হাইপাৰ লিংক আৰু যি পেজত যাব লাগিব, তাক নিবাৰ্চন কৰক। চহৰ, দেশ বা বিদেশৰ যিকোনো কম্পিউটাৰত ই গৈ পাব।

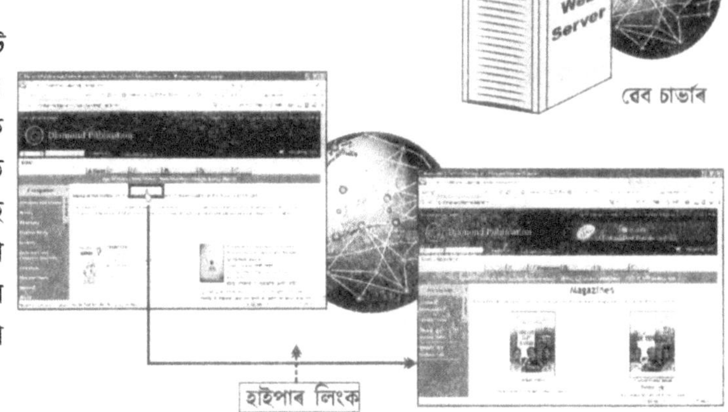

ৱেব পেজত ৰং আৰু আণ্ডাৰলাইনৰ বাবে খুব সহজেই হাইপাৰ লিংকত বিচাৰি পোৱা যায়।

URL ঃ সাৰ্বজনীন ৱেব পেজৰ এটা এড্ৰেচ হল URL (ইউনিফৰ্ম ৰিচোৰ্চ লোকেটৰ)। আপুনি যদি জানে যে কোনটো URL... তেন্তে আপুনি যিকোনো সময়ত যিকোনো ৱেব-পেজ ডিচপ্লে কৰিব পাৰিব।

এটা ৱেব পেজ URL আৰম্ভ হয় http (হাইপাৰ টেক্সট ট্ৰেচফাৰ প্ৰোটোকল)ৰ পৰা আৰু ইয়াৰ লগত সংযুক্ত থাকে, কম্পিউটাৰৰ নাম, ডায়ৰেক্টৰীৰ নাম আৰু ৱেব পেজৰ নাম।

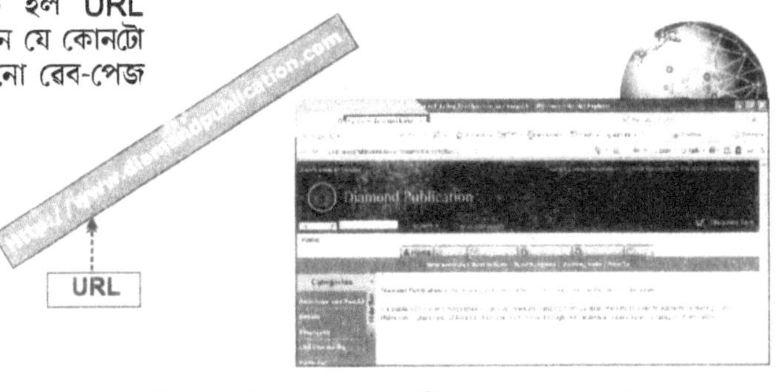

হোম পেজ ঃ এটা ব্ৰাউজাৰ আৰম্ভনিৰ পেজটো **হোম পেজ** বুলি কোৱা হয়। এইটো প্ৰায়েই বুক কৰাৰ দৰে হয় আৰু ৱেব-পেজৰ বাবে। এটা টেবুলক সংযুক্ত ৰখে। এইটো চাইটৰ কাম আৰু অভ্যন্তৰীন বস্তু সম্পৰ্কে তথ্য যোগান দিয়ে। ৱেব-ব্ৰাউচাৰ নিৰ্বাচন দ্বাৰা হোম পেজ ডিচপ্লে হয়। আপুনি যিকোনো সময়ত হোম পেজ পৰিবৰ্তন কৰিব পাৰে। বহুতো চাইট হেম-পেজক ব্যক্তিগত কৰাৰ বাবে অনুমতি দিয়ে। গতিকে এইটো আপোনাৰ সুবিধাৰ আঞ্চলতেই ডিচপ্লে হয়।

ৱেব ব্ৰাউচাৰ ঃ ৱেব ব্ৰাউচাৰ সেইটো প্ৰগ্ৰেম হয় যিটো ৱৰ্ল্ড ৱাইড ৱেবত থকা ইনফৰমেচনক চাৰ্চ কৰে আৰু তাক চোৱাৰ সুবিধা প্ৰদান কৰে। আজিৰ সময়ত নিম্নলিখিত ৱেব ব্ৰাউচাৰ বিস্তাৰিত ভাৱে ব্যৱহাৰ কৰা যায়।

মাইক্ৰোচফট ইন্টাৰনেট এক্সপ্ৰলাৰ ঃ এইটো ৱেব ব্ৰাউচাৰ গোটেই জগতত সকলোতকৈ অধিক প্ৰয়োগ কৰা যায়। মাইক্ৰোচফটৰ দ্বাৰা 1995ত এইটোক মাইক্ৰোচফটৰ ইউডো অপাৰেটিং চিস্টেমৰ চাপৰটিভ পেকেজৰ ৰূপত ডেভেলপ কৰা গৈছিল।

নেটস্পেচ নেভিগেটৰ ঃ এইটো ৱেব ব্ৰাউচাৰ সেই কম্পিউটাৰৰ বাবে উপলব্ধ থাকে যি বিভিন্ন অপাৰেটিং চিস্টেম (ইউডোজ, মেচিংটোশ, অএচ /2, ইউনিক্স) ৰ ওপৰত কাম কৰি আছে। আপুনি ডবলিউডবলিউডবলিউটেস্পেচডটকম ৱেবচাইটৰ পৰা নেটস্পেচ নেভিগেটৰক বিনা মূল্যত প্ৰাপ্ত কৰিব পৰা যায়।

মজিলা ফাৰফক্স ঃ ইন্টাৰনেট এক্সপ্ৰলাৰ ব্ৰাউচাৰৰ পিছত এইটো অন্য লোকপ্ৰিয় ব্ৰাউচাৰ হয়। এইটো বিভিন্ন অপাৰেটিং চিস্টেত (ইউডোজ, মেচিংটোচ, অএচ

/2 আৰু ইউনিক্স) ৰ ওপৰত ব্যৱহাৰ কৰিব পৰা যায়। এইটো টেড ব্ৰাউচিংক চাপৰ্ট কৰে য'ত আপুনি একব উইডোত কোনো চাইটক অপেন কৰিব পাৰে।

অপেৰা ঃ এইটো ৱেব ব্ৰাউচাৰক অপেৰা চফ্‌টৱেয়ৰৰ দ্বাৰা 1996 ত ডেভেলপ কৰা গৈছিল। এইটো বহুত লোকপ্ৰিয় ব্ৰাউচাৰ হয় যিটো মুখ্য ৰূপে এক্টিভেট ম'বাইল ফোন আৰু স্মাৰ্ট ফোনত ব্যৱহাৰ কৰা হয়।

গুগল ক্ৰম ঃ গুগল ক্ৰম গুগুলৰ দ্বাৰা হেভেলপ কৰা ব্ৰাউচাৰ হয়, যিটো বহুত তীব্ৰ, সুৰক্ষিত আৰু ইনষ্টল কৰাত বহুত সহজ হয়।

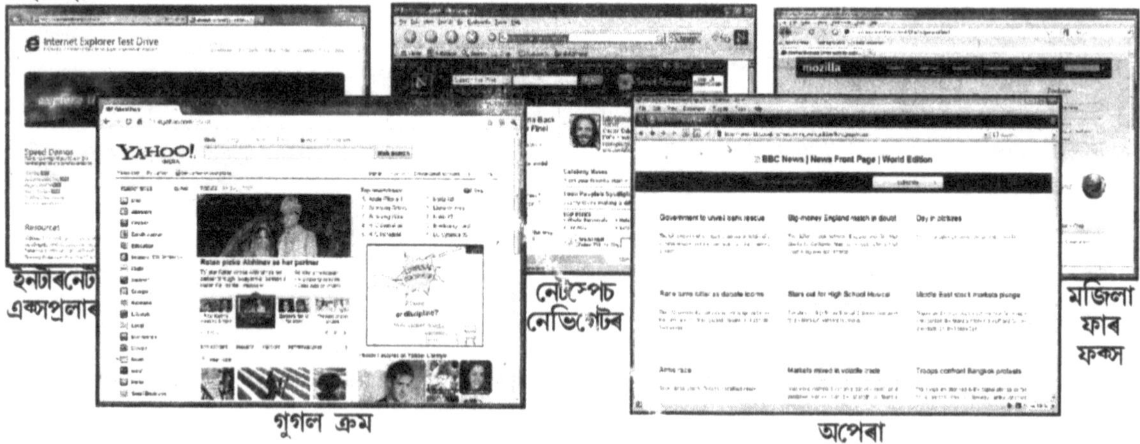

ইনটাৰনেট এক্সপ্লৰাৰ
গুগল ক্ৰম
নেটস্পেচ নেভিগেটৰ
অপেৰা
মজিলা ফাৰ ফক্স

বুক মাৰ্কচ আৰু ফেভাৰেটচ্ ঃ ভৱিষ্যতত ব্যৱহাৰৰ বাবে কিছুমান গুৰুত্বপূৰ্ণ তথ্য সঞ্চিত হয়। ৱেব-ব্ৰাউজাৰ ুক মাৰ্কচ যোগান দিয়ে, যি ফেবাৰেটচ চাইটৰ এড্ৰেচ (URLS) ধাৰণ কৰে। বেচি ভাগ ইলেকট্ৰনিক ৰেফাৰেঞ্চ, বিশাল টেক্সট ডাটা বেচ আৰু হেল্প চিষ্টেম যোগান দিয়ে বুক মাৰ্কচ, যি এটা অঞ্চলক চিহ্নিত কৰে। ইউজাৰ যত ভিজিট কৰিব পাৰে আৰু নিজৰ ফেভাৰেটচক চিহ্নিত কৰিব পাৰে।

হিষ্ট্ৰী লিষ্ট ঃ ৱৰ্ল্ড ৱাইড ৱেবৰ পেজৰ মাধ্যমত যেতিয়া ব্ৰাউজিং হয়, সকলো ব্ৰাউজেভ পেজ আৰু চাইটত পোৱাৰ বাবে একমাত্ৰ ৰাস্তা বজায় ৰখা খুবেই কষ্টকৰ। সেই কাৰণেই ৱেব ব্ৰাউাৰ সংযুক্ত কৰিছে হিষ্ট্ৰী লিষ্ট। ই সম্প্ৰতি যি ৱেব-পেজ ভিজিট কৰা হৈছে, তাক খুব দ্ৰুতভাৱে বিচাৰি ওলাব অনুমতি দিয়ে।

চিকিউৰিটি অন্ দি ৱেব ঃ

যেতিয়া আপুনি ইন্টাৰনেটৰ মাধ্যমত খুবেই ব্যক্তিগত তথ্য পঠাব বা ভাগ কৰিব বিচৰে সেই সুযোগ ইয়াত দিয়া হয়। যেনে ধৰক আপোনাৰ বেংক একাউন্ট বা ক্ৰেডিট-কাৰ্ড নম্বৰ। এই ক্ষেত্ৰত আপোনাৰ প্ৰয়োজনে চিকিউৰিটি। ইয়াত এটা চিকিউৰ ৱেব পেজ আছে, যি আপোনাৰ প্ৰয়োজন চিকিউৰিটি। ইয়াত এট চিকিউৰ ৱেব পেজ আছে, যি আপোনাৰ ব্যক্তিগত তথ্যক ৰক্ষা কৰে।

যদি কোনোবাই ভাবে যে গুপ্ত তথ্য ইন্টাৰনেটত প্ৰেৰণ কৰা খুবেই বিপদজনক, তেনেহ'লে তেওঁ ভুল ভাবিছে, কাৰণ আপুনি চিকিউৰ ৱেব-পেজৰ মাধ্যমত আপোনৰ তথ্য পবাব পাৰে। ফোনৰ বদলি কাষৰ মানুহক তথ্য প্ৰেৰণ কৰাত ই বহুত বেছি সুৰক্ষিত।

চিকিউৰ ৱেব পেজ (সুৰক্ষিত ৱেব পেজ) ঃ ৱেব ব্ৰাউজাৰৰ সহায়ত ৱেব-পেজ যি সুৰক্ষাৰ সৃষ্টি কৰে, সেই চিকিউৰিটি চিষ্টেমক বিনষ্ট কৰা নাযায় বুলি কব পাৰি। যেতিয়া কোনো তথ্য নেটৰ মাধ্যমত পঠোৱা হয়। তেতিয়া গন্তব্যস্থলত গৈ পোৱাৰ আগত সেইটো বিভিন্ন কম্পিউটাৰৰ মাজেদি চালিত হয়। যদি আপুনি চিকিউৰ পেজৰ সৈতে সংযোজিত হব নোৱাৰে, তেন্তে-ইন্টাৰনেটৰ যোগেদি ব্যক্তিসকল আপোনাৰ দ্বাৰা প্ৰেৰিত তথ্য দেখাত সামৰ্থ হ'ব।

ভিজিট চিকিউৰ ৱেব পেজ (সুৰক্ষিত ৱেব পেজে গমন কৰ) ঃ চিকিউৰ ৱেব আৰম্ভ কবি হলে https 9``k http/ৰ আৱিস্কাৰ কৰক। যদি এটা চিকিউৰ ৱেব পেজ হয়, তেন্তে ৱেব ব্ৰাউজাৰ সাধাৰণতে এটা তলা চাবিৰ ছবি স্ক্ৰীনত দেখুৱাই। কেতিয়াবা ৱেব-ব্ৰাউজাৰ আপোনক সৰ্তক কৰিবলৈ এটা ডায়লগ বক্স দেখুৱাই। ইয়াৰ অৰ্থ হল যে, যি ৱেব-পেজ আপুনি দেখিছে, সেইটো সম্পূৰ্ণ ৰূপে সুৰক্ষিত।

ৱেবত সুৰক্ষিত ৰূপেৰে কাৰ্য কৰা অথবা নিজৰ সুৰক্ষাৰ ধ্যান ৰখা

ইনটাৰনেটত নিজৰ সূচনা যেনে বেংকৰ একাউন্ট নম্বৰ, ক্ৰেডিট কাৰ্ড নম্বৰ আদি যিকোনো পঠিয়াবৰ বাবে আপোনাক নিজৰ সুৰক্ষাৰ বাবে বহুত গুৰুত্বপূৰ্ণ হয়। নিজকে সুৰক্ষিত ৰখাৰ অৰ্থ হ'ল ইন্টাৰনেটত সুৰক্ষা সম্বন্ধী কথা আৰু নিজৰ সমস্যাক বুজি পোৱা। এই সমস্যাত ভায়ৰাচ, স্পাইৱেয়াৰ আৰু পাচৱৰ্ড সম্বন্ধী সূচনা লিক হ'লে, যৰ পৰা আপোনাৰ সূচনা আনক দিব পাৰে আৰু আপোনাক অসুবিধাত পেলাব পাৰে।

স্পাইৱেয়াৰ ঃ এইটো এক চফ্টৱেয়ৰ প্ৰগ্ৰেম হয় যিটো আপোনাক কম্পিউটাৰত আপোনাক গম পাব নিদিয়াকে ইনস্টল হৈ যায়। এইটো প্ৰগ্ৰেম আপোনাৰ কম্পিউটাৰৰ পৰা ডাটা ডিলিক কৰিব পাৰে, আপোনাৰ পাচৱৰ্ডৰ চুৰ কৰিব পাৰে আৰু আপোনাৰ ৱেব ব্ৰাউচাৰৰ নিয়ন্ত্ৰণ আপোনাৰ নিজৰ ফালে লৈ যাব পাৰে। অনবাঞ্চিত বিজ্ঞাপত ডিচপ্লে কৰিব পাৰে। নিজৰ কম্পিউটাৰৰ পৰা স্পাইৱেয়াৰক দূৰ কৰিবৰ বাবে আপোনাৰ এন্টিস্পাইৱেয়াৰ প্ৰগ্ৰেমক ইনস্টল কৰাৰ আৱশ্যক হয়। যদি আপুনি ইউডোজ ভিস্টা আৰু ইউডোজ 7 ৰ প্ৰয়োগ কৰে তেতিয়াহ'লে আপুনি এন্টি স্পাইৱেয়ৰ প্ৰগ্ৰেমৰ প্ৰয়োগ কৰি আপোনাৰ কম্পিউটাৰৰ পৰা স্পাইৱেয়ৰক আতৰাব পাৰে, ইয়াক **ইউডোজ ডিফেন্ডাৰ** বুলি কোৱা হয়।

ভায়ৰাচ ঃ ভায়ৰাচ সেইটো প্ৰগ্ৰেম হয় যাৰ দ্বাৰা ডাটাক ৰিমুভ কৰা অৰ্থাৎ নষ্ট কৰিবৰ বাবে জানি-বুজি প্ৰস্তুত কৰা যায়। যিকোনো ভায়ৰাচে আপোনাৰ জানিব নিদিয়াকে আপোনাৰ কম্পিউটাৰ আৰু তাত থকা ডাটাক লোকচান কৰিব পাৰে। এইটো আপোনাৰ কম্পিউটাৰৰ কাৰ্যপ্ৰণালীকো সলনি কৰিব পাৰে। যদি আপোনাৰ কম্পিউটাৰত কোনো ভাইৰাচ থাকে তেতিয়াহ'লে সেইটো আপোনাৰ কম্পিউটাৰ, তাত থকা ফাইল আৰু অপাৰেটিং চিস্টেমক লোকচান কৰিব পাৰে। বহুতো কম ভায়ৰাচ থাকে যিটো লোকচান নকৰে, সেইবিলাক কেৱল এক সাধাৰণ মেজে ডাটা অথবা গোটেই হাৰ্ড ডিস্কক বেয়া কৰিব পাৰে। আপোনাৰ কম্পিউটাৰক লোকচান কৰাৰ লগতে এইটো অন্য কম্পিউটাৰৰ ওপৰত এটেক কৰিবৰ বাবে আপোনাৰ কম্পিউটাৰক ব্যৱহাৰ (হাইজেক) কৰিব পাৰে। ভায়ৰোচ নিজে নিজে প্ৰগ্ৰেম ফাইলৰ লগত এটেচ কৰি লয় আৰু এক ডিস্কৰ পৰা অন্য এটা ডিস্কলৈ গুচি যায়। ভায়ৰাচৰ এটেকৰ ৰখাবৰ বাবে বা সেইটো নস্ট কৰিবৰ বাবে আপোনাৰ আপোনাৰ কম্পিউটাৰত এন্টিভায়ৰাচ প্ৰগ্ৰেম ইনস্টল কৰাৰ প্ৰয়োজন হয়।

পপ অপ এড ঃ এইটো এক সৰু বিজ্ঞাপন হয় যিটো আপোনাৰ কাৰেন্ট ইউডোত কিনাৰত বেলেগ ধৰণে ব্ৰাউচিংক চিস্টাৰ্ব কৰিব পাৰে। পপ বহুত সমস্যাত পেলাই দিয়ে কিন্তু এইটো কেতিয়াবা-কেতিয়াবা বিপদজনক প্ৰমাণিত হ'ব পাৰে যেতিয়া আপুনি এইটো ক্লিক কৰে, কাৰণ ইয়াৰ লগত আপোনাৰ কম্পিউটাৰত স্পাইৱেয়ৰ আৰু ভায়ৰাচ ইনস্টল হ'ব পাৰে। ব্ৰাউচত পপ অপ এডক ৰখাকৰ বাবে আপুনি পপ অপ ব্লকাৰৰ প্ৰয়োগ কৰিব পাৰে।

চেবড পাচৱৰ্ড ঃ যেতিয়া আপুনি কোনো বিশেষ ৱেবচাইটত লগ ইন কৰিবৰ বাবে ইউজাৰ নেম আৰু পাচৱৰ্ড এন্টাৰ কৰে তেতিয়া কেতিয়াবা-কেতিয়াবা এক্সপ্লৰাৰ আৰু ফায়াৰফক্স এক প্ৰাম্পটক ডিচপ্লে কৰে য'ত লিখা থাকে যে আপুনি এন্টাৰ কৰা পাচৱৰ্ডক ৰিনেম কৰিব ৰাখিব বিচাৰে। যদি আপুনি য়েচত ক্লিক কৰি দিয়ে তেতিয়া ভৱিষ্যতে লগ ইন কৰাৰ সময়ত ৱেব ব্ৰাউচাৰ আপোনাৰ লগইন পেজক বাইপাচ কৰি চিধা আপোনাৰ চাইটক খুলি দিয়ে। ইয়াৰ লোকচান এইটো হয় যে যদি অন্য কোনো ব্যক্তিয়ে তাত লগইন কৰে তেতিয়াও সেই চাইটক দেখা পাব পাৰি। এনেতে যেতিয়া কম্পিউটাৰত পাচৱৰ্ডৰ ৰিনেম কৰিবৰ বাবে কোৱা যায় তেতিয়া আপোনাক নহয় ত ক্লিক কৰিব লাগে।

কুকিজ ঃ এইটো এক সৰু টেক্সট মেচেজ হয় যিটো ৱেব ব্ৰাউচাৰ ৱেব চাইটক কম্পিউটাৰত ডিচপ্লে কৰিবৰ বাবে স্টাৰ কৰি ৰাখে। কুকিজ ইউজাৰ নেম আৰু পাচৱৰ্ডকো আপোনাৰ ক্ৰেডি কাৰ্ডৰ দৰে স্টৰ কৰি ৰাখিব পাৰে। যদি সম্ভৱৰ হয় তেতিয়াহ'লে চাইটৰ এই ডাটাক চেভ কৰিবৰ বাবে কব নালাগে। কেইবাটাও আধুনিক ব্ৰাউচাৰক কুকিজক স্বীকাৰ কৰাৰ ফালে সেইবিলাক নিশ্চিত সময়ৰ বাবে ৰখাৰ সুবিধা প্ৰদান কৰে। কিন্তু কুকিজক ৰিজেক্ট কৰাৰত কিছুমান চাইটচ উপযোগী হৈ নাথাকে।

চিকিউৰ চাইট ইন্ডিকেটৰ ঃ চিকিউৰ (সুৰক্ষিত) ৱেব পেজৰ বাবে ৱেব এড্ৰেচ (ইউআৰএল) আৰম্ভ কৰা সময়ত এইচটিটিপিএচৰ ঠাইত এইচটিটিপি দেখা দিয়ে। সুৰক্ষিত ৱেব পেজ থকাৰ বাবে এইটো ৱেব ব্ৰাউচাৰ সামান্যৰূপেঃ স্ক্ৰীনত এক লক (তলা) আৰু (চাবি) ডিচপ্লে কৰে। কেতিয়াবা-কেতিয়াবা ৱেব ব্ৰাউচাৰে এক ডায়লগ বক্স ডিচপ্লে কৰে যিটোৱে আপোনাক কথ যে আপুনি যি পেজক চাই আছে সেইটো চিকিউৰ ৱেব পেজ হয়।

আডেন্টিফাই থেফট ঃ এইটোৱে আপোনাক এনেদৰে স্কেনাৰৰ ৰূপত ৰেফাৰ কৰে যিটো কেৱল আপোনাৰ ডাটাক আইডেন্টিফাই কৰে। ইয়াত আপোনাৰ নাম, ঠিকনা, ক্ৰেডিট কাৰ্ড নম্বৰ আদি অন্তৰ্ভুক্ত থাকে। এইটো স্কেনাৰে আপোনাৰ ডাটাক নতুন ক্ৰেডিট কাৰ্ডক চেট কৰাৰ সময়ত আৰু আপোনাৰ নামেৰে লোৱা লোনৰ ৰূপত অন্তৰ্ভুক্ত হৈ থাকে। অনলাইন কাম কৰা সময়ত আপুনি আপোনাক সুৰক্ষিত কৰি ৰাখিবৰ বাবে আপোনাক গুৰুত্বপূৰ্ণ পদক্ষেপ লব লাগে। কেতিয়াবা কেতিয়াবা আপোনাক আপোনাৰ নিজৰ সূচনাৰ উপলব্ধ কৰিব নালাগে যেতিয়ালৈকে এইটো বৈধানিক ৰূপেৰে আৱশ্যক নহয়। আপুনি আপোনাৰ ক্ৰেডিট কাৰ্ডৰ দ্বাৰা কৰা লেন-দেনৰ ওপৰটো দৃষ্টি ৰাখিব লাগে।

ইলেকট্ৰোনিক মেল (ই-মেইল) ঃ

কম্পিউটাৰ নেটৱৰ্কৰ পথত মেচেজ আৰু ফাইলৰ সম্প্ৰসাৰণ কৰাকেই **ইলেকট্ৰনিক মেল** (ই-মেইল .e-mail) বোলা হয়। ইন্টাৰনেটৰ মাধ্যমত পৰিবেশিত এটা প্ৰকৃত সেৱা হ'ল এইটো যে চৰকাৰী পৃষ্ঠপোষতাত যি প্ৰজেক্টাবোৰ হয়, তাত কাম কৰিবল বৈজ্ঞানিক আৰু গৱেষক সকলক সমৰ্থ কৰে আৰু কলেজ আৰু অন্যান্য স্হানত যোগাযোগৰ পথ খুলি দিয়ে। ব্যক্তিগত আৰু ব্যৱসায়ৰ ক্ষেত্ৰত বৰ্তমান ই মুখ্যভাবে যোগাযোগ পদ্ধতি হিচাপে খুব দ্ৰুততাৰে জনপ্ৰিয়াত লাভ কৰিছে। **আউটলুক এক্সপ্ৰেচ** (Outlok Express), **হটমেল** (Hotmail) আৰু **জিমেল** (Gmail)-ৰ দৰে **e-mail প্ৰোগ্ৰাম ব্যৱহাৰ** কৰি আপুনি মেচেজ সৃষ্টিৰ লগতে চেণ্ড, চিচিভ, ফৰোৱাৰ্ড, ষ্টোৰ, প্ৰিন্ট, আৰু ডিলিট কৰিব পাৰে। ই মেচেজ টেক্সটক সৰল কৰি তুলিব পাৰে আৰু ৱৰ্ড-প্ৰোবেচিং ডকুমেন্ট, কোনো গ্ৰাফিকেল ইমেজ আৰু কোনো অডিও আৰু ভিডিও চিপক সংযুক্ত কৰিব পাৰে।

আনকি যদি আপুনি আনকোনো এপ্লিকেচনৰ কামত ব্যস্ত থাকে, আৰু সেই সময়ত যদি কোনো নতুন মেল ৰিচিভ কৰে, তেন্তে বেছি ভাগ e-mail প্ৰোগামৰ যি মেল নোটিফিকেচন এলাৰ্ট আছে, তাৰ সহযোগীৰ এটা মেচেজ বা চাউণ্ডৰ মাধ্যমত এই তথ্য আপোনাক জনাই দিবা আপুনি যি e-mail মেচেজ ৰিচিভ কৰে, সেইটো আপোনাৰ মেল বক্সত সঞ্চিত হয়। এটা সঞ্চয়াগাৰ সাধাৰণতে কম্পিউটাৰৰ ভিতৰত অবস্হিত থাকে, যি আপোনাক ইন্টাৰনেটৰ লগত সংযোজিত কৰে, যেনে আপোনাৰ ISP দ্বাৰা চালিত চাৰ্ভাৰ হল এটা **মেলবক্স**। মেলবক্সৰ লগত সংযোজিত চাৰ্ভাৰক মেল-চাৰ বুলিও কোৱা হয়। বেছিৰ ভাগ ISPs ইন্টাৰনেট E-mail প্ৰোগ্ৰাম যোগান দিয়ে আৰু সিহঁতৰ ইন্টাৰনেট একচেচ চাৰ্ভিচৰ এটা উচ্চ-মানৰ অংশ হল **মেল চাৰ্ভাৰত** থকা মেল বক্স।

আপুনি ৱেব চাইটৰ লগত সংযুক্ত হব পাৰে আৰু খুলিব পাৰে এটা e-mail একাউন্ট, যি সাধাৰণতে সংযুক্ত থাকে এটা e-mail এড্ৰেচ আৰু এটা পাচ-ৱৰ্ডৰ সৈতে। এইবোৰ সাহায্যত আপুনি ৱেব চাইট দ্বাৰা প্ৰাপ্ত ৱেব ৱেচড্ ই-মেইল প্ৰগ্ৰেম বিনামূল্যে ব্যৱহাৰ কৰিব পাৰে। তৎক্ষণাৎ ই-মেইল মেচেজ পঠাবলৈ, বিভিন্ন ধৰণৰ ৱেব-চাইট সেৱা প্ৰদান কৰে, যি আপোনাক অনলাইন নিমন্ত্ৰণ পত্ৰ আৰু গ্ৰীটিং পঠাব অনুমতি দিয়ে। এই ৱেব-চাইটৰ চাৰ্ভাৰ আপোনাৰ মেচেজ, নিমন্ত্ৰণ পত্ৰ আৰু গ্ৰীটিং সঞ্চিত কৰি ৰাখে।

যেতিয়া আপুনি কোনো e-mail মেচেজ পঠায়, তেতিয়া মেল-চাৰ্ভাৰৰ প্ৰোগ্ৰাম এইটো ঠিক কৰে যে, কিভাবে এই মেচেজ ইন্টাৰনেটৰ মাধ্যমত পঠোৱা হব আৰু তাৰ পিছত মেচেজ প্ৰেৰণ কৰে। যেতিয়া মেচেজ গহণীতাৰ মেল চাৰ্ভাৰত উপনীত হয়, তেতিয়া POP আৰু POP3 চাৰ্ভাৰত মেচেজ প্ৰেৰিত হয়। POP **(পোষ্ট অফিচ প্ৰোটোকল)** হল এটা যোগাযোগ প্ৰযুক্তি, যি মেল-চাৰ্ভাৰৰ পৰা e-mail/বিচাৰি ওলিয়াব সহায় কৰে। যেতিয়ালৈকে গ্ৰহীতা তেওঁৰ চফ্টৱেৰত POP ধৰি ৰাখে।

ই-মেইলৰ লাভ ঃ

স্পীড ঃ আপুনি যদি কোনা মেচেজ খুব দ্ৰুত বেগত পঠাব, গ্ৰহণ কৰিব বা পৰিৱৰ্তন কৰিব বিচাৰে, তেন্তে e-mail-তকৈ ভাল মাধ্যম আৰু একোৱেই নাই। এটা ই-মেল মেচেজ মুহূৰ্ত্তৰ ভিতৰত বিশ্বৰ যিকোনো স্হান পাব পাৰে।

কষ্ট ঃ e-mail পঠাব বা গ্ৰহণ কৰিব কোনো মুখ্য দিব নালাগে, আপোনাৰ ইন্টাৰনেট চাৰ্ভিচ প্ৰোভাইডাৰ (ISP) ৰ বাবে যি ইন্টাৰনেট সংযোজন পাই আছে, তাৰ বাবে আপোনাৰ মূল্য দিব লাগিব। যিমান ডাঙৰ মেচেজেই নহওক, আৰু তাক যিমানে দুৰত পঠাব নালাগক, তাৰ বাবে আপুনি কোনো মূল্য দিব নালাগে।

কনভিনিয়েচ ঃ এটা e-mail মেচেজ আপুনি যত বিচৰে আৰু যেতিয়া বিচাৰে, পঠাব পাৰে। যেতিয়া কোনো ব্যক্তি কম্পিউটাৰৰ মাধ্যমত e-mail গ্ৰহণ কৰে, তেতিয়া টেলিফোন কলচ ক্ষেত্ৰত যেনেকৈ নিৰ্দ্দিষ্ট ব্যক্তি অপৰিহাৰ্য, এই ক্ষেত্ৰত সেই অপৰিহাৰ্য্যতা নাই। ঠিক একেই ভাবে সকলো ক্ষেত্ৰত মেচেজ গ্ৰহণৰ সময়ত আমাৰ কম্পিউটাৰৰ প্ৰয়োজন নহয়। মেচেজ সঞ্চিত হয় আমাৰ চাৰ্ভিচ প্ৰোভাইডাৰৰ দ্বাৰা। যেতিয়া আমি এই সম্পৰ্কত সুধো, তেতিয়াই ই মেচেজ প্ৰেৰণ কৰে। ই ইনকামিং যে মেচেজক প্ৰতিদিন চেক কৰাৰ বাবে এটা পয়েন্ট তৈয়াৰ কৰে। আমাৰ দ্বাৰা প্ৰেৰিত মেচেজক ৰিচিভাৰ তৎক্ষনাৎ গ্ৰহণ কৰে।

কম্পিউটাৰ কেনেকৈ তথ্য পৰিৱৰ্তন কৰে ঃ

কম্পিউটাৰৰ বাবে এটা চেট অফ ৰুলচ (set of rule) প্ৰয়োজন আছে, যি সিদ্ধান্ত লয় কিদৰে তথ্য প্ৰেৰিত হব। এই ধৰণৰ ৰুলক, যি **ইন্টাৰনেট প্ৰটোকল** (IP) নামেৰে পৰিচিত। ডাটাৰ 'পেকেট' বিভক্ত হৈ কম্পিউটাৰ, চাৰ্ভাৰ আৰু ৰাউটাৰৰ মাজেদি প্ৰেৰিত তথ্যক ই নিৰ্দ্দিষ্ট কৰে।

এটা সৰু টুকুৰাত বিভক্ত হৈ এটা ই-মেইল মেজেচ এটা কম্পিউটাৰৰ পৰা আন এটা কম্পিউটাৰত প্ৰেৰিত হয় নেটৰ মাধ্যমত, যি **পেকেট** নামেৰে পৰিচিত। প্ৰত্যেক পেকেটত কম্পিউটাৰৰ গন্তব্যস্হানৰ এড্ৰেচ থাকে। ই-মেইল মেচেজৰ পৰা মেচেজটো পুনৰ একত্ৰিত হয়। যেতিয়া মেচেজ কম্পিউটাৰত উপনীত হয়, তেতিয়া ই পূৰ্ণ ৰূপ ধাৰণ কৰে।

পেকেট

ই-মেইল এড্ৰেচ ঃ

ই-মেইল এড্ৰেচ ইউজাৰ নেম আৰু ডোমেইন নেমৰ মিলিত ৰূপ–যি ইউজাৰক চিহ্নিত কৰে। ইয়াৰ ফলত ব্যৱহাৰকাৰী মেচেজ গ্ৰহণ কৰি পাৰে। আপোনাৰ **ইউজাৰ** নেম বৈশিষ্ট্য এটা সাৰ্বিক সংযোজন, যি একেই মেল চাৰ্ভাৰত অৱস্থিত অন্যান্য ইউজাৰ নেমৰ পৰা আপোনাক পৃথকভাবে চিহ্নিত কৰিব পাৰে। আপোনাৰ ইউজাৰ নেম কেতিয়াবা আঠটা বৈশিষ্ট্যৰে সীমাবদ্ধ থাকে আৰু বেছিভাগ সময়তে আপোনাৰ প্ৰথম আৰু দ্বিতীয় নামৰ সংযোজনৰে তৈয়াৰ কৰা হয়। যেনে আপোনাৰ প্ৰথম নামৰ আৰম্ভণি আৰু উপাধিৰ সংযোজনেৰে তৈয়াৰ কৰা হয়। আপোনাৰ ইউজাৰ নেমৰ বাবে আপুনি নিজৰ ঘৰত মতা নাম বা বৈশিষ্ট্যৰ যিকোনা সংযোজন পছন্দ কৰিব পাৰে, কিন্তু বেছি ভাগ লোকৰ পক্ষতেই ইমান কষ্টসাধ্য নাম মনত ৰখাটো কষ্টকৰ।

পাৰ্ট্চ অফ্ ই-মেইল এড্ৰেচ (ই-মেইল এড্ৰেচৰ অংশ) ঃ

বেছি ভাগ ই-মেইল এড্ৰেচ @ ("at') – এই চিনৰ দ্বাৰা দুভাগত বিভক্ত হয়।

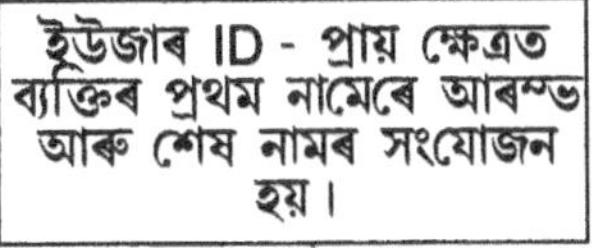

ডোমেন নেম – এক ব্যক্তিৰ e-mail একাউন্টৰ স্থান।

minhasds@gmail.com

ইন্টাৰনেট-ইমেইল এড্ৰেচৰ এটা উদাহৰণ। কেতিয়াবা আণ্ডাৰস্কোৰ ইউজাৰ নেমৰ পৃথক শ্ৰেণী তৈয়াৰ কৰে, উদাহৰণস্বৰূপে ঃ minhas_ds@gmail.com

com	কমাৰ্চিয়েল
edu	এডুকেচন
gov	গভৰ্নমেন্ট
mil	মিলিটাৰী
net	নেটৱাৰ্ক
org	অৰ্গানাইজেশন

ই-মেইল এড্ৰেচৰ শেষৰ কিছুমান বৈশিষ্ট্য সাধাৰণতে কোনো সংস্থা অথবা দেশক নিৰ্দেশ কৰে, যত ব্যক্তি অৱস্থান কৰি আছে।

চিলেক্টিং এন E-mail এড্ৰেচ (এটা ই-মেল এড্ৰেচ নিৰ্বাচন কৰা) ঃ

যি মুহূৰ্তত আপুনি এটা একাউন্ট খুলে, তেতিয়া চাৰ্ভাৰ আপোনাক ইউাৰ নেম নিৰ্বাচন কৰাৰ সুযোগ দিয়ে। আপোনাৰ ইউজাৰ নেম সেইটোৱেই হব, যি এতিয়ালৈকে কোনেও নিবাচন কৰা নাই। গতিকে আপুনি কিছুমান শব্দ বা সংখ্যাৰ মিলিত ৰূপ ব্যৱহাৰ কৰিব পাৰে। উদাহৰণস্বৰূপে ঃ ধৰক এজন ব্যৱহাৰকাৰীৰ নাম Manya Minhas, ডোমেইন পৰিবেশকৰ নাম rediffmail.com, ব্যৱহাৰকাৰী নিজৰ ইউজাৰ নেম হিচাপে m_minhas লিখিব পাৰে। যদি rediffmail.com-ত m_minhas (Mona Minhas-ৰ বাবে) আগৰ পৰাই থাকে, তেন্তে Manya-ক পৃথক ইউজাৰ নেম নিৰ্বাচন কৰিব লাগিব, manyaminhas বা manya_minhas। বহুতেই ইউজাৰ নেম হিচাপে প্ৰথম আৰু দ্বিতীয় নামৰ মিলিত কৰাকেই পছন্দ কৰে। ইয়াৰ ফলত আন ব্যক্তি সহজেই তাক মনত ৰাখিব পাৰে, যদিও ঘৰত মতা নাম বা অন্যান্য সংযুক্ত ৰূপে ব্যৱহাৰ হয়।

আপুনি e-mail এড্ৰেচত 'কমা' বা খালী স্থান ব্যৱহাৰ কৰিব নোৱাৰে, কিন্তু হাইফেন বা আণ্ডাৰস্কোৰ ব্যৱহাৰ কৰিব পাৰে।

পাৰ্ট্চ অফ্ E-mail মেচেজ (E-Mail মেচেজৰ অংশ) ঃ

যেতিয়া আপুনি এটা E-mail মেচেজ প্ৰস্তুত কৰতে ব্যস্ত থাকিব, তেতিয়া আপোনাক মেচেজৰ বিভিন্ন অংশৰ লগত পৰিচিত হব লাগিব, যেনে From:, To:, Cc:, Bcc: আৰু Subject।

From: minhasds@hotmail.com
To: nk@dpb.in
Cc: ankur@dpb.in
Bcc: sanjay@dpb.in
Subject: Books

Please send me the detail of your computer books.

Thanks
With Regards,
Davinder Singh Minhas

From (ফ্ৰম) ঃ যি ব্যক্তি e-mail মেচেজ পঠাই আছে, এই অংশত তেওঁৰ e-mail এড্ৰেচ লিখিত হয়।

To **(টু) ঃ** যি ব্যক্তি e-mail মেচেজ গ্ৰহণ কৰিব, এই অংশত তেওঁৰ e-mail এড্ৰেচ লিখিত হয়।

Cc ঃ Cc **কাৰ্বন কপি** হিচাপে ব্যৱহাৰ হয়। এইটো হল মেচেজৰ একেই ৰূপ। যি ব্যক্তি ব্যক্তিগত ভাবে জড়িডত নহয়, কিন্তু আপুনি বিচাৰে যে তেওঁ এই মেচেজটো পঢ়ক, তেওঁৰ e-mail এড্ৰেচ এই অংশত লিখা হয়।

Bcc ঃ Bcc ব্লাইণ্ড কাৰ্বন কপি হিচাপে পৰিচিত। আপুনি যদি বিচাৰে যে, এই একেই মেচেজ বিভিন্ন লোকলৈ প্ৰেৰন হওঁক, যাতে তেওঁলোকেও এই মেচেজ পাব পাৰে, তেনেহলে আপুনি Bcc/ৰ সহায়ত এনেকৈ কৰিব পাৰে।

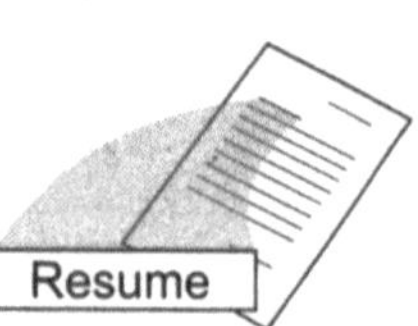

Subject (চাবজেক্ট) ঃ এই শ্ৰেণীত আপেনাৰ মেচেজৰ এটা সৰু অংশ লিখিত হয়। উদাহৰণস্বৰূপে যদি আপুনি আপোনাৰ (Resume) প্ৰেৰণ কৰিব বিচাৰে, তেন্তে এই শ্ৰেণীত আপোনাক Resume লিখিব লাগিব।

ক্ৰিয়েটিং মেচেজ (মেচেজ সৃষ্টি) ঃ

e-mail মেচেজ সৃষ্টিৰ বাবে আপুনি তলৰ বিষয়বোৰ লক্ষ্য কৰিব পাৰে।

ৰাইটিং ষ্টাইল ঃ

We are going to start three sections in our computer school.

1. Children Section
2. Internet Cafe for 24 hour
3. Study Course

Children Section:

In children section we will give 2 ½ month course for each student of age 2 ½ to 7.
Charges for this course will be

আপোনাৰ প্ৰেৰিত প্ৰতিটো মেচেজ পৰিস্কাৰ সংক্ষিপ্ত, সঠিক বানান আৰু সঠিক গ্ৰামাৰ সমৃদ্ধ হোৱা উচিত যেন মেচেজৰ ভুল ব্যাখ্যা কৰা সম্ভৱ নহয়।

Cry :'-(
Smile :-)
Laugh :-D
Frown :-(
Surprise :-0
Wink ;-)
Santa Claus *<|:-)

স্মাইলচ ঃ

আপুনি এটা স্পেৰিয়েল বৈশিষ্ট্য ব্যৱহাৰ কৰিব পাৰে, স্মাইল আৰু ইমোশনৰ মাধ্যমত, অনুভৱ প্ৰকাশ কৰিব পাৰে মেচেজ। যদি আপুনি এইটো ওচৰৰ পৰা দেখে, তেন্তে দেখিব এটা মানুহৰ মুখৰ প্ৰতীক ধাৰণ কৰি আছে।

এব্ৰিবিয়েচন ঃ যেতিয়া টাইপিং কৰা হয়, তেতিয়া সময় ৰাহি কৰাৰ বাবে সাধাৰণত এব্ৰিভিয়েচন ব্যৱহাৰ কৰ হয়। যেতিয়া ঃ FAQ =ফ্ৰিকোয়েন্টলি আস্কড্ কোয়েচন, BTW= বাই দ্য ৱয়ে

চাউটিং ঃ যদি বৰফলাৰে কোনো মেচেজ লিখা হয়, তেন্তে সেইটো যেনেদৰে বিৰক্তি কৰা হয়, তেনেকৈ পঢ়োতেওঁ অসুবিধা হয়। এইটো চাউটিং নামেৰে পৰিচিত। মেচেজ টাইপং কৰাৰ সময়ত সদায় সৰুফলা আৰু বৰফলা আখৰ ব্যৱহাৰ কৰা হয়।

চিগ্‌নেচাৰ ঃ প্ৰত্যেকটো মেচেজৰ শেষত আপুনি নিজৰ বিষয়ে অলপ লিখিব পৰে। এইটোকচিগ্‌নেচাৰ বুলি কোৱা হয়। এইটে একেবাৰে তথ্যৰ হাতৰ পৰা আপোনাক বচায়। আপোনাৰ নাম; e-mail এড্ৰেচ, জীৱিকা, আৰু পছন্দৰ কোটেচন আপুনি e-mail মেচেজৰ চিগনেচাৰ যোগে কৰিব পাৰে।

চেণ্ডিং এ মেচেজ (এটি মেচেজ প্ৰেৰণ কৰা) ঃ

তথ্যৰ যোগান আৰু চিন্তাৰ পৰিবৰ্তনৰ মাধ্যমত মেচেজ প্ৰেৰণ হব পাৰে। যেতিয়া আপুনি মেচেজ প্ৰেৰণ কৰিব, তেতিয়া তাক যেন সঠিক ভাবে পঢ়া যায়, সেইফালে লক্ষ্য ৰাখিব লাগিব কোনো ব্যক্তিয়েই প্ৰতিদিন মেল বক্স চেক একেৰ আৰু এই কাৰণে আপোনাৰ মেচেজ বহুত সোনকালে পঢ়া নাযাবও পাৰে।

কম্পোজ অফলাইন ঃ যেতিয়া আপুনি কোনো ই-মেইল মেচেজ লিখে, তেতিয়া আপুনি ইন্টাৰনেটৰ লগত সংযুক্ত নাথাকে। আপোনাৰ লিখা শেষ হোৱাৰ পিছতেই আপুনি মেচেজক যুক্ত কৰিব আৰু তাক প্ৰেৰণ কৰিব পাৰে। E-mail মেচেজ লিখিব আপুনি যি সময় খৰচ কৰিছে, তাৰ বাবে আপুনি কোনো মূল্য দিবলগীয়া হোৱা নাই। এইটো আপোনাৰ বহুত অৰ্থ ৰক্ষা কৰিব।

ইউজ দি এড্ৰেচ বুক (এড্ৰেচ বুক ব্যৱহাৰ) ঃ আপুনি কোনো ব্যক্তিৰ e-mail এড্ৰেচ বুকত সঞ্চিত কৰি ৰাখিলে সেই ব্যক্তিক খুব সোনকালে মেচেজ পঠাব পাৰে। এইটো বাৰে বাৰে শ্ৰ্পকৰ এড্ৰেচ টাইপ কৰাৰ হাতৰপ আপোনৰ ৰক্ষা কৰে।

বাউন্চড মেচেজ ঃ যি মেচেজ নিজৰ গন্তব্যস্হল বিচাৰি, নাপায়, আৰু পুনৰ আপোনাৰ তাত ঘুৰি আহে, তাক বাচড মেচেজ বুলি কোৱা হয়। e-mail এড্ৰেচ ভুল থাকিলে সাধাৰণতে মেচেজ কাউন্চড হৈ যায়। গতকে মেচেজ পঠোৱাৰ আগত এড্ৰেচটো ভালদৰে পৰীক্ষা কৰি লব।

এটাচ এ মেচেজ (এটি মেচেজ যুক্ত কৰা) ঃ আপুনি যি মেচেজ পঠাই আছে, তাৰ লগত কোনো ডকুমেন্ট, পিক্চাৰ, চাউণ্ড, ভিডিও প্ৰোগ্ৰাম যুক্ত কৰিব পাৰে। ফাইল ওপেন কৰাৰ লগে-লগেই কম্পিউটাৰ গৃহীত মেচেজটো খুলি দিব।

বেছি ভাগ ইন্টাৰনেট সংযোজিত ডাঙৰ ফাইলক প্ৰেৰণৰ বাবে বহুত সময় লৈ লয়। সেইবাবে সংযোজিত ফাইলৰ চাইজ 150 KB (কিলোবাইট)-ৰ ভিতৰত বজায় ৰখাটো চেষ্টা কৰা উচিত।

ই-মেইল ভায়ৰাচ ঃ

বেছিৰভাগ সন্দেহজনক ই-মেইল মেচেজ ভায়াচ সিচৰিত কৰে। বেছি ভাগ ক্ষেত্ৰত যিবোৰ মেচেজৰ সৈতে ফাইল সংযুক্ত থাকে, সেইবাৰেই ভায়ৰচ সিচৰিত কৰে। ভায়ৰাচ সিচৰিত হোৱাটো খুবেই বিপৰ্জ্জনক, সেয়েহে ইয়াক ৰুগ্ন কৰা জৰুৰী। ফাইলৰ সংযোজন ব্যতীত চিম্পল টেক্সট ভাইৰাচ বহন একে।

হোয়াট ইজ ভায়ৰাচ (ভায়ৰাচ কি ?) ঃ

ভায়ৰাচ হল এটা ধৰণৰ ধ্বংস্নাত্মক কম্পিউটাৰ প্ৰোগ্ৰামত, যি আমাক ফাইল বা অন্যান্য চিস্টেমৰ পক্ষে অত্যন্ত মাৰাত্মক হয়। এইটো আমাৰঅজনিতেই আমাৰ কম্পিউটাৰৰ ওপৰত নেতিবাচক প্ৰভাৰ বিস্তাৰ কৰে আৰু কম্পিউটাৰৰ সকলো কামক বিনষ্ট কৰি দিয়ে।

তিনিটা প্ৰধান ৰাস্তাত ভাইৰাচ আমাৰ কম্পিউটাৰত সোমাব পাৰে। (1) সংক্ৰামিত ফাইল অপেনৰ দ্বাৰা (2) এটি সংক্ৰামিত প্ৰগ্ৰেম চলিলে, আৰু (3) যদি কোনো সংক্ৰামিত ফ্লপি ডিচক আপোনাৰ ডিচক ড্ৰাইভত থাকে আৰু আপুনি সেইমতে কম্পিউটাৰ চলায়।

ভায়ৰাচ বহনৰ আটাইতকৈ সহজ ৰাস্তা হাল ই-মেইল। যি ফাইল ই-মেইলৰ লগত সংযুক্ত থাকে, সেইবাৰেই ভাইৰাচ বহনৰ মূল পথ। কোনো ই-মেইল এটাচমেন্ট খোলৰ আগত সকলোৱে বিশ্বাস কৰে যে, এই ই-মেইল মেচেজটো বিশ্বাসযোগ্য সূত্ৰৰ পৰাই আহিছে। যদি কোনো অজান উৎসৰ পৰা আপোনালৈ এটাচমেন্ট সহ কোনো ই-মেইল আহে, তেন্তে আপুনি দেখাৰ লগে লগে তাক নষ্ট কৰি দিব।

হাউ এ ভায়ৰাচ কামচ্ ইনটু আৱাৰ কম্পিউটাৰ (ভায়ৰাচ কিদৰে আমাৰ কম্পিউটাৰত আহে) ঃ

ভায়ৰাচ প্ৰোগ্ৰাম প্ৰগ্ৰেমৰৰ দ্বাৰা সৃষ্টি হয়। ভায়ৰাচ ৱৰ্ড ডকুমেন্টৰ ভিতৰত লুকাই থাকে আৰু ৱৰ্ড ডকুমেন্ট e-mail মেচেজৰ লগত সংযুক্ত থাকে। গোটেই বিশ্বৰ ইউজাৰসকলে e-mail মেচেজ পঠাবলৈ ইন্টাৰনেট ব্যৱহাৰ কৰে, যাৰ সংখ্যা লাখ হয়।

01. যেতিয়া এই এটেচমেণ্ট খুলা হয়, তেতিয়াই ভাইৰাচৰ দ্বাৰা কম্পিউটাৰ সংক্ৰমিত হৈ যায়।
02. যেতিয়া e-mail যেতিয়া ই-মেইল মেচেজ প্ৰেৰকৰ নাম চিনি পেৱা নাবায় আৰু মেচেজটোও খুব সোনকালে বিলুপ্ত হৈ যায়। এই ক্ষেত্ৰত ব্যৱহাৰকাৰীৰ কম্পিউটাৰ ভাইৰাচৰ দ্বাৰা সংক্ৰমিত নহয়।

হাউ এ ভায়ৰাচ স্কেন স্প্ৰেড থ্ৰু এন E-mail মেচেজ? (ই-মেইল মেচেজৰ মাধ্যমত ভাইৰাচৰ কিদেৰ সিচৰিত হয়?) ঃ ভাইৰাচ অধিকৃত কোনো ই-মেইল এটাচমেণ্ট খুলিলে কম্পিউটাৰত ভাইৰাচ সিচৰিত হৈ যায়। যদি আপুনি এই এটাচমেণ্ট অন্য কাৰোবাক প্ৰেৰন কৰে, আৰু তেওঁলোকে যদি এই এটাচমেণ্ট খোলে, তেন্তে তেওঁলোকৰ কম্পিউটাৰো সংক্ৰমিত হৈ পৰিব। বহুত e-mail ভাইৰাচ আপোনাৰ এড্ৰেচ বুকত প্ৰবেশ কৰিব পাৰে আৰু এড্ৰেচ বুকত স্বয়ংক্ৰীয়ভাবে ভাইৰাচ ফাইল প্ৰেৰণ কৰে।

E-Mail ফীচাৰ (ই-মেইলৰ বিশেষতা) ঃ

তলত E-mail গঠন সম্পৰ্কে আলোচনা কৰা হল।

ৰিচিভ মেচেজ ঃ কম্পিউটাৰ যেতিয়া কোনো মেচেজ গ্ৰহণ কৰে, তেতিয়া ব্যক্তিৰ প্ৰয়োজন নহয়। যেতিয়ালৈকে ইউজাৰ নিজৰ মেচেজ চাই নলয়, তেতিয়ালৈকে চাৰ্ভিচ প্ৰভাইডাৰ সকলো মেচেজ ধাৰণ কৰি ৰাখে। সদায়েই মেচেজ দেখা যাব পাৰ। আপুনি চাৰ্ভিচ প্ৰভাইডাক সংযোজিত কৰিবলৈ মোডেম সহ কম্পিউটাৰ ব্যৱহাৰ কৰিব পাৰে আৰু মেচেজ দেখিব পাৰে। ইয়াৰ অৰ্থ হল আপুনি এটা স্থানৰ পৰ যেতিয়া অন্য স্থানত যাব, তেতিয়াও আপুনি মেচেজ দেখিব পাব।

ৰিপ্লাই টু এ মেচেজ (মেচেজৰ জবাব দিয়া) ঃ আপুনি মেচেজৰ জবাব দিব পাৰে, প্ৰশ্নৰ উত্তৰ আৰু বিষয়ৰ লগত সম্পৰ্কিত তথ্যৰ উত্তৰ প্ৰেৰণ কৰিব পাৰে।

যেতিয়া কোনো মেচেজৰ উত্তৰ দিয়া হয়, তেতিয়া প্ৰকৃত অংশটো এই উত্তৰৰ লগত সংযোজিত হোৱাটো গুৰুত্বপূৰ্ণ। ইয়াক কোৰ্টিং বুলি কোৱা হয়। কোৰ্টিং ৰীডাৰক কোন মেচেজৰ উত্তৰ দিয়া হৈছে, সেইটো বুজিবলৈ সাহায্য কৰে। আপোনাৰ উত্তৰৰ লগত পৰোক্ষভাবে যুক্ত নহয়, প্ৰকৃত মেচেজৰ এনেকুৱা অংশ আপুনি বিলুপ্ত কৰিব পাৰে। ইয়াৰ ফলত ৰীডাৰৰ সময় ৰাহি হয়।

Forward

ফৰোৱাৰ্ড এ মেচেজ ঃ আপুনি এটা মেচেজ পঢ়িচ তাৰ লগত আপোনাৰ বক্তব্য যুক্ত কৰি বন্ধু বা সহকৰ্মীক পঠাব পাৰে।

প্ৰিণ্ট এ মেচেজ ঃ এটি সঠিক কপি তৈয়াৰ কৰাৰ বাবে আপুনি মেচেজৰ প্ৰিণ্ট উলিয়াব পাৰে।

অৰ্গানাইজ মেচেজ ঃ যি মেচেজ আপুনি প্ৰেৰণ, গ্ৰহণ আৰু বিলুপ্ত কৰে, ই সাধাৰণতে e-mail প্ৰগ্ৰেম সঞ্চয় কৰে পৃথক ফোল্ডাৰত। সঞ্চিত মেচেজ পৰিচালনা কৰিবলৈ এই সংৰক্ষণ আপোনাক সহায় কৰে। আপুনি পিছত এইবোৰ ৰিভিউ কৰিব পাৰে। আপুনি নিজৰ মেচেজৰ আৰু ভালদৰে পৰিচালনা কৰাৰ বাবে ব্যক্তিগত ফোল্ডাৰ খুলিব পাৰে।

যিবোৰ মেচেজৰ আপোনাৰ আৰু প্ৰয়োজন নাই, সেইবোৰক ডিলিট কৰি আপুনি নিয়মিত ৰূপে নিজৰ ফোল্ডাৰক পৰিস্কাৰ ৰাখিব পাৰে।

চাম মোৰ E-Mail ফীচাৰ (E-mail-ৰ আৰু কিছু বৈশিষ্ট্য) ঃ

e-mail-ৰ আৰু কিছুমান বৈশিষ্ট্য আছে। গতিকে, সকল মেচেজ গ্ৰহণ আৰু প্ৰেৰণ বাহিৰেও আপুনি আৰু বহুতো কাম কৰিব পাৰে। স্বয়ংক্ৰীয়ভাবে পৰিচালনাৰ ক্ষেত্ৰত আৰু ইন্টাৰনেটৰ অন্যান্য অংশ ব্যৱহাৰ ক্ষেত্ৰত এইবোৰে আপোনাক সহায় কৰে। সেই বিষয়ে আপোনাৰ E-mail প্ৰগ্ৰেমেই আপোনাক জনাব পাৰে।

অটোমেটিক ৰিপ্লাই ঃ যেতিয়া আপুনি আপোনাৰ কম্পিউটাৰৰ পৰা দূৰত থাকে, তেতিয়া কিছুমান e-mail প্ৰগ্ৰেম স্বয়ংক্ৰীয়ভাবে আপোনাৰ মেচেজৰ উত্তৰ দিয়াত সক্ষম হয়। উদাহৰণস্বৰূপে এই বৈশিষ্ট **আউট অফ অফিচ একচিচটেন্ট ইন মাইক্ৰচফ্ট অফ বক্স** নামেৰে পৰিচিত। যিসকল ব্যক্তি আপোনাৰ সৈতে তৎক্ষনাৎ যোগাযোগ কৰিব বিচৰে, অথচ এইটো নাজানে যে আপুনি কেতিয়া ঘুৰি আহিব, তেওঁলোকৰ বাবে এইটো খুবহঁ সুবিধাজনক।

গেটিং অৰ্গানাইজড ঃ ই-মেইল প্ৰোগ্ৰাম কোনো সময়ত তালিকা প্ৰস্তুতিৰ বৈশিষ্ট সংযুক্ত কৰে কেলেণ্ডাৰ, এড্ৰেচ বুক, আৰু তালিকা প্ৰস্তুতিৰ দৰে বিষয় পৰিচালনাৰ বাবে। যি প্ৰগ্ৰেম আপোনাক এইবোৰ পৰিচালনা কৰাৰ সহায় কৰে, সেইটো পাৰ্চনেল ইনফৰ্মেচন মেনেজাৰ (PIM) নামেৰে পৰিচিত।

টকিং ই-মেইল ঃ যদি আপোনাৰ লগত সঠিক যন্ত্ৰ থাকে, তেন্তে কম্পিউটাৰ আপোনাৰ লগত কথাও পাতিব পাৰে। এই ক্ষেত্ৰত আপোনাৰ এটা টকিং ই-মেইল প্ৰোগ্ৰামৰ প্ৰয়োজন হব, যি ডাউনলোডৰ পিছত আপোনাৰ মেচেজ পঢ়াত সক্ষম হব।

স্পীকিং টু ইয়োৰ কম্পিউটাৰ (আপোনাৰ কম্পিউটাৰৰ সৈতে কথা পাতক) ঃ মাইক্ৰোচফ্ট ৱৰ্ড 2003-ৰ দৰে কিছুমান প্ৰচেচ আপোনাক কম্পিউটাৰৰ সৈতে কথা পাতিব সক্ষম কৰি তোলে। এই ধৰণৰ প্ৰগ্ৰেম **স্পীচ ৰিকোগনিচন প্ৰগ্ৰেম** নামেৰে পৰিচিত। এইটো আপোনাক কম্পিউটাৰৰ e-mail মেচেজ, চিঠি আৰু অন্যান্য তথ্য পাঠ কৰিবলৈ অনুমতি দিয়ে।

চাম এটিকেট অফ্ ৰাইটিং এ গুড e-Mail (ভাল e-Mail লিখাৰ কিছুমান শিষ্টাচাৰ) ঃ

E-Mail-ৰ মাধ্যমত মেচেজ পঠাবলৈ আৰু শিষ্টাচাৰ বজায় ৰাখিব তলৰ বিষয়বোৰ চাওঁক।

01. সমস্ত বিষয়ৰ মূল কথাক ধাৰণ কৰিব পাৰে, কেনকুৱা এটা চাবজেক্ট লাইন দৰাৰ। যেনে ö Can you send me your CD?-ৰ স্থানত আপুনি লিখিব পাৰে Send CD.

02. মেচেজ খুব সৰল আৰু to the point হোৱা উচিত। আপোনাৰ ই-মেইল ডাঙৰ চিঠিৰ তুলনতা এটি সৰু নোট হোৱাটোৱেই বাঞ্চনীয়।

03. আপোনাৰ মেচেজ বৰফলাত হোৱা উচিত নহয়। এইটো শাউটিং (Shouting)-ৰ সমতুল্য।

04. সৰুসুৰা ভুলবোৰ সংশোধন নকৰাকৈ সোনকালে মেচেজ পঠাই দিয়াটো অত্যন্ত সহজ কাম। কিছু e-mail পোগ্ৰামত বনানা চেক কাৰ বাবে অপ্চন থাকে। ৱৰ্ড-প্ৰোচেচিং প্ৰোগ্ৰামৰ সাহায্যত প্ৰথমতে গুৰুত্বপূৰ্ণ মেচেজ টাইপ কৰক। তাৰ পিছত বানান চেক কৰি কপি (Copy) আৰু পেষ্ট (Paste) কৰক এটা নতুন e-mail মেচেজ উইণ্ডোত।

05. যদি কোনো হাস্যকাৰ বিষয় সংযোজন কৰিব লাগে, তেন্তে সেইটো স্মাইলৰ দৰে কৰিব পাৰে...কাৰণ টেলিফোনৰ মাধ্যমত ব্যক্তিৰ মাতেৰে এই কাম খুব সহজে কৰা যায়, কিন্তু জনসাধাৰণ খুব সহজেই e-mail টোনৰ ভুল ব্যাখ্যা কৰিব পাৰে।

06. যেতিয়া মেচেজ দৰ্শিত হয়, তেতিয়া বেছিভাগ ক্ষেত্ৰতে বোল্ড আৰু ইটালিক আখৰ মেচেজৰ লগত সংযুক্ত নাথাকে।

07. e-Mail মেচেজ কেতিয়াও ভুল ব্যক্তিলৈ উপনীত নহয়। গতিকে, আপোনাৰ লিখাৰ বিষয়ে মনোযোগ দিয়ক।

08. e-mail/ৰ উত্তৰ যিমান সোনকালে সম্ভৱ, দিয়ক। প্ৰেৰক কিছু দিনৰ ভিতৰতেই আপোনাৰ উত্তৰৰ আশা কৰিব। e-mail পোৱাৰ কিছুদিনৰ ভিতৰতেই যদি আপুনি উত্তৰ নিদিয়ে, তেন্তে প্ৰেৰক খং কৰিবও পাৰে।

09. স্নেল মেল ক্ষেত্ৰত ৰিপ্লাই সম্পৰ্কে চিন্তাৰ সময় পাব কিন্তু ই-মেইলৰ ক্ষেত্ৰত আপুনি দ্ৰুতগতিত চিন্তা কৰিব পাৰে আৰু টাইপৰ বিষয় সম্পৰ্কে যত্নবান হব পাৰে। কঠোৰ আৰু খণ্ডল মেচেজ ফ্লেম নামেৰ পৰিচিত। ৰিপ্লাই প্ৰেৰণ ক্ষেত্ৰত ই সকলো সময়ত সতৰ্ক বাৰ্তা দি দিয়ে।

10. যেতিয়া আপুনি কোনো মেচেজৰ উত্তৰ পঠায় বা ফৰোৱাৰ্ড কৰে, তেতিয়া প্ৰকৃত মেচেজৰ গোটেই অংশ স্বয়ংক্ৰীয়ভাবে যুক্ত নহয়। গতিকে প্ৰথমতে মেচেজটো এডিট কৰি লওঁক।

হটমেইলত ই-মেইল একাউণ্ট খোলা ঃ

হটমেইল ফ্ৰি ই-মেইল চাৰ্বিচ বুলি কয়, যিটোৱে আপোনাক পাৰমান্টে ই-মেইল এড্ৰেচ উপলব্ধ কৰাই। মাইক্ৰোচফ্‌টক এইটো সেৱাৰ অন্তৰ্গত আপুনি হটমেইলৰ দ্বাৰা আপোনাৰ ই-মেইল একাউণ্ট খুলি আপোনাৰ মেইলক চাব পাৰে আৰু তাৰ উত্তৰ দিব পাৰে। আপোনাৰ ই-মেইল একাউণ্ট অপেন কৰিব বাবে নিম্নলিখিত ষ্টেপক পুৰা কৰক।

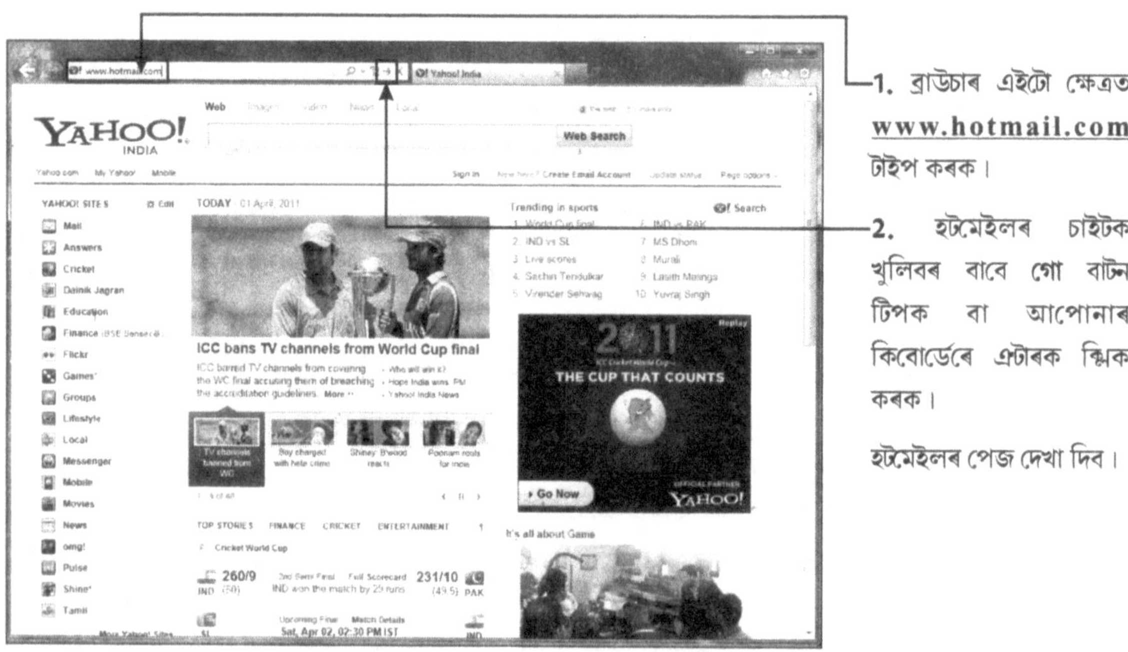

1. ব্ৰাউচাৰ এইটো ক্ষেত্ৰত **www.hotmail.com** টাইপ কৰক।

2. হটমেইলৰ চাইটক খুলিবৰ বাবে গো বাটন টিপক বা আপোনাৰ কিবোৰ্ডেৰে এণ্টাৰক ক্লিক কৰক।

হটমেইলৰ পেজ দেখা দিব।

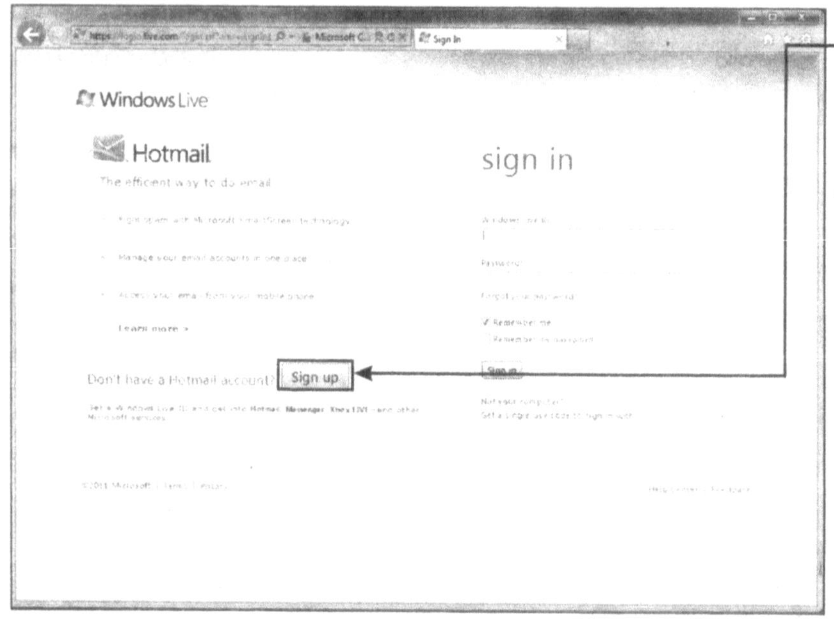

3. হটমেইলত নতুন একাউণ্ট খুলিবৰ বাবে **চাইন** আপ কৰি ক্লিক কৰক।

অপচন পেজ খুলি যাব।

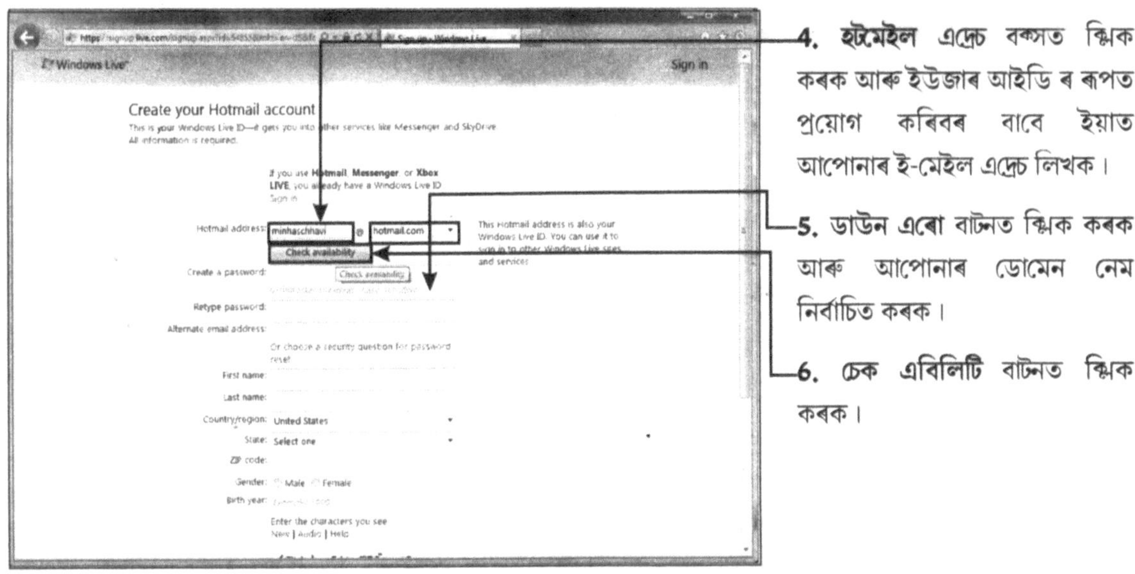

এতিয়া হটমেইলে এইটো চেক কৰিব যে আপোনাৰ দ্বাৰা নিৰ্বাচিত কৰা ই-মেইল এড্ৰেচ কোনো অন্য ব্যক্তিয়ে নিৰ্বাচিত কৰা নাইতো, যদি এইটো ই-মেইল এড্ৰেচ কোনো অন্য ব্যক্তিৰ দ্বাৰা প্ৰয়োগ কৰা গৈছে তেতিয়াহ'লে হটমেইল প্ৰাম্পটে আপোনাক অন্য ই-মেইল এড্ৰেচ এন্টাৰ কৰিবৰ বাবে কব। যদি আপোনাৰ দ্বাৰা নিৰ্বাচন কৰা ই-মেইল এড্ৰেচ কোনো অন্য ব্যক্তিয়ে নিৰ্বাচন কৰিছে তেতিয়াহ'লে হটমেইলে আপোনাক কব যে আপোনাৰ দ্বাৰা নিৰ্বাচন কৰা ই-মেইল এড্ৰেচ **উপলব্ধ** আছে।

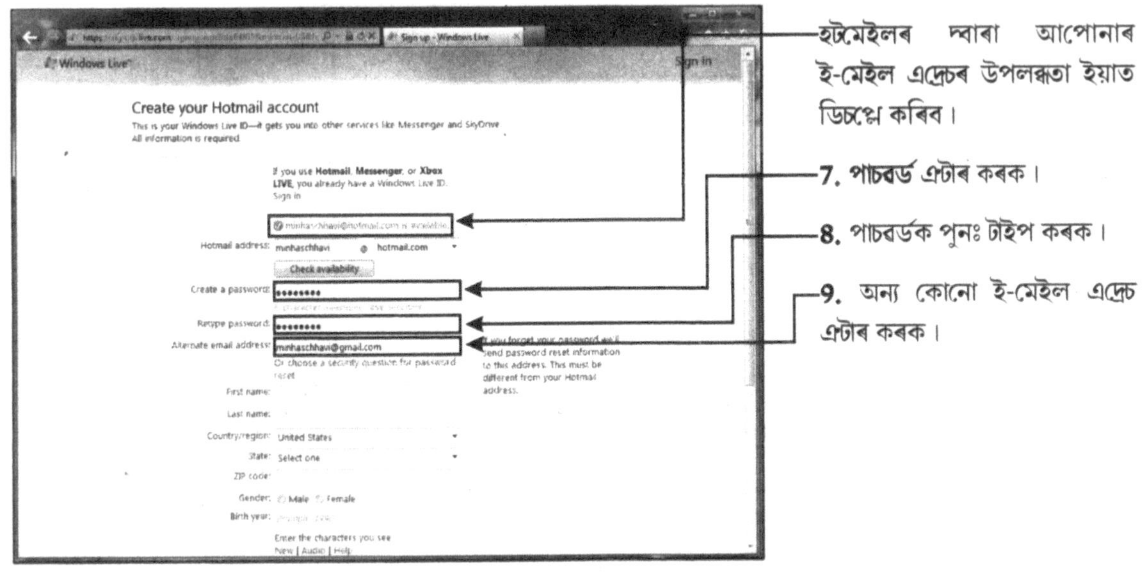

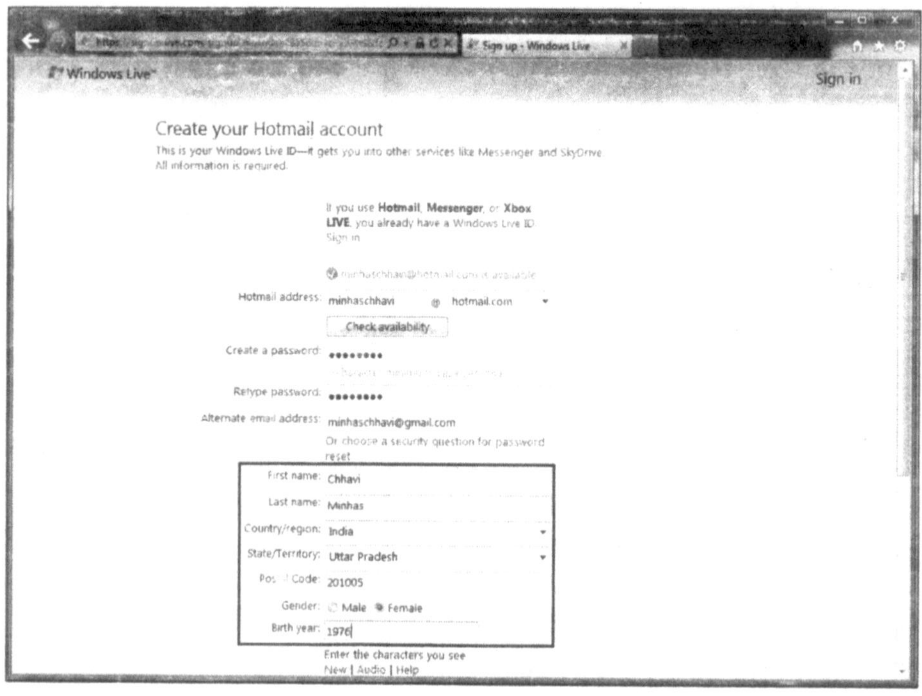

10. প্ৰথম নাম, শেষৰ নাম, দেশৰ নাম, ৰাজ্যৰ নাম, ডাকৰ কোড আৰু জন্মৰ বছৰ আৰু লিংগ এইটো ভাগত এণ্টাৰ কৰক।

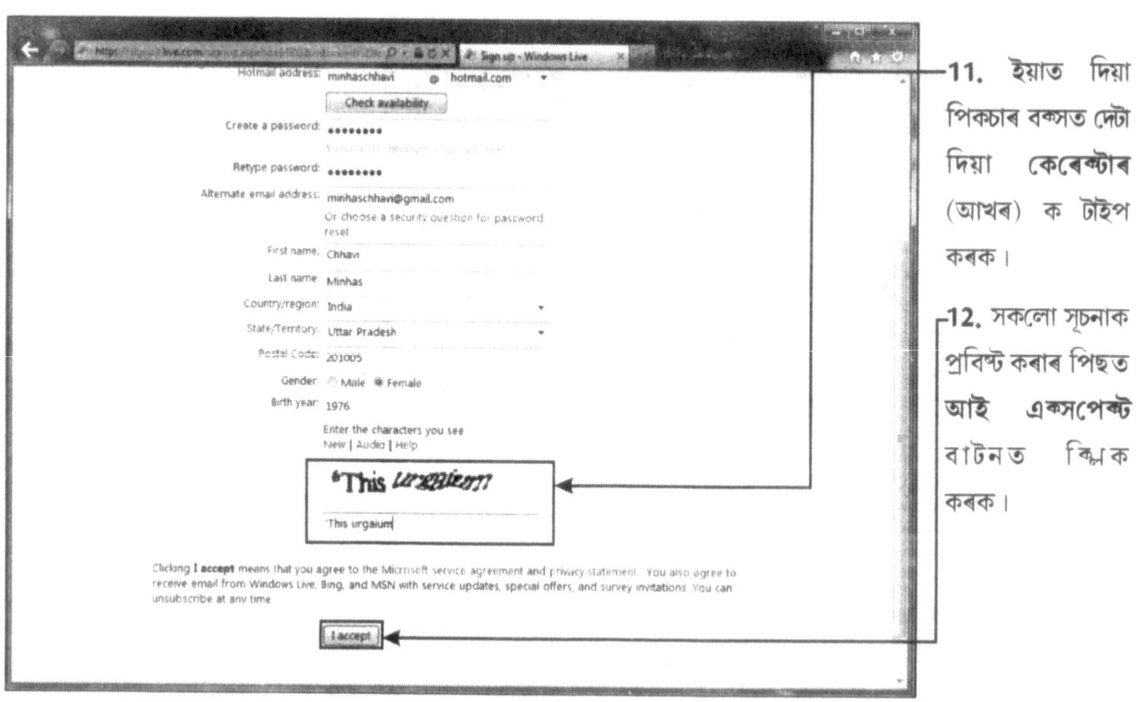

11. ইয়াত দিয়া পিকচাৰ বক্সত দেটা দিয়া কেৰেক্টাৰ (আখৰ) ক টাইপ কৰক।

12. সকলো সূচনাক প্ৰবিষ্ট কৰাৰ পিছত আই এক্সপেক্ট বাটনত ক্লিক কৰক।

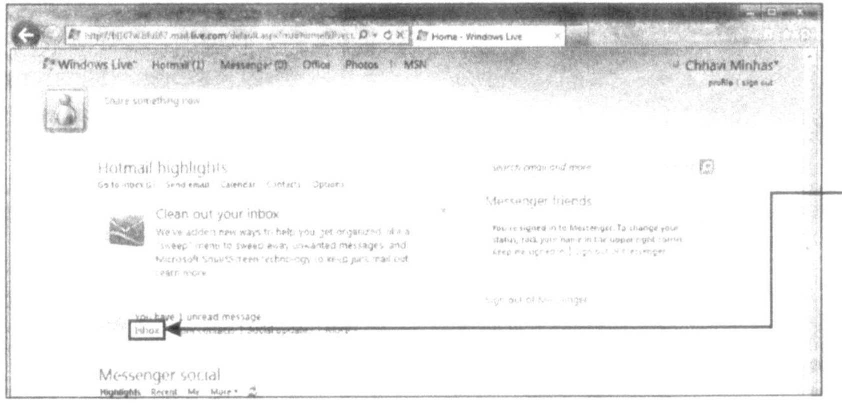

আপোনাৰ একাউণ্ট খুলি যায় আৰু আপোনাৰ হটমেইল পেজ দেখা দিব।

13. ইনবক্স বাটনত ক্লিক কৰক।

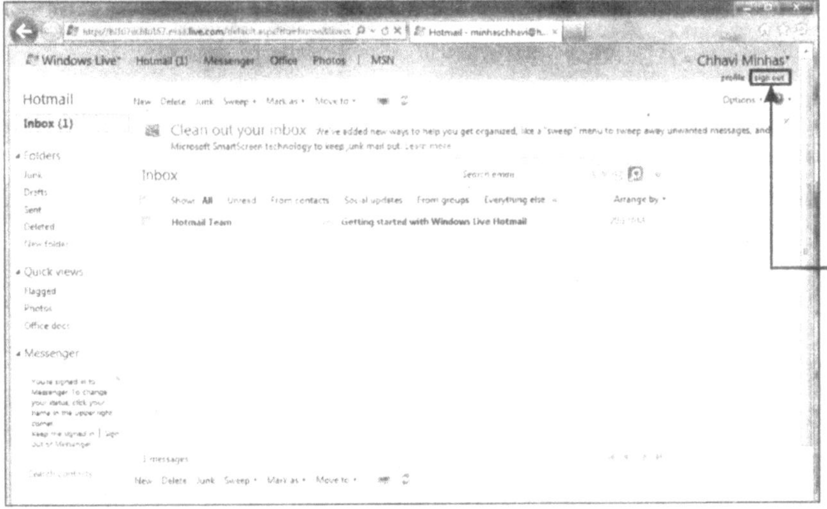

আপোনাৰ ইনবক্স পেজ ডিচপ্লে হয়। য'ত আপোনাৰ ই-মেইল একাউণ্টত থকা সকলো মিল থাকে।

আপোনাৰ কার্য পুৰা কৰাৰ পিছত হটমেল একাউণ্টৰ পৰা চাইন আউট কৰা কেতিয়াও নাপাহৰিব।

14. হটমেইল একাউণ্টত ঘূৰি আহিবৰ বাবে **চাইন আউট** বাটনত ক্লিক কৰক।

এমএচএন ৱেবচাইট দেখা দিব।

মেইলক পঢ়া আৰু আদান-প্ৰদান কৰা

এতিয়া আপুনি এইটো প্ৰগ্ৰেমৰ সহায়েৰে আপোনাৰ মেইলক পঢ়িব পাৰে আৰু আপোনাৰ ই-মেইলকো পঠিয়াব পাৰে।

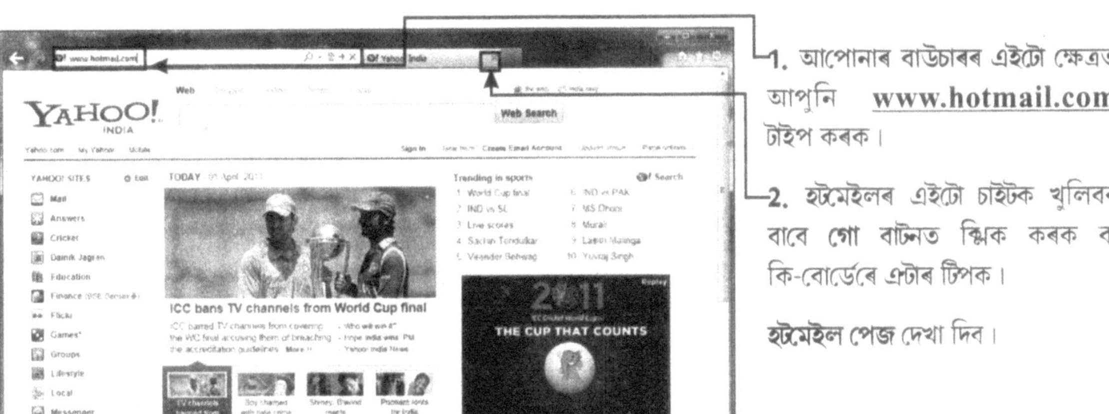

1. আপোনাৰ বাউচাৰৰ এইটো ক্ষেত্ৰত আপুনি **www.hotmail.com** টাইপ কৰক।

2. হটমেইলৰ এইটো চাইটক খুলিবৰ বাবে গো বাটনত ক্লিক কৰক বা কি-বোৰ্ডেৰে এণ্টাৰ টিপক।

হটমেইল পেজ দেখা দিব।

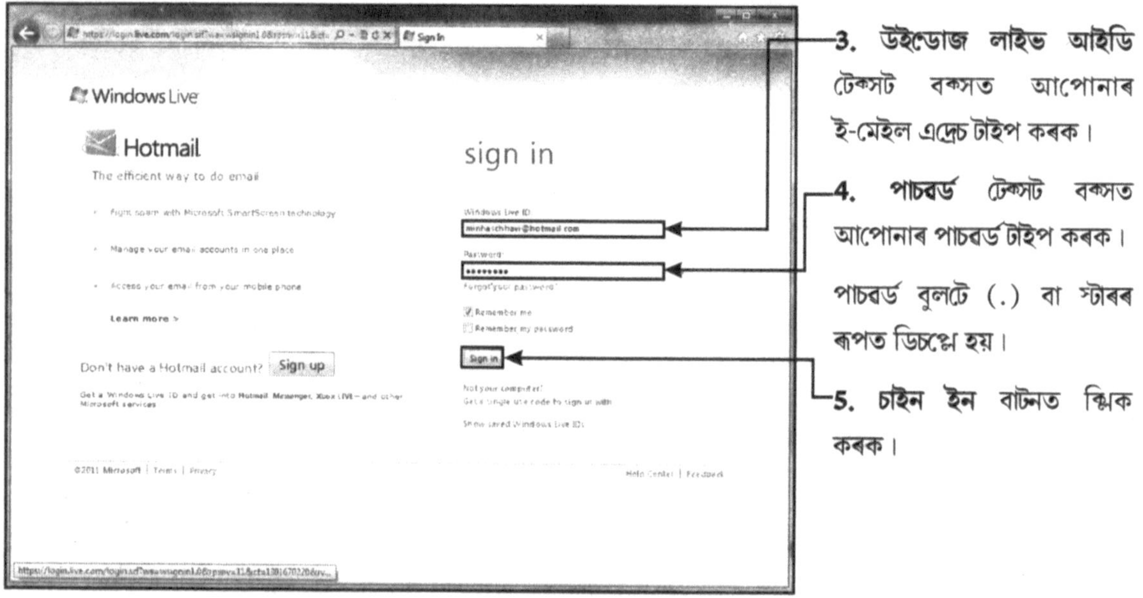

3. **উইণ্ডোজ লাইভ আইডি** টেক্সট বক্সত আপোনাৰ ই-মেইল এড্রেচ টাইপ কৰক।

4. **পাচৱৰ্ড** টেক্সট বক্সত আপোনাৰ পাচৱৰ্ড টাইপ কৰক।

পাচৱৰ্ড বুলটে (.) বা স্টাৰৰ ৰূপত ডিচপ্লে হয়।

5. **চাইন ইন** বাটনত ক্লিক কৰক।

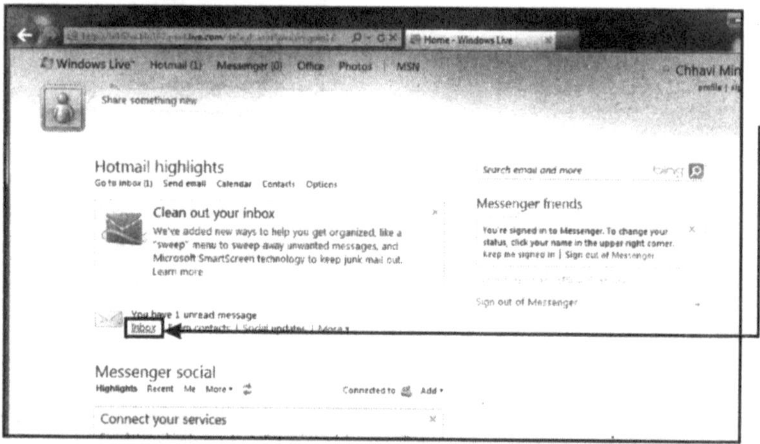

আপোনাৰ একাউন্টৰ **হটমেইল** পেজ দেখা দিব।

6. আপোনাৰ ই-মেইলক চেক কৰিবৰ বাবে **ইনবক্স** বাটনত ক্লিক কৰক।

ইনবক্স পেজ দেখা দিব যৰ পৰা আপুনি আপোনাৰ ই-মেইলক পঢ়িব পাৰে।

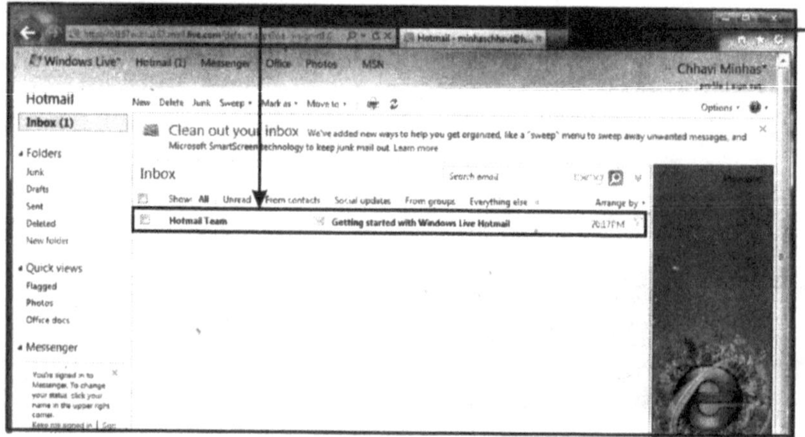

7. মাউচৰ পইণ্টাৰৰ সহায়েৰে যি কোনো মেইলত ক্লিক কৰক।

আপোনাৰ দ্বাৰা চিলেক্ট কৰা ই-মেইল খুলি যাব।

হটমেইলত নতুন মেইল কম্পোজ কৰা

আপোনাৰ বিচাৰ আৰু সংবাদকক অন্য ব্যক্তিলৈ লৈ যাবৰ বাবে আপুনি হটমেইলত মেইল প্ৰস্তুত কৰিব পাৰে।

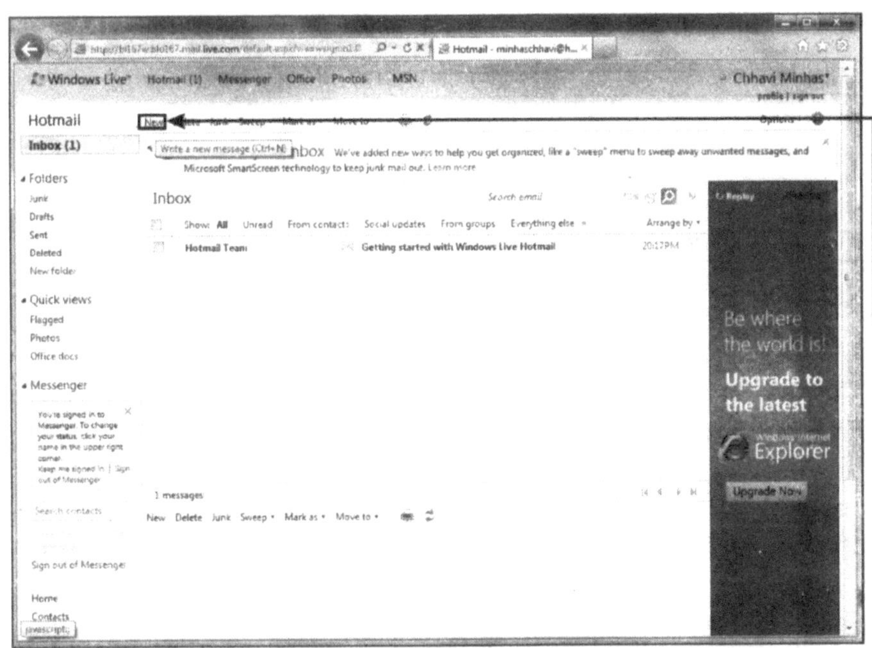

1. ই-মেইলক কম্পোজ কৰিবৰ বাবে সকলোতকৈ প্ৰথমে **ইউজাৰ আইডি** আৰু **পাচৱৰ্ড** দি আগৰ দৰে আপোনাৰ ই-মেইল একাউন্ট অপেন কৰক।

2. নতুন ই-মেইল মেচেজক অপেন কৰিবৰ বাবে নিউ ত ক্লিক কৰক।

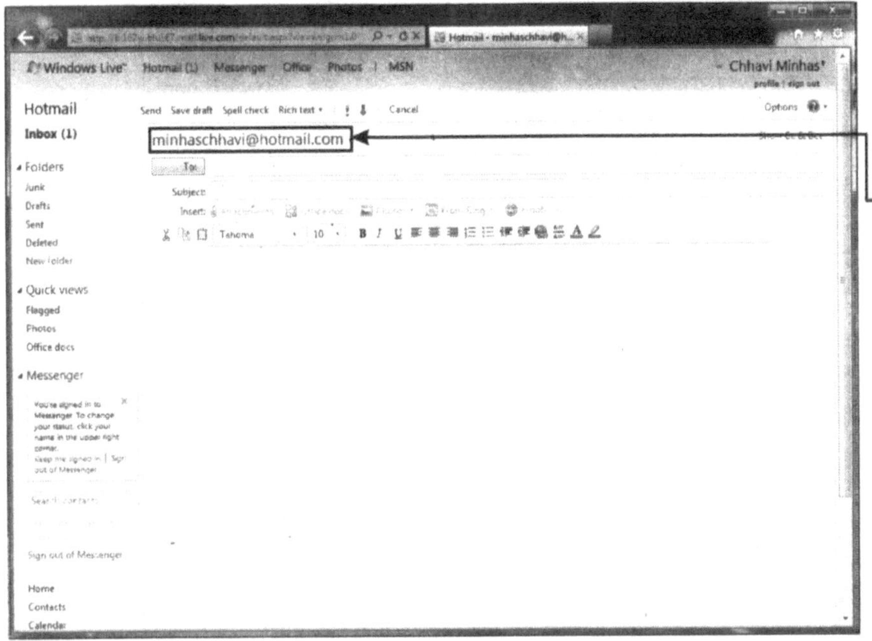

কম্পোজ পেজ ডিচপ্লে হ'ব, য'ত আপুনি আপোনাৰ মেইল কম্পোজ কৰিব পাৰে।

ফৰ্ম বক্সত আপোনাৰ ই-মেইল এড্ৰেচ দেখা দিব।

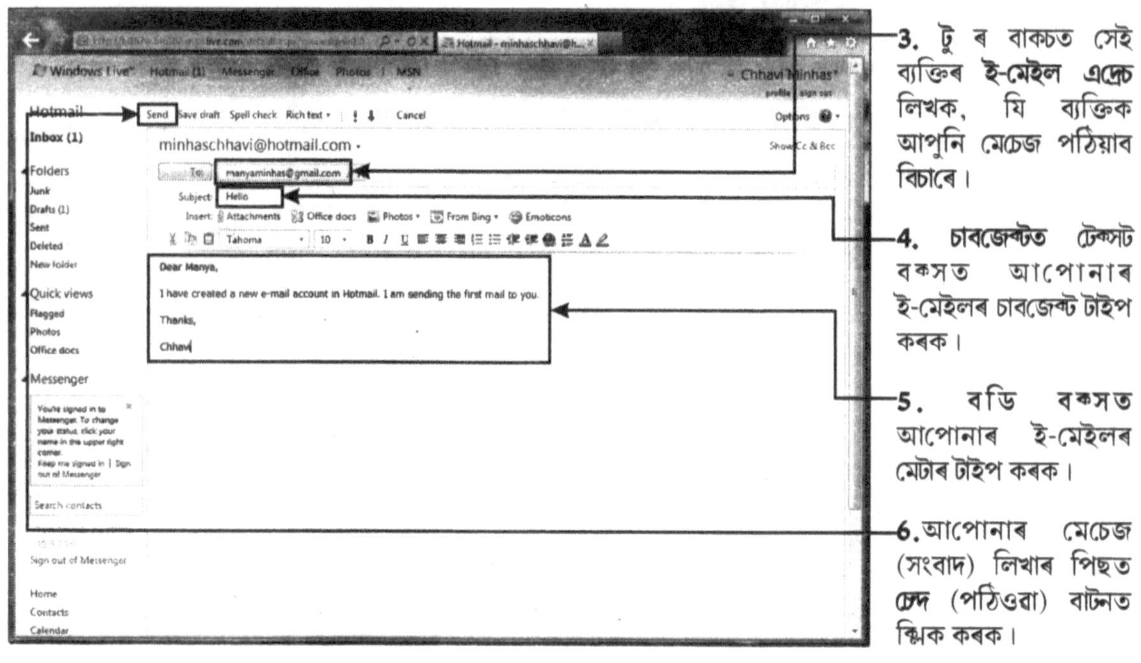

3. টু ৰ বাকচত সেই ব্যক্তিৰ **ই-মেইল এড্ৰেচ** লিখক, যি ব্যক্তিক আপুনি মেচেজ পঠিয়াব বিচাৰে।

4. **চাবজেক্টত** টেক্সট বক্সত আপোনাৰ ই-মেইলৰ চাবজেক্ট টাইপ কৰক।

5. বডি বক্সত আপোনাৰ ই-মেইলৰ মেটাৰ টাইপ কৰক।

6. আপোনাৰ মেচেজ (সংবাদ) লিখাৰ পিছত **চেন্দ** (পঠিওৱা) বাটনত ক্লিক কৰক।

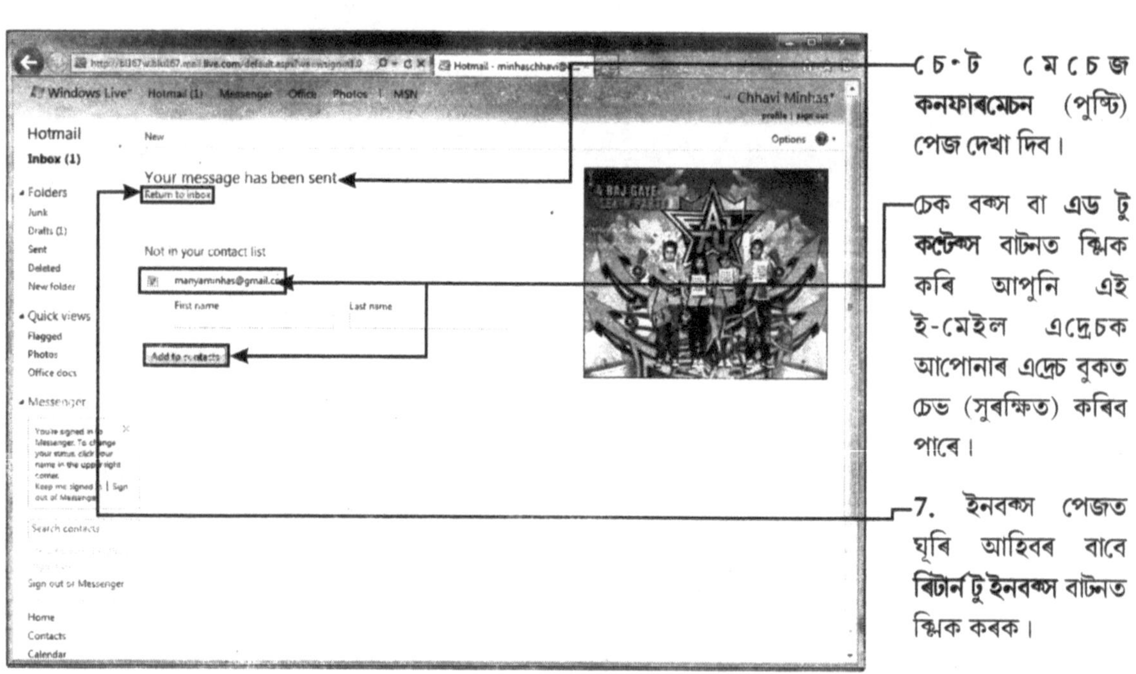

চেন্ট মেচেজ **কনফাৰমেচন** (পুষ্টি) পেজ দেখা দিব।

চেক বক্স বা **এড টু কণ্টেক্স** বাটনত ক্লিক কৰি আপুনি এই ই-মেইল এড্ৰেচক আপোনাৰ এড্ৰেচ বুকত চেভ (সুৰক্ষিত) কৰিব পাৰে।

7. ইনবক্স পেজত ঘূৰি আহিবৰ বাবে **ৰিটাৰ্ন টু ইনবক্স** বাটনত ক্লিক কৰক।

ই-মেইলৰ লগতে কোনো ফাইলক এটেচ কৰা

এটেচমেন্ট সুবিধাৰ প্ৰয়োগ কৰি আপুনি আপোনাৰ সংবাদৰ লগতে কেইবাটাও ফাইল পঠিয়াব পাৰে। আপুনি আপোনাৰ ই-মেইলৰ লগতে যিকোনো পিকাচৰ, ফল্ডাৰ, ফাইল আৰু জিপ ফাইলক এটেচ কৰিব পাৰে।

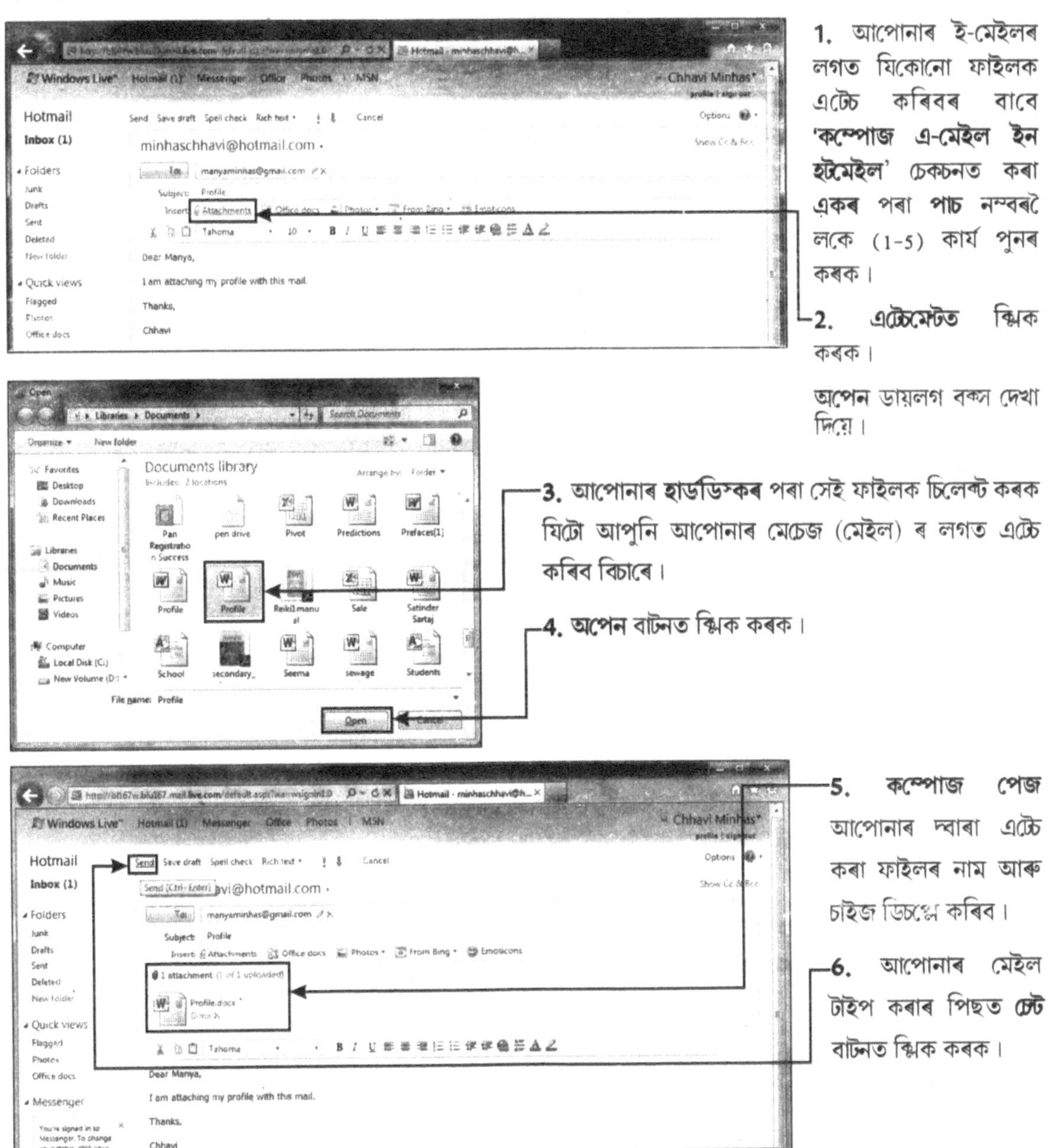

1. আপোনাৰ ই-মেইলৰ লগত যিকোনো ফাইলক এটেচ কৰিবৰ বাবে **'কম্পোজ এ-মেইল ইন হটমেইল'** চেকচনত কৰা **একৰ** পৰা **পাচ** নম্বৰলৈকে (1-5) কাৰ্য পুনৰ কৰক।

2. **এটেচমেন্টত** ক্লিক কৰক।

অপেন ডায়লগ বক্স দেখা দিয়ে।

3. আপোনাৰ **হাৰ্ডডিস্কৰ** পৰা সেই ফাইলক চিলেক্ট কৰক যিটো আপুনি আপোনাৰ মেচেজ (মেইল) ৰ লগত এটেচ কৰিব বিচাৰে।

4. **অপেন** বাটনত ক্লিক কৰক।

5. কম্পোজ পেজ আপোনাৰ দ্বাৰা এটেচ কৰা ফাইলৰ নাম আৰু চাইজ ডিচপ্লে কৰিব।

6. আপোনাৰ মেইল টাইপ কৰাৰ পিছত **চেন্ট** বাটনত ক্লিক কৰক।

চেন্ট মেচেজ কনফাৰমেচন পেজ দেখা দিয়ে। যিটোৱে এইটো কয় যে ই-মেইলৰ লগত পঠিয়াই দিয়া আপোনাৰ এটেচমেন্ট গৈছে।

নিউজ গ্ৰুপচ ঃ

নিউজগ্ৰুপচ হ'ল এটি অনলাইন বিষয়, যাৰ মাধ্যমেৰে ইউজাৰ নিৰ্দ্দিষ্ট বিষয়ত আলোচনান ক্ষেত্ৰত সংযোজন কৰিব আৰু অংশ লব পাৰে। নিউজগ্ৰুপত বহুত ইউজাৰৰ মাধ্যমত মেচেজ পৰিৱৰ্তিত হয় আৰু সেই কাৰণে আলোচনাত ব্যাঘাত ঘটে। ইন্টাৰনেট ইনউজ গ্ৰুপৰ শাখাবোৰ ইউজনেট নামেৰে পৰিচিত। এইটো পিকৰ ভিত্তিত মাল্টিমিডিয়াৰ হেনজাৰ নিউজগ্ৰুপ ধাৰ কৰি আছে। নিউজ, ৰিক্ৰিয়েচন, বিজিনেচ, চাইঞ্চ আৰু কম্পিউটাৰ, এই টপিকবোৰেই অধিকাংশ স্থান দখল কৰি আছে। এটা কম্পিউটাৰ নিউজগ্ৰুপ মেচেজক সঞ্চিত কৰে আৰু পৰিবেশন কৰে, যি **নিউজ চাৰ্ভাৰ** নামেৰে পৰিচিত। বহুতো ইউনিৰ্ভাচিটি, কৰ্পোৰেচন, ISPs, অনলাই চাৰ্ভিচ আৰু বহুতো ডাঙৰ সংস্থাৰ নিউজ-চাৰ্ভাৰ আছে। কিছুমান নিউজগ্ৰুপক কেৱল তাৰ সমস্যাসকলেহে ব্যৱহাৰ কৰিব পাৰে আলোচনাত ভাগ লবলৈ আপুনি ইয়াত আপোনাৰ নাম আৰু পাচৱৰ্ড অৰ্ন্তভুক্ত কৰক।

বেছিভাগ ব্ৰাউজাৰৰ লগত সংযুক্ত প্ৰোগ্ৰাম হল নিউজৰীডাৰ, ইয়াত এটি **আৰ্টিকল** পড়াটা হয়, যি পূৰ্বেই যি মেচেজ অৰ্ন্তভুক্ত আছে, সেইটো পঠাব বাবে এই নিউজগ্ৰুপত আপুনাক প্ৰৱেশৰ অনুমতি দিয়ে। আপুনি নিজৰ বিষয়ে অলপ লিখি সেইটো যোগ কৰিব পাৰে, যি **পোষ্টিং** নামেৰে পৰিচিত। আপুনি পঢ়া বা নপঢ়া আৰ্টিকলবোৰৰ বাবে নিউজৰীডাৰে এটা ৰাস্তা নিৰ্ধাৰণ কৰি দিব পাৰে। নিউজগ্ৰুপৰ সদস্যাসকল খুব সহজেই অন্যান্য আৰ্টিকলৰ উত্তৰ দিব পাৰে এটি প্ৰশ্নৰ উত্তৰ হিচাপে অথবা প্ৰকৃত আৰ্টিকল হিচাপে সেইটো প্ৰেৰণ কৰিব পাৰে। এই উত্তৰ এটি একক প্ৰবন্ধ হব পাৰে বা সংযুক্ত কোনো প্ৰবন্ধও হব পাৰে। এই একক প্ৰবন্ধ বা সংযোজনবোৰ **থ্ৰেড** নামেৰে পৰিচিত। এই **থ্ৰেড** কেতিয়াবা সৰু, কেতিয়াবা ধাৰাবাহিক হয়, সেইটো নিৰ্ভৰ কৰে বিষয় আৰু অংশীদাৰৰ ওপৰত।

আপোনাৰ বিষয় আলোচনা কৰাৰ বাবে আপুনি নিউজৰীডাৰৰ মাধ্যমত নিউজগ্ৰুপ চাৰ্চ কৰিব পাৰে। নিৰ্দ্দিষ্ট নিউজগ্ৰুপত যি বিষয়ৰ আলোচনা হব, তাৰ সম্বন্ধে আপোনাক সাহায্য কৰিব পাৰে, নিউজগ্ৰুপ ব্যৱহাৰ কৰিব পাৰে, নিৰ্দ্দিষ্ট শব্দৰ শ্ৰেণীগত অৰ্থ, এটি বিভাগক বহুতো বিভাগত ভাঙিব পাৰে। পিৰিয়ডৰ দ্বাৰা খণ্ডিত বিভাগবোৰ পৃথক হৈ যায়। যদি আপুনি নিৰ্দ্দিষ্ট নিউজগ্ৰুপৰ আলোচনতা অংশ লব বিচাৰে, তেন্তে আপুনি এইটো চাবস্ক্ৰাইব কৰিব পাৰে, যাৰ অৰ্থ হল আপোনাৰ নিউজ ৰীডাৰৰ বাবে এই অঞ্চল সুৰক্ষিত। গতিকে, আপুনি ভৱিষ্যতে সহজেই ইয়াত প্ৰৱেশ কৰিব পাৰে।

কোনো সময়ত আপুনি যি পৰিমিত প্ৰবন্ধ পঠাই, সেইটো লগে-লগেই নিউজগ্ৰুপ দেখুৱাই দিয়ে। এইটো এটা সংযত চাব-গ্ৰুপ, এইসংযমৰ বাবেই আৰ্টিকল এডিট কৰা হয় আৰু তাক প্ৰেৰণ কৰা হয়, যি আলোচনাৰ লগ্ত সংযুক্ত।

চেটিং ঃ

চেটিং ইন্টাৰনেটৰ এটা অতি লোকপ্ৰিয় ফীচাৰ। আগত আৰু পিছত টাইপ কৰাৰ পিছত বিশ্বৰ কোনো ব্যক্তিৰ লগত সম্পৰ্ক হৈ যায়। টেক্সট আধাৰিত (Text based) তথা মাল্টি-মিডিয়া চেটিংৰ দুটা প্ৰকাৰ।

টেক্সট বেস্ড ঃ

ইনটাৰনেটত চেটিংৰ সৰ্বাধিক পুৰণা তথা লোকপ্ৰিয় উপায়। ইয়াত আপুনি এক বা অধিক লোকৰ লগত চেটিং কৰিব পাৰে। ইন্টাৰনেট সম্বন্ধ টেক্সট বা পাঠ শীঘ্ৰে উপলব্ধ কৰাই দিয়ে।

মাল্টিমিডিয়া ঃ

এই প্ৰণালীৰ দ্বাৰা আপুনি কৈ কথা পাতিব পাৰে আৰু ইন্টাৰনেটত সম্পৰ্কে লাইভ ভিডিঅ'ৰ দ্বাৰা স্থাপিত কৰিব পাৰে। কিন্তু যিহেতু ইন্টাৰনেটত ধ্বনি আৰু ভিডিঅ' ধীৰ গতিত transfer হয়, সেয়ে মাল্টি মিডিয়া পেণ্টৰ কাৰণে এক হাই স্পীড কানেকচন থকাৰ খুবেই প্ৰয়োজন।

ইনস্টেন্ট মেচেজ ঃ

ইন্টাৰনেটত নিজৰ বন্ধু, সহযোগী বা পৰিবাৰজনৰ লগত বাৰ্তালাপ কৰিবৰ বাবে ইনস্টেন্ট মেচেজচৰ বিনিময়ৰ তুৰন্ত সুবিধাও থাকে। আপনি যিয়েই মেচেজ পঠিয়াব সেইটো সোনকালে বেলেগ ব্যক্তিৰ স্ক্ৰীনত প্ৰদৰ্শিত হৈ যাব আৰু সেইটোও সোনকালে প্ৰত্যুত্তৰ দিব পাৰিব।

কোনো ইনস্টেন্ট মেচেজচৰ সেৱাত আপুনাক সোনকালে সচেতন কৰাৰ সুবিধাত থাকে মানে কোনো কেলেণ্ডাৰ এপাৰ্টমেন্ট, চেয়াৰ মাৰ্কেটৰ উদ্ধাৰ, বাতৰিৰ জানকাৰী বা খেলাত স্কোৰ জানিবৰ ইচ্ছা হয় তেতিয়া এনেকুৱা সোনকালে হব পাৰে লোক ইনস্টেন্ট মেচেজচৰ প্ৰয়োগ সকলো প্ৰকাৰৰ কম্পিউটাৰত কৰিব পাৰে যত অন্তৰ্ভুক্ত থাকে ডেক্সটপ কম্পিউটাৰ, নোটবুক কম্পিউটাৰ লগতে পোৱা কম্পিউটাৰ এৱম Web enabled ডিভাইজেজ।

ইনস্টেন্ট মেচেজিং প্ৰোগ্ৰেম ঃ

মানুহৰ লগত সোনকালে মেচেজৰ বিনিময় কৰোতে আপুনি আপোনাৰ কম্পিউটাৰত এটা ইন্টাৰনেট মেচেজিং প্ৰোগ্ৰাম লগাব লগীয়া হয়। আপোনাক মানুহৰ লগত সোনকাল মেচেজৰ বিনিময়ৰ বাবে এইটো প্ৰোগ্ৰেম প্ৰয়োগত আনিব লাগিব। নেটৰ দ্বাৰা ইন্টাৰনেট মেচেজিং প্ৰোগ্ৰাম লগাব পৰা যায়।

ইলেক্ট্ৰনিক্স কৰ্মাচ

ইলেক্ট্ৰনিক কৰ্মাচ (ই-কৰ্মাচ) ক ই-বিজিনেচ বুলিও কোৱা হয়। এইটো ইলেক্ট্ৰনিক নেটৱৰ্কত কৰা বিজিনেচৰ বিত্তীয় লেন-দেন হয়। যিকোনো ব্যক্তি যাৰ ওচৰত ইন্টাৰনেটৰ সুবিধাযুক্ত কম্পিউটাৰ থাকে আৰু কেনো বস্তু অথবা সেৱাৰ বাবে তেওঁ ক্ৰেডিট কাৰ্ড আদিৰে ভুগতান কৰে তেতিয়াহ'লে সেইটো ই-কৰ্মাচ বুলি কোৱা হয়।

অনলাইন শ্বপিংৰ দৰে হাজাৰ হাজাৰ এনে ৱেবচাইট আছে যিটো ইন্টাৰনেটৰ ওপৰত নিজৰ প্ৰডাক্ট অথবা সেৱাক উপলব্ধ কৰাই। ইয়াৰে কিছুমান চাইটচে কিছুমান বিশেষ বস্তুৰ ওপৰত কেন্দ্ৰিত থাকে যেনে বুক্স আৰু টেবুল, কিন্তু কেইবাটাও চাইটচে বহুত বস্তু অথবা সেৱা অনলাইন উপলব্ধ কৰাই। ৱেবচাইটে নিজৰ বস্তু অথবা সেৱাক বেচাৰ বহুত ভাল মাধ্যম হয় যিটো আপোনাক সময় আৰু যাত্ৰাত হোৱা অসুবিধাক কম কনেৰ। ই-কৰ্মাচৰ দ্বাৰা আপুনি গোটেই বিশ্বত তীব্ৰতাৰে লেন-দেন কৰিব পাৰে আৰু এইটো আপোনাৰ সময়কো বহুত বচাই।

অনলাইন বস্তু কিনাৰ পূৰ্বে ৰিচাৰ্চ ঃ যদি আপুনি লেপটপ, ভিডিঅ কেমেৰা, ডাঙৰ স্ক্ৰীনৰ টিভি বা কাৰ কিনাৰ কথা ভাবি আছে তেতিয়াহ'লে ইয়াক কিনাৰ পূৰ্বে আপুনি ইন্টাৰনেটত ইয়াৰ লগত সম্বন্ধীত ইনফৰমেচন নিশ্চয় লব লাগে। ৱেবচাইটত আপুনি এই প্ৰডাক্টৰৰ লগত সম্বন্ধীত যিকোনো লোকৰ বিচাৰো জানিব পাৰে, ইয়াৰে কিছুমান সূচনা আপোনাৰ বাবে বহুত লাভদায়ক হয়।

শ্বপিং কাৰ্ট ঃ ই-কৰ্মচেৰে বস্তু কিনা সময়ত সামান্যৰূপে আপুনি আভাসী দোকান (ভাৰ্চুয়েল কাৰ্ট) ৰ লগত সেই আইটেমক এড কৰে যিটো আপুনি কিনিব বিচাৰে। কেইবাটাও চাইটচ কাৰ্ট লিংকক চোৱাৰ সুবিধাও থাকে যৰ পৰা আপুনি তাত উপলব্ধ বস্তুক চাব পাৰে। কেইবাটাও চাইটত লিংকো জড়িত হৈ থাকে যিটোক ক্লিক কৰিলে আপুনি সেইটো পেজক দেখা পাব, য'ত আপোনাক আপোনাৰ ঠিকনা দিব লাগে আৰু তাত ভোগতান সম্বন্ধী প্ৰক্ৰিৰ সূচনা থাকে।

চিকিউৰিটি কনচাৰ্ন ঃ অনলাইন বস্তু কিনা আজিকালী বহুত সহজ, সুৰক্ষিত আৰু ভাল হৈ গৈছে। যেতিয়া অনলাইনত আপুনি যিকোনো বস্তু কিনে তেতিয়া বিক্ৰেতাই আপোনাৰ পৰা ভোগতান সম্বন্ধী সকলো তথ্য লয়। ইয়াত সামান্যৰূপত আপোনাৰ নাম আৰু ঠিকনাৰ লগতে ক্ৰেডিট কাৰ্ডৰ নম্বৰ, তাৰ এক্সপায়াৰি আৰু কেতিয়াবা-কেতিয়াবা চিকিউৰিটি কোডৰ তথ্যকো বিচাৰে। এনেতে এইটো সুনিশ্চিত কৰাৰ আৱশ্যক হয় যে এইটো গুৰুত্বপূৰ্ণ ডাটা (সংখ্যা) কোনো বেয়া মানুহৰ হাতত পৰা নাইতো। সেইকাৰণে এইটো বহুত গুৰুত্বপূৰ্ণ হয় যে আপুনি এই ডাটাক কোনো সুৰক্ষিত চাইত উপলব্ধ কৰোৱাওক।

অনলাইন বিক্ৰী ঃ যিদৰে আপুনি ইন্টাৰনেটৰ পৰা অনলাইন কোনো বস্তু অথবা সুবিধাক সহজতে প্ৰাপ্ত কৰিব পাৰে, সেইদৰে আপুনি ইয়াৰ ওপৰত আপোনাৰ প্ৰডাক্ট আৰু চাৰ্ভিচৰ বিক্ৰীও কৰিব পাৰে। ইন্টাৰনেটত বিক্ৰী কৰিবৰ বাবে বিভিন্ন উপায় উপলব্ধ আছে যেনে নীলামী, বৰ্গীকৃত বিজ্ঞাপন আৰু কোনো ৰিটেইল অপাৰেচনৰ লগত জড়িত থাকি আদি। এনে ধৰণৰ ৱেবচাইটো আছে য'ত আপুনিও আপোনাৰ অনলাইন স্টৰ খুলিব পাৰে। যদি আপুনি কোনো প্ৰডাক্টৰ বিক্ৰী কৰা সময়ত তাৰ মূল্যক লৈ সংশতিক হয় তেতিয়া আপুনি অনলাইন নীলামীও কৰিব পাৰে। অনলাইন নীলামীৰ বাবে সকলোতকৈ অধিক লোকপ্ৰিয় চাইট ইবে (ডবলিউডবলিউডবলডিডটইবেডটকম) হয়।

ইনটাৰনেটত ইনফৰমেচনৰ চাৰ্চ (সূচনাৰ অনুসন্ধান) কৰা

সেইটো চফ্‌টৱেয়ৰ প্ৰগ্ৰেম যিটো কোনো ৱেবচাইট, ৱেব পেজ আৰু ইণ্টাৰনেট ফাইলৰ অনুসন্ধ কৰাত আপোনাক বহুত সহায় কৰে, ইয়াক **চাৰ্চ ইঞ্জিন** বুলি কেৱা হয়। চাৰ্চ ইঞ্জিন সেই স্থিতিত বহুত লাভদায়ক হয় যেতিয়া আপোনাক কোনো ৱেবপেজ বা ফাইলৰ অনুসন্ধান কৰা সময়ত নিশ্চিত ইউআৰএলৰ বিষয়ে জান নাথাকে। কোনো ৱেবপেজক বিচাৰিবৰ বাবে আপোনাক **চাৰ্চ ইঞ্জিনৰ টেক্সট বক্সত** তাৰ লগত সম্বন্ধীত কোনো শব্দ বা সূচনা এণ্টাৰ কৰিব লাগে, যাক চাৰ্চ টেক্সট আৰু কিবোৰ্ড বুলি কোৱা হয়। কোনো চাৰ্চইঞ্জিন এক প্ৰগ্ৰেমৰো ব্যৱহাৰ কৰে যিটো আপোনাৰ দ্বাৰা এণ্টাৰ কৰা সূচনাৰ লগত সম্বন্ধীত ৱেবপেজৰ গোটেই লিস্টক ডিচপ্লে কৰে, ইয়াক **কালাৰ** আৰু **বোট** বুলি কোৱা হয়। স্পাইডাৰ ৱেবচাইটৰ পেজক তাৰ কেটেলগ আৰু ইণ্ডেক্সৰ অনুসাৰে চাৰ্চ কৰে।

হিট যিকোনো ৱেবপেজৰ নাম হয় যিটো চাৰ্চৰ ৰিজাণ্টৰ লিস্টক প্ৰদৰ্শিত কৰে। উদাহৰণৰ বাবে আপুনি যদি দিল্লীৰ পিজ্জা হাট লিস্টক চাব বিচাৰে তেতিয়াহ'লে আপুনি চাৰ্চ টেক্সট 'পিজ্জা হাট আউটলেট্চ ইন দেলহি' এণ্টাৰ কৰিব লাগিব। চাৰ্চ ইঞ্জিন সেই ৱেবপেজৰ লিস্টক প্ৰদৰ্শিত কৰি দিব য'ত পিজ্জা হাট আউটলেট ইন দেলহী অন্তৰ্ভুক্ত হ'ব। এতিয়া আপুনি সম্বন্ধীত ৱেবচাইট বা ৱেবপেজক ডিচপ্লে কৰিবৰ বাবে এইটো লিস্টত সঠিক লিংক ক্লিক কৰিব লাগে। যদি আপুনি সেই চাৰ্চ টেক্সটক এণ্টাৰ কৰে য'ত কেইবাটাও কি-ৱৰ্ড থাকে তেতিয়াহ'লে চাৰ্চ ইঞ্জিন সামান্যৰূপে সেই চাইটক ডিচপ্লে কৰে য'ত সেইটো ৱৰ্ড থাকে। গুগল, এমএচএন, ৰেডিফ, য়াহু, এক্সাইট, গো, লুকস্মাৰ্ট, নেটস্কেপ চাৰ্চ, হটবোট আদি কিছুমান লোকপ্ৰিয় ৱেবচাইট আছে।

য়াহু

ৰেডিফ

গুগল

চাৰ্চ কৰাৰ উপায়

চাবজেক্ট ডায়ৰেক্টৰিঃ

আপুনি মুভি, স্পৰ্টচ, বুক্স আদি কেটেগৰিৰ ব্যৱহাৰ কৰে য'ত আপোনাৰ ৰুচি থাকে, তাত ব্ৰাউচ কৰিব পাৰে। যেতিয়া আপুনি আপোনাৰ পছন্দক কেইবাটাও কেটেগৰিত চিলেক্ট কৰে তেতিয়া চাবকেটেগৰিৰ এটা লিস্ট দেখা দিব। আপুনি তেতিয়ালৈকে চাবকেটেগৰিৰ লিস্টক কণ্টিনিউ কৰিব পাৰে যেতিয়ালৈকেল আপুনি আপোনাৰ পছন্দৰ ৱেবপেজ নাপায়।

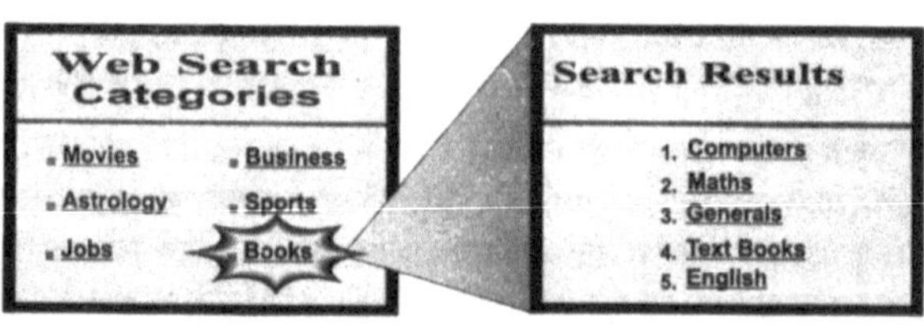

কি-ৱৰ্ডেৰে চাৰ্চ কৰা ঃ

আপোনাৰ পছন্দৰ ৱেবপেজ বিচাৰিবৰ বাবে আপুনি চাৰ্চ টুলত তাৰ লগত সম্বন্ধীত কেইবাটাও শব্দ টাইপ কৰিব পাৰে। চাৰ্চ টুল আপোনাৰ দ্বাৰা টাইপ কৰা সেই ৱেবপেজৰ লিস্ট ডিচপ্লে কৰিব। কিছুমান চাৰ্চ টুলচ ৱেবপেজৰ অনুসন্ধান কৰা সময়ত আপোনাক সকলো তথ্যৰ এণ্টাৰ কৰাৰ সুবিধা উপলব্ধ কৰাই।

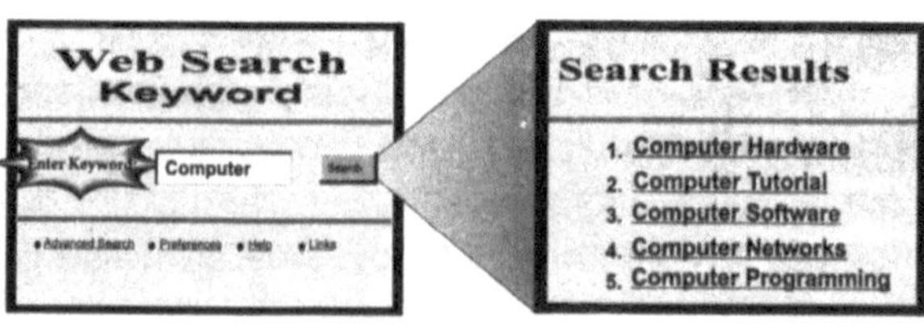

গুগলৰ প্ৰয়োগ কৰি চাৰ্চ কৰা

ৱেব চাৰ্ভিৰ্চৰ বাবে গুগল বহুত চিনাকি আৰু লোকপ্ৰিয় নাম হয় যিটো কোম্পানীৰ সফলতাৰ সকলোতকৈ ডাঙৰ কাৰণ হয়। গুগলত অসংখ্য ৱেবপেজৰ ইণ্ডেক্স আছে, যৰ পৰা আপুনি কি-ৱৰ্ড আৰু অপাৰেটৰৰ সহায়েৰে আপোনাৰ পছন্দৰ সূচনা বা ৱেবপেজ সহজনে বিচাৰিব পাৰে।

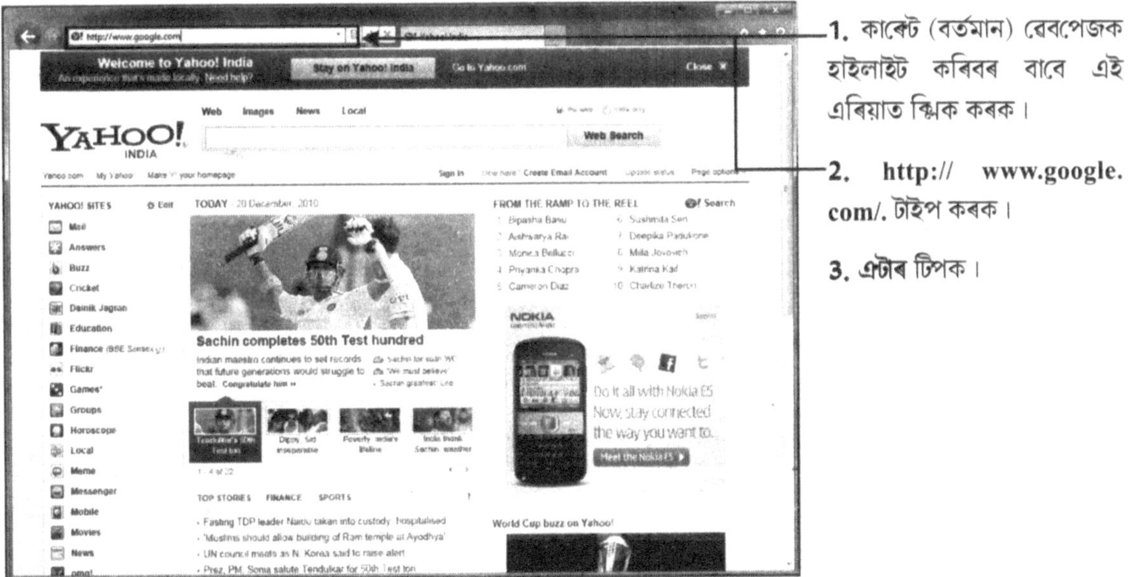

1. কাৰেণ্ট (বৰ্তমান) ৱেবপেজক হাইলাইট কৰিবৰ বাবে এই এৰিয়াত ক্লিক কৰক।
2. http:// www.google.com/. টাইপ কৰক।
3. এণ্টাৰ টিপক।

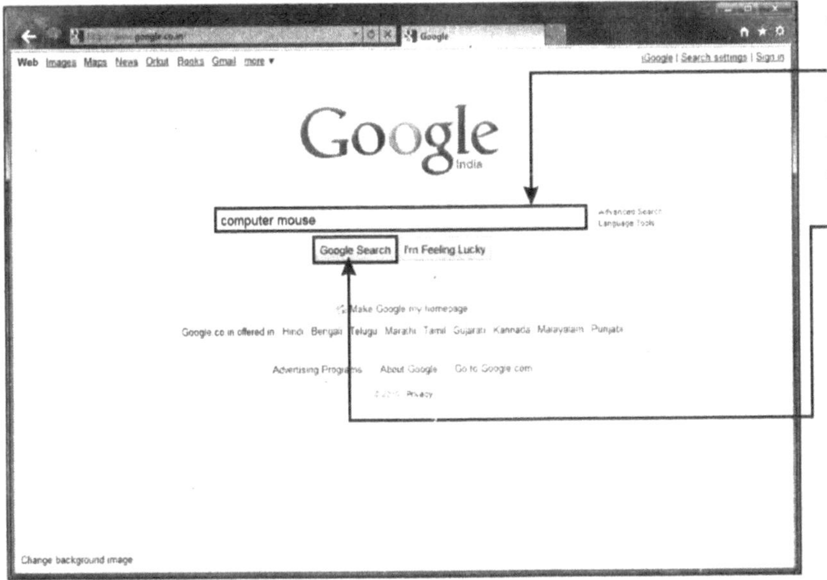

গুগলৰ হোম পেজ দেখা দিব।

4. যি সূচনাক আপুনি বিচাৰে তাৰ লগত সম্বন্ধীত কোনো শব্দ, পেৰেগ্ৰাফ বা প্ৰশ্নক টাইপ কৰক।
5. গুগল চাৰ্চত ক্লিক কৰক।

মনত ৰাখিব ঃ

ইয়াকো জানকঃ চাৰিটা স্টেপ কৰাৰ পিছত যদি গুগল চাৰ্চত ক্লিক কৰাৰ পৰিৱৰ্তে 'আই এম ফিলিং লাকি' ত ক্লি কৰে তেতিয়া গুগলে নিজে নিজে সেই চাইটক ডিচপ্লে কৰি দিব যিটো আপোনাৰ দ্বাৰা উপলব্ধ কৰোৱা তথ্যৰ লগত সকলোতকৈ অধিক মিল আছে।

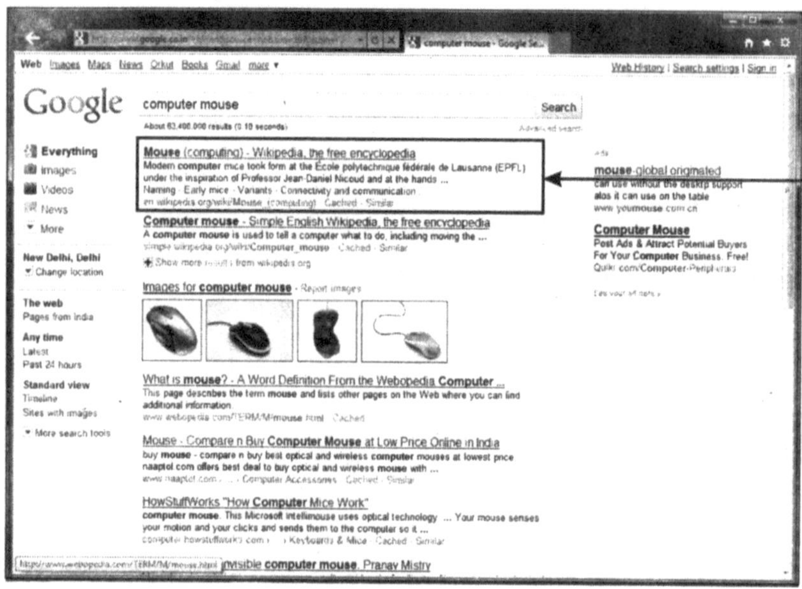

আপোনাৰ দ্বাৰা এণ্টাৰ কৰা চাৰ্চ টেক্সৰ লগত মেচ কৰি ৱেব পেজ দেখা দিয়ে।

6. ৱেব পেজৰ লিংকত ক্লিক কৰক।

আপুনি সেই ৱেবপেজৰ নিৰ্বাচন কৰক যিটো আপোনাৰ দ্বাৰা বিচৰা তথ্যৰ লগত বহুত মিল থাকে।

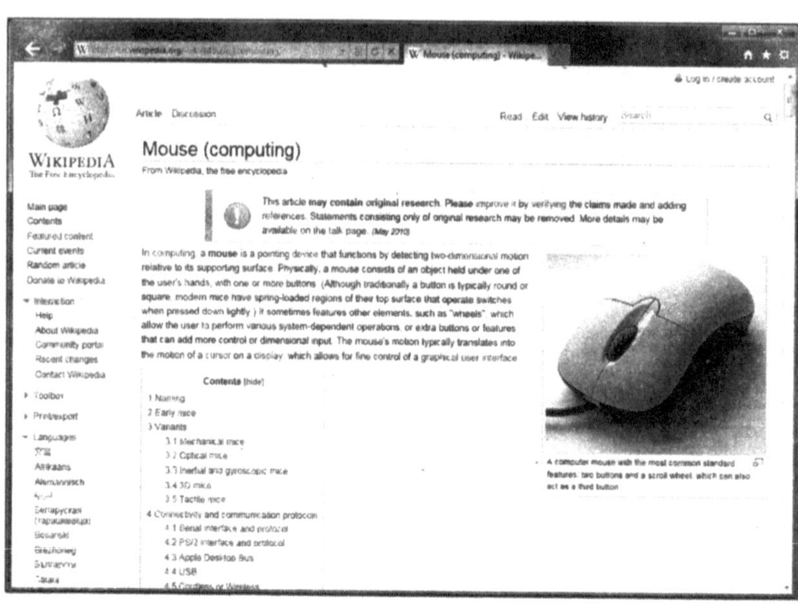

ৱেব পেজ দেখা দিয়ে।

যদি আপুনি ৱেবপেজৰ ওপৰত বৰ্তমানৰ সূচনাত সন্তুষ্টি হয় তেতিয়াহ'লে গুগল চাৰ্চৰ ৰিজাল্টত ঘূৰি আহিবৰ বাবে ব্ৰাউচাৰৰ বেক বাটনত ক্লিক কৰক। আৰু কোনো অন্য লিংকত ক্লিক কৰক।

এইটোকো জানক ঃ

গুগল কেৱল ৱেবপেজৰ চাৰ্চেই নকৰে, বৰং এইটো নিউজ, আৰ্টিকেল, ব্লগ আদিকো চাৰ্চ কৰিব পাৰে। গুগল হোম পেজৰ টপত, সেই ধৰণৰ ডাটা টাইপ কৰি লিংকত ক্লিক কৰক, যিটো আপুনি চাৰ্চ কৰিব বিচাৰে।

গুগলৰ প্ৰয়োগ কৰি ইমজে (ফটো আৰু পিকচাৰ) চাৰ্চ কৰা

গুগলে কেৱল ৱেবপেজকেই চাৰ্চ নকৰে বৰং এইটো ইমেজ, নিউজ আৰ্টিকল, নিউজগ্ৰুপ পোস্ট, ব্লগ পোস্ট আদিও চাৰ্চ কৰিব পাৰে। গুগল হোম পেজৰ টপত, সেই প্ৰকাৰৰ ডাটা টাইপ (ইমেজ, নিউজ, মেপ, শ্বপিং) ৰ লিংকত ক্লিক কৰক, যিটোক আপুনি চাৰ্চ কৰিব বিচাৰে। ইয়াৰ লগত সম্বন্ধীত আৰু অধিক সূচনাক চাৰ্চ কৰিবৰ বাবে আপুনি (মোৰ) ত ক্লিক কৰিব পাৰে।

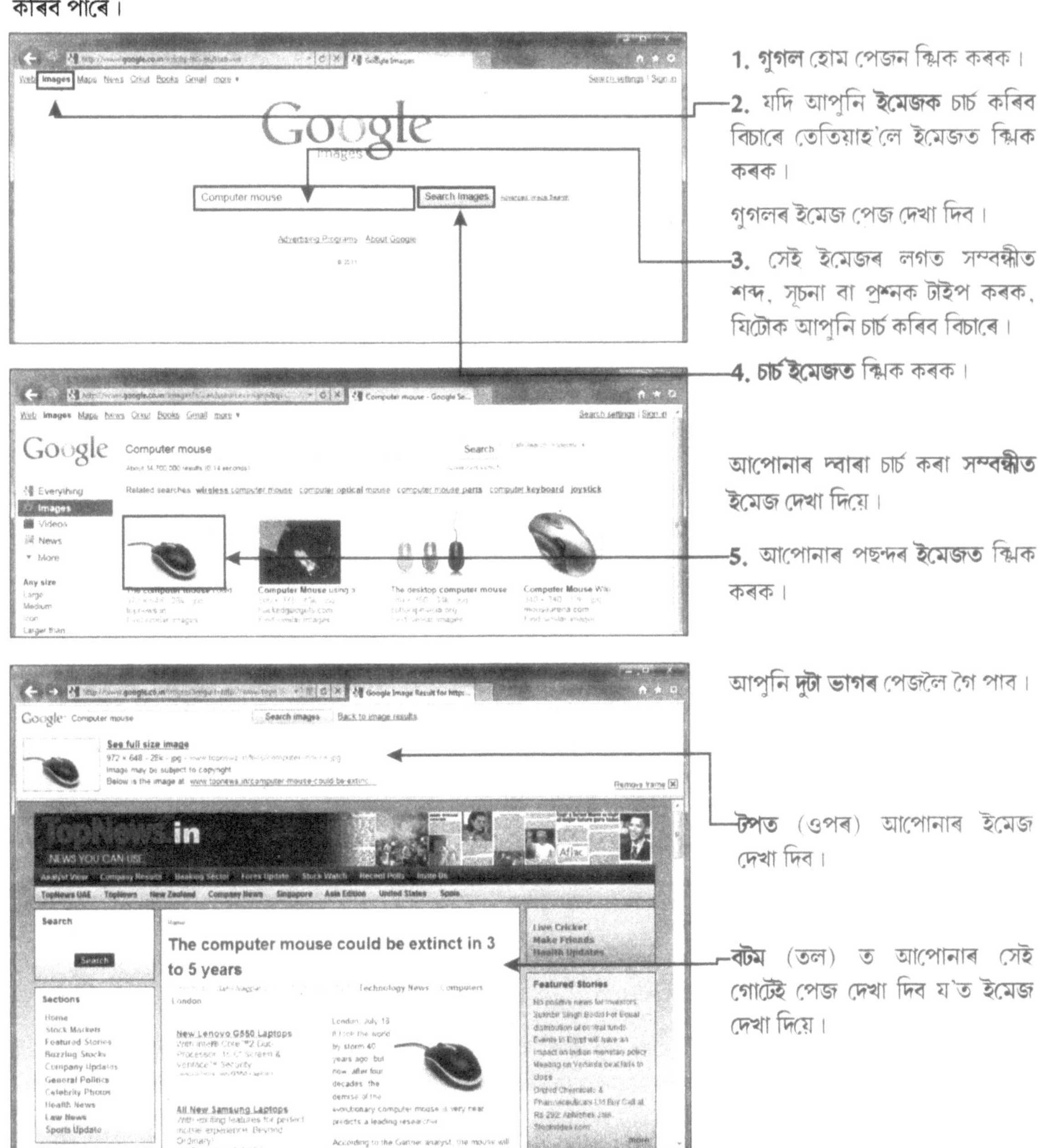

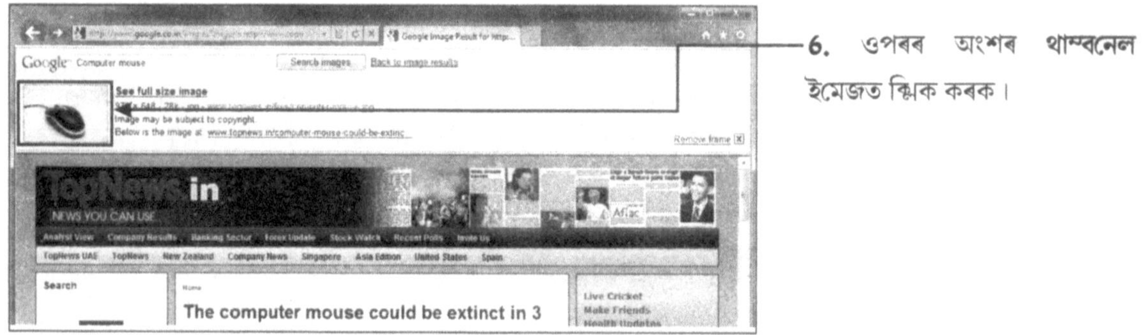

6. ওপৰৰ অংশৰ থাম্বনেল ইমেজত ক্লিক কৰক।

থাম্বনেল ইমেজ ইয়াত গোটেই আকাৰ (খুল চাইজ) ৰ ইমেজত ডিচপ্লে হৈ যাব।

ব্ৰাউচাৰৰ ফাইল মেনুৰ পৰা **চেভ এজৰ** আৰু **চেভ পেজৰ এজৰ** ব্যৱহাৰ কৰি আপুনি এই ইমেজক আপোনাৰ হাৰ্ডডিস্কত চেভ কৰিব পাৰে। আপুনি ইয়াক মাউচৰ ৰাইট পইণ্টক ক্লিক কৰি চেভ পেজ আৰু চেভ পেজ এজৰ প্ৰয়োগ কৰি আপুনি ইয়াক পপ অপ মেনুৰ পৰাও চেভ কৰিব পাৰিব।

পৰ্টেল ৱেব পেজ

এটা পৰ্টেল ৱেব পেজ, যিটোক প্ৰায়ঃ পৰ্টেলৰ নামেৰে জনা যায়, যিটো এটাই সুবিধাজনক লকেচনৰ পৰা ইণ্টাৰনেটৰ কোনো সেৱাক প্ৰদান কৰে। অধিকাংশ পৰ্টেল নিম্নলিখিত বিনা মূল্যত সেৱা দিয়ে-চাৰ্চ ইঞ্জিন, লোকেল, ৰাষ্ট্ৰীয় তথা সংসাৰ ভৰৰ খবৰ খেলাধূলা তথা বতৰ বিজ্ঞান, বিনা মূল্যত ব্যক্তিগত ৱেব পেজ, ৰেফাৰেঞ্চ টুল, যেনে য়েল্লো পেজ, শ্বপিং মল তথা অকচন, ই-মেইল, ইণ্টাৰনেট, নিউজগ্ৰুপ বা মেচেজ বোৰ্ড, কেলেণ্ডাৰ তথা ৱেট ৰুম।

কিছুমান লোকপ্ৰিয় পৰ্টেলন ৰেডিফ, আল্টাভিস্টা, আমেৰিকা অনলাইন, এক্সাইট, গো ডটকম, গুগুল, হটবাট, লুকস্মাৰ্ট, লাইকচ, মাইক্ৰেচফট নেটৱৰ্ক, নেটস্কেপ নেটচেণ্টাৰ আৰু য়াহু। আপুনি ধ্যান দিছে বোধহয় যে কোনো পৰ্টেল ইণ্টাৰনেট চাৰ্ভিচো দিয়ে অৰ্থাৎ সেইটো আই.পি.এচ.পি. হয় বা সেইটো অনলাইন সেৱা প্ৰদান কৰে তথা সেইটো চাৰ্ভ ইঞ্জিন আৰু ডায়ৰেক্টৰী সেৱাও উপলব্ধ কৰোৱাই। এই সকলো পৰ্টেলৰ লক্ষ্য আপোনাৰ ব্ৰাউজাৰৰ হোম পেজেই হ'ব লাগে। হোম পেজ সেইটো প্ৰথম পেজ হয় যিটো আপোনাৰ স্ক্ৰীনত আহে যেতিয়া আপুনি ইণ্টাৰনেটৰ লগত জড়িত হয়।

ৱেবত শ্বপিং

ঘৰৰ পৰা বাহিৰলৈ নহাকে ৱেবত শ্বপিং কৰাটো এক লোকপ্ৰিয় ফিচাৰ হয়। অধিকতৰ ৱেব চাইট উৎপাদনৰ বিষয়ে নৱীনতম তথ্য আৰু মূল্যৰ বিষয়ে কয়। যি কোনো নোট উপভোক্তাই উৎপাদনৰ বিষয়ে কৰা সমীক্ষা আৰু তাৰ ৰেটিংৰ বিষয়ে দিয়া তথ্যও ৱেবৰ পৰা প্ৰাপ্ত কৰিব পাৰে। এইদৰে আপুনি বস্তুত কিনাৰ পূৰ্বে এক বুদ্ধিমান নিৰ্ণয় লব পাৰে।

ৱেবত দিয়া বস্তুৰ মূল্য সাধাৰণতে পৰম্পৰাগত দোকানত বিক্ৰী হোৱা উৎপাদনৰ মূল্যতকৈ কম হয়। এনে সেইকাৰণে হয় কাৰণ কোম্পানী অভাৰহেড মূল্যত বাচি লয়। লগতে, সেইটো এনে খৰচো বাচি যায় যিটো দোকানত কিনা, দোকানৰ ভাড়া দিয়া বা চেলচ লোকৰ চাকৰি দিয়াত খৰচ হয়। বাস্তৱত অধিকতৰ উৎপাদন ৰেহাই মূল্যত বেচা যায় কিন্তু তাৰ ৱেবৰ পৰা বেচাৰ প্ৰক্ৰিয়া চলোৱা যায়। যি কোনো ব্যক্তিয়ে ৱেবৰ পৰা কাপোৰ, খোৱা-লোৱাৰ বস্তু, কাৰ, কম্পিউটাৰ আদি কোনো বস্তু আৰামক কিনিব পাৰে।

ইনটাৰনেটত ইণ্টাৰমেণ্ট (মনোৰঞ্জন)

ইণ্টাৰনেটত আপুনি বিভিন্ন প্ৰকাৰৰ মনোৰঞ্জন কৰিব পাৰি। আপুনি ইণ্টাৰনেট বেস্ট ৰেডিঅ স্টেচনেৰে মিউজিক আৰু টিউন ডাউনলোড কৰিব পাৰে আৰু অসীমিত গান শুনিব পাৰে। আপুনি ইয়াৰ যোগেদি ভিডিঅ ও চাব পাৰে আৰু মানুহৰ লগত আপোনাৰ ফটো শেয়াৰ কৰিব পাৰে। ইয়াৰ বাদেও **ইউ-টিউবত** গৈ পিকাচাৰ আদি চাব পাৰে।

ইণ্টাৰনেটত মিউজিকৰ লগত সম্বন্ধীত কেইবাটাও চাইট আছে যৰ পৰা আপুনি মিউজিকো ডাউনলোড কৰিব পাৰে।

ডিজিটেল মিউজিক ফাইল ঃ এইটো এক ডাটা ফাইল হয় য'ত এটা গান বা এটা এলবাম থাকে। যেতিয়া আপুনি অনলাইন মিউজিক স্টৰৰ পৰা গানৰ চিডি কিনে বা বিনা মূল্যগ গানৰ বাবে কোনো লিংকত ক্লিক কৰে তেতিয়া তাৰ লগত জড়িত থকা ডিজিটেল মিউজিক ফাইল আপোনাৰ কম্পিউটাৰত চেভ হৈ যায়।

এমপি 3 : মচন পিকচাৰ্চ গ্ৰুপ অডিঅ লেবেল 3 বা এমপি 3 সকালোতকৈ অধিক লোকপ্ৰিয় মিউজিক ফাইল ফৰ্মেট হয়। এইটো সেই অতিৰিক্ত চাউডক আতৰাই যিটো সামান্যৰূপত মনুষ্যৰ কানত শুনা নাপায়, ইয়াৰ পৰা আতৰাই ডিজিটেল মিউজিকক কম্প্ৰেচ কৰি দিয়ে। ইয়াৰ পৰা আমি উচ্চ কোৱালিটি সম্পন্ন চাউড প্ৰাপ্ত কৰো যিটো আকাৰত কম্প্ৰেচ নকৰাৰ ফালিৰ দশম অংশ হয়। ডিজিটেল অডিঅ প্লেয়াৰৰ বাবে এমপি 3 ক ডাউনলোড কৰে আৰু স্টৰ কৰাত বহুত ভাল আৰু সুবিধাজনক হয়। এইটোৱে অন্য অডিঅ ফৰ্মেটকো চাপটি কৰে।

অনলাইন মিউজিক স্টৰ ঃ ডিজিটেল মিউজিক ফাইলক ডাউনলোড কৰাৰ সকলোতকৈ সহজ উপায় অনলাইন মিউজিক স্টৰৰ প্ৰয়োগ কৰা। ইণ্টাৰনেটত সকলোতকৈ অধিক লোকপ্ৰিয় অনলাইন মিউজিক স্টৰ **আইটিউঞ্চ** হয়। **আইটিউঞ্চ** চফ্টৱেয়ৰক ডাউনলোক কৰিবৰ বাবে **(www.apple.com/itunes)** ক চাওক।

মিউজিক শুনা ঃ ডিজিটেল মিডিজিক ফাইলক শুনিবৰ বাবে আপোনাক এক চফ্টৱেয়ৰ প্ৰগ্ৰেমৰ আৱশ্যক হয় যিটোক ডিজিটেল মিউজিক প্লেয়াৰ বুলি কোৱা হয়। ইউডো 7 ত ইয়াৰ বাবে ইউডো মিডিয়া প্লেয়াৰ থাকে। আপুনি অন্য প্ৰগ্ৰেম যেনে ৰিয়েল প্লেয়াৰ **(www.real.com)** আৰু উইনেম্প **(www.winmap.com)** আদিও ইনষ্টল কৰিব পাৰে।

মিডিয়াৰ প্ৰচাৰ ঃ স্টিমিং মিডিয়াৰ অৰ্থ অডিঅ আৰু ভিডিঅ ৰ কোনো ৱেবচাইটৰ পৰা নিৰন্তৰে ব্ৰডকাস্ট (প্ৰচাৰ) কৰা। ডিজিটেল অডিঅ আৰু ভিডিঅ ফালিৰ বিপৰীতে আপুনি মিডিয়া স্টীমক আপোনাৰ কম্পিউটাৰৰ হাডডিস্কত চেভ কৰিব নোৱাৰে। মিডিয়া স্টীম ৰেডিঅ আৰু টেলিভিজন চিগনেলত অধিক পছন্দ কৰা হয়।

ইনটাৰনেট ৰেডিঅ ঃ সামান্য ৰেডিঅ ষ্টেচনৰ দৰে ইটাৰনেটত কেইবাটাও ৰেডিঅ ষ্টেচন থাকে যিটোক আপুনি নিৰ্বাচন কৰিব পাৰে। আপুনি ইউডো মিডিয়া প্লেয়াৰৰ প্ৰয়োগ কৰিও ৰেডিঅ ষ্টেচনক নিৰ্বাচন কৰিব পাৰে। ইয়াত অনলাইন ৰেডঅ ষ্টেচনৰ লিস্টো থাকে সেইকাৰণে ইটাৰনেট ৰেডিঅক শুনিবৰ বাবে ইউডো মিডিয়া প্লেয়াৰ বহুত সুবিধাজনক হয়।

ইউ-টিউব ঃ ইটাৰনেটত ভিডিঅ শ্বেয়াৰ কৰাৰ সকলোতকৈ লোকপ্ৰিয় চাইট হয়। ইউ-টিউবত অসংখ্য ভিডিঅ আছে যেনে পিকচাৰ ট্ৰেলাৰ, বিজ্ঞাপন, টিভি শ্বো আদি ভিডিঅ ক্লিপক চাবৰ বাবে আপুনি ইউ-টিউব খুলে আৰু এইটো আপোনাৰ কম্পিউটাৰত দেখা দিব ধৰে। যদি আপুনি কোনো ডিজিটেল মুভি আৰু এনিমেচনক বিশ্বত যিকোনো মানুহৰ লগত শ্বেয়াৰ কৰিব বিচাৰে, তেতিয়াহ'লে এইটো ফাইলক ইউ-টিউবত আপলোড কৰিব পাৰে। আপুনি বিনা মূল্যত **ইউ-টিউব** একাউন্ট খুলিব পাৰে। বা গুগল একাউন্টত **চাইন ইন** কৰিব পাৰে।

ইনটাৰনেটত ফটো শ্বেয়াৰ কৰা ঃ

ফটো শ্বেৰিং চাইটত গৈ আপুনি আপোনাৰ ডিজিটেল ভিডিঅক মিত্ৰ, আত্মীয়, পৰিচিত আৰু ইয়াৰ্লৈকে অচিনাকি লোকৰ লগতো শ্বেয়াৰ কৰিব পাৰে। এইটো চাইটে আপোনাক ফটো আপলোড কৰাৰ সুবিধা দিয়ে যৰ পৰা মানুহে সেইটো দেখা পাব পাৰে। আৰু তাত আপোনাৰ পতিক্ৰিয়া দিব পাৰে।

ইয়াত এইটো ধ্যান দিয়াৰ আৱশ্যক হয় যে কোনটো ফটো শ্বেয়াৰিং চাইটে আপোনাক অধিক স্পেচ উপলব্ধ কৰাই। যিকেনো চাইটে আপোনাক ফটো শ্বেয়াৰ কৰাৰ সুবিধা দিয়ে কিন্তু ইয়াত কম স্পেচ থাকে।

অধিক স্পেচ আৰু ফিচাৰ্চ পাবৰ বাবে আপুনি ভোগতান প্ৰক্ৰিয়াৰ প্ৰয়োগ কৰি ইয়াক আপগ্ৰেডো কৰিব পাৰে। কাৰণ ডিজিটেল ফটোৰ আকাৰ বহুত বাঢ়ে, সেইকাৰণে আপোনাৰ ওচৰত যিমান অধিক স্পেচ থাকিব আপুনি সিমানেই অধিক ফটো ৱেবচাইটত আপলোড কৰিব পাৰিব। বিনা মূল্যে একাউন্টৰ ৰূপত অধিক ফটো শ্বেয়াৰিক চাইটে আপোনাক 100 এমবিৰ পৰা 1 জিবি লৈকে স্পেচ উপলব্ধ কৰাই। প্ৰায় সকলো চাইটত ভোগতান কৰি আপুনি এইটো স্পেচক বঢ়াব পাৰে।

ফিলকৰ (www.flickr.com)

আজিৰ সময়ত এইটো ফটো শ্বেয়াৰিং চাইট বহুত লোকপ্ৰিয় হৈছে। ফিলকৰে আপোনাক আপোনাৰ ফটোক এডিট (সম্পদিত) কৰে আৰু সেইটোক এলবাম ব্যৱস্থিত কৰে, কাৰ্ড আৰু বুক প্ৰস্তুত কৰে আৰু কোনে এইটোক চাব পাৰে, এইটো নিয়ন্ত্ৰিত কৰাৰো সুবিধা দিয়ে। ফিলকৰ একাউন্টত আপোনাৰ প্ৰত্যেক মাহত 100 এমবি লৈকে ফটো আপলোড কৰিব পাৰে। আপুনি ভোগতান কৰি এইটোক আপগ্ৰেডো কৰিব পাৰে, ইয়াৰ পিছত আপোনাক আনলিমিটেড স্পেচ আৰু ফটো স্টৰ কৰাৰ সুবিধা পাই যায়।

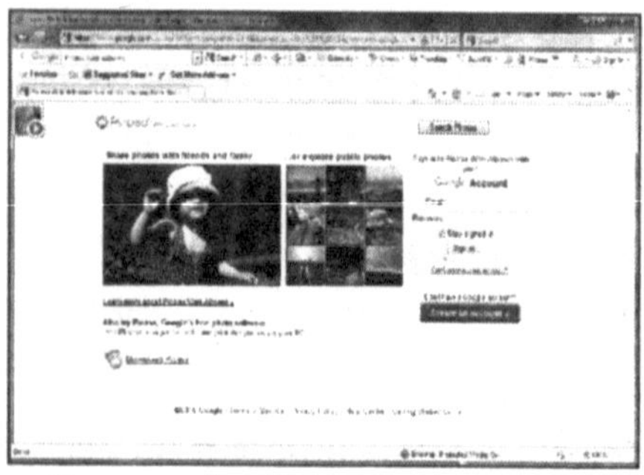

পিকাচা ৱেব এলবাম

পিকাচা ৱেব এলবাম (পিকাচাৱেবডটকম) গুগলৰ ফটো শ্বেয়াৰিং চাইট হয়। আপুনি পিকাচাত আপোনাৰ ফটো আপলোড কৰিব পাৰে আৰু আপুনি এইটো নিয়ন্ত্ৰিতও কৰিব পাৰে যে কোনে ব্যক্তিয়ে এইটো এলবামক চাব পাৰে। আৰু এই ফটোৰ প্ৰিন্টআউট লব পাৰে। ফ্ৰি পিকাচা একাউন্টত আপুনি 1 জিবিৰ স্পেচ পাব, আপুনি অলপ ভোগতান কৰি ইয়াৰ স্পেচক বঢ়াব পাৰে।

চ'ছিয়েল নেটৱৰ্কিং

ইনটাৰনেটে আপোনাৰ ৰুচি আৰু নিজৰ আৰু ব্যৱসায়িক একৰূপতাৰ লোকৰ লগত বাৰ্তালাপ কৰিবলৈ সুবিধাও প্ৰদান কৰে। বিভিন্ন চ'ছিয়েল নেটৱৰ্কিং চাইটত আপুনি আপোনাৰ মিত্ৰ, মিত্ৰৰ মিত্ৰ আৰু তেওঁৰ মিত্ৰৰ নেটৱৰ্কৰ ৰূপত ইজনে-সিজনৰ লগত জড়িত কৰি দিয়ে। অৰকুট, ফেচবুক আৰু মাইস্পেচ আদি বিশ্বত বহুত লোকপ্ৰিয় নেটৱৰ্কিং চাইট হয় য'ত আপুনি ভালদৰে আপোনাৰ টাইম পাচ কৰিব পাৰে আৰু অসংখ্য লোকে ইয়াৰ লগত জড়িত হৈছে।

চ'ছিয়েল নেটৱৰ্কিং চাইটৰ প্ৰয়োগ কৰাৰ মুখ্য উদ্দেশ্য হ'ল আপুনি আপোনাৰ মিত্ৰ, আত্মীয় আৰু সম্বন্ধীয়ৰ লগত সম্পৰ্কত থকা। আপুনি সেই লোকৰ সম্পৰ্কটো সহজতে থাকিব পাৰে যাক আপুনি সদায় লগ নাপাই। এইটো আপোনাৰ মিত্ৰ আৰু বিজিনেচ সম্বন্ধীয় লোকৰ লগত আপোনাৰ সম্পৰ্কৰ পৰিধিক বৃদ্ধি কৰাত উপযোগী হয়।

অৰকুট ঃ

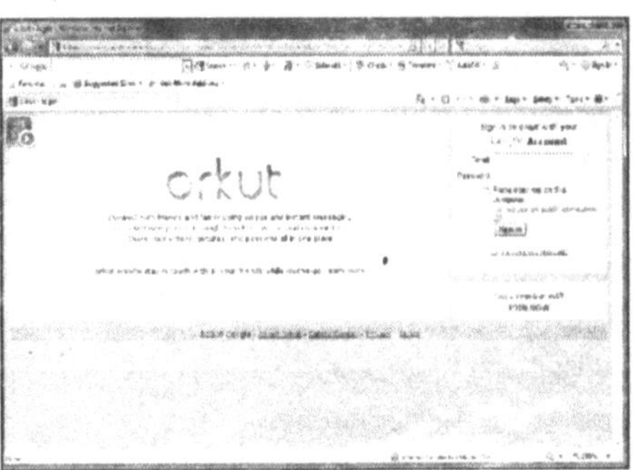

এটো গুগল ইন্টাৰনেটৰ নেটৱৰ্ক সেৱা হয়। ইয়াৰ নাম ইয়াক গঠন কৰা গুগলৰ কৰ্মচাৰী অৰকুট বাটকোটনৰ নামত ৰখা গৈছে। এইটোক এইদৰে ডিজাইন কৰা গৈছে য'ত একে বিচাৰ থকা লোকে কথা পাতিব পাৰে আৰু সম্পৰ্ক কৰিব পৰে। **ফ্ৰেণ্ডস্টাৰ** আৰু **মাইস্পেচৰ** দৰে **অৰকুটত** আপুনি বহুত সহজ উপায়েৰে একাউন্টা খুলাৰ সুবিধা দিয়ে। 2006 ৰ পৰা উপভোক্তাই আমন্ত্ৰণ নিদিয়াকে ইয়াৰ ওপৰত নিজৰ একাউন্ট খুলিব পাৰে।

ফেচবুক (www.facebook.com)

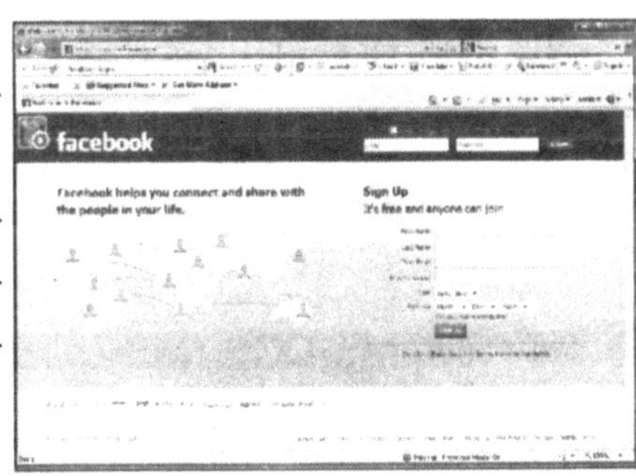

ফেচবুকো ইন্টাৰনেটত থকা বহুত লোকপ্ৰিয় ৱেবচাইট হয়। ইয়াৰ পৰা ইউজাৰে বন্ধুৰ লগত জড়িত থাকিব পাৰে আৰু সংবাদ পঠিয়াব পাৰে। ফেচবুক 2004 চনত হাৰ্ভৰ্ড বিশ্ববিদ্যালয়ত ছাত্ৰ-ছাত্ৰীয়ে এজনে আনজনক কানেক্ট কৰিবৰ বাবে আৰম্ভ কৰা হৈছিল। কিন্তু এইটো অতি সোনকালে অন্য বিশ্ববিদ্যালয়তো লোকপ্ৰিয় হৈ যায় আৰু ইয়াৰ পিছত হাইস্কুলৰ ছাত্ৰও ইয়াৰ ব্যৱহাৰ আৰম্ভ কৰি দিয়ে।

ব্লগিং ঃ

ব্লগিং ঃ ব্লগিংক **ৱেব ব্লগৰ** নামেৰেও জনা যায়। ইন্টাৰনেটত অসংখ্য লোক আছে। ব্লগিং এক ভাল অনলাইন মাধ্যম হয় য'ত আপুনি আপোনাৰ বিচাৰ, পৰামৰ্শ আৰু স্টৰিক অনলাইন লোকৰ লগত শ্বেয়াৰ কৰিব পাৰে। ইন্টাৰনেটত থকা অসংখ্য ব্লগক পঢ়ি আপুনি এইটো জানিব পাৰে যে অন্য লোকে কি পাবলিচ (প্ৰকাশিত) কৰিছে।

ব্লগ ঃ ব্লগ এই প্ৰকাৰৰ ৱেবচাইট হয় য'ত মানুহৰ প্ৰৱিস্টিৰ সংগ্ৰহ হয়। অধিকাংশ ব্লগ কোনো বিষয় অথবা টপিকৰ ওপৰত কেন্দ্ৰিত হয়। অৱশ্যে অধিকাংশ ব্লগ মানুহৰ দ্বাৰা লিখা বিচাৰ হয় কিন্তু কোনো ব্লগে কোনো বিষয়ৰ ওপৰত মানুহৰ বিচাৰ অথবা নিউজক উপলব্ধ কৰাই। সাধাৰণ ব্লগত টেক্সট, ইমেজ আৰু অন্য ব্লগৰ লিংক জড়িত থাকে। ইন্টাৰেক্টিভ ফৰমেট কেইবাটাও ব্লগৰ গুৰুত্বপূৰ্ণ অংশ হয়, য'ত মানুহে নিজৰ কমেন্ট দিব পাৰে।

ব্লগ হোস্টিং চাৰ্ভিচ ঃ এইটো এক ৱেবচাইট হয় যিটোৱে আপোনাক তীব্ৰ গতিৰে ফুল ফৰ্মেট (গোটেই প্ৰাৰূপ) ত তীব্ৰতাৰে ব্লগ গঠিত কৰা আৰু সেটোক সহজতে পোস্ট কৰাৰ সুবিধা উপলব্ধ কৰাই।

ব্লগাৰ (www.blogger.com)

ব্লগাৰ এক ফ্ৰি আৰু সকলো ফিচাৰ্চেৰে যুক্ত ব্লগ হস্টিং চাৰ্ভিচ হয়। ইয়াক 1999 ত লঞ্চ কৰা গৈছিল। 2003 ত ইয়াক গুগলে অধিগৃহীত কৰি লয়। ইয়াত আপুনি বহুতো বিস্তৃত ফৰ্মেট আৰু লেআউন অপচন পাব, য'ত আপুনি আপোনাৰ কমেন্ট আদিৰ ওপৰত নিয়ন্ত্ৰণ ৰাখিব পাৰিব। পোস্টক ই-মেইল আৰু ম'বাইল ফোনেৰে পঠিওৱাৰ সুবিধা আৰু গুগল টুলবাৰ আদিৰ প্ৰয়োগ বহুতো ব্লগাৰে কৰে।

5 ডিস্ক অপাৰেটিং চিষ্টেম [DOS]

পাৰ্চনেল কম্পিউটাৰত DOS এজনেহে পৰিচালনা কৰিব পাৰে। ই বিকশিত হৈছিল 1980 চনত।

মাইক্ৰচফট কৰ্পোৰেশনৰ দ্বাৰা DOSৰ দুটা বিশল ৰূপ ব্যৱহাৰ হৈছিল, PC-DOS আৰু MS-DOS। এই দুটা দৃপৰ কাম প্ৰায় একেই আছিল। এই দুটাৰ মূল পাৰ্থক্য আছিল কম্পিউটাৰৰ পাথৰ্ক্য, যত ই অন্তৰ্ভুক্ত হৈছিল। মাইক্ৰোচফট PC-DOC (পাৰ্চনেল কম্পিউটাৰ DOS) বিকশিত কৰিছিলে, IBM ৰ বাবে, যি PC-DOS কিনি তাৰ কম্পিউটাৰত অৰ্ন্তভুক্ত কৰিছিল। এটকেই সময়ত মাইক্ৰোচফট IBM-কম্পেটিবিল PC ৰ বাৰে বজাৰত MS-DOS (মাইক্ৰচফট DOS) লঞ্চ কৰে।

যখন মাইত্ৰেৱাসফট বাজাৰে প্ৰথম DOS ছাড়েড, এটি কমাণ্ড-লাইন ইন্টাৰফেস হিসাবে ব্যবহৃত হয়। পৰবতী ৰূপে কমাণ্ড-লাইন এবং মেনু-ড্ৰিভন – দুটিকেই অন্তৰ্ভুত্তৱ কৰা হয়, ডিস্ক ও মেমোৰীৰ উন্নতিৰ জন্য।

যেতিয়া মাইক্ৰচফট বজাৰত প্ৰথম DOS লঞ্চ কৰে, ই কমাণ্ড লাইন আৰু মেনু ড্ৰিভন দুটাকেই অৰ্ন্তভুক্ত কৰা হয়, ডিস্ক আৰু মেমোৰীৰ উন্নতিৰ বাবে।

এই মুহুৰ্তত, অপাৰেটিং চিষ্টেম ক্ষেত্ৰত DOS বিশালভাবে ব্যৱহাৰ হয়। প্ৰায় 70 লক্ষ কম্পিউটাৰত ইয়াৰ ব্যৱহাৰ হয়। DOS বেছি দিন ব্যৱহাৰ কৰা নাবাক কাৰণ ই গ্ৰাফিকেল ইউজাৰ ইন্টাৰফেচ (GUI)ক সহায় একৰে আৰু মৰ্ডান 32 bit প্ৰোচেচৰকো সহায় নকৰে।

আমি জানো যে অপাৰেটিং চিষ্টেম বাটেৰে মেছিন ব্যৱহাৰ কৰে, তাৰ আগত আপৰেটিং চিষ্টেম অৱশ্যই মেমোৰীক গ্ৰহণ কৰিব। অপাৰেটিং চিষ্টেম চফ্টয়েৰৰ ডিস্কৰ মাজত মঞ্চিত হয়। আৰ যি ডিচকত ই বাস কৰে, তাৰ পৰা প্ৰধান ষ্টোৰ বা প্ৰধান মেমোৰীত উপনীত হয়।

বুটিং অৰ ষ্টাৰ্টিং MS-DOS (MS-DOS বুট আৰু স্টাৰ্ট কৰা) :

যেতিয়া কম্পিউটাৰক সংযোজিত কৰা হয়, তেতিয়া প্ৰগ্ৰেম স্বয়ংক্ৰিয়ভাবেই অপাৰেটিং চিষ্টেমত চলি থাকে আৰু পূৰ্ণ হৈ থাকে। গতিকে কম্পিউটাৰ ব্যৱহাৰৰ বাবে প্ৰস্তুত হয়। এই প্ৰক্ৰিয়াক বুটিং বুলি কোৱা হয়।

প্ৰধান মেমোৰীত DOSৰ লোডিংৰ লগত তিনিটা গুৰুত্বপূৰ্ণ ফাইল জড়িডত থাকে, যেনে– 10.Sys, MSDOS.SYS. আৰু COMMAND.COM। প্ৰধান মেমোৰীত এই ফাইলৰ লেডিংক বুটিং আপ বুলি কোৱা হয়। ধাৰাবাহিকভাবে বুটিং সম্পৰ্কে তলত আলোচনা কৰা হৈছে ঃ-

01. যেতিয়া কম্পিউটাৰ ষ্টাৰ্ট হয়, তেতিয়া এটা চেলফ্ ডায়াগনেষ্টিক টেষ্ট তাকিাৰ সৈতে যুক্ত হয়। ইয়াক POST (পাৱাৰ অন চেল্ফ টেষ্ট) বুলি কোৱা হয়। এই টেষ্টৰ সাহায্যত বুজিব পাৰি আপোনৰ কম্পিউটাৰ জাৰ্ডৱেৰ ভালদৰে কাম কৰিছে এ নাই। যদি কম্পিউটাৰত কোনো অসুবিধাৰ সৃষ্টি হয়, তেন্তে স্ক্ৰীনত ভুল-সম্পৰ্কে এটি বাৰ্তা ওলাই আহিব।

02. যি প্ৰগ্ৰেম ROM-BIOS ৰ মাজত সঞ্চিত হয় আৰু অপাৰেটিং চিষ্টেম ব্যৱহাৰ হোৱাৰ পিছত কাৰ্য্য সম্পাদন কৰাত সহায়ক হয়। DOS ফাইলক চাৰ্চ কৰাৰ কাৰ্য্য তলত দিয়া তালিকাচ অনুযায়ী হয়।

    (i) প্ৰথম চাৰ্ফ আৰম্ভ হয় ফ্লপি ডিচক ড্ৰাইভৰ পৰা আৰ তাত যদি বিচাৰি পোঁৱা যায়, তেন্তে DOS লোড হয় ফ্লপি ডাইভৰ পৰা।

    (ii) যদি ফ্লপি ডিস্ক ড্ৰাইভত DOS ফাইল বিচাৰি পোৱা নাযায়, তেন্তে হাৰ্ড ডিচকক চাৰ্ক কচা হয়। যদি DOS ফাইল হাৰ্ড ডিচকত থাকে, তেন্তে DOS তাৰ পৰা লোভ হয়।

    (iii) যদি DOS ফাইল আবিস্কাৰ কৰা সম্ভৱ নহয়, তেন্তে স্ক্ৰীনত ভুলৰ বিষয়ে মেচেজ আহি যায়।

    Non-System disk or disk error [নন-চিষ্টেম ডিস্ক অৰৰু ডিস্ক এৰৰ]

03. যদি DOS ফাইল ড্ৰাইভত পোৱা যায়, তেন্তে প্ৰথমত চেক্টৰ (যি বুট চেক্টৰ নামেৰে পৰিচিত) প্ৰস্তুত কৰা হয়। এই চেক্টৰ এটা সৰু প্ৰগ্ৰেমত সঞ্চয় কৰে, যি বুট ষ্ট্ৰেপ লোডাৰ নামেৰে পৰিচিত, যিয়ে বুটিং প্ৰস্তুতিৰ বাকে নিৰ্দেশাবলী সঞ্চয় কৰে। ইয়াৰ পিচত বুট ষ্ট্ৰেপ লোডাৰ বৃহৎ পৰিমাণৰ মেমোৰী লোড কৰে আৰু ইয়াৰ নিৰ্দেশাৱলী সম্পাদিত হয় তলত দিয়া প্ৰক্ৰিয়াত ঃ

(i) প্ৰথমতেঃ 10.SYS ফাইল আৰু তাৰ পিছত MSDOS.SYS ফাইল প্ৰধান মেমোৰীত লোড হয় আৰু প্ৰাৰম্ভিক অভ্যন্তৰীন টেবলাৰ (মেনেজমেন্ট, মেমোৰী মেনেজমেন্ট, আৰু ইনফৰ্মেচন মেনেজমেন্ট প্ৰস্তুতিৰ বাবে) কাৰ্য আৰম্ভ হয়।

(ii) ইয়াৰ পিছত CONFIG.SYS নামক ফাইলটো একেই ড্ৰাইভৰ পৰা DOS কত লোভ আৰম্ভ কৰিছে, সেইটো চাৰ্হ কৰে। এইটো কম্পিউটাৰ চিষ্টেমৰ মাজত ঘটে, কিন্তু বাহ্যিকভাবে CONFIG.SYS দেখা হয়।

(iii) COMMAND.COM (যি DOS ৰ নিৰ্দেশবলীৰ অনুবাদক¬ প্ৰধান মেমোৰীত লোড হয়।

(iv) এটা কেচ ফাইল, যি 'AUTOEXE E-BAT' নামেৰে পৰিচয়, তাৰ প্ৰধান কাৰ্য্য হল চাৰ্হ, ইয়াৰ সকলো নিৰ্দেশাবলী সম্পাদিত কৰে।

(v) শেষত DOS (ড্ৰাইভ লেটাৰ ':/>' চিন দ্বাৰা চিহ্নিত হয়) দেখুৱাৰ সক্ষম হয়, যি বৰপৰা DOS লোডেড হৈছে, সেই ড্ৰাইভ লেটাৰক দেখুৱাই, যেনে C:/> বা A:/> । DOS যি ড্ৰইভৰ পৰা লোড হৈছিল, এতিয়া সি অনেক ড্ৰাইভত পৰিণত হৈ যায়। অপাৰেচন যিয়েই হওক, স্থান বনাই লয়, আৰু এই ডিচকৰ ভিতৰৰ পৰাকাম আৰম্ভ কৰে।

চেঞ্জিং ডিচক ড্ৰাইভঃ

স্ক্ৰীনত দেখা দিয়া C:/> চিলটো ইউজাৰ এতিয়া হাৰ্ড-ড্ৰাইভত কাম কৰিছে, সেইটো চিহ্নিত কৰে। যিকোনো মানুহেই কাৰ্য্যৰ ড্ৰাই ফ্লপিচ পৰা হাৰ্ড-ডিস্ক আৰু ডাইচ-ভাচ্চা পৰিবৰ্তন কৰিব পাৰে, খুব সহজতেই টাইপৰ দ্বাৰা নতনু ড্ৰাইভ লেটাৰক কোলোন (:) দ্বাৰা চিহ্নিত কৰি তাৰপিছত ENTER (এন্টাৰ) কী প্ৰেছ কৰি। উদাহৰণস্বৰূপতঃ হাৰ্ড ড্ৰাইভৰ পৰা ফ্লপি ড্ৰাইভত কাৰ্য্যৰ ড্ৰাইভ পৰিবৰ্তন কৰিব হলে টাইপ কৰিব লাগিব।

C:\>A:

ওপৰৰ নিৰ্দেশবলী সম্পাদিত হলে, কমাণ্ড ইন্টাৰ প্ৰেটাৰ (COMMAND.COM) DOS ত ইউজাৰৰ প্ৰাৰ্থনা গ্ৰহণা কৰি নিৰ্দেশাবলী সম্পাদিত হয়। কমাণ্ড কাৰ্য্য সম্পাদনৰ পিছত, প্ৰমোট পৰিবৰ্তিত হয়।

A:\>

যদি ফ্লপি ড্ৰাইভত কোনো ফ্লপি নাথাকে, DOS এটি ভুল সংক্ৰান্তত মেচেজ দিব, যি তলত দিয়া হৈছে ঃ-

Not ready reading drive A

Abort, Retry, Fail?

ফ্লপি ড্ৰাইভত ফ্লপি দি এই অসুবধা কৰা যায় আৰু বৰ্ণ 'R' টাইপ কৰিলে প্ৰমট A:\>/ত পবিৰ্তিত হয়।

ফাইলচ ঃ

মুখ্যভাৱে যি ইউনিট আমাৰ কম্পিউটাৰত সঞ্চিত হয়, **ই ফাইল** নামেৰে পৰিচিত। এটা ফাইল MS-DOSক এটা স্থানৰ পৰা আন স্থানত তথ্য সংগ্ৰহ কৰাত সাহায্য কৰে। উদাহৰণস্বৰূপে ঃ আপোনাৰ নিজৰ ফাইলত এখন চিঠি লিখাৰ বাবে ৱৰ্ড প্ৰোচেচিং প্ৰোগ্ৰাম ব্যৱহাৰ কৰক।

প্ৰত্যেক ফাইলৰ এটা নাম আছে, যি সাধাৰণতে কোনো ধৰণৰ তথ্য ফাইলত সঞ্চিত হ'ব, তাৰ নিৰ্দেশ দিয়ে। ইউজাৰ দ্বাৰা সৃষ্টি ফাইলাৰ বাহিৰেও বিভিন্ন উৎসৰ পৰা ফাইল আমাৰ কম্পিউটাৰত আছে। কিছুমান ফাইল MS-DOS পৰাআহে, কিছুমান আহে ৱৰ্ড প্ৰোচেচৰৰ দৰে, এপ্লিকেচনৰ পৰা।এই ফাইল কোড আৰু অন্যান্য তথ্য ধৰণৰ কৰে, যি কম্পিউটাৰ আৰু এপ্লিকেচনৰ গতিৰ বাবে প্ৰয়োজনীয়।

ফাইলৰ নামৰ দুটা অংশ আছে ঃ

a. **প্ৰাইমাৰী ফাইল নেম** b. **ছেকেণ্ডাৰী ফাইল নেম বা এক্সটেনচেন নেম**

প্ৰাইমাৰী ফাইল নেম 8-ৰ বেছি আকাৰ ধাৰণ কৰিব নোৱাৰে আৰু চেকেণ্ডাৰী নেম 3ৰ বেছি আকাৰ ধাৰণ কৰিব নোৱাৰে। ছেকেণ্ডাৰী ফাইল নেম বা এক্সটেনচন তিনিটা আকাৰৰ লক্ষ্যত পিৰিয়ড (.)-ৰ অন্তৰ্ভুক্ত থাকে। এক্সটেনচন হ'ল ঐচ্ছিক, ফাইলৰ বিষয় বৰ্ণনাৰ বাবে ই খুবেই আৱশ্যকীয়। উদাহৰণস্বৰূপে ঃ সকলো ৱৰ্ড প্ৰোচেচৰ ডকুমেন্টextension.doc. প্ৰদান কৰে।

একেই ডায়ৰেক্টৰীত প্ৰত্যেক ফাইলৰ পৃথক নাম থাকে। যদি প্ৰাইমেৰী নাম একেই হয় আৰু ছেকেণ্ডাৰী নাম বেলেগ হয়, তেন্তে আপুনি পৃথক ফাইলত তথা সঞ্চয় কৰিব পাৰে।

কিছুমান বৈধ ফাইলৰ নামৰ উদাহৰণ ঃ

● **abc.exe** ● **xyz.cdr** ● **diamond.pdf** ● **diamond.com** ● **diamond.psd**

কিছুমান অবৈধ ফাইলৰ নামৰ উদাহৰণ ঃ ● **diamond exe** (খালী স্থান অনুমোদিত নহয়) ● **diamond,cd** (কমা অনুমোদিত নহয়) ● **diamond<".pd** (স্পেচিয়েল বৰ্ণনা যেনে < আৰু " অনুমোদিত নহয়)

ডায়ৰেক্টৰীজ ঃ

হাৰ্ড ডিচক প্ৰচুৰ ডাটা সঞ্চিত ৰাখিব সক্ষম, যি প্ৰায় এনেজাৰ মেগাবাই। গতিকে হাৰ্ড ডিচক এনেজাৰমান ফাইল ধাৰণ কৰি ৰাখিব পাৰে। যদি ইজাৰৰ সংখ্যা বৃদ্ধি পায়, তেন্তে ফাইলাৰ সংখ্যাও বৃদ্ধি পাব আৰু তেতিয়া ডিচকৰ ভিতৰত সকলো ফাইলক চালনা কৰা বৰ অসুবিধাজনক হৈ উঠিব।

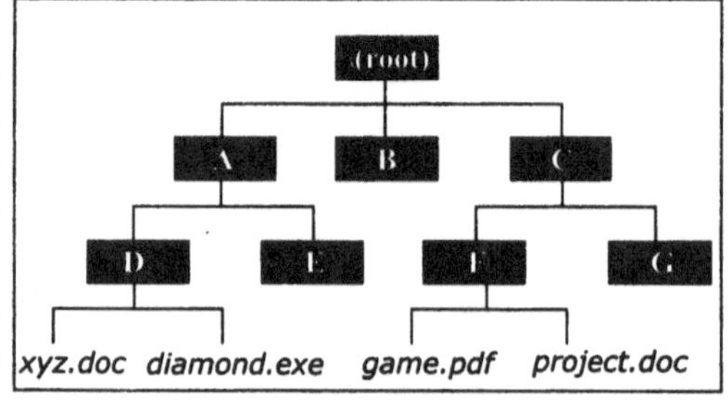

DOS এই অসুবিধাৰ নিস্পত্তি কৰে ই হাৰ্ড ডিচকক পৃথকাগত ভাগ কৰিব সহায়, কৰে যি ডায়ৰেক্টৰীজ মাধ্যমত ডায়ৰেক্টৰী চাব-ডায়ৰেক্টৰীজত অন্তৰ্ভুক্ত হয়।

এই ধৰণৰ পৰিকল্পনা ডাইল বিনাসক গছৰ শাখা-প্ৰশাখাক দৰে সৃষ্টি কৰে, যি **ডায়ৰেক্টৰী ট্ৰি** নামেৰে পৰিচিত।

ডায়ৰেক্টৰী সহ DOS ফাইল চিষ্টেম আৰম্ভ হোৱাৰ অনুমতি দিয়ে যাক বুলি কোৱা হয়। ৰুট back slash (/) [বেক স্লেস] দ্বাৰা চিহ্নিত হয়। অন্য ডায়ৰেক্টৰীজ ৰুট ডায়ৰেক্টৰীৰ লগত সংযুক্ত থাকে, যি ৰুট ডায়ৰেক্টৰীৰ চাব-ডায়টৰেক্টৰীজ নামেৰে পৰিচিত। এই ধাৰাণাত স্হিতিস্হাপকতাৰ উদাহৰণ আগৰ পৃষ্ঠাত দিয়া আছে, যত কট ডায়ৰেক্টৰীৰ তিনিটা নামলত বিভাজন A, B আৰু C দেখা গৈছে। ইয়াৰ ভিতৰত A আৰু C চাব্-ডায়ৰেক্টৰীৰ নামত পৰিচিত।

ডচ্ কমাণ্ডচ ঃ

DOS কমাণ্ড এটা স্পেচিয়েল প্ৰোগাম ৰূপে পৰিগণিণত হয়, যি কম্পিউটাৰ চিষ্টেমৰ প্ৰগ্ৰেম পৰিচালনাক সুন্দৰভাবে পৰিচালিত হব সাহায্য কৰে। DOS-ত বিভিন্ন ৰকমৰ কমাণ্ড আছে আৰা সিহঁত প্ৰত্যেককে পৃথক কিছুমান কাম কৰে। DOS-ত দুটা ধৰণৰ কমাণ্ড আছে।

ইনটাৰনেল কমাণ্ডচ ঃ

যেতিয়া DOS আৰম্ভ হয়, তেতিয়া ইন্টাৰনেল কমাণ্ড মেমোৰীত লোড হয়। যি কমাণ্ড মেমোৰীত বিদ্যমান থাকে, সেইবোৰ ব্যৱহাৰৰ বাবে সকলো সময়তে গ্ৰহণযোগ্য কিন্তু এইবোৰ যেতিয়া ইউজাৰ ফাইল নেমৰ ডিচক ডায়ৰেক্টৰী ডিচপ্লে কৰে, তেয়িা স্ক্ৰীনত দেখা নাযায়। কিছুমান DOS ইন্টানলেল কমাণ্ডচ হল ঃ DIR, COPY, DEL, MD, CD, CLS, DATE, TIME, আৰু TYPE.

DIR : DIR টাইপ কৰিলে সকলো ফাইলৰ তালিকা আৰু সম্প্ৰতি ডায়ৰেক্টৰীত সঞ্চিত চাব ডায়ৰেক্টৰী দেখা যাব।

যদি আপুনি বেলেগ কোনো ডায়ৰেক্টৰীক নিদেশ দিব বিচাৰে, তেন্তে ডায়ৰেক্টৰীত যি ফাইল সঞ্চিত আছে, তাক দেখিব পাৰে। আপুনি আন ডিস্কৰ কণ্টেন্টবোৰ দেখিব পাৰে। যদি আপুনি ডিস্ক ড্ৰাইভ লেটাচ টাইপ বিচাৰে, তেন্তে কোলোন লক্ষ্য কৰক এই কমাণ্ডৰ শেষত।

COPY : একেই ডায়েৰক্টৰীত বা আন ডায়ৰেক্টৰীত কবা আন ডিচকত এক বা একাধিক ফাইল কপি কৰিবলৈ copy কমাণ্ড ব্যৱহাৰ হয়। copy কমাণ্ডৰ পিছত যি ফাইল আপুনি কপি কৰি বিচাৰে, তাৰ সম্পূৰ্ণ নাম টাইপ কৰক। তাৰ পিছত যি ডায়ৰেক্টৰীড কপি কৰিব বিচাৰে, তাৰ নাম টাইপ কৰক। একেই ডায়েৰেক্টৰীত কোনো ফাইলাৰ নকল কৰিব বিচাৰি আপুনি দ্বিতীয় কপিৰ এটা পৃথক নাম দিয়ক।

DEL : ফাইলৰ নাম অনুমসৰি DEL টাইপ কৰক। ফাইল বিলুপ্ত কৰক, আপোনাৰ হাৰ্ড-ডিচক বা ফ্লপি ডিচকত স্হান বনাই লওঁক।

MKDIR বা MD : আপুনি যেতিয়া এটা ডিচকত নতুন ডায়ৰেক্টৰী সৃষ্টি কবি বিচাৰে, তেতিয়া আপুনি যি ডায়ৰেক্টৰী সৃষ্টি কবি বিচাৰিছে, তাৰ নাম অনুসৰি MKDIR বা MD টাইপ কৰক।

CHDIR বা CD : যি ড্ৰাইভ বা ডায়ৰেক্টৰী সম্প্ৰতি অৱস্হিত হৈছে, তাৰ নাম দেখাৰ বাবে CD ব্যৱহাৰ কৰক। CD টাইপৰ পিছত এই ডায়ৰেক্টীত যি-যি নাম পৰিবৰ্তন কাবি বিচাৰে, সেইবোৰৰ নাম দিয়ক, ৰুট ডাটৰেক্টৰীত প্ৰত্যবৰ্তন কৰিবলৈ বেক স্প্যস (-)-ত অনুসৰন কৰি CD টাইপ কৰক।

CLS: CLS কামাণ্ডৰ প্ৰয়োগ স্ক্ৰীন clear কৰা তথা কামাণ্ড প্ৰম্পট (prompt) ক সকলোতকৈ ওপৰৰ বাওঁফালে লৈ যাবৰ বাবে কৰা যায়।

DATE : PC's ইণ্টাৰনেল কেলেণ্ডাৰৰ দ্বাৰা ৰেক'ড কৰা টেক প্ৰদান কৰে DATE. যদি এইটো ভুল থাকে, তেন্তে আপুনি ইয়াক থিক কৰিব পাৰে।

TIME : PC's ইণ্টাৰনেল ক্লকৰ মতানুসাৰে সঠিক সময় দেখৱাই TIME কমাণ্ড। আপুনি আপোনৰ ইচ্ছামতে টাইম পৰিবৰ্তন কৰিব পাৰে। যেতিয়া ই সঠিক সময় দেখুৱাই, তেতিয়া এণ্টাৰ প্ৰেচ কৰক।

TYPE : TYPE কমাণ্ড আপোনাৰ স্ক্ৰীনত টেক্সট ফাইলাৰ বিষয় দেখুৱাই। TYPE কমাণ্ডৰ পিছত আপুনি ফাইলৰ নাম টাইপ কৰক।

এক্সট্ৰাৰনেল কমাণ্ডচ ঃ

কমাণ্ড ইণ্টাৰপ্ৰেটাৰত এই কমাণ্ড গ্ৰহণযোগ্য নহট, যেনে– COMMAND.COM. DOS/ৰ এক্সটাৰনেল কমাণ্ডচ এটা সৰু কাৰ্য কৰাত সক্ষম আৰু মানচিত্ৰৰ প্ৰয়োজনত ই ব্যৱহৃত হয়। এই কমাণ্ডৰ বাবে নিৰ্দ্দিষ্ট এক্সটাচনেল ফাইলৰ প্ৰয়োজন হয়। এই নিৰ্দ্দিষ্ট ফাইলৰ এাই প্ৰাইমেৰী নাম থাকে, যেনে কমাণ্ড বা এক্টেনচনৰ ক্ষেত্ৰত COM. আৰু EXE. ব্যৱহাৰ হয়। যদি কমাশৰ নিৰ্দ্দিষ্ট ফাইল চিষ্টেমত থাকে, তেন্তে তাৰ চালনা দ্বাৰাই এইটো ইয়াত নিৰ্ধাৰণ কৰা হয়। সেইটো এহলে "File Not Found" – এই মেচেজ দেখা যাব। DOS এক্সটাৰনেল কমাণ্ডচবোৰ হল ঃ CHKDSK, FORMAT, XCOPY, PRINT, TREE আৰু DISKCOPY.

CHKDSK : ফ্লপি বা হাৰ্ড ডিচকৰ মান পৰীক্ষা কৰাৰ বাবে CHKDSK ব্যৱহাৰ কৰা হয়। MS-DOS ব্যৱহাৰ পৰিমাণ ডিচকৰ গ্ৰহণযোগ্যতা বিষয়ে জনাই দিয়ে। ফাইলত কিমান ডিস্ক আছে আৰু ডিস্ক কোনো অংশ নষ্ট হৈছে নে নাই। সেইটোও জনাই দিয়ে।

FORMAT : MS-DOS-ত ব্যৱহাৰৰ বাবে ফ্লপি ডিচক গঠন কৰিবলৈ আপুনি এই কমাণ্ড ব্যৱহাৰ কৰিব পাৰে। FORMAT/ৰ পিছত ডিস্ক ড্ৰাইভৰ নাম টাইপ কৰক যি ডিস্ক আপুনি ফৰ্মেট কৰিব বিচাৰে, (:) কোলনৰ অনুসৰন কৰক।

XCOPY : XCOPY কমাণ্ড কপিৰ দৰেই হয় কিন্তু দ্ৰুত গতিসম্পন্ন। ই ডায়ৰেক্টৰী আৰু চাব-ডাটৰেক্টৰী কপি কৰাত ব্যৱহাৰ হয়।

PRINT : আকৰ্ষিত বিষয়ৰ ফাইলৰ কপিক প্ৰিণ্ট কৰিবলৈ আপুনি এই কমাণ্ড ব্যৱহাৰ কৰিব পাৰে।

DISK COPY: এইটো কামাণ্ডৰ দ্বাৰা এক ফ্লপি ডিস্কৰ পৰা অন্য ফ্লপি ডিস্কত ডুপলিকেট কপি কৰিব পাৰে। যিখো ডিস্ক কপি হয় সেইটো ফৰ্মেট বা অনাফৰ্মেট হ'ব পাৰে, কিন্তু তাৰ চাইজ আৰু ক্ষমতা অৰিজিনেল ডিস্কৰ দৰে হ'ব লাগে।

TREE : এই ট্ৰি কমাণ্ড কাৰেন্ট ডায়ৰেক্টৰীৰ আদেশত সম্পূৰ্ণ ডায়ৰেক্টৰ-ট্ৰীৰ গঠন দেখুওৱাৰ বাবে ব্যৱহাৰ কৰা হয়। যদি ডিস্ক কট-ডায়ডৰক্টৰীত ব্যৱহাৰ কৰা হয়, তেন্তে সেই গঠন ডিচকৰ সম্পূৰ্ণ অঞ্চলত দৰ্শিত হয়।

MEM : আপুনি কম্পিউটাৰত ব্যৱহৃত পৰিমাণ আৰু মুক্ত মেমোৰী দেখিব পাৰে। অধিকৃত মেমোৰী স্থানৰ তথ্য লবৰ বাবে, মুক্ত মেমোৰী স্থান আৰু মেমোৰীত সঞ্চিত সম্প্ৰতি প্ৰোগ্ৰামৰ সম্পৰ্কে জানিব আপুনি MEM ব্যৱহাৰ কৰিব পাৰে।

ATTRIB : এই সময়ত এটা ফাইলক আকস্মিক দুৰ্ঘটনা আৰু বিলুপ্তিৰ পৰা ৰক্ষা কৰিবলৈ এই কমাণ্ড ব্যৱহাৰ কৰা হয়। একেই দৰে, এজন ইউজাচে তেওঁৰ ফাইল লুকাই ৰাখিব বিচাৰে, গতিকে সাধাৰণ DIR কমাণ্ড স্ক্ৰীনত ফাইলক দৰ্শিত নকেৰ। ATTRIB কমাণ্ড ব্যৱহাৰ হয় এইবোৰ কামত।

বেচ প্ৰোচেচিং ঃ

আমি লক্ষ কৰিছো যে, এটা কমাণ্ড একেই সময়তে প্ৰম'টৰ এটি মাত্ৰ কমাণ্ডক ব্যৱহাৰ কৰিব অনুমতি দিয়ে আৰু তাৰ পিছত এটাৰ কী প্ৰেচ কৰিব লাগে। এই নিৰ্দেশ কেইটামান কমাণ্ডৰ মাধ্যমত স্বয়ংক্ৰীয়ভাবে সম্পাদিত হৈ এয়ি বেচ ফাইলাৰ সৃষ্টি কৰে। বেচ হল এটি আগঠিত টেক্সট ফাইল। DOS গঠিত এই ফাইল একই সময়তে কমাণ্ডৰ এটি ফাইল সম্পাদিত কৰে। DOS-ৰ সকলো বেচ ফাইল বেছিৰ ভাগ ফাইলক BAT ৰূপে সম্প্ৰসাৰিত কৰে। এটি বেচ ফাইল সম্পাদিত কৰিবলৈ ইউজাৰক প্ৰাইমেৰী ফাইল নেম টাইপ কৰিব লাগিব আৰু ENTER টিপিব লাগিব। ইয়াত বিশেষভাবে মন কৰিব লাগিব যে, যদি যিকোনো এক্চটাৰ্নেল DOS কমাণ্ড ফাইল ধাৰণ কৰে, তাৰ পিছত এটি সঠিক PATH ডায়ৰেক্টৰী কণ্টেইনিং DOS ফাইলৰ বাবে নিবাচিত হৈ যাব।

স্নত যিকোনো গ্ৰহণযোগ্য এডিটৰ দ্বাৰা এটি বেচ ফাইল গঠিত হয় আৰু কপি কমণ্ড বেচ ফাইল সৃষ্টি কৰে। এটি সৃষ্টি হোৱা বেচ ফাইলৰ নাম diamond.bat, কপি কমাণ্ড সংযোজিত হৈ হয়।

COPY CON DIAMOND.BAT

ইয়াত, CON হল কী বোৰ্ড যন্ত্ৰৰ নাম, এই CON (কী-বোৰ্ড) হল তথ্যৰ উৎস। কী-বোৰ্ডৰ পৰা কমাণ্ডচ টাইপ সঞ্চিত কৰে diamond.bat. উপৰোক্ত কমাণ্ডৰ পিছত যিমান সোনসকালে সম্ভৱ, ENTER প্ৰেচ কৰক। কাৰ্চাৰ পৰৱৰ্তী লাইনত গুচি যাব, যাৰ পৰা আপুনি পুণৰায় DOS কমাণ্ড টাইপ কৰি পাৰিব। ফাইলাৰ শেষ চিহ্নিত কৰিবলৈ CTRL+Z আৰু ENTER কপি কমাণ্ড সংযোজিত হৈ হয়।

সামান্য কিছুমান DOS কমাণ্ডৰ সাহায্যত আৰম্ভনিৰ পৰা এটা বেচ ফাইলৰ সৃষ্টি দেখোৱা হল ঃ

```
C:\>copy con diamond.bat
cls
type xyz.doc
copy abc.txt a:\
^Z
```

আপানাৰ বেচ ফাইল গঠন শেষ হোৱা পিছত CTRL+Z প্ৰেচ কৰক আৰু CTRL+Z প্ৰেছ কৰাৰ পিছত স্ক্ৰীনত এটা মেচেজ দেখা যাব।

1 file(s) copied ↵

যিয়ে জনায় যে আপোনাৰ বেচ ফাইল সৃষ্টি হৈ গৈছে।

এতিয়া আমাৰ বেচ ফাইল সৃষ্টিৰ পিছত, টাইপ কৰি বেচ ফাইলৰ নাম সম্পাদিত কৰিব পাৰে আৰু কমাণ্ড প্ৰমটৰ ওপৰত ENTER প্ৰেচ কৰক। C:\>test ↵

6 উইণ্ডো 7

উইণ্ডো 7

মাইক্ৰচফট্ **উইণ্ডো 7** লঞ্চ কৰা গৈছে, যিটো নৱীনতম উইণ্ডো অপাৰেটিং চিস্টেম হয়। উইণ্ডো 7 উইণ্ডো ভিস্টাতো সফল হয়। এই অপাৰেটিং চিস্টেমক বিজিনেচ আৰু পাৰ্চনেল ইউজাৰ (উপভোক্তা) দুয়োৰে আৱশ্যকাক ধ্যানত ৰাখি বিশেচষ ৰূপেৰে ডিজাইন কৰা গৈছে। 22 জুলাই 2009 ত এইটো উৎপাদনৰ বাবে ৰিলিজ কৰা গৈছে আৰু বজাৰত 22 অক্টোবৰ 2009 ত এইটো উপলব্ধ হৈছে।

যেনেদৰে আপুনি কম্পিউটাৰত উইণ্ডো 7 ক আৰম্ভকৰিব আপুনি নিউ ইউজাৰ ইণ্টাৰফেচৰ নতুন ভাল লুক অনুভৱ কৰিব। ইয়াত কাম কৰাৰ পিছত ইয়াৰ নতুন আৰু বিশ্বসনীয় সুৰক্ষা ফিচৰৰ লগতো পৰিচিত হৈ যাব। উইণ্ডো 7 ত আপুনি বহুতো নতুন ফিচাৰচ পাব যিটো আপোনাৰ কাৰ্যক্ষমতাক আৰু বঢ়াই দিব। উইণ্ডোক পুৰনা ভাৰ্জনত ফাইলক সহজতে আৰু তীব্ৰ গতিৰে বিচৰাতো কেতিয়াও সহজ নহয়। কি উইণ্ডো 7 ত আপুনি যি ফাইলক বিচাৰিব বিচাৰে তাৰ লগত সম্বন্ধীত যিকোনো এটা শব্দক যাক আপুনি জানে, সেইটো টাই কৰাত উইণ্ডো 7 য়ে সেই সকলো ফাইলক প্ৰদৰ্শিত কৰি দিয়ে য'ত সেইটো শব্দ (ৱৰ্ড) অন্তৰ্ভুক্ত থাকে।

উইণ্ডো 7 এডিচন

উইণ্ডো 7 ৰ সাতটা বিভিন্ন এডিচনচচ (সংস্কৰণ) আছে কি প্ৰিমিয়াম, প্ৰফেচনেল আৰু আল্টিমেটেই বহু ক্ষেত্ৰত উপলব্ধ হয়। অন্য এডিচনচ কেৱল ডাঙৰ ঔদ্যোগিক কামত প্ৰয়োগ কৰা হয়।

উইণ্ডো 7 ক আৰম্ভ কৰা

যেতিয়া আপুনি আপোনাৰ কম্পিউটাৰক স্টাৰ্ট কৰে তেতিয়া উইণ্ডো 7 নিজে নিজে অপেন হৈ যায় আৰু আপুনি এটা ৱেলকাম স্ক্ৰীন দেখা পাব। আপোনাক পাচৱৰ্ড এণ্টাৰ কৰিবলৈও কব পাৰে।

1- আপোনাৰ কম্পিউটাৰক স্টাৰ্ট (আৰম্ভ) কৰক।

উইণ্ডো 7 ৱেলকাম স্ক্ৰীন দেখা দিয়ে য'ত আপুনি ইউজাৰ চিলেক্ট কৰি তাত পাচৱৰ্ড এণ্টাৰ কৰিব লাগে।

যদি আপোনাৰ উইণ্ডো 7 ক চিংগল ইউজাৰৰ বাবে আপলোড কৰা গৈছে আৰু তাত পাচৱৰ্ডৰ আৱশ্যক নহয় তেতিয়াহ'লে সেইটো ৱেলকাম স্ক্ৰীনক গুৰুত্ব নিদি চিধা ডেস্কটপক অপেন কৰি দিয়ে।

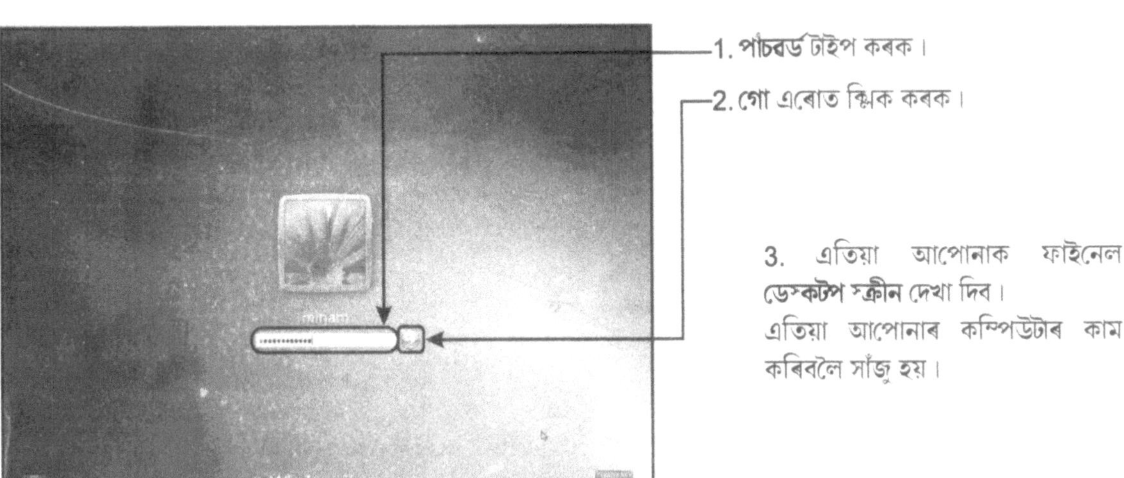

উইণ্ডো 7 স্ক্ৰীন

উইণ্ডো 7 ৰ বিশিষ্টতা জনাৰ পূৰ্বে ইয়াৰ বেচিক স্ক্ৰীন এলিমেণ্টচৰ লগত আপোনাক পৰিচয় কৰোৱাই।

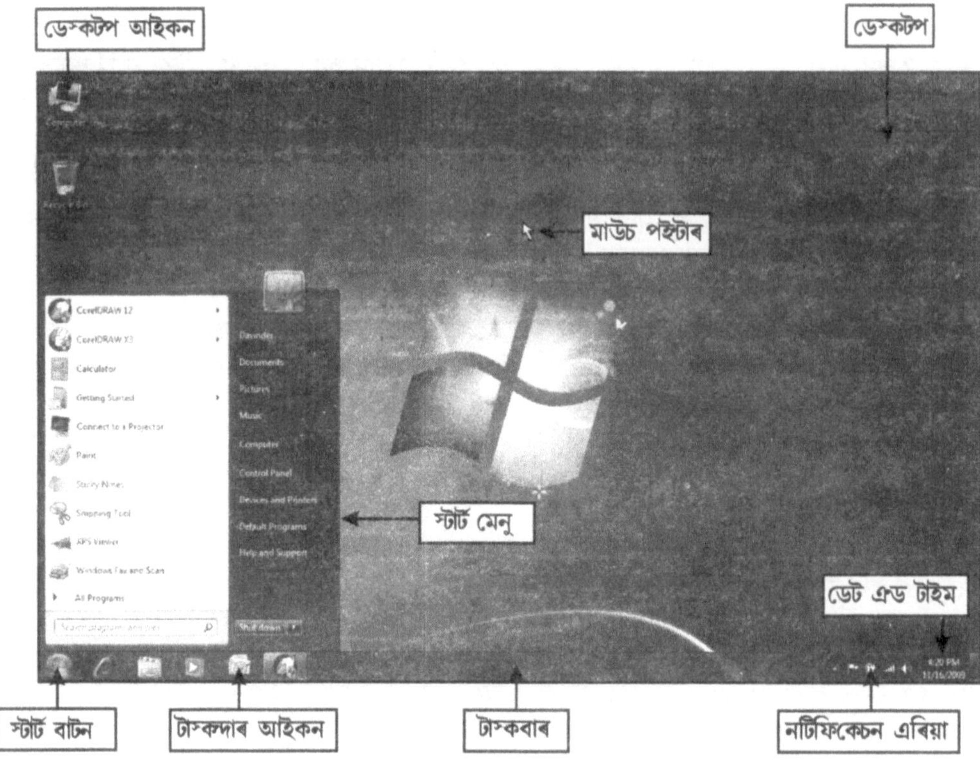

ডেস্কটপ আইকন ঃ ডেস্কটপত থকা আইকন কোনো প্ৰগ্ৰেম বা উইণ্ডো 7 ৰ ফিচাৰক ৰিপ্ৰেজেণ্ট (প্ৰদৰ্শিত) কৰে। যেতিয়া আপুনি কোনো প্ৰগ্ৰেমক ইনস্টল কৰে তেতিয়া সামান্যতঃ তাৰ আইকনো ডেস্কটপত এড (একেলগ) হৈ যায়।

মাউচ পইণ্টাৰ ঃ যেতিয়া আপুনি মাউচক মুভ(চলাই) কৰে তেতিয়া ইয়াৰ পইণ্টাৰো তাৰ লগত মুভ কৰে।

ডেস্কটপ ঃ এইটো উইণ্ডো 7 ৰ ৱৰ্কিং এৰিয়া (কাৰ্যক্ষেত্ৰ) হয়। ইয়াৰ অৰ্থ হ'ল এইটো সেই স্থান হয় য'ত আপুনি কোনো প্ৰগ্ৰেম বা ডকুমেণ্টত কাম কৰে।

টাইম এণ্ড ডেট ঃ এইটো আপোনাৰ কম্পিউটাৰৰ কাৰেণ্ট (বৰ্তমান) সময় আৰু দিনক প্ৰদৰ্শিত কৰে। দিন আৰু তাৰিখৰ গোটেই উইণ্ডোক চাবৰ বাবে আপুনি মাউচ পইণ্টাৰক ইয়াত থৈ ক্লিক কৰি দিয়ক। তাৰিখ আৰু সময় সলনি কৰিবৰ বাবে আপুনি টাইমত ক্লিক কৰক।

নটিফিকেচন এৰিয়া ঃ এইটো এৰিয়া (ক্ষেত্ৰ) ত আপোনাক স্মল (সৰু) আইকন দেখা দিব যিটোৱে এইটো কয় যে আপোনাৰ কম্পিউটাৰে চলি থকা বস্তুৰ বিষয়ে কয়। উদাহৰণৰ বাবে যেতিয়া আপোনাৰ প্ৰিণ্টাৰ কাগজৰ অবিহনে চলি আছে তেতিয়াহ'লে সেইটোৱে ইয়াত প্ৰদৰ্শিত হ'ব বা উইণ্ডো 7 আপডেট যদি ইণ্টাৰনেটত উপলব্ধ হয় তেতিয়াহ'লে আপোনাৰ এইটো এৰিয়াত প্ৰদৰ্শিত হ'ব।

টাস্ক বাৰ ঃ যিকোনা প্ৰগ্ৰেম যিটো আপুনি খুলি থৈছে সেইটো ইয়াত প্ৰদৰ্শিত হ'ব। যদি আপুনি এবাৰতে কোনা প্ৰগ্ৰেমত কাম কৰি আছে তেতিয়াহ'লে আপুনি ইয়ালৈ গৈও সেইটো প্ৰগ্ৰেমক সলনি কৰিব পাৰে যাৰ ওপৰত আপুনি কাম কৰিব বিচাৰে।

টাস্ক বাৰ আইকনঃ উইণ্ডো 7 ৰ কিছুমান ফিচাৰ্চক ইয়াত কেৱল এটা ক্লিক কৰিও লঞ্চ কৰিব পাৰে।

স্টাৰ্ট বাটন ঃ আপুনি এইটো বাটনৰ প্ৰয়োগ কোনো প্ৰগ্ৰেমক আৰম্ভকৰিবৰ বাবে কৰে আৰু উইণ্ডো 7 ৰ সকলো ফিচাৰ্চক লঞ্চ কৰিব পাৰে।

স্টাৰ্ট মেনু ঃ এইটো আপোনাৰ কম্পিউটাৰত ইনস্টল হোৱা সকলো প্ৰগ্ৰেমৰ লিস্ট হয়।

উইণ্ডো 7 ত সহায় লোৱা

উইণ্ডো 7 ত কোনো প্ৰগ্ৰেমক কেনেদৰে ৰান কৰে আৰু এইটোক অপাৰেট কৰাত অহা সমস্যাক কেনেদৰে দূৰ কৰা যায়, আপুনি হেল্প চিস্টেমৰ প্ৰয়োগ কৰিব পাৰে।

1. স্টাৰ্ট বাটনত ক্লিক কৰক। স্টাৰ্ট মেনু দেখা দিব।

2. হেল্প এণ্ড চাপৰ্টত ক্লিক কৰক। উইণ্ডো হেল্প এণ্ড চাপৰ্ট উইণ্ডো দেখা দিয়ে।

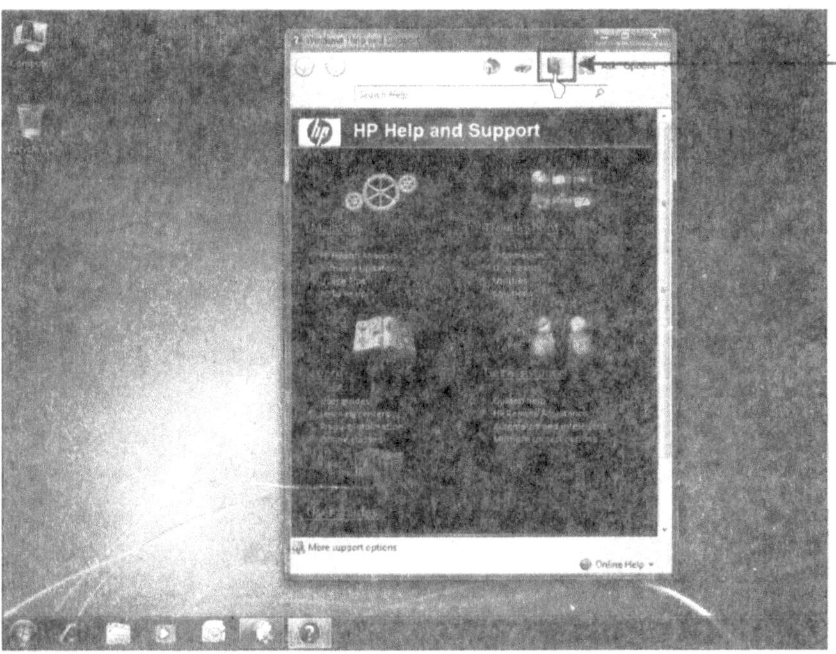

3. ব্ৰাউচ হেল্প বাটনত ক্লিক কৰক।

উইন্ডো 7 ত সহায় লোৱা

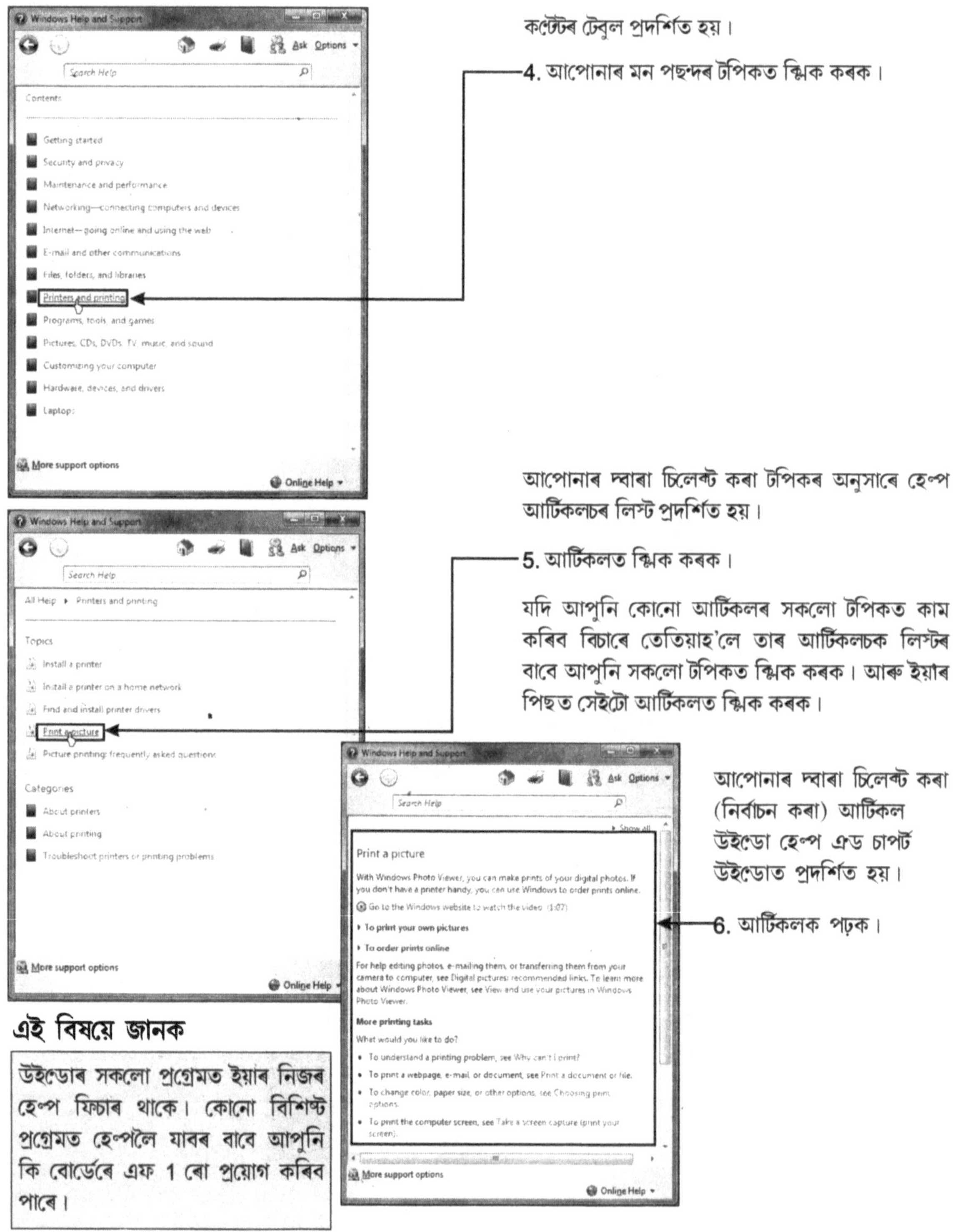

কন্টেন্টৰ টেবুল প্ৰদৰ্শিত হয়।

4. আপোনাৰ মন পছন্দৰ টপিকত ক্লিক কৰক।

আপোনাৰ দ্বাৰা চিলেক্ট কৰা টপিকৰ অনুসাৰে হেল্প আৰ্টিকলচৰ লিস্ট প্ৰদৰ্শিত হয়।

5. আৰ্টিকলত ক্লিক কৰক।

যদি আপুনি কোনো আৰ্টিকলৰ সকলো টপিকত কাম কৰিব বিচাৰে তেতিয়াহ'লে তাৰ আৰ্টিকলচক লিস্টৰ বাবে আপুনি সকলো টপিকত ক্লিক কৰক। আৰু ইয়াৰ পিছত সেইটো আৰ্টিকলত ক্লিক কৰক।

আপোনাৰ দ্বাৰা চিলেক্ট কৰা (নিৰ্বাচন কৰা) আৰ্টিকল উইন্ডো হেল্প এড চাপৰ্ট উইন্ডোত প্ৰদৰ্শিত হয়।

6. আৰ্টিকলক পঢ়ক।

এই বিষয়ে জানক

উইন্ডোৰ সকলো প্ৰগ্ৰেমত ইয়াৰ নিজৰ হেল্প ফিচাৰ থাকে। কোনো বিশিষ্ট প্ৰগ্ৰেমত হেল্পলৈ যাবৰ বাবে আপুনি কি বোৰ্ডেৰে এফ 1 ৰো প্ৰয়োগ কৰিব পাৰে।

উইন্ডো 7 ক স্টাৰ্ট (আকৌ আৰম্ভ) কৰা

উইন্ডো 7 ৰ ৰিস্টাৰ্টৰ উপায় হ'ব এইটো চাটডাউন হৈ যায় আৰু ইয়াৰ পিছত তীব্ৰ গতিৰে পুনৰ আৰম্ভহৈ যায়। যদি আপোনাৰ কম্পিউটাৰে ভালদৰে কাম নকৰে, তেতিয়াহ'লে সমস্যাক জনা আৰু সেইটোক দূৰ কৰিবৰ বাবে আপুনি উইন্ডো 7 ক ৰিস্টাৰ্ট কৰিব পাৰে। উইন্ডো 7 ক ৰিস্টাৰ্ট কৰাৰ পূৰ্বে এইটো সুনিশ্চিত কৰি লওক যে আপুনি সকলো প্ৰগ্ৰেমক বন্ধ কৰি দিছেনে নাই যিটো আপুনি খুলি থৈছিল।

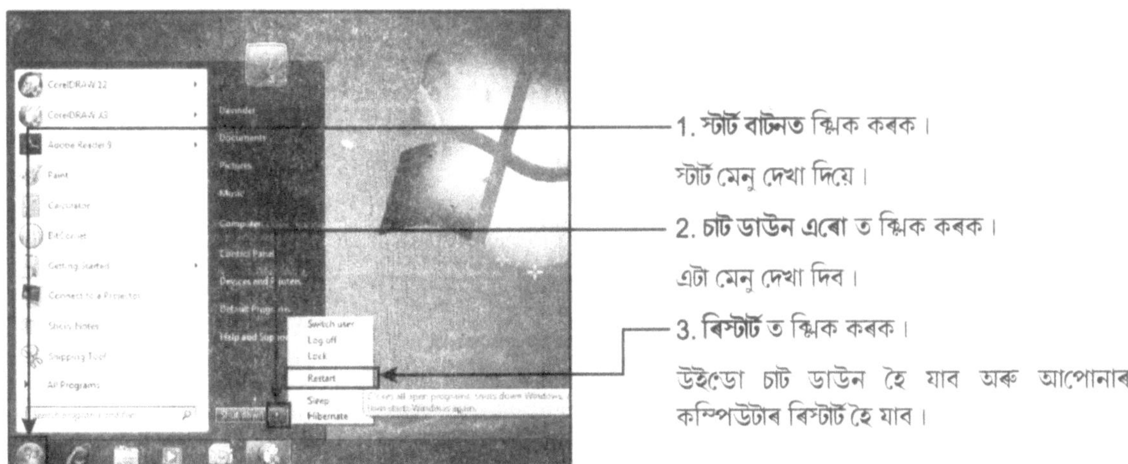

উইন্ডো 7 ক চাট ডাউন কৰা

আপুনি কম্পিউটাৰক ব্যৱহাৰ কৰাৰ পিছত বন্ধ কৰাৰ পূৰ্বে সেইটোক চাটডাউন কৰি দিব লাগে। চাটডাউন কৰাৰ পূৰ্বে এইটো সুনিশ্চিত কৰি লওক যে আপুনি খুলি থকা সকলো প্ৰগ্ৰেমক বন্ধ কৰিছেনে নাই।

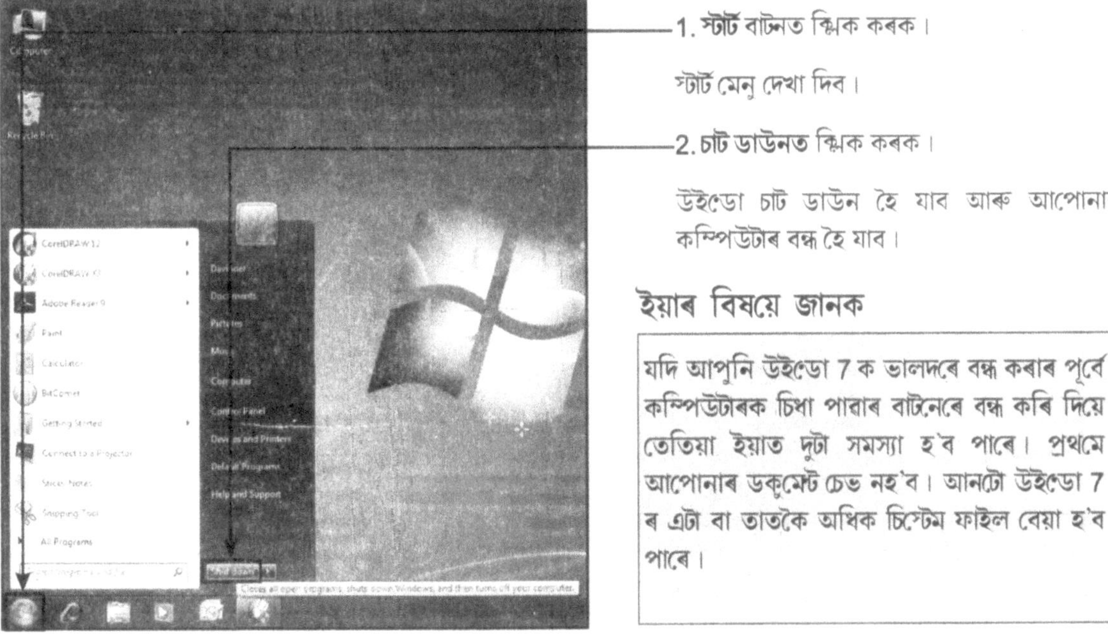

ইয়াৰ বিষয়ে জানক

যদি আপুনি উইন্ডো 7 ক ভালদৰে বন্ধ কৰাৰ পূৰ্বে কম্পিউটাৰক চিধা পাৱাৰ বাটনেৰে বন্ধ কৰি দিয়ে তেতিয়া ইয়াত দুটা সমস্যা হ'ব পাৰে। প্ৰথমে আপোনাৰ ডকুমেন্ট চেভ নহ'ব। আনটো উইন্ডো 7 ৰ এটা বা তাতকৈ অধিক চিস্টেম ফাইল বেয়া হ'ব পাৰে।

প্ৰগ্ৰেমক ইনস্টল কৰা

আপুনি আপোনাৰ কম্পিউটাৰত এক নতুন প্ৰগ্ৰেমো ইনস্টল কৰিব পাৰে। এইটো প্ৰগ্ৰেম চিডি ৰম, ডিভিডি ডিস্ক আৰু ফ্লপি ডিস্কত উপলব্ধ হয়।

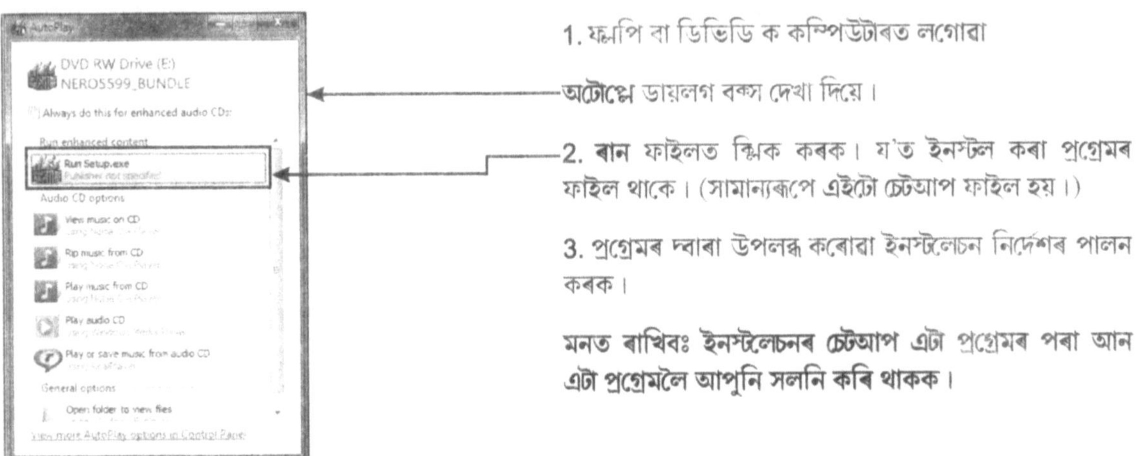

1. ফ্লপি বা ডিভিডি ক কম্পিউটাৰত লগোৱা

অটোপ্লে ডায়লগ বক্স দেখা দিয়ে।

2. **ৰান** ফাইলত ক্লিক কৰক। য'ত ইনস্টল কৰা প্ৰগ্ৰেমৰ ফাইল থাকে। (সামান্যৰূপে এইটো চেটআপ ফাইল হয়।)

3. প্ৰগ্ৰেমৰ দ্বাৰা উপলব্ধ কৰোৱা ইনস্টলেচন নিৰ্দেশৰ পালন কৰক।

মনত ৰাখিবঃ ইনস্টলেচনৰ চেটআপ এটা প্ৰগ্ৰেমৰ পৰা আন **এটা প্ৰগ্ৰেমলৈ আপুনি সলনি কৰি থাকক।**

যদি ডিস্ক লগোৱাৰ পিছতো অটো প্লে ডায়লগ বক্স দেখা নিদিয়ে, তেতিয়াহ'লে প্ৰগ্ৰেমক ইনস্টল কৰিবৰ বাবে কৰা চেটআপৰ প্ৰয়োগ কৰক।

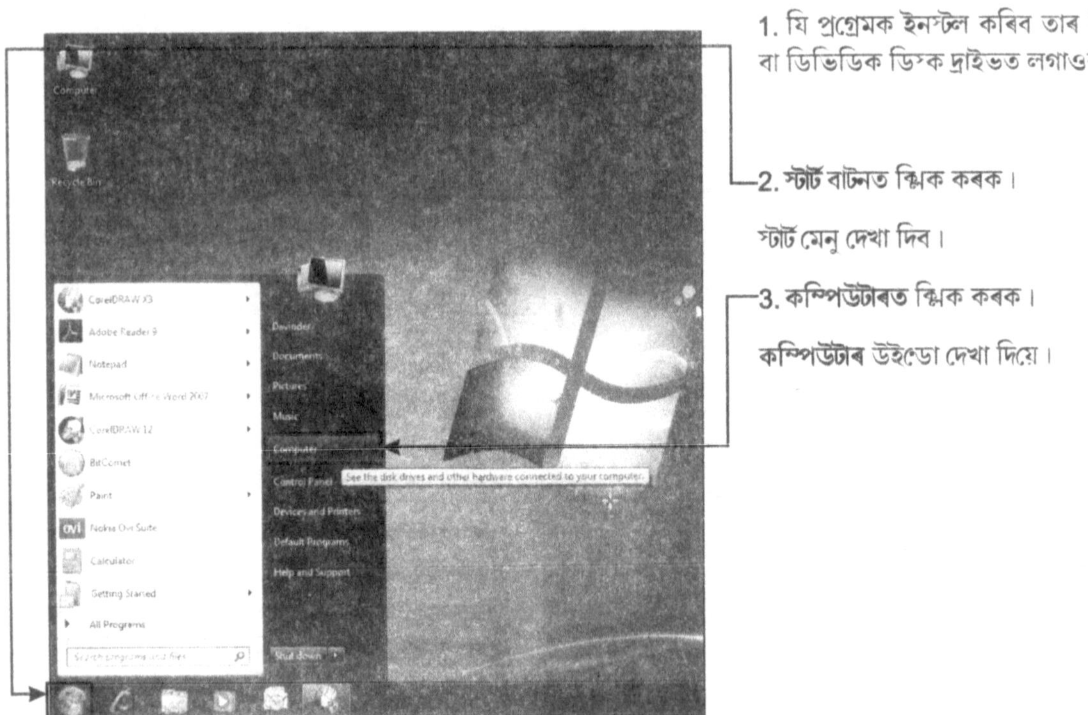

1. যি প্ৰগ্ৰেমক ইনস্টল কৰিব তাৰ চিডি বা ডিভিডিক ডিস্ক ড্ৰাইভত লগাওক।

2. **স্টাৰ্ট** বাটনত ক্লিক কৰক।

স্টাৰ্ট মেনু দেখা দিব।

3. **কম্পিউটাৰত** ক্লিক কৰক।

কম্পিউটাৰ উইণ্ডো দেখা দিয়ে।

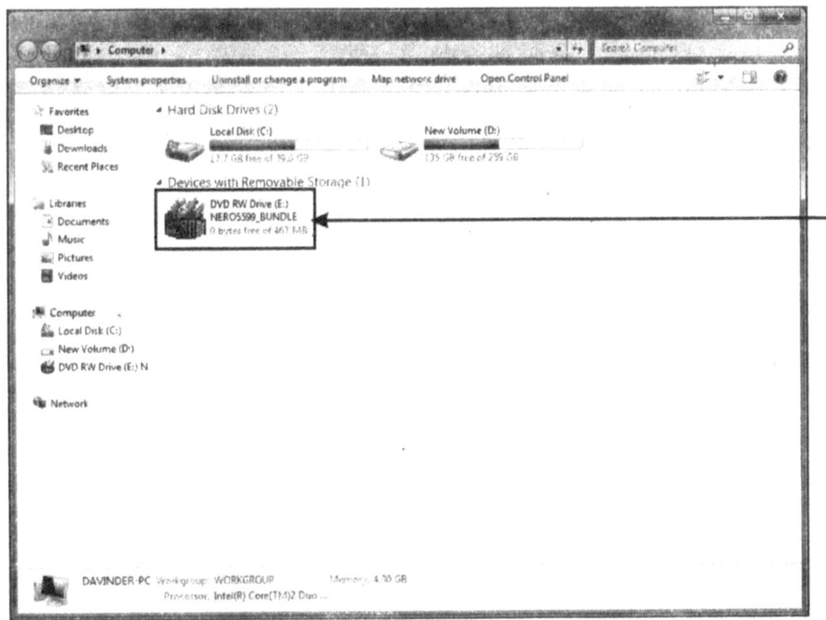

4. চিডি আৰু ডিভিডি দ্ৰাইভাৰ আইকনত ডাবল ক্লিক কৰক।

দ্ৰাইভউইন্ডো দেখা দিয়ে।

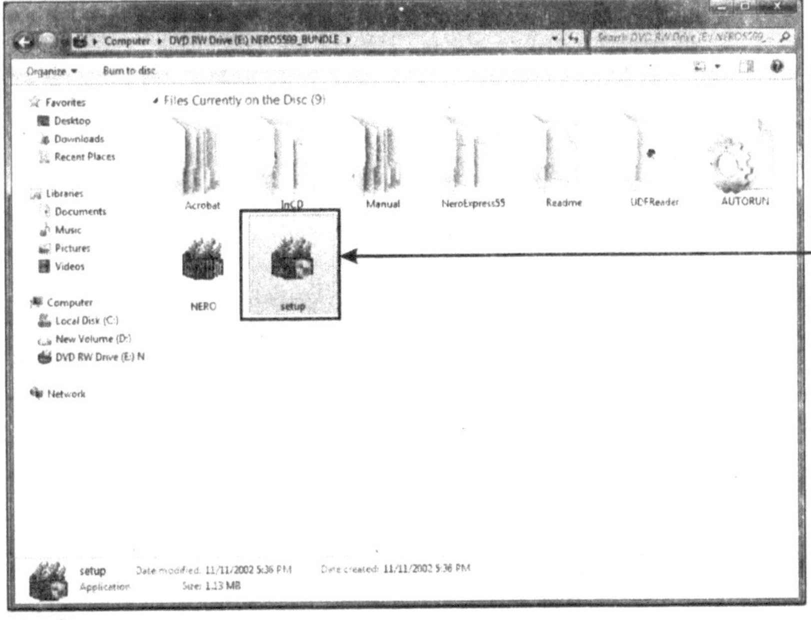

5. ফাইলত ডাবল ক্লিক কৰক যিটো আপোনাৰ ইনস্টলেচন প্ৰগ্ৰেমৰ লঞ্চ কৰে।

6. প্ৰগ্ৰেমৰ দ্বাৰা কোৱা ইনস্টলেচনৰ দিশ-নিৰ্দেশৰ পালন কৰক।

ইনস্টলেচন চেটআপে এটা প্ৰগেমৰ পৰা আন এটা প্ৰগ্ৰেমলৈ নিজে নিজে সলনি হৈ থাকে।

এই বিষয়েও জানক

যিকোনো প্ৰগ্ৰেমক ইনস্টল কৰিবৰ বাবে আপোনাক প্ৰডাক্ট কি' বা চিৰিয়েল নম্বৰ' ৰ আৱশ্যক হয়। এই দুটা চফ্টৱেয়ৰ প্ৰগ্ৰেমৰ লগত আছে। কেতিয়াবা-কেতিয়াবা এইটো চিডিৰ বক্সত স্টিকাৰৰ ৰূপত লাগি থাকে। চিডি টো এইটো লাগি থাকিব পাৰে। যদি আপুনি প্ৰগ্ৰেম ডাউনলোড কৰে তেতিয়া এইটো নম্বৰ ডাউনলোড স্ক্ৰীনত দেখা পাব লাগে।

প্ৰগ্ৰেমক আনইনস্টল কৰা

আপুনি সেইটো প্ৰগেমক আনইনস্টল (আতৰাব) ও কৰিব পাৰে, যাৰ আপুনি প্ৰয়োজন অনুভৱ নকৰে। প্ৰয়োগ নকৰা প্ৰগ্ৰেমক আতৰালে আপোনাৰ হাৰ্ড ডিস্কত স্পেচ বাঢ়ি যায় আৰু অল প্ৰগ্ৰেমত মেনুলৈ যাবলৈও বহুত সহজ হয়।

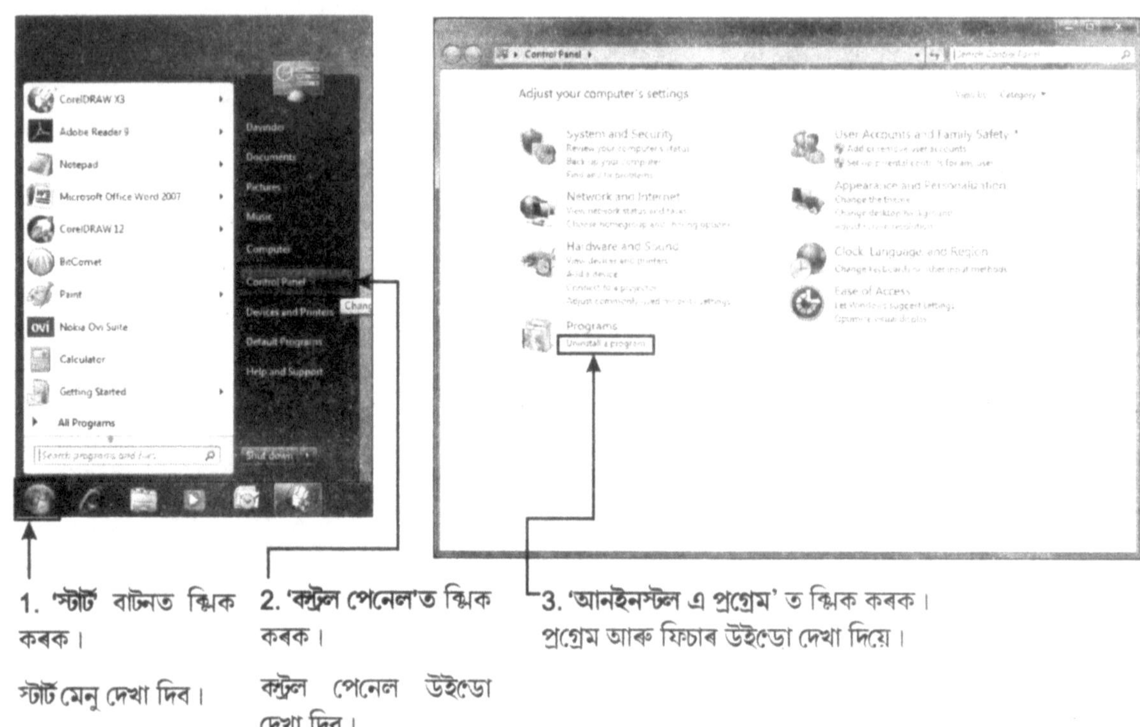

1. 'স্টার্ট' বাটনত ক্লিক কৰক।

স্টার্ট মেনু দেখা দিব।

2. 'কন্ট্ৰল পেনেল'ত ক্লিক কৰক।

কন্ট্ৰল পেনেল উইণ্ডো দেখা দিব।

3. 'আনইনস্টল এ প্ৰগ্ৰেম' ত ক্লিক কৰক। প্ৰগ্ৰেম আৰু ফিচাৰ উইণ্ডো দেখা দিয়ে।

উইণ্ডো 7 আপোনাৰ কম্পিউটাৰ ইনস্টল কৰা সকলো প্ৰগ্ৰেমৰ এটা লিস্ট (সূচী) প্ৰদৰ্শিত কৰে।

4. সেইটো প্ৰগ্ৰেমত ক্লিক কৰক যাক আপুনি আতৰাব বিচাৰে।

5.'আনইনস্টল' বা 'আনইনস্টল-চেঞ্জ' ত ক্লিক কৰক।

এটা ডায়লগ বক্স দেখা দিয়ে যিটো আপোনাক এইটো সুনিশ্চিত কৰিব লাগে যে আপুনি সঁচাকৈ এইটো প্ৰগ্ৰেমক আনইনস্টল কৰিব বিচাৰেনে।

6. য়েচ' ত ক্লিক কৰক।

প্ৰগ্ৰেমক আনইনস্টল কৰাৰ প্ৰক্ৰিয়া আৰম্ভহৈ যাব।

7. স্ক্ৰীনত প্ৰদৰ্শিত দিশ-নিৰ্দেশৰ পালন কৰক।

প্ৰগ্ৰেমক স্টাৰ্ট (আৰম্ভ) কৰা

উইন্ডো 7 ত আপুনি কোনো প্ৰগ্ৰেমক অপেন (খোলা) কৰিবৰ পাৰে। উইন্ডো 7 য়ে প্ৰগ্ৰেমক অপেন কৰি দিয়ে আৰু এইটো ডেস্কটপত ডিচপ্লে (প্ৰদৰ্শিত) কৰে।

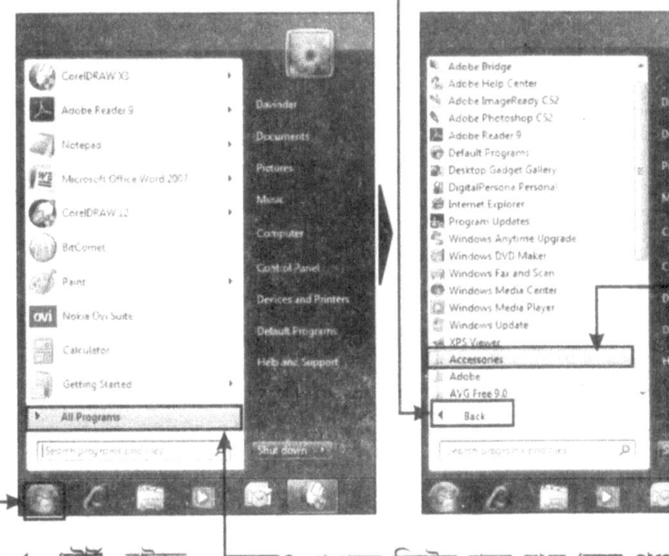

প্ৰগ্ৰেমৰ লিস্ট (সূচী) দেখা দিয়ে।

সকলো প্ৰগ্ৰেম বাটত 'বেক' বাটনলৈ সলনি হৈ যায়।

3. সেইটো প্ৰগ্ৰেমত ক্লিক কৰক যাক আপুনি লঞ্চ কৰিব বিচাৰে।

কিছুমান প্ৰগ্ৰেমত সকলো মেনু থাকে।

এইটো উদাহৰণত আমি **'এচেচৰিজ'** ক নিৰ্বাচন কৰো।

এচেচৰিজৰ সকলো মেনু দেখা দিয়ে।

1. **'স্টাৰ্ট'** বাটনত ক্লিক কৰক।

2. প্ৰগ্ৰেমৰ লিস্টক চাবৰ বাবে **'অল প্ৰগ্ৰেম'** ত ক্লিক কৰক।

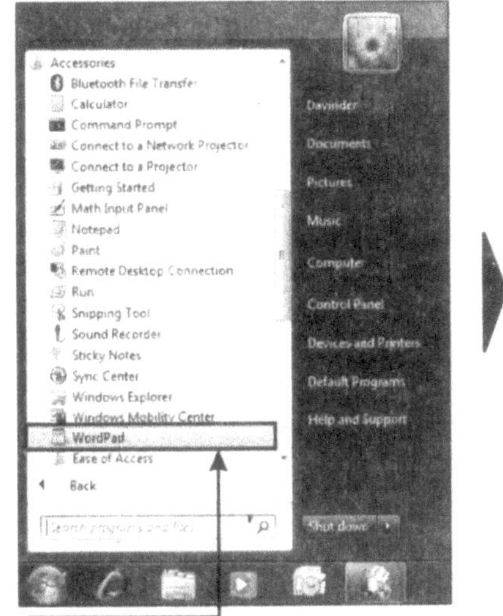

4. এচেচৰিজৰ সকলো মেনুৰ পৰা **'ৱৰ্ড পেড'** ত ক্লিক কৰক।

'ৱৰ্ড পেড' উইন্ডো দেখা দিয়ে।

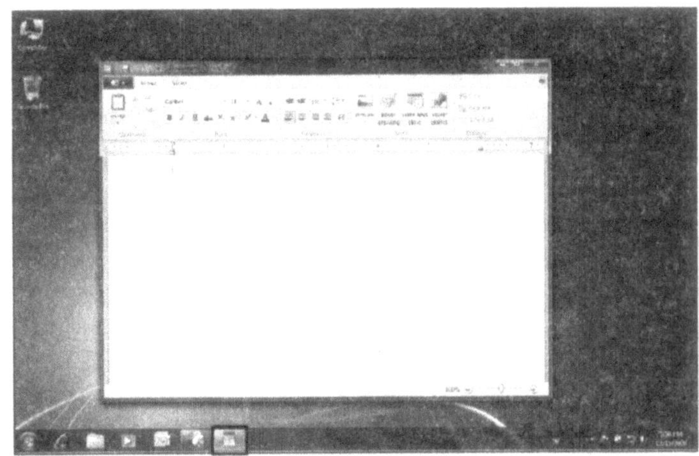

উইন্ডো 7 য়ে সেইটো প্ৰগ্ৰেমৰ বাবে টাস্ক বাৰত এটা বাটন গঠন কৰি দিয়ে।

প্ৰগ্ৰেম উইন্ডোক বুজা

সুবিধাজনক কাৰ্যৰ বাবে আপুনি এইটো উইন্ডোৰ ফিচাৰ্চক বুজিব লাগিব।

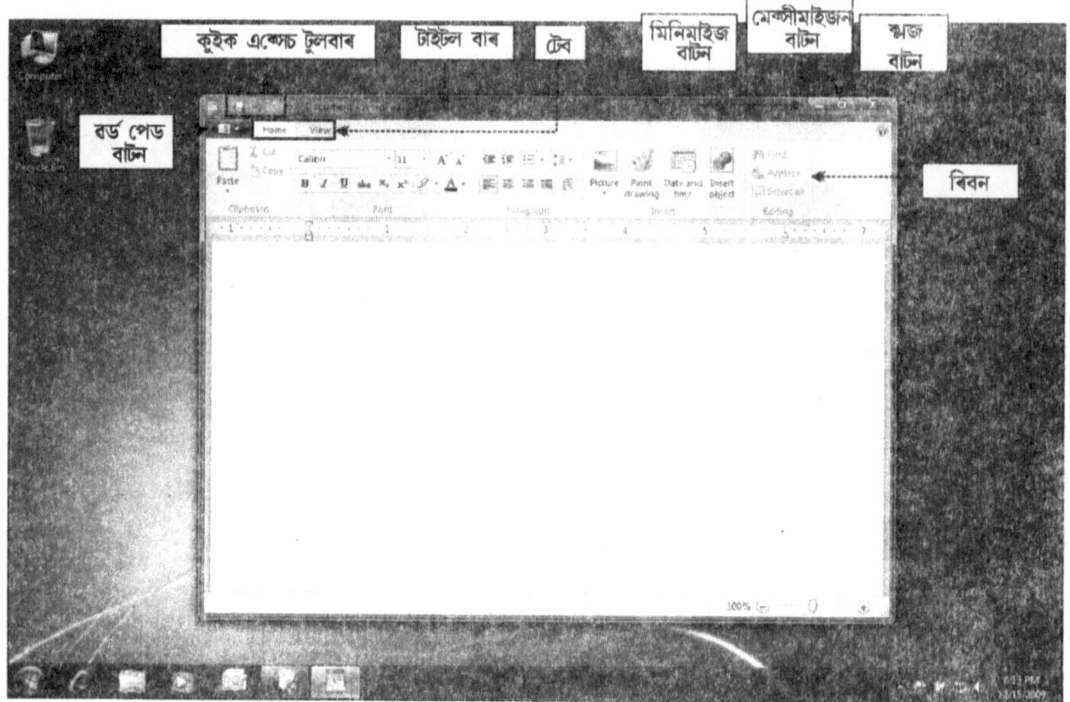

টাইটল বাৰ ঃ টাইটলৰ বাৰে প্ৰগ্ৰেমৰ নামক প্ৰদৰ্শিত কৰে। কিছুমান প্ৰগ্ৰেমত টাইটল প্ৰগ্ৰেম অপেন কৰা ডকুমেন্টৰ নামো ডিচপ্লে কৰে। উইন্ডোলৈ যাবৰ বাবে আপুনি টাইটল বাৰো প্ৰয়োগ কৰিব পাৰে।

কুৱিক এক্সেচ টুলবাৰ ঃ টাইটল বাৰৰ ওপৰত কুৱিক এক্সেচ টুলবাৰ বাটন থাকে য'ত 'চেভ', 'ড়ু', 'ৰিড়ু' আদি গুৰুত্বপূৰ্ণ বাটন থাকে।

ৱৰ্ড পেড বাটন ঃ কুৱিক এক্সেচ টুলবাৰৰ তলত এইটো এটা গুৰুত্বপূৰ্ণ টুলবাৰ থাকে। বাওঁ ফালে প্ৰথম বাটন ৱৰ্ড পেড বাটন হয় যিটো ৱৰ্ড পেডৰ মেনুক অপেন কৰে।

টেব ঃ পেন্ট প্ৰগ্ৰেমত 'হোম' আৰু 'ভিউ' নামৰ দুটা টেব থাকে।

ৰিবন ঃ এইটো টেবৰ ৰূপত সম্বন্ধীত কামাণ্ডৰ গ্ৰুপ (সমূহ) ক ডিচপ্লে কৰে। প্ৰত্যেক টেবত কামান টাস্কৰ বাবে চৰ্টকাট বাটন থাকে।

মিনিমাইজ বাটন ঃ মিনিমাইজত ক্লিক কৰি আপুনি উইন্ডোক ডেস্কটপৰ পৰা আতৰাব পাৰে আৰু এইটো কেৱল উইন্ডোৰ টাস্কবাৰ বাটনত দেখা দিয়ে। আপুনি এইটো বাটনত ক্লিক কৰি উইন্ডোক ডেস্কটপত আকৌ এবাৰ চাব পাৰি।

মেক্সিমাইজ বাটন ঃ এইটো বাটনত ক্লিক কৰি আপুনি ইউন্ডোক ডাঙৰ কৰিব পাৰে আৰু আপুনি যি ইউন্ডো বাটনক ক্লিক কৰিছে সেইটো ডেস্কটপত খুলি যায়।

ক্লজ বাটন ঃ এইটো বাটনত ক্লিক কৰিলে সম্বন্ধীত উইন্ডো বা প্ৰগ্ৰেম বন্ধ হৈ যায়।

কোনো উইণ্ডোক ডাঙৰ (মেক্সিমাইজ) কৰা

মেক্সিমাইজ বাটনৰ প্ৰয়োগ কৰি আপুনি কোনো ইউণ্ডোক ডাঙৰ কৰি গোটেই স্ক্ৰীনত চাব পাৰে। ইয়াত আপোনাক ইউণ্ডোৰ অধিক কণ্টেন্টক চোৱাৰ সুবিধা পাই যায়।

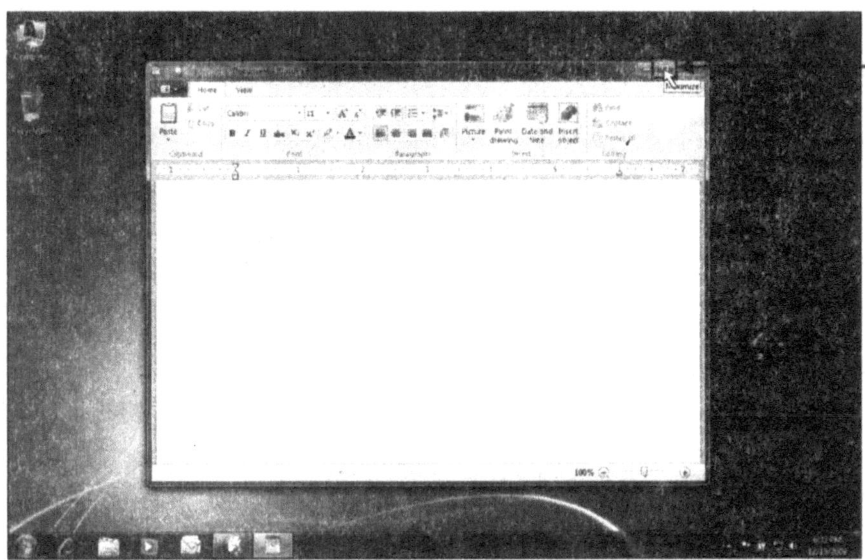

1. যি উইণ্ডোক আপুনি ডাঙৰ কৰি চাব বিচাৰে, মাউচৰ পইণ্টাৰক তাৰ **'মেক্সিমাইজ'** বাটনলৈ লৈ যাওক আৰু ক্লিক কৰক।

উইণ্ডো আপোনাৰ গোটেই স্ক্ৰীনত বিয়পি পৰি যায়।

উইণ্ডোক আপুনি পুৰনা আকাৰলৈ ঘূৰাই পাবৰ বাবে ইয়াৰ **'ৰিস্টৰ ডাউন'** বাটনত মাউচৰ পইণ্টাৰক লৈ যাওক আৰু ইয়াত ক্লিক কৰক।

উইন্ডোক মিনিমাইজ (সৰু) কৰা

যেতিয়া আপুনি উইন্ডোত কোনো কাম নকৰে তেতিয়া মিনিমাইজ বাটনৰ সহায়েৰে আপুনি ইউন্ডোক আপোনাৰ স্ক্ৰীনৰ পৰা আতৰাবৰ বাবে মিনিমাইজ (সৰু) কৰিব পাৰে। অৱশ্যে আপুনি ইয়াক যিকোনো সময়ত আকৌ এবাৰ ডিচপ্লে কৰাব পাৰে।

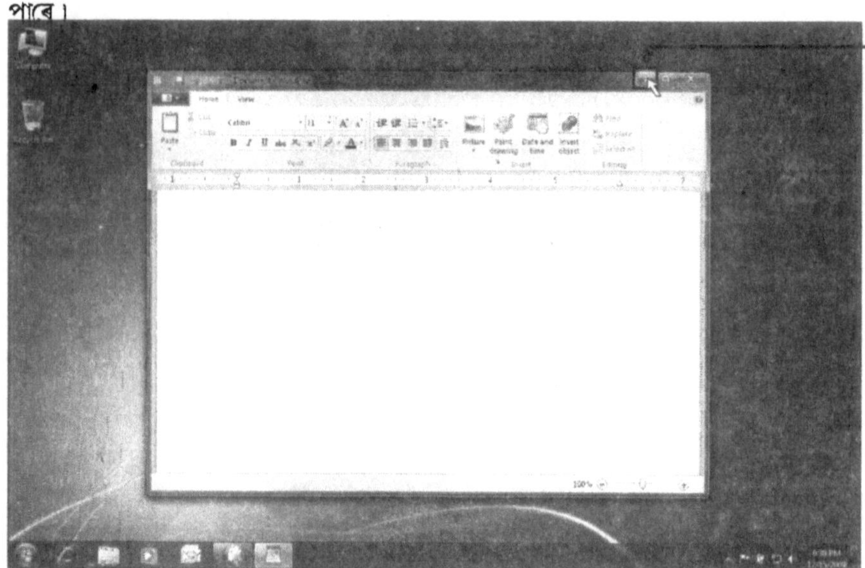

1. যি উইন্ডোক আপুনি মিনিমাইজ কৰিব বিচাৰে, মাউচৰ পইন্টাৰক তাৰ **'মিনিমাইজ'** বাটনলৈ লৈ গৈ ক্লিক কৰি দিয়ক।

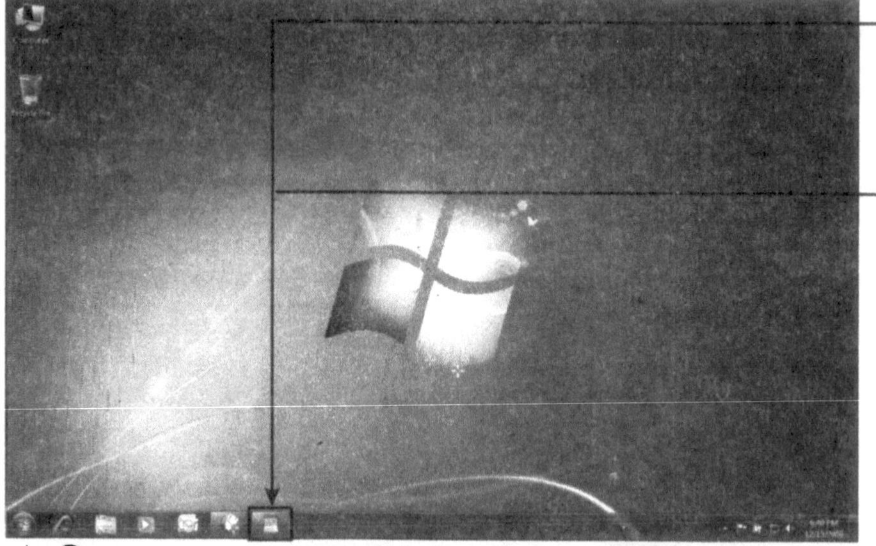

উইন্ডো স্ক্ৰীনৰ পৰা আতৰি যায় আৰু টাস্ক বাৰত এটা আইকনৰ ৰূপত দেখা দিয়ে।

উইন্ডোক আকৌ এবাৰ ডিচপ্লে কৰাবৰ বাবে আপুনি টাস্ক বাৰত এইটো আইকনৰ ওপৰত মাউচৰ পইন্টাৰ লৈ গৈ ক্লিক কৰি দিয়ক।

এই বিষয়েও জানকঃ

খুলা সকলো উইন্ডোক মিনিমাইজ কৰিবৰ বাবে আপুনি টাস্কবাৰৰ সোঁ ফালে কৰা শ্বো ডেস্কটপ বাৰ’ ত ক্লিক কৰক। বা টাস্ক বাৰত ৰাইক ক্লিক কৰক আৰু ইয়াৰ পিছত শ্বো ডেস্কটপ বাৰ’ ত ক্লিক কৰক।

এই বিষয়েও জানকঃ

মিনিমাইজ উইন্ডোক মেক্সিমাইজেন কৰিবৰ বাবে চিফ্‌ট’ টিপি ৰাখক আৰু উইন্ডোৰ টাস্ক বাৰ বাটনত ক্লিক কৰক। যিটো মেনু দেখা দিব তাৰ মেক্সিমাইজ বাটনত ক্লিক কৰক।

উইন্ডোক মুভকৰোৱা (এটা স্থানৰ পৰা আন এটা স্থানলৈ লৈ যোৱা)

যদি উইন্ডো আপোনাৰ স্ক্ৰীনত কোনো আইটেমক কভাৰ কৰি লয় তেতিয়াহ'লে উইন্ডোক কোনো অন্য স্থানলৈও লৈ যাব পৰা যায়

1. যি উইন্ডোক আপুনি মুভকৰাব বিচাৰে তাৰ টাইটল বাৰত মাউচৰ পইন্টাৰক থৈ দিয়ক।

2. যি স্থানত আপুনি উইন্ডোক লৈ যাব বিচাৰে তালৈ মাউচৰ পইন্টাৰক টিপি লৈ যাওক। উইন্ডো 7 মাউচৰ পইন্টাৰৰ লগত উইন্ডোকো সেইটো স্থানলৈ লৈ যাওক।

3. মাউচৰ বাটনক এৰি দিয়ক।

উইন্ডো 7 সেইটো স্থানত উইন্ডোক থৈ দিয়ক।

এই বিষয়েও জানকঃ

যদি আপুনি খুলা কোনো উইন্ডোক মুভ কৰাব বিচাৰে তেতিয়াহ'লে আপুনি টাস্ক বাৰৰ খালি ঠাইত ৰাইট ক্লিক কৰি 'শ্বো উইন্ডো স্টেকড' ত ক্লিক কৰক। উইন্ডো 7 ইয়াৰ পিছত সকলো উইন্ডোক ডেস্কটপত বাওঁ আৰু তাৰ ওপৰৰ পৰা ব্যৱস্থিত ক্ৰমত থৈ দিয়ক।

উইণ্ডোক ৰিচাইজ (আকাৰলৈ পৰিৱৰ্তন) কৰা

স্ক্ৰীনত ডিচপ্লে হৈ থকা উইণ্ডোক আপনি সহজতে আকাৰলৈ পৰিৱৰ্তনো কৰিব পাৰে।

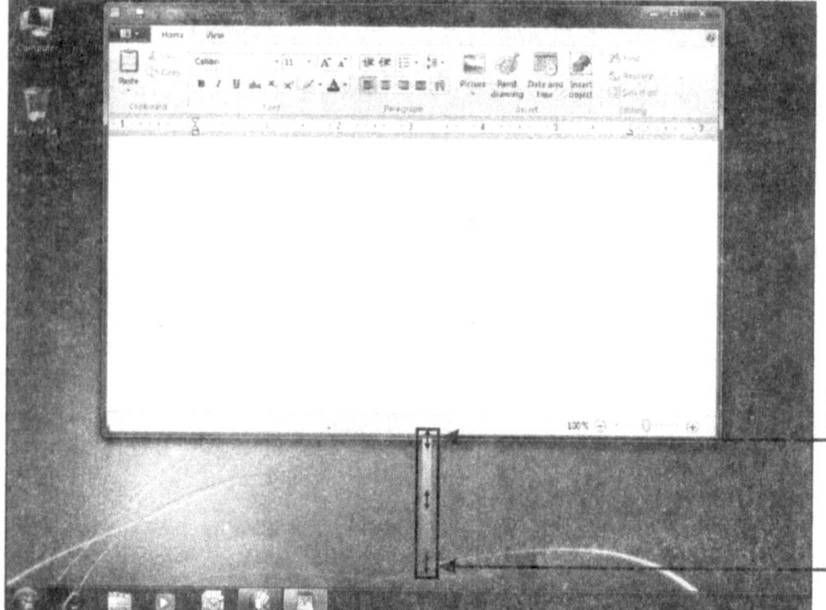

1. যি উইণ্ডোৰ আপুনি আকাৰলৈ সলনি কৰিব বিচাৰে, মাউচৰ পইণ্টাৰক তাৰ বৰ্ডাৰলৈ লৈ গৈ ক্লিক কৰি দিয়ক।

(⤡)আকাৰ সলনি কৰিবৰ বাবে এতিয়া আপুনি মাউচৰ (↕ ↔ ⤡)প্ৰয়োগ কৰক। উইণ্ডো 7 মাউচৰ পইণ্টাৰৰ লগতেই বৰ্ডাৰৰ স্থিতিটো সলনি কৰিব লাগে।

2. তেতিয়ালৈকে মাউচ পইণ্টাৰক (↕) টিপি ইফালে-সিফালে যেতিয়ালৈকে সেইটো আকাৰলৈ আহি নাযায়, যাক আপুনি বিচাৰে।

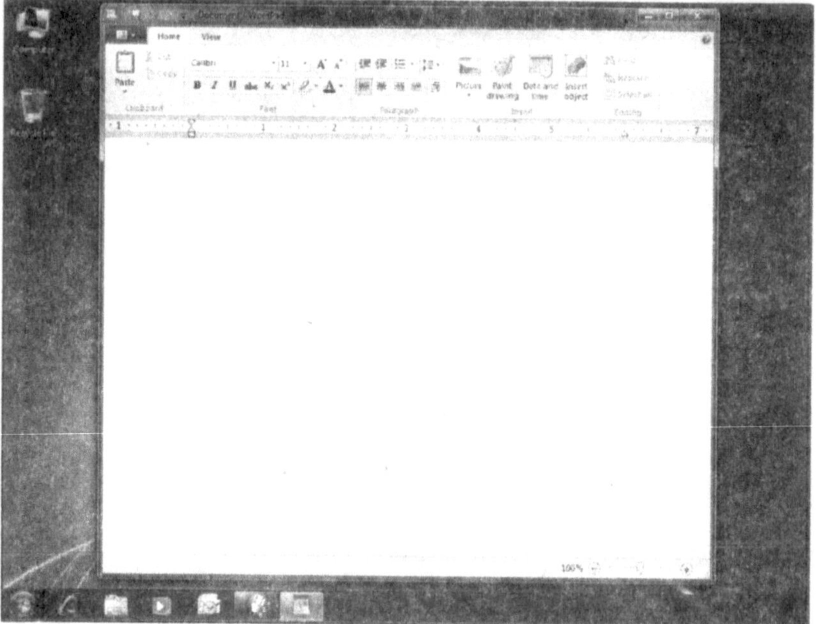

3. মাউচৰ পইণ্টাৰক এৰি দিয়ক। উইণ্ডো 7 য়ে আপোনাৰ উইণ্ডোৰ চাইজ (আকাৰ) সলনি কৰি দিয়ে।

এবাৰত উইণ্ডোৰ দুটা বৰ্ডাৰৰ স্থিতি সলনি কৰিবৰ বাবে আপুনি যিকোনো দুটা কোনৰ প্ৰয়োগ কৰিব পাৰে।

এই বিষয়েও জানকঃ

যদি আপুনি অপেন কৰা সকলো উইণ্ডোৰ ৰি চাইজ কৰিব বিচাৰে যাতে কোনেও ইটো-সিটোৰ অভাৰলেপ নহয় তেতিয়াহ'লে টাস্ক বাৰৰ খালি স্থানলৈ গৈ আপুনি ৰাইট ক্লিক কৰক আৰু 'শ্বে উইণ্ডো' ত ক্লিক কৰক। এনেতে উইণ্ডো 7 প্ৰত্যেক উইণ্ডোৰ সমান স্পেচ (স্থান) দিবৰ বাবে আপোনাৰ ডেস্কটপক বিভাজিত কৰি দিয়ে।

উইণ্ডোক সলনি কৰা

যদি আপুনি আপোনাৰ কম্পিউটাৰৰ স্ক্ৰীনত এটাতকৈ অধিক উইণ্ডোক অপেন কৰি ৰাখে তেতিয়াহ'লে সহজতে এটাৰ পৰা আন এটা উইণ্ডোলৈ যাব পাৰে। আপুনি টাস্ক বাৰ বা উইণ্ডো বাটনৰ মাজলৈ গৈ সহজতে এটা প্ৰগ্ৰেমৰ পৰা আন এটা প্ৰগ্ৰেমলৈ যাব পাৰে।

টাস্ক বাৰৰ প্ৰয়োগ কৰিঃ

আপুনি এবাৰতে এটা উইণ্ডোত কাম কৰিব পাৰে। খুলা উইণ্ডো (যাৰ ওপৰত কাম কৰি আছে) অন্য উইণ্ডোৰ পৰা সকলোতকৈ আগত দেখা দিয়ে আৰু এটা গভীৰ টাইটল বাৰ ডিচপ্লে কৰে।

টাস্ক বাৰ আপোনাৰ স্ক্ৰীনত খুলা প্ৰত্যেক ইউডোৰ বাবে এটা বাটন ডিচপ্লে কৰে।

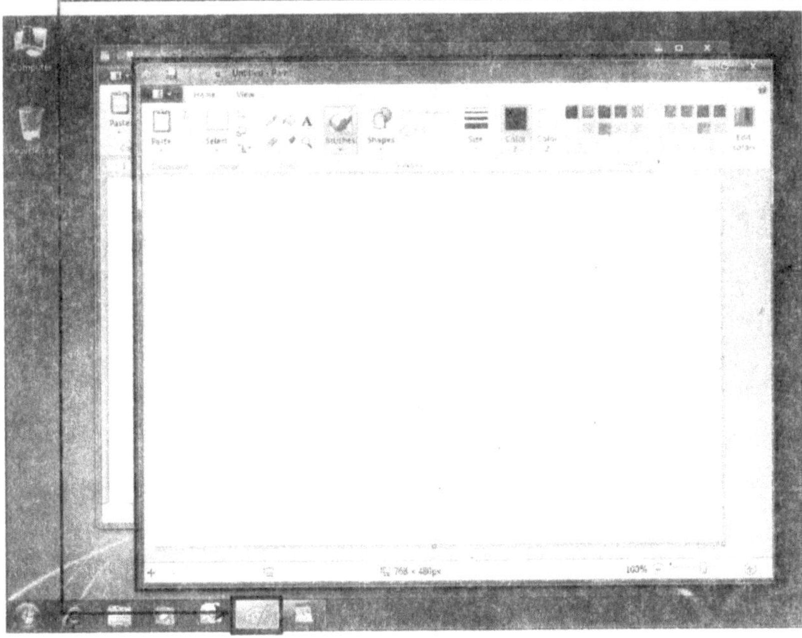

1. ইয়াৰে যি উইণ্ডোত আপুনি কাম কৰিব বিচাৰে সেইটোক অন্য উইণ্ডোৰ পৰা আগলৈ আনিবৰ বাবে আপুনি টাস্ক বাৰত ইয়াৰ আইনকত ক্লিক কৰক।

সেইটো উইণ্ডো আন্য উইণ্ডোতকৈ ক সকলোতকৈ আগত ডিচপ্লে হৈ যাব। আপুনি এইটো উইণ্ডোৰ কণ্টেন্ট (সামগ্ৰী) ক স্পস্ট কৰি চাব পাৰে।

উইণ্ডোৰ ভিতৰত যিকোনো ঠাইত ক্লিক কৰিও আপুনি সেইটো উইণ্ডোক অন্য উইণ্ডোতকৈ আগত চাব পাৰে।

এৰোপিক ৰ প্ৰয়োগ কৰি ডেস্কটপলৈ যোৱা

টাস্ক বাৰৰ সকলোতকৈ শেষত এৰো পিক বাটন থাকে। এইটো বাটনৰ প্ৰয়োগ কৰি আপুনি আপোনাৰ স্ক্ৰীনত অপেন কৰা সকলো উইডোক মিনিমাইজ কৰি আপোনাৰ কম্পিউটাৰ স্ক্ৰীনক খালি কৰিব পাৰে। ইয়াৰ পিছত আপোনাক ডেস্কটপত কোনো উইডো দেখা নিদিব আৰু সেইটো খালি দেখা দিব।

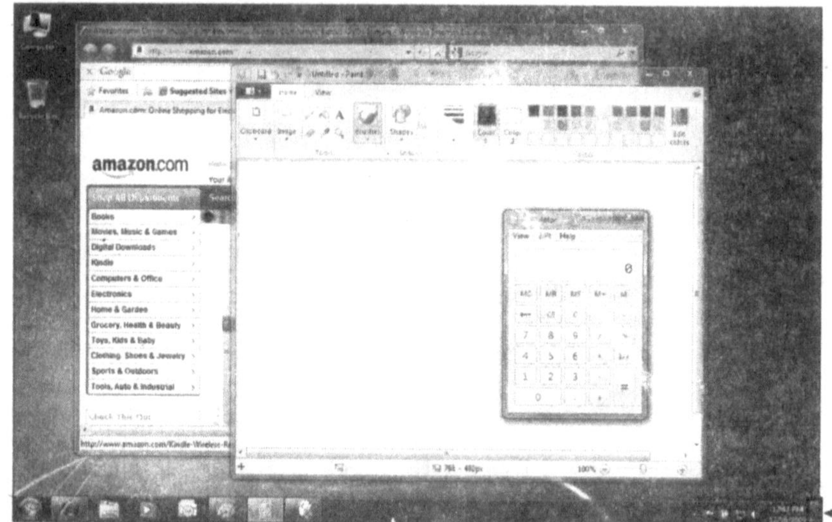

1. আপোনাৰ মাউচৰ পইণ্টাৰ **শ্বো ডেস্কটপ'** বাটনলৈ লৈ যাওক।

যেতিয়া আপুনি আপোনাৰ মাউচৰ পইণ্টাৰক **'শ্বো ডেস্কটপ'** বাটনলৈ ঘূৰাই তেতিয়া সকলো উইডো ট্ৰান্সপৰ্ট (পাৰদৰ্শি) হৈ যায়।

এতিয়া আপুনি ডেস্কটপলৈ যাব পাৰে আৰু সেইটোক চাব পাৰে।

2. এতিয়া **'শ্বো ডেস্কটপ'** বাটনত ক্লিক কৰক।

সকলো খুলা উইডো মিনিমাইজ হৈ টাস্ক বাৰত এটা আইকনৰ ৰূপত পৰিৱৰ্তিত হৈ যায়। এতিয়া আপোনাৰ ডেস্কটপ খালি হোৱা দেখা দিব।

যদি আপুনি এই সকলো উইডোক আকৌ ডিচপ্লে কৰিব বিচাৰে তেতিয়াহ'লে আকৌ এবাৰ **'শ্বে ডেস্কটপ'** বাটনত ক্লিক কৰক।

কেৱল এটা উইডো ডিচপ্লে কৰিবৰ বাবে টাস্ক বাৰলৈ গৈ তাৰ আইকনত ক্লিক কৰক।

পার্চনেলাইন (ব্যক্তিগত) উইণ্ডোক অপেন কৰা

উইণ্ডো 7 ৰ বিভিন্ন ডিচপ্লে অপচন (বিকল্প) লৈ সলনি কৰিবৰ বাবে আপুনি এইটো জনাটো আৱশ্যক হয় যে পার্চনেলাইজ উইণ্ডোক কেনেদৰে অপেন কৰা যায়।

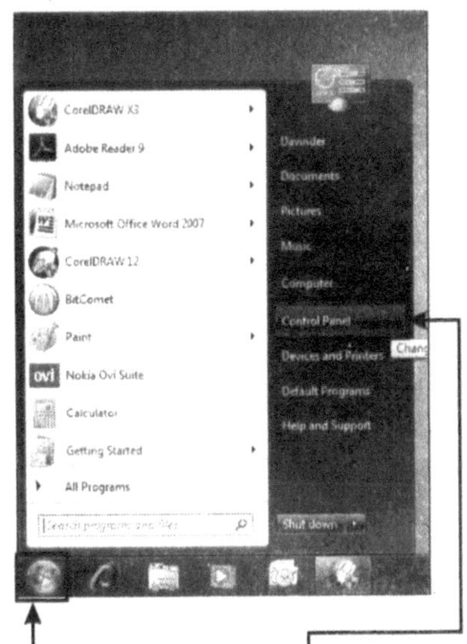

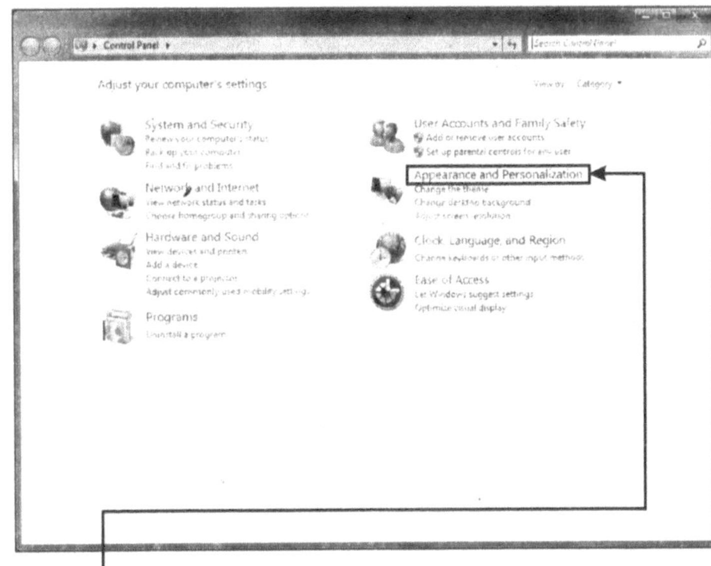

1. **স্টাৰ্ট** বাটনত ক্লিক কৰক।

'স্টাৰ্ট' মেনু দেখা দিব।

2. **'কন্ট্ৰল পেনেল'** ত ক্লিক কৰক।

কন্ট্ৰল পেনেল উইণ্ডো দেখা দিয়ে।

3. **'এপিৰিয়েঞ্চ এণ্ড পার্চনেলাইজেচন'** ত ক্লিক কৰক। **এপিৰিয়েঞ্চ এণ্ড পার্চনেলাইজ** উইণ্ডো দেখা দিয়ে।

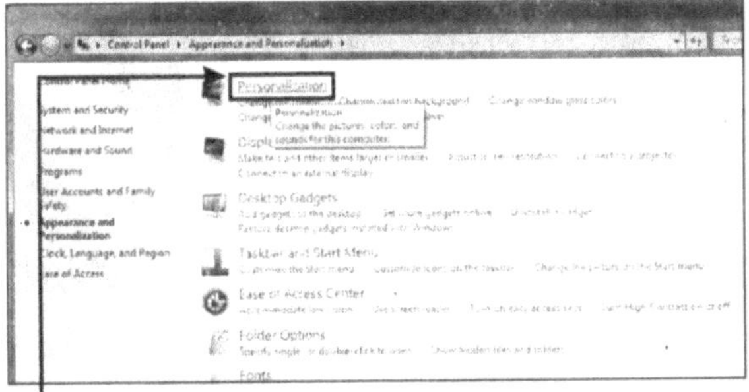

4. **'পার্চনেলাইজেচন'** ত ক্লিক কৰক। **পার্চনেলাইজেচন** উইণ্ডো দেখা দিয়ে।

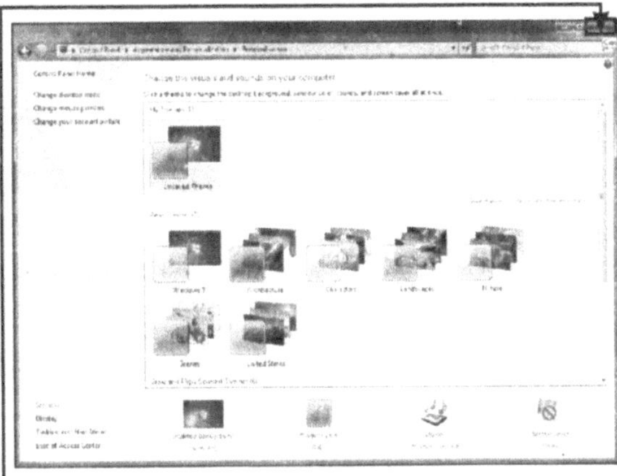

5. নিজৰ কাম শেষ কৰাৰ পিছত **'ক্লজ'** বাটনত ক্লিক কৰক।

এই বিষয়েও জানকঃ

ডেস্কটপৰ খালি স্থানত ৰাইট ক্লিক কৰিও আপুনি পার্চনেলাইজেচন উইণ্ডো' ক অপেন কৰিব পাৰে। আৰু ইয়াত প্ৰদৰ্শিত হোৱা পার্চনেলাইজেচন' মেনুত ক্লিক কৰক।

ডেস্কটপৰ বেকগ্ৰাউণ্ডক সলনি কৰা

আপোনাৰ ডেস্কটপক সজাবৰ বাবে অথবা তাৰ ৰূপক সজাবৰ বাবে আপুনি আপোনাৰ ডেস্কটপৰ বেকগ্ৰাউণ্ডৰ কালাৰ (ৰং) ক সলনি কৰিব পাৰে।

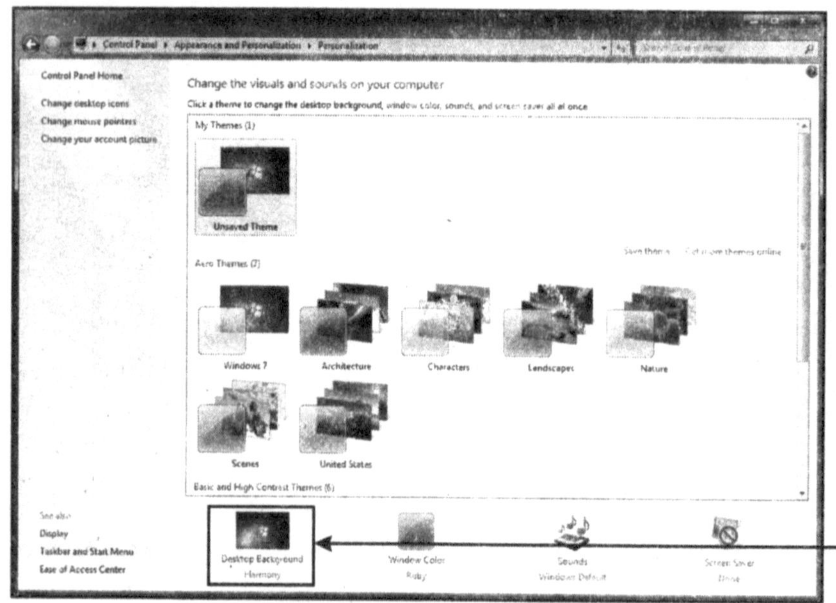

1. 'পাৰ্চনেলাইজেচন' উইণ্ডোক অপেন কৰক।

মনত ৰাখিব ঃ পাৰ্চনেলাইজেচন উইণ্ডোক অপেন কৰিবৰ বাবে ইয়াৰ পূৰ্বৰ পেজত কোৱা স্টেপ **(1 ৰ পৰা 4)** ৰ পালন কৰক।

2. ডেস্কটপ বেকগ্ৰাউণ্ডত ক্লিক কৰক।

'ডেস্কটপ বেকগ্ৰাউণ্ড' উইণ্ডো দেখা দিব।

3. 'পিকচাৰ লকেচন' ৰ ডাউন এৰো ত ক্লিক কৰক।

দ্ৰপ ডাউন মেনু দেখা দিব।

4. সেই বেকগ্ৰাউণ্ড গেলেৰিত ক্লিক কৰক যাৰ আপুনি প্ৰয়োগ কৰিব বিচাৰে।

যদি আপুনি ডেস্কটপ বেকগ্ৰাউণ্ডত আপোনাৰ পিকচাৰ লগাব বিচাৰে তেতিয়াহ'লে সকলোতকৈ প্ৰথমে **'পিকচাৰ লাইব্ৰেৰী'** লৈ যাওক। আপুনি **'ব্ৰাউচ'** টো ক্লিক কৰিব পাৰে আৰু ইয়াৰ পিছত আপোনাৰ ফাইলক নিৰ্বাচন কৰিবৰ বাবে ব্ৰাউচ ডায়লগ বক্সৰ প্ৰয়োগ কৰিব পাৰে।

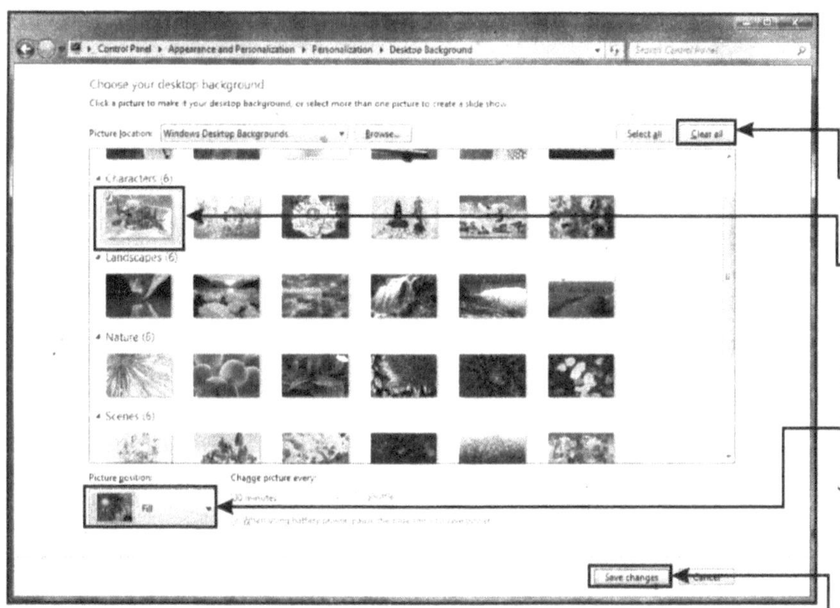

চিলেক্ট কৰা গেলেৰিত উইণ্ডো 7 য়ে আপোনাক ডেক্সটপ বেকগ্ৰাউণ্ড প্ৰদৰ্শিত কৰে।

5.**'ক্লীয়েৰে অল'** ত ক্লিক কৰক।

6. সেই ইমেজ (পিকচাৰ) বা কালাৰ (ৰং) ত ক্লিক কৰক যাৰ আপুনি প্ৰয়োগ কৰিব বিচাৰে।

7. **'পিকচাৰ পজিচন'** ৰ ডাউন এৰোত ক্লিক কৰক আৰু ইয়াৰ পিছত সেইটো পজিচনত ক্লিক কৰক যাৰ আপুনি প্ৰয়োগ কৰিব বিচাৰে।

8. **'চেভ চেঞ্জেজ'** ত ক্লিক কৰক।

9.**'ক্লজ'** বাটনত ক্লিক কৰক।

আপোনাৰ দ্বাৰা নিৰ্বাচন কৰা পিকচাৰ আৰু কালাৰ ডেস্কটপ বেকগ্ৰাউণ্ডত দেখা দিব।

এই বিষয়েও জানকঃ

এইটো পিকচাৰৰ স্হিৰিত (স্টেপ 7)

ফিল ঃ এইটো অপচনে আপোনাৰ পিকাচৰক সমান দৈৰ্ঘ্য আৰু উচ্চতাত গোটেই স্ক্ৰীনত বিয়পাই দিয়ে। এনে স্হিতিত পিকাৰৰ কিছুমান অংশ কাটি যায় আৰু দেখা নিদিয়ে।

ফিট ঃ এইটো অপচনো আপোনাক পিকচাৰক গোটেই স্ক্ৰীনত বিয়পাই দিয়ে কি ইয়াত পিকচাৰৰ দৈৰ্ঘ্য আৰু উচ্চতা আপোনাক স্ক্ৰীনৰ মতে ফিট যৈ যায় আৰু গোটেই পিকচাৰ স্ক্ৰীনত দেখা দিয়ে।

স্টেচ ঃ এইটো অপচনে আপোনাক পিকচাৰৰ সকলো চাইডেৰে বঢ়াই গোটেই স্ক্ৰীনত ফিট কৰি দিয়ে।

টাইটল ঃ এইটো অপচনত এটা পিকচাৰৰ সকলো কপি হৈ যায় আৰু স্ক্ৰীনত দেখা দিয়ে।

চেন্টাৰ ঃ এইটো অপচনত আপোনাক কোনো পিকচাৰৰ এটা কপি স্ক্ৰীনত চেন্টাৰ ডিচপ্লে হয়।

ডেস্কটপ শ্লাইড শ্বোক প্ৰস্তুত কৰা

উইণ্ডো 7 ত আপুনি ডেস্কটপ বেকগ্ৰাউণ্ডৰ ৰূপত কোনো পিকচাৰক শ্লাইড শ্বোকো চেট কৰিব পাৰে। এনেতে উইণ্ডো 7 চেট কৰা গৈছে টাইম (সময়) ৰ অনুসাৰে ডেস্কটপ বেকগ্ৰাউণ্ডত পিকচাৰক সলনি কৰি থাকে।

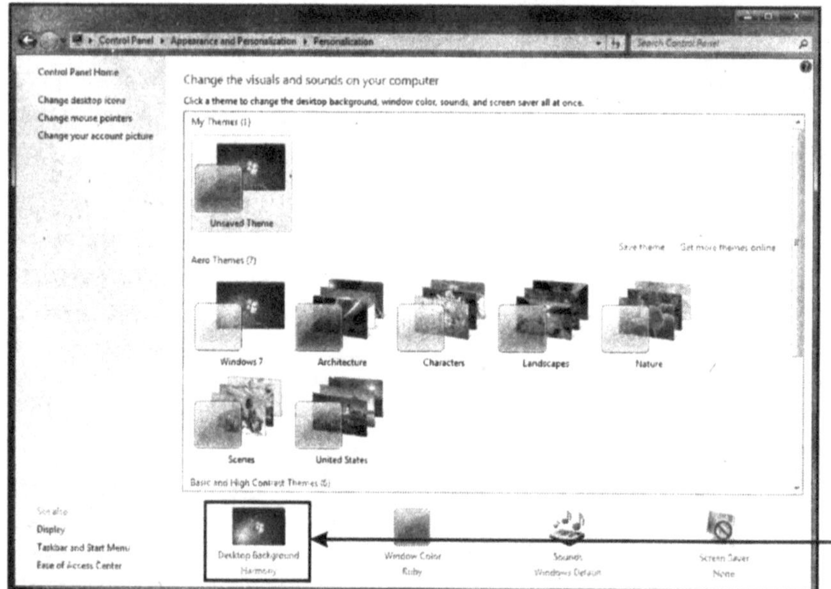

1. 'পাৰ্চনেলাইজেচন' উইণ্ডোক অপেন কৰে।
2. 'ডেস্কটপ বেকগ্ৰাউণ্ড' ত ক্লিক কৰক।

'ডেস্কটপ বেকগ্ৰাউণ্ড' উইণ্ডো দেখা দিব।

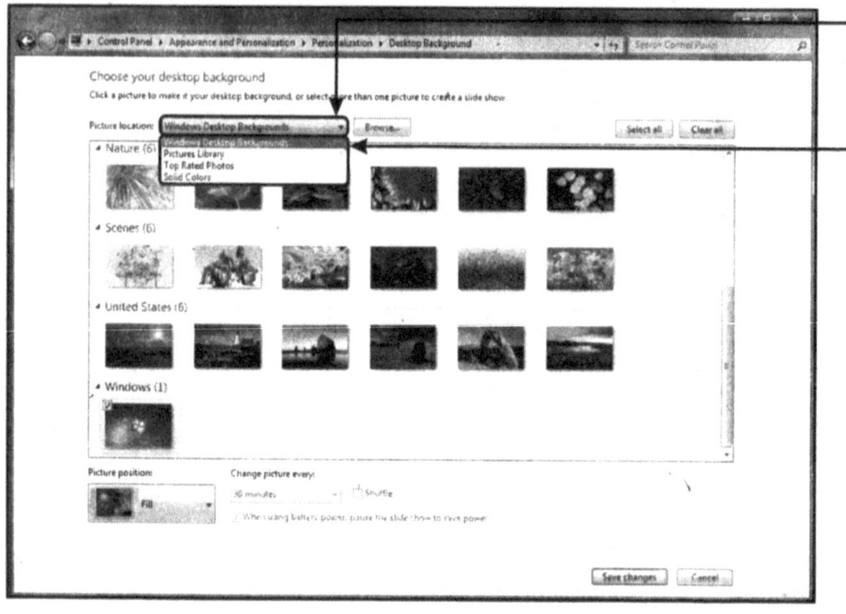

3. 'পিকচাৰ লকেচন' ৰ ডাউন এৰো ত ক্লিক কৰক। দ্ৰপ ডাউন মেনু দেখা দিব।
4. যি বেকগ্ৰাউণ্ড গেলেৰিক আপুনি চাব বিচাৰে তাত ক্লিক কৰক।

যদি আপুনি ডেস্কটপ বেকগ্ৰাউণ্ডৰ ৰূপত নিজৰ পিকচাৰক অন্তৰ্ভুক্ত কৰিব বিচাৰে তেতিয়া লিস্টত **'পিকচাৰ লাইব্ৰেৰী'** ত ক্লিক কৰক।

আপুনি **'ব্ৰাউচ'** ত ক্লিক কৰি আপোনাৰ পছন্দৰ ফাইক নিৰ্বাচন কৰিবৰ বাবে ব্ৰাউচ ডায়লগ বক্সো প্ৰয়োগ কৰিব পাৰে।

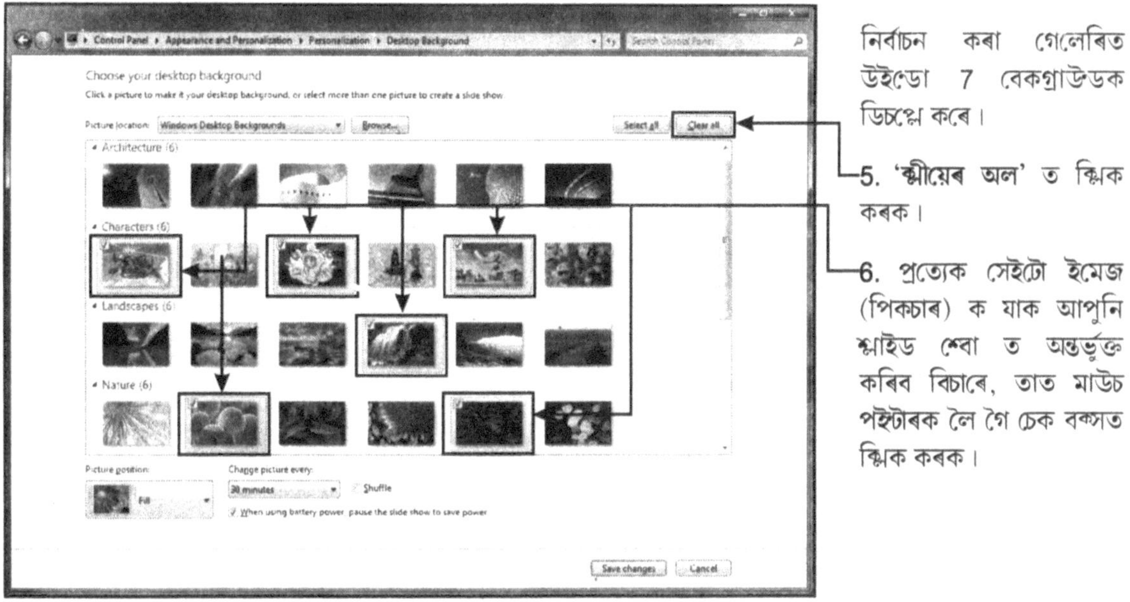

নিৰ্বাচন কৰা গেলেৰিত উইণ্ডো 7 বেকগ্ৰাউণ্ডক ডিচপ্লে কৰে।

5. 'ক্লীয়েৰ অল' ত ক্লিক কৰক।

6. প্ৰত্যেক সেইটো ইমেজ (পিকচাৰ) ক যাক আপুনি শ্লাইড শ্বো ত অন্তৰ্ভুক্ত কৰিব বিচাৰে, তাত মাউচ পইণ্টাৰক লৈ গৈ চেক বক্সত ক্লিক কৰক।

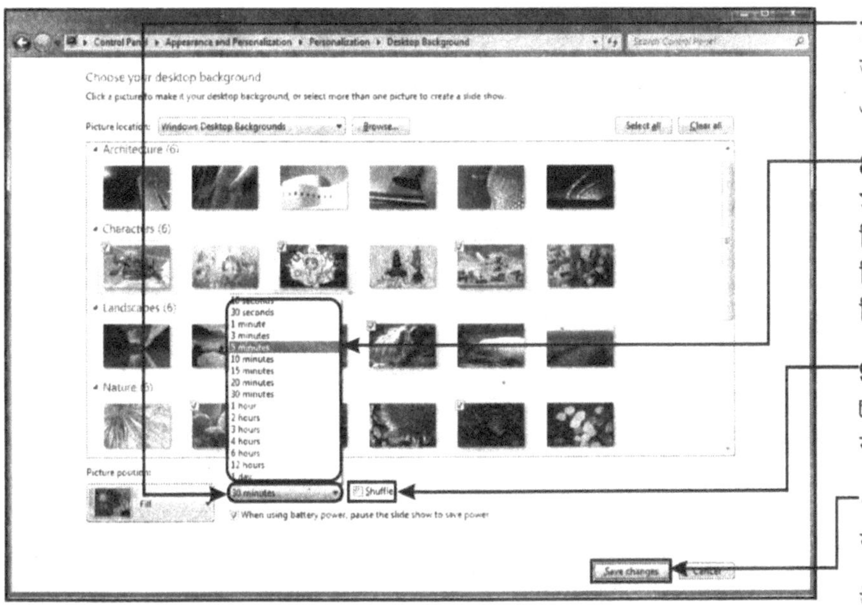

7. 'চেঞ্জ পিকচাৰ এভাৰী' ৰ ডাউন এৰোত ক্লিক কৰক। এটা মেনু দেখা দিব।

8. এইটো পিকচাৰৰ মাজৰ সময়ৰ অন্তৰ ৰাখক অৰ্থাৎ কিমান সময় পিছত আপুনি পিকচাৰ সলনি কৰিব বিচাৰে।

9. পিকচাৰক বিভিন্ন ক্ৰমত চাবৰ বাবে 'শাফল' ৰ চেক বক্সত ক্লিক কৰক।

10. 'চেভচেঞ্জেচ' ত ক্লিক কৰক।

উইণ্ডো 7 প্ৰথম পিকচাৰক ডেক্সটপত প্ৰদৰ্শিত কৰিব আৰু ইয়াৰ পিছত আপোনাৰ দ্বাৰা চেট কৰা সময়ৰ অনুসাৰে অন্য পিকাচৰক দেখাব।

এই বিষয়েও জানকঃ

যদি আপুনি ডেস্কটপত দেখা দিয়া পিকচাৰক চাব নিবিচাৰে তেতিয়াহ'লে ডেক্সটপত ৰাইট ক্লিক কৰক আৰু তাৰ পিছত নেক্সট ডেস্কট বেকগ্ৰাউণ্ড' ত ক্লিক কৰক। উইণ্ডো 7 এইটো শ্লাইড শ্বোত শীঘ্ৰে অন্য পিকচাৰ প্ৰদৰ্শিত হ'ব ধৰিব।

স্ক্ৰীন চেভাৰক চেট কৰা

স্ক্ৰীন চেভাৰক ডিচপ্লেক কৰিবৰ বাবেও আপুনি উইণ্ডো 7 ক প্ৰস্তুত কৰিব পাৰে, ইয়াত পিকচাৰৰ চলায়নমান সমূহ থাকে। স্ক্ৰীন চেভাৰ মুভিং পিকচাৰ (চলায়নমান পিকচাৰ) থাকে যিটো আপোনাৰ ডেস্কটপত নিজে নিজে দেখা দিয়ে, যেতিয়া আপুনি কোনো নিশ্চিত সময়ৰ অন্তৰাললৈকে আপোনাৰ কম্পিউটাৰত কাম কৰা নাই।

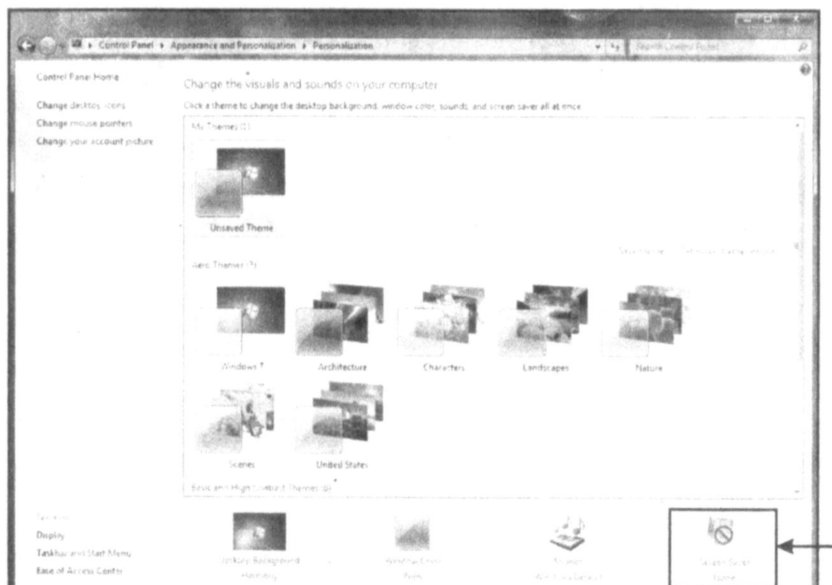

1. 'পাৰ্চনেলাইজেচন' উইণ্ডোক অপেন কৰা।

2. 'ডেস্কটপক বেকগ্ৰাউণ্ড' ত ক্লিক কৰক।

'স্ক্ৰীন চেভাৰ চেটিং' ডায়লগ বক্স দেখা দিয়ে।

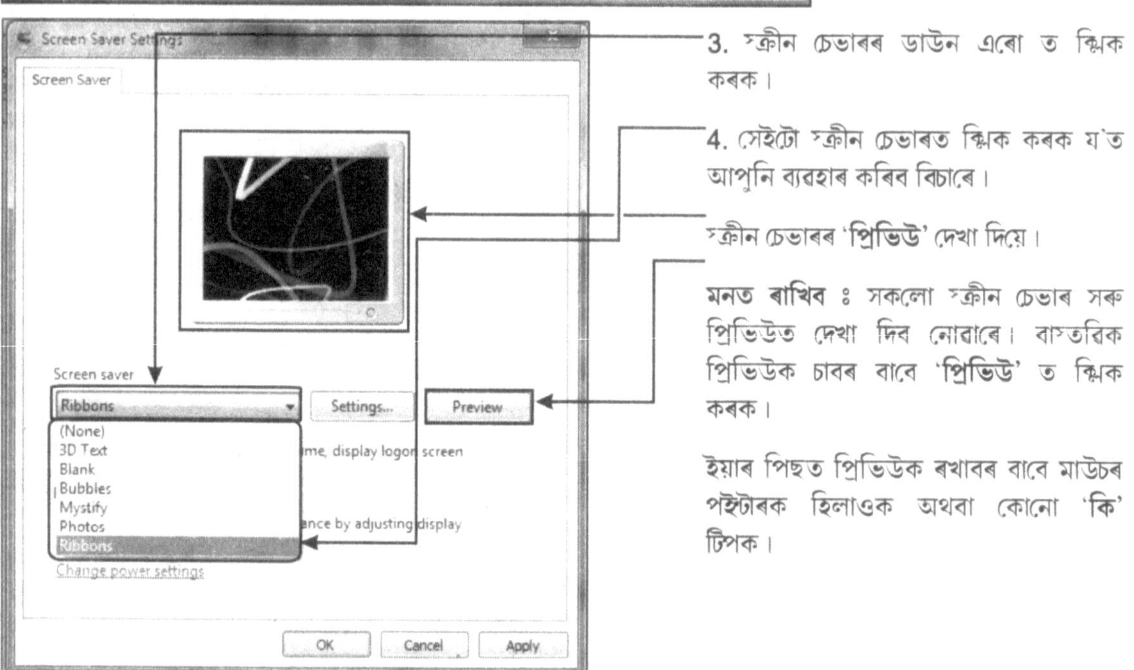

3. স্ক্ৰীন চেভাৰৰ ডাউন এৰো ত ক্লিক কৰক।

4. সেইটো স্ক্ৰীন চেভাৰত ক্লিক কৰক য'ত আপুনি ব্যৱহাৰ কৰিব বিচাৰে।

স্ক্ৰীন চেভাৰৰ 'প্ৰিভিউ' দেখা দিয়ে।

মনত ৰাখিব ঃ সকলো স্ক্ৰীন চেভাৰ সৰু প্ৰিভিউত দেখা দিব নোৱাৰে। বাস্তৱিক প্ৰিভিউক চাবৰ বাবে 'প্ৰিভিউ' ত ক্লিক কৰক।

ইয়াৰ পিছত প্ৰিভিউক ৰখাবৰ বাবে মাউচৰ পইণ্টাৰক হিলাওক অথবা কোনো 'কি' টিপক।

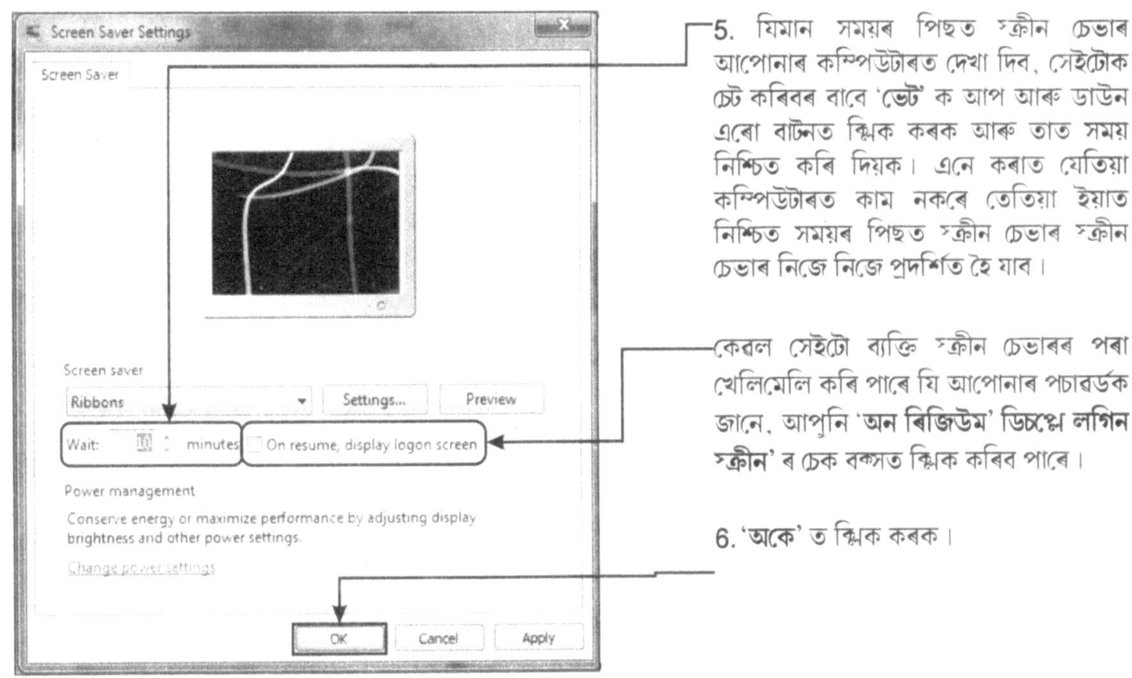

5. যিমান সময়ৰ পিছত স্ক্ৰীন চেভাৰ আপোনাৰ কম্পিউটাৰত দেখা দিব, সেইটোক চেট কৰিবৰ বাবে '**ৱেট**' ক আপ আৰু ডাউন এৰো বাটনত ক্লিক কৰক আৰু তাত সময় নিশ্চিত কৰি দিয়ক। এনে কৰাত যেতিয়া কম্পিউটাৰত কাম নকৰে তেতিয়া ইয়াত নিশ্চিত সময়ৰ পিছত স্ক্ৰীন চেভাৰ স্ক্ৰীন চেভাৰ নিজে নিজে প্ৰদৰ্শিত হৈ যাব।

কেৱল সেইটো ব্যক্তি স্ক্ৰীন চেভাৰৰ পৰা খেলিমেলি কৰি পাৰে যি আপোনাৰ পচাৱৰ্ডক জানে, আপুনি '**অন ৰিজিউম' ডিচপ্লে লগিন স্ক্ৰীন**' ৰ চেক বক্সত ক্লিক কৰিব পাৰে।

6. '**অকে**' ত ক্লিক কৰক।

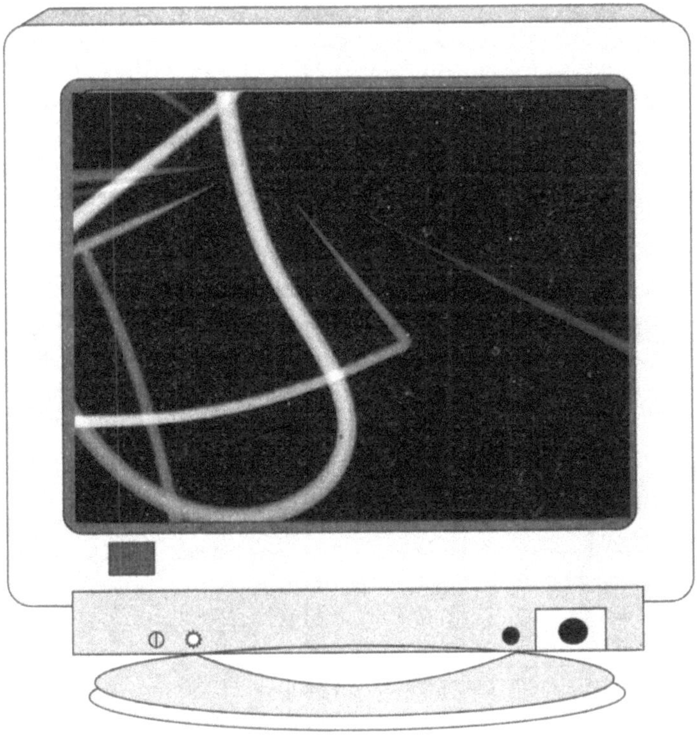

আপোনাৰ দ্বাৰা ষ্টেপ পাঁচট দিয়া সময়ৰ অনুসাৰে সেইটো সময়লৈকে যদি আপোনাৰ কম্পিউটাৰত কোনো কাম কৰা নাই তেতিয়াহ'লে স্ক্ৰীন চেভাৰ নিজে নিজে শ্বো (প্ৰদৰ্শিত) হ'ব ধৰিব।

কালাৰ স্ক্ৰীমলৈ সলনি কৰা

বিভিন্ন কালাৰ স্ক্ৰীমৰ প্ৰয়োগ কৰি আপুনি আপোনাৰ উইন্ডো 7 ৰ কপিক পাৰ্চনেলাইজো কৰিব পাৰি যিটো উইন্ডোৰ টাস্কৰ বাৰ, উইন্ডো আৰু স্টাৰ্ট মেনুলৈ পৰিৱৰ্তন কৰি দিয়ে।

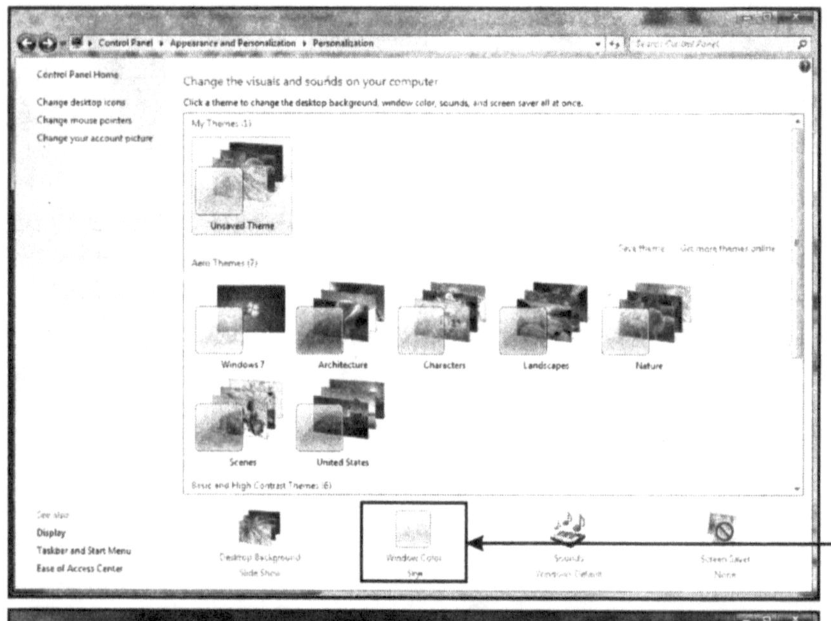

1. 'পাৰ্চনেলাইজেচন' উইন্ডোক অপেন কৰক।

2. 'উইন্ডো কালাৰ' ত ক্লিক কৰক।

উইন্ডো কালাৰ এণ্ড এপিৰিয়েঞ্চ' প্ৰদৰ্শিত হয়।

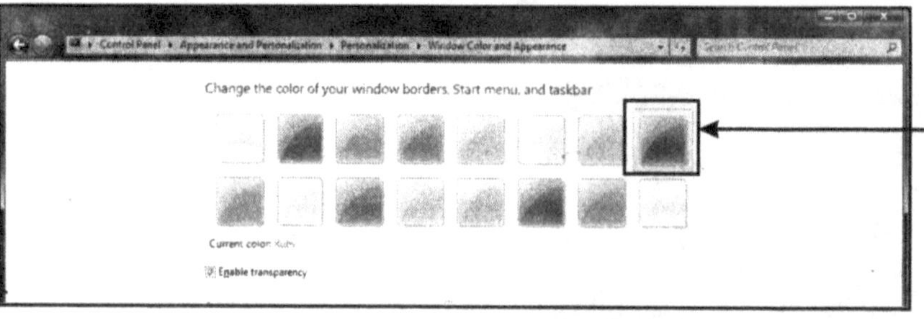

3. যি কালাৰ (ৰং) ক আপুনি প্ৰয়োগ কৰিব বিচাৰে তাত ক্লিক কৰক।

উইন্ডো শীঘ্ৰে উইন্ডোৰ বৰ্ডাৰ ৰংলৈ পৰিৱৰ্তিত কৰি দিয়ে।

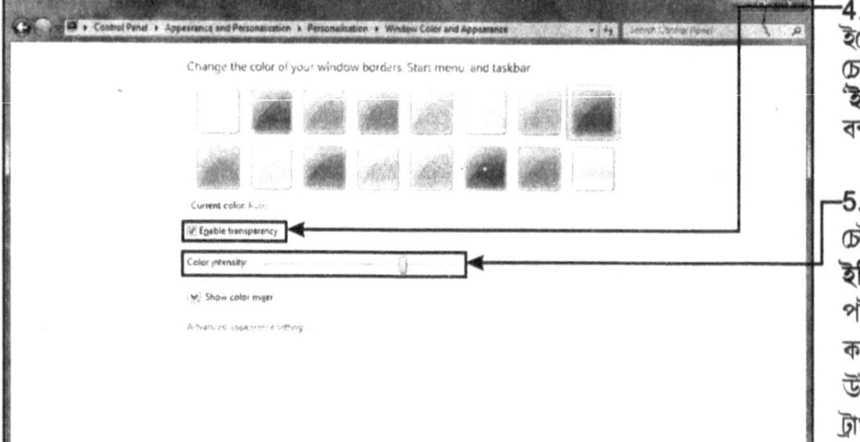

4. যদি আপুনি গিলাচ ইফেক্টক চাব নিবিচাৰে তেতিয়া চেক মাৰ্কক অফ কৰিবৰ বাবে **'ইনেবল ট্ৰান্সপাৰেঞ্চি'** চেক বক্সত ক্লিক কৰক।

5. ৰংৰ তীব্ৰতা (ইন্টেচিটি) ক চেট কৰিবৰ বাবে **'কালাৰ ইন্টেচিটি'** শ্লাইডত মাউচৰ পইন্টাৰক লৈ গৈ আগ-পিছ কৰক।

উইন্ডো 7 এতিয়া উইন্ডোক ট্ৰান্সপাৰেঞ্চি আৰু ইন্টেচিটিক সলনি কৰি দিয়ে।

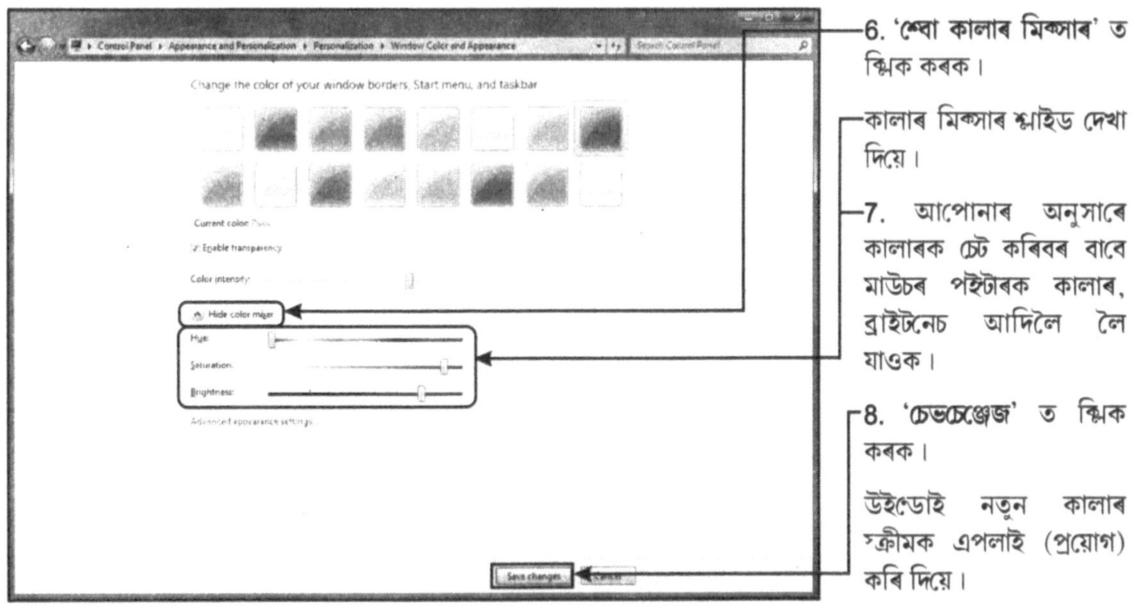

6. 'শ্বো কালাৰ মিক্সাৰ' ত ক্লিক কৰক।

কালাৰ মিক্সাৰ শ্লাইড দেখা দিয়ে।

7. আপোনাৰ অনুসাৰে কালাৰক চেট কৰিবৰ বাবে মাউচৰ পইন্টাৰক কালাৰ, ব্ৰাইটনেচ আদিলৈ লৈ যাওক।

8. 'চেভচেঞ্জেজ' ত ক্লিক কৰক।

উইণ্ডোই নতুন কালাৰ স্ক্ৰীমক এপলাই (প্ৰয়োগ) কৰি দিয়ে।

এই বিষয়েও জানকঃ

যদি আপোনাৰ কম্পিউটাৰত গ্ৰাফিক্স কাৰ্ডৰ গুণ ভাল নহয় বা গ্ৰাফিক্সৰ মেম'ৰী অধিক নহয় তেতিয়াহ'লে উইণ্ডো 7 ট্ৰাঞ্চপাৰেঞ্চি আৰু ইণ্টিচিটি ইফেক্ট (প্ৰভাৱ) ক প্ৰয়োগ কৰাত সক্ষম নহ'ব। এইটো স্থিতিত আপোনাক উইণ্ডো কালাৰ এণ্ড এপিৰিয়েঞ্চ উইণ্ডো' ৰ ঠাইত উইণ্ডো কালাৰ এণ্ড ডায়লগ বক্স' দেখা দিব।

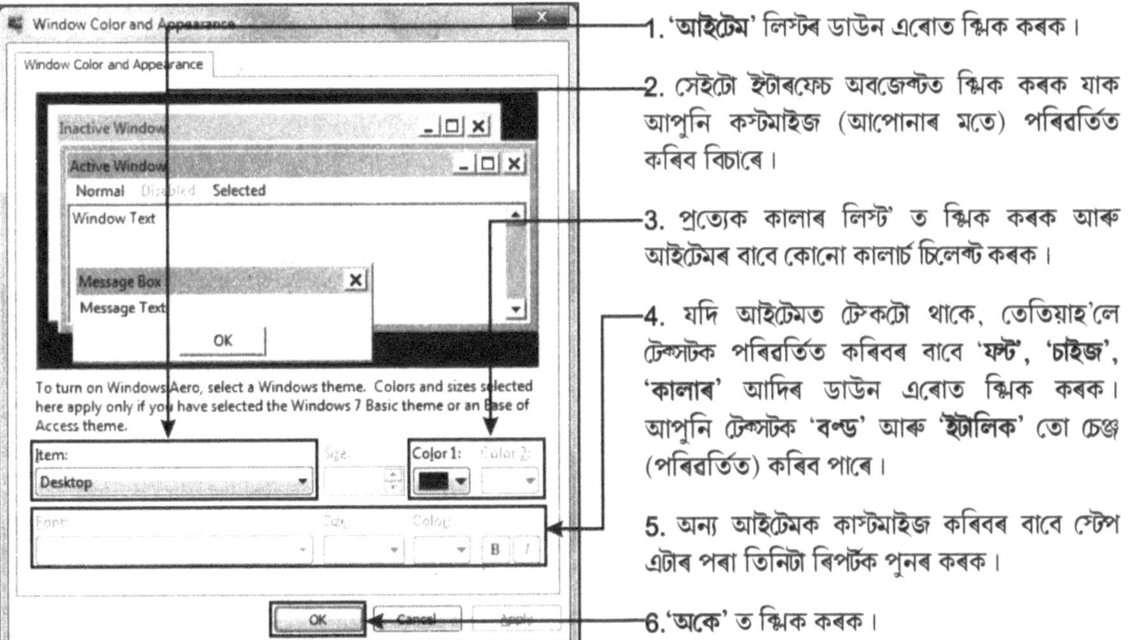

1. 'আইটেম' লিস্টৰ ডাউন এৰোত ক্লিক কৰক।

2. সেইটো ইণ্টাৰফেচ অবজেক্টত ক্লিক কৰক যাক আপুনি কস্টমাইজ (আপোনাৰ মতে) পৰিৱৰ্তিত কৰিব বিচাৰে।

3. প্ৰত্যেক কালাৰ লিস্ট' ত ক্লিক কৰক আৰু আইটেমৰ বাবে কোনো কালাৰ্চ চিলেক্ট কৰক।

4. যদি আইটেমত টেক্সটো থাকে, তেতিয়াহ'লে টেক্সটক পৰিৱৰ্তিত কৰিবৰ বাবে **'ফণ্ট'**, **'চাইজ'**, **'কালাৰ'** আদিৰ ডাউন এৰোত ক্লিক কৰক। আপুনি টেক্সটক **'বল্ড'** আৰু **'ইটালিক'** তো চেঞ্জ (পৰিৱৰ্তিত) কৰিব পাৰে।

5. অন্য আইটেমক কাস্টমাইজ কৰিবৰ বাবে স্টেপ এটাৰ পৰা তিনিটা ৰিপৰ্টক পুনৰ কৰক।

6.'অকে' ত ক্লিক কৰক।

থিমক এপলাই কৰা

ডেস্কটপ বেকগ্ৰাউন্ড, স্ক্ৰীন চেভাৰ আৰু কালাৰ স্কিমক বেলেগ-বেলেগ চেট কৰাৰ পৰিৱৰ্তে আপুনি থিমৰ প্ৰয়োগ কৰি এইটোক এবাৰ সলনি কৰিব পাৰে।

প্ৰত্যেক থিমত আপোনাৰ ডেস্কটপ আইক, চাউন্ট ইফেক্ট আৰু মাউচ পইন্টাৰো অন্তৰ্ভুক্ত হয়।

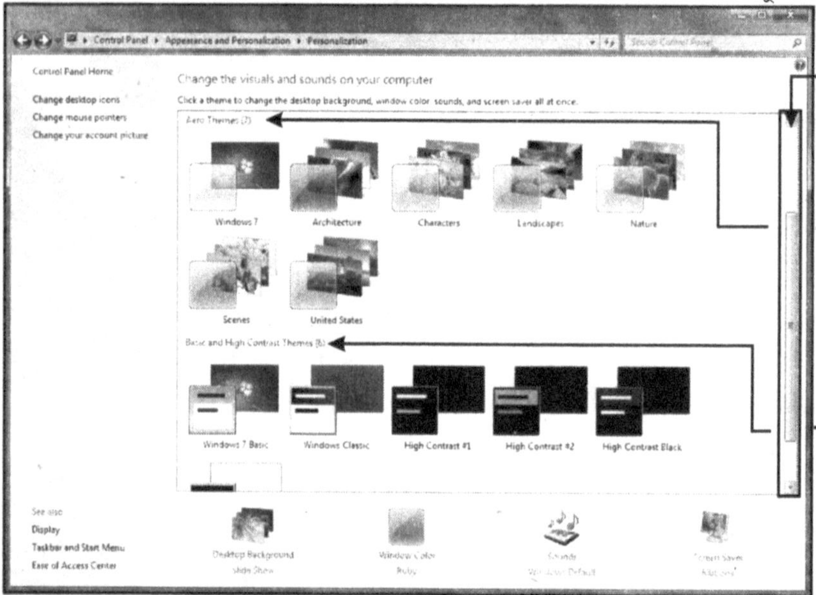

1. পাৰ্চনেলাইজেচন উইন্ডোক অপেন কৰক।

2. উপলব্ধ থিমক চাবৰ বাবে স্ক্ৰল কৰক।

! **এৰো থিম** ট্ৰান্সপাৰেন্সি ইফেক্ট, কালাৰ ইন্টাৰচিটি আৰু উচ্চ ৰিজুলেচনৰ বেকগ্ৰাউন্ট ইমেজৰ প্ৰয়োগ কৰক।

! চিম্পল ইফেক্ট আৰু হাৰ্ড কন্টেন্ট ইফেক্টৰ বাবে **বেচিক এন্ড হাই কন্টেন্ট থিমত** ক্লিক কৰক।

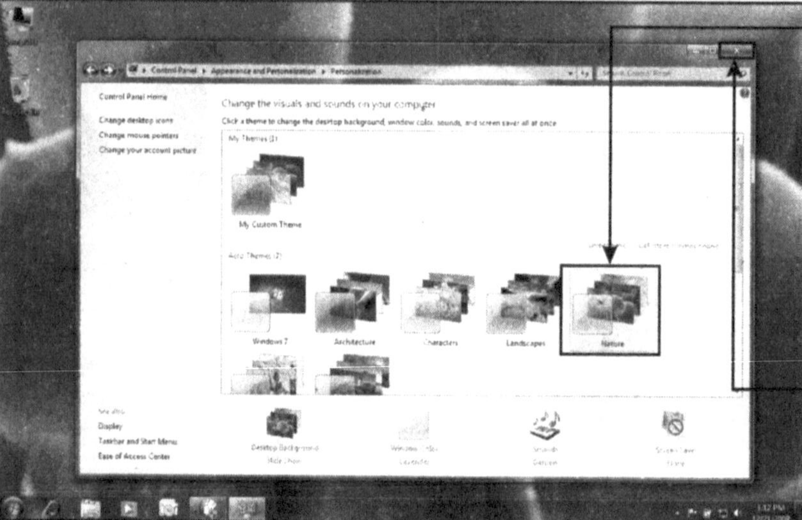

3. সেইটো **থিমত** ক্লিক কৰক যিটোক আপুনি ব্যৱহাৰ কৰিব বিচাৰে।

উইন্ডো 7 ত সেইটো থিমক এপলাই কৰি দিয়ে।

আপুনি এইটো থিমৰ ইফেক্ট (প্ৰভাৱ) ক শীঘ্ৰে ডেস্কটপত দেখা দিব পাৰে।

4. ক্লজ (X) ত ক্লিক কৰক।

এই বিষয়েও জানক ঃ

যদি আপুনি মইক্ৰোচফ্ট ৱেবচাইটৰ পৰা আৰু অধিক থিম ডাউনলোড কৰিব বিচাৰে তেতিয়াহ'লে আপুনি 'পাৰ্চনেলাইজেচন উইন্ডোত গেট মোৰ থিমচ অনলাইন' লিংকত গৈ তাত দেখা দিয়া থিম' টেবত ক্লিক কৰিব পাৰে। যি থিমক আপুনি ব্যৱহাৰ কৰিব বিচাৰে তাৰ ডাউনলোড লিংকক ক্লিক কৰক, অপেনক ক্লিক কৰক। উইন্ডো 7 এইটো থিমক এপলাই কৰি দিয়ে আৰু এইটোক পাৰ্চনেলাইজেচন উইন্ডোৰ মাই চেকচনত এড (অন্তৰ্ভুক্ত) কৰি দিয়ে।

চাইডবাৰত গেজেটক এড কৰা

উইন্ডো ডেস্কটপত গেজেটক অন্তৰ্ভুক্ত কৰি আপুনি ইয়াক আৰু অধিক উপযোগী কৰিব পাৰে। গেজেটত সৰু-সৰু প্ৰগ্ৰেম থাকে যিটো কোনা বিশেষ কাম কৰিবৰ বাবে ডিজাইন কৰে যেনে-ঘঁড়ী আৰু কেলকুলেটৰ আদি।
যি গেজেটক আপুনি প্ৰয়োগ কৰিব নিবিচাৰে সেইটোক আপোনাৰ ডেস্কটপেৰে সহজতে ৰিমুভো (অতৰাব) পাৰে

গেজেটক একেলগ কৰা

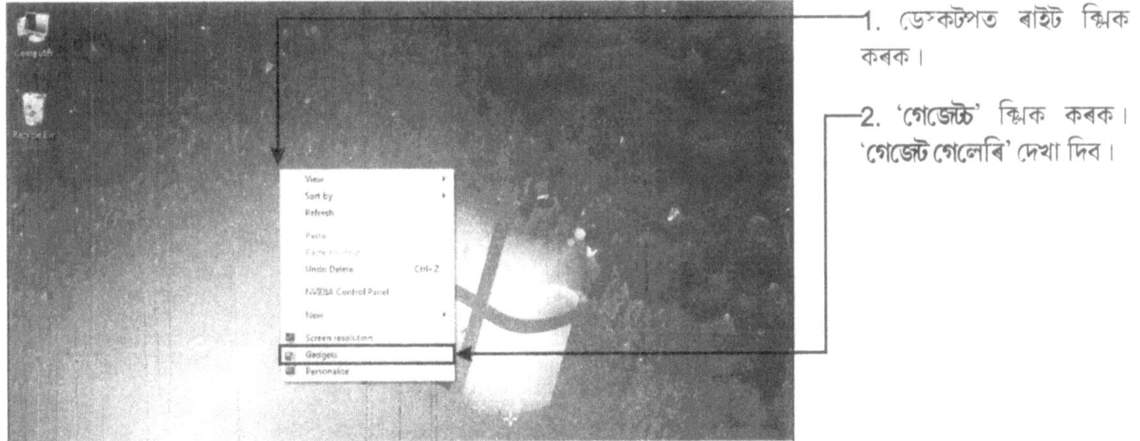

1. ডেস্কটপত ৰাইট ক্লিক কৰক।
2. 'গেজেট্চ' ক্লিক কৰক। 'গেজেট গেলেৰি' দেখা দিব।

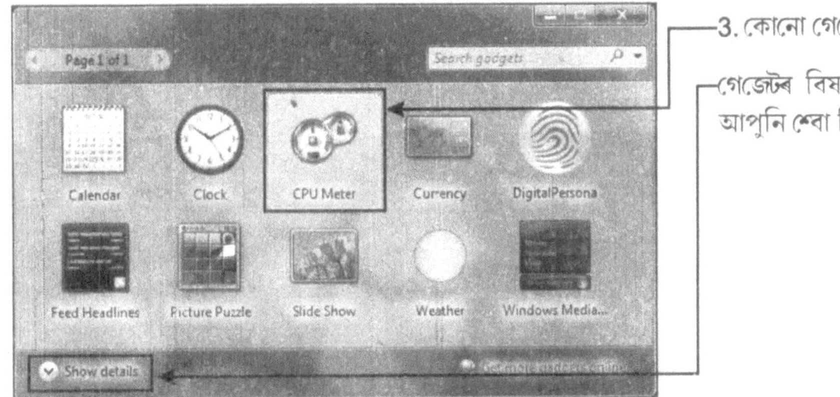

3. কোনো গেজেটত ক্লিক কৰক।

গেজেটৰ বিষয়ে আৰু অধিক জানিবৰ বাবে আপুনি শ্বো ডিটেলচত ক্লিক কৰিব পাৰে।

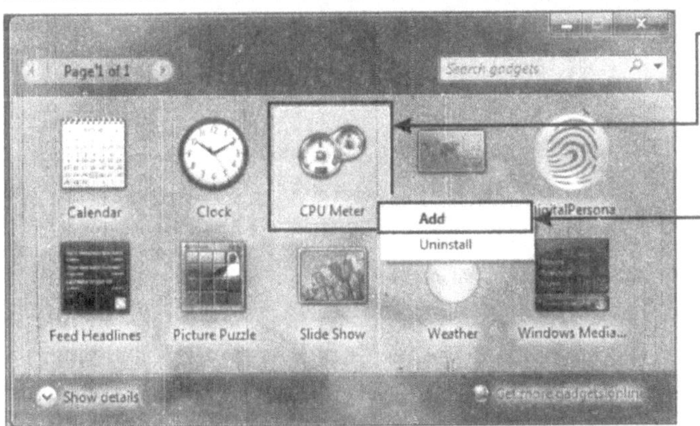

4. গেজেটত ৰাইট ক্লিক কৰক যদি আপুনি তাত অন্তৰ্ভুক্ত হ'ব বিচাৰে।
5. 'এড' ত ক্লিক কৰক।

আপুনি গেজেটত ডাবল ক্লিকো কৰিব পাৰে।

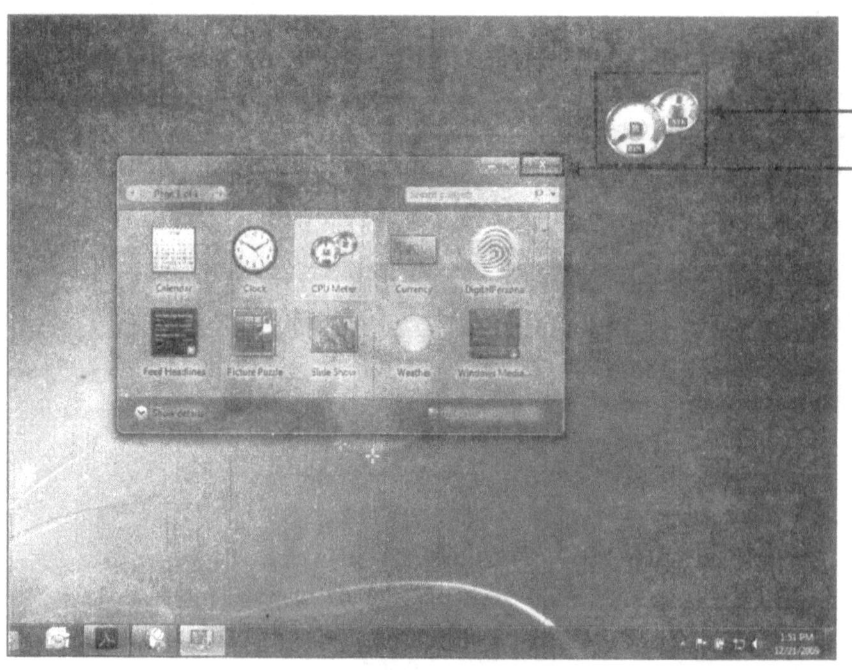

উইন্ডো 7 এইটো গেজেটক ডেস্কটপত এড (অন্তৰ্ভুক্ত) কৰি লয়।

6. আপোনাৰ ডেক্সটপত আৰু অধিক গেজেট একেলগ কৰিবৰ বাবে আপুনি স্টেপ **চাৰি** আৰু **পাঁচক** পুনৰ কৰক।

7. **'ক্লজ'** বাটনত ক্লিক কৰি দিয়ক।

গেজেটক ৰিমুভকৰা অথবা আতৰোৱা

যেতিয়া আপুনি কোনো গেজেটৰ প্ৰয়োগ কৰিব বিচাৰে তেতিয়াহ'লে ইয়াক আপোনাৰ ডেক্সটপৰ পৰা সহজতে আতৰাব পাৰে।

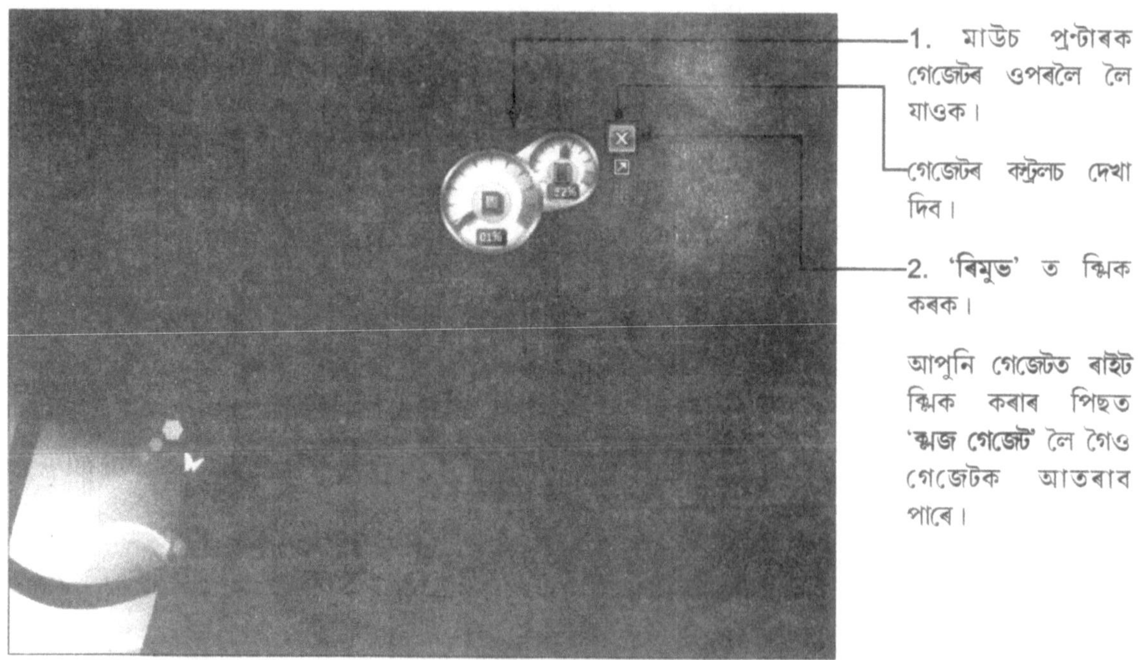

1. মাউচ প্ৰ'টাৰক গেজেটৰ ওপৰলৈ লৈ যাওক।

গেজেটৰ কন্ট্ৰলচ দেখা দিব।

2. **'ৰিমুভ'** ত ক্লিক কৰক।

আপুনি গেজেটত ৰাইট ক্লিক কৰাৰ পিছত **'ক্লজ গেজেট'** লৈ গৈও গেজেটক আতৰাব পাৰে।

ষ্টাৰ্ট মেনুৰে কোনো প্ৰগ্ৰেমক আতৰোৱা

আপোনাৰ ষ্টাৰ্ট মেনু লিস্টৰ পৰা আপুনি কোনো প্ৰগ্ৰেমক আতৰাও পাৰে।

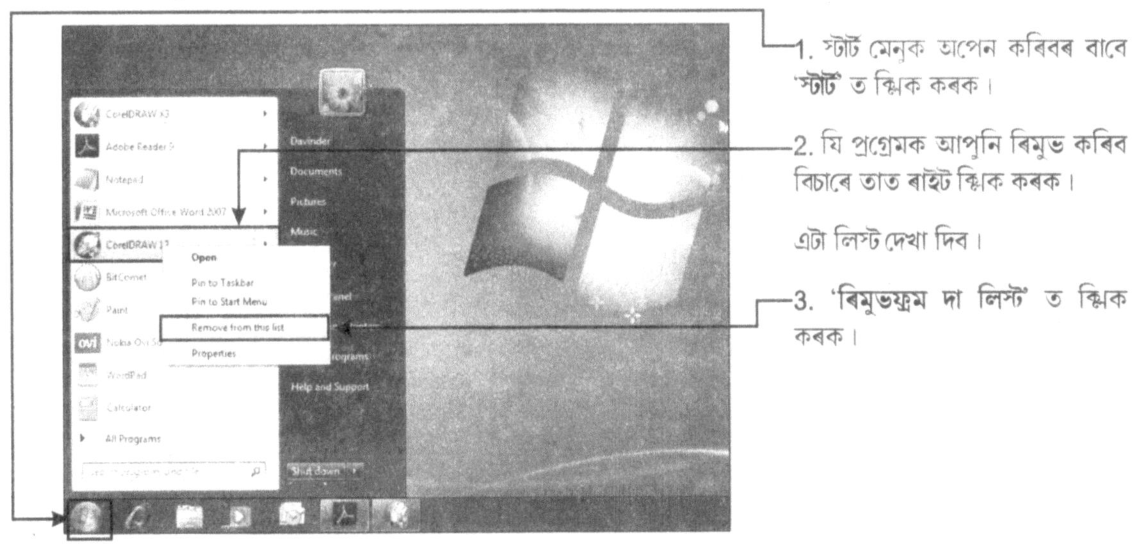

1. ষ্টাৰ্ট মেনুক অপেন কৰিবৰ বাবে 'ষ্টাৰ্ট' ত ক্লিক কৰক।

2. যি প্ৰগ্ৰেমক আপুনি ৰিমুভ কৰিব বিচাৰে তাত ৰাইট ক্লিক কৰক।

এটা লিস্ট দেখা দিব।

3. 'ৰিমুভফ্ৰম দা লিস্ট' ত ক্লিক কৰক।

ষ্টাৰ্ট মেনুত কোনো প্ৰগ্ৰেমক অন্তৰ্ভুক্ত কৰা

আপুনি আপোনাৰ ষ্টাৰ্ট মেনুত কোনো প্ৰগ্ৰেমক স্থায়ী ৰূপেৰে একেলগ কৰিব পাৰে।

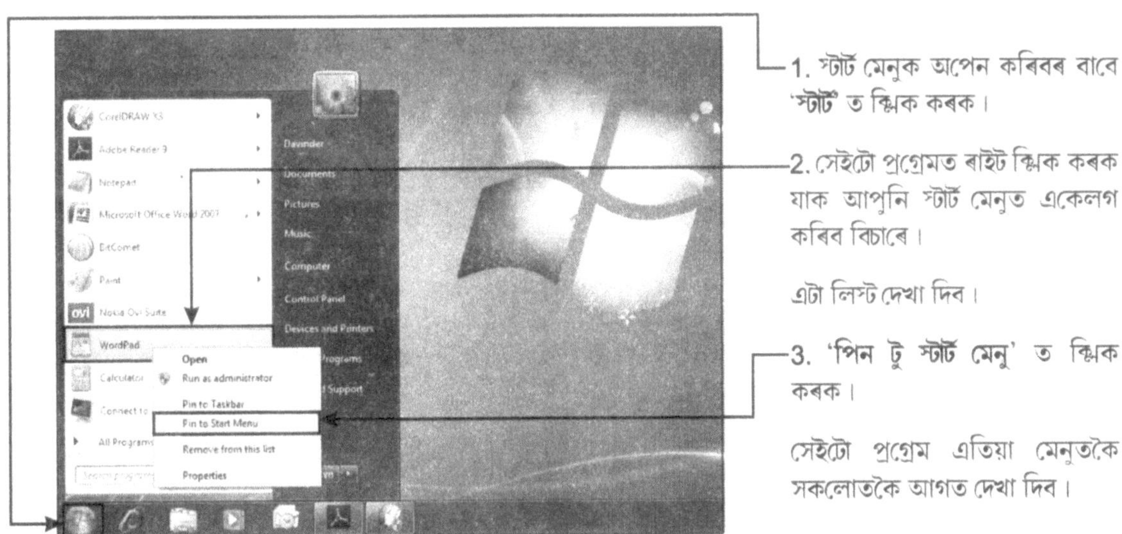

1. ষ্টাৰ্ট মেনুক অপেন কৰিবৰ বাবে 'ষ্টাৰ্ট' ত ক্লিক কৰক।

2. সেইটো প্ৰগ্ৰেমত ৰাইট ক্লিক কৰক যাক আপুনি ষ্টাৰ্ট মেনুত একেলগ কৰিব বিচাৰে।

এটা লিস্ট দেখা দিব।

3. 'পিন টু ষ্টাৰ্ট মেনু' ত ক্লিক কৰক।

সেইটো প্ৰগ্ৰেম এতিয়া মেনুতকৈ সকলোতকৈ আগত দেখা দিব।

টাস্ক বাৰক কাস্টমাইজ কৰা

আপুনি আপোনাৰ পছন্দৰ অনুসাৰে টাস্ক বাৰক কাস্টমাইজ কৰিব পাৰে যৰ পৰা সেইটো আপোনাৰ দ্বাৰা কৰা চেটিংৰ অনুসাৰে কাৰ্য কৰে। উদাহৰণ বাবে ঃ আপুনি মুভ কৰিবৰ বাবে আৰু চাইজত পৰিৱৰ্তন কৰিবৰ বাবে টাস্ক বাৰক আনলক কৰিব পাৰে। টাস্ক বাৰক অস্থায়ি ৰূপেৰে লুকাব পাৰে। আৰু টাস্ক বাৰক কভাৰ কৰা অথবা একেবাৰে ঢাকিবৰ বাবে উইণ্ডোক মেস্কীমাইজ কৰিব পাৰে।

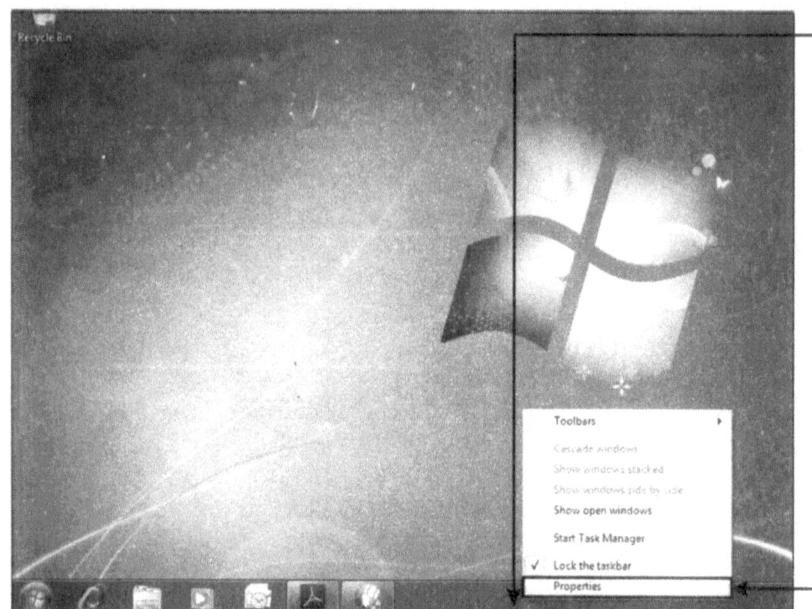

1. টাস্ক বাৰৰ খালি স্থানত ৰাইট ক্লিক কৰক।

2. 'প্ৰপাৰ্টিজ' ত কি.ক কৰক।

'টাস্ক বাৰ এণ্ড স্টাৰ্ট মেনু প্ৰপাৰ্টিজ' ডায়লগ বক্স দেখা দিয়ে।

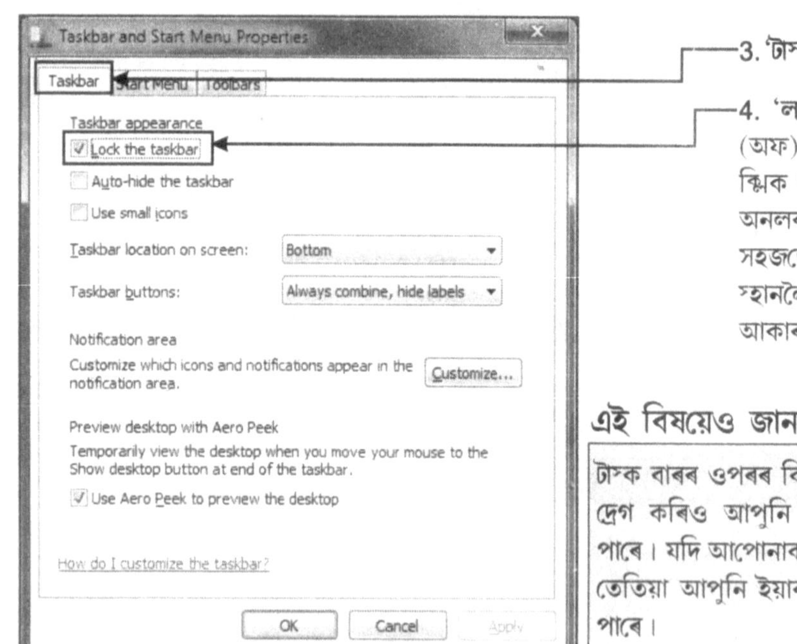

3. **'টাস্কবাৰ'** টেবত ক্লিক কৰক।

4. **'লক দা টাস্ক বাৰ'** চেক মাৰ্কক বন্ধ (অফ) কৰিবৰ বাবে আপুনি চেক বক্স ক্লিক কৰক। এতিয়া আপেনাৰ টাস্ক বাৰ অনলক হৈ যাব আৰু আপুনি ইয়াক সহজতে মুভ(এটা স্থানৰ পৰা আন এটা স্থানলৈ লৈ যোৱা) কৰিব পাৰে আৰু ইয়াৰ আকাৰ সলনি কৰিব পাৰে।

এই বিষয়েও জানকঃ

টাস্ক বাৰৰ ওপৰৰ কিনাৰক মাউচ পইন্টাৰেৰে ধৰক আৰু ড্ৰেগ কৰিও আপুনি টাস্ক বাৰৰ আকাৰ সলনি কৰিব পাৰে। যদি আপোনাক লাগে যে টাস্ক বাৰ বহুত ডাঙৰ হয় তেতিয়া আপুনি ইয়াক এইদৰে তলত কৰি সৰুও কৰিব পাৰে।

5. যেতিয়া আপুনি কোনা প্ৰগ্ৰেমক ব্যৱহাৰ কৰি আছে তেতিয়াহ'লে টাস্ক বাৰক লুকাবৰ বাবে '**অটো হাইড দা টাস্ক বাৰ**' ৰ চেক মাৰ্কৰ চেকবক্স ত ক্লিক কৰি অপেন কৰি দিয়ক।

টাস্ক বাৰক হাইড (লুকোৱা) ৰ পৰা আপুনি উইণ্ডো মেক্সীমাইজ কৰিব পাৰে যিটো টাস্ক বাৰকো কভাৰ কৰি দিয়ে।

মনত ৰাখিব ঃ লুকাই থকা টাস্ক বাৰৰ বাবে মাউচৰ পইন্টাৰৰ স্ক্ৰীনৰ সকলোতলৈ তলত লৈ যাওক।

6. টাস্ক বাৰ আইকনৰ সৰু ৰূপক চাবৰ বাবে আপুনি '**ইউজ স্মল আইকন**' ৰ চেকমাৰ্ক চেকবক্সত ক্লিক কৰি অন কৰি দিয়ক।

মনত ৰাখিব ঃ স্মল আইকনলৈ গৈ আপুনি টাস্ক বাৰত আৰু অধিক আইনক ফিট কৰিব পাৰে।

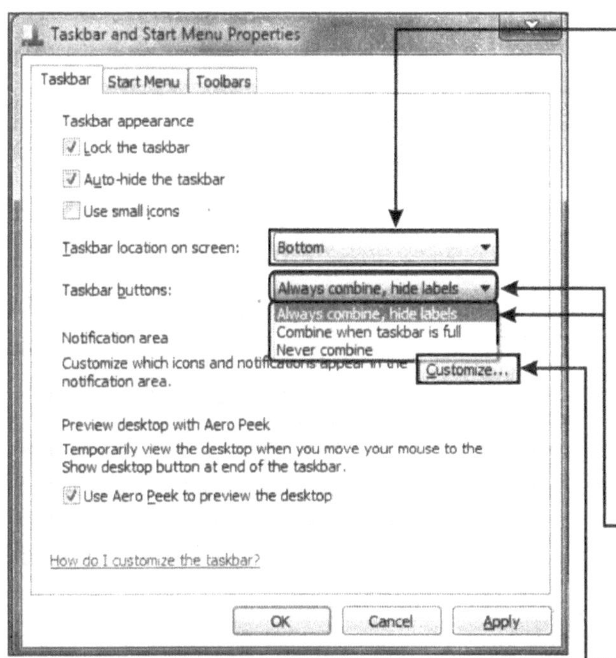

7. টাস্ক বাৰৰ লকেচন (স্হিতি) ক সলনি কৰিবৰ বাবে আপুনি '**টাস্ক বাৰ লকেচন অন স্ক্ৰীন**' ত ক্লিক কৰক। ইয়াৰ পিছত আপুনি সেইটো লকেচনত ক্লিক কৰক য'ত আপুনি ইয়াক লৈ যাব বিচাৰে, যেনেঃ টপ, বাটম, লেফ্ট আৰু ৰাইট।

যদি কোনো প্ৰগ্ৰেমত কোনো উইণ্ডো অপেন হৈ যায় তেতিয়া আপুনি সেইটো প্ৰগ্ৰেমৰ কেৱল এটা বাটনক চাবৰ বাবে আপুনি টাস্ক বাৰ বাটনক '**গ্ৰুপ**' কৰিব পাৰে। ইয়াৰ যিকোনো এটা উইণ্ডোলৈ যাবৰ বাবে আপুনি টাস্ক বাৰত ক্লিক কৰক আৰু ইয়াৰ পিছত সেই উইণ্ডোৰ নামত ক্লিক কৰ য'ত আপুনি যাব বিচাৰে।

8. টাস্ক বাৰ বাটনক গ্ৰুপ কৰিবৰ বাবে আপুনি '**টাস্ক বাৰ বাটন**' ত ক্লিক কৰক আৰু ইয়াৰ পিছতআপোনাৰ পছন্দৰ গ্ৰুপ অপচনত ক্লিক কৰক।

9. নটিফিকেচন এৰিয়াৰ আইকনক কাস্টমাইজ কৰিবৰ বাবে '**কাস্টমাইজাৰ**' ত ক্লিক কৰক।

'**নটিফিকেচন এৰিয়া আইকন**' উইণ্ডো দেখা দিব।

এই বিষয়েও জানকঃ

গ্ৰুপিং টাস্ক বাটনৰ অৰ্থ হ'ল আপুনি প্ৰগ্ৰেমৰ বাবে কেৱল এটা বাটন দেখা দিব য'ত কেইবাটাও উইণ্ডো খুলা থাকে।

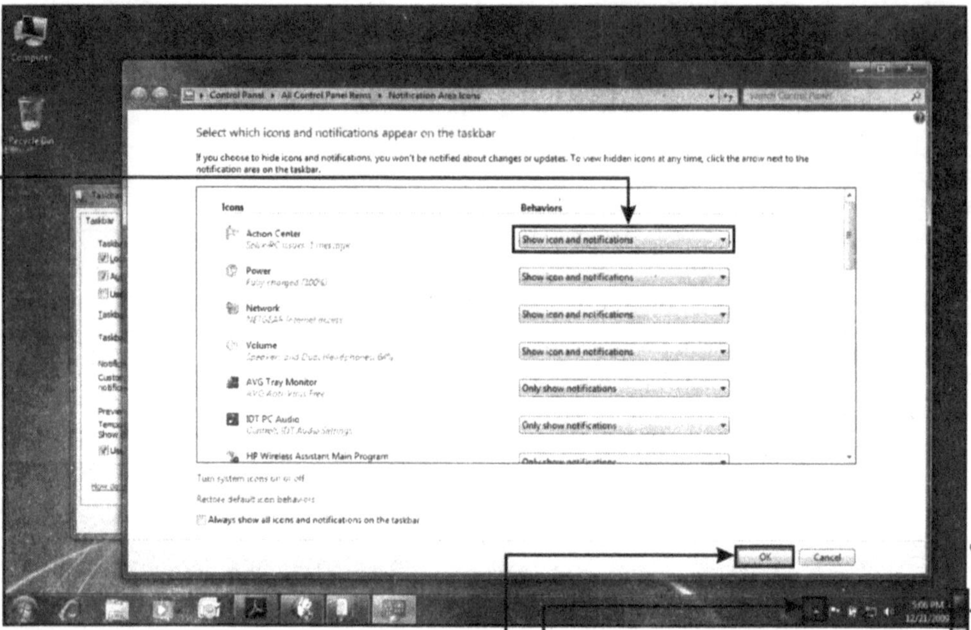

এৰো পিক

10. প্ৰত্যেক নটিফিকেচন এৰিয়া আইকনৰ বাবে তাৰ ডাউন এৰোত ক্লিক কৰক আৰু তাৰ পিছত আপোনাৰ পছন্দৰ চেটিংত ক্লিক কৰক।

যদি আপুনি এটা বা তাতকৈ অধিক নটিফিকেচন এৰিয়া আইনক হাইড (লুকাব) বিচাৰে তেতিয়াহ'লে আপুনি হাইডেন আইনক ডিচপ্লে কৰিবৰ বাবে ইয়াত ক্লিক কৰিব পাৰে।

11. 'অকে' ত ক্লিক কৰক।

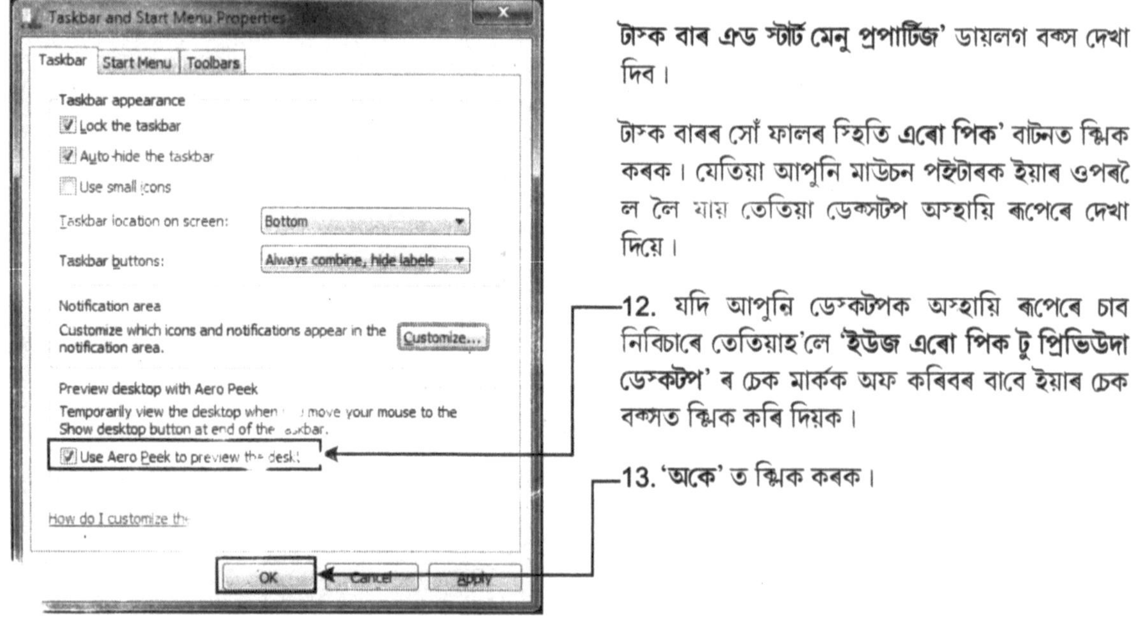

টাস্ক বাৰ এণ্ড স্টাৰ্ট মেনু প্ৰপাৰ্টিজ' ডায়লগ বক্স দেখা দিব।

টাস্ক বাৰৰ সোঁ ফালৰ স্হিতি **এৰো পিক'** বাটনত ক্লিক কৰক। যেতিয়া আপুনি মাউচন পইণ্টাৰক ইয়াৰ ওপৰৈল লৈ যায় তেতিয়া ডেকসটপ অস্হায়ি ৰূপেৰে দেখা দিয়ে।

12. যদি আপুন্নি ডেস্কটপক অস্হায়ি ৰূপেৰে চাব নিবিচাৰে তেতিয়াহ'লে **'ইউজ এৰো পিক টু প্ৰিভিউদা ডেস্কটপ'** ৰ চেক মাৰ্কক অফ কৰিবৰ বাবে ইয়াৰ চেক বক্সত ক্লিক কৰি দিয়ক।

13. 'অকে' ত ক্লিক কৰক।

উইণ্ডোত ফাইল আৰু ফল্ডাৰ

উইণ্ডোই আপোনাৰ ফাইল আৰু ফল্ডাৰক সহজতে স্টৰ কৰাত আপোনাক সহায় কৰে। উইণ্ডোৰ ডিফল্ট ৰূপত মাই কম্পিউটাৰ, মাই মিউজিক আৰু মাই পিকচাৰ তিনিটা মুখ্য ফল্ডাৰ হয় য'ত উইণ্ডোই আপোনাৰ ফাইলক স্টৰ কৰে। আহক আপোনাক কওঁ যে ফাইল আৰু ফল্ডাৰ কি হয় ?

ফাইল ঃ ডাটা আৰু ইনফৰমেচনৰ কালেকচন (সমূহ) যাক কেইবাটাও নাম দিয়া যায়, তাক ফাইল নেম বুলি কয়। কম্পিউটাৰত স্টৰ কৰা প্ৰায় সকলো ইনফৰমেচন ফাইলৰ ৰূপত থাকিব লাগে। ফাইলচৰ কেইবাটাও ৰূপ থাকে।

যেনে ঃ **ডকুমেন্ট ফাইল, টেক্সট ফাইল, প্ৰগ্ৰেম ফাইল, ডাইৰেক্টৰী ফাইল** আদি।

বিভিন্ন প্ৰকাৰৰ ফাইলত বিভিন্ন প্ৰকাৰৰ ইনফৰমেচন স্টৰ থাকে।

উদাহৰণৰ বাবে যদি কোনো ডকুমেন্ট ফাইল থাকে, তেতিয়াহ'লে ইয়াত সেইটো ইনফৰমেচন থাকিব যিটো আপুনি প্ৰস্তুত কৰিছে। যদি এইটো এটা প্ৰগ্ৰেম ফাইল হয় তেতিয়াহ'লে সেইটো ইনফৰমেচন হ'ব যিটো (প্ৰগ্ৰেম প্ৰস্তুত কৰা) ই দিয়ে। ইয়াত দিশ আৰু নিৰ্দেশ আৰু কোড আদি অন্তৰ্ভুক্ত থাকে।

ফল্ডাৰ ঃ ঘৰ আৰু স্কুলত ফাইল থোৱা স্হানৰ দৰেই কম্পিউটাৰেও কেইবাটাও ফাইলক স্টৰ কৰে। আপোনাৰ কম্পিউটাৰত হেজাৰ হেজাৰ ফাইল থাকে। প্ৰত্যেক ফাইলক কম্পিউটাৰৰ হাৰ্ড ড্ৰাইভত দিয়াৰ ঠাইত আপুনি ইয়াক ফল্ডাৰ কৰিও থব পাৰে। বেছিভাগ ফল্ডাৰত ফাইল থোৱা হয়। কিছুমান ফল্ডাৰৰ ভিতৰতো ফল্ডাৰ থাকে যাক আমি **'চাব ফল্ডাৰ'** বুলি কওঁ। যদি আপোনাৰ কম্পিউটাৰত ফল্ডাৰ নাথাকিব তেতিয়া আপোনাৰ কম্পিউটাৰ ফাইল **ডপিং জনৰ** দৰে হৈ যাব। এনে স্হিতিত আপোনাক কোনো ফাইলক বিচৰাত বহুত সময় লাগিব আৰু অসুবিধা হ'ব।

আপোনাৰ ফাইলক চোৱা

আপুনি আপোনাৰ কম্পিটাৰত প্ৰস্তুত কৰা গৈছে, কপি হোৱা বা ডাউনলোড কৰা ফাইলৰ চাৰ্চ (অনুসন্ধান) কৰিব পাৰে। যদি আপুনি ইয়াৰে যিকোনো ফাইলত কাম কৰিব বিচাৰে, তেতিয়াহ'লে আপুনি সেইটোক খুলিব লাগিব।

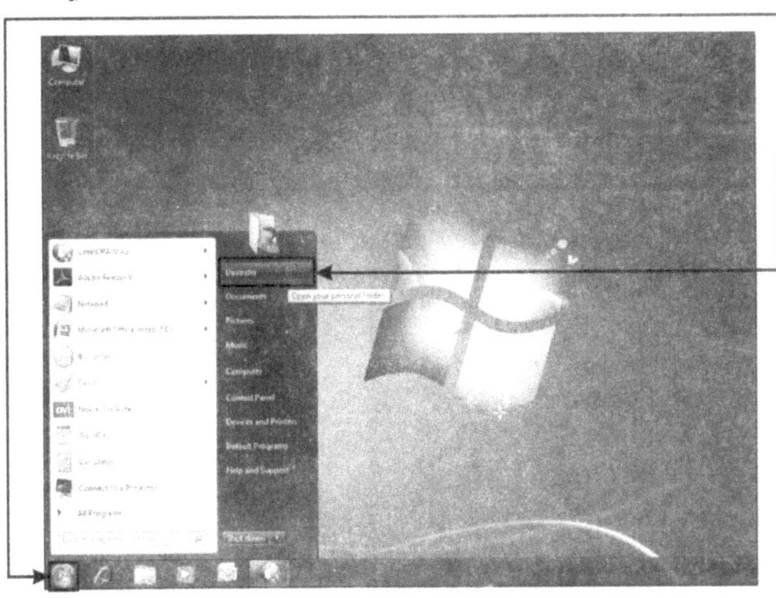

1. স্টাৰ্ট মেনুক অপেন কৰিবৰ বাবে 'স্টাৰ্ট' বাটনত ক্লিক কৰক।

2. আপোনাৰ **'ইউজাৰ নেম'** ত ক্লিক কৰক।

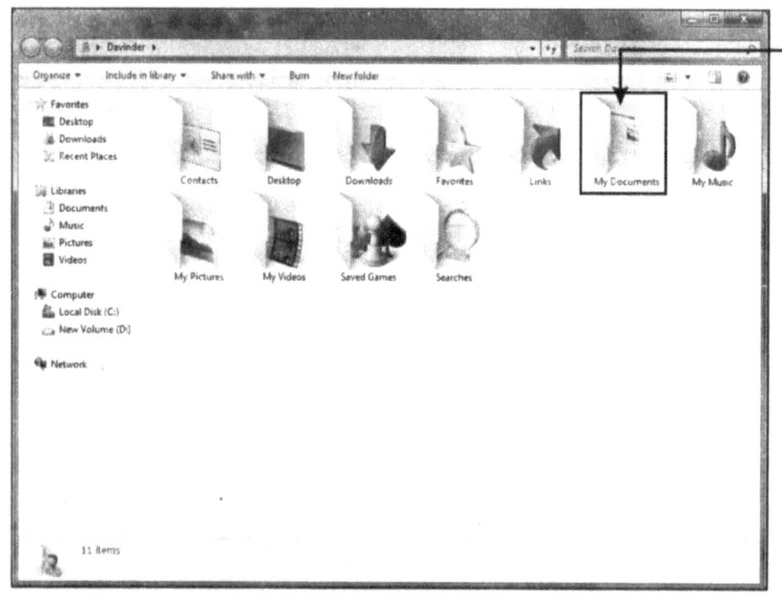

উইণ্ডো 7 য়ে আপোনাৰ ইউজাৰ ফল্ডাৰক অপেন কৰি দিয়ে।

3. যি ফল্ডাৰক আপুনি অপেন কৰিব বিচাৰে তাত **'ডাবল ক্লিক'** কৰক।

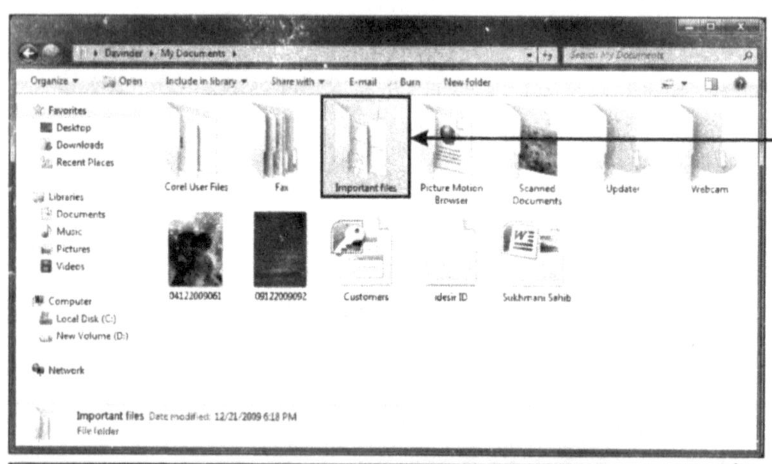

উইণ্ডো 7 য়ে সেইটো ফল্ডাৰক অপেন কৰি দিয়ে। এতিয়া আপুনি তাত থকা ফাইল আৰু চাব ফল্ডাৰ চাব পাৰে।

4. যদি আপোনাৰ ফাইলৰ চাব ফল্ডাৰত থাকে তেতিয়াহ'লে এই প্ৰকাৰৰ চাব ফল্ডাৰত ডাবল ক্লিক কৰক।

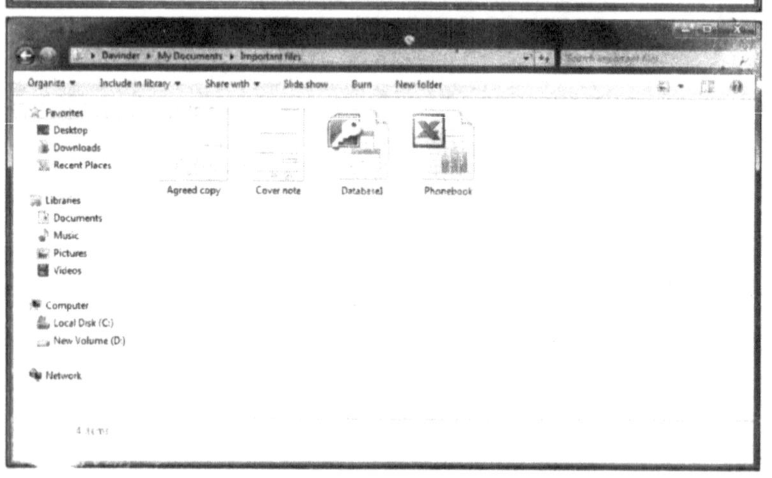

উইণ্ডো 7 য়ে সেইটো চাব ফল্ডাৰ থকা কণ্টেট (ফাইল অথবা সামগ্ৰী) ক প্ৰদৰ্শিত কৰি দিয়ে।

এই বিষয়েও জানকঃ

উইণ্ডো 7 ত ডকুমেণ্টক স্টৰ কৰা চাৰিটা মুখ্য ক্ষেত্ৰ থাকে যিটোৱে লাইব্ৰেৰীৰ দৰে কাম কৰে। যেনে-ডকুমেণ্ট, মিউজিক, পিকচাৰ আৰু ভিডিঅ। এইটো লাইব্ৰেৰীত যিকোনো ফল্ডাৰক একেলগ কৰা অথবা অন্তৰ্ভুক্ত কৰিবৰ বাবে লকেচন' লিংকত ক্লিক কৰক আৰু ইয়াৰ পিছত এড' ত ক্লিক কৰি দিয়ক।

মাই কম্পিউটাৰ

আপুনি আপোনাৰ কম্পিউটাৰত দ্ৰাইভ, ফন্ডাৰ আৰু ফাইলক সহজতে ব্ৰাউচ কৰিব পাৰে।

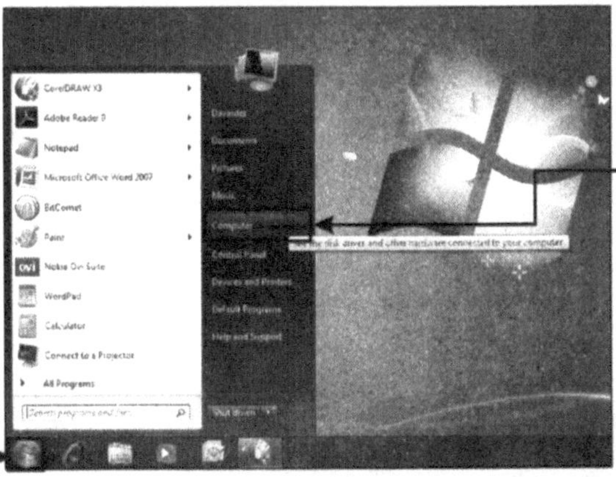

1. 'স্টার্ট' বাটনত ক্লিক কৰক।

স্টার্ট মেনু দেখা দিব।

2. আপোনাৰ কম্পিউটাৰৰ কন্টেন্ট (সামগ্ৰী) ক চাবৰ বাবে **কম্পিউটাৰত** ক্লিক কৰক।

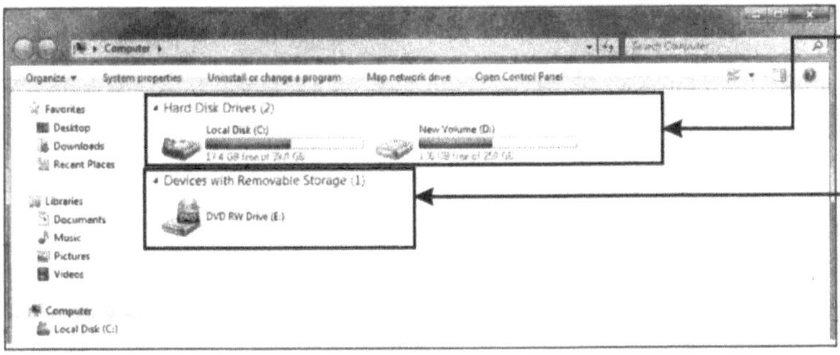

এইটো এৰিয়া (ক্ষেত্ৰ) আপোনাৰ কম্পিউটাৰত উপলব্ধ হাইদ্ৰাইভক প্ৰদৰ্শিত কৰে।

এইটো এৰিয়া আপোনাৰ কম্পিউটাৰত থকা ফ্লপি দ্ৰাইভ, চিভিৰোম দ্ৰাইভআৰু অন্য দ্ৰাইভক ৰিপ্ৰেজেন্ট (প্ৰদৰ্শিত) কৰে।

3. যিকোনো দ্ৰাইভ বা ফন্ডাৰ কন্টেন্টক চাবৰ বাবে তাত ডাবল ক্লিক কৰক।

ফ্লপি দ্ৰাইভ বা চিডি ৰোম দ্ৰাইভৰ কন্টেন্টক চাবৰ বাবে এইটো সুনিশ্চিত কৰি লওক যে আপুনি সেইটো (ফ্লপি ডিস্ক বা চিডি ৰো ডিস্ক) ক তাৰ বাবে নিৰ্ধাৰতি স্হানত লগাই দিছে।

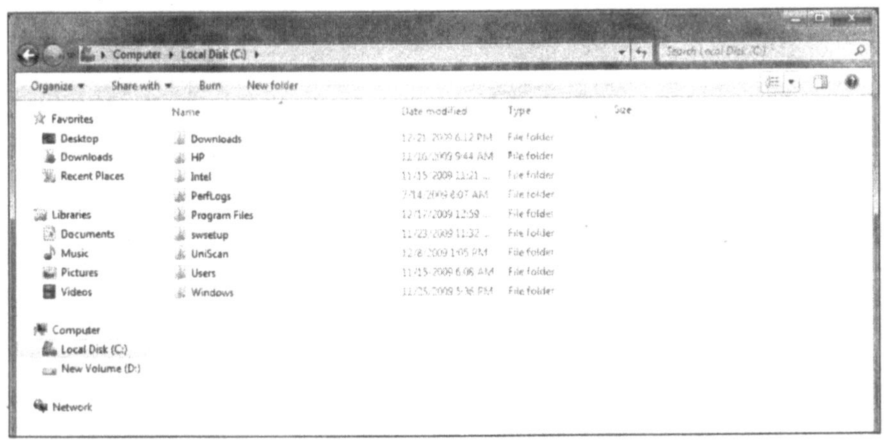

উইডো 7 য়ে সেইটো দ্ৰাইভ বা ফন্ডাৰৰ কন্টেন্টক ডিচপ্লে কৰি দিব।

ফাইলক চিলেক্ট কৰা

কোনো ফাইলত কাম কৰাৰ পূৰ্বে আপোনাক প্ৰায় ফাইলক চিলেক্ট কৰাৰ আৱশ্যক হয়, যৰ পৰা উইণ্ডো 7 ক বুজা যায় যে আপুনি বাস্তৱত কোনো ফাইলত কাম কৰিব বিচাৰে। চিলেক্ট কৰা ফাইলক আপোনাৰ স্ক্ৰীনত হাইলাইটত হয়। আপুনি ইয়াত কোনো বিশেষ ফাইলক চিলেক্ট কৰাৰ যি টেকনিকক বুজি, সেইটো টেকনিক ফল্ডাৰক চিলেক্ট কৰাও হয়।

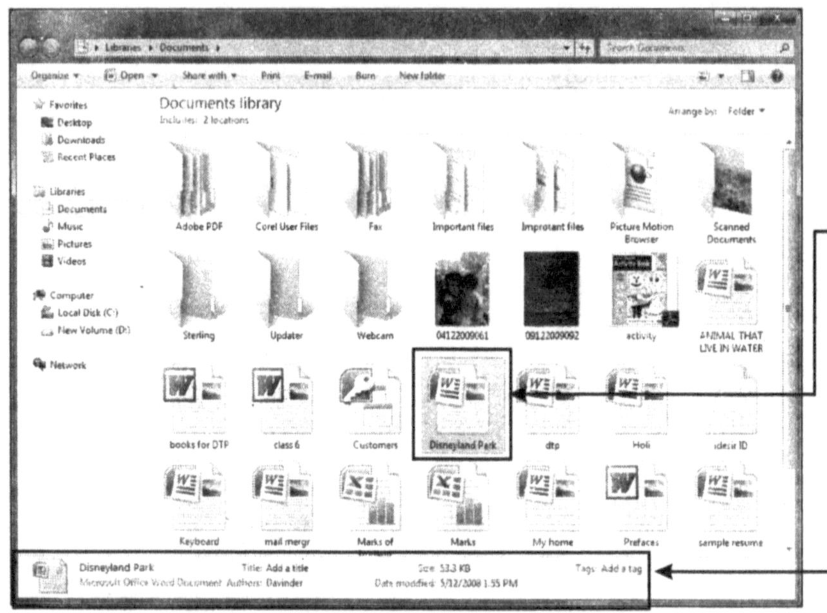

কোনো ফাইলক চিলেক্ট কৰা

1. সেইটো ফল্ডাৰক চিলেক্ট কৰা, য'ত সেইটো ফাইল থাকে।

2. সেইটো ফাইলত ক্লিক কৰক যাক আপুনি চিলেক্ট কৰিব বিচাৰে।

ফাইল হাইলাইট হৈ যায়।

ফাইলৰ বিষয়েও সূচনা এইটো ক্ষেত্ৰত প্ৰদৰ্শিত হয়। যেনে ফাইলৰ টাইপ, চাইজ আৰু সেইটো দিন-সময় যেতিয়া শেষৰ বাবে ফাইলত চেঞ্জ (পৰিৱৰ্তন) কৰা গৈছিল।

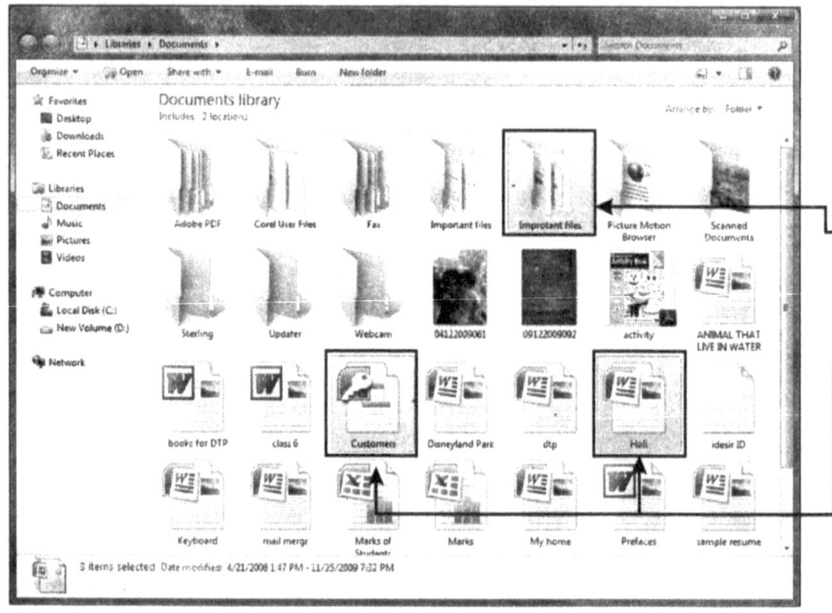

কোনো ফাইলক চিলেক্ট কৰা

1. সেইটো ফল্ডাৰক অপেন কৰক য'ত সেইটো ফাইল থাকে।

2. সেইটো ফাইলত ক্লিক কৰক, যাক আপুনি চিলেক্ট কৰিব বিচাৰে।

3. (কন্ট্ৰ'লৰ) ক টিপি ৰাখক আৰু প্ৰত্যেক সেইটো ফাইলত ক্লিক কৰাত ক্লিক কৰক যাক আপুনি চিলেক্ট কৰিব বিচাৰে।

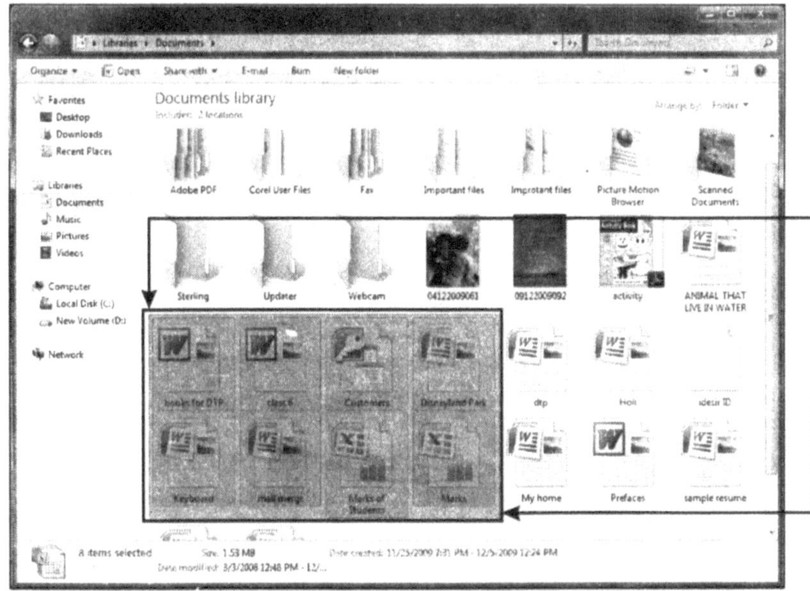

ফাইলৰ গ্ৰুপ (সমূহ) ক চিলেক্ট কৰা

1. ফাইলৰ ফল্ডাৰক অপেন কৰক।

2. এতিয়া আপুনি মাউচৰ পইন্টাৰক সেইটো গ্ৰুপৰ প্ৰথম ফাইলৰ অলপ বাওঁ ফালে ওপৰত ক্লিক কৰক।

3. মাউচৰ পইন্টাৰক ক্লিক কৰক আৰু দ্ৰেগ কৰি অৰ্থাৎ টিপি সোঁ ফালে সেইটো ফাইললৈকে লৈ যাওক যিমনা দূৰলৈকে এইটোক চিলেক্ট কৰিব বিচাৰে।

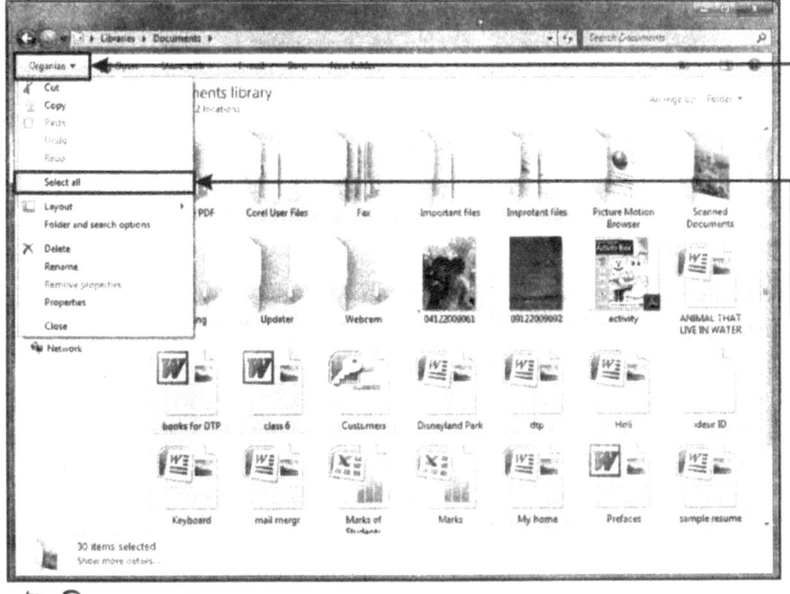

সকলো ফাইলক চিলেক্ট কৰা

1. সেইটো ফল্ডাৰক ক্লিক কৰক য'ত সেইটো ফাইল আছে।

2. 'অৰ্গেনাইজ' ত ক্লিক কৰক।

3. 'চিলেক্ট অল' ত ক্লিক কৰক।

উইন্ডোই এইটো ফল্ডাৰত থকা সকলো ফাইলক চিলেক্ট কৰি লয়।

এই বিষয়েও জানকঃ

চিলেক্ট কৰা ফাইলক আতৰোৱা

চিলেক্ট কৰা ফাইলৰ ভিতৰত কোনো ফাইলক আতৰোৱা (ডিচিলেক্ট কৰা) ৰ বাবে **(কন্ট্ৰোলৰ)** ক টিপি ৰাখক আৰু সেইটো ফাইলক চিলেক্ট কৰক যাক আপুনি চিলেক্ট কৰা ফাইলৰ পৰা আতৰাব বিচাৰে।

চিলেক্ট কৰা সকলো ফাইলক ডিচিলেক্ট কৰিবৰ বাবে ফল্ডাৰৰ খালি এৰিয়াত ক্লিক কৰক।

-ইটো সিটোক সলনি কৰিবৰ বাবে (চিলেক্ট কৰা ফাইলক ডিচিলেক্ট কৰা আৰু ডিচিলেক্ট কৰা ফাইলক চিলেক্ট কৰিবৰ বাবে) **'অল্ট'** ক টিপক আৰু **'এডিট'** ত ক্লিক কৰক আৰু ইয়াৰ পিছত **'ইনভাৰ্ট চিলেকচন'** ত ক্লিক কৰক।

ফাইলৰ ভিউক সলনি কৰা

উইণ্ডোত আপুনি কোনা আইটেমৰ ভিউকো সলনি কৰিব পাৰে। আপোনাৰ দ্বাৰা ঠিক কৰা ভিউৰ অনুসাৰে উইণ্ডোত সেইটো ফাইল আৰু ফল্ডাৰ দেখা দিব। এইটোৱে আপোনাক কোনো ফাইলক সৰু বা ডাঙৰ আইকনৰ ৰূপত আৰু তাৰ ডিটেলক চাবৰ বাবে সক্ষম কৰাই। ফল্ডাৰ উইণ্ডোত থকা সকলো ফাইলক চাবৰ বাবে আপুনি স্মল আইকন' ত ক্লিক কৰক। যদি আপুনি ফাইলৰ বিষয়ে আৰু অধিক জানিব বিচাৰে তেতিয়াহ'লে টাইটেলচ ভিউ' বা ডিটেলচ ভিউ' ত ক্লিক কৰক।

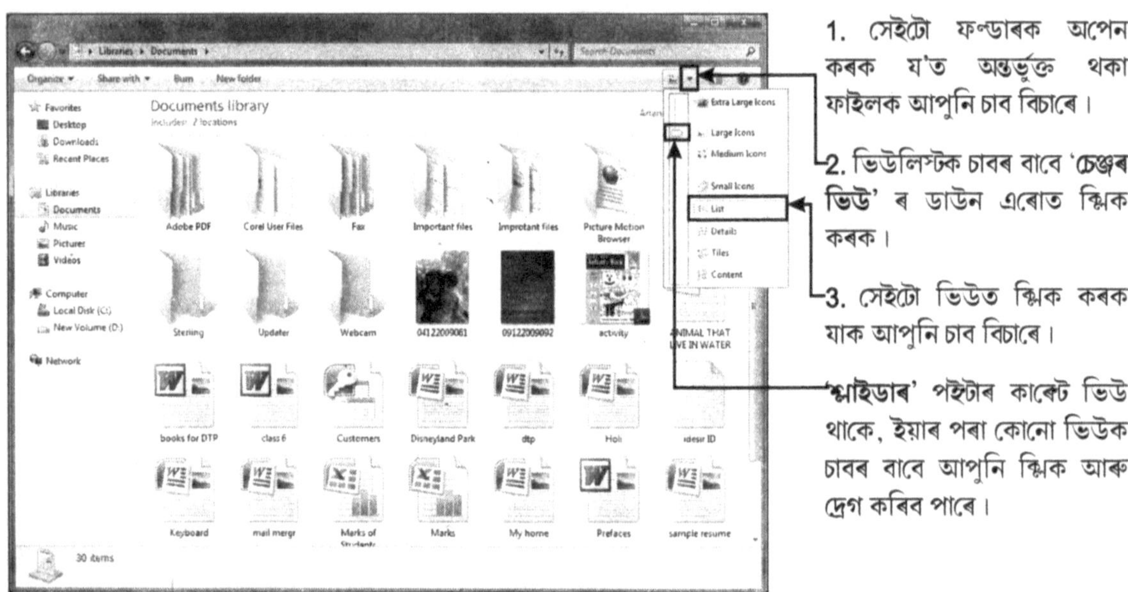

1. সেইটো ফল্ডাৰক অপেন কৰক য'ত অন্তৰ্ভুক্ত থকা ফাইলক আপুনি চাব বিচাৰে।

2. ভিউলিস্টক চাবৰ বাবে '**চেঞ্জৰ ভিউ**' ৰ ডাউন এৰোত ক্লিক কৰক।

3. সেইটো ভিউত ক্লিক কৰক যাক আপুনি চাব বিচাৰে।

'**স্লাইডাৰ**' পইন্টাৰ কাৰেন্ট ভিউ থাকে, ইয়াৰ পৰা কোনো ভিউক চাবৰ বাবে আপুনি ক্লিক আৰু ড্ৰেগ কৰিব পাৰে।

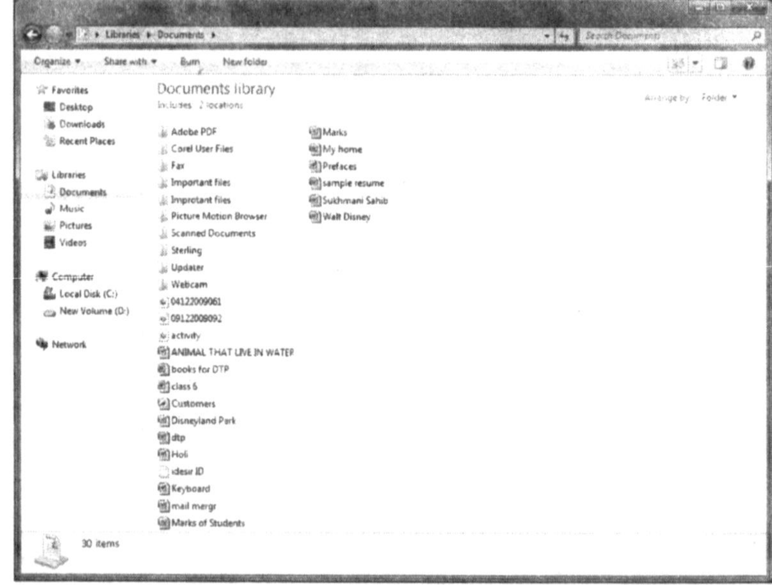

উইণ্ডো ফাইলৰ ভিউক সলনি কৰি দিয়ে।

এটো উদাহৰণত আমি লাৰ্জ আইকন ভিউক লিস্ট ভিউত সলনি কৰো।

ফাইলক কপি কৰা

আপুনি যিকোনো ফাইলক আকৌ ব্যৱস্থিত কৰিবৰ বাবে ফ্লপি ড্ৰাইভ, কোনো ডিস্ক আৰু আপোনাৰ কম্পিউটাৰৰ যিকোনো ঠাইৰ পৰা সহজতে কপি কৰিব পাৰে। যেতিয়া আপুনি কোনো ফাইলক কপি কৰে তেতিয়া সেইটো আপোনাৰ মূল স্থানত সেইটো স্থিতিত থাকে আৰু আপোনাৰ দ্বাৰা চিলেক্ট কৰা নতুন ঠাইলৈ আহি যায়। ইয়াত আমি কেৱল এটা ফাইলক কপি কৰি আছো কি এইটো টেকনিকৰ প্ৰয়োগ কৰি আপুনি ফাইলৰ গ্ৰুপকো কপি কৰিব পাৰে। এইটো স্টেপক প্ৰয়োগ কৰি কোনো ফন্ডাৰকো কপি কৰিব পাৰে।

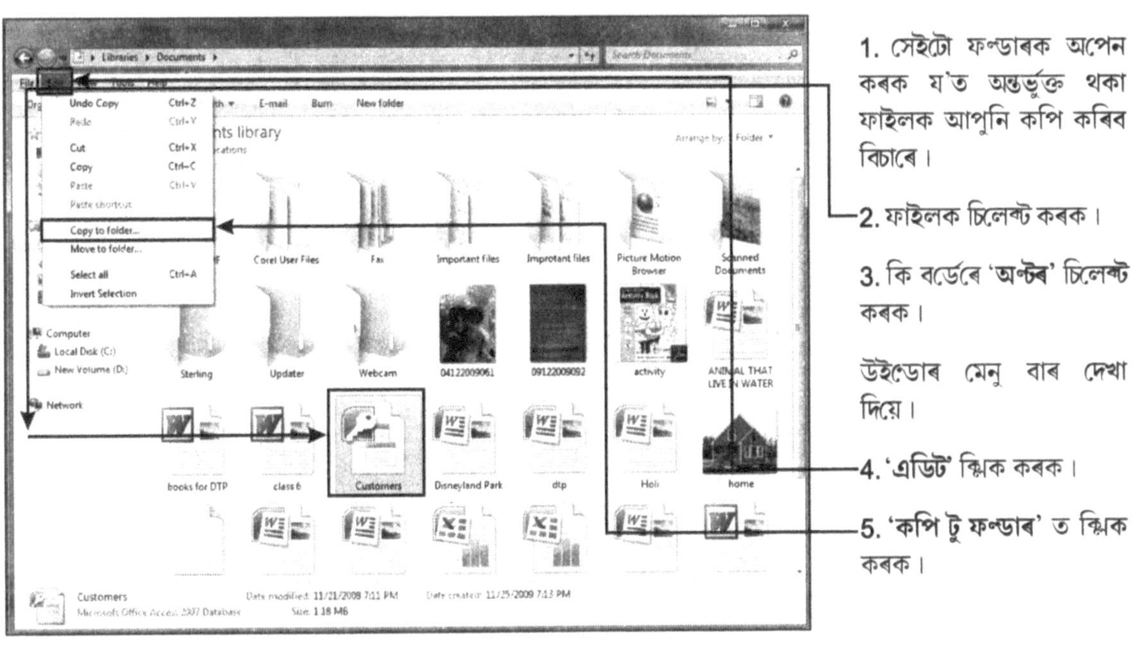

1. সেইটো ফন্ডাৰক অপেন কৰক য'ত অন্তৰ্ভুক্ত থকা ফাইলক আপুনি কপি কৰিব বিচাৰে।
2. ফাইলক চিলেক্ট কৰক।
3. কি বৰ্ডৰে **'অল্টৰ'** চিলেক্ট কৰক।

উইণ্ডোৰ মেনু বাৰ দেখা দিয়ে।

4. **'এডিট'** ক্লিক কৰক।
5. **'কপি টু ফন্ডাৰ'** ত ক্লিক কৰক।

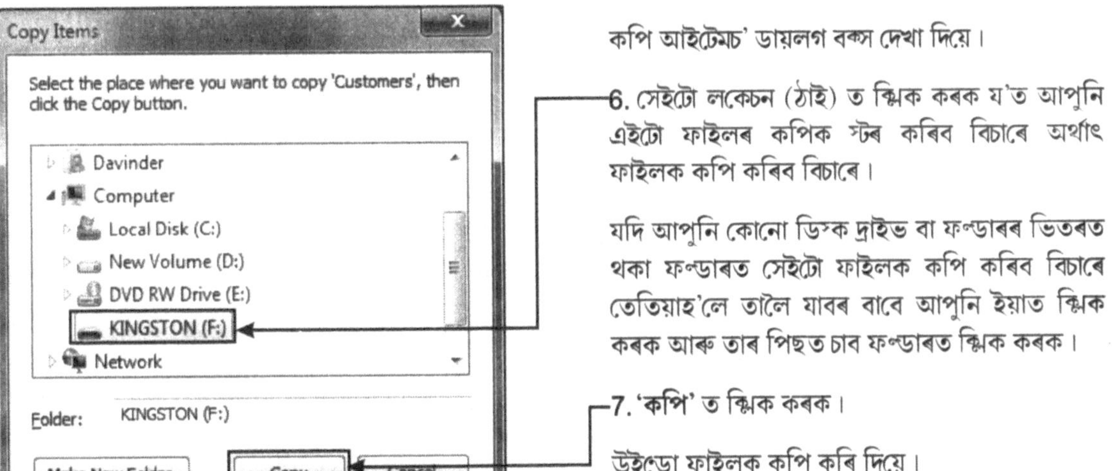

কপি আইটেমচ' ডায়লগ বক্স দেখা দিয়ে।

6. সেইটো লকেচন (ঠাই) ত ক্লিক কৰক য'ত আপুনি এইটো ফাইলৰ কপিক স্টৰ কৰিব বিচাৰে অৰ্থাৎ ফাইলক কপি কৰিব বিচাৰে।

যদি আপুনি কোনো ডিস্ক ড্ৰাইভ বা ফন্ডাৰৰ ভিতৰত থকা ফন্ডাৰত সেইটো ফাইলক কপি কৰিব বিচাৰে তেতিয়াহ'লে তালৈ যাবৰ বাবে আপুনি ইয়াত ক্লিক কৰক আৰু তাৰ পিছত চাব ফন্ডাৰত ক্লিক কৰক।

7. **'কপি'** ত ক্লিক কৰক।

উইণ্ডো ফাইলক কপি কৰি দিয়ে।

ফাইলক মুভ কৰা (এটা স্হানৰ পৰা আন এটা স্হানলৈ লৈ যোৱা)

আপোনাৰ ফাইলক আপোনাৰ মতে ব্যৱস্হিত কৰিবৰ বাবে আপুনি সেইটোক কম্পিউটাৰত থকা যিকোনো ঠাইৰ পৰা, পেন ড্ৰাইভ বা ফ্লপি ড্ৰাইভেৰে মুভ কৰাব পাৰে। মুভ কৰোৱাত ফাইলে নিজৰ অন্তভুক্তিৰ স্হিতিৰ পৰা আতৰি যায় আৰু আপোনাৰ দ্বাৰা ঠিক কৰা ঠাইত দেখা দিব ধৰে। ইয়াত আমি কেৱল এটা ফাইাক মুভ কৰাইছো কিন্তু এইদৰে আপুনি কোনো ফাইলক বা ফল্ডাৰকো সহজতে মুভ কৰাব পাৰে।

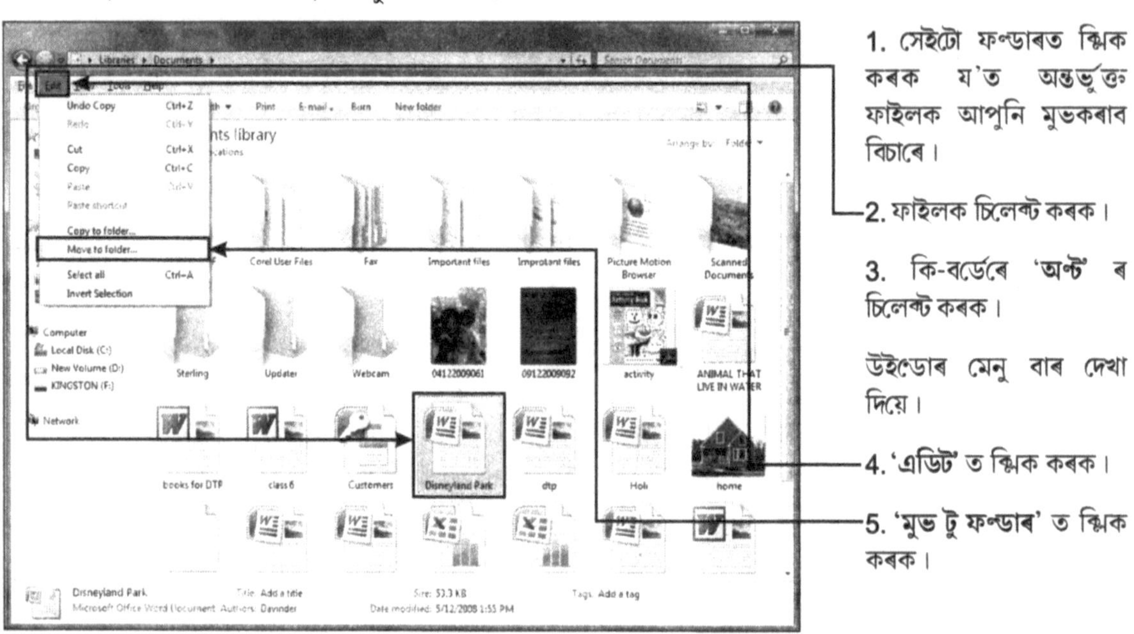

1. সেইটো ফল্ডাৰত ক্লিক কৰক য'ত অন্তৰ্ভুক্ত ফাইলক আপুনি মুভকৰাব বিচাৰে।

2. ফাইলক চিলেক্ট কৰক।

3. কি-বৰ্ডেৰে 'অল্ট' ৰ চিলেক্ট কৰক।

উইন্ডোৰ মেনু বাৰ দেখা দিয়ে।

4. 'এডিট' ত ক্লিক কৰক।

5. 'মুভ টু ফল্ডাৰ' ত ক্লিক কৰক।

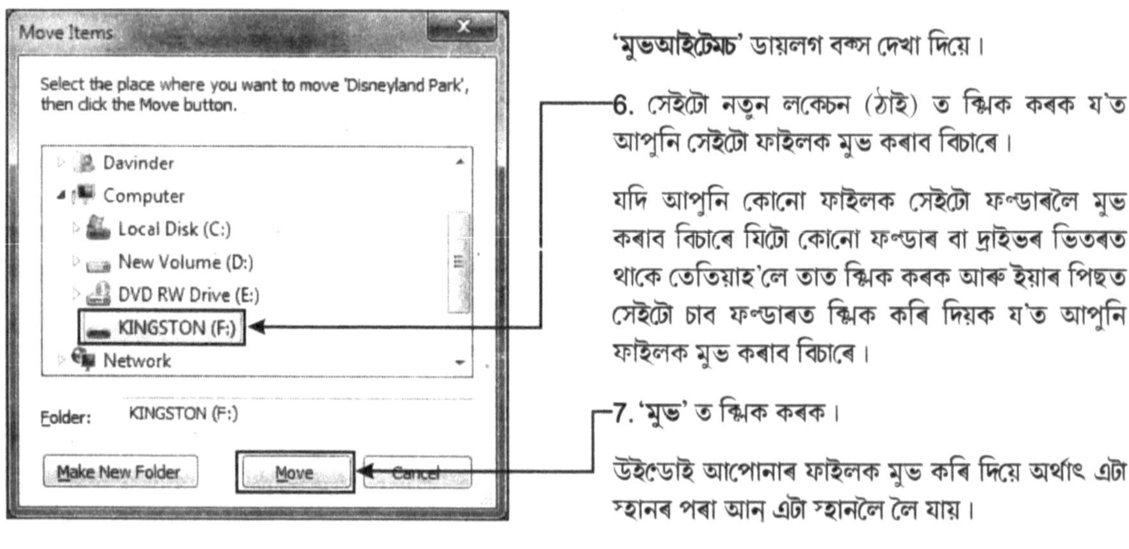

'মুভআইটেমচ' ডায়লগ বক্স দেখা দিয়ে।

6. সেইটো নতুন লকেচন (ঠাই) ত ক্লিক কৰক য'ত আপুনি সেইটো ফাইলক মুভ কৰাব বিচাৰে।

যদি আপুনি কোনো ফাইলক সেইটো ফল্ডাৰলৈ মুভ কৰাব বিচাৰে যিটো কোনো ফল্ডাৰ বা ড্ৰাইভৰ ভিতৰত থাকে তেতিয়াহ'লে তাত ক্লিক কৰক আৰু ইয়াৰ পিছত সেইটো চাব ফল্ডাৰত ক্লিক কৰি দিয়ক য'ত আপুনি ফাইলক মুভ কৰাব বিচাৰে।

7. 'মুভ' ত ক্লিক কৰক।

উইন্ডোই আপোনাৰ ফাইলক মুভ কৰি দিয়ে অৰ্থাৎ এটা স্হানৰ পৰা আন এটা স্হানলৈ লৈ যায়।

চিডি বা ডিভিডি লৈ ফাইলক কপি কৰা

যদি আপোনাৰ কম্পিউটাৰত ৰেকৰ্ডেবল চিডি আৰু ডিভিডি ড্ৰাইভথাকে, তেতিয়াহ'লে আপুনি ৰেকৰ্ডেবল চিডি বা ডিভিডি ত যিকোনো ফাইল অথবা ফল্ডাৰক কপি কৰিব পাৰে। এইটো স্থিতিত আপোনাক এটা স্হানত ডাঙৰ মাত্ৰাত ডাটা পাই যায় যাক কৰবাত লৈ যোৱা আৰু বেকআপেৰে প্ৰাপ্ত কৰাত বহুত সহজ হয়।

1. ৰেকৰ্ডেবল চিডি ড্ৰাইভত ডিস্কক ইনচাৰ্ট কৰক।

এটা ডায়লগ বক্স চাব পাৰে যিটো আপোনাক সুধিব যে আপুনি এইটো ডিস্কত উইডোৰে কি কাম কৰিব পাৰে।

2. ডায়লগ বক্সক বন্ধ কৰিবৰ বাবে '**ক্লজ**' বাটনত ক্লিক কৰক।

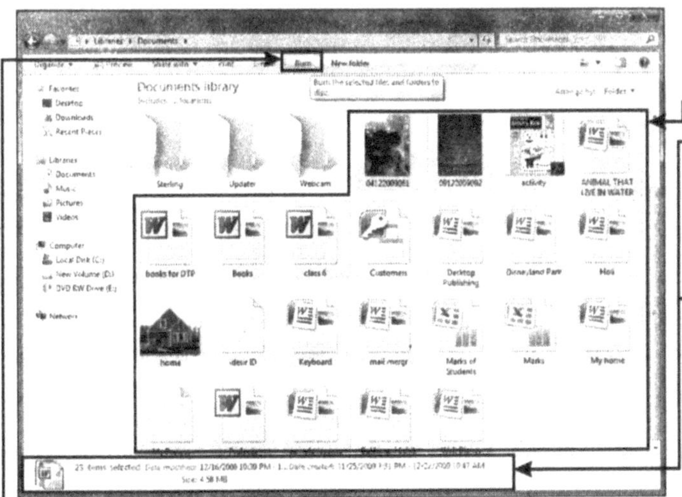

3. সেইটো ফল্ডাৰক অপেন কৰক য'ত অন্তৰ্ভুক্ত ফাইলক আপুনি ডিস্কলৈ লৈ যাব পাৰে।

4. এইটো ফাইলক চিলেক্ট কৰক।

এইটোক চাবৰ বাবে আপুনি কিমান মাত্ৰাত (চাইজ) ডাটাক কপি কৰি আছে, ডিটেল্চ পেনেললৈ গৈ তাৰ চাইজ (আকাৰ) চাই লওক।

যদি আপুনি 15 টা ফাইলতকৈ অধিক চিলেক্ট কৰে আৰু জানিব বিচাৰে যে এই সকলোৰে মুঠ কিমান চাইজ আছে, তেতিয়াহ'লে প্ৰথমে শ্বো মোৰ ডিটেল্চ' ত ক্লিক কৰক।

5. 'বাৰ্ন' বাটনত ক্লিক কৰক।

মনত ৰাখিব ঃ যদি আপুনি ফল্ডাৰত থকা সকলো ফাইল বা কন্টেন্টক ডিস্কত কপি কৰিব বিচাৰে তেতিয়াহ'লে কোনো ফাইল বা ফল্ডাৰক চিলেক্ট নকৰিব বৰং চিধা বাৰ্ন বাটনত ক্লিক কৰক।

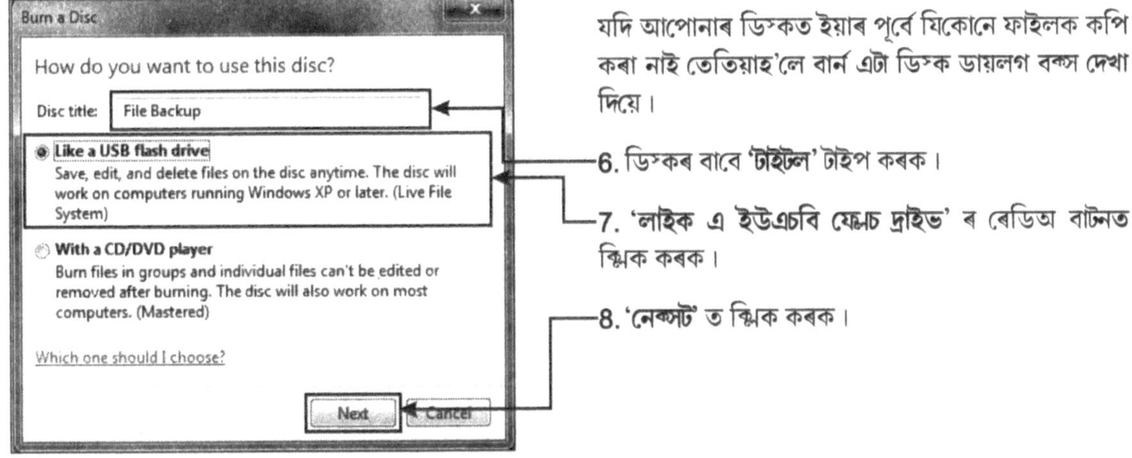

যদি আপোনাৰ ডিস্কত ইয়াৰ পূৰ্বে যিকোনে ফাইলক কপি কৰা নাই তেতিয়াহ'লে বাৰ্ন এটা ডিস্ক ডায়লগ বক্স দেখা দিয়ে।

6. ডিস্কৰ বাবে '**টাইটল**' টাইপ কৰক।

7. '**লাইক এ ইউএচবি ফ্লেচ ড্ৰাইভ**' ৰ ৰেডিঅ' বাটনত ক্লিক কৰক।

8. '**নেক্সট**' ত ক্লিক কৰক।

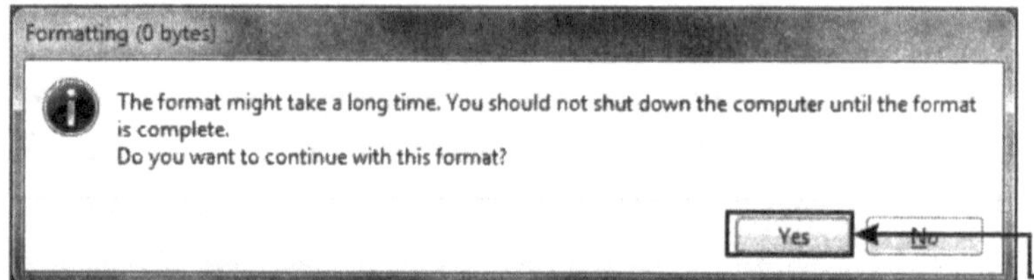

এটা 'ৱাৰ্নিং' (সাৱধান) ৰ ডায়লগ বক্স দেখা দিব যিটোৱে কব যে ডাটাৰ ফৰ্মেটিংত দীঘলীয়া সময় লাগিব পাৰে।

9. 'য়েচ' ত ক্লিক কৰক।

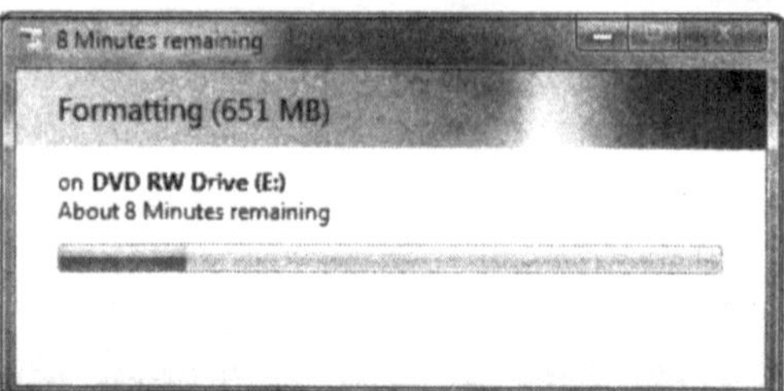

উইন্ডো 7 ডিস্কক ফৰ্মেট কৰি দিয়ে আৰু প্ৰগতি ৰিপৰ্টক দৰ্শাবৰ বাবে এটা ডায়লগ বক্স ডিচপ্লে কৰে।

ফৰ্মেটিং পুৰা হোৱাৰ পিছত ফৰ্মেটিং ডায়লগ বক্স দেখা দিয়া বন্ধ হৈ যায়

উইন্ডো 7 ফাইলক ডিস্কৰ টেম্পৰেৰী ফন্ডাৰত কপি কৰি দিয়ে।

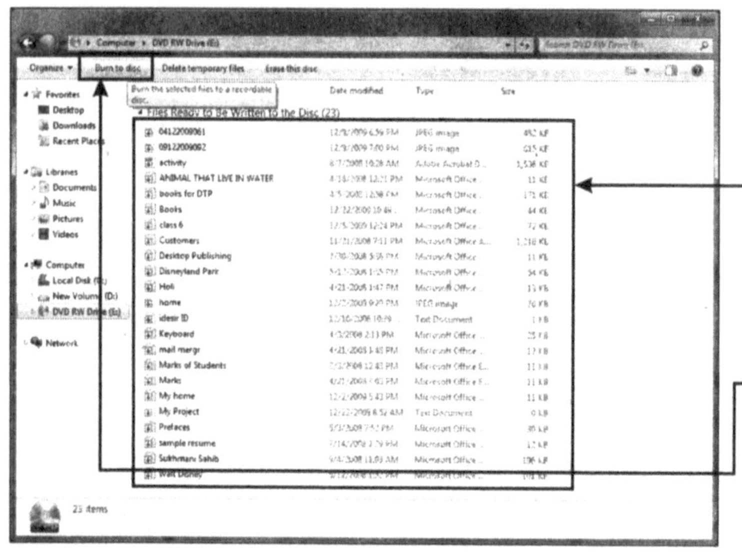

এটা উইন্ডো দেখা দিয়ে যিটো আপোনাৰ কম্পিউটাৰৰ টেম্পৰেৰী এৰিয়াত থকা ফাইল আৰু চিডি ত অলপ আগতে স্টৰ কৰা ফাইলক ডিচপ্লে কৰে।

যদি উইন্ডোই সেইটো ফাইলৰ ডিচপ্লে কৰে যাক আপুনি চিডি কৈ কপি কৰিব নিবিচাৰে, তেতিয়াহ'লে আপুনি সেইটোক ডিলিট (আতৰাব) ও পাৰে।

10. ফাইলৰ চিডি ত কপি কৰিবৰ বাবে 'বানু টু ডিস্ক' ত ক্লিক কৰি দিয়ক।

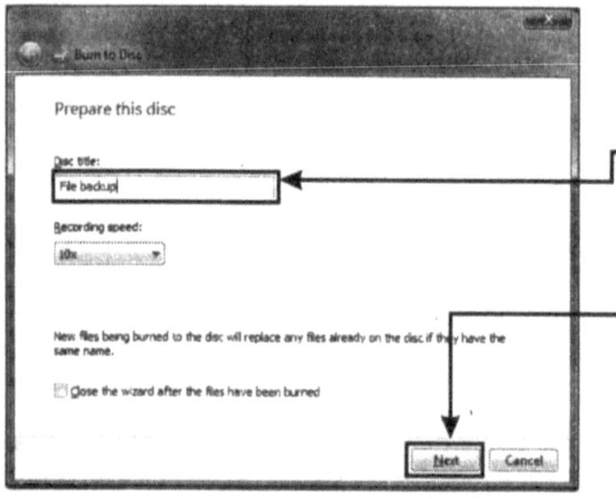

ৱাৰ্ন টু ডিস্ক উইজাৰ্ড দেখা দিয়ে।

এটা এৰিয়াত ডিস্কৰ নাম দেখা দিয়ে।

যেতিয়া চিডি ড্ৰাইভত চিডি ঢালিব তেতিয়া আপোনাৰ দ্বাৰা চিডিক দিয়া মাই কম্পিউটাৰ উইন্ডোত দেখা দিব।

11. চিডি ত ফাইলক কপি কৰিবৰ বাবে **'নেক্সট'** ত ক্লিক কৰক।

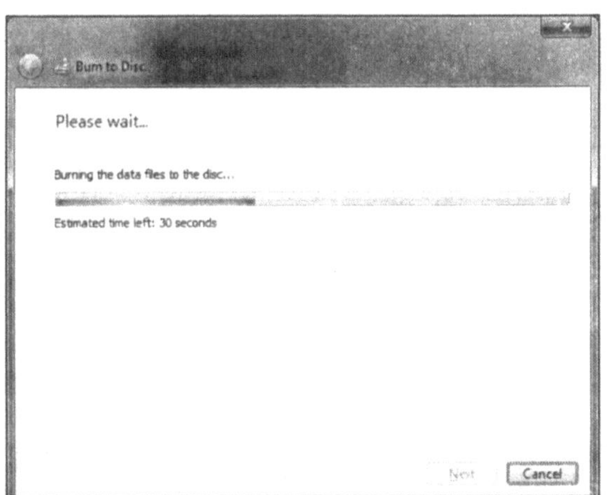

উইন্ডোই আপোনাৰ ফাইলক চিডি ত কপি কৰা আৰম্ভ কৰি দিয়ে।

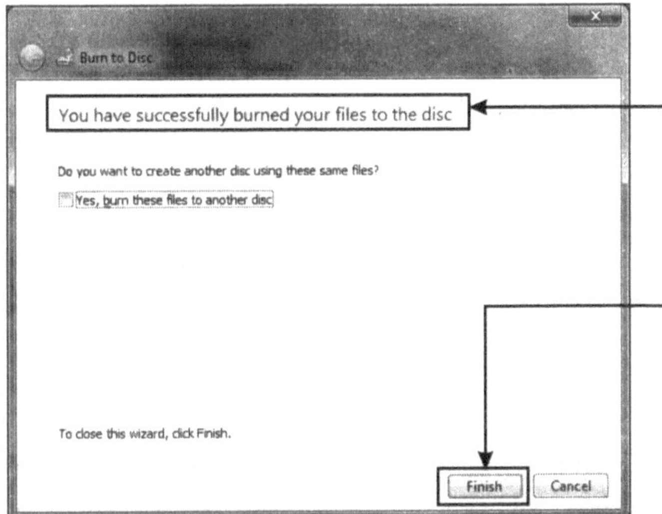

যেতিয়া উইন্ডোই ফাইলক সফলতা পূৰ্বক চিডিত কপি কৰি দিয়ে তেতিয়া এটা মেজেচ (খবৰ) দেখা দিয়ে।

চিডি ত সফলতা পূৰ্বক ফাইল কপি হোৱাৰ পিছত উইন্ডোই নিজে নিজে ৰেকৰ্ডেবল চিডি ড্ৰাইভেৰে আপোনাক চিডিক কৰি দিয়ে।

12. উইজাৰ্ডক বন্ধ কৰিবৰ বাবে **'ফিনিশ'** ত ক্লিক কৰি দিয়ক।

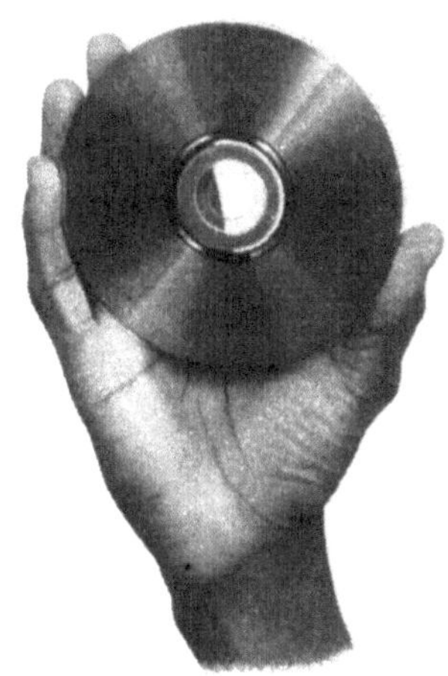

এই বিষয়েও জানকঃ

যিকোনো ৰেকৰ্ডেবল চিডিৰ লগত ফাইলক কপি কৰা, পুনৰ কপি কৰা আৰু ডিলিট কৰিবৰ বাবে উইন্ডো 7 য়ে এক নতুন চিস্টেম প্ৰয়োগ কৰে।
সামান্যতে ঃ চিডি ৰোম আৰু ডিভিডি ৰো ফাইলক ডিস্কত কেৱল এবাৰ কপি কৰাৰ অনুমতি দিয়ে। এবাৰ কপি হৈ যোৱাৰ পিছত এইটো লক্‌ড (বন্ধ) হৈ যায় আৰু ইয়াৰ পিছত আপুনি ইয়াত কোনো অন্য ফাইলক কপি কৰিব নোৱাৰে বা কোনো ফাইল ইয়াৰ পৰা ডিলিট কৰিব নোৱাৰি।

ফাইলৰ নাম সলনি কৰা

ফাইলৰ কন্টেন্টক ভালদৰে প্ৰস্তুত কৰিবৰ বাবে আপুনি ফাইলৰ ৰিনেম (নাম সলনি) ও কৰিব পাৰে। ফাইলক ৰিনেম কৰি আপুনি ভৱিষ্যতে ইয়াক সহজতে বিচাৰিব পাৰে। ফাইলৰ দৰে আপুনি ফন্ডাৰৰ নামো সলনি কৰিব পাৰে। এটো সুনিশ্চিত কৰি লওক যে সেইটো ফাইলৰ নাম সলনি কৰক যিটো আপুনি ক্ৰিয়েট (প্ৰস্তুত) কৰিছে বা কোনো অন্য ব্যক্তিৰ দ্বাৰা আপোনাক দিছে। উইডো 7 ৰ কোনো চিস্টেম ফাইল বা প্ৰগ্ৰেমৰ ফাইলক ৰিনেম নকৰিব।

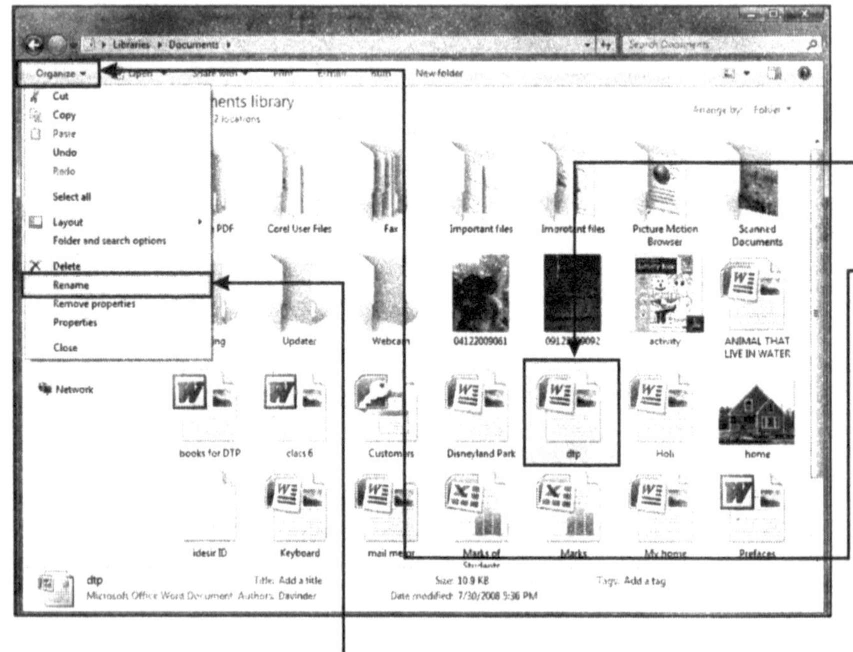

1. সেইটো ফন্ডাৰক অপেন কৰক য'ত অন্তৰ্ভুক্ত থকা ফাইলৰ নাম আপুনি সালনি কৰিব বিচাৰে।

2. যি ফাইলৰ আপুনি নাম সলনি কৰিব বিচাৰে তাত ক্লিক কৰক।

3. **'অৰ্গেনাইজ'** ত ক্লিক কৰক।

4. **'ৰিনেম'** ত ক্লিক কৰক। ফাইল নেমৰ তলত এটা টেক্সট বক্স দেখা দিয়ে। কোনো ফাইলৰ নাম সলনি কৰিবৰ বাবে সেইটো ফালত ক্লিক কৰাৰ পিছত আপুনি আপোনাৰ কি-বৰ্ডেৰে **'এফ 2'** বাটনকো টিপি থাকিব পাৰে।

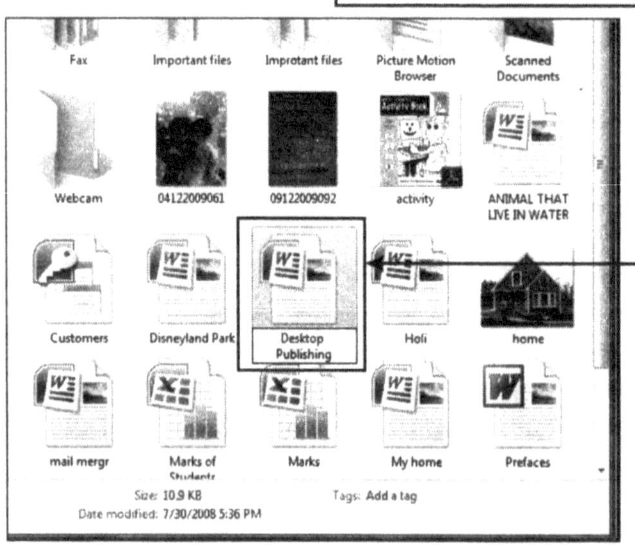

5. এইটো ফাইলৰ নতুন নাম ইয়াত টাইপ কৰাৰ পিছত **'এন্টাৰ'** টিপি দিয়ক।

ফাইল নেমত /!? আদি দেখা দিব নোৱাৰে।

ফাইল নেম সলনি কৰাৰ সময়ত যদি আপুনি আপোনাৰ নাম সলনি কৰাৰ ইচ্ছাক ত্যাগ কৰি দিয়ে, তেতিয়া আকৌ সেইটো ফাইল নেমলৈ যাবৰ বাবে **'এএচচি'** বাটনক টিপি দিয়ক।

নতুন নাম ফাইল আইকনৰ তলত দেখা দিয়ে।

নতুন ফাইলক ক্ৰিয়েট (প্ৰস্তুত) কৰা

কোনো প্ৰগ্ৰেমক আৰম্ভনকৰাকে আপুনি সহজতে শীঘ্ৰে কোনো ফাইল ক্ৰিয়েট কৰিব পাৰে আৰু সেইটোক যিকোনো লকেচন (ঠাই) ত কোনো নাম দি স্টৰ কৰিব পাৰে। প্ৰগ্ৰেমক আৰম্ভ নকৰাকে কোনো ফাইলক ক্ৰিয়েট কৰিলে আপুনি সেইটোক অৰ্গেনাইজেচন ফকাচ কৰিব পাৰে আৰু আৱশ্যক হ'লে সেইটো ফাইলৰ প্ৰয়োগ সেইটো প্ৰগ্ৰেমটো কৰিব পাৰে।

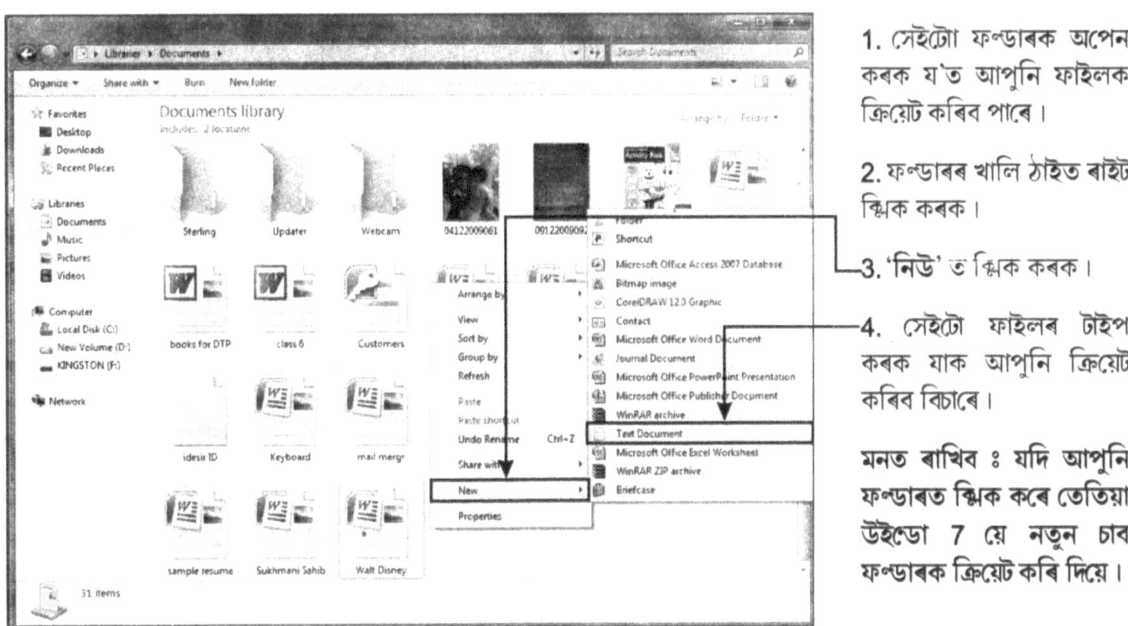

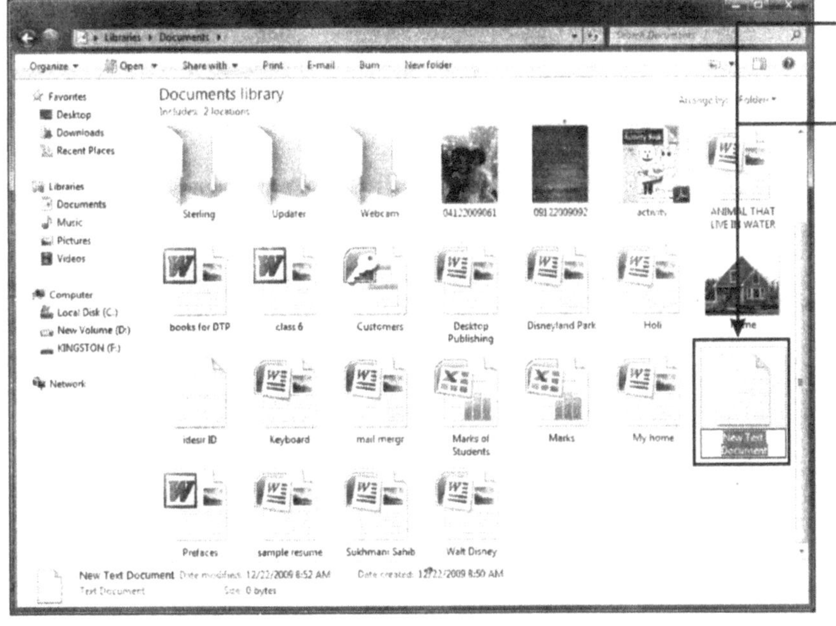

নতুন ফাইলৰ আইকন এইটো ফল্ডাৰত দেখা দিয়ে।

5. এতিয়া আপুনি ইয়াত ফাইলৰ নাম টাইপ কৰক যিটো আপুনি দিব বিচাৰে আৰু ইয়াৰ পিছৰ কি-বৰ্ডেৰে **এণ্টাৰ** টিপি দিয়ক।

ফাইলক ডিলিট (আতৰোৱা) কৰা

যি ফাইলক আপুনি নিবিচাৰে, সেইটোক আপুনি ডিলিট কৰিব পাৰে। কোনো ফাইলক ডিলিট কৰাৰ পূৰ্বে এইটো সুনিশ্চিত কৰি লওক যে সেইটো ফাইল আপোনাৰ দ্বাৰা প্ৰস্তুত কৰিছে বা কোনো আনৰ দ্বাৰা প্ৰস্তুত কৰি আপোনাক দিছে। উইন্ডো 7 ৰ কোনো ফাইল অথবা কোনা প্ৰগ্ৰেমৰ ফাইলক ডিলিট নকৰিব। অন্যথা আপোনাৰ কম্পিউটাৰ ভালদৰে কাম নকৰিব।

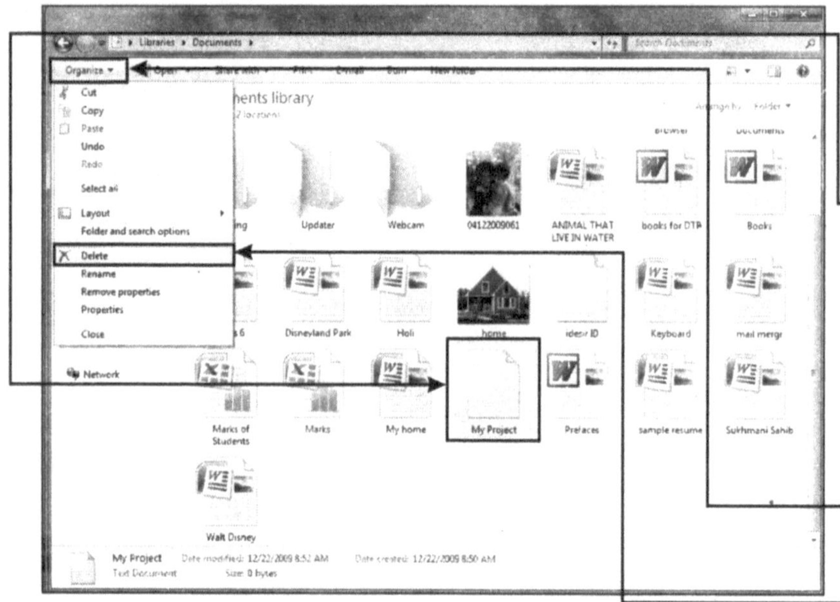

1. সেইটো ফন্ডাৰক অপেন কৰক য'ত অন্তৰ্ভুক্ত থকা ফাইলক আপুনি ডিলিট কৰিব বিচাৰে।

2. সেইটো ফাইলত ক্লিক কৰক যাক আপুনি ডিলিট কৰিব বিচাৰে।

যদি আপুনি এটাতকৈ অধিক ফাইলক ডিলিট কৰিব বিচাৰে তেতিয়াহ'লে সেইটো ফাইলক চিলেক্ট কৰি লওক।

3. **'অৰ্গেনাইজ'** ত ক্লিক কৰক।

4. **'ডিলিট'** ত ক্লিক কৰক।

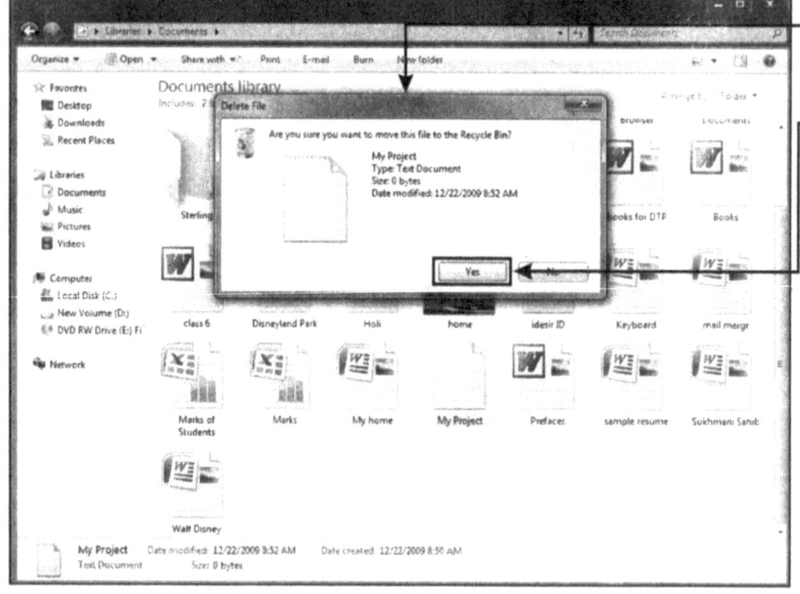

'ডিলিট ফাইলচ' ডায়লগ বক্স দেখা দিয়ে।

5. **'য়েচ'** ত ক্লিক কৰক।

সেইটো ফাইল এইটো ফন্ডাৰৰ পৰা আতৰি যাব।

মনত ৰাখিব ঃ ফাইলক ডিলিট কৰাৰ অন্য উপয় এইটোও হয় যে এইটোক ক্লিক কৰি দ্ৰেগ কৰি ডেস্কটপত থকা **'ৰিচাইকেল বিন'** ত এৰি দিয়ক।

ডিলিট কৰা ফাইলক ৰিস্টৰ (আকৌ প্ৰাপ্ত কৰা) কৰা

আপোনাৰ দ্বাৰা ডিলিট কৰা সকলো ফাইল ৰিচাইকেল বিনত থাকে। যদি আপুনি যিকোনো ফাইলক ভুলেৰে ডিলিট কৰি দিছে, তেতিয়াহ'লে আপুনি সহজতে ইয়াৰ পৰা আপোনাৰ কম্পিউটাৰত তাৰ প্ৰথম ঠাইলৈ লৈ যাব পাৰে। আপুনি ডিলিট কৰা ফাইলক পুনঃ প্ৰাপ্ত কৰিব পাৰে কাৰণ উইণ্ডো 7 ইয়াৰ বাবে ইয়াক এক স্পেচিয়েল ফল্ডাৰত থাকে যাক ৰিচাইকেল বিন বুলি কয়, ইয়াত ফাইল কিছু দিন বা কিছু সপ্তাহৰ বাবে সুৰক্ষিত থকে। সময়ব্যাধি ইয়াৰ ওপৰত নিৰ্ভৰ কৰে যে আপুনি ৰিচাইকেল বিনক কেনেদৰে খালি কৰে আৰু কেনেদৰে এইটো পুৰা ভৰি যায়।

ৰিচাইকেল বিনক চাই আপুনি সহজতে বুজিব পাৰে যে ইয়াত ডিলিট কৰা ফাইল আছেন নাই।

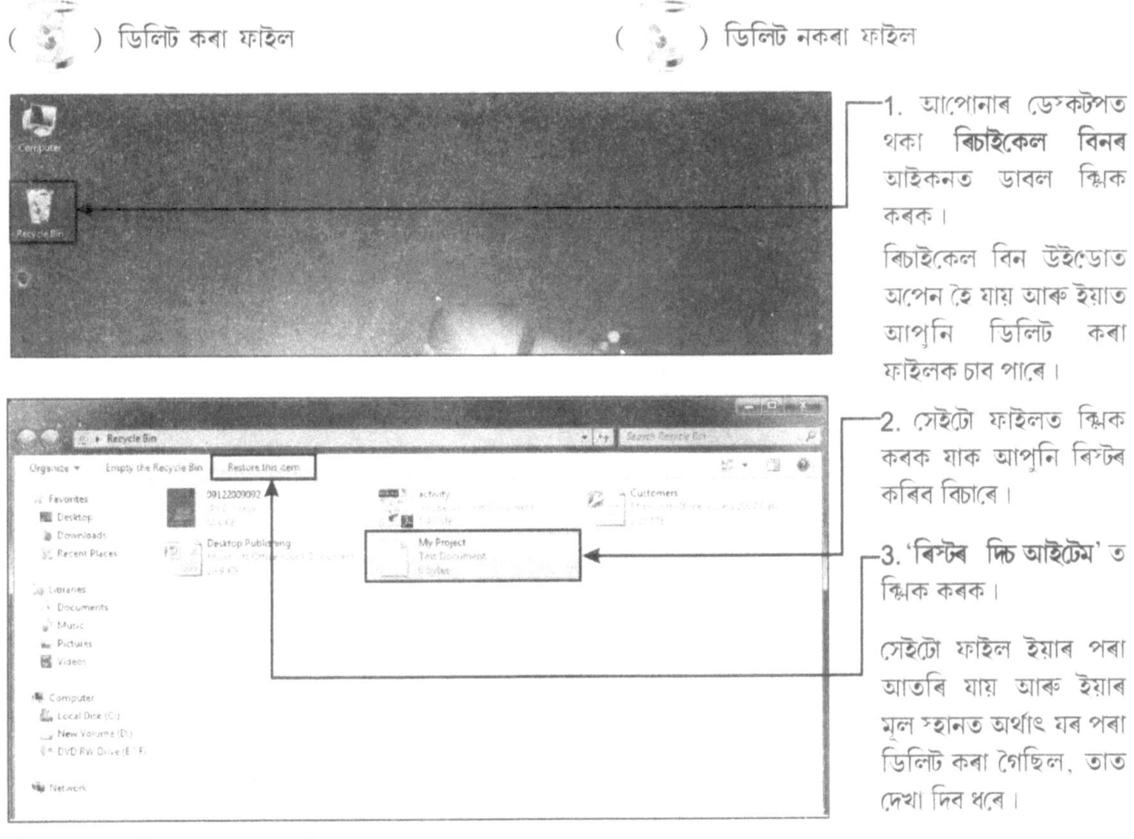

ৰিচাইকেল বিনক পুৰা খালি কৰা

আপোনাৰ কম্পিউটাৰত আৰু অধিক স্পেচ প্ৰাপ্ত কৰিবৰ বাবে আপুনি ৰিচাইকেল বিনক খালিও কৰিব পাৰে।

যেতিয়া আপুনি ৰিচাইকেল বিনক ইম্পটি (একেবাৰে খালি) কৰি দিয়ে তেতিয়া অন্তৰ্ভুক্ত থকা সকলো ফাইল স্থায়ী ৰূপেৰে ডিলিট হৈ যায় আৰু ইয়াক ৰিস্টৰ কৰিব নোৱাৰে।

1. ৰিচাইকেল বিন উইণ্ডোত '**ইম্পটি দা ৰিচাইকেল বিন**' ত ক্লিক কৰক।

'**ডিলিট মাল্টিপল আইটেমচ**' ডায়লগ বক্স দেখা দিয়ে।

2. ৰিচাইকেল বিনাৰ পৰা সকলো ফাইলক স্থায়ি ৰূপেৰে ডিলিট কৰিবৰ বাবে '**য়েচ**' ত ক্লিক কৰক।

ফাইলক চাৰ্চ (অনুসন্ধান) কৰা

যদি আপুনি কোনো ফাইলত কাম কৰিব বিচাৰে কি আপোনাক তাৰ সঠিক নাম আৰু সঠিক ঠাই মনত নাই তেতিয়াহ'লে উইন্ডো 7 য়ে সেইটো ফাইলক অনুসন্ধান কৰিবৰ বাবে আপোনাক টুলচো যোগান ধৰে।

আপুনি স্টাৰ্ট মেনুৰে চাৰ্চ কৰিব পাৰে বা ফল্ডাৰ উইন্ডোত চাৰ্চৰ প্ৰয়োগ কৰিব পাৰে।

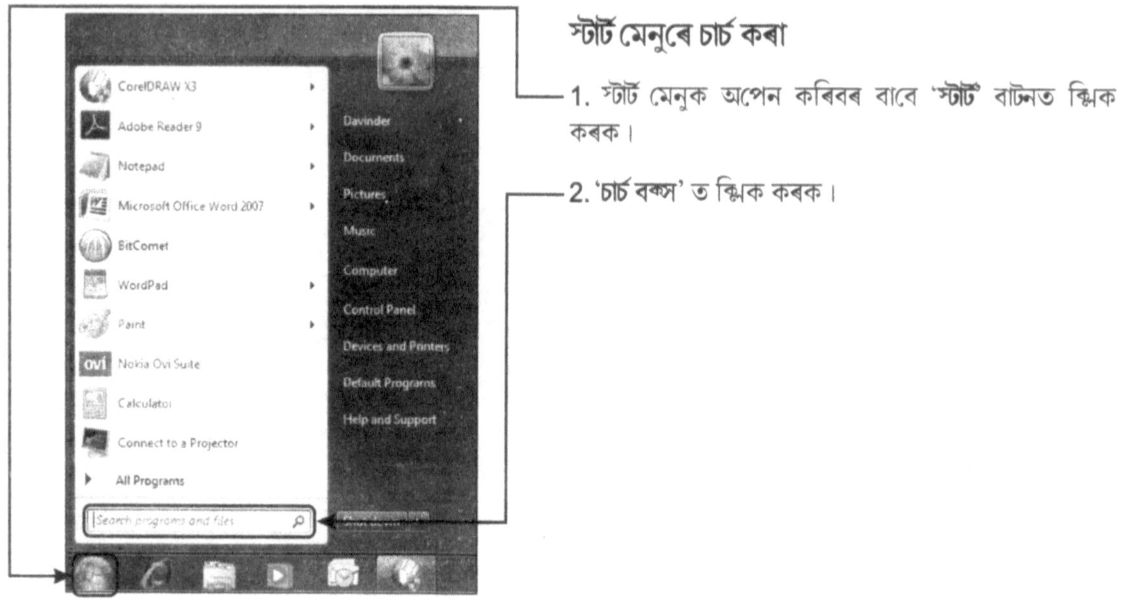

স্টাৰ্ট মেনুৰে চাৰ্চ কৰা

1. স্টাৰ্ট মেনুক অপেন কৰিবৰ বাবে 'স্টাৰ্ট' বাটনত ক্লিক কৰক।

2. 'চাৰ্চ বক্স' ত ক্লিক কৰক।

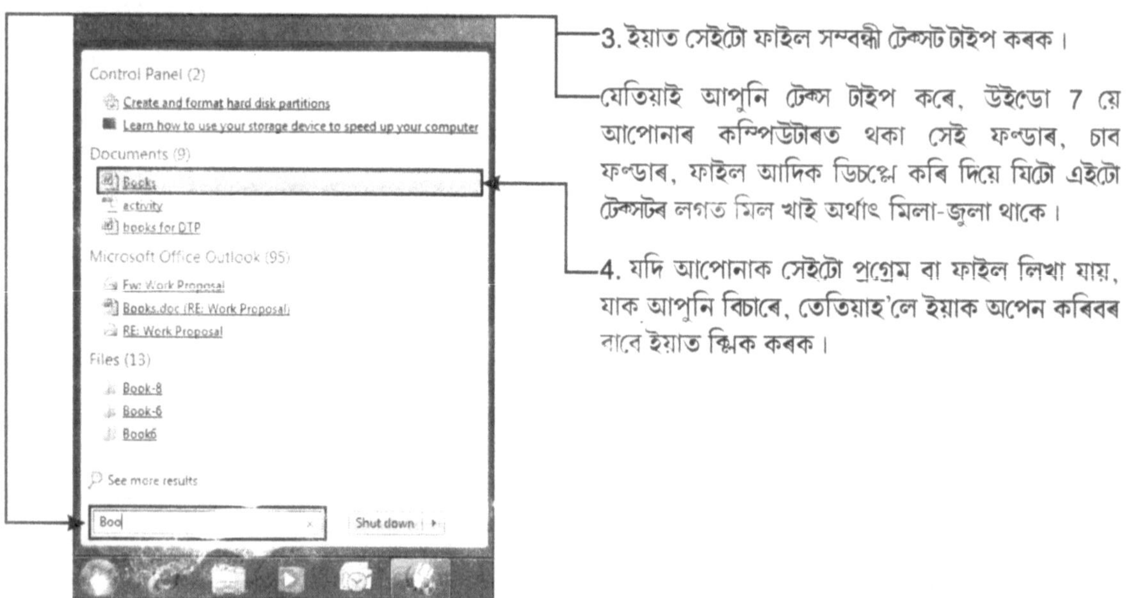

3. ইয়াত সেইটো ফাইল সম্বন্ধী টেক্সট টাইপ কৰক।

যেতিয়াই আপুনি টেক্স টাইপ কৰে, উইন্ডো 7 য়ে আপোনাৰ কম্পিউটাৰত থকা সেই ফল্ডাৰ, চাব ফল্ডাৰ, ফাইল আদিক ডিচপ্লে কৰি দিয়ে যিটো এইটো টেক্সটৰ লগত মিল খাই অৰ্থাৎ মিলা-জুলা থাকে।

4. যদি আপোনাক সেইটো প্ৰগ্ৰেম বা ফাইল লিখা যায়, যাক আপুনি বিচাৰে, তেতিয়াহ'লে ইয়াক অপেন কৰিবৰ বাবে ইয়াত ক্লিক কৰক।

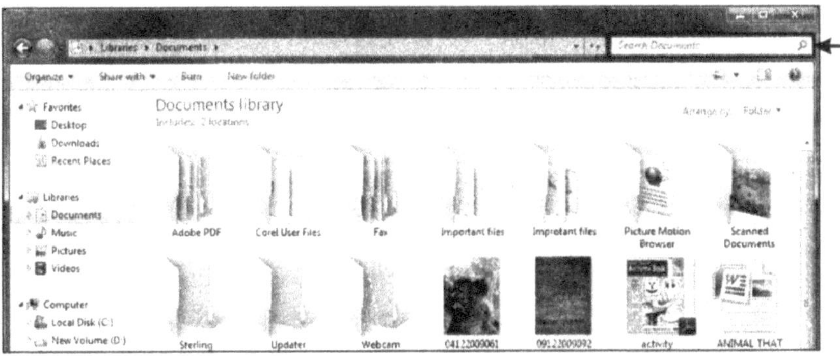

ফল্ডাৰ উইণ্ডোক চাৰ্চ কৰা

1. সেইটো ফল্ডাৰক অপেন কৰক য'ত আপুনি চাৰ্চ কৰিব বিচাৰে।

2. 'চাৰ্চ বক্স' ত ক্লিক কৰক।

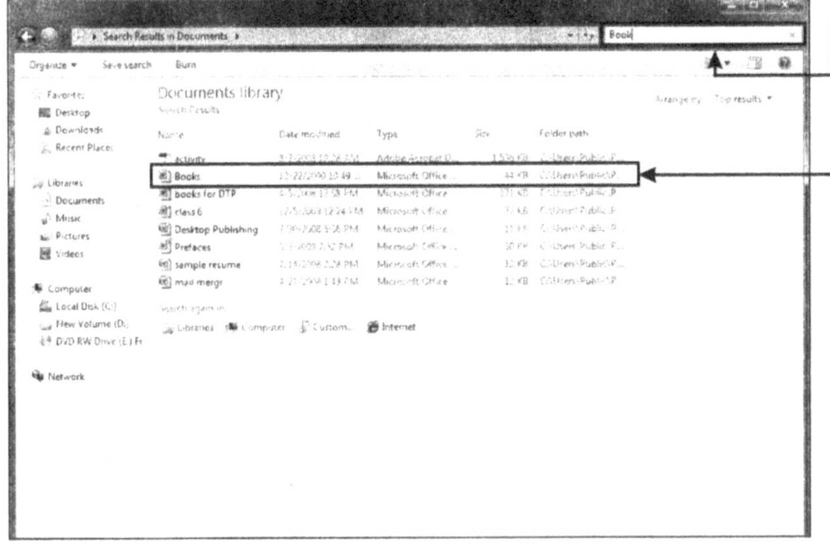

3. চাৰ্চ টেক্সটক টাইপ কৰক।

যেতিয়াই আপুনি টেক্সট টাইপ কৰে, উইণ্ডো 7 য়ে সেইটো টেক্সটৰ লগত মিলা ডকুমেন্ট, ফল্ডাৰ, চাব ফল্ডাৰত ডিচপ্লে কৰি দিয়ে।

4. যদি আপোনাক সেইটো ফল্ডাৰ বা ডকুমেন্ট দেখা দিয়ে, যাক আপুনি বিচাৰিছে, তেতিয়া এইটোক অপেন কৰিবৰ বাবে ডাবল ক্লিক কৰক।

আপোনাৰ চাৰ্চক চেভ কৰা

আপুনি সেইটো চাৰ্চক চেভ কৰিব পাৰে যাৰ ওপৰত আপুনি নিৰন্তৰে কাম কৰে।

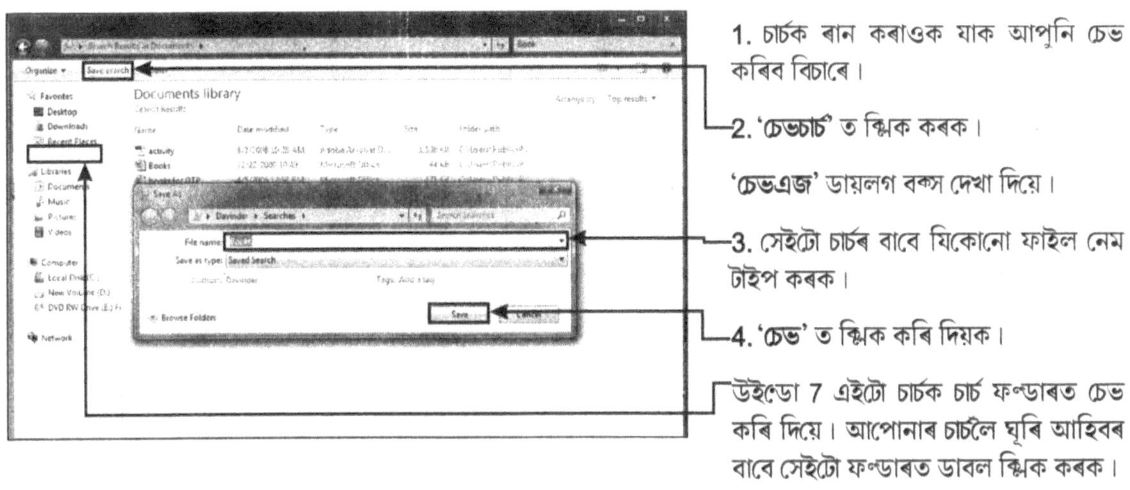

1. চাৰ্চক ৰান কৰাওক যাক আপুনি চেভ কৰিব বিচাৰে।

2. 'চেভচাৰ্চ' ত ক্লিক কৰক।

'চেভএজ' ডায়লগ বক্স দেখা দিয়ে।

3. সেইটো চাৰ্চৰ বাবে যিকোনো ফাইল নেম টাইপ কৰক।

4. 'চেভ' ত ক্লিক কৰি দিয়ক।

উইণ্ডো 7 এইটো চাৰ্চক চাৰ্চ ফল্ডাৰত চেভ কৰি দিয়ে। আপোনাৰ চাৰ্চলৈ ঘূৰি আহিবৰ বাবে সেইটো ফল্ডাৰত ডাবল ক্লিক কৰক।

পিকচাৰ ফল্ডাৰক অপেন কৰা

উইণ্ডো 7 ৰ পিকচাৰ ফল্ডাৰ এটা স্পেচিয়েল ফল্ডাৰ হয় যাক পিকচাৰত স্টৰ কৰিবৰ বাবে বিশেষকৈ ডিজাইন কৰা গৈছে। কোনো ইমেজ অথবা পিকচাৰত কাম কৰাৰ পূৰ্বে আপুনি সেইটোক কম্পিউটাৰ স্ক্ৰীনত চোৱাটো আৱশ্যক হয়।

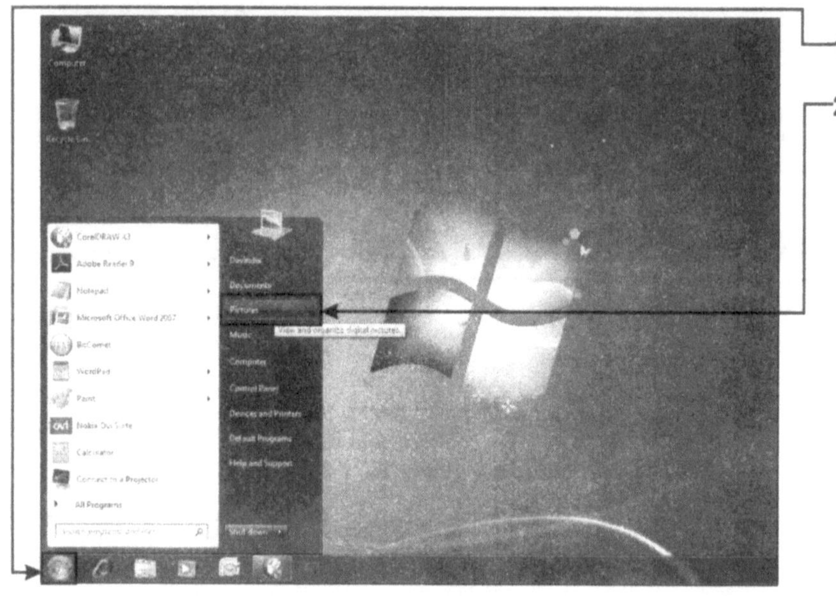

1. 'স্টাৰ্ট' ত ক্লিক কৰক।
2. 'পিকচাৰ্চ' ত ক্লিক কৰক।

'পিকচাৰ ফল্ডাৰ' দেখা দিয়ে।

আপোনাৰ ইমেজ (পিকচাৰ) ক চোৱা

যদি আপুনি কোনো পিকচাৰ্চ চাব বিচাৰে তেতিয়াহ'লে আপুনি উইণ্ডো 7 ৰ উইণ্ডো ফটো ভিউয়েৰৰ প্ৰয়োগ কৰি পিকচাৰ ফল্ডাৰত পিকচাৰক চাব পাৰে।

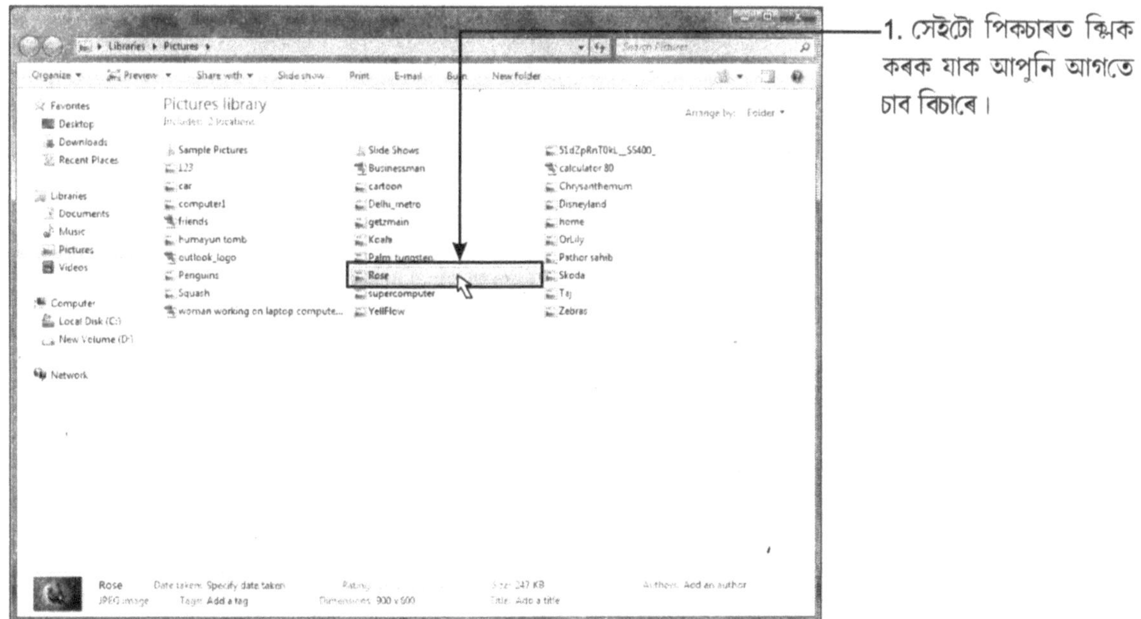

1. সেইটো পিকচাৰত ক্লিক কৰক যাক আপুনি আগতে চাব বিচাৰে।

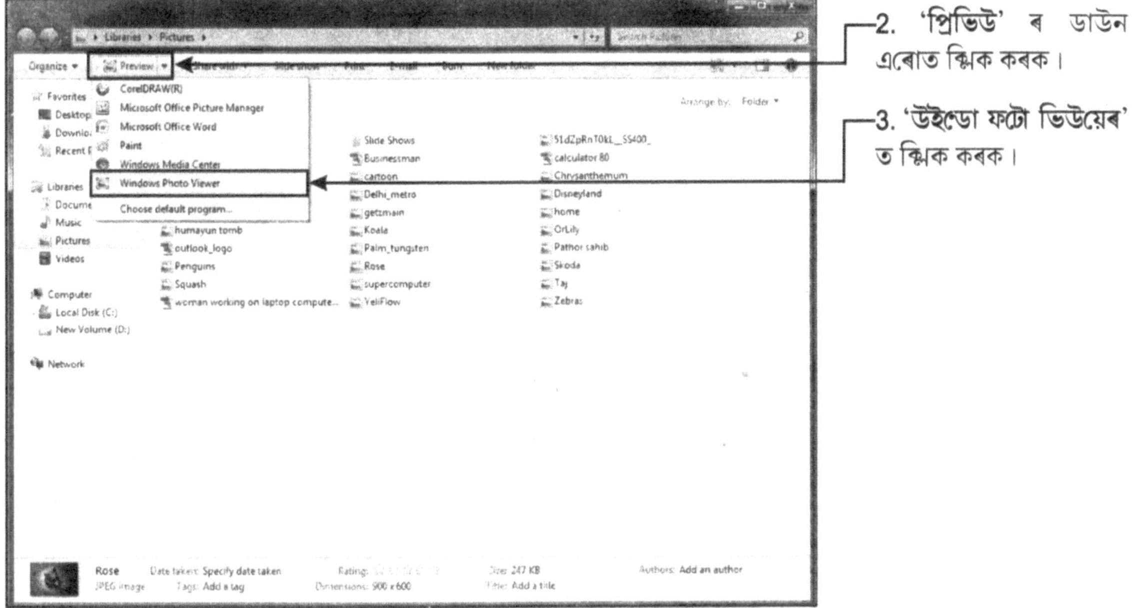

2. 'প্ৰিভিউ' ৰ ডাউন এৰোত ক্লিক কৰক।

3. 'উইণ্ডো ফটো ভিউয়েৰ' ত ক্লিক কৰক।

'উইণ্ডো ফটো ভিউয়েৰ' ত সেইটো ইমেজ (পিকচাৰ) দেখা দিয়ে।

4. এইটো পিকচাৰক আৰু ডাঙৰকৈ চাবৰ বাবে মেগনিফাইল গিলাচত ক্লিক কৰক আৰু দ্রেগ কৰি আগবাঢ়ি যাওক।

উইণ্ডো ফটো ভিউয়েৰে এইটো ইমেজক জুম কৰি আৰু ডাঙৰকৈ দেখুৱাব।

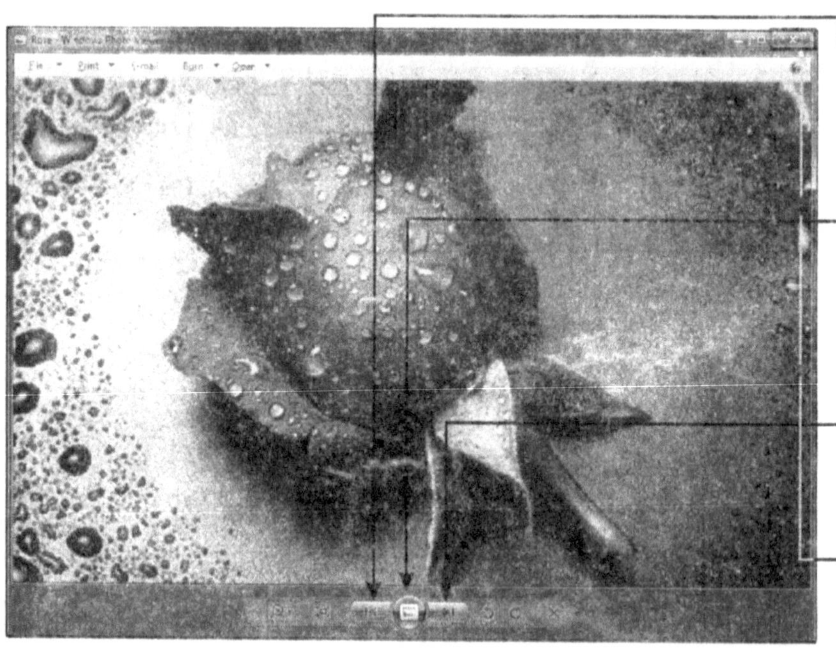

5. ফল্ডাৰত ইয়াৰ আগৰ ইমেজক চাবৰ বাবে **'প্রিভিয়েচ'** বাটনত ক্লিক কৰক।

6. ফল্ডাৰত থকা সকলো পিকচাৰৰ শ্লাইড শ্বোক আৰম্ভকৰিবৰ বাবে **'প্লে শ্লাইড শ্বো'** বাটনত ক্লিক কৰক।

7. এইটো ফল্ডাৰত আগৰ পিকচাৰক চাবৰ বাবে **'নেক্সট'** বাটনত ক্লিক কৰক।

8. উইণ্ডো ফটো ভিউয়েৰক বন্ধ কৰিবৰ বাবে **'ক্লজ'** বাটনত ক্লিক কৰক।

কোনো পিক্‌চাৰক ৰিপেয়াৰ (ভাল) কৰা

পিকচাৰক ভালদৰে চাবৰ বাবে অৰ্থাৎ তাৰ কোৱালিটি (গুণ) ক শুধৰাবৰ বাবে আপুনি '**উইণ্ডোজ লাইভ ফটো গেলেৰি**' ৰ প্ৰয়োগ কৰিব পাৰে। উইণ্ডো লাইভফটো গেলেৰিয়ে উইণ্ডো 7 ৰ এটা ফিক্স উইণ্ডো হয়, য'ত অন্তৰ্ভুক্ত টুলচৰ সহায়েৰে আপুনি পিকচাৰ কোৱালিটি যেনে ব্ৰাইটনেচ, কন্ট্ৰাস্ট, কালাৰ আদিৰ ওপৰত কাম কৰি সেইটোক শুধৰাব পাৰে। এইটো টুলচৰ সহায়েৰে আপুনি পিকচাৰক কপি (কটা) ও কৰিব পাৰে আৰু ৰোটেট (দিশ পৰিৱৰ্তন) ও কৰিব পাৰে।

ডিফল্ট ৰূপত, উইণ্ডো 7 ৰ প্ৰয়োগ কৰি থকা কিছুমান কম্পিউটাৰত উইণ্ডো লাইভইনস্টল নহয়। এইটো স্থিতিত আপোনাক মাইক্ৰচফট্ ৱেবচাইটেৰে উইণ্ডো লাইভক ইনস্টল কৰিব লগীয়া হয়।

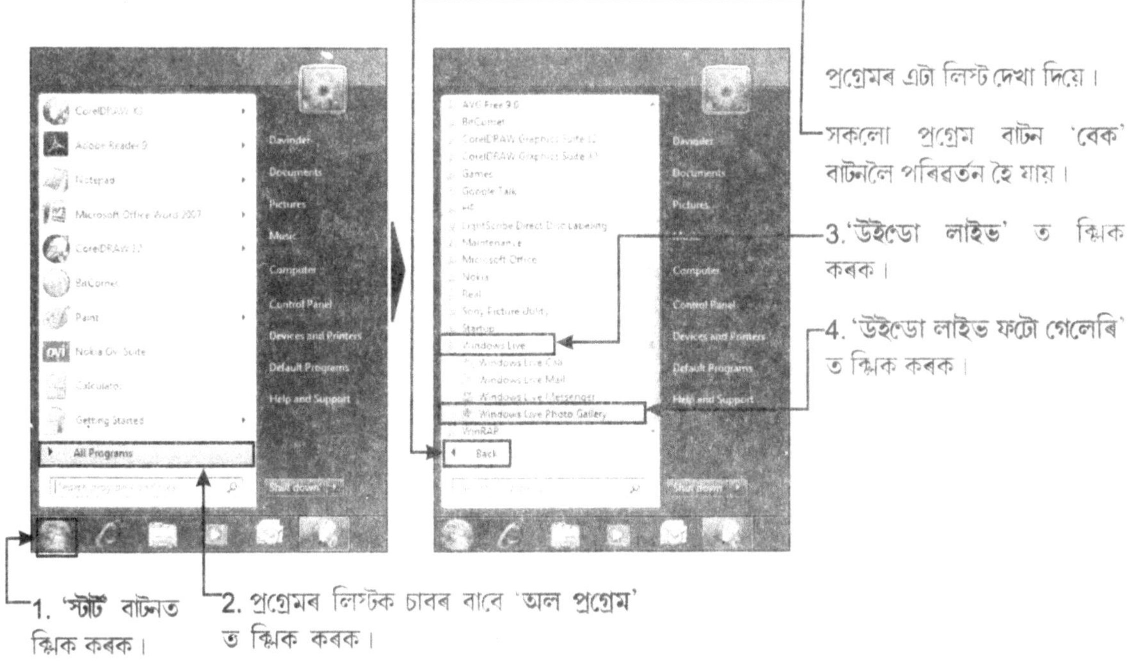

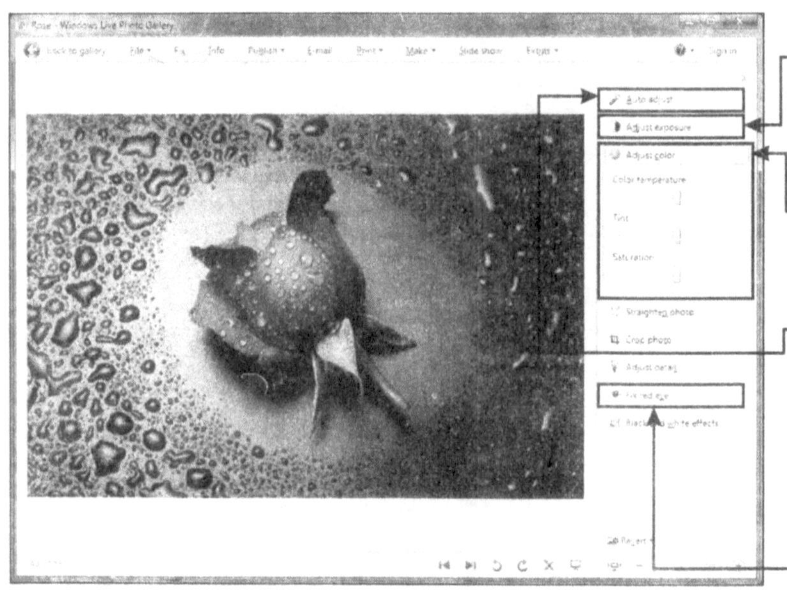

'ফিক্স' উইডো দেখা দিয়ে।

6. 'এডজাস্ট এক্সপজাৰ' ত ক্লিক কৰক আৰু ইয়াৰ পিছত ক্লিক কৰি দ্ৰেগ কৰি ব্ৰাইটনেচ আৰু কন্ট্ৰাস্টক সলনি কৰক।

7.'এডজাস্ট কালাৰ' ত ক্লিক কৰক আৰু দ্ৰেগ কৰি কালাৰ টেম্পৰেচাৰ আৰু ৰঙক সলনি কৰক।

যদি আপুনি এইটো গম নাপাই যে এইটো টুলচে কেনেদৰে কাম কৰে আৰু কি পিকচাৰত কিমান কাম কৰে তেতিয়াহ'লে 'অটো এডজাস্ট' টুলৰ প্ৰয়োগ কৰি তাৰ সহায় লব পাৰে।

8. কোনো পিকচাৰেৰে ৰেড আই আতৰাবৰ বাবে আপুনি 'পিক্স ৰেড আই' ত ক্লিক কৰিব পাৰে।

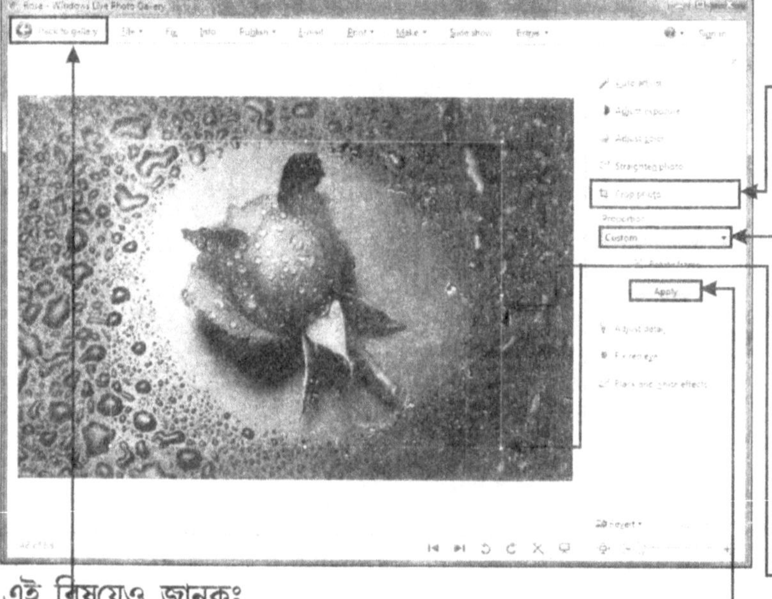

9. পিকাচৰক ক্ৰপ (কটা) কৰিবৰ বাবে ক্ৰপ 'পিক্চাৰ' ত ক্লিক কৰক।

10. 'প্ৰপেচন' ৰ ডাউন এৰোত ক্লিক কৰক আৰু আপোনাৰ ইচ্ছানুসাৰে তাৰ জুখক নিৰ্বাচন কৰক।

সেইটো দৈৰ্ঘ্য-উচ্চতাক প্ৰাপ্ত কৰিবৰ বাবে 'অৰিজিনেল' ত ক্লিক কৰক। আপোনাৰ পছন্দৰ যিকোনো দৈৰ্ঘ্য আৰু উচ্চতাক প্ৰাপ্ত কৰিবৰ বাবে 'কাস্টম' ত ক্লিক কৰক।

11. ইমেজক নতুন চাইজত চেট কৰিবৰ বাবে হেডেলক ধৰি দ্ৰেগ কৰক।

12. 'এপলাই' ত ক্লিক কৰক।

13. পিকচাৰত কাম কৰাৰ পিছত 'বেক টু গেলেৰি' ত ক্লিক কৰক।

উইডোৰ লাইভফটো গেলেৰি পিকচাৰত কৰা আপোনাৰ পৰিৱৰ্তনক প্ৰয়োগ কৰি দিয়ে।

এই বিষয়েও জানকঃ

ইমেজৰ ৰিপেয়াৰিংৰ সময়ত যদি আপোনাক সেইটো পছন্দ নহয়, তেতিয়াহ'লে আপুনি ঘূৰি অৰিজনেলৈ ইমজেলৈ যাব পাৰে। কাৰণ উইডো লাইভফটো গেলেৰি পিক্চাৰৰ এটা কপিক বেকআপত সুৰক্ষিত ৰাখে।

ইমেজত ক্লিক কৰক আৰু ইয়াৰ পিছত ফিক্স' ত ক্লিক কৰক। ফিক্স উইডোত প্ৰথমে ৰিবাৰ্ট টু অৰিজিনেল' ত ক্লিক কৰি আপুনি ইমেজত কৰা সকলো চেঞ্জেজ (পৰিৱৰ্তন) ক শেষ কৰি ঘূৰি আপোনাৰ অৰিজিনেল ইমেজলৈ আহিব পাৰে।

ইমেজ (পিকচাৰ) ৰ প্ৰিন্ট লোৱা

পিকচাৰ ফল্ডাৰৰ পৰা আপুনি কোনো ইমেজৰ প্ৰিন্ট আউটো লব পাৰে। আপুনি ইয়াৰ পৰা এটা বা তাতকৈ অধিক ইমেজৰ প্ৰিন্টো লব পাৰে। যদি আপুনি পিকচাৰত কাম কৰি আছে তেতিয়াহ'লে ইয়াৰে প্ৰত্যেক বেলেগ-বেলেগ অথবা প্ৰতিটো চিটৰ পৰা দুটা ইমেজৰ প্ৰিন্টো লব পাৰে।

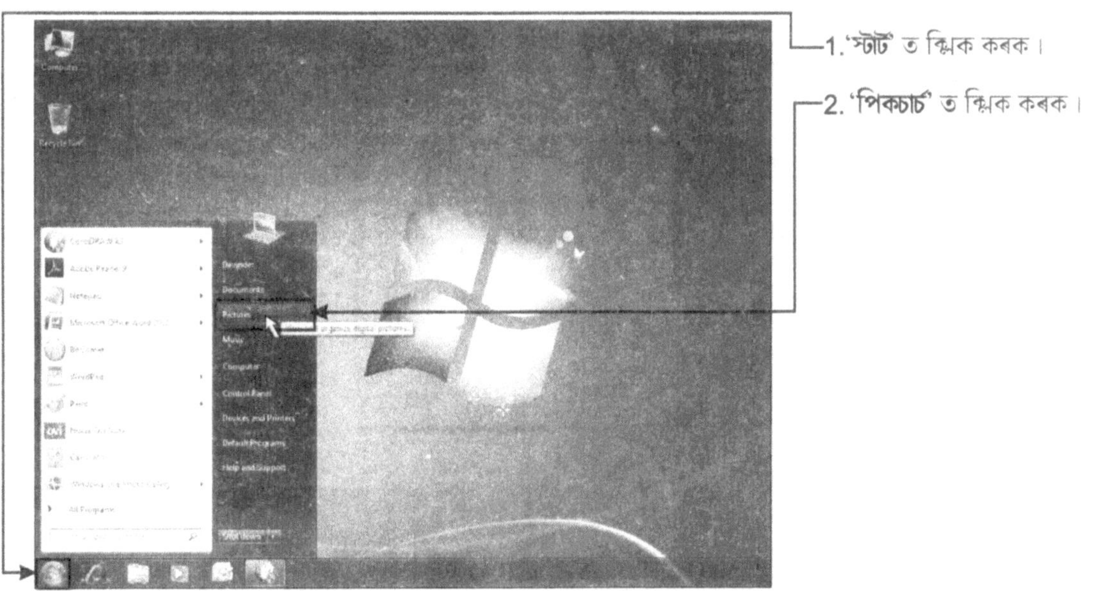

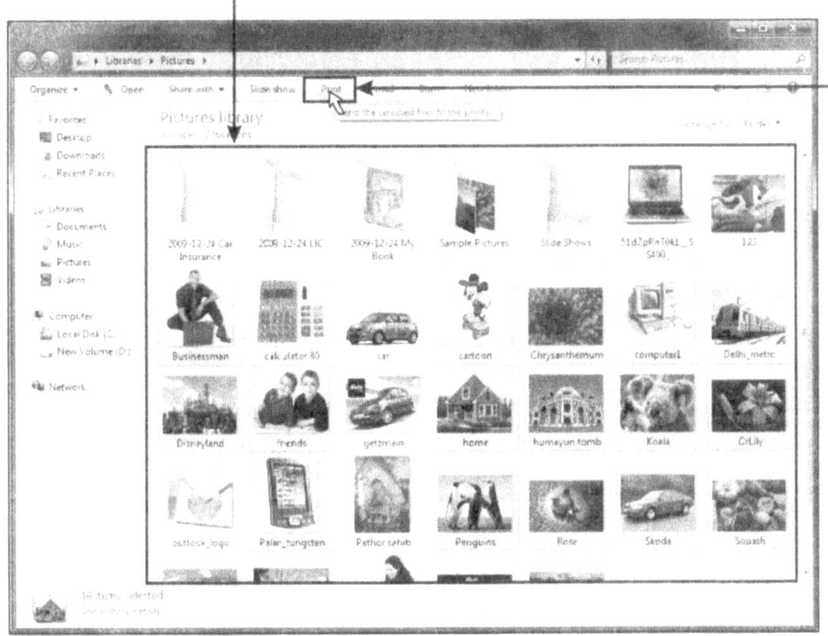

3. পিকচাৰ্চ ফল্ডাৰৰ পৰা আপুনি যি পিকচাৰ বা পিকচাৰৰ প্ৰিন্ট লব বিচাৰে, সেইটো চিলেক্ট কৰক।

4. 'প্ৰিন্ট' ত ক্লিক কৰক।

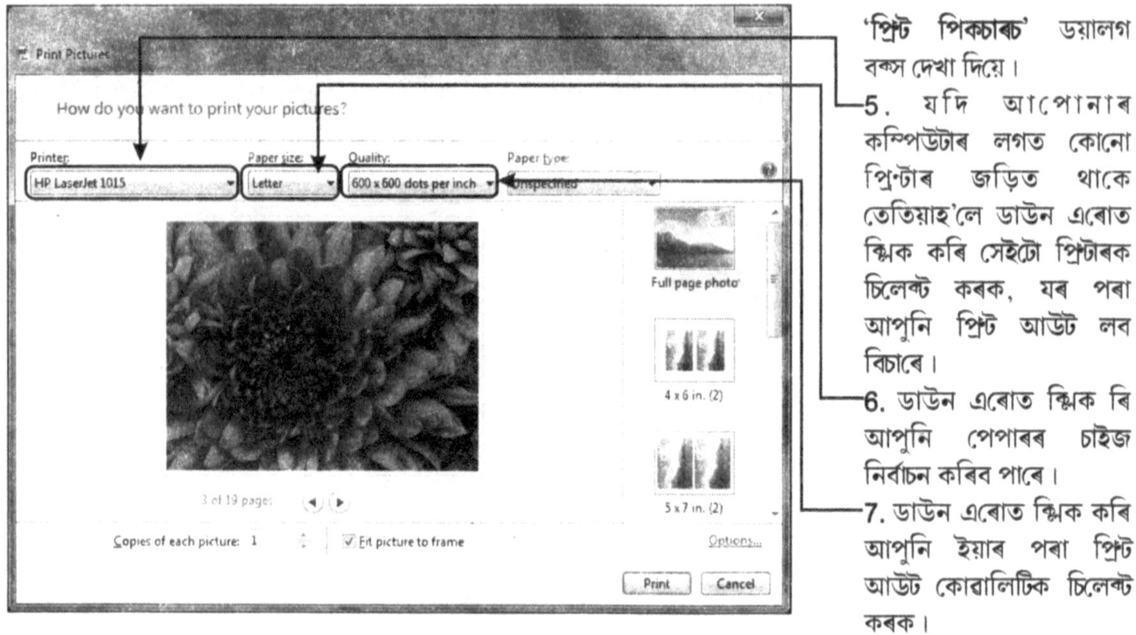

'**প্ৰিন্ট পিকচাৰ্চ**' ডয়ালগ বক্স দেখা দিয়ে।

5. যদি আপোনাৰ কম্পিউটাৰ লগত কোনো প্ৰিন্টাৰ জড়িত থাকে তেতিয়াহ'লে ডাউন এৰোত ক্লিক কৰি সেইটো প্ৰিন্টাৰক চিলেক্ট কৰক, যৰ পৰা আপুনি প্ৰিন্ট আউট লব বিচাৰে।

6. ডাউন এৰোত ক্লিক ৰি আপুনি পেপাৰৰ চাইজ নিৰ্বাচন কৰিব পাৰে।

7. ডাউন এৰোত ক্লিক কৰি আপুনি ইয়াৰ পৰা প্ৰিন্ট আউট কোৱালিটিক চিলেক্ট কৰক।

মনত ৰাখিব ঃ প্ৰিন্ট কোৱালিটি ডটচত ইঞ্চি (ডিপিআই) ত জুখা যায়। ডিপিআই ভেল্যু যিমান অধিক হ'ব, প্ৰিন্ট আউটৰ কোৱালিটিও সিমানেই ভাল হ'ব।

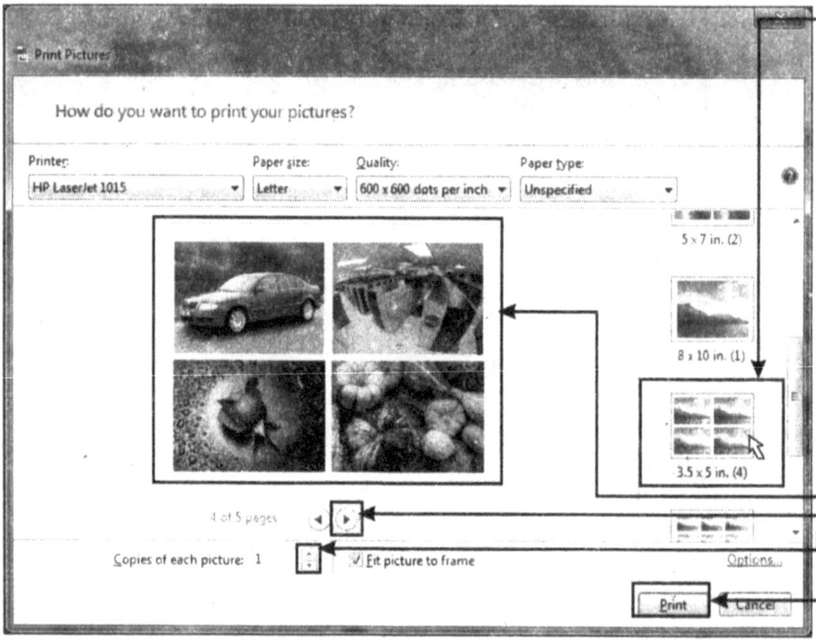

8. প্ৰিন্টক জনা ইমেজৰ বাবে আপুনি কোনটো লেআউট বিচাৰে, তাত ক্লিক কৰক।

এইটোৱে উইজাৰ্ড প্ৰিন্ট আউটৰ প্ৰিভিউক ডিচপ্লে কৰে।

9. অন্য পেজক প্ৰিভিউচাবৰ বাবে '**নেকস্ট**' বাটনত ক্লিক কৰক।

10. আপোনাক প্ৰিন্টৰ কিমান কপি লাগে, এইটো চিলেক্ট কৰিবৰ বাবে ডাউন এৰোত ক্লিক কৰক।

11. '**প্ৰিন্ট**' ত ক্লিক কৰক।

এইটো উইজাৰ্ডে আপোনাক পিকচাৰ বা পিকচাৰক প্ৰিন্টাৰৰ ওচৰলৈ পঠিয়াই দিয়ে।

উইণ্ডো মেডিয়া প্লেয়াৰক অপেন (খোলা) কৰা

উইণ্ডো মেডিয়া প্লেয়াৰৰ সহায়েৰে উইণ্ডো 7 য়ে আপোনাক অডিঅৰ দৰে ভিডিঅ চোৱাৰ সুবিধাও দিয়ে। সকলোতকৈ প্ৰথমে আপুনি এইটো জানিব লাগে যে উইণ্ডো মেডিয়া প্লেয়াৰে উইণ্ডোক কেনেদৰে অপেন কৰে আৰু কেনেদৰে ক্লজ (বন্ধ) কৰে।

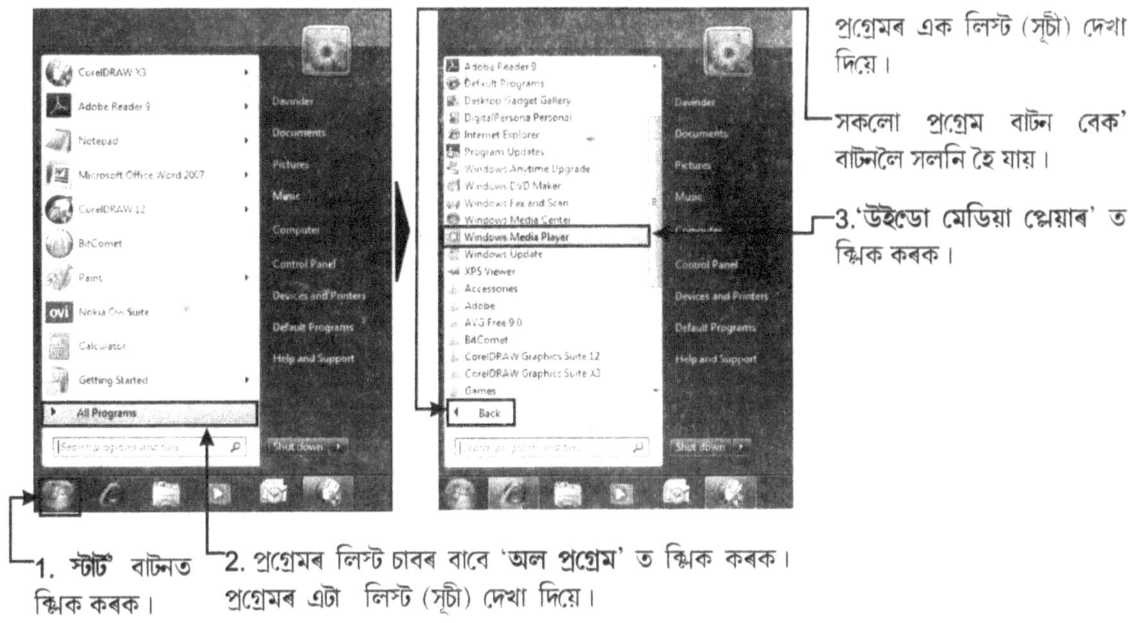

যেতিয়া আপুনি প্ৰথম বাৰ এইটো প্ৰগ্ৰেমক আৰম্ভকৰে তেতিয়াহ'লে উইণ্ডো মেডিয়া প্লেয়াৰে ৱেলকাম বক্স দেখা দিয়ে।

4. '**ৰিকমেণ্ডেড চেটিং**' ৰ ৰেডিঅ বাটনত ক্লিক কৰক।

5. '**ফিনিচ**' ত ক্লিক কৰি দিয়ক।

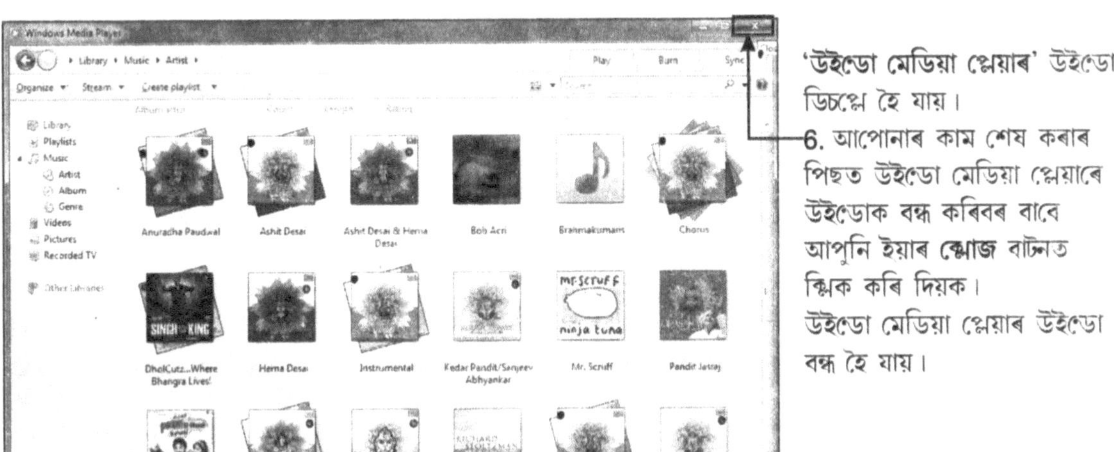

উইন্ডো মেডিয়া প্লেয়াৰক বুজি পোৱা

উইন্ডো মেডিয়া প্লেয়াৰত অডিঅ, ভিডিঅ ফাইল শুনা-চোৱা অথবা ডিভিডি ক চলোৱাৰ পূৰ্বে এইটোৰ বহুতো ফাংচনৰ বিষয়ে জনাতো আৱশ্যক হয়।

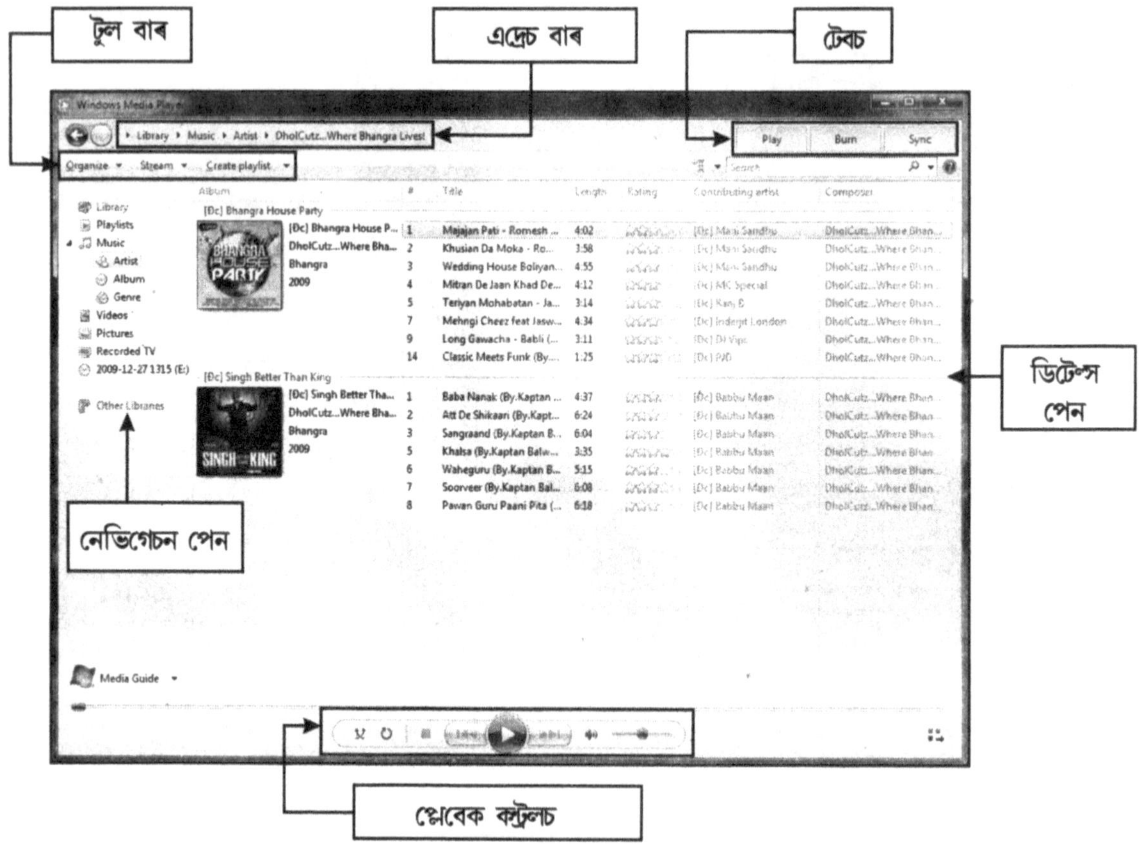

এড্ৰেচ বাৰ ঃ এইটো এৰিয়া (ক্ষেত্ৰ প্লেয়াৰৰ কাৰেন্ট (বৰ্তমান) লাইব্ৰেৰিত আপোনাৰ লকেচন (স্হিতি) ৰ বিষয়ে কয়।

টেবচ ঃ টেবচ উইন্ডো মেডিয়া প্লেয়াৰৰ ফিচাৰ্চৰ লগত জড়িত থাকে।

টুল বাৰ ঃ কামাণ্ড দিবৰ বাবে, ভিউক সলনি কৰিবৰ বাবে আৰু মেডিয়াক চাৰ্চ কৰিবৰ বাবে আপুনি মেডিয়া প্লেয়াৰৰ টুল বাৰৰ প্ৰয়োগ কৰিব পাৰে।

নেভিগেচন পেন ঃ এইটো পেনৰ প্ৰয়োগ আপুনি মেডিয়া প্লেয়াৰে লাইব্ৰেৰীৰ কেটেগৰীৰ বিচৰাত কৰিব পাৰে।

প্লেবেক কণ্ট্ৰলচ ঃ এইটো বাটনে ভিডিঅ আৰু মিউজিক ফাইলক কণ্ট্ৰল কৰাৰ সুবিধা দিয়ে। ইয়াৰ সহায়েৰে আপুনি চাউণ্ডৰো এডজাষ্ট কৰিব পাৰে।

ডিচপ্লে পেন ঃ এইটো পেনে আপোনাক কাৰেন্ট লাইব্ৰেৰীৰ লকেচনত থকা কণ্টেন্টৰ বিষয়ে সূচনা ডিচপ্লে কৰে।

লাইব্রেৰীৰ প্রয়োগ কৰা

লাইব্রেৰী ফিচাৰে আপোনাৰ কম্পিউটাৰত থকা সকলো প্রকাৰৰ মেডিয়া ফাইলক মেনেজ (ব্যৱস্হিত) কৰে। যেতিয়া আপুনি প্রথম বাৰ উইণ্ডো প্লেয়াৰৰ প্রয়োগ কৰে, তেতিয়া আপোনাৰ কম্পিউটাৰত থকা মেডিয়া ফাইলক লাইব্রেৰীত অন্তর্ভুক্ত কৰিব লাগে।

লাইব্রেৰীক বিচৰাঃ

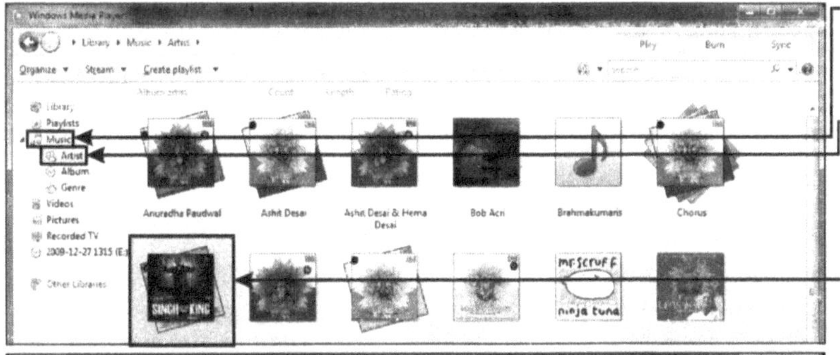

1.'নেভিগেচন' পেনত সেইটো কেটেগৰিত ক্লিক কৰক যাক আপুনি প্রয়োগ কৰিব বিচাৰে।

2.যদি কেটেগৰীত চাব-কেটেগৰীও অন্তর্ভুক্ত হয়, তেতিয়াহ'লে চাবকেটেগৰিত অন্তর্ভুক্ত এলিমেন্টক চাবৰ বাবে তাত ক্লিক কৰক।

3. সেইটো আইটেমত ক্লিক কৰক যাক আপুনি প্রয়োগ কৰিব বিচাৰে।

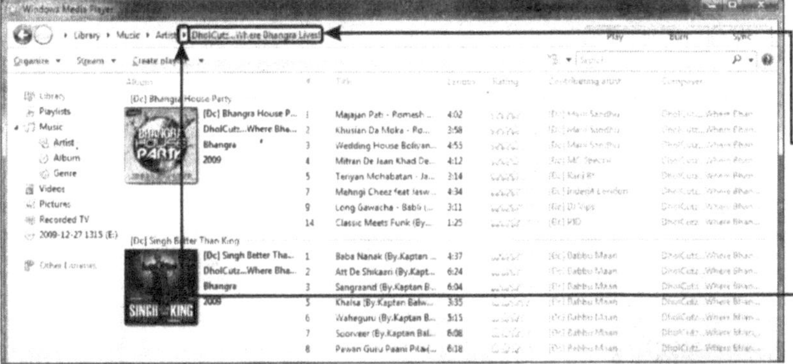

উইণ্ডো মেডিয়া প্লেয়াৰে সেইটো আইটেমৰ কণ্টেক ডিচপ্লে পেনত ডিচপ্লে কৰি দিয়ে।

কেটেগৰী আৰু চাব-কেটেগৰীলৈ ঘূৰি আহিবৰ বাবে আপুনি এড্রেচ বাৰত কোনো আইমতো ক্লিক কৰিব পাৰে।

কোনো এনেড্রচ বাৰৰ আইটেমচক চাবৰ বাবে আপুনি এৰোত ক্লিক কৰি দিয়ক।

YKলাইব্রেৰীৰ ভিউক সলনি কৰাঃ

1.'ভিউঅপচন' ৰ ডাউনত এৰোত ক্লিক কৰক।

2. যি ভিউক আপুনি প্রয়োগ কৰিব বিচাৰে, তাত ক্লিক কৰি দিয়ক।

মেডিয়া প্লেয়াৰ ভিউক চেঞ্জ কৰি দিয়ে অর্থাৎ সলনি কৰি দিয়ে।

এই বিষয়েও জানক ঃ

লাইব্রেৰী মিউজিক ফাইলক তাৰ শ্রেণীৰ অনুসাৰে তাৰ মেডিয়া কণ্টেট ইনফৰমেচনত নিজে নিজে একত্রিত কৰি দিয়ে। মেডিয়া কণ্টেট ইনফৰমেচনো ফাইলৰ টাইপক আইডেণ্টিফাই কৰে।

অডিঅ বা ভিডিঅ ফাইলক প্লে কৰা

উইণ্ডো মেডিয়া প্লেয়াৰে আপোনাৰ কম্পিউটাৰত স্টৰ কৰা অডিঅ ফাইলক প্লে কৰিবৰ বাবে লাইব্ৰেৰীৰ প্ৰয়োগ কৰে। যেতিয়া আপুনি লাইব্ৰেৰীৰ পৰা কোনো ফাইলক চিলেক্ট কৰি এইটো উইণ্ডো মেডিয়া প্লেয়াৰত চলাই তেতিয়াহ'লে নাউপ্লেয়িং টেবলৈ গৈ আপুনি এইটো গানৰ ভিজুৱেলাইজেচন (প্ৰস্তুতিকৰণ) চাব পাৰে

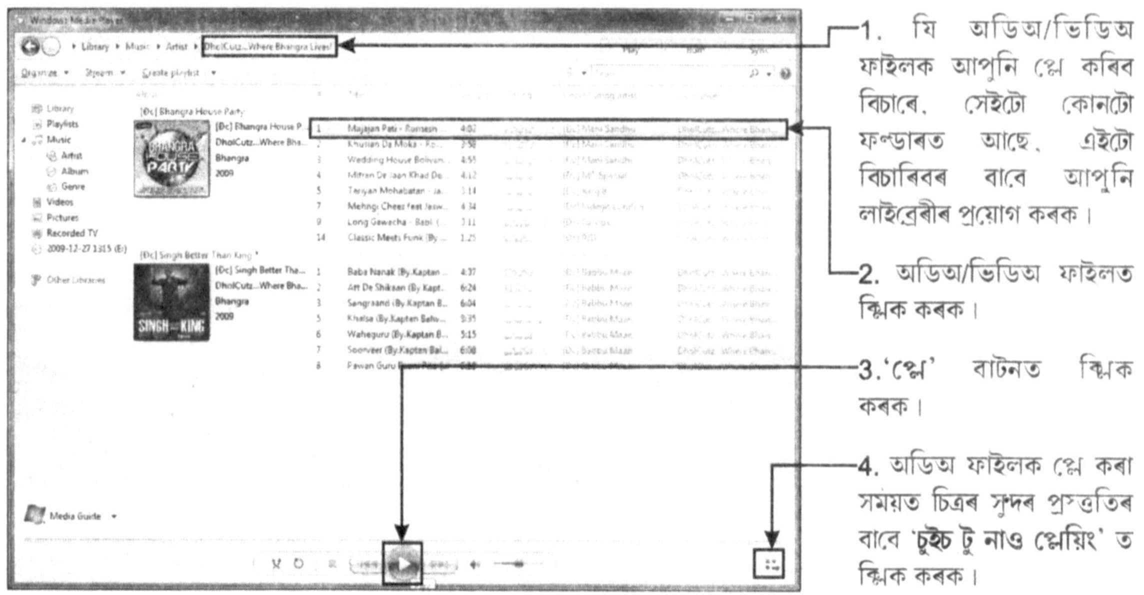

1. যি অডিঅ/ভিডিঅ ফাইলক আপুনি প্লে কৰিব বিচাৰে, সেইটো কোনটো ফল্ডাৰত আছে, এইটো বিচাৰিবৰ বাবে আপুনি লাইব্ৰেৰীৰ প্ৰয়োগ কৰক।

2. অডিঅ/ভিডিঅ ফাইলত ক্লিক কৰক।

3. 'প্লে' বাটনত ক্লিক কৰক।

4. অডিঅ ফাইলক প্লে কৰা সময়ত চিত্ৰৰ সুন্দৰ প্ৰস্তুতিৰ বাবে **'চুইচ টু নাও প্লেয়িং'** ত ক্লিক কৰক।

উইণ্ডো মেডিয়া প্লেয়াৰে আপোনাৰ অডিঅ/ভিডিঅ ফাইলক প্লে কৰি দিয়ে।

5. মাউচক নাউপ্লেয়িং উইণ্ডলৈ লৈ যাওক।

প্লেবেক বাটন দেখা দিয়ে, যাৰ সহায়েৰে আপুনি এইটো ঠিক কৰিব পাৰে যে অডিঅ বা ভিডিঅ ফাইলক কেনেদৰে চলাব লাগে।

মেডিয়া প্লেয়াৰ লাইব্ৰেৰীলৈ ঘূৰি যাবৰ বাবে আপুনি **'চুইচ টু লাইব্ৰেৰী'** ত ক্লিক কৰক।

ভলিউম (মাত) ক এডজাস্ট কৰা

অডিঅক ভালদৰে শুনিবৰ বাবে উইন্ডো মেডিয়া প্লেয়াৰত আপুনি ভিলউমক এডজাস্ট (কম/ বেছি) ও কৰিব পাৰে।

লাইব্ৰেৰীক প্ৰয়োগ কৰি ভলিউমক এডজাস্ট কৰাঃ

'ভলিউম শ্লাইড' ক ক্লিক কৰি দ্ৰেগ (এটা স্হানৰ পৰা আন এটা স্হানলৈ লৈ যোৱা) কৰক। যদি আপুনি ভলিউমক কম কৰিব বিচাৰে তেতিয়াহ'লে এইটোক বাওঁফালে লৈ যাওক আৰু যদি ভলিউম বঢ়াব বিচাৰে তেতিয়াহ'লে সোঁ ফালে লৈ যাওক।

2. যদি আপুনি ভিলউমক একেবাৰে বন্ধ কৰিব বিচাৰে তেতিয়াহ'লে অৰ্থাৎ মাত শুনিব বিচাৰে, তেতিয়াহ'লে **'মিউট'** ত ক্লিক কৰক।

ভলিউমক আকৌ এবাৰ শুনিবৰ বাবে আপুনি চাউন্ডত ক্লিক কৰক।

নাউপ্লেয়িং উইন্ডোত ভলিউমক এডজাস্ট কৰাঃ

1. **'নাউপ্লেয়িং'** ত মাউচক চলাওক।

'প্লেবেক কন্ট্ৰলচ' দেখা দিয়ে।

2. ডাউন এৰোত ক্লিক কৰক আৰু দ্ৰেগ কৰি মুভকৰাওক। যদি আপুনি ভলিউমক আতৰাব বিচাৰে তেতিয়াহ'লে এইটোক বাওঁফালে লৈ যাওক আৰু ভলিউম বঢ়াবৰ বাবে সোঁ ফালে লৈ যাওক।

মাতক বন্ধ কৰিবৰ বাবে **'মিউট'** বাটনত ক্লিক কৰক।

মিউজিক চিডিক প্লে কৰা

উইণ্ডো মেডিয়া প্লেয়াৰত আপুনি আপোনাৰ পছন্দৰ মিউজিক চিডিকো শুনিব পাৰে। নাউপ্লেয়িং উইণ্ডোৰ প্ৰয়োগ কৰি আপুনি কিছুমান প্লেবেক অপচনচক কন্ট্ৰলো কৰিব পাৰে। কি আপোনাক আৰু অপচনৰ বাবে মেডিয়া প্লেয়াৰ লাইব্ৰেৰীলৈ যাব লাগিব।

চিডিক প্লে কৰা ঃ

1. আপোনাৰ কম্পিউটাৰক চিডি/ডিভিচি ড্ৰাইভত ডিচি লগাওক।

যদি মেডিয়া প্লেয়াৰ আগৰ পৰা চলা নাই তেতিয়াহ'লে চিডি চলোৱা আৰম্ভহৈ যায় আৰু '**নাউ প্লেয়িং উইণ্ডো**' দেখা দিয়ে।

ব্যৱসায়িক চিডিৰ বাবে, ইয়াত আপোনাক এলবাম কভাৰ দেখা দিয়ে।

2. '**নাউ প্লেয়িং উইণ্ডো**' ত মাউচক লৈ যাওক।

প্লেবেক কন্ট্ৰলচ দেখা দিয়ে।

এই বিষয়েও জানকঃ

যদি আপুনি বিচাৰে যে নাউপ্লেয়িং উইণ্ডো সদায় আপোনাৰ ডেস্কটপত ওপৰৰ ফালে থাকে যৰ পৰা আপুনি এইটোক সহজনে কন্ট্ৰল কৰিব পাৰে তেতিয়াহ'লে নাউপ্লেয়িং উইণ্ডোত ৰাইট ক্লিক কৰক আৰু ইয়াৰ পিছত 'অলৱেজ শ্বো নাউপ্লেয়িং অন টপ' ত ক্লিক কৰি দিয়ক।

নেটৱৰ্ক আৰু শ্বেয়াৰিং চেণ্টাৰ

নেটৱৰ্ক আৰু শ্বেয়াৰিং চেণ্টাৰক অপেন কৰি আপুনি নেটৱৰ্কৰ কাৰেণ্ট স্টেটাচ (বৰ্তমান স্হিতি) ক চাব পাৰে।

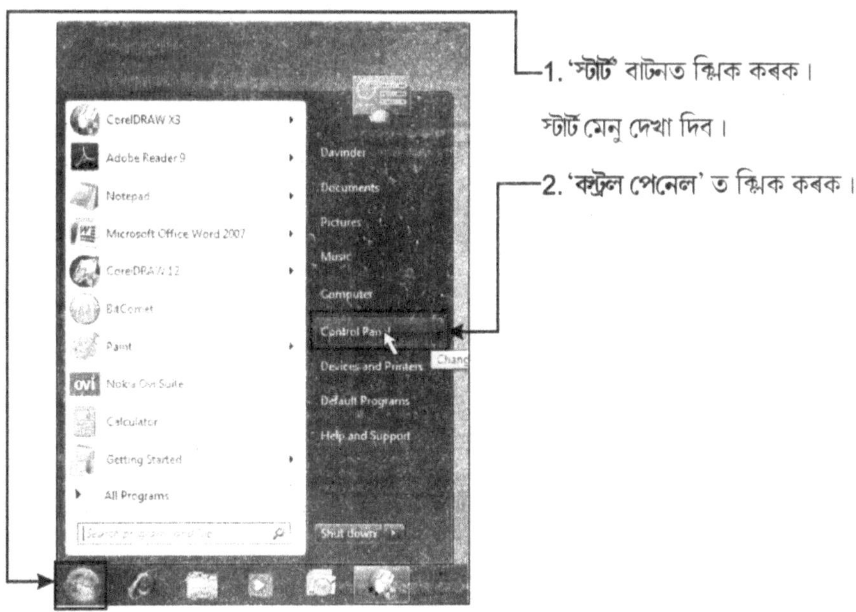

1. 'স্টাৰ্ট' বাটনত ক্লিক কৰক।

স্টাৰ্ট মেনু দেখা দিব।

2. 'কণ্ট্ৰল পেনেল' ত ক্লিক কৰক।

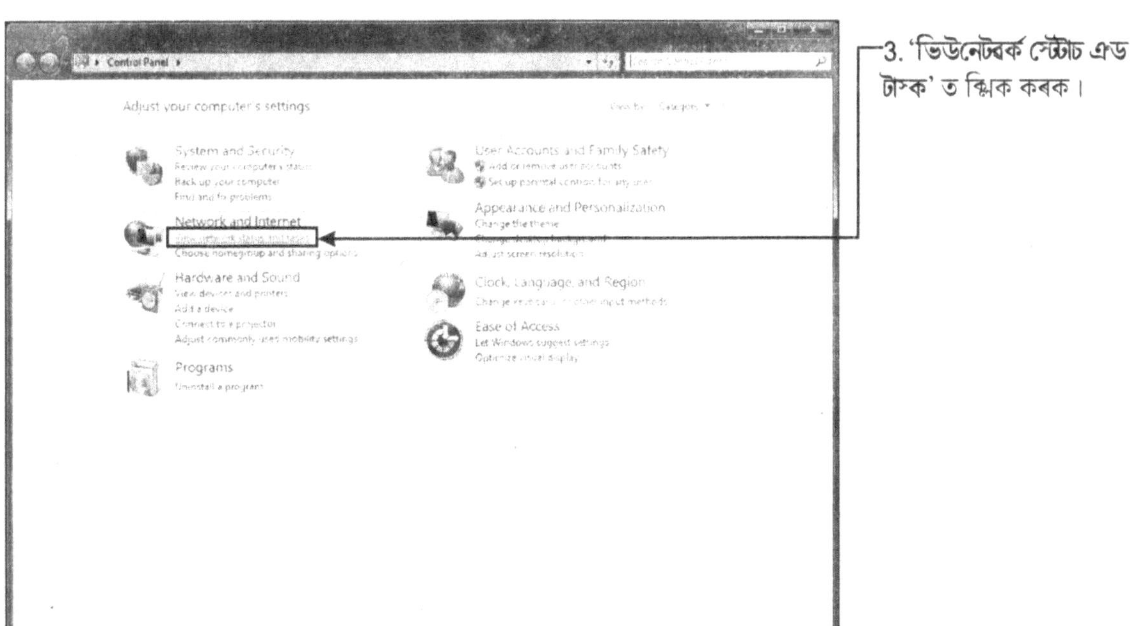

3. 'ভিউনেটৱৰ্ক স্টেটাচ এণ্ড টাস্ক' ত ক্লিক কৰক।

'নেটৱৰ্ক এণ্ড শ্বেয়াৰিং চেণ্টাৰ উইণ্ডো' দেখা দিয়ে।

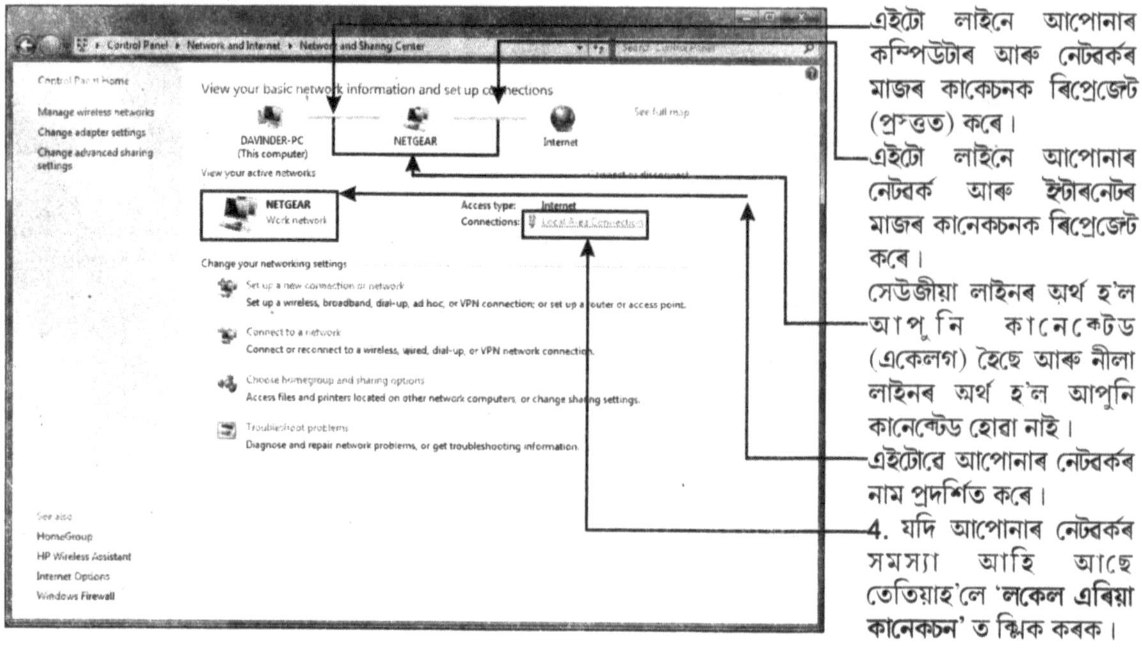

এইটো লাইনে আপোনাৰ কম্পিউটাৰ আৰু নেটৱৰ্কৰ মাজৰ কানেকচনক ৰিপ্ৰেজেন্ট (প্ৰস্তুত) কৰে।

এইটো লাইনে আপোনাৰ নেটৱৰ্ক আৰু ইণ্টাৰনেটৰ মাজৰ কানেকচনক ৰিপ্ৰেজেন্ট কৰে।

সেউজীয়া লাইনৰ অৰ্থ হ'ল আপুনি কানেক্টেড (একেলগ) হৈছে আৰু নীলা লাইনৰ অৰ্থ হ'ল আপুনি কানেক্টেড হোৱা নাই।

এইটোৱে আপোনাৰ নেটৱৰ্কৰ নাম প্ৰদৰ্শিত কৰে।

4. যদি আপোনাৰ নেটৱৰ্কৰ সমস্যা আহি আছে তেতিয়াহ'লে **'লকেল এৰিয়া কানেকচন'** ত ক্লিক কৰক।

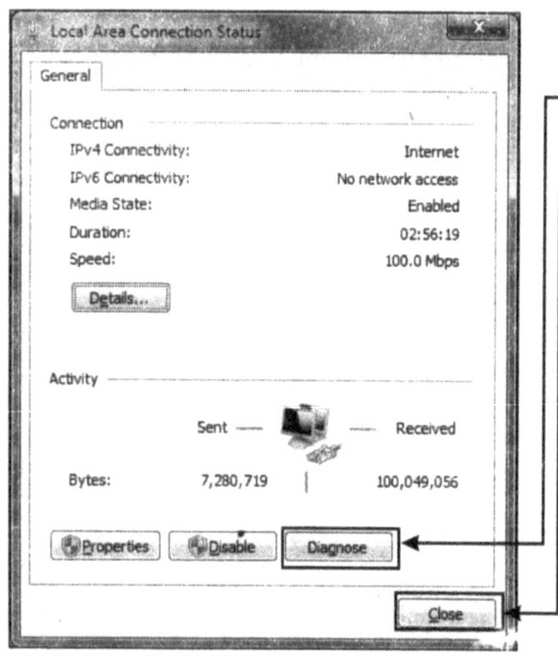

'ষ্টেটাচ' ডায়লগ বক্স দেখা দিয়ে।

5. **'ডায়গনচ'** ত ক্লিক কৰক আৰু উইণ্ডোৰ দ্বাৰা দিয়া দিশ-নিৰ্দেশৰ পালন কৰক।

6. ৰিপেয়াৰিংৰ কাম শেষ কৰাৰ পিছত ষ্টেটাচ ডায়লগ বক্সক বন্ধ কৰিবৰ বাবে **'ক্লজ'** বাটনত ক্লিক কৰি দিয়ক।

'নেটৱৰ্ক এণ্ড শ্বেয়াৰিং চেণ্টাৰ' উইণ্ডো আকৌ এবাৰ দেখা দিব ধৰে।

7. কাম শেষ কৰাৰ পিছত **'ক্লজ'** বাটনত ক্লিক কৰি আপুনি নেটৱৰ্ক চেণ্টাৰক বন্ধ কৰি দিয়ক।

ৱাৰলেচ (তাৰ নোহোৱা) ৰ নেটৱৰ্ক কানেকচন

যদি আপোনাৰ ঘৰ আৰু অফিচত ৱাৰলেচ নেটৱৰ্ক আছে তেতিয়াহ'লে আপোনাৰ নেটৱৰ্ক আৰু ইন্টাৰনেটক এক্সেচ কৰিবৰ বাবে আপুনি ৱাৰলেচ কানেকচনকো কানেক্ট কৰিব পাৰে। বিভিন্ন ৱাৰলেচন নেটৱৰ্কত সুৰক্ষাৰ দৃষ্টিৰে কোনো ফিচাৰ্চ আৰু পাচৱৰ্ড থাকে। সেইকাৰণে আপোনাক কানেক্ট কৰাৰ পূৰ্বে এইটো সুৰক্ষা ফিচাৰ্চ আৰু পাচৱৰ্ড আদিৰ বিষয়ে গম পাব লাগে।

1. টাস্ক বাৰ নটিফিকেচন এৰিয়ালৈ গৈ '**নেটৱৰ্ক আইকন**' ত ক্লিক কৰক।

উইণ্ডো 7 য়ে আপোনাৰ এৰিয়াত থকা /উপলব্ধ নেটৱৰ্ক কানেকচনৰ লিস্টক ডিচপ্লে কৰি দিয়ে।

2. আপোনাৰ নেটৱৰ্কত ক্লিক কৰক।

3. '**কানেক্ট**' ত ক্লিক কৰক।

যদি আপোনাৰ নেটৱৰ্কত সুৰক্ষা ফিচাৰ্চ জড়িত থাকে বা কোনো পাচৱৰ্ড থাকে তেতিয়াহ'লে উইণ্ডোই সেইটোক এণ্টাৰ কৰিবলৈ কব।

4. সেইটো সুৰক্ষা পাচৱৰ্ডক টাইপ কৰক আৰু ইয়াৰ পিছত '**অকে**' ত ক্লিক কৰি দিয়ক।

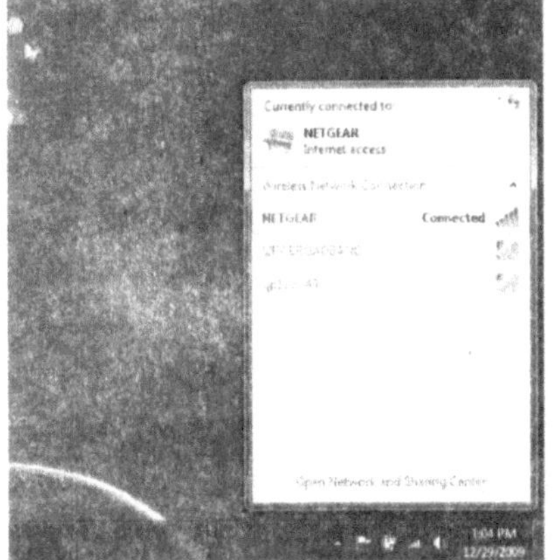

5. উইণ্ডো 7 য়ে নেটৱৰ্কেৰে কানেক্ট হৈ যায় অৰ্থাৎ জড়িত হৈ যায়।

হাৰ্ড ডিস্কৰ স্পেচ (ঠাই) ক চোৱা

আপুনি যিকোনো ডিস্কৰ প্ৰয়োগ কৰি স্পেচ আৰু খালি থকা স্পেচ (স্হান) ক চাব পাৰে। আপোনাক মাহত কমেও এবাৰ আপোনাৰ কম্পিউটাৰৰ হাৰ্ড ডিস্কৰ খালি স্হান (ইম্পটি স্পে) ক চাব লাগে। আপোনাৰ কম্পিউটাৰ তেতিয়া আৰু প্ৰভাৱী ৰূপেৰে কাম কৰিব যেতিয়া হাৰ্ড ডিস্কত কমেও 20 শতাংশ খালি স্পেচ হ'ব।

1. স্টাৰ্ট মেনুক ডিচপ্লে কৰিবৰ বাবে **'স্টাৰ্ট'** ত ক্লিক কৰক।
2. **কম্পিউটাৰ'** ত ক্লিক কৰক।

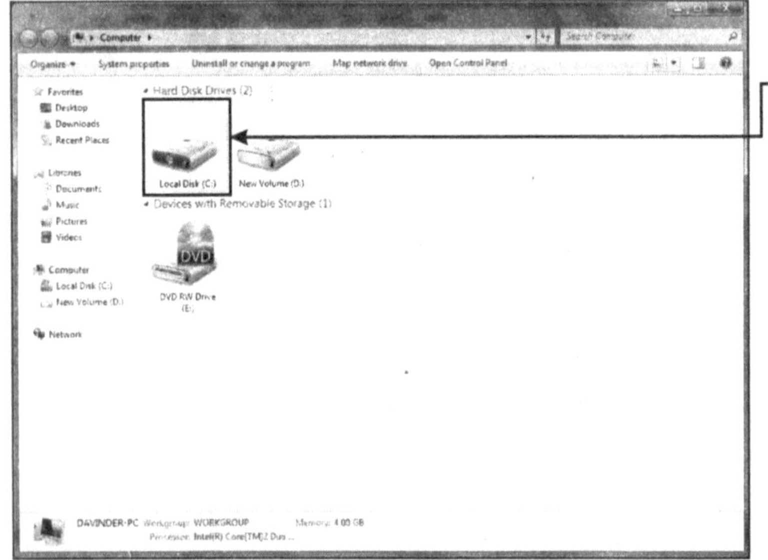

'কম্পিউটাৰ' উইন্ডো দেখা দিব।

3. কোনো ডিস্কৰ স্পেচক চাবৰ বাবে তাত ক্লিক কৰক।

কোনো ফ্লপি বা চিডি ৰম উপলব্ধ স্পেচক চাবৰ বাবে স্টেপ তিনিক কৰাৰ পূৰ্বে সেইটোক আপোনাৰ কম্পিউটাৰত লগাওক।

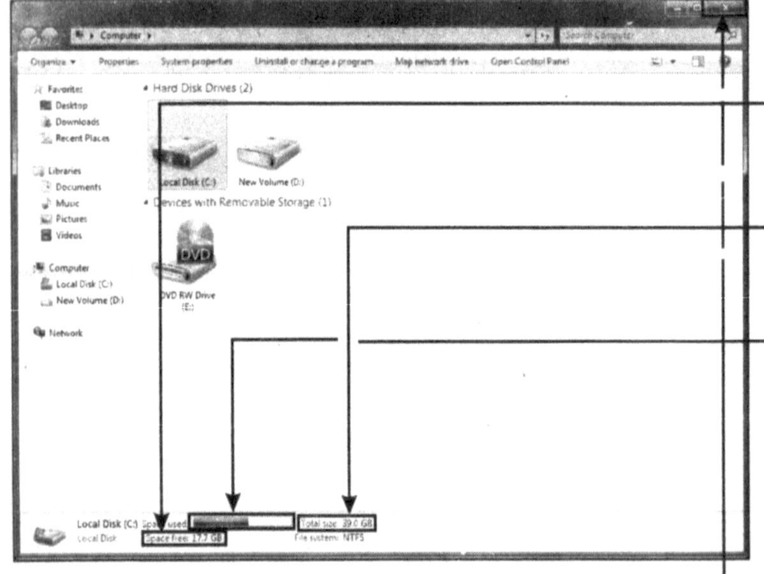

ডিস্কৰ বিষয়ে সকলো ইনফৰমেচন **'ডিচপ্লেচ পেন'** ত দেখা দিয়ে।

ইয়াৰ পৰা আপুনি জানিব পাৰে যে আপোনাৰ ডিস্কত কিমান স্পেচ খালি আছে।

ইয়াৰ পৰা আপুনি জানিব পাৰে যে আপোনাৰ ডিস্কত মুঠ কিমান স্পেচচ আছে।

এইটো **'বাৰ'** য়ে কয় যে আপোনাৰ ডিস্কত কিমান স্পেচ ব্যৱহাৰ হৈ আছে আৰু কিমান খালি বাকী আছে। যেতিয়া ডিস্কত খালি স্হান বহুত কম হৈ যায় তেতিয়াহ'লে এইটো বাৰ ৰঙা ৰংৰ হৈ যায়।

4. কম্পিউটাৰৰ উইন্ডোক বন্ধ কৰিবৰ বাবে **'ক্লজ'** বাটনত ক্লিক কৰক।

ডিস্কক ক্লীন (চাফ) কৰা

আপোনাৰ কম্পিউটাৰত থকা অনবাঞ্চিত (অযথা) আপুনি আপোনাৰ ডিস্কৰ স্পেচ বাঢ়িব পাৰে।

1. **'স্টাৰ্ট'** ত ক্লিক কৰক।
2. **'অল প্ৰগ্ৰেম'** ত ক্লিক কৰক।
3. **'এচেচৰিজ'** ত ক্লিক কৰক।
4. **'চিস্টেম টুলচ'** ত ক্লিক কৰক।
5. **'ডিস্ক ক্লীন আপ'** ত ক্লিক কৰক। ডিস্ক ক্লীন আপ ডায়লগ বক্স দেখা দিয়ে।

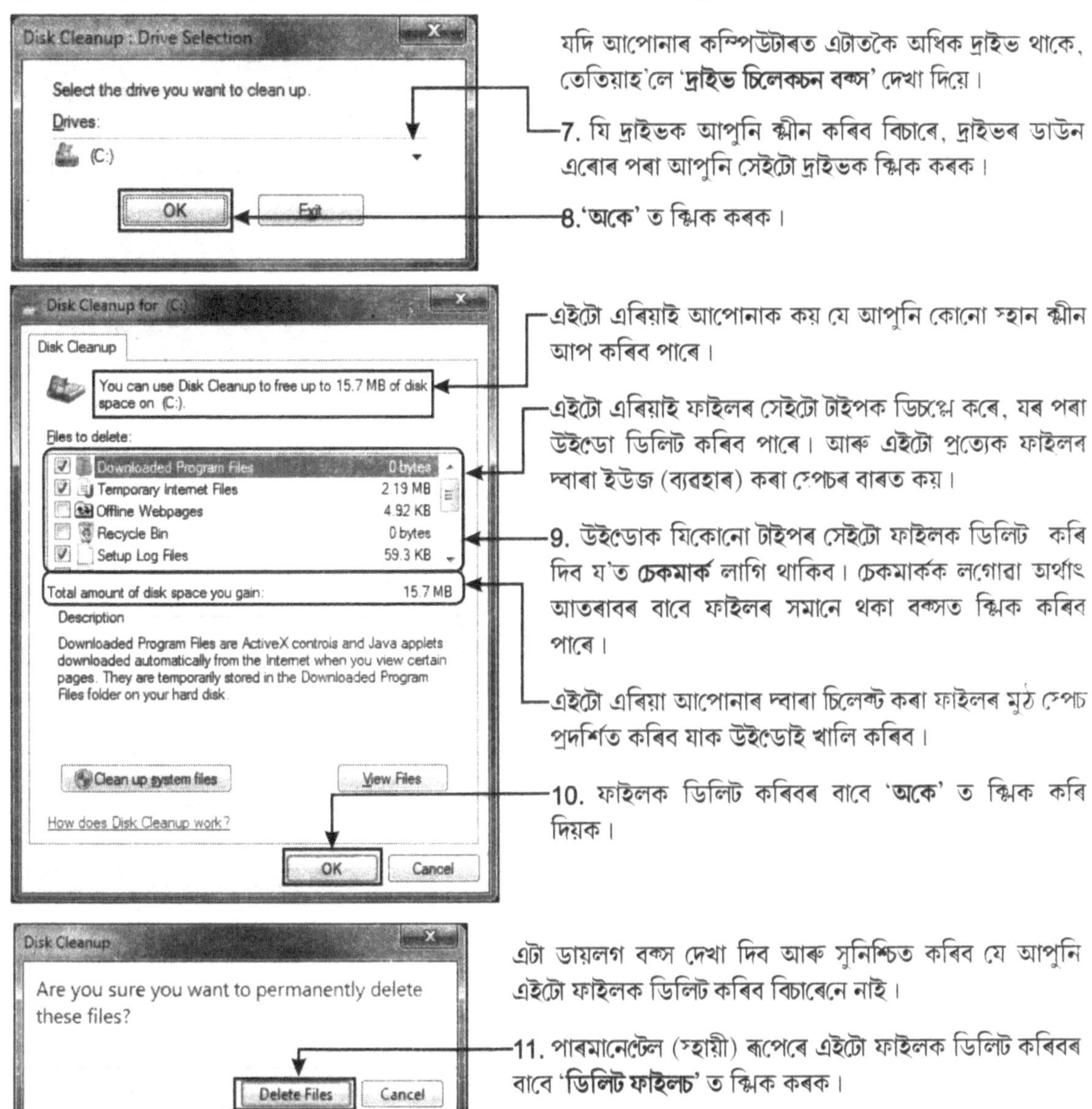

যদি আপোনাৰ কম্পিউটাৰত এটাতকৈ অধিক ড্ৰাইভ থাকে, তেতিয়াহ'লে **'ড্ৰাইভ চিলেকচন বক্স'** দেখা দিয়ে।

7. যি ড্ৰাইভক আপুনি ক্লীন কৰিব বিচাৰে, ড্ৰাইভৰ ডাউন এৰোৰ পৰা আপুনি সেইটো ড্ৰাইভক ক্লিক কৰক।

8. **'অকে'** ত ক্লিক কৰক।

এইটো এৰিয়াই আপোনাক কয় যে আপুনি কোনো স্হান ক্লীন আপ কৰিব পাৰে।

এইটো এৰিয়াই ফাইলৰ সেইটো টাইপক ডিচপ্লে কৰে, যৰ পৰা উইন্ডো ডিলিট কৰিব পাৰে। আৰু এইটো প্ৰত্যেক ফাইলৰ দ্বাৰা ইউজ (ব্যৱহাৰ) কৰা স্পেচৰ বাৰত কয়।

9. উইন্ডোক যিকোনো টাইপৰ সেইটো ফাইলক ডিলিট কৰি দিব য'ত **চেকমাৰ্ক** লাগি থাকিব। চেকমাৰ্কক লগোৱা অৰ্থাৎ আতৰাবৰ বাবে ফাইলৰ সমানে থকা বক্সত ক্লিক কৰিব পাৰে।

এইটো এৰিয়া আপোনাৰ দ্বাৰা চিলেক্ট কৰা ফাইলৰ মুঠ স্পেচ প্ৰদৰ্শিত কৰিব যাক উইন্ডোই খালি কৰিব।

10. ফাইলক ডিলিট কৰিবৰ বাবে **'অকে'** ত ক্লিক কৰি দিয়ক।

এটা ডায়লগ বক্স দেখা দিব আৰু সুনিশ্চিত কৰিব যে আপুনি এইটো ফাইলক ডিলিট কৰিব বিচাৰেনে নাই।

11. পাৰমানেন্টেল (স্হায়ী) ৰূপেৰে এইটো ফাইলক ডিলিট কৰিবৰ বাবে **'ডিলিট ফাইলচ'** ত ক্লিক কৰক।

হাৰ্ড ডিস্ক ডিফ্ৰেগমেণ্ট কৰা

আপোনাৰ হাৰ্ডডিস্কক ডিফ্ৰেগমেণ্ট কৰি আপুনি আপোনাৰ কম্পিউটাৰক পাৰফমেঞ্চ (কাৰ্যবিধি বা ক্ষমতা) ৰ ফালে ভাল কৰিব পাৰে। আপুনি মাহত এবাৰ হ'লেও আপোনাৰ কম্পিউটাৰৰ হাৰ্ড ডিস্কক ডিফ্ৰেগমেণ্ট কৰিব লাগে।

1. **'ষ্টাৰ্ট'** ত ক্লিক কৰক।
2. **'অল প্ৰগ্ৰেম'** ত ক্লিক কৰক।
3. **'এচেচৰিজ'** ত ক্লিক কৰক।
4. **'চিস্টেম টুলচ'** ত ক্লিক কৰক।
5. **'ডিস্ক ডিফ্ৰেগমেণ্টৰ'** ত ক্লিক কৰক।

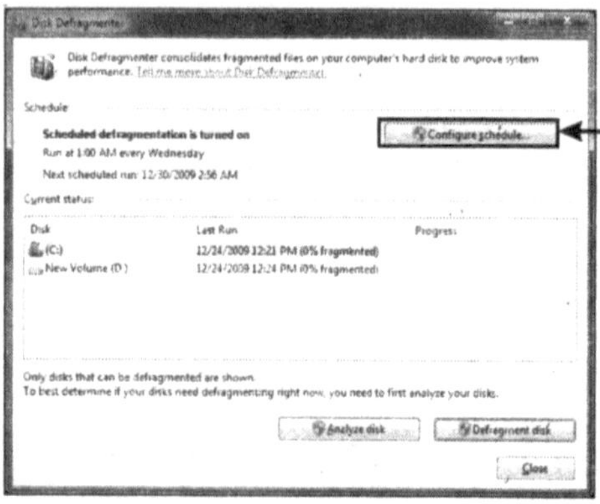

'ডিস্ক ডিফ্ৰেগমেণ্ট' উইণ্ডো দেখা দিয়ে।

6. **'কনফিগাৰ চিডিউল'** ত ক্লিক কৰক।

'ডিস্ক ডিফ্ৰেগমেণ্টাৰ' ঃ 'মডিফাই চিডিউল' ডায়লগ বক্স দেখা দিয়ে।

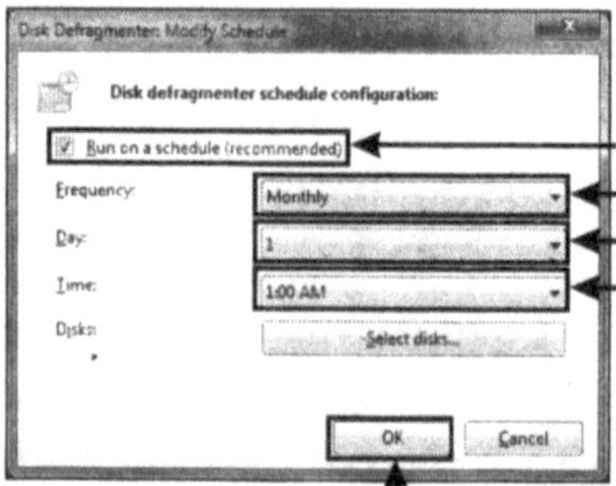

7. **'ৰান অন এ চিডিউল' (ৰিকমেণ্ডেড)** ৰ চেকবক্সত ক্লিক কৰক।
8. ফিকিউৱেঞ্চি ডাউন এৰোত ক্লিক কৰি সেইটো ফ্ৰেকিউঞ্চিক নিৰ্বাচন কৰা য'ত আপুনি ডিফ্ৰেগমেণ্ট কৰিব বিচাৰে যেনে (দৈনিক, সপ্তাহ বা মাহ)।
9. 'ডে' ৰ ডাউন এৰোত ক্লিক কৰক আৰু তাৰ পিছত মাহৰ সেই দিনত ক্লিক কৰক।
10. **'টাইম'** ৰ ডাউন এৰোত ক্লিক কৰক আৰু ইয়াৰ পিছত সেই টাইমত ক্লিক কৰক য'ত আপুনি ডিফ্ৰেগমেণ্ট কৰিব বিচাৰে।
11. **'অকে'** ত ক্লিক কৰক।

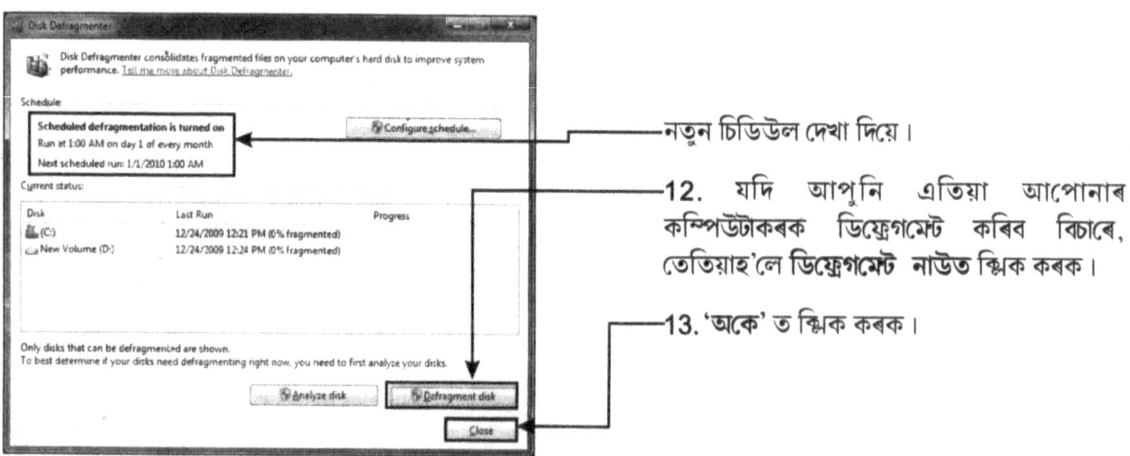

নতুন চিডিউল দেখা দিয়ে।

12. যদি আপুনি এতিয়া আপোনাৰ কম্পিউটাকৰক ডিফ্ৰেগমেণ্ট কৰিব বিচাৰে, তেতিয়াহ'লে **ডিফ্ৰেগমেণ্ট** নাউত ক্লিক কৰক।
13. **'অকে'** ত ক্লিক কৰক।

চিস্টেম ৰিস্টৰ পইন্টক ক্রিয়েট কৰা

যদি আপুনি আপোনাৰ কম্পিউটাৰত কাম কৰা সময়ত অলপ সমস্য অনুভৱ কৰে, তেতিয়াহ'লে চিস্টেম ৰিস্টৰৰ প্রয়োগ কৰি আপুনি আপোনাৰ কম্পিউটাৰক সেইটো স্হিতিলৈ ঘূৰি আহিব পাৰে, যৰ পৰা সমস্যা আৰম্ভ হৈছিল।

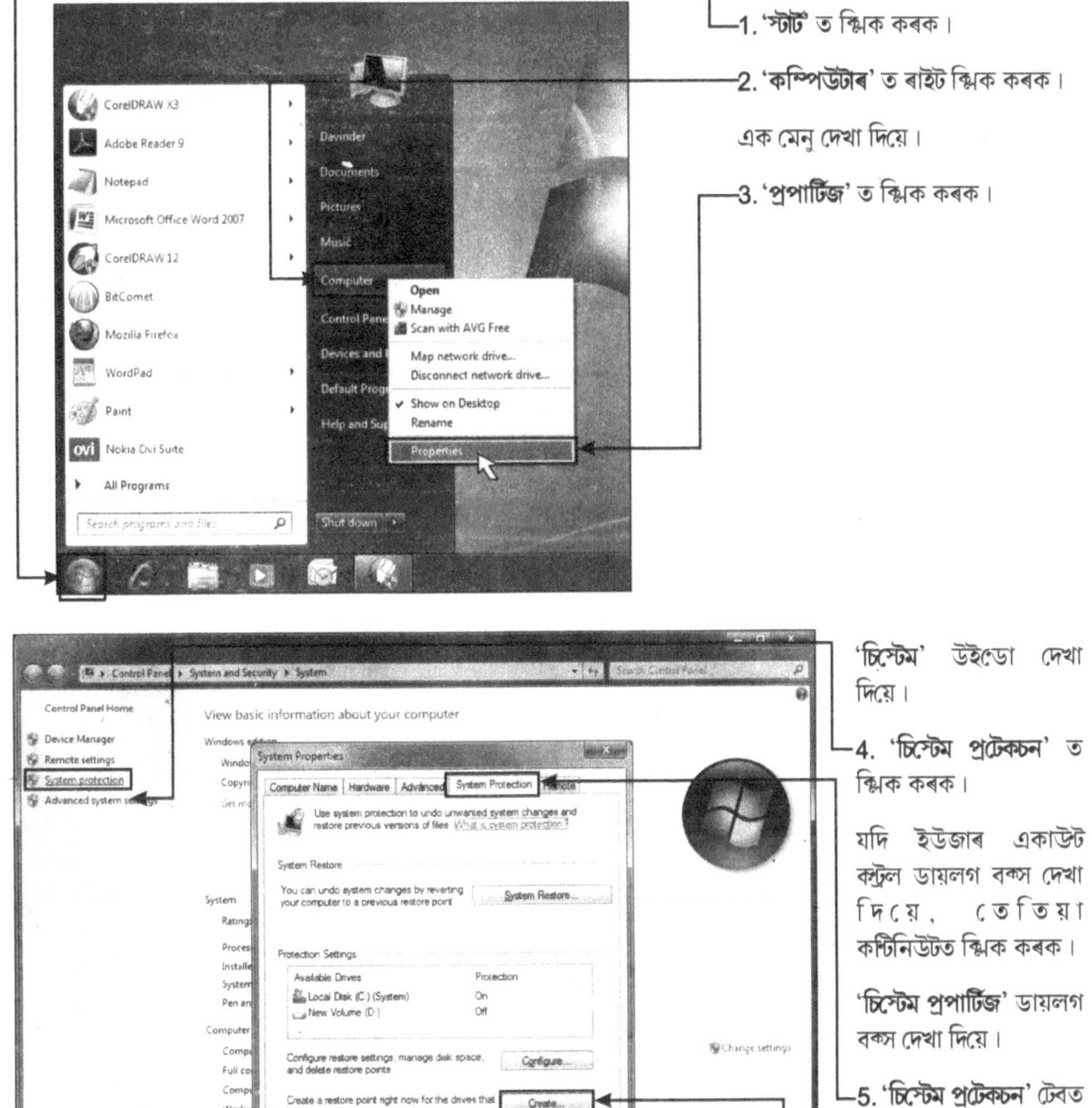

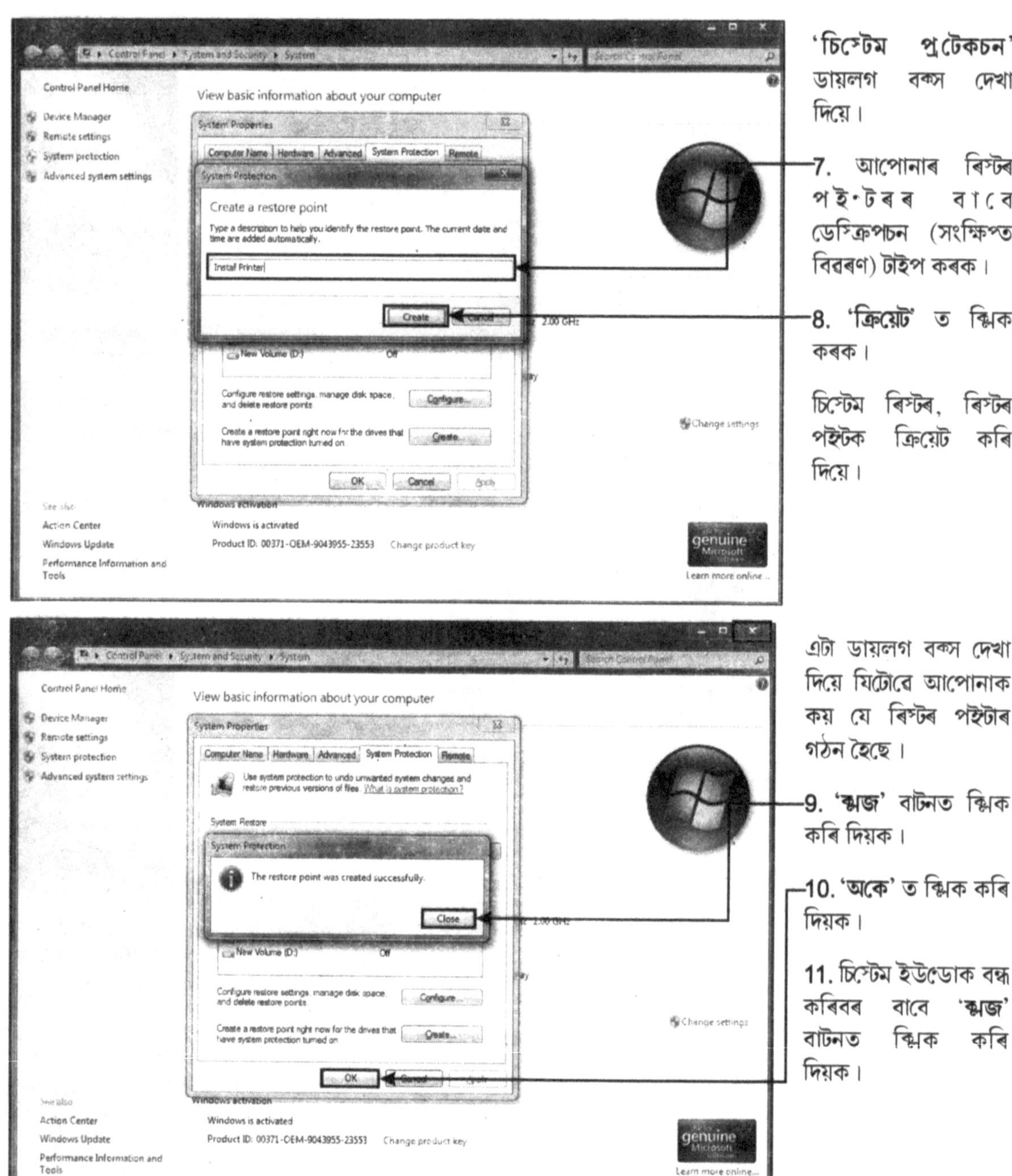

'চিস্টেম প্ৰটেকচন' ডায়লগ বক্স দেখা দিয়ে।

7. আপোনাৰ ৰিস্টৰ পইণ্টৰ বাবে ডেস্ক্রিপচন (সংক্ষিপ্ত বিৱৰণ) টাইপ কৰক।

8. 'ক্রিয়েট' ত ক্লিক কৰক।

চিস্টেম ৰিস্টৰ, ৰিস্টৰ পইন্টক ক্রিয়েট কৰি দিয়ে।

এটা ডায়লগ বক্স দেখা দিয়ে যিটোৱে আপোনাক কয় যে ৰিস্টৰ পইন্টাৰ গঠন হৈছে।

9. 'ক্লজ' বাটনত ক্লিক কৰি দিয়ক।

10. 'অকে' ত ক্লিক কৰি দিয়ক।

11. চিস্টেম ইউডোক বন্ধ কৰিবৰ বাবে 'ক্লজ' বাটনত ক্লিক কৰি দিয়ক।

এই বিষয়েও জানক ঃ

যিকোনো চফ্টৱেয়ৰক ইনস্টল কৰাৰ পূৰ্বে আপোনাক ৰিস্টৰ পইন্টাৰক নিশ্চয় ক্রিয়েট কৰিব লাগে, লাগিলে সেইটো প্ৰগ্ৰেম কোনো দোকানৰ পৰা কিনিছে বা ইন্টাৰনেটৰ পৰা ডাউনলোড কৰিছে।

চিস্টেম ৰিস্টৰ পইণ্টক এপলাই (প্ৰয়োগ) কৰা

যদি আপোনাক আপোনাৰ কম্পিউটাৰৰ লগত কোনা সমস্যা অনুভৱ কৰিছে তেতিয়াহ'লে আপুনি চিস্টেম ৰিস্টৰ ফিচাৰৰ প্ৰয়োগ কৰি কম্পিউটাৰক আকৌ সেইটো স্হিতিলৈ লৈ যাব পাৰে, যৰ পৰা সমস্যা আৰম্ভ হৈছিল।

1. আপোনাৰ সকলো ডকুমেন্টক চেভ কৰি সকলো অপেন প্ৰগ্ৰেমক বন্ধ কৰি দিয়ক।
2. '**স্টাৰ্ট**' ত ক্লিক কৰক।
3. '**অল প্ৰগ্ৰেম**' ত ক্লিক কৰক।
4. '**এচেচৰিজ**' ত ক্লিক কৰক।
5. '**চিস্টেম টুলচ**' ত ক্লিক কৰি দিয়ক।
6. '**চিস্টেম ৰিস্টৰ**' ত ক্লিক কৰি দিয়ক।

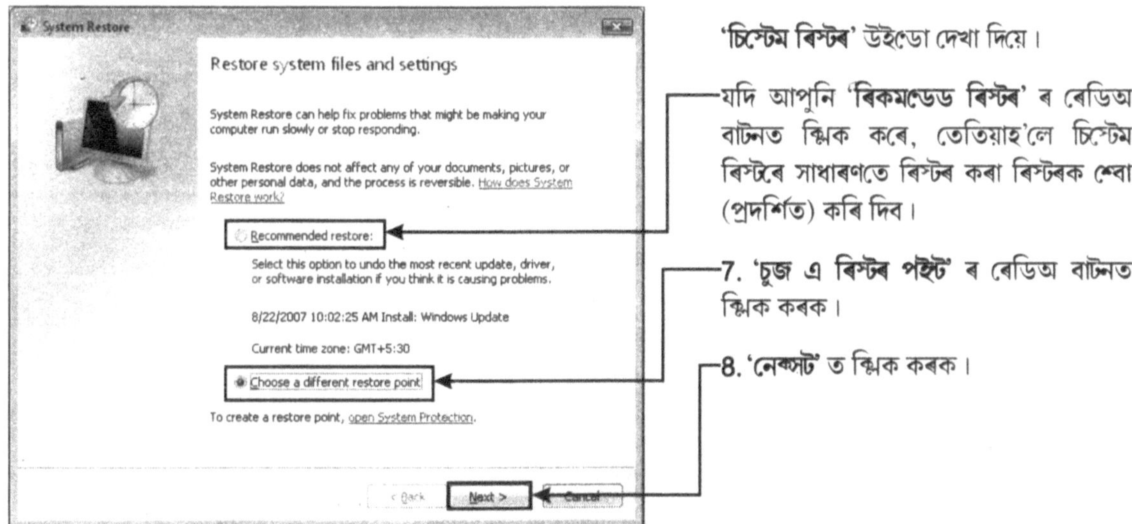

'**চিস্টেম ৰিস্টৰ**' উইণ্ডো দেখা দিয়ে।

যদি আপুনি '**ৰিকমণ্ডেড ৰিস্টৰ**' ৰ ৰেডিঅ বাটনত ক্লিক কৰে, তেতিয়াহ'লে চিস্টেম ৰিস্টৰে সাধাৰণতে ৰিস্টৰ কৰা ৰিস্টৰক শ্বো (প্ৰদৰ্শিত) কৰি দিব।

7. '**চুজ এ ৰিস্টৰ পইণ্ট**' ৰ ৰেডিঅ বাটনত ক্লিক কৰক।

8. '**নেক্সট**' ত ক্লিক কৰক।

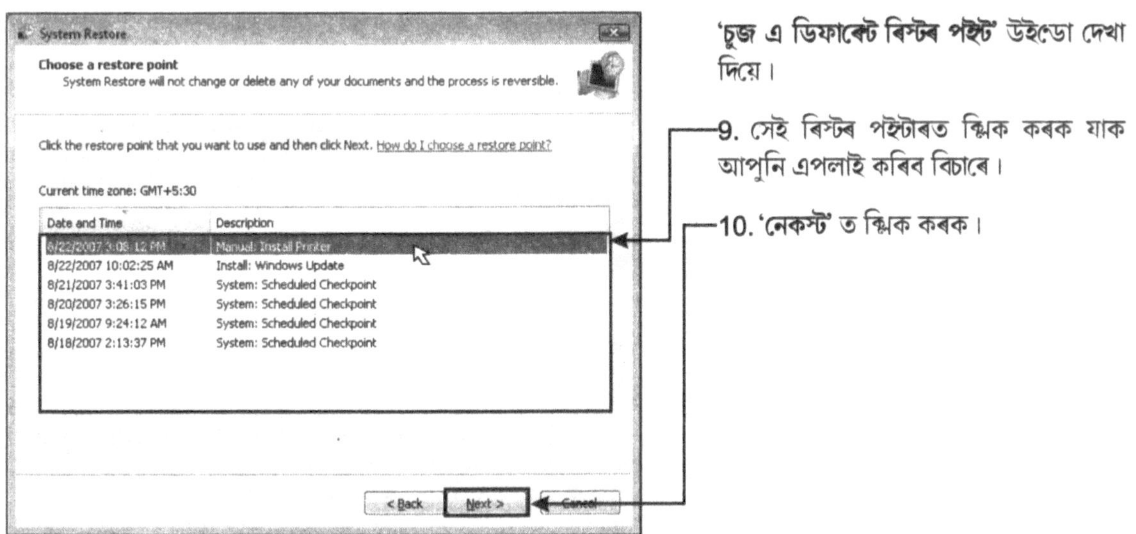

'**চুজ এ ডিফাৰ্ক্ট ৰিস্টৰ পইণ্ট**' উইণ্ডো দেখা দিয়ে।

9. সেই ৰিস্টৰ পইণ্টাৰত ক্লিক কৰক যাক আপুনি এপলাই কৰিব বিচাৰে।

10. '**নেকস্ট**' ত ক্লিক কৰক।

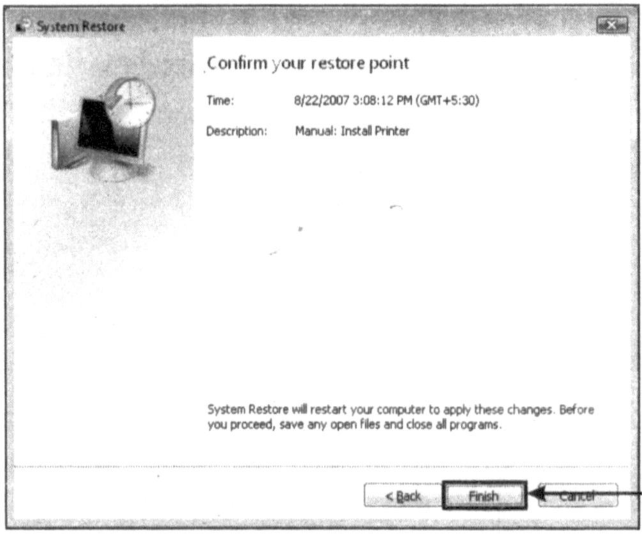

System Restore
Confirm your restore point
Time: 8/22/2007 3:08:12 PM (GMT+5:30)
Description: Manual: Install Printer
System Restore will restart your computer to apply these changes. Before you proceed, save any open files and close all programs.
< Back | Finish | Cancel

আপোনাৰ দ্বাৰা নিৰ্বাচন কৰা ৰিস্টৰ পইন্টৰ কনফাৰ্ম উইন্ডো (সুনিশ্চিত উইন্ডো) দেখা দিয়ে।

11. 'ফিনিচ' ত ক্লিক কৰক।

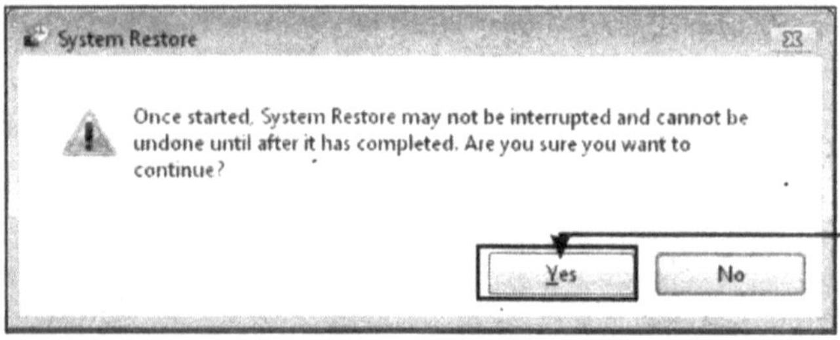

System Restore
Once started, System Restore may not be interrupted and cannot be undone until after it has completed. Are you sure you want to continue?
Yes | No

চিস্টেম ৰিস্টৰে আপোনাৰ পৰা সুনিশ্চিত কৰে যে আপুনি চিস্টেমক ৰিস্টৰ কৰিব বিচাৰেনে নাই।

12. 'য়েচ' ত ক্লিক কৰক।

চিস্টেম ৰিস্টৰ, ৰিস্টৰক এপলাই কৰি দিয়ে আৰু উইন্ডো 7 ক ৰিস্টাৰ্ট কৰি দিয়ে।

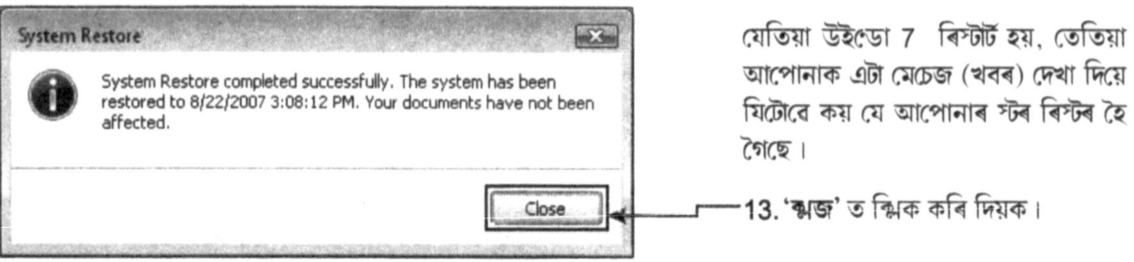

যেতিয়া উইন্ডো 7 ৰিস্টাৰ্ট হয়, তেতিয়া আপোনাক এটা মেচেজ (খবৰ) দেখা দিয়ে যিটোৱে কয় যে আপোনাৰ স্টৰ ৰিস্টৰ হৈ গৈছে।

13. 'ক্লজ' ত ক্লিক কৰি দিয়ক।

এই বিষয়েও জানকঃ

যেতিয়া আপুনি ৰিস্টৰ পইন্টক এপলাই কৰে তেতিয়া আপোনাৰ দ্বাৰা কৰা কাম যেনে (প্ৰস্তুত কৰা ডকুমেন্ট, প্ৰাপ্ত কৰা ই-মেইল আৰু আপোনাৰ দ্বাৰা চেভকৰা ফেভাৰেট ৱেব পেজ আদি) ত কোনো প্ৰভাৱ নপৰে অৰ্থাৎ অপৰিৱৰ্তিত হৈ থাকে।

বেকআপ ফাইলচ (ফাইলক আকৌ প্ৰাপ্ত কৰা)

উইন্ডো 7 ৰ বেকআপ প্ৰগ্ৰেমৰ প্ৰয়োগ কৰি আপুনি আপোনাৰ গুৰুত্বপূৰ্ণ ফাইলৰ বেকআপ প্ৰস্তুত কৰিব পাৰে। এইটো তেতিয়া অধিক উপযোগী হয় যেতিয়া আপোনাৰ চিস্টেমে আপোনাৰ কোনো ফাইল হেৰাই যায়, তেতিয়া আপুনি সেইটোক বেকআপেৰে সহজতে ৰিস্টৰ (আকৌ প্ৰাপ্ত) কৰিব পাৰে।

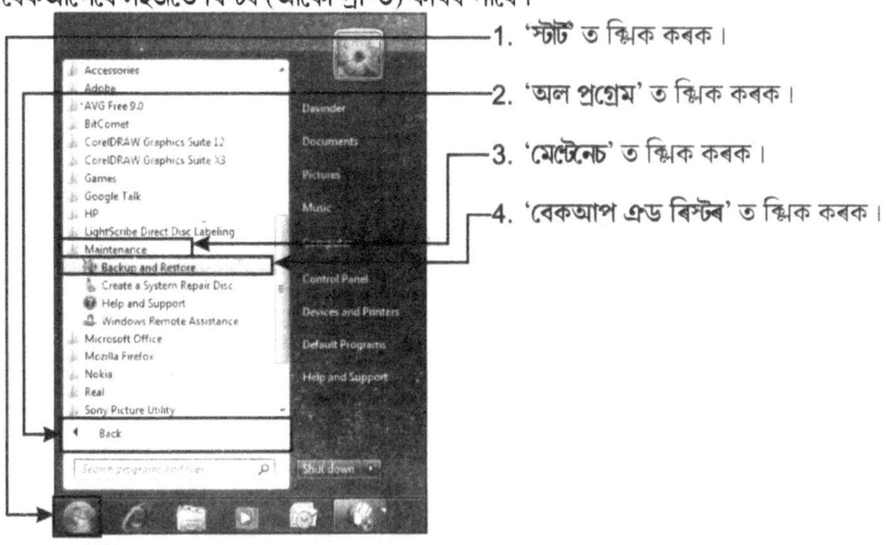

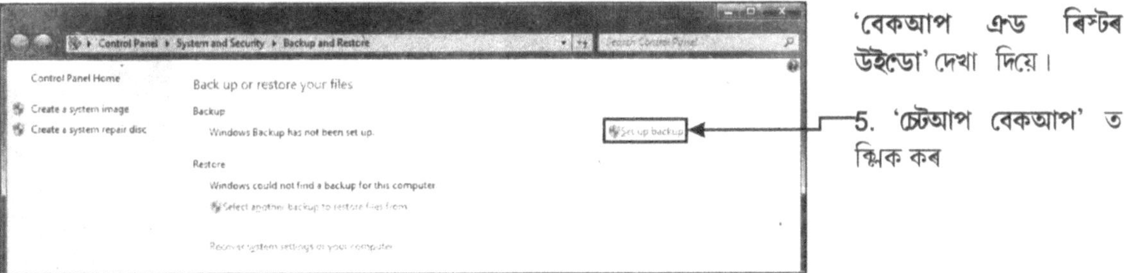

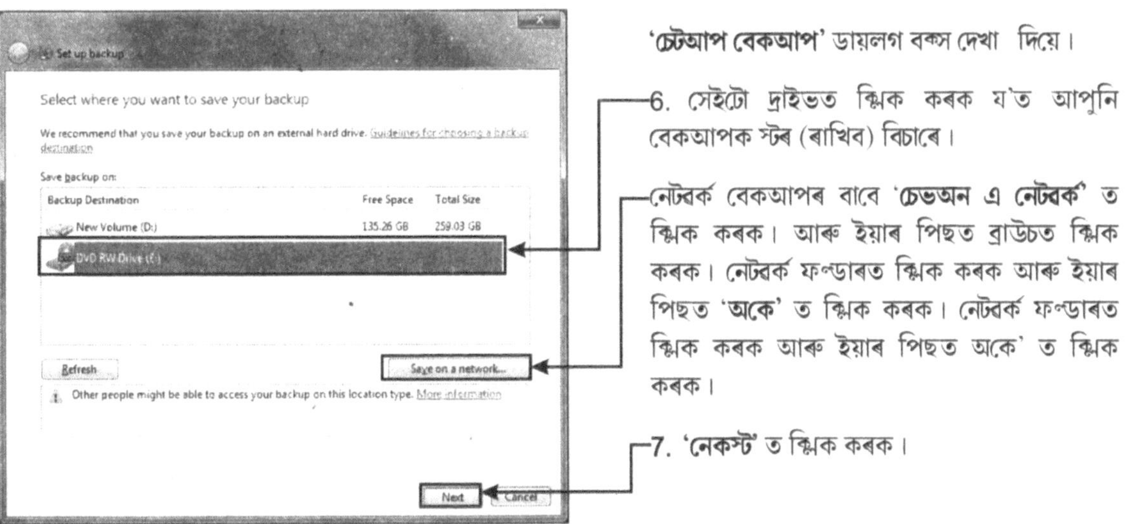

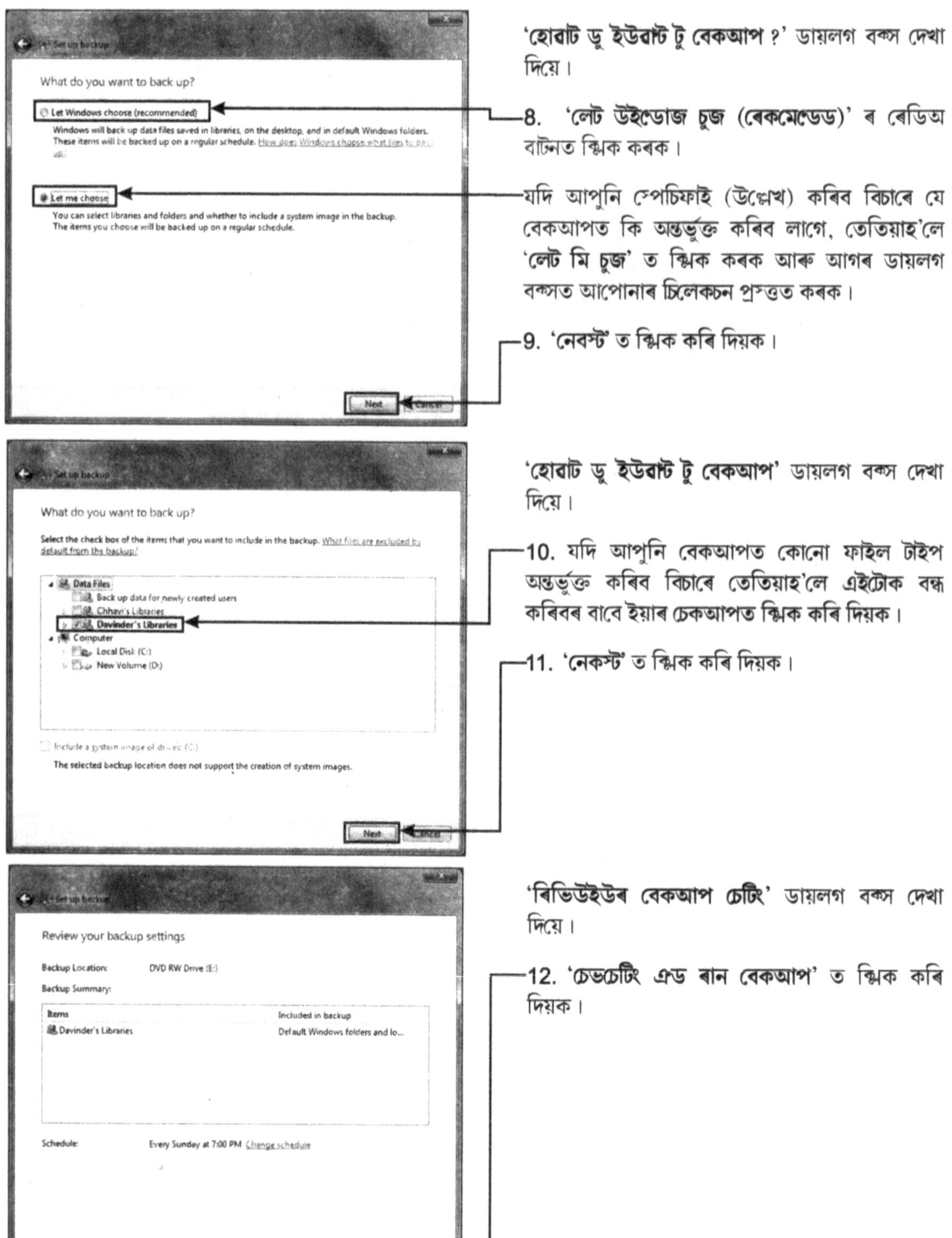

'হোৱাট ডু ইউৱাণ্ট টু বেকআপ ?' ডায়লগ বক্স দেখা দিয়ে।

8. **'লেট উইণ্ডোজ চুজ (ৰেকমেণ্ডেড)'** ৰ ৰেডিঅ' বাটনত ক্লিক কৰক।

যদি আপুনি স্পেচিফাই (উল্লেখ) কৰিব বিচাৰে যে বেকআপত কি অন্তৰ্ভুক্ত কৰিব লাগে, তেতিয়াহ'লে **'লেট মি চুজ'** ত ক্লিক কৰক আৰু আগৰ ডায়লগ বক্সত আপোনাৰ চিলেকচন প্ৰস্তুত কৰক।

9. **'নেক্সট'** ত ক্লিক কৰি দিয়ক।

'হোৱাট ডু ইউৱাণ্ট টু বেকআপ' ডায়লগ বক্স দেখা দিয়ে।

10. যদি আপুনি বেকআপত কোনো ফাইল টাইপ অন্তৰ্ভুক্ত কৰিব বিচাৰে তেতিয়াহ'লে এইটোক বন্ধ কৰিবৰ বাবে ইয়াৰ চেকআপত ক্লিক কৰি দিয়ক।

11. **'নেক্সট'** ত ক্লিক কৰি দিয়ক।

'ৰিভিউইউৰ বেকআপ চেটিং' ডায়লগ বক্স দেখা দিয়ে।

12. **'চেভচেটিং এণ্ড ৰান বেকআপ'** ত ক্লিক কৰি দিয়ক।

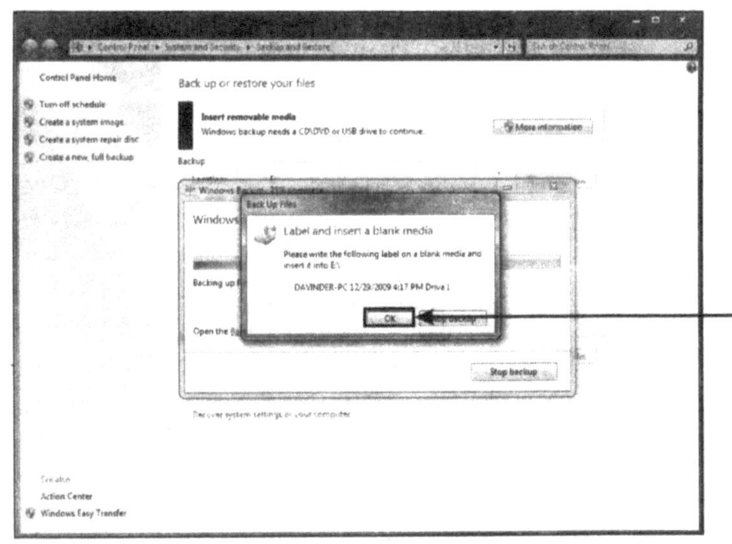

যদি আপুনি কোনা চিডি বা ডিভিডি ত বেকআপক আনিব বিচাৰে তেতিয়াহ'লে উইন্ডো বেকআপে আপোনাক ব্লেংক (খালি) চিডি /ডিভিডি ইনচাৰ্ট (লগাব) ৰ বাবে কব।

13. দ্ৰাইভত এটা ব্লেংক চিডি লগাওক।

14. **'অকে'** ত ক্লিক কৰি দিয়ক।

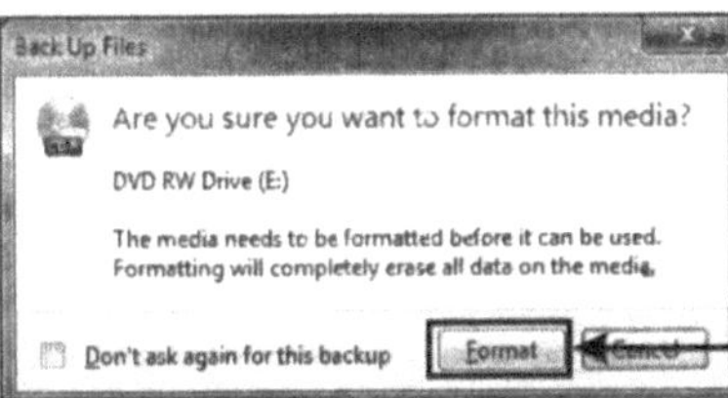

উইন্ডো বেকআপে আপোনাক সোধিব যে আপুনি নিশ্চিত ৰূপে চিকি ফৰ্মেট কৰিব বিচাৰেনে।

15. **'ফৰ্মেট'** ত ক্লিক কৰি দিয়ক।

উইন্ডো বেকআপে চিডিক ফৰ্মেট কৰি দিয়ে আৰু তাত বেকআপ দি দিয়ে।

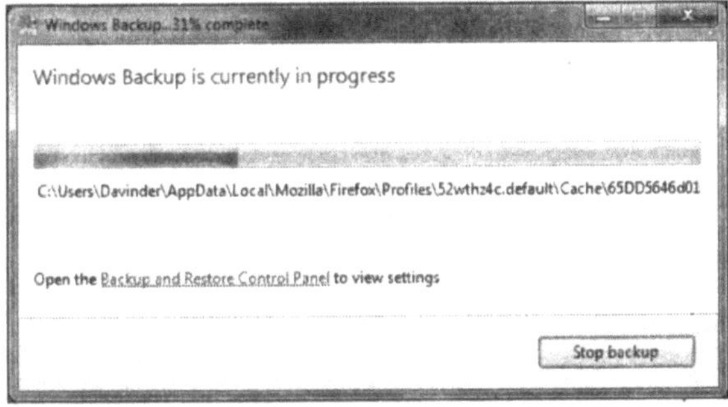

যেতিয়া প্ৰগ্ৰেমে কোনো ডকুমেন্ট আৰু চেটিংক বেকআপ কৰি আছে তেতিয়াহ'লে এক প্ৰগ্ৰেচ (প্ৰগতি) ডায়লগ বক্স দেখা দিয়ে।

যি মাধ্যমেৰে আপুনি বেকআপ কৰি আছে যদি সেইটো ফুল হয়, তেতিয়াহ'লে এটা পপআপ উইন্ডো দেখা দিব।

16. এই গোটেই মেডিয়াম (মাধ্যম) ক নাইকিয়া কৰক আৰু ইয়াৰ ঠাইত নতুন মাধ্যম কৰি লওক। ইয়াৰ পিছত **'অকে'** ত ক্লিক কৰক।

যদি আপোনাৰ বেকআপে কোনো মেডিয়ামক বিচাৰে, তেতিয়াহ'লে গোটেই মেডিয়ামক এটা নাম দিব লাগে। যেনে বেকআপ 1] বেকআপ 2] বেকআপ 3 আদি।

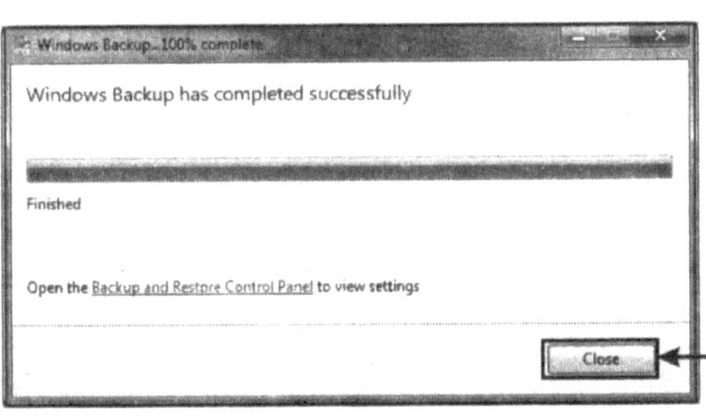

বেকআপৰ পুৰা হৈ যোৱাৰ পিছত **'উইন্ডোজ বেকআপ হেজ কম্প্লীটেড চাক্সেচফুলী'** নামেৰে এটা ডায়লগ বক্স দেখা দিয়ে।

17. **'ক্লজ'** ত ক্লিক কৰক।

ডকুমেন্ট বাৰৰ বিষয়ে জনা

ডকুমেন্ট সেইটো ফাইল হয় যাক আপুনি প্ৰস্তুত কৰে বা এডিট কৰে। ইয়াত কিছুমান বেচিক ডকুমেন্টৰ উদাহৰণ দিয়া গৈছে যাক আপুনি উইণ্ডো 7 ৰ প্ৰগ্ৰেমৰ প্ৰয়োগ কৰি প্ৰস্তুত কৰিব পাৰে।
টেক্সট ডকুমেন্ট ঃ উইণ্ডো 7 ত টেক্সট ডকুমেন্টক প্ৰস্তুত কৰিবৰ বাবে নোটপেড প্ৰগ্ৰেমৰ প্ৰয়োগ কৰা যায়। টেক্সট ডকুমেন্টত কেৱল কেৰেক্টাৰ (আখৰ বা শব্দ) থাকে যাক আপুনি আপোনাৰ কম্পিউটাৰৰ কি-বৰ্ডেৰে টাইপ কৰিব পাৰে। ইয়াৰ বাদেও ইয়াৰ কোনো বিশেষ ৰূপ নাই যেনে বল্ড বা ৰঙীন টেক্সট। অৱশ্যে আপুনি ইয়াৰ ফন্টক সলনি কৰিব পাৰে।

ৱৰ্ড প্ৰচেচিং ডকুমেন্ট ঃ উইণ্ডো 7 ত ৱৰ্ড প্ৰচেচিং ডকুমেন্ট বা ৰিচ টেকস্ট ডকুমেন্টৰ বাবে ৱৰ্ডপেড প্ৰগ্ৰেমৰ প্ৰয়োগ কৰা যায়। ৱৰ্ড প্ৰচেচিং ডকুমেন্টত টেক্সট আৰু অন্য চিহ্ন অন্তৰ্ভুক্ত কৰিব পাৰে।

ড্ৰইং ঃ উইণ্ডো 7 ত চিত্ৰকাৰীৰ বাবে আপুনি পেইন্ট প্ৰগ্ৰেমৰ প্ৰয়োগ কৰিব পাৰে। কম্পিউটাৰত ড্ৰইং এটা ফালৰ ডিজিটেল ইমেজ হয় যাক বিশেষ টুলচৰ প্ৰয়োগ কৰি প্ৰস্তুত কৰা যায়। যেনে লাইন, বক্স, স্পেচিয়েল ইফেক্টচ আদি।

ৱৰ্ড পেডক অপেন কৰা

উইণ্ডো 7 ত আপুনি ৱৰ্ডপেড প্ৰগ্ৰেমক অপেন কৰিব পাৰে। উইণ্ডো 7 য়ে এইটো প্ৰগ্ৰেমক অপেন কৰি দিয়ে আৰু ইয়াক আপোনাৰ কম্পিউটাৰত ডিচপ্লে কৰে।

1. **'স্টাৰ্ট'** বাটনত ক্লিক কৰক।

2. **'অল প্ৰগ্ৰেম'** ত ক্লিক কৰক। প্ৰগ্ৰেমৰ এটা লিস্ট দেখা দিয়ে।

3. **'এচেচৰিজ'** ত ক্লিক কৰক। এচেচৰিজ চাবমেনু দেখা দিয়ে।

4. 'এচেচৰিজ চাব মেনুৰে ৱৰ্ডপেড' ত ক্লিক কৰক। ৱৰ্ডপেড' উইণ্ডো দেখা দিব। প্ৰগ্ৰেম ডকুমেন্টক ক্ৰিয়েট কৰা

প্ৰগ্ৰেম ডকুমেন্টক ক্ৰিয়েট কৰা

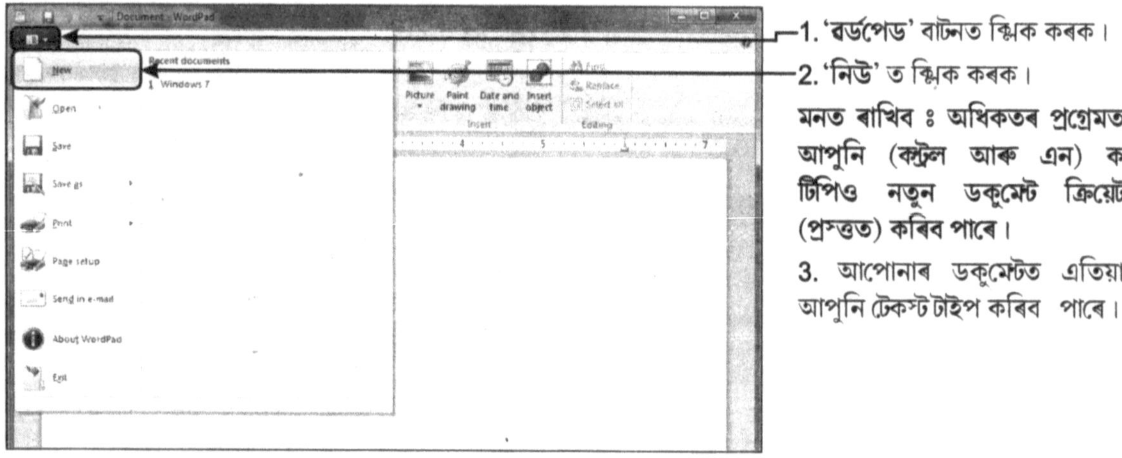

যেতিয়া আপুনি লাইনৰ অন্তলৈ গৈ পাই তেতিয়া ৱৰ্ডপেড টেকস্টক নিজে নিজে অন্য এটা লাইনত লিখা আৰম্ভকৰি দিয়ে। যদি আপুনি নতুন লাইন বা নতুন পেৰেগ্ৰাফলৈ যাব বিচাৰে তেতিয়াহ'লে আপোনাৰ কি-বৰ্ডেৰে এটাৰ টিপক।

পেইন্ট

পেইন্টৰ সহায়েৰে আপুচি চিত্ৰক কম্পিউটাৰৰ ওপৰলৈ লৈ যাব পাৰে। যদি আপুনি কলাকাৰ হয়, তেতিয়াহ'লে প্ৰায়ঃ এমএচ পেইন্ট বা মাইক্ৰচফ্ট পেইন্টে আপোনাৰ বাবে বহুত উপযোগী প্ৰমাণিত হয়। আপোনাৰ বিজিনেচ লেটাৰৰ বাবে আপুনি মানুহকো প্ৰস্তুত কৰিব পাৰে। আপুনি ক্লিপ আৰ্ট ক্ৰিয়েট কৰিব পাৰে। ইয়াৰ বাদে আপোনাৰ ঘৰ বা অফিচৰ বাবে কোনো পিকচাৰো প্ৰস্তুত কৰিব পাৰে।

কাগজত কোনো পিকচাৰ ক্ৰিয়েট কৰিবৰ বাবে আপুনি পেন্সিল, ৰবৰ, স্কেল আৰু কালাৰ্চৰ প্ৰয়োজন হয়।

কম্পিউটাৰত আপুনি কেৱল এমএচ পেইন্টৰ সহায়েৰে যিকোনো পিকচাৰ প্ৰস্তুত কৰিব পাৰে।

পেইন্টৰ আৰম্ভ কৰা

1. **'স্টাৰ্ট'** ত ক্লিক কৰক।
2. **'অল প্ৰগ্ৰেম'** ত ক্লিক কৰক।
3. **'এচেচৰিজ'** ত ক্লিক কৰক।
4. **'পেইন্ট'** ত ক্লিক কৰক।

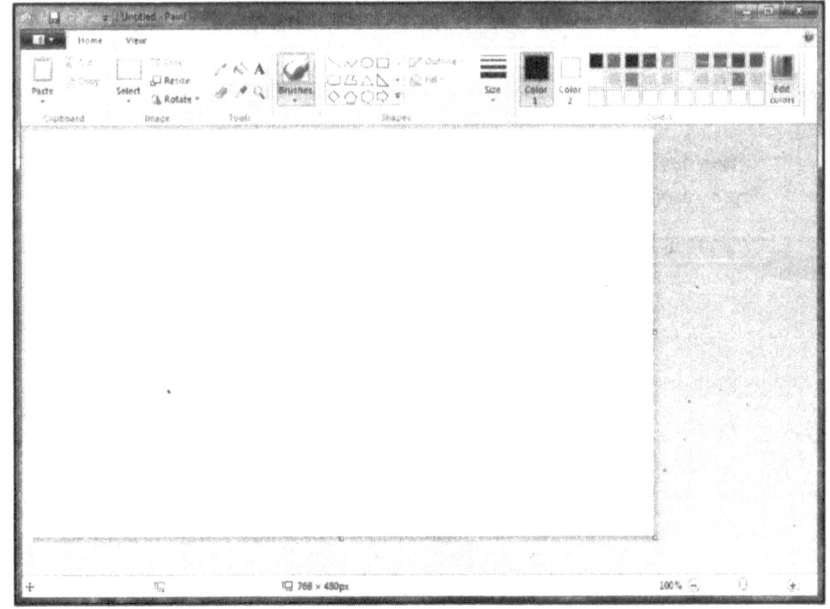

আপোনাৰ কম্পিউটাৰৰ স্ক্ৰীনত পেইন্ট প্ৰগ্ৰেম দেখা দিব ধৰিব।

পেইণ্ট এনভায়াৰমেণ্ট

যেতিয়া আপুনি পেইণ্টক আপেন কৰিব তেতিয়া পাব যে এইটো পেইণ্টৰ পুৰা ভাৰ্জন (সংস্কৰণ) ৰ পৰা একেবাৰে সলনি হয়। এতিয়া সকলো আইটেম উইডোত সকলোতকৈ ওপৰত থাকে।

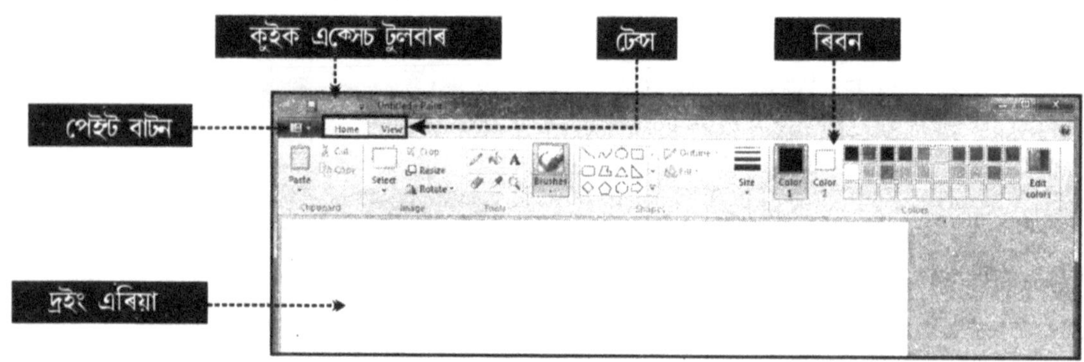

কুৱিক এক্সেচ টুলবাৰঃ

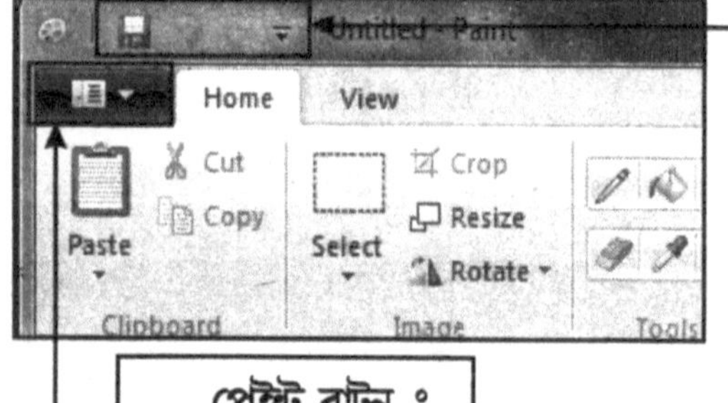

কুৱিক এক্সেচ টুলবাৰ ঃ টাইটল বাৰত 'কুৱিক এক্সেচ টুলবাৰ' থাকে য'ত কিছুমান গুৰুত্বপূৰ্ণ বাটন থাকে যেনে-চেভ, আনডু আৰু ৰিডু।

পেইণ্ট বাটন ঃ

পেইণ্ট বাটন ঃ কুৱিক এক্সেচ টুলবাৰৰ তলত মুখ্য টুলবাৰ থাকে। বাওঁ ফালৰ প্ৰথম বাটন **'পেইণ্ট'** বাটন হয়। যিটো পেইণ্টৰ মুখ্য মেনুক অপেন কৰে।

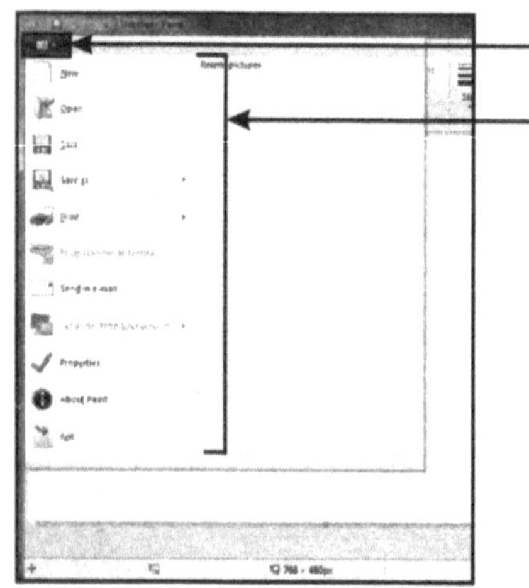

যেতিয়া আপুনি এইটো বাটনক ক্লিক কৰে, তেতিয়া এটা মেনু দেখা দিয়ে।

এইটো মেনুত আপুনি এটা নতুন আৰু পছন্দৰ ইমেজক অপেন কৰিব পাৰে। ইমেজক চেভকৰিব পাৰে, প্ৰিণ্ট কৰিব পাৰে আৰু কেমেৰা বা স্কেনাৰেৰে ইমেজক প্ৰাপ্ত কৰিব পাৰে। ইয়াৰ বাদে ইমেজৰ ই-মেইলো কৰিব পাৰে। এইটো ইমেজক ডেস্কটপ বেকগ্ৰাউণ্ডৰ ৰূপটো চেট কৰিব পাৰে। ইমেজৰ প্ৰপাৰ্টিক চাব পাৰে আৰু পেইণ্টৰ পৰা বাহিৰলৈও আহিব পাৰে।

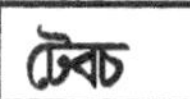

পেইন্ট প্ৰগ্ৰেমত 'হোম' আৰু 'ভিউ' দুটা টেব থাকে।

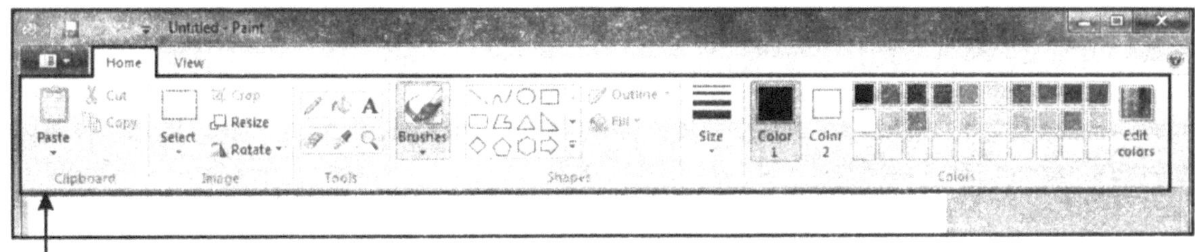

'হোম' টেবত আপুনি ইমেজৰ এডিটিং টুলচ পাব যাৰ লগত আপুনি কাম কৰিব লাগে।

'ভিউ' টেবত আপুনি ইমেজক জুম ইন /জুম আউট আৰু ফুলস্ক্ৰীন মোডো চাব পাৰে। আপুনি ইয়াৰ পৰা ৰুলাৰ আৰু গ্ৰেড লাইনকো চিলেক্ট কৰিব পাৰে, যিটো আপোনাৰ ইমেজৰ এলিমেন্টচক এলাইন (ক্ৰমেৰে লগোৱা) ৰ কামত আহে।

গেমচ এক্সপ্লোৰাৰ

গেমচ এক্সপ্লোৰাৰউইণ্ডোত অন্তৰ্ভুক্ত গেমচক উইণ্ডো 7 ৰ গ্ৰাফিক্সৰ ক্ষমতাৰ অনুসাৰে মডিফাই কৰা গৈছে।

উইণ্ডো 7 ত আপোনাক ফ্ৰিচেল, হাৰ্টচ, পাৰ্বল প্লেচ, চলিটেয়েৰ আৰু স্পাইডাৰ চলিটিয়েৰ গেমচ পাব।

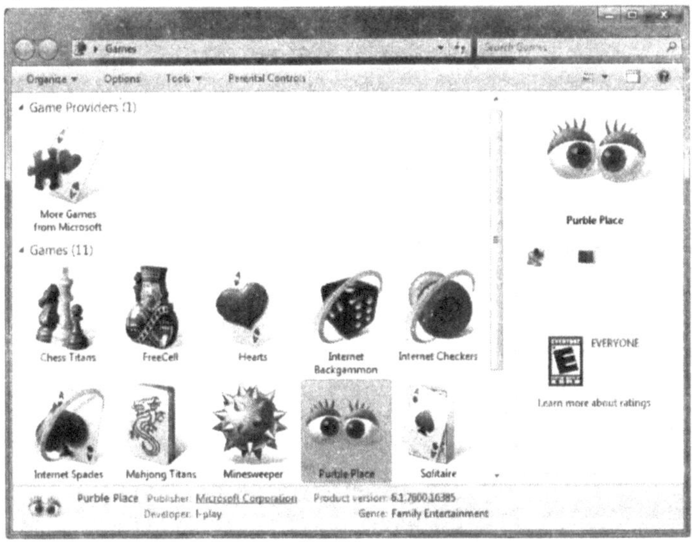

7 এম এচ ৱৰ্ড

পৰিচয় ঃ

মাইক্ৰচফ্‌ট ৱৰ্ড ফুল ফিচাৰ্চ (সকলো ফিচাৰ্চ) ৰে যুক্ত এটা ৱৰ্ড প্ৰচেচিং প্ৰগ্ৰেম হয় যিটো আপোনাক আপোনাৰ ডকুমেণ্ট্চ যেনে লেটাৰ্চ, ৰিজুম আৰু ৰিপৰ্ট আদিক ক্ৰিয়েট কৰে আৰু তাৰ ওপৰত কাৰ্য কৰাত সহায় প্ৰদান কৰে। ৱৰ্ডৰ বিভিন্ন ফিচাৰ্চে আপোনক ডকুমেণ্ট গঠন কৰা সহায় কৰে। আপুনি আপোনাৰ ডকুমেণ্টত সহজতে বৰ্ডাৰ, শ্বেডচ, টেবুল, গ্ৰাফিক্‌চ, পিকচাৰ আৰু ৱেব এড্ৰেচ অন্তৰ্ভুক্ত কৰিব পাৰে।

ৱৰ্ডত আপুনি আপোনাৰ পছন্দৰ অনুসাৰে কোনো টেম্পলিটো প্ৰস্তুত কৰিব পাৰে আৰু ইয়াক নিজৰ আৱশ্যকতাৰ অনুসাৰে কাস্টমাইজো কৰিব পাৰে।

লাগিলে আপুনি যিকোনো ভাষাত টাইপ কৰি আছে, ৱৰ্ডে সেইটো বাক্য বিন্যাসত খেলিমেলিকো নীৰিক্ষণ কৰিব পাৰে। ৱৰ্ড শব্দ কোষৰ প্ৰয়োগ কৰি আপুনি আপোনাৰ লিখনিত শুদ্ধতা আৰু নতুন শব্দ অন্তৰ্ভুক্ত কৰিব পাৰে। ৱৰ্ডত আপুনি টেক্সটৰ ফৰ্ম যেনে হেডিং, বৰ্ডাৰ, আদিও সলনি কৰিব পাৰে। ইণ্টাৰনেটৰ লগত জড়িত থাকিলে আপুনি আপোনাৰ ৱৰ্ড ডকুমেণ্টৰ কপিও কাৰোবাক ই-মেইল কৰিব পাৰে।

ৱৰ্ডৰ কিছুমান ফিচাৰ্চ নিম্ন প্ৰকাৰৰ হয়।

এডিট ডকুমেণ্টঃ ডকুমেণ্টত টেক্সটতক এডিট (সম্পাদিত) কৰিবৰ বাবে কেইবাটাও ফিচাৰ্চ থাকে, যাৰ প্ৰয়োগ কৰি আপুনি সময়ো বচাব পাৰে। আপুনিন টেক্সটক অন্তৰ্ভুক্ত কৰিব পাৰে, ডিলিট কৰিব পাৰে আৰু পুনঃ ব্যৱস্থিত কৰিব পাৰে। আপুনি আপোনাৰ ডকুমেণ্টত অন্তৰ্ভুক্ত শব্দৰ সংখ্যাকো শীঘ্ৰে জানিব পাৰে। আপুনি ডকুমেণ্টৰ ব্যাকৰণৰ অশুদ্ধিক নীৰিক্ষণ কৰিব পাৰে আৰু তাৰ স্থানত অধিক উপযোগী শব্দৰ বাবে ৱৰ্ডৰ কোশৰ প্ৰয়োগ কৰিব পাৰে।

ফৰ্মেট ডকুমেণ্টঃ ডকুমেণ্টৰ উপস্থিতি আৰু অধিক প্ৰভাৱী কৰিবৰ বাবে আপুনি ডকুমেণ্টক ফৰ্মেটো কৰিব পাৰে। গুৰুত্বপূৰ্ণ টেক্সটৰ ৰং, স্টাইল আৰু ফণ্ট চাইজক সলনি কৰি আপুনি সেইটোক আৰু অধিক প্ৰভাৱী কৰিব পাৰে। আপুনি টেক্সটৰ লাইনৰ মাজৰ স্পেচ (খালি স্থান) ৰো কম-বেছি কৰিব পাৰে। তাৰ মাজৰ মাৰ্জিনক সলনি কৰিব পাৰে আৰু বাতৰি কাকতৰ অনুসাৰে কোনো টেক্সটক কলমত বিভাজিত কৰিব পাৰে।

এডিট ইমেজঃ ৱৰ্ড 2010 ত এক পেলেট থাকে য'ত আৰ্টিস্টিক টুলচ আৰু ফিল্টাৰত আপুনি আপোনাৰ ডকুমেণ্টত অন্তৰ্ভুক্ত ইমেজত এপলাই (প্ৰয়োগ) কৰিব পাৰে। ইয়াৰ প্ৰয়োগ কৰি ৱৰ্ডত ইমেজক আপুনি সেইদৰে এডিট কৰিব পাৰে যেনেদৰে ফটো এডিটিং চফ্টৱেৰত কৰে।

টেবুল আৰু গ্ৰাফিক্সঃ ডকুমেণ্টক স্পষ্ট ৰূপেৰে চাবৰ বাবে ৱৰ্ডে সেইটো টেবুলৰ প্ৰয়োগ কৰি সেইটোক কলমত বিভাজিত কৰাত আপোনাক সহায় কৰে। ইয়াত আপুনি ডকুমেণ্টত যিকোনো গ্ৰাফিক্স যেনে-অটোশ্বেপ এড ক্লিপ আৰ্ট আদিৰো সহজতে এড (একেলগ) কৰিব পাৰে।

ৱৰ্ড 2010 ক আৰম্ভকৰা

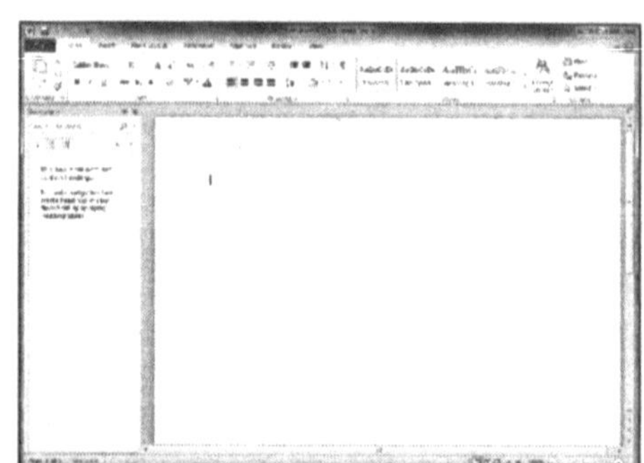

1. **'স্টাৰ্ট' বাটনত** ক্লিক কৰক। **স্টাৰ্ট মেনু'** দেখা দিব।
2. **'অল প্ৰগ্ৰেমচ'** ত ক্লিক কৰক।
3. **'মাইক্ৰচফ্‌ট অফিচ'** ত ক্লিক কৰক।
4. **মাইক্ৰচফ্‌ট ৱৰ্ড** 2010' ত ক্লিক কৰক।

'মাইক্ৰচফ্‌ট ৱৰ্ড' দেখা দিব।

'ডকুমেণ্ট 1' ৰ নামেৰে এটা খালি ডকুমেণ্ট আপোনাৰ স্ক্ৰীনত ডিচপ্লে হৈ যাব।

উইণ্ডো টাস্ক বাৰত এইটো প্ৰগ্ৰেমৰ আইকন দেখা দিব।

ৱৰ্ডৰ উইন্ডো

ৱৰ্ডৰ উইন্ডোত আপুনি কেইবাটাও আইটেম দেখা দিব যাৰ প্ৰয়োগ আপুনি কোনো ডকুমেন্টক ক্ৰিয়েট কৰা বা তাৰ ওপৰত কাম কৰাত কৰে।

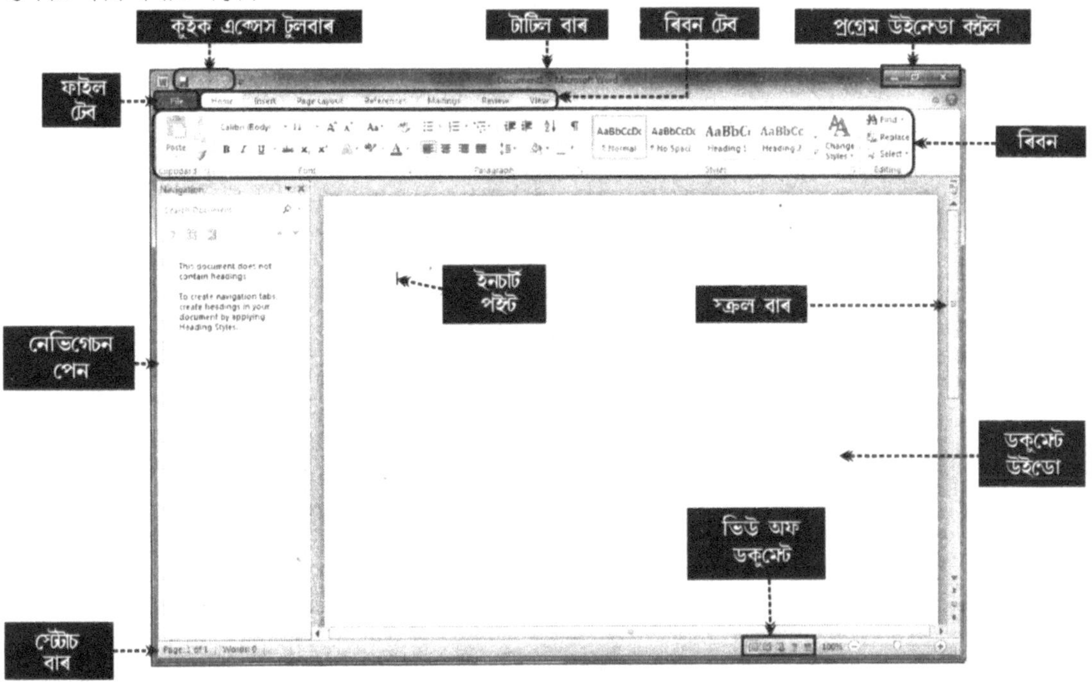

টাইটল বাৰ ঃ টাইটল বাৰত ইয়াত ডিচপ্লে হৈ থকা ডকুমেন্টৰ নাম প্ৰদৰ্শিত হয়।

ফাইল টেব ঃ ইয়াৰ পৰা আপুনি ফাইলৰ ইনফৰমেচনক ব্যৱস্হিত কৰিব পাৰে। ইয়াৰ পৰা আপুনি ডকুমেন্টৰ চেব কৰিব পাৰে, শেৰয়াৰ কৰিব পাৰে প্ৰিন্টো দিব পাৰে।

কুৱিক এক্সেচ টুলবাৰঃ চেভ, আনডু আৰু ৰিডু কামাণ্ডাৰ বাবে কুৱিক এক্সেচ বাটন ডিচপ্লে হয়।

ৰিবন ঃ সম্বন্ধীত কামাণ্ড টেবচৰ ৰূপত ডিচপ্লে হয়। প্ৰত্যেক টেব কমন টাস্কৰ চৰ্টকাট বাটনৰ দৰে কাম কৰে।

ৰিবন টেব ঃ ৰিবন টেবত প্ৰত্যেক টেবে কোনো বশেষ কাৰ্যত পুৰা টাস্কৰ বাবে আপোনাক সেইটোৰ লগত সম্বন্ধীত টুলচ ডিচপ্লে কৰে।

ইনচাৰ্শন পইন্ট ঃ ইনচাৰ্শন পইন্ট স্ক্ৰীনত দেখা দিয়া সেইটো লাইন হয় যিটোৱে কয় যে আপোনাৰ দ্বাৰা টাইপ কৰা টেক্স ক'ত দেখা দিব।

ভিউজ অফ ডকুমেন্ট ঃ আপোনাৰ ডকুমেন্টৰ চাৰিটা বিভিন্ন ভিউজ উপলব্ধ কৰায়।

স্ক্ৰল বাৰ ঃ স্ক্ৰল বাৰে আপোনাক ডকুমেন্টত ব্ৰাউচ কৰিবলৈ সুবিধা দিয়ে।

স্টেটাচ বাৰ ঃ স্টেটাচ বাৰে আপোনাৰ স্ক্ৰীনত ডিচপ্লে হোৱা ডকুমেন্টৰ এৰিয়াৰ বিষয়ে কয় আৰু আপোনাৰ ইনচাৰ্শন পইন্টৰ স্হিতিক দেখুৱায়।

প্ৰগ্ৰেম উইন্ডো কন্ট্ৰলচঃ এইটো বাটনৰ প্ৰয়োগ কৰি আপুনি প্ৰগ্ৰেম উইন্ডোক মিনিমাইজ কৰিব পাৰে, গোটেই আকাৰত উইন্ডোক ৰিস্টৰ কৰিব পাৰে আৰু উইন্ডোক ক্লজ (বন্ধ) ও কৰিব পাৰে।

নেভিগেচন পেন ঃ ৱৰ্ড 2010ৰ নেভিগেচন পেনে আপোনাক সেইটো ৰাস্তা উপলব্ধ কৰাই, যি আপুনি ডকুমেন্টত কি বিচাৰি আছে। যি ডকুমেন্টক আপুনি চাব বিচাৰে তাৰ হেডিং পইন্টত ক্লিক কৰি আপুনি সহজতে তালৈ যাব পাৰে।

ভিউটেবৰ দ্বাৰা আপুনি সহজতে নেভিগেচন পেনক হাইড আৰু শো (লুকোৱা আৰু দেখুওৱা) কৰিব পাৰে।

ফাইল টেব

ৱৰ্ড 2010 ত ফাইল টেব এক মুখ্য টেব হয়। অফিচ 2007 ৰ ৰঙীন আৰু ঘূৰনীয়া মাইক্ৰচফট্ অফিচ বাটনক নাইকিয়া কৰি তাৰ ঠাইত ফাইল টেবক অন্তৰ্ভুক্ত কৰা গৈছে।

যেতিয়া আপুনি ফাইল টেবক ক্লিক কৰে তেতিয়া আপুনি এটা বেকস্টেজ ভিউদেখা পাব, যৰ পৰা আপুনি ফাইলৰ ইনফৰমেচনক মেনেজ (ব্যৱস্হিত) কৰে সেইটো চেভ, শেয়াৰ আৰু প্ৰিন্ট কৰিব পাৰে।

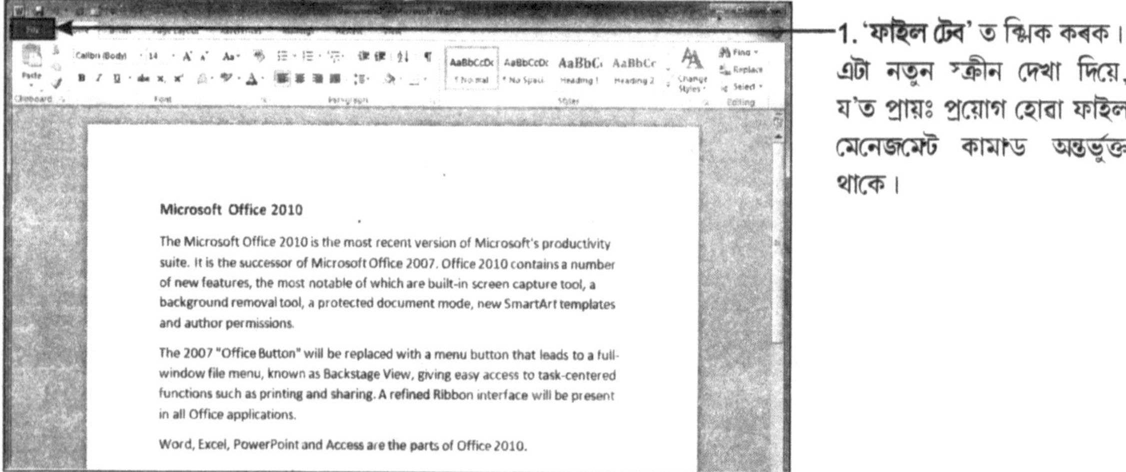

1. **'ফাইল টেব'** ত ক্লিক কৰক। এটা নতুন স্ক্ৰীন দেখা দিয়ে, য'ত প্ৰায়ঃ প্ৰয়োগ হোৱা ফাইল মেনেজমেন্ট কামাণ্ড অন্তৰ্ভুক্ত থাকে।

'ফাইল' টেব ক্লিক কৰাৰ পিছত, **'বেকস্টেজ ভিউ'** দেখা দিব, যিটো তিনিটা ভাগত বিভাজিত হয়। সকলোতকৈ প্ৰথমে পেনেলত সেইটো কামাণ্ড অন্তৰ্ভুক্ত থাকে যাক আপুনি আপোনাৰ ফাইলৰ লগত কাম কৰাত প্ৰয়োগত আনিব পাৰে। অন্য আৰু মাজৰ পেনেলত তাৰ লগত সম্বন্ধীত অপচনচন থাকে। তৃতীয় আৰু অন্তিম পেনেলত অতিৰিক্ত অপচনচ অন্তৰ্ভুক্ত থাকে।

যেনেঃ যেতিয়া আপুনি প্ৰথম পেনেলত **'প্ৰিন্ট'** ত ক্লিক কৰে, তেতিয়া দ্বিতীয় আৰু মাজৰ পেনেল **'প্ৰিন্ট অপচন'** প্ৰদৰ্শিত কৰে। আৰু তৃতীয় পেনেলে সেইটো ডকুমেন্টৰ সেইটো প্ৰিভিউদেখুৱাব যে সেইটো কি ধৰণৰ প্ৰিন্ট হ'ব। এনেদৰে বেকস্টেজ ভিউত প্ৰিন্টৰ প্ৰক্ৰিয়া কেৱল এটা স্টেপত পুৰা হৈ যাব যৰ পৰা আপুনি আপোনাৰ ডকুমেন্টৰ প্ৰিভিউচাব পাৰে আৰু প্ৰিন্টো প্ৰাপ্ত কৰিব পাৰে।

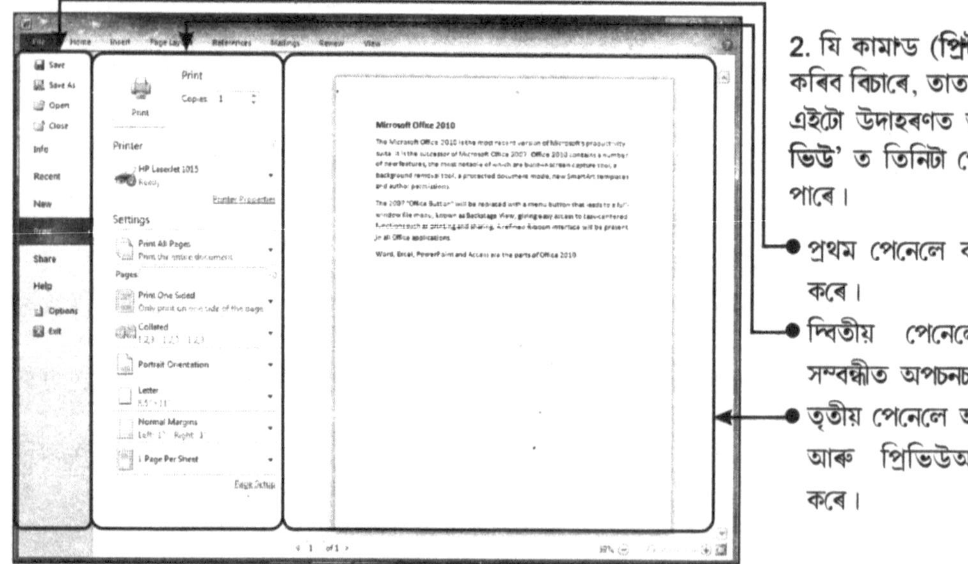

2. যি কামাণ্ড (প্ৰিন্ট) আপুনি প্ৰয়োগ কৰিব বিচাৰে, তাত ক্লিক কৰক। এইটো উদাহৰণত আপুনি **'বেকস্টেজ ভিউ'** ত তিনিটা পেনেলত চাব পাৰে।

- প্ৰথম পেনেলে কামাণ্ডক প্ৰদৰ্শিত কৰে।
- দ্বিতীয় পেনেলে তাৰ লগত সম্বন্ধীত অপচনচক ডিচপ্লে কৰে।
- তৃতীয় পেনেলে অতিৰিক্ত অপচনচ আৰু প্ৰিভিউঅপচনচক ডিচপ্লে কৰে।

ৰিবন

বিভিন্ন প্ৰগ্ৰেমৰ টাস্ক (কাৰ্য) ক পুৰা কৰিবৰ বাবে কামাণ্ডক সহজতে বিচৰাৰ সকলোতকৈ ভাল উপায় ৰিবন হয়। ইয়াৰ পৰা আপুনি কামাণ্ডক সহজতে দি যিকোনো টাস্কক পুৰা কৰিব পাৰে। ৰিবন, টেস্কৰ গ্ৰুপ (সমূহ) হয় আৰু প্ৰত্যেক টেবত তাৰ লগত সম্বন্ধীত কামাণ্ড থাকে।

ৰিবনৰ প্ৰয়োগ

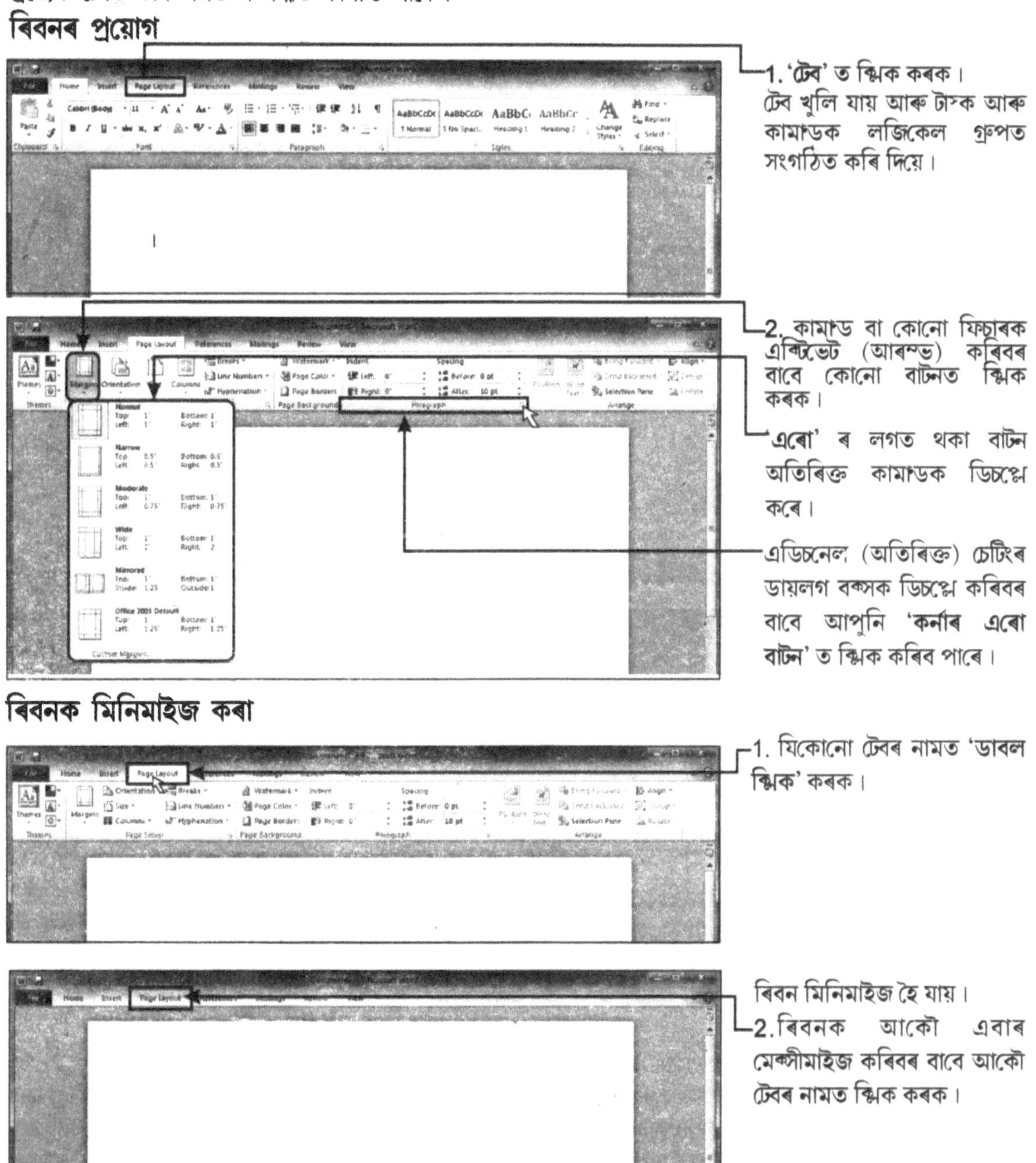

ৱৰ্ডত টেক্সট লিখা

কোনো ডকুমেন্টত টেক্সটক টাইপ কৰাৰ ইয়াত ভিন্ন উপায় থাকে। যদি কোনা পেৰেগ্ৰাফৰ কোনো লাইনৰ অন্তলৈ যেতিয়া আপুনি পাই, তেতিয়া ইয়াত ইনচাৰ্শন পইন্ট নিজে নিজে অন্য লাইনলৈ ট্ৰান্সফাৰ (স্থানান্তৰিত) হৈ যায়।
ইয়াত আপুনি পেৰেগ্ৰাফক পুৰা কৰিবৰ বাবে কোনো (কি) ক টিপাৰ প্ৰয়োজন নাই। যদি আপুনি আপোনাৰ ডকুমেন্টত নতুন পেৰেগ্ৰাফলৈ যাব বিচাৰে, তেতিয়াহ'লে আপুনি এন্টাৰৰ প্ৰয়োগ কৰিব পাৰে।

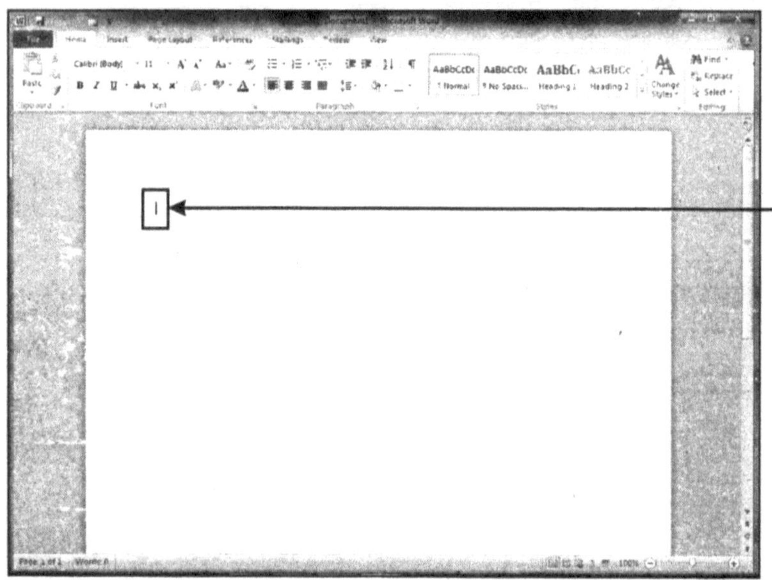

আপোনাৰ দ্বাৰা টাইপ কৰা টেক্সট স্ক্ৰীনত দেখা দিয়া ইনচাৰ্শন পইন্টৰ ওচৰত দেখা দিব।

1. আপুনি ডকুমেন্টৰ বাবে যি কোনো টেক্সট টাইপ কৰক।

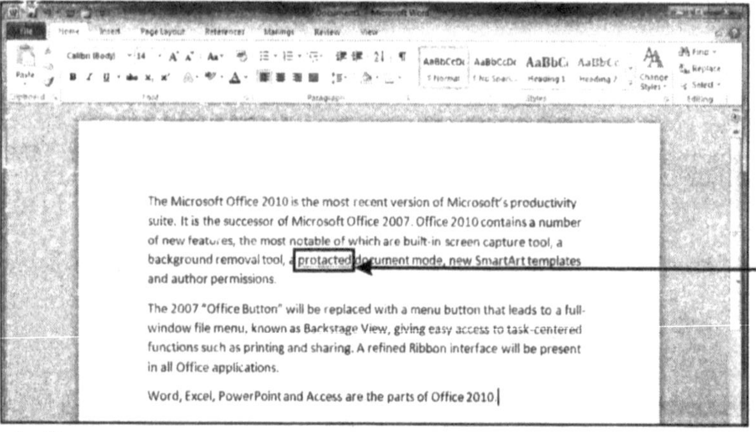

যেতিয়া আপুনি লাইনৰ অন্তলৈ গৈ পাই তেতিয়া উইন্ডোই নিজে নিজে টেক্সটক আনটো লাইনত লিখিবলৈ আৰম্ভকৰি দিয়ে।
যদি আপুনি নতুন পেৰেগ্ৰাফ আৰম্ভকৰিব বিচাৰে, তেতিয়াহ'লে আপুনি কেৱল এন্টাৰ টিপাৰ প্ৰয়োজন হয়।
যদি পেৰেগ্ৰাফত স্পেলিং ভুল হয় তেতিয়াহ'লে শব্দৰ তলত নিজে নিজে ৰঙা ৰং আহি যায় আৰু যদি ব্যাকৰণ ভুল হয়, তেতিয়াহ'লে ৱৰ্ডৰ তলত সেউজীয়া ৰঙৰ লাইন আহি যায়।

এই বিষয়েও জানকঃ

মাইক্ৰচফ্‌টত এটা স্পেচিয়েল ফিচাৰ থাকে, যিটো কমন (সাধাৰণতে প্ৰয়োগ হোৱা) শব্দ আৰু বাক্যক নিজে নিজে অন্তৰ্ভুক্ত কৰি লয়। উদাহৰণৰ বাবে যদি আপুনি কোনো পত্ৰ বা এপলিকেচনত কোনো সামান্য শব্দ বা বাক্যৰ কিছুমান কেৰেক্টাৰ টাইপ কৰে যেনে **'ইউৰচ ফেইটফুলী'**, তেতিয়া যেতিয়া আপুনি ইউৰচ টাইপ কৰে, তেতিয়া গোটেই বাক্যৰ এটা হালধীয়া ৰঙৰ বাক্য দেখা দিয়ে। ইয়াত ডিচপ্লে হোৱা টেক্সটক ইনচাৰ্ট (অন্তৰ্ভুক্ত কৰিবৰ বাবে এন্টাৰ টিপি দিয়ক, অন্যথা ইয়াক ইগনোৰ কৰি দিয়ক আৰু আপুনি টাইপিং কৰি থাকক।

টেক্সটক চিলেক্ট কৰা অথবা নিৰ্বাচন কৰা

ৱৰ্ডত বিভিন্ন টাস্ক (কাম) কৰাৰ পূৰ্বে আপুনি সেইটো টেক্সট চিলেক্ট কৰি লব লাগে, যাৰ ওপৰত আপুনি কাম কৰিব বিচাৰে। চিলেক্ট কৰা টেক্সট আপোনাৰ স্ক্ৰীনত হাইলাইট হ'ব।

শব্দক চিলেক্ট কৰা

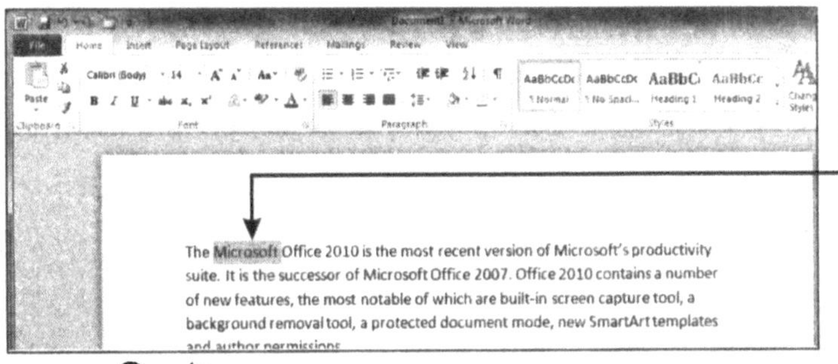

1. যি শব্দক আপুনি চিলেক্ট কৰিব বিচাৰে, তাত **'ডাবল ক্লিক'** কৰক।
শব্দ চিলেক্ট হৈ যাব।
2. চিলেক্ট টেক্সটক ডিচিলেক্ট (পুৰনা স্হিতি) লৈ আহিবৰ বাবে চিলেক্ট কৰা এৰিয়াৰ পৰা বাহিৰৰ যিকোনো ঠাইত ক্লিক কৰক।

বাক্যক চিলেক্ট কৰা

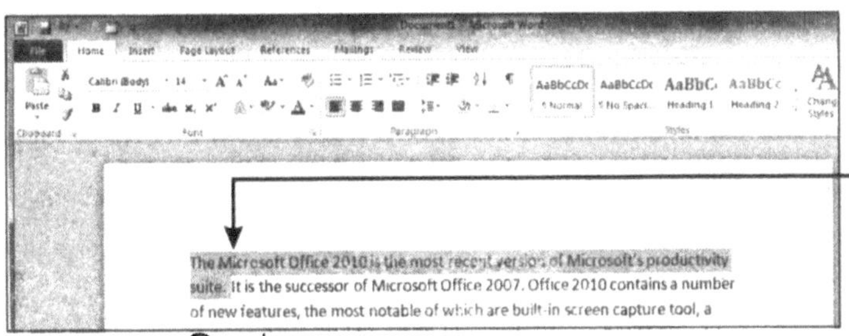

1. আপোনাৰ কি-বৰ্ডেৰে **কন্ট্ৰলক** টিপক।
2. যি **'বাক্য'** ক আপুনি চিলেক্ট কৰিব বিচাৰে, কন্ট্ৰলক টিপি তালৈ লৈ যাওক।

পেৰেগ্ৰাফক চিলেক্ট কৰা

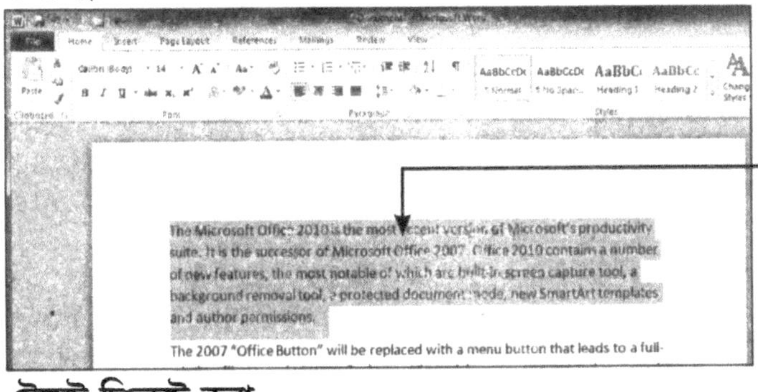

1. যি পেৰেগ্ৰাফক আপুনি চিলেক্ট কৰিব বিচাৰে, তাত মাউচৰ পইণ্টাৰক থৈ **'তিনি বাৰ ক্লিক'** কৰক।
সেইটো গোটেই পেৰেগ্ৰাফ চিলেক্ট হৈ যাব।

টেক্সট চিলেক্ট কৰা

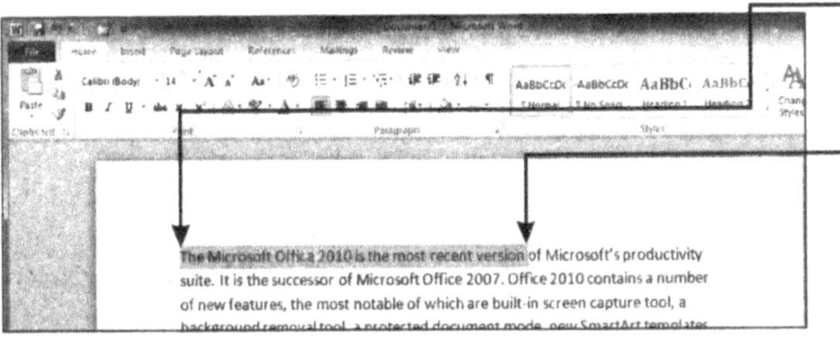

1. যিমান টেক্সটক আপুনি চিলেক্ট কৰিব বিচাৰে, আপোনাৰ মাউচৰ পইণ্টাৰক তাৰ প্ৰথম শব্দত থৈ দিয়ক।
2. ইয়াৰ পিছত আপোনাৰ মাউচৰ পইণ্টাৰক দ্ৰেগ (টিপি ঘূৰোৱা) কৰি সিমান টেক্সটলৈ লৈ যাওক, যিমান দূৰলৈ আপুনি সেইটোক চিলেক্ট কৰিব বিচাৰে।

ডকুমেন্টক চেভ কৰা

ভৱিষ্যতে প্ৰয়োগ কৰিবৰ বাবে আপুনি আপোনাৰ ডকুমেন্টক চেভো কৰিব পাৰে। কোনো ডকুমেন্টক চেভ কৰিলে আপুনি সেইটোক পিছত চাবও পাৰে আৰু তাৰ ওপৰত কাৰ্যও কৰিব পাৰে। চেভ কৰা ফাইল অন্য কম্পিউটাৰতো অপেন কৰিব পাৰে আৰু তাৰ ওপৰটো কাম কৰিব পৰা যায়।

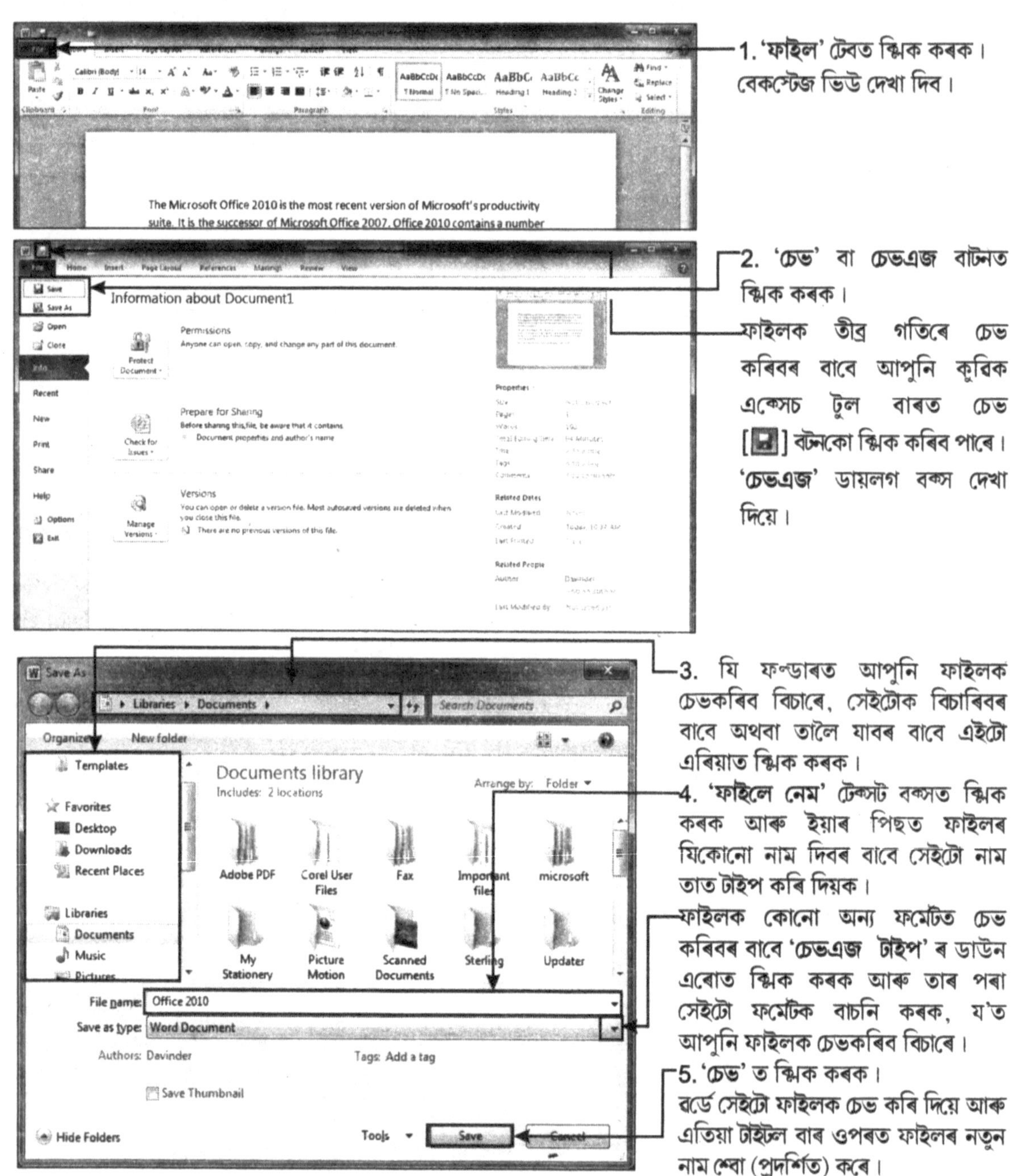

ডকুমেন্টক ৱৰ্ডৰ 97 & 2003_ফৰ্মেটত চেভ কৰা

যদি আপুনি আপোনাৰ ডকুমেন্টক কোনো অন্য এনে কম্পিউটাৰত অপেন কৰিব বিচাৰে, য'ত ৱৰ্ডৰ পুৰনা ভাৰ্জন (সংস্কৰণ)

97 & 2003 প্ৰয়োগ হৈছে, তেতিয়াহ'লে আপুনি মাইক্ৰচফট্ 2010 ত প্ৰস্তুত কৰা আপোনাৰ ডকুমেন্টক অন্য ফৰ্মেট যেনে টেক্সট ফাইল আৰু ৱৰ্ড 97 & 2003 ফৰ্মেটো চেভকৰিব পাৰে।

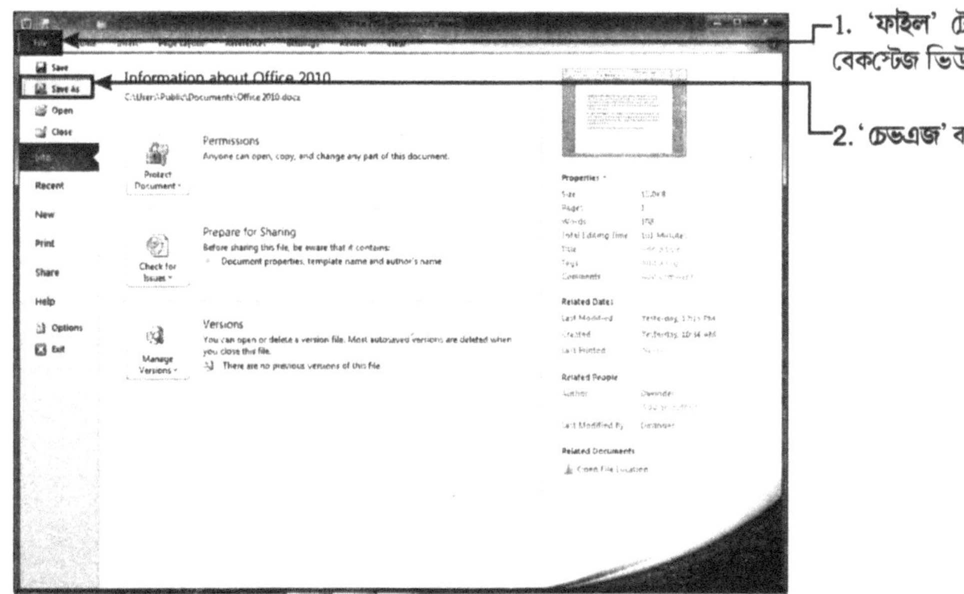

1. 'ফাইল' টেবত ক্লিক কৰক। বেকস্টেজ ভিউ দেখা দিব।

2. 'চেভএজ' বাটনত ক্লিল কৰক।

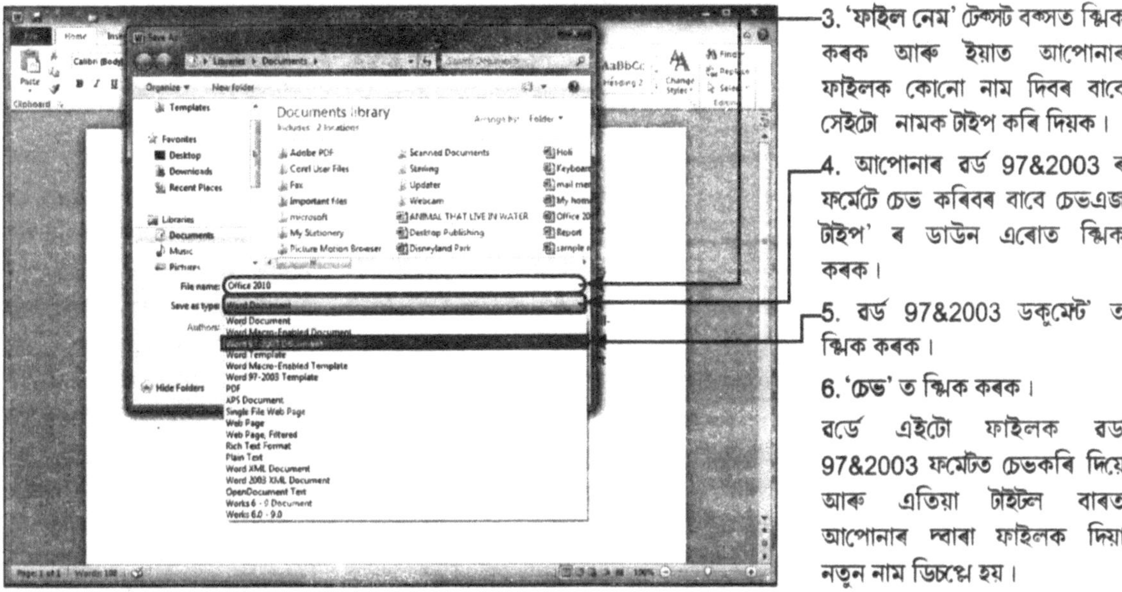

3. 'ফাইল নেম' টেক্সট বক্সত ক্লিক কৰক আৰু ইয়াত আপোনাৰ ফাইলক কোনো নাম দিবৰ বাবে সেইটো নামক টাইপ কৰি দিয়ক।

4. আপোনাৰ ৱৰ্ড 97&2003 ৰ ফৰ্মেটে চেভ কৰিবৰ বাবে চেভএজ টাইপ' ৰ ডাউন এৰোত ক্লিক কৰক।

5. ৱৰ্ড 97&2003 ডকুমেন্ট' ত ক্লিক কৰক।

6. 'চেভ' ত ক্লিক কৰক।

ৱৰ্ডে এইটো ফাইলক ৱৰ্ড 97&2003 ফৰ্মেটত চেভকৰি দিয়ে আৰু এতিয়া টাইটল বাৰত আপোনাৰ দ্বাৰা ফাইলক দিয়া নতুন নাম ডিচপ্লে হয়।

এতিয়া আপুনি আপোনাৰ ডকুমেন্টক সেই লোকৰ লগতো শেয়াৰ কৰিব পাৰে যিটো মাইক্ৰচফট্ 2010 ৰ প্ৰয়োগ নকৰে।

ডকুমেন্টক পিডিএফ আৰু এক্সপিএচ ফৰ্মেটত চেভ কৰা

আপুনি ৱৰ্ডৰ ডকুমেন্টকক পিডএফ আৰু এক্সপিএচ ফৰ্মেটতো চেভকৰিব পাৰে। এডব ফ্ৰি একৰোবেট ৰিডাৰৰ প্ৰয়োগ কৰি আপুনি পিডিএফ ফাইলক অপেনো কৰিব পাৰে। মাইক্ৰচফট্‌ৰ এক্সপিএচ ভিউৱাৰৰ প্ৰয়োগ কৰি আপুনি এক্সপিএচ ফাইলকো অপেন কৰিব পাৰে। উইন্ডো 7 ত এক্সপিএচ ভিউৱাৰ আৰু এক্সপিএচ প্ৰিন্টাৰ ড্ৰাইভাৰো থাকে, যাৰ দ্বাৰা উইন্ডো 7 ক প্ৰয়োগ কৰি এক্সপিএচ ডকুমেন্টতো সলনি কৰিব পাৰে।

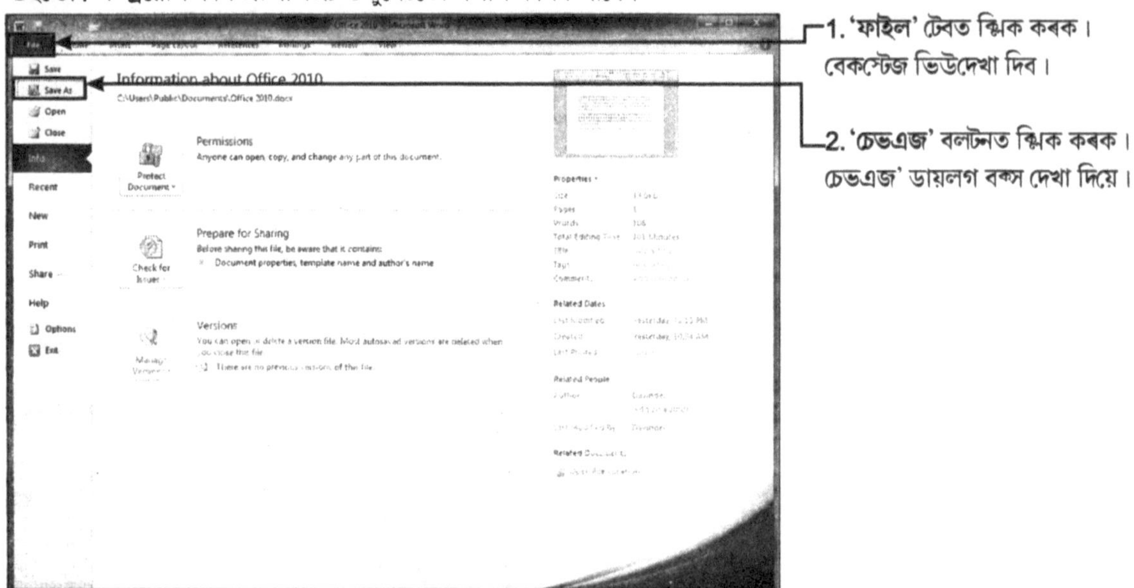

1. 'ফাইল' টেবত ক্লিক কৰক। বেকস্টেজ ভিউদেখা দিব।
2. 'চেভএজ' বলটনত ক্লিক কৰক। চেভএজ' ডায়লগ বক্স দেখা দিয়ে।

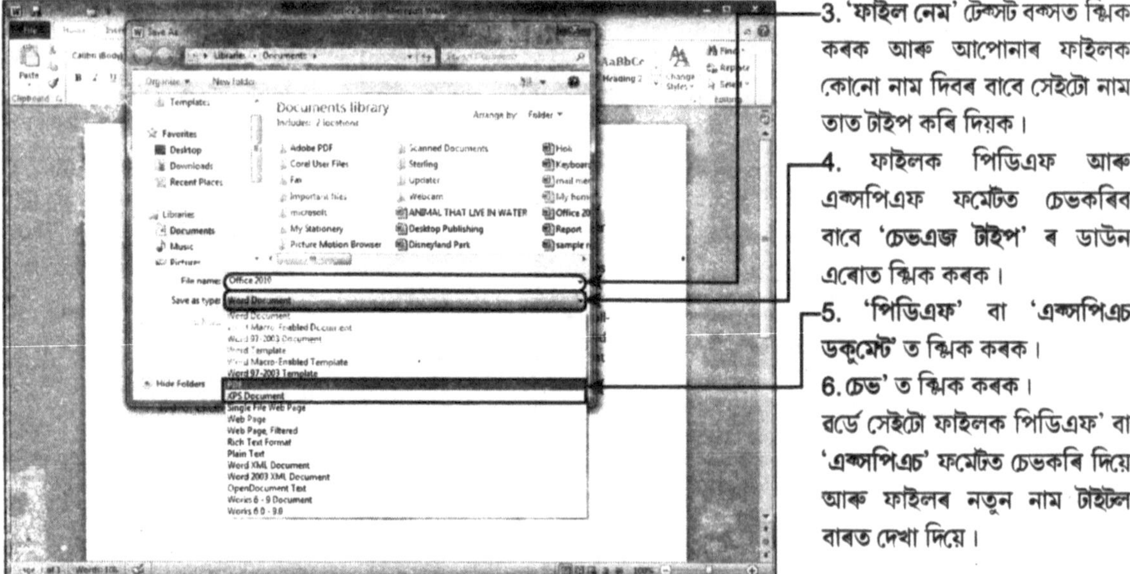

3. 'ফাইল নেম' টেক্সট বক্সত ক্লিক কৰক আৰু আপোনাৰ ফাইলক কোনো নাম দিবৰ বাবে সেইটো নাম তাত টাইপ কৰি দিয়ক।
4. ফাইলক পিডিএফ আৰু এক্সপিএফ ফৰ্মেটত চেভকৰিব বাবে 'চেভএজ টাইপ' ৰ ডাউন এৰোত ক্লিক কৰক।
5. 'পিডিএফ' বা 'এক্সপিএচ ডকুমেন্ট' ত ক্লিক কৰক।
6. চেভ' ত ক্লিক কৰক। ৱৰ্ডে সেইটো ফাইলক পিডিএফ' বা 'এক্সপিএচ' ফৰ্মেটত চেভকৰি দিয়ে আৰু ফাইলৰ নতুন নাম টাইটল বাৰত দেখা দিয়ে।

এতিয়া আপুনি পিডিএফ ফাইলক এডব একৰোবেটৰ ৰিডাৰত আৰু এক্সপিএচ ডকুমেন্টক মাইক্ৰচফট্‌ৰ এক্সপিএচ ভিউত অপেন কৰিব পাৰে।

ডকুমেন্টক ক্লজ (বন্ধ) কৰা

আপোনাৰ স্ক্ৰীনত দেখা দিয়া কোনো ডকুমেন্টক ৰিমুভ কৰিবৰ বাবে আপুনি সেইটো ক্লজ (বন্ধ) ও কৰিব পাৰে। কোনো ডকুমেন্টক ক্লজ কৰাৰ অৰ্থ এইটো নহয় যে আপুনি ৱৰ্ড প্ৰগ্ৰেমৰ পৰা বাহিৰলৈ যাওক।
কোনো ডকুমেন্টক বন্ধ কৰাৰ পূৰ্বে আপুনি তাত কৰা চেঞ্জ (পৰিৱৰ্তন) ক চেভ কৰি লব লাগে।

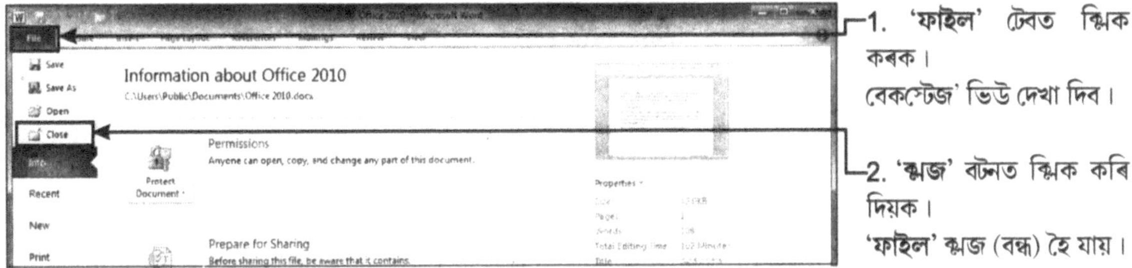

1. 'ফাইল' টেবত ক্লিক কৰক।
বেকস্টেজ' ভিউ দেখা দিব।

2. 'ক্লজ' বটনত ক্লিক কৰি দিয়ক।
'ফাইল' ক্লজ (বন্ধ) হৈ যায়।

চেভ কৰা ডকুমেন্টক অপেন কৰা

চেভ কৰা ডকুমেন্টক আপোনাৰ স্ক্ৰীনত চাবৰ বাবে আপুনি সেইটোক অপেন কৰিব পাৰে। ইয়াত আপুনি সেইটোক অপেন কৰিব পাৰে। ইয়াত আপুনি এই ডকুমেন্টত চেঞ্জ (পৰিৱৰ্তন) ও কৰিব পাৰে।

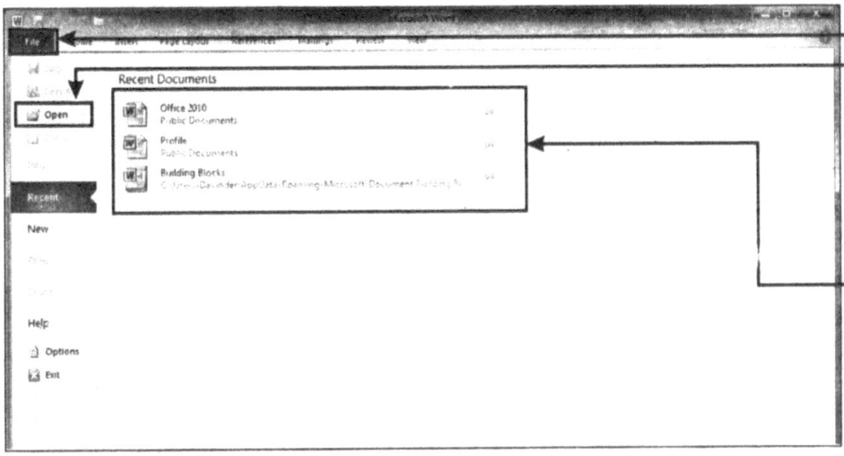

1. 'ফাইল' টেবত ক্লিক কৰক।
বেকস্টেজ ভিউ' দেখা দিব।

2. 'অপেন' বাটনত ক্লিক কৰক।

অলপ আগতে অপেন কৰা সকলো ডকুমেন্ট এইটো ফাইল মেনু দেখা দিয়ে, ইয়াৰে আপুনি যিটোক অপেন কৰিব বিচাৰে তাত ক্লিক কৰি দিয়ক।

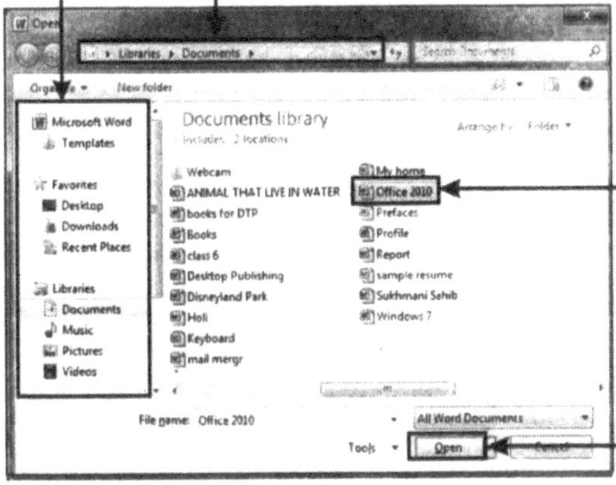

'অপেন' ডায়লগ বক্স দেখা দিয়ে।

3. সেইটো এৰিয়া বা ফল্ডাৰক চাবৰ বাবে ইয়াত ক্লিক কৰক, য'ত আপুনি ফাইলক চেভবা স্টৰ কৰিছে।

4. সেইটো ফাইলত ক্লিক কৰক, যাক আপুনি অপেন কৰিব বিচাৰে।

5. 'অপেন' ত ক্লিক কৰক।
সেইটো ফাইল প্ৰগ্ৰেম উইন্ডোত অপেন হৈ যায়।

নতুন ফাইল প্ৰস্তুত কৰা

নতুন ডাটাক অন্তৰ্ভুক্ত কৰিবৰ বাবে ৱৰ্ড প্ৰগ্ৰেমত আপুনি নতুন ফাইলো ক্ৰিয়েট (প্ৰস্তুত) কৰিব পাৰে। নতুন ফাইল খুলিবৰ বাবে আপুনি ৱৰ্ডক বন্ধ কৰক আৰু ইয়াক আকৌ এবাৰ খোলাৰ আৱশ্যক নহয়।

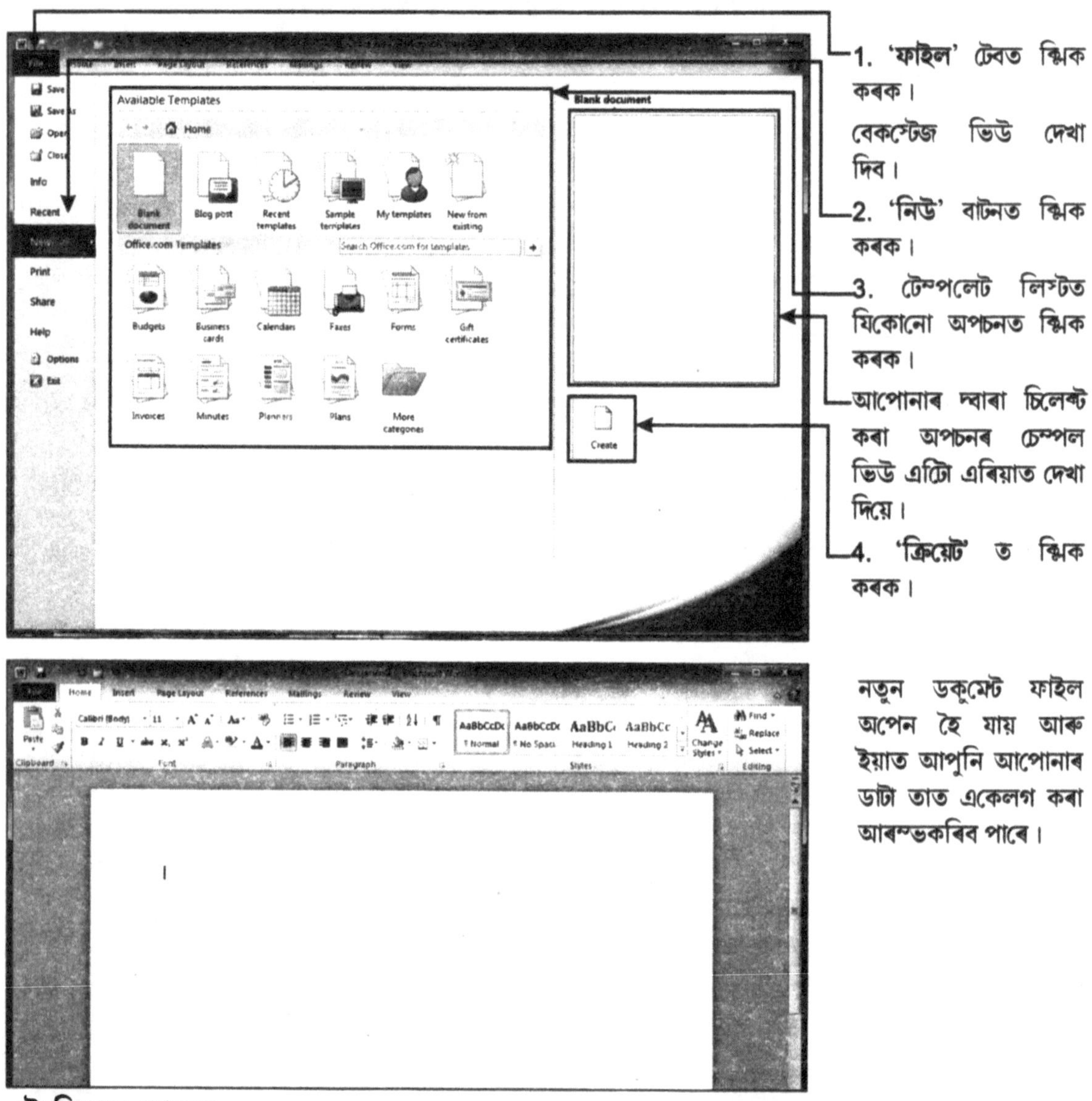

এই বিষয়েও জানকঃ

ৱৰ্ড ডকুমেন্টৰ বাবে টেম্পলেট' এটা বেচ হয়। এমএচ ৱৰ্ডত সকলো ডকুমেন্ট কিবা নহয় কিবা টেম্পলেটত আধাৰিত হয়। উদাহৰণৰ বাবে এটা ব্লেংক ডকুমেন্ট নৰ্মেল টেম্পলেটত প্ৰস্তুত হয়। টেম্পলেটৰ প্ৰয়োগ কৰি আপুনি আপোনাৰ ডকুমেন্টক বিশেষ ৰূপতো প্ৰস্তুত কৰিব পাৰে কাৰণ কিছুমান টেম্পলেটত আপোনাৰ ফন্ট আৰু স্টাইলৰ বিশেষ চেট হয়। কিছুমান টেম্পলেট অফিচ অনলাইন বেৱচাইৰ পৰা আহে। এইটো চিলেক্ট কৰি আপুনি এইটোক ডাউনলোড কৰিব পাৰে।

অপেন ডকুমেন্টত ইটো-সিটোক জন

যদি আপোনাৰ ৱৰ্ডত দুটা বা তাতকৈ অধিক ডকুমেন্ট অপেন কৰি ৰাখিছে, তেতিয়াহ'লে আপুনি ইয়াৰে যিকোনোতে সহজতে যাব পাৰে।

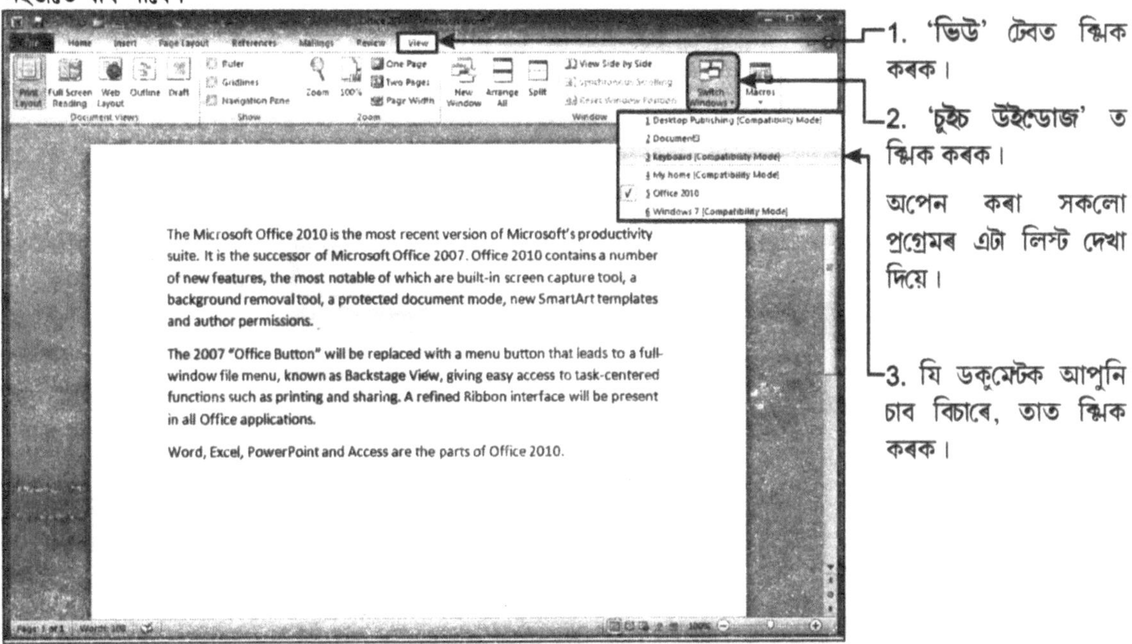

1. 'ভিউ' টেবত ক্লিক কৰক।

2. 'চুইচ উইণ্ডোজ' ত ক্লিক কৰক।

অপেন কৰা সকলো প্ৰগ্ৰেমৰ এটা লিস্ট দেখা দিয়ে।

3. যি ডকুমেন্টক আপুনি চাব বিচাৰে, তাত ক্লিক কৰক।

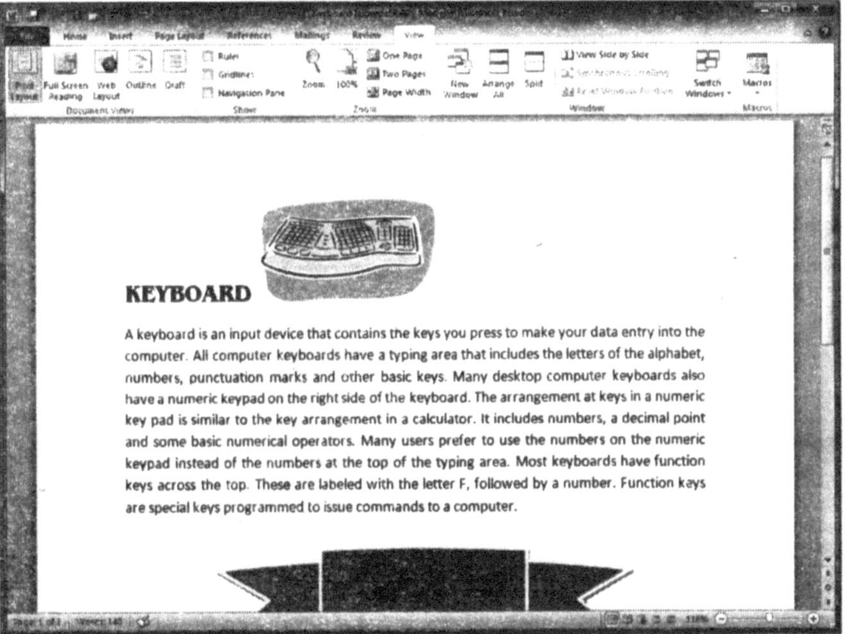

চিলেক্ট কৰা ডকুমেন্ট ইয়াত দেখা দিয়ে।

টাস্ক বাৰত থকা ডকুমেন্ট ফাইলৰ আইকনত ক্লিক কৰিও আপুনি সহজতে এটা ডকুমেন্টৰ পৰা আন এটা ডকুমেন্টলৈ যাব পাৰে।

ডকুমেন্টক কম্পেয়াৰ (তুলনা) কৰ

অপেন কৰা ডকুমেন্টৰ সমানতা আৰু বিভিন্নতাক তুলনা কৰিবৰ বাবে আপুনি সেইটোক স্ক্ৰীনত চাইড বাই চাইড চাব পাৰে।

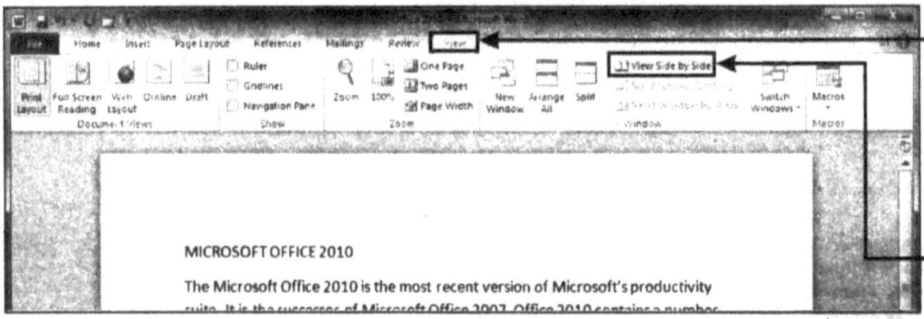

1. যি দুটা ডকুমেন্টক আপুনি কম্পেয়াৰ কৰিব বিচাৰে, প্ৰথমে সেইটোক অপেন কৰক।

2. 'ভিউ' টেবত ক্লিক কৰক।

3. 'ভিউচাইড বাই চাইড' ত ক্লিক কৰক।

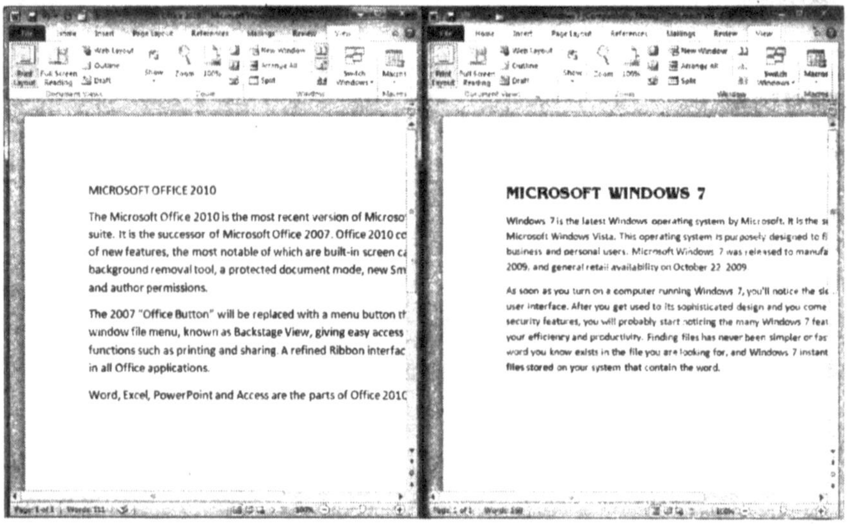

উইন্ডোই দুটা ডকুমেন্টক দুটা ভাগত বিভাজিত কৰি ডিচপ্লে কৰে।

4. যিকোনে ডকুমেন্টৰ স্ক্ৰল বাৰত দ্ৰেগ কৰক। ৰৰ্ডে দুটা ডকুমেন্টৰক লগতে দ্ৰেগ কৰে।

ডকুমেন্টৰ তুলনাত ৰখোৱা

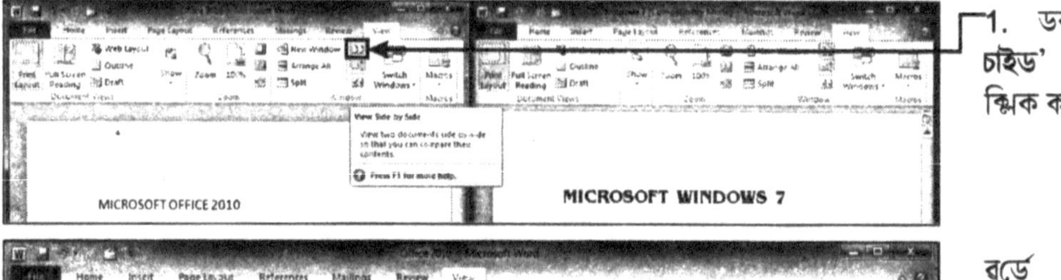

1. ডকুমেন্টত ভিউৰাই চাইড' বাটনৰ বাওঁফালে ক্লিক কৰক।

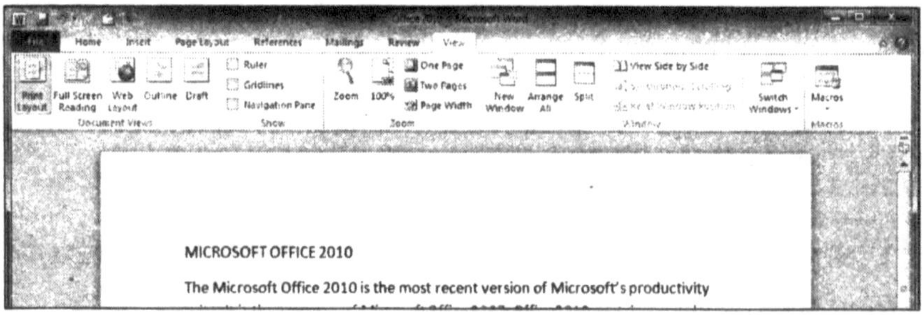

ৰৰ্ডে সেই ডকুমেন্টক আকৌ এবাৰ ফুল স্ক্ৰীনত দেখা দিয়ে। য'ত অন্য ডকুমেন্টো এতিয়া খোলা আছে। আপুনি অন্য ডকুমেন্টলৈও যাব পাৰে।

অপেন ডকুমেন্টক প্ৰটেক্ট কৰা অৰ্থাৎ সেইটোক সুৰক্ষিত কৰি ৰখা

কোনো ডকুমেন্টক পাচৱৰ্ড দি আপুনি সেইটোক সুৰক্ষিত কৰি ৰাখিব পাৰে। এনে কৰিলে অন্য মানুহে সেইটো ডকুমেন্টত চেঞ্জ (পৰিৱৰ্তন) কৰিব নোৱাৰে, যেতিয়ালৈকে তেওঁ পাচৱৰ্ড নাজানে।

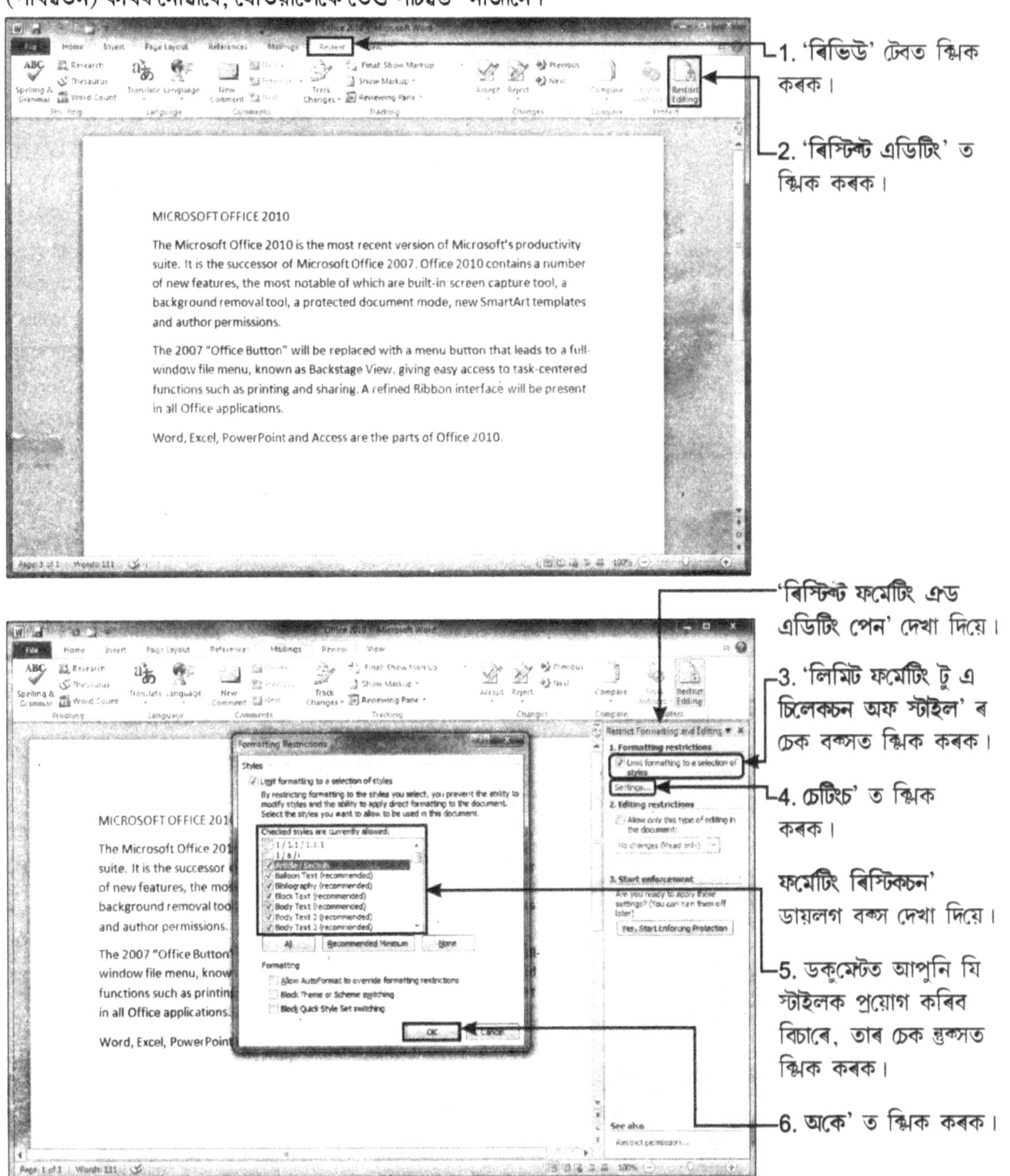

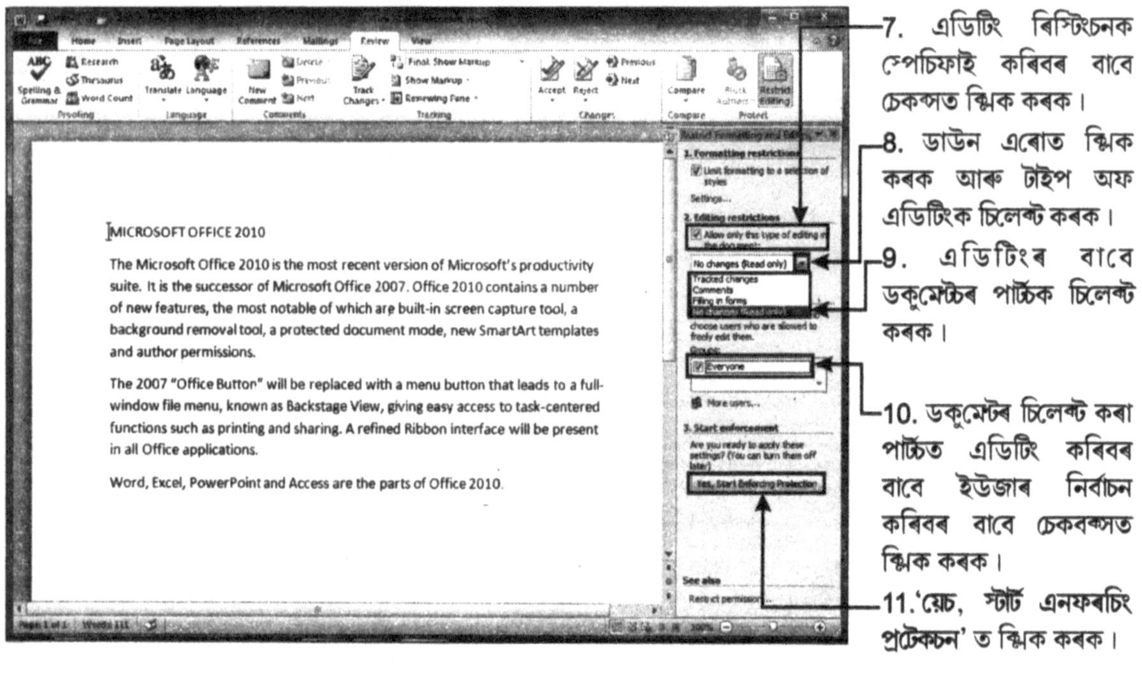

7. এডিটিং ৰিস্টিংচনক স্পেচিফাই কৰিবৰ বাবে চেকবসত ক্লিক কৰক।

8. ডাউন এৰোত ক্লিক কৰক আৰু টাইপ অফ এডিটিংক চিলেক্ট কৰক।

9. এডিটিংৰ বাবে ডকুমেন্টৰ পাৰ্টক চিলেক্ট কৰক।

10. ডকুমেন্টৰ চিলেক্ট কৰা পাৰ্টত এডিটিং কৰিবৰ বাবে ইউজাৰ নিৰ্বাচন কৰিবৰ বাবে চেকবক্সত ক্লিক কৰক।

11. 'য়েচ, স্টাৰ্ট এনফৰচিং প্ৰটেকচন' ত ক্লিক কৰক।

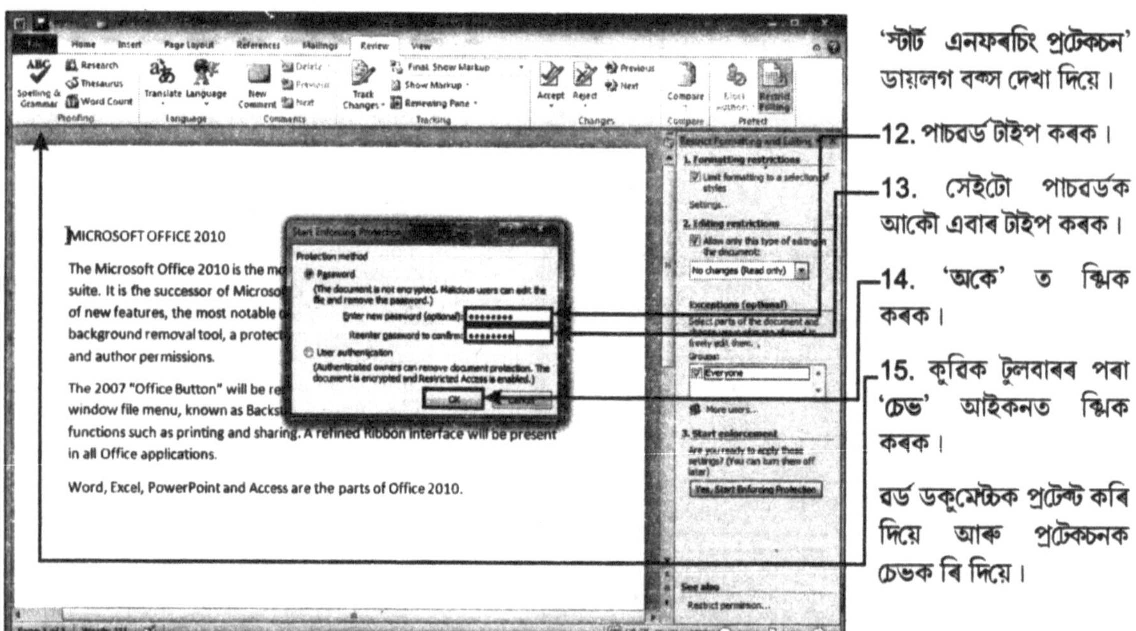

'স্টাৰ্ট এনফৰচিং প্ৰটেকচন' ডায়লগ বক্স দেখা দিয়ে।

12. পাচৱৰ্ড টাইপ কৰক।

13. সেইটো পাচৱৰ্ডক আকৌ এবাৰ টাইপ কৰক।

14. 'অকে' ত ক্লিক কৰক।

15. কুৱিক টুলবাৰৰ পৰা 'চেভ' আইকনত ক্লিক কৰক।

ৱৰ্ড ডকুমেন্টক প্ৰটেক্ট কৰি দিয়ে আৰু প্ৰটেকচনক চেভক ৰি দিয়ে।

যেতিয়া আপুনি প্ৰটেক্ট কৰা কোনো ডকুমেন্টক অপেন কৰে, তেতিয়াহ'লে আপুনি যি এৰিয়াত এডিট কৰিব বিচাৰে, সেইটো হাইলাইট হৈ যায়। যদি আপুনি সেইটো এৰিয়াত চেঞ্জ (পৰিৱৰ্তন) কৰিব বিচাৰে যিটো হাইলাইট হোৱা নাই, তেতিয়াহ'লে স্টেটাচ বাত এটা মেচেজ (সংবাদ) দেখা দিয়ে। যে আপুনি এইটো এৰিয়াত পৰিৱৰ্তন কৰিব নিবিচাৰে, কাৰণ ডকুমেন্টৰ এইটো এৰিয়াক প্ৰটেক্ট (সুৰক্ষিত) কৰা হৈছে।

ডকুমেণ্টত টেক্সটত ইনচার্ট (অন্তৰ্ভুক্ত) কৰা

ডকুমেণ্টত আপুনি সহজতে টেক্সটত একেলগ কৰিব পাৰে।

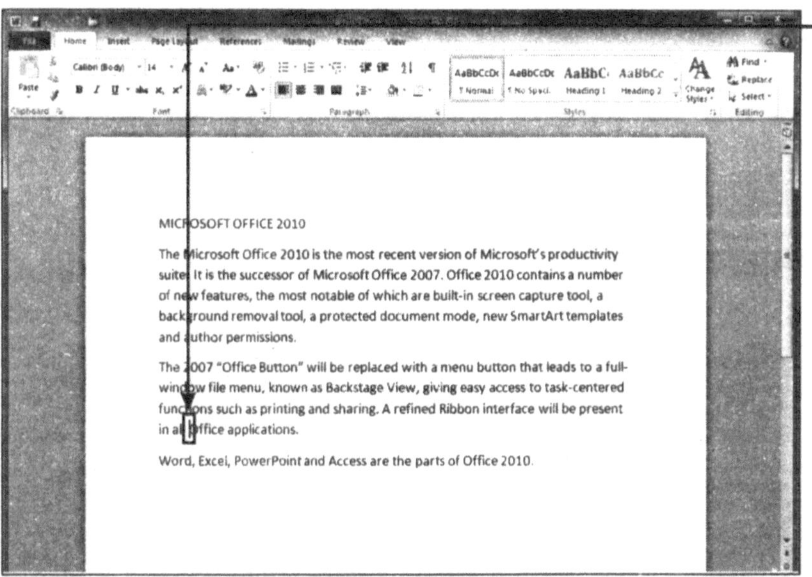

1. আপোনাৰ ডকুমেণ্টৰ সেইটো স্থানত ক্লিক কৰক, য'ত আপুনি নতুন টেক্সট অন্তৰ্ভুক্ত কৰিব বিচাৰে।

আপোনাৰ দ্বাৰা টাইপ কৰা টেক্সটত তাত দেখা দিয়ে, য'ত স্ক্ৰীনত ইনচাৰ্শন পইণ্ট জিলিকি থাকে।

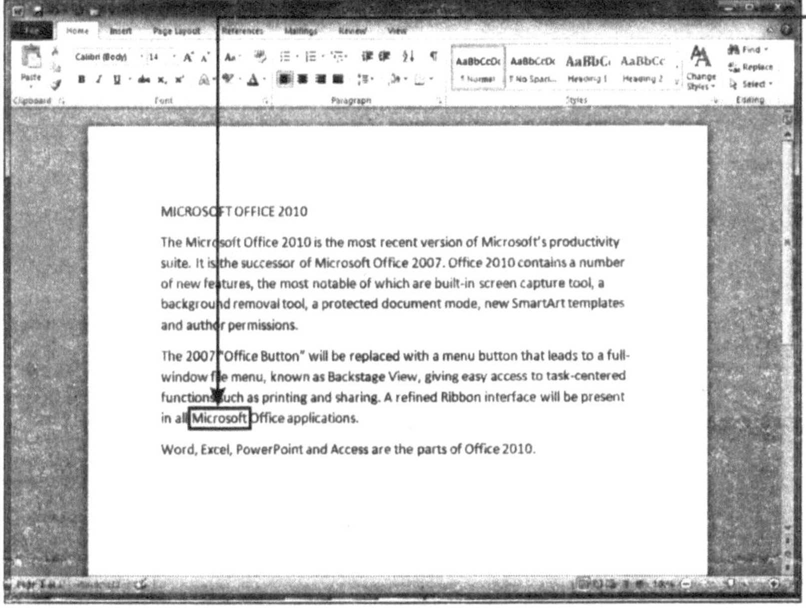

2. সেইটো টেক্সটক টাইপ কৰক যাক আপুনি অন্তৰ্ভুক্ত কৰিব বিচাৰে।

ব্লেংক স্পেচ (খালি স্থান) ক ইনচার্ট (অন্তৰ্ভুক্ত) কৰিবৰ বাবে আপোনাৰ কি-বৰ্ডৰে স্পেচবাৰক টিপক।

নতুন টেক্সটৰ আগৰ শব্দ আৰু আগলৈ গুচি যায়।

ডকুমেন্টৰ পৰা টেক্সটক ডিলিট কৰা

যদি কোনো টেক্সটৰ আপোনাক অধিক সময়লৈকে প্ৰয়োজন নহয় তেতিয়াহ'লে আপুনি সেইটোক ডিলিট অথবা ৰিমুভ কৰিব পাৰে।

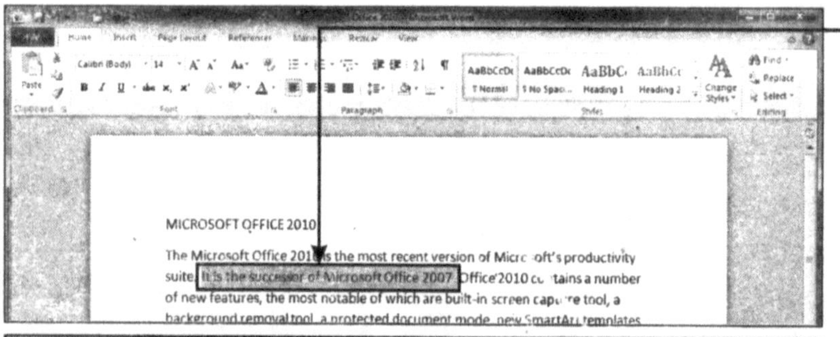

1. যি টেক্সটক আপুনি ডিলিট কৰিব বিচাৰে, সেইটোক প্ৰথমে চিলেক্ট কৰক।
2. সেইটো টেক্সটক আতৰাবৰ বাবে আপোনাৰ কি-বৰ্ডেৰে 'ডিলিট' অপচনক টিপক।

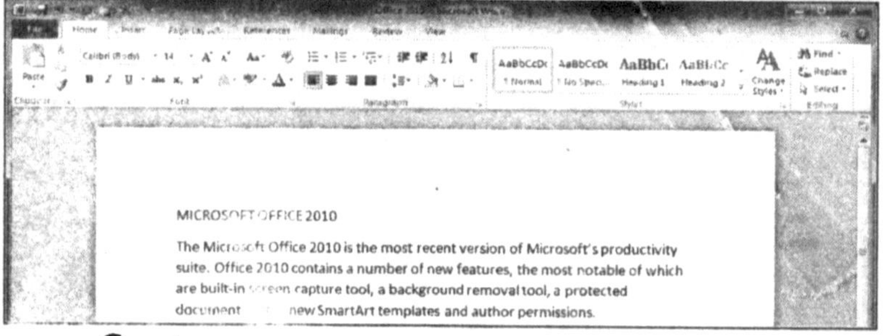

চিলেক্ট কৰা টেক্সট নাইকিয়া হৈ যায় আৰু বাকী বাচি থকা পেৰেগ্ৰফ বা লাইন তাৰ খালি স্হানলৈ আহি যায়।

আনডু ফিচাৰ্চ

ডকুমেন্টত কাম কৰা সময়ত কৰা কোনো একচন (কাৰ্য) ক পুনৰ সেইটো স্হিতিলৈ ঘূৰাই আনিবৰ বাবে আনডু ফিচাৰ্চৰ প্ৰয়োগ কৰা যায়। যেনে টেক্সটক ডিলিট কৰা বা ফৰ্মেট কৰা। এইটো ফিচাৰ সেইটো সময়ত বহুত উপযোগী প্ৰমাণিত হয়, যেতিয়া আপুনি ভুলতে কোনা টেক্সটক ডিলিট কৰি দিয়ে আৰু সেইটোক আকৌ প্ৰাপ্ত কৰিব বিচাৰে।

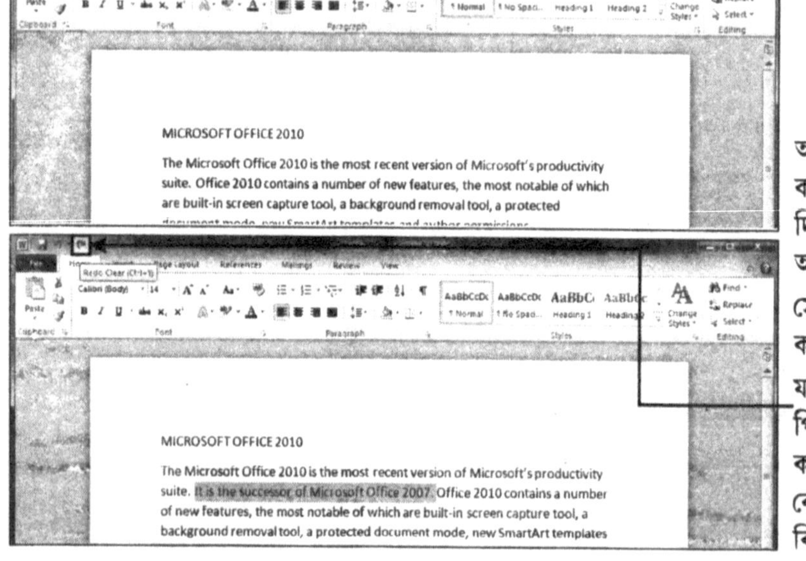

1. কুৱিক এক্সেচ টুলবাৰত আনডু' আইনত ক্লিক কৰক।

আপোনাৰ দ্বাৰা সকলোতকৈ শেষত কৰা পৰিৱৰ্তনক ৱৰ্ডে সলনি কৰি দিয়ে আৰু তাৰ আগৰ স্হিতিলৈ আহি যায়।

সেইটো স্হিতিলৈ ঘূৰি আহিবৰ বাবে কন্ট্ৰল আৰু জেড ক টিপিব পাৰে।

যদি আনডু আইকনক ক্লিক কৰাৰ পিছত আপুনি ইয়াত পৰিৱৰ্তন কৰিব নিবিচাৰে যে আনডু অপচন কেন্সেল হৈ যায়, তেতিয়া আপুনি ৰিডু' অপচনত ক্লিক কৰিব পাৰে।

টেক্সটক কপি বা মুভ কৰোৱা

আপোনাৰ ডকুমেন্টক ব্যৱস্থিত কৰিবৰ বাবে টেক্সটক কোনো অন্য স্থানত কপি কৰিব পাৰে বা মুভ(লৈ যোৱা) কৰাব পাৰে। মুভ কৰা টেক্সটে আপোনাক নতুন লকেচন (ঠাই) ত দেখা দিব আৰু প্ৰথম ঠাইৰ পৰা আতৰি যাব। কি কপি টেক্সট আকৌ টাইপ নকৰাকে সেইটো টেক্সটক অন্য ঠাইলৈ লৈ যাব আৰু হেঁটোৱে আপোনাক দুটা ঠাই (নতুন আৰু পুৰনা) দেখা দিব।

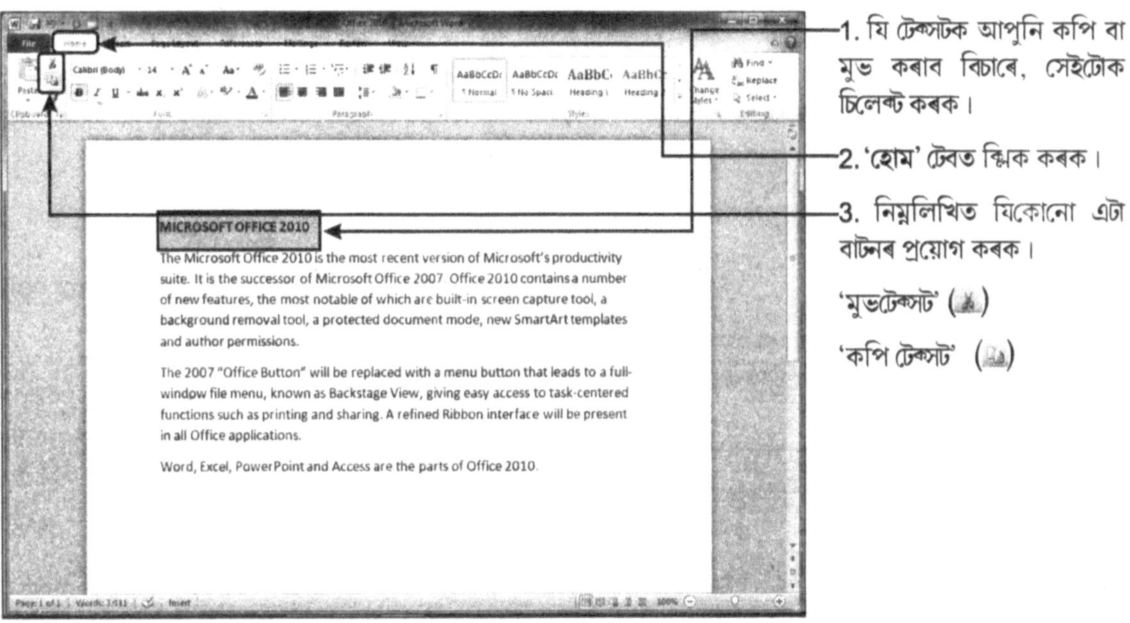

এইটো উদাহৰণত আমি 'কপি' অপচনৰ প্ৰয়োগ কৰি আছো যৰ পৰা টেক্সট দুয়ো ঠাইত দেখা দিব।

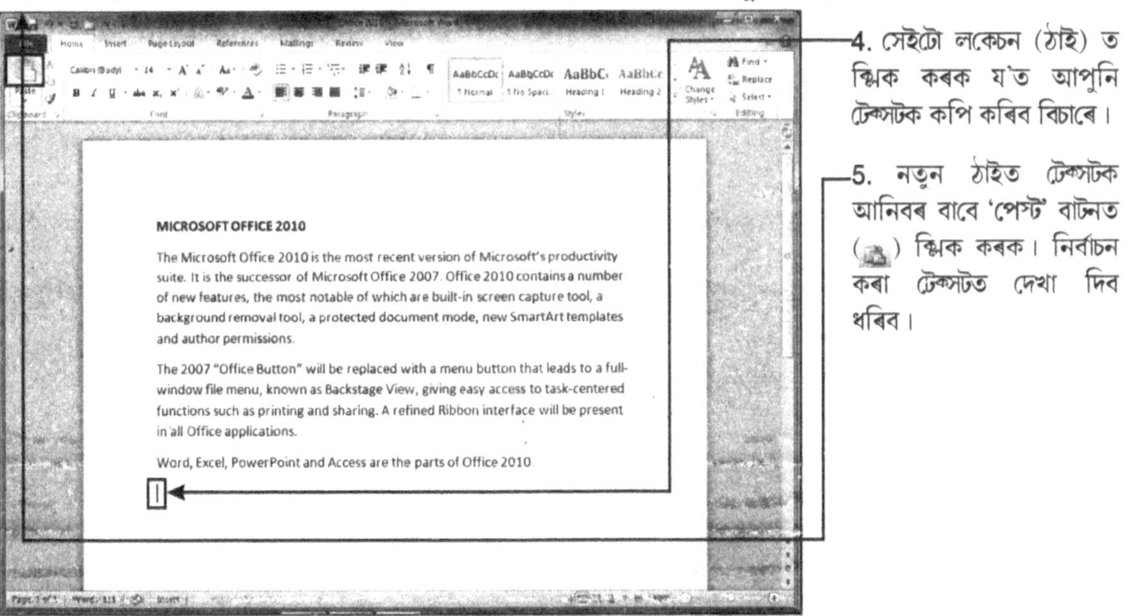

পেস্ট প্ৰিভিউ

কোনো নতুন ঠাইত পেস্ট কৰা বা কপি কৰাৰ পিছত আপোনাৰ টেক্সট কেনেদৰে দেখা দিব, এই বিষয়ে জানিবৰ বাবে আপুনি পেস্ট প্ৰিভিউ' বাটনৰ প্ৰয়োগ কৰিব পাৰে।

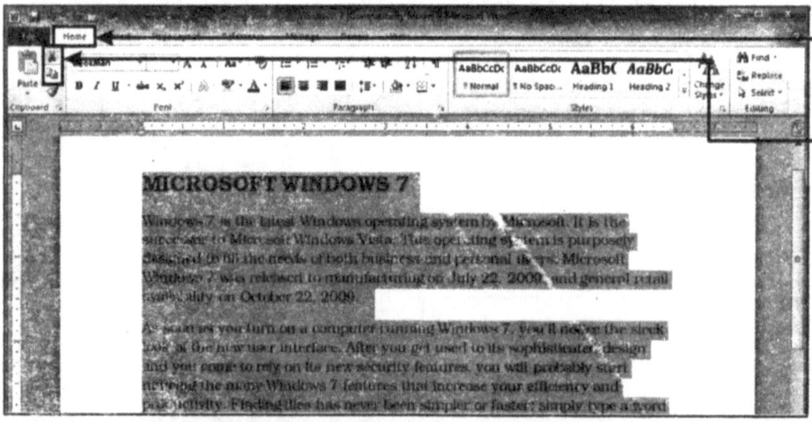

1. যি টেক্সটক আপুনি কপি বা মুভ কৰাব বিচাৰে, সেইটো চিলেক্ট কৰক।

2. 'হোম' টেবত ক্লিক কৰক।

3. নিম্নলিখিতৰ কোনো এটা বাটনৰ প্ৰয়োগ কৰক।

'কপি টেক্সট' ( )

'মুভটেক্সট' * ( )

এইটো উদাহৰণত আমি 'কাট' টেক্সটৰ প্ৰয়োগ কৰে।

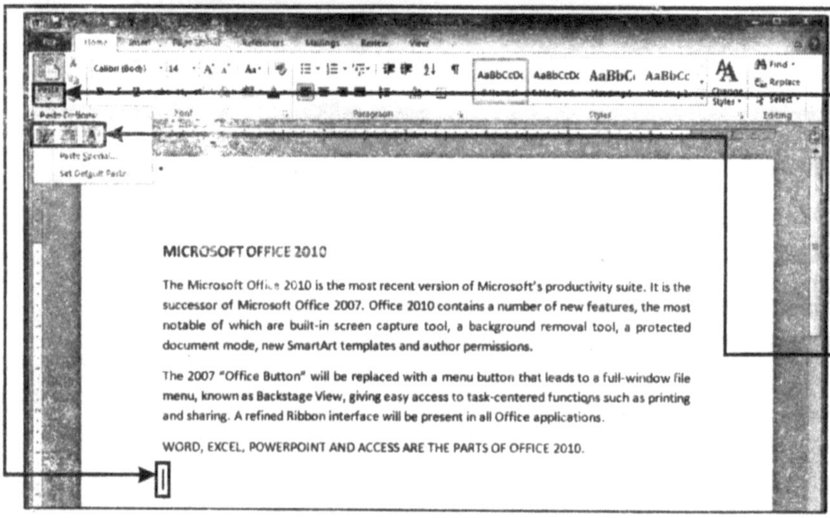

4. সেইটো লকেচন (ঠাই) ৰ প্ৰয়োগ কৰক য'ত আপুনি নতুন টেক্সট আনিব বিচাৰে।

5. 'পেস্ট' বাটনৰ ডাউন এৰোত ক্লিক কৰক।

পেস্ট অপচন মেনু তিনিটা বাটনৰ লগত দেখা দিয়ে।

6. ইয়াৰে যিকোনো এটা বাটনত ক্লিক কৰক।

কপি চৰ্চ ফৰমেটিংঃ এইটো অপচনে আপোনাৰ দ্বাৰা কপি কৰা ডকুমেণ্টত সেইটো ফৰমেটিংক অন্তৰ্ভুক্ত কৰিব, যিটো প্ৰয়োগ কৰা গৈছে।
ইয়াৰ অৰ্থ হ'ল কপি কৰা টেক্সট আৰু কপিয়ে সেইটো ফণ্ট আৰু অন্য বস্তুত সেইটো থাকিব, যাক কপি কৰা গৈছে।

মাৰ্জ ফৰমেটিংঃ এইটো অপচনত ইয়াত পেস্ট কৰা এলিমেণ্ট সেইটো ৰূপত পৰিৱৰ্তন হৈ যায়, যিটো ৱৰ্ড 2010 ত প্ৰয়োগ কৰিছে।

কপি টেক্সট অনলিঃ এইটো অপচনত পিক্চাৰ আৰু অন্য বস্তু আতৰি যায় আৰু নতুন ঠাইত কেৱল টেস্ট পেস্ট হ'ব।

যিকোনো অপচনত ক্লিক কৰাৰ পূৰ্বে আপোনাক তাৰ বাটনত মাউচ পইণ্টাৰক লৈ যাব পাৰে।

'লাইভপ্ৰিভিউ' সেইটো এলিমেণ্টৰ প্ৰিভিউক ডিচপ্লে কৰে, যিটো আপোনাৰ দ্বাৰা পেস্ট কৰা কণ্টে ইয়াত কেনেদৰে দেখা দিব।

জুম কৰা বা জুমক কম কৰা

আপোনাৰ স্ক্ৰীনত আপুনি টেক্সটক ডাঙৰ বা সৰুও কৰিব পাৰে। ডকুমেন্টৰ বিষয়ে আৰু অধিক ডিটেল জানিবৰ বাবে আপুনি সেইটোক জুম কৰিব পাৰে আৰু এবাৰতে কেইদাটাও ডকুমেন্ট চাবৰ বাবে সেইটো জুম আউটো কৰিব পাৰে।

জুম শ্লাইডক প্ৰয়োগ কৰা

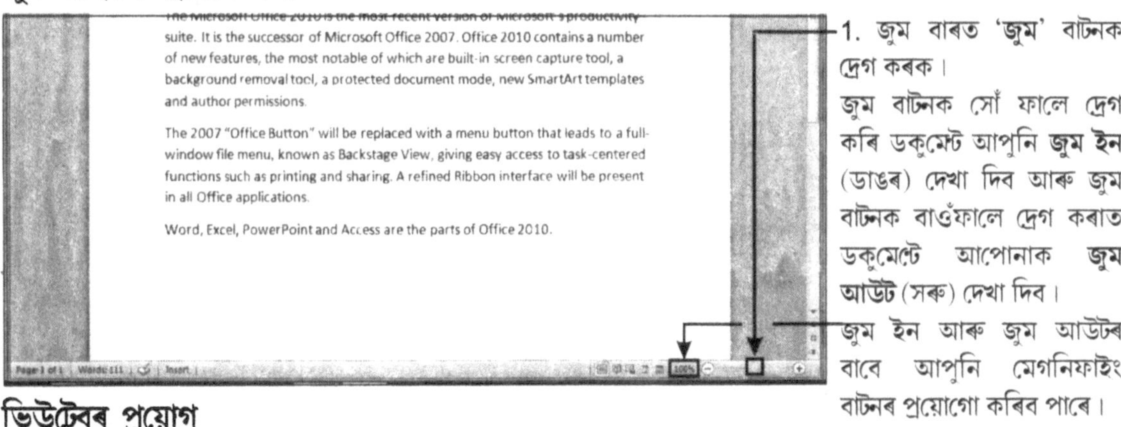

1. জুম বাৰত 'জুম' বাটনক ড্ৰেগ কৰক।

জুম বাটনক সোঁ ফালে ড্ৰেগ কৰি ডকুমেন্ট আপুনি **জুম ইন** (ডাঙৰ) দেখা দিব আৰু জুম বাটনক বাওঁফালে ড্ৰেগ কৰাত ডকুমেণ্টে আপোনাক **জুম আউট** (সৰু) দেখা দিব।

জুম ইন আৰু জুম আউটৰ বাবে আপুনি মেগনিফাইং বাটনৰ প্ৰয়োগো কৰিব পাৰে।

ভিউটেবৰ প্ৰয়োগ

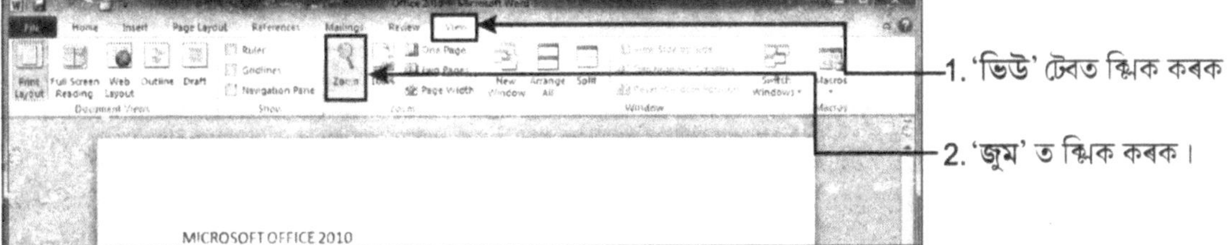

1. 'ভিউ' টেবত ক্লিক কৰক।

2. 'জুম' ত ক্লিক কৰক।

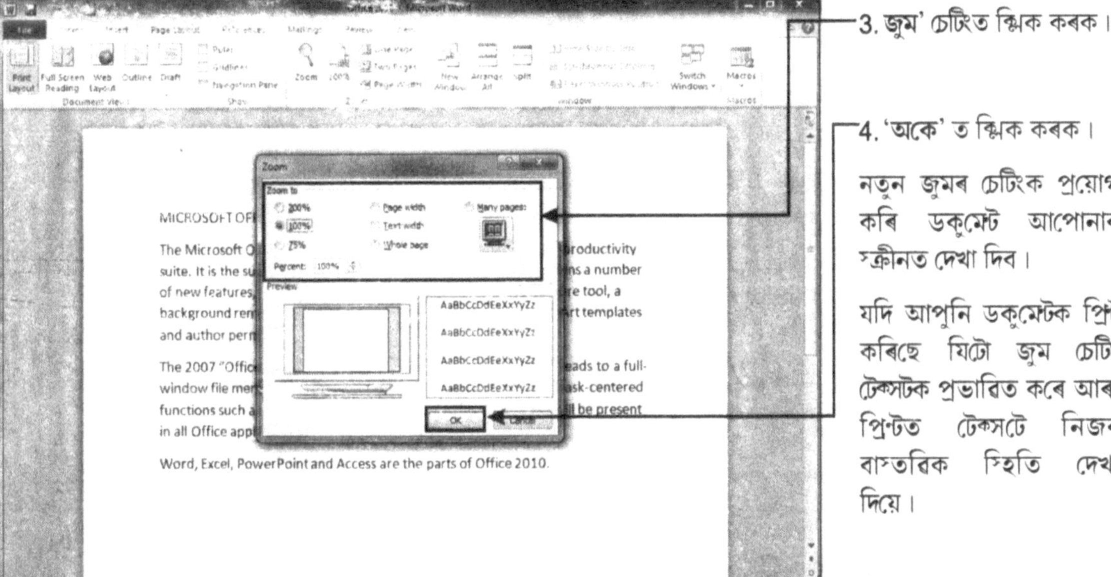

3. জুম' চেটিংত ক্লিক কৰক।

4. 'অকে' ত ক্লিক কৰক।

নতুন জুমৰ চেটিংক প্ৰয়োগ কৰি ডকুমেন্ট আপোনাৰ স্ক্ৰীনত দেখা দিব।

যদি আপুনি ডকুমেন্টক প্ৰিন্ট কৰিছে যিটো জুম চেটিং টেক্সটক প্ৰভাৱিত কৰে আৰু প্ৰিন্টত টেক্সটে নিজৰ বাস্তৱিক স্থিতি দেখা দিয়ে।

চিম্বল (প্ৰতিক, সংকেত আৰু চিহ্ন) ক অন্তৰ্ভুক্ত কৰা

আপুনি আপোনাৰ ডকুমেন্টত সেইটো চিম্বলকো অন্তৰ্ভুক্ত কৰিব পাৰে যিটো কি-বৰ্ডত।

চিম্বলকো ইনচাৰ্ট কৰা

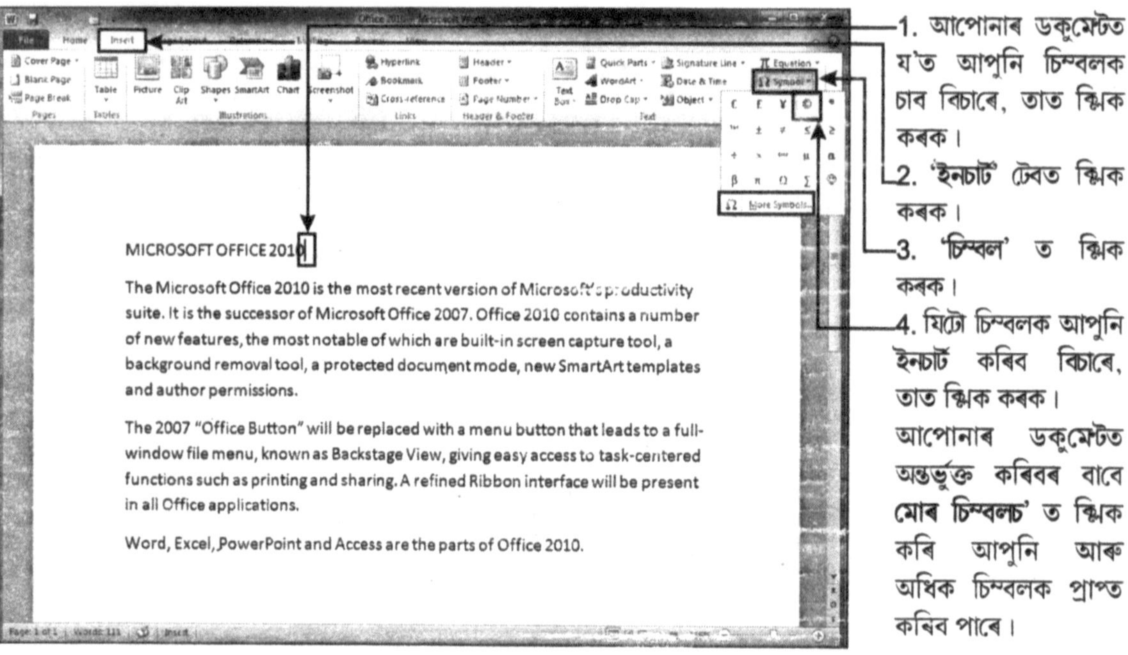

1. আপোনাৰ ডকুমেন্টত য'ত আপুনি চিম্বলক চাব বিচাৰে, তাত ক্লিক কৰক।
2. 'ইনচাৰ্ট' টেবত ক্লিক কৰক।
3. 'চিম্বল' ত ক্লিক কৰক।
4. যিটো চিম্বলক আপুনি ইনচাৰ্ট কৰিব বিচাৰে, তাত ক্লিক কৰক।

আপোনাৰ ডকুমেন্টত অন্তৰ্ভুক্ত কৰিবৰ বাবে **মোৰ চিম্বলচ'** ত ক্লিক কৰি আপুনি আৰু অধিক চিম্বলক প্ৰাপ্ত কৰিব পাৰে।

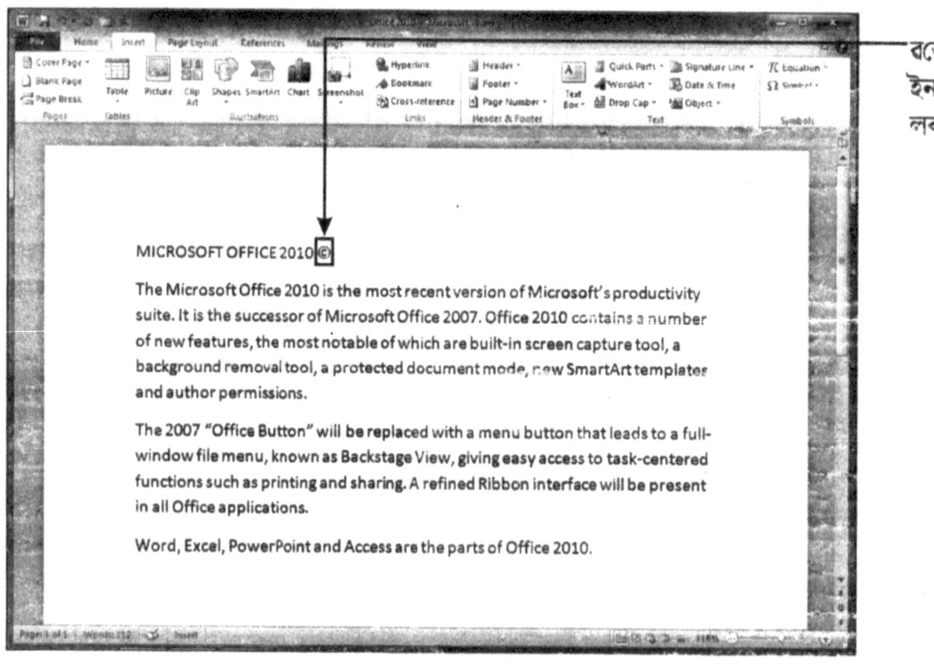

ৱৰ্ডে সেইটো চিম্বলক ইনচাৰ্ট (অন্তৰ্ভুক্ত) কৰি লব।

স্পেচিয়েল কেৰেক্টাৰক ইনচাৰ্ট কৰা

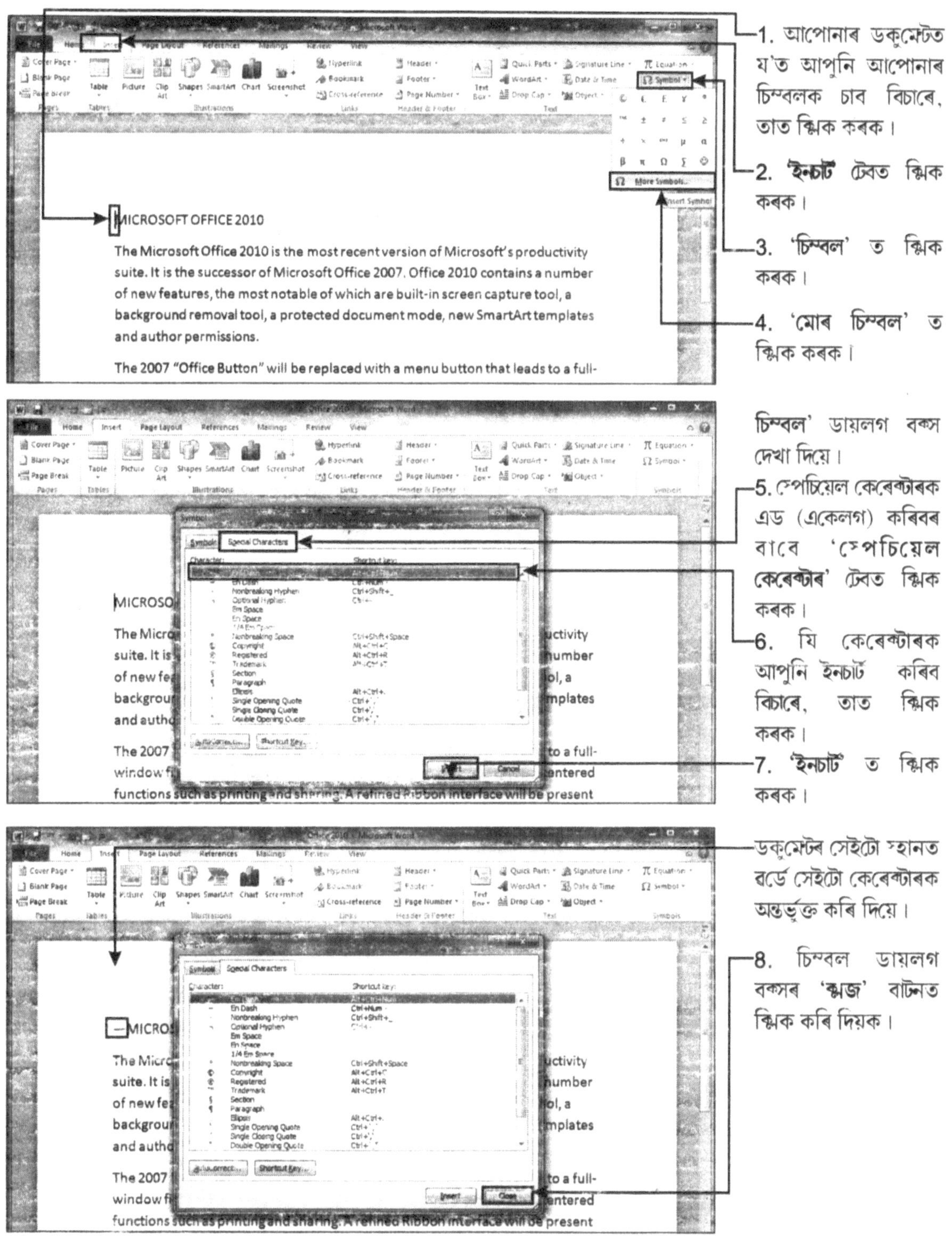

গণিতীয় সমীকৰণৰ লগত কাম কৰা

ৱৰ্ড 2010 ত ৰিবনত থকা ইকুৱেচন টুলচ ডিজাইন টেবৰ প্ৰয়োগ কৰি আপুনি সহজতে গণিতীয় সমীকৰণক প্ৰস্তুত কৰিব পাৰে।

সমীকৰণক ইনচাৰ্ট (অন্তৰ্ভুক্ত) কৰা

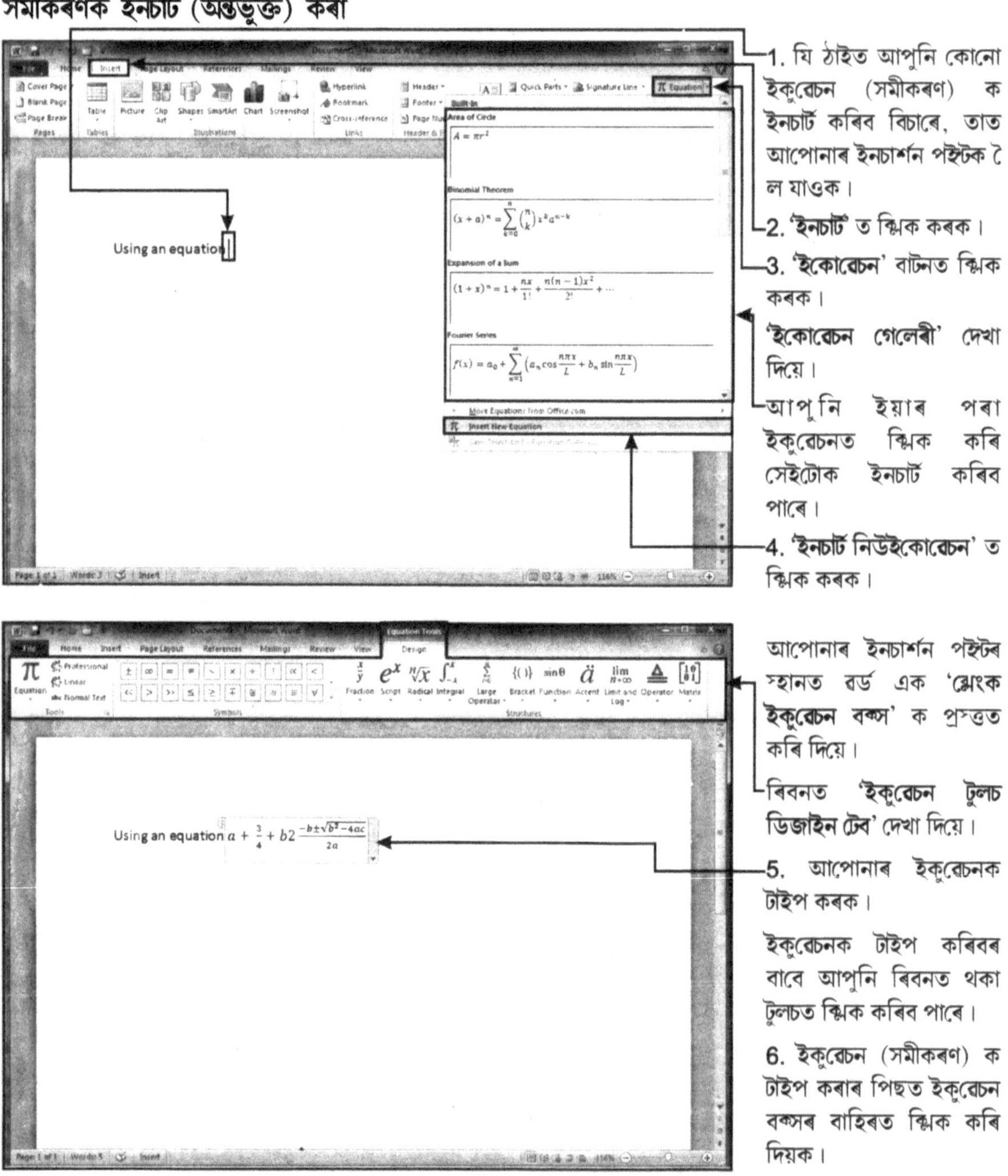

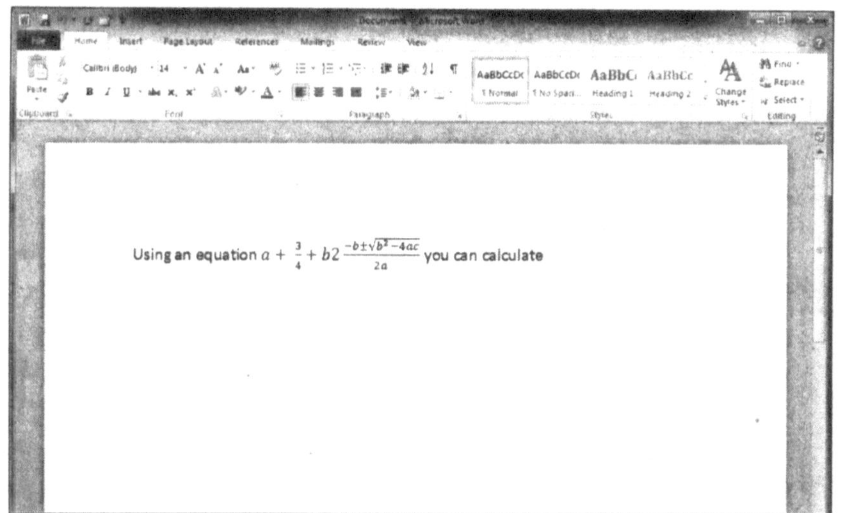

ৱৰ্ড 2010 ইকুৱেচন বক্সক হাইড (লুকাই) দিয়ে আৰু আপুনি ডকুমেন্টত টাইপ কৰি থাকিব পাৰে।

ইকুৱেচন (সমীকৰণ) ক ডিলিট কৰা

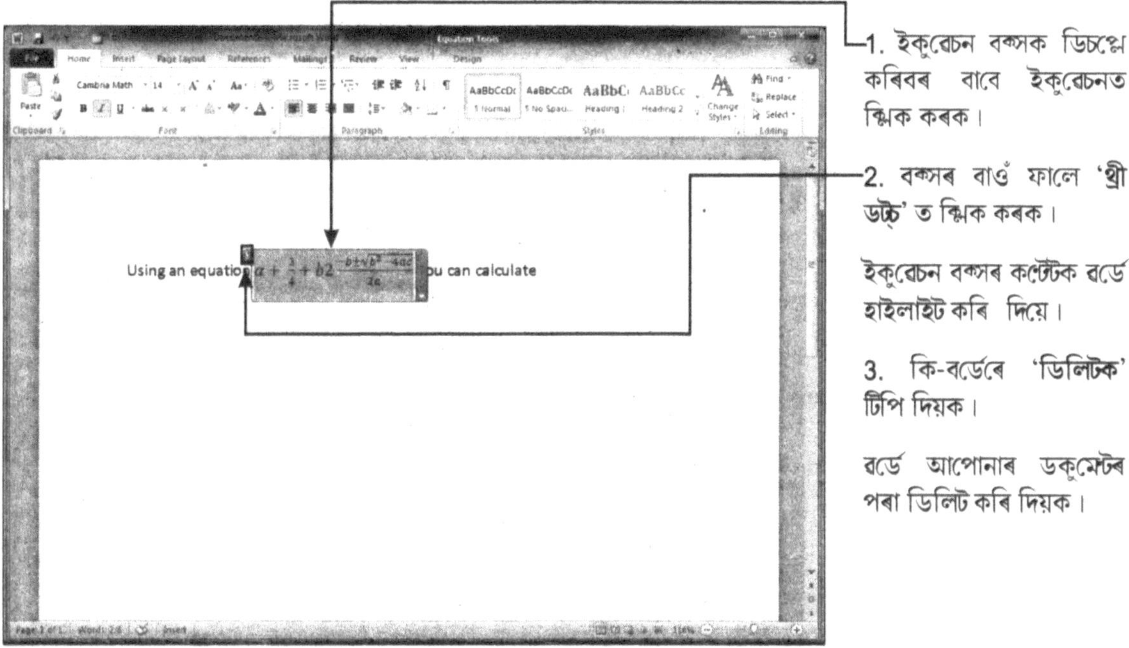

1. ইকুৱেচন বক্সক ডিচপ্লে কৰিবৰ বাবে ইকুৱেচনত ক্লিক কৰক।

2. বক্সৰ বাওঁ ফালে 'থ্ৰী ডট্‌চ' ত ক্লিক কৰক।

ইকুৱেচন বক্সৰ কণ্টেন্টক ৱৰ্ডে হাইলাইট কৰি দিয়ে।

3. কি-বৰ্ডেৰে 'ডিলিটক' টিপি দিয়ক।

ৱৰ্ডে আপোনাৰ ডকুমেন্টৰ পৰা ডিলিট কৰি দিয়ক।

আপোনাৰ ইকুৱেচনক চেভ কৰা

আপোনাৰ দ্বাৰা লিখা ইকুৱেচনক ভৱিষ্যত প্ৰয়োগ কৰিবৰ বাবে আপুনি সেইটোক চেভো কৰিব পাৰে। চেভ কৰাৰ পিছত আপোনাৰ ইকুৱেচন **'ইকুৱেচন গেলেৰী লিস্ট'** ত দেখা দিয়ে। ইকুৱেচন বক্সক ডিচপ্লে কৰিবৰ বাবে আপুনি আপোনাৰ দ্বাৰা লিখা ইকুৱেচনত ক্লিক কৰিব পাৰে। ইয়াৰ পিছত ইকুৱেচন বক্সৰ বাওঁ ফালে **'থ্ৰী ডট্‌চ'** ত ক্লিক কৰি দিয়ক। ৱৰ্ডে ইকুৱেচন বক্সৰ কণ্টেন্টক হাইলাইট কৰি দিব। এতিয়া ৰিবনৰ **'ইকুৱেচন'** ত ক্লিক কৰক। আৰু ইয়াৰ পিছত **'চেভচিলেকচন টু ইকুৱেচন গেলেৰী'** ত ক্লিক কৰক। ইয়াৰ পিছত ইয়াত **'ক্ৰিয়েট নিউবিল্ডিং ব্লক'** দেখা দিয়ে, যাৰ **'অকে'** ত ক্লিক কৰি দিয়ক।

টেক্সটৰ অনুবাদ কৰা

আপোনাৰ কম্পিউটাৰত ইনস্টল কৰা ডিক্সনেৰীৰ প্ৰয়োগ কৰি আপুনি ৱৰ্ডত যিকোনো শব্দৰ এটা ভাষাৰ পৰা আন এটা ভাষালৈ অনুবাদ কৰিব পাৰে।

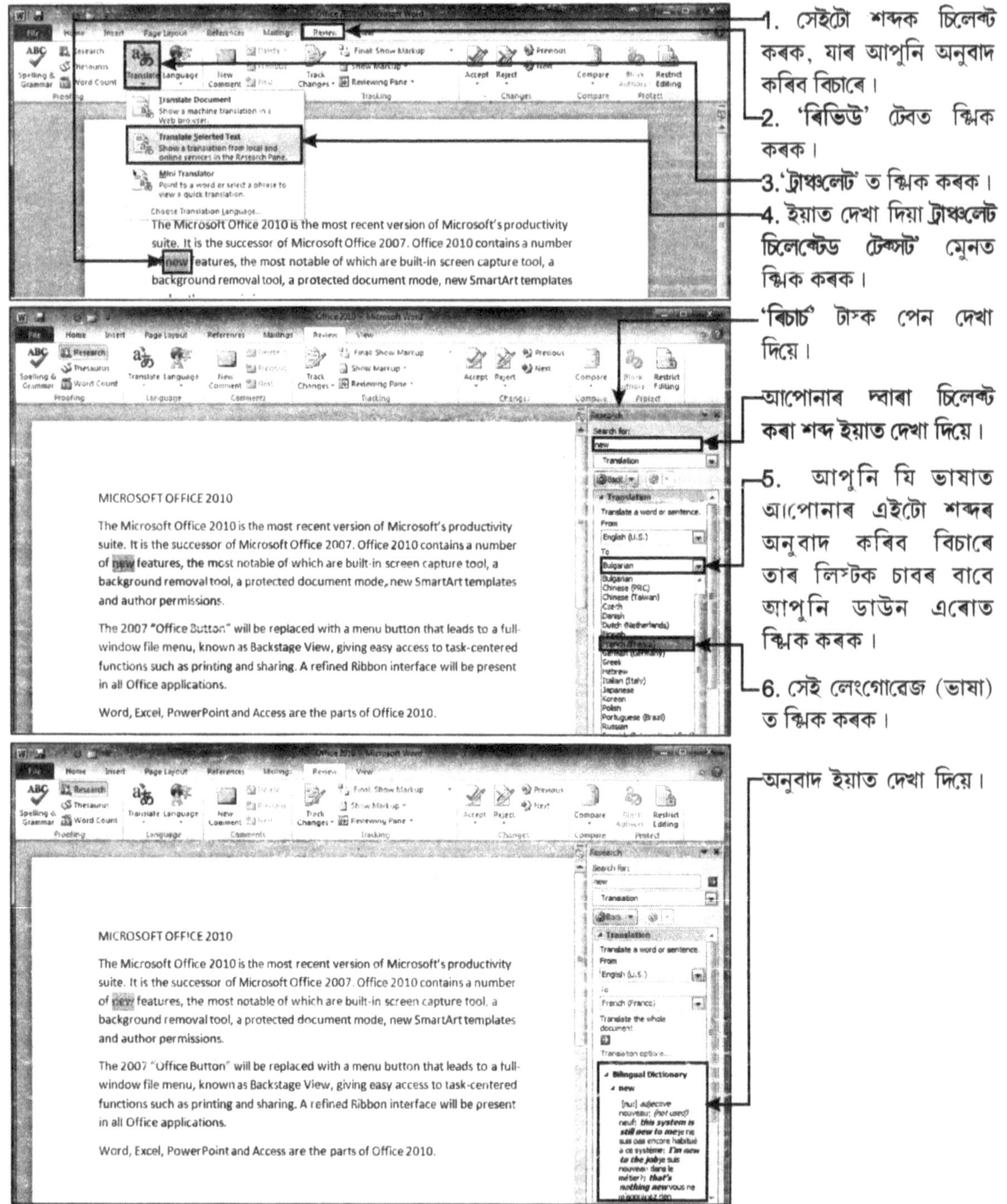

টেক্সটক বিচৰা আৰু ৰিপ্লেচ কৰা

আপোনাৰ ডকুমেন্টত থকা যিকোনো টেক্সট বা বাক্যাংশক আপুনি সহজতে ফাইড (বিচৰা) আৰু ৰিপ্লেচ (সলনি) কৰিব পাৰে। এইটো সেই সময়ত অধিক উপযোগী হয় যেতিয়া আপুনি কোনো এটা শব্দত বাৰে বাৰে ভুল কৰে।

ভুল ডকুমেন্টক শুদ্ধ কৰিবৰ বাবে টেক্সটত থকা ভুলক ধৰা আৰু সেইটোক শুধৰাবৰ বাবে এইটো বহুত আৱশ্যক হয়।

উদাহৰণৰ বাবেঃ যদি আপুনি পূৰ্বত কোনো গুৰুত্বপূৰ্ণ ক্লাইন্টক লিখা লেটাৰত ভুল কৰিছিল বা কোনো গুৰুত্বপূৰ্ণ বিজিনেচ ডিলত কোনো ভুল এমাউন্ড লিখিছিল, তেতিয়াহ'লে আপুনি এইটোক সহজতে বিচাৰি শুদ্ধ কৰিব পাৰে।

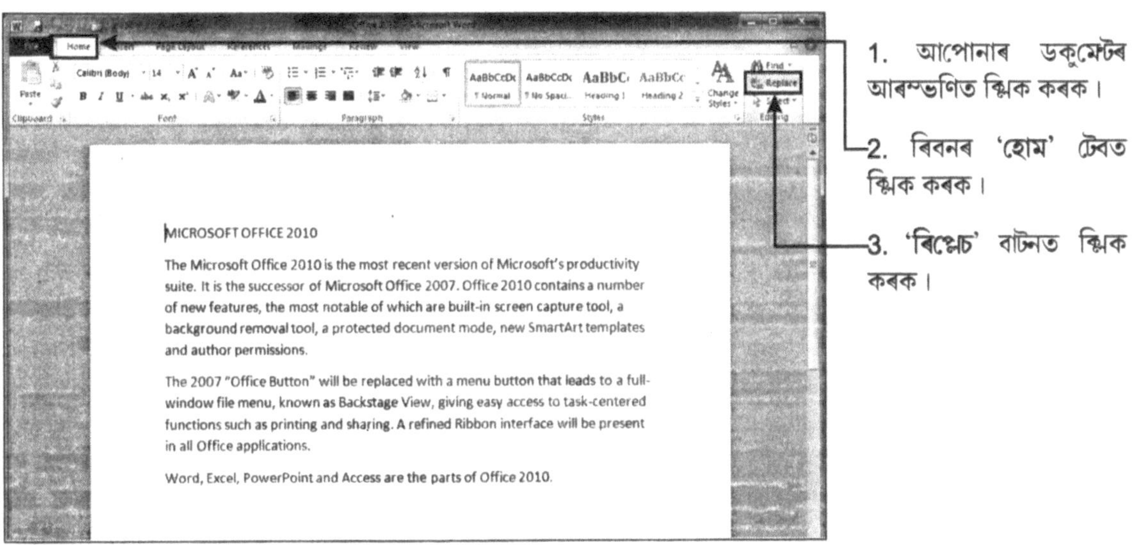

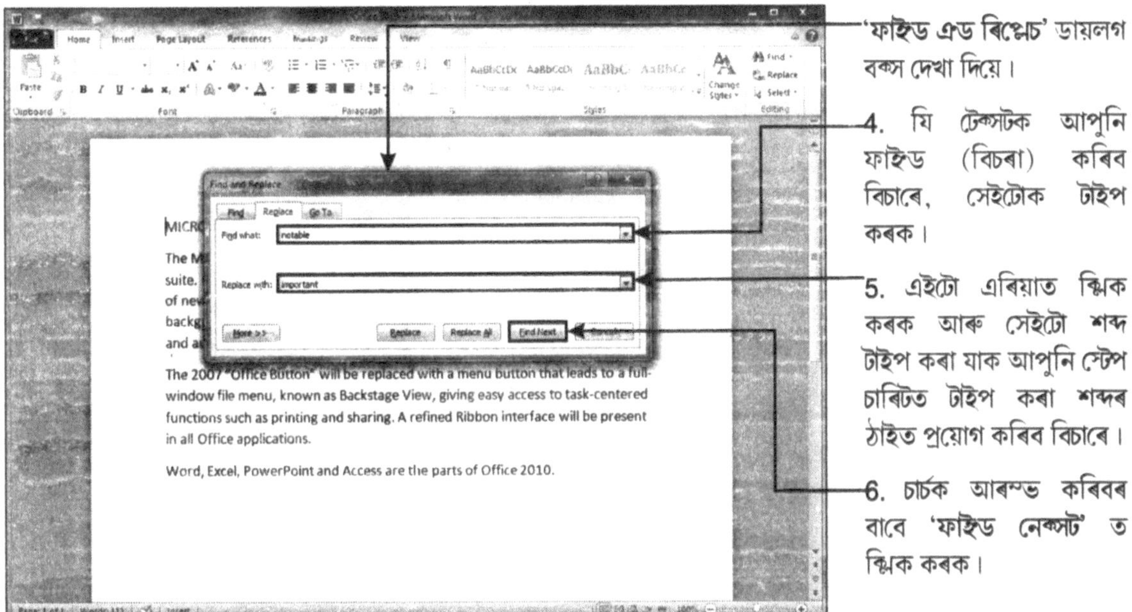

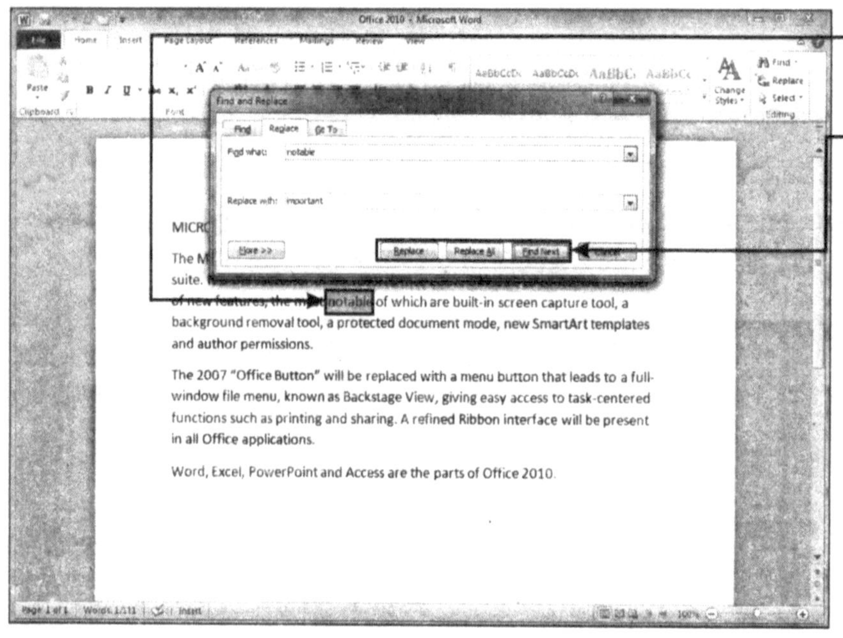

ৱৰ্ডে ইয়াত বিচৰা পথত শব্দক হাইলাইট কৰি দিয়ে।

6. নিম্নলিখিতৰ ভিতৰত যিকোনো এটা অপচন (বিকল্প) ত ক্লিক কৰক।

ৰিপ্লেচ ঃ সেইটো ৱৰ্ডে আপোনাৰ দ্বাৰা নতুনকৈ লিখা শব্দৰে সলনি হৈ যায় অৰ্থাৎ ভুল শব্দৰ ঠাইত নিজৰ যি শব্দ লিখা আছিল সেইটো তাত ৰিপ্লেচ হৈ যায়।

ৰিপ্লে অল ঃ সেইটো শব্দক আৰু গোটেই ডকুমেন্টত থকা তাৰ মেচিংৰ শব্দক ৰিপ্লেচ কৰি দিয়ে।

ফাইন্ড নেক্সট ঃ শব্দক ইগনোৰ (উপেক্ষিত) কৰি দিয়ে।

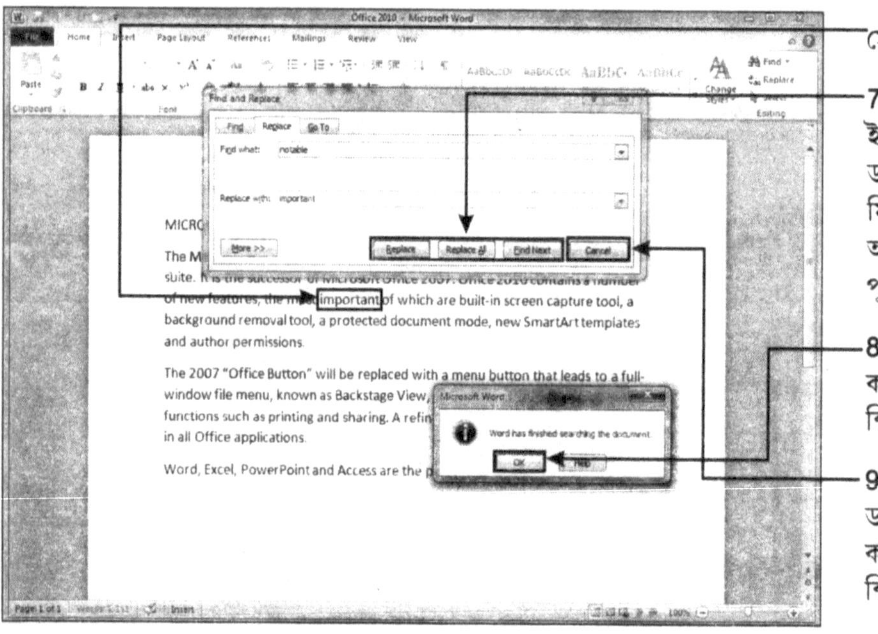

সেইটো শব্দ ৰিপ্লেচ হৈ যায়।

7. মেচিং শব্দক ৰিপ্লেচ বা ইগনোৰ কৰাৰ পিছত এটা ডায়লগ বক্স আছে, যিটোৱে সুনিশ্চিত কৰে যে আপোনাৰ চাৰ্চ (অনুসন্ধান) পুৰা হৈছে।

8. ডায়লগ বক্সক বন্ধ কৰিবৰ বাবে 'ওকে' ত ক্লিক কৰক।

9. ফাইন্ড এণ্ড ৰিপ্লেচ ডায়লগ বক্সক ক্লজ (বন্ধ) কৰিবৰ বাবে 'কেন্সেল' ত ক্লিক কৰক।

ডকুমেণ্টত শব্দৰ গণনা বা শব্দৰ সংখ্যাক জন

যেতিয়া কোনো কাৰ্যৰ বাবে সীমিত বা নিৰ্ধাৰিত শব্দৰ আৱশ্যক হয়, তেতিয়া এই শব্দৰ সংখ্যাক গণনা কৰিবৰ বাবে আপুনি ৱৰ্ডৰ কাউণ্টৰ ফিচাৰ্চৰ প্ৰয়োগ কৰিব পাৰে। ইয়াৰ পৰা আপুনি কোনো ডকুমেণ্টত নিৰ্ধাৰিত শব্দ সংখ্যাক প্ৰাপ্ত কৰিব পাৰে।

ৱৰ্ড কাউণ্টক ডিচপ্লে কৰা

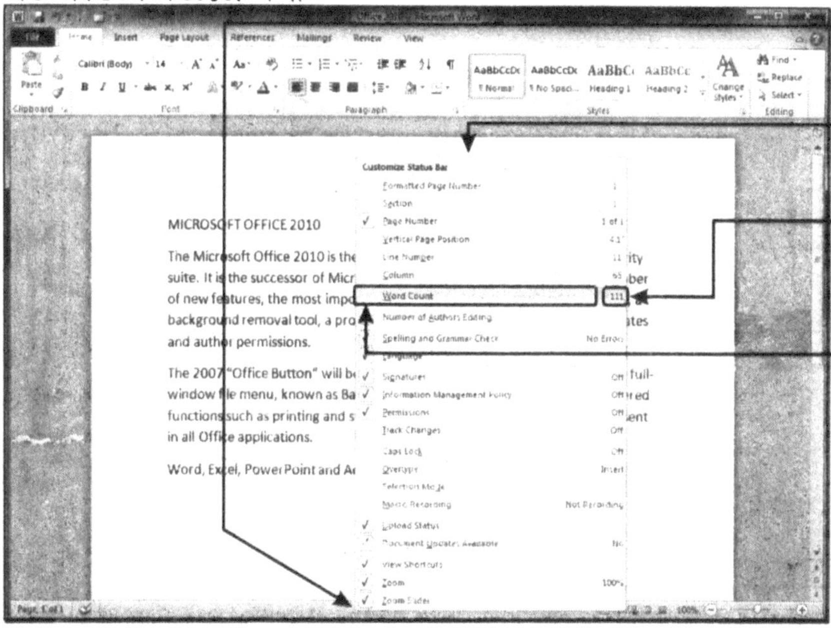

1. ষ্টেটাচ বাৰত ৰাইট ক্লিক কৰক।

'ষ্টেটাৰ বাৰ কনফিগাৰেচন' মেনু দেখা দিয়ে।

ৱৰ্ড কাউণ্ট' ৰ সন্মুখত লিখা নম্বৰে সেইটো ডকুমেণ্টত থকা শব্দৰ সংখ্যা হয়।

2. যদি **ৱৰ্ড কাউণ্টৰ** আগত কোনো শব্দ সংখ্যা দেখা নিদিয়ে, তেতিয়াহ'লে **ৱৰ্ড কাউণ্ট**' ত ক্লিক কৰক।

3. মেনুৰ বাহিৰৰ য'তে-ততে ক্লিক কৰি দিয়ক।

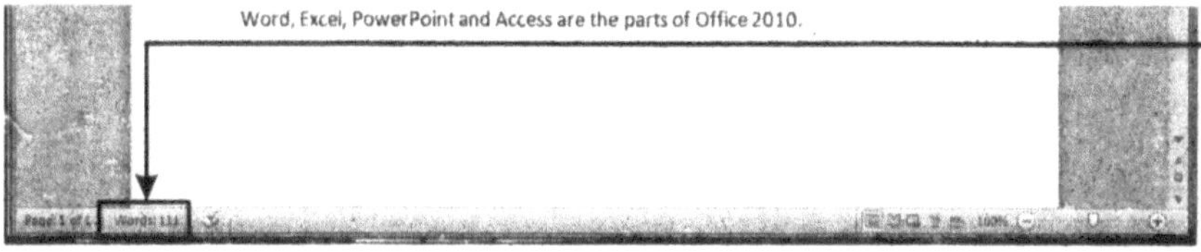

ৱৰ্ডে সেইটো মেনুক বন্ধ কৰি দিয়ে আৰু সেইটো ডকুমেণ্টত থকা শব্দৰ সংখ্যা ষ্টেটাচ বাৰত দেখা দিব ধৰে।

ডিসপ্লে কাউণ্ট ষ্টেটাচটিক

1. ষ্টেটাচ বাৰৰ ৱৰ্ড কাউণ্টত ক্লিক কৰক।

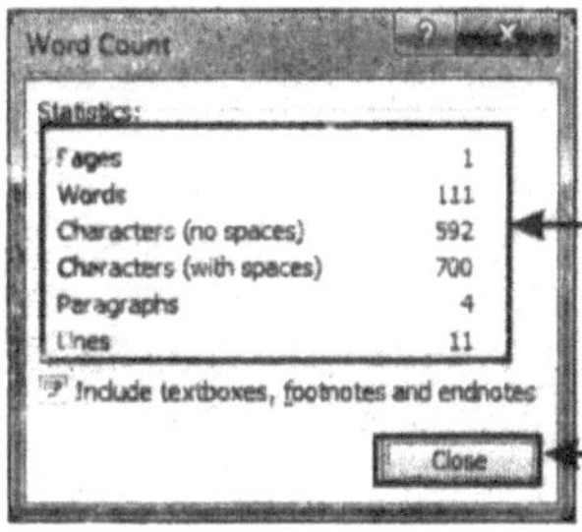

'**ৱৰ্ড কাউণ্ট**' ডায়লগ বক্স দেখা দিয়ে।

ৱৰ্ড কাউণ্ট ডায়লগ বক্সে আপোনা ডকুমেণ্টৰ পেজৰ সংখ্যা, শব্দ, আখৰ, পেৰেগ্ৰাফ আৰু লাইন আদিৰ বিষয়ে কয়।

2. কাউণ্ট ষ্টেটিস্টিক (সাংখ্যিকী) ক চোৱাৰ পিছত '**ক্লজ**' ত ক্লিক কৰি দিয়ক।

মিস্টেক (ভুল) ক নিজে নিজে শুধৰোৱা

অটো.কাৰেক্ট ফিচাৰৰ প্ৰয়োগ কৰি ৱৰ্ডে আপোনাৰ দ্বাৰা টাইপ কৰা টেক্সটত টাইপিং কৰা স্পেলিংৰ ভুলকো নিজে নিজে ঠিক কৰি দিয়ে। ইয়াত আপোনাৰ শব্দকো অন্তৰ্ভুক্ত কৰিব পাৰে।

1. **'ফাইল'** টেবত ক্লিক কৰক।
2. **অপচনত** ক্লিক কৰক।

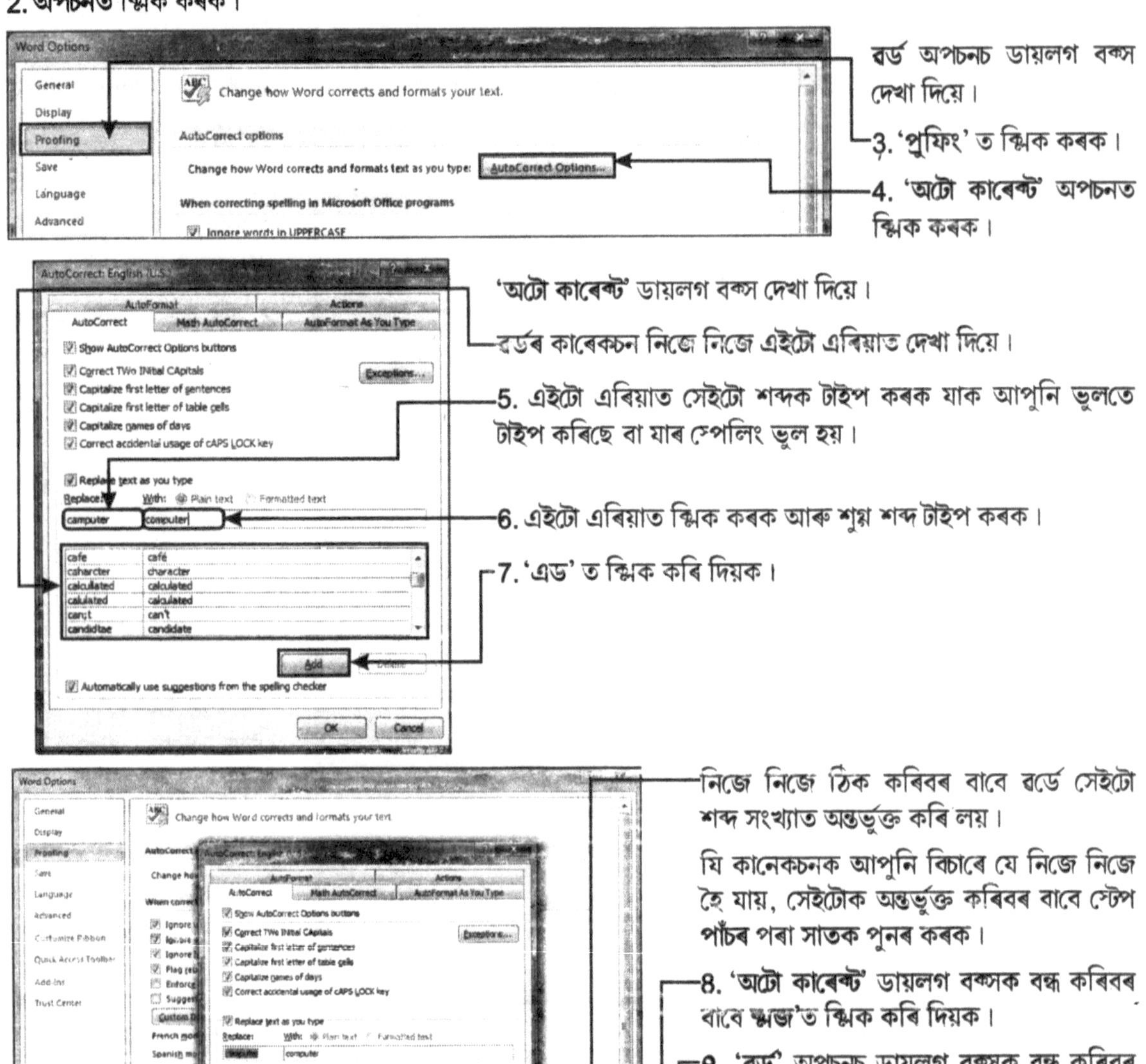

ৱৰ্ড অপচনচ ডায়লগ বক্স দেখা দিয়ে।

3. **'প্ৰুফিং'** ত ক্লিক কৰক।
4. **'অটো কাৰেক্ট'** অপচনত ক্লিক কৰক।

'অটো কাৰেক্ট' ডায়লগ বক্স দেখা দিয়ে।

ৱৰ্ডৰ কাৰেকচন নিজে নিজে এইটো এৰিয়াত দেখা দিয়ে।

5. এইটো এৰিয়াত সেইটো শব্দক টাইপ কৰক যাক আপুনি ভুলতে টাইপ কৰিছে বা যাৰ স্পেলিং ভুল হয়।
6. এইটো এৰিয়াত ক্লিক কৰক আৰু শুদ্ধ শব্দ টাইপ কৰক।
7. **'এড'** ত ক্লিক কৰি দিয়ক।

নিজে নিজে ঠিক কৰিবৰ বাবে ৱৰ্ডে সেইটো শব্দ সংখ্যাত অন্তৰ্ভুক্ত কৰি লয়।

যি কানেকচনক আপুনি বিচাৰে যে নিজে নিজে হৈ যায়, সেইটোক অন্তৰ্ভুক্ত কৰিবৰ বাবে স্টেপ পাঁচৰ পৰা সাতক পুনৰ কৰক।

8. **'অটো কাৰেক্ট'** ডায়লগ বক্সক বন্ধ কৰিবৰ বাবে **অকে**'ত ক্লিক কৰি দিয়ক।
9. **'ৱৰ্ড'** অপচনচ ডায়লগ বক্সক বন্ধ কৰিবৰ বাবে **অকে** ত ক্লিক কৰক।

এতিয়া আপুনি অটোকাৰেক্ট এণ্ট্ৰিত অন্তৰ্ভুক্ত কৰা শব্দক যেতিয়াই ভুল টাইপ কৰিব, ৱৰ্ড 2010 য়ে সেই সময়ত ঠিক কৰি দিব যেতিয়া আপুনি কি-বৰ্ডেৰে স্পেচ বাৰ বা এণ্টাৰ' টিপি দিয়ক।

স্পেলিং আৰু ব্যাকৰণৰ ভুল

আপুনি আপোনাৰ ডকুমেন্টত স্পেলিং আৰু গ্ৰামাৰ (ব্যাকাৰণ) ৰ ভুলকো বিচাৰিব পাৰে আৰু সেইটোক ঠিক কৰিব পাৰে। ৱৰ্ডে আপোনাৰ ডকুমেন্টত থকা সকলো শব্দক ইয়াত থকা ৱৰ্ড ডিক্সনেৰিৰ পৰা পায়। যদি ৱৰ্ডত ডিক্সনেৰী নাই, তেতিয়াহ'লে ভুল শব্দকো শুদ্ধ বুলি মানি লয়। ৱৰ্ডে নিজে নিজে সেই শব্দৰ তলত ৰঙা ৰংৰ লাইন প্ৰদৰ্শিত কৰে, য'ত স্পেলিংৰ ভুল কৰে আৰু ব্যাকৰণৰ শব্দৰ তলত সেউজীয়া ৰং লাইন প্ৰদৰ্শিত কৰে। যেতিয়া আপুনি আপোনাৰ ডকুমেন্টৰ প্ৰিন্ট দিয়ে, তেতিয়াহ'লে প্ৰিন্টত এইটো আণ্ডাৰলাইন দেখা নিদিয়ে।

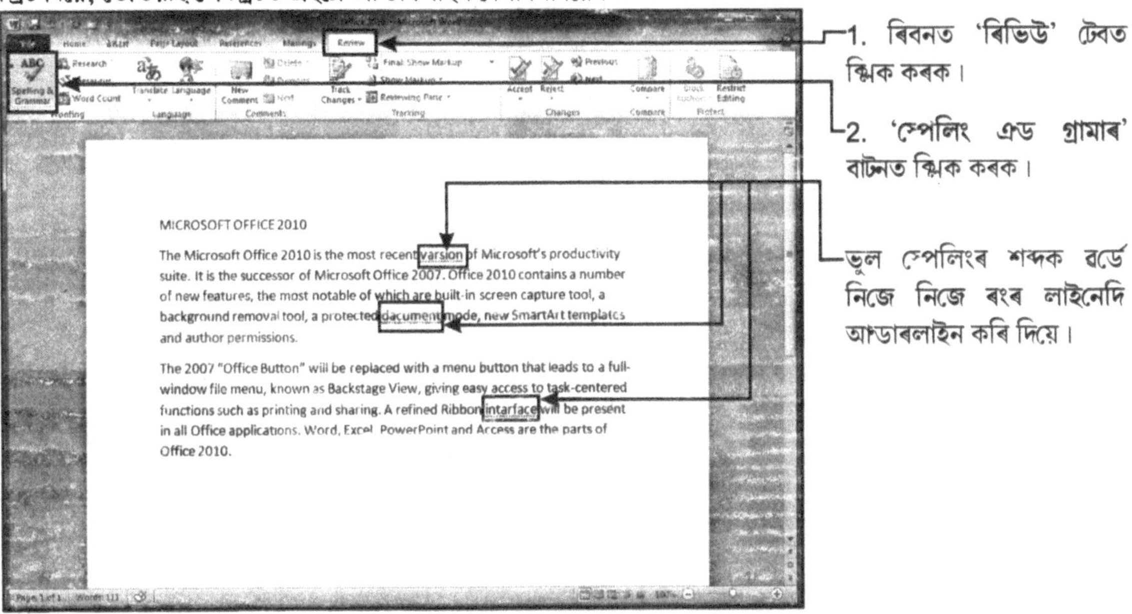

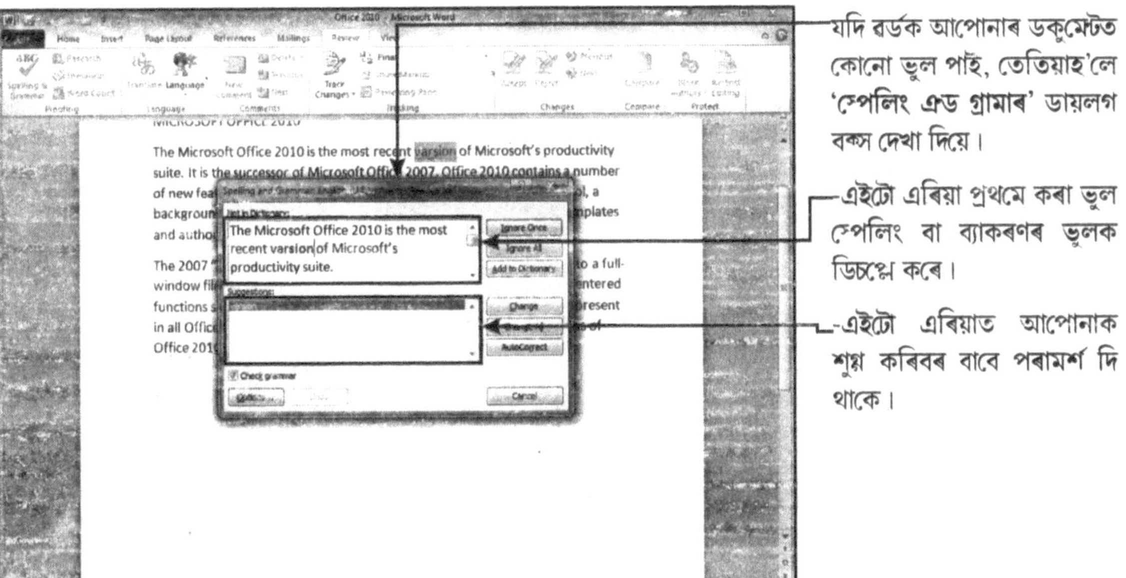

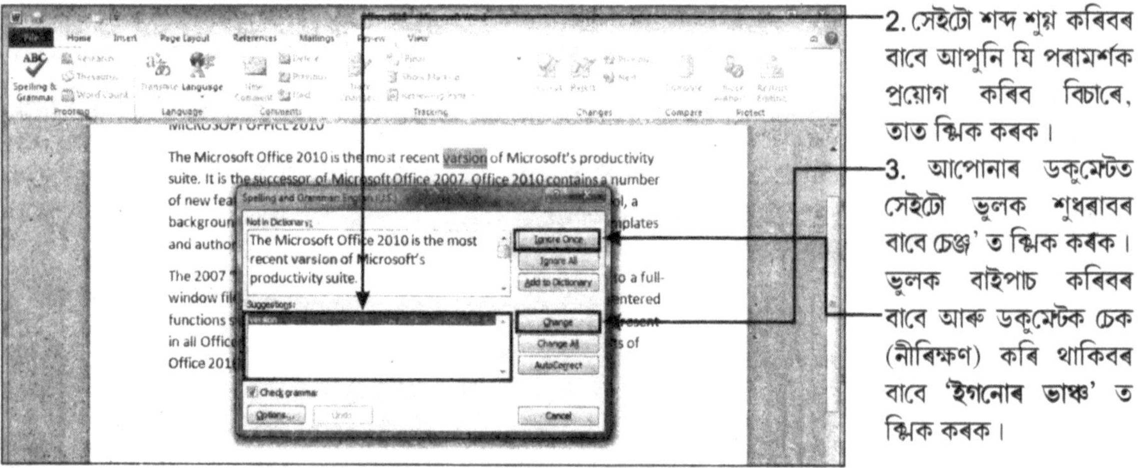

2. সেইটো শব্দ শুদ্ধ কৰিবৰ বাবে আপুনি যি পৰামৰ্শক প্ৰয়োগ কৰিব বিচাৰে, তাত ক্লিক কৰক।

3. আপোনাৰ ডকুমেন্টত সেইটো ভুলক শুধৰাবৰ বাবে চেঞ্জ' ত ক্লিক কৰক। ভুলক বাইপাচ কৰিবৰ বাবে আৰু ডকুমেন্টক চেক (নীৰিক্ষণ) কৰি থাকিবৰ বাবে **'ইগনোৰ ভান্স'** ত ক্লিক কৰক।

আপোনাৰ ডকুমেন্টৰ সকলো এৰৰ (ভুল) ক স্ক্ৰীপ কৰিবৰ বাবে ইগনোৰ অল' বা ইগনোৰ ৰুল' ত ক্লিক কৰক।

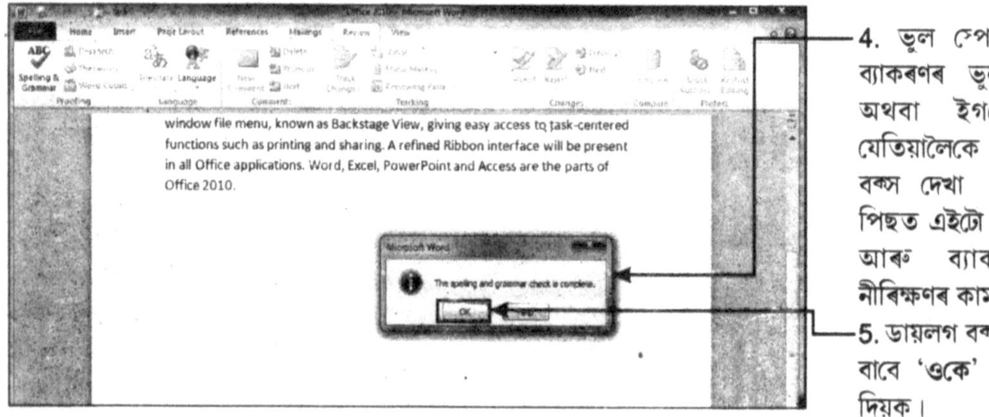

4. ভুল স্পেলিংৰ শব্দ বা ব্যাকৰণৰ ভুল শুদ্ধ কৰক অথবা ইগনোৰ কৰক, যেতিয়ালৈকে এইটো ডায়লগ বক্স দেখা দিয়ে। ইয়াৰ পিছত এইটো কৈ যে স্পেলিং আৰু ব্যাকৰণৰ ভুলৰ নীৰিক্ষণৰ কাম পুৰা হৈছে।

5. ডায়লগ বক্সক বন্ধ কৰিবৰ বাবে **'ওকে'** ত ক্লিক কৰি দিয়ক।

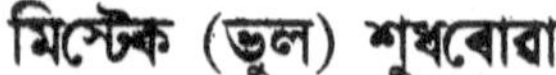

মিস্টেক (ভুল) শুধৰোৱা

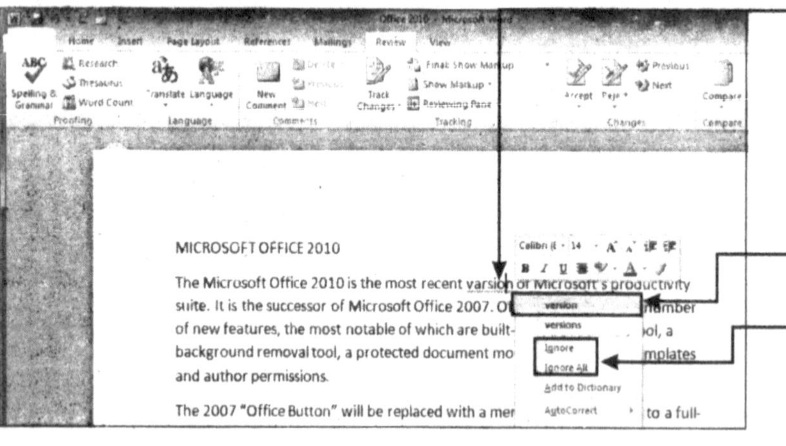

1. যদি আপোনাক স্পেলিং বা ব্যাকৰণৰ ভুল পাই, তেতিয়াহ'লে আন্ডাৰলাইন টেক্সট **ৰাইট ক্লিক** কৰক।

এটা মেনু দেখা দিটে য'ত তাৰ সম্ভাৱিত কাৰেকচন (সংশোধন অথবা শুধৰোৱা) থাকে।

2. আপুনি মেনুৰে **কাৰেকচন** কৰিব পাৰে।

ভুলক গুৰুত্ব নিদিবৰ বাবে **'ইগনোৰ'** আৰু সকলো ভুলক গুৰুত্ব নিদিবৰ বাবে **'ইগনোৰ অল'** ত ক্লিক কৰি দিয়ক।

শব্দকোষৰ প্ৰয়োগ

শব্দকোষৰ প্ৰয়োগ কৰি আপুনি কোনো শব্দৰ সমানাৰ্থী বা পৰ্যায়বাসী শব্দক বিচাৰিব পাৰে বা প্ৰাপ্ত কৰিব পাৰে। আপোনাৰ ডকুমেন্টত কোনো উপযুক্ত শব্দক বিচাৰিবৰ বাবেও আপুনি এইটো শব্দকোষৰ প্ৰয়োগ কৰিব পাৰে।

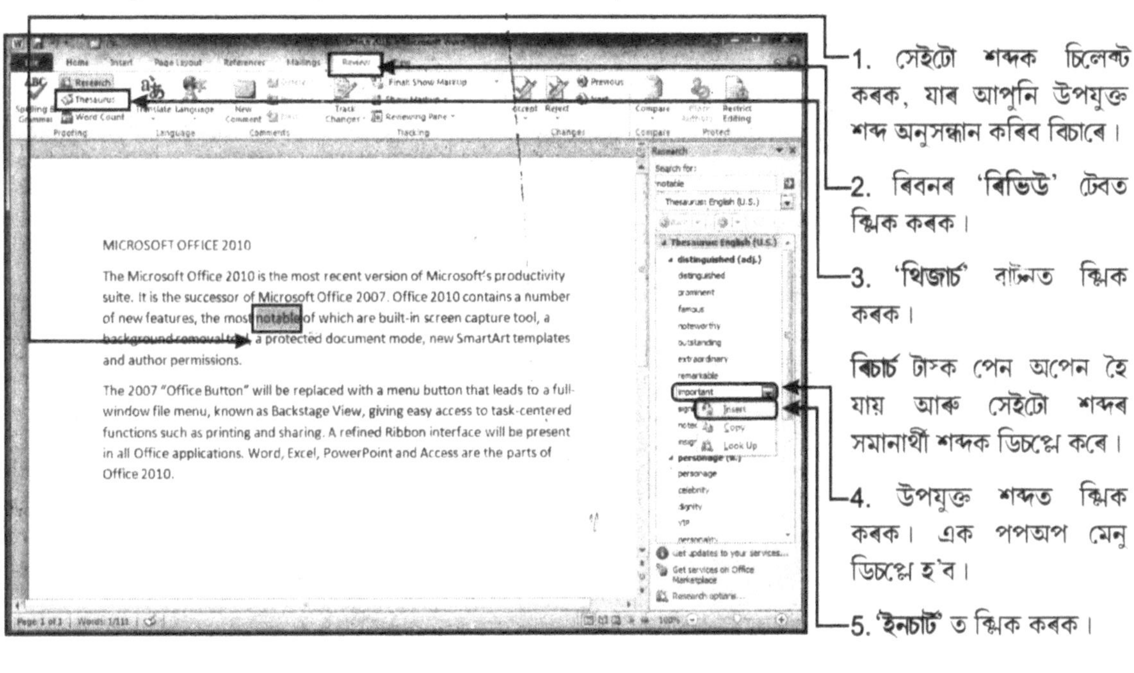

1. সেইটো শব্দক চিলেক্ট কৰক, যাৰ আপুনি উপযুক্ত শব্দ অনুসন্ধান কৰিব বিচাৰে।

2. ৰিবনৰ 'ৰিভিউ' টেবত ক্লিক কৰক।

3. 'থিজাৰ্চ' বাটনত ক্লিক কৰক।

ৰিচাৰ্চ টাস্ক পেন অপেন হৈ যায় আৰু সেইটো শব্দৰ সমানাৰ্থী শব্দক ডিচপ্লে কৰে।

4. উপযুক্ত শব্দত ক্লিক কৰক। এক পপঅপ মেনু ডিচপ্লে হ'ব।

5. 'ইনচাৰ্ট' ত ক্লিক কৰক।

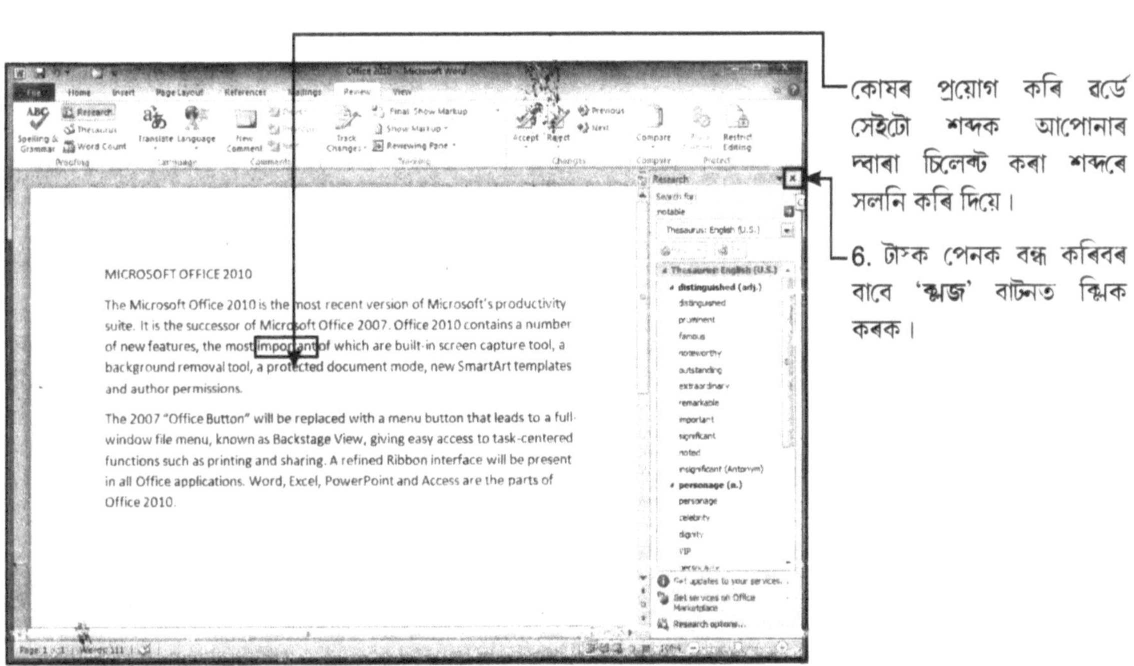

কোষৰ প্ৰয়োগ কৰি ৱৰ্ডে সেইটো শব্দক আপোনাৰ দ্বাৰা চিলেক্ট কৰা শব্দৰে সলনি কৰি দিয়ে।

6. টাস্ক পেনক বন্ধ কৰিবৰ বাবে 'ক্লজ' বাটনত ক্লিক কৰক।

কমেন্টচ অন্তৰ্ভুক্ত কৰা

আপোনাৰ ডকুমেন্টক স্পষ্ট কৰিবৰ বাবে আপুনি তাত কমেন্টক অন্তৰ্ভুক্ত কৰিব পাৰে। আপুনি কোনো স্টেটমেন্টৰ ব্যাখ্যা কৰা, স্পষ্ট কৰিবৰ বাবে, তাত নোট একেলগ কৰা আৰু কোনো কাৰ্যক কৰিবৰ বাবে আপোনাক মনত পেলাবলৈ ইয়াৰ প্ৰয়োগ কৰিব পাৰে।

কমেন্টক অন্তৰ্ভুক্ত কৰা

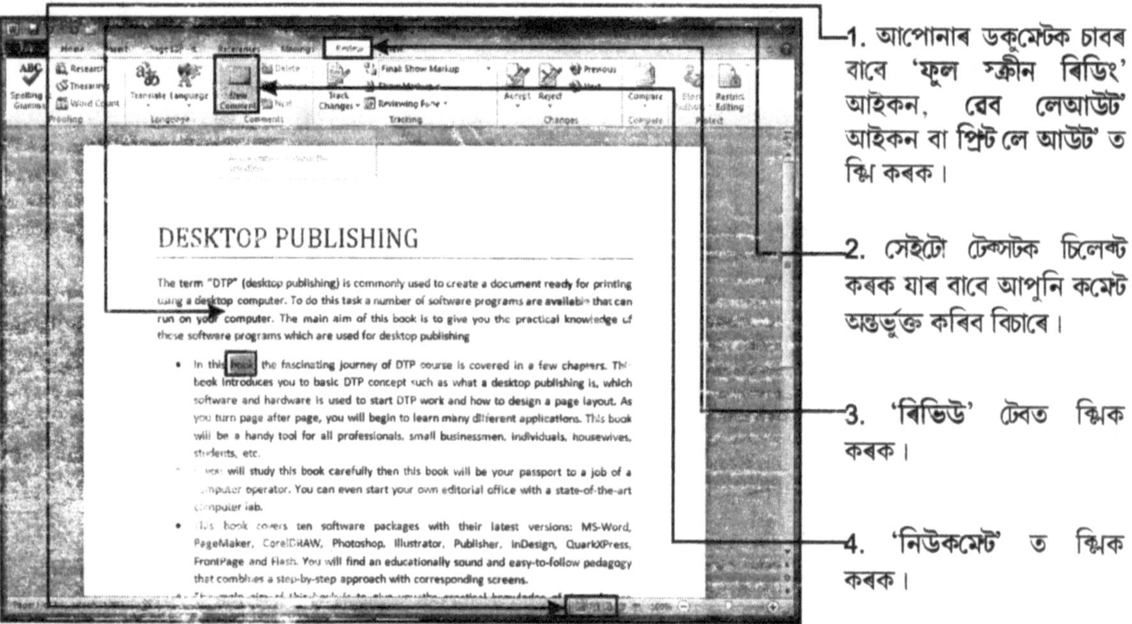

1. আপোনাৰ ডকুমেন্টক চাবৰ বাবে 'ফুল স্ক্ৰীন ৰিডিং' আইকন, ৱেব লেআউট' আইকন বা প্ৰিন্ট লে আউট' ত ক্লি কৰক।
2. সেইটো টেক্সটক চিলেক্ট কৰক যাৰ বাবে আপুনি কমেন্ট অন্তৰ্ভুক্ত কৰিব বিচাৰে।
3. 'ৰিভিউ' টেবত ক্লিক কৰক।
4. 'নিউকমেন্ট' ত ক্লিক কৰক।

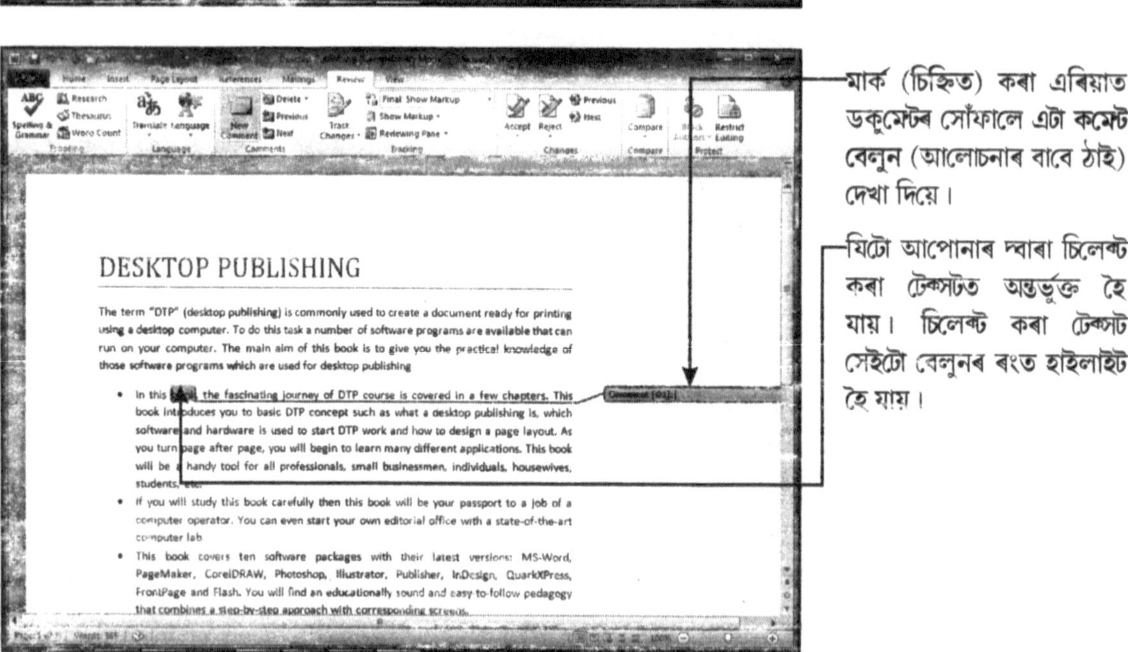

মাৰ্ক (চিহ্নিত) কৰা এৰিয়াত ডকুমেন্টৰ সোঁফালে এটা কমেন্ট বেলুন (আলোচনাৰ বাবে ঠাই) দেখা দিয়ে।

যিটো আপোনাৰ দ্বাৰা চিলেক্ট কৰা টেক্সটত অন্তৰ্ভুক্ত হৈ যায়। চিলেক্ট কৰা টেক্সট সেইটো বেলুনৰ ৰংত হাইলাইট হৈ যায়।

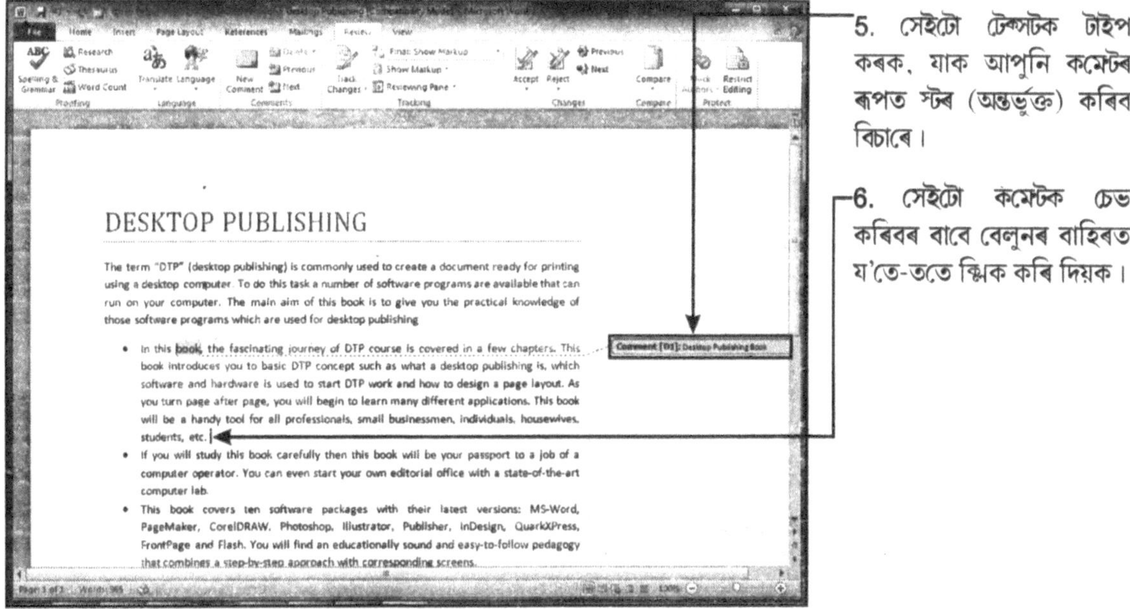

কমেন্টক ডিলিট কৰা অথবা আতৰোৱা

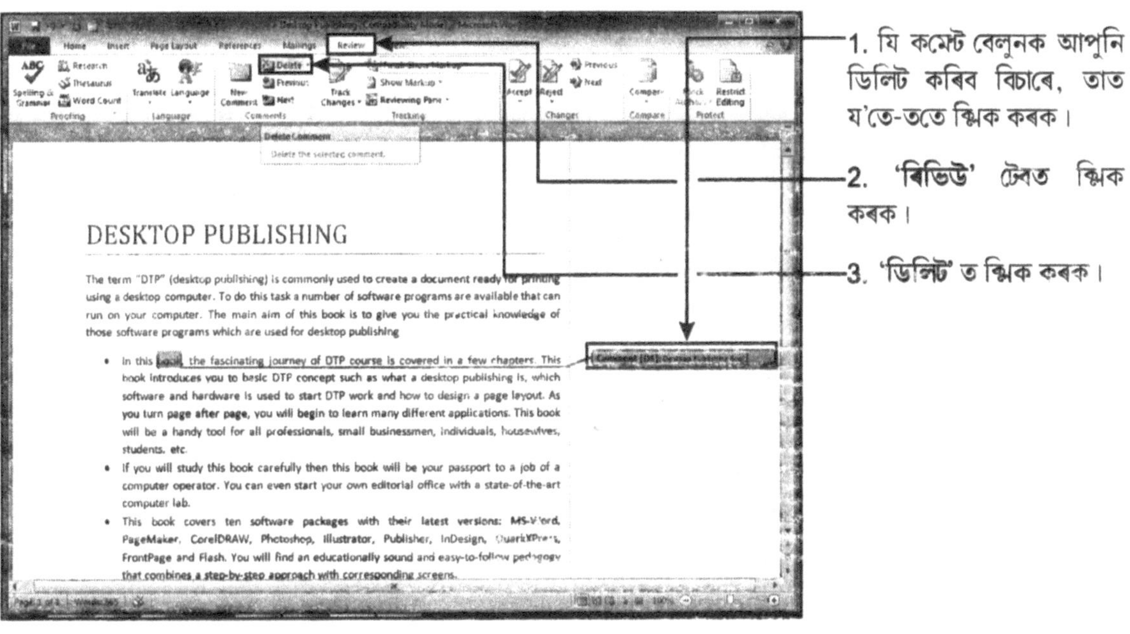

টেক্সটৰ ফন্ট পৰিবৰ্তন কৰা

আপোনাৰ ডকুমেন্টৰ প্ৰস্তুতিক আৰু উন্নতশীল কৰিবৰ বাবে আপুনি তাৰ টেক্সটৰ ফন্টো সলনি কৰিব পাৰে।

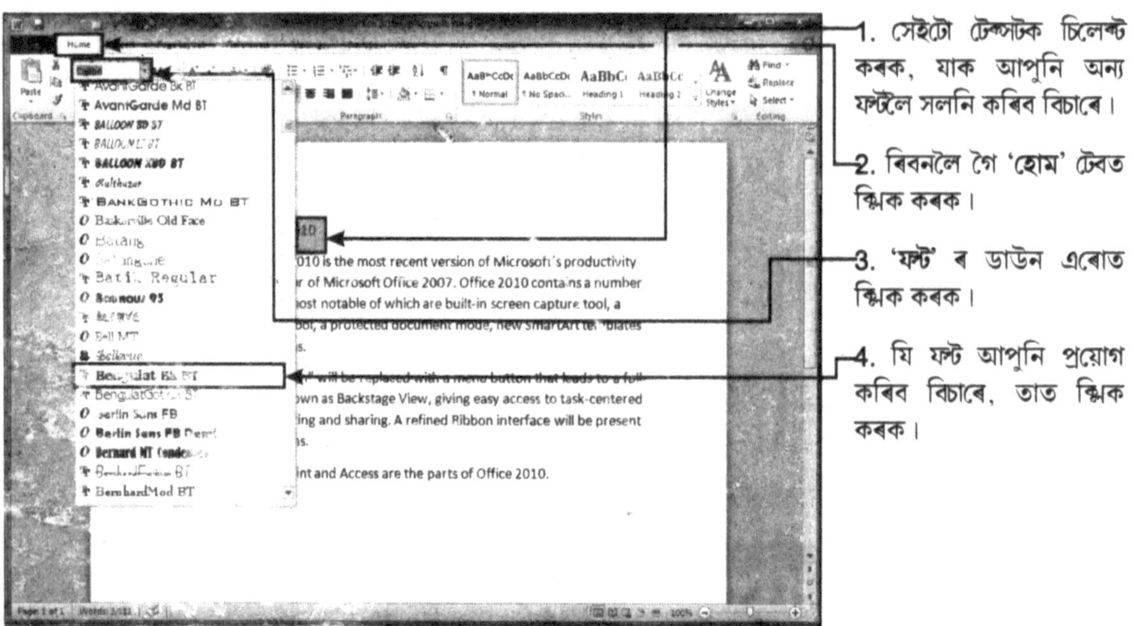

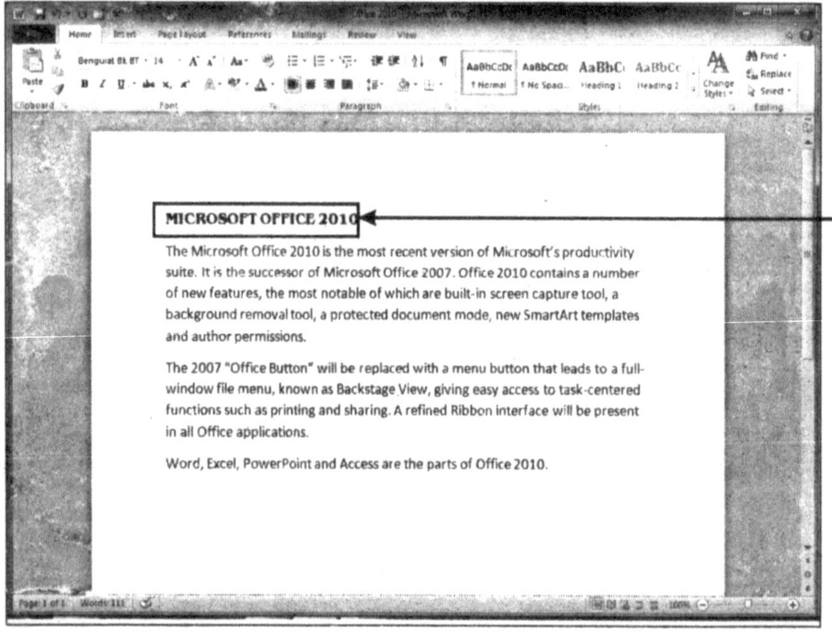

আপোনাৰ দ্বাৰা চিলেক্ট কৰা টেক্সট নতুন ফন্টলৈ সলনি হৈ যায়।

টেকসটক ডিচিলেক্ট (চিলেকচন আতৰাবলৈ) কৰিবৰ বাবে চিলেক্ট কৰা এৰিয়াৰ বাহিৰত ক্লিক কৰক।

মিনি টুলবাৰৰ প্ৰয়োগ

মিনি টুলবাৰ ফিচাৰৰ প্ৰয়োগ কৰি আপুনি সাধাৰণতে প্ৰয়োগ হোৱা কামাণ্ডক সহজতে আৰু তীব্ৰ গতিৰে প্ৰাপ্ত কৰিব পাৰে। যেতিয়া আপুনি কোনো ডকুমেন্টত কোনো টেক্সটত চিলেক্ট কৰে, তেতিয়াহ'লে কমকৈ দেখা টুলবাৰ দেখা দিয়ে। যদি আপুনি এইটো টুলবাৰৰ প্ৰয়োগ কৰিব বিচাৰে, তেতিয়াহ'লে আপুনি ইয়াৰ টুলচক এক্টিভেট কৰিব পাৰে। যদি আপুনি এইটো টুল বাৰৰ প্ৰয়োগ কৰিব নিবিচাৰে, তেতিয়াহ'লে আপোনাৰ কাৰ্যক কৰি থাকক, এইটো নিজে নিজে দেখা দিয়া বন্ধ হৈ যায়।

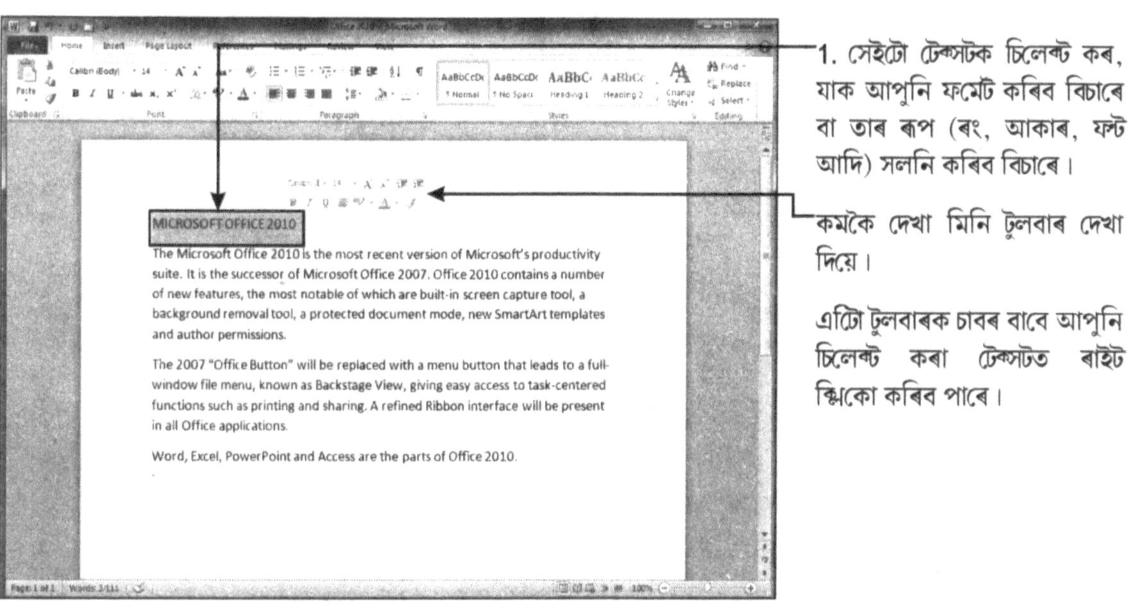

1. সেইটো টেক্সটক চিলেক্ট কৰ, যাক আপুনি ফৰ্মেট কৰিব বিচাৰে বা তাৰ ৰূপ (ৰং, আকাৰ, ফন্ট আদি) সলনি কৰিব বিচাৰে।

কমকৈ দেখা মিনি টুলবাৰ দেখা দিয়ে।

এটো টুলবাৰক চাবৰ বাবে আপুনি চিলেক্ট কৰা টেক্সটত ৰাইট ক্লিকো কৰিব পাৰে।

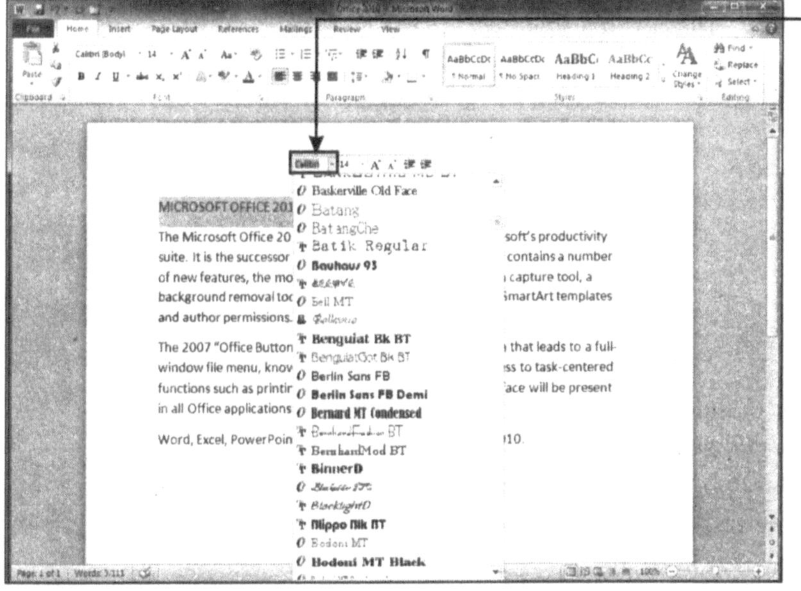

2. মাউচৰ পইণ্টাৰক টুলবাৰলৈ লৈ যাওক আৰু সেইটো টুলত ক্লিক কৰক, যাক আপুনি এক্টিভেট কৰিব বিচাৰে।

ৱৰ্ডে নিজে নিজে সেইটো পৰিৱৰ্তনক প্ৰয়োগ কৰি দিয়ে।

টেক্সটৰ আকাৰ পৰিৱৰ্তন কৰা

আপোনাৰ ডকুমেন্টত আপুনি টেক্সটৰ চাইজ (আকাৰ) সলনি কৰিব পাৰে। অৰ্থাৎ তাৰ আকাৰ বঢ়াব আৰু কমাব পাৰে।

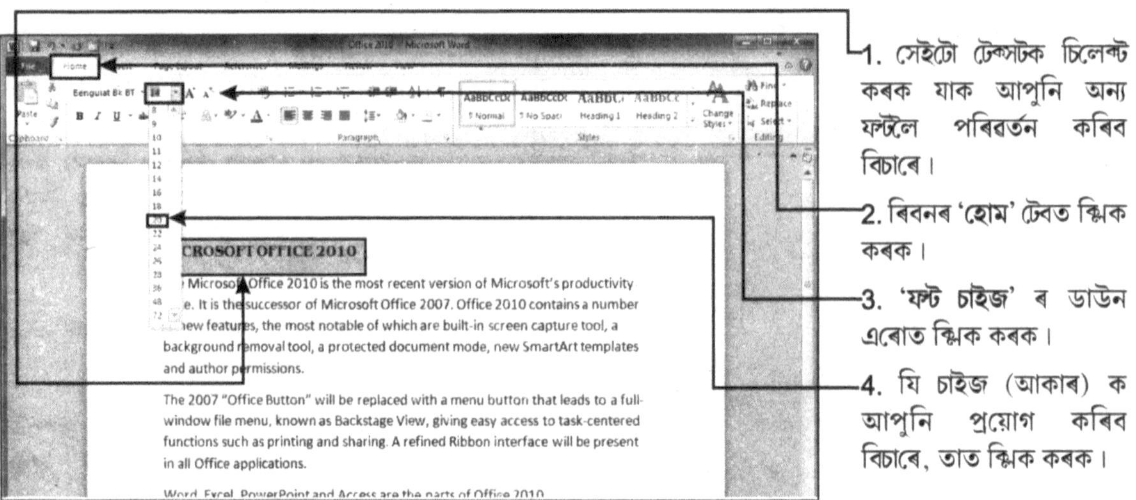

1. সেইটো টেক্সটক চিলেক্ট কৰক যাক আপুনি অন্য ফন্টলৈ পৰিৱৰ্তন কৰিব বিচাৰে।
2. ৰিবনৰ 'হোম' টেবত ক্লিক কৰক।
3. 'ফন্ট চাইজ' ৰ ডাউন এৰোত ক্লিক কৰক।
4. যি চাইজ (আকাৰ) ক আপুনি প্ৰয়োগ কৰিব বিচাৰে, তাত ক্লিক কৰক।

আপোনাৰ দ্বাৰা চিলেক্ট কৰা টেক্সট নতুন আকাৰলৈ পৰিৱৰ্তন হৈ যায়।
চিলেকচনক আতৰাবৰ বাবে চিলেক্ট কৰা এৰিয়াৰ পৰা বাহিৰত ক্লিক কৰক।

টেক্সটক 'বল্ড', 'ইটালিক' বা 'আণ্ডাৰলাইন' কৰা

আপোনাৰ ডকুমেন্টৰ ইনফৰমেচনক আৰু অধিক প্ৰভাৱশালী কৰিবৰ বাবে আপুনি তাৰ টেক্সটক বল্ড, ইটালিক আৰু আণ্ডাৰলাইনো কৰিব পাৰে।

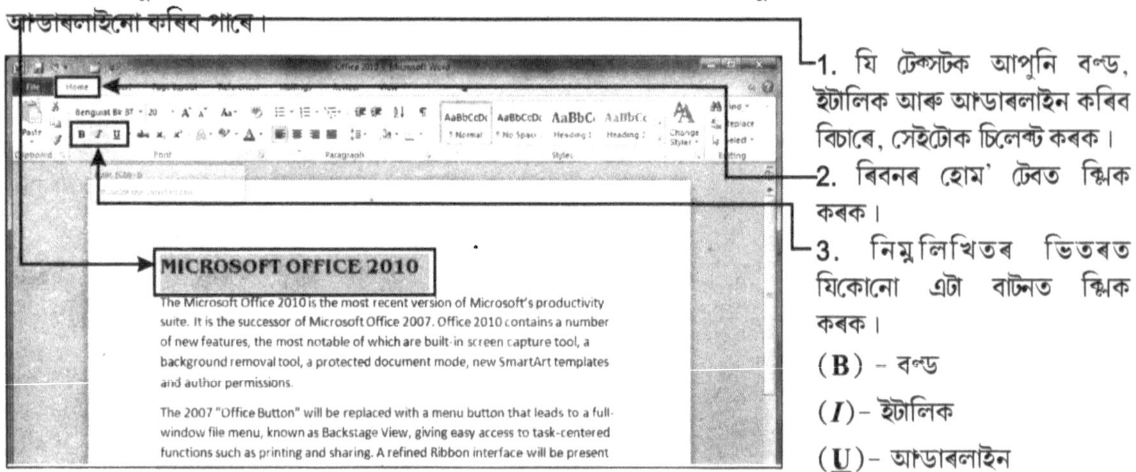

1. যি টেক্সটক আপুনি বল্ড, ইটালিক আৰু আণ্ডাৰলাইন কৰিব বিচাৰে, সেইটোক চিলেক্ট কৰক।
2. ৰিবনৰ হোম' টেবত ক্লিক কৰক।
3. নিম্নলিখিতৰ ভিতৰত যিকোনো এটা বাটনত ক্লিক কৰক।

(**B**) – বল্ড

(*I*)– ইটালিক

(<u>U</u>)– আণ্ডাৰলাইন

আপোনাৰ দ্বাৰা চিলেক্ট কৰা টেক্সট নতুন স্টাইলত দেখা দিয়ে।
এইটো উদাহৰণৰ টেক্সটত ইটালিক স্টাইল এপলাই (প্ৰয়োগ) কৰা গৈছে।
টেক্সটৰে বল্ড, ইটালিক বা আণ্ডাৰলাইনক আতৰাবৰ বাবে স্টেপ এক আৰু দুইক পুনৰ কৰক।
আপোনাৰ কম্পিউটাৰৰ কি-বৰ্ডেৰে আপুনি কন্ট্ৰল আৰু বি' ক পুনৰ বল্ড, কন্ট্ৰল আৰু আই' ব টিপি ইটালিক আৰু কন্ট্ৰল আৰু ইউ' ক টিপি টেক্সটক আণ্ডাৰলাইন কৰিব পাৰে।

টেক্সটৰ কেচ (দশা) পৰিৱৰ্তন

টেক্সটক আকৌ এবাৰ টাইপ নকৰাকে আপুনি আপোনাৰ ডকুমেন্টত সেইটো দশাক সলনি কৰিব পাৰে।

Sentence case.
lowercase
UPPERCASE
Capitalize Each Word
tOGGLE cASE
MICROSOFT OFFICE 2010
The Microsoft Office 2010 is the most recent version of Microsoft's productivity suite. It is the successor of Microsoft Office 2007. Office 2010 contains a number of new features, the most notable of which are built-in screen capture tool, a background removal tool, a protected document mode, new SmartArt templates and author permissions.
The 2007 "Office Button" will be replaced with a menu button that leads to a full-window file menu, known as Backstage View, giving easy access to task-centered functions such as printing and sharing. A refined Ribbon interface will be present in all Office applications.
Word, Excel, PowerPoint and Access are the parts of Office 2010.

1. সেইটো টেক্সটক চিলেক্ট কৰক, যাক আপুনি নতুন কেচ ষ্টাইলত পৰিৱৰ্তন কৰিব বিচাৰে।
2. ৰিবনলৈ গৈ 'হোম' টেবত ক্লিক কৰক।
3. 'চেঞ্জ কেচ' বাটনত ক্লিক কৰক।

'চেঞ্জ কেচ' মেনু দেখা দিয়ে।

4. যি কেচ ষ্টাইলক আপুনি প্ৰয়োগ কৰিব বিচাৰে, তাত ক্লিক কৰক।

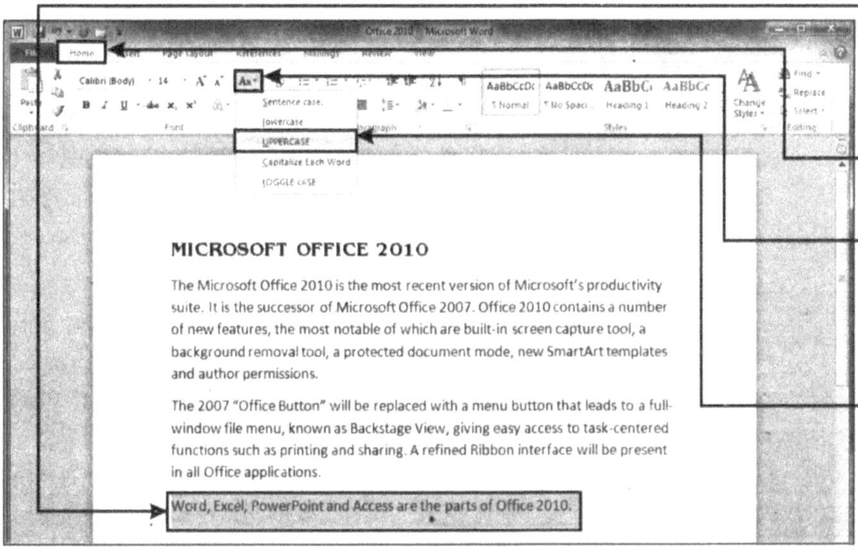

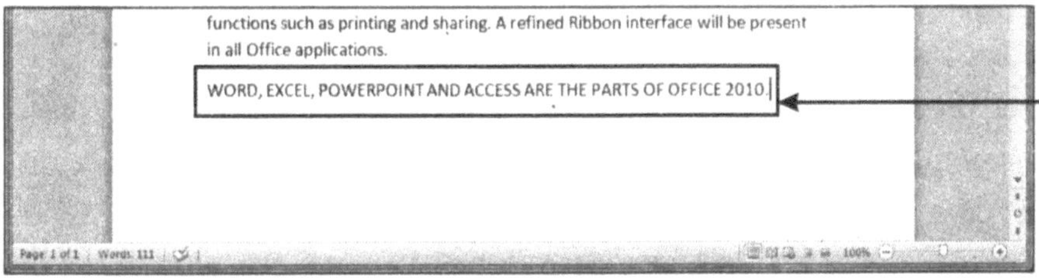

functions such as printing and sharing. A refined Ribbon interface will be present in all Office applications.
WORD, EXCEL, POWERPOINT AND ACCESS ARE THE PARTS OF OFFICE 2010.

আপোনাৰ দ্বাৰা চিলেক্ট কৰা টেক্সট নতুন কেচ ষ্টাইললৈ পৰিৱৰ্তন হৈ যায়।
চিলেক্ট কৰা এৰিয়াৰ পৰা বাহিৰত ক্লিক কৰি আপুনি টেক্সটৰ পৰা চিলেকচনক আতৰাব পাৰে।

টেক্সটৰ ৰং পৰিৱৰ্তন কৰা

আপোনাৰ ডকুমেন্টত টেক্সটৰ ৰংক সলনি কৰি আপুনি হেডিং বা গুৰুত্বপূৰ্ণ সূচনাক হাইলাইট কৰিব পাৰে।

MICROSOFT OFFICE 2010
The Microsoft Office 2010 is the most recent version of Microsoft's productivity suite. It is the successor of Microsoft Office 2007. Office 2010 contains a number

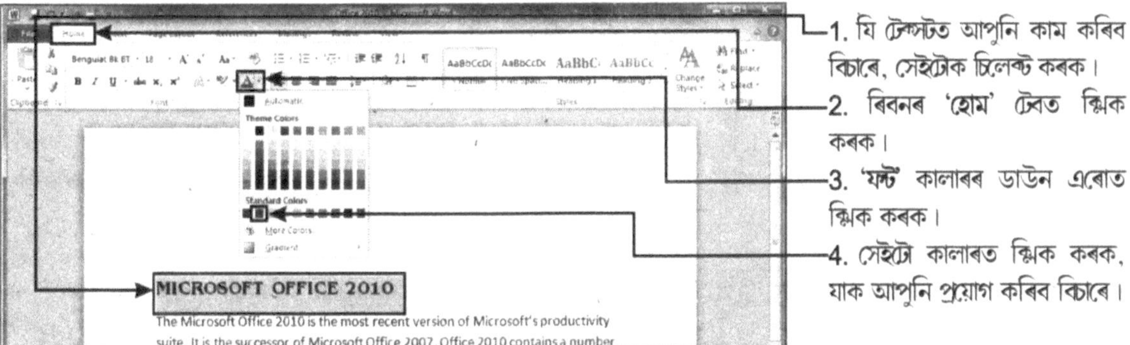

1. যি টেক্সটত আপুনি কাম কৰিব বিচাৰে, সেইটোক চিলেক্ট কৰক।
2. ৰিবনৰ 'হোম' টেবত ক্লিক কৰক।
3. 'ফন্ট' কালাৰৰ ডাউন এৰোত ক্লিক কৰক।
4. সেইটো কালাৰত ক্লিক কৰক, যাক আপুনি প্ৰয়োগ কৰিব বিচাৰে।

ৱৰ্ডে সেইটো কালাৰক সেইটো টেক্সটত এপলাই (প্ৰয়োগ) কৰি দিয়ে।
এটা উদাহৰণত আমি টেক্সটত ৰঙা ৰং এপলাই কৰো।

টেক্সটক হাইলাইট কৰা

আপুনি আপোনাৰ ডকুমেন্টত যিকোনো টেক্সটক হাইলাইট কৰিব বিচাৰে, যৰ পৰা এইটো বেলেগ দেখা দিয়ে।
টেক্সটক হাইলাইট কৰাটো সেইটো সময়ত বহুত আৱশ্যক হয়, যেতিয়া আপুনি পিছতো সেইটো গুৰুত্বপূৰ্ণ টেক্সটক পঢ়ি বা সেইটোক চাব লাগে।

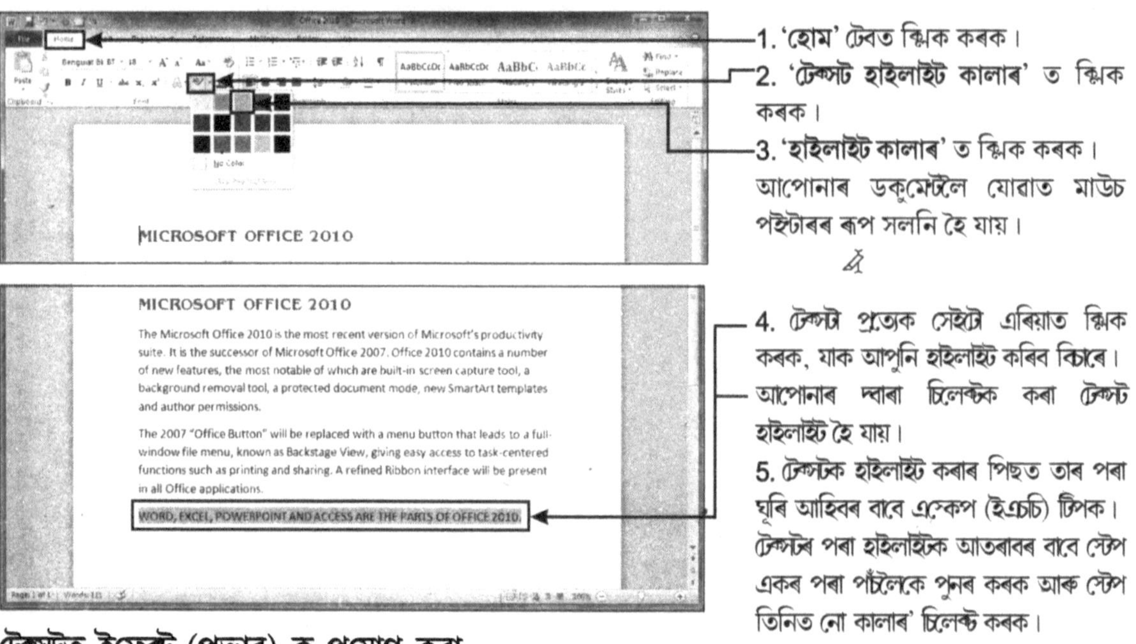

টেক্সটত ইফেক্ট (প্ৰভাৱ) ক প্ৰয়োগ কৰা

আপুনি আপোনাৰ টেক্সটত ভিজুৱেল ইফেক্টছ যেনে-চেডো, ৰিফলেকচন আৰ, গ্লোকো এপলাই (প্ৰয়োগ) কৰিব পাৰে। আপুনি আপোনাৰ ডকুমেন্টত হেডিং বা গুৰুত্বপূৰ্ণ সূচনাত টেক্সট ইফেক্ট এপলাই কৰিব পাৰে।

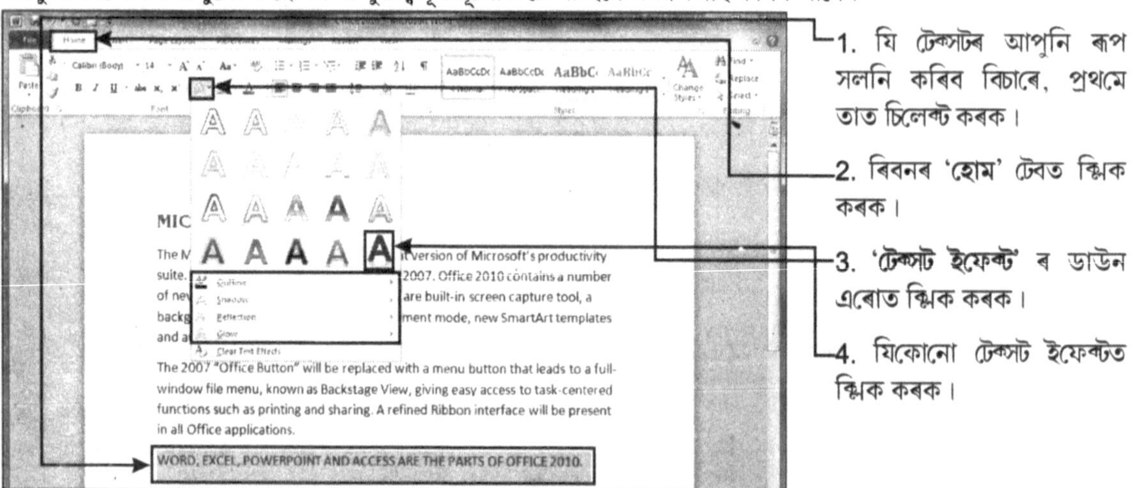

সেইটো চিলেক্ট কৰা টেক্সটত ৱৰ্ড ইফেক্টক এপলাই কৰি দিয়ে।
স্টেপ এক' ৰ পৰা চাৰি' লৈকে পুনৰ কৰক আৰু স্টেপ চাৰি' ত ক্লীয়েৰ টেক্সট ইফেক্ট' ক চিলেক্ট কৰি আপুনি আপোনাৰ ডকুমেন্টত টেক্সটৰ পৰা ইফেক্টক ৰিমুভ(আতৰাব) ও কৰিব পাৰে।

টেক্সটৰ ফৰ্ম (ৰূপ) ক কপি কৰা

আপোনাৰ ডকুমেন্টত টেক্সটৰ এটা এৰিয়াক অন্য ঠাইতো তেনেদৰেই দেখুৱাবৰ বাবে আপুনি টেক্সটৰ ফৰ্মেটিং (ৰূপ) ক কপিও কৰিব পাৰে। যদি আপুনি বিচাৰে যে আপোনাৰ ডকুমেন্টত সকলো হেডিং আৰু গুৰুত্বপূৰ্ণ ইনফৰমেচন একে দেখা দিয়ে, তেতিয়াহ'লে আপুনি টেক্সট ফৰ্মেটিংৰ সহায় লব পাৰে।

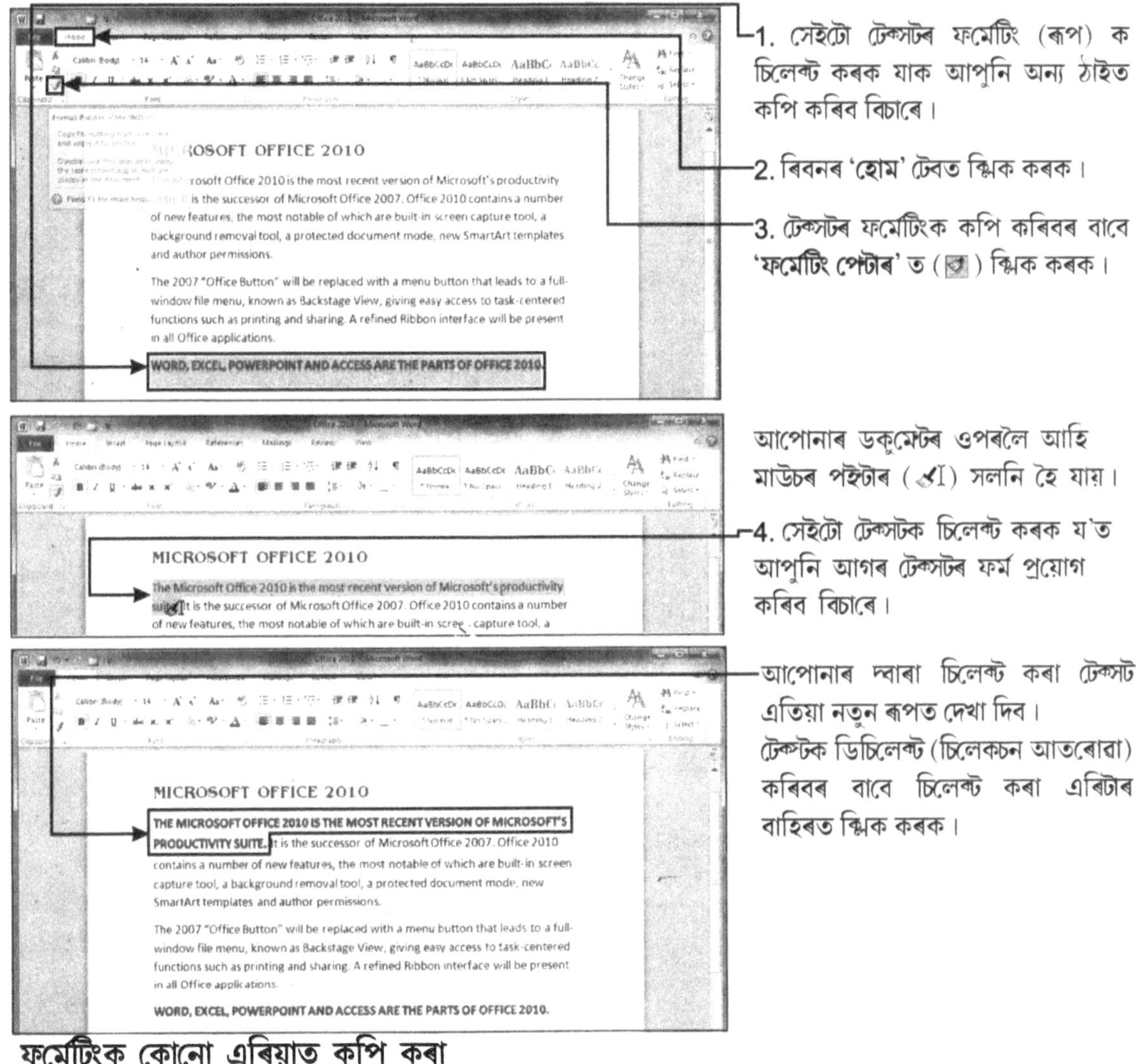

ফৰ্মেটিংক কোনো এৰিয়াত কপি কৰা

1. সেইটো টেক্সটক চিলেক্ট কৰক, যাৰ ফৰ্মেটিংক আপুনি কপি কৰিব বিচাৰে।
2. ৰিবনৰ 'হোম' টেবত ক্লিক কৰক।
3. টেক্সটৰ ফৰ্মেটিংক কপি কৰিবৰ বাবে ডাবল ক্লিক কৰক।
4. যি-যি টেক্সটত আপুনি সেইটো ফৰ্মেটিং কৰিব বিচাৰে, সেই সকলোকে চিলেক্ট কৰক।
5. যেতিয়া আপুনি সেই সকলো এৰিয়াক চিলেক্ট কৰে য'ত আপুনি একেলগে ফৰ্মেটিংক কপি কৰিব বিচাৰে, তেতিয়াহ'লে ইয়াৰ পিছত ক্লিক কৰক বা এস্কেপ (ইএচচি) টিপক।

টেক্সটৰ এলাইনমেন্ট (ক্ৰম) সলনি কৰা

আপোনাৰ ডকুমেন্টৰ প্ৰস্তুতিক আৰু সুন্দৰ কৰিবৰ বাবে আপুনি টেক্সটক কেইবা ধৰণে ব্যৱস্থিত কৰিব পাৰে। ডিফল্ট ৰূপত ৱৰ্ড লেফট এলাইন কামাণ্ডক প্ৰয়োগ কৰে।

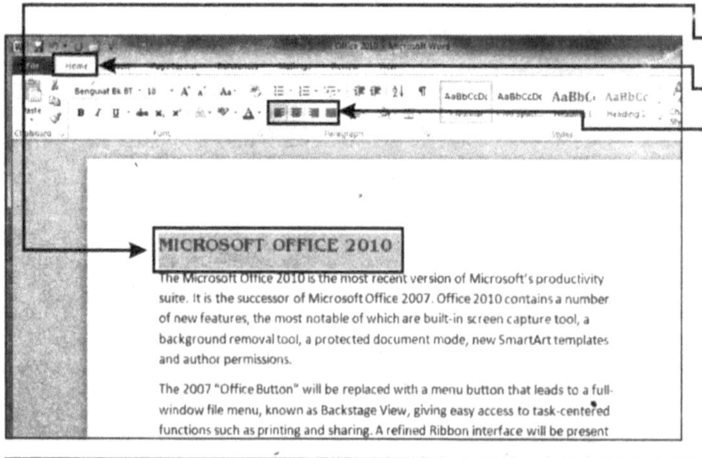

1. সেইটো টেক্সটক চিলেক্ট কৰক, আপুনি যাৰ ৰূপক পৰিৱৰ্তন কৰিব বিচাৰে।
2. ৰিবনৰ 'হোম' টেবত ক্লিক কৰক।
3. নিম্নলিখিতৰ ভিতৰত যিকোনো এটা বাটনত ক্লিক কৰক।

- টেক্সটৰ বাওঁফালৰ পৰা আৰম্ভকৰিবৰ বাবে **'লেফট অলাইনমেন্ট'** ত ( )ক্লিক কৰক।
- টেক্সটক মাজত ৰাখিবৰ বাবে **'চেন্টাৰ'** ( ) বাটনত ক্লিক কৰক।
- টেক্সটৰ ৰাইট এলাইনমেন্টৰ বাবে **'এলাইন ৰাইট'** ত ( )ক্লিক কৰক।
- বাওঁফাল আৰু সোঁফালৰ মাজিক সমানে ৰাখিবৰ বাবে **'জাস্টিফাই'** ( ) বাটনত ক্লিক কৰক।

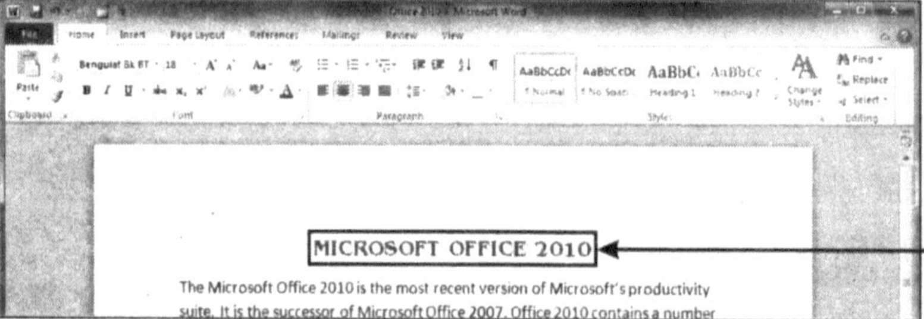

টেক্সট এতিয়া নতুন এলাইমেন্ট দেখা দিব।
চিলেক্ট কৰা টেক্সটৰ পৰা আতৰিবৰ বাবে সেইটো এৰিয়াৰ বাহিৰত ক্লিক কৰক।
এইটো উদাহৰণত আমি চেন্টাৰ' এলাইন টেক্সট নিৰ্বাচন কৰিছো।

লাইনৰ স্পেচ (খালি স্থান) ক সলনি কৰা

আপোনাৰ ডকুমেন্টত আপুনি টেক্সটৰ লাইনৰ মাজৰ অন্তৰকো সলনি কৰিব পাৰে অৰ্থাৎ কমাব-বঢ়াব পাৰে। লাইনৰ মাজৰ স্পেচ (খালি) স্থানক বঢ়াই আপুনি আপোনাৰ ডকুমেন্টক সহজতে চাব পাৰে আৰু সেইটোক এডিটো কৰিব পাৰে।

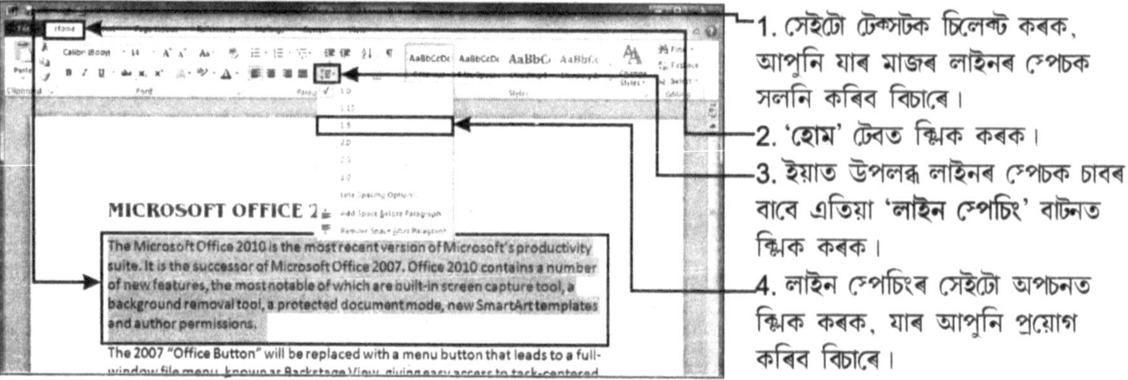

1. সেইটো টেক্সটক চিলেক্ট কৰক, আপুনি যাৰ মাজৰ লাইনৰ স্পেচক সলনি কৰিব বিচাৰে।
2. 'হোম' টেবত ক্লিক কৰক।
3. ইয়াত উপলব্ধ লাইনৰ স্পেচক চাবৰ বাবে এতিয়া 'লাইন স্পেচিং' বাটনত ক্লিক কৰক।
4. লাইন স্পেচিংৰ সেইটো অপচনত ক্লিক কৰক, যাৰ আপুনি প্ৰয়োগ কৰিব বিচাৰে।

এতিয়া টেক্সটৰ লাইনৰ মাজত আপোনাৰ দ্বাৰা চিলেক্ট কৰা লাইন স্পেচ দেখা দিব।
চিলেক্ট কৰা টেক্সটৰ পৰা আতৰিবৰ বাবে সেইটো এৰিয়াৰ বাহিৰত ক্লিক কৰক।
এইটো উদাহৰণত আমি 1-5 লাইন স্পেচিংৰ প্ৰয়োগ কৰিছো।

পেৰেগ্ৰাফৰ মাজত লাইন স্পেচিংৰ প্ৰয়োগ কৰা

আপুনি আপোনা পেৰেগ্ৰাফৰ টেক্সটৰ মাজৰ স্পেচ (খালি স্থান) কো পৰিৱৰ্তন কৰিব পাৰে। প্ৰত্যেক পেৰেগ্ৰাফৰ মাজত চিংগল স্পেচক আতৰাই আপুনি তাৰ মাজত ডাবল স্পেচো সহজতে চেট কৰিব পাৰে।

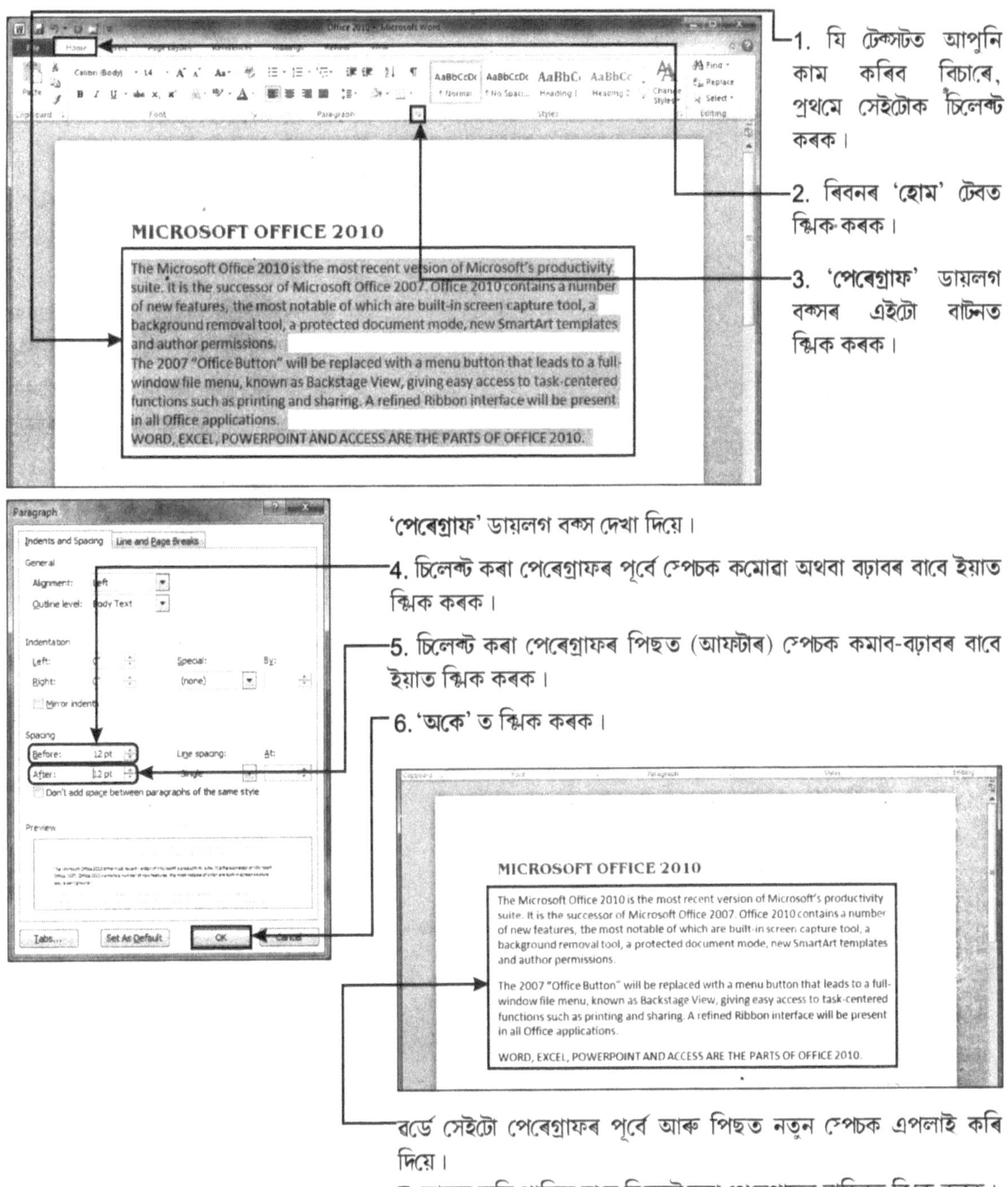

7. কামক কৰি থাকিৰ বাবে চিলেক্ট কৰা পেৰেগ্ৰাফৰ বাহিৰত ক্লিক কৰক।

নম্বৰ লিস্ট বা বুটেলক ক্ৰিয়েটক (প্ৰস্তুত) কৰা

যিকোনো লিস্টত আপুনি আইটেমক আৰম্ভকৰাত বুলেট বা নাম্বাৰিং (নম্বৰ ভৰোৱা) কৰি সেইটোক বেলেগ-বেলেগ কৰিব পাৰে।

কুৱিক লিস্টক চেট কৰা

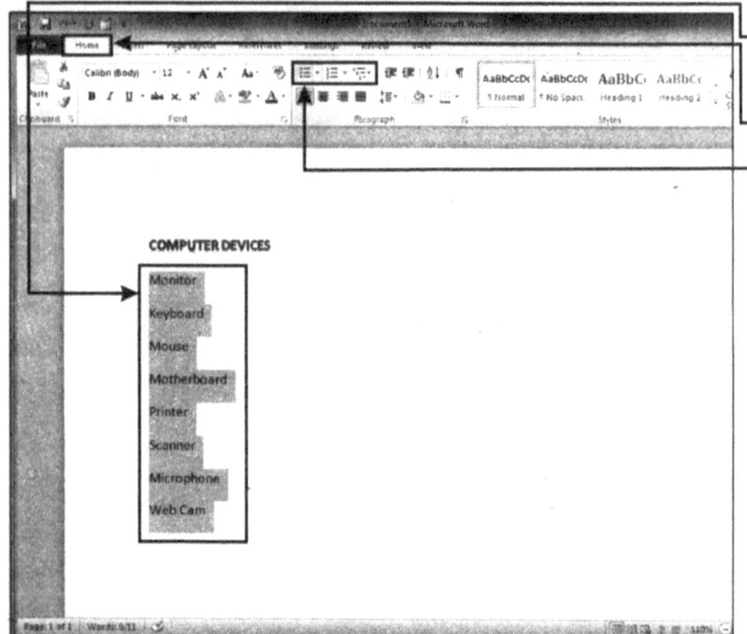

1. সেইটো টেক্সটক চিলেক্ট কৰক, যাৰ ওপৰত আপুনি কাম কৰিব বিচৰে।
2. ৰিবনৰ 'হোম' টেবত ক্লিক কৰক।
3. লিস্ট' বাটনত ক্লিক কৰক।

◉ বুলেট (-) ৰ লিস্টক প্ৰস্তুত কৰিবৰ বাবে আপুনি **'বুলেট'** বাটনত ( ) ক্লিক কৰক।

◉ নম্বৰৰ লিস্টক প্ৰস্তুত কৰিবৰ বাবে **'নাম্বাৰিং'** ত ( ) ক্লিক কৰক।

◉ মাল্টিলেবেল লিস্টক প্ৰস্তুত কৰিবৰ বাবে আপুনি **'মাল্টিলেবেল'** বাটনত ( ) ক্লিক কৰিব পাৰে।

ৱৰ্ডে সেইটো ফৰ্মেট (ৰূপ বা নতুন সংৰচনা) ক সেইটো লিস্টত এপলাই (প্ৰয়োগ) কৰি দিয়ে।

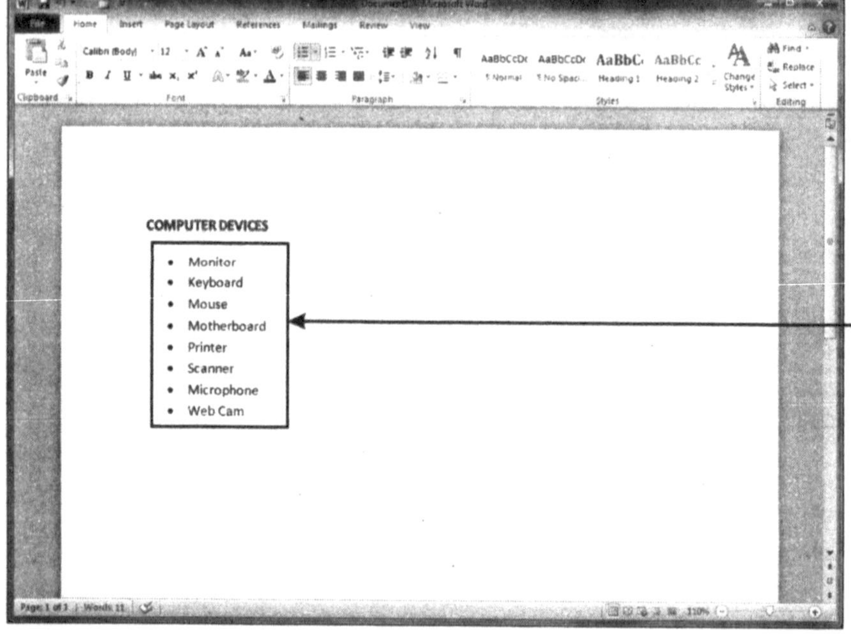

এইটো উদাহৰণত আমি বুলটে লিস্টৰ প্ৰয়োগ কৰিছো। এইটো লিস্টত আৰু অধিক টেক্সটক একেলগ কৰিবৰ বাবে লাইনৰ শেষলৈ গৈ আপুনি **'এন্টাৰ'** টিপক। উইণ্ডোই শীঘ্ৰে সেইটো লিস্টত নম্বৰ বা বুলেটৰ লগত এক নতুন লাইনক একেলগ কৰ দিয়ে। বুলেট আৰু নম্বৰিং লিস্ট বন্ধ কৰিবৰ বাবে লিস্টৰ শেষৰ আইটেমলৈ গৈ আপুনি আকৌ এবাৰ (এন্টাৰ) টিপি দিয়ক।

বুলেট আৰু নম্বৰৰ স্টাইলক সলনি কৰা

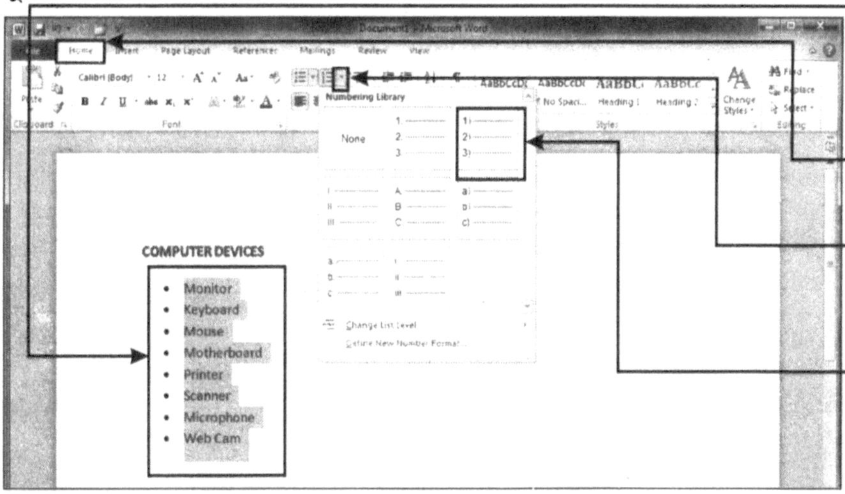

COMPUTER DEVICES

- Monitor
- Keyboard
- Mouse
- Motherboard
- Printer
- Scanner
- Microphone
- Web Cam

1. যি টেক্সটত আপুনি কাম কৰিব বিচাৰে, প্ৰথমে সেইটোক চিলেক্ট কৰক।
2. ৰিবনলৈ গৈ 'হোম' টেবত ক্লিক কৰক।
3. 'বুলেট্চ' বা 'নাম্বাৰিং' ৰ ডাউন এৰোত ক্লিক কৰক।
4. যিকোনে স্টাইলত ক্লিক কৰক যাক আপুনি প্ৰয়োগ কৰিব বিচাৰে।

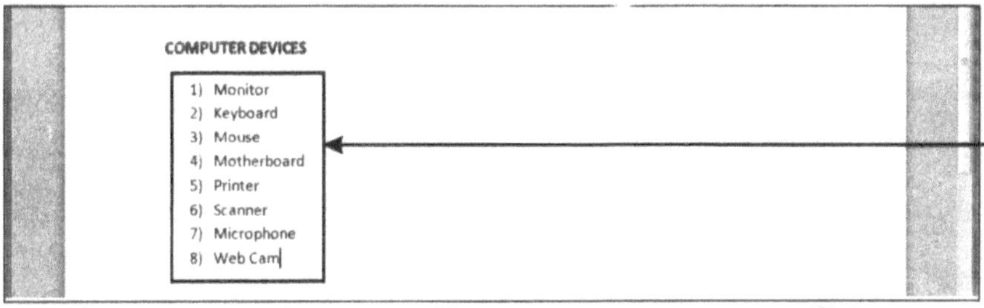

COMPUTER DEVICES

1) Monitor
2) Keyboard
3) Mouse
4) Motherboard
5) Printer
6) Scanner
7) Microphone
8) Web Cam

ৱৰ্ডে নতুন স্টাইলক এপলাই (প্ৰয়োগ) কৰি দিয়ে।

ডকুমেন্টত ৰুলাৰক হাইড আৰু ডিচপ্লে (লুকোৱা আৰু প্ৰদৰ্শিত) কৰা

আপোনাৰ ডকুমেন্টত পেৰেগ্ৰাফক চেট কৰিবৰ বাবে আপুনি ক্ষৈতিজ আৰু দীঘলীয়া (থিয় আৰু পৰি) ৰুলাৰক লুকোৱাব পাৰে আৰু আৱশ্যক হ'লে সেইটোকো দেখা পাব পাৰে।

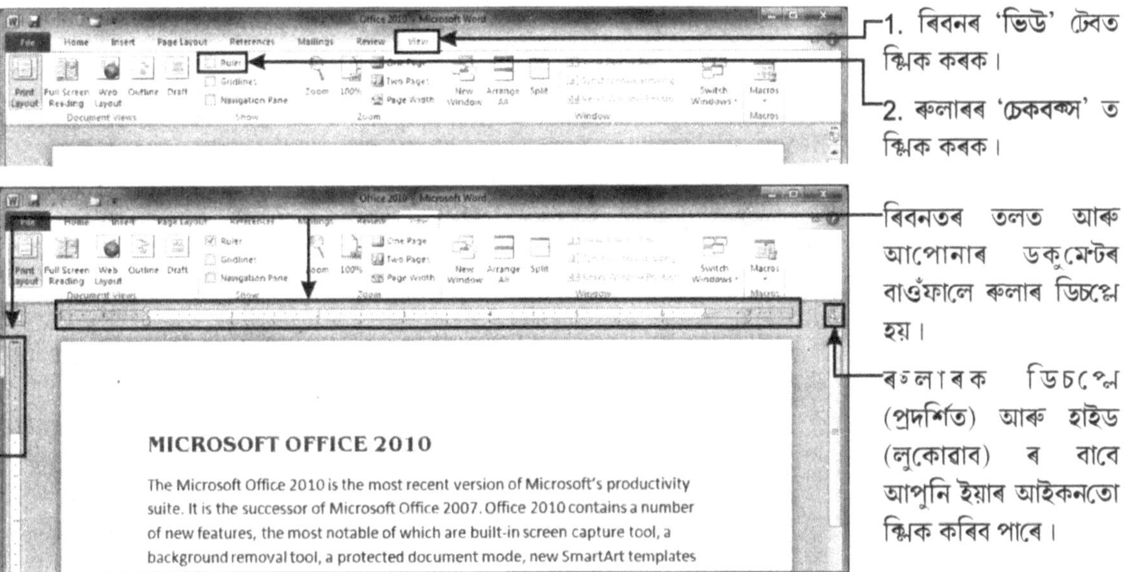

পেৰেগ্ৰাফৰ ইডেন্টিং (ঠাই এৰা) কৰা

ডকুমেন্টত পেৰেগ্ৰাফ প্ৰস্তুত কৰিবৰ বাবে আপুনি টেক্সটৰ ইডেন্টিং (ঠাই এৰা) কৰিব পাৰে। অৰ্থাৎ কোনো টেক্সটত আপুনি আপোনাৰ মতে পেৰেগ্ৰাফ প্ৰস্তুত কৰিব পাৰে।

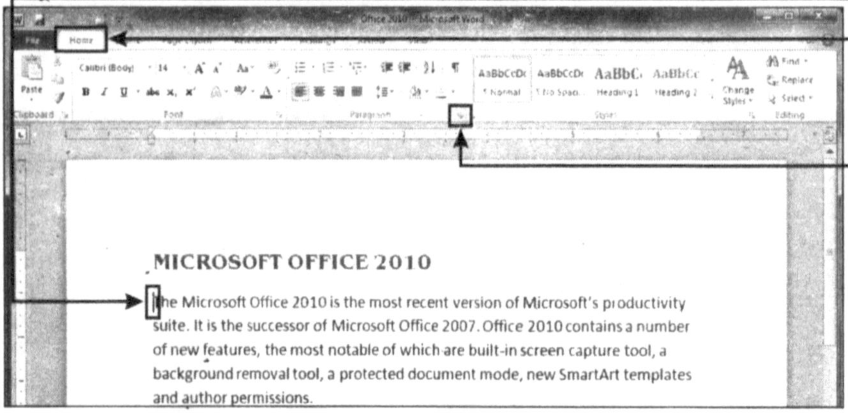

1. টেক্সটৰ লাইন অথবা পেৰেগ্ৰাফৰ যিকোনো ঠাইত ক্লিক কৰক।

2. ৰিবনৰ 'হোম' টেবত ক্লিক কৰক।

3. পেৰাগ্ৰাফ ডাইলোগ বক্স এই এৰিয়াত ক্লিক কৰক।

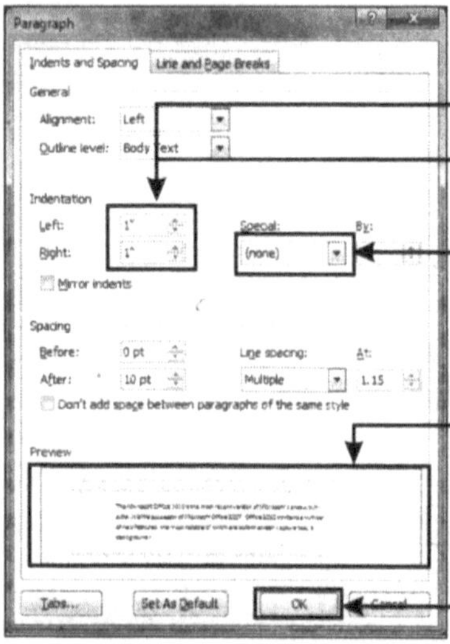

MICROSOFT OFFICE 2010

The Microsoft Office 2010 is the most recent version of Microsoft's productivity suite. It is the successor of Microsoft Office 2007. Office 2010 contains a number of new features, the most notable of which are built-in screen capture tool, a background removal tool, a protected document mode, new SmartArt templates and author permissions.

'পেৰেগ্ৰাফ' ডায়লগ বক্স দেখা দিয়ে।

4. বাওঁ ফালে আৰু সোঁ ফালে ইণ্ডেন্ট টেক্সট বক্সত আপোনাৰ মতে নম্বৰ টাইপ কৰক, যিমান আপুনি ঠাই এৰিব বিচাৰে।

ইণ্ডেন্টৰ মিজাৰমেন্ট (জোখ) ক কমাব-বঢ়াকৰ কাকে ডাউন এৰোত ক্লিক কৰক।

'স্পেচিয়েল' ৰ ডাউন এৰোত ক্লিক কৰক আৰু ইণ্ডেন্টক যিকোনা প্ৰকাৰে চেট কৰক।

এইটো এৰিয়াত আপোনাক ইণ্ডেন্টৰ চেম্পল দেখা দিব।

5. 'অকে' ত ক্লিক কৰি দিয়ক।

বৰ্ডে টেক্সটত সেইটো ইণ্ডেন্টক এপলাই কৰি দিয়ে।

পেৰাগ্ৰাফৰ ইণ্ডেন্টক তীব্ৰ গতিৰে চেট কৰা

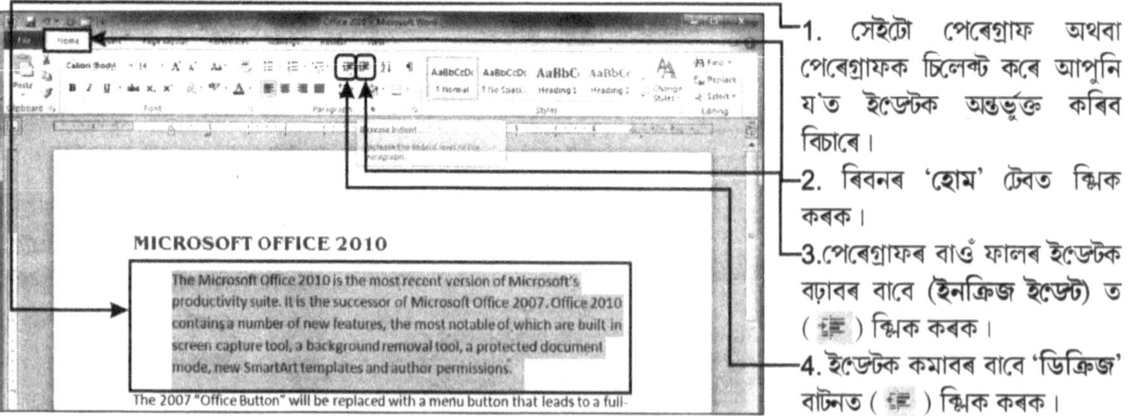

1. সেইটো পেৰেগ্ৰাফ অথবা পেৰেগ্ৰাফক চিলেক্ট কৰে আপুনি য'ত ইণ্ডেন্টক অন্তৰ্ভুক্ত কৰিব বিচাৰে।

2. ৰিবনৰ 'হোম' টেবত ক্লিক কৰক।

3.পেৰেগ্ৰাফৰ বাওঁ ফালৰ ইণ্ডেন্টক বঢ়াবৰ বাবে (ইনক্ৰিজ ইণ্ডেন্ট) ত ( ) ক্লিক কৰক।

4. ইণ্ডেন্টক কমাবৰ বাবে 'ডিক্ৰিজ' বাটনত ( ) ক্লিক কৰক।

টেবৰ চেটিংক সলনি কৰা

আপোনাৰ ডকুমেন্টত থকা ইনফৰমেচনক চেট কৰিবৰ বাবে আপুনি টেবৰ প্ৰয়োগ কৰিব পাৰে। ৱৰ্ডত থকা টেবৰ পৰা আপুনি বিভিন্ন প্ৰকাৰৰ টেবক নিৰ্বাচন কৰিব পাৰে।

টেবক এডিট (অন্তৰ্ভুক্ত) কৰা

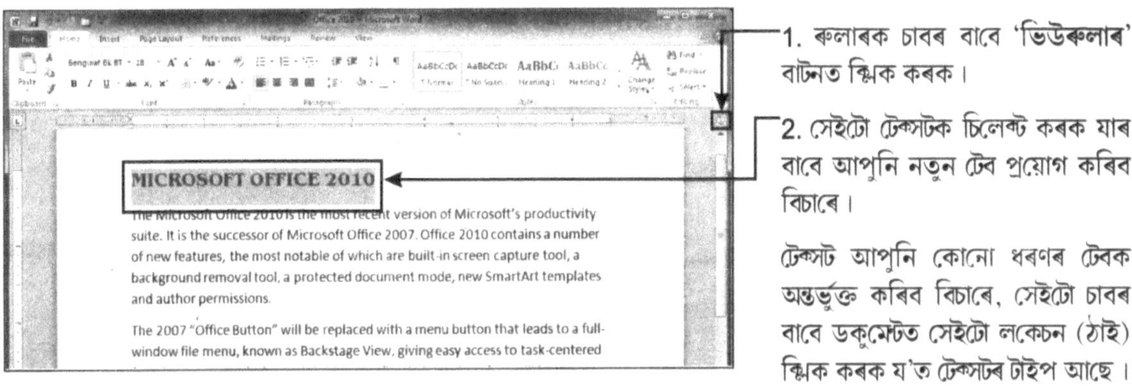

1. ৰুলাৰক চাবৰ বাবে 'ভিউৰুলাৰ' বাটনত ক্লিক কৰক।

2. সেইটো টেক্সটক চিলেক্ট কৰক যাৰ বাবে আপুনি নতুন টেব প্ৰয়োগ কৰিব বিচাৰে।

টেক্সট আপুনি কোনো ধৰণৰ টেবক অন্তৰ্ভুক্ত কৰিব বিচাৰে, সেইটো চাবৰ বাবে ডকুমেন্টত সেইটো লকেচন (ঠাই) ক্লিক কৰক য'ত টেক্সটৰ টাইপ আছে।

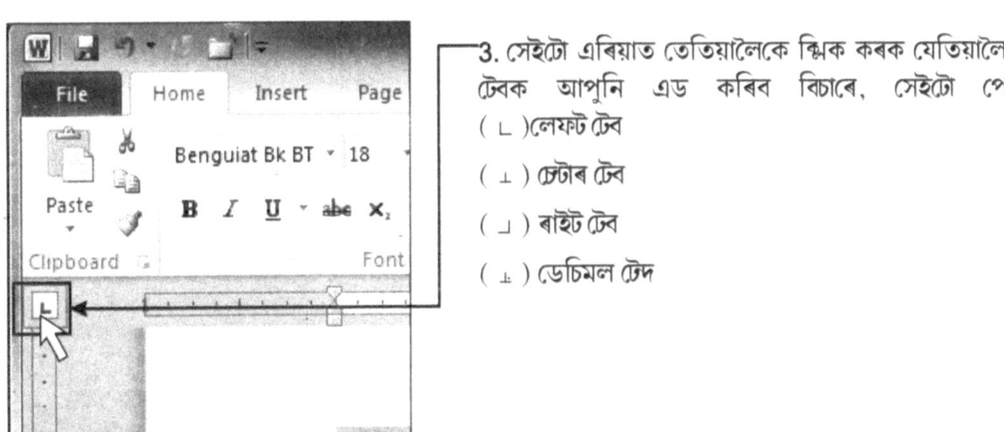

3. সেইটো এৰিয়াত তেতিয়ালৈকে ক্লিক কৰক যেতিয়ালৈকে যি টাইপৰ টেবক আপুনি এড কৰিব বিচাৰে, সেইটো পোৱা নাযায়।

(∟)লেফট টেব

(⊥) চেন্টাৰ টেব

(┘) ৰাইট টেব

(⊥) ডেচিমল টেব

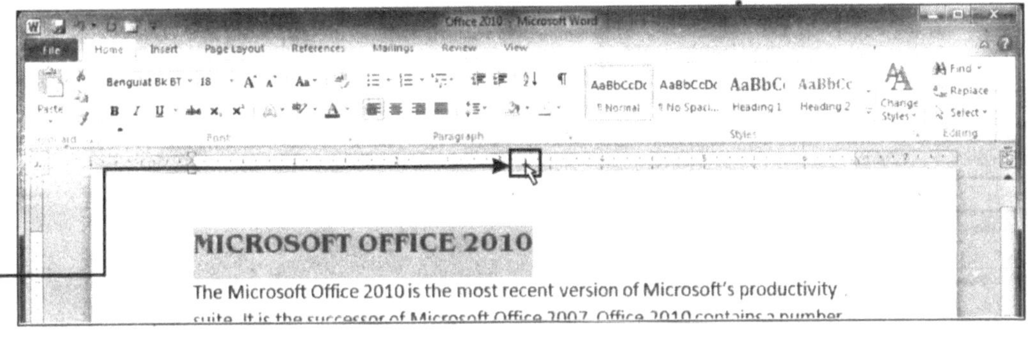

4. য'ত আপুনি নতুন টেব অন্তৰ্ভুক্ত কৰিব বিচাৰে, ৰুলাৰৰ বটমক মাজৰ পৰা ধৰি তালৈকে ক্লিক কৰক।

টেবৰ প্ৰয়োগ

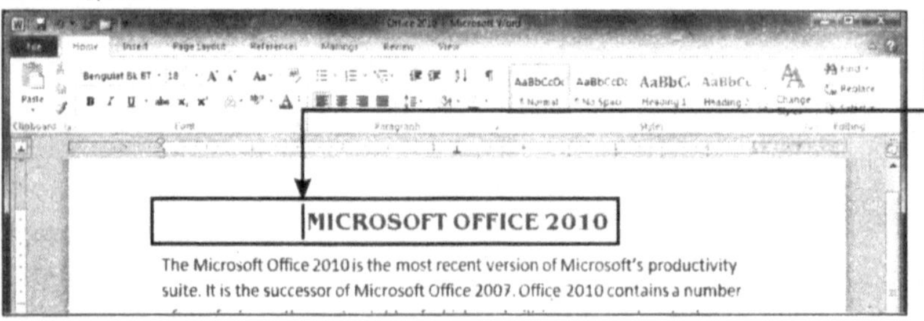

1. সেইটো লাইনৰ আৰম্ভণিত ক্লিক কৰক য'ত আপুনি টেবক মুভ কৰাব বিচাৰে। ইয়াৰ পিছত কি-বৰ্ডেৰে 'টেব' ক ক্লিক কৰক।

ইনচাৰ্শন পইণ্টাৰে তাৰ লগত টেক্সটক আপোনাৰ দ্বাৰা চেট কৰা টেবত পঠিয়াই দিয়ে।

সুনিশ্চিত টেবৰ প্ৰয়োগ

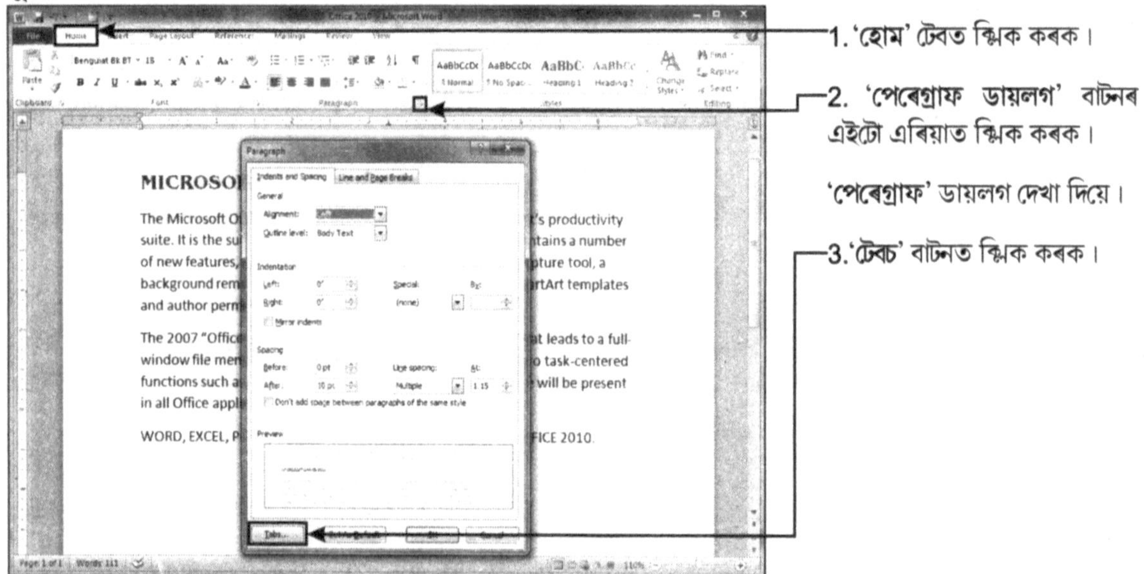

1. 'হোম' টেবত ক্লিক কৰক।

2. 'পেৰেগ্ৰাফ ডায়লগ' বাটনৰ এইটো এৰিয়াত ক্লিক কৰক।

'পেৰেগ্ৰাফ' ডায়লগ দেখা দিয়ে।

3. 'টেবচ' বাটনত ক্লিক কৰক।

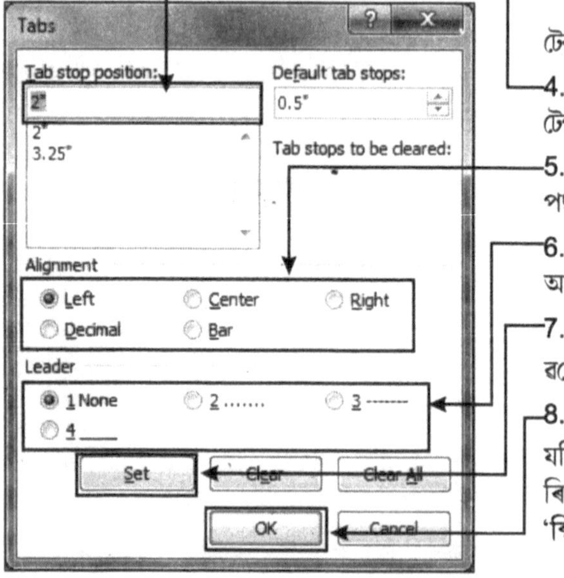

টেবচ' ডায়লগ বক্স দেখা দিয়ে।

4. এইটো এৰিয়াত নতুন স্টপ মিজাৰমেন্ট (সেইটো সংখ্যা য'ত টেক্সট থোৱা) টাইপ কৰক।

5. টেব 'এলাইনমেন্ট' ক ৰেডিঅ বাটনত ক্লিক কৰি আপোনাৰ পছন্দৰ এলাইনমেন্ট নিৰ্বাচন কৰক।

6. টেব 'লিডাৰ' কেৰেক্টাৰৰ ৰেডিঅ বাটনত ক্লিক কৰি আপোনাৰ পছন্দক নিৰ্বাচন কৰক।

7. 'চেট' ত ক্লিক কৰক।

ৰৰ্ডে নতুন টেব স্টপক চেভ কৰি দিয়ে।

8. 'অকে' ত ক্লিক কৰক।

যদি আপুনি আপোনাৰ দ্বাৰা চেট কৰা টেব বা সকলো টেবচক ৰিমুভ কৰিব বিচাৰে, অৰ্থাৎ আতৰাব বিচাৰে তেতিয়াহ'লে 'ক্লিয়েৰ অল' বাটনত ক্লিক কৰক।

বৰ্ডাৰক এড (একেলগ) কৰা

গুৰুত্বপূৰ্ণ ইনফৰমেচনক হাইলাইট কৰিবৰ বাবে আপুনি আপোনাৰ ডকুমেন্টত টেক্সটত বৰ্ডাৰো এলোগ কৰিব পাৰে। উদাহৰণৰ বাবে কোনো টেক্সটত পেৰেগ্ৰাফক গুৰুত্বপূৰ্ণ দেখুৱাবৰ বাবে আপুনি তাত বৰ্ডাৰো এড (অন্তৰ্ভুক্ত) কৰিব পাৰে।

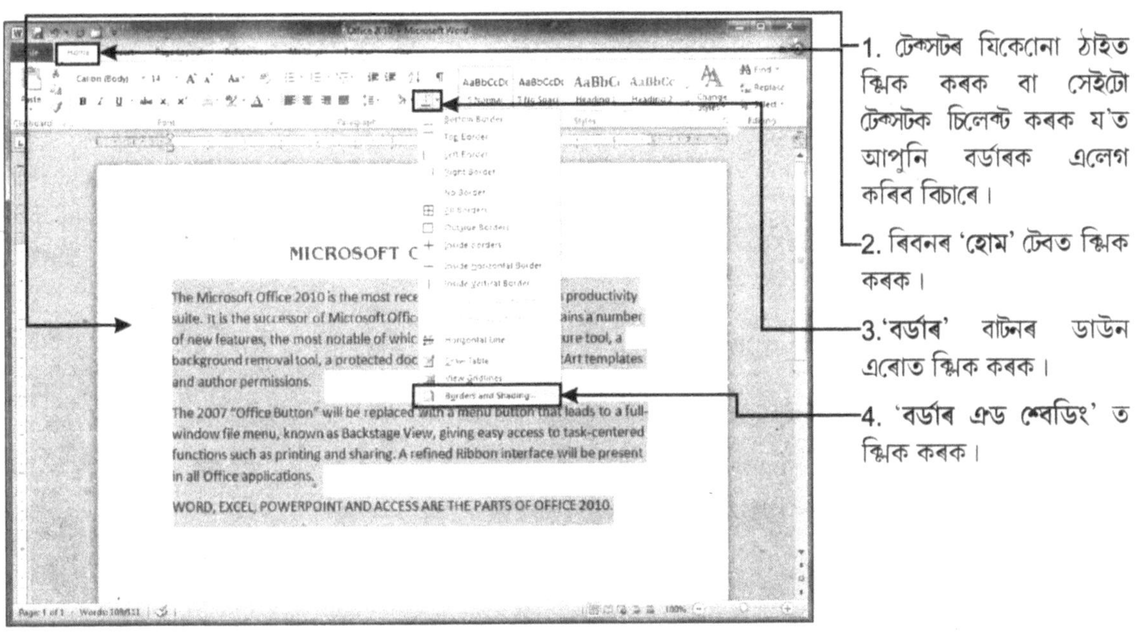

1. টেক্সটৰ যিকোনো ঠাইত ক্লিক কৰক বা সেইটো টেক্সটক চিলেক্ট কৰক য'ত আপুনি বৰ্ডাৰক এলেগ কৰিব বিচাৰে।
2. ৰিবনৰ 'হোম' টেবত ক্লিক কৰক।
3. 'বৰ্ডাৰ' বাটনৰ ডাউন এৰোত ক্লিক কৰক।
4. 'বৰ্ডাৰ এড শেৱডিং' ত ক্লিক কৰক।

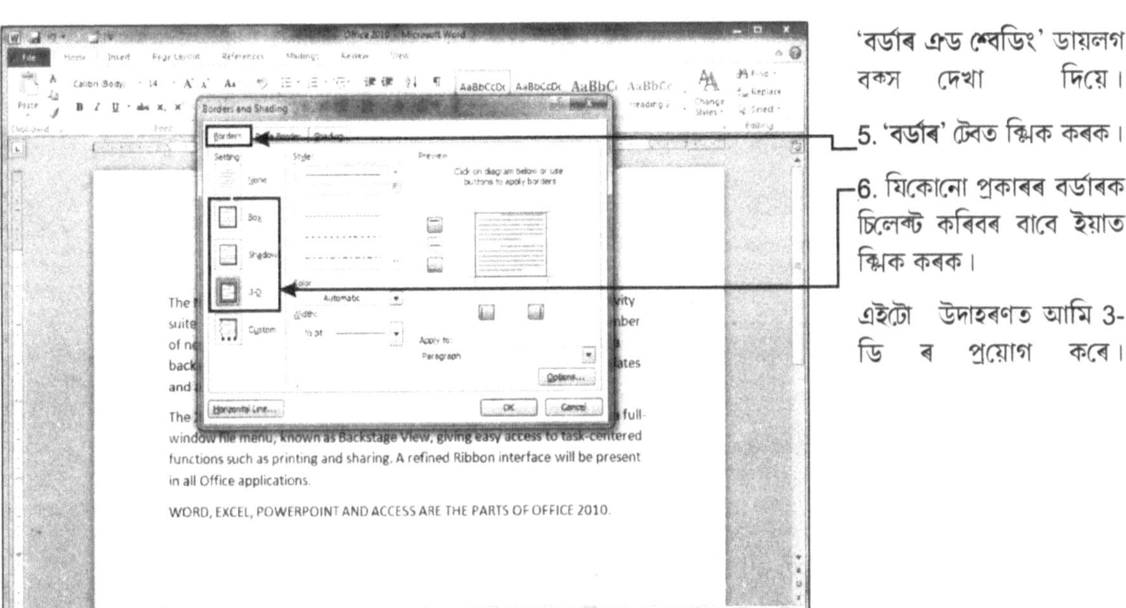

'বৰ্ডাৰ এড শেৱডিং' ডায়লগ বকস দেখা দিয়ে।

5. 'বৰ্ডাৰ' টেবত ক্লিক কৰক।
6. যিকোনো প্ৰকাৰৰ বৰ্ডাৰক চিলেক্ট কৰিবৰ বাবে ইয়াত ক্লিক কৰক।

এইটো উদাহৰণত আমি 3-ডি ৰ প্ৰয়োগ কৰে।

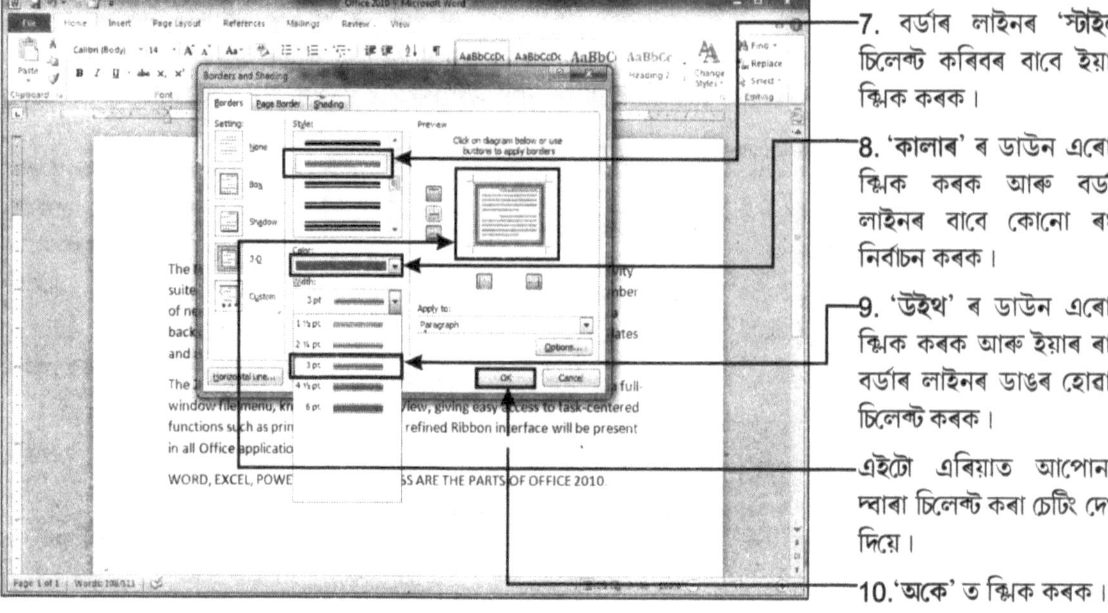

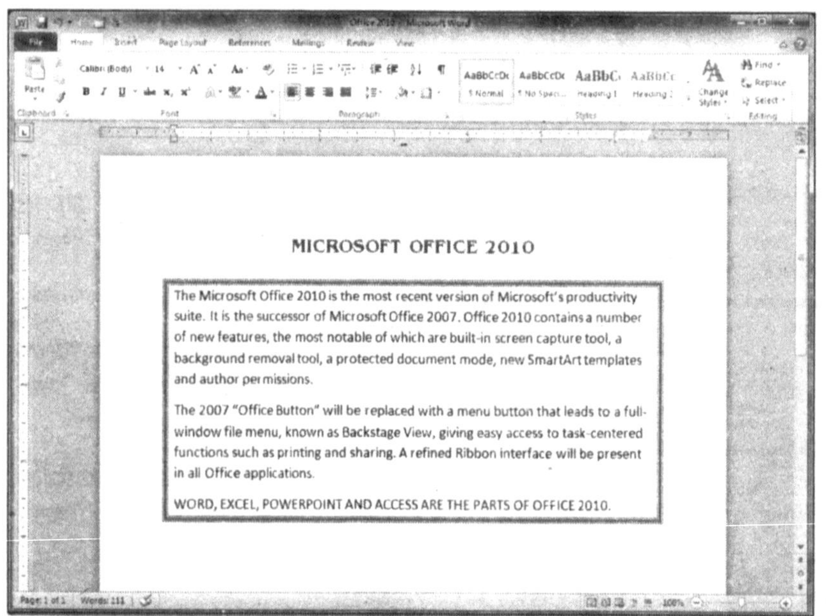

আপোনাৰ দ্বাৰা চিলেক্ট কৰা টেক্সটৰ চাৰিওফালে এটা বৰ্ডাৰ দেখা দিব ধৰে।

চিলেকচনক আতৰাবৰ বাবে তাৰ বাহিৰত ক্লিক কৰি দিয়ক।

এই বিষয়েও জানক

বৰ্ডাৰক আতৰাবৰ বাবে ঃ

1. বৰ্ডাৰৰ টেক্সটৰ যিকোনো ঠাইত ক্লিক কৰক।
2. হোম' টেবত ক্লিক কৰক।
3. বৰ্ডাৰ' বাটনৰ ডাউন এৰোত ক্লিক কৰক।
4. ন বৰ্ডাৰ' ত ক্লিক কৰক। বৰ্ডাৰে সেইটো টেক্সটৰ পৰা বৰ্ডাৰক ৰিমুভ কৰি দিয়ে অৰ্থাৎ বৰ্ডাৰ নাইকিয়া কৰি দিয়ে।

পেৰেগ্ৰাফক শ্বেডিং এড (জড়িত) কৰা

ৰিডাৰ (পাঠক) ৰ ধ্যান আকৰ্ষিত কৰিবৰ বাবে আপুনি শ্বেডিং ফিচাৰো প্ৰয়োগ কৰিব পাৰে। যেতিয়া আপুনি আপোনাৰ ডকুমেণ্টৰ প্ৰিণ্ট দিয়ে, তেতিয়া শ্বেডিঙো প্ৰিণ্টআউটত আহে।

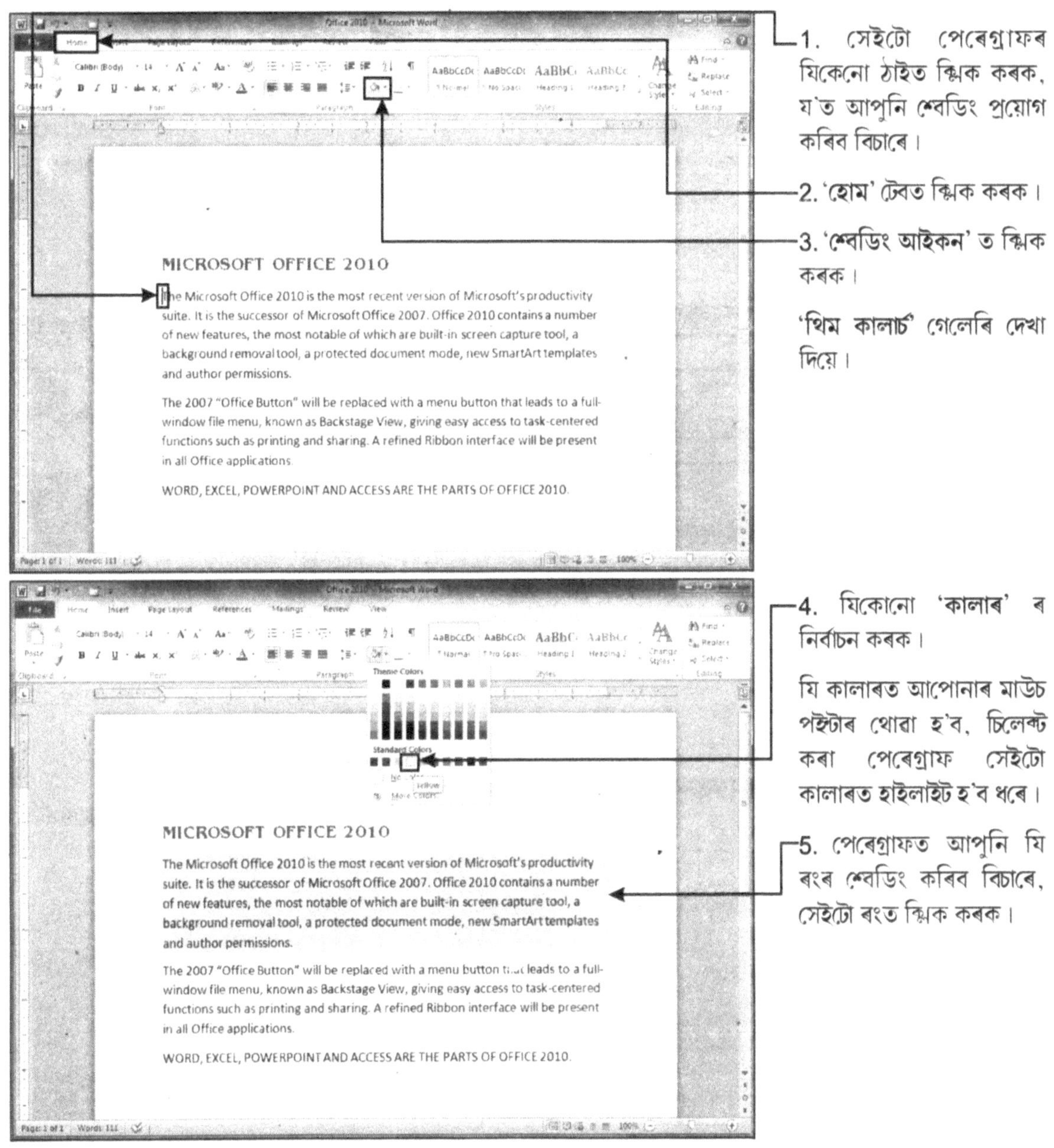

এই বিষয়েও জানকঃ

যদি আপুনি প্ৰিণ্ট আউটৰ বাবে ব্লেক এণ্ড হোৱাইট' প্ৰিণ্টাৰৰ প্ৰয়োগ কৰি আছে, তেতিয়াহ'লে এইটো সুনিশ্চিত কৰি লওক যে শ্বেডিং গ্ৰে (মতিয়া) ৰংৰ হয়।

মাৰ্জিনৰ সলনি কৰা

মাৰ্জিনৰ অৰ্থ আপোনাৰ ডকুমেন্টত অন্তৰ্ভুক্ত টেক্সট মাজৰ খালি স্থান আৰু পেপাৰৰ কিনাৰত এৰা স্থান হয়।

আপুনি আপোনাৰ আৱশ্যকতাৰ অনুসাৰে মাৰ্জিনক চেট কৰিব পাৰে।

ডিফল্টৰ ৰূপত বৰ্ডাৰত কোনে ডকুমেন্টত সোঁ, বাওঁ, তল আৰু ওপৰত এক ইঞ্চিৰ মাৰ্জিন থাকে। এইদৰে চেটিং ব্যৱসায়িক পত্ৰ আৰু ৰিপৰ্টৰ বাবে উপযুক্ত হয়। কি কেইবাবাৰ আপোনাক এইটো চেটিংত সলনি কৰাৰ আৱশ্যক হয়।

উদাহৰণৰ বাবেঃ যদি আপোনাৰ ৰিপৰ্ট এক পেজত প্ৰায় পুৰা হৈ যায়, তেতিয়াহ'লে আপুনি ইয়াক বাওঁফাল আৰু সোঁফালৰ মাৰ্জিনক অলপ কমাই ইয়াক সেইটো পেজত ফিট কৰিব পাৰে। ইয়াৰ বাদে যদি ৰিজুম প্ৰস্তুত কৰা সময়ত যদি আপোনাক এনে লাগে যে এইটো অলপ সৰু হয় তেতিয়াহ'লে আপুনি ইয়াৰ টপৰ মাৰ্জিনক একৰ পৰা

1-25 ইঞ্চি কৰিব পাৰে। ইয়াৰ পৰা আপোনাৰ ৰিজুম সেইটো পেজত অলপ তলৰ পৰা আৰম্ভ হ'ব।

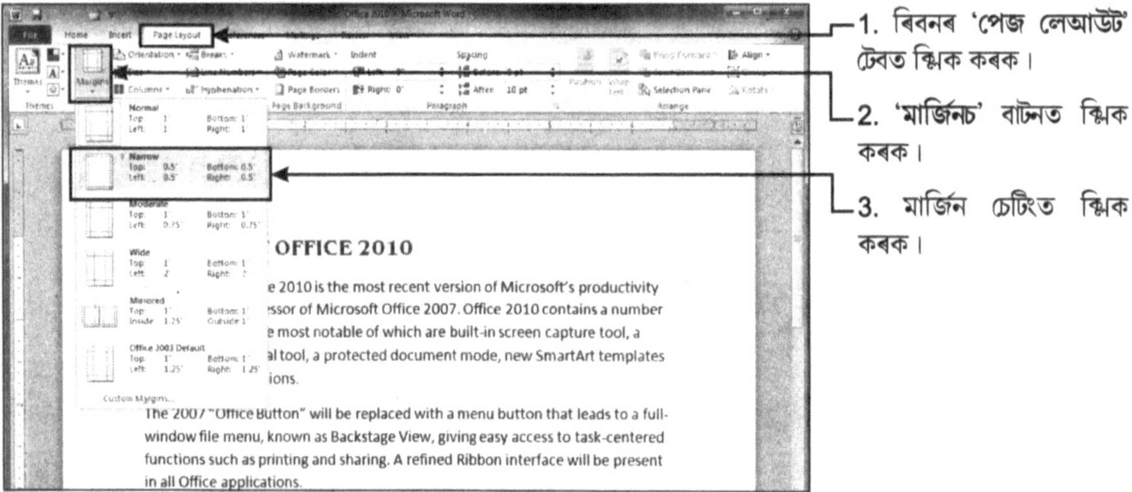

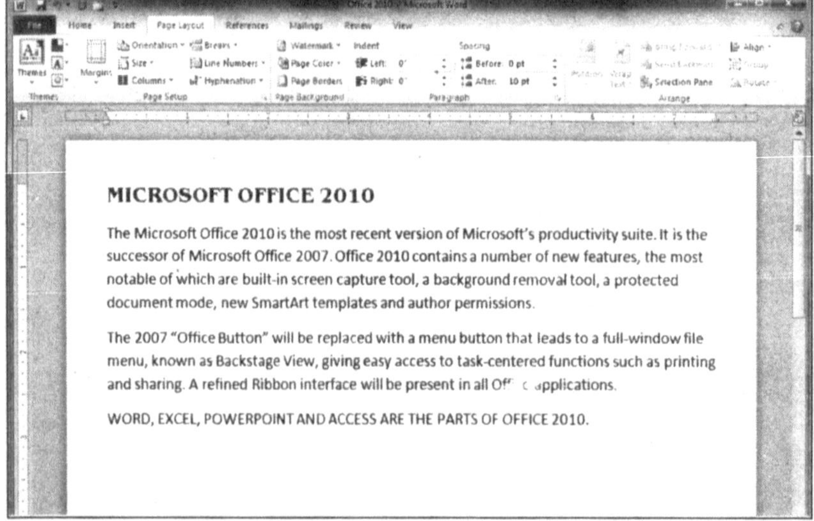

বৰ্ডে নতুন চেটিংক এপলাই (প্ৰয়োগ) কৰি দিয়ে।

পেজ চেট ডায়লগ বক্স মাৰ্জিনক সলনি কৰা

ডকুমেন্টত আপোনাৰ মতে মাৰ্জিনক চেট কৰিবৰ বাবে আপুনি কাস্টম মাৰ্জিনচত ক্লিক কৰক।

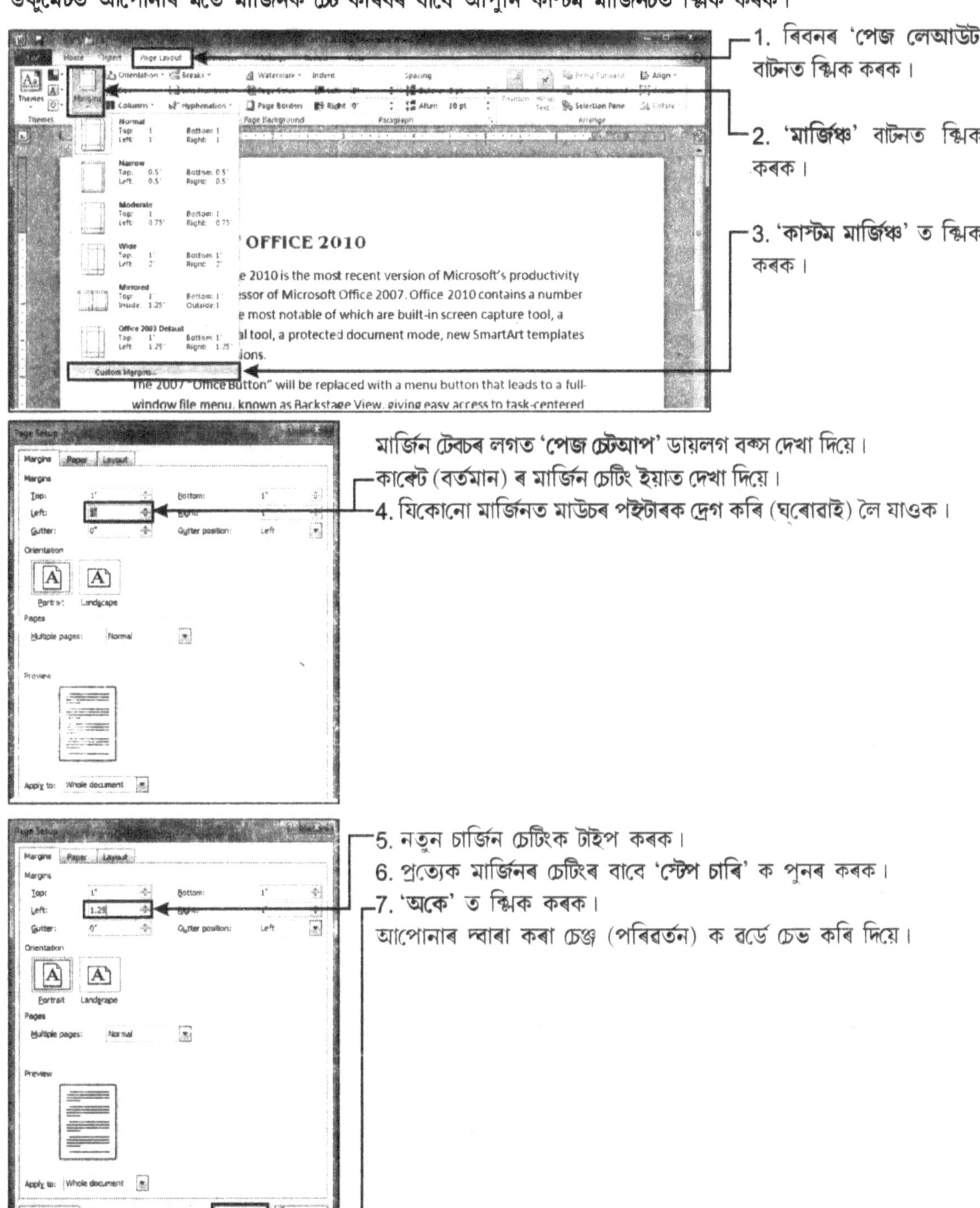

পেজ ব্ৰেক ইনচাৰ্ট কৰা

যদি আপুনি বিচাৰে যে প্ৰত্যেক বাৰ এক নিশ্চিত স্হান অথবা ঠাইৰ পিছত অন্য পেজ আৰম্ভহৈ যায়, তেতিয়া আপোনাক আপোনাৰ ডকুমেণ্টত পেজ ব্ৰেক অন্তৰ্ভুক্ত কৰাৰ আৱশ্যক হয়।

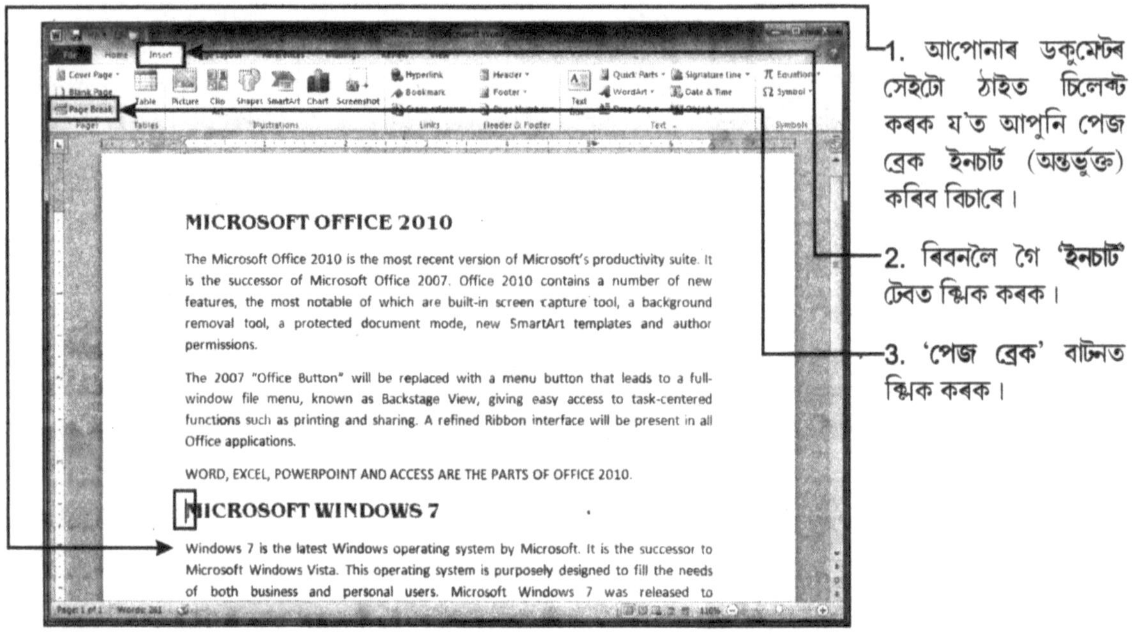

1. আপোনাৰ ডকুমেণ্টৰ সেইটো ঠাইত চিলেক্ট কৰক য'ত আপুনি পেজ ব্ৰেক ইনচাৰ্ট (অন্তৰ্ভুক্ত) কৰিব বিচাৰে।
2. ৰিবনলৈ গৈ **'ইনচাৰ্ট'** টেবত ক্লিক কৰক।
3. 'পেজ ব্ৰেক' বাটনত ক্লিক কৰক।

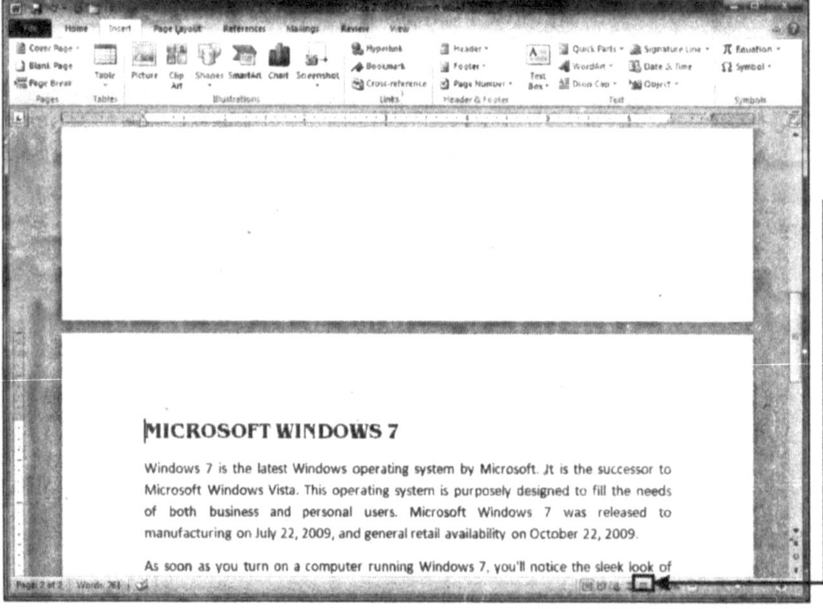

ৱৰ্ড পেজে ব্ৰেকক এচাইন (অন্তৰ্ভুক্ত) কৰি দিয়ে।

পেজ ব্ৰেকক আতৰোৱা

1. ডকুমেণ্টক ড্ৰাফট ভিউত চাবৰ বাবে স্টেটাচ বাৰৰ পৰা 'ড্ৰাফ্ট ভিউ' বাটনত ক্লিক কৰক।

পেজ ব্ৰেক লাইন দেখা দিয়ে। ডকুমেণ্টৰ পৰা পেজ ব্ৰেক ৰিমুভ কৰিব (অতৰোৱা) ৰ বাবে পেজ ব্ৰেক লাইনত ক্লিক কৰক আৰু কি-বৰ্ডেৰে 'ডিলিট বাটন' ক টিপি দিয়ক।

ডকুমেণ্টত পেজ ব্ৰেক ইনচাৰ্ট কৰিবৰ বাবে আপুনি কি-বৰ্ডৰ শৰ্টকাটৰো সহায় লব পাৰে। ইয়াৰ বাবে য'ত আপুনি পেজ ব্ৰেক অন্তৰ্ভুক্ত কৰিব বিচাৰে, তাত ডকুমেণ্টত কণ্ট্ৰল আৰু এণ্টাৰ' টিপি দিয়ক।

চেকচন ব্ৰেকক ইনচাৰ্ট (অন্তৰ্ভুক্ত) কৰা

আপুনি আপোনাৰ ডকুমেণ্টত চেকচন ব্ৰেককো ইনচাৰ্ট কৰিব পাৰে।
চেকচন ব্ৰেকে আপোনাক আপোনাৰ ডকুমেণ্টৰ বিভিন্ন স্থানত মাৰ্জিন, হেডাৰ্চ, ফুটৰ্চ, পেজ এলাইনমেণ্টৰ লগত কোনো অন্য চেটিংক প্ৰয়োগ কৰাত সহায় কৰে।

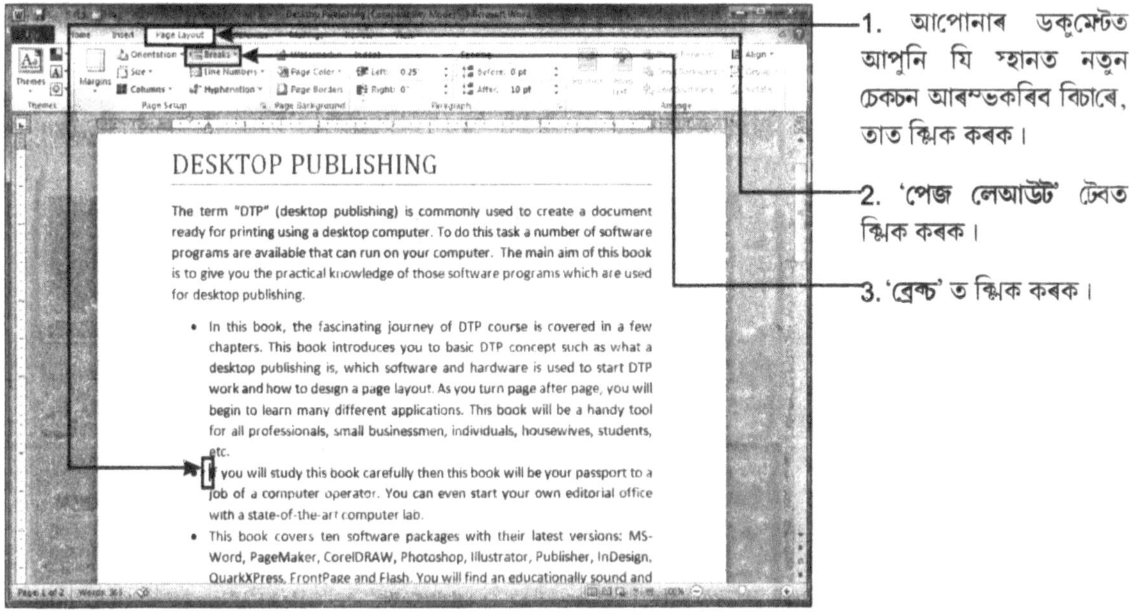

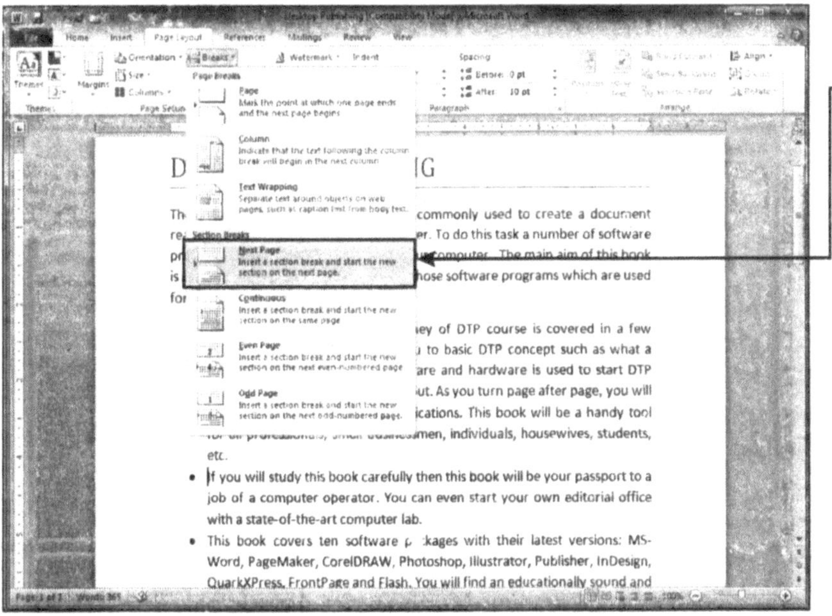

'ব্ৰেক' গেলেৰি দেখা দিয়ে।

4. আপোনাৰ ডকুমেণ্টত আপুনি যি প্ৰকাৰৰ চেকচন ব্ৰেক আপুনি ইনচাৰ্ট কৰিব বিচাৰে, সেইটোক ইয়াত চিলেক্ট কৰক।

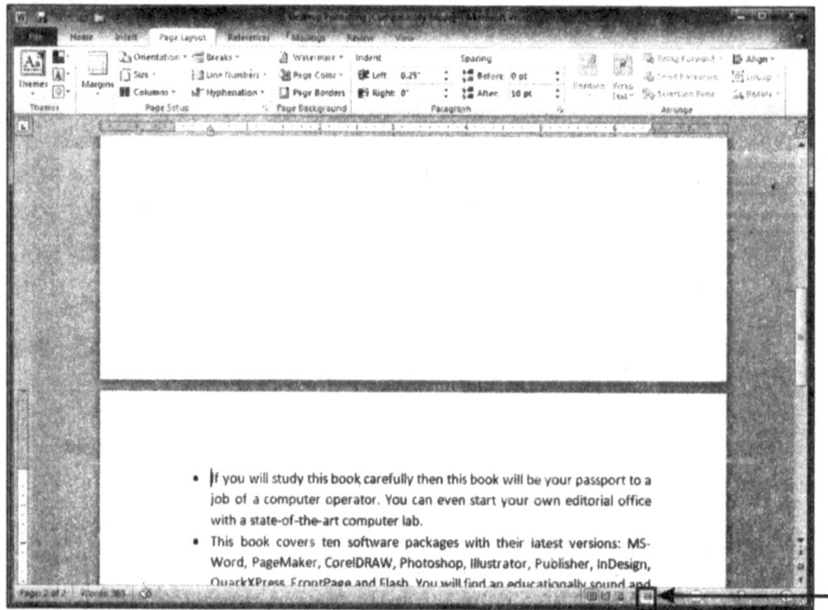

আপোনাৰ দ্বাৰা নিৰ্বাচন কৰা ব্ৰেকৰ প্ৰকাৰক ৰৰ্ডে ইনচাৰ্ট কৰি দিয়ে।

5. ডকুমেন্টক ড্ৰাফ্ট ভিউত চাবৰ বাবে স্টেটাচ বাৰলৈ গৈ 'ড্ৰাফ্ট ভিউ' বাটনত ক্লিক কৰক।

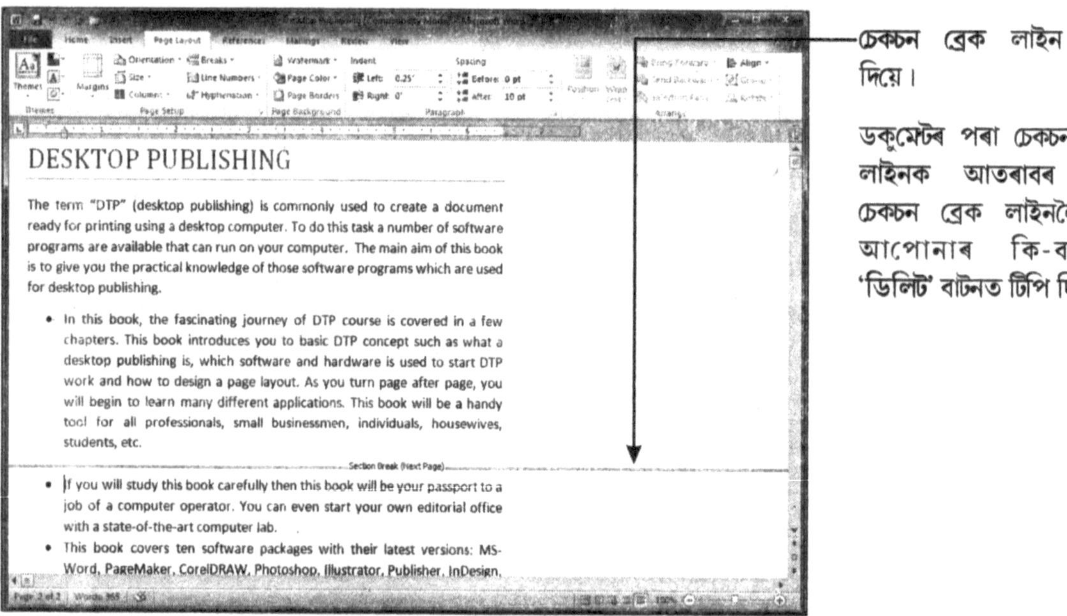

চেকচন ব্ৰেক লাইন দেখা দিয়ে।

ডকুমেন্টৰ পৰা চেকচন ব্ৰেক লাইনক আতৰাবৰ বাবে চেকচন ব্ৰেক লাইনলৈ গৈ আপোনাৰ কি-বৰ্ডৰ 'ডিলিট' বাটনত টিপি দিয়ক।

এই বিষয়েও জানক ঃ

যেতিয়া আপুনি আপোনাৰ ডকুমেন্টৰ প্ৰিন্ট দিয়ে, তেতিয়া আপোনাৰ দ্বাৰা নিৰ্বাচন কৰা চেকচন ব্ৰেকৰ চিহ্ন দেখা নিদিয়ে, কিন্তু প্ৰিন্ট আউত তাৰ প্ৰভাৱ দেখা দিয়ে।

পেজৰ (অৰিয়েনটেচন) স্হিতিৰ পৰিৱৰ্তন

প্ৰিন্ট কৰা সময়ত আপুনি আপোনাৰ টেক্সটৰ স্হিতিক পৰিৱৰ্তন কৰিব পাৰে।

অৰ্থাৎ, আপুনি এইটোক স্টেডাৰ্ড পট্টে অৰিয়েনটেচন (পেজ অধিক দীঘলীয়া আৰু বহল ▯) ৰ পৰা লেণ্ডস্কেপক অৰিয়েনটেচন (পেজ কম দীঘল আৰু অধিক বহল ▭) তো পৰিৱৰ্তন কৰিব পাৰে।

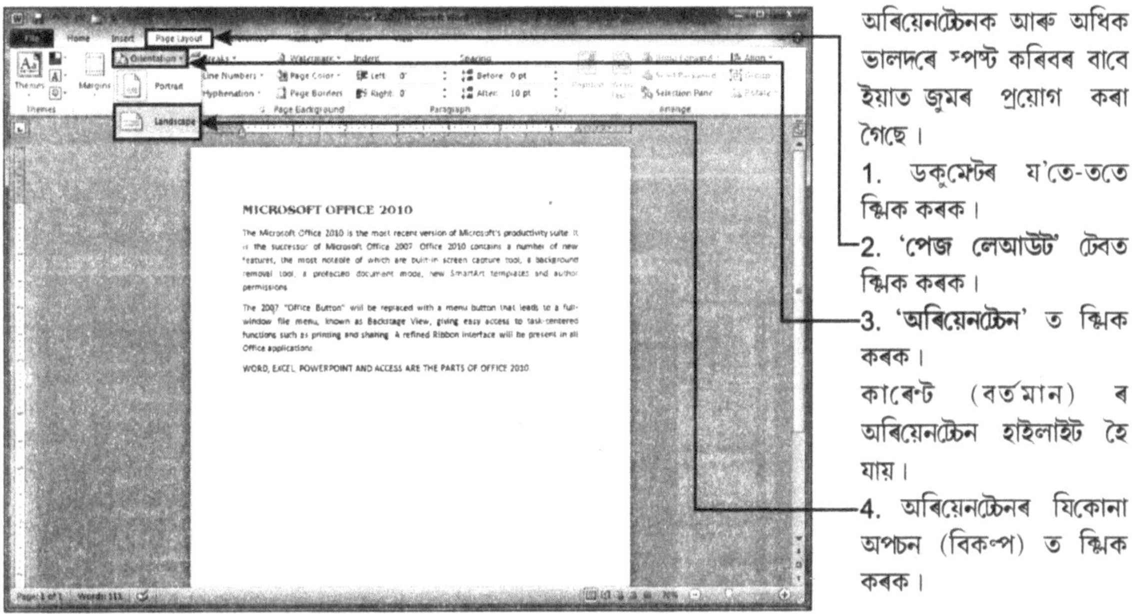

অৰিয়েনটেচনক আৰু অধিক ভালদৰে স্পষ্ট কৰিবৰ বাবে ইয়াত জুমৰ প্ৰয়োগ কৰা গৈছে।

1. ডকুমেন্টৰ য'তে-ততে ক্লিক কৰক।
2. 'পেজ লেআউট' টেবত ক্লিক কৰক।
3. 'অৰিয়েনটেচন' ত ক্লিক কৰক।

কাৰেণ্ট (বৰ্তমান) ৰ অৰিয়েনটেচন হাইলাইট হৈ যায়।

4. অৰিয়েনটেচনৰ যিকোনা অপচন (বিকল্প) ত ক্লিক কৰক।

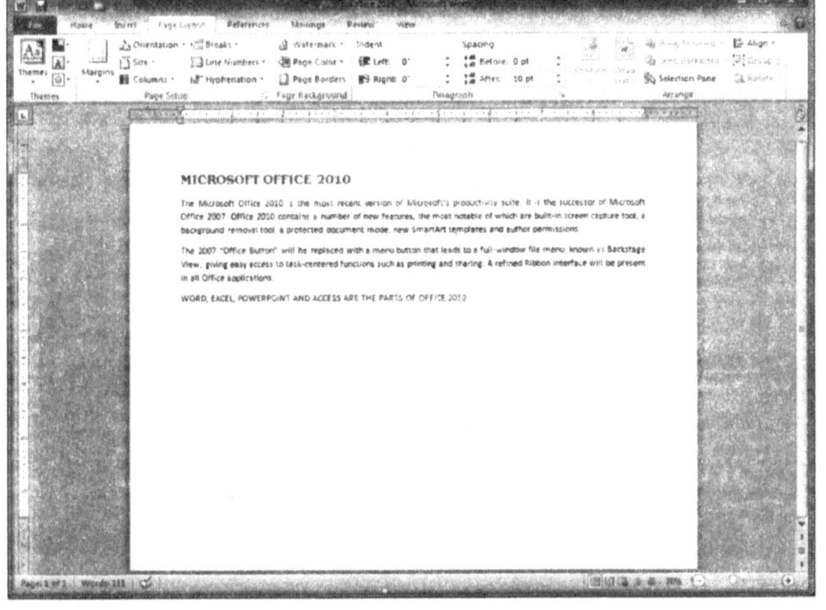

ৱৰ্ডে অৰিয়েনটেচনক সলনি কৰি দিয়ে।

এইটো উদাহৰণত আমি লেণ্ডস্কেপ অৰিয়েনটেচনক নিৰ্বাচন কৰিব লাগে।

পেজ নম্বৰ এড (একেলগ) কৰা

আপুনি আপোনাৰ ডকুমেন্টত পেজ নম্বৰো এড কৰিব পাৰে অৰ্থাৎ অন্তৰ্ভুক্ত কৰিব পাৰে। আপোনাৰ স্ক্ৰীনত পেজ নম্বৰ চাবৰ বাবে, আপোনাৰ ডকুমেন্টক প্ৰিন্ট লে-আউট ভিউত ডিচপ্লে হ'ব লাগে।

উদাহৰণৰ বাবে পেজ নম্বৰ অন্তৰ্ভুক্ত কৰিলে আপোনাক কোনো দীঘলীয়া ডকুমেন্টৰ প্ৰিন্ট কৰাৰ পিছত সেইটোক ক্ৰমেৰে লগোৱাত বহুত সহজ হয়।

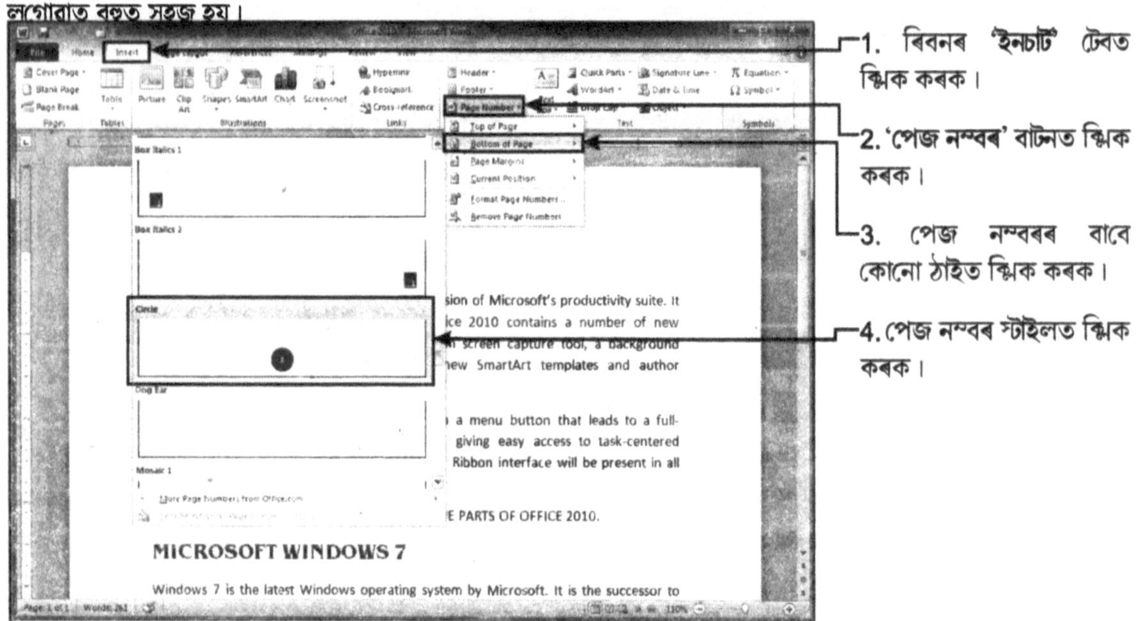

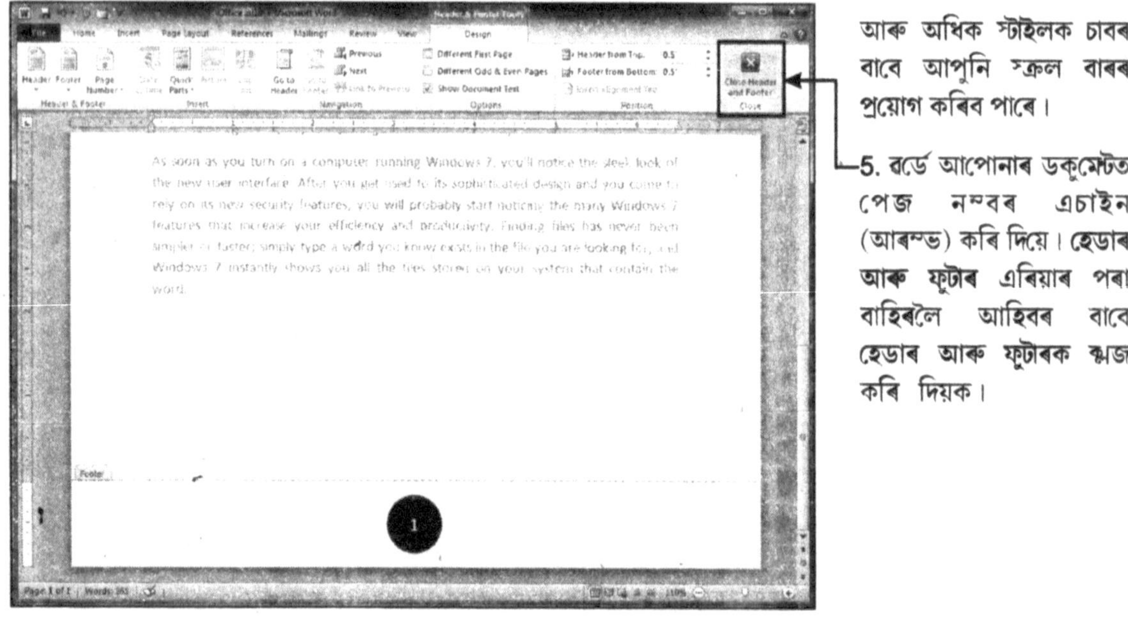

হেডাৰ আৰু ফুটাৰক অন্তৰ্ভুক্ত কৰা

আপোনাৰ ডকুমেন্টত প্ৰত্যেক পেজৰ অতিৰিক্ত ইনফৰমেচনক ডিচপ্লে কৰিবৰ বাবে আপুনি তা হেডাৰ আৰু ফুটাৰকো এড (অন্তৰ্ভুক্ত) কৰিব পাৰে। হেডাৰ আৰু ফুটাৰত চেপ্টাৰ টাইট্‌ল, পেজ নম্বৰ আৰু বৰ্তমান তাৰিখ আদিৰ দৰে সূচনা অন্তৰ্ভুক্ত হৈ থাকিব পাৰে। হেডাৰ সদায় প্ৰেট কৰা পেজত সকলোতকৈ ওপৰত দেখা দিয়ে আৰু ফুটাৰ সদায় প্ৰত্যেক পেজৰ বাটমত দেখা দিয়ে।

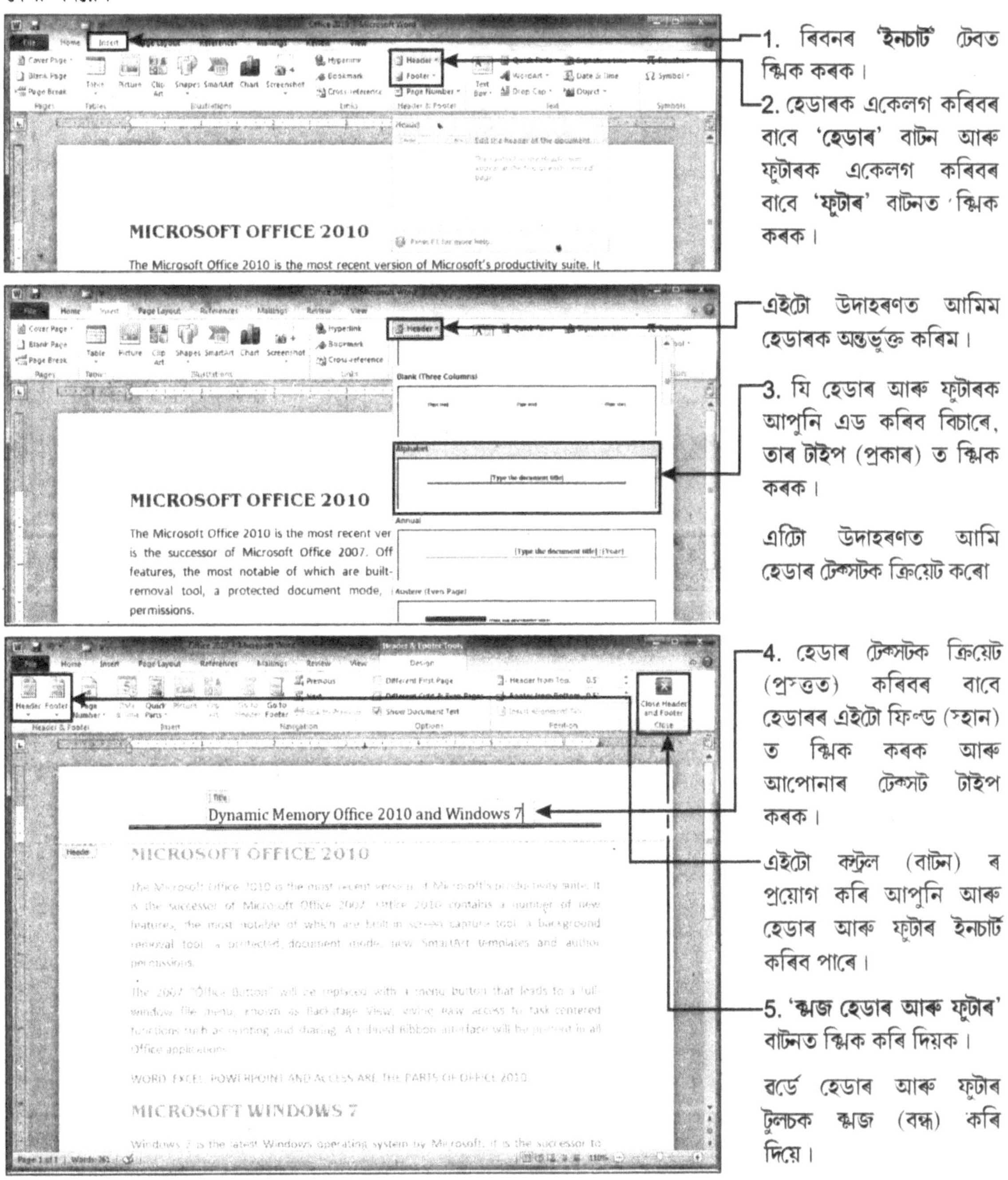

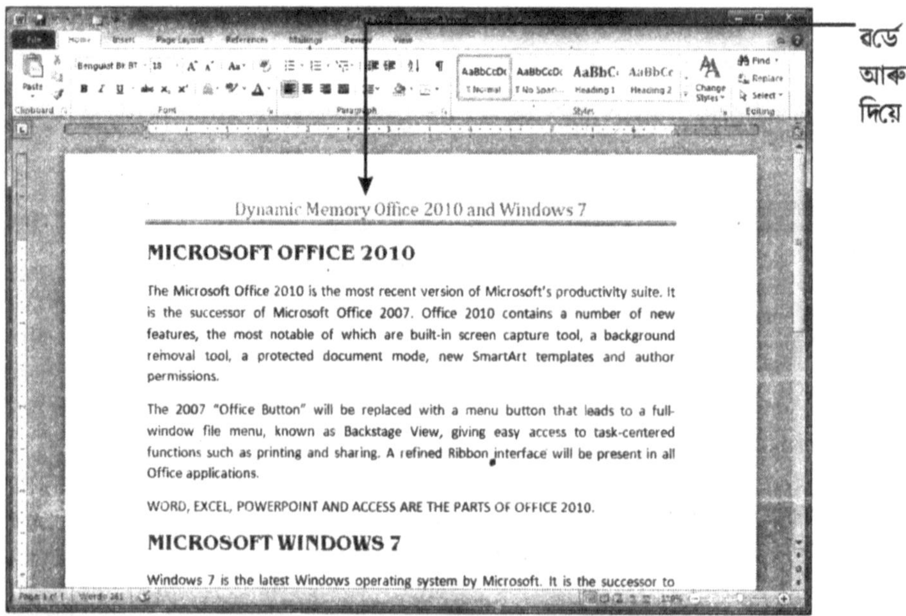

ৱৰ্ডে ডকুমেন্ট পেজত হেডাৰ আৰু ফুটাৰক ডিচপ্লে কৰি দিয়ে।

হেডাৰ বা ফুটাৰক এডিট (সম্পাদিত) কৰা

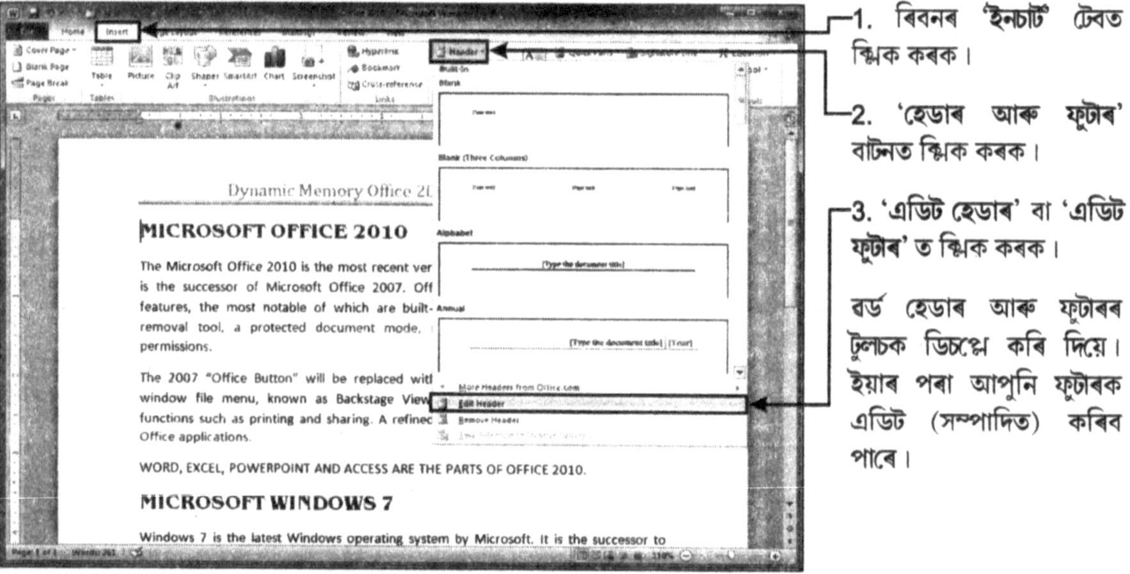

1. ৰিবনৰ 'ইনচাৰ্ট' টেবত ক্লিক কৰক।

2. 'হেডাৰ আৰু ফুটাৰ' বাটনত ক্লিক কৰক।

3. 'এডিট হেডাৰ' বা 'এডিট ফুটাৰ' ত ক্লিক কৰক।

ৱৰ্ড হেডাৰ আৰু ফুটাৰৰ টুলচক ডিচপ্লে কৰি দিয়ে। ইয়াৰ পৰা আপুনি ফুটাৰক এডিট (সম্পাদিত) কৰিব পাৰে।

এই বিষয়েও জানক ঃ

হেডাৰ আৰু ফুটাৰক ৰিমুভ কৰা অৰ্থাৎ আঁতৰোৱা

1. ৰিবনৰ 'ইনচাৰ্ট' টেবত ক্লিক কৰক।
2. 'হেডাৰ আৰু ফুটাৰ' বাটনত ক্লিক কৰক।
3. 'ৰিমুভ হেডাৰ' বা 'ৰিমুভ ফুটাৰ' ত ক্লিক কৰক। ৱৰ্ডে সেইটো ডকুমেন্টৰ পৰা হেডাৰ আৰু ফুটাৰৰ টেক্সটক ৰিমুভ কৰি দিয়ে অৰ্থাৎ আতৰাই দিয়ে।

নিউজ পেপাৰ কলমক ক্ৰিয়েট (প্ৰস্তুত) কৰা

আপুনি আপোনাৰ টেক্সটক কলমত সেইদৰে ডিচপ্লে কৰিব পাৰে, যিদৰে সেইটো বাতৰি কাকতত দেখা দিয়ে। নিউজলেটাৰ্চ আৰু ব্ৰচাৰৰ দৰে ডকুমেণ্টত কলমক ক্ৰিয়েট কৰাটো বহুত উপযোগী হয়।

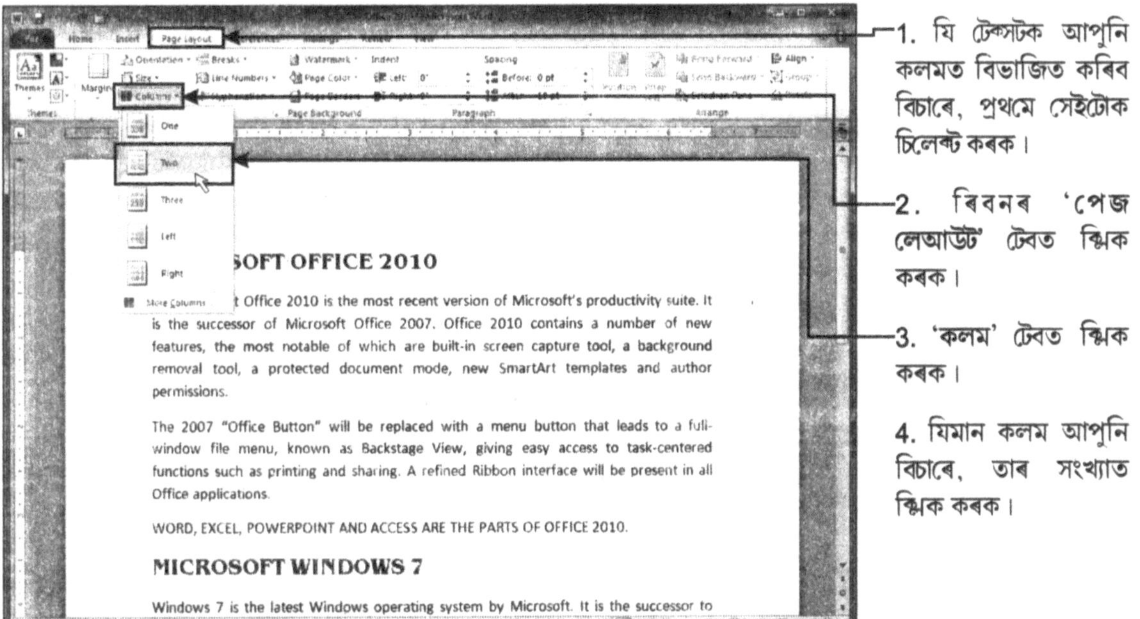

1. যি টেক্সটক আপুনি কলমত বিভাজিত কৰিব বিচাৰে, প্ৰথমে সেইটোক চিলেক্ট কৰক।

2. ৰিবনৰ ‘পেজ লেআউট’ টেবত ক্লিক কৰক।

3. ‘কলম’ টেবত ক্লিক কৰক।

4. যিমান কলম আপুনি বিচাৰে, তাৰ সংখ্যাত ক্লিক কৰক।

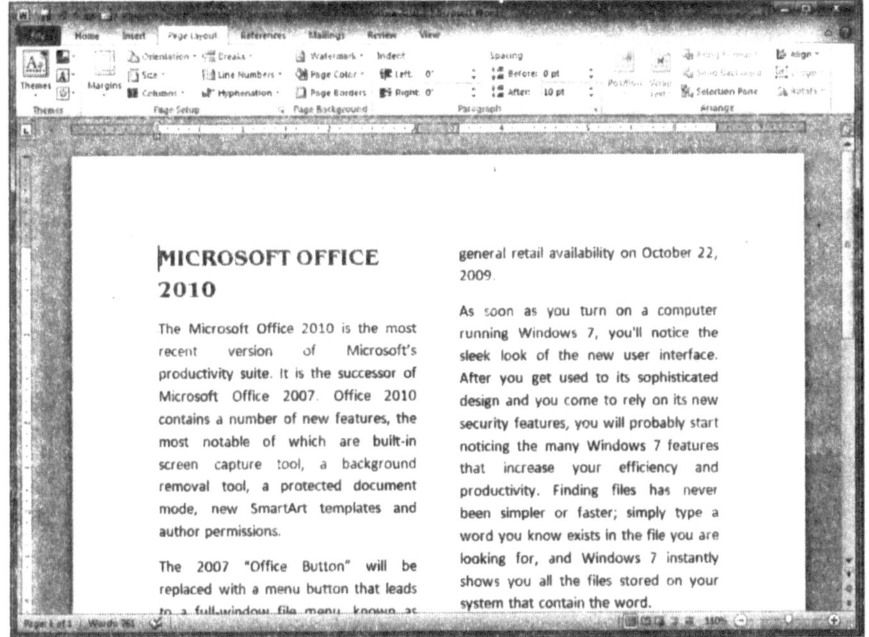

নতুন কলম আৰম্ভ কৰাৰ পূৰ্বে ৱৰ্ডে টেক্সটক সেইটো কলমত চেট কৰি দিব। অৰ্থাৎ এটা কলমত টেক্সট ভৰোৱাৰ পিছত অন্য কলম আৰম্ভহৈ যাব।

নিউজপেপাৰ কলমক ৰিমুভ(আতৰাব) কৰিবৰ বাবে স্টেপ

'1'ৰ পৰা '3' লৈকে পুনৰ কৰক। ইয়াৰ পিছত স্টেপ '3' ত ৱান' কলমক চিলেক্ট কৰক।

টেবুল ক্ৰিয়েট কৰা

আপোনাৰ ডকুমেন্টৰ ইনফৰমেচনক আৰু অধিক স্পষ্ট ৰূপেৰে ডিচপ্লে কৰিবৰ বাবে আপুনি টেবুলো প্ৰস্তুত কৰিব পাৰে। এমএচ ৱৰ্ড প্ৰগ্ৰেমত টেবুলৰ অপচন এক উপযোগী ফৰ্মেটিং টুল হয়। এইটোৱে আপোনাক ৰো (পংক্তি) আৰু কলমক সহজতে ইনচাৰ্ট কৰাৰ স্বাধীনতা দিয়ে।

ৱৰ্ডত টেবুল ৰো (পংক্তি) আৰু কলমৰ ৰূপত ব্যৱস্থিত এক বক্স হয়। ইয়াত কেতিয়াবা-কেতিয়াবা এক স্পেডশ্বিটৰ দৰে কাম কৰে (এই বিষয়ে আপুন আগক অধ্যায়ত পঢ়িব)।

টেবুলত এটা চেলৰ পৰা আন এটা চেলত ইনচাৰ্শন পইন্টক মুভ কৰোৱাব (লৈ যোৱা) ৰ বাবে আপুনি নিম্নলিখিতৰ ভিতৰত যিকোনো উপায়ক প্ৰয়োগ কৰিব পাৰে।

- আগৰ চেললৈ যাবৰ বাবে **'টেব'** টিপক। (সোঁফালৰ চেললৈ যাবৰ বাবে বা যদি এইটো সোঁ ফালৰ সকলোতকৈ শেষত থাকে, তেতিয়াহ'লে আগ পংক্তিৰ আৰম্ভণিলৈ যাবৰ বাবে)
- প্ৰথম চেললৈ ঘূৰি যাবৰ বাবে **'চিফ্‌ট আৰু 'টেব'** টিপক।
- এৰোৰ দিশত যিকোনো চেললৈ যাবৰ বাবে **'এৰো'** ৰ প্ৰয়োগ কৰক।
- সেইটো চেলত ক্লিক কৰক য'ত আপুনি টাইপ কৰিব বিচাৰে।

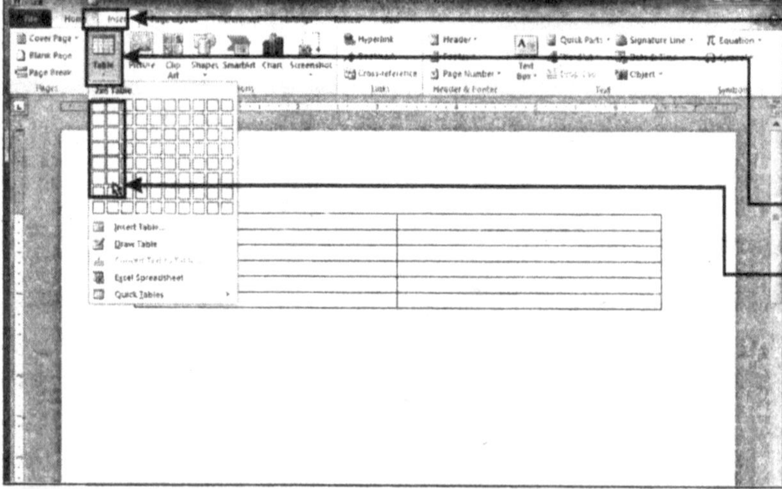

1. ডকুমেন্টা সেইটো স্থানত ক্লিক কৰক য'ত আপুনি টেবুলক ইনচাৰ্ট (অন্তৰ্ভুক্ত) কৰিব বিচাৰে।
2. ৰিবনৰ **'ইনচাৰ্ট'** টেবত ক্লিক কৰক।
3. 'টেবুল' ৰ বাটনত ক্লিক কৰক।
4. আপুনি টেবুলত যিমান পংক্তি আৰু কলম ৰাখিব বিচাৰে, সেইটো স্থানলৈকে মাউচৰ পইন্টাৰক ক্লিক কৰি লৈ যাওক। যিমান দূৰলৈকে আপুনি চেলত ক্লিক কৰে, ৱৰ্ডে সেইটো টেবুলৰ প্ৰিভিউডেচপ্লে কৰি দিয়ে।

ইয়াৰ পিছত ৱৰ্ডে সেইটো ডকুমেন্টত টেবুলক ইনচাৰ্ট (অন্তৰ্ভুক্ত) কৰি দিয়ে।

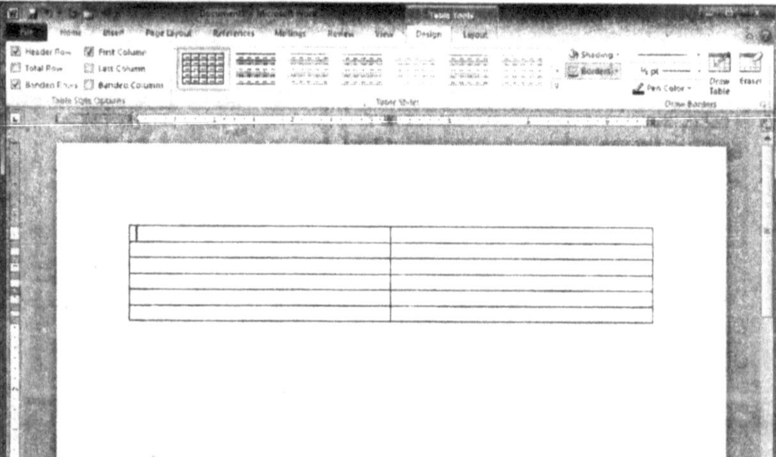

টেবুলত টেক্সট প্ৰয়োগ কৰা

আপুনি টেবুলত সেই প্ৰকাৰেৰে টেক্সটক এন্টাৰ (অন্তৰ্ভুক্ত) কৰিব পাৰে, যেনেদৰে আপুনি ডকুমেন্টত কৰিছে।

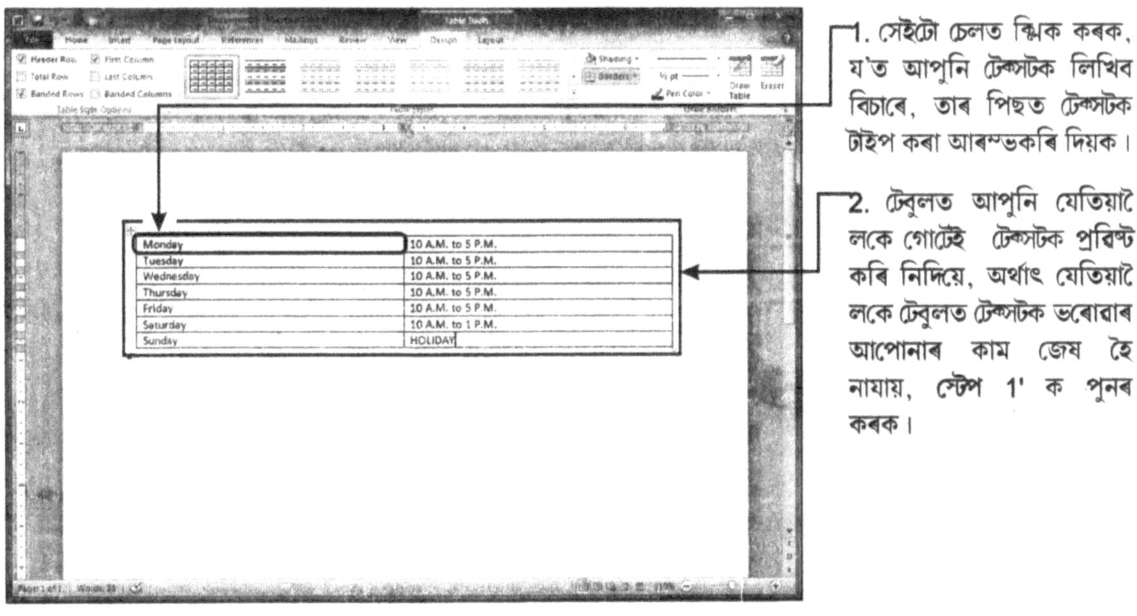

1. সেইটো চেলত ক্লিক কৰক, য'ত আপুনি টেক্সটক লিখিব বিচাৰে, তাৰ পিছত টেক্সটক টাইপ কৰা আৰম্ভকৰি দিয়ক।

2. টেবুলত আপুনি যেতিয়ালৈকে গোটেই টেক্সটক প্ৰৱিষ্ট কৰি নিদিয়ে, অৰ্থাৎ যেতিয়ালৈকে টেবুলত টেক্সটক ভৰোৱাৰ আপোনাৰ কাম শেষ হৈ নাযায়, স্টেপ 1' ক পুনৰ কৰক।

টেবুলক ডিলিট কৰা অৰ্থাৎ আতৰাই দিয়া

যেতিয়াই আপুনি বিচাৰে, তেতিয়া টেবুলক ডিলিট কৰিব পাৰে, অৰ্থাৎ আপোনাৰ ডকুমেন্টৰ পৰা আতৰাব পাৰে।

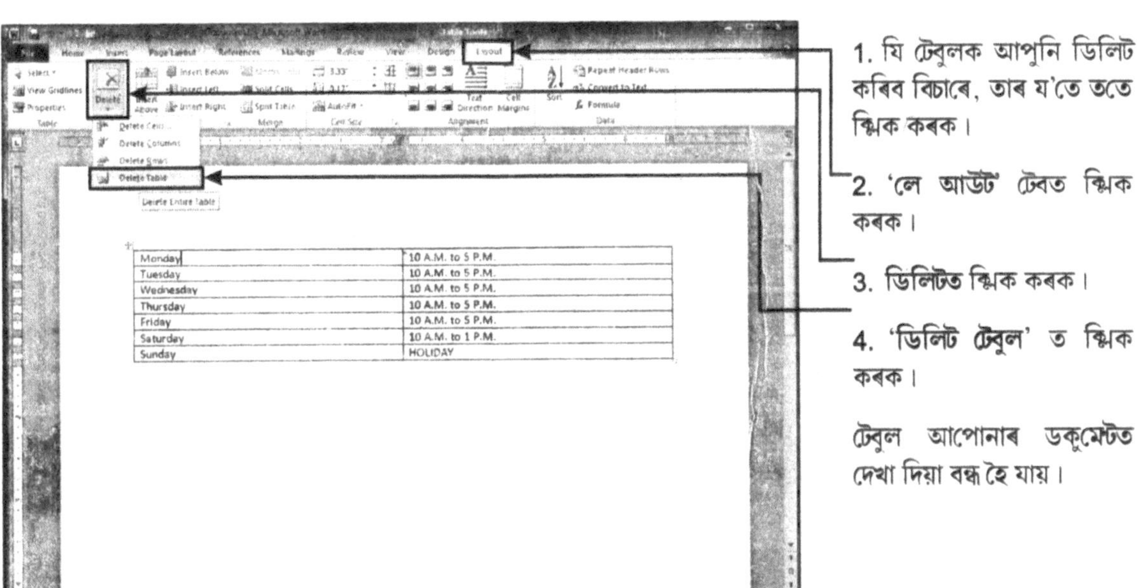

1. যি টেবুলক আপুনি ডিলিট কৰিব বিচাৰে, তাৰ য'তে ততে ক্লিক কৰক।

2. 'লে আউট' টেবত ক্লিক কৰক।

3. ডিলিটত ক্লিক কৰক।

4. 'ডিলিট টেবুল' ত ক্লিক কৰক।

টেবুল আপোনাৰ ডকুমেন্টত দেখা দিয়া বন্ধ হৈ যায়।

টেবুলত চেলক চিলেক্ট কৰা

টেবুলত টাস্ক (কাৰ্য) ক এডিট (সম্পাদিত) কৰা আৰু টেবুলৰ সকলো নিৰ্বাচন কৰা ক্ষেত্ৰত ফৰমেটিংক এপলাই (প্ৰয়োগ) কৰিবৰ বৰে আপুনি ৰো (পংক্তি), চেল আৰু কলমক চিলেক্ট কৰিব পাৰে।

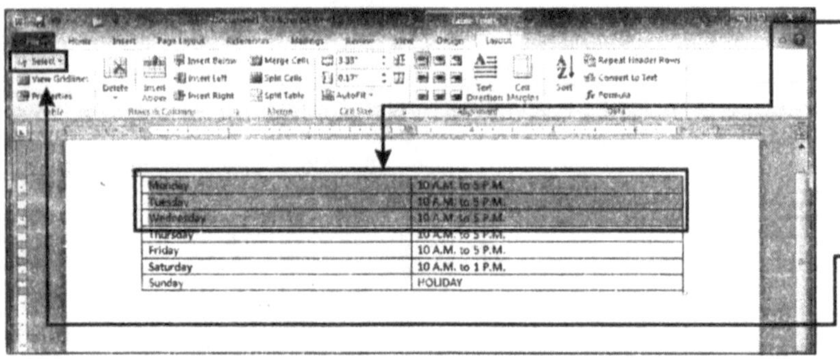

1. মাউচক ক্লিক কৰি সেইটোক চেলৈলে ড্ৰেগ কৰি লৈ যাওক, যিমান দূৰলৈকে আপুনি চেলক চিলেক্ট কৰিব বিচাৰে।

2. চিলেক্টেড চেল (নিৰ্বাচন কৰা চেল) লৈকে গৈ পাই মাউচৰ পইন্টাৰক ৰিলিজ কৰি দিয়ক, অৰ্থাৎ এৰি দিয়ক।

আপোনাৰ টেবুলক যিকোনো ভাগক চিলেক্ট কৰিবৰ বাবে 'লেআউট' টেবৰ পৰা আপুনি চিলেক্ট টুলৰ প্ৰয়োগো কৰিব পাৰে।

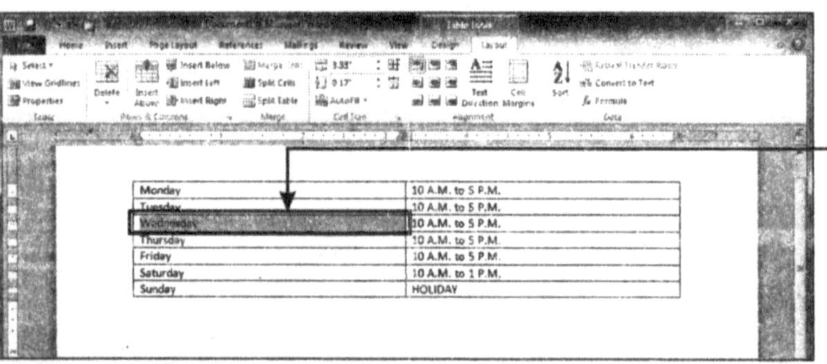

চিংগল (এটা) চেলক চিলেক্ট কৰা

1. চেলত থকা সকলো বস্তুক চিলেক্ট কৰিবাৰ বাবে আপুনি সেইটো চেলত ট্ৰিপল ক্লিক (তিনিবাৰ ক্লিক) কৰিব পাৰে।

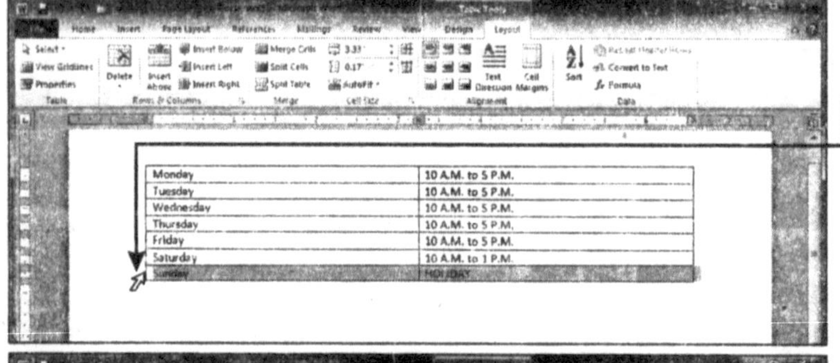

গোটেই ৰো (পংক্তি) ক চিলেক্ট কৰা

1. আপোনাৰ মাউচৰ পইন্টাৰক ৰো (পংক্তি) ৰ বৰ্ডাৰ (কিনাৰ) লৈ লৈ যাওক আৰু তাত ক্লিক কৰক। গোটেই পংক্তি চিলেক্ট হৈ যাব।

সকলো কলমক চিলেক্ট কৰা

1. আপোনাৰ মাউচৰ পইন্টাৰক কলমৰ বৰ্ডাৰলৈ লৈ যাওক আৰু তাত ক্লিক কৰি দিয়ক। গোটেই কলম চিলেক্ট হৈ যাব।

টেবুলত পংক্তিক একেলগ কৰা

অতিৰিক্ত সূচনাক ইনচাৰ্ট কৰিবৰ বাবে আপুনি আপোনাৰ টেবুলত আৰু ৰো (পংক্তি) ও একেলগ কৰিব পাৰে।

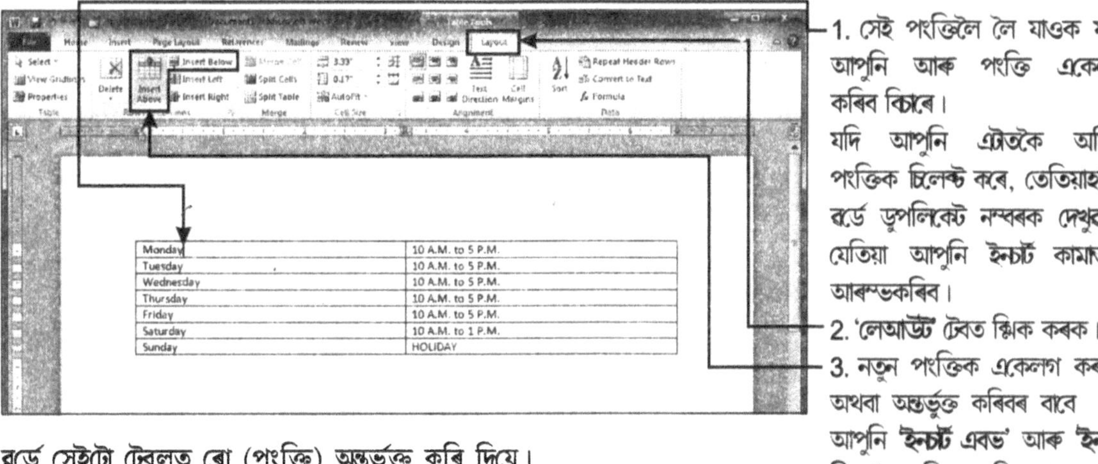

1. সেই পংক্তিলৈ লৈ যাওক য'ত আপুনি আৰু পংক্তি একেলগ কৰিব বিচাৰে।

যদি আপুনি এটাতকৈ অধিক পংক্তিক চিলেক্ট কৰে, তেতিয়াহ'লে ৱৰ্ডে ডুপলিকেট নম্বৰক দেখুৱাই, যেতিয়া আপুনি ইনচাৰ্ট কামাণ্ডক আৰম্ভকৰিব।

2. 'লেআউট' টেবত ক্লিক কৰক।

3. নতুন পংক্তিক একেলগ কৰা অথবা অন্তৰ্ভুক্ত কৰিবৰ বাবে আপুনি **'ইনচাৰ্ট এবভ'** আৰু **'ইনচাৰ্ট বিলো'** ত ক্লিক কৰিব পাৰে।

ৱৰ্ডে সেইটো টেবুলত ৰো (পংক্তি) অন্তৰ্ভুক্ত কৰি দিয়ে।

টেবুলত কলমক একেলগ কৰা

অতিৰিক্ত ইনফৰমেচনক ইনচাৰ্ট (অন্তৰ্ভুক্ত) কৰিবৰ বাবে আপুনি আপোনাৰ ডকুমেন্টত কলমো একেলগ কৰিব পাৰে।

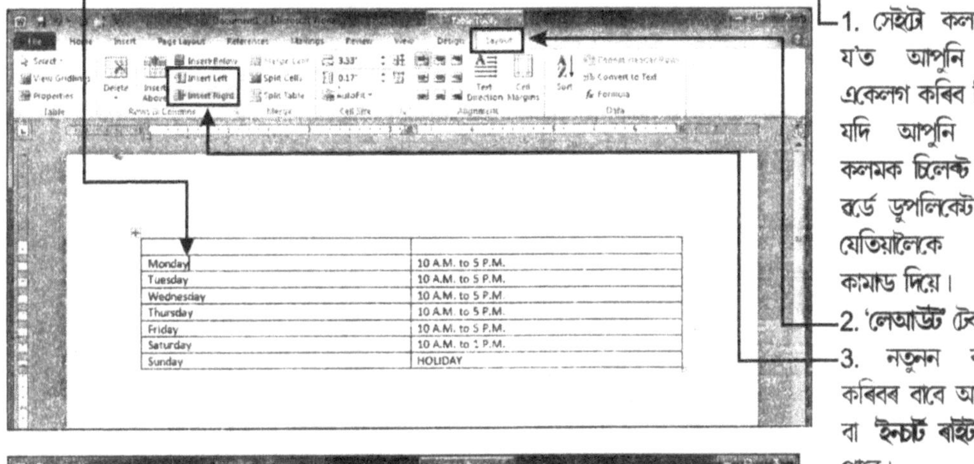

1. সেইটো কলমত ক্লিক কৰক, য'ত আপুনি নতুন কলমক একেলগ কৰিব বিচাৰে।

যদি আপুনি এটাতকৈ অধিক কলমক চিলেক্ট কৰে, তেতিয়াহ'লে ৱৰ্ডে ডুপলিকেট নম্বৰক দেখুৱাই, যেতিয়ালৈকে আপুনি ইনচাৰ্ট কামাণ্ড দিয়ে।

2. 'লেআউট' টেবত ক্লিক কৰক।

3. নতুনন কলমক একেলগ কৰিবৰ বাবে আপুনি **'ইনচাৰ্ট লেফ্ট'** বা **'ইনচাৰ্ট ৰাইট'** ত ক্লিক কৰিব পাৰে।

Monday		10 A.M. to 5 P.M.
Tuesday		10 A.M. to 5 P.M.
Wednesday		10 A.M. to 5 P.M.
Thursday		10 A.M. to 5 P.M.
Friday		10 A.M. to 5 P.M.

ৱৰ্ডে আপোনাৰ ডকুমেন্টত কলমক ইনচাৰ্ট কৰি দিয়ে।

টেবুলৰ পৰা কোনো পংক্তি কলমক ডিলিট কৰা

যদি আপোনাক আপোনাৰ টেবুলত কোনো টেবুল বা পংক্তিৰ প্ৰয়োজন নহয়, তেতিয়াহ'লে আপুনি সেইটোক সহজতে ডিলিট কৰিব পাৰে।

পংক্তিক ডিলিট কৰা

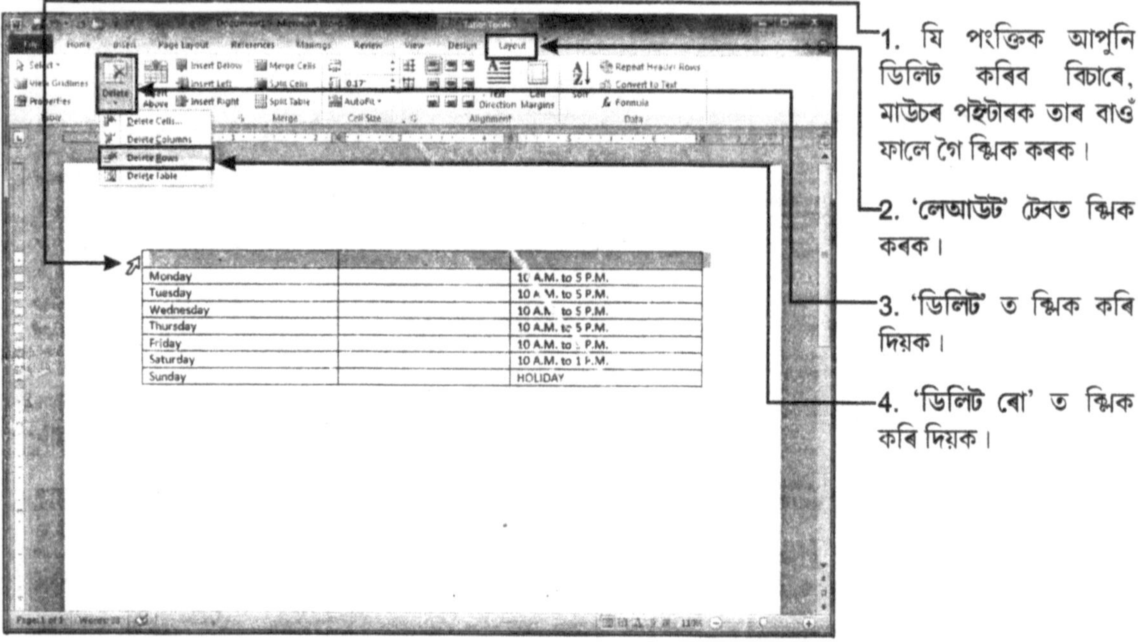

কলমক ডিলিট কৰা

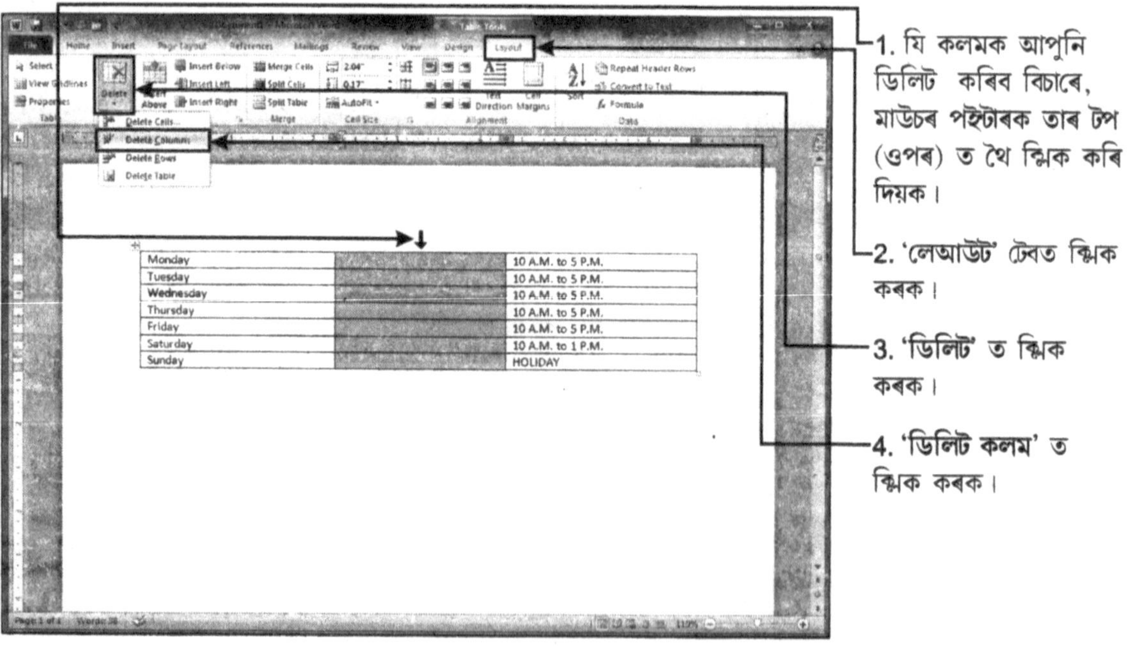

পংক্তিৰ উচ্চতাক সলনি কৰা

আপোনাৰ টেব্‌ুলৰ লেআউটক ইমপ্ৰুভকৰা অৰ্থাৎ আৰু সুন্দৰ কৰিবৰ বাবে আপুনি পংক্তিৰ হাইট (উচ্চতা) কো সলনি কৰিব

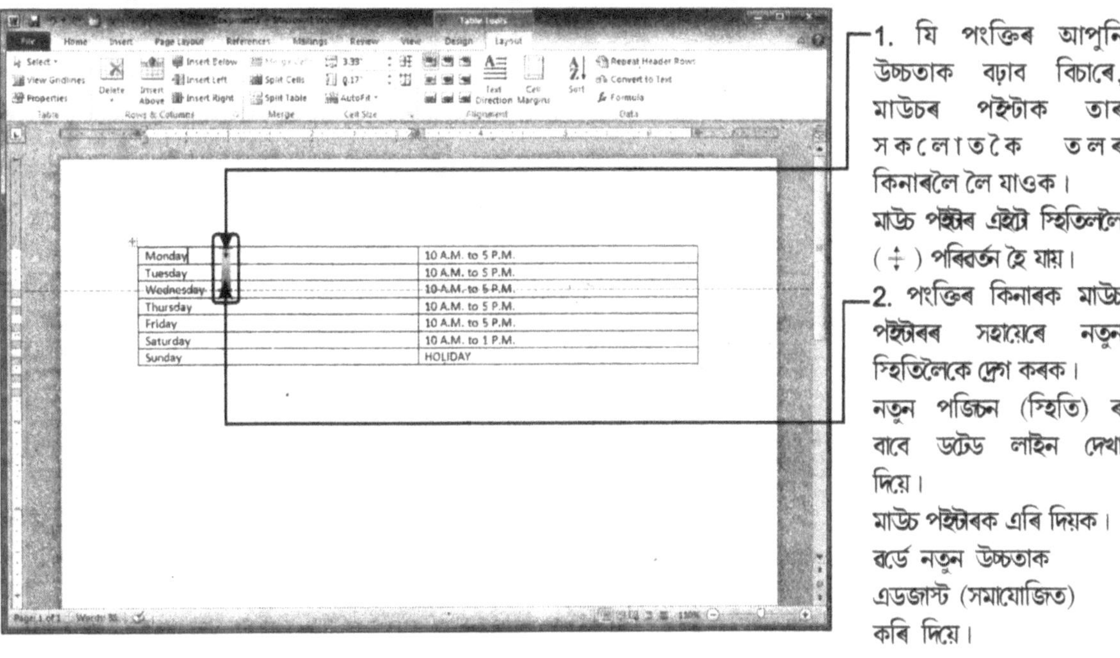

1. যি পংক্তিৰ আপুনি উচ্চতাক বঢ়াব বিচাৰে, মাউচৰ পইণ্টাক তাৰ সকলোতকৈ তলৰ কিনাৰলৈ লৈ যাওক।
মাউচ পইণ্টাৰ এইটো স্থিতিলৈ (⇕) পৰিবৰ্তন হৈ যায়।

2. পংক্তিৰ কিনাৰক মাউচ পইণ্টাৰৰ সহায়েৰে নতুন স্থিতিলৈকে ড্ৰেগ কৰক।
নতুন পজিচন (স্থিতি) ৰ বাবে ডটেড লাইন দেখা দিয়ে।
মাউচ পইণ্টাৰক এৰি দিয়ক।
ৱৰ্ডে নতুন উচ্চতাক এডজাস্ট (সমাযোজিত) কৰি দিয়ে।

কলমৰ উচ্চতাৰ পৰিৱৰ্তন

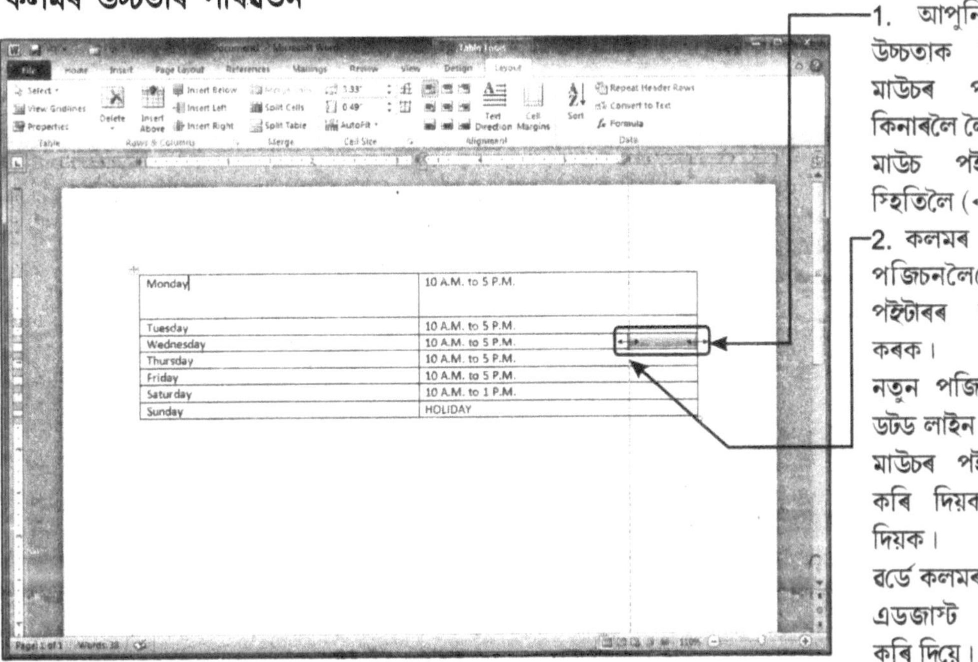

1. আপুনি যি কলমৰ উচ্চতাক বঢ়াব বিচাৰে, মাউচৰ পইণ্টাৰক তাৰ কিনাৰলৈ লৈ যাওক।
মাউচ পইণ্টাৰক এইটো স্থিতিলৈ (⇹) আহি যায়।

2. কলমৰ কিনাৰক নতুন পজিচনলৈকে মাউচনৰ পইণ্টাৰৰ সহায়েৰে দ্ৰেগ কৰক।
নতুন পজিচনৰ বাবে এটা ডটড লাইন প্ৰদৰ্শিত হয়।
মাউচৰ পইণ্টাৰক ৰিলিজ কৰি দিয়ক অৰ্থাৎ এৰি দিয়ক।
ৱৰ্ডে কলমৰ নতুন উচ্চতাক এডজাস্ট (সমাযোজিত) কৰি দিয়ে।

টেবুলক মুভকৰা অৰ্থাৎ টেবুলৰ স্হান সলনি কৰা

আপুনি আপোনাৰ ডকুমেন্টত টেবুলক এটা স্হানৰ পৰা আন এটা স্হানলৈ লৈ যাব পাৰে।

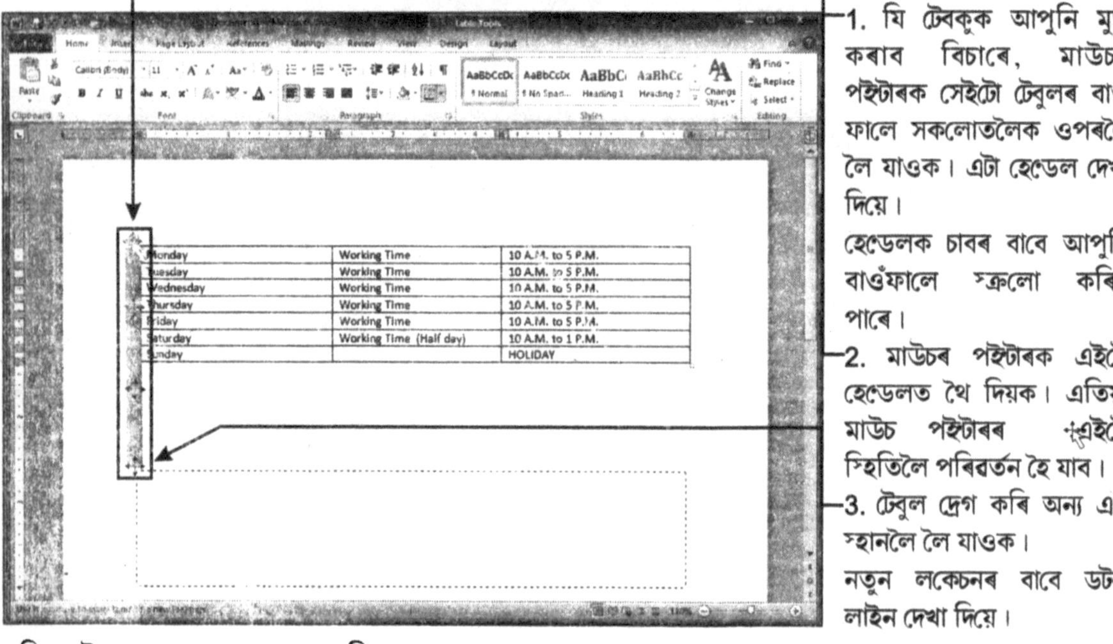

1. যি টেবকুক আপুনি মুভ কৰাব বিচাৰে, মাউচৰ পইন্টাৰক সেইটো টেবুলৰ বাওঁ ফালে সকলোতলৈক ওপৰলৈ লৈ যাওক। এটা হেণ্ডেল দেখা দিয়ে।

   হেণ্ডেলক চাবৰ বাবে আপুনি বাওঁফালে স্ক্ৰলো কৰিব পাৰে।
2. মাউচৰ পইন্টাৰক এইটো হেণ্ডেলত থৈ দিয়ক। এতিয়া মাউচ পইন্টাৰৰ এইটো স্হিতিলৈ পৰিৱৰ্তন হৈ যাব।
3. টেবুল দ্ৰেগ কৰি অন্য এটা স্হানলৈ লৈ যাওক।

   নতুন লকেচনৰ বাবে ডটড লাইন দেখা দিয়ে।

এতিয়া টেবুল নতুন লকেচনত দেখা দিয়ে।

টেবুলক কপি কৰিবৰ বাবে স্টেপ '1' ৰ পৰা '3' ক কৰক। কি স্টেপ '3' ৰ পৰিবৰ্তে 'কণ্ট্ৰল' ক টিপি লকেচনলৈ লৈ যাওক।

টেবুলৰ চাইজ (আকাৰ) সলনি কৰা

ঠাইৰ অনুসাৰে আপুনি আপোনাৰ ডকুমেন্টত টেবুলৰ চাইজ (আকাৰ) ও সলনি কৰিব পাৰে।

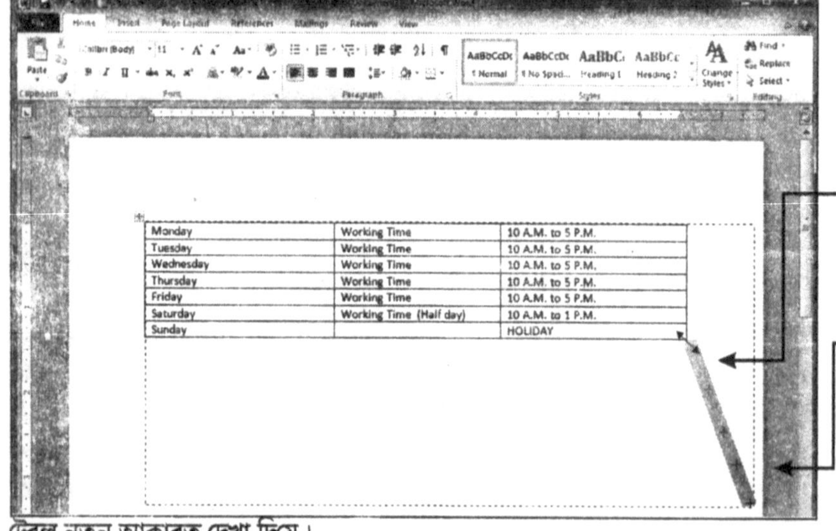

1. যি টেবুলক আপুনি আকাৰলৈ সলনি কৰিব বিচাৰে, মাউচৰ পইন্টাৰক তাৰ ওপৰলৈ লৈ যাওক।

   এটা হেণ্ডেল দেখা দিয়ে।
2. মাউচৰ পইন্টাৰক সেইটো হেণ্ডেলত থৈ দিয়ক, মাউচৰ পইন্টাৰে এইটো স্হিতিত পৰিৱৰ্তিত হৈ যায়।
3. হেণ্ডেলক তেতিয়ালৈকে দ্ৰেগ কৰক যেতিয়ালৈকে টেবুলৰ চাইজ আপোনাৰ অনুসাৰে হৈ নাযায়।

   ডটড লাইনে নতুন লকেচন (ঠাই) ক প্ৰদৰ্শিত কৰে।

টেবুল নতুন আকাৰত দেখা দিয়ে।

টেবুলত চেলক মিলোৱা

আপোনাৰ ডকুমেণ্টত আপুনি ডাঙৰ চেলক প্ৰাপ্ত কৰিবৰ বাবে বা দুটাতকৈ অধিক চেলক একেলগ অথবা মিলাব পাৰে। চেলক কম্বাইত কৰা (মিলোৱা) সেই সময়ত অধিক উপযোগী হয় যেতিয়া আপুনি আপোনাৰ টেবুলত ওপৰ বা তলৰ কোনো টাইটল ডিচপ্লে কৰিব বিচাৰে।

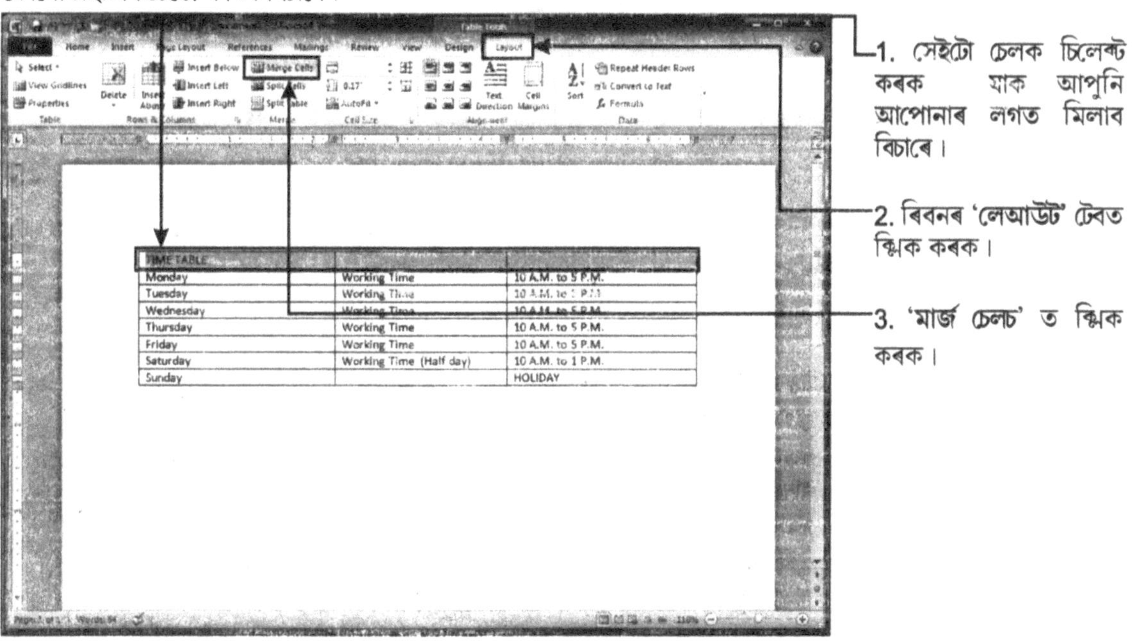

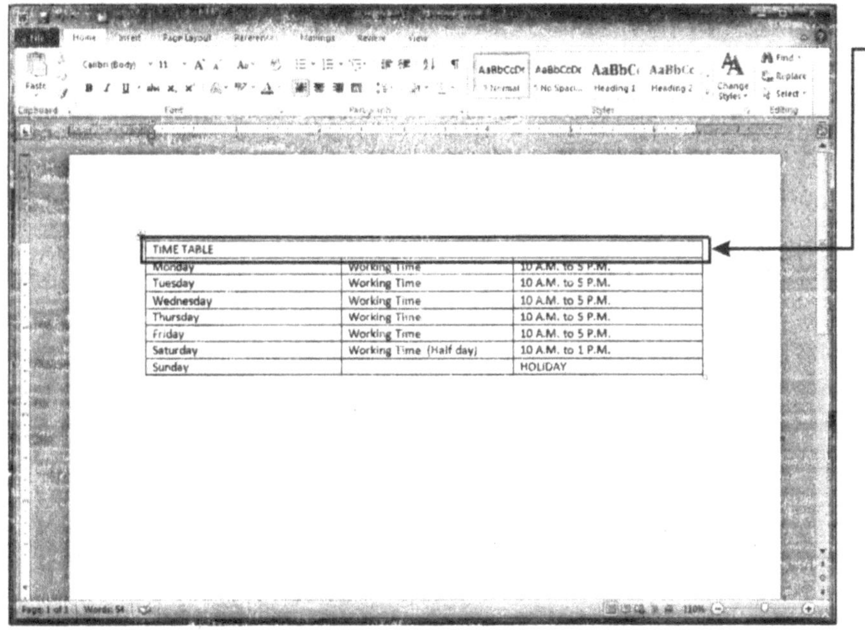

চেল একেলগ হৈ যায় আৰু এটা ডাঙৰ চেললৈ পৰিৱৰ্তিত হৈ যায়।

টেবুলৰ পৰা চেলক ডিচিলেক্ট কৰিবৰ বাবে আপুনি চিলেক্ট (নিৰ্বাচন) কৰা এৰিয়াৰ বাহিৰত ক্লিক কৰক।

টেবুলত চেলক বেলেগ কৰা

আপুনি আপোনাৰ টেবুলত কোনো চেলক দুটা তাতকৈ অধিক চেলত বিভাজিত কৰিব পাৰে। আপুনি চেলক পংক্তি আৰু কলমতো বিভাজিত কৰিব পাৰে।

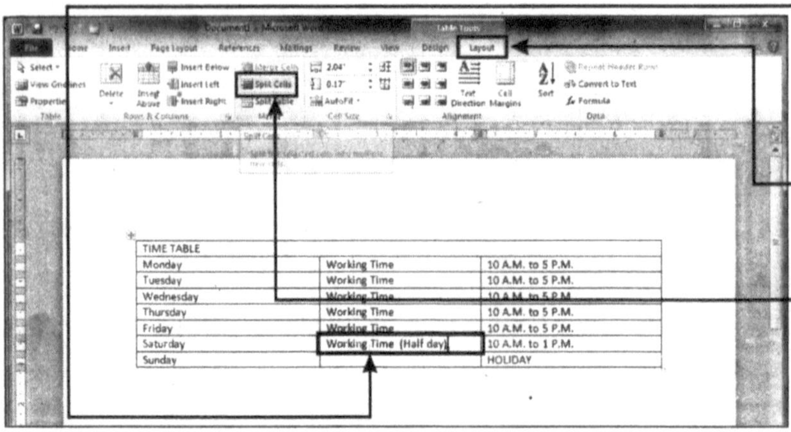

1. যি চেলক আপুনি বিভাজিত কৰিব বিচাৰে তাত ক্লিক কৰক বা তাৰ ভিতৰত ক্লিক কৰক।

2. ৰিবনৰ 'লেআউট' টেবত ক্লিক কৰক।

3. 'স্পিলিট চেলচ' ত ক্লিক কৰক।

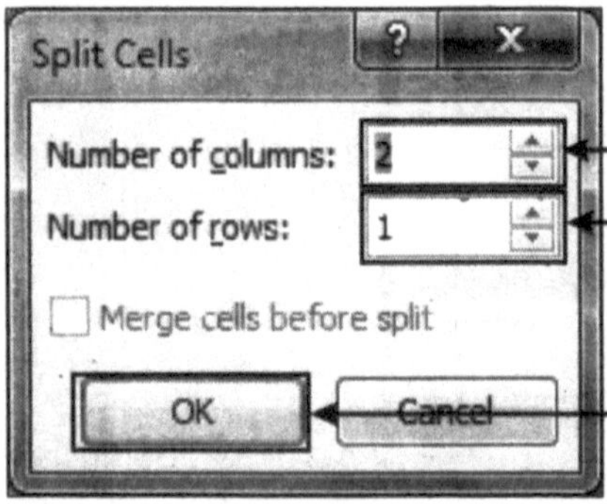

'স্পিলিট চেলচ' ডায়লগ বক্স দেখা দিয়ে।

4. চেলক কলমত স্পিলিট (বিভাজিত) কৰিবৰ বাবে এইটো এৰিয়াত ক্লিক কৰক আৰু সিমান সংখ্যা ভৰাওক যিমান কলমত আপুনি চেলক বিভাজিত কৰিব বিচাৰে।

5. চেলক পংক্তিত বিভাজিত কৰিবৰ বাবে এইটো এৰিয়াত ক্লিক কৰক আৰু সিমান সংখ্যা ভৰাওক যিমান পংক্তিত আপুনি চেলক বিভাজিত কৰিব বিচাৰে।

6. চেলক বিভাজিত কৰিবৰ বাবে 'অকে' ত ক্লিক কৰক।

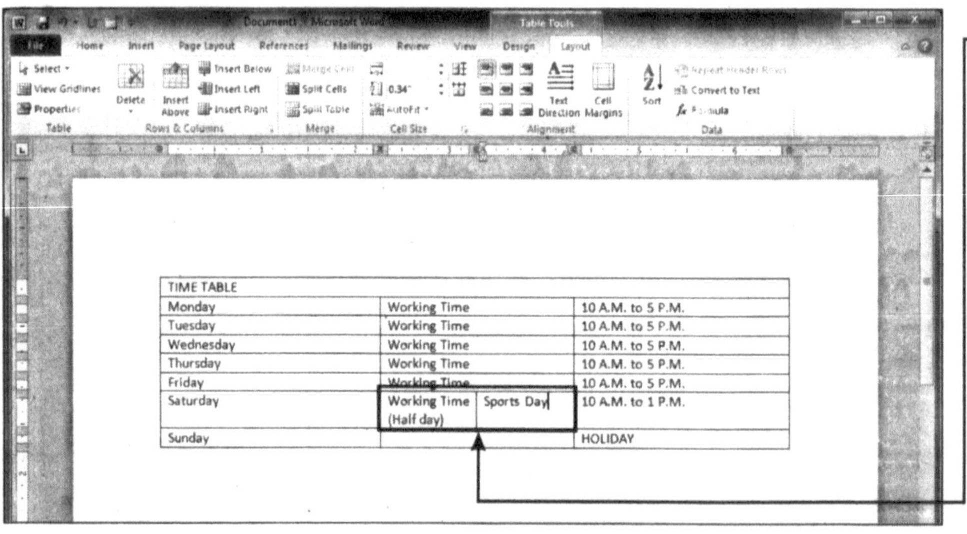

চেল কেইবাটাও চেলত বিভাজিত হৈ যায়।

আপুনি এইটো চেলত টেক্সটো এণ্টাৰ কৰিব পাৰে অৰ্থাৎ টেক্সটো লিখিব পাৰে।

চেলত টেক্সটৰ স্থিতিক সলনি কৰা

চেলত টেক্সটৰ স্থিতিক সলনি কৰি আপুনি আপোনাৰ টেবুলক আকৰ্ষক কৰিব পাৰে। ৱৰ্ডৰ টেবুলত সামান্য ৰূপত লেফট্, ৰাইট, চেণ্টাৰ আৰু জাস্টিফাই এলাইনমেণ্ট অপচন (বিকল্প) থাকে। এইদৰে ভাৰ্টিকেল এলাইনমেণ্ট যেনে বাটম চেণ্টাৰ আৰু টপ ৰাইট থাকে।

ডিফল্ট ৰূপত, ৱৰ্ডে আপোনাৰ টেবুলৰ প্ৰত্যেক চেলত টেক্সটৰ বাওঁফালৰ পৰা আৰম্ভ কৰে।

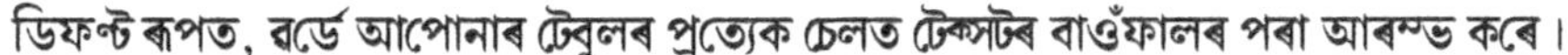

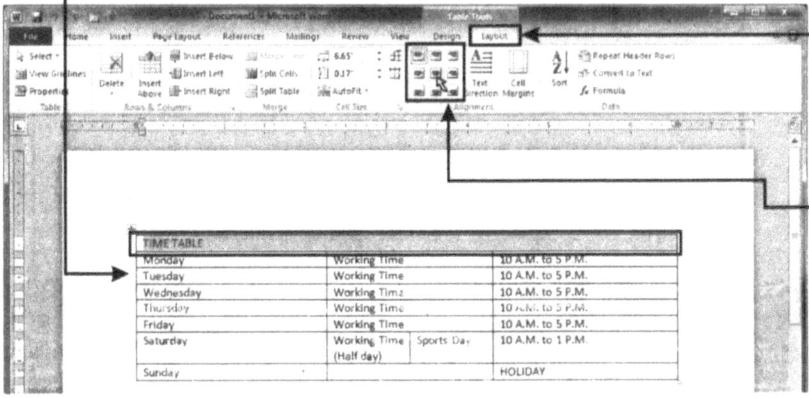

1. সেইটো চেলক চিলেক্ট কৰক যাক আপুনি ফৰ্মেট কৰিব বিচাৰে।
2. ৰিবনৰ 'লেআউট' টেবত ক্লিক কৰক।
3. এলাইনমেণ্টৰ গ্ৰুপ (সমূহ) ৰ পৰা এলাইনমেণ্টত ক্লিক কৰক।

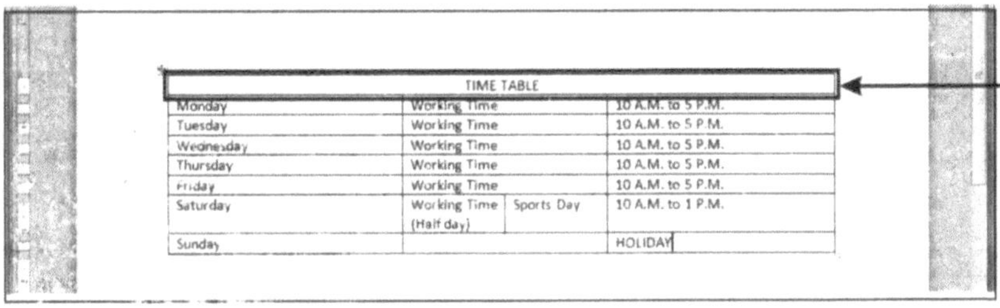

ৱৰ্ডে নতুন এলাইমেণ্টক এপলাই (প্ৰয়োগ) কৰি দিয়ে। চিলেক্ট কৰা এৰিয়াৰ বাহিৰত ক্লিক কৰি আপুনি চেলৰ পৰা ডিচিলেক্ট কৰিব পাৰে। এইটো উদাহৰণত হেডিংৰ বাবে চেণ্টাৰ এলাইনমেণ্টৰ প্ৰয়োগ কৰা গৈছে।

চেলত শ্বেডিং অন্তৰ্ভুক্ত কৰা

চেলক আৰু প্ৰভাৱশালী কৰিবৰ বাবে আপুনি ইয়াত শ্বেডো এড কৰিব পাৰে।

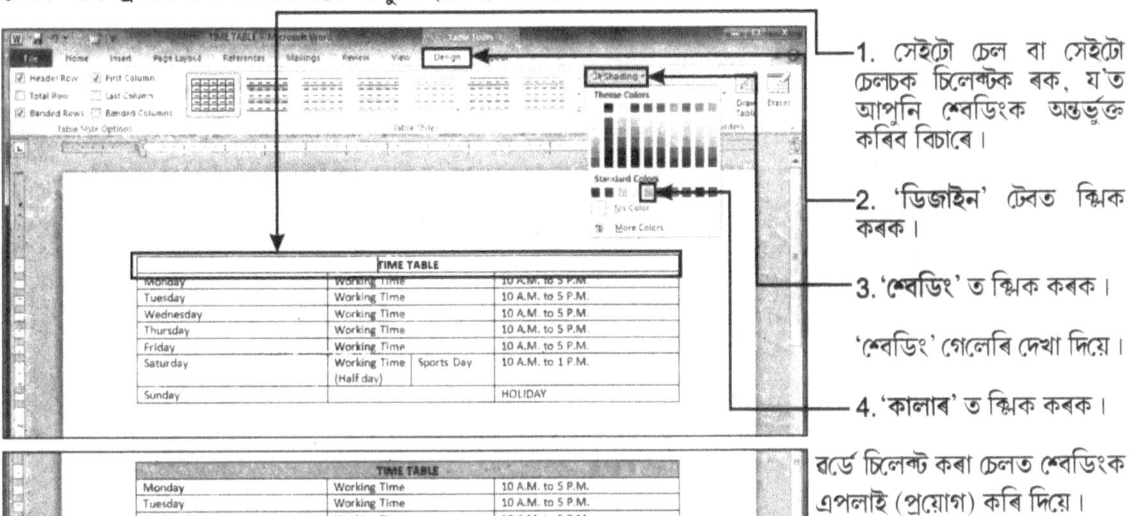

1. সেইটো চেল বা সেইটো চেলচক চিলেক্টক ৰক, য'ত আপুনি শ্বেডিংক অন্তৰ্ভুক্ত কৰিব বিচাৰে।
2. 'ডিজাইন' টেবত ক্লিক কৰক।
3. 'শ্বেডিং' ত ক্লিক কৰক।

'শ্বেডিং' গেলেৰি দেখা দিয়ে।

4. 'কালাৰ' ত ক্লিক কৰক।

ৱৰ্ডে চিলেক্ট কৰা চেলত শ্বেডিংক এপলাই (প্ৰয়োগ) কৰি দিয়ে।

টেবুল স্টাইলক এপলাই (প্ৰয়োগ) কৰা

টেবুলৰ বাবে বিশেষ ৰূপেৰে ডেজাইন কৰা ফৰ্মেটিং স্টাইলক প্ৰয়োগ কৰি আপুনি আপোনাৰ টেবুলক ফৰ্মেক (ৰূপ বা স্টাইল সলনি) ও কৰিব পাৰে।

টেবুল স্টাইলত বিভিন্ন ডিজাইন থাকে, য'ত শেডিং, কালাৰ, বৰ্ডাৰ আৰু ফণ্টো থাকে।

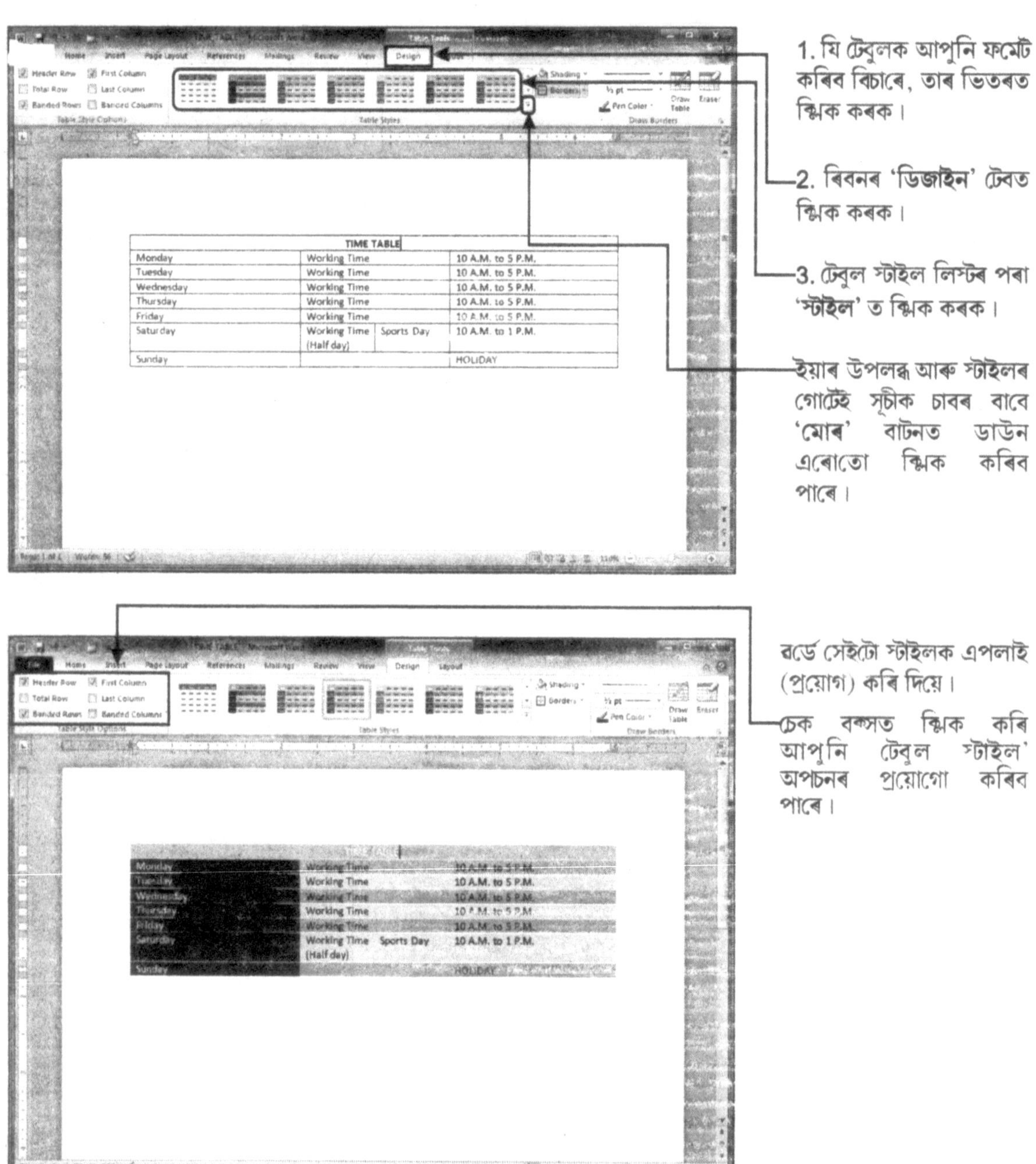

ৱৰ্ডআৰ্টক এড (অন্তৰ্ভুক্ত) কৰা

আপোনাৰ ডকুমেন্টত গুৰুত্বপূৰ্ণ সূচনাক হাইলাইট কৰিবৰ বাবে বা সেইটোক আৰ্টক আকৰ্ষক টাইটল (শীৰ্ষক) দিবৰ বাবে আপুনি ডকুমেন্ট ৱৰ্ডচটো অন্তৰ্ভুক্ত কৰিব পাৰে। ৱৰ্ডআৰ্ট 2010 ক নতুন কালাৰফুল আইফেক্টৰ লগত আপডেট কৰা গৈছে।

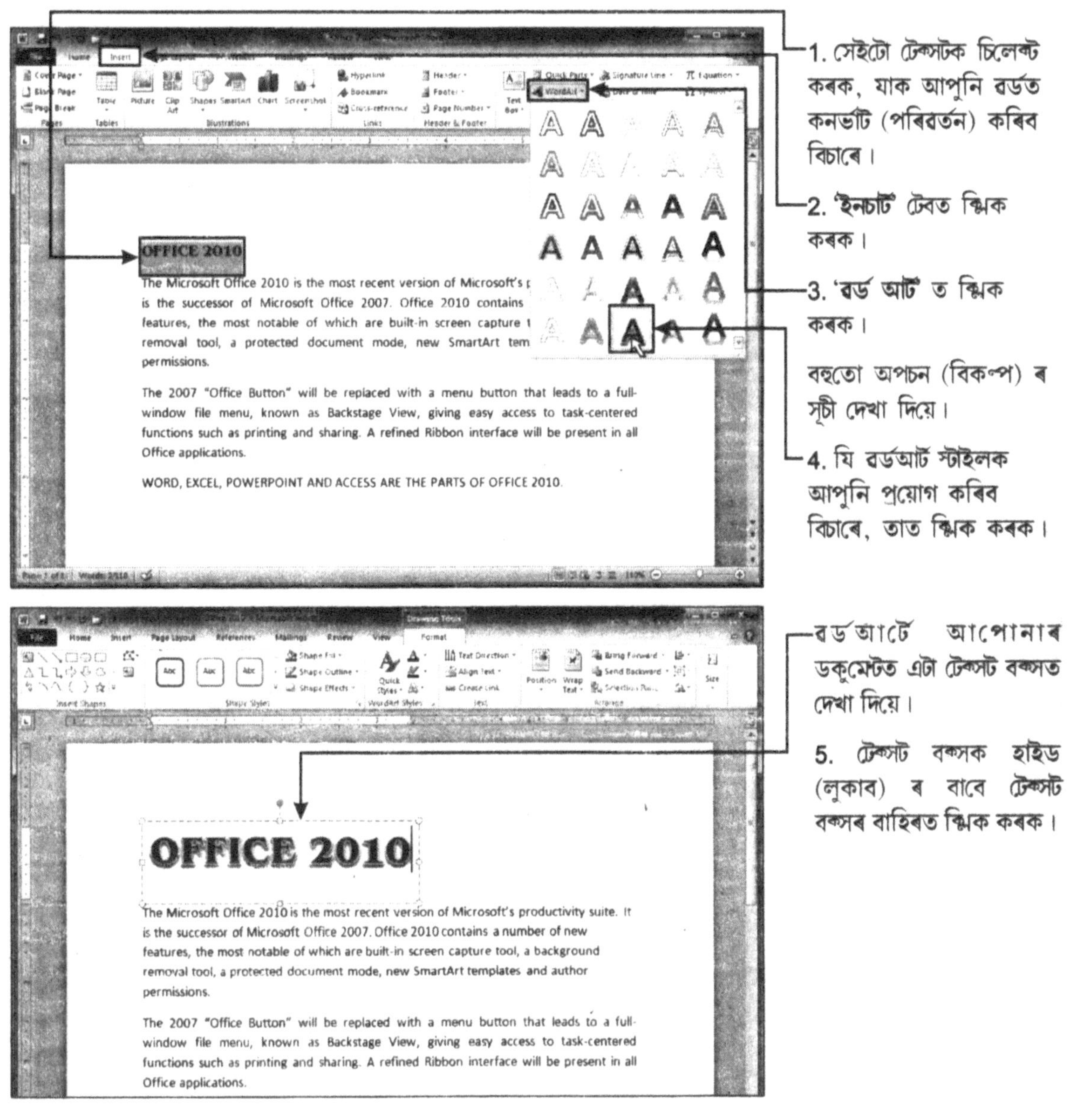

পিকচাৰক এড (অন্তৰ্ভুক্ত) কৰা

আপোনাৰ ডকুমেন্টৰ কনচেপ্ট (পৰিকল্পনা) ক স্পষ্ট কৰিবৰ বাবে ডকুমেন্টত পিকচাৰো অন্তৰ্ভুক্ত কৰিব পাৰে।

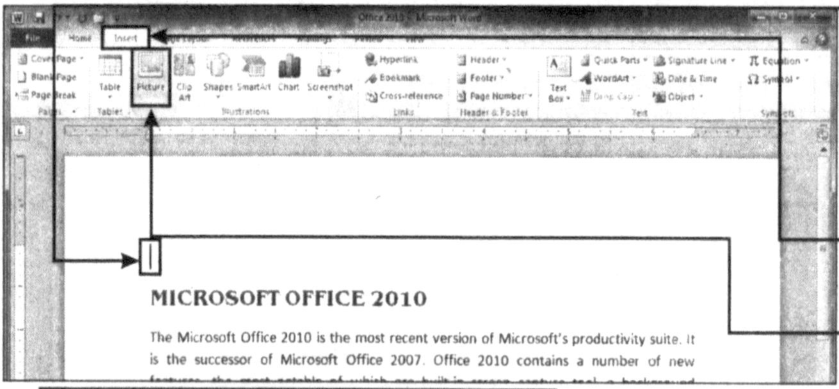

1. আপোনাৰ ডকুমেন্টৰ সেইটো স্থানত ক্লিক কৰক য'ত আপুনি পিকচাৰক এড (অন্তৰ্ভুক্ত) কৰিব বিচাৰে।

2. 'ইনচার্ট' টেবত ক্লিক কৰক।

3. 'পিকচাৰ' ত ক্লিক কৰক।

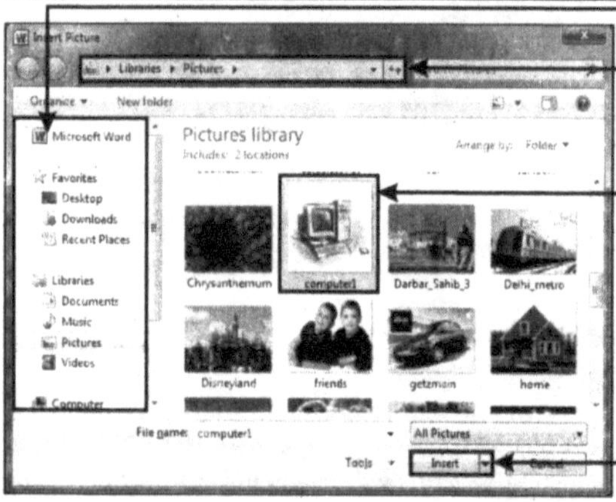

'ইনচার্ট পিকচাৰ' ডায়লগ বক্স দেখা দিয়া।

এইটো এৰিয়া ইয়াত ডিচপ্লে হৈ থকা পিকচাৰৰ লকেচন (ঠাই) ক ডিচপ্লে কৰে।

5. সেইটো পিকচাৰক ক্লিক কৰক, যাক আপুনি আপোনাৰ ডকুমেন্টত অন্তৰ্ভুক্ত কৰিব বিচাৰে।

6. আপোনাৰ ডকুমেন্টত পিকচাৰক এড (অন্তৰ্ভুক্ত) ৰ বাবে ইনচার্ট ত ক্লিক কৰক।

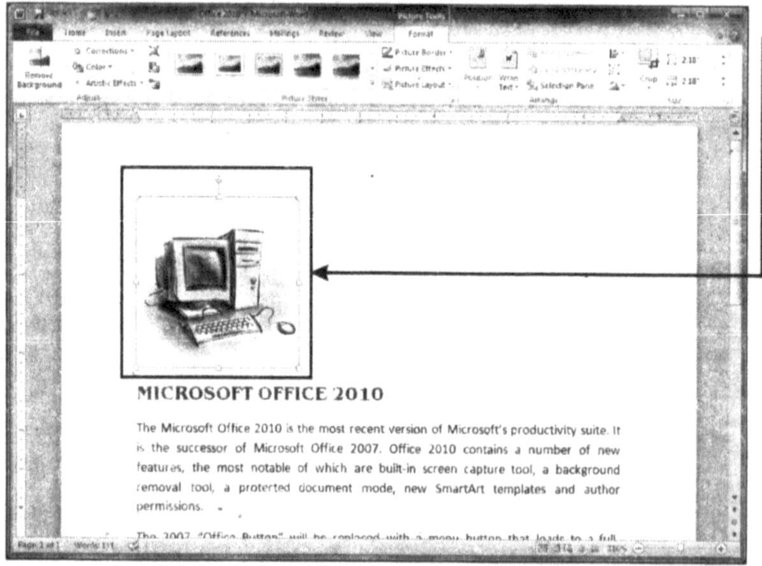

সেইটো পিকচাৰে আপোনাৰ ডকুমেন্টত দেখা দিয়ে।

পিকচাৰক ডিলিট কৰিবৰ বাবে সেইটো পিকচাৰত ক্লিক কৰক, যাক আপুনি ডিলিট কৰিব বিচাৰে। এনেতে পিকচাৰৰ চাৰিওফাল এটা হেন্ডেল (■) দেখা দিয়ে। ইয়াৰ পিছত পিকচাৰক ডিলিট কৰিবৰ বাবে কি-বৰ্ডেৰে 'ডিলিট' বাটন টিপি দিয়ক।

গ্ৰাফিকৰ চাৰিও ফালৰ টেক্সটক ৰেপ (মেৰুওৱা) কৰা

আপোনাৰ ডকুমেন্টত কোনো গ্ৰাফিকক এড (একেলগ) কৰাৰ পিছত আপুনি এইটো গ্ৰাফিকৰ চাৰিওফালে টেক্সটক কি ধৰণে লব পাৰে, আপুনি ইয়াৰ নিৰ্বাচন কৰিব পাৰে।

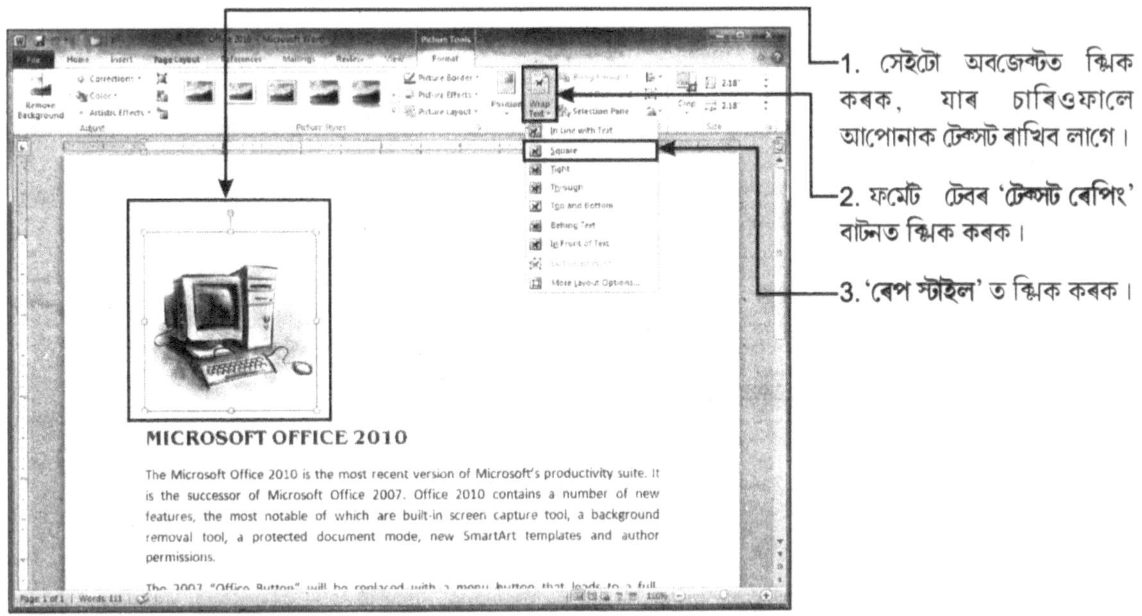

1. সেইটো অবজেক্টত ক্লিক কৰক, যাৰ চাৰিওফালে আপোনাক টেক্সট ৰাখিব লাগে।

2. ফৰমেট টেবৰ 'টেক্সট ৰেপিং' বাটনত ক্লিক কৰক।

3. 'ৰেপ স্টাইল' ত ক্লিক কৰক।

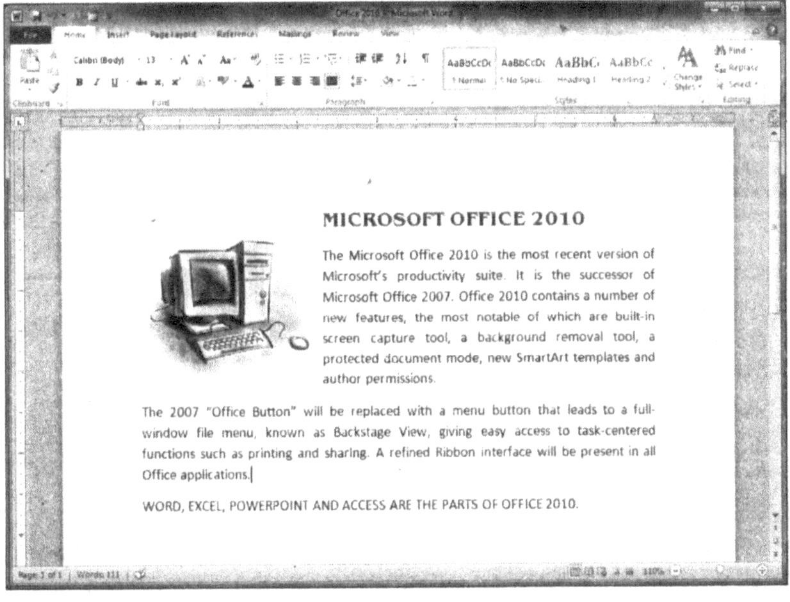

ৰেপ স্টাইল এপলাই (প্ৰয়োগ) হৈ যায়।

এটো উদাহৰণত অবজেক্টৰ চাৰিও ফালে টেক্সট স্কোৱাৰ (বৰ্গাকাৰ) ৰূপত ৰেপ হয়।

অবজেক্টক মুভকৰা আৰু তাৰ চাইজ (আকাৰ) পৰিৱৰ্তন কৰা

আপুনি আপোনাৰ ফাইলত যি ইমেজ (পিক্চাৰ) লগাই আপুনি সেইটোক এটা স্হানৰ পৰা আন এটা স্হানলৈকে মুভ কৰাব পাৰে অৰ্থাৎ এটা স্হানৰ পৰা আন এটা স্হানলৈকে লৈ যাব পাৰে। ইয়াৰ বাদে আপুনি সেইটোৰ আকাৰো সলনি কৰিব পাৰে।

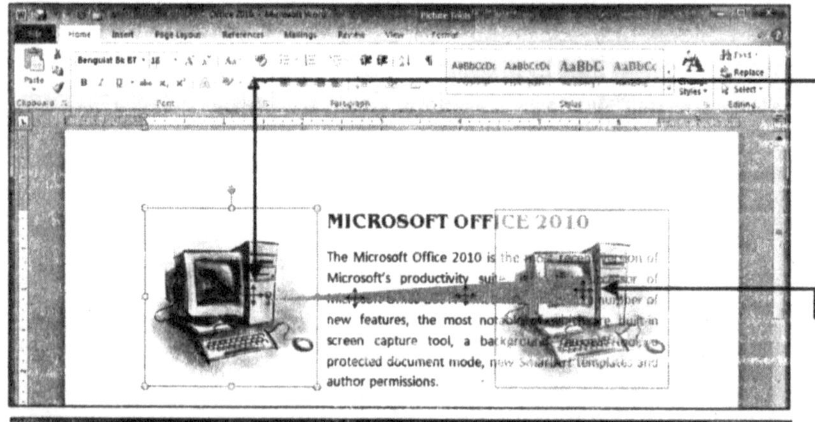

অবজেক্টক মুভ কৰা

1. সেইটো অবজেক্টত ক্লিক কৰক, যাক আপুনি মুভ কৰোৱা (এটা স্হানৰ পৰা আন এটা স্হানলৈ) ব বিচাৰে।

মাউচ পইন্টৰ এইটো স্হিতিত সলনি হৈ যায়।

2. আপোনাৰ অবজেক্টক নতুন লকেচন (ঠাই) ত ড্ৰেগ কৰি লৈ যাওক।

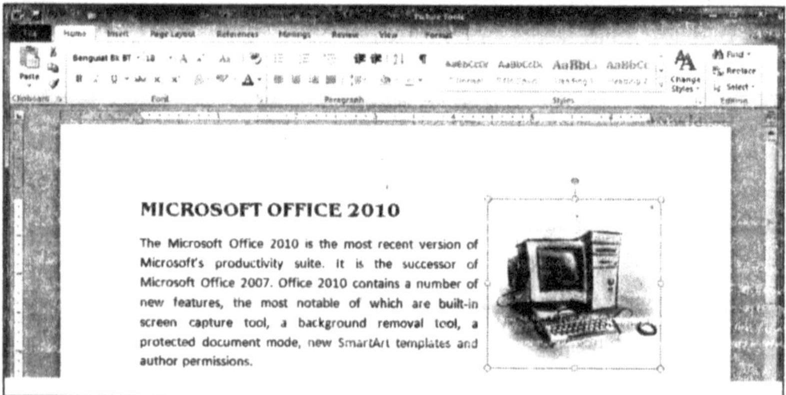

যেনেদৰে আপুনি মাউচক ৰিলিজ (এৰি) দিয়ে, অবজেক্টে নতুন লকেচনলৈ আহি যায়।

অবজেক্টৰ চাইজ (আকাৰ) ৰ পৰিৱৰ্তন

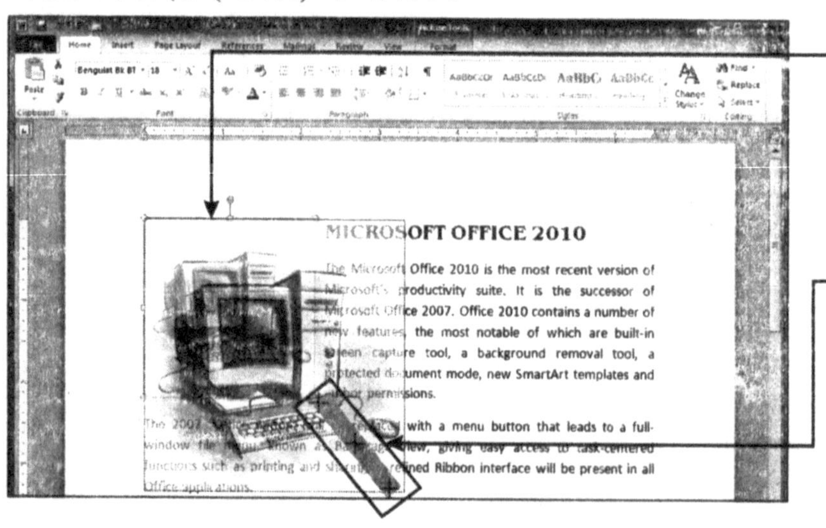

1. সেইটো অবজেক্টত ক্লিক কৰক, যাৰ আপুনি চাইজ সলনি কৰিব বিচাৰে।

মাউচ পইন্টৰ এইটো স্হিতিত পৰিৱৰ্তন আহি যায়।

2. অবজেক্টৰ চাইজ পৰিৱৰ্তন কৰিবৰ বাবে হেডলক ধৰি ড্ৰেগ কৰক।

মাউচক আপুনি যেতিয়াই এৰিব, অবজেক্ট নতুন চাইজ দেখা দিব।

পিক্চাৰৰ বৰ্ডাৰ অন্তৰ্ভুক্ত কৰা

আপুনি আপোনাৰ পিক্চাৰ বা ক্লিপ আৰ্ট ইমেজত সহজতে তীব্ৰ গতিৰে বৰ্ডাৰো অন্তৰ্ভুক্ত কৰিব পাৰে। আপুনি বৰ্ডাৰৰ কালাৰ (ৰং) ও সলনি কৰিব পাৰে আৰু আপোনাৰ মতে বৰ্ডাৰৰ ডাঙৰ হোৱা নিৰ্ধাৰিত কৰিব পাৰে। অৰ্থাৎ বৰ্ডাৰৰ লাইন কিমান পাতল অথবা ডাঙৰ হ'ব।

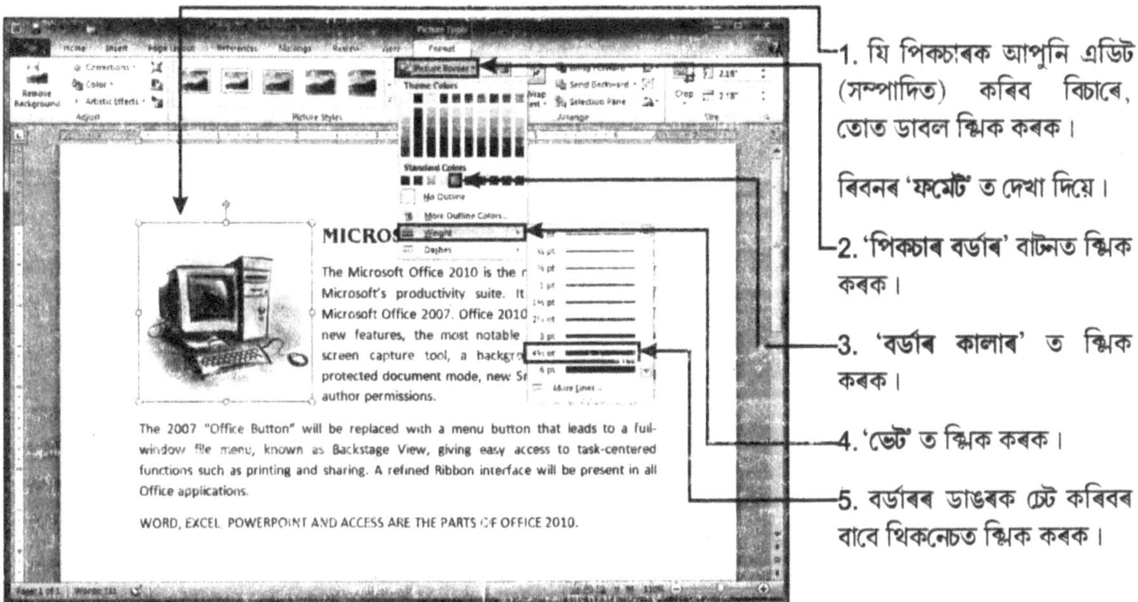

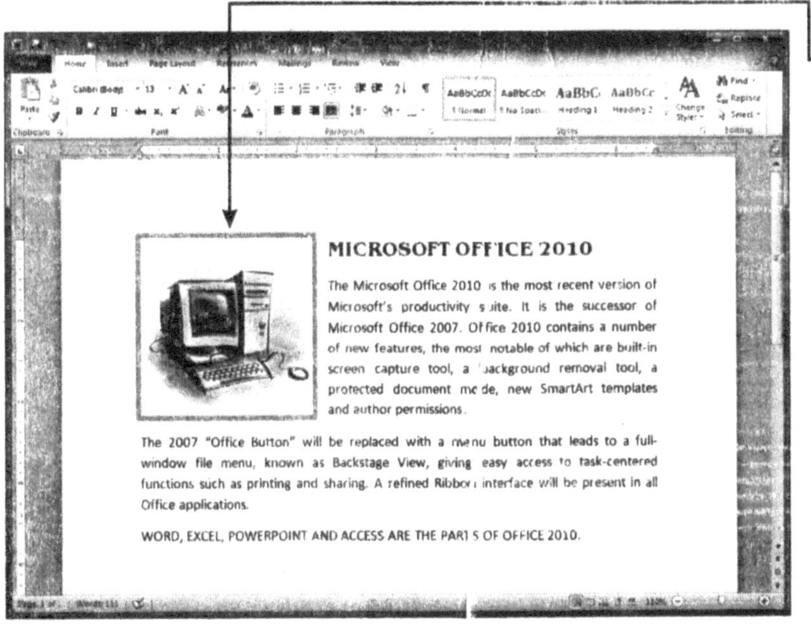

পিকচাৰত নতুন বৰ্ডাৰ প্ৰয়োগ হৈ যায়।

বৰ্ডাৰ লাইনক ৰিমুভ (আঁতৰাব) ৰ বাবে স্টেপ '1' আৰু '2' ক পুনৰ কৰক। ইয়াৰ পিছত 'নো আউটলাইন' ত ক্লিক কৰি দিয়ক।

পিক্চাৰ ইফেক্টক অন্তৰ্ভুক্ত কৰা

নতুন পিক্চাৰ ইফেক্টটুলৰ প্ৰয়োগ কৰি আপুনি আপোনাৰ পিক্চাৰ বা ক্লিপ আৰ্ট গ্ৰাফিকত স্পেচিয়েল ইফেক্টো দিব পাৰে।

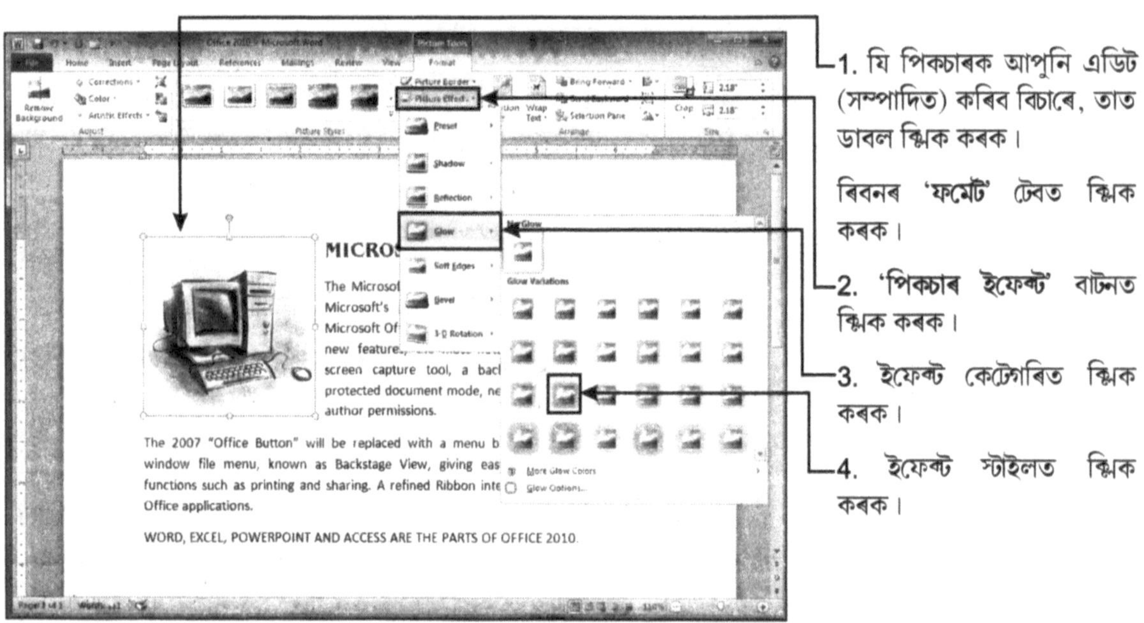

1. যি পিক্চাৰক আপুনি এডিট (সম্পাদিত) কৰিব বিচাৰে, তাত ডাবল ক্লিক কৰক।

   ৰিবনৰ 'ফৰ্মেট' টেবত ক্লিক কৰক।

2. 'পিক্চাৰ ইফেক্ট' বাটনত ক্লিক কৰক।

3. ইফেক্ট কেটেগৰিত ক্লিক কৰক।

4. ইফেক্ট স্টাইলত ক্লিক কৰক।

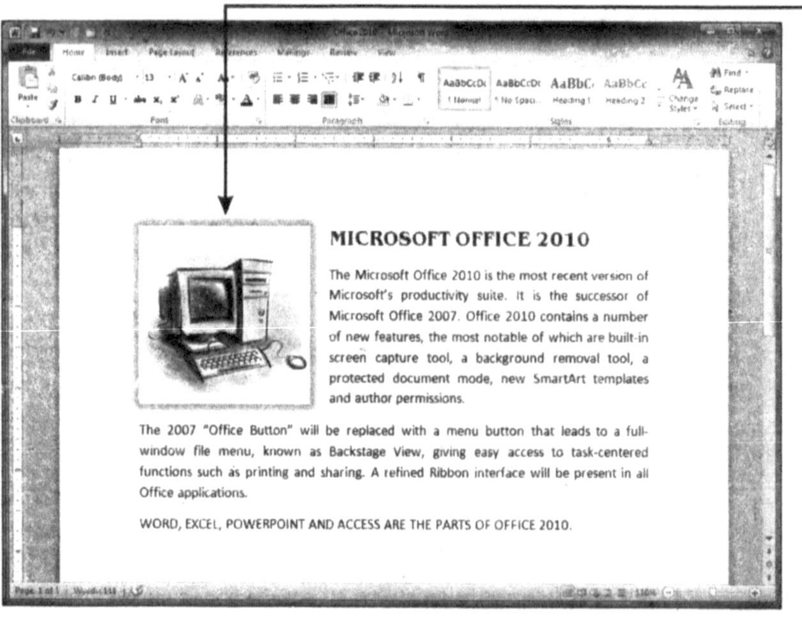

নতুন ইফেক্ট পিক্চাৰত প্ৰয়োগ হৈ যায় আৰু শীঘ্ৰে দেখা দিয়ে।

পিক্চাৰ ইফেক্টক আতৰাবৰ বাবে স্টেপ '1' ৰ পৰা '3' লৈকে পুনৰ কৰক। ইয়াৰ পিছত 'নো গ্লো' ত ক্লিক কৰক।

ক্লিপ আৰ্টক ইনচাৰ্ট (ভৰোৱা) কৰা

আপুনি আপোনাৰ ডকুমেন্টত ক্লিপ আৰ্ট ইমেজ (ছবি) ও দিব পাৰে। ক্লিপ আৰ্টক দিলে আপোনাৰ ডকুমেন্ট অধিক আৰ্কষক আৰু মনোৰঞ্জক হৈ যায়।

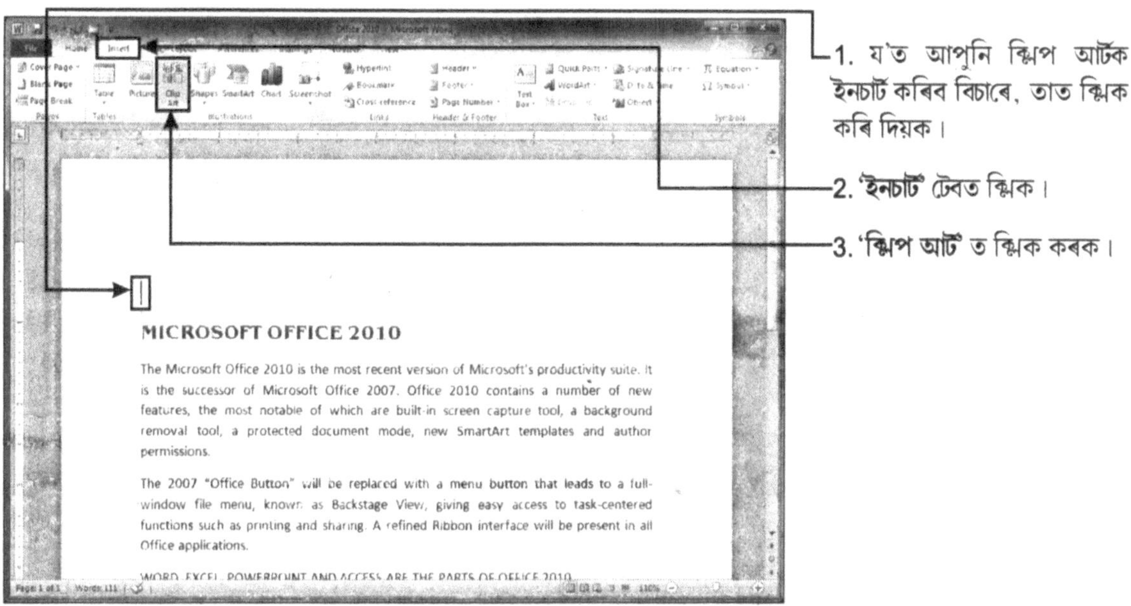

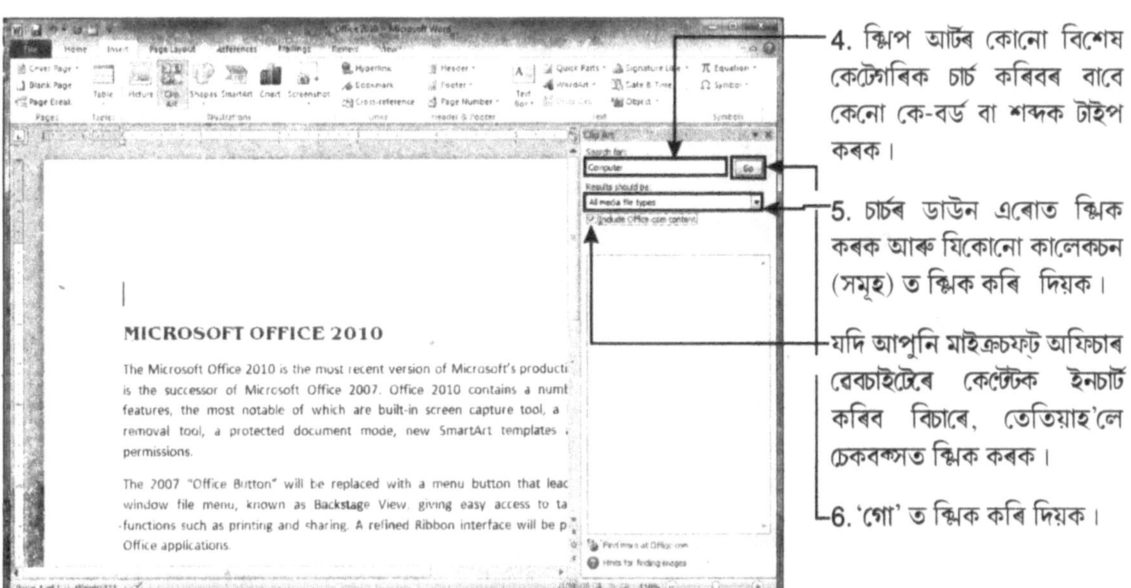

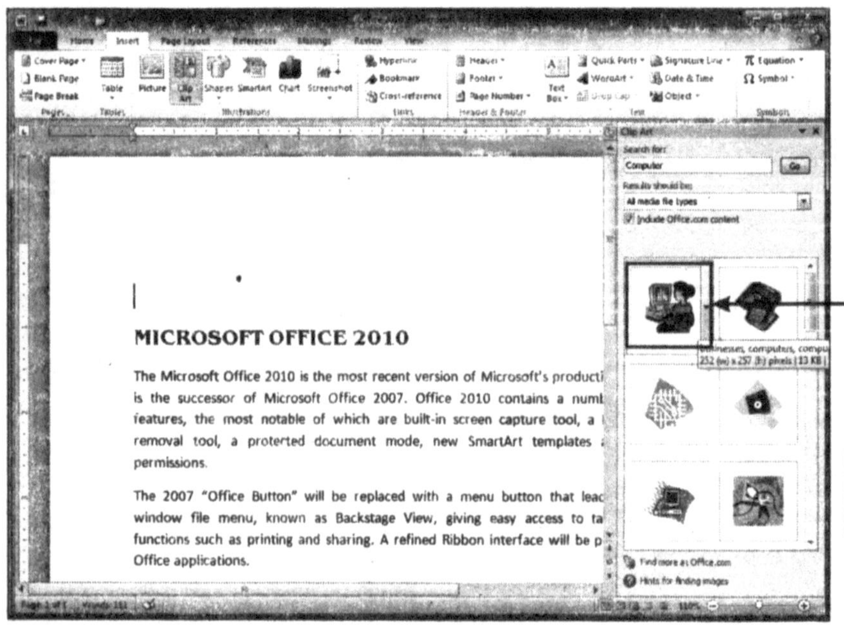

ক্লিপ আৰ্ট স্টাস্ক পেন আপোনাৰ দ্বাৰা টাইপ কৰা কি-বৰ্ড বা শব্দৰ লগত মিল থকা ক্লিপ আৰ্টক ডিচপ্লে কৰি দিয়ে।

এইটো লিস্টৰ য'তে-ততে যাবৰ বাবে আৰু ইয়াত থকা কণ্টেণ্টক চাবৰ বাবে আপুনি স্ক্ৰল বাৰৰ প্ৰয়োগ কৰিব পাৰে।

মাউচ পইণ্টাৰক সেইটো ইমেজৰ ওপৰত থৈ আপুনি সেইটো ক্লিপ আৰ্টৰ বিষয়ে আৰু ইনফৰ্মেচনক জানিব পাৰে।

7. ক্লিপ আৰ্ট ইমেজক এড (একেলগ) কৰিবৰ বাবে ইমেজক এড (একেলগ) কৰিবৰ বাবে ইমেজত ক্লিক কৰি দিয়ক।

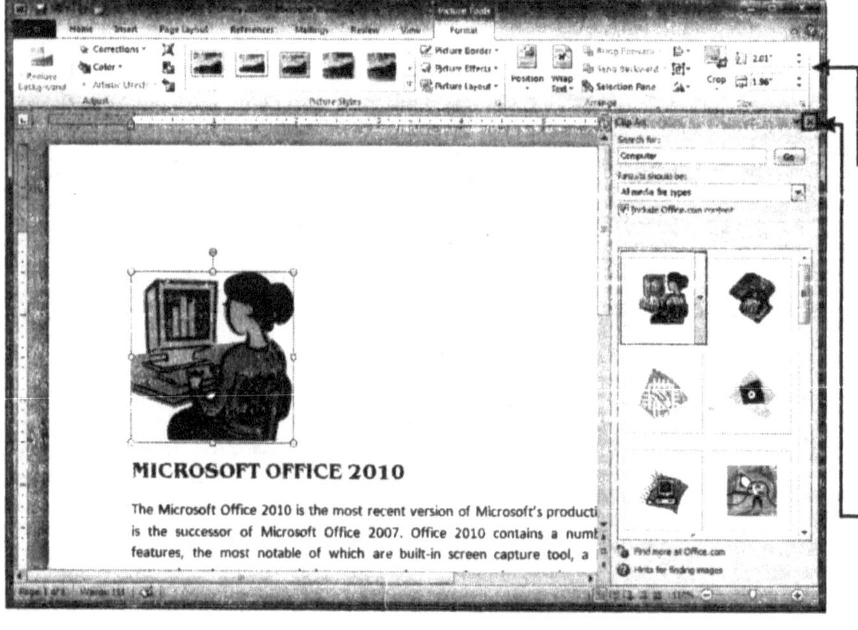

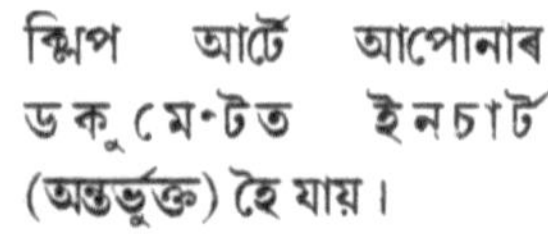

ক্লিপ আৰ্টে আপোনাৰ ডকুমেণ্টত ইনচাৰ্ট (অন্তৰ্ভুক্ত) হৈ যায়।

ফৰ্মেট টেবৰ পিকাচৰ টুল দেখা দিয়ে।

আপুনি ইয়াৰ পৰা ক্লিপ আৰ্টক মুভ(এটা স্থানৰ পৰা আন এটা স্থানলৈ যোৱা) কৰাব পাৰে অথবা সেইটোক ৰিচাইজ (আকাৰ সৰু ডাঙৰ কৰা) ও কৰিব পাৰে।

8. পেনক বন্ধ কৰিবৰ বাবে 'ক্লজ' বাটনত ক্লিক কৰক।

অটোশ্বেপক এড (একেলগ) কৰা

আপোনাৰ ডকুমেণ্টত আপোনাৰ শ্বেপ (আকৃতি) আৰু গ্ৰাফিকচক প্ৰস্তুত কৰিবৰ বাবে অটোশ্বেপ যেনে (লাইন, এৰো, স্টাৰ আৰু বেনাৰ) আদিৰ প্ৰয়োগ কৰিব পাৰে।

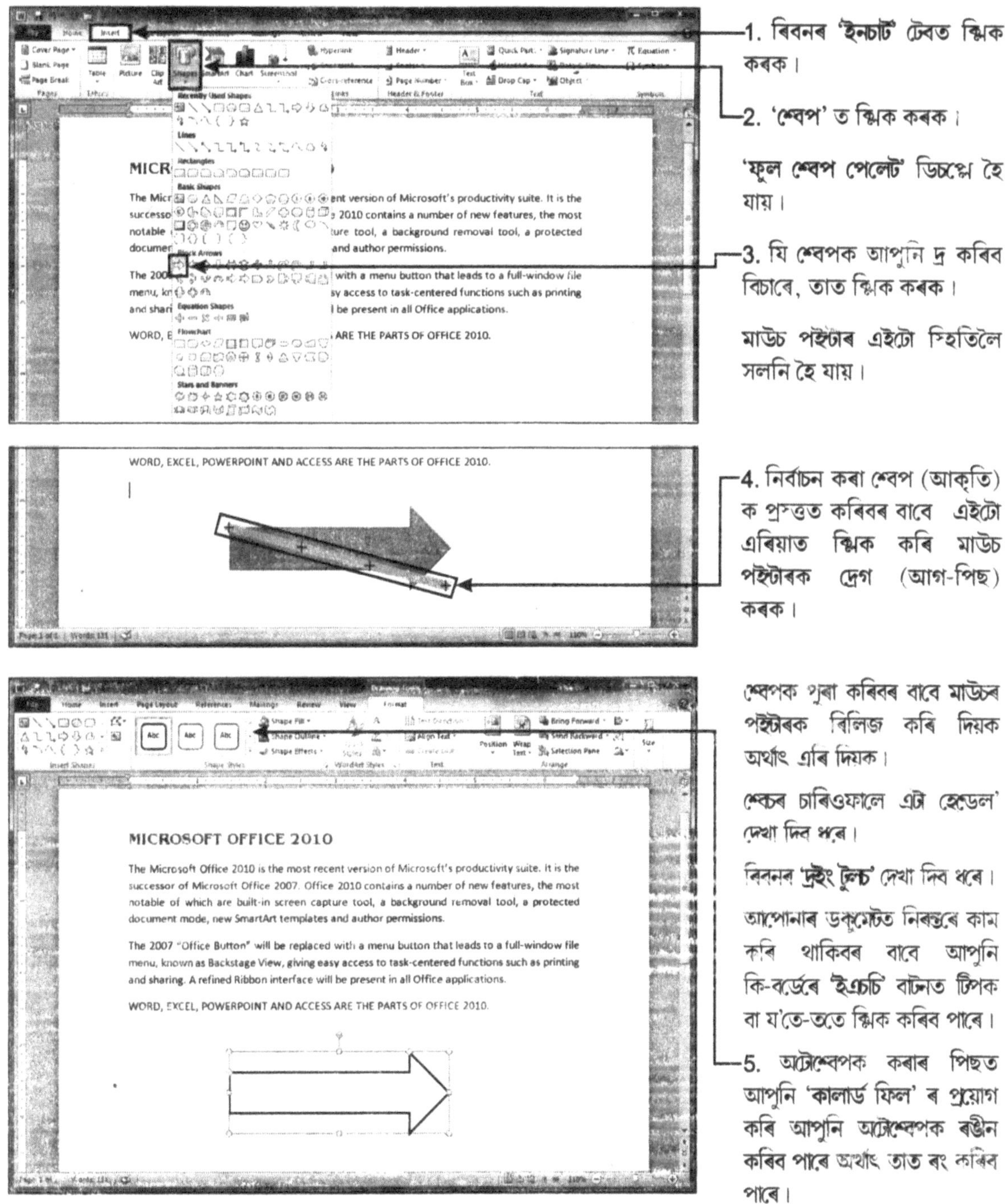

স্ক্ৰীন শ্বটক ইনচাৰ্ট (অন্তৰ্ভুক্ত) কৰা

ৱৰ্ড 2010 ত আপুনি উইডোৰ পৰা যিকোনো স্ক্ৰীন শ্বট লব পাৰে আৰু সেইটোক চিধা আপোনাৰ ৱৰ্ড ডকুমেন্টত ৰাখিব পাৰে।

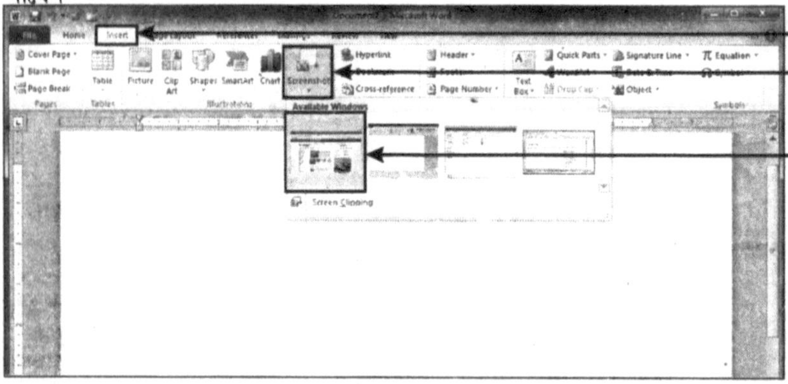

1. **'ইনচাৰ্ট টেব'** ত ক্লিক কৰক।
2. **'স্ক্ৰীন শ্বট'** ত ক্লিক কৰক।

'এবেইলেবল উইডো' মেনু দেখা দিয়ে, আপোনাৰ কম্পিউটাৰৰ এক্টিভৰানিং উইডোক স্ক্ৰীন শ্বটৰ ৰূপত দেখা দিয়ে।

3. ইয়াৰে যি স্ক্ৰীন শ্বটক আপুনি আপোনাৰ ডকুমেন্টত ৰাখিব বিচাৰে, তাত ক্লিক কৰক।

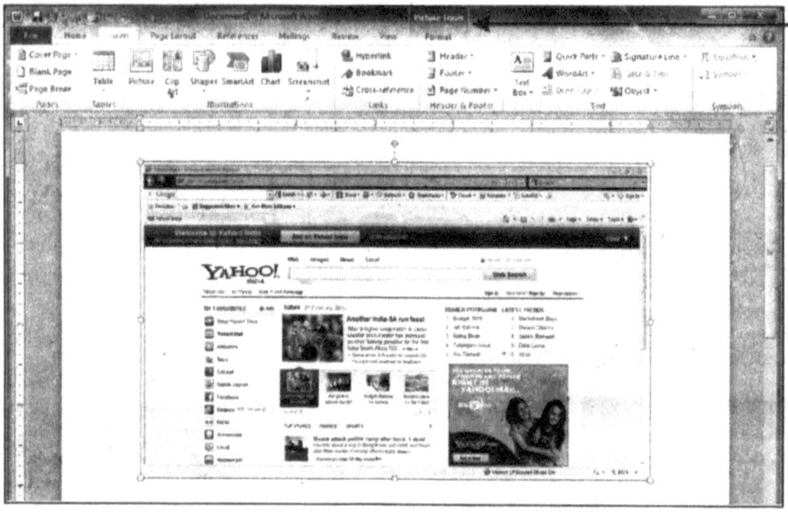

স্ক্ৰীন শ্বট ইমেজ নিজ নিজে আপোনাৰ ডকুমেন্টত আহি যায়।

পিকচাৰৰ লগত সম্বন্ধীত কাৰ্যক পুৰা কৰিবৰ বাবে **'পিকচাৰ টুলচ'** টেব দেখা দিব ধৰে।

ৱৰ্ড 2010 ত উপলব্ধ পিকচাৰ টুলচৰ সহায়েৰে আপুনি ফটোত কিছুমান বেচিক এডিটিং কৰিব পাৰে।

স্ক্ৰীন ক্লিপিং লোৱা

যদি আপুনি স্ক্ৰীন শ্বটৰ কেৱল কিছুমান অংশক ইনচাৰ্ট কৰিব বিচাৰে আৰু এইটোক গোটেই উইডো স্ক্ৰীনত নিবিচাৰে, তেতিয়াহ'লে আপুনি স্ক্ৰীন ক্লিপিং ফিচাৰৰ প্ৰয়োগ কৰিব পাৰে।

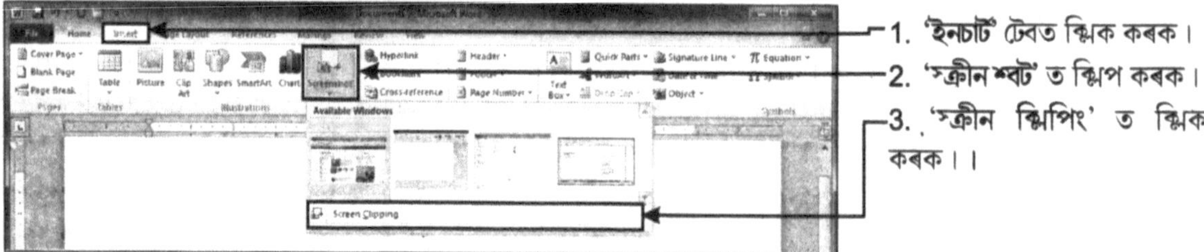

1. **'ইনচাৰ্ট'** টেবত ক্লিক কৰক।
2. **'স্ক্ৰীন শ্বট'** ত ক্লিপ কৰক।
3. 'স্ক্ৰীন ক্লিপিং' ত ক্লিক কৰক।।

শেষৰ বাৰ দেখা দিয়া স্ক্ৰীন ধোঁৱা খোৱা ৰূপত আকৌ দেখা দিব ধৰে। আপুনি আপোনাৰ মাউচৰ পইন্টৰৰ সহায়েৰে স্ক্ৰীনক ড্ৰেগ কৰিব পাৰে। আপোনাৰ দ্বাৰা চিলেক্ট কৰা স্ক্ৰীনৰ সেইটো অংশক তাৰ পৰা কাটি আপোনাৰ ডকুমেন্টত আহি যায়।

ইমেজত আৰ্টিস্টিক ইফেক্ট এপলাই কৰা

ৱৰ্ড 2010 ৰ লেটেস্ট (নৱীনতম) ফিচাৰৰ প্ৰয়োগ কৰি আপুনি আপোনাৰ ইমেজত আৰ্টিস্টিক ইফেক্ট প্ৰয়োগ কৰিব পাৰে।

1. আপোনাৰ ডকুমেন্টত কোনো পিকচাৰক ইনচাৰ্ট কৰক আৰু সেইটোক চিলেক্ট কৰক।
পিকচাৰৰ চাৰিওফালে হেণ্ডেলচ' দেখা দিয়ে।
2. 'ফৰ্মেট' টেবত ক্লিক কৰক।
3. 'আৰ্টিস্টিক ইফেক্ট' ত ক্লিক কৰক।
আৰ্টিস্টিক ইফেক্টৰ গেলেৰি দেখা দিয়ে।
4. মাউচৰ পইণ্টাৰত ইয়াৰে যিকোনো ইফেক্টত থৈ দিয়ক।
'লাইভপ্ৰিভিউ' ত সম্ভাৱিত ইফেক্ট দেখা দিব ধৰে আৰু হেণ্ডেলচ আতৰি যায়।
5. সেইটো আৰ্টিস্টিক ইফেক্টত ক্লিক কৰি দিয়ক।

সেইটো নিৰ্বাচন কৰা পিকচাৰক ৱৰ্ড আৰ্টিস্টিক ইফেক্টক এপলাই (প্ৰয়োগ) কৰি দিয়ক।

পিকচাৰৰ পৰা আৰ্টিস্টিক ইফেক্টক ৰিমুভ(আতৰোৱা) ৰ বাবে স্টেপ '1' ৰ পৰা '3' লৈকে পুনৰ কৰক। আৰু গেলেৰিত সকলোতকৈ প্ৰথম ইমেজক চিলেক্ট কৰক।

মেইল মাৰ্জত লেটাৰ (পত্ৰ) প্ৰস্তুত কৰা

আপোনাৰ মেইলিং লিস্ট (ডাক সূচী) ৰ প্ৰত্যেক সদস্যক ব্যক্তিগত ৰূপেৰে লেটাৰ লিখিবৰ বাবে আপুনি মেইল মাৰ্জ ফিচাৰৰ প্ৰয়োগ কৰিব পাৰে। মেইল মাৰ্জৰ প্ৰয়োগ কৰাটো সেই সময়ত বহুত উপযোগী হয় যেতিয়া আপুনি কোনো লোকক একে ধৰণৰ ডকুমেন্ট পঠিয়াই আছে। যেনেদৰে ঘোষণা পত্ৰ বা গ্ৰীটিং কাৰ্ড আদি।

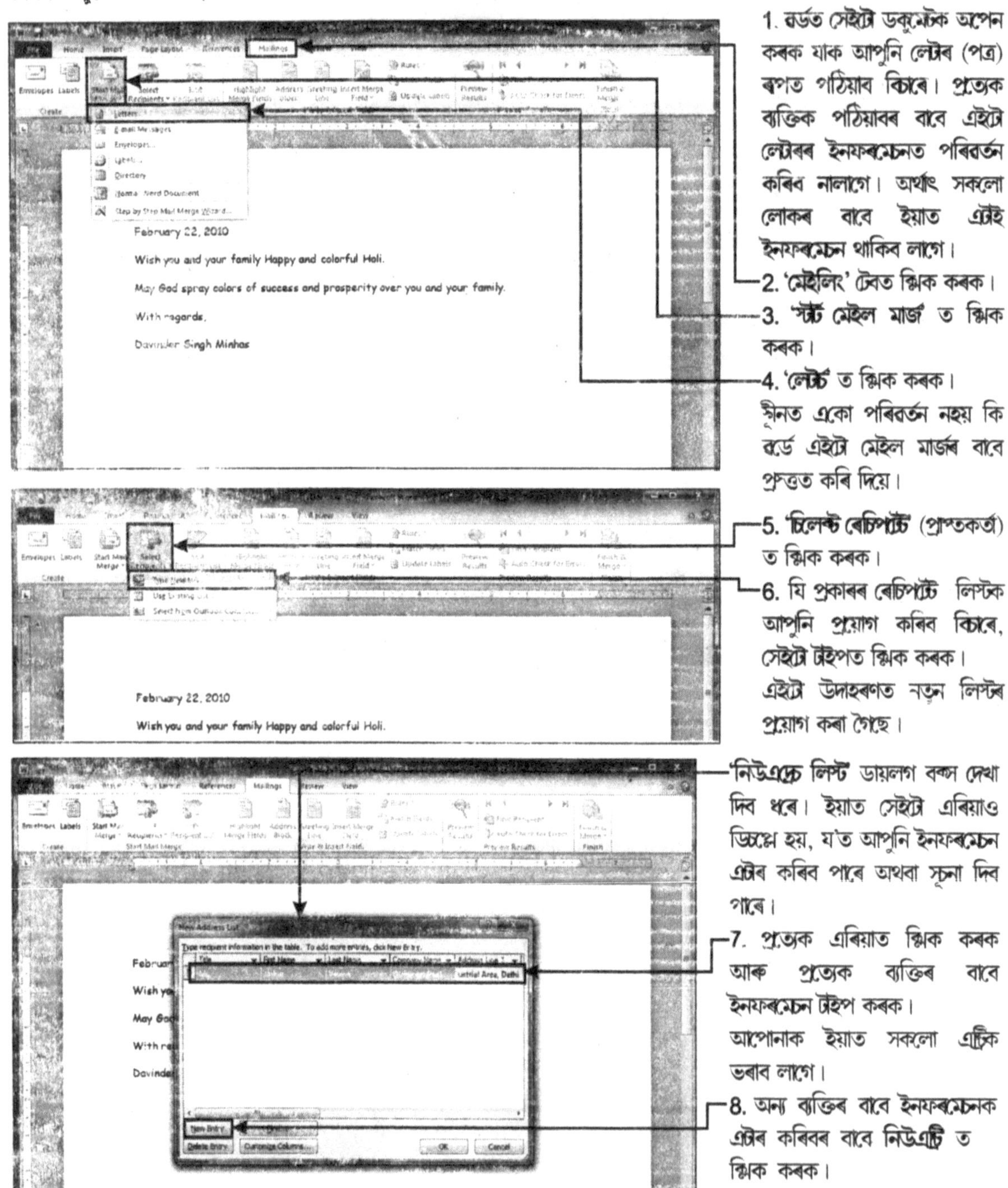

1. বৰ্তত সেইটো ডকুমেন্টক অপেন কৰক যাক আপুনি লেটাৰ (পত্ৰ) ৰূপত পঠিয়াব বিচাৰে। প্ৰত্যেক ব্যক্তিক পঠিয়াবৰ বাবে এইটো লেটাৰৰ ইনফৰমেচনত পৰিবৰ্তন কৰিব নালাগে। অৰ্থাৎ সকলো লোকৰ বাবে ইয়াত এটাই ইনফৰমেচন থাকিব লাগে।
2. 'মেইলিং' টেবত ক্লিক কৰক।
3. 'ষ্টাৰ্ট মেইল মাৰ্জ' ত ক্লিক কৰক।
4. 'লেটাৰ' ত ক্লিক কৰক।

স্ক্ৰীনত একো পৰিবৰ্তন নহয় কি বৰ্ডে এইটো মেইল মাৰ্জৰ বাবে প্ৰস্তুত কৰি দিয়ে।

5. 'চিলেক্ট ৰেচিপিয়েন্ট' (প্ৰাপ্তকৰ্তা) ত ক্লিক কৰক।
6. যি প্ৰকাৰৰ ৰেচিপিয়েন্ট লিস্টক আপুনি প্ৰয়োগ কৰিব বিচাৰে, সেইটো টাইপত ক্লিক কৰক।

এইটো উদাহৰণত নতুন লিস্টৰ প্ৰয়োগ কৰা গৈছে।

'নিউএড্ৰেচ লিস্ট' ডায়লগ বক্স দেখা দিব ধৰে। ইয়াত সেইটো এৰিয়াও ডিচপ্লে হয়, য'ত আপুনি ইনফৰমেচন এন্টাৰ কৰিব পাৰে অথবা সূচনা দিব পাৰে।

7. প্ৰত্যেক এৰিয়াত ক্লিক কৰক আৰু প্ৰত্যেক ব্যক্তিৰ বাবে ইনফৰমেচন টাইপ কৰক।

আপোনাক ইয়াত সকলো এন্ট্ৰি ভৰাব লাগে।

8. অন্য ব্যক্তিৰ বাবে ইনফৰমেচনক এন্টাৰ কৰিবৰ বাবে নিউএন্ট্ৰি ত ক্লিক কৰক।

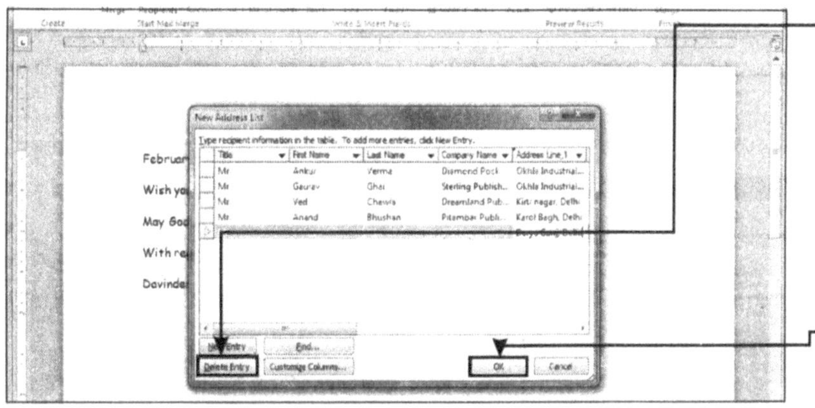

9. আপোনাৰ লিস্টক প্ৰত্যেক ব্যক্তিৰ বাবে স্টেপ '7' আৰু '8' ক পুনৰ কৰক।

কোনো এণ্ট্ৰি (প্ৰৱিস্টি) ক ডিলিট কৰিবৰ বাবে সেইটো এণ্ট্ৰিত ক্লিক কৰক আৰু ইয়াৰ পিছত **'ডিলিট এণ্ট্ৰি'** ত ক্লিক কৰক।

10. যেতিয়া আপোনাৰ মেইলিং লিস্ট প্ৰস্তুত হৈ যায় তেতিয়া **'অকে'** ত ক্লিক কৰি দিয়ক।

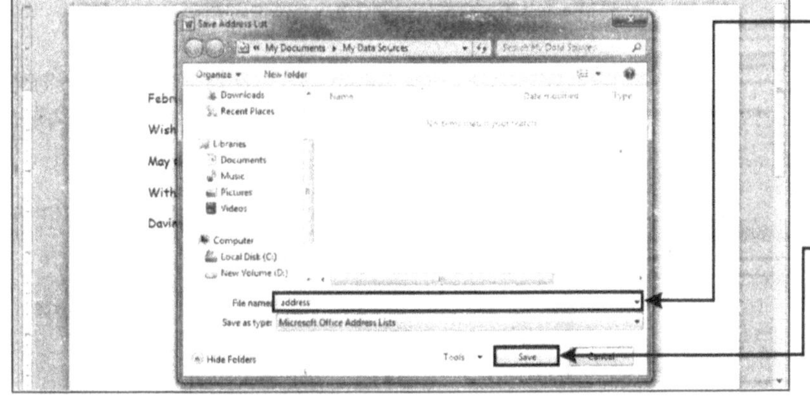

'চেভএড্ৰেচ লিস্ট' ডায়লগ বক্স দেখা দিয়ে।

11. যি নামেৰে আপুনি এইটো মেইলিং লিস্টক স্টৰ কৰিব বিচাৰে, সেইটো নাম টাইপ কৰি দিয়ক।

12. ফাইলক চেভকৰিবৰ বাবে **'চেভ'** বাটনত ক্লিক কৰি দিয়ক।

এতিয়া আপুনি মেইলিংৰ বাবে এইটো লিস্টৰ প্ৰয়োগ কৰিব পাৰে।

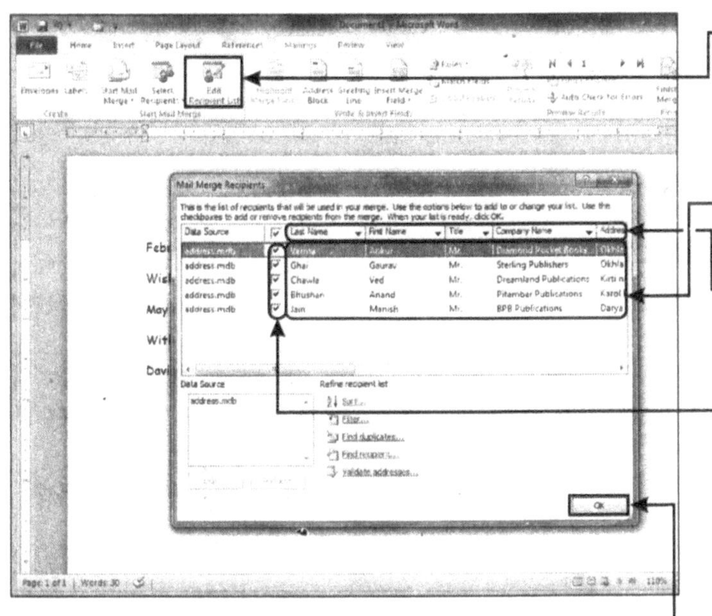

13. **'এডিট ৰিচেপণ্টে লিস্ট'** ত ক্লিক কৰক।

'মেইল মাৰ্জ ৰিচেপণ্টে' উইন্ডো দেখা দিব ধৰে।

এইটো এৰিয়াত আপোনাক গোটেই মেইল লিস্ট (ডাক সূচী) দেখা দিয়ে।

লিস্টক গঠন কৰিবৰ বাবে সেইটো কলমৰ হেডিংত ক্লিক কৰক, যাক আপুনি গঠন কৰিব বিচাৰে।

14. ব্যক্তিৰ নামৰ লগত এটা চেকমাৰ্কো দেখা দিয়ে, যিটোৱে এইটো কয় যে ৱৰ্ডে সেইটো ব্যক্তিৰ বাবে এক ব্যক্তিগত লেটাৰ লিখিব। চেকমাৰ্কক একেলগ কৰা অথবা আতৰাবৰ বাবে ব্যক্তিৰ নামৰ কিনাৰৰ বক্সত ক্লিক কৰি দিয়ক।

15. 'অকে' ত ক্লিক কৰি দিয়ক।

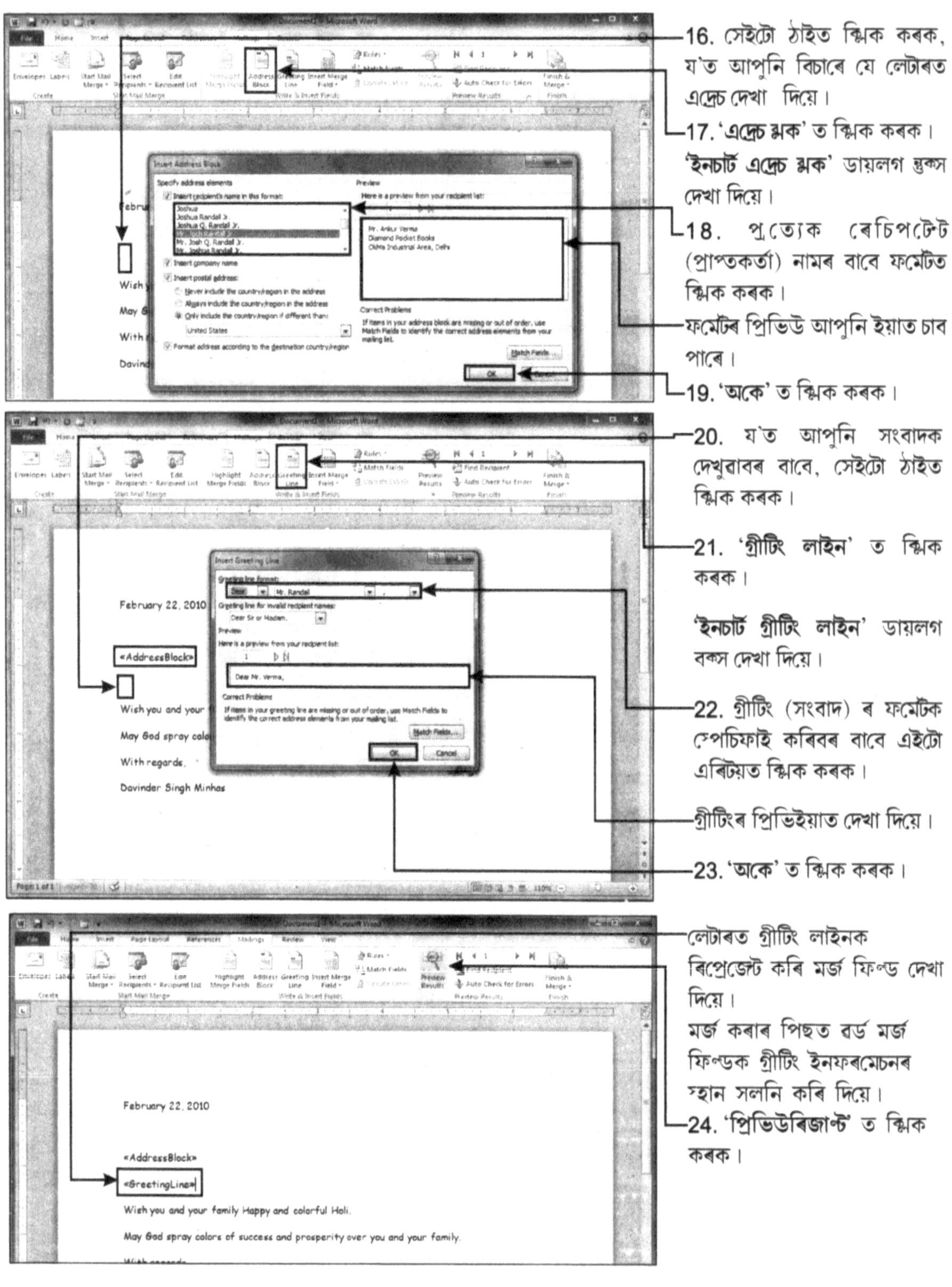
16. সেইটো ঠাইত ক্লিক কৰক, য'ত আপুনি বিচাৰে যে লেটাৰত এড্ৰেচ দেখা দিয়ে।
17. 'এড্ৰেচ ব্লক' ত ক্লিক কৰক।
'ইনচাৰ্ট এড্ৰেচ ব্লক' ডায়লগ বক্স দেখা দিয়ে।
18. প্ৰত্যেক ৰেচিপেন্টেট (প্ৰাপ্তকৰ্তা) নামৰ বাবে ফৰ্মেটত ক্লিক কৰক।
ফৰ্মেটৰ প্ৰিভিউ আপুনি ইয়াত চাব পাৰে।
19. 'অকে' ত ক্লিক কৰক।
20. য'ত আপুনি সংবাদক দেখুৱাবৰ বাবে, সেইটো ঠাইত ক্লিক কৰক।
21. 'গ্ৰীটিং লাইন' ত ক্লিক কৰক।
'ইনচাৰ্ট গ্ৰীটিং লাইন' ডায়লগ বক্স দেখা দিয়ে।
22. গ্ৰীটিং (সংবাদ) ৰ ফৰ্মেটক স্পেচিফাই কৰিবৰ বাবে এইটো এৰিয়াত ক্লিক কৰক।
গ্ৰীটিংৰ প্ৰিভিইয়াত দেখা দিয়ে।
23. 'অকে' ত ক্লিক কৰক।
লেটাৰত গ্ৰীটিং লাইনক ৰিপ্ৰেজেন্ট কৰি মৰ্জ ফিল্ড দেখা দিয়ে।
মৰ্জ কৰাৰ পিছত বৰ্ড মৰ্জ ফিল্ডক গ্ৰীটিং ইনফৰমেচনৰ স্হান সলনি কৰি দিয়ে।
24. 'প্ৰিভিউৰিজাল্ট' ত ক্লিক কৰক।

ৱৰ্ড এড্ৰেচ ফাইলৰ পৰা ইনফৰমেচন আৰু লেটাৰৰ মেটাৰত পৰিৱৰ্তন কৰা মৰ্জ কৰা লেটাৰৰ প্ৰিভিউডিচপ্লে কৰি দিয়ে।

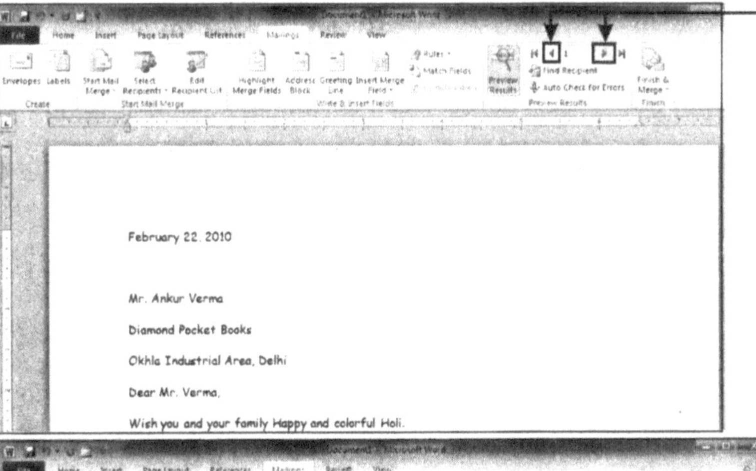

25. আগক লেটাৰৰ প্ৰিভিউ চাবৰ বাবে **'নেক্সট ৰেকৰ্ড আইকন'** ত ক্লিক কৰক আৰু ঘূৰি অহা আৰু আগৰ লেটাৰৰ প্ৰিভিউচাবৰ বাবে **'প্ৰিভিউচ ৰেকৰ্ড আইকন'** ত ক্লিক কৰক।

মৰ্জ কৰা ফিল্ডক আকৌ এবাৰ ডিচপ্লে কৰিবৰ বাবে আপুনি **'প্ৰিভিউৰিজালট্চ'** ত ক্লিক কৰিব পাৰে।

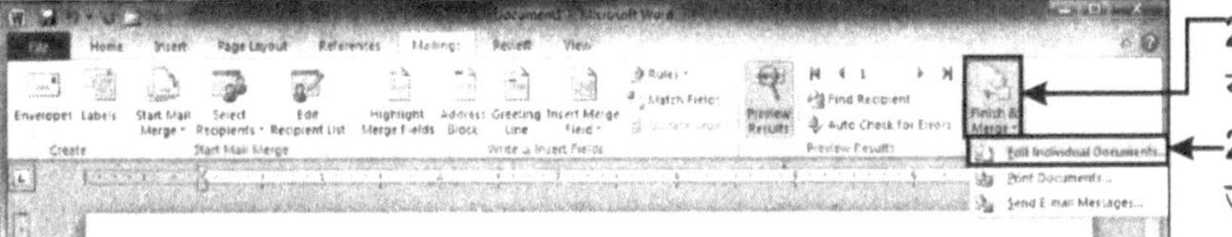

26. **'ফিনিচ এণ্ড মাৰ্জ'** ত ক্লিক কৰি দিয়ক।

27. **'এডিট ইন্ডিভিজুৱেল ডকুমেন্ট'** ত ক্লিক কৰক।

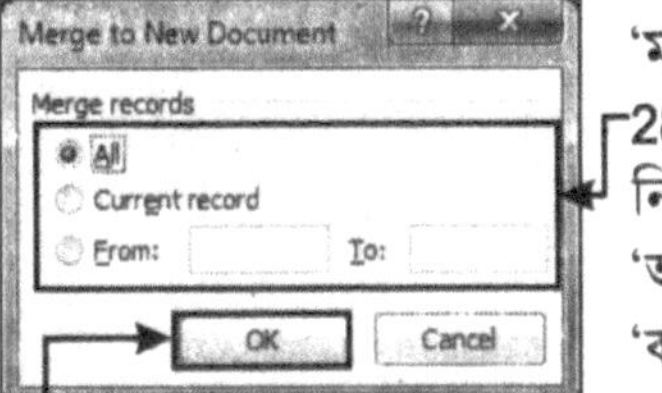

'মাৰ্জ টু নিউডকুমেন্ট' ডায়লগ বক্স দেখা দিব ধৰে।

28. যিকোনো ৰেডিঅ বাটনত ক্লিক কৰি আপোনাৰ মেইলিং লিস্টৰে সেইটো ব্যক্তিৰ নিৰ্বাচন কৰক যাৰ আপুনি লেটাৰ লিখিব বিচাৰে।

'অল' ঃ আপোনাৰ লিস্টৰ সকলো ব্যক্তিয়ে ইয়াত অন্তৰ্ভুক্ত হ'ব।

'কাৰেন্ট ৰেকৰ্ড' ঃ সেইটো সময় ডিচপ্লে হৈ থকা ব্যক্তি দেখা দিব।

'ফ্ৰম' ঃ আপোনাৰ মেইলিং লিস্টৰে যাক আপুনি নিৰ্বাচন কৰক।

যদি আপুনি স্টেপ **'28'** ত **'ফ্ৰম'** ৰ নিৰ্বাচন কৰে, তেতিয়াহ'লে প্ৰথম টেক্সট বক্সত ক্লিক কৰক আৰু আপুনি যি ব্যক্তিক লেটাৰ লিখিব বিচাৰে, সেই প্ৰথম ব্যক্তিৰ নম্বৰ টাইপ কৰক। ইয়াৰ পিছত **'টেব'** বাটনত টিপক আৰু অন্য টেক্সট বক্সত শেষৰ ব্যক্তিৰ নম্বৰ টাইপ কৰক।

29. লেটাৰক প্ৰস্তুত কৰিবৰ বাবে **'অকে'** বাটনত ক্লিক কৰি দিয়ক।

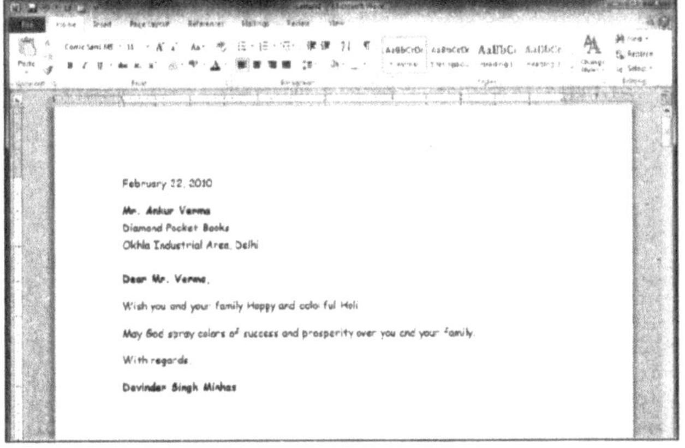
February 22, 2010

Mr. Ankur Verma
Diamond Pocket Books
Okhla Industrial Area, Delhi

Dear Mr. Verma,

Wish you and your family Happy and colorful Holi.

May God spray colors of success and prosperity over you and your family.

With regards

Devinder Singh Minhas

ৱৰ্ডে এক নতুন ডকুমেন্ট অপেন কৰি দিয়ে আৰু সেইটো ডকুমেন্টত সেইটো লেটাৰ প্ৰস্তুত কৰি দিয়ে।

30. আপুনি আপোনাৰ এইটো লেটাৰক এডিট (সম্পাদিত) কৰিব পাৰে আৰু তাৰ প্ৰিন্টো দিব পাৰে। এডিটিংৰ প্ৰয়োগ কৰি আপুনি আপোনাৰ লেটাৰত অতিৰিক্ত ইনফৰমেচনক একেলগো কৰিব পাৰে।

31. আপোনাৰ মেইল মাৰ্জৰ সকলো পেজক চাবৰ বাবে আপুনি সেইটোক স্ক্ৰলো কৰিব পাৰে।

মেক্ৰোক ৰান কৰা আৰু সেইটোক ৰেকৰ্ড কৰা

এটা ফালৰ একচন (কাৰ্য) ৰ চিজিক কেৱল এটা কামাডেৰে পুৰা কৰি ‘মেক্ৰ’ আপোনাৰ সময়ৰ বহুত ৰচায়। মেক্ৰৰ সহায়েৰে আপুনি আপোনাৰ টাস্ক (কাম) ক সহজতে কৰিব পাৰে। মেক্ৰ কাৰণ কামাণ্ডৰ এটা ৰেকৰ্ডেড চিৰিজ হয়, সেইকাৰণে ইয়াক আকৌ এবাৰ চলাব পাৰে বা পিছতো প্ৰয়োগ কৰিব পাৰে।

মেক্ৰক ৰেকৰ্ড কৰা

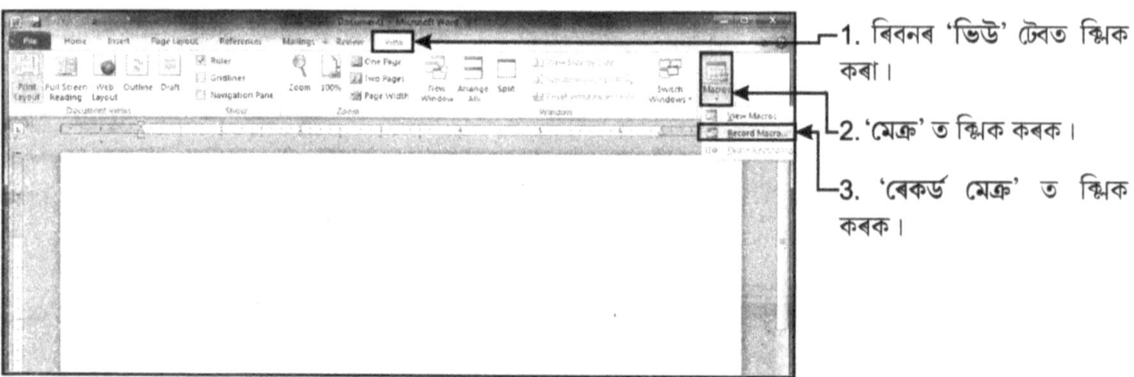

1. ৰিবনৰ ‘ভিউ’ টেৱত ক্লিক কৰা।

2. ‘মেক্ৰ’ ত ক্লিক কৰক।

3. ‘ৰেকৰ্ড মেক্ৰ’ ত ক্লিক কৰক।

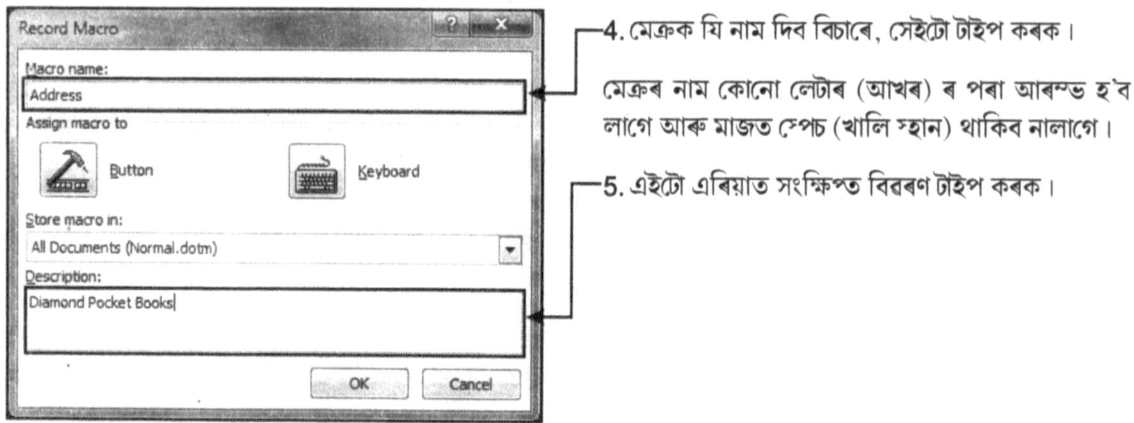

4. মেক্ৰক যি নাম দিব বিচাৰে, সেইটো টাইপ কৰক।

মেক্ৰৰ নাম কোনো লেটাৰ (আখৰ) ৰ পৰা আৰম্ভ হ'ব লাগে আৰু মাজত স্পেচ (খালি স্থান) থাকিব নালাগে।

5. এইটো এৰিয়াত সংক্ষিপ্ত বিৱৰণ টাইপ কৰক।

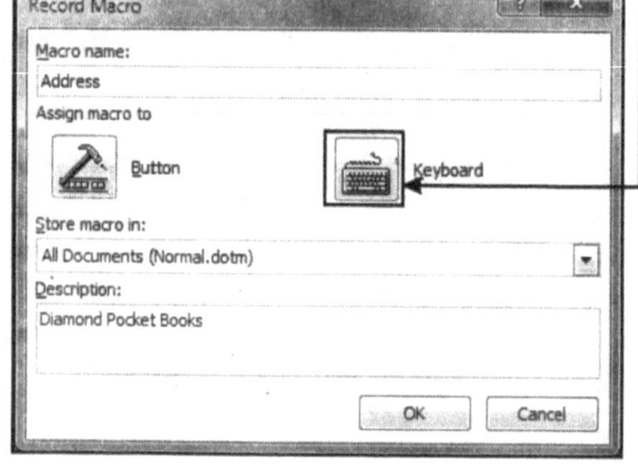

6. মেক্ৰক কি-বৰ্ডেৰে শৰ্টকাট দিবৰ বাবে ‘কি-বৰ্ড’ ত ক্লিক কৰক।

‘কাস্টমাইজ কি-ৱৰ্ড’ ডায়লগ বক্স দেখা দিয়ে।

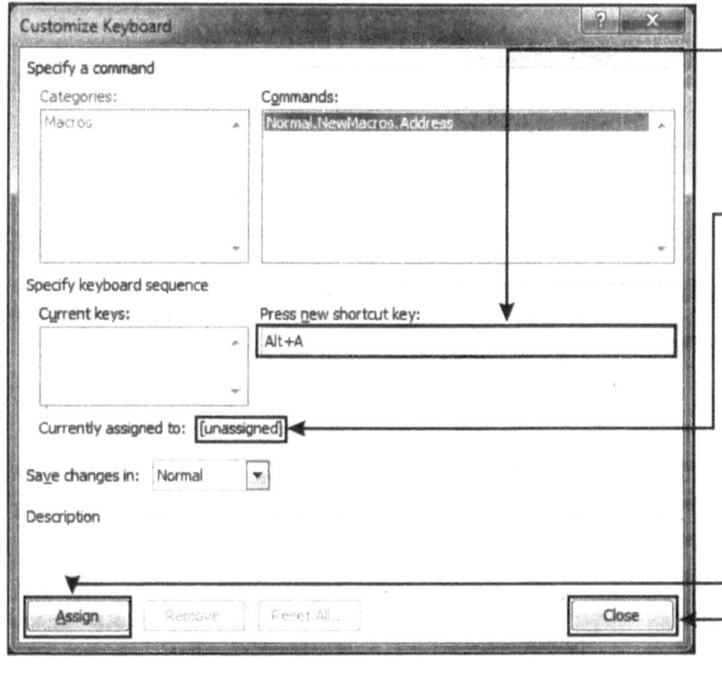

7. মেক্ৰৰ বাবে কোনো কি-বৰ্ডে শ্বৰ্টকাটক স্পেচিফাই (উল্লেখিত) কৰিবৰ বাবে অল্ট' বাটনত টিপি ৰাখক যেতিয়াৈ লকে আপুনি কোনো লেটাৰ বা নম্বৰৰ বাটন নিটিপে।

8. এইটো এৰিয়াই সেইটো শব্দক ডিচপ্লে কৰে দিয়ে। (আনএচাইনড)

যদি শব্দ (আনএচাইনড) ডিচপ্লে-নহয়, তেতিয়াহ'লে আপোনাৰ দ্বাৰা স্পেচিফাই কৰা কি-বৰ্ডে শ্বৰ্টকাট আগৰ পৰাই কোনো কামাণ্ডক এচাইন কৰি থাকে।

শ্বৰ্টকাটক ডিলিট কৰিবৰ বাবে বেকস্পেচ বাটত টিপক আৰু ইয়াৰ পিছত দ্বিতীয় নম্বৰৰ আখৰৰ প্ৰয়োগ কৰি স্টেপ '7' ক পুনৰ কৰক।

9. আপোনাৰ মেক্ৰত কি-বৰ্ডে শ্বৰ্টকাটক এচাইন (অন্তৰ্ভুক্ত) কৰিবৰ বাবে এচাইন' বাটনত ক্লিক কৰক।

10. কাম কৰি থাকিবৰ বাবে 'ক্লজ' বাটনত ক্লিক কৰক।

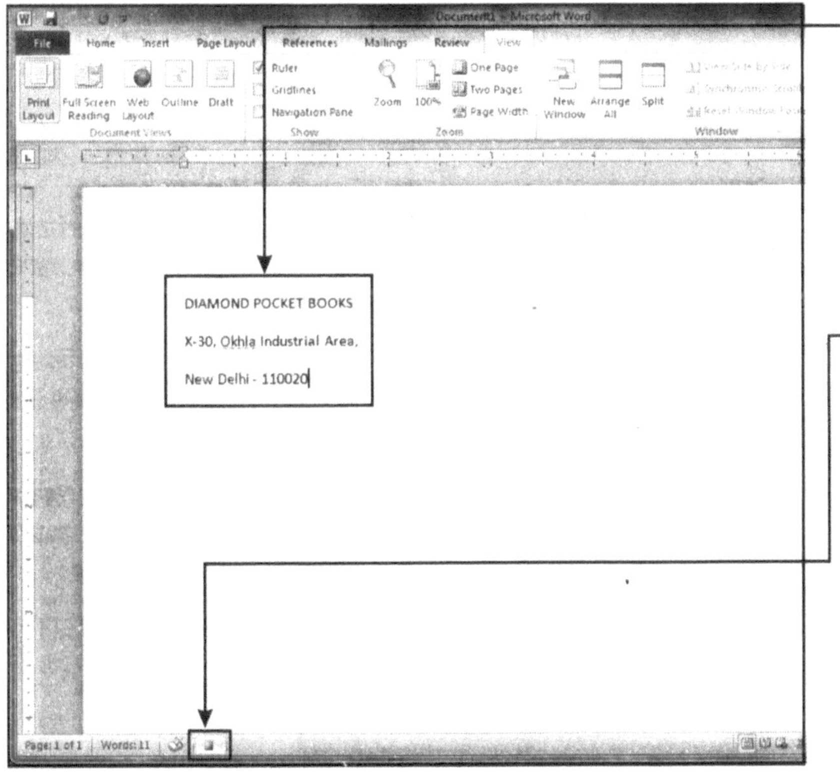

11. এতিয়া আপুনি সেইটো একচন কৰিব পাৰে যাক আপুনি মেক্ৰত অন্তৰ্ভুক্ত কৰিছে।

এইটো উদাহৰণত, ডকুমেন্টত কোম্পানীৰ নাম আৰু ঠিকনা ইনচার্ট কৰা গৈছে।

12. মেক্ৰত আপুনি যি অন্তৰ্ভুক্ত কৰিব বিচাৰে, সেইটো পুৰা হোৱাৰ পিছত 'স্টপ ৰেকডিং' ত ক্লিক কৰি দিয়ক।

এতিয়া আপুনি মেক্ৰক ৰান (চলাব) কৰাব পাৰে।

টুলবাৰৰ প্ৰয়োগ কৰি মেক্ৰক ৰান কৰা

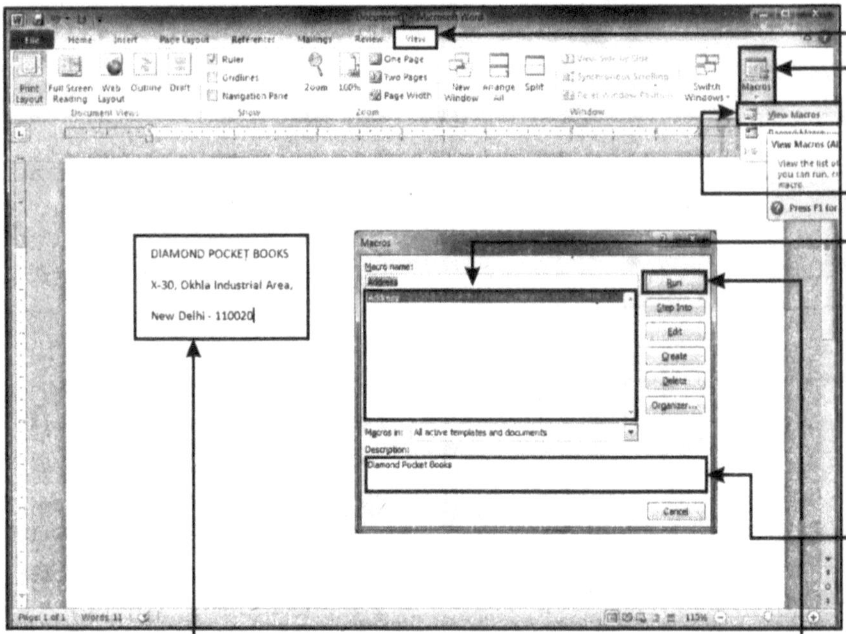

1. ৰিবনৰ 'ভিউ' টেবত ক্লিক কৰক।

2. 'মেক্ৰ' ৰ ডাউন এৰোত ক্লিক কৰক।

3. 'ভিউমেক্ৰ' ত ক্লিক কৰক।

মেক্ৰৰ ডায়লঙ বক্স দেখা দিয়ে।

ইয়াত থকা মেক্ৰই এইটো এৰিয়াত ডিচপ্লে হয়।

4. যি মেক্ৰক আপুনি ৰান কৰিব বিচাৰে, তাৰ নামত ক্লিক কৰক।

এইটো এৰিয়াত আপোনাৰ দ্বাৰা চিলেক্ট কৰা মেক্ৰৰ বিৱৰণ ডিচপ্লে হয়।

5. মেক্ৰক চলাবৰ বাবে 'ৰান' ত ক্লিক কৰক।

যেতিয়া মেক্ৰক ৰান কৰাই, তেতিয়া ৱৰ্ডে আপোনাৰ দ্বাৰা ৰেকৰ্ড কৰা একচন (কাৰ্য) ক নিজে নিজে আৰম্ভ কৰি দিয়ে।

কি-বৰ্ড শ্বৰ্টকাটেৰে মেক্ৰক ৰান কৰা

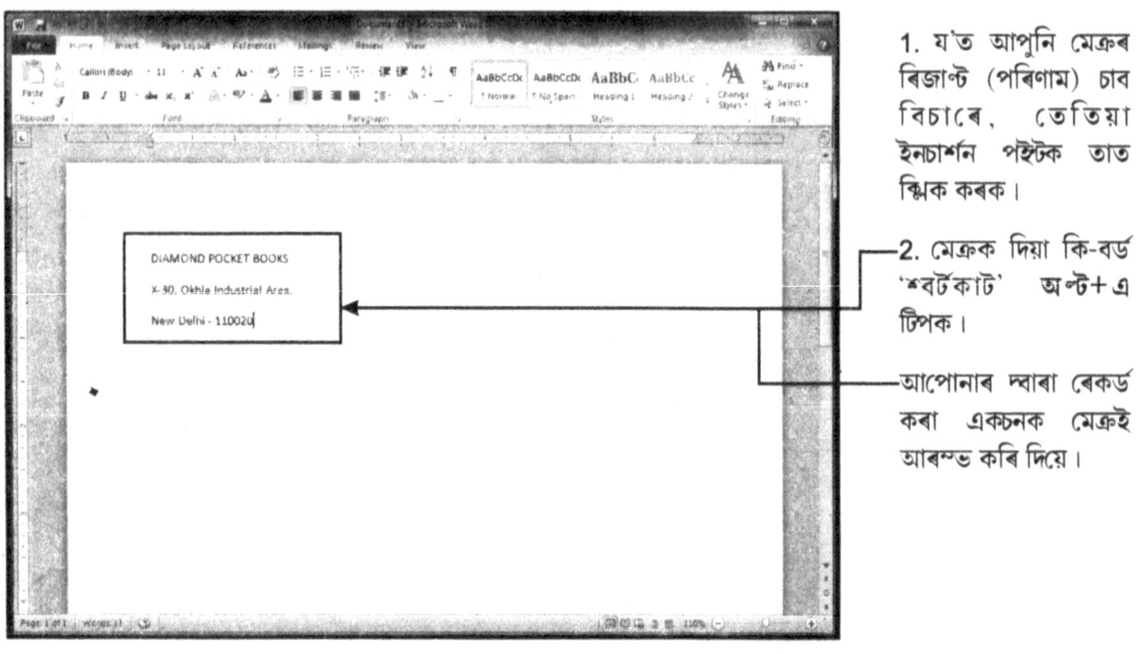

1. য'ত আপুনি মেক্ৰৰ ৰিজাল্ট (পৰিণাম) চাব বিচাৰে, তেতিয়া ইনচাৰ্শন পইন্টক তাত ক্লিক কৰক।

2. মেক্ৰক দিয়া কি-বৰ্ড 'শ্বৰ্টকাট' অল্ট+এ টিপক।

আপোনাৰ দ্বাৰা ৰেকৰ্ড কৰা একচনক মেক্ৰই আৰম্ভ কৰি দিয়ে।

ডকুমেন্টক ই-মেইল কৰা

যেতিয়া আপুনি ৱৰ্ডত কাম কৰে, তেতিয়াহ'লে আপুনি আপোনাৰ ডকুমেন্টক ই-মেইলো কৰিব পাৰে। ৱৰ্ডে সেইটো ডকুমেন্টক এটেচমেন্ট (সংলগ্ন) ৰ ৰূপত পঠিয়াই দিয়ে।

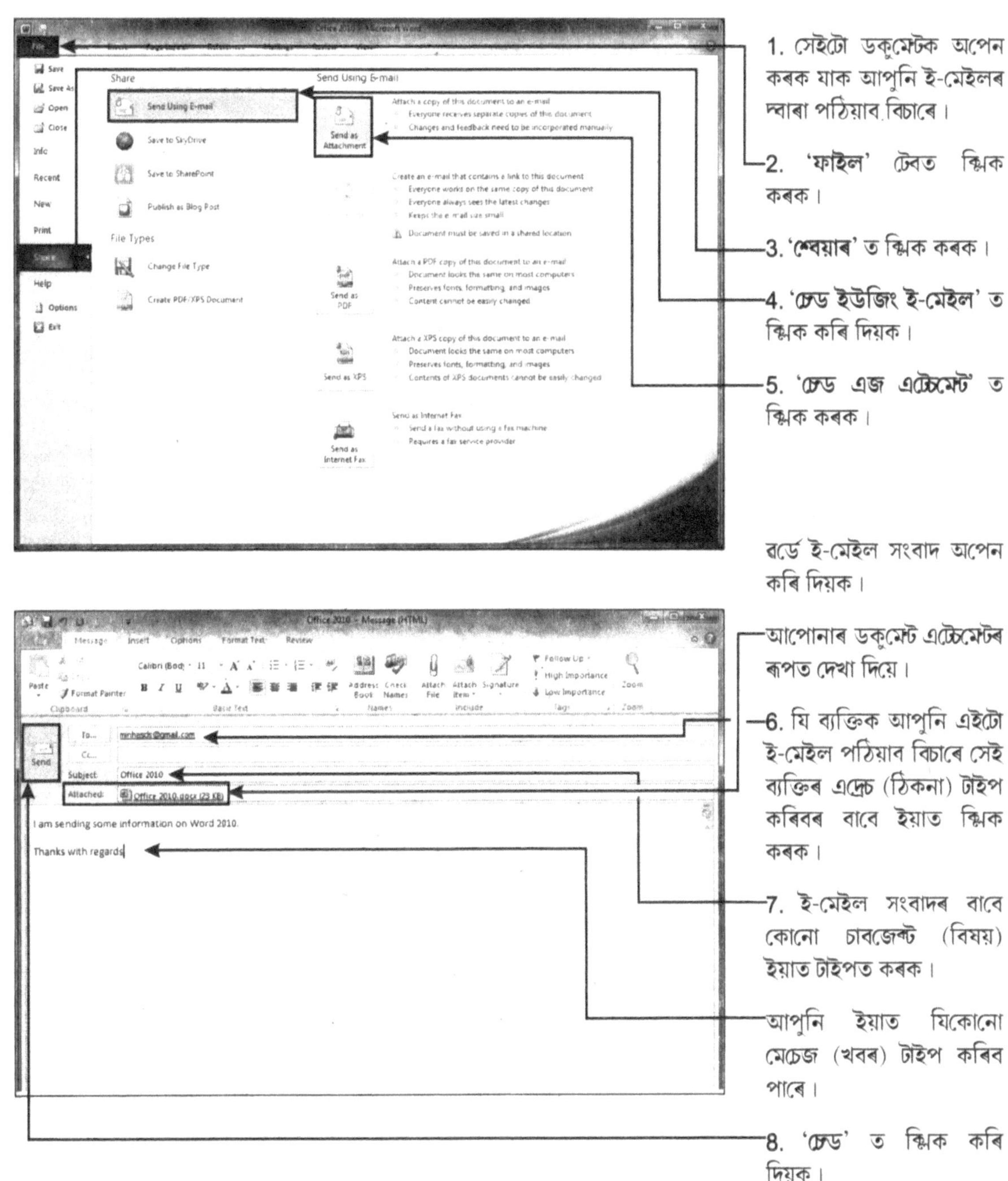

ডকুমেণ্টক ৱেব পেজৰ ৰূপত চেভকৰা

আপুনি আপোনাৰ ডকুমেণ্টক ৱেবপেজৰ ৰূপতো চেভকৰিব পাৰে। ইয়াৰ পৰা এইটো ইণ্টাৰনেটটো আপলোড কৰিব পাৰে।

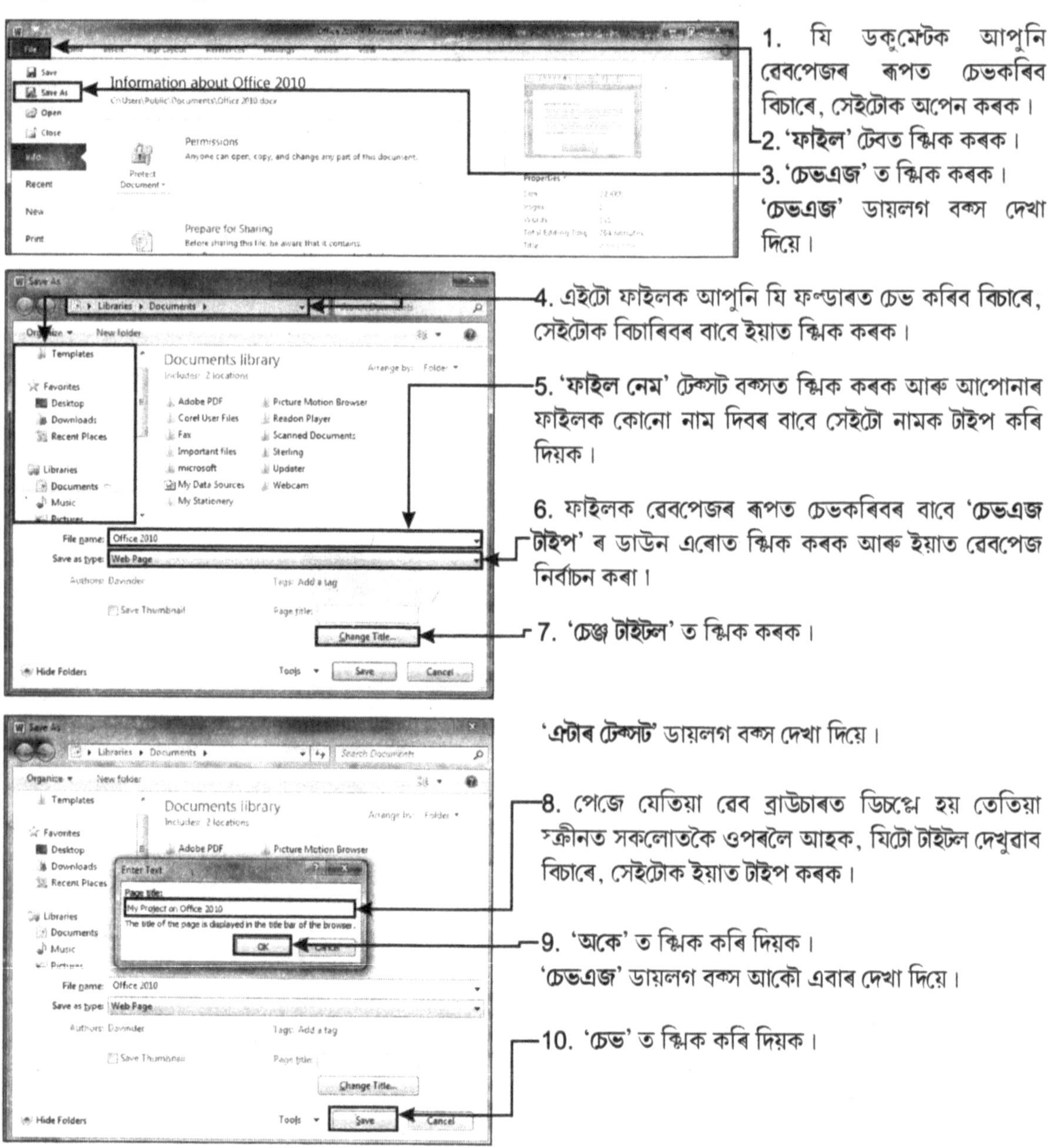

1. যি ডকুমেণ্টক আপুনি ৱেবপেজৰ ৰূপত চেভকৰিব বিচাৰে, সেইটোক অপেন কৰক।
2. ‘ফাইল’ টেবত ক্লিক কৰক।
3. ‘চেভএজ’ ত ক্লিক কৰক। ‘চেভএজ’ ডায়লগ বক্স দেখা দিয়ে।
4. এইটো ফাইলক আপুনি যি ফল্ডাৰত চেভ কৰিব বিচাৰে, সেইটোক বিচাৰিবৰ বাবে ইয়াত ক্লিক কৰক।
5. ‘ফাইল নেম’ টেক্সট বক্সত ক্লিক কৰক আৰু আপোনাৰ ফাইলক কোনো নাম দিবৰ বাবে সেইটো নামক টাইপ কৰি দিয়ক।
6. ফাইলক ৱেবপেজৰ ৰূপত চেভকৰিবৰ বাবে ‘চেভএজ টাইপ’ ৰ ডাউন এৰোত ক্লিক কৰক আৰু ইয়াত ৱেবপেজ নিৰ্বাচন কৰা।
7. ‘চেঞ্জ টাইট্‌ল’ ত ক্লিক কৰক।

‘এণ্টাৰ টেক্সট’ ডায়লগ বক্স দেখা দিয়ে।

8. পেজে যেতিয়া ৱেব ব্ৰাউচাৰত ডিচপ্লে হয় তেতিয়া স্ক্ৰীনত সকলোতকৈ ওপৰলৈ আহক, যিটো টাইট্‌ল দেখুৱাব বিচাৰে, সেইটোক ইয়াত টাইপ কৰক।
9. ‘অকে’ ত ক্লিক কৰি দিয়ক।

‘চেভএজ’ ডায়লগ বক্স আকৌ এবাৰ দেখা দিয়ে।

10. ‘চেভ’ ত ক্লিক কৰি দিয়ক।

ৱৰ্ডে আপোনাৰ ডকুমেণ্টক ৱেব পেজৰ ৰূপত চেভকৰি দিয়ে আৰু ডকুমেণ্টক ৱেব লেআউট’ ভিউত দেখা দিয়ে। ৱেব লে আউটত আপোনাক আপোনাৰ ডকুমেণ্ট ৱেব ব্ৰাউচাৰত দেখা দিব।

ডকুমেন্টৰ প্ৰিণ্ট দিয়া

আপোনাৰ স্ক্ৰীনত ডিচপ্লে হৈ থকা ডকুমেন্টৰ আপুনি পেপাৰত প্ৰিন্টো দিব পাৰে। ডকুমেন্টৰ প্ৰিণ্ট দিয়াৰ পূৰ্বে এইটো সুনিশ্চিত কৰি লওক যে প্ৰিন্টাৰ অন হৈছেনে নাই।

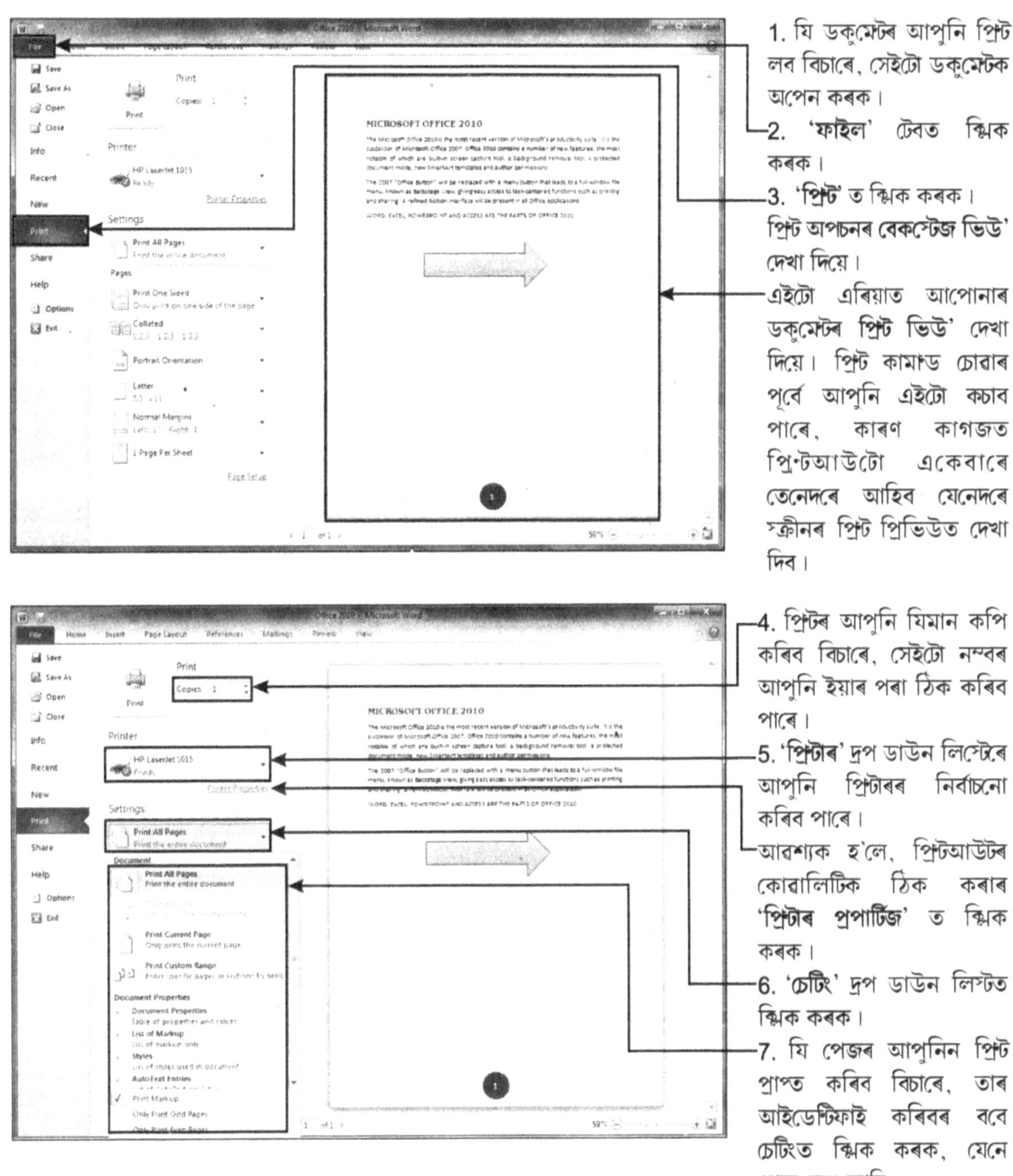

1. যি ডকুমেন্টৰ আপুনি প্ৰিণ্ট লব বিচাৰে, সেইটো ডকুমেন্টক অপেন কৰক।
2. 'ফাইল' টেবত ক্লিক কৰক।
3. 'প্ৰিণ্ট' ত ক্লিক কৰক। **প্ৰিণ্ট আপচনৰ বেকস্টেজ ভিউ'** দেখা দিয়ে।

এইটো এৰিয়াত আপোনাৰ ডকুমেন্টৰ **প্ৰিণ্ট ভিউ'** দেখা দিয়ে। প্ৰিণ্ট কামাণ্ড চোৱাৰ পূৰ্বে আপুনি এইটো কচাব পাৰে, কাৰণ কাগজত প্ৰিণ্টআউটো একেবাৰে তেনেদৰে আহিব যেনেদৰে স্ক্ৰীনৰ প্ৰিণ্ট প্ৰিভিউত দেখা দিব।

4. প্ৰিণ্টৰ আপুনি যিমান কপি কৰিব বিচাৰে, সেইটো নম্বৰ আপুনি ইয়াৰ পৰা ঠিক কৰিব পাৰে।
5. 'প্ৰিন্টাৰ' দ্ৰপ ডাউন লিস্টৰে আপুনি প্ৰিন্টাৰৰ নিৰ্বাচনো কৰিব পাৰে।

আৱশ্যক হ'লে, প্ৰিণ্টআউটৰ কোৱালিটিক ঠিক কৰাৰ **'প্ৰিন্টাৰ প্ৰপাৰ্টিজ'** ত ক্লিক কৰক।

6. 'চেটিং' দ্ৰপ ডাউন লিস্টত ক্লিক কৰক।
7. যি পেজৰ আপুনিন প্ৰিণ্ট প্ৰাপ্ত কৰিব বিচাৰে, তাৰ আইডেণ্টিফাই কৰিবৰ বাবে চেটিংত ক্লিক কৰক, যেনে পেজ ৰেঞ্জ আদি।

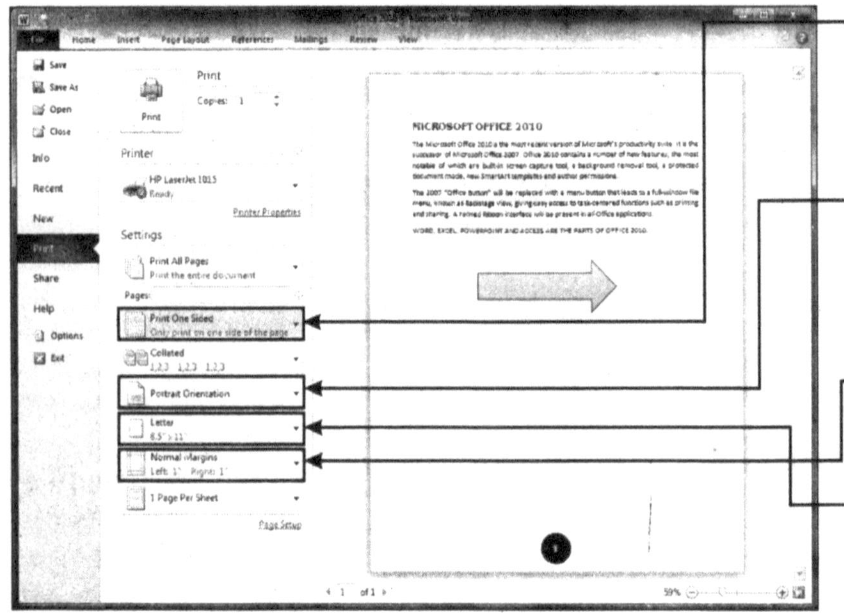

8. এইটো স্পেচিফাই (ঠিক) কৰিবৰ বাবে আপুনি চিটৰ এটা ফালে বা দুয়ো ফালে ডকুমেন্টৰ প্ৰিণ্ট বিচাৰে, তেতিয়াহ'লে এইটো অপচনত ক্লিক কৰক।

9. এইটো স্পেচিফাই (ঠিক) কৰিবৰ বাবে আপুনি চিটৰ এটা ফালে বা দুয়ো ফালে ডকুমেন্টৰ প্ৰিণ্ট বিচাৰে, তেতিয়াহ'লে এইটো অপচনত ক্লিক কৰক।

10. আপোনাৰ ডকুমেন্টৰ অৰিয়েনটেচন স্পেচিফাই (ঠিক) কৰিবৰ বাবে এইটো অপচনত ক্লিক কৰক।

11. আপোনাৰ পেপাৰৰ চাইজ স্পেচিফাই (নিৰ্ধাৰিত) কৰিবৰ বাবে এইটো অপচনত ক্লিক কৰিব পাৰে। আপোনাৰ ডকুমেন্টৰ মাৰ্জিন এডজাস্ট কৰিবৰ বাবে এইটো অপচনত ক্লিক কৰিব পাৰে।

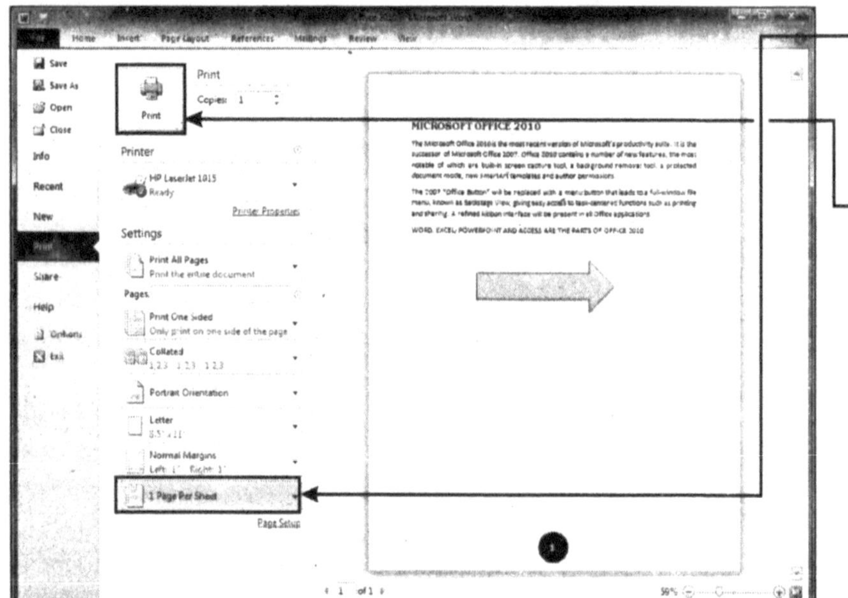

12. কেনো পেপাৰ চিটৰ আপুনি কিমান প্ৰিণ্ট বিচাৰে, এইটো অপচনত ক্লিক কৰি এইটো নিৰ্ধাৰিত কৰিব পাৰে।

13. 'প্ৰিণ্ট' ত ক্লিক কৰক। আপোনাৰ দ্বাৰা ঠিক কৰা অপচনৰ অনুসাৰে ৱৰ্ডে সেইটো ফাইলক প্ৰিনটিংৰ বাবে প্ৰিণ্টাৰৰ ওচৰলৈ পঠিয়াই দিয়ে।

এই বিষয়েও জানক ঃ

ৱৰ্ড 2010 ত আপোনাক প্ৰিভিউ, এডজাস্ট আৰু প্ৰিণ্ট অল বেকস্টেজ ভিউত এটাই স্ক্ৰীনত দেখা দিয়ে।

এনভেলপ (লেফাফা) ক প্ৰিণ্ট কৰা

ৱৰ্ডত আপুনি কোনো এনভেলপ (লেফাফা) ত ডিলিবেৰি আৰু ঘূৰি যোৱাৰ ফালে গম পোৱাও প্ৰিণ্ট কৰিব পাৰে।

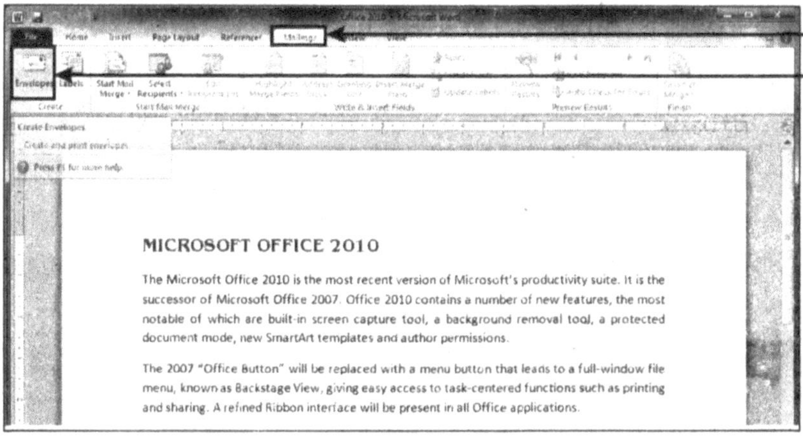

1. 'মেইলিং' টেবত ক্লিক কৰক।

2. 'এনভেলেপ' ত ক্লিক কৰক।

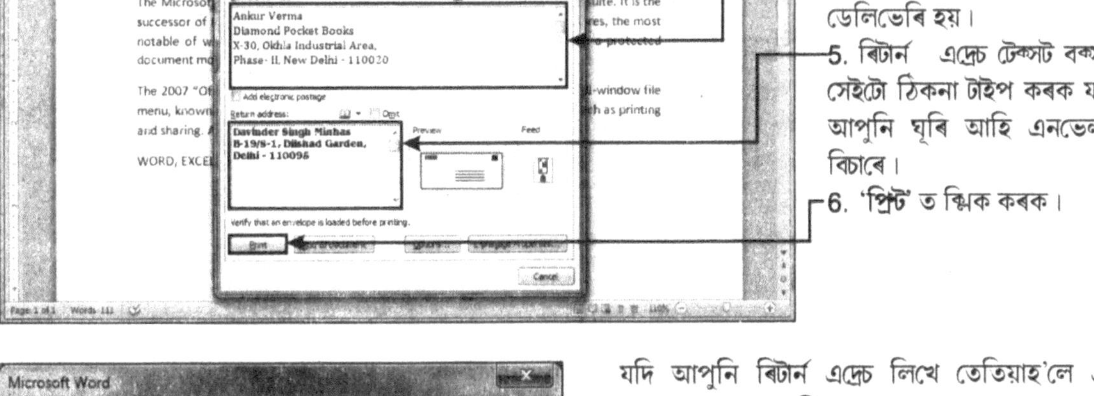

'এনভেলেপ আৰু লেবেচ' ডায়লগ বক্স দেখা দিয়ে।

3. 'এনভেলেপচ' টেবত ক্লিক কৰক।

4. ডেলিবেৰি এডড্ৰচ টেক্সট বক্সত, আপুনি সেইটো ঠিকনা টাইপক কৰক য'ত সেইটো ডেলিভেৰি হয়।

5. ৰিটাৰ্ন এড্ৰেচ টেক্সট বক্সত সেইটো ঠিকনা টাইপ কৰক য'ত আপুনি ঘূৰি আহি এনভেলপ বিচাৰে।

6. 'প্ৰিণ্ট' ত ক্লিক কৰক।

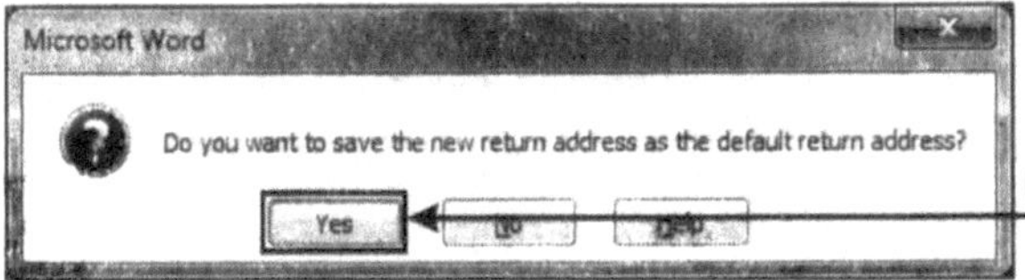

যদি আপুনি ৰিটাৰ্ন এড্ৰেচ লিখে তেতিয়াহ'লে এটা ডায়লগ বক্স দেখা দিয়ে।

7. যদি আপুনি ৰিটাৰ্ন এড্ৰেচক ডিফল্ট ৰিটাৰ্ন এড্ৰেচত ৰূপত চেভকৰিব বিচাৰে, তেতিয়াহ'লে 'য়েচ' ত ক্লিক কৰক।

ৱৰ্ডে ৰিটাৰ্ন এড্ৰেচক চেভ কৰি লয় আৰু এনভেলপত প্ৰিণ্টো কৰি দিয়ে।

লেবেলক প্ৰিন্ট কৰা

ৱৰ্ড ডকুমেন্টত আপুনি লেবেল প্ৰস্তুত কৰিব পাৰে আৰু সেইটোক প্ৰিন্টো কৰিব পাৰে।

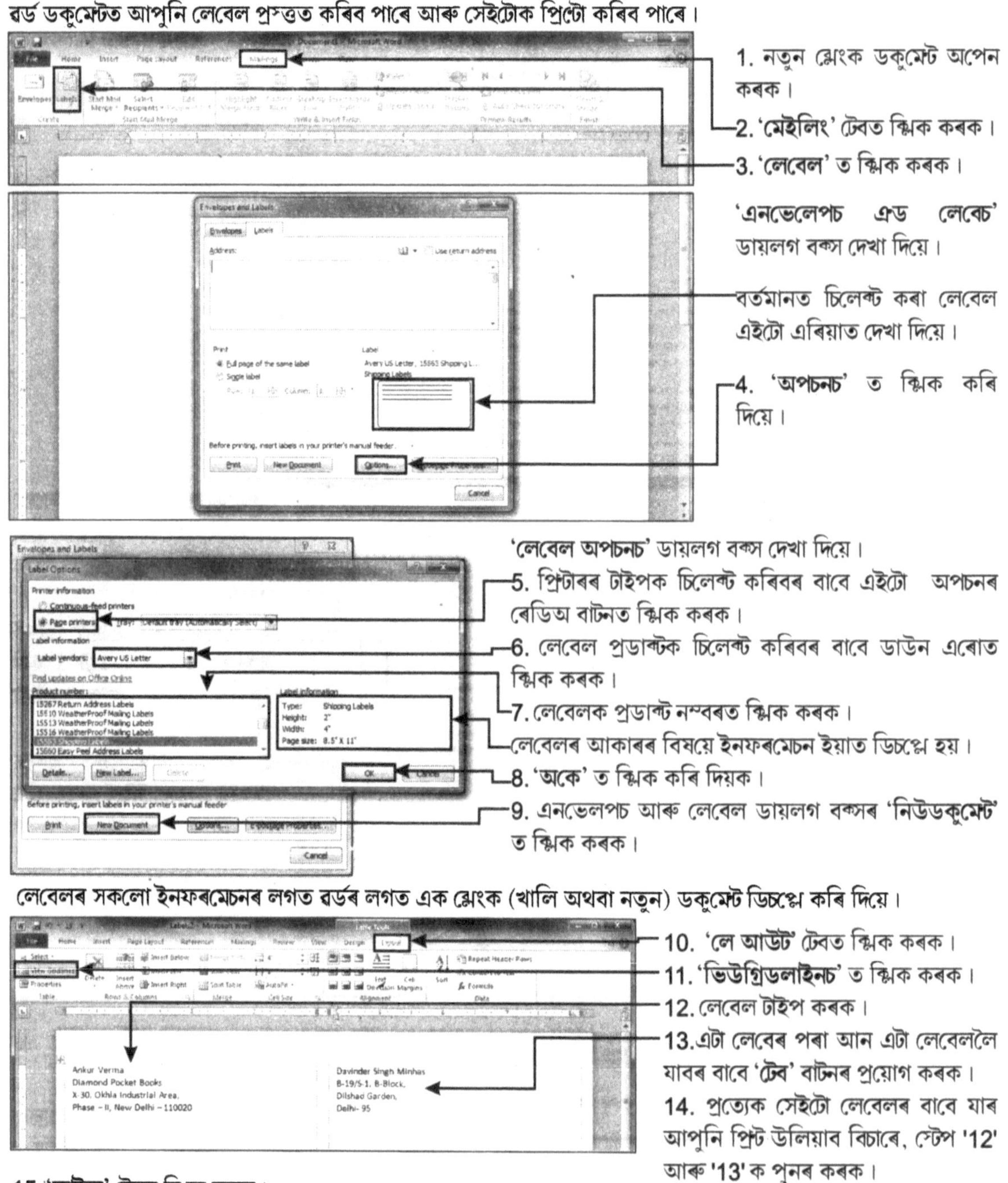

1. নতুন ব্লেংক ডকুমেন্ট অপেন কৰক।

2. 'মেইলিং' টেবত ক্লিক কৰক।

3. 'লেবেল' ত ক্লিক কৰক।

'এনভেলেপচ এণ্ড লেবেচ' ডায়লগ বক্স দেখা দিয়ে।

বৰ্তমানত চিলেক্ট কৰা লেবেল এইটো এৰিয়াত দেখা দিয়ে।

4. 'অপচনচ' ত ক্লিক কৰি দিয়ে।

'লেবেল অপচনচ' ডায়লগ বক্স দেখা দিয়ে।

5. প্ৰিন্টাৰৰ টাইপক চিলেক্ট কৰিবৰ বাবে এইটো অপচনৰ ৰেডিঅ বাটনত ক্লিক কৰক।

6. লেবেল প্ৰডাক্টক চিলেক্ট কৰিবৰ বাবে ডাউন এৰোত ক্লিক কৰক।

7. লেবেলক প্ৰডাক্ট নম্বৰত ক্লিক কৰক।

লেবেলৰ আকাৰৰ বিষয়ে ইনফৰমেচন ইয়াত ডিচপ্লে হয়।

8. 'অকে' ত ক্লিক কৰি দিয়ক।

9. এনভেলপচ আৰু লেবেল ডায়লগ বক্সৰ 'নিউডকুমেন্ট' ত ক্লিক কৰক।

লেবেলৰ সকলো ইনফৰমেচনৰ লগত ৱৰ্ডৰ লগত এক ব্লেংক (খালি অথবা নতুন) ডকুমেন্ট ডিচপ্লে কৰি দিয়ে।

10. 'লে আউট' টেবত ক্লিক কৰক।

11. 'ভিউগ্ৰিডলাইনচ' ত ক্লিক কৰক।

12. লেবেল টাইপ কৰক।

13. এটা লেবেৰ পৰা আন এটা লেবেললৈ যাবৰ বাবে 'টেব' বাটনৰ প্ৰয়োগ কৰক।

14. প্ৰত্যেক সেইটো লেবেলৰ বাবে যাৰ আপুনি প্ৰিন্ট উলিয়াব বিচাৰে, স্টেপ '12' আৰু '13' ক পুনৰ কৰক।

15. 'ফাইল' টেবত ক্লিক কৰক।

16. 'প্ৰিন্ট' ত ক্লিক কৰক।

17. প্ৰিন্ট বেকেস্টেজৰ পৰা পুনৰ 'প্ৰিন্ট' ত ক্লিক কৰক। ৱৰ্ড লেবেলক প্ৰিন্ট কৰি দিয়ে।

৪ এম এচ এক্সেল

পৰিচয় ঃ

'মাইক্রেচফট্ এক্সেল 2010 এক স্প্রেডচি প্রগ্রেম' (বিস্তাৰিত প্রগ্রেম) হয় যিটো আপোনাক ডাটা অৰ্গেনাইজ (সংগঠিত অথবা ব্যৱস্হিত) কৰা, গণনাক পুৰা কৰা, নিৰ্ণয় লোৱা, ডাটাৰ গ্ৰাফ প্ৰস্তুত কৰা, ব্যৱসায়িক ৰিপৰ্চ্চ প্ৰস্তুত কৰা, ৱেবত ডাটাক পাবলিচ (প্ৰকাশিত) কৰা আৰু ৱেবচাইটত ডাটাৰ লগত কাম কৰাৰ সুবিধা দিয়ে।

এক্সেলে যিকোনো ডাটাক **'ৰো'** অৰ্থাৎ পংক্তি আৰু **'কলম'** ত ব্যৱস্হিত কৰে। এইটো ৰো আৰু কলমৰ ব্যৱস্হিত ৰূপক **'ৱকচিট'** বুলি কয়।

আগতে সংখ্যাৰ মেনুৱেলী ব্যৱস্হিত কৰা গৈছিল। সেই সময়ত ডাটাক ব্যৱস্হিত কৰিবৰ বাবে কাগজ আৰু পেঞ্চিলৰ সহায়েৰে **ৰো** আৰু **কলম** প্ৰস্তুত কৰিছিল। ইলেক্ট্ৰনিক ৱৰ্কচিটতো ডাটাক **ৰো** আৰু **কলমত** সেই প্ৰকাৰে ব্যৱস্হিত কৰা যায়, যেনেদৰে আগতে মেনুৱেলী (কম্পিউটাৰৰ অবিহনে) কৰা গৈছিল।

এমএচ ৱৰ্ড চফট্‌ৱেয়ৰৰ দৰে স্প্ৰেডচিটটো বেচিক (সামান্য) ফিচাৰ্চ থাকে যিটো আপোনাৰ ৱৰ্কচৰ্টক ক্ৰিয়েট (প্ৰস্তুত) কৰা, এডিট (সম্পাদিত) কৰা আৰু ফৰ্মেট কৰাত সহায়তা প্ৰদান কৰে।

এক্সেচলক আৰম্ভ কৰা

এক্সেলত কাম আৰম্ভ কৰাৰ পূৰ্বে আপোনাক প্ৰগ্ৰাম উইণ্ডোক অপেন কৰিব লাগে।

এক্সেল 2010 ক অপেন (আৰম্ভ) কৰিবৰ বাবে নিম্নলিখিত কাম কৰক।

1. **'স্টাৰ্ট'** বাটনত ক্লিক কৰক। স্টাৰ্ট মেনু দেখা দিব।

2. **'অল প্ৰগ্ৰেম'** ত ক্লিক কৰক।

3. **'মাইক্ৰচফট্ অফিচ'** ত ক্লিক কৰক।

4. **'মাইক্ৰচফট্ এক্সেল 2010'** ত ক্লিক কৰক। এক্সেল ৱৰ্কবুক দেখা দিব।

এক্সেল উইণ্ডোত 'বুক 1' টাইটল (শীৰ্ষক) ৰ পৰা এটা ৱৰ্কবুক ডিচপ্লে হৈ যাব।

উইণ্ডো স্টক বাৰত এক্সেলৰ প্ৰগ্ৰেম বাটন ডিচপ্লে হয়, যিটো এইটো কথা হয় যে এক্সেল কাম কৰি আছে।

এক্সেল উইণ্ডো

এক্সেল উইণ্ডোত সকলো আইটেম দেখা দিয়ে, যাক আপুনি কোনো ৱৰ্কবুকক ক্রিয়েট (প্রস্তুত) কৰে আৰু তাৰ ওপৰত কাম কৰাত প্রয়োগ কৰিব পাৰে।

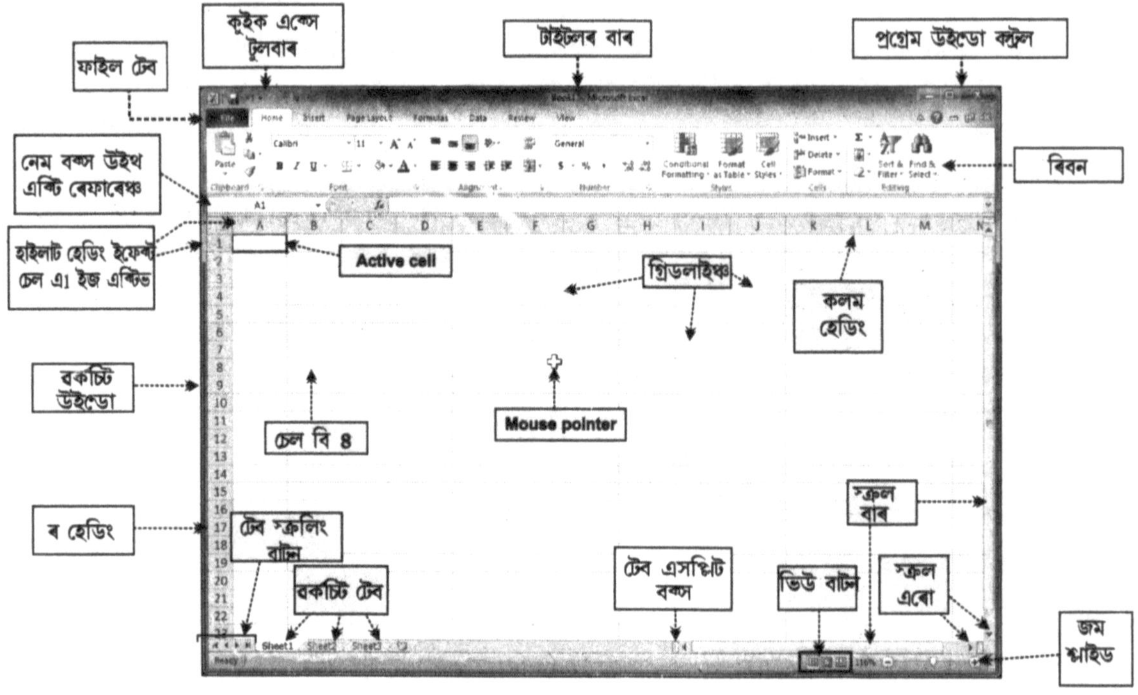

'টাইবল বাৰ' ঃ ডিচপ্লে হৈ থকা ডকুমেন্টৰ নাম প্রদর্শিত কৰে।

'ফাইল টেব' ঃ বেকস্টেচ (নেপথ্য) ভিউদেখা দিয়ে য'ত আপুনি ফাইলৰ ইনফৰমেচনক ব্যৱস্থিত কৰিব পাৰে, চেক কৰিব পাৰে, শ্বেয়াৰ কৰিব পাৰে আৰু প্রিন্ট দিব পাৰে আদি।

'কুইক এক্সেচ টুলবাৰ' ঃ এইটো চেভ, আনডু আৰু ৰি-ডু কামাণ্ড দিবৰ বাবে কুইক এক্সেচ বাটন ডিচপ্লে কৰে।

'ৰিবন' ঃ সম্বন্ধীত কামাণ্ডৰ গ্রুপক টেবৰ ৰূপত ডিচপ্লে কৰে। প্রত্যেক টেব কোনো টাস্ক (কাম) ৰ বাবে চর্টকাট বাটন হয়।

'প্রগ্রেম উইণ্ডো কন্ট্রল' ঃ বাটন প্রগ্রেম উইণ্ডোক মিনিমাইজ, উইণ্ডোক ফুল চাইজ (গোটেই আকাৰ) ত ৰি-স্টৰ কৰা আৰু উইণ্ডোক ক্লজ কৰাত ব্যৱহাৰ কৰা যায়।

ৱৰ্কবুকত অন্তর্ভুক্ত চিট ক **ৱৰ্কচিট'** বুলি কয়। কোনো নতুন বুকত তিনিটা ৱৰ্কচিট অন্তর্ভুক্ত হৈ থাকে। আপুনি ইয়াত আৰু ৱৰ্কচিট একেলগ কৰিব পাৰি (অধিকতম 255) । প্রত্যেক চিটৰ নাম ৱৰ্ক বুকৰ তলৰ **চিট টেবত** ডিচপ্লে হয়।

উদাহৰণৰ বাবে ঃ চিট 1 ৱৰ্কবুকত ডিচপ্লে হৈ থকা এক্টিভৱৰ্কচিটৰ নাম হয় যাক বুক 1 বুলিও কোৱা হয়। যদি আপুনি চিট 2 ৰ টেবত ক্লিক কৰে, এক্সেল চিট 2 ৱৰ্কচিটক ডিচপ্লে কৰি দিয়ে।

যিকোনো ৱৰ্কচিট আয়তাকাৰ্ম্ম গ্ৰিডৰ ৰূপত ব্যৱস্থিত হয় য'ত কলম (লম্ববত) আৰু ৰো (ক্ষৈতিজ) অন্তৰ্ভুক্ত হয়।

গ্ৰিডৰ ওপৰত কলমৰ লেটাৰত **'কলত হেংড়িং'** ও বুলি কয়, প্ৰত্যেক কলমক আইডেন্টিফাই কৰে। গ্ৰিডৰ বাওঁফালে ৰোৰ নম্বৰ, **ৰো হেংড়িং**। বুলি কোৱা হয়, প্ৰত্যেক ৰোক আইডেন্টিফাই কৰে।

ৱৰ্কচিটত য'ত কলম আৰু ৰো ইটো সিটোক বিভজিত কৰে, সেইটো অংশক **'চেল'** বুলি কয়। ৱৰ্কচিটত চেল এটা বেচিক ইউনিট হয়, য'ত আপুনি ডাটাক এ্টাৰ (প্ৰৱিস্ট) কৰে।

ৱৰ্ক বুকৰ প্ৰত্যেক ৱৰ্কচিটত **16384 টা কলম** আৰু **1048576** ৰো (পংক্তি) থাকে। ইয়াত প্ৰত্যেক চিটত **17179885568** চেল থাকে।

কলমৰ হেডিং এ' ৰ পৰা আৰম্ভ হয় আৰু **'এক্সএফডি'** ত শেষ হয়। ৰোৰ হেডিং **'1'** ৰ পৰা আৰম্ভহয় আৰু **1048577** ত শেষ হয়। এবাৰ স্ক্ৰীনত এক্টিভৱৰ্কচিটৰ কেৱল অলপ অংশ দেখা দিয়ে।

যিকোনো চেল ইয়াৰ এড্ৰেচ আৰু **'চেল ৰেফাৰেঞ্চ'** ৰ বিষয়ে কয়। যিটো আনটো কলম আৰু ৰো ৰ পৰা অৰ্ডিনেট কৰে। চেলক আইডেন্টিফাই কৰিবৰ বাবে প্ৰথম কলম লেটাৰ আৰু ইয়াৰ পিছত ৰো নম্বৰক স্পেচিফাই কৰক।

উদাহৰণৰ বাবেঃ বি 8 চেলৰ অৰ্থ হ'ল কলম বি ত 8 নং ৰ হয়।

আপোনাৰ ৱৰ্কচিটত ডাটাক এ্টাৰ কৰিবৰ বাবে কোনো চেলক এক্টিভবা চিলেক্ট কৰিব লগীয়া হয়। অৰ্থাৎ আপোনাক এইটো ঠিক কৰিব লাগে যে ডাটাক কোনটো চেলত এ্টাৰ কৰিব লাগে।

পিকচাৰত এক্টিভচেল 'এ' থাকে। এক্টিভচেলক তিনিটা ধৰণে আইডেন্টিফাই কৰা যায়।

1. চেলৰ চাৰিওফালে এটা **'ডাঙৰ বৰ্ডাৰ** দেখা দিয়ে।

2. এক্টিভচেল **'নেম বক্স'** লৈ শীঘ্ৰে **'কলম এ'** ত ডিচপ্লে হৈ যায়।

3. কলম **'হেডিং এ'** আৰু **'হেডিং 1'** হাইলাইট হৈ যায়। ইয়াৰে যিকোনো এক্টিভচেলক সহজতে আইডেন্টিফাই কৰিব পৰা যায়, অৰ্থাৎ সহজতে চিনি পাব পাৰে যে ৱৰ্কচিটত কোনটো এক্টিভচেল আছে, য'ত আপুনি ডাটাক এটাৰ কৰিব পাৰে।

ৱৰ্কচিটত কলম আৰু ৰো ক প্ৰস্তুত কৰি থকা চিধা আৰু বেকা লাইনক **'গ্ৰিড লাইন'** বুলি কোৱা হয়। গ্ৰিড লাইনৰ পৰা আপুনি ৱৰ্কচিটত কোনো চেলক আইডেন্টিফাই কৰাৰ সহজ হয়। গ্ৰেড লাইনক বন্ধও কৰিব পৰা যায় যৰ পৰা এইটো ৱৰ্কচিটত দেখা নিদিব কি কামত সহজতে কৰিবৰ বাবে এইটোক বন্ধ কৰাটো ভাল নহয়।

প্ৰথম পিকচাৰত মাউচৰ পইন্টাৰ **'ম্লক প্লাচ চাইন'** ৰ ৰূপত দেখা দিয়ে। ৱৰ্কচিটত যেতিয়া মাউচৰ পইন্টাৰ কোনো চেলৰ ওপৰত থাকে তেতিয়াহ'লে এইটো ম্লক প্লাচ চাইনৰ ৰূপত দেখা দিয়ে। মাউচ পইন্টাৰৰ আনটো আকৃতি ম্লক এৰো হয়। মাউচৰ পইন্টা ম্লক এৰোত সলনি হৈ যায় যেতিয়া আপুনি এইটোক ৱৰ্কচিটৰ বাহিৰত ক্লিক কৰে বা ৱৰ্কচিটত ৰো আৰু কলমৰ মাজত কোনো চেলৰ কন্টেন্টক ড্ৰেগ (আগ-পিছ) বুলি কেৰে।

ৱৰ্কচিট উইণ্ডোই আপোনাৰ স্ক্ৰীনত ডিচপ্লে হৈ ৱৰ্কচিটৰ কোনো ভাগক চোৱাৰ সুবিধা দিয়ে। এক্টিভৱৰ্কচিটৰ বিভিন্ন অংশক চাবৰ বাবে আপুনি **'স্ক্ৰল বাৰ'** আৰু **'স্ক্ৰল এৰো'** ৰ ব্যৱহাৰ কৰিব পাৰে।

স্ক্ৰীনৰ বাটমত চিট টেবৰ সোঁ আৰু **'টেব স্পিলিট বক্স'** থাকে। চিট টেবক সৰু-ডাঙৰ কৰি চাবৰ বাবে আপুনি **টেব স্পিলিট বক্সক** ড্ৰেগ (আগ-পিছ) কৰিব পাৰে। যেতিয়া আপুনি চিট টেবৰ ভিউক কম কৰে তেতিয়া ক্ষৈতিজ স্ক্ৰল বাৰৰ দৈৰ্ঘ্য বাঢ়ি যায়, এইদৰে যেতিয়া আপুনি চিট টেবৰ ভিউক অধিক কৰে তেতিয়া ভাৰ্টিকল (দৈৰ্ঘ্যতা) স্ক্ৰল বাৰ দৈৰ্ঘ্য বাঢ়ি যায়।

নতুন ৱৰ্কবুক ফাইলক আৰম্ভ কৰা

ৱৰ্কবুক সেইটো ফাইল হয় য'ত আপুনি এক্সেলত ক্রিয়েট (প্রস্তুত) কৰে। যেতিয়াই আপুনি আপোনাৰ এক্সেল ডাটাৰ বাবে নতুন ফাইলক প্রস্তুত কৰিব বিচাৰে, আপুনি যিকোনো সময়ত নতুন ৱৰ্কবুক স্টাৰ্ট কৰিব পাৰে।

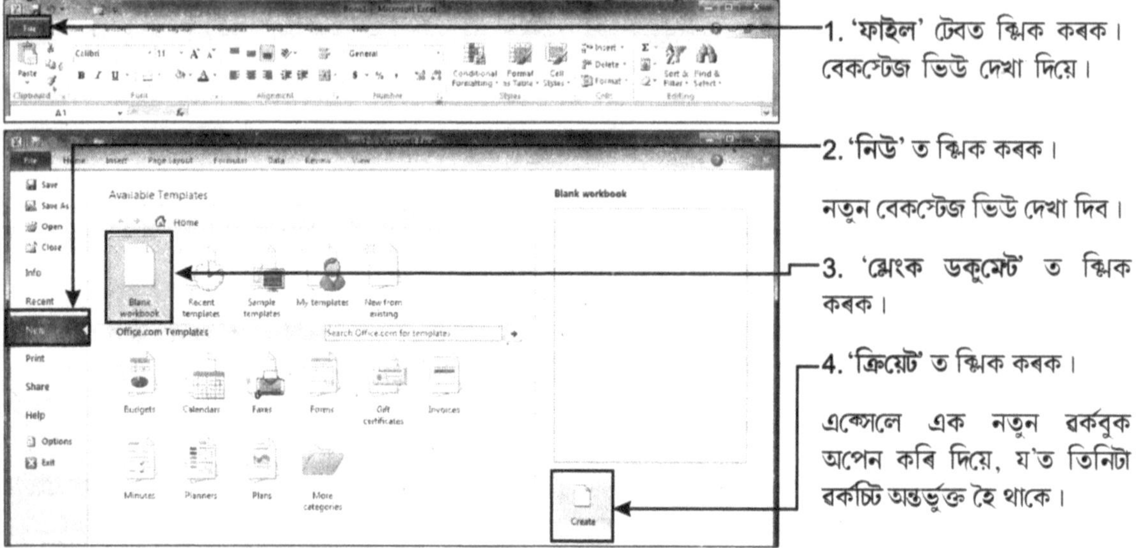

1. 'ফাইল' টেবত ক্লিক কৰক। বেকস্টেজ ভিউ দেখা দিয়ে।

2. 'নিউ' ত ক্লিক কৰক।

নতুন বেকস্টেজ ভিউ দেখা দিব।

3. 'ব্লেংক ডকুমেন্ট' ত ক্লিক কৰক।

4. 'ক্রিয়েট' ত ক্লিক কৰক।

এক্সেলে এক নতুন ৱৰ্কবুক অপেন কৰি দিয়ে, য'ত তিনিটা ৱৰ্কচিট অন্তৰ্ভুক্ত হৈ থাকে।

এক্টিভচেলক বন্ধ কৰা

আপুনি আপোনাৰ ৱৰ্কচিটত যিকোনো চলক এক্টিভচেল গঠন কৰিব পাৰে। এক্টিভচেলৰ চাৰিওফালে এটা ডাঙৰ বৰ্ডাৰ থাকে। আপুনি এক্টিভচেলত ডায়াক এটাৰ কৰে।

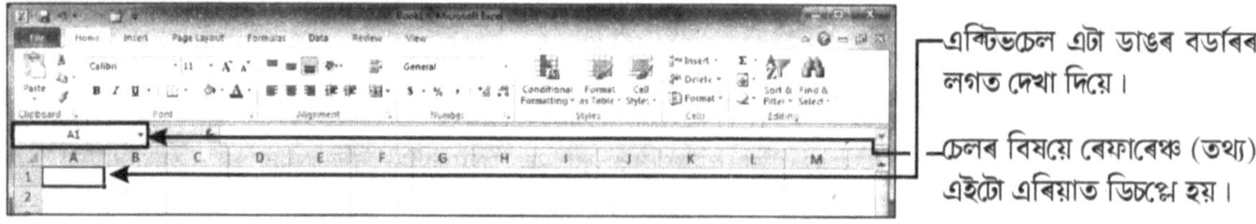

এক্টিভচেল এটা ডাঙৰ বৰ্ডাৰৰ লগত দেখা দিয়ে।

চেলৰ বিষয়ে ৰেফাৰেঞ্চ (তথ্য) এইটো এৰিয়াত ডিচপ্লে হয়।

চেল ৰেফাৰেঞ্চ যিকোনো ৱৰ্কচিটত চেলৰ স্হিতিৰ বিষয়ে কয় আৰু ইয়াত কলম লেটাৰ আৰু ৰো নম্বৰ অন্তৰ্ভুক্ত হয় যেনে (এ1)।

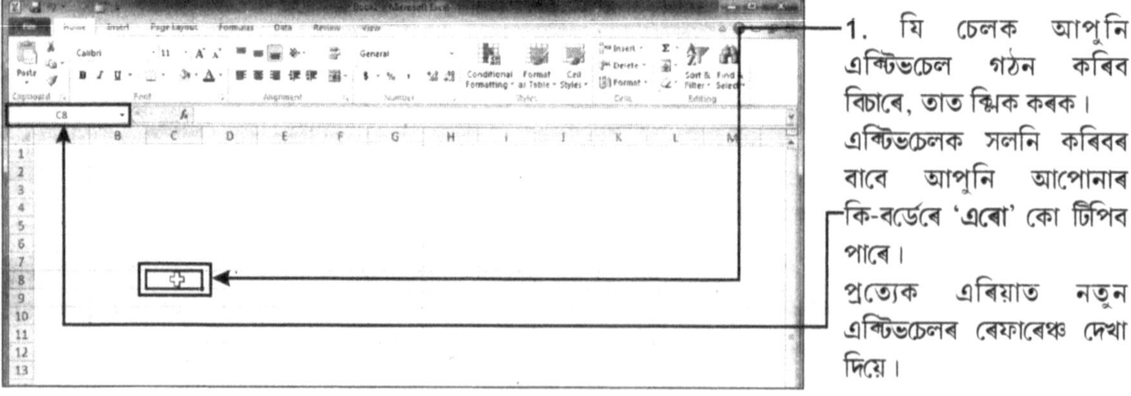

1. যি চেলক আপুনি এক্টিভচেল গঠন কৰিব বিচাৰে, তাত ক্লিক কৰক। এক্টিভচেলক সলনি কৰিবৰ বাবে আপুনি আপোনাৰ কি-বৰ্ডেৰে 'এৰো' কো টিপিব পাৰে।

প্রত্যেক এৰিয়াত নতুন এক্টিভচেলৰ ৰেফাৰেঞ্চ দেখা দিয়ে।

ডাটাক এণ্টাৰ কৰা

আপুনি আপোনাৰ ৰকচিত নম্বৰ আৰু টেক্সটৰ ৰূপত ডাটাক শীঘ্ৰে আৰু সহজতে এণ্টাৰ কৰিৰ পাৰে।

সকলোতকৈ সহজ উপায় এইটো হয় যে যিকোনো চেলত ক্লিক কৰি টাইপ কৰা আৰম্ভকৰি দিয়ক। যেতিয়াই আপুনি কি-বৰ্ডেৰে এণ্টাৰ টিপিব বা কোনো অন্য চেলত ক্লিক কৰে, সেইবিলাক প্ৰথম চেলত ডাটা এণ্টাৰ হৈ যাব।

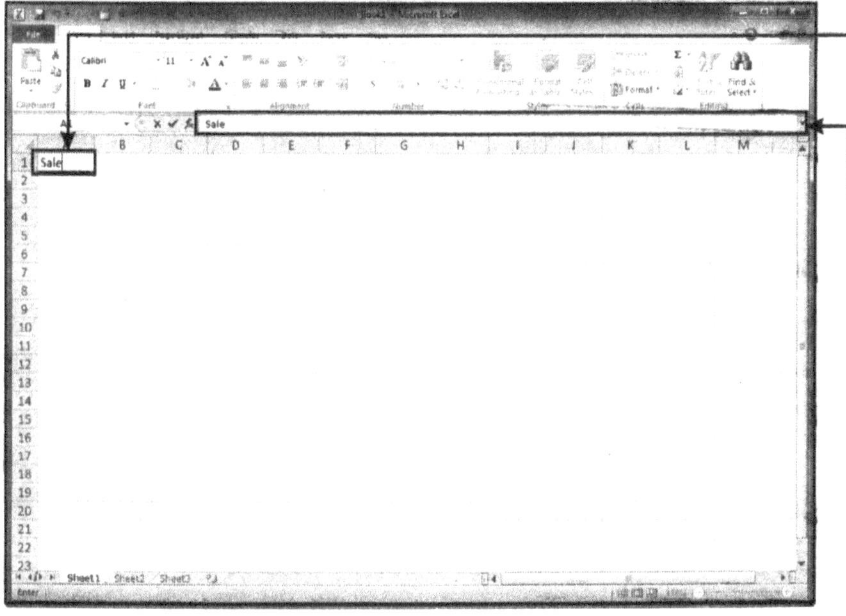

1. যি চেলত আপুনি ডাটাক এণ্টাৰ কৰিব বিচাৰে, তাত ক্লিক কৰক আৰু টাইপ কৰা আৰম্ভকৰি দিয়ক।

আপোনাৰ দ্বাৰা টাইপ কৰা ডাটা **এক্টিভ চেল** আৰু **'ফৰ্মূলা বাৰ'** দেখা দিয়ে।

যদি ডাটাক এণ্টাৰ কৰা সময়ত আপোনাৰ পৰা টাইপিংত কোনো ভুল হৈ যায় তেতিয়া এইটো ভুল ডাটাক ৰিমুভ কৰা অৰ্থাৎ আতৰাৰ বাবে আপোনাৰ কি-বৰ্ডেৰে **বেকস্পেচ** বাটনক টিপি দিয়ক। ইয়াৰ পিছত সঠিক ডাটা টাইপ কৰক।

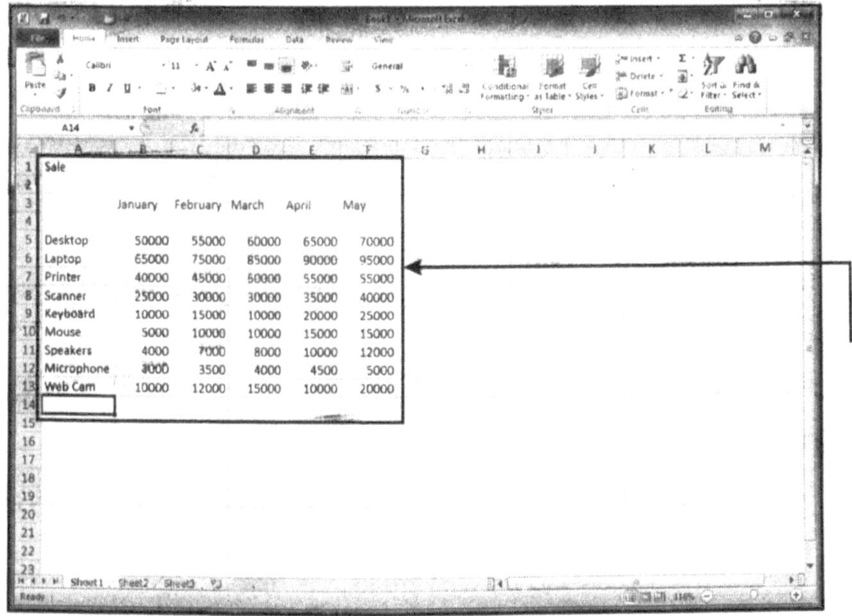

Sale					
	January	February	March	April	May
Desktop	50000	55000	60000	65000	70000
Laptop	65000	75000	85000	90000	95000
Printer	40000	45000	50000	55000	55000
Scanner	25000	30000	30000	35000	40000
Keyboard	10000	15000	10000	20000	25000
Mouse	5000	10000	10000	15000	15000
Speakers	4000	7000	8000	10000	12000
Microphone	3000	3500	4000	4500	5000
Web Cam	10000	12000	15000	10000	20000

2. ডাটাক এণ্টাৰ কৰিবৰ বাবে **'এণ্টাৰ'** টিপক আৰু আনটো চেললৈ যাওক।

ডাটাক এণ্টাৰ পিছত যিকোনো চেললৈ যাবৰ বাবে কি-বৰ্ডেৰে **এৰো** বাটনৰ ব্যৱহাৰ কৰক।

3. যেতিয়ালৈকে আপোনাৰ সকলো ডাটা এণ্টাৰ নহয়, তেতিয়ালৈকে 'স্টেপ 1' আৰু 'স্টেপ 2' পুনৰ কৰক।

ৱৰ্ক বুকক চেভ কৰা

আপোনাৰ ৱৰ্কবুকক আকৌ এবাৰ প্ৰয়োগ কৰিবৰ বাবে অথবা অন্য লোকৰ লগত শ্বেয়াৰ কৰিবৰ বাবে আপুনি এইটোক চেভো কৰিব পাৰে। চেভ কৰা ফাইল কম্পিউটাৰতটো অপেন কৰিব পৰা যায়। ডিফল্ট ৰূপত এক্সেলৰ ৱৰ্কচিট, এক্সেল ফাইল ফৰ্মেট চেভ হয়। ইয়াৰ ফাইল এক্সেন্টেনচন '.এক্সএলএচএক্স' হয়।

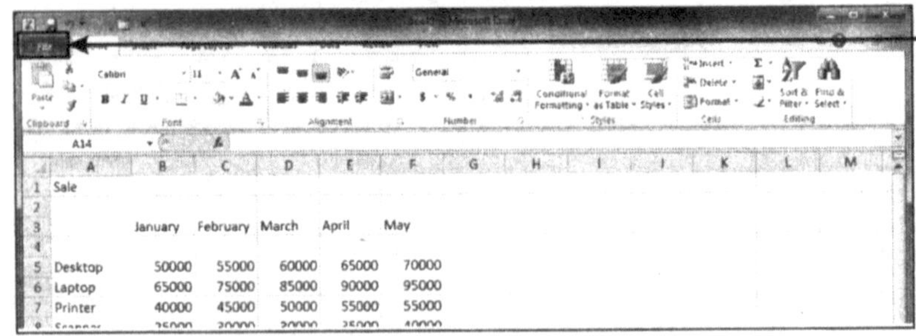

1. 'ফাইল' টেবত ক্লিক কৰক। বেকস্টেজ ভিউ দেখা দিয়ে।

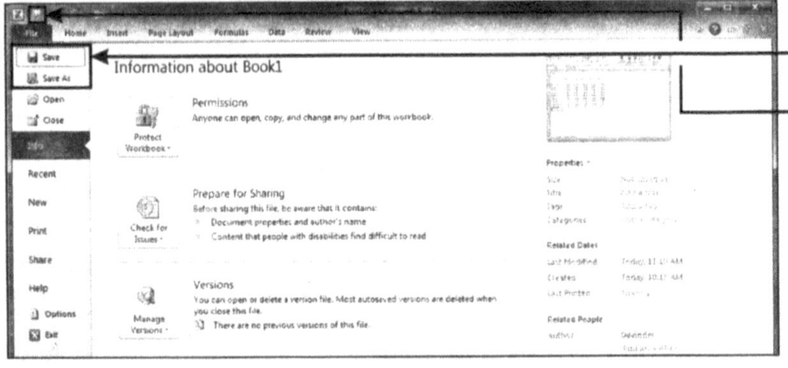

2. 'চেভ' বা 'চেভএজ' বাটনত ক্লিক কৰক।

ফাইলক চেভকৰিবৰ বাবে আপুনি কুৱিক এক্সেচ টুল বাৰ পৰাও চেভ' বাটনত ক্লিক কৰিব পাৰিব।

'চেভএজ' ডায়লগ বক্স দেখা দিয়ে।

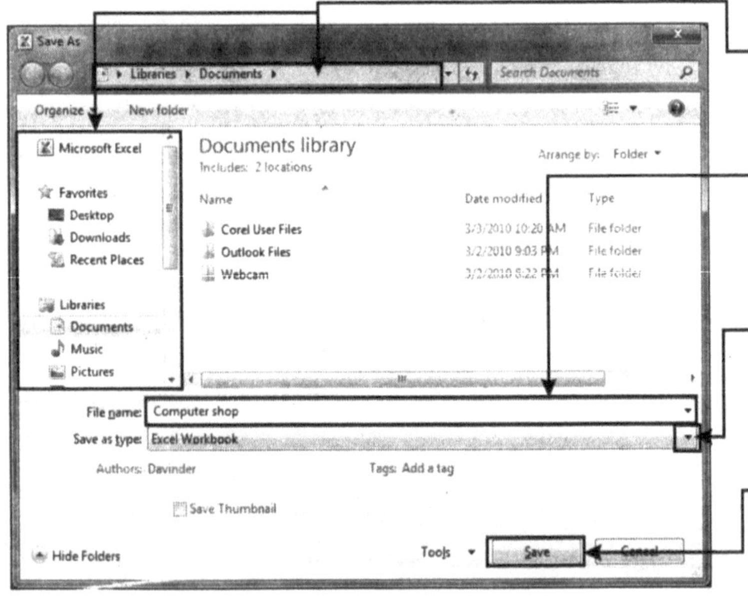

3. ফাইলক আপুনি য'ত চেভ কৰিব বিচাৰে, সেইটো ফন্ডাৰলৈ যাবৰ বাবে এইটো এৰিয়াত ক্লিক কৰক।

4. 'ফাইল নেম' টেক্সট বক্সত ক্লিক কৰক আৰু যাৰ নামেৰে আপুনি ফাইলক চেভ কৰিব বিচাৰে, সেইটো টাইপ কৰক।

ফাইলক কোনো অন্য ফৰ্মেটত চেভ কৰিবৰ বাবে 'চেভএজ টাইপ' ৰ ডাউন এৰোত ক্লিক কৰক আৰু ইয়াৰ পৰা সেইটো ফৰ্মেট নিৰ্বাচন কৰক।

5. 'চেভ' ত ক্লিক কৰি দিয়ক।

ৱৰ্ড ফাইলক চেভ কৰি দিয়ক আৰু ফাইলৰ নতুন নাম টাইটবল বাৰত দেখা দিব ধৰে।

ভিউক সলনি কৰা

এক্সেলত আপুনি আপোনাৰ ৱৰ্কচিটৰ কোনো ভিউ(ৰূপ) দেখা পাব পাৰে। যেনে নৰ্মেল ভিউ, পেজ লেআউট আৰু পেজ ব্ৰেক প্ৰিভিউ

'নৰ্মেল ভিউ' ৰো আৰু কলম ৰ এটা পেজ দেখা দিয়ে।

'পেজ লে আউট ডিচপ্লে' আপোনাৰ ৱৰ্কচিটৰ প্ৰত্যেক সেইটো পেজক ডিচপ্লে কৰে যাৰ প্ৰিন্ট দিয়া যায় অৰ্থাৎ যিটো প্ৰিন্টত আছে সেইটো অংশ ডিচপ্লে হয়।

'পেজ ব্ৰেক প্ৰিভিউ' লাইনৰ লগত পেজ ব্ৰেকক দেখা পায়। আপুনি এইটো লাইনক ক্লিক কৰক আৰু দ্ৰেগ (আগ-পিছ) কৰি সেইটো ঠাইত এডজাস্ট কৰিব পাৰে, য'ত আপুনি পেজক ব্ৰেক কৰিব বিচাৰে।

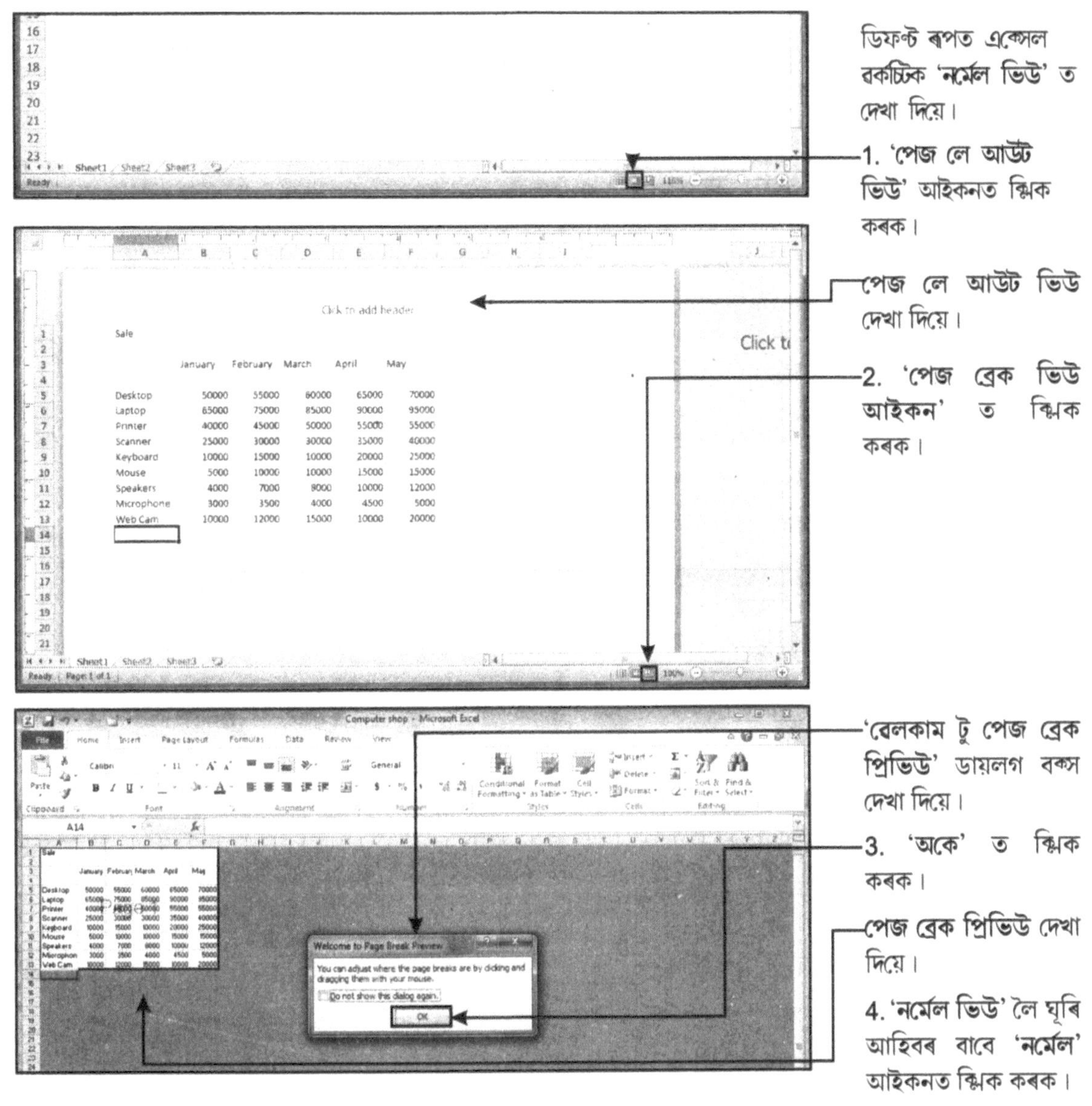

ৱৰ্কবুক উইণ্ডোক এৰেঞ্জ (ব্যৱস্থিত) কৰা

এক্সেলত আপুনি দুটা বা তাতকৈ অধিক ৱৰ্কবুকক অপেন কৰিব পাৰে আৰু সেইটো স্ক্ৰীনতো দেখা পাব পাৰে। উদাহৰণৰ বাবে যদি আপুনি দুটা ৱৰ্কচিটৰ মাজৰ ডাটাক তুলনাত্মক অধ্যয়ন কৰিব বিচাৰে।

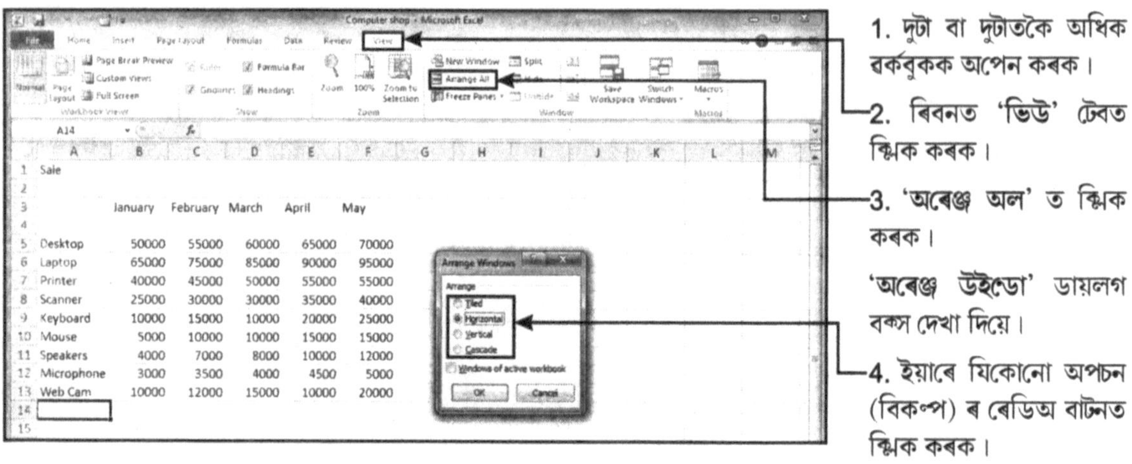

1. দুটা বা দুটাতকৈ অধিক ৱৰ্কবুকক অপেন কৰক।

2. ৰিবনত 'ভিউ' টেবত ক্লিক কৰক।

3. 'অৰেঞ্জ অল' ত ক্লিক কৰক।

'অৰেঞ্জ উইণ্ডো' ডায়লগ বক্স দেখা দিয়ে।

4. ইয়াৰে যিকোনো অপচন (বিকল্প) ৰ ৰেডিঅ বাটনত ক্লিক কৰক।

'টাইল্ড' আপোনাক ৱৰ্কবুকক স্ক্ৰীনত পচিচকাৰীৰ ৰূপত ব্যৱস্থিত কৰি দিয়ে।
'হৰিজেন্টেল' আপোনাৰ ৱৰ্কবুকক ক্ষৈতিজ ৰূপ এৰেঞ্জ কৰে।
'ভাৰ্টিকল' আপোনাক ৱৰ্কবুকক দীঘলীয়াত এৰেঞ্জ (ব্যৱস্থিত) কৰি দিয়ে।
'কস্কেড' আপোনাক প্ৰত্যেক ৱৰ্কবুকক টপত (ওপৰ) কস্কেড ৰূপত এৰেঞ্জ কৰি দিয়ে হয়।

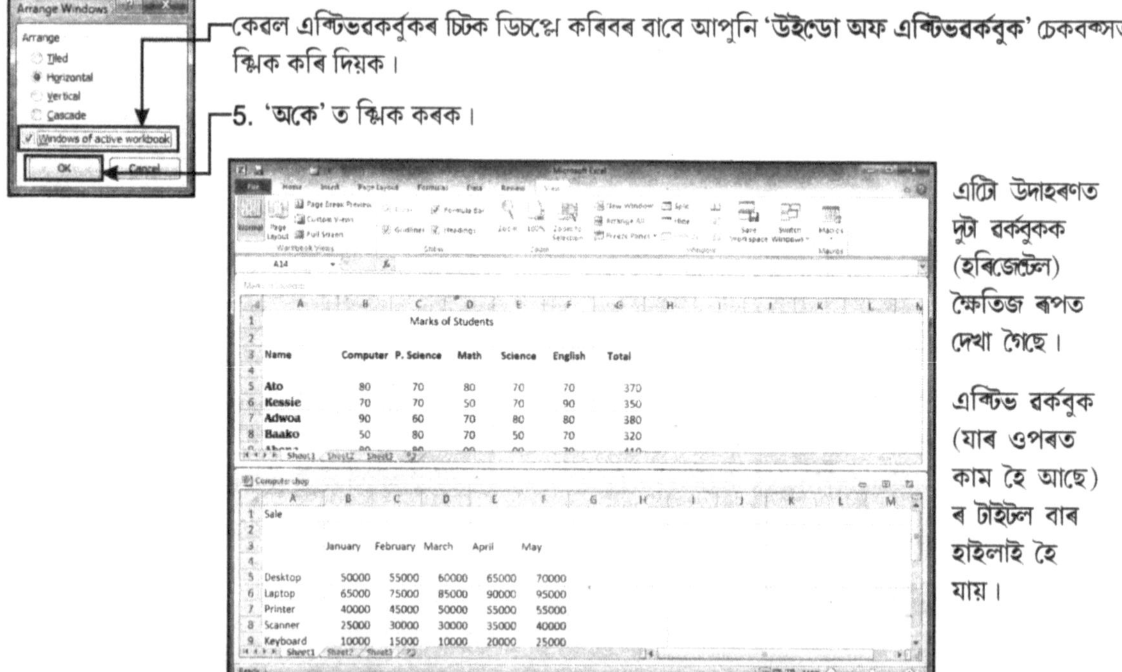

কেৱল এক্টিভৱৰকৰ্বুকৰ চিটক ডিচপ্লে কৰিবৰ বাবে আপুনি **'উইণ্ডো অফ এক্টিভৱৰ্কবুক'** চেকবক্সত ক্লিক কৰি দিয়ক।

5. 'অকে' ত ক্লিক কৰক।

এটিটো উদাহৰণত দুটা ৱৰ্কবুকক (হৰিজেন্টেল) ক্ষৈতিজ ৰূপত দেখা গৈছে।

এক্টিভ ৱৰ্কবুক (যাৰ ওপৰত কাম হৈ আছে) ৰ টাইটল বাৰ হাইলাই হৈ যায়।

ৱৰ্কবুকক প্ৰটেক্ট (সুৰক্ষিত) কৰা

ৱৰ্কবুকত পাচৱৰ্ড দি আপুনি এইটোক সুৰক্ষিতও কৰিব পাৰে। এনে কৰিলে যিকোনো ব্যক্তিয়ে আপোনাৰ ৱৰ্কবুকক চুব আৰু খেলিমেলি কৰিব নোৱাৰিব।

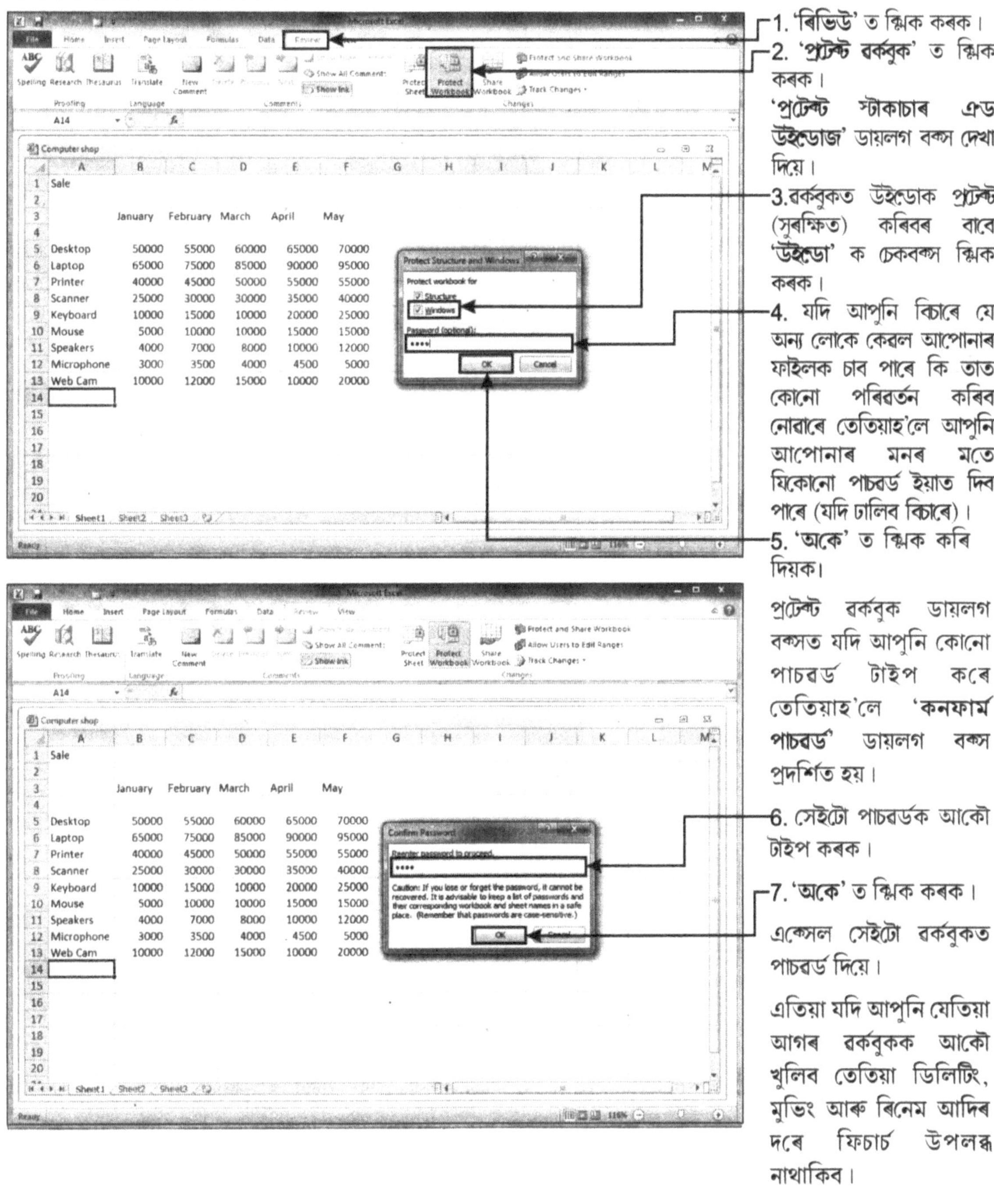

1. 'ৰিভিউ' ত ক্লিক কৰক।
2. 'প্ৰটেক্ট ৱৰ্কবুক' ত ক্লিক কৰক।

'প্ৰটেক্ট স্টাকাচাৰ এণ্ড উইণ্ডোজ' ডায়লগ বক্স দেখা দিয়ে।

3. ৱৰ্কবুকত উইণ্ডোক প্ৰটেক্ট (সুৰক্ষিত) কৰিবৰ বাবে 'উইণ্ডো' ক চেকবক্স ক্লিক কৰক।
4. যদি আপুনি বিচাৰে যে অন্য লোকে কেৱল আপোনাৰ ফাইলক চাব পাৰে কি তাত কোনো পৰিৱৰ্তন কৰিব নোৱাৰে তেতিয়াহ'লে আপুনি আপোনাৰ মনৰ মতে যিকোনো পাচৱৰ্ড ইয়াত দিব পাৰে (যদি ঢালিব বিচাৰে)।
5. 'অকে' ত ক্লিক কৰি দিয়ক।

প্ৰটেক্ট ৱৰ্কবুক ডায়লগ বক্সত যদি আপুনি কোনো পাচৱৰ্ড টাইপ কৰে তেতিয়াহ'লে **'কনফাৰ্ম পাচৱৰ্ড'** ডায়লগ বক্স প্ৰদৰ্শিত হয়।

6. সেইটো পাচৱৰ্ডক আকৌ টাইপ কৰক।
7. 'অকে' ত ক্লিক কৰক।

এক্সেল সেইটো ৱৰ্কবুকত পাচৱৰ্ড দিয়ে।

এতিয়া যদি আপুনি যেতিয়া আগৰ ৱৰ্কবুকক আকৌ খুলিব তেতিয়া ডিলিটিং, মুভিং আৰু ৰিনেম আদিৰ দৰে ফিচাৰ্চ উপলব্ধ নাথাকিব।

ৱৰ্কবুকক অন প্ৰটেক্ট (পাচৱৰ্ড আতৰোৱা) কৰা

পাচৱৰ্ডৰ ৱৰ্ডবুকেৰে আপুনি পাচৱৰ্ডক আতৰাবও পাৰে।

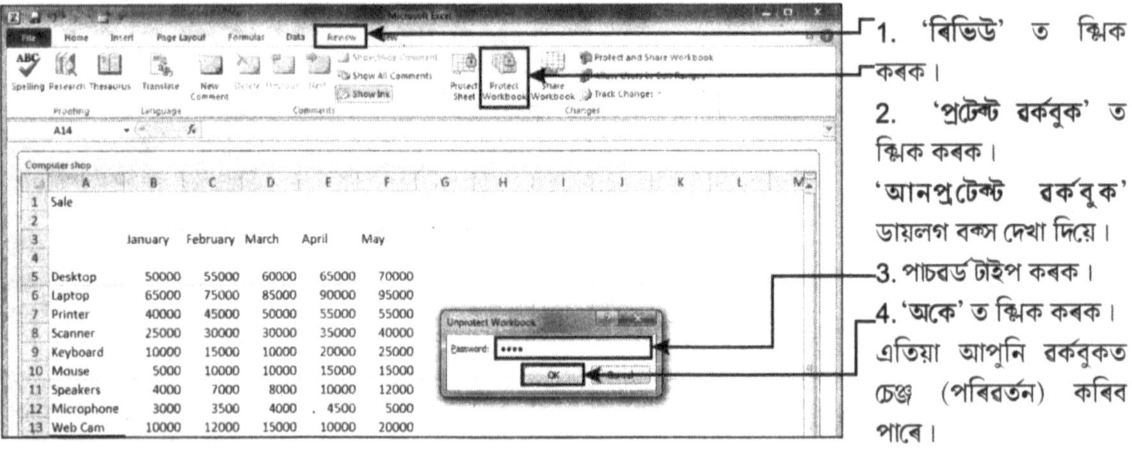

1. 'ৰিভিউ' ত ক্লিক কৰক।
2. 'প্ৰটেক্ট ৱৰ্কবুক' ত ক্লিক কৰক। 'আনপ্ৰটেক্ট ৱৰ্কবুক' ডায়লগ বক্স দেখা দিয়ে।
3. পাচৱৰ্ড টাইপ কৰক।
4. 'অকে' ত ক্লিক কৰক। এতিয়া আপুনি ৱৰ্কবুকত চেঞ্জ (পৰিৱৰ্তন) কৰিব পাৰে।

নোট ঃ যদি আপুনি পাচৱৰ্ডক হেৰুৱাই দিয়ে বা পাহৰি যায় তেতিয়াহ'লে এইটো আকৌ প্ৰাপ্ত কৰিব নোৱাৰে। সেইকাৰণে আপোনাক পৰামৰ্শ দিয়া যায় যে প্ৰত্যেক ৱৰ্কবুকৰ পাচৱৰ্ডৰ লিস্টক কোনো সুৰক্ষিত স্হানত ৰাখিব বিচাৰে যাতে এইটো হেৰুৱাই নাযায়, অন্যথা আপুনি আপোনাৰ ৱৰ্কবুকক অপেন কৰিব নোৱাৰিব।

পাচৱৰ্ডক ৰিমুভ (আতৰোৱা) কৰা

1. 'ৰিভিউ' ত ক্লিক কৰক।

2. **'প্ৰটেক্ট ৱৰ্কবুক'** ত ক্লিক কৰক। **'অনপ্ৰটেক্ট'** ডায়লগ বক্স দেখা দিয়ে।

3. পাচৱৰ্ড টাইপ কৰক।

4. 'অকে' ত ক্লিক কৰক। আপুনি আপোনাৰ পাচৱৰ্ডক সলনিও কৰিব পাৰে অৰ্থাৎ ৰিচেটো কৰিব পাৰে। ইয়াৰ বাবে আপোনাক নতুন পাচৱৰ্ড দিব লাগিব আৰু সেইটোক কনফাৰ্মো কৰিব লাগিব।

চেলচক চিলেক্ট কৰা

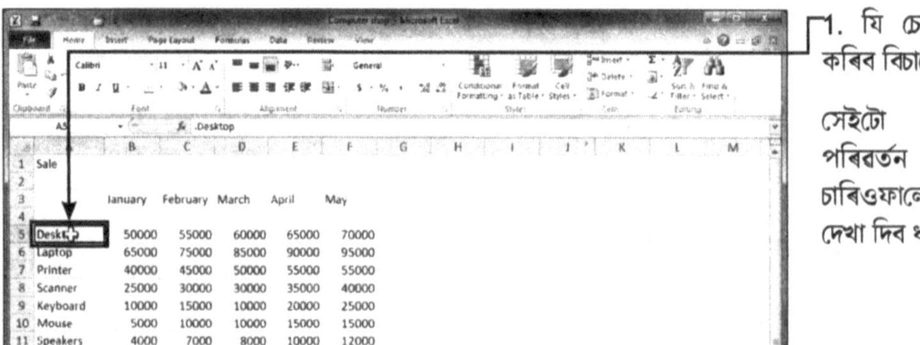

1. যি চেলক আপুনি চিলেক্ট কৰিব বিচাৰে, তাত ক্লিক কৰক।

সেইটো চেল এক্টিভচেললৈ পৰিৱৰ্তন হৈ যায় আৰু তাৰ চাৰিওফালে এটা ডাঙৰ বৰ্ডাৰ দেখা দিব ধৰে।

ৰো (পংক্তি) ক চিলেক্ট কৰা

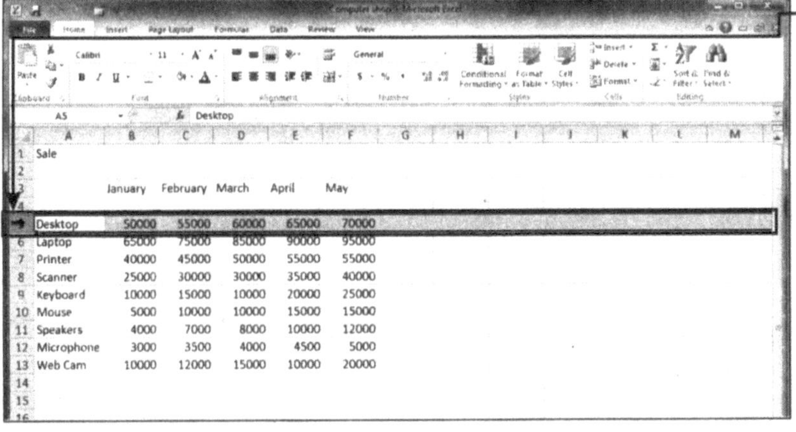

	A	B	C	D	E	F
1	Sale					
2						
3		January	February	March	April	May
4						
5	Desktop	50000	55000	60000	65000	70000
6	Laptop	65000	75000	85000	90000	95000
7	Printer	40000	45000	50000	55000	55000
8	Scanner	25000	30000	30000	35000	40000
9	Keyboard	10000	15000	10000	20000	25000
10	Mouse	5000	10000	10000	15000	15000
11	Speakers	4000	7000	8000	10000	12000
12	Microphone	3000	3500	4000	4500	5000
13	Web Cam	10000	12000	15000	10000	20000

1. সেই ৰো (পংক্তি) ত ক্লিক কৰক যাক আপুনি চিলেক্ট কৰিব বিচাৰে। মাউচ পইণ্টৰ আকৃতি (➡) সলনি হৈ যায়।

কেইবাটাও ৰোক চিলেক্ট কৰিবৰ বাবে মাউচৰ পইণ্টাৰক (➡) সেইটো প্ৰথম ৰো ত ক্লিক কৰিব লাগে যৰ পৰা আপুনি অন্য ৰো ক চিলেক্ট কৰিব বিচাৰে। ইয়াৰ পিছত মাউচৰ পইণ্টাৰক (➡) দ্ৰেগ কৰি সেইটো ৰো ক চিলেক্ট কৰিব লাগে।

কলমক চিলেক্ট কৰা

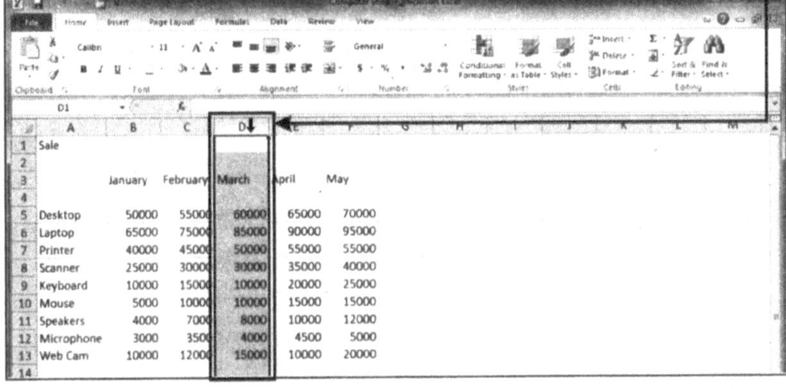

	A	B	C	D	E	F
1	Sale					
2						
3		January	February	March	April	May
4						
5	Desktop	50000	55000	60000	65000	70000
6	Laptop	65000	75000	85000	90000	95000
7	Printer	40000	45000	50000	55000	55000
8	Scanner	25000	30000	30000	35000	40000
9	Keyboard	10000	15000	10000	20000	25000
10	Mouse	5000	10000	10000	15000	15000
11	Speakers	4000	7000	8000	10000	12000
12	Microphone	3000	3500	4000	4500	5000
13	Web Cam	10000	12000	15000	10000	20000

1. কলমৰ সেইটো লেটাৰত ক্লিক কৰক যাক আপুনি চিলেক্ট কৰিব বিচাৰে। মাউচ পইণ্টৰ আকৃতি (⬇) সলনি হৈ যায়।

কোনো কলমক চিলেক্ট কৰিবৰ বাবে সেইটো কলমৰ লেটাৰত ক্লিক কৰক (⬇) যৰ পৰা আপুনি কলমক চিলেক্ট কৰিব বিচাৰে, ইয়াৰ পিছত মাউচক দ্ৰেগ (⬇) কৰি সেইটো কলমলৈকে লৈ যাওক, যিমান দূৰলৈকে আপুনি কলমক চিলেক্ট কৰিব বিচাৰে।

চেলৰ সমূহক চিলেক্ট কৰা

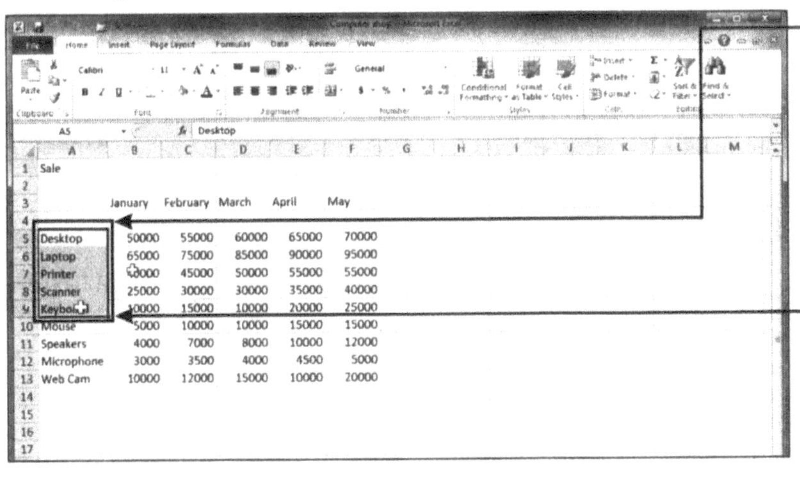

	A	B	C	D	E	F
1	Sale					
2						
3		January	February	March	April	May
4						
5	Desktop	50000	55000	60000	65000	70000
6	Laptop	65000	75000	85000	90000	95000
7	Printer	40000	45000	50000	55000	55000
8	Scanner	25000	30000	30000	35000	40000
9	Keyboard	10000	15000	10000	20000	25000
10	Mouse	5000	10000	10000	15000	15000
11	Speakers	4000	7000	8000	10000	12000
12	Microphone	3000	3500	4000	4500	5000
13	Web Cam	10000	12000	15000	10000	20000

1. মাউচৰ পইণ্টাৰক (✜) সেইটো চেলত ক্লিক কৰক যাক আপুনি চিলেক্ট কৰিব বিচাৰে।

2. মাউচৰ পইণ্টাৰক (✜) সেইটো চেললৈকে ক্লিক কৰক যিমান দূৰলৈকে আপুনি চেলক চিলেক্ট কৰিব বিচাৰে।

চেলৰ কেইবাটাও সমূহক চিলেক্ট কৰিবৰ বাবে কণ্ট্ৰল বাটনক টিপক আৰু প্ৰত্যেক চেলক চিলেক্ট কৰিবৰ বাবে স্টেপ '1' আৰু স্টেপ '2' ক পুনৰ কৰক।

কলমৰ উচ্চতাক সলনি কৰা

ডাটাক ৱৰ্কচিটত ভালদৰে ডিচপ্লে কৰিবৰ বাবে আপোনাক কলমৰ উচ্চতাক ব্যৱস্থিত কৰি লব লাগে। যদি কোনো কলমত কেৱল এটা বা দুটা ডাটা থাকে তেতিয়াহ'লে আপুনি কলমৰ উচ্চতাক কমাবও পাৰে। এটা পাতল কলমে আপোনাৰ ৱৰ্কচিটৰ প্ৰস্ততিক বঢ়াই দিয়ে। এইটোৱে অনাৱশ্যকীয় বগা স্থানক এৰি দিয়ে আৰু ব্যৱহাৰ হৈ থকা ডাটাক আৰু ওচৰলৈ লৈ আহে।

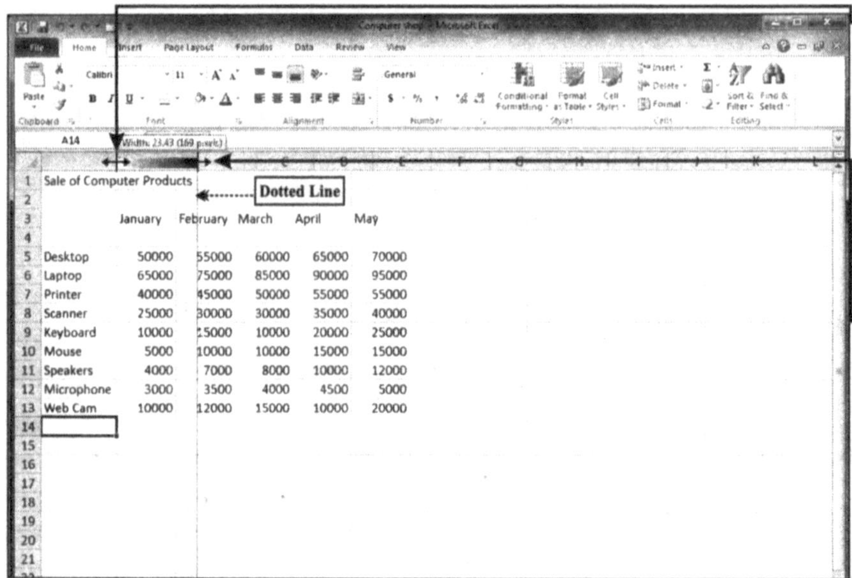

	January	February	March	April	May
Desktop	50000	55000	60000	65000	70000
Laptop	65000	75000	85000	90000	95000
Printer	40000	45000	50000	55000	55000
Scanner	25000	30000	30000	35000	40000
Keyboard	10000	15000	10000	20000	25000
Mouse	5000	10000	10000	15000	15000
Speakers	4000	7000	8000	10000	12000
Microphone	3000	3500	4000	4500	5000
Web Cam	10000	12000	15000	10000	20000

1. কলমৰ উচ্চতাক সলনি কৰিবৰ বাবে মাউচৰ পইন্টাৰক কলমৰ হেডিংৰ সোঁ ফালে কিনাৰত ৰাখক। এইটো স্থিতিত মাউচৰ পইন্টাৰৰ আকৃতি (↔) সলনি হৈ যায়।

2. কলমৰ কিনাৰক তেতিয়ালৈকে দ্ৰেগ কৰক যেতিয়ালৈকে ডিচপ্লে হৈ থকা ডটেড লাইন তালৈ গৈ নাপাই, যিমান দূৰলৈকে আপুনি ইয়াৰ উচ্চতাক বঢ়াব বিচাৰে।

কলম এতিয়া নতুন উচ্চতাৰ লগত দেখা দিয়ে।

ৰখি থকা উচ্চতাক সলনি কৰা

আপোনাৰ ৱৰ্কচিটত কলমৰ উচ্চতাক এডজাস্ট কৰাৰ লগতে আপুনি ৰো (পংক্তি) ৰ দৈৰ্ঘ্যতাটো সলনি কৰিব পৰা যায়।

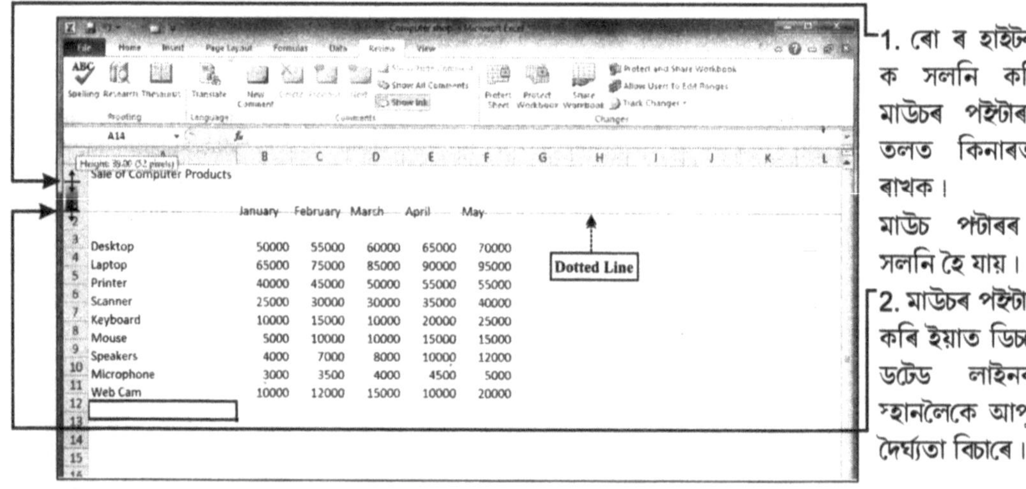

	January	February	March	April	May
Desktop	50000	55000	60000	65000	70000
Laptop	65000	75000	85000	90000	95000
Printer	40000	45000	50000	55000	55000
Scanner	25000	30000	30000	35000	40000
Keyboard	10000	15000	10000	20000	25000
Mouse	5000	10000	10000	15000	15000
Speakers	4000	7000	8000	10000	12000
Microphone	3000	3500	4000	4500	5000
Web Cam	10000	12000	15000	10000	20000

1. ৰো ৰ হাইটক (উচ্চতা) ক সলনি কৰিবৰ বাবে মাউচৰ পইন্টাৰক ৰো ক তলত কিনাৰত হেডিংত ৰাখক।

মাউচ পইন্টাৰৰ আকৃতিত সলনি হৈ যায়।

2. মাউচৰ পইন্টাৰ (↕) দ্ৰেগ কৰি ইয়াত ডিচপ্লে হৈ থকা ডটেড লাইনক সেইটো স্থানলৈকে আপুনি ৰো ৰ দৈৰ্ঘ্যতা বিচাৰে।

ৰো এতিয়া নতুন দৈৰ্ঘ্যতাত আহি যায়।

ৱৰ্কচিটত ডাটাক এডিট (সম্পাদিত) আৰু ডিলিট (দূৰ) কৰা

ডাটাক আপডেট কৰিবৰ বাবে আৰু ভুলক শুধৰাবৰ বাবে আপুনি আপোনাৰ ৱৰ্কচিটত ডাটাক এডিট (সম্পদিত) ও কৰিব পাৰে।

ডাটাক এডিট কৰা

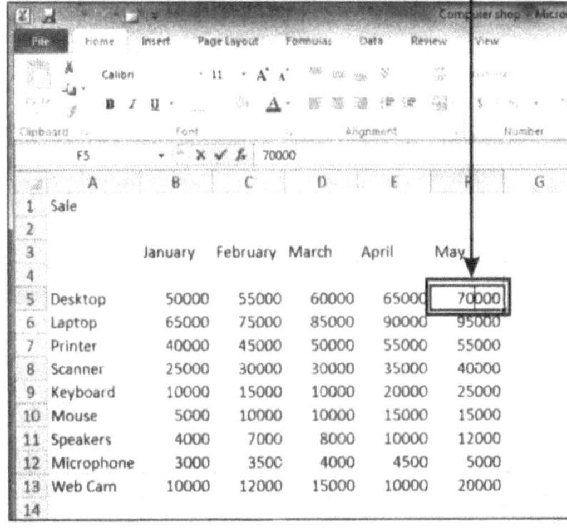

	A	B	C	D	E	F
1	Sale					
2						
3		January	February	March	April	May
4						
5	Desktop	50000	55000	60000	65000	70000
6	Laptop	65000	75000	85000	90000	95000
7	Printer	40000	45000	50000	55000	55000
8	Scanner	25000	30000	30000	35000	40000
9	Keyboard	10000	15000	10000	20000	25000
10	Mouse	5000	10000	10000	15000	15000
11	Speakers	4000	7000	8000	10000	12000
12	Microphone	3000	3500	4000	4500	5000
13	Web Cam	10000	12000	15000	10000	20000
14						

1. যি ডাটাক আপুনি এডিট কৰিব বিচাৰে, সেইটো যিটো চেলত আছে তাত ডাবল ক্লিক কৰক। চেলত এক জিলিকি থকা ইনচাৰ্শন পইন্ট দেখা দিয়ে।
2. ইনচাৰ্শন পইন্টক সেইটো স্থানলৈকে লৈ যাবৰ বাবে য'ত আপুনি কেৰেক্টাৰ (আখৰ আৰু শব্দ) ক আতৰোৱা অথবা একেলগ কৰিব লাগে, কি-বৰ্ডেৰে এৰো' বাটনক টিপি লৈ যাওক।
3. ইনচাৰ্শন পইন্টৰ বাওঁ ফালৰ কেৰেক্টাৰক ৰিমুভ কৰা অৰ্থাৎ আতৰাবৰ বাবে কি-বৰ্ডেৰে **'বেকস্পেচ'** বাটনত টিপক।

   ইনচাৰ্শন পইন্টৰ সোঁ ফালৰ কেৰেক্টাৰক আতৰাবৰ বাবে কি-বৰ্ডেৰে (ডিলিট) বাটন টিপক।
4. ইনচাৰ্শন পইন্ট য'ত ডিচপ্লে হৈ আছে, তাত ডাটক একেলগ কৰিবৰ বাবে ডাটা টাইপ কৰক।
5. ৱৰ্কচিটৰ ডাটাত পৰিৱৰ্তন কৰাৰ পিছত কি-বৰ্ডেৰে **'এন্টাৰ'** টিপি দিয়ক।

ডাটাক ডিলিট কৰা

আপোনৰ ৱৰ্কচিটত আপোনাক যি ডাটাৰ প্ৰয়োজন নহয়, সেইটোক আপুনি ডিলিট কৰিব পাৰে অৰ্থাৎ আতৰাবও পাৰে। এবাৰত এটা চেল অথবা কেইবাটাও চেলেৰে ডাটাক ডিলিট কৰিব পাৰে।

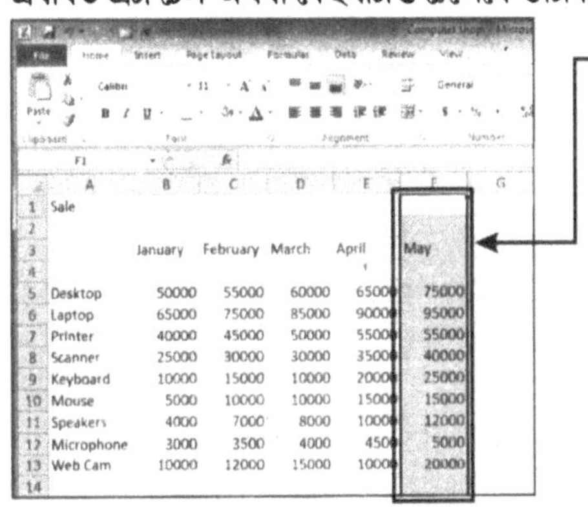

	A	B	C	D	E	F
1	Sale					
2						
3		January	February	March	April	May
4						
5	Desktop	50000	55000	60000	6500	75000
6	Laptop	65000	75000	85000	9000	95000
7	Printer	40000	45000	50000	5500	55000
8	Scanner	25000	30000	30000	3500	40000
9	Keyboard	10000	15000	10000	2000	25000
10	Mouse	5000	10000	10000	1500	15000
11	Speakers	4000	7000	8000	1000	12000
12	Microphone	3000	3500	4000	450	5000
13	Web Cam	10000	12000	15000	1000	20000
14						

1. সেইটো চেল বা চেলচক চিলেক্ট কৰক আপুনি যৰ পৰা ডাটাক ডিলিট কৰিব বিচাৰে।
2. কি-বৰ্ডেৰে 'ডিলিট' বাটন টিপি দিয়ক।

আপোনাৰ দ্বাৰা চিলেক্ট কৰা ডিলিট হৈ যায় আৰু দেখা বন্ধ হৈ যায়।

চেলক ডিচিলেক্ট (আতাৰব) ৰ বাবে কোনো অন্য চেলত ক্লিক কৰক।

কৰা পৰিৱৰ্তনক আকৌ প্ৰাপ্ত কৰা

যদি ভুলেৰে আপুনি কোনো গুৰুত্বপূৰ্ণ ডায়াক ডিলিট কৰি দিয়ে তেতিয়া আনডু ফিচাৰেৰে এইটো ডাটাক আকৌ প্ৰাপ্ত কৰাত আপোনাৰ সহয় কৰে কাৰণ আপোনাৰ দ্বাৰা ৱৰ্কচিটত কৰা পৰিৱৰ্তন এক্সেলত স্টৰ হৈ যায়। যদি আপুনি পৰিৱৰ্তনক পাহৰি যায় তেতিয়া আপুনি আনডু ফিচাৰৰ ব্যৱহাৰ কৰি এইটোক কেঞ্চেলো কৰিব পাৰে।

1.আপোনাৰ ৱৰ্কচিটত কৰা শেষৰ পৰিৱৰ্তনক পুনঃ প্ৰাপ্ত কৰিবৰ বাবে কুৱিক এক্সেচ টুল বাৰত 'আনডু' ( ) বাটনত ক্লিক কৰক।

এক্সেলে আপোনাৰ ৱৰ্কচিটত কৰা শেষৰ পৰিৱৰ্তনক কেঞ্চে কৰি দিয়ে। আনডু ফিচাৰক সলনি কৰি আকৌ পৰিৱৰ্তন কৰিবৰ বাবে কুৱিল এক্সেচ টুলবাৰত **'ৰিডু'** ( ) বাটনত ক্লিক কৰি দিয়ক।

চিৰিজক পুৰা কৰা

ৱৰ্কচিটত ডাটাক মেনুৱেলী এন্টাৰ কৰাটো বহুত সহজ আৰু সুবিধাজনক হয়। কি ইয়াত অধিক সময় লাগে। এইটো ৱৰ্কচিটত ডাটাক এন্টাৰ কৰাৰ উচিত উপায় নহয়।

এক্সেলে ডাটা এন্ট্রি প্রক্রিয়াক ভালদৰে কৰিবৰ বাবে এটা টুলো উপলব্ধ কৰো হয়। ইয়াৰ পৰা এটা উপযোগী ফিচাৰ ডাটা ফিল হয় যিটো আপোনাৰ চেলত ডাটাক এন্টাৰ কৰাৰ সুবিধা দিয়ে।

উদাহৰণৰ বাবেঃ ধৰি লওক যে ৱৰ্কচিটৰ এন্ট্রি ডেলী ইনপুটৰ ওপৰত আধাৰিত হয়। প্ৰত্যেক ৰো ত মেনুৱেলী ডাটাক টাইপ কৰাৰ ঠাইত আপুনি অ'টমেটিক (স্বতঃ) প্রক্রিয়াৰ বাবে ডাটা ফিল ফিচাৰৰ ব্যৱহাৰ কৰিব পাৰে।

টেক্সট চিৰিজ

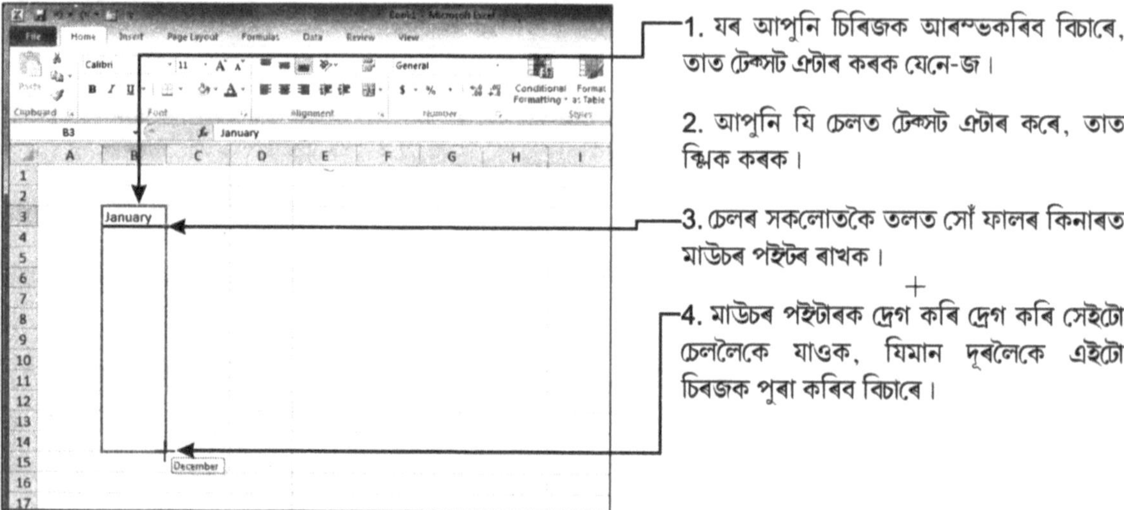

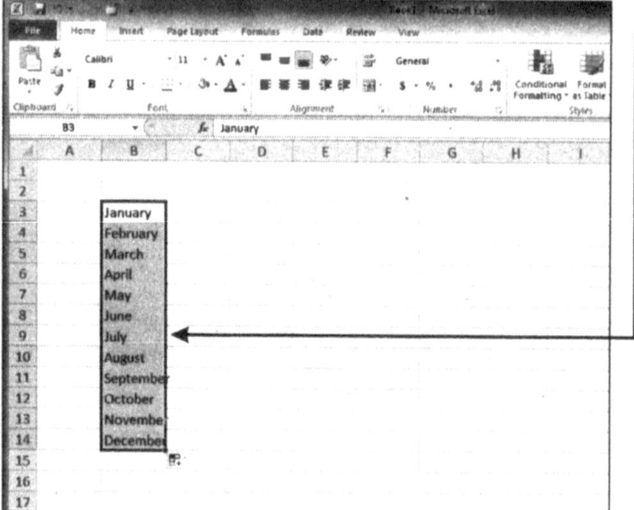

চেল টেক্সট চিৰিজকো ডিচপ্লে কৰি দিয়ে।

যদি এক্সেল এ সেইটো চিৰিজক ঠিক কৰিব নোৱাৰে যাক আপুনি বিচাৰে তেতিয়া এইটো প্ৰথম চেলৰ টেক্সটক আপোনাৰ দ্বাৰা ঠিক কৰা সকলো চেলচত কপি কৰি দিয়ে।

চেলক ডিচলেক্ট (অতৰাবৰ বাবে) কোনো অন্য চেলত ক্লিক কৰক।

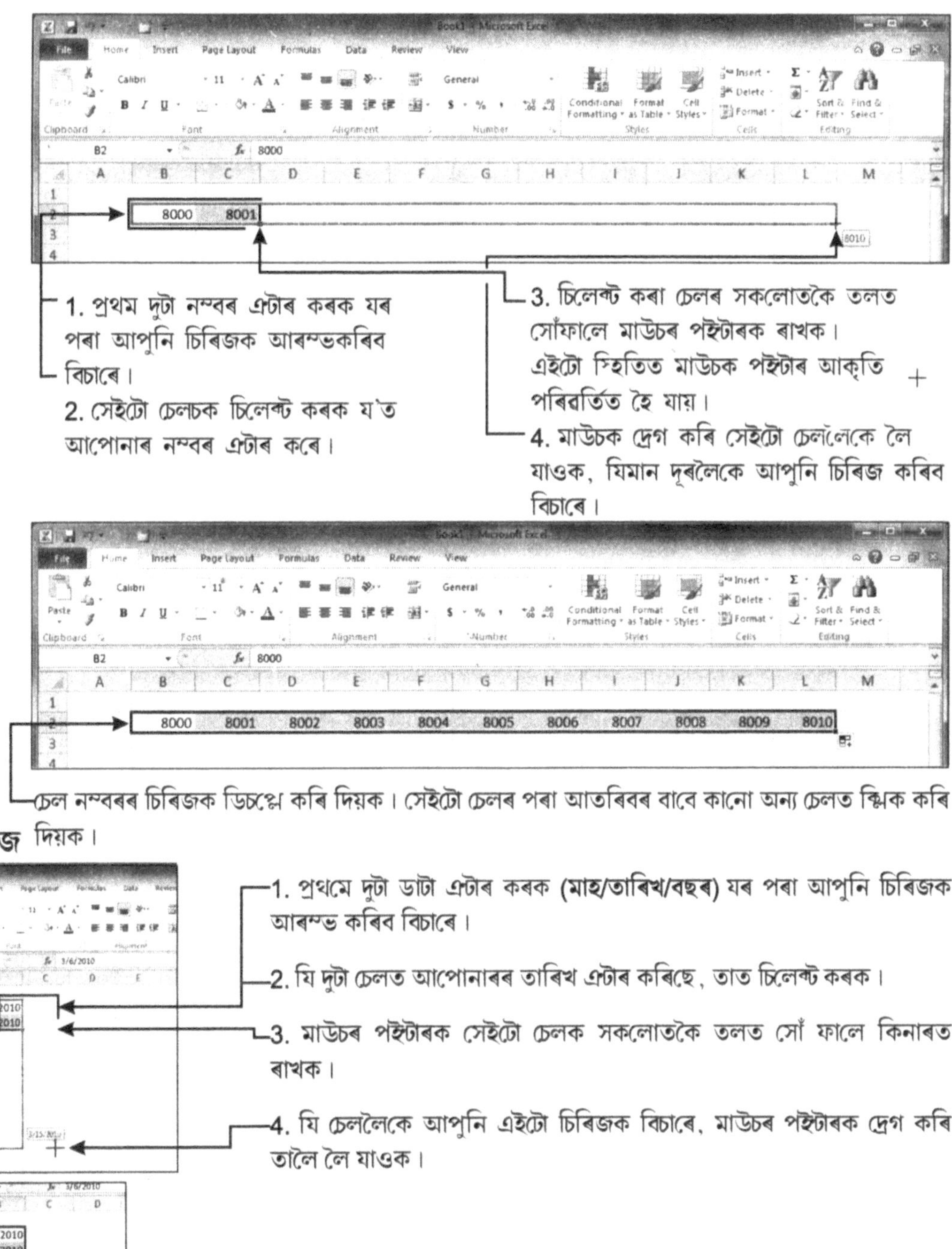

ডাটা চিৰিজ

1. প্ৰথমে দুটা ডাটা এণ্টাৰ কৰক **(মাহ/তাৰিখ/বছৰ)** যৰ পৰা আপুনি চিৰিজক আৰম্ভ কৰিব বিচাৰে।
2. যি দুটা চেলত আপোনাৰৰ তাৰিখ এণ্টাৰ কৰিছে, তাত চিলেক্ট কৰক।
3. মাউচৰ পইণ্টাৰক সেইটো চেলক সকলোতকৈ তলত সোঁ ফালে কিনাৰত ৰাখক।
4. যি চেললৈকে আপুনি এইটো চিৰিজক বিচাৰে, মাউচৰ পইণ্টাৰক দ্ৰেগ কৰি তালৈ লৈ যাওক।

3/6/2010
3/7/2010
3/8/2010
3/9/2010
3/10/2010
3/11/2010
3/12/2010
3/13/2010
3/14/2010
3/15/2010

চেল ডাটা চিৰিজক ডিচপ্লে কৰি দিয়ে।
সেইটো চেলৰ পৰা আতৰিবৰ বাবে কোনো অন্য চেলত ক্লিক কৰক।

স্মাৰ্ট টেগ

এক্সেলত কাম কৰা সময়ত কোনো অন্য কাৰ্যক তীব্ৰ গতিৰে পুৰা কৰিবৰ বাবে স্মাৰ্ট টেগ ব্যৱহাৰ কৰা যায়।
স্মাৰ্ট টেগ এক প্ৰকাৰৰ ইনফৰমেচনত থাকে যাক এক্সেল বুলি ভাৱি সেইটো কাৰ্যত প্ৰয়োগ কৰি দিয়ে।
যেতিয়া এক্সেলত কোনো এটা নিশ্চিত কাম হৈ আছে তেতিয়া স্ক্ৰীনত স্মাৰ্ট টেগৰ বাটনত নিজে নিজে দেখা দিব ধৰিব।
ইয়াৰ বাদেও, অটো কাৰেক্ট আপচন, অটো ফিল অপচন আৰু পেস্ট অপচন ইয়াৰ আনটো স্মাৰ্ট টেগ হয়।
যেতিয়া আপুনি কোনো স্মাৰ্ট টেগ বাটনত ক্লিক কৰে তেতিয়া এইটো স্মাৰ্ট টেগৰ ঠাইত কৰা কাৰ্যৰ লগত সম্বন্ধীত কামাণ্ডৰ এটা মেনু দেখা দিয়ে।
উদাহৰণৰ বাবে আপুনি যদি এক্সেলৰ ৱৰকচিটত ডেট (তাৰিখ) একেলগ কৰিব বিচাৰে, তেতিয়া ডেটৰ তলত বেঙুনীয়া ৰংৰ ডটেড লাইনৰ লগত এক স্মাৰ্ট টেগ দেখা দিয়ে। স্মাৰ্ট টেগ একচন বাটনক চাবৰ বাবে আপোনাক ডেটৰ তলত দেখা দিয়া বেঙুনীয়া ৰংৰ ডটেড লাইনক পইন্ট কৰিব লাগে। তাৰ পিছত স্মাৰ্ট টেগ একচন মেনুক ডিচপ্লে কৰিবৰ বাবে আপুনি স্মাৰ্ট টেগ একচন বাটনক ক্লিক কৰক।
ইয়াৰ পিছত আউটলুকত কণ্টেক্ট ডায়লগ বক্সক ডিচপ্লে কৰিবৰ বাবে স্মাৰ্ট টেগ একচন মেনুত এড টু **কণ্টেক্টত** ক্লিক কৰক।

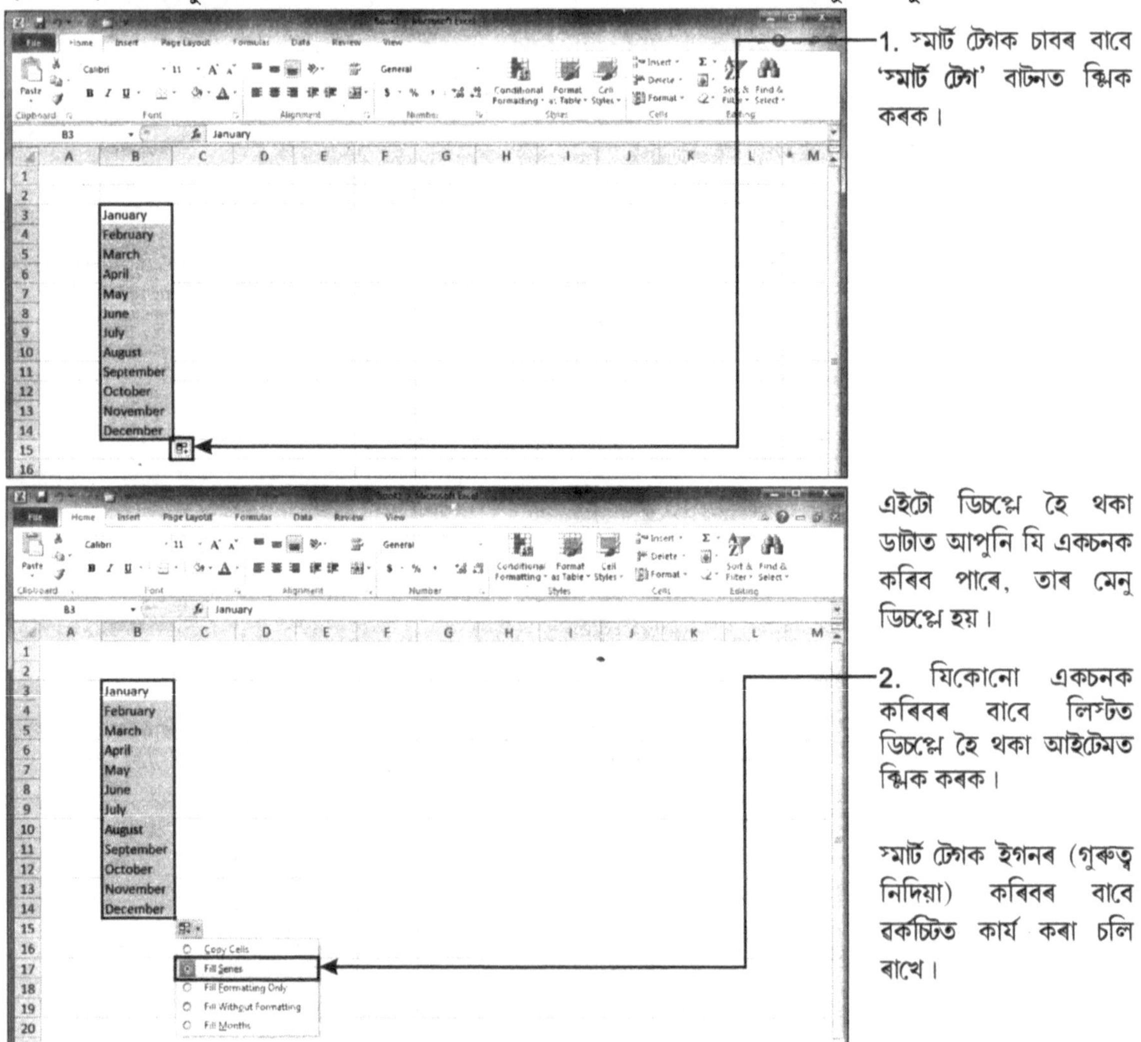

1. স্মাৰ্ট টেগক চাবৰ বাবে 'স্মাৰ্ট টেগ' বাটনত ক্লিক কৰক।

এইটো ডিচপ্লে হৈ থকা ডাটাত আপুনি যি একচনক কৰিব পাৰে, তাৰ মেনু ডিচপ্লে হয়।

2. যিকোনো একচনক কৰিবৰ বাবে লিস্টত ডিচপ্লে হৈ থকা আইটেমত ক্লিক কৰক।

স্মাৰ্ট টেগক ইগনৰ (গুৰুত্ব নিদিয়া) কৰিবৰ বাবে ৱৰকচিটত কাৰ্য কৰা চলি ৰাখে।

ৱৰ্কচিট

ৱৰ্কবুকত অন্তৰ্ভুক্ত চিটক ৱৰ্কচিট বুলি কয়। ডিফল্ট ৰূপত ৱৰ্কবুকত তিনিটা ৱৰ্কচিট থাকে। আপুনি ইয়াত আৰু ৱৰ্কচিটো একেলগ কৰিব পাৰে। প্ৰত্যেক চিটৰ নাম ৱৰ্কবুকৰ তলত চিট টেব' ত ডিচপ্লে হয়।

ৱৰ্কচিটৰ নাম সলনি কৰা

কণ্টেন্টক চিনি পাবৰ বাবে আপুনি ৱৰ্কচিটৰ নামো সলনি কৰিব পাৰে।

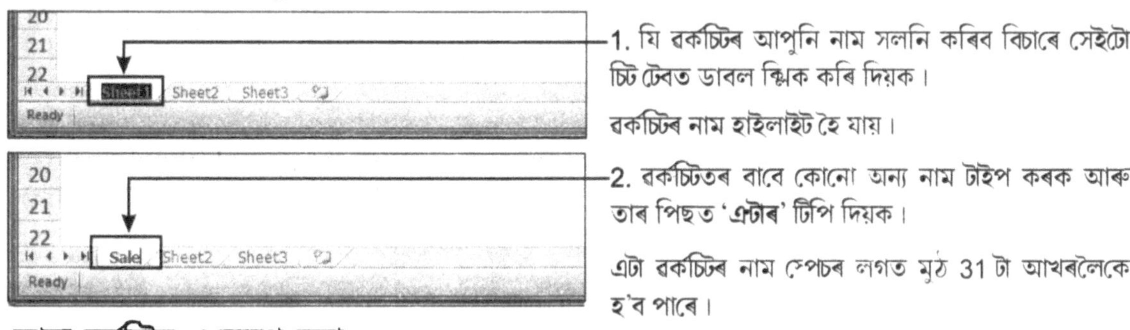

1. যি ৱৰ্কচিটৰ আপুনি নাম সলনি কৰিব বিচাৰে সেইটো চিট টেবত ডাবল ক্লিক কৰি দিয়ক।

ৱৰ্কচিটৰ নাম হাইলাইট হৈ যায়।

2. ৱৰ্কচিটতৰ বাবে কোনো অন্য নাম টাইপ কৰক আৰু তাৰ পিছত **'এন্টাৰ'** টিপি দিয়ক।

এটা ৱৰ্কচিটৰ নাম স্পেচৰ লগত মুঠ 31 টা আখৰলৈকে হ'ব পাৰে।

আৰু ৱৰ্কচিটক একেলগ কৰা

ডাটাক এন্টাৰ কৰিবৰ বাবে আপোনাৰ ৱৰ্কবুক আৰু অতিৰিক্ত ৱৰ্কচিটো অন্তৰ্ভুক্ত কৰিব পাৰে।
শেষৰ ৱৰ্কচিট পুৰা হোৱাৰ লগে লগে এক্সেল এ তাৰ সোঁ আৰু তাত নতুন ৱৰ্কচিট অন্তৰ্ভুক্ত কৰি দিব।

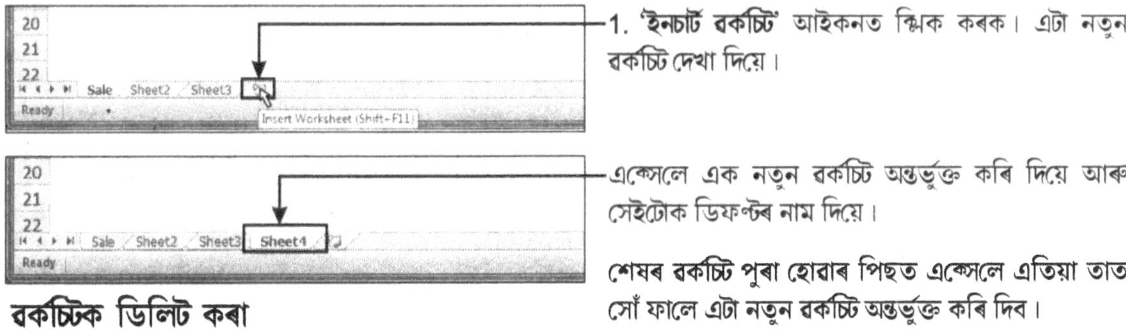

1. **'ইনচাৰ্ট ৱৰ্কচিট'** আইকনত ক্লিক কৰক। এটা নতুন ৱৰ্কচিট দেখা দিয়ে।

এক্সেলে এক নতুন ৱৰ্কচিট অন্তৰ্ভুক্ত কৰি দিয়ে আৰু সেইটোক ডিফল্টৰ নাম দিয়ে।

শেষৰ ৱৰ্কচিট পুৰা হোৱাৰ পিছত এক্সেলে এতিয়া তাত সোঁ ফালে এটা নতুন ৱৰ্কচিট অন্তৰ্ভুক্ত কৰি দিব।

ৱৰ্কচিটক ডিলিট কৰা

যদি আপোনাক আপোনাৰ ৱৰ্কবুকত কোনা ৱৰ্কচিটৰ আৱশ্যক নহয় তেতিয়া আপুনি সেইটোক ডিলিট কৰিব পাৰে। কোনো ৱৰ্কচিটক ডিলিট কৰাৰ পূৰ্বে তাত অন্তৰ্ভুক্ত কণ্টেন্টক চেক কৰি কয়। কাৰণ এবাৰ ডিলিট হোৱাৰ পিছত সেইটো ৱৰ্কচিটক আকৌ এবাৰ প্ৰাপ্ত কৰিব নোৱাৰে।

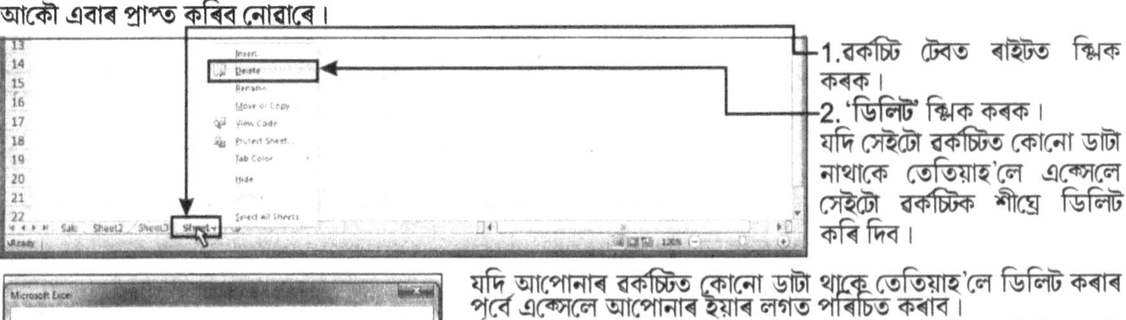

1. ৱৰ্কচিট টেবত ৰাইটত ক্লিক কৰক।

2. **'ডিলিট'** ক্লিক কৰক।

যদি সেইটো ৱৰ্কচিটত কোনো ডাটা নাথাকে তেতিয়াহ'লে এক্সেলে সেইটো ৱৰ্কচিটক শীঘ্ৰে ডিলিট কৰি দিব।

যদি আপোনাৰ ৱৰ্কচিটত কোনো ডাটা থাকে তেতিয়াহ'লে ডিলিট কৰাৰ পূৰ্বে এক্সেলে আপোনাৰ ইয়াৰ লগত পৰিচিত কৰাব।

3. **'ডিলিট'** ত ক্লিক কৰক। এক্সেলে সেইটো ৱৰ্কচিটক ডিলিট কৰি দিব।

ৱৰ্কচিটক এটা স্থানৰ পৰা আন এটা স্থানলৈ যোৱা আৰু কপি কৰা

ৱৰ্কবুকত ৱৰ্কচিটৰ ক্ৰমক ব্যৱস্হিত কৰিবৰ বাবে আপুনি ৱৰ্কচিটক মুভ কৰাব পাৰে অৰ্থাৎ এটা স্থানৰ পৰা আন এটা স্থানলৈ লৈ যাব পাৰে। ইয়াৰ বাদেও আপুনি ৱৰ্কবুকত কোনো ৱৰ্কচিটক কপিও কৰিব পাৰে।

1. ৱৰ্কচিট টেবত ৰাইট ক্লিক কৰক।

2. 'মুভআৰু কপি' ত ক্লিক কৰক।

মুভআৰু কপি ডায়লগ বক্স দেখা দিয়ে।

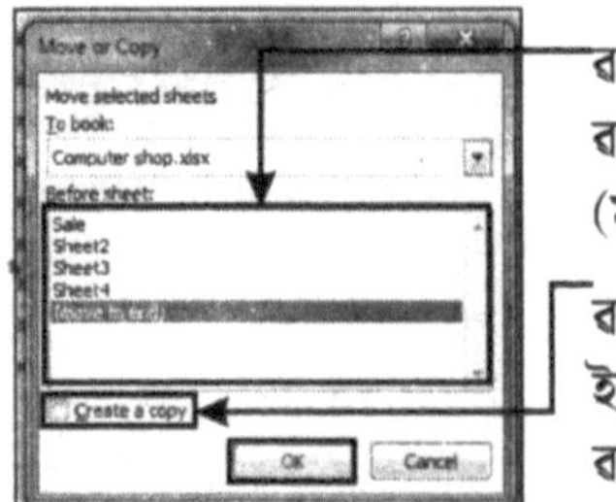

ৱৰ্কচিটক মুভ' কৰাবৰ বাবে **'চিট নেম'** চিলেক্ট কৰক আৰু 'অকে' ত ক্লিক কৰি দিয়ক। ৱৰ্কচিট আপোনাৰ দ্বাৰা চিলেক্ট কৰা ৱৰ্কচিটৰ পূৰ্বে মুভ/কপি হৈ যায়। আপুনি ৱৰ্কচিটত (মুভটু এণ্ড) চিলেক্ট কৰি ৱৰ্কচিটক শেষতো মুভ বা কপি কৰিব পাৰে।

ৱৰ্কচিটক কপি কৰিবৰ বাবে **'ক্ৰিয়েট এ কপি'** অপচনৰ চেকবক্সত ক্লিক কৰক। আৰু ইয়াৰ পিছত সেইটো স্টেপক পুনৰ কৰক যিটো ৱৰ্কচিটক মুভকৰাত কৰা গৈছিল। এক্সেলে ৱৰ্কবুকত সেইটো ৱৰ্কচিটক ডিফল্ট নামৰ লগত কপি কৰি দিব।

এক্সেলে কপি কৰা ৱৰ্কচিটক সেইটো মুল কপিৰ নামৰ সমুখত দুটা লগাই ডিচপ্লে কৰে।

ৱৰ্কচিট টেবক ৰঙীন কৰা

ৱৰ্কচিটত অন্তৰ দেখুৱাবৰ বাবে আপুনি ৱৰ্কচিট টেবৰ ৰঙো সলনি কৰিব পাৰে। টেবত অন্তৰ্ভুক্ত কৰা কালাৰ তাৰ বেকগ্ৰাউণ্ডত দেখা দিয়ে। ডিফল্ট ৰূপত ৱৰ্কচিটৰ সকলো টেব বগা হয় কি আপুনি ইয়াক যিকোনো ৰঙত কৰিব পাৰে।

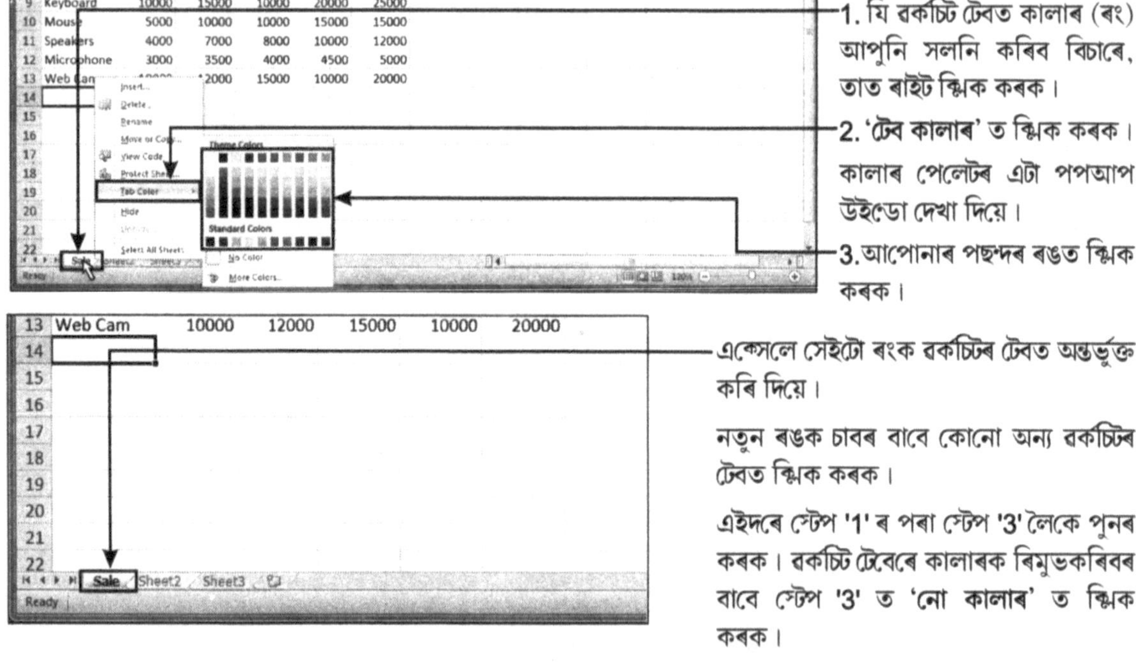

1. যি ৱৰ্কচিট টেবত কালাৰ (ৰং) আপুনি সলনি কৰিব বিচাৰে, তাত ৰাইট ক্লিক কৰক।

2. **'টেব কালাৰ'** ত ক্লিক কৰক।

কালাৰ পেলেটৰ এটা পপআপ উইন্ডো দেখা দিয়ে।

3. আপোনাৰ পছন্দৰ ৰঙত ক্লিক কৰক।

এক্সেলে সেইটো ৰংক ৱৰ্কচিটৰ টেবত অন্তৰ্ভুক্ত কৰি দিয়ে।

নতুন ৰঙক চাবৰ বাবে কোনো অন্য ৱৰ্কচিটৰ টেবত ক্লিক কৰক।

এইদৰে স্টেপ **'1'** ৰ পৰা স্টেপ **'3'** লৈকে পুনৰ কৰক। ৱৰ্কচিট টেবেৰে কালাৰক ৰিমুভকৰিবৰ বাবে স্টেপ **'3'** ত 'নো কালাৰ' ত ক্লিক কৰক।

ৱৰ্কচিটৰ ডাটাক সুৰক্ষিত কৰা

আপোনাৰ ৱৰ্কবুকত আপুনি কোনা ৱৰ্কচিটক পাচৱৰ্ডো দিব পাৰে যাতে ইয়াৰ লগত কোনো ব্যক্তি খেলিমেলি কৰিব নোৱাৰে। পাচৱৰ্ড দি আপুনি আপোনাৰ ৱৰ্কচিটক লক কৰিব পাৰে যাতে তাত কোনো অন্য ব্যক্তিয়ে সলনি কৰি নিদিয়ে।

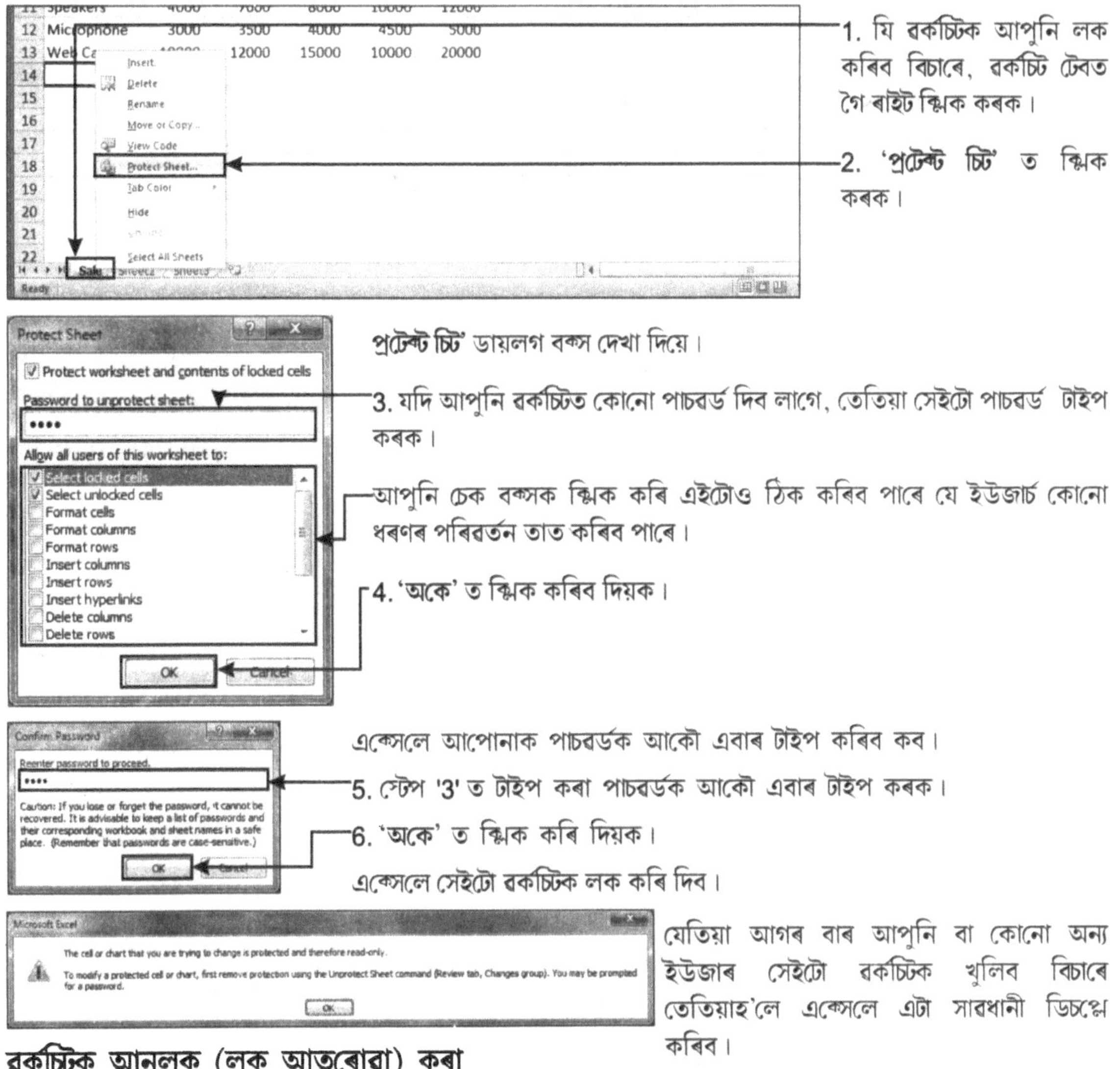

1. যি ৱৰ্কচিটক আপুনি লক কৰিব বিচাৰে, ৱৰ্কচিট টেবত গৈ ৰাইট ক্লিক কৰক।

2. 'প্ৰটেক্ট চিট' ত ক্লিক কৰক।

প্ৰটেক্ট চিট' ডায়লগ বক্স দেখা দিয়ে।

3. যদি আপুনি ৱৰ্কচিটত কোনো পাচৱৰ্ড দিব লাগে, তেতিয়া সেইটো পাচৱৰ্ড টাইপ কৰক।

আপুনি চেক বক্সক ক্লিক কৰি এইটোও ঠিক কৰিব পাৰে যে ইউজাৰ্চ কোনো ধৰণৰ পৰিৱৰ্তন তাত কৰিব পাৰে।

4. 'অকে' ত ক্লিক কৰিব দিয়ক।

এক্সেলে আপোনাক পাচৱৰ্ডক আকৌ এবাৰ টাইপ কৰিব কব।

5. স্টেপ '3' ত টাইপ কৰা পাচৱৰ্ডক আকৌ এবাৰ টাইপ কৰক।

6. 'অকে' ত ক্লিক কৰি দিয়ক।

এক্সেলে সেইটো ৱৰ্কচিটক লক কৰি দিব।

যেতিয়া আগৰ বাৰ আপুনি বা কোনো অন্য ইউজাৰ সেইটো ৱৰ্কচিটক খুলিব বিচাৰে তেতিয়াহ'লে এক্সেলে এটা সাৱধানী ডিচপ্লে কৰিব।

ৱৰ্কচিটক আনলক (লক আতৰোৱা) কৰা

আপুনি পাচৱৰ্ডক অফ কৰি ৱৰ্কচিটক অনলকো কৰিব পাৰে অৰ্থাৎ তাৰ লক আতৰাব পাৰে।

1. চিট টেবত ৰাইট ক্লিক কৰক।
2. **'অনপ্ৰটেক্ট চিট'** ক্লিক কৰক। **'অনপ্ৰটেক্ট চিট'** ডায়লগ বক্স অপেন হৈ যায়।
3. পাচৱৰ্ড টাইপ কৰক।
4. 'অকে' ত ক্লিক কৰক।

ৱৰ্কচিট অনলক হৈ যায় আৰু এতিয়া যিকোনো ব্যক্তি তাত অন্তৰ্ভুক্ত ডাটাত যিকোনো সলনি কৰিব পাৰে।

ডাটাক মুভ বা কপি কৰা

আপোনাৰ ৰকচিটত আপুনি ডাটাক ব্যৱস্হিত ক্ৰমত ৰাখিবৰ বাবে সেইটোক কোনো নতুন ঠাইত মুভ কৰিব পাৰে। যেতিয়া আপুনি কোনো ডাটাক মুভকৰাই তেতিয়া সেইটো নিজৰ পুৰনা ঠাইৰ পৰা নাইকিয়া হৈ যায়। কি যেতিয়া আপুনি ডাটাক কপি কৰাই, তেতিয়া এইটো আপোনাক সেই ডাটাক পুনৰ টাইপ নকৰাকে ৱৰকচিটত যিকোনো অন্তৰ্ভুক্ত কৰি দিয়ে। যেতিয়া আপুনি ডাটাক কপি কৰে তেতিয়া এইটো পুৰনা ঠাই আৰু নতুন ঠাই দুটাক দেখা দিয়ে।

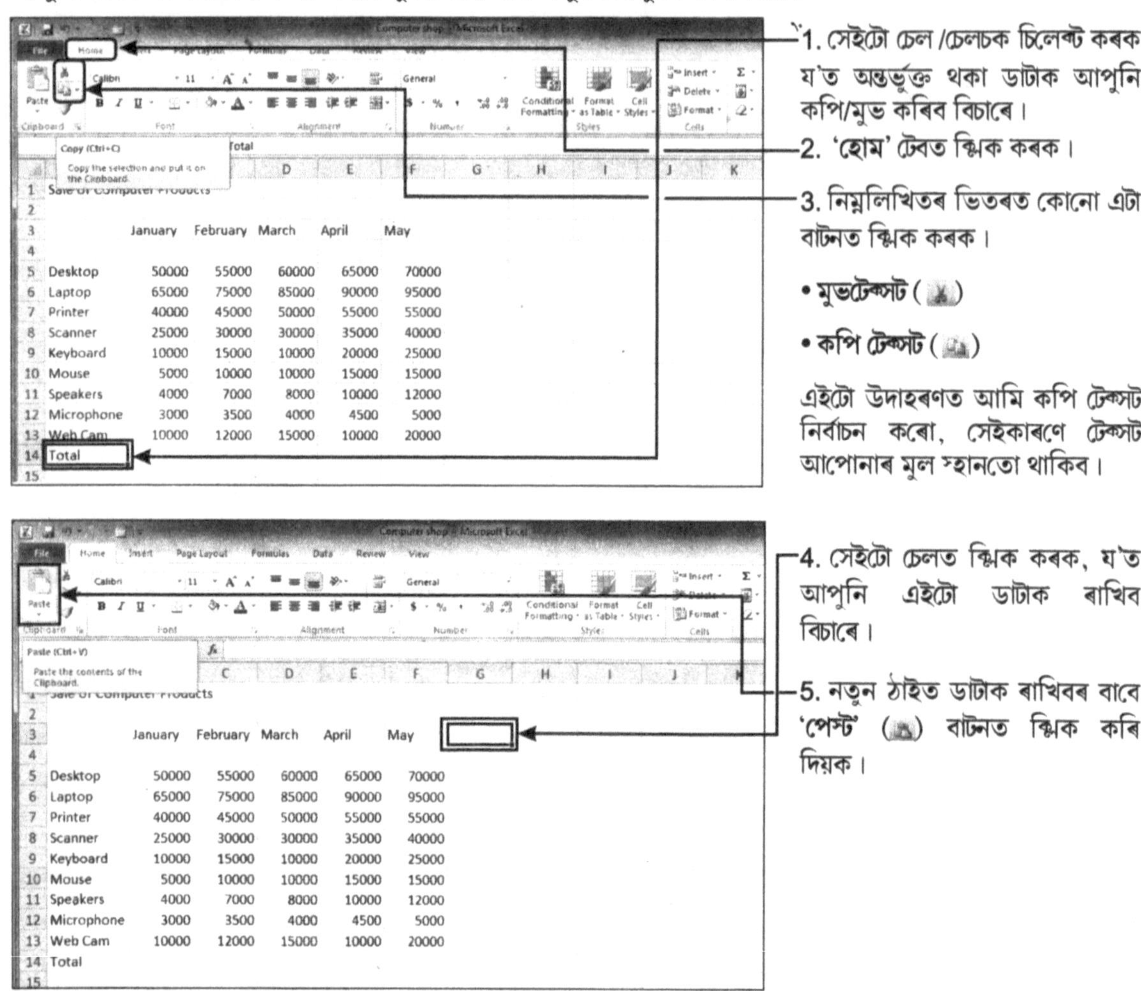

দ্ৰেগ আৰু দ্ৰপৰ ব্যৱহাৰ কৰি

1. সেইটো চেল/চেলচক চিলেক্ট কৰক যাৰ ডাটাক আপুনি মুভ কৰিব বিচাৰে।

2. মাউচৰ পইণ্টাৰক চিলেক্ট কৰা চেলৰ বৰ্ডাৰত ৰাখক।

এইটো স্হিতিত মাউচৰ পইণ্টাৰৰ আকৃতি পৰিৱৰ্তন হৈ যায়।

3. ডাটাক মুভকৰাবৰ বাবে মাউচৰ পইণ্টাৰক দ্ৰেগ কৰি নতুন চেলত লৈ যাওক।

ডাটাক এক মূগা ৰংৰ বক্সত দেখা দিব।

ডাটা নতুন লকেচনলৈ গুচি যায়। ডাটাক কপি কৰাবৰ বাবে স্টেপ '1' ৰ পৰা '3' লৈকে পুনৰ কৰক। কণ্ট্ৰলক টিপি থাকক।

ৰো (পংক্তি) অন্তৰ্ভুক্ত কৰা

আপোনাৰ ৱৰ্কচিটত আপুনি যিকোনো ৰোও ইনচাৰ্ট (অন্তৰ্ভুক্ত) কৰিব পাৰে। যদি কোনো ৰো ক ফৰ্মূলাৰ তলত চিফ্ট কৰা গৈছে তেতিয়াহ'লে এক্সেলে চেলত অন্তৰ্ভুক্ত ৰেফাৰেঞ্চক নতুন ঠাইত এডজাস্ট (সমাযোজিত) কৰি দিয়ে। এইদৰে, যদি কোনো ৰো ক ইনচাৰ্ট কৰাৰ পূৰ্বে ফৰ্মূলা পঞ্চত ৰো ৰ চেলৰ লগত সম্বন্ধীত থাকে, তেতিয়াহ'লে ৰো ক ইনচাৰ্ট কৰাত সেই চেলৰ লগত সম্বন্ধীত ফৰ্মূলা ৰো 6 কো এডজাস্টো (সমাযোজিত) কৰি লয়।।

মনত ৰাখিব ঃ এক্সেলে আপোনাৰ দ্বাৰা চিলেক্ট কৰা পংক্তিৰ ওপৰৰ পংক্তিক ইনচাৰ্ট কৰে।

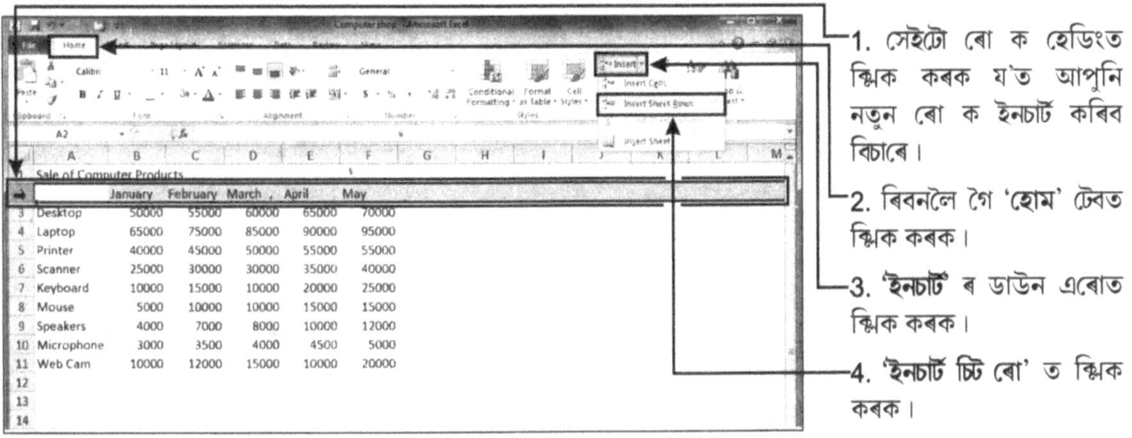

এটা নতুন ৰো ইনচাৰ্ট হৈ যায় আৰু তাৰ তললৈ চিফ্ট হৈ যায় অৰ্থাৎ এটা ৰো তলত হৈ যায়।
চিলেক্ট হোৱা ৰো ৰ পৰা আতৰিবৰ বাবে কোনো অন্য চেলত ক্লিক কৰক।

কলমক ইনচাৰ্ট (অন্তৰ্ভুক্ত) কৰা

অতিৰিক্ত ডাটাক অন্তৰ্ভুক্ত কৰিবৰ বাবে আপুনি আপোনাৰ ৱৰ্কচিটত কলমো একেলগ কৰিব পাৰে।

মনত ৰাখিব ঃ এক্সেলে আপোনাৰ দ্বাৰা চিলেক্ট কৰা কলমৰ বাওঁ আৰু নতুন কলম ইনচাৰ্ট কৰক।

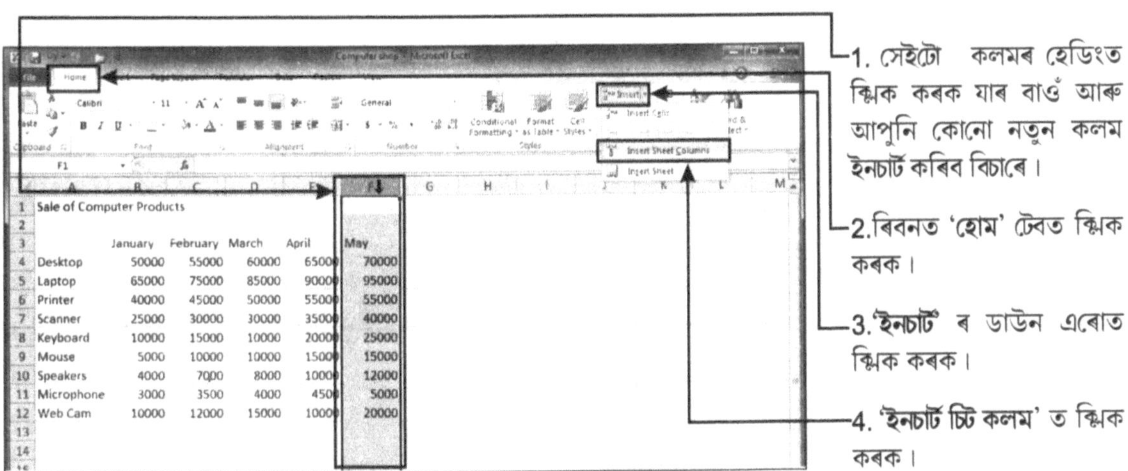

নতুন কলম দেখা দিব ধৰে আৰু আগৰ সকলো কলম সোঁ ফালে চিফ্ট হৈ যায়।
চিলেক্ট কৰা কলমৰ পৰা আতৰিবৰ বাবে যিকোনো চেলত ক্লিক কৰক।

কলম আৰু ৰো ক ডিলিট কৰা

যদি আপোনাক আপোনাৰ ৱৰ্কচিটত কোনো কলম বা ৰো ৰ আৱশ্যকতা নহয় তেতিয়াহ'লে আপুনি সেইটোক ৰিমুভ বা ডিলিটো কৰিব পাৰে অৰ্থাৎ আতৰাব পাৰে।যদি আপুনি গোটেই কলম বা ৰো ক ডিলিট কৰে তেতিয়াহ'লে এক্সেলে সেইটো চেলৰ ডাটাকো ডিলিট কিৰি দিয়ে। ডিলিট কৰিলে খালি হোৱা স্হানকো এক্সেলে আনটো কলম অথবা ৰো ৰে ভৰাই দিয়ে অৰ্থাৎ খালি স্হান দেখা নিদিয়ে।

কলমক ডিলিট কৰা

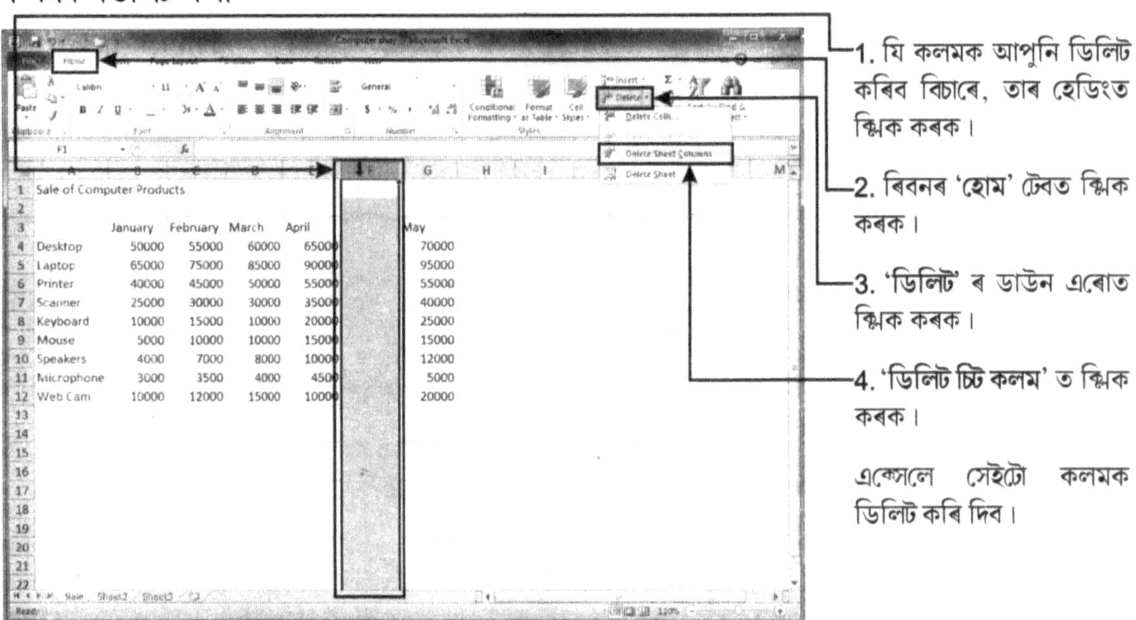

ৰো (পংক্তি) ক ডিলিট কৰা

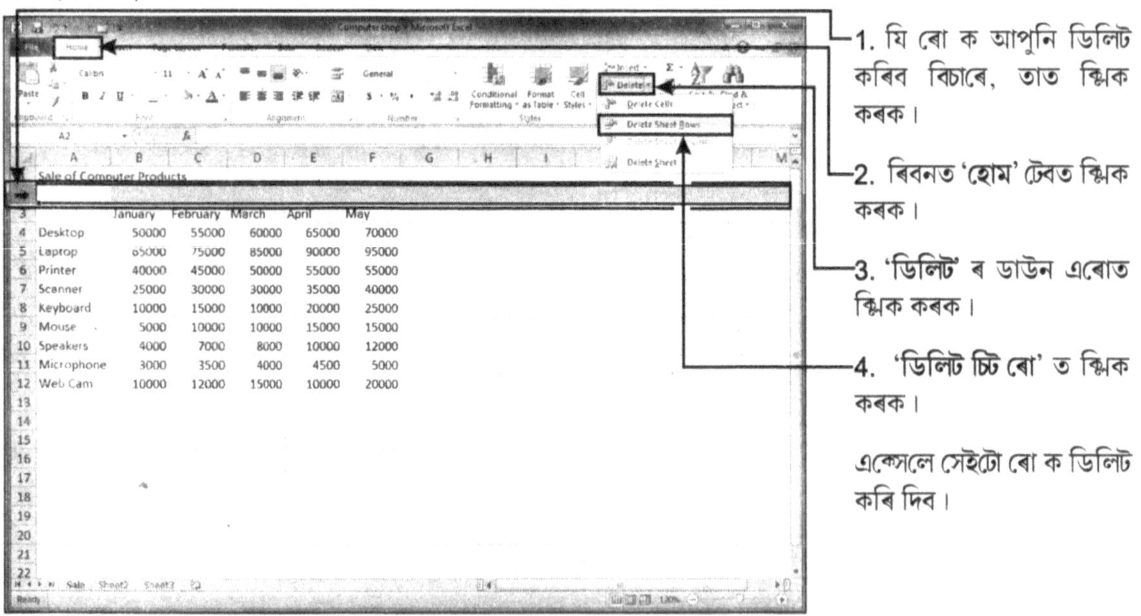

চেলক ইনচাৰ্ট কৰা

যদি আপুনি আপোনাৰ ৱৰ্কচিটত অন্তৰ্ভুক্ত ডাটাৰ মাজত কোনো নতুন ডাটাক অন্তৰ্ভুক্ত কৰিব বিচাৰে তেতিয়া আপুনি তাত চেলচক ইনচাৰ্ট (অন্তৰ্ভুক্ত) কৰিব পাৰে।

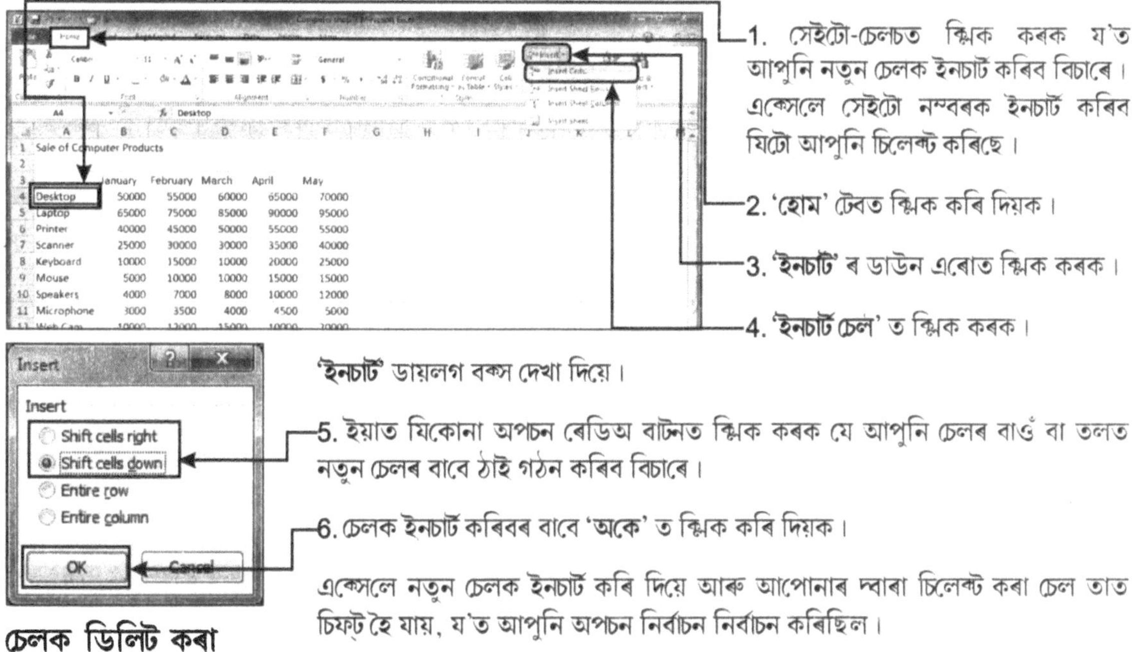

1. সেইটো-চেলচত ক্লিক কৰক য'ত আপুনি নতুন চেলক ইনচাৰ্ট কৰিব বিচাৰে। এক্সেলে সেইটো নম্বৰক ইনচাৰ্ট কৰিব যিটো আপুনি চিলেক্ট কৰিছে।
2. 'হোম' টেবত ক্লিক কৰি দিয়ক।
3. 'ইনচাৰ্ট' ৰ ডাউন এৰোত ক্লিক কৰক।
4. 'ইনচাৰ্ট চেল' ত ক্লিক কৰক।

'ইনচাৰ্ট' ডায়লগ বক্স দেখা দিয়ে।

5. ইয়াত যিকোনা অপচন ৰেডিঅ বাটনত ক্লিক কৰক যে আপুনি চেলৰ বাওঁ বা তলত নতুন চেলৰ বাবে ঠাই গঠন কৰিব বিচাৰে।
6. চেলক ইনচাৰ্ট কৰিবৰ বাবে 'অকে' ত ক্লিক কৰি দিয়ক।

এক্সেলে নতুন চেলক ইনচাৰ্ট কৰি দিয়ে আৰু আপোনাৰ দ্বাৰা চিলেক্ট কৰা চেল তাত চিফ্ট হৈ যায়, য'ত আপুনি অপচন নিৰ্বাচন নিৰ্বাচন কৰিছিল।

চেলক ডিলিট কৰা

যদি আপোনাক আপোনাৰ ৱৰ্কচিটত কোনো চেলৰ আৱশ্যকতা নহয় তেতিয়াহ'লে এক্সেলে সেইটো ৰিমুভ কৰি দিয়ে অৰ্থাৎ নাইকিয়া কৰি দিয়ে আৰু সেইটোৰ ওচৰত খালি হোৱা স্থানত ভৰাই দিয়ে।

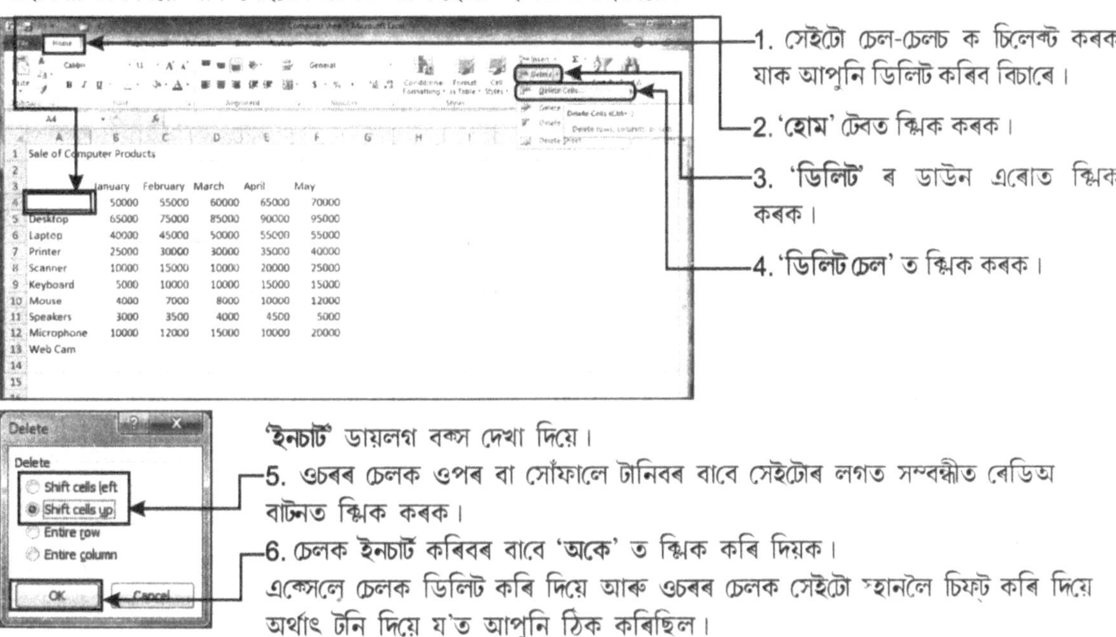

1. সেইটো চেল-চেলচ ক চিলেক্ট কৰক যাক আপুনি ডিলিট কৰিব বিচাৰে।
2. 'হোম' টেবত ক্লিক কৰক।
3. 'ডিলিট' ৰ ডাউন এৰোত ক্লিক কৰক।
4. 'ডিলিট চেল' ত ক্লিক কৰক।

'ইনচাৰ্ট' ডায়লগ বক্স দেখা দিয়ে।

5. ওচৰৰ চেলক ওপৰ বা সোঁফালে টানিবৰ বাবে সেইটোৰ লগত সম্বন্ধীত ৰেডিঅ বাটনত ক্লিক কৰক।
6. চেলক ইনচাৰ্ট কৰিবৰ বাবে 'অকে' ত ক্লিক কৰি দিয়ক।

এক্সেলে চেলক ডিলিট কৰি দিয়ে আৰু ওচৰৰ চেলক সেইটো স্থানলৈ চিফ্ট কৰি দিয়ে অৰ্থাৎ টানি দিয়ে য'ত আপুনি ঠিক কৰিছিল।

ডাটাক কলমৰ চেন্টাৰ (মাজত) কৰা

আপোনাৰ ৱৰ্কচিটটো বিভিন্ন কলমৰ ডাটাক চেন্টাৰ (মাজত) কৰিবৰ বাবে আপুনি মৰ্জ আৰু চেন্টাৰ কামাণ্ডাৰৰ প্ৰয়োগ কৰিব পাৰে। এইটো আপোনাৰ ডাটাৰ টাইটলক চেন্টাৰত কৰাত বহুত উপযোগী হয়।

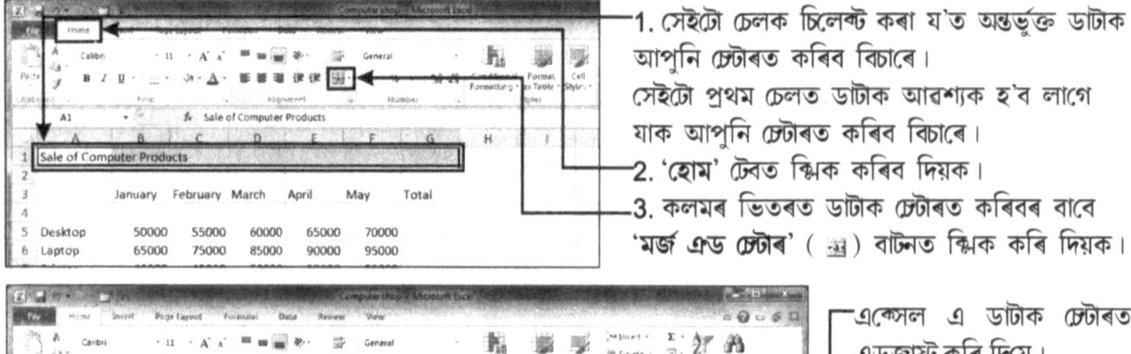

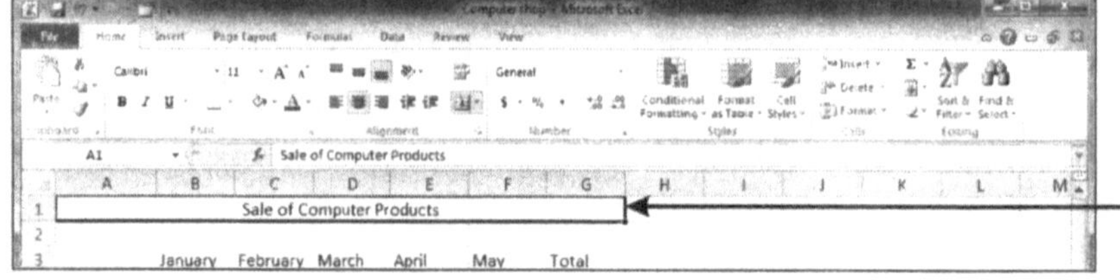

এক্সেল এ ডাটাক চেন্টাৰত এডজাস্ট কৰি দিয়ে।

কলম আৰু ৰো ক হাইড কৰা অৰ্থাৎ লুকোওৱা

যদি আপুনি বিচাৰে যে আপোনাৰ গুৰুত্বপূৰ্ণ সূচনাক অন্য মানুহে দেখা নাপাই, তেতিয়াহ'লে আপুনি আপোনাৰ ৱৰ্কচিটত কলম আৰু ৰো ক হাইড কৰিব পাৰে অৰ্থাৎ লুকাব পাৰে। যদি আপুনি কলম আৰু ৰো ক হাইড কৰিব তেতিয়া এইটো প্ৰিন্ট আউটত দেখা নিদিব।

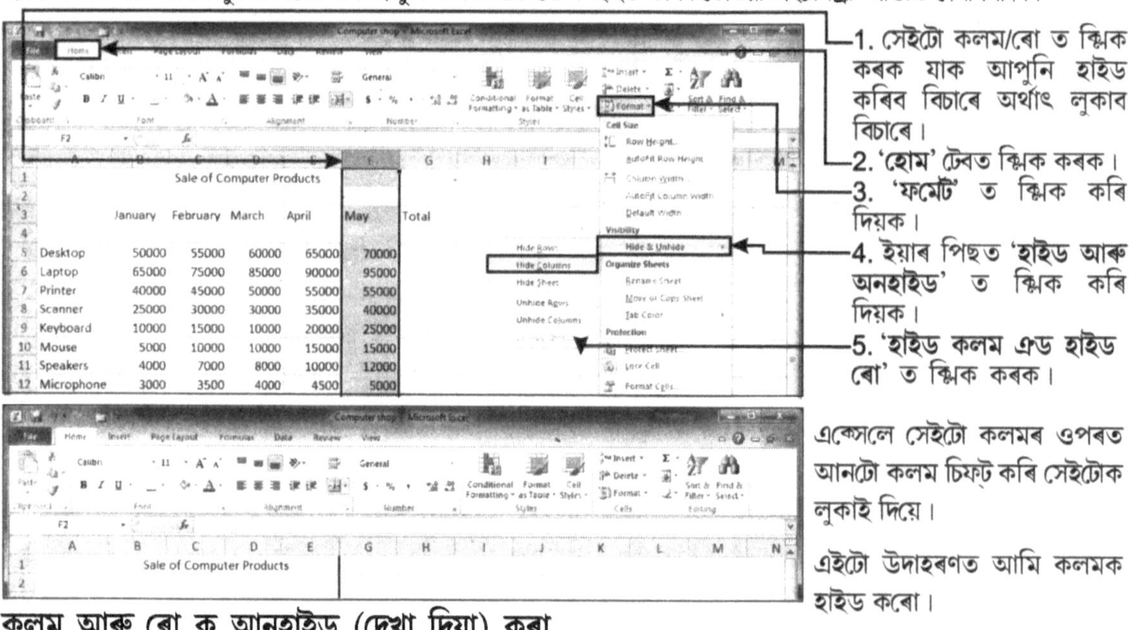

কলম আৰু ৰো ক আনহাইড (দেখা দিয়া) কৰা

1. হাইড কৰা কলম অথবা ৰো ক বেলেগ কলম বা ৰো ক ক্লিক কৰক।
2. 'হোম' টেবত ক্লিক কৰক, ইয়াৰ পিছত 'ফৰ্মেট' আৰু আকৌ 'হাইড এণ্ড আনহাইড' আৰু ইয়াৰ পিছত 'আনহাইড ৰো /আনহাইড কলম' ত ক্লিক কৰি দিয়ক।

এক্সেলে সেইটো কলম/ৰো ক আকৌ এবাৰ ডিচপ্লে কৰি দিব।

কলম আৰু ৰো ক সলনি কৰা

ট্ৰাঞ্চপোজ কামাণ্ডৰ ব্যৱহাৰেৰে আপুনি কলমৰ লেবেলক ৰো ত আৰু ৰো ৰ লেবেলক কলমত সহজতে আৰু তীব্ৰ গতিৰে ট্ৰাঞ্চপজ কৰিব পাৰে অৰ্থাৎ সলনি কৰিব পাৰে।

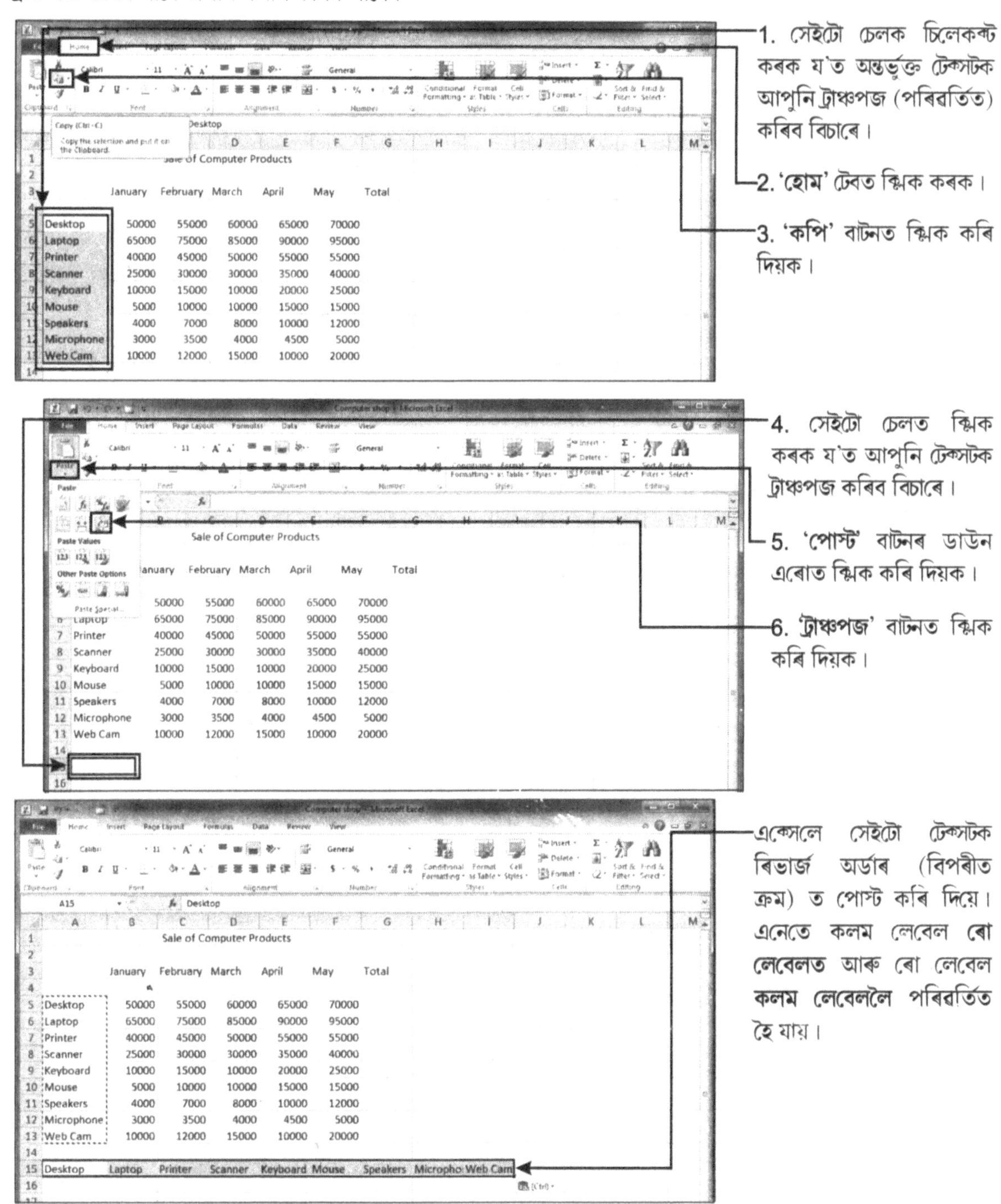

কলম আৰু ৰো ক ফ্ৰীজ (জমা) কৰা

যদি আপুনি বিচাৰে যে আপোনাৰ কলম আৰু ৰো মুভনকৰি অৰ্থাৎ ইফালে সিফালে কৰিব নিবিচাৰে, তেতিয়াহ'লে আপুনি সেইটোক ফ্ৰীজ (জমা) ও কৰিব পাৰে। ডাঙৰ ৱৰকচিটত আপোনাৰ দ্বাৰা ৰখা কলম আৰু ৰো ক স্ক্ৰীনত সেইদৰে দেখুওৱাত এইটো কামাণ্ডৰ ব্যৱহাৰ বহুত উপযোগী হয়।

এক্সেলে আপোনাৰ দ্বাৰা চিলেক্ট কৰা চেলৰ ওপৰৰ ৰো আৰু সোঁ ফালৰ কলমক ফ্ৰীজ (জমা) কৰি দিয়ে।

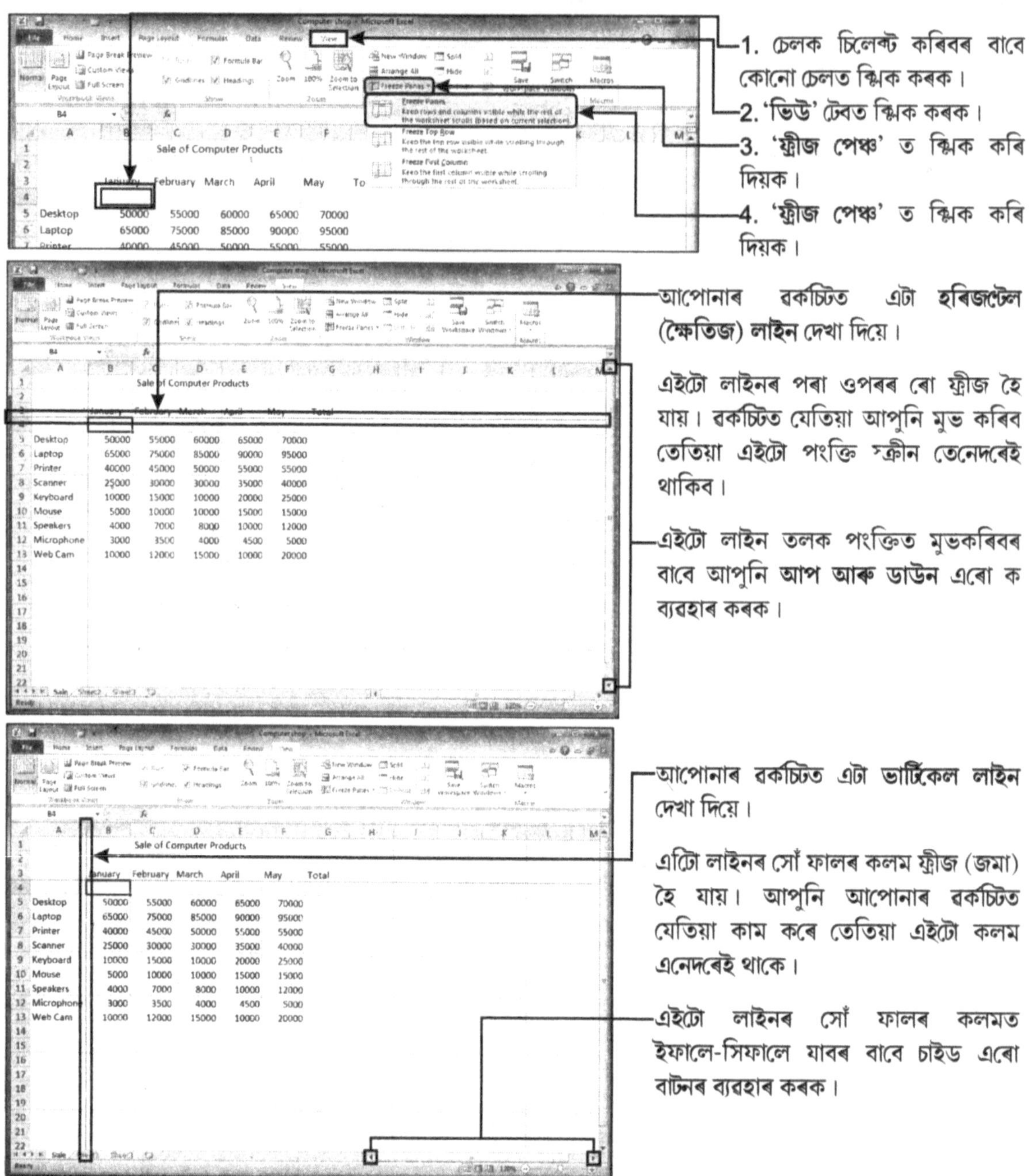

ফৰ্মেটিং

ৱৰ্ড প্ৰচেচৰে যেনেদৰে ৱৰ্ডৰ ব্যৱহাৰ কৰাৰ পিছত আপুনি টেক্সট ফৰ্মেটিংৰ পৰা ভালদৰে পৰিচিত হৈ গৈছে সম্ভৱ। টেক্সটৰ ফৰ্মেটিংত পৰিৱৰ্তন কৰি ৱৰ্ডত আপুনি আপোনাৰ ডকুমেন্টৰ প্ৰস্তুতিত সলনি কৰিব পাৰে। এইটো পৰিৱৰ্তনে আনটো ফন্ট চেট যেনে ডাঙৰ ফন্ট চাইজ, লাৰ্জ প্ৰিন্ট চাইজ, বল্ড আৰু ইটালিক কেৰেক্টাৰ আদিৰ ৰূপত অন্তৰ্ভুক্ত হয়।

যেনেদৰে আপুনি ৱৰ্ডত ডকুমেন্টৰ ফৰ্মেটিংৰ বিষয়ে শিকিছিল, সেইদৰে আপোনাক এক্সেলত নম্বৰ আৰু টেক্সটৰ ফৰ্মেটিংৰ বিষয়েও নিশ্চয় জানিব লাগে।

এক্সেলেত ফৰ্মেটিঙেৰে আপোনাৰ ৱৰ্কচিটৰ প্ৰস্তুতি সলনি হৈ যায় আৰু আপুনি এক্সেলত ডাটাক ফৰ্মেট কৰি আপোনাৰ ৱৰ্কচিটক এক আকৰ্ষণীয় আৰু ব্যৱসায়িক লুক (ৰূপ) দিব পাৰে, যাক সহজতে বুজিব পাৰি।

ডাটাৰ ফন্টক সলনি কৰা

আপোনাৰ ৱৰ্কচিটক এপিৰিয়েঞ্চ (প্ৰস্তুত) ক বঢ়বাৰ বাবে আপুনি ডাটাৰ ফন্টৰো সলনি কৰিব পাৰে।

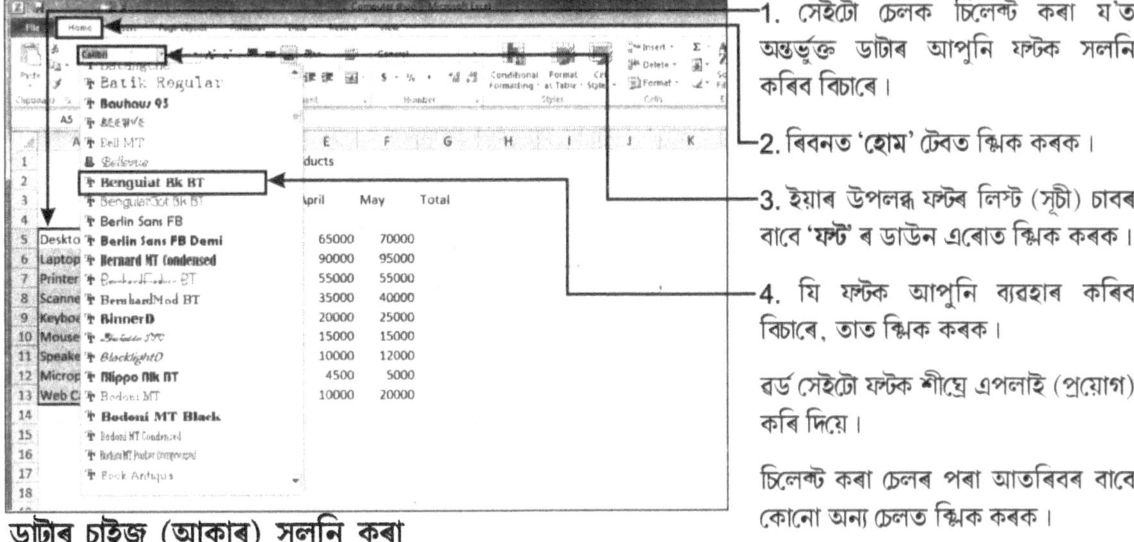

1. সেইটো চেলক চিলেক্ট কৰা য'ত অন্তৰ্ভুক্ত ডাটাৰ আপুনি ফন্টক সলনি কৰিব বিচাৰে।
2. ৰিবনত 'হোম' টেবত ক্লিক কৰক।
3. ইয়াৰ উপলব্ধ ফন্টৰ লিস্ট (সূচী) চাবৰ বাবে '**ফন্ট**' ৰ ডাউন এৰোত ক্লিক কৰক।
4. যি ফন্টক আপুনি ব্যৱহাৰ কৰিব বিচাৰে, তাত ক্লিক কৰক।

ৱৰ্ড সেইটো ফন্টক শীঘ্ৰে এপলাই (প্ৰয়োগ) কৰি দিয়ে।

চিলেক্ট কৰা চেলৰ পৰা আতৰিবৰ বাবে কোনো অন্য চেলত ক্লিক কৰক।

ডাটাৰ চাইজ (আকাৰ) সলনি কৰা

আপোনাৰ ৱৰ্কচিটত আপুনি ডাটাৰ আকাৰ কমাব আৰু বঢ়াবও পাৰে।

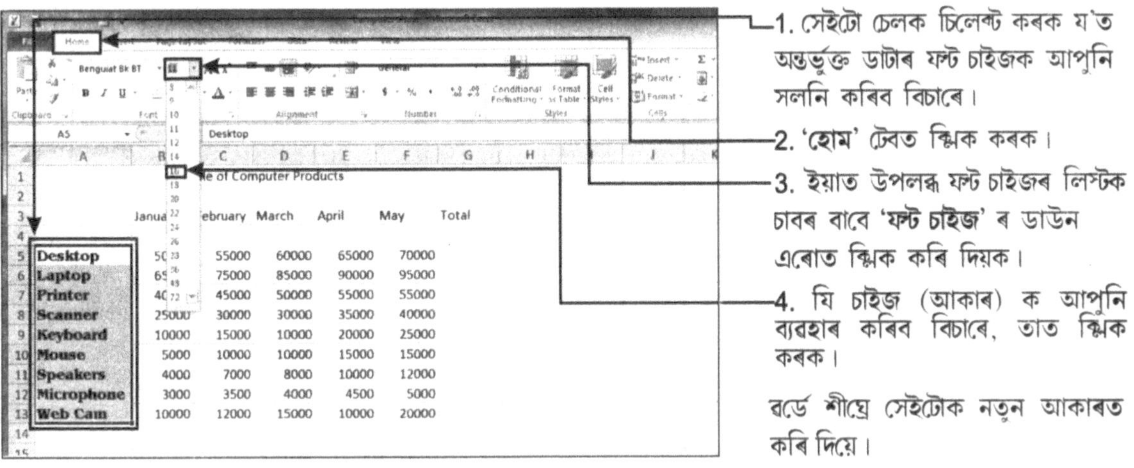

1. সেইটো চেলক চিলেক্ট কৰক য'ত অন্তৰ্ভুক্ত ডাটাৰ ফন্ট চাইজক আপুনি সলনি কৰিব বিচাৰে।
2. 'হোম' টেবত ক্লিক কৰক।
3. ইয়াত উপলব্ধ ফন্ট চাইজৰ লিস্টক চাবৰ বাবে '**ফন্ট চাইজ**' ৰ ডাউন এৰোত ক্লিক কৰি দিয়ক।
4. যি চাইজ (আকাৰ) ক আপুনি ব্যৱহাৰ কৰিব বিচাৰে, তাত ক্লিক কৰক।

ৱৰ্ডে শীঘ্ৰে সেইটোক নতুন আকাৰত কৰি দিয়ে।

বল্ড / ইটালিক আৰু আণ্ডাৰলাইন ডাটা

আপোনাৰ ৱৰ্কচিটত কোনো গুৰত্বপূৰ্ণ ডাটাক আপুনি বল্ড, ইটালিক আৰু আণ্ডালাইনো কৰিব পাৰে।

Computer shop - Microsoft Excel
Home
Sale of Computer Products
January February March April May Total
Desktop 50000 55000 60000 65000 70000
Laptop 65000 75000 85000 90000 95000
Printer 40000 45000 50000 55000 55000
Scanner 25000 30000 30000 35000 40000

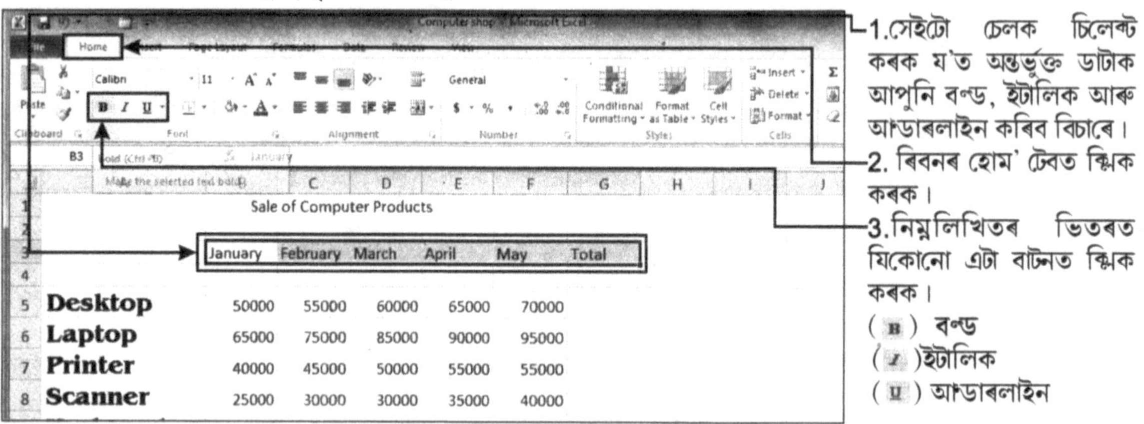

1.সেইটো চেলক চিলেক্ট কৰক য'ত অন্তৰ্ভুক্ত ডাটাক আপুনি বল্ড, ইটালিক আৰু আণ্ডাৰলাইন কৰিব বিচাৰে।

2. ৰিবনৰ হোম' টেবত ক্লিক কৰক।

3.নিম্নলিখিতৰ ভিতৰত যিকোনো এটা বাটনত ক্লিক কৰক।

(B) বল্ড

(I)ইটালিক

(U) আণ্ডাৰলাইন

ডাটা আপোনাৰ দ্বাৰা চিলেক্ট কৰা স্টাইলত দেখা দিব ধৰে।

বল্ড, ইটালিক আৰু আণ্ডাৰলাইন স্টাইলক ৰিমুভ কৰে অৰ্থাৎ আতৰাবৰ বাবে স্টেপ '1' ৰ পৰা '3' ক পুনৰ কৰক।

ডাটাৰ এলাইনমেণ্ট (স্হিতি) ক সলনি কৰা

আপোনাৰ ৱৰ্কচিটক আৰু অধিক আকৰ্ষণীয় কৰিবৰ বাবে আপুনি ডাটাৰ এলাইনমেণ্ট (স্হিতি) কো সলনি কৰিব পাৰে।

Computer shop - Microsoft Excel
Home
Sale of Computer Products
January February March April May Total
Desktop 50000 55000 60000 65000 70000
Laptop 65000 75000 85000 90000 95000
Printer 40000 45000 50000 55000 55000
Scanner 25000 30000 30000 35000 40000
Keyboard 10000 15000 10000 20000 25000
Mouse 5000 10000 10000 15000 15000

1.যি ডাটাৰ এলাইমেণ্টক আপুনি সলনি কৰিব বিচাৰে, সেইটো যি চেলত আছে, সেইটো চিলেক্ট কৰক।

2. ৰিবনৰ 'হোম' টেবত ক্লিক কৰক।

3. নিম্নলিখিতৰ ভিতৰত কোনো এটা বাটনত ক্লিক কৰক।

(≡) লেফট এলাইন

(≡) চেণ্টাৰ এলাইন

(≡) ৰাইট এলাইন

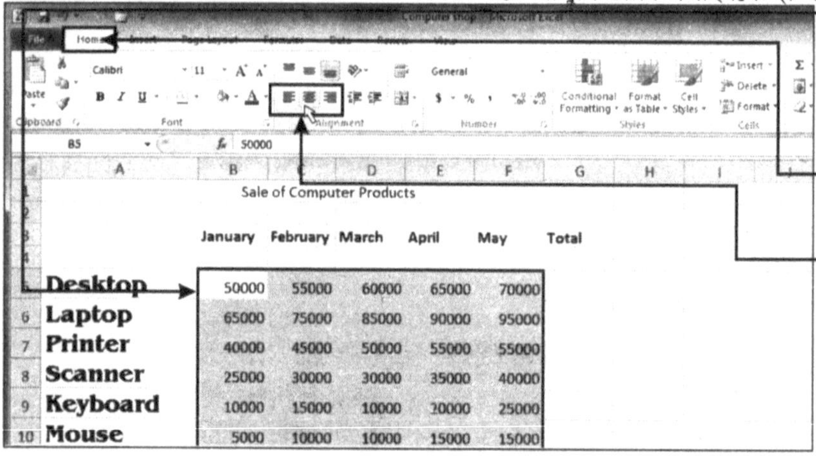

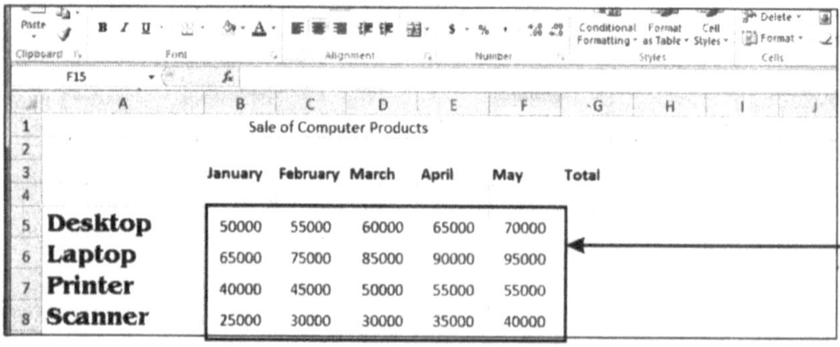

Sale of Computer Products
January February March April May Total
Desktop 50000 55000 60000 65000 70000
Laptop 65000 75000 85000 90000 95000
Printer 40000 45000 50000 55000 55000
Scanner 25000 30000 30000 35000 40000

ডাটা এতিয়া নতুন এলাইনমেণ্টত দেখা দিয়ে।

এইটো উদাহৰণত ডাটা নতুন এলাইনমেণ্টত দেখা দিয়ে।

চিলেক্ট কৰা চেলৰ পৰা আতৰিবৰ বাবে কোনো অন্য চেলত ক্লিক কৰক।

ডাটাক কলাৰ (ৰং) পৰিৱৰ্তিত কৰা

ৰকচিটত গুৰুত্বপূৰ্ণ সূচনাক বেলেগ ধৰণে চোৱা অৰ্থাৎ তাত মানুহৰ ধ্যান আকৰ্ষিত কৰিবৰ বাবে আপুনি ডাটাৰ ৰঙো পৰিৱৰ্তিত কৰিব পাৰে।

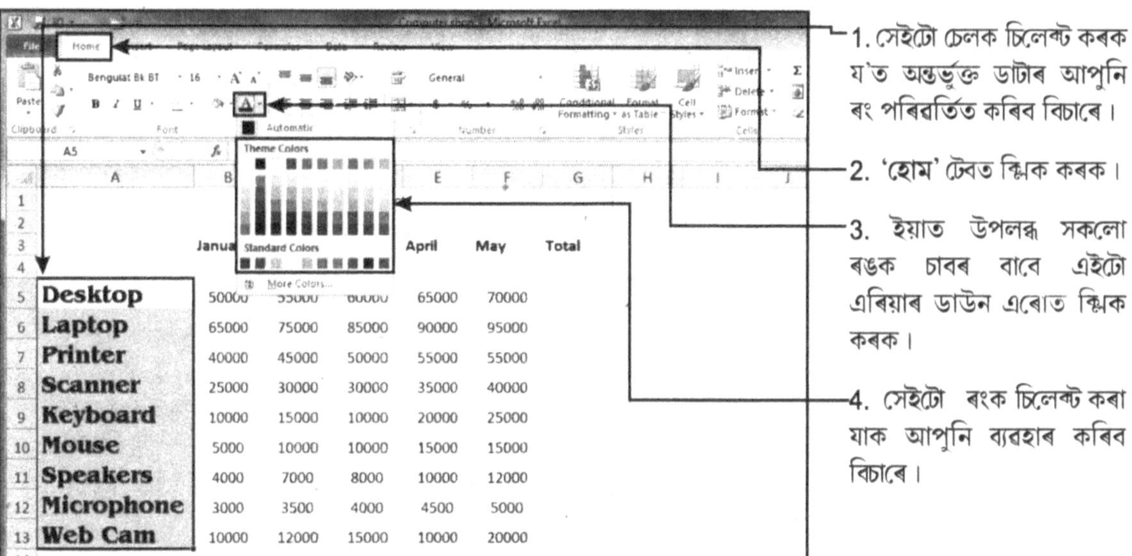

ডাটা শীঘ্ৰে সেইটো ৰংত পৰিৱৰ্তিত হৈ যায়য়। চিলেক্ট কৰা চেলৰ পৰা আতৰিবৰ বাবে কোনো অন্য চেলত ক্লিক কৰক। ডাটাক নিজৰ পূৰ্বৰ ৰংলৈ ঘূৰি আহিবাৰ বাবে স্টেপ '1' ৰ পৰা '4' লৈকে পুনৰ কৰক আৰু স্টেপ '4' ত '**অটোমেটিক**' ত ক্লিক কৰক।

চেলৰ ৰং পৰিৱৰ্তিন কৰা

আপোনাৰ ৰকচিটত কোনো চেলক পৰিৱৰ্তন কৰিবৰ বাবে সেইটো চেলত কালাৰো কৰিব পাৰে।

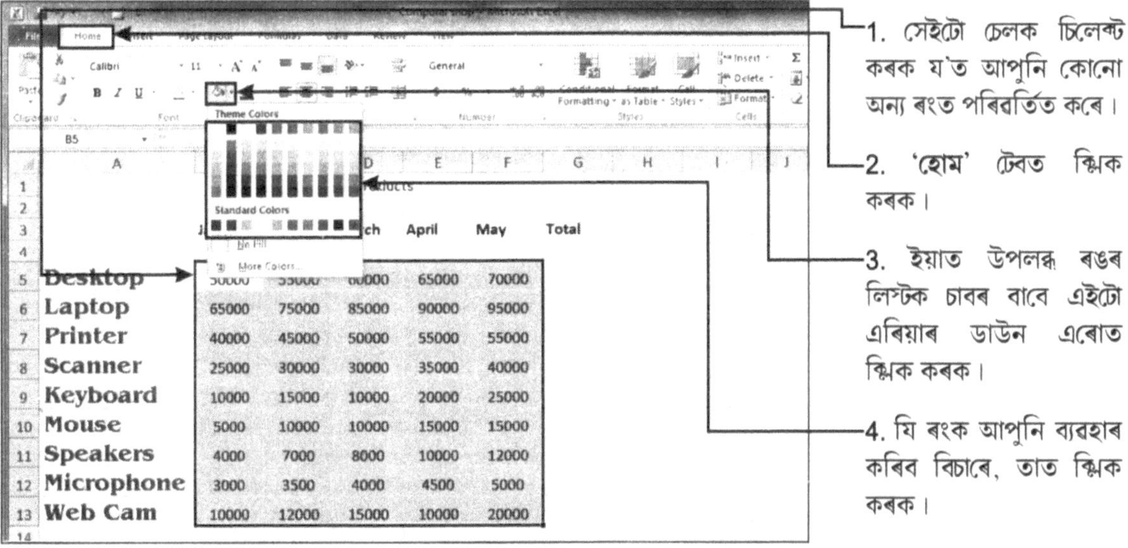

চেল শীঘ্ৰে অন্য ৰঙলৈ পৰিৱৰ্তিন হৈ যায়। চিলেক্ট কৰা চেলৰ পৰা আতৰিবৰ বাবে কোনো অন্য চেলত ক্লিক কৰক। চেলৰ পৰা ৰঙক ৰিমুভ কৰিবৰ বাবে স্টেপ '1' ৰ পৰা '4' লৈকে পুনৰ কৰা আৰু স্টেপ '4' ত '**নো ফিল**' ক চিলেক্ট কৰক।

নম্বৰ ফৰ্মেটৰ সলনি কৰা

গণিতীয় ডাটাৰ প্ৰস্তুতিক নিয়ন্ত্ৰিত কৰিবৰ বাবে আপুনি নম্বৰ ফৰ্মেটিংৰ ব্যৱহাৰ কৰিব পাৰে। উদাহৰণৰ বাবেঃ যদি আপোনাৰ ওচৰত প্ৰাইচ (মূল্য) ৰ কোনো কলম আছে তেতিয়াহ'লে আপুনি ডাটাত কাৰেঞ্চি ফৰ্মেটিং এপলাই কৰিব পাৰে। এক্সেলত 12 বিভিন্ন নম্বৰৰ স্টাইল থাকে, যৰ পৰা আপুনি যিকোনো নিৰ্বাচন কৰিব পাৰে।

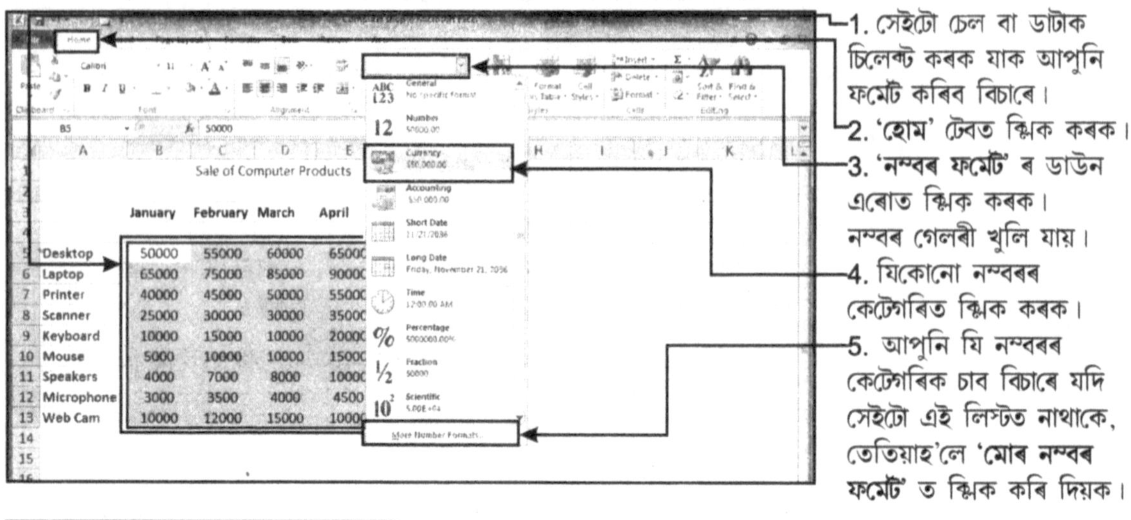

1. সেইটো চেল বা ডাটাক চিলেক্ট কৰক যাক আপুনি ফৰ্মেট কৰিব বিচাৰে।
2. 'হোম' টেবত ক্লিক কৰক।
3. **'নম্বৰ ফৰ্মেট'** ৰ ডাউন এৰোত ক্লিক কৰক। নম্বৰ গেলৰী খুলি যায়।
4. যিকোনো নম্বৰৰ কেটেগৰিত ক্লিক কৰক।
5. আপুনি যি নম্বৰৰ কেটেগৰিক চাব বিচাৰে যদি সেইটো এই লিস্টত নাথাকে, তেতিয়াহ'লে **'মোৰ নম্বৰ ফৰ্মেট'** ত ক্লিক কৰি দিয়ক।

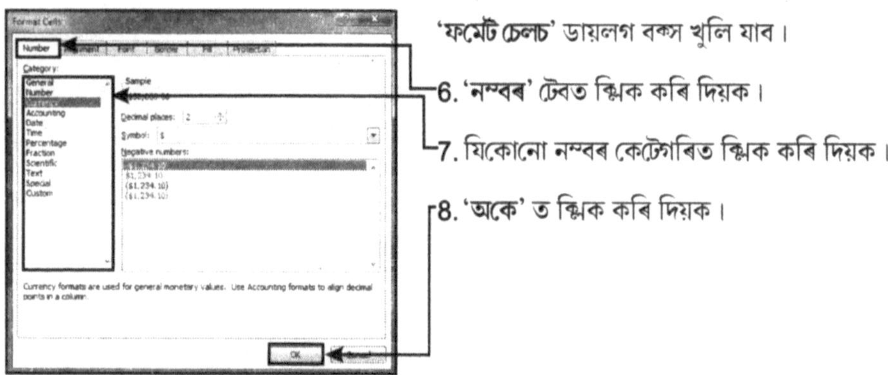

'ফৰ্মেট চেলচ' ডায়লগ বক্স খুলি যাব।

6. **'নম্বৰ'** টেবত ক্লিক কৰি দিয়ক।
7. যিকোনো নম্বৰ কেটেগৰিত ক্লিক কৰি দিয়ক।
8. **'অকে'** ত ক্লিক কৰি দিয়ক।

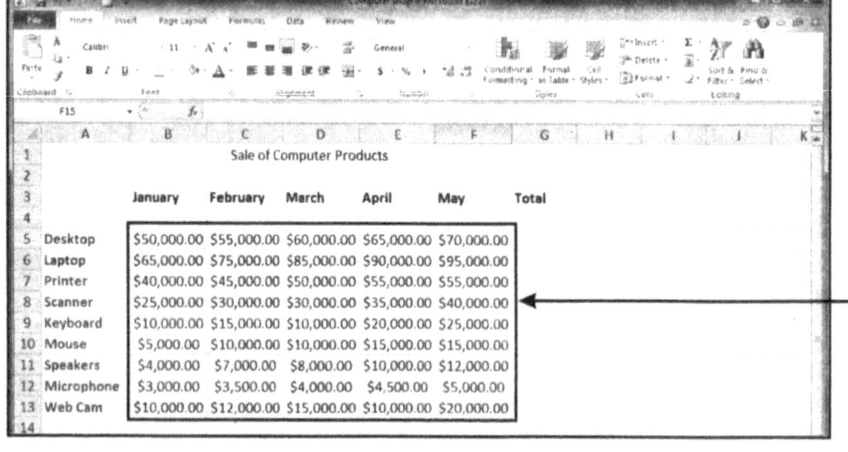

এক্সেলে সেইটো চেলত অন্তৰ্ভুক্ত গণিতীয় ডাটাত নম্বৰ ফৰ্মেট এপলাই (প্ৰয়োগ) কৰি দিয়ে।

ডেচিমল (দশমিক) ক কম কৰা-বঢ়োৱা

ইনক্রিজ ডেচিমল আৰু ডিক্রীজ ডেচিমল কামাণ্ডাৰ প্রয়োগ কৰি আপুনি (নিউমেৰিকল ডাটা) গণিতীয় সংখ্যাৰ লগত দেখা দিয়া ডেচিমল (দশমিক) ৰ সংখ্যাক কমাব আৰু বঢ়াবও পৰা যায়।

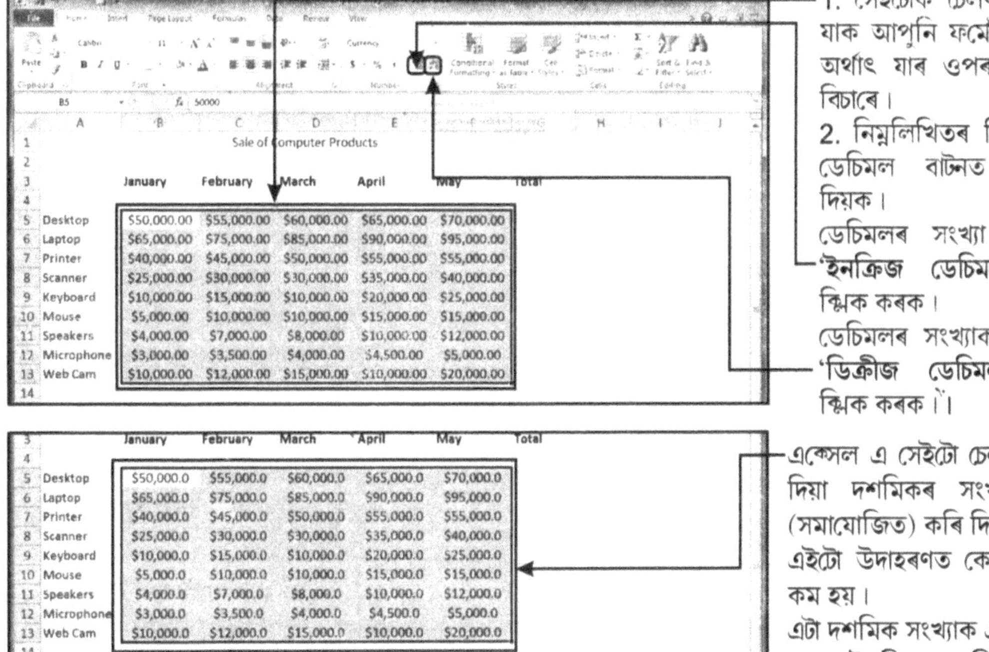

1. সেইটোক চেলক চিলিক্ট কৰা যাক আপুনি ফৰ্মেট কৰিব বিচাৰে অৰ্থাৎ যাৰ ওপৰত কাম কৰিব বিচাৰে।
2. নিম্নলিখিতৰ ভিতৰত কোনো ডেচিমল বাটনত ক্লিক কৰি দিয়ক।

ডেচিমলৰ সংখ্যা বঢ়াবৰ বাবে **'ইনক্রিজ ডেচিমল'** আইকনত ক্লিক কৰক।

ডেচিমলৰ সংখ্যাক কমাবৰ বাবে **'ডিক্রীজ ডেচিমল'** আইকনত ক্লিক কৰক।'।

এক্সেল এ সেইটো চেল /চেলচত দেখা দিয়া দশমিকৰ সংখ্যাক এডজাস্ট (সমাযোজিত) কৰি দিয়ে।

এইটো উদাহৰণত কেৱ এটা দশমিক কম হয়।

এটা দশমিক সংখ্যাক একেলগ কৰিবৰ বাবে **'ইনক্রিজ ডেচিমল'** আইকনত পুনৰ ক্লিক কৰি দিয়ক।

ৱৰ্কবুক থিমক এপলাই (প্রয়োগ) কৰা

আপোনাৰ স্প্রেডচিটক প্রফেচনেল (ব্যৱসায়িক) ৰূপ দিবৰ বাবে ফৰ্মেটিং চেটিংৰ কম্বিনেচন (কালাৰ, ফন্ট, ইফেক্টচ্) ক এপলাই কৰিবৰ বাবে আপুনি থিম গেলেৰীৰ ব্যৱহাৰ কৰিব পাৰে।

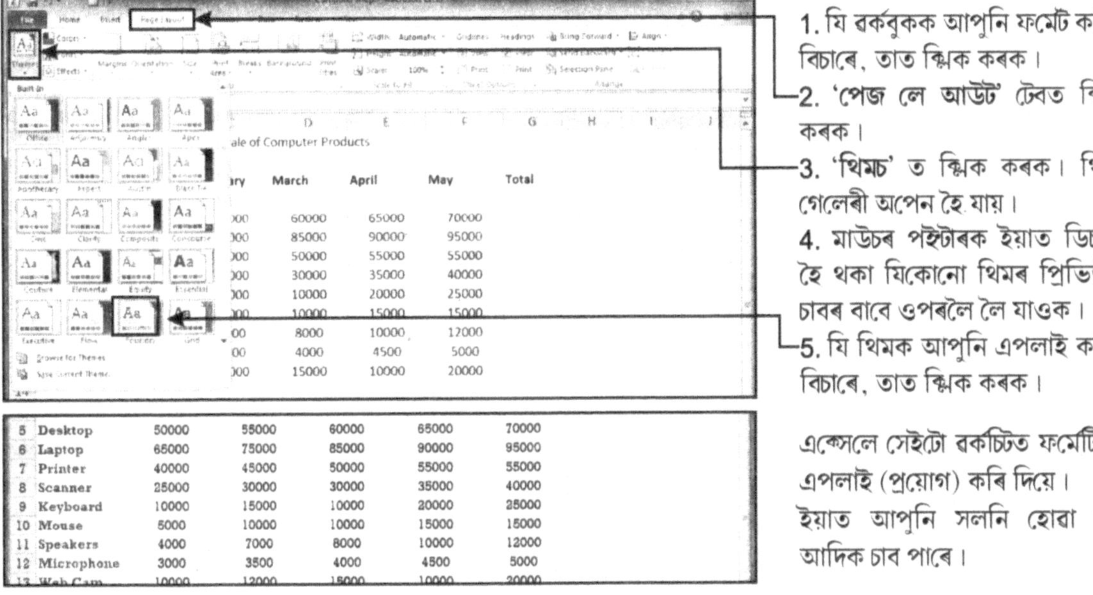

1. যি ৱৰ্কবুকক আপুনি ফৰ্মেট কৰিব বিচাৰে, তাত ক্লিক কৰক।
2. 'পেজ লে আউট' টেবত ক্লিক কৰক।
3. 'থিমচ' ত ক্লিক কৰক। থিমচ গেলেৰী অপেন হৈ যায়।
4. মাউচৰ পইণ্টাৰক ইয়াত ডিচপ্লে হৈ থকা যিকোনো থিমৰ প্রিভিউক চাবৰ বাবে ওপৰলৈ লৈ যাওক।
5. যি থিমক আপুনি এপলাই কৰিব বিচাৰে, তাত ক্লিক কৰক।

এক্সেলে সেইটো ৰকচিটত ফৰ্মেটিংক এপলাই (প্রয়োগ) কৰি দিয়ে।

ইয়াত আপুনি সলনি হোৱা ফন্ট আদিক চাব পাৰে।

কণ্ডিচনেল (বিশেষ) ফৰ্মেটিংক অন্তৰ্ভুক্ত কৰা

যেতিয়া কোনো চেলৰ ভেলুক কোনো স্পেচিফিক (বিশেষ) কণ্ডিচনত আছে তেতিয়া তাত নিশ্চিত ফৰ্মেটিংক প্ৰয়োগ কৰিবৰ বাবে আপুনি এক্সেলৰ কণ্ডিচনেল ফৰ্মেটিং ফিচাৰৰ প্ৰয়োগো কৰিব পাৰে।

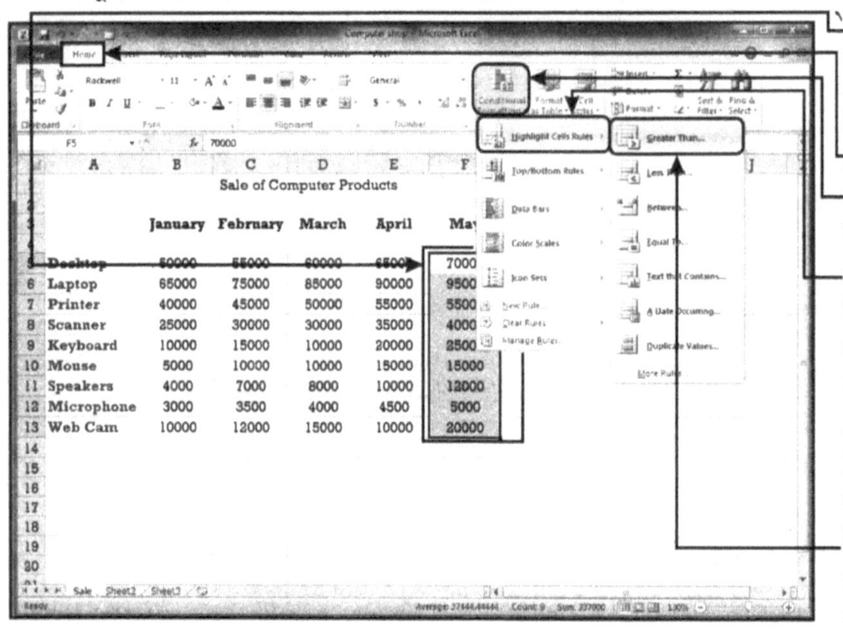

1. সেইটো চেলক ক্লিক কৰক যাৰ ওপৰত আপুনি কণ্ডিচনেল ফৰ্মেটিংক এপলাই কৰিব বিচাৰে।
2. 'হোম' টেবত ক্লিক কৰক।
3. 'কণ্ডিচনেল ফৰ্মেটিং'-ত ক্লিক কৰক।
4. 'হাইলাইট চেলচ ৰুলচ' ত ক্লিক কৰক।

আপুনি এইটো মেনুৰ পৰা অন্য ৰুলচো এপলাই কৰিব পাৰে। এইটো এইটো কথাৰ ওপৰত নিৰ্ভৰ কৰে যে আপুনি কি কণ্ডিচনক হাইলাইট কৰিব বিচাৰে।

5. সেইটো অপাৰেটক স্পেচিফাই কৰক যাক আপুনি কণ্ডিচন 1 ত অন্তৰ্ভুক্ত কৰিব বিচাৰে।

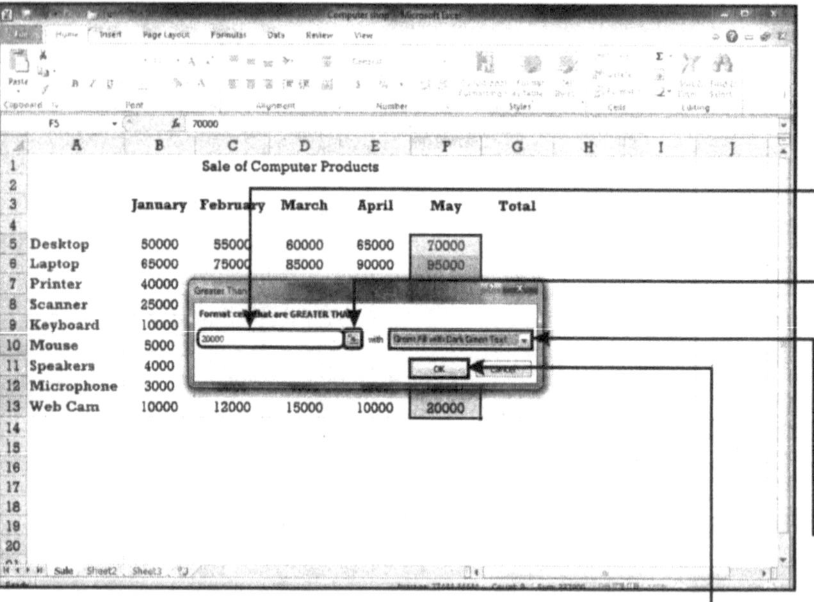

তাৰ লগত সম্বন্ধীত ডায়লগ বক্স অপেন হৈ যায় যেনে- 'গেটৰ দৈন'।

6. কণ্ডিচনৰ বাবে কোনো ভেলু বা টেক্সট এণ্টাৰ কৰক।

যদি আপোনাক কোনো চেলক চিলেক্ট কৰাৰ আৱশ্যক অনুভৱ হয়, তেতিয়া ডায়লগ বক্সক মিনিমাইজ কৰিবৰ বাবে ইয়াত ক্লিক কৰক আৰু অন্য ৰকচিটক চাওক।

7. ডাউন এৰো ত ক্লিক কৰক আৰু ফৰ্মেটিংক এপলাই কৰিবৰ বাবে নিৰ্বাচন কৰক।
8. 'অকে' ত ক্লিক কৰক।

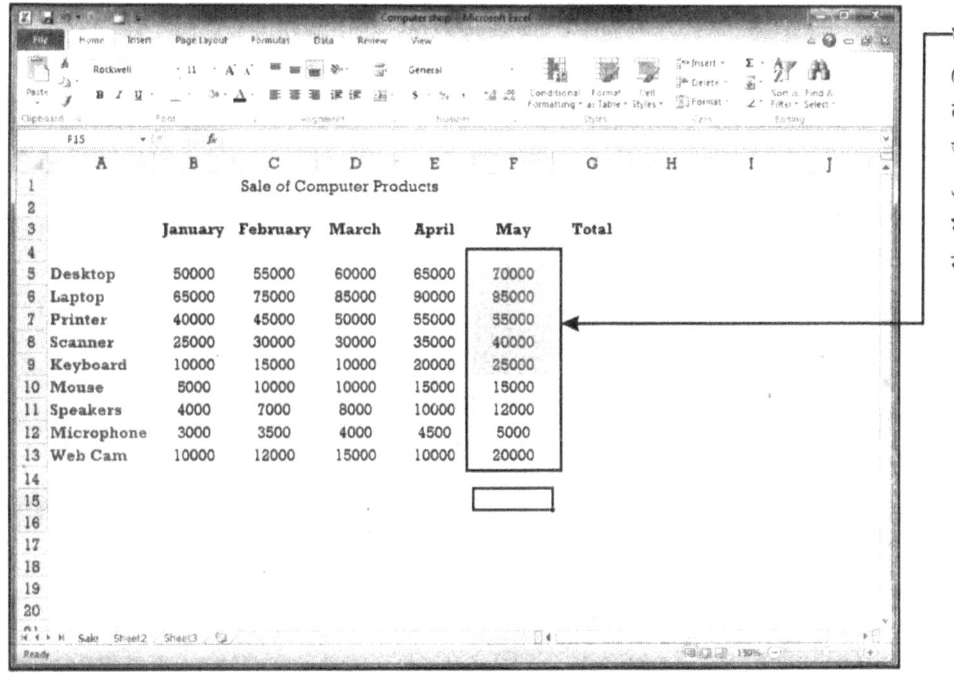

	A	B	C	D	E	F	G
1			Sale of Computer Products				
2							
3		January	February	March	April	May	Total
4							
5	Desktop	50000	55000	60000	65000	70000	
6	Laptop	65000	75000	85000	90000	95000	
7	Printer	40000	45000	50000	55000	55000	
8	Scanner	25000	30000	30000	35000	40000	
9	Keyboard	10000	15000	10000	20000	25000	
10	Mouse	5000	10000	10000	15000	15000	
11	Speakers	4000	7000	8000	10000	12000	
12	Microphone	3000	3500	4000	4500	5000	
13	Web Cam	10000	12000	15000	10000	20000	

যদি চেলৰ ভেলু সেইটো কণ্ডিচৰ লগত মেচ কৰে অর্থাৎ মিলে তেতিয়া এক্সেল কণ্ডিচনেল ফৰ্মেটিংক এপলাই কৰি দিয়ে।

কণ্ডিচনেল ফৰ্মেটিংক ৰিমুভ(আতৰোৱা) কৰা

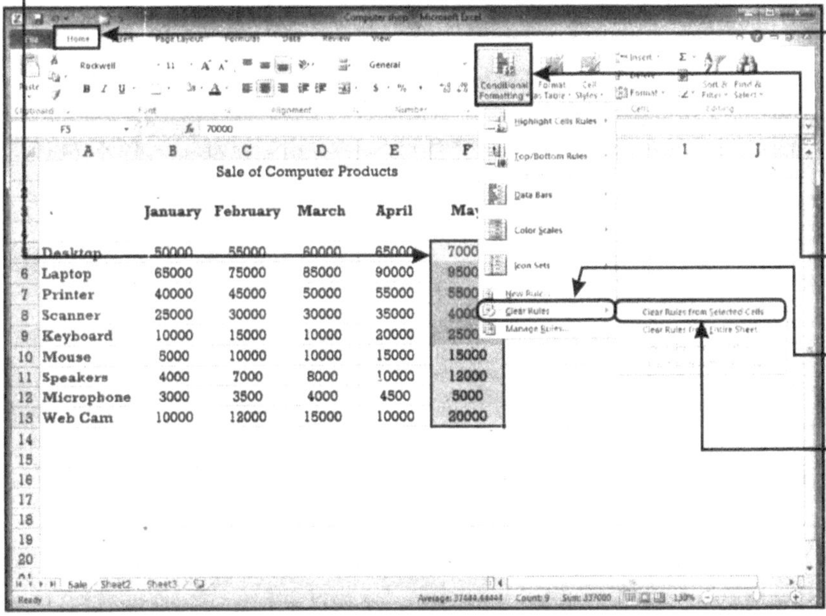

	A	B	C	D	E	F
1			Sale of Computer Products			
3		January	February	March	April	May
5	Desktop	50000	55000	60000	65000	7000
6	Laptop	65000	75000	85000	90000	9500
7	Printer	40000	45000	50000	55000	5500
8	Scanner	25000	30000	30000	35000	400
9	Keyboard	10000	15000	10000	20000	2500
10	Mouse	5000	10000	10000	15000	15000
11	Speakers	4000	7000	8000	10000	12000
12	Microphone	3000	3500	4000	4500	5000
13	Web Cam	10000	12000	15000	10000	20000

1. সেইটো চেল/চেলচত ক্লিক কৰক যৰ পৰা আপুনি কণ্ডিচনেল ফৰ্মেটিংক ৰিমুভকৰিব বিচাৰে।

2. 'হোম' টেবত ক্লিক কৰক।

3. 'কণ্ডিচনেল ফৰ্মেটিং' ত ক্লিক কৰক।

4. 'ক্লিয়েৰ ৰুলচ' ত নিৰ্বাচন কৰক।

5. চাইড মেনুৰ পৰা 'ক্লিয়েৰ ৰুলচ ফ্ৰম চিলেক্টেড চেলচ' ত ক্লিক কৰক।

কণ্ডিচনেল ফৰ্মেটিং ৰিমুভ হৈ যায় অর্থাৎ নাইকিয়া হৈ যায়।

ফৰ্মূলা আৰু ফাংকচন

ফৰ্মূলা সেইটো এক্সপ্ৰেচঞ্চ (বুজা বা অভিব্যক্তি) হয় যিটো আপোনাক ৱৰ্কচিটত ডাটাৰ গণনা কৰা আৰু তাৰ বিশ্লেষণ কৰাত সহায় কৰে।

গণিতত যেতিয়া আপুনি কোনো ফৰ্মূলা লিখে তেতিয়া আপুনি ভেলু লিখে আৰু তাৰ গণনাক সমান চিহ্ন (ইকুৱেল টু) ৰ পিছত দেখা দিয়ে।

যেনে& **2+2=4**

কিন্তু এক্সেলত ফৰ্মূলা সমান চিহ্ন **(=)** ৰ পৰা আৰম্ভ হয়।যেনে- **=2+2**

চেল ৰেফাৰেঞ্চিং

ৱৰ্কচিটত অন্তৰ্ভুক্ত প্ৰত্যেক চেলৰ এটা নিশ্চিত এড্ৰেচ (পৰিচয়) হয়, যাক **চেল ৰেফাৰেঞ্চো** বুলি কোৱা হয়। ডিফল্ট ৰূপত চেলক স্পেচিফিক কলম লেটাৰ আৰু ৰো নম্বৰৰ লগত চিনি পোৱা যায়। সেইকাৰণে এ5 চেলৰ অৰ্থ কলম এ ত পঞ্চ চেল হয়। সেইকাৰণে যেতিয়াই ফৰ্মূলাৰ প্ৰয়োগ কৰিব, যিমান দূৰলৈকে সম্ভৱ হয় বাস্তৱিক ডাটাক লিখাৰ পৰিৱৰ্তে চেল ৰেফাৰেঞ্চৰ প্ৰয়োগ কৰক। উদাহৰণৰ বাবে **(=10+20)** ৰ পৰিৱৰ্তে **(=A1+A2)** ফৰ্মূলাৰ ব্যৱহাৰ কৰক।

যেতিয়া আপুনি চেল ৰেফাৰেঞ্চৰ প্ৰয়োগ কৰে আৰু ফৰ্মূলাত ব্যৱহাৰিক নম্বৰত সলনি কৰিব তেতিয়া এক্সেলে নিজে নিজে সেইটোক গণনা কৰি দিব।

চেল ৰেঞ্জ

ৱৰ্কচিটত কোনো চেলৰ গ্ৰুপক (সমূহ) **চেল ৰেঞ্জ** বুলি কয়। চেল ৰেঞ্জক তাৰ এংকৰ পইন্টাৰ (সকলোতকৈ ওপৰৰ বাওঁফালে কিনাৰত সকলোতকৈ তলত সোঁ ফালে কিনাৰত) ৰ লগত চিনি পাই যায়। ৰেঞ্জত দুটা এংকৰ পইন্ট অন্তৰ্ভুক্ত হয় আৰু এইটোক অনুপাত (%) ৰ লগত বিভাজিত বেলেগ কৰা যায়। উদাহৰণৰ বাবে ৰেঞ্জ নেম **(A1:B2)** esa **A1, A2,A3** আৰু **B1, B2, B3** চেল অন্তৰ্ভুক্ত হয়। ৰেঞ্জ নেমক আখৰেৰে আৰম্ভ কৰা যায় আৰু ইয়াত স্মল বা কেপিটেল দুটা আখৰ অন্তৰ্ভুক্ত কৰিব পাৰে কিন্তু আপুনি ৰেঞ্জ নেমত স্পেচ (খালি স্থান) ক অন্তৰ্ভুক্ত কৰিব নোৱাৰে।

অপাৰেটৰ্চ

ফৰ্মূলা এক গণিতীয় সংৰচনা হয় য'ত এটা বা এটাতকৈ অধিক অপাৰেটৰ অন্তৰ্ভুক্ত থাকে। আপুনি কোনো ধৰণৰ গণনা কৰিব বিচাৰে এইটো অপাৰেটৰেৰে নিৰ্ধাৰিত হয় আৰু সেইটোক স্পেচিফাইক কৰিব লগীয়া হয়।

Operator	Description
+	Addition (A1+B1)
-	Subtraction (A1-B1)
*	Multiplication (A1*B1)
/	Division (A1/B1)
%	Percent (A1%)
^	Exponentiation (A1^B1)

ইয়াত দুই প্ৰকাৰৰ অপাৰেট আছে-

- **এৰিথমেটিক (অংকগণিত) অপাৰেটৰ**
- **কম্পেৰিজিন (তুলনাত্মল) অপাৰেটৰ**

এৰিথমেটিক অপাৰেটৰ্চ - গণিতীয় গণনাৰ বাবে আপুনি এৰিথমেটিক অপাৰেটৰ্চৰ ব্যৱহাৰ কৰিব পাৰে।

কম্পেৰিজিন অপাৰেটৰ্চ - দুটা ভেলুৰ তুলনা কৰিবৰ বাবে আপুনি কম্পেৰিজিন অপাৰেটৰ্চৰ ব্যৱহাৰ কৰিব পাৰে।

কম্পেৰিজিন অপাৰেটৰ্চৰ ভেলু টু (সঠিক) বা ফলচ (ভুল) ৰ ৰূপত প্ৰদৰ্শিত হয়।

Operator	Description
=	Equal to (A1=B1)
>	Greater than (A1>B1)
<	Less than (A1<B1)
>=	Greater than or equal to (A1>=B1)
%	Less than or equal to (A1<=B1)
<>	Not equal to (A1<>B1)

গণনাৰ ক্ৰম

যদি কোনো ফৰ্মূলাত এটাতকৈ অধিক অপাৰেটৰ অন্তৰ্ভুক্ত হয় তেতিয়া এক্সেল গণনাক স্পেচিফিক (নিশ্চিত ক্ৰম) ত কৰে।

এক্সেলে যি ক্ৰমত গণনা কৰে সেইটো ক্ৰমক সলনি কৰিবৰ বাবে আপুনি কোষ্ঠক ( ) ৰ ব্যৱহাৰ কৰিব পাৰে। এনেতে এক্সেল কোষ্ঠকৰ ভিতৰৰ গণনাক প্ৰথমে পুৰা কৰে।

1	Percent (%)
2	Exponentiation (^)
3	Multiplication (*) and Division (/)
4	Addition (+) and Subtraction (-)
5	Comparison operators

ফৰ্মূলা এণ্টাৰ কৰা অৰ্থাৎ ফৰ্মূলাৰ প্ৰয়োগ

আপুনি আপোনাৰ ৱৰ্কচিটত যিকোনো চেলত ফৰ্মূলা এণ্টাৰ কৰিব পাৰে। এটা ফৰ্মূলা আপোনাৰ ৱৰ্কচিটত থকা ডাটাৰ গণনা কৰা আৰু তাৰ বিশ্লেষণ কৰাত সহায় কৰে।

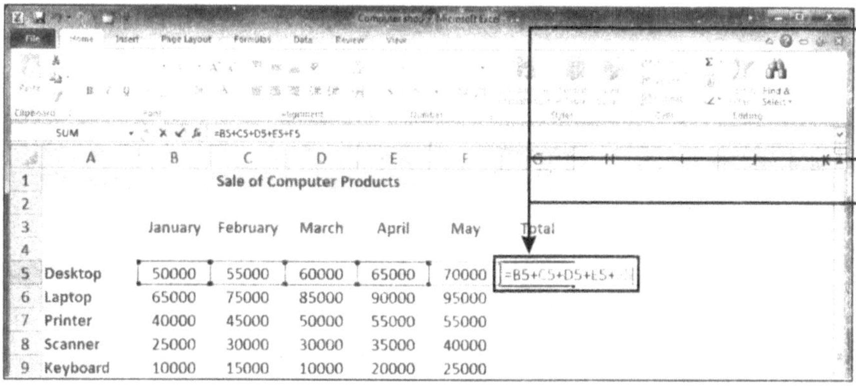

SUM =B5+C5+D5+E5+F5

	A	B	C	D	E	F	G
1			Sale of Computer Products				
2							
3		January	February	March	April	May	Total
4							
5	Desktop	50000	55000	60000	65000	70000	=B5+C5+D5+E5+
6	Laptop	65000	75000	85000	90000	95000	
7	Printer	40000	45000	50000	55000	55000	
8	Scanner	25000	30000	30000	35000	40000	
9	Keyboard	10000	15000	10000	20000	25000	

1. সেই চেলত ক্লিক কৰক য'ত আপুনি ফৰ্মূলা লগাব বিচাৰে।

2. ফৰ্মূলা আৰম্ভ কৰাৰ পূৰ্বে সমান চিহ্ন (=) টাইপ কৰক।

3. ফৰ্মূলা টাইপ কৰক আৰু 'এণ্টাৰ' টিপক।

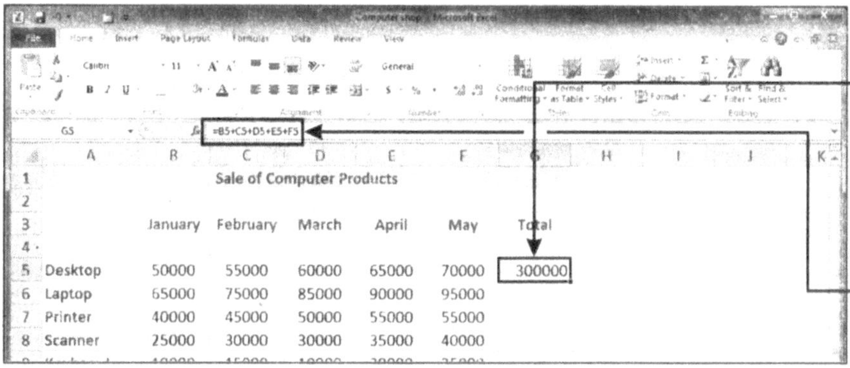

G5 =B5+C5+D5+E5+F5

	A	B	C	D	E	F	G
1			Sale of Computer Products				
2							
3		January	February	March	April	May	Total
4							
5	Desktop	50000	55000	60000	65000	70000	300000
6	Laptop	65000	75000	85000	90000	95000	
7	Printer	40000	45000	50000	55000	55000	
8	Scanner	25000	30000	30000	35000	40000	

গণনাৰ পৰিণাম সেইটো চেলত প্ৰদৰ্শিত হয়।

4. এণ্টাৰ কৰা ফৰ্মূলাক চাবৰ বাবে সেইটো চেলত ক্লিক কৰক য'ত ফৰ্মূলা অন্তৰ্ভুক্ত হয়।

ফৰ্মূলা বাৰত চেলত অন্তৰ্ভুক্ত ফৰ্মূলা ডিচপ্লে হৈ যায়।

ফৰ্মূলাক এডিট কৰা

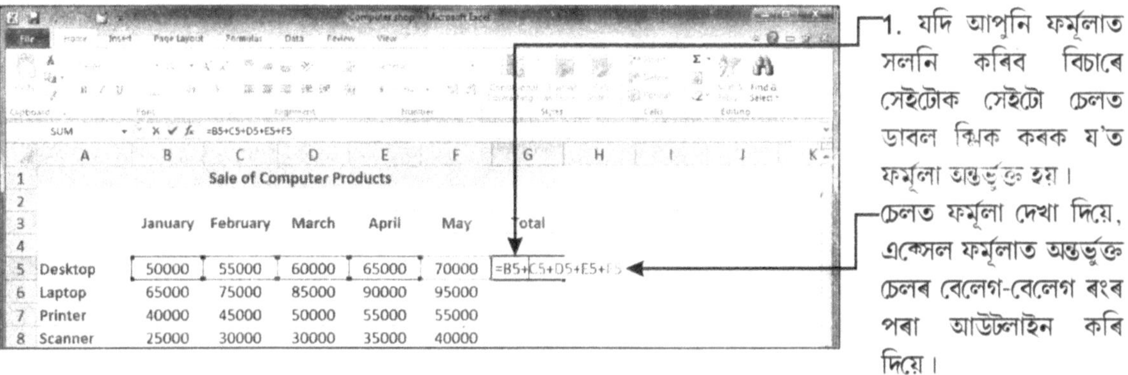

1. যদি আপুনি ফৰ্মূলাত সলনি কৰিব বিচাৰে সেইটোক সেইটো চেলত ডাবল ক্লিক কৰক য'ত ফৰ্মূলা অন্তৰ্ভুক্ত হয়।

চেলত ফৰ্মূলা দেখা দিয়ে, এক্সেল ফৰ্মূলাত অন্তৰ্ভুক্ত চেলৰ বেলেগ-বেলেগ ৰংৰ পৰা আউটলাইন কৰি দিয়ে।

2. য'ত আপুনি কেৰেক্টাৰ (আখৰ) ক আতৰাব বিচাৰে বা সলনি কৰিব বিচাৰে, ইনচাৰ্শন পইণ্টাৰক তালৈ লৈ যাবৰ বাবে 'এৰো' বাটনৰ প্ৰয়োগ কৰক।

3. ইনচাৰ্শন পইণ্টাৰ যিমান দূৰলৈকে লৈকে দেখা দিয়ে তাত ডাটাক একেলগ কৰিবৰ বাবে ডাটাক টাইক কৰক।

4. ফৰ্মূলাত যেতিয়া আপুনি সলনি কৰি লয় তেতিয়া 'এণ্টাৰ' টিপি দিয়ক।

ফৰ্মূলাক কপি কৰা

যদি আপুনি কোনো ফৰ্মূলাক বৰ্কচিটত কেইবাবাৰ প্ৰয়োগ কৰিব বিচাৰে তেতিয়াহ'লে আপুনি ফৰ্মূলাক কপি কৰিব পাৰে। ইয়াৰ পৰা আপোনাৰ সময় বাচিব আৰু কামো সোনকালে হৈ যাব।

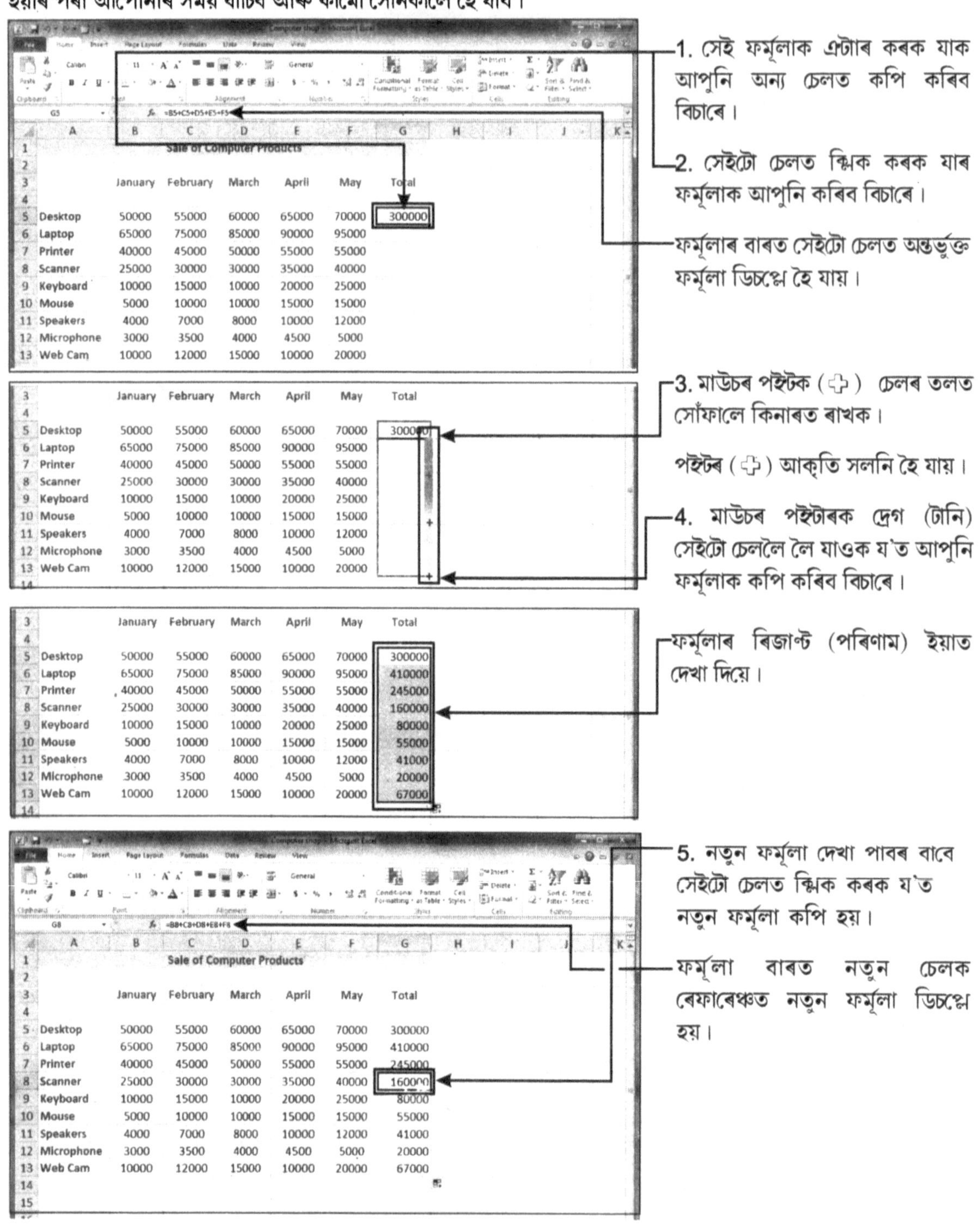

	January	February	March	April	May	Total
Desktop	50000	55000	60000	65000	70000	300000
Laptop	65000	75000	85000	90000	95000	410000
Printer	40000	45000	50000	55000	55000	245000
Scanner	25000	30000	30000	35000	40000	160000
Keyboard	10000	15000	10000	20000	25000	80000
Mouse	5000	10000	10000	15000	15000	55000
Speakers	4000	7000	8000	10000	12000	41000
Microphone	3000	3500	4000	4500	5000	20000
Web Cam	10000	12000	15000	10000	20000	67000

ফৰ্মূলাক ডিচপ্লে কৰা

গণিতীয় পৰিণামৰ স্হানত আপুনি আপোনাৰ ৱৰ্কচিটত ফৰ্মূলাক ডিচপ্লে কৰিব পাৰে।

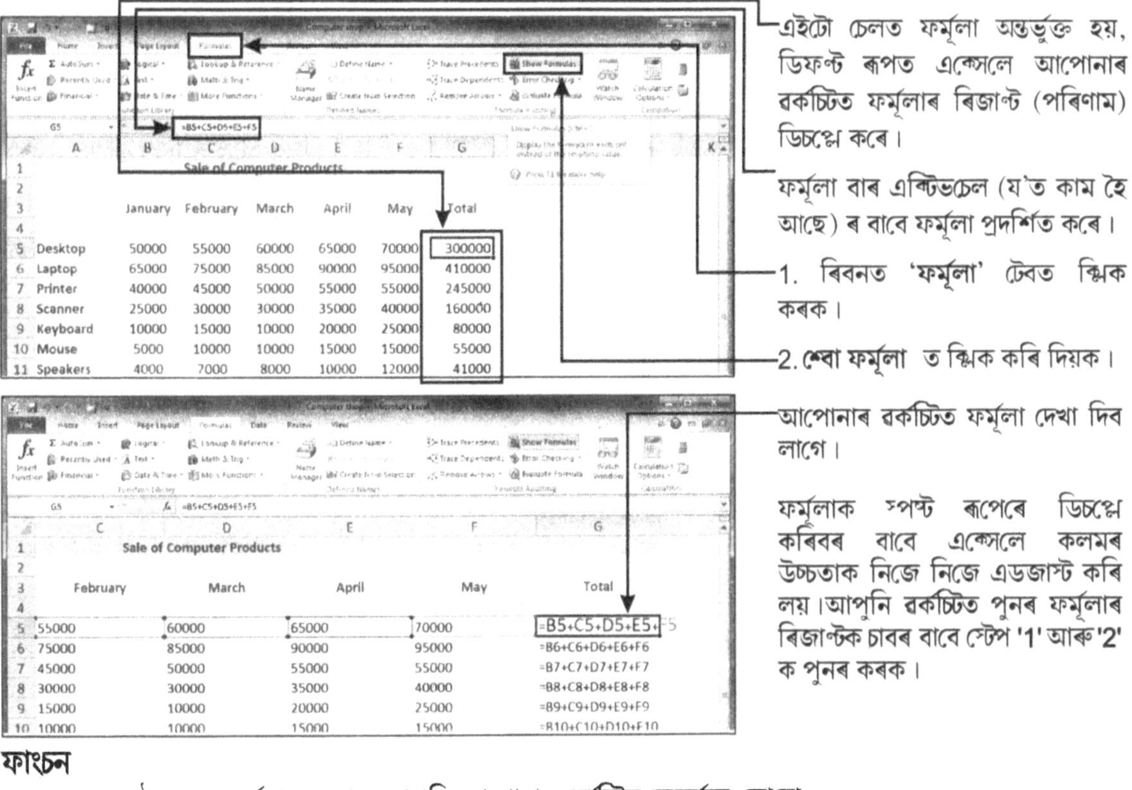

ফাংচন

ফাংচন এক গঠন কৰা ফৰ্মূলা হয় যাক আপুনি আপোনাৰ ৱৰ্কচিটত অন্তৰ্ভুক্ত কোনো ডাটাৰ গণনাত প্ৰয়োগ কৰিব পাৰে। ফাংচন ৰেডিমেট (আগৰ পৰা গঠন কৰা) ফৰ্মূলা হয় যিটো কোনো ভেলুৰ বিশেষ ৰেঞ্জত কোনো কাৰ্য কৰে।
এক্সেলত 300 তকৈ অধিক ফাংচন থাকে যাক আপুনি আপোনাৰ ৱৰ্কচিটৰ ডাটাৰ গণিতীয় গণনাক পুৰা কৰাত ব্যৱহাৰ কৰিব পাৰে।
উদাহৰণৰ বাবেঃ সাধাৰণতে প্ৰয়োগ কৰা সামান্য ফাংচন এভাৰেজ, কাউন্ট, মেক্স আৰু চাম হয়।

	A
1	10
2	20
3	30
4	40
5	

=AVERAGE(A1:A4)
=(10+20+30+40)/4=25
=COUNT(A1:A4) = 4
=MAX(A1:A4) = 40
=SUM(A1:A4)
=10+20+30+40 = 100

এক্সেলত প্ৰত্যেক ফাংকচনৰ নাম থাকে। উদাহৰণ বাবেঃ সেইটো ফাংকচ যিটো ডাটাক একেলগ কৰে, চাম ফাংচন বুলি কোৱা হয় আৰু শতকাৰা ভেলু দেখুওৱা ফাংচন এভাৰেজ বুলি কোৱা হয়। আপুনি আপোনাৰ ৱৰ্কচিটৰ চেলত চিধা ফাংকচনক টাইপ কৰিব পাৰে অথবা ৰিবনত আকৌ ফৰ্মূলা টেবৰ ব্যৱহাৰ কৰিব পাৰে।

স্পেচিফাইড ভিজুৱেল চেল (বেলেগ চেলক পৰিভাষিত কৰা)

যদি ফাংকচনত চেলত ৰেফাৰেঞ্চক ক'মা, (|) বেলেগ কৰে তেতিয়া এক্সেলে চেলক গণনাৰ বাবে ব্যৱহাৰ কৰে।
উদাহৰণৰ বাবেঃ **= SUM (A1,A2, A3)** একেবাৰে সেইটো ফৰ্মূলা হয় যেনে =(A1+A2+A3)।

স্পেচিফাই গ্ৰুপ অফ চেলচ (কোনো চেলক পৰিভাষিত কৰা)

যদি ফাংচনত অনুপাত (:) কোনো চেল ৰেফাৰেঞ্চক বেলেগ কৰে তেতিয়া এক্সেলে স্পেচিফাইড চেল অথবা সকলো চেলক গণনাত প্ৰয়োগ কৰে, অৰ্থাৎ সকলোৰে গণনা কৰে।
উদাহৰণ বাবেঃ **= SUM(A1:A3)** ৰ অৰ্থ সেইটো যিটো **=A1+A2+A3** ৰ হয়।

এক্সেলে আপোনাক আপোনাৰ ৰকচিটিত ফাংচন এণ্টাৰ কৰাত সহায় কৰে। এইদৰে ফাংচনৰ ব্যৱহাৰ কৰি আপুনি দীঘল আৰু কঠিন ফৰ্মূলাক টাইপ নকৰাকেও গণনা কৰিব পাৰে।

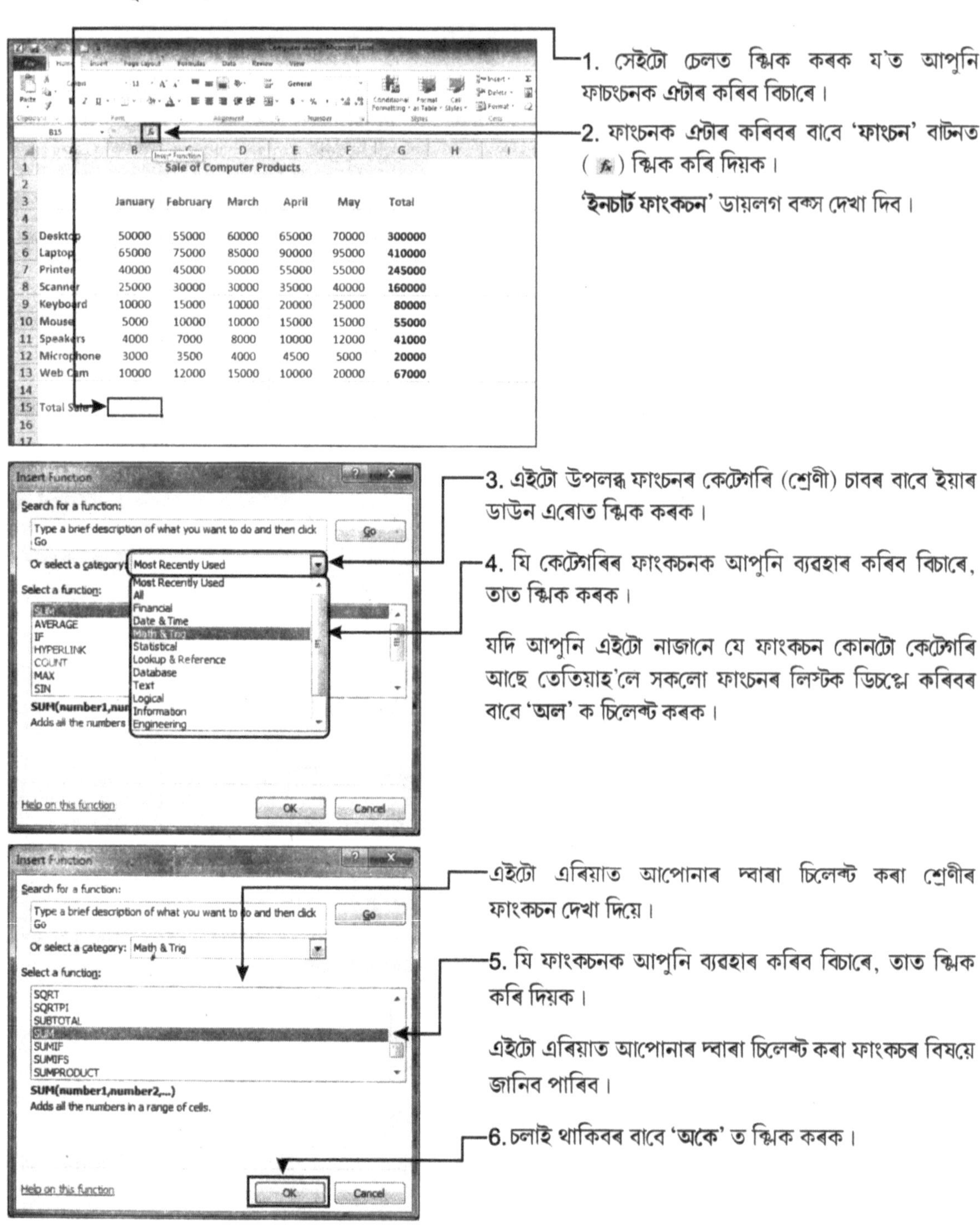

	January	February	March	April	May	Total
Desktop	50000	55000	60000	65000	70000	**300000**
Laptop	65000	75000	85000	90000	95000	**410000**
Printer	40000	45000	50000	55000	55000	**245000**
Scanner	25000	30000	30000	35000	40000	**160000**
Keyboard	10000	15000	10000	20000	25000	**80000**
Mouse	5000	10000	10000	15000	15000	**55000**
Speakers	4000	7000	8000	10000	12000	**41000**
Microphone	3000	3500	4000	4500	5000	**20000**
Web Cam	10000	12000	15000	10000	20000	**67000**
Total Sale						

1. সেইটো চেলত ক্লিক কৰক য'ত আপুনি ফাচংচনক এণ্টাৰ কৰিব বিচাৰে।

2. ফাংচনক এণ্টাৰ কৰিবৰ বাবে 'ফাংচন' বাটনত (fx) ক্লিক কৰি দিয়ক।

'ইনচাৰ্ট ফাংকচন' ডায়লগ বক্স দেখা দিব।

3. এইটো উপলব্ধ ফাংচনৰ কেটেগৰি (শ্ৰেণী) চাবৰ বাবে ইয়াৰ ডাউন এৰোত ক্লিক কৰক।

4. যি কেটেগৰিৰ ফাংকচনক আপুনি ব্যৱহাৰ কৰিব বিচাৰে, তাত ক্লিক কৰক।

যদি আপুনি এইটো নাজানে যে ফাংকচন কোনটো কেটেগৰি আছে তেতিয়াহ'লে সকলো ফাংচনৰ লিস্টক ডিচপ্লে কৰিবৰ বাবে 'অল' ক চিলেক্ট কৰক।

এইটো এৰিয়াত আপোনাৰ দ্বাৰা চিলেক্ট কৰা শ্ৰেণীৰ ফাংকচন দেখা দিয়ে।

5. যি ফাংকচনক আপুনি ব্যৱহাৰ কৰিব বিচাৰে, তাত ক্লিক কৰি দিয়ক।

এইটো এৰিয়াত আপোনাৰ দ্বাৰা চিলেক্ট কৰা ফাংকচৰ বিষয়ে জানিব পাৰিব।

6. চলাই থাকিবৰ বাবে 'অকে' ত ক্লিক কৰক।

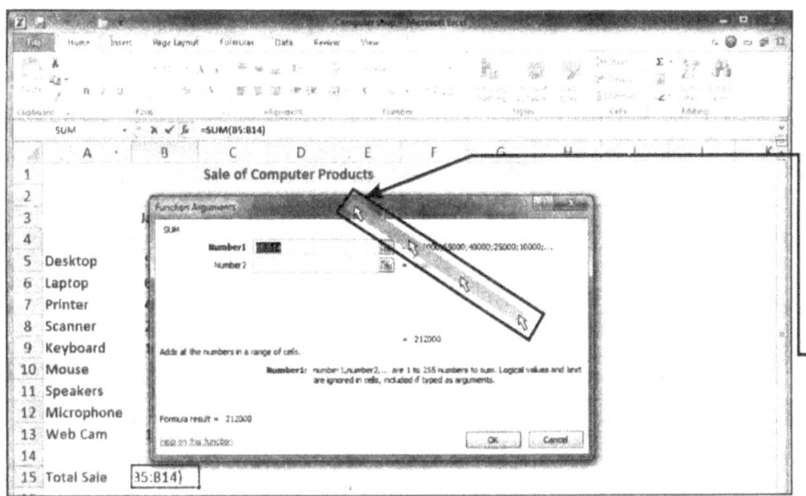

'ফাংচন আৰ্গুমেন্ট' ঃ ডায়লগ বক্স দেখা দিয়ে। যদি এইটো ডায়লগ বক্স সেইটো ডাটাক কভাৰ কৰে যাক আপুনি কেলকুলেচন (গণনা) ত ব্যৱহাৰ কৰিব বিচাৰে, তেতিয়াহ'লে আপুনি ডায়লগ বক্সক অন্য ঠাইতো মুভ কৰাব পাৰে অৰ্থাৎ লৈ যাব পাৰে।

7. ডায়লগ বক্সক মুভকৰাবৰ বাবে মাউচৰ পইন্টাৰক ইয়াৰ টাইটল বাৰ ওপৰত ৰাখক আৰু ড্ৰেগ কৰি আন্য ঠাইলৈ লৈ যাওক।

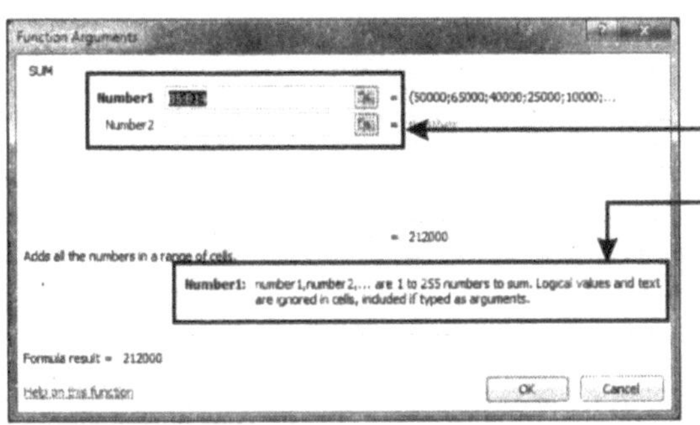

এইটো এৰিয়াত সেইটো বক্স দেখা দিয়ে য'ত আপুনি গণনাৰ বাবে ব্যৱহাৰ কৰা নম্বৰক এণ্টাৰ কৰে।

এটো এৰিয়াত সেইটো নম্বৰ দেখা দিয়ে যাক আপুনি এণ্টাৰ কৰাৰ আৱশ্যক হয়।

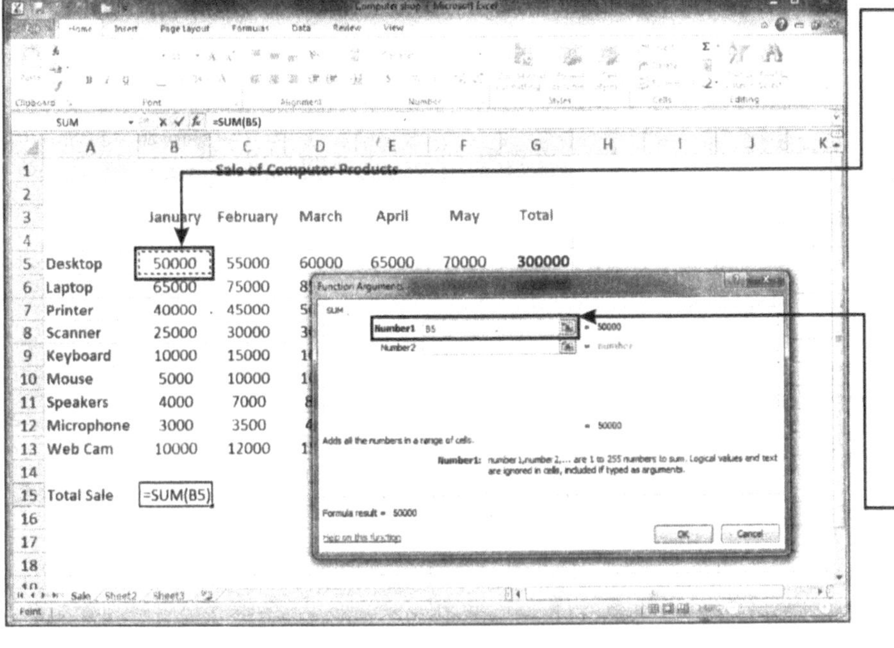

8. ফাংচনৰ বাবে প্ৰথম নম্বৰ এণ্টাৰ কৰিবৰ বাবে সেইটো চেলত ক্লিক কৰক য'ত সেইটো নম্বৰ অন্তৰ্ভুক্ত থাকে।

যদি আপোনাৰ ৱৰ্কচিটত সেইটো নম্বৰ ডিচপ্লে নহয় যাক আপুনি ব্যৱহাৰ কৰিব বিচাৰে তেতিয়াহ'লে সেইটো নম্বৰক টাইপ কৰি দিয়ক।

এইটো এৰিয়াত সেইটো নম্বৰৰ বাবে চেলৰ ৰেফাৰেঞ্চ দেখা দিয়ে।

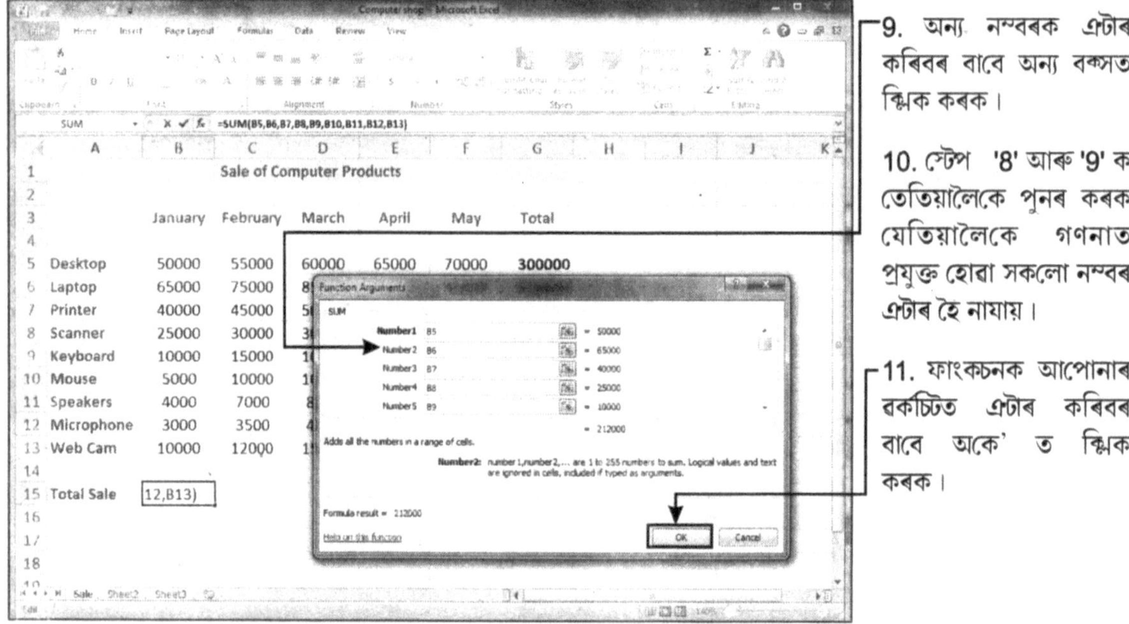

9. অন্য নম্বৰক এণ্টাৰ কৰিবৰ বাবে অন্য বক্সত ক্লিক কৰক।

10. স্টেপ '8' আৰু '9' ক তেতিয়ালৈকে পুনৰ কৰক যেতিয়ালৈকে গণনাত প্ৰযুক্ত হোৱা সকলো নম্বৰ এণ্টাৰ হৈ নাযায়।

11. ফাংকচনক আপোনাৰ ৰকচিটত এণ্টাৰ কৰিবৰ বাবে অকে' ত ক্লিক কৰক।

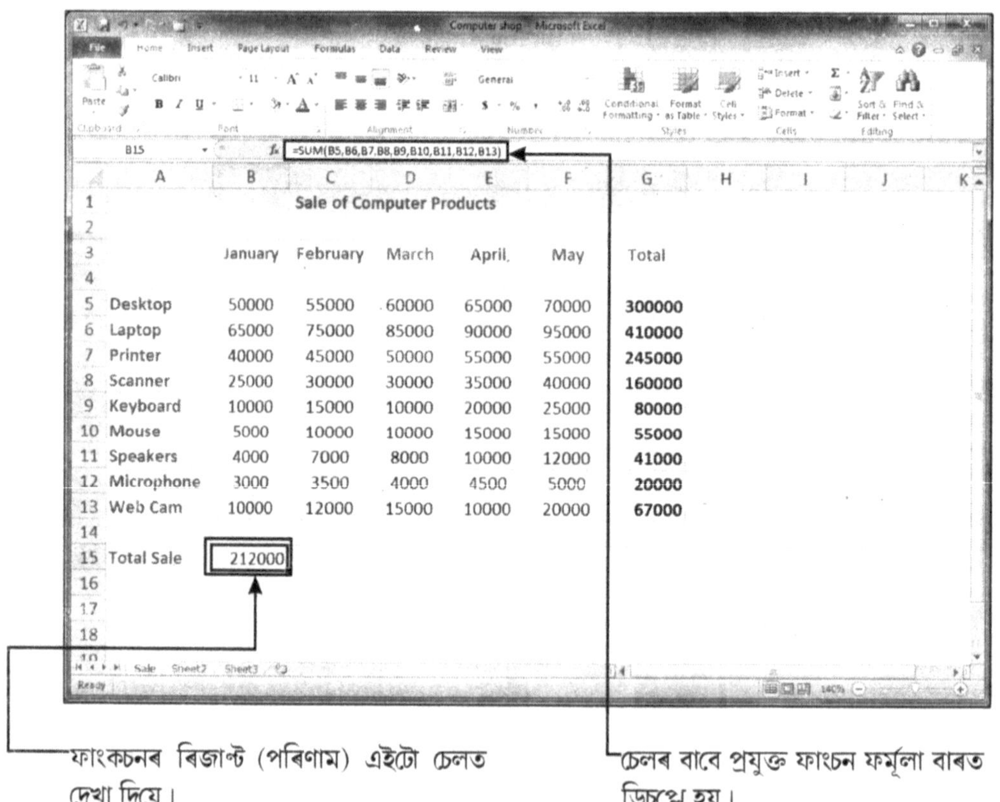

	January	February	March	April	May	Total
Desktop	50000	55000	60000	65000	70000	300000
Laptop	65000	75000	85000	90000	95000	410000
Printer	40000	45000	50000	55000	55000	245000
Scanner	25000	30000	30000	35000	40000	160000
Keyboard	10000	15000	10000	20000	25000	80000
Mouse	5000	10000	10000	15000	15000	55000
Speakers	4000	7000	8000	10000	12000	41000
Microphone	3000	3500	4000	4500	5000	20000
Web Cam	10000	12000	15000	10000	20000	67000
Total Sale	212000					

ফাংকচনৰ ৰিজাল্ট (পৰিণাম) এইটো চেলত দেখা দিয়ে।

চেলৰ বাবে প্ৰযুক্ত ফাংচন ফৰ্মূলা বাৰত ডিচপ্লে হয়।

কমন (সাধাৰণ) গণনা কৰা

ৱৰ্কচিটত আপুনি নম্বৰত কিছুমান সামান্য (সাধাৰণ) গণনা তীব্ৰতাৰে কৰিব পাৰে। উদাহৰণ বাবে আপুনি নম্বৰৰ লিস্টক টোটেল (একেলগ কৰা) তীব্ৰতাৰে কৰিব পাৰে।

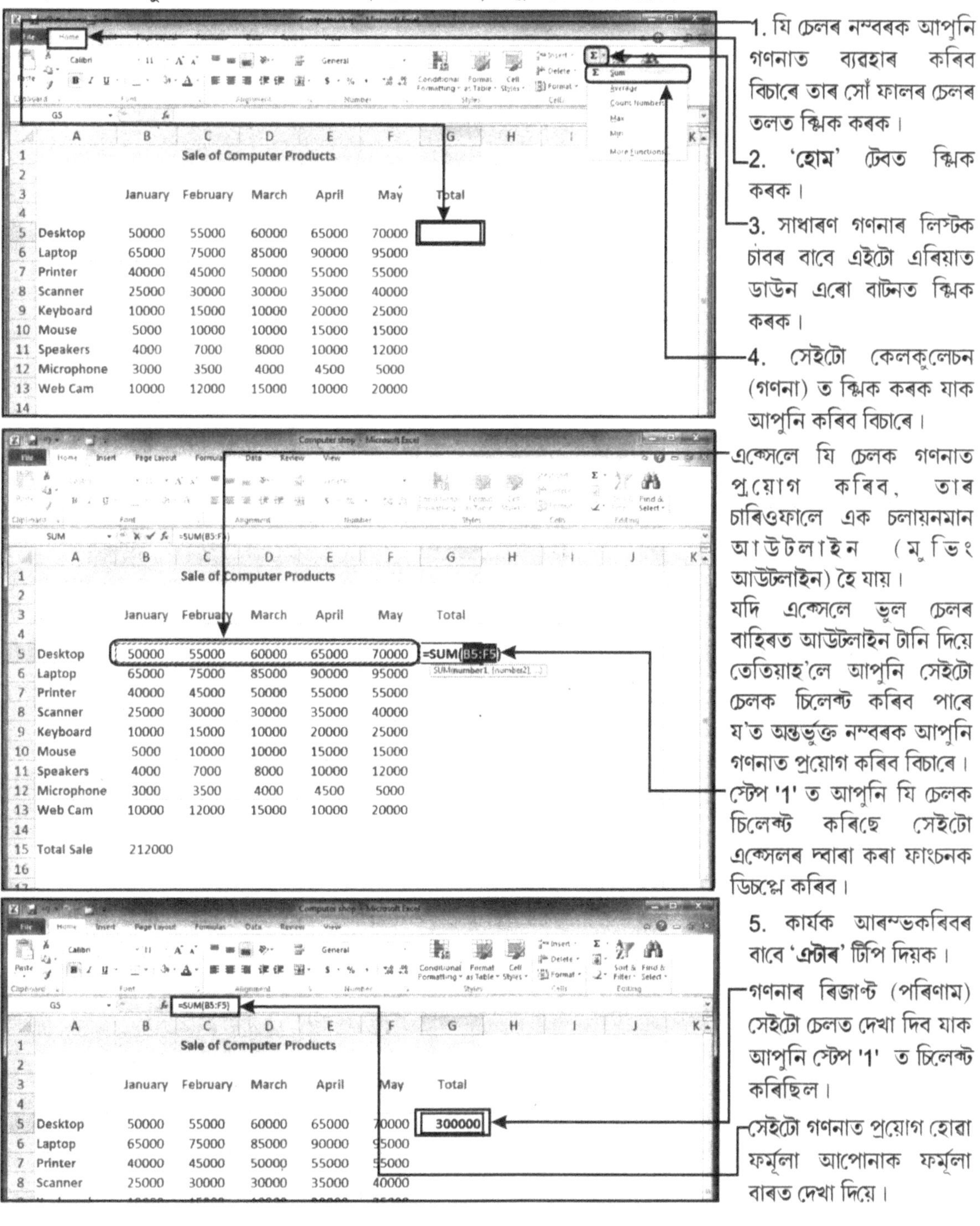

ৰকচিটত ভুলক ধৰা

এক্সেলত যেতিয়া আপুনি ডাঙৰ-ডাঙৰ ৰকচিটত কাম কৰে তেতিয়াহ'লে ফৰ্মূলা এৰৰ (ভুল) ক বিচৰাতো বহুত কঠিন হয় কাৰণ তাত বহুতো চেল থাকে আৰু তাত স্ক্ৰল কৰি আপুনি ফৰ্মূলাৰ ভুলক সহজতে বিচাৰিব নোৱাৰে।

এই ধৰণৰ স্হিতিত ফৰ্মূলাৰ ভুলক বিচৰা আৰু সেইটোক ঠিক কৰিবৰ বাবে আপুনি এক্সেলৰ **'ফৰ্মূলা এডিটিং টুলচ'** ৰ সহায়তা লব পাৰে। এৰৰ চেকিং ফিচাৰে আপোনাক ৰকচিটত এৰৰ (ভুল) ক বিচৰাত সহায় কৰে আৰু ইয়াৰ লগত এইটো সেই ভুলক দূৰ কৰাতো সহায়ক হয়।

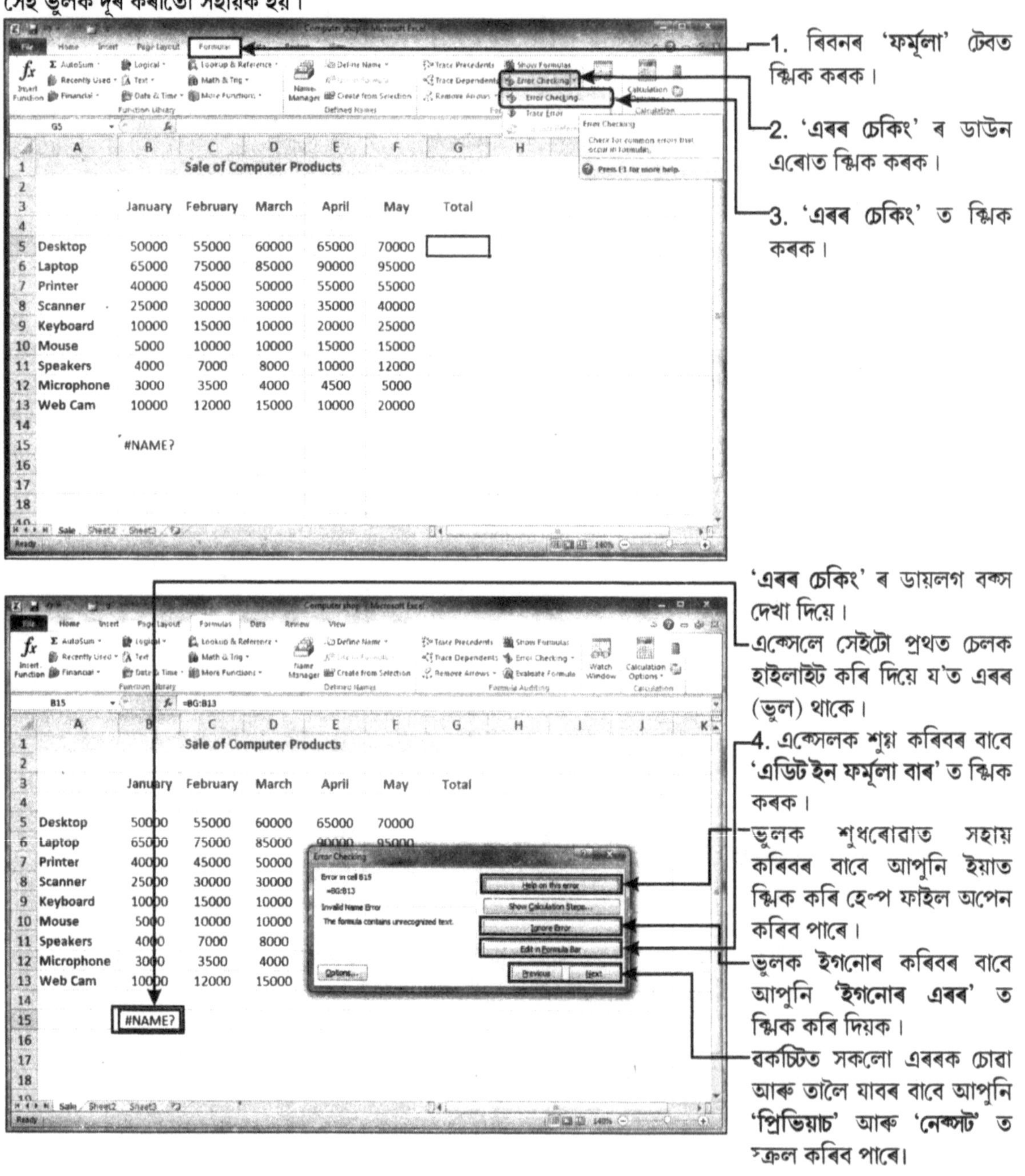

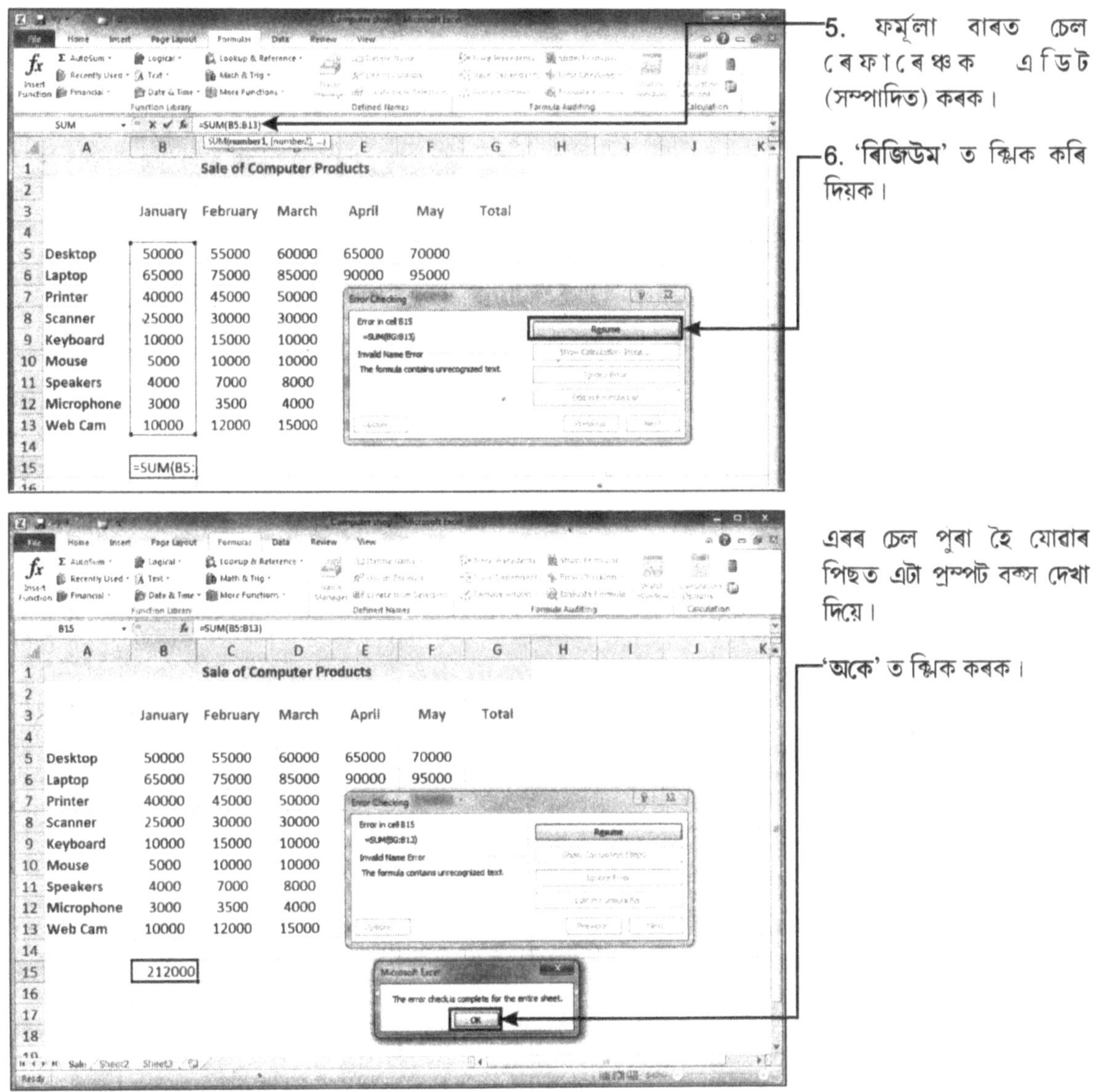

এভাৰেজ, মেক্সিমাম আৰু মিনিমামৰ প্ৰয়োগ কৰা

যদি আপুনি কিছুমান ব্যক্তিৰ ৰেঞ্জ **(G5:G14)** ৰ মাজত জানুৱাৰী, ফেব্ৰুৱাৰী, মাৰ্চ, এপ্ৰিল আৰু মে' মাহক সকলোতকৈ অধিক, শতকৰা আৰু সকলোতকৈ কম চেলক জানিব বিচাৰে, তেতিয়াহ'লে আপুনি ফাংচনৰ প্ৰয়োগ কৰিব পাৰে। যেনে-এভাৰেজ, মেক্সিমাম আৰু মিনিমাম। এই ধৰণৰ গণনাৰ বাবে আপোনাৰ প্ৰত্যেক ব্যক্তিৰ এইটো মাহত কৰা মুঠ চেলৰ টোটেল (যোগ) কৰিব লাগিব আৰু সেইটোক আগৰ পেজত স্ক্ৰীনত দেখা দিয়া কলম **(G)** ত এন্টাৰ কৰা হ'ব।

ডিফল্ট ৰূপত এক্সেল, ডাটাৰ গণনা কৰিবৰ বাবে ফৰ্মূলা অন্তৰ্ভুক্ত থাকে, যাক ফাংচন বুলি কয়। এটা ফাংচনে কোনো ভেলু প্ৰাপ্ত কৰে আৰু তাত কাম কৰাৰ পিছত ৰিজাল্ট (পৰিণাম) ৰ চেলক ঘূৰাই দিয়ে। ফাংচনত আপোনাৰ দ্বাৰা প্ৰয়োগ কৰা ভেলুক আৰ্গুমেন্ট বুলি কয়। সকলো ফাংচন (=) চিহ্নৰ পৰা আৰম্ভহয় আৰু ফাংচনৰ নেমৰ পিছত আৰ্গুমেন্ট কোষ্ঠকৰ ভিতৰত থাকে। উদাহৰণৰ বাবে-ফাংচন **= AVERAGE (G5: G14)** ত ফাংকচনৰ নাম **AVERAGE** হয় আৰু আৰ্গুমেন্ট **(G5: G14)** ৰ মাজতৰ ৰেঞ্জত থাকে।

এক্সেলে আপোনাক নিম্নলিখিত পাঁচটা উপয়ৰ ভিতৰত এটা উপায়েৰে ফাংচনক এণ্টাৰ কৰাৰ অনুমতি দিয়ে। অৰ্থাৎ এক্সেলত আপুনি এই পাঁচটা উপায়ৰ ভিতৰত যিকোনো প্ৰয়োগ কৰি ফাংকচনক এণ্টাৰ কৰিব পাৰে।

• কি বোৰ্ড বা মাউচ। • ফৰ্মূলা বাৰৰ পৰা ইনচাৰ্ট বক্স। • অটোচম মেনু। • ইনচাৰ্ট মেনুৰ পৰা ফাংচন কামাণ্ড।

• চেলত সমান চিহ্ন টাইপ কৰক আৰু ফৰ্মূলাৰ বাৰত নেম বক্স এৰিয়াৰ পৰা ফাংচনক চিলেক্ট কৰা।

ইয়াত যিকোনো উপায় ইয়াৰ ওপৰত নিৰ্ভৰ কৰে যে আপোনাৰ টাইপিং স্পীড কেনেকুৱা হয় আৰু ফাংচনৰ নামক আপুনি কিমান মনত ৰাখিব পাৰে।

কোনো নম্বৰৰ শতকৰাত জানি লোৱা

এভাৰেজ (শতকৰা) ফাংচন কোনো চেল ৰেঞ্জৰ সকলো নম্বৰক একেলগ কৰি অৰ্থাৎ তাৰ মুঠক যোগ কৰি তাত চেল ৰেঞ্জৰ নম্বৰৰ সংখ্যাৰ পৰা অংশ দিয়াত প্ৰাপ্ত হোৱা সংখ্যাক কয়।

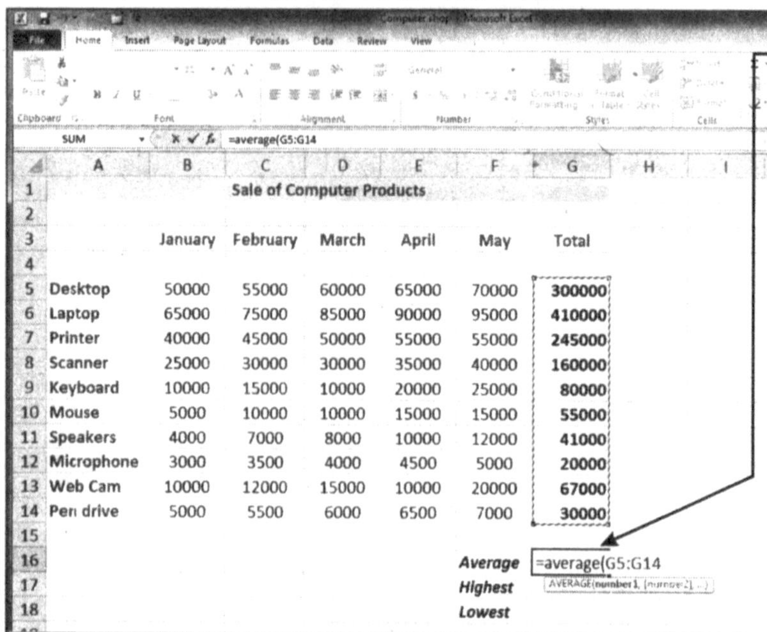

SUM =average(G5:G14

	A	B	C	D	E	F	G
1			Sale of Computer Products				
2							
3		January	February	March	April	May	Total
4							
5	Desktop	50000	55000	60000	65000	70000	300000
6	Laptop	65000	75000	85000	90000	95000	410000
7	Printer	40000	45000	50000	55000	55000	245000
8	Scanner	25000	30000	30000	35000	40000	160000
9	Keyboard	10000	15000	10000	20000	25000	80000
10	Mouse	5000	10000	10000	15000	15000	55000
11	Speakers	4000	7000	8000	10000	12000	41000
12	Microphone	3000	3500	4000	4500	5000	20000
13	Web Cam	10000	12000	15000	10000	20000	67000
14	Pen drive	5000	5500	6000	6500	7000	30000
15							
16						Average	=average(G5:G14
17						Highest	
18						Lowest	

1. য'ত আপুনি এভাৰেজ **(G16)** প্ৰাপ্ত কৰিব বিচাৰে, সেইটো চেলত ক্লিক কৰক আৰু **= average** টাইপ কৰক। ইয়াৰ পিছত সেইটো প্ৰথম **(G5)** চেলত ক্লিক কৰক যৰ পৰা আপুনি এভাৰেজ লব বিচাৰে। ইয়াৰ পৰা আপুনি মাউচৰ পইণ্টাৰ ড্ৰোগ কৰি সেইটো চেল **(G14)** লৈকে লৈ যাওক, যিমান দূৰলৈকে আপুনি এভাৰেজ প্ৰাপ্ত কৰিব বিচাৰে।

এটিটো ৰেঞ্জৰ চাৰিওফালে এটা মাৰ্ক কৰা বক্সৰ দৰে হৈ যায়। যেতিয়া আপুনি **E5** চেলত ক্লিক কৰে, তেতিয়াহ'লে এক্সেলক **G5** ৰ বাওঁ কোণ্ঠকম ফৰ্মূলা বাৰত দেখা দিয়ে আৰু **G5** চেলৰ চাৰিওফালে এটা মাৰ্ক কৰা বক্স হৈ যায়। যেতিয়া আপুনি ড্ৰেগ কৰা আৰম্ভ কৰে তেতিয়াহ'লে এক্সেলে (:) সেইটো চেলত চেলৰ ৰেফাৰেঞ্চৱ দেখা দিয়ে, য'ত মাউচৰ পইণ্টাৰ থাকে।

G16 =AVERAGE(G5:G14)

	A	B	C	D	E	F	G
1			Sale of Computer Products				
2							
3		January	February	March	April	May	Total
4							
5	Desktop	50000	55000	60000	65000	70000	300000
6	Laptop	65000	75000	85000	90000	95000	410000
7	Printer	40000	45000	50000	55000	55000	245000
8	Scanner	25000	30000	30000	35000	40000	160000
9	Keyboard	10000	15000	10000	20000	25000	80000
10	Mouse	5000	10000	10000	15000	15000	55000
11	Speakers	4000	7000	8000	10000	12000	41000
12	Microphone	3000	3500	4000	4500	5000	20000
13	Web Cam	10000	12000	15000	10000	20000	67000
14	Pen drive	5000	5500	6000	6500	7000	30000
15							
16						Average	140800
17						Highest	
18						Lowest	

2. **'এণ্টাৰ'** বাটনত ক্লিক কৰক।

এক্সেল ৰেঞ্জ **(G5:G14)** লৈকে দহ নম্বৰৰ শতকৰা কৰি লয় আৰু **(G 16)** চেলত তাৰ পৰিণাম 140800 ডিচপ্লে কৰে।

ফৰ্মূলা বাৰত ফৰ্মূলা দেখা দিয়ে।

কোনো নিশ্চিত নম্বৰৰ এভাৰেজ (শতকৰা) ৰ গণনা কৰা সময়ত, ৰেঞ্জ (আৰ্গুমেন্ট) ক ফাংচনৰ নামৰ পিছত কোষ্ঠকত অন্তৰ্ভুক্ত থাকিব লাগে। যেতিয়া আপুনি এণ্টাৰ' টিপে তেতিয়া এক্সেলে এভাৰেজ ফাংচনক পুৰা কৰিবৰ বাবে নিজে নিজে শুণ্য কোষ্ঠকত ঠিক কৰি লয়। কিন্তু যেতিয়া আপুনি পইণ্টাৰ মোডক প্ৰয়োগ কৰে, তেতিয়া আপুনি এণ্ট্ৰিক পুৰা কৰিবৰ বাবে এৰো বাটনৰ প্ৰয়োগ কৰিব নোৱাৰে।পইণ্টাৰ মোডত এৰা বাটনে সেইটো ৰেঞ্জত চিলেক্ট কৰা চেল ৰেফাৰেঞ্চলে পৰিৱৰ্তিত হৈ যায়, যাক আপুনি গণনতা অন্তৰ্ভুক্ত কৰিব বিচাৰে।

ইনচাৰ্ট ফাংচন বক্সৰ প্ৰয়োগ কৰি উচ্চতমক জনা

পূৰ্বৰ পেজত কৰা চৰ্চাৰ অনুসাৰে এতিয়া আমি কোনো ব্যক্তিৰ দ্বাৰা প্ৰাপ্ত কৰা হাইয়েস্ট চেল (উচ্চতম চেল অথবা সকলোতকৈ অধিক চেল) ৰ গণনাও কৰিব পাৰে। চেল **G17** ক চিলেক্ট কৰে আৰু ৰেঞ্জ **(G5: G14)** ৰ মাজত উচ্চতম (মেক্সিমাম) নম্বৰক জ্ঞাত কৰে। এক্সেলত **(MAX FUNCTION)** ৰ নামেৰে এটা ফাংচন থাকে যিটো চেল ৰেঞ্জৰ মাজত মেক্সিমাম (সকলোতকৈ অধিক) নম্বৰ জ্ঞাত কৰাত সহায় কৰে। আপুনি কি-বোৰ্ডৰ প্ৰয়োগ কৰিও **(MAXIMUM FUNCTION)** এণ্টাৰ কৰিব পাৰে। ইয়াৰ বাদে পইণ্টৰ মোডত যেনেদৰে আগৰ পেজত কোৱা গৈছিল যে ফৰ্মূলা বাৰত ইনচাৰ্ট ফাংচন বক্সৰ প্ৰয়োগ কৰি আপুনি ফাংচনক এণ্টাৰ কৰাৰ বৈকল্পিক উপায়ো প্ৰয়োগ কৰিব পাৰে।

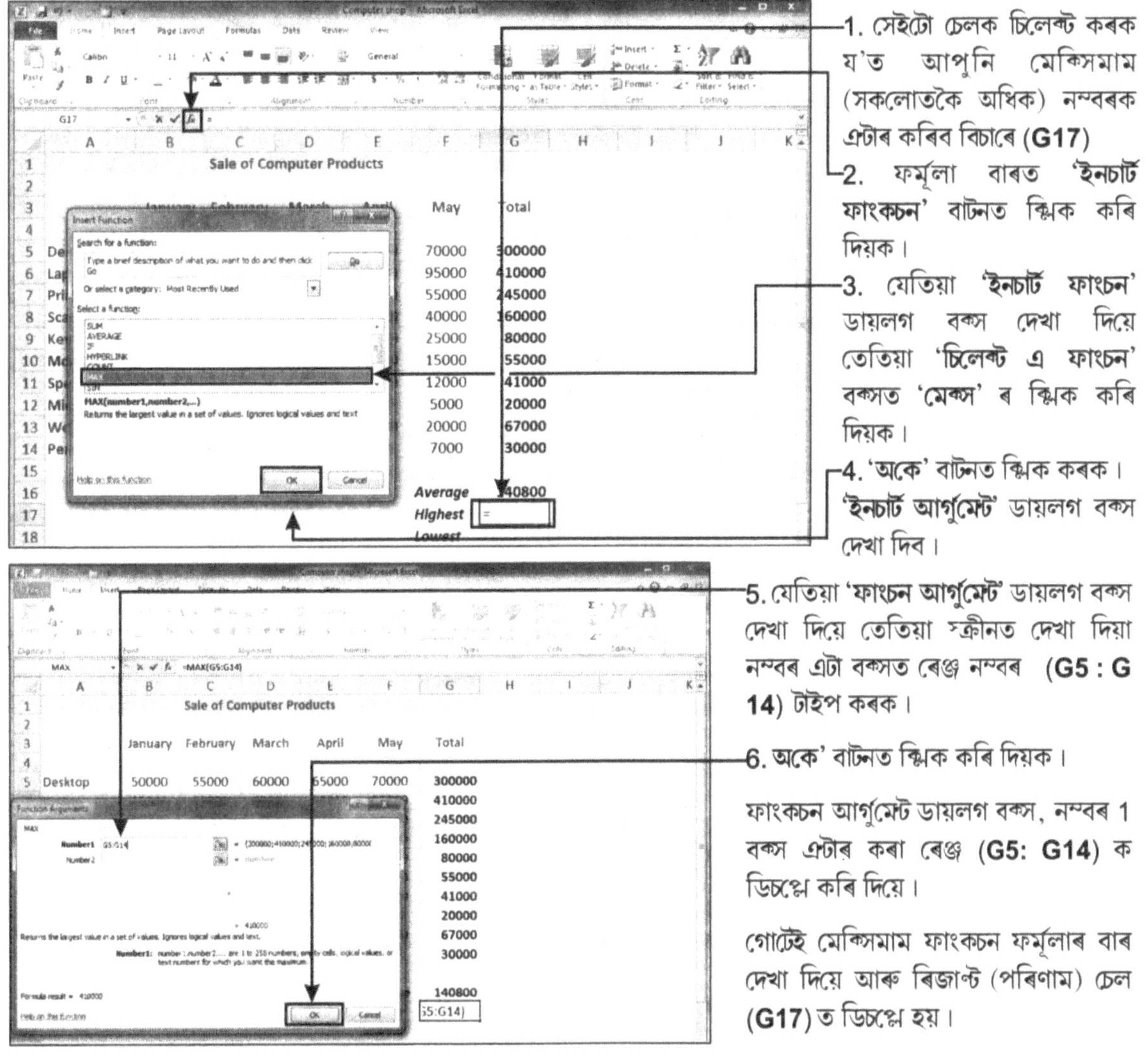

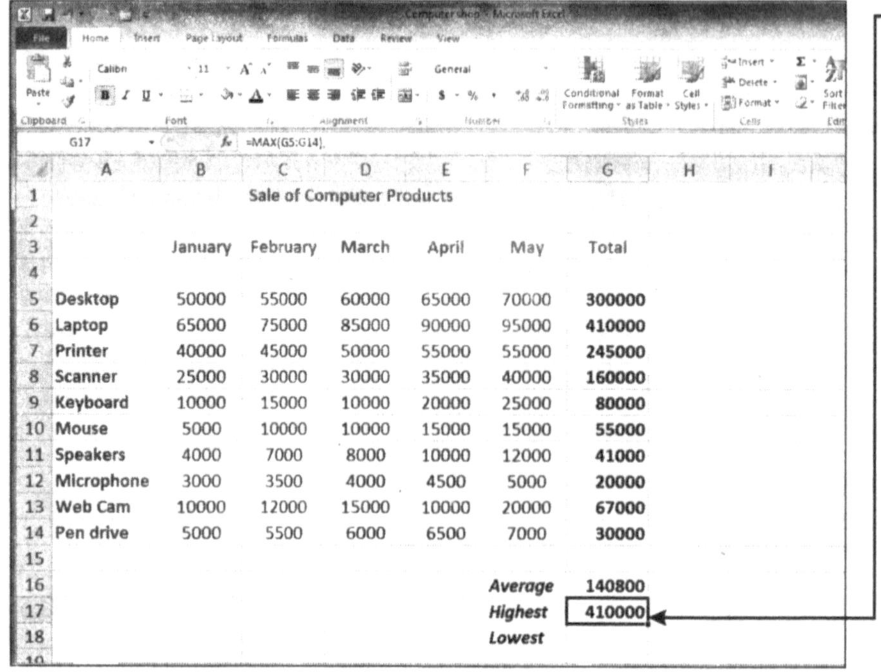

G17 =MAX(G5:G14)

	A	B	C	D	E	F	G
1			Sale of Computer Products				
2							
3		January	February	March	April	May	Total
4							
5	Desktop	50000	55000	60000	65000	70000	**300000**
6	Laptop	65000	75000	85000	90000	95000	**410000**
7	Printer	40000	45000	50000	55000	55000	**245000**
8	Scanner	25000	30000	30000	35000	40000	**160000**
9	Keyboard	10000	15000	10000	20000	25000	**80000**
10	Mouse	5000	10000	10000	15000	15000	**55000**
11	Speakers	4000	7000	8000	10000	12000	**41000**
12	Microphone	3000	3500	4000	4500	5000	**20000**
13	Web Cam	10000	12000	15000	10000	20000	**67000**
14	Pen drive	5000	5500	6000	6500	7000	**30000**
15							
16						*Average*	140800
17						*Highest*	410000
18						*Lowest*	

এক্সেল ৰেঞ্জ (G5: G14) ৰ মাজৰ সকলোতকৈ অধিক ভেল্যুৰ গণনা কৰি লোৱা যায় যিটো 410000 হয়, এইটো চেল (G6) ত হয় আৰু চেল (G17) ত ডিচপ্লে হয়।

ৰঅটোচম মেনুৰ ব্যৱহাৰ কৰি সকলোতওক কম নম্বৰ জ্ঞাত কৰা

এতিয়া আপুনি ৰেঞ্জ (G5: G14) ৰ মাজত সকলোতকৈ কম নম্বৰক জানিব পাৰে আৰু মিনিমাম ফাংচনৰ গণনা কৰি সেইটো চেল (G18) ত ষ্টোৰ কৰিব পাৰে। বা আপুনি এভাৰেজ আৰু মেক্স ফাংচনৰ দৰে প্ৰয়োগ কৰা কোনো ধৰণৰ মিনি ফাংচন এন্টাৰ কৰিব পাৰে। বা অন্য বিকল্পৰ ৰূপত আপুনি ৰিবনত হোম টেবত গৈ অটোচাম মেনুৰ প্ৰয়োগ কৰিব পাৰে।

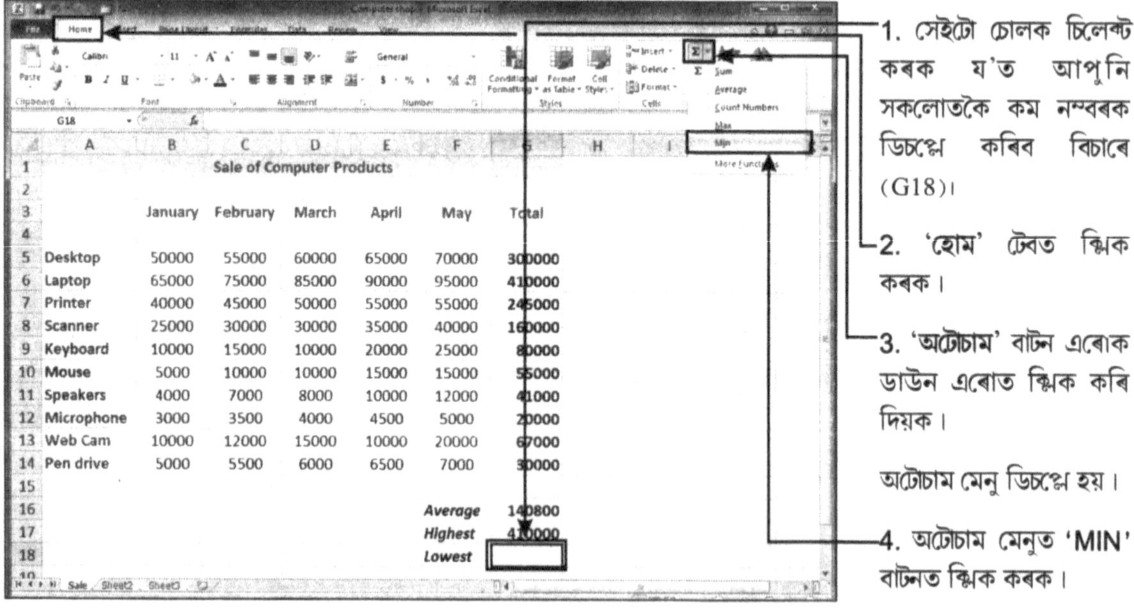

	A	B	C	D	E	F	G
1			Sale of Computer Products				
2							
3		January	February	March	April	May	Total
4							
5	Desktop	50000	55000	60000	65000	70000	300000
6	Laptop	65000	75000	85000	90000	95000	410000
7	Printer	40000	45000	50000	55000	55000	245000
8	Scanner	25000	30000	30000	35000	40000	160000
9	Keyboard	10000	15000	10000	20000	25000	80000
10	Mouse	5000	10000	10000	15000	15000	55000
11	Speakers	4000	7000	8000	10000	12000	41000
12	Microphone	3000	3500	4000	4500	5000	20000
13	Web Cam	10000	12000	15000	10000	20000	67000
14	Pen drive	5000	5500	6000	6500	7000	30000
15							
16						*Average*	140800
17						*Highest*	410000
18						*Lowest*	

1. সেইটো চেলক চিলেক্ট কৰক য'ত আপুনি সকলোতকৈ কম নম্বৰক ডিচপ্লে কৰিব বিচাৰে (G18)।

2. 'হোম' টেবত ক্লিক কৰক।

3. 'অটোচাম' বাটন এৰোক ডাউন এৰোত ক্লিক কৰি দিয়ক।

অটোচাম মেনু ডিচপ্লে হয়।

4. অটোচাম মেনুত 'MIN' বাটনত ক্লিক কৰক।

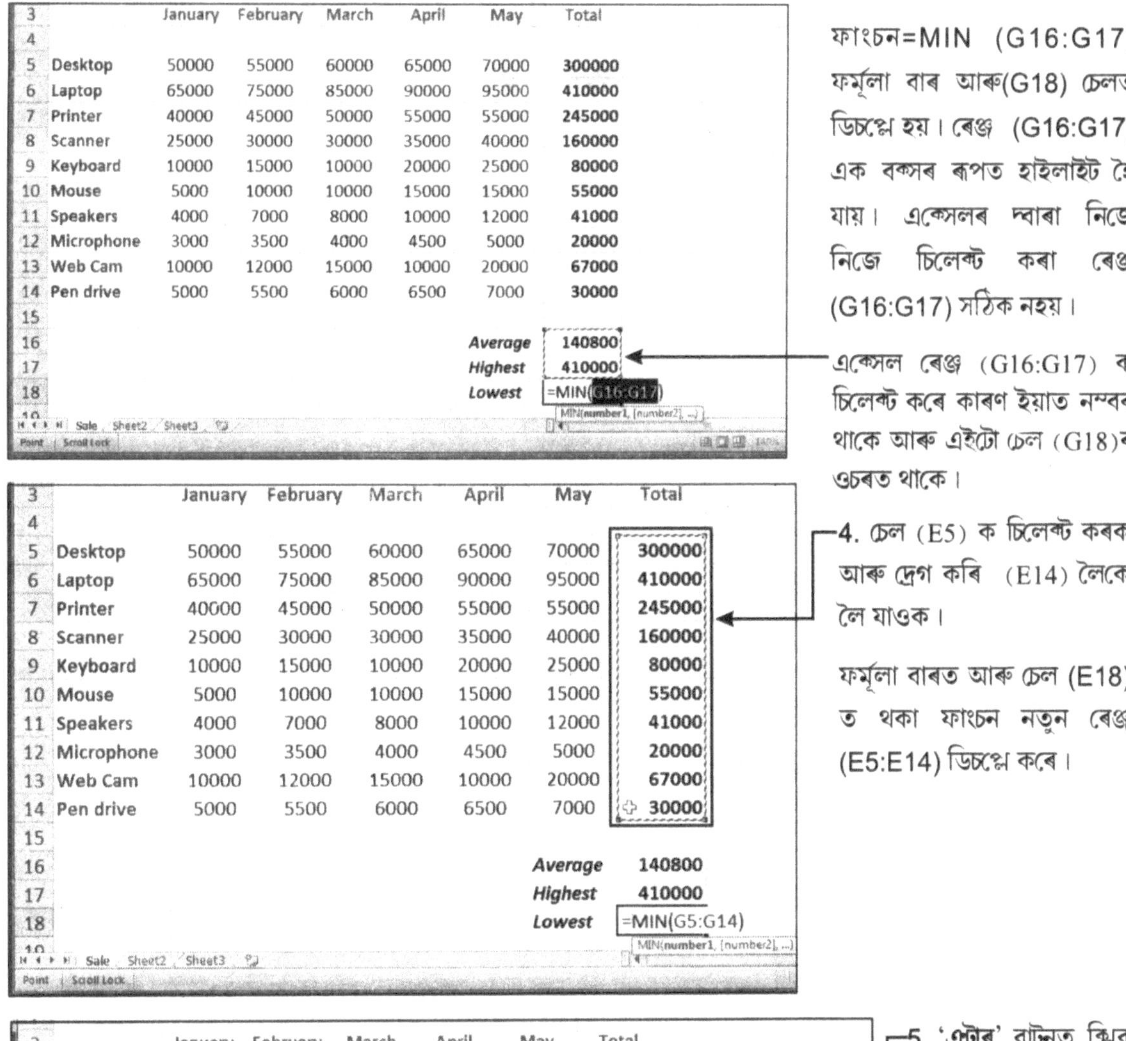

		January	February	March	April	May	Total
3		January	February	March	April	May	Total
4							
5	Desktop	50000	55000	60000	65000	70000	**300000**
6	Laptop	65000	75000	85000	90000	95000	**410000**
7	Printer	40000	45000	50000	55000	55000	**245000**
8	Scanner	25000	30000	30000	35000	40000	**160000**
9	Keyboard	10000	15000	10000	20000	25000	**80000**
10	Mouse	5000	10000	10000	15000	15000	**55000**
11	Speakers	4000	7000	8000	10000	12000	**41000**
12	Microphone	3000	3500	4000	4500	5000	**20000**
13	Web Cam	10000	12000	15000	10000	20000	**67000**
14	Pen drive	5000	5500	6000	6500	7000	**30000**
15							
16						*Average*	140800
17						*Highest*	410000
18						*Lowest*	=MIN(G16:G17)

MIN(number1, [number2], ...)

Sale Sheet2 Sheet3

Point Scroll Lock

ফাংচন=MIN (G16:G17) ফৰ্মূলা বাৰ আৰু(G18) চেলত ডিচপ্লে হয়। ৰেঞ্জ (G16:G17) এক বক্সৰ ৰূপত হাইলাইট হৈ যায়। এক্সেলৰ দ্বাৰা নিজে নিজে চিলেক্ট কৰা ৰেঞ্জ (G16:G17) সঠিক নহয়।

এক্সেল ৰেঞ্জ (G16:G17) ক চিলেক্ট কৰে কাৰণ ইয়াত নম্বৰ থাকে আৰু এইটো চেল (G18)ৰ ওচৰত থাকে।

		January	February	March	April	May	Total
3		January	February	March	April	May	Total
4							
5	Desktop	50000	55000	60000	65000	70000	**300000**
6	Laptop	65000	75000	85000	90000	95000	**410000**
7	Printer	40000	45000	50000	55000	55000	**245000**
8	Scanner	25000	30000	30000	35000	40000	**160000**
9	Keyboard	10000	15000	10000	20000	25000	**80000**
10	Mouse	5000	10000	10000	15000	15000	**55000**
11	Speakers	4000	7000	8000	10000	12000	**41000**
12	Microphone	3000	3500	4000	4500	5000	**20000**
13	Web Cam	10000	12000	15000	10000	20000	**67000**
14	Pen drive	5000	5500	6000	6500	7000	**30000**
15							
16						*Average*	140800
17						*Highest*	410000
18						*Lowest*	=MIN(G5:G14)

MIN(number1, [number2], ...)

Sale Sheet2 Sheet3

Point Scroll Lock

4. চেল (E5) ক চিলেক্ট কৰক আৰু ড্ৰেগ কৰি (E14) লৈকে লৈ যাওক।

ফৰ্মূলা বাৰত আৰু চেল (E18) ত থকা ফাংচন নতুন ৰেঞ্জ (E5:E14) ডিচপ্লে কৰে।

		January	February	March	April	May	Total
3		January	February	March	April	May	Total
4							
5	Desktop	50000	55000	60000	65000	70000	**300000**
6	Laptop	65000	75000	85000	90000	95000	**410000**
7	Printer	40000	45000	50000	55000	55000	**245000**
8	Scanner	25000	30000	30000	35000	40000	**160000**
9	Keyboard	10000	15000	10000	20000	25000	**80000**
10	Mouse	5000	10000	10000	15000	15000	**55000**
11	Speakers	4000	7000	8000	10000	12000	**41000**
12	Microphone	3000	3500	4000	4500	5000	**20000**
13	Web Cam	10000	12000	15000	10000	20000	**67000**
14	Pen drive	5000	5500	6000	6500	7000	**30000**
15							
16						*Average*	140800
17						*Highest*	410000
18						*Lowest*	20000
19							

5. 'এণ্টাৰ' বাটনত ক্লিক কৰক।

এক্সেল ৰেঞ্জ (G5:G14) ৰ সকলোতকৈ কম ভেলুক জানি লয় যিটো 20000 হয় আৰু এইটো চেল (G12) ত স্টোৰ কৰি দিয়ে।

চেল ৰেঞ্জ আৰু চেলক নাম দিয়া

আপুনি যি ৱৰ্কচিটত কাম কৰিছে তাত থকা চেল বা চেল ৰেঞ্জক আপুনি বেলেগ-বেলেগ নাম দিব পাৰে। ইয়াৰ পৰা আপোনাৰ চেলৰ কণ্টেন্টক চিনি পোৱাত সহজ হয়। চেল ৰেঞ্জ সাধাৰণ ৰূপেৰে তাৰ লগত সম্বন্ধীত চেলৰ সমূহ হয় আৰু এটা ৰেঞ্জ কেৱল এটা চেলৰেহে হ'ব পাৰে।

ৰেঞ্জক নাম দিয়া

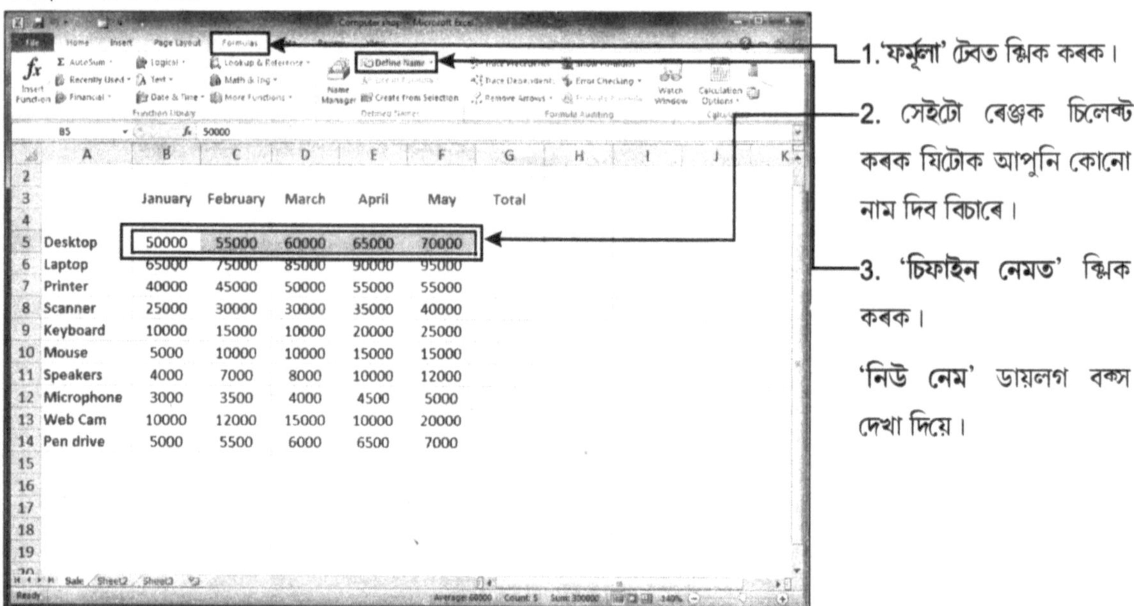

	A	B	C	D	E	F	G
3		January	February	March	April	May	Total
5	Desktop	50000	55000	60000	65000	70000	
6	Laptop	65000	75000	85000	90000	95000	
7	Printer	40000	45000	50000	55000	55000	
8	Scanner	25000	30000	30000	35000	40000	
9	Keyboard	10000	15000	10000	20000	25000	
10	Mouse	5000	10000	10000	15000	15000	
11	Speakers	4000	7000	8000	10000	12000	
12	Microphone	3000	3500	4000	4500	5000	
13	Web Cam	10000	12000	15000	10000	20000	
14	Pen drive	5000	5500	6000	6500	7000	

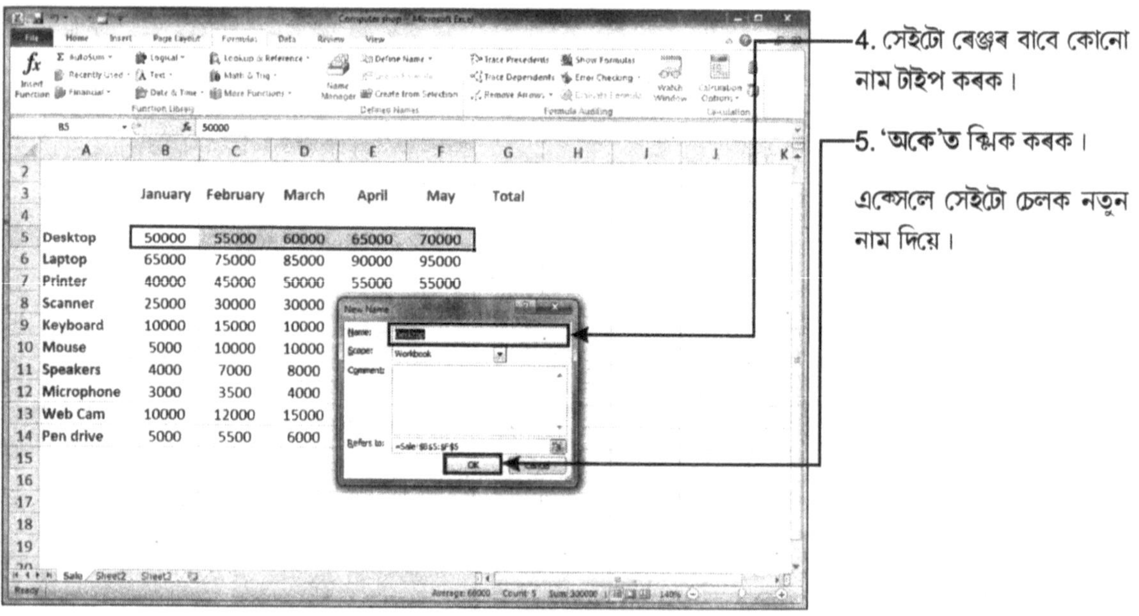

চেল ৰেঞ্জ আৰু চেলক নাম দিয়া

ফৰ্মূলাত নেম ৰেঞ্জক ৰেফাৰেঞ্চ কৰি আপুনি গোটেই চেলৰ গ্ৰুপ ৰেফাৰেঞ্চ কৰিব পাৰে।

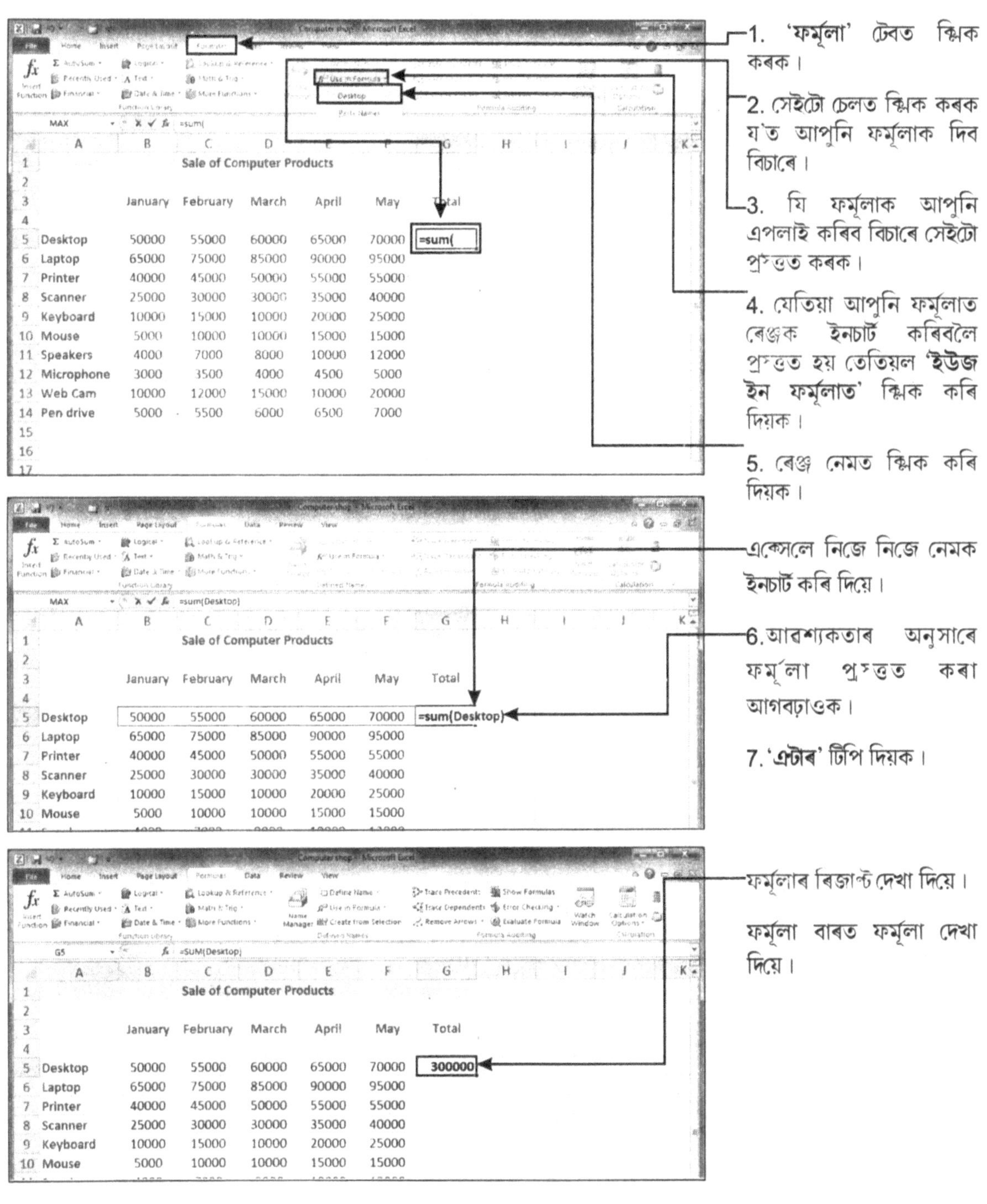

লোনৰ গণনা কৰা ঃ

যেতিয়া আপুনি ঘৰ বা কাৰ কিনিবৰ বাবে লোন লয়, তেতিয়া লোনৰ বিষয়ে অন্য তথ্য জানিবৰ বাবে আৰু প্ৰতিমাহে দিব লগীয়া পইচাক জানিবৰ বাবে আপুনি এক্সেলৰ পেমেন্ট ফাংচন (পিএমটি) ৰ প্ৰয়োগ কৰিব পাৰে।

উদাহৰণৰ বাবে, যদি আপুনি 5 শতাংশ বাৰ্ষিক কিস্তীত সুতেৰে পাঁচ বছৰৰ বাবে (60 মাহ) ত দুই লাখ টকা লোন লয়, তেতিয়া প্ৰতিমাহে কিমান পইচা দিব লাগিব, ইয়াৰ গণনা কৰক।

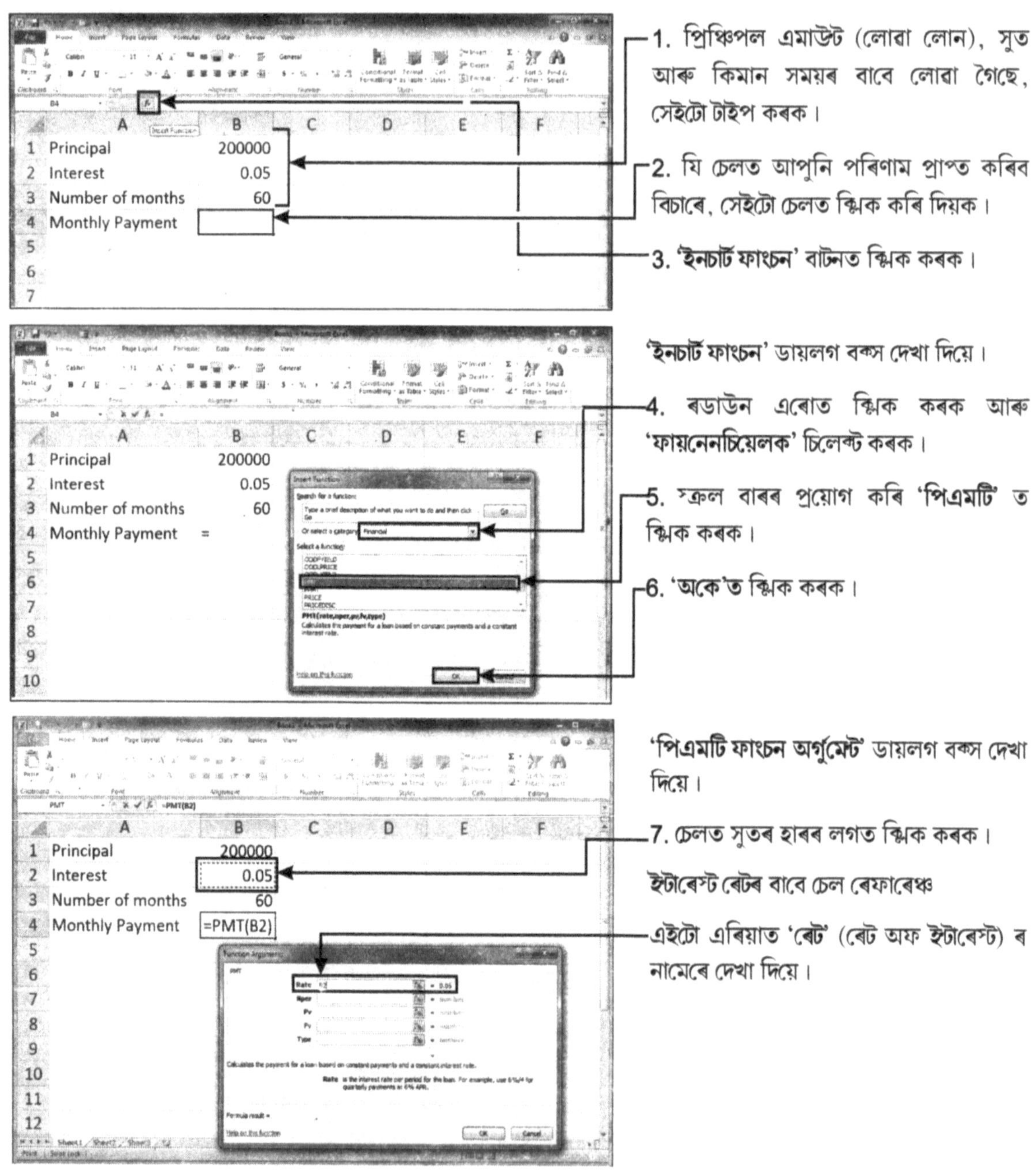

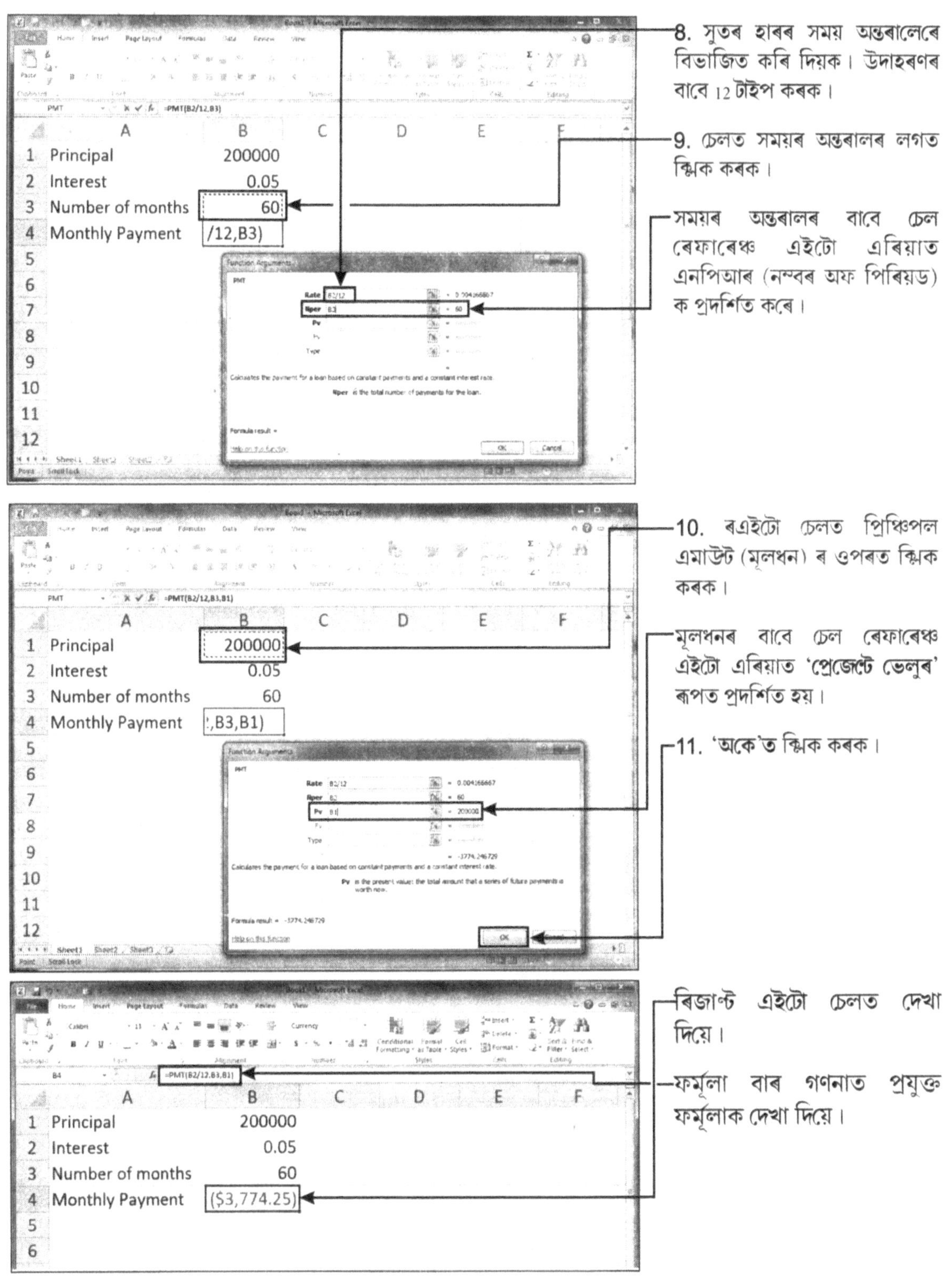
=PMT(B2/12,B3)
A
B
C
D
E
F
1 Principal 200000
2 Interest 0.05
3 Number of months 60
4 Monthly Payment /12,B3)
8. সুতৰ হাৰৰ সময় অন্তৰালেৰে বিভাজিত কৰি দিয়ক। উদাহৰণৰ বাবে 12 টাইপ কৰক।
9. চেলত সময়ৰ অন্তৰালৰ লগত ক্লিক কৰক।
সময়ৰ অন্তৰালৰ বাবে চেল ৰেফাৰেঞ্চ এইটো এৰিয়াত এনপিআৰ (নম্বৰ অফ পিৰিয়ড) ক প্ৰদৰ্শিত কৰে।
=PMT(B2/12,B3,B1)
1 Principal 200000
2 Interest 0.05
3 Number of months 60
4 Monthly Payment ,B3,B1)
10. ৰএইটো চেলত প্ৰিন্সিপল এমাউন্ট (মূলধন) ৰ ওপৰত ক্লিক কৰক।
মূলধনৰ বাবে চেল ৰেফাৰেঞ্চ এইটো এৰিয়াত 'প্ৰেজেন্টে ভেলুৰ' ৰূপত প্ৰদৰ্শিত হয়।
11. 'অকে'ত ক্লিক কৰক।
=PMT(B2/12,B3,B1)
1 Principal 200000
2 Interest 0.05
3 Number of months 60
4 Monthly Payment ($3,774.25)
ৰিজাল্ট এইটো চেলত দেখা দিয়ে।
ফৰ্মূলা বাৰ গণনাত প্ৰযুক্ত ফৰ্মূলাক দেখা দিয়ে।

কণ্ডিচনেল যুটীৰ অন্তৰ্ভুক্ত কৰা

কোনো ফিল্ডত বিশেষ নম্বৰ যুটীক চিনি পাবৰ বাবে আপুনি কণ্ডিচনেল চামৰ উপযোগ কৰিব পাৰে। ইয়াৰ বাবে আমি SUMIF ফাংচনৰ প্ৰয়োগ কৰো। SUMIF তিনিটা আৰ্গুমেন্ট প্ৰয়োগ কৰক।

• নম্বৰ ৰেঞ্জ • এইটো নম্বৰৰ মাজত এপলাই হোৱা কণ্ডিচন • যি ৰেঞ্জত কণ্ডিচন এপলাই হয়, কণ্ডিচনৰ পৰা পোৱা ভেলুৰে আপুনি একেলগ হ'ব পাৰে।

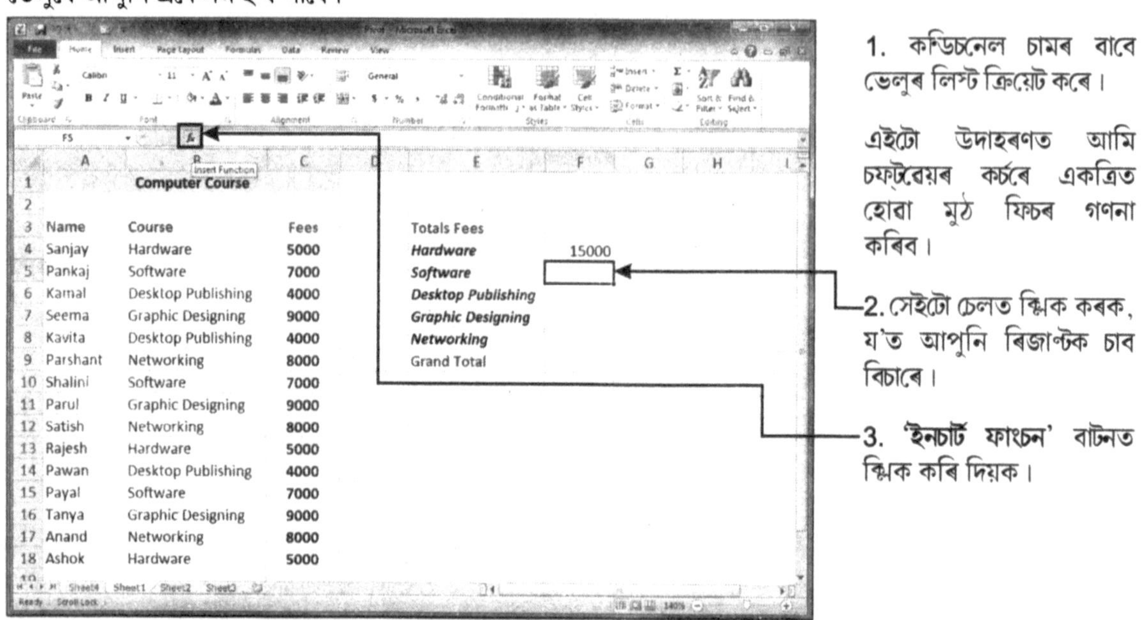

	A	B	C	D	E	F
1		Computer Course				
2						
3	Name	Course	Fees		Totals Fees	
4	Sanjay	Hardware	5000		Hardware	15000
5	Pankaj	Software	7000		Software	
6	Kamal	Desktop Publishing	4000		Desktop Publishing	
7	Seema	Graphic Designing	9000		Graphic Designing	
8	Kavita	Desktop Publishing	4000		Networking	
9	Parshant	Networking	8000		Grand Total	
10	Shalini	Software	7000			
11	Parul	Graphic Designing	9000			
12	Satish	Networking	8000			
13	Rajesh	Hardware	5000			
14	Pawan	Desktop Publishing	4000			
15	Payal	Software	7000			
16	Tanya	Graphic Designing	9000			
17	Anand	Networking	8000			
18	Ashok	Hardware	5000			

1. কণ্ডিচনেল চামৰ বাবে ভেলুৰ লিস্ট ক্ৰিয়েট কৰে।

এইটো উদাহৰণত আমি চফ্টৱেয়ৰ কৰ্চৰে একত্ৰিত হোৱা মুঠ ফিচৰ গণনা কৰিব।

2. সেইটো চেলত ক্লিক কৰক, য'ত আপুনি ৰিজাল্টক চাব বিচাৰে।

3. 'ইনচাৰ্ট ফাংচন' বাটনত ক্লিক কৰি দিয়ক।

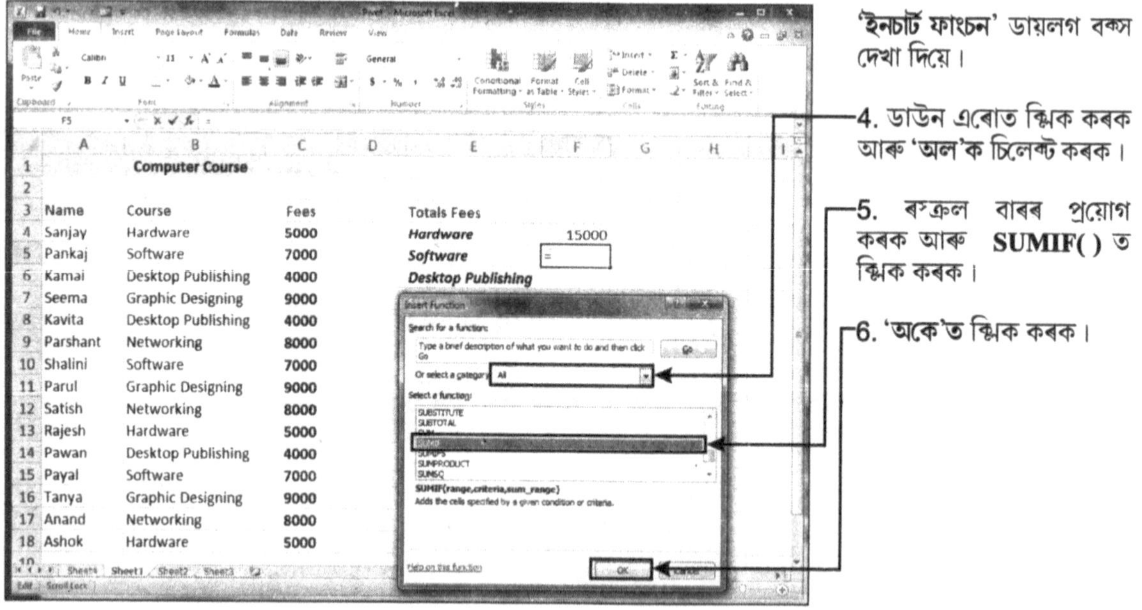

'ইনচাৰ্ট ফাংচন' ডায়লগ বক্স দেখা দিয়ে।

4. ডাউন এৰোত ক্লিক কৰক আৰু 'অল'ক চিলেক্ট কৰক।

5. স্ক্ৰল বাৰৰ প্ৰয়োগ কৰক আৰু **SUMIF( )** ত ক্লিক কৰক।

6. 'অকে'ত ক্লিক কৰক।

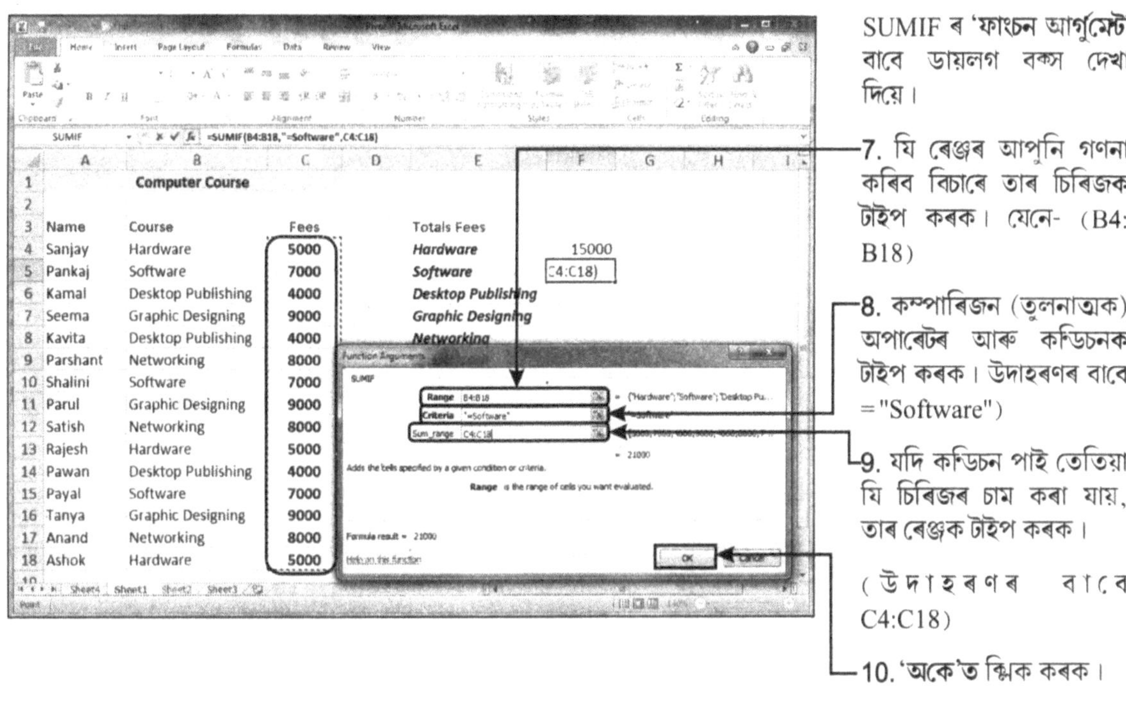

SUMIF ৰ 'ফাংচন আৰ্গুমেন্ট' বাবে ডায়লগ বক্স দেখা দিয়ে।

7. যি ৰেঞ্জৰ আপুনি গণনা কৰিব বিচাৰে তাৰ চিৰিজক টাইপ কৰক। যেনে- (B4: B18)

8. কম্পাৰিজন (তুলনাত্মক) অপাৰেটৰ আৰু কণ্ডিচনক টাইপ কৰক। উদাহৰণৰ বাবে ="Software")

9. যদি কণ্ডিচন পাই তেতিয়া যি চিৰিজৰ চাম কৰা যায়, তাৰ ৰেঞ্জক টাইপ কৰক।

(উদাহৰণৰ বাবে C4:C18)

10. 'অকে'ত ক্লিক কৰক।

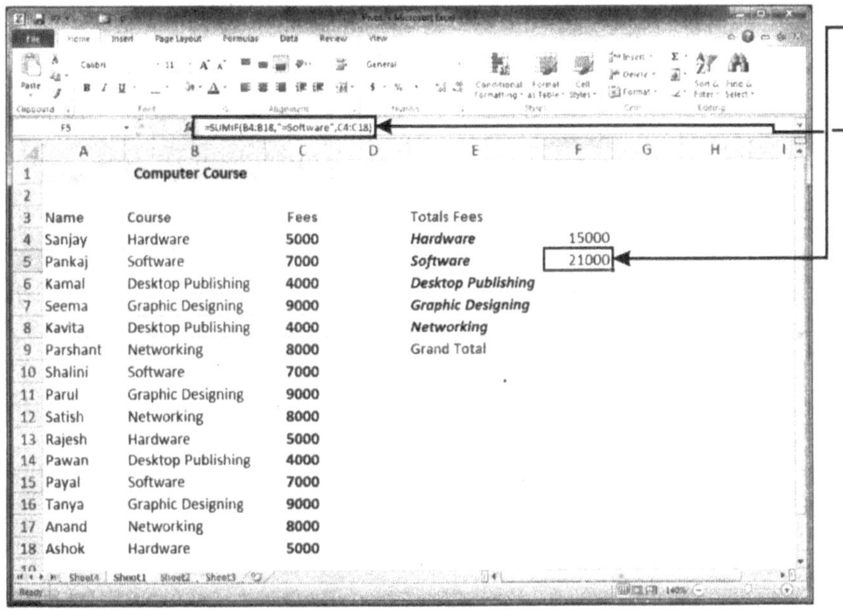

ফৰ্মূলাৰ লগত ৰিজাল্ট চেলত দেখা দিয়ে।

ফৰ্মূলা বাৰ গণনাত প্ৰযুক্ত ফৰ্মূলাক প্ৰদৰ্শিত কৰে।

টাইম কেলকুলেচন (সময়ৰ গণনা)

দুটা সময়ত কৰা ঘণ্টাৰ মাজত আপুনি সময়ৰ গণনাও কৰিব পাৰে। ইয়াৰ লগতে আপুনি দুটা সময়ৰ মাজৰ অন্তৰো প্ৰাপ্ত কৰিব পাৰে। ইয়াৰ বাবে আপুনি সময়ৰ লগত এএম(AM) আৰু পিএম (PM) ও টাইপ কৰিব লাগিব, যৰ পৰা এক্সেলে ইয়াক নিজে নিজে ব্যৱস্থিত কৰিব।

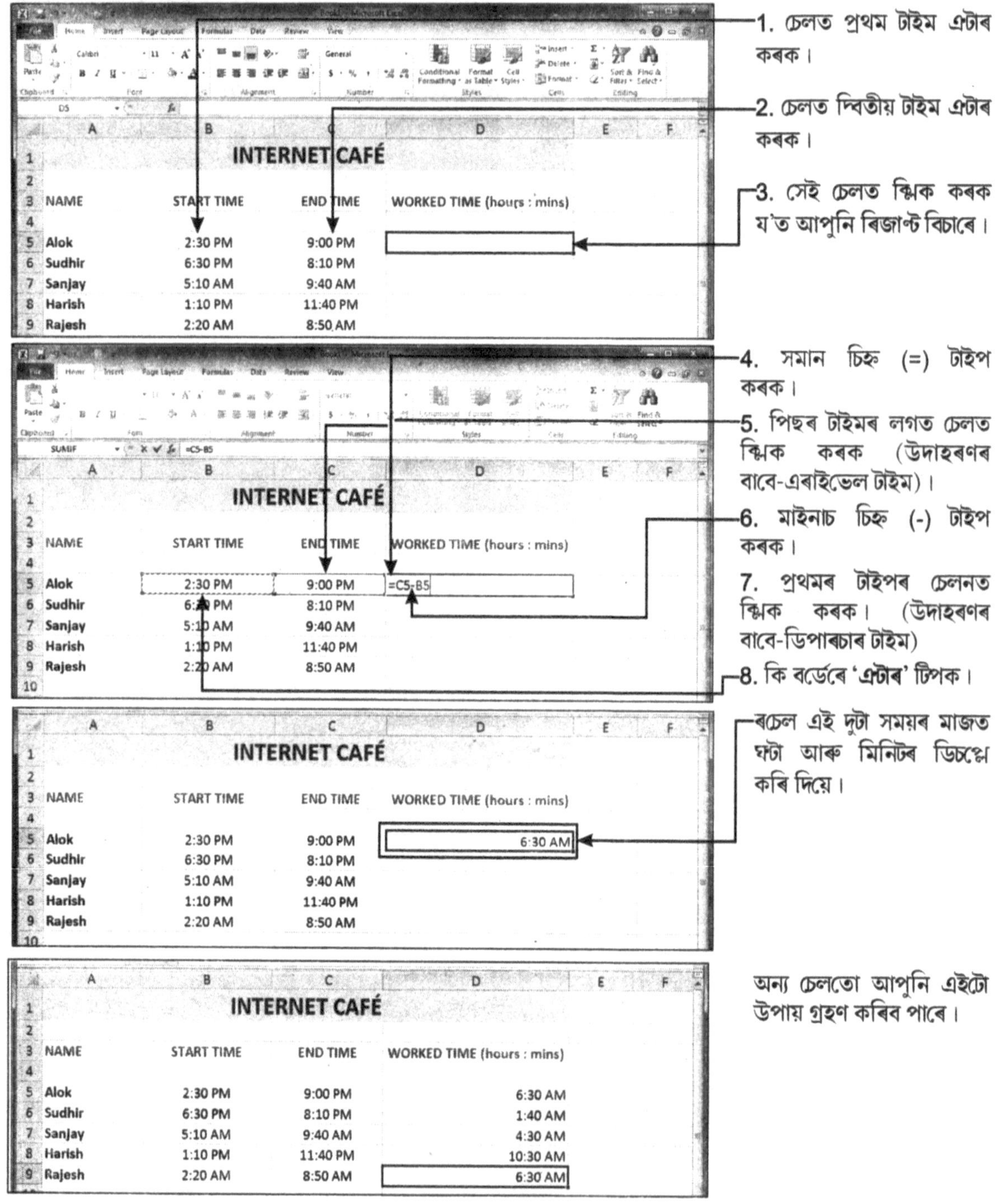

ৰডেট কেলকুলেচন (তাৰিখৰ গণনা)

আপুনি দুটা তাৰিখৰ মাজত কৰা কামৰ দিনৰ সংখ্যাও জানিব পাৰে। ইয়াৰ বাবে আপুনি ডাটা ফাংচনৰ প্ৰয়োগ কৰিব পাৰে। ফাংচনত স্টাৰ্ট ডেট, এণ্ড ডেট অন্তৰ্ভুক্ত হয় আৰু কেতিয়াবা-কেতিয়াবা ইয়াৰ মাজত থকা ছুটীও অন্তৰ্ভুক্ত থাকে। যি দুটা তাৰিখৰ মাজত থকা কামৰ দিনৰ সংখ্যাক নিজে নিজে কম কৰি দিয়ে।

এক্সেলে সপ্তাহৰ ছুটীক নিজে নিজে কমাই দিয়ে, যেনে-শনিবাৰ আৰু দেওবাৰ।

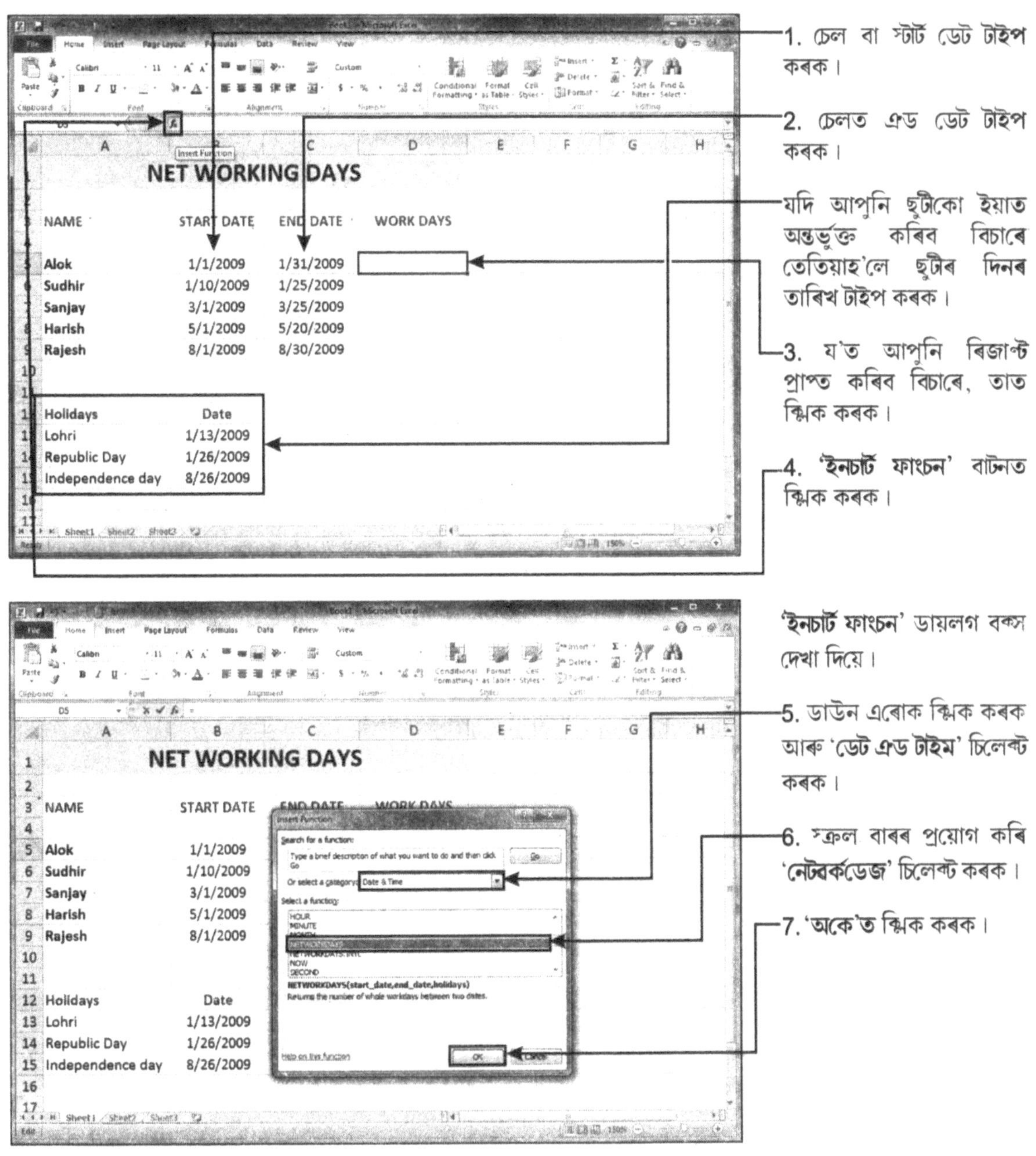

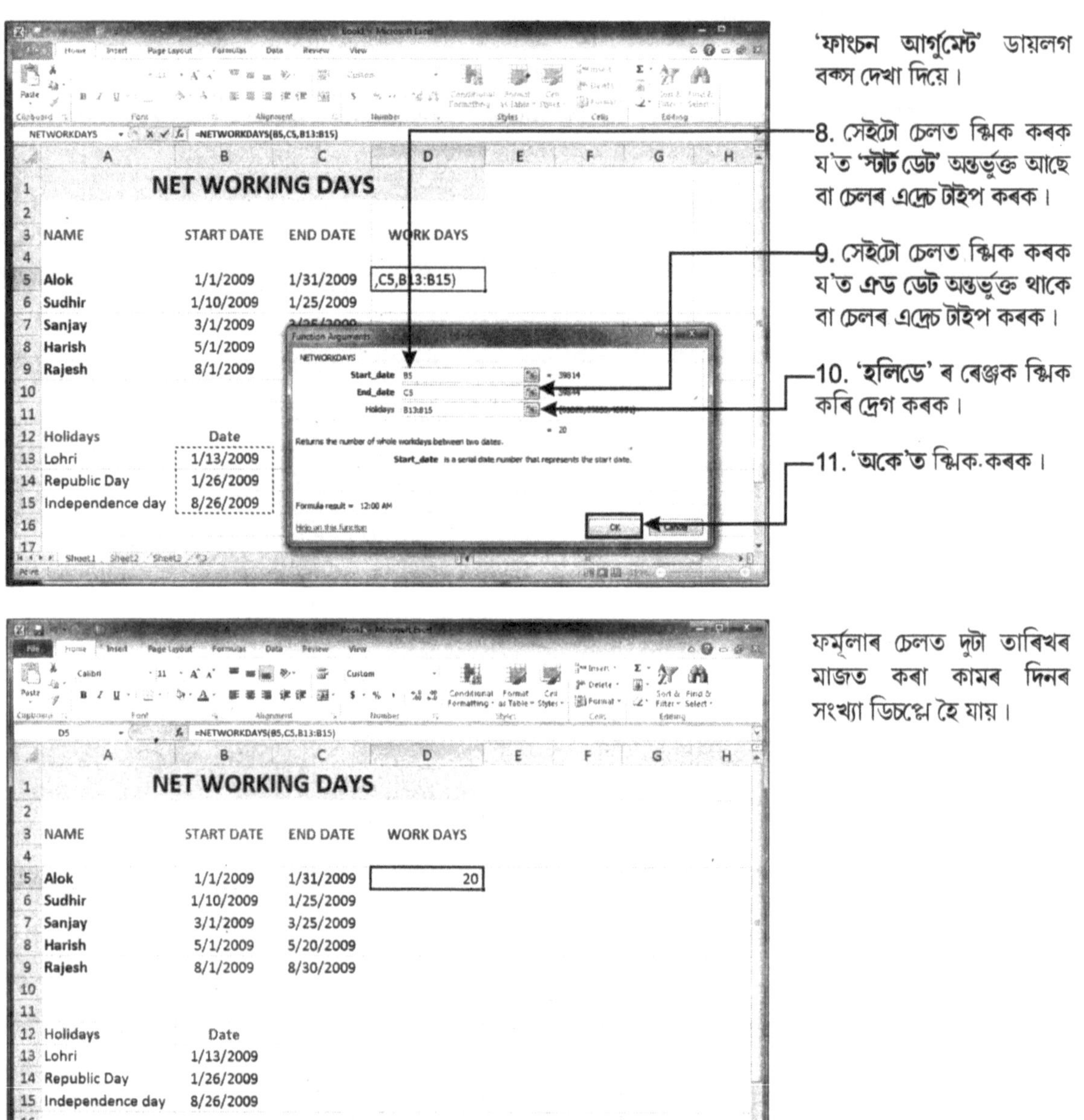

যেতিয়া নেটৱৰ্কডেজ গণনা কৰা হয়, যদি আপোনাৰ স্টাৰ্ট ডেট আপোনাৰ এণ্ড ডেটৰ পিছত কৰা হয় তেতিয়া এক্সেলে নিগেটিভ নম্বৰ প্ৰদৰ্শিত কৰে।

চাৰ্ট প্ৰস্তুত কৰা ঃ

পেটাৰ্ন আৰু ট্ৰেডক সহজতে চাবৰ বাবে আৰু ডাটাৰ তুলনা কৰিবৰ বাবে আপুনি চাৰ্ট ক্ৰিয়েট (প্ৰস্তুত) কৰিব পাৰে। চাৰ্টৰ প্ৰস্তুত কৰাৰ পিছত, ডাটাক ভালদৰে ডিচপ্লে কৰা আৰু তাৰ বিষয়ে এক্সেপ্লেন (ব্যাখ্যা) কৰা অৰ্থাৎ বিস্তাৰেৰে কবৰ বাবে ৰিবনত থকা চাৰ্ট টুলচৰ প্ৰয়োগ কৰিব পাৰে।.

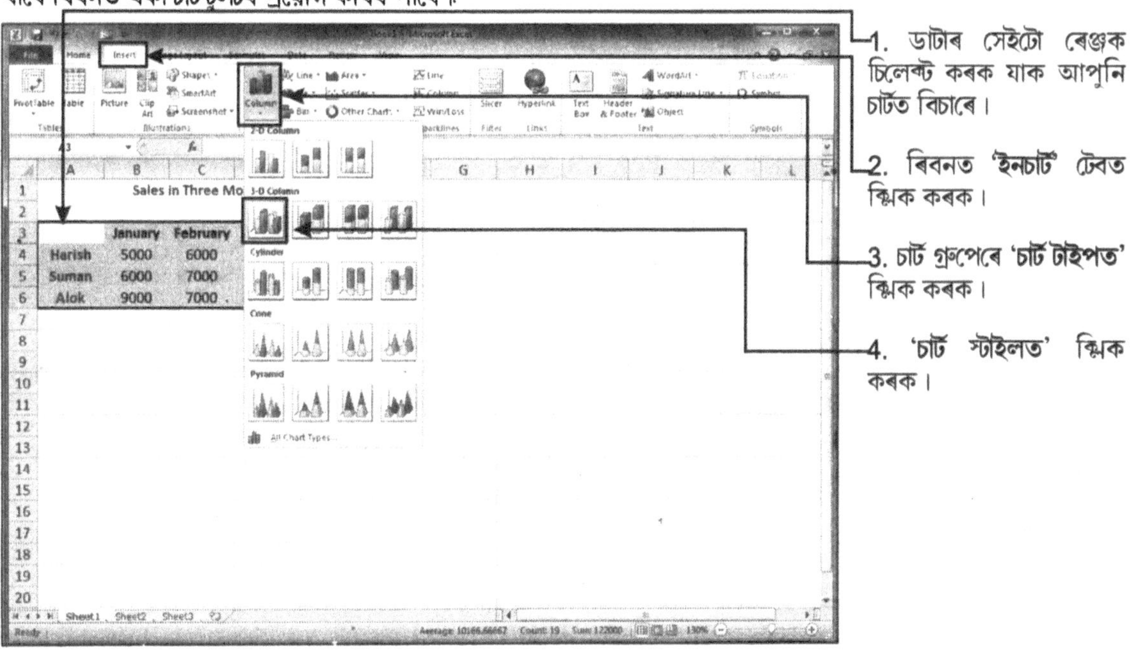

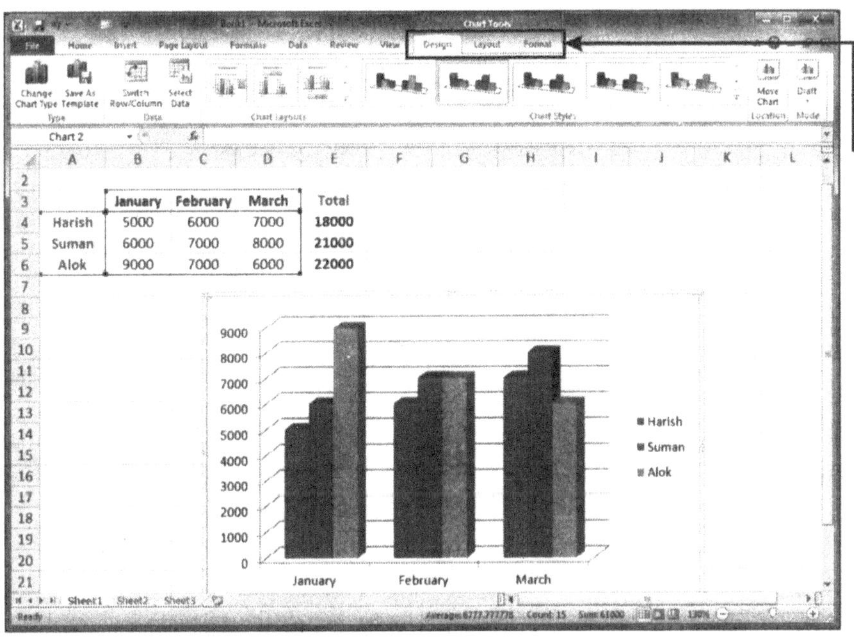

এক্সেলে শীঘ্ৰে এক চাৰ্ট প্ৰস্তুত কৰি দিয়ে, এইটোক আপোনাৰ ৰকচিটত ৰাখক।

চাৰ্টৰ লগতে কাম কৰিবৰ বাবে এক্সেলে তিনিটা চাৰ্ট টেব (ডিজাইন, লেআউট ফৰ্মেট) ডিচপ্লে কৰে।

চাৰ্টক এক স্থানৰ পৰা আন এটা স্থানলৈ লৈ যোৱা অথবা তাৰ আকাৰ সলনি কৰা

আপুনি আপোনাৰ ৱৰ্কচিটৰ চাৰ্টক এটা স্থানৰ পৰা আন এটা স্থানলৈ লৈ যাব পাৰে আৰু এইটোক ৰিচাইজ (আকাৰ সৰু-ডাঙৰ) কৰিব পাৰে।

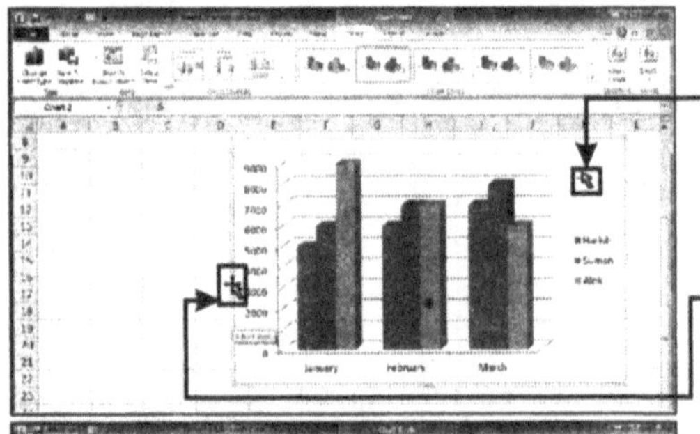

চাৰ্ট মুভ কৰা

1. চাৰ্টৰ খালি স্থানত ক্লিক কৰক।

এক্সেলে চাৰ্টক চিলেক্ট কৰি লয় আৰু ইয়াৰ চাৰিওফালে এক হেণ্ডেলৰ দৰে কৰি দিয়ে।

2. মাউচক চাৰ্টৰ কিনাৰলৈ লৈ যাওক।

এইটো স্থিতিত মাউচৰ পইণ্টাৰৰ আকৃতি (✣) সলনি হৈ যায়।

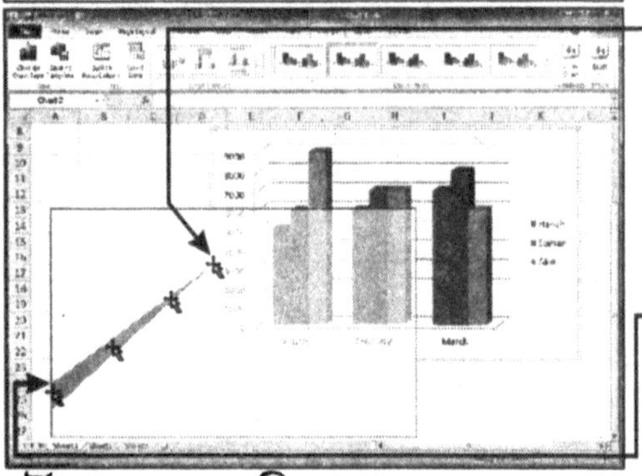

3. চাৰ্টক ক্লিক কৰি দ্ৰেগ কৰি ৱৰ্কচিটত কোনো অন্য ঠাইলৈ লৈ যাওক।

যেতিয়া আপুনি চাৰ্টক ৱৰ্কচিটত এটা স্থানৰ পৰা আন এটা স্থানলৈ লৈ যায় তেতিয়া ইয়াৰ চাৰিওফালে মতিয়া ৰংৰৰ সাধাৰণ বৰ্ডাৰ গঠন হৈ যায়।

4. ৰমাউচৰ বাটনক এৰি দিয়ক।

এক্সেল মাউচক অন্য স্থানত হৈ দিয়ক।

চাৰ্টৰ আকাৰ সলনি কৰা

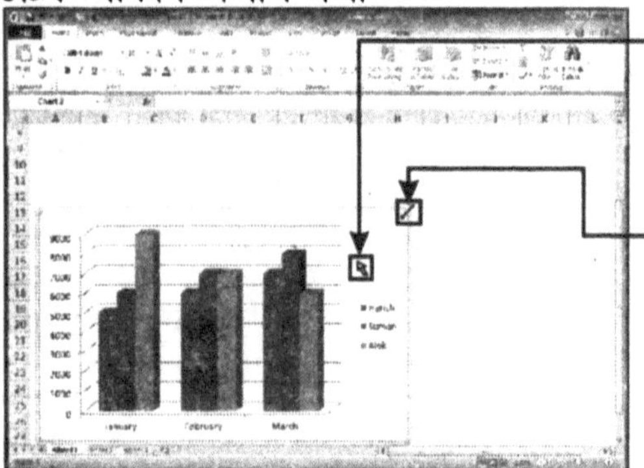

1. চাৰ্টত কোনো খালি স্থানত ক্লিক কৰক।

এক্সেলে চাৰ্টক চিলেক্ট কৰি লয় আৰু ইয়াৰ চাৰিওফালে হেণ্ডেলৰ দৰে হৈ যায়।

2. মাউচক চাৰ্টৰ হেণ্ডেলৰ ওপৰলৈ লৈ যাওক।

এইটো স্থিতিত মাউচৰ পইণ্টাৰৰ আকৃতি (⤢) সলনি হৈ যায়।

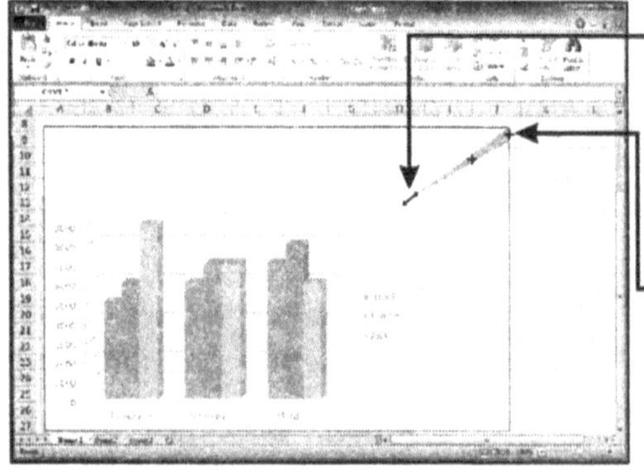

3. চাৰ্টৰ আকাৰত সলনি কৰিবৰ বাবে হেণ্ডেলক ক্লিক কৰি দ্ৰেগ কৰক।

যেতিয়া আপুনি চাৰ্টৰ আকাৰ সলনি হৈ যায় তেতিয়া এটা ডটড বৰ্ডাৰ ইয়াৰ চাৰিওফালে গঠন হৈ যায়।

4. মাউচৰ বাটনক এৰি দিয়ক।

এক্সেল এ সেইটো চাৰ্টৰ আকাৰ পৰিৱৰ্তিত কৰি দিয়ে।

চার্টৰ টাইপ সলনি কৰা ঃ

চার্টক প্রস্তুত কৰাৰ পিছত ইয়াৰ ডাটাক আৰু প্রভাৱী ৰূপেৰে প্রস্তুত কৰিবৰ বাবে চার্ট টাইপ অর্থাৎ চার্টৰ প্রকাৰো সলনি কৰিব পাৰে।

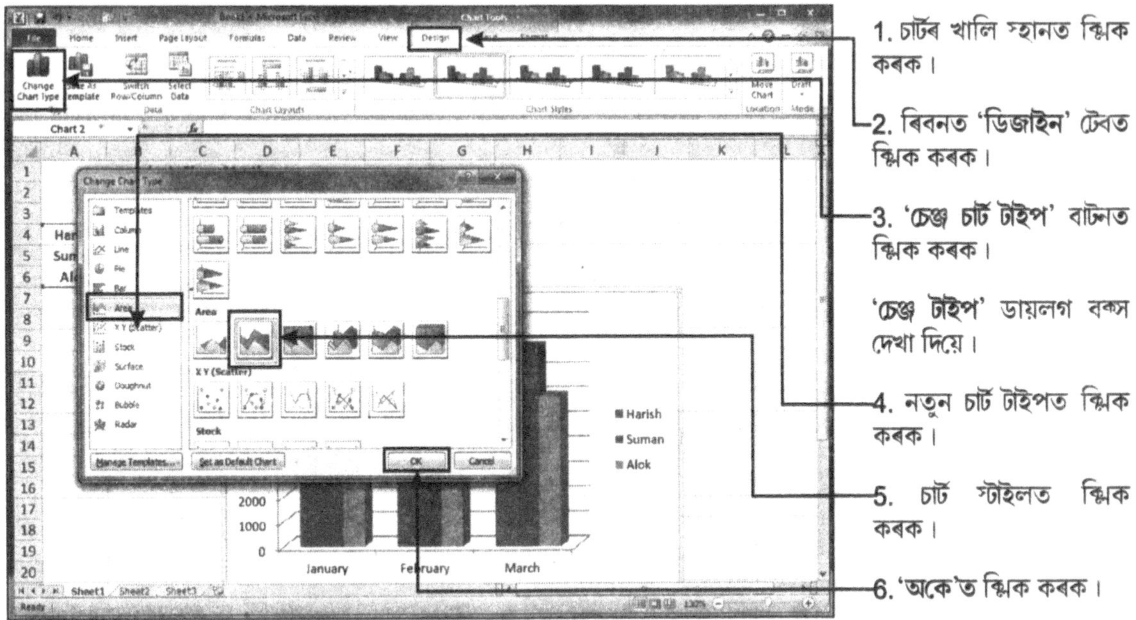

এক্সেলে সেইটো চার্টক আপোনাৰ দ্বাৰা চিলেক্ট কৰা চার্টত সলনি কৰি দিয়ে।

চার্টৰ লেআউট সলনি কৰা ঃ

চার্টৰ এলিমেন্ট (তত্ব) ক কেনেদৰে আগবঢ়াব লাগে, ইয়াৰ বাবে আপুনি চার্টৰ লেআউটো সলনি কৰিব পাৰে।

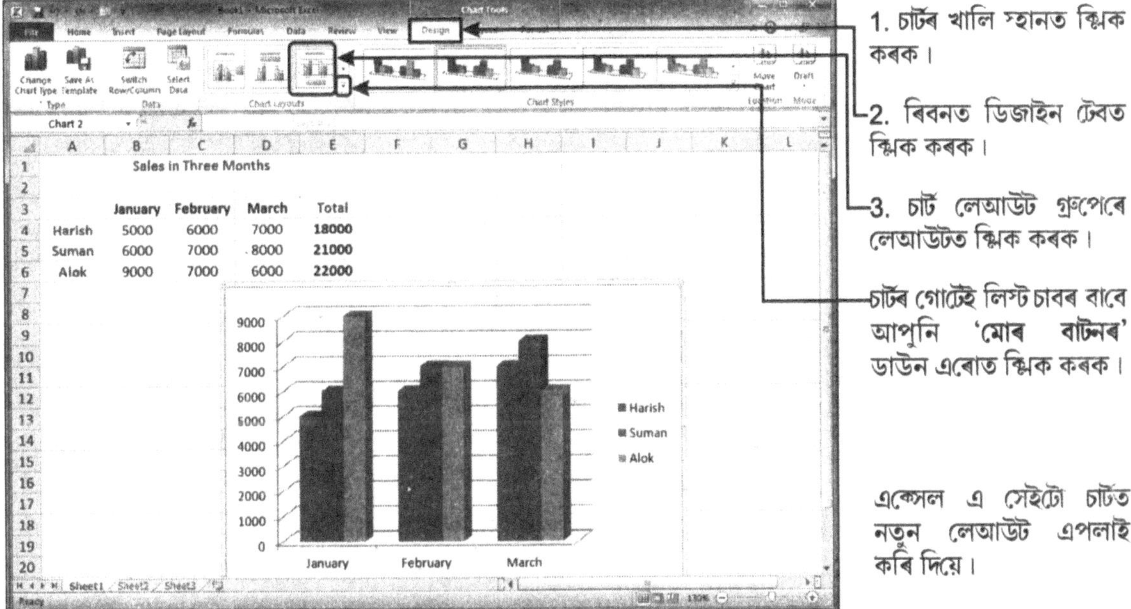

টাইট্‌ল অন্তৰ্ভুক্ত কৰা ঃ

আপোনাৰ চাৰ্টৰ ডাটাক আইডেন্টিফাই কৰিবৰ বাবে আপুনি চাৰ্টত X আৰু Y-ৰএক্সিচ টাইট্‌ল অন্তৰ্ভুক্ত কৰিব পাৰে।

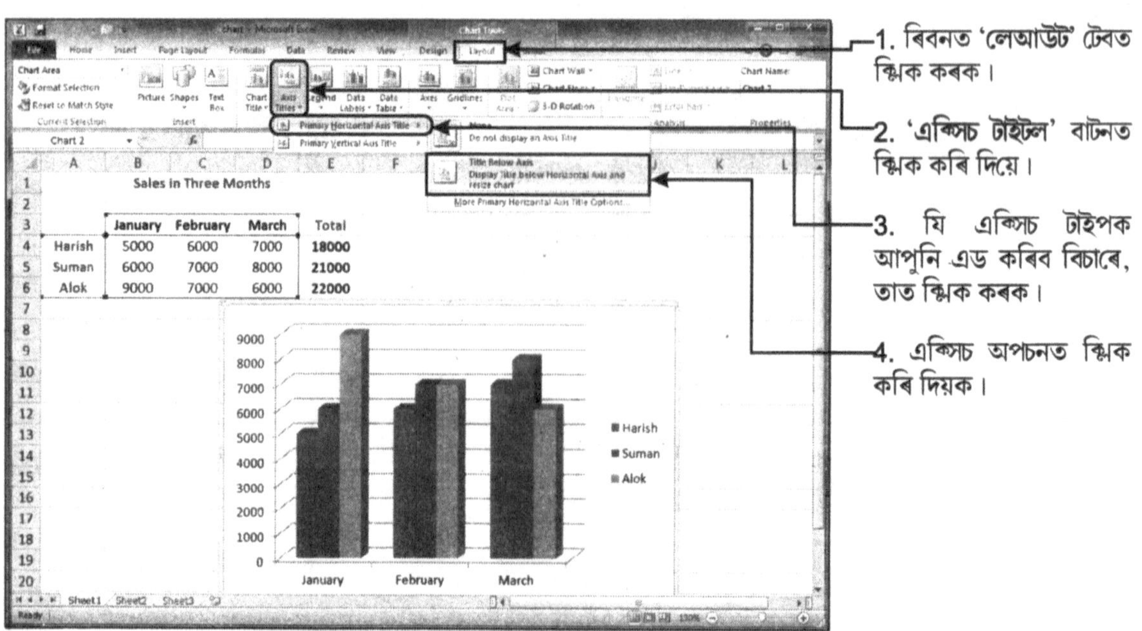

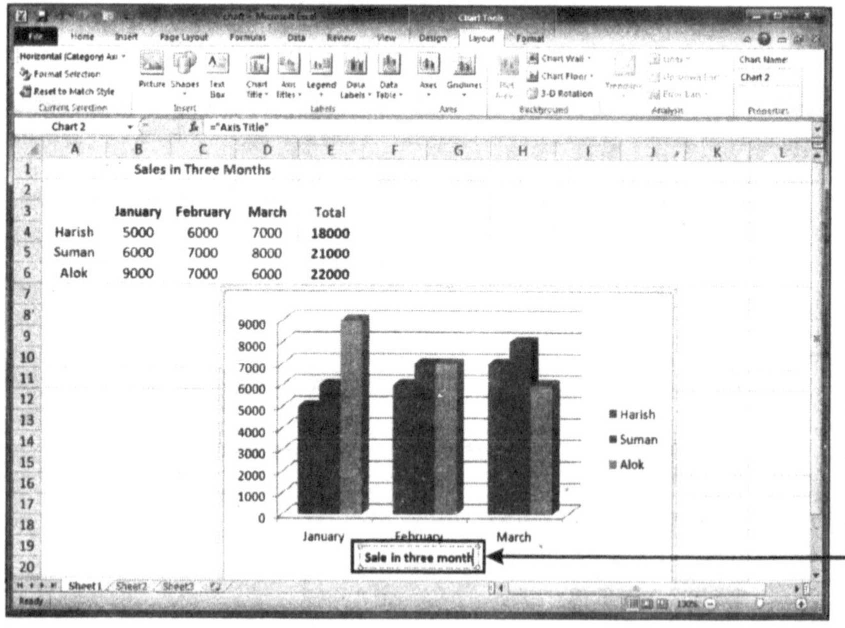

একেসল এ চাৰ্টত নতুন টাইট্‌ল অন্তৰ্ভুক্ত কৰি দিয়ে।

5. ৰআপুনি এইটো দেখা দিয়ে টেক্সটক আপোনাৰ টাইট্‌ল টেক্সটৰ লগত সলনি কৰিব পাৰে।

অবজেক্টেৰে আতৰিবৰ বাবে আপুনি চিলেক্ট কৰা অবজেক্ট কৰা অবজেক্টৰ বাহিৰত য'তে-ততে ক্লিক কৰিব পাৰে।

স্পাৰ্কলাইন (জিলিকি থকা লাইন) ইনচাৰ্ট কৰা

এক্সেল 2010 ত স্পাৰ্কলাইন এক বহুত সৰু আৰু আখৰৰ আকাৰৰ চাৰ্ট হয় যিটো কোনো চেলত দেখা দিয়ে। স্পাৰ্কলাইন অপচনত যাবৰ বাবে, ইনচাৰ্ট টেবলৈ যাওক আৰু তাৰ পৰা গ্ৰুপ নিৰ্বাচন কৰক। আপুনি ইয়াত স্পাৰ্কলাইন গ্ৰুপ দেখা দিব।

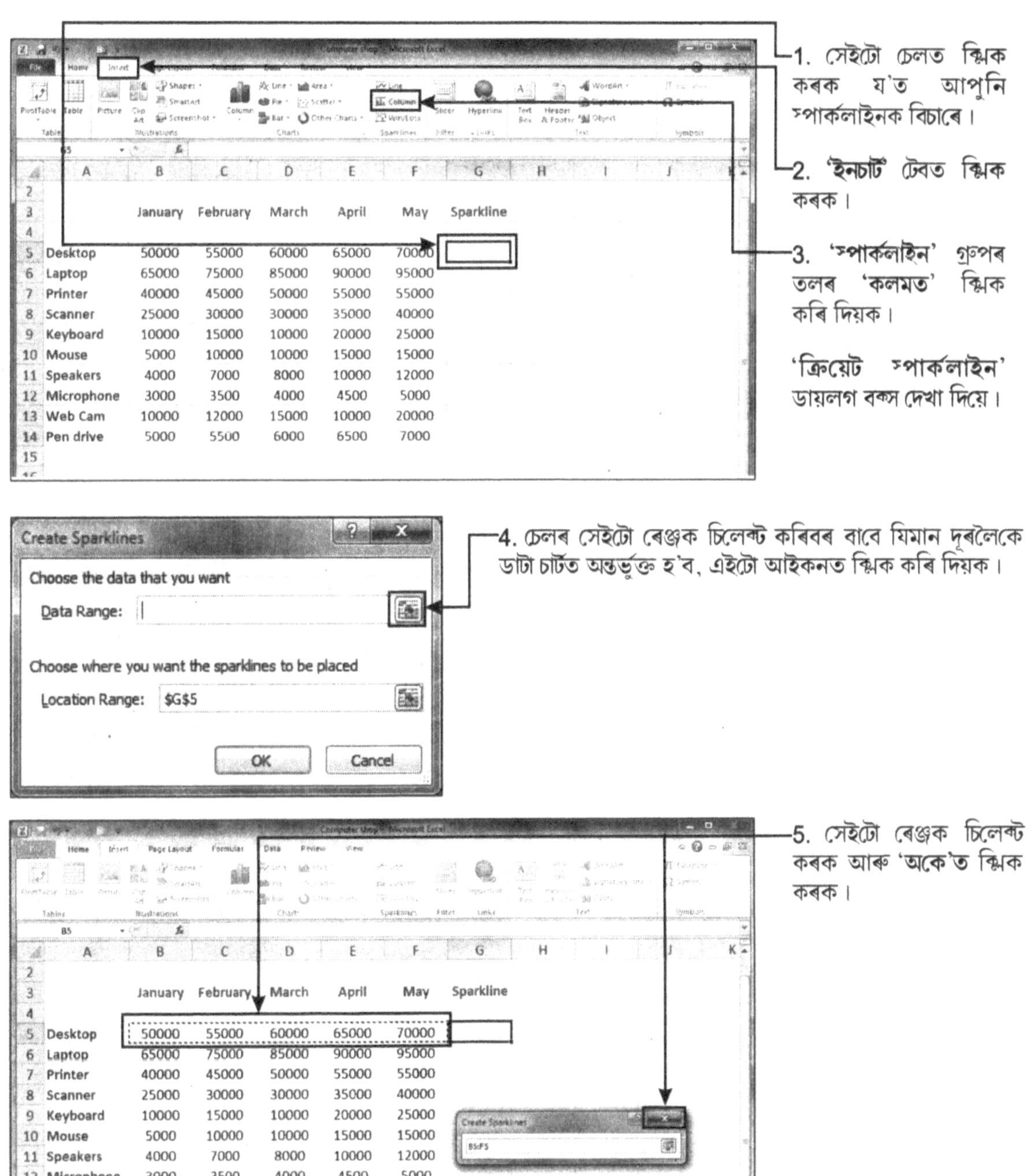

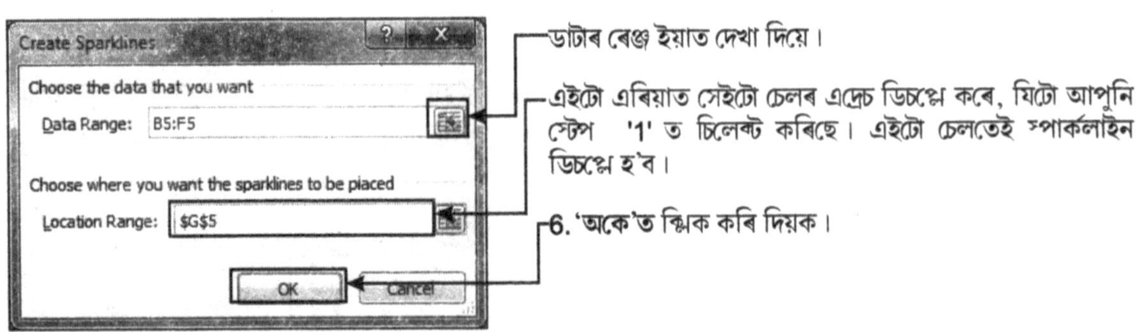

ডাটাৰ ৰেঞ্জ ইয়াত দেখা দিয়ে।

এইটো এৰিয়াত সেইটো চেলৰ এড্ৰেচ ডিচপ্লে কৰে, যিটো আপুনি ষ্টেপ '1' ত চিলেক্ট কৰিছে। এইটো চেলতেই স্পাৰ্কলাইন ডিচপ্লে হ'ব।

6. 'অকে'ত ক্লিক কৰি দিয়ক।

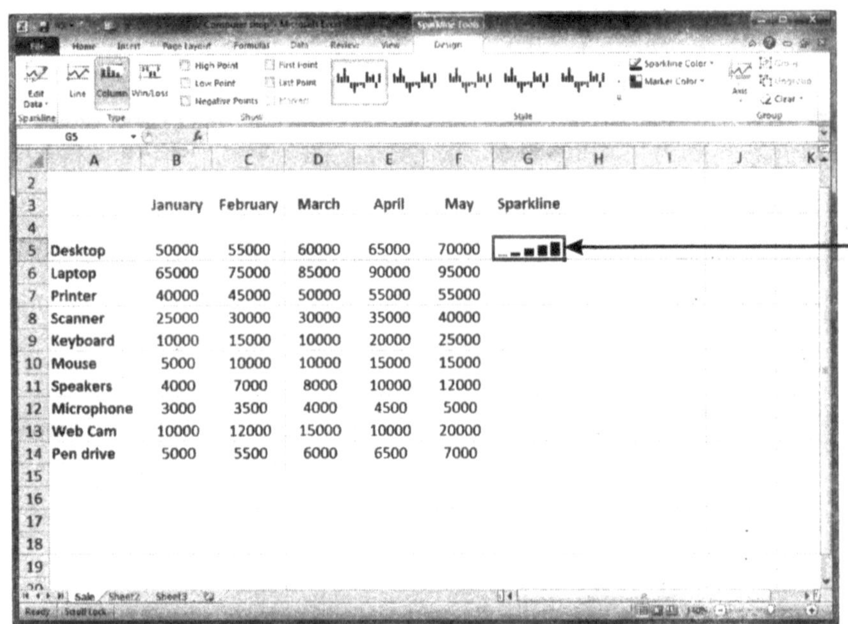

	A	B	C	D	E	F	G
3		January	February	March	April	May	Sparkline
5	Desktop	50000	55000	60000	65000	70000	
6	Laptop	65000	75000	85000	90000	95000	
7	Printer	40000	45000	50000	55000	55000	
8	Scanner	25000	30000	30000	35000	40000	
9	Keyboard	10000	15000	10000	20000	25000	
10	Mouse	5000	10000	10000	15000	15000	
11	Speakers	4000	7000	8000	10000	12000	
12	Microphone	3000	3500	4000	4500	5000	
13	Web Cam	10000	12000	15000	10000	20000	
14	Pen drive	5000	5500	6000	6500	7000	

ৰচিলেক্ট কৰা চেলত স্পাৰ্কলাইন দেখা দিয়ে।

স্পাৰ্কলাইনা উচিত প্ৰয়োগেৰে ডাটাৰ তুলনা বহুত তীব্ৰ আৰু সঠিক হ'ব পাৰে।

'স্পাৰ্কলাইন টুলচ' টেবত 'ডিজাইন' টুলচ দেখা দিয়ে।

এইটো টুলচৰ প্ৰয়োগ কৰি আপুনি স্পাৰ্কলাইনক এডিট আৰু ফৰ্মেট সলনি কৰিব পাৰে।

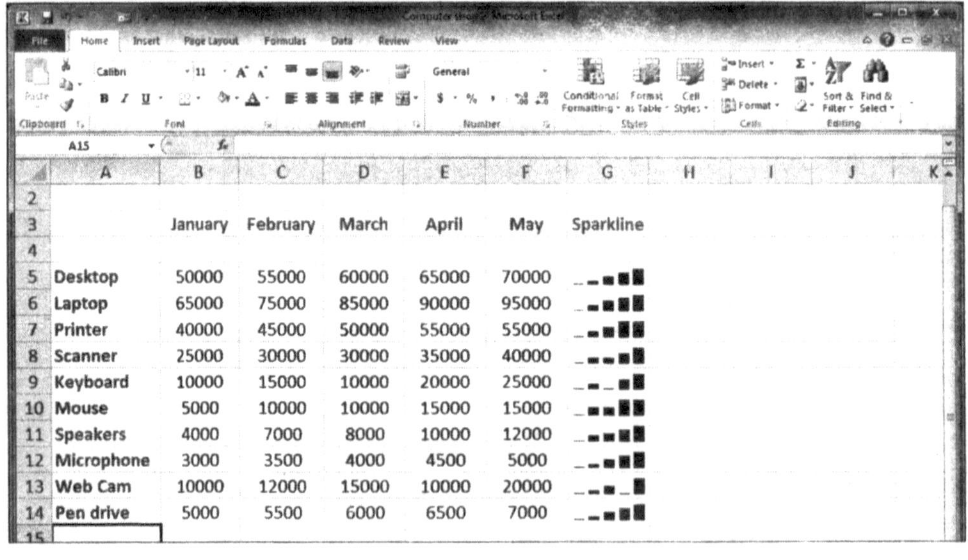

	A	B	C	D	E	F	G
3		January	February	March	April	May	Sparkline
5	Desktop	50000	55000	60000	65000	70000	
6	Laptop	65000	75000	85000	90000	95000	
7	Printer	40000	45000	50000	55000	55000	
8	Scanner	25000	30000	30000	35000	40000	
9	Keyboard	10000	15000	10000	20000	25000	
10	Mouse	5000	10000	10000	15000	15000	
11	Speakers	4000	7000	8000	10000	12000	
12	Microphone	3000	3500	4000	4500	5000	
13	Web Cam	10000	12000	15000	10000	20000	
14	Pen drive	5000	5500	6000	6500	7000	

প্ৰিন্ট এৰিটাক ডিফাইন কৰা

ৱৰ্কচিটৰ কোনো নিশ্চিত ভাগক প্ৰিন্ট কৰিবৰ বাবে আপুনি প্ৰিন্ট এৰিয়াক পৰিভাষিত কৰিব পাৰে।

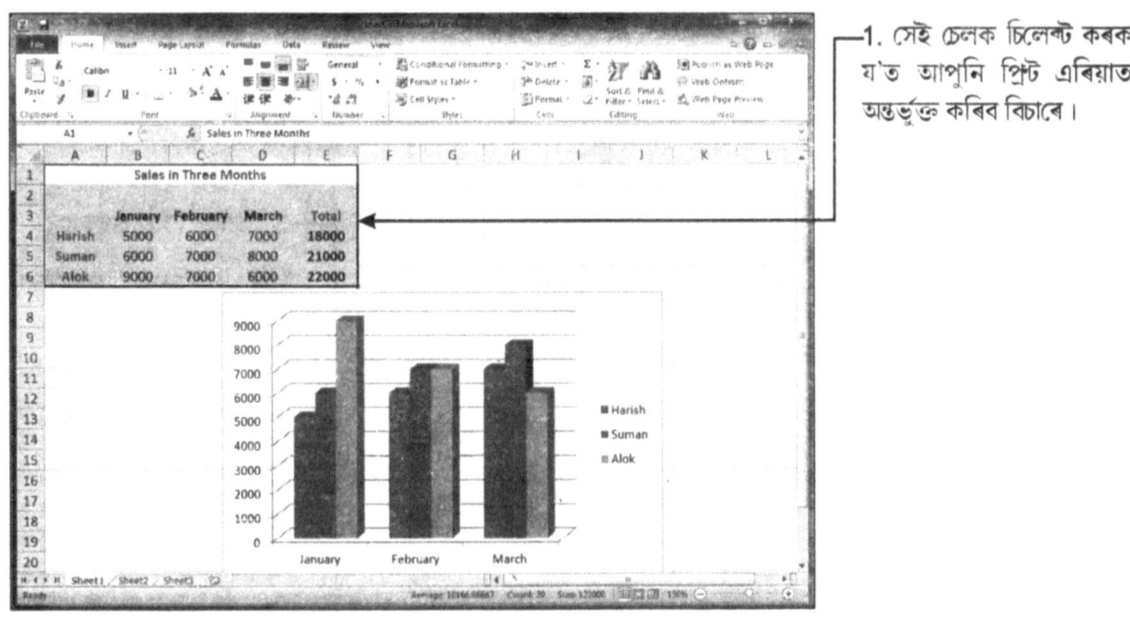

1. সেই চেলক চিলেক্ট কৰক য'ত আপুনি প্ৰিন্ট এৰিয়াত অন্তৰ্ভুক্ত কৰিব বিচাৰে।

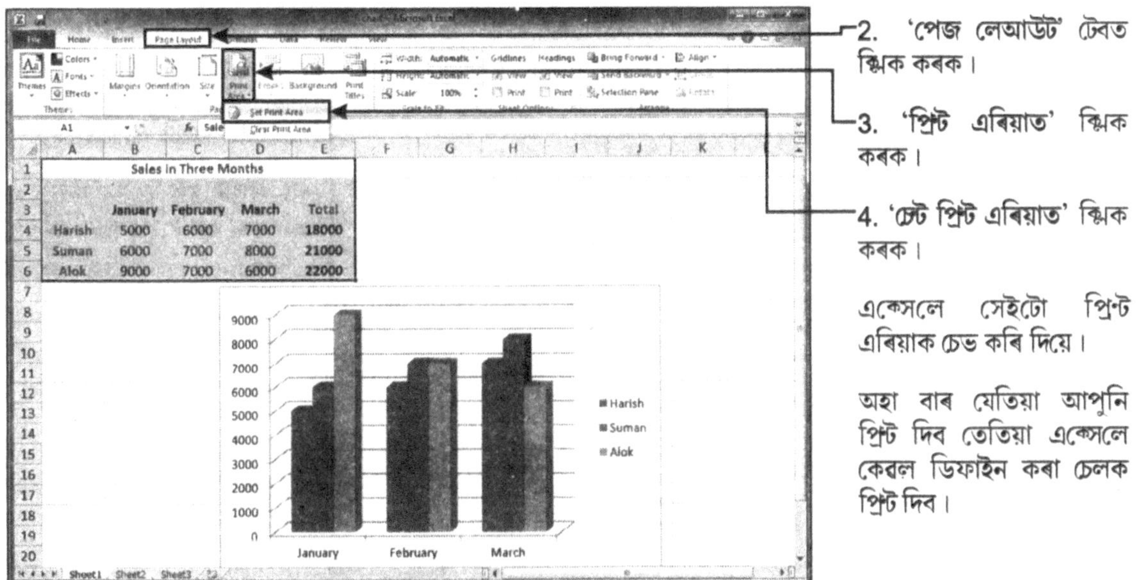

2. 'পেজ লেআউট' টেবত ক্লিক কৰক।

3. 'প্ৰিন্ট এৰিয়াত' ক্লিক কৰক।

4. 'চেট প্ৰিন্ট এৰিয়াত' ক্লিক কৰক।

এক্সেলে সেইটো প্ৰিন্ট এৰিয়াক চেভ কৰি দিয়ে।

অহা বাৰ যেতিয়া আপুনি প্ৰিন্ট দিব তেতিয়া এক্সেলে কেৱল ডিফাইন কৰা চেলক প্ৰিন্ট দিব।

ৱৰ্কবুকক প্ৰিন্ট দিয়া

আপোনাৰ স্ক্ৰীনত ডিচপ্লে কৰা ৱৰ্কবুকৰ আপুনি পেপাৰত প্ৰিন্টো উলিয়াব পাৰে। আপোনাৰ ডকুমেন্টৰ প্ৰিন্ট দিয়াৰ পূৰ্বে এইটো নিশ্চিত কৰি লওক যে আপোনাৰ প্ৰিন্টাৰ অন আছেনে নাই।

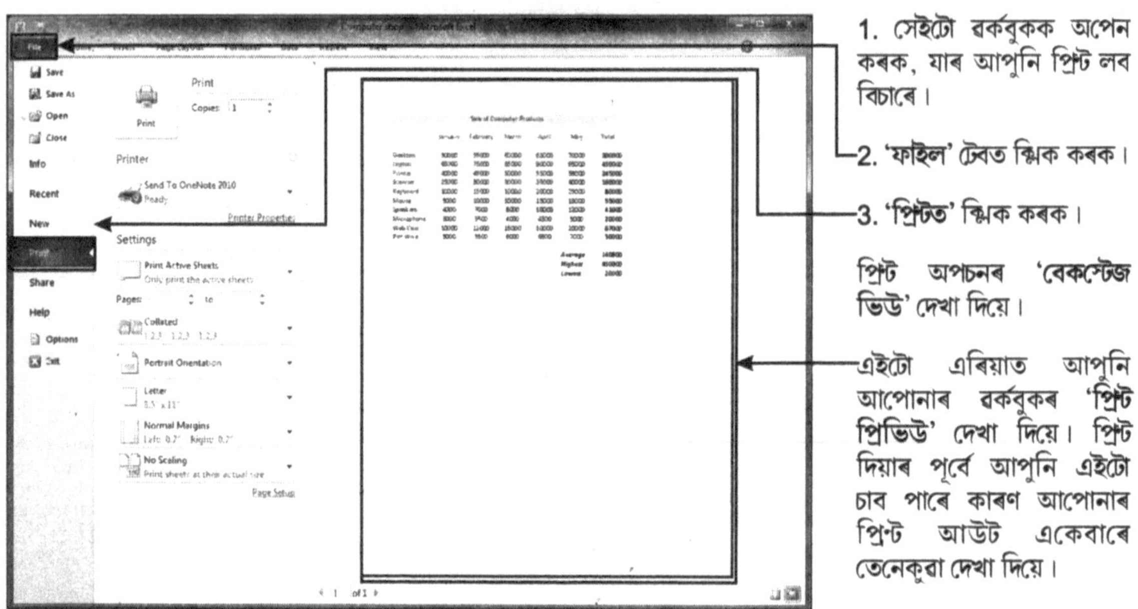

1. সেইটো ৱৰ্কবুকক অপেন কৰক, যাৰ আপুনি প্ৰিন্ট লব বিচাৰে।
2. 'ফাইল' টেবত ক্লিক কৰক।
3. 'প্ৰিন্টত' ক্লিক কৰক।

প্ৰিন্ট অপচনৰ 'বেকস্টেজ ভিউ' দেখা দিয়ে।

এইটো এৰিয়াত আপুনি আপোনাৰ ৱৰ্কবুকৰ 'প্ৰিন্ট প্ৰিভিউ' দেখা দিয়ে। প্ৰিন্ট দিয়াৰ পূৰ্বে আপুনি এইটো চাব পাৰে কাৰণ আপোনাৰ প্ৰিন্ট আউট একেবাৰে তেনেকুৱা দেখা দিয়ে।

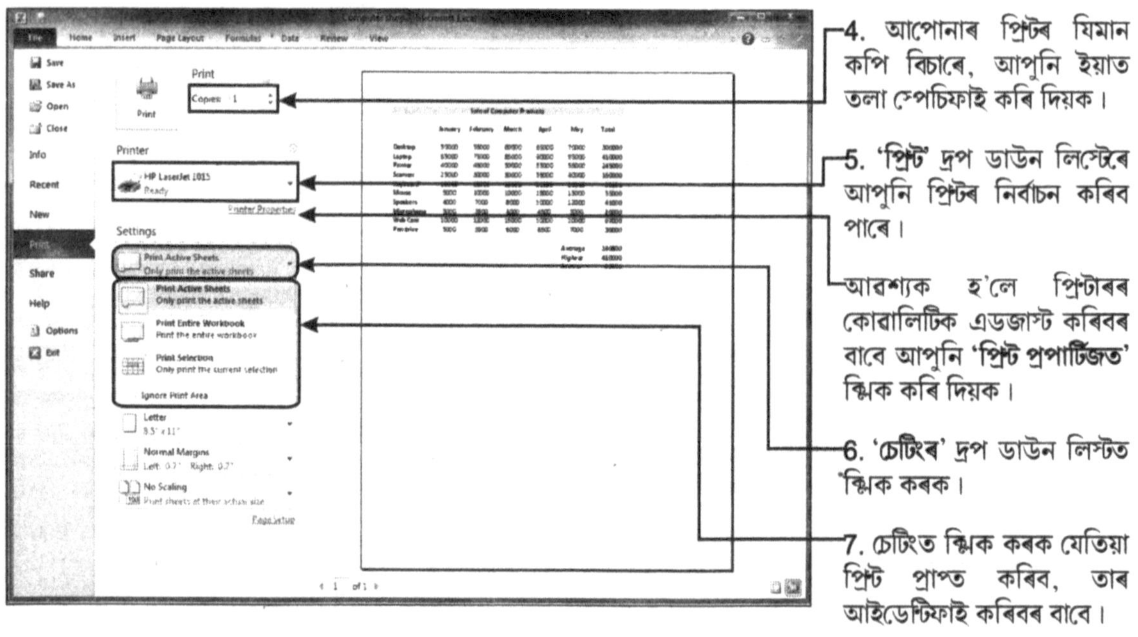

4. আপোনাৰ প্ৰিন্টৰ যিমান কপি বিচাৰে, আপুনি ইয়াত তলা স্পেচিফাই কৰি দিয়ক।
5. 'প্ৰিন্ট' দ্ৰপ ডাউন লিস্টেৰে আপুনি প্ৰিন্টৰ নিৰ্বাচন কৰিব পাৰে।

আৱশ্যক হ'লে প্ৰিন্টাৰৰ কোৱালিটিক এডজাস্ট কৰিবৰ বাবে আপুনি 'প্ৰিন্ট প্ৰপাৰ্টিজত' ক্লিক কৰি দিয়ক।

6. 'চেটিংৰ' দ্ৰপ ডাউন লিস্টত ক্লিক কৰক।
7. চেটিংত ক্লিক কৰক যেতিয়া প্ৰিন্ট প্ৰাপ্ত কৰিব, তাৰ আইডেন্টিফাই কৰিবৰ বাবে।

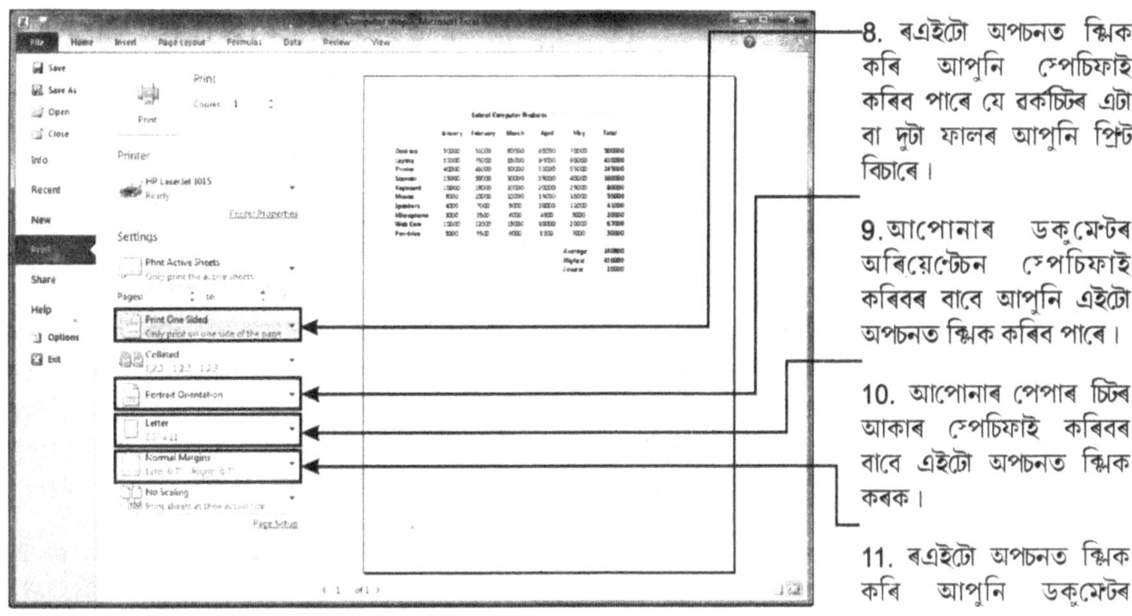

8. ৰএইটো অপচনত ক্লিক কৰি আপুনি স্পেচিফাই কৰিব পাৰে যে ৱকচিটৰ এটা বা দুটা ফালৰ আপুনি প্রিন্ট বিচাৰে।

9. আপোনাৰ ডকুমেন্টৰ অৰিয়েন্টেচন স্পেচিফাই কৰিবৰ বাবে আপুনি এইটো অপচনত ক্লিক কৰিব পাৰে।

10. আপোনাৰ পেপাৰ চিটৰ আকাৰ স্পেচিফাই কৰিবৰ বাবে এইটো অপচনত ক্লিক কৰক।

11. ৰএইটো অপচনত ক্লিক কৰি আপুনি ডকুমেন্টৰ

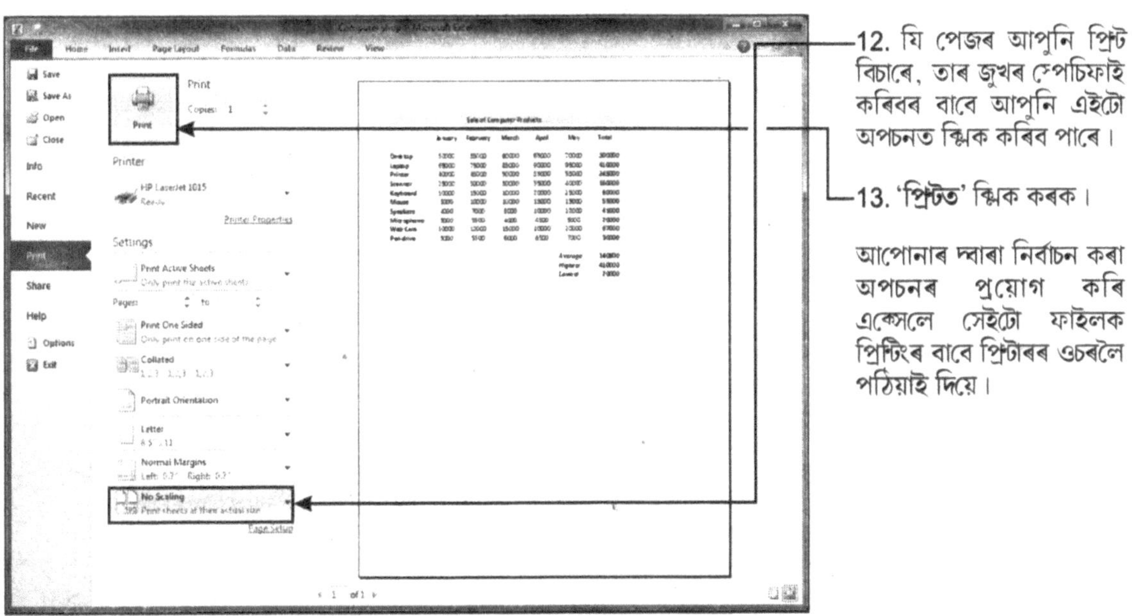

12. যি পেজৰ আপুনি প্রিন্ট বিচাৰে, তাৰ জুখৰ স্পেচিফাই কৰিবৰ বাবে আপুনি এইটো অপচনত ক্লিক কৰিব পাৰে।

13. 'প্রিন্টত' ক্লিক কৰক।

আপোনাৰ দ্বাৰা নিৰ্বাচন কৰা অপচনৰ প্ৰয়োগ কৰি এক্সেলে সেইটো ফাইলক প্রিন্টিংৰ বাবে প্রিন্টাৰৰ ওচৰলৈ পঠিয়াই দিয়ে।

এই বিষয়েও জানক

এক্সেল 2010 ৰ প্রিন্ট ফিচাৰ্চত প্রিভিউ, এডজাস্ট আৰু প্রিন্ট অল একেবাৰে তেনেদৰেই থাকে যেনেদৰে বেকস্টেজ ভিউত দেখা দিয়ে।

9 পাৱাৰ পইণ্ট

পাৱাৰ পইণ্ট

পৰিচয় ঃ মাইক্ৰোচফ্ট পাৱাৰ পইণ্ট এক গ্ৰাফিক প্ৰেজেণ্টেচন প্ৰগ্ৰেম হয় য'ত আপুনি ব্যৱসায়িকতা প্ৰেজেণ্টেচন প্ৰস্তুত কৰিব পাৰে। পাৱাৰ পইণ্টৰ **'প্ৰেজেণ্টেচন'** ক **'শ্লাইড শ্বো'** ৰ নামেৰেও জনা যায়। পাৱাৰ পইণ্টে আপোনাৰ কম্পিউটাৰৰ লগত জড়িত থকা প্ৰজেক্চন ডিভাইচৰ প্ৰয়োগ কৰি আপোনাৰ প্ৰেজেণ্টেচন প্ৰস্তুত কৰাৰ স্বাধীনতা দিয়ে। ইয়াৰ লগতে আপুনি ইয়াত ইণ্টাৰনেটৰ লাভো উঠাব পাৰে আৰু ইণ্টাৰনেটত ভাৰ্চুয়েল প্ৰেজেণ্টেচনৰ ৰানো কৰিব পাৰে। শ্লাইড সহজতে প্ৰস্তুত কৰিবৰ বাবে পাৱাৰ পইণ্টত কেইবাটাও ফিচাৰ্চ থাকে। উদাহৰণৰ বাবে-আপুনি পাৱাৰ পইণ্টক প্ৰি ডিজাইণ্ড (আগৰ পৰা ডিজাইন কৰা) প্ৰেজেণ্টেচন প্ৰস্তুত কৰাৰ নিৰ্দেশ দিব পাৰে। আৰু ইয়াৰ পিছত আপুনি ইয়াত আপোনাৰ আৱশ্যকতাৰ অনুসাৰে এইটোক মডিফায়ো কৰিব পাৰে। **'ডিজাইন টেম্পলেট'** ৰ প্ৰয়োগ কৰি আপুনি শ্লাইড শ্বোক ফৰ্মেট (ৰূপ আৰু আকাৰৰ সলনি) ও কৰিব পাৰে। আপোনাৰ প্ৰেজেণ্টেচনৰ ফালে অধিক প্ৰভাৱীকৰিবৰ বাবে আপুনি টেবুল, চাৰ্ট, পিকচাৰ, ভিডিঅ, চাউণ্ড আৰু এনিমেচন ইফেক্সটো অন্তৰ্ভুক্ত কৰিব পাৰে। প্ৰেজেণ্টেচনক প্ৰস্তুত কৰা সময় বা ইয়াৰ ডিজাইনিং পুৰা হোৱাৰ পিছত আপুনি শ্লাইড শ্বোম স্পেলিং চেক কৰিব পাৰে আৰু ইয়াৰ স্টাইলো সলনি হ'ব পাৰে।

পাৱাৰ পইণ্টৰ ফিচাৰ্চ

পাৱাৰ পইণ্ট এক গোটেই গ্ৰাফিক প্ৰেজেণ্টেচন প্ৰগ্ৰেম হয় য'ত আপুনি আপোনাৰ প্ৰেজেণ্টেচনক ব্যৱসায়িক ৰূপেৰে প্ৰস্তুত কৰি সেইটোক ব্যৱহাৰ কৰিব পাৰে। পাৱাৰ পইণ্টত আপুনি কম্পিউটাৰৰ লগত জড়িত প্ৰেজেণ্টেচন ডিভাইচৰ ব্যৱহাৰ কৰি এইটোক ইলেকট্ৰনিক প্ৰেজেণ্টেচনৰ ৰূপো দিব পাৰে। ইয়াক যিকোনো ব্যক্তিয়ে 35 এমএমৰ শ্লাইড শ্বো প্ৰস্তুত কৰিব পাৰে আৰু ইণ্টাৰনেটত ভেচুয়েল প্ৰেজেণ্টেচনৰ ৰানো কৰিব পাৰে। পাৱাৰ পইণ্টত আপুনি প্ৰেজেণ্টেচনক নৰ্মেল ভিউত প্ৰস্তুত কৰিব পাৰে। নৰ্মেল ভিউত আপুনি একে সময়ত টেব পেন, শ্লাইড পেন আৰু নোট্চ পেনক দেখা পাব পাৰে। মাইক্ৰোচফ্ট পাৱাৰ পইণ্টত আপুনি চাউণ্ড, মিউজিক আৰু পিকচাৰৰ দৰে মাল্টিমেডিয়া ফিচাৰ্চৰ লগত সহজয়ে ডানামিক প্ৰেজেণ্টেচন প্ৰস্তুত কৰিব পাৰে। পাৱাৰ পইণ্টত প্ৰেজেণ্টেচনক ডিজাইন কৰা সময়ত আপোনাৰ সহায়ৰ বাবে ইয়াত কিছুমান টেম্পলেটচো অন্তৰ্ভুক্ত থাকে। ইয়াৰ প্ৰয়োগ আপুনি শ্লাইড শ্বো প্ৰস্তুত কৰোতেও কৰিব পাৰে।

পাৱাৰ পইণ্টৰ স্টাৰ্ট কৰা

পাৱাৰ পইণ্টৰ এটা প্ৰগ্ৰেম আছে য'ত আপুনি প্ৰেজেণ্টেচন প্ৰস্তুত কৰিব পাৰে।

পাৱাৰ পইণ্টক অপেন কৰিবৰ বাবে নিম্নলিখিত কাম কৰক।

1. **'স্টাৰ্ট'** বটনত ক্লিক কৰক।
2. **'অল প্ৰগ্ৰেম'** ত ক্লিক কৰক।
3. **'মাইক্ৰোচফ্ট অফিচ'** ত ক্লিক কৰক।
4. **'মাইক্ৰোচফ্ট পাৱাৰ পইণ্ট 2010'** ত ক্লিক কৰক।

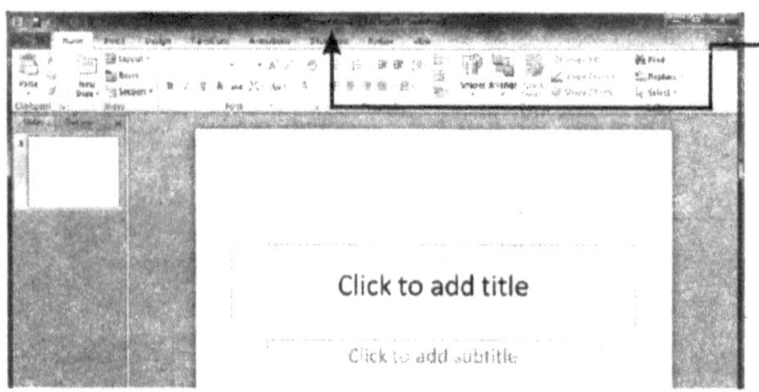

পাৱাৰ পইণ্ট ইউডোত **'প্ৰেজেণ্টেচন 1'** ৰ টাইটেল নামৰ লগত এক ব্লেংক (খালি) প্ৰেজেণ্টেচন ডিচপ্লে হৈ যায়।

পাৱাৰ পইন্ট উইণ্ডো

পাৱাৰ পইন্ট উইণ্ডোত দেখা দিয়া বিভিন্ন আইটেমৰ সহায়েৰে আপুনি আপোনাৰ কাৰ্যক সহজতে আৰু প্ৰভাৱী ধৰণে পুৰা কৰিব পাৰে।

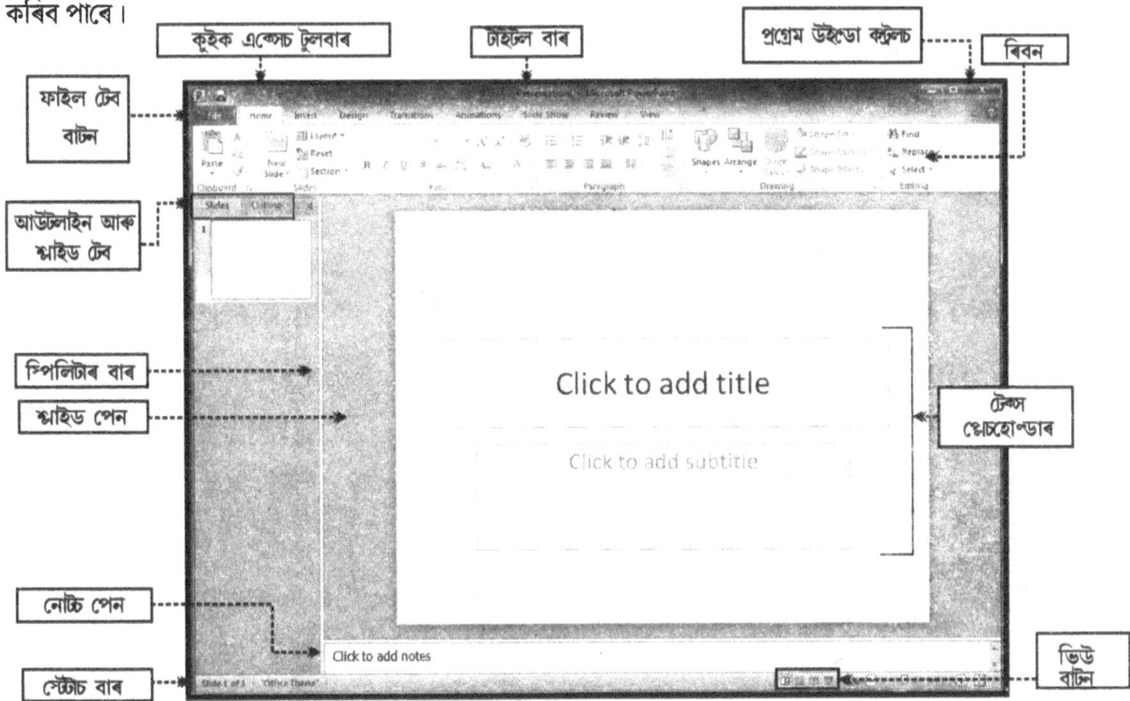

টাইটল বাৰ ঃ এইটো ইউণ্ডোৰ সকলোতকৈ ওপৰৰ ভাগ হয় যিটো ডকিউমেন্টৰ নাম শ্বো (প্ৰদৰ্শিত) কৰে।

আফিচ বাটন মেনু ঃ এইটো এক মেনু বাটন হয় য'ত 'অপেন' আৰু 'চেভ' আদিৰ দৰে কামাণ্ড থাকে।

কুইক এক্সেচ টুলবাৰ ঃ ইয়াত কুইক এক্সেচ বাটন ডিচপ্লে হয় যেনে-চেভ, আনডু আৰু ৰিডু কামাণ্ড

ৰিবন ঃ এইটো কামাণ্ডাৰ লগত সম্বন্ধীত টেব ডিচপ্লে কৰে। প্ৰত্যেক টেব কমন টাস্কৰ শ্বৰ্টকাট বাটন হয়।

প্ৰগ্ৰেম ইউণ্ডো কণ্ট্ৰোল ঃ এইটো বাটন প্ৰগেম ইউণ্ডোৰক মিনিমাইজ কৰে, ইউণ্ডোক ফুল চাইজত ৰিস্টৰ কৰে আৰু ইউণ্ডোক ক্লোজ কৰাত প্ৰয়োগ কৰা হয়। আউটলাইন আৰু শ্লাইড টেবঃ এইটোৱে আপোনাৰ প্ৰেজেন্টেনক শ্লাইডৰ দুটা ভিউদিয়ে। শ্লাইড টেক্সটৰ আউটলাইন আৰু শ্লাইডৰ থাম্বনেল ভিউ।

শ্লাইড পেন ঃ কাৰেন্ট (বৰ্তমান) শ্লাইডক ডাঙৰ ৰূপত ইউণ্ডোৰ সোঁ ফালে ডিচপ্লে কৰে।

শ্লাইন পেনত আপুনি টেক্সট, গ্ৰাফিক্স আৰু এনিমেচন চিধা এণ্টাৰ কৰিব পাৰে।

স্পিলিটাৰ বাৰ ঃ মাউচক দ্ৰেগ কৰি আপুনি ইয়াৰ পৰা শ্লাইড পেনৰ বহলতাক এডজাষ্ট কৰিব পাৰে।

টেক্সট প্লেচহোল্ডাৰ ঃ টেক্সট প্লেচহেণ্ডাৰত আপুনি টাইটল, বডি টেক্সট আৰু বুলেট লিস্টক টাইপ কৰিব পাৰে।

স্টেটচ বাৰ ঃ স্টেটচ বাৰ এক মেচেজ এৰিয়া হয়, য'ত কাৰেন্ট শ্লাইডৰ নম্বৰ আৰু শ্লাইড শ্বোত থকা মুঠ শ্লাইডৰ সংখ্যাও ডিচপ্লে হয়।

ভিউবাটন ঃ আপোনাৰ স্ক্ৰীনত ডিচপ্লে হোৱা ভিউক তীব্ৰ গতিৰে পৰিৱৰ্তন কৰা স্বাধীনতা দিয়ে।

নৰ্মেল ভিউ, শ্লাইড ভিউআৰু শ্লাইড শ্বো ভিউ, পাৱাৰ পইন্টৰ তিনিটা মুখ্য ভিউআছে।

নোট পেন ঃ নোট পেনত আপুনি কাৰেন্ট শ্লাইডৰ বাবে টেক্সট নোটক ডিচপ্লে কৰিব পাৰে। ইয়াত আপোনাৰ পাৱাৰ পইন্টৰ বাবে নোট অন্তৰ্ভুক্ত হৈ থাকে দৰ্শকৰ লগত শ্বেয়াৰ কৰিবৰ বাবে ৰিমাৰ্ক (মন্তব্য) থাকে।

ডিজাইন থিমৰ লগত ব্লেংক (খালি) প্ৰেজেন্টেচনৰ প্ৰস্তুত কৰা

ৰিবনত ডিজাইন টেবৰ প্ৰয়োগ কৰি আপুনি কোনো নিশ্চিত ডিজাইন থিমক চিলেক্ট কৰিব পাৰে।
ডিফল্ট ৰূপত, যেতিয়া আপুনি প্ৰগ্ৰেমৰ স্টাৰ্ট কৰো তেতিয়া পাৱাৰ পইন্টে আপোনাৰ বাবে ব্লেংক (খালি) শ্লাইডক অপেন কৰে।

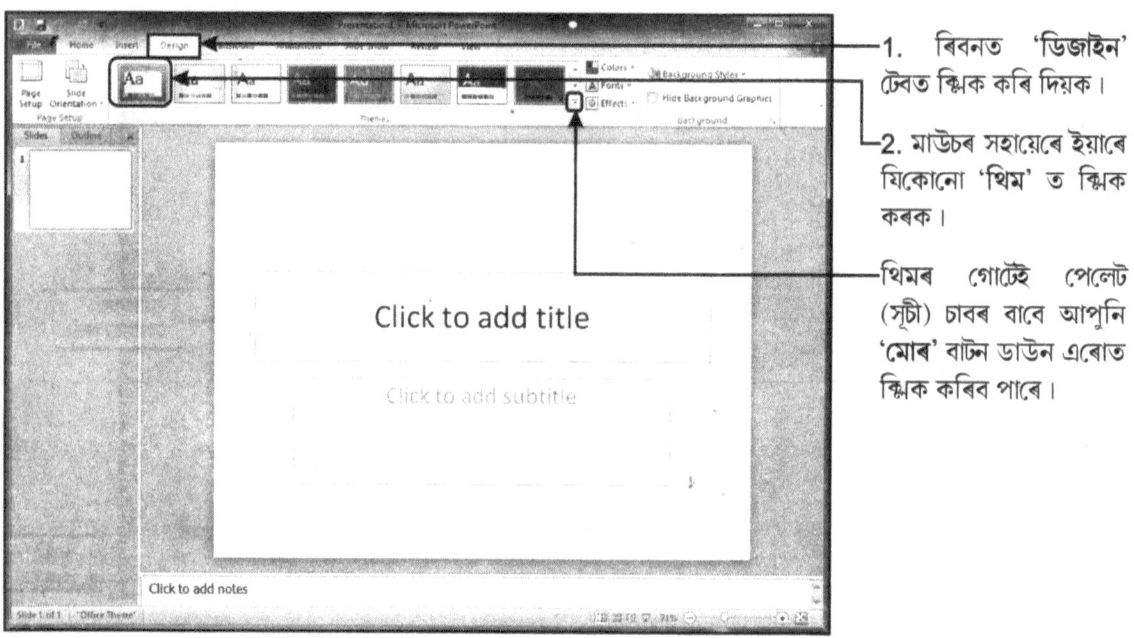

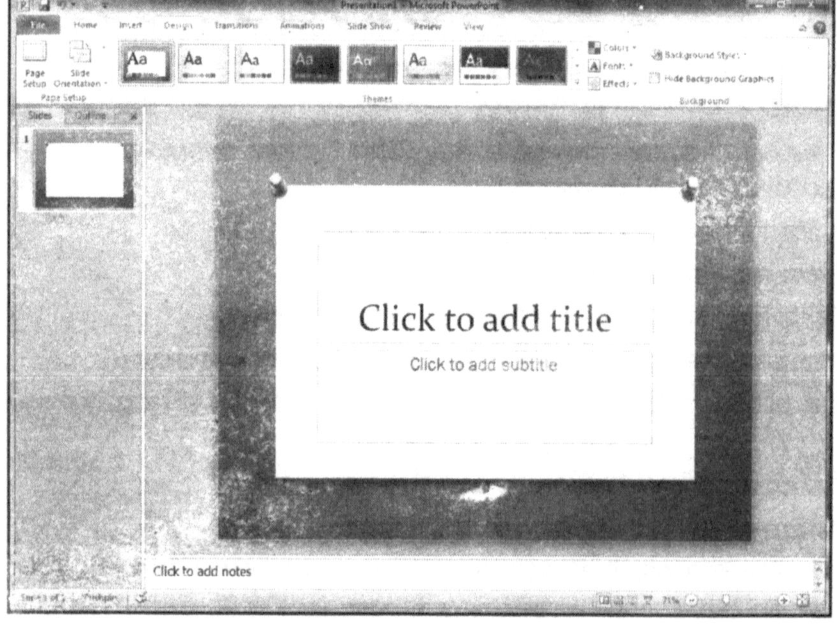

সেইটো থিম শ্লাইড 1 ত এপলাই হৈ যায়।

যেতিয়া শ্লাইডৰ থিম এপলাই হৈ যায় তেতিয়া আপুনি টেক্সটক এনটাৰ কৰা আৰম্ভ কৰি দিব পাৰে।

টাইট্‌ল শ্লাইড ক্ৰিয়েট কৰা

পাৱাৰ পইন্টে এইটো মানে যে প্ৰত্যেক নতুন শ্লাইডৰ কিবা নহয় কিবা নাম থাকে। নতুন শ্লাইডত টাইট্‌ল টেক্সট হ'ল্ডাৰত টাইপ কৰা যিকোনো টেক্সট টাইট্‌ল টেক্সট গঠিত হৈ যায়। আপোনাৰ শ্লাইডট টেক্সটক এটাৰ কৰিবৰ বাবে কি-ব’ৰ্ডৰ ব্যৱহাৰ কৰক। এইটো প্ৰেজেণ্টেচনৰ বাবে টাইট্‌ল শ্লাইড প্ৰস্তুত কৰিবৰ বাবে নিম্নলিখিত স্টেপ (কাৰ্য) কৰক।

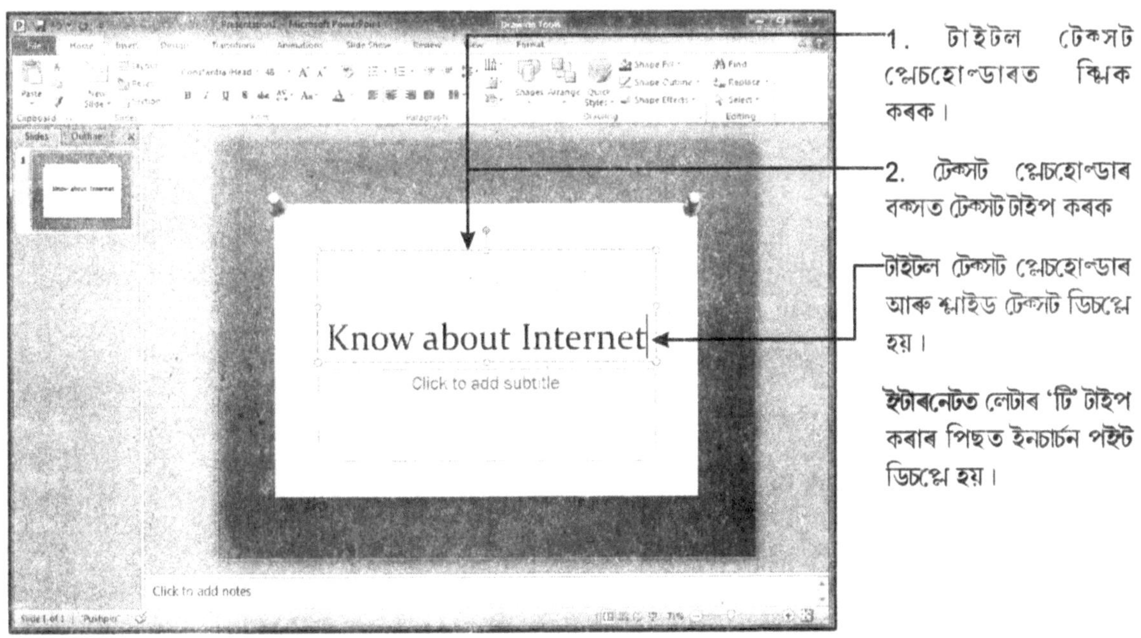

চাবটাইট্‌লত টেক্সট এটাৰ কৰা

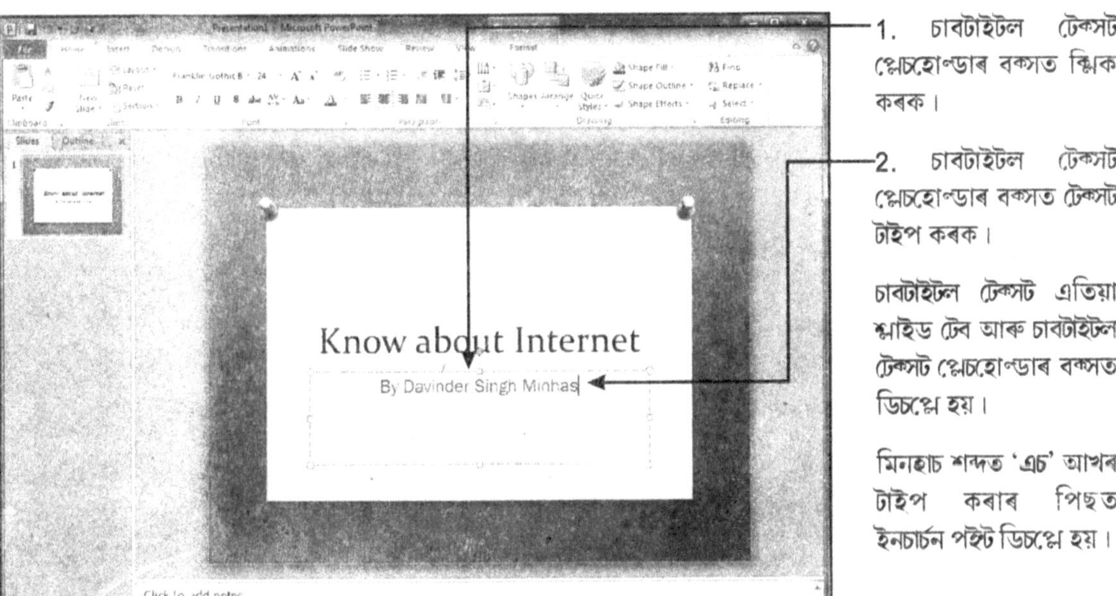

প্ৰেজেণ্টেচনত নতুন শ্লাইড জড়িত কৰা

এতিয়া টেক্সটক সেইদৰে টাইপ কৰিব পাৰে যেনেদেৰে শ্লাইড 1 ত টাইপ কৰা হৈছিল। টাইটল শ্লাইড প্ৰস্তুত কৰাৰ পিছত আপোনাক এতিয়া নতুন শ্লাইড প্ৰস্তুত কৰিব লাগিব। সামান্যৰূপে যেতিয়া কোনো প্ৰেজেণ্টেচন প্ৰস্তুত কৰা যায়, তেতিয়া শ্লাইডক জড়িত কৰাত আপুনি টেক্সট, চাৰ্ট আৰু গ্ৰাফিক্সক অন্তৰ্ভুক্ত কৰিব পাৰে। যেতিয়া কোনো নতুন শ্লাইড জড়িত হৈ যায়।

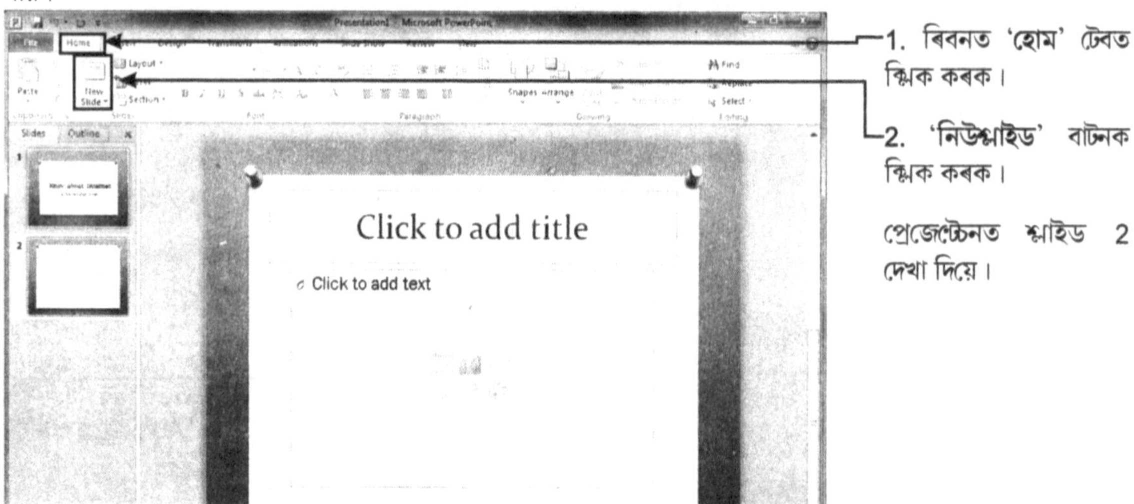

1. ৰিবনত 'হোম' টেবত ক্লিক কৰক।

2. 'নিউশ্লাইড' বাটনক ক্লিক কৰক।

প্ৰেজেণ্টেচনত শ্লাইড 2 দেখা দিয়ে।

শ্লাইড 2 ত টেক্সট জড়িত কৰা

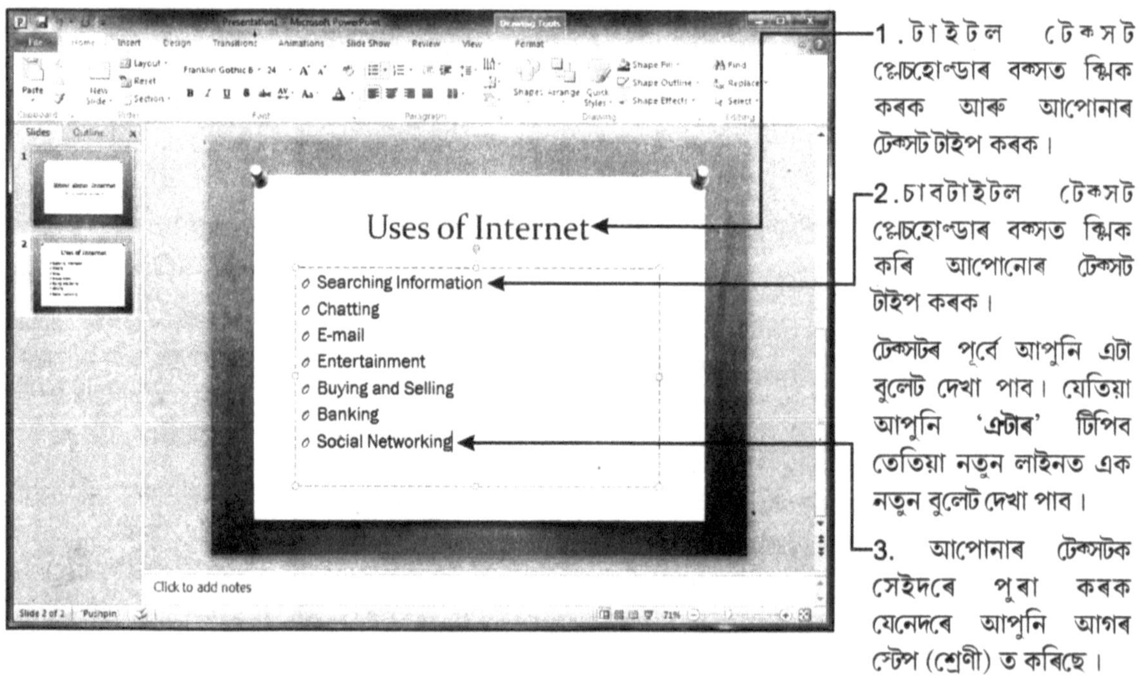

1. টাইটল টেক্সট প্লেচহোল্ডাৰ বক্সত ক্লিক কৰক আৰু আপোনাৰ টেক্সট টাইপ কৰক।

2. চাবটাইটল টেক্সট প্লেচহোল্ডাৰ বক্সত ক্লিক কৰি আপোনোৰ টেক্সট টাইপ কৰক।

টেক্সটৰ পূৰ্বে আপুনি এটা বুলেট দেখা পাব। যেতিয়া আপুনি **'এণ্টাৰ'** টিপিব তেতিয়া নতুন লাইনত এক নতুন বুলেট দেখা পাব।

3. আপোনাৰ টেক্সটক সেইদৰে পুৰা কৰক যেনেদৰে আপুনি আগৰ স্টেপ (শ্ৰেণী) ত কৰিছে।

টেক্সট চিলেক্ট কৰা

আপোনাৰ প্ৰেজেণ্টেচনত টেক্সটত পৰিৱৰ্তন কৰাৰ পূৰ্বে যি টেক্সটৰ লগত আপুনি কাম কৰিব বিচাৰে, সাধাৰণতে তাক চিলেক্ট কৰাৰ আৱশ্যক হয়। চিলেক্ট কৰা টেক্সট আপোনাৰ স্ক্ৰীনত হাইলাইট হৈ যায়।

ৱৰ্ড (শব্দ) ক চিলেক্ট কৰা

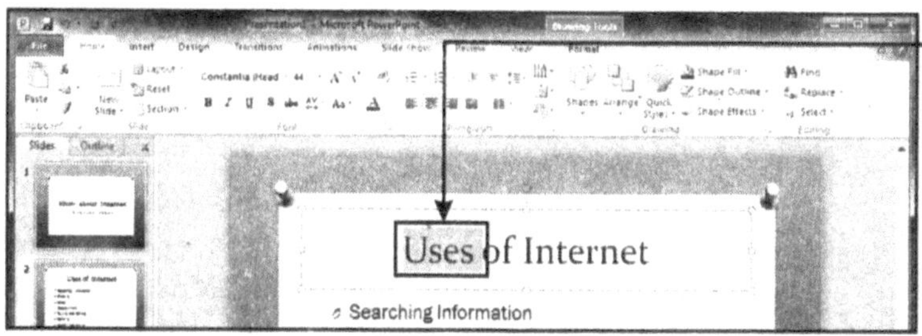

যি শব্দক আপুনি চিলেক্ট কৰিব বিচাৰে, তাত 'ডাবল ক্লিক' কৰি দিয়ক।

চিলেক্ট কৰা শব্দৰ পৰা আতৰিবৰ বাবে সেই এৰিয়াৰ বাহিৰত য'তে-ততে ক্লিক কৰি দিয়ক।

চেণ্টেঞ্চ (বাক্য) ক চিলেক্ট কৰা

যি বাক্যক আপুনি চিলেক্ট কৰিব বিচাৰে, তাত 'ট্ৰিপল ক্লিক' কৰি (তিনি বাৰ) ক্লিক কৰক।

পইন্টক চিলেক্ট কৰা

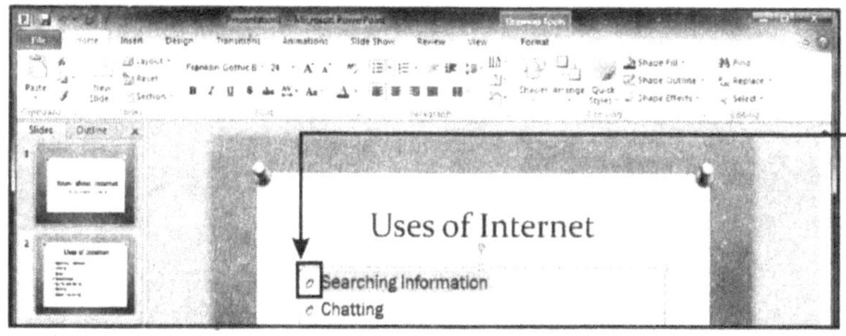

যি পইন্টক আপুনি চিলেক্ট কৰিব বিচাৰে, তাৰ আগত লাগি থকা 'বুলেটত' ক্লিক কৰক।

টেক্সটৰ সমূহক চিলেক্ট কৰা

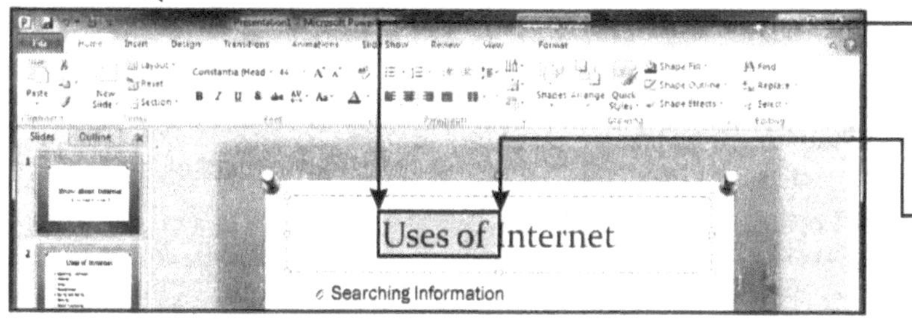

1. মাউচৰ পইন্টাৰক (I) সেই প্ৰথম শবদৰ ওপৰত থৱ লাগে যৰ পৰা আপুনি টেক্সটক চিলেক্ট কৰিব বিচাৰে।

2. মাউচৰ পইন্টাৰক (I) ড্ৰেগ কৰি সেই টেক্সটলৈ লৈ যাওক, যিমান দূৰলৈ আপুনি ইয়াক চিলেক্ট কৰিব বিচাৰে।

টেক্সটক ডিলিট কৰা

যদি আপুনি আপোনাৰ প্ৰেজেণ্টেচনত থকা ইনফৰমেচনক দীঘলীয়া সময়লৈকে আৱশ্যক নহয় তেতিয়াহ’লে আপোনাৰ দ্বাৰা শ্লাইডৰ পৰা টেক্সট ডিলেটো কৰিব পৰা যায়।

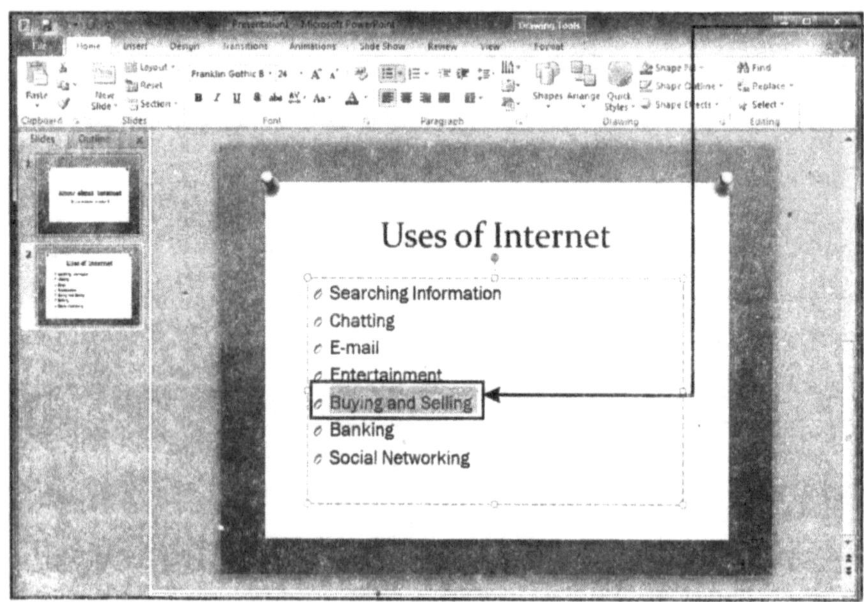

1. যি টেক্সটক ডিলিট কৰিব বিচাৰে, সকলোতকৈ প্ৰথমে সেইটোক চিলেক্ট কৰক।

2. আপোনাৰ প্ৰেজেণ্টেচনৰ পৰা সেই টেক্সটক আতৰাবৰ বাবে **‘কি-বৰ্ড’** ৰ পৰা **‘ডিলিট’** বাটন টিপি দিয়ক।

সেইটো টেক্সট শ্লাইডত দেখা দিয়া বন্ধ হৈ যাব।

কৰা পৰিৱৰ্তনক পুনঃ প্ৰাপ্ত কৰা

প্ৰেজেণ্টেচনত আপোনাৰ দ্বাৰা সকলোতকৈ শেষত কৰা পৰিৱৰ্তনক পাবাৰ পইণ্টত মনত ৰাখে। যদি আপুনি কোনো ধৰণৰ পৰিৱৰ্তনক পুনৰ প্ৰাপ্ত কৰিব বিচাৰে তেতিয়াহ’লে আপুনি ইয়াক আনডু’ ফিচাৰৰ ব্যৱহাৰ কৰিব পাৰে।

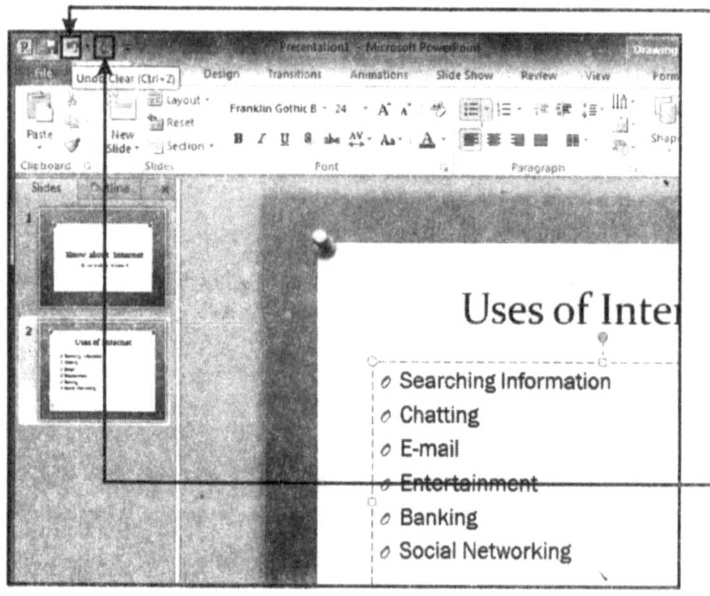

1. আপোনাৰ প্ৰেজেণ্টেচনত সকলোতকৈ শেষত কৰা পৰিৱৰ্তনক কেন্সেল কৰিবৰ বাবে পুনৰ আগৰ স্থিতিলৈ ঘূৰি আহিবৰ বাবে **‘কিউক এক্সেচ টুলবাৰ’** ৰ পৰা **‘আনডু ক্লিয়াৰ’** ( ) বাটনত ক্লিক কৰি দিয়ক।

প্ৰেজেণ্টেচনত আপোনাৰ দ্বাৰা শেষত কৰা চেঞ্জ (পৰিৱৰ্তন) ক পাবাৰ পইণ্টে কেন্সেল কৰি দিয়ে।

আপোনাৰ দ্বাৰা আগতে কৰা পৰিৱৰ্তনক আকৌ কেন্সেল কৰিবৰ বাবে ‘স্টেপ 1’ পালন কৰক।

আনডু ফিচাৰৰ পৰিণামক সলনি কৰিবৰ বাবে আপুনি কিউক এক্সেচ টুলবাৰৰ পৰা **‘ৰিপিট ক্লিয়াৰ’** ত ( ) ক্লিক কৰি দিয়ক।

টেক্সট অফ ফন্টক সলনি কৰা

শ্লাইডৰ প্ৰস্তুতিক বঢ়োৱা অথবা ভাল কৰিবৰ বাবে আপুনি টেক্সটৰ ফণ্টো সলনি কৰিব পাৰে।

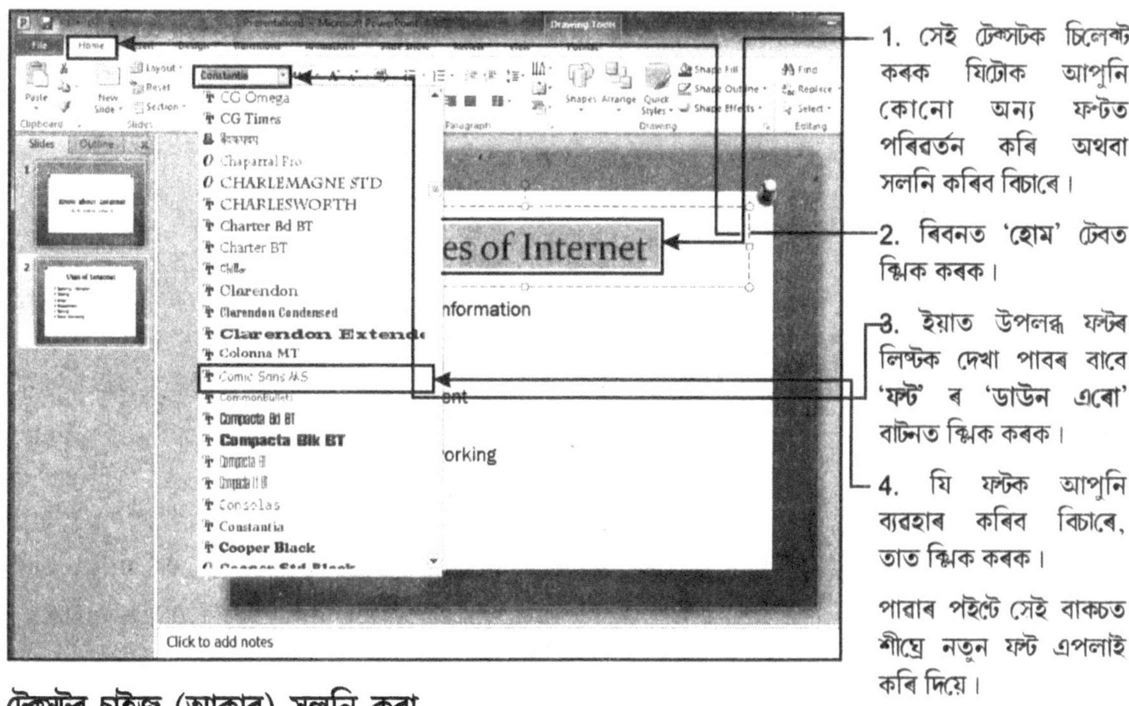

1. সেই টেক্সটক চিলেক্ট কৰক যিটোক আপুনি কোনো অন্য ফন্টত পৰিৱৰ্তন কৰি অথবা সলনি কৰিব বিচাৰে।
2. ৰিবনত 'হোম' টেবত ক্লিক কৰক।
3. ইয়াত উপলব্ধ ফন্টৰ লিষ্টক দেখা পাবৰ বাবে **'ফন্ট'** ৰ 'ডাউন এৰো' বাটনত ক্লিক কৰক।
4. যি ফন্টক আপুনি ব্যৱহাৰ কৰিব বিচাৰে, তাত ক্লিক কৰক।

পাৱাৰ পইণ্টে সেই বাকচত শীঘ্ৰে নতুন ফন্ট এপলাই কৰি দিয়ে।

টেক্সটৰ চাইজ (আকাৰ) সলনি কৰা

পাৱাৰ পইন্টত অপুনি কোনো শ্লাইডৰ টেক্সটৰ আকাৰ কমাব-বঢ়াবও পাৰে।

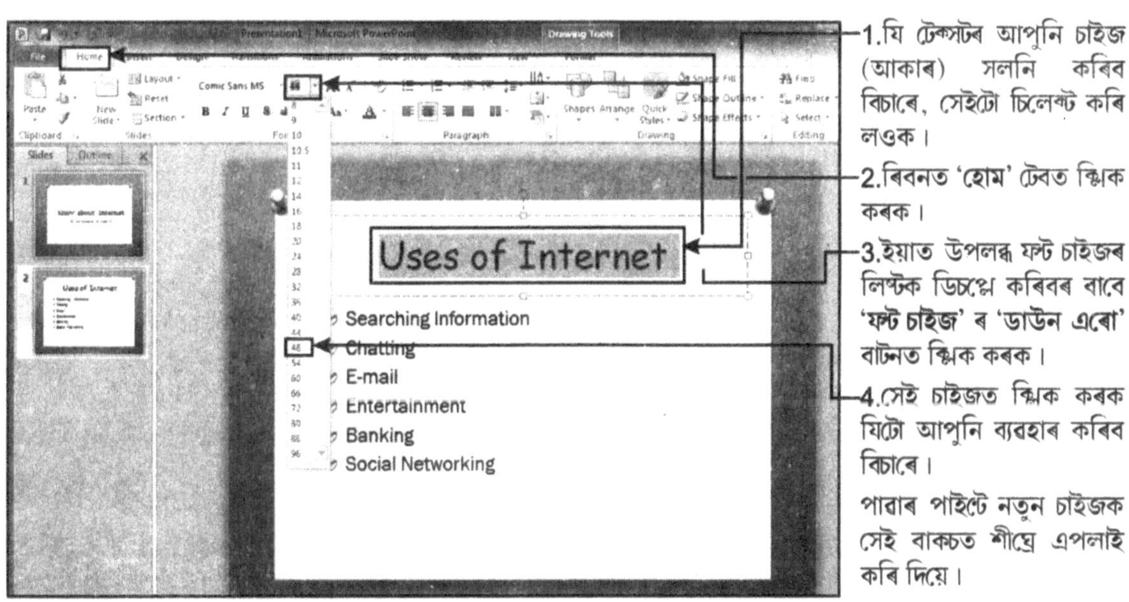

1. যি টেক্সটৰ আপুনি চাইজ (আকাৰ) সলনি কৰিব বিচাৰে, সেইটো চিলেক্ট কৰি লওক।
2. ৰিবনত 'হোম' টেবত ক্লিক কৰক।
3. ইয়াত উপলব্ধ ফন্ট চাইজৰ লিষ্টক ডিচপ্লে কৰিবৰ বাবে **'ফন্ট চাইজ'** ৰ 'ডাউন এৰো' বাটনত ক্লিক কৰক।
4. সেই চাইজত ক্লিক কৰক যিটো আপুনি ব্যৱহাৰ কৰিব বিচাৰে।

পাৱাৰ পাইণ্টে নতুন চাইজক সেই বাকচত শীঘ্ৰে এপলাই কৰি দিয়ে।

টেক্সটৰ ৰং সলনি কৰা

গুৰুত্ব সূচনাৰ ফালে ধ্যান আকৰ্ষণ কৰিবৰ বাবে অথবা আপোনাৰ শ্লাইডৰ প্ৰস্তুতিৰ ফালে অধিক ভালদৰে গঠন কৰিবৰ বাবে টেক্সটৰ কালাৰ (ৰং) ও সলনি কৰিব পাৰে।

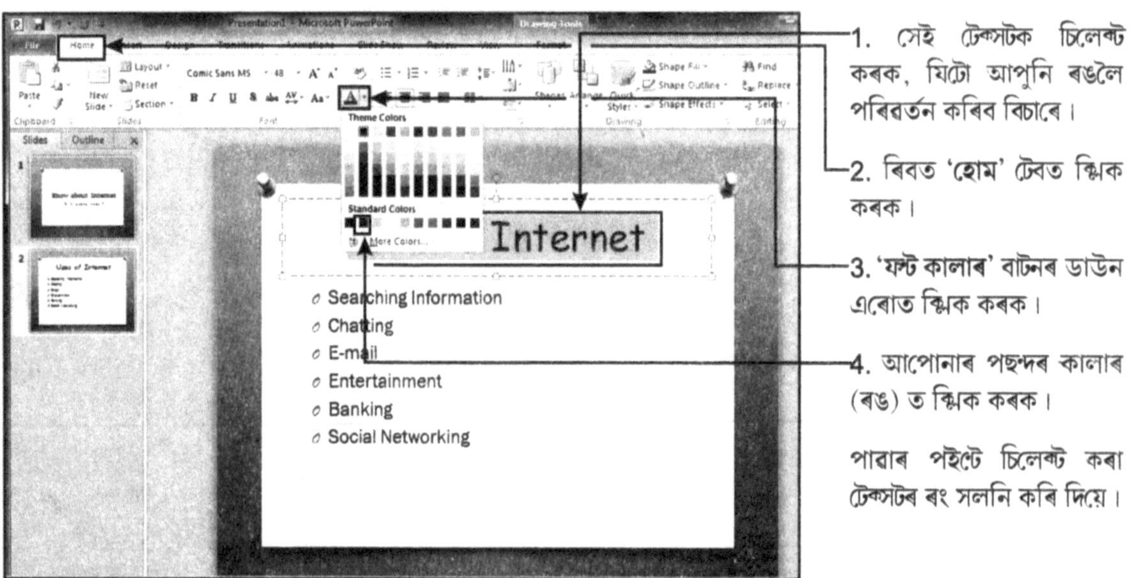

টেক্সটৰ স্টাইল পৰিৱৰ্তন কৰা

চাৰিটা বিভিন্ন স্টাইলৰ ব্যৱহাৰ কৰি আপুনি যিকোনো টেক্সটৰ স্টাইলক সলনি কৰিব পাৰে। -বল্ড -ইটালিক-আণ্ডাৰলাইন-শ্বেডো

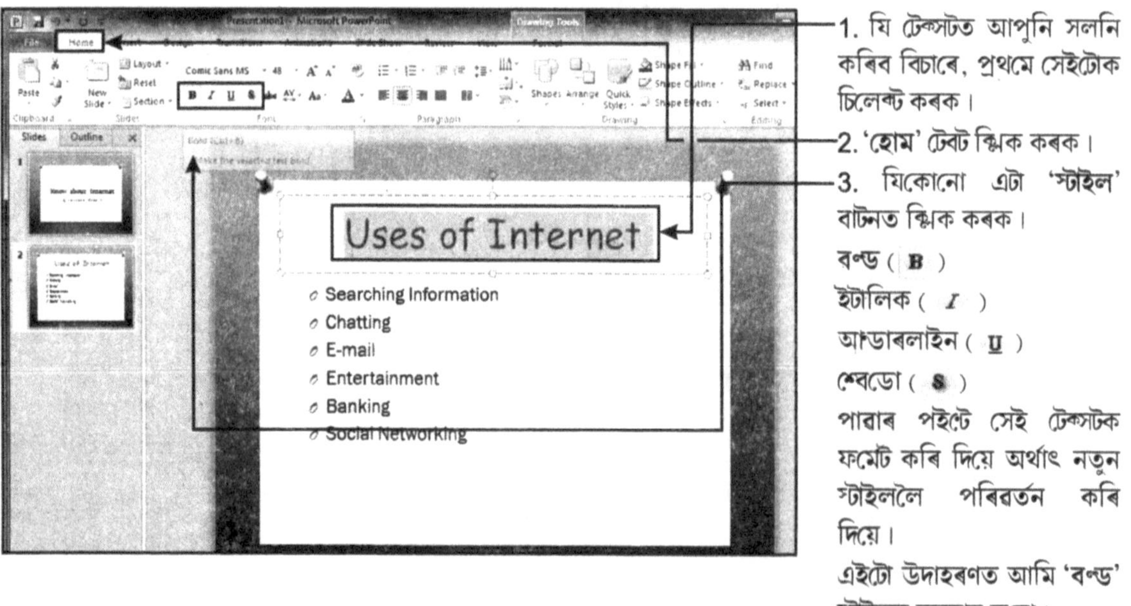

টেক্সটৰ এলাইনমেণ্টৰ পৰিৱৰ্তন

বিভিন্ন এলাইনমেণ্ট কামাণ্ডাৰ ব্যৱহাৰ কৰি আপুনি টেক্সট বক্সত টেক্সটৰ স্থিতিকো পৰিৱৰ্তন কৰিব পাৰে।

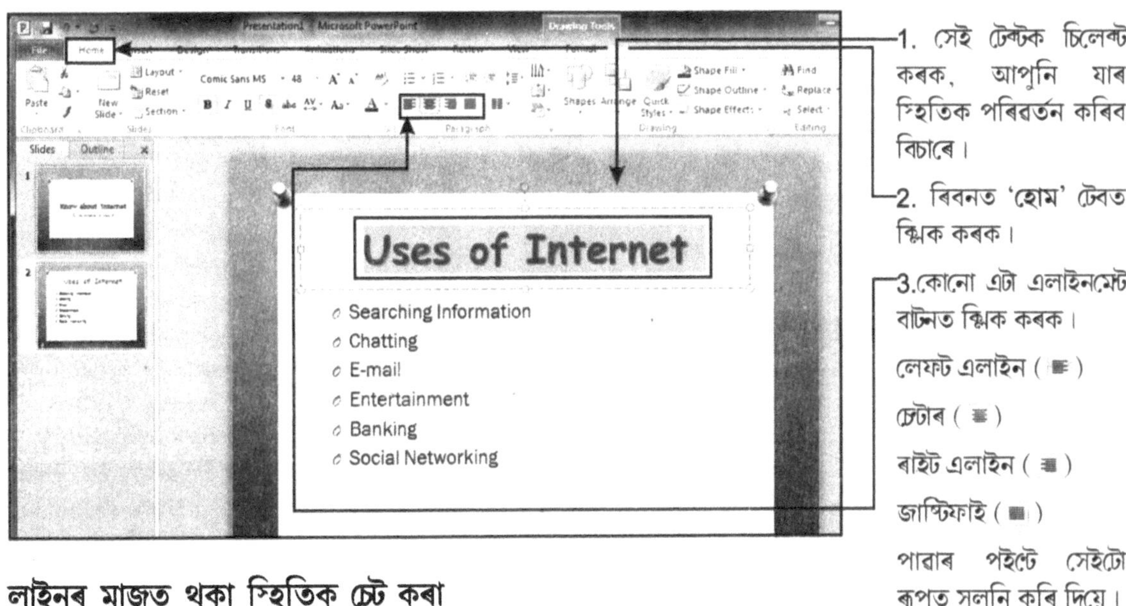

1. সেই টেক্টক চিলেক্ট কৰক, আপুনি যাৰ স্থিতিক পৰিৱৰ্তন কৰিব বিচাৰে।
2. ৰিবনত 'হোম' টেবত ক্লিক কৰক।
3. কোনো এটা এলাইনমেণ্ট বাটনত ক্লিক কৰক।

লেফট এলাইন ( )

চেণ্টাৰ ( )

ৰাইট এলাইন ( )

জাষ্টিফাই ( )

পাৱাৰ পইণ্টে সেইটো ৰূপত সলনি কৰি দিয়ে।

লাইনৰ মাজত থকা স্থিতিক চেট কৰা

টেক্সটৰ লাইনৰ মাজত থকা স্থানক কমাব-বঢ়াবৰ বাবে আপুনি লাইন স্পেচিংক সলনি কৰিব পাৰে।

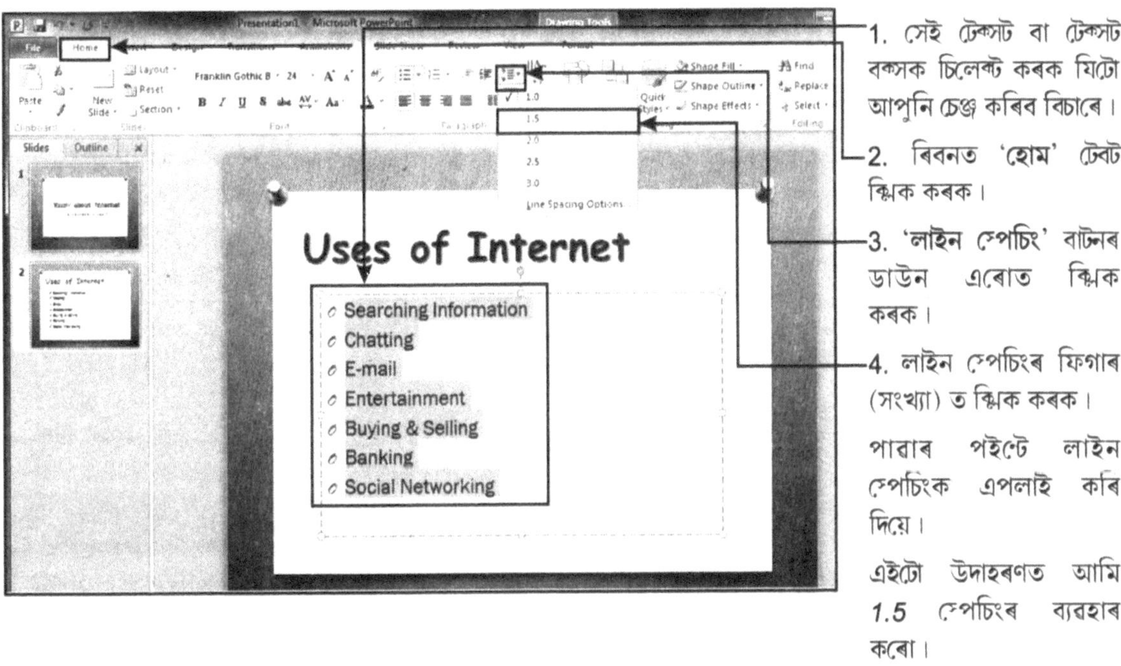

1. সেই টেক্সট বা টেক্সট বক্সক চিলেক্ট কৰক যিটো আপুনি চেঞ্জ কৰিব বিচাৰে।
2. ৰিবনত 'হোম' টেবট ক্লিক কৰক।
3. 'লাইন স্পেচিং' বাটনৰ ডাউন এৰোত ক্লিক কৰক।
4. লাইন স্পেচিংৰ ফিগাৰ (সংখ্যা) ত ক্লিক কৰক।

পাৱাৰ পইণ্টে লাইন স্পেচিংক এপলাই কৰি দিয়ে।

এইটো উদাহৰণত আমি *1.5* স্পেচিংৰ ব্যৱহাৰ কৰো।

প্ৰেজেণ্টেচনক চেভ কৰা

ভৱিষ্যতে ব্যৱহাৰ কৰিবৰ বাবে আপোনাৰ প্ৰেজেণ্টেচনক আপোনাৰ কম্পিউটাৰত চেভ(সুৰক্ষিত) কৰিব পাৰে। এবাৰ প্ৰেজেণ্টেচন চেভ কৰাৰ পিছত আপুনি যেতিয়াই-তেতিয়াই এইটোক দেখা পাব পাৰে আৰু ইয়াত পৰিৱৰ্তন কৰিব পাৰে।

1. 'ফাইল' টেবত ক্লিক কৰক।

'বেকস্টেজ ভিউ' দেখা পাব।

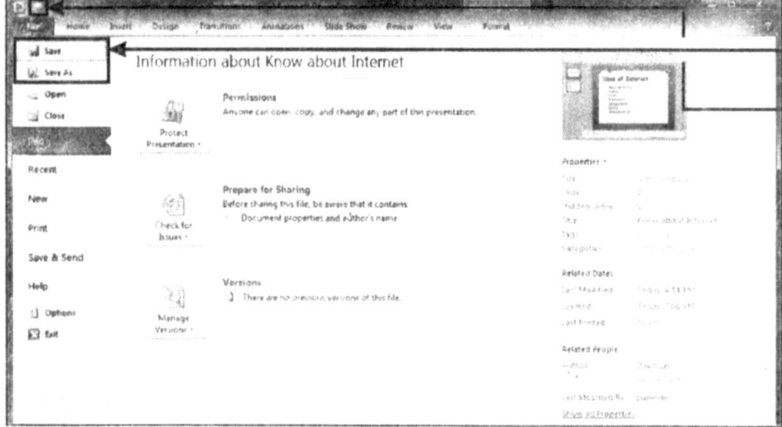

2. 'চেভ' বা 'চেভ এজ' বাটনত ক্লিক কৰক।

ফাইলক চেভকৰিবৰ বাবে আপুনি 'কিউক এক্সেচ টুলবাৰ'ৰ পৰা 'চেভ বাটন' ত (💾) ক্লিক কৰক।

'চেভএজ' ডায়লগ বক্স দেখা পাব।

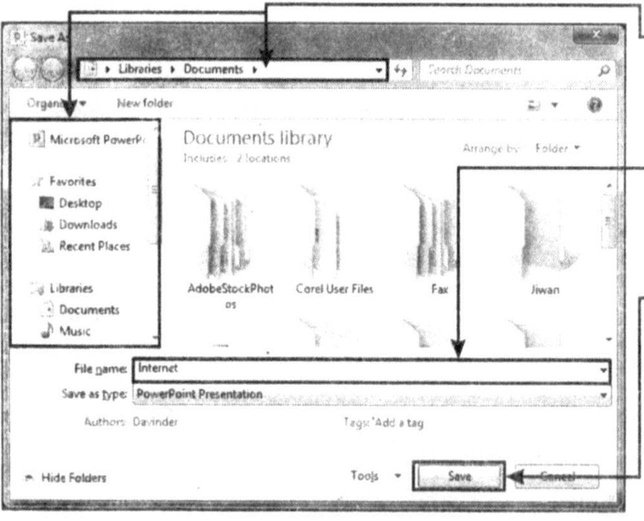

3. যি ফল্ডাৰত আপুনি ফাইলক চেভকৰিব বিচাৰে, সেইটো বিচৰা আৰু প্ৰাপ্ত কৰিবৰ বাবে এইটো এৰিয়াত ক্লিক কৰক।

4. 'ফাইল নেম' টেক্সট বক্সত ক্লিক কৰক আৰু সেই ফাইলক নাম দিবৰ বাবে সেইটো নাম টাইপত কৰক।

5. 'চেভ' ত ক্লিক কৰক।

পাৱাৰ পইণ্টে প্ৰেজেণ্টেচন চেভ কৰি দিয়ে আৰু ফাইলৰ নতুন টাইটল বাৰ দেখা দিয়ে।

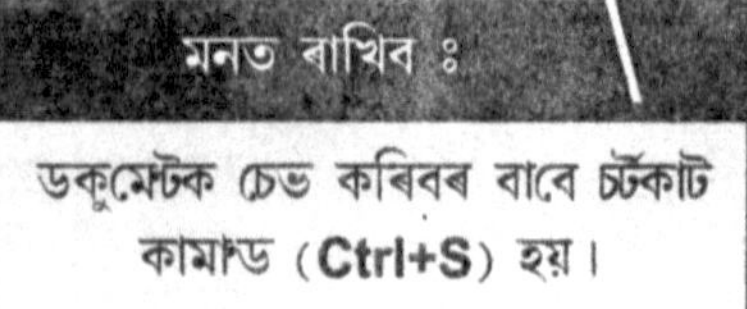

মনত ৰাখিব ঃ

ডকুমেণ্টক চেভ কৰিবৰ বাবে চৰ্টকাট কামাণ্ড (**Ctrl+S**) হয়।

প্ৰেজেণ্টেচনক ক্লজ (বন্ধ) কৰা

আপোনাৰ কাম পুৰা কৰাৰ পিছত আপুনি প্ৰেজেণ্টেচনক ক্লজ কৰি দিব লাগে। প্ৰেজেণ্টেচনক ক্লজ কৰাত আপোনাৰ পাৱাৰ পইন্টৰ ইউডো বন্ধ নহ'ব। পাৱাৰ পইন্টে প্ৰেজেণ্টেচনক বন্ধ কৰিবৰ বাবে নিম্নলিখিত কাম কৰে।

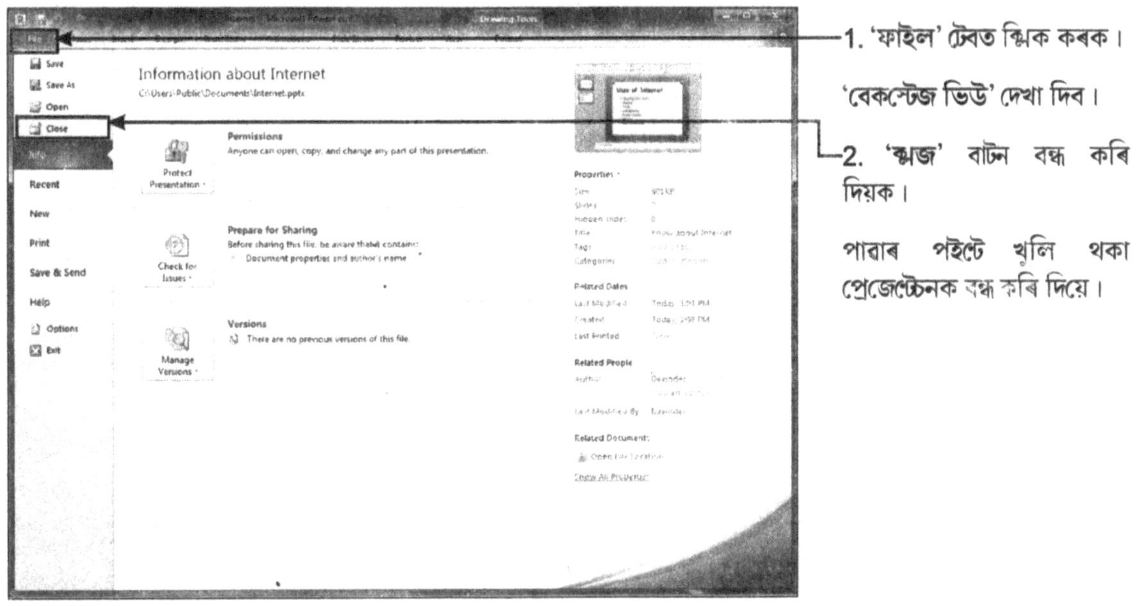

পাৱাৰ পইন্টৰ পৰা বাহিৰলৈ অহা

পাৱাৰ পইন্ট উইডোৰ পৰা বাহিৰলৈ আহিবৰ বাবে নিম্নলিখিত কাম কৰক।

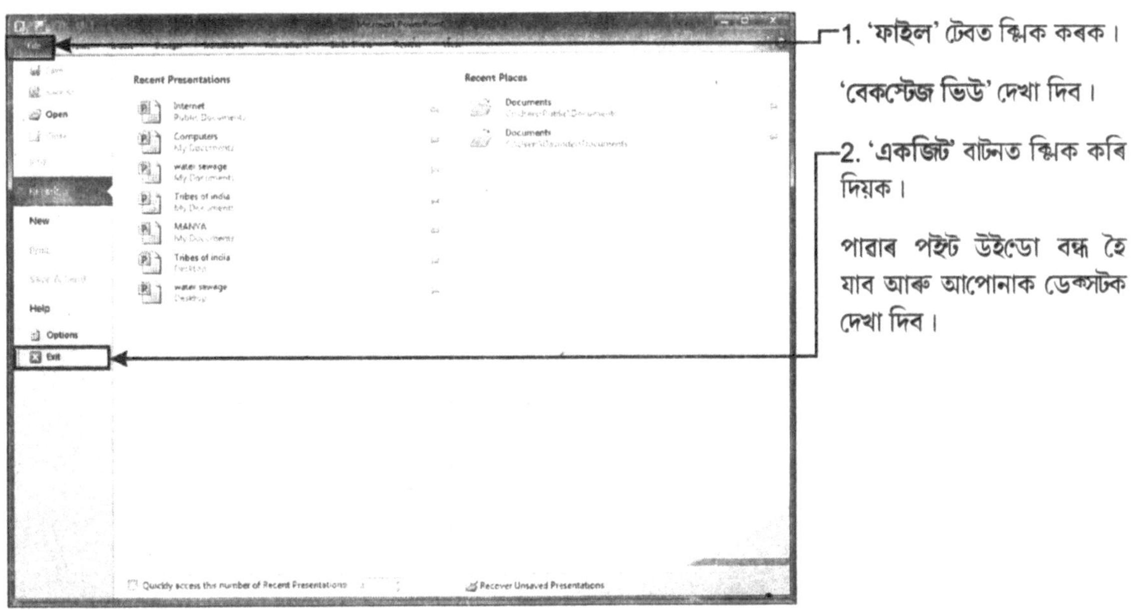

শ্লাইডৰ লেআউট সলনি কৰা

প্ৰেজেণ্টেচনক আৰু অধিক সুন্দৰ আৰু আকৰ্ষণীয় কৰিবৰ বাবে আপুনি শ্লাইড ক্লিপ আৰ্টো অন্তৰ্ভুক্ত কৰিব পাৰে।

যদি আপুনি কোনো শ্লাইডক টেক্সট লগত নতুন লেআউটত পৰিৱৰ্তন কৰিব বিচাৰে তেতিয়াহ'লে আপুনি নতুন লেআউত আকৌ বহিবৰ বাবে টেক্সটৰ আকাৰ আৰু স্হিতিত অলপ পৰিৱৰ্তন কৰিব লাগিব। ভাল পৰিণামৰ বাবে, শ্লাইডত কণ্টেট অন্তৰ্ভুক্ত কৰাৰ আগতে আপুনি এই নতুন স্টাইলত পৰিৱৰ্তন কৰিব লাগিব।

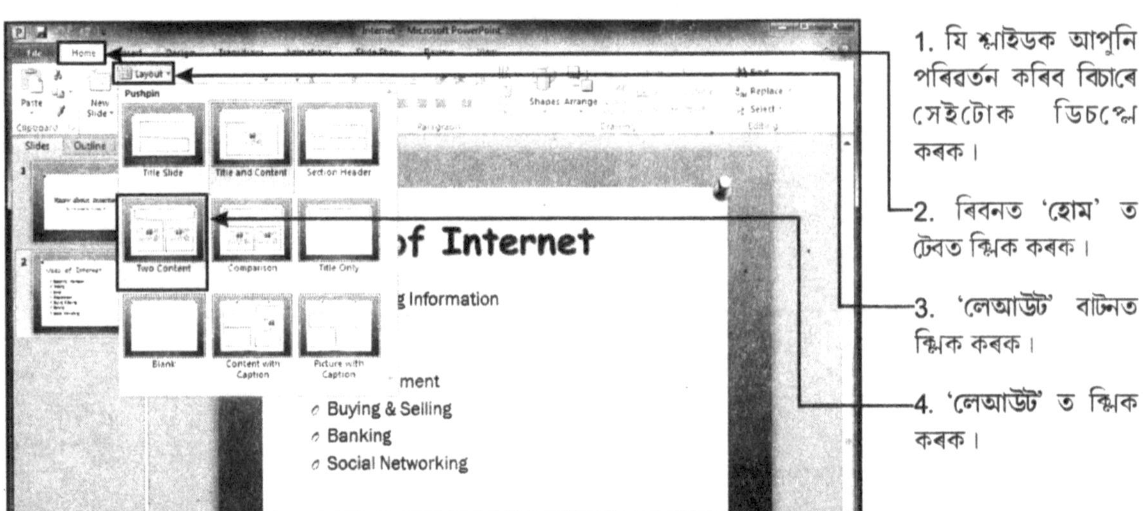

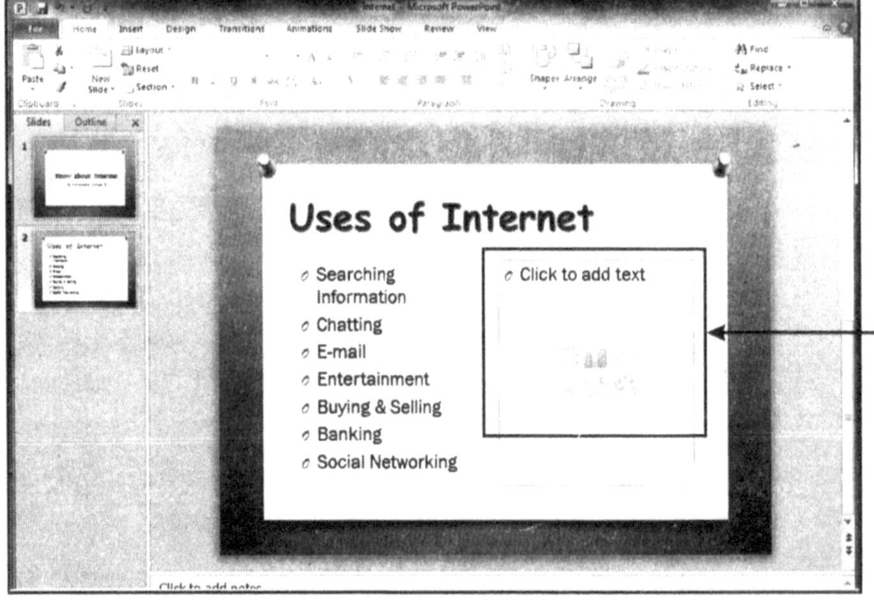

পাৱাৰ পইণ্টে সেই শ্লাইডত শীঘ্ৰে এক নতুন লেআউত অন্তৰ্ভুক্ত কৰি দিয়ে।

শ্লাইডত অন্তৰ্ভুক্ত থকা টেক্সট নিজে নিজে নতুন লেআউটত এডজাষ্ট কৰিব।

ক্লিক আৰ্ট ইমেজ অন্তৰ্ভুক্ত কৰা

প্ৰেজেণ্টেচনক আৰু সুন্দৰ আৰু আকৰ্ষণীয় কৰি তুলিবৰ বাবে শ্লাইডত ক্লিপ আৰ্ট ইমেজো অন্তৰ্ভুক্ত কৰিব পাৰে।

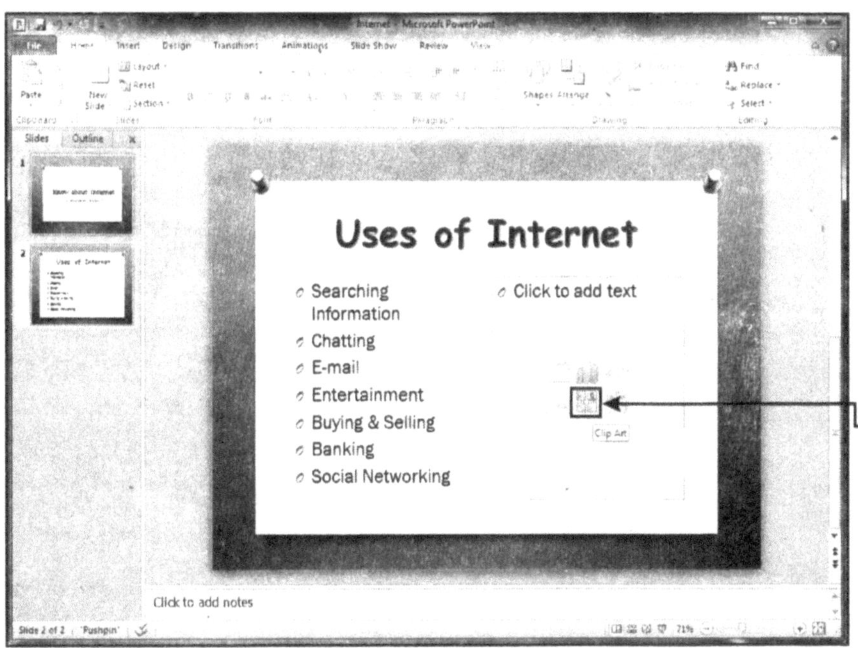

1. সেই শ্লাইডক ডিচপ্লে কৰক য'ত আপুনি ক্লিপ আৰ্ট ইমেজক অন্তৰ্ভুক্ত কৰিব বিচাৰে।

2. শ্লাইডৰ লেআউটক সেই নতুন লেআউটলৈ পৰিৱৰ্তন কৰক য'ত ক্লিপ আৰ্ট ইমেজৰ বাবে প্লেচহেল্ডাৰ থাকে।

3. ক্লিপ আৰ্ট ইমেজক এড (একেলগ) কৰিবৰ বাবে 'ক্লিপ আৰ্ট' ( ) আইকনত ক্লিক কৰি দিয়ক।

'ক্লিপ আৰ্ট' টাস্ক পেন অপেন হৈ যায়।

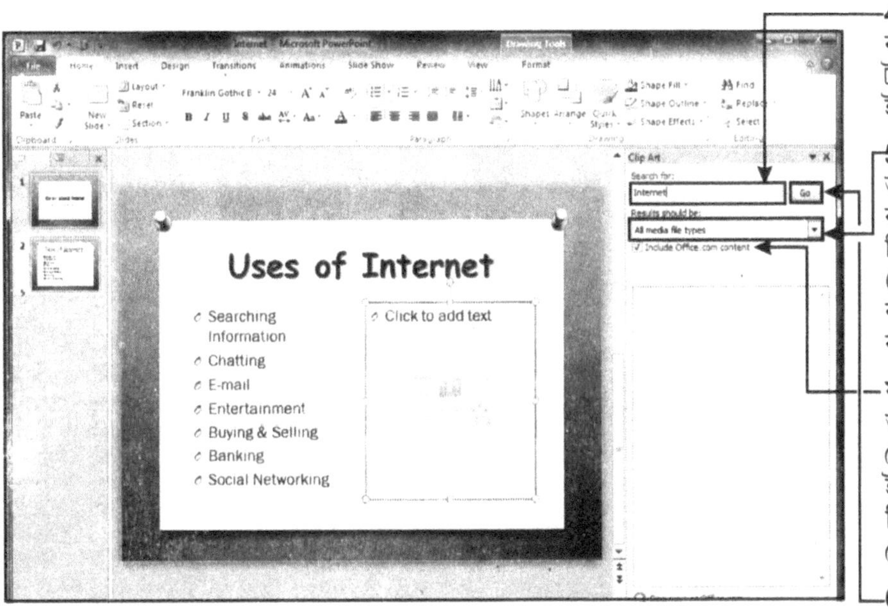

4. ক্লিপ আৰ্টৰ টাইপৰ বাবে কি-ৱৰ্ড বা বাক্য টাইপ কৰক যাক আপুনি ইনচাৰ্ট কৰিব বিচাৰে।

5. 'ৰিজাল্ট চুড বি' ৰ ডাউন এৰোত ক্লিক কৰক আৰু কোনো নিশ্চিত কালেকচন (সংগ্ৰহ) ত চাৰ্চ কৰিবৰ বাবে কালেকচনত ক্লিক কৰক।

যদি আপুনি মাইক্ৰেচফট অফিচৰ ৱেবচাইটৰ পৰা কোনো কাৰ্ণ্টে (তথ্য) ইনচাৰ্ট (অন্তৰ্ভুক্ত) কৰিব বিচাৰে তেতিয়াহ'লে চেকবক্সত ক্লিক কৰক।

6. 'গো' ত ক্লিক কৰক।

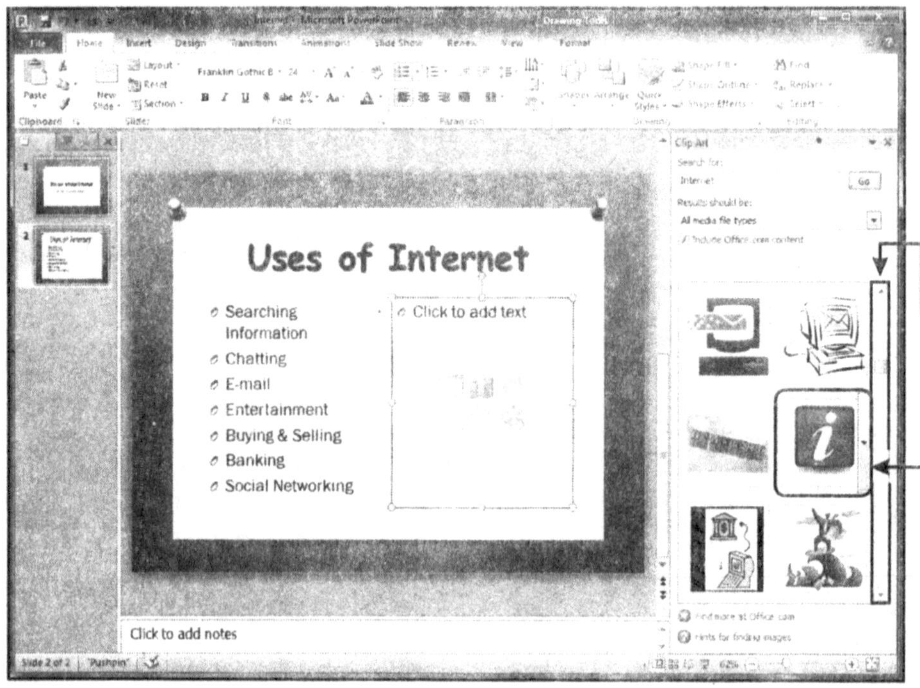

ক্লিপ আৰ্ট টেস্ক পেন আপোনাৰ দ্বাৰা টাইপ কৰা কি-ৱৰ্ড বা বাক্যৰ লগত মেচ কৰি ক্লিপ আৰ্ট ডিচপ্লে কৰি দিয়ে।

সকলো মেচ (একৰূপ) চাবৰ বাবে আপুনি 'স্ক্ৰল বাৰ' ৰ প্ৰয়োগো কৰিব পাৰে।

7. ক্লিপ আৰ্ট ইমেজক অন্তৰ্ভুক্ত কৰিবৰ বাবে **'ইমেজ'** ত ক্লিক কৰি দিয়ক।

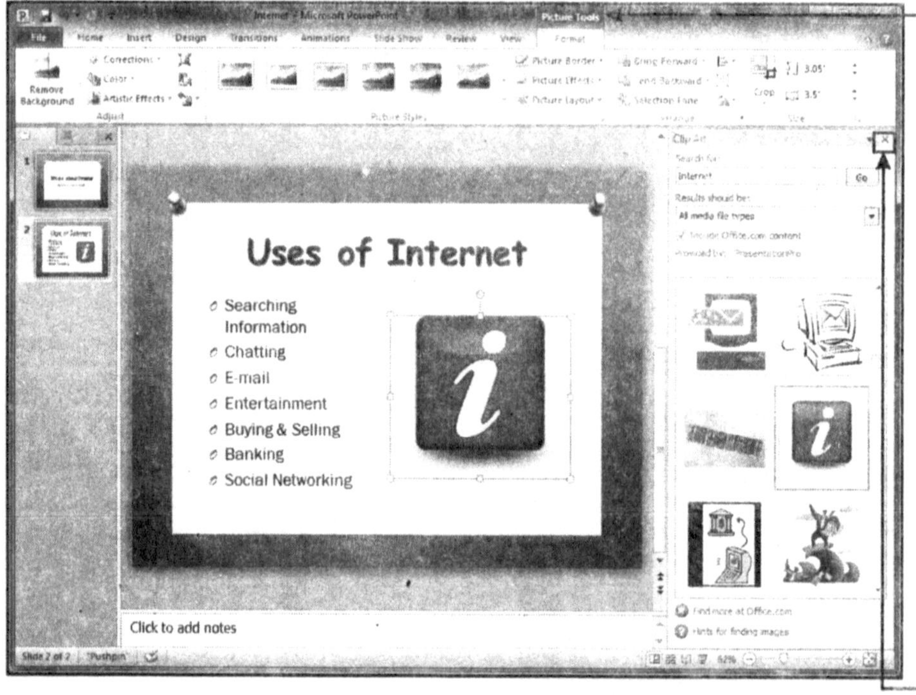

ক্লিপ আৰ্ট ইনচাৰ্ট (অন্তৰ্ভুক্ত) হৈ যায় আৰু **'ফৰ্মেট'** টেবত পিকচাৰ টুল দেখা দিব ধৰিব।

ইয়াৰ পৰা আপুনি ক্লিপ আৰ্টৰ চাইজ (আকাৰ) সলনি কৰিব পাৰে আৰু এটা স্থানৰ পৰা অন্য স্থানলৈ লৈ যাব পাৰে।

চিলেক্ট কৰা ক্লিপ আৰ্টৰ পৰা আতৰিবৰ বাবে ৱৰ্ক এৰিয়া (কাৰ্যক্ষেত্ৰ) ত য'তে-ততে ক্লিক কৰি দিয়ক।

8. পেনক বন্ধ কৰিবৰ বাবে **'ক্লজ'** বাটনত ক্লিক কৰক।

পিক্চাৰক অন্তৰ্ভুক্ত কৰা

আপোনাৰ কম্পিউটাৰত স্টৰ কৰা পিকচাৰ ইমেজকো আপোনাৰ প্ৰেজেন্টেচনৰ শ্লাইডত এড (অন্তৰ্ভুক্ত) কৰিব পাৰে।

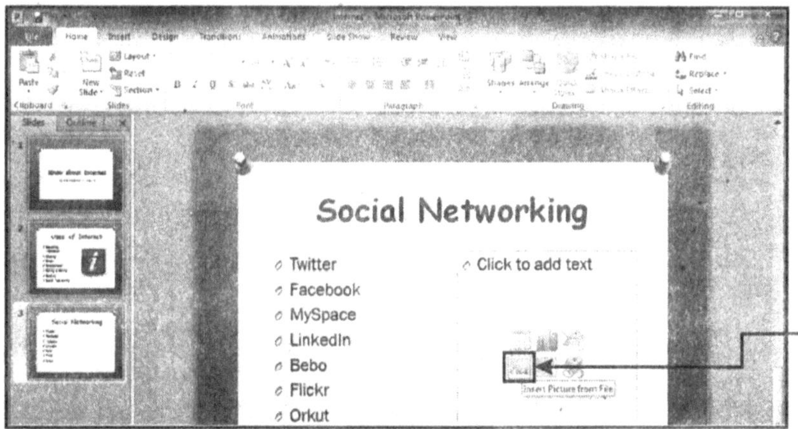

1. সেই শ্লাইডক ডিচপ্লে কৰক য'ত আপুনি কোনো পিকচাৰক অন্তৰ্ভুক্ত কৰিব বিচাৰে।

2. শ্লাইডক সেই লে আউটলৈ পৰিবৰ্তন কৰক য'ত পিকচাৰৰ বাবে প্লেচহল্ডাৰ বক্স অন্তৰ্ভুক্ত হয়।

3. শ্লাইডত পিকচাৰক অন্তৰ্ভুক্ত কৰিবৰ বাবে **'পিকচাৰ'** আইকনত ( ) ক্লিক কৰক।

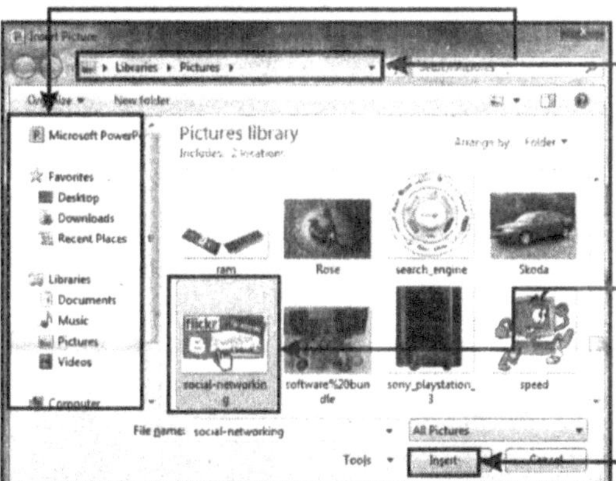

'ইনচাৰ্ট পিকচাৰ' ডয়লগ বক্স দেখা দিব ধৰিব।

ইয়াত দিখা দিয়া পিকচাৰৰ লকেচন (ঠাই) সেই এৰিয়াত দেখা দিয়ে। আপুনি এইটো এৰিয়াত ক্লিক কৰি অন্য লকেচনলৈ পঠিয়াই দিব পাৰে।

4. যি পিকচাৰক আপুনি শ্লাইডত অন্তৰ্ভুক্ত কৰিব বিচাৰে, সেই পিকচাৰত ক্লিক কৰক।

5. পিকচাৰক শ্লাইডত অন্তৰ্ভুক্ত কৰিবৰ বাবে **'ইনচাৰ্ট'** ত ক্লিক

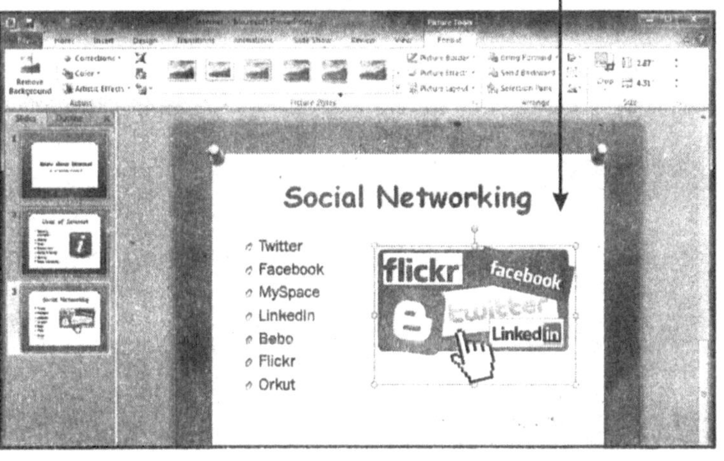

পিকচাৰ তাত ইনচাৰ্ট হৈ যায় আৰু 'ফৰমেট টেব' ত পিকচাৰ টুল দেখা দিব ধৰে।

আপুনি পিকচাৰ মুভ (ইফালে সিফালে) কৰিব পাৰে আৰু ইয়াৰ চাইজ (আকাৰ) ও সলনি কৰিব পাৰে।

চিলেক্ট কৰা পিকচাৰৰ পৰা আতৰিবৰ বাবে ৱৰ্ক এৰিয়া (কাৰ্য ক্ষেত্ৰ) ত য'তে-ততে ক্লিক কৰক।

শ্লাইডট টেবুল একেলগ কৰা

নিশ্চিত ক্ৰমত ডাটাক ব্যৱস্থিত কৰিবৰ বাবে শ্লাইডত টেবুলো অন্তৰ্ভুক্ত কৰিব পাৰে।

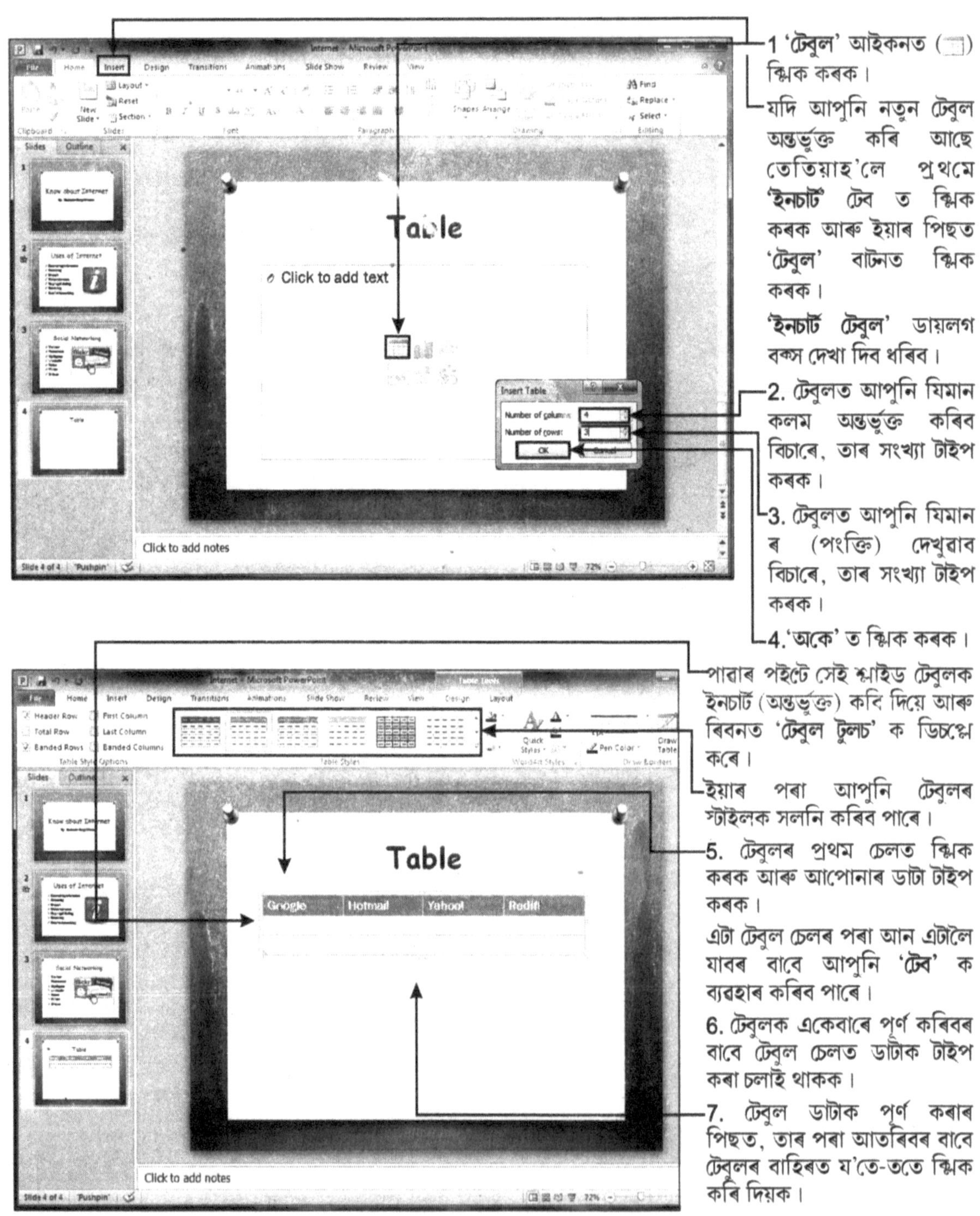

বেকগ্ৰাউণ্ড কালাৰ (ৰং) সলনি কৰা

কালাৰ, পিকচাৰ, সংৰচনা আদিক অন্তৰ্ভুক্ত কৰি আপুনি আপোনাৰ শ্লাইডৰ বেকগ্ৰাউণ্ড প্ৰস্তুতিকো সলনি কৰিব পাৰে।

চলিড বেকগ্ৰাউণ্ড কালাৰ

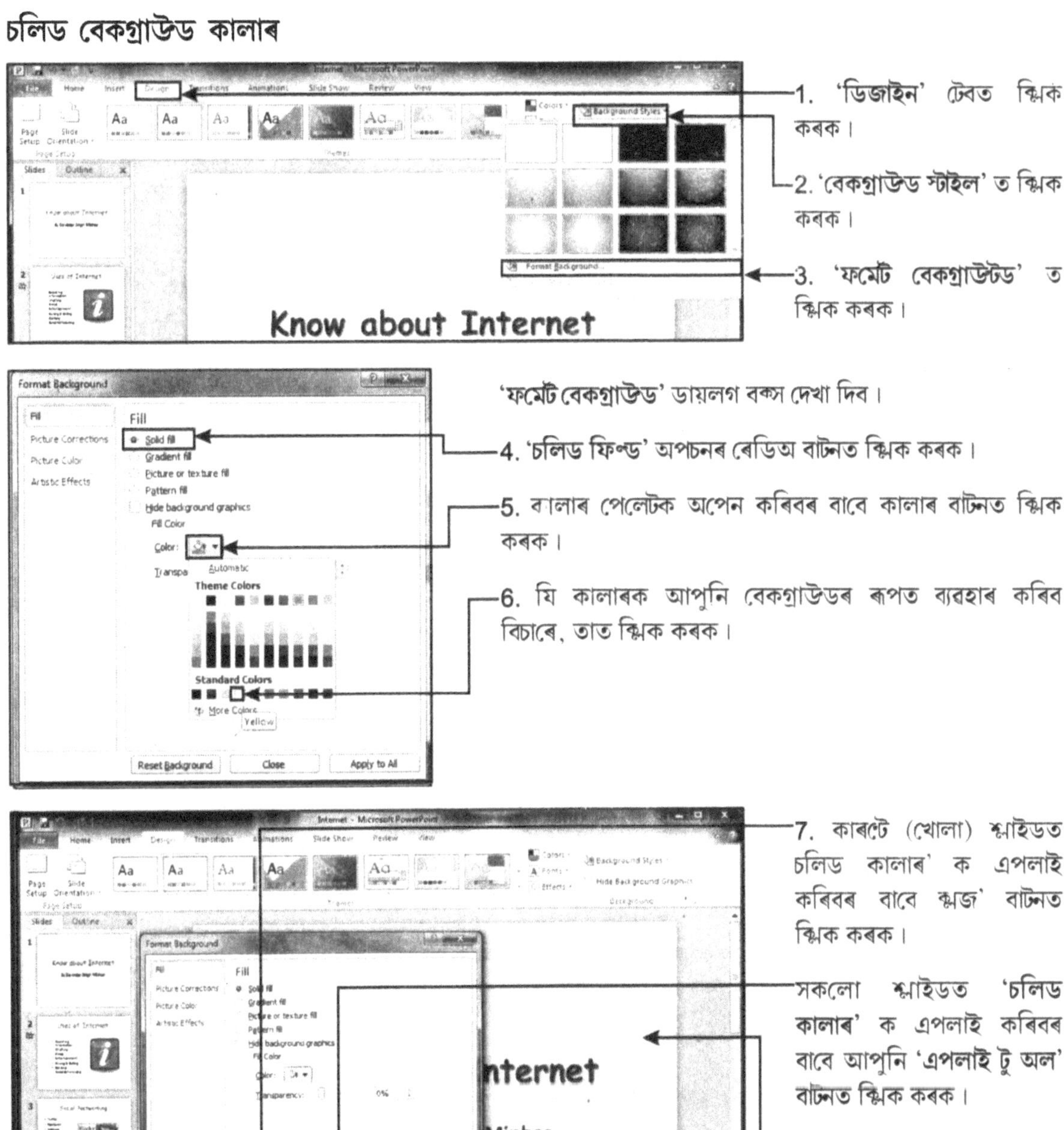

কালাৰ সংযোজন

1. **ফৰ্মেট বেকগ্ৰাউণ্ড'** ডায়লগ বক্সক আনিবৰ বাবে আগৰে কৰা স্টেপ '1' ৰ পৰা '3' ক পুনৰ কৰক।

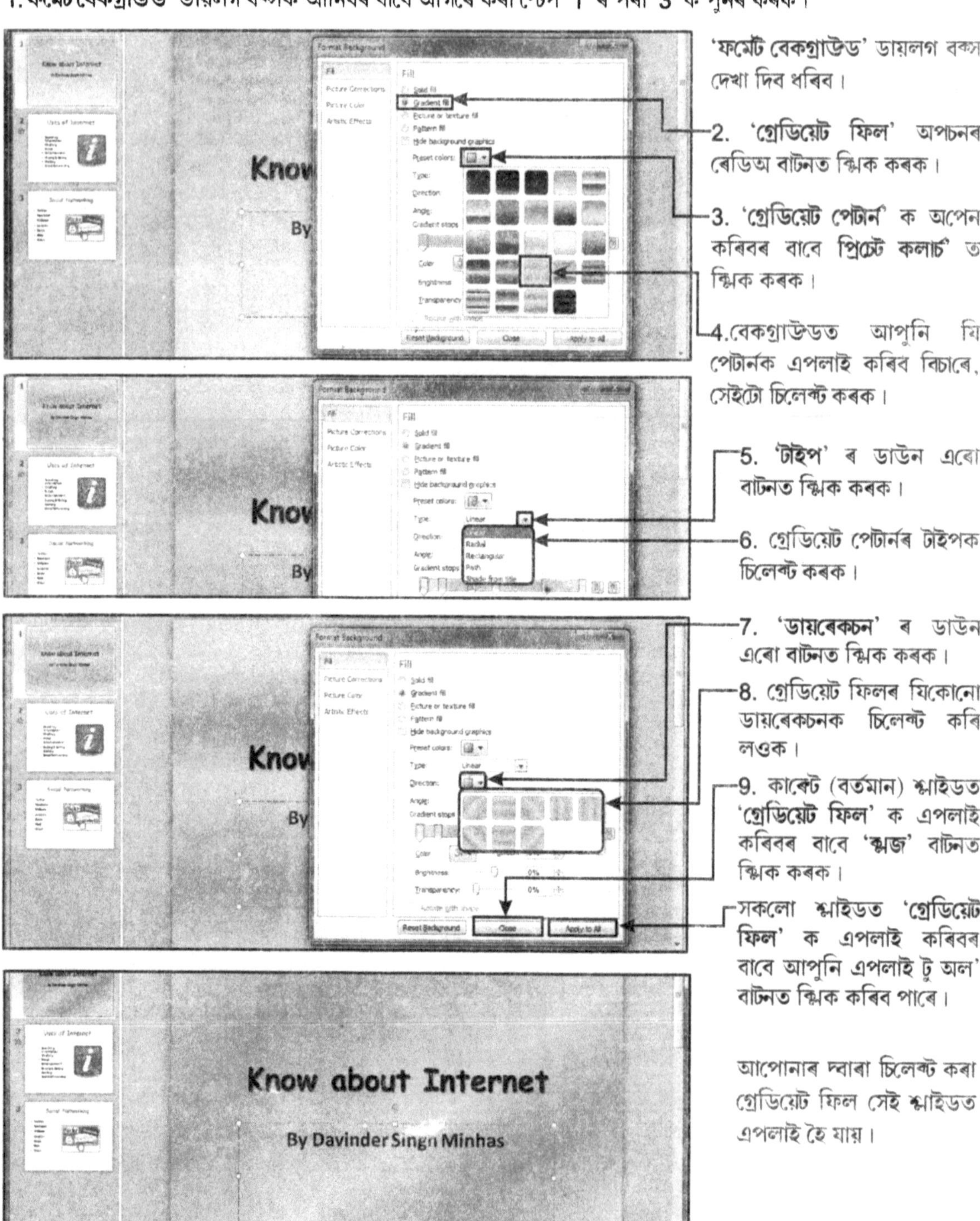

সংৰচনাত্মক কালাৰ কৰা

1. **'ফৰ্মেট বেকগ্ৰাউণ্ড'** ডায়লগ বক্সক আনিবৰ বাবে আগতে কৰা স্টেপ '1' ৰ পৰা '3' ক পুনৰ কৰক।

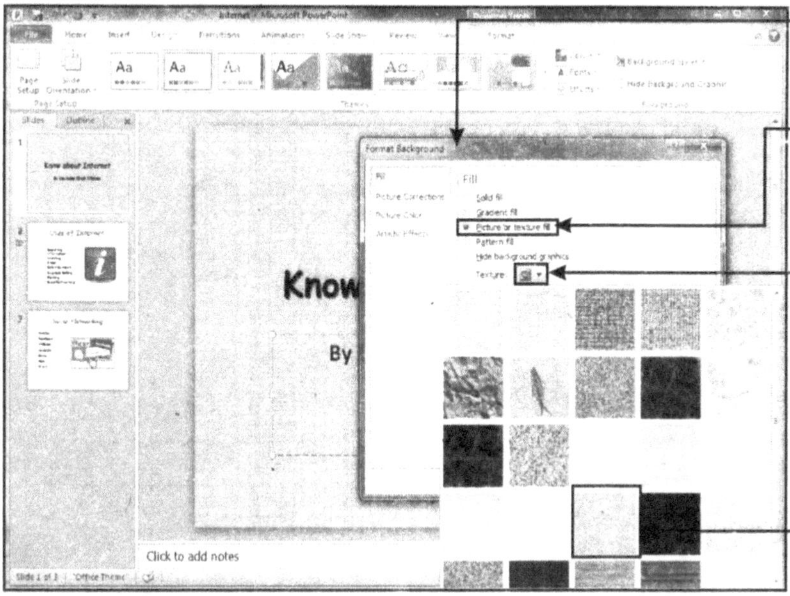

'ফৰ্মেট বেকগ্ৰাউণ্ড' ডায়লগ বক্স দেখা দিব।

2. 'পিকচাৰ আৰু টেকচাৰ ফিল' ৰ অপচনৰ ৰেডিঅ' বাটনত ক্লিক কৰি দিয়ক।

3. টেকচাৰৰ লিস্টক অপেন কৰিবৰ বাবে **'টেকচাৰ'** বাটনত ক্লিক কৰি দিয়ক।

4. সেই টেকচাৰক চিলেক্ট কৰক যিটোক আপুনি এপলাই কৰিব বিচাৰে।

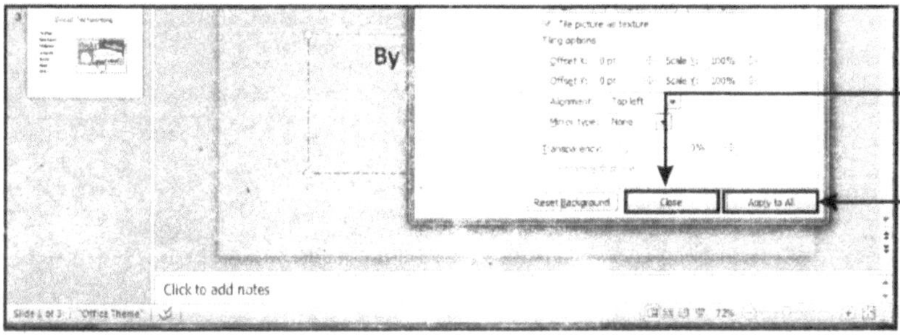

5. বৰ্তমান শ্লাইডত **'টেকচাৰ ফিল'** ক এপলাই কৰিবৰ বাবে **'ক্লজ'** বাটনত ক্লিক কৰি দিয়ক।

সকলো শ্লাইডত **'টেকচাৰ ফিল'** ক এপলাই কৰিবৰ বাবে আপুনি **'এপলাই টু অল'** বাটনতো ক্লিক কৰিব পাৰে।

আপোনাৰ দ্বাৰা চিলেক্ট কৰা টেকচাৰ ফিল সেই শ্লাইডত এপলাই হৈ যায়।

কাস্টম ইমেজ ফিল

1. **'ফৰ্মেট বেকগ্ৰাউণ্ড'** ডায়লগ বক্সক আনিবৰ বাবে আগতে কৰা স্টেপ '1' ৰ পৰা '3' ক পুনৰ কৰক।

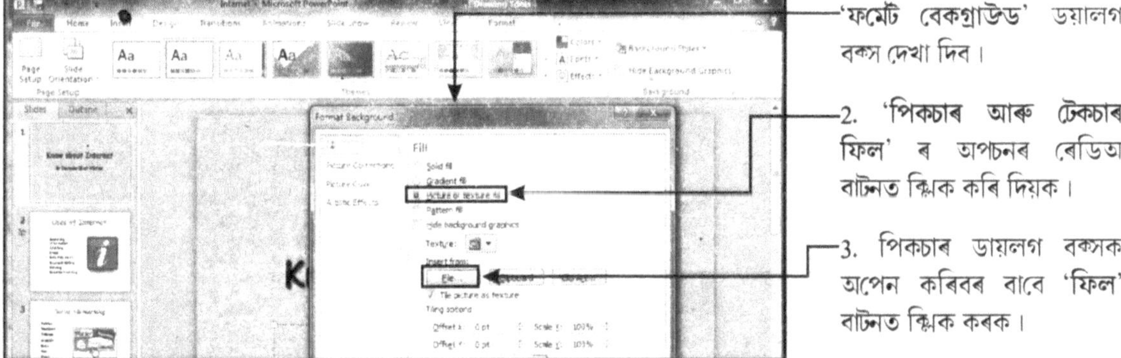

'ফৰ্মেট বেকগ্ৰাউণ্ড' ডায়লগ বক্স দেখা দিব।

2. **'পিকচাৰ আৰু টেকচাৰ ফিল'** ৰ অপচনৰ ৰেডিঅ' বাটনত ক্লিক কৰি দিয়ক।

3. পিকচাৰ ডায়লগ বক্সক অপেন কৰিবৰ বাবে 'ফিল' বাটনত ক্লিক কৰক।

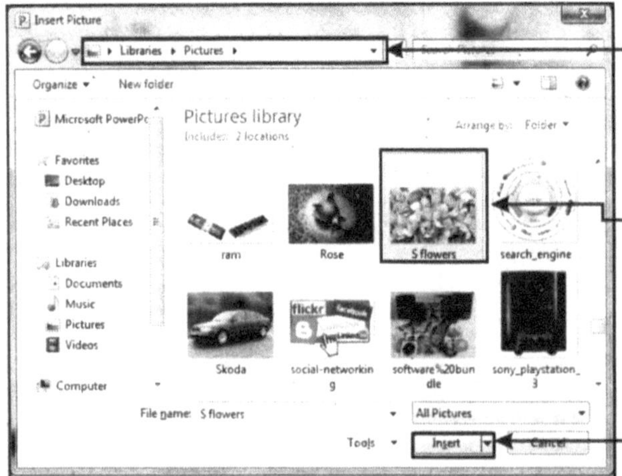

'**ইনচাৰ্ট পিক্চাৰ**' ডায়লগ বক্স দেখা দিব ধৰিব।

4. সেই ফল্ডাৰক বিচাৰিবৰ বাবে য'ত অন্তৰ্ভুক্ত থকা পিক্চাৰক আপুনি বেকগ্ৰাউণ্ড ইমেজৰ ৰূপত ব্যৱহাৰ কৰিব বিচাৰে, এইটো এৰিয়াত ক্লিক কৰক।

5. যি ফাইলক আপুনি ব্যৱহাৰ কৰিব বিচাৰে, তাত ক্লিক কৰক।

6. '**ইনচাৰ্ট**' ত ক্লিক কৰক।

পাবাৰ পইণ্টে শ্লাইডত বেকগ্ৰাউণ্ড ইমেজক অন্তৰ্ভুক্ত কৰি দিয়ে।

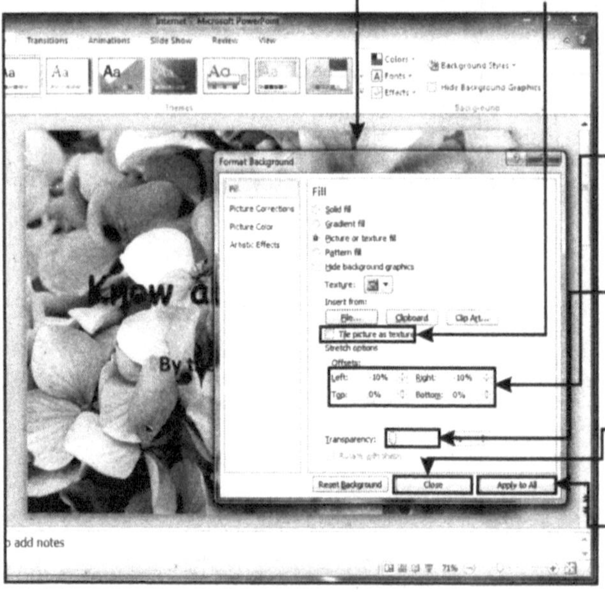

যদি ইমেজ সৰু হয়, তেতিয়া ইয়াক পুনৰ কৰিবৰ বাবে আপুনি '**টাইল পিক্চাৰ এজ টেক্চাৰ**' ৰ চেকবক্সত ক্লিক কৰি গোটেই শ্লাইডৰ বেকগ্ৰাউণ্ডত এপলাই কৰিব পাৰে।

যদি ইমেজ গোটেই বেকগ্ৰাউণ্ডক কভাৰ নকৰে তেতিয়া ফুল বেকগ্ৰাউণ্ড চাইজত প্ৰাপ্ত কৰিবৰ বাবে ইমেজৰ ওপৰ, তল, সোঁ, আৰু বাওঁ ফালে ধৰি টানক।

যদি ইমেজ ডাঠ হয় তেতিয়াহ'লে ট্ৰাঞ্চপাৰেঞ্চি ভেল্যুক বঢ়াই আপুনি ইয়াক সহজতে চাব পৰা যোগ্য কৰি দিব পাৰে।

7. শ্লাইডত কাস্টম ইমেজক এপলাই কৰিবৰ বাবে '**ক্লজ**' বাটনত ক্লিক কৰি দিয়ক।

কাস্টম ইমেজক সকলো শ্লাইডত এপলাই কৰিবৰ বাবে '**এপলাই টু অল**' ত ক্লিক কৰক।

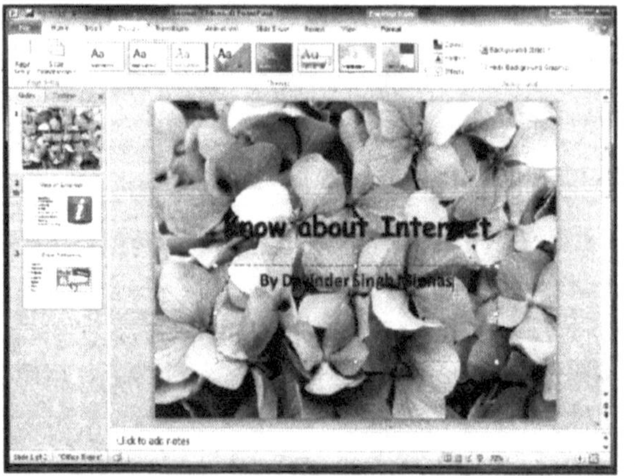

সকলো চেটিং পুৰা হোৱাৰ পিছত সেই শ্লাইডত কাস্টম ইমেজ এপলাই হৈ যায়।

শ্লাইডৰ অবজেক্টক মুভ কৰোৱা

শ্লাইডত কোনো এলিমেণ্টৰ স্থিতিক সলনি কৰিবৰ বাবে আপুনি সেইটো মুভ (ইফালে সিফালে) কৰিব পাৰে।

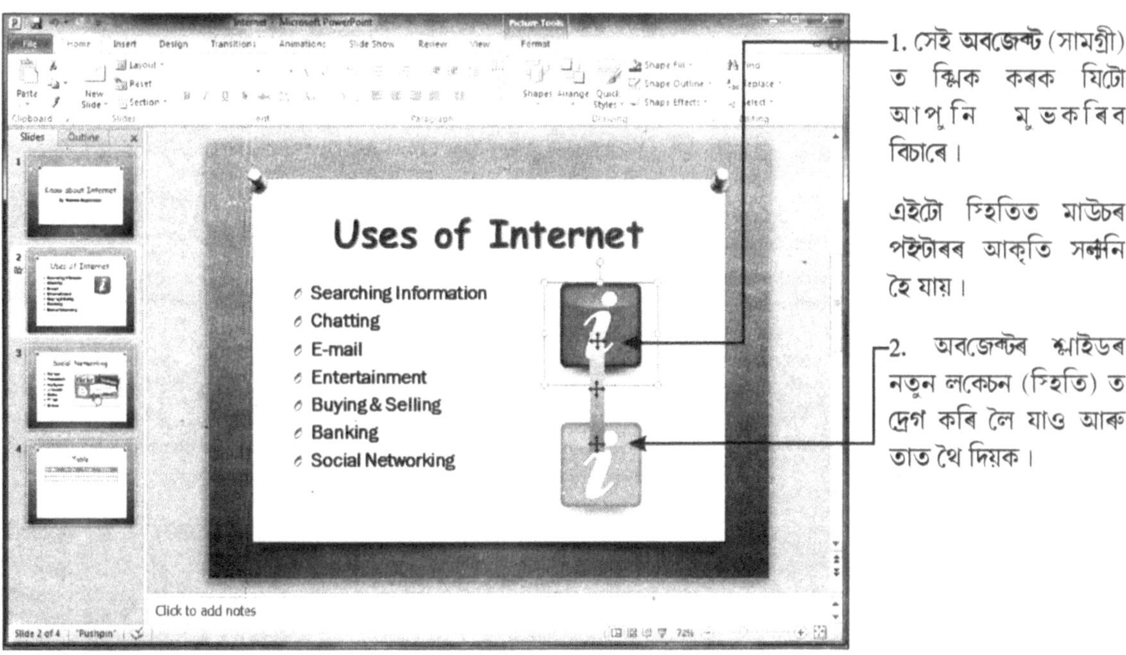

1. সেই অবজেক্ট (সামগ্ৰী) ত ক্লিক কৰক যিটো আপুনি মুভকৰিব বিচাৰে।

এইটো স্থিতিত মাউচৰ পইণ্টাৰৰ আকৃতি সলনি হৈ যায়।

2. অবজেক্টৰ শ্লাইডৰ নতুন লকেচন (স্থিতি) ত ড্ৰেগ কৰি লৈ যাও আৰু তাত থৈ দিয়ক।

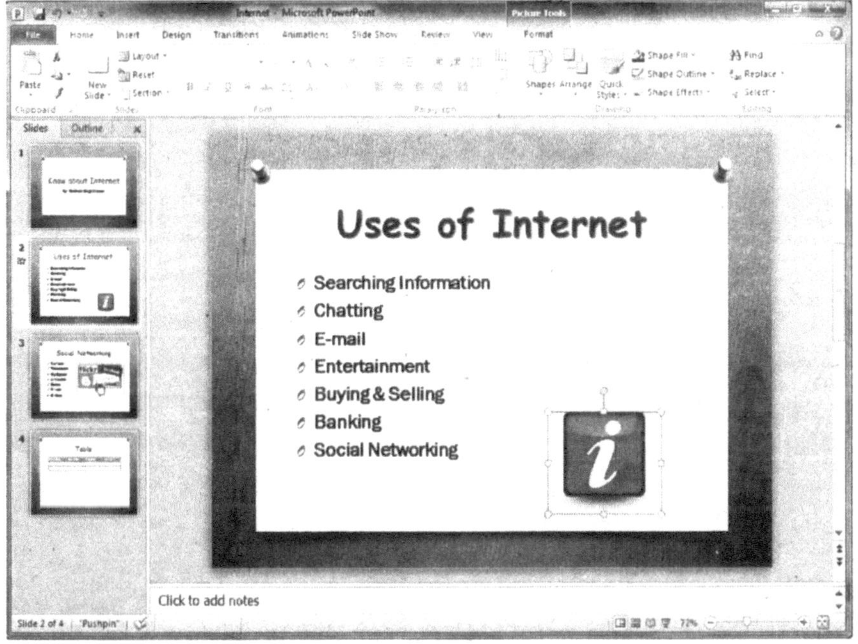

পাৱাৰ পইণ্টে শীঘ্ৰে প্ৰভাৱেৰে অবজেক্টৰ লকেচন (স্থিতি) সলনি কৰি দিয়ে।

শ্লাইডৰ অবজেক্টৰ আকাৰ সলনি কৰা

শ্লাইডত আপুনি কোনো অবজেক্টৰ চাইজ সলনি কৰিব পাৰে অৰ্থাৎ সেইটো সৰু অথবা ডাঙৰ কৰিব পাৰে।

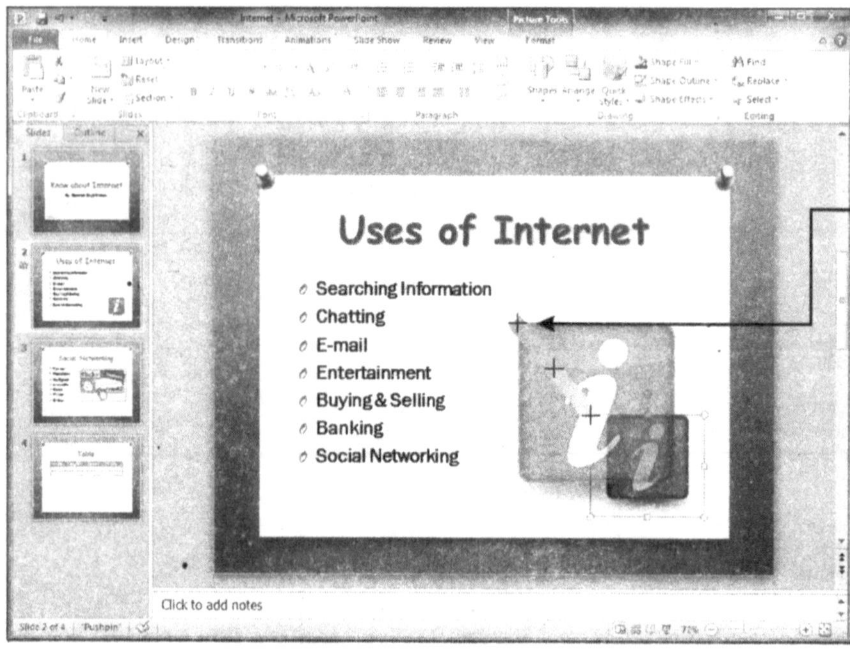

1. সেই অবজেক্টত ক্লিক কৰক যিটো আপুনি ৰিচাইজ (পৰিৱৰ্তন) কৰিব বিচাৰে।

অবজেক্ট বক্সৰ চাৰিওফালে হেণ্ডেল দেখা দিব ধৰিব।

2. হেণ্ডেলক ক্লি কৰি দ্ৰেগ কৰক।

এইটো স্থিতিত মাউচৰ পইণ্টাৰৰ আকৃতি পৰিৱৰ্তিত হৈ যায়। +

অবজেক্টৰ দৈৰ্ঘ্য আৰু বহলত পৰিৱৰ্তন কৰিবৰ বাবে হেণ্ডেলৰ কিনাৰত ধৰি দ্ৰেগ কৰক।

অবজেক্টৰ এটা চাইড (কেৱল দৈৰ্ঘ্য বা কেৱল বহল) ত পৰিৱৰ্তন কৰিবৰ বাবে চাইড (কিনাৰ) ৰ হেণ্ডেলত ধৰি দ্ৰেগ কৰক।

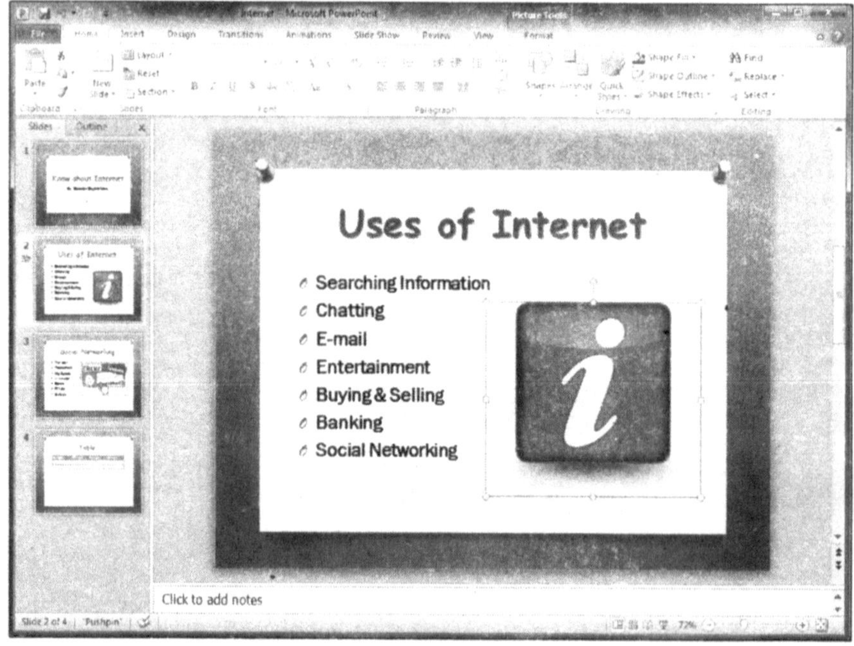

পাৱাৰ পইণ্টে শীঘ্ৰে অবজেক্টৰ চাইজ (আকাৰ) পৰিৱৰ্তন কৰি দিয়ে।

পাৱাৰ পইন্টৰ ভিউক পৰিৱৰ্তন কৰা

আপোনাৰ প্ৰেজেণ্টেচন স্ক্ৰীনত কেনেকৈ দেখা পাব, ইয়াৰ বাবে আপুনি পাৱাৰ পইন্টৰ ভিউক সলনি কৰিব পাৰে। ডিফল্টৰ ৰূপত, পাৱাৰ পইন্টাৰে আপোনাৰ প্ৰেজেণ্টেচনৰ নৰ্মেল ভিউত ডিচপ্লে কৰে, য'ত কেৱল এটা শ্লাইড ডিচপ্লে হয়। আপোনাৰ প্ৰেজেণ্টেচনক আউটলাইন ভিউত চাবৰ বাবে আপুনি আউটলাইন ভিউলৈও যাব পাৰে। ইয়াৰ বাদেও এটা সময়ত সকলো শ্লাইডক দেখা পাবৰ বাবে অপুনি শ্লাইড শৰ্টাৰ ভিউটো যাব পাৰে।

নৰ্মেল ভিউৰ ব্যৱহাৰ

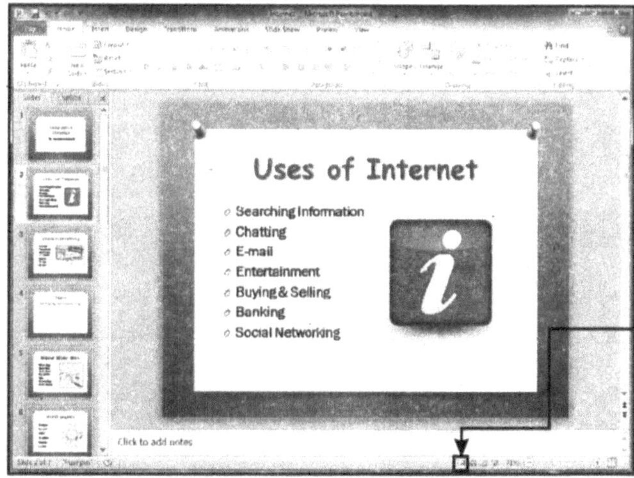

নৰ্মেল ভিউত তিনিটা পেন অন্তৰ্ভুক্ত থাকে।

- আউটলাইন পেন
- শ্লাইড পেন
- নোটচ পেন

পেন বৰ্ডাৰক দেগ্ৰ কৰি এইটো পেনৰ চাইজ এডজাষ্ট (কম-বেছি) কৰিব পৰা যায়।

1. 'নৰ্মেল ভিউ' ( ) বাটনত ক্লিক কৰি দিয়ক।

পাৱাৰ পইণ্টে সেই প্ৰেজেণ্টেচনত ডিচপ্লে হৈ থকা শ্লাইডক ডিফল্ট ৰূপত প্ৰদৰ্শিত কৰে।

আউটলাইন ভিউৰ প্ৰয়োগ

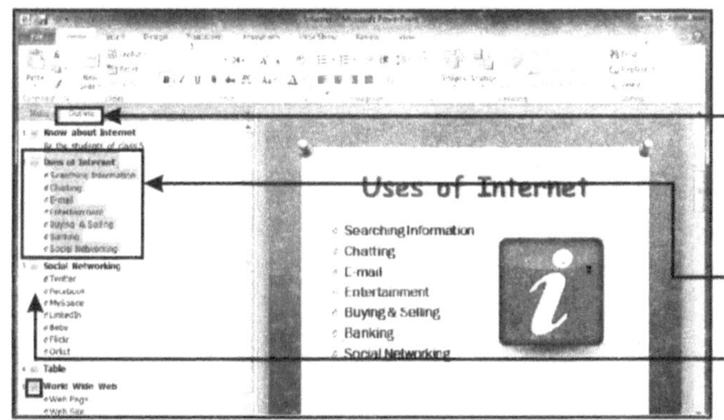

এইটো ভিউত আপোনাৰ প্ৰেজেণ্টেচনৰ প্ৰত্যেক শ্লাইড, টাইটল আৰু মেন টেক্সটক আউটলাইনত ডিচপ্লে কৰে।

1. 'আউটলাইন' টেবত ক্লিক কৰক।

পাৱাৰ পইণ্টে সেই প্ৰেজেণ্টেচনক আউটলাইন ফৰ্মেটত ডিচপ্লে কৰি দিয়ে।

আপুনি আউটলাইনত ক্লিক কৰি, ইয়াত অন্তৰ্ভুক্ত টেক্সটক এডিটো কৰিব পাৰে।

শ্লাইডক দেখা পাবৰ বৰে আপুনি 'শ্লাইড আইকন' টো ক্লিক কৰিব পাৰে।

শ্লাইড ভিউৰ প্ৰয়োগ

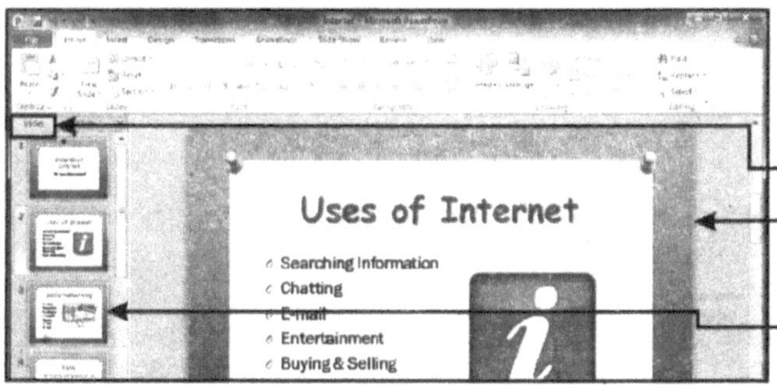

এইটো এবৰত এটা লাইন ডিচপ্লে কৰে। প্ৰত্যেক শ্লাইড়ক ক্ৰিয়েট কৰে আৰু সেইটো মডিফাই কৰিলেও ভিউৰ প্ৰয়োগ কৰিব পাৰে।

1. 'শ্লাইড' টেবত ক্লিক কৰক।

পাৱাৰ পইণ্টে প্ৰেজেণ্টেচনত এক কাৰেণ্ট শ্লাইড ডিচপ্লে কৰে।

কোনো বিশেষ শ্লাইডক চাবৰ বাবে আপুনি 'শ্লাইড' টেব সেই শ্লাইডত ক্লিক কৰিব পাৰে।

শ্লাইড শৰ্টাৰ ভিউৰ প্ৰয়োগ

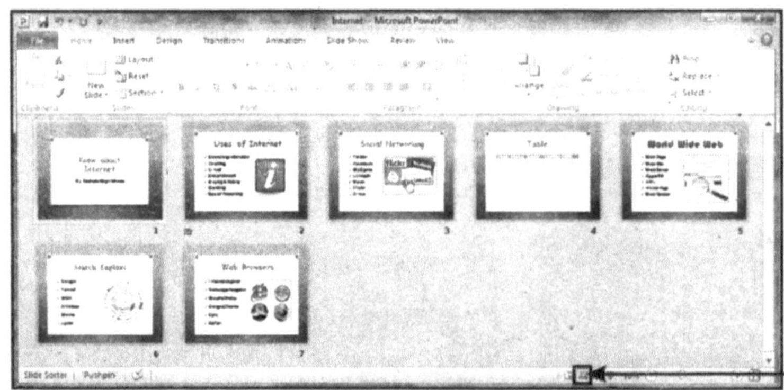

এইটো ভিউত, প্ৰেজেণ্টেচনক শ্লাইডক সৰু ৰূপত চাব পৰা যায়। ইয়াৰ পৰা আপুনি শ্লাইডক সহজতে অন্তৰ্ভুক্ত কৰিব পাৰে, আতৰাব পাৰে আৰু সেইটোক মুভ কৰিব পাৰে।

1. 'শ্লাইড চৰ্টাৰ ভিউ' বাটনত (▦) ক্লিক কৰক।

পাৱাৰ পইণ্টে প্ৰেজেণ্টেচনত সকলো শ্লাডিক ডিচপ্লে কৰি দিয়ে।

ৰিডিং ভিউৰ প্ৰয়োগ

যেতিয়া আপুনি প্ৰেজেণ্টকক ফুল স্ক্ৰীন শ্লাইড ভিউত দেখা দিব নিবিচাৰে কি প্ৰেজেণ্টেচনক সহজতে চাবৰ বাবে এটা কণ্ট্ৰল উইণ্ডো থাকে তেতিয়াহ'লে আপুনি কম্পিউটাৰত 'ৰিডিং ভিউ' ৰ প্ৰয়োগ কৰিব পাৰে।

1. 'ৰিডি ভিউ' ত বাটনত (📖) ক্লিক কৰি দিয়ক।

পাৱাৰ পইণ্ট প্ৰেজেণ্টেচনক **চিম্পল কণ্ট্ৰলচৰ** লগত **'টাইটল বাৰ'** আৰু **'স্টেটচ বাৰ'** ৰ লগত ফুল স্ক্ৰীনত দেখা দিয়ে।

শ্লাইড শ্বো ভিউৰ প্ৰয়োগ কৰা

শ্লাইড শ্বো আৰম্ভহৈ যায় আৰু আপুনি প্ৰেজেণ্টেচনক চাব পাৰে।

1. 'শ্লাইড শ্বো ভিউ' বাটনত (▣) ক্লিক কৰক।

পাৱাৰ পইণ্টে আপোনাক প্ৰেজেণ্টেচনক শ্লাইড শ্বোৰ ৰূপত দেখা দিয়ে।

নৰ্মেল ভিউলৈ ঘূৰি আহিবৰ বাবে **(Esc)** বাটনত টিপি দিয়ক।

শ্লাইড পৰিৱৰ্তনক অন্তৰ্ভুক্ত কৰা

আপোনাৰ প্ৰেজেণ্টেচনত আপুনি শ্লাইডত ট্ৰাঞ্জিকচন (পৰিৱৰ্তন) ও কৰিব পাৰে। ট্ৰাঞ্জিকচন এক ভিজুৱেল ইফেক্ট হয় যিটো তেতিয়া দেখা দিয়ে, যেতিয়া আপুনি এটা শ্লাইডৰ পৰা আন এটা শ্লাইডলৈ মুভ কৰে অৰ্থাৎ যায়। ট্ৰাঞ্জিকচন অন্তৰ্ভুক্ত কৰিবৰ বাবে আপুনি নৰ্মেল ভিউকো অন্তৰ্ভুক্ত প্ৰয়োগ কৰিব পাৰে। ইয়াৰ পৰা আপুনি শ্লাইড চাৰ্টাৰ ভিউৰ তুলনাত গোটেই প্ৰেজেণ্টেচনত সহজতে ইফেক্টক অন্তৰ্ভুক্ত কৰিব পাৰে।

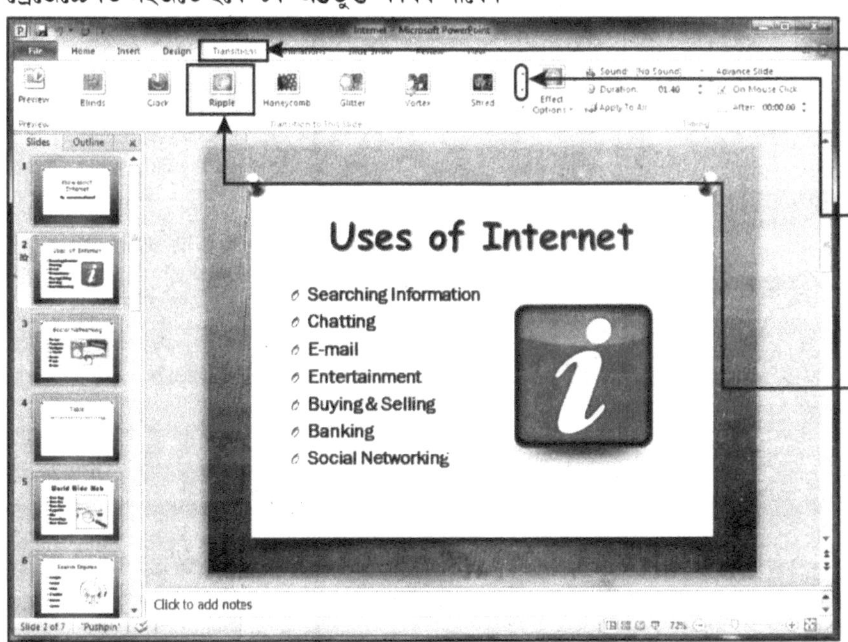

1. সেইটো শ্লাইডক অপেন কৰক য'ত আপুনি ট্ৰাঞ্জিকচন অন্তৰ্ভুক্ত কৰিব বিচাৰে।

2. ৰিবন টু ট্ৰাঞ্জেকচন টেবত ক্লিক কৰি দিয়ক।

ইয়াত উপলব্ধ ট্ৰাঞ্জিকচন ইফেক্টচক চাবৰ বাবে আপুনি স্ক্ৰল কৰিব পাৰে।

3. ট্ৰাঞ্জিকচনত ক্লিক কৰক।

পাৱাৰ পইণ্টে শীঘ্ৰে ট্ৰাঞ্জিকচন ইফেক্টৰ প্ৰিভিউডিচপ্লে কৰি দিয়ে।

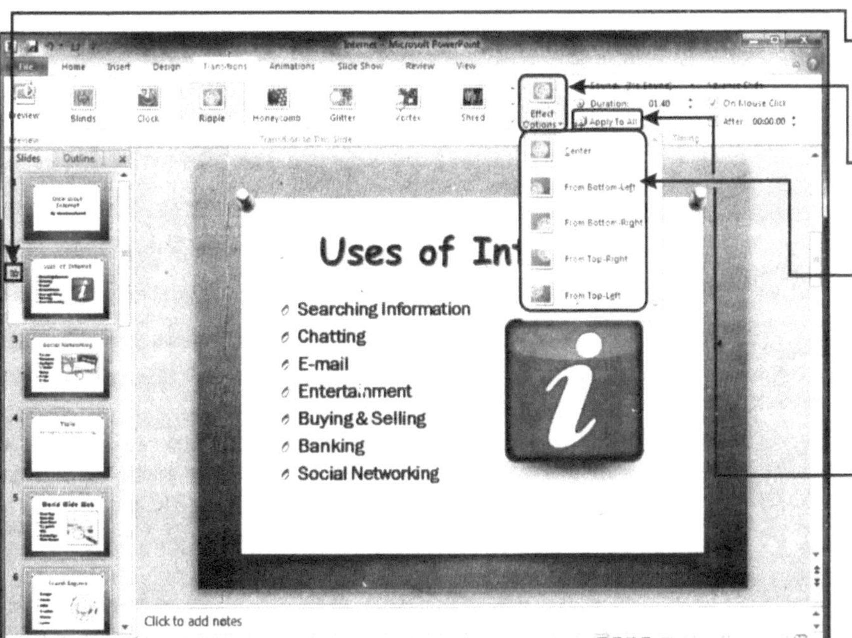

পাৱাৰ পইণ্টৰ তলত এটা এনিমেচন আইকন এড (জড়িত) কৰি দিয়ক।

4. 'ইফেক্ট অপচন' ৰ ডাউন এৰোত ক্লিক কৰক।

5. ট্ৰাঞ্জিচনৰ বাবে ইফেক্ট চেটিংত ক্লিক কৰি দিয়ক।

পাৱাৰ পইণ্ট ট্ৰাঞ্জিকচন ইফেক্টৰ প্ৰিভিউডিচপ্লে কৰি দিয়ক।

যদি আপুনি গোটেই শ্লাইড শ্বোত এটাই (এইটো) ট্ৰাঞ্জিকচন ইফেক্ট অন্তৰ্ভুক্ত কৰিব বিচাৰে তেতিয়াহ'লে 'এপলাই টু অল' ত ক্লিক কৰি দিব পাৰে।

এনিমেচন ইফেক্টৰ প্ৰয়োগ কৰা

এনিমেচন ইফেক্ট পাৱাৰ পইণ্টৰ শ্লাইড শ্বোক আকৰ্ষনীয় কৰে আৰু ইয়াক ব্যৱসায়িক ৰূপ প্ৰদান কৰে। এনিমেচনত অন্তৰ্ভুক্ত টেক্সট আৰু কণ্টেন্টত স্পেচিয়েল ভিজুৱেল আৰু চাউণ্ড ইফেক্ট থাকে। উদাহৰণৰ বাবে-স্ক্ৰীনত ডিচপ্লে হৈ থকা শ্লাইডৰ প্ৰত্যেক লাইন চলায়নমান হ'ব পাৰে। পাৱাৰ পইণ্টৰ শ্লাইডত আপুনি এনিমেচন টাইপ, স্পীড আৰু চাউণ্ড ইফেক্টক ডিফাইন (পৰিভাষিত) কৰি আপুনি আপোনাৰ কাস্টম এনিমেচন ইফেক্টক চেট কৰিব পাৰে।

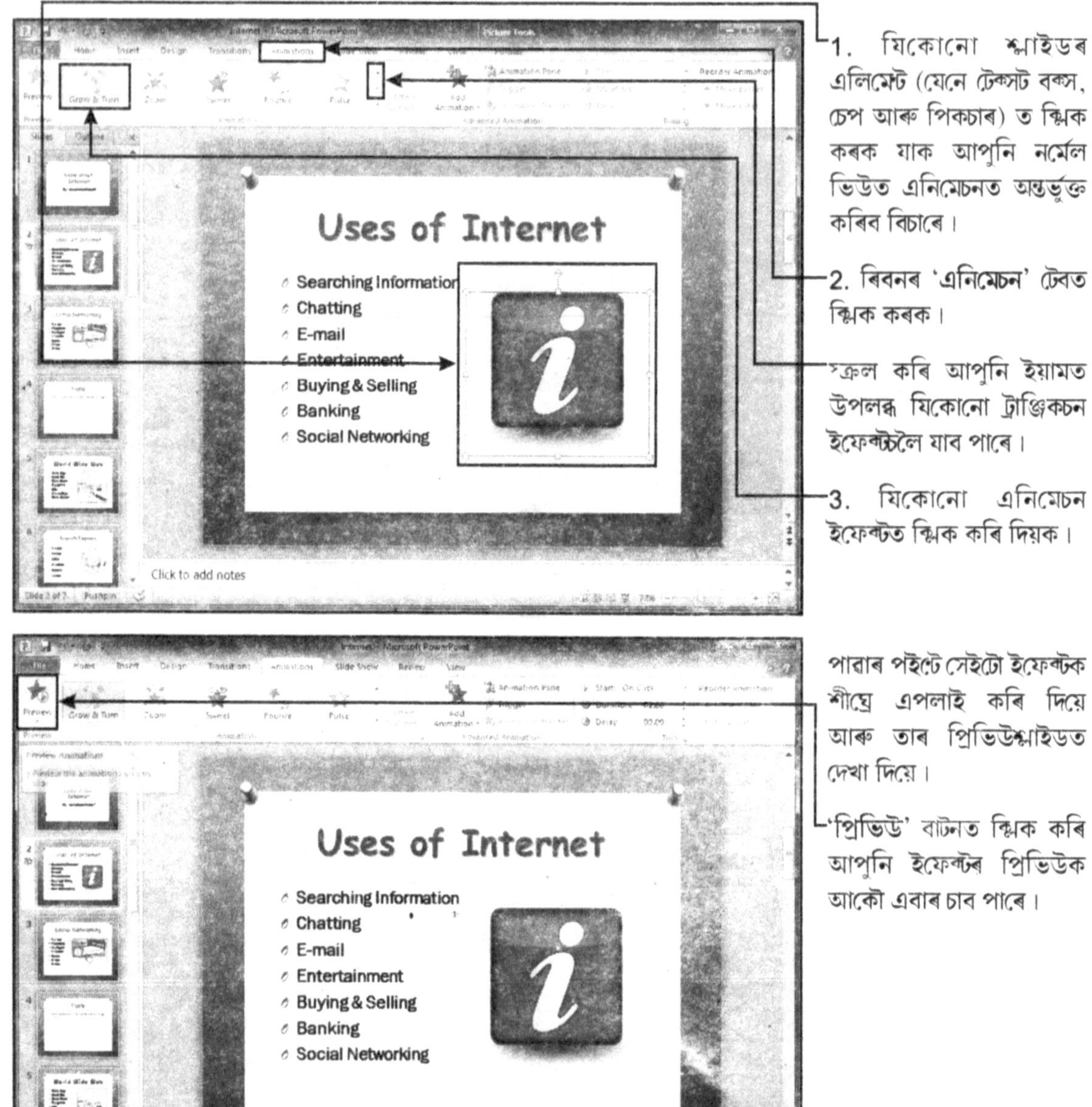

মাল্টিপল এনিমেচন ইফেক্টচ

পাৱাৰ পইন্টত কোনো শ্লাইডৰ অন্য এলিমেন্টচটো এনিমেচন ইফেক্টচ চেট কৰিব পাৰে।

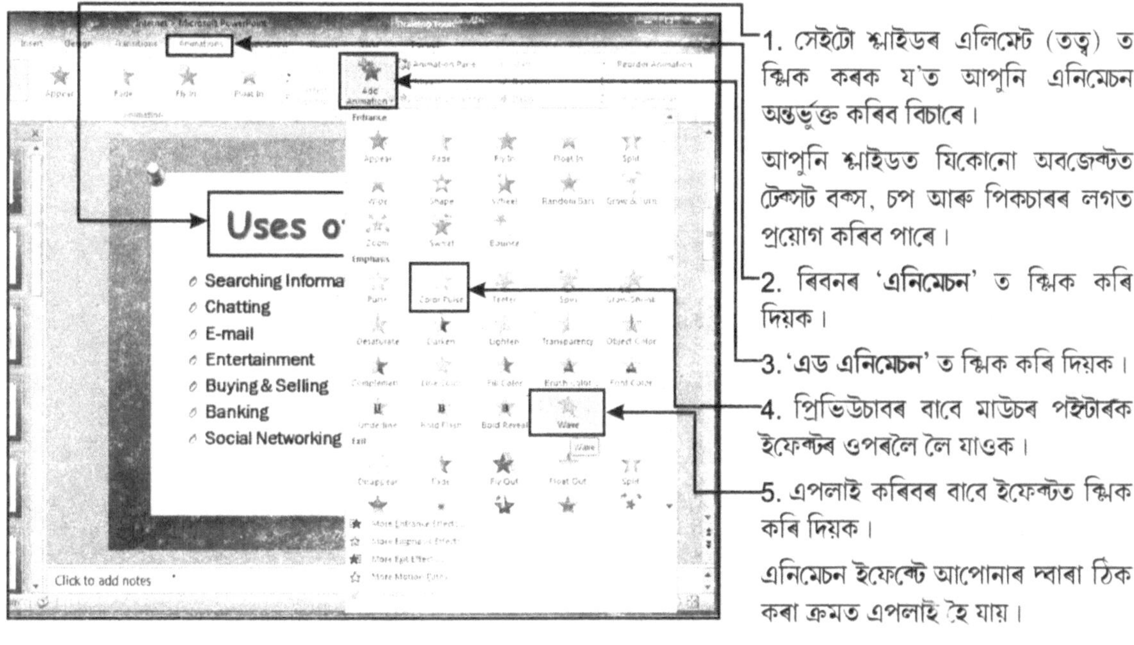

1. সেইটো শ্লাইডৰ এলিমেন্ট (তত্ব) ত ক্লিক কৰক য'ত আপুনি এনিমেচন অন্তৰ্ভুক্ত কৰিব বিচাৰে।

   আপুনি শ্লাইডত যিকোনো অবজেক্টত টেক্সট বক্স, চপ আৰু পিকচাৰৰ লগত প্ৰয়োগ কৰিব পাৰে।

2. ৰিবনৰ 'এনিমেচন' ত ক্লিক কৰি দিয়ক।
3. 'এড এনিমেচন' ত ক্লিক কৰি দিয়ক।
4. প্ৰিভিউচাবৰ বাবে মাউচৰ পইন্টাৰক ইফেক্টৰ ওপৰলৈ লৈ যাওক।
5. এপলাই কৰিবৰ বাবে ইফেক্টত ক্লিক কৰি দিয়ক।

   এনিমেচন ইফেক্টে আপোনাৰ দ্বাৰা ঠিক কৰা ক্ৰমত এপলাই হৈ যায়।

এনিমেচন পেন

এনিমেচন পেনক অপেন কৰি আপুনি শ্লাইডত এপলাই কৰা এনিমেচনৰ লিস্টক চাব পাৰে।

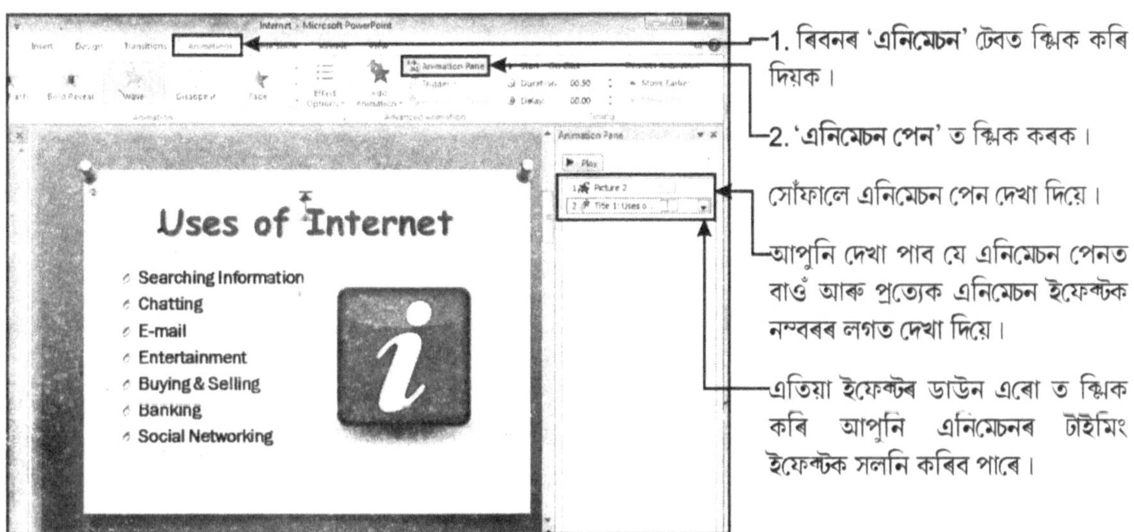

1. ৰিবনৰ 'এনিমেচন' টেবত ক্লিক কৰি দিয়ক।
2. 'এনিমেচন পেন' ত ক্লিক কৰক।

সোঁফালে এনিমেচন পেন দেখা দিয়ে।

আপুনি দেখা পাব যে এনিমেচন পেনত বাওঁ আৰু প্ৰত্যেক এনিমেচন ইফেক্টক নম্বৰৰ লগত দেখা দিয়ে।

এতিয়া ইফেক্টৰ ডাউন এৰো ত ক্লিক কৰি আপুনি এনিমেচনৰ টাইমিং ইফেক্টক সলনি কৰিব পাৰে।

শ্লাইড শ্বোক ৰান কৰা অৰ্থাৎ চলোৱা

শ্লাইড শ্বোক গঠন কৰাৰ পিছত এতিয়া ইয়াক ৰান কৰা (চলোৱা) ৰ পাল হয়। শ্লাইড শ্বোক ৰান কৰা সময়ত আপোনাৰ ওচৰত তিনিটা আপচন (বিকল্প) থাকে। • আপুনি সকলো কণ্ট্ৰলচ (নিয়ন্ত্ৰণ) সেইটো স্পীকাৰক দিব পাৰে যিটো শ্লাইডকক আগবঢ়াই, শ্লাইডত নোটচ প্ৰস্তুত কৰে আৰু বৰ্ণনক ৰেকৰ্ড কৰে। • আপুনি সকলো কণ্ট্ৰল দৰ্শকক দিব পাৰে যিটো কোম্পানীৰ নেটৱৰ্ক বা ইন্টাৰনেটত প্ৰেজেণ্টেচনক চাওক। • প্ৰেজেণ্টেচন কোনো সহায়ৰ অবিহনে এটা লুক (চক্ৰ) লৈ গুচি যায়।

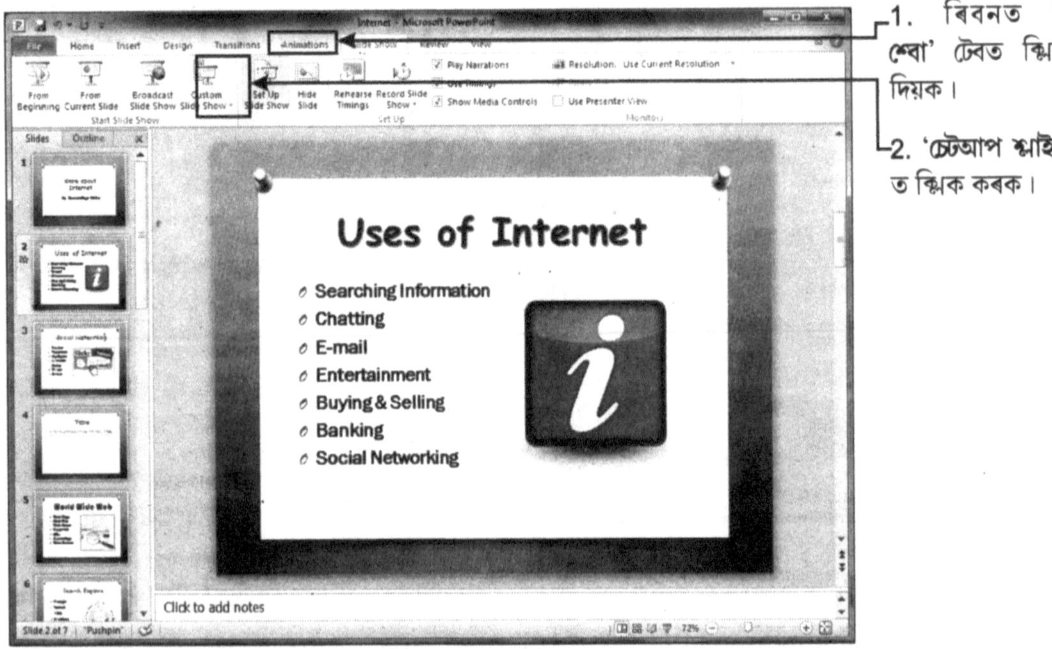

1. ৰিবনত 'শ্লাইড শ্বো' টেবত ক্লিক কৰি দিয়ক।

2. 'চেটআপ শ্লাইড শ্বো' ত ক্লিক কৰক।

স্পীকাৰ দ্বাৰা শ্লাইড শ্বোৰ প্ৰেজেণ্টেচন

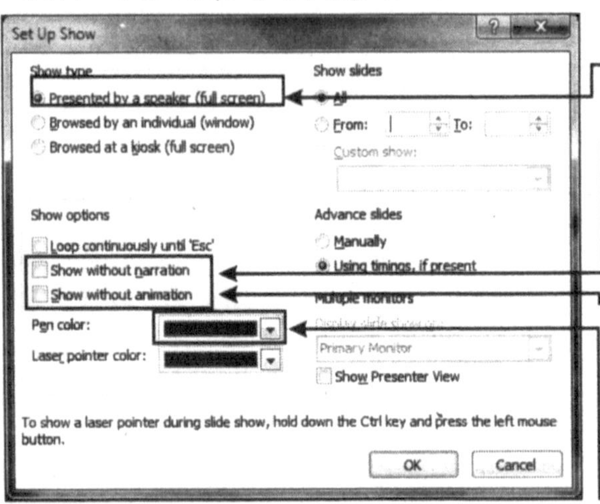

'চেটআপ শ্বো' ডায়লগ বক্স আপেন হৈ যাব।

3. এবাৰ 'প্ৰেজেণ্টেড বাই এ স্পীকাৰ (ফুল স্ক্ৰীন)' ত ক্লিক কৰি অপচন চিলেক্ট হৈ যাব।

4. যদি আপোনাৰ প্ৰেজেণ্টেচনত কোনো নতুন নেৰচন (বৰ্ণন) অন্তৰ্ভুক্ত কৰে কি সেইটোক প্ৰয়োগ কৰিব নিবিচাৰিলে **'শ্বো উইদআউট নেচন'** চেকবক্সত ক্লিক কৰক। বক্সত এটা চেকবক্স দেখা দিব ধৰে ।

5. যদি আপোনাৰ শ্লাইড ট্ৰাঞ্জিকচন আৰু এনিমেচন অন্তৰ্ভুক্ত কৰিছে কি প্ৰেজেণ্টেচনত সেইটোক ডিচপ্লে কৰিব নিবিচাৰিলে **'শ্বো উইডআউট এনিমেচন'** চেকবক্সত ক্লিক কৰক। বক্স এটা চেকমাৰ্ক দেখা দিব ধৰে।

6. যদি আপুনি শ্লাইড দ্ৰ কৰিবৰ বাবে কালাৰ পেন (ৰঙীন পেন) বিচাৰে, তেতিয়াহ'লে **'পেন কালাৰ'** বক্সৰ ডাউন এৰোত ক্লিক কৰি দিয়ে। ইয়াৰ পিছত সেইটো কালাৰত ক্লিক কৰক যাক আপুনি প্ৰয়োগ কৰিব বিচাৰে।

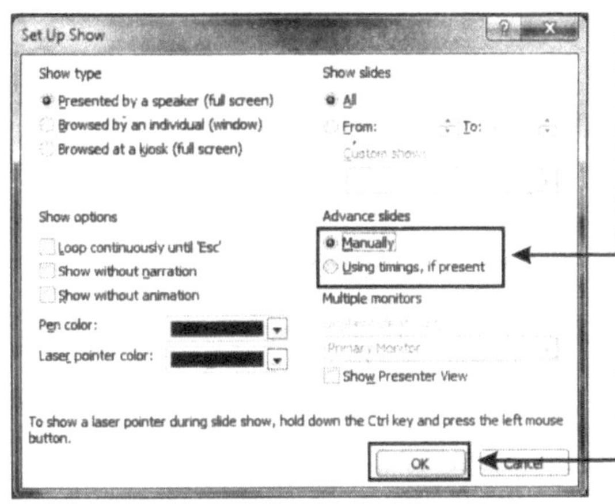

7. যদি আপুনি বিচাৰে যে স্পীকাৰ এটা শ্লাইডৰ পিছত অন্য শ্লাইডত ক্লিক কৰি আগবাঢ়ে তেতিয়াহ'লে আপুনি 'মেনুৱেল' ৰেডিঅ বাটনত ক্লিক কৰিব পাৰে।

যদি আপুনি বিচাৰে যে আপোনাৰ শ্লাইড পূৰ্বে ঠিক কৰি দিয়া সময়ৰ অনুসাৰে নিজে নিজে সলনি হৈ যয় তেতিয়াহ'লে 'ইউজিং টাইমিংচ' ৰ ৰেডিঅ বাটনত ক্লিক কৰি দিয়ক।

8. 'অকে' বাটনত ক্লিক কৰক।

এবাৰ 'অকে' বাটনক ক্লিক কৰাৰ পিছত আপুনি শ্লাইড শ্বো বাটনত ক্লিক কৰি শ্লাইড শ্বোক চাব পাৰে।

অডিয়েঞ্চ (দৰ্শক) ৰ দ্বাৰা শ্লাইড শ্বোৰ প্ৰেজেন্টেচন

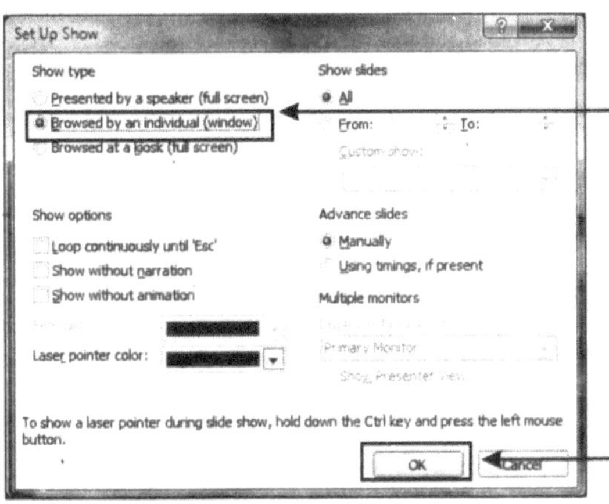

1. 'ব্ৰাউস্ড বাই এন ইন্ডিভিজুৱেল (উইন্ডো)' অপচনৰ ৰেডিঅ বাটনত ক্লিক কৰি দিয়ক।

এইটো ডায়লগ বক্সৰ ভিতৰত আপুনি যিকোনো অপচন (বিকল্প) ক চিলেক্ট কৰিব পাৰে।

2. 'অকে' বাটনত ক্লিক কৰি দিয়ক।

যেতিয়া আপুনি **'শ্লাইড শ্বো'** বাটনত ক্লিক কৰি শ্লাইড শ্বোক ৰান কৰাই, তেতিয়াহ'লে প্ৰেজেন্টেচন পাৱৰ পইন্টত দেখা দিব।

প্ৰেজেন্টেচনৰ সকলো কন্ট্ৰলচ (নিয়ন্ত্ৰণ) যেনে-আগবঢ়া, পিছলৈ যোৱা, শ্লাইডক কপি কৰা আদি আডিয়েঞ্চ (দৰ্শক) ৰ হাতত থাকে।

স্ক্ৰল বাৰৰ প্ৰয়োগ কৰি আপুনি প্ৰিভিয়াচ (পূৰ্বৰ) আৰু নেক্সট (পিছত) ৰ শ্লাইডলৈ যাব পাৰে।

শ্লাইড শ্বোক নিজে নিজে ৰান কৰা

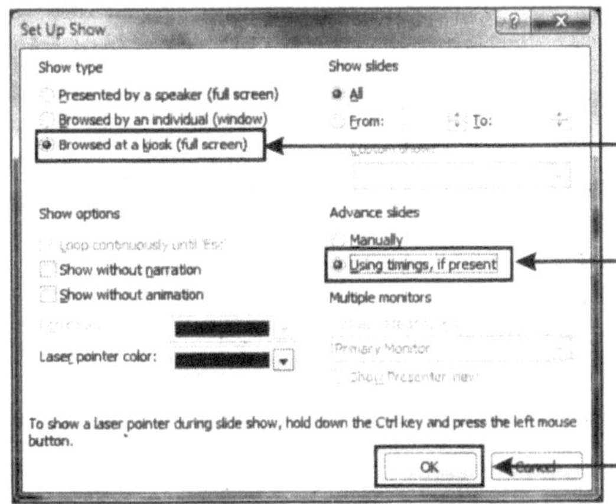

1. 'ব্ৰাউস্ড এট কিয়োস্ক (ফুল স্ক্ৰীন)' অপচনৰ ৰেডিঅ বাটনত ক্লিক কৰি দিয়ক। এইটো অপচন চিলেক্ট হৈ যাব।

2. যদি আপুনি শ্লাইডত টাইমিং (সময়) আগৰ পৰা চেট কৰি দিছে আৰু বিচাৰে যে এইটো নিশ্চিত সময়ত সলনি হৈ যায় তেতিয়াহ'লে **'ইউজিং টাইমিং, ইফ প্ৰেজেন্ট'** অপচনৰ ৰেডিঅ বাটনত ক্লিক কৰি দিয়ক। আপুনি যিকোনো অপচনক চিলেক্ট কৰিব পাৰে।

3. 'অকে' বাটনত ক্লিক কৰি দিয়ক।

'অকে' বাটনত ক্লিক কৰাৰ লগতে আপোনাৰ প্ৰেজেন্টেচন কোনো সহায়ৰ অবিহনে আপুনি ৰান কৰিবৰ বাবে প্ৰস্তুত হৈ যায়।

স্পীকৰ নোট্চ ক্ৰিয়েট (প্ৰস্তুত) কৰা

আপোনাৰ প্ৰেজেণ্টেচনত প্ৰত্যেক শ্লাইডৰ বাবে আপুনি নোটচো প্ৰস্তুত কৰিব পাৰে য'ত সেইটো বিচাৰ অন্তৰ্ভুক্ত থাকে যাৰ বিষয়ে আপুনি আনৰ লগত চৰ্চা কৰিব বিচাৰে। প্ৰেজেণ্টেচনক প্ৰস্তুত কৰাৰ সময়ত আপুনি আপোনাৰ নোট্চক গাইড (পথপ্ৰদৰ্শক) ৰ দৰে প্ৰয়োগ কৰিব পাৰে।

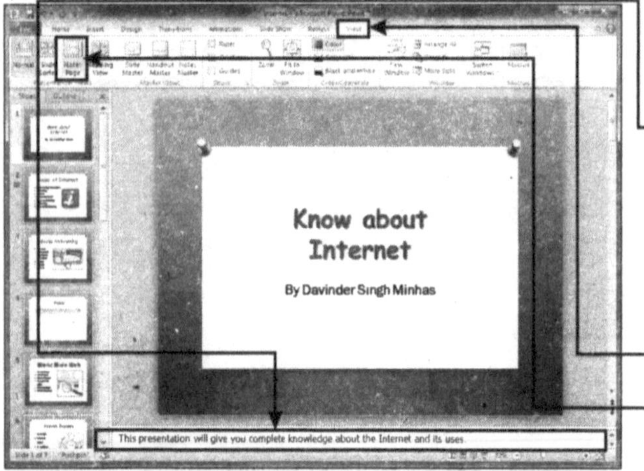

1. যি শ্লাইডৰ বাবে আপুনি অপুনি নোট্চ প্ৰস্তুত কৰিব বিচাৰে, সেইটো **'নৰ্মেল ভিউ'** ডিচপ্লে কৰক।

2. এইটো এৰিয়াত ক্লিক কৰক আৰু ইয়াৰ পিছত শ্লাইডৰ বাবে নোট্চ টাইপ কৰক।

যদি আপুনি এটা লাইনৰ পৰা অধিক টেক্সট টাইপ কৰে তেতিয়াহ'লে টেক্সটক ব্ৰাউচ কৰিবৰ বাবে প্ৰটোগ কৰিব পাৰে।

3. ৰিবনত **'ভিউ'** টেবত ক্লিক কৰক।

4. **'নোট্চ পেজ'** ত ক্লিক কৰি দিয়ক।

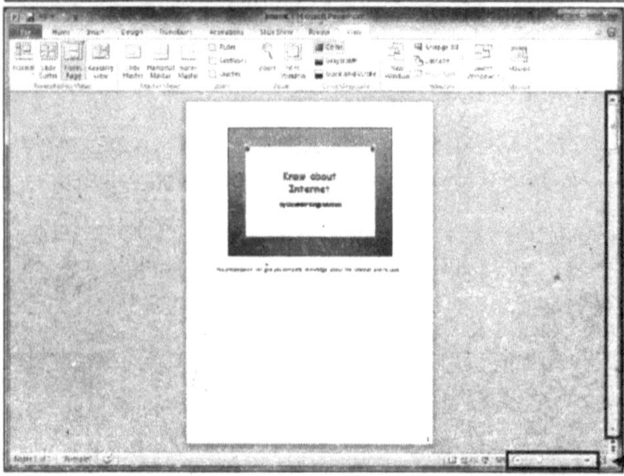

বৰ্তমান শ্লাইডৰ বাবে নোট্চ পেজ দেখা দিব ধৰে।

প্ৰেজেণ্টেচনৰ অন্য শ্লাইডৰ নোট্চ পেজক চাবৰ বাবে আপুনি **'স্ক্ৰল বাৰ'** ৰ প্ৰয়োগ কৰিব পাৰে।

5. আপোনাৰ নোট্চক ডাঙৰকৈ চাবৰ বাবে **'জুম শ্লাইডাৰ'** ৰ প্ৰয়োগ কৰিব পাৰে।

Know about Internet

By Davinder Singh Minhas

This presentation will give you complete knowledge about the internet and its uses.

নোট্চে আপোনাক নতুন ৰূপত দেখা দিয়ে।

আপুনি আপোনাৰ প্ৰেজেণ্টেচনত নোট্চৰ টেক্সটক এডিট (সম্পাদিত) আৰু ফৰ্মেট (ৰূপ সলনি) ও কৰিব পাৰে।

6. আপোনাৰ নোট্চ পেজৰ সমীক্ষা কৰাৰ পিছত আপুনি ৰিটাৰ্ন বাটনৰ (⊞) প্ৰয়োগ কৰি ঘূৰি **'নৰ্মেল ভিউ'** ত আহি যাওক।

শ্লাইড শ্বোক ৰান কৰা অৰ্থাৎ চলোৱা

আপুনি আপোনাৰ কম্পিউটাৰ স্ক্ৰীনত প্ৰেজেণ্টেচনৰ শ্লাইড শ্বোক ৰান কৰিব পাৰে অৰ্থাৎ চলাব পাৰে। শ্লাইড শ্বো এবাৰতে গোটেই স্ক্ৰীনৰ প্ৰয়োগ কৰি অৰ্থাৎ গোটেই স্ক্ৰীনত কেৱল এটা শ্লাইড শ্বো (প্ৰদৰ্শিত) কৰে

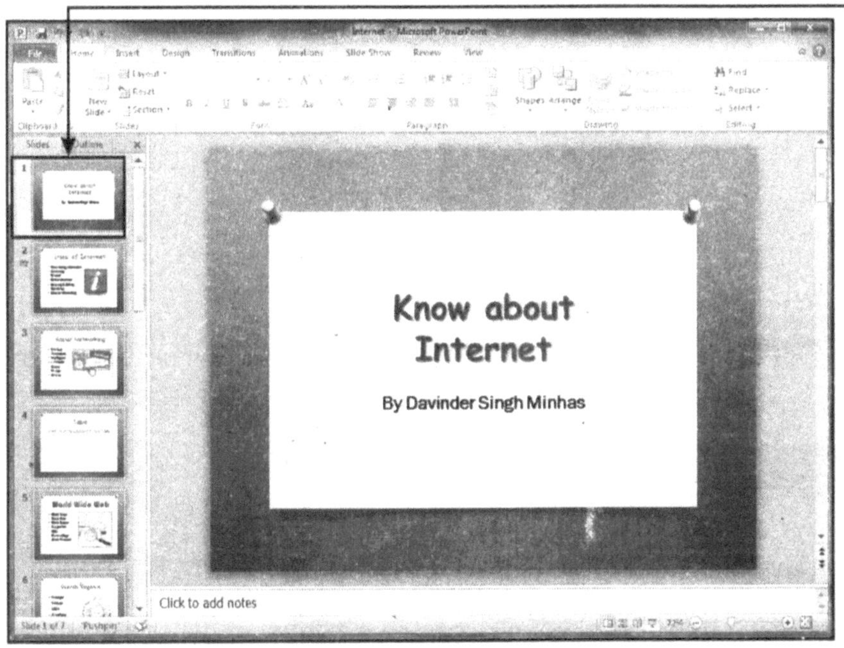

1. শ্লাইড শ্বো ত আপুনি যি শ্লাইডক প্ৰথমে দেখুৱাব লাগে, তাত ক্লিক কৰক।

2. শ্লাইড শ্বোক স্টাৰ্ট (আৰম্ভ) কৰিবৰ বাবে **'শ্লাইড শ্বো'** ত ( ) ক্লিক কৰক।

আপোনাৰ দ্বাৰা চিলেক্ট কৰা শ্লাইড কৰা গোটেই স্ক্ৰীনত দেখা দিব ধৰে।

যিকোনো সময়ত শ্লাইড শ্বোক বন্ধ কৰিবৰ বাবে আপুনি **(Esc)** বাটনক টিপিব পাৰে।

3. আগৰ শ্লাইড ডিচপ্লে কৰিবৰ বাবে এইটো বাটনত ক্লিক কৰক বা কাৰেণ্ট শ্লাইড (বৰ্তমান শ্লাইড) ত য'তে-ততে ক্লিক কৰি দিয়ক।

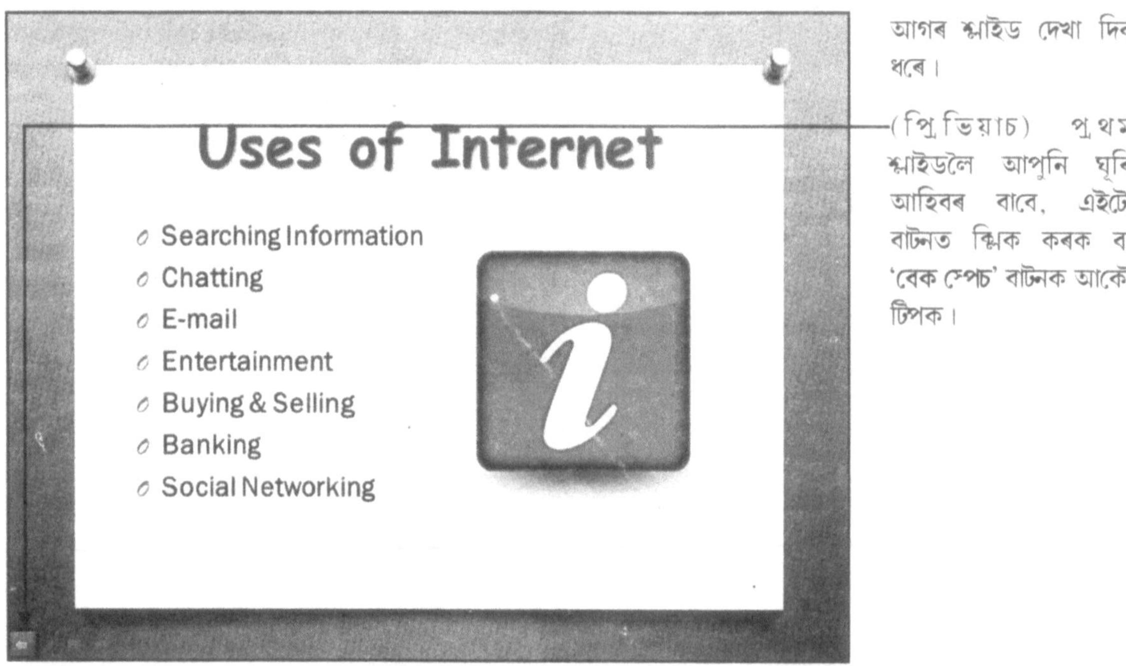

আগৰ শ্লাইড দেখা দিব ধৰে।

(প্ৰিভিয়াচ) প্ৰথম শ্লাইডলৈ আপুনি ঘূৰি আহিবৰ বাবে, এইটো বাটনত ক্লিক কৰক বা 'বেক স্পেচ' বাটনক আকৌ টিপক।

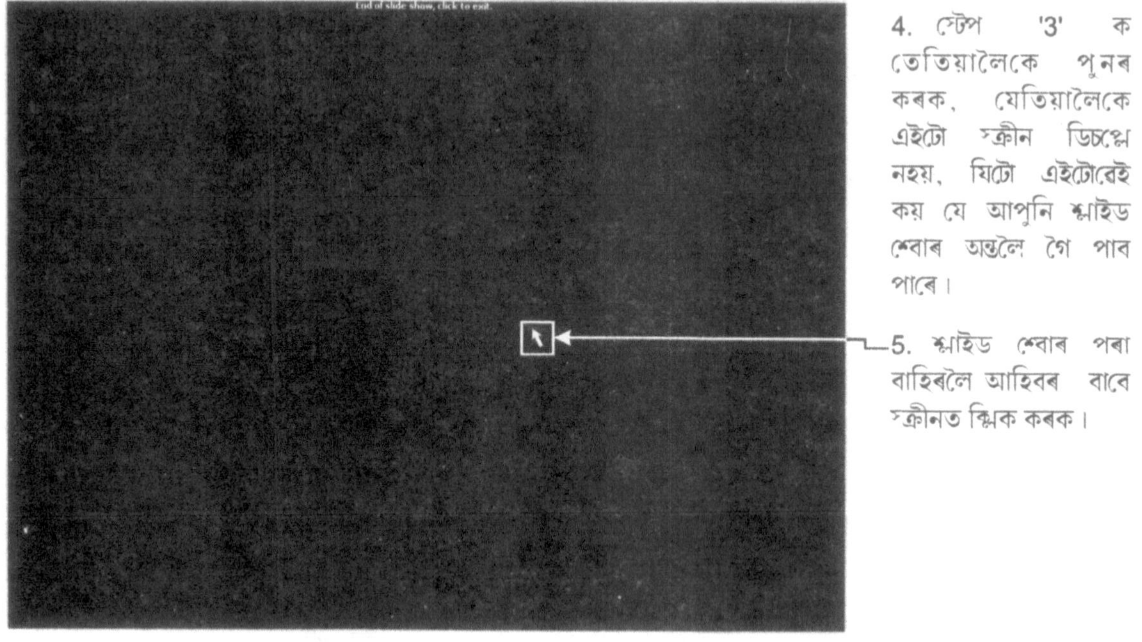

4. স্টেপ '3' ক তেতিয়ালৈকে পুনৰ কৰক, যেতিয়ালৈকে এইটো স্ক্ৰীন ডিচপ্লে নহয়, যিটো এইটোৱেই কয় যে আপুনি শ্লাইড শ্বোৰ অন্তলৈ গৈ পাব পাৰে।

5. শ্লাইড শ্বোৰ পৰা বাহিৰলৈ আহিবৰ বাবে স্ক্ৰীনত ক্লিক কৰক।

10 

মাইক্রোচফ্ট এক্সেচ এক শক্তিশালী ডাটাবেচ মেনেজমেন্ট চিস্টেম (ডিবিএমএচ) হয়। উইডোত কাম কৰা এই ফাংচনৰ পৰা আপুনি ডাটাবেচত ডাটা প্রস্তুত কৰি তাৰ ওপৰত কামো কৰিব পাৰে।

কিছুমান গুৰুত্বপূর্ণ ফিচার্চ এই প্রকাৰৰ হয়।

ডাটা এণ্ট্রি আৰু আপডেট ঃ এক্সেচত আপুনি ডাটা সহজতে একেলগ কৰিব পাৰে, সলনি কৰিব পাৰে আৰু ডিলিটো কৰিব পাৰে। ইয়াত কেৱল এটা কামাণ্ডৰ দ্বাৰাও ডাঙৰ স্তৰত সলনি কৰিব পাৰে যিটো ইয়াৰ ক্ষমতা হয়।

কিউৰীজ (কিউচন) ঃ ডাটাবেচত আপুনি ডাটা সম্বন্ধী কঠিন প্রশ্নকো সহজতে সুধিব পাৰে আৰু তাৰ উত্তৰো শীঘ্রে প্রাপ্ত কৰিব পাৰে।

ফৰ্মচ ঃ ডাটাক চোৱা আৰু তাৰ আপডেট কৰিবৰ বাবে এক্সেচে আপোনাক আকর্ষক আৰু উপযোগী ফৰ্মচ উপলব্ধ কৰোৱাত সহায়তা প্রদান কৰে।

ৰিপৰ্টচ ঃ এক্সেচত অন্তৰ্ভুক্ত ফিচাৰৰ দ্বাৰা আপুনি আপোনাৰ ডাটাক প্রেজেন্ট কৰিবৰ বাবে ভাল আৰু সহজ ৰিপৰ্ট প্রস্তুত কৰিব পাৰে।

ৱেব চাপৰ্ট ঃ এক্সেচত আপুনি অবজেক্ট, ৰিপৰ্টচ আৰু টেবুলক এইচটিএমএল ফৰ্মেটত চেভ কৰিব পাৰে। এনে কৰিলে ইয়াত ব্রাউচাৰৰ প্রয়োগ কৰিও দেখা পাব পাৰি।

ডাটাৰ এক নিশ্চিত ক্রম অথবা ব্যৱস্থিত ৰূপত সংগ্ৰহ কৰাক ডাটাবেচ বুলি কোৱা হয়। ইয়াত ডাটাক প্রস্তুত কৰিব পাৰে, তাৰ ওপৰত কাম কৰিব পাৰে আৰু সেইটোক ডিলিটো কৰিব পাৰে।

ডাটাবেচ মেনেজমেন্ট চিস্টেম যেনেদৰে এক্সেচত কম্পিউটাৰৰ উপযোগ কৰি আপুনি ডাটাবেচক প্রস্তুত কৰিব পাৰে। ইয়াৰ বাদেও ডাটাবেচত আপুনি ডাটাক একেলগো কৰিব পাৰে। ইয়াৰ বাদেও আপুনি ডাটাৰ ব্যৱহাৰ কৰি ফৰ্মচ আৰু ৰিপৰ্টো প্রস্তুত কৰিব পাৰে।

এক্সেচত ডাটাবেচ টেবুলৰ ৰূপত অন্তৰ্ভুক্ত হয়। এইটো টেবুলক ৰো (পংক্তি) ৰেকৰ্ডচ বুলি কোৱা হয়। ৰেকৰ্ডত কোনো ব্যক্তিৰ বিষয়ে, প্রডাক্টৰ বিষয়ে আৰু কোনো ইভেন্ট (ঘটনা) ৰ বিষয়ে ইনফৰমেচন (সূচনা) দিয়া থাকে।

উদাহৰণৰ কাবে এজন কাস্টমাৰৰ টেবুলৰ পংক্তিত, কোনো স্পেচিফিক (বিশিস্ট) কাস্টমাৰৰ বিষয়ে সূচনা অন্তৰ্ভুক্ত কৰা হয়।

টেবুলত অন্তৰ্ভুক্ত কলমক ফিল্ডচ বুলি কোৱা হয়। ফিল্ডত ৰেকৰ্ডৰ বিষয়ে বিশিষ্ট সূচনা অন্তৰ্ভুক্ত থাকে।

এক্সেচক আৰম্ভ কৰা

নিম্নলিখিত সাধাৰণ পদক্ষেপ উঠাই আপুনি মাইক্ৰোচফ্ট্ এক্সেচক স্টাৰ্ট (আৰম্ভ) কৰিব পাৰে।

1. 'স্টাৰ্ট' বাটনত ক্লিক কৰক। স্টাৰ্ট মেনু ডিচপ্লে হ'ব।
2. 'অল প্ৰগ্ৰেম' ত ক্লিক কৰক।
3. 'মাইক্ৰোচফ্ট্ অফিচ' ত ক্লিক কৰক।
4. 'মাইক্ৰোচফ্ট্ অফিচ 2010' ত ক্লিক কৰক।

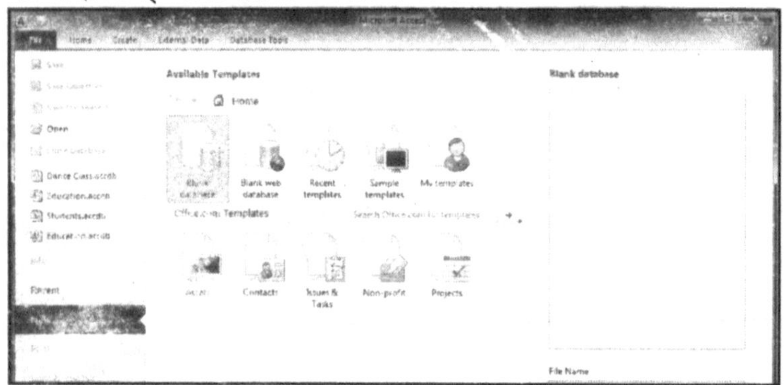

'মাইক্ৰোচফ্ট্ এক্সেচ' স্ক্ৰীন দেখা দিব ধৰিব।

এতিয়া আপুনি কোনো খালি ডাটাবেচ ক্ৰিয়েট (প্ৰস্তুত) কৰিব পাৰে বা তাত অন্তৰ্ভুক্ত থকা কোনো ফাইলক অপেন কৰিব পাৰে।

ব্লেংক (ফালি) ডাটাবেচ প্ৰস্তুত কৰা

আপুনি কোনো নতুন ডাটাবেচ প্ৰস্তুত কৰি তাত ডাটাক ফিল কৰিব পাৰে। যেতিয়া আপুনি কোনো নতুন ডাটাবেচ ফাইল প্ৰস্তুত কৰে তেতিয়া এক্সেচে আপোনাক কোনা নাম দিবলৈ সুধে।

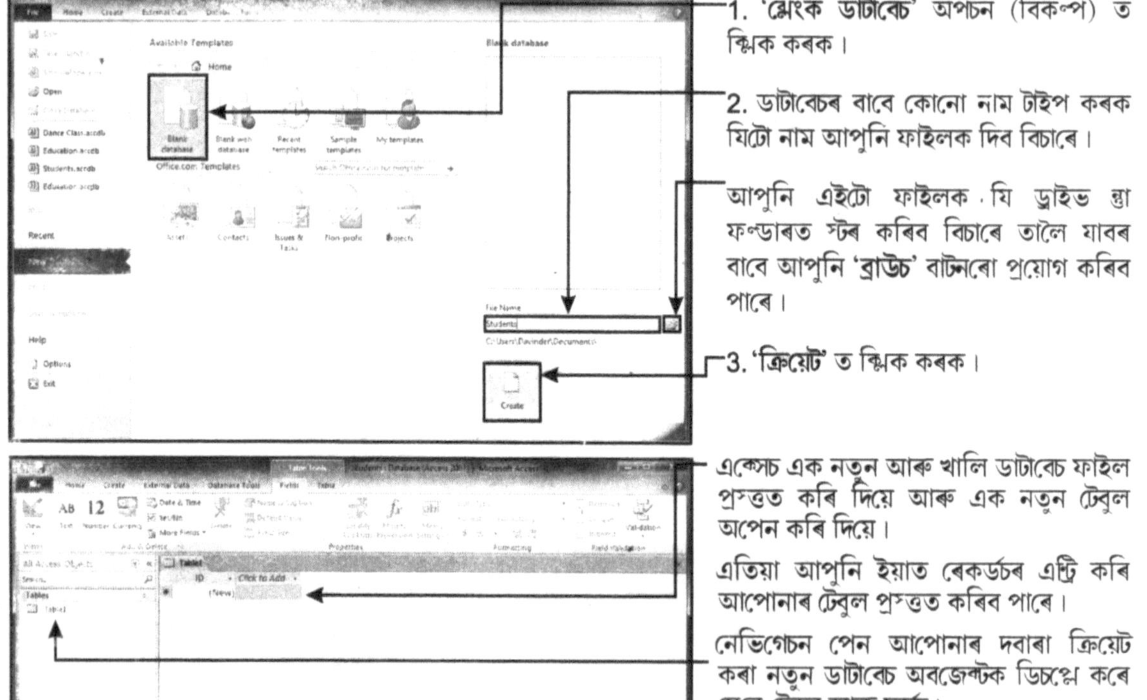

এক্সেচ উইণ্ডোক বুজি পোৱা

অফিচ 2010 ৰ এপ্লিকেচন যেনে ৱৰ্ড আৰু এক্সেচলৰ লগত এক্সেচত ইউজাৰ ইন্টাৰফেচো অন্তৰ্ভুক্ত থাকে। ইয়াত টেব, মাল্টিপল টেবড ৰিবন আৰু এক স্টেটাচৰ বাৰো অন্তৰ্ভুক্ত থাকে। এক্সেচত কাম কৰিবৰ বাবে আপোনাক ইয়াৰ ইন্টাৰফেচৰ বাৰৰ বিষয়েও জানিব লাগিব।

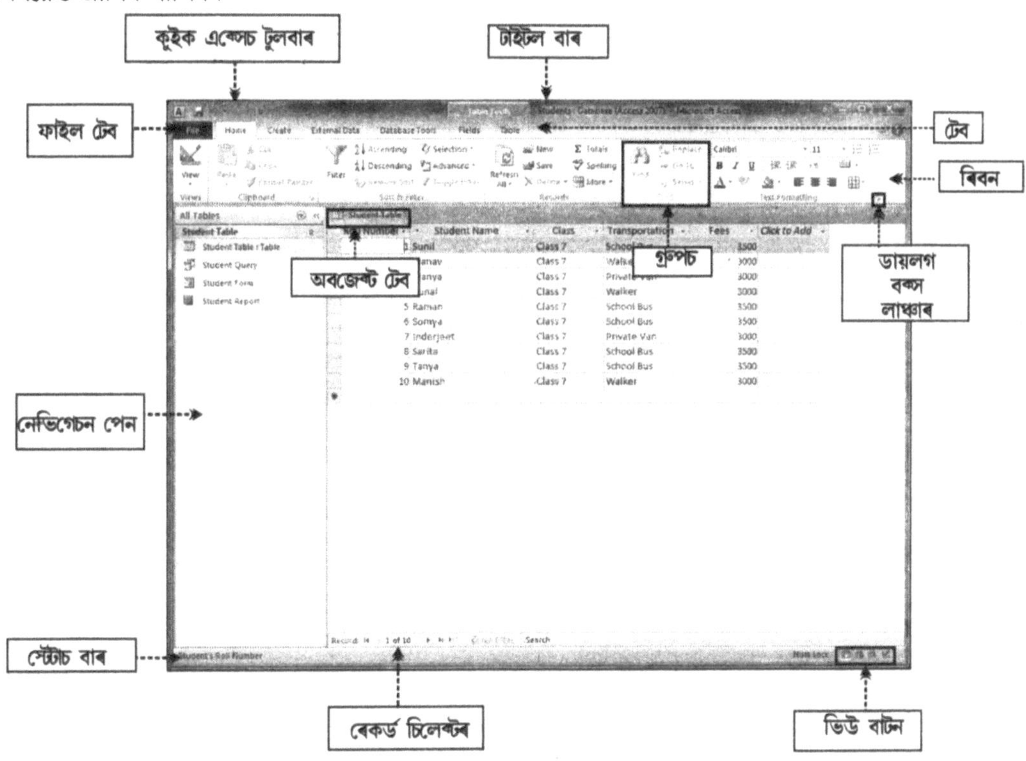

টাইটল বাৰ ঃ এইটো ডিচপ্লে হৈ থকা ডাটাবেচৰ নামক কয়।

ফাইল টেব ঃ এইটোৱে ফাইল কামাণ্ডৰ বেকস্টেজ ভিউক ডিচপ্লে কৰে। যেনে-নিউ আৰু অপেন।

কিউক এক্সেচ টুল বাৰ ঃ এইটো চেভ, আনডু আৰু ৰিড কামাণ্ডৰ বাবে কিউক এক্সেচ বাটনত ডিচপ্লে কৰে।

ৰিবন ঃ এইটো টেবত কামাণ্ডৰ সমূহক ডিচপ্লে কৰে। প্ৰত্যেক টেব কমন টেক্স (সাধাৰণ কাৰ্য) ৰ বাবে এটা শ্বৰ্টকাট বাটন হয়।

টেব্চ ঃ ডায়টাৰ লগত কাম কৰিবৰ বাবে বাটন আৰু অন্য কণ্ট্ৰোল (নিয়ন্ত্ৰণ) অন্তৰ্ভুক্ত হয়।

গ্ৰুপচ ঃ টেবত কণ্ট্ৰোলক ব্যৱস্থিত কৰে।

ডায়লগ বক্স লাঞ্চাৰ ঃ গ্ৰুপৰ লগত সম্বন্ধীত ডায়লগ বক্সক অপেন কৰি দিয়ে।

অবজেক্ট টেব ঃ এক্সেচক সকলো খুলা ডাটাবেচ অবজেক্ট উপলব্ধ কৰাই যেনে-টেবুল, ৰিপৰ্ট আৰু ফৰ্ম আদি।

নেভিগেচন পেন ঃ ইয়াত উপলব্ধ সকলো ডাটাবেচ অবজেক্টৰ লিস্ট আছে।

ভিউবাটন ঃ চিলেক্ট কৰা আবক্টৰ বিভিন্ন ভিউলৈ অহা-যোৱা কৰিবৰ বাবে।

ৰেকৰ্ড চিলেক্টৰ ঃ কাৰেন্ট (বৰ্তমান) ৰেকৰ্ড নম্বৰক ডিচপ্লে কৰে আৰু অন্য ৰেকৰ্ডক নেভিগেচন (অনুসন্ধান) কৰে।

স্টেটাৰ বাৰ ঃ বৰ্তমান অবজেক্ট বা ভিউৰ বিষটে ইনফৰমেচন (সূচনা) ক ডিচপ্লে কৰে।

টেম্পলেটৰ ব্যৱহাৰ কৰি ডাটাবেচক প্ৰস্তুত কৰা

টেম্পলেটৰ ব্যৱহাৰ কৰি আপুনি এক নতুন ডাটাবেচক প্ৰস্তুত কৰিব পাৰে। টেম্পলেটত আগৰ পৰা ঠিক কৰা টেবুল আৰু ফৰ্মচ অন্তৰ্ভুক্ত হৈ থাকে যাৰ প্ৰয়োগ কৰি আপুনি বহুত সহজতে আপোনাৰ ডাটাক ভৰাব পাৰে।

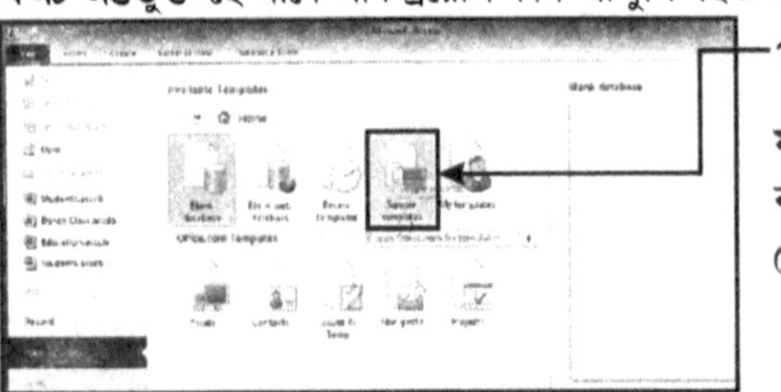

1. 'এক্সেচ' ক স্টাৰ্ট কৰক আৰু 'চেম্পল টেম্পলেট' ত ক্লিক কৰক।

যদি এক্সেচ আগৰ পৰা অপেন হয় তেতিয়াহ'লে আপুনি ফাইল বাটনত ক্লিক কৰক আৰু ইয়াৰ পিছত 'নিউ' ত ক্লিক কৰি ইয়াৰ পেজ লৈ লব পাৰে।

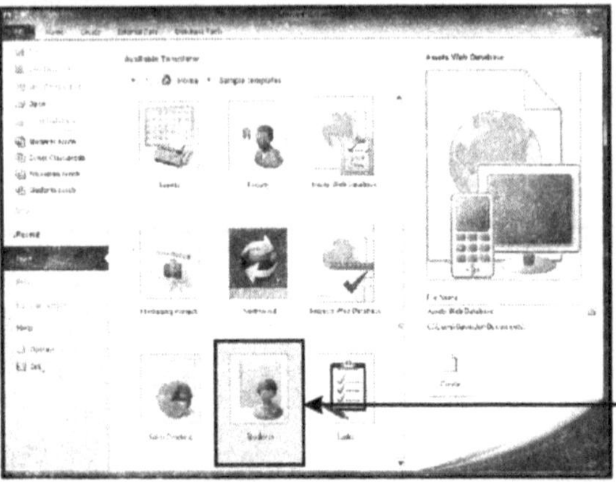

2. 'টেম্পলেট' ত ক্লিক কৰক।

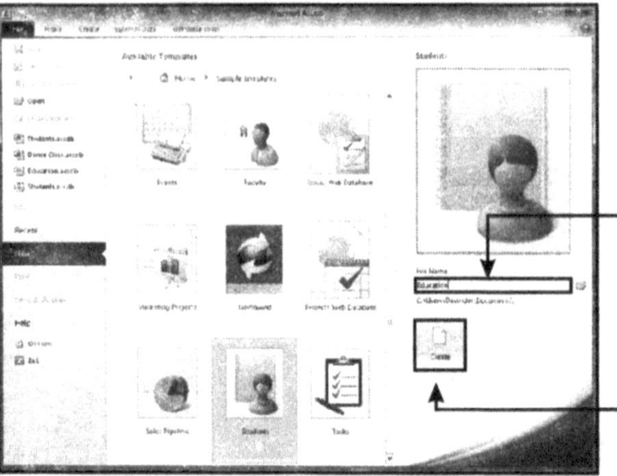

3. ডাটাবেচৰ বাবে কোনো নাম টাইপ কৰক যিটো নাম আপুনি দিব বিচাৰে।

যদি সকলো ডাটাবেচ ফাইলক নিজে নিজে 'এ চি চি ডি বি' এক্সটেন্চন দি দিয়ে।

4. 'ক্ৰিয়েট' ত ক্লিক কৰি দিয়ক।

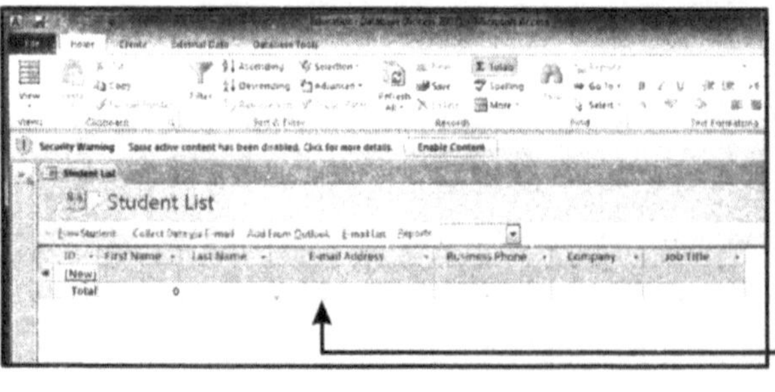

এক্সেচে নতুন ডাটাবেচ ফাইলক প্ৰস্তুত কৰি দিয়ে আৰু এতিয়া ডাটাৰ বাবে নতুন টেবুল প্ৰস্তুত কৰে।

ইয়াত এতিয়া আপুনি ৰেকৰ্ডৰ এন্ট্ৰি কৰি আপোনাৰ টেবুলক ভৰাব পাৰে। অৰ্থাৎ এতিয়া আপুনি এইটো টেবুলত ৰেকৰ্ড অন্তৰ্ভুক্ত কৰিব পাৰে।

ডাটাবেচ ফাইলক অপেন কৰা

যদি আপুনি আগতে কোনো ডাটাবেচ প্ৰস্তুত কৰিছে তেতিয়াহ'লে ইয়াত আৰু ডাটাক ভৰ্ত্তি কৰিবৰ বাবেবা ইয়াৰ ডাটাক বিশ্লেষণ কৰিবৰ বাবে আপুনি ইয়াক অপেন কৰিব পাৰে।

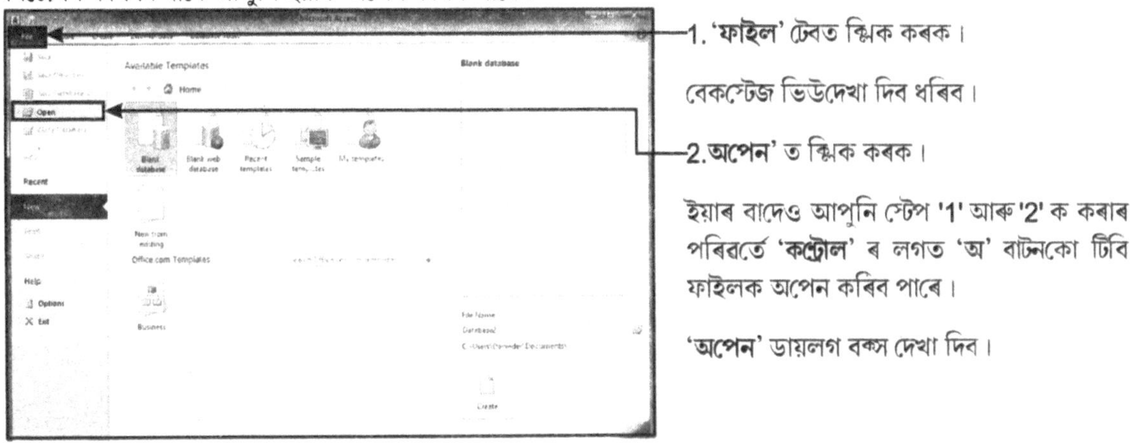

1. '**ফাইল**' টেবত ক্লিক কৰক।

বেকস্টেজ ভিউদেখা দিব ধৰিব।

2. **অপেন**' ত ক্লিক কৰক।

ইয়াৰ বাদেও আপুনি স্টেপ '**1**' আৰু '**2**' ক কৰাৰ পৰিবৰ্তে '**কণ্ট্ৰোল**' ৰ লগত 'অ' বাটনকো টিবি ফাইলক অপেন কৰিব পাৰে।

'**অপেন**' ডায়লগ বক্স দেখা দিব।

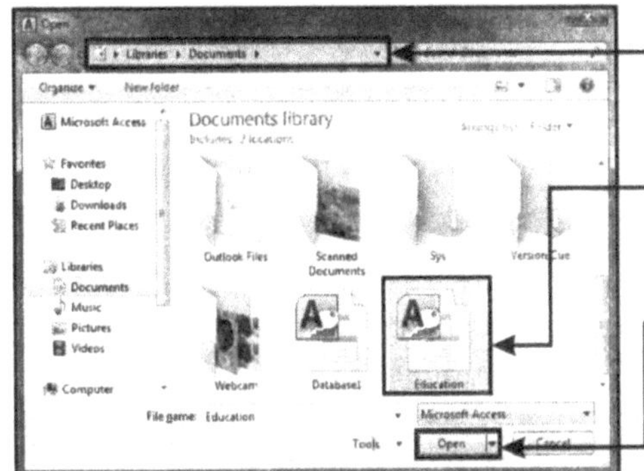

3. আপুনি ইয়াত ক্লিক কৰিব পাৰে আৰু কোনো অন্য স্থানলৈ যাবৰ বাবে ইয়াৰ পৰা নেভিগেট কৰিব পাৰে।

4. যি ফাইলক আপুনি অপেন কৰিব বিচাৰে, সেই ফাইলৰ নাম ক্লিক কৰক।

5. '**অপেন**' ত ক্লিক কৰক।

;যদি '**চিকিউৰিটি ৱাৰ্নিং**' বক্স (সাৱধানী) ৰ বক্স দেখা দিয়ে,

6. '**ইনেবল কণ্টেন্ট**' ত ক্লি কৰক

ডাটাবেচ ফাইলক অপেন হৈ যায়।

যদি আপুনি কোনো ঠাইত অন্তৰ্ভুক্ত সেই ডাটাবেচ ফাইলক অপেন কৰি আছে যিটো বিশ্বসনীয় নহয় তেতিয়াহ'লে এটা সাৱধানী বক্স দেখা দিব ধৰিব। যেনেদৰে যদি আপুনি কোনো ফাইলক ইণ্টাৰনেটৰ পৰা ই-মেইলৰ দ্বাৰা প্ৰাপ্ত কৰি আছে বা সেই ফাইলক অপেন কৰি য'ত মেক্ৰোজ (আগৰ পৰাই ৰেকৰ্ড কৰি একচনৰ সমূহ) অন্তৰ্ভুক্ত থাকে।

সূচনাই কয় যে ফাইলত অন্তৰ্ভুক্ত কণ্টেন্ট বিপদজনক বা হানিকাৰক হ'ব পাৰে কি এনে আৱশ্যক নহয়।

অৱশ্যে এটা ব্লেংক (খালি) ডাটাবেচো এই ধৰণৰ সূচনা দেখুৱাব পাৰে।

নেভিগেচন পেন ভিউক সলনি কৰা

আপুনি নেভিগেচন পেনক ডিচপ্লে (দেখুওৱা) আৰু হাইড (লুকাব) ও পাৰে। নেভিগেচন পেনৰ ব্যৱহাৰ কৰি আপুনি ডাটাবেচ অবজেক্ট যেনে-টেবুল, কভাৰেজ, ৰিপৰ্ট আৰু ফৰ্মক দেখা পাব পাৰে আৰু তাত মেনেজ (ব্যৱস্থিত) কৰিব পাৰে।

নেভিগেচন পেনক ডিচপ্লে (প্ৰদৰ্শিত) কৰা

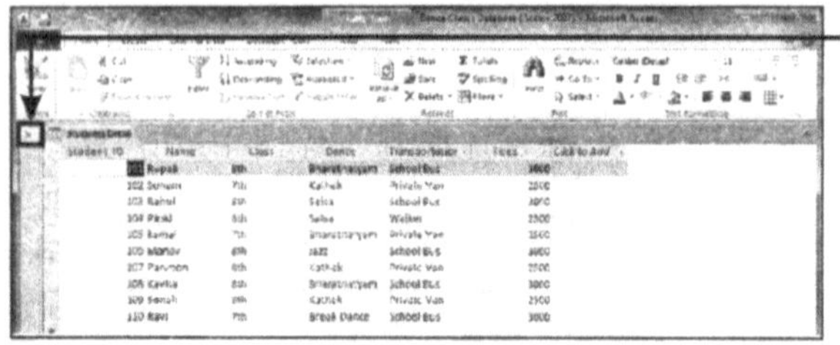

1. যদি নেভিগেচন পেন ডাইডেন (লুকাই থাকে) অৰ্থাৎ দেখা নিদিয়ে তেতিয়াহ'লে এইটো বাটনত (») ক্লিক কৰি দিয়ক।

নেভিগেচন পেন দেখা দিব ধৰিব।

নেভিগেচন পেনৰ হাইড (লুকাই) ৰখা

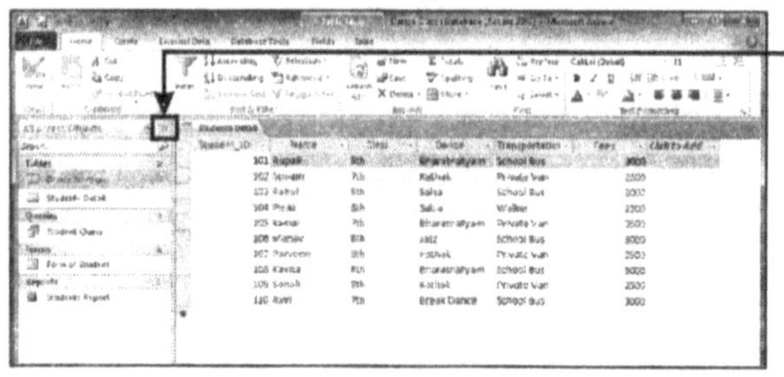

যদি নেভিগেচন পেন ডিচপ্লে হৈ আছে তেতিয়াহ'লে এইটো বাটনক ক্লিক কৰি দিয়ক।

নেভিগেচন পেন দেখা দিয়া বন্ধ হৈ যায়।

নেভিগেচন পেনক ডিচপ্লে আৰু হাইড কৰিবৰ বাবে আপুনি আপোনাৰ কম্পিউটাৰৰ কি-বোৰ্ডৰে (এফ 11) বাটনটো টিপিব পাৰে।

অবজেক্টক অপেন (খোলা) আৰু ক্লজ (বন্ধ) কৰা

নেভিগেচন পেনৰ পৰা আপুনি ইয়াত উপলব্ধ যিকোনো ডাটাবেচ অবজেক্ট অপেন কৰিব পাৰে। অবজেক্টে আপোনাক নেভিগেচন পেনৰ সোঁ আৰু মুখ্য উইন্ডোত দেখা দিয়ে। ইয়াৰ পৰা আপুনি এইটো কণ্টেন্টত কাম কৰিব পাৰে।

অবজেক্টক অপেন কৰা

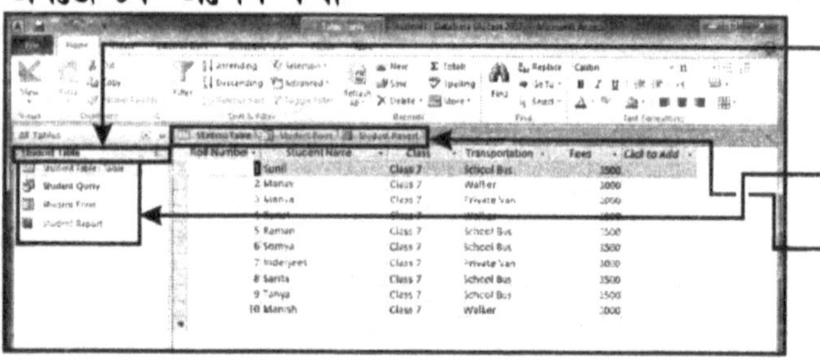

1. প্ৰয়োজন হ'লে ইয়াৰ কেটেগৰি দেখুৱাবৰ বাবে ইয়াত ক্লিক কৰক।

2. অবজেক্টত ডাবল ক্লিক কৰি দিয়ক।

সকলো খুলা অবজেক্টত এটাৰ পৰা ইটোলৈ যাবৰ বাবে অবজেক্টৰ টেবত ক্লিক কৰক।

অবজেক্টক বন্ধ কৰা

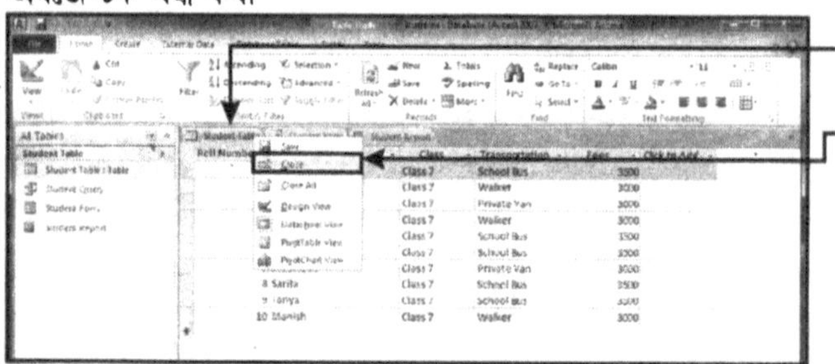

1. অবজেক্টৰ টেবত ক্লিক কৰক।

2. 'ক্লজ' ত ক্লিক কৰি দিয়ক।

নতুন টেবুল ক্রিয়েট (প্রস্তুত) কৰা

টেবুলত ডাটাক এণ্টাৰ (প্ৰৱিষ্ট) কৰি আপুনি ডাটাবেচক স্টাৰ্ট কৰিব পাৰে। টেবুলত কলম আৰু ৰো (পংক্তি) অন্তৰ্ভুক্ত হয় যিটো চেলৰ ৰূপত ডাটাক অন্তৰ্ভুক্ত কৰে।

প্ৰত্যেক পংক্তি টেবুলত ৰেকৰ্ডক অন্তৰ্ভুক্ত কৰে। টেবুলত ফিল্ডক ৰাখিবৰ বাবে আপুনি কলমৰ প্ৰয়োগ কৰিব পাৰে।

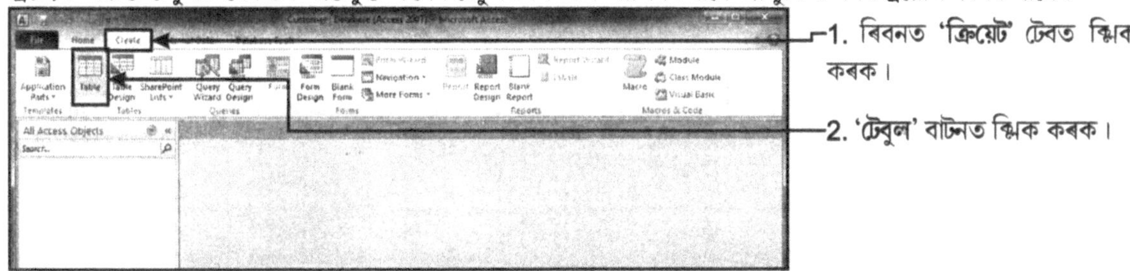

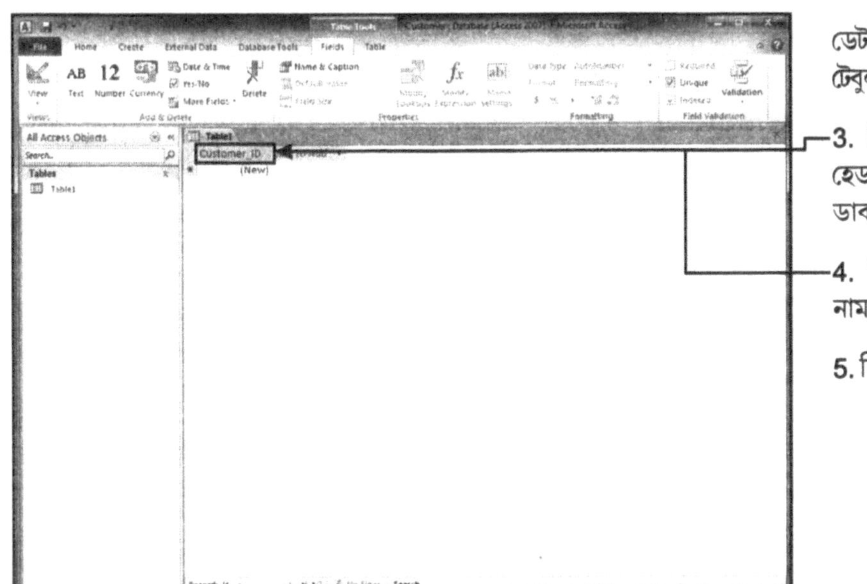

ডেটশ্বিট ভিউত এক্সেচ এক নতুন টেবুলক অপেন কৰি দিয়ে।

3. ফিল্ডৰ নামৰ বাবে কলমৰ হেডাৰ (সকলোতকৈ ওপৰ) ত ডাবল ক্লিক কৰক।

4. ফিল্ডক দিবৰ বাবে কোনো নাম টাইপত কৰক।

5. কি-বৰ্ডেৰে **'এণ্টাৰ'** ক টিপক।

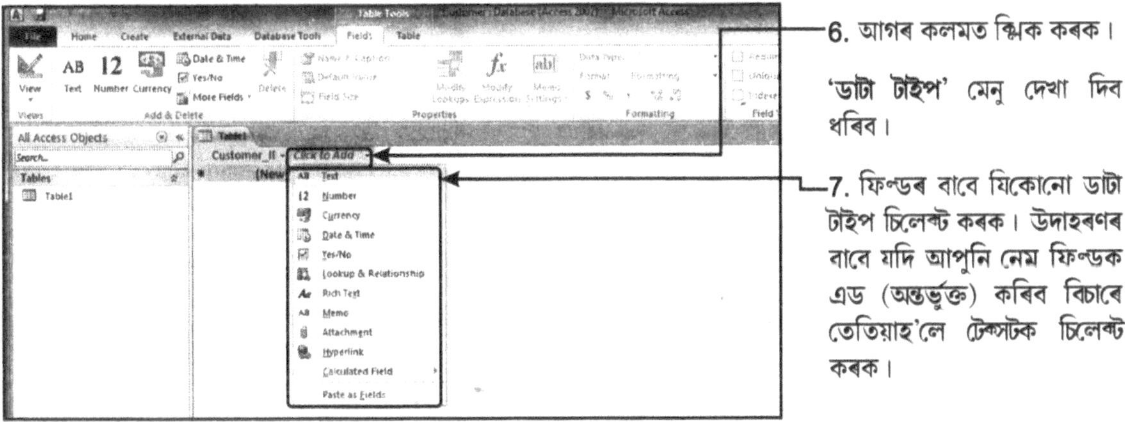

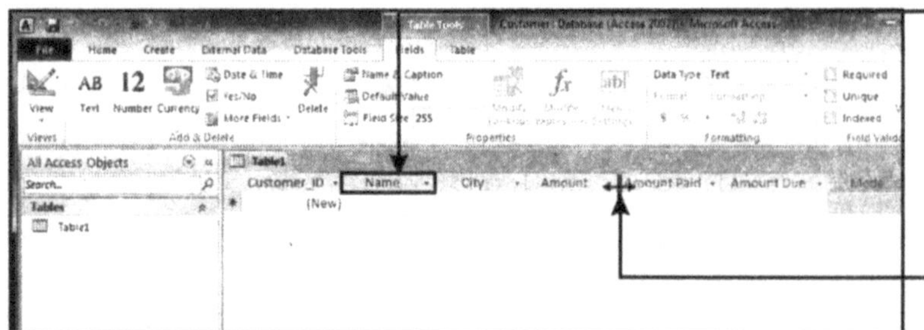

8. ফিল্ডৰ বাবে যিকোনো নাম টাইপ কৰক।

9. টেবুলত আৰু অধিক ফিল্ড ক্রিয়েট কৰিবৰ বাবে স্টেপ **'6'** ৰ পৰা **'8'** লৈকে পুনৰ কৰক।

কলমৰ বৰ্ডাৰ বাওঁ বা সোঁ ফালে দ্রেগ কৰক, আপুনি কলমৰ চাইজকো সলনি কৰিব পাৰে।

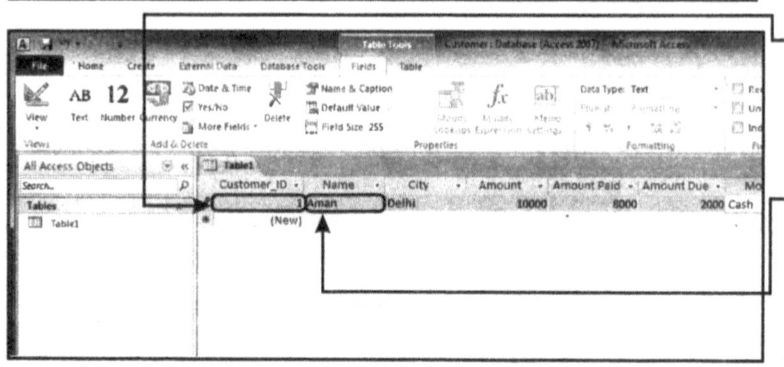

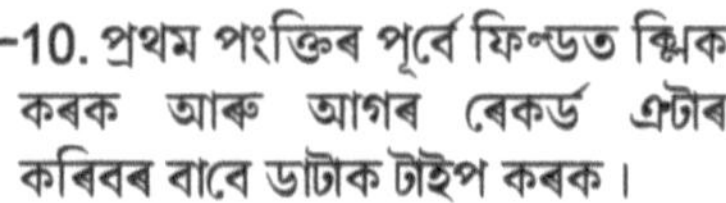

10. প্ৰথম পংক্তিৰ পূৰ্বে ফিল্ডত ক্লিক কৰক আৰু আগৰ ৰেকৰ্ড এণ্টাৰ কৰিবৰ বাবে ডাটাক টাইপ কৰক।

11. 'টেব' বাটন টিপক।

12. আগৰ ফিল্ডৰ ডাটা টাইপত কৰক।

ৰেকৰ্ডক কম্প্লিট (পুৰা) কৰিবৰ বাবে স্টেপ **'11'** আৰু **'12'** ক পুনৰ কৰক।

শেষত ফিল্ডলৈ গৈ পোৱাৰ পিছত, নতুন ৰেকৰ্ড আৰম্ভকৰিবৰ বাবে আপুনি **'এণ্টাৰ'** টিপিব লাগে।

ডিজাইন ভিউমেণ্ট টেবুল ক্রিয়েট কৰা

ভাল কণ্ট্রোলৰ বাবে আপুনি আপোনাৰ টেবুলক ডিজাইন ভিউতো ক্রিয়েট কৰিব পাৰে। ইয়াত আপুনি আপোনাৰ ফিল্ডৰ নাম আৰু সংক্ষিপ্ত বিৱৰণ এণ্টাৰ কৰক আৰু প্ৰত্যেক ফিল্ডৰ বাবে ডাটা টাইপ নিৰ্বাচন কৰিব পাৰে। ইয়াত আপুনি আপোনাৰ প্ৰাইমেৰী বাটনতো চেট কৰিব পাৰে। টেবুলত ফিল্ডৰ বিৱৰছ দি আপুনি তাৰ গঠনৰ বিষয়েও কব পাৰে।

1. ফিল্ড নেম ঃ টেবুলত প্ৰত্যেক ফিল্ডৰ বাবে ইউনিক (বিশেষ) নাম থাকিব লাগে। উদাহৰণৰ বাবে-স্টুডেণ্টৰ টেবুলত ৰোল নম্বৰ, ক্লাচ, চেকচন, ফিচ আদি ফিল্ড নাম থাকিব।

2. ডাটা টাইপ ঃ ডাটা টাইপেৰে যিকোনো ফিল্ডৰ টাইপৰ বিষয়ে গম পোৱা যায়। কিছুমান ফিল্ডত কেৱল নম্বৰ অন্তৰ্ভুক্ত থাকে। দ্বিতীয়তে, ভোগতান কৰা ৰাশি আৰু ডলাৰ চিহ্ন অন্তৰ্ভুক্ত হৈ থাকে। ইয়াৰ বাদেও কিছুমানত কেৱল লেটাৰৰ দৰে নাম আৰু ঠিকনা থাকে।

3. ডেচক্রিপ্চন (বিৱৰণ) ঃ এক্সেচত আপুনি ফিল্ডৰ বিষয়ে সংক্ষিপ্ত বিৱৰণো দিব পাৰে।

টেক্সট ফিল্ডৰ বাবে আপুনি ফিল্ডৰ পৰিধিকো ঠিক কৰিব পাৰে। (সেইটো ফিল্ড যাৰ ডাটা টাইপ টেক্সট থাকে)। এইটো ফিল্ডত স্টৰ কৰা কেৰেক্টাৰ (আখৰ) ৰ সংখ্যাৰ বিষয়ে কয়।

যদি আপুনি কোনো ফিল্ডৰ পৰিধিক ঠিক নকৰে তেতিয়াহ'লে এক্সেচে এইটোক নিজে নিজে 50 ঠিক কৰি দিয়ে।

যি ফিল্ড-ফিল্ডচে প্ৰাইমেৰি বাটন প্ৰস্তুত কৰিছে, আপুনি সেইটোকো কব লাগিব। কাৰণ এইটো টেবুলৰ কাবে বিশেষ পৰিচয় থাকে।

ফিল্ড নেমৰ বাবে কিছুমান নিয়ম নিম্ন প্ৰকাৰৰ হয়।

1. নামৰ দৈৰ্ঘ্যতাত অধিকতম 64 টা আখৰ ৰাখিব পৰা যায়।

2. নামত শব্দ, সংখ্যা আৰু স্পেচ (খালি স্থান) আৰু সাধাৰণতে প্ৰয়োগ কৰা ব্যাকৰণীয় চিহ্ন অন্তৰ্ভুক্ত থাকে।

3. নামত সময় অন্তৰাল, বিস্ময়বোধক চিহ্ন আৰু কোষ্ঠক অন্তৰ্ভুক্ত হৈ থাকিব পাৰে।

4. এটাই টেবুলত দুটা বিভিন্ন ফিল্ডৰ বাবে এটাই নাম প্ৰয়োগ কৰিব পৰা নাযায়।

প্ৰত্যেক ফিল্ডৰ ডাটা টাইপ থাকে। এইটো ডাটাৰ সেই টাইপৰ বিষয়ে কয় যাক ফিল্ডত স্টৰ কৰিব পৰা যায়।

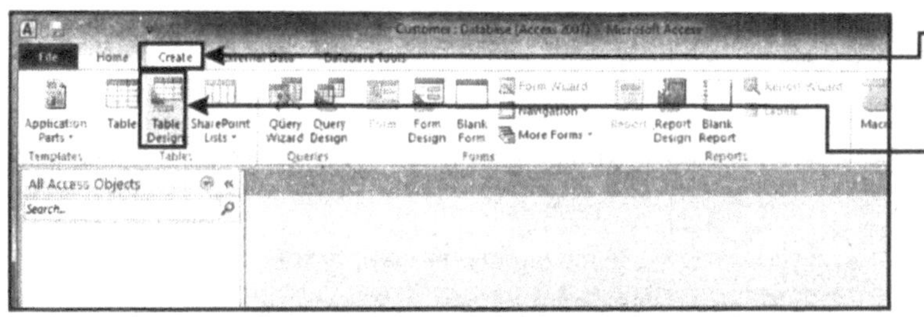

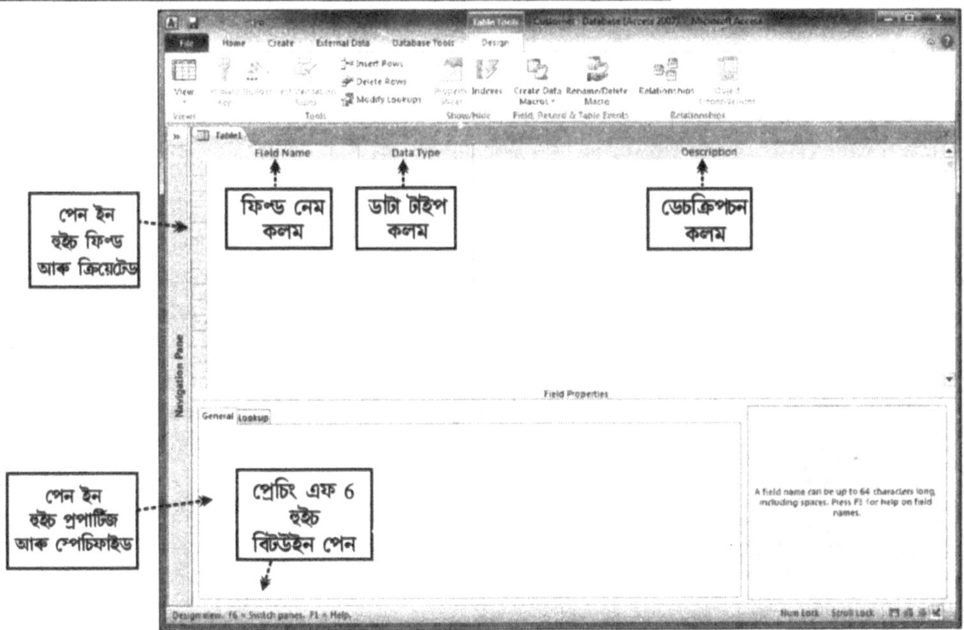

টেবুলক প্রস্তুত কৰাৰ সময়ত আগৰ স্টেপলৈ যাবৰ বাবে টেবুল উইণ্ডোত অপোনাক আৱশ্যকীয় ডিটেইল ভৰাই ফিল্ডৰ ব্যাখ্যা কৰি দিব লাগে। আপোনাক ফিল্ড নেম, ডাটা টাইপ আৰ, ডেচক্রিপচন কলম আৰু ইয়াৰ পিছত টেবুল ইউডোৰ তলৰ অংশ স্থিত **'ফিল্ড প্রপার্টিজ'** বক্সত অতিৰিক্ত সূচনাৰ এন্টাৰ কৰি দিব লাগে। ওপৰৰ পেন (স্ক্রীনত) য'ত আপুনি ফিল্ডৰ বিষয়ে কয় যে তলৰ পেন, য'ত আপুনি ফিল্ডৰ প্রপার্টিজৰ বিষয়ে কয়লৈ যাবৰ বাবে **(এফ 6)** বাটন টিপক। ইয়াত আপুনি অনুমানিত ফিল্ড চাইজ ঠিক কৰি দিব লাগে আৰু ইয়াৰ পিছত ওপৰৰ পেনলৈ যাবৰ বাবে আকৌ (এফ 6) বাটন টিকি দিয়ক।

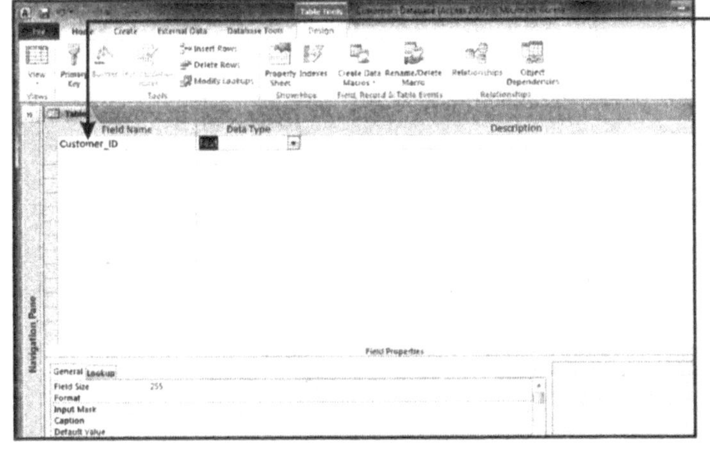

কাস্টমাৰ আইডি শব্দ ফিল্ড নেম কলমত ডিচপ্লে হয়। ইয়াৰ পিছত ইনচাৰ্শন পইন্ট ডাটা টাইপ কলমলৈ আহি যায়। ইয়াত আপুনি ডাটা টাইপক এন্টাৰ কৰিব পাৰে।

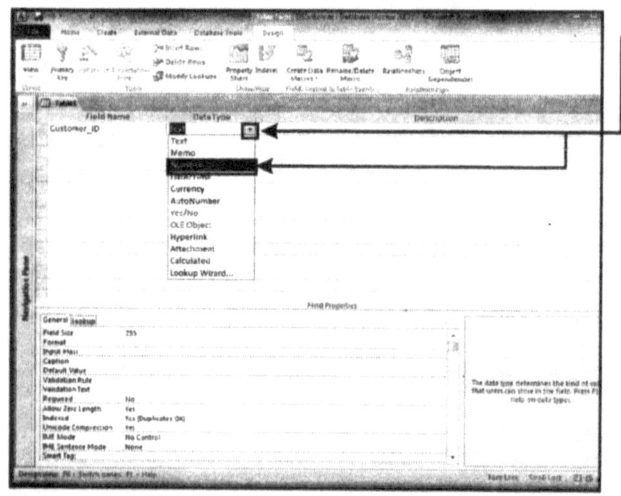

5. যদি আপুনি ডাটা টাইপক সলনি কৰিব বিচাৰে, তেতিয়াহ'লে এৰো বাটনত ক্লিক কৰক আৰু আপোনাৰ আৱশ্যকতাৰ অনুসাৰে ডাটা টাইপক সলনি কৰি লওক।

ডাটা টাইপক চিলেক্ট কৰাৰ পিছত, তলৰ পেনত ইয়াৰ প্ৰপাৰ্টি ডিচপ্লে হ'ব।

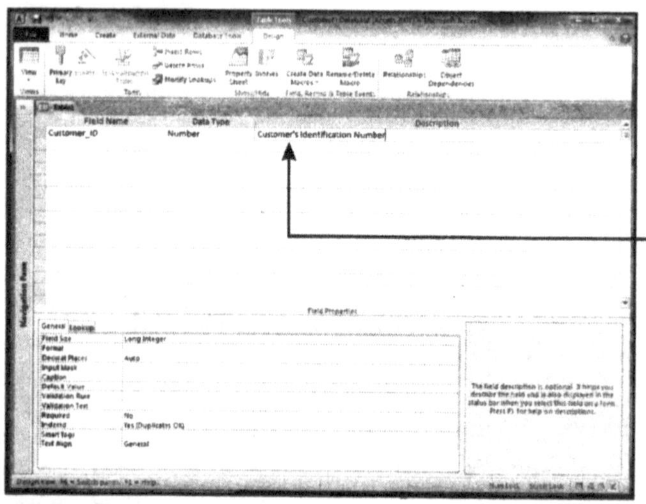

6. ডাটা টাইপক চিলেক্ট কৰাৰ পিছত ইনচাৰ্শন পইন্টক ডেচক্ৰিপচন কলমলৈ লৈ যাবৰ বাবে 'টেব' বাটনক টিপক।

7. ডেচক্ৰিপচন কলমত বিৱৰণৰ ৰূপত টেক্সট টাইপ কৰক।

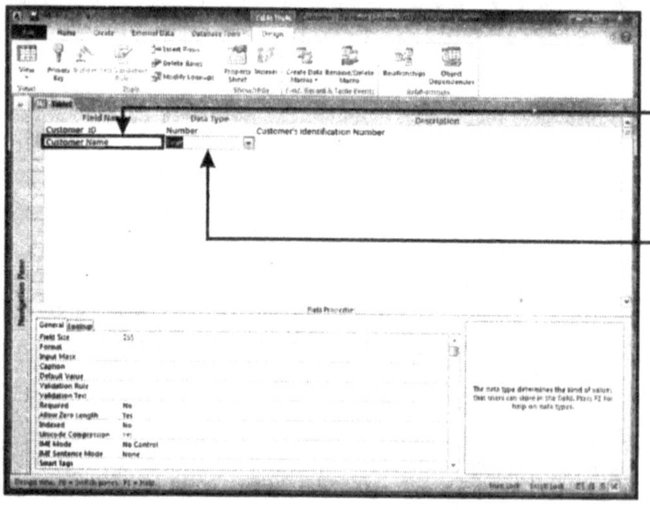

8. অন্য পংক্তিত ফিল্ড নেম' কলমলৈ যাবৰ বাবে টেব' বাটন ক আকৌ টিপি দিয়ক।

9. ফিল্ড নেম কলমত কাস্টমাৰ নেমৰ বাবে টেক্সট টাইপ কৰক।

10. ডাটা টাইপ কলমলৈ যাবৰ বাবে 'টেব' বাটন টিপি দিয়ক।

সেই ফিল্ডত ৱৰ্ড 'টেক্সট' দেখা দিয়ে।

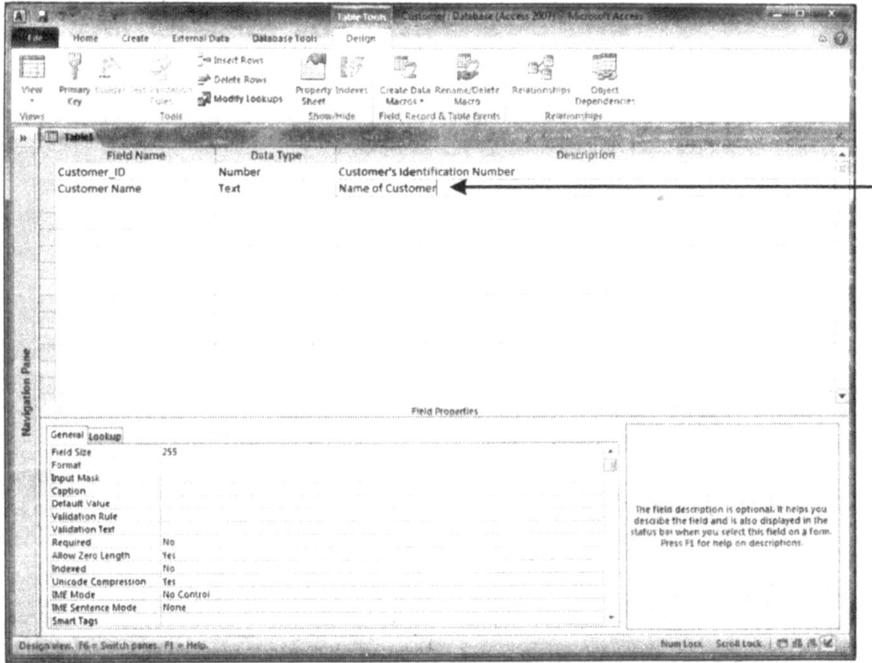

11. যদি আপুনি ডাটা টাইপক টেক্সট কৰি ৰাখিব বিচাৰে, তেতিয়াহ'লে ইনচাৰ্শন পইণ্টক ডেচক্ৰিপচন কলমলৈ আনিবৰ বাবে 'টেব' বাটন টিপক।

12. ডেচস্ক্ৰিপচন কলমত তাৰ বাবে টেক্সট টাইপ কৰক।

Field Name	Data Type	Description
Customer_ID	Number	Customer's Identification Number
Customer Name	Text	Name of Customer
City	Text	City of Customer
Total Amount	Number	Total Amount
Amount Paid	Number	Amount Paid by Customer
Amount Due	Number	Amount Due to Customer
Mode	Text	Mode of Payment

13. টেবুলক পুৰা কৰিবৰ বাবে বাচি থকা এন্ট্ৰিক ভৰাবৰ বাবে স্টেপ '3' ৰ পৰা '12' লৈকে পুনৰ কৰক।

প্ৰাইমেৰি (প্ৰাথমিক) বাটনক চেট কৰা

প্ৰাথমিক বাটন সেইটো বাটন হয় যিটো কেনো ফাইলত অন্তৰ্ভুক্ত ৰেকৰ্ডচত অন্তৰ বা বিভিন্নতাক দৰ্শায়। কোনো ফিল্ডত স্টৰ কৰা ডাটাত সেইটো ডাটা থাকে যিটো কোনো স্পেচিফিক (বিশেষ) ৰেকৰ্ডৰ বাবে ইনিক (একেবাৰে ভিন্ন) হয়। উদাহৰণৰ বাবে-এজন স্টুডেন্ট (ছাত্ৰ) ৰ ৰেকৰ্ডৰ ফিল্ডৰ ৰূপত ৰোল নম্বৰৰ প্ৰয়োগ হ'ব, কাৰণ এইটো প্ৰত্যেক স্টুডেন্টৰ বাবে বেলেগ বেলেগ হয়।

আপোনাৰ দ্বাৰা ক্ৰিয়েট কৰা প্ৰত্যেক নতুন টেবুলত, আপুনি কোনো এটা ফিল্ডক প্ৰাইমেৰি বটানৰ ৰূপত চেট কৰিব বিচাৰে। এক্সেচ এইটো বাটনৰ প্ৰয়োগে টেবুলক ৰেকৰ্ডক কোনো অন্য টেবুলৰ ৰেকৰ্ডৰ লগত মিলন কৰাত কৰে।

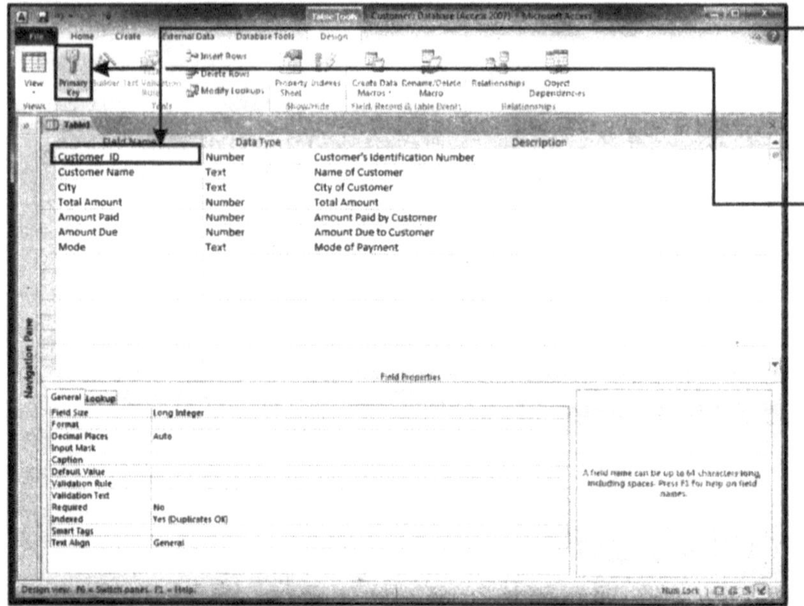

1. সেই 'ফিল্ড' ক নিৰ্বাচন কৰক যাক আপুনি প্ৰাইমেৰিৰ (প্ৰাথমিক বাটন) ৰূপত চেট কৰিব বিচাৰে।

2. 'প্ৰাইমেৰিৰ' বাটনক ক্লিক কৰক।

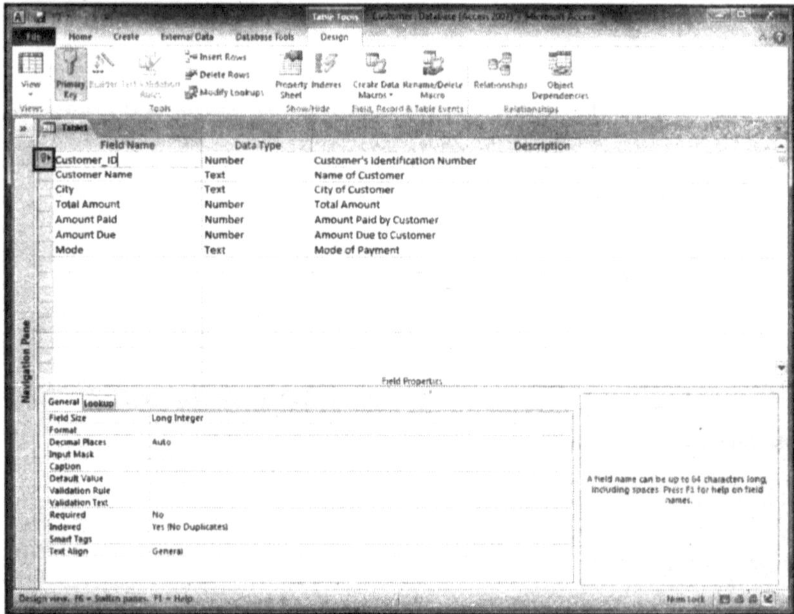

সেইটো ফিল্ড **'প্ৰাইমেৰিৰ'** ৰূপত চেট হৈ যাব আৰু চিলেক্টৰ কলমক ফিল্ডত **সৰুৰ** (সৰু বাটন) ৰ ৰূপত দেখা দিব।

'প্ৰাইমেৰিক' আতৰোৱা অৰ্থাৎ ৰিমুভকৰিবৰ বাবে প্ৰাইমেৰিক ফিল্ডক চিলেক্ট কৰক আৰু **'প্ৰাইমেৰিৰ'** বাটনক আকৌ এবাৰ ক্লিক কৰি দিয়ক।

ৰেকৰ্ডচ বিলেগ পৰিচয়ৰ বাবে প্ৰত্যেক টেবুলৰ বাবে 'প্ৰাইমেৰি' ৰ প্ৰয়োজন হয়।

টেবুলক চেভ কৰা

নতুন টেবুলক ক্রিয়েট (প্রস্তুত কৰা অথবা গঠন কৰা) ৰ পিছত সেইটোক ডাটাবেচৰ স্থায়ী ভাগ কৰিবৰ বাবে আপুনি ইয়াক চেভ কৰিব লাগিব। চেভকৰিবৰ বাবে আপুনি টেবুলক কেইবাটাও নাম দিব পাৰে।

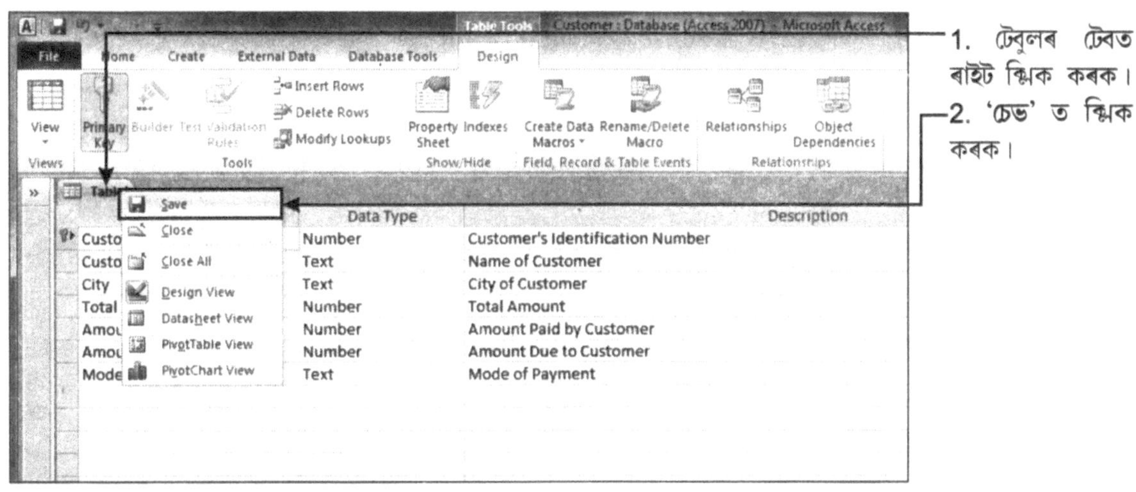

1. টেবুলৰ টেবত ৰাইট ক্লিক কৰক।
2. 'চেভ' ত ক্লিক কৰক।

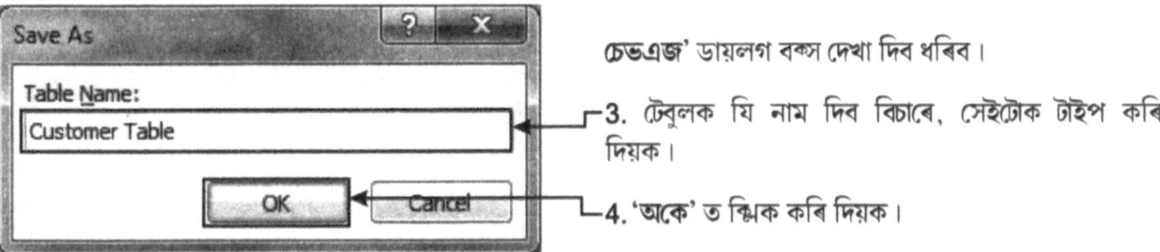

চেভএজ' ডায়লগ বক্স দেখা দিব ধৰিব।

3. টেবুলক যি নাম দিব বিচাৰে, সেইটোক টাইপ কৰি দিয়ক।
4. 'অকে' ত ক্লিক কৰি দিয়ক।

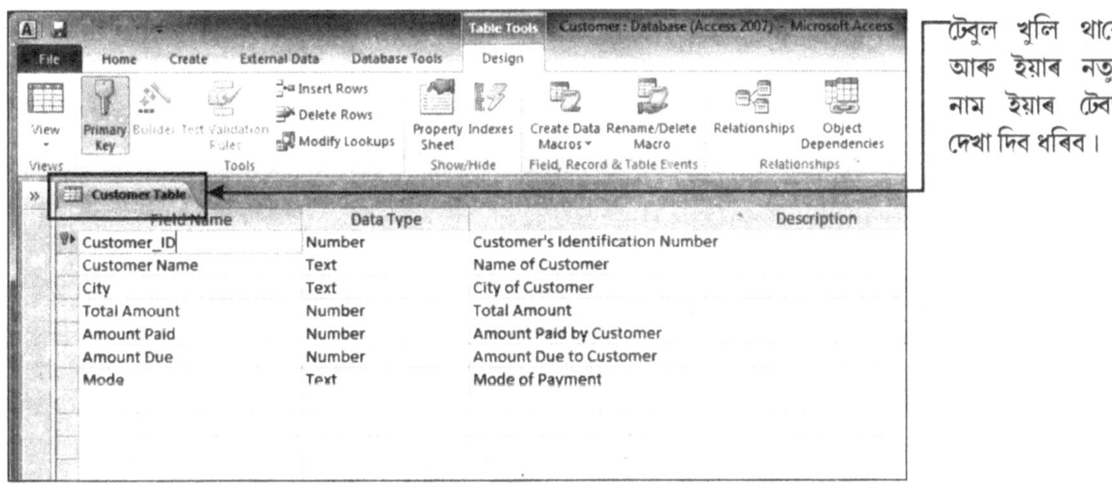

টেবুল খুলি থাকে আৰু ইয়াৰ নতুন নাম ইয়াৰ টেবত দেখা দিব ধৰিব।

ফিল্ডক আকৌ চেভএৰেঞ্জ (ব্যৱস্হিত) কৰা

টেবুলত ফিল্ডচক আকৌ এবাৰ ব্যৱস্হিত কৰিব পৰা যায়। ডিজাইন ভিউত ওপৰৰ পৰা তলৰ ফিল্ডৰ ক্ৰম ডেটচিটত বাওঁৰ পৰা সোঁ ক্ৰমত কৰেচপণ্ডেট (ব্যৱহাৰ বা কাম) কৰে।

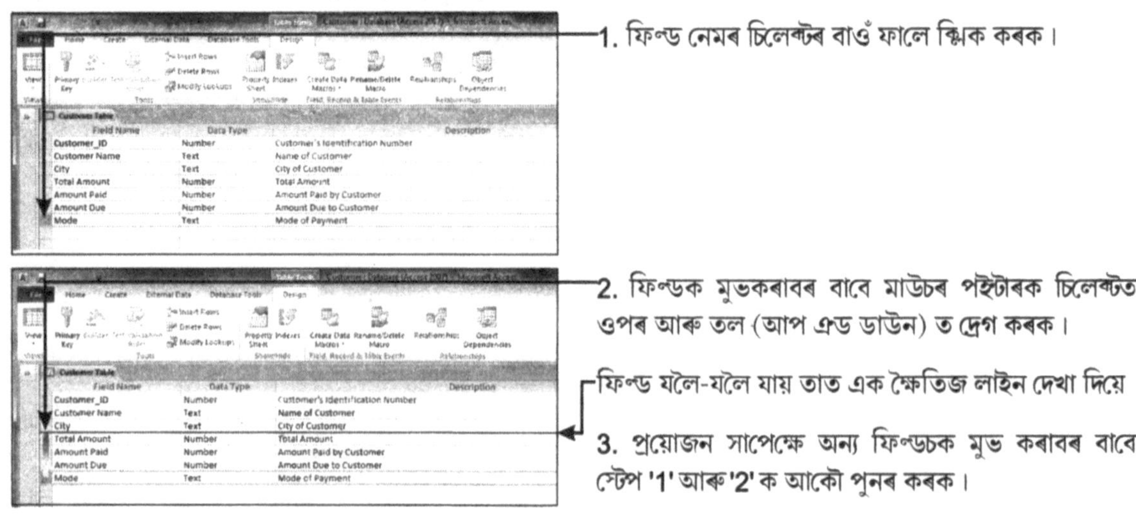

1. ফিল্ড নেমৰ চিলেক্টৰ বাওঁ ফালে ক্লিক কৰক।

2. ফিল্ডক মুভকৰাবৰ বাবে মাউচৰ পইণ্টাৰক চিলেক্টত ওপৰ আৰু তল (আপ এণ্ড ডাউন) ত দ্ৰেগ কৰক।

ফিল্ড যলৈ-যলৈ যায় তাত এক ক্ষৈতিজ লাইন দেখা দিয়ে

3. প্ৰয়োজন সাপেক্ষে অন্য ফিল্ডচক মুভ কৰাবৰ বাবে স্টেপ '1' আৰু '2' ক আকৌ পুনৰ কৰক।

ফিল্ডচক ইনচাৰ্ট (অন্তৰ্ভুক্ত) কৰা আৰু ডিলিট (নাইকিয়া) কৰা

ফিল্ড লিস্টত আপুনি নতুন ফিল্ড অন্তৰ্ভুক্ত কৰিব পাৰে অথবা ইয়াত অন্তৰ্ভুক্ত যিকোনো ফিল্ডক নাইকিয়াও কৰিব পাৰে। য'ত আপুনি চিলেক্ট কৰে তাৰ ওপৰত গ্ৰিডত এক নতুন এৰো (পংক্তি) দেখা দিয়ে।

ফিল্ডকো ইনচাৰ্ট (অন্তৰ্ভুক্ত) কৰা

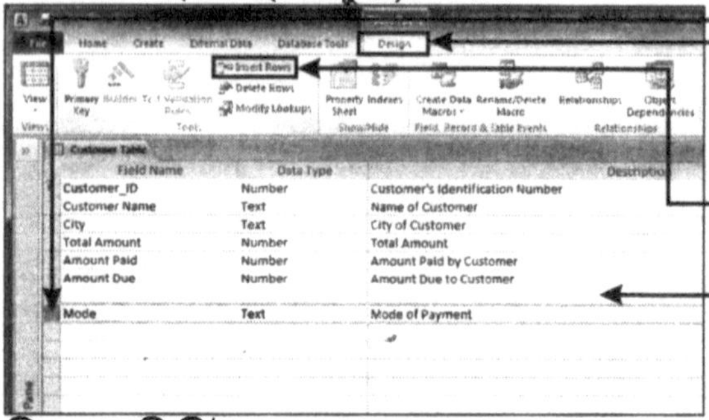

1. সেই চিলেক্ট কৰক, যাৰ ওপৰত আপুনি নতুন ফিল্ড ইনচাৰ্ট কৰিব বিচাৰে।

2. 'ডিজাইন' টেবত ক্লিক কৰক।

3. 'ইনচাৰ্ট ৰো' ত ক্লিক কৰি দিয়ক।

আপোনাৰ দ্বাৰা চিলেক্ট কৰা ৰো (পংক্তি) ৰ ওপৰত এটা পংক্তি দেখা দিব ধৰে।

4. ফিল্ডৰ নাম টাইপ কৰক আৰু ফিল্ড টাইপৰ নিৰ্বাচন কৰক।

ফিল্ডক ডিলিট কৰা

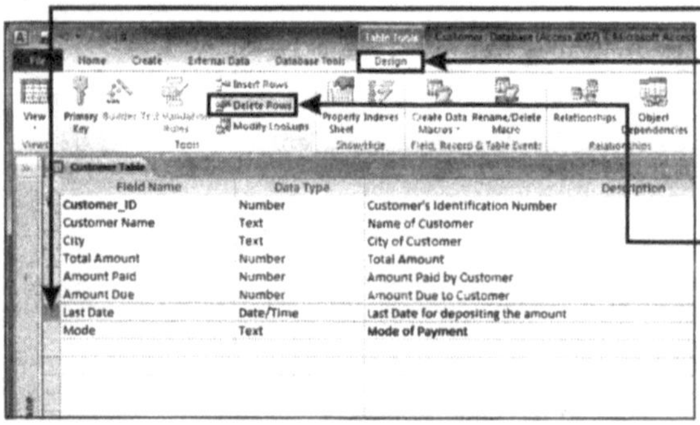

1. যি ফিল্ডক আপুনি ডিলিট কৰিব বিচাৰে, সেইটো চিলেক্ট কৰক।

2. 'ডিজাইন' টেবত ক্লিক কৰি দিয়ক।

3. 'ডিলিট ৰো' ত ক্লিক কৰক।

সেইটো পংক্তি ডিলিট হৈ যাব, ইয়াৰ লগতে সেই ফিল্ডৰ ডাটাও ডিলিট হৈ যায়।

ডাটা টাইপ

প্ৰত্যেক ফিল্ডৰ এটা ডাটা টাইপ থাকে যিয়ে এইটো কয় যে আপুনি তাত কি স্টৰ কৰিব পাৰে। আপোনাৰ দ্বাৰ নিৰ্বাচন কৰা টাইপৰ অনুসাৰে তাত ডাটাৰ এণ্ট্ৰি হ'ব পাৰে। ইয়াৰ পৰা ডাটা এণ্ট্ৰিৰ সময়ত হোৱা ভুলৰ পৰা বচাত সহায় কৰে। উদাহৰণৰ বাবে-আপুনি নম্বৰ চিলেক্ট কৰা ফিল্ডত লেটাৰক ঢালিব নোৱাৰে। ইয়াৰ বাদেও আপুনি ডেট-টাইম ফিল্ডত উচিত ডেট আৰু টাইম এণ্টাৰ কৰিব লাগে।

টেক্সট ঃ এইটো যিকোনো ডাটাৰ বাবে সমান্য ফিল্ড হয়। ইয়াত 255 কেৰেক্টাৰ এণ্টাৰ কৰিব পৰা যায় আৰু অংকীয় গণনাৰ বাবে প্ৰয়োগ কৰিব নোৱাৰে।

মেমো ঃ ফিল্ডৰ বিষয়ে বৰ্ণনা বা বিউৰাৰ বাবে ইয়াত 63999 টা কেৰেক্টাৰৰ সীমা থাকে। অৰ্থাৎ আপুনি ইয়াতকৈ অধিক কেৰেক্টাৰ এণ্টাৰ কৰিব নোৱাৰে।

নম্বৰ ঃ এই প্ৰকাৰৰ টাইপত অংকীয় ডাটা স্টৰ কৰা যায় যাৰ প্ৰয়োগ গণনাত আহে। ইয়াত কিছুমান চিহ্ন যেনে দাৰি (.) আৰু কমা (,) ও অন্তৰ্ভুক্ত থাকিব পাৰে।

ডেট/টাইম ঃ এই প্ৰকাৰৰ টাইপ এই প্ৰকাৰৰ টাইপত সেইটো নম্বৰক স্টৰ কৰিব পাৰে যিটো উচিত ডেট টাইমৰ বিষয়ে কয়।

কাৰেন্সি ঃ কাৰেন্সিয়ে ডাটাক স্টৰ কৰে, যাক আপুনি কেলকুলেচন (গণনা) ত প্ৰয়োগ কৰিব পাৰে।

অটো নম্বৰ ঃ প্ৰত্যেক ৰেকৰ্ডৰ বাবে এটা নম্বৰ স্টৰ কৰে।

য়েচ/নো ঃ ভেল্যু 1 টেক কয় আৰু ভেল্যু 0 য়ে নোক কয়। কি ভেল্যুক টু/ফলচ বা য়েচ -নো ত পৰিৱৰ্তন কৰিবৰ বাবে ফিল্ডক পৰিৱৰ্তন কৰিব পৰা যায়।

অএলই অবজেক্ট ঃ কোনো অন্য এপলিকেচন যেনে-ৱৰ্ড বা এক্সেলত প্ৰস্তুত কৰা অবজেক্টক স্টৰ কৰে। ইয়াক আপুনি এক্সেচ টেবুলৰ লগত লিংক কৰিব পাৰে বা তাত অন্তৰ্ভুক্ত কৰিব পাৰে।

হাইপাৰলিংক ঃ আপুনি ৱেবচাইট, ইমেইল, আপোনাৰ কম্পিউটাৰৰ ফাইল আৰু কোনো অন্য ঠাইৰ পৰা ফাইল লিংক কৰিব পাৰে।

লুকআপ উইজাৰ্ডঃ এইটো প্ৰয়োগৰ ওপৰত নিৰ্ভৰ কৰে। এইটো আপোনাৰ দ্বাৰা স্পেচিফাই কৰা ডাটাৰ লুকআপলিস্ট বা কোনো অন্য মাল্টিপাল লিস্টক চেট কৰাতো কৰিব পৰা যায়।

এটেচমেণ্ট ঃ এই প্ৰকাৰৰ টাইপ কেৱল এক্সেচ 2007 আৰু এক্সেচ 2010 ডাটাবেচত কাম কৰে। আপুনি ডাটা ফাইলক ৱৰ্ড প্ৰচেচিং প্ৰগ্ৰেম, স্প্ৰেডশ্বিট, গ্ৰাফিক এডিটিং প্ৰগ্ৰেম আদিৰে এটেচ (একেলগ) কৰিব পাৰে।

কেলকুলেটেড ঃ এক্সেচ 2010 ত এইটো নতুন ফিল্ড টাইপ কৰক। টেবুলত কোনো কেলকুলেটেড ফিল্ডক প্ৰস্তুত কৰাত আপুনি ইয়াৰ প্ৰয়োগ কৰিব পাৰে। আগৰ ভাৰ্জন (সংস্কৰণ) ত আপুনি কেলকুলেটেড ফিল্ডচক কেৱল কিউৰেজত ক্ৰিয়েট কৰিব পাৰিছিল।

ডাটা টাইপক সলনি কৰা

আপোনাৰ ডাটাক আৰু ভালদৰে প্ৰস্তুত কৰিবৰ বাবে আপুনি যিকোনো সময়ত ফিল্ডৰ ডাটাক সলনি কৰিব পাৰে। টেবুলত যিকোনো ডাটাক এণ্টাৰ কৰাৰ পূৰ্বে আপুনি ইয়াৰ টাইপক নিশ্চয় ঠিক কৰি দিব লাগে। কি প্ৰয়োজন হ'লে আপুনি যিকোনো সময়ত ফিল্ডৰ টাইপক সলনি কৰিব পাৰে।

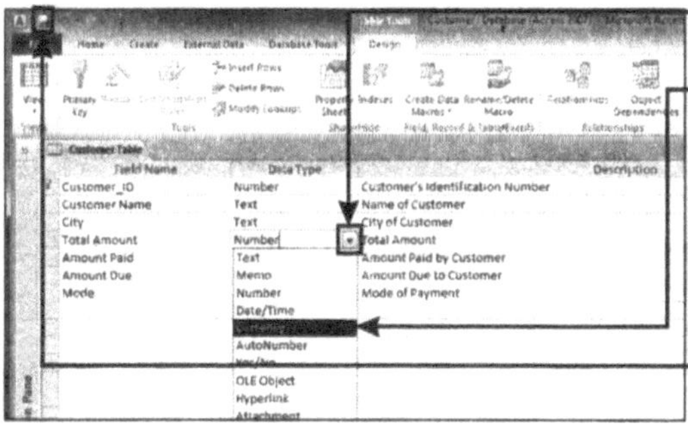

1. ফিল্ডৰ ডাটা টাইপ লিস্টক অপেন কৰিবৰ বাবে ডাউন এৰোত ক্লিক কৰি দিয়ক।
2. নতুন টাইপত ক্লিক কৰক।

টাইপ এতিয়া ডাটা টাইপ কলমলৈ সলনি হৈ যায়।

3. টেবুলত কৰা পৰিৱৰ্তনক চেভ কৰিবৰ বাবে 'চেভ' ত ক্লিক কৰি দিয়ক।

এটা সাৱধানতা সূচনা ইয়াত দেখা পাব।

4. নতুন ফিল্ড টাইপৰ নিয়মৰ উল্লংঘন কৰা ৰেকৰ্ডচক ডিলিট কৰিবৰ বাবে 'য়েচ' ত ক্লিক কৰক।

পৰিৱৰ্তনক আগবঢ়াবৰ বাবে 'নো' ত ক্লিক কৰক।

টেবুলৰ নাম সলনি কৰা

আপুনি যিকোনো সময়ত টেবুলৰ নামো সলনি কৰিব পাৰে। ডাটাবেচৰ মাধ্যমেৰে এক্সেচে নিজে নিজে টেবুলৰ সকলো ৰেফাৰেঞ্চক আপডেট কৰি দিয়ে। এনেতে সেই টেবুলৰ ওপৰত আধাৰিত ফৰ্মচ, ৰিপৰ্চ আৰু কোৱেৰিজত আপুনি কাম কৰি থাকিব লাগে। নতুন নাম সলনি কৰাৰ ক্ৰমত টেবুল বন্ধ হৈ যাব লাগে।

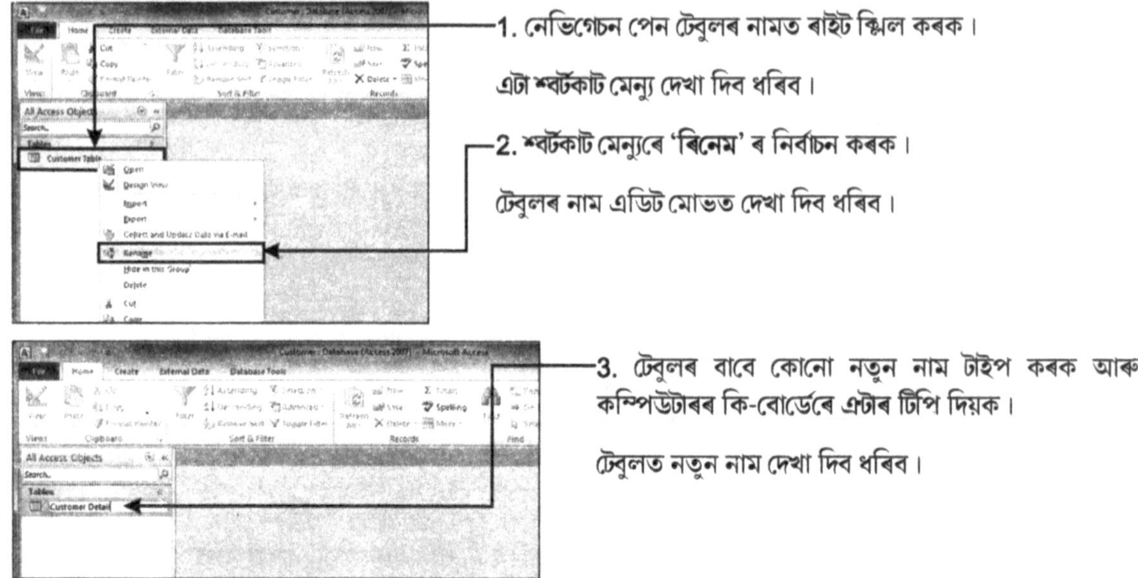

1. নেভিগেচন পেন টেবুলৰ নামত ৰাইট ক্লিল কৰক।

এটা শ্বৰ্টকাট মেন্যু দেখা দিব ধৰিব।

2. শ্বৰ্টকাট মেন্যুৰে **'ৰিনেম'** ৰ নিৰ্বাচন কৰক।

টেবুলৰ নাম এডিট মোডত দেখা দিব ধৰিব।

3. টেবুলৰ বাবে কোনো নতুন নাম টাইপ কৰক আৰু কম্পিউটাৰৰ কি-বোৰ্ডেৰে এন্টাৰ টিপি দিয়ক।

টেবুলত নতুন নাম দেখা দিব ধৰিব।

টেবুলক ডিলিট কৰা

আপুনি ডাটাবেচৰ পৰা কোনো টেবুলক ডিলিট কৰিব পাৰে। টেবুলক ডিলিট কৰাৰ পূৰ্বে আপোনাক ভালদৰে ভাবি লব লাগে কাৰণ এবাৰ ডিলিট হোৱাৰ পিছত আনডু' বিকল্পৰ দ্বাৰা আকৌ প্ৰাপ্ত কৰিব নোৱাৰে।

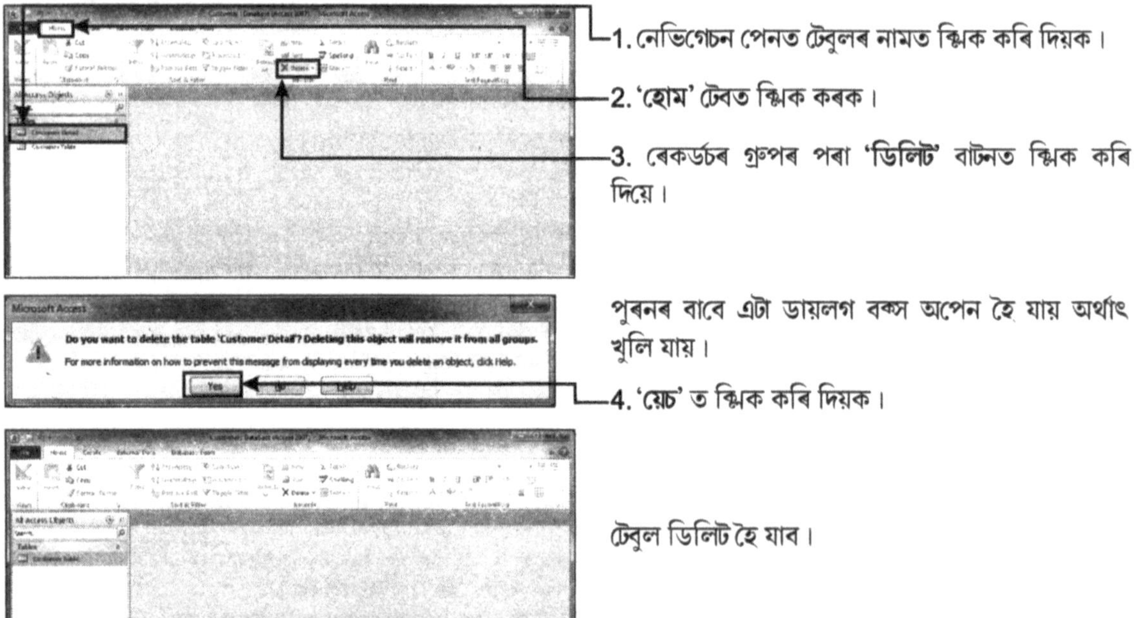

1. নেভিগেচন পেনত টেবুলৰ নামত ক্লিক কৰি দিয়ক।

2. **'হোম'** টেবত ক্লিক কৰক।

3. ৰেকৰ্ডচৰ গ্ৰুপৰ পৰা **'ডিলিট'** বাটনত ক্লিক কৰি দিয়ে।

পুৰনৰ বাবে এটা ডায়লগ বক্স অপেন হৈ যায় অৰ্থাৎ খুলি যায়।

4. **'য়েচ'** ত ক্লিক কৰি দিয়ক।

টেবুল ডিলিট হৈ যাব।

ফিল্ডৰ প্ৰপাৰ্টিজ (বিশেষতা) ক জনা

প্ৰত্যেক ফিল্ডত প্ৰপাৰ্টিজৰ চেট থাকে যিটোৱে ইয়াক নিয়ন্ত্ৰিত আৰু ডিফাইন (ব্যাখ্যা) কৰে অৰ্থাৎ এই বিষয়ে কয়। এইটো প্ৰপাৰ্টিজত সামান্য কথাও থাকে যেনে ইয়াৰ আকাৰ আৰু ৰূপ ইয়াৰ লগত ইয়াত এন্ট্ৰি কৰাৰ নিয়ম আদি।

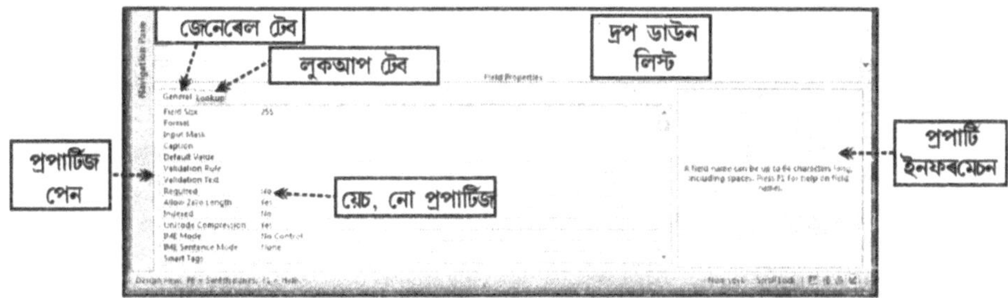

প্ৰপাৰ্টিজ পেন ঃ যেতিয়া কোনা ফিল্ডক ডিজাইন ভিউত চিলেক্ট কৰা যায়, তেতিয়াহ'লে ইয়াৰ প্ৰপাৰ্টিজ লৰাৰ পিন (তলৰ ভাগ) দেখা দিয়ে।

জেনেৰেল টেব ঃ জেনেৰেল টেবত অধিকতৰ সেইটো প্ৰাপাৰ্টি থাকে, যাৰ লগত আপুনি কাম কৰে।

লুকআপ টেব ঃ এইটো লুকআপ লিস্টক চেট কৰাত সকলোতকৈ প্ৰথমে ব্যৱহাৰ কৰা হয়।

দ্ৰপ ডাউন লিস্ট ঃ কিছুমান প্ৰপাৰ্টিজত দ্ৰপ ডাউন লিস্ট থাকে, যৰ পৰা আপুনি চিলেক্ট কৰিব পাৰে। লিস্টক অপেন কৰিবৰ বাবে এৰোত ক্লিক কৰক।

প্ৰাপাৰ্টি ইনফৰমেচন ঃ ইনচাৰ্শন পইন্ট যেতিয়া প্ৰপাৰ্টিৰ বক্সত থাকে, সেই প্ৰপাৰ্টিৰ ইনফৰমেচন ইয়াত দেখা দিয়ে।

য়েচ/নো প্ৰপাৰ্টিজ ঃ কিছুমান প্ৰপাৰ্টি 'য়েচ' আৰু 'নো' প্ৰশ্নক দৰ্শায়। ডিফল্ট ভেল্যুৰ ৰূপত আপোনাৰ বাবে এইটো আগৰ পৰাই অন্তৰ্ভুক্ত থাকে।

ফিল্ডৰ আকাৰৰ বিষয়ে জনা

টেবুলত প্ৰত্যেক ফিল্ডৰ চাইজ (আকাৰ) নিৰ্ধাৰিত কৰা হয়, যিহেতু আপুনি সিমানেই ডাটা স্টৰ কৰিব পাৰে। কাৰণ ফিল্ডৰ অনুসাৰে তাত আকাৰো বেলেগে-বেলেগ হয়।

ফিল্ড টাইপ	ফিল্ড চাইজ	ফিল্ডৰ অৰ্থ
টেক্সট	255	ইয়াত আপুনি শূন্যৰ পৰা লৈ 255 টা কেৰেক্টাৰ (আখৰ) স্পেচিফাই (ঠিক) কৰিব পাৰে।
নম্বৰ	দীঘলীয়া পূৰ্ণ সংখ্যা	বাইট, পূৰ্ণাংক, দীঘল সংখ্যা, ৰেপলিকেচ আইডি, দাৰি নম্বৰৰ দৰেই, ইয়াৰ বাদে তাত কেৱল দুটা পছন্দ হয়।
অটো নম্বৰ	দীঘলীয়া পূৰ্ণ সংখ্যা	দীঘলীয়া পূৰ্ণ ৰেপলিকেচন আইডি।

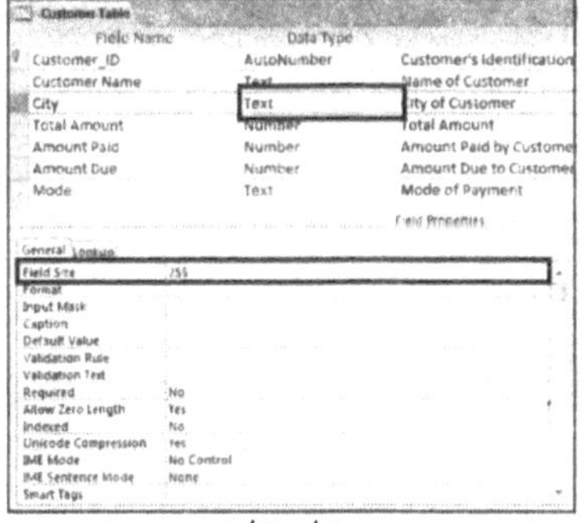
টেক্সট

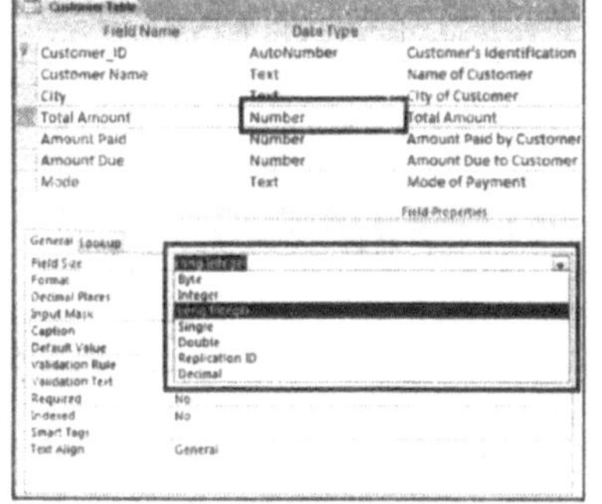
নম্বৰ

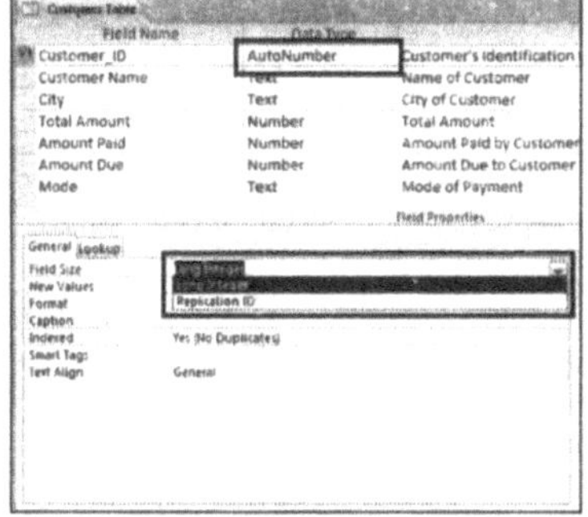
অটো নম্বৰ

ফিল্ডৰ চাইজ (আকাৰ) ৰ পৰিৱৰ্তন

আপোনাৰ ডাটাবেচৰ প্ৰয়োজন সাপেক্ষে আপুনি আপোনাৰ ফিল্ডৰ চাইজকো পৰিৱৰ্তন কৰিব পাৰে।

টেক্সট ডাটা টাইপৰ বাবে ঃ ,

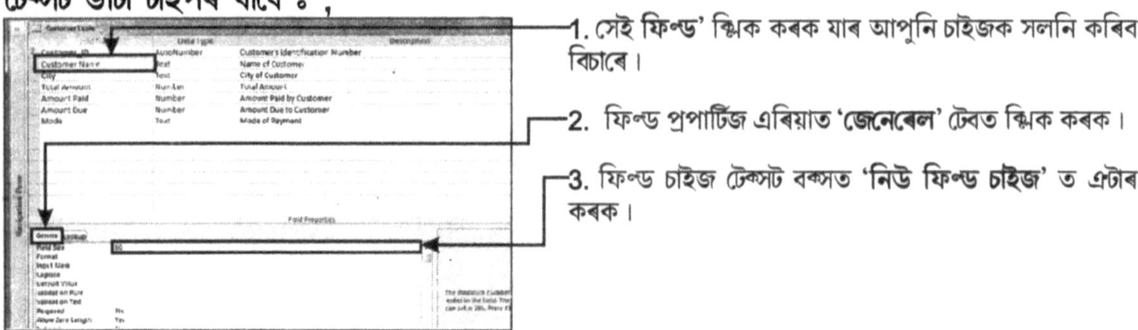

1. সেই ফিল্ড' ক্লিক কৰক যাৰ আপুনি চাইজক সলনি কৰিব বিচাৰে।
2. ফিল্ড প্ৰপাৰ্টিজ এৰিয়াত **'জেনেৰেল'** টেবত ক্লিক কৰক।
3. ফিল্ড চাইজ টেক্সট বক্সত **'নিউ ফিল্ড চাইজ'** ত এন্টাৰ কৰক।

নম্বৰ ডাটা টাইপ কৰিবৰ বাবেঃ

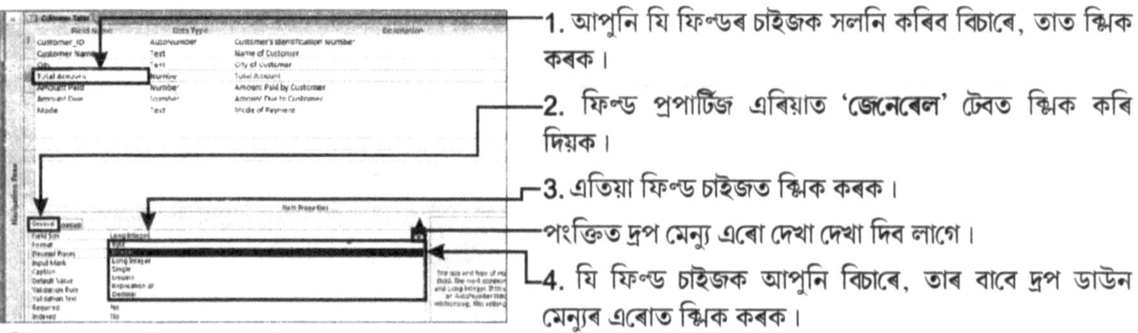

1. আপুনি যি ফিল্ডৰ চাইজক সলনি কৰিব বিচাৰে, তাত ক্লিক কৰক।
2. ফিল্ড প্ৰপাৰ্টিজ এৰিয়াত **'জেনেৰেল'** টেবত ক্লিক কৰি দিয়ক।
3. এতিয়া ফিল্ড চাইজত ক্লিক কৰক।

পংক্তিত ড্ৰপ মেন্যু এৰো দেখা দেখা দিব লাগে।

4. যি ফিল্ড চাইজক আপুনি বিচাৰে, তাৰ বাবে ড্ৰপ ডাউন মেন্যুৰ এৰোত ক্লিক কৰক।

ফিল্ডৰ ফৰ্মেট (ৰূপ) চেট কৰা

ডেটশ্চিট ফৰ্মচ, ৰিপৰ্টচত ফিল্ডৰ প্ৰস্তুতিক আপডেট কৰিবৰ বাবে আপুনি ফিল্ডৰ ফৰ্মেট (ৰূপ) ও সলনি কৰিব পাৰে।

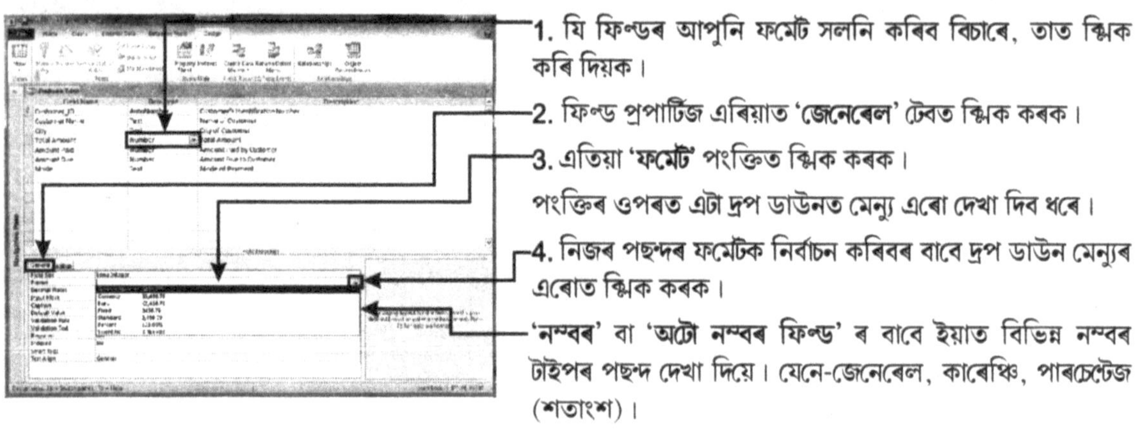

1. যি ফিল্ডৰ আপুনি ফৰ্মেট সলনি কৰিব বিচাৰে, তাত ক্লিক কৰি দিয়ক।
2. ফিল্ড প্ৰপাৰ্টিজ এৰিয়াত **'জেনেৰেল'** টেবত ক্লিক কৰক।
3. এতিয়া **'ফৰ্মেট'** পংক্তিত ক্লিক কৰক।

পংক্তিৰ ওপৰত এটা ড্ৰপ ডাউনত মেন্যু এৰো দেখা দিব ধৰে।

4. নিজৰ পছন্দৰ ফৰ্মেটক নিৰ্বাচন কৰিবৰ বাবে ড্ৰপ ডাউন মেন্যুৰ এৰোত ক্লিক কৰক।

'নম্বৰ' বা **'অটো নম্বৰ ফিল্ড'** ৰ বাবে ইয়াত বিভিন্ন নম্বৰ টাইপৰ পছন্দ দেখা দিয়ে। যেনে-জেনেৰেল, কাৰেঞ্চি, পাৰচেন্টেজ (শতাংশ)।

- **'ডেট/টাইম'** ডাটা টাইপৰ বাবে, ইয়াত ডেট /টাইম ফৰ্মেট দেখা দিয়ে।
- **'য়েচ/নো'** ফিল্ডৰ বাবে, ইয়াত য়েচ/নো দেখা দিয়ে। কিছুমান নিশ্চিত ফিল্ড টাইপ যেনে **টেক্সটৰ, মীমো আৰু হাইপাৰলিংকত** আগৰে পৰা কোনো ফৰ্মেট চেট নহয়।

ডিফল্ট ভেল্যুক চেট কৰা

যদি আপোনাৰ ফিল্ডত সাধাৰণতে এটাই ভেল্যু থাকে তেতিয়াহ'লে আপুনি সেইটোক ডিফল্ট ভেল্যুৰ ৰূপতো চেট কৰিব পাৰে। উদাহৰণৰ বাবে-যদি আপোনাৰ গ্ৰাহক নগদত ভোগতান কৰে তেতিয়াহ'লে আপুনি পেইমেন্ট মোড ফিল্ড নগদক ডিফল্ট ভেল্যুৰ ৰূপত চেট কৰিব পাৰে।

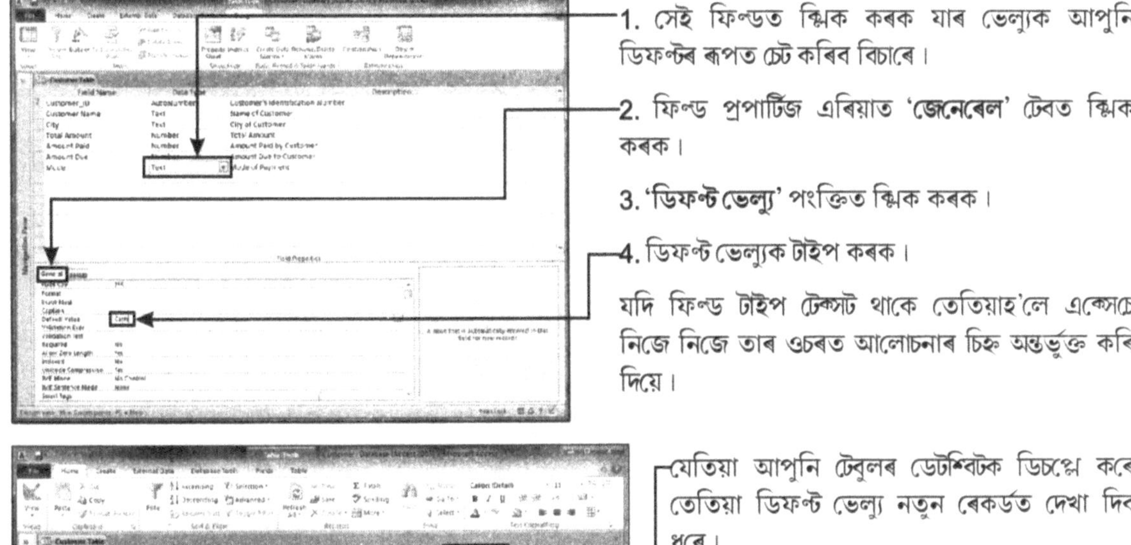

1. সেই ফিল্ডত ক্লিক কৰক যাৰ ভেল্যুক আপুনি ডিফল্টৰ ৰূপত চেট কৰিব বিচাৰে।

2. ফিল্ড প্ৰপাৰ্টিজ এৰিয়াত **'জেনেৰেল'** টেবত ক্লিক কৰক।

3. **'ডিফল্ট ভেল্যু'** পংক্তিত ক্লিক কৰক।

4. ডিফল্ট ভেল্যুক টাইপ কৰক।

যদি ফিল্ড টাইপ টেক্সট থাকে তেতিয়াহ'লে এক্সেচে নিজে নিজে তাৰ ওচৰত আলোচনাৰ চিহ্ন অন্তৰ্ভুক্ত কৰি দিয়ে।

যেতিয়া আপুনি টেবুলৰ ডেটশ্বিটক ডিচপ্লে কৰে তেতিয়া ডিফল্ট ভেল্যু নতুন ৰেকৰ্ডত দেখা দিব ধৰে।

ভেলিডেচন নিয়ম প্ৰস্তুত কৰা

ভেলিডেচন নিয়মৰ দ্বাৰা আপুনি এইটো সুনিশ্চিত কৰিব পাৰে যে ফিল্ডত সঠিক ভেল্যু এন্টাৰ কৰি যায়। এইটো নিয়মক ক্ৰিয়েট কৰাৰ পিছত যদি আপুনি ভুল ভেল্যু ইয়াত এড (অন্তৰ্ভুক্ত) কৰে তেতিয়া আপুনি এটা আপোনাক এটা সাৱধানতা সংবাদ দেখা দিব পাৰে বা সংবাদে আপোনাক ৰখাব পাৰে।

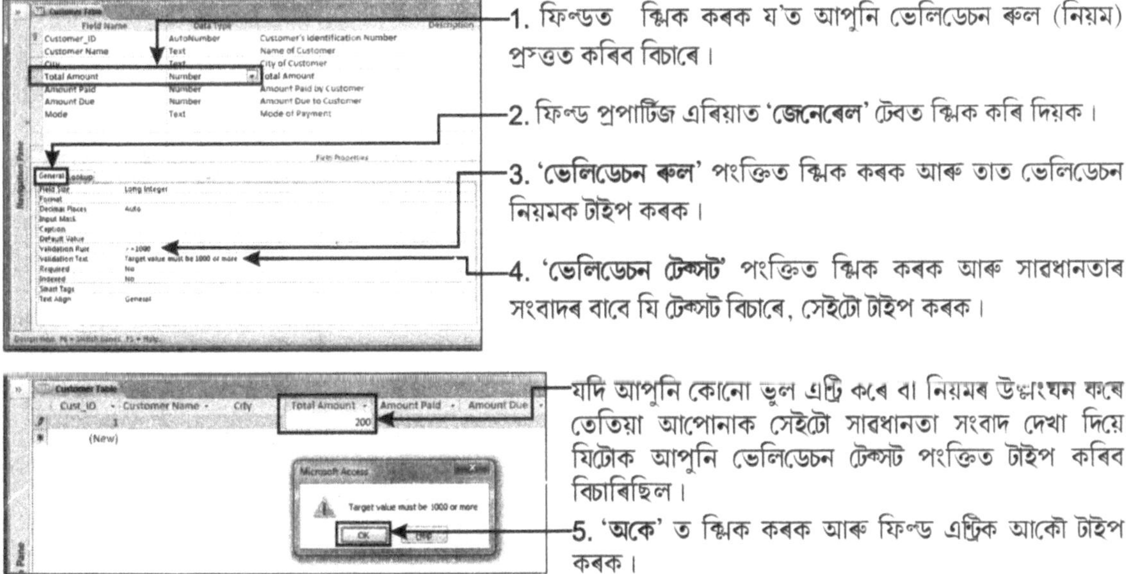

1. ফিল্ডত ক্লিক কৰক য'ত আপুনি ভেলিডেচন ৰুল (নিয়ম) প্ৰস্তুত কৰিব বিচাৰে।

2. ফিল্ড প্ৰপাৰ্টিজ এৰিয়াত **'জেনেৰেল'** টেবত ক্লিক কৰি দিয়ক।

3. **'ভেলিডেচন ৰুল'** পংক্তিত ক্লিক কৰক আৰু তাত ভেলিডেচন নিয়মক টাইপ কৰক।

4. **'ভেলিডেচন টেক্সট'** পংক্তিত ক্লিক কৰক আৰু সাৱধানতাৰ সংবাদৰ বাবে যি টেক্সট বিচাৰে, সেইটো টাইপ কৰক।

যদি আপুনি কোনো ভুল এন্ট্ৰি কৰে বা নিয়মৰ উল্লংঘন কৰে তেতিয়া আপোনাক সেইটো সাৱধানতা সংবাদ দেখা দিয়ে যিটোক আপুনি ভেলিডেচন টেক্সট পংক্তিত টাইপ কৰিব বিচাৰিছিল।

5. **'অকে'** ত ক্লিক কৰক আৰু ফিল্ড এন্ট্ৰিক আকৌ টাইপ কৰক।

টেবুলত ৰেকৰ্ড মিলোৱা

টেবুলক প্ৰস্তুত কৰি সকলোতকৈ প্ৰথমে সেইটো টেবুলক চেভ কৰি লওক। ইয়াৰ পিছত তাত ৰেকৰ্ড অন্তৰ্ভুক্ত কৰা যায়। টেবুলক সকলোতকৈ প্ৰথমে অপেন কৰিব লাগে যৰ পৰা তাত ৰেকৰ্ডক অন্তৰ্ভুক্ত কৰিব পৰা যায়। টেবুলত আপোনাৰ ডেটশ্চিট ভিউত ডিচপ্লে হয়।

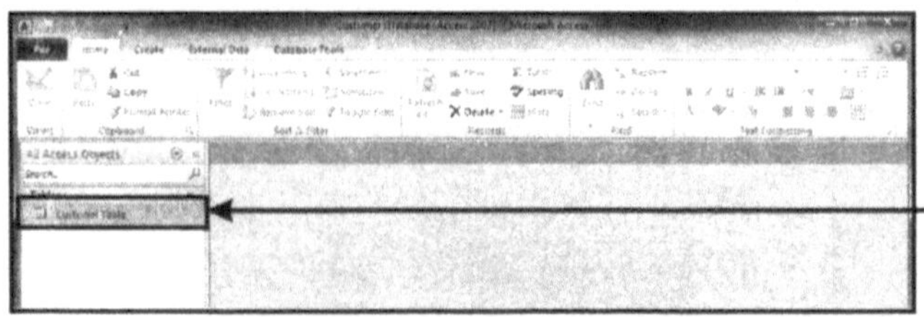

1. কাস্টমাৰ ডাটাবেচ উইণ্ডোত টেবুল (কাস্টমাৰ টেবুল) ত ডাবল ক্লিক কৰক।

অধিক ঠাই (স্পেচ) প্ৰাপ্ত কৰিবৰ বাবে আপুনি নেভিগেচন পেনক বন্ধ কৰিব পাৰে।

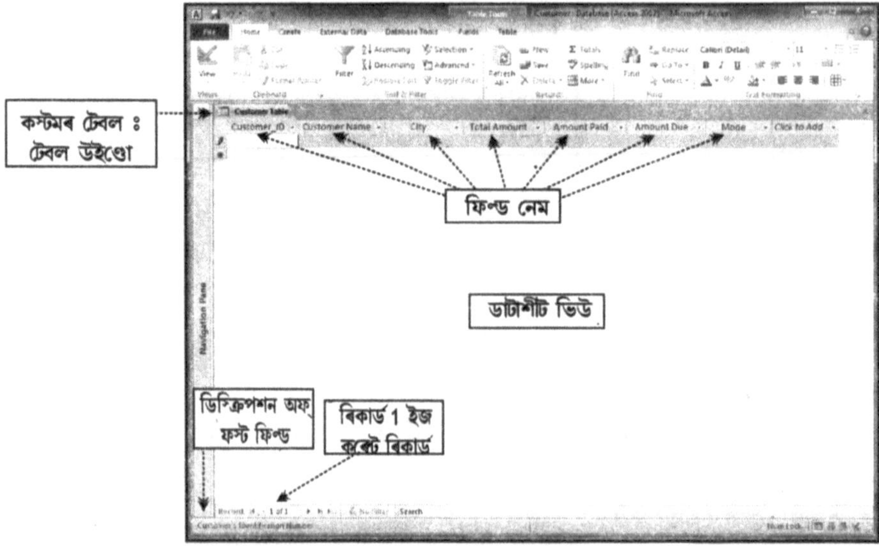

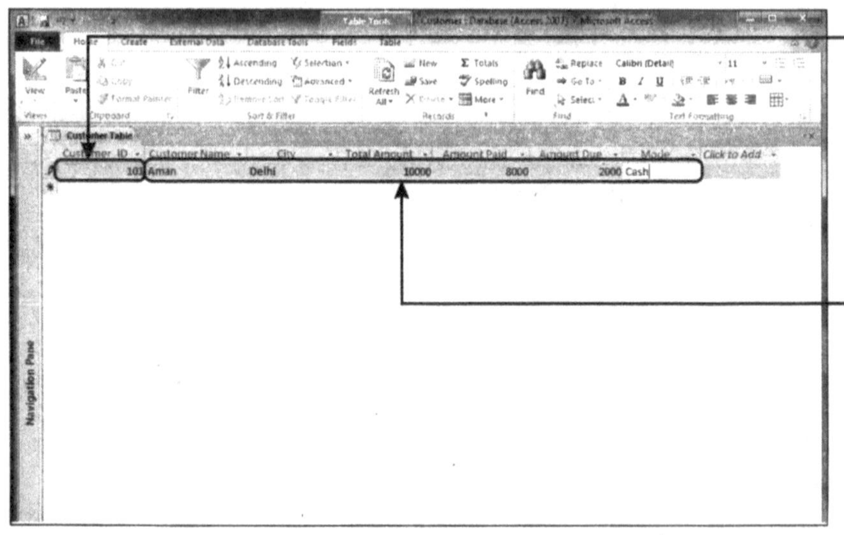

2. প্ৰথমে কাস্টমাৰ আইডি ফিল্ডত কাস্টমাৰ আইডি টাইপ কৰক।

3. কাস্টমাৰ আইডি ফিল্ডৰ এন্ট্ৰিক পুৰা কৰিবৰ বাবে **'টেব'** বাটনৰ প্ৰয়োগ কৰক।

সকলো ৰেকৰ্ডক পুৰা কৰাৰ পিছত **'টেব'** বাটনৰ প্ৰয়োগ কৰি অন্য এন্ট্ৰি টাইপ কৰক।

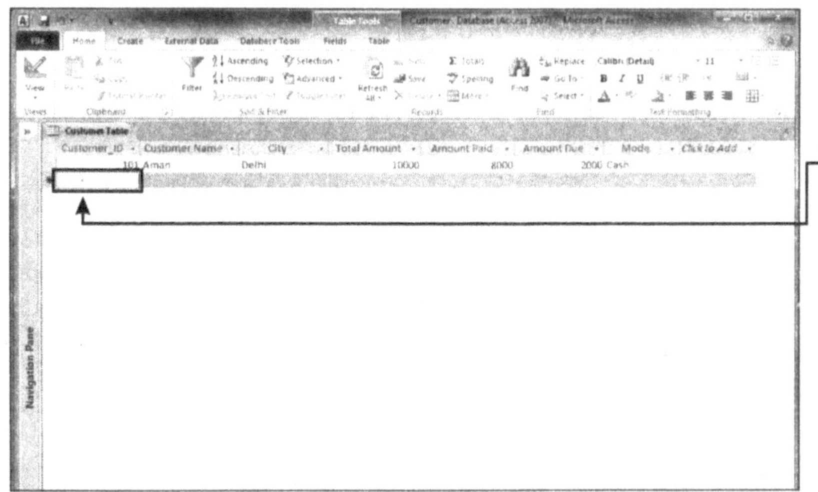

4. শেষৰ এণ্ট্ৰি টাইপ কৰাৰ পিছত যেনে-মোড, **'টেব'** বাটনক টিপি দিয়ক।

ইনচাৰ্শন ফিল্ড অন্য পংক্তিৰ কাস্টমাৰ আইডি ফিল্ডলৈ আহি যায়।

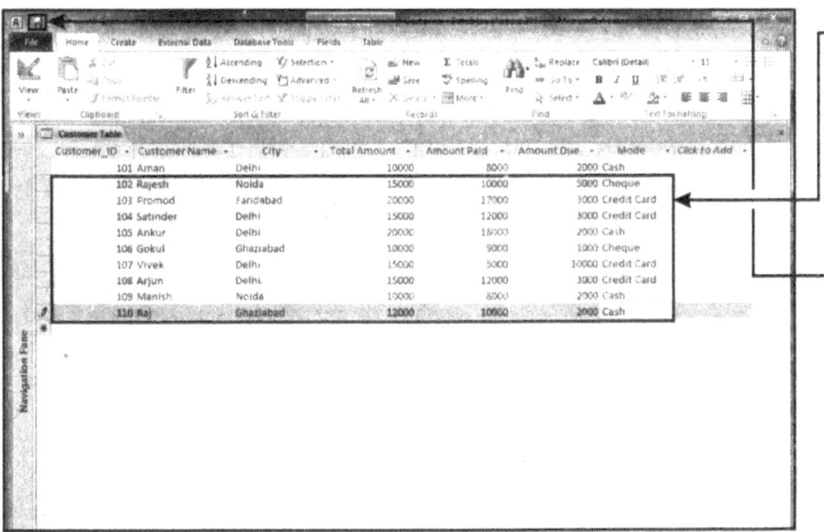

5. অন্য ৰেকৰ্ডক অন্তৰ্ভুক্ত কৰিবৰ বাবে সেইটো স্টেপ **'2 ৰ পৰা 4'** লৈকে পুনৰ কৰক যাক আপুনি আগৰ ৰেকৰ্ডক অন্তৰ্ভুক্ত কৰিবৰ বাবে প্ৰয়োগ কৰিছিল।

6. এবাৰ সকলো ডাটাক এণ্ট্ৰি কৰাৰ পিছত, বা যেতিয়া আপুনি সকলো ডাটাৰ এণ্ট্ৰিক পুৰা কৰি লয়, তেতিয়া কৰা পৰিৱৰ্তনক সুৰক্ষিত কৰিবৰ বাবে **'চেভ'** বাটনক ক্লিক কৰি দিয়ক।

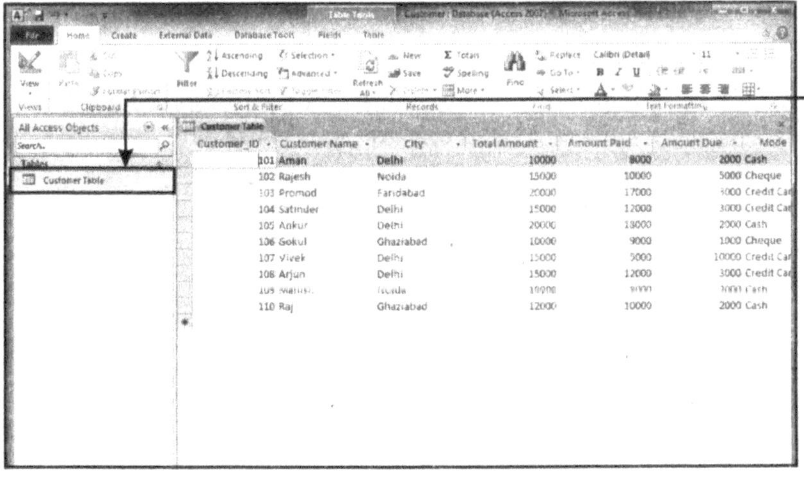

এক্সেচে সেই টেবুলক চেভকৰি দিয়ে আৰু আপুনি সেই টেবুলৰ নাম নেভিগেচন পেনত দেখা পাব পাৰে।

টেবুলত ডাটাক চিলেক্ট কৰা

কোনো টেবুলত আপুনি ডাটাক চিলেক্টো কৰিব পাৰি। টেবুলত ডাটাক চিলেক্ট কৰা সেই সময়ত আৱশ্য হয়, যেতিয়া আপুনি কোনো কাম কৰিব বিচাৰে। চিলেক্ট কৰা ডাটা আপোনাৰ স্ক্ৰীনত হাইলাইটৰ ৰূপত দেখা দিয়ে।

ফিল্ডক চিলেক্ট কৰা

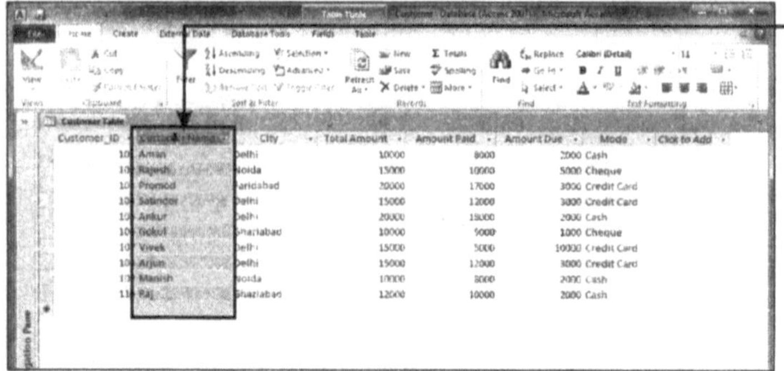

1. আপোনাৰ মাউচক সেই ফিল্ডৰ নামত থৈ দিয়ক যাক আপুনি চিলেক্ট কৰিব বিচাৰে।

এইটো স্হিতিত মাউচৰ পইন্টাৰক আকৃতি (⬇) সলনি হৈ যায়। এতিয়া সেই ফিল্ডক চিলেক্ট কৰিবৰ বাবে তাত ক্লিক কৰি দিয়ক।

কোনো ফিল্ডচক চিলেক্ট কৰিবৰ বাবে মাউচৰ পইন্টক (⬇) প্ৰথমে ফিল্ডৰ নামত লৈ যাওক আৰু সেইটোক তালৈ ড্ৰেগ কৰি হাইলাইট কৰি লৈ যাওক যিমান দূৰলৈ ফিল্ডক আপুনি চিলেক্ট কৰিব বিচাৰে।

ৰেকৰ্ড চিলেক্ট কৰা

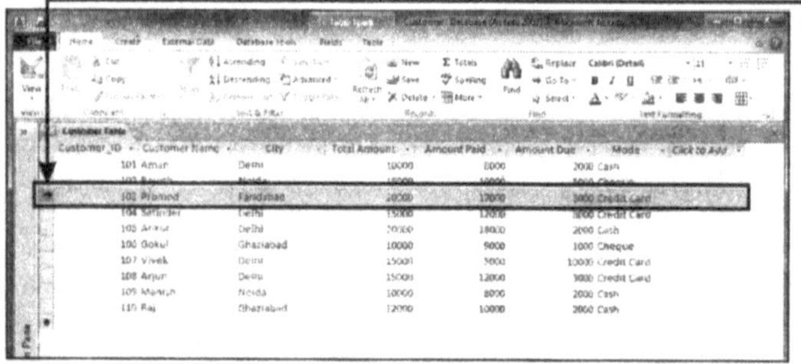

1. যি ৰেকৰ্ডক আপুনি চিলেক্ট কৰিব বিচাৰে, মাউচৰ পইন্টাৰক তাৰ বাওঁফালে থৈ দিয়ক।

এটো স্হিতিত মাউচৰ পইন্টাৰৰ আকৃতি (➡) সলনি হৈ যায়। ইয়াৰ পিছত ৰেকৰ্ডক চিলেক্ট কৰিবৰ বাবে ক্লিক কৰক।

কোনো ৰেকৰ্ডচক চিলেক্ট কৰিবৰ বাবে মাউচৰ পইন্টাৰক (➡) প্ৰথমে ৰেকৰ্ডৰ বাওঁ ফালে ৰাখক, তাৰ পিছত ড্ৰেগ কৰি সেইটোক তালৈ লৈ যাওক, যিমান দূৰলৈ সেই সকলো ৰেকৰ্ড হাইলাইট হৈ নাযায়, যিমান দূৰলৈ আপুনি এইটোক চিলেক্ট কৰিব বিচাৰে।

চেলক চিলেক্ট কৰা

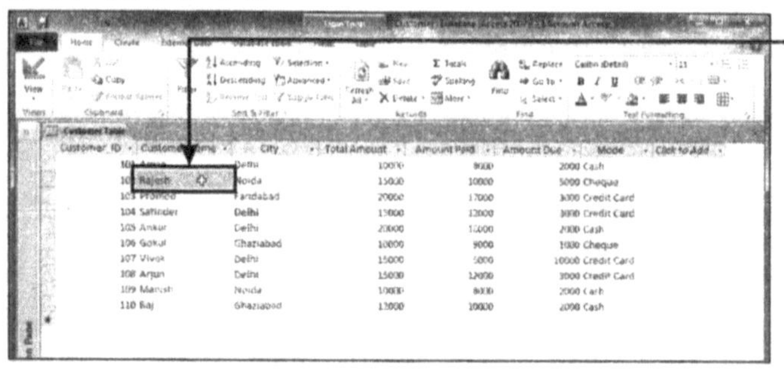

1. যি চেলক আপুনি চিলেক্ট কৰিব বিচাৰে, মাউচৰ পইন্টাক বাওঁ ফালৰ কিনাৰত থৈ দিয়ক।

এইটো স্হিতিত মাউচৰ পইন্টাৰৰ আকৃতিক (✣) সলনি হৈ যায়। ইয়াৰ পিছত চেলক চিলেক্ট কৰিবৰ বাবে তাত ক্লিক কৰি দিয়ক।

কোনো চেলক চিলেক্ট কৰিবৰ বাবে মাউচৰ পইন্টাৰক (✣) আগৰ চেলৰ বাওঁ ফালে থৈ দিয়ক আৰু ইয়াৰ পিছত ড্ৰেগ কৰি তালৈ লৈ যাওক, যেতিয়ালৈকে সেই সকলো চেল হাইলাইট নহয়, যিমান দূৰলৈকে আপুনি এইটো চিলেক্ট কৰিব বিচাৰে।

ফাইণ্ডাৰ আৰু ৰিপ্লেচ ফিচাৰ

ডাঙৰ ডাটাবেচত আপুনি স্পেচিফিক (বিশিষ্ট বা কোনো বিশেষ) ৰেকৰ্ডক আপুনি ফাইণ্ড (প্ৰাপ্ত কৰা) আৰু ৰিপ্লেচ (সলনি) কৰিব পাৰে। ফাইণ্ডৰ প্ৰয়োগেৰে আপুনি যিকোনা টাস্কত সহজতে চাৰ্চ কৰিব পাৰে। কেৱল কাৰেন্ট ফিল্ডত সকলো ৰেকৰ্ডচত ফিল্ডক চিলেক্ট কৰিব পাৰে, এইটো সেই সময়ত বিশেষ ৰূপেৰে তীব্ৰ হয় যেতিয়া ফিল্ড ক্ৰমেৰে হয়। সকলো ফিল্ডত সকলো ৰেকৰ্ডচত চাৰ্চ কৰিবৰ বাবে বাবে ডেটশ্চিট বা ফৰ্মচক চিলেক্ট কৰক।

ফাইণ্ডাৰ বিকল্প

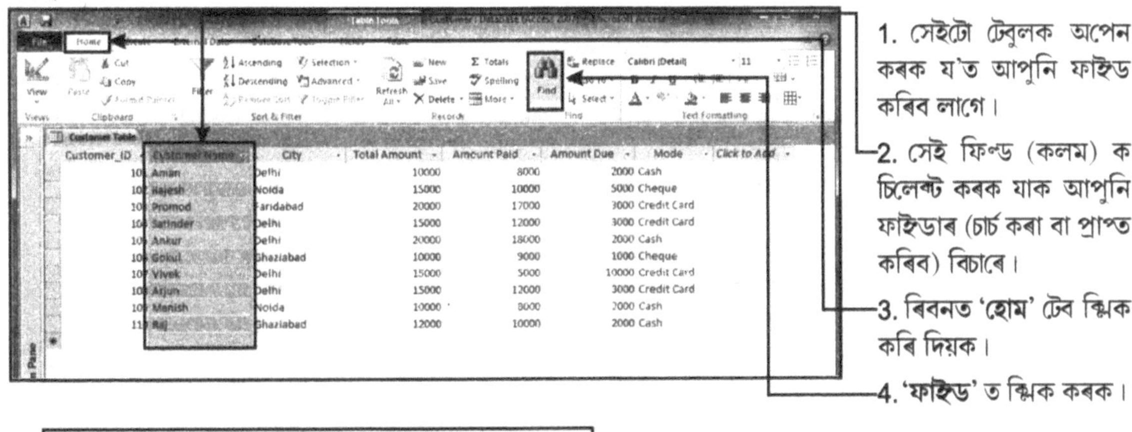

1. সেইটো টেবুলক অপেন কৰক য'ত আপুনি ফাইণ্ড কৰিব লাগে।
2. সেই ফিল্ড (কলম) ক চিলেক্ট কৰক যাক আপুনি ফাইণ্ডাৰ (চাৰ্চ কৰা বা প্ৰাপ্ত কৰিব) বিচাৰে।
3. ৰিবনত **'হোম'** টেব ক্লিক কৰি দিয়ক।
4. **'ফাইণ্ড'** ত ক্লিক কৰক।

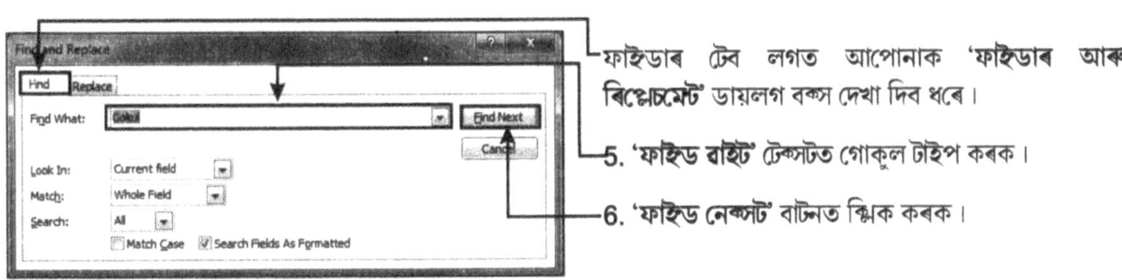

ফাইণ্ডাৰ টেব লগত আপোনাক **'ফাইণ্ডাৰ আৰু ৰিপ্লেচমেন্ট'** ডায়লগ বক্স দেখা দিব ধৰে।

5. **'ফাইণ্ড ৱাইট'** টেক্সটত গোকুল টাইপ কৰক।
6. **'ফাইণ্ড নেক্সট'** বাটনত ক্লিক কৰক।

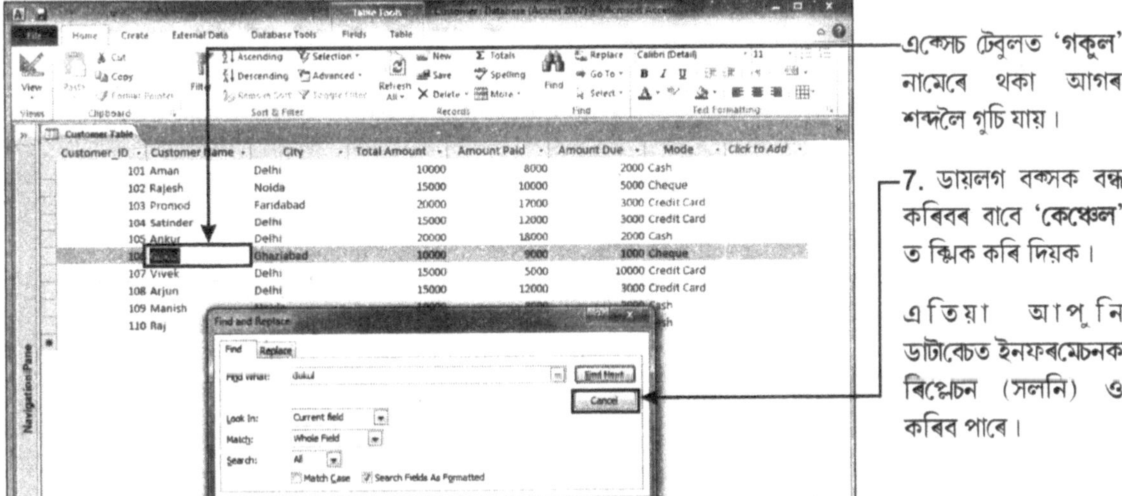

এক্সেচ টেবুলত **'গকুল'** নামেৰে থকা আগৰ শব্দলৈ গুচি যায়।

7. ডায়লগ বক্সক বন্ধ কৰিবৰ বাবে **'কেন্সেল'** ত ক্লিক কৰি দিয়ক।

এতিয়া আপুনি ডাটাবেচত ইনফৰমেচনক ৰিপ্লেচন (সলনি) ও কৰিব পাৰে।

ৰিপ্লেচ বিকল্প

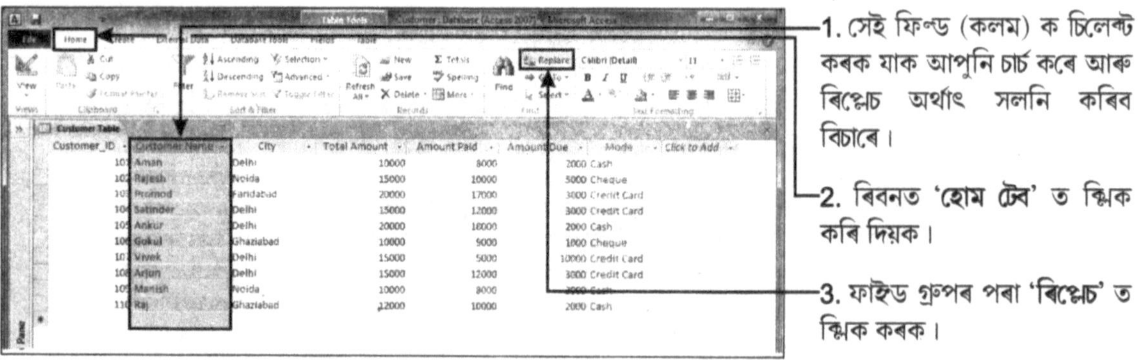

1. সেই ফিল্ড (কলম) ক চিলেক্ট কৰক যাক আপুনি চাৰ্চ কৰে আৰু ৰিপ্লেচ অৰ্থাৎ সলনি কৰিব বিচাৰে।

2. ৰিবনত **'হোম টেব'** ত ক্লিক কৰি দিয়ক।

3. ফাইণ্ড গ্ৰুপৰ পৰা **'ৰিপ্লেচ'** ত ক্লিক কৰক।

সকলোতকৈ আগত **'ৰিপ্লেচ টেব'** ৰ লগত আপুনি **'ফাইণ্ড এণ্ড ৰিপ্লেচ'** ডায়লগ বক্স দেখা পাব।

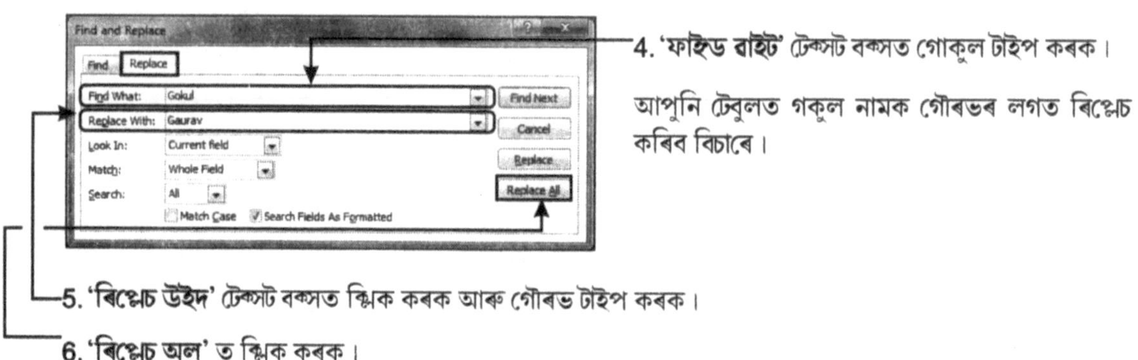

4. **'ফাইণ্ড ৱাইট'** টেক্সট বক্সত গোকুল টাইপ কৰক।

আপুনি টেবুলত গকুল নামক গৌৰভৰ লগত ৰিপ্লেচ কৰিব বিচাৰে।

5. **'ৰিপ্লেচ উইদ'** টেক্সট বক্সত ক্লিক কৰক আৰু গৌৰভ টাইপ কৰক।

6. **'ৰিপ্লেচ অল'** ত ক্লিক কৰক।

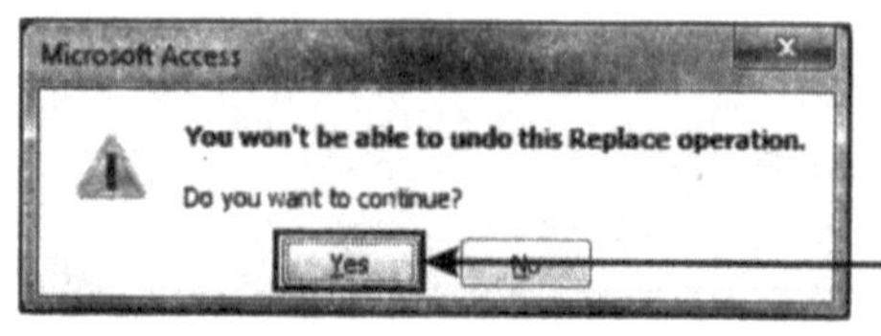

এক সাৱধানতা সংবাদ দেখা দিয়ে যিটোৱে কয় যে এবাৰ ৰিপ্লেচ অপচনক কৰাৰ পিছত আপুনি **'আনডু'** ৰ দ্বাৰা এইটোক আকৌ প্ৰাপ্ত কৰিব নোৱাৰে।

7. নিৰন্তৰতাৰ বাবে **'য়েচ'** ত ক্লিক কৰক।

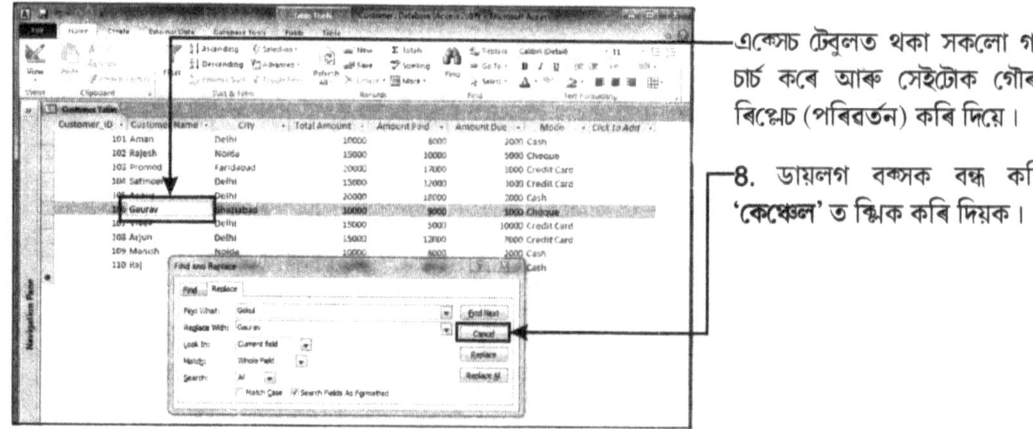

এক্সেচ টেবুলত থকা সকলো গকুল নামক চাৰ্চ কৰে আৰু সেইটোক গৌৰভ নামেৰে ৰিপ্লেচ (পৰিবৰ্তন) কৰি দিয়ে।

8. ডায়লগ বক্সক বন্ধ কৰিবৰ বাবে **'কেন্সেল'** ত ক্লিক কৰি দিয়ক।

ডাটাক শৰ্ট কৰা

শৰ্টিংৰ অৰ্থ হ'ল ৰেকৰ্ডচক ওপৰৰ পৰা তললৈ বা তলৰ পৰা ওপৰৰ ক্ৰমত ব্যৱস্থিত কৰা। ৰেকৰ্ডচক শৰ্ট কৰিবৰ বাবে, ফিল্ডক সেইটো ক্ৰমত চিলেক্ট কৰক য'ত ৰেকৰ্ডচ ব্যৱস্থিত হৈ থাকে। টেবুলত আপুনি ৰেকৰ্ডচৰ ক্ৰমো সলনি কৰিব পাৰে। ইয়াৰ পৰা আপুনি ডাটা প্ৰাপ্ত কৰে, ব্যৱস্থিত কৰে আৰু তাৰ বিশ্লেষণ কৰাত সহায় কৰে।

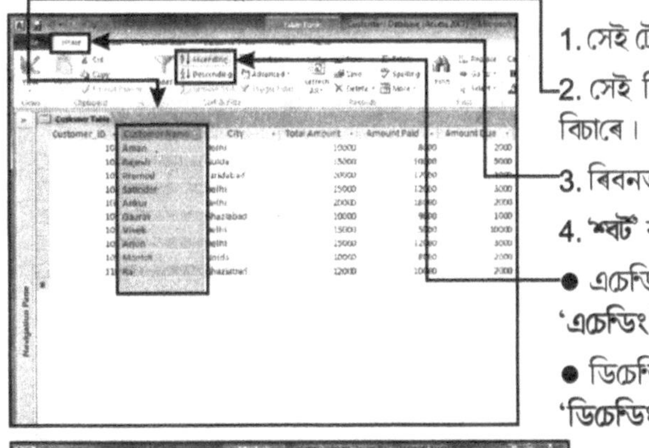

1. সেই টেবুলক অপেন কৰক, যিটো আপুনি শৰ্ট কৰিব বিচাৰে।
2. সেই ফিল্ডক কলম হেডত ক্লিক কৰক যাক আপুনি শৰ্ট কৰিব বিচাৰে।
3. ৰিবনত **'হোম'** ত ক্লিক কৰক।
4. **'শৰ্ট'** বাটনত ক্লিক কৰক।

- এচেণ্ডিং (তলৰ পৰা ওপৰৰ ক্ৰম) ত ৰেকৰ্ডচক শৰ্ট কৰিবৰ বাবে **'এচেণ্ডিং'** ত ( ) ক্লিক কৰি দিয়ক।
- ডিচেণ্ডিং (ওপৰৰ পৰা তলৰ ক্ৰম) ত ৰেকৰ্ডচক শৰ্ট কৰিবৰ বাবে **'ডিচেণ্ডিং'** ত ( ) ক্লিক কৰি দিয়ক।

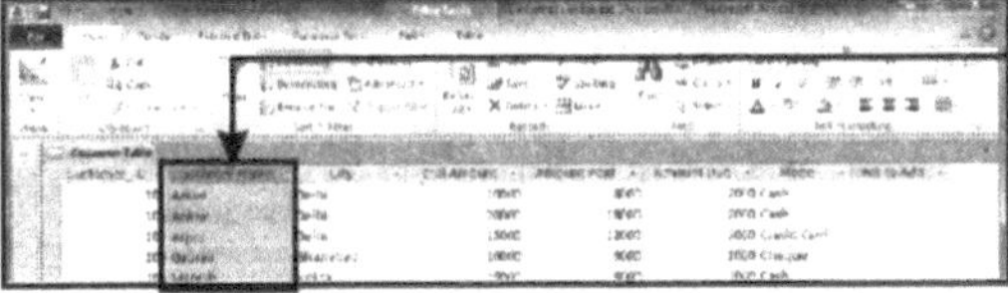

ৰেকৰ্ডচে এতিয়া আপোনাক নতুন ক্ৰমত দেখা দিব ধৰিব। এইটো উদাহৰণত, ৰেকৰ্ডচ এচেণ্ডিং (তলৰ পৰা ওপৰ) ৰ ক্ৰমত শৰ্ট কৰা গৈছে।

চিলেকচনৰ দ্বাৰা ডাটাক ফিল্টাৰ কৰা

কেৱল আপোনাৰ পছন্দৰ ডাটাৰ ৰেকৰ্ডচক ডিচপ্লে কৰিবৰ বাবে আপুনি ডাটাক ফিল্টাৰো কৰিব পাৰে। ডাটাক ফিল্টাৰ কৰাটো আপোনাক ডাটাবেচত ইনফৰমেচনৰ সমীক্ষা কৰা বা তাৰ বিশ্লেষণ কৰাত সহায় কৰিব পাৰে।

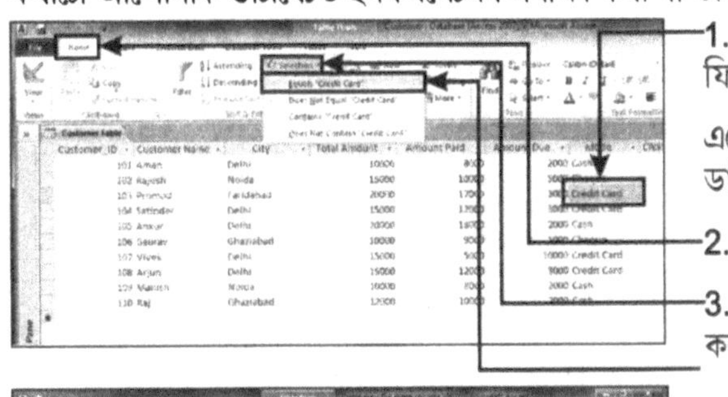

1. সেইটো ডাটাত ক্লিকক কৰক যিটোক আপুনি ৰেকৰ্ডচত ফিল্টাৰ কৰিব বিচাৰে।

এক্সেচ এ কেৱল সেই ৰেকৰ্ডচক ডিচপ্লে কৰিব, যত সেইটো ডাটা অন্তৰ্ভুক্ত থাকিব।

2. **'হোম'** টেবত ক্লিক কৰক
3. ৰেকৰ্ডক ফিল্টাৰ কৰিবৰ বাবে **'চিলেকচন'** ত ( ) ক্লিক কৰক।

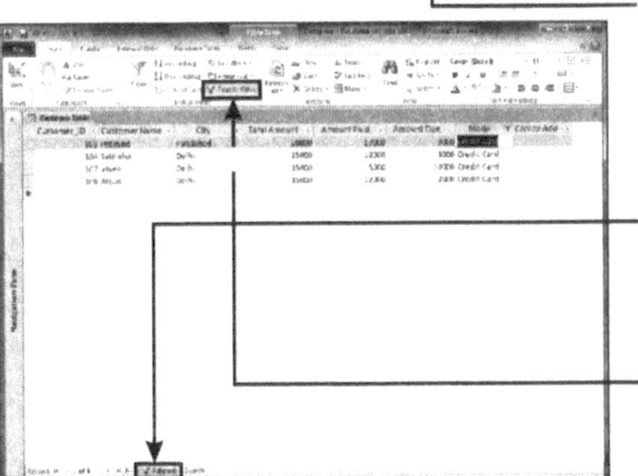

এক্সেচে কেৱল সেই ৰেকৰ্ডচক ডিচপ্লে কৰিব, য'ত সেইটো ডাটা অন্তৰ্ভুক্ত হ'ব। অন্য সকলো ৰেকৰ্ডচ হাইড হৈ যাব অৰ্থাৎ আপুনি দেখা নাপাব।

এইটো এৰিয়াত আপোনাক **'ফিল্টাৰ্ড'** শব্দ দেখা দিব যৰ পৰা গম পোৱা যায় যে আপুনি ফিল্টাৰ কৰা ৰেকৰ্ডচক দেখা পাইছে।

5. ফিল্টাৰ কৰা ৰেকৰ্ডচক চাওক আৰু সমীক্ষা কৰাৰ পিছত, এবাৰ আকৌ সকলো ৰেকৰ্ডচ্চক ডিচপ্লে কৰিবৰ বাবে **'টোগল ফিল্টাৰ'** ত ক্লিক কৰি দিয়ক।

মাল্টিপল ভেল্যুক ফিল্টাৰ কৰা

এটাতকৈ অধিক ভেল্যুক ফিল্টাৰ কৰিবৰ বাবে আপুনি মাল্টিপল ভেল্যুৰ প্ৰয়োগ কৰিব পাৰে। মাল্টিপল ভেল্যু এক পেনক অপেন কৰি দিয়ে য'ত সেই ফিল্ডৰ প্ৰত্যেক ভেল্যুৰ বাবে চেকবক্স অন্তৰ্ভুক্ত হৈ থাকে। এইটো চেক বক্সত ক্লিক কৰি আপুনি মাল্টিপল ভেল্যুক চিলেক্ট কৰি সেইটোক ফিল্টাৰ কৰিব পাৰে।

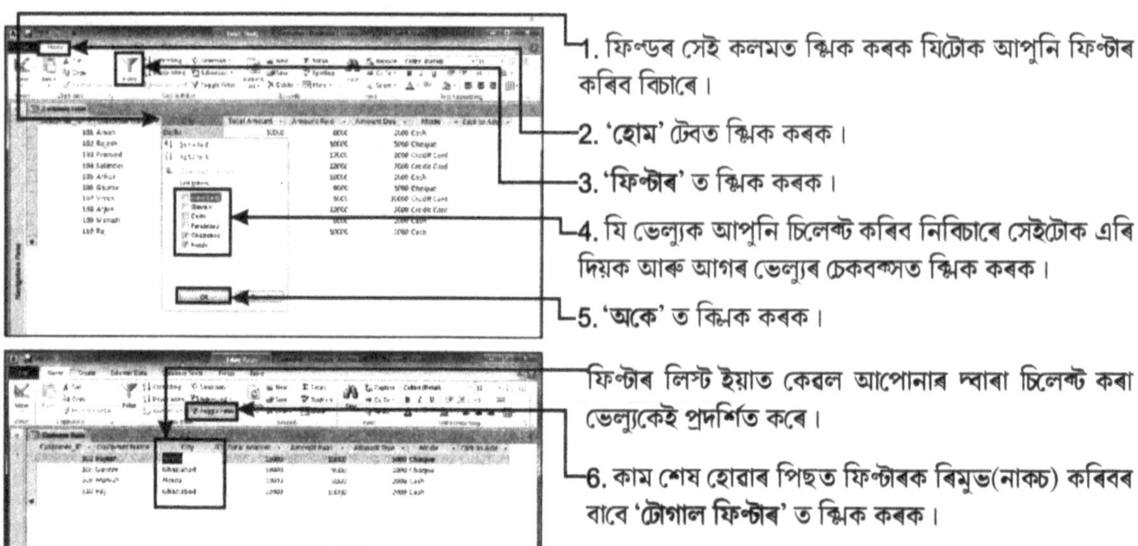

1. ফিল্ডৰ সেই কলমত ক্লিক কৰক যিটোক আপুনি ফিল্টাৰ কৰিব বিচাৰে।
2. 'হোম' টেবত ক্লিক কৰক।
3. 'ফিল্টাৰ' ত ক্লিক কৰক।
4. যি ভেল্যুক আপুনি চিলেক্ট কৰিব নিবিচাৰে সেইটোক এৰি দিয়ক আৰু আগৰ ভেল্যুৰ চেকবক্সত ক্লিক কৰক।
5. 'অকে' ত ক্লিক কৰক।

ফিল্টাৰ লিস্ট ইয়াত কেৱল আপোনাৰ দ্বাৰা চিলেক্ট কৰা ভেল্যুকেই প্ৰদৰ্শিত কৰে।

6. কাম শেষ হোৱাৰ পিছত ফিল্টাৰক ৰিমুভ(নাকচ) কৰিবৰ বাবে 'টোগাল ফিল্টাৰ' ত ক্লিক কৰক।

টেক্সট ভেল্যুক ফিল্টাৰ কৰা

টেক্সট ভেল্যু ফিল্টাৰ, টেক্সট স্টিংক ফিল্টাৰ কৰাত ব্যৱহাৰ কৰা হয়। যদি বিভিন্ন লোকে এটা নামেৰে ৰেকৰ্ডচক এণ্টাৰ কৰি দিয়ে তেতিয়া সেই নামৰ সকলো ফৰ্মচক ফাইণ্ড (প্ৰাপ্ত) কৰিবৰ বাবে আপুনি টেক্সটৰ প্ৰয়োগ কৰিব পাৰে।

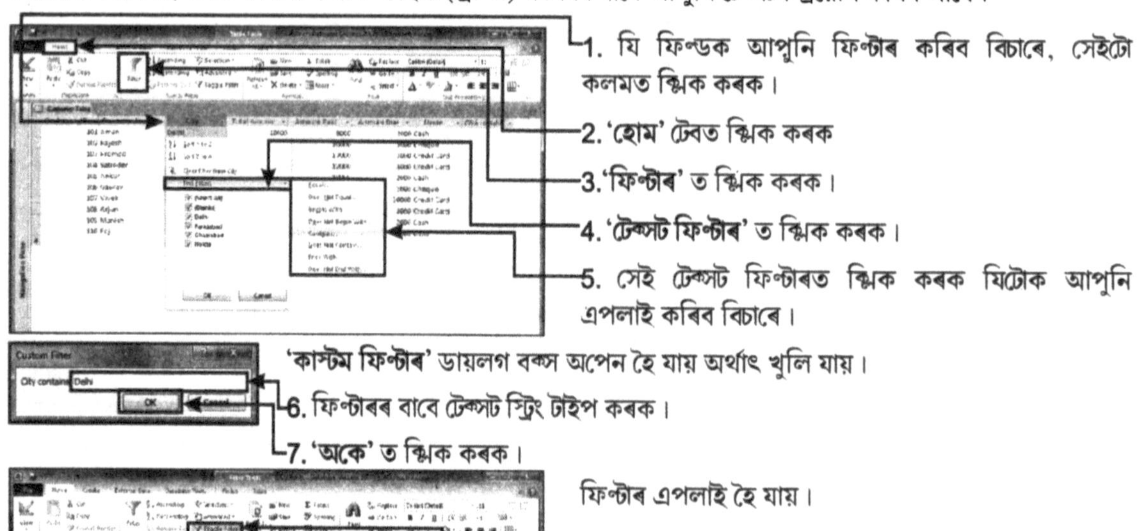

1. যি ফিল্ডক আপুনি ফিল্টাৰ কৰিব বিচাৰে, সেইটো কলমত ক্লিক কৰক।
2. 'হোম' টেবত ক্লিক কৰক
3. 'ফিল্টাৰ' ত ক্লিক কৰক।
4. 'টেক্সট ফিল্টাৰ' ত ক্লিক কৰক।
5. সেই টেক্সট ফিল্টাৰত ক্লিক কৰক যিটোক আপুনি এপলাই কৰিব বিচাৰে।

'কাস্টম ফিল্টাৰ' ডায়লগ বক্স অপেন হৈ যায় অৰ্থাৎ খুলি যায়।

6. ফিল্টাৰৰ বাবে টেক্সট স্ট্ৰিং টাইপ কৰক।
7. 'অকে' ত ক্লিক কৰক।

ফিল্টাৰ এপলাই হৈ যায়।

8. ফিল্টাৰ পুৰা হৈ যোৱাৰ পিছত এইটোক ৰিমুভ কৰিবৰ বাবে 'টোগল ফিল্টাৰ' ত ক্লিক কৰক।

টেবিলৰ মাজত সমন্বয়স্থাক পেত কৰা

ৰিলেচন ডাটাবেচ বহুত শক্তিশালী হয়, কাৰণ তাত মাল্টিপল ৰিলেটেড টেবুল অন্তৰ্ভুক্ত থাকিব পাৰে।ৰিলেচনশ্বিপ উইন্ডোত আপুনি টেবুলৰ মাজত চিধা ৰিলেচন (সম্বন্ধ বা সমন্বয়) স্থাপিত কৰিব পাৰে। দুটা টেবুলৰ মাজত ৰিলেচশ্বিপৰ বাবে তাত কমন (এটাই) ফিল্ডৰ হোৱাৰ আৱশ্যক। উদাহৰণৰ বাবে-কাস্টমাৰ টেবুলত কাস্টমাৰ আইডি ফিল্ড থাকিব লাগে আৰু আনটো টেবুলতো কাস্টমাৰ আইডি ফিল্ড থাকিব লাগে। এইটো ফিল্ডৰ দ্বাৰা দুটা টেবুলক একেলগ কৰিব পাৰে বা তাৰ মাজত সম্বন্ধ স্থাপিত কৰিব পৰা যায়।ৰিলেচনশ্বিপৰ বাবে দুটা টেবুলত এটা ফিল্ড টাইপ কৰিব লাগে।

অধিকতৰ ৰিলেচনশ্বিপত প্ৰথমে টেবুলৰ প্ৰাইমেৰীৰ ফিল্ড, আনটো টেবুলৰ যি ফিল্ডৰ লগত ৰিলেটেড থাকে, সেইটো তাৰ প্ৰাইমেৰীৰ নহয়। এটা টেবুলৰ ফিল্ডত য'ত ইউনিক ভেল্যু (একেবাৰে বেলেগ ভেল্যু) অন্তৰ্ভুক্ত থাকে, সেইটো আনটোত নাথাকে।আনটো টেবুলৰ ৰিলেচনশ্বিপ ফিল্ডক **'ফৰেনৰ'** বুলি কয়। ৰিলেচনশ্বিপ এক স্পেচিয়েল ডাটাবেচ ভিউত গঠন হয় আৰু ব্যৱস্থিত হৈ থাকে, যাক **ৰিলেচনশ্বিপ উইন্ডো** বুলি কয়।

এটা টেবুলৰ ফিল্ডৰ লগত আনটো টেবুলৰ ফিল্ডত দ্ৰেগ কৰি আপুনি টেবুলৰ মাজত ৰিলেচন (সম্বন্ধ বা সমন্বয়) স্থাপিত কৰিব পাৰে।

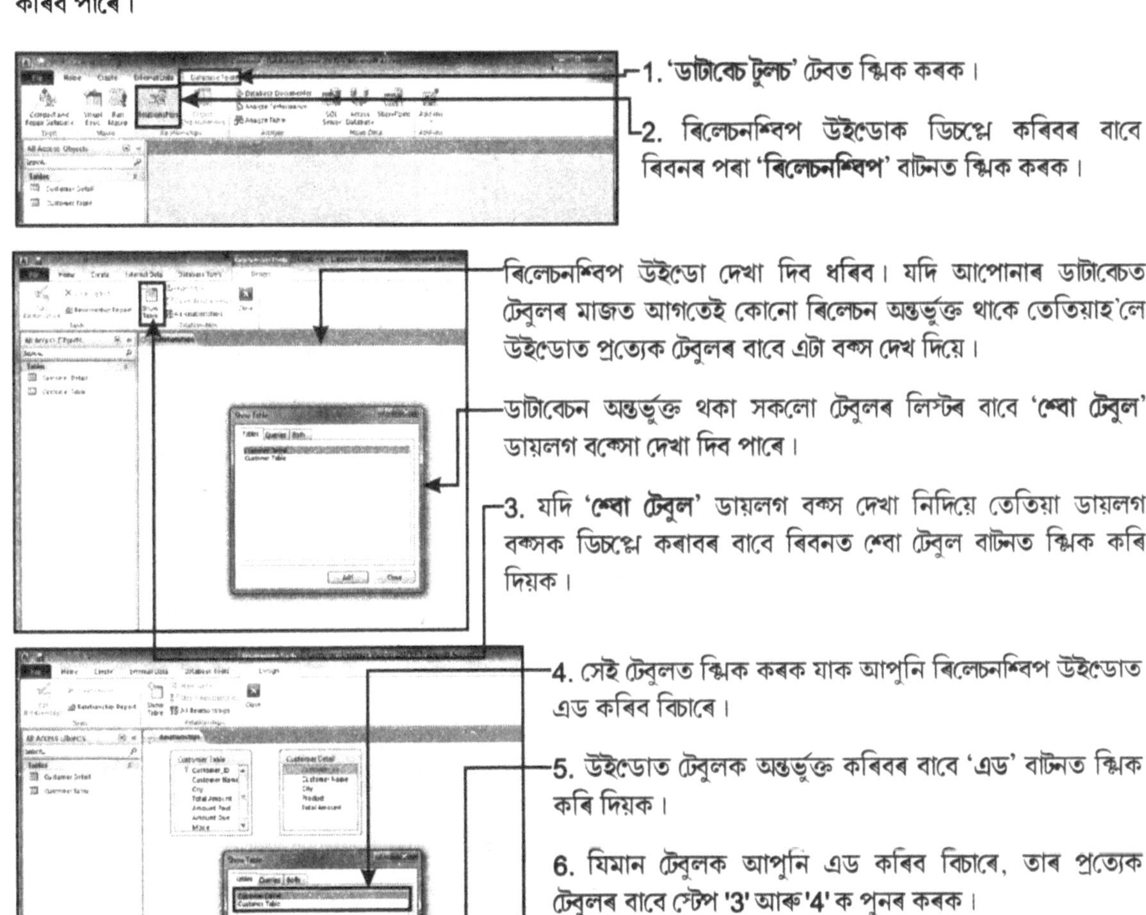

1. 'ডাটাবেচ টুলচ' টেবত ক্লিক কৰক।

2. ৰিলেচনশ্বিপ উইন্ডোক ডিচপ্লে কৰিবৰ বাবে ৰিবনৰ পৰা **'ৰিলেচনশ্বিপ'** বাটনত ক্লিক কৰক।

ৰিলেচনশ্বিপ উইন্ডো দেখা দিব ধৰিব। যদি আপোনাৰ ডাটাবেচত টেবুলৰ মাজত আগতেই কোনো ৰিলেচন অন্তৰ্ভুক্ত থাকে তেতিয়াহ'লে উইন্ডোত প্ৰত্যেক টেবুলৰ বাবে এটা বক্স দেখ দিয়ে।

ডাটাবেচন অন্তৰ্ভুক্ত থকা সকলো টেবুলৰ লিস্টৰ বাবে **'শ্বো টেবুল'** ডায়লগ বক্সো দেখা দিব পাৰে।

3. যদি **'শ্বো টেবুল'** ডায়লগ বক্স দেখা নিদিয়ে তেতিয়া ডায়লগ বক্সক ডিচপ্লে কৰাবৰ বাবে ৰিবনত শ্বো টেবুল বাটনত ক্লিক কৰি দিয়ক।

4. সেই টেবুলত ক্লিক কৰক যাক আপুনি ৰিলেচনশ্বিপ উইন্ডোত এড কৰিব বিচাৰে।

5. উইন্ডোত টেবুলক অন্তৰ্ভুক্ত কৰিবৰ বাবে 'এড' বাটনত ক্লিক কৰি দিয়ক।

6. যিমান টেবুলক আপুনি এড কৰিব বিচাৰে, তাৰ প্ৰত্যেক টেবুলৰ বাবে স্টেপ **'3'** আৰু **'4'** ক পুনৰ কৰক।

7. ৰিলেচনশ্বিপ উইন্ডোত টেবুলক অন্তৰ্ভুক্ত কৰা শেষ কৰাৰ পিছত শ্বো ডায়লগ বক্সক ৰিমুভ (আতৰাব) ৰ বাবে **'ক্লজ'** বাটনত ক্লিক কৰি দিয়ক।

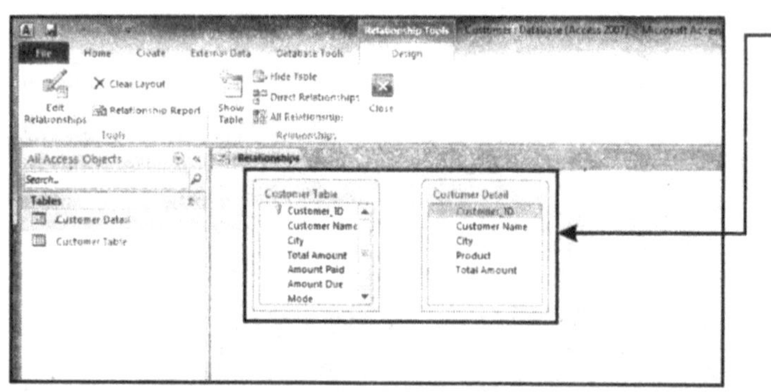

ৰিলেচনশিবপ উইণ্ডো প্ৰত্যেক টেবুলৰ বাবে এটা বক্স ডিচপ্লে কৰে।

প্ৰত্যেক টেবুলৰ প্ৰাইমেৰীৰ (প্ৰাথমিক বাটন) হাইলাইট হৈ যায়। প্ৰাইমেৰীৰ টেবুলৰ প্ৰত্যেক ৰেকৰ্ডক আইডেন্টিফাই কৰে।

টেবুলত মেচিং ফিল্ডচক আইডেন্টিফাই কৰি আপুনি টেবুলৰ মাজত ৰিলেচন প্ৰস্তুত কৰিব পাৰে।

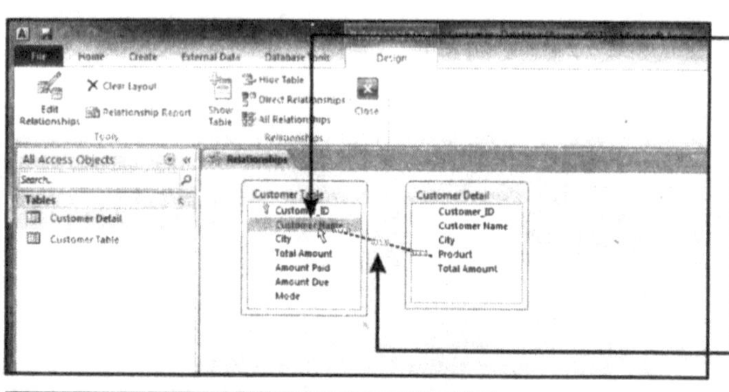

8. মাউচৰ পইন্টাৰক সেই ফিল্ডত ৰাখক যিটোক আপুনি আনটো টেবুলৰ লগত ৰিলেচন ঠিক কৰাত প্ৰয়েগ কৰিব বিচাৰে।

9. মাউচৰ পৰা সেই ফিল্ডক আনটো টিবুলত তেতিয়ালৈকে দ্ৰেগ কৰক যেতিয়ালৈকে মেচিং ফিল্ডত এটা সৰু বক্স দেখা নিদিব।

'**এডিট ৰিলেচনশ্বিপ**' ডায়লগ বক্স দেখা দিব ধৰিব।

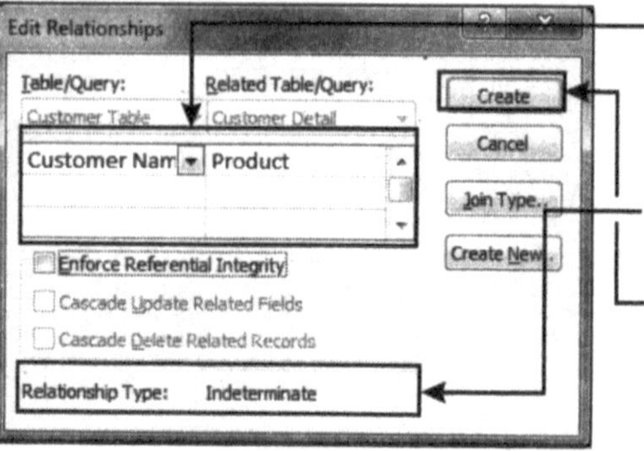

'**টেবুল কোৱেজৰী**' আৰু '**ৰিলেটেড টেবুল কোৱাৰিজ**' সেই টেবুল আৰু মেচিং ফিল্ডচৰ নাম ডিচপ্লে কৰে যাক আপুনি ৰিলেচনশ্বিপৰ বাবে ক্ৰিয়েট কৰে।

'**ৰিলেচনশ্বিপ টাইপ**' ৰিলেচনশ্বিপৰ টাইপক ডিচপ্লে কৰে।

10. ৰিলেচনশ্বিপ ক্ৰিয়েট (প্ৰস্তুত) কৰিবৰ বাবে '**ক্ৰিয়েট**' বাটনত ক্লিক কৰি দিয়ক।

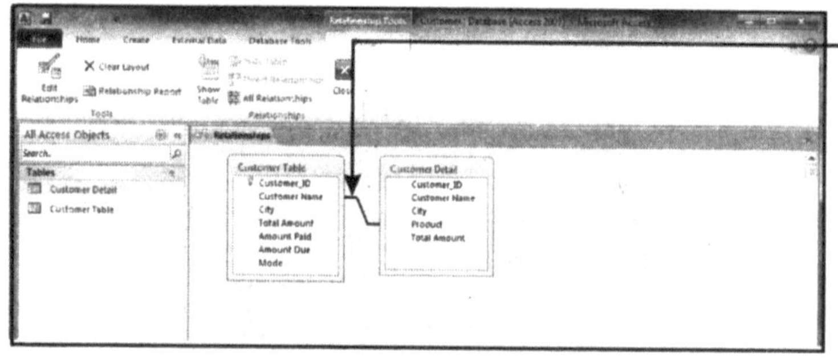

দুটা টেবুলৰ মাজত এটা লাইন ফিল্ডক কানেক্ট (একেলগ) কৰি দিয়ে, যিটো এইটো কয় যে ৰিলেচনশ্বিপ প্ৰস্তুত কৰিছে।

ৰিলেচনশিবপক এডিট (সম্পাদিত) কৰা

ৰিলেচনশ্বিপক ক্ৰিয়েট কৰাৰ পিছত আপুনি এইটো এচিড (সম্পাদিত) কৰি ৰিলেচনশ্বিপৰ নেচাৰ (প্ৰকৃতি) কো সলনি কৰিব পাৰে।

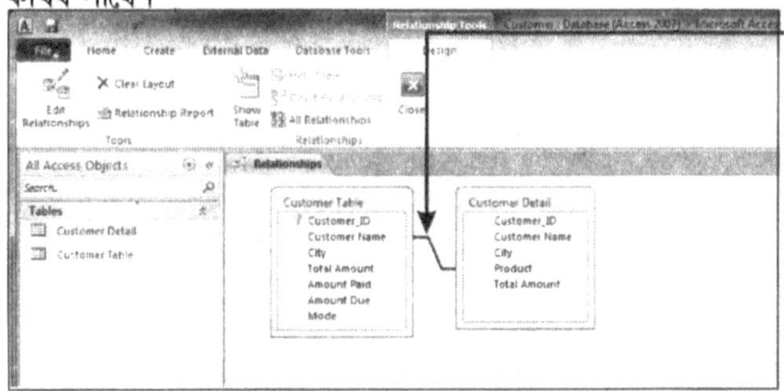

1. ৰিলেচনশ্বিপ উইণ্ডোত দুটা টেবুলক কানেক্ট (একেলগ) কৰা লাইনত ডাবল ক্লিক কৰক।

'এডিট ৰিলেচনশ্বিপ' ডায়লগ বক্স দেখা দিয়ে।

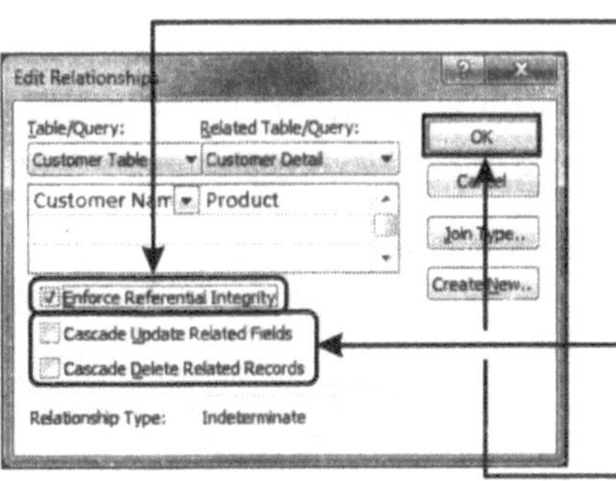

2. ইনফৰ্চ ৰিফ্ৰেঞ্চিয়েল ইন্টিগ্ৰীটিৰ চেক বক্সক চিলেক্ট আৰু ডিচলেক্ট কৰক।

3. যদি আপুনি ইনফৰ্চ ৰিফ্ৰেঞ্চিয়েল ইন্টিগ্ৰীটিৰ চেক বক্সক চিলেক্ট কৰে তেতিয়াহ'লে নিম্নলিখিতত ক্লিক কৰিব পাৰে।

- **'কাস্কেড আপডেট ৰিলেটেড ফিল্ড'** চেক বক্সক চিলেক্ট আৰু ডিচিলেক্ট কৰক।
- **'কস্কেড ডিলিট ৰিলেটেড ৰেকৰ্ডচ্চ'** ক চিলেক্ট আৰু ডিচিলেক্ট কৰক।

4. 'অকে' ত ক্লিক কৰি দিয়ক।

ৰিলেচনশ্বিপক ৰিমুভ কৰা অৰ্থাৎ আতৰোৱা

যদি আপুনি দুটা টেবুলৰ মাজত ৰিলেচনশ্বিপক অধিক সময়লৈকে ৰাখিব নিবিচাৰে, তেতিয়াহ'লে এইটো ডিলিট কৰিব পাৰে।

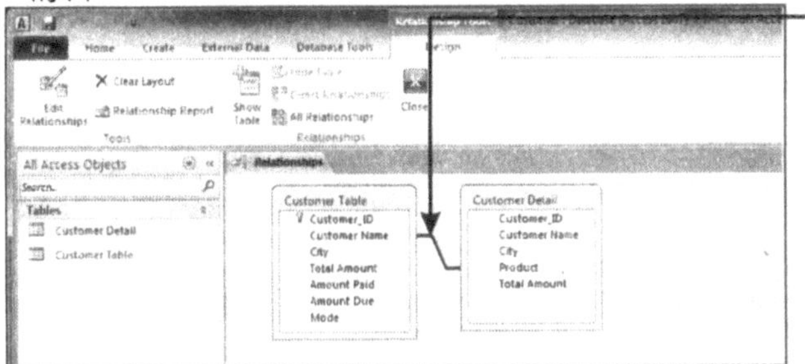

1. যি ৰিলেচনশ্বিপক আপুনি শেষ কৰিব বিচাৰে, সেই টেবুলৰ মাজৰ লাইনত ডাবল ক্লিক কৰক।

2. কি-বৰ্ডেৰে **'ডিলিট'** বাটনত ক্লিক কৰক।

আপুনি দুটা টেবুলৰ মাজৰ লাইনত **'ৰাইট ক্লিক'** কৰক আৰু ইয়াৰ পিছত ইয়াত দেখা পাবৰ বাবে মেনুৰে **'ডিলিট'** টো ক্লিক কৰক এইটো ডিলিট কৰিব পাৰে।

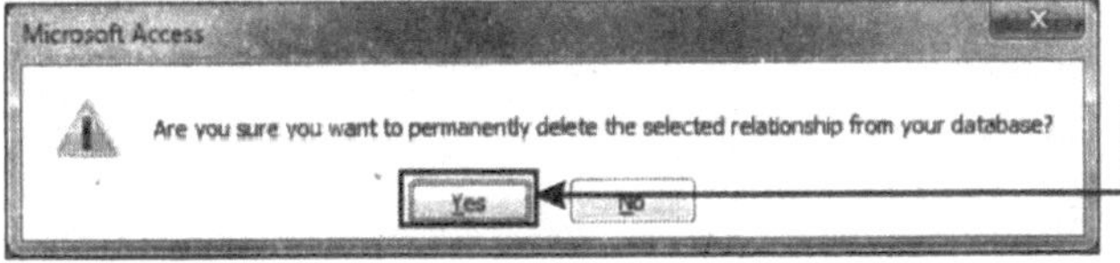

ডিলিট কৰিবৰ বাবে সাৱধান বক্স দেখা দিয়ে।

3. ৰিলেচনশ্বিপক পাৰমানেন্ট (স্থায়ী) ৰূপেৰে ডিলিট কৰিবৰ বাবে 'য়েচ' ত ক্লিক কৰি দিয়ক।

ৰিলেচনশ্বিপক ডিলিট কৰাৰ পূৰ্বে ভালদৰে ভাবি-চিন্তি লব লাগে, কাৰণ ৰিলেচনশ্বিপক ডিলিট কৰাৰ পিছত এইটো আনডু' অৰ্থাৎ ঘূৰাই পাব নোৱাৰে। যদি আপুনি এইটোক ঘূৰাই লব বিচাৰে তেতিয়াহ'লে আকৌ পুনৰ ক্ৰিয়েট কৰিব লাগে।

উইজাৰ্ডৰ প্ৰয়োগ কৰাৰ ফৰ্মক প্ৰস্তুত কৰা

'ফৰ্ম ৱিজাৰ্ড' ৰ প্ৰয়োগ কৰি আপুনি ফৰ্মক ক্ৰিয়েট (প্ৰস্তুত) কৰিব পাৰে। এইটো ৱিজাৰ্ডে আপোনাক প্ৰশ্ন কৰে আৰু আপোনাৰ দ্বাৰা দিয়া উত্তৰৰ অনুসাৰে ফৰ্ম প্ৰস্তুত কৰে। যদি আপুনি টেবুলৰ ডাটাক ফৰ্মত প্ৰয়োগ কৰিব বিচাৰে তেতিয়াহ'লে ফৰ্ম ৱিজাৰ্ডৰ সহায়ৰে আপুনি এনেদৰে কৰিব পাৰে।

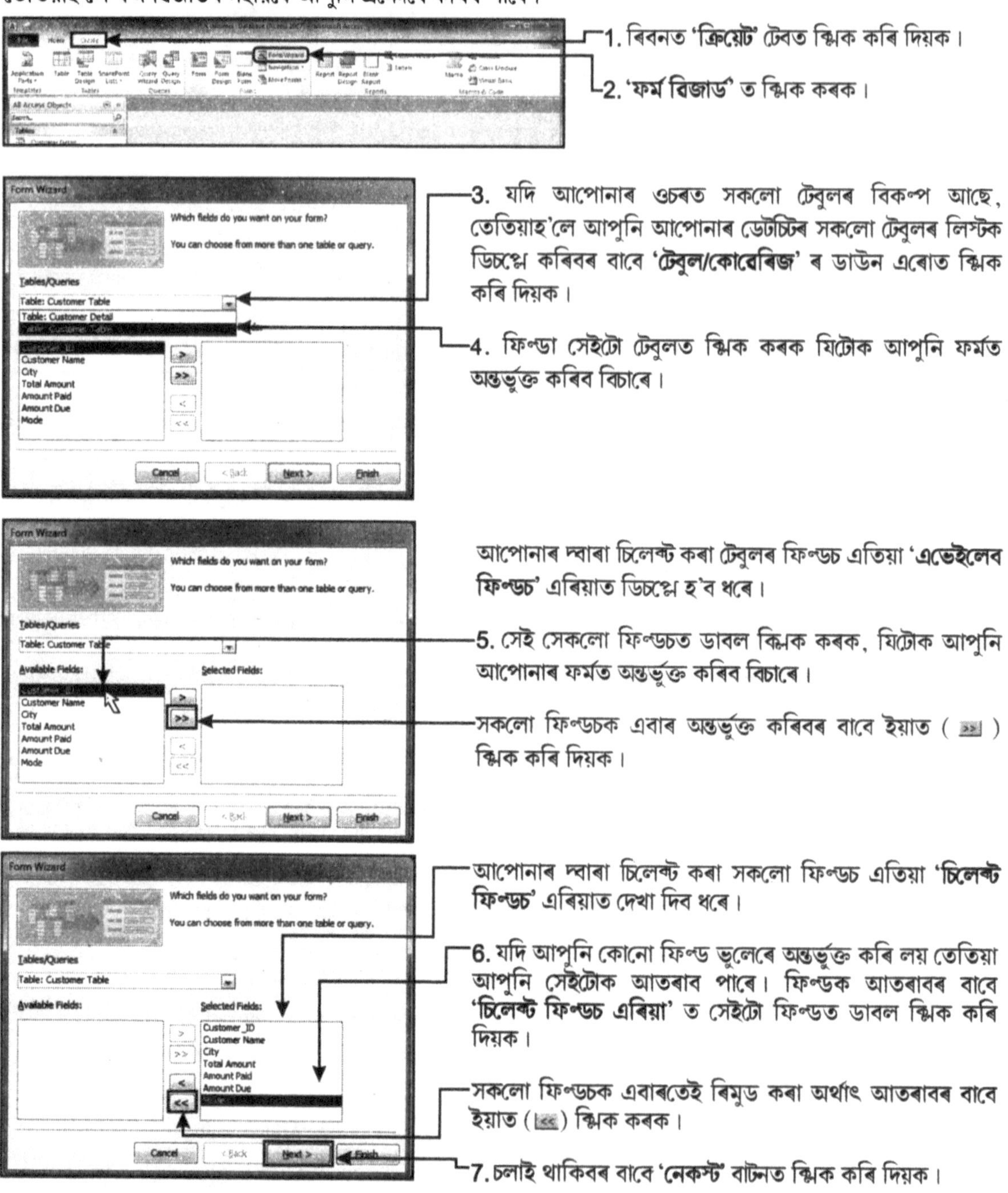

ফৰ্মক প্ৰস্তুত কৰা সময়ত আপুনি কেইবা প্ৰকাৰৰ নিৰ্বাচন কৰিব পাৰে। ফৰ্মৰ লেআউটৰ পৰা সেইটো ফৰ্মত অন্তৰ্ভুক্ত ইনফৰমেচনৰ এৰেঞ্জমেন্ট (ব্যৱস্থা অথবা ক্ৰম) ৰ বিষয়ে গম পোৱা যায়।

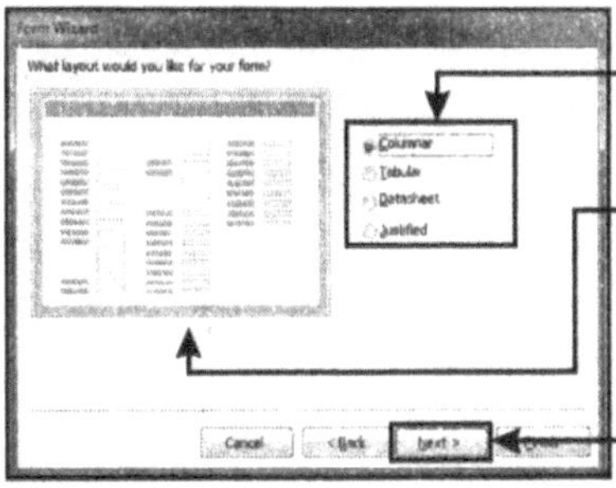

8. আপোনাৰ ফৰ্মৰ বাবে আপুনি যি লে-আউটক প্ৰয়োগ কৰিব বিচাৰে, তাৰ ৰেডিঅ বাটনত কি কৰি দিয়ক।

প্ৰিভিউ এৰিয়াত আপোনাৰ দ্বাৰা চিলেক্ট কৰা লে-আউটৰ চেম্পল দেখা দিয়ে।

9. চলাই থাকিবৰ বাবে নেক্সট' বাটনত ক্লিক কৰক।

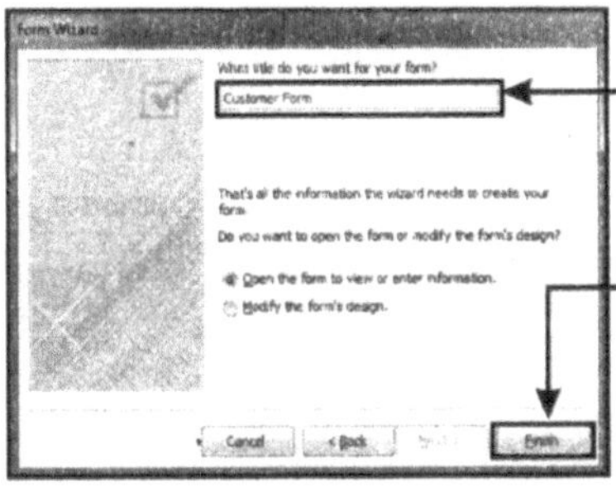

10. আপোনাৰ ফৰ্মৰ বাবে কোনো নাম টাইপ কৰক।

11. ফৰ্মক ক্ৰিয়েট কৰিবৰ বাবে **'ফিনিচ'** বাটনত ক্লিক কৰি দিয়ক।

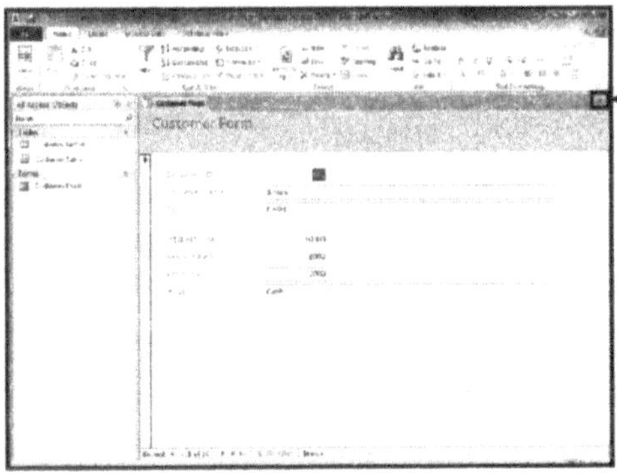

আপোনাৰ দ্বাৰা চিলেক্ট কৰা ফিল্ডৰ নামৰ লগত ফৰ্ম দেখা দিয়ে।

12. ফৰ্মক চোৱাৰ পিছত এইটো ফৰ্মক বন্ধ কৰিবৰ বাবে **'ক্লজ'** বাটনত ক্লিক কৰক। ক্লজ হৈ যায় আৰু আপুনি ডাটাবেচ উইণ্ডোলৈ ঘূৰি আহি যায়।

ফৰ্মত ইনফৰমেচনক ৰিভিউআৰু এডিট কৰিবৰ বাবে আপুনি ইয়াৰ ৰেকৰ্ডচত মুভ কৰিব পাৰে।

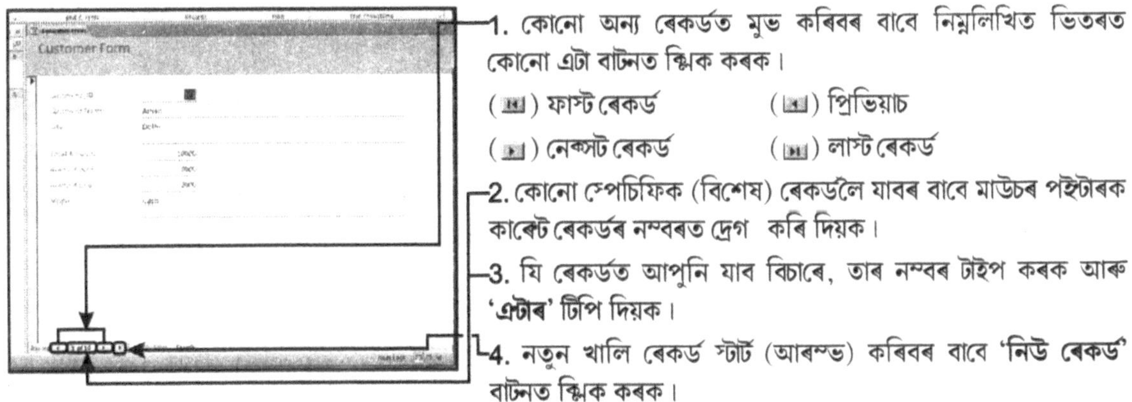

1. কোনো অন্য ৰেকৰ্ডত মুভ কৰিবৰ বাবে নিম্নলিখিত ভিতৰত কোনো এটা বাটনত ক্লিক কৰক।

( ) ফাস্ট ৰেকৰ্ড ( ) প্ৰিভিয়াচ

( ) নেক্সট ৰেকৰ্ড ( ) লাস্ট ৰেকৰ্ড

2. কোনো স্পেচিফিক (বিশেষ) ৰেকৰ্ডলৈ যাবৰ বাবে মাউচৰ পইন্টাৰক কাৰেন্ট ৰেকৰ্ডৰ নম্বৰত দ্ৰেগ কৰি দিয়ক।

3. যি ৰেকৰ্ডত আপুনি যাব বিচাৰে, তাৰ নম্বৰ টাইপ কৰক আৰু **'এন্টাৰ'** টিপি দিয়ক।

4. নতুন খালি ৰেকৰ্ড স্টাৰ্ট (আৰম্ভ) কৰিবৰ বাবে **'নিউ ৰেকৰ্ড'** বাটনত ক্লিক কৰক।

ফৰ্মৰ ভিউ সলনি কৰা

ডিজাইন আৰু লে-আউট ভিউৰ প্ৰয়োগ কৰি আপুনি আপোনাৰ ফৰ্মক কাস্টমাইজ কৰিব পাৰে অৰ্থাৎ নিজৰ হিচাপত চেট কৰিব পাৰে। **'ডিজাইন ভিউ'** ত প্ৰত্যেক অবজেক্ট ফৰ্মত বেলেগ আৰু এডিট কৰাত সক্ষম দেখা দিয়ে। **'লে-আউট ভিউ'** ত আপুনি ফৰ্মত চিধা ফৰ্মৰ কণ্ট্ৰলক আকৌ এবাৰ ব্যৱস্থিত কৰিব পাৰে আৰু তাৰ চাইজক এডজাস্ট (সমাযোজিত) কৰিব পাৰে।

ডিজাইন ভিউ ঃ

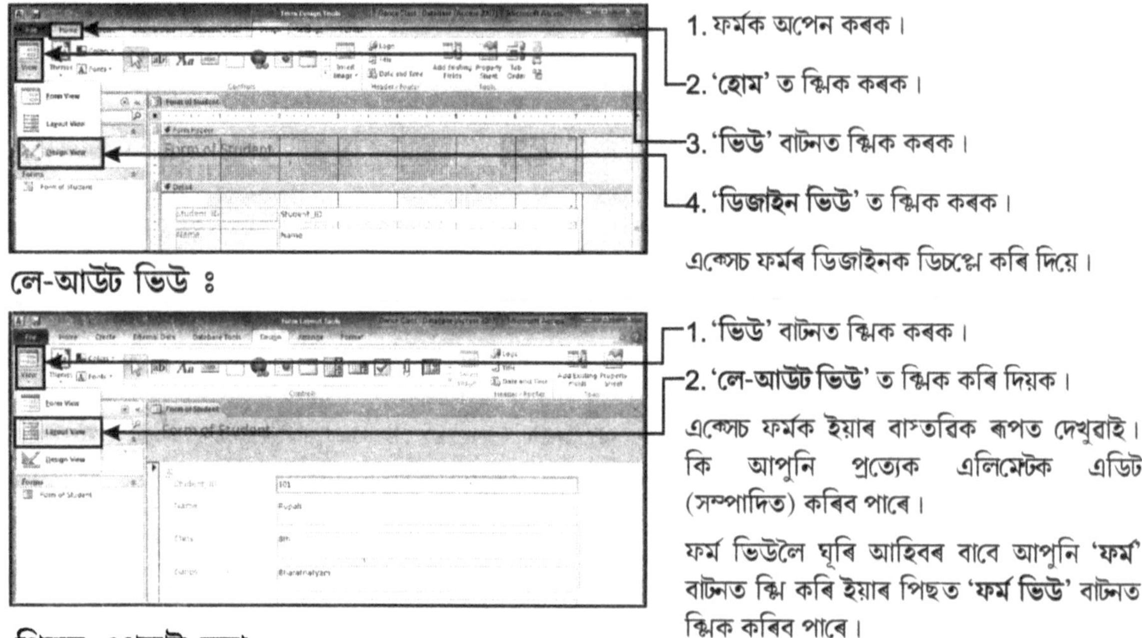

1. ফৰ্মক অপেন কৰক।
2. **'হোম'** ত ক্লিক কৰক।
3. **'ভিউ'** বাটনত ক্লিক কৰক।
4. **'ডিজাইন ভিউ'** ত ক্লিক কৰক।

এক্সেচ ফৰ্মৰ ডিজাইনক ডিচপ্লে কৰি দিয়ে।

লে-আউট ভিউ ঃ

1. **'ভিউ'** বাটনত ক্লিক কৰক।
2. **'লে-আউট ভিউ'** ত ক্লিক কৰি দিয়ক।

এক্সেচ ফৰ্মক ইয়াৰ বাস্তবিক ৰূপত দেখুৱাই। কি আপুনি প্ৰত্যেক এলিমেন্টক এডিট (সম্পাদিত) কৰিব পাৰে।

ফৰ্ম ভিউলৈ ঘূৰি আহিবৰ বাবে আপুনি **'ফৰ্ম'** বাটনত ক্লি কৰি ইয়াৰ পিছত **'ফৰ্ম ভিউ'** বাটনত ক্লিক কৰিব পাৰে।

থিমক এপলাই কৰা

ফৰ্মৰ ডিফাল্ট লুক (অন্য ৰূপ) দিবৰ বাবে, আগৰ পৰা চেট ডিজাইন, কালাৰ আৰু ফন্টৰ প্ৰয়োগ কৰি আপুনি ফৰ্মৰ থিমো সলনি কৰিব পাৰে।

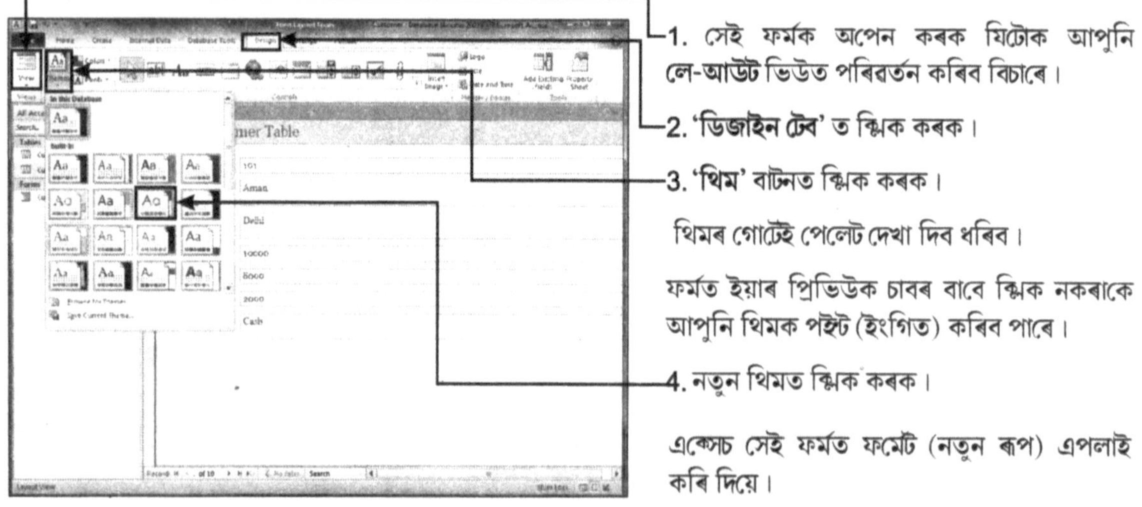

1. সেই ফৰ্মক অপেন কৰক যিটোক আপুনি লে-আউট ভিউত পৰিৱৰ্তন কৰিব বিচাৰে।
2. **'ডিজাইন টেব'** ত ক্লিক কৰক।
3. **'থিম'** বাটনত ক্লিক কৰক।

থিমৰ গোটেই পেলেট দেখা দিব ধৰিব।

ফৰ্মত ইয়াৰ প্ৰিভিউক চাবৰ বাবে ক্লিক নকৰাকে আপুনি থিমক পইন্ট (ইংগিত) কৰিব পাৰে।

4. নতুন থিমত ক্লিক কৰক।

এক্সেচ সেই ফৰ্মত ফৰ্মেট (নতুন ৰূপ) এপলাই কৰি দিয়ে।

কোৱেৰী

এক্সেচ এটা ডাটাবেচ মেনেজমেন্ট চিস্টেম হয়, য'ত কোনো উপযোগী ফিচাৰ অন্তৰ্ভুক্ত থাকে যেনে-প্ৰশ্নৰ উত্তৰ দিয়াৰ ক্ষমতা আদি। যদি আপুনি এক্সেচ বা কোনো অন্য ডাটাবেচেট মেনেজমেন্ট চিস্টেমত কোনো প্ৰশ্ন সোধে তেতিয়াহ'লে সেইটো প্ৰশ্নক কোৱেৰি বুলি কয়। কোৱেৰি এটা সামান্য প্ৰশ্ন সেইটো ৰূপ হয়, যাক এক্সেচে সহজতে বুজাব পাৰে। যদি আপুনি কোনো প্ৰশ্ন উত্তৰ বিচাৰে তেতিয়াহ'লে আপোনাক সকলোতকৈ প্ৰথমে কৰেচপণ্ডিং কোৱেৰি (ব্যৱহাৰিক প্ৰশ্ন) প্ৰস্তুত কৰিব লগীয়া হয়। এবাৰ আপোনাৰ কোৱেৰি প্ৰস্তুত হৈ যোৱাৰ পিছত আপুনি কোৱেৰিক ৰান কৰা অৰ্থাৎ পুৰা কৰিবৰ বাবে এক্সেচক সেইটো দিশ-নিৰ্দেশ দিব পাৰে যাৰ দ্বাৰা আপুনি আপোনাৰ উত্তৰ প্ৰাপ্ত কৰিব পাৰে। উত্তৰ ডাটাচিট ভিউত ডিচপ্লে হ'ব লাগে।

কোৱেৰিক ক্ৰিয়েট (প্ৰস্তুত) কৰা

ডিজাইন ভিউৰ প্ৰয়োগ কৰি আপুনি কোনো কোৱেৰিক মেনুৱেল (নিজৰ মতে) প্ৰস্তুত কৰিব পাৰে। আপুনি ডিজাইন ভিউৰ প্ৰয়োগ কৰে, তেতিয়া কোৱেৰিৰ ডিজাইনৰ বাবে আপোনোৰ ওচৰত বহুত কন্ট্ৰল থাকে। কোৱেৰিক ক্ৰিয়েট কৰিবৰ বাবে নিম্নলিখিত কাৰ্য কৰক।

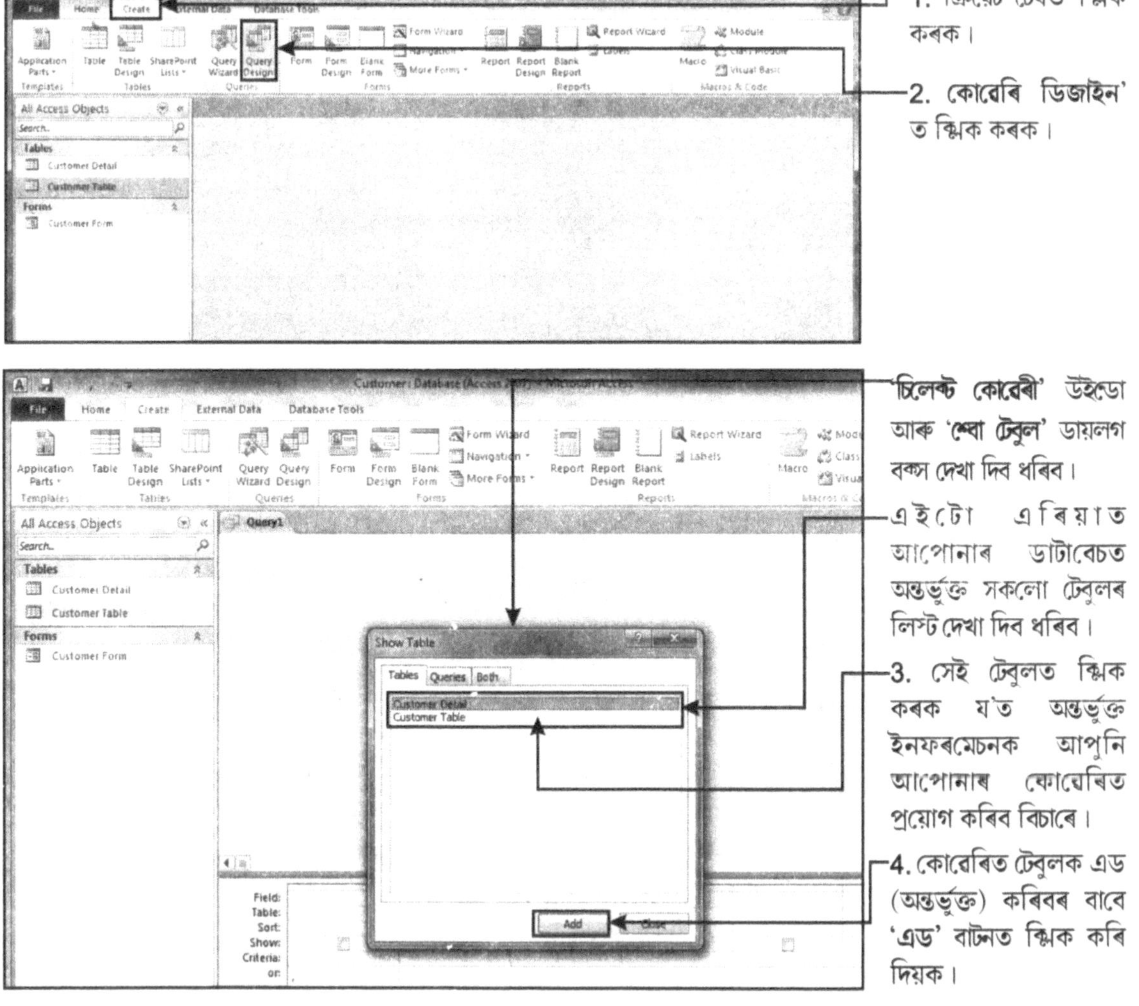

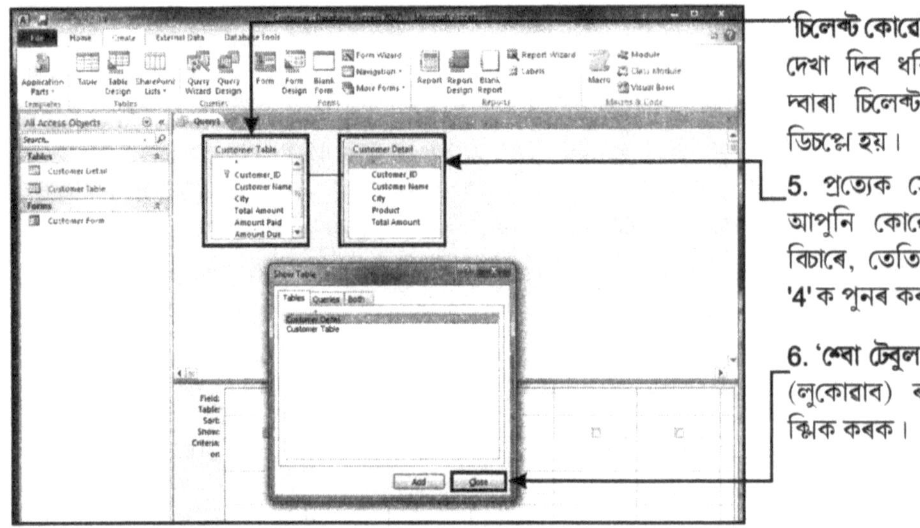

'চিলেক্ট কোৱেৰি উইণ্ডো' ত এটা বক্স দেখা দিব ধৰিব। ইয়াত আপোনাৰ দ্বাৰা চিলেক্ট কৰা টেবুলৰ ফিল্ডচ ডিচপ্লে হয়।

5. প্ৰত্যেক সেই টেবুলৰ বাবে য'ত আপুনি কোৱেৰিত অন্তৰ্ভুক্ত কৰিব বিচাৰে, তেতিয়াহ'লে স্টেপ **'3'** আৰু **'4'** ক পুনৰ কৰক।

6. **'শ্বো টেবুল'** ডায়লগ বক্সক হাইড (লুকোৱাব) ৰ বাবে **'ক্লজ'** বাটনত ক্লিক কৰক।

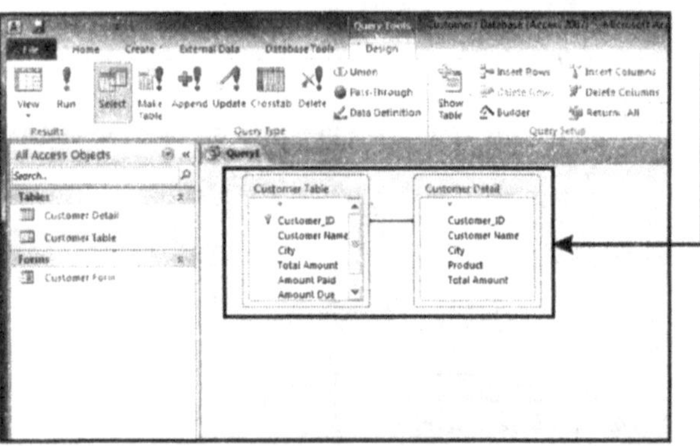

এইটো এৰিয়াত প্ৰত্যেক বক্স টেবুলৰ ফিল্ডচক ডিচপ্লে কৰে।

যদি আপুনি কোনো টেবুলক ভুলেৰে কোৱেৰিত অন্তৰ্ভুক্ত কৰি দিয়ে আৰু সেইটোক আতৰাব বিচাৰে তেতিয়াহ'লে সেইটো টেবুলত ক্লিক কৰক আৰু **'ডিলিট'** টিপি দিয়ক।

এইটোৱে আপোনাৰ টেবুলক কেৱল কোৱেৰিৰ পৰা ডিলিট কৰি দিয়ে, কি ডাটাবেচৰ পৰা নহয়।

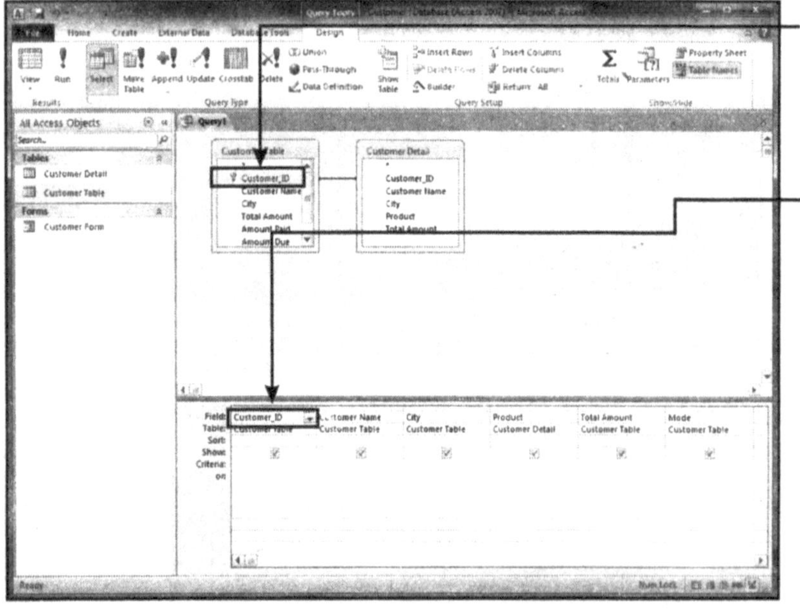

7. আপোনাৰ কোৱেৰিত আপুনি যি ফিল্ডক অন্তৰ্ভুক্ত কৰিব বিচাৰে, তাত মাউচৰ বাওঁৰ পৰা ডাবল ক্লিক কৰক।

আপোনাৰ দ্বাৰা চিলেক্ট কৰা ফিল্ড আৰু টেবুলত অন্তৰ্ভুক্ত এইটো এৰিয়াত ডিচপ্লে হয়।

8. প্ৰত্যেক সেই ফিল্ডৰ বাবে যাক আপুনি কোৱেৰিত অন্তৰ্ভুক্ত কৰিব বিচাৰে, স্টেপ **'7'** ক পুনৰ কৰক।

কোৱেৰি কৰা অৰ্থাৎ তাত কাম কৰা

আপোনাৰ দ্বাৰা কোৱেৰিক প্ৰস্তুত কৰাৰ পিছত ইয়াৰ পৰিণাম জানিবৰ বাবে আপুনি ইয়াক ৰান কৰা অৰ্থাৎ ইয়াৰ ওপৰত কাম কৰাৰ আৱশ্যক হয়। ইয়াৰ বাবে আপুনি ডাটাবেচ টুল বাৰত 'ৰান' বাটনত ক্লিক কৰিব লাগিব। এক্সেচে সেই কাৰ্যক পুৰা কৰিবৰ বাবে আৱশ্যকীয় স্টেপৰ পৰিণামক ডিচপ্লে কৰি দিব। উত্তৰক প্ৰস্তুত কৰা ৰেকৰ্ডৰ্চৰ সমূহ আপোনাৰ ডাটাচিট ভিউত ডিচপ্লে হ'ব। অৱশ্যে এইটো আপোনাৰ ডিক্সত স্টৰ টেবুলৰ দৰে দেখা দিব, কি বাস্তৱত এনে নহয়। এইটো টেবুলত স্টৰ কৰা ডাটা ৰেকৰ্ডৰ্চক প্ৰস্তুত কৰাত ব্যৱহাৰ কৰা হয়। যদি আপুনি কাস্টমাৰ টেবুলত ডাটাক পৰিৱৰ্তন কৰি আকৌ এবাৰ সেই কোৱেৰিক ৰান কৰিব বিচাৰে তেতিয়া পৰিণাম বেলেগ দেখা দিব। কোৱেৰিক ৰান কৰা নিম্নলিখিত পৰ্যায়ৰ পালন কৰক।

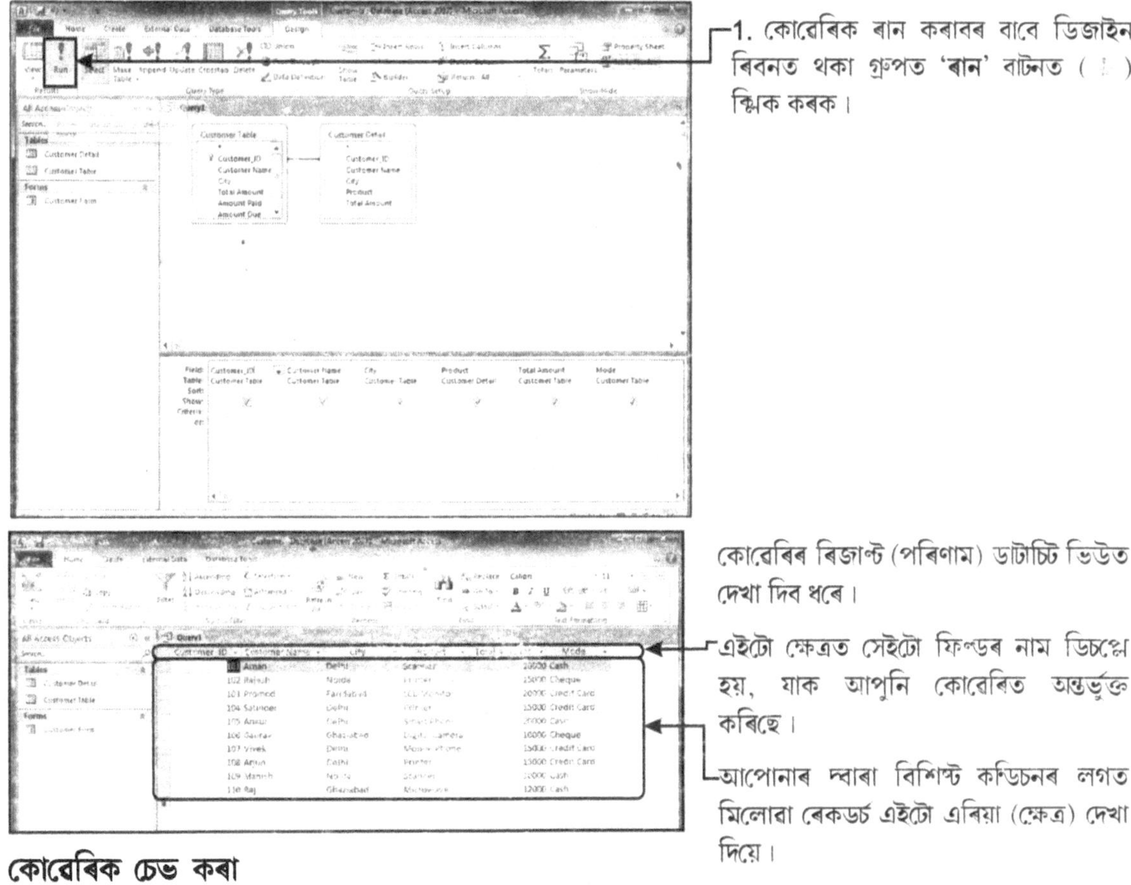

কোৱেৰিক চেভ কৰা

কোৱেৰিক ক্ৰিয়েট কৰা আৰু ৰান কৰালে আপুনি ডাটাবেচ টেবুলত স্টৰ কৰা ডাটাত একো পৰিৱৰ্তন নকৰাকে ডাটাবেচৰ পৰা ইনফৰমেচন প্ৰাপ্ত কৰিব পাৰে। চিলেক্টৰ কৰা কোৱেৰি ডাটাক স্টৰ নকৰে বৰং এইটো টেবুলত স্টৰ ডাটাক প্ৰাপ্ত কৰে। কেতিয়াবা-কেতিয়াবা টেবুলক আনৰ পৰা শ্বেয়াৰ কৰাবৰ বাবে আপোনাক কোৱেৰিৰ পৰিণামক টেবুলৰ ৰূপত চেভকৰি লব লাগে।

1. কি-বৰ্ডেৰে **'কণ্ট্ৰোল আৰু এচ'** ক টিপক।

2. আপোনাৰ কোৱেৰিৰ বাবে কোনো নাম টাইপ কৰক।

3. কোৱেৰিক চেভ কৰিবৰ বাবে **'অকে'** ত ক্লিক কৰক।

আপোনাৰ কোৱেৰিৰ পৰিণাম চোৱাৰ পিছত কোৱেৰিক বন্ধ কৰি ডাটাবেচ উইণ্ডোলৈ ঘূৰি আহিবৰ বাবে **'ক্লজ'** বাটনত (X) ক্লিক কৰক।

কোৱেৰিত ক্ৰাইটেৰিয়া (মানক) ৰ প্ৰয়োগ

ক্ৰাইটেৰিয়াৰ প্ৰয়োগ কৰি আপোনাৰ ডাটাবেচত স্পেচিফিক (বিশিষ্ট) ৰেকৰ্ডচো প্ৰাপ্ত কৰিব পাৰে। ক্ৰাইটেৰিয়া সেইটো কণ্ডিচন (নিয়ম অথবা দশা) হয় যিটো আপোনাৰ দ্বাৰা বিচৰা ৰেকৰ্ডচক আইডেণ্টিফাই কৰে অৰ্থাৎ সেইটোৰ পৰিচয় কৰায়।

টেক্সট ডাটাৰ প্ৰয়োগ

কোৱেৰিৰ প্ৰয়োগ কৰাৰ সময়ত সামান্যতে আপুনি সেই ৰেকৰ্ডচ চাই যিটো কিছুমান ক্ৰাইটেৰিয়া (নিয়ম) ক পুৰা কৰে।যদি আপোনাক ক্ৰেডিট কাৰ্ডৰ দ্বাৰা ভোগতান কৰা কাস্টমাৰৰ লিস্ট চাব বিচাৰে তেতিয়াহ'লে

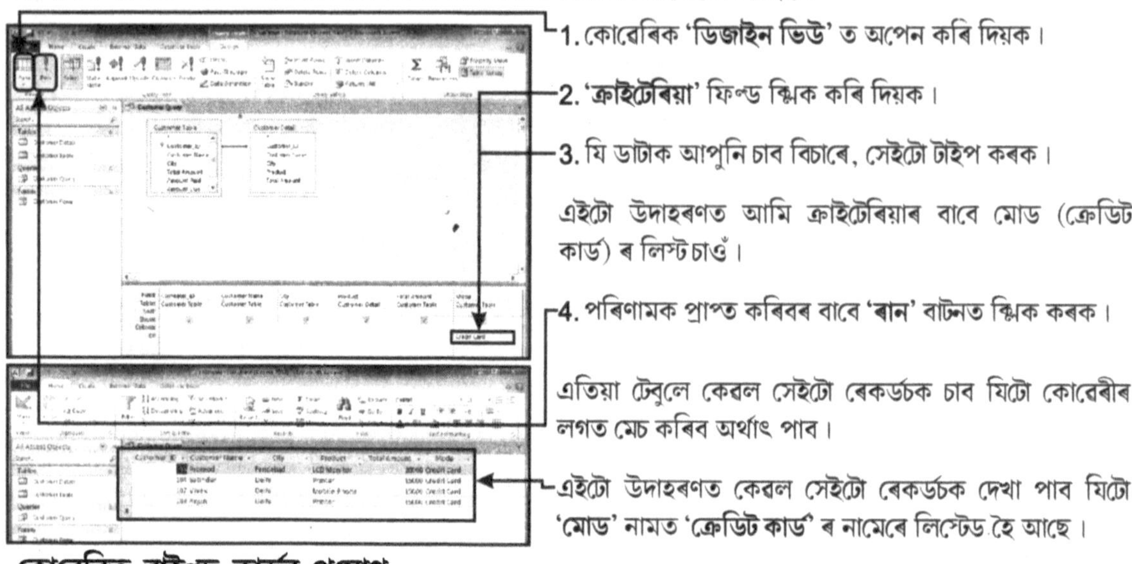

কোৱেৰিত ৱাইল্ড কাৰ্ডৰ প্ৰয়োগ

ৱাইল্ড কাৰ্ডচ সেইটো চিম্বল (চিহ্ন) হয় যিটো কোনো কেৰেক্টাৰ (আখৰ) অথবা কেৰেক্টাৰৰ সমূহক প্ৰদৰ্শিত কৰে। এক্সেচত আপোনাক দুটা ৱাইল্ড কাৰ্ড পাব। এই দুটা ৱাইল্ড কাৰ্ডৰ ভিতৰত প্ৰথমটো **আস্টৰিস্ক** (*) হয় যিটো কেৰেক্টাৰৰ সমূহক ৰিপ্ৰেজেণ্ট (প্ৰদৰ্শিত) কৰে। যেনে ***A** লেটাৰ **'এ'** ক ৰিপ্ৰেজেণ্টে কৰে য'ত আখৰৰ কেইবটাও সমূহ থাকে। আনটো ৱাইল্ডকাৰ্ড চিহ্ন **প্ৰশ্নবাচক চিহ্ন (?)** হয়। যিটো কেৱল কোনো এটা কেৰেক্টাৰক ৰিপ্ৰেজেণ্ট কৰে। যেনে **(Aman)** এইটো লেটাৰক পুৰা কৰা এটা আখৰ এমক ৰিপ্ৰেজেণ্ট কৰে। এইটো হ'ল (Aman)।

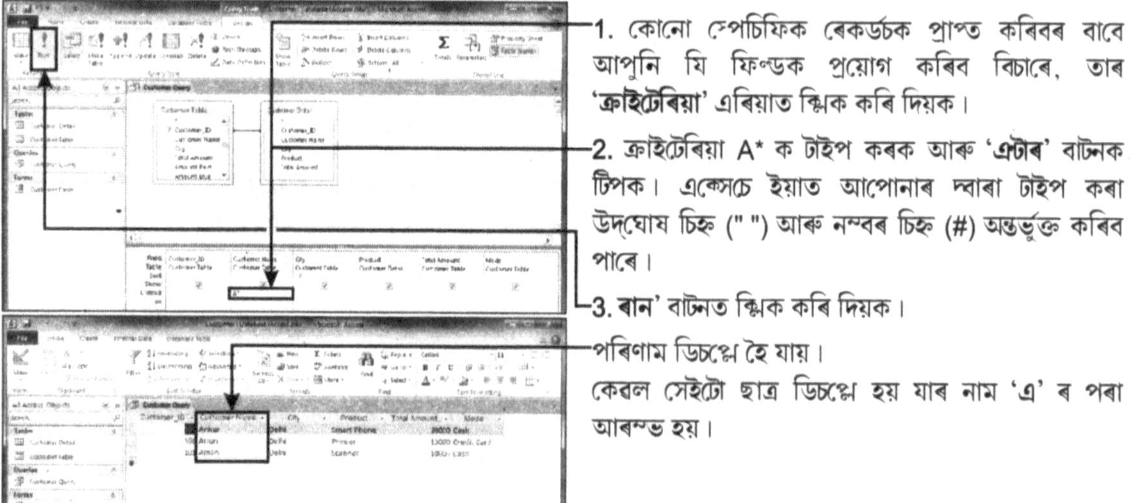

তুলনাত্মক অপাৰেটৰ প্ৰয়োগ

যদি আপুনি স্পেচিফাই নকৰে তেতিয়া এক্সেচে এইটো মানি চলে যে আপোনাৰ দ্বাৰা এণ্টাৰ কৰা ক্ৰাইটেৰিয়াৰ সমানতা (একেবাৰে সেইটো) হয়। অৰ্থাৎ একেবাৰে সেইটো ৰেকৰ্ডৰ্চ মেচ হোৱা ৰিজাল্ট ডিচপ্লে হয়। যদি আপুনি তাৰ পৰা বেলেগ বিচাৰো তেতিয়াহ'লে আপোনাক কিছুমান তুলনাত্মক অপাৰেটৰ প্ৰয়োগ কৰিব লাগিব। তুলনাত্মক অপাৰেট এইটো হয়। (তাতকৈ অধিক বা গ্ৰেটাৰ দেন), **<** (তাতকৈ কম বা লেচ দেন), **>=** (তাতকৈ অধিক বা সমান অৰ্থাৎ গ্ৰেটাৰ দেন এণ্ড একোৱেল টু), **<=** (তাতকৈ কম বা সমান অৰ্থাৎ তাতকৈ কম বা সমান)] **NOT** (সমান নহয়)

সেইটো কাস্টমাৰক ফাইণ্ড কৰা অৰ্থাৎ বিচাৰে যাৰ ভোগতান 15000 বা তাতকৈ অধিক হয়।

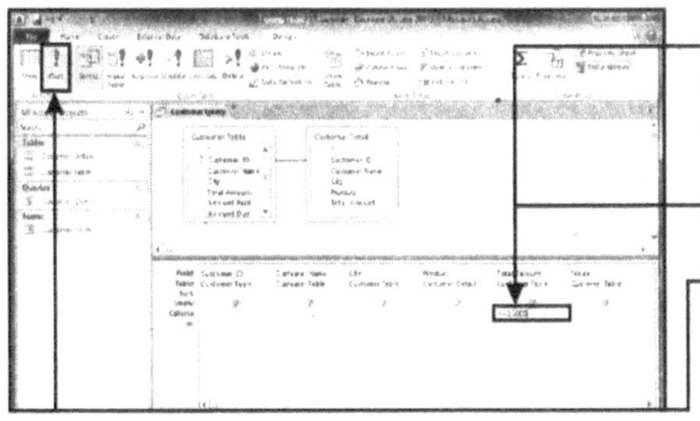

1. স্পেচিফিক ৰেকৰ্ডচক প্ৰাপ্ত কৰাত আপুনি যি ফিল্ডক প্ৰয়োগ কৰিব বিচাৰে, তাৰ '**ক্ৰাইটেৰিয়া এৰিয়া**' ত ক্লিক কৰি দিয়ক।
2. ক্ৰাইটেৰিয়া টাইপ কৰক (>=15000)
3. '**ৰান**' বাটনত ক্লিক কৰক।

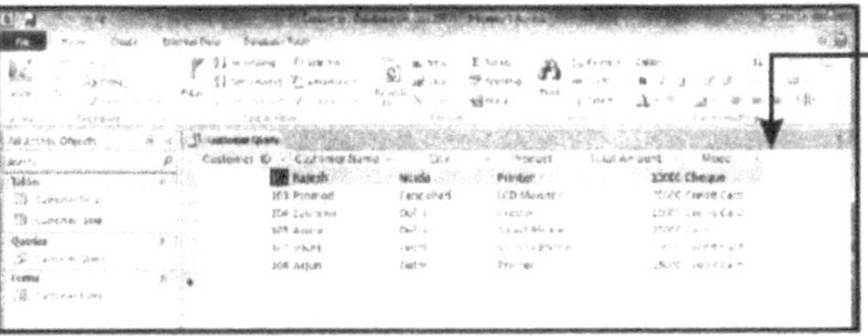

কোৱেৰিৰ পৰিণাম দেখা দিব ধৰে।

এইটো উদাহৰণত এক্সেচ সেইটো কাস্টমাৰক বিচাৰি ডিচপ্লে কৰে যাৰ পেইমেণ্ট (ভোগতান) 15000 বা তাতকৈ অধিক হয়।

কোৱেৰিত ডাটাক চাৰ্ট কৰা

কোৱেৰিত চাৰ্টিং বহুত গুৰুত্বপূৰ্ণ হ'ব পাৰে। আপুনি কাস্টমাৰৰ পৰা কিনা প্ৰডাক্ট (বস্তু) ৰ লিস্ট চাব বিচাৰে আৰু সেইটোক এলফাবেট অৰ্ডাৰ (শব্দ ক্ৰম) ৰ অনুসাৰে ব্যৱস্থিত কৰিব বিচাৰে।

1. কোৱেৰিৰ পৰিণাতক চাৰ্ট কৰিবৰ বাবে আপুনি যি ফিল্ডক প্ৰয়োগ কৰিব বিচাৰে, তাৰ '**চাৰ্ট**' এৰিয়াত ইক্লক কৰি দিয়ক।

   এটা ডাউন এৰো দেখা দিব ধৰে।
2. ডাউন এৰো বাটনত ক্লিক কৰি দিয়ক।
3. সেইটো হিচাবেৰে ক্লিক কৰক যিদৰে আপুনি চাৰ্ট কৰিব বিচাৰে। যেনে-এচেণ্ডিং (তলৰ ক্ৰমৰ পৰা ওপৰৰ ক্ৰমত) বা যিকোনো ক্ৰম (নোট স্টৌৰ্ড)।
4. '**ৰান**' বাটনত ক্লিক কৰক।

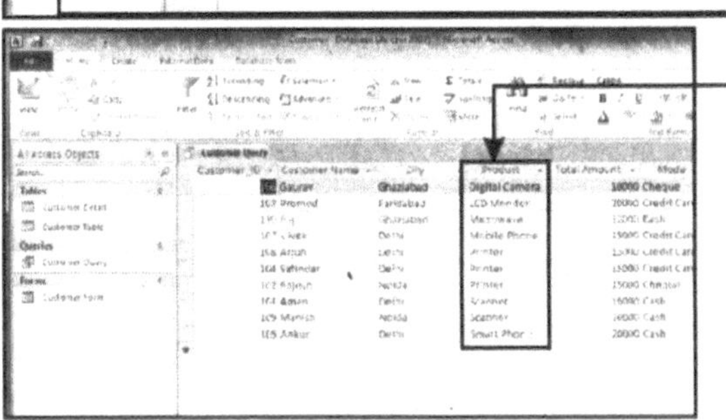

ৰেকৰ্ডচ আপোনাৰ দ্বাৰা ঠিক কৰা ক্ৰমৰ অনুসাৰে ডিচপ্লে হয়। এইটো উদাহৰণত প্ৰডাক্ট এচেণ্ডিং (তলৰ পৰা ওপৰৰ ক্ৰম) ত স্টৰ হয়।

স্টেপ **'1'** ৰ পৰা **'3'** লৈকে পুনৰ কৰক। যদি আপুনি কোনো কোৱেৰিৰ পৰিণামক চাৰ্ট কৰাত কোনো ফিল্ডৰ অধিক সময়লৈকে প্ৰয়োগ কৰিব নিবিচাৰে, তেতিয়াহ'লে স্টেপ **'3'** ত (নোট স্টৌৰ্ড) চিলেক্ট কৰক।

ৰিপৰ্ট ক্ৰিয়েট কৰা

ৰিপৰ্ট কোৱেৰি আৰু টেবুলৰ পৰা ডাটাক ডিচপ্লে কৰাৰ মাধ্যম হয়। আপোনাৰ দ্বাৰা ৰিপৰ্ট ডাটাক এক ব্যৱস্থিত ক্ৰমত প্ৰস্তুত কৰে। ইয়াৰ ফৰ্মেট (ৰূপ) বহুত শক্তিশালী হয়। আপুনি ডিচপ্লেৰ বাবে ফিল্ডচক চিলেক্ট কৰিব নোৱাৰে। উদাহৰণৰ বাবে ঃ ৰিপৰ্ট নিজে নিজে সকলো ফিল্ডক অন্তৰ্ভুক্ত কৰি লয় আৰু সেইটোক টেবুলৰ ক্ৰমত ডিচপ্লে কৰে।

ৰিপৰ্ট টুলৰ প্ৰয়োগত আনি সাধাৰণ ৰিপৰ্ট প্ৰস্তুত কৰা

ৰিপৰ্ট টুলৰ প্ৰয়োগ কৰি আপুনি এটা সাধাৰণ ৰিপৰ্ট প্ৰস্তুত কৰিব লাগে, কাৰণ এইটো সূচনাৰ অবিহনে তথ্য বিচাৰি শীঘ্ৰে এটা ৰিপৰ্ট প্ৰস্তুত কৰি দিয়ে। ৰিপৰ্টে সকলো ফিল্ডচক আণ্ডাৰলাইন টেবুলৰ মাধ্যমেৰে ডিচপ্লে কৰে। আপুনি ৰিপৰ্টক চেভকৰিব পাৰে আৰু শ্ৰেষ্ঠ প্ৰস্তুতিৰ বাবে এইটোক লে-আউট ভিউ আৰু ডিজাইন ভিউত মডিফাইও কৰিব পাৰে।

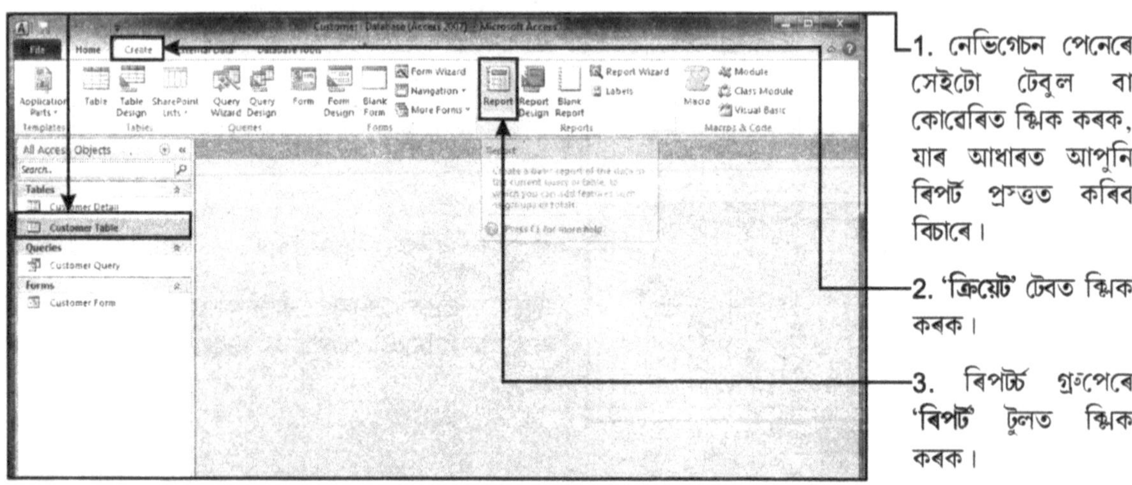

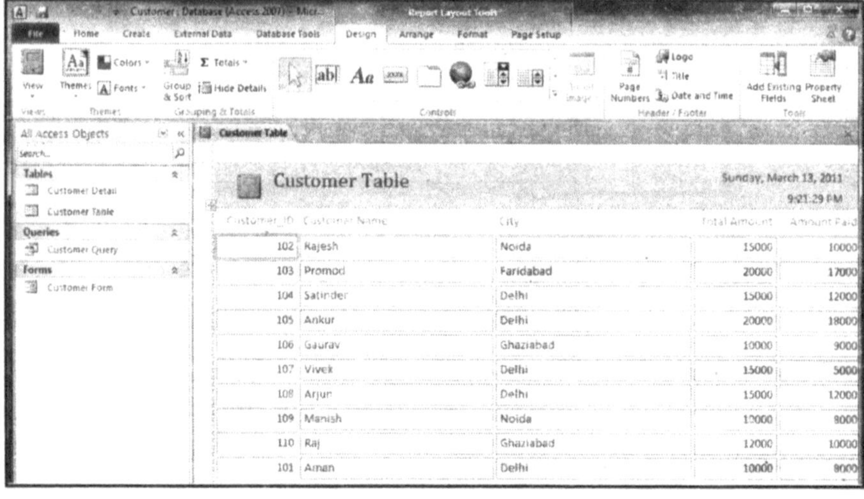

একেসচে এটা ৰিপৰ্ট প্ৰস্তুত কৰি দিয়ে আৰু এইটোক লে-আউট ভিউত ডিচপ্লে কৰে।

ৰিপৰ্টক চোৱাৰ পিছত আপুনি এইটোক চেভকৰিব পাৰে। ইয়াৰ বাদেও ৰেকৰ্ডৰ বাবে চাৰ্টৰ ৰূপত প্ৰয়োগ হোৱা আণ্ডাৰলাইন টেবুল আৰু এইটো ৰিপৰ্ট দুটাকে ক্লজ কৰিব পাৰে।

ৰিপৰ্ট উইজাৰ্ডৰ প্ৰস্তুত কৰি ৰিপৰ্ট ক্ৰিয়েট কৰা

ব্যৱসায়িক ডিজাইনৰ ৰিপৰ্টক প্ৰস্তুত কৰিবৰ বাবে আপুনি **'ৰিপৰ্ট উইজাৰ্ড'** ৰ প্ৰয়োগ কৰিব পাৰে। আপুনি এইটোও স্পেচিফাই কৰিব পাৰে যে ডাটাই কেনেদৰে গ্ৰুপত স্টৰ হৈ থাকিব পাৰে। আপুনি এটাতকৈ অধিক টেবুলৰ পৰা ফিল্ডচৰ প্ৰয়োগ কৰিব পাৰে।

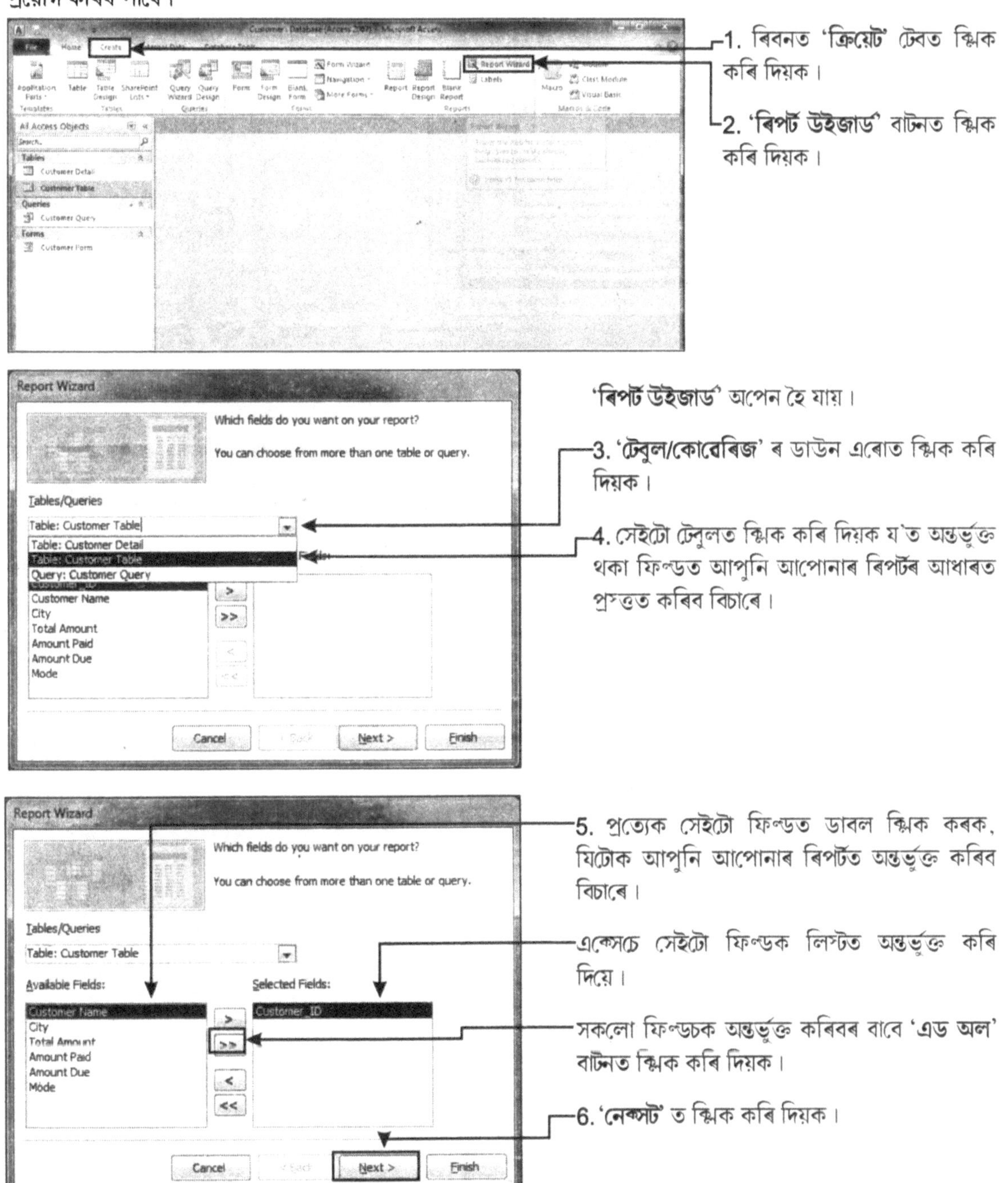

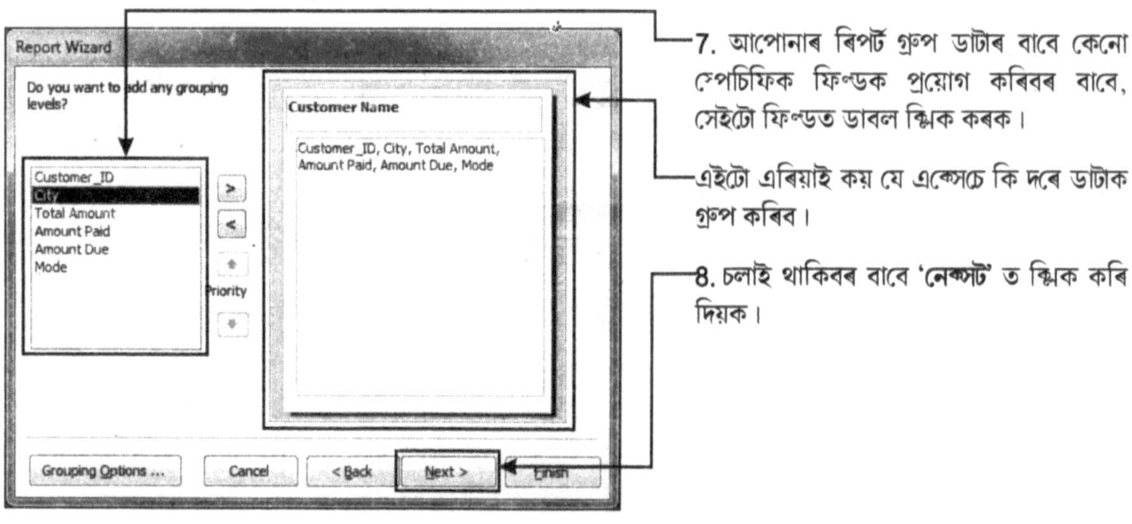

7. আপোনাৰ ৰিপৰ্ট গ্ৰুপ ডাটাৰ বাবে কেনো স্পেচিফিক ফিল্ডক প্ৰয়োগ কৰিবৰ বাবে, সেইটো ফিল্ডত ডাবল ক্লিক কৰক।

এইটো এৰিয়াই কয় যে এক্সেচে কি দৰে ডাটাক গ্ৰুপ কৰিব।

8. চলাই থাকিবৰ বাবে **'নেক্সট'** ত ক্লিক কৰি দিয়ক।

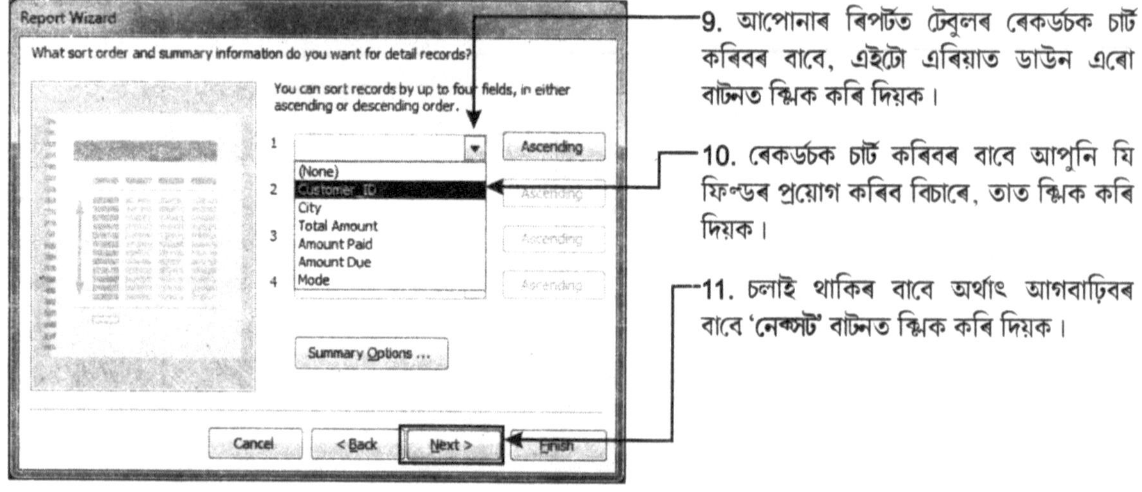

9. আপোনাৰ ৰিপৰ্টত টেবুলৰ ৰেকৰ্ডচক চৰ্ট কৰিবৰ বাবে, এইটো এৰিয়াত ডাউন এৰো বাটনত ক্লিক কৰি দিয়ক।

10. ৰেকৰ্ডচক চৰ্ট কৰিবৰ বাবে আপুনি যি ফিল্ডৰ প্ৰয়োগ কৰিব বিচাৰে, তাত ক্লিক কৰি দিয়ক।

11. চলাই থাকিৰ বাবে অৰ্থাৎ আগবাঢ়িবৰ বাবে **'নেক্সট'** বাটনত ক্লিক কৰি দিয়ক।

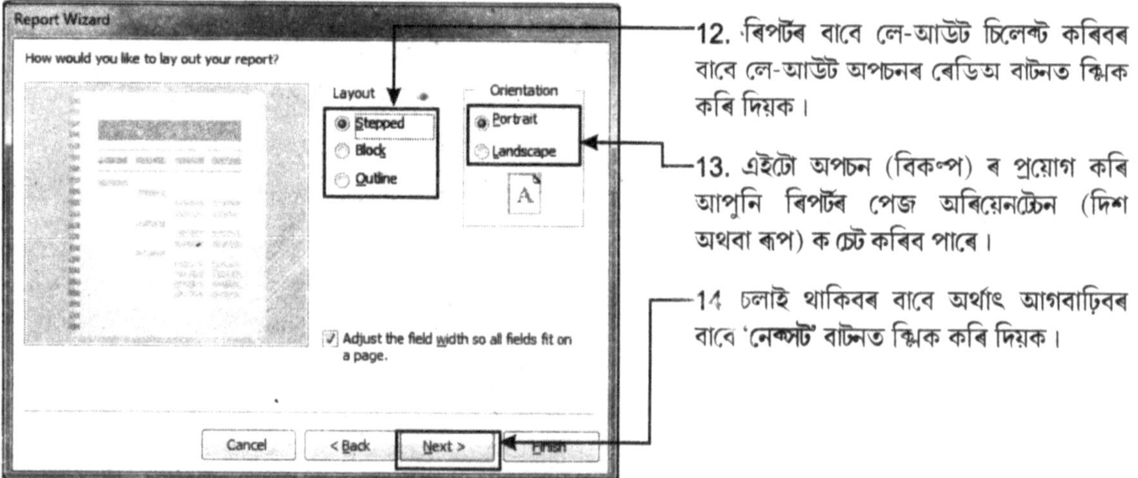

12. ৰিপৰ্টৰ বাবে লে-আউট চিলেক্ট কৰিবৰ বাবে লে-আউট অপচনৰ ৰেডিঅ' বাটনত ক্লিক কৰি দিয়ক।

13. এইটো অপচন (বিকল্প) ৰ প্ৰয়োগ কৰি আপুনি ৰিপৰ্টৰ পেজ অৰিয়েন্টেচন (দিশ অথবা ৰূপ) ক চেট কৰিব পাৰে।

14 চলাই থাকিবৰ বাবে অৰ্থাৎ আগবাঢ়িবৰ বাবে **'নেক্সট'** বাটনত ক্লিক কৰি দিয়ক।

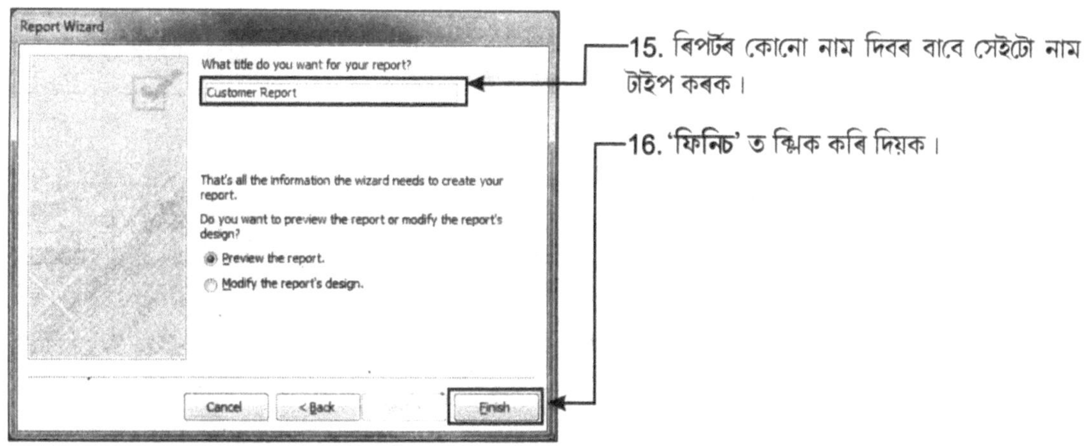

15. ৰিপৰ্টৰ কোনো নাম দিবৰ বাবে সেইটো নাম টাইপ কৰক।

16. 'ফিনিচ' ত ক্লিক কৰি দিয়ক।

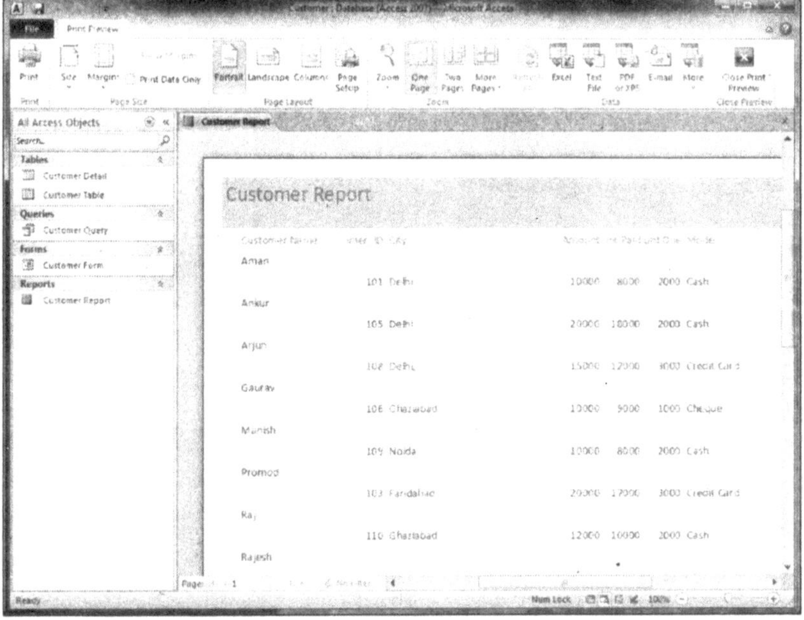

এক্সেচ ৰিপৰ্টক ক্ৰিয়েট (প্ৰস্তুত) কৰি দিয়ে আৰু সেইটো 'প্ৰিন্ট প্ৰিভিউ' মোড (ৰূপ) ডিচপ্লে কৰে।

11 করেল দ্র

করেল দ্র এক বেক্টৰ আধাৰিত দ্ৰইং প্ৰগ্ৰেম হয় যিটো ব্যৱসায়িক আৰ্ট ৱৰ্ক (কলাকৃতি) ক প্ৰস্তুত কৰাত সহজতা প্ৰদান কৰে করেল দ্র টেক্সটত কাৰ্য কৰাৰ ক্ষমতাও বঢ়াই দিয়ে। ৰাইটিং টুলচৰ সহায়েৰে আপুনি টেক্সট ইণ্টেহিচিভ প্ৰজেক্টো প্ৰস্তুত কৰিব পাৰে। যেনে-ইয়াত ব্ৰউচাৰ আৰু ৰিপৰ্টাচৰ প্ৰস্তুত কৰাৰ পূৰ্বে বহুত সহজ হৈ যায়। যদি আপুনি করেল দ্রত কাৰ্য কৰাৰ অভ্যস্ত নহয় আৰু ইয়াৰ পৰা অপৰিচিত হয় তেতিয়াও আপুনি ইয়াৰ টুলচৰ লগত পৰিচিত হোৱাত অধিক সময় নালাগিব আৰু প্ৰগ্ৰেমক নিৰন্তৰে পোৱা ফেডবেকৰ পৰা আপুনি ইয়াৰ ওপৰত তীব্ৰতাৰে কাম কৰিব পাৰিব। যদি আপুনি আগতেও করেল দ্রুত কাৰ্য কৰিছে তেতিয়াহ'লে আপুনি সোনকালে নতুন টুলচ আৰু আধুনিক ফিচাৰ্চৰ লগত পৰিচিত হৈ যাব যিটো আপোনাৰ সকলো গ্ৰাফিক্সক ডিজাইন কৰা আৰু পাবলিশ কৰাৰ ক্ষমতাত বৃদ্ধি কৰি দিব।

করেল দ্রক আৰম্ভ কৰা

উইণ্ডোৰ অন্য প্ৰগ্ৰেমৰ দৰেই করেল দ্রকো আপুনি স্টাৰ্ট মেনুৰে আৰম্ভ কৰিব পাৰে।

1. **'স্টাৰ্ট'** বাটনত ক্লিক কৰক। স্টাৰ্ট মেনু দেখা দিব।
2. **'অল প্ৰগ্ৰেম'** ত ক্লিক কৰক।
3. **'করেল দ্র গ্ৰাফিক্স চুইট এক্স 5'** ত ক্লিক কৰক। করেল দ্র গ্ৰাফিক চুইট এক্স 5 ক সকলো ফোল্ডাৰ দেখা দিয়ে।
4. **'করেল দ্র এক্স 5'** ত ক্লিক কৰক।

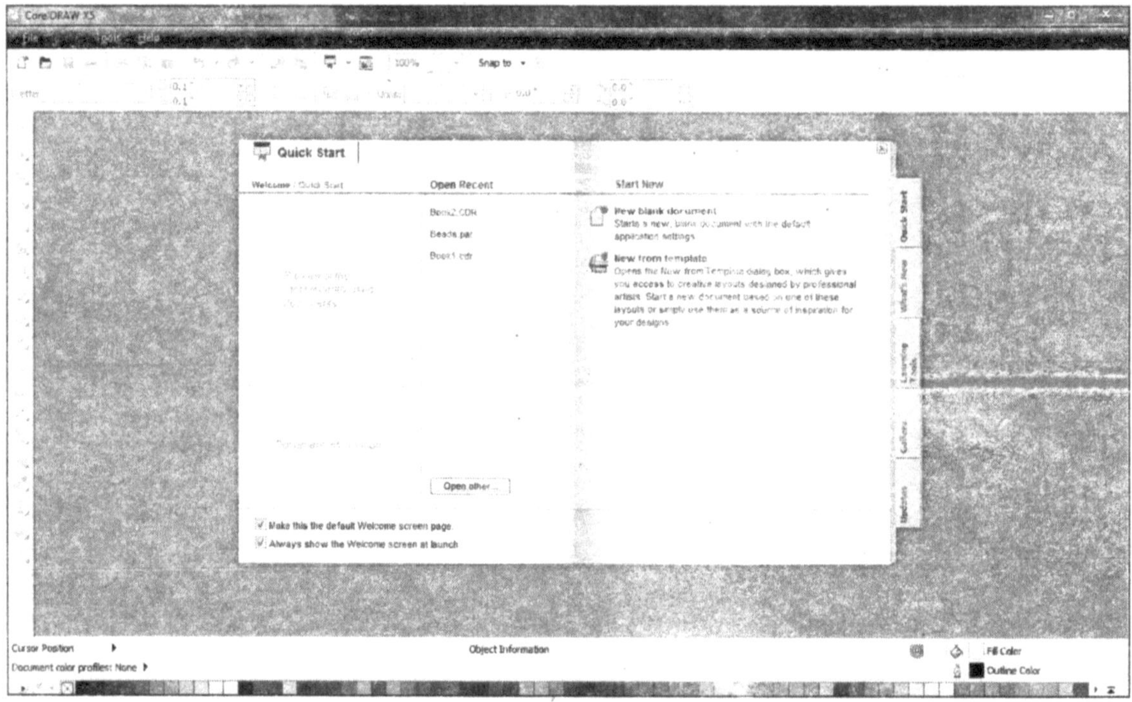

'কুইক স্টাৰ্ট' উইণ্ডো দেখা দিয়ে য'ত আপুনি কিছু কমন অপচনে দেখা পাব। এইটো আৰম্ভণিত ব্যৱহাৰ হয়।

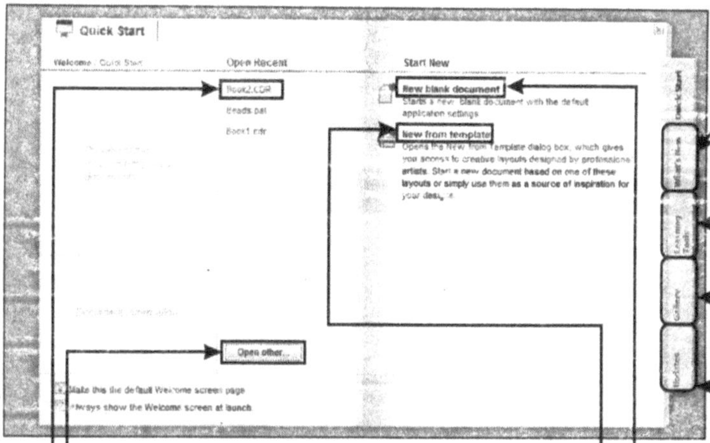

নতুন ফিচাৰ্চ ঃ কৰেল দ্ৰ এক্স 4 ত লিংকচ আৰু এক্সপ্লেন আদিৰ দৰে নতুন ফিচাৰ্চ আছে।

লাৰ্নিং টুলচ ঃ অনলাইন হেল্প আৰু নিৰ্দেশৰ বিভিন্ন শ্ৰেণীৰে চিলেক্ট কৰাত সক্ষম কৰাই। যেনে-কৰেল টিউটৰ।

গেলেৰী ঃ কৰেল দ্ৰত থকা বিভিন্ন পিকচাৰক প্ৰদৰ্শন কৰে।

আপডেটচ ঃ কৰেল দ্ৰ এক্স 5 ৰ নবীনতম ফিচাৰ্চক আপডেট কৰাত সক্ষম হয়।

অপেন আদাৰ ঃ অপেন দ্ৰইং ডায়লগ বক্সক খুলি দিয়ে, যৰ পৰা আপুনি চেভ কৰা কোনো গ্ৰাফিক ফাইলক চিলেক্ট কৰিব পাৰে।

অপেন ৰিচেন্ট ঃ এইটো সেই শেষৰ গ্ৰাফিক ইমেজ ফাইলক অপেন কৰে যাৰ ওপৰত আপুনি কাম কৰিছিল।

নিউ ব্লক ডকুমেন্ট ঃ নতুন খালি ডকুমেন্টক প্ৰস্তুত কৰে য'ত আপুনি কোনো গ্ৰাফিকক ডিজাইন কৰিব পাৰে।

নিউ ফ্ৰম টেম্পলেট ঃ আগৰ পৰা ডিজাইন কৰা পেজ টেম্পলেটৰে নিৰ্বাচনত সক্ষম কৰাই যাৰ আধাৰত আপুনি কোনো ডিজাইনক আৰম্ভ কৰিব পাৰে।

5. 'নিউ ব্লেংক ডকুমেন্টত' ক্লিক কৰা।

'নিউ ডকুমেন্ট' ডায়লগ বক্সক ক্ৰিয়েট কৰি দিয়ে য'ত আপুনি ডকুমেন্ট প্ৰপাৰ্টিজৰ বিস্তৃত ৰেংক স্পেচিফাই কৰিব পাৰে।

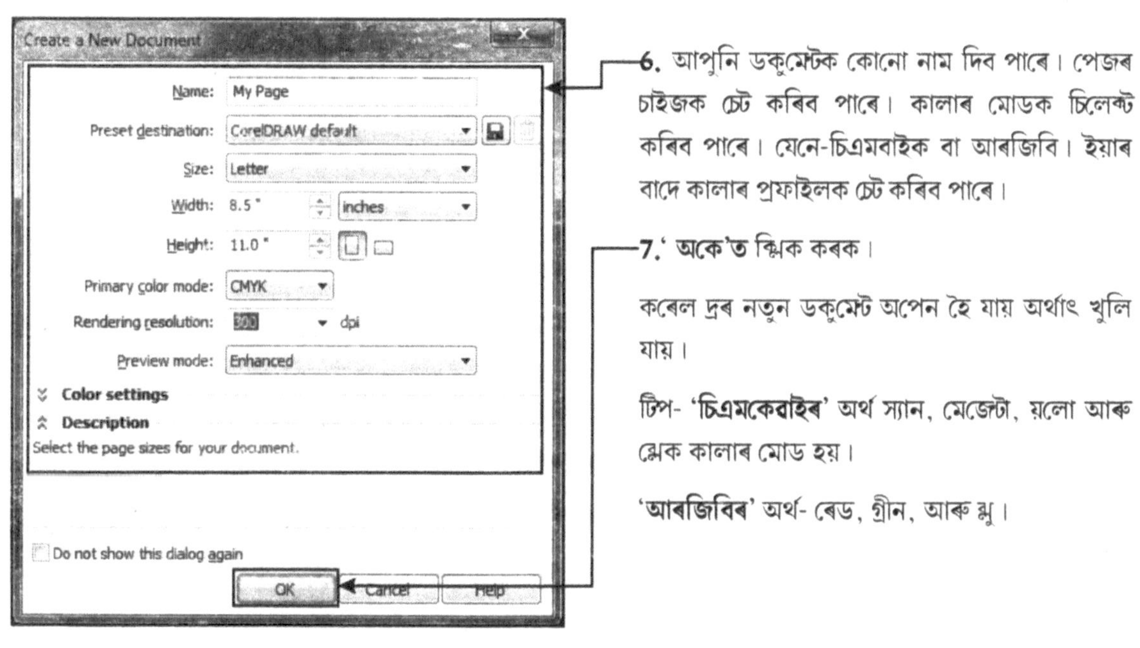

6. আপুনি ডকুমেন্টক কোনো নাম দিব পাৰে। পেজৰ চাইজক চেট কৰিব পাৰে। কালাৰ মোডক চিলেক্ট কৰিব পাৰে। যেনে-চিএমৱাইক বা আৰজিবি। ইয়াৰ বাদে কালাৰ প্ৰফাইলক চেট কৰিব পাৰে।

7.' অকে'ত ক্লিক কৰক।

কৰেল দ্ৰৰ নতুন ডকুমেন্ট অপেন হৈ যায় অৰ্থাৎ খুলি যায়।

টিপ- **'চিএমকেৱাইৰ'** অৰ্থ স্যান, মেজেন্টা, য়লো আৰু ব্লেক কালাৰ মোড হয়।

'আৰজিবিৰ' অৰ্থ- ৰেড, গ্ৰীন, আৰু ব্লু।

কৰেল দ্ৰ উইণ্ডো

অপেন কৰাৰ পিছত আপুনি কাৰ্য কৰিবৰ বাবে কৰেল দ্ৰত বহুতো আইটেম দেখা পাব।

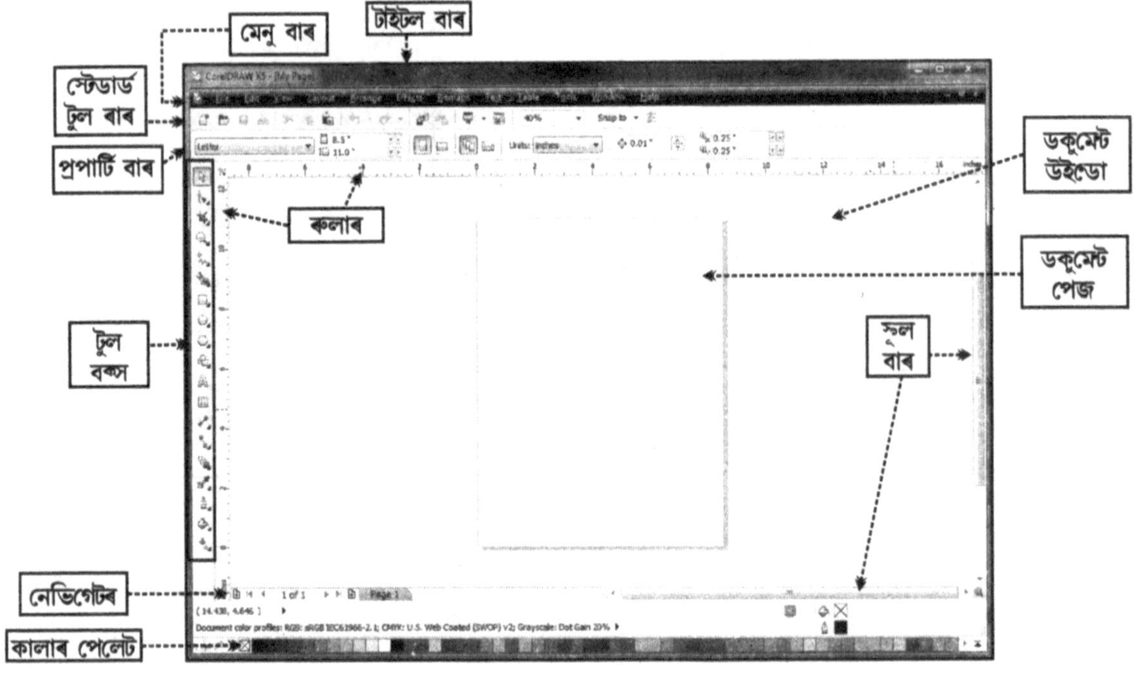

টাইটল বাৰ ঃ এইটো স্ক্ৰীনৰ সকলোতকৈ ওপৰত থাকে আৰু ডকুমেণ্টৰ নাম ডিচপ্লে কৰে।

মেনু বাৰ ঃ ইয়াৰ লগত সম্বন্ধীত কামাণ্ডৰ দ্ৰপ ডাউন মেনু অন্তৰ্ভুক্ত হয়।

ষ্টেণ্ডাৰ্ড টুল বাৰ ঃ ইয়াত কাস্টমাইজ টুলচ যেনে-অপেন, নিউ, চেভ, প্ৰিণ্ট আদি থাকে।

প্ৰপাৰ্টি বাৰ ঃ স্ক্ৰীনত থকা এইটো এৰিয়াত টুলচ ডিচপ্লে হয় যিটো এক্টিভ টুলচৰ অনুসাৰে পৰিৱৰ্তিত হৈ যায়।

টুল বক্স ঃ টুল বক্সত বহুতো টুলচ থাকে, যাৰ ব্যৱহাৰ আপুনি স্পেচিফিক দ্ৰইং আৰু এডিটিং টাস্কত কৰিব পাৰে।

স্ক্ৰল বাৰ ঃ হৰিজণ্টেল আৰু ভাৰ্টিকেল বাৰৰ ব্যৱহাৰ স্ক্ৰীনক বাওঁফালৰ পৰা সোঁফালে আৰু সোঁফালৰ পৰা বাওঁফালে আৰু ওপৰৰ পৰা তললৈ আৰু তলৰ পৰা ওপৰলৈ কৰা যায়।

ৰুলাৰ ঃ হৰিজণ্টেল আৰু ভাৰ্টিকেল ৰুলাৰৰ সহায়েৰে আপুনি কোনো ডকুমেণ্টত অবজেক্টৰ চাইজ আৰু পজিচন নিৰ্ধাৰিত কৰিব পাৰে।

নেভিগেটৰ ঃ নেভিগেটৰৰ পৰা আপুনি কোনো ডকুমেণ্টত পেজ এড কৰিব পাৰে।

ইয়াৰ বাদেও ডকুমেণ্টত কোনো পেজৰ পৰা আন এটা পেজলৈ মুভ কৰিব পাৰে।

কালাৰ পেলেট ঃ কালাৰ পেলেট বাৰত বহুতো কালাৰ থাকে।

ডকুমেণ্ট উইণ্ডো ঃ সেইটো কাৰ্যক্ষেত্ৰ যাৰ চাৰিওফালে স্ক্ৰল বাৰ আৰু অন্য কণ্ট্ৰল থাকে।

ডকুমেণ্ট পেজ ঃ এইটো আয়তাকাৰ ক্ষেত্ৰ হয় যিটো আপোনাৰ ডকুমেণ্ট উইণ্ডোৰ প্ৰিণ্ট কৰা ভাগক ৰিপ্ৰেজেণ্ট কৰে।

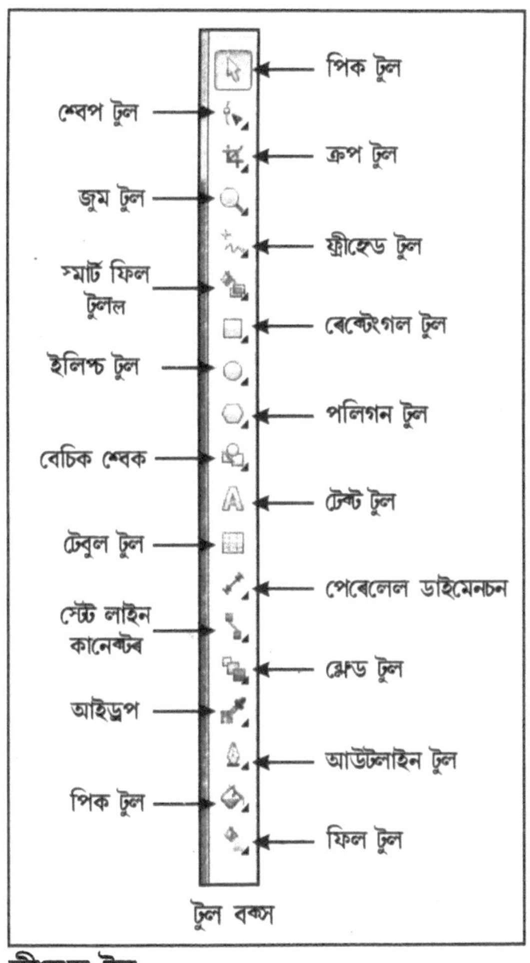

পিক টুল 

এটো টুলৰ সহায়েৰে আপুনি অবজেক্টক চিলেক্ট কৰিব পাৰে আৰু অবজেক্টক বেলেগ কৰিব পাৰে অথবা ঘুৰাব পাৰে।

শ্বেপ টুল

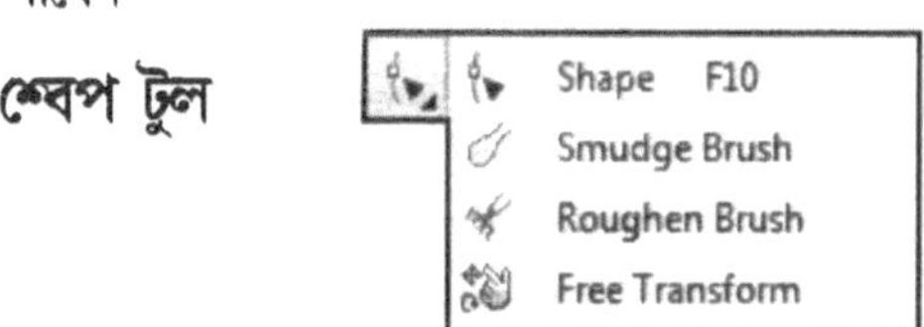

এইটো টুলৰ সহায়েৰে আপুনি কোনো অবজেক্টক শ্বেপ চেট কৰিব পাৰে অৰ্থাৎ তাত পৰিৱৰ্তন কৰিব পাৰে।

ক্ৰপ টুল

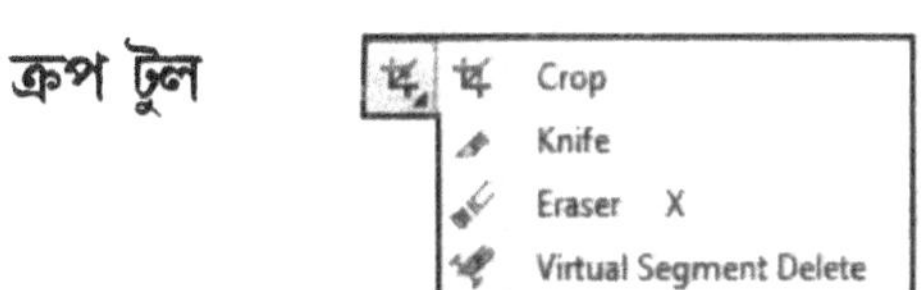

ক্ৰপিং আৰু ইৰেজিং টুলচৰ সহায়েৰে আপুনি কোনো ডকুমেন্টৰ যিকোনো পাৰ্টক ৰিমুভ কৰিব পাৰে।

জুম টুল

এটো টুলৰ সহায়েৰে আপুনি ডকুমেন্ট উইণ্ডোত দেখা পোৱা মেগফিকেচন লেবেলক সলনি কৰিব পাৰে। পেনৰ সহায়েৰে আপুনি নিৰ্ধাৰিত কৰিব পাৰে যে ড্ৰইং উইণ্ডোত কোনটো ভাগ দেখা দিয়ে।

ফ্ৰীহেণ্ড টুল

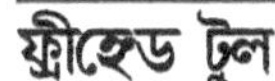

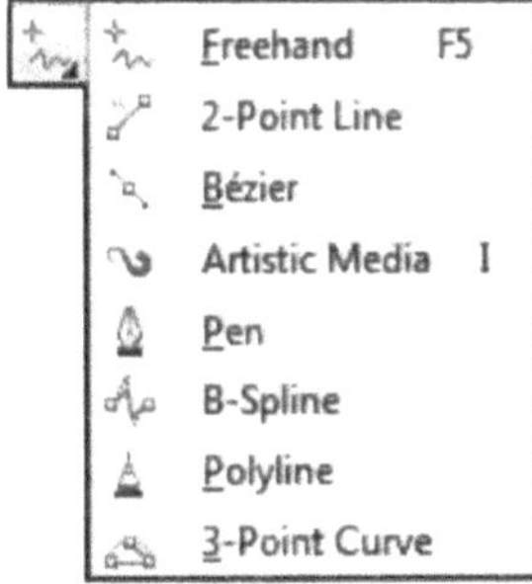

তফ্ৰীহেণ্ড টুলৰ সহায়েৰে আপুনি লাইন আৰু কাৰ্ভক ড্ৰ কৰিব পাৰে। যেনে ফ্ৰীহেণ্ড লাইন আৰু চিধা লাইন। ইমেজ স্প্ৰে, কেলীগ্ৰাফিক লাইন ড্ৰ কৰা আৰু ব্ৰস্ট্ৰোকক এড কৰিবৰ বাবে আপুনি আৰ্টিস্টিক মেডিয়া টুলৰ ব্যৱহাৰ কৰিব পাৰে।

স্মাৰ্ট ফিল টুল

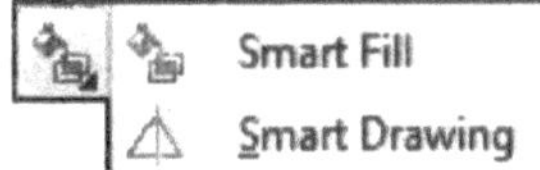

অন্য ফিল টুলচৰ দৰে এইটোও কোনো এৰিয়াক ফিল কৰাত ব্যৱহাৰ কৰা হয়। যিটো কেৱল অবজেক্টক ফিল কৰে। স্মাৰ্ট ফিল টুল কোনো এৰিয়াৰ কিনাৰক বিচাৰি সেইটোক চাৰিও ফালে এক বৰ্ডাৰ প্ৰস্তুত কৰি দিয়ে। ইয়াৰ পৰা সেইটো এৰিয়াক সহজে ফিল কৰিব পাৰে।

ৰেক্টেংগল টুল

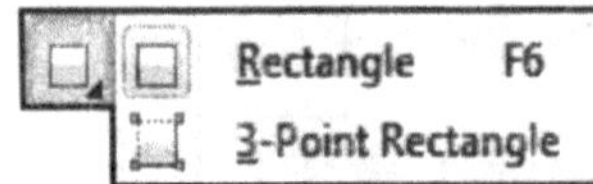

আয়তাকাৰ বা বৰ্গাকাৰ আকৃতিক দ্ৰ কৰাত ব্যৱহাৰ কৰা হয়।

ইলিপ্চ টুল

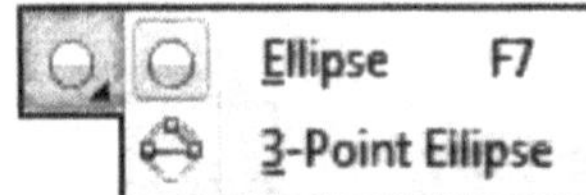

এটা অণ্ডাকাৰ অথবা গোলাকাৰ আকৃতিক প্ৰস্তুত কৰাত ব্যৱহাৰ কৰা হয়।

পলিগন টুল

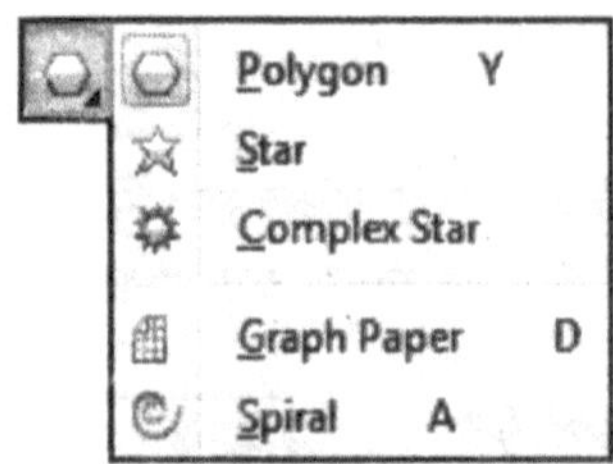

বিভিন্ন আকতিক দ্ৰ কৰাত ব্যৱহাৰ কৰা হয়। যেনে-স্টাৰ, পলিগন, গ্ৰাফ পেপাৰ আৰু স্মাইলাৰ আদি।

বেচিক শ্বেক টুল

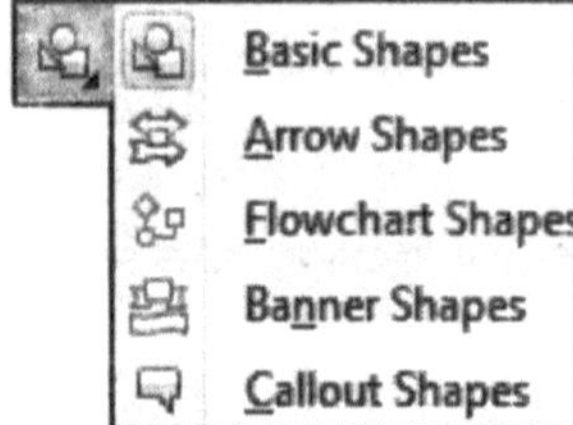

সামান্য আকৃতি যেনে ফ্লো চাৰ্ট, কালাৰআউট আৰু বেনাৰ আদিক দ্ৰ কৰাত ব্যৱহাৰ কৰা হয়।

টেক্স্ট টুল

এইটো টুলৰ সহায়েৰে আপুনি স্ক্ৰীনত চিধা শব্দক টাইপ কৰিব পাৰে।

টেবুল টুল

টেবুলক দ্ৰ কৰা আদি এডিট কৰাত ব্যৱহাৰ কৰা হয়।

পেৰেলেল ডাইমেনচন

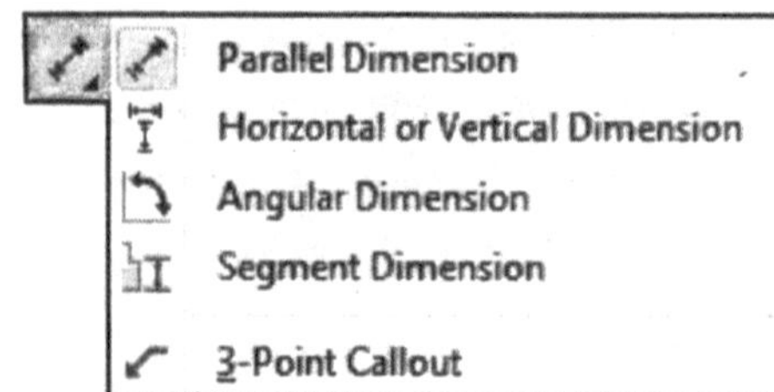

কোনো ডকুমেন্টত অবজেক্টক কোনো পাৰ্টৰ জুখিবৰ বাবে কোণ, চিধা আৰু ঘূৰনীয়া লাইনক দ্ৰ কৰাত ইয়াৰ প্ৰয়োগ কৰা যায়।

স্টেট লাইন কানেক্টৰ

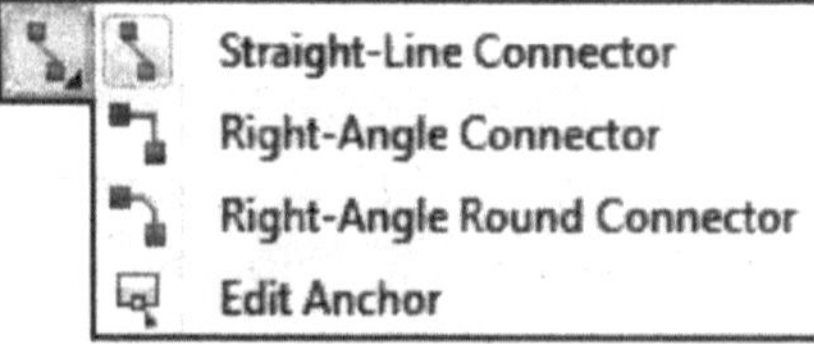

ইয়াৰ সহায়েৰে আপুনি কোনো ডাইগ্ৰাম বা ফ্লো চাৰ্টত অবজেক্টক কানেক্ট কৰিবৰ বাবে লাইনক দ্ৰ কৰিব পাৰে।

ব্লেণ্ড টুল

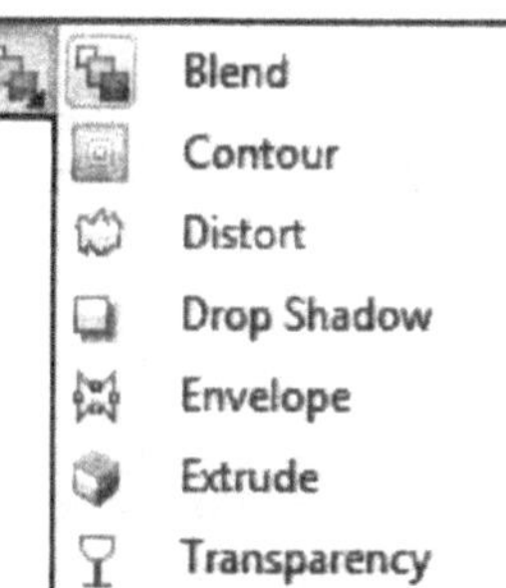

অবজেক্টত স্পেচিয়েল ইফেক্ট এপলাই কৰাৰ সুবিধা দিয়ে, যেনে দ্ৰপ শ্বেডো আৰু ট্ৰান্সপাৰেঞ্চি আদি

আইড্ৰপ টুল

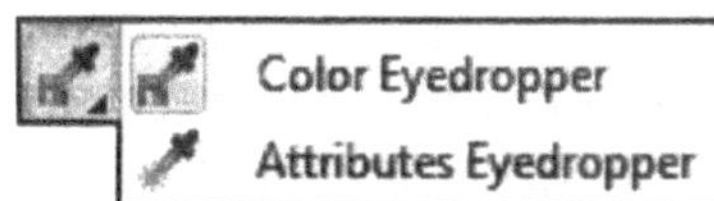

মাউচৰ ব্যৱহাৰ কৰি দ্ৰইং উইণ্ডোত কোনো অবজেক্টক ফিল কৰাত ইয়াৰ ব্যৱহাৰ কৰা হয়।

আউটলাইন টুল

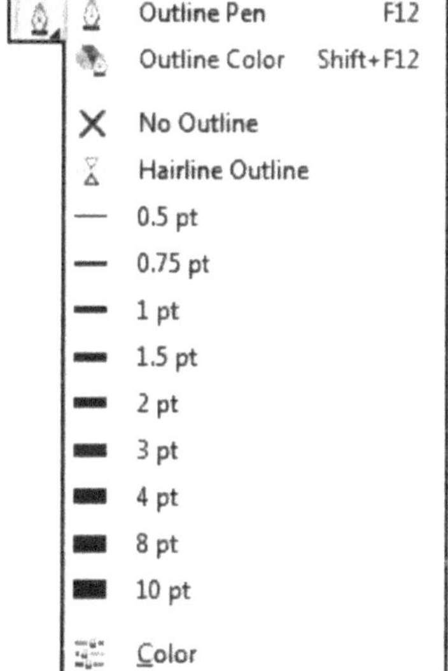

লাইনৰ চাইজ আৰু শ্বেপক ডিফাইন পৰিভাষিত কৰে।

ফিল টুল

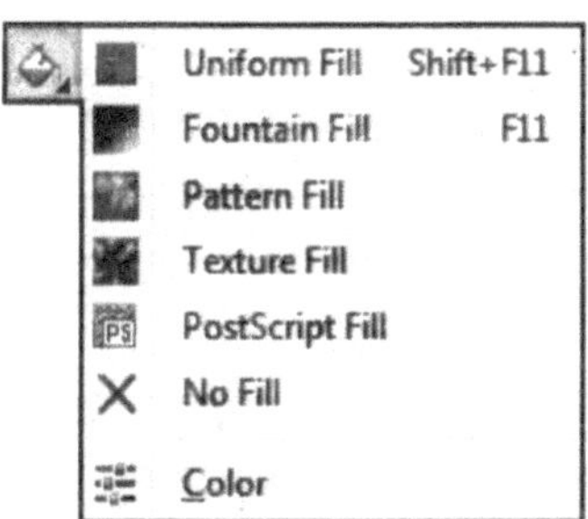

অবজেক্টত টেক্স ফিল কৰাৰ উপায় পৰিভাষিত কৰে।

ইন্টাৰেক্টিভ ফিল টুল

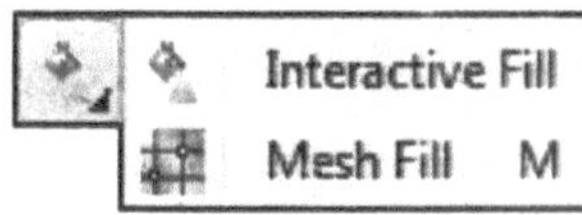

এটো টুলে আপোনাক মাউচৰ সহায়েৰে বিভিন্ন ফিল্ডক এপলাই কৰে কৰাত সক্ষম হয়।

দ্ৰইং শ্বেপ

কৰেল দ্ৰত বিভিন্ন শ্বেপৰ টুলচ থাকে যাক আপুনি অ'ডাকাৰ আকৃতি, অয়তাকাৰ, স্টাৰ আৰু বিভিন্ন বেচিক শ্বেপ প্ৰস্তুত কৰাত ব্যৱহাৰ কৰা হয়।

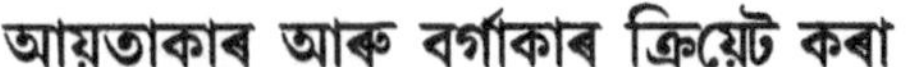

আয়তাকাৰ আৰু বৰ্গাকাৰ ক্ৰিয়েট কৰা

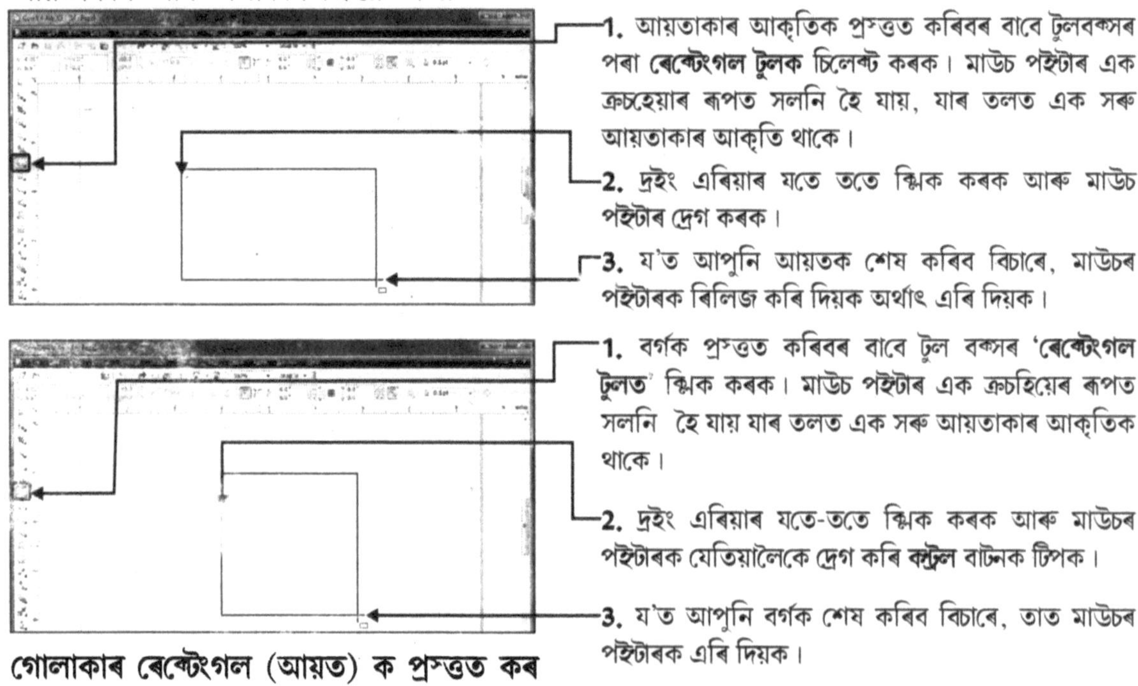

1. আয়তাকাৰ আকৃতিক প্ৰস্তুত কৰিবৰ বাবে টুলবক্সৰ পৰা **ৰেক্টেংগল টুলক** চিলেক্ট কৰক। মাউচ পইণ্টাৰ এক ক্ৰচহেয়াৰ ৰূপত সলনি হৈ যায়, যাৰ তলত এক সৰু আয়তাকাৰ আকৃতি থাকে।
2. দ্ৰইং এৰিয়াৰ যতে ততে ক্লিক কৰক আৰু মাউচ পইণ্টাৰ দ্ৰেগ কৰক।
3. য'ত আপুনি আয়তক শেষ কৰিব বিচাৰে, মাউচৰ পইণ্টাৰক ৰিলিজ কৰি দিয়ক অৰ্থাৎ এৰি দিয়ক।

1. বৰ্গক প্ৰস্তুত কৰিবৰ বাবে টুল বক্সৰ **'ৰেক্টেংগল টুলত'** ক্লিক কৰক। মাউচ পইণ্টাৰ এক ক্ৰচহিয়েৰ ৰূপত সলনি হৈ যায় যাৰ তলত এক সৰু আয়তাকাৰ আকৃতিক থাকে।
2. দ্ৰইং এৰিয়াৰ যতে-ততে ক্লিক কৰক আৰু মাউচৰ পইণ্টাৰক যেতিয়ালৈকে দ্ৰেগ কৰি **কণ্ট্ৰল** বাটনক টিপক।
3. য'ত আপুনি বৰ্গক শেষ কৰিব বিচাৰে, তাত মাউচৰ পইণ্টাৰক এৰি দিয়ক।

গোলাকাৰ ৰেক্টেংগল (আয়ত) ক প্ৰস্তুত কৰ

ৰেক্টেংগলক ক্ৰিয়েট কৰাৰ পিছত কেতিয়াবা-কেতিয়াবা আপুনি ইয়াৰ কিনাৰক ৰাউণ্ড কৰাৰ আৱশ্যক হয়। আপুনি এবাৰ সকলো কিনাৰক গোলাকাৰ কৰিব পাৰে বাব যিটোক আপুনি বিচাৰে সেইটো কিনাৰক গোল কৰিব পাৰে। কিনাৰক সাধাৰণ গোল কৰিলে সেইটো ভাল লাগে আৰু ভাল প্ৰভাব এৰে কিন্তু কিনাৰক অধিক গোল কৰিলে চাৰ্কেলত সলনি হৈ যায়।

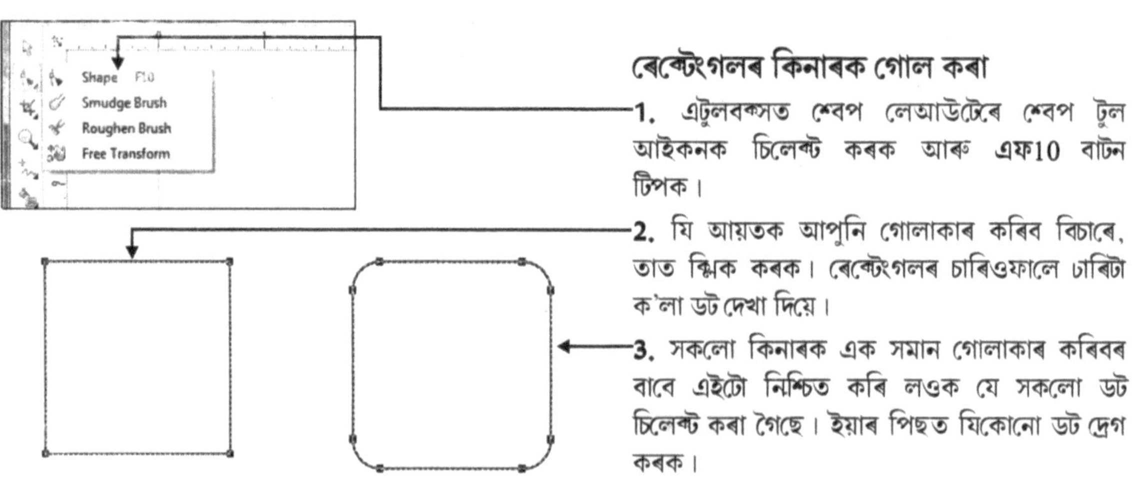

ৰেক্টেংগলৰ কিনাৰক গোল কৰা

1. এটুলবক্সত শ্বেপ লেআউটেৰে শ্বেপ টুল আইকনক চিলেক্ট কৰক আৰু **এফ10** বাটন টিপক।
2. যি আয়তক আপুনি গোলাকাৰ কৰিব বিচাৰে, তাত ক্লিক কৰক। ৰেক্টেংগলৰ চাৰিওফালে চাৰিটা ক'লা ডট দেখা দিয়ে।
3. সকলো কিনাৰক এক সমান গোলাকাৰ কৰিবৰ বাবে এইটো নিশ্চিত কৰি লওক যে সকলো ডট চিলেক্ট কৰা গৈছে। ইয়াৰ পিছত যিকোনো ডট দ্ৰেগ কৰক।

আণ্ডাকাৰ আৰু গোলাকাৰ আকৃতি প্ৰস্তুত কৰা

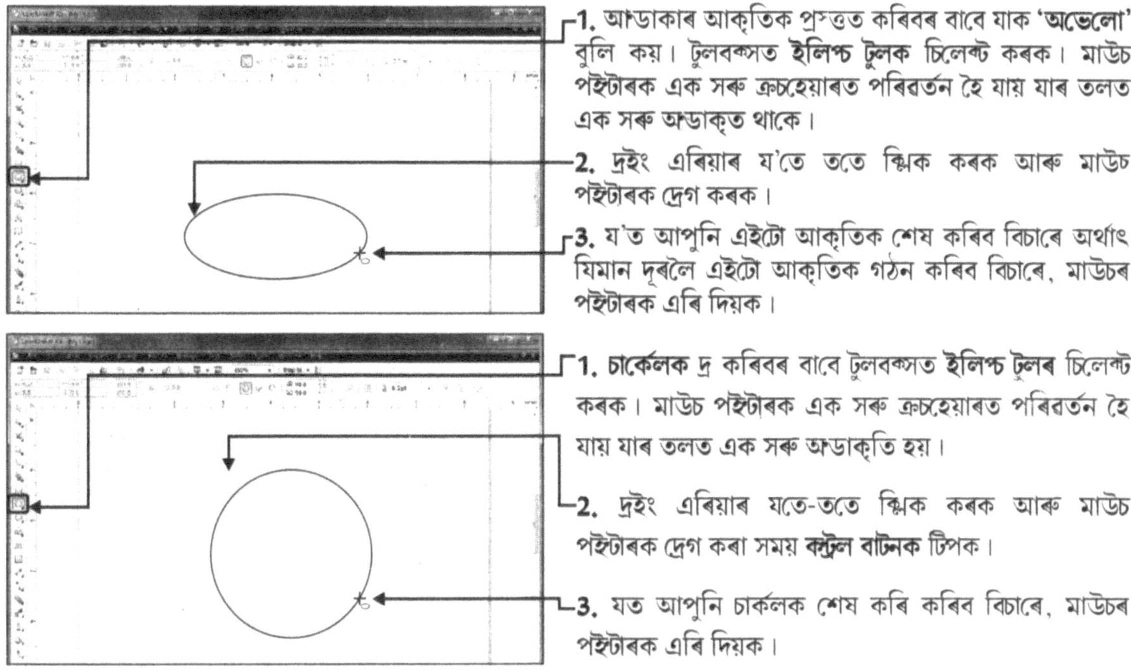

1. আণ্ডাকাৰ আকৃতিক প্ৰস্তুত কৰিবৰ বাবে যাক **'অভেলো'** বুলি কয়। টুলবক্সত **ইলিপ্চ টুলক** চিলেক্ট কৰক। মাউচ পইণ্টাৰক এক সৰু ক্ৰচহেয়াৰত পৰিৱৰ্তন হৈ যায় যাৰ তলত এক সৰু অণ্ডাকৃত থাকে।
2. দ্ৰইং এৰিয়াৰ য'তে ততে ক্লিক কৰক আৰু মাউচ পইণ্টাৰক দ্ৰেগ কৰক।
3. য'ত আপুনি এইটো আকৃতিক শেষ কৰিব বিচাৰে অৰ্থাৎ যিমান দূৰলৈ এইটো আকৃতিক গঠন কৰিব বিচাৰে, মাউচৰ পইণ্টাৰক এৰি দিয়ক।

1. **চাৰ্কেলক** দ্র কৰিবৰ বাবে টুলবক্সত **ইলিপ্চ টুলৰ** চিলেক্ট কৰক। মাউচ পইণ্টাৰক এক সৰু ক্ৰচহেয়াৰত পৰিৱৰ্তন হৈ যায় যাৰ তলত এক সৰু অণ্ডাকৃতি হয়।
2. দ্ৰইং এৰিয়াৰ যতে-ততে ক্লিক কৰক আৰু মাউচ পইণ্টাৰক দ্ৰেগ কৰা সময় **কণ্ট্ৰল বাটনক** টিপক।
3. যত আপুনি চাৰ্কলক শেষ কৰি কৰিব বিচাৰে, মাউচৰ পইণ্টাৰক এৰি দিয়ক।

অণ্ডাকৃতি আৰু বৰ্গ চিলেক্ট কৰাত ইয়াৰ ওপৰত এক ডট আৰু আঠটা হেণ্ডেল ডিচপ্লে হয়।

আৰ্ক আৰু পাই শ্বেপ প্ৰস্তুত কৰা

অণ্ডাকৃতিক আৰ্ক আৰু পাই শ্বেপতো সলনি কৰিব পাৰে।

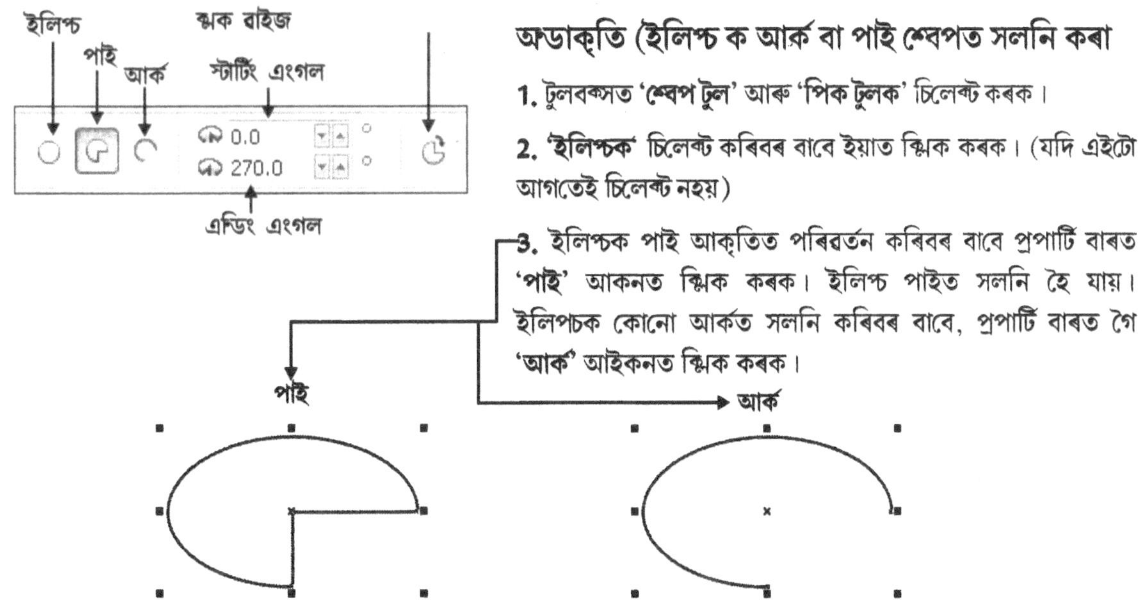

অণ্ডাকৃতি (ইলিপ্চ ক আৰ্ক বা পাই শ্বেপত সলনি কৰা

1. টুলবক্সত **'শ্বেপ টুল'** আৰু **'পিক টুলক'** চিলেক্ট কৰক।
2. **'ইলিপ্চক'** চিলেক্ট কৰিবৰ বাবে ইয়াত ক্লিক কৰক। (যদি এইটো আগতেই চিলেক্ট নহয়)
3. ইলিপ্চক পাই আকৃতিত পৰিৱৰ্তন কৰিবৰ বাবে প্ৰপাৰ্টি বাৰত **'পাই'** আকনত ক্লিক কৰক। ইলিপ্চ পাইত সলনি হৈ যায়। ইলিপচক কোনো আৰ্কত সলনি কৰিবৰ বাবে, প্ৰপাৰ্টি বাৰত গৈ **'আৰ্ক'** আইকনত ক্লিক কৰক।

পলিগন (বহুভুজ) প্ৰস্তুত কৰা

পলিগন টুলত এটা ব্লেক এৰো থাকে। ব্লেক এৰোত ক্লিক কৰি প্লাইআউট মেনু খুলি যায়। ইয়াত দুটা আৰু টুল অন্তৰ্ভুক্ত হয়, যাৰ প্ৰয়োগ চিমেট্ৰিক বা লোগাথমিক, স্পাইৰেল আৰু গ্ৰিডত কৰা যায়।

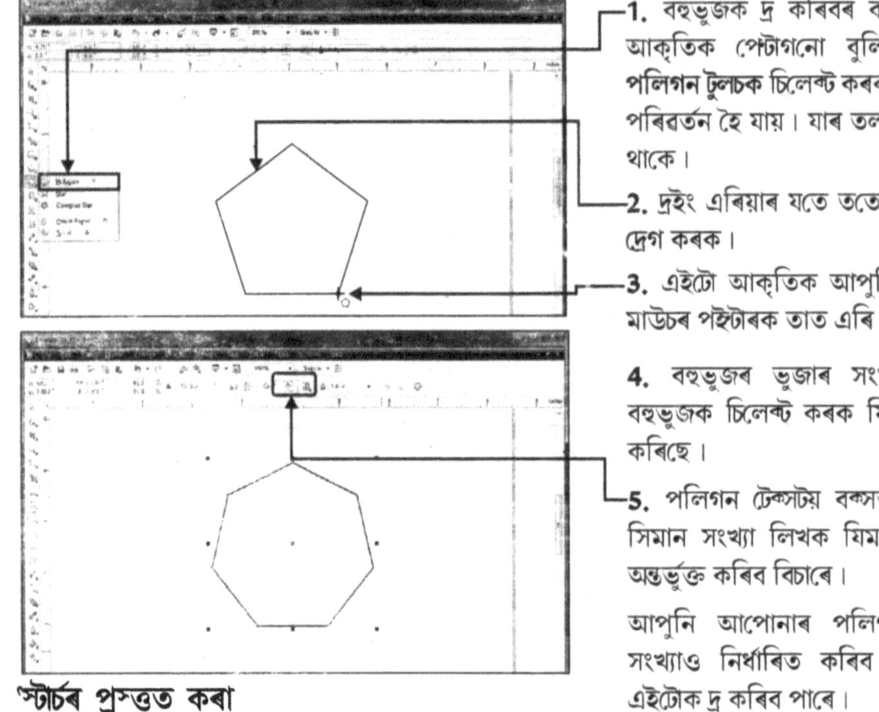

1. বহুভুজক দ্ৰ কৰিবৰ বাবে (পাঁচটা বহুভুজৰ এইটো আকৃতিক পেন্টাগনো বুলি কোৱা যায়), টুলবক্সত **পলিগন টুলচক** চিলেক্ট কৰক। মাউচ পইন্টাৰ ক্ৰচহেয়াৰত পৰিৱৰ্তন হৈ যায়। যাৰ তলত এক সৰু বহুভুজ আকৃতি থাকে।

2. দ্ৰইং এৰিয়াৰ যতে ততে ক্লিক কৰক আৰু পইন্টাৰক দ্ৰেগ কৰক।

3. এইটো আকৃতিক আপুনি য'ত শেষ কৰিব বিচাৰে, মাউচৰ পইন্টাৰক তাত এৰি দিয়ক।

4. বহুভুজৰ ভুজাৰ সংখ্যাক বঢ়াবৰ বাবে সেইটো বহুভুজক চিলেক্ট কৰক যিটো আপুনি **পিক টুলেৰে** দ্ৰ কৰিছে।

5. পলিগন টেক্সটয় বক্সত মাউচৰ পইন্টাৰক লৈ গৈ সিমান সংখ্যা লিখক যিমান ভুজা আপনি পলিগনত অন্তৰ্ভুক্ত কৰিব বিচাৰে।

আপুনি আপোনাৰ পলিগন (বহুভুজ) ৰ কিনাৰৰ সংখ্যাও নিৰ্ধাৰিত কৰিব পাৰে আৰু ইয়াৰ পিছত এইটোক দ্ৰ কৰিব পাৰে।

স্টাৰ্চৰ প্ৰস্তুত কৰা

পলিগন টুলত সকলোতকৈ তলত সোঁফালে আৰু এক সৰু এৰো থাকে। এইটো এৰোৱে দৰ্শাই যে এইটো টুল ফ্লাইআউট হয়। ইয়াৰ অৰ্থ হ'ল এইটোক অন্য টুলত পৰিৱৰ্তন কৰিব পৰা যায়।

স্টাৰক দ্ৰ কৰিবৰ বাবে **পলিগন টুলত** ক্লিক কৰক আৰু মাউচৰ বাটনক টিপি ৰাখক। অন্য টুল দেখা দিয়া এক ফ্লাইআউট মেনু দেখা দিব।

1. ফ্লাইআউট মেনুৰ পৰা **'স্টাৰ'** টুলত ক্লিক কৰি দিয়ক।

2. দ্ৰইং এৰিয়াৰ য'তে-ততে ক্লিক কৰক আৰু মাউচৰ **পইন্টাৰক 'দ্ৰেগ'** কৰক।

3. স্টাৰক আপুনি য'ত শেষ কৰিব বিচাৰে, মাউচৰ পইন্টাৰক তাত ৰিলীজ কৰি দিয়ক অৰ্থাৎ এৰি দিয়ক।

দ্ৰইং স্পাইৰেল

স্পাইৰেল টুলৰ সহায়েৰে আপুনি বিভিন্ন আকাৰক স্পাইৰেলক প্ৰস্তুত কৰিব পাৰে।

স্পাইৰেলক দ্ৰ কৰিবৰ বাবে **'পলিগন টুল'ত** ক্লিক কৰক আৰু মাউচৰ বাটনক টিপি ৰাখক। অন্য টুলক ডিচপ্লে কৰি এক ফ্লাইআউট মেনু দেখা দিয়ে।

1. ফ্লাইআউট মেনুৰে **'স্পাইৰেল'** টুলত ক্লিক কৰক।

2. দ্ৰইং এৰিয়াৰ যতে-ততে ক্লিক কৰক আৰু মাউচৰ পইন্টাৰক দ্ৰেগ কৰক।

3. য'ত আপুনি স্পাইৰেলক শেষ কৰিব লাগে, তাত মাউচৰ পইন্টাৰক এৰি দিয়ক।

গ্ৰাফ পেপাৰ গ্ৰিডক ড্ৰ কৰা

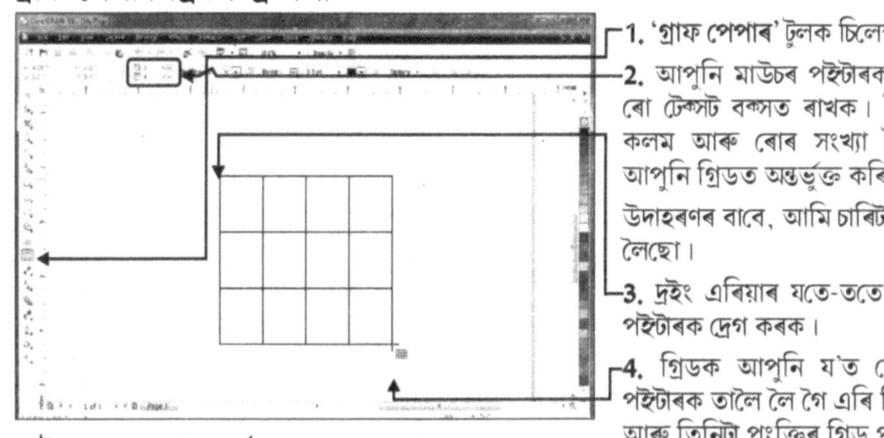

1. 'গ্ৰাফ পেপাৰ' টুলক চিলেক্ট কৰক।

2. আপুনি মাউচৰ পইন্টাৰক গ্ৰাফ পেপাৰৰ কলম এণ্ড ৰো টেক্সট বক্সত ৰাখক। ইয়াৰ পিছত তাত আপুনি কলম আৰু ৰোৰ সংখ্যা টাইপ কৰি দিয়ক, যিমান আপুনি গ্ৰিডত অন্তৰ্ভুক্ত কৰিব বিচাৰে।

উদাহৰণৰ বাবে, আমি চাৰিটা কলম আৰু তিনিটা পংক্তি লৈছো।

3. ড্ৰইং এৰিয়াৰ যতে-ততে ক্লিক কৰক আৰু মাউচৰ পইন্টাৰক ড্ৰেগ কৰক।

4. গ্ৰিডক আপুনি য'ত শেষ কৰিব বিচাৰে মাউচৰ পইন্টাৰক তালৈ লৈ গৈ এৰি দিয়ক। আপুনি চাৰিটা কলম আৰু তিনিটা পংক্তিৰ গ্ৰিড প্ৰস্তুত কৰিব পাৰিব।

লাইনক ড্ৰ কৰা অৰ্থাৎ প্ৰস্তুত কৰা

লাইনক ড্ৰ কৰিবৰ বাবে ফ্ৰিহেণ্ড টুল বহুত বেচিক টুল হয়।

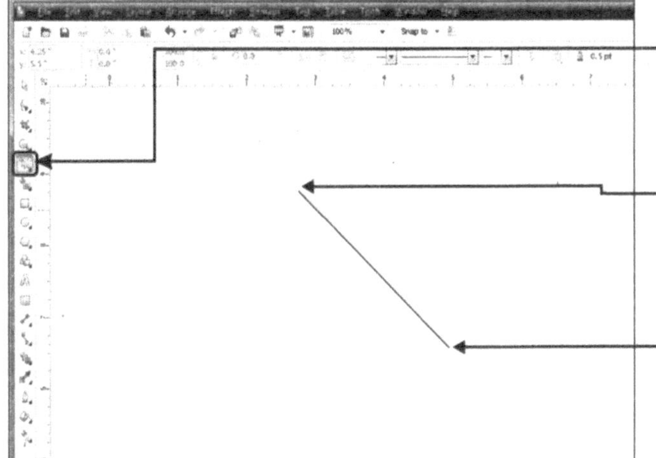

চিধা লাইন প্ৰস্তুত কৰা

1. টুলবক্সৰ পৰা 'ফ্ৰিহেণ্ড' টুলক চিলেক্ট কৰক। মাউচৰ পইন্টাৰ ক্ৰচহেয়াৰ শ্বেপত সলনি কৰিব পৰা যায়।

2. চলাইনক ড্ৰ কৰিবৰ বাবে ড্ৰইং পেজৰ যতে ততে ক্লিক কৰক।

3. মাউচৰ পইন্টাৰক ড্ৰেগ কৰি তালৈকে লৈ যাওক যিমান দূৰলৈকে আপুনি লাইনক প্ৰস্তুত কৰিবং পাৰে।

চিধা হৰিজন্টেল আৰু ভাৰ্টিকল লাইনক প্ৰস্তুত কৰিবৰ বাবে লাইনক ড্ৰ কৰা সময়ত কি-বোৰ্ডৰ **'কন্ট্ৰ'ল বাটন'** টিপি ৰাখক।

লাইন অবজেক্টক ড্ৰ কৰা

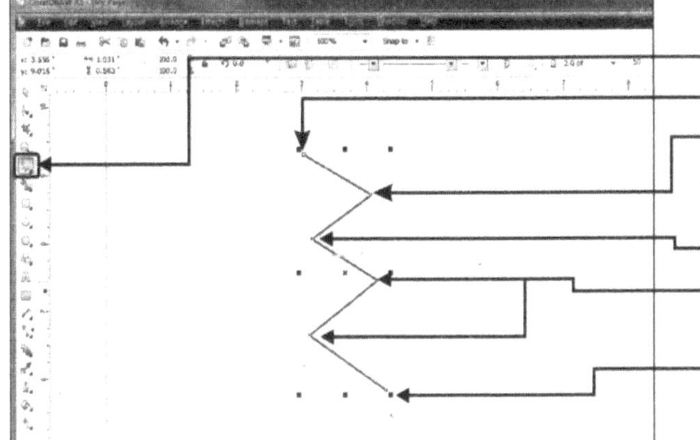

লাইনৰ পৰা কোনো ড্ৰইং প্ৰস্তুত কৰিবৰ বাবে

1. টুলবক্সেৰে ফ্ৰিহেণ্ডক চিলেক্ট কৰক।

2. ড্ৰইং এৰিয়াত ক্লিক কৰক।

3. অবজেক্টক প্ৰথম নোডক ক্ৰিয়েট কৰিবৰ বাবে ড্ৰইং এৰিয়াৰ কোনো দ্বিতীয় স্থানত ডাবল ক্লিক কৰক।

4. অবজেক্টত আগৰ নোডত ডাবল ক্লিক কৰক।

5. আৱশ্যকতাৰ অনুসাৰে নোড প্ৰস্তুত কৰি থাকক।

6. শেষৰ নোড প্ৰস্তুত কৰিবৰ বাবে দুবাৰ ক্লিক কৰক। তাৰ পিছত বাৰে বাৰে ক্লিক কৰাৰ পৰিৱৰ্তে এবাৰ ক্লিক কৰক।

অবজেক্টক চিলেক্ট কৰা

ফ্রিহেণ্ড টুলৰ লগত আপোনাৰ দ্বাৰা অকা দ্রইং **'অবজেক্টচ'** হয় আৰু এইটো বিভিন্ন অবজেক্টৰে গঠন হয়। কোনো অবজেক্টক চিলেক্ট কৰিবৰ বাবে মাউচৰ পইন্টাৰক সেইটোক অবজেক্টৰ ওপৰলৈ লৈ যাওক আৰু ক্লিক কৰি দিয়ক। কেতিয়াবা-কেতিয়াবা আপোনাৰ দ্রইং উইণ্ডোত বহুত অবজেক্টৰ ভীৰৰ দৰে হৈ যায় তেতিয়া তাৰ পৰা পিক টুলৰ দ্বাৰা কৰা অবজেক্টৰ চিলেক্ট কৰাটো বহুত অসুবিধা হয়। এনেতে আপুনি সেইটো অবজেক্টৰ কি-বোর্ডৰ **'টেবৰ'** প্রয়োগ কৰি চিলেক্ট কৰিব পাৰে।

টেব বাটনেৰে অবজেক্টক চিলেক্ট কৰা

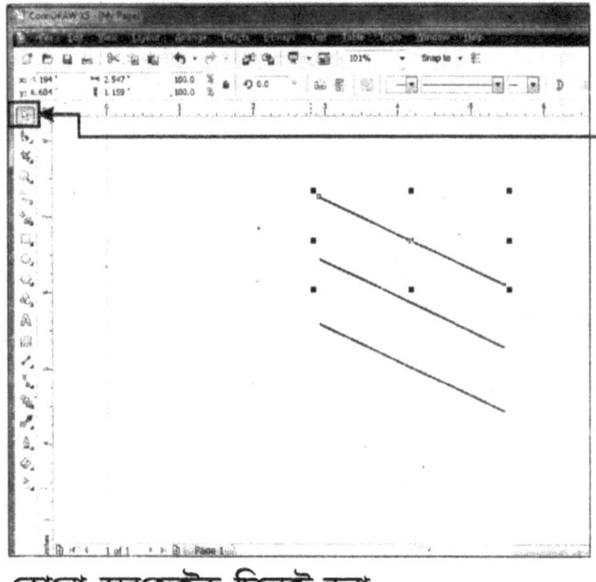

1. সকলোতকৈ প্রথমে কমেও তিনিটা অবজেক্ট ক্রিয়েট কৰক। **'ফ্রিহেণ্ড টুলৰ'** প্রয়োগ কৰি আপুনি যিকোনো অবজেক্টক প্রস্তুত কৰিব পাৰে।

2. পিক টুলক চিলেক্ট কৰিবৰ **'স্পেচবাৰক'** টিক। ইয়াৰ পিছত **'টেব'** টিকপ। এক অবজেক্ট চিলেক্ট হৈ যায়। সেইটো অবজেক্টৰ চাৰিওফালে আৰু আপুনি ছটা ক'লা হেণ্ডেল দেখা দিব।

3. 'টেব' বাটনক টিপক। অন্য অবজেক্ট চিলেক্ট হৈ যায়।

4. 'টেব' বাটনক টিপাৰ সময়ত 'শিফটক' টিপি ৰাখক (শিফট+টেব)।

এটো প্রথমে চিলেক্ট কৰা অবজেক্টো চিলেক্ট কৰি লয়।

5. 'টেবত' তেতিয়ালৈকে টিপি ৰাখক, যেতিয়ালৈকে আপুনি দ্রইং উইণ্ডোৰ সকলো অবজেক্টক চিলেক্ট কৰি নলয়।

কোনো অবজেক্টক চিলেক্ট কৰা

পিক টুলৰ দ্বাৰা আপুনি এটা সময়তে এটাতকৈ অধিক অবজেক্টক চিলেক্ট কৰিব পাৰে। পিক টুলৰ দ্বাৰা আপুনি দুই ধৰণে কোনো অবজেক্টক চিলেক্ট কৰিব পাৰে।

1. এটাতকৈ অধিক অবজেক্টক চিলেক্ট কৰিবৰ বাবে **'পিক'** টুলেৰে ক্লিক কৰা সময়ত আপুনি **'শিফট'** বাটনক টিপি ৰাখক। এই প্রক্রিয়াৰে আপুনি দ্রইং উইণ্ডোত থকা যি কোনো অবজেক্টক চিলেক্ট কৰিব পাৰে।

শিফট বাটনক টিপি ৰখা সময়ত চিলেক্ট কৰা অবজেক্টক আপুনি ডিচিলেক্ট কৰিব পাৰে।

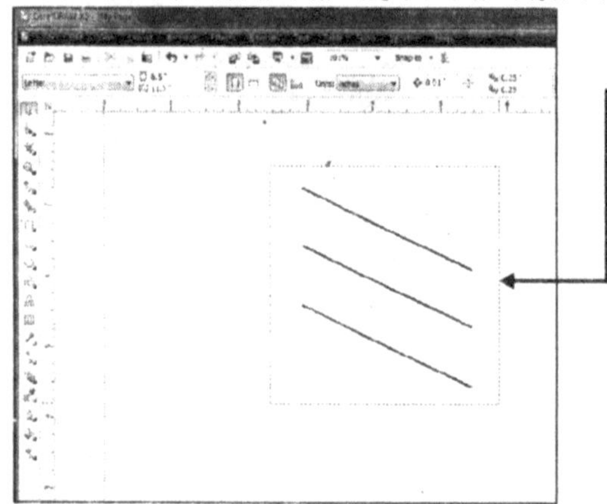

2. এটাতকৈ অধিক অবজেক্টৰ চাৰিওফালে এটা মাৰ্ক দ্র কৰিবৰ বাবে **'পিক টুলৰ'** দ্বাৰা আপুনি এটা সময়তে এটাতকৈ অধিক অবজেক্ট চিলেক্ট কৰিব পাৰে। কেৱল সেইটো অবজেক্ট যিটো মাৰ্কৰ ভিতৰত ৰাখিবৰ বাবে পিক টুলৰ দ্বাৰা প্রস্তুত কৰা গৈছে, চিলেক্ট হৈ যাব।

অবজেক্টৰ শ্বেপত পৰিৱৰ্তন

ৰিচাইজিং শ্বেপৰ অৰ্থ অবজেক্টৰ অৰিজিনেল শ্বেপৰ চাইজক কমোৱা আৰু বঢ়োৱা অৰ্থাৎ তাত পৰিৱৰ্তন কৰা। হেণ্ডেলক দ্ৰেগ কৰি আপুনি যি কোনো অবজেক্টৰ শ্বেপক সলনি কৰিব পাৰে। এইটো আপুনি হেণ্ডেলক অবজেক্টৰ চেণ্টাৰৰ ফালে দ্ৰেগ কৰে তেতিয়া এইটো সৰু হৈ যায় আৰু আপুনি হেণ্ডেলৰ অবজেক্টৰ চেণ্টাৰৰ পৰা দূৰলৈ দ্ৰেগ কৰি বঢ়াব পাৰে।

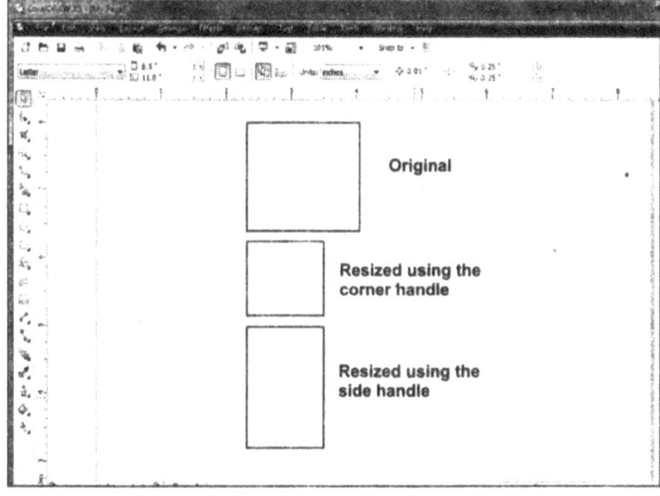

1. সেইটো অবজেক্টক চিলেক্ট কৰক, আপুনি যাৰ চাইজত পৰিৱৰ্তন কৰিব বিচাৰে। অবজেক্টৰ চাৰিওফালে হেণ্ডেল দেখা দিব ধৰে। মাউচৰ পইণ্টাৰক হেণ্ডেলৰ ওপৰত ৰাখক।

2. অবজেক্টৰ শ্বেপক সলনি কৰিবৰ বাবে হেণ্ডেলত ক্লিক কৰক আৰু সেইটোক দ্ৰেগ কৰক।

যদি আপুনি কিনাৰৰ হেণ্ডেলক দ্ৰেগ কৰে তেতিয়া আপুনি উচ্চতা আৰু দৈৰ্ঘ্যত এক সমান পৰিৱৰ্তন কৰিব পাৰে। কিন্তু যদি আপুনি ওপৰৰ পৰা বা কোনো চাইডত হেণ্ডেলক দ্ৰেগ কৰে তেতিয়া কেৱল অবজেক্টৰ চাইজেই সলনি নকৰে, বৰং তাৰ শ্বেপতো পৰিৱৰ্তন কৰিব পাৰে।

অবজেক্টক মুভ কৰা

কৰেল দ্ৰত আপুনি অবজেক্টৰ পজিচনক বঢ়াই সহজতে সলনি কৰিব পাৰে।

দ্ৰেগিঙৰ কোনো অবজেক্টক মুভ কৰা

1. 'পিক' টুলৰ লগত অবজেক্টৰ যতে-ততে ক্লিক কৰক আৰু সেইটোক দ্ৰেগ কৰি কোনো নতুন লকেচনলৈ লৈ যাওক। (যেতিয়া পিক টুলৰ ব্যৱহাৰ কৰে তেতিয়া দ্ৰেগিংক আৰম্ভ কৰাৰ আগতে অবজেক্টক চিলেক্ট কৰাৰ আৱশ্যক নহয়।)

2. অন্য টুলেৰে চিলেক্ট কৰাত (যেনে ৰেক্টেংগল টুল আদি), অবজেক্টক চিলেক্ট কৰক আৰু পইণ্টাৰক অবজেক্টৰ চেণ্টাৰত এক্সত ৰাখক। ইয়াৰ পিছত এইটোক ক্লিক কৰক আৰু অন্য লকেচনলৈ লৈ যাওক।

অবজেক্টক কপি কৰা

যিকোনো অবজেক্টক কপি কৰাৰ দুটা উপায় আছে। উইণ্ডো ক্লিক বোৰ্ড বা ডুপ্লিকেটেৰে কপি কৰক আৰু এইটোক ডকুমেণ্টত পেস্ট কৰি দিয়ক। পৰিণাম একেবাৰে একে হৈ যাব। কিন্তু এইটো প্ৰক্ৰিয়াত প্ৰয়োগ কৰা কম্পিউটাৰৰ পাৱাৰত বহুত অন্তৰ থাকে।

যদি আপুনি অবজেক্টক ক্লিপ বোৰ্ডেৰে কপি কৰে তেতিয়া আপুনি এইটো কৰেল ড্ৰৰ কাৰ্ক্টে পেজ বা অন্য পেজত পেস্ট কৰিব পাৰে। এইটোক উইণ্ডোৰ কোনো অন্য প্ৰগ্ৰেমতো পেস্ট কৰিব পৰা যায়। উদাহৰণৰ বাবে আপুনি কৰেল ড্ৰৰে স্টাৰ বা ৰেক্টেংগলক কপি কৰি সেইটোক মাইক্ৰোচফট ৱৰ্ড ডকুমেণ্টতো পেস্ট কৰিব পাৰে। এইদৰে অবজেক্টক কপি আৰু পেস্ট কৰাত কম্পিউটাৰত ইটো সিটোৰ লগত জড়িত থাকে।

কৰেল দ্ৰৰ ডুপ্লিকেট কামাণ্ডা ক্লিপ বোৰ্ডপক বাইপাচ কৰি এইটোক তীব্ৰ অপাৰেচন কৰিব পাৰে। ইয়াৰ বাদেও, এইটোক স্পেচিফাই কৰিব পাৰে যে ডুপ্লিকেট অন্য ঠাইত ক'ত দেখা দিব। ইয়াত অৰিজিনেলৰ ওপৰত এক কপি সদাই দেখা দিব।

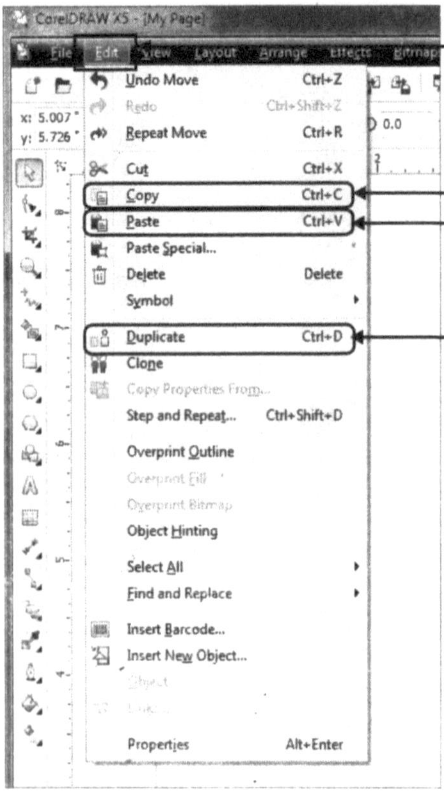

ক্লিপ বোৰ্ডৰে অবজেক্টক কপি কৰা

1. সেইটো অবজেক্টক চিলেক্ট কৰক যিটোক আপুনি কপি কৰিব বিচাৰে।

2. 'এডিট'ত ক্লিক কৰক। এডিট মেনু দেখা দিব।

3. 'কপি'ত ক্লিক কৰক। অবজেক্ট ক্লিক বোৰ্ডেৰে কপি হৈ যাব।

ক্লিপ বোৰ্ডেৰে অবজেক্টক পেস্ট কৰা

4. 'এডিট'ত ক্লিক কৰক। এডিট মেনু দেখা দিব।

5. পেস্টত ক্লিক কৰক। অৰিজিনেলৰ ওপৰত চিধা অবজেক্টৰ কপি দেখা দিব ধৰিব।

6. কপিক মনৰ মতে ঠাইত ড্ৰেগ কৰি লৈ যাওক।

অবজেক্টৰ ডুপ্লিকেট কপি প্ৰস্তুত কৰা

1. অবজেক্টৰ ডুপ্লিকেট কপি প্ৰস্তুত কৰিবৰ বাবে 'পিক' টুলেৰে অবজেক্টক চিলেক্ট কৰি লওক।

2. 'এডিট'ত ক্লিক কৰক। এডিট মেনু দেখা দিব ধৰিব।

3. 'ডুপ্লিকেট'ত ক্লিক কৰক।

আপোনাৰ দ্বাৰা চিলেক্ট কৰা অবজেক্টৰ ডুপ্লিকেট কপি প্ৰস্তুত হৈ যাব।

আউটলাইনক ডিফাইন কৰা

কৰেল দ্ৰুত আপোনাৰ আউটলাইনৰ ভেৰাইটি পাই, যেনে-সৰু আৰু পাতল তথা ডেচ আৰু ডটেড। আপুনি বিভিন্ন আউটলাইনক চাব পাৰে। প্ৰত্যেক আউটলাইন অবজেক্টক এক বেলেগ লুক দিয়ে। ইয়াৰ বাদেও আউটলাইনৰ হোৱা পিকচাৰৰ এক বেলেগ প্ৰভাব পৰে।

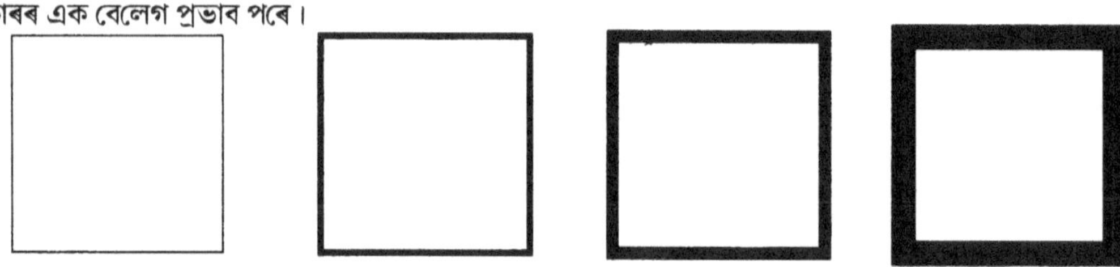

আউটলাইনক ক্ৰিয়েট কৰা

কৰেল দ্ৰুত আপুনি বিভিন্ন প্ৰক্ৰিয়াৰে আউটলাইনক প্ৰস্তুত কৰিব পাৰে। ফ্লাইআউট মোডত আপুনি তীব্ৰতাৰে আউটলাইনক ডিফাইন কৰিব পাৰে বা প্ৰপাৰ্টি বাৰত গৈ ইয়াৰ বিষয়ে আৰু অধিক তথ্য প্ৰাপ্ত কৰিব পাৰে। আউটলাইনৰ শকত আৰু স্টাইলৰ বিষয়ে অধিকতৰ কন্ট্ৰল আউটলাইন টুল ফ্লাইআউটত থাকে।

আউটলাইন ফ্লাইআউটেৰে আউটলাইনৰ দৈৰ্ঘ্য নিৰ্ধাৰিত কৰা

চিলেক্ট কৰা অবজেক্টৰ আউটলাইনক প্ৰস্তুত কৰাৰ সকলোতকৈ তীব্ৰ উপায় এইটো হয় যে টুলবক্সত আউটলাইন টুলক ক্লিক কৰক আৰু ইয়াত প্ৰিচেট আউটলাইনক নিৰ্বাচন কৰক।

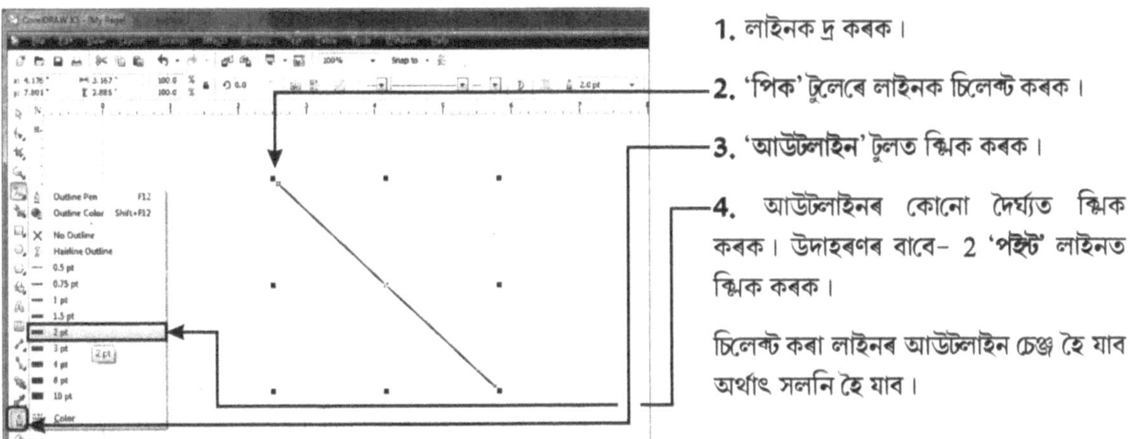

1. লাইনক ড্ৰ কৰক।
2. 'পিক' টুলেৰে লাইনক চিলেক্ট কৰক।
3. 'আউটলাইন' টুলত ক্লিক কৰক।
4. আউটলাইনৰ কোনো দৈৰ্ঘ্যত ক্লিক কৰক। উদাহৰণৰ বাবে– 2 'পইন্ট' লাইনত ক্লিক কৰক।

চিলেক্ট কৰা লাইনৰ আউটলাইন চেঞ্জ হৈ যাব অৰ্থাৎ সলনি হৈ যাব।

আউটলাইন পেন ডায়লগ বক্সেৰে আউটলাইন অপচনচক নিৰ্ধাৰিত কৰা

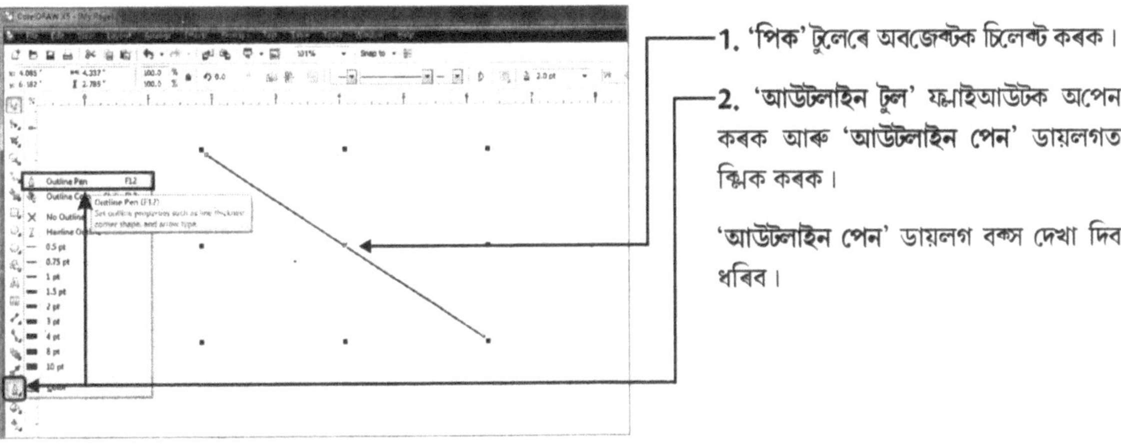

1. 'পিক' টুলেৰে অবজেক্টক চিলেক্ট কৰক।
2. 'আউটলাইন টুল' ফ্লাইআউটক অপেন কৰক আৰু 'আউটলাইন পেন' ডায়লগত ক্লিক কৰক।

'আউটলাইন পেন' ডায়লগ বক্স দেখা দিব ধৰিব।

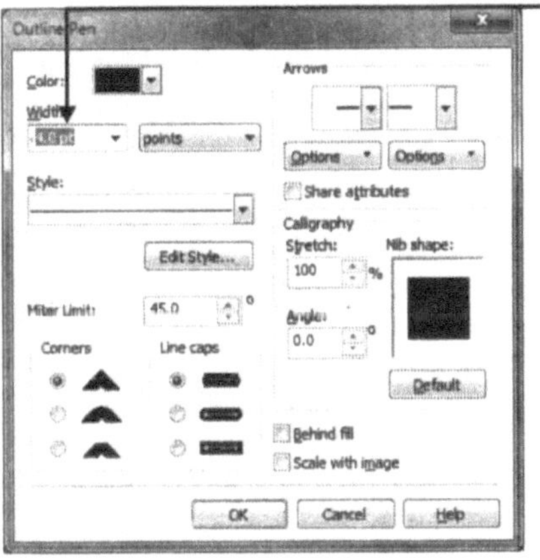

3. উইথ বক্সত 'নিউ লাইন উইথ' অৰ্থাৎ লাইন যিমান বহল হ'ব লাগে সেইটো টাইপ কৰক।

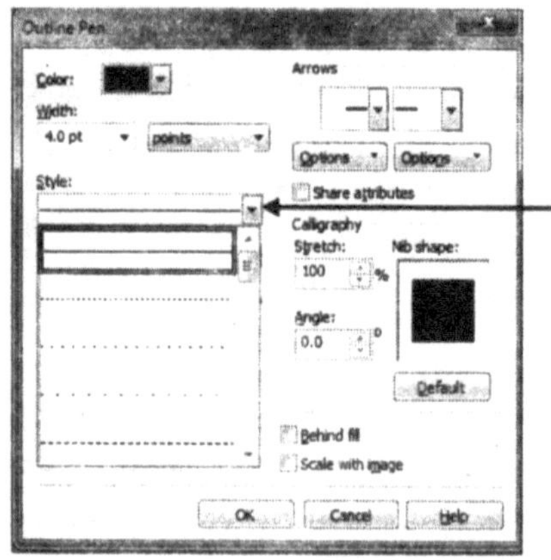

4. **'স্টাইল'** লিস্ট বক্সৰ ডাউন এৰোত ক্লিক কৰি আপুনি চিলেক্ট কৰি অবজেক্ট আৰু লাইনৰ স্টাইলকো পৰিবৰ্তন কৰিব পাৰে।

লাইন স্টাইলৰ ডাঙৰ ৰেঞ্জ আপুনি দেখা পাব। লিস্টক স্ক্ৰল কৰি তাত আপোনাৰ পছন্দৰ লাইন স্টাইল নিৰ্বাচন কৰক।

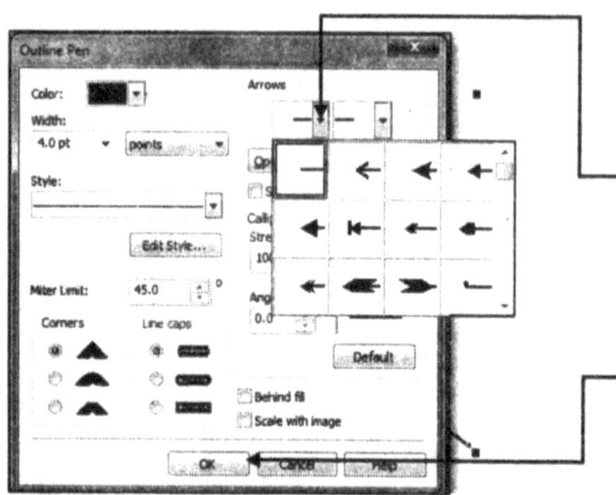

আপুনি লাইনৰ আৰম্ভণিত আৰু অন্তত এৰোও অন্তৰ্ভুক্ত কৰিব পাৰে।

5. লাইনত এৰো একেলগ কৰিবৰ বাবে **'এৰো'** বক্সৰ ডাউন এৰোত ক্লিক কৰক। এৰো আকৃতিৰ ভেৰাইটি আপুনি দেখা পাব। ইয়াৰে আপোনাৰ পছন্দৰ এৰোত ক্লিক কৰি আপুনি তাৰ নিৰ্বাচন কৰিব পাৰে।

6. **'অকে'ত** ক্লিক কৰক।

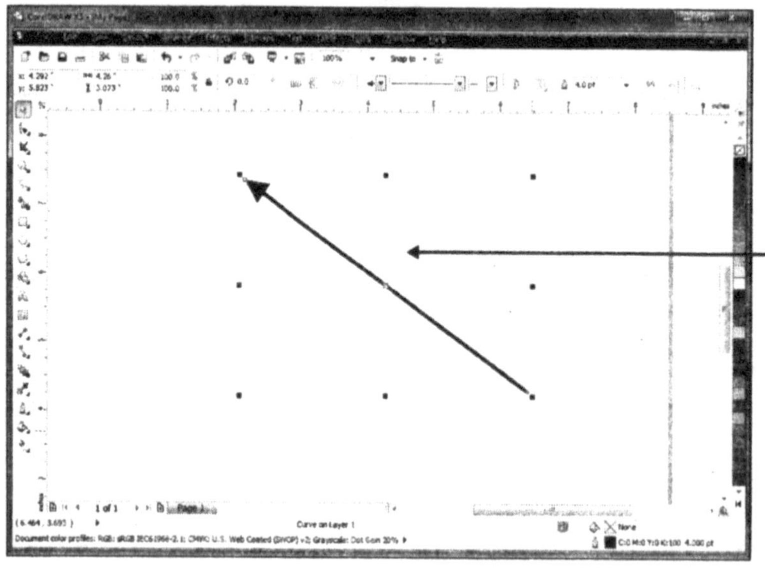

চিলেক্ট কৰা লাইনত আউটলাই উইথ আৰু এৰো এপলাই হৈ যায়।

আপুনি লাইন আৰু কাৰ্ভৰ কোনাৰ আকৃতিও সলনি কৰিব পাৰে। অবজেক্টৰ কৰ্নাৰ শ্বেপ অৰ্থাৎ অবজেক্টৰ কিনাৰৰ আকাৰক চেট কৰিবৰ বাবে ঃ

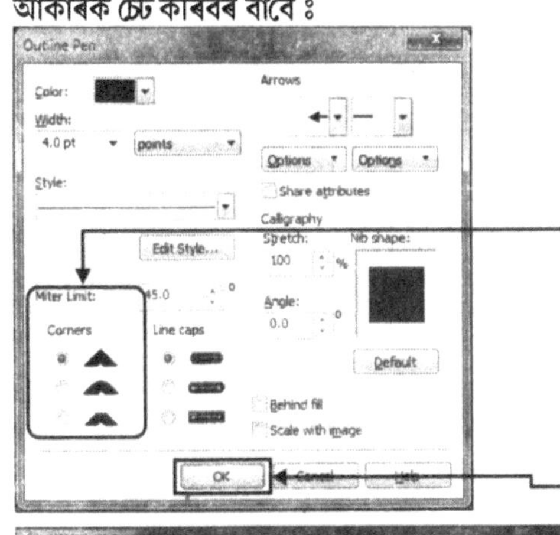

1. পিক টুলেৰে অবজেক্টক চিলেক্ট কৰক।
2. 'আউটলাইন' টুল ফ্লাইআউটক অপেন কৰক, আৰু 'আউটলাইন পেন' ডায়লগত ক্লিক কৰক। আউটলাইন পেন ডায়লগ বক্স দেখা দিয়ে।
3. নিম্নলিখিতৰ ভিতৰত যিকোনো স্টাইল কৰ্নাৰৰ নিৰ্বাচন কৰক।

– মিটাৰ্ড কৰ্নাৰ (সৰু কৰ্নাৰ)

– বীবোল্ড কৰ্নাৰ

– ৰাউন্ড কৰ্নাৰ (গোলাকাৰ কৰ্নাৰ)

4. আউটলাইন পেন ডায়লগ বক্সত **'অকে'ত** ক্লিক কৰক।

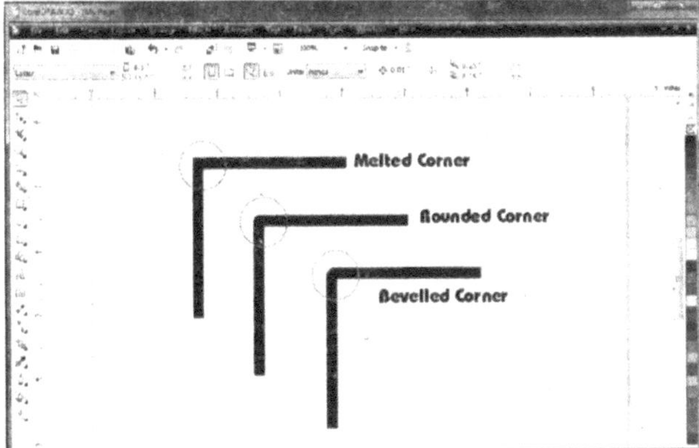

নিৰ্বাচন কৰা স্টাইল অবজেক্টৰ ওপৰত এপলাই হৈ যাব।

আউটলাইনৰ কালাৰ সলনি কৰা

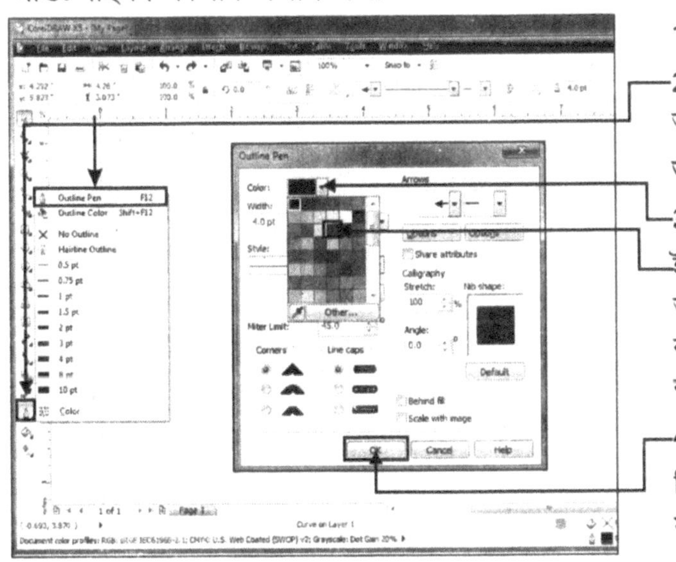

1. 'পিক' টুলেৰে অবজেক্টক চিলেক্ট কৰক।
2. **'আউটলাইন টুল'** ফ্লাইআউটক অপেন কৰক, আৰু **'আউটলাইন পেন'** ডায়লগত ক্লিক কৰক।

আউটলাইন পেন ডায়লগ বক্স দেখা দিব।

3. **'কালাৰ'** বক্সৰ **'ডাউন এৰো'** ক্লিক কৰক।

ইয়াত থকা ৰংৰ লিস্ট দেখা দিব। অবজেক্টৰ আউটলাইনৰ বাবে আপুনি যি কালাৰক এপলাই কৰিব বিচাৰে, এইটো লিস্টৰ ভিতৰত সেইটো কালাৰত ক্লিক কৰি দিয়ক।

4. 'অকে'ত ক্লিক কৰক।

চিলেক্ট কৰা অবজেক্টৰ আউটলাইনৰ ৰং সলনি হৈ যাব।

অবজেক্টৰ শ্বেপ সলনি কৰা

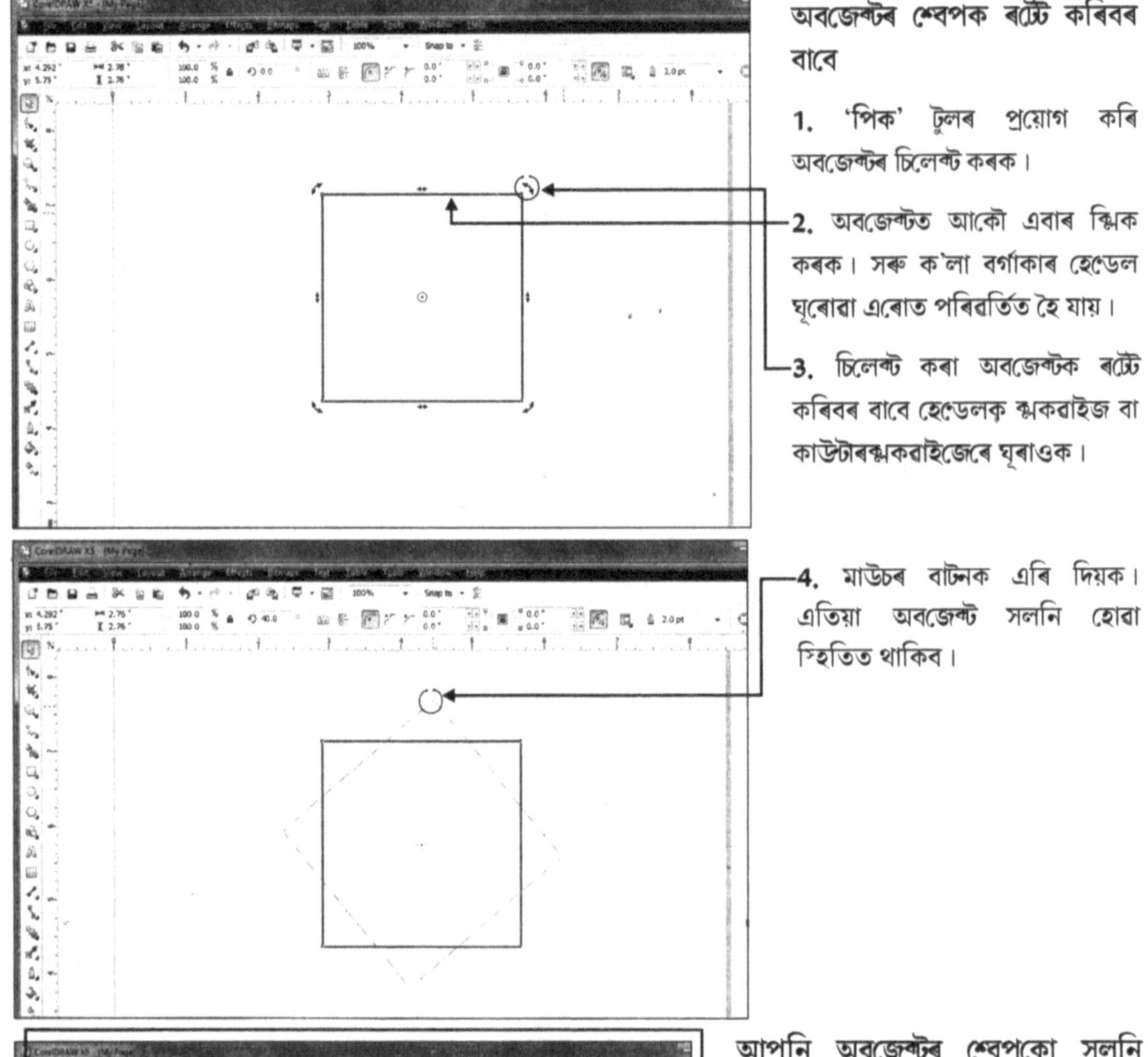

অবজেক্টৰ শ্বেপক ৰটেট কৰিবৰ বাবে

1. 'পিক' টুলৰ প্ৰয়োগ কৰি অবজেক্টৰ চিলেক্ট কৰক।

2. অবজেক্টত আকৌ এবাৰ ক্লিক কৰক। সৰু ক'লা বৰ্গাকাৰ হেণ্ডেল ঘূৰোৱা এৰোত পৰিৱৰ্তিত হৈ যায়।

3. চিলেক্ট কৰা অবজেক্টক ৰটেট কৰিবৰ বাবে হেণ্ডেলক্ ক্লকৱাইজ বা কাউন্টাৰক্লকৱাইজেৰে ঘূৰাওক।

4. মাউচৰ বাটনক এৰি দিয়ক। এতিয়া অবজেক্ট সলনি হোৱা স্থিতিত থাকিব।

আপুনি অবজেক্টৰ শ্বেপকো সলনি কৰিব পাৰে,

1. 'পিক' টুলেৰে অবজেক্টৰ চিলেক্ট কৰক।

2. প্ৰপাৰ্টি বাৰলৈ গৈ মাউচৰ পইন্টাৰক 'এংগল অফ ৰটেচন' বক্সত ৰাখক আৰু ইয়াত ক্লিক কৰক।

3. এংগল অফ ৰটেচন বক্সত ৰটেচনৰ সেইটো এংগলৰ এণ্টাৰ কৰক য'ত আপুনি অবজেক্টৰ ৰটেট কৰিব বিচাৰে।

আউটলাইন কালাৰ আৰু ফিলক চিলেক্ট কৰা

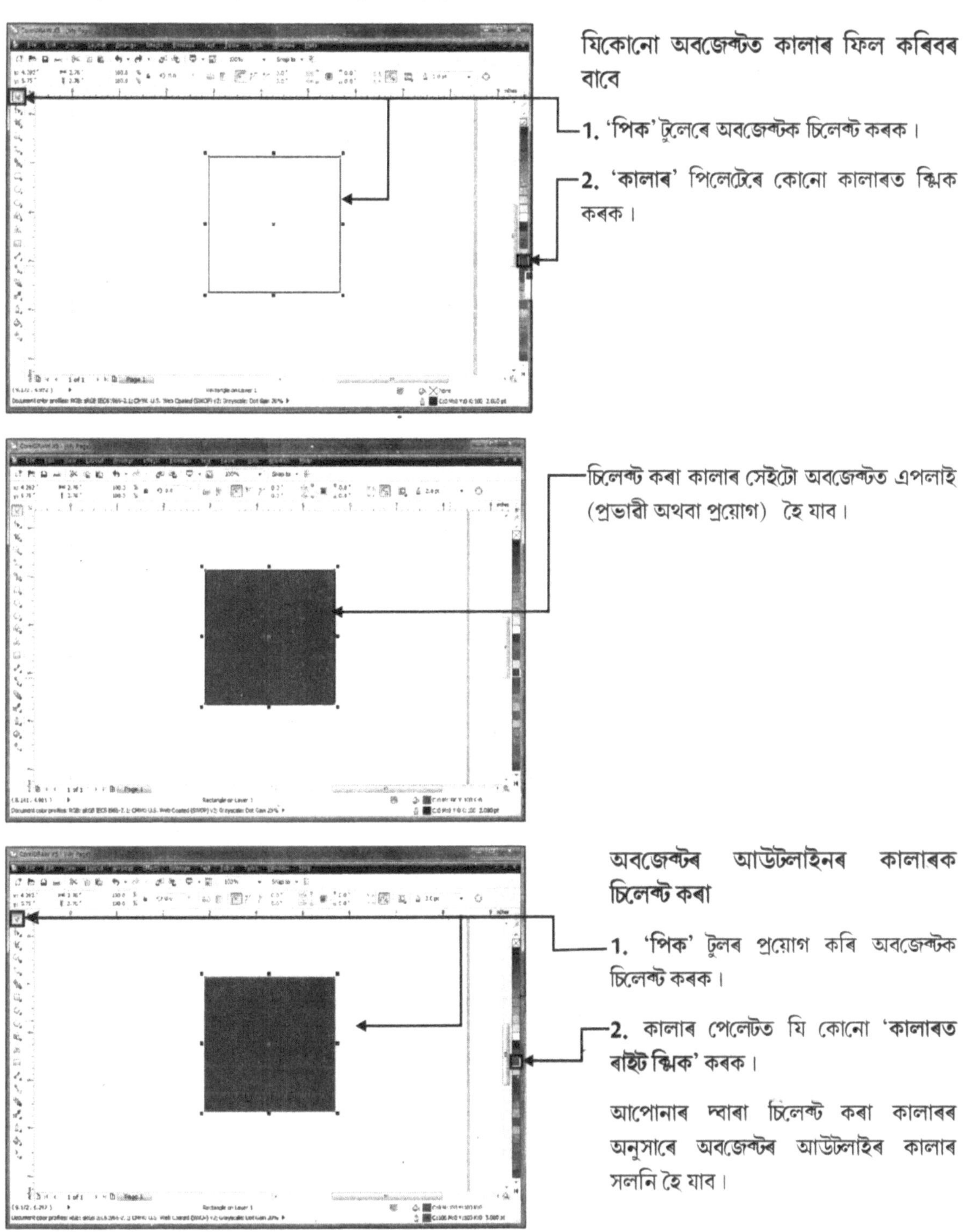

যিকোনো অবজেক্টত কালাৰ ফিল কৰিবৰ বাবে

1. ‘পিক’ টুলেৰে অবজেক্টক চিলেক্ট কৰক।

2. ‘কালাৰ’ পিলেটৰে কোনো কালাৰত ক্লিক কৰক।

চিলেক্ট কৰা কালাৰ সেইটো অবজেক্টত এপলাই (প্ৰভাৱী অথবা প্ৰয়োগ) হৈ যাব।

অবজেক্টৰ আউটলাইনৰ কালাৰক চিলেক্ট কৰা

1. ‘পিক’ টুলৰ প্ৰয়োগ কৰি অবজেক্টক চিলেক্ট কৰক।

2. কালাৰ পেলেটত যি কোনো **‘কালাৰত ৰাইট ক্লিক’** কৰক।

আপোনাৰ দ্বাৰা চিলেক্ট কৰা কালাৰৰ অনুসাৰে অবজেক্টৰ আউটলাইৰ কালাৰ সলনি হৈ যাব।

জুম ইন আৰু জুম আউট কৰা

কৰেল দ্ৰত থকা টুলৰ সহায়েৰে আপুনি দ্ৰইংৰ ভিউক তীব্ৰ গতিৰে আৰু সহজতে সৰু-ডাঙৰ কৰিব পাৰে। দ্ৰইংক ডাঙৰ কৰি চাবৰ বাবে আপুনি জুম ইন কৰিব পাৰে আৰু বৰ্ডাৰ ভিউৰ বাবে জুম আউট কৰিব পাৰে। দ্ৰইং উইডোত আপোনাৰ দ্ৰইংক মুভ কৰাই আপুনি তাৰ ভিউও সলনি কৰিব পাৰে। জুমৰ কন্ট্ৰল আপোনাৰ প্ৰপাৰ্টি বাৰ, জুম টুলবাৰ আৰু স্টেডাৰ্ড টুলবাৰতো পাব অৰ্থাৎ আপুনি ইয়াৰ পৰাও জুমক সৰু-ডাঙৰ কৰিব পাৰে। জুম কৰা দ্ৰইঙেৰে আপুনি প্ৰথম পজিচতেনা তীব্ৰতা কৰিব পাৰে। জুম কৰিলে আপোনাৰ দ্ৰইংত কোনো প্ৰভাব নপৰে।

জুম ইন কৰিবৰ বাবে

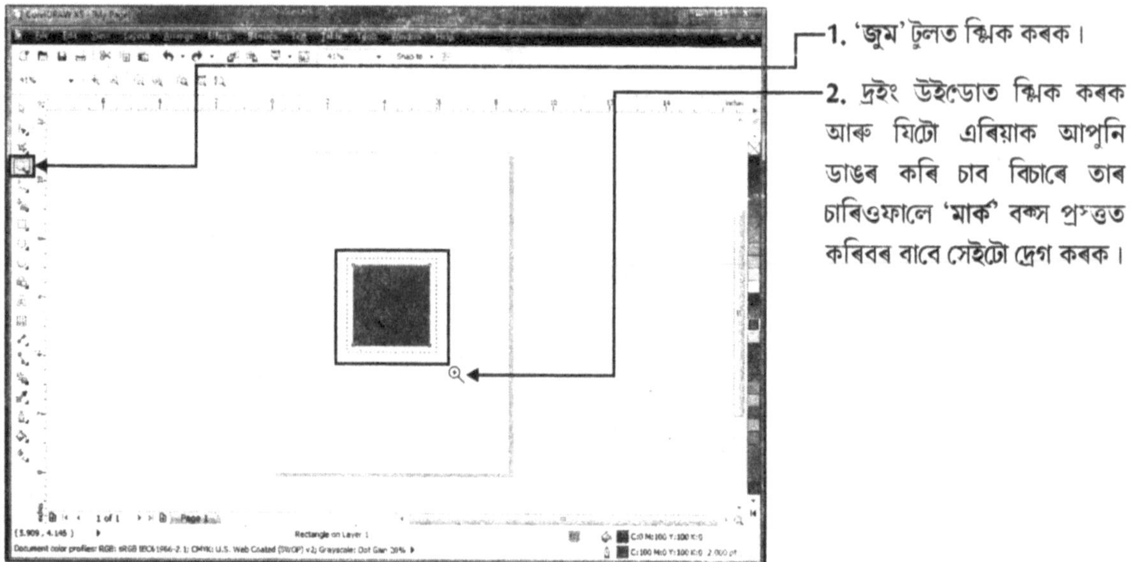

1. 'জুম' টুলত ক্লিক কৰক।

2. দ্ৰইং উইডোত ক্লিক কৰক আৰু যিটো এৰিয়াক আপুনি ডাঙৰ কৰি চাব বিচাৰে তাৰ চাৰিওফালে 'মাৰ্ক' বক্স প্ৰস্তুত কৰিবৰ বাবে সেইটো দ্ৰেগ কৰক।

জুম আউট কৰিবৰ বাবে

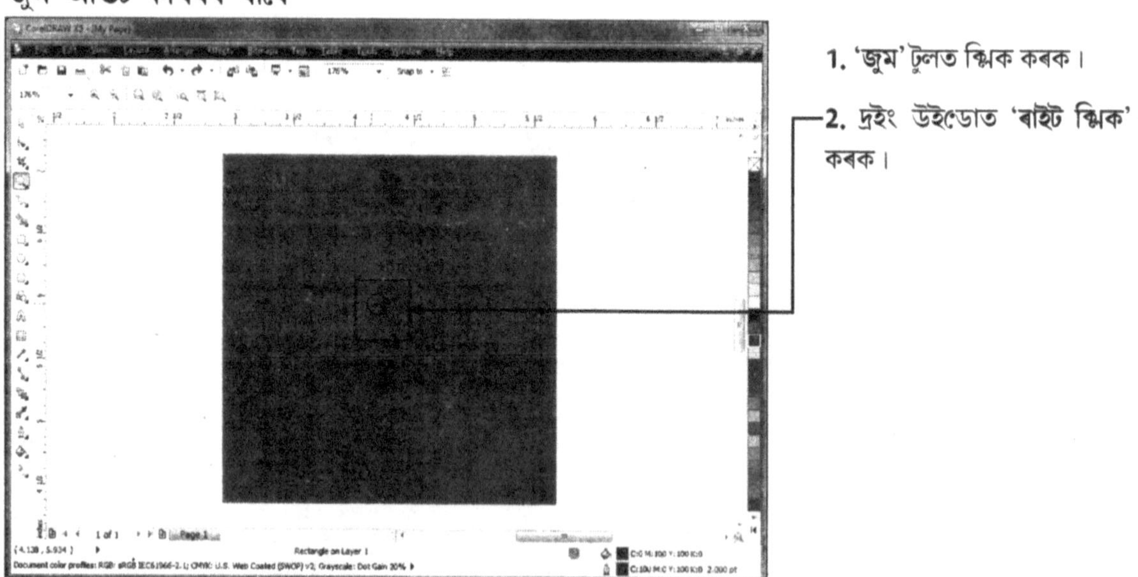

1. 'জুম' টুলত ক্লিক কৰক।

2. দ্ৰইং উইডোত 'ৰাইট ক্লিক' কৰক।

কভাৰ্চৰ লগত কাম কৰা

কৰেল দ্ৰুত আপোনাৰ স্ক্ৰীনত ডিজাইনক দ্ৰ কৰিবৰ বাবে আপুনি ফ্ৰিহেড কভাৰ্চৰ প্ৰয়োগ কৰিব পাৰে। আউ[illegible] কোনো বিশেষ ডিজাইন প্ৰস্তুত কৰাৰ সময় কেতিয়াবা-কেতিয়াবা আপোনাৰ সমস্যা হ'ব পাৰে। কিন্তু ফ্ৰিহেড কৰ্ভচৰ প্ৰয়োগ কৰি আপুনি সহজতে ইলস্ট্ৰেচন আদিক প্ৰস্তুত কৰিব পাৰে।

ফ্ৰিহেড কৰ্ভাচেৰে দ্ৰইং কৰা

ফ্ৰিহেড কভাৰ্চৰ দ্বাৰা কোনো ডিজাইনক প্ৰস্তুত কৰাত সহজ হয়। আপোনাক কেৱল ফ্ৰিহেড টুলত ক্লিক কৰিব লগীয়া হয় আৰু ইয়াৰ পিছত দ্ৰইং এৰিয়াত ক্লিক কৰি দ্ৰ কৰিব লগীয়া হয়।

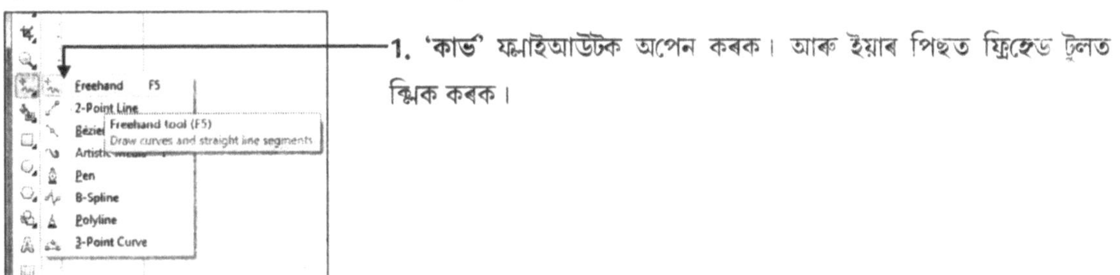

1. 'কাৰ্ভ' ফ্লাইআউটক অপেন কৰক। আৰু ইয়াৰ পিছত ফ্ৰিহেড টুলত ক্লিক কৰক।

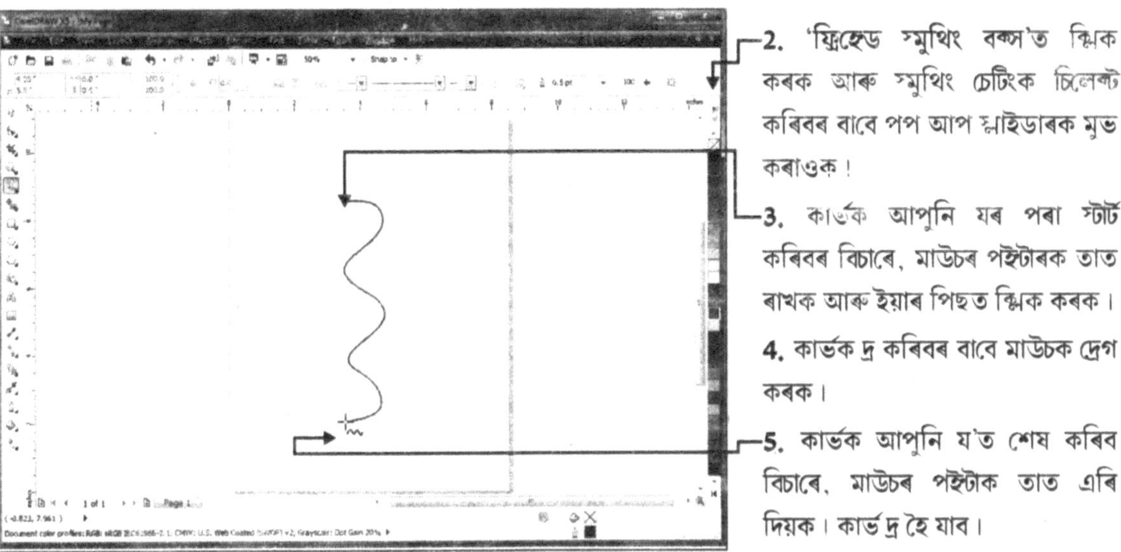

2. 'ফ্ৰিহেড স্মুথিং বক্স'ত ক্লিক কৰক আৰু স্মুথিং চেটিংক চিলেক্ট কৰিবৰ বাবে পপ আপ স্লাইডাৰক মুভ কৰাওক।
3. কাৰ্ভক আপুনি যৰ পৰা স্টাৰ্ট কৰিবৰ বিচাৰে, মাউচৰ পইন্টাৰক তাত ৰাখক আৰু ইয়াৰ পিছত ক্লিক কৰক।
4. কাৰ্ভক দ্ৰ কৰিবৰ বাবে মাউচক দ্ৰেগ কৰক।
5. কাৰ্ভক আপুনি য'ত শেষ কৰিব বিচাৰে, মাউচৰ পইন্টাক তাত এৰি দিয়ক। কাৰ্ভ দ্ৰ হৈ যাব।

ফ্ৰিহেড কাৰ্ভত এডিট নোডচ

নোড ঃ লাইন, কাৰ্ভ আৰু অবজেক্টৰ আউটলাইনত থকা সৰু বৰ্গক নোড বুলি কয়, যিটোক আপুনি এডিট কৰাত প্ৰয়োগ কৰে। যেতিয়া আপুনি শেপ টুলৰ লগত কোনো কাৰ্ভ অবজেক্টক চিলেক্ট কৰে তেতিয়া কৰেল দ্ৰ অবজেক্টৰ সকলো নোডচক ডিচপ্লে কৰি দিয়ে। এইটো নোডচক ঘূৰাই বা নোডচেৰে একেলগ কৰি কন্ট্ৰলিং পইন্টাৰক মুভ কৰি আপুনি কাৰ্ভ অবজেক্টক শেপক পৰিৱৰ্তন কৰিব পাৰে।

চেগমেন্ট ঃ দুটা নোডচৰ মাজৰ কাৰ্ভৰ অংশক চেগমেন্ট বুলি কয়। চেগমেন্ট দুই প্ৰকাৰৰ হয় - 'কাৰ্বড' আৰু 'স্ট্ৰেট'।

শেপ টুলৰ দ্বাৰা দ্ৰেগ কৰি বা নোডচৰ কন্ট্ৰল পইন্টাৰক দ্ৰেগ কৰি আপুনি কাৰ্বড চেংমেন্টক পৰিৱৰ্তন কৰিব পাৰে। যদি আপুনি কোনো স্ট্ৰেট চেগমেন্টক ঘূৰাব পৰা যায় তেতিয়া আপুনি এইটো কাৰ্বড চেগমেন্টলৈ পৰিৱৰ্ততি কৰিব পৰা যায়।

কাৰ্বড অবজেক্টত নোডচক চিলেক্ট কৰা

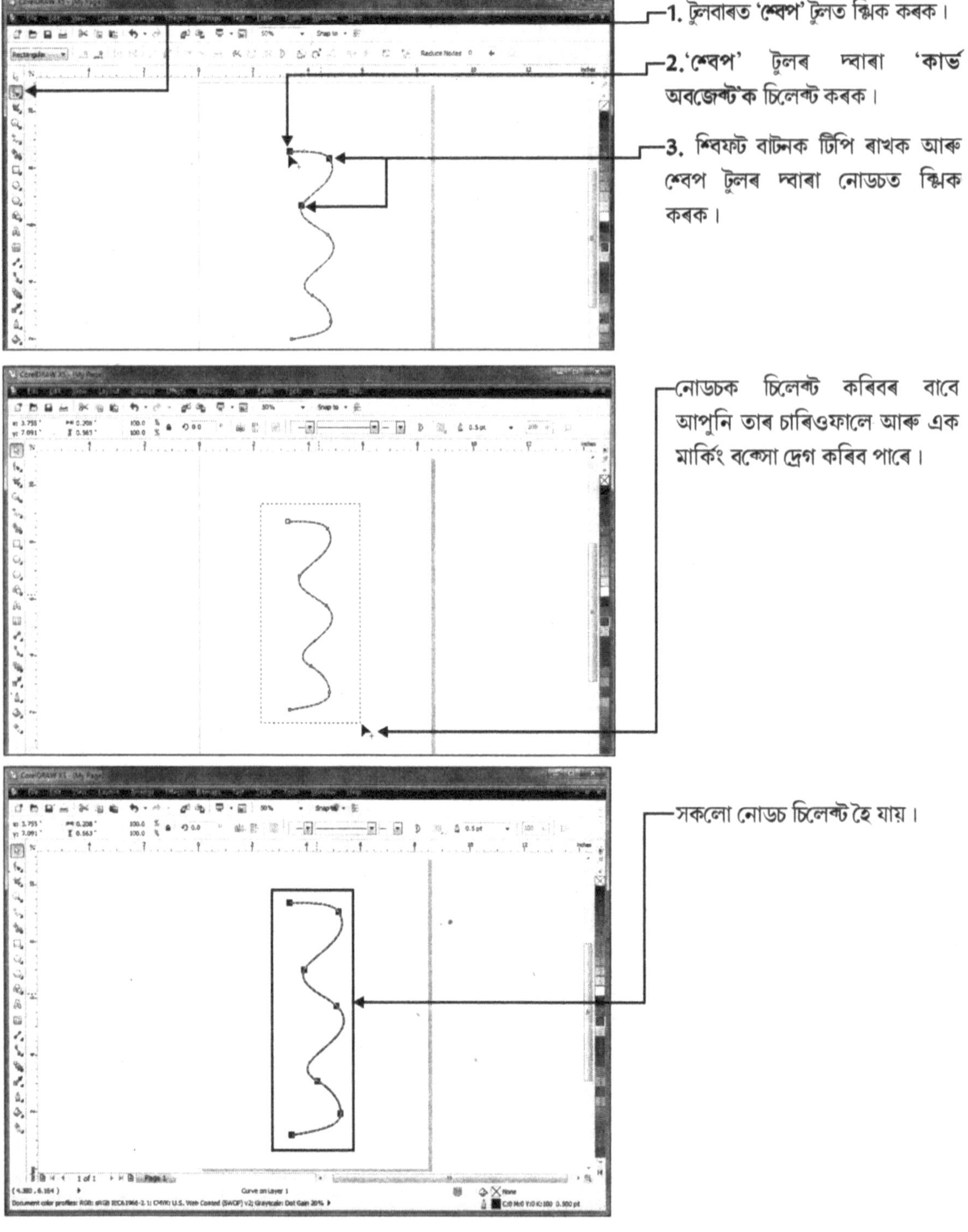

নোডচক এড কৰা অৰ্থাৎ একেলগ কৰা

কাৰ্ভক ক্ৰিয়েট কৰিবৰ বাবে যদি আপুনি অধিক নোডচৰ আৱশ্যক হয় তেতিয়া আপুনি কাবৰ্ড অবজেক্টত নোডো অন্তৰ্ভুক্ত কৰিব পাৰে।

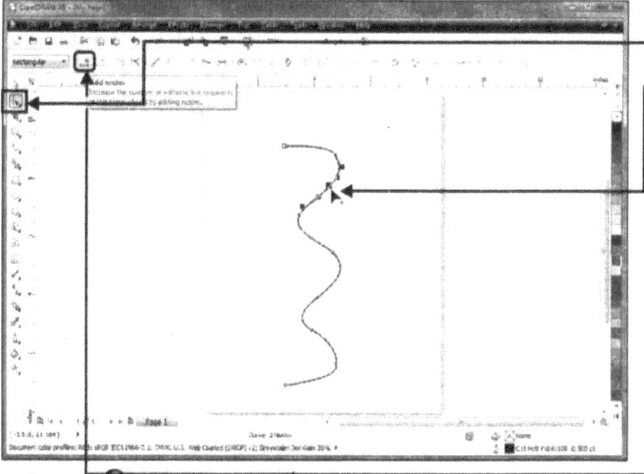

1. শ্বেপ টুলত ক্লিক কৰক।
2. কাৰ্ভত য'ত আপুনি নোডক একেলগ কৰিব বিচাৰে, তেতিয়াহ'লে তাত ডাবল ক্লিক কৰক।

বা

1. শ্বেপ টুলৰ প্ৰয়োগ কৰি সেইটো নোডচৰ মাজত চিলেক্ট কৰক য'ত আপুনি নোডক একেলগ কৰিব বিচাৰে।
2. প্ৰপাৰ্টি বাৰত গৈ এড নোড বাটন (+) ত ক্লিক কৰক।

নোডচক ৰিমুভ কৰা অৰ্থাৎ অতৰোৱা

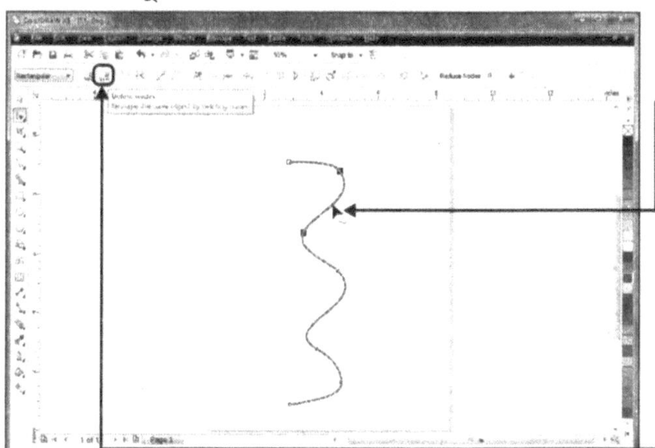

1. 'শ্বেপ' টুলত ক্লিক কৰক।
2. সেইটো নোডত ডাবল ক্লিক কৰক যিটোক আপুনি ৰিমুভ কৰিব বিচাৰে

বা

1. 'শ্বেপ' টুলৰ প্ৰয়োগেৰে সেইটো নোডক মাৰ্ক কৰি লওক যিটোক আপুনি ৰিমুভ কৰিব বিচাৰে।
2. প্ৰপাৰ্টি বাৰত গৈ ডিলিট নোডচ বাটন (-) ত ক্লিক কৰক।

নোডচক পোৱা

নোডচৰ দুটা কিনাৰক আপুনি একেলগ কৰিব পাৰে।

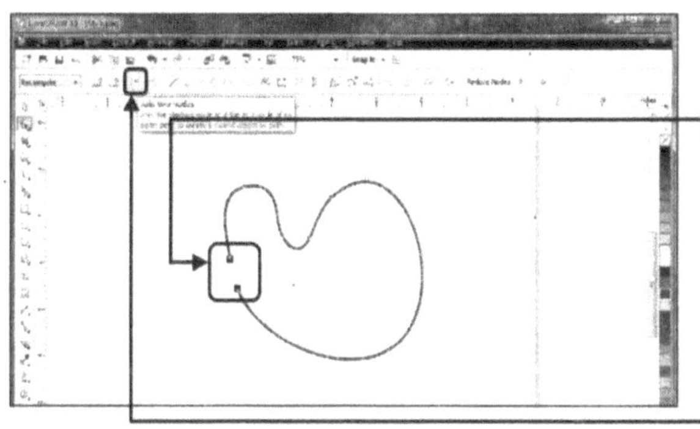

1. 'শ্বেপ' টুলত ক্লিক কৰক।
2. সেইটো 'নোডচ'ক চিলেক্ট কৰক যিটোক আপুনি পাব বিচাৰে।
3. 'প্ৰপাৰ্টি বাৰত' গৈ 'জইন টু নোডচ' বাটনত ক্লিক কৰক। চিলেক্ট কৰা দুটা নোডচ পাই যায় অৰ্থাৎ একেলগ হৈ যায়।

কাৰ্ভড অবজেক্টৰ নোডচক মুভ কৰা

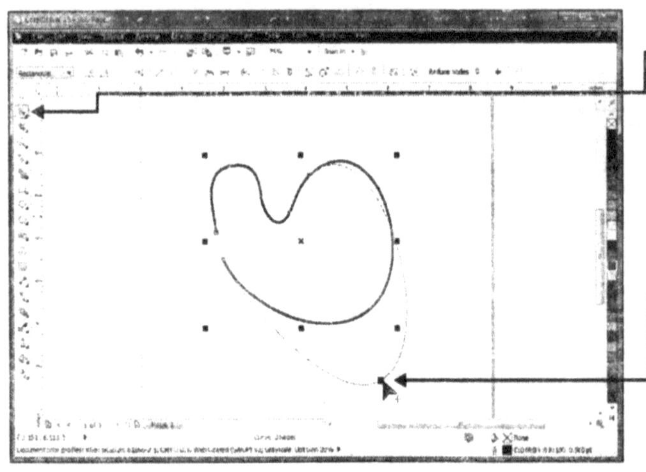

1. শ্বেপ টুলৰ দ্বাৰা কাবৰ্ড অবজেক্টক চিলেক্ট কৰক।

2. মাউচৰ পইণ্টাৰক সেইটো নোডত লৈ যাওক যিটোক আপুনি মুভ কৰিব বিচাৰে। এইটো 'শ্বেপ' টুলত পৰিৱৰ্তিত হৈ যাব।

3. কাৰ্ভৰ আকৃতিক সলনি কৰিবৰ বাবে নোডক দ্ৰেগ কৰক।

চেগমেন্টক ষ্ট্ৰেট কৰা

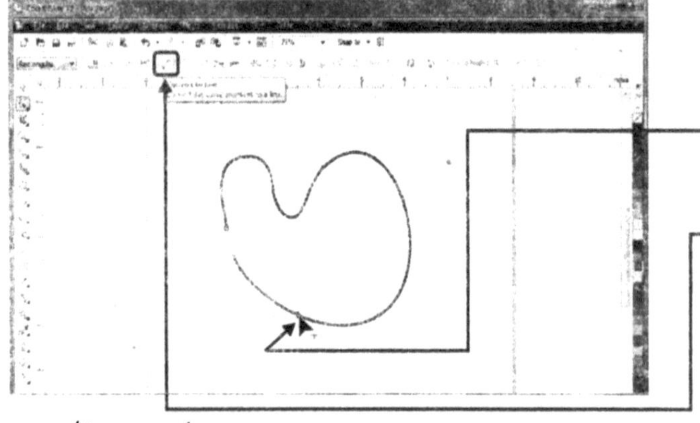

1. 'শ্বেপ' টুলৰ দ্বাৰা 'কাৰ্বড' অবজেক্টকব চিলেক্ট কৰক।

2. যি **চেগমেন্টক** আপুনি সলনি কৰিব বিচাৰে অৰ্থাৎ চেঞ্জ কৰিব বিচাৰে, তাত ক্লিক কৰক।

3. চেগমেন্টক ষ্ট্ৰেট কৰিবৰ বাবে **প্ৰপাৰ্টি বাৰত** গৈ **'কনভাৰ্ট কাৰ্ভ টু লাইন'** বাটনত ক্লিক কৰক।

চেগমেন্টক কাৰ্ভ কৰা

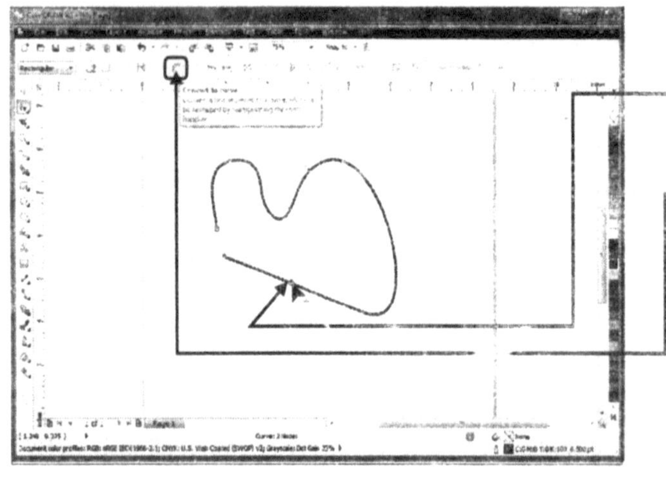

1. **'কাৰ্ভ'** অবজেক্টক **'শ্বেপ'** টুলেৰে চিলেক্ট কৰক।

2. সেইটো **'চেগমেন্টত'** ক্লিক কৰক, যিটোক আপুনি সলনি কৰিব বিচাৰে।

3. চেগমেন্টক কাৰ্বড কৰিবৰ বাবে প্ৰপাৰ্টি বাৰত গৈ **'কনভাৰ্ট লাইন টু কাৰ্ভ'** বাটনত ক্লিক কৰি দিয়ক।

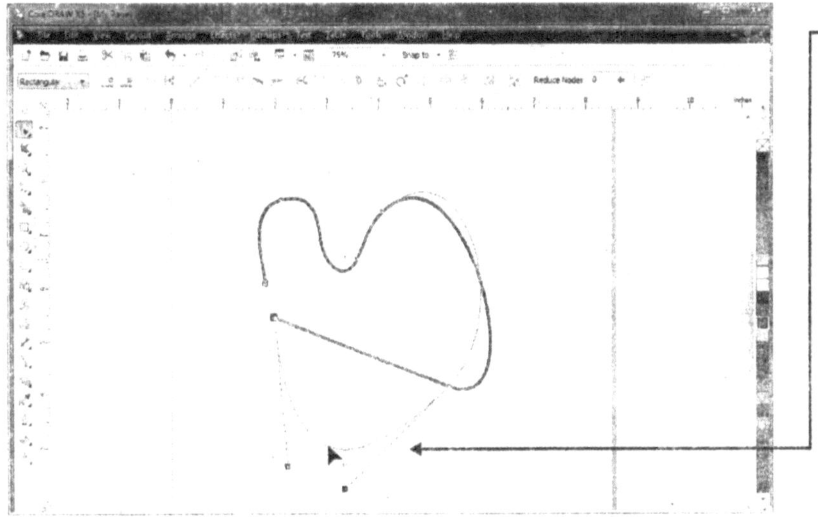

কাৰ্ভ চেগমেন্টক ড্ৰেগ কৰি আপুনি অবজেক্টৰ শ্বেপো সলনি কৰিব পাৰে।

পথক ব্ৰেক কৰা অৰ্থাৎ ভাঙি দিয়া

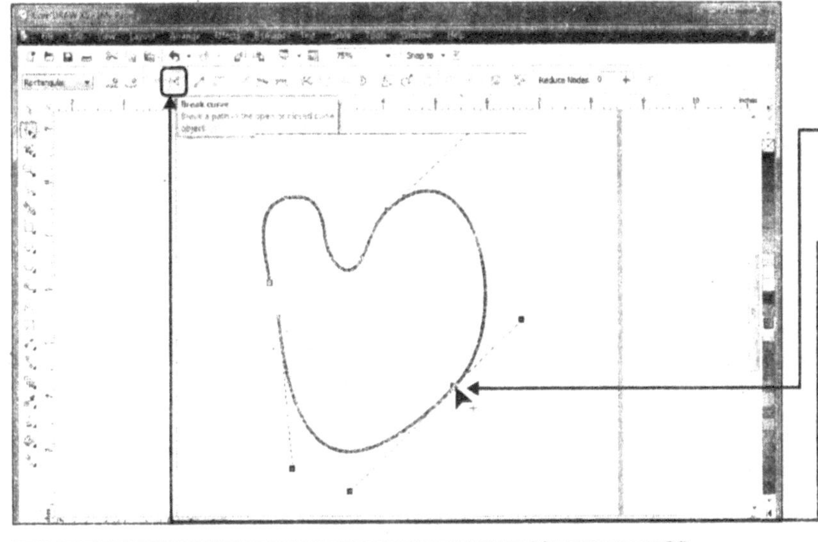

1. শ্বেপ টুলৰ দ্বাৰা কাৰ্বড অবজেক্টক চিলেক্ট কৰক।
2. য'ত আপুনি পথক ব্ৰেক কৰিব বিচাৰে, তাত ক্লিক কৰক।
3. প্ৰপাৰ্টি বাৰত গৈ ব্ৰেক কাৰ্ভ বাটনত ক্লিক কৰি দিয়ক।

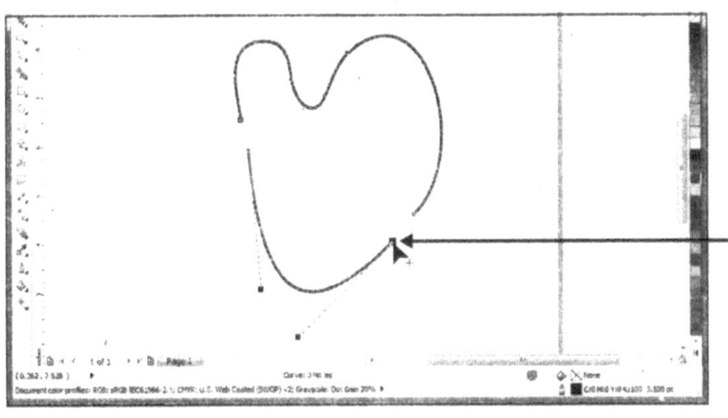

এটা নোডক ড্ৰেগ কৰিও আপুনি দুটা নোটক বেলেগ কৰিব পাৰে অৰ্থাৎ পথক ব্ৰেক কৰিব পাৰে।

পেজ চেটআপ

কৰেল দ্ৰত বহুতো লোকপ্ৰিয় পেপাৰ চাইজ আগতেই দিয়া থাকে। আৰু ইয়াৰে যিকোনো আপুনি আপোনাৰ প্ৰজেক্টত এচাইন কৰিব পাৰে।

পেজ চাইশক ডিফাইন কৰা

পেজ চাইজক নিৰ্ধাৰিত কৰাৰ সকলোতকৈ সহজ উপায় **দ্ৰইং এৰিৰ ব্লেংক পাৰ্টত** ক্লিক কৰক। এনে কৰিলে **পেজ লেআউট প্ৰপাৰ্টি বাৰ** এক্টিভ হৈ যায়। আপোনাৰ পেজৰ চাইজ আৰু দিশৰ নিৰ্ধাৰিত কৰিবৰ বাবে আপুনি প্ৰপাৰ্টি বাৰৰ প্ৰয়োগ কৰিব পাৰে।

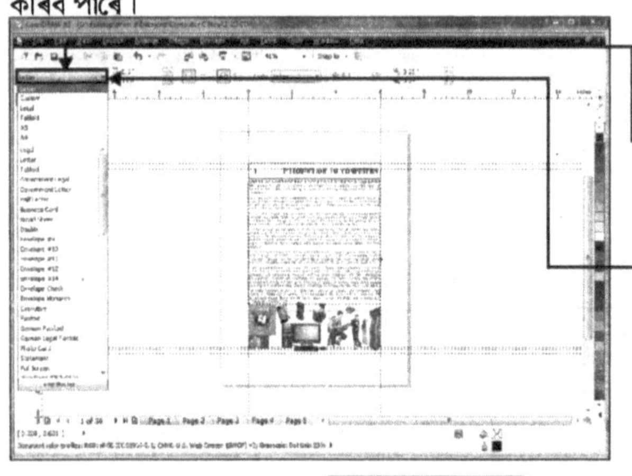

1. অবজেক্ট এৰি দ্ৰইং এৰিয়াৰ যতে-ততে ক্লিক কৰক।
2. **প্ৰপাৰ্টি বাৰত পেপাৰ টাইপ/চাইজ লিস্ট বক্সৰ** ডাউন এৰোত ক্লিক কৰক। বিভিন্ন পেপাৰ চাইজৰ দ্ৰপ ডাউন লিস্ট দেখা দিয়ে।
3. আপোনাৰ ডকুমেন্টৰ বাবে আপুনি যি **পেপাৰ চাইজক** এপলাই কৰিব বিচাৰে, তাত ক্লিক কৰি দিয়ক।

আপোনাৰ দ্বাৰা নিৰ্বাচন কৰা পেপাৰ চাইজ আপোনাৰ ডকুমেন্টৰ এপলাই হৈ যায়।

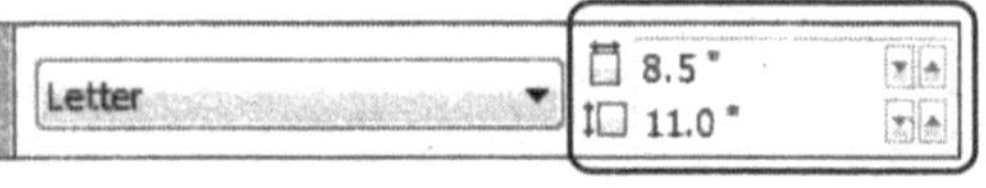

প্ৰাপাৰ্টি বাৰত **পেপাৰ উইথ এণ্ড হাইট স্পিন** বক্সত গৈ আপুনি আপোনাৰ মতে পেপাৰৰ চাইজ নিৰ্ধাৰিত কৰিব পাৰে।

1. অবজেক্টক এৰি দ্ৰইং এৰিয়াৰ যতে-ততে ক্লিক কৰক।
2. আপুনি আপোনাৰ পেপাৰৰ যিমান দৈৰ্ঘ্য আৰু প্ৰস্থ কৰিব বিচাৰে **পেপাৰ উইথ এণ্ড হাইট বক্সত** সেইটো টাইপ কৰি দিয়ক।
3. আপোনাৰ দ্বাৰা চেট কৰা দৈৰ্ঘ্য আৰু বহলৰ অনুসাৰে পেজৰ চাইজ নিৰ্ধাৰিত হৈ যায়।

পেজক ইনচাৰ্ট কৰা আৰু ডিলিট কৰা

আপোনাৰ ডকুমেন্টত আপুনি পেজক অন্তৰ্ভুক্ত কৰিব পাৰে, ৰিনেম কৰিব পাৰে আৰু ডিলিটো কৰিব পাৰে। যদি আপোনাৰ ডকুমেন্টত তিনিটা বা তাতকৈ অধিক পেজ থাকে তেতিয়াহ'লে আপুনি কোনো পেজক ডিলিট কৰিব পাৰে।

পেজক ইনচাৰ্ট কৰা

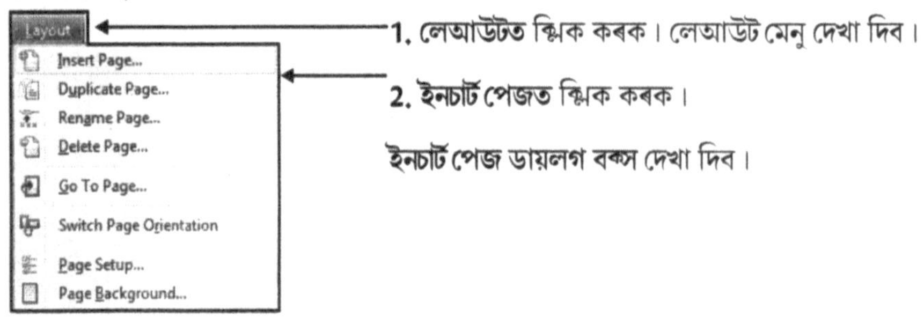

1. **লেআউটত** ক্লিক কৰক। লেআউট মেনু দেখা দিব।
2. **ইনচাৰ্ট পেজত** ক্লিক কৰক।

ইনচাৰ্ট পেজ ডায়লগ বক্স দেখা দিব।

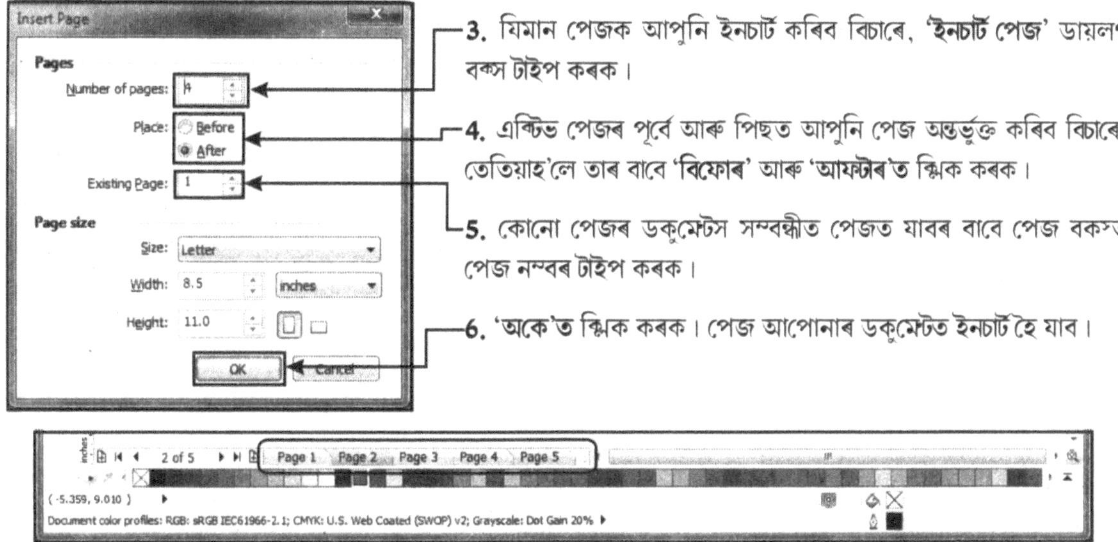

ইয়াত আপোনাৰ ডকুমেন্টত চাৰিটা নতুন পেজ ইনচাৰ্ট কৰা গৈছে।

পেজৰ ৰিনেম অথবা নাম সলনি কৰা

ডিফল্ট ৰূপত প্ৰত্যেক পেজৰ এটা নাম থাকে যেনে পেজ 1, পেজ 2, পেজ 3 আৰু পেজ চাৰি আদি। হৰিজন্টেল স্ক্ৰল বাৰত গৈ আপুনি পেজৰ নামক চাব পাৰে। এইটো পেজেৰে ইয়াৰ কোনো অৰ্থ নাই যে আপুনি আপোনাৰ ফাইল বা ডকুমেন্টক কি নামেৰে চেভ কৰিছে। অধিক প্ৰভাবীৰ বাবে আপুনি এইটো পেজৰ নাম সলনি কৰিব পাৰে।

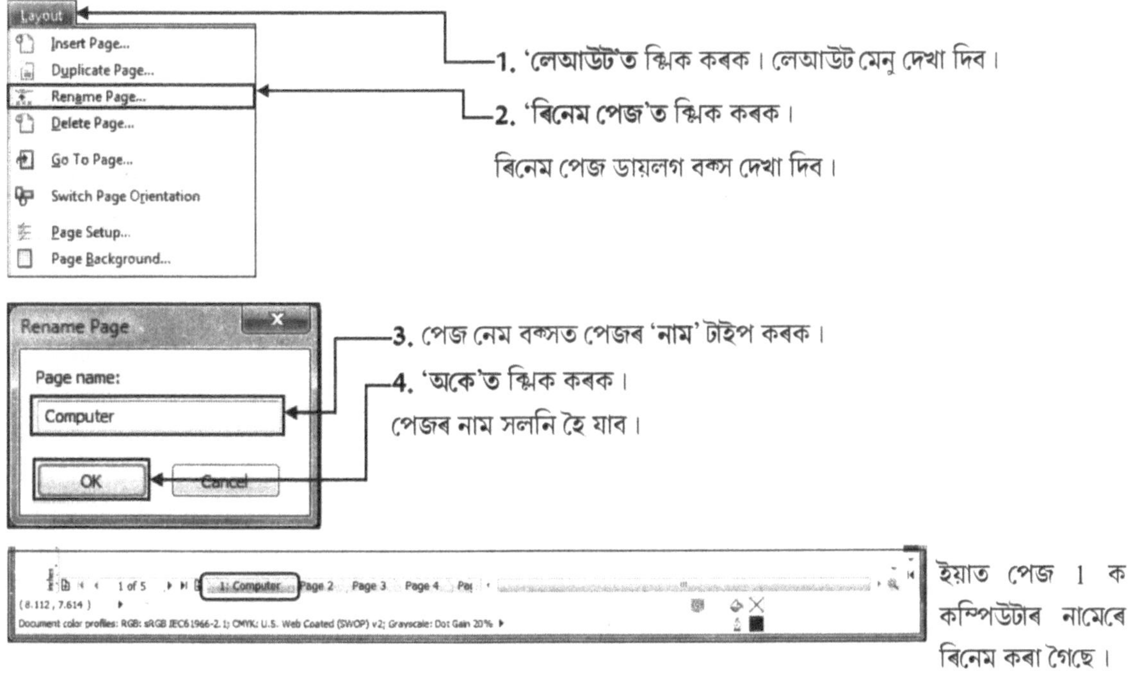

পেজক ডিলিট কৰা

কেতিয়াবা-কেতিয়াবা আপুনি আপোনাৰ ডকুমেণ্টৰ কোনো পেজক আতৰাব বিচাৰে তেতিয়া আপুনি এইটোক সহজতে ডিলিট কৰিব পাৰে। যদি আপুনি কোনো পেজৰ ডকুমেণ্টত কাম কৰি আছে য'ত তিনিটাতকৈ অধিক পেজ থাকে তেতিয়া আপুনি কোনো পেজ ডিলিট কৰিব পাৰে।

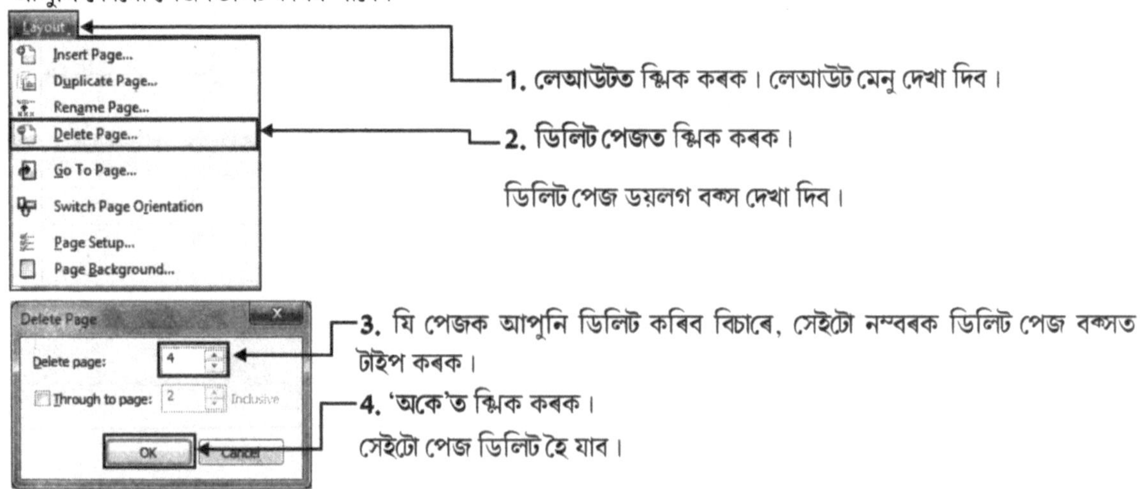

1. লেআউটত ক্লিক কৰক। লেআউট মেনু দেখা দিব।

2. ডিলিট পেজত ক্লিক কৰক।

ডিলিট পেজ ডয়লগ বক্স দেখা দিব।

3. যি পেজক আপুনি ডিলিট কৰিব বিচাৰে, সেইটো নম্বৰক ডিলিট পেজ বক্সত টাইপ কৰক।

4. 'অকে'ত ক্লিক কৰক।

সেইটো পেজ ডিলিট হৈ যাব।

5. যদি আপুনি কোনো পেজক একেলগে ডিলিট কৰিব বিচাৰে তেতিয়াহ'লে সেইটো ৰেঞ্জৰ প্ৰথম পেজ নম্বৰক ডিলিট পেজ বক্সত টাইপ কৰক।

6. থ্ৰ টু পেজ ঃ চেকবক্সত ক্লিক কৰি এইটোক অন কৰক।

7. থ্ৰ টু পেজ চেকবক্সৰ পিছত সেইটো পেজ নম্বৰক টাইপ কৰক, য'ত আপুনি পেজ ডিলিট কৰিব বিচাৰে।

8. অকেত ক্লিক কৰি দিয়ক।

ডকুমেণ্ট নেভিগেচন

কোনো পেজৰ ডকুমেণ্টত কাম কৰা সময় যেনে ব্ৰাচাৰ আদিত আপুনি সহজতে এক পেজৰ পৰা অন্য এটা পেজত যাব পাৰে বা কোনো বিশেষ পেজলৈ যাব পাৰে।

1. কৰেল দ্ৰৰ বাটমত পেজ টেবত ক্লিক কৰক।

2. পেজৰ যিকোনো চাইডত **'লেফট'** আৰু **'ৰাইট'** এৰোত ক্লিক কৰক।

যি দিশত আপুনি এৰোক টিপে, সেইটো এক পেজ আগবাঢ়ি যায়।

ইয়াৰ বাদেও

1. লেআউটত ক্লিক কৰক। লেআউট মেনু দেখা দিব।

2. গ' টো পেজত ক্লিক কৰক।

গ' টো পেজ ডায়লগ বক্স দেখা দিয়ে।

3. যি পেজ নম্বৰত আপুনি মুভ কৰিব বিচাৰে, সেইটো নম্বৰক টাইপ কৰক আৰু 'অকে'ত ক্লিক কৰক।

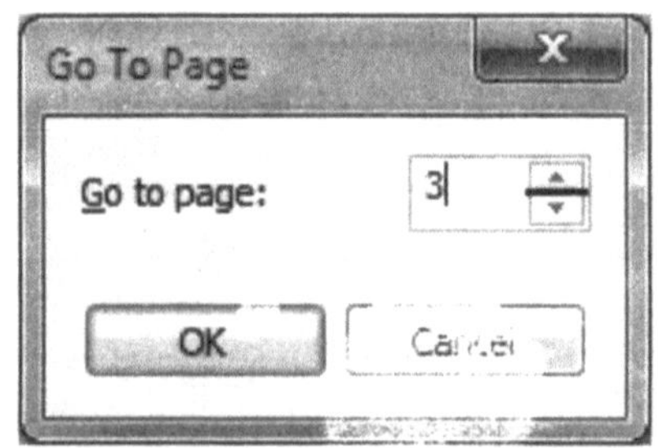

গাইডলাইঞ্চ আৰু গ্ৰিডচ

গাইডলাইঞ্চ আৰু গ্ৰিডচ আপোনাক ক্ষৈতিজ বা দীঘলীয়া অথবা দুটা লকেচনত কোনো ডকুমেণ্টক সহজতে লকেট কৰাৰ সক্ষম হয়। যেতিয়া আপুনি মেনু বাৰ গ্ৰিডেৰে ভিউক চিলেক্ট কৰে, স্ক্ৰীনত আপুনি ডটচ দেখা পাব। এইটো ডটচ প্ৰিণ্টআউটত নাহে, বৰং কেৱল অবজেক্টৰ লকেচনক কথ। গ্ৰিডক এডজাস্ট কৰিব পৰা যায়।

গাইডলাইঞ্চ একেলগ কৰা

1. ভিউত ক্লিক কৰক। ভিউ মেনু দেখা দিব।

2. চেটআপত ক্লিক কৰক।

3. গাইডলাইন চেটআপত ক্লিক কৰক। অপচন ডায়লগ বক্স দেখা দিব।

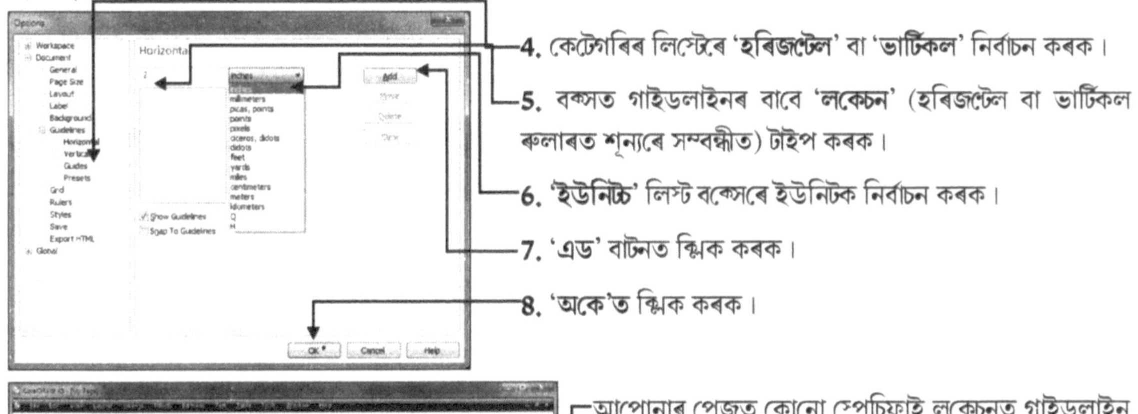

4. কেটেগৰিৰ লিস্টৰে '**হৰিজণ্টেল**' বা '**ভাৰ্টিকেল**' নিৰ্বাচন কৰক।

5. বক্সত গাইডলাইনৰ বাবে '**লকেচন**' (হৰিজণ্টেল বা ভাৰ্টিকেল ৰুলাৰত শূন্যৰে সম্বন্ধীত) টাইপ কৰক।

6. '**ইউনিটচ**' লিস্ট বক্সেৰে ইউনিটক নিৰ্বাচন কৰক।

7. '**এড**' বাটনত ক্লিক কৰক।

8. '**অকে**'ত ক্লিক কৰক।

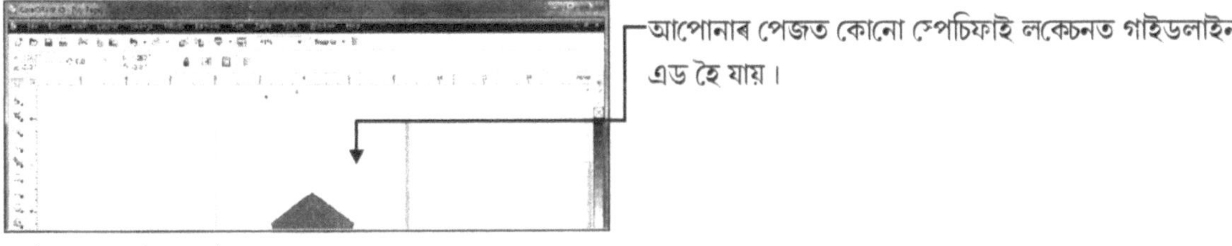

আপোনাৰ পেজত কোনো স্পেচিফাই লকেচনত গাইডলাইন এড হৈ যায়।

মাউচেৰে গাইডলাইনক একেলগ কৰা

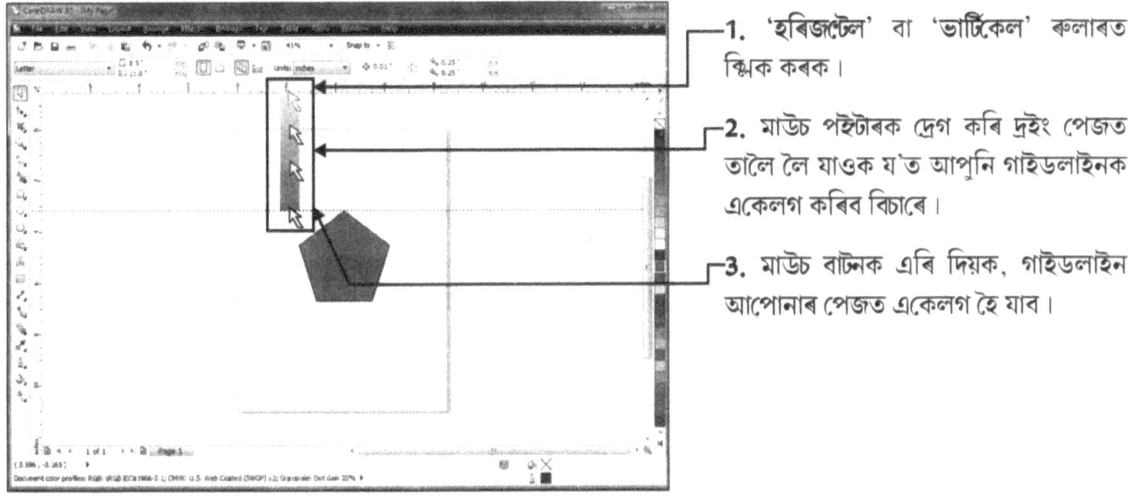

1. '**হৰিজণ্টেল**' বা '**ভাৰ্টিকেল**' ৰুলাৰত ক্লিক কৰক।

2. মাউচ পইণ্টাৰক দ্ৰেগ কৰি দ্ৰইং পেজত তালৈ লৈ যাওক য'ত আপুনি গাইডলাইনক একেলগ কৰিব বিচাৰে।

3. মাউচ বাটনক এৰি দিয়ক, গাইডলাইন আপোনাৰ পেজত একেলগ হৈ যাব।

গ্ৰিডৰ ব্যৱহাৰ

ভাল দ্ৰইং আকিবৰ বাবে গ্ৰিড বহুত উপযোগী হয়। যেনে-ফ্লো চাৰ্ট, অফিচ লেআউট, ইউনিফৰ্ম শ্বেপ আদি। গ্ৰিডৰ ডটচ আৰু লাইন প্ৰিণ্টআউটত নাহে।

1. ভিউত ক্লিক কৰক। ভিউ মেনু দেখা দিব।
2. চেটআপত ক্লিক কৰক।
3. **গ্ৰিড এণ্ড ৰুলাৰ চেটআপত** ক্লিক কৰক। অপচন ডায়লগ বক্স দেখা দিব।

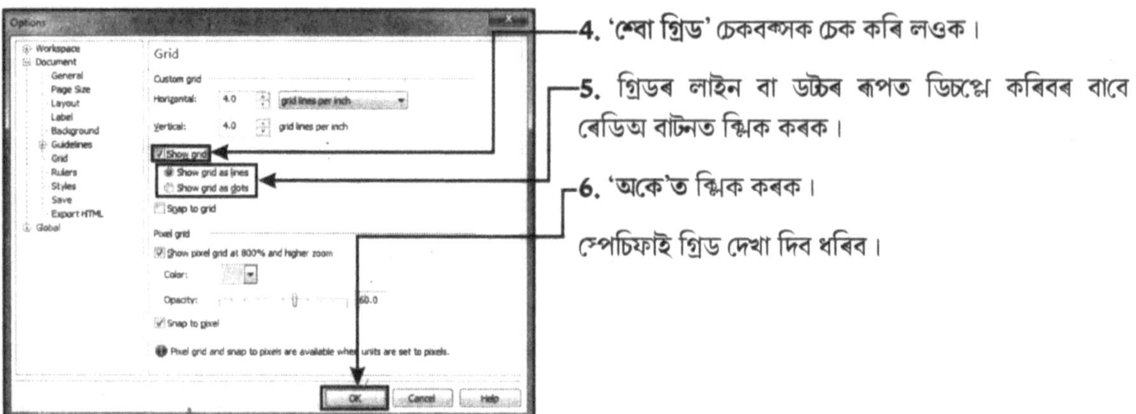

কালাৰ কৰা

চিলেক্ট কৰা অবজেক্টক ফিল কৰিবৰ বাবে কৰেল দ্ৰত পাঁচটা বেচিক টাইপ থাকে।

ইউনিফৰ্ম ফিল্ম ঃ কেৱল এটা ৰং কৰা। অৱশ্যে কালাৰো এপলাই কৰিব পাৰে

ফাউন্টেন ফিল্ম ঃ এক কালাৰৰ পৰা আন এটা কালাৰত অলপ লগোৱা যায়। কেতিয়াবা-কেতিয়াবা কালাৰক কম-বেছি কৰাৰ আৱশ্যক হয়। ফাউন্টেনত দুটা বা তাতকৈ অধিক কালাৰ পৰস্পৰে সহজতে মিলাই এপলাই কৰিব পাৰে।

পেটাৰ্ন ফিলচ ঃ বিটমেপ আৰু বেক্টৰ ফাইলেৰে নিৰ্মিত কালাৰ ফিল কৰে।

টেক্সচাৰ ফিলচ ঃ বিটমেপ ইমেজ ফাইলেৰে নিৰ্মিত ফিল কৰে। (এইটো এডিটো কৰিব পাৰে)। ইয়াৰ পৰা আপুনি আপোনাৰ অবজেক্টক এক নেচুৰেল এপিৰিয়েঞ্চো দিব পাৰে। টেক্সচাৰ ফিলৰ বাবে আপুনি কালাৰক কোনো কালাৰ মডেল বা কালাৰ পেলেটেৰে চিলেক্ট কৰিব পাৰে। কৰেল দ্ৰ আপোনাৰ বিটমেট টেক্সচাৰ ফাইলক ডিজাইন কৰাত সক্ষম কৰে আৰু আপুনি ইয়াৰ দ্বাৰা আগতেই চেট কৰা টেক্সচাৰক মডিফাই কৰিব পাৰে।

পোস্ট স্ক্ৰিপ্ট ফিলচ ঃ পেটেনক প্ৰস্তুত কৰিবৰ বাবে পোস্ট স্ক্ৰিপ্ট প্ৰগ্ৰেমিং লেংগুৱেজত প্ৰয়োগ হোৱা ফিলচ থাকে। কিছুমান টেক্সচাৰ বহুত কঠিন হয়। ডাঙৰ অবজেক্ট য'ত পোস্ট স্ক্ৰিপ্ট টেক্সচাৰ ফিলচ থাকে, সেইটো স্ক্ৰীনক আপডেট কৰাত আৰু প্ৰিন্ট কৰাত অধিক সময় লয়।

পেটাৰ্ন ফিলচ, টেক্সচাৰ ফিলচ আৰু পোস্ট স্ক্ৰিপ্ট ফিলচ বিশেষ ইফেক্টক প্ৰস্তুত কৰাত ব্যৱহাৰ হয় কেতিয়াবা-কেতিয়াবা চিংগল কালাৰক ফিল কৰিবৰ বাবে আপুনি ইউনিফৰ্ম ফিলচক ব্যৱহাৰ কৰে বা ফাউন্টেন ফিলচৰ ব্যৱহাৰ কৰে য'ত কালাৰ ইটো-সিটোৰ লগত মিলি যায়।

ইউনিফৰ্ম ফিলক এপলাই কৰা

ইউনিফৰ্ম ফিল ডায়লগ বক্স **'ইন্টাৰেক্টিভ ফিল'** টুল বা অন স্ক্ৰীন কালাৰ পেলেটৰ ব্যৱহাৰ কৰি আপুনি **'ইউনিফৰ্ম ফিলচক'** এপলাই কৰিব পাৰে।

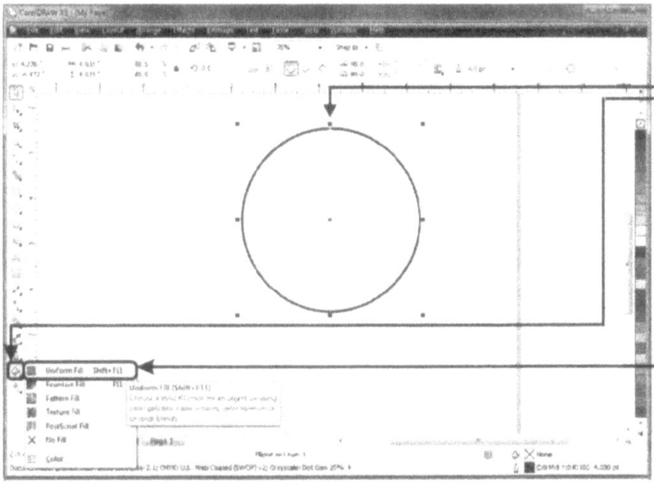

1. 'পিক' টুলেৰে অবজেক্টক চিলেক্ট কৰক।

2. ফিল টুলত ক্লিক কৰক। ফিল টুল ফ্লাইআউট অপেন হৈ যাব।

3. **ফিল কালাৰত** ক্লিক কৰক। ফিল কালাৰ ডায়লগ বক্স অপেন হৈ যাব।

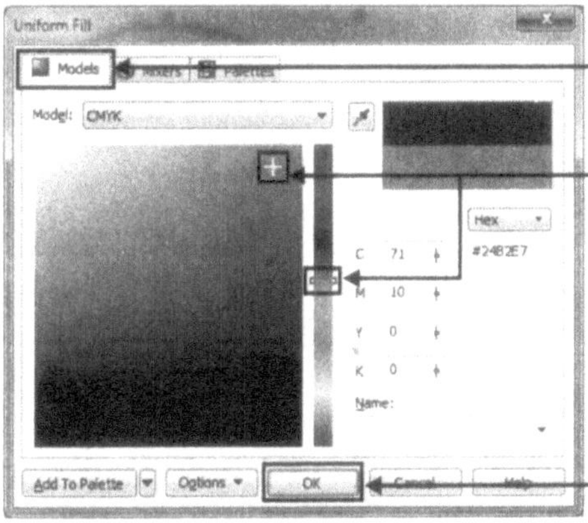

4. **'মডেল'** টেবত ক্লিক কৰক।

5. মডেল লিস্ট বক্সেৰে আপুনি কালাৰ মডেলক নিৰ্বাচন কৰিব পাৰে আৰু চেট কৰিব পাৰে। আৰু আপুনি **'চিএমৱাইকে'** কালাৰত মিক্স কৰিও কালাৰক এডজাস্ট কৰিব পাৰে।

6. 'অকে'ত ক্লিক কৰক।

চিলেক্ট কৰা কালাৰ চিলেক্ট কৰা অবজেক্টত ফিল হৈ যায় অৰ্থাৎ এপলাই হৈ যায়।

ফাউন্টেন ফিলক এপলাই কৰা

ফাউন্টেন কালাৰত আপুনি ইটো-সিটো কালাৰক একেলগ কৰি অবজেক্টত ফ্লো কৰিব পাৰে। এইটো ফিলক অবজেক্টৰ চাৰিও ফালে এক চিধা লাইনৰ ৰূপত এপলাই কৰিব পাৰে। অবজেক্টৰ চেন্টাৰত চাৰ্কেলৰ ৰূপত ফিল কৰিব পাৰে, অবজেক্টৰ চেন্টাৰত ৰেঞ্জৰ ৰূপত ফিল কৰা যায় আৰু অবজেক্টৰ চেন্টাৰত স্কোৱাৰৰ ৰূপত ব্যৱহাৰ কৰিব পাৰে।

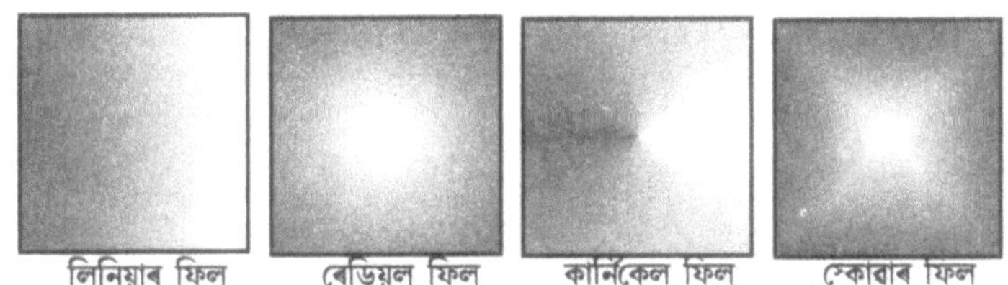

লিনিয়াৰ ফিল　　ৰেডিয়েল ফিল　　কাৰ্নিকেল ফিল　　স্কোৱাৰ ফিল

বফাউন্টেন ফিলচৰ দুটা প্ৰকাৰ থাকে ঃ টু কালাৰ আৰু কাস্টম।

টু কালাৰ ফাউন্টেন ফিলক এপলাই

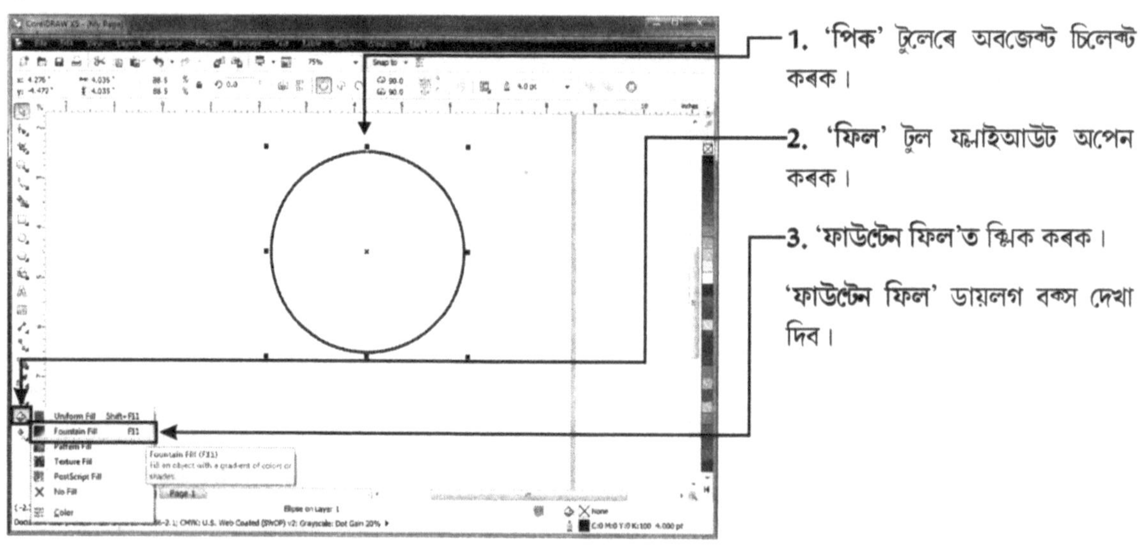

1. 'পিক' টুলেৰে অবজেক্ট চিলেক্ট কৰক।

2. 'ফিল' টুল ফ্লাইআউট অপেন কৰক।

3. 'ফাউন্টেন ফিল'ত ক্লিক কৰক।

'ফাউন্টেন ফিল' ডায়লগ বক্স দেখা দিব।

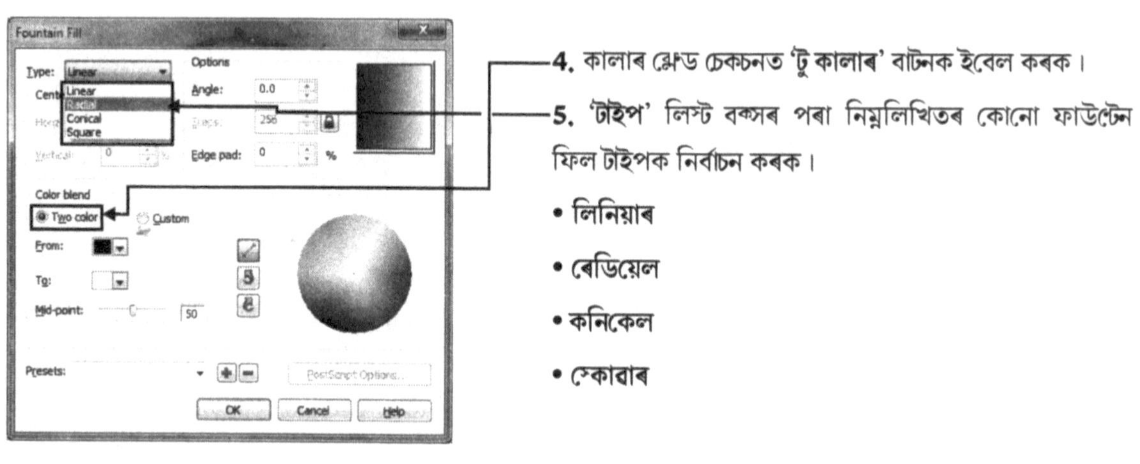

4. কালাৰ ব্লেণ্ড চেকচনত 'টু কালাৰ' বাটনক ইবেল কৰক।

5. 'টাইপ' লিস্ট বক্সৰ পৰা নিম্নলিখিতৰ কোনো ফাউন্টেন ফিল টাইপক নিৰ্বাচন কৰক।

- লিনিয়াৰ
- ৰেডিয়েল
- কনিকেল
- স্কোৱাৰ

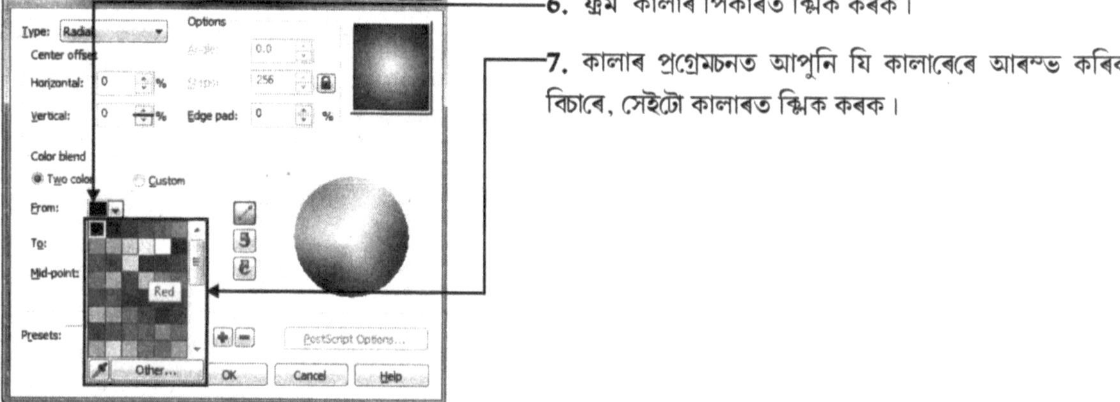

6. 'ফ্ৰম' কালাৰ পিকাৰত ক্লিক কৰক।

7. কালাৰ প্ৰগ্ৰেমচনত আপুনি যি কালাৰেৰে আৰম্ভ কৰিব বিচাৰে, সেইটো কালাৰত ক্লিক কৰক।

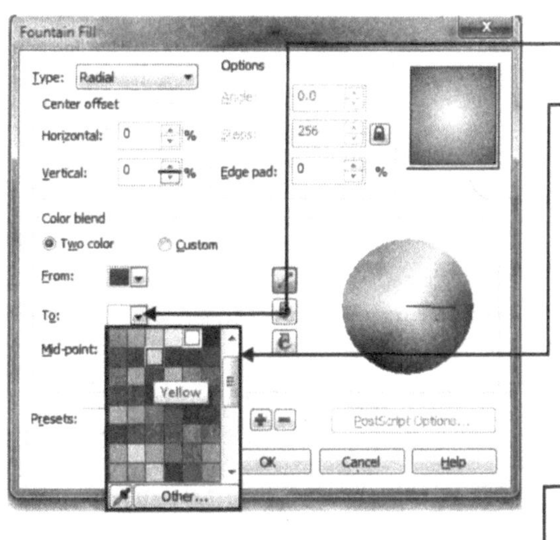

8. 'টু' কালাৰ পিকাৰত ক্লিক কৰক।

9. সেইটো কালাৰত ক্লিক কৰক যৰ পৰা আপুনি কালাৰ প্ৰগ্ৰেচনক সমাপ্ত কৰিব বিচাৰে।

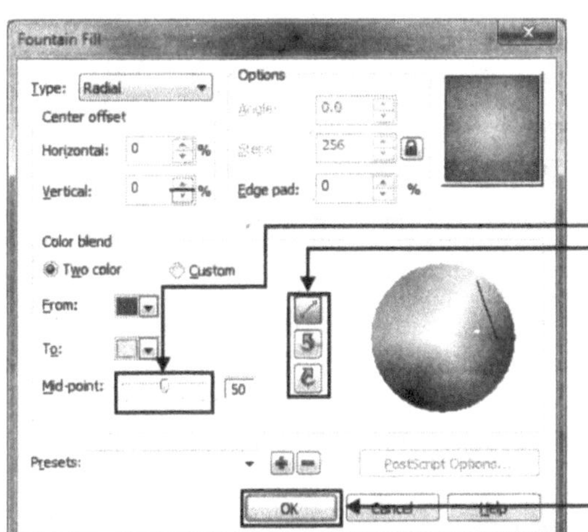

10. দুটা কালাৰৰ মাজত মিড পইন্টক চেট কৰিবৰ বাবে 'মিড পইন্ট' শ্লাইডাৰ মুভ কৰাই।

11. ডাইৰেকচনক চেট কৰিবৰ বাবে নিম্নলিখিতৰ কোনো এটা বাটনত ক্লিক কৰক।

- **ডাইৰেক্টৰ** ঃ স্ট্ৰেট লাইনেৰে কালাৰক ডিটাৰমাইন কৰে আৰু ফ্ৰম কালাৰেৰে আৰম্ভ হৈ হুইলৰ লগত টু কালাৰত সমাপ্ত হয়।
- **ক্লকৱাই কালাৰ পথ** ঃ কালাৰ হুইলৰ চাৰিওফালে আৰু কালাৰক ক্লকৱাইজ ৰূপত ব্লেড কৰি দিয়ে।
- **কাউন্টাৰ ক্লকৱাইজ কালাৰৰ পথ** ঃ কালাৰ হুইলৰ চাৰিওফালে কালাৰক কাউন্টাৰক্লকৱাইজ ৰূপত ব্লেড কৰি দিয়ে।

12. অকেত ক্লিক কৰি দিয়ক।

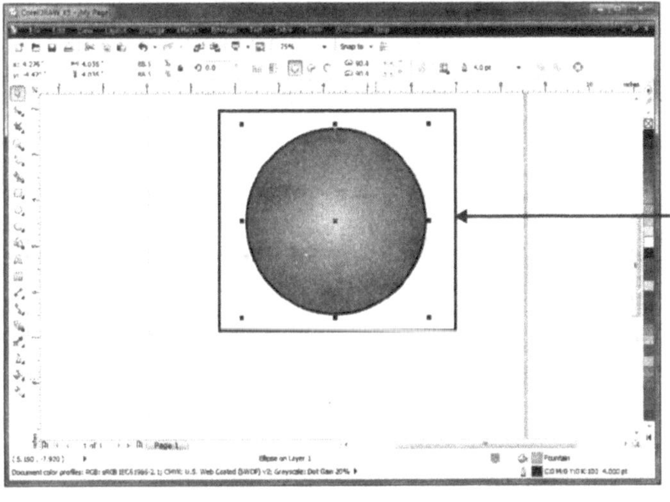

চিলেক্ট কৰা অবজেক্টত ফাউন্টেন ফিল এপলাই হৈ যায়।

কাস্টম ফাউণ্টেন ফিলক এপলাই কৰা

1. 'পিক' টুলেৰে অবজেক্টক চিলেক্ট কৰা।

2. 'ফিল' টুলত ক্লিক কৰক। ফিল টুল ফ্লাইআউট অপেন হৈ যাব।

3. 'ফিল কালাৰ ডায়লগ বক্স'ত ক্লিক কৰক। ফিল কালাৰ ডায়লগ বক্স দেখা দিব।

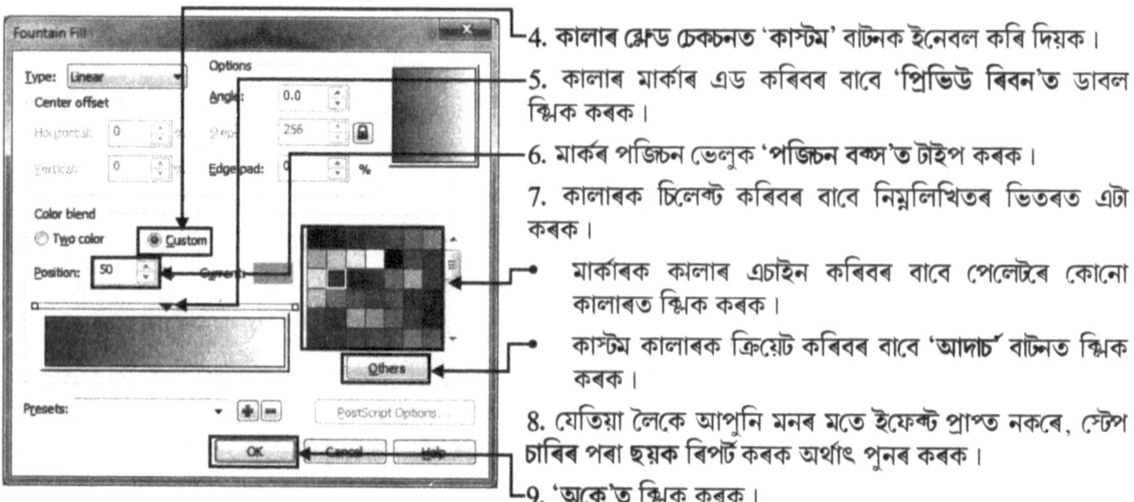

4. কালাৰ ব্লেণ্ড চেকচনত 'কাস্টম' বাটনক ইনেবল কৰি দিয়ক।

5. কালাৰ মাৰ্কাৰ এড কৰিবৰ বাবে 'প্ৰিভিউ ৰিবন'ত ডাবল ক্লিক কৰক।

6. মাৰ্কৰ পজিচন ভেলুক 'পজিচন বক্স'ত টাইপ কৰক।

7. কালাৰক চিলেক্ট কৰিবৰ বাবে নিম্নলিখিতৰ ভিতৰত এটা কৰক।

- মাৰ্কাৰক কালাৰ এচাইন কৰিবৰ বাবে পেলেটৰে কোনো কালাৰত ক্লিক কৰক।
- কাস্টম কালাৰক ক্ৰিয়েট কৰিবৰ বাবে 'আদাৰ্চ' বাটনত ক্লিক কৰক।

8. যেতিয়া লৈকে আপুনি মনৰ মতে ইফেক্ট প্ৰাপ্ত নকৰে, স্টেপ চাৰিৰ পৰা ছয়ক ৰিপৰ্ট কৰক অৰ্থাৎ পুনৰ কৰক।

9. 'অকে'ত ক্লিক কৰক।

চিলেক্ট কৰা অবজেক্টত সেইটো কালাৰ এপলাই হৈ যায়।

পেটাৰ্ন ফিলচৰ লগত কাম কৰা

বকৰেল দ্ৰত আপুনি টু কালাৰ, ফুল কালাৰ আৰু বিটমেপ পেটাৰ্ন ফিলক নিৰ্বাচিত কৰিব পাৰিব।

টুল কালাৰ পেটাৰ্ন ফিলক এপলাই কৰা

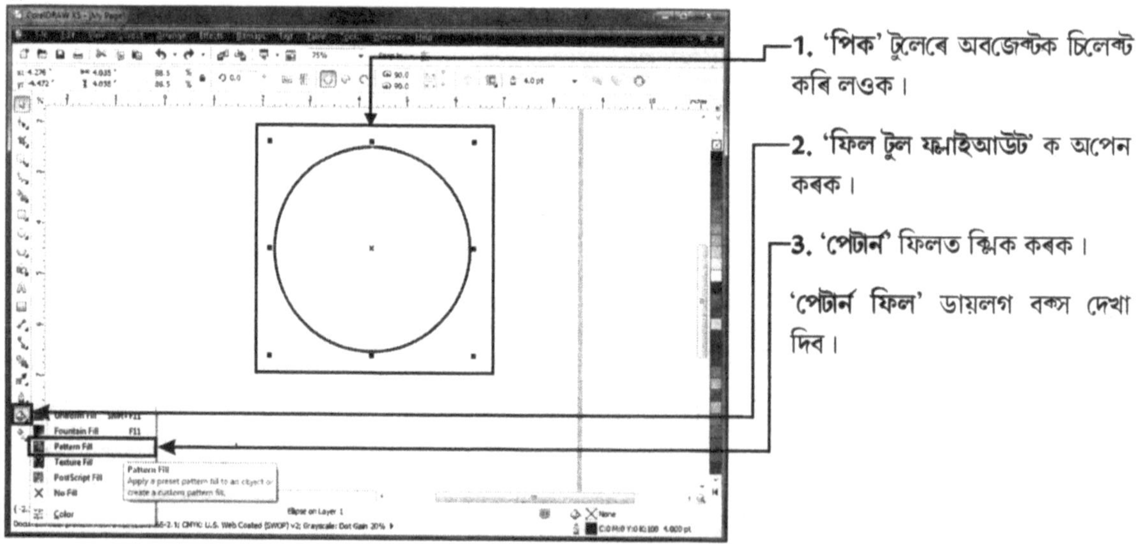

1. 'পিক' টুলেৰে অবজেক্টক চিলেক্ট কৰি লওক।

2. 'ফিল টুল ফ্লাইআউট' ক অপেন কৰক।

3. 'পেটাৰ্ন' ফিলত ক্লিক কৰক।

'পেটাৰ্ন ফিল' ডায়লগ বক্স দেখা দিব।

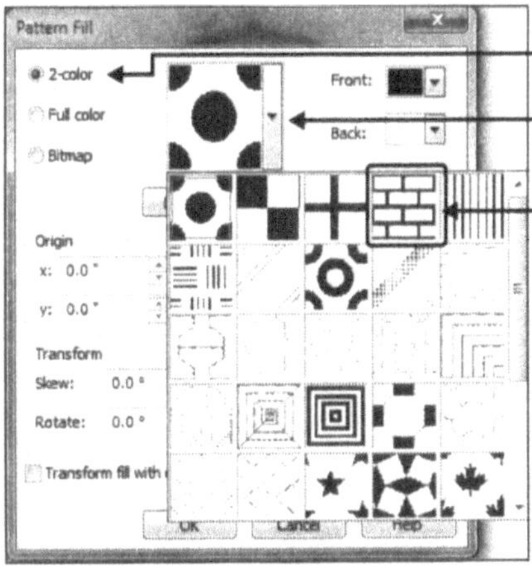

4. 'টু কালাৰ' বাটনক ক্লিক ইনেবল কৰি দিয়ক।

5. **পেটাৰ্ন পিকৰত** ক্লিক কৰি দিয়ক। পেটাৰ্ন পিকৰ অপেন হৈ যাব।

6. এইটো লিষ্টৰ পৰা যি কোনো **পেটাৰ্নত** ক্লিক কৰক। সেইটো পেটাৰ্ন চেট হৈ যাব।

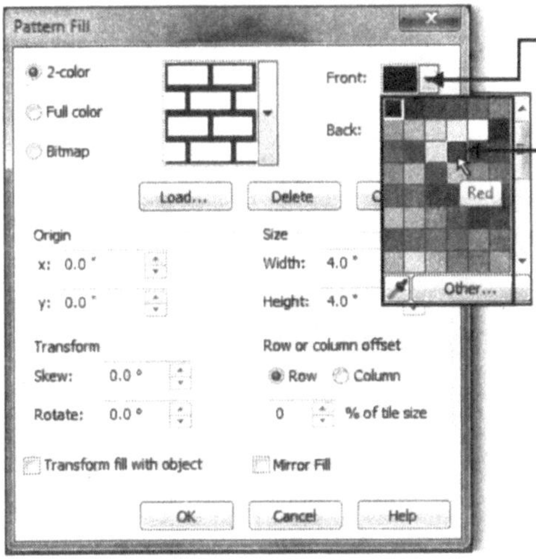

7. **ফ্ৰণ্ট কালাৰক** পিকৰ অপেন কৰক। কালাৰ পিকৰ অপেন হৈ যাব।

8. বিটমেপ পেটাৰ্নচ ফৰগ্ৰাউণ্ডৰ বাবে **কালাৰত** ক্লিক কৰক।

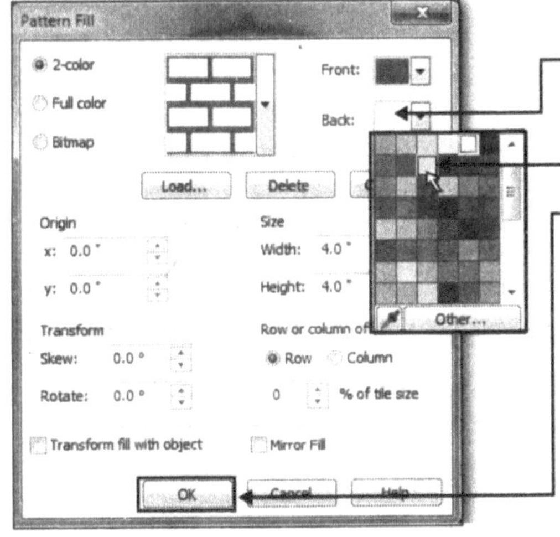

9. **বেক কালাৰ পিকৰক** অপেন কৰক। কালাৰ পিকৰ বক্স অপেন হৈ যাব।

10. বিটমেপ পেটাৰ্নচ বেকগ্ৰাউণ্ডৰ বাবে **কালাৰত** ক্লিক কৰক।

11. 'অকে'ত ক্লিক কৰি দিয়ক।

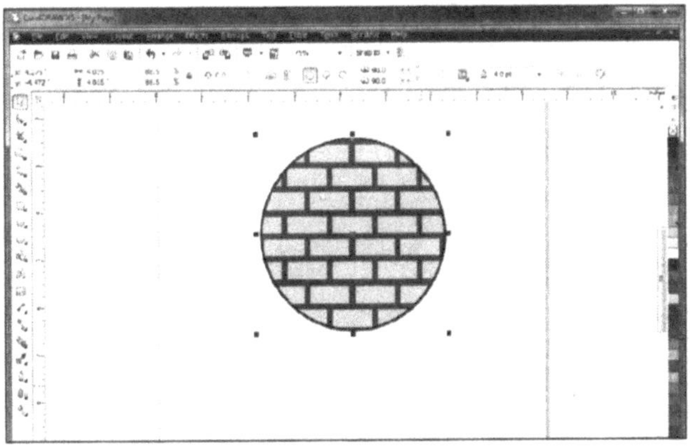

টু কালাৰ পেটাৰ্ন ফিল আপোনাৰ দ্বাৰা চিলেক্ট কৰা অবজেক্টত ফিল হৈ যাব।

ফুল কালাৰ পেটাৰ্ন ফিলক এপলাই কৰা

1. পিক টুলেৰে অবজেক্টক চিলেক্ট কৰক।
2. ফিল টুল ফ্লাইআউটক অপেন কৰক।
3. পেটাৰ্ন ফিলত ক্লিক কৰক। পেটাৰ্ন ফিল ডায়লগ বক্স অপেন হৈ যাব।

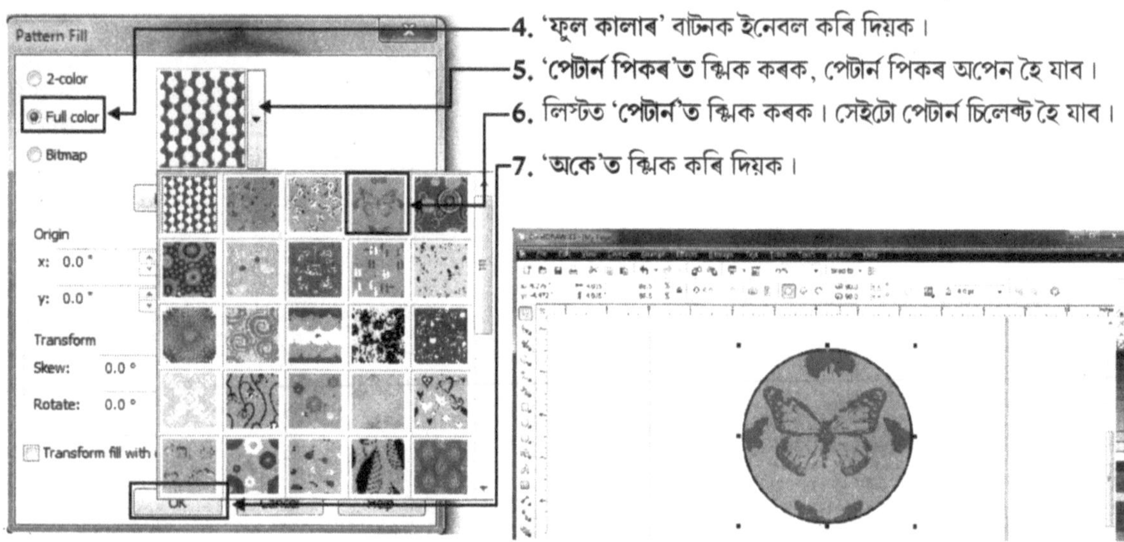

4. 'ফুল কালাৰ' বাটনক ইনেবল কৰি দিয়ক।
5. 'পেটাৰ্ন পিকৰ'ত ক্লিক কৰক, পেটাৰ্ন পিকৰ অপেন হৈ যাব।
6. লিস্টত 'পেটাৰ্ন'ত ক্লিক কৰক। সেইটো পেটাৰ্ন চিলেক্ট হৈ যাব।
7. 'অকে'ত ক্লিক কৰি দিয়ক।

আপোনাৰ দ্বাৰা নিৰ্বাচন কৰা ফুল কালাৰ পেটাৰ্ন চিলেক্ট কৰা অবজেক্টত এপলাই হৈ যায়।

বিটমেপ পেটাৰ্ন ফিলক এপলাই কৰা

1. অবজেক্টকত পিক টুলেৰে চিলেক্ট কৰক।
2. ফিল টুল ফ্লাইআউটক অপেন কৰক।
3. পেটাৰ্ন ফিলত ক্লিক কৰক। পেটাৰ্ন ফিল ডায়লগ বক্স দেখা দিব।

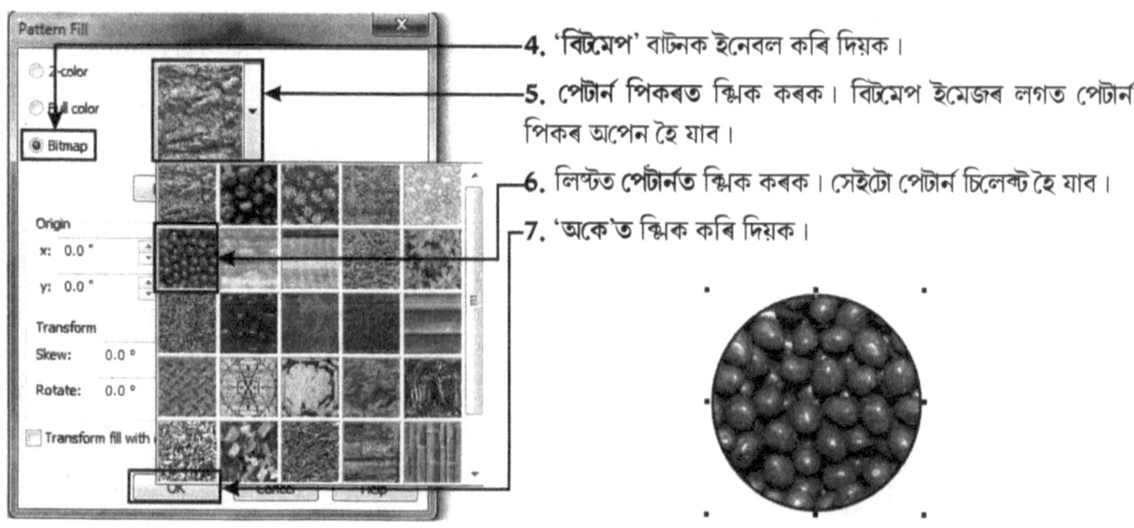

4. 'বিটমেপ' বাটনক ইনেবল কৰি দিয়ক।
5. পেটাৰ্ন পিকৰত ক্লিক কৰক। বিটমেপ ইমেজৰ লগত পেটাৰ্ন পিকৰ অপেন হৈ যাব।
6. লিস্টত পেটাৰ্নত ক্লিক কৰক। সেইটো পেটাৰ্ন চিলেক্ট হৈ যাব।
7. 'অকে'ত ক্লিক কৰি দিয়ক।

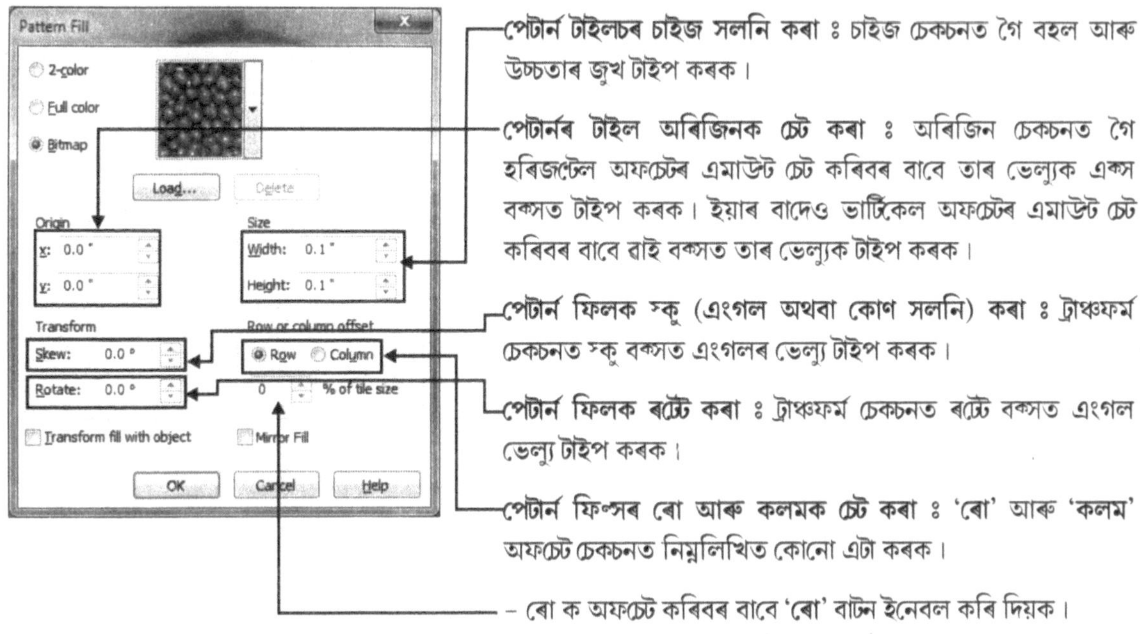

পেটাৰ্ন টাইলচৰ চাইজ সলনি কৰা ঃ চাইজ চেকচনত গৈ বহল আৰু উচ্চতাৰ জুখ টাইপ কৰক।

পেটাৰ্নৰ টাইল অৰিজিনক চেট কৰা ঃ অৰিজিন চেকচনত গৈ হৰিজন্টেল অফচেটৰ এমাউন্ট চেট কৰিবৰ বাবে তাৰ ভেল্যুক এক্স বক্সত টাইপ কৰক। ইয়াৰ বাদেও ভাৰ্টিকেল অফচেটৰ এমাউন্ট চেট কৰিবৰ বাবে ৱাই বক্সত তাৰ ভেল্যুক টাইপ কৰক।

পেটাৰ্ন ফিলক স্কু (এংগল অথবা কোণ সলনি) কৰা ঃ ট্ৰান্সফৰ্ম চেকচনত স্কু বক্সত এংগলৰ ভেল্যু টাইপ কৰক।

পেটাৰ্ন ফিলক ৰটেট কৰা ঃ ট্ৰান্সফৰ্ম চেকচনত ৰটেট বক্সত এংগল ভেল্যু টাইপ কৰক।

পেটাৰ্ন ফিল্সৰ ৰো আৰু কলমক চেট কৰা ঃ 'ৰো' আৰু 'কলম' অফচেট চেকচনত নিম্নলিখিত কোনো এটা কৰক।

– ৰো ক অফচেট কৰিবৰ বাবে **'ৰো'** বাটন ইনেবল কৰি দিয়ক।

– কলমক অফচেট কৰিবৰ বাবে **'কলম'** বাটনত ইনেবল কৰি দিয়ক।

টেক্সাৰ ফিল এপলাই কৰা

টেক্সাৰ ফিলচ সেইটো ফিলচ হয় যিটো ডাৱৰ, পানী, আদি প্ৰাকৃতিক বস্তু দেখা দিয়ে। কোৰেল দ্ৰত আগৰ পৰা চেট কৰা কিছুমান টেক্সাৰ থাকে। প্ৰত্যেক টেক্সাৰত কোনো অপচনচ থাকে, য'ত আপুনি সলনি কৰিব পাৰে।

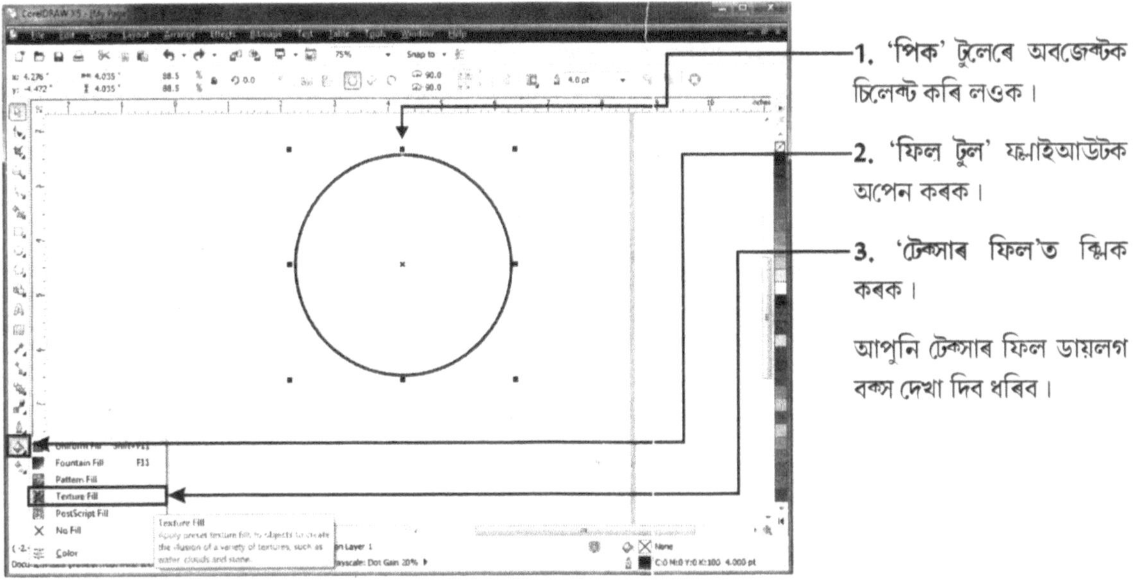

1. 'পিক' টুলেৰে অবজেক্টক চিলেক্ট কৰি লওক।

2. 'ফিল টুল' ফ্লাইআউটক অপেন কৰক।

3. 'টেক্সাৰ ফিল'ত ক্লিক কৰক।

আপুনি টেক্সাৰ ফিল ডায়লগ বক্স দেখা দিব ধৰিব।

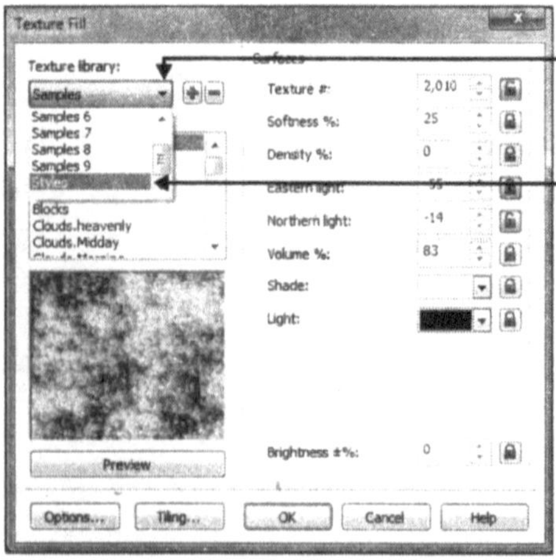

4. টেক্সাৰ লাইব্ৰেৰীৰ দ্ৰপ ডাউন মেনু লিস্টত ক্লিক কৰক।

টেক্সাৰ লাইব্ৰেৰীৰ দ্ৰপ ডাউন মেনু অপেন হৈ যাব।

5. **টেক্সাৰ লাইব্ৰেৰী** লিস্ট বক্সেৰে সেইটো **লাইব্ৰেৰীত** ক্লিক কৰক য'ত অন্তৰ্ভুক্ত থকা টেক্সাৰক আপুনি এপলাই কৰিব বিচাৰে।

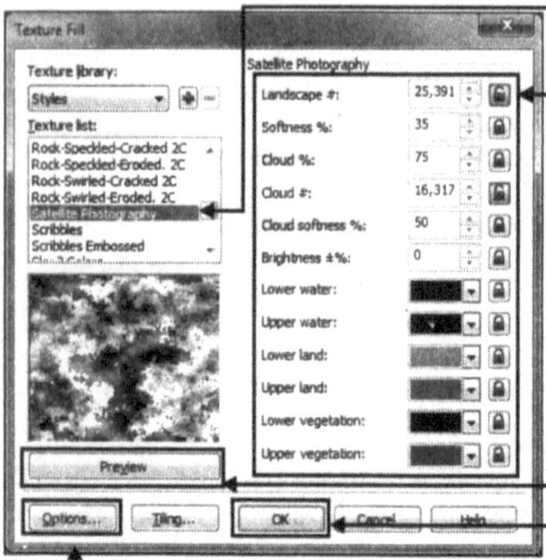

6. টেক্সাৰ লিস্ট বক্সেৰে **টেক্সাৰত** ক্লি কৰক।

7. আপোনাৰ আৱশ্যকতাৰ অনুসাৰে টেক্সাৰক কাস্টমাইজ কৰিবৰ বাবে **স্টাইল অপচনত** ক্লিক কৰি দিয়ক।

ডায়লগ বক্সৰ **প্ৰিভিউ উইন্ডোত** সেই সকলো প্ৰভাৱ দেখা দিব যিটো অবজেক্টক এচাইন কৰা গৈছে।

8. বিটমেপ ৰিজলুচন আৰু টেক্সাৰৰ চাইজক এডজাস্ট কৰিবৰ বাবে '**অপচন**' বাটনত ক্লিক কৰক।

9. 'অকে'ত ক্লিক কৰক।

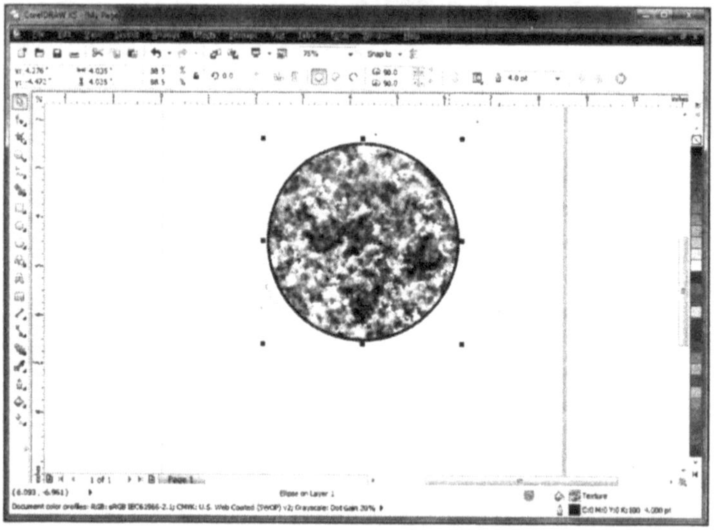

আপোনাৰ দ্বাৰা চিলেক্ট কৰা অবজেক্টত টেক্সাৰ এপলাই হৈ যাব।

পোস্টস্ক্রিপ্ট টেক্সাৰক এপলাই কৰে

পোস্টস্ক্রিপ্ট টেক্সাৰ ফিল সেইটো টেক্সাৰ ফিল হয়, যাক পোস্টস্ক্রিপ্ট লেংগোৱেজৰ প্রয়োগ কৰি ডিজাইন কৰা গৈছে। কিছুমান টেক্সাৰ বহুত কঠিন আৰু ডাঙৰ হয়। সেইটো অবজেক্ট য'ত পোস্টস্ক্রিপ্ট টেক্সাৰ ফিল অন্তৰ্ভুক্ত থাকে, প্রিন্ট কৰাত আৰু স্ক্রীনত আপডেট হোৱাত বহুত অধিক সময় লয়।

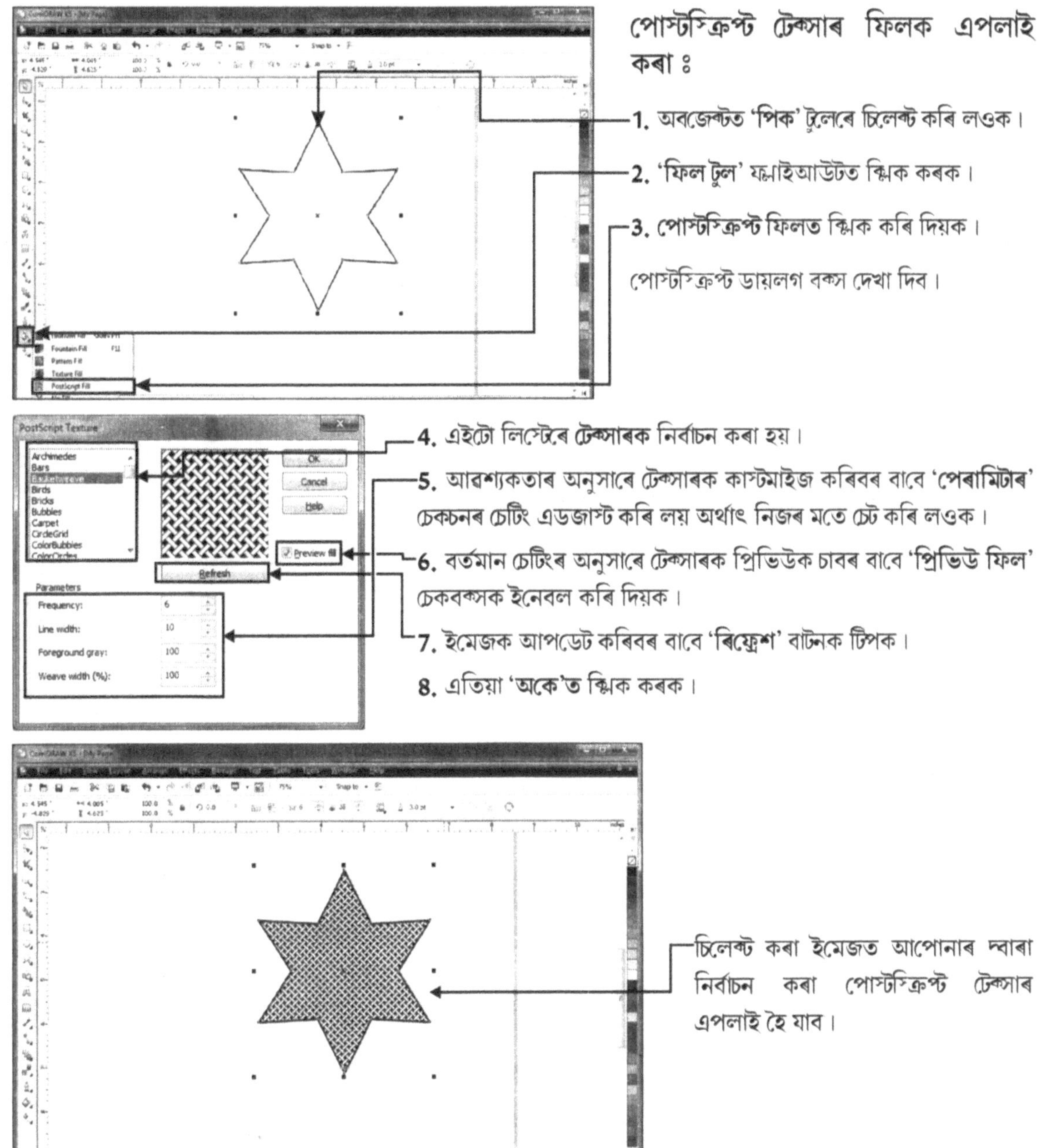

ফিল টুলক মিলোৱা

অবজেক্টত এয়াৰ পিছত এটা কালাৰ একেলগ কৰা অথবা তাত শেৰড দিবৰ বাবে ইন্টাৰেক্টিভ মেচ ফিল টুলৰ ব্যৱহাৰ কৰিব পাৰে। ইন্টাৰেক্টিভ মেচ ফিল টুল চিলেক্ট কৰা অবজেক্টত গ্ৰিডৰ চুপাৰইম্পোজিংৰ দ্বাৰা কাম কৰে। ইয়াত গ্ৰিডৰ ইনচাৰ্চন পইন্ট নোডচেৰে একেলগ কৰি থাকে য'ত শেৰপ টুলৰ সহায়েৰে এডজাস্ট কৰিব পাৰে। আপুনি গ্ৰিডত যিকোনো কালাৰ একেলগ কৰিব পাৰে যিটো নোডচেৰে বা পেচ (গ্ৰিডৰ বিভিন্ন ভাগ) ৰে চাৰিওফালে বিয়পি যায়।

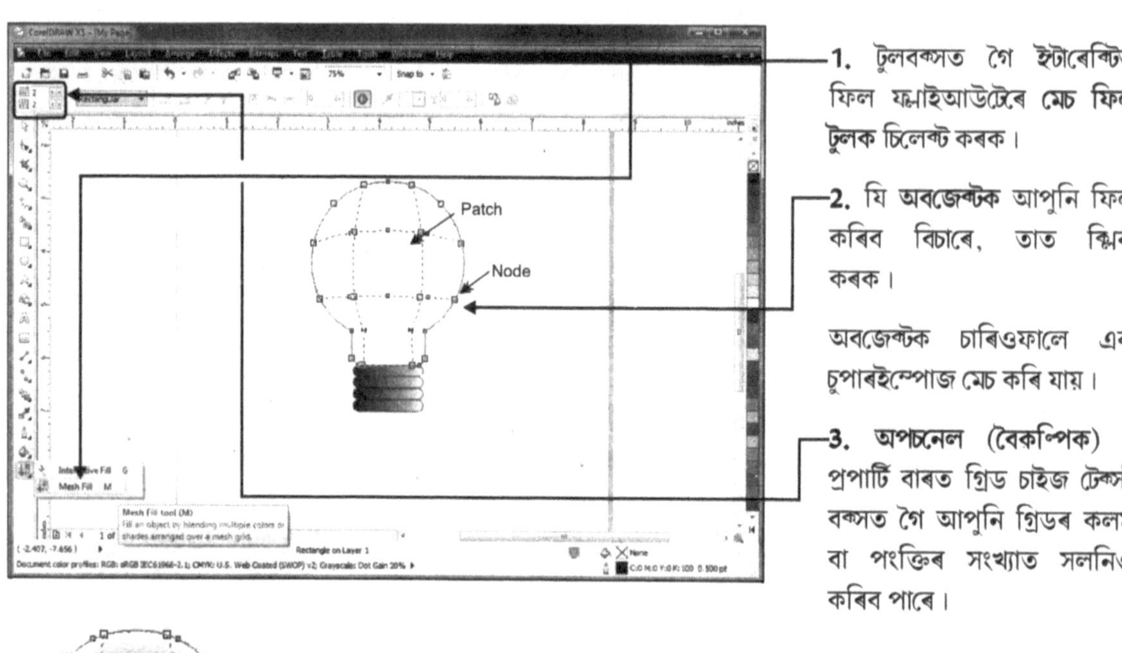

1. টুলবক্সত গৈ ইন্টাৰেক্টিভ ফিল ফ্লাইআউটেৰে মেচ ফিল টুলক চিলেক্ট কৰক।

2. যি অবজেক্টক আপুনি ফিল কৰিব বিচাৰে, তাত ক্লিক কৰক।

অবজেক্টক চাৰিওফালে এক চুপাৰইম্পোজ মেচ কৰি যায়।

3. **অপচনেল (বৈকল্পিক) ঃ** প্ৰপাৰ্টি বাৰত গ্ৰিড চাইজ টেক্সট বক্সত গৈ আপুনি গ্ৰিডৰ কলম বা পংক্তিৰ সংখ্যাত সলনিও কৰিব পাৰে।

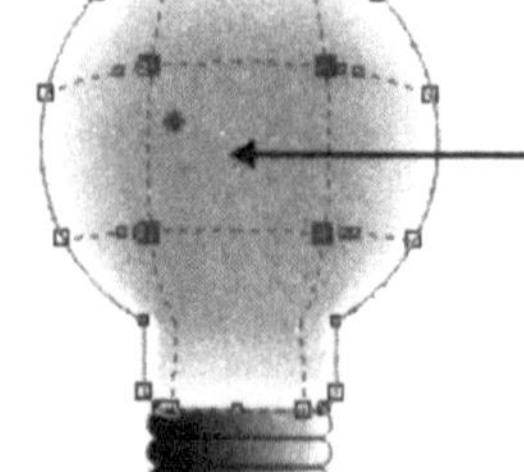

4. কালাৰক এড কৰিবৰ বাবে নিম্নলিখিতৰ ভিতৰত এইটো কৰকঃ

- পেচক চিলেক্ট কৰক আৰু ইয়াৰ পিছত কালাৰ পেলেটত গৈ কালাৰত ক্লিক কৰক। পেচ ফিল হৈ যায় আৰু কালাৰ মেচৰ চাৰিওফালে বিয়পি যায়।

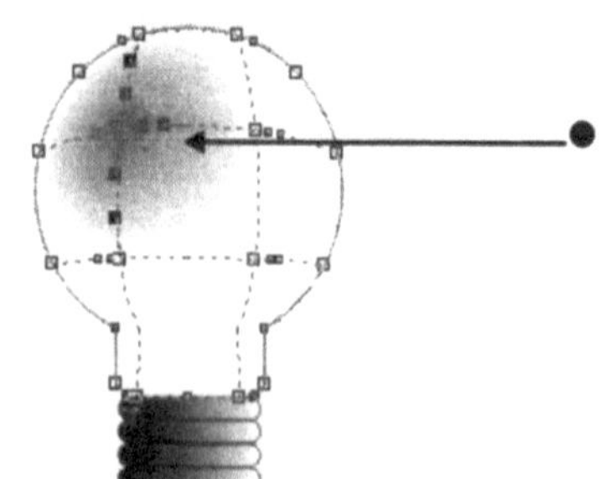

- কোনো নোডক চিলেক্ট কৰক আৰু ইয়াৰ কালাৰ পেলেটত কোনো কালাৰত ক্লিক কৰক। পেচৰ চাৰিওফালে নোডচৰ ভিতৰৰ এৰিয়াত কালাৰেৰে ভৰি যায়।

আৰ্টিস্টিক আৰু পেৰেগ্ৰাফ টেক্সট প্ৰস্তুত কৰা

যি কোনো ৱৰ্ড প্ৰচেচিং প্ৰগ্ৰেমৰ দৰে কৰেল দ্ৰতো আপুনি টেক্সটৰ লুক আৰু শ্বেপত বহুত নিয়ন্ত্ৰণ ৰাখিব পাৰে অৰ্থাৎ আপুনি টেক্সটৰ লগত বহুতো প্ৰগ্ৰেম কৰিব পাৰে। কৰেল দ্ৰত আপুনি টেক্সটক এডিট কৰিব পাৰে, সেইটোক ফৰ্মেট কৰিব পাৰে। কৰেল দ্ৰত আপুনি টেক্সট এডিট কৰিব পাৰে, সেইটোক ফৰ্মেট কৰিব পাৰে বা আৱশ্যক হ'লে টেক্সটৰ চাইজো সলনি কৰিব পাৰে।

কৰেল দ্ৰ টেক্সক দুই ধৰণে ডিফাইন কৰে ঃ **পেৰেগ্ৰাফ টেক্সট** আৰু **আৰ্টিস্টিক টেক্সট** পেৰেগ্ৰাফ টেক্সটত আপুনি দিঘলীয়া আৰু ডাঙৰ টেক্সট পেৰেগ্ৰাফ টেক্সট আৰু আৰ্টিস্টিক টেক্সট পেৰাগ্ৰাফ টেক্সটত আপুনি দিঘল আৰু ডাঙৰ টেক্সট সহজতে এডিট কৰিব পাৰে কিন্তু আৰ্টিস্টিক টেক্সটত আপুনি লেটাৰত ভাল আৰ্টিস্টিক (কলাকাৰী) ইফেক্ট দিব পাৰে।

আৰ্টিস্টিক টেক্স প্ৰস্তুত কৰা

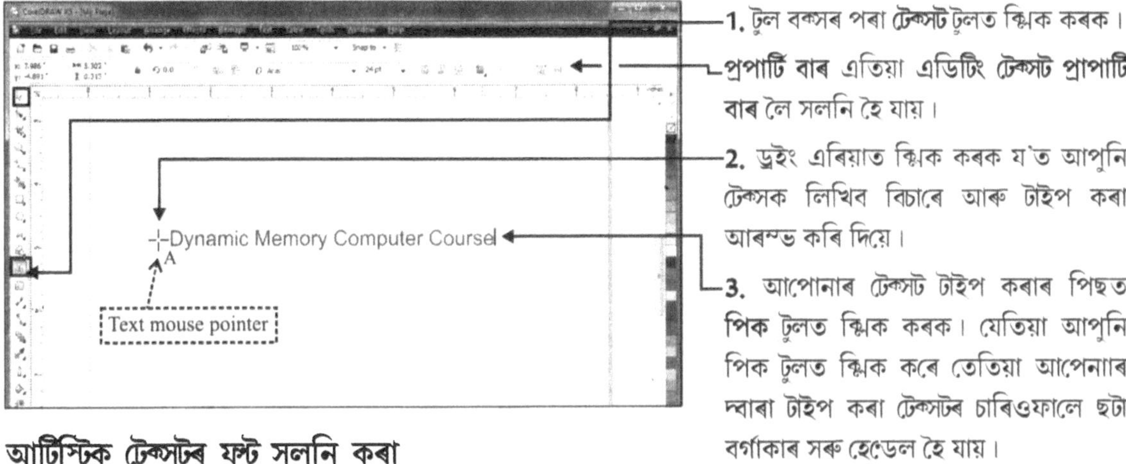

আৰ্টিস্টিক টেক্সটৰ ফন্ট সলনি কৰা

আপুনি চিলেক্ট কৰা গোটেই টেক্সট বক্সৰ ফন্ট সলনি কৰিব পাৰে বা আপুনি আৰ্টিস্টিক টেক্সট অবজেক্টৰ যিকোনো নিশ্চিত কেৰেক্টাৰৰ ৰূপো সলনি কৰিব পাৰে।

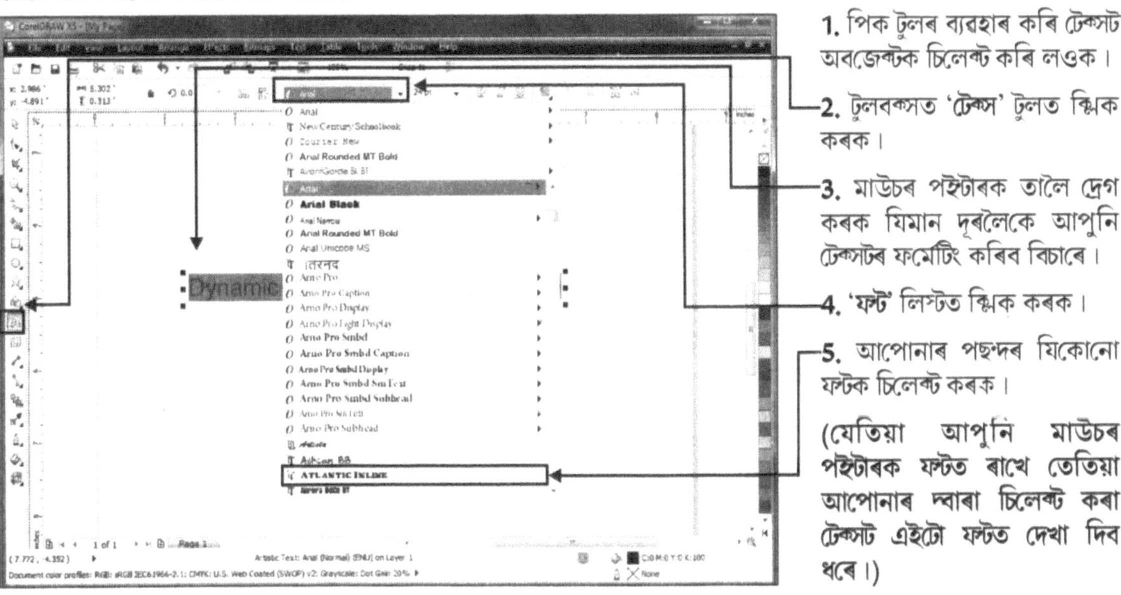

ফণ্টৰ চাইজ সলনি কৰা

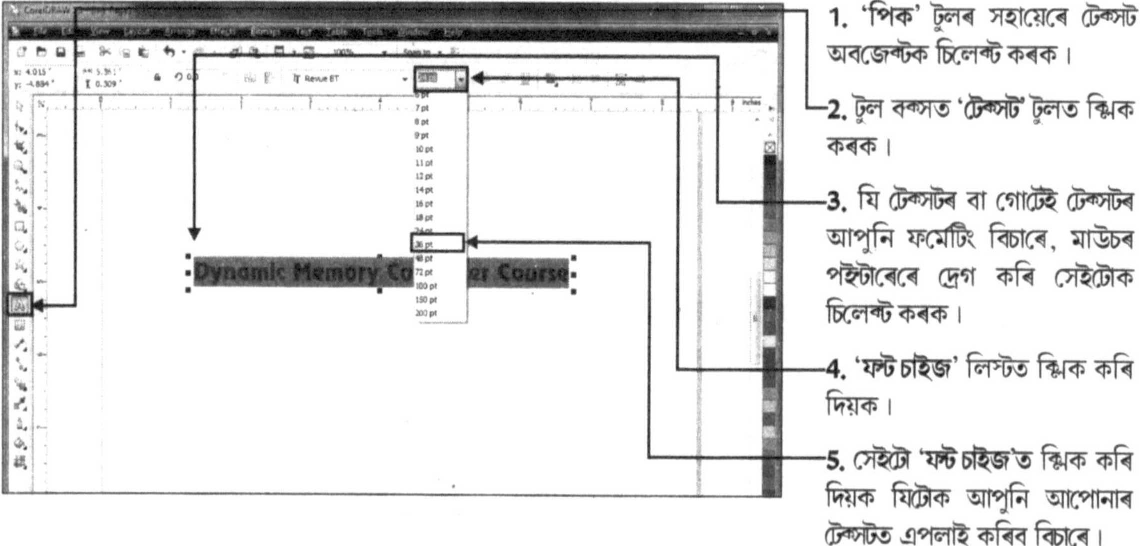

1. 'পিক' টুলৰ সহায়েৰে টেক্সট অবজেক্টক চিলেক্ট কৰক।

2. টুল বক্সত 'টেক্সট' টুলত ক্লিক কৰক।

3. যি টেক্সটৰ বা গোটেই টেক্সটৰ আপুনি ফৰ্মেটিং বিচাৰে, মাউচৰ পইণ্টাৰেৰে ড্ৰেগ কৰি সেইটোক চিলেক্ট কৰক।

4. 'ফণ্ট চাইজ' লিস্টত ক্লিক কৰি দিয়ক।

5. সেইটো 'ফণ্ট চাইজ'ত ক্লিক কৰি দিয়ক যিটোক আপুনি আপোনাৰ টেক্সটত এপলাই কৰিব বিচাৰে।

টেক্সট ফিল আৰু আউটলাইন কালাৰক একেলগ কৰা

সমূহ আৰ্টিস্টিক টেক্সট বা কোনো বিশেষ লেটাৰৰ চাৰিওফালে ফ্ৰেমত টেক্স ফিল আৰু আউটলাইন কালাৰো এচাইন কৰিব পৰা যায়।

টেক্সট ফিল কালাৰক অন্তভৰ্ভুক্ত কৰা

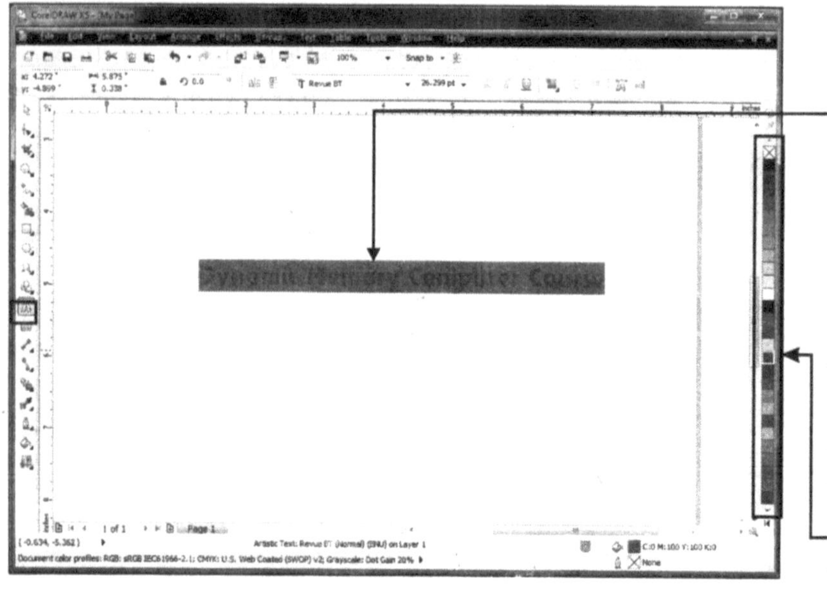

1. 'পিক' টুলেৰে টেক্সট চিলেক্ট কৰক।

2. যদি আপুনি **টেক্সটৰ** কোনো পাৰ্টৰ ফিল কৰিব বিচাৰে তেতিয়াহ'লে পিক টুলক ক্লিক কৰি সেইটো পাৰ্টক চিলেক্ট কৰক। ইয়াৰ পিছত মাউচক ড্ৰেগ কৰি সেইটো টেক্সটত লৈ যাওক। সেইটো টেক্সট হাইলাইট হৈ যাব। যদি আপুনি গোটেই টেক্সট অবজেক্টক কালাৰেৰে ফিল কৰিব বিচাৰে তেতিয়াহ'লে আপুনি স্টেপ **'2'** এৰিব পাৰে।

3. স্ক্ৰীনৰ সোঁ ফালে বা তলত আৰু স্থিত কালাৰ পেলেটেৰে যি কোনো **কালাৰত** ক্লিক কৰক।

টেক্সট আউটলাইন কালাৰক অন্তৰ্ভুক্ত কৰিবৰ বাবে

1. স্টেপ **'1'** আৰু **'2'** ক পুনৰ কৰক।
2. স্ক্ৰীনৰ সোঁফালে বা তলৰ ফালে স্থিত কালাৰ পেলেটেৰে যিকোনো **'কালাৰত ৰাইট'** ক্লিক কৰক।

পেৰেগ্ৰাফ টেক্সট

কৰেল ড্ৰৰ পেৰেগ্ৰাফ টেক্সট ফিচাৰে আপোনাক মডাৰ্ন ৱৰ্ড প্ৰচেচৰৰ সকলো গুণ বা শক্তি উপলব্ধ কৰাই। স্পেচ চেক ফিচাৰত ভুল শব্দৰ তলত নিজে নিজে আণ্ডাৰলাইন হৈ যায় যেতিয়া আপুনি কোনো টেক্সটক টাইপ কৰে। স্পেল চেক কোনো শব্দক নিজে নিজে ঠিক কৰি লয়। এই সকলোতকৈ বেলেগ আমি আমাৰ ইচ্ছাৰ অনুসাৰে টেক্সটৰ কোনো শ্বেপ দিব পাৰে।

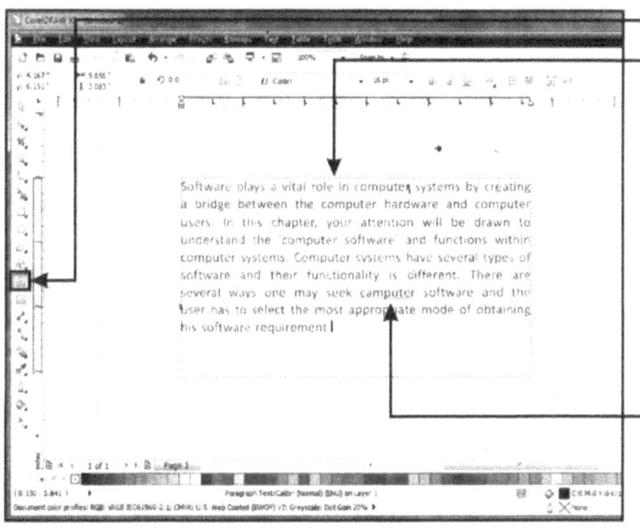

1. টেক্সট টুলত ক্লিক কৰক।

2. ড্ৰইং উইণ্ডোত ৰেক্টেংগলক আকিবৰ বাবে মাউচক **'ড্ৰেগ'** কৰক।

3. এইটো আয়তত কোনো টেক্সট টাইপ কৰক।

টাইপ কৰাৰ সময়ত যেতিয়া আপুনি লাইনৰ অন্তত গৈ পাই তেতিয়া টেক্সট নিজে নিজে অন্য লাইনত আহি যায়।

যদি আপুনি কোনো নতুন পেৰেগ্ৰাফ আৰম্ভ কৰিব বিচাৰে আপুনি তেতিয়া কেৱল **'এন্টাৰ'** বাটনত টিপি দিয়ক।

4. টাইপিংৰ সময়ত ভুল টাইপ কৰা শব্দৰ তলত এক ৰঙা ৰঙৰ লাইন আহি যায়।

5. টাইপিংক শেষ কৰাৰ পিছত টেক্সট ফ্ৰেমক চিলেক্ট কৰিবৰ বাবে **'পিক'** টুলত ক্লিক কৰক।

ফৰ্মেট টেক্সট ডায়লগ বক্সৰ ব্যৱহাৰ কৰি আপুনি লাইন, শব্দ, আখৰ বা পেৰেগ্ৰাফৰ মাজৰ স্পেচকো এডজাস্ট কৰিব পাৰে।

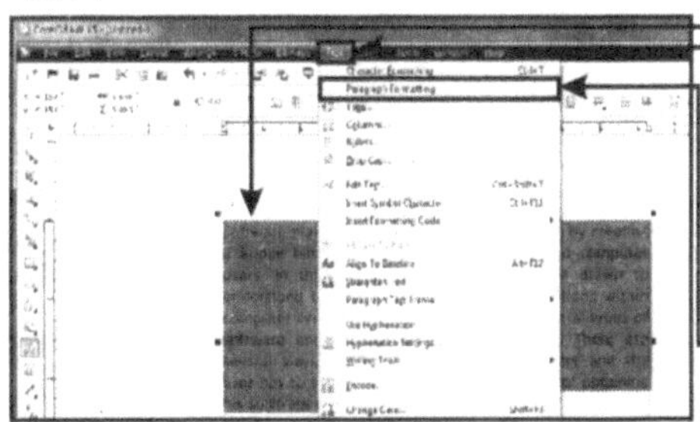

1. পিক টুলেৰে পেৰেগ্ৰাফ টেক্সট ফ্ৰেমক চিলেক্ট কৰক।

2. টুলবক্সত **'টেক্সট'** টুলত ক্লি কৰক।

3. টেক্সটক চিলেক্ট কৰিবৰ বাবে মাউচৰ পইন্টাৰক ড্ৰেগ কৰি ইয়াৰ ওপৰলৈ লৈ আহক। টেক্সট নিজে নিজে হাইলাইট হৈ যাব।

4. **'টেক্সট'** মেনুত ক্লিক কৰক। টেক্সট মেনু দেখা দিব ধৰে।

5. **'পেৰেগ্ৰাফ ফৰ্মেটিং'**ত ক্লিক কৰক।

পেৰেগ্ৰাফ ডক দেখা দিব।

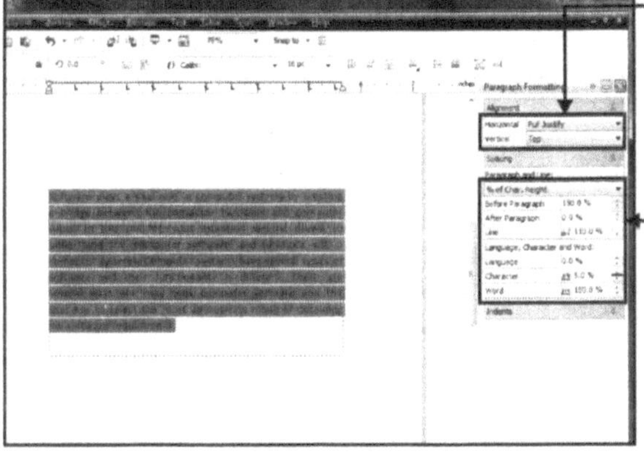

6. এইটো এৰিয়াত ক্লিক কৰক আৰু হৰিজণ্টেল আৰু ভাৰ্টিকেল এলাইনমেণ্ট চেট কৰি লওক।

7. আখৰ, লাইন আৰু শব্দৰ বাবে **'কেৰেক্টাৰ, লাইন'** আৰু **ৱৰ্ডৰ** বাবে উপযুক্ত বহলতাক টাইপ কৰক।

উদাহৰণৰ বাবে ইয়াত আমি কেৰেক্টাৰ স্পেচিং 5, ৱৰ্ড 150, বিফোৰ পেৰেগ্ৰাফ 150 আৰু লাইন স্পেচিং 110 সৰ্লনি হয়।

এইটো চেটিংক কৰাৰ পিছত আপুনি যেতিয়াই টাইপ কৰে, কৰেল ড্ৰ সেই সময়ত এইটো চেটিংক এপলাই কৰি দিয়ে।

8. **ক্লোজ (X)** বাটনত ক্লিক কৰক ডকৰক বন্ধ কৰি দিয়ক।

ফ্ৰেমৰ মাজত টেক্সটক একেলগ কৰা

পেজত স্পেচৰ অভাৱৰ কাৰণে কেইবাবাৰো গোটেই টেক্সট এক ফ্ৰেমত ফিট নহয়। এনে স্থিতিত আপুনি এইটোক এক ফ্ৰেমেৰে অন্য ফ্ৰেমত লৈ যাব পাৰে। লেয়িং আউট প্ৰেজেণ্টেচন আৰু কোনো ফ্ৰেমত থকা টেক্সট ডকুমেণ্টৰ বাবে এইটো টেকনিক বহুত আৱশ্যক হয়।

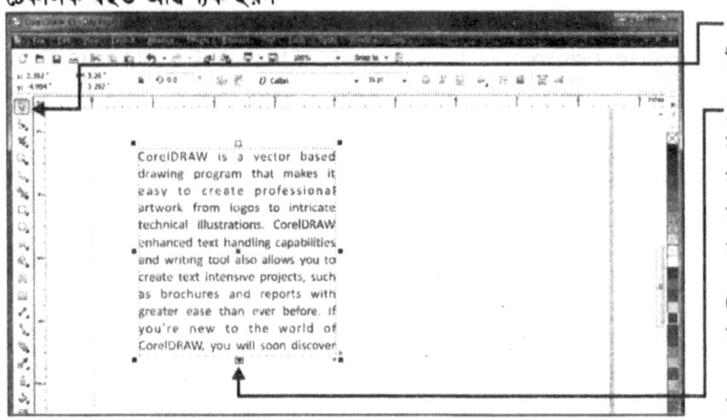

1. ‘পিক’ টুলৰ ব্যৱহাৰ কৰি টেক্সট ফ্ৰেমক চিলেক্ট কৰি লওক।

2. **‘বাটম হেণ্ডেল’** (শ্বেপ চাইজ হেণ্ডেল নহয় বৰং ৰেগুলাৰ বাটম চাইজিং হেণ্ডেল) ক ড্ৰেগ কৰক। আপোনাৰ টেক্সট ফ্ৰেমক সিমাই সৰু কৰক যেতিয়ালৈকে আপোনাৰ দ্বাৰা টাইপ কৰা গোটেই টেক্সট তাত ফিট নহয়।

যেতিয়া টেক্সট ফ্ৰেমত ফিট নহয় তেতিয়া বাটম চাইজিং হেণ্ডেলে এইটোক খুলি বৰ্গ (অপেন স্কোৱাৰ) ৰে ত্ৰিকোণত সলনি কৰি দিয়ে।

3. নতুন টেক্সট ফ্ৰেমক প্ৰস্তুত কৰিবৰ বাবে টুলবক্সত **‘টেক্সট’** টুলত ক্লিক কৰক।

4. ‘পিক’ টুলেৰে অৰিজিনেল টেক্সট ফ্ৰেম (অভাৰলোড টেক্সটৰ লগত) ক চিলেক্ট কৰক।

আৰু

5. ফ্ৰেমত যি টেক্সট ফিট নহয় সেইটোক **‘লোড’ কৰিবৰ বাবে ফ্ৰেমৰ বাটনত থকা** ট্ৰাইংগলত ক্লিক কৰক।

6. নতুন টেক্সট ফ্ৰেমত ক্লিক কৰক য'ত আপুনি টেক্সটক কণ্টিনিউ কৰিব বিচাৰে। এটা ডাঙৰ কালাৰ এৰো দেখা দিব।

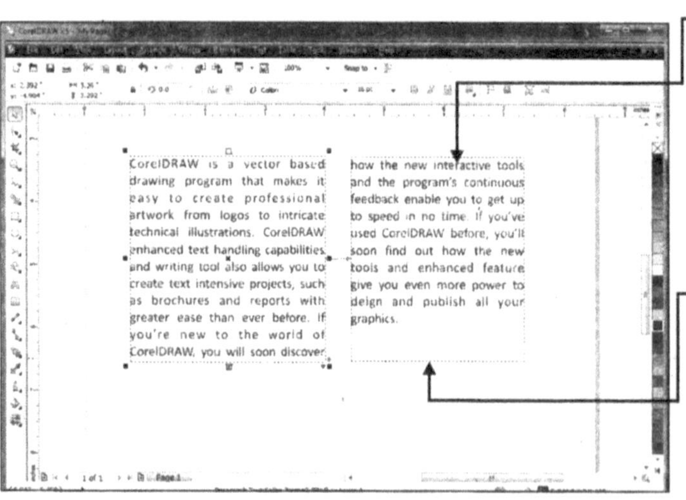

7. নতুন ফ্ৰেমত টেক্সটক দিবৰ বাবে ক্লিক কৰি দিয়ক। টেক্সক চলাই থকাৰ পিছত প্ৰথমে টেক্সট ফ্ৰেমক বাটন হেণ্ডেল লাইনৰ লগত এটা বক্সক ডিচপ্লে কৰে। ইয়াৰ অৰ্থ হ'ল টেক্সট এতিয়া পুৰা হোৱা নাই আৰু বাকী আছে।

অৰিজিনেল ফ্ৰেম আৰু **‘কণ্টিনিউড’** ফ্ৰেমক একেলগ কৰি এটা লাইন দেখা দিয়ে।

8. আৱশ্যক হ'লে অন্য টেক্সট ফ্ৰেমক ডাঙৰ কৰি লওক। যেতিয়ালৈকে গোটেই টেক্সট তাত ফিট নহয়। যেতিয়া তাত ডিচপ্লে কৰিবৰ বাবে কিছুমান টেক্সট নাবাচে তেতিয়া অন্তিম ফ্ৰেমক বাটন হেণ্ডেল **‘অপেন স্কোৱাৰৰ’** ৰূপত দেখা দিয়ে।

পথত টেক্সট ফিট কৰা

আৰ্টিস্টিক টেক্সটক আপুনি অপেন অবেজক্ট (যেনে লাইন) বা ক্লোজ অবজেক্টৰ চাৰিওফালৰ পথটো ৰাখিব পাৰে।

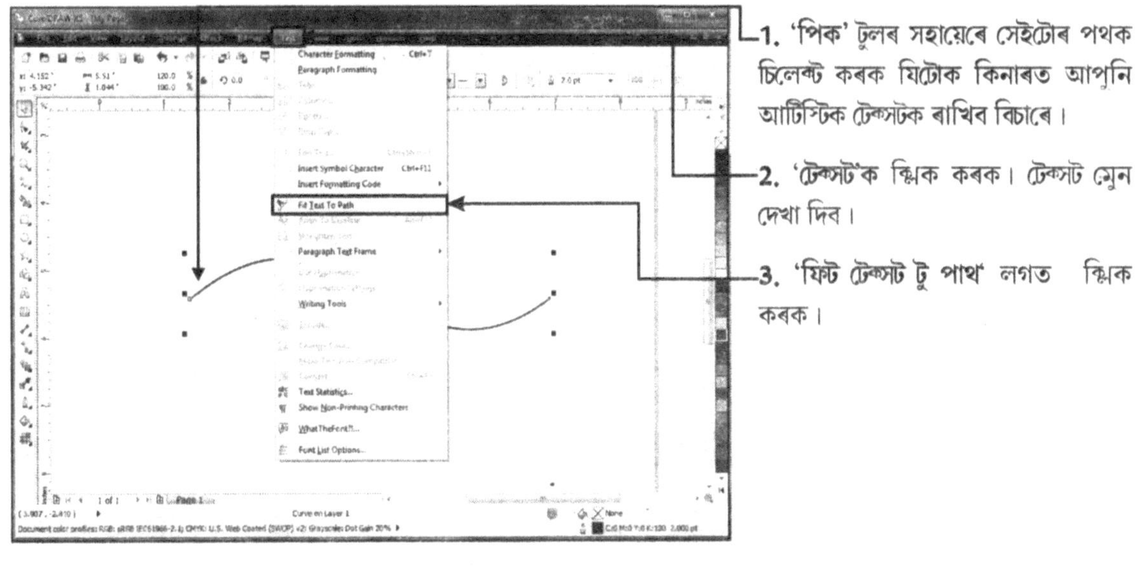

1. 'পিক' টুলৰ সহায়েৰে সেইটোৰ পথক চিলেক্ট কৰক যিটোক কিনাৰত আপুনি আৰ্টিস্টিক টেক্সটক ৰাখিব বিচাৰে।

2. 'টেক্সট'ক ক্লিক কৰক। টেক্সট মেনু দেখা দিব।

3. 'ফিট টেক্সট টু পাথ' লগত ক্লিক কৰক।

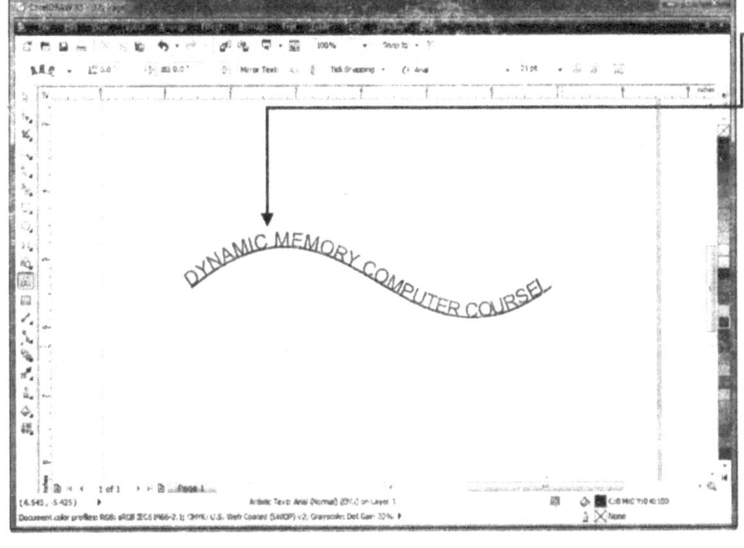

4. এতিয়া আপুনি আপোনাৰ অবজেক্টক কিনাৰত টাইপ কৰিবলৈ আৰম্ভ কৰি দিয়ক।

এনভেলপ (লেফাফা বা পেজ) ক্ৰিয়েট কৰা

আপুনি এনভেলপক এপলাই কৰি অবজেক্টক এনভেলপৰ ৰূপত পৰিৱৰ্তন কৰিব পাৰে আৰু এইটো এনভেলপ শেবপ দিব পাৰে। আপুনি আগৰ পৰা চেট বা বেচিক এনভেলপক এপলাই কৰিব পাৰে। আপোনাৰ দ্ৰইংত আপুনি কোনো অবজেক্টৰ পৰা এনভেলপক কপি কৰিব পাৰে আৰু এইটোক অন্য অবজেক্টটো এপলাই কৰিব পাৰে।

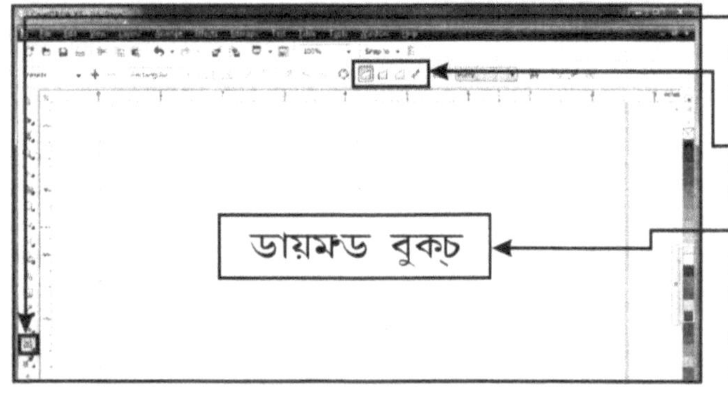

1. **'ইন্টাৰেক্টিভ টুল'** ফ্লাইআউটক অপেন কৰক আৰু ইয়াৰ পিছত **'ইন্টাৰএক্টিভ এনভেলপক টুল'** ত ক্লিক কৰক।

2. সেইটো অবজেক্টক চিলেক্ট কৰক যাৰ বাবে আপুনি এনভেলপ প্ৰস্তুত কৰিব বিচাৰে।

3. আপোনাৰ অনুসাৰে এডিটিং মোডৰ ইণ্ডিকেটৰ বাবে প্ৰপাৰ্টি বাৰলৈ গৈ নিম্নলিখিতৰ ভিতৰত যি কোনো প্ৰপাৰ্টি বাৰলৈ গৈ নিম্নলিখিত বাটনত ক্লিক কৰক। • **ষ্ট্ৰেট লাইন** • চিংগল আৰ্ক • ডাবল আৰ্ক • আনকন্ট্ৰেড

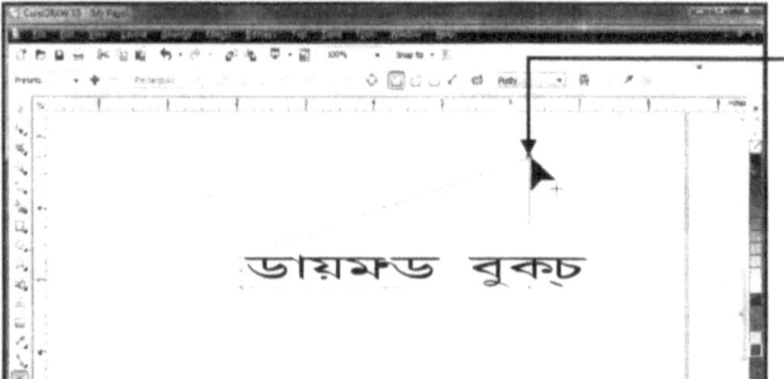

4. এনভেলপৰ আকৃতিক সলনি কৰিবৰ বাবে নোডক ক্লিক কৰক আৰু দ্ৰেগ কৰক।

5. স্টেপ **'3'** আৰু **'4'** ক তেতিয়ালৈকে পুনৰ তেতিয়ালৈকে কৰক যেতিয়ালৈকে এনভেলপ আপোনাৰ পছন্দত নাহে।

ডায়মণ্ড বুকচ

এইটো আকৃতি এনভেলপ হয়

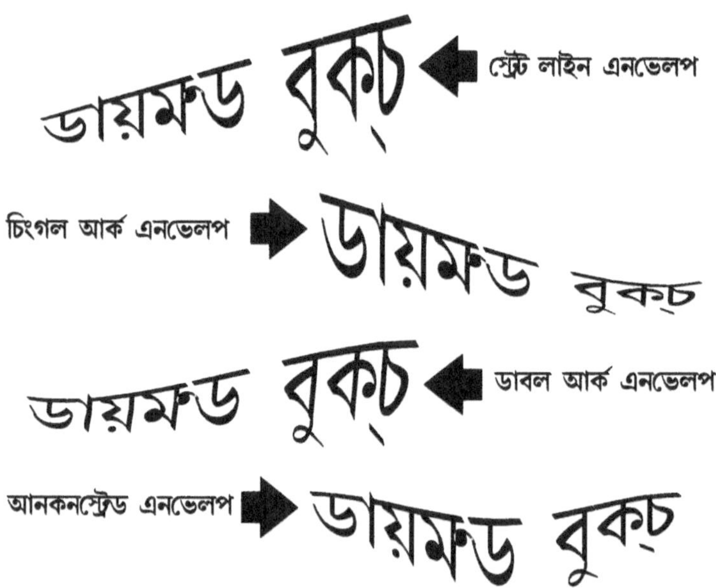

12 ফটোশ্বপ

ফটোশ্বপ ঃ এডব ফটোশ্বপ আৰু চিম্পল ফটোশ্বপ **'এডভ চিস্টেমৰ'** দ্বাৰা বিকশিত আৰু পাবলিচ কৰা গ্ৰাফিক এডিটৰ হয়, য'ত আপুনি ডিজিটেল ইমেজক প্ৰস্তুত কৰিব পাৰে, একেলগ কৰিব পাৰে আৰু মডিফাই কৰিব পাৰে। ইয়াত ডাঙৰ সংখ্যাত ইমেজ এডটিং ফিচাৰ্চ অন্তৰ্ভুক্ত থাকে। ইয়াৰে এটা বহুত ভাল ফিচাৰ আৰু শক্তিশালী ফিচাৰ্চ **'ফিল্টাৰ'** থাকে। ফটোশ্বপত প্ৰিন্ট আৰু ইনটাৰনেট দুটাৰ বাবে ভাল ইমেজ প্ৰস্তুত কৰিব পাৰে। ফটোশ্বপৰ পেন্টব্ৰাচ, এয়াৰব্ৰাচ আৰু পেন্সিল টুলৰ দ্বাৰা আপুনি আপোনাৰ ইমেজৰ **'পিকচেল'ক** চিলেক্ট কৰি তাত কালাৰ আৰু পেটাৰ্ন এপলাই কৰিব পাৰে। চলিড আৰু চেমিট্ৰান্সপাৰেন্ট কালাৰ্চৰ দ্বাৰা আপুনি আপোনাৰ চেকচনত এৰোকো ফিল কৰিব পাৰে।

ফটোশ্বপৰ ডোজ, বাৰ্ন আদি টুলচৰ দ্বাৰা আপুনি আপোনাৰ ইমেজৰ যি কোনো পাৰ্টৰ কালাৰক জিলিকাব পাৰে, ডাঠ ৰঙ কৰিব পাৰে অথবা তাৰ শ্বেডক সলনি কৰিব পাৰে। ফটোশ্বপত আপুনি আপোনাৰ ইমেজত 3 ডি শ্বেড, শ্বেডো দ্ৰপিং আৰু অন্য স্টাইলো সহজতে এপলাই কৰিব পাৰে। আপোনা কামক এডিট কৰাৰ পিছত আপুনি আপোনাৰ ইমেজক কোনো ধৰণে ব্যৱহাৰ কৰিব পাৰে। ফটোশ্বপত আপুনি আপোনাৰ ইমেজৰ প্ৰিন্টো উলিয়াব পাৰে, সেইটোক ইন্টাৰনেটত যি কোনো ফৰ্মেটত চেভ কৰিব পাৰে। ইয়াৰ বাদেও লেআউট প্ৰগ্ৰেমৰ বাবে সেইটোক প্ৰস্তুত কৰিব পাৰে।

ফটোশ্বপক আৰম্ভ কৰা

আপোনাৰ কম্পিউটাৰত আপুনি ফটোশ্বক স্টাৰ্ট কৰিব পাৰে আৰু ডিজিটেল ইমজক প্ৰস্তুত অথবা এডিট কৰিব পাৰে।

1. **স্টাৰ্ট** বাটনত ক্লিক কৰক।
2. **অল প্ৰগ্ৰেমত** ক্লিক কৰক।
3. **এডভ ডিজাইন প্ৰিমিয়াম চিএচ 5** ত ক্লিক কৰক।
4. **এডভ ফটোশ্বপ চিএচ 5** ত ক্লিক কৰক।

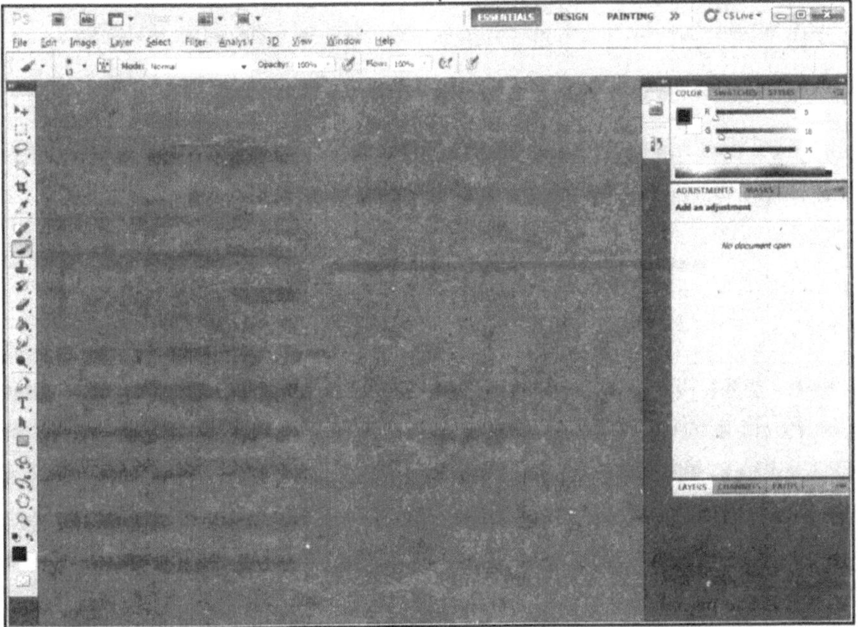

এডভ ফটোশ্বপ চিএচ 5 উইডো দেখা দিয়ে।

ফটোশ্বপ ৱৰ্কস্পেচ (কাৰ্যক্ষেত্ৰ)

ফটোশ্বপত আপোনাৰ ডিজিটেল ইমেজক অপেন কৰিবৰ বাবে আৰু সেইটোক এডিট কৰি তাত কাম কৰিবৰ বাবে আপুনি বিভিন্ন টুলচ, মেনু কমাণ্ডচ আৰু পেলেটৰ ওপৰত আধাৰিত ফিচাৰ্চক ব্যৱহাৰ কৰিব পাৰে।

মেনু বাৰ	ঃ এইটো মেনুত ফটোশ্বপৰ অধিকাংশ কামাণ্ড অন্তৰ্ভুক্ত থাকে।
অপচন বাৰ	ঃ ইয়াত থকা কন্ট্ৰলৰ সহায়েৰে আপুনি টুলবক্সৰ পৰা চিলেক্ট কৰা টুলচক কাস্টমাইজ কৰিব পাৰে।
টুলবক্স	ঃ ইয়াত বহুত আইকন দেখা দিয়ে। ইয়াৰে প্ৰত্যেক ইমেজক এডিটিং টুলক ৰিপ্ৰেজেন্ট কৰে। অধিকাংশ টুলচক এপলাই কৰিবৰ বাবে আপোনাক আপোনাৰ ইমেজত ক্লিক কৰি দ্ৰেগ কৰিব লগীয়া হয়।
ইমেজ উইণ্ডো	ঃ ইয়াত সেই সকলো ইমেজ অন্তৰ্ভুক্ত থাকে য'ত আপুনি ফটোশ্বপত অপেন কৰে।
পেনেলচ	ঃ সৰু উইণ্ডো থাকে যিটো আপোনাক কমন কামাণ্ডৰ সুবিধা দিয়ে। পেনেলচক হাইড কৰে (লুকাবৰ বাবে) আৰু ডিচপ্লে কৰিবৰ বাবে আপুনি টেব আৰু আইকনত ক্লিক কৰিব পাৰে।।

ফটোশ্বপ টুলবক্স

ফটোশ্বপৰ টুলচত বহুতো টুলচ থাকে। ইয়াৰে যি কোনো টুলত ক্লিক কৰি আপুনি সেইটোক চিলেক্ট কৰিব পাৰে আৰু আপোনাৰ ইমেজত কাম কৰিব পাৰে। যদি আপুনি মাউচৰ কাৰ্চাৰক টুলৰ ওপৰত থৈ দিয়ে তেতিয়া এডভ ফটোশ্বপ সেইটো টুলৰ কামৰ বাবে কি-বোৰ্ডৰ শ্বৰ্টকাৰ্টক ডিচপ্লে কৰে। কিছুমান টুলচ ইয়াত টুলৰ সমূহৰ ৰূপত থাকে। টুলৰ তলৰ সোঁফালে এটা ক'লা এৰো দেখা দিয়াৰ পৰা পিছত ইয়াৰ পিছত বহুতো টুলচ থাকে। ইয়াৰে যি কোনো টুলচক চিলেক্ট কৰিবৰ বাবে আপুনি মাউচক ইয়াত ক্লিক কৰি কিছু ছেকেণ্ডৰ বাবে হোল্ড কৰক আৰু সেইটো টুলত লৈ যাওক, যিটোক আপুনি ব্যৱহাৰ কৰিব বিচাৰে।

কি-বোৰ্ড শ্বৰ্টকাটৰ লগত এডভ ফটোশ্বপৰ টুলচ

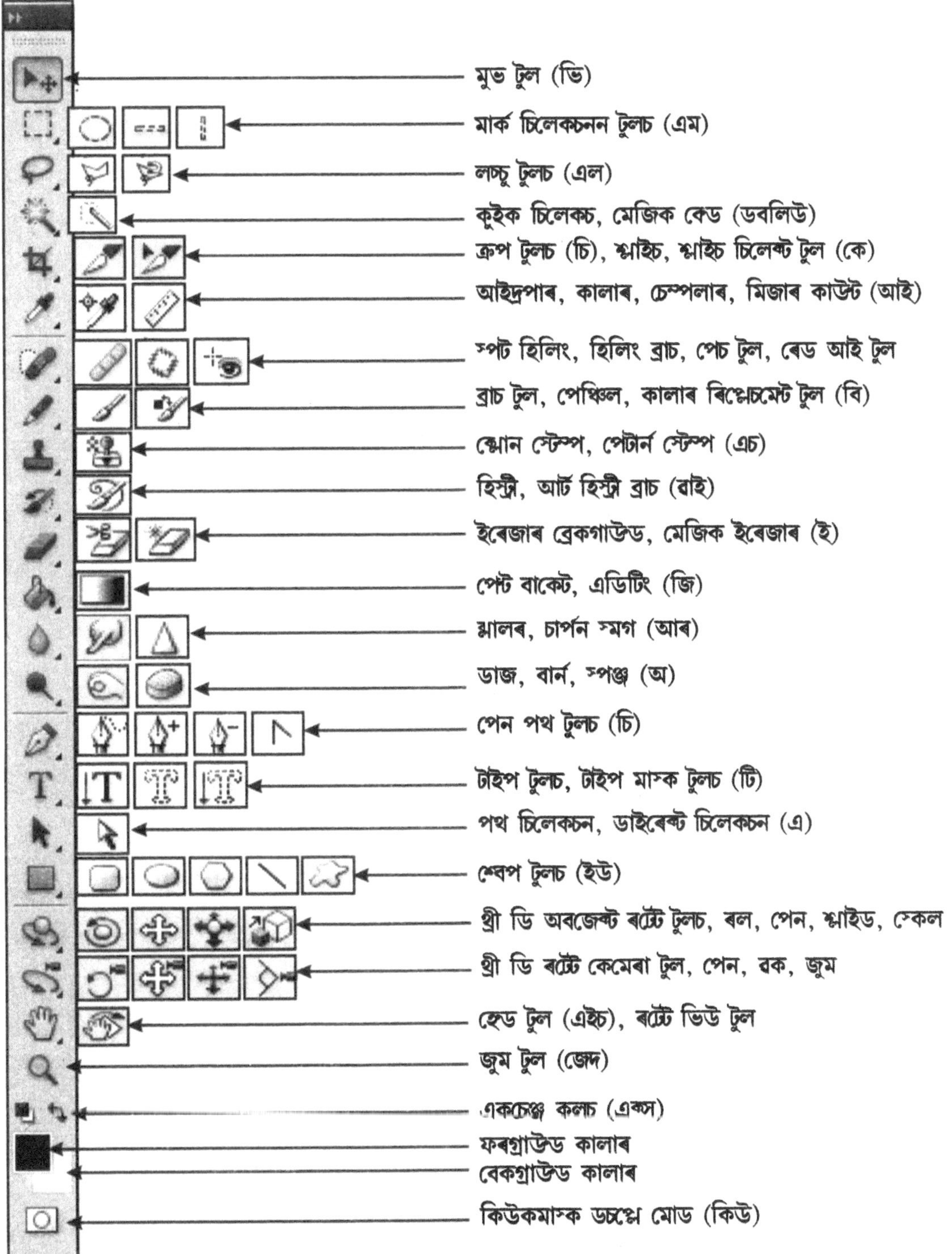

নতুন ইমেজ উইন্ডোক ক্রিয়েট কৰা

ব্লেংক ইমেজক ক্রিয়েট কৰি আপুনি ফটোশ্বপ প্রজেক্টক স্টার্ট কৰিব পাৰে।

1. 'ফাইল'ত ক্লিক কৰক। ফাইল মেনু দেখা দিব।

2. 'নিউ'ত ক্লিক কৰক। নিউ ডায়লগ বক্স দেখা দিয়ে।

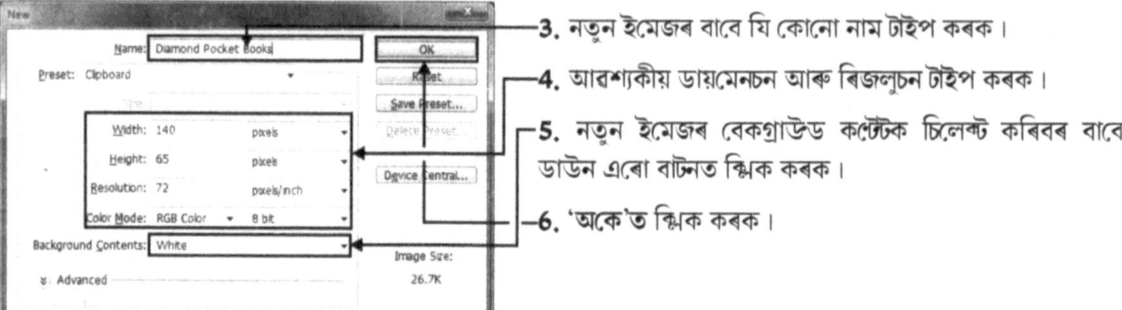

3. নতুন ইমেজৰ বাবে যি কোনো নাম টাইপ কৰক।

4. আৱশ্যকীয় ডায়মেনচন আৰু ৰিজলুচন টাইপ কৰক।

5. নতুন ইমেজৰ বেকগ্রাউন্ড কণ্টেন্টক চিলেক্ট কৰিবৰ বাবে ডাউন এৰো বাটনত ক্লিক কৰক।

6. 'অকে'ত ক্লিক কৰক।

আপোনাৰ দ্বাৰা চেট কৰা ডাইমেনচৰ অনুসাৰে ফটোশ্বপ এক নতুন উইন্ডোক ক্রিয়েট কৰি দিয়ে।

সেইটো ফাইলৰ নাম টাইটল বাৰত ডিচপ্লে হয়।

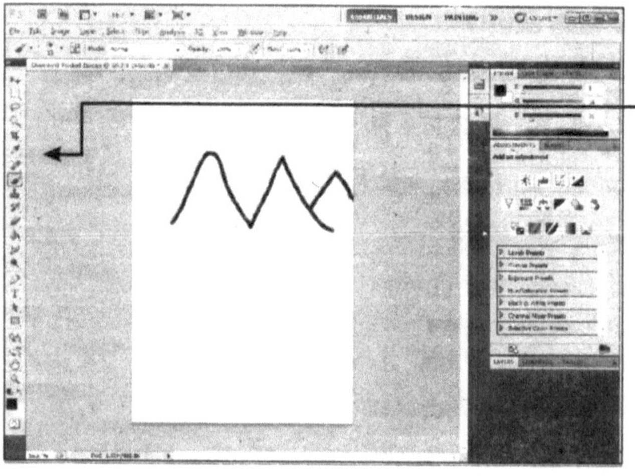

7. আপোনাৰ ইমেজক ক্রিয়েট কৰিবৰ বাবে ফটোশ্বপৰ টুল আৰু কামাণ্ডক এতিয়া আপুনি ব্যৱহাৰ কৰিব পাৰে।

কোনো ইমেজক অপেন কৰা অৰ্থাৎ খুলা

ফটোশ্বপত আপুনি কম্পিউটাৰত থকা যি কোনো ইমেজক অপেন কৰিব পাৰে।

1. **'ফাইল'ত ক্লিক কৰক।** ফাইল মেনু অপেন হৈ যাব।

2. **'অপেন'ত ক্লিক কৰক।** অপেন ডায়লগ বক্স দেখা দিয়ে।

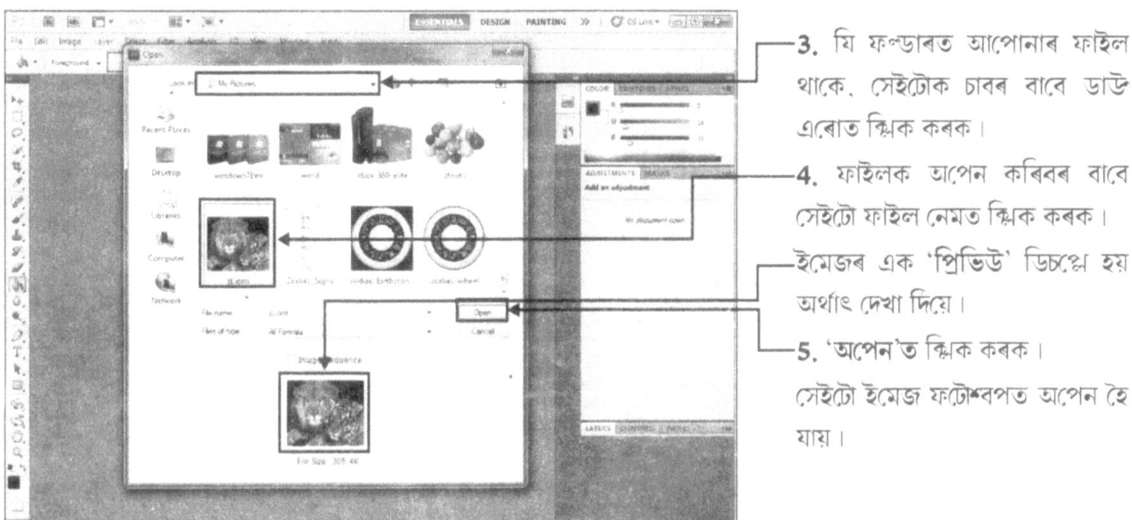

ফটোশ্বপ ইমেজক এক নতুন উইডোত অপেন কৰে।

ফাইলৰ নাম টাইটল বাৰত দেখা দিয়ে।

স্ক্ৰীনত ইমেজৰ চাইজ (আকাৰ) সলনি কৰা

কম্পিউটাৰৰ স্ক্ৰীনত আপুনি যি কোনো ইমেজৰ চাইজো সলনি কৰিব পাৰে।

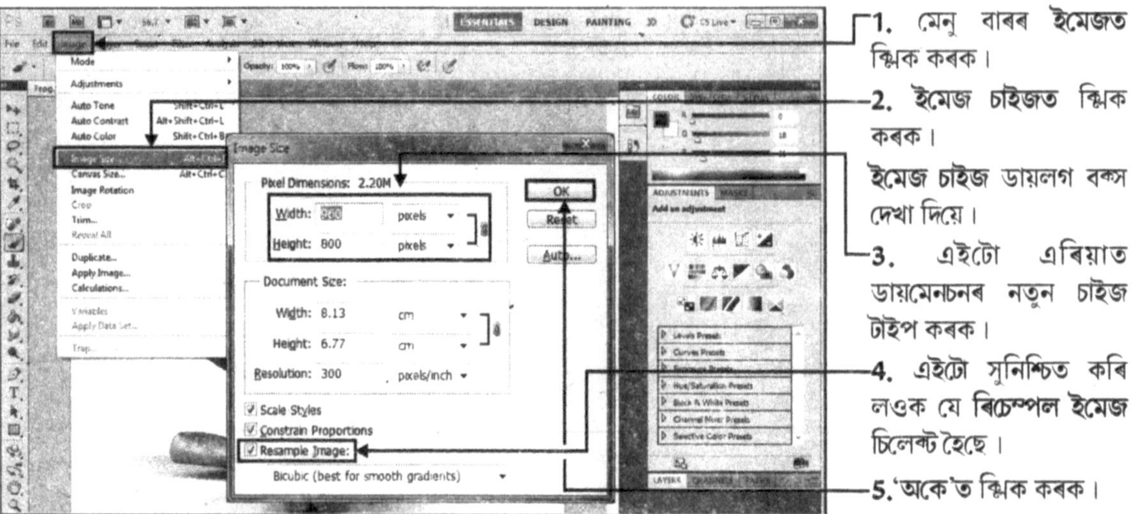

ফটোশ্বপ এইটো ইমেজৰ চাইজ সলনি কৰি দিয়ে। আপোনাক এইটো তেতিয়া কৰিব লাগে যেতিয়া ইমেজৰ চাইজ বহুত ডাঙৰ হয় বা সৰু হয়।

ইমেজৰ প্ৰিণ্ট চাইজ সলনি কৰা

নিম্নলিখিত কামাণ্ড দি আপুনি প্ৰিণ্টৰ চাইজো সলনি কৰিব পাৰে।

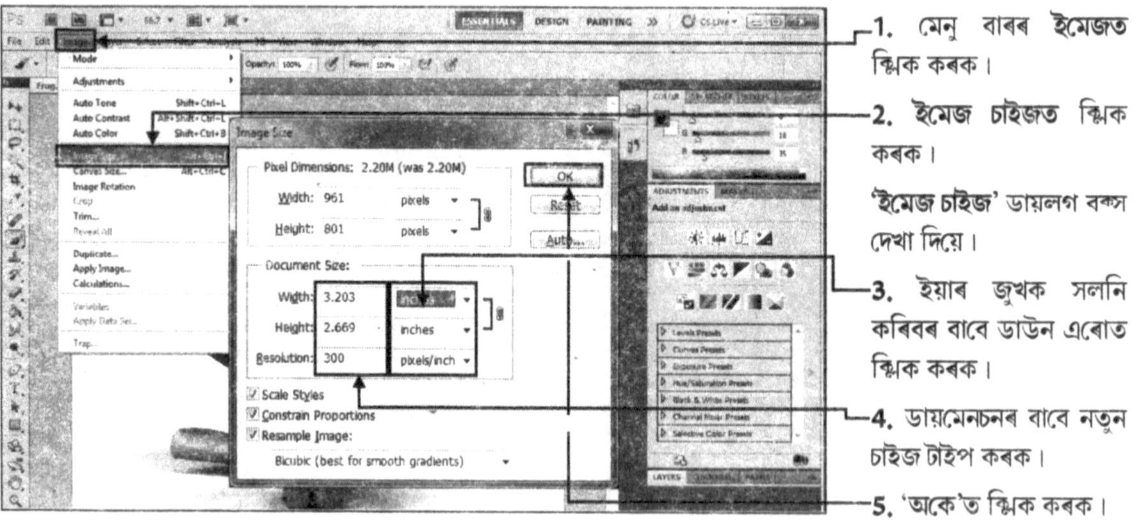

ফটোশ্বপ সেইটো ইমেজক ৰিচাইজ কৰি দিয়ে অৰ্থাৎ তাৰ আকাৰ সলনি কৰি দিয়ে।

ইমেজৰ কেনচভাচ চাইজক সলনি কৰা

ইমেজৰ চাইড (কিনাৰ) ৰ খালি স্পেচক অন্তৰ্ভুক্ত কৰিবৰ বাবে ইমেজৰ কেনভাচ চাইজকো সলনি কৰিব পাৰে।

1. মেনু বাৰত ইমেজত ক্লিক কৰক।
2. কেনভাচ চাইজত ক্লিক কৰক।

'কেনভাচ' চাইজ ডায়লগ বক্স দেখা দিয়ে।

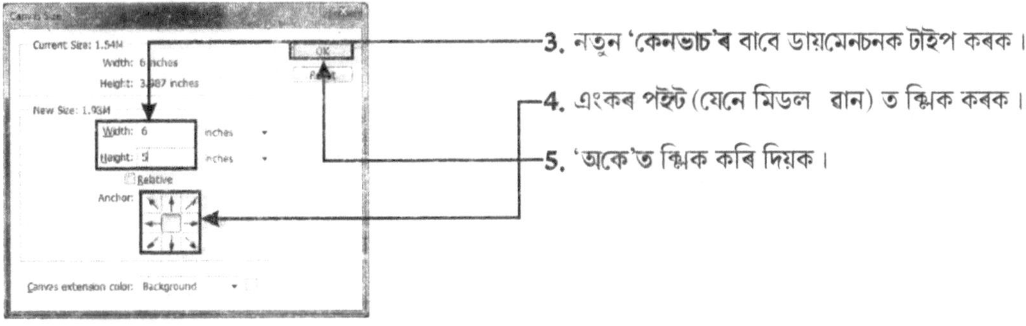

3. নতুন 'কেনভাচ'ৰ বাবে ডায়মেনচনক টাইপ কৰক।
4. এংকৰ পইন্ট (যেনে মিডল বান) ত ক্লিক কৰক।
5. 'অকে'ত ক্লিক কৰি দিয়ক।

কফটোশ্বপ ইমেজৰ কেনভাচ চাইজত সলনি কৰি দিয়ে।

যিহেতু আপোনাৰ মিডল এংকৰ পইন্ট চিলেক্ট কৰিছে, সেইকাৰণে কেনভাচৰ চাইজ দুটা বিপৰীত দিশত সমান ৰূপেৰে সলনি হৈ যায়।

ইমেজক ক্ৰপ কৰা অৰ্থাৎ সৰু-ডাঙৰ কৰা

ক্ৰপ টুলৰ সহায়েৰে আপুনি ইমেজৰ চাইজক সলনি কৰিব পাৰে অৰ্থাৎ সৰু-ডাঙৰ কৰিব পাৰে।

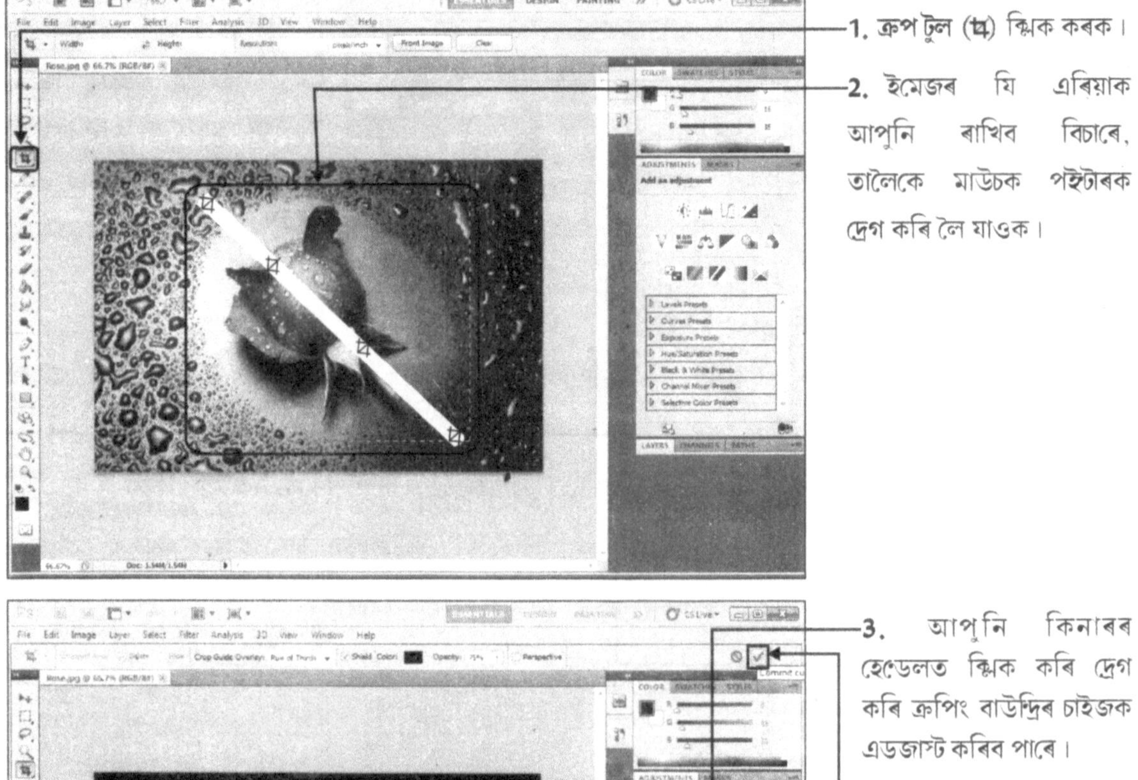

1. ক্ৰপ টুল ( ) ক্লিক কৰক।
2. ইমেজৰ যি এৰিয়াক আপুনি ৰাখিব বিচাৰে, তালৈকে মাউচক পইণ্টাৰক ড্ৰেগ কৰি লৈ যাওক।
3. আপুনি কিনাৰৰ হেণ্ডেলত ক্লিক কৰি ড্ৰেগ কৰি ক্ৰপিং বাউণ্ড্ৰিৰ চাইজক এডজাস্ট কৰিব পাৰে।
4. **'ৰাইট বাটন'**ত ক্লিক কৰক বা কি-বৰ্ডেৰে **'এণ্টাৰ'** বাটন টিপক।

ক্ৰপিং প্ৰচেচৰ পৰা আতৰাবৰ বাবে অথবা বাহিৰত উলিয়াবৰ বাবে কি-বোৰ্ডেৰে **'এস্কেপ'** (ইএচপি) বাটনক টিপক।

ফটোশ্বপ ইমেজক ক্ৰপ কৰি দিয়ক আৰু ক্ৰপিং বাউণ্ড্ৰিৰ বাহিৰৰ পিকচেল ডিলিট হৈ যায়।

জুম টুল

জুম টুলৰ সহায়েৰে আপুনি আপোনাৰ ইমেজক ডাঙৰ কৰি চাব পাৰে।

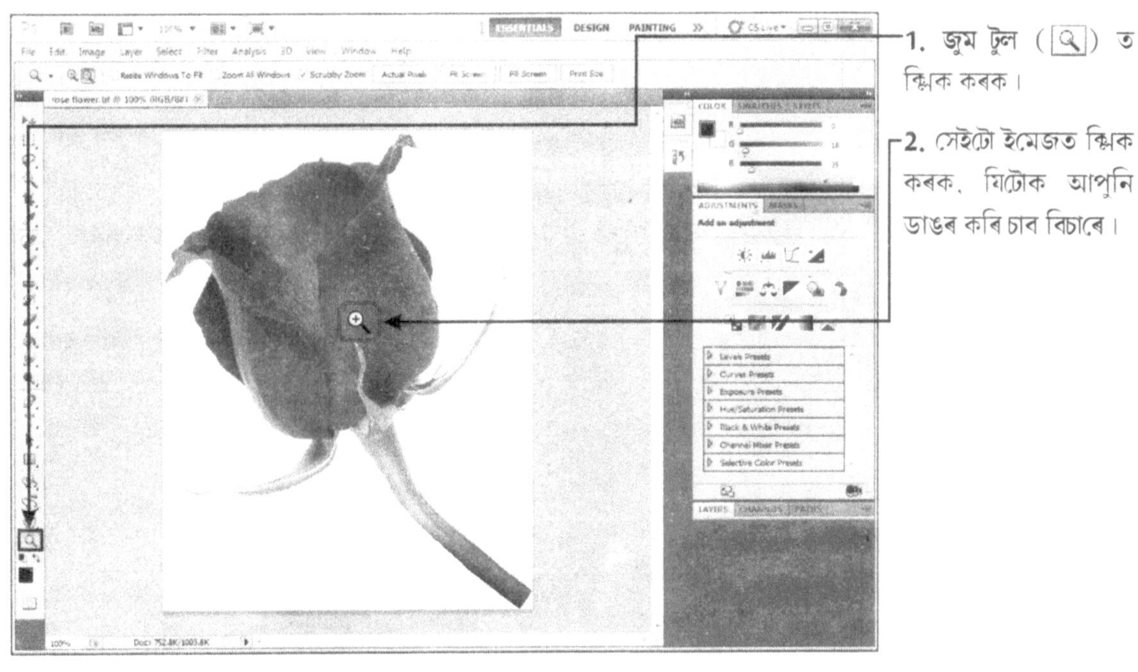

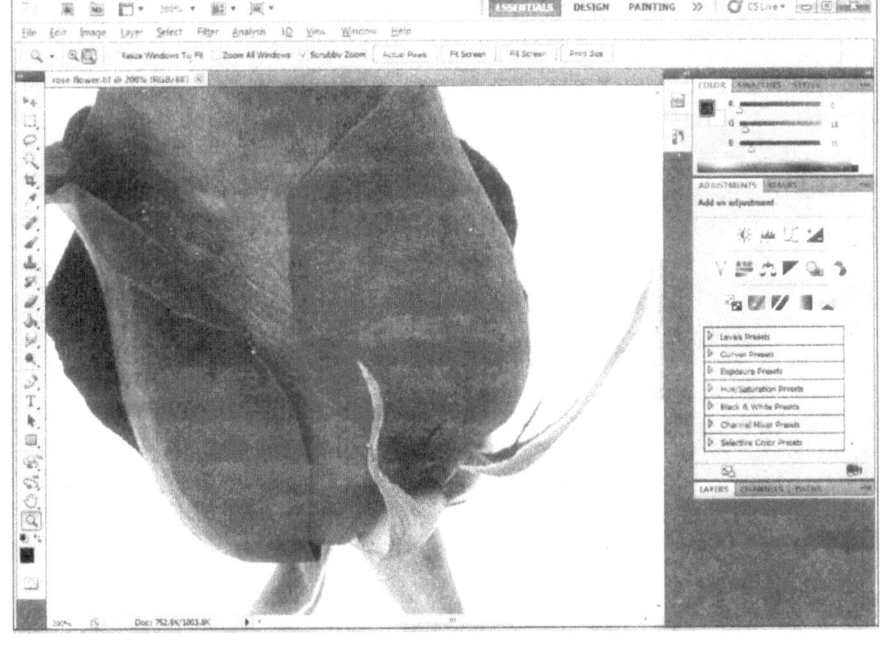

কফটোশ্বপে সেইটো ইমেজক ডাঙৰ কৰি দেখুৱাব ধৰে।

ইমেজক সৰু কৰি চাবৰ বাবে জুম টুলত (🔍) ক্লিক কৰাৰ পিছত, কি বোৰ্ডেৰে 'অল্ট' বাটনক টিপি হোল্ড ৰাখক অৰ্থাৎ টিপি ৰাখক আৰু ইমেজত ক্লিক কৰক।

স্ক্ৰীনৰ মোডক সলনি কৰা

স্ক্ৰীনত আপোনাৰ ৱৰ্কস্পেচৰ লুকক সলনি কৰিবৰ বাবে আপুনি স্ক্ৰীন মোডতো সলনি কৰিব পাৰে।

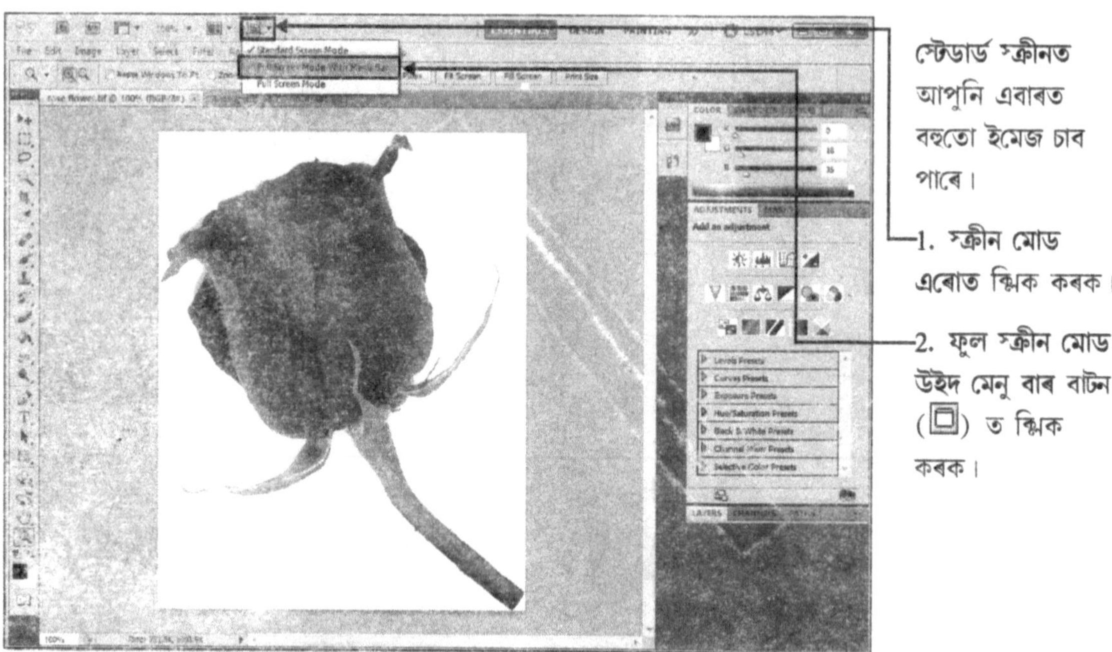

ষ্টেডাৰ্ড স্ক্ৰীনত আপুনি এবাৰত বহুতো ইমেজ চাব পাৰে।

1. স্ক্ৰীন মোড এৰোত ক্লিক কৰক।

2. ফুল স্ক্ৰীন মোড উইদ মেনু বাৰ বাটন (▣) ত ক্লিক কৰক।

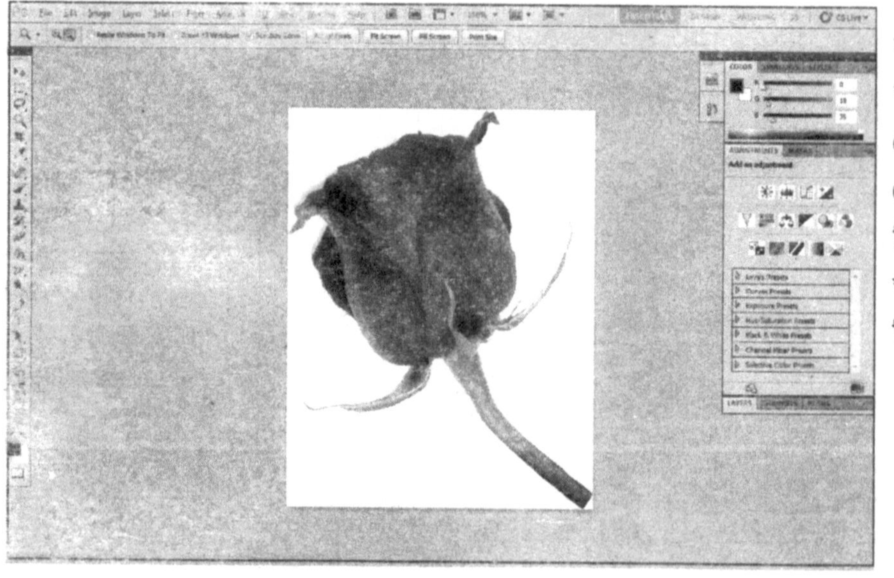

ফটোশ্বপে আপোনাৰ কাৰেন্ট ইমেজ উইণ্ডোক ব্লেংক আৰু ফুলস্ক্ৰীন কেনভাচ চেন্টাৰত থৈ দিয়ক। ইয়াত মেনু অপচন স্ক্ৰীনৰ টপ দেখা দিয়ে।

ফুল স্ক্রীনলৈ সলনি কৰা অৰ্থাৎ চুইচ কৰা

1. স্ক্রীন মোড এৰোত ক্লিক কৰক।

2. ফুল স্ক্রীন মোড বাটন (▢) ত ক্লিক কৰক।

ইমেজে এতিয়া বিনা মেনু অপচনৰ ফুল স্ক্রীনত দেখা দিয়ে।

টুলবক্স আৰু পেলেটক ক্লোজ (বন্ধ) কৰা

1. কি-বোৰ্ডৰ পৰা 'টেব' বাটনত টিপক।

ফটোশ্বপে সকলো 'টুলবক্স' আৰু পেলেটক বন্ধ কৰি দিয়ে।

2. টুলবক্স আৰু পেলেটক চাবৰ বাবে কি-বোৰ্ডেৰে 'টেব' বাটনক আকৌ টিপক।

মাৰ্ক টুলচেৰে চিলেক্ট কৰা

মাৰ্ক টুলৰ ব্যৱহাৰ আপোনাৰ ইমেজৰ আয়তাকাৰ আৰু আঁডাকাৰ এৰিয়াক চিলেক্ট কৰাত কৰা যায়। এতিয়া ফটোশ্বপৰ অন্য কামাণ্ডৰ ব্যৱহাৰ কৰি আপুনি চিলেক্ট কৰা এৰিয়াক মুভ কৰিব পাৰে, ডিলিট কৰিব পাৰে আৰু সেইটোক নতুন স্টাইল দিব পাৰে।

ৰেক্টেংগুলাৰ (আয়তাকাৰ) মাৰ্ক টুল

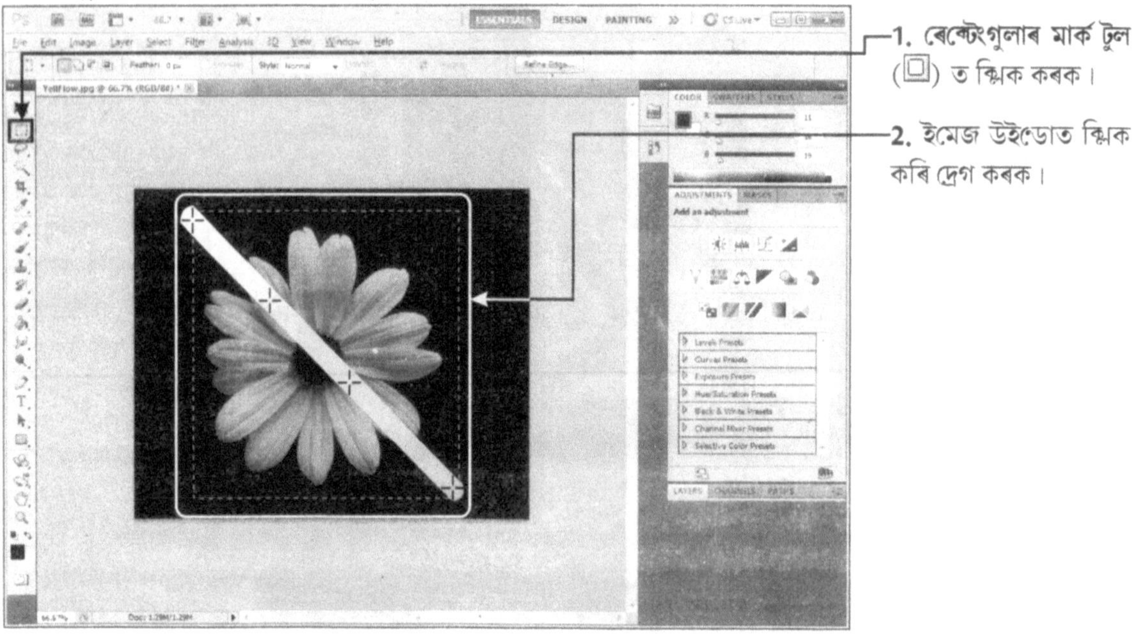

ইলিপ্টিকেল (আঁডাকাৰ) মাৰ্ক টুল

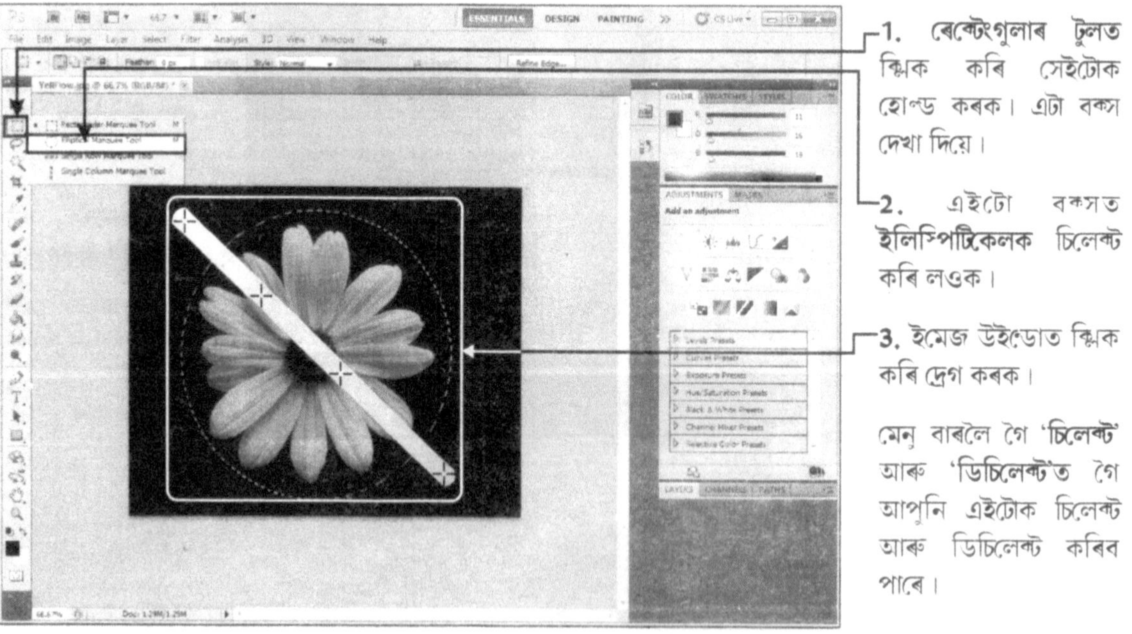

মেনু বাৰলৈ গৈ **'চিলেক্ট'** আৰু **'ডিচিলেক্ট'**ত গৈ আপুনি এইটোক চিলেক্ট আৰু ডিচিলেক্ট কৰিব পাৰে।

লচ্চু টুলক চিলেক্ট কৰা

লচ্চু টুলৰ সহায়েৰে আপুনি যি কোনো চেপত ইমেজ প্ৰস্তুত কৰিব পাৰে। ইয়াৰ পিছত ফটোশ্বপৰ অন্য কামাণ্ডৰ সহায়েৰে আপুনি চিলেক্ট কৰা এৰোক মুভ কৰিব পাৰে, ডিলিট কৰিব পাৰে'আৰু আপোনাৰ মতে স্টাইল সলনি কৰিব পাৰে।

ৰেগুলাৰ লচ্চু টুল

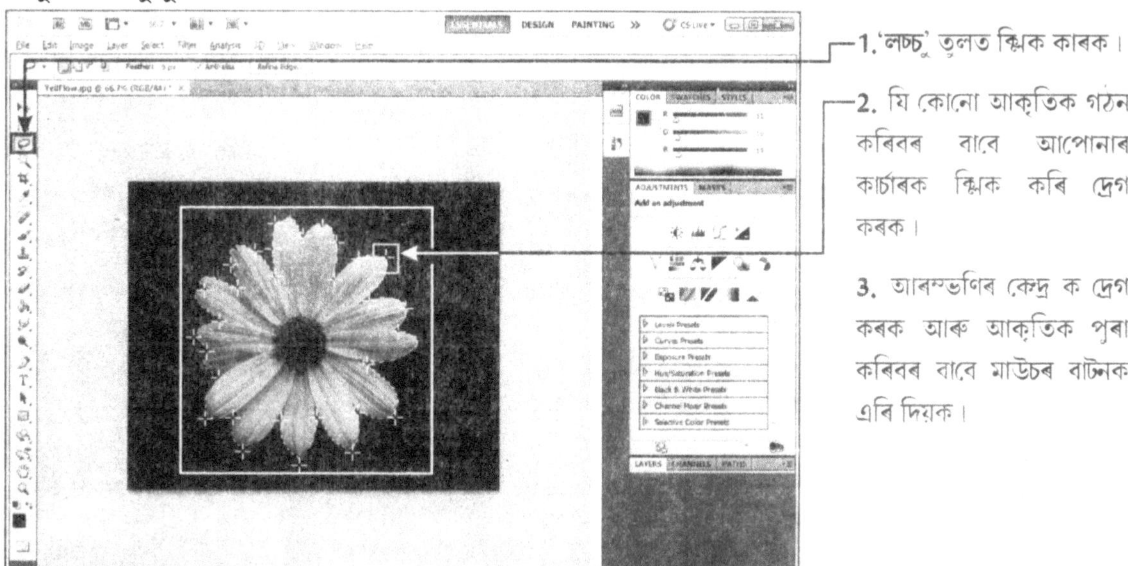

1. 'লচ্চু' তুলত ক্লিক কাৰক।
2. যি কোনো আকৃতিক গঠন কৰিবৰ বাবে আপোনাৰ কাৰ্চাৰক ক্লিক কৰি দ্ৰেগ কৰক।
3. আৰম্ভণিৰ কেন্দ্ৰ ক দ্ৰেগ কৰক আৰু আকৃতিক পুৰা কৰিবৰ বাবে মাউচৰ বাটনক এৰি দিয়ক।

পলিগোনেল লচ্চু টুল

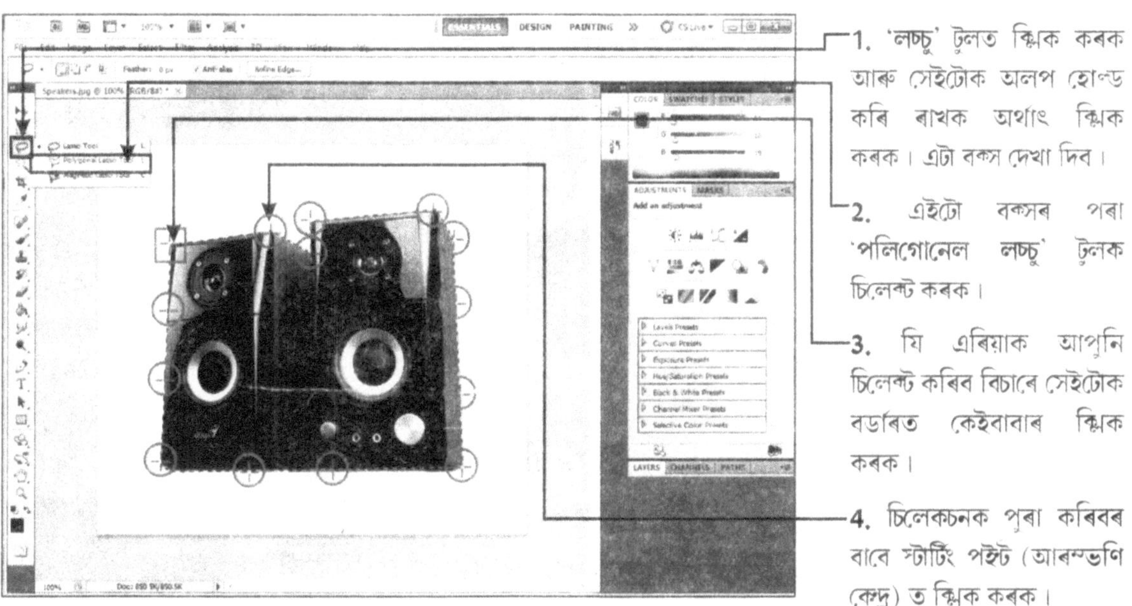

1. 'লচ্চু' টুলত ক্লিক কৰক আৰু সেইটোক অলপ হোল্ড কৰি ৰাখক অৰ্থাৎ ক্লিক কৰক। এটা বক্স দেখা দিব।
2. এইটো বক্সৰ পৰা 'পলিগোনেল লচ্চু' টুলক চিলেক্ট কৰক।
3. যি এৰিয়াক আপুনি চিলেক্ট কৰিব বিচাৰে সেইটোক বৰ্ডাৰত কেইবাবাৰ ক্লিক কৰক।
4. চিলেকচনক পুৰা কৰিবৰ বাবে স্টাৰ্টিং পইণ্ট (আৰম্ভণি কেন্দ্ৰ) ত ক্লিক কৰক।

মেগনেটিক লচ্চু টুল

মেগনেটিক লচ্চু টুলৰ ব্যৱহাৰ সেইটো ইমেজৰ এলিমেন্টক চিলেক্ট কৰিবৰ বাবে কৰা যায় যাৰ কিনাৰ বহুতত স্পষ্ট হয়।

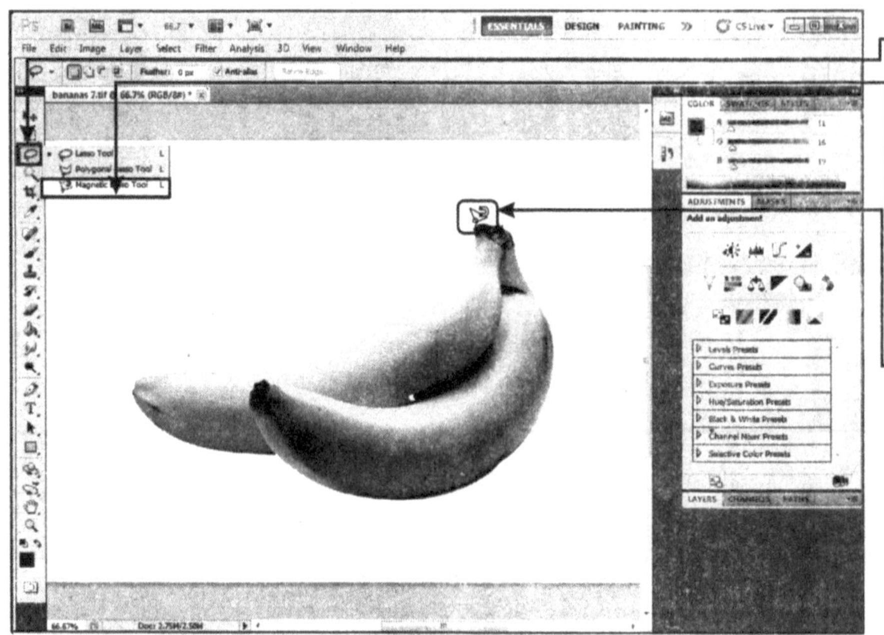

1. 'লচ্চু টুল'ত ক্লিক কৰক অৰ্থাৎ সেইটোক হোল্ড কৰক। এটা বক্স দেখা দিব।

2. এইটো বক্সৰ পৰা 'মেগনেটিক লচ্চু' টুলক চিলেক্ট কৰি লওক।

3. আৰম্ভ কৰিবৰ বাবে অৰ্থাৎ যি পইন্টাৰৰ পৰা আপুনি আৰম্ভ কৰিব বিচাৰে তাৰ বাবে যি এলিমেন্টক চিলেক্ট কৰিব বিচাৰে, তাৰ কিনাৰত ক্লিক কৰক।

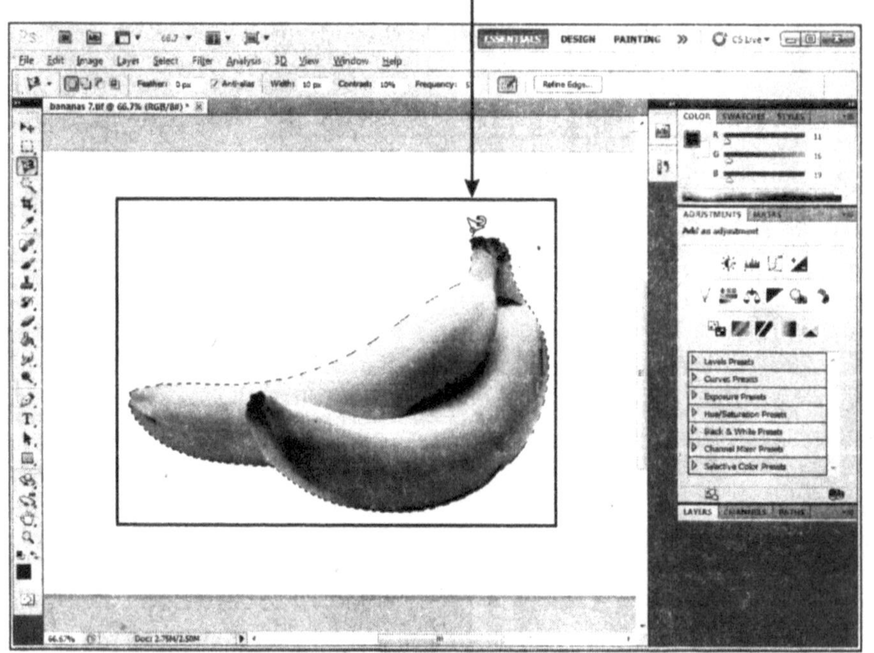

4. আপোনাৰ কাৰ্চাৰক সেইটো এলিমেন্টৰ কিনাৰত দ্ৰেগ কৰক। যেনে আপুনি দ্ৰেগ কৰে, মেগনেটিক। লচ্চু টুল সেইটো এলিমেন্টৰ কিনাৰত মাৰ্ক হৈ যায়।

লচ্চুক গাইড কৰিবৰ বাবে, এংকৰ পইন্টক এড কৰিবৰ বাবে আপুনি ক্লিক কৰিব পাৰে।

5. আপোনাৰ চিলেকচনক সমাপ্ত কৰিবৰ বাবে আৰম্ভণিত এংকৰ পইন্টত ক্লিক কৰক।

মেজিক কেড টুলেৰে চিলেক্ট কৰা

মেজিক কেড টুলৰ সহায়েৰে গ্ৰুপ অফ চিমিলাৰ কালাৰ পিকচেল (এটাই কালাৰৰ পিকচেলৰ সমূহ) ক চিলেক্ট কৰিব পাৰে।

1. 'মেজিক কেড' টুল ( ) ত ক্লিক কৰক।

2. ইমেজত আপুনি যি এৰিয়াক চিলেক্ট কৰিব বিচাৰে, তাত ক্লিক কৰক।

ফটোশ্বপে আপোনৰ দ্বাৰা ক্লিক কৰা পিকচেল বা ইয়াৰ পৰা মিলা-জুলা কালাৰৰ পিকচেলক চিলেক্ট কৰি দিয়ে।

চিলেক্ট কৰা পিকচেলক ডিলিট কৰা

চিলেক্ট কৰা পিকচেলক ডিলিট কৰিবৰ বাবে কম্পিউটাৰৰ কি-বোৰ্ডেৰে 'ডিলিট' বাটনক টিপক।

পিকচেল বেকগ্ৰাউণ্ড কালাৰেৰে ৰিপ্লেচ হৈ যায়। (এইটো ক্ষেত্ৰত বগা)।

চিলেকচনক মুভ কৰা

মুভ টুলৰ সহায়েৰে আপুনি চিলেকচনক মুভো কৰাব পাৰে।

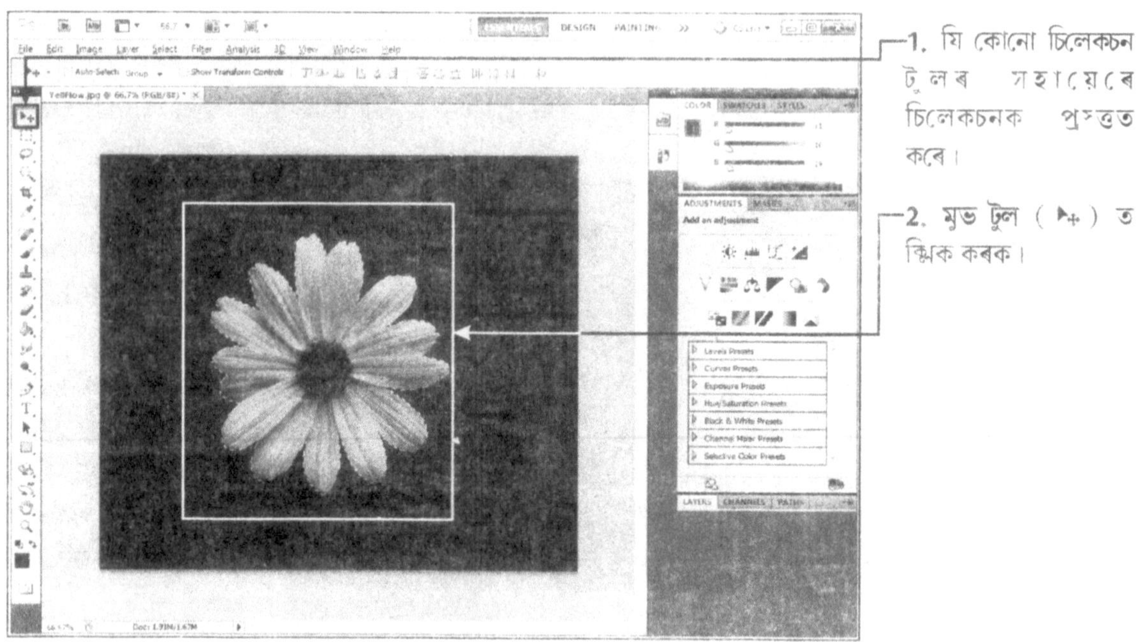

1. যি কোনো চিলেকচন টুলৰ সহায়েৰে চিলেকচনক প্ৰস্তুত কৰে।

2. মুভ টুল (▶+) ত ক্লিক কৰক।

3. চিলেকচনৰ ভিতৰত ক্লিক কৰক আৰু ড্ৰেগ কৰক।

যি এৰিয়াত এইটো চিলেকচনক ফিট কৰা গৈছিল, সেইটো বেকগ্ৰাউণ্ড কালাৰত দেখা দিয়ে।

বগা ৰঙ ডিফল্ট বেকগ্ৰাউণ্ড কালাৰ হয়।

অল ইমেজ অৰ্থাৎ গোটেই ইমেজক চিলেক্ট কৰা

কেৱল এটাই কামাণ্ডৰ দ্বাৰা আপুনি কোনো ইমেজৰ সকলো পিকচেলক চিলেক্ট কৰিব পাৰে। এইটো গোটেই ইমেজত এটাৰ দৰে প্ৰভাৱ ৰাখে যেনে, ইমেজক কোনো অন্য উইণ্ডোত কপি কৰে।

1. মাউচৰ পইণ্টাৰক চিলেক্ট মেনুত লৈ যাওক আৰু ক্লিক কৰক। চিলেক্ট মেনু দেখা দিব।

2. 'অল'ত ক্লিক কৰক।

গোটেই ইমেজ উইণ্ডোক চিলেক্ট কৰাৰ পিছত আপুনি কম্পিউটাৰৰ কি-বোৰ্ডৰে ডিলিট বাটনক টিপি এইটোক ডিলিট কৰিব পাৰে। বা এইটোক কোনো অন্য ইমেজ উইণ্ডোত কপি আৰু পেস্ট কৰিব পাৰে।

চিলেকচন বৰ্ডাৰক মুভ কৰা

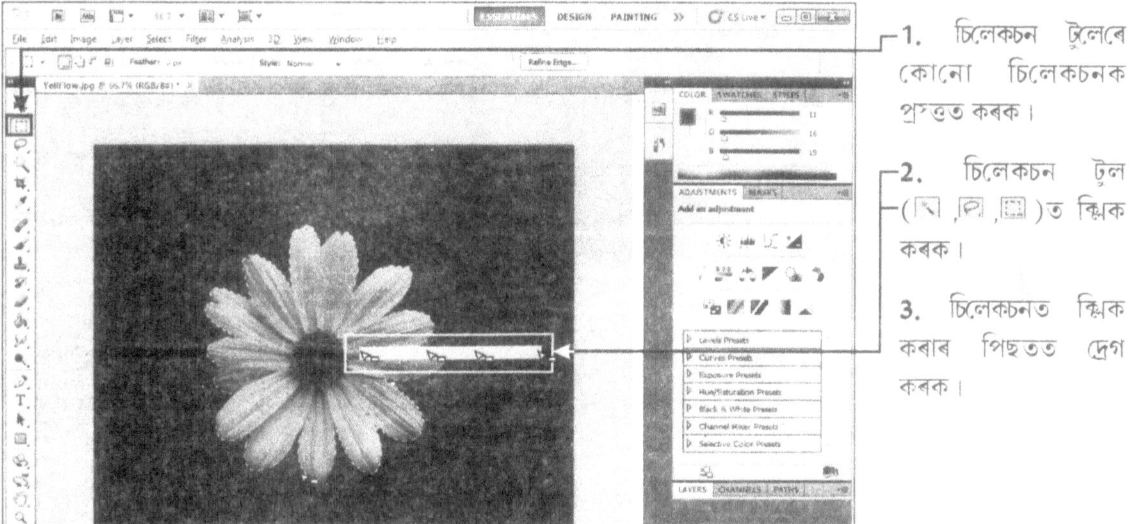

চিলেকচন বৰ্ডাৰ মুভ হৈ যায়।

'ভিউ, শ্বো' ত ক্লিক কৰি আপুনি কোনো চিলেকচনক হাইড কৰিব পাৰে অৰ্থাৎ সেইটোক লুকোৱাব পাৰে। ইয়াৰ পিছত মেনুক অপচনৰ পৰা 'চিলেকচন এজ' ত ক্লিক কৰিব পাৰে।

চিলেকচনক ইনভাৰ্ট কৰা অৰ্থাৎ বিপৰীত কৰা

বৰ্তমানত চিলেক্ট কৰা যি কোনো বস্তুক ডিচিলেক্ট কৰিবৰ বাবে আপুনি ইনভাৰ্ট এ চিলেকচনৰ ব্যৱহাৰ কৰিব পাৰে। এইটো তেতিয়া বহুত উপযোগী হয় যেতিয়া আপুনি কোনো অবজেক্টৰ চাৰিওফালে কোনো বেকগ্ৰাউণ্ড চিলেক্ট কৰিব বিচাৰে।

ফটোশ্বপে সেইটো চিলেকচনক ইনভাৰ্ট কৰি দিয়ে অৰ্থাৎ উলোটাই দিয়ে

চিলেকচনক কপি আৰু পেস্ট কৰা

1. আপুনি যি কোনো চিলেকচনক কপি কৰিব পাৰে আৰু ইমেজৰ য'তে-ততে ইয়াৰ ডুপলিকেট কপি প্ৰস্তুত কৰিব পাৰে।

মাউচ আৰু কি-বোৰ্ডৰ ব্যৱহাৰ

1. চিলেকচন টুলৰ পৰা যি কোনো চিলেকচনৰ নিৰ্বাচন।

2. মুভ টুল ( ) ত ক্লিক কৰক।

3. চিলেকচনক ক্লিক কৰক যেতিয়ালৈকে আপুনি ড্ৰেগ কৰে, কি-বোৰ্ডৰ পৰা অল্ট বাটন টিপক।

4. চিলেকচনক এৰিবৰ বাবে মাউচৰ বাটনক ৰিলিজ দিয়ক অৰ্থাৎ এৰি দিয়ক।

চিলেকচনৰ ডুপলিকেট কপি প্ৰস্তুত হৈ যায় আৰু নতুন লকেচত দেখা দিয়ে।

কপি আৰু পেস্ট কামাণ্ডৰ ব্যৱহাৰৰ পৰা

1. চিলেকচন টুলৰ পৰা যি কোনো চিলেকচনৰ নিৰ্বাচন।

2. 'এডিট' মেনুত ক্লিক কৰক, এডিট মেনু দেখা দিব।

3. 'কপি'ত ক্লিক কৰি দিয়ক।

4. চিলেকচন টুলৰ সহায়েৰে সেইটো এৰিয়াত ক্লিক কৰক য'ত আপুনি এইটো এলিমেন্টক পেস্ট কৰিব বিচাৰে। যদি আপুনি এৰিয়াক চিলেক্ট নকৰে তেতিয়া ফটোশ্বপে এইটো কপিক অৰিজিনেলত পেস্ট কৰি দিব।

5. 'এডিট' মেনুত ক্লিক কৰক। এডিট মেনু দেখা দিব।

6. 'পেস্ট'ত ক্লিক কৰি দিয়ক।

ফটোশ্বপ নতুন লেয়াৰত ইয়াৰ কপিক পেস্ট কৰি দিয়ে। এতিয়া আপুনি এইটোক অৰিজিনেল ইমেজত মুভ কৰাব পাৰে।

ৰাবাৰ স্টাম্প টুল

ৰাবাৰ স্টাম্প টুলৰ সহায়েৰে আপুনি আপোনাৰ ইমেজত সৰু-ডাঙৰ অভাৰক বা ইয়াৰ এলিমেন্টক আতৰাব পাৰে। টুলৰ যি কোনো ইমেজৰ এক এৰিয়াৰ পৰা অন্য ঠাইত ইনফৰমেচনক কপি কৰি দিয়ে।

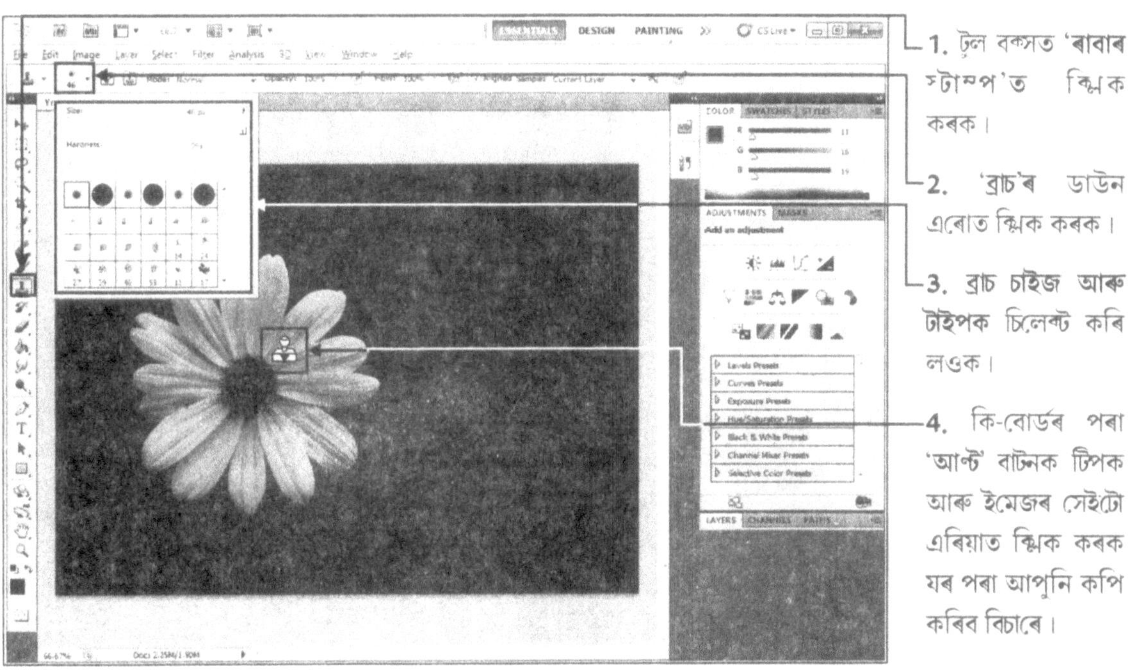

কালাৰ মোডচ

আপুনি পিকচাৰত কালাৰ মোডো সলনি কৰিব পাৰে।

আৰজিবি মোড

কালাৰ ইমেজত কাৰ্য কৰিবৰ বাবে ফটোশ্বাপত আৰজিবি য়ে সকলোতকৈ অধিক কমন মোড হয়।

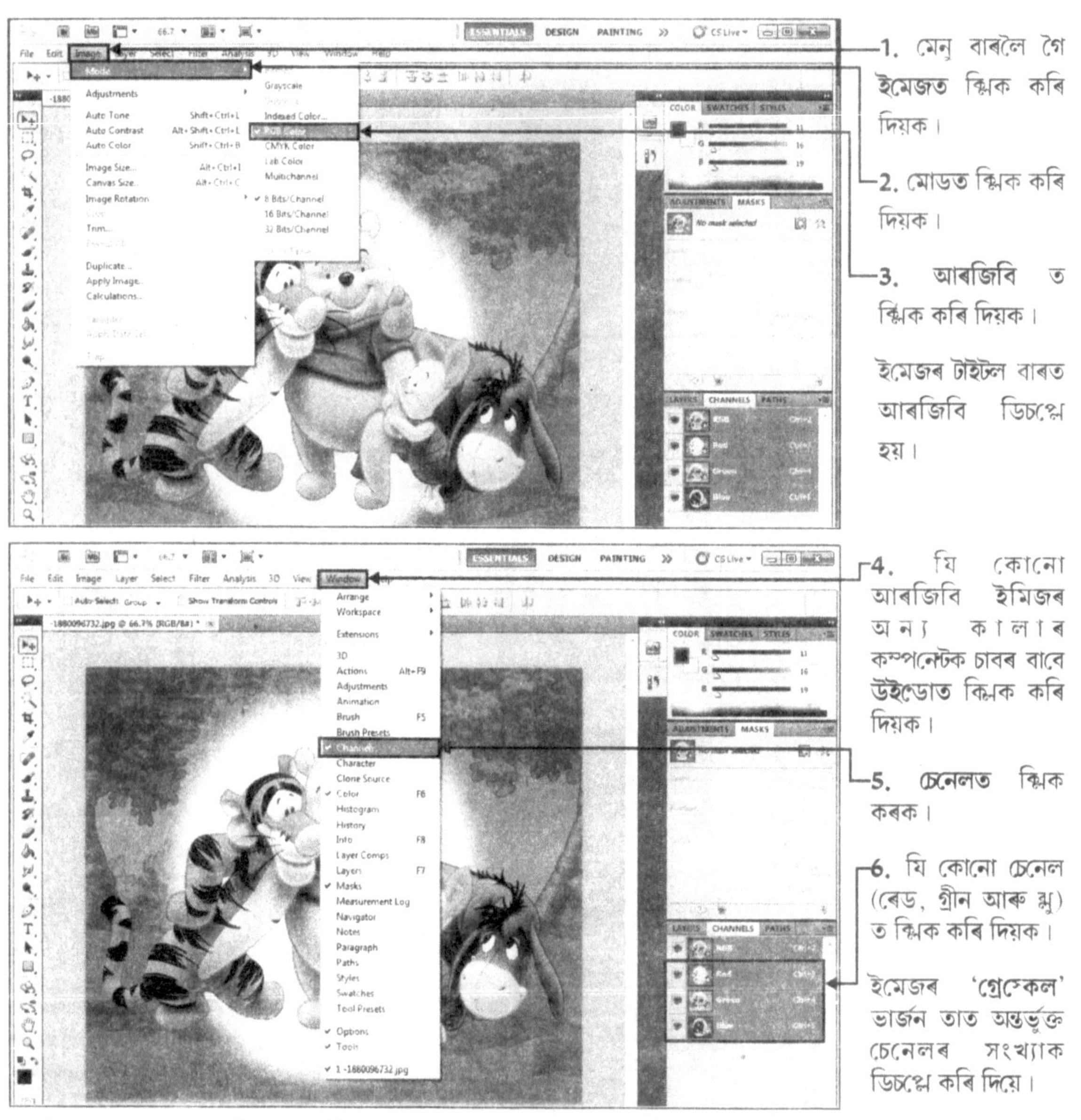

(কউদাহৰণৰ বাবে, যেতিয়া আপুনি ৰেড চেনেলৰ ব্যৱহাৰ কৰে তেতিয়া সাধাৰণ এৰিয়া আপোনাক অধিক ৰঙা দেখা দিয়ে আৰু ডাঠ এৰিয়াই আপোনাক কম ৰঙা দেখা দিয়ে।)

কালাৰ ইমেজৰ গ্ৰেস্কেল (ৰঙহীন) ত সলনি কৰা

আপোনাৰ ইমেজৰ পৰা কালাৰক ৰিমুভ কৰিবৰ বাবে অৰ্থাৎ সেইটোক ৰঙহীন কৰিবৰ বাবে আপুনি এইটোক গ্ৰেস্কেল মোডতো সলনি কৰিব পাৰে।

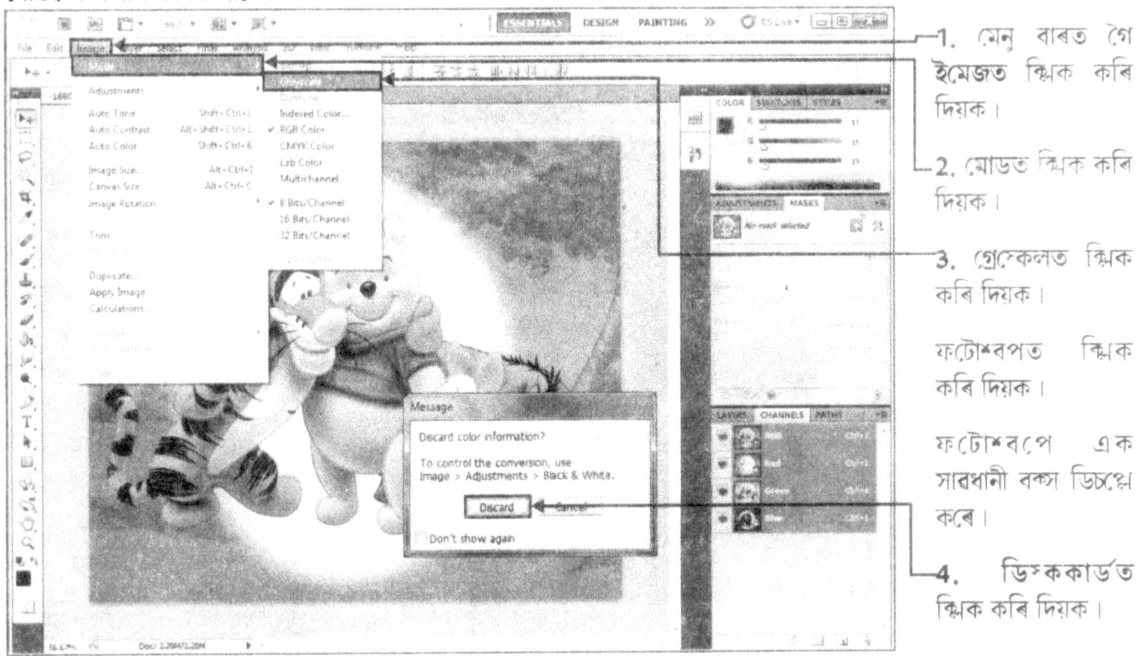

ফৰগ্ৰাউণ্ড (আগৰ) আৰু বেকগ্ৰাউণ্ড (পিছৰ) কালাৰ

ফটোশ্বপত কাৰ্য কৰিবৰ বাবে ফৰগৰাউণ্ড আৰু বেকগ্ৰাউণ্ড কালাৰো চিলেক্ট কৰিব পাৰে।

ফৰগ্ৰাউণ্ড কালাৰ

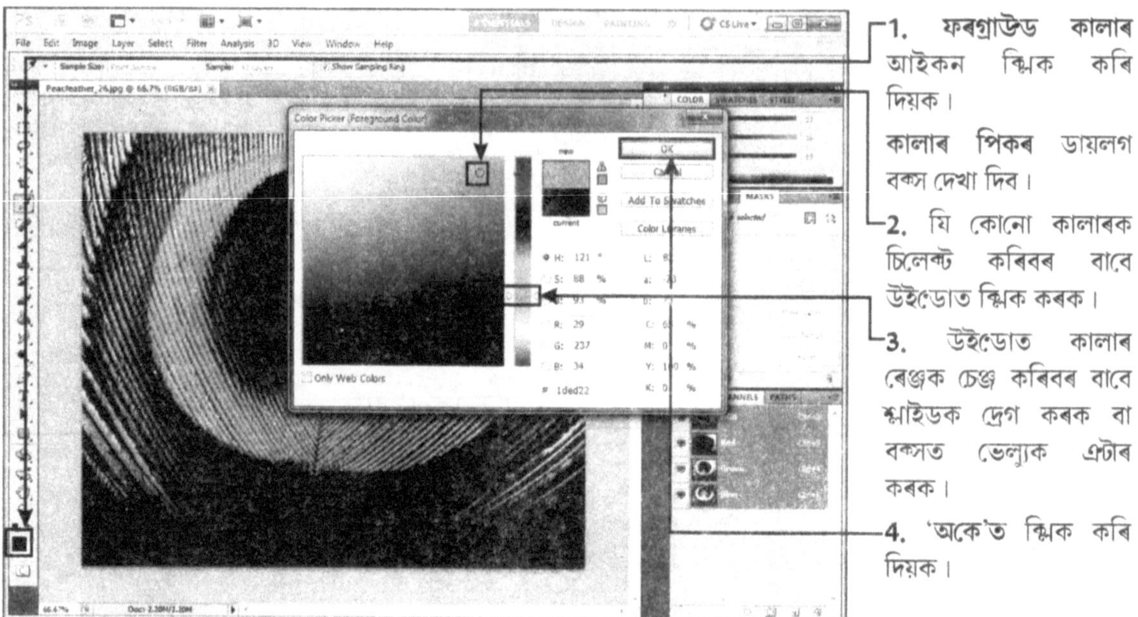

বেকগ্ৰাউণ্ড কালাৰ

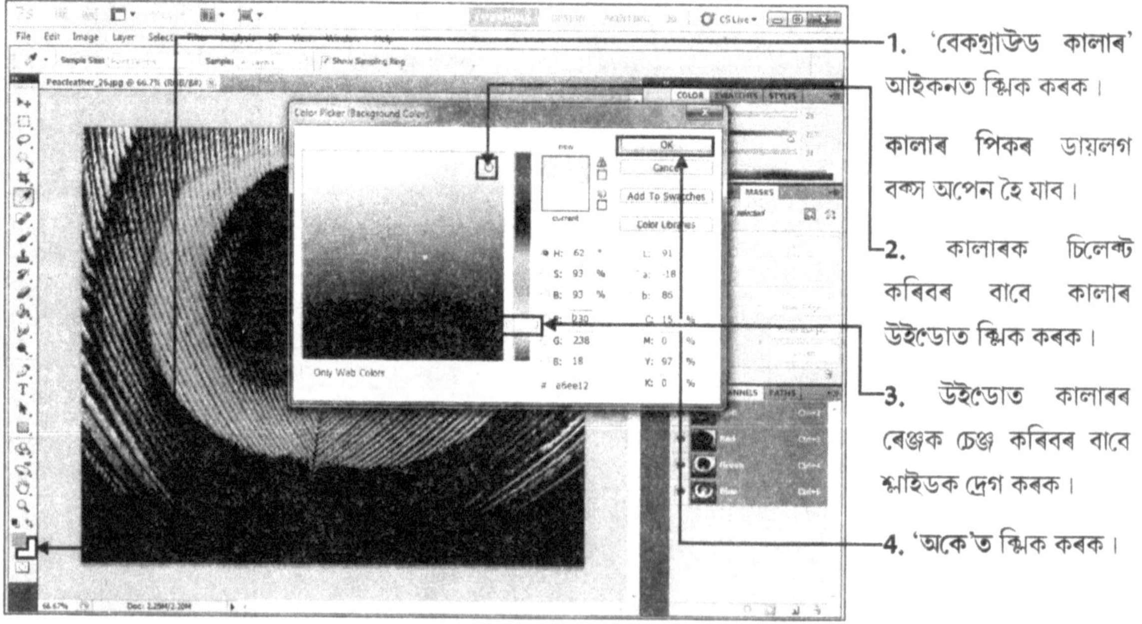

আইড্ৰপাৰ টুলেৰে কালাৰক চিলেক্ট কৰা

যি কোনো খোলা ইমেজৰ পৰা আইড্ৰপাৰ টুলৰ দ্বাৰা আপুনি কালাৰক চিলেক্ট কৰিব পাৰে। এইটো কালৰৰ সহায়েৰে আপুনি আপোনাৰ ইমেজৰ কালাৰৰ পৰা পেট কৰিব পাৰে।

1. 'আইড্ৰপাৰ টুল' ( ) ত ক্লিক কৰি দিয়ক।

2. আইড্ৰপকাৰ টুলক অপেন ইমেজৰ ওপৰলৈ লৈ গৈ থৈ দিয়ক আৰু কোনো কালাৰক চিলেক্ট কৰিবৰ বাবে আইড্ৰপাৰ টুলৰ টিপক কালাৰৰ ওপৰত থৈ ক্লিক কৰি দিয়ক।

কালাৰ নতুন 'ফৰগ্ৰাউণ্ড' কালাৰত সলনি হৈ যায়।

যেনেদৰে আপুনি 'স্টেপ' 2 ক পুৰা কৰে তেতিয়া 'বেকগ্ৰাউণ্ড' কালাৰকো চিলেক্ট কৰিবৰ বাবে আপুনি কি-বোৰ্ডেৰে অল্ট বাটনক টিপক।

পেইন্টব্ৰাচ টুলৰ ব্যৱহাৰ

আপোনাৰ ইমেজত আৰু কালাৰ এড কৰিবৰ বাবে আপুনি পেইন্টব্ৰাচ টুলৰ ব্যৱহাৰ কৰিব পাৰে।

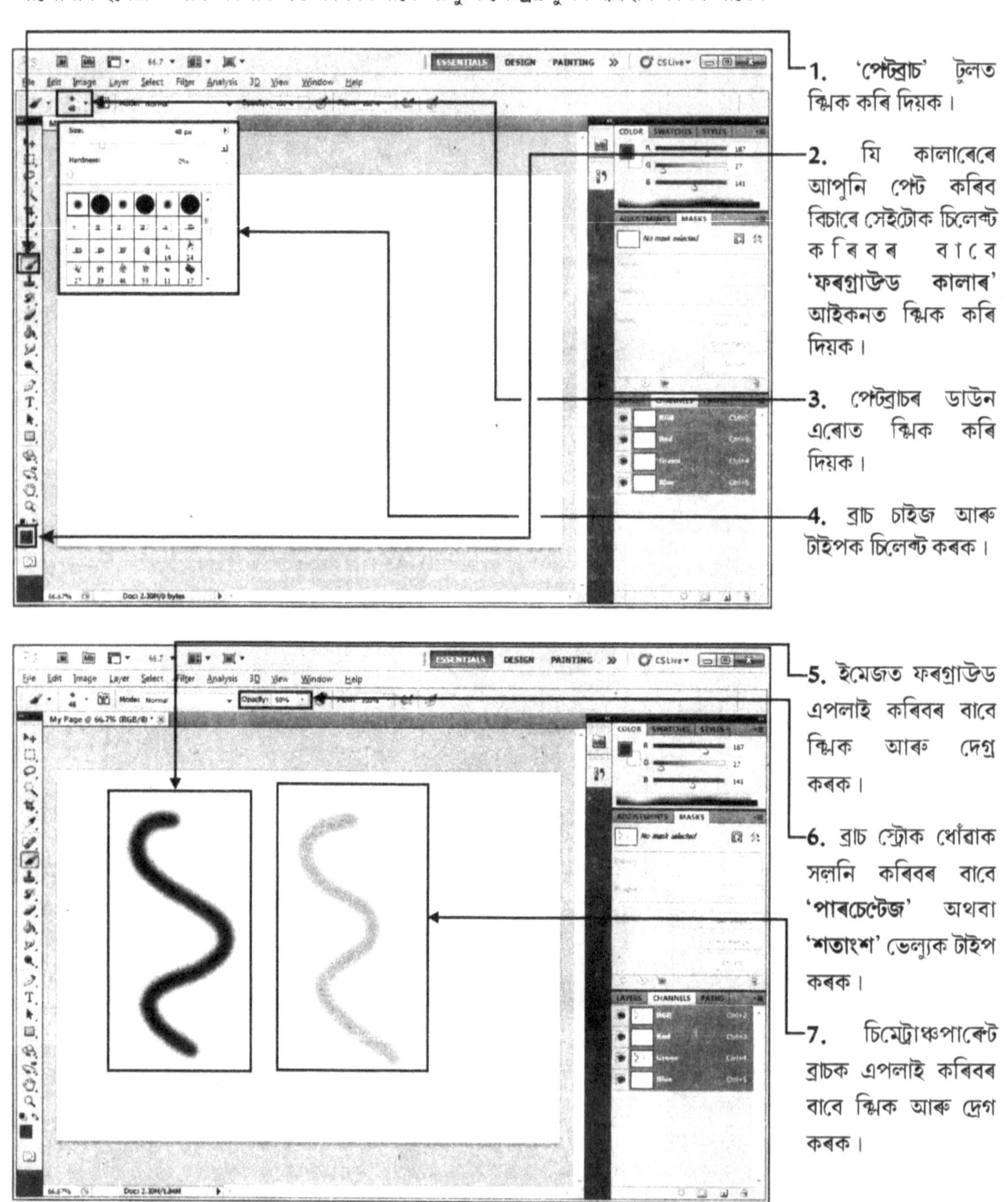

পেঞ্চিল টুলৰ ব্যৱহাৰ কৰা

পেঞ্চিল টুলৰ ব্যৱহাৰ কালাৰৰ সকলো লাইনক দ্ৰ কৰাত অৰ্থাৎ টনাত কৰা যায়।

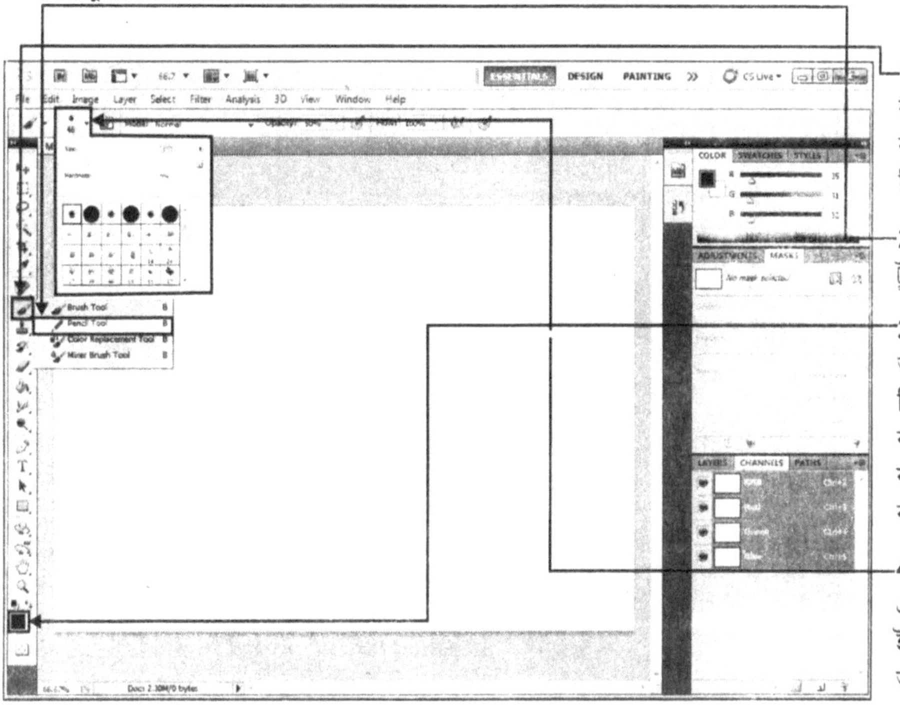

1. 'পেইন্টব্ৰাচ টুল' ত ক্লিক কৰি সেইটোক হোল্ড কৰক। এটা বক্স দেখা দিব।

2. বক্সৰ পৰা 'পেঞ্চিল' টুলক চিলেক্ট কৰক।

3. যি কালাৰৰ পৰা আপুনি লাইন টানিব বিচাৰে, সেইটোক চিলেক্ট কৰিবৰ বাবে **'ফৰগ্ৰাউণ্ড কালাৰ'** আইকনত ক্লিক কৰক।

4. পেইন্টব্ৰাচক ডাউন এৰোত ক্লিক কৰক আৰু ইয়াৰ পৰা বৰাচৰ চাইজ আৰু টাইপ চিলেক্ট কৰক।

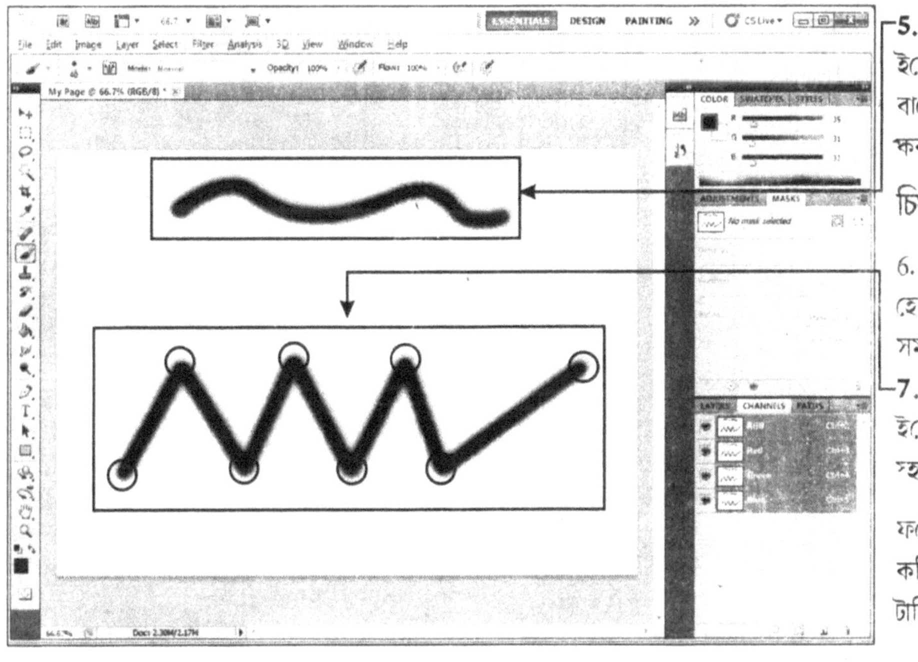

5. ফৰগ্ৰাউণ্ড কালাৰক ইমেজত এপলাই কৰিবৰ বাবে ক্লিক কৰি দ্ৰেগ কৰক।

চিধা ৰেখা টনা

6. 'শ্বিফট' বাটনক টিপি হোল্ড কৰক অৰ্থাৎ কিছু সময়লৈকে টিপি থাকক।

7. দ্ৰেগ নকৰাকৈ ইমেজক চাৰিওফালৰ স্থানত ক্লিক কৰক।

ফটোশ্বপে চিধা ৰেখাক দ্ৰ কৰি দিয়ে আৰু অৰ্থাৎ টানি দিয়ে।

পেইন্ট বাকেটৰ ব্যৱহাৰ কৰা

পেইন্ট বাকেট টুলৰ সহায়েৰে আপুনি ইমেজৰ যি কোনো এৰিয়াত কালাৰক ফিল কৰিব পাৰে অৰ্থাৎ ভৰিব পাৰে।

1. গ্ৰেডিয়েন্ট টুলত ক্লিক কৰি এইটোক কিছু সময়লৈকে টিপি ৰাখক।

2. ইয়াত দেখা দিয়া উইন্ডোত 'পেইন্ট বাকেট টুল' (🪣) ত ক্লিক কৰি দিয়ক।

3. পেন্টিংৰ বাবে কালাৰ চিলেক্ট কৰিবৰ বাবে 'ফৰগ্ৰাউণ্ড কালাৰ' আইকনত ক্লিক কৰি দিয়ক।

4. 'টলাৰেঞ্চ ভেলু' (0–255) ক টাইপ কৰক।

টলাৰেঞ্চ ভেলু সেইটো হয় যিটোৱে কয় যে পেইন্ট বাকেটক এপলাই কৰাত ইমেজৰ কালাৰত কিমান প্ৰভাৱ পৰিব।

5. ইমেজৰ ভিতৰত ক্লিক কৰি দিয়ক।

ফটোশ্বপ ইমেজৰ এইটো এৰিয়াক ফৰোগ্ৰাউণ্ড কালাৰৰ পৰা ফিল কৰি দিয়ে অৰ্থাৎ ইমেজৰ এইটো এৰিয়াত সেইটোও কালাৰ ভৰি দিয়ে।

পেইন্ট বাকেট টুল ইমেজত ওচৰৰ পিকচেলকো প্ৰভাৱিত কৰে অৰ্থাৎ তাতো প্ৰভাৱ পেলাই

চিলেকচন ফিল কৰা

চিলেকচনক ফিল কৰিবৰ বাবে কামাণ্ডৰ ব্যৱহাৰ কৰা যায়। এইটো পেণ্ট বাকেট টুলৰ অল্টাৰনেট হয়।

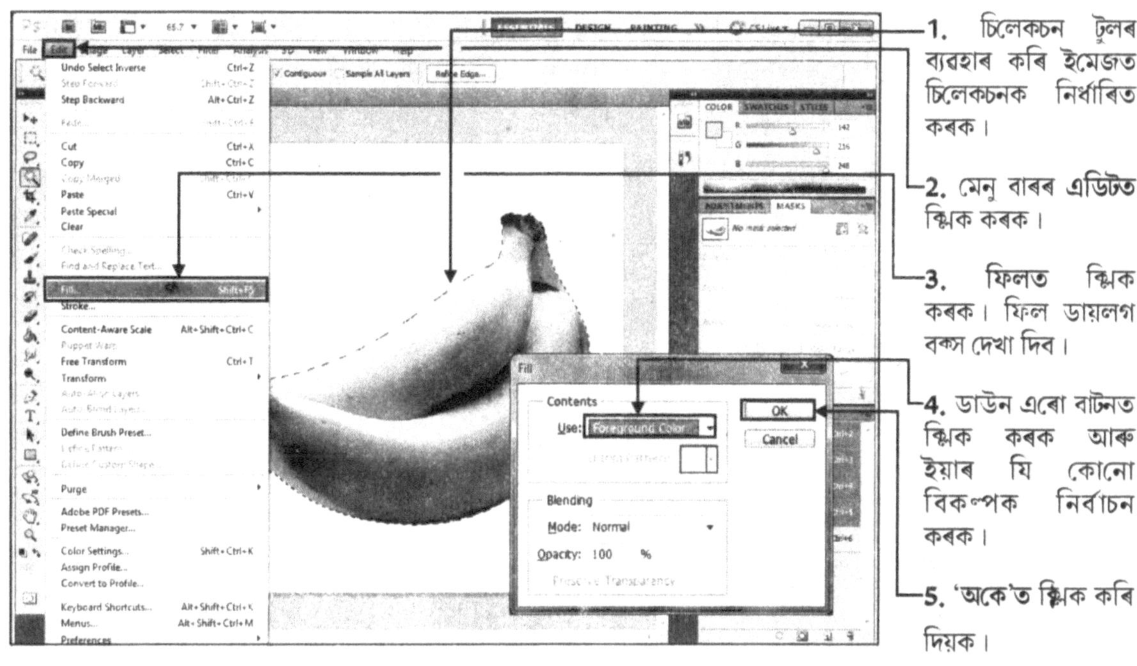

1. চিলেকচন টুলৰ ব্যৱহাৰ কৰি ইমেজত চিলেকচনক নিৰ্ধাৰিত কৰক।

2. মেনু বাৰৰ এডিটত ক্লিক কৰক।

3. ফিলত ক্লিক কৰক। ফিল ডায়লগ বক্স দেখা দিব।

4. ডাউন এৰো বাটনত ক্লিক কৰক আৰু ইয়াৰ যি কোনো বিকল্পক নিৰ্বাচন কৰক।

5. 'অকে'ত ক্লিক কৰি দিয়ক।

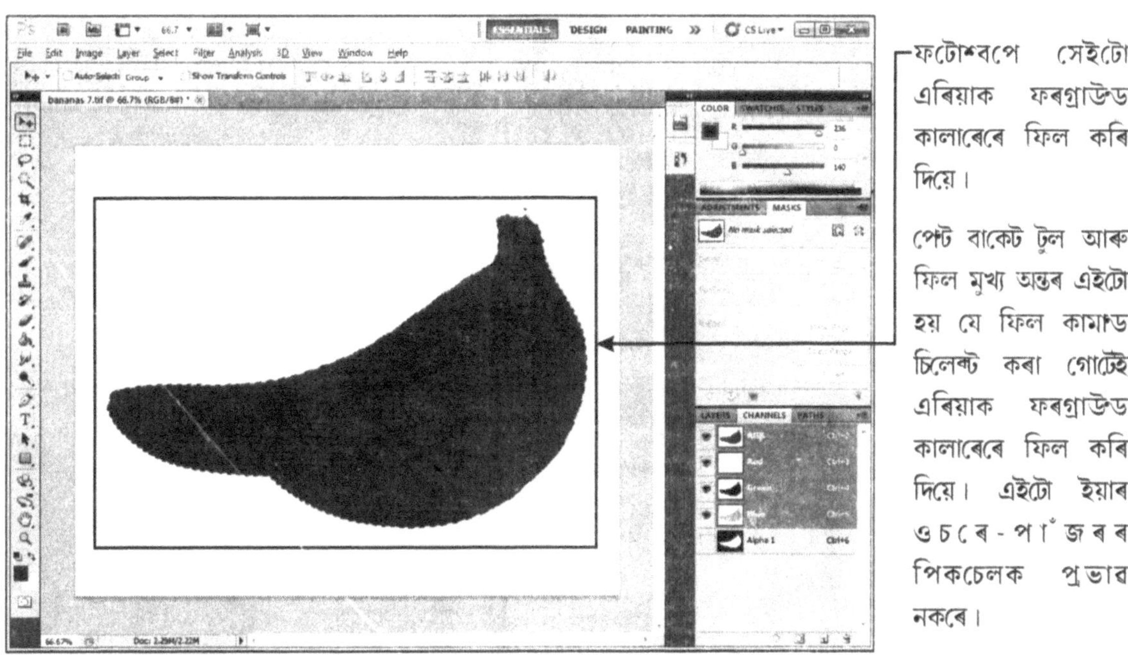

ফটোশ্বপে সেইটো এৰিয়াক ফৰগ্ৰাউণ্ড কালাৰেৰে ফিল কৰি দিয়ে।

পেণ্ট বাকেট টুল আৰু ফিল মুখ্য অন্তৰ এইটো হয় যে ফিল কামাণ্ড চিলেক্ট কৰা গোটেই এৰিয়াক ফৰগ্ৰাউণ্ড কালাৰেৰে ফিল কৰি দিয়ে। এইটো ইয়াৰ ওচৰে-পাঁজৰৰ পিকচেলক প্ৰভাৱ নকৰে।

ব্ৰাইটনেচ আৰু কন্ট্ৰাস্ট

আপুনি আপোনাৰ ইমেজৰ ব্ৰাইটনেচ আৰু কন্ট্ৰাস্টকো এডজাস্ট কৰিব পাৰে।

1. 'মেনু' বাৰত গৈ ইমেজত ক্লিক কৰক।
2. এডজাস্টমেণ্টত ক্লিক কৰক।
3. ব্ৰাইটনেচ, কন্ট্ৰাস্টত ক্লিক কৰক।

এটা ডায়লগ বক্স দেখা দিব ধৰিব।

4. ইমেজৰ ব্ৰাইটনেচক কম কৰিবৰ বাবে 'ব্ৰাইটনেচ' শ্লাইডাৰক ক্লিক কৰি ড্ৰেগ কৰি সোঁফালে লৈ যাওক। ব্ৰাইটনেচক অধিক কৰিবৰ বাবে ড্ৰেগ কৰি বাওঁফালে লৈ যাওক।

5. অকন্ট্ৰাস্টক বঢ়াবৰ বাবে 'কন্ট্ৰাস্ট' শ্লাইডাৰত ক্লিক কৰি ড্ৰেগ কৰি সেইটোক সোঁফালে লৈ যাওক, তাতে সেইটোক কম কৰিবৰ বাবে ড্ৰেগ কৰি বাওঁফালে লৈ যাওক।
6. 'অকে'ত ক্লিক কৰক।

কালাৰ বেলেঞ্চ (ৰঙৰ সংযোজন)

আপোনাৰ ইমেজত কোনো কালাৰক কম অধিক কৰিবৰ বাবে আপুনি কালাৰ বেলেঞ্চ কামাণ্ডৰ ব্যৱহাৰ কৰিব পাৰে। বা কালাৰ বেলেঞ্চ কামাণ্ডৰ সহায়েৰে আপুনি আপোনাৰ ইমেজৰ যি কোনো কালাৰ মাত্ৰাক সলনি কৰিব পাৰে।

1. মেনু বাৰত গৈ **ইমেজত** ক্লিক কৰি দিয়ক।
2. **এডজাস্টমেন্টত** ক্লিক কৰি দিয়ক।
3. **কালাৰ বেলেঞ্চত** ক্লিক কৰক। এক ডায়লগ বক্স দেখা দিব ধৰে।

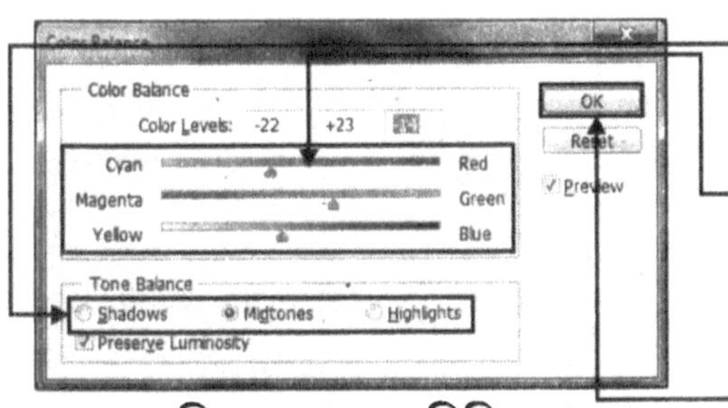

4. ইমেজৰ যি কালাৰক আপুনি পৰিৱৰ্তন কৰিব বিচাৰে সেইটো 'টন'ৰ ৰেডিঅ বাটনত ক্লিক কৰি দিয়ক।
5. কালাৰক চেট কৰিবৰ বাবে '**কালাৰ শ্লাইডাৰ**' ক্লিক কৰক এইটো দ্ৰেগ কৰক বা কালাৰ লেভেল ফিল্ডত (-100 ৰ পৰা 100) লৈকে নম্বৰ এণ্টাৰ কৰক।
6. 'অকে'ত ক্লিক কৰি দিয়ক।

কালাৰ ভেৰিয়েচন (ৰঙত বিবিধতা)

আপোনাৰ ইমেজত কালাৰ এডজাস্টমেন্টৰ বাবে, ভেৰিয়েচন কামাণ্ড দ্বাৰা আপুনি ইউজাৰ ফ্ৰেণ্ডলী ইন্টাৰফেচ প্ৰাপ্ত কৰিব পাৰে।

1. '**মেনু**' বাৰত ইমেজত ক্লিক কৰক।
2. '**এডজাস্টমেন্টত**' ক্লিক কৰক।
3. '**ভেৰিয়েচনচ**' ত ক্লিক কৰক।

ভেৰিয়েচন উইডো দেখা দিব ধৰিব।

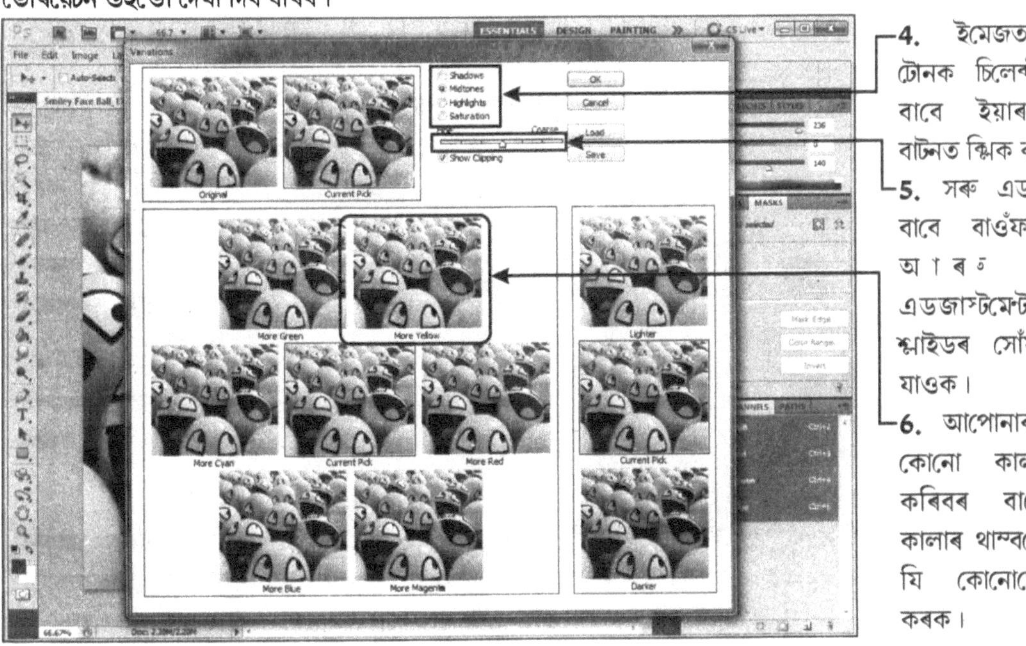

4. ইমেজত বিভিন্ন টোনক চিলেক্ট কৰিবৰ বাবে ইয়াৰ ৰেডিঅ বাটনত ক্লিক কৰক।
5. সৰু এডজাস্টমেন্টৰ বাবে বাওঁফালে মুভ আৰু ডাঙৰ এডজাস্টমেন্টৰ বাবে শ্লাইডৰ সোঁফালে লৈ যাওক।
6. আপোনাৰ ইমেজত কোনো কালাৰ এড কৰিবৰ বাবে মোৰ কালাৰ থাম্বনেলৰ পৰা যি কোনোতে ক্লিক কৰক।

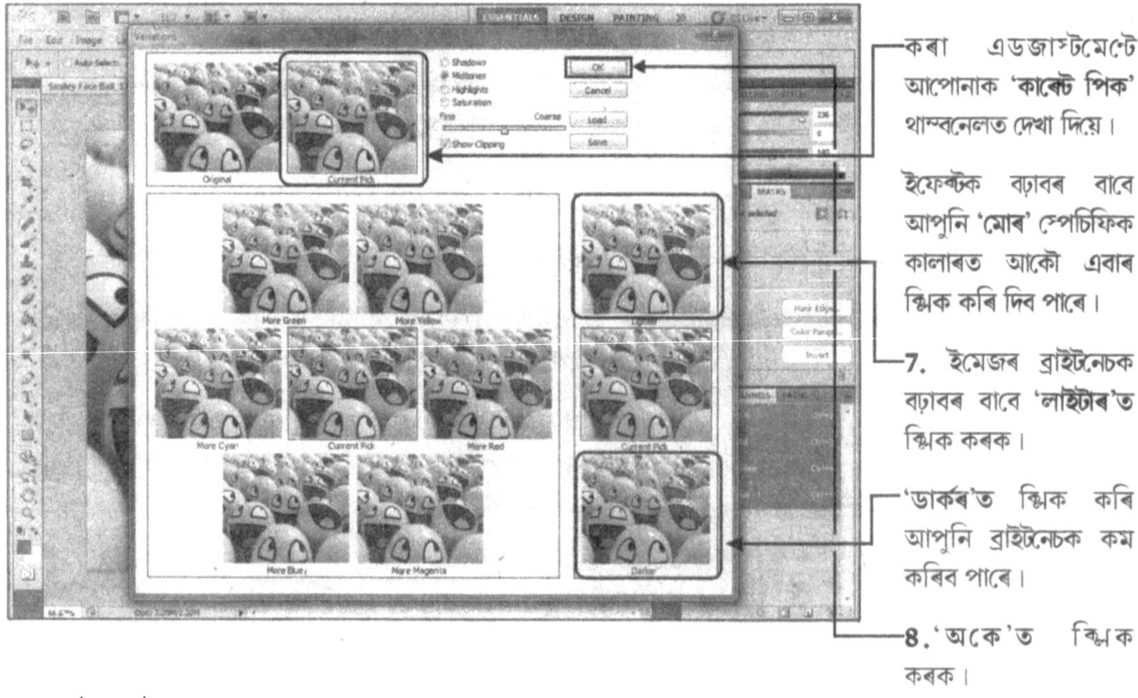

কৰা এডজাস্টমেণ্টে আপোনাক **'কাৰেন্ট পিক'** থাম্বনেলত দেখা দিয়ে।

ইফেক্টক বঢ়াবৰ বাবে আপুনি 'মোৰ' স্পেচিফিক কালাৰত আকৌ এবাৰ ক্লিক কৰি দিব পাৰে।

7. ইমেজৰ ব্ৰাইটনেচক বঢ়াবৰ বাবে **'লাইটাৰ'**ত ক্লিক কৰক।

'ডাৰ্কৰ'ত ক্লিক কৰি আপুনি ব্ৰাইটনেচক কম কৰিব পাৰে।

8. 'অকে'ত ক্লিক কৰক।

ডোগ ইফেক্টৰ ব্যৱহাৰ

ইমেজৰ যি কোনো স্পেচিফিক এৰিয়াক লাইট কৰিবৰ বাবে ডোগ টুলৰ ব্যৱহাৰ কৰিব পাৰে। **'ডোগ'** এক ফটোগ্ৰাফিক শব্দ হয় যাৰ ব্যৱহাৰ ফিল্মৰ নিগেটিভক ডেভেলপ কৰাৰ সময়ত লাইটক বন্ধ কৰিবৰ বাবে কৰা যায়।

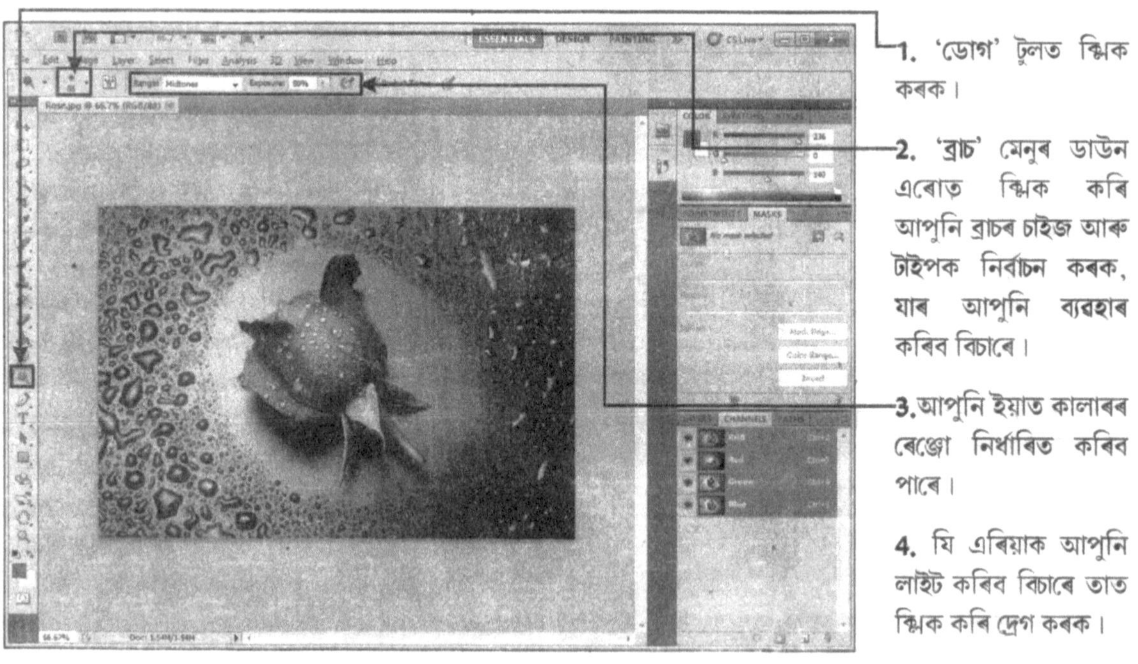

1. 'ডোগ' টুলত ক্লিক কৰক।

2. **'ব্ৰাচ'** মেনুৰ ডাউন এৰোত ক্লিক কৰি আপুনি ব্ৰাচৰ চাইজ আৰু টাইপক নিৰ্বাচন কৰক, যাৰ আপুনি ব্যৱহাৰ কৰিব বিচাৰে।

3. আপুনি ইয়াত কালাৰৰ ৰেঞ্জো নিৰ্ধাৰিত কৰিব পাৰে।

4. যি এৰিয়াক আপুনি লাইট কৰিব বিচাৰে তাত ক্লিক কৰি দ্ৰেগ কৰক।

বার্ন ইফেক্টৰ ব্যৱহাৰ

বার্ন টুলৰ ব্যৱহাৰ কৰি আপুনি ইমেজৰ কোনো বিশেষ এৰিয়াক ডাৰ্ক কৰিব পাৰে। বার্ন এটা ফটোগ্ৰাফিক প্ৰক্ৰিয়াত ব্যৱহাৰ হোৱা শব্দ হয়, যাৰ ব্যৱহাৰ ফিল্মৰ নিগেটিভ ডেভেলপ কৰা সময়ত ফকাচন কৰাত ব্যৱহাৰ কৰা যায়।

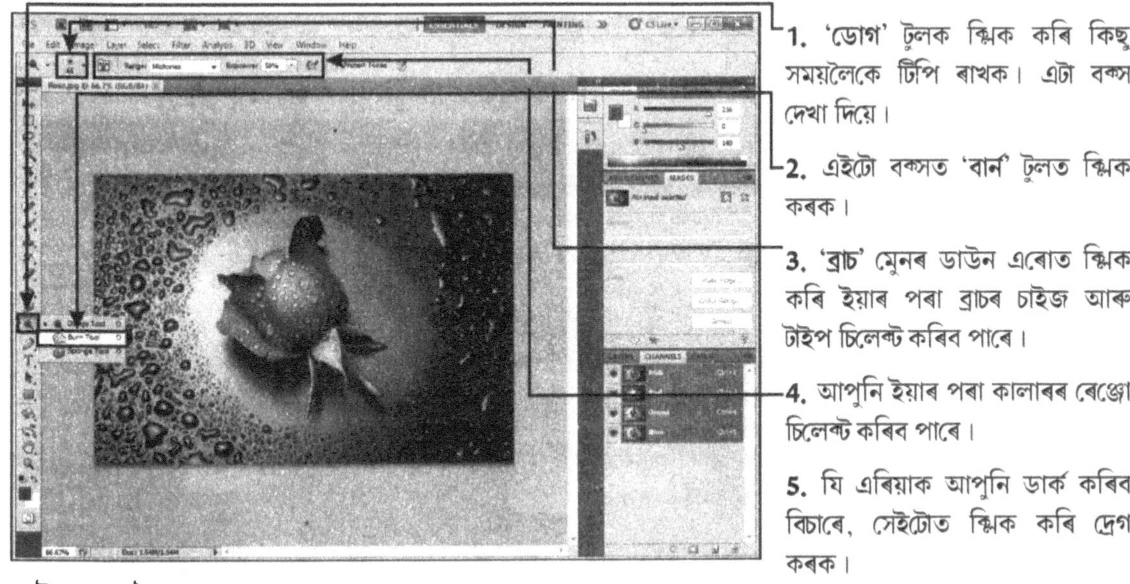

1. 'ডোগ' টুলক ক্লিক কৰি কিছু সময়লৈকে টিপি ৰাখক। এটা বক্স দেখা দিয়ে।
2. এইটো বক্সত 'বার্ন' টুলত ক্লিক কৰক।
3. 'ব্ৰাচ' মেনুৰ ডাউন এৰোত ক্লিক কৰি ইয়াৰ পৰা ব্ৰাচৰ চাইজ আৰু টাইপ চিলেক্ট কৰিব পাৰে।
4. আপুনি ইয়াৰ পৰা কালাৰৰ ৰেঞ্জো চিলেক্ট কৰিব পাৰে।
5. যি এৰিয়াক আপুনি ডাৰ্ক কৰিব বিচাৰে, সেইটোত ক্লিক কৰি দ্ৰেগ কৰক।

ফটোশ্বপৰ ইমেজক চেভ কৰা

যি কোনো ইমেজক আপুনি ফটোশ্বপৰ মূল ইমেজৰ ফৰ্মেটত চেভ কৰিব পাৰে। এইটো ফৰ্মেটত আপোনাৰ ইমেজৰ কোনো লেয়াৰ থাকে। (যদি ইমেজত থাকে তেতিয়া)

1. 'ফাইল'ত ক্লিক কৰি দিয়ক। ফাইল মেনু দেখা দিব ধৰিব।

2. 'চেভ'ত ক্লিক কৰক। যদি ফাইলক এতিয়া নাম দিব বাকী আছে তেতিয়া চেভ এজ ডায়লগ বক্স দেখা দিয়ে।

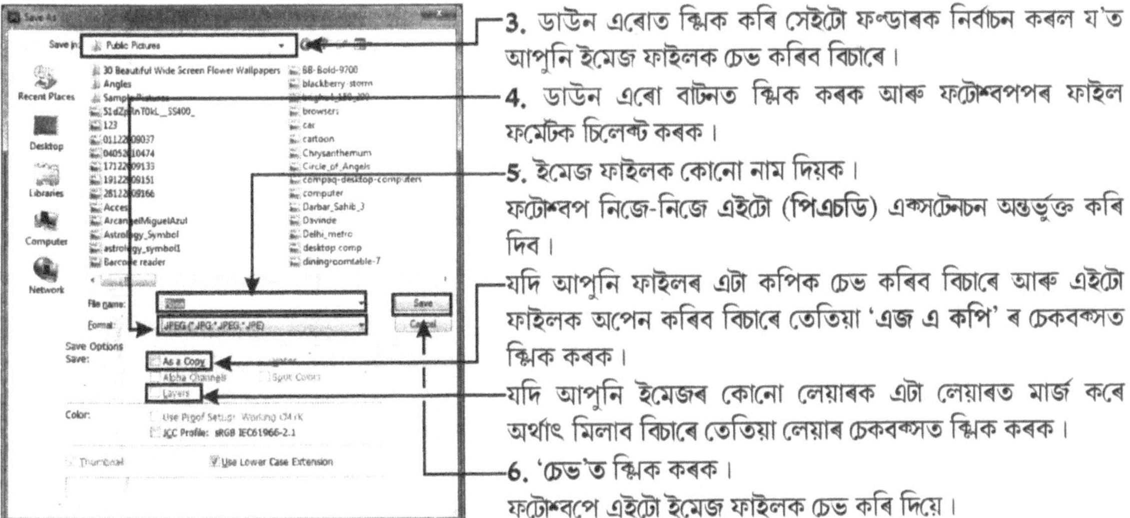

3. ডাউন এৰোত ক্লিক কৰি সেইটো ফল্ডাৰক নিৰ্বাচন কৰল য'ত আপুনি ইমেজ ফাইলক চেভ কৰিব বিচাৰে।

4. ডাউন এৰো বাটনত ক্লিক কৰক আৰু ফটোশ্বপপৰ ফাইল ফৰ্মেটক চিলেক্ট কৰক।

5. ইমেজ ফাইলক কোনো নাম দিয়ক।

ফটোশ্বপ নিজে-নিজে এইটো (পিএচডি) এক্সটেন্চন অন্তৰ্ভুক্ত কৰি দিব।

যদি আপুনি ফাইলৰ এটা কপিক চেভ কৰিব বিচাৰে আৰু এইটো ফাইলক অপেন কৰিব বিচাৰে তেতিয়া 'এজ এ কপি' ৰ চেকবক্সত ক্লিক কৰক।

যদি আপুনি ইমেজৰ কোনো লেয়াৰক এটা লেয়াৰত মাৰ্জ কৰে অৰ্থাৎ মিলাব বিচাৰে তেতিয়া লেয়াৰ চেকবক্সত ক্লিক কৰক।

6. 'চেভ'ত ক্লিক কৰক।

ফটোশ্বপে এইটো ইমেজ ফাইলক চেভ কৰি দিয়ে।

অন্য এপ্লিকেচন (কাম) ৰ বাবে ইমেজক চেভ কৰা

আপুনি আপোনাৰ ইমেজক সেইটো ফৰ্মেটতো চেভ কৰিব পাৰে যিটো অন্য ইমেজিং আৰু পেজ লেআউট এপ্লিকেচনত অপেনন অথবা ব্যৱহাৰ কৰিব পাৰে। টিফ (টেগ ইমেজ ফাইল ফৰ্মেট), ইপিএচ, (এনকেপচুলেটেড পোস্ট স্ক্ৰীপ্ট) দুটা স্টেডাৰ্ড প্ৰিন্টিং ফৰ্মেট থাকে যিটো উইডো আৰু মেকিনটোচ প্লেটফৰ্মৰ দুটা বিভিন্ন এপলিকেচনক চাপৰ্ট কৰে। বিএমপি (বিটমেপ) এক লোকপ্ৰিয় উইডো ইমেজ ফৰ্মেট হয় আৰু **পিক্ট** লোকপ্ৰিয় মেকিনটোচ ইমেজ ফৰ্মেট হয়।

ৱেবৰ বাবে জেপিইজি ৰ চেভ

আপুনি ফাইলক জেপিইজি (জইন্ট ফটোগ্ৰাফিক এক্সপাৰ্ট গ্ৰুপ) ত চেভ কৰিব পাৰে আৰু এইটো ৱেব (ইন্টাৰনেট) ত পাবলিচ কৰিব পাৰে। ফটোগ্ৰাফিক ইমেজক চেভ কৰিবৰ বাবে বেছিভাগ জেইপি ফাইল ফৰ্মেটৰ ব্যৱহাৰ কৰা যায়।

ৱেবৰ বাবে জিআইপি ক চেভ কৰা

আপুনি ফাইলক জিআইপি (গ্ৰাফিক ইন্টাৰচেঞ্জ ফৰ্মেট) ত চেভ কৰিও ৱেবত পাবলিচ কৰিব পাৰে। জিআইএফ ফৰ্মেট ইলাস্ট্ৰেচনৰ বাবে বহুত ভাল হয় য'ত বহুত চলিড কালাৰ থাকে।

ইমেজক প্ৰিন্ট কৰা

কম্পিউটাৰৰ দ্বাৰা ইংকজেট, লেজাৰ আৰু অন্য প্ৰকাৰৰ প্ৰিন্টাৰৰ সহায়েৰে আপুনি ফটোশ্বপত প্ৰস্তুত কৰা আপোনাৰ ইমেজৰ কালাৰ আৰু ব্লেক, হোৱাইট প্ৰিন্ট প্ৰাপ্ত কৰিব পাৰে।

1. 'ফাইল'ত ক্লিক কৰক।
2. 'প্ৰিন্ট'ত ক্লিক কৰক। প্ৰিন্ট ডায়লগ বক্স দেখা দিয়ে।

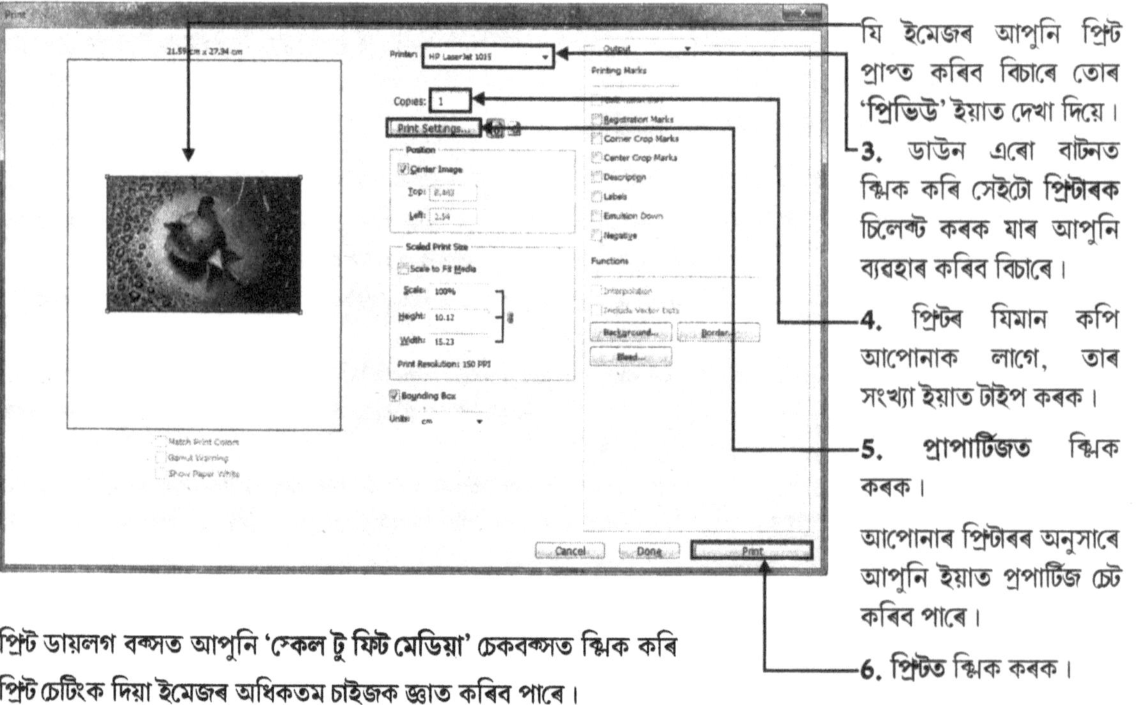

যি ইমেজৰ আপুনি প্ৰিন্ট প্ৰাপ্ত কৰিব বিচাৰে তোৰ 'প্ৰিভিউ' ইয়াত দেখা দিয়ে।

3. ডাউন এৰো বাটনত ক্লিক কৰি সেইটো **প্ৰিন্টাৰক** চিলেক্ট কৰক যাৰ আপুনি ব্যৱহাৰ কৰিব বিচাৰে।

4. প্ৰিন্টৰ যিমান কপি আপোনাক লাগে, তাৰ সংখ্যা ইয়াত টাইপ কৰক।

5. প্ৰাপাৰ্টিজত ক্লিক কৰক।

আপোনাৰ প্ৰিন্টাৰৰ অনুসাৰে আপুনি ইয়াত প্ৰপাৰ্টিজ চেট কৰিব পাৰে।

6. প্ৰিন্টত ক্লিক কৰক।

প্ৰিন্ট ডায়লগ বক্সত আপুনি 'স্কেল টু ফিট মেডিয়া' চেকবক্সত ক্লিক কৰি প্ৰিন্ট চেটিংক দিয়া ইমেজৰ অধিকতম চাইজক জ্ঞাত কৰিব পাৰে।

13 ইনডিজাইন

ইনডিজাইন কে ডেক্সটপ পাবলিচিং প্ৰগ্ৰেম হয়, য'ত আপুনি ড্ৰইং আৰু ডকুমেন্টক ক্ৰিয়েট কৰিব পাৰে, মডিফাই কৰিব পাৰে, কম্বাইন কৰিব পাৰে আৰু পাবলিচ কৰিব পাৰে। ইনডিজাইনে সেই ডিজাইনাৰৰ বাবে ডেক্সটপ পাবলিচিনং ক্ষমতাৰ বিস্তৃত ৰেঞ্জ উপলব্ধ কৰাই, যি মেগাজিন, বুক ব্ৰচাৰ বা বিজ্ঞাপনৰ কাম কৰে। ইনডিজাইনত আপুনি মডাৰ্ন ডেক্সটপ পাবলিচিংৰ ফুল ৰেঞ্জৰো পুৰা লাভ উঠাব পাৰে। ইয়াত আপুনি কেৱল মেগাজিন, বুকচ, ব্ৰচাৰ আৰু বিজ্ঞাপন আদিকেই ডেভেলপ নকৰো বৰং আপুনি ইয়াত ৰিচ আৰু কালাৰফুল ডকুমেন্টচো প্ৰস্তুত কৰিব পাৰে যাক ৱেবটো চাব পৰা যায়।

অৱশ্যে ইনডিজাইন এক নতুন প্ৰগ্ৰেম হয় কি এইটো প্ৰায় পেজ মেকাৰৰ দৰে কাম কৰে। সেইকাৰণে যদি আপুনি আগতে পেজমেকাৰৰ ওপৰত কাম কৰিছে তেতিয়াহ'লে ইনডিজাইনত বহুত কমন বস্তু পাব কি ইনডিজাইনত বহুত নতুন ফিচাৰ্চো অন্তৰ্ভুক্ত কৰা গৈছে যি আপোনাৰ কামক সহজ কৰি দিয়ে। যদি আপুনি এডোবৰ অন্য এপলিকেচন যেনে-পেজমেকাৰ, ইলস্ট্ৰেটৰ বা ফটোশ্বপৰ লগত পৰিচিত হয় অৰ্থাৎ সেই বিষয়ে জানে তেতিয়াহ'লে ইনডিজাইনৰ ইন্টাৰফেচো আপোনাৰ বাবে বহুত ফেমিলিয়াৰ (পৰিচিত অথবা চিনাকী) হ'ব। কি কাৰণ আপুনি আপুনি জানে যে প্ৰত্যেক প্ৰগ্ৰেমৰ এক বেলেগ চিনাকী অথবা তাৰ গুৰুত্ব থাকে সেইকাৰণে তাত কিবা নহয় কিবা গুণ নিশ্চয় থাকে।

ডকুমেন্টক ক্ৰিয়েট (প্ৰস্তুত) কৰা আৰু এডিট (সম্পাদিত) কৰাৰ পিছত ইনডিজাইনে আপোনাক ব্যৱস্থিত কৰি ৰখাত বহুত সহায় কৰে। ইয়াক আপুনি বিভিন্ন ধৰণে ব্যৱস্থিত কৰিব পাৰে। ইনডিজাইনত আপুনি আপোনাৰ ডকুমেন্টৰ প্ৰিন্ট দিব পাৰে আৰু সেইটোক ৱেবৰ বাবে উপযুক্ত ফৰ্মেটত চেভো কৰিব পাৰে।

ইনডিজাইনত আপুনি নিম্নলিখিত কাৰ্য কৰিব পাৰে।

- অপটিকেল মাৰ্জিন এলাইনমেন্টৰ প্ৰয়োগ কৰি পেৰেগ্ৰাফক কম্পোজ (লিখা বা প্ৰস্তুত কৰা)
- মেনুৰ ব্যৱহাৰেৰে স্পেচিয়েল কেৰেক্টাৰ (বিশেষ আখৰ) ক ইনচাৰ্ট কৰা।
- কেৰেক্টাৰৰ বাবে কাস্টম স্ট্ৰাইকৰ প্ৰয়োগ কৰা
- ইপিএচ ফাইলৰ স্পষ্ট ডিচপ্লে কৰা
- ফটোশ্বপ আৰু ইলস্ট্ৰেটাৰেৰে ফাইলক ইনচাৰ্ট (লোৱা বা প্ৰাপ্ত কৰা) কৰা।
- আপোনাৰ ডকুমেন্টক বিভিন্ন ধৰণেৰে চোৱা।
- কাস্টম হুপ শ্বোডো আৰু কোনো সকলো বস্তুক ক্ৰিয়েট কৰা

ইনডিজাইন চিএচ ক স্টাৰ্ট কৰা

অন্য প্ৰগ্ৰেমৰ দৰে আপুনি ইনডিজাইন চিএচ ক স্টাৰ্ট মেনুৰে আৰম্ভ কৰিব পাৰে।

1. **'স্টাৰ্ট'** বাটনত ক্লিক কৰক। স্টাৰ্ট মেনু দেখা দিব ধৰিব।
2. **'অল প্ৰগ্ৰেমচ'** ত ক্লিক কৰক।
3. **'এডব ডিজাইন প্ৰিমিয়াম চিএচ 5'** ত ক্লিক কৰক।
4. **'এডভইনডিজাইন চিএচ 5'** ত ক্লিক কৰক।

ইনডিজাইন আপোনাৰ সমুখত অপেন হৈ যায়।

ইনডিজাইন উইণ্ডো

ইমেজ আৰু টেক্সটত কাম কৰিবৰ বাবে ইনডিজাইনত বহুতো কম্পনেন্ট থাকে।

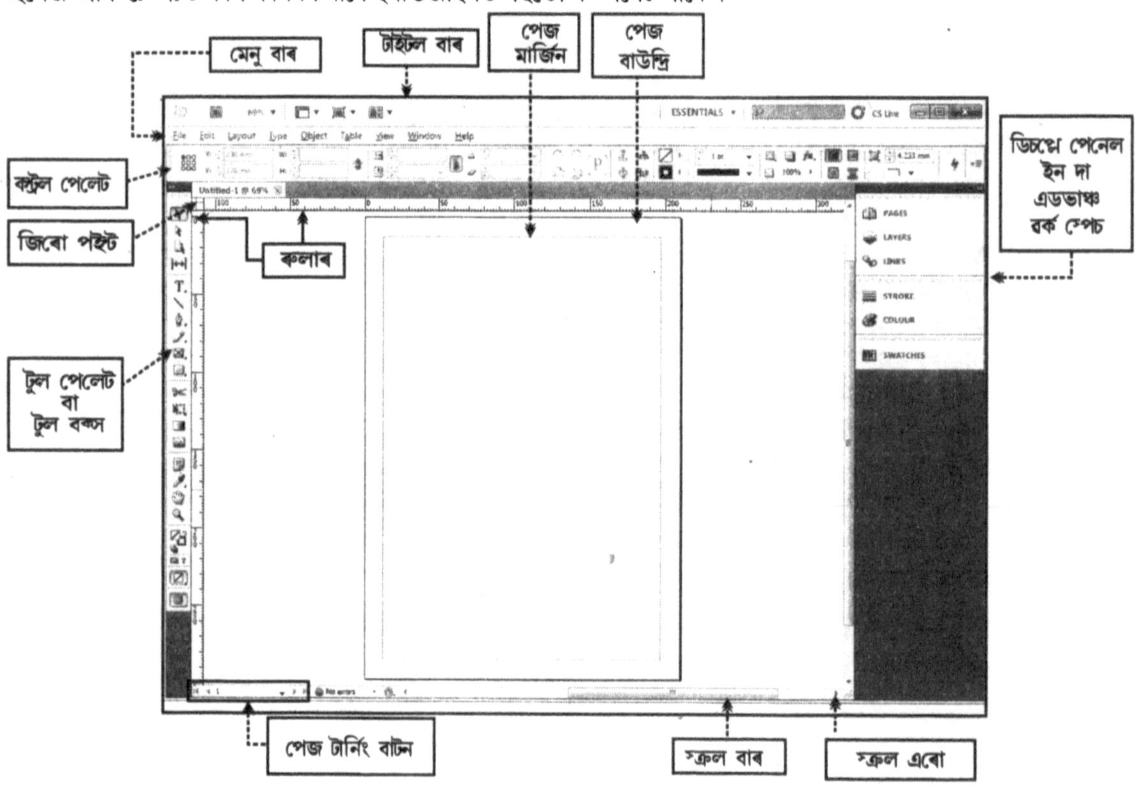

টাইটল বাৰ ঃ টাইটল বাৰত ডিচপ্লে হৈ ডকুমেন্টৰ নাম দেখা দিয়ে।

মেনু বাৰ ঃ মেনু বাৰ এক স্পেচিয়েল টুলবাৰ হয় যিটো ইনডিজাইনৰ মেনুৰ নামক ডিচপ্লে কৰে।

টুলবক্স ঃ কমন কামাণ্ডৰ বাবে চৰ্টকাট বাটন ইয়াত অন্তৰ্ভুক্ত থাকে। যেনে-চিলেকচন টুল আৰু টাইপ টুল আদি।

কন্ট্ৰল পেলেট ঃ কন্ট্ৰল পেলেটত আপোনাৰ দ্বাৰা চিলেক্ট কৰা কাৰেন্ট পেজৰ বাবে অপচন, কামাণ্ড আৰু সম্বন্ধী কাৰ্য কৰিব পাৰে।

জিৰো পইণ্ট ঃ পেজৰ ওপৰৰ বাওঁ ফালে এইটো ৰুলাৰৰ ইণ্টাৰচেকচন পইণ্ট থাকে।

পেজ মাৰ্জিন ঃ আপোনাৰ কাৰ্যক্ষেত্ৰৰ বাস্তৱিতক প্ৰিণ্ট এৰিয়া থাকে।

পেনালচ ঃ ইনডিজাইনক কন্ট্ৰল কৰা অধিকাংশ ফিচাৰ্চ আৰু কামাণ্ড অনস্ক্ৰীন পেনেলত থাকে। প্ৰত্যেক পেনেলত এক স্পেচিয়েল ফিচাৰ থাকে।

পেজ টাৰ্নিং বাটন ঃ এইটো বাটনৰ পৰা আপুনি এটা পেজৰ পৰা আন এটা পেজলৈ ক্ৰমেৰে অথবা ডকুমেন্টত আৰম্ভণিত আৰু অন্তলৈ যাব পাৰে।

স্ক্ৰল বাৰ ঃ পেজৰ আগ-পিছত অথবা ওপৰ-তললৈ যাবৰ বাবে আপুনি স্ক্ৰল বাৰক ক্লিক কৰি ড্ৰেগ কৰিব পাৰে বা স্ক্ৰল এৰোত ক্লিক কৰিব পাৰে।

টুল পেলেট্চ

কমন কামাণ্ড আৰু টুলচৰ বাটন ইয়াত থাকে। যেনে-চিলেকচন টুল আৰু টাইপ টুল। টুল পেলেটত, যদি কোনা টুলৰ সোঁফালে আৰু কিনাৰত কোতো সৰু ত্ৰিভুজ দেখা দিয়ে তেতিয়াহ'লে আপুনি ইয়াত ক্লিক কৰি হোল্ড কৰি (অলপ সময় দবাই ৰাখক) তাত অন্তৰ্ভুক্ত সকলো টুলচক ডিচপ্লে কৰা পপঅপ মেনুক চাব পাৰে।

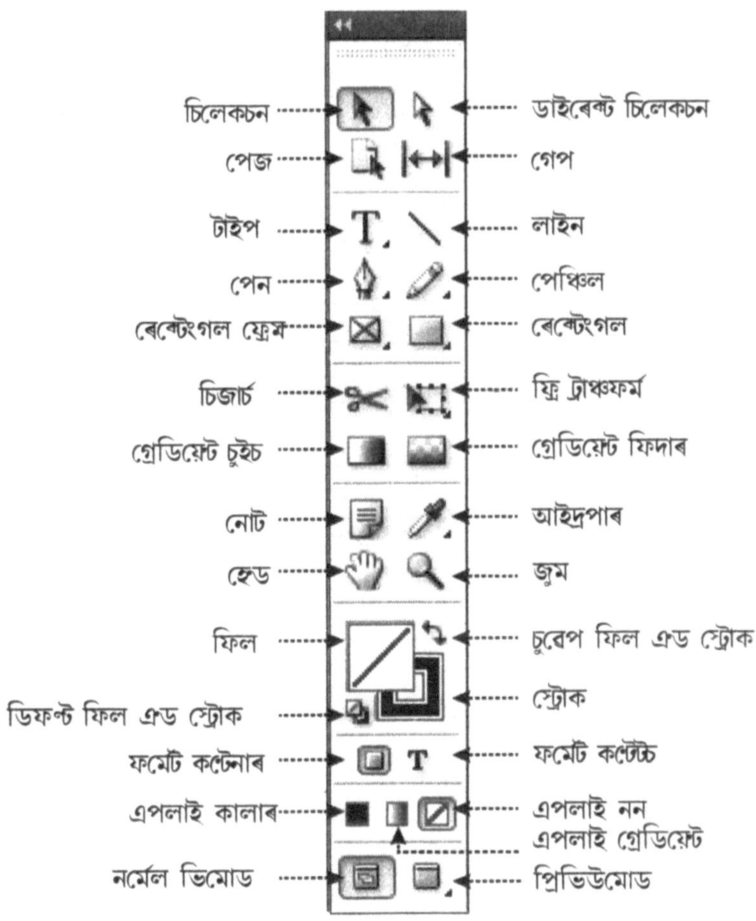

কন্ট্ৰল পেনেল

কন্ট্ৰল পেনেল আপোনাৰ দ্বাৰা চিলেক্ট কৰা পেজ আৰু অবজেক্টৰ ওপৰত কাম কৰিবৰ বাবে অপচন, কামাণ্ড আৰু পেনেল সম্বন্ধী অন্য কামাণ্ড থাকে।

কন্ট্ৰল পেনেলত ডিচপ্লে হৈ থকা অপচনচ আপোনাৰ দ্বাৰা চিলেক্ট কৰা অবজেক্টৰ ওপৰত বহুত নিৰ্ভৰ কৰে।

উদাহৰণৰ বাবেঃ যদি আপুনি টেক্সট বা গ্ৰাফিকচ ফ্ৰেমক চিলেক্ট কৰে তেতিয়াহ'লে কন্ট্ৰল পেনেলত আপোনাক ৰিচাইজিং, ৰিপজিচনিং, স্কীইং আৰু ৰটেটিং দা ফ্ৰেম আদিৰ দৰে অপচন ডিচপ্লে হয়।

যদি আপুনি ফ্ৰেমৰ ভিতৰত টেক্সট চিলেক্ট কৰে তেতিয়াহ'লে কন্ট্ৰল পেনেলত আপুনি এডজাস্টিং টেক্সট এট্ৰিভিউটচ আদিৰ দৰে অপচন দেখা পাব। যেনে-ফন্ট, স্টাইল, চাইজ, লিডিং আৰু বেচলাইন চিফট আদি।

নতুন ডকুমেন্টক ক্ৰিয়েট কৰা

নতুন পাবলিচেকচনক ক্ৰিয়েট কৰি আপুনি ইনডিজাইনৰ নতুন ডকুমেন্টক স্টাৰ্ট কৰিব পাৰে।

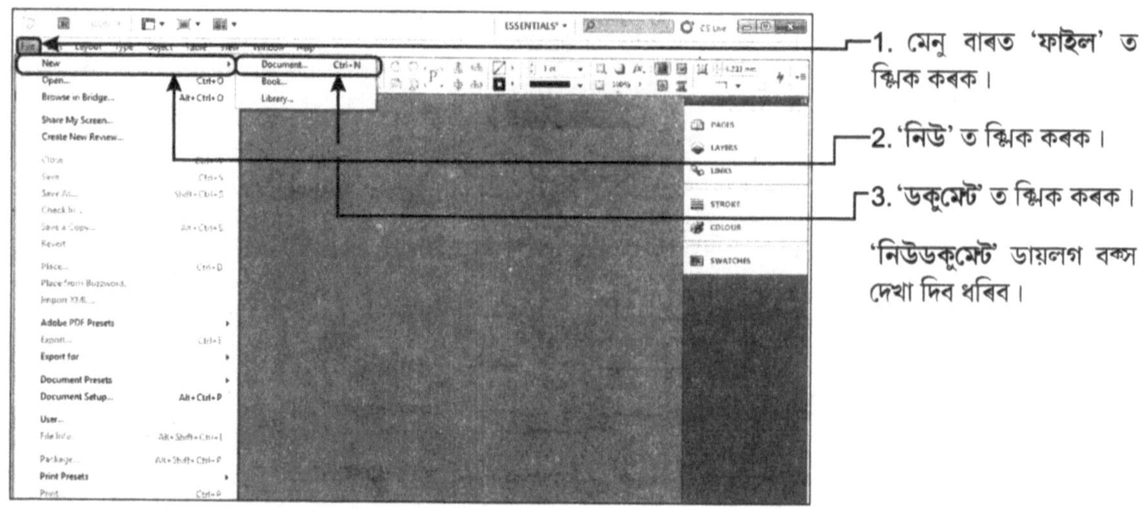

1. মেনু বাৰত ‘ফাইল’ ত ক্লিক কৰক।
2. ‘নিউ’ ত ক্লিক কৰক।
3. ‘ডকুমেন্ট’ ত ক্লিক কৰক।

‘নিউডকুমেন্ট’ ডায়লগ বক্স দেখা দিব ধৰিব।

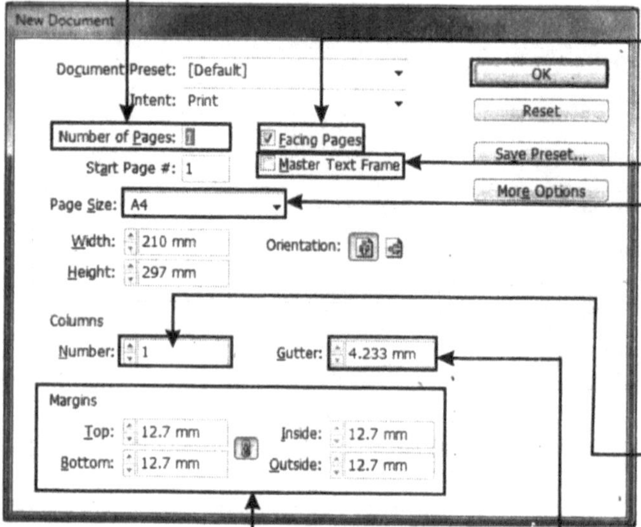

4. ‘নাম্বাৰ অফ পেজ’ ফিল্ডত পেজৰ নম্বৰৰ সংখ্যাক টাইপ কৰক।

যদি আপুনি বুকৰ দৰে কোনো পেজৰ পাবলিকেচন ক্ৰিয়েট কৰি আছে, তেতিয়াহ’লে ‘ফিচিং পেজ’ ৰ চেকবক্সত ক্লিক কৰক।

5. যদি আপুনি কোনো পেজৰ ডকুমেন্টত টেক্সটক এটা পেজৰ পৰা আন এটা পেজত ফ্লো (লৈ যায়) কৰিব বিচাৰে, তেতিয়াহ’লে ‘মাস্টাৰ টেক্সট ফ্ৰেম’ ৰ চেকবক্সত ক্লিক কৰি দিয়ক।
6. ‘পেজ চাইজ’’ৰ ডাউন এৰোত ক্লিক কৰি পেজৰ চাইজ (আকাৰ) ক চিলেক্ট কৰক।
7. আপোনাৰ পেজত আপুনি যিমান কলম অন্তৰ্ভুক্ত কৰিব বিচাৰে, ‘কলম ফিল্ড’ লৈ গৈ তাৰ সংখ্যা টাইপ কৰক।
8. ‘গটৰ ফিল্ড’ ত আপুনি গটৰ ডিস্টেঞ্চ (কলমৰ মাজৰ স্থান) ক স্পেচিফাই কৰিব পাৰে।
9. মাৰ্জিন এৰিয়ালৈ গৈ ‘মাৰ্জিন ভেল্যু’ ক স্পেচিফাই কৰি দিয়ক।
10. ‘অকে’ ত ক্লিক কৰি দিয়ক।

পাবলিকেচনত পেজ এড (একেলগ) কৰা

যদি আপুনি নিউজলেটাৰ, বুক আদিৰ দৰে কোনো পেজৰ পাবলিকেচন ক্রিয়েট কৰি আছে, তেতিয়াহ'লে আপুনি আপোনাৰ ডকুমেন্টত আৰু পেজক এড কৰা আৱশ্যক হ'ব পাৰে। যদি কোনা মাল্টিপল পেজ (কোনো পেজৰ) ডকুমেন্ট প্ৰস্তুত কৰিছে তেতিয়াহ'লে এনেতে নিউডকুমেন্ট ডায়লগ বক্সত আপুনি **নিউফেচিং অপচনক** চিলেক্ট কৰিব লাগে। আপুনি আপোনাৰ ডকুমেন্টত 9999 পেজলৈকে এড কৰিব পাৰে।

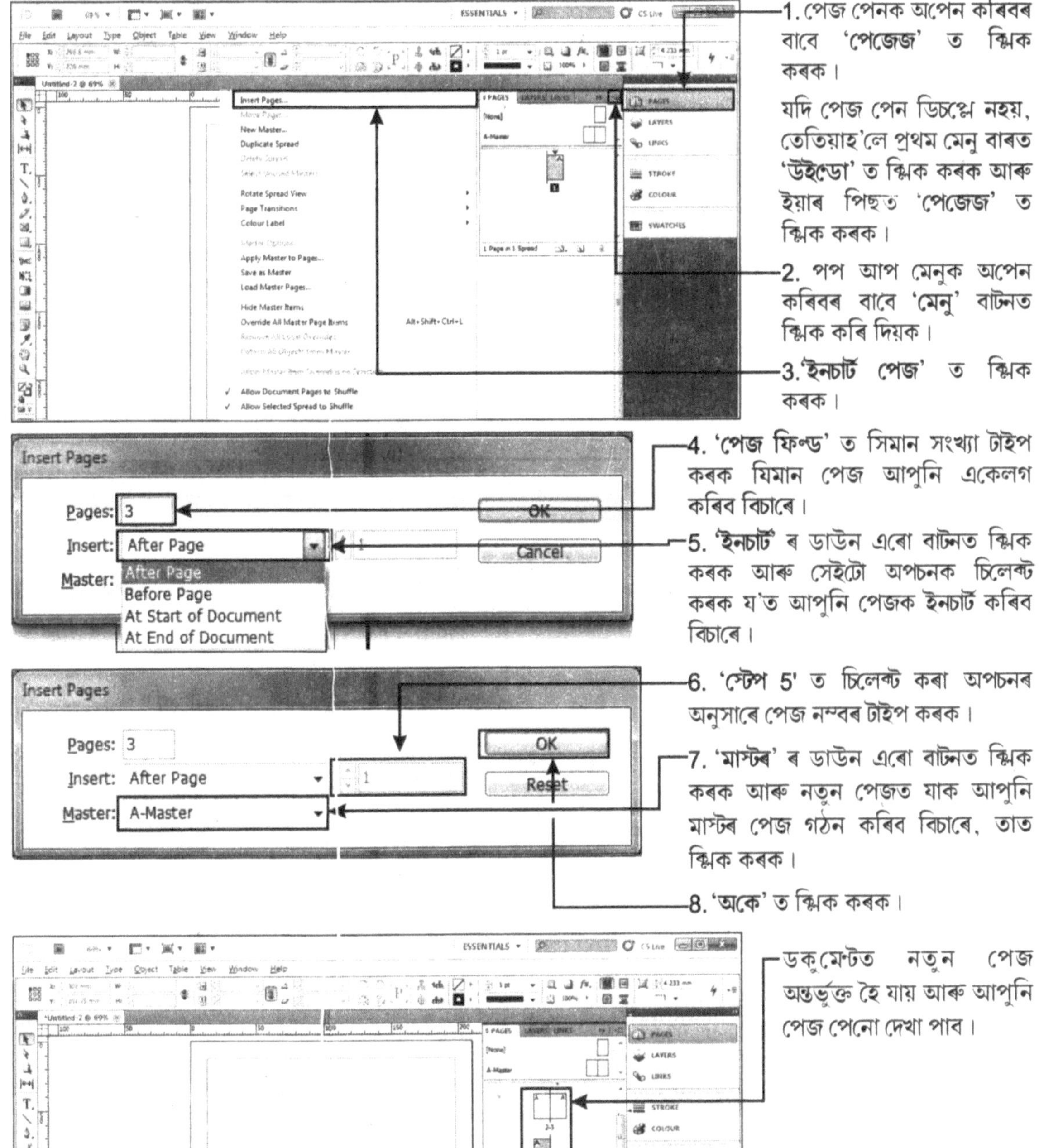

লেফট পেজৰ পৰা ডকুমেন্টক স্টাৰ্ট কৰা

ডিফল্ট ৰূপত, ডকুমেন্টৰ প্ৰথম চিট সদায় ৰাইট হেন্ড (সোঁফালে) পেজ থাকে। কি কেতিয়াবা-কেতিয়াবা আপুনি ডকুমেন্টক লেফট হেন্ড পেজ (বাওঁফালৰ পেজ) ৰ পৰা আৰম্ভ কৰিব লাগে। যদি সেইটো মেগাজিন আৰ্টিকল হয় তেতিয়াহ'লে সেইটো সদায় বাওঁফালৰ পৰা আৰম্ভ হয়।

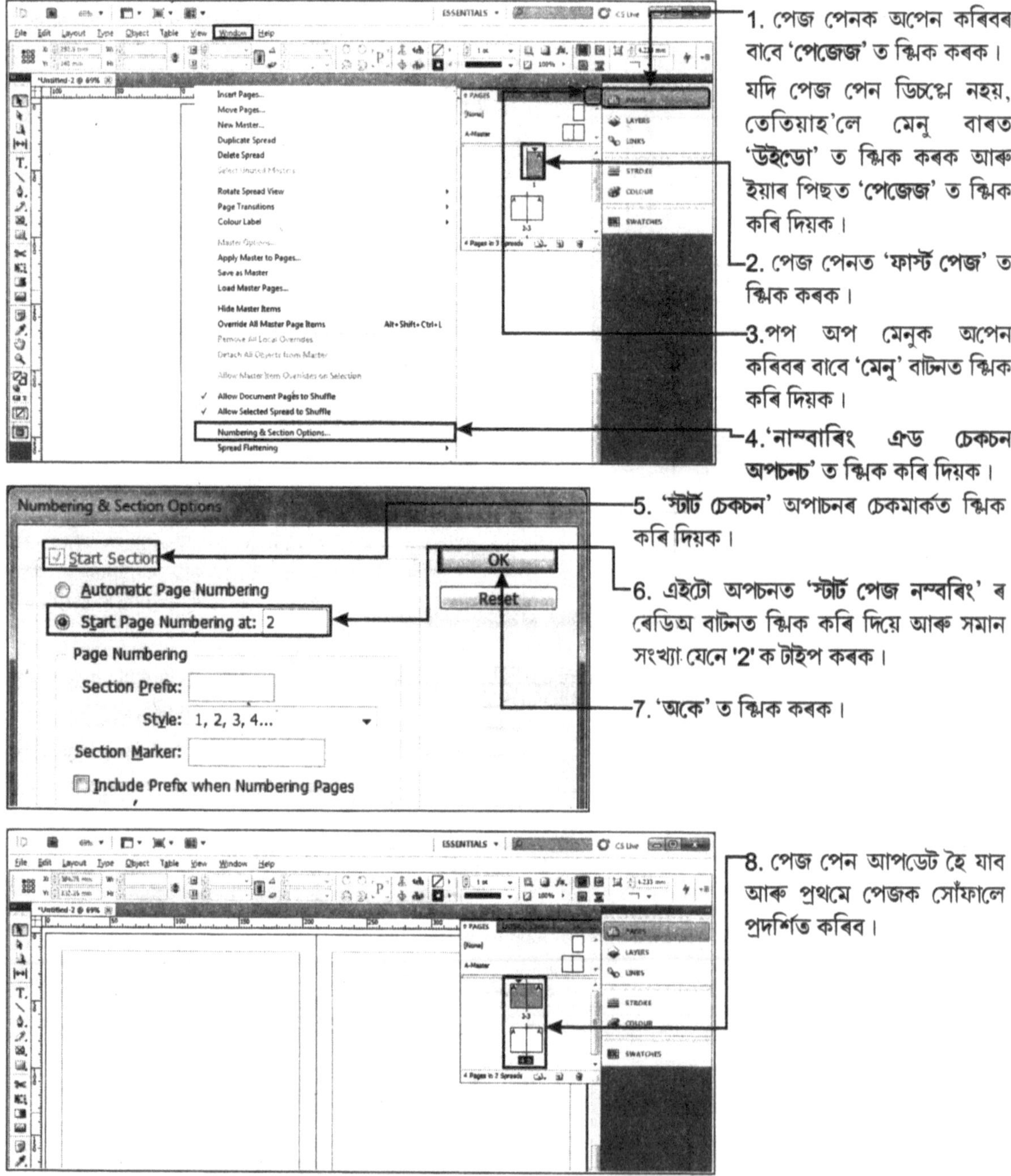

পেজ নম্বৰৰ লগত কাম কৰা

ডিফল্ট ৰূপত, পেজ সদাই '1' নম্বৰৰ পৰা আৰম্ভহয়। কি আপুনি '1' ৰ ঠাইত কোনো অন্য পেজৰ পৰাও আৰম্ভকৰিব পাৰে। আপুনি লেটাৰ্চ (আখৰ) বা পেজ নম্বৰৰ স্টাইলকো এৰোবিকৰ পৰা ৰোমানলৈ পৰিৱৰ্তিত কৰিব পাৰে।

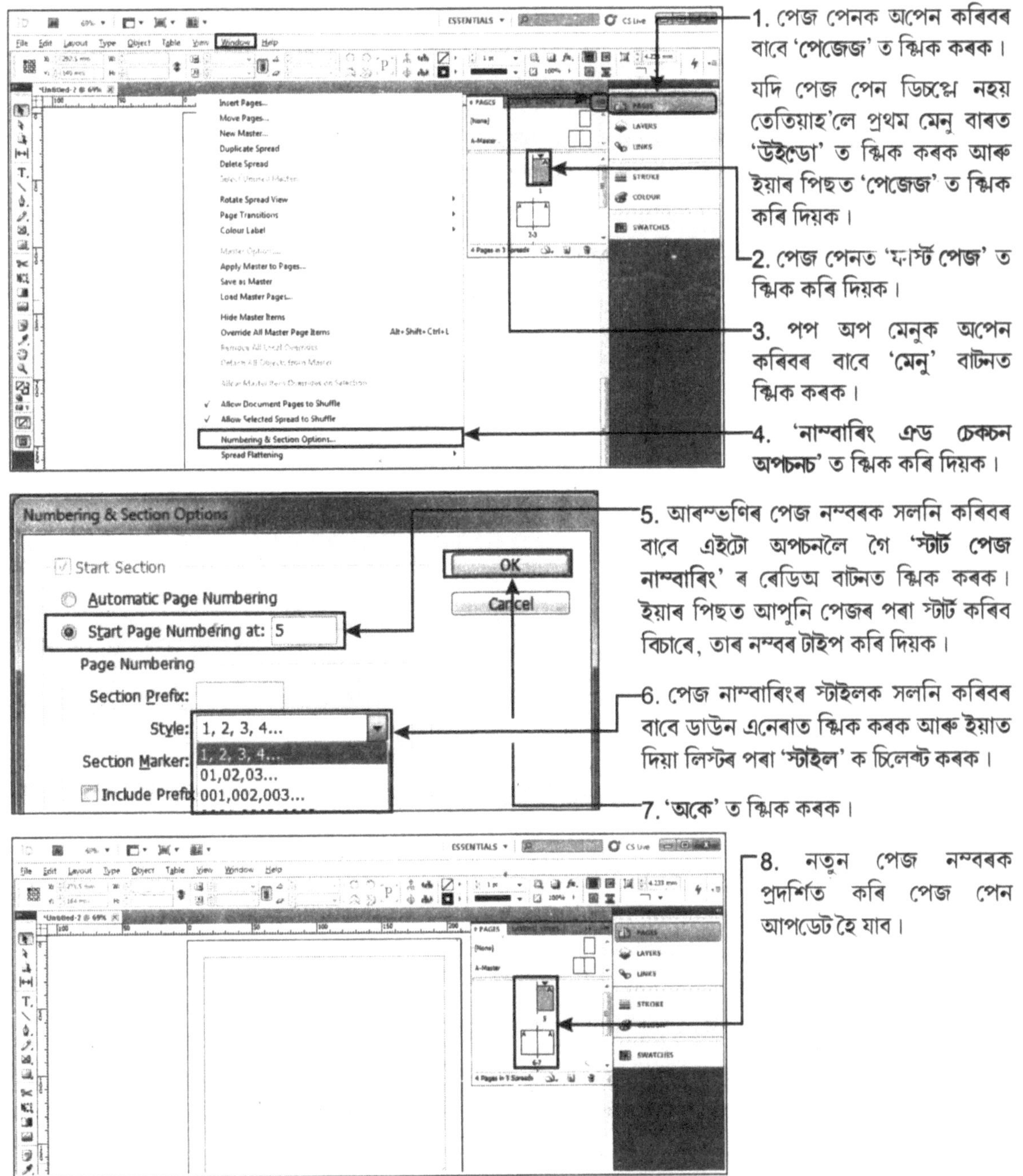

মাস্টাৰ পেজ

মাস্টাৰপেজত অন্তৰ্ভুক্ত অবজেক্ট আপুনি ডকুমেন্টৰ প্ৰত্যেক পেজত দেখা পাব। ইয়াৰ পৰা আপোনাৰ বহুত সময় বাচে, কাৰণ আপুনি সেইটো অবজেক্টক সকলো পেজৰ বাবে বাৰে বাৰে আৰু তীব্ৰ গতিৰে প্ৰস্তুত কৰিব নিবিচাৰে। শেয়াৰ কৰা সকলো পেজ সেইটো এলিমেন্টকো শ্বো কৰিব। ডিফল্ট ৰূপত আপেনাৰ দ্বাৰা ক্ৰিয়েট কৰা প্ৰত্যেক মাস্টাৰপেজৰ লগত সম্বন্ধিত থাকে।

যদি আপুনি মাল্টিপল (কোনো পেজৰ) ডকুমেন্টৰ ওপৰত কাম কৰে, তেতিয়াহ'লে আপুনি পেজ পেনকো ডিচপ্লে কৰিব বিচাৰে। পেজ পেনত অন্তৰ্ভুক্ত কন্ট্ৰল আৰু ইয়াৰ পপ অপ মেনুৰে আপুনি মাস্টাৰ পেজৰ লগত সম্বন্ধীত কোনো কাম কৰিব পাৰে। যেনে-মাস্টাৰ পেজক ক্ৰিয়েট আৰ, ডিলিট কৰা, মাস্টাৰ পেজক ডকুমেন্ট পেজত এপলাই কৰা আৰু মাস্টাৰ পেজক ডকুমেন্টৰ পৰা বাহিৰত ক্ৰিয়েট কৰা। পেজ পেনৰ সহায়েৰে আপুনি ডকুমেন্ট পেজকো একেলগ কৰিব পাৰে আৰু ৰিমুভকৰিব পাৰে।

মাস্টাৰপেজ পেলেটক শ্বো (প্ৰদৰ্শিত) কৰা

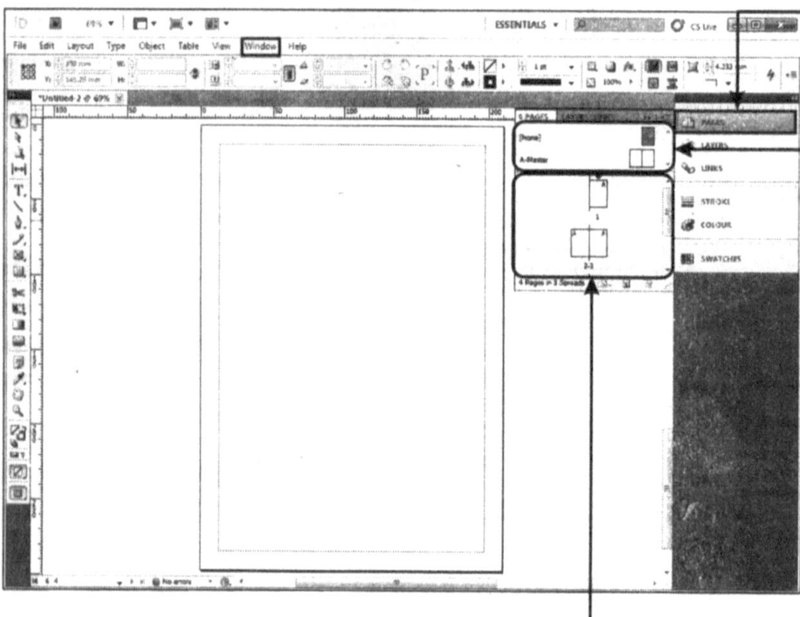

1. পেজ পেনক অপেন কৰিবৰ বাবে 'পেজেজ' ত ক্লিক কৰক।

যদি পেজ পেন ডিচপ্লে নহয়, তেতিয়া প্ৰথম মেনু বাৰত 'উইন্ডো' ত ক্লিক কৰক আৰু ইয়াৰ পিছত 'পেজেজ' ত ক্লিক কৰি দিয়ক।

2. পেনৰ ওপৰত থকা পেজ আইকন মাস্টাৰ পেজক ৰিপ্ৰেজেন্ট কৰে।

প্ৰত্যেক্য ডকুমেন্টত নন' নামেৰে মাস্টাৰ পেজ অন্তৰ্ভুক্ত হয়। য'ত কেৱল মাৰ্জিন গাইডলাইন অন্তৰ্ভুক্ত হয়।

যেতিয়া আপুনি নতুন ডকুমেন্ট ক্ৰিয়েট কৰে, তেতিয়াহ'লে আপোনাৰ দ্বাৰা নিউডকুমেন্ট ডায়লগ বক্সত স্পেচিফাইৰ কৰা মাৰ্জিন আৰু কলমৰ চেটিং 'এ পেজ' ত থাকে।

3. পেনৰ তলত থকা আইকন, ডকুমেন্টৰ পেজক ৰিপ্ৰেজেন্ট কৰে।

ফেচিং পেজ ডকুমেন্টত এইটো আইকন লেফট আৰু ৰাইট পেজক ৰিপ্ৰেজেন্ট কৰে। পেজ আইকনৰ ওপৰত ডিচপ্লে হৈ থকা আখৰে কয় যে মাস্টাৰ পেজ ইয়াৰ ওপৰত আধাৰিত হয়। পেজ আইনকৰ তলত থকা নম্বৰ পেজৰ সংখ্যাক ৰিপ্ৰেজেন্ট কৰে।

মাস্টাৰ পেজক ক্রিয়েট কৰা

ডিফল্ট ৰূপত, ইনডিজাইনৰ সকলো ডকুমেন্টত মাস্টাৰ পেজ আগৰ পৰাই ক্রিয়েট কৰে, যাক 'এ **পেজ**' বুলি কয়। কিন্তু কেতিয়াবা-কেতিয়াবা আপুনি এটাতকৈ অধিক মাস্টাৰ পেজৰ আৱশ্যক হয় যেতিয়া আপুনি কোনো বুক প্রস্তুত কৰে আৰু এইটো বিচাৰে যে কিছুমান পেজ দুটা কলম ফৰ্মেট (প্ৰাৰূপ) ত আছে আৰু পেজ তিনিটা কলম ফৰ্মেটত থাকে।

যেতিয়া আপুনি কোনো নতুন মাস্টাৰ পেজ ক্রিয়েট কৰে তেতিয়াহ'লে আপুনি নতুন মাস্টাৰৰ বাবে নতুন নাম সোধা যাব।

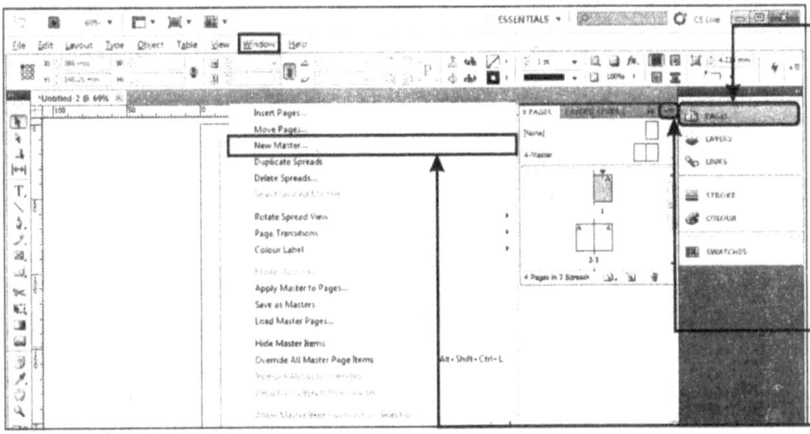

1. পেজ পেনক অপেন কৰিবৰ বাবে '**পেজেজ**' ত ক্লিক কৰক।

যদি পেজ পেন ডিচপ্লে নহয়, তেতিয়া প্ৰথম মেনু বাৰত 'উইন্ডো' ত ক্লিক কৰক আৰু ইয়াৰ পিছত '**পেজেজ**' ত ক্লিক কৰক।

2. পেজ পেনত '**ফাৰ্স্ট পেজ**' ত ক্লিক কৰক।

3. '**নিউমাস্টাৰ**' ত ক্লিক কৰক।

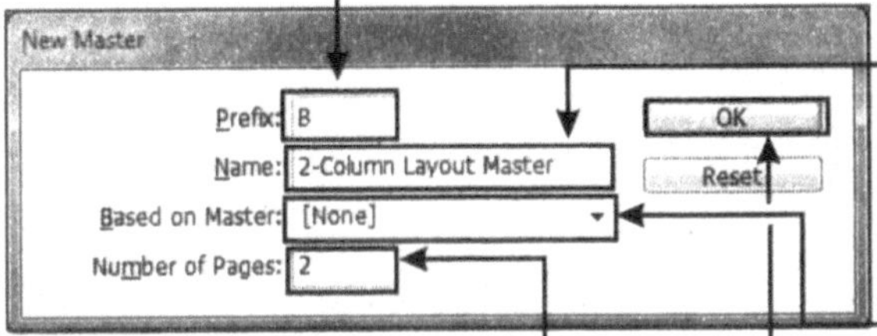

4. '**প্রিফিক্স**' ফিল্ডত সেইটো কেৰেক্টাৰ টাইপ কৰক যিটো মাস্টাৰ পেজৰ নামৰ আগত দেখা দিব আৰু এইটো পেজ পেনত ডকুমেন্ট পেজ আইকনটো দেখা দিব।

5. '**নেম**' ফিল্ড ত মাস্টাৰ পেজ নাম টাইপ কৰি দিয়ক।

6. '**বেস্ট অন মাস্টাৰ**' বাটনৰ ডাউন এৰো বাটনত ক্লিক কৰি দিয়ক আৰু '**পেক্কেট মাস্টাৰ পেজ**' চিলেক্ট কৰকৰক।

7. মাস্টাৰ পেজৰ লগত আপুনি যিমান পেজ অন্তৰ্ভুক্ত কৰিব বিচাৰে, তাৰ সংখ্যা টাইপ কৰি দিয়ক।

চিংগল পেজ ডকুমেন্টৰ বাবে '1' আৰু ডাবল পেজ ডকুমেন্টৰ বাবে '2' টাইপ কৰক।

8. অকে' ত ক্লিক কৰক।

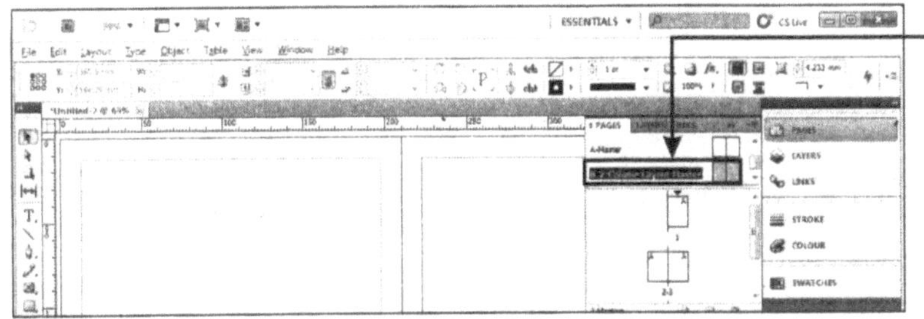

মাস্টাৰ পেজ পেলেটত নতুন মাস্টাৰ পেজ দেখা দিব ধৰে।

9. মাস্টাৰ পেজত আৱশ্যকীয় পৰিৱৰ্তন কৰি লওক।

মাস্টাৰ পেজক ডকুমেন্ট পেজত এপলাই কৰা

মাস্টাৰ পেজক প্ৰস্তুত কৰাৰ পিছত আপুনি এইটো ডকুমেন্ট পেজত এপলাই কৰিব পাৰে।

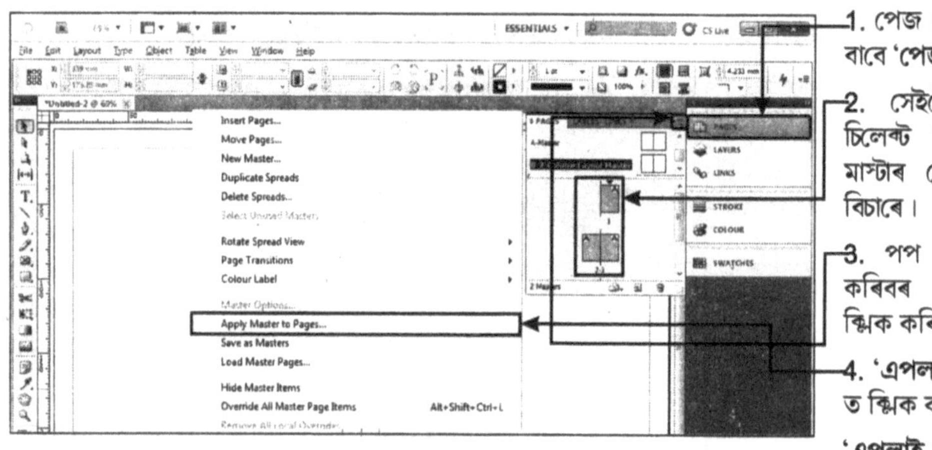

1. পেজ পেনক অপেন কৰিবৰ বাবে 'পেজ' ত ক্লিক কৰক।
2. সেইটো ডকুমেন্ট পেজক চিলেক্ট কৰক য'ত আপুনি মাস্টাৰ পেজ এপলাই কৰিব বিচাৰে।
3. পপ অপ মেনুক অপেন কৰিবৰ বাবে 'মেনু' বাটনত ক্লিক কৰি দিয়ক।
4. **'এপলাই মাস্টাৰ টু পেজেজ'** ত ক্লিক কৰি দিয়ক।

'এপলাই মাস্টাৰ পেজ' ডায়লগ বক্স দেখা দিয়ে।

Apply Master
Apply Master: B-2-Column Layout Master
To Pages: 1-3
OK
Reset

5. ডাউন এৰো বাটনত ক্লিক কৰক আৰু সেইটো **মাস্টাৰ পেজ'** ক চিলে কৰক যাক আপুনি এপলাই কৰিব বিচাৰে।
6. আপোনাৰ দ্বাৰা **'স্টেপ 2'** ত চিলেক্ট কৰা ডকুমেন্টে এইটো এৰিয়াত ডিচপ্লে হয়।

ইয়াত আপুনি কোনো পেজক স্পেচিফাই কৰিব পাৰে। পেজ নম্বৰক বেলেগ কৰিবৰ বাবে **'কমা'** (,) ৰ প্ৰয়োগ কৰক আৰু পেজ ৰেঞ্জক চিলেক্ট কৰিবৰ বাবে **'হাইফেন'** (-) ৰ প্ৰয়োগ কৰক।

7. 'অকে' ত ক্লিক কৰক।

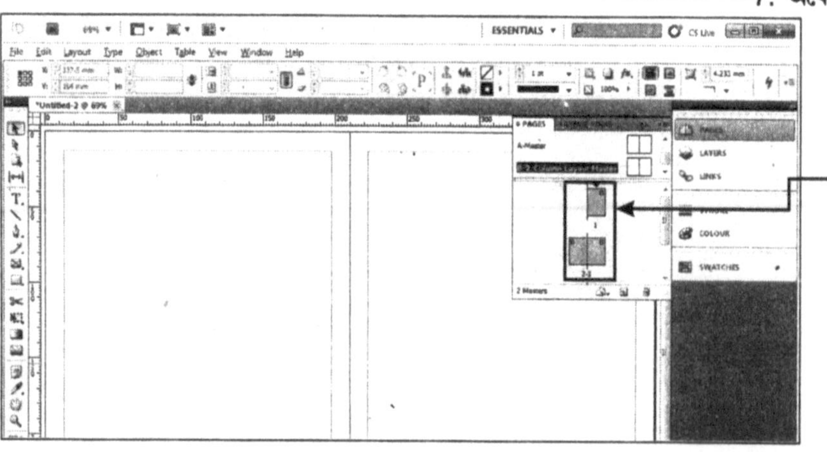

নতুন মাস্টাৰ পেজ এইটো চিলেক্ট কৰা পেজত এপলাই হৈ যাব।

ডকুমেন্ট আইকনত প্ৰিফিক্স কেৰেক্টাৰ (বি) দেখা দিয়ে।

টেক্সট ফ্ৰেমক ক্ৰিয়েট কৰা

ইনডিজাইনত টেক্সটক এণ্টাৰ কৰিবৰ বাবে আপুনি টেক্সট ফ্ৰেম গঠন কৰিব লাগে। টেক্সট ফ্ৰেম ক্ৰিয়েট কৰাৰ পিছত আপুনি টেক্সটক টাইপ কৰিব পাৰে, সেইটোক ফৰ্মেট কৰিব পাৰে। আপুনি টেক্সট ফ্ৰেমক মুভ(এটা স্থানৰ পৰা আন এটা স্থানলৈ লৈ যোৱা) কৰিব পাৰে আৰু ৰিচাইজ (আকাৰ পৰিবৰ্তিত কৰা) কৰিব পাৰে।

টেক্সট ফ্ৰেমক আপুনি মাস্টাৰ পেজত প্ৰস্তুত কৰিব লাগে। যদি আপুনি কোনো পেজৰ পাবলিকেচনৰ প্ৰত্যেক পেজত এটাই নিশ্চিত টেক্সটক এপলাই কৰিব লাগে যেনে-(যেনে বুকৰ টাইটল) তেতিয়া,

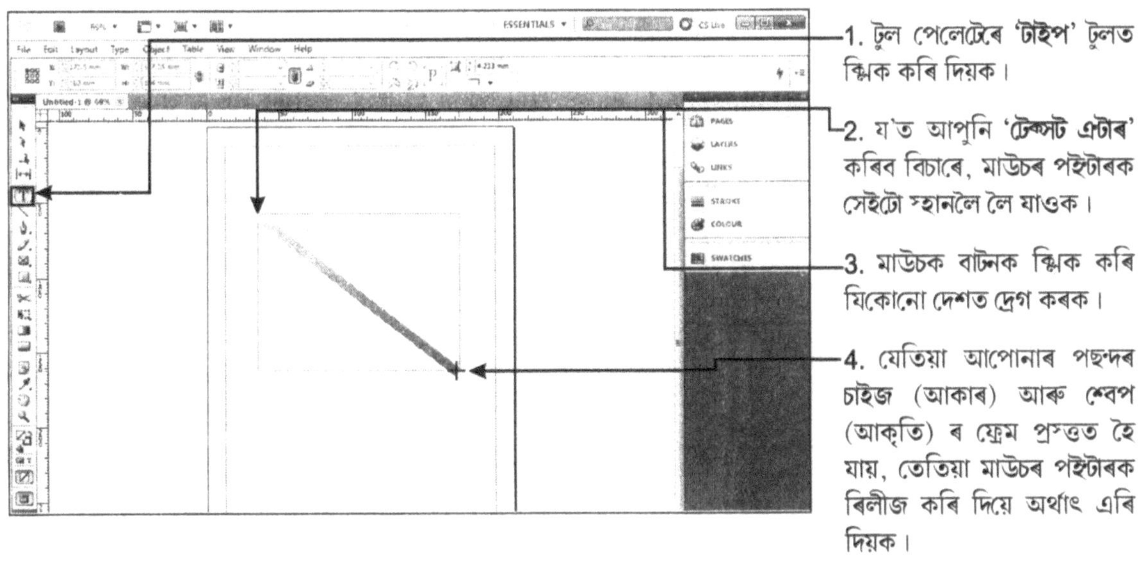

1. টুল পেলেটেৰে 'টাইপ' টুলত ক্লিক কৰি দিয়ক।

2. য'ত আপুনি '**টেক্সট এণ্টাৰ**' কৰিব বিচাৰে, মাউচৰ পইণ্টাৰক সেইটো স্থানলৈ লৈ যাওক।

3. মাউচক বাটনক ক্লিক কৰি যিকোনো দেশত দ্ৰেগ কৰক।

4. যেতিয়া আপোনাৰ পছন্দৰ চাইজ (আকাৰ) আৰু শ্বেপ (আকৃতি) ৰ ফ্ৰেম প্ৰস্তুত হৈ যায়, তেতিয়া মাউচৰ পইণ্টাৰক ৰিলীজ কৰি দিয়ে অৰ্থাৎ এৰি দিয়ক।

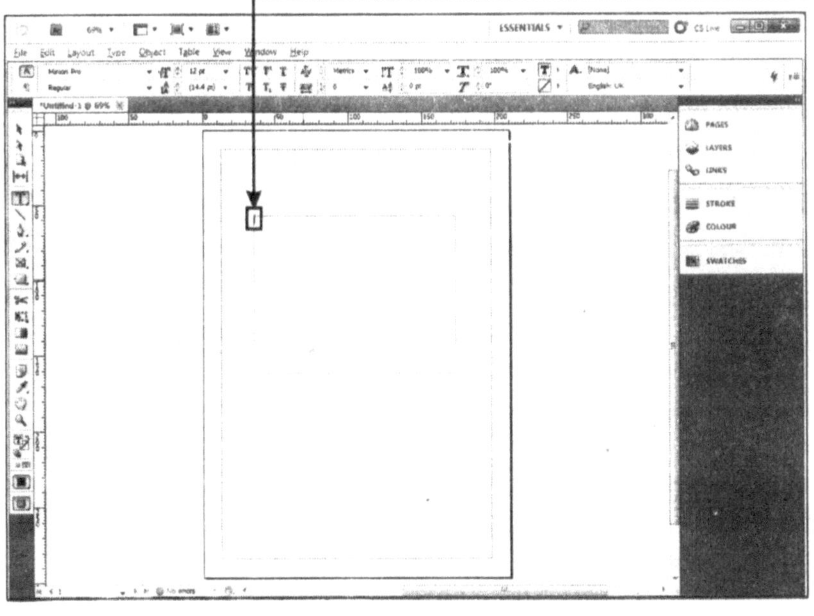

এইটো ফ্ৰেমত আপুনি ফ্লেচ কৰি অৰ্থাৎ জিলিকি থকা কাৰ্চাৰ দেখা দিয়ে, ইটাৰ অৰ্থ হ'ল যে আপুনি কি-বোৰ্ডৰ দ্বাৰা এতিয়া ইয়াত টেক্সটক টাইপ কৰিব পাৰে।

টেক্সটক এণ্টাৰ কৰা

টেক্সট ফ্ৰেমত আপুনি টেক্সক এণ্টাৰ কৰিব পাৰে। যদি আপুনি অধিক টেক্সটক এণ্টাৰ কৰিব বিচাৰে, তেতিয়াহ'লে আপুনি এইটো ৱৰ্ড প্ৰচেচৰ প্ৰগ্ৰেম যেনে-এমএচ ৱৰ্ড' ৰ কপি কৰিব লাগে।

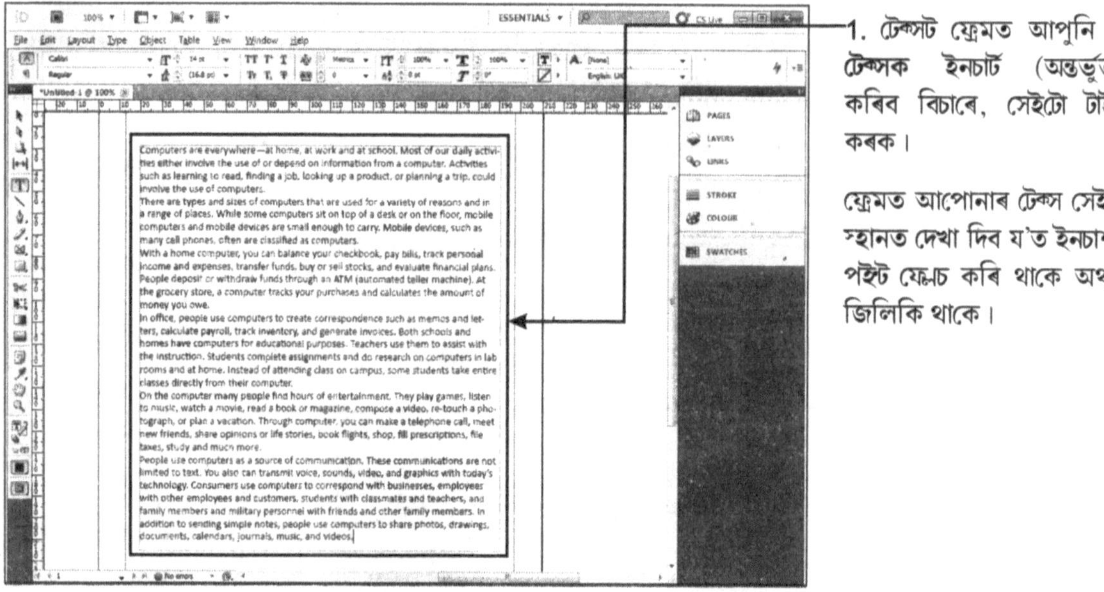

1. টেক্সট ফ্ৰেমত আপুনি যি টেক্সক ইনচাৰ্ট (অন্তৰ্ভুক্ত) কৰিব বিচাৰে, সেইটো টাইপ কৰক।

ফ্ৰেমত আপোনাৰ টেক্স সেইটো স্থানত দেখা দিব য'ত ইনচাৰ্শন পইণ্ট ফ্লেচ কৰি থাকে অৰ্থাৎ জিলিকি থাকে।

টেক্সট ফ্ৰেমক মুভকৰা অথবা চাইজ কৰা

চিলেকচন টুলেৰে যেতিয়া আপুনি কোনো টেক্স ফ্ৰেমক চিলেক্ট কৰে তেতিয়া ফ্ৰেমৰ বাউণ্ড্ৰি দেখা দিব ধৰে। টেক্সট ফ্ৰেমৰ হেণ্ডলৰ পৰা আপুনি ফ্ৰেমৰ শেপ (আকৃতি) সলনি হ'ব পাৰে। টেক্সট ফ্ৰেমক,ডাঙৰ কৰিবৰ বাবে হেণ্ডলক বাহিৰৰ ফালে দ্ৰেগ কৰক আৰু টেক্সট ফ্ৰেমক সৰু কৰিবৰ বাবে মাউচৰ পইন্টাৰেৰে হেণ্ডেলক ভিতৰলৈ দ্ৰেগ কৰক। ডাঙৰ কৰা অথবা কমি যোৱা লুপেৰে গম পাই যে কিমান টেক্সট দেখা দিব।

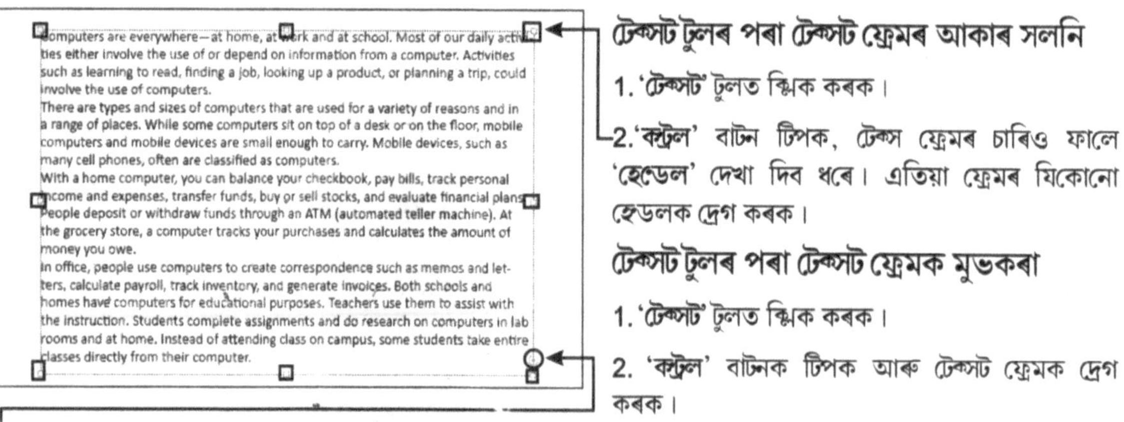

টেক্সট টুলৰ পৰা টেক্সট ফ্ৰেমৰ আকাৰ সলনি

1. 'টেক্সট' টুলত ক্লিক কৰক।

2. 'কন্ট্ৰল' বাটন টিপক, টেক্স ফ্ৰেমৰ চাৰিও ফালে 'হেণ্ডেল' দেখা দিব ধৰে। এতিয়া ফ্ৰেমৰ যিকোনো হেণ্ডলক দ্ৰেগ কৰক।

টেক্সট টুলৰ পৰা টেক্সট ফ্ৰেমক মুভকৰা

1. 'টেক্সট' টুলত ক্লিক কৰক।

2. 'কন্ট্ৰল' বাটনক টিপক আৰু টেক্সট ফ্ৰেমক দ্ৰেগ কৰক।

টেক্সট ফ্ৰেমৰ বাটনত যদি **ৰঙা ৰংৰ প্লাচৰ চিহ্ন (+)** দেখা দিয়ে তেতিয়া গম পাব যে স্টৰিত এতিয়াও একো দেখা দিয়া নাই। এনেতে বাকী টেক্সটক চাবৰ বাবোবে ফ্ৰেমৰ হেণ্ডেলৰ তলৰ ফালে দ্ৰেগ কৰি ফ্ৰেমক আৰু ডাঙৰ কৰি লওক।

লিংক টেক্সট ফ্ৰেমক মেনুৱেলি প্ৰস্তুত কৰা

আপোনাৰ টেক্সট কেৱল চিংগল কেৰেক্টাৰ হ'ব পাৰে বা পেজ দীঘলীয়া হ'ব পাৰে। গোটেই স্টৰিক ডিচপ্লে কৰা বা কোনো স্টৰিক ডিচপ্লে কৰিবৰ বাবে আপুনি এক টেক্সট ফ্ৰেম বা যিকোনোৰে প্ৰয়োগ কৰিব পাৰে। টেক্সট ফ্ৰেমে এটাৰ পৰা ইটোৰ লগত একেলগ কৰিব পৰা যায় সেইকাৰণে এক টেক্সট ফ্ৰেম পুৰা হৈ যোৱাত বাকীৰ টেক্সট আনটো কলমত বা অন্য টেক্সট ফ্ৰেমলৈ গুচি যায়। যদি আপুনি প্ৰথম টেক্সট ব্লকক প্ৰভাৱিত কৰিব। মাল্টিপল লিংকড টেক্সট ব্লকত আপুনি টেক্সট টুল ক্ৰিয়েট টেক্সট ব্লকেৰে আনটো টেক্সট ব্লকত দ্ৰেগ কৰি টেক্সটক চিলেক্ট কৰিব পাৰে।

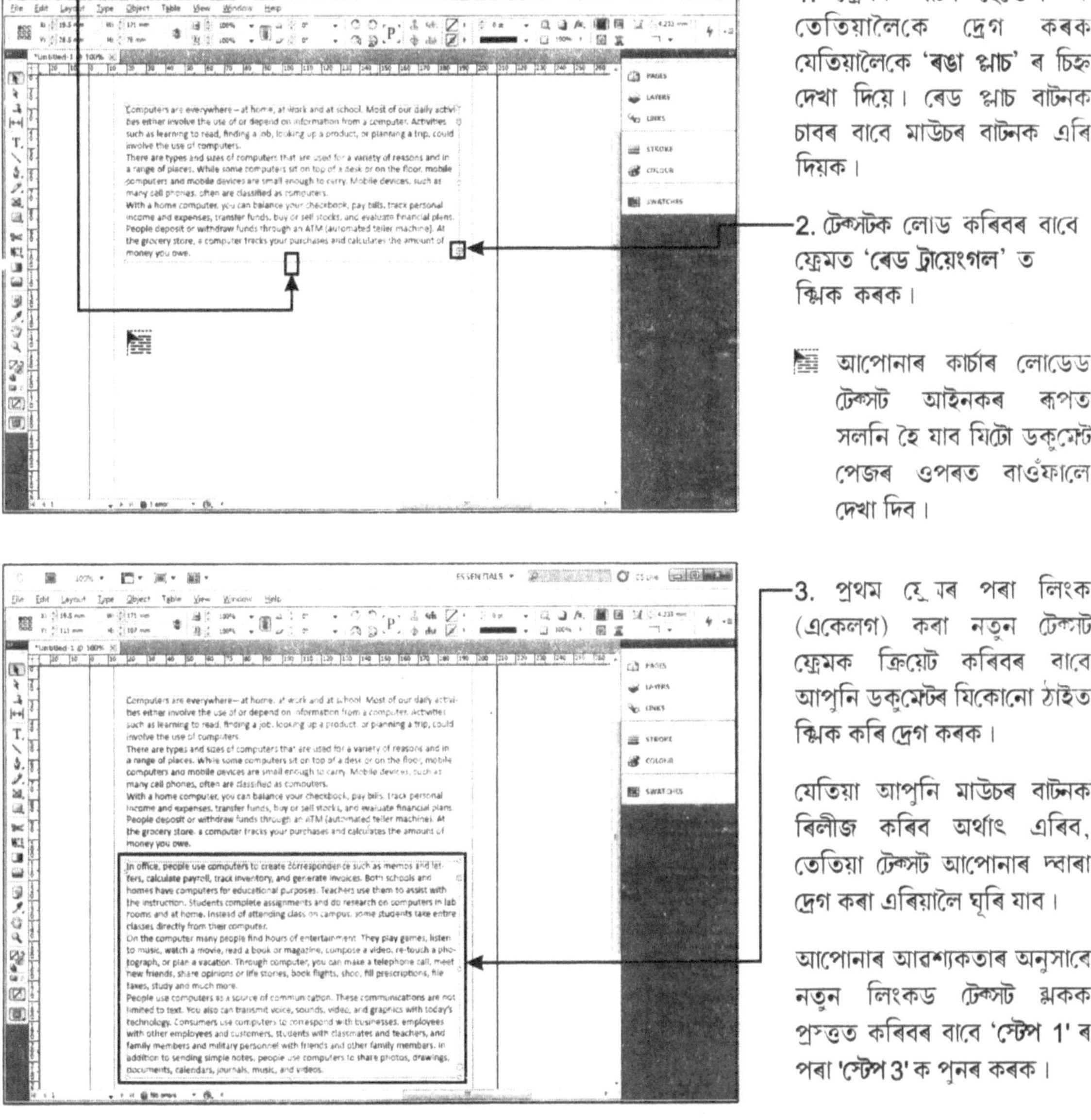

1. ফ্ৰেমৰ 'বাটন হেন্ডেল' ক তেতিয়ালৈকে দ্ৰেগ কৰক যেতিয়ালৈকে 'ৰঙা প্লাচ' ৰ চিহ্ন দেখা দিয়ে। ৰেড প্লাচ বাটনক চাবৰ বাবে মাউচৰ বাটনক এৰি দিয়ক।

2. টেক্সটক লোড কৰিবৰ বাবে ফ্ৰেমত 'ৰেড ট্ৰায়েংগল' ত ক্লিক কৰক।

আপোনাৰ কাৰ্চাৰ লোডেড টেক্সট আইনকৰ ৰূপত সলনি হৈ যাব যিটো ডকুমেন্ট পেজৰ ওপৰত বাওঁফালে দেখা দিব।

3. প্ৰথম ফ্ৰেমৰ পৰা লিংক (একেলগ) কৰা নতুন টেক্সট ফ্ৰেমক ক্ৰিয়েট কৰিবৰ বাবে আপুনি ডকুমেন্টৰ যিকোনো ঠাইত ক্লিক কৰি দ্ৰেগ কৰক।

যেতিয়া আপুনি মাউচৰ বাটনক ৰিলীজ কৰিব অৰ্থাৎ এৰিব, তেতিয়া টেক্সট আপোনাৰ দ্বাৰা দ্ৰেগ কৰা এৰিয়ালৈ ঘূৰি যাব।

আপোনাৰ আৱশ্যকতাৰ অনুসাৰে নতুন লিংকড টেক্সট ব্লকক প্ৰস্তুত কৰিবৰ বাবে 'স্টেপ 1' ৰ পৰা 'স্টেপ 3' ক পুনৰ কৰক।

টেক্সট প্লেচ কৰা

পেজ মেকাৰ ডকুমেন্টত আপুনি কোনো অন্য চফটৱেয়ৰ প্ৰগ্ৰেম যেনে এমএচ ৱৰ্ড' ৰ পৰাও টেক্সটক ইনচার্ট কৰিব পাৰে।

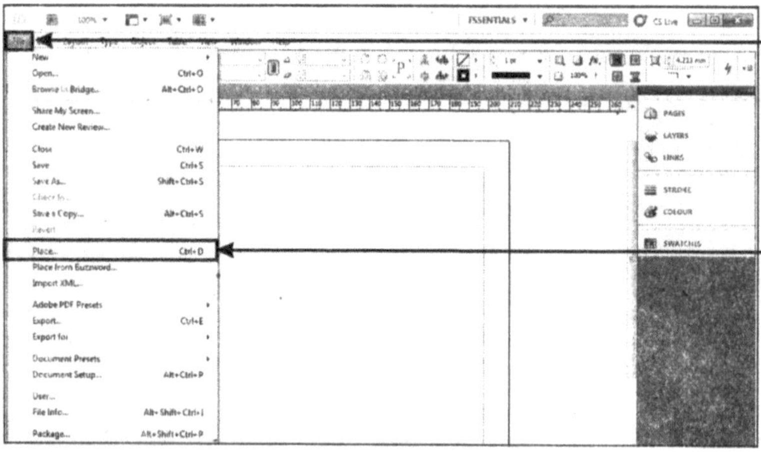

1. মেনু বাৰলৈ গৈ 'ফাইল' ত ক্লিক কৰক।

2. 'প্লেচ' ত ক্লিক কৰি দিয়ক।

'প্লেচ' ডায়লগ বক্স দেখা দিব লাগিব।

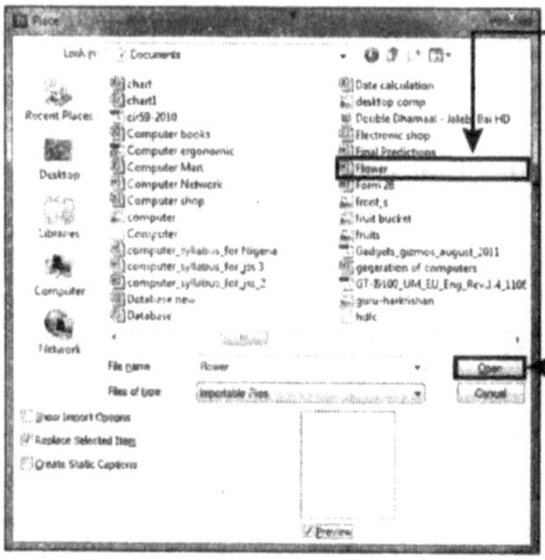

3. সেইটো ডকুমেন্টক লকেট (বিচাৰি) কৰক য'ত অন্তৰ্ভুক্ত টেক্সটক আপুনি ইয়াত প্লেচ কৰিব বিচাৰে।

4. 'অপেন' ত ক্লিক কৰি দিয়ক।

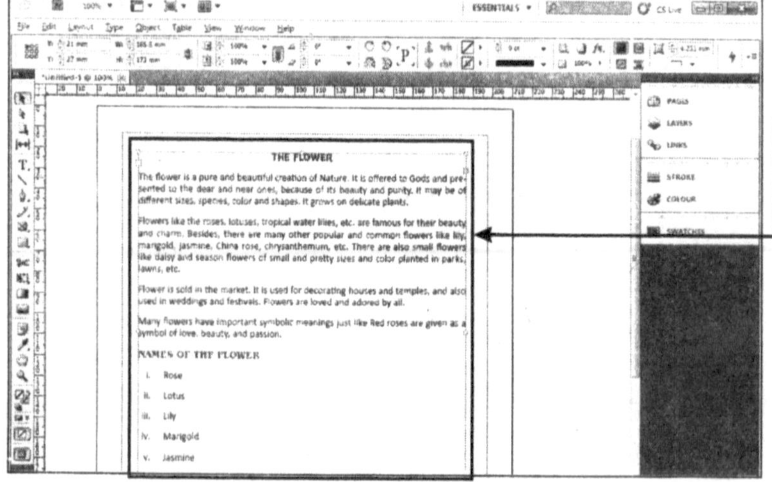

পইন্টাৰ 'লডেড টেক্সট আইকন' ত (▤) পৰিৱৰ্তিত হৈ যায়।

5. টেক্সটক প্লেচ কৰিবৰ বাবে টেক্সট ফ্ৰেম প্ৰস্তুত কৰক বা পেজ অথবা কলমৰ ওপৰৰ বাওঁফালে আৰু কিনাৰত ক্লিক কৰক।

টেক্সট এইটো পেজত প্লেচ হৈ যাব অৰ্থাৎ অন্তৰ্ভুক্ত হৈ যাব।

টেক্সট ফ্ৰেমৰ প্ৰপাৰ্টিক চেট কৰা

আপুনি টেক্সট ফ্ৰেমৰ চেটিংকো সলনি কৰিব পাৰে যেনে-ফ্ৰেমত কলমৰ সংখ্যা, ফ্ৰেমত টেক্সটৰ ভাৰ্টিকেল এলাইনমেন্ট। ইয়াৰ বাদেও আপুনি ইনচাৰ্ট স্পেচিং (টেক্সট আৰু ফ্ৰেমৰ মাজৰ দূৰত্ব) কো সলনি কৰিব পাৰে।

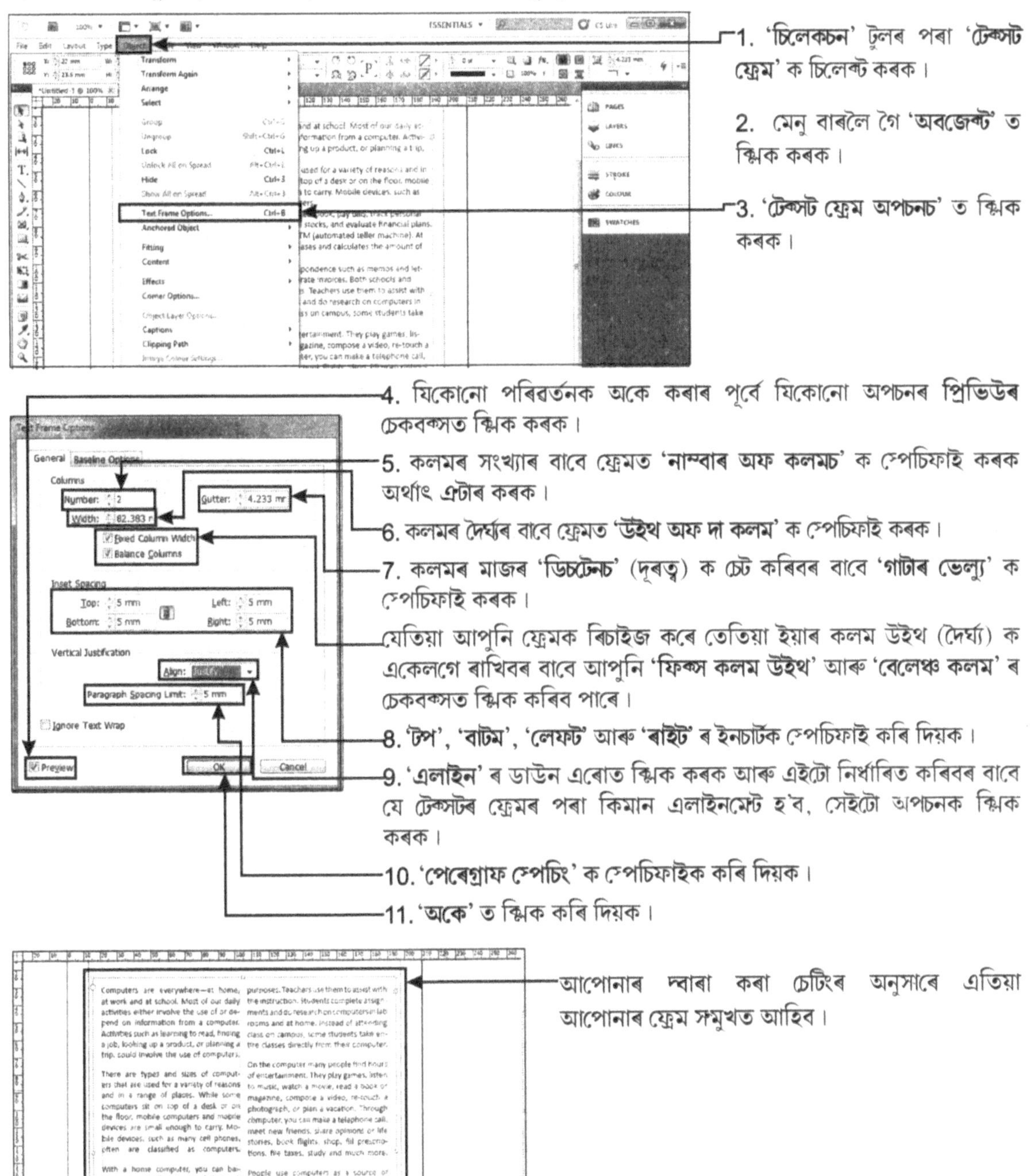

টেক্সটক চিলেক্ট কৰা

ইনডিজাইনত বহুতো কাৰ্য কৰাৰ পূৰ্বে আপুনি সেইটো টেক্সটক চিলেক্ট কৰিব লাগে, যাৰ লগত কাম কৰিব বিচাৰে। চিলেক্ট কৰা টেক্সট আপোনাৰ স্ক্ৰীনত হাইলাইট হয়। প্ৰথম টেক্সট টুলত ক্লিক কৰক।

ৱৰ্ড চিলেক্ট কৰা

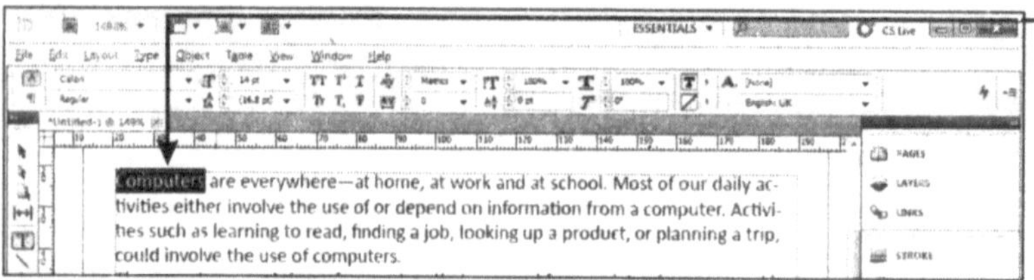

1. যি 'ৱৰ্ড' ক আপুনি চিলেক্ট কৰিব বিচাৰে, তাত 'ডাবল ক্লিক' কৰক। ৱৰ্ড চিলেক্ট হৈ যাব।
2. চিলেক্ট কৰা ৱৰ্ডৰ পৰা আতৰিবৰ বাবে অথবা চেলেকচন আতৰাবৰ বাবে ৱৰ্ডৰ বাহিৰত যিকোনো ঠাইত ক্লিক কৰি দিয়ক।

বাক্যক চিলেক্ট কৰা

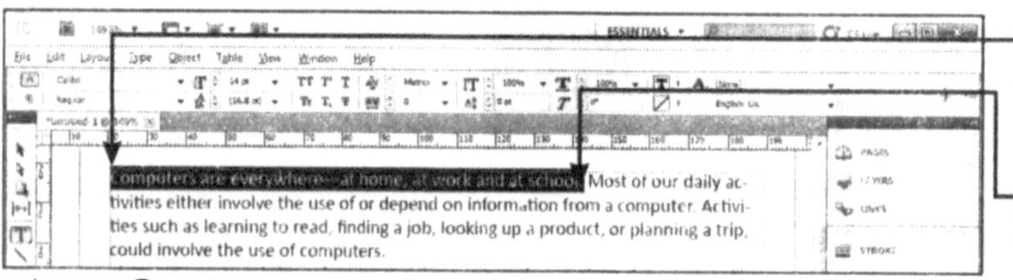

1. যি 'বাক্য' ক আপুনি চিলেক্ট কৰিব বিচাৰে, মাউচৰ পইণ্টাক তাৰ প্ৰথম ৱৰ্ড লৈ লৈ যাওক।
2. মাউচক পইণ্টাৰক দ্ৰেগ কৰি তালৈকে লৈ যাওক, যিমান দূৰলৈকে আপুনি ইয়াক চিলেক্ট কৰিব বিচাৰে।

লাইনক চিলেক্ট কৰা

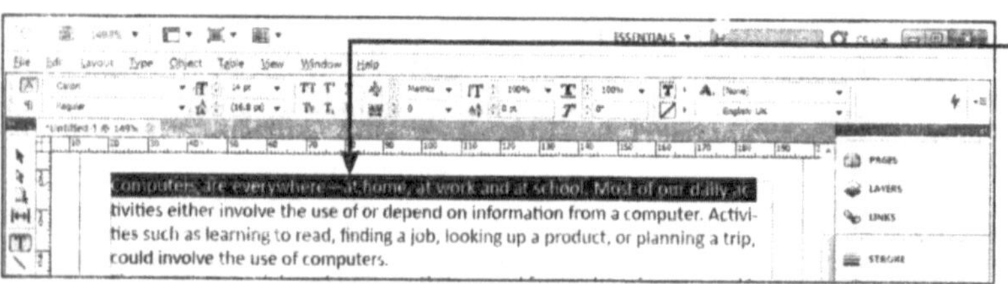

1. যি লাইনক আপুনি চিলেক্ট কৰিব বিচাৰে, মাউচৰ পইণ্টাৰক তাৰ ওপৰত থৈ দিয়ক আৰু লাইনক চিলেক্ট কৰিবৰ বাবে তীব্ৰ গতিৰে 'তিনি বাৰ' টিপক। গোটেই লাইন চিলেক্ট হৈ যাব।

পেৰেগ্ৰাফক চিলেক্ট কৰা

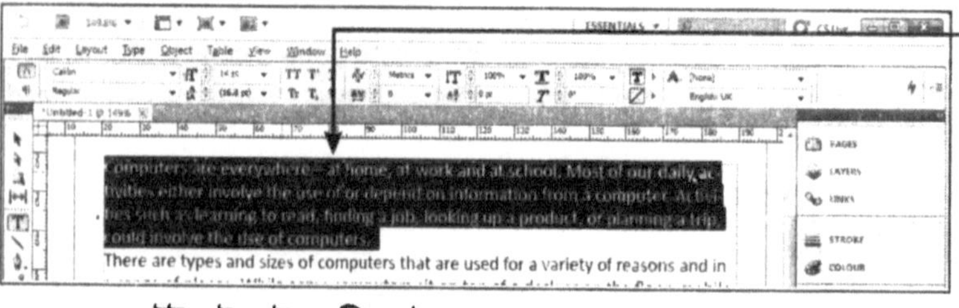

1. যি পেৰেগ্ৰাফক আপুনি চিলেক্ট কৰিব বিচৰে, মাউচৰ পইণ্টাৰক তাৰ ওপৰলৈ লৈ যাওক আৰু তীব্ৰ গতিৰে 'চাৰি বাৰ' সেইটোত ক্লিক কৰি দিয়ক। গোটেই পেৰেগ্ৰাফ চিলেক্ট হৈ যাব।

ফ্ৰেমৰ গোটেই টেক্সটক চিলেক্ট কৰা

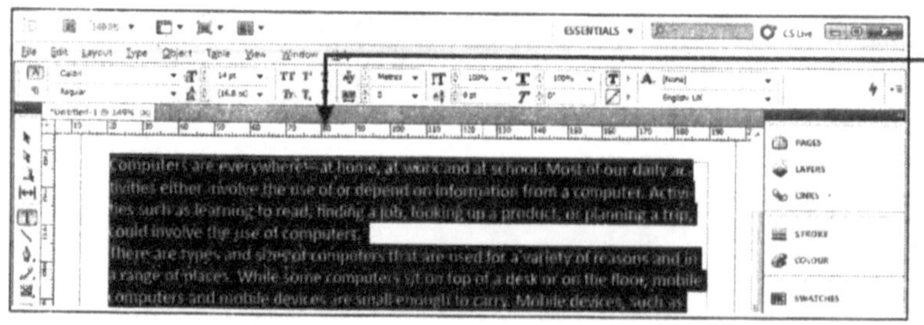

1. মাউচৰ পইণ্টাৰক তাত ফ্ৰেমত লৈ যওক, যাক আপুনি চিলেক্ট কৰিব বিচাৰে আৰু তীব্ৰ গতিৰে 'পাঁচ বাৰ' ক্লিক কৰি দিয়ক। গোটেই ফ্ৰেম চিলেক্ট হৈ যাব।

স্পেলিংক চেক কৰা (ভুলক নিৰীক্ষণ কৰা)

আপোনাৰ ডকুমেন্টত আপুনি গ্ৰামাৰ (ব্যাকৰণ) ৰ অশুদ্ধক বিচাৰি সেইটোক দূৰ কৰিব পাৰে। ৱৰ্ডে আপোনাৰ কম্পিউটাৰত থকা ডিকচনেৰী (শব্দকোষ) ৰ পৰা প্ৰত্যেক ৱৰ্ড (আখৰ) ক মিলাই। যদি সেইটো শব্দ ডিকচনেৰীত থকা শব্দৰ লগত নিমিলে, তেতিয়া এইটোক ভুল শব্দ বুলি কোৱা হয়।

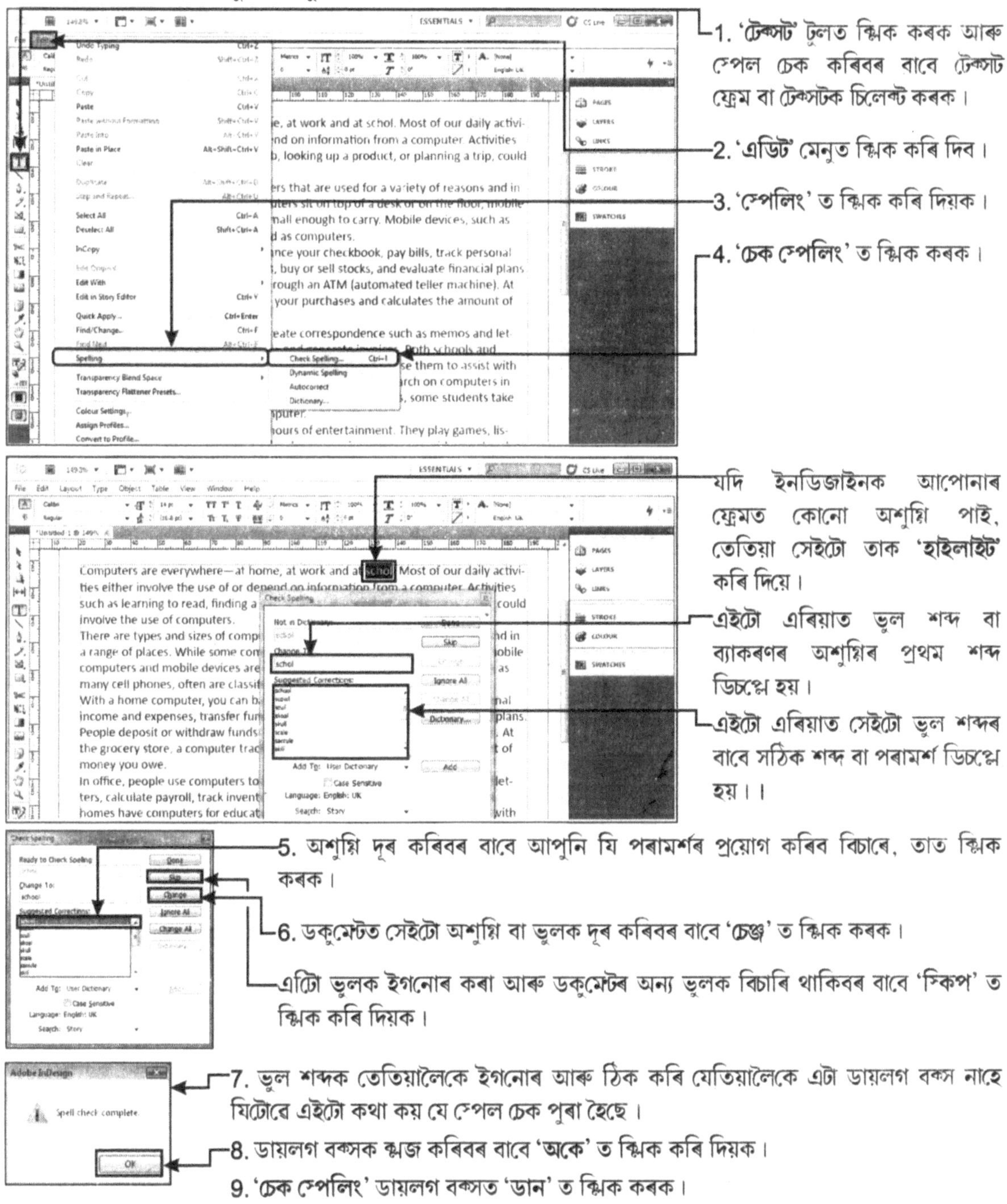

টেক্সটৰ ফন্ট আৰু ফন্ট চাইজক সলনি কৰা

আপোনাৰ ডকুমেন্টক আৰু অধিকা আকৰ্ষিত কৰিবৰ বাবে আপুনি কন্ট্ৰল পেনেলৰ প্ৰয়োগ কৰি টেক্সটৰ ফন্ট আৰু ফন্ট চাইজক পৰিৱৰ্তিত কৰিব পাৰে।

যেতিয়া টেক্সক চিলেক্ট কৰা যায় তেতিয়াহ'লে কন্ট্ৰল পেনেল কেৰেক্টাৰ ফৰ্মেটিঙে কন্ট্ৰলচক ডিচপ্লে কৰে।

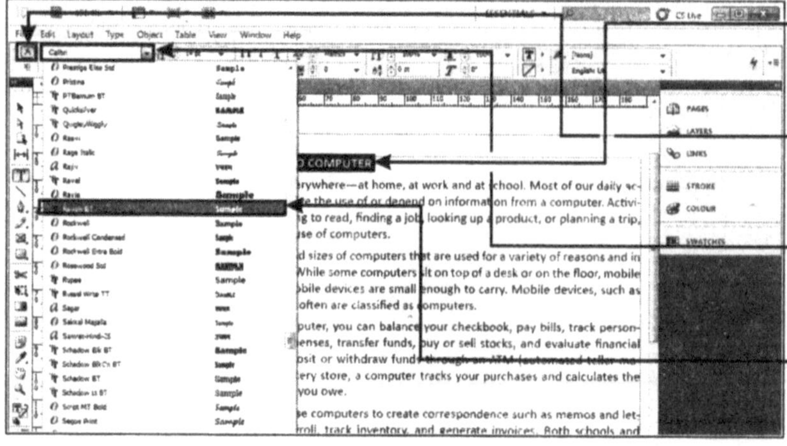

1. যি টেক্সক আপুনি অন্য ফন্টত সলনি কৰিব বিচাৰে, সেটো টেক্সটক চিলেক্ট কৰি লওক।

2. কন্ট্ৰল পেনেললৈ গৈ '**কেৰেক্টাৰ ফৰ্মেটিং কন্ট্ৰলচ**' বাটনত ক্লিক কৰি দিয়ক।

3. আপোনাৰ ওচৰত থকা **ফন্টৰ** লিস্টক চাবৰ বাবে ডাউন এৰো বাটনত ক্লিক কৰি দিয়ক।

4. যি ফন্টক আপুনি প্ৰয়োগ কৰিব বিচাৰে, তাত ক্লিক কৰি দিয়ক।

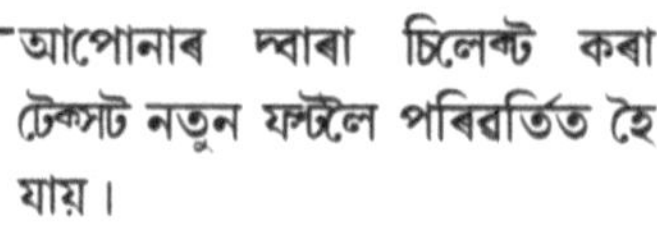

আপোনাৰ দ্বাৰা চিলেক্ট কৰা টেক্সট নতুন ফন্টলৈ পৰিৱৰ্তিত হৈ যায়।

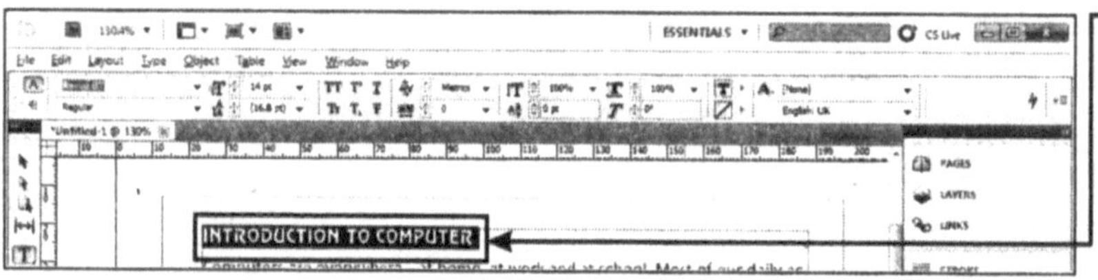

চিলেক্টৰ পৰা আতৰিবৰ বাবে, চিলেক্ট কৰা এৰিয়াৰ পৰা বাহিৰত ক্লিক কৰি দিয়ক।

টেক্সটৰ চাইজ (আকাৰ) সলনি কৰা

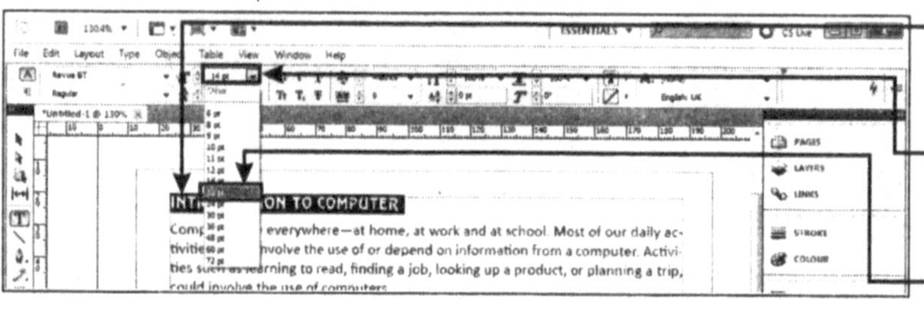

1. যি টেক্সটক আপুনি নতুন চাইজত সলিন কৰিব বিচাৰে, সেইটোক চিলেক্ট কৰক।

2. নিজে নিজে প্ৰাপ্ত কৰা **ফন্ট চাইজৰ** লিস্টক চাবৰ বাবে ডাউন এৰো বাটনত ক্লিক কৰক।

3. যি **চাইজ** (আকাৰ) ক আপুনি প্ৰয়োগ কৰিব বিচাৰে, তাত ক্লিক কৰক।

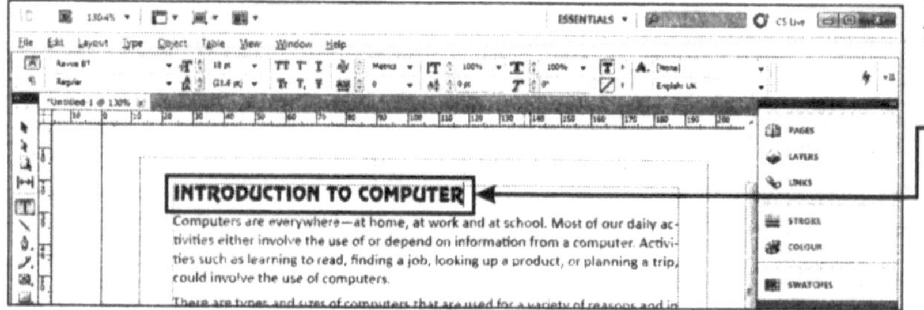

আপোনাৰ দ্বাৰা চিলেক্ট কৰা টেক্সট নতুন ফন্ট চাইজলৈ সলনি হৈ যায়।

টেক্সটক বল্ড, ইটালিক আৰু বল্ড ইটালিক স্টাইললৈ পৰিণত কৰা

আপোনাৰ ডকুমেন্টত ইনফৰমেচনক হাইলাইট কৰিবৰ বাবে আপুনি টেক্সটক বোল্ড, বোল্ড ইটালিকটো পৰিৱৰ্তন কৰিব পাৰে। ডিফল্ট ৰূপত, আপুনি যি টাইপ কৰে, সেইটো ৰোমান স্টাইলত টাইপ হয়।

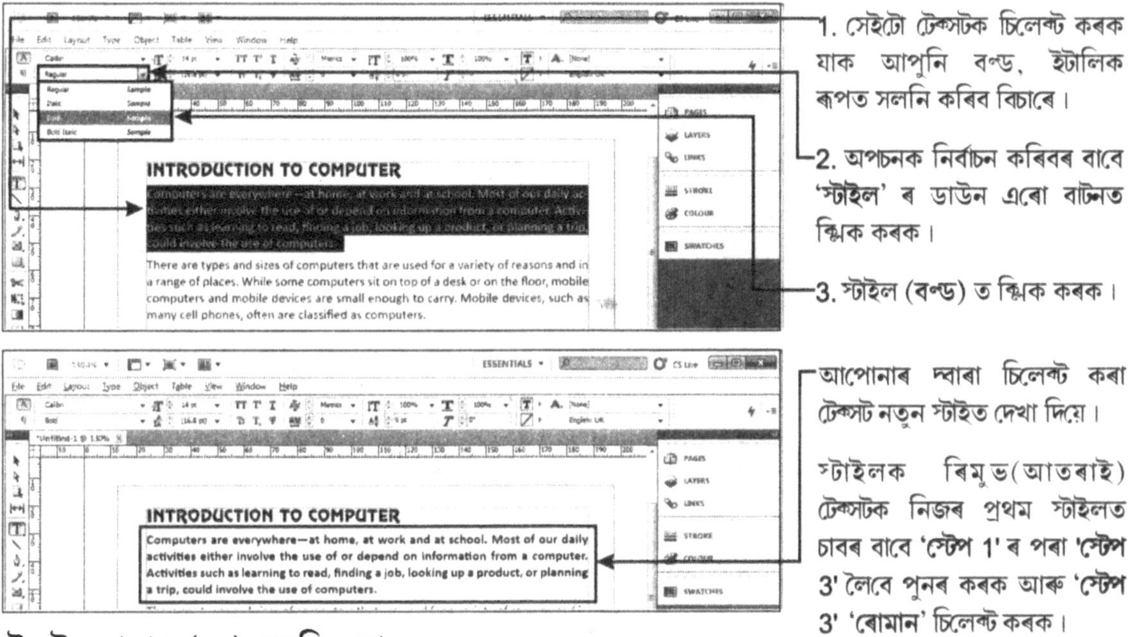

1. সেইটো টেক্সটক চিলেক্ট কৰক যাক আপুনি বল্ড, ইটালিক ৰূপত সলনি কৰিব বিচাৰে।

2. অপচনক নিৰ্বাচন কৰিবৰ বাবে 'স্টাইল' ৰ ডাউন এৰো বাটনত ক্লিক কৰক।

3. স্টাইল (বল্ড) ত ক্লিক কৰক।

আপোনাৰ দ্বাৰা চিলেক্ট কৰা টেক্সট নতুন স্টাইত দেখা দিয়ে।

স্টাইলক ৰিমুভ(আতৰাই) টেক্সটক নিজৰ প্ৰথম স্টাইলত চাবৰ বাবে **'স্টেপ 1' ৰ পৰা 'স্টেপ 3'** লৈবে পুনৰ কৰক আৰু **'স্টেপ 3'** 'ৰোমান' চিলেক্ট কৰক।

টেক্সটৰ কালাৰ (ৰঙ) সলনি কৰা

আপোনাৰ ডকুমেন্টত আপুনি টেক্সটৰ কালাৰো সলনি কৰিব পাৰে। হেডিং আৰু অন্য গুৰুত্বপূৰ্ণ সূচনাত টেক্সটৰ কালাৰ সলনি কৰি আপুনি মানুহৰ ধ্যান তালৈ আকৰ্ষিত কৰিব পাৰে।

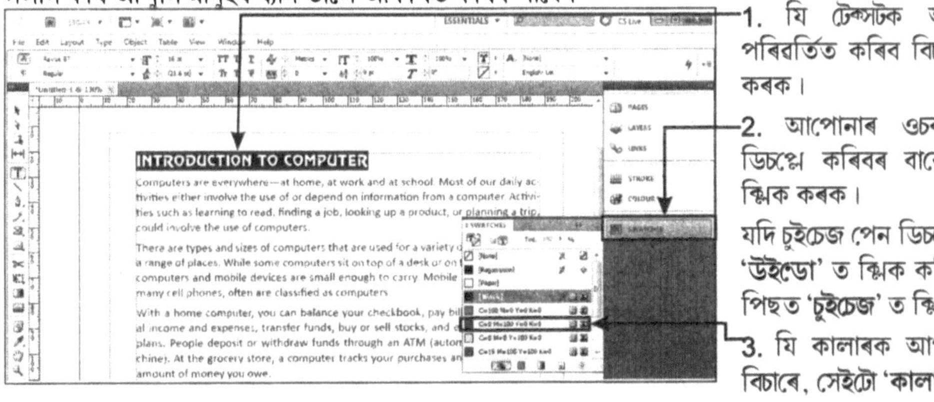

1. যি টেক্সটক আপুনি অন্য ৰংত পৰিৱৰ্তিত কৰিব বিচাৰে, সেইটো চিলেক্ট কৰক।

2. আপোনাৰ ওচৰত থকা কালাৰ্চক ডিচপ্লে কৰিবৰ বাবে **'চুইচেজ পেন'** ত ক্লিক কৰক।

যদি চুইচেজ পেন ডিচপ্লে নহয়, মেনু বাৰত **'উইন্ডো'** ত ক্লিক কৰি দিয়ক আৰু ইয়াৰ পিছত **'চুইচেজ'** ত ক্লিক কৰক।

3. যি কালাৰক আপুনি এপলাই কৰিব বিচাৰে, সেইটো **'কালাৰ'** ত ক্লিক কৰক।

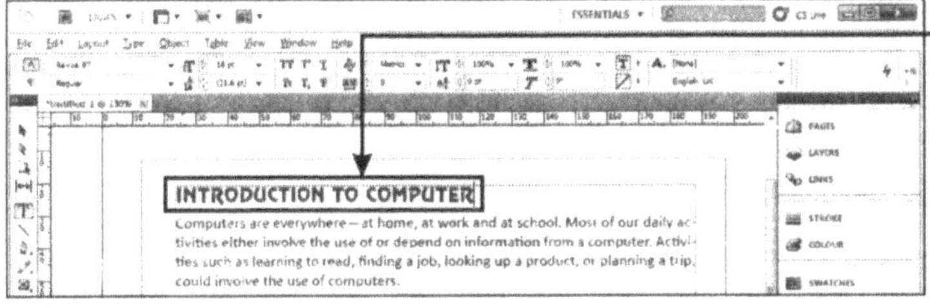

চিলেক্ট কৰা টেক্সট কৰা নতুন কালাৰত ডিচপ্লে হয়।

টেক্সটক আগৰ কালাৰলৈ ঘূৰাই আনিবৰ বাবে, স্টেপ **'1'** ৰ পৰা **'3'** লৈকে পুনৰ কৰক আৰু স্টেপ 3 ত **'ব্লেক'** ত ক্লিক কৰক।

লাইনস্পেচিং (লাইনৰ মাজৰ স্থান) ক সলনি কৰা

আপোনাৰ ডকুমেন্টত আপুনি টেক্সটৰ মাজৰ লাইনৰ মাজৰ স্পেচ (খালি স্থান) কো পৰিৱৰ্তিত কৰিব পাৰে। লাইন স্পেচিংক বঢ়াই আপুনি আপোনাৰ ডকুমেন্টক সহজতে চাব পাৰে আৰু সেইটোক এডিট (সম্পাদিত) ও সহজতে কৰিব পাৰে।

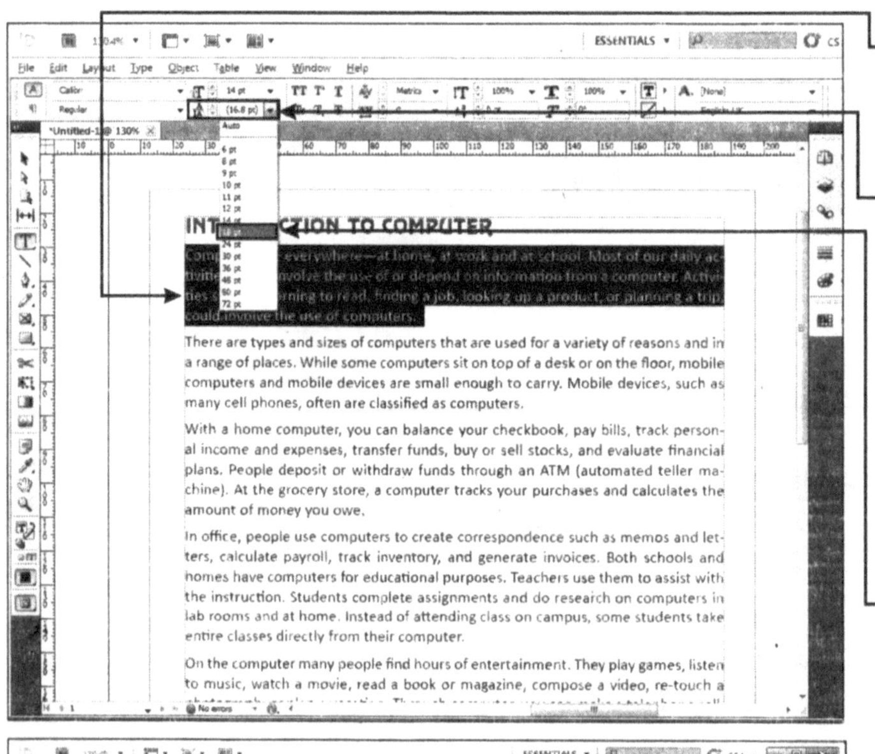

1. সেইটো টেক্সটক চিলেক্ট কৰক য'ত আপুনি লাইনৰ স্পেচক সলনি কৰিব বিচাৰে।

2. ইয়াত থকা 'লাইন স্পেচিং' অপচনক ডিচপ্লে কৰিবৰ বাবে ডাউন এৰো বাটনত ক্লিক কৰক। বা তাত অন্তৰ্ভুক্ত স্পেচ ভেল্যুক চিলেক্ট কৰি অন্য ভেল্যু টাইপ কৰক। আপুনি লিডিং ভেল্যুক 0.001 পইন্টাৰ বৃদ্ধিৰ লগত (0-500 পইন্ট) লৈকে টাইপ কৰিব পাৰে।

3. যি লাইন স্পেচিং অপচনক আপুনি ব্যৱহাৰ কৰিব বিচাৰে, তাত ক্লিক কৰি দিয়ে।

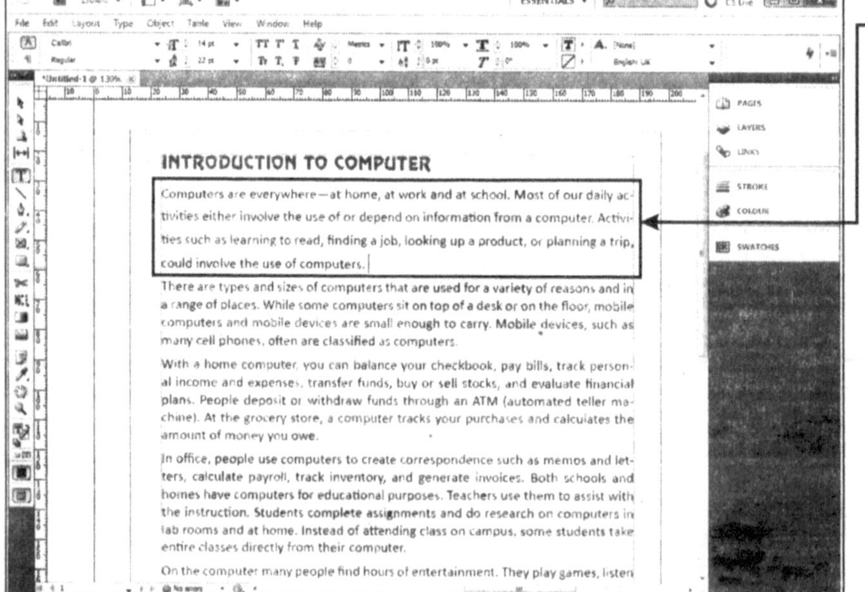

চিলেক্ট কৰা টেক্সট নতুন লাইন স্পেচিংৰ লগত ডিচপ্লে হয়।

চিলেক্ট কৰা টেক্সটৰ পৰা আতৰিবৰ বাবে চিলেক্টেড এৰিয়াৰ পৰা বাহিৰত ক্লিক কৰি দিয়ক।

টেক্সটৰ কেচক সলনি কৰা

ডকুমেন্টত টেক্সটক আকৌ এবাৰ টাইপ নকৰাকেও আপুনি টেক্সটৰ কেচক সলনি কৰিব পাৰে। ইনডিজাইনত আপুনি চাৰিটা কেচ ডিজাইন প্ৰাপ্ত কৰিব। (যেনে-আপাৰ কেচ, লৱাৰ কেচ, টাইটল কেচ আৰু চেন্টেন্চ কেচ)।

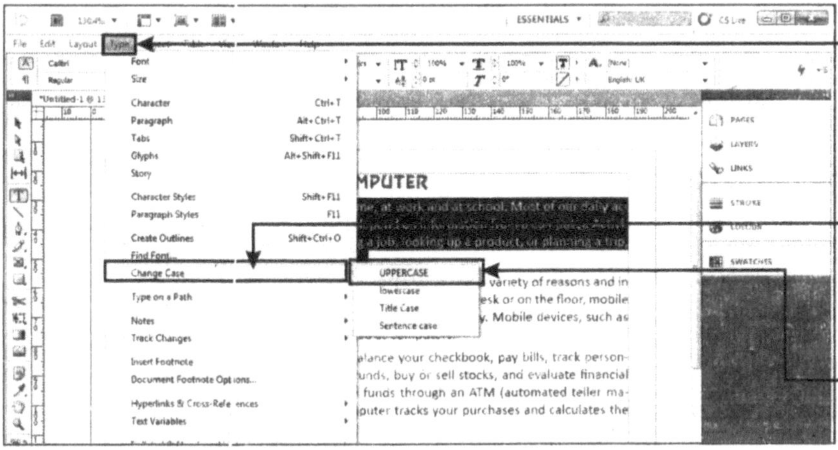

1. যি টেক্সটক আপুনি নতুন কেচ স্টাইলত পৰিৱৰ্তন কৰিব বিচাৰে, প্ৰথমে সেইটোক চিলেক্ট কৰক।
2. মেনু বাৰলৈ গৈ '**টাইপ**' ত ক্লিক কৰক।
3. 'চেঞ্জ কেচ' ত ক্লিক কৰক।
4. যি কেচক আপুনি এপলাই কৰিব বিচাৰে, তাত ক্লিক কৰক।

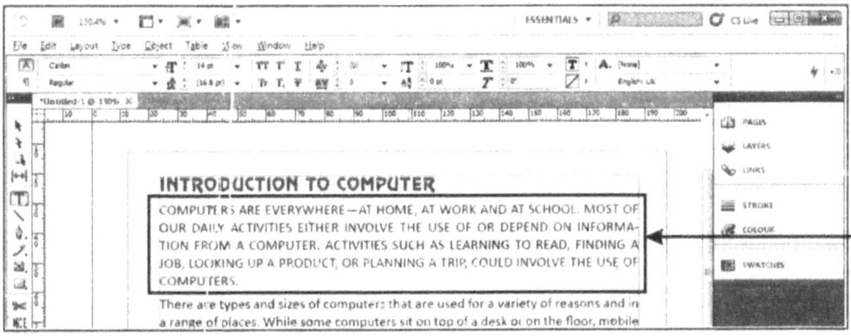

আপোনাৰ দ্বাৰা চিলেক্ট কৰা টেক্সট '**নতুন কেচ স্টাইল**' লৈ পৰিৱৰ্তন হৈ যায়।

টেক্সটৰ পৰা আতৰিবৰ বাবে চিলেক্ট কৰা এৰিয়াৰ বাহিৰত ক্লিক কৰক।

আখৰক কেপচ আৰু স্মলৰ স্পেচলৈ সলনি কৰা

কন্ট্ৰল পেলেটলৈ গৈ টেক্সটক অল কেপচ আৰু স্মল কেপচত সলনি কৰিব পাৰে। টেক্সটত অলপ কেপচ আৰু স্মল কেচত এপলাই কৰিলে টেক্সটৰ কেচ সলনি নহয়, কেৱল প্ৰস্তুতি (এপিয়াৰেঞ্চ) সলনি হৈ যায়।

1. সেই টেক্সটক চিলেক্টক কৰা যাক আপুনি নতুন স্টাইলত পৰিৱৰ্তন কৰিব বিচাৰে।
2. নিম্নলিখিতৰ ভিতৰত যিকোনো এটা বাটনত ক্লিক কৰক।

টেক্সট এতিয়া 'স্মল কেপচ' ত দেখা দিয়ে।

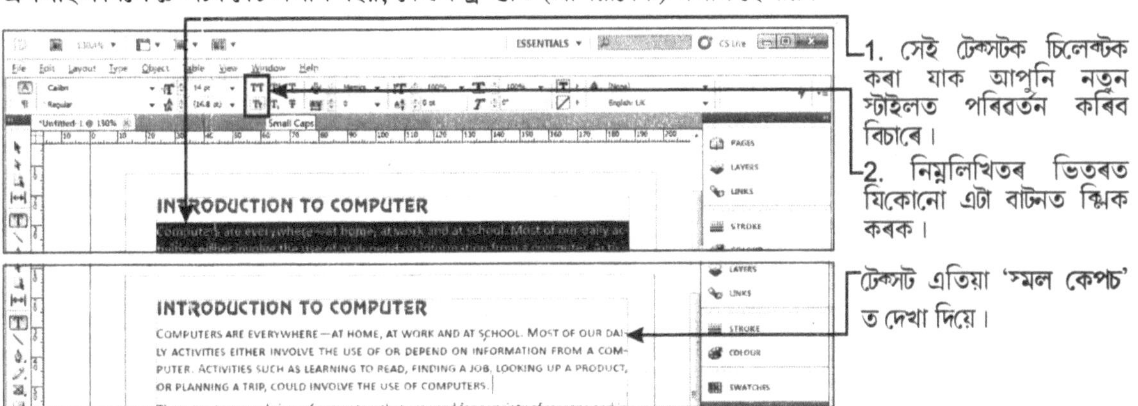

আখৰক চুপাৰ স্পিপ্ট আৰু চাবস্পিকপ্টলৈ পৰিৱৰ্তন কৰা

আপুনি কন্ট্ৰল পেলেটৰ পৰা টেক্সটক চুপাৰস্ক্ৰিপট আৰু চাবস্ক্ৰিপটো সলনি কৰিব পাৰে।

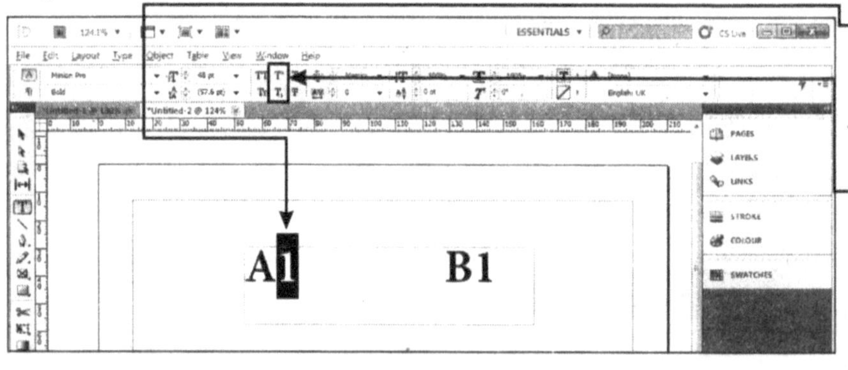

1. সেইটো টেক্সটক চিলেক্ট কৰক যাক আপুনি 'চুপাৰস্ক্ৰিপট' বা 'চাবস্ক্ৰিপট' লৈ পৰিৱৰ্তন কৰিব বিচাৰে।

2. নিম্নলিখিতৰ ভিতৰত কোনো এটা বাটনত ক্লিক কৰক।

চুপাৰস্ক্ৰিপট (T^1)

চাবস্ক্ৰিপট (T_1)

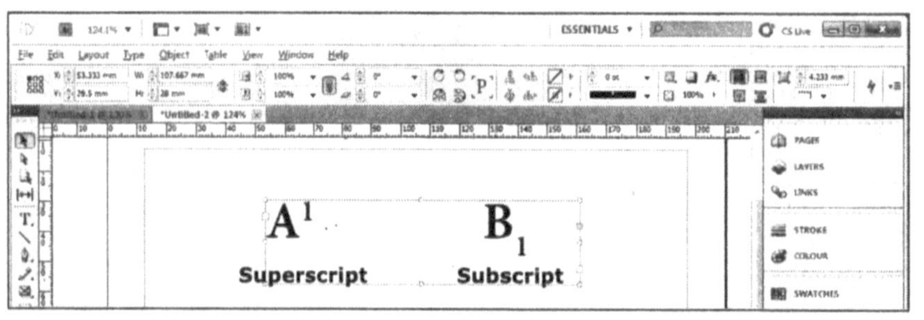

আপোনাৰ দ্বাৰা চিলেক্ট কৰা টেক্সট নতুন স্টাইললৈ সলনি হৈ যায়।

চিলেক্ট কৰা টেক্সটৰ পৰা আতৰিবৰ বাবে সেইটো চিলেকচনৰ বাহিৰত য'তে-তেতে ক্লিক কৰি দিয়ক।

কেৰেক্টাৰ (আখৰ) ক আণ্ডাৰলাইন আৰু স্ট্ৰাইক থ্ৰোলৈ সলনি কৰা

কন্ট্ৰল পেলেটৰ আপুনি কেৰেক্টাৰক আণ্ডাৰলাইন আৰু স্ট্ৰাইক থ্ৰোত সলনি কৰিব পাৰে।

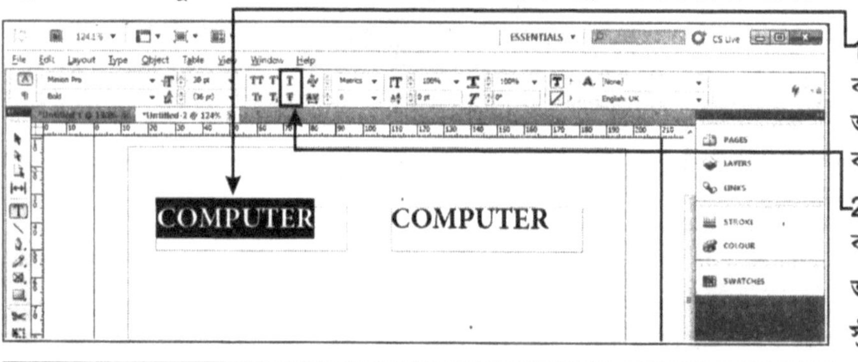

1. সেইটো টেক্সটক চিলেক্ট কৰা, যাক আপুনি আণ্ডাৰলাইন বা স্ট্ৰাইক থো কৰিব বিচাৰে।

2. নিম্নলিখিতৰ ভিতৰত এটা বাটনত ক্লিক কৰক।

আণ্ডাৰলাইন (T)

স্ট্ৰাইক থ্ৰো (T)

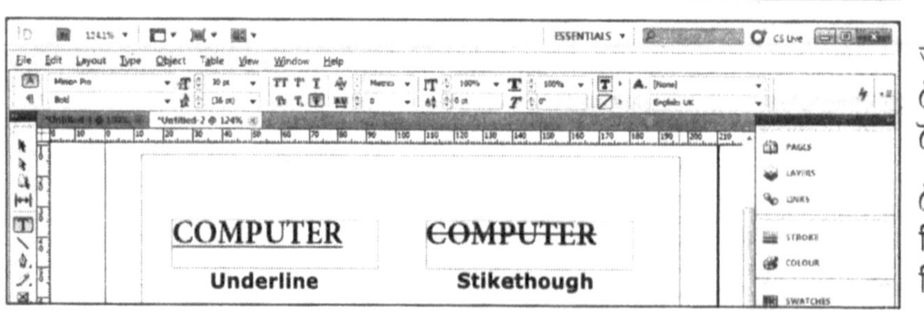

আপোনাৰ দ্বাৰা চিলেক্ট কৰা টেক্সট নতুন স্টাইললৈ সলনি হৈ যাব।

টেক্সটৰ পৰা আতৰিবৰ বাবে চিলেক্ট কৰা এৰিয়াৰ বাহিৰত ক্লিক কৰি দিয়ক।

কন্ট্ৰল পেলেটৰ পৰা এলাইমেন্টে সলনি কৰা

আপোনাৰ ডকুমেন্টৰ প্ৰস্তুতিকৰণ আৰু শ্ৰেষ্ঠ কৰিবৰ বাবে আপুনি টেক্সটক কেইবা ধৰণৰ এলাইন (সলনি) কৰিব পাৰে।

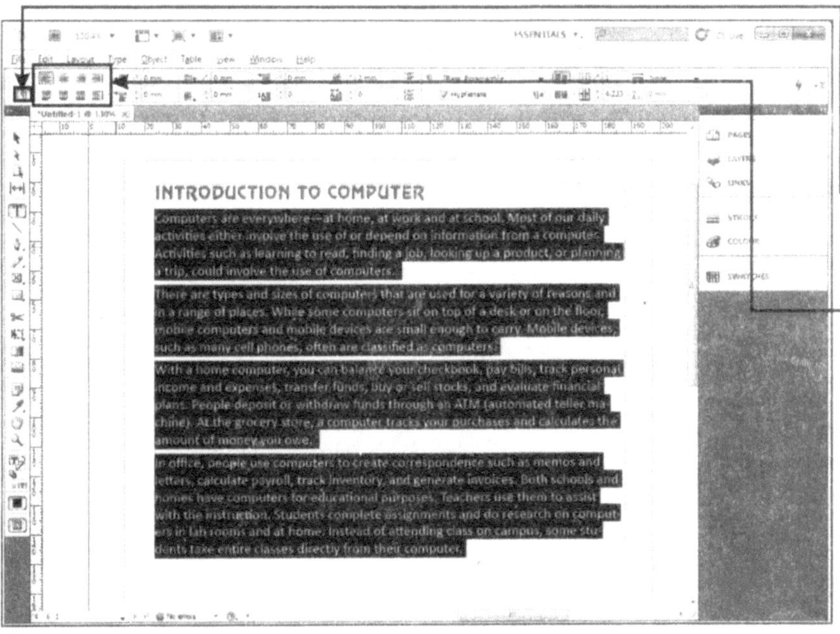

1. যি টেক্সটৰ 'এলাইনমেন্ট' আপুনি সলনি কৰিব বিচাৰে, প্ৰথমে সেইটো ক্লিক কৰি লওক।
2. কন্ট্ৰল পেলেটলৈ গৈ 'পেৰেগ্ৰাফ ফৰ্মেটিং কন্ট্ৰলচ' ৰ বাটনত ক্লিক কৰি দিয়ক।
3. নিম্নলিখিতৰ যিকোনো বাটনত ক্লিক কৰক।

( ) এলাইন লেফট
( ) চেন্টাৰ
( ) এলাইন ৰাইট
( ) জাস্টিফাই উইদ লাস্ট লাইন এলাইন লেফট
( ) জাস্টিফাই উইদ লাস্ট লাইন এলাইন চেন্টাৰ
( ) জাস্টিফাই উইদ লাস্ট লাইন এলাইন ৰাইট

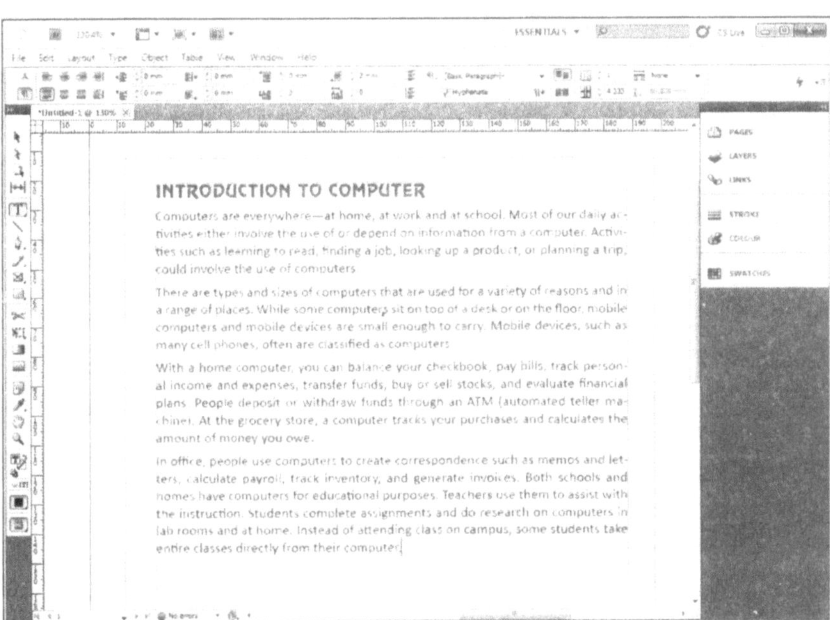

আপুনি যি টেক্সট চিলেক্ট কৰিছে, সেইটো এতিয়া নতুন এলাইমেন্ট স্টাইলত ডিচপ্লে হ'ব ধৰে।

টেক্সটৰ আতৰিবৰ বাবে চিলেক্ট কৰা এৰিয়াৰ বাহিৰৰ যিকোনো ঠাইত ক্লিক কৰি দিয়ে।

এইটো উদাহৰণত আমি জাস্টিফাই উইদ লাস্ট লাইন এলাইন লেফটৰ নিৰ্বাচন কৰা হৈছে।

টেবল ক্ৰিয়েট (প্ৰস্তুত) কৰা

ডকুমেন্টৰ সকলো সূচনাক স্পষ্ট আৰু ভালদৰে ডিচপ্লে কৰিবৰ বাবে আপুনি ইয়াত টেবলটো ক্ৰিয়েট কৰিব পাৰে।

টেবুল সেই বাকাচৰ গ্ৰিড থাকে যিটো কলম আৰু ৰো ৰে নিৰ্মিত হয় (স্প্ৰেডশ্চিটৰ দৰে)। ইয়াত নিৰ্মিত চেল এক টেক্সট ফ্ৰেমৰ দৰে হয়, য'ত আপুনি টেক্সটক টাইপ কৰিব পাৰে। আপুনি ৰো (পংক্তি) ৰ উচ্চতা আৰু কলমৰ উইথ (দৈৰ্ঘ্য) ক সলনিও কৰিব পৰা যায়। ইয়াৰ বাদেও ৰো আৰু কলমৰ বাবে বিভিন্ন ৰঙকো এপলাই কৰিব পাৰে।

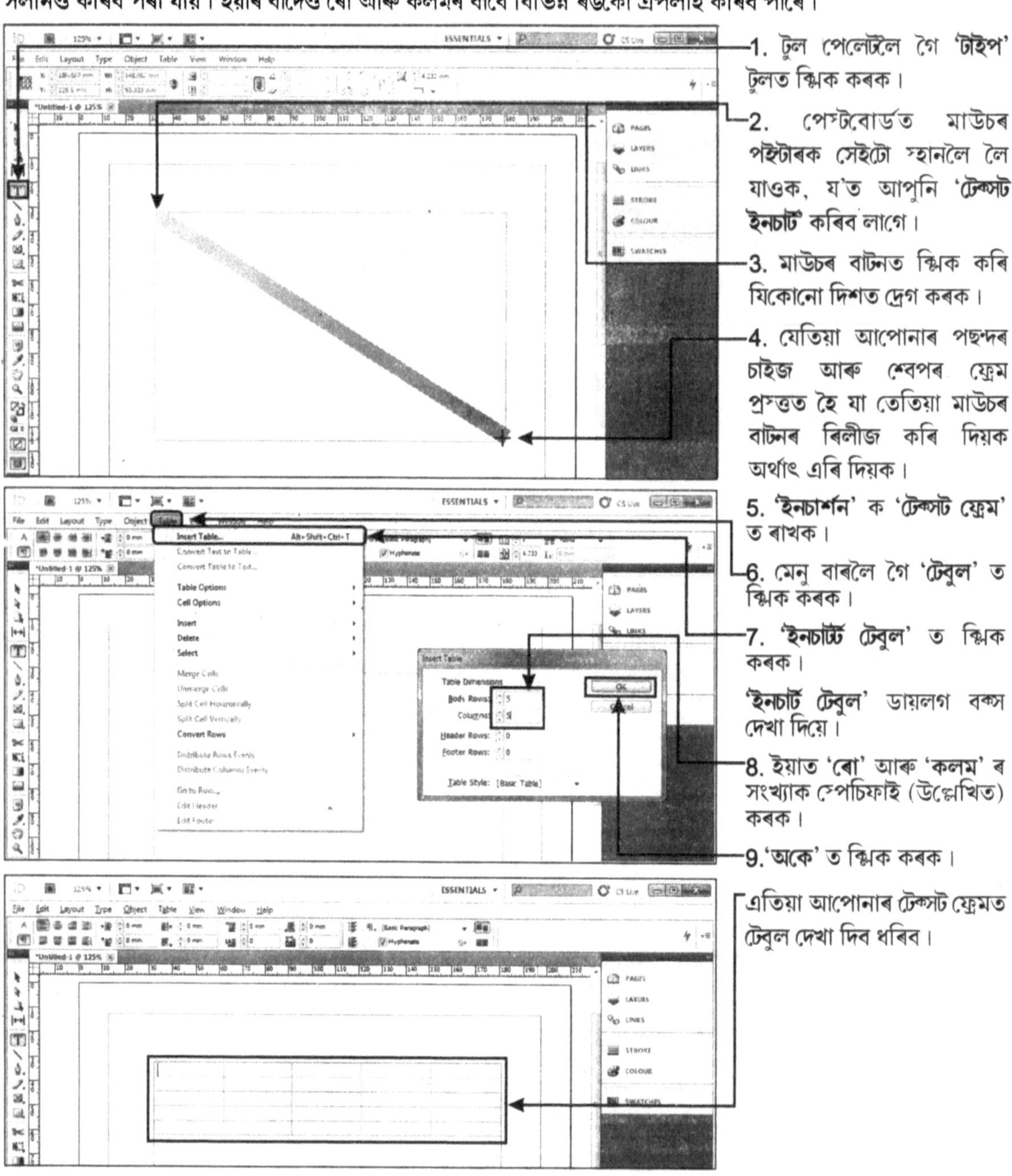

টেবুলত টেক্সটক এড (অন্তৰ্ভুক্ত) কৰা

আপুনি টেবুলৰ চেলত টেক্সট অন্তৰ্ভুক্ত কৰিব পাৰে। টেক্সটক অন্তৰ্ভুক্ত কৰিবৰ বাবে টাইপ কৰক, পেস্ট কৰক বা এইটোক য'তে-ততে প্লেচ কৰি দিয়ক অৰ্থাৎ উঠাই থৈ দিয়ক।

টেক্সটৰ অতিৰিক্ত লাইনৰ অনুসাৰে পংক্তিৰ উচ্চতাও বাঢ়ি যায়। আপুনি ইয়াত টেক্সট বা গ্ৰাফিক্সক অন্তৰ্ভুক্ত কৰিব পাৰে বা কোনো অন্য চফটৱেয়ৰ প্ৰগ্ৰেমৰ পৰাও ইয়াত টেক্সটক পেস্ট কৰিব পাৰে।

টেবুলত টেক্সটক এড (ৰ্শ্বা অন্তৰ্ভুক্ত কৰা অথবা একেলগ) কৰা

1. **'টাইপ'** টুলত ক্লিক কৰক।
2. ইনচাৰ্শন পইন্টক কোনো চেলত থওক আৰু টেক্সটক টাইপ কৰা আৰম্ভকৰি দিয়েক।
3. চেলত নতুন পেৰেগ্ৰাফ প্ৰস্তুত কৰিবৰ বাবে **'এন্টাৰ'** বাটন টিপক।
4. ইনচাৰ্শন পইন্টক আগ বা পিছ চেললৈ লৈ যাবৰ বাবে **'টেব'** বা **'শ্বিফট্+টেব'** বাটনক টিপক।

অন্য চফট্‌ৱেয়ৰত প্ৰগ্ৰেমেৰে টেক্সট লোৱা

1. ইনচাৰ্শন পইন্টক চেলত সেইটো স্হানত থওক য'ত আপুনি টেক্সটক এড কৰিব বিচাৰে।
2. **'মেনু'** বাৰলৈ গৈ ফাইলত ক্লিক কৰি দিয়ক।
3. **'প্লেচ'** ত ক্লিক কৰি দিয়ক।
4. সেইটো ফাইললৈ যাওক যৰ পৰা আপুনি টেক্সটক ইনচাৰ্ট কৰিব বিচাৰে।
5. সেইটো টেক্সট ফাইলত ডাবল ক্লিক কৰক, সেইটো টেক্সট ফাইল চেলত ইনচাৰ্ট হৈ যাব।

টেবুলত পংক্তি আৰু কলমক ইনচাৰ্ট (একেলগ) কৰা

টেবুলত আপুনি পংক্তি আৰু কলমৰ সংখ্যাক বঢ়াব-কমাবও পাৰে।

টেবুলত পংক্তিক বঢ়োৱা ঃ

1. য'ত আপুনি নতুন পংক্তিক দেখুৱাব বিচাৰে, ইনচাৰ্শন পইন্টক সেইটো ৰো (পংক্তি) ৰ ওপৰ বা তললৈ লৈ যাওক।
2. মেনু বাৰলৈ গৈ **'টেবুল'** ত ক্লিক কৰক।
3. **'ইনচাৰ্ট'** ত ক্লিক কৰি দিয়ক।
4. **'ৰো'** ত ক্লিক কৰি দিয়ক।
5. **'নম্বৰ অফ ৰো'** অৰ্থাৎ যিমান পংক্তিক আপুনি ইনচাৰ্ট কৰিব বিচাৰে, সেইটোক স্পেচিফাই কৰক অৰ্থাৎ সেইটোক স্পেচিফাই কৰক অৰ্থাৎ তাৰ উল্লেখ কৰি দিয়ক।
6. নতুন ৰো য়ে আপোনাৰ বৰ্তমান পংক্তিৰ ওপৰত বা তলত দেখা দিয়ক, এইটোও স্পেচিফাই (নিৰ্ধাৰিত) কৰক।
7. **'অকে'** ত ক্লিক কৰি দিয়ক।

টেবুলত কলমক অন্তৰ্ভুক্ত কৰা ঃ

1. য'ত আপুনি নতুন কলমক চাব বিচাৰে অৰ্থাৎ অন্তৰ্ভুক্ত কৰিব বিচাৰি, তেতিয়া ইনচাৰ্শন পইন্টক তাৰ পৰা বেলেগ কলমত লৈ যাওক।
2. মেনু বাৰত গৈ **'টেবুল'** ত ক্লিক কৰক। আৰু ইয়াৰ পিছত **'ইনচাৰ্ট'** আৰু ইয়াৰ পিছত **'কলম'** ত ক্লিক কৰি দিয়ক।
3. যিমান কলম আপুনি অন্তৰ্ভুক্ত কৰিব বিচাৰে, সেইবিলাক ইয়াত স্পেচিফাই কৰি দিয়ক অৰ্থাৎ তাৰ উল্লেখ কৰি দিয়ক।
4. এইটোও স্পেচিফাই কৰি দিয়ক যে অন্তৰ্ভুক্ত কৰা নতুন কলম কাৰেন্ট (বৰ্তমান) কলমৰ **'বাওঁফালে'** আৰু **'সোঁফালে'** ডিচপ্লে হ'ব।
5. **'অকে'** ত ক্লিক কৰি দিয়ক।

গ্ৰাফিক ফ্ৰেমক প্ৰস্তুত কৰা

গ্ৰাফিক ফ্ৰেমৰ প্ৰয়োগ কৰি অন্য চফটৱেৰৰ প্ৰগ্ৰেমেৰে পিকচাৰক ইমপোৰ্ট (প্ৰাপ্ত কৰা) ত কৰা যায়।

ইনডিজাইনত ইমপোৰ্ট কৰা সকলো পিকচাৰ্চ গ্ৰাফিক ফ্ৰেমত থাকে।

গ্ৰাফিক ফ্ৰেমক প্ৰস্তুত কৰিবৰ বাবে টুল পেলেটত তিনিটা টুল অন্তৰ্ভুক্ত থাকে।

- **ইলিপচ ফ্ৰেম ঃ** এইটো টুলৰ পৰা আপুনি গোলাকাৰ বা অণ্ডাকাৰ ফ্ৰেম প্ৰস্তুত কৰিব পাৰে।
- **ৰেক্টেংগল ফ্ৰেম ঃ** এইটো টুলৰ পৰা আপুনি আয়তাকাৰ বা বৰ্গাকাৰ ফ্ৰেম প্ৰস্তুত কৰিব পাৰে।
- **পলিগন ফ্ৰেম ঃ** এইটো টুলৰ পৰা আপুনি সমভূজ বা বহুভূজ (কোনো ভূজা) ফ্ৰেম প্ৰস্তুত কৰিব পাৰে।

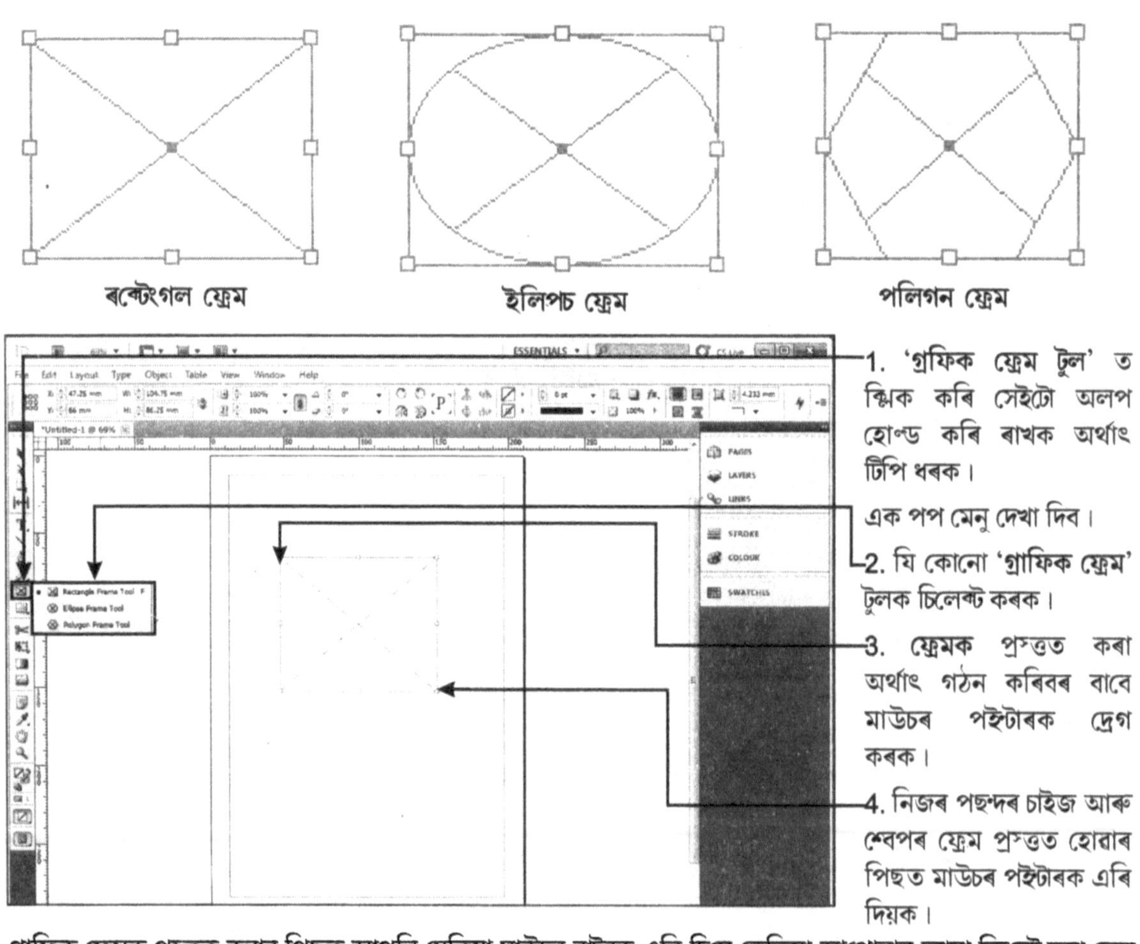

ৰেক্টেংগল ফ্ৰেম

ইলিপচ ফ্ৰেম

পলিগন ফ্ৰেম

1. 'গ্ৰফিক ফ্ৰেম টুল' ত ক্লিক কৰি সেইটো অলপ হোল্ড কৰি ৰাখক অৰ্থাৎ টিপি ধৰক।

   এক পপ মেনু দেখা দিব।
2. যি কোনো 'গ্ৰাফিক ফ্ৰেম' টুলক চিলেক্ট কৰক।
3. ফ্ৰেমক প্ৰস্তুত কৰা অৰ্থাৎ গঠন কৰিবৰ বাবে মাউচৰ পইন্টাৰক দ্ৰেগ কৰক।
4. নিজৰ পছন্দৰ চাইজ আৰু শ্বেপৰ ফ্ৰেম প্ৰস্তুত হোৱাৰ পিছত মাউচৰ পইন্টাৰক এৰি দিয়ক।

গ্ৰাফিক ফ্ৰেমক প্ৰস্তুত কৰাৰ পিছত আপুনি যেতিয়া মাউচৰ বাটনক এৰি দিয়ে তেতিয়া আপোনাৰ দ্বাৰা ক্ৰিয়েট কৰা ফ্ৰেম এক্টিভহৈ যায়। এইটো চিলেকচন টুল আগৰ পৰাই চিলেক্ট কৰা হৈছিল, তেতিয়া ফ্ৰেমে ইয়াৰ লগত বাকচত ডিচপ্লে হ'ব, য'ত আঠটা হেণ্ডেল থাকিব। ইয়াৰ সহায়েৰে আপুনি বাকচ বা ফ্ৰেম বা চাইজ (আকাৰ) আৰু শ্বেপ (আকৃতি) ক সলনি কৰিব পাৰিব।

গ্ৰাফিক ফ্ৰেমত পিকচাৰক ইনচাৰ্ট কৰা

গ্ৰাফিক ফ্ৰেমৰ প্ৰয়োগ অন্য চফটৱেয়ৰ প্ৰগ্ৰেমেৰে পিকচাৰ্চক ইমপোৰ্ট (লোৱা অথবা প্ৰাপ্ত কৰা) ত কৰা যায়। আপুনি এইটো ফ্ৰেমত পিকচাৰক ইনচাৰ্ট (অন্তৰ্ভুক্ত) কৰি পাৰে।

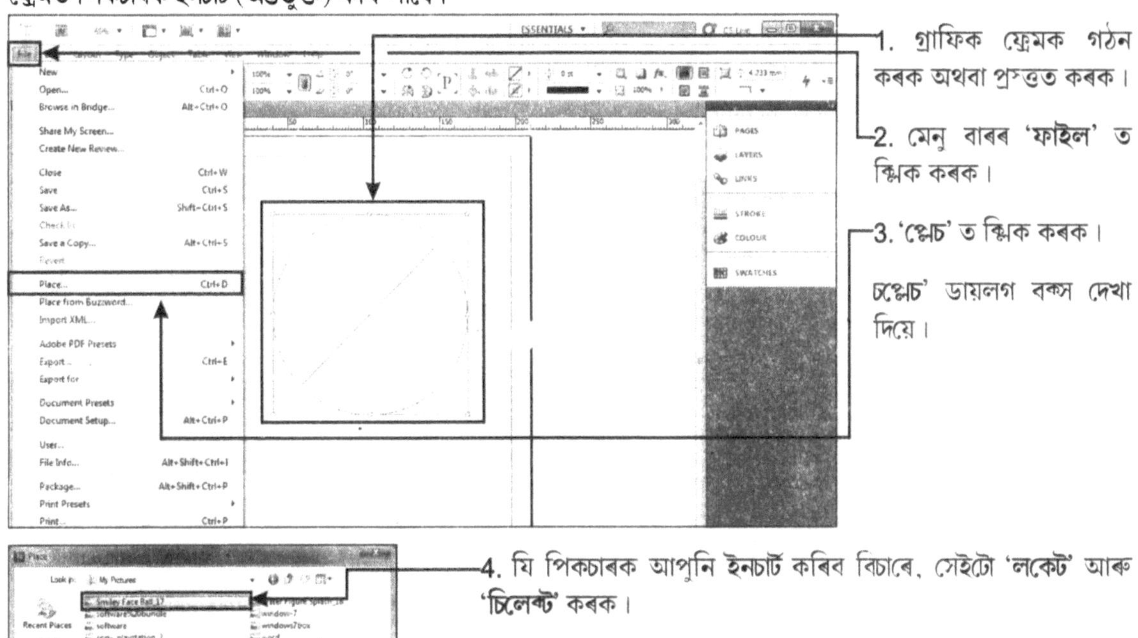

1. গ্ৰাফিক ফ্ৰেমক গঠন কৰক অথবা প্ৰস্তুত কৰক।
2. মেনু বাৰৰ 'ফাইল' ত ক্লিক কৰক।
3. 'প্লেচ' ত ক্লিক কৰক।

চপ্লেচ' ডায়লগ বক্স দেখা দিয়ে।

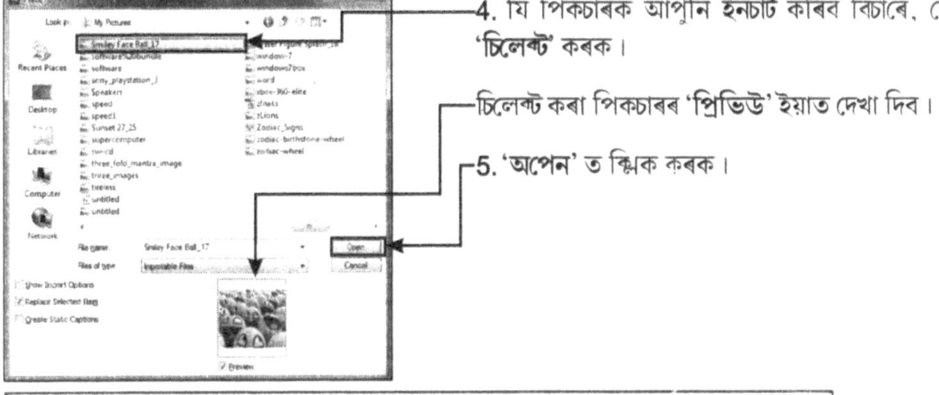

4. যি পিকচাৰক আপুনি ইনচাৰ্ট কৰিব বিচাৰে, সেইটো 'লকেট' আৰু 'চিলেক্ট' কৰক।

চিলেক্ট কৰা পিকচাৰৰ 'প্ৰিভিউ' ইয়াত দেখা দিব।

5. 'অপেন' ত ক্লিক কৰক।

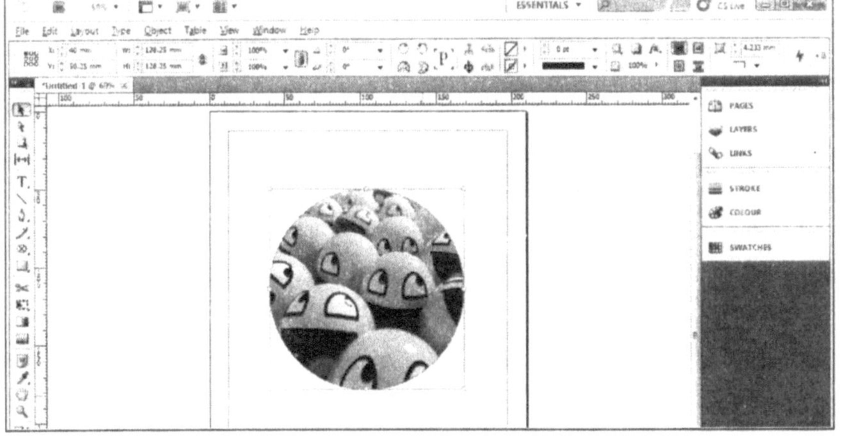

এতিয়া সেইটো পিকচাৰ আপুনি গ্ৰাফিক ফ্ৰেমত দেখা দিব।

লাইন টুলৰ পৰা স্টেট (চিধা) লাইনক ড্ৰ (টনা) কৰা

লাইন টুলৰ সহায়েৰে আপুনি আপোনাৰ ডকুমেন্টত একেবাৰে চিধা লাইন টানিব পাৰে।

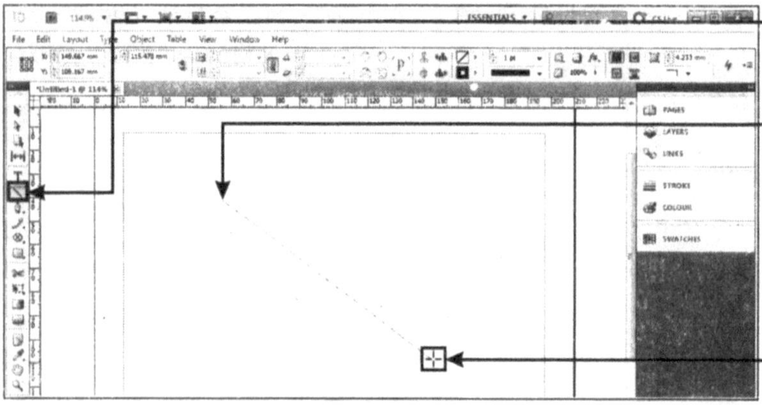

1. টুল বক্সলৈ গৈ 'লাইন' টুলত ক্লিক কৰক।

2. মাউচৰ পইণ্টাৰক আপোনাৰ আৰ্টৱৰ্ক (কলাকৃতি অথবা য'ত কাম কৰিব বিচাৰে) ত থৈ দিয়ক।

3. মাউচক ক্লিক কৰি দ্ৰেগ কৰক।

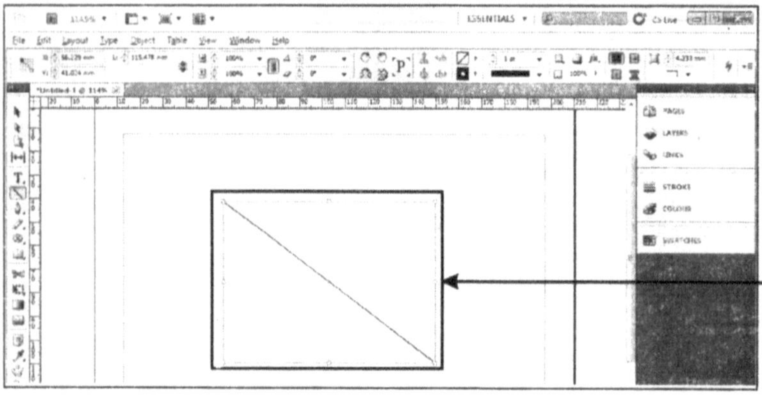

4. মাউচক এৰি দিয়ক।

এক এক্টিভলাইন দেখা দিব ধৰে য'ত চাৰিটা বা এটা বক্স থাকে, য'ত আঠটা হেণ্ডেল থাকে বা সেইটো লাইনৰ দুয়ো কিনাৰত এংকৰ পইণ্ট থাকে।

লাইনৰ (স্ট্ৰক) শকত পৰিৱৰ্তিত কৰা

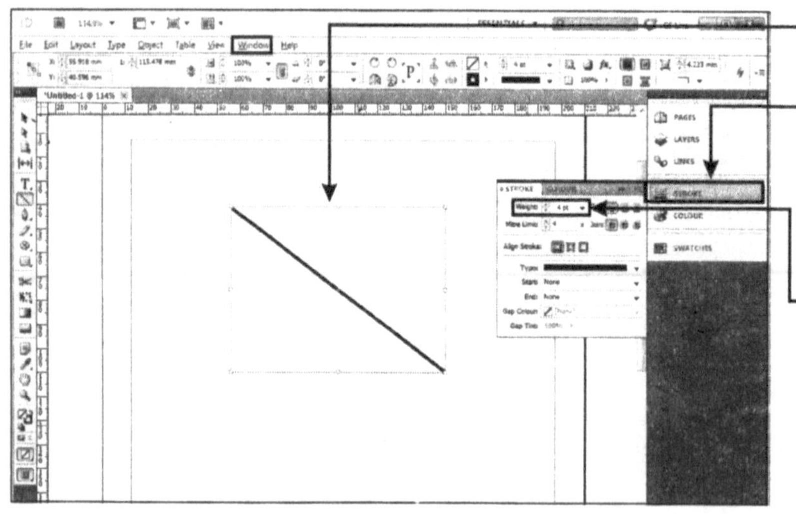

1. চিলেকচন টুলৰ দ্বাৰা 'লাইন' ক চিলেক্ট কৰি লোৱা।

2. 'স্ট্ৰক পেন' ত ক্লিক কৰক।

যদি স্ট্ৰক পেন ডিচপ্লে নহয় তেতিয়া মেনু বাৰলৈ গৈ 'উইণ্ডো' ত ক্লিক কৰক আৰু ইয়াৰ পিছত 'স্ট্ৰক' ত ক্লিক কৰি দিয়ক।

3. উইথ (বহল) ফীল্ডলৈ গৈ লাইনৰ বাবে 'নিউ উইথ' টাইপ কৰি দিয়ক।

4. 'এণ্টাৰ' বাটনক টিপি দিয়ক।

লাইনে এতিয়া আপোনাৰ নতুন বহলত ডিচপ্লে হ'ব।

লাইনৰ টাইপ (প্ৰকাৰ) পৰিবৰ্তন কৰা

1. 'চিলেকচন' টুলৰ প্ৰয়োগ কৰি 'লাইন' ক চিলেক্ট কৰি লওক।

2. 'স্ট্ৰক পেন' ত ক্লিক কৰক।

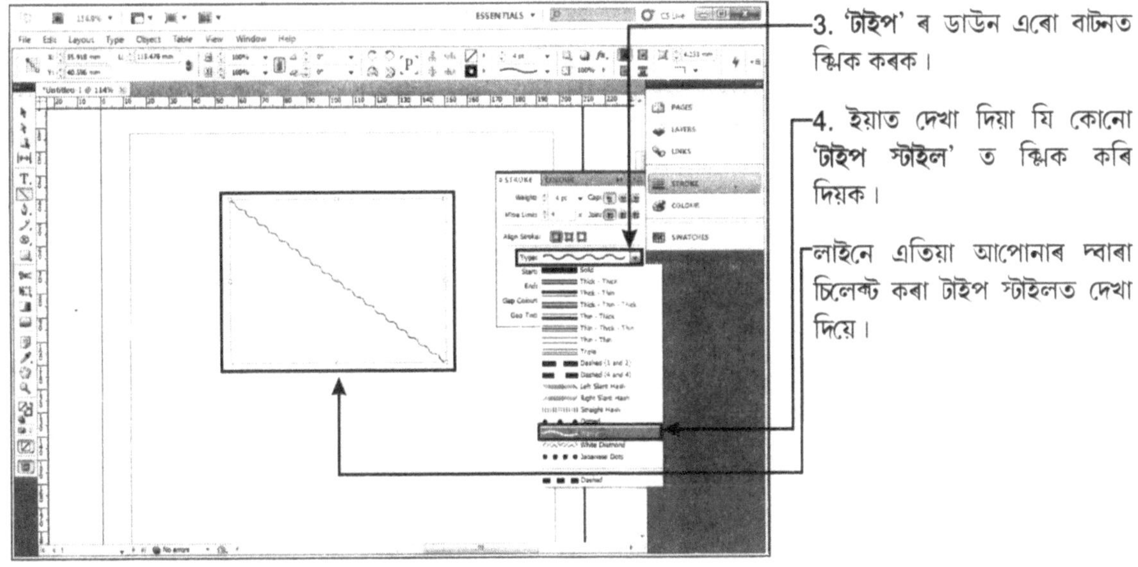

লাইনত এৰো ৰ প্ৰয়োগ ঃ

1. 'চিলেকচন' টুলৰ প্ৰয়োগেৰে 'লাইন' ক চিলেক্ট কৰক।

2. 'স্ট্ৰাক পেন' ত ক্লিক কৰি দিয়ক।

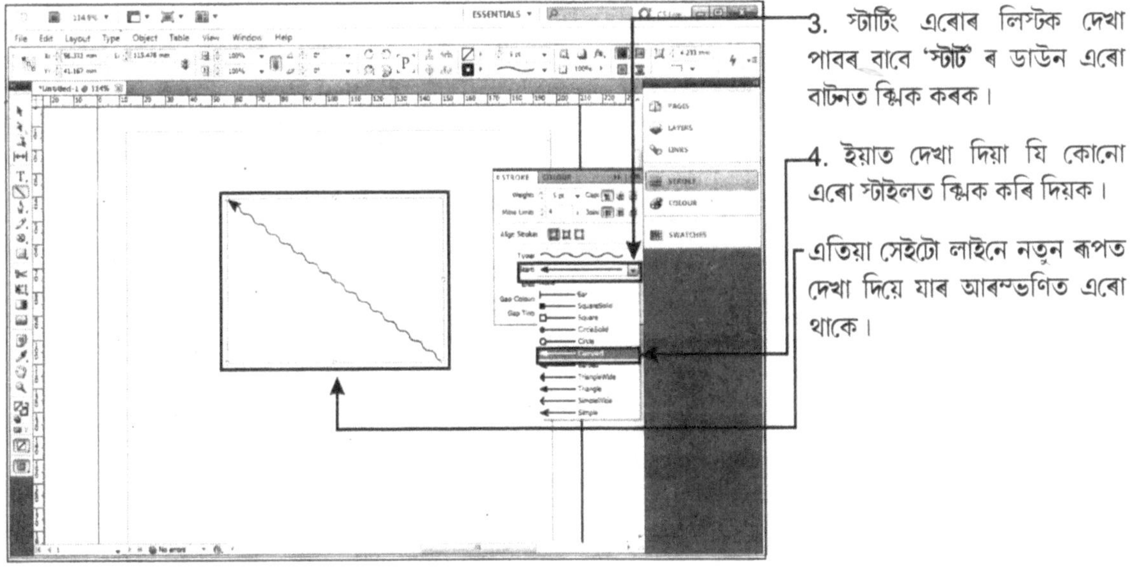

পেঞ্চিল টুলৰ পৰা ফ্ৰি হেণ্ডলাইনক টনা

পেঞ্চিল টুলৰ সহায়েৰে আপুনি আপোনাৰ আৰ্টৱৰ্কত ফ্ৰিহেণ্ড লাইনো টানিব পাৰে। আপুনি দ্ৰ কৰাৰ লগত লাইনৰ দুয়োফালে এংকৰ পইণ্ট নিজে নিজে হৈ যায়। দ্ৰইংক শেষ কৰাৰ পিছত আপুনি এইটোক সলনি কৰিব পৰা যায়।

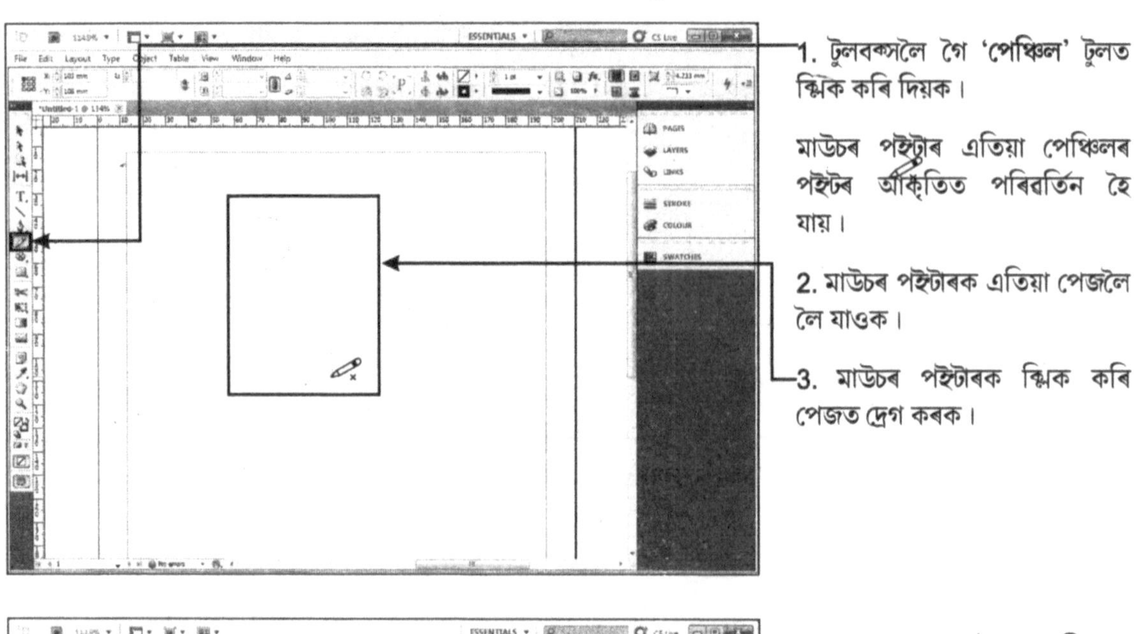

1. টুলবক্সলৈ গৈ 'পেঞ্চিল' টুলত ক্লিক কৰি দিয়ক।

মাউচৰ পইণ্টাৰ এতিয়া পেঞ্চিলৰ পইণ্টৰ আকৃতিত পৰিৱৰ্তিন হৈ যায়।

2. মাউচৰ পইণ্টাৰক এতিয়া পেজলৈ লৈ যাওক।

3. মাউচৰ পইণ্টাৰক ক্লিক কৰি পেজত দ্ৰেগ কৰক।

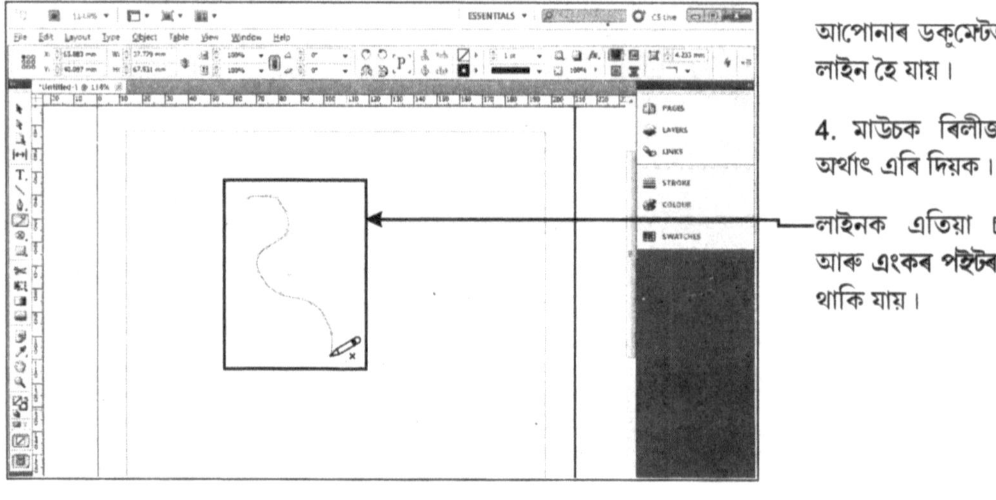

আপোনাৰ ডকুমেণ্টত এক ফ্ৰিহেণ্ড লাইন হৈ যায়।

4. মাউচক ৰিলীজ কৰি দিয়ক অৰ্থাৎ এৰি দিয়ক।

লাইনক এতিয়া চলিড কালাৰ আৰু এংকৰ পইণ্টৰ লগত পেজত থাকি যায়।

Anchor Point

পেনটুলৰ সহায়েৰে স্ট্রেট (চিধা) লাইন টনা

টুলবক্সত পেন টুল' বহুত গুৰুত্বপূৰ্ণ টুল হয়। এইটো যি কোনো প্ৰকাৰৰ পথ (লাইন) টনাত প্ৰয়োগ কৰা যায়। ইয়াৰ প্ৰয়োগৰ পৰা আপুনি আপোনাৰ ড্রইংত বহুতো ফ্লেক্সীভিলিটি অনুভৱ কৰে। পেন টুলৰ দ্বাৰা চিধা লাইনক টনাত বহুত সহজ হয়।

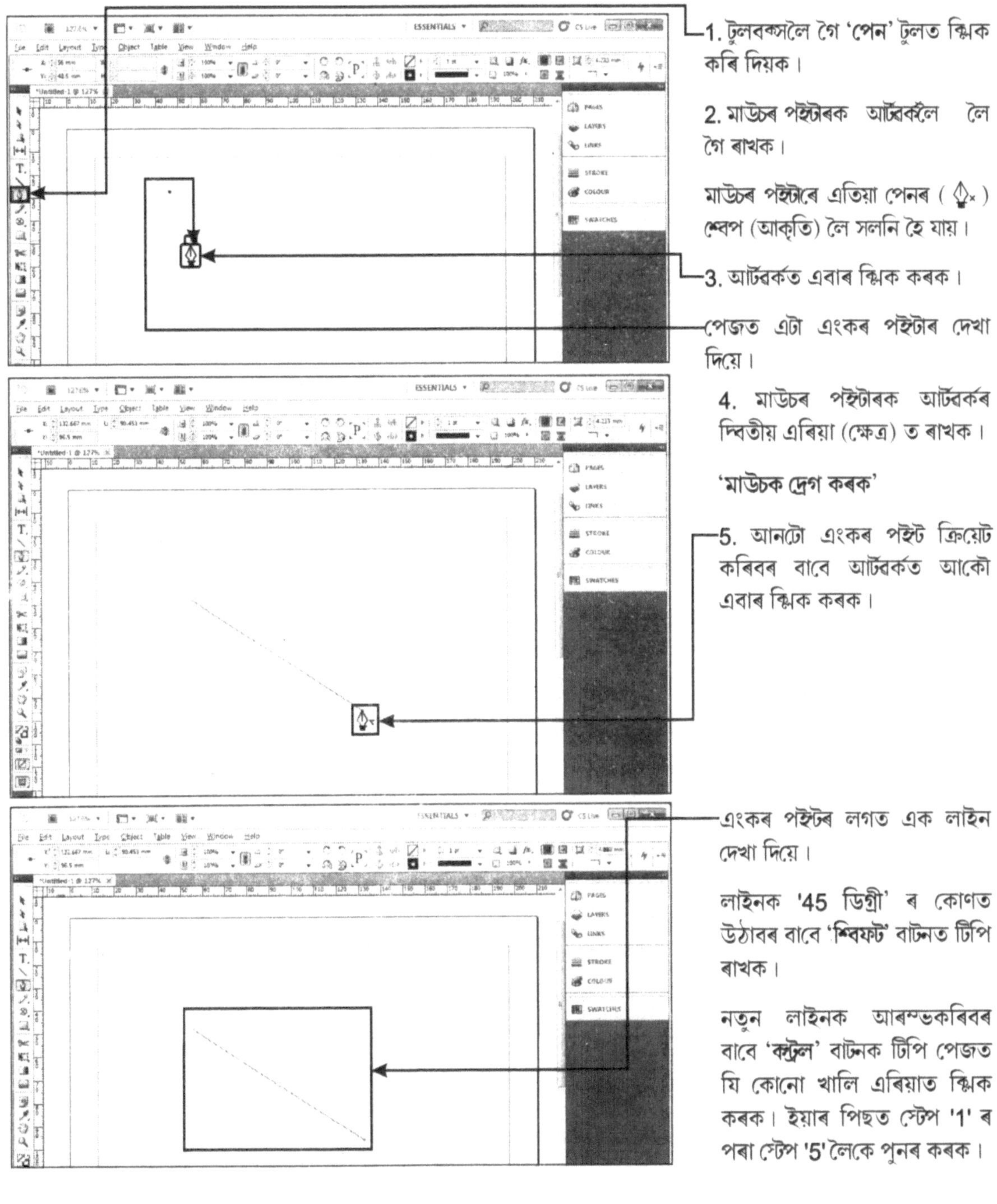

পেনটুলৰ দ্বাৰা কৰ্ভ (বক্ৰ বা ঘূৰোৱাৰ লাইন) গঠন কৰা

পেন টুলৰ সহায়েৰে আপুনি কাৰ্ভ (ঘূৰোৱা লাইন অথবা ডিজাইন) প্ৰস্তুত কৰিব পাৰে। ইয়াৰ সহায়েৰে ডিটেল (বিৱৰণ) ৰ অহিবনে হেৰাই যোৱা আপুনি কোনো ঘূৰোৱা বস্তুৰ আকাৰ অথবা আকৃতিক জুখিব পাৰে।

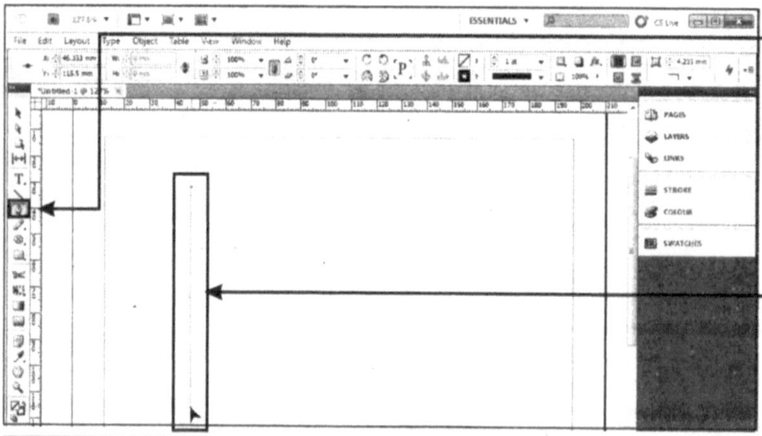

1. টুলবক্সলৈ গৈ 'পেন' টুলত ক্লিক কৰি দিয়ক।

2. মাউচনৰ পইন্টাৰক আপোনাৰ আৰ্টবৰ্কত থৈ দিয়ক।

3. মাউচৰ পইন্টাৰ ( ) ক্লিক কৰি ড্ৰেগ কৰক।

কন্ট্ৰল হেণ্ডেলৰ লগত এটা এংকৰ পইন্ট দেখা দিয়ে।

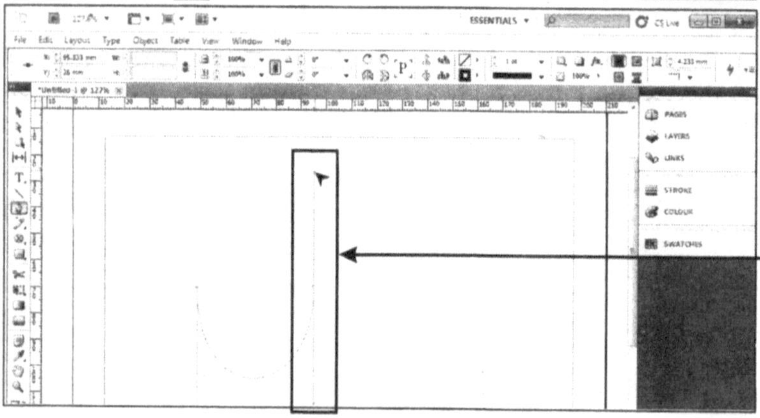

4. মাউচৰ বাটনক ৰিলীজ কৰি দিয়ক অৰ্থাৎ এৰি দিয়ক।

5. মাউচৰ পইন্টাৰক অলপ দূৰলৈ লৈ গৈ ৰাখক।

6. মাউচৰ পইন্টাৰক এতিয়া ক্লিক কৰি স্টেপ '2' ৰ বিপৰীত দিশত ড্ৰেগ কৰক।

দুয়ো এংকৰ পইন্টৰ মাজত এক কাৰ্ভ (ঘূৰোৱা আকৃতি) দেখা দিয়ে।

মাউচৰ বাটনক এৰি দিয়ক। এতিয়া আপোনাৰ পেজত ঘূৰোৱা বস্তুৰ আকৃতি দেখা দিক। নতুন লাইনক ক্ৰিয়েট কৰা অথবা আৰম্ভকৰিবৰ বাবে কন্ট্ৰল' বাটনক টিপক আৰু কোনো খালি স্হানত ক্লিক কৰি দিয়ক।

লাইনৰ পৰা কাৰ্ভ হোৱা

1. 'পেন' টুলৰ সহায়েৰে এটা লাইন টানক।

2. মাউচৰ পইন্টাৰক এইদৰে লাইনত ৰাখক।

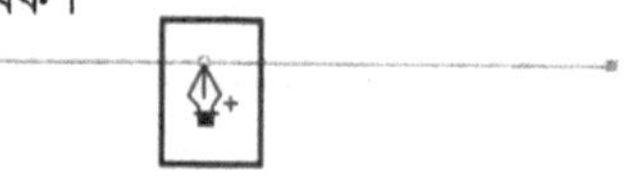

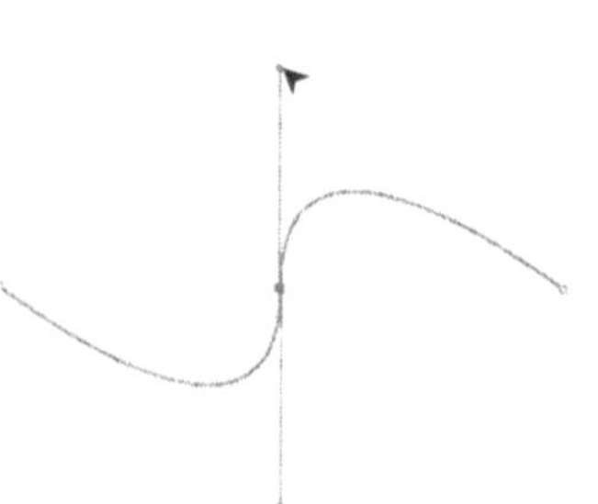

3. লাইনৰ 'মিডল এংকৰ' ত ক্লিক কৰি মাউচক ড্ৰেগ কৰক।

4. আপোনাৰ সেইটো লাইনৰ 'কাৰ্ভ' (ঘূৰোৱা আকৃতি) হৈ যাব।

আয়তাকাৰ, অণ্ডাকাৰ আৰু বহুভূজ আকৃতি গঠন কৰা

টুলবক্সত অন্তৰ্ভুক্ত টুলচৰ সহায়েৰে আপুনি আয়তাকাৰ, অণ্ডাকাৰ আৰু বহুভূজ আকৃতি প্ৰস্তুত কৰিব পাৰে অৰ্থাৎ প্ৰস্তুত কৰিব পাৰে।

আয়তাকাৰ প্ৰস্তুত কৰাঃ

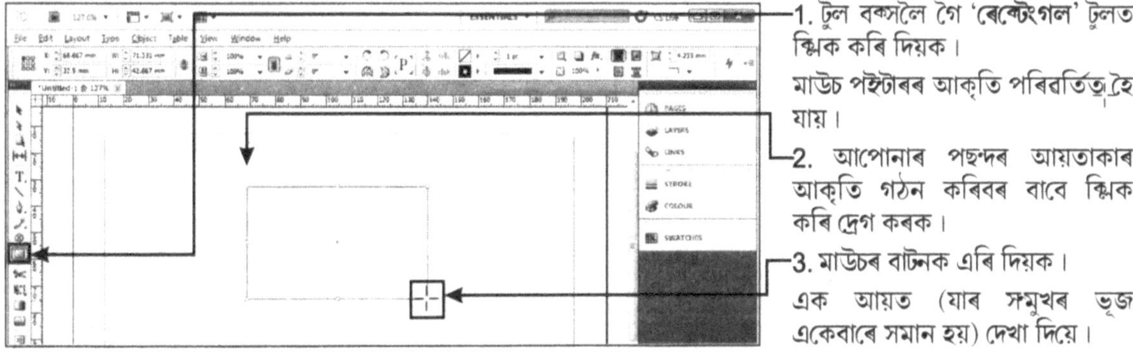

1. টুল বক্সলৈ গৈ 'ৰেক্টেংগল' টুলত ক্লিক কৰি দিয়ক। মাউচ পইণ্টাৰৰ আকৃতি পৰিৱৰ্তিত হৈ যায়।
2. আপোনাৰ পছন্দৰ আয়তাকাৰ আকৃতি গঠন কৰিবৰ বাবে ক্লিক কৰি দ্ৰেগ কৰক।
3. মাউচৰ বাটনক এৰি দিয়ক। এক আয়ত (যাৰ সমুখৰ ভূজ একেবাৰে সমান হয়) দেখা দিয়ে।

স্কোৱাৰ (বৰ্গ) গঠন কৰিবৰ বাবে মাউচৰ পইণ্টাৰক দ্ৰেগ কৰা সময়ত শিফট' বাটন টিপক।

অণ্ডাকাৰ আকৃতি প্ৰস্তুত কৰা ঃ

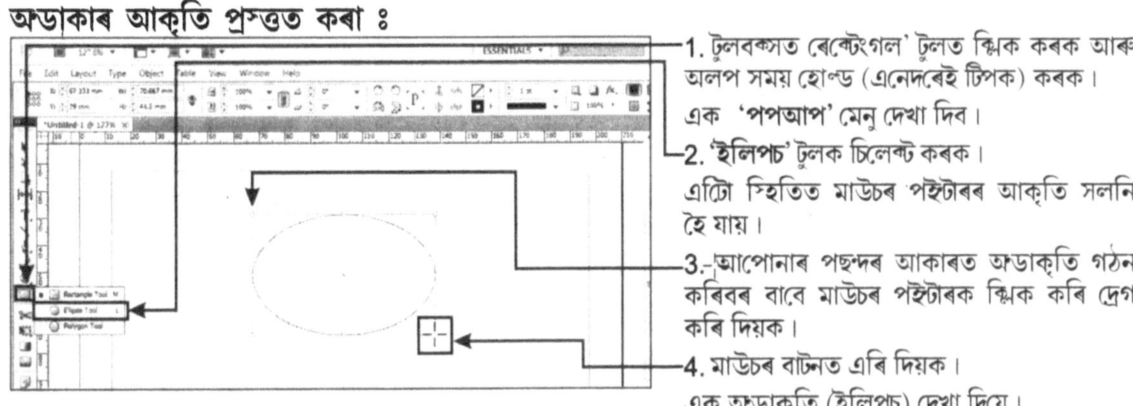

1. টুলবক্সত ৰেক্টেংগল' টুলত ক্লিক কৰক আৰু অলপ সময় হোল্ড (এনেদৰেই টিপক) কৰক। এক **'পপআপ'** মেনু দেখা দিব।
2. **'ইলিপচ'** টুলক চিলেক্ট কৰক। এটো স্হিতিত মাউচৰ পইণ্টাৰৰ আকৃতি সলনি হৈ যায়।
3. আপোনাৰ পছন্দৰ আকাৰত অণ্ডাকৃতি গঠন কৰিবৰ বাবে মাউচৰ পইণ্টাৰক ক্লিক কৰি দ্ৰেগ কৰি দিয়ক।
4. মাউচৰ বাটনত এৰি দিয়ক। এক অণ্ডাকৃতি (ইলিপচ) দেখা দিয়ে।

চাৰ্কেল (বৃত্ত) প্ৰস্তুত কৰিবৰ বাবে মাউচক দ্ৰেগ কৰা সময়ত **'শিফট'** বাটনক টিপি দিয়ক।

পলিগন (বহুভূজ) প্ৰস্তুত কৰা ঃ

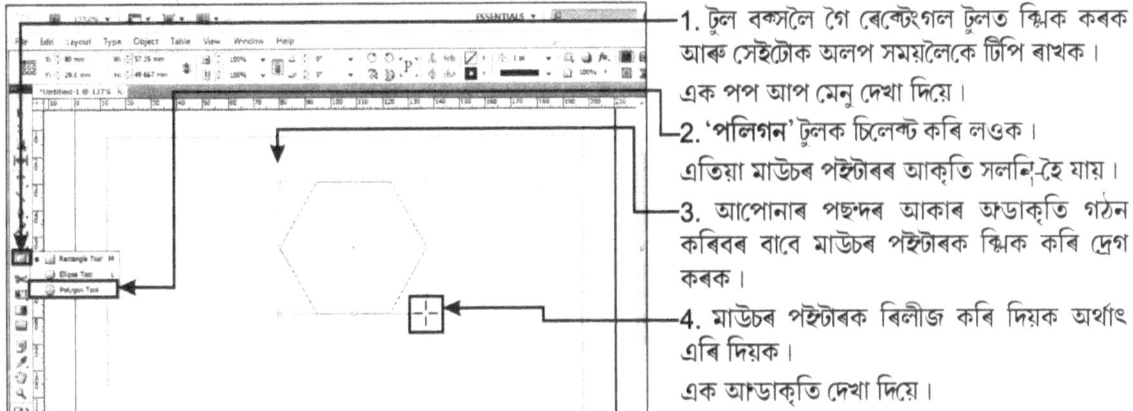

1. টুল বক্সলৈ গৈ ৰেক্টেংগল টুলত ক্লিক কৰক আৰু সেইটোক অলপ সময়লৈকে টিপি ৰাখক। এক পপ আপ মেনু দেখা দিয়ে।
2. **'পলিগন'** টুলক চিলেক্ট কৰি লওক। এতিয়া মাউচৰ পইণ্টাৰৰ আকৃতি সলনি হৈ যায়।
3. আপোনাৰ পছন্দৰ আকাৰ অণ্ডাকৃতি গঠন কৰিবৰ বাবে মাউচৰ পইণ্টাৰক ক্লিক কৰি দ্ৰেগ কৰক।
4. মাউচৰ পইণ্টাৰক ৰিলীজ কৰি দিয়ক অৰ্থাৎ এৰি দিয়ক। এক আডাকৃতি দেখা দিয়ে।

অবজেক্টক ৰেটেট (দিশ পৰিৱৰ্তন কৰা অথবা ঘূৰোৱা)

নিজৰ নেটৱৰ্কত অন্য এলিমেন্টৰ দৰে এলাইন কৰিবৰ বাবে আপুনি আপোনাৰ অবজেক্টক ৰেটেটো কৰিব পাৰে অৰ্থাৎ তাৰ দিশকো পৰিৱৰ্তন কৰিব পাৰে।

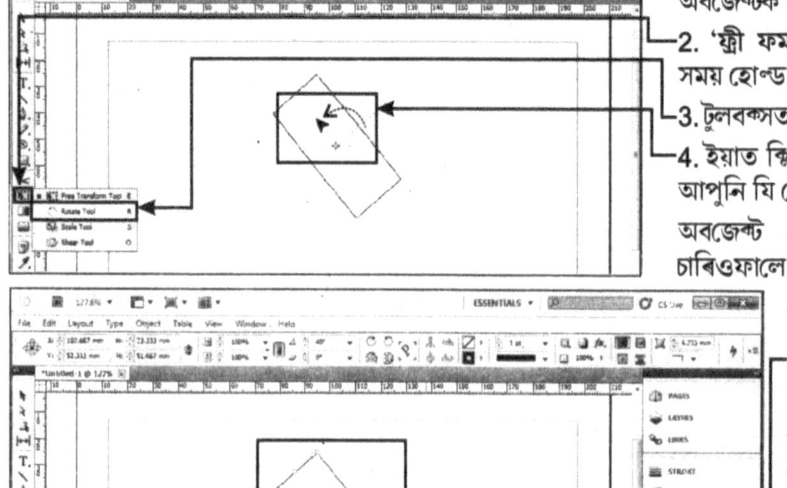

1.'শ্বেপ' টুলৰ সহায়েৰে প্ৰথমে কোনো অবজেক্টক প্ৰস্তুত কৰক।

2. 'ফ্ৰী ফৰ্ম' টুলত ক্লিক কৰি সেইটোক অলপ সময় হোল্ড কৰি ৰাখক।

3. টুলবক্সত 'ৰেটেট টুল' ত ক্লিক কৰক।

4. ইয়াত ক্লিক কৰক আৰু তাৰ পিছত দ্ৰেগ কৰি আপুনি যি কোনো অবজেক্ট প্ৰস্তুত কৰিব পাৰে।

অবজেক্ট এতিয়া নিজৰ চেন্টাৰ (কেন্দ্ৰ) ৰ চাৰিওফালে ৰটেট কৰিব ধৰে অৰ্থাৎ ঘূৰিব ধৰে।

মাউচৰ পইন্টাৰক এৰি দিয়ক।

এতিয়া অবজেক্টে নতুন দিশত পৰিৱৰ্তন হৈ যায় অৰ্থাৎ ঘূৰি যায়।

অবজেক্টৰ চেন্টাৰ (কেন্দ্ৰ) ৰ বাদেও অবজেক্টক যি কোনো অন্য পইন্টৰ পৰা ঘূৰোৱাবৰ বাবে আৰ্টবোৰ্ডত প্ৰথমে সেইটো পইন্টাৰত ক্লিক কৰক। ইয়াৰ পিছত অবজেক্টত ক্লিক কৰি সেইটোক দ্ৰেগ কৰক।

অবজেক্টক জোখা

অবজেক্টক প্ৰস্তুত কৰাৰ পিছত এইটোক আৰ্ট ৱৰ্কত ফিট কৰিবৰ বাবে কেতিয়াবা-কেতিয়াবা আপোনাক অবজেক্টৰ চাইজক সলনি কৰাৰ প্ৰয়োজন হয়।

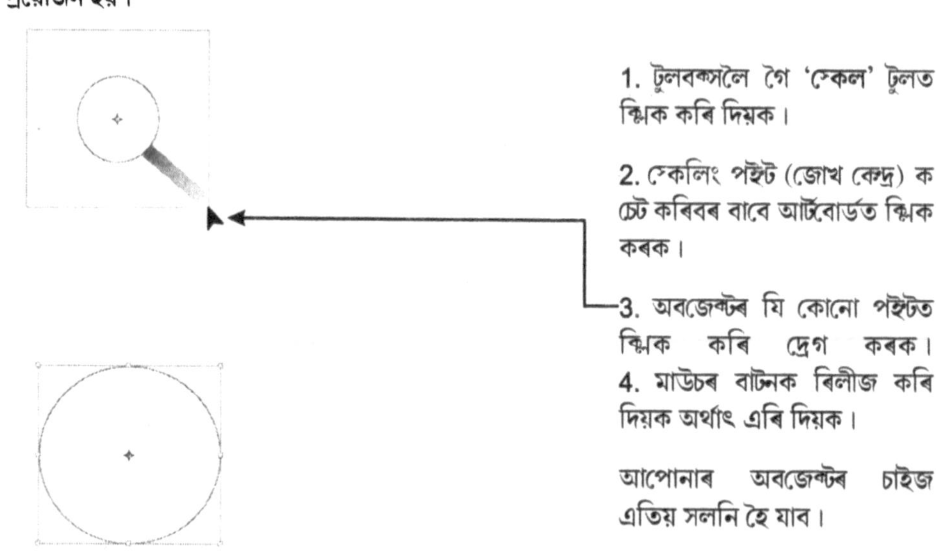

1. টুলবক্সলৈ গৈ 'স্কেল' টুলত ক্লিক কৰি দিয়ক।

2. স্কেলিং পইন্ট (জোখ কেন্দ্ৰ) ক চেট কৰিবৰ বাবে আৰ্টবোৰ্ডত ক্লিক কৰক।

3. অবজেক্টৰ যি কোনো পইন্টত ক্লিক কৰি দ্ৰেগ কৰক।

4. মাউচৰ বাটনক ৰিলীজ কৰি দিয়ক অৰ্থাৎ এৰি দিয়ক।

আপোনাৰ অবজেক্টৰ চাইজ এতিয় সলনি হৈ যাব।

মাল্টিপল অবজেক্ট চিলেক্ট কৰা

অবজেক্টক এডিট (সম্পাদিত) আৰু ফৰ্মেট (ৰূপ সলনি) কৰাৰ পূৰ্বে আপুনি ইয়াক চিলেক্ট কৰিব লাগিব। চিংগল (এক) অবজেক্টক আপুনি সহজতে চিলেক্ট কৰি বা চিলেকচন টুলৰ পৰা ক্লিক কৰি চিলেক্ট কৰিব পাৰে।

অবজেক্টক চিলেক্ট কৰাৰ পিছত আপুনি ইয়াক মুভকৰাব পাৰে আৰু মডিফাইও কৰিব পাৰে। কি যেতিয়া কেইবাটাও অবজেক্ট চিলেক্ট কৰা যায় তেতিয়া আপুনি সকলো অবজেক্টক এবাৰতে মুভ বা মডিফাই কৰিব পাৰে। একে সময়ত সকলো অবজেক্টৰ ওপৰত এক প্ৰকাৰৰ ক্ৰিয়া (মডিফিকেচন বা মুভিং) কৰিলে আপোনাৰ বহুত সময় বাচে।

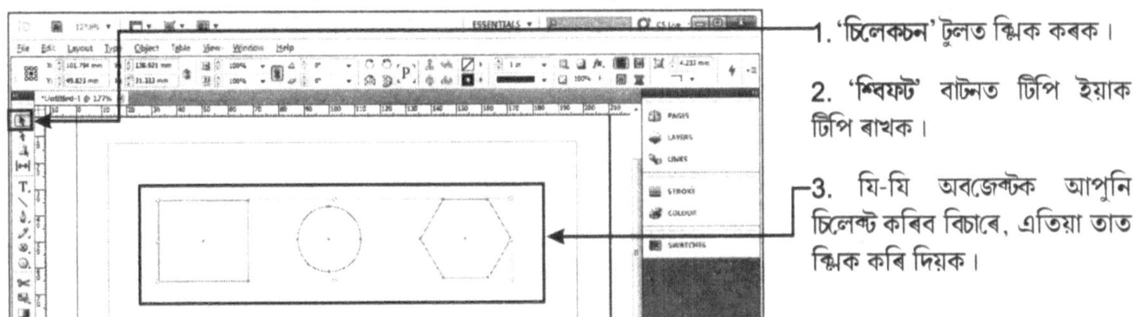

1. 'চিলেকচন টুল' বা 'ডাইৰেক্ট চিলেকচন টুল' ত ক্লিক কৰি দিয়ক।

2. পেজৰ খালি স্থানৰ যিকোনো ঠাইত ক্লিক কৰক আৰু যি অবজেক্টক আপুনি চিলেক্ট কৰিব বিচাৰে তাৰ চাৰিওফালে এক ৰেক্টেংগল (আয়াতাকাৰ) ৰূপত দ্ৰেগ কৰক।

যেতিয়া আপুনি দ্ৰেগ কৰে বা মুভকৰে তেতিয়া ক্লিক নকৰিব অৰ্থাৎ মাউচৰ বাটনক টিপি নিদিব।

সকলো অবজেক্টৰ চাৰিওফালে এটা বাউন্দ্ৰি সৃষ্টি হৈ যায় আৰু সেইটো চিলেক্ট হৈ যায়।

আপলেপিং (এটাৰ ওপৰত আন এটা) ৰখা অবজেক্টক চিলেক্ট কৰা

কেতিয়াবা-কেতিয়াবা আপোনাৰ ওচৰত আপলেপিং (এটাৰ ওপৰত আন এটা ৰখা) অবজেক্ট থাকে। কিছুমান অবজেক্ট ইয়াত একেবাৰে অস্পষ্ট হয়। চিলেক্ট কৰা অবজেক্টৰ লগত সম্বন্ধীত যিকোনো অবজেক্টক চিলেক্ট কৰিবৰ বাবে চাৰিটা প্ৰক্ৰিয়া থাকে।

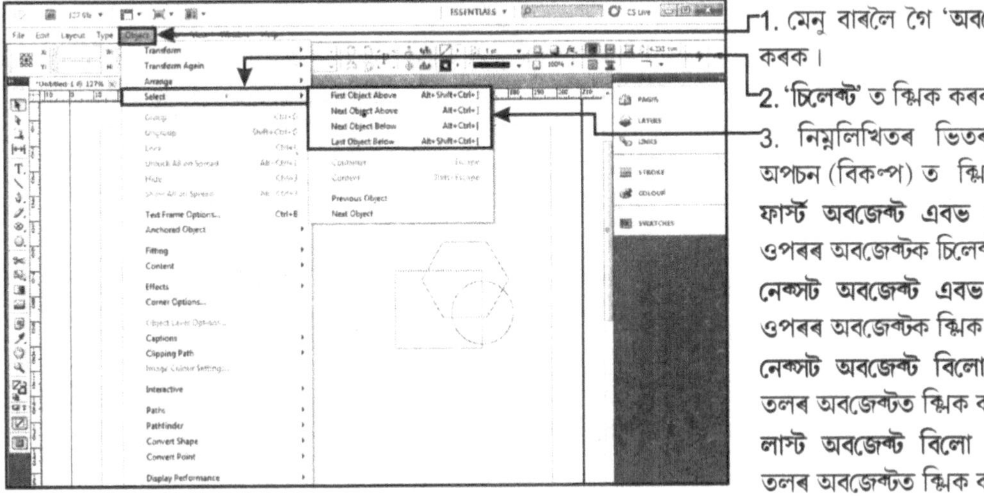

আপোনাৰ দ্বাৰা বাচনি কৰা অপচনৰ অনুসাৰে অবজেক্ট চিলেক্ট হৈ যাব।

অবজেক্টত কালাৰ ফিল কৰা অৰ্থাৎ ৰং কৰা

স্কেজ পেনৰ প্ৰয়োগ কৰি আপুনি যিকোনো অবজেক্টত কালাৰ কৰিব পাৰে।

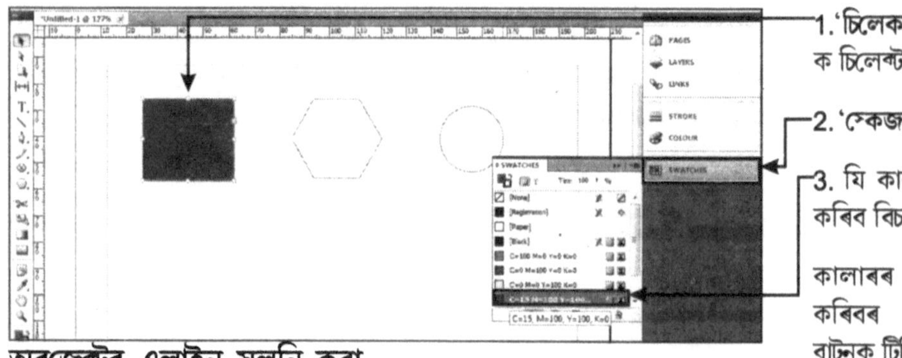

1. 'চিলেকচন' টুলৰ দ্বাৰা অবজেক্ট' ক চিলেক্ট কৰক।

2. 'স্কেজ পেন' ত ক্লিক কৰক।

3. যি কালাৰক আপুনি এপলাইন কৰিব বিচাৰে, তাত ক্লিক কৰক।

কালাৰৰ অনুপাতক চিলেক্ট কৰিবৰ বাবে 'স্কেজ অপচন' বাটনক টিপি দিয়ক।

অবজেক্টৰ এলাইন সলনি কৰা

আপুনি অবজেক্টক এলাইন কৰিব পাৰে, যিটো আপোনাৰ অবজেক্টক সঠিক লকেচন (দিশ) ত মুভ কৰা বা ৰখাত সহায় কৰে।

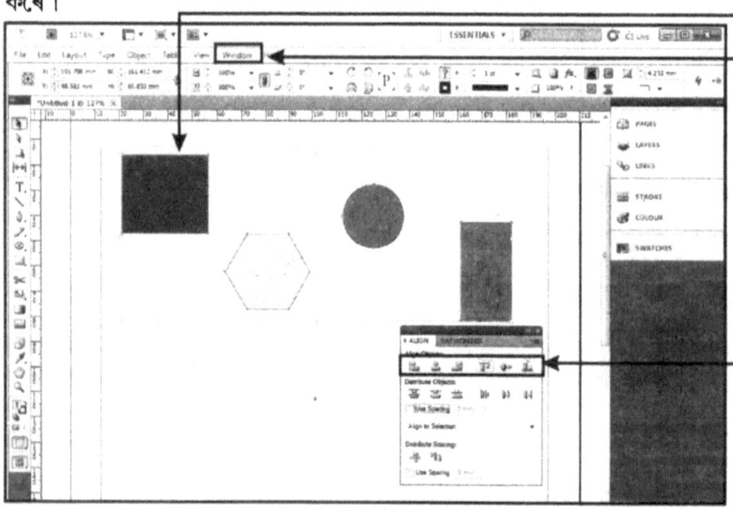

1. সকলো 'অবজেক্ট' ক চিলেক্ট কৰি লওক।

2. 'উইডো' মেনুত ক্লিক কৰক।

3. 'অবজেক্ট এণ্ড লেআউট' ত ক্লিক কৰি দিয়ক।

4. 'এলাইন' ত ক্লিক কৰি দিয়ক।

'এলাইন' ডায়লগ বক্স দেখা দিয়ে।

5. নিম্নলিখিতৰ ভিতৰত এলাইনক যি কোনো অপচনত ক্লিক কৰক।

এলাইন লেফট এজ ( )

এলাইন হৰিজন্টেল চেন্টাৰ ( )

এলাইন ৰাইট এজ ( )

এলাইন টপ এজ ( )

এলাইন ভাৰ্টিকেল চেন্টাৰ ( )

এলাইন বাটম এজ ( )

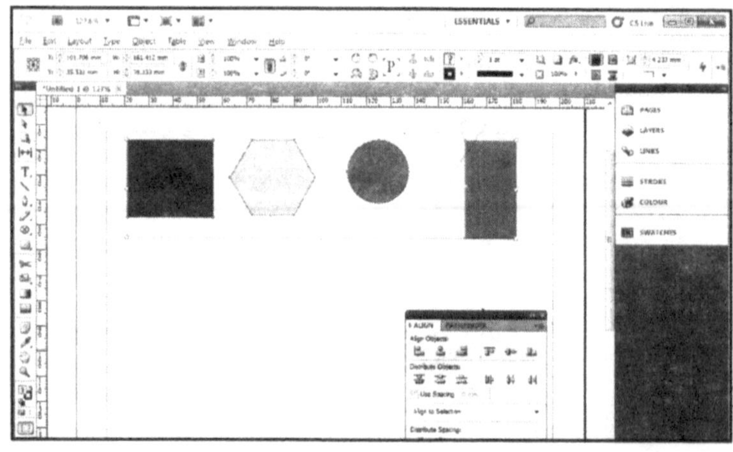

আপোনাৰ দ্বাৰা বাচনি কৰা অপচনৰ অনুসাৰে অবজেক্টৰ এলাইমেন্ট সলনি হৈ যাব।

এইটো উদাহৰণত আমি 'এলাইন টপ এজ' অপচনক চিলেক্ট কৰিলো।

কৰ্নাৰ ইফেক্ট (কিনাৰ) এপলাই কৰা

অবজেক্টৰ কৰ্নাৰ (কিনাৰ) ৰ স্টাইলক সলনি কৰিবৰ বাবে আপুনি কৰ্নাৰ ইফেক্ট কামাণ্ডৰ প্ৰয়োগ কৰিব পাৰে।

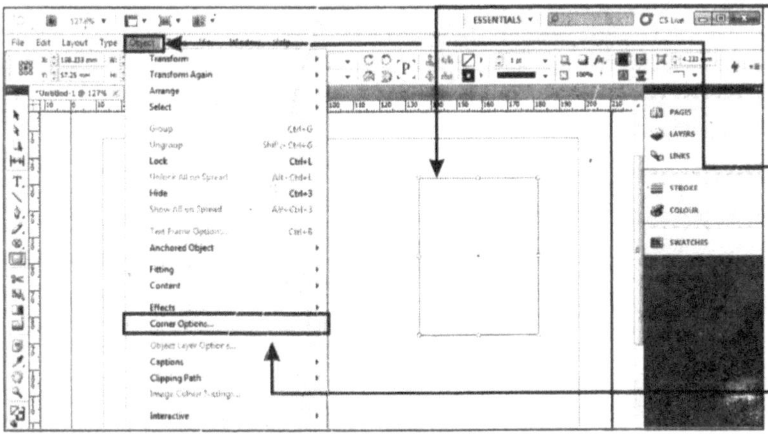

1. 'চিলেকচন' টুলৰ দ্বাৰা সকলোতকৈ প্ৰথমে **'অবেজেক্ট'** ক চিলেক্ট কৰি লওক।

2. মেনু বাৰলৈ গৈ **'অবজেক্ট'** ত ক্লিক কৰি দিয়ক।

3. **'কৰ্নাৰ অপচন'** ত ক্লিক কৰি দিয়ক।

এটা 'ডায়লগ' বক্স দেখা দিব।

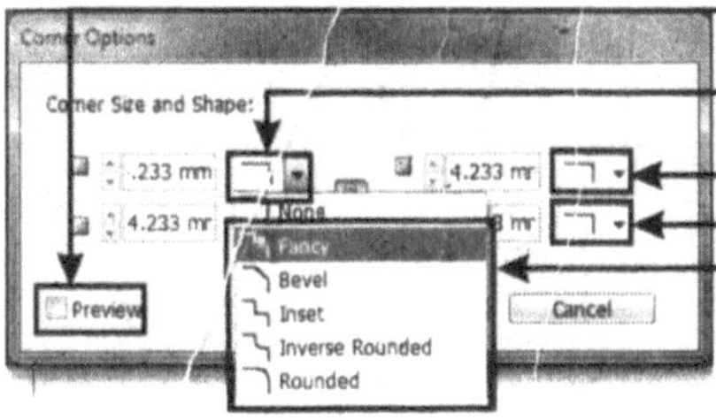

4. অবজেক্টৰ প্ৰিভিউক চাবৰ বাবে 'প্ৰিভিউ' ৰ চেকমাৰ্কত ক্লিক কৰি দিয়ক।

5. **'ইফেক্ট'** ৰ ডাউন এৰো বাটনত ক্লিক কৰি দিয়ক।

6. **'অপচন'** ত ক্লিক কৰক।

7. অবজেক্টৰ প্ৰত্যেক কৰ্নাৰৰ বাবে স্টেপ **'5'** আৰু **'6'** ক পুনৰ কৰক।

8. 'অকে' ত ক্লিক কৰক।

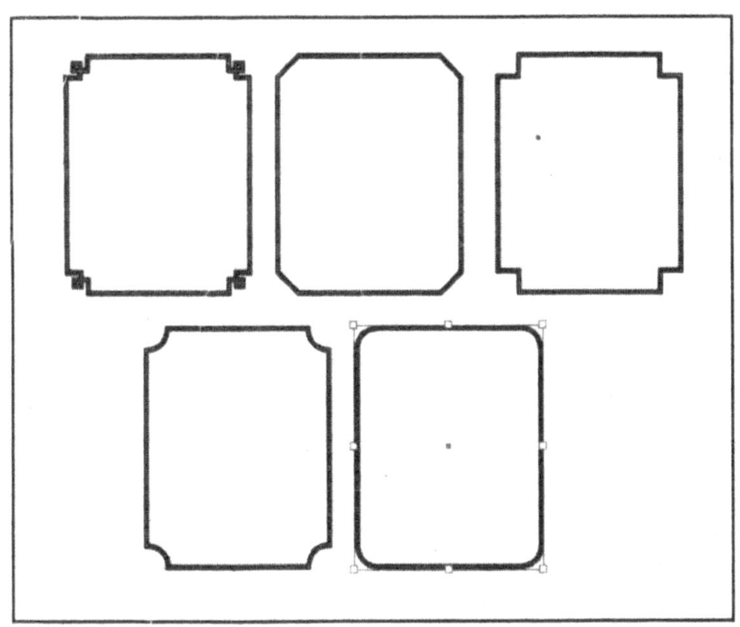

আপুনি এইদৰে কৰ্নাৰ প্ৰাপ্ত কৰিব। **অবজেক্টৰ পৰা যি কোনো কৰ্নাৰক ৰিমুভকৰা অৰ্থাৎ আতৰাবৰ বাবে স্টেপ '1' ৰ পৰা '8' লৈকে পুনৰ কৰক আৰু** স্টেপ **'6'** ত **'নান'** ত ক্লিক কৰি দিয়ক।

ডকুমেন্টক চেভ (সুৰক্ষিত) কৰা

ভৱিষ্যতে কেতিয়াবা প্ৰয়োগ কৰিবৰ বাবে আপুনি আপোনাৰ ডকুমেন্টক চেভো কৰিব পাৰে। চেভ কৰিলে আপুনি পিছত আপোনাৰ ডকুমেন্টক চাব পাৰিব, সেইটোক এডিট কৰিব পাৰে আৰু তাৰ ওপৰত যি কোনো কাম কৰিব পাৰে।

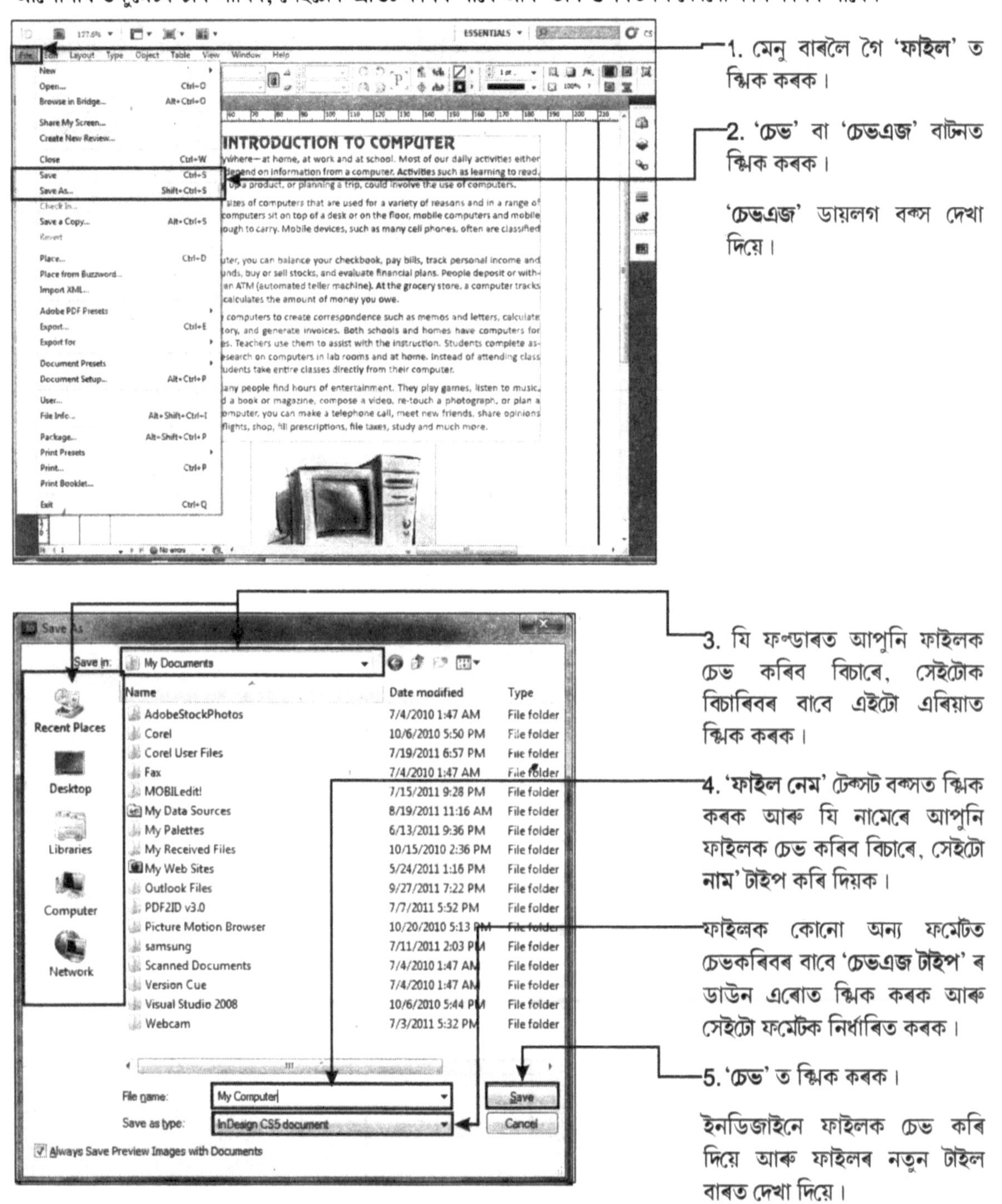

14 পেজমেকাৰ

পেজমেকাৰ প্ৰথম ডেস্কটপ পাবিলিচিং প্ৰগ্ৰেম আছিল, যাক এলডাচ কৰপোৰেচনৰ দ্বাৰা 1985 ত আৰম্ভণিত এপ্পলৰ মেকেনটোচৰ বাবে, তাৰ পিছত পিচিৰ বাবে প্ৰস্তুত কৰা গৈছিল। এইটো বাস্তৱত এডব চিস্টেমৰ পোস্টস্ক্ৰিপ্ট পেজ ডিস্ক্ৰিপচন লেংগোৱেজ আছিল, 1994 ত এলডচ আৰু পেজমেকাৰৰ এডব চিস্টেমে অধিগ্ৰহণ কৰি লৈছে। আজিকালী চলি থকা পেজমেকাৰক **নৱীন সংস্কৰণ পেজমেকাৰ 7.0** ক 9 জুলাই 2001 ত প্ৰস্তুত কৰা গৈছিল। অৱশ্যে পেজমেকাৰত বহুতো ৱৰ্ড প্ৰচেচিং আৰু গ্ৰাফিক্স ফিচাৰ্চ থাকে। আৰ্ট আৰু টেক্সটৰ লগত মিলি কাম কৰা ইয়াৰ বিশেষতা হয়, কিন্তু এইটো তেওঁ প্ৰস্তুত কৰিব নোৱাৰে। পেজমেকাৰৰ ফিচাৰ্চ এই ধৰণৰ পাবলিকেচনৰ বাবে অধিক উপযুক্ত আছে, যেনে কৰপোৰেট নিউজলেটাৰ্চ আৰু বাতৰি কাকতৰৰ অফিচত বাতৰি প্ৰস্তুত কৰিবৰ বাবে।

ৰনতুন ডকুমেন্ট প্ৰস্তুত কৰাৰ পূৰ্বে পেজমেকাৰত আপুনি এক ডায়লগ বক্স দেখা পাব, য'ত আপুনি ডকুমেন্টৰ চেটিং আগৰ।

নতুন ডকুমেন্ট প্ৰস্তুত কৰা

পেজমেকাৰ প্ৰস্তুত কৰাৰ পূৰ্বে আপুনি এক ডায়লগ বক্স দেখা পাব, য'ত আপুনি ডকুমেন্টৰ চেটিং আগৰ পৰাই চেট কৰিব পাৰে।

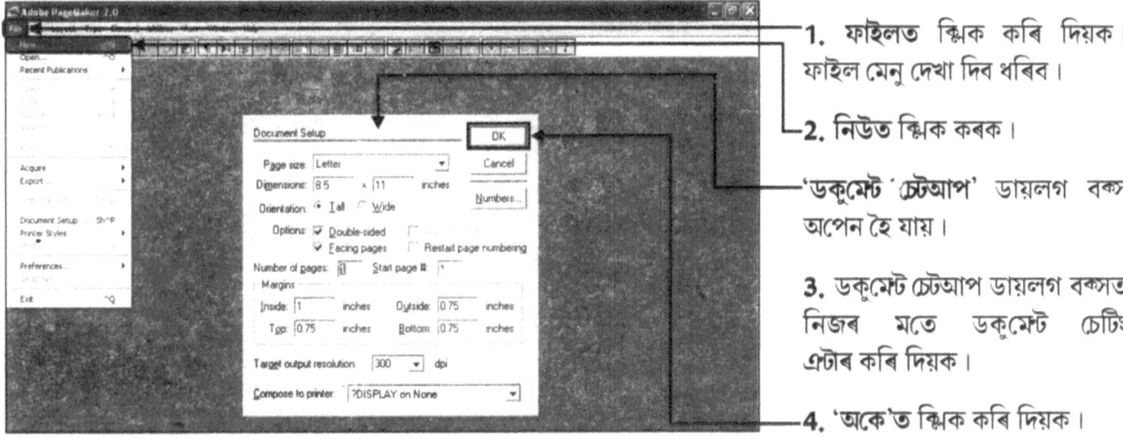

1. **ফাইলত** ক্লিক কৰি দিয়ক। ফাইল মেনু দেখা দিব ধৰিব।

2. নিউত ক্লিক কৰক।

'ডকুমেন্ট চেটআপ' ডায়লগ বক্স অপেন হৈ যায়।

3. ডকুমেন্ট চেটআপ ডায়লগ বক্সত নিজৰ মতে ডকুমেন্ট চেটিং এন্টাৰ কৰি দিয়ক।

4. 'অকে'ত ক্লিক কৰি দিয়ক।

আপোনাৰ স্ক্ৰীনত **আনটাইটল্ড 1** ৰ নামেৰে এক নতুন ডকুমেন্ট দেখা দিব। ডকুমেন্ট উইন্ডোত ডকুমেন্টৰ প্ৰথম গোটেই পেজ ডিচপ্লে হ'ব।

ডকুমেন্টৰ চাইজক চেট কৰা

সামান্যত কোনো পেজৰ লেআউটত কাম কৰাৰ পূৰ্বে আপুনি সেইটো ডকুমেন্টৰ চাইজ চেট কৰিব বিচাৰে। কিন্তু পেজমেকাৰত আপুনি পেজত কাম কৰাৰ পিছতো আপোনাৰ ডকুমেন্টৰ চাইজ সলনি কৰিব পাৰে।

1. ফাইলত ক্লিক কৰক। ফাইল মেনু দেখা দিব।

2. নিউত ক্লিক কৰি দিয়ক।

ইয়াত ডকুমেন্ট চেটআপ ডায়লগ বক্স অপেন হৈ যায়।

যদি ডকুমেন্টক আপুনি আগতেই ক্ৰিয়েট কৰিছে তেতিয়াহ'লে আগতে ফাইলত ক্লিক কৰক আৰু ইয়াৰ পিছত ডকুমেন্ট চেটআপত ক্লিক কৰি দিয়ক।

3. আপোনাৰ পেজৰ চাইজ নিৰ্বাচন কৰিবৰ বাবে পেজ চাইজ পপ আপুনি মেনুৰ ব্যৱহাৰ কৰক।

যদি আপুনি কোনো অন্য চাইজত পেজ কৰিব বিচাৰে বা পেজৰ চাইজ সলনি কৰিব বিচাৰে তেতিয়াহ'লে ডাইমেচন টেক্সট ফিল্ডত গৈ পেজৰ নতুন চাইজ এণ্টাৰ কৰক।

4. অকেত ক্লিক কৰক। আপোনাৰ দ্বাৰা নিৰ্বাচন কৰা চেটিংৰ অনুসাৰে আপোনাৰ ডকুমেন্ট নতুন চাইজত প্ৰস্তুত হৈ যায় অথবা সলনি হৈ যায়।

ডকুমেন্টৰ মাৰ্জিনক চেট কৰা

মাৰ্জিন কেৱল গাইডলাইন হয়। আপুনি চেট কৰা পেজ মাৰ্জিনৰ বাহিৰতো টেক্সট আৰু গ্ৰাফিক চেট কৰিব পাৰে। এইটো মাৰ্জিনে আপোনাক বহুতো টেক্সটৰ লগত ৰাখিবলৈ গাইডৰ দৰে আপোনাক সহায় কৰে। বিশেষকৈ তেতিয়া যেতিয়া আপুনি অটোফেল্গা চেটিংৰ ব্যৱহাৰ কৰে।

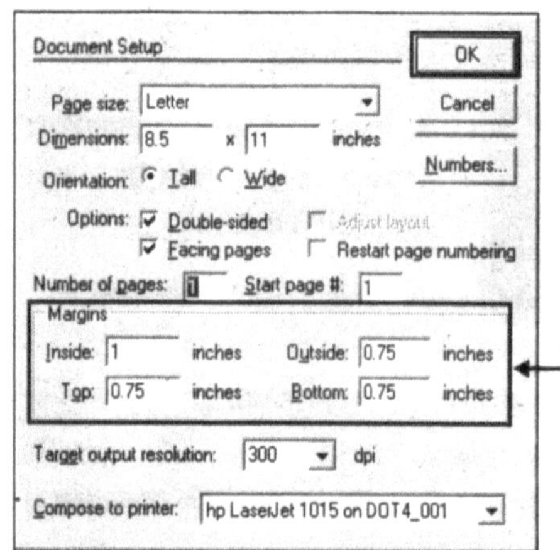

1. ফাইলত ক্লিক কৰক। ফাইল মেনু দেখা দিব।

2. ডকুমেন্ট চেটআপত ক্লিক কৰি দিয়ক।

'ডকুমেন্ট চেটআপ' ডায়লগ বক্স দেখা দিব।

3. 'মাৰ্জিন' চেকচনত চাৰিটা মাৰ্জিন চেটিং এণ্টাৰ কৰক।

এইটো চেটিং পেজৰ কিনাৰৰ পৰা দূৰত থাকে।

যেনে-টপ টেক্সট ফিল্ডৰ অৰ্থ ডকুমেন্টৰ সকলোতকৈ ওপৰৰ কিনাৰেৰে আপোনাৰ টপ মাৰ্জিন কিমান দূৰত থাকে।

4. মাৰ্জিনৰ চেটিঙক চাবৰ বাবে 'অকে'ত ক্লিক কৰক।

ডকুমেন্টৰ পুৰনা ভাৰ্জনক ৰিভৰ্ট কৰা অৰ্থাৎ তাকৈ ঘূৰি অহা

ৰকেতিয়াবা-কেতিয়াবা ডকুমেন্টক ৰিভৰ্ট কৰিলে আপোনাৰ বহুত সময় বাচে। কেতিয়াবা আপুনি এনে কিছু সলনি কৰি দিয়ে যিটো ভুল হয়। এনেতে আনডু কামাডেৰে সেইটো সমস্যা দূৰ নহয়। এনেতে আপোনাৰ ডকুমেন্টৰ লাস্ট ভাৰ্জনত যাবৰ বাবে আপুনি ৰিভৰ্টৰ ব্যৱহাৰ কৰিব পাৰে।

1. 'ফাইল'ত ক্লিক কৰক। ফাইল মেনু দেখা দিয়ে।

2. 'ৰিভৰ্ট'ত ক্লিক কৰি দিয়ক। ডায়লগ বক্স অপেন হৈ যায় যিটো এইটো পুষ্টি কৰে যে আপুনি সঁচাকৈ ডকুমেন্টৰ ৰিভৰ্ট কৰিব বিচাৰেনে ?

3. 'অকে'ত ক্লিক কৰি দিয়ক। এতিয়া আপোনাৰ ডকুমেন্ট সেইটো স্হিতিত আহি যাব য'ত সেইটোক শেষৰ বাবে চেভ কৰিছিল।

পেজমেকাৰ স্ক্ৰীন

পেজমেকাৰৰ টুলবক্সত টুলচৰ বহুতো ভেৰাইটি থাকে। অৰ্থাৎ বহুতো টুলচ থাকে। য'ত ৰুলাৰ, গাইড আৰু পেলেটো থাকে যিটো আপুনি আপোনাৰ ইলেক্ট্ৰনিক ৱৰ্কস্পেচক ব্যৱস্থিত কৰাত কামত আহে।

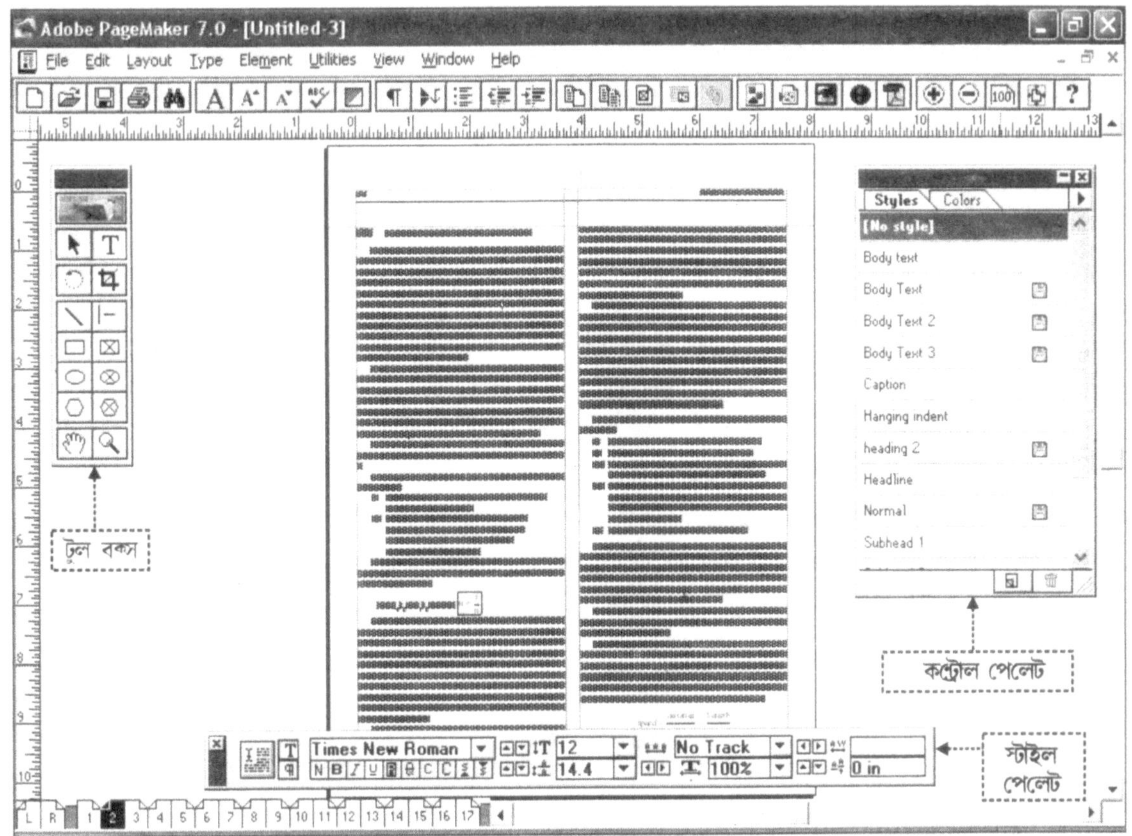

- **ৰুলাৰ** : এইটো আপোনাৰ স্ক্ৰীনৰ ওপৰত আৰু বাওঁফালৰ কিনাৰত দেখা দিয়ে। পেজত ডিজাইন গ্ৰিডক প্ৰস্তুত কৰিবৰ বাবে এইটো গাইডৰ লগত মিলাই ব্যৱহাৰ কৰা যায়।
- **গাইড** : এইটো ৰুলাৰ বাবে পুল্ড আউটৰ কাম কৰে। আপুনি আপোনাৰ আৱশ্যকতাৰ অনুসাৰে হৰিজন্টেল আৰু ভাৰ্টিকেল সকলো গাইডক চেট কৰিব পাৰে।
- **ষ্টাইল পেলেট** : ইয়াত ক্ৰিয়েট, এডিট আৰু এপলাই ষ্টাইল আদিৰ দৰে কামাণ্ড থাকে।
- **কন্ট্ৰল পেলেট** : ইয়াত চিলেক্ট কৰা অবজেক্টৰ অনুসাৰে ফিচাৰ্চ সলনি হৈ যায়। অবজেক্টৰ প্ৰভাৱ পেলোৱা সকলো কামাণ্ড এইটো পেলেটত থাকে।
- **কালাৰ পেলেট** : ইয়াত সেই সকলো কামাণ্ড থাকে যিটো কালাৰক ক্ৰিয়েট, এডিট আৰু এপলাই কৰে।
- **মাস্টাৰ পেজ পেলেট** : ইয়াত সেই সকলো কামাণ্ড থাকে যিটো মাস্টাৰ পেজ আৰু ইয়াৰ এলিমেন্টচক ক্ৰিয়েট, এডিট আৰু এপলাই কৰে।
- **লেয়াৰ্চ পেলেট** : ইয়াত থকা কামাণ্ড লেয়াৰক ক্ৰিয়েট, এডিট আৰু এপলাই কৰে।
- **হাইপাৰলিংকচ পেলেট** : ইয়াত থকা কামাণ্ড হাইপাৰলিংকক ক্ৰিয়েট, এডিট আৰু ইনচাৰ্ট কৰে।

টুলবক্স

টুলবক্সত সেই সকলো টুলচ থাকে, যাৰ পেজমেকাৰক ব্যৱহাৰ কৰা হয়।

যদি টুলবক্স স্ক্ৰীনত দেখা দিয়ে তেতিয়াহ'লে টুলবক্সক চাবৰ বাবে এইটো কৰক।

1. উইণ্ডোত ক্লিক কৰক। উইণ্ডো মেনু দেখা দিব।

2. 'শ্বো' টুলচত ক্লিক কৰক।

টুলবক্স এতিয়া আপোনাৰ ডকুমেন্ট উইণ্ডোৰ সন্মুখত দেখা দিব ধৰে।

যদি আপুনি টুলবক্সক হাইড কৰিব বিচাৰে তেতিয়াহ'লে এইটো কৰক।

1. উইণ্ডোত ক্লিক কৰক। উইণ্ডো মেনু দেখা দিব।

2. টুলবক্সক হাইড কৰিবৰ বাবে **হাইড টুলচত** ক্লিক কৰি দিয়ক।

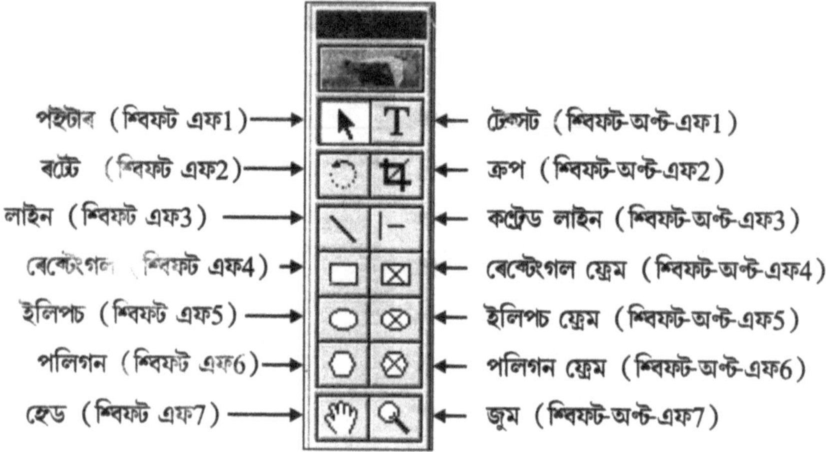

ৰুলাৰ্চক শ্বো কৰা অৰ্থাৎ দেখা দিয়া

পেজমেকাৰত ৰুলাৰ্চৰ বহুতো ফাংচন থাকে। এইটো ডকুমেন্টত কোনো অবজেক্টৰ জেনেৰেল চাইজ আৰু পজিচন দৰ্শায়। ৰুলাৰ্চ চিলেক্ট কৰা মেজাৰমেন্ট চিস্টেমত ইউনিটক ডিচপ্লে কৰে।

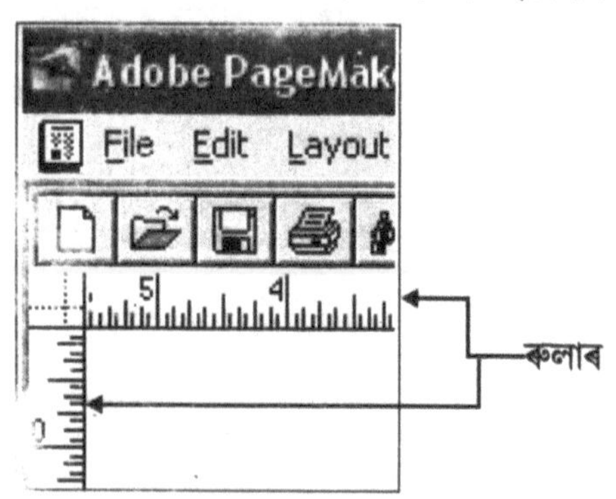

ৰুলাৰক শ্বো কৰিবৰ বাবে

1. ভিউত ক্লিক কৰি দিয়ক। ভিউ মেনু দেখা দিব।

2. শ্বো **ৰুলাৰ্চত** ক্লিক কৰক। ৰুলাৰ্চ আপোনাৰ ডকুমেন্টৰ বাওঁফালে আৰু সকলোতকৈ ওপৰত দেখা দিব।

ৰুলাৰক হাইড কৰিবৰ বাবে

1. ভিউত ক্লিক কৰক। ভিউ মেনু দেখা দিব।

2. ৰুলাৰ্চক হাইড কৰিবৰ বাবে **হাইড ৰুলাৰ্চত** ক্লিক কৰি দিয়ক।

ডিফল্ট মেজাৰমেন্ট চিস্টেমক সলনি কৰা

ডিফল্ট ৰূপত পেজমেকাৰত মেজাৰমেন্ট চিস্টেম ইঙ্গিত থাকে। কিন্তু আপুনি পাঁচটা মেজাৰমেন্ট চিস্টেমৰ ব্যৱহাৰ কৰিব পাৰে।

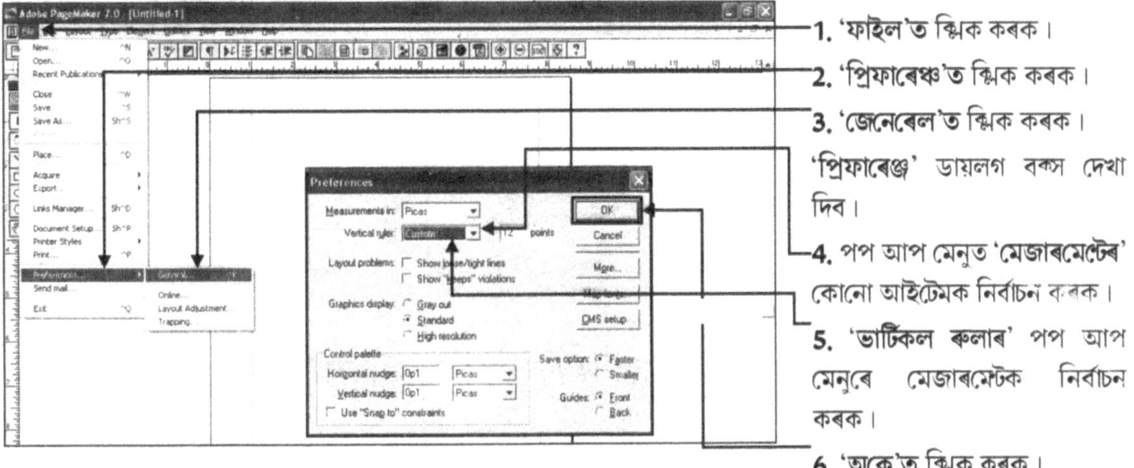

পেলেটৰ লগত কাম কৰা

আপোনাৰ কাৰ্যক অধিক প্ৰভাৱী কৰিবৰ বাবে পেজমেকাৰৰ কোনো কামান্ড পেলেটৰ চিৰিজত অন্তৰ্ভুক্ত থাকে। মুখ্য পেলেট নিম্নলিখিত হয়

স্টাইল পেলেটেৰে আপুনি টেক্সটৰ পেৰেগ্ৰাফ স্টাইজক সলনি কৰিব পাৰে আৰু স্টাইল চিটক ব্যৱস্থিত কৰিব পাৰে।

কালাৰ পেলেটেৰে আপুনি কোনো অবজেক্টক কালাৰ কৰিব পাৰে, আৰু কালাৰক প্ৰস্তুত আৰু মেনেজো কৰিব পাৰে। লেয়াৰ্চ পেলেটৰ সহায়েৰে আপুনি লেয়াৰ প্ৰস্তুত কৰিব পাৰে আৰু অবজেক্টক এইটো লেয়াৰ চাৰিওফালে মুভ কৰাব পাৰে।

মাস্টাৰ পেলেটেৰে আপুনি মাস্টাৰ পেজক প্ৰস্তুত কৰিব পাৰে আৰু সেইটো এপলাই কৰিব পাৰে। **'হাইপাৰলিংক্স'** পেলেটৰ দ্বাৰা আপুনি ৱেব পেজৰ বাবে ইউআৰএলক ক্ৰিয়েট কৰিব পাৰে আৰু সেইটোক এপলাই কৰিব পাৰে।

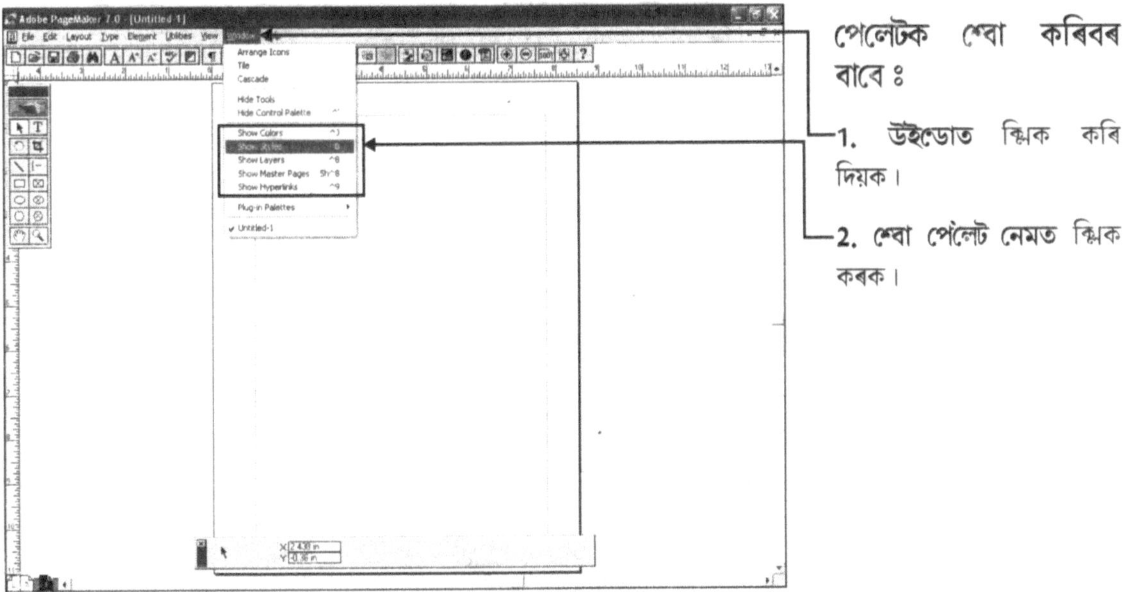

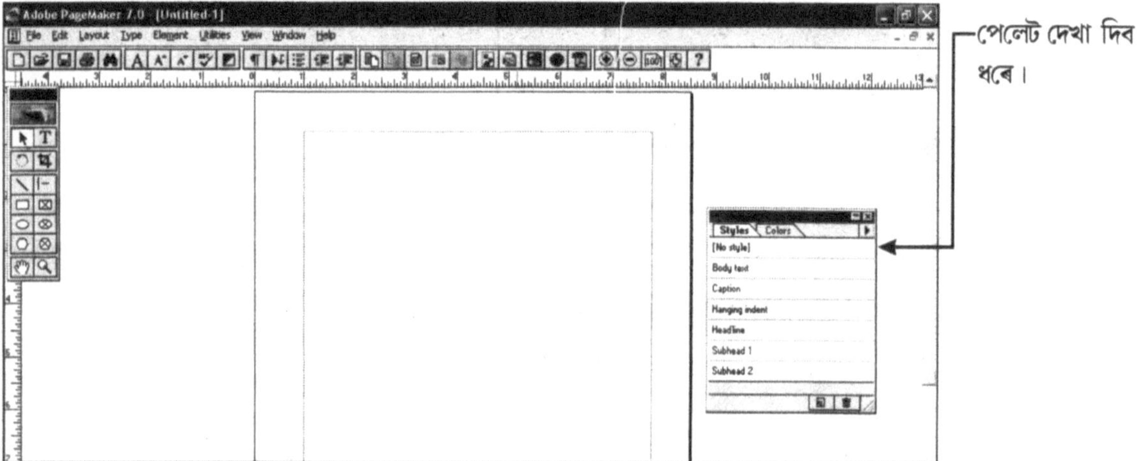

যেতিয়া পেলেট দেখা দিয়ে তেতিয়া পেলেট কামাণ্ড **হাইডত** সলনি হৈ যায়। এই কামাণ্ডাৰ দ্বাৰা যিকোনো পেলেটক হাইড কৰিব পাৰে।

কন্ট্ৰল পেলেটৰ দ্বাৰা কাম কৰা

কন্ট্ৰল পেলেট মুখ্য পেলেট হয়। ইয়াৰ ফিচাৰ্চ লেআউটত আপোনাৰ দ্বাৰা চিলেক্ট কৰা অবজেক্টৰ অনুসাৰে সলনি হৈ যায়। যদি আপুনি পইন্টাৰৰ দ্বাৰা টেক্সট অবজেক্টক চিলেক্ট কৰে তেতিয়া কন্ট্ৰল পেলেটত আপুনি সেইটো কন্ট্ৰলচ দেখা দিয়ে যাৰ দ্বাৰা আপুনি টেক্সট অবজেক্টক মুভ কৰিব পাৰে, ৰিচাইজ কৰিব পাৰে আৰু এক ইউনিটৰ দৰে সেইটোক ৰটেটো কৰিব পাৰে।

কন্ট্ৰল পেলেটক শ্বো কৰিবৰ বাবে ঃ

1. **উইন্ডোত** ক্লিক কৰি দিয়ক। উইন্ডো মেনু দেখা দিব।
2. **শ্বো কন্ট্ৰল পেলেটত** ক্লিক কৰি দিয়ক। কন্ট্ৰল পেলেট দেখা দিব ধৰে।

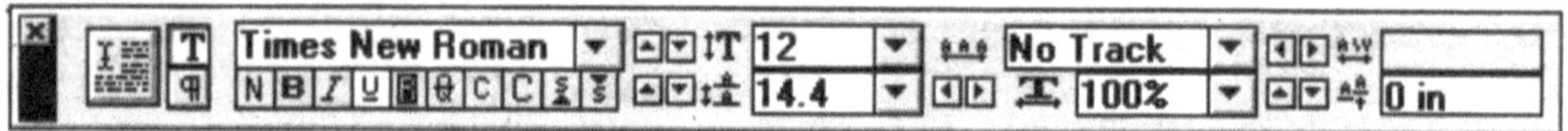

কন্ট্ৰল পেলেটক হাইড কৰিবৰ বাবে

1. **উইন্ডোত** ক্লিক কৰি দিয়ক। উইন্ডো মেনু দেখা দিব।
2. কন্ট্ৰল পেলেটক হাইড কৰিবৰ বাবে **হাইড কন্ট্ৰল পেলেটত** ক্লিক কৰি দিয়ক।

টেক্সটক এণ্টাৰ কৰা অৰ্থাৎ ঢালি দিয়া ঃ

পেজমেকাৰৰ মুখ্য কাম ইয়াৰ সেইটো বিশেষতা হয় য'ত আপুনি টেক্সটক এডিট আৰু ইয়াৰ টাইপক মেনুপুলেট কৰিব পাৰে।

অৱশ্যে আপুনি স্টেণ্ডাৰ্ড ৱৰ্ড প্ৰচেচিং প্ৰগ্ৰেমৰ দ্বাৰা আপুনি আপোনাৰ টেক্সটত বহুতো কাৰ্য কৰিব পাৰে। পেজমেকাৰত টেক্সট ফৰ্মেটিংৰ প্ৰায় সকলো সামান্য বিশেষতা থাকে যেনে-ফন্ট, চাইজ, কালাৰ, লিডিং পেৰেগ্ৰাফ আদি। হেডলাইনত আপুনি কলমৰ স্পেচ ভৰিবৰ বাবে কেৰেক্টাৰৰ বৃহতালৈ সলনি হ'ব পাৰে। আপুনি দুটা আখৰ বা গোটেই টেক্সটৰ লাইনৰ মাজত দৈৰ্ঘ্যকো সলনি কৰিব পাৰে।

টেক্সট টুলক এক্সেচ কৰা

পেজমেকাৰৰ টেক্সট টুলৰ ব্যৱহাৰ, নতুন টেক্সট এৰিয়াক প্ৰস্তুত কৰা, টেক্সটক চিলেক্ট কৰা আৰু ইনচাৰ্শন পইন্টক মুভ কৰাত কৰে।

পেজমেকাৰত টেক্স্টক সদাই টেক্সট ব্লকত বা টেক্সট ব্লকক ব্যৱহাৰ হোৱা ফ্ৰেমত অন্তৰ্ভুক্ত হ'ব লাগে। এনে টেক্সট ব্লকক প্ৰস্তুত কৰিবৰ বাবে টেক্সট টুলৰ ব্যৱহাৰ কৰে।

টেক্সট ব্লকক ক্ৰিয়েট কৰা

পেজমেকাৰত যদি আপুনি টেক্সটক ক্ৰিয়েট কৰিব বিচাৰে তেতিয়াহ'লে প্ৰথমে টেক্সট ব্লক গঠন কৰি লওক।

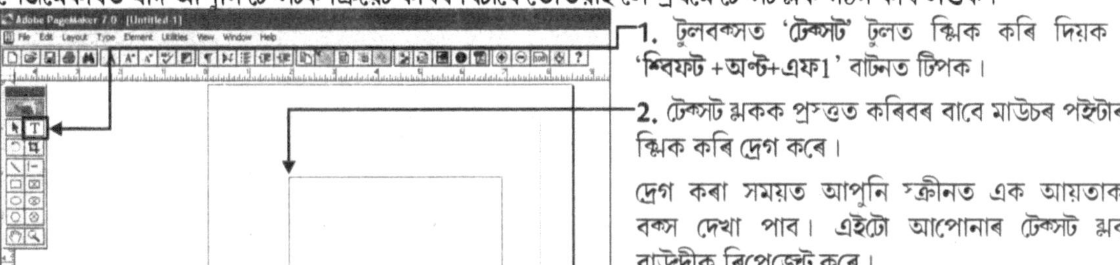

1. টুলবক্সত 'টেক্সট' টুলত ক্লিক কৰি দিয়ক বা 'শ্বিফট + অল্ট+এফ1' বাটনত টিপক।

2. টেক্সট ব্লকক প্ৰস্তুত কৰিবৰ বাবে মাউচৰ পইন্টাৰক ক্লিক কৰি দ্ৰেগ কৰে।

দ্ৰেগ কৰা সময়ত আপুনি স্ক্ৰীনত এক আয়তাকাৰ বক্স দেখা পাব। এইটো আপোনাৰ টেক্সট ব্লকৰ বাউণ্ড্ৰীক ৰিপ্ৰেজেন্ট কৰে।

3. মাউচৰ বাটনক ৰিলিজ কৰি দিয়ক অৰ্থাৎ এৰি দিয়ক। এক ব্লিক কৰা কাৰ্চাৰ দেখা দিয়ে।

4. এতিয়া টেক্সট টাইপ কৰক।

আপুনি এইটো পইন্টাৰেৰ টেক্সটক টাইপ কৰিব লাগে। যদি আপুনি য'তে-তেতে ক্লিক কৰে বা টুলচ সলনি হয় তেতিয়া আপোনাৰ দ্বাৰা গঠন কৰা টেক্সট ব্লক নাইকিয়া হৈ যায়।

খালি টেক্সট ব্লকক পেজমেকাৰে নিজে নিজে ডিলিট কৰি দিয়ে।

টেক্সট ব্লকৰ আকৃতি সলনি কৰা

পইন্টাৰ টুলৰ দ্বাৰা যেতিয়া আপুনি টেক্সট ব্লকক চিলেক্ট কৰে তেতিয়া ব্লকৰ চাৰিওফালে দেখা দিব ধৰে। এইটো হেণ্ডেলক উইণ্ডো শ্বেডচ বুলি কয়। টেক্সট ব্লকৰ এইটো হেণ্ডেলৰ সহায়েৰে আপুনি ব্লকৰ আকৃতিও পৰিৱৰ্তন কৰিব পাৰে। টেক্সট ব্লকক ডাঙৰ কৰিবৰ বাবে হেণ্ডেলক বাহিৰৰ ফালে দ্ৰেগ কৰক। সেইটো টেক্সট ব্লকক সৰু কৰিবৰ বাবে হেণ্ডেলৰ ভিতৰৰ ফালে দ্ৰেগ কৰক। টেক্সট ব্লকক এৰি সৰু-ডাঙৰ কৰাৰ অৰ্থ হৈছে আপুনি তাত কিমান টেক্সট ডিচপ্লে কৰিব বিচাৰে।

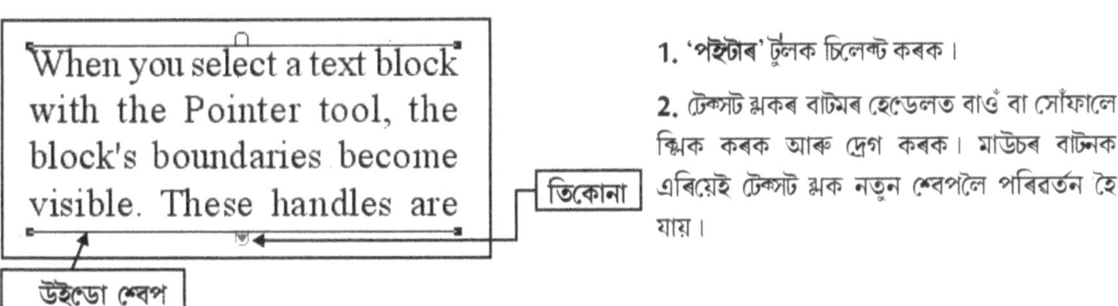

1. 'পইন্টাৰ' টুলক চিলেক্ট কৰক।

2. টেক্সট ব্লকৰ বাটমৰ হেণ্ডেলত বাওঁ বা সোঁফালে ক্লিক কৰক আৰু দ্ৰেগ কৰক। মাউচৰ বাটনক এৰিয়েই টেক্সট ব্লক নতুন শ্বেপলৈ পৰিৱৰ্তন হৈ যায়।

উইণ্ডো শ্বেডৰ তলত যেতিয়া ৰঙা ৰঙৰ তিকোনাৰ চিহ্ন দেখা দিয়ে তেতিয়া গম পোৱা যায় যে পেজত আৰু টেক্স আছে। এইটো টেক্সটক চাবৰ বাবে টেক্সট ব্লকক আৰু ডাঙৰ কৰি দিয়ক বা উইণ্ডো শ্বেডৰ হেণ্ডেলক ধৰি তললৈ দ্ৰেগ কৰক।

লিংকড টেক্সট ব্লকক মেনুৰেলী প্ৰস্তুত কৰা

আপোনাৰ টেক্সট এটা অখৰৰো হ'ব পাৰে বা এটা পেজৰো হ'ব পাৰে। গোটেই স্টৰিৰক ডিচপ্লে কৰিবৰ বাবে আপুনি এটা টেক্সট ব্লক বা অসংখ্য ক্ৰিয়েট কৰিব পাৰে। টেক্সট ব্লকক পৰস্পৰৰ মাজত লিংকো কৰিব পৰা যায় যৰ পৰা স্টৌৰিক এটা কলমৰ পৰা আন এটা কলমলৈ বা এটা পেজৰ পৰা আন এটা পেজলৈ ফ্লো কৰিব পাৰে। এইটো টেক্সটত কৰা সলনি তাৰ লগত লিংক কৰা সকলো ব্লকত দেখা দিয়ে। টেক্সট টুলক চিলেক্ট কৰি এটা ব্লকৰ পৰা আন এটা ব্লকলৈ লিংক কৰা কোনো টেক্সট ব্লকত টেক্সটক চিলেক্ট কৰিব পাৰে।

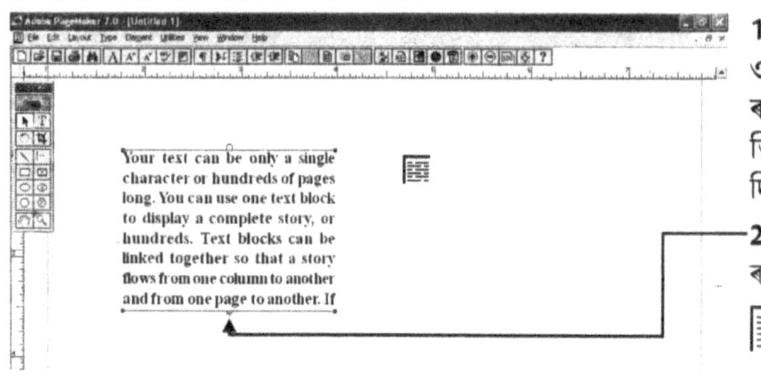

1. উইডোশেৱডৰ বাটমক তেতিয়ালৈকে ওপৰৰ ফালে দ্ৰেগ কৰক যেতিয়ালৈকে ৰঙা ৰংৰ তিকোনা দেখা নিদিয়ে। এইটো ৰংৰ তিকোনাক চাবৰ বাবে মাউচৰ বাটনক এৰি দিয়ক।

2. টেক্সটক লোড কৰিবৰ বাবে উইডোশেৱডত ৰঙা ৰংৰ যি কোনোতে ক্লিক কৰক।

আপোনাৰ কাৰ্চাৰ লোড কৰা টেক্সট আইকনত পৰিৱৰ্তন হৈ যায়। এইটো আপোনাৰ ডকুমেণ্ট পেজৰ ওপৰৰ বাওঁফালে কিনাৰত দেখা দিয়ে।

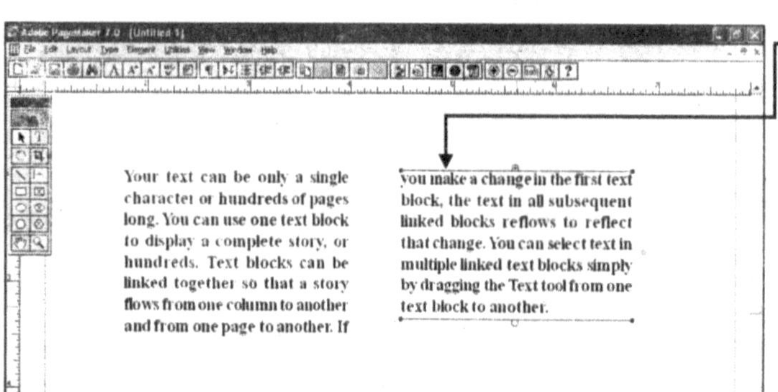

3. প্ৰথম টেক্সট ব্লকৰ পৰা লিংক হোৱা নতুন টেক্সট ব্লকক ক্ৰিয়েট কৰিবৰ বাবে ডকুমেণ্টৰ য'তে-ততে ক্লিক কৰি দেগ্ৰ কৰক।

মাউচৰ বাটনক এৰি সেইটো টেক্সট আপোনাৰ দ্বাৰা দ্ৰেগ কৰা এৰিয়ালৈ গৈ পায়। আপোনাৰ আৱশ্যকতাৰ অনুসাৰে নতুন লিংক টেক্সট ব্লকক প্ৰস্তুত কৰিবৰ বাবে স্টেপ **'1'**ৰ পৰা **'3'**ক পুনৰ কৰক।

টেক্সটক প্লেচ কৰা

অন্য চফ্‌টৱেয়ৰ প্ৰগ্ৰেম যেনে এমএচ ৱৰ্ডেৰে আপুনি পেজমেকাৰত টেক্সটক ইনচাৰ্ট কৰিব পাৰে।

1. ফাইলত ক্লিক কৰক। ফাইল মেনু দেখা দিব।

2. প্লেচত ক্লিক কৰক। প্লেচিং ডায়লগ বক্স দেখা দিব।

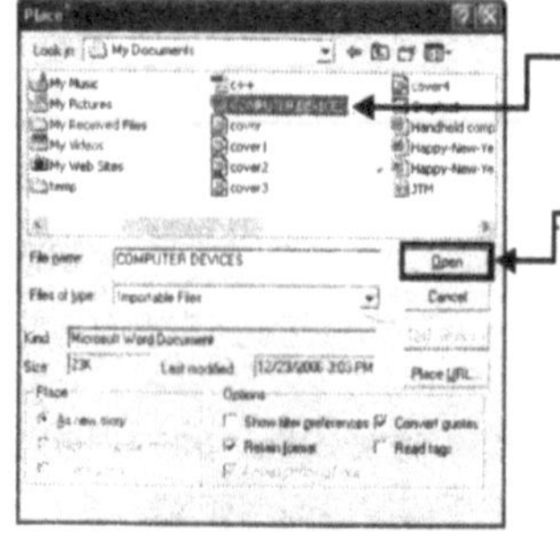

3. সেইটো ডকুমেণ্টত যাওক য'ত থকা টেক্সটক আপুনি ইয়াত প্লেচ কৰা অৰ্থাৎ অন্তৰ্ভুক্ত কৰিব বিচাৰে আৰু ক্লিক কৰক।

4. 'অপেন'ত ক্লিক কৰক।

পইণ্টাৰ লোড কৰি টেক্সট আইকনত সলনি হৈ যায়।

5. টেক্সটক প্লেচ কৰিবৰ বাবে টেক্সট ব্লক গঠন কৰক বা পেজ অথবা কলমৰ ওপৰৰ বাওঁফালে কিনাৰত ক্লিক কৰি দিয়ক।

সেইটো টেক্সট পেজত প্লেচ হৈ যাব অৰ্থাৎ ভৰ্ত্তি হৈ যাব।

টেক্সটক ফ্ৰেমত প্লেচ কৰা অথবা ৰখা

স্টোৰিক ব্যৱস্হিত কৰা আৰু সেইটো একেলগে ৰাখিবৰ বাবে টেক্সট ব্লক গঠনৰ লগতেই আপুনি টেক্সটক ৰাখিবৰ বাবে ফ্ৰেমৰ ব্যৱহাৰো কৰিব পাৰে। ফ্ৰেম টুল একেবাৰে সামান্য ড্ৰইং টুলৰ দৰে সামান্য দেখা দিয়ে। কেৱল ইয়াৰ ইয়াত আখৰ থাকে।

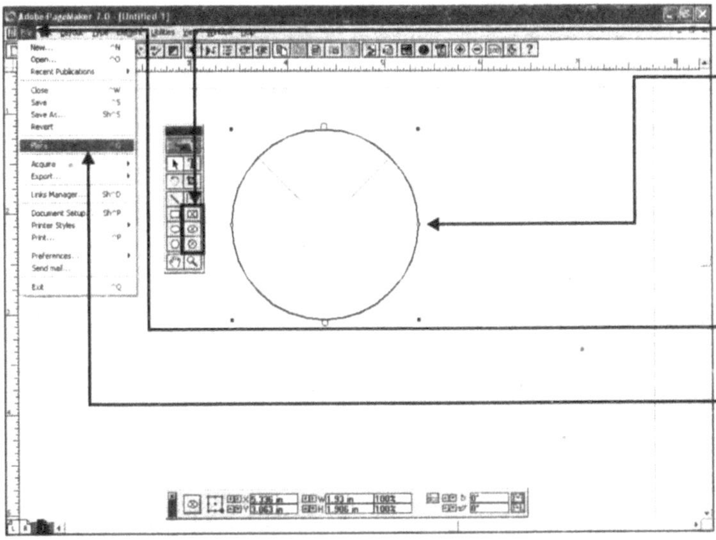

1. টুলবক্সত 'ফ্ৰেম' টুলত ক্লিক কৰক।

2. পেজমেকাৰৰ যি কোনো ফ্ৰেম টুল (ৰেক্টেংগল, অভেল বা হেক্সগন) ৰ সহায়েৰে এক ফ্ৰেম ড্ৰ কৰক অৰ্থাৎ ফ্ৰেম গঠন কৰক।

এইটোও সুনিশ্চিত কৰি লওক যে অবজেক্ট চিলেক্ট কৰা গৈছেনে নাই।

3. ফাইলত ক্লিক কৰি দিয়ক। ফাইল মেনু দেখা দিব।

4. 'প্লেচ'ত ক্লিক কৰক। 'প্লেচ' ডায়লগ বক্স দেখা দিব।

5. সেইটো ডকুমেন্টক বিচাৰক য'ত থকা টেক্সটক প্লেচ কৰিব বিচাৰে আৰু সেইটোক চিলেক্ট কৰক।

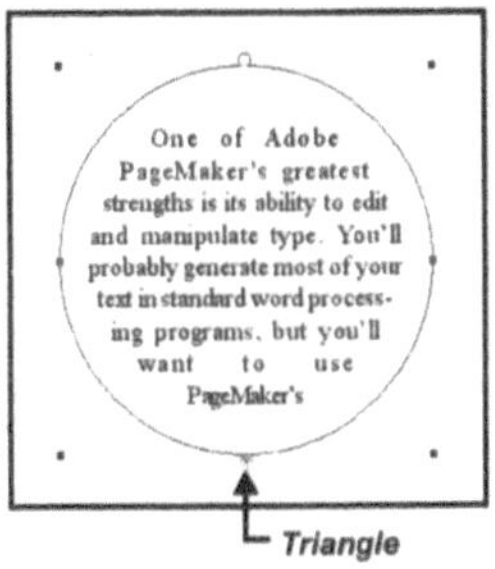

One of Adobe PageMaker's greatest strengths is its ability to edit and manipulate type. You'll probably generate most of your text in standard word processing programs, but you'll want to use PageMaker's

Triangle

6. 'অপেন'ত ক্লিক কৰক।

পইন্টাৰ এতিয়া লোড কৰা টেক্সট আইনলৈ সলনি হৈ যায়।

7. টেক্সটক ফ্ৰেমত দিবৰ বাবে তালৈ গৈ ক্লিক কৰক। সেইটো টেক্সট এইটো ফ্ৰেমত আহি যাব।

টেক্সটৰ ফ্ৰেমক লিংক কৰা বা একেলগ কৰা

যদি আপুনি ডাঙৰ মাত্ৰাত টেক্সটক ব্যৱহাৰ কৰে তেতিয়া কেৱল এটা টেক্স্ট ফ্ৰেমতেই গোটেই টেক্সট সোমাব নোৱাৰে। টেক্সট ব্লকৰ দৰে আপুনি ফ্ৰেমকো একেলগে কৰিব পাৰে যৰ পৰা গোটেই স্টোৰিক দেখা পাব পাৰে।

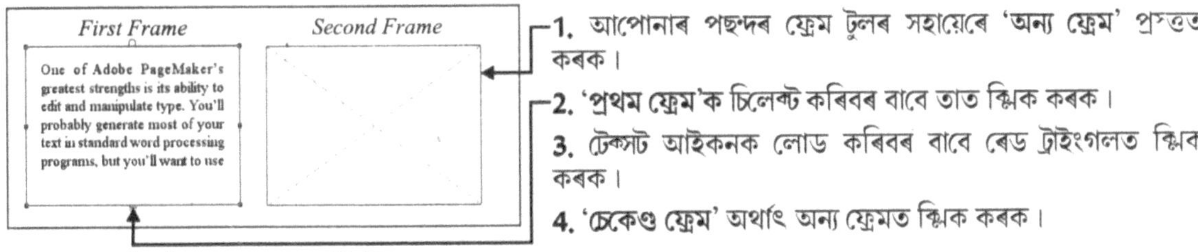

1. আপোনাৰ পছন্দৰ ফ্ৰেম টুলৰ সহায়েৰে 'অন্য ফ্ৰেম' প্ৰস্তুত কৰক।

2. 'প্ৰথম ফ্ৰেম'ক চিলেক্ট কৰিবৰ বাবে তাত ক্লিক কৰক।

3. টেক্সট আইকনক লোড কৰিবৰ বাবে ৰেড ট্ৰাইংগলত ক্লিক কৰক।

4. 'চেকেণ্ড ফ্ৰেম' অৰ্থাৎ অন্য ফ্ৰেমত ক্লিক কৰক।

পেজমেকাৰ টেক্সটক অন্য ফ্ৰেমত দি দিয়ক।

গোটেই স্টোৰিক যেতিয়ালৈকে দেখা নাপাই, স্টেপ **'1'** ৰ পৰা **'3'** লৈকে বাৰে বাৰে কৰক। যেতিয়ালৈকে গোটেই টেক্সট ইয়াত আহি যাব তেতিয়া লাস্ট ফ্ৰেম অৰ্থাৎ শেষৰ ফ্ৰেমৰ হেণ্ডেল এম্পটি অৰ্থাৎ খালি হৈ যাব।

ফ্ৰেমেৰে টেক্সটক এটেচ কৰা অৰ্থাৎ একেলগ কৰা

টেক্সট ব্লকত টেক্সটক ক্ৰিয়েট কৰাৰ পিছত, যদি আপুনি এইটো ফ্ৰেমত কনভাৰ্ট কৰিব বিচাৰে, তেতিয়াহ'লে নিম্নলিখিত কামাণ্ড দি আপুনি এইটো কৰিব পাৰে।

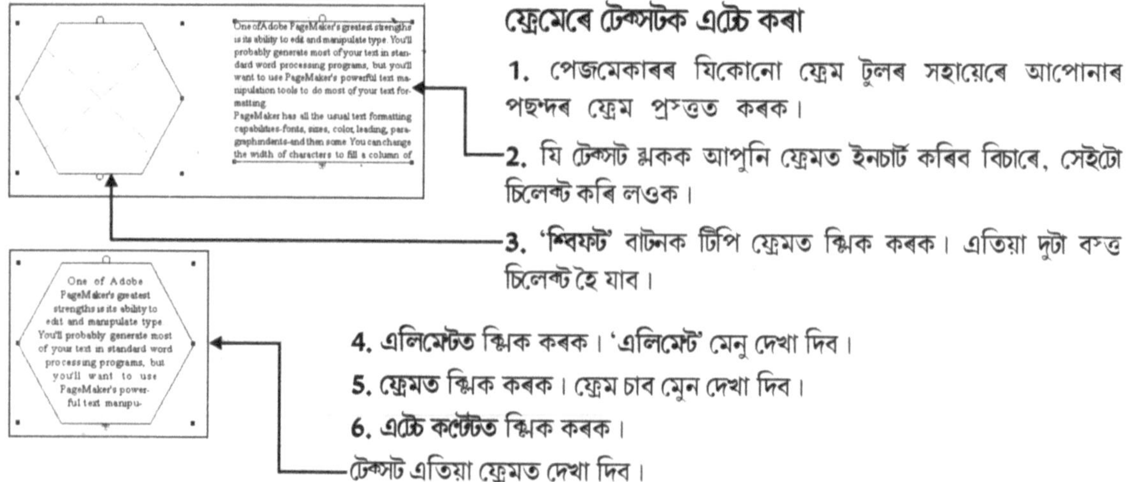

ফ্ৰেমেৰে টেক্সটক এটেচ কৰা

1. পেজমেকাৰৰ যিকোনো ফ্ৰেম টুলৰ সহায়েৰে আপোনাৰ পছন্দৰ ফ্ৰেম প্ৰস্তুত কৰক।
2. যি টেক্সট ব্লকক আপুনি ফ্ৰেমত ইনচাৰ্ট কৰিব বিচাৰে, সেইটো চিলেক্ট কৰি লওক।
3. **'শ্বিফট'** বাটনক টিপি ফ্ৰেমত ক্লিক কৰক। এতিয়া দুটা বস্তু চিলেক্ট হৈ যাব।
4. **এলিমেন্টত** ক্লিক কৰক। **'এলিমেন্ট'** মেনু দেখা দিব।
5. **ফ্ৰেমত** ক্লিক কৰক। ফ্ৰেম চাব মেনু দেখা দিব।
6. **এটেচ কন্টেন্টত** ক্লিক কৰক।

টেক্সট এতিয়া ফ্ৰেমত দেখা দিব।

ফ্ৰেমেৰে টেক্সটক চেপাৰেট (বেলগ) কৰা

টেক্সটক ফ্ৰেমেৰে এটেচ কৰা বা তাত ভৰ্ত্তি কৰাৰ পিছত আপুনি টেক্সট আৰু ফ্ৰেমক চেপাৰেটো কৰিব পাৰে।

টেক্সটক ফ্ৰেমেৰে বেলেগ কৰিবৰ বাবে

1. ফ্ৰেমক **'পইন্টাৰ'** টুলৰ সহায়েৰে ক্লিক কৰক।
2. **এলিমেন্টত** ক্লিক কৰক। **'এলিমেন্ট'** মেনু দেখা দিব।
3. **ফ্ৰেমত** ক্লিক কৰি দিয়ক। ফ্ৰেম চাবমেনু দেখা দিব।
4. **চেপাৰেট কন্টেন্টত** ক্লিক কৰি দিয়ক।

স্পেলিংক চেক কৰা

পেজমেকাৰত থকা চেকিং টুল একেবাৰে ৱৰ্ড প্ৰচেচিং প্ৰগ্ৰেমৰ স্পেলিং চেকাৰ টুলেৰে মিলা জুলা থাকে। দুয়োতো মখ্য অন্তৰ কেৱল ইমান জানে যে স্পেলিং কামাণ্ড মেনুত কেনেদৰেদ দেখা দিয়ে।

স্পেলিংক চেক কৰিবৰ বাবে

1. সেইটো টেক্সট ব্লকক ক্লিক কৰক, য'ত আপুনি স্পেলিং চেক কৰিব বিচাৰে।
2. **এডিটত** ক্লিক কৰক।
3. **এডিট স্টৌৰিত** ক্লিক কৰক।

টেক্সট ব্লকৰ বাবে স্টৌৰি এডিটৰ উইণ্ডো দেখা দিয়ে।

4. **ইউটিলিটিত** ক্লিক কৰক।
5. **স্পেলিংত** ক্লিক কৰক।

স্পেলিং ডায়লগ বক্স দেখা দিয়ে।

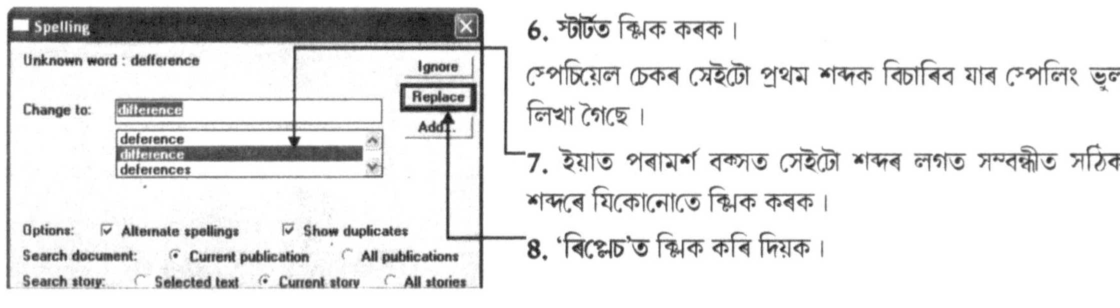

6. স্টাৰ্টত ক্লিক কৰক।

স্পেচিয়েল চেকৰ সেইটো প্ৰথম শব্দক বিচাৰিব যাৰ স্পেলিং ভুল লিখা গৈছে।

7. ইয়াত পৰামৰ্শ বক্সত সেইটো শব্দৰ লগত সম্বন্ধীত সঠিক শব্দৰে যিকোনোতে ক্লিক কৰক।

8. 'ৰিপ্লেচ'ত ক্লিক কৰি দিয়ক।

সেইটো ভুল শব্দ আপোনাৰ দ্বাৰা নিৰ্বাচন কৰা শব্দলৈ সলনি হৈ যায়। এতিয়া ইয়াৰ পিছত ভুল শব্দ হাইলাইট হৈ যায়।

9. তেতিয়ালৈকে এই ধৰণৰ প্ৰত্যেক ভুল শব্দক শুদ্ধ কৰি থাকে যেতিয়ালৈকে স্পেলিং ডায়লগ বক্সত মেচেজ নাহে যে আপোনাৰ স্পেলিং চেকিং প্ৰক্ৰিয়া পুৰা হৈছে।

10. এতিয়া 'স্পেলিং' ডায়লগ বক্স বন্ধ কৰি দিয়ক।

11. 'স্টোৰি এডিটৰ উইণ্ডো' কো বন্ধ কৰি দিয়ক।

কেৰেক্টাৰ স্পেচিফিকেচন ডায়লগ বক্সেৰে কেৰেক্টাৰৰ ৰূপ ৰং সলনি কৰা

অধিকাংশ কেৰেক্টাৰ ফৰ্মেটিং কামাণ্ড কেৰেক্টাৰ স্পেচিফিকেচন ডায়লগ বক্সেৰে দিয়া যায়। কেৱল কৰ্নিং কামাণ্ড, যিটো কেৰেক্টাৰ পেয়াৰ্চ (যুগ্ম শব্দ) ত লগোৱা যায়, সেইটো এই ডায়লগ বক্সত অন্তৰ্ভুক্ত নহয়।

1. ফৰ্মেট কৰা কেৰেক্টাৰক চিলেক্ট কৰি লওক।

2. টাইপত ক্লিক কৰি দিয়ক। টাইপ মেনু দেখা দিব।

3. **কেৰেক্টাৰ** বা **'কন্ট্ৰল টি'** ত ক্লিক কৰি দিয়ক।

'কেৰেক্টাৰ স্পেচিফিকেচন' ডায়লগ বক্স দেখা দিব ধৰে।

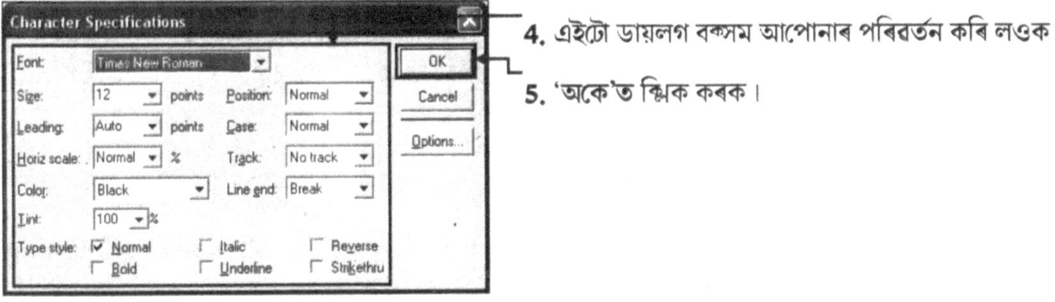

4. এইটো ডায়লগ বক্সত আপোনাৰ পৰিৱৰ্তন কৰি লওক।

5. 'অকে'ত ক্লিক কৰক।

কন্ট্ৰল পেলেটেৰে কেৰেক্টাৰৰ ৰং-ৰূপ সলনি কৰা অৰ্থাৎ তাৰ ফৰ্মেটিং কৰা

যদি আপুনি ডাঙৰ অবস্থাত ফৰ্মেটিং কৰি আছে তেতিয়াহ'লে এইটো স্থিতিত কন্ট্ৰল পেলেট বহুত উপযোগী হয়। এইটো সদাই আপোনাৰ ৱৰ্ক এৰিয়াত টপত থাকে।

যেতিয়া আপুনি কন্ট্ৰল পেলেটক চাই তেতিয়া ডিফল্ট ৰূপত এইটো কেৰেক্টাৰ ভিউত দেখা দিয়ে। চিলেক্ট কৰা আইটেমৰ অনুসাৰে ইয়াৰ টুল অন্য ৰূপত পৰিৱৰ্তিত হৈ দেখা দিব ধৰে।

কন্ট্ৰল পেলেটৰ ব্যৱহাৰেৰে কেৰেক্টাৰ এট্ৰিবিউটক মডিফাই কৰা

যদি কন্ট্ৰল পেলেট দেখা নিদিয়ে তেতিয়া নিম্নলিখিত কাৰ্য কৰক।

1. উইণ্ডোত ক্লিক কৰক। উইণ্ডোত মেনু দেখা দিব।
2. শ্বো কন্ট্ৰল পেলেটত ক্লিক কৰক।

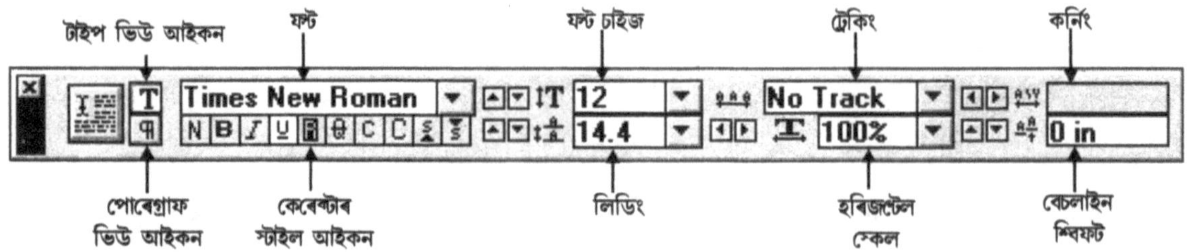

3. সেইটো কেৰেক্টাৰক চিলেক্ট কৰি লওক যিটোক আপুনি মডিফাই কৰিব বিচাৰে।
4. কন্ট্ৰল পেলেটত এতিয়া আৱশ্যকতানুসাৰে সলনি কৰি লওক।

স্মল কেপচৰ ব্যৱহাৰ

স্মল কেপচ বহুত উপযোগী ফৰ্মেট হয় আৰু এইটো টেক্সটক সৰু ৰূপেৰে প্ৰদৰ্শিত কৰে যেনে-হেডলাইঞ্চ।

যদি কন্ট্ৰল পেলেট দেখা নিদিয়ে তেতিয়াহ'লে নিম্নলিখিত কাৰ্য কৰক।

1. উইণ্ডোত ক্লিক কৰক। উইণ্ডো মেনু দেখা দিব।
2. 'শ্বো কন্ট্ৰল পেলেট'ত ক্লিক কৰি দিয়ক।
3. যি কেৰেক্টাৰক আপুনি স্মল কেপচত সলনি কৰিব বিচাৰে সেইটো চিলেক্ট কৰি লওক।

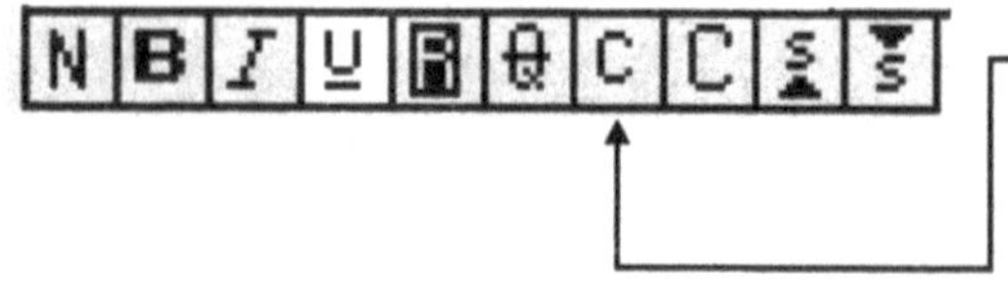

4. কন্ট্ৰল পেলেটৰ কেৰেক্টাৰ ভিউত গৈ 'স্মল কেপচ আইকন'ত ক্লিক কৰক।

যদি কন্ট্ৰল পেলেটত স্টাইল আইকন দেখা নাপাই তেতিয়া সেইটোক চাবৰ বাবে পেলেটত টি আইকনৰ আপাৰকেচত ক্লিক কৰক।

কেচ (আপাৰৰ পৰা লৱাৰ বা লৱাৰৰ পৰা আপাৰ) সলনি কৰা

কেতিয়াবা-কেতিয়াবা আপুনি গোটেই টেক্সটক কেপচত টাইপ কৰি লয়, কিন্তু আপুনি সেইটোক পুনৰ টাইপ নকৰাকে কেনেদৰে সলনি কৰিব বিচাৰে, এনেতে অটোমেটিক কেচ চেঞ্জিং বাটনৰ প্ৰয়োগ কৰি কেৰেক্টাৰৰ কেচত স্থায়ী ৰূপেৰে সলনি কৰিব পাৰে।

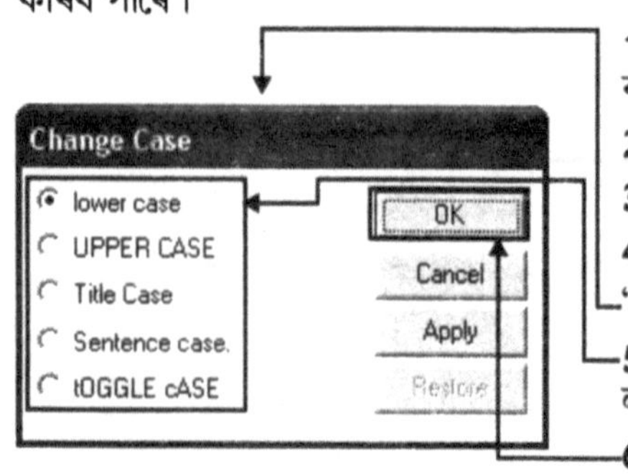

1. যি কেৰেক্টাৰৰ কেচ আপুনি সলনি কৰিব বিচাৰে সেইটোক চিলেক্ট কৰিবৰ বাবে 'টেক্সট' টুলৰ ব্যৱহাৰ কৰক।
2. মেনু বাৰত গৈ ইউলিটিত ক্লিক কৰক।
3. 'প্লাগ ইঞ্চ'ত ক্লিক কৰি দিয়ক।
4. চেঞ্জ কেচত ক্লিক কৰি দিয়ক।

'চেঞ্জ কেচ' ডায়লগ বক্স দেখা দিব ধৰে।

5. আপোনাৰ টেক্সটৰ অনুসাৰে যি কোনো কেচ অপচনৰ নিৰ্বাচন কৰি লওক।
6. 'অকে'ত ক্লিক কৰি দিয়ক।

লিডিংক এডজাস্ট কৰা

টাইপ কৰা সময়ত দুটা লাইনৰ মাজৰ স্পেচ বা গেপক লিডিং বুলি কয়। যদি লিডিং অধিক হয় তেতিয়া লাইনৰ মাজত বহুত দূৰত্ব দেখা দিয়ে।

ডিফল্ট ৰূপত লিডিং টাইপ কৰা টেক্সটৰ পইন্টাৰ চাইজৰ 120 শতাংশ থাকে।

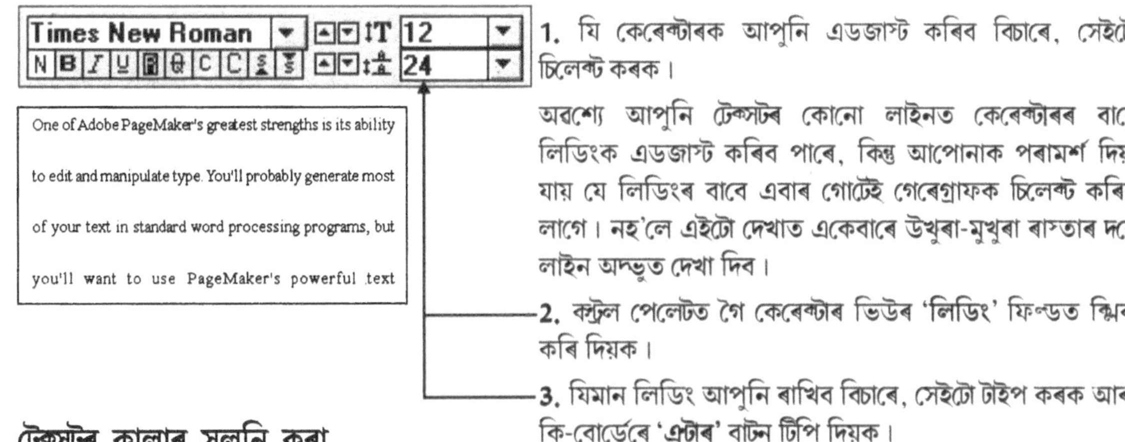

1. যি কেৰেক্টাৰক আপুনি এডজাস্ট কৰিব বিচাৰে, সেইটো চিলেক্ট কৰক।

অৱশ্যে আপুনি টেক্সটৰ কোনো লাইনত কেৰেক্টাৰৰ বাবে লিডিংক এডজাস্ট কৰিব পাৰে, কিন্তু আপোনাক পৰামৰ্শ দিয়া যায় যে লিডিংৰ বাবে এবাৰ গোটেই পেৰেগ্ৰাফক চিলেক্ট কৰিব লাগে। নহ'লে এইটো দেখাত একেবাৰে উখুৰা-মুখুৰা ৰাস্তাৰ দৰে লাইন অদ্ভুত দেখা দিব।

2. কন্ট্ৰল পেলেটত গৈ কেৰেক্টাৰ ভিউৰ 'লিডিং' ফিল্ডত ক্লিক কৰি দিয়ক।

3. যিমান লিডিং আপুনি ৰাখিব বিচাৰে, সেইটো টাইপ কৰক আৰু কি-বোৰ্ডৰে **'এন্টাৰ'** বাটন টিপি দিয়ক।

টেক্সটৰ কালাৰ সলনি কৰা

আপুনি আপোনাৰ টেক্সটৰ কালাৰো সলনি কৰিব পাৰে। যদি আপুনি ক'লা ৰংক এৰি কোনো অন্য ৰং নিৰ্বাচন কৰে তেতিয়া আপোনাৰ ডিজাইন বহুত ধুনীয়া দেখা দিব।

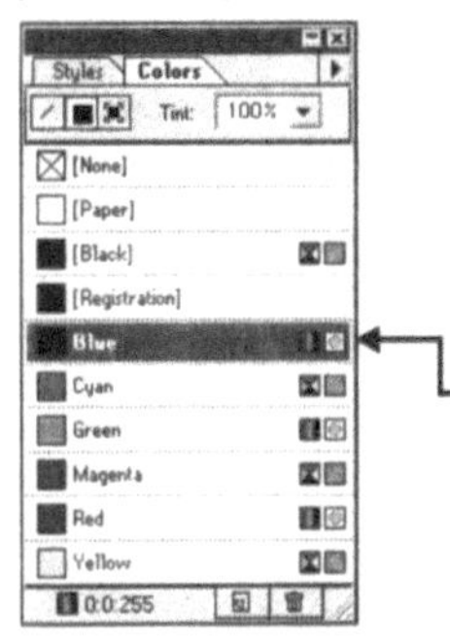

কেৰেক্টাৰক কালাৰ কৰিবৰ বাবে

1. যি টেক্সটক আপুনি কালাৰ কৰিব বিচাৰে, প্ৰথমে সেইটো চিলেক্ট কৰি লওক।
2. কালাৰ পেলেটক ডিচপ্লে কৰিবৰ বাবে মেনু বাৰত গৈ **উইণ্ডোত** ক্লিক কৰক।
3. শ্বো কালাৰ্চত ক্লিক কৰি দিয়ক।

'কালাৰ পেলেট' দেখা দিব ধৰে।

4. চিলেক্ট কৰা টেক্সটত আপুনি যি কালাৰ এপলাই কৰিব বিচাৰে, সেইটো 'কালাৰ্'ত ক্লিক কৰি দিয়ক।

পেলেটত আপোনাৰ দ্বাৰা নিৰ্বাচন কৰা কালাৰৰ অনুসাৰে আপোনাৰ টেক্সটৰ কালাৰ সলনি হৈ যায়।

কন্ট্ৰল পেলেটৰে পেৰেগ্ৰাফ ফৰ্মেটক এপলাই কৰা

পেৰেগ্ৰাফ পেলেটত সামান্য ৰূপত ব্যৱহাৰ হোৱা সকলো পেৰেগ্ৰাফ কন্ট্ৰল থাকে। পেৰেগ্ৰাফ ফৰ্মেট এপলাই কৰিবৰ বাবে এইটো সকলোতকৈ তীব্ৰ আৰু সহজ উপায় হয়।

1. উইণ্ডোত ক্লিক কৰক। উইণ্ডো মেনু দেখা দিব।
2. শ্বো কন্ট্ৰল পেলেটত ক্লিক কৰি দিয়ক।
3. যদি কন্ট্ৰল পেলেট ইয়াত দেখা দিয়া পেলেটৰ অনুসাৰে দেখা নিদিয়ে তেতিয়া পেৰেগ্ৰাফ এট্ৰিভিউট্চ বাটনত (¶) ক্লিক কৰি দিয়ক।

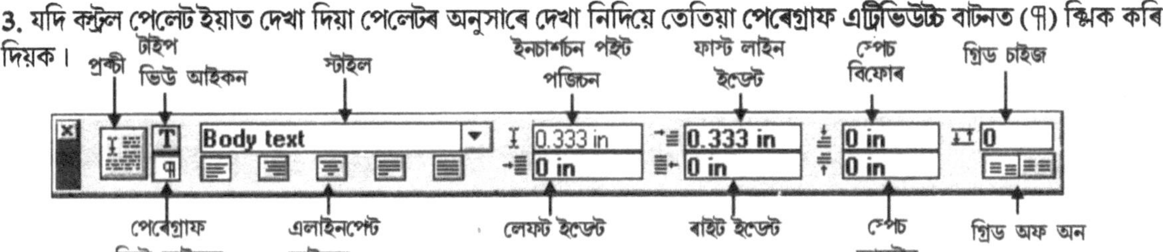

4. আৱশ্যকতানুসাৰে পৰিৱৰ্তন কৰি লওক।

5. **'এণ্টাৰ'** বাটন টিপি দিয়ক। আপোনাৰ দ্বাৰা কৰা পৰিৱৰ্তন এপলাই হৈ যাব।

ডায়লগ বক্সেৰে পেৰেগ্ৰাফ ফৰ্মেটক এপলাই কৰা

পেৰেগ্ৰাফ স্পেচিফিকেচন ডায়লগ বক্সত প্ৰায় সেই সকলো ফৰ্মেটিং কামাণ্ড অন্তৰ্ভুক্ত আছে, যিটোক আপুনি টেক্সটক ফৰ্মেট কৰাত এপলাই কৰে।

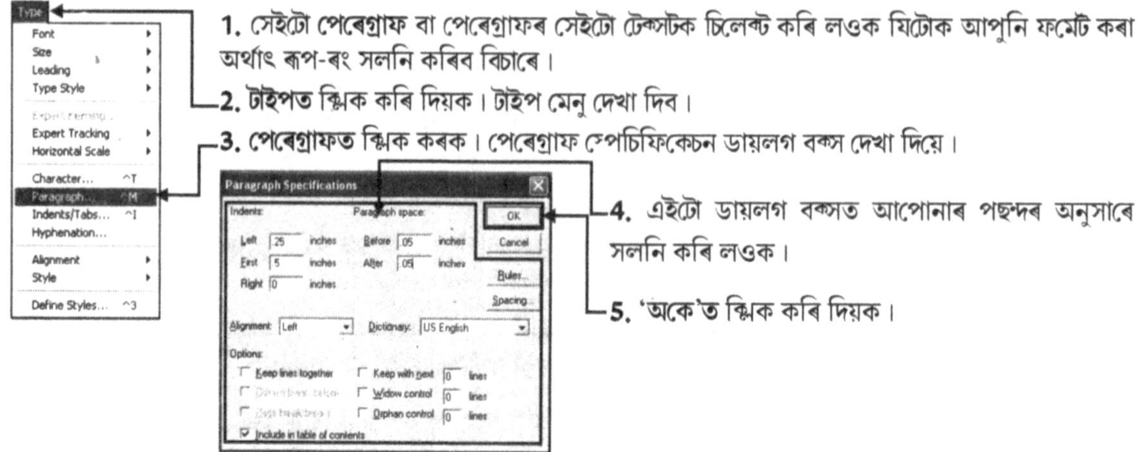

1. সেইটো পেৰেগ্ৰাফ বা পেৰেগ্ৰাফৰ সেইটো টেক্সটক চিলেক্ট কৰি লওক যিটোক আপুনি ফৰ্মেট কৰা অৰ্থাৎ ৰূপ-ৰং সলনি কৰিব বিচাৰে।

2. টাইপত ক্লিক কৰি দিয়ক। টাইপ মেনু দেখা দিব।

3. পেৰেগ্ৰাফত ক্লিক কৰক। পেৰেগ্ৰাফ স্পেচিফিকেচন ডায়লগ বক্স দেখা দিয়ে।

4. এইটো ডায়লগ বক্সত আপোনাৰ পছন্দৰ অনুসাৰে সলনি কৰি লওক।

5. 'অকে'ত ক্লিক কৰি দিয়ক।

ইণ্ডেন্টক এপলাই কৰা

এইটো সেই এমাউণ্ট হয় যিমান অংশত কোনো পেৰেগ্ৰাফ ডকুমেণ্টৰ সামান্য মাৰ্জিনেৰে সলনি হৈ যায়। এইটো তেতিয়া বহুত উপযোগী হয় যেতিয়া আপুনি কোনো পেৰেগ্ৰাফ বা টেক্সটৰ চেটক গোটেই ডকুমেণ্টত হাইলাইট কৰিব বিচাৰে।

পেজমেকাৰত ডিফল্ট ৰূপত সকলো ইণ্ডেন্ট ভেলু শূন্য (0)ত চেট হয়।

ইণ্ডেন্টক এপলাই কৰিবৰ বাবে

1. **উইণ্ডোত** ক্লিক কৰি দিয়ক। উইণ্ডো মেনু দেখা দিব।

2. **শ্বো কন্ট্ৰল পেলেটত** ক্লিক কৰি দিয়ক। কন্ট্ৰল পেলেট দেখা দিব।

3. যদি কন্ট্ৰল পেলেট ইয়াত দেখা পেলেটৰ অনুসাৰে দেখা নিদিয়ে তেতিয়াহ'লে পেৰেগ্ৰাফ এট্ৰিবিউট্চ বাটনত (¶) ক্লিক কৰি দিয়ক।

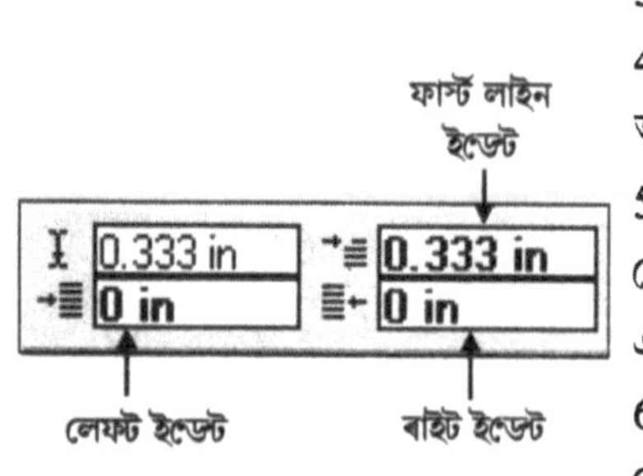

3. আপোনাৰ কাৰ্চাৰক পেৰেগ্ৰাফৰ যতে ততে ৰাখক।

4. কন্টল পেলেটত লেফট ইণ্ডেন্টত ক্লিক কৰক। পেৰেগ্ৰাফৰ বাওঁফালে কিনাৰত আপুনি যিমান ইণ্ডেন্ট ৰাখিব বিচাৰে, সেইটো এমাউণ্ট বা ভেলু এণ্টাৰ কৰি দিয়ক।

5. প্ৰথমে ইণ্ডেন্ট ফিল্ডক হাইলাইট কৰিবৰ বাবে **'টেব'** বাটন টিপক।

পেৰেগ্ৰাফৰ প্ৰথম লাইনৰ বাবে আপুনি যিমান ইণ্ডেন্ট ৰাখিব বিচাৰে, সেইটো ভেলু এণ্টা কৰক।

6. ৰাইটা ইণ্ডেন্ট ভেলুক হাইলাইট কৰিবৰ বাবে **'টেব'** বাটন টিপক। পেৰেগ্ৰাফৰ সোঁফালে আপুনি যিমান ইণ্ডেন্ট ৰাখিব বিচাৰে, সেইটো ভেলু এণ্টাৰ কৰি দিয়ক।

7. **'এণ্টাৰ'** টিপি দিয়ক। আপোনাৰ দ্বাৰা কৰা চেঞ্জ প্ৰভাৱী হৈ যাব।

পেৰেগ্ৰাফ স্পেচিং অৰ্থাৎ পেৰেগ্ৰাফৰ মাজৰ স্হান

আপুনি পেৰেগ্ৰাফৰ মাজৰ স্পেচক আতৰাব পাৰে অথবা একেলগ কৰিব পাৰে। আপুনি টেক্সটত শব্দ আৰু আখৰৰ মাজৰ স্পেচকো এডজাস্ট কৰিব পাৰে।

কন্ট্ৰল পেলেটেৰে পেৰেগ্ৰাফৰ মাজৰ স্পেচক একেলগ কৰা

1. **উইণ্ডোত** ক্লিক কৰক।
2. **শ্বো কন্ট্ৰল পেলেটত** ক্লিক কৰক। কন্ট্ৰল পেলেট দেখা দিব।
3. যদি কন্ট্ৰল পেলেট তলত দেখা দিয়া পেলেটৰ অনুসাৰে দেখা দিয়ে তেতিয়া পেৰেগ্ৰাফ এট্ৰিবিউটচ বাটন (¶) ত ক্লিক কৰি দিয়ক।

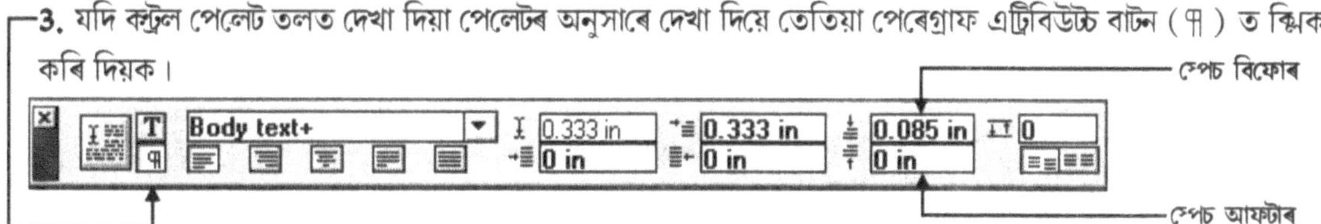

4. সেইটো **'পেৰেগ্ৰাফ'ত** ক্লিক কৰি দিয়ক, য'ত আপুনি পৰিৱৰ্তন কৰিব বিচাৰে।
5. কন্ট্ৰল পেলেটত গৈ **'স্পেচ বিফোৰ'** আৰু **'স্পেচ আফটাৰ'** টেক্সট ফিল্ডত ক্লিক কৰক আৰু তাত সিমান স্পেচ এণ্টাৰ কৰি দিয়ক যিমান আপুনি এপলাই কৰিব বিচাৰে।

ডায়লগ বক্সেৰে পেৰেগ্ৰাফত স্পেচক বঢ়োৱা

1. যি **'পেৰেগ্ৰাফ'** ত আপুনি সলনি কৰিব বিচাৰে, তাত ক্লিক কৰি দিয়ক।
2. **'টাইপ'** ত ক্লিক কৰি দিয়ক। টাইপ মেনু দেখা দিব।
3. **'পেৰেগ্ৰাফ'** ত ক্লিক কৰক। **'পেৰেগ্ৰাফ স্পেচিফিকেচন'** ডায়লগ বক্স দেখা দিব।

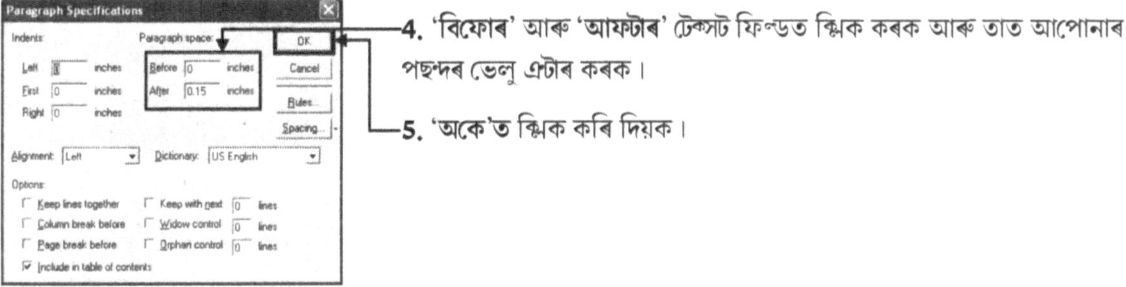

ডায়লগ বক্সেৰে পেৰেগ্ৰাফত লেটাৰ স্পেচ বা ৱৰ্ড স্পেচ একেলগ কৰা

1. **ইনচাৰ্শন পইন্টক** পেৰেগ্ৰাফত ৰাখিবৰ বাবে **পেৰেগ্ৰাফত** ক্লিক কৰি দিয়ক।
2. **টাইপত** ক্লিক কৰি দিয়ক। টাইপ মেনু দেখা দিব।
3. **পেৰেগ্ৰাফত** ক্লিক কৰি দিয়ক। যেনেদৰে ওপৰত দেখুওৱা গৈছে তেনেদৰে **'পেৰেগ্ৰাফ স্পেচিফিকেচন'** ডায়লগ বক্স দেখা দিব।
4. **'স্পেচিং বাটন'** ত ক্লিক কৰক। স্পেচ এট্ৰিবিউট ডায়লগ বক্স দেখা দিয়ে।

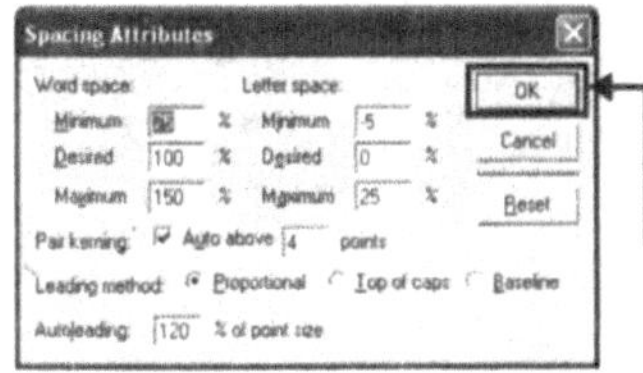

5. এইটো ডায়লগ বক্সত 'স্পেচ'ত লৈ সেইটো ভেলু এণ্টাৰ কৰি দিয়ক যিটোক আপুনি এপলাই কৰিব বিচাৰে।
6. **'স্পেচ এট্ৰিবিউটচ'** ডায়লগ বক্সত লৈ 'অকে'ত ক্লিক কৰি দিয়ক।
7. **'পেৰেগ্ৰাফ স্পেচিফিকেচন'** ডায়লগ বক্সত গৈ 'অকে'ত ক্লিক কৰি দিয়ক।

পেৰেগ্ৰাফৰ ৰুল ক্ৰিয়েট কৰা

আপুনি প্ৰত্যেক পেৰেগ্ৰাফৰ ওপৰত আৰু লত ৰুলচ (লাইন) ক অন্তভুক্ত কৰিব পাৰে। টেবুলৰ হেডিংক আণ্ডাৰলাইন কৰা বা বগা আৰু সাধাৰণ টেক্সটৰ পিছত ৰঙীন বক্সত এইটো ৰুলক ব্যৱহাৰ হয়।

পেৰেগ্ৰাফ ৰুলক ক্ৰিয়েক কৰা

1. যি পেৰেগ্ৰাফত আপুনি **'ৰুল'**ক অন্তৰ্ভুক্ত কৰিব বিচাৰে, **'ইনচাৰ্শন পইণ্ট'**ক তাত লৈ যাবৰ বাবে পেৰেগ্ৰাফত ক্লিক কৰি দিয়ক।

2. **টাইপত** ক্লিক কৰি দিয়ক। টাইপ মেনু দেখা দিব।

3. **'পেৰেগ্ৰাফ'** বা **'কণ্ট্ৰল এম'** ত ক্লিক কৰি দিয়ক। **'পেৰেগ্ৰাফ স্পেচিফিকেচন'** ডায়লগ বক্স দেখা দিয়ে।

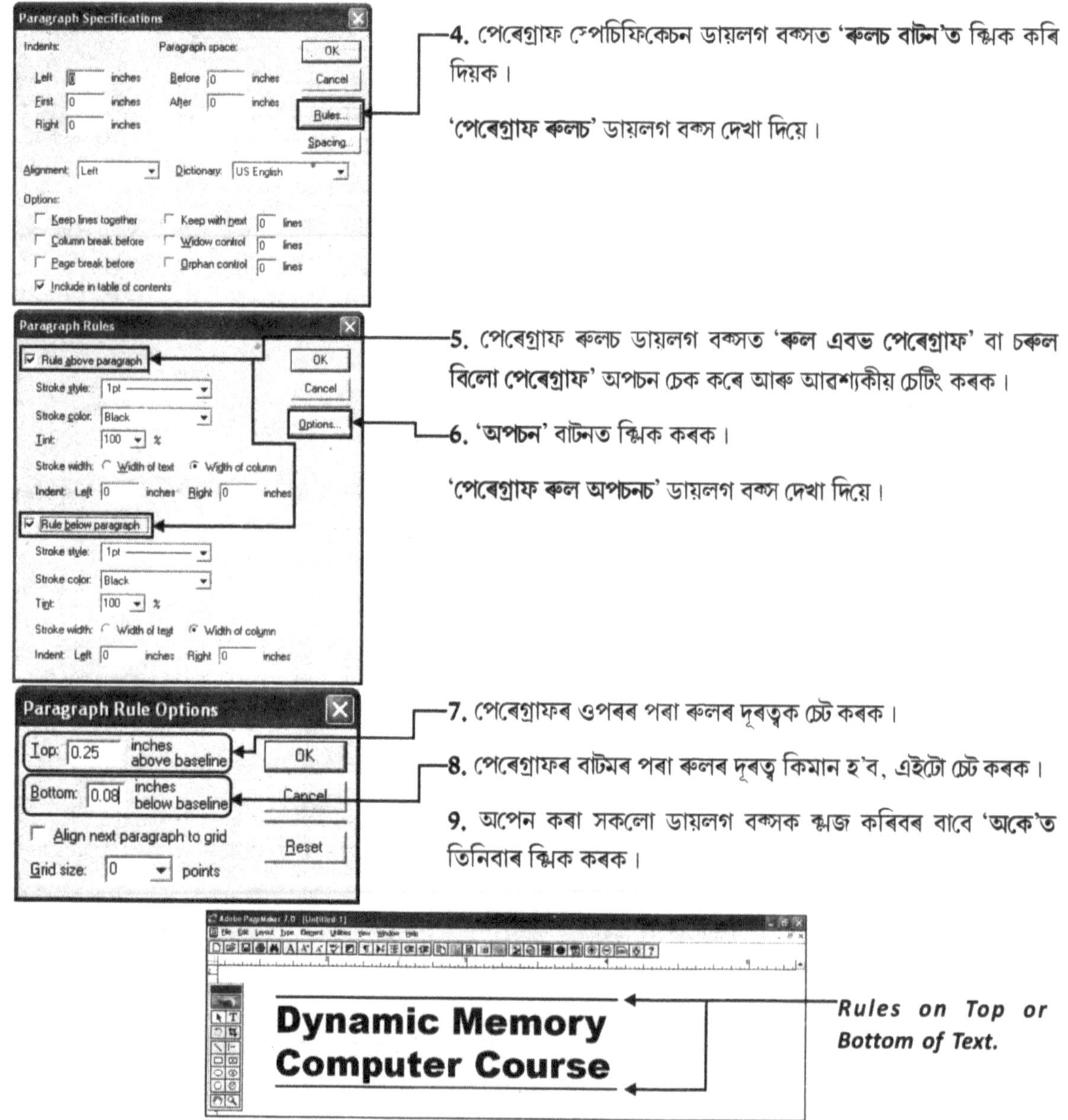

4. পেৰেগ্ৰাফ স্পেচিফিকেচন ডায়লগ বক্সত **'ৰুলচ বাটন'**ত ক্লিক কৰি দিয়ক।

'পেৰেগ্ৰাফ ৰুলচ' ডায়লগ বক্স দেখা দিয়ে।

5. পেৰেগ্ৰাফ ৰুলচ ডায়লগ বক্সত **'ৰুল এবভ পেৰেগ্ৰাফ'** বা চৰুল বিলো পেৰেগ্ৰাফ' অপচন চেক কৰে আৰু আৱশ্যকীয় চেটিং কৰক।

6. **'অপচন'** বাটনত ক্লিক কৰক।

'পেৰেগ্ৰাফ ৰুল অপচনচ' ডায়লগ বক্স দেখা দিয়ে।

7. পেৰেগ্ৰাফৰ ওপৰৰ পৰা ৰুলৰ দূৰত্বক চেট কৰক।

8. পেৰেগ্ৰাফৰ বাটমৰ পৰা ৰুলৰ দূৰত্ব কিমান হ'ব, এইটো চেট কৰক।

9. অপেন কৰা সকলো ডায়লগ বক্সক ক্লজ কৰিবৰ বাবে **'অকে'ত** তিনিবাৰ ক্লিক কৰক।

টেবচক এপলাই কৰা

কোনো লাইনত এক হৰিজণ্টে পইণ্টাৰত টাইপিংক এলাইন কৰিবৰ বাবে আপুনি টেব স্টাপৰ ব্যৱহাৰ কৰিব পাৰে। যৰ পৰা কোনো কলমৰ লিস্টো প্ৰস্তুত কৰিব পাৰে। পেজমেকাৰত ডিফল্ট টেব স্টাপ বাওঁৰ ফালৰ পৰা আধা ইঞ্চিৰ মাৰ্জিন থাকে। যেতিয়াই আপুনি টেব বাটনক টিপি দিয়ে তেতিয়া ইনচাৰ্শন পইণ্টাৰ প্ৰত্যেক বাৰ আধা ইঞ্চি আগত গুচি যায়।

লেফট টেব স্টাপ অধিক ব্যৱহাৰ হোৱা টেব স্টপ হয়। যেতিয়া আপুনি টেব বাটনক টিপি ৰাখে তেতিয়া ইনচাৰ্শন পইণ্ট সোঁফালে গুচি যায়। ৰাইট টেব এলাইন টেবক সোঁফালে টানি দিয়ে। চেণ্টাৰ টেব স্টপৰ পৰা টাইপ কৰা টেক্সট নিজে নিজে চেণ্টাৰলৈ আহি যায়। টেবেৰে টেক্সটক যি কোনো দিুত কৰিব পৰা যায়। ডেচিমল টেব স্টাপ একেবাৰে ৰাইট টেব স্টাপৰ দৰে কাম কৰে যেতিয়ালৈকে আপুনি সময় আদি টাইপ নকৰে। এনেতে এইটো প্ৰত্যেক বস্তুৰ বাওঁফালে কৰি দিয়ে যিটো দশমিকৰ পিছত আছে। এইটো চেটিং বহুত উপযোগী হয়। উদাহৰণৰ বাবে এনে নম্বৰ যিটোক আপুনি কলমত ৰাখিব বিচাৰে।

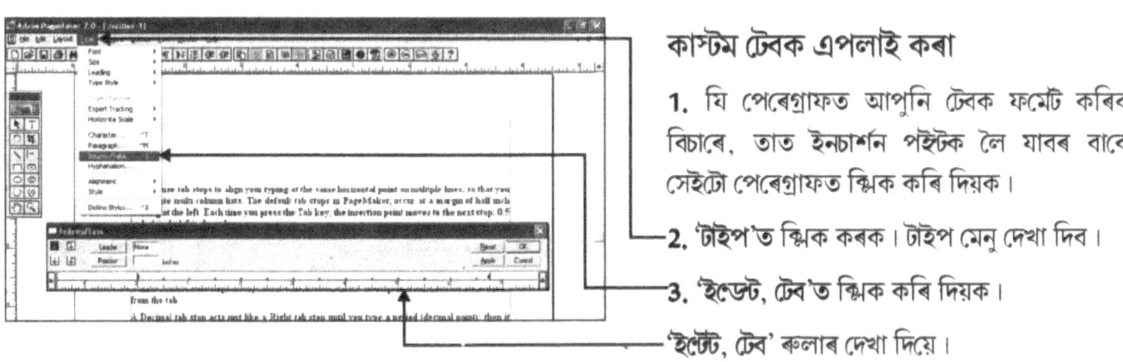

কাস্টম টেবক এপলাই কৰা

1. যি পেৰেগ্ৰাফত আপুনি টেবক ফৰ্মেট কৰিব বিচাৰে, তাত ইনচাৰ্শন পইণ্টক লৈ যাবৰ বাবে সেইটো পেৰেগ্ৰাফত ক্লিক কৰি দিয়ক।

2. 'টাইপ'ত ক্লিক কৰক। টাইপ মেনু দেখা দিব।

3. 'ইণ্ডেণ্ট, টেব'ত ক্লিক কৰি দিয়ক।

'ইণ্ডেণ্ট, টেব' ৰুলাৰ দেখা দিয়ে।

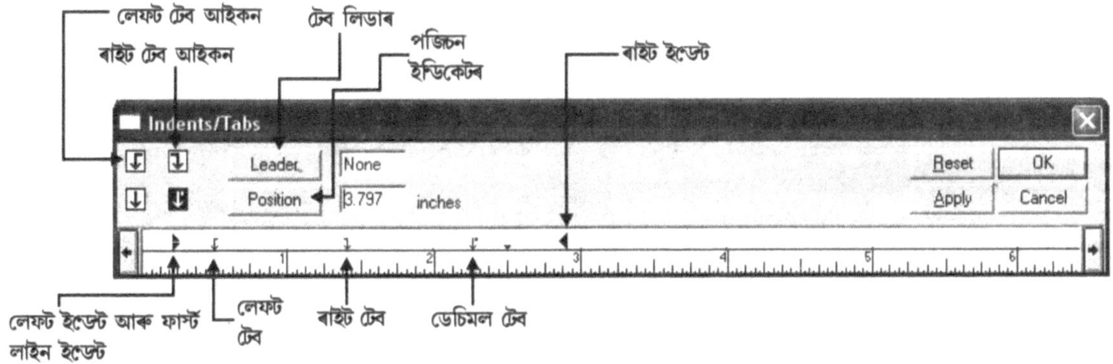

4. আপোনাৰ টেক্সটৰ কলমত উচিত ঠাইত টেবক চেট কৰি দিয়ক।

5. যদি আপুনি সুনিশ্চিত নহয় যে আপোনাৰ টেব সঠিক ঠাইত চেট হৈছে তেতিয়া টেক্সটৰ প্ৰথম লাইনত 'এপলাই'ত ক্লিক কৰি দিয়ক। টেক্সট বেকগ্ৰাউণ্ডত ফৰ্মেট হৈ যায়, কিন্তু ৰুলাৰ নিজৰ ঠাইত থাকে যৰ পৰা আপুনি মনৰ মতে সলনি কৰিব পাৰে।

6. টেক্সটৰ সঠিক ৰূপেৰে চেট হৈ যোৱাত 'অকে' ত ক্লিক কৰি দিয়ক।

স্টাইলক এপলাই কৰা

আপুনি পেৰেগ্ৰাফৰ টেক্সত স্টাইলকো এপলাই কৰিব পাৰে।

স্টাইল পেলেটক চাবৰ বাবে

1. উইণ্ডোত ক্লিক কৰি দিয়ক। উইণ্ডো মেনু দেখা দিয়ে।

2. শ্বো স্টাইলত ক্লিক কৰি দিয়ক।

'স্টাইল পেলেট' দেখা দিয়ে।

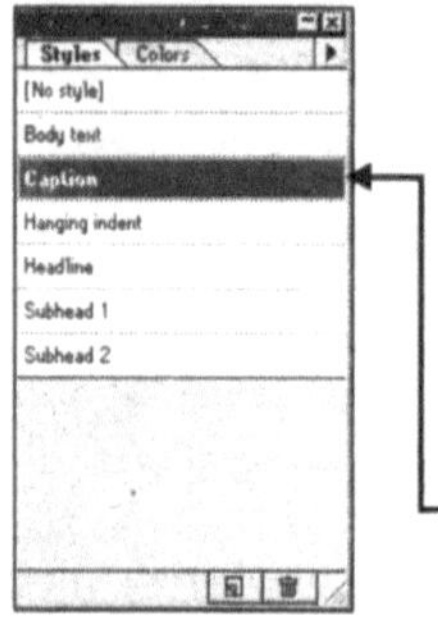

স্টাইলক এপলাই কৰিবৰ বাবে

1. যি পেৰেগ্ৰাফত আপুনি স্টাইলক এপলাই কৰিব বিচাৰে, সেইটো পেৰেগ্ৰাফত আপোনাৰ কাৰ্চাৰ থৈ দিয়ক।

সকলো পেৰেগ্ৰাফত টেক্সটক চিলেক্ট কৰাৰ স্থানত সকলো পেৰেগ্ৰাফক এবাৰতে চিলেক্ট কৰিব পৰা যায়।

2. স্টাইল পেলেটত **'স্টাইলৰ'** নামত ক্লিক কৰক।

আপোনাৰ দ্বাৰা চিলেক্ট কৰা পেৰেগ্ৰাফ সেইটো নতুন স্টাইলত সলনি হৈ যায়।

নতুন স্টাইল ডিফাইন কৰা

আপোনাৰ দ্বাৰা ফৰ্মেট কৰা টেক্সটৰ নতুন স্টাইলক আপুনি কোনো দিব পাৰে। এইটো ফৰ্মেট চেটিংক আপুনি স্টাইলতো পৰিৱৰ্তন কৰিব পাৰে, যৰ পৰা সেইটো অন্য টেক্সটত তীব্ৰ গতিৰে এপলাই কৰিব পাৰে।

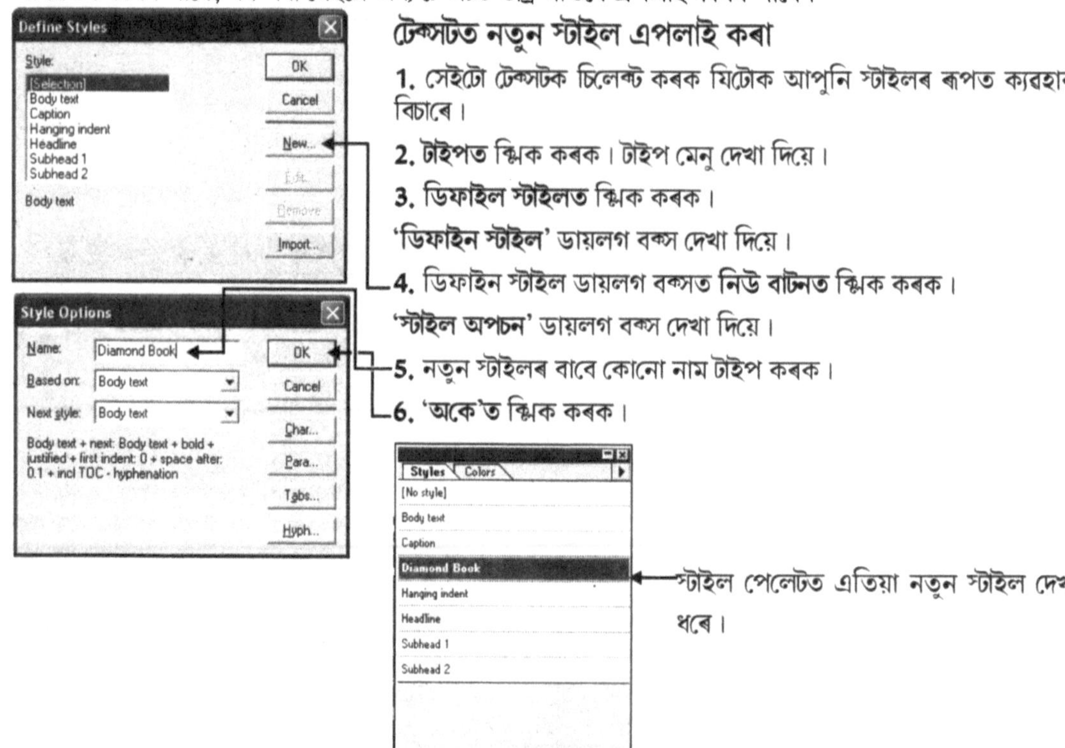

টেক্সটত নতুন স্টাইল এপলাই কৰা

1. সেইটো টেক্সটক চিলেক্ট কৰক যিটোক আপুনি স্টাইলৰ ৰূপত ব্যৱহাৰ কৰিব বিচাৰে।

2. টাইপত ক্লিক কৰক। টাইপ মেনু দেখা দিয়ে।

3. ডিফাইল স্টাইলত ক্লিক কৰক।

'ডিফাইন স্টাইল' ডায়লগ বক্স দেখা দিয়ে।

4. ডিফাইন স্টাইল ডায়লগ বক্সত **নিউ বাটনত** ক্লিক কৰক।

'স্টাইল অপচন' ডায়লগ বক্স দেখা দিয়ে।

5. নতুন স্টাইলৰ বাবে কোনো নাম টাইপ কৰক।

6. 'অকে'ত ক্লিক কৰক।

স্টাইল পেলেটত এতিয়া নতুন স্টাইল দেখা দিব ধৰে।

স্টাইলক মডিফাই কৰা

আপুনি যি কোনো স্টাইলৰ ডেফিনিচনো সলনি কৰিব পাৰে। এইটোৱে আপোনাৰ ডকুমেন্টৰ প্ৰত্যেক পেৰেগ্ৰাফক অকৌ এবাৰ ফৰ্মেট কৰি দিয়ে, যিটোক কোনো স্টাইলত ফৰ্মেট কৰা কৰা গৈছে

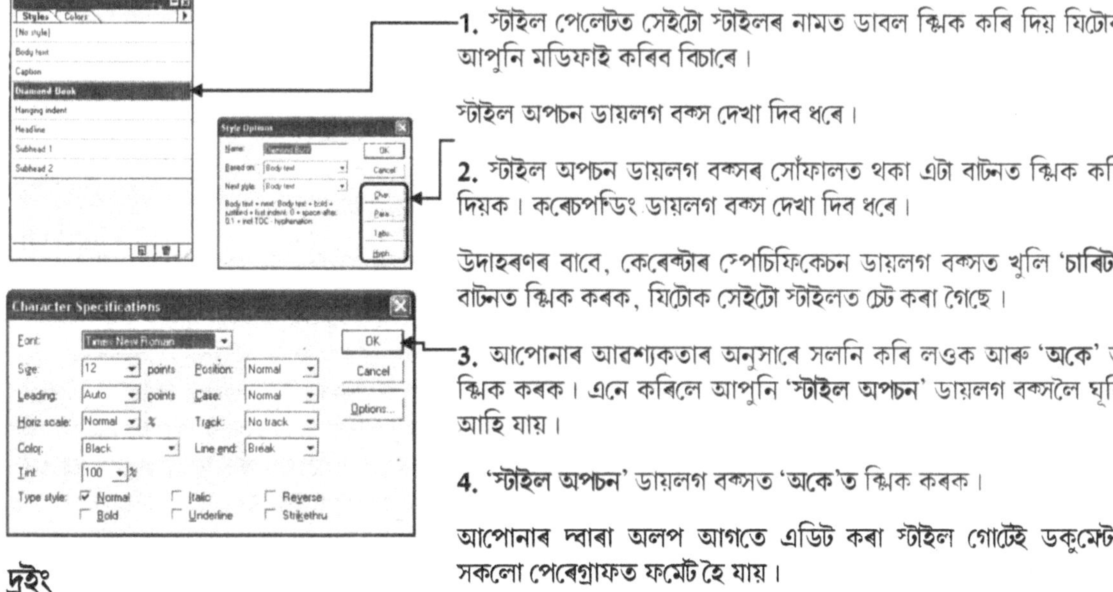

1. স্টাইল পেলেটত সেইটো স্টাইলৰ নামত ডাবল ক্লিক কৰি দিয় যিটোক আপুনি মডিফাই কৰিব বিচাৰে।

স্টাইল অপচন ডায়লগ বক্স দেখা দিব ধৰে।

2. স্টাইল অপচন ডায়লগ বক্সৰ সোঁফালত থকা এটা বাটনত ক্লিক কৰি দিয়ক। কৰেচপণ্ডিং ডায়লগ বক্স দেখা দিব ধৰে।

উদাহৰণৰ বাবে, কেৰেক্টাৰ স্পেচিফিকেচন ডায়লগ বক্সত খুলি **'চাৰিটা'** বাটনত ক্লিক কৰক, যিটোক সেইটো স্টাইলত চেট কৰা গৈছে।

3. আপোনাৰ আৱশ্যকতাৰ অনুসাৰে সলনি কৰি লওক আৰু 'অকে' ত ক্লিক কৰক। এনে কৰিলে আপুনি **'স্টাইল অপচন'** ডায়লগ বক্সলৈ ঘূৰি আহি যায়।

4. **'স্টাইল অপচন'** ডায়লগ বক্সত 'অকে'ত ক্লিক কৰক।

আপোনাৰ দ্বাৰা অলপ আগতে এডিট কৰা স্টাইল গোটেই ডকুমেন্টৰ সকলো পেৰেগ্ৰাফত ফৰ্মেট হৈ যায়।

ড্ৰইং

পেজমেকাৰত আপুনি বহুতো ড্ৰইং টুলচৰ ব্যৱহাৰ কৰিব পাৰে। লাইন টুল, ৰেক্টেংগল টুল, ইলিপচ টুল আৰু মুখ্য ড্ৰইং টুলচ থাকে।

ড্ৰইং লাইচেঞ্চ

পেজমেকাৰত দুটাই লাইন টুলচ থাকে। প্ৰথমৰ পৰা আপুনি যি কোনো দিশত চিধা লাইন টানিব পাৰে। কিন্তু অন্য টুলেৰে আপুনি কেৱল 45 ডিগ্ৰীৰ কোণত লাইন টানিব পাৰে।
টুলচত ডাবল ক্লিক কৰি আপুনি তাৰ প্ৰপাৰ্টিও সলনি কৰিব পাৰে।

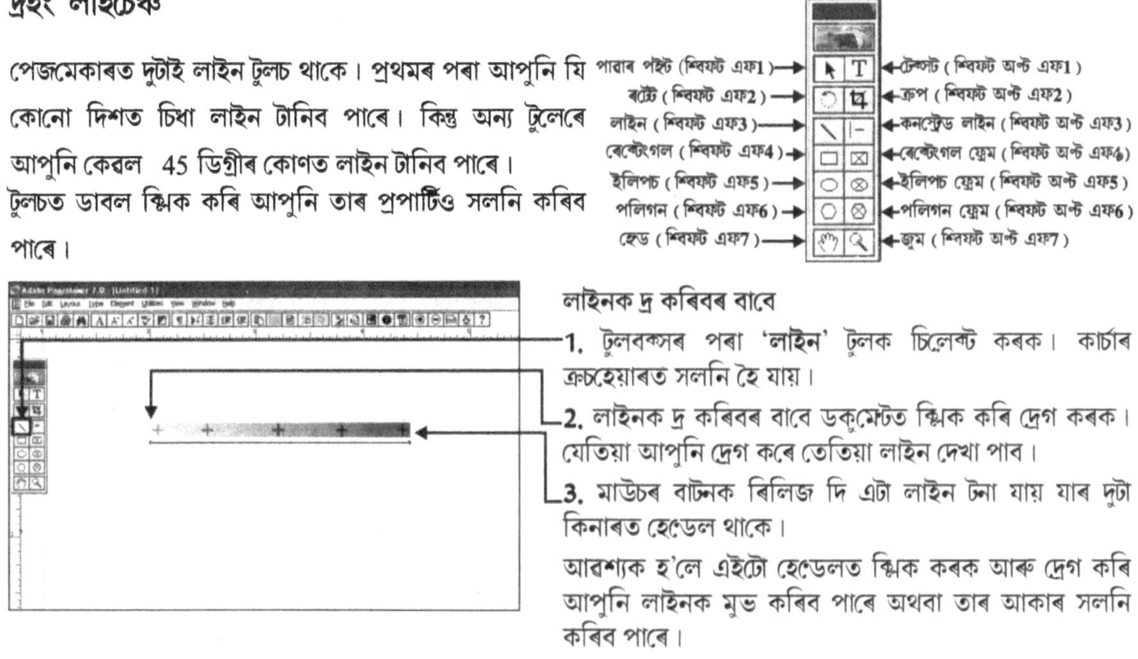

লাইনক দ্ৰ কৰিবৰ বাবে

1. টুলবক্সৰ পৰা **'লাইন'** টুলক চিলেক্ট কৰক। কাৰ্চাৰ ক্ৰচহেয়াৰত সলনি হৈ যায়।

2. লাইনক দ্ৰ কৰিবৰ বাবে ডকুমেন্টত ক্লিক কৰি দ্ৰেগ কৰক। যেতিয়া আপুনি দ্ৰেগ কৰে তেতিয়া লাইন দেখা পাব।

3. মাউচৰ বাটনক ৰিলিজ দি এটা লাইন টনা যায় যাৰ দুটা কিনাৰত হেণ্ডেল থাকে।

আৱশ্যক হ'লে এইটো হেণ্ডেলত ক্লিক কৰক আৰু দ্ৰেগ কৰি আপুনি লাইনক মুভ কৰিব পাৰে অথবা তাৰ আকাৰ সলনি কৰিব পাৰে।

ৰেক্টেংগল (আয়ত) অথবা ইলিপচ (অ'ডাকাৰ) আকৃতি প্ৰস্তুত কৰা

লাইনক টনাত প্ৰয়োগ কৰা টেকনিকৰ পৰা আপুনি আয়ত আৰু আ'ডাকাৰ আকৃতিও প্ৰস্তুত কৰিব পাৰে।

আয়ত অথবা আ'ডাকৃতিক দ্ৰ কৰিবৰ বাবে

1. টুলবক্সত গৈ '**ৰেক্টেংগল**' অথবা '**ইলিপচ**' টুলত ক্লিক কৰক।

কাৰ্চাৰ এক ক্ৰচহেয়াৰ পৰিৱৰ্তিত হৈ যায়।

2. স্ক্ৰীনৰ য'তে-ততে ক্লিক কৰি ড্ৰেগ কৰক। যেনেদৰে আপুনি ড্ৰেগ কৰে, ইলিপচ বা ৰেক্টেংগল হৈ যায়।

3. আপোনাৰ পছন্দৰ অনুসাৰে ইলিপচ বা ৰেক্টেংগল আকাৰ গঠন কৰাত আপুনি মাউচৰ বাটনক এৰি দিয়ক।

যদি আপুনি **বৰ্গাকাৰ** বা **গোলাকৃতি** প্ৰস্তুত কৰিছে তেতিয়া ড্ৰেগ কৰা সময়ত '**শ্বিফ**' বাটনকো টিপি ৰাখক। এইটো ধ্যানত ৰাখক যে যেতিয়া আপুনি মাউচৰ বাটনক এৰে তেতিয়া শ্বিফট বাটন টিপিব লাগে। যদি আপুনি মাউচৰ বাটনক এৰাৰ পূৰ্বে শ্বিফট বাটনক এৰি দিব তেতিয়া স্কোৱাৰ এক ৰেক্টেংগল বা ইলিপচত পৰিৱৰ্তন হৈ যাব।

গোলাকাৰ কিনাৰক আয়ত কৰা

আপুনি আপোনাৰ ডকুমেন্টত ৰেক্টেংগলৰ কিনাৰক গোলাকাৰ কৰি সেইটোক ভাল লুক দিব পাৰে।

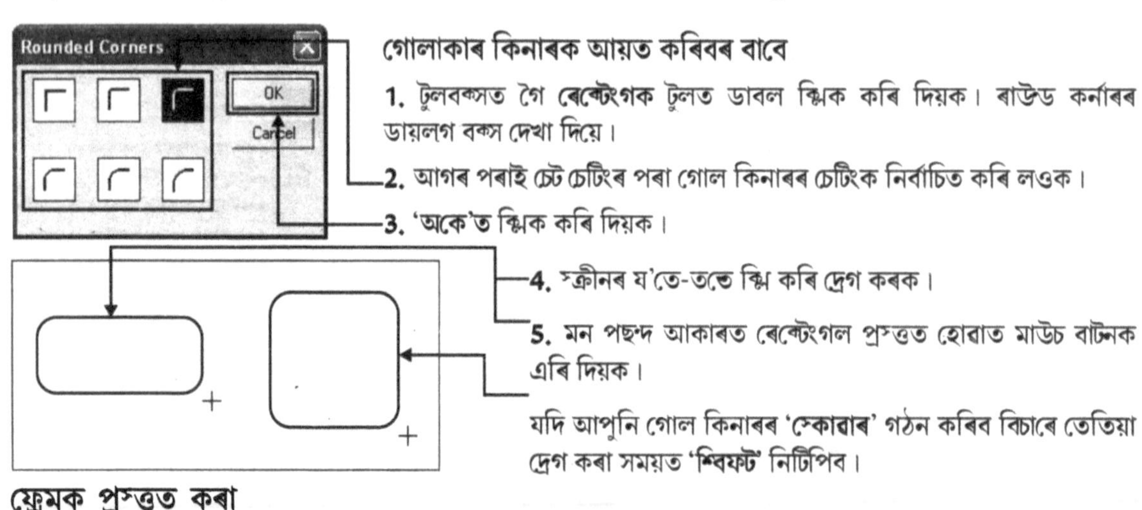

গোলাকাৰ কিনাৰক আয়ত কৰিবৰ বাবে

1. টুলবক্সত গৈ **ৰেক্টেংগক** টুলত ডাবল ক্লিক কৰি দিয়ক। ৰাউণ্ড কৰ্নাৰৰ ডায়লগ বক্স দেখা দিয়ে।

2. আগৰ পৰাই চেট চেটিংৰ পৰা গোল কিনাৰৰ চেটিংক নিৰ্বাচিত কৰি লওক।

3. 'অকে'ত ক্লিক কৰি দিয়ক।

4. স্ক্ৰীনৰ য'তে-ততে ক্লি কৰি ড্ৰেগ কৰক।

5. মন পছন্দ আকাৰত ৰেক্টেংগল প্ৰস্তুত হোৱাত মাউচ বাটনক এৰি দিয়ক।

যদি আপুনি গোল কিনাৰৰ 'স্কোৱাৰ' গঠন কৰিব বিচাৰে তেতিয়া ড্ৰেগ কৰা সময়ত '**শ্বিফট**' নিটিপিব।

ফ্ৰেমক প্ৰস্তুত কৰা

অৱশ্যে ফ্ৰেমক ড্ৰইং টুলেৰে প্ৰস্তুত কৰা যায়, কিন্তু সেইটো দুই প্ৰকাৰে অন্য অবজেক্টৰ পৰা বেলেগ কৰিব পাৰে।

প্ৰথমে এইটো হয় যে এক ফ্ৰেমত আপুনি টেক্সট বা গ্ৰাফিকো ৰাখিব পাৰে। অন্য এইটো হয় যে টেক্সট ফ্ৰেমক একেলগ কৰিব পাৰে যৰ পৰা স্টোৰিৰ পুৰা টেক্সট ডিচপ্লে হৈ যায় আৰু তাত আহি যায়।

যেতিয়া আপুনি নিয়ত সময়ৰ ডিজাইনিং পাবলিকেচত কাম কৰি আছে তেতিয়া ফ্ৰেমক টেক্সট হোল্ডাৰৰ ৰূপতো ব্যৱহাৰ কৰিব পাৰে। যেনে-বাতৰিকাকত, আলোচনী আৰু নিউজ লেটাৰ্চ আদি।

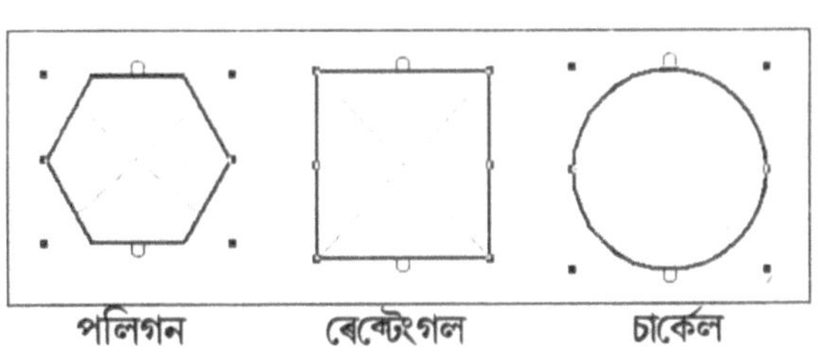
পলিগন রেক্টেংগল চার্কেল

ফ্ৰেমক দ্ৰ কৰিবৰ বাবে

1. টুলবক্সত গৈ আপোনাৰ পছন্দৰ যি কোনো ফ্ৰেম টুলক নিৰ্বাচন কৰি লওক।

আপোনাৰ কাৰ্চাৰ এক '**ক্ৰচহেয়াৰ**'ত সলনি হৈ যায়।

2. স্ক্ৰীনৰ য'তে-ততে ক্লিক কৰি দ্ৰেগ কৰক।

যেতিয়া আপুনি দ্ৰেগ কৰি থাকিব, ফ্ৰেম গঠিত হৈ যায়।

3. পছন্দৰ ফ্ৰেম প্ৰস্তুত হৈ যোৱাত মাউচৰ বাটনক এৰি দিয়ক।

অবজেক্টৰ আকাৰ পৰিৱৰ্তন কৰা

অবজেক্টৰ চাৰিওফালে থকা হেণ্ডেলৰ সহায়েৰে পেজমেকাৰত আপুনি অবজেক্টৰ চাইজো সলনি কৰিব পাৰে।

অবজেক্টৰ চাইজ সলনি কৰিবৰ বাবে

1. টুলবক্সেৰে '**পইন্টাৰ**' টুলক নিৰ্বাচন কৰা।

2. সেইটো অবজেক্টক ক্লিক কৰক যিটোক আপুনি '**ৰিচাইজ**' কৰিব বিচাৰে। অবজেক্টৰ চাৰিওফালেক '**চাইজ হেণ্ডেল**' দেখা দিয়ে।

3. ইয়াৰে যি কোনো হেণ্ডেলত ক্লিক কৰি সেইটোকদ্ৰেগ কৰক।

অবজেক্টক ফ্ৰেমত সলনি কৰা

অবজেক্টক প্ৰস্তুত কৰাৰ পিছত যদি আপুনি টেক্সট বা গ্ৰাফিকক অন্তৰ্ভুক্ত কৰিব বিচাৰে তেতিয়া আপুনি অবজেক্টক ফ্ৰেমত সলনি কৰি এনে কৰিব পাৰে।

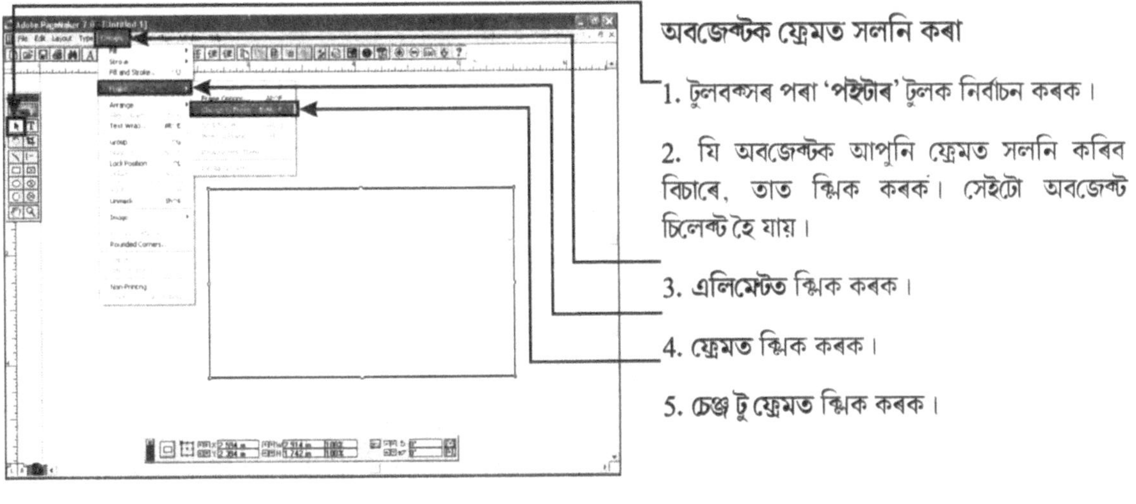

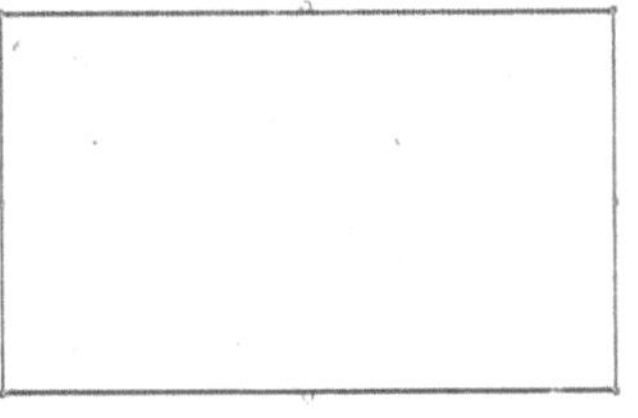
আপোনাৰ অবজেক্ট ফ্ৰেমৰ ৰূপত পৰিৱৰ্তন হৈ যায়।

ফিলচ সলনি কৰা

ফিল পেটাৰ্নৰ পৰা আপুনি যি কোনো অবজেক্টক কভাৰ কৰিব পাৰে। এইটো ফিলচক আপুনি আপোনাৰ পছন্দৰ ৰংৰ অনুসাৰে ৰঙীনো কৰিব পাৰে।

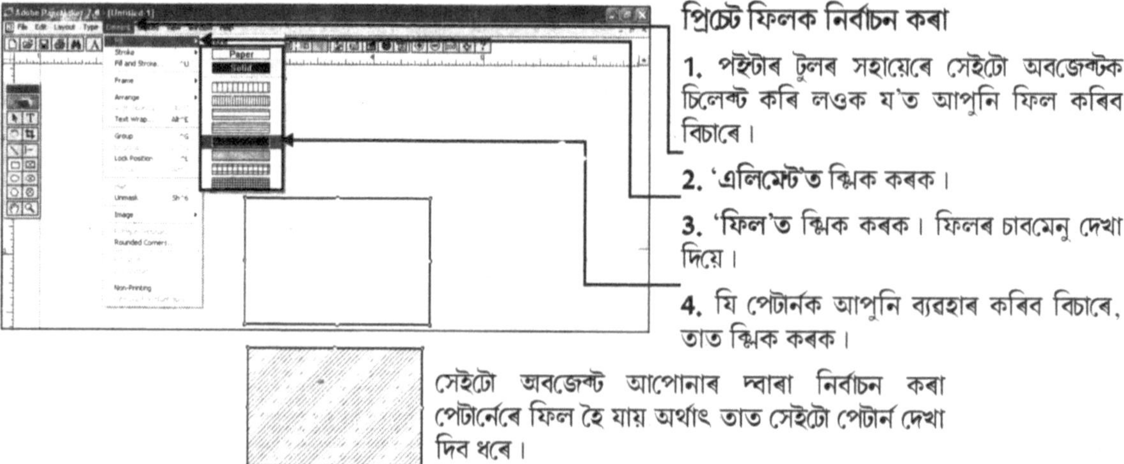

প্ৰিচেট ফিলক নিৰ্বাচন কৰা

1. পইন্টাৰ টুলৰ সহায়েৰে সেইটো অবজেক্টক চিলেক্ট কৰি লওক য'ত আপুনি ফিল কৰিব বিচাৰে।

2. 'এলিমেন্ট'ত ক্লিক কৰক।

3. 'ফিল'ত ক্লিক কৰক। ফিলৰ চাবমেনু দেখা দিয়ে।

4. যি পেটাৰ্নক আপুনি ব্যৱহাৰ কৰিব বিচাৰে, তাত ক্লিক কৰক।

সেইটো অবজেক্ট আপোনাৰ দ্বাৰা নিৰ্বাচন কৰা পেটাৰ্নেৰে ফিল হৈ যায় অৰ্থাৎ তাত সেইটো পেটাৰ্ন দেখা দিব ধৰে।

স্ট্ৰোকক সলনি কৰা

স্ট্ৰোকক যি কোনো অবজেক্ট আউটলাইন থাকে। স্ট্ৰোক কামাণ্ডৰ ব্যৱহাৰ কৰি আপুনি যি কোনো অবজেক্টৰ স্ট্ৰোকৰ সলনি কৰিব বিচাৰে।

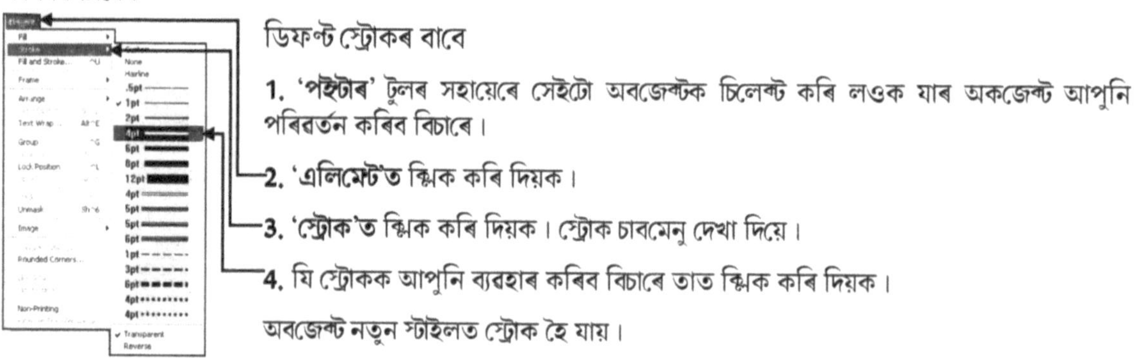

ডিফল্ট স্ট্ৰোকৰ বাবে

1. **'পইন্টাৰ'** টুলৰ সহায়েৰে সেইটো অবজেক্টক চিলেক্ট কৰি লওক যাৰ অকজেক্ট আপুনি পৰিৱৰ্তন কৰিব বিচাৰে।

2. 'এলিমেন্ট'ত ক্লিক কৰি দিয়ক।

3. 'স্ট্ৰোক'ত ক্লিক কৰি দিয়ক। স্ট্ৰোক চাবমেনু দেখা দিয়ে।

4. যি স্ট্ৰোকক আপুনি ব্যৱহাৰ কৰিব বিচাৰে তাত ক্লিক কৰি দিয়ক।

অবজেক্ট নতুন স্টাইলত স্ট্ৰোক হৈ যায়।

ফিল আৰু স্ট্ৰোকক সলনি কৰা

ডায়লগ বক্সলৈ গৈ আৰু তাৰ পিছত মেনুত গৈ আপুনি যি কোনো অবজেক্টৰ ফিল আৰু স্ট্ৰোক সলনি কৰিব পাৰে। কাৰণ এইটো ডায়লগ বক্সত এই দুটা কামাণ্ড অন্তৰ্ভুক্ত থাকে।

1. **'পইন্টাৰ'** টুলৰ সহায়েৰে সেইটো অবজেক্টক চিলেক্ট কৰক যিটোক আপুনি মডিফাই কৰিব বিচাৰে।

2. 'এলিমেন্ট'ত ক্লিক কৰক।

3. **'ফিল এণ্ড স্ট্ৰোক'** ত ক্লিক কৰি দিয়ক। ফিল আৰু স্ট্ৰোক ডায়লগ বক্স দেখা দিয়ে।

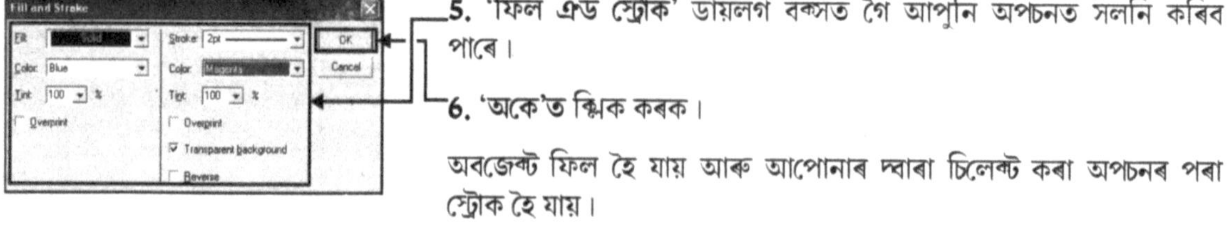

5. 'ফিল এণ্ড স্ট্ৰোক' ডায়লগ বক্সত গৈ আপুনি অপচনত সলনি কৰিব পাৰে।

6. 'অকে'ত ক্লিক কৰক।

অবজেক্ট ফিল হৈ যায় আৰু আপোনাৰ দ্বাৰা চিলেক্ট কৰা অপচনৰ পৰা স্ট্ৰোক হৈ যায়।

কাস্টম স্ট্ৰোক ক্ৰিয়েট কৰা

ডিফল্ট স্ট্ৰোক চেটিংৰ লগতেই আপুনি আপোনাৰ চেটিঙো দিব পাৰে।

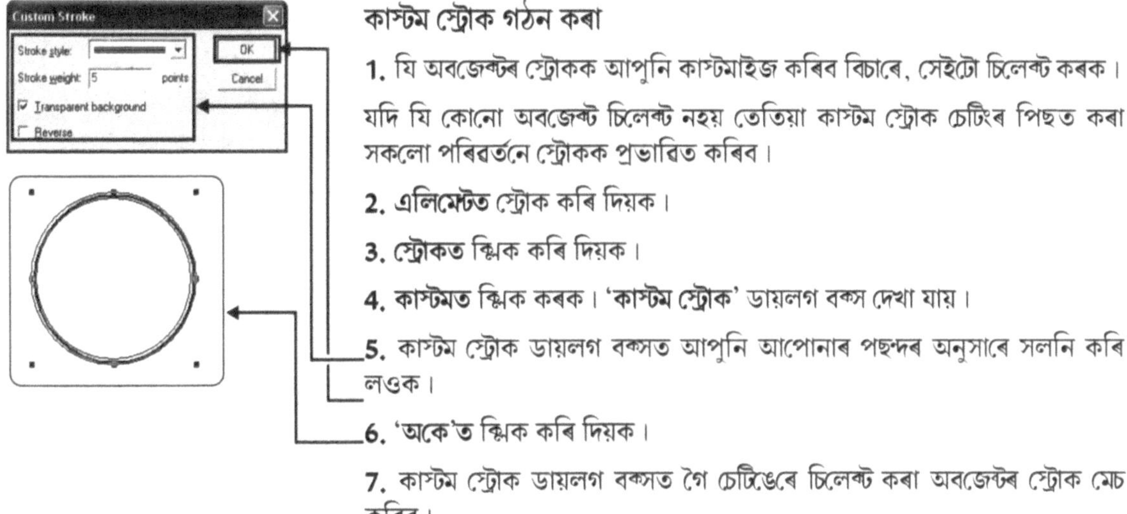

কাস্টম স্ট্ৰোক গঠন কৰা

1. যি অবজেক্টৰ স্ট্ৰোকক আপুনি কাস্টমাইজ কৰিব বিচাৰে, সেইটো চিলেক্ট কৰক।

যদি যি কোনো অবজেক্ট চিলেক্ট নহয় তেতিয়া কাস্টম স্ট্ৰোক চেটিংৰ পিছত কৰা সকলো পৰিৱৰ্তনে স্ট্ৰোকক প্ৰভাৱিত কৰিব।

2. এলিমেন্টত স্ট্ৰোক কৰি দিয়ক।

3. স্ট্ৰোকত ক্লিক কৰি দিয়ক।

4. কাস্টমত ক্লিক কৰক। 'কাস্টম স্ট্ৰোক' ডায়লগ বক্স দেখা যায়।

5. কাস্টম স্ট্ৰোক ডায়লগ বক্সত আপুনি আপোনাৰ পছন্দৰ অনুসাৰে সলনি কৰি লওক।

6. 'অকে'ত ক্লিক কৰি দিয়ক।

7. কাস্টম স্ট্ৰোক ডায়লগ বক্সত গৈ চেটিঙৰে চিলেক্ট কৰা অবজেক্টৰ স্ট্ৰোক মেচ কৰিব।

ইমেজক প্লেচ কৰা

পেজমেকাৰত আপুনি পিকচাৰ্চ আৰু গ্ৰাফিক্সক ইনচাৰ্ট কৰিব পাৰে। পিকচাৰ্চ বা গ্ৰাফিক্সক ইনচাৰ্ট কৰাৰ পিছত ফটোশ্বপৰ পাৱাৰফুল ফিল্টাৰৰ দ্বাৰা আপুনি এইটোক ক্ৰোপ কৰিব পাৰে, কালাৰ অথবা চাইজ সলনি কৰিব পাৰে।

যদি আপুনি গ্ৰাফিক ৰাখে তেতিয়া পইন্টাৰক শ্বেপ কয় যে কি টাইপৰ গ্ৰাফিক ফৰ্মেট প্লেচ কৰা গৈছে।

ইমেজক প্লেচ কৰা

1. সেইটো পেজক অপেন কৰক য'ত আপুনি পিকচাৰক ইনচাৰ্ট কৰিব বিচাৰে।

2. টুলবক্সৰ পৰা 'পইন্টাৰ' টুলক নিৰ্বাচন কৰি লওক।

3. ফাইলত ক্লিক কৰি দিয়ক।

4. প্লেচত ক্লিক কৰি দিয়ক। 'প্লেচ' ডায়লগ বক্স দেখা দিয়ে।

5. যি ইমেজক আপুনি ইয়াত প্লেচ কৰিব বিচাৰে সেইটো লকেট কৰক অৰ্থাৎ বিচাৰক যে সেইটো ক'ত আছে।

6. 'অপেন'ত ক্লিক কৰি দিয়ক।

কাৰ্চাৰ এতিয়া 'প্লেচ' কাৰ্চাৰত পৰিৱৰ্তন হৈ যায়।

7. ডকুমেন্টৰ য'তে-ততে ক্লিক কৰি দিয়ক।

যি ঠাইত আপুনি ক্লিক কৰিব, ইমেজ সেইটোত প্লেচ হৈ যাব অৰ্থাৎ ৰখি যাব।

গ্ৰাফিকৰ চাৰিওফালে টেক্সটক ৰখা অথবা ৰেপ কৰা অথবা মেৰিওৱা

যেতিয়া আপুনি আপোনাৰ ডকুমেন্টত কোনো গ্ৰাফিকক অন্তৰ্ভুক্ত কৰে তেতিয়া আপুনি এইটো নিৰ্ধাৰিত কৰিব পাৰিব যে গ্ৰাফিকৰ চাৰিওফালে টেক্সট কেনেদৰে ৰখা যাব।

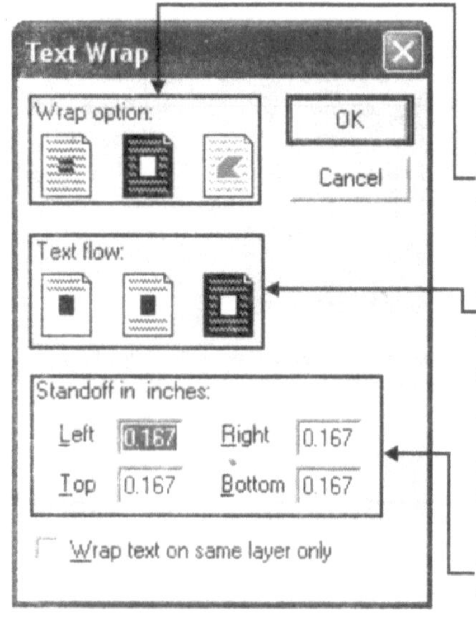

1. ইমেজক চিলেক্ট কৰা
2. **'এলিমেন্ট'ত** ক্লিক কৰি দিয়ক। এলিমেন্ট মেনু দেখা দিব।
3. **'টেক্সট ৰেপ'** ত ক্লিক কৰক। **'টেক্সট ৰেপ'** ডায়লগ বক্স দেখা দিয়ে।
4. মাজত **'ৰেপ অপচন'** আইকনত ক্লিক কৰক। ৰাইট আইকন তেতিয়ালৈকে নাহে যেতিয়ালৈকে আপুনি টেক্সট ৰেপক কাস্টমাইজ নকৰে।
5. **'টেক্সট ফ্লো'** অপচনত ক্লিক কৰি দিয়ক।

   বাওঁ আইকন টেক্সটক ইমেজত ৰাখি দিয়ে আৰু টেক্সটৰ আগন্তুক পেজ বা কালমলৈক ৰাখি গৈ থাকে। মাজৰ আইকন টেক্সটক ইমেজত ৰাখি দিয়ে আৰু কেৱল সেইটো পেজলৈ থাকে। কিন্তু ইমেজৰ বাওঁফালে আৰু সোঁফালে কোনো টেক্সট নাহে। কিন্তু সোঁ আইকন টেক্সটক ইমেজৰ চাৰিওফালে থৈ দিয়ে।
6. ইমেজৰ কিনাৰ চাৰিওফালৰ বাবে স্টেড অফ ভেলু এণ্টাৰ কৰক। স্টেড অফ ভেলু সেইটো হয় যে ইমেজৰ পৰা টেক্সট কিমান দূৰত থাকিব।
7. 'অকে'ত ক্লিক কৰি দিয়ক।

যিমান স্টেড অফ দূৰক আপুনি স্পেচিফাই কৰে, তাত ইমেজৰ চাৰিওফালে এক ডটড লাইন দেখা দিয়ে।

টেক্সট কালাৰ এপলাই কৰা অৰ্থাৎ টেক্সটক ৰঙীন কৰা

পেজমেকাৰত কালাৰ পেলেটৰ সহায়েৰে আপুনি আপোনাৰ টেক্সটক ৰঙীন কৰিব পাৰে। কালাৰ পেলেটৰ ব্যৱহাৰ কৰি আপুনি কালাৰক ডিফাইন কৰিব পাৰে, এপলাই কৰিব পাৰে আৰু ডিলিটো কৰিব পাৰে। আপুনি তাৰ কালাৰক মডিফাইও কৰিব পাৰে। কালাৰ সম্বন্ধী কাৰ্যক কৰাৰ এইটো তীব্ৰ উপায় হয়।

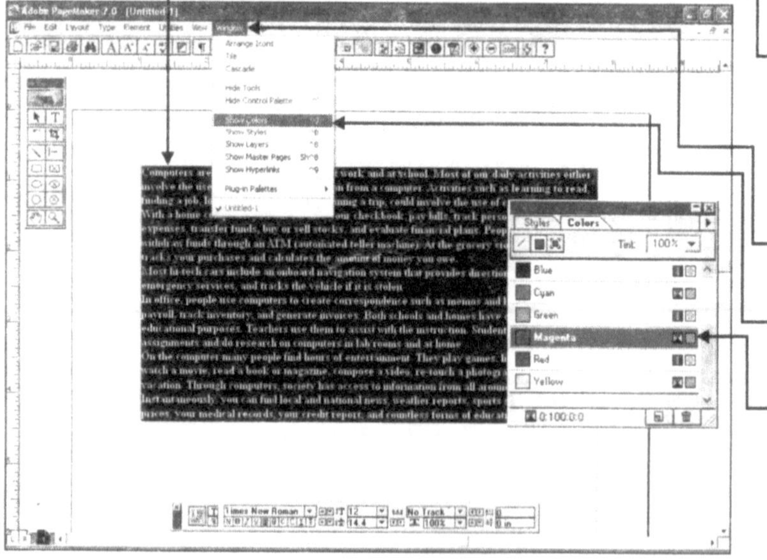

টেক্সটক ৰঙীন কৰিবৰ বাবে

1. যি টেক্সটক আপুনি ৰঙীন কৰিব বিচাৰে, প্ৰথমে সেইটোক চিলেক্ট কৰক।

   টেক্সটক চিলেক্ট কৰিবৰ বাবে আপুনি **'টাইপ'** টুলৰ ব্যৱহাৰ কৰিব লাগিব।
2. উইণ্ডোত ক্লিক কৰক। উইণ্ডো মেনু দেখা দিব।
3. **'শ্বো কালাৰ্চ'** ত ক্লিক কৰক। কালাৰ পেলেট দেখা দিয়ে।
4. কালাৰ পেলেটৰ পৰা সেইটো কালাৰত ক্লিক কৰি দিয়ক যিটোক আপুনি টেক্সট এপলাই কৰিব বিচাৰে।

চিলেক্ট কৰা টেক্সট আপোনাৰ দ্বাৰা নিৰ্বাচন কৰা ৰঙৰ হৈ যায়।

অবজেক্টত ফিল কালাৰক এপলাই কৰা

পেজমেকাৰত দ্ৰইং টুলৰ সহায়েৰে গঠন কৰা যি কোনো অবজেক্টৰ চাৰিওফালৰ খালি স্থানতো আপুনি কালাৰ কৰিব পাৰে।

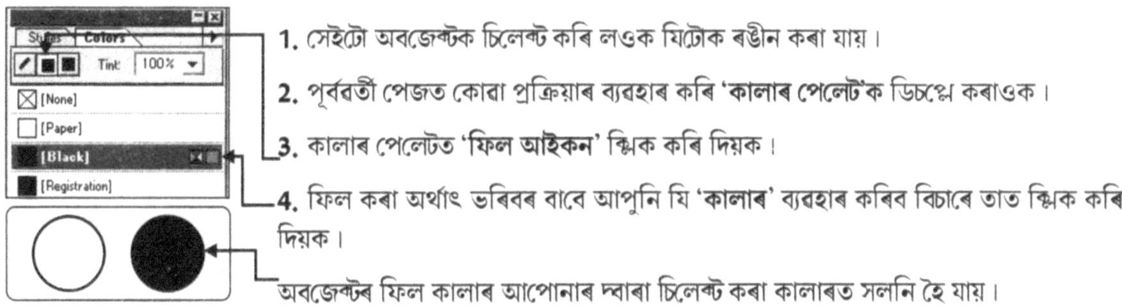

1. সেইটো অবজেক্টক চিলেক্ট কৰি লওক যিটোক ৰঙীন কৰা যায়।
2. পূৰ্বৱৰ্তী পেজত কোৱা প্ৰক্ৰিয়াৰ ব্যৱহাৰ কৰি **'কালাৰ পেলেট'**ক ডিচপ্লে কৰাওক।
3. কালাৰ পেলেটত **'ফিল আইকন'** ক্লিক কৰি দিয়ক।
4. ফিল কৰা অৰ্থাৎ ভৰিবৰ বাবে আপুনি যি **'কালাৰ'** ব্যৱহাৰ কৰিব বিচাৰে তাত ক্লিক কৰি দিয়ক।

অবজেক্টৰ ফিল কালাৰ আপোনাৰ দ্বাৰা চিলেক্ট কৰা কালাৰত সলনি হৈ যায়।

স্ট্ৰোক কালাৰক এপলাই কৰা

পেজমেকাৰৰ দ্ৰইং টুলৰ সহায়েৰে অবজেক্টৰ চাৰিওফালে টনা লাইনকো আপুনি ৰঙীন কৰিব পাৰে।

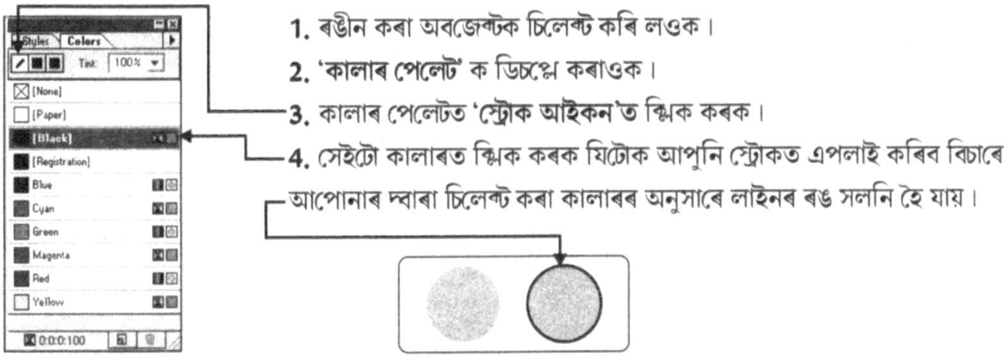

1. ৰঙীন কৰা অবজেক্টক চিলেক্ট কৰি লওক।
2. 'কালাৰ পেলেট' ক ডিচপ্লে কৰাওক।
3. কালাৰ পেলেটত **'স্ট্ৰোক আইকন'**ত ক্লিক কৰক।
4. সেইটো কালাৰত ক্লিক কৰক যিটোক আপুনি স্ট্ৰোকত এপলাই কৰিব বিচাৰে।

আপোনাৰ দ্বাৰা চিলেক্ট কৰা কালাৰৰ অনুসাৰে লাইনৰ ৰঙ সলনি হৈ যায়।

কলম গাইডক চেট কৰা

পেজমেকাৰত পেজচাইজ আৰু মাৰ্জিনৰ চেটিং নকৰাকেও আপুনি আপোনাৰ ডকুমেন্টত কলমক চেট কৰিব পাৰে।

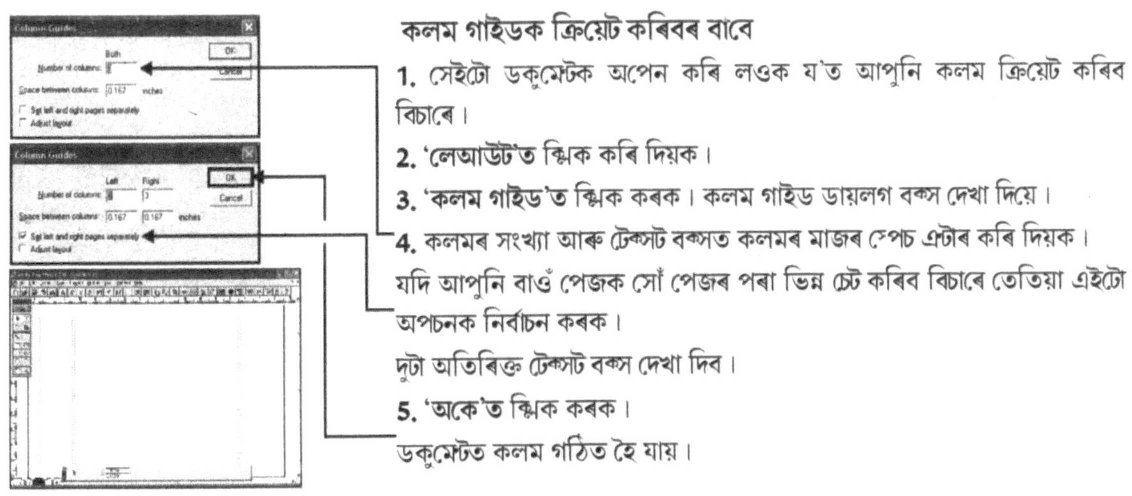

কলম গাইডক ক্ৰিয়েট কৰিবৰ বাবে

1. সেইটো ডকুমেন্টক অপেন কৰি লওক য'ত আপুনি কলম ক্ৰিয়েট কৰিব বিচাৰে।
2. 'লেআউট'ত ক্লিক কৰি দিয়ক।
3. 'কলম গাইড'ত ক্লিক কৰক। কলম গাইড ডায়লগ বক্স দেখা দিয়ে।
4. কলমৰ সংখ্যা আৰু টেক্সট বক্সত কলমৰ মাজৰ স্পেচ এণ্টাৰ কৰি দিয়ক।

যদি আপুনি বাওঁ পেজক সোঁ পেজৰ পৰা ভিন্ন চেট কৰিব বিচাৰে তেতিয়া এইটো অপচনক নিৰ্বাচন কৰক।

দুটা অতিৰিক্ত টেক্সট বক্স দেখা দিব।

5. 'অকে'ত ক্লিক কৰক।

ডকুমেন্টত কলম গঠিত হৈ যায়।

পেজৰ লগত কাম কৰা

পেজমেকাৰৰ মুখ্য কাম পেজক প্ৰস্তুত কৰা। আপুনি ডকুমেন্টত নতুন পেজক ইনচাৰ্ট কৰিব পাৰে, পেজক ডিলিট কৰিব পাৰে, পেজৰ মাজত অহা যোৱা কৰিব পাৰে অৰ্থাৎ যি কোনো পেজত যাব পাৰে আৰু ডাঙৰ ডকুমেন্টত কোনো পেজক বিচাৰিব পাৰে।

কোনো বিশেষ পেজলৈ যোৱা

পাবলিকেচনত পেজক বিচাৰিবৰ বাবে পেজমেকাৰত কোনো উপায় আছে। আপোনাৰ কি-বোৰ্ডেৰে পেজ আপ আৰু পেজ ডাউন বাটত টিপিও আপুনি যি কোনো পেজত অহা-যোৱা কৰিব পাৰে। পেজত অহা-যোৱা কৰিবৰ বাবে প্ৰায়ঃ এইটো প্ৰক্ৰিয়াৰ ব্যৱহাৰ কৰা যায়।

যি কোনো পেজত যাবৰ বাবে আপুনি স্ক্ৰীনৰ বাটমত বাওঁফালে আৰু যি কোনো পেজ নম্বৰত ক্লিক কৰি সেইটো পেজত যাব পাৰে। বা আপুনি **'গো টু পেজ'** ডায়লগ বক্সৰ ব্যৱহাৰ কৰিব পাৰে।

ডকুমেন্টত কোনো স্পেচিফিক পেজলৈ যাবৰ বাবে

1. ডকুমেন্ট উইণ্ডোত সকলোতকৈ তলত বাওঁফালে **'পেজ নম্বৰ আইকন'ত** ক্লিক কৰি আপুনি যি কোনো পেজক চাব পাৰে। সেইটো পেজ দেখা যায়।

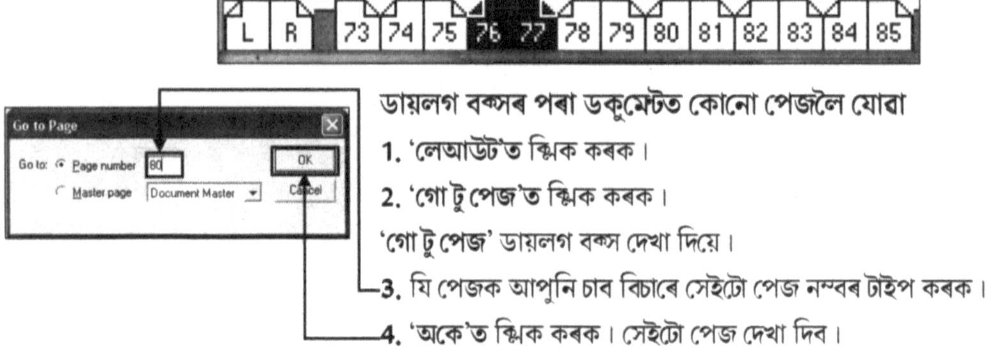

ডায়লগ বক্সৰ পৰা ডকুমেন্টত কোনো পেজলৈ যোৱা

1. 'লেআউট'ত ক্লিক কৰক।

2. 'গো টু পেজ'ত ক্লিক কৰক।

'গো টু পেজ' ডায়লগ বক্স দেখা দিয়ে।

3. যি পেজক আপুনি চাব বিচাৰে সেইটো পেজ নম্বৰ টাইপ কৰক।

4. 'অকে'ত ক্লিক কৰক। সেইটো পেজ দেখা দিব।

পেজক ইনচাৰ্ট কৰা

আপুনি আপোনাৰ ডকুমেন্ট কোনো পেজ অন্তৰ্ভুক্ত কৰিব পাৰে। আপুনি বৰ্তমান পেজৰ পৰা প্ৰথমে, পিছত আৰু মাজতো পেজক অন্তৰ্ভুক্ত কৰিব পাৰে।

যেতিয়াই আপুনি পেজ ইনচাৰ্ট কৰে, পেজমেকাৰে সেইটোক নিজে নিজে নম্বৰক্ৰমত ব্যৱস্থিত কৰি দিয়ে।

পেজক ইনচাৰ্ট কৰিবৰ বাবে

1. সেইটো পেজলৈ যাওক যৰ পৰা ঠিক প্ৰথমে আপুনি পেজক ইনচাৰ্ট কৰিব বিচাৰে।

2. লেআউটত ক্লিক কৰক। লেআউট মেনু দেখা দিয়ে।

3. **ইনচাৰ্ট পেজত** ক্লিক কৰক। **'ইনচাৰ্ট পেজ'** ডায়লগ বক্স দেখা দিয়ে।

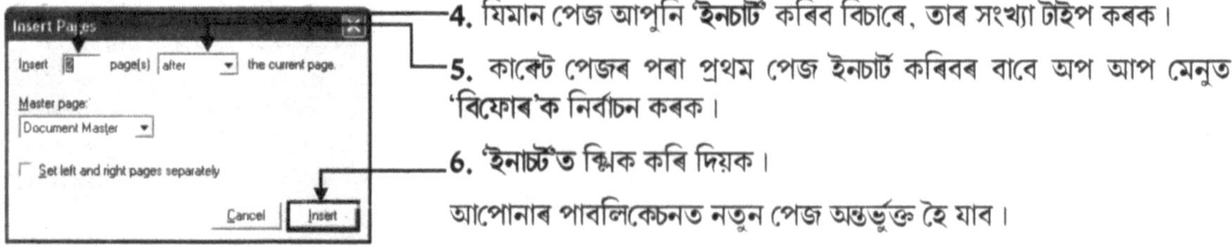

4. যিমান পেজ আপুনি **'ইনচাৰ্ট'** কৰিব বিচাৰে, তাৰ সংখ্যা টাইপ কৰক।

5. কাৰেন্ট পেজৰ পৰা প্ৰথম পেজ ইনচাৰ্ট কৰিবৰ বাবে অপ আপ মেনুত **'বিফোৰ'ক** নিৰ্বাচন কৰক।

6. **'ইনাৰ্চট'ত** ক্লিক কৰি দিয়ক।

আপোনাৰ পাবলিকেচনত নতুন পেজ অন্তৰ্ভুক্ত হৈ যাব।

পেজক আতৰাই দিয়া

আপোনাৰ ডকুমেন্টত থকা অনুপযোগী পেজক আপুনি ডায়লগ বক্সৰ সহায়েৰে আতৰাব পাৰে।

1. লেআউটত ক্লিক কৰক। **লেআউট** মেনু দেখা দিয়ে।

2. ৰিমুভত ক্লিক কৰক। **ৰিমুভ পেজ** ডায়লগ বক্স দেখা দিয়ে।

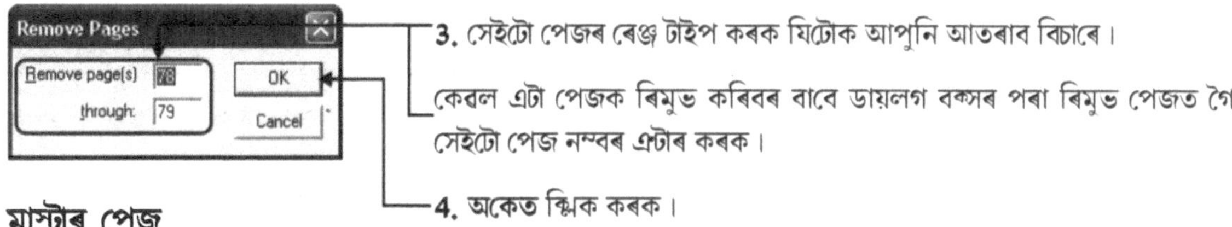

মাস্টাৰ পেজ

মাস্টাৰ পেজত সেইটো কণ্টেণ্ট থাকে যিটো ডকুমেন্টৰ প্ৰত্যেক পেজত দেখা দিয়ে। এইটোৱে আপোনাৰ সময়ৰ বহুত বচাই কাৰণ প্ৰত্যেক পেজত বেলেগ-বেলেগ একেবাৰে তেনেকুৱা অবজেক্টৰে প্ৰস্তুত কৰা সম্ভৱ নহয়। মাস্টাৰ পেজৰ শ্বেয়াৰ কৰা সকলো পেজ সেইটো এলিমেন্টক ডিচপ্লে কৰে। যেতিয়া আপুনি মাস্টাৰ পেজত কোনো এলিমেন্ট ৰাখে তেতিয়া এইটো যি কোনো পেজত ডিচপ্লে হ'ব যিটো মাস্টাৰ পেজ হ'ব। ডিফল্ট ৰূপত, আপোনাৰ দ্বাৰা ক্ৰিয়েট কৰা প্ৰত্যেক পেজত মাস্টাৰ **ডকুমেন্ট মাস্টাৰ** এপলাই হয়।

মাস্টাৰ পেজ পেলেটক চোৱা

মাস্টাৰ পেজ পেলেটত সেই সকলো কামাণ্ড থাকে যাৰ মাস্টাৰ পেজত কাম কৰা সময়ত আৱশ্যক হয়।

1. উইণ্ডোত ক্লিক কৰক। উইণ্ডো মেনু দেখা দিয়ে।

2. শ্বো মাস্টাৰ পেজত ক্লিক কৰক।

মাস্টাৰ পেজ পেলেট দেখা দিয়ে।

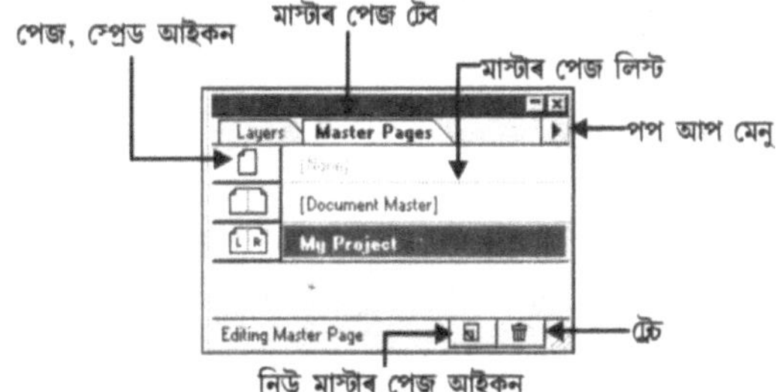

মাস্টাৰ পেজ ক্ৰিয়েট কৰা

ডিফল্ট ৰূপত পেজমেকাৰৰ প্ৰত্যেক ডকুমেন্টত '**ডকুমেন্ট মাস্টাৰ**'ৰ নামেৰে এটা মাস্টাৰ পেজ থাকে। কিন্তু কেতিয়াবা-কেতিয়াবা আপুনি এটাতকৈ অধিক মাস্টাৰ পেজ প্ৰস্তুত কৰাৰ আৱশ্যক হয়।

যেতিয়া আপুনি কোনো নতুন পেজ ক্ৰিয়েট কৰে তেতিয়া আপোনাক ইয়াৰ নাম দিবৰ বাবে আৰু ইয়াৰ মাৰ্জিন আৰু কলম গাইডক চেট কৰাৰ বিষয়ে সোধে।

1. মাস্টাৰ পেজ পেলেটত '**নিউ মাস্টাৰ পেজ**' বাটনত ক্লিক কৰক।

'**নিউ মাস্টাৰ পেজ**' ডয়লগ বক্স দেখা দিয়ে।

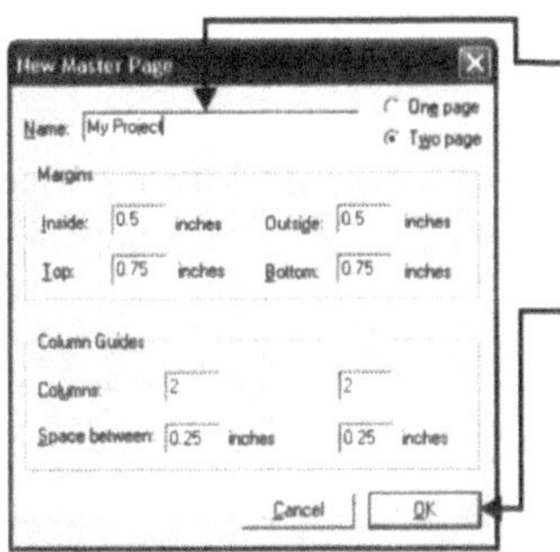

2. নেম ফিল্ডত গৈ '**নিউ মাস্টাৰ পেজ**' ৰ নাম এণ্টাৰ কৰি দিয়ক।

3. '**মাৰ্জিন**' আৰু '**কলম গাইড**' ফিল্ডত গৈ উপযুক্ত পৰিৱৰ্তন কৰি লওক।

4. '**অকে'ত** ক্লিক কৰক।

মাস্টাৰ পেজ পেলেটত নতুন মাস্টাৰ পেজ দেখা দিব ধৰে। আৰু আপোনাৰ দ্বাৰা প্ৰস্তুত কৰা মাস্টাৰ পেজৰ ভিউ দেখা দিয়ে।

5. মাস্টাৰ পেজৰ বাবে ইয়াত আৱশ্যকীয় পৰিৱৰ্তন কৰি লওক।

15 টেলি

আমাৰ জীৱনত একাউণ্টৰ বহুত গুৰুত্ব আছে। ব্যৱসায়ত ৰেকৰ্ডৰ প্ৰস্তুত কৰা আৰু সেইটোক মেণ্টেন কৰিবৰ বাবে, চৰকাৰী কাৰ্যালয়ত বিভিন্ন একাউণ্ট খুলিৰ বাবে আৰু ব্যৱসায়ৰ বাবে বহুত আৱশ্যক হয়। একাউণ্টিং সেই প্ৰত্যেক ব্যক্তিৰ বাবে যেনে পেনচন প্ৰাপ্তকৰ্তা, ছাত্ৰ, গৃহিণী আদিৰ বাবে সিমানেই আৱশ্যাক হয় যিমান ধন। অৰ্থাৎ জীৱনত যাৰ ধনৰ লগত সম্পৰ্ক গঢ়ি উঠে তাৰ বাবে একাউণ্টিং বহুত আৱশ্যক হয়।

কিতাপৰ এইটো ভাগত আমি একাউণ্টৰ সাধাৰণ কিতাপক ৰখাৰ বিষয়ে আলোচনা কৰিম।

প্ৰথমে আমি একাউণ্টিংৰ বিষয়ে সংক্ষিপ্ত তথ্য জানি লম। কম্পিউটাৰত একাউণ্টক মেণ্টেন কৰিবৰ বাবে চিম্পল একাউণ্টিং চফটৱেয়ৰ বহুত উপযোগী হয়। পিছত আমি টেলিৰ ব্যৱহাৰ কৰি সাধাৰণ একাউণ্টিংৰ বিষয়ে জানিম।

বেচিক একাউণ্টিং

বোধহয় আপোনালোকে জানে যে একাউণ্টক কেনেদৰে মেণ্টেন কৰা হয়। সামান্য ৰূপে ইয়াত নিম্নলিখিত কাম অন্তৰ্ভুক্ত থাকে। লেজাৰ বুকত লেজাৰ একাউণ্টক অপেন কৰে। কুইক ৰেফাৰেঞ্চৰ বাবে লেজাৰ ফলিঅ নম্বৰৰ পৰা লেজাৰ বুকক ইণ্ডেক্স প্ৰস্তুত কৰে।

লেজাৰত ডে-বুক যেনে কেচ, বেংক বুক, জাৰ্নেলত প্ৰত্যেক লেন-দেনৰ গোটেই বিৱৰণ থাকে।

দৈনিক কেচ, বেংক বুকক বেলেঞ্চ কৰে আৰু অপেনিং বেলেঞ্চক পিছ দিনৰ বাবে কেৰি কৰা অৰ্থাৎ পিছ দিনৰ বাবে লৈ যায়।

প্ৰত্যেক লেজাৰ ফলিঅত ডে-বুকৰ লগত লেন-দেনৰ বিউৰো লেজাৰ ট্ৰাঞ্জেকচন ৰাইটিং ডিটেইলত আকৌ এবাৰ লিখে।

প্ৰত্যেক লেজাৰ একাউণ্ট ডেবিট আৰু ক্ৰেডিট চাইডৰ টোটেল কৰে। যেতিয়া আপোনাৰ ট্ৰায়েল বেলেঞ্চ আৰু যি কোনো ৰিপৰ্টক প্ৰস্তুত কৰাৰ আৱশ্যক হয় তেতিয়া প্ৰত্যেক লেজাৰৰ ক্লজিং বেলেঞ্চক জানি লিখে।

যদি ট্ৰায়েল বেলেঞ্চ টেলি নকৰে। (সামান্যতঃ এইটো এবাৰত কেতিয়াও টেলি নকৰে) তেতিয়া লিখাত, পোস্টিং কৰাত আৰু বেলেঞ্চিং কৰাত হোৱা ভুল বিচাৰিবৰ বাবে এইটোক আকৌ এবাৰ চেক কৰে। যেতিয়া প্ৰফিট এণ্ড লচ একাউণ্ট, বেলেঞ্চ চট আৰু অন্য একাউণ্টিং ষ্টেটমেণ্ট আদিৰ দৰে কোনো ৰিপৰ্ট প্ৰস্তুত কৰে।

এইটো এটা নিয়মিত অভ্যাস হয়। একাউণ্টিং ষ্টেটমেণ্টক পুৰা কৰিবৰ বাবে এটাই ৰাশিক বিভিন্ন ফৰ্মেটত বেলেগ-বেলেগ বুকত পোস্ট কৰিব লগীয়া হয়।

আৰু ষ্টেটমেণ্টক আপডেট কৰিবৰ বাবে সময়ে সময়ে বিভিন্ন লেন-দেন আৰু তাৰিখক আপডেট কৰিব লগীয়া হয়। সেইকাৰণে ৰিপৰ্টক আপডেট কৰাত আপোনাৰ বহুত সময় লাগি যায়।

কম্পিউটাৰকৃত একাউণ্টিং

পোস্টিং, টটেলিং আৰু প্ৰত্যেক বাৰ আপডেট ফিগাৰৰ লগত সেইটো ৰিপৰ্ট প্ৰস্তুত কৰা যেনেদৰে কামৰ কাৰণে আপুনি কেৱল লেজাৰ একাউণ্ট অপেন কৰিব পাৰে (লেজাৰ ফলিঅৰ দৰে)। আৰু ভাউচাৰ এণ্টাৰ কৰি (যেনেদৰে আপুনি ডে-বুকত লেন-দেনৰ ডিটেইল লিখে)। ওপৰত কোৱা দুটা কাম প্ৰথমেই ডিচকাচ কৰা গৈছে। ইয়াৰ পিছত আপোনাক ট্ৰায়েল বেলেঞ্চৰ বাবে চিন্তা কৰাৰ প্ৰয়োজন নাই। কেচবুকৰ টোটেল কৰিবৰ বাবে আপুনি কেলকুলেটৰত হেজাৰ গণনা কৰাৰ আৱশ্যকতাও নাই। কম্পিউটাৰে আপোনাক আপোনাৰ আৱশ্যকতাৰ অনুসাৰে প্ৰত্যেক একাউণ্টিং স্টেটমেণ্ট প্ৰস্তুত কৰি দিব। (যিমান বাৰ বিচাৰে সিমান)। যি লোকে কম্পিউটাৰ একাউণ্টিংৰ ব্যৱহাৰ কৰে তেওঁলোকৰ বাবে এইটো মুখ্য লাভ হয়।

সময় বচোৱা ঃ ইয়াত কেৱল লেন-দেন ডাটাক এণ্টাৰ কৰাৰ কাম কৰে। বাকী সকলো কাম কম্পিউটাৰে কৰে। ইয়াৰ পৰা আপোনাৰ সময় বাচি যায়, য'ত আপুনি ভালদৰে কৰিবৰ বাবে কিছু প্লেন কৰিব পাৰে। আপোনাৰ বিচাৰ আৰু কাৰ্যৰ অনুসাৰে আপোনাৰ ব্যৱসায় তীব্ৰ গতিত উন্নতি কৰিব পাৰে।

অযথা কামৰ পৰা মুক্তি ঃ একাউণ্টিংত আপোনাৰ বহুত সময় কেৱল টোটেল, পোস্টিং, কস্টিং আৰু বেলেঞ্চ কৰাতেই গুচি যায়। কম্পিউটাৰৰ ব্যৱহাৰেৰে এইটো বস্তুৰ পৰা বহুত মুক্তি পোৱা যায়।

শীঘ্ৰ সূচনা ঃ কেৱল বাটনক টিপি আপুনি যি কোনো ৰিপৰ্ট প্ৰাপ্ত কৰিব পাৰে। ইয়াৰ পৰা আপুনি সময়ত ডিচিচন লব পাৰে আৰু তাৰ ওপৰত কাম কৰিব পাৰে।

সঠিক সংখ্যা ঃ আপুনি ইয়াত নিশ্চিন্ত থাকক যে ফিগাৰ সঠিক হয়। প্ৰত্যেক স্টেটমেণ্ট ডাটাৰ চৰ্চৰ পৰা ইটো-সিটোৰ লগত মিলাই আৰু কম্পিউটাৰকৃত কৰে। (গণনাত কম্পিউটাৰে এনে ভুল নকৰে যেনেদৰে আমি সকলোৱে কৰো)।

সেইকাৰণে কেৱল একাউণ্টিং বুক আৰু ৰিপৰ্টৰ চাফা প্ৰিণ্টেই নিদিয়ে, বৰং এইটো আপোনাৰ বিচাৰকো সলনি কৰি দিয়ে। একাউণ্টিংৰ কনচেপ্টক বুজিবৰ বাবে, আমি এইটো একাউণ্টিংৰ সেইটো ডাক্টৰ উদাহৰণৰ পৰা বুজিব পৰা যায়, যিটো নিম্নলিখিত কাৰ্যত লিপ্ত থাকে।

1. কেচ, বেংকৰ মাজৰ ফাণ্ডক ট্ৰান্সফাৰ কৰে।

   বেংকত নগদৰ জমা কৰা।

   এটা বেংক একাউণ্টৰ পৰা অন্য একাউণ্টত ফণ্ড ট্ৰান্সফাৰ কৰ।

2. প্ৰাপ্তিৰ এমাউণ্ট

   ৰচিদ (চেম্বাৰ আৰু চাৰ্জাৰী ফিচ)

   ব্যৱসায়ৰ লগত সম্বন্ধীত পেয়মেণ্ট (স্টাফৰ বাবে চেলেৰি, বিজুলীৰ বিল আৰু অন্য খৰচ)

   দৰৱ কিনা আদি।

   লোন দিয়া আৰু দিয়া লোনক ঘূৰাই পোৱা।

   লোন আৰু লোনক ঘূৰাই দিয়া।

   বেংক আদিৰ পৰা প্ৰাপ্ত কৰা লোনত ইণ্টাৰেস্ট আদি।

বেংকত সাৱধি জমা আৰু লোৱা লোনক পৰিশোধ কৰা ইন্টাৰেস্টৰ ৰচিদ প্ৰাপ্ত কৰা।

মিচুৱেল ফাণ্ড আৰু শ্বেয়াৰত ইনভেস্ট কৰা ডিভিডেণ্টৰ ৰচিদ প্ৰাপ্ত কৰা

আচল সম্পত্তিৰ ক্ৰয়-বিক্ৰয়

3. বুক এডজাস্টমেন্ট (জাৰ্নেল ভাউচাৰ)

ব্যৱসায়িক ফিচ

খৰচৰ দায়িত্ব

ইন্টাৰেস্ট (প্ৰাপ্ত কৰা অথবা পেয়মেন্ট কৰা)

4. লাভৰ মূল্যাংকন

আয়কৰ প্ৰাৱধান

লাভাংশৰ মূল্য

এই চেপ্টাৰত, আমি একাউন্টক মেন্টেন কৰাৰ সামান্য নিয়মক বুজিম আৰু তাৰ পিছত উদাহৰণৰ পৰা এইটো ব্যাখ্যা কৰিম। যেনেদৰে এজন ডাক্টৰে কেনেদৰে একাউন্টক মেন্টেন কৰে।

টেলি কোম্পানীৰ ক্ৰিয়েচন

টেলিত একাউন্ট মেন্টেন কৰা আৰম্ভ কৰিবৰ বাবে, আপোনাক টেলিত কোনো কোম্পানী গঠন কৰিব লাগিব।

কোম্পানী ইনফো মেনুত (টেলিক ইনস্টা কৰাত, প্ৰথমে আপোনাৰ কোম্পানী ইনফো মেনু প্ৰাপ্ত কৰে। ইয়াৰ পিছত কোম্পানী ইনফো মেনুক প্ৰাপ্ত কৰিবৰ বাবে এফ 3 কোম্পানী ইনফো বাটনত ক্লিক কৰক। কোম্পানীৰ ক্ৰিয়েচন স্ক্ৰীনক প্ৰাপ্ত কৰিবৰ বাবে (চিত্ৰ 15.2) ক্ৰিয়েট কোম্পানীক চিলেক্ট কৰক (চিত্ৰ 15.1)।

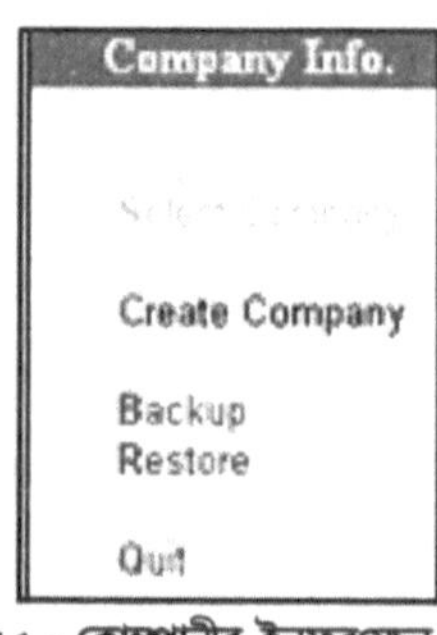

চিত্ৰ 15.1 : কোম্পানীৰ ইনফৰমেচন মেনু

গেটৱে অফ টেলি > কোম্পানী ইনফো > কোম্পানী ক্ৰিয়েচন

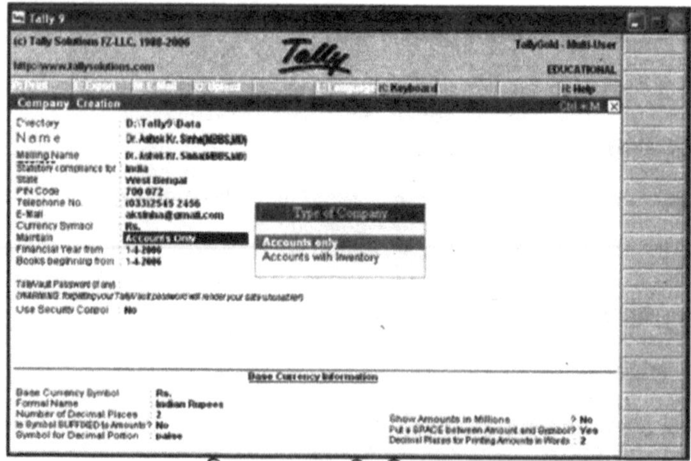

চিত্ৰ 15.2 : কোম্পানীৰ ক্ৰিয়েচন

কোম্পানী ক্রিয়েচন স্ক্রীন (চিত্র 15.2) দুটা মুখ্য চেকচনত ভাগ কৰা হয়।

কোম্পানী পার্টিকুলার্চ ঃ ওপৰৰ ভাগত কোম্পানীৰ ইনফৰমেচন ইয়াৰ দৰে এন্টাৰ কৰা যায়।

- **ডায়ৰেক্টৰী ঃ** টেলিৰ ডিফল্ট ডাটা ড্ৰাইভ আৰু পথ তাত দেখা দিয়ে য'ত টেলিৰ ডাটা স্টোৰ কৰা যাব। (অন্য ডাইৰেক্টৰীত ডাটাক স্টোৰ কৰিবৰ বাবে), এৰো টিপিক আৰু কোম্পানীৰ ডাটা ফাইলক স্টোৰ কৰিবৰ বাবে ফন্ডাৰক ড্ৰাইভ আৰু পথক এন্টাৰ কৰক। টেলি এইটো ফিল্ডক স্কিপ কৰি দিয়ে।
- **নাম ঃ** কোম্পানীৰ বাবে কোনো নাম এন্টাৰ কৰক।
- **মেলিং নাম ঃ** সামান্যতঃ এইটো নামৰ দৰে হয়। আপুনি ইয়াত অন্য সেই নাম এন্টাৰ কৰিব পাৰে যিটোক আপুনি ৰিপৰ্টৰ বাহিৰত প্ৰিন্ট কৰিব বিচাৰে।
- **এড্ৰেচ ঃ** কোম্পানীৰ পত্ৰ ব্যৱহাৰৰ ঠিকনা ইয়াত এন্টাৰ কৰক। ঠিকনাক আপুনি কোনো লাইনত লিখিব পাৰে। প্ৰত্যেক বাৰ আগ লাইনত যাবৰ বাবে এন্টাৰ টিপিক।
- **স্টেচনেৰী কমপ্লিয়েঞ্চ ফৰ ঃ** লিস্টৰ পৰা দেশৰ নাম চিলেক্ট কৰক। উদাহৰণৰ বাবে ইণ্ডিয়া।
- **স্টেট ঃ** লিস্টৰ পৰা ৰাজ্যৰ চিলেক্ট কৰক, যেনে অসম।
- **পিন কোড ঃ** আপোনাৰ এৰিয়াৰ পিন কোড এন্টাৰ কৰক।
- **টেলিফোন নম্বৰ ঃ** টেলিফোন নম্বৰ এন্টাৰ কৰক।
- **ইমেইল এড্ৰেচ ঃ** কোম্পানীৰ বাবে ই-মেইল এড্ৰেচক এন্টাৰ কৰক।
- **কাৰেঞ্চি চিম্বল ঃ** ইয়াত টকাৰ চিহ্ন দেখাই দিয়ে।
- **মেন্টেন ঃ** একাউন্ট অনলিক চিলেক্ট কৰক। (কেৱল একাউন্টল মেন্টেন কৰিবৰ বাবে)।
- **ফায়নেনচিয়েল ইয়েৰ ফ্ৰম ঃ** বিত্তীয় বছৰৰ আৰম্ভণিৰ তাৰিখ এন্টাৰ কৰক।
- **বুকচ বিগিনিং ফ্ৰম ঃ** সামান্যৰূপে এইটো বিত্তীয় বছৰৰ দৰে হয়। যেতিয়ালৈকে আপুনি একাউন্টক মিডল ফায়নেনচিয়েল ইয়েৰৰ পৰা আৰম্ভ নকৰে।
- **বেচ কাৰেঞ্চি ইনফৰমেচন ঃ** বাটনত বেচ কাৰেঞ্চিৰ বিভিন্ন ভাগ যেনে ভাৰতৰ বাবে টকা ডিচপ্লে হয়। আপোনাক এইটো সলনি কৰাৰ আৱশ্যক নহয়।

চেভিং দা কোম্পানী প্ৰফাইল ঃ কোম্পানী প্ৰফাইলৰ ইনফৰমেচনক চেভ কৰিবৰ বাবে য়েচ ত ক্লিক কৰক। যি কোনো ডাটাক মড়িফাই কৰিবৰ বাবে ইয়াত নো ত ক্লিক কৰক। কোম্পানী প্ৰফাইলক ডাইৰেক্টয়লী চেভ কৰিবৰ বাবে কন্ট্ৰল+এ টিপক।

কোম্পানী প্ৰফাইলক অল্টাৰ কৰা ঃ গেটৱেত এফ 3: কোম্পানী ইনফেৰত ক্লিক কৰক। অল্টাৰক চিলেক্ট কৰক। কোম্পানী অল্টাৰেচন স্ক্ৰীনক প্ৰাপ্ত কৰিবৰ বাবে (কোম্পানী ক্ৰিয়েচনৰ দৰে, চিত্ৰ 15.2) লিস্টেৰে কোম্পানীৰ চিলেক্ট কৰক। কোম্পানীৰ ডিটেইল কৰক (ভাউচাৰ এন্ট্ৰি কৰাৰ পিছত ইয়াত সলনি কৰাৰ আৱশ্যক নহয়)।

কোম্পানীক ডিলিট কৰাৰ অৰ্থাৎ আতৰোৱা ঃ কোম্পানী অল্টাৰেচন স্ক্ৰীনত, (আল্ট+ডি)। আৰু ইয়াৰ নিৰ্ধাৰিত কৰিবৰ বাবে য়েচ ক্লিক কৰে। কোম্পানীৰ ডাটা ডিলিট হৈ যাব আৰু আপোনাক আকৌ কোম্পানী দেখা নিদিব।

কোম্পানীক ক্ৰিয়েট কৰাৰ সময়ত, আপোনাক একাউন্ট লেজাৰো প্ৰস্তুত কৰে। টেলিয়ে নিজে দুটা লেজাৰ একাউন্ট কেচ এড প্ৰফিট আৰু লচ একাউন্ট ক্ৰিয়েট কৰে। অন্য একাউন্টক আপোনাক ক্ৰিয়েট কৰে।

একাউন্ট লেজাৰ ক্ৰিয়েট কৰা

টেলিৰ আৰম্ভণিত একাউন্ট ইনফো মেনুক প্ৰাপ্ত কৰিবৰ বাবে একাউন্ট ইনফোক চিলেক্ট কৰক (চিত্ৰ 15.3)। একাউন্ট ইনফো মেনু (চিত্ৰ

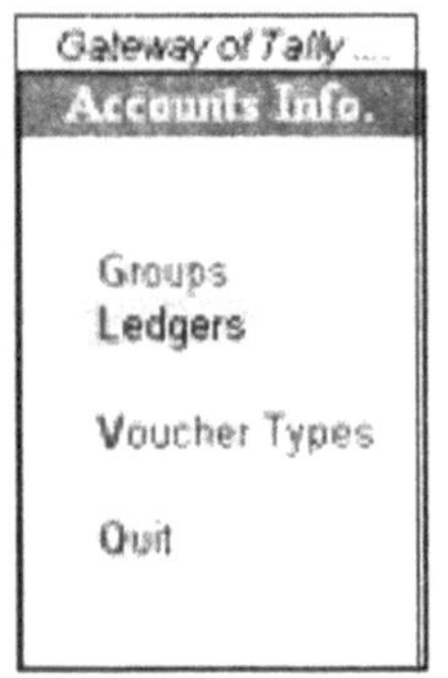

চিত্র 15.3 : একাউন্ট সম্বন্ধী মেনু

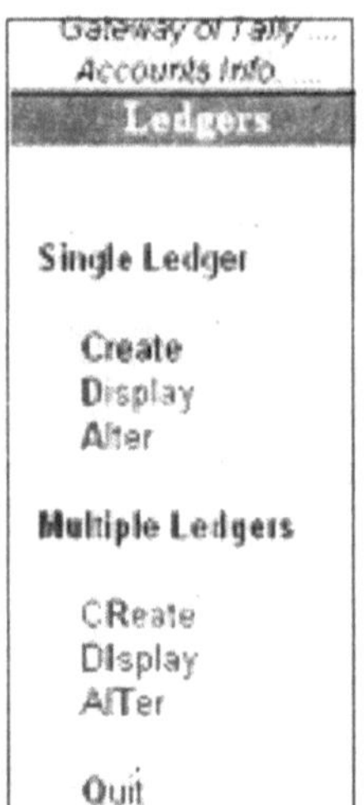

চিত্র 15.4 : লেজাৰ মেনু

লেজাৰ মেনুত (চিত্র 15.4), লেজাৰ ক্ৰিয়েচন স্ক্ৰীন (চিত্র 15.5) ক প্ৰাপ্ত কৰিবৰ বাবে ক্ৰিয়েট (চিংগল লেজাৰৰ দৰে) ক চিলেক্ট কৰক।

- **লেজাৰ নেম ঃ** নেম ফিল্ডত লেজাৰৰ বাবে কোনো নাম এণ্টাৰ কৰক।
- **পেৰেন্ট গ্ৰুপ ঃ** গ্ৰুপক লিস্টৰে লেজাৰ পেৰেন্ট গ্ৰুপ চিলেক্ট কৰি লওক।
- **একাউন্ট লেজাৰ অপেনিং বেলেঞ্চ ঃ** অপেনিং বেলেঞ্চ ফিল্ডত, বুক বিগনিং ফ্ৰেম ডেটৰ দৰে লেজাৰ অপেনিং বেলেঞ্চক এণ্টাৰ কৰক। আৱশ্যকতাত টেলি এইটো ডেবিট আৰু ক্ৰেডিট পৰিৱৰ্তন কৰি দিয়ে। ইয়াৰ পূৰ্বে ফায়নেনয়িচেল ইয়েৰক অন্তত এইটো লেজাৰ একাউন্ট ক্লজিং বেলেঞ্চ থাকে।

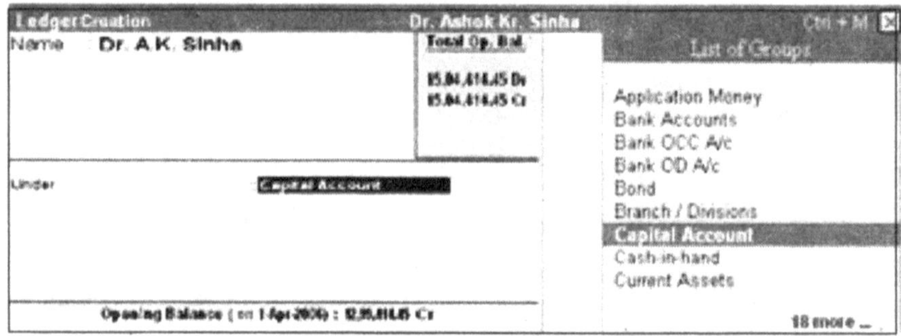

চিত্র 15.4 : লেজাৰ একাউন্টচ ক্ৰিয়েচন

যেনেদৰে আপুনি লেজাৰ একাউন্ট ক্ৰিয়েট কৰে, কাৰেন্ট ডেবিট আৰু ক্ৰেডিট সকলো লেজাৰ একাউন্টৰ অপেনিং বেলেঞ্চৰ টোটেল (যোগ) সোঁফালে ডিচপ্লে কৰে। (চিত্র 3.3)। যদি এইটো যোগ সমান নহয় তেতিয়া সকলো লেজাৰ একাউন্টৰ অপেনিং বেলেঞ্চৰ এণ্ট্ৰি এতিয়া পুৰা নহয় বা ভুল হয়। আপোনাক পিছত লেজাৰ এণ্টাৰেচন অপেনিং বেলেঞ্চক এণ্টাৰ অথবা মডিফাই কৰে। যেতিয়া সকলো লেজাৰ একাউন্টচৰ অপেনিং বেলেঞ্চ সঠিক ধৰণে এণ্টাৰ কৰা যায় ডেবিট আৰু ক্ৰেডিটৰ টোটেল সমান হয়।

লেজাৰ একাউন্টচ ক্ৰিয়েচনৰ উদাহৰণ

এইটো একেবাৰে অন্যন লেজাৰৰ দৰে হয়। যেনে-

নাম	আণ্ডাৰ
কাৰ এক্সেপেঞ্চন	ইনডাইৰেক্ট এক্সপেঞ্চন
ডাঃ সুৰেশ মিত্ৰ	আনচিকিউয়োৰ্ড লোন
বিএম হস্পিতেল চাপ্লায়াৰ	চান্দ্ৰি ক্ৰেডিটাৰ্চ

চিত্ৰ 15.6 ৰ পৰা চিত্ৰ 15.8 ওপৰৰ লেজাৰ একাউন্ট ক্ৰিয়েচন স্ক্ৰীনক প্ৰদৰ্শিত কৰে। (বিনা অপোনিং বেলেঞ্চ শ্বো কৰিছে)

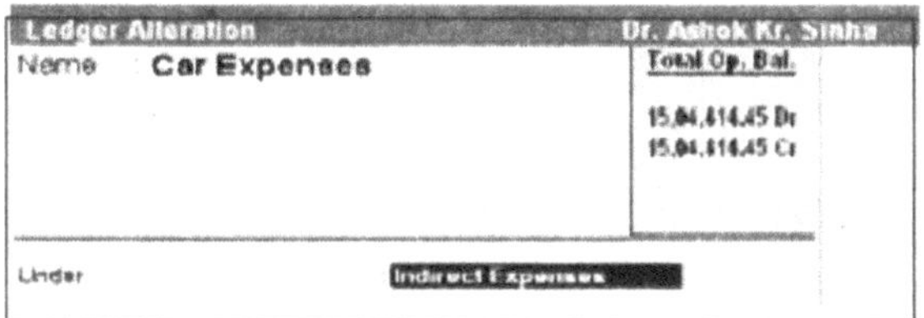

চিত্ৰ 15.6 : এক্সেপেঞ্চন (খৰচ) লেজাৰ একাউন্ট ক্ৰিয়েচন

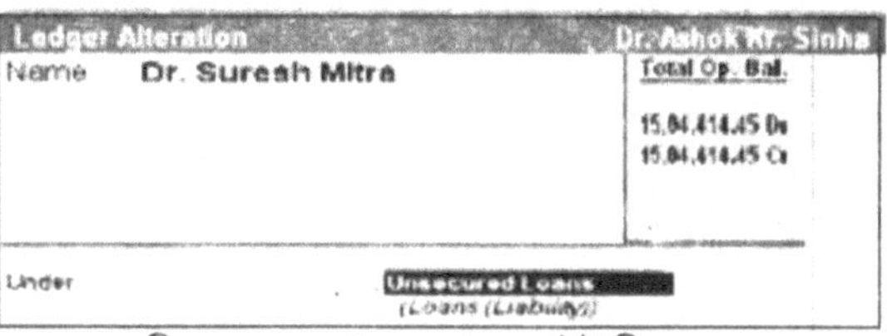

চিত্ৰ 15.7 : লোন লেজাৰ একাউন্ট ক্ৰিয়েচন

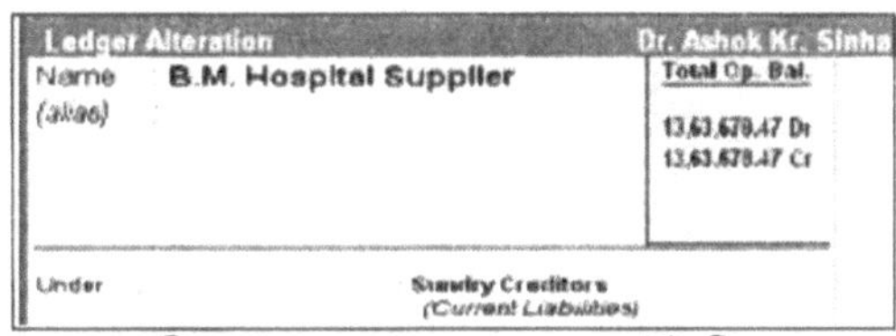

চিত্ৰ 15.8 : চাপ্লয়াৰ লেজাৰ একাউন্ট ক্ৰিয়েচন

একাউন্ট লেজাৰক ডিচপ্লে কৰা ঃ চিলেক্ট একাউন্ট ইনফো > লেজাৰ্চ > ডিচপ্লে

সেইটো লেজাৰ লিস্টক প্ৰাপ্ত কৰিবৰ বাবে যৰ পৰা আপুনি এণ্টাৰ ডিটেলচৰ লেজাৰক ডিচপ্লে কৰে, লেজাৰ মেনুত চিংগল লেজাৰৰ ডিচপ্লেক চিলেক্ট কৰিক। (চিত্ৰ 15.4)। ডিচপ্লে মোডত আপুনি কেৱল দেখা পাব পাৰে, কিন্তু অল্টাৰ কৰিব নোৱাৰে।

লেজাৰক অল্টাৰ অথবা ডিলিট কৰা ঃ যি কোনো লেজাৰ একাউন্টক মডিফাই বা ডিলিট কৰিবলৈ বাবে চিলেক্ট একাউন্ট ইনফো > লেজাৰ্চ >আল্টাৰ লেজাৰ মেনুত, চিংগল লেজাৰৰ আল্টাৰক চিলেক্ট কৰক। (চিত্ৰ 15.4)

ইয়াৰ পিছত লিস্টৰ পৰা সেইটো লেজাক চিলেক্ট কৰক যাৰ ডাটাক আপুনি ডিলিট বা আল্টাৰ কৰিব বিচাৰে। অল্টাৰেচন স্ক্ৰীন একেবাৰ লেজাৰ ক্ৰিয়েচনৰ দৰে হয়। চিত্ৰ 15.5))।

- **একাউন্ট লেজাৰক আল্টাৰ কৰা ঃ** মডিফাইল ফিল্ডত ক্লিক কৰি ডাটাক সলনি কৰক।
- **একাউন্ট লেজাৰক ডিলিট কৰা ঃ** অল্ট+ডি) ৰ কি ক টিপক আৰু নিৰ্ধাৰিত কৰিবৰ বাবে সুধিলে 'য়েচ' ত ক্লিক কৰি দিয়ক।

যদি আপুনি কোনো লেজাৰ একাউন্টত ভাউচাৰেৰে এন্ট্ৰি কৰে তেতিয়া আপুনি লেজাৰক ডিলিট কৰিব নোৱাৰিব।

এতিয়া আমি ডঃ এ.কে সিনহাৰ একাউন্টৰ প্ৰস্তুতিক চাওঁ।

প্ৰথম লেজাৰ ক্ৰিয়েচন

আৰম্ভণিত আপুনি সকলোতকৈ প্ৰথমে পূৰ্ববৰ্তী বছৰৰ অন্তত বেলেঞ্চ চিটৰ অনুসাৰে লেজাৰ একাউন্টক ক্ৰিয়েট কৰিব লাগিব। সেইকাৰণে বিত্তীয় বছৰ 2006-07 ৰ একাউন্টক আৰম্ভ কৰিবৰ বাবে আপোনাক সকলোতকৈ প্ৰথমে সেই সকলো লেজাৰ একাউন্ট ক্ৰিয়েট কৰিব লাগিব যাৰ ক্লজিং বেলেঞ্চ 31-03-2006 লৈকে আছে আৰু ইয়াৰ পিছত অপেনিং বেলেঞ্চক এণ্টাৰ কৰক। চিত্ৰ 15.9)।

চিত্র 15.9 ত আপোনাক লেজাৰ একাউন্টৰ লিস্ট প্রদর্শিত কৰা হৈছে আৰু ইয়াত ডঃ এ.কে. সিন্হাৰ লেজাৰক প্রস্তুত কৰাৰ পিছত সকলো লেজাৰ একাউন্টক অপেনিং বেলেঞ্চৰ লগত ব্যৱহাৰ কৰে।

Opening Balance as on 1-Apr-2006

Particulars	Opening | Balance	
	Debit	Credit
3I Info	7,000.00	
A.K. Basu		50,000.00
A.K. Sinha		10,98,678.47
Bikramjit Naskar	50,000.00	
Cash	2,50,000.00	
Flat	1,00,000.00	
Frankline India	5,000.00	
Furniture	40,000.00	
Gateway Distric Pack	6,480.00	
HDFC Bank Current A/c	50,000.00	
IDBI Fixed Deposit	70,000.00	
IDBI Flexi Bond.	30,000.00	
IDBI Insfruscture Bond	50,000.00	
IPCL	6,000.00	
Kishor Roy	1,500.00	
Medical Equipments	50,000.00	
National Savings Certificate (6_7)	65,000.00	
Nocil	3,000.00	
P. Bhogilal		50,000.00
Public Providend Fund	1,14,698.47	
Rajesh Mitra	25,000.00	
SBI Blue Chip Fund	1,00,000.00	
SBI Savings Account	2,50,000.00	
S.B. Roy		1,00,000.00
S. Dutta	30,000.00	
Sri Krishna Medical		40,000.00
Suresh Mitra		25,000.00
Tania Mitra	60,000.00	
Grand Total	13,63,678.47	13,63,678.47

চিত্র 15.9 : 31 মার্চ 2006 ৰ ক্লজিং বেলেঞ্চৰ অনুসাৰে এক এপ্রিল 2006 ৰ অপেনিং বেলেঞ্চৰ লিস্ট

নিউ লেজাৰ ক্রিয়েচন

অপেনিং বেলেঞ্চৰ লগত সকলো লেজাৰক প্রস্তুত কৰাৰ পিছত, সকলো ৰিভিনিউ একাউন্ট আৰু কাৰেন্ট ইয়েৰ লেন-দেনৰ লেজাৰ প্রস্তুত কৰে।

এনে লেজাৰৰ অপেনিং বেলেঞ্চ শূন্য হ'ব।

চিত্র 15.10 ত আপোনাক বিত্তীয় বছৰ 1 এপ্রিল 2006-31 মার্চ 2007 ৰ মাজত প্রস্তুত কৰা সকলো নতুন লেজাৰৰ লিস্টক প্রদর্শিত কৰিছে।

Ledger Name	Parent Group (Under)
Amar Singh	Sundry Debtors
Arnab Roy	Sundry Debtors
Asit Dutta	Unsecured Loan
Bank Charges	Indirect Expenses
Bank of India (Furniture Loan)	Secured Loan
BRPL Equity Shares	Investment in Shares
Car Expenses	Indirect Expenses
Computer	Fixed Assets
Conveyance Expenses	Indirect Expenses
Depreciation Charges	Indirect Expenses
Dividend Received	Indirect Income
Drawings	Capital A/c
Electric Charges	Indirect Expenses
General Expenses	Indirect Expenses
Income Tax From Employee	Duties & Taxes
Interest on Fixed Deposit	Indirect Incomes
Interest on Flexi Bond	Indirect Incomes
Interest on Infrusture Bond	Indirect Incomes
Interest on NSC	Indirect Incomes
Interest on Providend Fund	Indirect Incomes
Interest Paid on Bank	Indirect Expenses
Interest Paid on Loan	Indirect Expenses
Interest Received on Loan	Indirect Incomes
Int. Received From Savings	Indirect Incomes
IDBI Bank(Car Loan)	Secured Loan
Lic Premium	Capital A/c
Machine Repairs	Indirect Expenses
Medicine Purchase	Indirect Expenses
Motor Car	Fixed Assets
Mrs. Namita Pal	Sundry Debtors
Municipal & Local Taxes	Indirect Expenses
Nityananda Roy	Sundry Debtors
Overtime	Indirect Expenses
Personal Expenses	Capital A/c
Petrol Charges	Indirect Expenses
Professional Fees(Chembar Fees)	Direct Incomes
Professional Fees(Surgary)	Direct Incomes
P. Tax From Employee	Duties & Taxes
Reliance Equity Mutual Fund	Mutual Fund
Rent	Indirect Expenses
Salary	Indirect Expenses
Salary Advance	Indirect Expenses
Short Term Capital Gain\Loss	Indirect Income
S. Mitra	Loan & Advance Assets
Stationery Expenses	Indirect Expenses
Syndicate Bank (Flat Loan)	Secured Loan
TDS(06 07)	Deposit(Assets)
Telephone Charges	Indirect Expenses

চিত্ৰ 15.10 : বছৰৰ সময়ত প্ৰস্তুত কৰা লেজাৰ্চৰ লিস্ট

ভাউচাৰ ক্ৰিয়েট কৰা

একাউন্ট ভাউচাৰ

একাউন্ট ভাউচাৰত আপুনি ফায়নেনচিয়েল ট্ৰাঞ্জেকচনৰ গোটেই বিউৰা ৰেকৰ্ড ৰাখে।

টেলি একাউন্ট ভাউচাৰ টাইপ

নিম্নলিখিত প্ৰকাৰৰ বেচিক ভাউচাৰ টাইপ থাকে।

- **কণ্ট্ৰা ঃ** মানি ট্ৰান্সফাৰ (বেংক একাউন্টৰ পৰা কেচ উলিওৱা বা তাত জমা কৰা)
- **ৰিচিপ্ট ঃ** নগদ আৰু চেকেৰে জমা কৰা
- **পেমেন্ট ঃ** নগদ আৰু চেকেৰে পেয়মেন্ট
- **জাৰ্নেল ঃ** নগদ নোহোৱা লেন-দেন

চিংগল মোড এণ্ট্ৰিৰ বাবে চেটআপ কৰা

ডেভিট আৰু ক্ৰেডিটক স্পেচিফাই নকৰাকে (চিংগল মোডত এণ্ট্ৰিত) পেমেন্ট, ৰিচিপ্ট আৰু কণ্ট্ৰা ভাউচাৰক এণ্টাৰ কৰিবৰ বাবে এফ 12 ক টিপকঃ কনফিউগেৰেচন মেনুক প্ৰাপ্ত কৰিবৰ বাবে আৰম্ভণিত কনফিউগেৰেচন কৰক। কনফিউগেৰেচন মেনুত ভাউচাৰ এণ্ট্ৰিক চিলেক্ট কৰক। একাউন্টিং ভাউচৰৰ অন্তৰ্গত পেমেন্ট, ৰিচিপ্ট, কণ্ট্ৰাৰ চিংগল এণ্ট্ৰি মোডৰ ব্যৱহাৰৰ বাবে য়েচত চেট কৰি দিয়ক। (চিত্ৰ 15.11)।

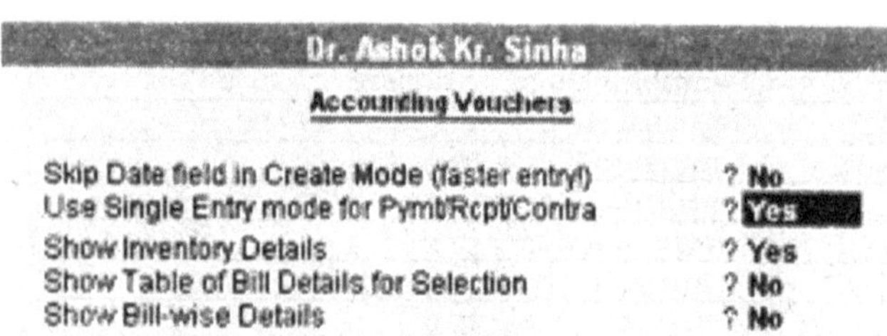

Dr. Ashok Kr. Sinha

Accounting Vouchers

Skip Date field in Create Mode (faster entry!)	? No
Use Single Entry mode for Pymt/Rcpt/Contra	? Yes
Show Inventory Details	? Yes
Show Table of Bill Details for Selection	? No
Show Bill-wise Details	? No

চিত্ৰ 15.11 : চিংগল মোড ভাউচাৰ এণ্ট্ৰিৰ বাবে অপচন চেটআপ

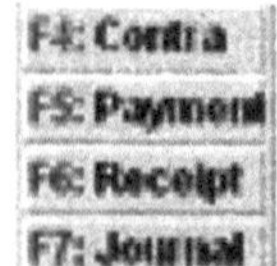

চিত্ৰ 15.12 : একাউন্ট ভাউচাৰ এণ্ট্ৰি স্ক্ৰীনত ভাউচাৰৰ টাইপ বাটন

একাউন্ট ভাউচাৰ ক্ৰিয়েচন

চিংগল মোড ভাউচাৰ এণ্ট্ৰিত লেজাৰ একাউন্টৰ নিয়ম

হেডাৰ একাউন্ট ঃ ওপৰৰ ভাগত আপুনি কেৱল কেচ বা বেংক একাউন্টক চিলেক্ট কৰিব পাৰে। আপুনি হেডাৰ একাউন্টৰ বাবে এমাউন্টক এণ্টাৰ কৰিব নোৱাৰে। এই সকলো লাইন একাউন্টত এণ্টাৰ কৰা নেট ফিগাৰত কম্পিউটাৰৰ দ্বাৰা কাম কৰে।

লাইন একাউন্ট ঃ তলৰ ভাগত আপুনি এটা বা তাতকৈ অধিক ট্ৰাঞ্জেকচন একাউন্টক এণ্টাৰ কৰিব পাৰে। কটা-মেলাৰ বাবে, ৰাশিক ঋণাত্মক ৰূপত এণ্টাৰ কৰক। অৰ্থাৎ প্ৰথমে ঘটনাৰ চিহ্ন আৰু তাৰ পিছত ৰাশি এণ্টাৰ কৰক। প্ৰথম লেজাৰ একাউন্ট সদাই ধনাত্মক হ'ব লাগে। লাইন একাউন্টত এণ্টাৰ কৰা গোটেই ৰাশি আগৰ দৰে হেডাৰ একাউন্টত পোস্ট কৰিব লাগে।

চিংগল মোড ভাউচাৰ এণ্ট্ৰি স্টেপ

চিংগল মোডত আপোনাক নিম্নলখিত কাম কৰিব লাগে।

হেডাৰ পাৰ্ট

- **ভাউচাৰ নম্বৰ ঃ** এইটো টেলিৰ দ্বাৰা ডিচপ্লে হয়।
- **ভাউচাৰ ডাটা ঃ** ইয়াত কাৰেন্ট ডেট থাকে।

লাইন এৰিয়া

- **লেজাৰ একাউন্ট ঃ** লেজাৰ একাউন্টক চিলেক্ট কৰক।
- **লেজাৰ এমাউন্ট ঃ** লেজাৰ এমাউন্টক এন্টাৰ কৰক।

নেৰেচন

- **চেক নম্বৰ ঃ** বেংকৰ পৰা লেন-দেনৰ স্থিতিত চেক নম্বৰ এন্টাৰ কৰক।
- **ভাউচাৰ নেৰেচন ঃ** ভাউচাৰ নেৰেচনক এন্টাৰ কৰক।

ভাউচাৰ নম্বৰ ঃ ভাউচাৰ ডেটৰ অনুসাৰে প্ৰত্যেক প্ৰকাৰৰ ভাউচাৰৰ বাবে টেলি সামান্য ৰূপে ভাউচাৰ নম্বৰক ডিচপ্লে কৰে।

ভাউচাৰ ডেট ঃ সামান্য ৰূপে ভাউচাৰ ডেটৰ ৰূপত কাৰেন্ট ডেট থাকে। তাৰিখ সলনি কৰিবৰ বাবে কাৰ্চাৰক ডেট ফিল্ডত আনিবৰ বাবে শিফট আৰু টেব টিপক। বা এফ 2 ডেট বাটতক টিপক আৰু ডেট এন্টাৰ কৰক। এইটো ডেট সকলো প্ৰকাৰৰ ভাউচাৰৰ বাবে মান্য হ'ব অৰ্থাৎ সকলো ভাউচাৰত প্ৰযোজ্য হ'ব যেতিয়ালৈকে আপুনি এইটোক আকৌ সলনি নকৰে। ভাউচাৰ ডেটৰ এন্ট্ৰিৰ পিছত, ৰেফাৰেঞ্চৰ বাবে দিন যেনে (সোমবাৰ) ডিচপ্লে হয়।

হেডাৰ লেজাৰ একাউন্ট ঃ কাৰ্চাৰ সকলোতকৈ প্ৰথমে হেডাৰ লেজাৰ একাউন্টত আহে। আপুনি হেডাৰত কেচ, বেংক একাউন্টৰ পৰা কোনো এটাক নিৰ্বাচন কৰিব লাগিব।

লাইন লেজাৰ ডিটেলচ ঃ হেডাৰ লেজাৰ একাউন্টক চিলেক্ট কৰাৰ পিছত, কাৰ্চাৰ লাইন এৰিয়াত আহি যায়। য'ত এটাৰ পিছত এটা আপুনি বহুতো লেজাৰ একাউন্ট এন্টাৰ কৰে।

- **লাইন লেজাৰ একাউন্ট ঃ** হেডাৰ লেজাৰ একাউন্টৰ দৰে, লেজাৰৰ চিলেকচনৰ পৰা (কেচ, বেংক লেজাৰ একাউন্ট) আৱশ্যকীয় লেজাৰ একাউন্টক চিলেক্ট কৰক।
- **লাইন লেজাৰ এমাউন্ট ঃ** চিলেক্ট কৰা লাইন লেজাৰ একাউন্টৰ বাবে ৰাশিক এন্টাৰ কৰক। প্ৰথমে লেজাৰ একাউন্টৰ বাবে এমাউন্ট সদাই পজিটিভ হ'ব লাগে।

পেমেন্ট, ৰিচিপ্ট ভাউচাৰৰ স্থিতিত, হ্ৰাস পাবৰ বাবে আপোনাক অন্য লেজাৰৰ পৰা নিগেটিভ ৰাশি এন্টাৰ কৰিব লাগি। সকলো লাইন লেজাৰ এমাউন্টৰ বাবে এমাউন্ট সদাই পজিটিভ হ'ব লাগে। ওপৰৰ দৰে নেট এমাউন্টক হেডাৰ লেজাৰ একাউন্টত পোস্ট কৰিব লাগে।

ভাউচাৰ নেৰেচন ঃ সকলো লাইন লেজাৰ একাউন্টক এন্ট্ৰি কৰাৰ পিছত এন্টাৰ টিপক। কাৰ্চাৰ এতিয়া নেৰেচন ফিল্ডত গুচি যায়। যদি আপোনাৰ বেংক একাউন্ট চিলেক্ট কৰা গৈছে তেতিয়া আপোনাক চেক নম্বৰ এন্টাৰ কৰিব লাগে এক প্ৰম্পটো দেখা পায়। চেক নম্বক এন্টাৰ কৰাৰ পিছত লেন-দেনক একেবাৰে ব্যাখ্যা কৰিবৰ বাবে ভাউচাৰ নেৰেচনক লিখা চলাই থাকক।

ভাউচাৰ এন্ট্ৰিৰ উদাহৰণ ঃ এতিয়া আমি প্ৰত্যেক টাইপৰ ভাউচৰৰ বাবে এন্ট্ৰি প্ৰচেচৰ বিষয়ে জানিম।

কণ্ট্ৰা ভাউচাৰ

এক কেচ, বেংক একাউন্টৰ পৰা অন্য ফাণ্ডলৈ ট্ৰান্সফাৰ কৰিবৰ বাবে কণ্ট্ৰা ভাউচাৰৰ ব্যৱহাৰ হয়। যেনে নগদ জমা বা নগদ নিকাসী আদি।

- **হেডাৰ একাউন্ট ঃ** যি কেচ, বেংক একাউন্টত ৰাশি ট্ৰান্সফাৰ কৰা গৈছে। এইটো একাউন্ট ডেবিট হয়।
- **লাইন একাউন্ট ঃ** সেইটো কেচ, বেংক একাউন্ট যৰ পৰা ৰাশি ট্ৰান্সফাৰ কৰে। এইটো একাউন্ট ক্ৰেডিট হয়।

উদাহৰণ -(চিত্ৰ 15.13) ৰ পৰা (চিত্ৰ 15.15) লৈকে কণ্ট্ৰা ভাউচাৰৰ কিছুমান উদাহৰণ আছে

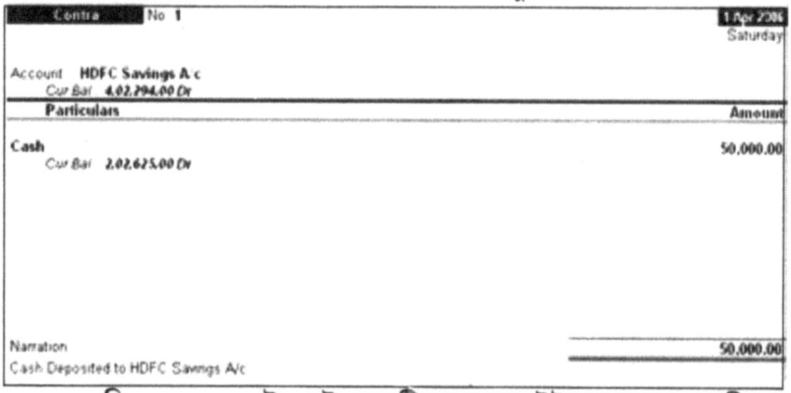

Contra No 1 — 1 Apr 2006, Saturday

Account **HDFC Savings A/c**
Cur Bal 4,02,294.00 Dr

Particulars	Amount
Cash *Cur Bal 2,02,625.00 Dr*	50,000.00
	50,000.00

Narration
Cash Deposited to HDFC Savings A/c

চিত্ৰ 15.13 : কণ্ট্ৰা ভাউচাৰ এণ্ট্ৰি-বেংক একাউণ্টত জমা কৰা নগদী

(চিত্ৰ 15.13) এইচডিএফচি বেংকৰ চেভিং একাউণ্টত 50 হেজাৰ টকা নগদ জমাৰ কণ্ট্ৰা ভাউচাৰ প্ৰদৰ্শিত কৰিছে।

(চিত্ৰ 15.14) এইচডিএফচি বেংকৰ চেভিং একাউণ্টত 5 হেজাৰ টকা নিকাসী জমাৰ কণ্ট্ৰা ভাউচাৰ প্ৰদৰ্শিত কৰিছে।

Contra No 2 — 1 Apr 2006, Saturday

Account **Cash**
Cur Bal 2,02,625.00 Dr

Particulars	Amount
HDFC Bank Current A/c *Cur Bal 45,000.00 Dr*	5,000.00
	5,000.00

Narration
Ch No 4562312 cash withdrawn from bank

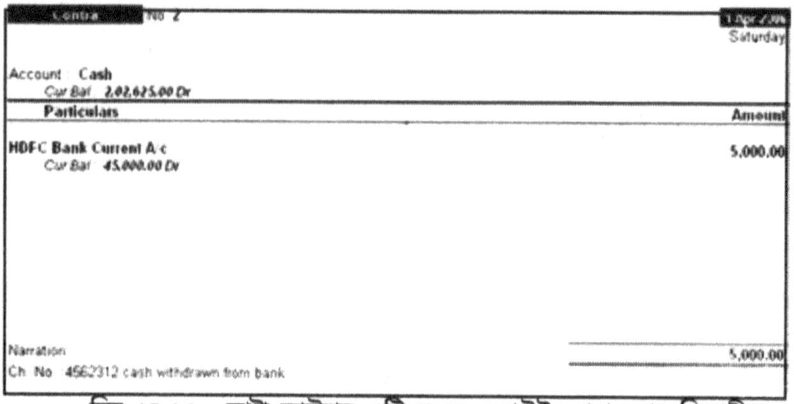

চিত্ৰ 15.14 : কণ্ট্ৰা ভাউচাৰ এণ্ট্ৰি-বেংক একাউণ্টৰ পৰা নগদ নিকাসী

(চিত্ৰ 15.15) আপোনাক এচবিআই বেংকৰ পৰা এইচডিএফচি ৰ চেভিং একাউণ্টত 31 হেজাৰ টকা ট্ৰান্সফাৰ কৰাৰ কণ্ট্ৰা ভাউচাৰ প্ৰদৰ্শিত কৰা হৈছে।

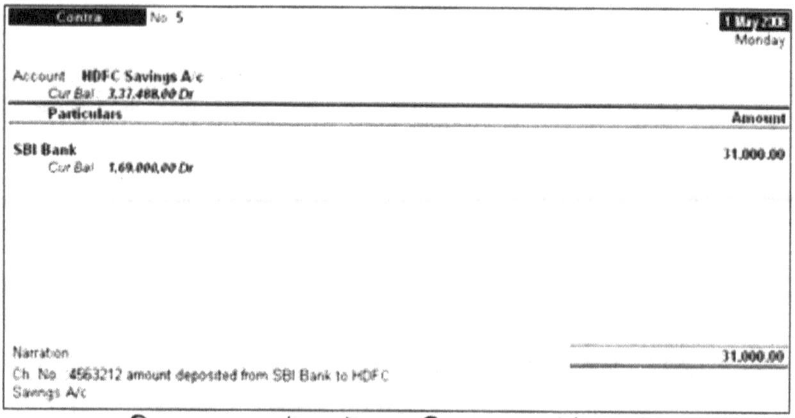

Contra No 5 — 1 May [illegible], Monday

Account **HDFC Savings A/c**
Cur Bal 3,37,488.00 Dr

Particulars	Amount
SBI Bank *Cur Bal 1,69,000.00 Dr*	31,000.00
	31,000.00

Narration
Ch No 4563212 amount deposited from SBI Bank to HDFC Savings A/c

চিত্ৰ 15.15 : কণ্ট্ৰা ভাউচাৰ এণ্ট্ৰি-বেংক একাউণ্টৰ স্থানান্তৰ

(চিত্ৰ 15.16) ত কণ্ট্ৰা ভাউচাৰ কোৱা গৈছে যে এইচডিএফচি বেংকৰ কাৰেন্ট একাউন্টত 15000 টকা জমা কৰা গৈছে আৰু এটা ভাউচাৰৰ পৰা এচবিআই ৰ চেভিং একাউন্টত 7 হেজাৰ টকা জমা কৰা গৈছে। এইটো উদাহৰণৰ পৰা গম পোৱা গৈছে যে আপুনি কেনেদৰে এটা ভাউচাৰৰ পৰা বিভিন্ন বেংক একাউন্টত নগদ ৰাশি জমা কৰিব পাৰে। কিন্তু সামান্য ৰূপে আপোনাক প্ৰত্যেক বেংকত ডিপজিট কৰিবৰ বাবে বেলেগ-বেলেগ ভাউচাৰৰ প্ৰয়োগ কৰিব লাগিব।

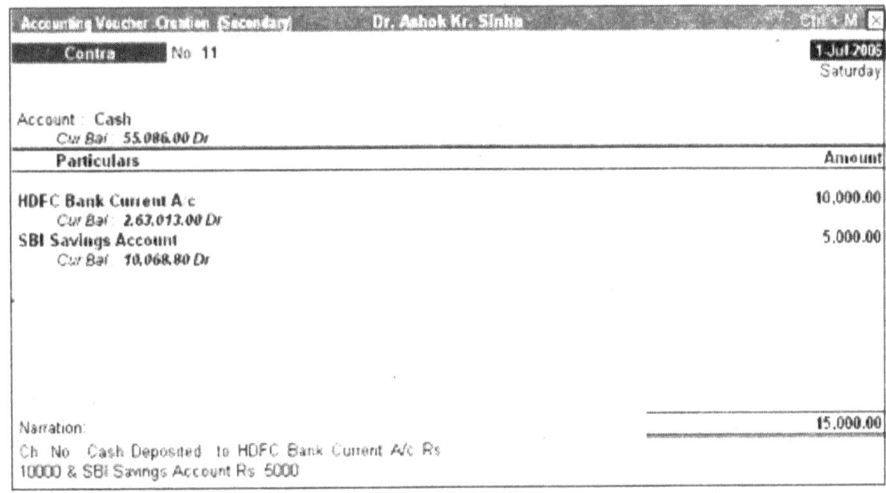
Accounting Voucher Creation (Secondary) Dr. Ashok Kr. Sinha Ctrl + M

Contra No. 11 — 1-Jul-2006, Saturday

Account : Cash
Cur Bal : 55,086.00 Dr

Particulars	Amount
HDFC Bank Current A/c Cur Bal : 2,63,013.00 Dr	10,000.00
SBI Savings Account Cur Bal : 10,068.80 Dr	5,000.00
	15,000.00

Narration:
Ch. No. : Cash Deposited to HDFC Bank Current A/c Rs 10000 & SBI Savings Account Rs. 5000

চিত্ৰ 15.16 : দুটা বেংক একাউন্টত জমা কৰা নগদী

পেমেন্ট ভাউচাৰ

পেমেন্ট ভাউচাৰৰ ব্যৱহাৰ মানিৰ পেমেন্টৰ ৰেকৰ্ড ৰখাত ব্যৱহাৰ কৰে। (কেচ বা চেক ৰ দ্বাৰা)।

- **হেডাৰ একাউন্ট ঃ** কেচ, বেংক একাউন্ট যৰ পৰা ৰাশিৰ পেয়মেন্ট কৰা গৈছে। এইটো একাউন্ট ক্ৰেডিট হয়।
- **লাইন একাউন্ট ঃ** অন্য লেজাৰ একাউন্ট (কেচ, বেংক একাউন্ট নহয়) যিটোক পেয়মেন্ট কৰা গৈছে। এইটো একাউন্ট ডেবিট হয়। নিগেটিব ৰাশিৰ একাউন্ট যেনে-কটা-মেলাৰ বাবে, সেইটো ক্ৰেডিট হ'ব।

ইয়াত (চিত্ৰ 15.17) আপোনাক কোনো চাপলায়াৰ কৰা পেমেন্ট (কেচৰ দ্বাৰা) ৰ পেমেন্ট ভাউচাৰ প্ৰদৰ্শিত কৰা হৈছে।

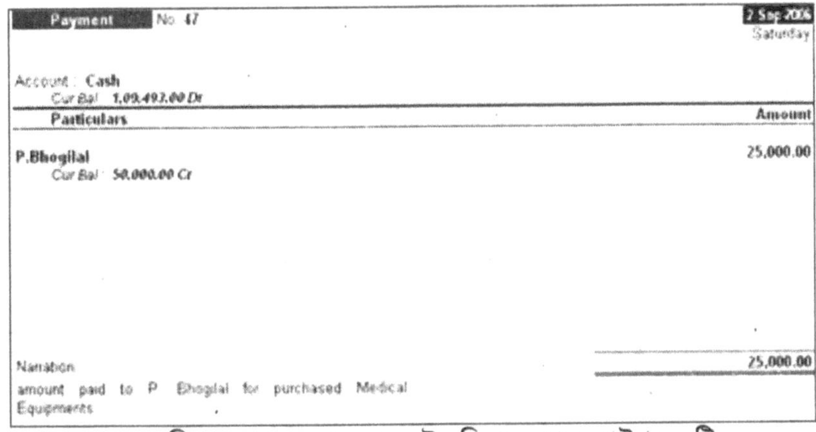
Payment No. 47 — 2-Sep-2006, Saturday

Account : Cash
Cur Bal : 1,09,493.00 Dr

Particulars	Amount
P.Bhogilal Cur Bal : 50,000.00 Cr	25,000.00
	25,000.00

Narration
amount paid to P. Bhogilal for purchased Medical Equipments

চিত্ৰ 15.17 : নগদ পেয়মেন্টৰ চিংগক মোড ভাউচাৰ এণ্ট্ৰি

চিত্ৰ (15.18) আপোনাক প্ৰফেচনেল কটা-মেলা কৰাৰ পিছত চেকৰ দ্বাৰা প্ৰদৰ্শিত কৰে। ডিডাকচন এমাউন্টৰ নিগেটিভৰ ৰূপত লাইন এৰিয়াত এণ্টাৰ কৰা গৈছে।

Payment No. 22 — 7-Jun-2006, Friday

Account : **HDFC Savings A/c**
Cur Bal : 3,37,285.53 Dr

Particulars	Amount
Salary *Cur Bal : 28,000.00 Dr*	4,000.00
P. Tax *Cur Bal : 30.00 Cr*	(-)30.00
	3,970.00

Narration:
Ch. No. 533232 salary paid to A. Dutta for the Month of June 06

চিত্ৰ **15.18** : কটা-মেলাৰ লগত পেমেন্ট ভাউচাৰৰ চিংগল মোড এণ্ট্ৰি

ৰিচিপ্ট ভাউচাৰ

ৰিচিপ্ট ভাউচাৰৰ প্ৰয়োগ যি কোনো ধৰণৰ প্ৰাপ্ত ৰাশি (চেক বা নগদ) ৰ চৰ্টিংক ৰেকৰ্ড কৰাত হয়।

- **হেডৰ একাউন্ট ঃ** সেইটো কেচ /বেংক একাউন্ট য'ত ৰাশি জমা কৰা যায়। এইটো একাউন্ট ডেবিট হয়।
- **লাইন একাউন্ট ঃ** অন্য লেজাৰ একাউন্ট (নন্ কেচ/বেংক একাউন্ট) যৰ বাবে পেমেন্ট কৰা গৈছে। ইয়াত একাউড ক্ৰেডিট হয়। নিগেটিভ (–) ৰাশিৰ বাবে (যিটো ডিডাক্ট অৰ্থাৎ কাটে) একাউন্ট ডেভিট হয়।

চিত্ৰ (15.19) চেম্বাৰত কণ্ছালটেন ফিচৰ ৰূপত প্ৰাপ্ত কৰা ৰাশিৰ বাবে ৰিচিপ্ট ভাউচাৰ প্ৰদৰ্শিত হয়।

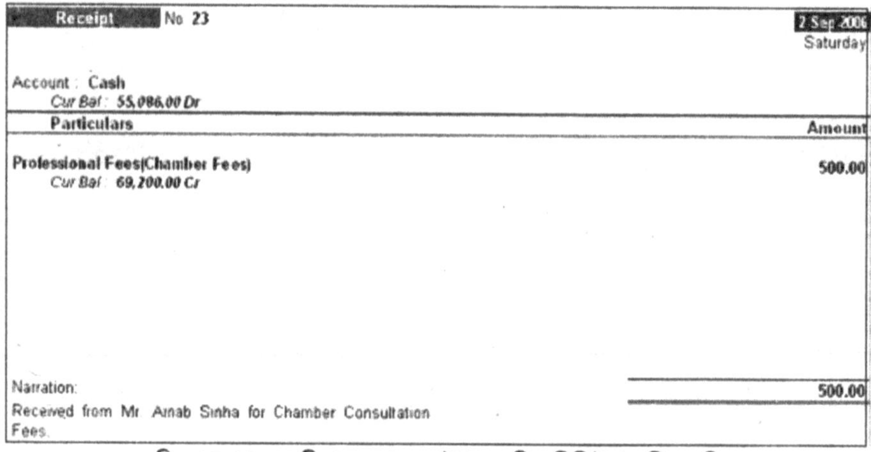

Receipt No. 23 — 2-Sep-2006, Saturday

Account : **Cash**
Cur Bal : 55,086.00 Dr

Particulars	Amount
Professional Fees(Chamber Fees) *Cur Bal : 69,200.00 Cr*	500.00
	500.00

Narration:
Received from Mr. Arnab Sinha for Chamber Consultation Fees.

চিত্ৰ **15.19** : ত্ৰচিংগল মোড ভাউচাৰ এণ্ট্ৰিৰ ৰিচিপ্ট (প্ৰাপ্তি ৰচিদ)

চিত্ৰ (15.20) আপোনাক ফিক্স ডিপজিট (এফডি বা সাবধি জমা) ৰ সময় পুৰা হোৱাত টেক্সৰ ৰূপ কটাৰ পিছত ৰাশিৰ বাবে ৰিচিপ্ট প্ৰদৰ্শিত কৰে।

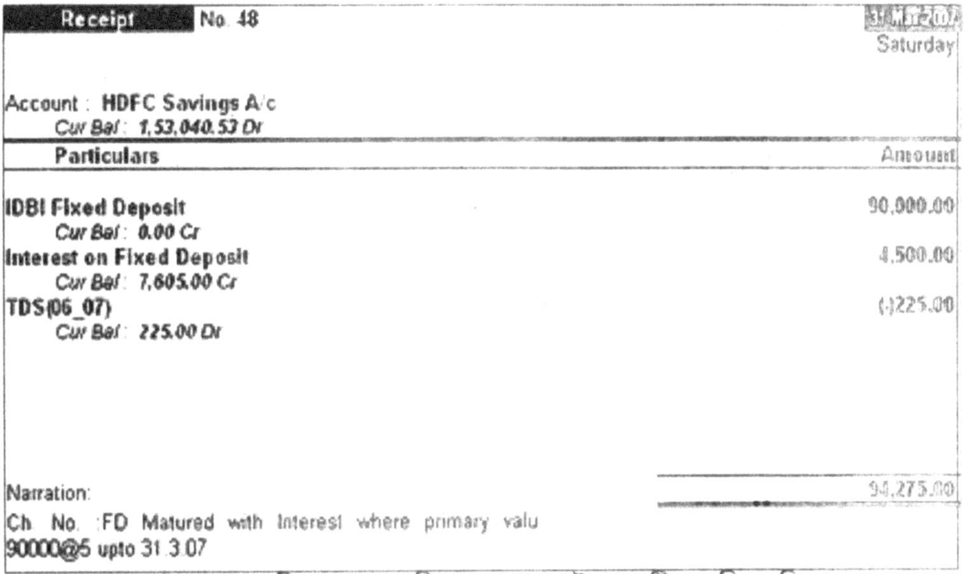

Receipt No. 48 | 31-Mar-2007 Saturday

Account : **HDFC Savings A/c**
Cur Bal : 1,53,040.53 Dr

Particulars	Amount
IDBI Fixed Deposit *Cur Bal : 0.00 Cr*	90,000.00
Interest on Fixed Deposit *Cur Bal : 7,605.00 Cr*	4,500.00
TDS(06_07) *Cur Bal : 225.00 Dr*	(-)225.00
	94,275.00

Narration:
Ch. No. :FD Matured with Interest where primary valu
90000@5 upto 31.3.07

চিত্ৰ 15.20 : চিংগল মোড ভাউচাৰ এণ্ট্ৰিৰ প্ৰাপ্তি ৰচিদ

জাৰ্নেল ভাউচাৰ

ৰাশিৰ প্ৰাপ্তি বা পেমেন্টৰ বাদেও অন্য লেন-দেনক জাৰ্নেল ভাউচাৰ এণ্টাৰ কৰা যায়।

জাৰ্নেল ভাউচাৰ কেৱল ডাবল এণ্ট্ৰি চিস্টেম (অন্য লেখ প্ৰণালী) ত এণ্টাৰ কৰা যায়। (এমাউণ্ট ডেভিট /ক্ৰেডিট কলমত থাকে, হেডাৰ একাউণ্ট নহয়।)

জেনেৰেল ভাউচাৰ এণ্ট্ৰিত লেজাৰ একাউণ্টৰ নিয়ম

- ডেভিটৰ বাবে ডি টাইপ কৰক, ক্ৰেডিটৰ বাবে 'চি' টাইপ কৰক, টু (কাৰোবাক) ৰ বাবে টি টাইপ কৰক। বাওঁ (কোনো অন্যৰ দ্বাৰা) ৰ ববে 'বি' টাইপ কৰক। প্ৰথম লেজাৰ এমাউণ্ট ডেবিট হ'বই লাগিব।
- লেজাৰ একাউণ্টক চিলেক্ট কৰক। (কেচ বেংক/বেংক একাউণ্টৰ পৰা অন্য)
- ডেবিট/ক্ৰেডিট কলমত ৰশি এণ্টাৰ কৰক। আপুনি ইয়াত নিগেটিভ এমাউণ্ট এণ্টাৰ কৰিব নোৱাৰে।

সকলো ডেভিট একাউণ্টৰ টোটেল সকলো ক্ৰেডিট একাউন্টৰ মুঠ যোগৰ সমান হ'ব লাগে।

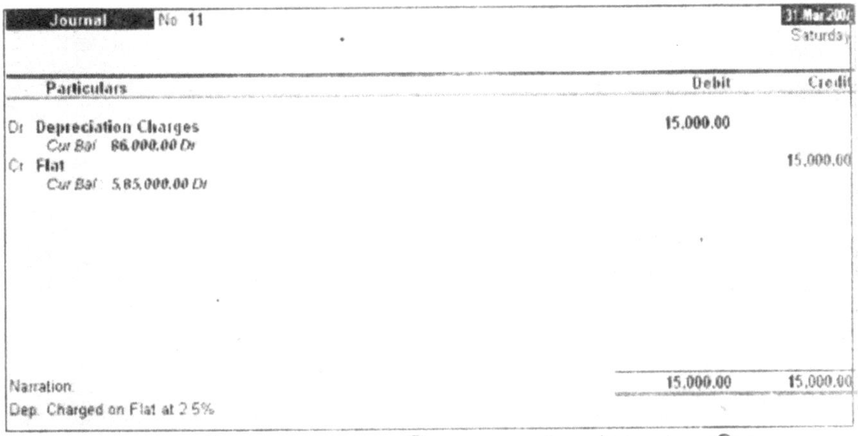

Journal No. 11 | 31-Mar-2007 Saturday

Particulars	Debit	Credit
Dr **Depreciation Charges** *Cur Bal : 86,000.00 Dr*	15,000.00	
Cr **Flat** *Cur Bal : 5,85,000.00 Dr*		15,000.00
	15,000.00	15,000.00

Narration:
Dep. Charged on Flat at 2.5%

চিত্ৰ 15.21 : মূল্য কাটিবৰ বাবে জাৰ্নেল ভাউচাৰ বাবে প্ৰভিজন

লেজাৰ একাউন্টৰ এন্ট্ৰিৰ পিছত (যেতিয়া ডেভিট আৰু ক্ৰেডিট একাউন্টৰ মুঠ যোগ সমান হয়) কাৰ্চাৰ নেচন ফিল্ডত আহি যায়। ইয়াত আপুনি এইদৰে যি কোনো প্ৰকাৰৰ আলোচনাক এণ্টাৰ কৰিব পাৰে।

চিত্ৰ (15.22) ত জৰ্নেল ভাউচাৰক আপুনি ফিক্স ডিপজিটত প্ৰাপ্ত কৰা ইন্টাৰেস্টৰ প্ৰাৱধানক প্ৰদৰ্শিত কৰে। যিটো এফডি এতিয়া মেচুঅৰ নহয়।

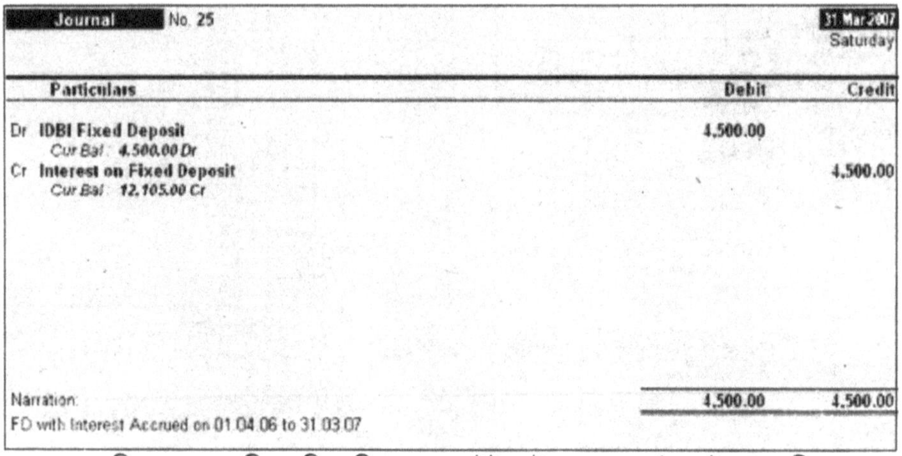

Journal No. 25 31 Mar 2007 Saturday

	Particulars	Debit	Credit
Dr	IDBI Fixed Deposit *Cur Bal: 4,500.00 Dr*	4,500.00	
Cr	Interest on Fixed Deposit *Cur Bal: 12,105.00 Cr*		4,500.00
	Narration:	4,500.00	4,500.00

FD with Interest Accrued on 01.04.06 to 31.03.07

চিত্ৰ *15.22* : ফিক্স ডিপোজিতত প্ৰাপ্ত ইন্টাৰেস্টৰ বাবে জাৰ্নেল ভাউচাৰৰ প্ৰভিজন

বিভিন্ন প্ৰকাৰৰ ভাউচাৰৰ উদাহৰণ

ইয়াত ভাউচাৰৰ কিছুমান আৰু উদাহৰণ দেখুওৱা গৈছে।

চিংগল মোড এন্ট্ৰিত, অৱশ্যে আপুনি ডেবিট আৰু ক্ৰেডিটক স্পেচিফাই (স্পষ্ট বা উল্লেখ কৰা) নকৰে, টেলি ভাউচাৰ টাইপৰ মতে নিজে নিজে ডেবিট, ক্ৰেডিট, লেজাৰ একাউন্টৰ পজিচনৰ ফালৰ পৰা ৰাশিৰ চিহ্নক আৰামক বুজি লয়।

প্ৰথম লেজাৰ একাউন্ট (ৰাশি নোহোৱা), হেডাৰ একাউন্টৰ শেবা কৰে। বাকী লেজাৰ একাউন্ট লাইট একাউন্ট হয়। ভাউচাৰৰ নেৰেচন অন্তত দেখা দিয়ে।

কণ্ট্ৰা ভাউচাৰ

প্ৰথম লেজাৰ একাউন্ট হেডাৰ একাউন্ট হয়, সেইকাৰণে এইটো ডেবিট একাউন্ট হয়। বাকীৰ সকলো একাউন্ট লাইন এৰিয়াত এণ্টাৰ কৰা যায় আৰু সেইটো ক্ৰেডিট একাউন্ট হয়।

কণ্ট্ৰা ভাউচাৰ এন্টিৰ কিছুমান গুৰুত্বপূৰ্ণ উদহাৰণ তলত হয়।

1. বেংকৰ পৰা নগদ নিকাসী
2. বেংকত নগদ জমা
3. এটা বেংক একাউন্টৰ পৰা অন্য এটা বেংক একাউন্টত ফাণ্ড ট্ৰান্সফাৰ কৰা।
4. বিভিন্ন বেংক একাউন্ট নগদ জমা কৰা

1. বেংকৰ পৰা নগদ নিকাসীৰ কণ্ট্ৰা ভাউচাৰ

তাৰিখ	লেজাৰ একাউন্ট	এমাউন্ট
1 মে' 2011	কেচ	
	এইচডিএফচি বেংক	2000
আলোচনা	এইচডিএফচি বেংকৰ পৰা চেক নম্বৰ 234678 দ্বাৰা পিআৰ চৌবিৰ কাৰেন্ট একাউন্টৰ পৰা 2000 টকা নিৰেশ কৰা গৈছে।	

2. বেংকত নগদ জমাৰ কণ্ট্ৰা ভাউচাৰ

তাৰিখ	লেজাৰ একাউন্ট	এমাউন্ট
1 জুন 2011	এইচডিএফচি বেংক	
	কেচ	12000
আলোচনা	এইচডিএফচি বেংকৰ চেভিং একাউন্টত এচআৰ ললিত দ্বাৰা 12000 টকা জমা কৰা হৈছে।	

3. এটা বেংক একাউন্টৰ পৰা আন এটা বেংক একাউন্টত ফাণ্ড ট্ৰান্সফাৰৰ কণ্ট্ৰা ভাউচাৰ

তাৰিখ	লেজাৰ একাউন্ট	এমাউন্ট
2 জুলাই 11	এইচডিএফচি বেংক	
	ষ্টেট বেংক অফ ইণ্ডিয়া	25000
আলোচনা	ষ্টেট বেংক অফ ইণ্ডিয়াৰ চেক নম্বৰ 342123 ৰ পৰা এইচডিএফচি বেংকৰ কাৰেণ্ট একাউন্টত 25000 টকা জমা কৰা গৈছে।	

4. দুটা বেংক একাউন্টত নগদ জমাৰ কণ্ট্ৰা ভাউচাৰ

চিংগল মোডত কণ্ট্ৰা ভাউচাৰত, আপুনি বহুতো কেচ /বেংক একাউন্ট এণ্টাৰ কৰিব পাৰে যাৰ পৰা নগদ নিকাসী কৰা যায়। কিন্তু কেৱল এক কেচ বা বেংক একাউন্ট এণ্টাৰ কৰিব পাৰে য'ত ৰাশি জমা হয়।

সেইকাৰণে, বিভিন্ন বেংক একাউন্টৰ পৰা নগদ নিকাসীৰ বাবে চিংগল মোডত আপুনি এক কণ্ট্ৰা ভাউচাৰ ক্ৰিয়েট কৰিব পাৰে।

কিন্তু এটাতকৈ অধিক বেংক একাউন্টৰ পৰা নগদ নিকাসীৰ বাবে এক কণ্ট্ৰা ভাউচাৰ ক্ৰিয়েট কৰিব নোৱাৰে। আপুনি প্ৰত্যেক বেংকৰ পৰা নগদ নিকাসীৰ বাবে বেলেগ বেলেগ ভাউচটাৰ ক্ৰিয়েট কৰিব লাগিব।

প্ৰত্যক কেচ বা বেংক একাউন্টৰ লগত লেন-দেনৰ বাবে আপোনাক বেলেগ-বেলেগ কণ্ট্ৰা ভাউচাৰ ক্ৰিয়েট কৰিবলৈ পৰামৰ্শ দিয়া যায়।

তাৰিখ	লেজাৰ একাউন্ট	এমাউন্ট
2 জুলাই 2011	কেচ	
	এইচডিএফচি বেংক	15000
	ষ্টেট বেংক অফ ইণ্ডিয়া	7000
আলোচনা	জয়ৰাম চাহুৰ দ্বাৰা এইচডিএফচি বেংকত 15000 টকা আৰু এচবিআই বেংকত 7000 টকা জমা কৰা গৈছে।	

পেমেন্ট ভাউচাৰ

পেমেন্ট ভাউচাৰ এণ্ট্ৰিৰ কিছুমান উদাহৰণ ইয়াত দিয়া গৈছে।

1. মেচিনৰ ভাল কৰাৰ খৰচ
2. এডভান্সত চেলেৰিৰ পেয়মেন্ট
3. এডভান্স আৰু অন্য কটা-মেলাৰ পিছত চেলেৰিৰ পেয়মেন্ট
4. আৱশ্যকীয় কটা-মেলা কৰাৰ পিছত চেলেৰিৰ পেয়মেন্ট
5. মিউচিয়েল ফাণ্ডত নিৱেশ
6. বেংকৰ এফডি (ফিক্স ডিপজিট) ত নিৱেশ
7. ৰাষ্ট্ৰীয় চেভিং পত্ৰ (এনএচচি) ত ইন্ভেস্টমেন্ট (নিৱেশ)।

8. ইকুৱিটি শ্বেয়াৰত নিৱেশ

9. দিয়া পাৰ্চনেল লোন

10. আচল সম্পতি কিনা

11. বেংক লোনত দিয়া ইন্টাৰেস্ট

12. পাৰ্চনেল লোনত দিয়া ইন্টাৰেস্ট

প্ৰথম লেজাৰ একাউন্ট কেচ বা বেংক হেডাৰ একাউন্ট হয়, যিটো ক্ৰেডিট হয়। অন্য সকলো লেজাৰ একাউন্ট ডেবিট হয়। (নিগটিভ একাউন্ট সদায় ক্ৰেডিট হয়।)

1. মেচিন ভাল কৰাত খৰচ

তাৰিখ	লেজাৰ একাউন্ট	এমাউন্ট
1 মে' 2011	এইচডিএফচি বেংক	
	মেছিনৰ ভাল কৰা ৰাশি	600
আলোচনা	ম্লাড প্ৰেচাৰ জুখা মেছিনৰ ভাল কৰিবৰ বাবে টিকে এন্টাৰপ্ৰাইজেজক চেক নম্বৰ 456213 ৰেৰে পেয়মেন্ট কৰা গৈছে।	

2. এডভান্স চেলেৰি

তাৰিখ	লেজাৰ একাউন্ট	এমাউন্ট
1 এপ্ৰিল 2011	কেচ	
	চেলেৰি এডভান্স	1000
আলোচনা	টি গোস্বামীক এডভান্স চেলেৰিৰ পেয়মেন্ট কৰা গৈছে।	

3. এডভান্স আৰু অন্য কটা-মেলাৰ পিছত চেলেৰিৰ পেয়মেন্ট

তাৰিখ	লেজাৰ একাউন্ট	এমাউন্ট
1মে' 2011	এইচডিএফচি বেংক	
	চেলেৰি	6000
	পি টেক্স	-30
	চেলেৰি এডভান্স	-1000
আলোচনা	চেলেৰি এডভান্স আৰু টেক্স কটাৰ পিছত টি.কে. গোস্বামীৰ চেক নম্বৰ 456213 ৰে এপ্ৰিল মাহৰ চেলেৰি পেয়মেন্ট কৰা গৈছে।	

4. কটা-মেলাৰ পিছত চেলেৰিৰ পেয়মেন্ট

তাৰিখ	লেজাৰ একাউন্ট	এমাউন্ট
1জুন 2011	এইচডিএফচি বেংক	
	চেলেৰি	6000
	অভাৰটাইম	1500
	পি টেক্স (কৰ্মচাৰীৰ পৰা)	-30
	কৰ্মচাৰীৰ পৰা আয়কৰৰ কটা-মেলা	-120
আলোচনা	মে' 2011 ৰ চেলেৰি আৰু অভাৰটাইমৰ বাবে টি গোস্বামীক আয়কৰ আৰু অন্য কৰৰ কটা-মেলা কৰাৰ পিছত চেক নম্বৰ 426815 ৰে পেয়মেন্ট কৰা গৈছে।	

5. মিউচুৱেল ফাণ্ডত নিৱেশ

তাৰিখ	লেজাৰ একাউন্ট	এমাউন্ট
1মে' 2011	এইচডিএফচি বেংক	
	ৰিলায়েঞ্চ ইকুৱিটি মিউচিয়েল ফাণ্ড	5000
আলোচনা	দহ টকাৰ মূল্যৰে ৰিলায়েঞ্চ ইকুৱিটি মিউচিয়েল ফাণ্ডৰ 500 ইউনিট চেক নম্বৰ 495673 ৰ পৰা কিনা গৈছে, যাৰ পৰিপক্কতা অৱধি 1 মে' 2014 হয়।	

6. বেংকৰ এফডিত নিৱেশ

তাৰিখ	লেজাৰ একাউন্ট	এমাউন্ট
1আগস্ট 2011	এইচডিএফচি বেংক	
	আইডিবিআই ফিক্স ডিপজিত	40000
আলোচনা	চেক নম্বৰ 485474 ৰ পৰা 40000 টকা এফডি ত নিৱেশ কৰা গৈছে। যাৰ পৰিপক্কতা ৰাশি 44437.71 হয়।	

7. ৰাষ্ট্ৰীয় চেভিং পত্ৰত নিৱেশ

তাৰিখ	লেজাৰ একাউন্ট	এমাউন্ট
2আগস্ট 2011	এইচডিএফচি বেংক	
	এনএচচি - 2011 - 2011	10000
আলোচনা	চেক নম্বৰ 987562 ৰ পৰা 2011-12 ত এনএচচি কিনা গৈছে। ইয়াৰ পৰিপক্কতা ৰাশি 16110 টকা হয় আৰু পৰিপক্কতা অৱধি 02/08/2017 হয়।	

8. ইকুৱিটি শ্বেয়াৰত নিৱেশ

তাৰিখ	লেজাৰ একাউন্ট	এমাউন্ট
1 ছেপ্তেম্বৰ 2011	এইচডিএফচি বেংক	
	বিআৰপিএল ইকুৱিটি শ্বেয়াৰ	20000
আলোচনা	চেক নম্বৰ 258963 ৰ পৰা বিআৰপিএল ৰ 200 শ্বেয়াৰ 10 টকা প্ৰতি ইউনিটৰ মূল্যত কিনা গৈছে।	

9. দিয়া পাৰ্চনেল লোন

তাৰিখ	লেজাৰ একাউন্ট	এমাউন্ট
2 অগাস্ত 2011	এইচডিএফচি বেংক	
	এচ মিত্ৰা	30000
আলোচনা	এচ মিত্ৰাৰ চেক নম্বৰ 789456 ৰ পৰা লোন দিয়া গৈছে যিটো 9 শতাংশ প্ৰতি বছৰে ইন্টাৰেস্টৰে 31/12/2014 লৈকে দিব লাগিব।	

10. আচল সম্পত্তি কিনা

তাৰিখ	লেজাৰ একাউন্ট	এমাউন্ট
2 মে' 2011	এইচডিএফচি বেংক	
	কম্পিউটাৰ	40000
আলোচনা	চেক নম্বৰ 736526 ৰ পৰা চনট্ৰোক্স ইণ্ডিয়াৰ পৰা 40000 টকাৰ পাৰ্চনেল কম্পিউটাৰ বিল নম্বৰ 2345 তাৰিখ 15.5.2011 ত কিনা গৈছে।	

11. বেংকত আদায় কৰা ইন্টাৰেস্ট

তাৰিখ	লেজাৰ একাউন্ট	এমাউন্ট
01 অক্টুবৰ 2011	এইচডিএফচি বেংক	
	বেংকক ইন্টাৰেস্টৰ পেয়মেন্ট	3000
আলোচনা	এক এপ্ৰিল 2011 ৰ পৰা 30 ছেপ্তেম্বৰ 2011 ৰ অৱধিৰ বাবে এইচডিএফচি বেংকৰ পৰা 12 শতাংশ বাৰ্ষিক ইন্টাৰেস্টৰ মূল্যৰ পৰা লোৱা 5000 টকা লোনত ইন্টাৰেস্টৰ পেয়মেন্ট কৰা।	

12. পাৰ্চনেল লোনৰ ওপৰত আদায় কৰা ইন্টাৰেস্ট

তাৰিখ	লেজাৰ একাউন্ট	এমাউন্ট
01 অক্টুবৰ 2011	এচ.বি. ৰয়	
	লোনৰ ওপৰত ইন্টাৰেস্টৰ পেয়মেন্ট	4500
আলোচনা	এচ.বি. ৰয়ৰ পৰা 9 শতাংশ বাৰ্ষিক ইন্টাৰেস্টৰ মূল্যৰে ছয় মাহৰ বাবে 100000 টকাৰ লোনৰ ওপৰত ইন্টাৰেস্টৰ পেয়মেন্ট।	

ৰিচিপ্ত ভাউচাৰ

বিভিন্ন প্ৰকাৰৰ লেন-দেনৰ বাবে ৰিচিপ্ট ভাউচাৰ এণ্ট্ৰিৰ কিছুমান উদাহৰণ তলত দিয়া গৈছে। প্ৰথমে লেজাৰ একাউন্ট কেচ বা বেংক হেডাৰ থাকে, যি ডেবিট হয়। কেৱল নিগেটিভ ৰাশিক এৰি অন্য সকলো লেজাৰ একাউন্ট ক্ৰেডিট হয়।

নগদত ব্যৱসাটিক ফিচৰ পেয়মেন্ট

তাৰিখ	লেজাৰ একাউন্ট	এমাউন্ট
31 অক্টুবৰ 2011	কেচ	
	প্ৰফেনেল ফিচ (চেম্বাৰ ফিচ)	500
আলোচনা	চেম্বাৰত ৰোগীক পৰামৰ্শ দিবৰ বাবে প্ৰফেচনেল ফিচ প্ৰাপ্ত কৰা গৈছে।	

চেকৰ পৰা প্ৰফেচনেল ফিচৰ প্ৰাপ্তি

তাৰিখ	লেজাৰ একাউন্ট	এমাউন্ট
31 অক্টুবৰ 2011	এইচডিএফচি বেংক	
	প্ৰফেচনেল ফিচ	5000
আলোচনা	চাৰ্জাৰীৰ বাবে এ কে ভৰৰ পৰা চেক নম্বৰ 542632 ৰ পৰা ফিচ প্ৰাপ্ত কৰা গৈছে।	

আউটস্টেন্ডিং ৰাশিৰ প্ৰাপ্তি

তাৰিখ	লেজাৰ একাউন্ট	এমাউন্ট
2 আগস্ট 2011	এইচডিএফচি বেংক	
	কিশোৰ ৰয়	1500
আলোচনা	প্ৰথম বিত্তীয় বছৰৰ বাবে কিশোৰ ৰয়ৰ পৰা চেক নম্বৰ 542632 ৰ পৰা আউস্টেডিং ফিচ প্ৰাপ্ত কৰা গৈছে।	

পাৰ্চনেল লোনৰ ওপৰত ইন্টাৰেস্ট

তাৰিখ	লেজাৰ একাউন্ট	এমাউন্ট
1 জুলাই 2011	এইচডিএফচি বেংক	
	এচ দত্ত	30000
	লোনত ইন্টাৰেস্টৰ পেয়মেন্ট	750
আলোচনা	এচ দত্তৰ দ্বাৰা লোৱা লোনৰ বাবে 01.04.2011 ৰ পৰা 30.06.2011 ৰ অৱধিৰ মাজত চেক নম্বৰ 523632 ৰ পৰা লোন প্ৰাপ্ত কৰা গৈছে।	

লাভৰ পৰা ইকুৰিটি মিউচিয়েল ফাণ্ডৰ বিক্ৰী

তাৰিখ	লেজাৰ একাউণ্ট	এমাউণ্ট
31 মাৰ্চ 2011	এইচডিএফচি বেংক	
	ৰিলায়েঞ্চ ইকুৰিটি মিউচিয়েল ফাণ্ড	5000
	কিছু সময়ত প্ৰাপ্ত কৰা ৰাশি	1000
আলোচনা	12 টকা প্ৰতি ইউনিটৰ মূল্যৰে 500 ইউনিট মিউচিয়েল ফাণ্ডৰ বিক্ৰী 60000 টকাত কৰা গৈছে। দহ টকাৰ ইউনিটৰ মূল্যৰে 5000 টকাত কিনা গৈছিল। ইয়াত প্ৰফিট 1000 টকাৰ হৈছে যিটোক এইচডিএফচি বেংক একাউণ্টত ক্ৰেডিট কৰা গৈছে।	

লাভত ইকুৰিটি শ্বেয়াৰৰ বিক্ৰী

তাৰিখ	লেজাৰ একাউণ্ট	এমাউণ্ট
31 মাৰ্চ 2011	এইচডিএফচি বেংক	
	31 ইন্ফো	7000
	কিছু সময়ত প্ৰাপ্ত ৰাশি বা লোকচান	1000
আলোচনা	31 ইন্ফোৰ 100 টা শ্বেয়াৰ 80 টকাৰ মূল্যৰে বেচা গৈছে, কিন্তু ইয়াৰ মূল্য 70 টকাৰ মূল্যৰ পৰা 7000 টকা আছিল।	

লোকচানত ইকুৰিটি শ্বেয়াৰ বিক্ৰী

তাৰিখ	লেজাৰ একাউণ্ট	এমাউণ্ট
2 অক্টুবৰ 2011	এইচডিএফচি বেংক	
	আইপিচিএল	6000
	লোকচান	-500
আলোচনা	আইপিচিএল ৰ 100 টা শ্বেয়াৰ 55 কটকাৰ মূল্যৰে 5500 টকাত বেচা গৈছে, কিন্তু এইটোক 60 টকাৰ মূল্যৰ পৰা 60000 টকাত কিনা গৈছিল। ইয়াত 500 টকা লোকচান হৈছে।	

টেক্স কটা-মেলা কৰাৰ পিছত এফডি ৰ ওপৰত প্ৰাপ্ত ইন্টাৰেস্ট

তাৰিখ	লেজাৰ একাউণ্ট	এমাউণ্ট
31 ডিচেম্বৰ 2011	আইডিবিআই বেংক	
	আইডিবিআই ফিক্স ডিপজিট	7000
	এফডিআই ৰ ওপৰত ইন্টাৰেস্ট	3500
	টেক্স কটা (টিডিএচ)	-175
আলোচনা	টিডিএচ ৰ কটা-মেলা কৰাৰ পিছত এফডি 5 শতাংশৰ মূল্যৰে মেচুয়েৰ হৈছে।	

টেক্স (টিডিএচ) ৰ কটা-মেলা কৰাৰ পিছত প্ৰাপ্ত ডিভিডেণ্ট

তাৰিখ	লেজাৰ একাউণ্ট	এমাউণ্ট
31 ডিচেম্বৰ 2011	এইচডিএফচি বেংক	
	প্ৰাপ্ত ডেভিডেণ্ট	30000
	টিডিএচ	-1500
আলোচনা	5 শতাংশ টিডিএচ ৰ কটা-মেলা কৰাৰ পিছত চেক নম্বৰ 546256 ৰ পৰা আইপিচিএল ৰ ডেভিডেণ্ট প্ৰাপ্ত কৰা গৈছে।	

জেনেৰেল ভাউচাৰ

জেনেৰেল ভাউচাৰ এন্ট্ৰিৰ কিছুমান উদাহৰণ তলত দিয়া হৈছে।

1. প্ৰাপ্ত কৰা আমদানী

2. এক্সপেঞ্চনৰ দায়িত্ব

3. ইন্টাৰেস্ট (প্ৰাপ্ত কৰা অথবা আদাত কৰা)

4. ডিপ্ৰেচিয়েচন (মূল্য ঘটনা বা মূল্য হ্ৰাস)

1. প্ৰাপ্ত কৰা আমদানী

তাৰিখ	লেজাৰ একাউন্ট	ডেবিট ৰাশি	ক্ৰেডিট ৰাশি
31 মাৰ্চ 2011	আৰ্নব ৰায়	1000	
	প্ৰফেচনেল ফিচ (চাৰ্জেৰি)		1000
আলোচনা	আৰ্নব ৰায়ৰ পৰা চাৰ্জেৰি ফিচ প্ৰাপ্ত কৰা গৈছে।		

2. এক্সপেঞ্চৰ লায়বিলিটি

তাৰিখ	লেজাৰ একাউন্ট	ডেবিট ৰাশি	ক্ৰেডিট ৰাশি
31 মাৰ্চ 2011	চেলেৰি	1000	
	চেলেৰি পেয়বল		1000
আলোচনা	স্টাফক মাৰ্চ 2011 ৰ চেলেৰিৰ পেয়মেন্ট		

3. ইন্টাৰেস্টৰ প্ৰাপ্তি

তাৰিখ	লেজাৰ একাউন্ট	ডেবিট ৰাশি	ক্ৰেডিট ৰাশি
31 মাৰ্চ 2011	এফডি ত প্ৰাপ্ত ইন্টাৰেস্ট	500	
	এইচডিএফচি ফিক্স ডিপজিট		500
আলোচনা	20000 টকাত 10 শতাংশ বাৰ্ষিক ইন্টাৰেস্টৰ মূল্যৰ পৰা এফডিত 1.1.2011 ৰ পৰা 31.03.2010 ৰ মাজত ইন্টাৰেস্ট প্ৰাপ্ত কৰিছে।		

4. ইন্টাৰেস্টৰ পেয়মেন্ট

তাৰিখ	লেজাৰ একাউন্ট	ডেবিট ৰাশি	ক্ৰেডিট ৰাশি
31 মাৰ্চ 2011	লোনৰ ওপৰত ইন্টাৰেস্টৰ পেয়মেন্ট	1000	
	অৰ্নব ৰায়		1000
আলোচনা	1.1.2011 ৰ পৰা 31.3.2010 ৰ মাজত দিয়া 40000 টকাত দহ শতাংশৰ ইন্টাৰেস্ট মূল্যৰ পৰা প্ৰাপ্ত লোন		

5. মূল্য হ্ৰাস

তাৰিখ	লেজাৰ একাউন্ট	ডেবিট ৰাশি	ক্ৰেডিট ৰাশি
31 ডিচেম্বৰ 2011	মূল্য কটা	86000	
	ফাৰ্নিচাৰ		9000
	ফ্লেট		15000
	মেডিকেল উপকৰণ		12000
	গাড়ি		50000
আলোচনা	90000 হেজাৰৰ ফাৰ্নিচাৰত 10 শতাংশ 6 লাখৰ ফ্লেটত 2.5 শতাংশ, 100000 ৰ মেডিকেল উপকৰণত 25 শতাংশ 250000 ৰ মটৰ কাৰত 20 শতাংশৰ মূল্য হ্ৰাস পাইছে।		

ভাউচাৰৰ আৰু কিছুমান উদাহৰণ

আমি বিভিন্ন লেন-দেনৰ বাবে এন্ট্ৰি ভাউচাৰৰ নিয়মৰ ব্যাখ্যা পঢ়িছো। ড০ এ.কে. সিনহা দ্বাৰা কিতাপ কিনিবৰ বাবে খুলা নতুন একাউন্টৰ ডে-বুকত দৰ্শোৱা গৈছে। উদাহৰণৰ বাবে জাৰ্নেল, ভাউচাৰ জেনেৰেল বুকত আছে। (চিত্ৰ 15.41), ৰিচিট, পেয়মেন্ট আৰু কন্ট্ৰা ভাউচাৰ ডে-বুকত আছে। (চিত্ৰ 15.35), ৰে কেচ বুক (চিত্ৰ 15.38) আৰু বেংক বুক (চিত্ৰ 15.39) (চিত্ৰ 15.40) ত কেনেদৰে দেখুওৱা গৈছে। এইখন কিতাপ চিংগল মোডত এন্টাৰ কৰা গৈছে ভাউচাৰৰ ডেবিট আৰু ক্ৰেডিটৰ প্ৰভাৱৰ ব্যক্ত কৰে।

ৰিপোৰ্টচৰ প্ৰিণ্টিং

ভাউচাৰ এণ্টাৰ কৰাৰ পিছত, আপুনি যি কোনো ৰিপোৰ্টৰ প্ৰিণ্ট লব পাৰে। আপুনি যি কোনো সময়ত শেষৰ ভাউচাৰত হোৱা এণ্ট্ৰিলেকে আপডেট কৰিব পাৰে।

সকলোতকৈ প্ৰথমে আমি ৰিপোৰ্টচ প্ৰিণ্টিংৰ সামান্য ফিচাৰ্চ আৰু অপচনচৰ বিষয়ে চৰ্চা কৰো। ইয়াৰ পিছত আমি স্পেচিফিক ৰিপোৰ্টচৰ প্ৰিণ্টিংৰ বিষয়ে চৰ্চা কৰিম।

প্ৰিণ্টিং ডায়লগ

যিকোনো ৰিপোৰ্ট স্ক্ৰীনত পি (প্ৰিণ্টিং ডায়লগ প্ৰাপ্ত কৰিবৰ বাবে প্ৰিণ্টৰ বাটন, চিত্ৰ 15-23) ত ক্লিক কৰক। ইয়াৰ পৰা আপুনি ৰিপোৰ্টৰ অপচনচক চেট কৰিব পাৰে।

প্ৰিণ্টিং ডায়লগ স্ক্ৰীন (চিত্ৰ 15-23) মুখ্যত তিনিটা ভাগত ভাগ কৰা হয়।

1. সকলোতকৈ ওপৰৰ ভাগত জেনেৰেল প্ৰিণ্টিং অপচন থাকে।
2. মাজত আপুনি ৰিপোৰ্টক স্পেচিফাই কৰে যেনে (টাইটল আৰু অন্য ইনফৰমেচন)
3. তৃতীয় ভাগ ৰিপোৰ্টৰ স্পেচিফিক অপচনক দৰ্শোৱা হয়।

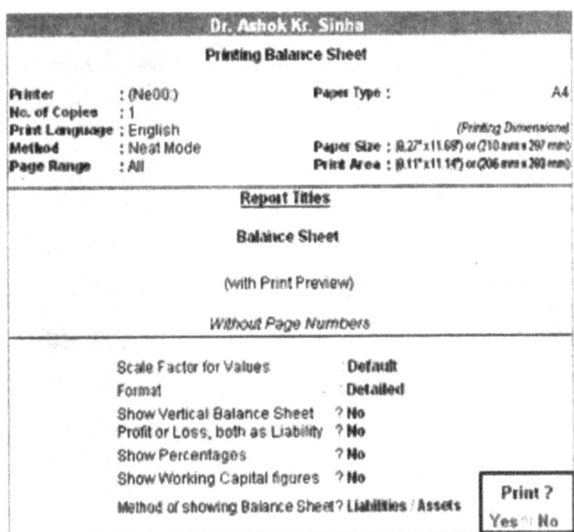

চিত্ৰ 15. 23 : প্ৰিণ্টিং ডায়লগ

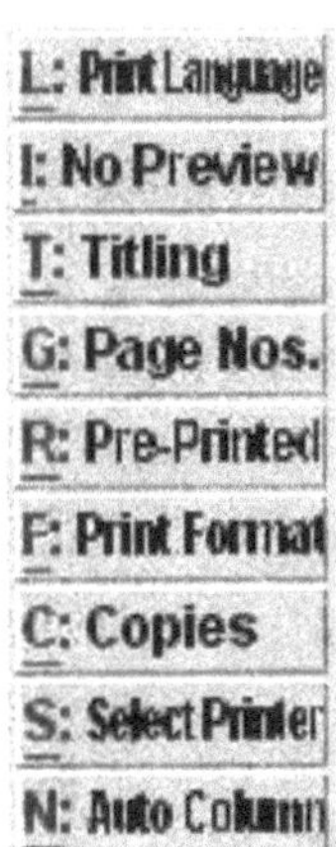

চিত্ৰ 15. 24 : প্ৰিণ্টিং ডায়লগত থকা বাটন

প্ৰিণ্টিং ডায়লগৰ বাটন

ৰিপোৰ্ট প্ৰিণ্টিং ডায়লগৰ সোঁ বাটনত থকা বিভিন্ন বাটনেৰে আপুনি ৰিপোৰ্ট প্ৰিণ্টিং অপচনক চেট কৰিব পাৰে। এইটোক আমি আগলৈ স্পষ্ট কৰিম।

পেজ নম্বৰ

স্ক্ৰীনত পেজৰ ৰেঞ্জ (কৰ পৰা আৰম্ভ হৈ কলৈকে) ক চেট কৰিবৰ বাবে জিঃ পেজ নম্বৰ বাটনক ক্লিক কৰক (চিত্ৰ 15. 25)

• **স্টাৰ্টিং পেজ নম্বৰ (যৰ পৰা প্ৰিণ্ট আৰম্ভ হ'ব)** ঃ ইয়াৰ পৰা আপুনি চেট কৰিব পাৰে যে প্ৰিণ্টিং কৰ পৰা আৰম্ভ হ'ব, যেনে পেজ নম্বৰ 1। ইয়াৰ বাদেও আপুনি পেজ 1 ৰ স্হানত পেজ 31 কো চেট কৰিব পাৰে। এনে স্হিতিত আপোনাৰ ৰিপোৰ্ট পেজ 31 ৰে প্ৰিণ্ট হ'ব।

• **পেজ নম্বৰ** ঃ ৰিপোৰ্টৰ কেৱল কিছুমান নিৰ্বাচিত পেজকেই প্ৰিণ্ট কৰিবৰ বাবে পেজ এণ্টাৰ কৰা যায়। যেনে-পেজ নম্বৰ পাঁচৰ পৰা ন ক প্ৰিণ্ট কৰিবৰ বাবে 5-9 ব কেৱল পাঁচ নম্বৰ পেজক প্ৰিণ্ট কৰিবৰ বাবে চেট কৰক 5-5। ইয়াৰ বাদেও যদি আপুনি গোটেই ৰিপোৰ্টক প্ৰিণ্ট কৰিব বিচাৰে তেতিয়া 'অল' ত ক্লিক কৰি দিয়ক।

প্ৰিন্ট ফৰমেট

নিম্নলিখিতক চেট কৰিবৰ বাবে এফঃ প্ৰিন্ট ফৰমেটিন বাটন ত ক্লিক কৰক।

চিত্ৰ 15.25: পেজ নম্বৰক চেটআপ

প্ৰিন্ট মোড এইটো ফিল্ডত নিম্নলিখিত অপচনক চেট কৰক।

• **নন ইম্পেক্ট প্ৰিন্টাৰ ঃ** নীট মোডক চিলেক্ট কৰক। (চিত্ৰ 15.26)।

• **ডট মেট্ৰিক্স প্ৰিন্টাৰ ঃ** ডট মেট্ৰিক্স প্ৰিন্টাৰেৰে প্ৰিন্ট প্ৰাপ্ত কৰিবৰ বাবে ডট মেট্ৰিক্স ফৰ্মেটত ক্লিক কৰক। ইয়াৰ পিছত প্ৰপাৰ ডট মেট্ৰিক্স প্ৰিন্টাৰ ড্ৰাইভাৰক চিলেক্ট কৰক। চিত্ৰ 15. 27)।

ফ্ৰাস্ট প্ৰিন্টিং আৰু ৰিপোৰ্টৰ ডাটাক কৰবাত চেভ কৰিবৰ বাবে কুউকি (চিত্ৰ 15.29) ক চিলেক্ট কৰক। ইয়াৰ পিছত ফাইলক যি নামেৰে চেভ কৰিব বিচাৰে, সেইটো নাম এন্টাৰ কৰক।

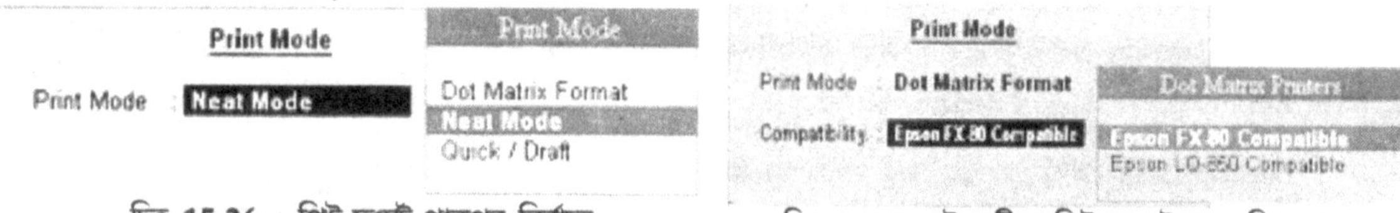

চিত্ৰ 15.26 : প্ৰিন্ট ফৰমেট প্ৰাৰূপৰ নিৰ্বাচন

চিত্ৰ 15.27: ডট মেট্ৰিক্স প্ৰিন্টাৰৰ ড্ৰাইভাৰৰ চিলেকচ

নম্বৰ অফ কপি (কপিৰ সংখ্যা)

ৰিপোৰ্টৰ অধিক কপি প্ৰাপ্ত কৰিবৰ বাবে চিঃ কপি বাটন (নম্বৰ অফ কপি স্ক্ৰীনক প্ৰাপ্ত কৰিবৰ বাবে (চিত্ৰ15.28) ক টিপক)। ইয়াৰ পিছত সেইটো সংখ্যা এন্টা কৰক যিমান কপি আপুনি প্ৰাপ্ত কৰিব বিচাৰে। সামান্যতে এইটো সংখ্যা 1 ত চেট হয়।

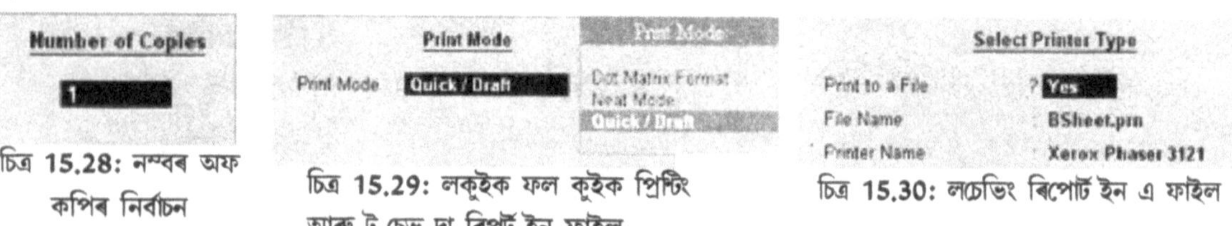

চিত্ৰ 15.28: নম্বৰ অফ কপিৰ নিৰ্বাচন

চিত্ৰ 15.29: লকুইক ফল কুইক প্ৰিন্টিং আৰু টু চেভ দা ৰিপৰ্ট ইন ফাইল

চিত্ৰ 15.30: লচেভিং ৰিপোৰ্ট ইন এ ফাইল

প্ৰিন্টাৰ চিলেকচন

যদি আপোনাৰ কম্পিউটাৰত এটাতকৈ অধিক প্ৰিন্টাৰ ইনস্টল হয় তেতিয়া কোনো অন্য প্ৰিন্টাৰক চিলেক্ট কৰিবৰ বাবে (এচঃ চিলেক্ট প্ৰিন্টাৰ) ত ক্লিক কৰক আৰু ইয়াত প্ৰাপ্ত লিস্টৰ পৰা সেইটো প্ৰিন্টাৰত ক্লিক কৰক যিটোক আপুনি চিলেক্ট কৰিব বিচাৰে।

ৰিপোৰ্ট টাইটল

ৰিপোৰ্ট টাইটলৰ চেট কৰিবৰ বাবে (টিঃ টাইটল বাটন) টিপক আৰু নিম্নলিখিত (চিত্ৰ 15. 31)ৰ অনুসাৰে চেট কৰক।

• **টাইটল ঃ** টেলি বৰ্তমান ৰিপোৰ্টৰ বাবে এক স্টেণ্ডাৰ্ড ৰিপোট টাইটল প্ৰস্তুত কৰে। আপুনি এইটোক আপোনাৰ পছন্দৰ অনুসাৰে সলনিও কৰিব পাৰে।

• **চাব টাইটল ঃ** ৰিপোৰ্ট টাইটলৰ তলত চাব টাইটল ৰিপোৰ্টক এন্টাৰ কৰক।

• **এডিচনেল ইনফৰমেচ ঃ** এইটো ৰিপোৰ্ট টাইলটলত থকা পাৰ্টিকুলাৰক প্ৰিন্ট কৰিবৰ বাবে য়েচ বা নো ক চেট কৰি দিয়ক।

চিত্ৰ 15.31 : ৰিপোৰ্ট টাইটল আৰু অন্য ৰিপোৰ্টৰ অপচনক চেটআপ

স্ক্ৰীনত ৰিপোৰ্টৰ প্ৰিভিউ

প্ৰিন্ট হোৱাৰ পিছত আপোনাৰ ৰিপোৰ্ট কেনেদৰে দেখা দিব, এইটো চাবৰ বাবে আপুনি ৰিপোৰ্টৰ প্ৰিভিউও চাব পাৰে। প্ৰিভিউ ডিচপ্লেক সৰু-ডাঙৰ কৰি চাবৰ বাবে প্ৰিভিউ স্ক্ৰীনত জুম বাটনত ক্লিক কৰক। (চিত্ৰ 15.32)

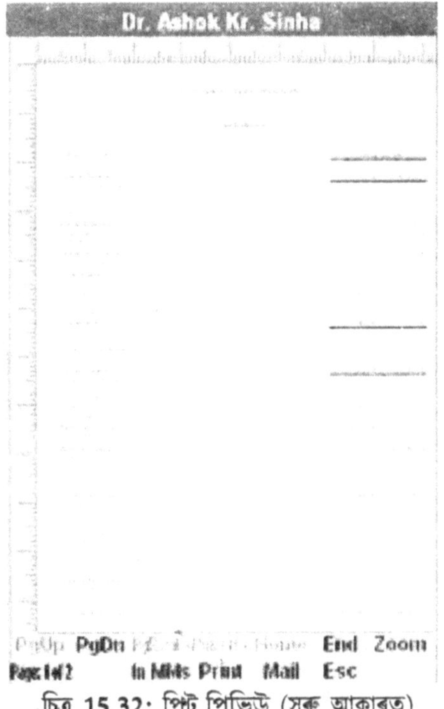

চিত্ৰ 15.32: প্ৰিন্ট প্ৰিভিউ (সৰু আকাৰত)

একাউন্টৰ বুক

ইয়াত আমি একাউন্টৰ বিভিন্ন কিতাপ বা একাউন্টৰ বিষয়ে আলোচনা কৰিম। যেনে-

- ডে-বুক
- কেচ বা বেংক বুক
- জাৰ্নল
- লেজাৰ
- ট্ৰায়েল বেলেঞ্চ

ডে-বুক

দিন (তাৰিখৰ ক্ৰমানুসাৰ) ভাউচাৰৰ লিস্ট ডে-বুকত প্ৰদৰ্শিত হয়। টেলিৰ আৰম্ভণিত ডিচপ্লে চিলেক্ট কৰক আৰু কাৰেন্ট ডেটৰ বাবে ডে-বুকত থকা সকলো ভাউচাৰৰ লিস্টৰ বাবে ডে-বুকত চিলেক্ট কৰক। কোনো বিশেষ সময়ৰ বাবে ডে-বুক প্ৰাপ্ত কৰিবৰ বাবে (এফ 2 : পিৰিয়ড বাটন) টিপিক আৰু তাত ডেট ৰেঞ্জ (সময়ৰ অৱধি) এন্টাৰ কৰক। (চিত্ৰ 15.33)।

চিলেক্ট ডিচপ্লে > ডে-বুক

Day Book — Dr. Ashok Kr. Sinha — Ctrl+M

Day Book — 1-Apr-2006 to 31-Mar-2007

Date	Particulars	Vch Type	Vch No.	Debit Amount / Inwards Qty	Credit Amount / Outwards Qty
1-4-2006	**HDFC Bank Current A/c**	Contra	2		5,000.00
	Cash 5,000.00 Dr				
	Ch. No. 4562312 cash withdrawn from bank				
1-5-2006	**Salary**	Payment	12	6,000.00	
	P. Tax From Employee 30.00 Cr				
	Salary Advance 1,000.00 Cr				
	HDFC Bank Current A/c 4,970.00 Cr				
	Ch. No. 456213 salary paid to T Goswami for m/o April 06, after Deducting P Tax and Salary Advance				
2-8-2006	**Dividend Received**	Receipt	15		600.00
	HDFC Bank Current A/c 600.00 Dr				
	Ch. No. 584362 Dividend received from ICFC				
2-8-2006	**Professional Fees(Chembar Fees)**	Receipt	16		10,000.00
	HDFC Bank Current A/c 10,000.00 Dr				
2-11-2006	**Sri Krishna Medical**	Purchase	2		30,000.00
	Medicine Purchase 30,000.00 Dr				
	Purchased Medicine				
31-3-2007	**Depreciation Charges**	Journal	10	24,349.32	
	Medical Equipments 24,349.32 Cr				
	Charged Dep. On Medical Equipments @25%				
31-3-2007	**Interest Paid on Loan**	Journal	17	35,901.37	
	Asit Dutta 35,901.37 Cr				
	Interest paid on Loa of Rs. 300000@12% P.A				

চিত্ৰ 15.33: ডে-বুকৰ ডিচপ্লে (প্ৰদৰ্শন)

ডে-বুকৰ কনফিউগেৰেচনক প্ৰাপ্ত কৰিবৰ বাবে 'এফ 12' ত ক্লিক কৰক। আৱশ্যকতাৰ অনুসাৰে অপচনক চেট কৰক। (চিত্ৰ 15.34)।

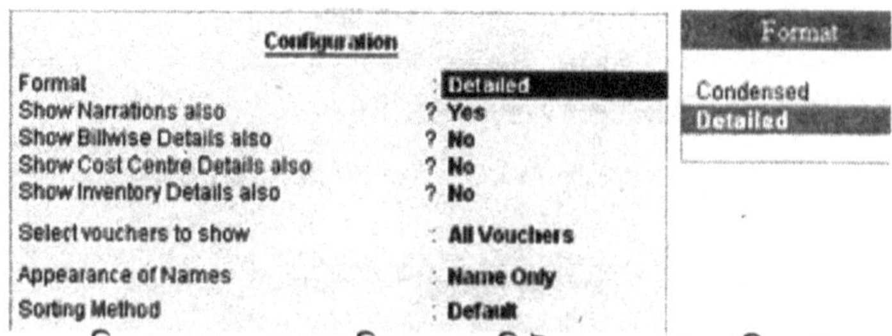

চিত্ৰ 15.34 : ডে বুক ডিচপ্লেৰ কনফিউগেৰেচন অপচন (বিকল্প)

চিত্ৰ 15.35 বিভিন্ন প্ৰকাৰৰ ভাউচাৰক নেৰেচনৰ লগত ডে-বুকক প্ৰদৰ্শিত কৰে

Dr. Ashok Kr. Sinha (MBBS, MD)
178, B.K. Pal. Avenue
Kolkata 700 025

Day Book
As on 1-Apr-2006 to 31-Mar-2007

Date	Particulars	Vch. Typ	Debit Amount	Credit Amount
1-4-2006	HDFC Bank Current A/c	Ctra		5,000.00
	Cash		5,000.00	
	Ch. No. :456231 cash withdrawn from bank			
1-5-2006	Cash	Ctra		6,000.00
	HDFC Bank Current A/c		6,000.00	
	Cash deposited to HDFC Bank			
1-5-2006	HDFC Bank Current A/c	Ctra		2,000.00
	Cash		2,000.00	
	Ch. No. :234678 Cash withdrawn from HDFC Bank -Rs. 2000 through P.R. Chowbey from HDFC bank Current A/c			
1-5-2006	Telephone Charges	Pymt	652.00	
	HDFC Bank Current A/c			652.00
	Ch. No. :555635 paid for Telephone charges for the Month of April 07(Telephone No. 2546 2564)			
2-5-2006	Salary	Pymt	6,000.00	
	P. Tax From Employee		(-)30.00	
	Salary Advance		(-)1,000.00	
	HDFC Bank Current A/c			4,970.00
	Ch. No. :456213 salary paid to T. Goswami for m/o April 06, after Deducting P. Tax and Salary Advance			

1-6-2006	Dividend Received	Rcpt		2,000.00
	HDFC Bank Curre		2,000.00	
	Ch. No. :355236 Dividend Received BRPL			
1-7-2006	S. Dutta	Rcpt		30,000.00
	Interest Received			750.00
	HDFC Bank Current A/c		30,750.00	
	Ch. No. :523632 Loan refunded by S. Dutta alongwith interest for the period from 01-04-06 to 30-06-06			
31-7-2006	Professional Fees (Chamber)	Rcpt		5,000.00
	HDFC Bank Current A/c		5,000.00	
	Ch. No. :365432 amount received from S. Mitra for professional fees			
1-8-2006	Bank Charges	Pymt	564.00	
	HDFC Bank Current A/C			564.00
	Ch. No. :amount paid for Bank charges dt. 1-8-06			
2-8-2006	S. Mitra	Pymt	30,000.00	
	HDFC Bank Current A/C			30,000.00
	Ch. No: 789456 Loan given to S. Mitra Returnable on 31.12.06 with 9% p.a. interest			
	Gateway Distri Pack	Rcpt	8,000.00	
	Ch. No. :Sold Gateway DistriPack 90 shares@89, Pur. Cost 90 Shares@72, Profit 1520			
2-8-2006	Gateway Distri Pack	Rcpt		8,000.00
	HDFC Bank Current a/c		8,000.00	
	Ch. No. :Sold Gateway Dist. Pack 90 shares			
2-10-2006	Tania Mitra	Rcpt		30,000.00
	HDFC Bank Current A/C		30,000.00	
	Ch. No. :564789 amount received from Tania Mitra on Loan			
1-11-2006	S.B. Roy	Pymt	1,00,000.00	
	Interest Paid on Loan		4,500.00	
	HDFC Bank Current			1,04,500.00
	Ch. No. :145263 Interest paid to S.B. Roy for Rs.100000@9%			
31-1-2007	Interest on Fixed Depos	Rcpt		562.00
	SBI Savings Account		562.00	
	received from Interest on FD			

Date	Particulars	Vch Type	Debit	Credit
31-3-2007	Depreciation Charges	Jrnl	50,000.00	
	Motor Car			50,000.00
	Dep. charged on Motor Car on Rs. 250000@20%			
31-3-2007	Interest Paid on Loan	Jrnl	6,706.85	
	IDBI Bank(Car L			6,706.85
	Interest paid@9%			
31-3-2007	IDBI Flexi Bond	Jrnl	5,600.00	
	Interest on Flexi Bond			5,600.00
	Interest on Flexi Bond @8%			
31-3-2007	S. Mitra	Jrnl	2,700.00	
	Interest Received on Loan			2,700.00

চিত্ৰ 15.35 : বিৱৰণৰ লগত সকলো প্ৰকাৰৰ ভাউচাৰৰ ডে-বুক প্ৰদৰ্শিত হয়।

কেচ বেংক বুকচ

চিলেক্ট ডিচপ্লে >একাউন্টচ বুকচ >কেচ, বেংক বুক

প্ৰথমে আপুনি সমূহৰ অনুসাৰে কেচৰ চামেৰি, বেংক আৰু বেংক অচিচি একাউন্ট (চিত্ৰ 15.36) প্ৰাপ্ত কৰে।

Cash/Bank Summary — Dr. Ashok Kr. Sinha — Ctrl + M

Particulars	Bank Accounts Dr. Ashok Kr. Sinha 1-Apr-2006 to 31-Mar-2007 Closing Balance Debit	Credit
Cash-in-hand	**1,09,493.00**	
Cash	*1,09,493.00*	
Bank Accounts	**4,67,447.53**	
HDFC Bank Current A/c	*64,563.00*	
HDFC Savings A/c	*3,37,540.53*	
SBI Bank	*65,344.00*	
Grand Total	**5,76,940.53**	

চিত্ৰ 15.36 : ডিফল্ট ৰূপত কেচ, বেংক ডিচপ্লে কৰে।

চিলেক্ট কৰা কেচ, বেংক একাউন্টৰ বাবে কেচ, বেংক বুকক প্ৰাপ্ত কৰিবৰ বাবে কেচ, বেংক একাউন্টত ড্ৰিল কৰক।

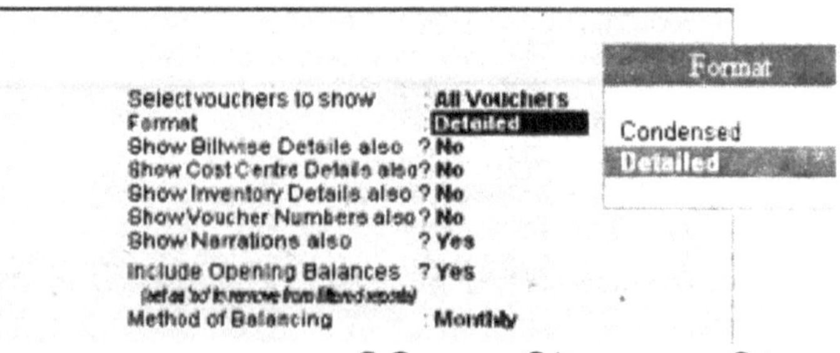

চিত্ৰ 15.37 : কেচ, বেংক বুকৰ প্ৰিন্টিংৰ বাবে প্ৰিন্ট ডায়লগ প্ৰদৰ্শিত হয়।

কেচ বুক

কেচ বুক সময়ৰ সমাপ্তিৰ পিছত অপেনিং আৰু ক্লজিং বেলেঞ্চৰ লগত আপুনি নগদ পেয়মেন্ট প্ৰাপ্তিত হোৱা লেন-দেনক ডেটভাইজ (তাৰিখ অনুসাৰে) লিস্টক প্ৰদৰ্শিত কৰে।

চিত্ৰ 15.38 ত আপুনি চিলেক্ট কৰা ট্ৰাঞ্জেকচন অৰ্থাৎ লেন-দেন (ঠাই কচাবৰ বাবে বাৰে বাৰে অহা এটা ফালৰ লেন-দেন নাইকিয়া কৰি দিয়া যায় অৰ্থাৎ ৰিমুভ কৰি দিয়া যায়) ৰ ডঃ একে সিনহাৰ কেচ বুকক প্ৰদৰ্শিত কৰে।

Dr. Ashok Kr. Sinha (MBBS, MD)
178, B.K. Pal. Avenue
Kolkata 700 025

Cash Book
As on 1-Apr-2006 to 31-Mar-2007

Date	Particulars	Vch Typ	Debit	Credit
1-4-2006	Opening Balance		2,50,000.00	
1-4-2006	HDFC Bank Current A/c Cash Deposited to HDFC Bank Current A/c	Ctra		50,000.00
	Municipal & Local Taxes Paid Municipal Tax for the year of 2006 dt. 08.01.07, Receipt No. BS254	Pymt		1,800.00
	Telephone Charges Amount paid for Telephone charges for the month of March 06(Telephone No. 2-546 2564)	Pymt		575.00
2-4-2006	General Charges Amount paid for purchased electric goods against bill # 2563	Pymt		2,000.00
2-4-2006	Salary Advance Paid to T. Goswami for Salary Advance to be realized from his salary for April 06	Pymt		1,000.00
1-5-2006	HDFC Bank Current A/c Ch. No. :234678 Cash withdrawn from HDFC Bank Rs. 2000 through P.R. Chowbey from HDFC bank Current A/c	Ctra	2,000.00	
2-5-2006	Electric Charges Paid for Electric charges for CESC Bill for the month of April 2006	Pymt		960.00
	Rent Paid to Mr. S.K.Dutta for Rent for the Month of April 2006.	Pymt		2,000.00

Date	Particulars	Vch Type		Debit	Credit
2-5-2006	Salary Salary paid to A. Dutta for the Month of April 2007	Pymt			4,000.00
31-5-2006	Stationery Expenses Purchased Stationery from public Choice in Cash	Pymt			400.00
2-6-2006	HDFC Bank Current A/c cash deposited to HDFC	Ctra			40,000.00
2-6-2006	Personal Expenses Paid for Personal Expenses of Dr. A.K. Sinha	Pymt			564.00
2-8-2006	Amar Singh Received from Amar Singh of outstanding bill	Rcpt		45,000.00	
31-8-2006	(as per details) HDFC Bank Curre SBI Savings Acc cash deposited to HDFC B-ank Current A/c and SBI Savings Account	Ctra	 15,000.00 Cr 7,000.00 Cr	22,000.00	
2-9-2006	Professional Fees(Chemb Received from Mr. Arnab Sinha for Chamber Consultancy Fees	Rcpt		500.00	
	Lic Premium Amount paid for LIC Prem-ium against Policy #SL256	Pymt			5,000.00
	Drawings Cash Drawings for Person-al Use by Ashok Kr. Sinha	Pymt			35,000.00
2-9-2006	P.Bhogilal Paid to P. Bhogilal Of Bill # 2569	Pymt			25,000.00
31-10-2006	Professional Fees(Chamber-Fees) Received for consultation chamber	Rcpt		500.00	
2-11-2006	Conveyance Expenses Paid to A. Dutta for Conveyance Expenses	Pymt			800.00
2-11-2006	(as per details) Professional Fe Professional Fe Received from Mr. Nilanjan as professional fees (500 x 6) and Operation Fees Rs 17000	Rcpt	 3,000.00 Cr 17,000.00 Cr	20,000.00	

Date	Particulars	Vch Typ	Debit	Credit
2-12-2006	Professional Fees (Chamber) Received from Mr. Bikramjit Naskar for Chamber Fees	Rcpt	500.00	
	HDFC Bank Current A/c cash deposited to HDFC Savings A/c	Ctra		60,000.00
31-12-2006	Drawings Cash Drawings for Personal use of Dr. A.K. Sinha	Pymt		25,000.00
31-3-2007	Sri Krishna Medical Paid to Sri Krishana Medicine Supplier of bill No BS-16	Pymt		10,000.00
			3,48,500.00	2,64,999.00
	Closing Balance			83,501.00
			3,48,500.00	3,48,500.00

চিত্ৰ 15.38 : বিৱৰণৰ লগত লেচ বুক

বেংক বুক

বেংক বুক আপোনাৰ বেংক একাউণ্টৰ দ্বাৰা হোৱা লেন-দেন (বেংক একাউণ্টৰ পৰা পেয়মেণ্ট আৰু প্ৰাপ্তি) ৰ তাৰিখ লিস্টৰ সময়ৰ অন্তত অপেনিং আৰু ক্লজিং বেলেঞ্চৰ লগত প্ৰদৰ্শিত কৰে।

চিত্ৰ 15.39 ডঃ একে সিনহাৰ এইচডিএফচি বেংকৰ কাৰেণ্ট একাউণ্ট (কিছু নিৰ্বাচিত লেন-দেনক দৰ্শাই য'ত বাৰে বাৰে কোৱা একেই প্ৰকৃতিৰ লেন-দেনক ৰিমুভ কৰি দিয়া যায় অৰ্থাৎ আতৰাই দিয়া যায়) ৰ বেংক বুকক প্ৰদৰ্শিত কৰে।

Dr. Ashok Kr. Sinha (MBBS, MD)
178, B.K. Pal. Avenue
Kolkata 700 025

HDFC Bank Current A/c
As on 1-Apr-2006 to 31-Mar-2007

Date	Particulars	Vch Typ	Debit	Credit
1-4-2006	Opening Balance		50,000.00	
1-4-2006	Cash Ch. No. :456231 cash withdrawn from bank	Ctra		5,000.00
	Bank Charges Bank charges for the Month of April for money transfer.	Pymt		56.00
	Asit Dutta Ch. No. :456892 Loan Received from Asit Dutta	Rcpt	3,00,000.00	

Date	Particulars	Vch Type	Debit	Credit
1-5-2006	Cash cash deposited to HDFC Bank Current A/c.	Ctra	6,000.00	
1-5-2006	SBI Savings Account Ch. No. :456321 amount transferred from SBI Savings Account to HDFC Bank Current Account	Ctra	31,000.00	
	Telephone Charges Ch. No. :555635 Paid The Month of April 07(Telephone No. 2546 2564)	Pymt		652.00
	Cash Ch. No. :234678 Cash withdrawn from HDFC Bank Rs. 2000 through P.R. Chowbey from HDFC bank Current A/c	Ctra		2,000.00
	Machine Repairs Ch. No. :456213 Paid to T.K. Enterprises for repairs of BP machine, vide bill # 2566	Pymt		600.00
1-5-2006	(as per details) Salary 6,000.00 Dr P. Tax From Employee 30.00 Cr Salary Advance 1,000.00 Cr Ch. No. :456213 salary paid to T. Goswami for m/o April 06, after Deducting P. Tax and Salary Advance	Pymt		4,970.00
2-5-2006	Medicine Purchase Ch. No. :556235 purchased Medicine from International Med. supplier Chalan No. LK5463	Pymt		30,000.00
	P.Bhogilal Ch.No.:235632 Amoount paid to P. Bhogilal for previous year	Pymt		50,000.00
31-5-2006	Professional Fees (Chamber) Ch. No. :643652 received from Mr. L.K. Laha.	Rcpt	7,000.00	
	Dividend Received Ch. No. :561323 Dividend Received from 3I Info	Rcpt	1,500.00	
1-6-2006	Conveyance Expenses Ch. No. :4523632 amount paid to S.P. Jha	Pymt		1,200.00

Date	Particulars	Vch Type	Debit	Credit
1-6-2006	(as per details) Salary 6,000.00 Dr Overtime 1,500.00 Dr P. Tax From Employee 30.00 Cr I. Tax From Employee 120.00 Cr Ch. No. :426815 paid to T. Goswami for Salary & Overtime for m/o May06 after deducting P.Tax and Income Tax	Pymt		7,350.00
2-6-2006	Telephone Charges Paid for Telephone charges for the Month of May 06(Tel phone No. 2546 2564)	Pymt		1,200.00
	Electric Charges Ch. No. :256547 amount paid to CESC for the Month of May06	Pymt		750.00
1-7-2006	Dividend Received Ch. No. :355232 Dividend Received from Ferro Alloys	Rcpt	1,200.00	
	(as per details) S. Dutta 30,000.00 Cr Interest Received 750.00 Cr Ch. No. :523632 Loan refunded by S. Dutta along with interest for the period from 01-04-06 to 30-06-06	Rcpt	30,750.00	
2-7-2006	Int. Received From Savings Ch. No. : Interest received from HDFC A/c No 2546321 for the period 01.04.06 to 01.07.06	Rcpt	562.00	
	LIC Premium Ch. No. :55.6236 amount paid for LIC Premium	Pymt		5,486.00
2-8-2006	Salary Ch. No. :546522 salary paid to A. Dutta for the Month of Sept. 2006	Pymt		4,000.00
	Gateway Distri Pack Ch. No. :Sold Gateway Distri Pack 90 shares@89, Pur. Cost 90 Shares@72, Profit 1520.	Rcpt	8,000.00	
2-8-2006	S. Mitra Ch. No: 789456 Loan given to S. Mitra Returnable on 31.12.06 with 9% p.a. interest	Pymt		30,000.00

Date	Particulars	Vch Type	Debit	Credit
	Medical Equipments Ch. No. :256426 purchase Medical Equipments for Rs. 50000 from P. Bhogilal against Bill# 5869	Pymt		50,000.00
	Kishor Roy Ch. No. :542632 received from Kishor Roy	Rcpt	1,500.00	
31-8-2006	Cash Ch. No. :545352 cash withdrawn	Ctra		6,532.00
	BRPL Equity Shares Ch. No. :258963 Purchased BRPL 200 Shares @ 100	Pymt		20,000.00
2-9-2006	Cash Cash deposited to HDFC Savings	Ctra	80,000.00	
1-10-2006	Interest Paid on Bank Ch. No. :Interest paid to HDFC Bank for 50000@12% for the period from 1.4.06 upto 30.09.06	Pymt		3,000.00
2-10-2006	Cash Ch. No. :4121542 cash withdrawn	Ctra		758.00
	Bank of India(Furniture Ch. No.:458957 Loan on Furniture paid to Bank of India(Furniture)	Pymt		15,000.00
	Tania Mitra Ch. No. :564789 amount received from Tania Mitra of Loan	Rcpt	30,000.00	
1-11-2006	Dividend Received Ch. No. :5435116 Dividend Received from Gateway Distri Pack	Rcpt	685.00	
	Interest on Fixed Deposit Ch. No. :4431312 Received Interest on FD upto 31.10.06	Rcpt	885.00	
	(as per details) S.B. Roy 1,00,000.00 Dr Interest Paid o 4,500.00 Dr Ch. No. :145263 Interest paid to S.B. Roy@9% for the period of 01.04.06 to 31.10.06	Pymt		1,04,500.00

```
31-12-2006 (as per details)        Pymt                                         27,250.00
            Suresh Mitra         25,000.00 Dr
            Interest Paid o       2,250.00 Dr
            Ch. No. :Loan amount paid
            with Interest

  31-12-2006 (as per details)        Rcpt                 285.00
            Dividend Received       300.00 Cr
            TDS(06_07)               15.00 Dr
            Ch.  No. :546256 Dividend
            received  from IPCL after
            deduction of TDS

           (as per details)        Rcpt              73,325.00
            IDBI Fixed Deposit   70,000.00 Cr
            Interest on Fix       3,500.00 Cr
            TDS(06_07)              175.00 Dr
            Fixed Deposit matured wi-
            th  interest  @5%  after
            deduction of TDS

           Arnab Roy               Rcpt              45,000.00
            Ch. No. :245362 amount R-
            eceived from Arnab Roy f-
            or  Rs. 25000 against Ref
            No. B-13

   31-1-2007 Rajesh Mitra            Rcpt              25,000.00
            amount received from a p-
            atient  for a Operation
            Doctor fees and Medicine


   31-3-2007 Income Tax From Employe Pymt                                              120.00
            Ch. No. :54263 Income Tax
            Deposit to Income Tax De-
            partment

           P. Tax From Employee    Pymt                                                 30.00
            Ch.  No.  :254362  P. Tax
            Paid  Deposited  to P.Tax
            Department

           (as per details)        Rcpt              54,000.00
            IDBI Infrastructure  50,000.00 Cr
            Interest on           4,000.00 Cr
            Infrastructure Bond
            Ch.  No. :Maturity Amount
            Received with Interest @8
            % upto 31.03.07

                                                ----------------------------------------
                                                 8,40,192.00          4,10,010.00
             Closing Balance                                          4,30,182.00
                                                ----------------------------------------
                                                 8,40,192.00          8,40,182.00
                                                ========================================
```

চিত্র 15.39 : বিবরণের সমস্ত ব্যাংক বুক

(চিত্র 15.40) আপোনাৰ ডঃ একে সিনহাৰ স্টেট বেংকৰ চেভিং একাউন্টৰ বেংক বুকক দৰ্শাই। এইটো কিছু নিৰ্বাচিত কৰা ট্ৰাঞ্জেকচন অৰ্থাৎ লেন-দেনক দৰ্শাইছে, য'ত বাৰে বাৰে কোৱা একেই প্ৰকৃতিৰ লেন-নেদৰ ঠাইনৰ চেভিংৰ বাবে আতৰাই দিয়া গৈছে।

এইটো বেংক বুক তেওঁৰ পাৰ্চনেল ইনকাম, খৰচ আৰু নিৱেশৰ লগত সম্বন্ধীত লেন-দেনক দৰ্শাইছে।

Dr. Ashok Kr. Sinha (MBBS, MD)
178, B.K. Pal. Avenue
Kolkata 700 025

SBI Savings Account
As on 1-Apr-2006 to 31-Mar-2007

Date	Particulars	Vch Typ	Debit	Credit
1-4-2006	Opening Balance		2,50,000.00	
1-4-2006	Int. Received From Savings A/c Ch. No.:Interest received from savings A/c No 254632 for the period of Oct. 2006 to March 07	Rcpt	625.00	
1-5-2006	HDFC Bank Current A/c Ch. No. :4563212 amount transferred from SBI Savings Account to HDFC Bank Current Account	Ctra		31,000.00
	Reliance Equity Mutual Ch. No. :495673 purchased Reliance Equity Mutual Fund, 500units @10	Pymt		5,000.00
2-5-2006	Personal Expenses Ch. No.:Credit Card Expenses	Pymt		650.00
	(as per details) Franklin India 5,000.00 Cr Short Term Capital Gain/Loss 1,000.00 Dr Ch. No. :Mutual Fund Sold for Rs 4000 cost 5000.Loss Rs 1000	Rcpt	4,000.00	
31-7-2006	IDBI Flexi Bond Ch. No. :543556 paid for purchase Flexi Bond Int.@8%.Maturity 31.7.09	Pymt		40,000.00
2-8-2006	National Savings Certificate Ch. No. :987562 purchased NSC (06_07) Rs. 10000, Maturity date 02.08.2012, Maturity Amount 16110	Pymt		10,000.00

```
        Frankline  India        Pymt                                     50,000.00
           Ch.No.:526345 purchased
           Frankline India 5000
           units@10.

31-8-2006 (as per details)        Ctra                                    7,000.00
           HDFC Bank Current     15,000.00 Cr
           A/c.
           Cash                  22,000.00 Dr
           Cash deposited to HDFC
           Bank  Current A/c(Rs.
           15000)and SBI Savings
           A/c(Rs.7000)

        Nocil                     Rcpt                3,500.00
           Ch.  No.:523625 Sale
           Nocil 80shares@44,
           purchased cost 80
           shares@40, profit 500

2-10-2006 (as per details)        Rcpt                5,500.00
           IPCL                    6,000.00 Cr
           Short Term Capital
           Gain/Loss                  500.00 Dr
           IPCL  100 shares@55 for
           Rs.5500,sold 100 shares
           @60,Loss Rs. 500

 2-1-2007 Interest on Fixed Deposit Rcpt                  856.00
           Ch.  No. :556266 Interest
           received on FD upto 31.12.06

31-3-2007 Interest on Flexi Bond  Rcpt                1,650.00
           Ch.  No. :254633 Interest
           received on Flexi Bond
           upto 31.3.06

        Public Providend Fund   Pymt                                      1,000.00
           Amal deposit in PPF A/c.

31-3-2007 (as per details)        Rcpt                6,000.00
           Reliance Equity         5,000.00 Cr
           Short Term Capital
           Gain/Loss               1,000.00 Cr
           sold Mutual fund 500 unit
           @12  =6000, purchase cost
           500@10=5000 profit=1000.
                                       ----------------------------------------
                                            2,72,131.00          1,44,650.00
            Closing Balance                                      1,27,481.00
                                       ----------------------------------------
                                            2,72,131.00          2,72,131.00
                                       ========================================
```

চিত্ৰ 15.40 : বিৱৰণৰ লগত বেংক বুক

জাৰ্নেল বুক

জাৰ্নেল বুকে আপোনাক জেনেৰেল ভাউচাৰৰ ডেটবাইজ লিস্টক দৰ্শাই।

'চিলেক্ট ডিচপ্লে, একাউন্ট বুক, জাৰ্নেল ৰেজিস্টাৰ'। সকলো জেনেৰেল ভাউচাৰৰ লিস্টক প্ৰাপ্ত কৰিবৰ বাবে মাহত চিলেক্ট কৰক। **'এফ 2: পিৰিয়ড'** ত ক্লিক কৰক আৰু সেইটো সময়ক চেট কৰক যাবৰ বাবে আপুনি জেনেৰেল বুকক প্ৰাপ্ত কৰিব বিচাৰে। (চিত্ৰ 15.41) আপোনাৰ জেনেৰেল বুকক দৰ্শাই।

Dr. Ashok Kr. Sinha (MBBS, MD)
178, B.K. Pal. Avenue
Kolkata 700 025

Journal Register
As on 1-Apr-2006 to 31-Mar-2007

Date	Particulars	Vch Typ	Debit Amount	Credit Amount
2-8-2006	Gateway DistriPack	Jrnl	1,520.00	
	Short Term Capital Gain/Loss			1,520.00
	Profit Transferred on sale of 90 shares@ 89,purchase cost 90@72 Profit 1520			
2-8-2006	Amar Singh	Jrnl	70,000.00	
	Professional Fe			5,000.00
	Professional Fe			65,000.00
	Chamber Fees & Surgery Charges Receivable			
31-3-2007	Depreciation Charges	Jrnl	50,000.00	
	Motor Car			50,000.00
	Dep. charged on Motor Car on Rs. 250000@20%			
31-3-2007	National Savings Certificate	Jrnl	5,304.00	
	Interest on NSC			5,304.00
	Interest accrued on N.S.C. upto 31.03.07 On 65000@8.16%			
31-3-2007	Public Providend Fund	Jrnl	9,176.00	
	Interest on Pro			9,176.00
	Interest Accrued upto 31.03.07			
31-3-2007	Interest Paid on Loan	Jrnl	35,901.37	
	Asit Dutta			35,901.37
	Interest accrued on Loan of Rs. 300000 @12% P.A. upto 31.3.07			
31-3-2007	Interest Paid on Loan	Jrnl	5,000.00	
	A.K. Basu			5,000.00
	Interest accrued on Loan @10 % upto 31.03.07			
31-3-2007	Depreciation Charges	Jrnl	7,000.00	
	Furniture			7,000.00
	Dep. on Furniture of Rs. 70000@10%			
31-3-2007	Bikramjit Naskar	Jrnl	2,895.54	
	Interest Received on loan			2,895.54
	Interest Receivable @9%P. A. on Loan upto 31.03.07			

31-3-2007	Tania Mitra	Jrnl	4,068.50	
	Interest Received on loan			4,068.50
	Interest Receivable @9% P.A. on Loan upto 31.03.07			
31-3-2007	IDBI Flexi Bond	Jrnl	5,600.00	
	Interest accrued on Flexi Bond			5,600.00
	Interest on Flexi Bond @8 % upto 31.03.07			
31-3-2007	S. Mitra	Jrnl	2,700.00	
	Interest Received on loan			2,700.00
	Interest accrued on Loan @9% upto 31.03.07			

চিত্ৰ 15.41 বিৱৰণৰ লগত জেনেৰেল বুক

লেজাৰ বুক

লেজাৰ বুক কোনো স্পেচিফিক সময়ৰ বাবে অপেনিং আৰু ক্লজিং বেলেঞ্চলৰ লগত কোনো একাউন্টৰ তাৰিখৰ লেন-দেনক দৰ্শাই

মাল্টিএকাউন্ট প্ৰিন্টিং, একাউন্ট বুক, লেজাৰ , অল একাউন্টক চিলেক্ট কৰক।

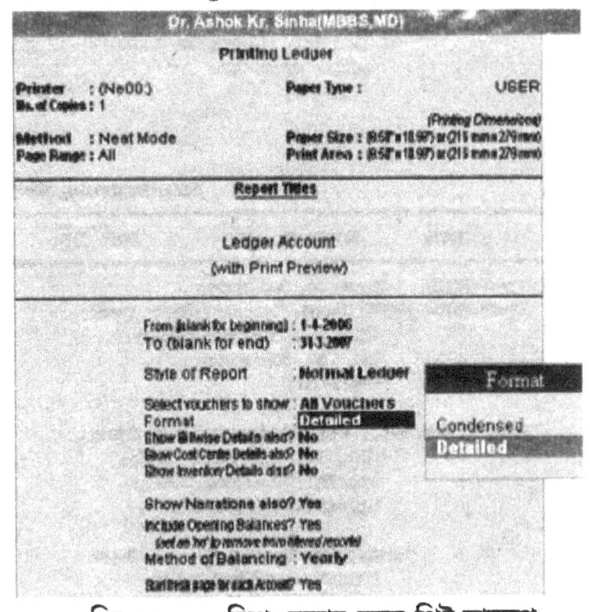

চিত্ৰ 15.42 : ফিগ লেজাৰ বুকৰ প্ৰিন্ট ডায়লগ

Dr. Ashok Kr. Sinha (MBBS, MD)
178, B.K. Pal. Avenue
Kolkata 700 025
Bank of India (Furniture Loan)
Ledger Account
1-Apr-2006 to 31-Mar-2007

Date	Particulars	Vch Typ	Debit	Credit
2-4-2006	HDFC Bank Current A/c	Rcpt		20,000.00
	Ch. No. :546985 Loan Received from Bank Of India for purchase furniture			
2-10-2006	HDFC Bank Current A/c	Pymt	15,000.00	
	Ch. No.147896 Loan Re paid to Bank of India			

Date	Particulars	Vch Typ	Debit	Credit
31-3-2007	Interest Paid on Loan Interest paid @ 9%	Jrnl		1,124.39
			15,000.00	21,124.39
	Closing Balance		6,124.39	
			21,124.39	21,124.39

Suresh Mitra

Date	Particulars	Vch Typ	Debit	Credit
1-4-2006	Opening Balance			25,000.00
31-12-2006	(as per details)	Pymt	25,000.00	
	Interest Paid o	2,250.00 Dr		
	HDFC Bank Current	27,250.00 Cr		
	Ch. No. :Loan Re paid with Interest			
			25,000.00	25,000.00

Sri Krishna Medical

Date	Particulars	Vch Typ	Debit	Credit
1-4-2006	Opening Balance			40,000.00
31-8-2006	HDFC Bank Current A/c Ch. No.:542634 paid to Sri Krishna Medical	Pymt	40,000.00	
2-11-2006	HDFC Bank Current A/c Ch. No. :546985 Paid to Sri Krishna Medicine Supplier	Pymt	15,000.00	
	Medicine Purchase Purchased Medicine From Sri Krishna Medicine Supplier Bill #5896	Purc		30,000.00
2-2-2007	Cash Paid to Sri Krishna Medicine Supplier	Pymt	10,000.00	
			65,000.00	70,000.00
	Closing Balance		5,000.00	
			70,000.00	70,000.00

Motor Car

Date	Particulars	Vch Typ	Debit	Credit
2-7-2006	(as per details) HDFC Bank Current Ch. No. :646325 paid to Motor Car No WBS345,purchased from Bajaj Motor against Bill No.5586	Pymt	2,50,000.00	
31-3-2007	Depreciation Charges Dep. charged on Motor Car on Rs. 250000@20%	Jrnl		50,000.00
			2,50,000.00	50,000.00
	Closing Balance			2,00,000.00
			2,50,000.00	2,50,000.00

Professional Fees(Surgery)

Date	Particulars	Vch Typ	Debit	Credit
2-8-2006	(as per details) Amar Singh Professional Fees Chamber & Surgery Fees for Amar Singh	Jrnl 70,000.00 Dr 5,000.00 Cr		65,000.00
2-11-2006	(as per details) Professional Fe Cash Amount received from Mr. Nilanjan as professional fees(500 x 6) and Operation charges for Rs 17000.	Rcpt 3,000.00 Cr 20,000.00 Dr		17,000.00
31-3-2007	Arnab Roy Surgery fees Receivable from Arnab Roy	Jrnl		10,000.00
				3,01,500.00
	Closing Balance		3,01,500.00	
			3,01,500.00	3,01,500.00

Municipal & Local Taxes

Date	Particulars	Vch Typ	Debit	Credit
1-4-2006	Cash Paid Municipal Tax for the year of 2006-07 Receipt No. BS254. Dt 08.01.07	Pymt	1,800.00	
			1,800.00	
	Closing Balance			1,800.00
			1,800.00	1,800.00

```
                          Franklin  India Mutual Fund
--------------------------------------------------------------------------------
        Date      Particulars        Vch Typ              Debit            Credit
--------------------------------------------------------------------------------
    1-4-2006   Opening Balance                         5,000.00
    2-7-2006 (as per details)       Rcpt                                 5,000.00
                 Short Term Capital
                 Gain/Loss              1,000.00 Dr
                 SBI Savings A/c        4,000.00 Dr
                 Ch. No. :Mutual Fund sold
                 for  Rs 4000,cost price
                 Rs.5000,Loss Rs 1000

    2-8-2006 SBI Savings Account    Pymt              50,000.00
                 Ch. No. :Investment in M-
                 utual Fund 5000units@10
                                          --------------------------------------
                                                      55,000.00          5,000.00
              Closing Balance                                           50,000.00
                                          --------------------------------------
                                                      55,000.00         55,000.00
                                          ======================================
                                  3I Info
--------------------------------------------------------------------------------
        Date      Particulars        Vch Typ              Debit            Credit
--------------------------------------------------------------------------------
    1-4-2006   Opening Balance                         7,000.00
    2-9-2006 SBI Savings Account    Rcpt                                 9,431.80
                 Ch.  No. :Sold 3I Info 70
                 Share@135,Purchase Cost
                 70Share@100

             Short Term Capital     Jrnl               2,431.80
                 Profit Transferred
                 on sale of 70 shares
                                          --------------------------------------
                                                       9,431.80          9,431.80
                                          ======================================
                              Dividend Received
----------------------------------------------------------------------------------
        Date      Particulars          Vch Typ              Debit            Credit
----------------------------------------------------------------------------------
   1-11-2006 HDFC Bank Current A/c   Rcpt                                    685.00
                 Ch. No. :5435116 Received
                 Gateway Distri Pack

  31-12-2006 (as per details)        Rcpt                                    300.00
                 TDS(06_07)                15.00 Dr
                 HDFC Bank Current A/c    285.00 Dr
                 Ch.  No. :546256 Dividend
                 received  from IPCL after
                 deduction of TDS

   31-3-2007 HDFC Bank Current A/c   Rcpt                                    960.00
                 Ch. No.:542626 Dividend
                 received from Nocil
                                            --------------------------------------
                                                                           9,727.00
              Closing Balance                            9,727.00
                                            --------------------------------------
                                                         9,727.00          9,727.00
                                            ======================================
```

Amar Singh

Date	Particulars	Vch Typ	Debit	Credit
2-8-2006	(as per details) Professional Fees 5,000.00 Cr Professional Fees 65,000.00 Cr Professional Fees & Surgery Charges charged to Amar Singh against Ref No. B-12	Jrnl	70,000.00	
	Cash Amount Received from Amar Singh	Rcpt		45,000.00
2-12-2006	HDFC Bank Current A/c Ch. No. :256324 amount Received from Amar Singh	Rcpt		10,000.00
			70,000.00	55,000.00
	Closing Balance			15,000.00
			70,000.00	70,000.00

Tania Mitra

Date	Particulars	Vch Typ	Debit	Credit
1-4-2006	Opening Balance		60,000.00	
2-10-2006	HDFC Bank Current A/c Ch. No. :564789 amount received from Tania Mitra of Loan	Rcpt		30,000.00
31-3-2007	Interest accrued on @9%P.A.	Jrnl	4,068.50	
			64,068.50	30,000.00
	Closing Balance			34,068.50
			64,068.50	64,068.50

চিত্ৰ 15.43 : লেজাৰ বুক

ট্ৰায়েল বেলেঞ্চ

ট্ৰায়েল বেলেঞ্চে আপোনাৰ একাউন্ট গ্ৰুপ, লেজাৰৰ **ক্ল'জিং** বেলেঞ্চক আৰোহী ক্ৰমত দৰ্শাই

আপুনি কনফিউগেৰেচনৰ ওপৰত আৱশ্যকীয় অপচনক চেট কৰক চিত্ৰ 15.45), ট্ৰায়েল বেলেঞ্চৰ (অপেনিং বেলেঞ্চৰ সংখ্যা, লেন-দেন আৰু **ক্ল'জিং** বন্সৰ লগত) ৰ বিস্তাৰ কৰিব পাৰে। যেনেদৰে (চিত্ৰ 15.44) ত দেখুওৱা গৈছে।

চিলেক্ট ডিচপ্লে, ট্ৰায়েল বেলেঞ্চ

Trial Balance — Dr. Ashok Kr. Sinha — Ctrl + M

Particulars	Dr. Ashok Kr. Sinha 1-Apr-2006 to 31-Mar-2007			
	Opening Balance	Transactions		Closing Balance
		Debit	Credit	
Capital Account	**10,98,678.47 Cr**	1,00,235.00		**9,98,443.47 Cr**
A.K. Sinha	*10,98,678.47 Cr*			*10,98,678.47 Cr*
Drawings		87,000.00		*87,000.00 Dr*
Lic Premium		11,271.00		*11,271.00 Dr*
Personal Expenses		1,964.00		*1,964.00 Dr*
Loans (Liability)	**1,75,000.00 Cr**	*1,40,000.00*	*7,95,584.66*	**8,30,584.66 Cr**
Secured Loans		15,000.00	4,54,683.29	4,39,683.29 Cr
Bank of India (Furniture Loan)		*15,000.00*	*21,124.39*	6,124.39 Cr
IDBI Bank(Car Loan)			*1,06,706.85*	1,06,706.85 Cr
Syndicate Bank (Flat Loan)			*3,26,852.05*	3,26,852.05 Cr
Unsecured Loans	75,000.00 Cr	25,000.00	3,40,901.37	3,90,901.37 Cr
A.K. Basu	50,000.00 Cr		*5,000.00*	55,000.00 Cr
Asit Dutta			*3,35,901.37*	3,35,901.37 Cr
Suresh Mitra	25,000.00 Cr	*25,000.00*		
S.B. Roy	*1,00,000.00 Cr*	1,00,000.00		
S.B. Roy	*1,00,000.00 Cr*	1,00,000.00		
Current Liabilities	**90,000.00 Cr**	*1,40,180.00*	*55,180.00*	**5,000.00 Cr**
Duties & Taxes		180.00	180.00	
Income Tax From Employee		*120.00*	*120.00*	
P. Tax From Employee		*60.00*	*60.00*	
Sundry Creditors	90,000.00 Cr	1,40,000.00	55,000.00	5,000.00 Cr
Fixed Assets	**1,90,000.00 Dr**	*8,95,000.00*	*1,45,349.32*	**9,39,650.68 Dr**
Computer		40,000.00	24,000.00	*16,000.00 Dr*
Flat	*1,00,000.00 Dr*	5,00,000.00	15,000.00	*5,85,000.00 Dr*
Furniture	*40,000.00 Dr*	30,000.00	7,000.00	*63,000.00 Dr*
Medical Equipments	*50,000.00 Dr*	75,000.00	49,349.32	*75,650.68 Dr*
Motor Car		2,50,000.00	50,000.00	*2,00,000.00 Dr*
Investments	**4,57,178.47 Dr**	*1,50,531.80*	*1,56,931.80*	**4,50,778.47 Dr**
Fixed Deposit	3,29,698.47 Dr	71,080.00	1,20,000.00	2,80,778.47 Dr
IDBI Fixed Deposit	70,000.00 Dr		*70,000.00*	
IDBI Flexi Bond	30,000.00 Dr	*45,600.00*		75,600.00 Dr
IDBI Insfrusture Bond	50,000.00 Dr		*50,000.00*	
National Savings Certificate (6_7)	65,000.00 Dr	*15,304.00*		80,304.00 Dr
Public Providend Fund	1,14,698.47 Dr	*10,176.00*		1,24,874.47 Dr
Investment in Shares	22,480.00 Dr	24,451.80	26,931.80	20,000.00 Dr
3i Info	7,000.00 Dr	*2,431.80*	*9,431.80*	
BRPL Equity Shares		*20,000.00*		20,000.00 Dr
Gateway Distric Pack	6,480.00 Dr	*1,520.00*	*8,000.00*	
IPCL	6,000.00 Dr		*6,000.00*	
Nocil	3,000.00 Dr	*500.00*	*3,500.00*	
Mutual Fund	1,05,000.00 Dr	55,000.00	10,000.00	1,50,000.00 Dr
Frankline India	5,000.00 Dr	*50,000.00*	5,000.00	50,000.00 Dr

Reliance Equity Mutual Fund		5,000.00	5,000.00	
SBI Blue Chip Fund	1,00,000.00 Dr			1,00,000.00 Dr
Current Assets	**7,16,500.00 Dr**	*16,93,508.84*	*19,18,987.00*	**4,91,021.84 Dr**
Deposits (Asset)		190.00		190.00 Dr
TDS(06_07)		*190.00*		190.00 Dr
Loans & Advances (Asset)	1,40,000.00 Dr	39,664.04	87,000.00	92,664.04 Dr
Bikramjit Naskar	50,000.00 Dr	*2,895.54*	*27,000.00*	25,895.54 Dr
S. Dutta	30,000.00 Dr		*30,000.00*	
S. Mitra		*32,700.00*		32,700.00 Dr
Tania Mitra	60,000.00 Dr	*4,068.50*	*30,000.00*	34,068.50 Dr
Sundry Debtors	26,500.00 Dr	2,45,000.00	2,01,500.00	70,000.00 Dr
Cash-in-hand	2,50,000.00 Dr	2,21,990.00	4,09,904.00	62,086.00 Dr
Cash	2,50,000.00 Dr	*2,21,990.00*	*4,09,904.00*	62,086.00 Dr
Bank Accounts	3,00,000.00 Dr	11,86,664.80	12,20,5[illegible].00	2,66,081.80 Dr
HDFC Bank Current A/c	50,000.00 Dr	*11,54,540.00*	9,46,5[illegible]	2,58,013.00 Dr
SBI Savings Account	2,50,000.00 Dr	*32,124.80*	*2,74,056.00*	8,068.80 Dr
Direct Incomes			*3,70,700.00*	**3,70,700.00 Cr**
Professional Fees(Chembar Fees)			69,200.00	*69,200.00 Cr*
Professional Fees(Surgary)			3,01,500.00	*3,01,500.00 Cr*
Indirect Incomes		*1,500.00*	*59,899.84*	**58,399.84 Cr**
Dividend Received			9,727.00	*9,727.00 Cr*
Interest on Fixed Deposit			6,605.00	*6,605.00 Cr*
Interest on Flexi Bond			7,250.00	*7,250.00 Cr*
Interest on Infrusture Bond			4,000.00	*4,000.00 Cr*
Interest on NSC			5,304.00	*5,304.00 Cr*
Interest on Providend Fund			9,176.00	*9,176.00 Cr*
Interest Received on Loan			10,414.04	*10,414.04 Cr*
Int. Received From Savings			1,972.00	*1,972.00 Cr*
Short Term Capital Gain\Loss		1,500.00	5,451.80	*3,951.80 Cr*
Indirect Expenses		*3,82,676.98*	*1,000.00*	**3,81,676.98 Dr**
Bank Charges		2,889.00		*2,889.00 Dr*
Car Expenses		5,000.00		*5,000.00 Dr*
Conveyance Expenses		3,600.00		*3,600.00 Dr*
Depreciation Charges		1,45,349.32		*1,45,349.32 Dr*
Electric Charges		11,955.00		*11,955.00 Dr*
General Expenses		1,907.00		*1,907.00 Dr*
Interest Paid on Bank		3,000.00		*3,000.00 Dr*
Interest Paid on Loan		82,334.66		*82,334.66 Dr*
Machine Repairs		600.00		*600.00 Dr*
Medicine Purchase		60,000.00		*60,000.00 Dr*
Municipal & Local Taxes		1,800.00		*1,800.00 Dr*
Overtime		1,500.00		*1,500.00 Dr*
Petrol Charges		786.00		*786.00 Dr*
Rent		14,652.00		*14,652.00 Dr*
Salary		36,000.00		*36,000.00 Dr*
Salary Advance		1,000.00	1,000.00	
Stationery Expenses		400.00		*400.00 Dr*
Telephone Charges		9,904.00		*9,904.00 Dr*
Grand Total		*35,03,632.62*	*35,03,632.62*	

চিত্র 15.44 : বড়োবা ট্রায়েল বেলেঞ্চ

ট্ৰায়েল বেলেঞ্চত, কনফিউগেৰেচন স্ক্ৰীনক প্ৰাপ্ত কৰিবৰ বাবে (এফ 12 : কনফিউগাৰ) ত ক্লিক কৰক। (চিত্ৰ 15.45)।

Configuration

Show Opening Balances	? Yes	
Show transactions	? Yes	
Nett transactions only	? No	
Show Closing Balances	? Yes	
Show Percentages	? No	Display Name Style
		Alias (Name)
Appearance of Names	Name Only	Alias Only
Scale Factor for Values	Default	Name (Alias)
Sorting Method	Default	Name Only
Expand all levels in Detailed Format	? Yes	

চিত্ৰ 15.45: ট্ৰায়েল বেলেঞ্চ ডিচপ্লেৰ কনফিউগেৰেচন

লেজাৰৱাইজ (লেজাৰৰ অনুসাৰে) বিস্তাৰিত ট্ৰায়েল বেলেঞ্চ

চিত্ৰ 15.45 এক্সটেণ্ড ট্ৰায়েল বেলেঞ্চক প্ৰদৰ্শিত কৰে যিটো সকলো লেজাৰ একাউন্টক শব্দৰ ক্ৰমত প্ৰদৰ্শিত কৰে। ট্ৰায়েল বেলেঞ্চ স্ক্ৰীনত (এফ 5: লেজাৰৱাইজ) ত ক্লিক কৰি দিয়ক।

Trial Balance — Dr. Ashok Kr. Sinha — Ctrl + M

Particulars	Dr. Ashok Kr. Sinha 1-Apr-2006 to 31-Mar-2007			
	Opening Balance	Transactions		Closing Balance
		Debit	Credit	
3I Info	7,000.00 Dr	2,431.80	9,431.80	
A.K. Basu	50,000.00 Cr		5,000.00	55,000.00 Cr
A.K. Sinha	10,98,678.47 Cr		47,422.86	11,46,101.33 Cr
Amar Singh		70,000.00	55,000.00	15,000.00 Dr
Arnab Roy		55,000.00	45,000.00	10,000.00 Dr
Asit Dutta			3,35,901.37	3,35,901.37 Cr
Bank Charges		2,889.00		2,889.00 Dr
Bank of India (Furniture Loan)		15,000.00	21,124.39	6,124.39 Cr
Bikramjit Naskar	50,000.00 Dr	2,895.54	27,000.00	25,895.54 Dr
BRPL Equity Shares		20,000.00		20,000.00 Dr
Car Expenses		5,000.00		5,000.00 Dr
Cash	2,50,000.00 Dr	2,14,990.00	4,09,904.00	55,086.00 Dr
Computer		40,000.00	24,000.00	16,000.00 Dr
Conveyance Expenses		3,600.00		3,600.00 Dr
Depreciation Charges		1,45,349.32		1,45,349.32 Dr
Dividend Received			9,727.00	9,727.00 Cr
Drawings		87,000.00		87,000.00 Dr
Electric Charges		11,955.00		11,955.00 Dr
Flat	1,00,000.00 Dr	5,00,000.00	15,000.00	5,85,000.00 Dr
Frankline India	5,000.00 Dr	50,000.00	5,000.00	50,000.00 Dr
Furniture	40,000.00 Dr	30,000.00	7,000.00	63,000.00 Dr
Gateway Distric Pack	6,480.00 Dr	1,520.00	8,000.00	
General Expenses		1,907.00		1,907.00 Dr
HDFC Bank Current A/c	50,000.00 Dr	11,54,540.00	9,41,527.00	2,63,013.00 Dr
IDBI Bank(Car Loan)			1,06,706.85	1,06,706.85 Cr
IDBI Fixed Deposit	70,000.00 Dr		70,000.00	
IDBI Flexi Bond	30,000.00 Dr	45,600.00		75,600.00 Dr
IDBI Insfrusture Bond	50,000.00 Dr		50,000.00	
Income Tax From Employee		120.00	120.00	

Income Tax Payble(FY 06-07)		2,000.00		2,000.00 Dr
Interest on Fixed Deposit			6,605.00	6,605.00 Cr
Interest on Flexi Bond			7,250.00	7,250.00 Cr
Interest on Infrusture Bond			4,000.00	4,000.00 Cr
Interest on NSC			5,304.00	5,304.00 Cr
Interest on Providend Fund			9,176.00	9,176.00 Cr
Interest Paid on Bank		3,000.00		3,000.00 Dr
Interest Paid on Loan		82,334.66		82,334.66 Dr
Interest Received on Loan			10,414.04	10,414.04 Cr
Int. Received From Savings			1,972.00	1,972.00 Cr
IPCL	6,000.00 Dr		6,000.00	
Kishor Roy	1,500.00 Dr		1,500.00	
Lic Premium		11,271.00		11,271.00 Dr
Machine Repairs		600.00		600.00 Dr
Medical Equipments	50,000.00 Dr	75,000.00	49,349.32	75,650.68 Dr
Medicine Purchase		60,000.00		60,000.00 Dr
Motor Car		2,50,000.00	50,000.00	2,00,000.00 Dr
Mrs. Namita Pal		65,000.00	45,000.00	20,000.00 Dr
Municipal & Local Taxes		1,800.00		1,800.00 Dr
National Savings Certificate (6_7)	65,000.00 Dr	15,304.00		80,304.00 Dr
Nityananda Roy		55,000.00	30,000.00	25,000.00 Dr
Nocil	3,000.00 Dr	500.00	3,500.00	
Overtime		1,500.00		1,500.00 Dr
P.Bhogilal	50,000.00 Cr	75,000.00	25,000.00	
Personal Expenses		1,964.00		1,964.00 Dr
Petrol Charges		786.00		786.00 Dr
Professional Fees(Chamber Fees)			69,200.00	69,200.00 Cr
Professional Fees(Surgary)			3,01,500.00	3,01,500.00 Cr
Profit & Loss A/c		47,422.86		47,422.86 Dr
Provision for income Tax(FY 06-07)			2,000.00	2,000.00 Cr
P. Tax From Employee		60.00	60.00	
Public Providend Fund	1,14,698.47 Dr	10,176.00		1,24,874.47 Dr
Rajesh Mitra	25,000.00 Dr		25,000.00	
Reliance Equity Mutual Fund		5,000.00	5,000.00	
Rent		14,652.00		14,652.00 Dr
Salary		36,000.00		36,000.00 Dr
Salary Advance		1,000.00	1,000.00	
SBI Blue Chip Fund	1,00,000.00 Dr			1,00,000.00 Dr
SBI Savings Account	2,50,000.00 Dr	32,124.80	2,72,056.00	10,068.80 Dr
S.B. Roy	1,00,000.00 Cr	1,00,000.00		
S. Dutta	30,000.00 Dr		30,000.00	
Short Term Capital Gain\Loss		1,500.00	5,451.80	3,951.80 Cr
S. Mitra		32,700.00		32,700.00 Dr
Sri Krishna Medical	40,000.00 Cr	65,000.00	30,000.00	5,000.00 Cr
Stationery Expenses		400.00		400.00 Dr
Suresh Mitra	25,000.00 Cr	25,000.00		
Syndicate Bank (Flat Loan)			3,26,852.05	3,26,852.05 Cr
Tania Mitra	60,000.00 Dr	4,068.50	30,000.00	34,068.50 Dr
TDS(06_07)		190.00		190.00 Dr
Telephone Charges		9,904.00		9,904.00 Dr
Grand Total		**35,46,055.48**	**35,46,055.48**	

চিত্ৰ 15.46 : লেজাৰৰ অনুসাৰে বঢ়োৱা ট্ৰায়েল বেলেঞ্চ

ফাইনেল একাউন্ট

এতিয়ালৈকে আমি একাউন্টৰ বিভিন্ন বুকচৰ বিষয়ে আলোচনা কৰিলো। এতিয়া আমি ফাইলে একাউন্টৰ ওপৰত আলোচনা কৰিমঃ বেলেন্স চিট আৰু প্ৰফিট এণ্ড লচ একাউন্ট।

বেলেন্স চিট

বেলেন্স চিট এক বহুত গুৰুত্বপূৰ্ণ ফায়নেনচিয়ে স্টেটমেন্ট (বিত্তীয় লেখা-জুখা) হয় যিটোৱে দৰ্শাই যে কোম্পানীৰ পুঁজী (কোম্পানীৰ ওচৰত নিজৰ কি আছে) আৰু কোম্পানীৰ লয়বিলিটি কিমান।

আৰম্ভণিত, বেলেন্স চিট স্ক্ৰীনক চাবৰ বাবে বেলেন্স চিট চিলেক্ট কৰক। ইয়াৰ ফৰ্মেটৰ বাবে ডিটেল বাটন **এফ 1** ত ক্লিক কৰক। (চিত্ৰ 15.47)।

Balance Sheet — **Dr. Ashok Kr. Sinha** — Ctrl+M

Liabilities	Dr. Ashok Kr. Sinha as at 31-Mar-2007		Assets	Dr. Ashok Kr. Sinha as at 31-Mar-2007	
Capital Account		**9,98,443.47**	**Fixed Assets**		**9,39,650.68**
A.K. Sinha	*10,98,678.47*		*Computer*	*16,000.00*	
Drawings	*(-)87,000.00*		*Flat*	*5,85,000.00*	
Lic Premium	*(-)11,271.00*		*Furniture*	*63,000.00*	
Personal Expenses	*(-)1,964.00*		*Medical Equipments*	*75,650.68*	
Loans (Liability)		**8,30,584.66**	*Motor Car*	*2,00,000.00*	
Secured Loans	*4,39,683.29*		**Investments**		**4,50,778.47**
Unsecured Loans	*3,90,901.37*		Fixed Deposit	*2,80,778.47*	
S.B. Roy			Investment in Shares	*20,000.00*	
Current Liabilities		**5,000.00**	Mutual Fund	*1,50,000.00*	
Duties & Taxes			**Current Assets**		**4,91,021.84**
Sundry Creditors	*5,000.00*		Deposits (Asset)	*190.00*	
Profit & Loss A/c		**47,422.86**	Loans & Advances (Asset)	*92,664.04*	
Opening Balance			Sundry Debtors	*70,000.00*	
Current Period	*47,422.86*		Cash-in-hand	*62,086.00*	
			Bank Accounts	*2,66,081.80*	
Total		**18,81,450.99**	**Total**		**18,81,450.99**

চিত্ৰ 15.47 : বেলেন্স চিট (বিৱৰণাত্মক ৰূপত)

বেলেন্স চিট কনফিউগেৰেচন

বেলেন্সত চিটত বেলেন্স চিটৰ কনফিউগেৰেচনক চাবৰ বাবে **এফ 2:** কনফিউগেৰেচনত ক্লিক কৰক। (চিত্ৰ 15.48)। ইয়াত আৱশ্যকীয় অপচন চেট কৰক।

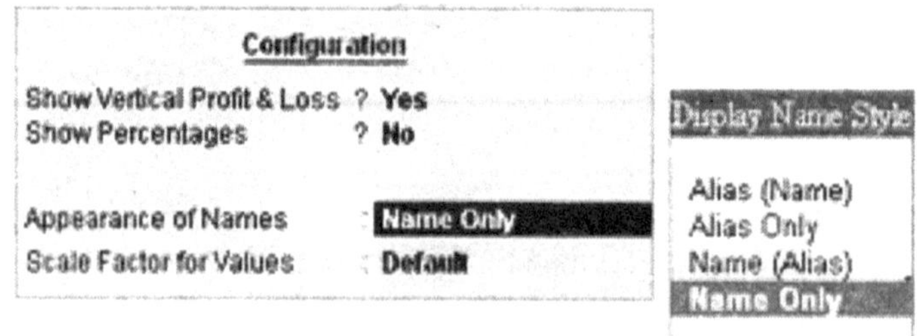

চিত্ৰ 15.48: বেলেন্স চিটৰ কনফিউগেৰেচন

ভাৰ্টিকেল বেলেঞ্চ চিট

বেলেঞ্চ চিট কনফিউগেৰেচনত (চিত্ৰ 15.48) ত বেলেঞ্চ চিটক ভাৰ্টিকেল ফৰ্মেটত চাবৰ বাবে (ফণ্ডৰ চৰ্চ অৰ্থাৎ মাধ্যম আৰু এপলিকেচন অৰ্থাৎ কাৰ্যৰ সংখ্যাৰ লগত) ভাৰ্টিকেল বেলেঞ্চ চিটত 'য়েচ'ত ক্লিক কৰক। যেনেদৰে (চিত্ৰ 15.49) ত দেখুওৱা গৈছে।

Dr. Ashok Kr. Sinha (MBBS, MD)
178, B.K. Pal. Avenue
Kolkata 700 025
Balance Sheet
1-Apr-2006 to 31-Mar-2007

	as at 31-Mar-2007	
Sources of Funds :		
Capital Account		9,98,443.47
A.K. Sinha	10,98,678.47	
Drawings	(-)87,000.00	
Lic Premium	(-)11,271.00	
Personal Expenses	(-)1,964.00	
Loans (Liability)		8,30,584.66
Secured Loans	4,39,683.29	
Unsecured Loans	3,90,901.37	
Current Liabilities		5,000.00
Sundry Creditors	5,000.00	
Profit & Loss A/c		47,422.86
Opening Balance		
Current Period	47,422.86	
Total		18,81,450.99
Application of Funds :		
Fixed Assets		9,39,650.68
Computer	16,000.00	
Flat	5,85,000.00	
Furniture	63,000.00	
Medical Equipments	75,650.68	
Motor Car	2,00,000.00	
Investments		4,50,778.47
Fixed Deposit	2,80,778.47	
Investment in Shares	20,000.00	
Mutual Fund	1,50,000.00	

```
Current Assets                                              4,91,021.84
Deposits (Asset)                                190.00
Loans & Advances (Asset)                     92,664.04
Sundry Debtors                               70,000.00
Cash-in-hand                                 62,086.00
Bank Accounts                              2,66,081.80
                                      ------------------

                                      --------------------------------------
 Total                                                     18,81,450.99
                                      ======================================
```

চিত্ৰ 15.49 : ভাৰ্টিকেল ফৰ্মেটত বেলেঞ্চ চিট

প্ৰফিট এণ্ড লচ একাউণ্ট

প্ৰফিট এণ্ড লচ একাউণ্ট নিশ্চিত সময়ৰ পিছত কোনো কাৰ্যৰ পৰিণামক কয়। প্ৰফিট এণ্ড লচ একাউণ্ট সকলো আৱশ্যকীয় একাউণ্টৰ ফিগাৰক প্ৰদৰ্শিত কৰে আৰু বাস্তৱিক প্ৰফিট, লাভ, লোকচানক প্ৰদৰ্শিত কৰে। চাওক (চিত্ৰ 15.50)।

চেলচ, ক্লজিং স্টক, ইনকামৰ চাইডত দেখা দিয়া ডায়ৰেক্ট আৰু ইনডায়ৰেক্ট ইনকাম আৰু ডায়ৰেক্ট আৰু ইনডায়ৰেক্ট এক্সপেঞ্চৰ চাইডত দেখা দিয়ে। খৰচতকৈ অধিক হোৱা আয় নেট প্ৰফিট অৰ্থাৎ বাস্তৱিক লাভত দেখা দিয়ে আৰু লোকচানে আপোনাক নেট লচ অৰ্থাৎ বাস্তৱিক লোকচানত দেখা দিয়ে।

প্ৰফিট আৰু লচ একাউণ্টক প্ৰাপ্ত কৰিবৰ বাবে আৰম্ভণিতেই **'প্ৰফিট এণ্ড লচ'ক** চিলেক্ট কৰি লওক। ইয়াৰ ডিটেইল ফৰ্মেট প্ৰাপ্ত কৰিবৰ বাবে **এফ 1** বাটনত ক্লিক কৰক।

Profit & Loss A/c — Dr. Ashok Kr. Sinha — Ctrl + M

Particulars	Dr. Ashok Kr. Sinha 1-Apr-2006 to 31-Mar-2007		Particulars	Dr. Ashok Kr. Sinha 1-Apr-2006 to 31-Mar-2007	
Direct Expenses		60,000.00	**Sales Accounts**		
Medicine Purchase	60,000.00		**Direct Incomes**		3,70,700.00
Gross Profit c/o		3,10,700.00	*Professional Fees(Chembar Fees)*	69,200.00	
			Professional Fees(Surgary)	3,01,500.00	
		3,70,700.00			3,70,700.00
Indirect Expenses		3,21,676.98	***Gross Profit b/f***		3,10,700.00
Bank Charges	2,889.00		**Indirect Incomes**		58,399.84
Car Expenses	5,000.00		*Dividend Received*	9,727.00	
Conveyance Expenses	3,600.00		*Interest on Fixed Deposit*	6,605.00	
Depreciation Charges	1,45,349.32		*Interest on Flexi Bond*	7,250.00	
Electric Charges	11,955.00		*Interest on Infrusture Bond*	4,000.00	
General Expenses	1,907.00		*Interest on NSC*	5,304.00	
Interest Paid on Bank	3,000.00		*Interest on Providend Fund*	9,176.00	
Interest Paid on Loan	82,334.66		*Interest Received on Loan*	10,414.04	
Machine Repairs	600.00		*Int. Received From Savings*	1,972.00	
Municipal & Local Taxes	1,800.00		*Short Term Capital Gain/Loss*	3,951.80	
Overtime	1,500.00				
Petrol Charges	786.00				
Rent	14,652.00				
Salary	36,000.00				
Stationery Expenses	400.00				
Telephone Charges	9,904.00				
Nett Profit		47,422.86			
Total		3,69,099.84	**Total**		3,69,099.84

চিত্ৰ 15.50 : বিৱৰণাত্মক প্ৰাৰূপত প্ৰফিট আৰু লাচ একাউণ্ট

প্ৰফিট এণ্ড লচ কনফিউগেৰেচন

প্ৰফিট এণ্ড লচ স্ক্ৰীন (চিত্ৰ 15. 50) ত প্ৰফিট এণ্ড লচ কনফিউগেৰেচন স্ক্ৰীনক প্ৰাপ্ত কৰিবৰ বাবে (চাওক চিত্ৰ 15. 51), এফ 12 কনফিউগেৰেচনত ক্লিক কৰি দিয়ক। ইয়াত আপুনি আৱশ্যক আৰু পছন্দৰ অনুসাৰে পৰিৱৰ্তনক চেট কৰি লওক।

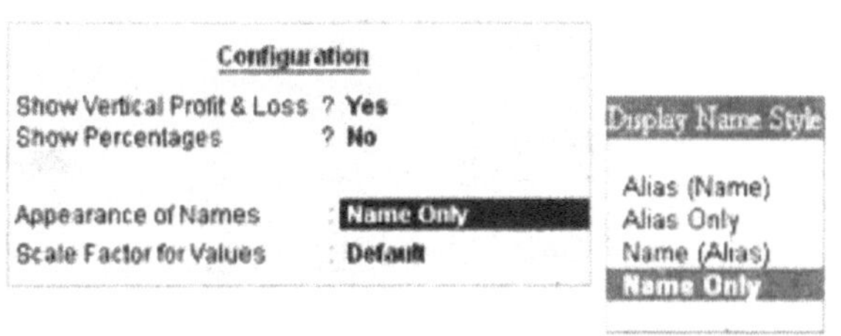

চিত্ৰ 15.51: প্ৰফিট আৰু লচৰ কনফিউগেৰেচন

ভাৰ্টিকেল প্ৰফিন্ট এণ্ড লচ একাউন্ট

প্ৰফিট এণ্ড লচ কনফিউগেৰেচন (চাওক চিত্ৰ 15.51)ত লাভ আৰু লোকচানক ভাৰ্টিকেল ফৰ্মেটত প্ৰাপ্ত কৰিবৰ বাবে **'শ্বো প্ৰফিট এণ্ড লচ ত য়েচ'ত** ক্লিক কৰক। (চাওক চিত্ৰ 15.52)।

```
                         Dr. Ashok Kr. Sinha (MBBS, MD)
                         178, B.K. Pal. Avenue
                            Kolkata 700 025

                           Profit & Loss A/c
                       1-Apr-2006 to 31-Mar-2007
---------------------------------------------------------------------------
 Particulars                                   1-Apr-2006 to 31-Mar-2007
---------------------------------------------------------------------------
Trading Account  :
------------------
Sales Accounts

Direct Incomes                                                3,70,700.00
 Professional Fees(Chamber Fees)               69,200.00
 Professional Fees(Surgery)                  3,01,500.00
                                            ----------------
                                            -------------------------------
                                                              3,70,700.00

Cost of Sales :                                                 60,000.00
 Direct Expenses                               60,000.00
                                            ----------------
   Medicine Purchase                           60,000.00

                                            -------------------------------
 Gross Profit :                                               3,10,700.00

Income Statement :
------------------

Indirect Incomes                                                58,399.84
 Dividend Received                              9,727.00
 Interest on Fixed Deposit                      6,605.00
 Interest on Flexi Bond                         7,250.00
 Interest on Infrastructure Bond                4,000.00
 Interest on NSC                                5,304.00
 Interest on Provident Fund                     9,176.00
 Interest Received on Loan                     10,414.04
 Int. Received From Savings                     1,972.00
 Short Term Capital Gain/Loss                   3,951.80
                                            ----------------
                                            -------------------------------
                                                              3,69,099.84
```

```
Indirect Expenses                                                   3,21,676.98
Bank Charges                                       2,889.00
Car Expenses                                       5,000.00
Conveyance Expenses                                3,600.00

Depreciation Charges                           1,45,349.32
Electric Charges                                  11,955.00
General Expenses                                   1,907.00
Interest Paid on Bank                              3,000.00
Interest Paid on Loan                             82,334.66
Machine Repairs                                      600.00
Municipal & Local Taxes                            1,800.00
Overtime                                           1,500.00
Petrol Charges                                       786.00
Rent                                              14,652.00
Salary                                            36,000.00
Stationery Expenses                                  400.00
Telephone Charges                                  9,904.00
                                           ----------------

                                          -------------------------------------
Nett Profit :                                                         47,422.86
                                          =====================================
```

চিত্ৰ 15.52 : প্ৰফিট আৰু লচ ভাৰ্টিকেল ৰূপত

শুদ্ধ লাভ

বছৰৰ অন্তত প্ৰফিট আৰু লচক অনাৰ (স্বামী, মালিক বা কৰ্তা-ধৰ্তা) ৰ একাউন্টত যাব লাগে। কাৰণ সেই ব্যক্তিয়ে লাভ উপাৰ্জন কৰে আৰু লোকচান পায়। কেপিটেক একাউন্ট মালিকৰ সম্পত্তি হয়।

- এজন ব্যক্তিৰ নামৰ ফৰ্মত অনাৰেই মালিক হয় আৰু গোটেই লাভ আৰু লোকচান তেওঁৰ কেপিটেল একাউন্টত স্থানান্তৰ হয়।
- পাৰ্টনাৰশ্বিপ ফৰ্ম (দুটা বা দুটাতকৈ অধিক ব্যক্তিৰ ফৰ্ম) পাৰ্টনাৰ তাৰ সংযুক্ত মালিক হয়। এনেতে প্ৰাপ্ত হোৱা শুদ্ধ লাভ আৰু লোকচান সমান বা তাৰ মাজত যি হিচাৱত চুক্তি কৰা হৈছিল, তাৰ কেপিটেল একাউন্টট্ৰান্সফাৰ হৈ যায়।
- যদি কোম্পানীৰ ওচৰত শ্বেয়াৰৰ পুঁজী থাকে তেতিয়া প্ৰফিটৰ ৰিজাৰ্ভত ট্ৰান্সফাৰ কৰি দিয়ে।

পেয়মন্ট কৰা ইনকাম টেক্সৰ গণনা প্ৰফিট অথবা লাভত কৰা যায়। এইটো খৰচত অন্তৰ্ভুক্ত নাথাকে। সেইকাৰণে এইটোক নেট প্ৰফিট (শুদ্ধ লাভ) ত এডজাস্ট কৰা হয়।

এতিয়া আমি এক ফৰ্মৰ নেট প্ৰফিট আৰু ইনকাম টেক্সৰ জেনেৰেল ভাউচকৰ চাব লাগিব।

ইনকাম টেক্সৰ প্ৰভিজন (প্ৰাৱধান)

নিম্নলিখিত লেজাৰ একাউন্ট প্ৰস্তুত কৰা হয়।

লেজাৰ একাউন্ট	পেৰেন্ট গ্ৰুপ
দিয়া ইনকাম টেক্স	কেপিটেল
ইনকাম টেক্সৰ প্ৰভিজন	প্ৰভিজন

এতিয়া নিম্নলিখিত অনুসাৰে জেনেৰেল ভাউচাৰ এণ্টাৰ কৰে।

প্ৰভিজন ফৰ ইনকাম টেক্স

লেজাৰ একাউণ্ট	ডেবিট	ক্ৰেডিট
পেয়বল ইনকাম টেক্স	2000	
প্ৰভিজন ফৰ ইনকাম টেক্স		2000
প্ৰভিজন ফৰ ইনকাম টেক্স		

কেপটেলাইজেচন অফ প্ৰফিট

লেজাৰ একাউণ্ট	ডেবিট	ক্ৰেডিট
প্ৰফিট এণ্ড লচ একাউণ্ট	47,422.86	
এ.কে. সিনহা (কেপিটেল একাউণ্ট)		47,422.86
ট্ৰান্সফাৰ অফ নেট প্ৰফিট টু প্ৰপৰাইট একাউণ্ট		

বছৰ আৰু প্ৰক্ৰিয়া

কাৰেন্ট ইয়েৰ (বৰ্তমান বছৰ) ৰ একাউণ্টক পুৰা কৰাৰ পিছত, আপুনি নতুন বছৰৰ একাউণ্টক খুলিবৰ বাবে সাজু হৈছে। ইয়াত এক উপায় আছে যে নতুন বছৰৰ বাবে নতুন কোম্পানী ক্ৰিয়েট কৰা যায়। এই নতুন কোম্পানীতেই লেজাৰ একাউণ্ট প্ৰস্তুত কৰা যায় আৰু সামান্য ধৰণেৰে আগৰ দৰে কাম কৰা যায়। অন্য সহজ ৰাস্তা এইটো হয় যে বৰ্তমান কোম্পানীৰ সময়কেই (আগন্তুক ফায়নেনচিয়ে ইয়েৰ অৰ্থাৎ বিত্তীয় বৰ্ষ আৰু নতুন বছৰৰ বাবে আৰম্ভ কৰিবৰ বাবে) বঢ়াই দিয়ে। যেনেদৰে আপোনাক আগলৈ কোৱা যাব। এইদৰে আপুনি নতুন কোম্পানী, নতুন লেজাৰ আৰু কিছু বিশেষ কৰাৰো আৱশ্যক নহ'ব। ইয়াত আগন্তুক বিত্তীয় বছৰৰ বাবে কেৱল ভাউচাৰৰ এণ্ট্ৰি কৰিব লগীয়া হয়।

ফাইনেনচিয়েল ইয়েৰৰ এক্সটেন্চন (বিত্তীয় বছৰৰ বিস্তাৰ)

সমান্যতঃ টেলি 12 মাহৰ বাবে বিত্তীয় বছৰৰ ক্ৰিয়েট কৰে। যদি আপুনি কোম্পানী ক্ৰিয়েচন স্ক্ৰীনত ফাইনেনচিয়েল ইয়েৰক 01.04.2011 ৰ পৰা আৰম্ভ কৰে তেতিয়া আগন্তুক বিত্তীয় বছৰ 31.03.2012 হ'ব। আপুনি ফাইনেনচিয়েল ইয়েৰক 01. 04.2011 ৰ পৰা 31.03.2013 লৈকে এক্সটেণ্ড কৰিব পাৰে অৰ্থাৎ বঢ়াব পাৰে।

সময়ৰ পৰিৱৰ্তনৰ বাবে পিৰিয়ড স্ক্ৰীন (চাওক চিত্ৰ 15.53) ক প্ৰাপ্ত কৰিবৰ বাবে '**এফ 2: পিৰিয়ড বাটনক টিক**'। '**টু**' ফিল্ডত আগন্তু বছৰৰ ক্লজিং ডেট 31.03.2013 ক এণ্টাৰ কৰক।

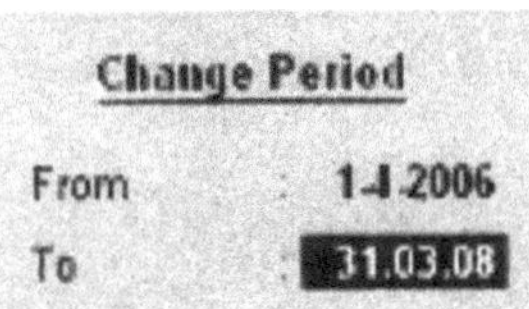

চিত্ৰ *15.53* : আগন্তুক বিত্তীয় বছৰৰ বাবে একাউণ্টিংৰ সময়ক বঢ়োৱা

এতিয়া আপুনি আগন্তুক বিত্তীয় বছৰৰ বাবে ভাউচাৰ ডাটাৰ এণ্টাৰ কৰিব পাৰে। যি কোনো সময়ত, আপুনি এফ 2 বাটনৰ দ্বাৰা কাৰেন্ট পিৰিয়ডক সলনি কৰিব পাৰে আৰু তাত কাম কৰিব পমাৰে। উদাহৰণৰ বাবে 01.04.2011 ৰ পৰা 31.03. 2012 ৰ মাজত কাম কৰিবৰ বাবে '**টু**' ফিল্ডত 31.03.2012 আৰু '**ফ্ৰোম**' ফিল্ডত 01.04.2013 এণ্টাৰ কৰক। দুটা ফাইনেনচিয়েল ইয়েৰৰ ৰিপৰ্টক একেলগে প্ৰাপ্ত কৰিবৰ বাবে '**ফ্ৰোম**' ফিল্ডত 01.04.2011 এণ্টাৰ কৰক আৰু '**টু**' ফিল্ডত 31.03.2013 ক এণ্টাৰ কৰক।

বেকআপ

আপোনাৰ ডাটা বহুত গুৰুত্বপূৰ্ণ হয় সেইকাৰণে নিয়মিত ৰূপেৰে বেকআপৰ দ্বাৰা অৰ্থাৎ ডাটাৰ অন্য কপিৰ দ্বাৰা আপোনাক এইটোৱেই সুৰক্ষিত ৰাখিব বিচাৰে। যদি কাৰ্ক্টে ৱৰ্কিং ডাটাক হেৰাই যায় তেতিয়া আপুনি বেকআপেৰে সেইটো ডাটাক পুনৰ প্ৰাপ্ত কৰিব পাৰে আৰু আপোনাৰ কাম আৰম্ভ কৰিব পাৰে। আপোনাৰ ডাটাক কোনো ধৰণৰ লোকচানৰ পৰা বচাবৰ বাবে আপুনি প্ৰত্যেক দিনৰ অন্তত আপোনাৰ ডাটাৰ বেকআপ প্ৰস্তুত কৰি লব লাগে।

টেলিৰ আৰম্ভণিত, কোম্পানী ইনফো স্ক্ৰীনক প্ৰাপ্ত কৰিবৰ বাবে **এফ 3** বাটনত ক্লিক কৰক। বেকআপ স্ক্ৰীন (চিত্ৰ 15. 54) ক প্ৰাপ্ত কৰিবৰ বাবে বেকআপক চিলেক্ট কৰক।

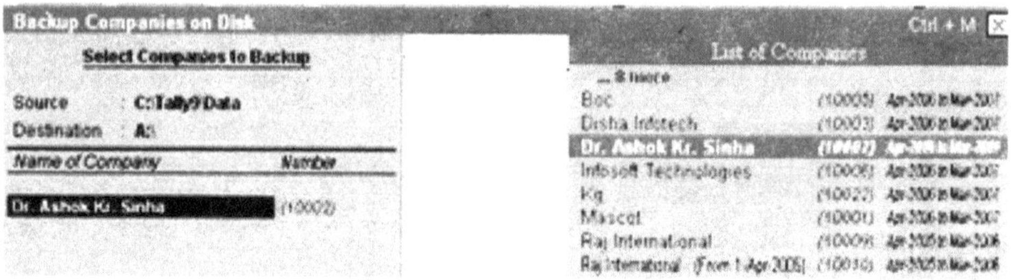

চিত্ৰ **15.54 :** বেকআপ স্ক্ৰীন

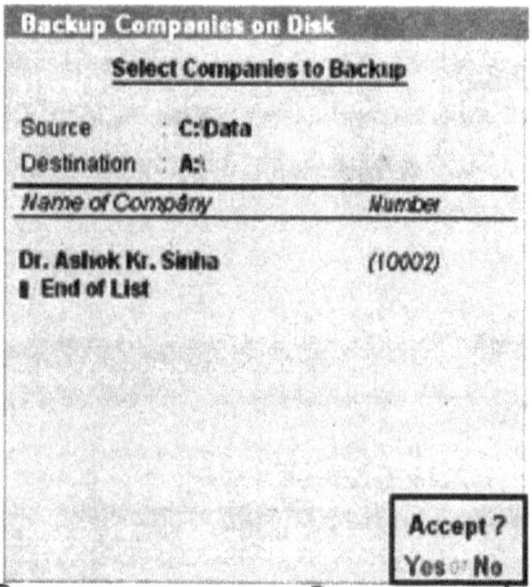

বেকআপ স্ক্ৰীন (চিত্ৰ 15.54) ত বেকআপক প্ৰাপ্ত কৰিবৰ বাবে কোম্পানীক চিলেক্ট কৰক (আৱশ্যক হ'লে চাৰ্চ ডয়ৰেক্টৰীক সলনি কৰিবৰ বাবে **শ্বিফট + টেব বাটনক** টিপক)।

ডেস্টিনেচক ফিল্ডত অৰ্থাৎ য'ত বেকআপ ডাটা স্টোৰ কৰা যায়, ফোল্ডাৰৰ নামক এণ্টাৰ কৰক যেনে এফ। (চাওক চিত্ৰ 15.55)।

বেকআপ প্ৰক্ৰিয়াক স্টাৰ্ট কৰিবৰ বাবে **য়েচ** ত ক্লিক কৰি দিয়ক।

বেকআপৰ পিছত, আপুনি সেইটো ড্ৰাইভত **টিবিকে 900.001** ফাইল নেমেৰে নতুন বেকআপ প্ৰাপ্ত কৰে। (চাওক চিত্ৰ 15.56)।

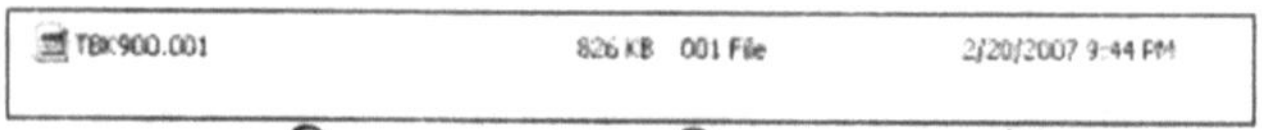

চিত্ৰ **15.55 :** বেকআপ স্ক্ৰীনৰ চাৰ্চ আৰু ঠাই

চিত্ৰ **15.56:** কোম্পানীৰ বেকআপ ফাইল

ৰিস্টোৰ

আপোনাৰ ডাটা হেৰাই বা নস্ট হৈ যায় তেতিয়া এইটো প্ৰক্ৰিয়াৰ দ্বাৰা আপুনি কাৰ্ক্টে ডাটাক ৰিস্টোৰ কৰিব পাৰে অৰ্থাৎ পুনৰ প্ৰাপ্ত কৰিব পাৰে।

টেলিৰ আৰম্ভণিত, কোম্পানী ইনফো স্ক্ৰীন প্ৰাপ্ত কৰিবৰ বাবে **এফ 3** বাটন ক্লিক কৰক। ৰিস্টোৰ স্ক্ৰীন (চিত্ৰ 15.57) ক প্ৰাপ্ত কৰিবৰ বাবে ৰিস্টোৰত ক্লিক কৰক।

ডেস্টিনেচন ফিল্ড (য'ত বেকআপ প্ৰস্তুত হয় চিত্ৰ 15.57), কাৰ্ক্টে ৱৰ্কিং ডাটৰ পথ এণ্টাৰ কৰক যৰ পৰা বেকআপ ডাটা কপি হৈ যায়। যি কোম্পানীৰ ডাটা কপি কৰা যায়, সেইটোক চিলেক্ট কৰক। বেকআপ প্ৰক্ৰিয়াক স্টাট কৰিবৰ বাবে **'য়েচ'** ত ক্লিক কৰক।

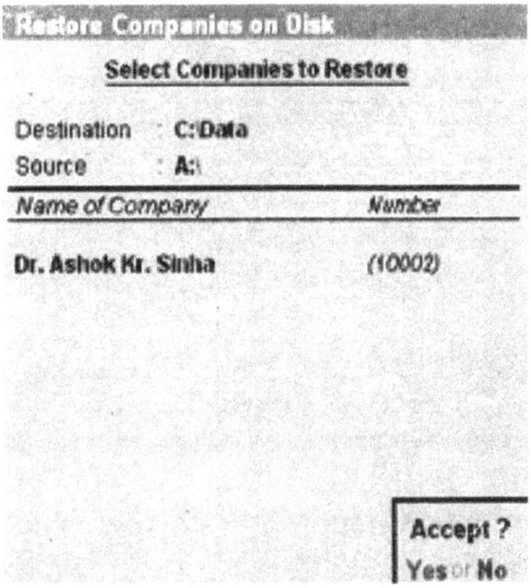

Restore Companies on Disk

Select Companies to Restore

Destination : C:Data
Source : A:\

Name of Company	Number
Dr. Ashok Kr. Sinha	(10002)

Accept ?
Yes or No

চিত্ৰ 15.57 : ডাটা ৰিস্টোৰেচন (ডাটাৰ সংগ্ৰহণ)।

ৰিৰাইটিং

কেতিয়াবা-কেতিয়াবা ডাটা নষ্ট হৈ যায় আৰু টেলি কোম্পানীক অপেন কৰাত ফেল হৈ যায়, এনে স্হিতিত আপুনি ৰিৰাইটিং অপচনৰ দ্বাৰা ডাটাক ৰিপেয়াৰ কৰিব লাগে। যদি আপুনি টেলিৰ পুৰনা ভাৰ্জনত প্ৰস্তুত কৰা কোম্পানীক অপেন কৰে তেতিয়াও আপোনক ৰিৰাইট কৰাৰ আৱশ্যক হয়। উদাহৰণৰ বাবে যদি আপুনি টেলিৰ 8.1 ভাৰ্জনত ক্ৰিয়েট কৰা কোম্পানীক টেলৰ 9 ভাৰ্জনত অপেন কৰে।

টেলিৰ আৰম্ভণিত, **অল্ট + কন্ট্ৰল + আৰ** টিপক আৰু সেইটো কোম্পনীক চিলেক্ট কৰক যিটোক আপুনি ৰিৰাইট কৰিব বিচাৰে। (চিত্ৰ 15.58)।

ৰিৰাইটৰ বাবে য়েচ ত ক্লিক কৰক।

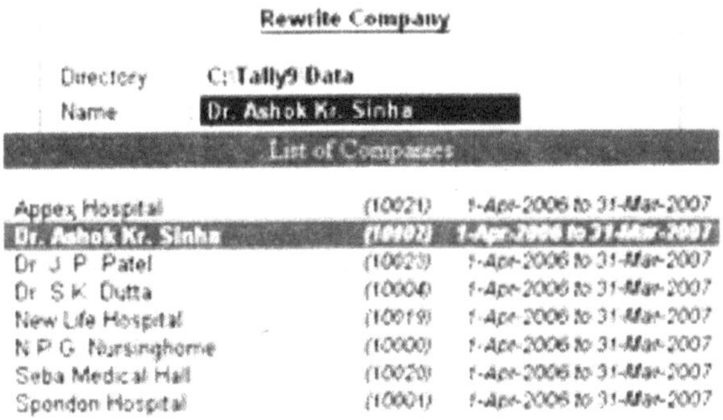

Rewrite Company

Directory : C:\Tally9 Data
Name : Dr. Ashok Kr. Sinha

List of Companies

Appex Hospital	(10021)	1-Apr-2006 to 31-Mar-2007
Dr. Ashok Kr. Sinha	(10002)	1-Apr-2006 to 31-Mar-2007
Dr J P Patel	(10023)	1-Apr-2006 to 31-Mar-2007
Dr S K Dutta	(10004)	1-Apr-2006 to 31-Mar-2007
New Life Hospital	(10019)	1-Apr-2006 to 31-Mar-2007
N P G Nursinghome	(10000)	1-Apr-2006 to 31-Mar-2007
Seba Medical Hall	(10020)	1-Apr-2006 to 31-Mar-2007
Spondon Hospital	(10001)	1-Apr-2006 to 31-Mar-2007

চিত্ৰ 15.58 : ৰিৰাইটিং (পুনৰ লিখনি)।

16 কম্পিউটাৰ চিকিউৰিটি (কম্পিউটাৰৰ সুৰক্ষা)

আজিৰ যুগত কম্পিউটাৰে গুৰুত্বপূৰ্ণ সূচনাক প্ৰস্তুত কৰে, সেইটোক ষ্টোৰ কৰা আৰু ব্যৱস্থিত কৰাৰ বিশ্বসনীয় সূত্ৰ হিচাপে ব্যৱহাৰ কৰা যায়। এনেতে এইটোও গুৰুত্বপূৰ্ণ হয় যে ইউজাৰে কম্পিউটাৰ আৰু তাৰ ডাটাক হেৰুওৱা, অসৎপযোগ আৰু নষ্ট হোৱাৰ পৰা বচোৱাৰ প্ৰয়াস কৰে।

উদাহৰণৰ বাবে, এটা কোম্পানীক এইটো নিশ্চিত কৰিব লাগে যে তেওঁলোকৰ গুৰুত্বপূৰ্ণ সূচনা যেনে-ক্ৰেডিট, ৰেকৰ্ড, কৰ্মচাৰীৰ ৰেকৰ্ড, কাস্টমাৰৰ ডাটা আৰু প্ৰাপ্ত কৰা সূচনাৰ গোপনীয় আৰু সুৰক্ষিত কৰি ৰখা।

যি কোনো কাৰ্য বা ক্ৰিয়া যিটো আপোনাৰ কম্পিউটাৰৰ হাৰ্ডৱেয়াৰ ডাটা, প্ৰাপ্ত কৰা সূচনাৰ লোকচান কৰিব পাৰে, কম্পিউটাৰ চিকিউৰিটি ৰিস্কৰ নামেৰে জনা যায়।

কম্পিউটাৰৰ সুৰক্ষা সম্বন্ধ বেয়া কেতিয়াবা হঠাৎ হয়, কিন্তু অন্য সুনিয়োজিত হয়। কম্পিউটাৰৰ জগতত কোনো অসংবৈধানিক কাম **কম্পিউটাৰ ক্ৰাইমৰ** শ্ৰেণীত পৰে। অনলাইন বা ইন্টাৰনেট আধাৰিত অসংবৈধাকি কাৰ্য **চাইবাৰ ক্ৰাইম** বুলি কোৱা হয়।

ইয়াত আমি কিছুমান সামান্য কম্পিউটাৰৰ ৰিস্ক আৰু চেফগাৰ্ডৰ বিষয়ে আলোচনা কৰিম। এইটো সুৰক্ষা উপায়ক গ্ৰহণ কৰি আপুনি যি কোনো ধৰণৰ ৰিস্ক (বিপদ) ক কম কৰিব পাৰে বা বচাব পাৰে।

কম্পিউটাৰ ভায়ৰাচ

ভায়ৰাচে আপোনাৰ কম্পিউটাৰক লোকচান কৰা প্ৰগ্ৰেম হয়, যিটো আপোনাক খবৰ নিদিয়াকে আপোনাৰ কম্পিউটাৰত নিগেটিভ প্ৰভাৱ পেলাই আৰু আপোনাৰ কাৰ্যক বাধিত কৰি দিয়ে।

বিশেষ ৰূপেৰে, কম্পিউটাৰ ভায়ৰাচ কিছু বাৰটা শ্ৰোতেৰে প্ৰাপ্ত কৰা প্ৰগ্ৰেমৰ ভাগ হয় যিটো নিজে নিজে কম্পিউটাৰত আহি যায়।

যদি এবাৰ কোনো ভায়ৰাচ আপোনাৰ কম্পিউটাৰত আহি যায় তেতিয়া আপোনাৰ ফাইল বা অপাৰেটিং চিস্টেম বেয়া হ'ব পাৰে।

নেটৱৰ্কৰ বিস্তাৰৰ লগতে ই-মেইল আৰু ইন্টাৰনেটৰ দ্বাৰা কম্পিউটাৰ ভায়ৰাচ তীব্ৰ গতিত বিয়পি যায়। এইটো টেকনিকৰ দ্বাৰা ইউজাৰ ফাইল আৰু যি কোনো ভায়ৰাচক ইটো-সিটোত বিয়পাব পাৰে।

ভায়ৰাচে আপোনাৰ কম্পিউটাৰত তিনি প্ৰকাৰে এক্টিভেট কৰে।

1. ভায়ৰাচৰ ফাইলক খুলিলে
2. ভায়ৰাচৰ প্ৰগ্ৰেমক চলালে
3. ডিস্ক ড্ৰাইভত ভায়ৰাচৰ ফ্লপিক দি কম্পিউটাৰক বুট কৰিলে।

আজিৰ কম্পিউটাৰত সকলোতকৈ সহজতে ভায়ৰাচ ই-মেইল এটেচমেন্ট ৰ পৰা আহি যায়। যি কোনো ই-মেইলৰ এটেচমেন্টক অপেন কৰাৰ পূৰ্বে আপুনি এইটোক নিশ্চিত কৰি লওক যে পঠিওৱা জন বিশ্বসনীয় হয় নে নহয়। **ট্ৰাস্টেড চৰ্চ** সেই ব্যক্তি বা কোম্পানী হয় যাৰ বিষয়ে আপুনি নিশ্চিত হৈ থাকক যে তেওঁ আপোনাক ভায়ৰাচ সংক্ৰমিত কোনো ফাইল নপঠিয়াই।

যি কোনো অচিনাকী অথবা শ্ৰোতৰ পৰা অহা ই-মেইলৰ এটেচমেন্টক আপুনি অপেন নকৰাকৈই ডিলিট কৰি দিব লাগে। এইটো নিয়মক পালন কৰি আপুনি কম্পিউটাৰক ভায়ৰাচৰ পৰা বচাব পাৰে।

ভায়ৰাচ যি কোনো কম্পিউটাৰৰ দ্বাৰা হঠাৎ প্ৰস্তুত কৰিব নোৱাৰে, বৰং এইটো কোনো ব্যক্তিৰ দ্বাৰা ভাৱি চিন্তি প্ৰগ্ৰেম কৰা যায়, এনে ব্যক্তিক **ভায়ৰাচ অথৰ** বুলি কোৱা হয়। ভায়ৰাচ অথৰে ভায়ৰাচক বিচাৰি এক প্ৰত্যাহ্বানৰ ৰূপত লয় আৰু এইটোক মানুহক দিগদাৰ কৰিবলৈ প্ৰস্তুত কৰে। ভায়ৰক প্ৰস্তুত কৰিবৰ বাবে আপুনি প্ৰগ্ৰেমিংৰ তথ্যক জানিব লাগে। কিছুমান ভায়ৰাচ লোকচানদায়ক নহয়, এইটো আপোনাৰ কম্পিউটাৰক অস্থায়ী ৰূপেৰে বন্ধ কৰি দিয়ে আৰু সংবাদ পঠিয়াই। মিউজিক বাগ ভায়ৰাচ, উদাহৰণৰ বাবে-আপোনাৰ কম্পিউটাৰক কিছু অদ্ভুত ধ্বনী বজোৱাৰ সংবাদ দিয়ে। অন্য ভায়ৰাচে আপোনাৰ হাৰ্ড ডিস্কত ষ্টোৰ থকা ডাটাক নষ্ট কৰে। যদি আপোনাৰ কম্পিউটাৰ সামান্যৰ পৰা অসামান্য কাৰ্য বা ব্যৱহাৰ কৰে তেতিয়া ইয়াৰ অৰ্থ আপোনাৰ কম্পিউটাৰত ভায়ৰাচ আছে।

আজিকালী ভায়ৰাচ আপোনাৰ কম্পিউটাৰৰ বাবে গম্ভীৰ প্ৰত্যাহ্বান হয়। সদায় প্ৰায় ছটা নতুন ভায়ৰাচৰ লগত লাখ-কোটি ভায়ৰাচ কম্পিউটাৰৰ জগতত থাকে।

কোনোবাই ৱেবচাইটত জ্ঞাত ভায়ৰাচৰ লিস্টো নিজৰ লগত ৰাখে আৰু সেইটো প্ৰদৰ্শিত কৰে। বিভিন্ন প্ৰকাৰৰ এই ভায়ৰাচৰ ভিতৰত মুখ্যতঃ তিনি প্ৰকাৰৰ মানা যায়। বুট চেক্টৰ, ফাইল আৰু মেক্ৰো।

- বুট চেক্টৰ ভায়ৰাচক **চিস্টেম ভায়ৰাচ** ৰ নামেৰেও জনা যায়। এইটো তেতিয়া আহে যেতিয়া আপুনি ফ্লপি ড্ৰাইভেৰে মাস্টাৰ ড্ৰাইভৰ পৰা আপোনাক কম্পিউটাৰক বুট কৰে। যেতিয়া আপুনি ফ্লপি ড্ৰাইভেৰে আপোনাৰ কম্পিউটাৰক বুট কৰে তেতিয়া এইটো ড্ৰাইভ 'এ' ত থকা ডিস্কৰ বুট চেক্টৰলৈ গুচি যায়। ফ্লপি ডিস্কৰ বুট চেক্টৰৰ পৰা আপোনাৰ কম্পিউটাৰৰ হাৰ্ড ডিস্কো ক্ষতিগ্ৰস্ত হ'ব পাৰে লাগিলে সেইটো বুট ডিস্ট নহ'লেও।
- ফাইল ভায়ৰকচ **'প্ৰগ্ৰেম ভায়ৰাচ'** বুলি কোৱা হয়। এইটো যি কোনো প্ৰগ্ৰেম ফাইলেৰে এটেচ হৈ যায়। যেতিয়া আপুনি ইনফেক্টেড প্ৰগ্ৰেম (ভায়ৰাচৰ পৰা সংক্ৰমিত প্ৰগ্ৰেম) ক ৰান কৰে অৰ্থাৎ চলোৱা হয় বা তাত কাম কৰে তেতিয়া ভায়ৰাচ মে'মৰীত লোড হৈ যায়। অধিকাংশ ইউজাৰে ফাইল ভায়ৰাচক কম্পিউটাৰেৰে কোনো প্ৰগ্ৰেমক ডাউনলডিং কৰাত বা কোনো ই-মেইলক এটেচমেন্টক অপেন কৰা অজানিতে প্ৰাপ্ত কৰে অৰ্থাৎ তেওঁ গম নাপাই যে ইয়াত ভায়ৰাচ আছে বুলি, কিন্তু সেইটো ভায়ৰাচ কম্পিউটাৰত গুচি যায়।
- **'মেক্ৰো ভায়ৰাচ'** যি কোনো এপ্লিকেচনৰ মেক্ৰো ভাষাৰ ব্যৱহাৰ কৰে যেনে- ৱৰ্ড প্ৰচেচিং আৰু স্প্ৰেডশ্বিট। যেতিয়া আপুনি কোনো ডকুমেন্টক অপেন কৰে য'ত সংক্ৰমিত মেক্ৰো থাকে তেতিয়া ভায়ৰাচ মে'মৰীত গুচি যায়। মেক্ৰো ভায়ৰাচক প্ৰস্তুত কৰা সাধাৰণতে এইটো টেম্পলেটত লুকাই থাকে, সেইকাৰণে ভায়াৰাচ সেইটো ডকুমেন্টক সংক্ৰিম কৰি দিয়ে। যিটো টেম্পলেটৰ ব্যৱহাৰ কৰে।

বেছিভাগ ভায়ৰাচ আপোনাৰ কম্পিউটাৰত তেতিয়া এক্টিভ হয় যেতিয়া আপুনি ইনফেক্টেড ফাইলক অপেন কৰে বা ভায়ৰাচৰ প্ৰগ্ৰেমক ৰান কৰে।

অন্য ভায়ৰাচ যাক **লজিক বম** বা **টাইম বম** বুলি কোৱা হয়, বেলেগ ধৰণৰ হয়। লজিক বম এক ভায়ৰাচ যিটো তেতিয়া এক্টিভেট হয় যেতিয়া এইটো কোনো বিশেষ কণ্ডিচনত আহে।

টাইম বম এক প্ৰকাৰৰ লজিক বম হয় যিটো কোনো নিশ্চিত তাৰিখক এক্টিভেট কৰে।

কেতিয়াবা-কেতিয়াবা ভায়ৰাচক মেলিচিয়েচ লজিক প্ৰগ্ৰেম বুলিও কোৱা হয়। মেলিচিয়েচ লজিক প্ৰগ্ৰেম বা মেলভেয়াৰ সেইটো প্ৰগ্ৰেম হয় যিটো ইউজাৰক নোকোৱাকে এক্টিভেট হৈ যায় আৰু কম্পিউটাৰৰ অপাৰেচনক বাধিত কৰে। ভায়ৰাচৰ লগত মিলি অন্য প্ৰকাৰৰ মেলভেয়াৰ বহুত বিপদজনক হয়।

● **বাৰ্ম** সেইটো মেলিচিয়াচা লজিক প্ৰগ্ৰেম হয় যিটো নিজে নিজে হাৰ্ড ডিস্কৰ মে'মৰীত তেতিয়ালৈকে বাৰে কপি কৰে যেতিয়ালৈকে মে'মৰী শেষ হৈ নাযায়। যেতিয়া কম্পিউটাৰত মে'মৰী নাথাকে তেতিয়া সেইটোৱে কাম কৰা বন্ধ কৰি দিয়ে। কিছুমান বাৰ্ম প্ৰগ্ৰেম নিজে নিজে অন্য কম্পিউটাৰটো কপি কৰি থাকে।

● **ট্ৰজেন হৰ্চ** (ইউনানী ধৰণাৰ অনুসাৰে দিয়া নাম) সেইটো মেলিচিয়াচ লজিক প্ৰগ্ৰেম হয় যিটো নিজে নিজে লুকাই থাকে আৰু এক সুন্দৰ প্ৰগ্ৰেমৰ দৰে দেখে। কোনো নিশ্চিত দশা বা কাৰ্য হোৱাত এইটো এক্টিভ হৈ যায়। ভায়ৰাচ আৰু বাৰ্মৰ বিপৰীতে এইটো অন্য কম্পিউটাৰত নিজে নিজে বিয়পি যায়।

ভায়ৰাচৰ অনুসন্ধান আৰু নষ্ট কৰা

পূৰ্ণ ৰূপে প্ৰভাৱী সুৰক্ষা উপায়ৰ বিনে আপোনাৰ কম্পিউটাৰ আৰু নেটৱৰ্কক ভায়ৰাচৰ পৰা সুৰক্ষিত কৰিব নোৱাৰে। কিছুমান সুৰক্ষা উপায়ক গ্ৰহণ কৰি আপুনি ঘৰুৱা আৰু কাৰ্যস্থলৰ কম্পিউটাৰ দুয়োকে ভায়ৰাচৰ পৰা বাচব পাৰে।

নিম্নলিখিত পেৰেগ্ৰাফত আমি এইটো সুৰক্ষা উপায়ৰ বিষয়ে আলোচনা কৰিম-

বুট চেক্টৰ ভায়ৰাচৰ বিপদৰ পৰা আপোনাৰ কম্পিউটাৰক বচোৱা অৰ্থাৎ এই ধৰণৰ বিপদক কম কৰিবৰ বাবে আপোনাৰ ড্ৰাইভ এ' ত ফ্লপি ডিস্কৰ পৰাও আপোনাৰ কম্পিউটাৰক স্টাৰ্ট কৰিব নালাগে। যেতিয়ালৈকে আপুনি একেবাৰে বিশ্বাস নকৰে যে ইয়াত ভায়ৰাচ নাই। সকলো ফ্লপি ডিস্কত বুট চেক্টৰ অন্তৰ্ভুক্ত থাকে। আৰম্ভণিৰ সময়ত আপোনাৰ কম্পিউটাৰ ড্ৰাইভ এ ম বুট চেক্টৰৰ পৰা ক্ৰিয়া কৰে। এইটো ক্ৰিয়া অসফলো হয় তেতিয়াও ফ্লপি ডিস্কৰ বুট চেক্টৰত থকা ভায়ৰাচ আপোনাৰ কম্পিউটাৰৰ হাৰ্ড ডিস্কক ক্ষতিগ্ৰস্ত কৰিব পাৰে।

মেক্ৰো ভায়ৰাচৰ বিপদৰ পৰা আপোনাৰ কম্পিউটাৰক বচাবৰ বাবে এপ্লিকেচনত মেক্ৰো চিকিউৰিটি লেবেলক চেট কৰিব পাৰে। যিটো আপোনাৰ মাইক্ৰো লিখনিৰ অনুমতি দিয়ে। মেডিয়াম চিকিউৰিটি লেবেত, উদাহৰণৰ বাবে মাইক্ৰোচফট ৱৰ্ডে আপোনাৰ সাৱধান কৰি দিব। যদি আপুনি যি ডকুমেন্টক অপেন কৰিবলৈ চেস্টা কৰি আছে আৰু সেইটো মেক্ৰো হয়। এইটো সাৱধানৰ পৰা, আপুনি মেক্ৰোক নিৰ্বাচন কৰা বা নকৰাৰ নিৰ্ণয় লব পাৰে। যদি ডকুমেন্ট কোনো সুৰক্ষিম বা বিশ্বসনীয় শ্ৰোতাৰ পৰা প্ৰাপ্ত কৰে তেতিয়া আপুনি মেক্ৰোক ইনেবল কৰিব পাৰে। অন্যথা আপুনি এইটোক ডিচেবল অৰ্থাৎ অপেন কৰিবলৈ প্ৰয়াস কৰিব নালাগে।

ভায়ৰাচৰ বিপদৰ পৰা আপোনাৰ কম্পিউটাৰক বচাবৰ বাবে আপোনাক ইয়াত এন্টিভায়ৰাচ প্ৰগ্ৰেমক ইনস্টল কৰিব লাগে আৰু এইটোক নিয়মিত ৰূপেৰে আপডেট কৰি থাকিব লাগে। **এন্টিভায়ৰাচ** প্ৰগ্ৰেমে আপোনাৰক কম্পিউটাৰৰ মে'মৰীত, স্টোৰেজ মেডিয়াত বা প্ৰাপ্ত কৰা ফাইলত থকা যি কোনো ভায়ৰাচক অনুসন্ধান কৰে আৰু ৰিমুভ কৰি দিয়ে।

অধিকাংশ এন্টিভায়ৰাচ প্ৰগ্ৰেমে আপোনাৰ বাৰ্ম আৰু ট্ৰজেন হৰ্চৰ বিপদৰ পৰাও বচায়। প্ৰায় যি কোনো নতুন কম্পিউটাৰৰ লগত এন্টিভায়ৰাচ প্ৰগ্ৰেমো ইউজাৰক দিয়া যায়।

এন্টিভায়ৰাচ প্ৰগ্ৰেমে সেইটো প্ৰগ্ৰেমক স্কেন কৰে যিটো বুট প্ৰগ্ৰেম, অপাৰেটিং চিস্টেম আৰু অন্য প্ৰগ্ৰেমৰ মডিফাই কৰে।

অধিকাংশ এন্টিভায়ৰাচ প্ৰগ্ৰেমে সেইটো ফাইলক নিজে নিজে স্কেন কৰি দিয়ে যাক আপুনি ইন্টাৰনেটেৰে ডাউনলোড কৰে, ইমেইল এটেচমেন্টেৰে প্ৰাপ্ত কৰে, ফাইলক অপেন কৰে বা কম্পিউটাৰত দি দিয়া যি কোনো ড্ৰাইভক তাত লগাই যেনে-ফ্লপি ডিস্ক বা জি ডিস্ক।

এন্টিভায়ৰাচ প্ৰগ্ৰেমে যি কোনো ভায়ৰাচক নিজৰ ফালে টেকনিক ভায়ৰাচ চিগনেচাৰেৰে ডিটেক্ট কৰি লয় অৰ্থাৎ বিচাৰে।

ভায়ৰাচ চিগনেচাৰৰ ভায়ৰাচ ডিফিনেনো বুলি কোৱা হয়, ভায়ৰাচ কোডৰ স্পেচিফিক পেটাৰ্নেৰো জনা যায়।

আপোনাৰ এন্টিপ্ৰগ্ৰেম প্ৰগ্ৰেমক আপডেট কৰাৰ আৱশ্যক হয় যৰ পৰা চিগনেচাৰ ভায়ৰাচে নতুনকৈ বিচৰা ভায়ৰাচৰ ফাইলক নষ্ট কৰি দিয়ে।

এইদৰে আপোনাৰ এন্টিভায়ৰাচ চফ্টৱেয়াৰে আপোনাৰ কম্পিউটাৰৰ ভায়ৰাচৰৰ পৰা ৰক্ষা কৰে। অধিকাংশ এন্টিভায়ৰাচ প্ৰগ্ৰেমত অটো আপডেট ফিচাৰ থাকে, যিটো আপোনাৰ চিগনেচাৰক ডাউনলোড কৰিবৰ বাবে নিয়মিত ৰূপেৰে প্ৰমোটক ডিচপ্লে কৰে।

বিক্ৰেতাই এইটো সেৱাক নিশ্চিত সময়ৰ বাবে বিনা মূল্যত উপলব্ধ কৰোৱাই।

যেতিয়া ভায়ৰাচেৰে সংক্ৰিমত ফাইলক **কোৱাৰেন্টাইন** অৰ্থাৎ বেলেগ কৰে দিয়ে। কোৱাৰেন্টাইন হাৰ্ড ডিস্কৰ সেইটো বেলেগ ক্ষেত্ৰ অথভা ভাগ থাকে যিটো ভায়ৰাচক তেতিয়ালৈকে নিজৰ ওচৰত ৰাখে যেতিয়ালৈকে সেইটোক নষ্ট কৰি দিয়া নাযায়। এইদৰে অন্য ফাইৰে এইটো ভায়ৰাচৰ পৰা প্ৰভাবিত নহয়। অচিনাকি ফাইলক আপুনি আপোনাৰ দ্বাৰাও কোৱাৰেন্টাইন কৰিব পাৰে।

ভায়ৰাচৰ বিচাৰি সেইটোক নষ্ট কৰাৰ বাদেও কোনো এন্টিভায়ৰাচ প্ৰগ্ৰেম এইটো সুবিধাও থাকে যে সেইটো সংক্ৰমিত প্ৰগ্ৰেম বা ফাইলৰ সঠিক কৰা বা নষ্ট কৰিবৰ বাবে ৰেচকিউ ডিস্ক প্ৰস্তুত কৰি দিয়ে।

বুট চেক্টৰ ভায়ৰাচৰ বাবে, আপোনাৰ কম্পিউটাক ৰিস্টাৰ্ট কৰাৰ আৱশ্যক হয়। **ৰিচকিউ ডিস্ক বা ইমাৰজেঞ্চি ডিস্ক** এক ৰিমুভেল ডিস্ক হয় য'ত অপাৰেটিং চিস্টেম কামাণ্ড আৰু স্টাৰ্ট অপ ইনফোৰমেচন থাকে যিটো কম্পিউটাৰক সঠিক ধৰণে ৰিস্টাৰ্ট কৰি দিয়ে।

স্টাৰ্ট আপোনাৰ সময়, ৰিচকিউ ডিস্ক বুট চেক্টৰ ভায়ৰাচক নষ্ট কৰি দিয়ে। ফ্লপি ডিস্ক আৰু জিপ ডিস্ক প্ৰায়ঃ ৰিচকিউ ডিস্ক থাকে। ৰিচকিউ ডিস্কৰ ব্যৱহাৰ কৰি যেতিয়া আপুনি কম্পিউটাৰক ৰিস্টাৰ্ট কৰে তেতিয়া এন্টিভায়ৰাচ প্ৰগ্ৰেম ক্ষতিগ্ৰস্ত ফাইলক সুন্দৰ কৰাত লাগি যায়। এইটোৱে সেইটোক ঠিক কৰিব নোৱাৰে তেতিয়া আপুনি এইটো ফাইলৰ বিনা সংক্ৰমনত কপিৰ লগত সলনি কৰিব লাগে বা ৰিস্টোৰ কৰিব লাগে।

ভায়ৰাচক আতৰাবৰ বাবে বহুত অধিক বিশেষ পৰিস্হিতিতেই আপোনাক আপোনাৰ হাৰ্ড ডিস্কক ফৰ্মেট কৰিব লাগিব। সকলো ফাইল বা তাৰ বেকআপৰ সংক্ৰমিত মুক্ত হোৱাৰ আৱশ্যক হয়।

আপোনাৰ ভায়ৰাচক ৰিমুভ কৰি দিব নিবিচাৰে তেতিয়াহলে তেতিয়া এইটো আপোনাৰ কম্পিউটাৰক বাধিক কৰিব পাৰে। এইটোও আৱশ্যক হয় যে আপুনি আপোনাৰ ভায়ৰাচ ইনফেকচনৰ বিষয়েও অন্য ইউজাৰ্চক কৈ দিব লাগে, যদি আপুনি সেইটো ইউজাৰ্চৰ লগত আপোনাৰ কম্পিউটাৰৰ ডাটাক শ্বেয়াৰ কৰি আছে তেতিয়াহলে এইটো আপোনাৰ দায়িত্ব হয় যে সেইটোক ভায়ৰাচৰ বিষয়ে কৈ দিয়া যায়। এনে কৰিলে অন্য ইউজাৰ্চৰ দৰে ভায়ৰাচ ইনফেকচনৰ পৰা আপোনাৰ চিস্টেমক চেক কৰিব পাৰে।

অধিকৃত ৰূপেৰে কম্পিউটাৰৰ ব্যৱহাৰ

বিনা আজ্ঞাৰ কম্পিউটাৰ বা নেটৱৰ্ক ব্যৱহাৰ কৰাৰ অনধিকৃত ৰূপেৰে ব্যৱহাৰ কৰিবলৈ কোৱা হয়। যি ব্যক্তিয়ে কম্পিউটাৰ বা নেটৱৰ্কক অবৈধ ৰূপেৰে এক্সেচ কৰাৰ প্ৰয়াস কৰে, সেইটোক **ক্ৰেকাৰ** বুলি কোৱা হয়। অৱশ্যে **হেকাৰ** ও এইদৰে কাম কৰে। কিছুমান হেকাৰে কম্পিউটাৰক ব্ৰেক কৰাৰ প্ৰত্যাহ্বানৰ ৰূপত লয়। অন্য হেকাৰ্চে কম্পিউটাৰৰ পৰা গুৰুত্বপূৰ্ণ সূচনা চোৰ কৰে আৰু ডাটাক বেয়া কৰি দিয়ে। হেকাৰ্চে কম্পিউটাৰক ব্ৰেক কৰিবৰ বাবে ইয়াৰ পৰা নিজকে কানেক্ট কৰে আৰু ইউজাৰৰ নামেৰে লগইন কৰে। কিছুমান হেকাৰে লুকচান নকৰাই, তেওঁলোকে কেৱল ডাটা, ইনফৰমেচন আৰু প্ৰগ্ৰেমক এক্সেচ কৰে। কিছুমান হেকাৰে সন্দেহ আদি এৰি থৈ নিজৰ উপস্থিতিক কোনো প্ৰমাণ এৰি থৈ যায়।

বিনা অনুমতিৰ অবৈধ গতিবিধিত কম্পিউটাৰৰ ডাটাক ব্যৱহাৰ কৰাক **আনঅথৰাইজড ইউজ অৰ্থাৎ অবৈধ ব্যৱহাৰ** বুলি কোৱা হয়। ইয়াত বিভিন্ন ক্ৰিয়াকলাপ থাকে। যি কোনো কৰ্মচাৰীয়ে কোম্পানীৰ কম্পিউটাৰৰ ব্যৱহাৰ কৰি পাৰ্চনেল ই-মেইল পঠিয়াই দিয়ে। বা কোনো কৰ্মচাৰীয়ে কোম্পানীৰ বেংকৰ কম্পিউটাৰৰ ব্যৱহাৰ কৰি অবৈধ ৰূপেৰে ধনৰ স্থানান্তৰিত কৰে।

এক্সেচ কন্ট্ৰলৰ ব্যৱহাৰেৰে কম্পিউটাৰৰ অসৎপযোগক ৰখাব পৰা যায়। **এক্সেচ কন্ট্ৰল** এটা ফালে সুৰক্ষা হয় যিটো নিৰ্ধাৰিত কৰে কোনো-কোনে কম্পিউটাৰৰ ব্যৱহাৰ কৰিব পাৰে আৰু ব্যৱহাৰ কৰা সময় কি কি কাৰ্য কৰিব পাৰে। কোনো ব্যৱসায়িক চফটৱেয়াৰ পেকেজ টু ফ্ৰেচ প্ৰচেচৰ ব্যৱহাৰ কৰি এক্সে কন্ট্ৰক এপলাই কৰে, যাক আইডেন্টিফিকেচন বা অথটিকেচন বুলি কোৱা যায়। **আইডেন্টিফিকেচন** ভেৰিফাই অৰ্থাৎ নিৰ্ধাৰিত কৰে যে আপুনি এক ভেলি অৰ্থাৎ সঠিক ইউজাৰ হয়। **আথটিফিকেচনে** এইটো নিৰ্ধাৰি কৰে যে আপুনি এইটো কামক কৰিব পাৰে।

আইডেন্টিফিকেচন আৰু আথটিকেচনৰ চাৰি প্ৰকাৰৰ হয়। ইউজাৰ নাম আৰু পাচৱৰ্ড, পেজেস্ড, বায়মেট্ৰিক ডিভাইচ আৰু কলবেক চিস্টেম।

ইউজাৰ নেম (নাম) আৰু পাচৱৰ্ড

ইউজাৰ নেম আৰু **ইউজাৰ আইডি** আখৰৰ বিশেষ সমুহ, যেনে বৰ্ণমালাৰ আখৰৰ সংখ্যা। এইটো কেৱল এটা ইউজাৰৰ স্পেচিফাই কৰে। **পাচৱৰ্ড** ইউজাৰৰ নেমৰ লগত ব্যৱহাৰ কৰা কেৰেক্টাৰৰ গুপ্ত কোড থাকে। যিটো কম্পিউটাৰ ব্যৱহাৰৰ কৰাৰ অনুমতি দিয়ে।

অধিকাংশ মাল্টিইউজাৰ (নেটৱৰ্ক) অপাৰেটিং চিস্টেমত কম্পিউটাৰত ডাটা, ইনফৰমেচন প্ৰগ্ৰেমৰ ব্যৱহাৰ কৰিলে পূৰ্ব ইউজাৰ নেম পাচৱৰ্ড এন্টাৰ কৰাৰ আৱশ্যক হয়।

পজেস্ড অবজেক্ট

পজেস্ড অবজেক্ট সেইটো আইটেম হয় যাৰ আপোনাৰ কম্পিউটাৰ বা কম্পিউটাৰৰ কোনো সুবিধাক ব্যৱহাৰ কৰিবৰ বাবে আৱশ্যক হয়। বেগ, কাৰ্ড্চ অৰু পজেস্ড অবজেক্টৰ উদাহৰণ হয়। এটা কাৰ্ড যিটোক আপুনি অটোমেটিড টেলাৰ মেচিন অবজেক্টক প্ৰায়ঃ পাৰ্চনেল আইডেন্টিফিকেচন নম্বৰৰ কম্বিনেচ (সংযোজন) ৰ লগত ব্যৱহাৰ কৰা যায়।

পাৰ্চনেল আইডেন্টিফিকেচন নম্বৰ (পিন)

এক নিউমেৰিক পাচৱৰ্ড থাকে যিটো কোনো কোম্পানী বা আপোনাৰ দ্বাৰা এন্টাৰ কৰা যায়। পিনে আপোনাক অতিৰিক্ত সুৰক্ষা প্ৰদান কৰে। এটিএম ৰ চাৰিটা নম্বৰৰ পিনৰ আৱশ্যক হয়, যদি কোনো ব্যক্তিয়ে আপোনাৰ এটিএম কাৰ্ড চোৰ কৰি লয় তেতিয়া চুৰে আপোনাৰ একাউন্টৰ পৰা পইচা উলিয়াবৰ বাবে পিন নম্বৰক এন্টাৰ কৰিব লাগিব। পিন এক পাচৱৰ্ড থাকে আৰু এইটোক অন্য পাচৱৰ্ডৰ দৰে সদায় চম্ভালি সুৰক্ষিত ৰূপেৰে ৰাখিব লাগিব।

বায়োমেট্ৰিক ডিভাইচ

যি কোনো অধিকৃত ব্যক্তিৰ পৰিচন **বায়োমেট্ৰিক ডিভাইচ** ৰে কৰা যায়। কিছুমান বায়োমেট্ৰিক আইডেন্টিফিয়েৰৰ দ্বাৰা কম্পিউটাৰৰ ব্যৱহাৰৰ দ্বাৰা এইটো ডিভাইচৰ প্ৰগ্ৰেম আৰু চিস্টেমক ব্যৱহাৰ কৰাৰ অনুমতি দিয়ে। **বায়োমেট্ৰিক আইডেন্টিফেয়াৰ** এক ভৌতিক বা ব্যৱহাৰিক বিশেষতা থাকে। উদাহৰণৰ বাবে ফিংগাৰপ্ৰিন্ট, হাতৰ কৃত্ৰিমতা, মাত, হস্তাক্ষৰ আৰু চকুৰ মনিৰ সংৰচনা আদি।

এইটো ব্যক্তিগত সূচনা বায়োমেট্ৰিক ডিভাইচৰ দ্বাৰা ডিজিটেল কোডত পৰিবৰ্তন হৈ যায় আৰু এইটো কম্পিউটাৰত স্টোৰ ডিজিটেল কোডৰ পৰা পোৱা যায়। যদি কম্পিউটাৰত থকা ডিজিটেল কোড এইটো ব্যক্তিগত সূচনাৰে মেচ নকৰে তেতিয়া কম্পিউটাৰ প্ৰচেচক কৰাৰ পৰা মানা কৰি দিয়ে। কম্পিউটাৰৰ সুৰক্ষাৰ বাবে বিভিন্ন প্ৰকাৰৰ বায়োমেট্ৰিক ডিভাইচক ব্যৱহাৰ কৰা হয়।

আজিকালী দিনত **ফিংগাৰপ্ৰিন্ট স্কেনাৰ** বায়োমেট্ৰিক ডিভাইচৰ প্ৰয়োগ বহুত কৰা যায়। ফিংগাৰপ্ৰিন্টে আপোনাৰ হাতৰ ৰেখাৰ স্কেন কৰে। ইয়াত **হেন্ড জ্যামিতি চিস্টেম** ৰ সহায়েৰে বায়োমেট্ৰিক **ডিভাইচ** ব্যক্তিৰ হাতৰ আকাৰৰ আৰু আকৃতিৰ জুখ লোৱা যায়। ডাঙৰ স্তৰত কোম্পানীৰ উপস্থিতিক সুনিশ্চিত কৰিবৰ বাবে এইটো চিস্টেমৰ ব্যৱহাৰ কৰা যায়। কিছুমান প্লে-ৱে স্কুলে এই অভিভাৱকৰ বাবে এই ডিভাইচৰ ব্যৱহাৰ কৰে যি নিজৰ সন্তানক স্কুলৰ পৰা লৈ আহে।

ফেচ ৰিকগনিচন চিস্টেম ঃ এইটো আপোনাৰ চেহেৰাৰ ফটো লয় আৰু সেইটোক কম্পিউটাৰত স্টোৰৰ পৰা মিলাই চাই যে আপুনিয়েই সেই ব্যক্তি হয় নে নহয়। কিছুমান নোটবুক কম্পিউটাৰে আপোনাৰ কম্পিউটাৰৰ সুৰক্ষাক সুনিশ্চিত কৰিবৰ বাবে এইটো টেকনিকৰ ব্যৱহাৰ কৰে। কম্পিউটাৰে তেতিয়ালৈকে স্টাৰ্ট নহ'ব যেতিয়ালৈকে আপোনাৰ চেহেৰা তাত স্টোৰ ফটোৰ লগত মিলি নাযায়। এইটো প্ৰগ্ৰেম আজিকালী ভালদৰে অথবা পৰিস্কৃত হৈ গৈছে যিটো আপোনাৰ চশমা বা তাৰ বিনে মেকআপত, জোৱেলেৰিৰ লগত বা তাৰ বিনাও চিনিব পৰা যায়।

ভইচ ভেৰিফিকেচন ঃ এইটো চিস্টেমে আপোনাৰ মাতক কম্পিউটাৰত স্টোৰ কৰা মাতৰ লগত মিলাই। ডাঙৰ সংগঠনে কেইবাবাৰ উপস্থিতি সময়ত এইটো চিস্টেমৰ ব্যৱহাৰ কৰে। কোনো কোম্পানীয়ে সংবেদনশীল ফাইল আৰু নেটৱৰ্কৰ বাবে এইটো টেকনিকৰ ব্যৱহাৰ কৰে।

চিগনেচাৰ ভেৰিফিকেচন চিস্টেম ঃ এইটো আপোনাৰ হেন্ডৰাইটিং (হস্পলিপি) ৰ লগত মিলাই যে কেনেদৰে আপুনি শব্দ আৰু আখকৰ সংগঠিত কৰে। চিগনেচাৰ ভেৰিফিকেচন চিস্টেমে বিশেষ পেন আৰু টেবলেট পিচিৰ ব্যৱহাৰ কৰে।

ৰেটিনেল স্কেনাৰ ঃ ৰেটিনেল স্কেনাৰ চিস্টেমক বহুত উচ্চ সুৰক্ষাৰ ক্ষেত্ৰত ব্যৱহাৰ কৰা যায়। এইটো চিস্টেমত চকুৰ কৃত্ৰিমতা আৰু তাত থকা মাংসপেশীৰ সংৰচনাৰ লগত মিলাই তেতিয়া এটা ফালৰ পৰা উচ্চ স্তৰক ফিংগাৰপ্ৰিন্ট বুলি কোৱা হয়। এইটো চিস্টেম বহুত দামি হয় আৰু চৰকাৰী উপক্ৰমত ব্যৱহাৰ কৰা যায়। বিশেষকৈ সেনা আৰু বহুত সংবেদনশীল ডাটাৰ বিত্তীয় সংস্থানত ইয়াৰ ব্যৱহাৰ কৰা যায়।

কলবেক চিস্টেম

কলবেক চিস্টে সেইটো কন্ট্ৰল মেথড হয় যিটোক কিছুমান চিস্টেম বৈধ ৰিমোট ইউজাৰৰ লগত উপযোগ কৰে। **কল বেক চিস্টেমে** আপোনাৰ কম্পিউটাৰৰ পৰা তেতিয়া কানেক্ট কৰিব যেতিয়া আপুনি প্ৰথমে এন্টাৰ কৰা টেলিফোন নম্বৰত সেইটো কম্পিউটাৰৰ পৰা কল আহিব। কলবেক চিস্টেমৰ বাবে আপুনি কম্পিউটাৰক কল কৰে আৰু ইউজাৰ নেম আৰু পাচৱৰ্ড এন্টাৰ কৰে। যদি এইটো এন্ট্ৰি সঠিক হয় তেতিয়া কম্পিউটাৰে আপোনাক অলপ ৰখাই দিবৰ বাবে কব আৰু আপোনাক কলবেক কৰিব। কলবেক চিস্টেমে আপোনাক অতিৰিক্ত সুৰক্ষা দিব। যদি কোনো ব্যক্তিয়ে আপোনাৰ ইউজাৰ নেম আৰু পাচৱৰ্ড চোৰ কৰে তেতিয়া আপোনাৰ কম্পিউটাৰক ব্যৱহাৰ কৰিবৰ বাবে সেইটো টেলিফোন নম্বৰো এন্টাৰ কৰিব লাগিব।

কলবেক চিস্টেম সেইটো ইউজাৰৰ বাবে বহুত ভাল হয় যিটো এক ৰিমোট লকেচনত কাম কৰে। যেনে-ঘৰৰ ব্ৰাঞ্চ অফিচ। ম'বাইল ইউজাৰ যাক বেলেগ ঠাইলৈ যোৱাত প্ৰত্যেক বাৰ কলবেক চিস্টেমৰ দ্বাৰা স্টোৰ কৰা কলবেক নম্বৰক সলনি কৰিব লাগিব।

17 পাচেজিং আৰু ট্ৰাব্লশুটিং

কম্পিউটাৰক কিনাৰ সময়ত সঠিক প্ৰকাৰৰ কম্পিউটাৰ কিনিবৰ বাবে বিভিন্ন ফেক্টৰ থাকে, যাৰ আপুনি ধ্যান দিব লাগিব। এইটো মনত ৰাখিব লাগে যে কম্পিউটাৰে আপোনাৰ আৱশ্যকক পুৰা কৰে আৰু এইটো সময় আৰু পইচাও ৰচাব লাগে।

বজাৰত দুটা প্ৰকাৰৰ কম্পিউটাৰ পোৱা যায়।

• ব্ৰাণ্ড নেম • ক্লোন কম্পিউটাৰ (এচেম্বল)

ব্ৰাণ্ড নেম

এইটো কম্পিউটাৰক ডাঙৰ কম্পিউটাৰ নিৰ্মাতা কোম্পানীৰ দ্বাৰা প্ৰস্তুত কৰা যায়, যেনে-আইবিএম, ডেল আৰু কম্পেক। এইটো কোম্পানীৰ দ্বাৰা প্ৰস্তুত কৰা কম্পিউটাৰ ব্ৰাণ্ড নেম কম্পিউটাৰৰ কম্পনেট (পাৰ্টচ) ডাঙৰ কোম্পানীৰ দ্বাৰা প্ৰস্তুত কৰে আৰু এপ্ৰুভ কৰা হয়।

ক্লোন

অৱশ্যে এইটো কম্পিউটাৰ আইবিএম ৰ দৰে ডাঙৰ কোম্পানীৰ দ্বাৰা প্ৰস্তুত কৰা নাযায়, কিন্তু এইটো সেই কম্পিউটাৰতকৈ কোনো পধ্যেই কম নহয়। কোৱাৰ অৰ্থ এইটো হয় যে ক্লোন কম্পিউটাৰক ডাঙৰ কম্পিউটাৰৰ নিৰ্মাতা কোম্পানীৰ দ্বাৰা নিৰ্মাণ কৰা নাযায়। ক্লোন কম্পিউটাৰ আজিকালী অধিক লোকপ্ৰিয় হয়, কাৰণ ইয়াত বিভিন্ন কোম্পানীৰ দ্বাৰা উপলব্ধ কৰোৱা বিভিন্নতা থাকে। এনেতে আপুনি এইটো নিশ্চিত কৰিব পাৰে যে আপোনাৰ কম্পিউটাৰত কি কি কম্পটনেট থাকিব লাগে।

কম্পেটিবিলিটি (অনুকুলতা)

ব্ৰেড নেম কম্পিউটাৰৰ তুলনাত ক্লোন কম্পিউটাৰক আপুনি সহজনে আপগ্ৰেড কৰিব পাৰে, কাৰণ ক্লোন কম্পিউটাৰ বিভিন্ন নিৰ্মাতাৰ দ্বাৰা প্ৰস্তুত কৰা কম্পিউটাৰৰ বিস্তৃত ৰেঞ্জা চাপৰ্ট কৰে। ব্ৰেড নেম কম্পিউটাৰৰ কম্পনেট বিশেষ ৰূপেৰে নিৰ্মাণ কৰা যায় আৰু এইটোক সলনি কৰাটো বহুত এক্সপেন্সিভ হয়। এনেতে ব্ৰেড নেম কম্পিউটাৰ দামী প্ৰমাণিত হয়।

ৰিলায়িবিলিটি (বিশ্বসনীয়তা)

ব্ৰেড নেম কম্পিউটাৰ ক্লোন কম্পিউটাৰৰ তুলনাত অধিব বিশ্বসনীয় হয়, কাৰণ অধিক ডাঙৰ কোম্পানীৰ কম্পিউটাৰৰ নিৰ্মাণত হাই কোৱালিটি কন্ট্ৰল (উচ্চ গুণযুক্ত নিয়ন্ত্ৰক) ৰ ব্যৱহাৰ কৰে।

মূল্য

ক্লোন কম্পিউটাৰৰ তুলনতা সাধাৰণতে ব্ৰাণ্ড নেম কম্পিউটাৰ অধিক দামী হয়। অৱশ্যে ক্লোন কম্পিউটাৰ কিছুমান কম দাম হয়, কিন্তু এইটো আৱশ্যক নহয় যে তাৰ কোৱালিটি ভাল নহয়।

বিক্ৰীৰ পিছত চাৰ্ভিচ

ক্লোন কম্পিউটাৰৰ তুলনাত ব্ৰেণ্ড নেম কম্পিউটাৰ বহুত ভাল আফটাৰ চেল চাৰ্ভিচ উপলব্ধ কৰোৱাই। ব্ৰেণ্ড নেমে কম্পিউটাৰ প্ৰায়ঃ ৱাৰেণ্টি বঢ়োৱাৰ সুবিধা দিয়ে। ইয়াৰ বাদেও কম্পিউটাৰৰ লগত দিয়া প্ৰগ্ৰেম বা চফ্টৱেয়ৰৰ বাবে টেকনিক চাপৰ্টো উপলব্ধ কৰোৱাই। এইদৰে আফ্টাৰ চেল চাৰ্ভিচ প্ৰায় ক্লোন কম্পিউটাৰৰ লগত নিমিলে।

কম্পিউটাৰ কিনাৰ আগতে কিছুমান গুৰুত্বপূৰ্ণ কথা

কম্পিউটাৰ কিনাৰ পূৰ্বে আপুনি আপোনাৰ মিত্ৰ, বজাৰত দোকানী আদিৰ পৰা কথা পাতি লব লাগে যে আপুনি কেনে ধৰণৰ কম্পিউটাৰ কিনিব লাগে। তেওঁলোকে কোম্পানী আৰু কম্পিউটাৰ নিৰ্বাচন কৰাত আপোনাৰ সহায় কৰিবনে আদি।

আপুনি ৱেবচাইটৰ সহায় লব পাৰে আৰু ইয়াৰ প্ৰিভিউকো পঢ়িব লাগে।

শ্ৰেষ্ঠ কম্পিউটাৰৰ অনুসন্ধান কৰা সময়ত নিম্ন কথাকো ধ্যানত ৰাখক।

- প্ৰচ্চেৰৰ স্পীড
- মে'মৰী (ৰেম) আৰু ষ্টৰেজ (হাৰ্ড ডিস্ক, ফ্লপি ডিস্ক, চিডি ৰোম, চিডি ৰাইটাৰ, ডিভিডি ৰোম, জিপ ড্ৰাইভ) ৰ আকাৰ আৰু প্ৰকাৰক চাব লাগে।
- কম্পিউটাৰৰ লগত জড়িত ইনপুট, আউটপুট ডিভাইচ। যেনে-মাউচ, কি-বোৰ্ড, মনিটৰ, প্ৰিণ্টাৰ, চাউণ্ড কাৰ্ড, ভিডিঅ কাৰ্ড আদি।
- কম্পিউটাৰৰ লগত জড়িত কমিউনিকেচন ডিভাইচ। যেনে- মডেল, নেটৱৰ্ক ইণ্টাৰফেচ কাৰ্ড
- কম্পিউটাৰত থকা যি কোনো চফ্টৱেয়ৰ। যেনে ৱৰ্ড প্ৰচ্চেৰ বা এণ্টিভায়ৰাচ আদি।

আপোনাৰ কম্পিউটাৰক মেন্টেন কৰি ৰখা

কম্পিউটাৰক কিনাৰ পিছত এইটো সুচাৰু ৰূপে কাৰ্য কৰি থাকক, ইয়াৰ বাবে আপুনি কিছুমান মেন্টেনেচো কৰিব লাগিব। এইটো ভাগত কোৱা কথাক গ্ৰহণ কৰি আপুনি আপোনাৰ কম্পিউটাৰক মেন্টেনেচ কৰি ৰাখিব লাগে।

1. এটা নোটবুকৰ গ্ৰহণ কৰক যাৰ আপোনাৰ কম্পিউটাৰ লগত সম্বন্ধীত সকলো তথ্যা থাকে। যেতিয়া আপুনি আপোনাৰ কম্পিউটাৰত সলনি কৰে যেনে -হাৰ্ডৱেয়ৰ বা চফটৱেয়ৰক অন্তৰ্ভুক্ত কৰে বা আতৰাই দিয়ে। এনেতে আপোনাৰ নোটবুকত শীঘ্ৰে নোট কৰিব লাগে। আপুনি আপোনাৰ কম্পিউটাৰত নিম্নলিখিত বিন্দুক অন্তৰ্ভুক্ত কৰিব লাগে।
   - আপোনাৰ ইউজাৰ মেনুৱেলেৰে ভেণ্ডাৰ চাপৰ্ট নম্বৰ।
   - সকলো উপকৰণ আৰু চফটৱেয়ৰ চিৰিয়েল নম্বৰ
   - আপোনাৰ আইএচপি ৰ বাবে ইউজাৰ আইডি, পাচৱৰ্ড আৰু নিকনেম।
   - সকলো উপকৰণ বা চফটৱেয়ৰৰ বাবে ভেণ্ডাৰৰ নাম আৰু তাৰিখ
2. আপোনাৰ কম্পিউটাৰৰ ওচৰে-পাঁজৰে এৰিয়াক চাফ-চিকুন কৰি ৰাখক। এইটো আপোনাৰ কম্পিউটাৰ চিস্টেমৰ ভিতৰৰ ভাগক চাফা কৰাৰ আৱশ্যক হয়।
3. গুৰুত্বপূৰ্ণ ফাইল আৰু ডাটাৰ বেকআপ প্ৰস্তুত কৰক। অপাৰেটিং চিস্টেমত থকা ইউটিলিটি প্ৰগ্ৰেম বা থাৰ্ড পাৰ্টিৰ ব্যৱহাৰ কৰক আৰু ৰিকভেৰি বা ৰিস্টাৰ্টত ডিস্ক কম হোৱাত ইয়াৰ সহায় লওক। গুৰুত্বপূৰ্ণ ডাটা ফাইলক ডিস্ক, টেপ বা অন্য কম্পিউটাৰত নিয়মিত ৰূপেৰে কপি কৰক।
4. কোনো অচিনাকি ব্যক্তিৰ পৰা পোৱা ফাইলক কেতিয়াও অপেন নকৰিব। বিশেষকৈ তাৰ পৰা যাৰ ই-মেইলত কোনো এটেচমেন্ট ফাইল থাকে।
5. ইউডো অপাৰেটিং চিস্টেমত থকা বিশেষতাৰ ব্যৱহাৰ কৰি আপোনাৰ কম্পিউটাৰক চিফ-চিকুত কৰি ৰাখক। ইয়াত প্ৰথম বিশেষতা ডিস্ক ডিফ্ৰেগমেন্টাৰ হয় যিটো আপোনাৰ ফাইলক চিনি পোৱাত সহায় কৰে আৰু সেইটোক ক্ৰমবদ্ধ কৰে আৰু এইটো ডিস্কৰ কাৰ্যবিধিক তীব্ৰ কৰে।
6. ডায়গনোচিচ টুলচৰ ব্যৱহাৰ কৰা শিকক যিটো আপোনাৰ কম্পিউটাৰৰ সমস্যাক বুজে আৰু দূৰ কৰাত আপোনাৰ সহায় কৰিব। ডায়াগোনচিচৰ পৰীক্ষণ, মনিটৰ ৰিচোচ (মে'মৰী আৰু প্ৰচেচিং পাৱাৰ) ফাইলত সলনিক নিষ্ক্ৰিয় কৰা আদিত আপোনাৰ সহায় কৰে।

ট্ৰাবলশুটিং

ট্ৰাবলশুটিঙে আপোনাৰ কম্পিউটাৰত হোৱা হাৰ্ডৱেয়ৰৰ সমস্যাক অনুসন্ধান কৰা আৰু সেইটো ভাল কৰাত আপোনাৰ সহায় কৰে। হাডৱেয়ৰ প্ৰবলেমত ট্ৰাবলশুটিংৰ সময়ত আপুনি এবাৰত কেৱল এক কম্পনেটত কেন্দ্ৰিত হ'ব লাগে। **কম্পিউটাৰৰ কানেকচন চেক কৰা অৰ্থাৎ নীৰিক্ষণ।**

লুজ কানেকচ ভালদৰে নোহোৱাত হাৰ্ডৱেয়ৰ প্ৰবলেমৰ মুখ্য কাৰণ হয়। সুনিশ্চিত কৰি লওক যে কম্পনেট কম্পিউটাৰৰ পৰা সঠিক ধৰণে এটেচ অৰ্থাৎ জড়িত আছেনে নাই।

ড্ৰাইভাৰৰ নীৰিক্ষণ

কম্পিউটাৰৰ অধিকাংশ কম্পনেন্টক চফটৱেয়ৰৰ আৱশ্যক হয়, যাক ড্ৰাইভাৰ বুলি কোৱা হয়। এইটো সুনিশ্চিত কৰি লওক যে আপুনি যি কম্পনেন্টত সমস্যা অনুভৱ কৰে, তাৰ বাবে সঠিক আৰু আপডেট ড্ৰাইভাৰৰ ব্যৱহাৰ কৰি থাকক।

প্লাগ আৰু প্লে

নতুন কম্পিউটাৰ আৰু ডিভাইচ প্লাড এড প্লে টেকনিকৰ ব্যৱহাৰ কৰে। যেতিয়া আপুনি প্লাগ এড প্লে ডিভাইচক ইনস্টাল কৰে তেতিয়া কম্পিউটাৰে সেইটোক নিজে নিজে ডিটেক্ট কৰি লয় আৰু আপোনাৰ বাবে সেইটো ডিভাইচক চেটআপ অৰ্থাৎ কাম কৰিবৰ বাবে প্ৰস্তুত কৰি দিয়ে।

কেনেদৰে গম পাব যে মোক কেতিয়া মাউচ চাফা কৰিব লাগে ?

ডেস্ক আৰু মাউচ পেডেৰে মাউচৰ ভিতৰত থকা চাৰিওফালে ধুলি একত্ৰিত হৈ যায়। যদি আপোনাৰ মাউচ পইন্টাৰ হাৰ্ড হয় আৰু স্ক্ৰীনত একে ঠাইত থকাত কঠিন হৈছে তেতিয়া আপুনি মাউচক ক্লীন কৰাৰ আৱশ্যক হয়। মাউচক চাফা কৰিবৰ বাবে নিৰ্মাতাৰ দ্বাৰা দিয়া দিশ-নিৰ্দেশক পালন কৰক।

কেবুল কানেক্ট মোৰ কম্পিউটাৰৰ পৰা কি-বোৰ্ডক কানেক্ট কৰিব পৰা নাই, তেতিয়া কি কৰিব লাগে ?

কেবুল কানেক্টৰ পাঁচ পিন ৰ ডিন কানেক্ট হয়। কোনো নতুন কম্পিউটাৰত সৰু সৰু পিন থাকে। এইটোক পিএচ, দুই কানেক্টৰ বুলিও কোৱা হয়। আপুনি ইয়াৰ বাবে এডেপ্টৰ প্ৰয়োগ কৰিব পাৰে যিটো কোনো প্ৰকাৰৰ কানেক্টৰক একেলগ কৰিব পাৰে।

কি বোৰ্ডক কেনেদৰে চাফা কৰিব ?

কেতিয়াবা কি-বোৰ্ডত ধুলি একত্ৰিত হয়। এনেতে বাটন টিপাৰ কাম নকৰে। ধুলিক আতৰাবৰ বাবে আপুনি কম্পিউটৰ ভকিউম ক্লিনাৰ চলাব পাৰে। যদি ভকিউম ভালদৰে কাম নকৰে তেতিয়া তীব্ৰ বতাহৰ ব্যৱহাৰ কৰি কি-বোৰ্ডত প্ৰয়োগ কৰিব পাৰে। কি-বোৰ্ডৰ বাহিৰৰ কভাৰক সাধাৰণ তিতা কাপোৰেৰে চাফা কৰি দিয়ক। কি-বোৰ্ডৰ ভিতৰৰ পৰা চাফা কৰিবৰ বাবে আপুনি এইটোক নিজে নিজে খুলি দিব নালাগে, অন্যথা আপোনাক কি-বোৰ্ড বেয়া হ'ব পাৰে।

প্ৰিন্টাৰৰ বাবে ড্ৰাইভাৰ প্ৰয়োগ কৰাৰ আৱশ্যক হয়নে ?

সকলো প্ৰিন্টৰাক কাম কৰিবৰ বাবে ড্ৰাইভাৰৰ আৱশ্যক হয়। ড্ৰাইভাৰ এক চফটৱেয়ৰ হয় যিটো কম্পিউটাৰৰ অপাৰেটিং চিস্টেমক প্ৰিন্টাৰৰ কন্ট্ৰলেৰে মিলাই কাম কৰাৰ অনুমতি দিয়ে। অধিকাংশ প্ৰিন্টাৰ ইনস্টলেচন প্ৰগ্ৰেম থাকে যৰ পৰা আপুনি প্ৰিন্টাৰৰ বাবে আৱশ্যকীয় ড্ৰাইভাৰক ইনস্টল কৰিব পাৰে।

ইংক জেট প্ৰিন্টাৰৰ পৰা প্ৰিন্টক দিয়া ইমেজৰ গুণক বঢ়োৱা

ইংক জেট প্ৰিন্টাৰ স্টেডাৰ্ড পেপাৰ ব্যৱহাৰ কৰে। কিন্তু ইমেজৰ কোৱালিটি অৰ্থাৎ গুণ তেতিয়া ভাল হয় যেতিয়া আপুনি ভাল কোৱালিটিৰ পেপাৰ ব্যৱহাৰ কৰে।

সমস্যা হ'লে প্ৰিন্টাৰে কি সূচনা দিব ?

প্ৰিন্টাৰত প্ৰায়ঃ নিজৰ দূষক দূৰ কৰা ফিচাৰৰ বিশেষতা থাকে। কিছুমান প্ৰিন্টাৰ যেনে-ইংক জেটত যেতিয়া কোনো সমস্যা থাকে তেতিয়া

সেইটো বাৰে বাৰে বীৰ কৰে আৰু আপোনাৰ এলাৰ্ট কৰে। অধিকাংশ লেজাৰ প্ৰিন্টাৰ যি কোনো ধৰণৰ সমস্যা থকাত স্ক্ৰীনত কোনো মেচেজ ডিচপ্লে কৰে।

প্ৰিন্টাৰত পেপাৰ জাম হোৱাত কি কৰিব লাগে ?

প্ৰিন্টাৰত পেপাৰ জাম হোৱা এটা ফালে সাধাৰণ সমস্যা হয়। বাৰে বাৰে পেপাৰ জাম হোৱাৰ আপোনাৰ প্ৰিন্টাৰ বেয়াও হ'ব পাৰে। প্ৰিন্টাৰৰ দ্বাৰা পেপাৰক দিয়া টেকনিক বেয়া হোৱাৰ কাৰণেও পেপাৰ জাম হ'ব পাৰে। কিছুমান প্ৰিন্টাৰত আপুনি প্ৰিন্টাৰৰ ঢাকনিক উঠাই জাম পেপাৰক উলিয়াই অথবা টনা সময়ত আপোনাক বহুত সাৱধানী হ'ব লাগে। পেপাৰৰ তীব্ৰতাৰে বাহিৰলৈ টনাত সৰু-সৰু চেনচৰ বেয়া হ'ব পাৰে।

যদি মনিটৰে ভালদৰে কাম নকৰে ?

মনিটৰে কোনো কম্পিউটাৰৰ গুৰুত্বপূৰ্ণ পাৰ্ট হয়। যেতিয়া মনিটৰে সূচনাক ডিচপ্লে কৰিব পাৰে বা ভালদৰে ডিচপ্লে নকৰে তেতিয়া সামান্যতে ইয়াৰ ভিডিঅ কাৰ্ডত সমস্যা আহে। কাৰ্ডে কম্পিউটাৰৰ দ্বাৰা পঠিওৱা নিৰ্দেশক সেইটো ৰূপত অনুবাদিত কৰে, যিটোক মনিটৰে ভালদৰে বুজে।

স্ক্ৰীনত ইমেজত কালাৰ অহা

যদি আপোনাৰ কম্পিউটাৰৰ স্ক্ৰীনত নীলা-সেউজীয়া আৰু পাৰ্পল কালাৰৰ সাধাৰণ ইমেজ দেখা দিয়ে তেতিয়া ইয়াৰ পৰা কোনো প্ৰাথমিক ৰং মিচিং হ'ব পাৰে। এইটো মনিটৰ আৰু ভিডিঅ কাৰ্ডৰ মাজত লুজ কানেকচৰ কাৰণে হ'ব পাৰে। মনিটৰক ভিডিঅ কাৰ্ডৰ লগত একেল কৰা কেবুলৰ অন্তত দুটা স্ক্ৰু থাকে। ভাল আৰু সঠিক কানেকচনৰ বাবে দুটা পেচক ভালদৰে লগাব লাগে।

স্ক্ৰীনত যদি ডাৰ্ক এৰিয়া আহে তেতিয়া ?

যদি মনিটৰ স্ক্ৰীনত বিনা ৰঙৰ বা ডাৰ্ক এৰিয়া ডিচপ্লে কৰে তেতিয়া এইটো মেগনেটিক ফিল্ডৰ কাৰণে হয়। এনেতে আপোনাৰক মনিটৰৰ ওচৰে-পাঁজৰৰ কোনো মেগনেটিক ডিভাইচক আতৰাই দিব লাগে।

স্কেনাৰ ভালদৰে কাম নকৰিলে ?

অধিক ক্ষেত্ৰত যদি স্কেনাৰে ভালদৰে কাম নকৰে তেতিয়া ড্ৰাইভাৰক ইনস্টল কৰাত বা চফটৱেয়ৰ প্ৰগ্ৰেমত অভাব হ'ব পাৰে। সমস্যাক দূৰ কৰিবৰ বাবে আপোনাৰ ড্ৰাইভাৰ আৰু চফটৱেয়ৰক আকৌ এবাৰ ইনস্টল কৰিব লাগে। ইয়াৰ পিছতো যদি সমস্যা দূৰ নহয় তেতিয়া ইয়াৰ অৰ্থ হ'লে স্কেনাৰ হাৰ্ডৱেয়ৰৰ প্ৰবলেম হৈছে।

কানেক্ট কৰাৰ লগতে ইউপিএম কাম কৰিবনে ?

ইউপিএচ ৰ ভিতৰত থকা বেটেৰিয়ে বিজুলীক ষ্টোৰ কৰে। একেবাৰে চাৰ্জ হ'বৰ বাবে অধিকাংশ বেটেৰিক চব্বিশ ঘণ্টা লাগে। কম্পিউটাৰৰ ব্যৱহাৰ কৰিবৰ বাবে আপোনাৰ বেটেৰিক একেবাৰে চাৰ্জৰ অপেক্ষা কৰিব নালাগে। কিন্তু ইউপিএচ তেতিয়ালৈকে ভালদৰে কাম নকৰিব যেতিয়ালৈকে বেটেৰি একেবাৰে চাৰ্জ নহ'ব।

কম্পিউটৰে নিজে নিজে মডেমক বিচাৰেনে ?

যদি আপুনি এক্সটাৰ্নেল বা ইন্টাৰনেল মডেমক কম্পিউটাৰেৰে কানেক্ট কৰে তেতিয়া কম্পিউটাৰে এইটোক নিজে নিজে ডিটেক্ট কৰিব পাৰে আৰু ইয়াৰ বাবে আৱশ্যকীয় ড্ৰাইভাৰক ইনস্টল কৰিব পাৰে। যদি কম্পিউটাৰে নিজে নিজে মডেক ডিটেক্ট কৰি ড্ৰাইভাৰক ইনস্টল নকৰে তেতিয়া আপোনাক মডেমত থকা ড্ৰাইভাৰক ইনস্টল কৰিব লাগিব।

কানেকচনৰ সময়ত মডেমত সমস্যা আহিলে ?

যদি আপোনাৰ মডেম কানেকচক একেলগ কৰাত বা গঠন কৰাত সমস্যাৰ অনুভৱ কৰে তেতিয়া এইটো সমস্যা আপোনাৰ টেলিফোন লাইনৰ ফিচাৰৰ কাৰণেও হ'ব পাৰে। যেনে-ভইচ মেইল আৰু কল বেটিং। ভইচ মেইল আৰু কল বেটিং ফিচাৰ টেলিফোন লাইনক টোনক সলনি কৰে। এইদৰে টোন মডেমৰ কানেকচনক একেলগ কৰাত অহা সমস্যাৰ পৰা বাচব পাৰে।

যদি মনিটৰে ভালদৰে কাম নকৰে ?

মনিটৰে কোনো কম্পিউটাৰৰ গুৰুত্বপূৰ্ণ পাৰ্ট হয়। যেতিয়া মনিটৰে সূচনাক ডিচপ্লে কৰিব পাৰে বা ভালদৰে ডিচপ্লে নকৰে তেতিয়া সামান্যতে ইয়াৰ ভিডিঅ কাৰ্ডত সমস্যা আহে। কাৰ্ডে কম্পিউটাৰৰ দ্বাৰা পঠিওৱা নিৰ্দেশক সেইটো ৰূপত অনুবাদিত কৰে, যিটোক মনিটৰে ভালদৰে বুজে।

কম্পিউটাৰে কোনো হাৰ্ড ড্ৰাইভক নিজে নিজে বিচাৰিব পাৰেনে ?

আপোনাক কম্পিউটাৰৰ যি কোনো হাৰ্ড ড্ৰাইভক ইনস্টল কৰাৰ সময়ত সেইটো ডিটেক্ট কৰি সেইটোৰ চেটআপ প্ৰস্তুত কৰি দিয়ে। যদি আপোনাক কম্পিউটাৰ হাৰ্ড ড্ৰাইভৰ চেটআপ প্ৰস্তুত নকৰে ,তেতিয়া আপোনাক কম্পিউটাৰৰ চেটিং সলনি কৰি দিব লাগে যৰ পৰা সেইটো ড্ৰাইভৰ লগত কাম কৰিব পাৰে। যদি আপুনি ড্ৰাইভক ডাটাক ষ্টোৰ কৰাত ব্যৱহাৰ কৰে তেতিয়া আপোনাক হাৰ্ড ড্ৰাইভক ফৰ্মেট কৰিব লাগে।

হাৰ্ড ড্ৰাইভে মাত কি কৰে ?

হাৰ্ড ড্ৰাইভ কোনো কম্পিউটাৰৰ মেচিন ডিভাইচৰ ভিতৰত এটা হয়। সকলো মেচিন ডিভাইচৰ দৰে ইয়াৰ পাৰ্টচক মুভ কৰাত সমস্যাত পৰিব পাৰে। অধিকাংশ হাৰ্ড ড্ৰাইভে যেতিয়া অপাৰেটিং কৰে তেতিয়া সেইটো মাত মাতে। অনাৱশ্যক বা অসামান্য মাতে আপোনাৰ ড্ৰাইভৰ ফেল হোৱাৰ প্ৰথম কাৰণ হয়।

ফ্লপি ড্ৰাইভ বাৰে বাৰে জিলিকি উঠে ?

যদি ফ্লপি ড্ৰাইভ কোনো ফ্লপি ডিস্কক এক্সেচ কৰে তেতিয়া সামান্যত ৰূপে এইটো এটা ফালে লাইট ডিচপ্লে কৰে। কিন্তু যদি ফ্লপি ড্ৰাইভৰ লাইট বাৰে বাৰে জুলি থাকে তেতিয়া হ'ব পাৰে যে সেইটো ড্ৰাইভ কম্পিউটাৰৰ লগত ভালদৰে কানেক্ট হোৱা নাই।

চিডি ৰোম ড্ৰাইভ কোনো ডিস্কত ইনফৰমেচন এক্সেচ কিয় কৰিব নোৱাৰে ?

যদি আপোনাৰ চিডি-ৰোম কোনো ডিস্কত ইনফৰমেচনক এক্সেচ নকৰে তেতিয়াৰ ডিস্ক তাৰ লগত কাম নকৰিব। যদি কিছুমান ডিস্ক চিডি ৰেকৰ্ডেবল আৰু চিডি ৰাইটেবল ড্ৰাইভৰ ব্যৱহাৰেৰে প্ৰস্তুত হয় তেতিয়া সেইটো সকলো চিডি ৰোম ড্ৰাইভৰ লগত কাম নকৰে। কেতিয়াবা-কেতিয়াবা ড্ৰাইভত থকা ডিস্কত স্কেচ লাগে। এনেতে সেইটো ড্ৰাইভ সেইটো ডিস্কৰ ইনফৰমেচনক এক্সেচ কৰিব নোৱাৰে।

নেটৱৰ্ক ইন্টাৰফেচ কাৰ্ডৰ বাবে ড্ৰাইভাৰক ইনস্টল কৰাৰ আৱশ্যকনে ?

বিভিন্ন অপাৰেটিং চিস্টেমৰ বাবে ড্ৰাইভাৰৰ লগত নেটৱৰ্ক ইন্টাৰফেচ কাৰ্ড আহে। ড্ৰাইভাৰ সেইটো চফটৱেয়ৰ হয় যিটো আপোনাৰ কম্পিউটাৰৰ অপাৰেটিং চিস্টেমক নেটৱৰ্ক ইন্টাৰফেচ কাৰ্ডৰ কন্ট্ৰলৰ লগত কাম কৰাৰ অনুমতি দিয়ে। নেটৱৰ্ক ইন্টাৰফেচ কাৰ্ড বহুত ভালদৰে কাম কৰে, ইয়াৰ বাবে আপোনাক কাৰেক্ট ড্ৰাইভাৰ ইনস্টল কৰিব লাগে।

মেম'ৰী টিপচ

কম্পিউটাৰ

কম্পিউটাৰ কি হয়? কম্পিউটাৰ এক এনে ডিভাইচ অৰ্থাৎ উপকৰণ হয় যাৰ সহায়েৰে আমি আমাৰ কামক সুব্যৱস্হিত ৰূপেৰে বহুত তীব্ৰ গতিত পুৰা কৰিব পাৰো। আগবঢ়াৰ আগতে মই এইটো স্পষ্ট কৰি দিওঁ যে মনুষ্যৰ মগজু কম্পিউটাৰৰ দৰে হয়। আহক জানো কেনেকৈ-

চি - কনচেনট্ৰেচন (একাগ্ৰতা)
অ - অভাৰ লাৰ্নিং প্ৰচেচ (শিকাৰ প্ৰক্ৰিয়া)
এম -মেম'ৰী (স্মৃতিশক্তি)
পি - পিকচাৰ বা ইমেজ
ইউ - ইউ(আই) বিএমচি
টি - টাইম ফৰ ব্ৰেক
ই - ইমোচন (ভাৱনা)
আৰ - ৰিভিজন (পুনৰাবৃত্তি)
এচ - শ্লীপ (বন্ধ হোৱা শুই যোৱা)

কনচেনট্ৰেচন (একাগ্ৰতা)

[illegible] যোৱা তিনি বছৰত মই প্ৰায় 50000 জন ছাত্ৰক এইটো প্ৰশ্ন কৰিছো। তেওঁলোকৰ ভিতৰত আগক প্ৰশ্ন হ'ল এইটো কেনেদৰে হ'ব?

কোনো বৰিং বিষয়ত আপোনাৰ একাগ্ৰতাক কেনেদৰে বঢ়াব পৰা যায়?

একগ্ৰতাক কেনেদৰে বিকশিত কৰা যায়?

যেতিয়া আমি আমাৰ মন পছন্দৰ ফিল্ম চাওঁ তেতিয়াহ'লে আমি তিনি বছৰলৈকে একাগ্ৰ হৈ থাকো। আমি যেনে-তেনে চাওঁ যে আমাৰ ওচৰে-পাঁজৰে কোন আছে সেইটো চাওঁ, সেইটোও তেতিয়া যেতিয়া তেওঁ উঠি যায়। উদাহৰণৰ বাবে-প্ৰায় এনেধৰণৰ ক্ৰিকেট মেচত হয় আৰু আমাৰ চকু কেৱল টিভিস্ক্ৰীনত লাগি থাকে। যেতিয়া পঢ়া সময়ত, বিশেষকৈ ডাঙৰ আৰু বৰিং বিষয়ৰ ওপৰত আমি ওচৰে-পাজৰৰ হুলস্হুলৰ পৰা ডিস্টাৰ্ব হৈ যাওঁ। লাগিলে দূৰত সংগীত বাজিলেও।

একাগ্ৰতা একো নহয় কেৱল চাবজেক্টত আপোনাৰ ৰুচি আৰু আপোনাৰ ধ্যান থাকিব লাগে।

ইয়াৰ অৰ্থ এইটো হয় যে,

শিকাৰ মাত্ৰা আপোনাৰ একাগ্ৰতাৰ মাত্ৰাৰ ওপৰত নিৰ্ভৰ কৰে আৰু এইটো আপোনাৰ সেইটো ক্ষেত্ৰত কিমান ৰুচি আছে, ইয়াৰ ওপৰটো নিৰ্ভৰ কৰে।

একাগ্ৰতাক বুজি পোৱা

আপোনাক যোৱা সপ্তাহত হোৱা পাৰ্টিৰ ফটোগ্ৰাফ দিয়া যায়, যি পাৰ্টিত আপুনিও আছিল। এই ফটোগ্ৰাফত আপুনি কি দেখা পাব-উত্তৰ স্পষ্ট যে আপুনি ইয়াত আপোনাৰ ফটোক চাব। অধিকাংশ সময়ত আমি সেই বস্তুক চোৱাত সময় কটাওঁ য'ত আমি ইনভলব (অন্তৰ্ভুক্ত) থাকো।

(শিকাৰ অথবা জনাৰ প্ৰক্ৰিয়া তেতিয়া তীব্ৰৰে হয় যেতিয়া মই অৰ্থাৎ আই' তাৰ লগত জড়িত থকা অনুভৱ কৰে বা সেইটো প্ৰক্ৰিয়াত অন্তৰ্ভুক্ত থাকে।)

শিকাৰ সিদ্ধান্ত

শিকিবৰ বাবে কোনো নতুন টপিক অথবা বিষয়ক নিৰ্বাচিত কৰক, তাৰ ওপৰত

15 মিনিট নিৰন্তৰে তেতিয়ালৈকে খৰচ কৰক যেতিয়ালৈকে আপুনি সেইটো বিষয়ত একেবাৰে পৰিচিত হৈ নাযায়। সেই বিষয়ক নেদেখাকে এতিয়া আপুনি কি কৰিব?

শিকাৰ সিদ্ধান্তৰ অনুসাৰে, আমি শিকাৰ পিছত সেইটো কন্টেক্টক স্মৰণ কৰা সময়ত আপোনাৰ এক তৃতীয়াংশ সময় বাস্তৱত লাৰ্নিং (শিকা) ৰ প্ৰক্ৰিয়াত খৰচ কৰিব লাগে।

ওপৰত দিয়া ক্ষেত্ৰত, কমেও ইয়াত পাঁচ মিনিট সময় দিব লাগে।

এইটো উপায়ৰ দ্বাৰা আপুনি স্মৰণ কৰাত আপোনাৰ বহুত সময় বাচিব পাৰে আৰু বস্তুক স্মৰণ কৰাত অধিক ধ্যান দিব পাৰে।

পৰীক্ষাৰ দিনত আমি সদায় সময়ক কম পাওঁ এনে নহয় যে আমাৰ লিখাৰ ক্ষমতা তীব্ৰ গতি নাই, কি এনে আমি ৰিকল কৰাত অহা সমস্যাৰ কাৰণে হয়। অভাৰ লাৰ্নিঙেৰে তীব্ৰ গতিত ৰিকল কৰাত বহুত সহায় পায়।

নিমোনিক্স (স্মৰণশক্তি)

ইয়াত এম স্মৰণশক্তিৰ পৰিচয়াক হয়। যদি আপুনি শব্দকোষত ইয়াৰ অৰ্থক চাব তেতিয়া এইটো হয় মেম'ৰীৰ কৃত্ৰিম বিজ্ঞাপন' হয়।

এই টেকনিকৰ সহায়েৰে আপুনি আপোনাৰ মেম'ৰী (স্মৃতিশক্তি অথবা স্মৰণ শক্তি) ক বঢ়াব পাৰে। সেই ছাত্ৰ যিয়ে প্ৰতিযোগী পৰীক্ষাৰ প্ৰস্তুত কৰি আছে, তেওঁ এইটো ভাবিব লাগে যে এইটো কেৱক এক বিষয়ৰ পৰীক্ষা নহয় বৰং এইটো বিষয়ৰ বিষয়ে তীব্ৰ গতিৰে ৰিকল (পুনৰ স্মৰণ) কৰাৰ পৰীক্ষা হয়। আপোনাৰ এইটো ক্ষমতাই আপোনাৰ সফলতাৰ পুঁজী হয়। প্ৰতিযোগী পৰীক্ষা দিয়া অধিকাংশ ছাত্ৰই এইটো মানে যে তেওঁলোকৰ ভিতৰত কিছুমান ছাত্ৰক বিষয়ৰ সকলো উত্তৰ গম পাইছিল কি সময় কম হোৱাৰ কাৰণে (মাত্ৰ দুই-তিনি ঘণ্টা) তেওঁলোকে এই প্ৰশ্নৰ উত্তৰ দিব পৰা নাছিল। ইয়াৰ পৰা

গম পোৱা যায় যে অধিকাংশ টপাৰ বিলাকে কেৱল নিজৰ ৰিকল কৰাৰ ক্ষমতাৰ কাৰণে আগবাঢ়িব পাৰে। দুই-তিনি বছৰ কঠোৰ পৰিশ্ৰম কৰাৰ নিজৰ বিষয়ত আপোনাৰ অধিক জ্ঞান হৈ যায় কি আপোনাৰ ওচৰত ৰিকল কৰাৰ টেকনিক নাহে। এনেতে আপোনাক পৰীক্ষাত সমস্যা আহে। যদি আপুনি প্ৰতিযোগী পৰীক্ষাৰ প্ৰস্তুত কৰি আছে তেতিয়াহ'লে সঠিক আৰু তীব্ৰ গতিৰে ৰিকল কৰাৰ ক্ষমতাত বিকাশে ইয়াত বহুত গুৰুত্বপূৰ্ণ ভূমিকা পালন কৰি। আপুনি নটিচ কৰিছেনে যে পৰীক্ষাত আপুনি যেতিয়া কোনো বস্তুক ৰিকল কৰিব নোৱাৰে তেতিয়া আপুনি বিপদত পৰি যায়। এইটো স্হিতি তেতিয়া হয় যেতিয়া আপোনাৰ মগজুত খেলি-মেলি বিচাৰ আহে। এইটো বহুতো সমস্যাজনিক স্হিতি হয়। কি এইটো সিগ্ন কৰে যে আমাৰ মগজুত এক মেচিন থাকে যিটোৱে আমক বস্তু আৰু সূচনাক মনত পেলাই আৰু পাহৰাত সহায় কৰে। কেতিয়াবা-কেতিয়াবা আপুনি কোনো চিনাকি চেহেৰা দেখা পাই, কি আপুনি তেওঁৰ নামক মনলৈ আনিব নোৱাৰে। আপুনি নিজকে সোধে যে এইজন ব্যক্তি আগতে ক'ত দেখা পাইছিলো ? এইটো প্ৰক্ৰিয়া কিছু দিনলৈ চলি থাকে। কি পৰিণামৰ ৰূপত এইটো সম্মুখলৈ আহে যে আপুনি সেই ব্যক্তিৰ লগত সম্বন্ধীত সূচনাক পাহৰি গৈছে আৰু আপুনি এইটো বিষয়ৰ ওপৰত অধিক ভবা বন্ধ কৰি দিয়ে। কি হঠাতে কোনো এটা দিন আপোনাৰ মনলৈ আহে যে অহ ! আপুনি তেওঁক চিমল .ত লগ পাইছিল। যদি আপোনাৰ এনে কথা মনলৈ আহে তেতিয়া ইয়াৰ অৰ্থ এইটো হয় যে সেইটো কথা আপোনাৰ মগজুৰ কোনো কোণাত আছে। এনে সেইকাৰণে হয় যে আপোনাৰ মগজুৱে সেই বিষয়ে মগজুক দিয়া চিগনেলৰ অপেক্ষা কৰে।এনেদৰেই কম্পিউটাৰত থাকে যদি আপুনি চেভ কৰিব বিচাৰে তেতিয়াহ'লে সেইটো স্পেচিয়েল কামাণ্ড দিয়ক আৰু যদি ডিলিট কৰা অৰ্থাৎ নষ্ট কৰিব বিচাৰে তেতিয়াহ'লে অন্য কামাণ্ড দিয়ক।

এইদৰে, যদি আপুনি মগজুৰ মেচিনক বুজি পোৱাত সক্ষম হয় তেতিয়াহ'লে আপোনাৰ কাম বহুত সহজ হৈ যাব।

নিম্নলিখিত উদাহৰণ বুজক-

এনেদৰে কেইবাবাৰো হয় যে আপুনি ৰাতি দুই বজালৈকে পঢ়ি আছে আৰু ৰাতিপুৱা পাঁচ বজাৰ এলাৰ্ম লগাই দিয়ে আৰু আপুনি নিজকে কথা দিয়ে যে এলাৰ্ম বাজিলেই মই উঠি যাম আৰু পঢ়া আৰম্ভকৰিম। কি যেতিয়া ৰাতিপুৱা এলাৰ্ম বাজে তেতিয়া আপুনি কয় যে ইমান সোনকালে কিয় এলাৰ্ম বাজিলে আৰু মই পিছত পঢ়িম। এনে সেইকাৰণে হয় যে ৰাতিত আপোনাৰ মগজুত কিছু অন্য বিচাৰ থাকে আৰু ৰাতিপুৱা আপোনাৰ মজুৱে অন্য বিচাৰৰ লগত নিয়ন্ত্ৰিত থাকে।

ইয়াৰ অৰ্থ হ'ল যে কিবা নহয় কিবা নিশ্চয় আছে যিটো আপোনাৰ ক্ৰিয়া কলাপক নিয়ন্ত্ৰিত কৰে। ইয়াক আপুনি স্মৰণ শক্তিৰে বুজিব পাৰে। যিটোৱে আপোনাক এইটো মেকানিজিমক বুজি পোৱাত, অভ্যাস কৰা আৰু শিকাত সহায় কৰিব। যিটোৱে আপোনাক আপোনাৰ জীৱনৰ ওপৰত নিয়ন্ত্ৰণৰ শক্তিত বৃগ্ধি কৰি দিব।

সদাই মনত ৰাখিব যে আপুনি সুখত থকা, দুখী হৈ থকা আদি অন্য ভাৱনাত মেম'ৰীয়ে সদায় ডাঙৰ ভূমিকা পালন কৰে। মেম'ৰীৰ অবিহনে যিকোনো ভাবনা নিজে নিজে আহিব নোৱাৰে। যদি আপুনি এইটো সময়ত দুখী অনুভৱ কৰে তেতিয়াহ'লে মনত ৰাখিব যে কিবা নহয় কিবা বিচাৰে আপোনাক দুখী কৰাইছে। যদি আপুনি এইটো মেম'ৰীক ডিলিট কৰি দিব তেতিয়াহ'লে আপুনি দুখী নহ'ব। যিকোনো স্কুল বা কিশ্ববিদ্যালয়ে আপোনাক এইটো টেকনিক নিশিকাব পাৰে। এইটোক কেৱল আপুনি মেম'ৰীৰ মেকেজিমক বুজি পাই বঢ়াব পাৰে।

পিকচাৰ (ইমাজিনেচন)

যিকোনো ৰচনা সকলোতকৈ প্ৰথমে আপোনাৰ মস্তিস্কত সৃষ্টি হয়। মগজুৰ এইটো ইমেজৰ পিছত গোটেই আকৃতিৰ ৰূপ লয়। এইটো পৰিকল্পনাৰ আধাৰত পিছত সঠিক পিকচাৰলৈ পৰিৱৰ্তন হৈ যায়। এইদৰে ইমাজিনেচন এক প্ৰকাৰৰ অদৃশ্য বল হয়। বায়লজিকেল ব্ৰেনেৰে বহুত গুৰুত্বপূৰ্ণ হয় যি সেইবিলাক জন্ম দিয়ে।

ইমনাজিনেচ শক্তিৰ উপযোগ

ভিজুৱেলাইজ

যিকোনো পিকচাৰত আপুনি কি পঢ়ে এইটোক ভিজুৱেলাইজেচনত সলনি কৰাৰ চেস্টা কৰক। আমাৰ চকুৰ মেম'ৰী পাৱাৰ (স্মৰণ শক্তি) আমাৰ কাণৰ মেম'ৰী পাৱাৰতকৈ

20 গুন অধিক থাকে। মগজুক চকুৰে একেলগ কৰা শিৰা, কাণক মগজুৰ লগত জড়িত কৰা শিৰাতকৈ 20 গুন অধিক শক্তিশালী আৰু তীব্ৰ হয়।
ভিজুৱেলাইজেচনৰ প্ৰক্ৰিয়া ইতিহাসক বুজি পোৱাত বহুত সহজ হৈ যায়। উদাহৰণৰ বাবে-যদি আপুনি ইণ্ডাচ ভেলিৰ মানুহৰ বিষয়ে জানিব বিচাৰে, তেওঁলোকক বুজি পাওক আৰু মগজুত তাৰ লোকৰ ছবি প্ৰস্তুত কৰক আৰু তেওঁলোকক বুজিবলৈ চেষ্টা কৰক।
এইটো স্হিৰ কৰি লওল যে আপোনাৰ ভিজুৱেলাইজেচে অধিকাংশ সেইটো বস্তু হয় যাৰ বিষয়ে আপুনি পঢ়ে। সদায় যি কোনো বস্তুৰ পিকচাৰ সকলোতকৈ প্ৰথমে মগজুত স্হিৰ হৈ যায়।
যি কোনো বস্তুৰ বিষয়ে শুনা সেইটো বস্তুৰ বিষয়ে জনাত বহুত সহায়ক হয় কি যি কোনো বস্তুক চোৱাটো সেইটো বিষয়ত দীঘলীয়া সময়লৈকে আপোনাৰ মগজুত সূচনাক স্টোৰ কৰি ৰাখিব পাৰে।

ইউ(আই) ৰিএমচি

এতিয়া আমি বস্তুক আকৌ পাহৰি নাযাবৰ বাবে আৰু আৱশ্যক হ'লে সেইটো মনলৈ আহি যায়, তাৰ বাবে কি কৰিব লাগে ? ইয়াৰ কেৱল এটাই উত্তৰ

আছে

আইবিএম ক আমি এইদৰে বুজিব পাৰো।

ইউ ঃ আপুনি নিজকে চাব লাগে (মই, মোৰ)।
বি ঃ বিগ (ডাঙৰ)
মুভিং ঃ চলায়মান (ইন একচন)
চি ঃ কালাৰ

যি পিকচাৰক আপুনি ইমেজিন কৰে অৰ্থাৎ ভাবে তেতিয়াহ'লে আপোনাক সেইটো ইমাজিনেচনত আপুনি নিজকে একচন কৰি অৰ্থাৎ ভাবিব লাগে অৰ্থাৎ এইদৰে ভাবিব লাগে যে আপুনি তাত অন্তৰ্ভুক্ত হৈছে। দ্বিতীয়তে এইটো ডাঙৰ হ'ব লাগিব। তৃতীয়তে এইটো হ'ল পিকচাৰ স্টিল ফটোগ্ৰাফী নোহোৱাকে ভিডিঅ (চলায়মান) হ'ব লাগে। শেষত এইটো হয় যে এইটো ৰঙীন হ'ব লাগে।

আপুনি ইয়াক কম্পিউটাৰ কোম্পানী আইবিএম' ৰ নামেৰে বুজিব পাৰে। ইয়াত চি ৰ অৰ্থ কোম্পানী হয়।

উদাহৰণৰ বাবে- যদি আপোনাক বন্ধ (এক প্ৰকাৰৰ ব্ৰেড) ক ভিজুৱেলাইজ কৰিবৰ বাবে কয় তেতিয়া আপুনি ইয়াম কিমান সময় লব। মাত্ৰ কিছু ছেকেণ্ড। এতিয়া মই আপোনাক এক ডাঙৰ ৰুমৰ আকাৰত চাবলৈ কওঁ তেতিয়াও আপুনি ইয়াত মাত্ৰ কিছু ছেকেণ্ড লব। মই এইটো কব বিচাৰো যে ইয়াত আপোনাৰ ইমাজিনেচন (ভৱাৰ শক্তি) বিজুলিতকৈও অধিক তীব্ৰ হয়। আৰু বিগ (ডাঙৰ) পিকচাৰে আপোনাৰ বস্তক দীঘলীয়া সময়লৈকে মনত ৰখাত সহায় কৰিব।

মুভিং (চলায়নমান) বস্তু অধিক দীঘলীয়া সময়লৈকে মনত থাকে। মই আপোনাৰ সোধিব বিচাৰো যে আপুনি মুভি(ফিল্ম) ৰ পোস্টাৰ আৰু ফিল্ম চাইনে? ইয়াৰ চিধা কথা হ'ল যি কোনো ব্যক্তিয়ে পোস্টাৰক বাৰে বাৰে তিনি ঘণ্টালৈকে চাব নোৱাৰে। এইটো সিদ্ধান্ত অন্য বস্তুৰ ওপৰত প্ৰযোজ্য হয়। এতিয়া আপুনি নিজকে প্ৰশ্ন কৰক যে বন্ধ (ব্ৰেড) কিমান বীজাণু আছিল, যদি আপুনি এইটো কবলৈ সক্ষম হৈ যায় যে ব্ৰেডৰ পৰা কিমান বীজাণু বাহিৰ হৈ উৰিছিল তেতিয়া আপুনি স্হিৰ কৰিব পাৰিব যে এইটো সঠিক হয় আৰু পুনৰ স্মৰণেৰে সহজতে ৰিকল হৈ যাব।

আপোনাৰ ঘৰত ব্লেক -ৱাইট বা ৰঙীন টেলিভিজন আছেনে? আপোনাৰ উত্তৰ ৰঙীন টিভি হয়। যেতিয়া আপুনি ব্লেক -ৱাইট টিভিআপোনাৰ ঘৰত থব নিবিচাৰে, তেতিয়াহ'লে আপোনাৰ মগজুত ব্লেক -ৱাইট পিকচাৰ কেনেদৰে ষ্টোৰ কৰিব পাৰিব।

আপুনি যিমনেই পিকচাৰক ভিজুৱেলাইজ কৰিবলৈ চেস্টা কৰিব যে সেইটো অধিক ৰঙীন হওক। আপোনাৰ ব্ৰেডক সদাই বীজাণুৰ লগত চাব লাগে। আৰু এইদৰে বুজিব লাগে যে যেতিয়াই আপুনি এইটোক চাব এইটো আপোনাৰ ইমাজিনেচনত উৰি চকুত পৰি যাব। আইবিএমচি ৰ এইটো গোটেই প্ৰক্ৰিয়াই আপোনাক পঢ় সময়ত সতৰ্ক কৰিব আৰু আপোনাৰ বহুত কামত আহিব। পঢ়া সময়ত আপোনাৰ কেৱল কামৰ বস্তুৰ ওপৰত ফকাচ থাকিব আৰু অযথা বস্তু মগজুলৈ নাহিব। যেতিয়া আপুনি টিভিত জিটিভিচাই তেতিয়া আপুনি সেইটো সময়ত স্টাৰ টিভিবা কোনো অন্য চেনেলক চাব নোৱাৰে। এইদৰে আইবিএমচি ৰ সিদ্ধান্তৰ অনুসাৰে পঢ়া সময়ত কোনো বস্তুক ভাবে তেতিয়া অন্য অনবাঞ্চিত বস্তু আপোনাৰ মগজুলৈ আহিব নোৱাৰে। যেতিয়া কোনো ব্যক্তিয়ে সাঁতুৰ শিকে তেতিয়া তেওঁৰ বাবে হাত /ভৰিক চলোৱা বহুত কঠিন হয় কি কিছু সময় পিছত এইটো বস্তু বহুত সহজ হৈ যায়। আপুনি আপোনাৰ মগজুৰ এইটো বিশেষতাৰ বিষয়ে নিশ্চয় গম পাব লাগিব। অধিকাংশ ছাত্ৰই এইটো টেকনিক জানে আৰু পঢ়া সময়ত মাজে-মাজে কিছু সময়ৰ ব্ৰেক লয়। এইটোৱেই আপোনাৰ মগজুক ৰিফ্ৰেচ কৰি দিয়ে আৰু আধা ঘণ্টা পঢ়াৰ পিছত পাঁচ মিনিটলৈকে ব্ৰেক লোৱাটোও পৰ্যাপ্ত হয়। এই প্ৰক্ৰিয়াৰে আপুনি ৰিকলিংত সঠিক উত্তৰ বিচৰাৰ সম্ভাৱক বঢ়াই দিয়ে। এইটো মোৰ পৰামৰ্শ হয় যে আপুনি পঢ়াৰ সময়ত
25 মিনিট পিছত 5 মিনিটৰ আৰু 50 মিনিট নিৰন্তৰে পঢ়াৰ পিছত 10 মিনিটৰ ব্ৰেক নিজকে দিব লাগে।

ব্ৰেকৰ সময় (টাইম ফৰ ব্ৰেক)

সুনিযোজিত ধৰণেৰে কৰা পঢ়াই আপোনাৰ বস্তুক ৰিকল (আকৌ মনত পেলোৱা) কৰাৰ ক্ষমতাক বঢ়াই দিয়ে। আপুনি প্ৰত্যেক
40 মিনিটৰ পিছত ব্ৰেক লব লাগে। ইয়াৰ পৰা আপুনি বহুত আৰাম পাব। অন্যথা কেইবাটাও বস্তু আপোনাৰ মগজুত চলি থাকিব যিটোৱে আপোনাক দিগভ্ৰমিত (কনফিউজন) কৰিব আৰু আপোনাৰ স্মৃতি শক্তি প্ৰভাৱিত কৰিব।

এইটো ব্ৰেকৰ সময়ত আপুনি সংগীত শুনিব লাগে। কিছু সময় খোঁজ কাঢ়িব লাগে বা আপুনি নিজকে ৰিলেক্স কৰিবৰ বাবে গভীৰ-গভীৰ শ্বাস লব লাগে।

ব্ৰেকে কিয় কাম কৰে?

এক জাৰ্মান গৱেষক অৰ্নিকে পাইছে যে যদি কোনো ব্যক্তিয়ে কোনো কামত ডুবি থাকে আৰু কাম সঠিক হৈ আছে, তেতিয়াহ'লে তাত ব্যৱধানে কামক আৰু আপোনাৰ ৰিকল কৰাৰ ক্ষমতাক প্ৰভাৱিত কৰিব পাৰে।

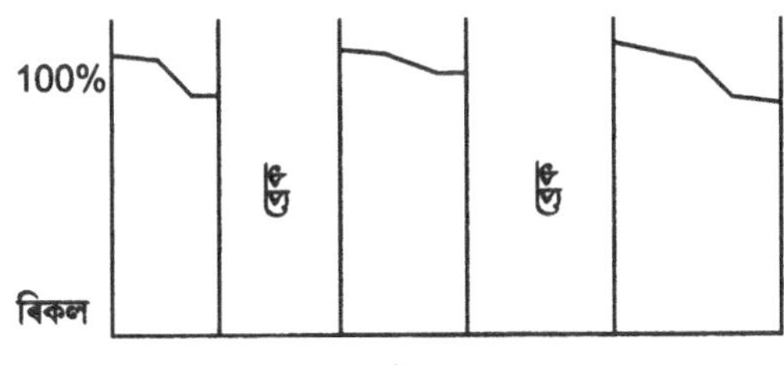

5 মিনিট প্ৰতি 10 মিনিট

ইমচন (ভাবনা)

যেতিয়া আপোনাৰ মেম'ৰীয়ে ভালদৰে কাম কৰিবৰ বাবে প্ৰস্তুত হয়। এইটো প্ৰক্ৰিয়াৰ আৰম্ভহোৱাৰ পূৰ্বে, মই আপোনাক এইটো কথা কব বিচাৰো যে তিনি দিনৰ বাবে আপুনি পাহৰি যাওক যে আপুনি কম্পিউটাৰ, বিজ্ঞান, কলা বৰ্গ আদিৰ ছাত্ৰ হয়। আপুনি নিজকে কেৱল মেম'ৰীৰ ছাত্ৰ বুলি ভাবক আৰু ইয়াৰ লগত সম্বন্ধীত প্ৰত্যেক বস্তুক বুজিবলৈ চেষ্টা কৰক। যদি আপুনি প্ৰস্তুত হয় তেতিয়াহ'লে মই আপোনাক সেইটো টেলিফোন নম্বৰ জনাব বিচাৰো যাক আপুনি সকলোতকৈ শেষত ৰিচিভকৰিছিল। আপুনি সেই ব্যক্তিৰ টেলিফোন নম্বৰ, সেই ব্যক্তিৰ অৱস্থা আৰু তাৰ লগত হোৱা বাৰ্তালাপৰ বিউৰাক কব পাৰে। আপুনি কব যে এনে হ'ব নোৱাৰে। এতিয়া আপোনাক কালি সন্ধ্যা আপোনাৰ দ্বাৰা ৰিচিভ কৰা টেলিফোন নম্বৰক ৰিকল কৰাৰ বিষয়ে কব বিচাৰো যে তেওঁ কোন ব্যক্তি আছিল আৰু আপুনি কি কথা পাতিছিল। যদি আপোনাৰ মগজু ফ্ৰেচ হ'ব তেতিয়া এনে হ'ব পাৰে।

আপুনি অনুভৱ কৰিছেনে যে যেতিয়া আপুনি এইটো সম্বন্ধত আপোনাৰ মগজুৰ ওপৰত জোৰ দিয়ে তেতিতিয়াহ'লে আপোনাৰ মগজুৱে সেই দিনৰ সেইটো সময়লৈ গুচি যায়। আৰু তাৰ পৰা আৱশ্যকীয় সূচনা বিচাৰে। এই গোটেই প্ৰক্ৰিয়াত মাত্ৰ কিছু ছেকেণ্ডৰ সময় লাগে। এতিয়া মই আপোনাৰ পৰা কেনো এনে টেলিফোন কলৰ বিষয়ে জানিব বিচাৰো যিটো আপুনি আপোনাৰ জীৱনত কেতিয়াবা প্ৰাপ্ত কৰিছে। আপুনি এইটোক ৰিকল কৰিব বিচাৰেনে ? ইয়াৰ পৰা গম পোৱা যায় যে আপোনাৰ মগজুত লাখ-কোটি বস্তুৱে ব্যৱস্থিত ক্ৰমত সুৰক্ষিত হৈ আছে। যদি আপুনি আপোনাৰ মগজুত ষ্টোৰ নিজৰ জন্মৰ পৰা লৈ সকলো সূচনাক কাগৰত লিখে তেতিয়াহ'লে আপুনি পাব যে আপোনাক ইয়াৰ বাবে অধিক ঠাইৰ আৱশ্যক হ'ব। ইয়াৰ পৰা গম পোৱা যায় যে আপোনাৰ মগজুৰ কেপাচিটি (ক্ষমতা) কোনো লাইব্ৰেৰী (গ্ৰন্থালয়) তকৈ অধিক হয়।

কেতিয়াবা আপোনাৰ মগজুত সেইটো কথাও আছে যিটো বিষয়ে আপুনি ভাবিব নোৱাৰে। যেতিয়া আপুনি শুই থাকে তেতিয়া সেই সময়ত আপোনাৰ সপোনৰ লগতো আপোনাৰ মগজুৱে ইনফৰমেচনক কালেক্ট (একত্ৰিত) কৰে। এইটো সূচনা ব্যৱস্থিত ৰূপেৰে চেট হৈ যায় আৰু আগৰ পৰাই মগজুত ষ্টোৰ সূচনাৰে কনফিউজ কৰিব নোৱাৰে। এইদৰে আপুনি কোনো কলৰ টাইমৰ বিষয়ে কনফিউজ নহয়, যেতিয়া আপোনাক শেষৰ বাৰৰ কলৰ সময়ৰ বিষয়ে সোধে। এনে সেইকাৰণে হয় যে যেতিয়া আপোনাৰ মগজুৱে কোনো সূচনাক ষ্টোৰ কৰে, তেতিয়া এইটো তাৰ লগতেই সেই সময়ৰ টাইমকো ষ্টোৰ কৰি লয় আৰু আৱশ্যক হ'লে সহজতে মনত পেলাই দিয়ে যে প্ৰথম, দ্বিতীয়, চতুৰ্থ আৰু শেষৰ কল কোনটো আছিল। ইয়াৰ মাজত মই আপোনাক আপোনাৰ জীৱনৰ এক অভিজ্ঞতাকো জানিব বিচাৰো। ইঞ্জীনিয়াৰিং অন্তি বৰ্ষত টেষ্ট, কেম্পাচ ইণ্টাৰভিউআদিক লৈ মই বহুত চিন্তিত হৈছিলো। এই সকলোৰ পৰা মুক্তি পাবৰ বাবে মই বাপ্পী লহৰীৰৰ কিছুমান গান শুনো। ইমান বছৰ পিছতো যেতিয়া মই গাছক শুনো তেতিয়া মোৰ সেইটো ক্ষণ মনলৈ আহে। ইয়াৰ অৰ্থ হ'ল যে সেই সময়ৰ ভাৱনাক নিবিচিৰাকৈও নিজে নিজে মগজুত ষ্টোৰ হৈ যায়।

এইটো চিত্ৰৰ বুজিব পৰা যায় যে টাইম আৰু ইমোচন ইটো-সিটোৰ লগত শক্তিশালীৰে জড়িত থাকে। যদি আপুনি চেষ্টা কৰিব তেতিয়া আপুনি সেইটো মেম'ৰীৰ লগত সম্বন্ধীত টাইম আৰু ইমোচনকো সহজতে গম পাব পাৰিব।

যদি সিদ্ধান্ত প্ৰত্যেক ছাত্ৰৰ ওপৰত প্ৰযোজ্য হয়। পৰীক্ষাৰ সময়ত আপুনি ভালদৰে সাঁজু কৰা বস্তুকো পাহৰি যায় আৰু নাৰ্ভাচ হৈ থাকে। কি যেতিয়াই আপুনি ঘৰলৈ আহে আৰু পঢ়িবৰ বাবে মেজৰ ওপৰত থোৱা কিতাপক চাই তেতিয়া আপোনাৰ উত্তৰ শীঘ্ৰে মনলৈ আহি যায়। সেইকাৰণে যদি পৰীক্ষাৰ সময়ত আপুনি কোনো উত্তৰক নিবিচাৰে তেতিয়া আপুনি সেইটো ঠাই আৰু সময়ৰ বিষয়ে ভাৱিব লাগে যেতিয়া আপুনি এইটো উত্তৰক মনত পেলাইছিল। ইয়াৰ পৰা আপুনি সেইটো প্ৰশ্নৰ উত্তৰক বিচৰাৰ সম্ভাৱনা বাঢ়ি যাব।

ইয়াৰ পৰা গম পোৱা যায় যে আপোনাৰ মগজুৰ শক্তিৰ অসীমিত হয় আৰু যদি আপুনি ভাবে যে ইনফৰমেচনৰ পৰা আপোনাৰ মগজুত ভৰি গৈছে তেতিয়াহ'লে আপুনি ভুল হয় আৰু এইটো অসম্ভৱ হয় কাৰণ আজিলৈকে যি কোনো ব্যক্তিৰ গোটেই মগজু ভৰি যোৱা নাই। এইটো ব্যক্তিৰ ওপৰত আছে যে তেওঁ কিমান ষ্টোৰ কৰিব পাৰে।

ইয়াত মই আপোনাৰ মোৰ আন এটা অভিজ্ঞতাৰ বিষয়ে কব বিচাৰো।

এবাৰ ট্ৰেইনেদি জামছেদপুৰ গৈ আছিলো। যাত্ৰাৰ সমত মোৰ সহযাত্ৰীৰ লগত মিত্ৰতা হৈ যায়। তেওঁ এক বৃদ্ধ ব্যক্তি আছিল। যেতিয়া তেওঁ গম পাই গ'ল যে মই মেম'ৰী ট্ৰেইনাৰ হয়, তেতিয়া তেওঁ মোক মেম'ৰীৰ বঢ়োৱা কিছুমান টেকনিক কবলৈ কয়। মই তেওঁৰ সমস্যাক সোধো আৰু গম পাওঁ যে তেওঁ পাহৰি যায়। তেওঁ কয় যে তেওঁ সামান্যতঃ তিনিটা বস্তু প্ৰায়ে পাহৰি যায়। প্ৰথমে কোনো ব্যক্তিৰ নাম, সেই ব্যক্তি চেহেৰা আৰু তৃতীয়তে তেওঁ বহুত চেষ্টা কৰিলেও তেওঁ বুজি নাপাই যে সৰ্বশেষত তেওঁ কি পাহৰিছিল। কথা বতৰাৰ সময়ত মই তেওঁক কওঁ যে এইটো মেম'ৰীৰ সমস্যা নহয় বৰং মেম'ৰীৰ চিস্টেমত বিশ্বাসৰ বহুত অভাৱ। মনত ৰাখিব যে এইটো কোনো ডাঙৰ সমস্যা নহয়। অধিকাংশ লোকৰ লগত এনে হয়। প্ৰায়ে মানুহে নিজৰ মেম'ৰীৰ শক্তিক চিনি পাব নোৱাৰে। কিন্তু আপোনাৰ মগজু এক মেছিনৰ দৰে হয়। মেছিনৰ ক্ষেত্ৰটো কোনো মেছিন বেয়া হ'লে আপুনি অন্য এটা কিনি আছে কি মগজুৰ ক্ষেত্ৰত এনে সম্ভৱ নহয়।

কাৰণ মগজুক ৰিপ্লেচ (সলনি) কৰাটো সহজ কাম নহয়। কি আপুনি কিছু মেম'ৰীৰ টেকনিকৰ প্ৰয়োগ কৰি ইয়াক আপোনাক বাবে কাম কৰাৰ যোগ্য সহজতে কৰিব পাৰে। প্ৰায় এইটো দেখা গৈ যে আমি কোনো ব্যক্তিৰ লগত নিৰ্ধাৰিত কৰা এপইনমেন্ট আদি পাহৰি যাওঁ কি এইটো কোনো সমস্যা নহয়। যি কোনো ব্যক্তিয়ে সকলো বস্তুক পহাৰিব নোৱাৰো, ইয়াত মই আপোনাক কিছুমান উদাহৰণেৰে স্পষ্ট কৰি দিম। যেতিয়া মই কোনো ৱৰ্কশ্বপ (কৰ্মশালা) ত থাকে তেতিয়া মই এক মাৰ্কাৰৰ প্ৰয়োগ কৰো। মানুহক বুজোৱা সময়ত বা কোনো বস্তুৰ বিষয়ে কোৱা সময়ত মোৰ হাত জেপত ভৰোৱাৰ অভ্যাস আছে। কেতিয়াবা মই মোৰ মাৰ্কাৰকো জেপত ভৰাই থওঁ। কিছু সময় পিছতত যেতিয়া মই আকৌ টপিকলৈ আহোঁ তেতিয়া পহৰি যাওঁ যে মাৰ্কাৰ ক'ত আছে ? কিছু সময়ত পিছত মোৰ হাত আকৌ জেপলৈ যায় তেতিয়া মাৰ্কাৰ মোৰ হাতলৈ অহাত মনত পৰে যে ইয়াক মই জেপত থৈছিলো কি পাহৰি গৈছিলো। কি ইয়াত মেম'ৰীৰ কোনো দোষ নাই। কাৰণ মাৰ্কাৰক জেপত থোৱা সময়ত মই অন্য কথা ভাৱি আছিলো, মাৰ্কাৰক ৰখাৰ বিষয়ে নহয়।

যি কোনো বস্তুৰ বাস্তৱিকত কাৰণক নিচিৰাকে যি কোনো বস্তুৰ নাপালে মানুহে নিজৰ মেম'ৰীক দোষ দিব ধৰে। এইটো ভুল হয়। ইয়াক সলনি কৰিবৰ বাবে আপুনি নিজকে মেম'ৰী স্ট্ৰং কৰাৰ কথা দিব লাগিব। আৰু বিশ্বাস কৰক যে এইটো কিছু সময় পিছত সহজ হৈ পৰিব পাৰে। এইটো বস্তুক স্পষ্ট কৰিবৰ বাবে আমি কেইবটাও গেম খেলো। মই আপোনাৰ কিছুমান বস্তুক ভিজুৱেলাইজ কৰিবলৈ কম যিটোক মই এতিয়া আপোনাক দিবলৈ গৈ আছো। আপুনি আপোনাৰ মগজুত এই বস্তুক এক ক্ৰমত থাব লাগে বা এটা ফালৰ চেইন প্ৰস্তুত কৰিব লাগে। আপুনি এই বস্তুক চলায়মান ৰূপত ডাঙৰ আকাৰত আৰু একচন ৰূপত চাব লাগিব। আহক এতিয়া আৰম্ভ কৰো,

মোৰ প্ৰথম শব্দ চফা চেট হয়। আপুনি আপোনাৰ মগজুৰ চফা চেটৰ শীঘ্ৰে চিত্ৰ আকিব পাৰিবনে। আপুনি নিজকে সোধক যে ইয়াৰ চাইজ কিমান আৰছিল আৰু এইটো কেনেকুৱা ৰঙৰ আছিল। আনটো শব্দ হ'ল টাইগাৰ। আপুনি টাইগাৰৰ পিকচাৰক নিম্ন ভাগত চাব পাৰে। প্ৰথমে মূৰ, দ্বিতীয়তে নেগুৰ আৰু শৰীৰৰ বাকী অংশ। ইয়াৰ লগতে গোটেই টাইগাৰৰ চিত্ৰ একেবাৰে আপোনাৰ সম্মুখত স্পষ্ট হৈ যায়। হয়, আপুনি সহজতে এইটোক ভিজুৱেলাইজ কৰিব পাৰে আৰু এতিয়া ইয়াক চফা চেটৰ লগত একেলগ কৰি চাওক। টাইগাৰ ক'ত বহি আছে ? টাইগাৰ চফা চেটত বহি আছে। আপুনি ইয়াক ভিজুৱেলাইজ কৰিব পাৰে। কিয় নহয়! এই সকলোৱে আপোনাৰ মগজুত থাকে আৰু ইমান তীব্ৰ গতিৰে থাকে যে আপুনি এনে কৰিছে। আপোনাৰ মগজুত পিকচাৰ ডিক্সনেৰি আগৰ পৰাই আছে আৰু সেইটোৱে আপোনাক সেই বস্তুক স্পষ্ট কৰি দিয়ে। যেতিয়া আপুনি আপোনাৰ মগজুক কিছু সূচনা দিয়ে তেতিয়া সেইটো তীব্ৰ গতিৰে এইটো পিকচাৰৰ ৰূপত আপোনাৰ সমক্ষ প্ৰস্তুত কৰি দিয়ে আৰু আপুনি সেইটোক শীঘেৰ ধ্বনিলৈ পৰিৱৰ্তন কৰি দিয়ে। যৰ পৰা ৰিকালেকচন (বস্তুক আকৌ এবাৰ প্ৰাপ্ত কৰা) পুৰা হৈ যায়।

আনটো শব্দ হ'ল কিটকেট চকলেট। এইটো চাওক যে টাইগাৰ ৰঙৰ কিটকেট চকলেট খাইছো। আনটো শব্দ চাইকেল আৰু তাৰ পিছত মাইকেল জেকচন।

আনটো শব্দ নীলা ৰঙৰ বাচ হয়। চাওক যে বাচত নীলা, সেউজীয়া ৰঙৰ বাদেও অন্য ৰঙ আছেনেকি ? চাওক যে বাচৰ প্ৰত্যেক চিটত গ্ৰীন এপ্পল আছে আৰু হালধীয়া ৰঙৰ পক্ষী আছে। আৰু পক্ষী গ্ৰীন এপ্পলৰ পৰা বাহিৰলৈ আহিছে। এইটো চাওক যে পক্ষী উৰে আৰু এক টিউবলাইটত বহি যায়। (এটা ডাঙৰ টিউবলাইট চাওক যাৰ ওপৰত কোনো হালধীয়া পক্ষী বহি আছে।) চাওক যে কমলা ৰঙৰ সাঁপ টিউবলাইটৰ পৰা বাহিৰলৈ আহি আছে।

অমৰিশ পুৰিয়ে ক'লা বস্ত্ৰ পৰিধান কৰিছে। চাওক যে অমৰিশ গোটেই এক ক'লা ৰঙৰ দ্ৰেচ পিন্ধিছে আৰু অৰেঞ্জ কালাৰৰ স্নেক (সাঁপ) তেওঁৰ চাৰিওফালে উৰি আছে। আমি ইয়াত কিছু সময়ৰ বাবে ৰখিব লাগে। এই সকলো শব্দক ভালদৰে মনত ৰাখিবৰ বাবে পুনৰ কৰক। এইটো সেই বস্তুক নিৰ্ধাৰিত কৰিব যে আপোনাৰ মগজুত কি স্টৰ কৰা গৈছে। আপুনি এতিয়া এই সকলো বস্তুক ক্ৰমেৰে কাগজত লিখক কিন্তু এইটো সুনিশ্চিত কৰি লওক যে সময়ত আপুনি আপোনাৰ মগজুত এই বস্তুক ভিজুৱেলাইজ কৰিব পাৰে। ৰং আৰু

তাৰ বিপৰীত ক্ৰমৰ অনুসাৰে বস্তুক মনত ৰাখিবলৈ চেস্টা কৰক।

মোৰ দৃঢ় বিশ্বাস আছে যে আপুনি এনেদৰে কৰিব পাৰে। এতিয়া আমি এইটো গেম (খেল) ত আগবাঢ়ক। বগা ৰঙৰ টাটা চুমোক চাওক। চাওক যে অমিৰশ পুৰিয়ে টাটা চুমো চলাইছো। ক'লা শহা-পহু, চাওক যে বগাত বহি আছে ক'লা শহা-পশুক চাই বগা চুমো ৰখি যায়। ৰেড ফৰেস্ট, চাওক যে ক'লা শহা-পহু ৰাস্তাৰ লগত লাগি থকা ৰঙা জংঘলৰ ফালে দৌৰি যায়। এতিয়া মই আপোনাক এটা শব্দ দিম আৰু আপুনি চেইনক আপোনাৰ ক্ৰমেৰে লাগি যায়। আপোনাক অনুৰোধ কৰিছো যে আপুনি মাজত কিছু সময়ৰ বাবে সেইটো বস্তু আৰু তাৰ লগত সংবন্ধ বস্তুক পুনৰ কৰিব পাৰে। আনটো শব্দ হ'ল অনিডা টিভি, স্পাইডাৰমেন, চুইমিং পুল, অটল বিহাৰী বাজপেয়ী, আম গছ। আপোনাৰ ক্ৰমক নীৰিক্ষণ কৰক (আপুনি পাব যে ৰেড ফৰেস্টত টিভি আছে আৰু তাত স্পাইডাৰমেন আহি আছে, তেওঁ চুইমিং

পুলত গা ধুই আছে আৰু যেতিয়া তেওঁ বাহিৰলৈ আহে তেতিয়া পেস্ট্ৰি খাই যিটো পুলৰ বাহিৰত আছে।)

এতিয়া কিছু সময়ৰ বাবে ৰখি যাওক আৰু আপোনাৰ মগজুত ভিডিঅক চাওক। চফা চেটৰ পৰা ৰিলক আৰম্ভকৰি অন্তলৈকে লৈ যাওক। এইটো চাওক যে প্ৰত্যেক পিকচাৰ ডাঙৰ হয়, ৰঙীন হয়, চলায়নমান হয় আৰু লিস্টত অন্তৰ্ভুক্ত বস্তুৰ লগত জড়িত আছে। মোৰ দৃঢ় বিশ্বাস আছে যে আপুনি সকলো বস্তুক ভিজুৱেলাইজ কৰাত সক্ষম হয়। ইয়াৰ অৰ্থ এইটো হয় যে আপুনি এই সকলো বস্তুক মনত ৰাখিছে। এই বস্তুবিলাক মনত ৰাখিবৰ বাবে আপুনি ল অফ এচ'ছিয়েচন' ৰ পালন কৰিব লাগিব। যদি আপুনি এই সকলো বস্তুক এক চেইনৰ ৰূমত মনত ৰাখে তেতিয়াহ'লে ইয়াক চেইন মেথদ' বুলি কোৱা হয়।

এতিয়া আপুনি আপোনাৰ এটা টেস্ট দিয়ক।

কালাৰৰ অনুসাৰে কোনো অবজেক্টক মনত ৰাখিবলৈ চেস্টা কৰক। উদাহৰণৰ বাবে বস্তুক ৰঙা, নীলা, সেউজীয়া, হালধীয়া, আৰু মতিয়া ৰঙৰ অনুসাৰে ৰিকল কৰিবলৈ চেস্টা কৰক।

মই চৰ্ত লগাব পাৰো যে আপুনি এই বস্তুক ৰিকল কৰিব পাৰিব। কাৰণ এনে '**এচ'ছিয়েচন**' ৰ কাৰণে হয়। উদাহৰণৰ বাবে, অধিকাংশ লোকে মানে যে তেওঁ কক্ৰচ পছন্দ নকৰে আৰু ভয় কৰে। অৱশ্যে কক্ৰচ তেওঁক একো কৰিব নোৱাৰে কিন্তু ইয়াৰ তেওঁৰ সম্বন্ধ ভয়ৰ লগত, সেইকাৰণে তেওঁ ভয় কৰে। মনত ৰাখিব যে যেতিয়া এক শিশুৱে প্ৰথম বাৰ কক্ৰচক দেখা পাইছিল তেতিয়া তেওঁৰ ভাল লগা নাছিল আৰু ভয়ো কৰা নাছিল। যেতিয়া শিশুৱে ডাঙৰক সোধে তেতিয়া তেওঁ কক্ৰচক সেইকাৰণে লেতেৰা ভূত' বুলি কৈছিল যাতে শিশুৱে সেইটো নুচুৱে। সেই সময়ত আপোনাৰ মগজুত কক্ৰচৰ লগত সম্বন্ধীত কোনো কথা নাছিল সেইকাৰণে সেইটো ভয় আপোনাৰ মনত সহজতে বহি গৈছে। আপুনি এই পূৰ্বাভাসৰ অবিহনে আপোনাৰ জীৱন কটাব নোৱাৰে, অৱশ্যে আপুনি জানে যে কক্ৰচে আপোনাৰ একো কৰিব নোৱাৰে। এই কথা হয় যে এচ'ছিয়েচনে আপোনাৰ লগত কি দৰে কাম কৰে। এতিয়া মই আপোনাক এইটো শব্দৰ ক্ৰমত এক শব্দক মনত ৰাখিবলৈ কম। আপুনি এইটোক নিশিকিবনেকি ? হয়, আপুনি শিকিব কাৰণ এচ'ছিয়েচনৰ প্ৰক্ৰিয়াৰ কোনো সীমা নাথাকে।

আপুনি আপোনাৰ মগজুত থকা বস্তুক ৰিকল কৰাত সেইকাৰণে অসফল হয়, কাৰণ আপুনি আপোনাৰ মগজুক প্ৰাপ্ত হোৱা ইনফৰমেচনৰ লিমিট (সীমা) ত চেট কৰি দিয়ে।

সেইকাৰণে আমি আমাৰ মগজুৰ লিমিট (সীমা) ক লৈ চিন্তিত হোৱাৰ আৱশ্যক নহয়। এতিয়াৰ পৰা আপোনাৰ মগজুৰ মে'মৰীক অসীমিত মানিবলৈ আৰম্ভ কৰি দিয়ক। আপোনাৰ সেই সকলো বস্তুক সহজতে ৰিকল কৰি লওক যিটো মই আপোনাক দিছিলো কাৰণ সেইটো আপোনাৰ মগজুত স্টৰ হৈ আছিল। কিন্তু আপোনাৰ পাঠ্যক্ৰম ইয়াত পিকচাৰৰ ৰূপত নাহে। আপুনি এইটোক মনত ৰখাত অসুবিধা অনুভৱ কৰে। এইটো পেজত মই আপোনাক কম যে আপোনাৰ পাঠ্যক্ৰমক পিকচাৰৰ ৰূপত কেনেদৰে মনত ৰাখিব পাৰে। এচ'ছিয়েচন মেথডৰ এইটো বিশেষতা আছে যে আপুনি লাগিলে আপুনি এইটোক ৰিকল কৰক বা নকৰক এইটোৱে আপোনাক কোনো পিকচাৰৰ ভুল ছবি নেদেখুৱাই।উদাহৰণৰ বাবে আপুনি যদি কক্ৰচৰ বিষয়ে শুনে, তেতিয়াহ'লে আপোনাৰ মগজুত একেবাৰে টাইগাৰৰ ইমেজ নাহে।

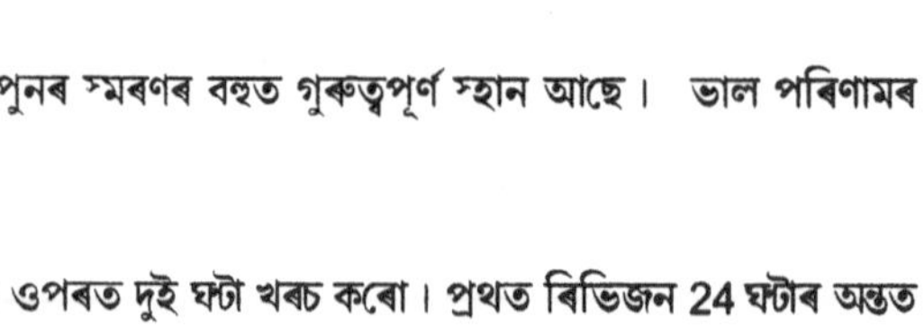

লাৰ্নিং এনড ৰিটেনচন

আফটাৰ ৰিভিজন

উইডাউট ৰিভিজন

24 ঘন্টা	1 দিন

ৰিভিজন (পুনৰ স্মৰণ)

আমি এইটো তথ্যক মানিব লাগিব যে শিকাৰ প্ৰক্ৰিয়াত ৰিভিজন অৰ্থাৎ পুনৰ স্মৰণৰ বহুত গুৰুত্বপূৰ্ণ স্হান আছে। ভাল পৰিণামৰ বাবে,

আমি চাইন্টিফিক ৰিভিজন' মেথডৰ বিষয়ে শিকো।

চাইন্টিফিক মেথড ৰিভিজনত, কোনো টপিকক মনত ৰাখিবৰ বাবে মই তাৰ ওপৰত দুই ঘন্টা খৰচ কৰো। প্ৰথত ৰিভিজন 24 ঘন্টাৰ অন্তত কৰিব লাগে।

শতকৰা ৰূপত, মগজু স্পস্ট আৰু ভাল সূচনাক **24 ঘন্টাৰ ভিতৰত** কেৱল 80 ৰ পৰা 100 শতাংশ প্ৰাপ্ত কৰিব পাৰে। পাহৰাৰ গতি 24 ঘন্টা হয়। সেইকাৰণে প্ৰথম ৰিভিজলে আপোনাক **24 ঘন্টাৰ ভিতৰত** কৰি লব লাগে।

ইয়াৰ অৰ্থ এইটো হয় যেতিয়া আপুনি এইটোক দুইবাৰ কৰে তেতিয়া আপোনাৰ ৰিভিজন টাইপে আপোনাৰ শিকোৱাৰ টাইমৰ কেৱল দহ শতাংশ হ'ব। আপোনাৰ গোটেই ইনফৰমেচনৰ বাবে কেৱল 12 মিনিটৰ আৱশ্যক হ'ব।

শ্লীপ (শুৱা)

বেছি ৰাতিলৈকে মই পঢ়িব লাগেনেকি বা ৰাতিপুৱা সোনকালে উঠি পঢ়াৰ অভ্যাস কৰিব লাগে। কোনো ছাত্ৰৰ বাবে শুবৰ বাবে অৰ্থাৎ

টোপনিৰ বাবে কিমান ঘণ্টা পৰ্যাপ্ত হয়। মই দোপৰীয়াও শুব লাগেনেকি ?

এই প্ৰশ্নৰ সঠিক আৰু প্ৰভাৱশালী উত্তৰ পাবৰ বাবে, আপুনি শুবাৰ মহত্বৰ বিষয়ে নিম্নলিখিত গুৰুত্বপূৰ্ণ কথাক জনাটো আৱশ্যক।

শুলে আৱশ্যকীয় প্ৰটিনো পাই

শুবাৰ সময়ত মগজুৰ সকলো ভাগে আৰাম নকৰে। মগজুৰ নিশ্চিত অংশৰ দ্বাৰা ইলেকট্ৰিকেল গতিবিধি, অক্সীজেন প্ৰাপ্ত কৰা আৰু শক্তিৰ উৎসৰ্জন আদি গতিবিধি বাঢ়ি যায়। নাৰ্ভ চেল (কোশিকা) ৰ দ্বাৰা প্ৰটিন প্ৰস্তুত কৰা যায়। এইটো প্ৰটিন চেলুলয়ৰ মে'মৰীক স্টৰ কৰাত আপোনাক বহুত সহায় কৰে।

সেইকাৰণে এইটো আৱশ্যক হয় যে এইটো প্ৰটিনক প্ৰাপ্ত কৰিবৰ বাবে আপোনাক পৰ্যাপ্ত টোপনি লাগে। কাৰণ আপোনাৰ দ্বাৰা প্ৰাপ্ত কৰা প্ৰটিনত বাৰে বাৰে ব্যৱধান আহিলে আপোনাৰ দিনচৰ্যা প্ৰভাৱিত হ'ব পাৰে। যদি মগজুৰ প্ৰটিন সলনি নহয় তেতিয়া সকলো মেম'ৰী নষ্ট হৈ যাব। এইদৰে শুলে তাৰ মগজুৰ প্ৰটিত ৰিপ্লেচ হৈ যায় অৰ্থাৎ সলনি হৈ যায় যিটোৱে আপোনাৰ দিনচৰ্যাক নিয়মিত কৰি ৰাখে।

টোপনিৰ পৰা সূচনা ব্যৱস্থিত থাকে

গোটেই দিনত আমি যিমান ইনফৰমেচন স্টোৰ কৰিছো, শুলে সেইটো ব্যৱস্থিত ক্ৰমেৰে মগজুত স্টৰ হৈ যায়। সেইকাৰণে এই বস্তুক মগজুত ব্যৱস্থিত ক্ৰমত চেট কৰিবৰ বাবে শুৱাটো অত্যন্ত আৱশ্যক হয়।

আপুনি পৰ্যাপ্ত মাত্ৰাত টোপনি লব লাগে। টোপনিৰ পৰ্যাপ্ত মাত্ৰা প্ৰত্যেক ব্যক্তিৰ বাবে বেলেগে-বেলেগ হ'ব পাৰে। এইটো ব্যক্তিৰ দ্বাৰা গোটেই দিনত কৰা শাৰীৰিক আৰু মানসিক কাৰ্য আৰু ভোজনৰ ওপৰটো নিৰ্ভৰ কৰে। সামান্যতে ছাত্ৰৰ বাবে 6&8 ঘণ্টাৰ টোপনি পৰ্যাপ্ত হয়।

এইটোও মনত ৰাখক যে কম শুই আমি আমাৰ মগজুত সূচনাক দিঘলীয়া সময়লৈকে মেম'ৰীত ৰখাৰ অমাৰ ক্ষমতাক হ্ৰাসেই কৰো।

দোপৰীয়া টোপনি

দোপৰীয়াৰ টোপনিৰ অৰ্থ হ'ল দিনত দুইবাৰ ভাল ৰাতিপুৱা হৈ গৈছে।

ৰাতিপুৱা উঠি কাম কৰাৰ পিছত মগজুক ৰিচাৰ্জ (দোপৰীয়াৰ পৰা এক্টিভ) কৰিবৰ বাবে দোপৰীয়াত 30&40 মিনিটৰ আৰাম কৰাটো আৱশ্যক। অৱশ্যে আৰাম কৰিলে আপুনি সেইটো কামৰ পৰা শাৰীৰিক ৰূপেৰে আতৰি যা কি আপোনাৰ মগজুৱে ইয়াৰ পিছত বহুত সতেজ হৈ যায়।

যদি আপুনি কোনো চাকৰি কৰি আছে আৰু দোপৰীয়া আৰাম কৰিব বিচাৰে, তেতিয়া সেইটো সম্ভৱ নহয়, তেতিয়াও আপুনি একো হেৰুওৱা নাই। এনে সেইকাৰণে হয় কাৰণ আপোনাক সেই সময়ত দোপৰীয়াৰ আৰামৰ টোপনিৰ আৱশ্যক নহয়। কেৱল কিছু সময়ৰ ধ্যান আৰু সেইটো কামৰ পৰা অলপ সময়ৰ বাবে সময় পালেও আপুনি আপোনাৰ মগজু আৰু মেম'ৰীক সতেজ কৰি ৰাখিব পাৰে।

অনিদ্ৰাৰ অভিযোগ

যদি আপুনি ৰাতি শুৱাত কষ্ট অনুভৱ কৰে, তেতিয়াহ'লে নিম্নলিখিত কথা আপোনাৰ বাবে উপযোগী হ'ব পাৰে।

1. **লোৱা কেফিনৰ গণনা কৰক ঃ** ডিনাৰৰ পিছত বা গোটেই ৰাতি একাপ চাহ বা কফি লোকচানদায়ক হ'ব পাৰে। কাৰণ এইটো আপোনাৰ শৰীৰত কেফিনৰ মাত্ৰাক বঢ়াই দিয়ে। কি দিনত আপোনাৰ দ্বাৰা প্ৰাপ্ত কৰা কেফিনো ৰাতি আপোনাৰ শৰীৰৰ পৰা ওলাব নোৱাৰে। এনেতে আপোনাক শুৱাত কষ্ট হ'ব পাৰে।
2. **উচ্চ প্ৰটিনযুক্ত ভোজন সেৱন নকৰিব ঃ** যদি আপুনি উচ্চ প্ৰটিনযুক্ত ভোজন শীঘ্ৰে এৰি দিয়ে তেতিয়া আপোনাক টোপনি নহাৰ অভিযোগ হ'ব পাৰে। প্ৰটিত বিভক্ত হৈ এমিনো অম্লৰ নিৰ্মাণ কৰে যিটোৱে মগজুত হোৱা ৰিলেকচেন (আৰাম) ৰ প্ৰক্ৰিয়াত ব্যৱধান কৰে। (টৈইফটোন মগজুক আৰাম দিয়ে আৰু শুৱাত আপোনাৰ সহায় কৰে।)
3. **শুৱাৰ সময় নিৰ্ধাৰিত কৰক ঃ** বাৰে বাৰে শুৱাৰ সময়ত পৰিৱৰ্তন কৰিলেও টোপনি নহাৰ অভিযোগ হ'ব পাৰে। এনেতে শুৱাৰ সময় নিৰ্ধাৰিত কৰাটো বহুত আৱশ্যক হয়।

অন্ত সকলোতকৈ অধিক প্ৰভাৱিত হয়।

মগজুৰ এইটো বিশেষতা হয় যে সেইটোৱে আৰম্ভণি বা শেষৰ ইনফৰমেচনক অধিক সময়লৈকে মনত ৰাখে, কি ইয়াৰ মাজৰ ইনফৰমেচনক সিমানেই মনত ৰাখিব নোৱাৰে। আমি কোনো লেকচাৰ বা চেমিনাৰলৈ যাওঁ, তেতিয়া পাওঁ যে আৰম্ভণিত কোৱা কথা আৰু অন্তৰ কথা, মাজত কোৱা কথাতকৈ অধিক স্পষ্ট হয়।

ফিল্ম চোৱা সময়টো এইটো স্থিতি থাকে। শুৱাৰ এক ঘণ্টা পূৰ্বে সময় আৰু ৰাতিপুৱা জাগি থকাৰ পিছৰ এক ঘণ্টা অধিক প্ৰভাৱি হয়। সদাই পঢ়া সময়ত এই দুটা সময়ৰ ভৰপুৰ প্ৰয়োগ কৰিব লাগে। বিষেশকৈ যদি আপুনি কোনো বস্তুৰ ৰিভিজন (পুনৰ স্মৰণ) কৰিব বিচাৰে, তেতিয়া শুৱাৰ এটা ঘণ্টা পূৰ্বৰ সময় আপোনাৰ বাবে বহুত গুৰুত্বপূৰ্ণ হয়। আপোনাৰ মগজুৱে নতুন কথাক গ্ৰহণ কৰিবৰ বাবে অধিক সতেজ হৈ থাকে। সেইকাৰণে যিকোনো নতুন বস্তুক মনত ৰাখিবৰ বাবে ৰাতিপুৱা উঠাৰ এক ঘণ্টাত এইটো কৰিব লাগে।

চেইন মেথড (চেইন প্ৰক্ৰিয়া)

কোনো বস্তুক কৈ কৈ মনত ৰখাটো ভাল নহয়নেকি ? কি এইটো আপুনি পঢ়া সময়ত আৰু বস্তুক তীব্ৰ গতিৰে আকৌ এবাৰ প্ৰাপ্ত কৰিবৰ বাবে বহুত উপযোগী হয়।

চেইন কি হয় ? চেইনে দুটা অবজেক্টক ইটো-সিটোৰ লগত জড়িত কৰে।

উদাহৰণৰ বাবে, যেতিয়া আপুনি চাইকেল চলাই আৰু তাত পেডেল মাৰে তেতিয়া শক্তি চেইনৰ পৰা চকালৈ পৰিৱৰ্তন হৈ যায়। যৰ পৰা চাইকেল আগবাঢ়ে। এইটো চেইন মেথড আপুনি পঢ়াত প্ৰয়োগ কৰিব লাগে বা লাগিলে আপুনি স্টাডি ৰুমত পঢ়ি আছে বা চকু বন্ধ কৰি কোনো বস্তুৰ বিষয়ে ভাৱি আছে।

চেইন মেথডত এইটো সিদ্ধান্তই কাম কৰে। তলত দিয়া শপিং লিস্টৰ বাবে এই দুটা নিয়মৰ পালন কৰক। লিস্টত 25 ত বস্তু দিয়া গৈছে যাক চেইন বা স্পষ্ট ভিজুৱেলাইজৰ দ্বাৰা সহজতে মনত ৰাখিব পাৰে।

কেপ	টুথপেস্ট	বাকেট	মবাইল	বুকচ
বিলাহী	কাৰ	বিস্কুট	কল্ড ড্রিংক	চুগাৰ
ৰেড জেকেট	পেন	বেডচিট	কেলকুলেটৰ	ডগফিড
এছিয়ান পেইন্ট	কম্পিউটাৰ	বাইক	চিডি	লাক্স
চকলেট	ক্রিকেট বেট	চার্শ	পটেটো	আইচক্রীম

ভিজুৱেলাইজেচন শিকা

আপুনি **কেপ (টোপি)** পিন্ধে আৰু **টুথপেস্টেৰে** দাঁত ব্রাচ কৰিছে। যেতিয়া মুখ ধুবৰ বাবে আপুনি **বাকেটেৰে** পানীৰ প্রয়োগ কৰে তেতিয়া আপোনাৰ ম'বাইল ইয়াত পৰি যায়। আপুনি এইটোক এতিয়া অপাৰেট (চলোৱা বা প্রয়োগ কৰা) কৰিব নোৱাৰে কাৰণ ইয়াত পানী ভৰি যায়। এনেতে আপুনি

এইটোক সজাবৰ বাবে মবাইল নির্মাণৰ কিতাপক পঢ়িবৰ বাবে উঠে। কিতাপ খোলাত আপুনি ইয়াৰ প্রত্যেক পেজত ৰঙা **বিলাহীৰ** চিত্র দেখা পাব। যেতিয়া আপুনি বিলাহীক উঠাই কাটে, তেতিয়া ইয়াৰ পৰা এটা কাৰ ওলোৱা দেখা পাব। এইটো কাৰ গোটেই **বিস্কুটেৰে** ভৰি থাকে। আপুনি **কাৰ** চলাই কি **পেট্রল** নথকাৰ বাবে এইটো নচলে। আপুনি পেট্রলৰ বাবে পাম্পলৈ যায়, য'ত **কলড ড্রিংক** ভৰি যায়। কাৰ এতিয়া ইমান তীব্র গতিত চলে আৰু সন্মুখত ভৰি থকা বস্তাক খোন্দা খাই। সহায়ৰ বাবে চিএগ্নৰাত আপোনাৰ মাত শুনাত **ৰঙা ৰংৰ জেকেট** পিন্ধি এজন ব্যক্তিয়ে আহে। আপোনাৰ বেডৰুমত বগা ৰঙৰ **বেডচিট (চাদৰ)** ত চিত্রকাৰীৰৰ বাবে আপুনি পেনৰ ব্যৱহাৰ কৰে। যেতিয়া মানুহে এইটো কিনিবিৰ বাবে আহে তেতিয়া ইয়াৰ মূল্যৰ গণনা কৰিবৰ বাবে আপুনি **কেলকুলেটৰৰ** প্রয়োগ কৰে।

ইয়াৰ মাজতে এটা কুকুৰ দৌৰি আহে আৰু কেলকুলেটৰৰ **ডগফিড (ভোজন)** ৰ দৰে চুবাই লয়। যেতিয়া আপুনি কুকুৰক ভগাই তেতিয়া এইটো **এছিয়ান পেইন্টেৰে** ভৰি দ্রামত পৰি যায়। কুকুৰ ৰঙা ৰংৰ হৈ যায় আৰু **কম্পিউটাৰক** চলাই। কম্পিউটাৰ স্ক্রীনত আপুনি **মটৰচাইকেলৰ** চিত্র দেখা দিয়ে য'ত চকাৰ ঠাইত **চিডি** লাগি থাকে। আপুনি চকাক চাফা কৰিবৰ বাবে **লাক্সৰ** প্রয়োগ কৰে। যেতিয়াই আপুনি চকা চাফা কৰে তাৰ পৰা **চকলেট** বাহিৰলৈ আহে। আপুনি এইটো চকলেটক চুলিৰ দৰে প্রয়োগ কৰে যাক আপুনি মিত্রই **ক্রিকেট বেটেৰে** মাৰে। এইটো চকলেট কোনো ব্যক্তিৰ জেবত ভৰি যায়। খংত তেওঁ আপোনাৰ ওপৰত আলু পেলাই দিয়ে। আপুনি কি এইটো আইচক্রীমলৈ সলনি হৈ যায়। আপুনি আলুক কেচ কৰি লয় অর্থাৎ ধৰি লয় কি এইটো আইচক্রীমলৈ সলনি হৈ যায় যাক আপুনি তৃপ্তিৰে সেৱন কৰে।

মগজুৰ এইটো ভিজুৱেলাইজেচন প্রক্রিয়াৰ পিছত যদি মই আপোনাৰ সোধো যে ব্যক্তিৰ জেপত কি আছিল যি **ৰঙা ৰংৰ জেকেট** পিন্ধিছিল তেতিয়া আপুনি শীঘ্রে উত্তৰ দিব যে এইটো **নীলা পেন** আছিল। যদি মই আপোনাক সোধো যে কাৰত কি আছিল, তেতিয়া আপুনি সহজতে কৈ দিব যে বিস্কুট। এইটো তেতিয়া সম্ভৱ হয় যেতিয়া আপুনি অবজেক্টক স্পষ্ট কৰে আৰু কালাৰপুলৰ লগত আপোনাৰ মগজুত ভিজুৱেলাইজ (চিত্রণ) কৰে। এইটো বস্তুৰ ওপৰত অধিক ধ্যান দিলে এইটো মেম'ৰীৰত দীঘলীয়া সময়লৈকে সুৰক্ষিত থাকে।

আপুনি শ্বপিং লিস্টক এক খালি লিস্টত ব্যৱস্থিত ক্রমত লিখক। আমি এইটো দেখা পাম যে আপুনি বস্তুক কিমান স্পষ্ট ধৰণে ভিজুৱেলাইজ কৰিছিল।

ইয়াৰ পৰিণামে আপোনাক এইটো কব যে আপুনি এই বস্তুক ক্রমেৰে ছেকেন্ডত চেইন মেথড' ৰ প্রয়োগেৰে কেনেদৰে মনত ৰাখিছিল।

শ্বেপমেথড (আকাৰ বা আকৃতিৰ প্ৰক্ৰিয়া)

আমি প্ৰায় এইটো দেখা পাওঁ যে আপোনাৰ জীৱনৰ ঘটান প্ৰয়োগ হোৱা নম্বৰক আমি পাহৰি যাওঁ কাৰণ এইটো আমাৰ বাবে অনুপযোগী হয়। এতিয়া আমি এইটো নম্বৰক অধিক সময়লৈকে মনত ৰাখিবৰ বাবে আৰু সেইটো তীব্ৰ গতিৰে ৰিকল কৰিবৰ বাবে **'শ্বেপ মেথড'** ৰ সহায় লব। আমি দেখা পাওঁ যে নম্বৰক অধিক সময়লৈকেল মগজুত মনত ৰাখিবৰ বাবে শ্বেপ মেথড কিমান লাভদায়ক হয়।

এটো মেথড (উপায়) ৰ দ্বাৰা আপুনি নম্বৰ (01] 02----) ক পিকচাৰক কনভাৰ্ট দীঘলীয়া সময়ৈল মনত ৰাখিব পাৰে।

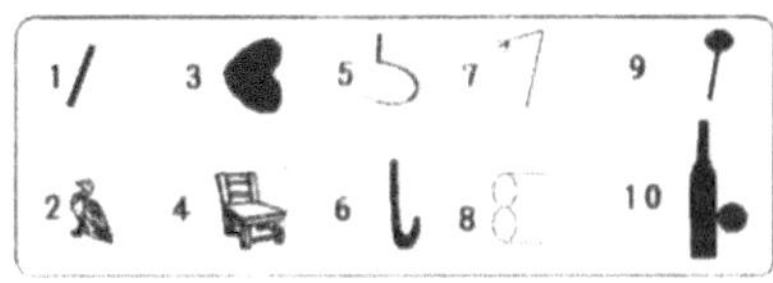

যদি আপুনি মাগজুত **1 নম্বৰৰ** পিকচাৰৰ ভিজুৱেলাইজ (চিত্ৰণ) কৰে তেতিয়া এইটো এক **স্টিক** ৰ দৰে দেখা দিয়ে। এইদৰে **2 নম্বৰত** আপুনি **হাহঁৰ** দৰে দেখা দিয়ে। **4 নম্বৰত** আপুনি এক **চেয়াৰ (চকী)** ৰ দেখা দিয়ে। **5 নম্বৰত** আপুনি এক **হুকৰ** দৰে দেখা দিয়ে। **6 নম্বৰত** এক **হকি স্টিকৰ** দৰে, **7 নম্বৰত** এক **লেম্পপোস্টৰ** দৰে, **8 নম্বৰত** এক **চশমাৰ** দৰে আৰু **9 নম্বৰত** এক **ললিপপৰ** দৰে দেখা দিয়ে। **10 নম্বৰত** আপুনি **বেট-বেলৰ** দৰে দেখা পাব।

এইটো খালি স্হানক এইটো আকৃতিৰে ভৰক। যৰ পৰা আমি জানিব পাৰো যে আপুনি এইটো বস্তুৱ শ্বেপক কিমান মনত ৰাখিব পাৰে।

1. .... 2. .... 3. .... 4. ....
5. .... 6. .... 7. .... 8. ....
9. .... 10. ....

ইয়াৰ পিছত আমি 11 নম্বৰক লওঁ। এইটো এটা ৰাস্তাৰ দৰে দেখা দিয়ে। এইটো আকৃতিয়ে আপোনাক এইটো নম্বৰৰ লগত জড়িত ইনফৰমেচনক মনত ৰখাত বহুত সহায় কৰিব।

শ্বেপ মেথডক ভালদৰে বুজি পাবৰ বাবে আপোনাৰ দিনচৰ্যাৰ সাধাৰণ উদাহৰণ লওঁ-

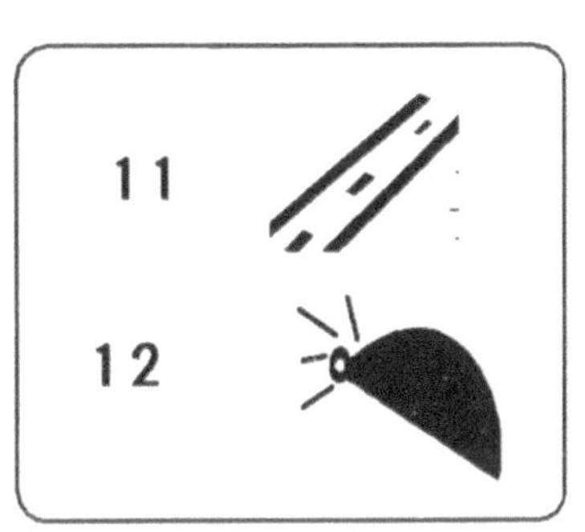

1.00 টেলিফোন বিল জমা কৰা।
2.00 আকলক এয়াৰ পোৰ্টৰ পৰা লৈ অহা।
3.00 বস্তু কিনিবলৈ যোৱা।
4.00 কেমেৰাক পুনৰ নিৰ্মাণৰ বাবে দিব লাগে।
5.00 কিতাপ সলনি কৰিবৰ বাবে লাইব্ৰেৰিয়ানক লগ কৰা।
6.00 আৰ্টিক লগ কৰিব লাগে।
7.00 ৰেলৱে স্টেচনৰ পৰা ভাইক লৈ আনিব লাগে।
8.00 প্ৰধানাচাৰ্যক লগ কৰিব লাগে।
9.00 দাঁতৰ ডাক্তৰক লগ কৰিব লাগে।
10.00 বোৰ্ডত ভৰ্ত্তি হ'ব লাগে।
11.00 অটল বিহাৰী বাজপেয়ীক ডিনাৰৰ বাবে আমন্ত্ৰিত কৰিব লাগে।
12.00 টিভিত আপোনাৰ মন পছন্দৰ কাৰ্যক্ৰম চাওকক।

এতিয়া আপুনি এইটো নম্বৰক মনত ৰাখিবৰ বাবে শ্বেপ (আকৃতি) ৰ লগত জড়িত কৰিব লাগে। ইয়াত আপুনি ভিজুৱেলাইজেচন আৰু মগজুৰ পিকচাৰ এই বস্তুক মনত ৰখাত আপোনাৰ সহায় কৰিব।

এইটো বস্তুক স্পষ্ট আৰু ৰঙীন ৰূপত ভিজুৱেলাইজ কৰক।

ইমাজিনেচন ঃ আপোনাক 1-00 বজাত টেলিফোন বিল জমা কৰিব লাগে। 1 এটা স্টিকৰ সমান হয়। এইটো ভাবক যে আপুনি আপোনাৰ মিত্ৰক টেলিফোন কৰিছে। আপুনি নম্বৰক ডায়েল কৰাৰ ঠাইত এক স্টিকৰ প্ৰয়োগ কৰিছে।

2-00 বজাত আপুন আপোনাৰ আংকলক আনিবৰ বাবে এয়াপোৰ্টলৈ যাব লাগে। 2 আপুনি হাহঁৰ দৰে দেখাত। এইটো ভাবক যেতিয়া আপুনি আপোনাৰ আংকলক আনিবলৈ গৈছে তেতিয়া আপুনি এক হাহঁৰ ওপৰত বহি আছে। 3-00 বজাত আপুনি বস্তু কিনিবৰ বাবে যাব লাগে। 3 এক হৃদয়ৰ আকৃতিৰ দৰে দেখা দিয়ে। কেৱল এইটো ভাবক যে আপুনি এখন দোকানত আছে আৰু দোকানীয়ে কেৱল হৃদয় বেচে।

4 বজাত আপুনি কেমেৰা ভাল কৰিবৰ বাবে দিব লাগে। 4 নম্বৰ আপুনি এক চেয়াৰ দৰে দেখা দিয়ে। আপুনি এইটো ভাবক যে আপোনাৰ ঘৰত চকীৰ ওপৰত কেমেৰা থোৱা আছে আৰু এইটো কেইবা ভাগত ভাঙি গৈছে।

5 বজাত আপুনি কিতাপ সলনি কৰিবৰ বাবে লাইব্ৰেৰিয়ানক লগ কৰে। 5 নম্বৰ এক হুকৰ দৰে দেখা দিয়ে। আপুনি এইটো ইমাজিন কৰক যে আপুনি হুকৰ সহায়েৰে কিতাপ ওপৰলৈ উঠাইছে যিটো লাইব্ৰেৰীৰ সকলোতকৈ ওপৰত থোৱা হয়।

6 বজাত আপুনি আপোনাৰ আন্টিক লগ কৰে। 6 নম্বৰ আপুনি এক হকি স্টিকৰ দৰে দেখা দিয়ে। আপুনি এইটো ভাবক যে আপুনি আপোনাৰ আন্টিৰ লগত হকি খেলি আছে।

7 বজাত আপুনি আপোনাৰ ভাইক আনিবৰ বাবে স্টেচনলৈ যায়। নম্বৰ 7 ক লেম্পপোস্টৰ লগত জড়িত হৈ গৈছে। আপুনি এইটো মানি চলক যে আপুনি এইটো চাবৰ বাবে লেম্পপোস্টত বগাইছে যে ৰেল আহি পাইছেনে নাই।

8 বজাত আপুনি প্ৰধানচাৰ্যক লগ কৰে। 8 আপুনি এক চশমাৰ ৰূপত দেখা দিয়ে। আপুনি এইটো ইমাজিন কৰক যে আপুনি আপোনাৰ প্ৰধানাচাৰ্যক এটা চশমা প্ৰদান কৰিছে।

9 বজাত আপোনাক দাঁতৰ ডাক্টৰৰ ওচৰলৈ যাব লাগে। 9 নম্বৰ আকাৰত এক ললিপপৰ দৰে দেখা দিয়ে। আপুনি কেৱল এইটো ভাবক যে ললিপপ খালে আপোনাৰ দাঁতত বিষ হৈ আছে।

10 বজাত আপোনাক বোৰ্ড মিটিং কৰিব লাগে। 10 নম্বৰ আকাৰত বেট-বলৰ দৰে দেখা দিয়ে। আপুনি এইটো মানি চলক যে মিটিংত আপুনি টিমৰ লগত আছে আৰু বেট-বল টেবুলৰ মাজত থৈছে আৰু সকলো লোকে এই বিষয়ে কথা কয়।

11 বজাত আপুনি অটল বিহাৰী বাজপেয়িক ডিনাৰৰ বাবে আমন্ত্ৰিত কৰে। আপুনি এইটো মানি চলক যে আপোনাৰ সুৰক্ষাৰ দৃষ্টিৰে আৰু অটলৰ অহাৰ কাৰণে আপোনাৰ ঘৰৰ ওচৰে-পাঁজৰৰ ৰাস্তাক চাফা কৰি দিয়ে। তেওঁ আপোনাৰ ঘৰত ডিনাৰ কৰাৰ পৰিৱৰ্তে ৰাস্তাৰ কিনাৰত ডিনাৰ কৰিব বিচাৰে।

12 বজাত আপুনি টিভিত আপোনাৰ পছন্দৰ কাৰ্যক্ৰম চাব লাগে। 12 ত আপুনি এক কেপৰ ৰূপত দেখা দিয়ে। আপুনি এইটো ইমাজিন কৰক যে আপুনি আপোনাৰ টোপি টিভিৰ ওপৰত থৈছে আৰু যেতিয়া আপুনি টিভিক অন কৰে তেতিয়া বাতৰি পঢ়াজনে আপোনাৰ কেপক পিন্ধিছে।

আপুনি দেখা পাই যে এই বস্তুক দীঘলীয়া সময়লৈকে মনত ৰাখিবৰ বাবে ভিজুৱেলাইজেচনৰ দ্বাৰা নম্বৰক আমি কিমান আকাৰত একেলগ কৰিব পাৰো। এতিয়া আপুনি যেতিয়া তলকত দিয়া খালি স্থানতক ৰং কৰিব তেতিয়া আপোনাক বস্তু অধিক মনত পৰিব আৰু এইটোক সহজতে ৰং কৰিব পাৰিব।

1.00	....	2.00	....
3.00	....	4.00	....
5.00	....	6.00	....
7.00	....	8.00	....
9.00	....	10.00	....
11.00	....	12.00	....

আপুনি শুগ্ন হয়। যদি মই আপোনাক এইটো উদাহৰণৰ মাজত কোনো প্ৰশ্ন কৰো তেতিয়া আপুনি তাৰ তীব্ৰতাৰে উত্তৰ দিব পাৰে। 9 আৰু 10 ৰ মাজত আপোনাক কিমান বজাত দাঁতৰ ডাক্তৰক লগ কৰিব লাগে।

যেতিয়া আপুনি ডিন্টিস্টৰ বিষয়ে শুনিব তেতিয়া আপোনক ললিপপ মনত পৰিব আৰু আপোনাক মনত পৰি যে আপুনি 9 বজাত তেওঁক লগ কৰিব লাগে। এইদৰে 1 ৰ পৰা 12 নম্বৰলৈকে আমি সেইটোক আকাৰৰ অনুসাৰে যি কোনো বস্তুৰ লগত সম্বন্ধ কৰি বস্তুক মনত ৰাখিব পাৰো।

চার্ট

নাম	তাৰিখ	ট্ৰাঞ্জিস্টাৰ
8080	1974	6,000
8088	1979	29,000
80286	1982	134,000
80386	1985	275,000
80486	1989	1,200,000
পেন্টিয়াম	1993	3,00,000
পেন্টিয়াম 2	1997	7,500,000
পেন্টিয়াম 3	1999	9,500,000
পেন্টিয়াম 4	2000	42,000,000
পেন্টিয়াম 4'প্রেচকাট'	2004	125,000,000

তলত দিয়া সংখ্যাক চাওক। আপুনি এইটো টেবুলৰ পৰা সংখ্যাৰ ৰূপত নম্বৰক মনত ৰাখক। কাৰণ নম্বৰৰ অবিহনে পিকচাৰ, ৰংৰ বিনা আৰু অৰ্থ বিনা হয়। সেইকাৰণে বাৰে বাৰে সেইটোক মনত কৰাৰ কাৰণে সেইটো আমাৰ মেম'ৰীলৈ ঘূৰি আহিব নোৱাৰে।

সেইকাৰণে এইটো টেবুলক মনত ৰাখিবৰ বাবে আমি এইটো নম্বৰক পিকচাৰৰ ৰূপত সলনি কৰি দিওঁ। আৰু ইয়াৰ পিছত এইটোক এক বিশেষ ধৰণ একেলগে সংবগ্ন কৰি আমি এইটোক সহজতে মনত ৰাখিব পাৰো।

এইটো টেবুলৰ নামৰ কলমক ধ্যান দি চাওক। প্ৰথম নম্বৰৰ কেৱল দুটা সংখ্যা 80 ক চাওক, তেতিয়া ইয়াত 8 আৰু 0 অন্তৰ্ভুক্ত আছে। ইয়াত কানো অসমজঞ্চ নাই। কি আগৰ নম্বৰ অধিক কনফিউজন হ'ব পাৰে। আনটো নম্বৰ শেষৰ দুটা সংখ্যা 88 হয়। তৃতীয়ত অন্তিম সংখ্যা 286 হয়। চতুৰ্থত শেষৰ তিনিটা সংখ্যা 486 হয়। আপুনি ইয়াত কনফিউজ হ'ব পাৰে, সেইকাৰণে এইটোক চিত্ৰলৈ সলনি কৰিব লাগে। আমি 80 ক লয়, এতিয়া আমি এইটো পিকাচৰৰ ফৰ্ম (ৰূপ) ত সলনি কৰিব লাগে। আমি শ্বেপ মেথডৰ সহায় লব পাৰে। এইটো প্ৰক্ৰিয়াত 8 ৰ আকাৰ এক চশমাৰ দৰে হয় আৰু 0 ৰ আকাৰ এক বল্ডমন (তপা মানুহ) ৰ দৰে হয়। আপুনি আপোনাৰ মগজুত কি ভাৱে এইটো পিকচাৰক দ্ৰ কৰক। আমি এইটো মানি চলে যে 80 ত আপুনি ভাৱি আছে যে এক ব্যক্তিয়ে চশমা পিন্ধে তেওঁ শীঘ্ৰে তপা হৈ যায়। চশমা পিন্ধা ব্যক্তিৰ ওচৰত এক বিশেষ শক্তি থাকে। এতিয়া আমি এইটো পিকচাৰক ডে (তাৰিখ) ৰ লগত জড়িত কৰিব লাগে। 1979 তাৰিখ বা 19টতম শতাব্দী, আপুনি 19তম শতাব্দীক মনত পেলাব পাৰে কি 74 ক লৈ কনফিউজন হৈ আছে। আপুনি 7 ক কেনেদৰে চাই। 7 নম্বৰ এক লেম্পপোস্টৰ দৰে হয় আৰু 4 নম্বৰ এক চকীৰ দৰে হয়। আমি এতিয়া এইটো চিত্ৰণ কৰে যে চশমা পিন্ধা তপা এক ব্যক্তি লেম্পপোস্টৰ তলত থিয় হৈছে।

আৰু যেতিয়াই সেই ব্যক্তিয়ে লেম্পপোস্টয়ৰ তললৈ আহে, এটা চকী তাৰ মূৰৰ ওপৰত পৰি যায়। মই এইটো 74 আৰু 47 ৰ কনফিউজনৰ কাৰণে এইটোক ভিজুৱেকলাইজ কৰি আছো। যদি 47 আপোনাক 74 ৰ পৰা কনফিউজ কৰে তেতিয়া ইয়াত লেম্পপোস্ট চেয়াৰৰ ওপৰত থাকিব।

এইদৰে মানি চলক যে যদি আপোনাক 8088 টা মনত ৰাখিব লাগে তেতিয়াহ'লে কাৰ তাৰিখ 1979 হয়। 88 ত আপুনি দুটা চশমা চাব লাগে যিটো 79 ৰ লগত জড়িত। শ্বেপ মেথডত 7 এক লেম্পপোস্ট আৰু 9 এক ললিপপ মানি চলক। এতিয়া এইটো মানি লওক যে আপুনি দুটা চশমা পিন্ধিছে আৰু আপোনাৰ হাতত ললিপপ আছে আৰু আপুনি লেম্পপোস্টৰ তলত থিয় হৈ আছে। আপুনি ভাৱিব যে এইটো পিকচাৰে আপোনাক নাম আৰু তাৰিখক মনত ৰখাত সহায় কৰে। কি ইয়াত নম্বৰ 8080 হয় আৰু তাৰিখ 1974 হয় যাৰ ট্ৰাঞ্জিস্টাৰ নম্বৰ 6000 হয়। 1978 ত নম্বৰ 8080 ত ট্ৰাঞ্জিস্টাৰ নম্বৰ 29000 হয় আৰু 1982 ত নম্বৰ 80286 ৰ ট্ৰাঞ্জিস্টাৰ নম্বৰ 134000 হয়।

এই সকলো নম্বৰত এটা কথা কমন হয়, সেইটো হৈছে তিনিটা শূন্য (000)A

য'ত কোনো কনফিউজন নাথাকে সেইটো হ'ল- 9] 29 আৰু 41A

এতিয়া আমি ইয়াত এইটো নম্বৰক মনত ৰখাৰ টেকনিক বিচাৰিম। যদি আমি প্ৰথম পংক্তিক চাওঁ, য'ত ট্ৰাঞ্জিস্টাৰ নম্বৰ 6000 হয় তেতিয়া আমি এইটো 6 সংখ্যাৰ আকৃতিক চাওঁ। কোড মেথডত 6 ৰ আকাৰ এক হকি স্টিকৰ দৰে হয়। এতিয়া আমি 6 সংখ্যাক 80 ৰ লগত একেলগ কৰো। আপুনি সেইটো বস্তুক ভিজুৱেলাইজ কৰিব পাৰেনে যে সেইটো ব্যক্তি যি চশমা পিন্ধি লেম্পপোস্টৰ তলত থিয় হৈ আছিল আৰু তাৰ ওপৰত চকী আহি পৰি গৈছিল আৰু তেওঁৰ খং উঠিছিল। তেওঁ এক হকি স্টিক উঠাই লয় আৰু এইটো বিচাৰিবলৈ আৰম্ভকৰি দিয়ে যে কোন ব্যক্তিয়ে সেইটো চকী পেলাইছিল।

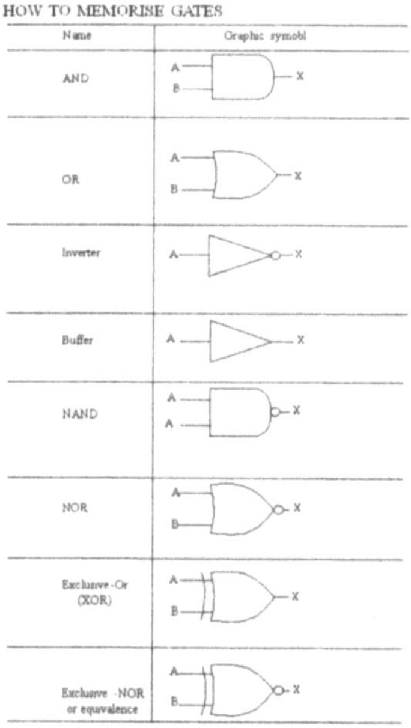

এদিৰে যেতিয়া আপুনি কোনো ভাল পিক্চাৰ চাই তেতিয়ল সেইটো আপোনাৰ মগজুত দীঘলীয়া সময়লৈকে থাকে। এইটো সিগ্নান্তক হাঁহি বা ধেমালী' ৰ সিগ্নান্ত বুলি কোৱা হয়। আমি কব পাৰো যে যি কোনো বস্তু যিটো সকলোতকৈ বেলেগ হয়, ধেমেলীয়া হয় বা অসম্ভৱ বা সামান্যতকৈ বেলেগ হয়, তেতিয়া আপোনাৰ মগজুৱে এইটোক দীঘলীয়া সময়লৈকে মনত ৰাখে। আপুনি এইটোক এইদৰে কৰিব লাগে। যি কোনো বস্তুৰ কোনো নিশ্চিত ৰূপ ঠিক কৰি লওক আৰু সেইটোক কোনো অবজেক্টৰ লগত সংবন্ধ কৰি দিয়ক। আৰু সেইটো বস্তু বা চিত্ৰক চলায়নমান ৰূপত চাওক। আমি শিকিলো যে ট্ৰাঞ্জিস্টাৰ 6000 ৰ লগত 1974 ৰ দিনাংক 8080 আমাৰ মগজুত আছে। চেষ্টা কৰক যে আপুনি কোনো অন্য তাৰিখ মনত ৰাখিব পাৰে। অলপ সময় ভাবিব যে যেতিয়া আপুনি পেন্টিয়াম 1993 ৰ বিষয়ে শুনে তেতিয়া এইটো আপোনাৰ মগজুত কোনো পিক্চাৰ থাকি যায়নে নহয়। পেন্টিয়ামক আমি পেন্টেৰে একেলগ কৰি চাওঁ। যেতিয়া আমি আমাৰ হাতক আমাৰ পেন্টৰ জেবত ভৰাওঁ তেতিয়া 93 ৰ অৰ্থ 9 ৰ ললিপপ আমাৰ হাতলৈ আহে। যেতিয়া আমি আমাৰ অন্য হাত জেবত ভৰাওঁ তেতিয়া 3 অৰ্থাৎ হৃদয় আমাৰ হাতকৈ আহে। যদি আমি এইটো পিক্চাৰক আমাৰ মগজুত ৰাখো তেতিয়া আপুনি ডেটক ললিপপ আৰু হাৰ্ট (হৃদয়) ৰ দ্বাৰা মনত ৰাখিব পাৰে যে 93।

HOW TO MEMORISE GATES

Name	Graphic symobl
AND	A, B — X
OR	A, B — X
Inverter	A — X
Buffer	A — X
NAND	A, A — X
NOR	A, B — X
Exclusive-Or (XOR)	A, B — X
Exclusive -NOR or equavalence	A, B — X

লজিক গেট্চ

লজিক গেট্চক মনত ৰাখক। লজিক গেটক শিকিবৰ বাবে এইটো টেবুলক চাওক। যেনেদৰে ইয়াৰ নামেৰে স্পষ্ট হয় যে ইয়াত যি কোনো বস্তুৰ লজিকেৰে বুজি পায়। ইয়াৰ অবিহনে কোনো অৰ্থ নাই। কেতিয়াবা এনে হয় যে লজিকে কাম নকৰে। কেতিয়াবা-কেতিয়াবা লজিকৰ লগত মেম'ৰীৰ টেকনিকো আৱশ্যক হয়। কি ইয়াৰ নাম আৰু চিহ্নক কেনেদৰে বুজি পোৱা যায়, ইয়াত মেম'ৰী টেকনিকৰ আৱশ্যক হয়। যেনেদৰে আপুনি কম্পিউটাৰৰ ইউচেকচনত চাইছে। ইয়াৰ ব্যাখ্যা আমি কৰিছো যে যি বস্তুক ভালদৰে শিকা আৰু দীঘলীয়া সময়লৈকে মনত ৰাখিব লাগে, তাত নিজকে এক ডাঙৰ ইউনিটৰ ৰূপত চাওক। এইটো মগজুৰ সিগ্নান্ত হয় যে যদি আমি কোনো বস্তুক সৰু ৰূপত চাওঁ তেতিয়া সেইটো আমাৰ মগজুত কম সময়ৰ বাবে সুৰক্ষিত হৈ থাকে। কি যেতিয়া আমি বস্তুক ডাঙৰ ৰূপত চাওঁ, তেতিয়া এইটো দীঘলীয়া সময়লৈকে থাকে। নিৰ্বাচনৰ সময়ত আপুনি দেখা পাইছো বোধহয় যে প্ৰত্যেক প্ৰাৰ্থীয়ে নিজৰ ডাঙৰ-ডাঙৰ হৰ্ডিং লগাই। যাতে মানুহৰ মগজুত তেওঁলোকে ছবি অধিক সময়লৈকে সুৰক্ষিত হৈ থাকে। এইটো কোনো বস্তুক অধিক সময়লৈক মনত ৰখাৰ সিগ্নান্ত হয়। এইটোক বেছিকে প্ৰস্তুত কৰা সিগ্নান্ত বুলি কোৱা হয়। প্ৰায় আপুনি দেখা পাইছে বোধহয় যে আপোনাৰ চুবুৰীয়াৰ কোনো মহিলাই আপোনাৰ ওচৰত আপোনাৰ সন্তানৰ অভিযোগ লৈ আহে যে ক্ৰিকেট খেলা সময়ত বলেৰে সেই মহিলাৰ ঘৰৰ চিচা ভাঙি দিছে, তেতিয়া এইটো কথাক বঢ়াই কয়। সেই মহিলাৰ মতে এইদৰে আপোনাৰ মগজুত অধিক সময়লৈকে বস্তু থাকিব।

উদাহৰণৰ বাবে-আপুনি টেবুল গেট্চৰ প্ৰথম নামক চাব পাৰে। ইয়াৰ গ্ৰাফিক চিহ্নও ইয়াৰ সমুখত দিয়া থাকে। এইটো গ্ৰাফিক চিম্বল (চিহ্ন) এইটো টেবুলত বহুত সৰু চাইজত দিয়া থাকে। শিকাৰ ক্ৰমত আপোনাক এইটো ফুটবল মৈদান বা আপোনাৰ স্কুলৰ মৈদানৰ ৰূপত ভাৱিব লাগিব। আপোনাক এইটো ভাবিব লাগে যে এটা ডাঙৰ মৈদান আছে য'ত এণ্ড গেটৰ চিহ্ন লগোৱা আছে। আৰু আপুনি এইটো মৈদানত সেইটো হৰ্ডিংৰ সন্মুখত থিয় হৈ আছে। এতিয়া আপোনাৰ মগজুক একাগ্ৰ কৰক, তেতিয়া আপুনি পাব যে এণ্ড গেট আপোনাৰ মগজুত লাগি আছে। এতিয়া যেতিয়া আপোনাক কোনো এণ্ড গেটৰ বিষয়ে সুধে তেতিয়া আপুনি সহজতে এণ্ড গেট, আৰু গেট, ইনভাৰটাৰ গেট আদি চিহ্নিৰ বিষয়ে সহজতে কৈ দিব কাৰণ সকলো চিহ্ন ইটো-সিটোৰ লগত জড়িত হৈ আছে। ইয়াক বেলেগ-বেলেগ ধৰণে মনত ৰখাটো কঠিন হয়। যদি আপুনি এণ্ড গেটক এক ফুটবল মৈদানৰ ৰূপত ভিজুৱেলাইজ (চিত্ৰিত) কৰে তেতিয়া আপুনি সহজতে অন্য চিহ্নকো প্ৰায় তেনে স্থিতিত মানিব পাৰে।

ধৰি লওক যে আৰু গেট এক ডাঙৰ শ্বপিং কমপ্লেক্সৰ সন্মুখত আছে আৰু ইনভাৰ্টাৰ গেট তাজমহলৰ সন্মুত আছে আৰু সিমানেই ডাঙৰ হয় যিমান এ্ড গেট। এইদৰে আপুনি ইনভাৰ্টাৰ চিহ্নক তাজমহলৰ ওচৰত ভিজুৱেলাইজ কৰে তেতিয়া আপোনাৰ চিন্তা কৰাৰ শক্তি বহুত তীব্ৰ হৈ যায়। এইটো সময় অন্তৰালত আপুনি এটা নতুন নিয়মৰ পালন কৰে।

আপুনি কিছু সময়ৰ বা কিছু দিনৰ অন্তৰালত এ্ড গেট আৰু ফাৰ্স্ট গেটক ভিজুৱেলাইজ কৰে। সেইকাৰণে এই দুটাই আপোনাৰ মগজুত একেলগে নাপাই, তেতিয়া দুয়োৰে অন্তৰ সহজতে প্ৰাপ্ত কৰে।

ফলোচাৰ্ট

যেতিয়া আপুনি কোনো ফলো চাৰ্টক চাব তেতিয়া আপুনি ইয়াত কেইবাটাও স্টেপ পাব। প্ৰত্যেক স্টেপত কিবা নহয় কিবা লজিক থাকে। প্ৰত্যেক লজিকত কিবা নহয় কিবা স্টেপো থাকে। ফলোচাৰ্টৰ গুৰুত্বপূৰ্ণ ভাগ ইয়াত অন্তৰ্ভুক্ত স্টেপ হয়। ফলো চাৰ্টত দিয়া স্টেপৰ ক্ৰম বহুত গুৰুত্বপূৰ্ণ হয়, কাৰণ আমি সেইটোক এইটো ক্ৰমত লিখো।

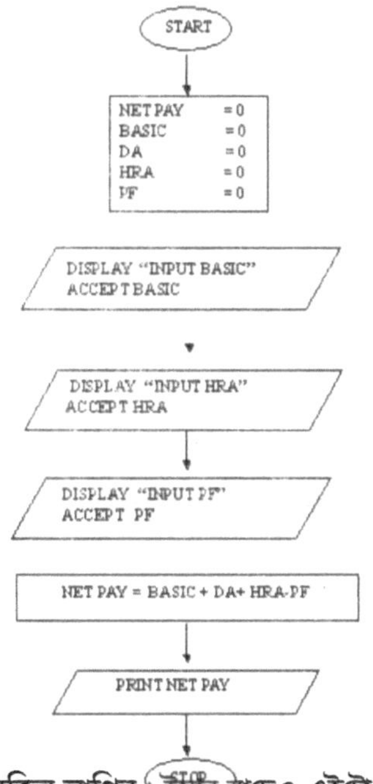

ধৰি লওক যে আপুনি কোনো ফলো চাৰ্ট প্ৰস্তুত কৰিছে আৰু তাত ভুল স্টেপ ৰাখে তেতিয়া ইয়াৰ অৰ্থ সলনি হৈ যাব আৰু আপোনাৰ ফলোচাৰ্ট ভুল হৈ যাব। ধৰি লওক যে আপুনি বিজ্ঞানৰ ছাত্ৰ হয় আৰু আপোনাৰক ক্ৰিস্টীলাইন মেটেৰিয়েলৰ পাঁচটা ভৌতিক বিশেষতা লিখিব লাগে তেতিয়া আপুনি ইয়াক যি কোনো ক্ৰমত লিখিব পাৰে কাৰণ ইয়াৰ ক্ৰমেৰে ক্ৰিস্টীলাইন মেটেৰিয়েলৰ ভৌতিকা বিশেষতাৰ ওপৰত কোনো প্ৰভাৱ নপৰিব, কাৰণ ফলো চাৰ্টত ইয়াৰ স্টেপৰ ক্ৰম সলনি হোৱাৰ সম্ভছ নাথাকে। যদি এটাও স্টেপ ভুল হৈ গৈছে তেতিয়া গোটেই ফলোচাৰ্ট কাম নাইকিয়া হৈ যাব আৰু গোটেই নম্বৰ কাটি যাব কাৰণ ফলোচাৰ্টত প্ৰত্যেক স্টেপৰ কিবা নহয় কিবা লজিক থাকে। আৰু আমাৰ বাবে তাত থকা লজিকক জনাটো বহুত আৱশ্যক হয়।

যি কোনো বস্তুক নিশ্চিত ক্ৰমত মনত ৰাখিবৰ বাবে আপুনি চেইন মেথডক আগতে পঢ়িছে। এইদৰে আপুনি কেৱল তাৰ লগত সম্বন্ধীত আৰ্টিকলৰ বিষয়েই নাজানে বৰং তাৰ নিশ্চিত ক্ৰমৰ বিষয়েও জানিব পাৰে। আপুনি যি কোনো বস্তুক শিকিব বা মনত ৰাখিবৰ বাবে এইটো সিদ্ধান্তক প্ৰয়োগ কৰিব পাৰে। কি কেতিয়াবা ফটো চাৰ্ট ইমান লজিকেল হয় যে আপুনি চেইন মেথডৰ অবিহনেও সেইটোক শিকিব পাৰে।

উদাহৰণৰ বাবে এইটো ফলোচাৰ্টক চাওক

কোনো কৰ্মচাৰীৰ বেচিক চেলেৰি, ডিএ, পিএফ, আৰু এইচআৰএ ক মিলাই আপোনাৰ উপাৰ্জনৰ গণনা কৰিব লাগে।

এইটো অৱস্হান, স্টেপ আৰু লজিকক নুবুজাকে আপোনাৰ বাবে এইটো কাম বহুত কঠিন হ'ব। এইটো ফলোচাৰ্টক প্ৰস্তুত কৰিবৰ বাবে আপুনি ইয়াৰ ডিটেইল (বিৱৰণ) ক বুজিব লাগিব। ইয়াৰ বাদেও এইটো ফলোচাৰ্টৰ অৰ্থ আৰু ফিচাৰ্চকো বুজিব লাগিব।

বেচিক অৰ্থ হ'ল বেচিক চেলিৰ।

ডিএ ৰ অৰ্থ দৈনিক উপাৰ্জন

এইচআৰএ ৰ অৰ্থ আৱাসৰ মূল্য

পিএফ ৰ অৰ্থ ভৱিষ্যত নিধি

যদি আপোনাৰ মগজুত এই সকলো কথা স্পষ্ট হয় তেতিয়াহ'লে আপোনাৰ বাবে এইটো কাম বহুত কঠিন হ'ব।

সকলোতকৈ প্ৰথমে আপুনি ভাৱিব লাগিব যে এইটো স্টেপক কিয় লোৱা গৈছে আৰু ফলোচাৰ্টত কি আছে। এইটো বস্তুৱে আপোনাৰ মগজুত স্পষ্ট হৈ থাকিব লাগিব।

এইটো ফিচাৰ্চৰ বিষয়ে জানিবৰ বাবে এতিয়া আমি ভোগতানৰ গণনা কৰিব লাগিব। সেইকাৰণে এতিয়া আমি কৰ্মচাৰীৰ বেচিক উপাৰ্জনক জানিব লাগে, তেওঁৰ এইচআৰএ আৰু পিএফ ৰাশিৰ বিষয়ে গম পাব লাগিব।

এইবিলাক বস্তুক লিখাৰ পিছত আমি কৰ্মচাৰীৰ মুঠ বেতনো লিখিব লাগিব যি বেচিক উপাৰ্জন $এইচআৰএ$পিএফৰ সমান হয়। কাৰণ পিএফৰ পিছত দিয়া যায়। সেইকাৰণে এইটো স্হিতিত এইটো চেলেৰিৰে কাটিব। সেইকাৰণে ইয়াৰ টোটেল নতুন চেলেৰি হ'ব। এইটো পৰিণাম হ'ব।

যদি কোনো ব্যক্তিয়ে আপোনাক নতুন পেয়ৰ গণনা কৰিবলৈ কয় তেতিয়া এইটো ৰাশিৰ গণনা কৰিবৰ বাবে সকলো স্টেপ এপলাই কৰা যায়।

এদিৰে কোনো ফলোচাৰ্টৰ বাবে, আপুনি তাৰ লজিক আৰু বাস্তৱিক জীৱনত অনেক উপযোগৰ বিষয়ে জানিব লাগিব। ইয়াত আমি ফলোচাৰ্টক ভিজুৱেলাইচেন (মগজুত চিত্ৰণ) ৰ দ্বাৰা শিকিব পাৰো।

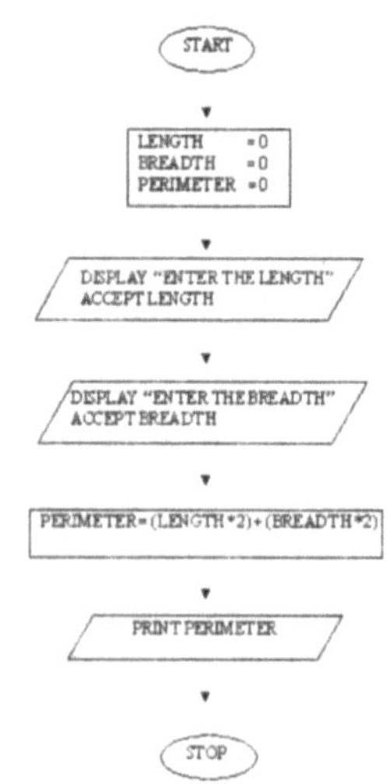

যদি আপোনাক মুঠ বেতনৰ গণনা কৰিব লাগে তেতিয়া আপুনি যি স্টেপৰ পালন কৰিব আৰু যি সময়ত সেইটোক লজিকেলী লিখিব তেতিয়া ফলোচাৰ্টৰ সেইটো ভাগ সেইটো গণনাৰ সমান হ'ব। বা ফলোচাৰ্টৰ সেইটো এক্টিভিটিৰ সমান হ'ব। সেইকাৰণে যদি কোনো ফলোচাৰ্ট সাধাৰণ হয় তেতিয়া আমি এইটোক লজিকেল ৰূপত বুজিব লাগিব। ইয়াৰ পিছত এইটো নিজৰ লগত জড়িত কৰিব লাগিব যাতে এইটো আপুনি মনত ৰাখিব পাৰে আৰু আপুনি সহজতে এইটো শিকিব পাৰে। এইদৰে আমি আগতে ভিজুৱেলাইচেন মেথডক স্পষ্ট কৰিছো। ধৰি লওক, আপুনি এটা আৰু ফলোচাৰ্ট দেখা পাইছে, য'ত আপোনাৰ উপাৰ্জনৰ জোখদণ্ডক জানিব পাৰে। এতিয়া আপুনি এইটো ভাবিব যে যদি আপোনাৰ উপাৰ্জনৰ জোখদণ্ডক গম পাই তেতিয়া কোনটো স্টেপ ইয়াৰ বাবে আৱশ্যক হ'ব। সকলোতকৈ প্ৰথমে আপুনি ইয়াৰ দৈৰ্ঘ্য আৰু বহলৰ বিষয়ে জানিব লাগিব। ইয়াৰ পিছত ইয়াৰ পৰিমাপৰ গণনা কৰিব বাবে আপুনি ফৰ্মূলাৰ প্ৰয়োগ কৰিব পাৰে। ইয়াৰ ফৰ্মুলা হ'ল (2গুন দৈৰ্ঘ্য + 2 গুন বহল)। এইটো লজিকক বুজি পাই আপুনি ফলোচাৰ্ট প্ৰস্তুত কৰিব পাৰে। এইটো লজিকৰ অবিহনে আপুনি ইয়াৰ ওপৰত মেম'ৰী টেকনিক এপলাই কৰিব নোৱাৰে। ইয়াক কৰাৰ পিছত এইটো লজিকক আপুনি বুজি পাব। এতিয়া আপুনি এইটো ফলোচাৰ্টক বুজি পোৱা আৰু মনত ৰখাটো বহুত সহজ হয়।

এতিয়া আৰু এটা উদাহৰণ লওঁ। জীৱন স্তৰৰ মেণ্টেন ৰখাৰ কেচ স্টাডি।

পাৰ্চনেল মেনেজমেন্ট এপলিকেচনক বুজি পাওক, য'ত প্ৰত্যেক কোম্পানীৰ পাৰ্চনেল ডিপাৰ্টমেন্টৰ প্ৰত্যেক ব্যক্তিৰে বিষয়ে নিম্নলিখিত সূচনাক নিজৰ লগত ৰাখে।

1. কৰ্মচাৰীৰৰ নম্বৰ	2. নাম	3. পিতাকৰ নাম	4. ঠিকনা
5. জন্মতিথি	6. জইন কৰাৰ তাৰিখ	7. পদ	8. পে স্কেল (বেতন)
10. শৈক্ষিক যোগ্যতা	11. অভিজ্ঞতা (যদি আছে)		

যদি আপোনাক এইটো সূচনাৰ ক্ৰমত কোনো কৰ্মচাৰীৰ ফলোচাৰ্ট প্ৰস্তুত কৰিব লাগে তেতিয়া আপোনাৰ মগজুত এইটো ক্ৰম নিশ্চয় থাকিব লাগে। এইটো স্টেপৰ ক্ৰমত মনত ৰাখিবৰ বাবে আপুনি চেইন মেথডৰ প্ৰয়োগ কৰিব পাৰে। যাৰ সহায়েৰে আপুনি প্ৰথম উদাহৰণত 40টা শব্দ শিকিছে। সেইকাৰণে, 1. স্টিক 2. ডক 3. হাৰ্ট আদি।

প্ৰথমে এইটো স্টিকৰ লগত একেলগ কৰে তাৰ পিছত হাহঁৰ লগত আৰু তৃতীয় নম্বৰত হাৰ্ট (হৃদয়) ৰ লগত একেলগ কৰে। এইদৰে আপুনি এইটো স্টেপক এক ৰচিৰ দৰে মেৰিয়াই লয়। আপুনি স্হিতিক বুজি পাই নিজকে ইয়াৰ লগত একেলগ কৰি চাওক। যদি আপোনাক এইটো স্হিতিক লিখিত ৰূপত লিখিব লাগে বা ফলোচাৰ্ট প্ৰস্তুত কৰিব লাগে তেতিয়া আপুনি এইটোক আপোনাৰ লগত একেলগ কৰিব লাগিব। আপুনি এইটো বস্তুক ভিজুৱেলাইজ কৰিব আৰু এইটোৰে আপোনাক সেই বস্তুৰ বিষয়ে একাগ্ৰ হোৱাত সহায় কৰিব।

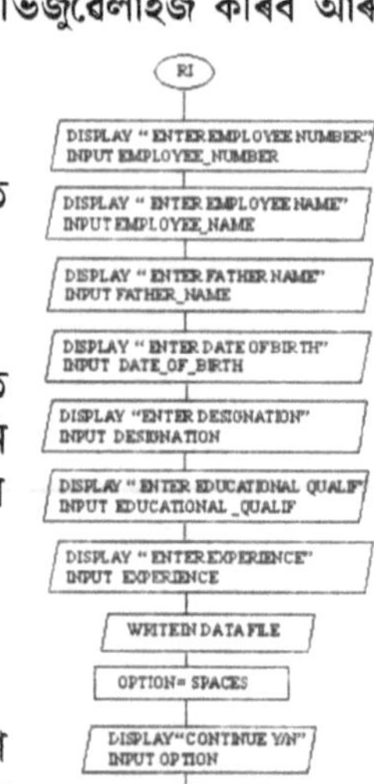

ফলো চাৰ্ট

যদি আপুনি একাগ্ৰ হয় তেতিয়া আপোনাৰ মগজুত সকলো স্হিতি স্পষ্ট হৈ যায়। ইয়াৰ পিছত ফলোচাৰ্টৰ লিখা বা কাৰোবাক এইটো ফলোচাৰ্টৰ বিষয়ে কোৱাটো বহুত সহজ হৈ যাব।

ফলো চাৰ্ট, প্ৰগ্ৰেমিং, চিপ ডায়গ্ৰাম আদিক কেনেদৰে মনত ৰাখিব

কেতিয়াবা আপুনি ভাবিছেনে যে বিভিন্ন বিষয়ে আপেনাৰ মগজুত বেলেগ-বেলেগ অংশত অন্তৰ্ভুক্ত থাকে। যেনে নাগৰিক শাস্ত্ৰ, বিজ্ঞান আৰু হিন্দী আদি। সেইকাৰণে যেতিয়া আপুনি ভাৱে তেতিয়া আপোনাৰ আকলন ভুল হয়। আপুনি আপোনাৰ শিক্ষা আৰু পঢ়াক বিভিন্ন ভাগত ভাগ কৰিব পাৰে। কি আমাৰ মগজুত এইটো কেৱল দুটা ৰূপত স্টৰ হৈ থাকে।

1- নিউ(নতুন)

2- অল্ড (পুৰনা)

আমাৰ মগজুৰে হেজাৰ হেজাৰ কথাক সুৰক্ষিত ধৰণে স্টৰ কৰে। মগজুৰে মেম'ৰীৰ যি কোনো ভাগত যি কোনো টপিকক প্ৰস্তুত কৰিব পাৰে। কি আপুনি এই বস্তুবিলাক মনত ৰাখিবৰ বাবে ল অফ এচ'ছিয়েচন (সংবদ্ধতাৰ সিদ্ধান্ত) বা ল অফ ইমাজিনেচনৰ দ্বাৰা জানটো বহুত আৱশ্যক হয় যাতে আপুনি এইটোক পাহৰিব নোৱাৰে।

আপুনি জানে যে এইটো টেকনিকৰ দ্বাৰা যি কোনো বস্তুক শিকাত বহুত কম সময় লাগে।

উদাহৰণৰ বাবে - সকলোতকৈ প্ৰথমে আপুনি ৰিটেইল চেন্টৰত আইটেমৰ প্ৰচেচ লিস্টক শিকিব লাগে। এইটো ফলোচাৰ্টক শিকিবৰ বাবে আপোনাব চেইন মেথডৰ প্ৰয়োগ কৰিব লাগে। প্ৰথম পদক্ষেপ হ'ল এইটো ফলো চাৰ্টক সোনকালে পঢ়ি বুজক। সকলোতকৈ প্ৰথমে ফলোচাৰ্টত এইটো বিন্দুক পঢ়ক আৰু তাৰ ক্ৰমক চিনি পাওক বা বুজি লওক।

আনটো পদক্ষেপত আপুনি এইটো ফলোচাৰ্টৰ মুখ্য কি - ৱৰ্ডক বিচাৰিব লাগে যৰ পৰা আপুনি সেইটো এক চেইনৰ ৰূপত একেলগ কৰি স্টৰি (কাহিনী) ৰ ফৰ্ম (ৰূপ) ত মনত ৰাখিব পাৰে। এইটোক ধ্যান দি পঢ়িলে আপুনি নিম্নলিখিত কি-ৱৰ্ড দেখা পাব।

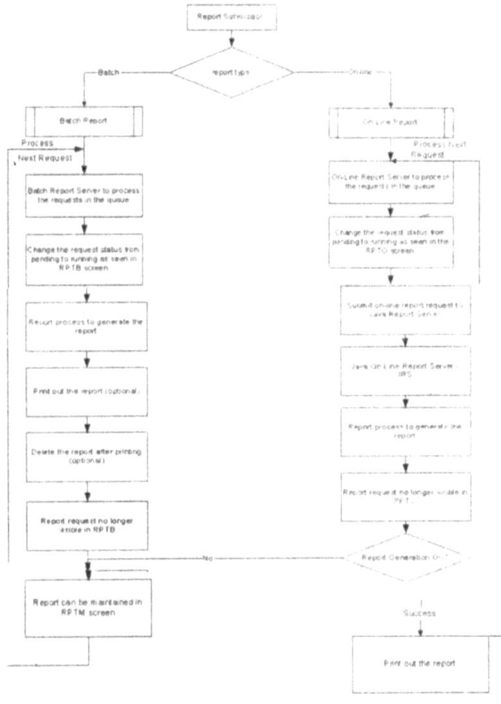

1. বেচ ৰিপৰ্ট

পেজ 14 ৰ ফলোচাৰ্ট।

2. ক্ৰমত লগাবৰ ববে বেচ ৰিপৰ্ট চাৰ্ভাৰ।

3. দীঘলীয়া পৰি থকা ৰিকুৱেস্ট (প্ৰাৰ্থনা) স্টেটাচক আৰপিটিবি স্ক্ৰীনত দেখা দিয়া ৰিকুৱেস্টলৈ সলনি কৰিব লাগে।

4. ৰিপৰ্টক প্ৰস্তুত কৰাৰ প্ৰক্ৰিয়া।

5. ৰিপৰ্টৰ প্ৰিণ্ট আউট।

6. প্ৰিন্টৰ পিছত ৰিপৰ্টক ডিলিট কৰা অৰ্থাৎ মুচি দিয়া।

7. আৰপিটিবি ত অধিক সময়লৈ দেখা নিদিবৰ বাবে ৰিকুৱেস্ট কৰা।

এতিয়া আপুনি চেইন মেথডৰ দ্বাৰা আণ্ডাৰলাইন কি-ৱৰ্ডক সাৱধান পূৰ্বক চাওক।

মগজুৰ পৰিকল্পনা

আপোনাৰ মগজুত ইমাজিন (পৰিকল্পনা) কৰক, যি কেনো ক্মাচৰ ছাত্ৰই আপোনাৰ স্কুলৰ মৈদানত থিয় হৈ আছে আৰু টিচাৰ (মেডাম) য়ে তেওঁলোকক কৈ আছে, বেচ এ ৰ ছাত্ৰ সকল লাইনলৈ আহাঁ।' কলাইনত লাগি থকা ছাত্ৰই নিজৰ হাতত এটা ৰচি লৈ থিয় হৈ আছে যাৰ অনটো কিনাৰত টাব আছে। টাবত এক ৰাসায়নিক প্ৰক্ৰিয়া আছে, যেতিয়া সকলো ছাত্ৰই এইটো ৰচিক ঘূৰাই। হঠাৎ টেবৰ পৰা এক আচৰিত ধৰণৰ বস্তু ওলাই। আপুনি এইটোক আপোনাৰ হাতক ঘৰ্ষণ কৰি আতৰাব পাৰে। তেতিয়া আপুনি আপোনাৰ ওচৰে-পাঁজৰে থকা মানুহক কব পাৰিব যে এতিয়া আমি একো দেখা পোৱা নাই। এইদৰে আপুনি কি-ৱৰ্ড চেইনত কোনো ফলোচাৰ্টক প্ৰস্তুত কৰে তেতিয়া এক স্টৰি হৈ যায়। এইটো চেইনৰ সকলো প্ৰক্ৰিয়া আৰু ক্ৰমে আপোনাৰ মগজুত ব্যৱস্থিত হৈ থাকিব। সেইকাৰণে এইদৰে ফলোচাৰ্টৰ সোঁ ভাগতো শিকিব পৰা যায়।

সদায় মনত ৰাখিব যে আপোনাৰ সকলো ইনফৰচেন মেম'ৰী টেকনিকৰ দ্বাৰা অন্তৰ্ভুক্ত কৰিব লাগে।

চিপডায়গ্ৰাম (চিত্ৰ বা সংৰচনা) ক বুজি পোৱা

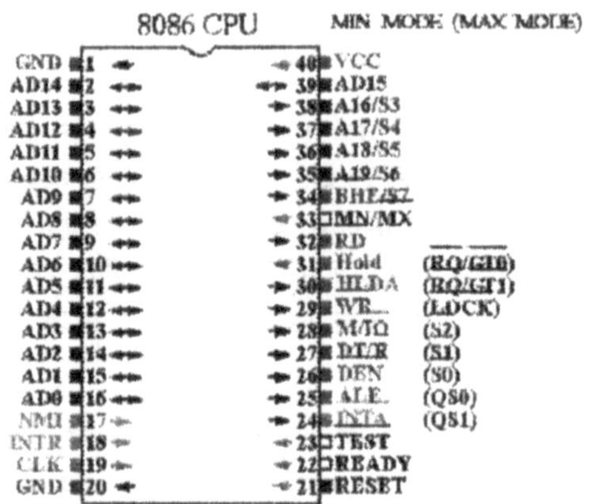

এইদৰে আপুনি চেইন মেথডৰ দ্বাৰা চিপ ডায়গ্ৰামকো সহজতে মনত ৰাখিব পাৰে। ইয়াত আপুনি কোনো বিষয়ৰ বিষয়ে ইনফৰমেচন আৰু মেম'ৰী টেকনিকো এপলাইন কৰিব লাগে। যেতিয়া আপুনি চিপ ডায়গ্ৰামৰ বাওঁ ফালে দিয়া শব্দৰ ওপৰত নিজকে একাগ্ৰচিত্ত কৰে।

- জিএনডি
- এডি (14 ৰ পৰা 0)
- এনএমআই
- আইএনটিআৰ
- চিএলকে
- জিএনডি

এই শব্দ বিলাক মনত ৰখাটো বহুত কঠিন হয়। কাৰণ ইয়াৰ কোনো অৰ্থ নাই আৰু এইটো অনিশ্চিত ক্ৰমত লিখা থাকে। আপুনি চেইন মেথডৰ সহায়েৰে এইটোক সলনি কৰিব পাৰে।

উদাহৰণৰ বাবে-

জিএনডি	জিআৰআই এনডিআই নহয়
এডি (14 ৰ পৰা 0)	এড
এনএমআই	নীম
আইএনটিআৰ	এণ্টাৰ
চিএলকে	ক্লক

ভিজুৱেলাইচেন (পৰিকলপনা বা চিত্ৰণ)

পৰিকল্পনা কৰক যে আপুনি গ্ৰাইণ্ডিং মেছিনত নীমক ডালি আছে। এণ্টাৰ বাটন টিপাত মেছিনে কাম কৰিবলৈ আৰম্ভকৰি দিয়ে আৰু এতিয়া আপোনাৰ কম আৰম্ভহয়। ঘড়িৰ ফালে চাওক যে আপুনি কোনটো সময়ত মেছিন বন্ধ কৰিব লাগে। তেতিয়া আপুনি আপোনাৰ হাতেদি মেছিনক ৰখোৱাৰ প্ৰয়াস আৰম্ভকৰি দিয়ে।

মোৰ দৃঢ় বিশ্বাস আছে মোৰ ভিজুৱেলাইজেচনে আপোনাৰ বাবে অযথা নহ'ব। কি প্ৰত্যেক ব্যক্তিয়ে নিজৰ এইটো ক্ৰিয়েটিভিটিৰ প্ৰয়োগ কৰিব পাৰে। ইয়াত এইটো প্ৰশ্ন উঠে যে মোৰ ভিজুৱেলাইচেন মোৰ মেম'ৰীৰ বাবে আৰু আপোনাৰ ভিজুৱেলাইজেচন আপোনৰ মেম'ৰীৰৰ বাবে উপযোগী হ'বনে ?

এতিয়া আপুনি জানিলে যে কেনো পিকচাৰক কোনো বিশেষ বিষয়ৰ বিষয়ে কোৱা নাযায়, তথাপিও আপুনি আপোনাৰ মনেৰে তাৰ পৰিকল্পনা কৰিব পাৰে। সেইকাৰণে আপোনাৰ মগজুৱে নতুন বস্তুকো পুৰন বস্তুৰ লগত একেলগ কৰি সহজতে মনত ৰাখিব পাৰে।

পৰিশিষ্ট-1

ইমোচনচ

ইমোচনচ চেহেৰাৰ এনে ভাব হয় যিটোৰ স্ট্ৰোকৰ এক বিশেষ চিৰিজৰ দ্বাৰা গঠিত হয়। বেছিভাগ এইটো তৃতীয় চেহেৰাৰ ইমেজ হৈ পৰে। এইটো ইমোচনচ ইমেইল লিখা সময় বহুত কামত আহে।

!-(Black eye
!-) Proud of black eye
#:-o Shocked
%-\ Hung over
%-{ Ironic
%-| Worked all night
%-} Humorous or ironic
>>:-<< Furious
>- Female
>-> Winking devil
>-< Furious
>-) Devilish wink
>:) Little devil
>:-> Very mischievous devil
>:-< Angry
>:-< Mad
>:-(Annoyed
>:-) Mischievous devil
<:> Devilish expression
<:-> Devilish expression
<:-(Dunce
<:-) Innocently asking dumb question
<:-| Dunce
<:| Dunce
(8(|) Homer
(<>..<>) alienated
(( )):** Hugs and kisses
() Hugging
(-: Left-handed smile
(:& Angry
(:- Unsmiley
(:-& Angry
(:-(Unsmiley
(:-) Smiley variation
(:-* Kiss
(:-\ Very sad
(::()::) Bandaid, or comfort
(:| Egghead
* Kiss
*<:-) Santa Claus
*<|:-) Santa Claus
*-) Shot to death
+<:-) Religious leader
+<:-| Monk or nun
+<||-) Knight
+:-) Priest
+O:-) The Pope
-) Tongue in cheek
-=#:-) Wizard
/\/\/\ Laughter
0:-) Angel
5:-) Elvis
8-) Wearing glasses
8-o Shocked
8-] Wow!
8-| Wide-eyed surprise

: (Sad
:) Smile
: [Bored, sad
: | Bored, sad
:( ) Loudmouth, shouting
:* Kiss
:*) Clowning
:**: Returning kiss
:,(Crying
:- Male
:-# My lips are sealed
:-& Tongue-tied
:-> Smile of happiness
:->< Puckered up to kiss
:-< Very sad
:-(Frown
:-) Classic smiley
:-, Smirk
:-/ Wry face
:-6 Exhausted
:-9 Licking lips
:-? Licking lips
:-@ Screaming
:-D Laughing
:-d~ Heavy smoker
:-e Disappointed
:-f Sticking out tongue
:-I Pondering, or impartial
:-J Tongue in cheek
:-j One-sided smile
:-k Puzzlement
:-l One-sided smile
:-M Speak no evil
:-O Surprised
:-o Surprised look
:-P Sticking out tongue
:-p Sticking tongue out
:-p~ Heavy smoker
:-Q A smoker
:-Q~ Smoking
:-r Sticking tongue out
:-s What?!
:-V Shouting
:-X My lips are sealed
:-x Kiss
:-Y Aside comment
:-] Smiling blockhead
:-{) Smile with moustache
::-{} Blowing a kiss
:-| Indifferent, bored
:-| :-| Deja vu
:-|| Very angry
:-} Mischievous smile
:~| A cold
:.(Crying
:/) Not funny

:/i No smoking
:@ What?
:\'-) Tears of happiness
:^D Happy, approving
:`-(Shedding a tear
:{ Having a hard time
:~) A cold
:~-(Crying
:~/ Confused
;) Wink
;(Crying
;-(Angry
;-) Winkey
;-D Winking and laughing
=):-)= Abraham Lincoln
======:} Snake
=^* Kisses
@>--->--- A long-stemmed rose
@== Atomic bomb
@}->-- Rose
B:-) Sunglasses on head
d :-o Hats off to you!
IOHO In Our Humble Opinion
M-) See no evil
M:-) A salute
O 8-) Starry-eyed angel
O :-) Angel
O+ Female
O-> Male
O8-) Starry-eyed angel
O:-) Angel
P* French kiss
Q:-) College graduate
X-(Just died
[:|] Robot
[] Hug
\') Winky
\'-) Winky
_/ Empty glass
\~/ Full glass
]:-> Devil
]:-) Happy devil
][Back to back
^5 High five
`:-) Raised eyebrow
{} No comment
|^o Snoring
}-) Wry smile
}: [Angry, frustrated
}{ Face to face
~ :-(Steaming mad
~:-(Flame message
~:-\ Elvis
~:o Baby
~:\ Elvis
~~~~~8} Snake
~~~~~~8} Snake

পৰিশিষ্ট-2

ই-মেইল লিখা সময়ত অথবা চেটিং কৰাৰ সময়ত কামত অহা এব্ৰিবিয়েচন

কাৰোবাৰ লগত অনলাইনত কথা পতাৰ সময়ক বচাবৰ বাবে আৰু সংক্ষিপ্ত আপোনাৰ কথা পোৱাবৰ বাবে বহুত সহায়ক হয়।

AAMOF As A Matter Of Fact
ADN Any Day Now
AFAIC As Far As I'm Concerned.
AFAIK As Far As I Know
AFAIR As Far As I Remember
AFJ April Fool's Joke
AFK Away From the Keyboard
AISI As I See It.
AS Another Subject.
ASAP As Soon As Possible
ATSL Along The Same Line.
AWC After While, Crocodile
AYOR At Your Own Risk.
B4N Bye For Now
BAK Back At Keyboard
BBFN Bye Bye For Now
BBIAB Be Back In A Bit.
BBIAF Be Back In A Few (minutes)
BBL Be Back Later
BCNU Be seein' you
BEG Big Evil Grin.
BF Boy Friend.
BFN Bye For Now.
BION Believe it or not.
BOT Back On Topic.
BRB Be Right Back
BRS Big Red Switch.
BTA But Then Again
BTAIM Be That As It May.
BTOBD Be There Or Be Dead.
BTW By The Way
BWL Bursting With Laughter.
BWQ Buzz Word Quotient.
BYKT But You Knew That
BYOB Bring Your Own Bottle
BYOM Bring Your Own Mac
C&G Chuckle and Grin.
CID Crying In Disgrace.
CMIIW Correct Me If I'm Wrong
CO Company.
CSG Chuckle, Snicker, Grin.
CU See You
CU2 See You, Too.
CUL See you Later
CUL8R See You Later
CULA See You Later, Alligator
CWYL Chat With You Later.
CYA See Ya.
CYAL8R See You All Later.
DIIK Damned If I Know.
DIKU? Do I Know You?
DIY Do It Yourself.
DK Don't Know
DLTBBB Don't Let The Bed Bugs Bite.
DTRT Do The Right Thing
DWIMC Do What I Mean, Correctly.
F2F Face To Face
FCFS First Come, First Served
FISH First In, Still Here.
FITB Fill In The Blank
FOAF Friend Of A Friend
FS For Sale
FTASB Faster Than A Speeding Bullet.
FTF Face to Face.
FTL Faster Than Light.
FUBAR Fouled Up Beyond All Repair
FUBB Fouled Up Beyond Belief.
FUD Fear, Uncertainty and Doubt
FWIW For What It's Worth
FYA For Your Amusement
FYI For Your Information
GA Go Ahead
GAL Get A Life
GDW Grin, Duck and Weave.
GTSY Great To See You.
H&K Hugs and Kisses.
HAK Hugs And Kisses.
HHIS Hanging Head In Shame.
HOYEW Hanging On Your Every Word
HSIK How Should I Know.
HTH Hope That Helps!
IAE In Any Event.
IANAA I Am Not An Accountant.
IAW In Accordance With
IBTD I Beg To Differ.
IC I See
IIABDFI If It Ain't Broke, Don't Fix It.
IIRC If I Remember Correctly
IJWTK I Just Want To Know
IJWTS I Just Want To Say
IKWUM I Know What You Mean
IMA I Might Add
IMAO In My Arrogant Opinion
IMCO In My Considered Opinion
IME In My Experience
IMHO In My Humble Opinion
IMO In My Opinion
IMPOV In My Point Of View.
INPO In No Particular Order
IOW In Other Words
IRL In Real Life (chat).
ISS I'm So Sure
ISWIM If (you) See What I Mean
ITFA In The Final Analysis.
IWALU I Will Always Love You.
IWBNI It Would Be Nice If
IYSWIM If You See What I Mean
JAM Just A Minute
JAS Just A Second.
JIC Just In Case
JMO Just My Opinion.
JTLYK Just To Let You Know
k Okay
KHYF Know How You Feel.
KISS Keep It Simple, Stupid.
KIT Keep In Touch.
KWIM Know What I Mean?
KYFC Keep Your Fingers Crossed
L Laugh
L8R Later
LJBF Let's Just Be Friends
LMHO Laughing My Head Off
LOL Laughing Out Loud
LTNS Long Time No See
LTNT Long Time, No Type.
LTS Laughing to Self.
LUWAM Love You With All My Heart.
LY Love You.
MLA Multiple Letter Acronym.
MOF Matter Of Fact.
MOTD Message of the Day
MOTOS Member Of The Opposite Sex
MOTSS Member Of The Same Sex
MTFBWY May The Force Be With You.
MYOB Mind Your Own Business
NBD No Big Deal.
NIH Not Invented Here.
NIMBY Not In My Back Yard.
NOYB None Of Your Business.
NP No Problem.
NQA No Questions Asked.
NTIM Not That It Matters.
NTIMM Not That It Matters Much.
NTW Not To Worry.
NTYMI Now That You Mention It.
OBO Or Best Offer
OBTW Oh, By The Way
OIC Oh, I See
ONNA Oh No, Not Again.
ONNTA Oh No, Not This Again.
OTF On the Floor (laughing)
OTFL On the Floor Laughing
SWIM See What I Mean?
SWL Screaming With Laughter.
SYS See You Soon.
TAF That's All, Folks!.
TAFN That's All For Now
TANJ There Ain't No Justice
TBYB Try Before You Buy.
TTFN Ta Ta For Now
TTYL Talk To You Later
TTYT Talk To You Tomorrow.
TYVM Thank You Very Much
UOK Are You OK?
WAEF When All Else Fails.
WB Welcome Back
YGTI You Get The Idea?
YIU Yes, I Understand

পৰিশিষ্ট–3

লাইনৰ বহল নিৰ্ধাৰিত কৰা

পইন্ট চাইজৰ ব্যৱহাৰ গ্ৰাফিক্স, ৱৰ্ড প্ৰচেচিং, ৱেব ডিজাইন আৰু অন্য কামত থাকে। তলত বেলেগ-বেলেগ পইন্টাৰ চাইজৰ বহলকৈ দিয়া হৈছে।

¼ point

½ point

1 point

1½ point

2 point

3 point

4½ point

6 point

7 point

8 point

9 point

10 point

11 point

12 point

14 point

16 point

18 point

24 point

36 point

48 point

60 point

72 point

100 point

উইণ্ডো 8: সংক্ষিপ্ত পৰিচয়

উইণ্ডো 8

উইণ্ডো 8 মাইক্ৰোচফ্‌ট উইণ্ডোৰ আগৰ ভাৰ্জন (সংস্কৰণ) হয়। মাইক্ৰোচফ্‌টৰ অপাৰেটিং চিস্টেমৰ শৃংখলতাৰ উইণ্ডো 7 সফলতাৰ পিছত ইয়াক লঞ্চ কৰা গৈছে।

উইণ্ডো 8 ক উইণ্ডো 7 ৰ বুনিয়াদত প্ৰস্তুত কৰা গৈছে। এইটোৱে উইণ্ডো 7 ৰ ডেস্কটপ এপলিকেচন আৰু ডিভাইচক চাপৰ্ট কৰে যৰ পৰা উইণ্ডো 7 ৰ ওপৰত অধাৰিত গুৰুত্বপূৰ্ণ এপলিকেচন উইণ্ডো 8 ত সুগমতাৰে কাৰ্য কৰে।

উইণ্ডো 8 ত মাইক্ৰোচফ্‌টে নতুন মেট্ৰী স্টাইল ইনটাৰফেচ প্ৰস্তুত কৰিছে। যিটো টাচ স্ক্ৰীনৰ আধাৰিত হয়। ইয়াৰ সহায়েৰে আপুনি টাচ কৰি আপোনাৰ পছন্দৰ কাম সহজতে কৰিব পাৰে।

তীব্ৰ গতিত কৰিবৰ বাবে নতুন স্টাৰ্ট স্ক্ৰীন' ত সকলো এপলিকেচন আপোনাৰ সমুখত থাকে। উইণ্ডো 8 ক সহজতে নেভিগেচন (অনুসন্ধান) কৰিবৰ বাবে প্ৰস্তুত কৰা গৈছে। সেইকাৰণে এইটো অপাৰেটিং চিস্টেমত আপোনাৰ হাতেদি, মাউচেদি বা কি-বোৰ্ড ৰ দ্বাৰা কাম কৰাত অধিক পৰিশ্ৰম কৰিব লগীয়া নহয়।

উইণ্ডো 8 ত দুটা টাচ কি-বোৰ্ড দিয়া গৈছে। টাইপিংক সহজ কৰিবৰ বাবে উইণ্ডোই সেইটো আখৰক স্ক্ৰীনত বুজাইছে যিটো আপুনি টাইপ কৰিব বিচাৰে। ইয়াৰে আপুনি সঠিক আখৰক কেৱল এটা ক্লিকত নিৰ্বাচন কৰিব পাৰে আৰু গোটেই আখৰ টাইপ কৰাৰ আৱশ্যক নহয়।

উইণ্ডো 8 ৰ নতুন ফিচাৰ্চ

মেট্ৰী ইউজাৰ ইনটাৰফেচ আৰু স্টাৰ্ট স্ক্ৰীন

উইণ্ডো 8 ত এক নতুন ইউজাৰ ইনটাৰফেচ অন্তৰ্ভুক্ত কৰা গৈছে যাক মেট্ৰী ইউজাৰ বুলি কোৱা হয়। এইটো ফিচাৰত স্টাৰ্ট মেনুক নিউ স্টাৰ্ট স্ক্ৰীনত সলনি কৰি দিয়া হয়। য'ত এপলিকেচনৰ চৰ্টকাৰ্ট অন্তৰ্ভুক্ত কৰা গৈছে।

পিকচাৰ পাচৱৰ্ড ঃ

পাচৱৰ্ড টাইপ কৰাৰ পৰিৱৰ্তে ইয়াত এক নতুন উপায় প্ৰয়োগ কৰা গৈছে য'ত ইউজাৰ পিকচাৰ তিনিটা ঠাইত স্কেচ কৰি লগ ইন কৰিব পাৰে।

নিউ ইউডো এক্সপ্লৰাৰ ঃ

এইটো ইউডো এক্সপ্লৰাৰত ৰিবন ইনটাৰফেচ প্ৰয়োগ কৰা গৈছে। এইটো তেনেকুৱা হয় যেনেদৰে মাইক্ৰোচফ্‌ট অফিচ এপলিকেচনত প্ৰয়োগ কৰা গৈছে।

ইউএচবি 3.0 চাপৰ্ট ঃ

উইণ্ডো 8 ইউএচবি 3.0 ক চাপৰ্ট কৰে যিটো ইউএচবি 2.0 তকৈ অধিক তীব্ৰ হয়।

উইণ্ডো ষ্টোৰ ঃ

উইণ্ডো 8 ত উইণ্ডো ষ্টোৰো অন্তৰ্ভুক্ত হয়, এইটো এক অনলাইন মাৰ্কেট হয় য'ত আপুনি বস্তু বেচিব পাৰে আৰু বিজ্ঞাপনো কৰিব পাৰে।

উইণ্ডো টু গো ঃ

উইণ্ডো 8 ইউএচবি কানেক্টেড ড্ৰাইভ যেনে ফ্লেচ ড্ৰাইভেৰে ৰান কৰিব পাৰে। এইটোক ফিচাৰ ইউডো টু গো বুলি কোৱা হয়।

ইনটাৰনেট এক্সপ্লৰাৰ 10 ঃ

ইউডো 8 ত ইনটাৰনেট এক্সপ্লৰাৰে আপুনি তীব্ৰতা আৰু ভাল সুৰক্ষাৰ লগত টাচ ব্ৰাউজিংৰ আনন্দ উপভোগ কৰিব পাৰে।

কানেক্টিভিটি ঃ

উইণ্ডো 8 নিজে নিজে ভাল কোৱালিটিৰ নেটৱৰ্ক কানেকচনক চাৰ্চ কৰি তাৰ্লৈ গুচি যায়। ম'বাইল ব্ৰডব্ৰেণ্ডৰ বিকল্প হাইফাইৰ প্ৰয়োগৰ দ্বাৰা এইটোৱে ম'বাইল কানেকটিভিটিকো বঢ়াই দিয়ে।

ডিভাইচ ড্ৰাইভাৰ ঃ

উইণ্ডো 8 ত নতুন ড্ৰাইভাৰ অন্তৰ্ভুক্ত হয় যিটো ডিভাইচৰ বহুত ডাঙৰ ৰেঞ্জ (প্ৰিণ্টাৰ, চেম্বাৰ, টাচ ইনপুট ডিভাইচ আৰু ডিচপ্লে) ক চাপৰ্ট কৰে। সেইকাৰণে ইয়াত নতুন ডিভাইচ ড্ৰাইভাৰক লগোৱাৰ আৱশ্যক নহয়। যেনেদৰে আপুনি ইয়াত ডিভাইচ লগাব, তেতিয়া এইটো কাৰ্য কৰিব ধৰে।

আৱশ্যকীয় বস্তু ঃ

উইণ্ডো ভিস্টা আৰু উইণ্ডো 7 ৰ সমান হাৰ্ডৱেয়ৰতো উইণ্ডো 8 তাতকৈ ভাল কাম কৰি।

- এক গীগা হাৰ্চ্চ বা 32 বিট বা প্ৰচেচৰ
- 1 গীগা বাইট (জিবি) ৰেম (32 বিট) বা 2 জিবি ৰেম
- 16 জিবি হাৰ্ড ডিস্ক (32 বিট) বা 20 জিবি (64 বিট)
- ডবিলিউডিডিএম 1.0 ৰ লগত ডাইৰেক্ট এক্স 9 গ্ৰাফিক্স ডিভাইচ বা ইয়াতকৈ ভাল ড্ৰাইভাৰ

বাস্তৱত, টাচ ইনপুটৰ লাভ উঠাবৰ বাবে এইটো স্ক্ৰীন হয় যিটো মাল্টিটাচ চাপৰ্ট কৰে।